中国文化研究30年

上 卷
中国文化学派研究

邵汉明　主编

陈一虹　宋立民　刘　辉　王永平　副主编

人民出版社

吉林省普通高等学校人文社会科学重点研究基地重大项目

项目编号：吉教科文合字 2008 第 11 号

顾　　问

编　委　会

出 版 说 明

改革开放以来，中国步入了大发展时期，经济社会建设取得了举世瞩目的伟大成就，文化建设也出现了空前繁荣的新局面。回顾、总结改革开放以来中国文化研究和讨论的基本情况，厘清文化论争的基本脉络，指出各种观点的长短得失，进而提出未来中国文化发展的前瞻性、建设性意见，无疑是必要和有益的。为此，我社于2003年9月推出了由邵汉明先生主编的《中国文化研究二十年》一书，深受各界读者的重视和欢迎，出版不久，即告售罄。虽经修订再版，仍供不应求。

鉴于《中国文化研究二十年》出版后中国文化研究又有了诸多新进展和新成果，值此纪念改革开放三十年之际，我社决定推出邵汉明主编的《中国文化研究三十年》，以飨广大读者。

《中国文化研究三十年》是在《中国文化研究二十年》的基础上，增补近十年来中国文化研究的最新成果，并对部分章节做了适当的调整和补充而成。全书分上、中、下三卷，上卷为中国文化学派研究，中卷为中国文化专题研究，下卷为主要著作和论文索引。

《中国文化研究三十年》具有"深沉的历史意识、强烈的现实感、巨大的信息量"的特征，既可供从事中国文化教学和研究的学者参考，又可供一般读者了解新时期中国文化研究整体情况之用。相信《中国文化研究三十年》的出版，能对中国文化研究的进一步深入有所助益。

人民出版社

2009 年 8 月 10 日

目 录

目 录

目 录

中国文化与文化中国

张　岱　年

中国素以文明礼仪之邦而著称于世。这"文明礼仪"意味中国有着独特的文化传统和丰富的文化内涵，在世界文明史和文化史上占有特别显著的地位。可是近代以来，中国落伍了，这落伍既有经济上的、政治上的原因，也有文化自身的原因，或者说，这落伍既是政治上的落伍、经济上的落伍，同时也是文化上的落伍。为了在落后、落伍的境地中重新崛起，中国人民经历了150年的长期而不懈的思索、追求和奋斗，而在21世纪初进入初步的小康社会。这是了不起的成就、了不起的进步。

然而，从初步的小康社会步入全面的小康社会，尚有相当的距离，尚需付出艰苦的努力。我们的目标，不仅要建设一个有中国特色的社会主义政治大国、经济大国、军事大国，而且要建设一个有中国特色的社会主义文化大国。21世纪的竞争不是某一方面的局部的竞争，而是综合国力的竞争。综合国力自然包括文化力——文化的活力、生命力、时代性和先进性。一个没有深厚的文化底蕴和强大的文化竞争力的民族，很难说是一个有希望的民族。因此，我们要在加强社会主义物质文明、政治文明建设的同时，大力加强社会主义精神文明建设、文化建设，发展和创新中国文化，实现"文化中国"的伟大理想。

发展和复兴中国文化，推进"文化中国"建设，有必要坚持以下几个原则：

一是坚持以马克思主义为指导不动摇，尤其要坚持中国化的马克思主义。马克思主义是迄今为止人类历史上最伟大的理论成果，马克思主义并未过时。马克思主义具有与时俱进的理论品格，在新的历史条件下，它也面临一个发展和如何发展的问题。我们要用发展的观点和眼光来看待马克思主义、发展马克思主义。须要指出的是，毛泽东思想、邓小平理论、"三个代表"重要思想是马克思主义中国化的典范，是地道的中国化的马克思主义。我们要解决中国的问题，重要的是要坚持和发展中国化的马克思主义。

二是坚持以中国文化为主导、为基础。中国文化丰富多彩，中国思想博大精深，中国文化的基本精神概而言之，就是《周易》讲的两句话："天行健，君子以自强不息"；"地势坤，君子以厚德载物"。中国文化精神具有超越时空的普遍价值和时代意义，越来越受到世界各国有识之士的重视和青睐，并对现代社会和现代生活继续发生着积极而深刻的影响。我们绝不能妄自菲薄，数典忘祖，而应视之为新文化建设的某种前提和基础，加以珍惜和弘扬。

三是坚持对现代西方思潮的批判和扬弃。现代西方思潮形形色色，就文化流派而言，有所谓进化学派、传播学派、社会学派、历史学派、功能学派、生态学派、结构学派、文化唯物论学派，等等；就人学流派而言，有以萨特为代表的存在主义，以马斯洛为代表的人格理论，以卢卡奇和葛兰西为代表的西方马克思主义，以胡塞尔为代表的现象学，以杜威为代表的实用主义，以尼采和叔本华为代表的生命哲学，等等。与中国民族文化和中国化的马克思主义相比，现代西方思潮总体上并不适合中国国情，但它们作为人类理论思维的精神成果，仍有它的意义和价值，有必要理性地加以审视，批判地加以吸收，既不能盲从和照搬，也不能简单地舍弃或视而不见，而要下力气去研究它、消化它。

四是坚持"百花齐放，百家争鸣"的方针，坚定"批判继承，综合创新"的立场。一个时代文化的繁荣取决于诸多方面的因素，但宽松的环境、争鸣的氛围显然是不可或缺的一个重要因素。唯有"百家争鸣"，方可致"百花齐放"，春秋战国时期是如此，"五四"时期是如此，20世纪的最后20年是如此，21世纪中国文化的发展无疑也不能例外。因此，不同意见、观点的交流、交锋乃至碰撞、冲突在任何时候都是正常的，不必大惊小怪。同时，文化的发展乃是连续性和间断性的统一。所谓连续性，说的是人们只能在既定的历史条件下去创造新的历史、新的文化，而不可能抛开已有的历史和文化成果另起炉灶，从头开始；所谓间断性，说的是一个时代有一个时代的学术文化，此一时代的学术文化所以不同于彼一时代的学术文化正在于它有着自身特有的时代内涵。立足于文化的连续性，要求注重批判继承的工作，批判继承旨在肯定中的扬弃；立足于文化的间断性，要求注重综合创新的工作，综合创新旨在否定中的超越。前者是后者的基础，后者是前者的目标指向，二者相辅相成，构成文化发展的一条铁的定律。发展中国文化，推进"文化中国"建设，不能违背这一定律。

青年学者邵汉明同志长期研究中国哲学和中国文化，著有《儒道人生哲学》、《道家哲学智慧》（与张松如合著）、《中国哲学与养生》等，最近又主持完成《中国文化研究二十年》。对 20 世纪后半叶的最后 20 年中国文化研究和讨论的情况作出全面系统的梳理和总结，这确是一项极有意义的工作。汉明同志以洋洋洒洒 70 余万言的书稿见示，邀序于余。我因为年迈，不能细读，不过，仅浏览目录已可见出书稿内容之丰富，著者用力之勤勉。我衷心地希望该书的问世，能为新的世纪中国文化研究的深化和文化中国的建设起到某种铺垫或推波助澜的作用。

是为序。

2002 年秋于北京大学

序二

21 世纪与中国文化

邴 正

当代国人对中国文化的研究，当始于 20 世纪 80 年代初。那是一个时代精神大转折的时代。随着思想解放运动的深入，国人的注意力逐渐由政治运动转向现代化建设。追逐现代化的热情引发了传统与现代化之间的矛盾和冲突。一时间，是固守传统，还是告别传统？抑或在传统与现代化之间寻求何种最佳的平衡点？这些问题掀起了一次又一次学术争论。20 年来，关于文化的讨论几乎未曾间断过。似乎所有的问题人们都反复不停地争论过；似乎所有的问题又一次次不得不重新开始，又把人们推入一次又一次的争论之中。这一切恰如美国诗人麦克利什所言：

> 我们已经有了，
>
> 所有的答案，
>
> 只有该提出什么问题，
>
> 我们却又不知道。

中国素以文明古国礼仪之邦著称于世，对文化问题一直有高度自信之传统。这种传统在近现代以来经历了三次大的论战。一是从鸦片战争到五四运动，随着西方工业文明冲击东方古老的农业文明，引发了中国人普遍的文化反省与文化批判，最终导致五四运动中激进的年轻一代告别传统，选择了马克思主义的文化道路。二是从新中国成立到文化大革命，以毛泽东为代表的共产党人面对苏联社会主义模式与中国国情的矛盾，试图在告别传统的基础上，创造一种全新的中国式的社会主义文化的努力。这种努力不幸最终陷入了乌托邦式的狂热。三是改革开放以来在追逐现代化的过程中，人们对传统与现代化、东方文化与西方文化矛盾关系的理性的和非理性的思考。其历程就是20年来中国文化的研究热潮。

我一直认为，文化研究是人的自我反思。文化是人的活动对象化的结果，是人的本质力量实现的自我证明。人类要进步，社会要发展，必须通过创造文化来实现。同时，文化作为对象化的力量，对人又是一种自我限定。人们只能在相对固定的文化支撑下来思考与创造。人类社会的每一次发展与飞跃，都只能在既依靠文化，又改造文化的过程中实现。所以人与文化的矛盾和冲突，是人的本质矛盾的深层体现；一个半世纪以来围绕中国文化的矛盾与冲突，就是中国人从传统农业社会走向现代化工业社会进程中灵魂再造的内心旅程。研究当代中国文化的意义，就在于揭示这一内心旅程的矛盾，寻找这一内心旅程的规律，预测中国文化未来的合理走向。《中国文化研究三十年》一书的作者，正是进行着这样的努力，以同样执著的精神在寻求一个半世纪以来，特别是近20年以来，中国人灵魂再造的内心旅程。

当代中国社会发展，正处在文化冲突的焦点。由于当代信息化、全球化和科学技术的原始策源地与优势占有者是西方文化，这就向面向21世纪的中国社会发展与文化发展提出了尖锐的挑战。挑战之一是在资本主义文化泛滥的背景下，如何能坚持社会主义的文化发展方向。挑战之二是在西方文化的冲击下，如何能继承并发扬中华民族的传统。挑战之三是在全球文化高度竞争、冲突的背景下，如何能追赶全球发展的潮流，缩小中国与世界的文化差距。

当代中国文化发展面临着两种矛盾的境遇。一是上述三种挑战以相互冲突的方式并存。不可否认，传统的文化模式存在的缺陷，是造成中国社会发展和文化发展与全球发展之间存在距离的原因之一。而为了争夺文化的主权，又必须发扬自身的特色，防止现代化、全球化演化成全盘西化。在全球化的背景下，中国需要与全球经济体系与技术体系、信息体系接轨。接轨的前提是提高中国文化与外来文化（包括西方文化）之间的协调性、融合性，甚至一致性，于是便会陷入文化趋同的陷阱，与文化的社会主义方向产生一定冲突。怎样做到既缩小文化差距，又能发扬光大自身特色与传统；既追赶全球化又防止文化趋同，这是当代中国文化发展的两难抉择。

二是中国文化自身发展的不平衡性亦以相互冲突的方式并存。当代中国文化发展的趋势之一是多重性的社会与文化跨越。中国社会发展区分为东、中、西三个发展阶梯，大体相当于信息社会、工业社会、农业社会三个大的发展阶段。当代中国社会要在同一历史时期完成从农业社会到工业社会，从工业社会到信息社会的多重性跨越，自身内部就存在着不同文化模式和板块的矛盾。

当代中国文化发展面临的挑战和矛盾，向我们提出了深化马克思主义文化哲学研究的重要使命。当代哲学研究的重心，应该适应当代社会人与文化矛盾的主题化，向文化研究转移。把文化哲学研究作为当代中国马克思主义研究的重要课题和重要组成部分。

文化哲学研究的核心课题，是建构文化理想，选择文化模式。文化理想是文化模式的核心和基本原则，确定了文化理想，也就确定了文化模式和走向。一种文化的特殊魅力，首先表现在其特有的文化理想之中。例如，中华民族传统文化能够延续五千年而不中断，其天人合一的理想境界起了至关重要的作用。天人合一的理想把每一个中国人都紧密地联结在社会网络内，形成了超强的凝聚力，强调天下一家，修身齐家治国平天下的个人理想和社会理想。

毛泽东把马克思主义普遍真理同中国革命的具体实践相结合，奠定了当代中国革命战争时期的文化理想——"翻身求解放"、"建设新中国"和"为人民服务"。前者动员了亿万群众投身革命、拥护革命的政治热情；中者激励了革命者前仆后继的牺牲精神；后者培养出顶天立地的民族楷模。

当代中国社会正处于急剧的社会转型时期。这一时期人民群众存在一定的心理不适应。"旧的世界正在消亡，而新的世界尚未诞生"。现代人就这样徘徊在两个世界之间。发展的不平衡，转型期的社会紊乱，会导致许多人理想的崩溃和心理的惶惑。这是一个疑惑崇高又渴望崇高的年代。经济的躁动，迷信的横行，已经使一些人陷入了精神困境。哲学研究责无旁贷地要通过回应文化冲突的挑战，为当代中华民族的文化转型和创造而奋斗。

一种文化理想就是一个民族的民族精神。研究文化哲学也是对民族精神的追寻。一个在经济领域迅速腾飞的民族，也一定要在精神领域崛起。

2003 年初春

前　言

一、文化大论争的出现不是偶然的

"文化热"肇始于20世纪80年代初，兴盛于80年代中、后期，进入90年代开始降温；"文化热"虽已降温，然文化研究和讨论却并未间断。自进入90年代以后，许多学人以冷静和理智的态度探究文化和文化史的种种问题，一段时间内又出现"国学热"。这是就外部表现而言中国当代文化思潮演变的基本脉络和基本轨迹。

"文化热"及"国学热"等现象的出现，不是偶然的。从历史的角度看，它是近代以来特别是五四文化论争的继续和发展。近代以前，由于清王朝推行闭关锁国政策，中国人不仅不知道外部世界发生的变化，反以"中央帝国"自居，夜郎自大。鸦片战争以后，迫于西方列强的武力侵扰，许多有识之士第一次感到，在国际舞台上，中华民族实际已经落伍了。因而提出向西方寻求真理，以图谋解救民族危机。一部中国近代史毋宁就是一部中国人不断地左冲右突、寻求强国富民、振兴中华之出路的历史。根据有关论者的考察，近代以来人们的认识经历了一个从着眼于物质层面到着眼于制度层面，再到着眼于文化层面思考的递进过程。起初人们只感到物质或科技不如人，因而有所谓"师夷之长技以制夷"和洋务运动；进而人们又感到制度不如人，于是有戊戌维新和辛亥革命；直至五四，人们才又感到文化亦不如人，于是又有新文化运动的发生。然而，无论是物质层面的思考，还是制度层面、文化层面的思考，从根本上说，都是围绕中西文化的关系或传统文化和现代化的关系而展开的。近代的"中体西用论"，五四的"本位文化论"和"全盘西化论"，代表了从近代到五四人们对中西文化关系的基本认识和基本态度。应该说，80年代的"文化热"并没有背离从近代到五四文化论争的主题，它乃是这种文化论争的历史的延伸和历史的再现。

"文化热"及"国学热"的出现，还有其深层的社会根源，它是人们对

"文化大革命"进行理性反思的结果。有论者说，所谓"文化热"是同以往不重视文化研究相比较而言的。确实是这样，新中国成立几十年来，文化研究一直未受到应有的重视，一个十来亿人口的泱泱大国，文化学著作却少得可怜。特别是"文化大革命"毋宁就是革文化的命，是中国现代文化史上的一场大劫难。十一届三中全会以后，人们痛定思痛，开始意识到封建的遗毒远没有肃清，"文化大革命"表面上把反封建放在首要地位，实际上却是封建的非理性文化的一次大演习，什么"三忠于四无限"、"早请示晚汇报"、"一句顶一万句"等等，都是封建的东西，"左"的东西。因而有必要吸取"文化大革命"之教训，继承五四之精神，开展健康的文化争鸣，以完成反封建的艰巨任务。同时，许多人也开始意识到，反封建并不是不要传统，不要文化，传统文化之中既有消极的落后的层面，也存在大量积极的层面和有价值的因素，新文化的建构固然有赖于旧文化格局的打破，但更主要的还在于旧文化之积极层面的挖掘、吸纳和弘扬，割裂传统、抛弃传统是没有出路的。因而有必要对传统文化作深入细致的研究，区分良莠，以服务于社会主义新文化建设。

必须指出，"文化热"及"国学热"等现象的发生，最根本的原因还在于改革开放和现代化建设实践向思想文化提出了客观的要求。进入新时期以后，随着改革开放的深入，我国的经济、政治发生深刻的变化，旧的经济模式、政治模式一步步被突破，新的经济模式、政治模式正逐步确立。社会经济和政治的巨大变化要求建立与之相适应的新文化或新的文化模式。基于现实社会发展的内在需要，"文化热"应运而生。同时，国门的再次打开，中外文化交流的加强，大大开阔了人们的视野，增进了人们对世界的了解，促使人们再一次思考中西文化的关系，思考怎样吸收西方先进文化以达到"洋为中用"的目的。西方文化的大量涌入，一方面给中国文化带来新的刺激和新的活力，另一方面它本身也是构成"文化热"的热源之一。

总之，正是上述诸种因素的交互影响和作用，导致古老的中国在新的历史转折时期，继五四新文化运动之后，又一次奏出一曲文化大论争的宏伟乐章。

二、"文化热"的表现及特点

"文化热"及"国学热"等现象作为中国近 20 年中的一种客观的文化

存在，首先表现为全国各地先后举办了规模不一、数量众多的文化问题座谈会和研讨会，表现为许多高等院校和科研单位陆续成立了文化研究的专门机构和团体，表现为全国各社会科学院的院办刊物、一些高等院校的文科学报、一些文化研究机构创办的文化研究刊物纷纷开辟专栏，开展对文化和文化史各种问题的广泛讨论，表现为许多出版社先后推出《文化哲学丛书》、《人文丛书》、《人学丛书》、《中国文化史丛书》、《海外中国研究丛书》等各种文化和文化史丛书。

除了上述多方面的表现，近 20 年的文化研究还具有以下两个显著的特点，这就是广泛性和现实性。所谓广泛性，说的是参加这次文化论争的成员和文化论争所涉及的问题既多且广。从参加讨论的成员来看，不仅有大陆的专家、学者，还有众多的海外学子、港台及外籍华人；不仅有从事文学、历史、哲学等传统学科研究的人员，也有从事经济、法律、政治、社会、教育、心理等新兴学科和应用学科研究的人员；不仅有人文领域（包括文化、教育、艺术、新闻出版等）的同志，而且还有科学领域的同志；不仅有社会各界的名流、大家，而且对文化刚入门和未入门的青年学者、学生，乃至许多政治家、企业家等，都不同程度地参与到这次文化讨论中来了。相对于"五四"新文化运动主要局限于知识分子层面，这次文化讨论的阵营是大大地扩展了。尽管人们的认识千差万别，但所表现出的对"文化热"的普遍关注和对文化讨论的浓厚兴趣，却是一致的。另外，"文化热"所涉及的问题十分广泛。无疑，五四新文化运动所提出的中西文化异同问题，封建礼教的批判问题，民主、科学和理性精神的弘扬问题等，继续为人们所津津乐道，成为文化讨论的热点之一。但值得注意的是，人们已开始着手文化理论的学科建设，探讨诸如文化的定义和本质，文化的结构、模式和功能，文化的时代性和民族性的关系，文化的发展机制和文化研究的方法等重要理论问题。同时，人们还就人文文化与科技文化、部门文化与地域文化、马克思主义与中国民族传统文化等诸多伴随改革开放、市场经济和文化讨论的深化所提出的新问题，作了初步的探索。总之，相对于五四运动，此次文化论争所涉及的问题是极大地拓展了。

所谓现实性，说的是"文化热"、"国学热"等绝非只是纯粹的学术论争，更主要的乃是基于现实社会发展的考虑。换句话说，文化讨论的出发点在于现实，其落脚点也在于现实。如前所述，改革开放、市场经济和现代化建设实践是构成"文化热"、"国学热"等的根本原因。不仅如此，人们的文化论争大体上也主要是为改革开放、市场经济和现代化建设鸣锣开道的。这一点大致区分为三种情况：一种情况是，所讨论的问题直接源于现实，又直接服务于现实。如部门文化中的乡村文化、城镇文化、校园文化和企业文化等诸多方面的问题，正是这些领域在改革过程中提出的迫切需要解决的问题，不解决这些新课题，势必会影响中国社会现代化的历史进程。另一种情况是，所争论的问题与现实有十分密切的关系。如传统文化与现代文化的关系，中西文化的关系，马克思主义与中国民族文化的关系，五四精神等，既是学术问题，需要从学理上予以澄清；又是现实感很强的政治问题，需要立足于中国的历史和国情，立足于中国现代化建设的实践，作出切实的说明。还有一种情况是，所争论的问题表面上看与现实并无直接的干系，然实际上却构成其他问题讨论的内在基础，并没有超越于现实之外。比如，关于文化史和文化理论有关问题的讨论即属此类。

三、文化研究和讨论的初步评价

如何评价和看待新时期出现的"文化热"、"国学热"等文化现象？有人说，"文化热"及"国学热"在总体上没有越出五四前后那场文化论争的范围，没有摆脱五四以来中西二元对峙的旧格局，因而它不过是"悲剧历史的喜剧重演"。也有人说，"文化热"、"只是赶时髦，刮一阵风，造一通声势"而已，在文化研究和建设上并无实质性的进展。笔者认为，这种看法很有些偏颇。

首先，将五四时期的文化论争归结为"历史的悲剧"，显然是一种哗众取宠的奇谈怪论，标新立异并不等于真知灼见，刻意贬损五四只能证明自己历史意识的缺乏而丝毫无损于五四的独特历史地位。其次，不能因为"文化热"、"国学热"与五四时期的文化论争存在某种类同之处，而彻底抹煞"文化热"、"国学热"在思想文化方面所取得的新进展；亦不能因为人们在文化讨论过程中曾经提出过一些片面性的意见，而从整体上否认"文化热"、"国学热"所取得的巨大成绩及其所产生的积极社会影响。

显而易见，凡是亲身经历了新时期文化思潮洗礼的同志，乃至站在汹涌起伏的大潮之外的冷眼旁观者，只要不抱偏见，就不能不承认，"文化热"是中国现当代史上自五四之后又一次伟大的思想解放运动。改革开放近20年来，中国的经济和政治发生了举世瞩目的变化，但最显著的变化无疑是人们的观念的变化；没有观念的变化，经济的变化、政治的变化都是不可能的。人们不会忘记，"文化大革命"时期，人们的观念是怎样一种僵化的状态，人们的精神面貌又是怎样一种悲惨的情形。可是今天不同，人们已不再为追求自我实现、个性张扬而感到不安，而是理直气壮地按照自己的意愿，在不违背公理的前提下干自己想干的一切；不再为讲究物质利益和精神享受而感到内疚，而是正大光明地去为之奔波、为之努力和奋斗；不再表现出对某些个人的盲目崇拜和对政治的狂热，而是越来越趋向于现实，趋向于按理性行事。总之，人们已开始打破旧的价值观念、旧的道德观念，抛弃旧的思维方式和旧的行为方式，逐步确立起新的价值观念、新的道德观念和新的思维方式、行为方式。而这一系列变化，应当说，在很大程度上得益于新时期的文化大争鸣。正是"文化热"，使中国人重新认识了世界，也重新认识了自我。如果说，五四运动带来了中国人的民族意识、国家意识的觉醒的话，那么，新时期的改革开放和"文化热"带来的则是中国人的自我意识和公民意识的觉醒（这是侧重而言，并不是一种全面的说法）。

近20年的文化论争除有其积极的社会影响和现实作用外，还有其不容低估的理论贡献。首先，在相当长一段时期内，人们的文化讨论呈现出一种百家争鸣、畅所欲言的新气象，各种各样的观点相继提出。比如，在中西文化关系问题上，恪守本位文化论、中体西用论者有之，鼓吹全盘西化论、西体中用论者有之，主张综合创新论、批判继承论者有之，提倡有条件有选择地西化论、超越前进论者有之。在五四精神的认识上，既有传统的彻底反帝反封建说、民主科学说，又有富于时代感的救亡启蒙并行说、救亡即是启蒙说、救亡压倒启蒙说、思想启蒙中断说；既有全盘反传统说，又有有针对地反传统说。在传统文化与现代化的关系问题上，一些人认为其间存在根本冲突，强调不破不立，力主抛弃传统；一些人接受海外新儒家的观点，认为传统是现代化的内在动力，强调致力于传统文化的现代转换；一些人认为二者既有矛盾冲突的方面，也有相通契合的方面，强调批判和扬弃传统；一些人认为，冲突与契合都不是绝对的，关键在于立足现实，寻找传统文化与现代化的结合点（或结合部），以实现中国文化的创造性再生。在其他热点问题上，也普遍表现出仁者见仁、智者见智，许多观点、意见、主张或囿于保守，或囿于偏激，或趋于平和。尽管如此，各种观点、主张的提出和论证，毕竟在客观上为进一步的探讨奠定了一个初步的基础。同时，经过较长时间的争鸣，纯粹保守或偏激的主张越来越受到人们的批评和唾弃，这表明论者们已开始摆脱情感因素的干扰，运用理性思维以谋图古今、中西二元对峙的超越。

其次，有关具体问题的探讨取得较大的进展。在文化的基础理论研究上，虽然马克思、恩格斯曾经提出有关文化的许多重要原则和一系列具体思想，但其并未有意识地建构起一种独立的文化学理论体系。长期以来，我国文化界也没有把文化学作为一门独立的学科来对待，理论研究极其薄弱。而在"文化热"中，人们已经意识到，有必要加强文化的基础理论研究，以建构具有中国特色的马克思主义文化学理论体系。有的论者着眼于现代西方各种文化流派著述的译介，以为文化理论探讨之资借；有的论者将新的方法论引入研究领域，开始就文化的本质、模式、要素、类型、功能和规律等诸多重要问题作初步的探讨；更为可喜的是，有的论者通过自己的研究，相继提出了实践文化论、唯物主义文化论等构想；还有的论者认为马克思主义虽是西方文化的产物，但它要在中国生根和发展，就必须吸收中国文化的精神养分，马克思主义与中国文化之间有许多近似或相通之处，因而实现二者的联姻或结合，既是必要的，也是可能的。凡此探讨和努力，虽还只是刚刚起步，更艰苦的工作还在后头，但初创之功、开拓之绩实不可没。在企业文化的建设上，目前已实现从无到有的转变。以往我们是有企业无文化，除了单一的思想政治工作外，并无别的文化内容。随着企业改革的深化，企业文化建设终于被提上议事日程。一些关注中国企业发展的人士或把眼光转向国外，直接吸纳和借鉴发达国家企业文化的成果，以为我用；或着手中国企业的历史和现状考察，开展企业的机制变革和转型、企业的经营和管理、企业内外环境的改善、企业人才素质的提高、企业的党政关系的处理、职工与企业关系的密切、企业的思想政治工作、企业精神的树立、职工精神生活的充实等实际问题的研究，探索中国式企业文化建设的途径；或受日本、新加坡、韩国等国家利用中国传统文化经营管理现代企业的启发，认定传统文化与现代企业并非截然对立，反而可以为其服务，从而汲汲于传统文化中人文精神和管理思想的挖掘。凡此种种努力，无疑都是富有积极意义的工作。相信不久的将来，中国的企业文化建设定会有较大的发展，并逐步形成自己的特色。在文化史和民俗文化研究等方面，成绩亦十分显著。自"文化热"兴起以来，中国文化史及其分支儒家文化、道家文化、佛教文化、道教文化等的研究，民俗文化中的饮食文化、节日文化、婚俗文化、风水文化、鬼神文化等研究，大文化中的茶文化、酒文化、建筑文化、豆腐文化等研究，一时异彩纷呈，呈现一派繁荣局面，使人目不暇接。这方面的讨论固然有待进一步深化，但现有的成果确已初具规模，让人欣喜和感奋。

再次，文化和文化研究的重要性得到社会各界人士尤其是文化界、学术界人士的普遍认同，这是"文化热"所产生的最突出的正效应。从不要文化到离不开文化，从不谈文化到大谈特谈文化，这毋宁就是乾坤倒转，有了这一转变，中国就有希望，人民就有希望。

不容否认，文化论争中亦曾先后表现出种种不良的倾向，文化研究亦还存在许多薄弱的环节。照笔者的考察，这主要体现在以下一些方面。

一是将传统文化等同于儒家文化的倾向。中国传统文化是一个多成分多层次的有机复合体，其中儒家文化固然居于十分显要的地位，但不能因此而将中国文化归结为儒家文化。然而，在"文化热"的早期和中期，许多论者都几乎不约而同地将视野集中于儒家文化的论评，甚或直接以儒家文化来代替整个中国文化。这显然有违中国文化的客观实际。

二是全盘西化论倾向。全盘西化论并非"文化热"中个别论者的新发明，它乃是西方学者早已提出的强加于第三世界不发达国家的一种十分有害的文化主张。五四时期，胡适等人接受这一主张加以提倡有其特殊的时代背景。然而，在新时期的"文化热"中，这主张亦曾沉渣泛起，一些论者割裂文化的民族性与时代性的联系，漠视文化发展的继承性、连续性规律，从民族文化虚无主义立场出发，强调彻头彻尾地抛弃中国固有文化，彻头彻尾地接受西方文化，个别论者甚至提出西化就是殖民地化。由于这一主张存在明显的理论漏洞和社会危害，因而很快受到绝大多数论者的严正批评和摒弃就是情理中事。

三是文化本位主义倾向。出于对全盘西化论倾向的批判和反动，亦由于受现代新儒学思潮的影响，在20世纪90年代的"国学热"中，一些论者不同程度地表现出文化保守主义或本位主义倾向，认定"三十年河东，三十年河西"，20世纪是西方文化统领人类的世纪，21世纪则是中国文化的世纪，中国文化具有超时空的价值，代表着新世纪世界文化发展的方向，必将在未来世界文化发展的格局中居于显著的乃至主导的地位。依笔者看，中国文化的现代价值固然不容低估，中国文化在未来世界发展中必将发挥越来越重要的作用，在世界各类民族文化的多元发展中占有它重要的一席位置，这都是可以期许的。然中国文化独领风骚的局面是否会出现，则恐难预测。笔者宁愿相信，21世纪将是传统文化与现代文化、中国文化与世界文化互动互济、融合发展的世纪。

四是文化决定论倾向。新时期的文化决定论实际上是五四时期的文化救国论的翻版，它的实质亦在于借思想文化以解决国计民生问题。此论就其意识到精神文化的重要性及其对社会经济政治的反作用而言，不无积极意义和合理价值。但它的弊病也在于通过对精神文化之作用的肯定而走向极端，夸大这种作用，从而忽略了经济政治的基础地位，人为地背离了文化的发展最终受制于经济与政治的发展的客观规律。应该说，一些论者对人的现代化、文化现代化之紧要性的强调和渲染，即不同程度地表现了文化决定论的思想倾向。

五是缺乏科学的实证研究。实证研究、微观考察和价值判断、宏观探讨乃人类认识的两种基本方式或方法，前者构成后者之前提和基础，后者为前者提供方向性指导和逻辑的结论，二者互为补充，缺一不可。然究极而言，前者较后者要更重要一些，因为它是达致人类认识之科学性与客观性的根本保证。遗憾的是，在文化论争的早期和中期，许多论者都抛开实证研究，排斥实实在在的学问，而径从感觉印象出发，无所顾忌地乱发议论，致使所作文章、所下结论似是而非，主观随意性很大，经不住学理的推敲和事实的检验。更有论者以追求"轰动效应"为鹄的，以唱反调为时髦；或以所谓"深刻的片面"相标榜，似乎片面之词、过激之言可以与认识之深刻画等号。这种以"经世致用"、沽名钓誉为目的，以耸人听闻、不着边际为形式的学风，实在是有百害而无一益。

文化论争中表现出的不良思想倾向当不止上述五个方面。值得庆幸的是，这些不良倾向现已得到一定的克服和校正。

四、需要着力解决的几个问题

20世纪最后20年的中国文化研究和文化论争在中国文化的历史发展

中，将起着承前启后的作用。在新世纪之初，对近 20 年中国文化研究和讨论的情况作一全面、系统的总结，无疑有着显而易见的学术价值和现实意义。事实上，文化研究和论争过程中，一些问题的讨论情况的综述性文章并不少见，然迄今对 20 年来中国文化各主要流派的研究、各重要问题的讨论情况进行全面系统的总结性成果还不曾出现（国外此类成果更是无从谈起），且那些综述性文章大多是在某一时期某一问题讨论中，不同观点的一般性介绍，很少论及文化论争之症结、原因所在，更少提出未来中国文化研究和发展的前瞻性意见。为了弥补这一缺憾，本着马克思主义实事求是、理论联系实际的原则，立足于对文化的多样化和政治的一元化关系的理解，立足于对文化论争所产生的巨大影响（正面效应远远大于其负面效应）的把握，立足于对文化论争所取得的巨大成绩来之不易的认识，立足于温故而知新、彰往以知来的考虑，我们试图从儒家、道家、墨家、法家、兵家、道教、佛教、新儒家等各主要文化派别和中西文化比较、传统文化与现代化的关系、马克思主义与中国民族文化的关系、五四精神的反思等各重要问题的讨论入手，理清文化论争的基本脉络，指出各种观点的长短得失，并对深化中国文化研究提出建设性、前瞻性的意见，以为人们进一步的研究和讨论提供某种基础和参考。我们还认为，为使今后的文化研究工作少走弯路，为建设适应市场经济和现代化发展要求的未来新文化，我们还有必要在总结近 20 年文化论争之经验教训的基础上，着力解决好以下几方面问题。

第一，必须坚持马克思主义文化理论的指导。文化研究须以马克思主义文化理论为指导，这本是不成问题的问题。然而，由于长期以来我们对马克思主义教条的和机械的理解，也由于"左"的路线、"左"的思维定式的干扰和影响，致使这一不成问题的问题反成了严重问题，一段时间里马克思主义"过时论"、"否定论"、"真理多元论"云遮雾障，"文化热"中一些观点明显背离马克思主义，即说明了这一点。这就要求我们下工夫重新认识和准确理解马克思主义文化理论，端正对待马克思主义的态度。马克思主义文化学说的具体论断和个别语句不是教条，不是灵丹妙药，可以简单地直接搬用。但它的一些基本原则、基本观点和基本方法，诸如文化是社会历史和实践的产物的观点，文化作为观念的东西既受制于又反作用于一定的经济和政治的观点，文化的发展具有自身的相对独立性的观点，文化的继承性、连续性原则，以及民族性、时代性原则，逻辑与历史相统一的方法，阶级分析的方法等，作为人类几千年优秀文化和思维成果的科学总结，则具有普遍的指导意义，文化研究更是不能例外。对此，我们不能有丝毫的动摇。否则，离开了马克思主义文化理论的指导，文化研究势必误入歧途。

第二，必须注重现实理论问题的研究。有人说："文化如果冷落了现实，现实就会冷落文化"。这话很富有哲理，"文化热"所以能够产生极其巨大的社会影响（包括正效应和负效应），就在于它紧紧抓住了传统文化与现代化的关系这一现实感极强的重要理论问题。现实乃文化之源、之根、之动力，脱离现实，文化探讨就成了纸上谈兵，无的放矢。只有扣紧现实，文化研究才能促进现实的发展，同时现实亦将反过来推动文化的发展。文化论争中，现实理论研究已经有了一个良好的开端，但总的看还十分薄弱，远远适应不了现代化建设和市场经济的需要。如今，社会政治和经济日新月异，新情况新问题层出不穷，要求我们将其上升到理论的高度作出总结概括和分析解答。比如，随着政府职能和企业经营机制的转变，如何建立适应社会主义市场经济发展的新文化就成了十分紧要的问题，有赖于学术界迅速展开争鸣，并从理论上加以解决，这是一方面。注重现实的另一方面的含义还在于，关于历史文化和文化学有关问题的探讨也必须立足于现实，做到古为今用和理论联系实际，纯粹的就史论史、就文化论文化是没有出路的。这一点已为以往的文化论争所反复证明。

第三，必须正确对待中西文化。关于中西文化及其相互关系的论争由来已久，文化论争中各种观点再次纷纷亮相，不能说讨论毫无进展，但无疑离问题的解决仍然相距甚远，症结何在？从客观上说恐怕与问题本身的复杂性与人们认识的有限性之间的矛盾有关。中西文化属于不同类型的两种文化体系，没有对中西文化之真切而全面的了解和认识，就不可能作出使人信服的分析和判断。时下的论者大多只是某一方面的专家、学者，而非学贯中西的通人，这种情况与根本解决中西文化关系问题之内在要求不相适应。从主观上说恐怕与论者们之非理性因素的介入和讨论问题的出发点有关。振兴中国文化固然需要有新儒家那样的文化激情，但探讨文化问题却需要将主观感情因素减少到最低限度，以进行理智的对话，否则只能是事与愿违，无助于问题的解决。同时，许多论者讨论中西文化问题，总要在二者之间作出高低上下的价值判断，这种出发点和动机显然有些幼稚和天真。中西文化各有其所长，也各有其所短，但长短并非就是优劣，这是显而易见的。基于上述的考虑，我们一方面有必要改善现有的文化环境，加强中外文化交流，培养和造就一批思维敏捷、知识全面的文化研究人才；另一方面有必要以理智的态度持久地开展中西文化的研究和争鸣。除此之外，我们还有必要在中西文化比较的基点和方法上尽可能达成共识。

第四，必须着力解决好中国传统文化与马克思主义的结合问题。马克思主义与中国传统文化可以说是现当代中国两种影响最深广、势力最强盛的文化思潮，马克思主义虽是西方文化环境的产物，但它在中国经过半个多世纪的传播和发展业已构成中国文化的一个最重要的组成部分，并已取得"国家意识"的合法身份，而中国传统文化虽几经挫折，但它作为文化基因毕竟已经深深地植根于中华民族的文化心理结构之中。时代的发展并不意味着马克思主义与中国传统文化的过时，毛泽东思想既是马克思主义普遍真理与中国革命和建设实践相结合的产物，同时就文化而言，它又是马克思主义文化与中国民族文化相融合的结果。因此，现在问题不是马克思主义与中国民族文化要不要结合、能不能结合的问题，而是如何实现或完善其结合的问题。有人担心这种结合会导致马克思主义"失真"。这种担心不是没有理由，但我们不能因噎废食。新时期的文化讨论中，已有论者重新提出并初步探讨这一问题，但讨论远没有深入。我们热切期望文化界、学术界有更多人士来关注和参与这一问题的讨论，提出更多的更好的富有创意的意见，这是发展马克思主义和弘扬中华民族优秀文化的需要，也是建设具有中国特色的社会主义新文化的需要。

第一章
道家文化研究

　　清代著名学者纪晓岚说，道家思想"综罗百代，广博精微"；现代著名学者鲁迅先生说，"中国文化的根柢全在道家"；世界著名汉学家李约瑟先生说，"中国如果没有道家思想，就像一棵烂掉了根的大树"。的确，从整个中国历史来看，道学的作用实与儒学不相上下，它们一隐一显，共同浇灌着中国社会的文化土壤，对中国社会之发展和中华民族精神之形成产生了极为深刻的影响。

　　然而，长期以来，或者更准确地说20世纪90年代之前，道学研究一直未引起人们足够的重视。如果说儒学的研究可谓"门庭若市"的话，那么，道学的研究则可谓"门庭冷落"。有人将这种情况概括为"儒热道冷"，是大体符合实际的。

　　令人欣慰的是，20世纪90年代以后，道家文化研究开始步"儒学热"之后尘，受到学界的关注，并陆续出版、发表了一大批研究成果。如果说，用"道学热"来揭示90年代中国文化研究的特点，具有某种言过其实和"扬道抑儒"之嫌的话，那么，指出道学研究构成90年代中国文化研究中一个引人注目的"亮点"，却是一点也不为过的。

　　道学之成为新的研究热点的直接标志，是《道家文化研究》辑刊[①]的创办和几次大型的老学、庄学全国和国际学术研讨会的举行。根据赵吉惠先生的考察，道家文化研究的新进展主要表现在以下一些方面：一是道家学说的现代价值的被确认；二是老庄的思维方式研究令人瞩目；三是肯认"道"不只具有实存意义和本体意义，还具有境界意义；四是道家文化对科学发展

---

① 《道家文化研究》1992年创刊，陈鼓应主编，及今已出版近20期。

的意义引起学者们的兴趣；五是对黄老之学和稷下道家的研究别开生面。①任继愈先生则将道家文化研究的新成就概括为以下六个方面：（1）道家、道教文献的系统整理和初步研究；（2）道家、道教典籍的考据和专题研究的深入；（3）道教史、道家、道教学术史及文化史的展开；（4）道家、道教哲学的重新研究；（5）运用人类学、民族学、民俗学等现代人文科学理论和方法对汉族和少数民族的道家文化展开研究；（6）对最新考古发现的材料和文献进行研究。②

总的看，20世纪后半叶的20年，道家文化研究取得了长足的进展（前10年，道家虽未形成学界热点，然而在某些方面的研究上也还是有一定进展的）。在21世纪之初，对道家文化研究30年作一个较为全面、系统的总结，显然是十分必要的。

一、 老庄其人其书

改革开放之前，关于道家的研究和讨论，主要是在中国哲学史领域进行，且围绕老庄其人其书尤其是老子其人其书问题而展开。改革开放以来，关于道家的研究和讨论，固然仍以中国哲学界的学者为主角，然历史学界、文化学界乃至其他学科的学者也表现出浓厚的兴趣和极大的关注；同时，人们已不满足和局限于老庄其人其书问题的纠缠，而将视野延伸到道家思想和文化的更广泛的领域，就道家思想的历史地位和现代价值、道家文化的特质与基本精神、老庄道论、老庄人学、稷下道家、黄老道家、道家与道教、道学史、帛书《老子》、郭店道家简等一系列问题开展讨论，从而大大推进了道家文化研究的深入。不过在这里，仍有必要站在时代的高度，对此前和此间关于老、庄其人其书的讨论作一简略的历史追溯，以为道家文化其他诸多理论问题的讨论和总结作一初步的铺垫。

---

① 赵吉惠：《近十年传统文化研究述评》，《中国文化月刊》（台北）1995年第12期。
② 参见杨宏声：《道家文化国际学术研讨会概述》，上海社会科学院《科研动态》1996年第13期。

（一）老子其人其书

新中国成立前，人们争论的焦点集中在老子这个人和《老子》这部书的时代问题。新中国成立后，除了继续争论时代问题外，又多出两个问题，即老子代表哪个阶级？老子哲学是唯物抑或唯心？至于老子的辩证法，则为人们所普遍公认，尽管对其辩证法的特点和作用，人们的看法亦不尽一致。

1. 老子其人其书的时代问题

关于老子其人其书的时代问题，归结起来，有以下几种不同的意见。

第一种意见认为，《老子》主要成于老聃之手，其中有些语句或不免有后学增补之处，但基本上是出于一人的手笔。老聃确在孔子之先，为孔子之先生。主张此说最早的有马叙伦、张煦、唐兰、郭沫若、吕振羽、高亨和苏联学者杨兴顺等，后来，任继愈、詹剑峰、陈鼓应等均持此说。

第二种意见认为，老子系战国时代人，《老子》也是战国时代的书。主张此说较早的有梁启超、冯友兰、范文澜、罗根泽、侯外庐、杨荣国等，其主要理由在于认定孔子之前无私人著述，故《老子》书不能早于《论语》，而只能成于战国时代。

第三种意见认为，《老子》成书于秦汉之际。主张此说的为顾颉刚、刘节等。顾颉刚指出，在《吕氏春秋》著作时代，还没有今本《老子》存在，而至《淮南子》时，老聃的独尊地位已确立。《老子》成书必在此二书之间。刘节则谓今本《老子》所讨论的中心思想在孟子和庄子之间，而五千言则在西汉文景之间才出现。①

上述三种意见中，第一种意见已得到越来越多的学者的认同，20 世纪 70 年代初帛书《老子》的出土和 90 年代初郭店《道家简》的发现及其研究的进展，似乎也有利于论证此说之不误。笔者亦认同此说，并认为《老子》很可能是老子自著，是老子一人的作品。首先，《庄子》、《荀子》、《韩非子》、《吕氏春秋》等先秦典籍"都不曾怀疑过老子这个人和他的学说的关系"，"都从不同角度描绘着一个思想面貌的轮廓大体相同的老子"。"他们

---

① 以上参见任继愈主编：《中国哲学发展史》（先秦）第 237—241 页，人民出版社 1983 年版；张智彦著：《老子与中国文化》第 1—5 页，贵州人民出版社 1996 年版。

所描绘的老子学说与《老子》书的基本思想是符合的。"① 其次，《老子》书思想连贯，逻辑谨严，言简意丰，首尾相应，不像是由门人或后学编纂的作品。再次，《老子》常常运用"吾"、"我"等第一人称的表达方式，因此，我们不妨将《老子》看成是老子的思想独白。②

2. 老子代表哪个阶级

关于老子代表哪个阶级，有以下几种不同的意见：

第一种意见认为，老子代表没落领主。因为《老子》书的主要思想是"贵柔"，其政治态度是纯任自然，"无为而治"，其政治理想是"小国寡民"。这些基本都是没落领主的思想。它的特点表现为感到自己阶级的没落，又无力挽回，因而主张复古、消极、倒退。范文澜、吕振羽等持此说。

第二种意见认为，老子代表农民思想。老子幻想的"小国寡民"的氏族公社正是公社农民的幻想；老子否定阶级，反对阶级分化，主张"损有余而补不足"的思想，正反映公社农民的情绪。持此说者有杨兴顺、侯外庐、任继愈等。

第三种意见认为，老子代表隐士思想。持此说者有冯友兰、萧萐父等。冯先生谓"道家出于隐士"，萧先生谓道家基于隐士的社会实践。③ 当代学人邵汉明、朱哲等对此说持认同立场，邵谓老子乃春秋末年士阶层中隐士集团的代表④，朱哲谓老庄避于俗务，隐于自然。⑤

3. 老子哲学是唯物主义抑或唯心主义

关于这个问题，也有几种不同的意见：

第一种意见认为，老子哲学是彻底的唯心主义。持此说者有吕振羽、杨荣国等。他们认为，老子的"道"不是物质，而是抽象的观念；"道"是虚无的、永久存在的，是超时空的绝对，"道"又是"视之不见"、"听之不闻"的超感性的东西。因而"道"是一种绝对精神。

第二种意见认为，老子哲学是唯物主义的。持此说者有范文澜、杨兴顺、詹剑峰等。他们认为，老子的"道"指物质的实体，这种物质有它的

---

① 任继愈主编：《中国哲学发展史》（先秦）第242页，人民出版社1983年版。
② 张松如、邵汉明著：《道家哲学智慧》第13页，吉林人民出版社1996年版。
③ 参见朱哲著：《先秦道家哲学研究》第一章，上海人民出版社2000年版。
④ 参见邵汉明著：《儒道人生哲学》第28—65页，吉林教育出版社1992年版。
⑤ 参见朱哲著：《先秦道家哲学研究》第一章，上海人民出版社2000年版。

运动规律。道在实体的含义上是物质性的，在法则规律的含义上是客观存在的，在二者的关系上，法则规律为实体所固有。同时，道作为实体与法则又非离万有而存在。

第三种意见认为，老子哲学既有唯物主义成分，又有唯心主义因素。侯外庐、杨柳桥认为，老子哲学上半截是唯心主义的，下半截是唯物主义的，但从根本上说是唯心主义的。他们认为，老子哲学之陷入唯心主义在于他的"道"类似泛神论的神，且是超越认识的彼岸的东西，是超自然的绝对体，"道"是"无"，从无生有；老子哲学的唯物主义因素，在于他所说的"物"指物质实体，也指物质属性，"老子讲到德时，就向唯物主义动摇过去，特别是讲到万物生成发展的自然规律时，便富有唯物主义观点了。"①

陈鼓应先生和任继愈先生的观点接近于第三种意见。陈鼓应先生指出："老子的形而上学的性质是混杂的，在看似唯物主义的内容里，却包含了唯心主义的成分；在看似唯心主义的因素里，却包含了唯物主义的成分。其间的交织性，并不是那么明确的。"② 任继愈先生主编四卷本《中国哲学史》时持第二种意见，20 世纪 70 年代撰《中国哲学史简编》时持第一种意见，后又改变看法，认为一、二两种意见都把老子说过了头，超出了老子时代人们的认识水平，强调老子哲学确有含混不清的地方，"本身包含着向唯物主义和唯心主义发展的两种可能性。只看到老子哲学的一个趋向，而否认另一趋向，都不符合老子哲学的本来面貌"③。笔者认为，这样一种认识还是比较符合老子哲学的实际的。

（二）庄子其人其书

关于庄子其人其书，人们争论的焦点主要集中在：庄子与《庄子》书是什么关系，哪些篇是庄子作品，哪些篇为庄子后学作品？庄子代表哪个阶级？庄子哲学的性质应如何判定？

1. 《庄子》的作者问题

《庄子》是先秦的作品，但在先秦，它究竟有多少篇，现已无法确考。

---

① 以上参见任继愈：《老子新译》（绪论），上海古籍出版社 1985 年版；张智彦：《关于老子问题的讨论》，《哲学研究》1980 年第 5 期。
② 陈鼓应著：《老子注译及评介》（增订重排本序），中华书局 1984 年版。
③ 任继愈著：《老子新译》（绪论），上海古籍出版社 1985 年版。

司马迁的《史记》谓庄子"著书十余万言",未指明篇数多少,亦未论及内、外、杂的分别问题。现存《庄子》33 篇,其中内篇 7,外篇 15,杂篇 11。关于这 33 篇的归属与时代问题,人们的看法见仁见智,大体可以归纳为以下几种意见:

(1)认为内篇是庄子的作品,外、杂篇是庄子后学的作品。这是传统的看法,亦是现今许多人的看法。

(2)认为外、杂篇为庄子所作,内篇为庄子后学所作。任继愈先生持此说。①

(3)认为内、外、杂各有一部分为庄子所作,各有一部分为庄子后学乃至其他学派作品的掺入。冯友兰先生的看法接近此。②

(4)认为内、外、杂皆为庄子所作,不容怀疑。陆永品等人持此说。③

(5)认为内篇可以肯定为庄子自著,但外、杂却非出自庄子后学,而主要出自庄子前驱(老子以后,庄子之前的道家人物;外、杂部分篇章应为庄子自著)。邵汉明持此说。④

值得一提的是,刘笑敢先生的博士论文《庄子哲学及其演变》,以较大的篇幅,考察了内、外、杂的先后问题,揭示出内篇之中只有道、德、命、精、神等概念,而没有道德、性命、精神等复合词,外杂篇中道德、性命、精神等复合词便屡见不鲜了。并参照《左传》、《论语》、《老子》、《孟子》、《荀子》、《韩非子》、《吕氏春秋》等书中的用词情况,以论证复合词的出现确实较晚,从而使《庄子》内、外、杂的先后早晚得到有力的证明。刘先生还运用现代统计学方法对外杂进行分类,将与内篇联系最为密切的一类文章(以《秋水》、《庚桑楚》为代表)归为庄子后学述庄派作品,将有融合儒道法倾向的一类文章(以《天道》为代表)归为庄子后学黄老派作品,将激烈抨击现实的一类文章(以《骈拇》为代表)归为庄子后学无君派的作品。⑤ 刘先生的考订成果得到张岱年、李泽厚、陈鼓应等著名学者的高度评价,影响很大。

---

① 任继愈主编:《中国哲学发展史》(先秦)第 386 页,人民出版社 1983 年版。
② 冯友兰著:《中国哲学史新编》(第 2 册)第 106—111 页,人民出版社 1984 年版。
③ 陆永品:《〈庄子〉若干问题简论》,《河北师院学报》1983 年第 2 期。
④ 参见邵汉明著:《儒道人生哲学》第 67 页,吉林教育出版社 1992 年版。
⑤ 刘笑敢著:《庄子哲学及其演变》第 1—98 页,中国社会科学出版社 1988 年版。

2. 庄子代表哪个阶级？

关于庄子代表哪个阶级或庄子思想的阶级属性，学界有几种不同的看法：

（1）认为庄子代表没落奴隶主阶级利益。关锋等人持此说。关锋指出，庄子活动的时代，奴隶主的政治统治已完全坍台，地主阶级的统治已普遍建立起来，顽固坚持奴隶主立场的庄子彻底悲观绝望了，他的历史任务已不是向奴隶主统治者献保持地位之策，而是为被埋葬的奴隶主阶级制作挽歌。庄子的哲学思想是倒退的、反动的。①

（2）认为庄子代表农民小生产者的利益。任继愈先生持此说。任先生指出，庄子和老子一样，也是从农民小生产者，特别是隐者阶层中汲取政治和思想营养的。他们虽有贵族的血统和文化教养，但只有农民小生产者的政治经济地位。一方面对传统和现实深深不满，而发出尖锐的批判和抗议；另一方面又无力改变现实，而趋于消沉，寻求精神的安慰。②

（3）认为庄子是平民知识分子的代表。此说与上述第二种意见接近。陈鼓应、刘笑敢等持此说。他们认为，把庄子宣判为没落统治阶级的代表是没有道理的，庄子正是一个平民知识分子的代表，他对社会现实的厌恶之情正是小生产者对统治阶级的绝望与痛恨之心，他对社会现实的逃避正是小生产者无力与现实抗争的反映。③

（4）认为庄子是士阶层中隐士阶层的代表。持此说者有萧萐父、颜世安、朱哲等。他们指出，庄子是隐者传统中的一个人物，他的基本思想要从隐者传统的渊源来把握。④

此外，还有人认为，庄子思想反映了失意士大夫和脆弱小农的共同利益；⑤庄子是一个富于正义感且同情被压迫者的知识分子。⑥

_____

① 关锋著：《庄子内篇译解和批判》（绪论），中华书局1961年版。
② 任继愈主编：《中国哲学发展史》（先秦）第386—391页，人民出版社1983年版。
③ 参见刘笑敢著：《庄子哲学及其演变》（前言），中国社会科学出版社1988年版；陈鼓应著：《老庄新论·关于庄子研究的几个观点》，上海古籍出版社1992年版。
④ 参见萧萐父著：《吹沙集》第153页，巴蜀书社1991年版；颜世安著：《庄子评传》第27—28页，南京大学出版社1999年版；朱哲著：《先秦道家哲学研究》第40—43页，上海人民出版社2000年版。
⑤ 刘泽华：《论庄子的人性自然说与自然主义的政治思想》，《中国哲学》第11辑。
⑥ 严北溟：《论庄子》，《复旦学报》1962年第1期。

3. 庄子哲学的性质判定

人们或从对哲学基本问题的理解，或从对有神论、无神论的理解来认识和判定庄子哲学的性质。

按哲学基本问题来划分，有主庄子哲学属唯物论者，严北溟、任继愈等持此说；① 有主庄子哲学属主观唯心论者，关锋等持此说；② 有主庄子哲学属客观唯心论者，张岱年等持此说；③ 有主庄子哲学主客观唯心论相杂者，汤一介等持此说；④ 有主庄子哲学唯物唯心相杂者，张健等持此说。⑤

按有神论与无神论来划分，有认为庄子是唯物主义无神论者，张松如、赵明等持此说；⑥ 有认为庄学具有神学性质，但仍属哲学而非宗教者，李锦全等持此说；⑦ 有主庄学是一种特殊的宗教哲学、宗教理论者，郭瑞祥等持此说；⑧ 有主庄子存在无神论与有神论的矛盾者，张季平等持此说。⑨

二、 道家思想渊源及学派演变

（一）道家思想渊源

在 20 世纪后期的 20 年中，人们往往注重于道家思想本身的剖解及道家思想之价值与地位的探讨，而于道家之思想渊源未予应有的关注和重视。因此，相对而言，这方面的讨论较为薄弱。不过，一些学者仅有的一些论述也还是富有特点的。

1. 道家思想渊源合论

有论者将具有某种内在精神和特殊气质的道家思想和学风归结为道家风骨，并认为道家风骨的形成有其深远的社会根基和思想土壤。（1）隐士传

---

① 参见严北溟：《论庄子》，《复旦学报》1962 年第 1 期；任继愈主编：《中国哲学发展史》（先秦）第 398—410 页，人民出版社 1983 年版。

② 关锋著：《庄子内篇译解和批判》（绪论），中华书局 1961 年版。

③ 参见李霞：《庄子研究四十五年》，《哲学动态》1995 年第 6 期。

④ 汤一介：《关于庄子哲学思想的几个问题》，《庄子哲学讨论集》，中华书局 1961 年版。

⑤ 张健：《读〈庄子〉哲学及其历史功过》，《中国哲学史研究》1982 年第 1 期。

⑥ 张松如、赵明：《庄子哲学初探》，《中国哲学史研究》1981 年第 3 期。

⑦ 李锦全：《老庄哲学的神学特色》，《中国哲学史研究》1983 年第 3 期。

⑧ 郭瑞祥：《庄子哲学的宗教性质》，《学习与思考》1983 年第 2 期。

⑨ 张季平：《论庄子的无神论和神不灭论的矛盾》，《齐鲁学刊》1982 年第 2 期。

统与实践。在氏族社会末期，已有这样一批鄙弃权位、轻物重生的特殊人物，并成为人们仰慕的对象。在以贪欲为动力的阶级社会中，仍不断地涌现出辞让权位爵禄、甘心退隐山林的高士、逸民，继承了这一古老传统。这样的隐士群，在中国古代社会中是一个特殊阶层。他们的生活实践，乃是道家风骨得以形成和滋长的主要社会根基。（2）思想文化条件。《老子》一书反映了道家思想的成熟体系。它熔铸了大量的先行思想资料，既有当时最先进科学技术知识的总结，也有个人立身处世经验的总结，而更主要的是富有历史感地对文明社会的深层矛盾进行了透视和总结。（3）广阔的思想土壤与理论源泉。《老子》一书及其理论思维水平，不仅对远古至旧制崩解的春秋时期哲学发展的积极成果作了一个划时代的总结，而且古代气功养生等方术科学和神仙境界的自由向往，原始朴素的非功利审美观、道德观等，也都被纳入思想体系，成为道家风骨的重要文化基因。①

另有论者认为，先秦道家思想既有北方的史官文化背景，亦有南方的巫文化背景。只是先秦道家从这两种不同的文化背景中汲取不同的滋养罢了。史官文化"重实际故重经验，重经验故重先例"。所谓历记成败、兴亡、祸福、古今之道正是重实际经验的具体表现，正是对历史的理论抽象。丰富而生动的历史事件和历史人物化作了冷峻的历史哲学，凝成了道破万丈红尘的历史真理，显现了道家哲学冷而真的一面。先秦道家"究天人之际"、"天地与我并生，万物与我为一"的宇宙精神，人与天、地、道同大的"人大"意识，齐同物我、平视神人的博大平齐的眼光，诗与寓言的表达方式，汪洋恣肆、云谲波诡的浪漫之思等，显现了先秦道家哲学热与美的一面。而这与巫文化的交通神人的巫风，富于想象的史诗与神话的文化土壤相关联。只有从这两种背景出发，才有对道家哲学有热有冷、美与真的多面理解。"如果说屈原所创之《楚辞》体现了巫史两种文化在文学上的合流（范文澜语），那么，我们也可以说以《老子》、《庄子》为代表的先秦道家则在哲学上体现了巫史文化的融合。只有从这两种背景出发，道家南北派的说法，乃至儒道之间思想旨趣上的异同，才能有合理而坚实的存在根据。"②

又有论者认为，道家老庄哲学的产生主要基于以下几个因素：其一，出

① 萧萐父：《道家风骨略论》，《道家文化研究》第 2 辑，上海古籍出版社 1992 年版。
② 朱哲著：《先秦道家哲学研究》第 26—27 页，上海人民出版社 2000 年版。

于史官。这一说法不宜作褊狭的理解，它的含义更主要地包括对历史知识和传统文化的吸收和运用。其二，出于救时之弊。这讲的是时代的环境和背景。其三，老庄自身独特的个性也是其学说赖以产生和形成的一个重要因素。其四，地理环境的影响。①

2. 道家思想渊源分论

(1) 老子思想渊源论

有论者着重探讨了老子思想与上古文化及古代学术的关系。该论者认为，老子思想与上古文化犹如树木与土壤之关系，密不可分的。第一，老子把上古文化的遗风，尤其是原始氏族社会共同劳动、共同分配产品和社会成员的平等相处加以理想化，并进而提升为一种普遍的"道"的品格——"生而不有"。第二，老子所理想的君主应具有的"贵以身为天下"、"爱以身为天下"的大公无私品德，实际上反映的是原始氏族公社首领的勤劳勇敢、能力卓越、保护公社成员，从而为全氏族成员所爱戴的品质。第三，在原始氏族社会，人们共同生产、共同消费，老弱病残都能分到一份生活品，氏族成员完全是平等的。这种状况，使这位熟知历史的守藏史的老子十分赞赏，并把它上升为天道均平的哲学思想。第四，老子以理想化的政治来反对现实生活中的不平等，这种观念是与上古时期人们的原始平等观念相联系的。老子所继承的上古文化，主要是原始氏族文化，老子思想是扎根很深、起源很古的中国文化的一支。该论者还认为，老子思想与古代学术也是密不可分的，从《老子》书所涉及的古代学术来看，它吸取了上古时期的格言、古语、谚语及古代帝王的统治经验，并把这些思想资料提升到哲学的层面，作为哲学思想和命题加以阐发。老子所引用的古籍有兵书如《军志》，有政书如《周书》，也有诗书等等，以及未明确标明出处的古籍。②

另有论者运用文化人类学的理论和方法探讨了老子哲学与远古神话的关系，指出老子的宇宙论本身直接导源于神话宇宙观，作为他类比推理的基础和出发点，比他所表达的人生要求和政治主张有着更深远的渊源和背景。从思维方式看，作为老子进行类比论证总依据和总根源的道，其实质乃是作为

---

① 张松如、邵汉明著：《道家哲学智慧》（绪论），吉林人民出版社1996年版。
② 张智彦著：《老子与中国文化》第20—45页，贵州人民出版社1996年版。

神话思维时代意识形态基础的创世神话的主题的抽象和引申。如果认识到创世神话在原始思维和原始世界观中的核心地位和主导作用，也就不难理解为什么是宇宙之道在老子哲学中占据着类比依据和推理基石的重要地位。① 该论者又指出，《老子》这本哲学书跟上古的生殖崇拜，尤其是广义的性神话、性风俗有着直接或间接的联系。《老子》喜欢以"母"喻道，就其深层结构说，不但与"玄牝：谷神"的信仰相表里，而且跟上古社会交响着"两种生产"之动机的"蕃殖崇拜"相呼应，而它也就是《老子》提出虚静、阴柔、慈俭，因而闪烁着"母性之光"，甚至被谥为"女性哲学"的文化背景。②

（2）庄子思想渊源论

有论者着重强调了庄子思想与隐士传统的关联，指出，庄子主要的活动经历是在隐者边缘人中间，各种形形色色的"为我"的理论，就构成庄子思想活动的直接背景。庄子思想的起点与春秋以来隐者的基本主张完全一致，就是在乱世寻求避祸自保，同时在反流俗的意义上寻求个人生活的新意义。庄子是隐者传统中的一个人物，他的基本思想要从隐者传统的渊源来把握。过去有人怀疑庄子出自儒门。实际上庄子思想的核心问题与儒家基本无关。③

另有论者则考察了庄子思想的多方面渊源。第一，庄子哲学首先来源于老子。第二，惠施讲的"万物毕同毕异，此之谓大同异"的观念对庄子有直接影响。第三，首倡超是非、齐万物的似乎是彭蒙、田骈、慎到一派，他们齐物的根据是"万物皆有所可，有所不可"，这在庄子思想中也有所反映。但庄子对齐物论的论证更为详尽充分。第四，庄子虽批判了儒家，但他在思想上与儒家传统也仍有丝丝缕缕的联系，最突出的就是命的观念。此外，他所追求的人与天一的境界与儒家的"天人合一"的理想也有相通之处。第五，庄子哲学还受到当时一些自然科学知识的影响，他的宏大的哲学胸怀有着一定的自然科学知识的基础。第六，庄子的心斋、坐忘、外物等修养方法与气功类锻炼方法也有明显关系，庄子很可能是借用当时的气功式健

---

① 萧兵、叶舒宪著：《老子的文化解读》第1—38页，湖北人民出版社1994年版。
② 萧兵、叶舒宪著：《老子的文化解读》（前言），湖北人民出版社1994年版。
③ 颜世安著：《庄子评传》第28—31页，南京大学出版社1999年版。

身术的修炼方法来发展自己的逍遥游理论的。总之，庄子哲学虽独树一帜，与众不同，却并不是个人突兀的臆造，而是思想文化发展之流孕育的产儿。①

（二）道家学派演变

1. 道家诸学派

道家之为道家，在于以道为家或以道名家。在这一前提下，道家在历史发展中，其内部又可以划分为若干不同的学派。

一种意见认为，从逻辑与历史相统一的角度，可将道家传统分解成以下几个支脉：（1）隐逸派。其特征是避世修道，明哲保身。老子和庄子就是隐逸派的祖师。（2）治世派。其特征是无为而治，兼法兼儒。申韩的刑名之术，汉初的黄老之术，魏晋玄学政治学说等略近之。（3）异端派。其特征是攻击礼教，菲薄儒圣。魏晋嵇康、阮籍、鲍敬言等人略近之。（4）放情派。其特征是任情适意，顺欲乐生。老子之后的杨朱、《列子·杨朱》篇的思想略近之。（5）神仙派。其特征是修道炼养，以求长生。这一派本古已有之，后来与老庄思想相结合，形成道教的核心教义。②

另一种意见认为，道家思想之"源"在其曲折流淌过程中生发出许多支"流"——道家诸学派：（1）稷下道家。指从齐桓公到齐威王时代，聚集在齐国稷下学宫讲学或游历稷下的一批道家学者，主要有彭蒙、田骈、慎到、环渊、接子、季真等人。他们偏于从政治方面来阐发老子之道。（2）宋尹学派。宋钘、尹文是与孟子同时而略早的思想家，哲学上着重从宇宙论方面承发了老学，并宣扬救世精神和利他主义。（3）庄子学派。庄子是战国中期人，庄子及其后学对老学作了创造性继承，且有整体上的超越。（4）管子学派。管仲及后学将老子道论发展为道气论。（5）黄老学派。楚文化的老子与黄帝崇拜相结合而形成的黄老之学在汉初大为流行。（6）《淮南子》。西汉淮南王刘安主编的《淮南子》以道家理论为基石，同时兼采儒、墨、名、法、阴阳诸家观点，是汉代道家理论的高峰。（7）早期道教。汉

---

① 参见刘笑敢著：《庄子哲学及其演变》（前言），中国社会科学出版社1988年版；陈鼓应著：《老庄新论·关于庄子研究的几个观点》，上海古籍出版社1992年版。

② 牟钟鉴：《道家传统与泰州学派》，《道家文化研究》第四辑，上海古籍出版社1994年版。

末早期道教是黄老思想衍变和老子宗教化、神仙化的产物。（8）魏晋玄学。曹魏正始年间开始盛行的哲学思潮，思想主流是道家的，可称为魏晋新道家。①

又有一种意见认为，老子以后道家学说大致有四大派别：一是关列派；二是杨朱派；三是庄周派；四是稷下派。②

还有一种意见，根据庄子外、杂篇的思想观点及其与内篇的关系，将庄子后学分为三派，即述庄派、黄老派和无君派（前述庄子其人其书已论及）。③

2. 道家学派演变

上述关于道家诸学派的几种意见，已在不同程度上反映了道家的学派演变。下面我们再就此问题作一集中而简略的绍述。

（1）三阶段说

有论者将春秋至战国道家思想的产生和发展划分为三个阶段，一是酝酿和形成时期（春秋末—战国前期），老子提出道家学说的基本观点，开了以后一切道家流派的先河。二是开始分化时期（战国中期），经由关尹、杨朱、列御寇等过渡环节开始分化为两大流派：一派以庄周为代表，继承发挥老子思想中的消极因素，在哲学上陷入相对主义和不可知论；另一派以稷下黄老学者为代表（加上庄周后学中的革新派），继承发挥老子朴素唯物论和辩证法，吸收儒、墨、法某些成果，构成稷下黄老思想体系。三是同其他学派思想互相融合时期（战国末期）。《文子》、《黄老帛书》、《鹖冠子》等博采众家之说，使黄老之学在战国末年趋于完善。④

另有论者认为，太公、姜齐要算是道家思想的先驱，但其思想未形成系统，只是迄老子而蔚为大观，独成一家。是为第一阶段。第二阶段是关尹、列御寇、杨朱及稷下道家田骈、慎到等人的思想。第三阶段是庄子或庄子学派的思想，并指出，如果说稷下道家还只是对老学部分的吸纳和发挥的话，庄子或庄子学派则是对老学全面的创造性的继承和发扬。⑤

---

① 李霞著：《道家与禅宗》第9—16页，安徽大学出版社1996年版。
② 张运华著：《先秦两汉道家思想研究》第34—56页，吉林教育出版社1998年版。
③ 刘笑敢著：《庄子哲学及其演变》第58—98页，中国社会科学出版社1988年版。
④ 黄钊主编：《道家思想史纲》第1—2页，湖南师范大学出版社1991年版。
⑤ 张松如、邵汉明著：《道家哲学智慧》（绪论），吉林人民出版社1996年版。

还有论者专门考察了黄老新道家的发展演变，指出它自战国中期产生之后到两汉时期，经历三个历史发展阶段：第一阶段即战国中期，以《黄老帛书》、《文子》为代表著作，以河上公与文子为代表人物。这是黄老新道家的形成时期，初步奠定了黄老新道家的理论基础。第二阶段即战国后期。以《管子》中的《心术》上下、《内业》、《白心》、《慎子》十二论、《吕氏春秋》有关部分、《荀子》为代表著作，以慎到、接子、田骈、环渊、荀况等为代表人物，以齐国稷下宫为活动中心，这是黄老之学最重要的理论发展时期。第三阶段即西汉前期。以《淮南子》、《新语》等为代表著作，以盖公、曹参、陆贾、刘安等为代表人物。这是黄老之学的实际应用时期，也是黄老新道家思想发展史上的黄金时代，它成为汉王朝治国的指导思想。①

又有论者认为，自西汉初迄三国，老学盛行凡三变，或曰可分为三个阶段：西汉初年，以黄老为政术，主治国经世；东汉中叶以下至东汉末年，以黄老为长生之道术，主治身养性；三国之时，习老者既不在治国经世，亦不为治身养性，大率为虚无自然之玄论。②

（2）五阶段说

有论者认为，道家学术之发展，在历史上大致经历五个阶段：第一阶段为先秦的老庄学。先秦时《老子》一书问世，标志着道家学派的形成。先秦时期，道家学派以道学统摄诸子之学，进行了两次学术大综合，稷下黄老学派的出现是第一次学术综合，庄子学派的形成则是第二次学术综合。第二阶段为秦汉黄老学。在这一阶段，也有两次学术大综合，先是《吕氏春秋》托黄帝以立说，以法天地自然为本，显然是黄老之学汇综诸家的一次发展；后是《淮南子》及言神仙黄白之术的《枕中鸿宝苑秘书》等，亦系以黄老之学为宗的一次学术大综合。第三阶段为魏晋玄学。玄学的代表人物何晏、王弼、嵇康、阮籍、向秀、郭象等人分别从不同角度借注释"三玄"来发挥玄学思想，用以调和自然与名教或儒道之间的关系，虽脱离了原始道家思想，但却开创了一个新形态而被称为道家学术史上的"新道家"。第四阶段为隋唐重玄学。重玄学开始于晋代道教学者孙登，经梁道士孟智周、臧矜，

① 赵吉惠：《论荀学是稷下黄老之学》，《道家文化研究》第四辑，上海古籍出版社1994年版。
② 王明著：《道家和道教思想研究》第293—294页，中国社会科学出版社1984年版。

陈道士诸柔，隋道士刘进喜，唐道士成玄英、蔡子晃、黄玄颐、李荣、车玄弼、张惠超、司马承祯至唐末杜光庭续有发展，成为隋唐时期道家思想继玄学之后的主要理论形态。第五阶段为内丹生命哲学。隋唐之后，内丹学兴起。内丹学大致可分为两部分，一为内丹生命哲学，二为内丹生命科学。① 另有学者认为，老子思想的传授与演变约分五期：一为初期老学；二为稷下黄老学派；三为本于黄老的申、韩学派；四为秦汉时代的黄老之学；五为黄老道家演变为道教。②

（3）六阶段说

有论者指出，道家学派的发展轨迹，约可分为六个阶段：第一阶段为老学的创立。第二阶段为老子门徒之学，大致是关尹由"惟道是从"而引出贵清之旨，列子由"惟道是从"而引出贵虚之论，杨朱由"惟道是从"而引出贵己、为我之说。第三阶段为庄学，展开对人的价值与存在方式的追问。第四阶段为稷下道家。其特点是学宗老子而贵术，并兼取其他各家的思想，同时也实现了道家和其他各家的结合。第五阶段为黄老之学。战国末至西汉初，黄老之学在以道术治世取得重大成功的同时，兼重以黄老之术养生，并出现了将老子神化的迹象。第六阶段。西汉至东汉，道家在曲折中发展，严遵、河上公对老庄学说的阐发和东汉中期以后黄老道的流行为道教的产生创造了条件。这是道家转型的前奏。道家的转型之一是玄学，转型之二是道教。③

（4）七阶段说

有论者将道家的演变划分为七个阶段：创始阶段的学说可称为老学。第二阶段是杨朱、田骈、慎到、宋钘、尹文等人的思想言行。第三阶段为庄周及其学派的学说。第四阶段为战国末年到汉初的黄老之学。第五阶段为汉末道教。第六阶段为魏晋玄学。第七阶段是它的余绪不绝，绵绵若存，至今犹然。隋唐以后至近现代都可以划归到这一阶段。道家的后期存在，具体表现为以下几种方式：一是诠注《老子》、《庄子》，形成道家的章句之学；二是老庄之学融入别家学术思想之中，构成其有机组成部分；三是其批判精神存

---

① 胡孚琛、吕锡琛著：《道学通论》第35—45页，社会科学文献出版社1999年版。

② 高定彝著：《老子道德经研究》第25—40页，北京广播学院出版社1999年版。

③ 陆玉林、彭永捷、李振纲著：《中国道家》第322—326页，宗教文化出版社1996年版。

在于历代异端学者的思想言行之中，成为他们批判不合理现实的武器之一；四是其美学思想和思维方式存在于历代文论和文学艺术作品之中；五是道家思想存在于历代隐士或失意文人的人生态度之中，成为他们的重要精神支柱。①

上述关于道家学派演变的阶段划分的诸种意见，看似差异很大，其实并无太大的原则性和实质性不同，其差异或因时段取舍不同，或因出发点不同而致。值得注意的是，有论者已提出"当代新道家"② 的概念。如果说"当代新道家"的存在能够成立的话，则似可将它视为道家发展的现代形态或现代阶段。

三、 道家文化的基本精神及特质

（一）道家文化的基本精神

有论者将道家文化的基本精神归结为道家风骨（某种内在的精神气质），并指出它有三个层面的内涵：（1）"被褐怀玉"的异端性格。"圣人被褐而怀玉"，乃指布衣隐者中怀抱崇高理想而蔑视世俗营利的道家学者形象。（2）"道法自然"的客观视角。"人法地，地法天，天法道，道法自然"，这是道家思想的理论重心，决定了道家对社会和自然的观察、研究，都力图采取客观的视角和冷静的态度。（3）物论可齐的包容精神。由于长期处于被黜的地位，与山林民间文化息息相通，道家的学风及其文化心态，与儒家的"攻乎异端"、"力辟杨墨"和法家的"燔诗书"、"禁杂反之学"等文化心态的褊狭和专断相比，大异其趣，而别具一种超越意识和包容精神。③ 有论者认为道家风骨主要体现在"避"与"隐"，即"避于俗世"、"隐于自然"。指出"避于俗世"是否定外在世界，"隐于自然"是趋向内在心灵。"避是外在批判，隐是内在超越；避是弃，隐是取；避是看到了假、恶、丑，隐是为了求得真、善、美；避是不满于假义仁以遂私欲、浇漓

---

① 牟钟鉴：《道家学说与流派述要》，《道家文化研究》第 1 辑，上海古籍出版社 1992 年版。

② 董光璧著：《当代新道家》，华夏出版社 1991 年版。

③ 萧萐父：《道家风骨略论》，《道家文化研究》第 2 辑，上海古籍出版社 1992 年版。

天下之淳朴的现实，而隐则是为实践自然无为、复归于朴的理想；避是'被褐怀玉'、掉臂独行，隐是'道法自然'、因任物化；避是是非有别、物我分殊，隐是均同物我、齐彼物论；避是即世兴感、自陈块垒，隐是扫灭情累、自我开解。这就是道家风骨！"①

又有论者认为，道家文化有丰富的人文精神，表现为四个方面：（1）自爱精神。这展现了道家对于人类生存和生命的关怀，体现了一种不同于儒家爱人的独特的人类之爱的精神。（2）自然精神。道家主张通过"心斋"、"坐忘"等方法以实现与道合一的自然境界。（3）阴柔精神。道家把阴柔作为自然、社会、人我关系的普遍法则，一切以阴柔为价值标准，强调柔弱胜刚强。（4）博大精神。道家博大精神的特征是具有无限的包容性，所谓"知常容，容乃公"，所谓"广广乎其无不容也"，所谓"顺物自然而无容私"是也。②

又有论者将道家文化的基本精神概括为以下五个方面：（1）因道意识。道即规律、法则，因道即以道为依归。因而因道体现了道家对物性和物（自然）的规律的尊重。由因道道家又讲因性，因性体现了道家对人性和人（人类社会）的规律的尊重。（2）和谐意识。道家通过揭示人与物及自然的统一和联系来确认人作为类的存在的意义与价值，反对在人与物、人与自然之间分出高低贵贱，要求人们摒弃人类自我中心的念头，将人还给人，也还给自然，从而与自然打成一片，进入天人相合无间的理想状态。（3）无为意识。道之无为是顺物之性，自然而为，万物感觉不到道之为的强制性、目的性。人道本于天道，人道亦要求无为而为，人道之无为即因性之为，自然之为，与一切有悖于自然的主观妄为截然对立。（4）宽容意识。道家将宽容观念作了较儒家更彻底充分的发挥和阐述，他们从道之包容性出发，肯定人与物均有其存在价值，因而提倡对人对物一视同仁，无有偏私，强调善救人善救物，无弃人无弃物，做到物尽其用，人尽其才。（5）批判意识。道家老庄均是中国历史上伟大深邃的批判思想家，正是老庄开了中国古代批判哲学的先河。立足于无为政治的社会理想，他们对世俗之仁义道德、刑名法

---

① 朱哲著：《先秦道家哲学研究》第40—43页，上海人民出版社2000年版。
② 张立文、张绪通、刘大椿主编：《玄境·道学与中国文化》第26—31页，人民出版社1996年版。

度及人们的"尚智"、"好知"心理，对当时有为政治予以强烈的批判。①
关于道家的批判意识、批判精神，张岱年先生也有所揭示，他认为道家着重
揭示了文化生活中的偏失和流弊，道家的一大贡献即在于反对贵贱之别，批
判等级制度。②

（二）道家文化的特质

有论者认为，道家哲学概括起来有以下几个特点：（1）立足于理性思
考，反对神创论；（2）强调道的本体论性质，将道看成根源性存在；
（3）把道理解为最高法则、宇宙万有的总规律；（4）认为道为宇宙万物的
总联系，提出有机的本体论与宇宙观；（5）强调道与世界同在，用道说明
世界的流变性与无限性；（6）主张以道为万物的归宿，从而倡导"与道为
一"的价值观。③ 这实际上是讲道家道论的要点。

另有论者认为，道家崇尚自然，其自然的内涵要在三种对立中把握：一
是与神相对立，非神所造，没有主宰，自生自成；二是与人相对立，非人所
造，没有伪饰，自性天成；三是与社会相对立，非礼义所制，没有繁文缛
节，乃是山水灵秀的自然界。道家由崇尚自然而形成三大特质：（1）追求
返璞归真。道家有鉴于生态的破坏和人生的堕落，造成种种丑恶和祸害，于
是赞美事物原始的自然状态，让事物显示本来的面目，让人们保持质朴的天
性，这就是返璞归真。（2）追求脱俗超迈。道家的书和道家的人物给人以
豁达通脱的气象，眼界开阔，立论恢廓，有明显的离世超俗的倾向。
（3）提倡柔静之道。人们通常容易看到事物的正面、主动、显露的部分，
前进的轨迹和刚强的威力。道家注重的却是事物的负面、被动、深藏的部
分，曲折的过程和柔弱的作用，并且认为后者在事物的发展中往往比前者更
重要、更有力量，所以主贵柔守雌，倡导虚静之道。④

还有论者着重探讨了老子思想的特色。指出老子思想的特色，一是以自

---

① 邵汉明：《道家文化基本精神及现代价值》，《光明日报》1997 年 12 月 27 日。
② 张岱年：《道家在中国哲学史上的地位》，《道家文化研究》第 6 辑，上海古籍出版社
1995 年版。
③ 张立文、张绪通、刘大椿主编：《玄境·道学与中国文化》第 36—37 页，人民出版社
1996 年版。
④ 牟钟鉴：《道家学说与流派述要》，《道家文化研究》第 1 辑，上海古籍出版社 1992 年
版。

然为宗把握天人关系。老子以天道作为人事的准则或依据，因而其对人事的把握是以天道的自然法则为宗而验之于人事。老子之天是自然之天，这个自然之天是有规律的。二是崇尚阴柔。这是《老子》书的基调，它贯穿于《老子》书的始终。老子主张知雄守雌，为下不争，强调柔弱胜刚强。这是对母系氏族社会妇女阴柔、好静、守雌、谦下等品质和传统的哲学抽象。①

又有论者着重探讨了庄子思想的特色，认为首先，庄子哲学重在解精神之桎梏。其次，庄子哲学谋求处世俗而不被世俗染。再次，庄子哲学追求顺其自然，以保身全性。又次，庄子哲学对文明持怀疑和批判态度。复次，庄子哲学是举重若轻、化悲苦为消遣的哲学。最后，庄子以文学写哲学，体现了文学与哲学的绝妙结合。②

关于道家文化之特质，论述甚多。在道家思想研究和道家思想之比较研究部分，我们还将间接论及，此不赘述。

四、　道家思想研究

道家思想博大精深，异彩纷呈，凡政治观、自然观、道德观、认识论、人生论、养生观、艺术观等方面皆有精湛的论述。20 年来，人们对道家思想的认识越来越深化，在上述诸方面的研究上，较之 20 年前，真可谓今非昔比。这里，限于篇幅，我们难以就上述诸多方面的研究进展作一全面详尽的总结和绍述，而只能撷取其中两个最重要的方面——道家之道论和人论的研究，作一粗略的小结。

（一）道家之道论研究

道是老庄哲学的最高范畴，道论在老庄思想中居于核心地位，它是全部老庄思想的基础，老庄思想的其他内容都不过是它的延伸和发挥。简言之，道或道论的提出，乃道家之为道家之所在，亦是老庄对中国哲学所作出的最大贡献之所在。故而历来受到人们的关注和重视。

---

① 张智彦著：《老子与中国文化》第 109—121 页，贵州人民出版社 1996 年版。
② 李牧恒、郭道荣著：《自事其心——重读庄子》（绪论），四川人民出版社 1996 年版。

1. 老庄道论合论

有论者着重探讨了老庄道论的宇宙论内涵，指出老庄之道乃宇宙之本，此"本"不仅具有相对于派生物的"本原"之义，而且具有相对于现实的"本质"之义，相对于功用的"本体"之义和相对于运动的"本因"之义。与此相应，老庄道论从宇宙论上说亦包容有道原论、道本论、道体论和道因论四重内涵。（1）道原论。其中心观念是将"道"视为宇宙万物产生的本原和根源。（2）道本论。老庄道本论的共同特点是强调本质与现象的统一。其间的区别在于：老子着重从"道"本质对万物的决定性这一意义上申述两者的统一性，庄子则着重从"道"的遍在性这一意义上论证两者的统一性。（3）道体论。本体"道"是虚空的，这种虚空性正是其无穷功用所由产生的根源。"道"之体用学说是老庄哲学的哲理玄思与实践观念的结合点。（4）道因论。最简洁地体现老子道因论思想的是其"反者道之动"的命题。庄子沿着老子具有辩证光彩的道因论而走向了相对主义。①

另有论者将老庄的道论归结为道统有无论。先秦道家之道论实际也就是道、无、有三者的关系论。根据朱哲先生的考察，对于先秦道家关于有、无、道的关系，历来注家、学者多有不同的注释与理解，要而言之，不外三种看法：一是道无论，认为无即道；一是道有论，认为有即道；一是综合论，道统有无。② 现代学者梁启超、胡适、冯友兰诸先生持道无论，如胡适说："老子所讲的'无'与'道'，简直是一样的。所以他既说'道生一，一生二，二生三，三生万物'，另一方面又说'天下万物生于有，有生于无'。道与无同是万物的母，可见道即是无，无即是道。"③ 冯友兰先生亦指出，道就是无，有指天地万物。道为万物所以生的原理，是一种抽象，与天地万物之具体或实有不同，所以"事物可名曰有；道非事物，只可谓为无"④。台湾学者严灵峰先生持道有论。他论证说："道生一，一生二，二生三，三生万物……这就是说明：道为万物之母。……又说：'有，名万物之母'……可见，'有'，也就是'万物之母'。是则老子以'道'为'有'，

---

① 李霞：《老庄道论的宇宙论内涵》，《安徽大学学报》1996 年第 4 期。
② 朱哲著：《先秦道家哲学研究》第 67 页，上海人民出版社 2000 年版。
③ 胡适著：《中国哲学史大纲》卷上第 58 页，商务印书馆 1987 年版。
④ 冯友兰著：《中国哲学史》上册第 220—221 页，中华书局 1984 年版。

与'有'同体，无可置疑。"① 多数学者都认识到道包含有无两个方面，道是有无的结合、统一，如张岱年、詹剑峰、陈鼓应诸先生均持此论。张岱年先生指出："有无同出于道，道一方面是无，另一方面又是有。"② "庄子最注重有与无的统一"，"道实超乎有无，而为有无之所本。"③ 詹剑峰先生认为，道统有无，有与无皆道之常。④ 陈鼓应先生指出，"有"、"无"似对应而又统一于"道"，由于"道"之"不见其形"，故以"无"来形容它；而这个"不见其形"的"道"却又能生万物，所以又用"有"来指称它。⑤ 在张、詹、陈所论道统有无观的基础上，朱哲先生作了进一步的分析和阐发。他指出，道家之道论以无为本，是在以无为本基础上的道统有无论，也即是说有无统一于道，而有无两者又有本末之别，不可等量齐观。"道"即"无"，"道"以无为本，"道"又统一于"有"、"无"两个方面，这并不矛盾，因为"道即无"之"无"并不是单纯的"无"，不是绝对的空无，而是含有肯定与否定的对立两个方面、两个因素、两种反向的力。说"道"是"有生于无"中的"有"与"无"的统一，是指道生万物过程中的"有"、"无"统一；说"道"是"有无相生"中的"有"、"无"统一，是指道之"始"和"根"中的肯定否定、彼此冲突的两个方面的统一。这个"无"（即"道"）是生命的种子。这个"无"恰恰是无限的"有"，有无限的生命力，它可以生出天地万物，可以生出整个世界，万物以它为始，它又内在于万物中，万物最终又回到它的怀抱。这个"无"就是"道"，就是永恒存在的永恒的生命力，就是生生者、化化者、形形者、物物者。⑥ 朱先生对老庄之道论的体认是颇为深刻的。

还有论者将老庄之道归结为规律、规则。认为道生万物，就是规律产生了一切。道既不是精神性的实体，如黑格尔之"绝对理念"；也不是物质性的实体，如"混沌"之物质。它只是规律、规则。⑦

又有论者着重从老庄之道的特性的揭示来把握老庄之道论。牟钟鉴先生

---

① 转引自朱哲著：《先秦道家哲学研究》第 68 页，上海人民出版社 2000 年版。
② 张岱年：《老子哲学辩微》，《中国哲学史论文集》第 1 辑，山东人民出版社 1979 年版。
③ 张岱年著：《中国哲学大纲》第 141 页，中国社会科学出版社 1982 年版。
④ 詹剑峰著：《老子其人其书及其道论》第 253 页，湖北人民出版社 1982 年版。
⑤ 陈鼓应著：《老子注译及评介》第 6 页，中华书局 1984 年版。
⑥ 朱哲著：《先秦道家哲学研究》第 70—72 页，上海人民出版社 2000 年版。
⑦ 李申：《老庄哲学中的"道"》，《文史哲》1981 年第 2 期。

认为，"道"有以下几个基本特性：第一，根本性。从历时上说，"道"先天地生，自古已存，自本自根，它生天生地，为万物之源，而自己本身不再有源；从共时上说，"道"是天地万物统一共存的基础，它颐养万物，为天下母，为万物宗，万物的性能赖道而有正常的发挥。第二，自发性。道不是神灵，没有意志，它自然无为而无不为，它生养万物而不私有，成就万事而不恃功，不过是自然化生而已。第三，超形象性。道不是某物，它无形无象，不可感知，以潜藏的方式存在，玄妙无比，不可言说，只能意领。第四，实存性。道是实有的，它无所不在，谁也不能须臾离开它，违背了它就要失常，就要遭殃。第五，逆动性。道推动万物变化发展时表现出相反相成的矛盾运动和返本复初的循环运动的规律性；一切矛盾的事物都在相反对立的状态下互相依存并互相转化，事物的运动遵循着物极必反的规律周而复始，动复归静。总之，道家之"道"实际上是指囊括自然界和人类社会在内的大宇宙的整体性、统一性和它自身固有的生命力与创造力。①

还有论者指出，老庄之道具有根源性，它构成天地万物之本原；道具有永恒性，它"自古以固存"，却非超时空的存在；道无形无名无为，它不可见不可闻，不可以命名，且没有目的没有意志；道具有无差别性，它乃是"未始有封"的浑然之体；道具有内存性，它既有别于具体的事物，又与具体的事物并不分离；道具有有无统一性，不能简单地将道归结为有或无；道还有其作用的无穷性，它既是天地万物存在和发展的依据，也是人事人为的行动准则。② 笔者认为，上述论者对老庄"道"之特性的把握还是较为准确的，从某种意义上说，把握了道的特征，也就在相当的程度上把握了道家之道论。

2. 老庄道论分论

（1）老子之道

有论者着重揭示老子之道的基本含义，认为老子之道包含三个层面：其一，宇宙本体层面的道；其二，作为境界形态的道；其三，政治道术领域的道。③ 另有学者指出，老子论道，有些地方是指形而上的实存者；有些地方

---

① 牟钟鉴：《道家学说与流派述要》，《道家文化研究》第 1 辑，上海古籍出版社 1992 年版。

② 张松如、邵汉明著：《道家哲学智慧》第 90 页，吉林人民出版社 1996 年版。

③ 周立升著：《老子的智慧》第 28—36 页，河北人民出版社 1997 年版。

是指一种规律；有些地方是指人生的一种准则、指标或典范。同是谈"道"，而义含却不尽同；义含虽不同，却又是可以贯通起来的。① 又有论者将道之含义归结为：道之为物，惟恍惟惚，它是一种恍惚不清而又真实存在的东西；天地之始，象帝之先，它是天地万物的始基；无为无欲，常自然，它是一种无意志的东西；无形无名，复归于无物，它不是具体的存在物，没有具体属性。② 这实际是讲道的特征。在对老子之道的含义的把握上，绝大多数论者都认为，道既具有规律、法则的含义（包括自然法则、社会法则、人生法则），也具有万物本原的含义。

有论者着重探讨了老子之道的特征。如有论者说，老子的道有四个规定性：其一，道是太初混沌。其二，道是客观实在。其三，道是万物之源。其四，道是客观规律。③ 又有论者说，老子之道的特征在于：道自因；道无待而然（绝对）；道至大（无限）；道"一"；道运自由。"总之，老子的'道'是自然的本质，又是自然的现象，这就是客观存在的物质世界。"道论只能是唯物论。④ 还有论者指出，就超越精神而言，老子是把"道"作为理想目标建构的。在认识论上，"道"是超越常规认识的目标；在价值观上，"道"是超凡脱俗的崇高境界；在本体论和宇宙论上，"道"是万物的始基和宇宙演变的依据和整体。"道"既有与现实隔离的理想性，又有与现实联系的现实性。"道"的本性就表现为"道法自然"。⑤

有论者着重探讨了老子之道的性质，指出它是一种超二元的一元论。西方哲学中的一元论大都是在二元对立中取一元，而道的观念完全不是这样。在形而上与形而下、实然与应然、存在与价值、物质与精神、必然与自由的对立之间，道不单独属于任何一方。这些两极对立的概念，在老子那里基本不存在，因此，老子之道所代表的哲学既不是所谓调和折中的，也不属于二元中的任何一方，应该叫做超二元的一元论。而其根据就在于道是关于一切存在的统一性的概念，是关于贯穿在宇宙、世界、社会、人生中的总根源和

---

① 陈鼓应：《老子哲学系统的形成》，载张松如、陈鼓应等编：《老庄论集》，齐鲁书社1987年版。
② 王德有著：《道旨论》第24—28页，齐鲁书社1987年版。
③ 周立升：《论老子的"道"》，《文史哲》1981年第2期。
④ 詹剑峰著：《老子其人其书及其道论》第212—215页，湖北人民出版社1982年版。
⑤ 王树人：《论老子"不争"的智慧》，《道家文化研究》第10辑，上海古籍出版社1996年版。

总根据的一种解释。①

有论者着重探讨了老子道论的逻辑矛盾及其产生这些矛盾的原因。指出道论的逻辑矛盾，一是"道"为"无"与"道"统"有无"的矛盾；二是"道生一"和"道即一"的矛盾；三是道既是动的又是静的、既内在于万物之中又独立于万物之外的矛盾；四是"道法自然"与"道即自然"的矛盾；五是"有神"与"无神"、"任天命"与"非天命"的矛盾。又指出，道论中逻辑矛盾之所以造成，既有外因，也有内因。外因一是《老子》恐非出于一人之手，亦非一时之作；二是《老子》流传久远，流传过程中错简或脱误、衍文也可能会增加。内因在于老子道论的素朴性，表现之一是老子哲学产生于春秋末战国初的思想大转变时期，因而不可避免地拖着旧传统的尾巴；表现之二是老子概念的模糊性和整个思维体系的矛盾性。②

（2）庄子之道

关于庄子之道是什么，有论者认为它是思维抽象。"按照庄子的解释，从发生论的角度上看，道是万物的源头；而从本体论的角度上看，道是万物的本根。在他的眼里，道不再是惟恍惟惚的混沌之物，而是一种纯粹的思维抽象。"③ 另有论者不同意把"道"理解为抽象原则，而认为道即是自然与生命的合一。"道就是自然，但这个自然不同于日常经验的自然，它必须在一种神秘经验中才能展开。""道不是一个纯客观的自然，而是一种由哲学选择判定的自然世界的再现方式，在这个世界再现方式中，人类可以找到惟一有价值的生存方式。""道就是生命与自然的合一，或者干脆说道就是生命本身最充分的展开，因为自然最深奥的本真状态是由深刻的生命意识投射形成的。""道在最深层次上完全溶解了生命与自然。"④ 又有论者认为，道是一种境界，庄子哲学是一种境界的哲学。"庄子重视的是体道以后的境界，而不在于说明道是什么。""他所着重的道，不是本体论或宇宙论性质

---

① 刘笑敢：《老子之道：关于世界之统一性的解释》，《道家文化研究》第 15 辑，三联书店 1999 年版。

② 刘学智：《〈老子〉道论的逻辑矛盾辨析》，《人文杂志》1992 年第 3 期。

③ 张立文、张绪通、刘大椿主编：《玄境·道学与中国文化》第 35 页，人民出版社 1996年版。

④ 颜世安：《生命·自然·道——论庄子哲学》，《道家文化研究》第 1 辑，上海古籍出版社 1992 年版。

的，而是心灵状态的。所谓体道的境界，实即是心灵所开展出来的最高的境界。"①

关于庄子之道的具体含义，有论者将其概括为自本自根、自古固存，行于万物、无所不在，莫得其偶、谓之道枢等三个方面。② 有论者认为，庄子之道主要有两个基本含义：一个意义是世界之本根，另一个意义是最高的认识，这两个意义是有明显不同的，前者是自然观概念，后者是认识论概念。道作为世界之本根表达了庄子对宇宙之发生、万物之存在的基本观点，道作为对真理的认识则表达了庄子在认识论上的基本态度。道作为世界之本根是绝对的客观存在，道作为最高认识则是至人对真理的认识。世界之本根是无条件的绝对存在，最高认识则是有条件的精神境界。③ 有论者着重探讨了庄子之道的根源性内涵，并将其归纳为：第一，自本，道自本自生，自己就是自己的原因；第二，周遍，道就是世界的一切、总体，无所不是；第三，主宰性，表现为道生万物；第四，超越性，道具有超越时空圃限的性质。④

关于庄子之道的特征，有论者着重从道与物的关系的角度来加以概括，认为道与物的联系：道是物的本根和始源；道与物的区别：道不是本根之物和始源之物；道是物的界限，道在物而不是物。⑤ 有论者分别探讨了庄子作为本根之道和作为最高认识之道的具体特征，认为作为本根之道的特征：一是绝对性，道是无须任何条件而独存的绝对实体；二是永恒性，物是有死有生的，即是暂时的、相对的，道则是绝对的、永恒的，无始无终，无生无死；三是超越性，主要指道超越现实、无法感知的特性；四是普遍性，道无所不在；五是无差别性，它"未始有封"，是无差别的混然如一的绝对；六是无目的性，道生天生地以及决定万物的发展乃是自然而然、无目的的。作为最高认识之道的特征，一是无差别性，道没有任何分别或界限，它是绝对同一、和谐的无差别境界；二是神秘性，道高深莫测，不可捉摸。⑥

关于道家之道论，人们的认识见仁见智，或相近，或相别，甚或截然相

---

① 陈鼓应：《庄子论道——兼评庄老道论之异同》，《中国哲学史研究》1985 年第 4 期。
② 王德有著：《以道观之——庄子哲学的视角》第 20—39、40—50 页，人民出版社 1998 年版。
③ 刘笑敢著：《庄子哲学及其演变》第 112—118 页，中国社会科学出版社 1988 年版。
④ 崔大华著：《庄学研究》第 127—128 页，人民出版社 1992 年版。
⑤ 崔宜明著：《生存与智慧》第 166—185 页，上海人民出版社 1996 年版。
⑥ 刘笑敢著：《庄子哲学及其演变》第 105—117 页，中国社会科学出版社 1988 年版。

反。这种情况，固然与作为认识主体的研究者的认识角度、认识方法及理解的深度有关，但更主要的在于老庄之道本身的内涵的丰富性与模糊性。

（二）道家之人论研究

道家之人论也即道家之人学，它包括价值论、境界论、人格论、生死论、修养论等非常丰富的内容。道家人学有着自己鲜明的特色，不仅在历史上，即使在现实中皆有着非常巨大的影响。有人将道家哲学归结为道家人学，大体上是不为过的。对道家人论或人学的研究构成 20 年中道家思想研究的一个热点。

1. 道家之价值论

这一问题有两方面含义：一方面，人在宇宙中占有怎样的地位，即人与自然的关系如何？另一方面，个人在社会中占有怎样的地位，即作为个体的人与社会的关系如何？有论者认为，在前一问题上，道家的认识表现出与儒家一致的倾向，即他们皆给予人的生命存在以极大的关注，皆高度肯定人在自然界中占有崇高的地位，具有卓越的价值。人与自然的关系又可细分为人神关系和人物关系。在人神关系上儒道都表现出抑神而扬人的倾向，不过，道家之抑扬似乎较儒家更为明确而坚决。在人物关系上，儒家主要是通过揭示人与物的区别来推崇人的，讲求人是万物之灵，人贵物贱；道家则主要是通过揭示人与物（自然）的统一与联系来高扬人作为类的存在的意义与价值的，老子的"四大"说乃是对人之应有地位与价值的一种客观的认定，庄子的"齐万物"、"齐物我"，意在抛弃人类自我中心的狭隘观念，要求人们既要注重和看到人的价值，又要注重和看到物的价值。在个人与社会或个体价值与群体价值的关系上，儒道都看到了二者的内在统一性，只不过儒家偏重人的群体价值，认为这是第一位的，倘若二者发生冲突，只能牺牲个体而成全社会；道家偏重人的个体价值，认为这是最为关键的，老子强调"独异于人，而贵食母"，庄子强调"无己"而"不失己"、"顺人"而"自喻适志"，皆是其看重人的个体价值与独立性的体现。①

另有论者说，按老子的意思，人是与天、地、道同大的，宇宙四大，人

---

① 张松如、邵汉明著：《道家哲学智慧》第 159—169 页，吉林人民出版社 1996 年版。

居其一，人"实高于物"，"而非与物同等"。①"人大说"突出了人在宇宙中的卓越地位。② 有论者认为，照庄子的意思，人在天地之间如小石小草之在大山，人只不过是宇宙万物中之一物，从形体、力量诸方面看，人就像马体上的一根毫毛，人依赖于天地而生，受制于天地而长，死而归于天地。据此，庄子学派乃"渺小说"的代表。③ 有论者不同意此看法，认为庄子学派仍然是坚持老子"人大说"，只不过他们对"人大"有了更加具体而合乎实情的理性认识，即人在形体上是渺小的，但人的精神及其境界是浩大、博大的，庄子学派强调的正是人的精神及其境界的"大"。④

又有论者认为，在人物关系上，道家讲求身重于物。在群己关系上，道家具有重个体、轻群体的特征，其侧重点是在高扬生命个体的独立品格。不过，道家虽然推崇个体生命价值，但是并不完全否定群体价值，道家认为，只有充分实现个体价值，才能保证群体价值的实现，个体价值的实现本身就包含着群体价值的实现。⑤

还有论者将道家的价值论归结为"物无贵贱"、"万物一齐"的相对价值论，"无物无用"、"因物尽用"的普遍功用观，"绝圣弃智"、"剥仁义"的价值重估论，"尊道贵德"、"轻物重生"的价值选择论，"返璞归真"的价值理论等五个方面。⑥

2. 道家之境界论

有论者认为，道家的人生境界说，无论是老子的自然境界、婴儿境界，还是庄子的物化境界、逍遥境界、无待境界，都在不同程度上表现了这样两个共同的特征：一是对自然的崇尚。他们主张走向自然，回归自然，要在人与自然、人与天和谐统一的行程中去体认人生的意义与价值。二是对自由的崇尚。他们把人之自由看成是与世俗礼法及一切外部力量截然不能相容的东西，强调打破时空、主客、物我、天人之界限，超越礼教世界，摆脱外力的阻隔和压迫，以实现人类精神的绝对自由。⑦

----

① 张岱年著：《中国哲学大纲》第 168 页，中国社会科学出版社 1982 年版。
② 朱哲著：《先秦道家哲学研究》第 102 页，上海人民出版社 2000 年版。
③ 张岱年著：《中国哲学大纲》第 167 页，中国社会科学出版社 1982 年版。
④ 朱哲著：《先秦道家哲学研究》第 104 页，上海人民出版社 2000 年版。
⑤ 葛荣晋著：《儒道智慧与当代社会》第 147—155 页，中国三峡出版社 1996 年版。
⑥ 朱哲：《道家哲学的价值论初论》，《社会科学研究》1996 年第 6 期。
⑦ 张松如、邵汉明著：《道家哲学智慧》第 169—179 页，吉林人民出版社 1996 年版。

另有论者着重考察了老子的境界说，认为老子"道"的境界既是真理境界，又是道德境界；同时还是审美境界，是人与自然统一和谐之美，也是德性之美、本真之美、自然之美。在这一境界中，"自然"是其最高标志，"真"是其重要特征，"婴儿"与"朴"则是最深刻的比喻式说明。①

又有论者着重考察了庄子的境界说，认为庄子所谈的道乃属境界意义的，道即为一种境界，道的境界即人生最高的境界。这种境界乃起于人和自然的亲和关系，人可以突破个我形位的局限，而与他人他物相感通；人的精神空间可以无限地扩张，和外在宇宙产生同一感、融合感及和谐感。至于如何才能达到道的境界，庄子没有具体的说明。根据《庄子》书，似可概括为如下几种途径：一是去除内外的蔽障，包括突破形躯的范限、消解智性的活动、化除情绪的搅扰、超脱现实的藩篱；二是了解宇宙变化的真相；三是培养死生一如的心态；四是保持心灵的凝聚状态。② 还有论者认为，庄子人生境界论的核心在"法天贵真"。"真"在本质上是对生命意义的张扬和对生命之源的关注，是人和自由精神向自然本体的复归；"真"的基本含义乃是指人的本质中最真实的东西，是一种在主观精神上建构的与世俗社会相对立、与天地自然化为一体的自然境界。它类似于西方现象学所讲的"前对象世界"——未被反思思维与理性概念所污染、所遮蔽的本来如此的世界。怎样"反其真"？关键在"虚静"悟道。③

3. 道家之人格论

（1）自然人格说。陆玉林等人认为，相对于儒家强调道德的完满，着意塑造伦理人格；道家则强调个体生命与宇宙生命的合一，其理想的人格是一种自然人格。这种自然人格与儒家的伦理人格的最大不同就在于从心灵上铲除社会道德规范，而认同自然生命并与之沟通相连，以一己之身彰显宇宙生命的运迈。④

（2）自由人格说。邵汉明认为，与在理想境界上追求所谓自然境界、

① 蒙培元：《"道"的境界——老子哲学的深层意蕴》，《中国社会科学》1996年第1期。
② 陈鼓应：《庄子论道——兼评庄老道论之异同》，《中国哲学史研究》1985年第4期。
③ 陈德礼：《法天贵真：庄子的人生境界论及其美学精神》，《江汉论坛》1997年第11期。
④ 陆玉林、彭永捷、李振纲著：《中国道家》第334—335页，宗教文化出版社1996年版。

逍遥境界相对应，在理想人格上道家推崇即世而又超世的自由人格。尽管老庄心目中的理想人格在内涵和外显上也存在一定的差异，但在根本精神上则并无二致，即都须具备超脱和放达的品格。"超脱"指人身处人伦世界却非"与人为徒"，身处世俗社会却不为世俗社会的繁文缛节所缚，而是拨开迷雾，"与天为徒"，超越有形有相界，认清真我，提升自我；"放达"指人在人生实践中能够适其意，遂其情，安其性，定其心，使身心获得最大限度的放松和解放。①

（3）隐士人格说，李宗桂认为，从老庄的人生哲学态度来看，从老庄强调的不以物累形与返璞归真、无为无不为与不为人先、与时迁移和功成身退的主张来看，"将道家理想人格概括为隐士，是比较合适的。"②

（4）圣人说和"四人"说。朱哲认为，老子的理想人格就是圣人，圣人抱道合德，见素抱朴，"为而不争"，"被褐怀玉"，圣人是得道之人，为天下式。庄子的理想人格就是真人、至人、神人、圣人。真人就是明于天人之分，不助天，不灭天，能体天，与天为徒，同天合一的人，真人不离于天，故亦即天人；至人是游乎四海之外，超越生死利害、不将不迎，存己而后存人，无己无人的人；神人是"以不祥为大祥"，"以不用为大用"，应物而不逐物，无功而全其生的人，是神凝而一，不离于精的人；圣人是无名、不论、不议、不辩、不隐于是非对待中，参万岁而一成纯，严守天人之分，为而不恃，功成而不居，应物变化的得道之人。论者又认为，圣人是庄子理想人格之总名。因而"四人"说又可归结为圣人说。③

（5）抱道之士说。胡孚琛、吕锡琛考察中国历史上精研道学者由于人生际遇不同，其个人人格特征也各不相同。指出抱道之士有精研道学而为哲人者，如老聃、杨朱、列御寇、庄子、关尹子等可为典型；抱道之士有应用道学究明物理而成为不同领域的科学家者，如墨翟、张衡、葛洪、孙思邈、祖冲之、华佗、贾思勰、沈括、宋应星等可为代表；抱道之士有身为帝王者，如黄帝、汉文帝刘恒、唐太宗李世民可为例子；抱道之士有雄才大略而为帝王师者，如姜子牙、张子房、陈平、诸葛亮、徐世、李靖、魏征、李

---

① 张松如、邵汉明著：《道家哲学智慧》第181页，吉林人民出版社1996年版。
② 李宗桂著：《中国文化概论》第133—138页，中山大学出版社1988年版。
③ 朱哲著：《先秦道家哲学研究》第104—110页，上海人民出版社2000年版。

泌、刘伯温等可为榜样；抱道之士有燕处超然而为山林隐逸者，如鬼谷子、吴太伯、宁武子、黄石公、石门、接舆、桀溺、荷蓧丈人、商山四皓、河上公、郑朴、严遵、严光、孙登、郭文举等代不乏人；抱道之士有精研道学而为军事家、外交家者，如孙武、孙膑、苏秦、张仪者是；抱道之士有终生弘道而为一代教主者，如张陵、寇谦之、陆修静、王重阳、丘处机、王常月等宗教家即是；抱道之士有终生修道而达仙人境界者，如魏伯阳、钟离权、吕洞宾、张伯端、张三丰、陆西星等内丹学家皆是；抱道之士有精研方技术数而具备奇功异能者，如左慈、葛玄、介象、叶法善、袁天纲、李淳风、张果、王文卿、莫月鼎、管辂、郭璞等，皆名重一时；抱道之士有博学多才而为学人者，如司马迁、王充等是；抱道之士有以道学开发智慧而成为文学艺术家者，如王羲之、陶渊明、李白等是；抱道之士有修习道术而为养生家者也不乏其人。①

还有更多的著述具体探讨了老子、庄子的人格理论，但其要皆可归入上述五种看法之中，故不一一介绍。

4. 道家之生死论

有论者认为，先秦道家的生死论有三项要义：（1）"重生"、"贵生"而非"贪生"、"恶死"。（2）"重死"、"乐死"而非"恶生"、"轻生"。（3）即生即死。道家的死亡观乃即生即死的死亡哲学，它由三个渐次递进的层面构成，即"生死自然论"、"生死齐同论"、"生死超然论"。论者强调指出："先秦道家的死亡哲学是一种关于死亡的境界形而上学，它是以生死相即不二的辩证法来勘破生死的。'生死自然论'是对生死现象的客观认识；'生死齐同论'是生死之别的主观消解；'生死超然论'则是对生死之痛的'悬解'与境界提升。"生死观系道家人学的核心，也是世界死亡哲学的奇葩。②

另有论者将道家的生死论归结为生死超越论，认为这与其在认识哲学中的是非超越论，在道德哲学中的善恶、名利超越论是一以贯之的，生死观念的超越体现了道家对世俗人生的终极思考与终极超越。道家不仅认为人之生死乃自然变化的必然轨迹，指出"生之来不能却，其去不能止"，而且还基

---

① 胡孚琛、吕锡琛著：《道学通论》第54—60页，社会科学文献出版社1999年版。

② 朱哲著：《先秦道家哲学研究》第174—195页，上海人民出版社2000年版。

于自然论和气化论、齐物论的立场，反对悦生而恶死，主张生死一齐。这就从根本上消解了为世俗之人所普遍认同的生喜死悲、悦生恶死的情感纠葛。道家较儒家学者给予生死现象以更多的关注和思考，从而成为中国人生哲学史上最负盛名的生死问题研究专家。作者又指出，如果说老子主要是从自然论的角度来讨论生死问题，实现对生死的超越的话，那么，庄子则主要是从气化论和齐物论的角度来探讨生死问题，实现对生死的超越的。道家的生死超越论由死生自然说、死生气化说、死生齐一说三个层面构成。①

又有论者指出，老子的生死观意义有三：一是以其无为的思维方式，反对了常识的贵生说，特别指出追求物欲的享受，不是延长生命，反而减损寿命；二是看到生和死是相互转化的，并非孤立地存在，企图长生不死是不可能的；三是其"摄生"说，是使生命处于柔和的境地，保存其生命的活力。老子视生命为一种自然现象，反对人为的益生说，具有自然主义的特点。庄学生死观的主要特征是，阐发了老子提出的生死相互转化的观点，以生死为自然而然的现象，继老学以后反对"益生"说，提倡"达生"和"遗生"说，从而使人们从死亡的苦恼中解脱出来。其理论可归结为以生死为一条、死生气化、达生等几点。同儒佛相比，庄学生死观既不像孔孟那样以尽人事为生命的价值，也不像佛家那样，追求超脱生死轮回的彼岸世界，既非入世主义，也非出世主义，可以称之为超世主义。即身居人世间，但精神上不受人世死生、祸福等问题的困扰，寻求一种宁静的生活境界。②

照笔者看，上述诸位论者对道家生死观的分析和把握都是比较准确的，也是较为深入的。道家生死观，当做如是观。

5. 道家之修养论

修养论在一定意义上即是处世论。有论者将道家的处世态度归结为外圆内方，其特点在于：（1）"和光同尘"。（2）"安时处顺"。（3）与世推移，随俗方圆。（4）遗世独立，独善其身。③

另有论者认为，道家的修养论讲的是处世的艺术、处世的智慧，它的要

① 张松如、邵汉明著：《道家哲学智慧》第190—200页，吉林人民出版社1996年版。
② 朱伯崑：《庄学生死观的特征及其影响》，《道家文化研究》第4辑，上海古籍出版社1994年版。
③ 王泽应著：《自然与道德——道家伦理道德精粹》第109—118页，湖南大学出版社1999年版。

义有以下诸项：其一，为而不争，为而不有；其二，居上谦下，虚怀若谷；其三，"曲全"、"曲成"；其四，以德报怨，无责于人；其五，"安之若命"，"安时处顺"；其六，"以百姓心为心"，不"以出乎众为心"；其七，"顺人而不失己"。论者指出，透过这些要义和原则，"不仅可以见出道家处世观的消极退守倾向，同时我们还可以见出道家处世观的艺术性和超越性"。①

又有论者认为，道家的处世之道是以"不谴是非"的相对主义作为其理论基础的，这种处世观的内容包括以下诸项：第一，"不谴是非，以与世俗处。"第二，"缘督以为经，可以保身。"第三，"安时而处顺，哀乐不能入。"第四，"不辱以静，天下将自正。"②

还有论者将老子的修养之方概括为"啬"（爱惜、俭约、节省）、"见素抱朴"、"少私寡欲"诸项，并认为这些修养准则辩证地透露人情，切合实际，其言虽微妙，其实则为平凡的真理。③ 还有论者认为，庄子的修养之道就是所谓"坐忘"。"坐忘"由三个相互联系的内容构成：一曰"忘物"；二曰"忘己"；三曰物我两忘。"坐忘"的修养是一个由外而内、层层递进的心灵净化的过程，也即将个人的精神从感性世界的困扰中逐步解脱出来的过程。④

五、 道家思想比较研究

（一）道家学派内部的比较研究

1. 老子与庄子

崔大华先生认为，庄子与老子思想在两个基本点上是相同的：第一，"道"为世界万物最后根源和具有超验性质的观念；第二，社会批判立场和返归自然的社会立场。又指出，庄子与老子思想的差异也是很明显的：在自然哲学即关于"道"的本体论性质的认识上，老子的"道"是具有某种实

① 张松如、邵汉明著：《道家哲学智慧》第 228—243 页，吉林人民出版社 1996 年版。
② 沈善洪、王凤贤著：《中国伦理学说史》（上卷）第 216—225 页，浙江人民出版社1985 年版。
③ 詹剑峰著：《老子其人其书及其道论》第 422—429 页，湖北人民出版社 1982 年版。
④ 葛荣晋著：《儒道智慧与当代社会》第 189—194 页，中国三峡出版社 1996 年版。

体性质（并不是"实体"）的实在；庄子的"道"是某种既内蕴于万物之中，又包容一切事物和状态的世界总体性实在。这是老庄思想差异的最深刻的一个理论因素。在人生哲学关于人生追求和处世态度方面，老子倾向于个人生命的健康和长久地存在，对驾驭世俗生活表现出了极大的兴趣，时时显露着智慧和权谋；庄子追求一种高远的个人精神上的自由，以不同方式（超世、遁世、顺世）与世俗生活保持着距离。一个充盈着丰富深刻的生活智慧，一个显示出高远超脱的精神境界。在认识论方面，庄子对于感性知识不确定性引起的困惑，是用相对主义来加以解释的；老子不是用相对主义，而是用辩证法来消除这种感性认识樊然淆乱的差别所带来的困惑。[1]

王德有先生认为，庄子之道是从老子那里继承来的，就基本内涵而言，与老子之道并无多大差别，特别是在有关道的根本属性方面，在遵从自然无为的根本法则方面，基本上是沿着老子之道的内涵向前推进的。不过，庄子与老子所处的时代毕竟不同，所担负的历史使命毕竟不同，所要解决的问题毕竟不同，所以对道的描述，在侧重点上也就有所不同：老子重生，庄子重通；老子重柔，庄子重同；老子重反，庄子重真。[2]

周可真先生着重辨析了老庄思想之差异，并将这种差异归纳为：出发点——老子出于"治国"，庄子本于"治身"；宇宙观——老子以"气"为"道"之实体，庄子以"道"为"气"之本原；社会观——老子妄求"小国寡民"，庄子梦想"至德之世"；人生观——老子严肃认真，庄子玩世不恭；知行观——老子主张"不行而知"，庄子主张"以无知知"；自由观——老子追求行动上的"无不为"，庄子追求精神上的"逍遥游"。[3]

顾文炳先生着重考察了老庄思维方式之同异，认为老庄虽都采用整体思维与形象体认法，但具体思辨方式与纯熟程度却有不同：其一，老庄都提倡"以不知而知之"，但老子提倡渐损法以体道，庄子则较多采用跳跃式体道方法，以非常规性的突发思维达到对"道"的豁然贯通；其二，老庄都主张"抱一"、"守朴"，然老子主"贵柔"、"守弱"，庄子则主"两行并进之法"；其三，老庄同尊"清虚之道"、"玄观之术"，但老子主张"混同"之

① 崔大华著：《庄学研究》第396—403页，人民出版社1992年版。
② 王德有著：《以道观之——庄子哲学的视角》第20—39、40—50页，人民出版社1998年版。
③ 周可真：《老庄思想同异辨》，《社会科学战线》1995年第3期。

说：塞兑、闭门、和光、同尘，庄子则常以寓言方式说出一番"玄观"道理；其四，老庄均属辩证思维类型，但老子较多采用理论思维方式，常用"是以"、"故"、"则"、"乃"等逻辑推演递进性词汇，有层层推进之迹，庄子则较多采用形象思维方式，以"寓言"、"重言"、"卮言"来说明哲学道理。①

2. 老子与杨朱

詹剑峰先生曾就老子之学与杨朱之学作一比较，指出老子之学要在忘己，而杨子则"贵己"；老子之学，要在无私，而"杨子取为我"；老子说，"上善若水，水善利万物而不争"，又说"圣人常善救人，故无弃人"，而杨子则"拔一毛而利天下不为也"。可见杨子之学是极端的个人主义，而老子之学则是忘我的利他主义，两者如冰炭之不相容。其他方面，"老聃贵柔"，而杨朱则"向疾强梁"；老子主"绝圣弃智"，而杨朱则喜"物彻疏明"；老子说"绝学无忧"，而杨朱则说"学道不倦，可比明王"；老子说"善者不辩"，而杨朱则"窜句游心，致力于坚白异同之辩"。可见二者大相径庭。只杨子所立"全性保真"，尚与老子"返璞"之旨相合。②

3. 庄子与早期黄老之学

早期黄老之学是指由慎到开启到战国后期、秦汉之际发展起来的新道家，其思想特点在于以"道"为理论主体的观念体系中，吸取、融合了被老庄所否定的"法"、"礼"的观念。崔大华先生曾以《管子》四篇（《枢言》、《心术》上下、《白心》、《内业》）为代表，对早期黄老之学与庄子思想的异同进行了比较分析，指出《管子》四篇有两个基本观念和道家特别是庄子相通或相同：其一，"道"为万物根源并具有周遍、超验的性质；其二，清静无为的心性修养方法和目标。又有两个基本观念与庄子有深刻差异：其一，"道"与"气"的界限。在庄子思想中，"道"与"气"是两个属于不同层次、有不同内涵、界限可清晰区分的哲学范畴，在《管子》四篇中，"道"、"气"的界限已经模糊，已经混同，出现可以以"气"释"道"、以"道"释"气"的情况。其二，"天"与"人"的关系。"天人对立"是庄子所认识的人的生存环境的基本格局，而"天而不人"则是庄子

---

① 顾文炳著：《庄子思维模式新论》第9—13页，上海社会科学院出版社1993年版。
② 詹剑峰著：《老子其人其书及其道论》第115—116页，湖北人民出版社1982年版。

思想的基调，在《管子》四篇中，人的生存环境的基本格局不再是"天"与"人"这两个基本方面、两类不同性质的事或物的对立，而是天、地、人这三个主体和谐一致的共存。《管子》四篇中反映的"道德"与"礼法"对立的消除、名与实（形）对立的消除，皆与此密切相关。①

4. 田骈与慎到

针对学术界将田骈、慎到合而论之，对二人学术不加区别的情况，白奚先生通过对《庄子·天下》篇关于田、慎学术要旨的材料的仔细甄别分析，并辅之以其他史料，对田、慎二人的学术思想作了比较研究，指出同宗道家、因任自然和弃私去己是二人共持的观点。但田骈重在对道家理论的阐发，并提出"齐万物"的方法发展了道家思想；慎到则援道入法，提出了系统的法治思想。田骈的"齐万物"思想为慎到所无，慎到的法治思想亦为田骈所无。这即是二人学术思想之重要区别。②

（二）道家与其他学派的比较研究

1. 儒、墨、道的综合比较

朱哲先生曾就儒、墨、道的有无论、天人论、群己论、死亡观、语言观进行全面的综合比较分析。关于儒、墨、道之有无论，朱哲认为，三家都触及或直接论述到有无问题，这是其相同相似处。就相异处言，儒家注重实有，主张刚健有为，持肯定的思维方式，但他们对有无的理解是非常具体的；墨家既重实有，强调有为，但也认识到了虚空，亦讲无为，他们对有无的理解既是很具体的，但也有抽象的有无范畴；道家注重无为，以无为本，但也并不是不讲有为，他们持一种否定的思维方式，他们的有无范畴是真正哲学意义上的。关于儒、墨、道之天人论，朱哲指出，就其同者而言，"天人合一"是他们共同的宇宙观和伦理道德观。就其异者而言，儒家之天既是主宰之天，亦是德性之天，墨家之天纯然是主宰之天，道家之天则是自然之天。儒家之人是重仁义礼智的德性之人，是伦理关系中之人，墨家之人是体现了"天志"的兼爱兼利之人，道家之人是自然之人、自由之人。儒家

————————

① 崔大华著：《庄学研究》第409—415页，人民出版社1992年版。
② 白奚：《论田骈、慎到学术之异同》，《道家文化研究》第8辑，上海古籍出版社1995年版。

天人合一，一在心性；墨家天人合一，一在天志；道家天人合一，一在道也。儒家天人论多从仁义道德立论，墨家天人论是准宗教意义上的天人论，道家天人论则多从自然之道立论。关于儒、墨、道之群己论，朱哲认为，自其同者观之，三家都认识到个体和群体、我与他人之间密不可分的社会联系，都不同程度地意识到人、个人都有"类"特性如社会性，他们的群己人我观可以说都是他们救治社会的方案，尽管具体救治方案各不相同。自其异者视之，儒家的群体是君臣有分、夫妇有别的讲差等的群体；墨家的群体是"兼"而无"别"的群体；道家的群体是每一个人各自发展的全体。儒家的个人是为仁义而存在的个人；墨家的个人是为利他而存在的个人；道家的个人是为自己而存在的个人。儒家讲究社会秩序；墨家追求社会平等；道家爱好个人自由。关于儒、墨、道之死亡观，朱哲认为，三家都对人生中的死亡现象持一种自然、达观的态度；都从死亡这一角度反映了他们各自的思想主张和精神旨趣；都注重把生与死密切地联系起来理解死亡问题。从其相异处看，儒家观死，死中见礼；墨家观死，死中见利；道家观死，死中见道。儒家死而不休，死的是形体，不死的是道德精神；墨家死而不死，死的是形骸，不死的是"生人之利"；道家"死而不亡"，死的是自然之气散，不亡的是大道的永存。儒家尊鬼神，敬鬼神而远之；墨家重鬼神，敬鬼神以致福；道家无鬼神，鬼神亦自然。总之，儒家死亡观是伦理学意义上的死亡观；墨家死亡观是功利主义的死亡观；道家死亡观是死亡的形而上学。关于儒、墨、道之语言观，朱哲分析说，三家都肯定语言在通达人我、人与世界之间的媒介作用，都重视名实关系中实的一面，都不同程度地肯定语言的工具价值。其差别在于，儒家语言观是伦理学、政治学意义上的语言观；墨家语言观是功利主义和语言学意义上的语言观；道家语言观是语言哲学意义上的语言观。儒家重正名，正名救礼；墨家重予名，因名制实；道家重无名，无名名道。儒家慎言，质实无华，辞达而已；墨家重言，言必有利，言必立仪；道家善言，以言达道，义辞美富。儒家言传而身教；墨家上说下教；道家行不言之教。[1] 总的看，依笔者之见，朱先生的论述系统而准确，深刻而精辟。

---

[1] 朱哲著：《先秦道家哲学研究》第 83—84、121—122、163—164、204—205、256 页，上海人民出版社 2000 年版。

此外，曹锡仁先生比较分析了儒、墨、道人生哲学模式的异同，① 丁为祥先生考察讨论了儒、墨、道人的关怀观念的差异之处，② 所论亦颇有见地。

2. 道家与儒家的比较研究

由于道家与儒家在中国文化中的特殊位置，故二者的比较研究备受人们重视。

刘蔚华先生指出，儒家是以伦理道德哲学为核心在中国传统文化中占了主导地位的；而道家则以自然哲学为核心在中国传统文化中占了主导地位。换言之，中国的传统文化，在伦理道德观上主要是儒家的，在自然观上则主要是道家的。③ 刘先生的认识代表了学术界非常普遍的看法。

张运华先生认为，道家与儒家的对立是十分明显的，这种对立性不仅表现在两个学派的创始人老子和孔子那里，如老子崇尚人的自然性与自主性，抨击礼为"忠信之薄，而乱之首"，孔子却维护礼，信守礼，把礼作为社会的极则；老子主张"天"的自然性，认为"人法地，地法天，天法道，道法自然"，消除了传统天命观的神秘性和欺骗性，而孔子却不否认天的神性，认为"死生有命，富贵在天"，"获罪于天，无所祷也"。老子喜言天道，而孔子却"罕言天道"等；而且信奉、学习两家学说的学人也彼此责难，互相对立。④

冯天瑜先生比较考察了儒道两家之"终极关怀"的不同走向，认为尽管两家皆不谋求彼岸的永生，表现了一种着意把握"生"而又视"死"如归的理智主义，但二家之差异却也是十分明显的：儒家的"终极关怀"尤其体现在"三不朽"说，这是一种伦理至上的生死观，其基石便是个体生命价值与历史相融会的不朽观；道家则守持一种自然主义的终极关怀，老子认为复归自然方是"长生久视之道"，庄子则把"死生存亡之一体"视做高妙境界，提倡"坐忘"，使人与自然相融化。这是中国式终极关怀的两大

---

① 曹锡仁：《先秦三家人生哲学模式的比较研究》，《江汉论坛》1983 年第 6 期。
② 丁为祥：《儒墨道人的关怀比较》，《学术月刊》1998 年第 7 期。
③ 刘蔚华：《论道家的自然哲学》，《道家文化研究》第 4 辑，上海古籍出版社 1994 年版。
④ 张运华著：《先秦两汉道家思想研究》第 58 页，吉林教育出版社 1998 年版。

路向。①

冯达文先生认为，儒学与道学在思维方式、思维结构与人生价值的追求上，都是对立的。从常规性的认知方式出发，在哲学上确认有限事物与无限本性的相衔性，在价值上肯定现生现世有限努力的无限意义从而追求内在超越，这是儒家哲学的基本特点；从反常规的认知方式出发，在哲学上强调有限事物与无限本体的分隔性，在价值上否定现生现世有限努力的无限意义从而最终求助于外在超越，这是道家哲学的基本特点。指出二者的对立，并不意味着两家没有任何相通相容性。冯先生指出，儒道的相通性主要是指中国历史上的知识分子在文化心态上，同时可以接受这两种对立的思想观念这种状况。②

王竞芬先生着重考察了儒道两家境界哲学之异同，指出儒道两家都以提升心灵境界为哲学的根本任务，从这个意义上说，儒道两家都是境界哲学，但两家所追求的终极境界并不相同，儒家追求的是仁义境界、道德境界，道家追求的是道的境界、自然境界。作者又认为，儒道两家的境界哲学也有相通之处，表现为两家都把审美境界作为人生的理想境界，都具有深沉的宇宙意识和浓郁的生命情调，都强调超越自我而属于自我超越的哲学。③

周立升先生亦指出儒道思想有同有异。儒家注重人际协调，用"仁"来调整人与人之间的关系，用"礼"来调整个人与社会之间的关系；道家用"道"来调整人和自然的关系，亦施及于社会。儒家要人尽心人事，"乐天知命"，进而步入"上下与天地合流"的境界；道家究天人之际，把复归"自然"作为最终鹄的和要义，带有玄思的品格和自适的情趣。这是其异。其同在于两家都致力于论证天、地、人物息息相关，寻求整体的和谐与稳定。④

此外，还有不少论者比较考察了儒道两家的音乐美学传统⑤，剖析了孔

---

① 冯天瑜：《"终极关怀"的儒道两走向》，《道家文化研究》第 8 辑，上海古籍出版社 1995 年版。
② 冯达文：《儒学与道学的思维方式、思维结构和价值追求比较》，《广东社会科学》1990 年第 2 期。
③ 王竞芬：《略论儒道两家境界哲学的异同》，《安徽师范大学学报》1999 年第 1 期。
④ 周立升著：《老子的智慧》（前言），河北人民出版社 1997 年版。
⑤ 余树声：《儒道两家的音乐美学传统》，《中国社会科学》1990 年第 5 期。

子和老子思想的异同①、《易传》与《老子》辩证法的异同②、孟子和庄子理想人格说之异同。③凡此探讨，对于道家思想研究的深化，都是非常有意义的。

3. 道家与法家的比较研究

韦感恩先生比较分析了老子和韩非的朴素矛盾观，认为老子和韩非都认识到事物矛盾存在的普遍性，但老子的朴素矛盾观建立在客观唯心主义的基础上，而韩非的朴素矛盾观的基础是唯物主义的；对矛盾的两种基本属性，老子和韩非都有所认识，但老子只重视矛盾的同一性，忽视矛盾斗争性，而韩非在看到矛盾同一性的同时，着重强调矛盾斗争性；老子和韩非都注意到矛盾的转化问题，但韩非更加强调矛盾转化的条件性，更加深刻论述矛盾转化的过程；老子和韩非的矛盾观虽然都具有辩证的因素，但特点截然相反，同时又在不同程度上都犯了形而上学的错误。④

4. 道家与兵家的比较研究

道家老子的许多论述具有很高的军事学价值，故历来有人视《老子》为一部兵书。唐代兵家学者说："老子之言……未尝有一章不属意于兵也。"清代学者王夫之说："言兵者师之。"现代学人唐尧也说："下篇《德经》是直接论述军事战略战术并通过总结战争规律而引申出社会历史观和人生观的。其上篇《道经》则是对其兵略兵法思想给予理论上的概括并提高到宇宙观和世界观上给予论证。"⑤当代学人姜国柱先生说："《老子》所论述的军事斗争的战略以及权谋思想，确实蕴涵了丰富的军事思想内容，成为兵家之师，并对中国后来的军事理论、军事实践的发展，都产生了很大的影响，就这个意义上来说，《老子》也是一部兵学著作。"⑥

《老子》思想有其兵学价值，然是否可以由此而将其归结为一部兵书呢？许多学者提出质疑。李泽厚先生说："只能说，《老子》辩证法保存、

① 陈鼓应：《老子与孔子思想比较研究》，《哲学研究》1988 年第 9 期；张智彦著：《老子与中国文化》第 151—157 页，贵州人民出版社 1996 年版。
② 余敦康：《论〈易传〉和老子辩证法思想的异同》，《哲学研究》1983 年第 7 期；周秀光：《〈易传〉和〈老子〉辩证法之比较》，《福建论坛》1985 年第 5 期。
③ 姚俭建：《孟子、庄子理想人格之比较》，《学术月刊》1988 年第 10 期。
④ 韦感恩：《老子和韩非的朴素矛盾观之比较》，《汕头大学学报》1985 年第 1 期。
⑤ 唐尧：《老子兵略概述》，《中国哲学史文集》第 32 页，吉林人民出版社 1980 年版。
⑥ 葛荣晋主编：《道家文化与现代文明》第 141 页，中国人民大学出版社 1991 年版。

吸取和发展了兵家的许多观念，而不能说，《老子》书的全部内容或主要论点就是讲军事斗争的。"① 又有论者说："尽管《老子》的某些论述与兵家的许多观念有某种相通或相似之处，并且对后世兵家理论的发展也确曾产生过一定的影响，但从总体上看，《老子》不能算是一部地道的兵书，《老子》的着眼点在其宇宙观和人生观，它关于用兵的一些论述与其自然无为的宇宙观和人生观是一以贯之的，换句话说，这些论述毋宁就是其宇宙观和人生观的直接注脚和说明。"②

还有论者着重考察分析《孙子兵法》与《老子》思想的相近相通之处，并从域中四大与军中五事、无道用兵与用兵保民、不争而胜与不战而胜、万物有对与敌我对立、以弱胜强与弱生于强、以水喻兵与兵无常势、以奇用兵与奇正相生、胜而不美与穷寇勿追等八个方面一一比较，以证《孙子兵法》所受老子思想的影响。③

5. 道家与禅宗的比较研究

李霞教授对道家与佛家禅宗之思想观念进行了较为深入全面的比较考察，指出道禅之间的吻合性体现在其理论体系的方方面面。在基本宗旨上，道家主"道法自然"，万物一齐；禅宗倡"僧家自然"，心佛平等，均具有自然主义和平等主义之特色。在宇宙论上，道家建立了道本论，禅宗构造了心本论，其所谓"道"与"心"均属于精神范畴，同具有本原、本质、本体等含义，从而道、禅宇宙论均表现出唯心主义倾向。在认识论上，道家重视观"道"，禅宗力倡悟"心"，两者的认识方法"观"与"悟"同具直觉性；道家主张"得意忘言"，禅宗宣扬"以心传心"，两者的传授方式同具意会性；道家认为是非无定，禅宗主张以心印心，两者的真理观念同具主观相对性。在人生论上，道禅同具贵生重生倾向而与传统佛教的死亡哲学有别，两者共有涉世超世意向而与儒家的入世哲学相异。在修养论上，道家提倡寡欲坐忘，禅宗崇尚净心无住，两者修养原则相近。在解脱论上，道家追求无待逍遥，禅宗向往无累自由，两者均表现出超脱主义情怀。作者又指出，道禅之间虽具有理论上的渊源关系和观念上的吻合性，但禅宗毕竟是一

---

① 李泽厚：《孙老韩合说》，《哲学研究》1984 年第 4 期。
② 张松如、邵汉明著：《道家哲学智慧》第 63—64 页，吉林人民出版社 1996 年版。
③ 姜国柱：《〈孙子兵法〉所受老子思想的影响》，《道家文化研究》第 5 辑，上海古籍出版社 1994 年版。

个相对独立的佛教宗派，禅虽近于道、通于道，但并不等于道、同于道。道家作为一个思想流派，它有自己的中心范畴"道"，有自己的理解体系和源流关系；禅宗作为一种宗教，它除有不同于道家的中心范畴"心"和有别于道家的宗教哲学体系以外，更有道家所没有的传法系统、教内规则、宗教实体和宗教活动，它虽接受了儒道思想的同化，但并未从根本上失去佛教的特色。①

此外，许抗生先生也认为禅学与老庄思想基本一致，禅宗的"无念"解脱法即继承了庄子"坐忘"、"心斋"超脱法；但禅宗属宗教，老庄属哲学，两者的明显区别是佛禅主张出世，老庄则要在现实中实现超越。②徐小跃先生从老庄思想与禅学源流的角度分析了两者的同异和承继关系。③

（三）道家与道教关系研究

在这个问题上，主要有两种意见：一种意见注重道家与道教之关联，将二者视为一个整体。如有论者认为，现代学者对道家和道教严格区分，认为一个是学术，另一个是宗教。然而，学术与宗教并非泾渭分明，有以学术为名的宗教，也有以宗教为名的学术。所以，中国古人并不管什么学术与宗教之分，道教内外人士既时称"道教"，又时称"道家"、"老学"，而修史的人所谓释、儒、道三教之道，也是既包括道家又包括道教的。现代的一些欧美人士，也大都不管什么道家、道教，总之是 Taoism."道家之名，在起始之时，已是兼容并包，不单指老庄之学，也涵盖汉初黄老；道教兴起之后，古人言道家也将道教包括在内，并将其当做道家之一派或几派来处理。""虽然道教与道家存在这样那样的不同，但在根本理论上血脉相通，而且是道家文化发展的必然结果，因此，可以说道教是道家的转型，它以宗教的形式承续和发展着道家文化。"④ 又有论者说，老子不是后来才被人神化拉入道教的，而是他本来就是道教至上神的代言人。"我们今天所用的道教概

---

① 李霞著：《道家与禅宗》（前言），安徽大学出版社1996年版。
② 许抗生：《禅宗与老庄思想》，《庄子与中国文化》，安徽人民出版社1990年版。
③ 徐小跃著：《禅与老庄》，浙江人民出版社1992年版。
④ 陆玉林、彭永捷、李振纲著：《中国道家》第192—203页，宗教文化出版社1996年版。

念，和古人的黄老、道家概念是同实异名的概念。"① 又有论者指出，道家和道教皆以老子的道为根基，道家是道教的哲学支柱，道教是道家的宗教形式。该论者主张用"道学"这个概念来总括道家与道教学术，并将"道学"的概念定义为"以老子的道的学说为理论支柱的整个文化系统，其中包括道家的哲学文化、道教的宗教文化，还有仙学的生命科学文化"。② 还有论者强调，教无学不会，学无教不行，道家理念使道教超越了迷信水平，道教实践扩大了道家思想的影响。③

另一种意见注重道家与道教之区别和差异。绝大多数学者认为，道家与道教既有联系，又有区别，而且是本质的区别，道家是一个学术派别，而不是宗教；道家典籍《老子》、《庄子》等都是学术著作，而不是神学经典。道家与道教不是一回事。王明、卿希泰等著名学者均持此说。有论者说，道教"是打着道家的旗号，依托于道家理论，对道家进行改造，混迹于道家"。④ 有论者指出，道家与道教的区别具体表现在：道家思想主要是一种哲学理论，道教则是一种宗教教派；道家思想推崇自然无为，研究齐生死或精神的自由，道教则向往神仙境界，希图长生不死或羽化成仙；道家思想强调心斋坐忘，少私寡欲，见素抱朴，并以此作为养生之方，道教则强调斋戒沐浴、记诵健身，并以此作为长生不老的仪范。道教信仰神仙长生，主张通过修习神仙之道使生命永恒不朽。道教仙学包括内丹、外丹等修仙之术，这是道家思想所没有的。⑤

无论是注重道家与道教之关联的学者，还是注重道家与道教之差异的学者，无不肯定道家与道教有着不解之缘。从某种意义上说，"道教的形成与神化老子和改铸《老子》书是同步进行的"。⑥ 有论者进而探讨了道教依托于道家的内在原因，认为首先是由于道家思想中有着可供选择和利用的因素。其次是佛教的传入影响了道教的发展及其组织形式。对佛教的抵制，必须要有一套精密的理论作为自身的基础，于是道教便选中了先秦诸子中最富

---

① 李申：《黄老、道家即道教说论纲》，《道家文化研究》第 16 辑，三联书店 1999 年版。
② 胡孚琛、吕锡琛著：《道学通论》第 1—8 页，社会科学文献出版社 1999 年版。
③ 陈静：《道家与道教学术研讨会纪要》，《道家文化研究》第 9 辑，上海古籍出版社 1996 年版。
④ 张运华著：《先秦两汉道家思想研究》第 308 页，吉林教育出版社 1998 年版。
⑤ 王泽应著：《自然与道德——道家伦理道德精粹》第 4 页，湖南大学出版社 1999 年版。
⑥ 张智彦著：《老子与中国文化》第 214 页，贵州人民出版社 1996 年版。

理论特色的老子学说作为其理论基石。与此相对应，便将老子奉为其教祖。再次，老子生平事迹的不详及其思想也为道教之利用提供了有利条件。最后，道教依托老子，抬高老子地位，也是为了与"祖述尧舜，宪章文武"的孔孟儒学相抗衡。① 还有论者指出，汉代封建统治者对黄老学派的尊重，而黄老学派中的有些人，同时也就是神仙方士，这也是神仙方士在创立道教时依托老子的一个重要原因。②

（四）道家与西方哲学的比较研究

1. 道学与西方哲学的综合比较

朱哲先生较为全面地就道学与西方哲学的有无观、天人观、群己观、生死观及语言观进行了比较考察。关于二者的有无观，朱哲认为，从普罗提诺到耶柯比的神秘主义思想，似可看做是先秦道家哲学的西方古代版；而海德格尔的"无"超越"有"的思想则是先秦道家"有无观"的现代西方版。关于天人观，朱哲认为，二者大异中有小同，一方面，道家的天人合一论与西方的天人相分论大异其趣；另一方面，也应看到西方天人相分、天人对立的思想中亦有天人相合的因子，他们也并不是全不要天人合一，只不过他们的天人合一是以天合人罢了，道家力主天人合一，也并不是没有看到天人相分之处。关于群己观，朱哲认为，道家的贵己、存我、为我主张所彰显的"个人觉醒"虽然还不是本体论意义上的，而只是生存论意义上的，但却是可以和西方人本主义、个人主义觉醒相媲美的意义重大的个人觉醒。关于生死观，朱哲指出，先秦道家"生也死之徒，死也生之始"的思想虽然没有海德格尔"向死而在"的死亡哲学那样缜密，但从生死智慧来讲，先秦道家实更胜一筹：海德格尔的"向死而在"使人努力、积极地生；道家则真正让人无畏地活。死在海德格尔那里是使此在得以成为此在的死；而在先秦道家那里，死是化解小我、融入大我的死。关于语言观，朱哲指出，道家的道言观实与西方现代语言哲学有着深刻的契应之处，这具体地可以从语言批判、模糊语言、诗化语言、自然语言等方面得到证明。道家的道言观乃是语

① 张运华著：《先秦两汉道家思想研究》第313—315页，吉林教育出版社1998年版。
② 卿希泰著：《中国道教思想史纲》（第一卷）第49—50页，四川人民出版社1980年版。

言哲学的中国形态。①

刘笑敢先生比较考察了道与基督教的上帝的异同，认为道的特点、功能或作用与基督教的上帝有很多相似之处，例如，上帝是不可言说的，道也是无法形容无法命名的；上帝是只能用比喻或遮诠式的语言来描述，道也只能有比喻式的名称；上帝无所不在，内在于万物，道也是广大而普遍并贯通于万物的；上帝是唯一的，道也是独一无二的；上帝是绝对的，道也是无条件的；上帝是永恒的，道也是从天地之始以来就其名不去；等等。二者又有根本性的不同，基督教说上帝是宇宙的创造者、设计者，而道则只能说是宇宙的起源，却绝不能说是创造者和设计者，因为道的一切功能和作用都是自然的。总之，就世界的根源和根据来说，上帝的伟大之处，上帝的功能和作用与道都有类似之处，但一涉及人格问题或精神问题，上帝与道就毫无共性可言。可以说，道是非人格非精神的上帝，而上帝是人格化精神化的道。② 王树人先生则从中西超越理论之建构的角度，比较探讨了道与基督教之上帝的异同。③

宋志明先生就老庄与西方诗人哲学家的思想作了大跨度的比较，指出二者之间多有相通之处：在价值观方面，他们都批判地看待传统的价值评判系统，企图确立新的价值观念；在思维方式方面，他们都对理性加以限制或贬抑，高扬直觉；在本体论方面，他们都反对以知识论的或科学的眼光看待"存在"，力求从存在的直接性入手解决本原性问题。他们的思想不是个别观点的相似，而是包括价值观、思维方式、本体论在内的整个思想体系的相似。④

2. 老庄与西方思想家的具体比较

杨鸿儒先生探讨了老子与古希腊哲学家赫拉克利特哲学思想之异同，认为就相同方面而言，两位哲人都肯定事物运动、变化、发展的绝对性和普遍

① 朱哲著：《先秦道家哲学研究》第 84—90、122—134、164—172、205—215、257—267 页，上海人民出版社 2000 年版。
② 刘笑敢：《老子之道：关于世界之统一性的解释》，《道家文化研究》第 15 辑，三联书店 1999 年版。
③ 王树人：《超越的思想理论之建构》，《道家文化研究》第 2 辑，上海古籍出版社 1992 年版。
④ 葛荣晋主编：《道家文化与现代文明》第 280—295 页，中国人民大学出版社 1991 年版。

性，都认为一切现象都是对立统一规律制约着的，都认为事物的发展变化是一个循环的过程。就相异方面而言，赫拉克利特的辩证法是建立在唯物主义基础之上的，老子的辩证法是建立在一种特殊形态的本体论的基础之上的；赫拉克利特强调斗争，认为没有斗争便没有万物和宇宙，老子反对斗争，主张"守柔"；赫拉克利特对事物的质量互变规律缺乏明确的认识，而老子在这一方面认识比较鲜明。①

陈鼓应先生探讨了庄子与尼采哲学思想之异同，认为两人的相似之处在于：都是文学性的哲学家；都是敏锐的历史批评家，是传统价值的批判者；都有孤傲的思想性格，都反对权威主义和偶像主义；都反对守旧因袭，反对复古主义；都反对无创意的创作；都有个性解放的思想；都强调人的精神自由的重要性；在政治观点上尼采是个无政府主义者，庄子则是个无治主义者；都对于传统伦理施以强烈的批判；形上学上尼采的"永恒重现"和老庄的循环往复也有相似之处。其不同之处有如下几项：（1）尼采哲学建立在希腊悲剧精神的重建以及反基督教文化的焦点上；庄子哲学则在于批判宗法制礼教文化对人性的束缚，扬弃世俗价值对人的庸俗化，追求人的精神自由。（2）尼采"投入"人间的方式是时进时退、时退时进的，但基本上是一种积极入世的态度；庄子则常采取一种避世的态度。（3）尼采的思想很富有战斗性，庄子处世待物则取顺应自然的态度。（4）尼采的思想是不断地激发人的"冲创意志"；而庄子则将人的意志内收。（5）庄子的万物平等的观念在《齐物论》中有突出表现；而尼采则从反对基督教的立场出发反对平等说。②

刘笑敢先生着重探讨了庄子与萨特的自由观，指出两种自由观的重要区别在于：（1）庄子的自由是从命定论出发的自由；萨特的自由是排斥命定论的自由。（2）庄子的自由是绝对无为的自由；萨特的自由是反对无为的自由。（3）庄子的自由是否认偶然的自由；萨特的自由是否定必然的自由。（4）庄子的自由是有条件的自由；萨特的自由是无条件的自由。（5）庄子的自由是客观唯心主义者的自由；萨特的自由是主观唯心主义者的自由。又指出两种自由观的相同之处在于：都是纯个人的自由、抽象化的自由、绝对

---

① 杨鸿儒著：《重读老子》第169—172页，四川人民出版社1997年版。
② 陈鼓应：《尼采哲学与庄子哲学的比较研究》，《老庄论集》，齐鲁书社1987年版。

化的自由、乐观与悲观相交织的自由、虚假与真实的二重性的自由。①

此外，周春生先生比较分析了荣格的原型论与老子的道论，② 陈绍燕先生比较考察了庄子的不可知论与古希腊罗马的怀疑派哲学，苏祖武先生就庄子与卢梭思想作了比较，戴冠青先生就庄子与海德格尔的美学思想作了比较，李向平先生就庄子与海德格尔的死亡哲学作了比较，③ 等等。凡此探讨，不仅于开阔人们的视野，深化道家哲学的研究，而且于中西文化、中西哲学间的对话及融通，都是非常有益的。

六、 道家之历史地位与道学之现代价值

关于道家之历史地位与道学之现代价值的讨论和评估，亦是道家文化研究中的热点和焦点之一。

（一） 道家之历史地位的肯定

近年来，道家在中国哲学史、中国文化史上的地位越来越受到人们的重视和肯定。除极少数论者执守扬儒抑道的立场外，绝大多数论者都普遍认同道家之重要历史地位。

有论者从道家思想发展的二律背反来立论说明，指出原始道家思想的发展路向在历史上出现了二律背反的现象。即一方面历代不满现实的隐者和避世之士，多从这里找寻理论依据，成为当时现实政治的反对派，他们所从事的文化创造和思想批判，往往与封建正宗相对立而处在异端地位，从而形成历史上独树一帜的道家文化传统。另一方面，道家在诸子中也是属于"务为治"的一派，它可以为统治者出谋献策，并博取众家之长，通过与儒、墨、法等的多元互补，从而成为正宗传统文化的理论框架和思维方式的建构者。"务为治"与"无为而治"和对现实政策的批判，这种矛盾的两重性成

---

① 刘笑敢：《庄子与萨特的自由观》，《中国社会科学》1986 年第 2 期。

② 周春生：《荣格的原型论与老子的道论》，《学术月刊》1989 年第 6 期。

③ 以上参见程潮：《建国以来庄子研究简述》，《庄子与中国文化》，安徽人民出版社 1990 年版。

为道家思想在传统文化中的独特地位。①

道是中国哲学的最高范畴，道的观念虽非道家的发明，但将道从形而下的层面提升到形而上的层面，却始于道家。故许多论者皆从这样一个角度来肯认道家在中国哲学史上的地位。如有论者说，道家在中国哲学史上的最大贡献是提出和开创以道为最高范畴的哲学本体论，"在中国哲学本体论的发展过程中，道家学说居于主导地位"。② 有论者说，道家思想的重要历史地位，体现在他们赋予道以本体论和宇宙论的含义，并以道为中心提出了一系列重要的哲学范畴，建立了道学理论体系——道论。老子是道论的建立者，庄子则是先秦道论的集大成者，他们都有着关于道论的丰富论述。应当说，道论的提出标志着中国哲学已开始克服和超越经验哲学的局限而得到提升，进入一个崭新的阶段和层面。③ 又有论者说："道学哲学深刻而博大，在其思辨程度上，先秦哲学没有哪一家可以与之相比。道学哲学开启了中国哲学本体论或形上学思考的新理路，当之无愧地成为中国思辨哲学的开山。道学哲学在先秦时代卓然成家，而对后世中国哲学的发展乃至当今世界哲学的发展，保持着不容忽视的影响力。"④

有论者从道家的人格理想对封建士大夫的影响的角度来说明道家之地位。指出士大夫们在自觉地承担起维护儒家伦理的使命，并期望用儒家伦理"为万世开太平"的时候，不知有多少儒者将自己沉浸到道家的人格理想之中，以此洗尽此生的无奈与悲凉。"可以说中国士大夫的人格是外儒内道，他们向人展示的是儒家的入世，而自己向往的则是道家的超世和逍遥；并以超世和逍遥为根基来行治国平天下之大业。"由此可知，道家在中国文化史上的重要位置是毋庸置疑的。⑤

还有大量的论述考察、探讨了道家思想对中国古代政治、军事、文学、艺术、科学、宗教乃至人们的思维方式的深刻影响，这方面的成果，可以说

---

① 李锦全：《道家思想在传统文化中的历史地位》，《哲学研究》1990 年第 4 期。

② 张岱年：《道家在中国哲学史上的地位》，《道家文化研究》第 6 辑，上海古籍出版社 1995 年版；张岱年：《论老子在哲学史上的地位》，《道家文化研究》第 1 辑，上海古籍出版社 1992 年版。

③ 张松如、邵汉明著：《道家哲学智慧》第 34 页，吉林人民出版社 1996 年版。

④ 张立文、张绪通、刘大椿主编：《玄境·道学与中国文化》第 37 页，人民出版社 1996 年版。

⑤ 陆玉林、彭永捷、李振纲著：《中国道家》第 336 页，宗教文化出版社 1996 年版。

也是非常丰硕的。

（二）道家主干说及其质疑

在众多高度肯认道家思想之重要历史地位的论述中，有一种看法尤为引起人们特别的关注，这就是道家主干说。1986年，周玉燕、吴德勤先生首倡道家主干说，认为"中国传统文化从表层结构看，是以儒家为代表的政治伦理学说；从深层结构看，则是道家的哲学框架"。其具体表现就是道家思想既建构了中国传统文化的框架，且其直觉的认识方法也构成了中国传统思维不同于西方思维的特色。周、吴又指出，董仲舒构造的思想体系，"标志着道家思想在中国传统文化中主干地位的确立"。①

1990年和1995年，陈鼓应先生分别在《哲学研究》和《中国文化研究》上发表文章，对道家主干说进行新的更为系统的论证和说明。与周、吴二人从文化史的角度提出问题和看法不同的是，陈鼓应先生是从哲学史的角度作出论析的。照陈先生的看法，儒家不仅在中国文化史上居于主导地位，在伦理学史上更居于主干地位。虽然伦理问题有时成为哲学的重要关注对象，但有时则处于哲学的边缘部位，而且在哲学大厦中，它也并非主体建筑。从西方哲学发展的历史来看，其主流一直是形上学与知识论，而政治伦理学只是其中的枝节部分。这样，自西方哲学的观点视之，则以政治伦理学为主体的儒家显然不能正当地担起哲学之名。但道家则不然，它既有自己系统的形上学——道论，又有自己以直觉（"玄览"）和静观为特点的认识学说（这两点是任何其他一个学派所不具备的）。从中国传统哲学来看，其主体为宇宙论和人生哲学。就宇宙论和辩证思维方法而论，显然是由道家提出和加以发展的；至于人生哲学，则孔孟远逊于老庄自不待言。这是道家思想所以成为中国哲学之主干的主要根由。② 陈先生还深入探讨了《易传》与老庄的关系，得出《易传》学派乃道家别派等结论。③

---

① 周玉燕、吴德勤：《试论道家思想在中国传统文化中的主干地位》，《哲学研究》1986年第9期。
② 陈鼓应：《道家在中国哲学史上的主干地位》，《哲学研究》1990年第1期；《道家在先秦哲学史上的主干地位》，《中国文化研究》1995年夏之卷、秋之卷。
③ 参见陈鼓应著：《老庄新论》第三部分《〈易传〉与老庄》，上海古籍出版社1992年版。

　　胡孚琛、吕锡琛亦持道家主干说，认为道学包括道论、气论、宇宙观、辩证法、认识论等项内容。如果以西方哲学作参照系，中国先秦诸家中仅有道家学说才属哲学范畴。因此，道家是中国哲学的主干。①

　　与道家主干说相近的，又有所谓道家主根说。涂又光先生持之。涂先生指出，《老子》是哲学著作，《论语》是教育学著作。《论语》中教的最高境界是《老子》的"不言之教"，《老子》是《论语》教育哲学的主根，亦是儒家哲学的主根。儒家到作出《易传》才算有哲学，而《易传》哲学主根则为老庄。汉代董仲舒哲学亦以老庄为主根。两汉之交，佛教东来与中国文化相综合，形成东方文化及其哲学，而以朱熹为代表。朱熹出入佛老，精通道家道教，其学以老庄为主根。元代以后，在东西方文化的综合过程中，老庄既为中国哲学之主根，亦为嫁接外国哲学之砧木。②

　　针对陈鼓应等人提出的道家主干说，许多学者纷纷从不同的角度提出自己的看法。一种看法持未置可否的态度，指出："冯友兰认为哲学的主题是内圣外王之道，毫无疑问，按照这样的理解，儒家在中国哲学史上的地位即使不是主干也是举足轻重；陈鼓应认为哲学是'对自然界的全部的研究，是期望对事物作一种普遍性的解释'，其主要方面是形上学、认识论、方法论，按照这种理解，特别是对形上学的强调，无疑道家在中国哲学史上不是主干也是举足轻重。"③

　　另一种看法则正面提出两翼两轮说，从而变相否定了道家主干说。论者指出："在中国文化思想发展进程中，儒、道两家文化犹如车之两轮，鸟之两翼，人之两脚。强调儒家思想为中国文化的主导，抑或强调道家思想为中国文化的主导，都失之'褊狭'。犹如两轮、两翼、两脚，若缺其一，鸟便不飞，车就不转，人便不能正常地行走。儒、道两翼皆备，互补互济，才能构成中国文化的整体系统结构，可谓一体之两面，或两面而一体，即一而二、二而一的结构。"④

---

① 胡孚琛、吕锡琛著：《道学通论》第47—48 页，社会科学文献出版社 1999 年版。
② 涂又光：《〈老子〉为中国哲学主根说》，《道家文化研究》第 10 辑，上海古籍出版社 1996 年版。
③ 陆玉林、彭永捷、李振纲著：《中国道家》第 333、192—203 页，宗教文化出版社 1996 年版。
④ 张立文、张绪通、刘大椿主编：《玄境·道学与中国文化》第 1 页，人民出版社 1996 年版。

又一种看法则明确就道家主干说提出质疑或反对。如李存山先生指出："贯通天人是古代西方哲学和中国传统哲学的共同特点,讲'人道'（认识论和伦理学）亦讲'天道'（宇宙论和本体论）是哲学这一学科的性质使然,或者说,古代哲学的框架就是如此。""老子哲学在中国古代首先较为完整地建立了这样一个框架,这对于儒学的发展有重大影响,但儒学并非天生就不具备建立这样一个框架的能力;探讨是儒家还是道家在中国传统哲学或文化中占有'主干地位',不是探讨哪家首先建立了一个较为完整的哲学框架,而是探讨哪家主要影响或决定了这一框架的发展和特殊性质。""不应以西方哲学的'主流一直是形上学与知识论'为标准来称衡儒道两家在中国传统哲学中的地位。"周玉燕、吴德勤和陈鼓应先生的道家主干说,都是建立在把对宇宙人生作"普遍性的解释"这样一个一般性的"框架"独归于道家的前提之上的。①

又有论者评析说,"道家主干说"是以狭义哲学即西方形上学的立场和视野来观照中国哲学而得出的。其实,中国哲学与西方哲学有很大的不同,西方哲学在古代以本体论和宇宙论见长,在近代以知识论见长,其本体论和宇宙论及知识论皆有其独立的系统。中国哲学则不然,它虽然也有丰富的本体论、宇宙论和知识论思想,但其本体论、宇宙论和知识论往往是与其政治哲学、道德哲学等融为一体,显得难解难分的,并未取得真正独立的地位,达致相对纯粹的状态。儒家哲学是如此,道家哲学也不例外。"因此以西方哲学为参照来揭示中国哲学之特点无疑是有意义的,但以西方之主流哲学及其特点为标准来衡量中国哲学之价值,评判中国各家哲学地位之主次则并不十分妥当。"同时,诚如陈鼓应先生所说,原始儒家（孔孟）以政治伦理学为主体,原始道家（老庄）形上学思想颇为发达。前者属于人道的范畴,后者属于天道的范畴。然原始儒家却也并非没有关于天道的观念,儒家到了《易传》和荀子之时,其天道或形上学思想达到相当的高度亦是一个不容否认的事实,后来的宋明理学更不必说。而原始道家却也并非没有对于人道的认识,道家的思维方式是从天道推到人道,讲人道又复归于天道。这种思维路向决定了他们也有着较为丰富的政治哲学、道德哲学和人生哲学思想,且有着自己鲜明的特色,这就是对传统伦常道德的反动和超越,对自然主义道

---

① 李存山:《道家"主干地位"说献疑》,《哲学研究》1990 年第 4 期。

德观的提倡和强调。论者强调，儒道哲学与文化都是中国文化与哲学之"根"，都具有"根"的意义和地位，简单地说一方为主一方为次，都不是很确当的。论者主张儒道递相或交叉主干说，即在一定的历史时期是儒学起着主导的作用，在另外一些历史时期，则是道学起着主导作用。儒道的地位和作用不是一成不变的。①

还有论者认为，陈鼓应先生引用韦伯的哲学史观，没有突破西方思辨哲学框架的局限，没有深入发现儒家以政治伦理安顿社会人生主张背后所包含的哲学精神。而简单地把儒家等同于政治和伦理思想，这样很容易使人误解，仿佛中国哲学史的发展只是道家体系的发展，其主张走向了另一极端。② 此外，更多的论者还就将《易传》归为道家著作提出了不同的意见。

（三）关于儒道互补说

儒道互补之说乃学界普遍认同的观念，所需注意的是，一些论者特别是持道家主干说的论者之所谓儒道互补，是建立在道家之主导地位的基础之上的，互补的方式主要是"以道补儒"，进而反映出儒学的道学化。如有论者说，所谓"儒道互补"的具体内容是儒学在其发展过程中为克服自身的理论缺陷和应对来自道家思想及佛教的挑战而自觉地采纳了道家思想中的人性论、"天成秩序观"和"明镜说"，从而协调了人的行为与人性自然的冲突，统一了"内圣"与"外王"的矛盾，完成了对形下世界的有限性、相对性的意义确证。"儒道互补"的实质是"以道补儒"，以道家思想阐释、完善乃至改造儒学的理论，其结果是导致儒家思想的道家化——"外儒内道"。③ 又有论者说："儒家的忠君思想、等级观念、权威意识、保守倾向及其对农工与妇女的鄙视，都是与道家精神相对立的。""儒家的文化道统与政统相结合强化了中国的封建专制统治，如果没有老、庄对儒家的抨击，那么孔、孟之礼网对人民思想的束缚，对人性之桎梏，必然会使中国的文化传统更加干涸闭塞，而庄子哲学对此却有莫大的通解作用。""只有思想解放者的马克思主义、人道主义者的马克思主义，加上庄子的开放的心灵，才可以救治

---

① 张松如、邵汉明著：《道家哲学智慧》第29—30页，吉林人民出版社1996年版。
② 陈红兵：《"道家主干说"得失简评》，《哲学研究》1992年第1期。
③ 吴重庆：《论儒道互补》，《哲学研究》1993年第1期。

儒家封建性的思想弊端。"①

从中国思想史、文化史上看，确实存在着一种儒学的道家化倾向。但是否也意味着还存在一种道学的儒家化倾向呢？目前尚无人明确这么说，但一种较为普遍的认识是，"儒道互补"不只是"援道入儒"即"以道补儒"，同时还包括"援儒入道"即"以儒补道"。"互补"是双向的，不是单向的，是相互颉颃、相互刺激、相互吸收。这是较为符合"儒道互补"的本义的。萧萐父先生论证说，在玄学思潮的发展中，曾自觉讨论过儒、道的异同、离合问题，而大体归宿于"儒道合"。无论是偏重于"以儒合道"，或偏重于"以道合儒"，其主旨都在"儒道兼综"，"情理兼到"，以企求"自然"和"名教"的统一。玄学正宗，可以说初步实现了儒道两家的兼容和互补。而宋明道学正宗，可以说从理论内容上实现了较深层次的儒道互补。② 王泽应先生也认为，儒道互补既通过以改造了的道家思想解释儒家经典和援道入儒的方式来进行，也通过以改造了的儒家思想来解释道家经典和援儒入道的方式来进行。前者如王弼、何晏等正统玄学，后者如东晋葛洪的学说。"儒道互补说明儒家思想的前进与发展需要道家的思辨理论和超越精神作动力，同时也说明道家思想的挺立与绵延也不得不以儒家的经世致用和内圣外王作武器。儒道是互相需要的，离开了道家，儒家不成其为儒家；同理，离开了儒家，道家也很难存活与发展。"③

那么，儒道何以能够互补呢？互补的内容或途径是什么呢？有论者认为，儒道所以能够互补，正在于其思想路向和学说宗旨的差异，互补的内容主要包括：入世与离世的互补；刚毅与阴柔的互补；对生命价值的不同理解和互补。④

另有论者认为，儒道互补的原因或依据，既在于两家之异——阳刚与阴柔之异、进取与退守之异、庙堂与山林之异、群体与个体之异、恒常与变动之异、肯定与否定之异，又在于两家之同——以物欲为不齿、重视道德修

---

① 陈鼓应：《关于庄子研究的几个观点》，《老庄新论》，上海古籍出版社 1992 年版。

② 萧萐父：《简论道家思想的历史地位》，黄钊主编：《道家思想史纲》（代序），湖南师范大学出版社 1991 年版。

③ 王泽应著：《自然与道德——道家伦理道德精粹》第 48—49 页，湖南大学出版社 1999 年版。

④ 张智彦著：《老子与中国文化》第 157—171 页，贵州人民出版社 1996 年版。

养、简单类推的思维方式。①

又有论者认为，儒道所以能互相补充主要是因为它们之间存在着相通一致的思想观念——人的行为必须顺乎人性自然；重视人的精神生活，否定或贬斥物欲功利；推崇独善其身等。正是这些相通一致的思想观念构成儒道互补的理论基础和儒道相互阐释的媒介。论者又指出，儒道互补的途径大致有三：一是哲学思维方式的途径。如儒家正面求解，通过对仁义道德的正面倡导，来表达自己修齐治平的愿望；道家以反求正，通过知雄守雌、主静贵柔来为人们设立安身立命之道。这正与负、肯定与否定、阳刚与阴柔是可以互补也应当互补的。二是伦理学和人生哲学的途径。儒家入世，故心在庙堂之上，一心想参政；道家避世，故钟情于山林，淡化当官心理。这两者形成了既相互对立、又相互补充的关系，为中国人提供了进退取守皆可从容对待的精神调节剂。三是文学艺术的途径。儒家强调"诗言志"、"文以载道"，重在人的心理情性的陶冶塑造和社会现实的批判改造，突出文学艺术的教化功能和现实效用，充溢着一种现实主义和功利主义的价值精神；道家强调的是"天地有大美而不言"，主张冲破狭隘实用的功利框架和现实世俗的人伦纲常，突出艺术和美的独立，追求忘怀得失、忘己忘物的"天乐"，这是一种超现实超世俗的审美境界和浪漫情怀，二者恰恰可以相互补充。②

此外，张国钧、王晖等人从儒道义利观的比较、从《中庸》和《庄子》天人合一论的比较等不同角度，探讨儒道互补问题，提出了自己的看法。③

（四）道学之现代价值评估

人们对道学之现代价值或现代意义的高度评价主要体现在以下一些方面：

---

① 李宗桂著：《中国文化概论》第139—149页，中山大学出版社1988年版。

② 王泽应著：《自然与道德——道家伦理道德精粹》第43—49页，湖南大学出版社1999年版。

③ 张国钧：《儒道互补：义利论比较》，《中国社会科学院研究生院学报》1994年第2期；王晖、郑镛：《从〈中庸〉和〈庄子〉的"天人合一"思想看儒道互补》，《漳州师院学报》1992年第3期；康中乾：《儒道互补新论——兼论中国哲学的逻辑发展》，《人文杂志》1997年第2期；余敦康：《〈周易〉的思想精髓与价值理想——一个儒道互补的新型的世界观》，《道家文化研究》第1辑，上海古籍出版社1992年版。

1. 道学的哲学与文化学意义

有论者说，道在本体论上的无限超越性可作为宗教的终极信仰，成为理性的科学、哲学与非理性的宗教的交汇点，这在人类文明的发展中具有无与伦比的意义。道的学说使道家文化具有最高的超越性和最大的包容性。道的学说体现了人类文明的最高智慧，是中华民族最伟大的文化资源，也必将成为世界文明相互交融的凝聚点。①

另有论者说，道是老子对世界的统一性的根本性解释，在人类文明史上与上帝、理念、精神、物质、本体等概念具有同等的地位，却有更高的合理性。道的概念介于科学与宗教之间。它否定神创说，不同于宗教而接近科学；它提倡终极的关怀和直觉体验，不同于科学而接近宗教。它一方面体现了科学的探索精神，另一方面也体现了宗教对宇宙及人生的终极关怀。可以说，老子之道有科学与宗教最新发展之长，没有传统科学与传统宗教之弊，在一定程度上体现了科学精神和人文关怀的统一。②

又有论者指出，从老子的本原之道中可培养出高瞻追根意识；从本质之道中可培养出深究及本意识；从本体之道中可培养出广视求用意识；从本因之道中可培养出远瞩循变意识。③

还有论者强调，道家思想为中国传统哲学走向现代、走向世界提供了真正的理论观念的桥梁。道家思想的深邃和广泛蕴涵着中国哲学在现在和将来能不断吸收和消化新的、异己的理论或思想而保持不断发展的观念因素和学术功能。道家思想会是高文化、高理性人类的一种哲学选择。④

2. 道学的人学与伦理学意义

有论者一方面指出道家人学有很大的缺点，表现为：其一，它具有反人的社会性、反社会文明的性质；其二，它反对一切人类社会的必要规则，反对人们尽其应尽的社会义务。另一方面又强调道家人学有不容低估的现代价值，主要表现在：其一，强调人的自然特质，反对用后天的人为伤害天然本性的思想，具有防止人类异化的价值；其二，关于"见素抱朴"、"少私寡

---

① 胡孚琛、吕锡琛著：《道学通论》第 64 页，社会科学文献出版社 1999 年版。
② 刘笑敢：《老子之道：关于世界之统一性的解释》，《道家文化研究》第 15 辑，三联书店 1999 年版。
③ 参见郭沂：《"老子：影响与解释"国际学术研讨会综述》，《哲学研究》1995 年第 12 期。
④ 崔大华：《道家思想及其现代意义》，《文史哲》1995 年第 1 期。

欲"的思想对于人类个体的处事修身和人的健全的精神生活,具有积极的指导意义。①

另有论者说:"无论是老子的主静说,还是庄子的超越说和禅宗的'无念'解脱说,都是一种心理的自我调适学说。它对于调谐人的心理,保持心理的平衡和精神的豫逸,或使自己已经失去的心理平衡得到重新恢复而免遭外物和'自我'的伤害等方面,皆能起到重要作用。"②

又有论者指出:"道家人生哲学中包含的真理颗粒,可以使人们从思维方式和人生艺术上对现代文明进行深刻反思,起到某些救弊补偏的作用,从而推动人性在更高层次上的返璞归真。道家人生哲学虽有某些消极因素,但在创造和谐的人际关系和化解社会矛盾方面,则是一剂针砭社会心理疾病的良药,往往具有意想不到的效力,闪烁着人生的智慧之光。"③

复有论者揭示道家思想的伦理学意义说,道家的自然主义伦理学不仅是现实主义的而且更是理想主义的,是一种"即世间而超世间"的"极高明"的伦理学说。"道家的生命伦理是迄今为止世界上主要从精神上关心生命价值、注重生命质量的生命伦理,它较之因科学技术和生理病变等因素诱发的当代西方生命伦理要更为适合人的对生命关怀的道德心理,也更有益于从心理伦理上去提升生命和充实生命。"论者同时指出道家伦理思想的偏弊和错谬,如因鄙弃狭隘功利主义而崇尚虚无,因批判社会弊端而愤世嫉俗,走向悲观,因强调意志自由而忽视正确处理人际关系的必要,因蔑视文明的异化而否定科学文化的价值,等等。④

还有论者认为,在这崇尚物质的时代,老庄思想启导我们少私寡欲,知足知止,物物而不物于物;在这功利主义肆虐的时代,老庄思想启导我们为而不争,功成而不居,功遂而身退;在这社会失衡的时代,老庄思想启导我们损有余以补不足,消弭贫富的对立,促进社会的和谐;在这精神生活贫乏的时代,老庄思想启导我们致虚极,守静笃,安时处顺,养生尽年。⑤

---

① 焦国成:《道家人论及其现代价值》,《高校理论战线》1998 年第 8 期。
② 许抗生:《老、庄、禅学思想与现代人的心理健康》,萧萐父、罗炽主编:《众妙之门——道教文化之谜探微》,湖南教育出版社 1991 年版。
③ 葛荣晋著:《儒道智慧与当代社会》第 174 页,中国三峡出版社 1996 年版。
④ 王泽应著:《自然与道德——道家伦理道德精粹》第 311—319 页,湖南大学出版社1999 年版。
⑤ 邵建寅:《老庄哲学的精华和意义》,《厦门大学学报》1996 年第 4 期。

3. 道学与现代政治的改进

有论者认为，道家的"归本于自然"和"人无尊卑贵贱之分"，直接跟当代科学与民主相通；黄老学由"道生法"的"唯公无私"和"与民休息"的"无为而治"，直接跟当代法制与稳定相通；老学的"甘食美服"、"安居乐俗"以及黄老学的"百姓斩木薪而各取富"、"百姓阀其户牖而各取昭"，直接跟当代发展与繁荣相通；道家的"去奢去泰"、"见素抱朴、少私寡欲"，直接跟当代道德与廉政相通。①

4. 道学之科学意义

一些论者意识到道学与现代科学的某种契合。有论者探讨以道为核心的老子思想与现代科学发展之关联说，在数学中，"零"是一个极为重要的概念。在数学系统中，"零"就是"无"，其他数字就是"有"，从而把"零"同"无"的哲学联系起来。现代物理学表明，"真空"并不是没有任何东西的虚空的空间，而是类似于老子哲学中的"道"的基态量子场。美国当代物理学家惠勒教授倡导的"质朴性原理"，与老子的"道"或"无"的概念是不谋而合的。在当代宇宙学中，英国宇宙学家霍金提出的"宇宙创生于无"的理论，最接近于老子"天下万物生于有，有生于无"的思想。这些最新的科学成就，说明老子及其思维模式与当代科学发展趋向是一致的。因此，对于道家思想的推崇，必将对人类开辟科学未来作出新的贡献。道家思想在科学未来的发展中，必将发挥越来越大的作用。② 道家的"有机论世界观是以相对论和量子论为基础的现代科学的先觉，它将为未来科学的发展开辟道路"。③

另有论者说："宇宙的量子创生说与中国先秦时代所创始的宇宙虚无创生说（按：指老子的'无中生有'）在哲学上的吻合，有力地说明，东方思想家所擅长的归纳法、综合法和思想上的顿悟与西方思想家所擅长的演绎法和分析法在探索大自然的奥秘上的殊途而同归。"④

① 阮纪正：《"中国道学与当代社会"学术研讨会综述》，《学术研究》1997 年第 4 期。
② 葛荣晋主编：《道家文化与现代文明》第 222—259 页，中国人民大学出版社 1991 年版；董光璧：《道家思想的现代性和世界意义》，《道家文化研究》第 1 辑，上海古籍出版社 1992 年版。
③ 董光璧：《李约瑟的道家观》，《道家文化研究》第 2 辑，上海古籍出版社 1992 年版。
④ 刘辽：《有生于无——现代量子宇宙学对于老子哲学的回归》，《自然辩证法通讯》1994 年第 1 期。

又有论者认为，现代科学发展，使西方原子论（包括近代原子论）陷入不可自拔的境地。相比较而言，庄子奠基的中国古代气一元论，比西方原子论更接近于现代科学。①

5. 道学之生态环保意义

当今时代，生态环保问题越来越严重。在此情况下，人们越来越意识到道学之生态智慧的可贵。如有论者借用英国历史学家汤因比的话，称赞道家自然无为、与自然协调的观念，认为它是认识到"人要征服宇宙就遭到失败"的"宝贵的直觉"。又借用美国物理学家卡普拉的话，称赞"道家提供了最深刻并且最完美的生态智慧"。按老子"道法自然"的观念，人属于自然界，人来自于自然且又依赖于自然，人与自然之间理应和睦相处，协调发展。它要求人类在改造自然的过程中，不应忽视自然之理，强调对事物规律的顺从与尊重，反对对自然物的过分掠夺和残害，这对于化解人与自然之间的对立，对于维护生态环境的平衡，其意义是不可忽视的。论者又指出，老子以维持事物的自然和谐状态为其价值追求的目标，这对于人类摆脱盲目发展的误区，建立一种可持续发展的生存方式和发展模式，是极富启发意义的。②

许多论者认同上述看法。有论者从老子"知常曰明"与人类环境、"知和曰常"与生态平衡、"知止不殆"与适度增长、"知足不辱"与持续发展之关系的探讨，揭示老子思想的生态环保意义。③ 又有论者着重指出道家的"天人合一"观念、和谐意识对于生态平衡之改进的启示意义。④ 还有论者强调，道家之循环论对于克服资源、能源和信源危机是一种伟大的回天之力，"自然无为"思想为科学人文主义者的"人与自然的和谐"准备了深邃的生态智慧。⑤

6. 道学之管理学意义

道学的许多观念还有着巨大的管理学应用价值。如有论者说，道家的

① 顾文炳著：《庄子思维模式新论》第 165 页，上海社会科学院出版社 1993 年版。
② 周立升著：《老子的智慧》第 182—185 页，河北人民出版社 1997 年版。
③ 葛荣晋主编：《道家文化与现代文明》第 183—203 页，中国人民大学出版社 1991 年版。
④ 邵汉明：《道家文化基本精神及现代价值》，《光明日报》1997 年 12 月 27 日。
⑤ 董光璧：《道家思想的现代性和世界意义》，《道家文化研究》第 1 辑，上海古籍出版社 1992 年版。

"无为意识对于现代管理具有极高的参考价值。它喻示我们，行政管理之要在简政安民，不可机构林立，政出多门，横加干涉；经济管理之要在放权而行，不可违背经济规律，统得太死，管得太严。'烹饪'（宏观调控）固然必要，但为政者和管理者不能因此而走向事务主义，否则不利于基层和群众积极性的发挥。其他一切人事人为，其道理概莫能外。因此，作为一个管理者，有必要学习道家无为而无不为的辩证法"①。又有论者说，老子提出的"治大国若烹小鲜"和"为者败之"的观念，要求为政者一定要明白"清静为天下正"的道理，做到清静不扰民和简政安民，不要朝令夕改，反复折腾，要保持政策的稳定性、连续性、一贯性和严肃性。老子强调的少言辩也是"无为"的题中应有之义。它留给我们的有益启示是，为政者应多抓实事，多干实事，不说空话、大话、假话，按照"三个有利于"的标准真抓实干。②

有论者认为，中国道家哲学的基本观念和"无为而治"、"柔弱胜刚强"、"有无相生"、"虚实相资"、"反者道之动"、"以正治国、以奇用兵"等，已被世界上一些著名管理科学家广泛地应用于企业管理，而成为一种社会时尚。在现代管理科学中，这是一个重要的历史转变。论者深入探讨，阐述了"无为而治"与企业管理科学、"有无相生"与企业管理艺术、"以奇用兵"与企业经营谋略等问题，提出了许多有见地的看法，如关于"为而不为"与"抽身谋大计"、"顺其自然"与"自动化管理"、"无为"品格与"象征性管理"、有形市场与无形市场、"以奇用兵"与营销艺术、"以奇用兵"与企业制胜之道等论述，都是极富启发意义和应用价值的。③

有论者着重探讨了老子思想与企业管理问题，认为《老子》不只是一部哲学书，同时还是一部管理书。所谓"无为而治"，实际就是一种软性管理的思想。④ 还有论者从六个方面（六论）讨论了老子与企业管理的联系和老子思想的管理学意义。这六个方面是：第一，道论——文化篇；第二，德论——治理篇；第三，柔论——谋略篇；第四，无论——创造篇；第五，反论——艺术篇；第六，水论——修身篇。⑤

---

① 邵汉明：《道家文化基本精神及现代价值》，《光明日报》1997 年 12 月 27 日。
② 崔永东：《道家文化与市场经济》，《工人日报》1994 年 9 月 14 日。
③ 葛荣晋著：《儒道智慧与当代社会》第 246—312 页，中国三峡出版社 1996 年版。
④ 葛荣晋主编：《道家文化与现代文明》第 118—140 页，中国人民大学出版社 1991 年版。
⑤ 杨先举著：《老子与企业管理》，中国人民大学出版社 1994 年版。

除上述六个方面的意义的揭示外，还有论者考察、分析了道学的兵学意义、医学意义、农学意义、养生学意义及对于当今世界和平与发展的意义。有论者展望道学之前景说："今天，道学文化如旭日东升，不仅海内外的羲黄子孙开始沐浴着她的光辉，西方的有识之士也为她的智慧之光而欢呼。遍布世界各地的中国人和外国人，尽管有着政治观念上的种种分歧，但在道学文化中却不难找到共同的语言。道学是革新的文化，是前进的文化，是通向未来的文化，是世界大同的文化。"① 道学能否成为这样一种文化，现在似乎还不好断言；然道学之内在价值的深入挖掘和现代意义的充分揭示，将大有助于人类生存环境的改善和社会的进步，却是可以断言的。

七、 道学史研究

（一）道学通史研究

在道学通史的研究上，较有代表性的作品有：黄钊先生主编《道家思想史纲》②，陆玉林等著《中国道家》③，胡孚琛、吕锡琛著《道学通论》。④《道家思想史纲》全书50余万字，分10编较为详细地论述了道家思想产生、发展和演变的历史。第一编论道家思想之创立；第二编讲老学之传播与分化；第三编讲道家与其他学派思想之融合；第四编论黄老之学在西汉前期的新发展；第五编论西汉中后期至东汉时期道家思想的曲折发展；第六编魏晋南北朝时期道家思想对玄学、佛学和道教的影响；第七编讲隋唐时期道家和道教的兴盛；第八编讲宋明时期道教的繁衍；第九编论宋明官方学说与道家思想；第十编论宋元明清时期的道家著作及各派学者对老庄的说解。该书是我国第一部道学通史，该书的出版对于人们克服扬儒抑道的传统偏见，重新认识道家文化的历史作用，显然是很有意义的。

《中国道家》系《十家九流丛书》的一种。全书20余万字，分8章：第一章论道家之文化渊源；第二章论道家之创始；第三章论先秦道家之集大

① 胡孚琛、吕锡琛著：《道学通论》第1页，社会科学文献出版社1999年版。
② 黄钊主编：《道家思想史纲》，湖南师范大学出版社1991年版。
③ 陆玉林、彭永捷、李振纲著：《中国道家》，宗教文化出版社1996年版。
④ 胡孚琛、吕锡琛著：《道学通论》，社会科学文献出版社1999年版。

成；第四章讲道家的发展与绵延；第五章论道家转型之玄学思潮；第六章论道家转型之道教；第七章为道家典籍述要；第八章为回顾与前瞻。该书的特点是以浅近通俗的文字绍述道家思想的演变和道家文化的有关知识，对于道家文化的普及与宣传，也是有意义的。

《道学通论》全书50余万字，分6篇即通论篇、道家篇、道教篇、方术篇、仙学篇、道藏篇，其中通论篇先界定道学包括道家、道教和仙学，进而阐述道学的文化渊源及演变、道学的中心思想及现代意义；道家篇则分先秦老庄哲学、秦汉黄老之学、魏晋玄学、隋唐重玄学、宋元明清内丹心性学五个部分，勾勒道家思想的发展线索；道教篇探讨了道教的定义，道教产生的条件及文化特征，并写出了一部简明的道教发展史；方术篇介绍了道学的养生方术和方技术数，并探索了道学方术中的科学内容；仙学篇从现代科学和哲学的角度研究了丹道学的三元丹法，对内丹学形成的历史、发展进程及门派等都作了介绍；道藏篇考证了历代道书的规模、道经出世情况和《道藏》编纂史。作者在书中提出了许多新颖独到的见解，特别是其创立新道学、将新道学作为中华民族21世纪的文化发展战略的主张，更是引人关注。

（二）道学断代史研究

在道学断代史的研究上，学术界较为注重者为先秦道学、魏晋玄学、道教等。

关于先秦道学，较为代表性的作品有张松如、邵汉明著《道家哲学智慧》①、朱哲著《先秦道家哲学研究》②、张运华著《先秦两汉道家思想研究》③ 等。

（1）《道家哲学智慧》。该书26万字，在绍述道家哲学的发生与演变、老庄其人其书、道家哲学的基本内容并揭示道家哲学的历史地位的基础上，分8个专题，较为全面深入地阐发了道家的政治哲学、自然哲学、认识哲学、人生哲学、道德哲学、养生哲学、艺术哲学以及杨朱的为我哲学。

（2）《先秦道家哲学研究》。该书系《当代中国哲学丛书》中的一种。

---

① 张松如、邵汉明著：《道家哲学智慧》，吉林人民出版社1996年版。
② 朱哲著：《先秦道家哲学研究》，上海人民出版社2000年版。
③ 张运华著：《先秦两汉道家思想研究》，吉林教育出版社1998年版。

全书近 20 万字，在绍述先秦道家哲学产生的背景的基础上，分 5 个专题，较为深入地探讨了先秦道家的有无论、天人论、群己论、生死论和道言论。该书的特点是在其儒、墨、道的比较和道家哲学与西方哲学的比较。

（3）《先秦两汉道家思想研究》。如果说前二书略可归为先秦道家的哲学论或思想论，尚不属于严格意义上的道学史的话，那么，该书则属较为纯粹的道学断代史。该书 22 万字，分上下两篇。上篇讨论了道家思想的产生、道家的流派、道家思想与先秦诸子的关系等问题，皆系先秦道学史的范畴；下篇阐述了黄老之学、《淮南子》、《老子指归》、《老子河上公注》及道教的形成与初步发展，基本属汉代道学史的范畴。李锦全先生在为该书所作的"序"中认为这是"一部史论结合和可读性较强的著作"。笔者以为，研究先秦道学或先秦道学史，上述三书皆有一读之必要。

关于魏晋玄学，较为代表性的作品有汤一介著《郭象与魏晋玄学》①、余敦康著《何晏王弼玄学新探》②、王葆著《正始玄学》③、许抗生等著《魏晋玄学史》④、赵书廉著《魏晋玄学探微》⑤、高晨阳著《儒道会通与正始玄学》⑥ 等。

（1）《郭象与魏晋玄学》。该书系陈克明主编的《中国哲学史丛书》的一种。全书 22 万字，设 10 章，前四章阐述魏晋玄学的发展，着重讨论了玄学的发展阶段、玄学与佛教、玄学与道教等问题；后六章着重探讨了郭象哲学及郭象《庄子注》的有关问题。魏晋玄学乃道学之转型，亦是中国哲学发展的一个重要阶段。该书较早地将魏晋玄学作为一个重要课题进行深入的研究，对于推进道学史乃至中国哲学史研究的深入起了积极的作用。

（2）《何晏王弼玄学新探》。该书系辛冠洁主编的"中国传统思想研究丛书"中的一种。全书 28.3 万字，设有 8 章的篇幅，在总论贵无论玄学的时代背景与思想渊源、基本特征与哲学意义以及经学思潮与玄学思潮的基础上，着重对何晏的玄学思想和王弼的解释学、《老子注》、《周易注》、《论语

---

① 汤一介著：《郭象与魏晋玄学》，湖北人民出版社 1983 年版。
② 余敦康著：《何晏王弼玄学新探》，齐鲁书社 1991 年版。
③ 王葆著：《正始玄学》，齐鲁书社 1987 年版。
④ 许抗生、李中华、陈战国、那微合著：《魏晋玄学史》，陕西师范大学出版社 1989 年版。
⑤ 赵书廉著：《魏晋玄学探微》，河南人民出版社 1992 年版。
⑥ 高晨阳著：《儒道会通与正始玄学》，齐鲁书社 2000 年版。

释疑》及其玄学体系进行了深入的探讨。

（3）《正始玄学》。该书系辛冠洁主编的《中国传统思想研究丛书》中的一种。全书22.9万字，设有"绪论"及十章的内容，通过对玄学名义的考辨以及对正始玄学的社会政治背景和玄学家的改制运动的论述，不仅阐明了正始玄学的创立、著作和分期，而且着重从道德关系、从数的系统来考察汉代哲学到正始玄学的演变，特别是通过义象理事之辨和本末体用之辨、言象意之辨、性情之辨、才性之辨来探讨正始玄学所关注的哲学问题，进而对正始玄学的影响进行综论和评价。

（4）《魏晋玄学史》。该书系汤一介主编的《魏晋南北朝思想文化史丛书》中的一种。全书近40万字，在详尽论述魏晋玄学产生、发展和演变的历程的同时，还探讨了玄学与佛教、道教及文学艺术的关系问题。

（5）《魏晋玄学探微》。全书20万字，在揭示玄学的含义及本质特征、玄学产生的社会根源和思想根源的基础上，较为全面系统地阐述了玄学的诸多方面问题。该书的特点，一是专题论，分别论述了玄学"贵无"论、"自然"论、"崇有"论、"独化"论、"贵虚"论；二是关系论，讨论了名教与自然、玄学与人生、玄学与清谈、玄学与儒家经学、玄学与道教神仙学、玄学与佛教般若学、玄学与文学艺术的关系；三是范畴论，绍述了"有"与"无"、"本"与"末"、"体"与"用"、"一"与"多"、"动"与"静"、"言"与"意"、"才"与"性"、"性命"与"天理"、"独化"与"玄冥"、"名教"与"自然"等玄学范畴。

（6）《儒道会通与正始玄学》。该书系《中国孔子基金会文库》的一种，近20万字。作者首先认名教与自然之辨乃玄学思潮的主题，进而将玄学的发展分为三期：一为正始时期；二为竹林时期；三为元康时期。该书较为深入地讨论了正始玄学，所以亦可视为玄学发展史的断代史研究。

关于道教或道教史，代表性的作品有卿希泰著《中国道教思想史纲》①和任继愈主编《中国道教史》② 等。具体参见本书第六章。

此外，关于稷下道家、黄老之学、唐代道家等方面的研究，学术界也给予了较多的关注，此不一一细述。

---

① 卿希泰著：《中国道教思想史纲》（四卷本），四川人民出版社1980—1995年版。
② 任继愈主编：《中国道教史》，上海人民出版社1990年版。

八、　郭店道家简研究

参见本书附录二王永平博士撰写的《郭店楚简研究综述》之第三部分，此略。

九、　21 世纪道家文化研究新进展

21 世纪以来，道家思想的研究呈现出诸种新的动向与形态：一是推出了一系列道家文化研究丛书。如汤一介先生、陈鼓应先生主编的《道家文化研究丛书》（上海文化出版社）已经推出了两辑。巴蜀书社推出的《儒释道博士论文丛书》包含了相当一部分道家思想研究著作。华中师范大学出版社从 2006 年开始推出的《道家道教文化研究书系》已经出版了 10 种著作。人民出版社推出的《中国哲学青年学术文库》中也包含了一些道家文化的研究著作。二是成立了专门的研究机构。2002 年 11 月，华中师范大学道家道教研究中心成立。2008 年 3 月 28 日，全国老子道学文化研究会在北京成立，这是一个全国性的道学研究团体。三是举办了一系列的道家文化研究学术会议。2004 年 5 月 13 日，由武汉大学哲学学院、中国社会科学院哲学研究所、湖北道教协会、四川大学道教与宗教文化研究所、武当山道教协会主办，武汉大学哲学学院宗教学系承办的"海峡两岸首届当代道家研讨会"在武汉大学召开。2006 年 5 月 6 日至 5 月 7 日，由中国文化大学哲学系与高雄师范大学经学研究所、三清道家道教文化基金会、高雄市文化院共同主办的"2006 道文化国际学术研讨会"在台北召开。2006 年 7 月 29 日至 8 月 4 日，由湖北省人民政府主办，湖北省对台办公室、武汉大学哲学学院、随州市人民政府、神农架林区政府承办的"炎帝神农文化与道家道教暨海峡两岸唯道论研讨会"在武汉召开，此次会议相当于"第二届当代道家研讨会"。四是科研机构以道家思想作为科研课题的博硕士论文更是层出不穷。现将 21 世纪道家思想研究的总体特征略加总结与归类，从五个方面加以分析，简要归纳于下。

（一）逐步推进的道家文化综合性研究

20 世纪的研究成果大都是对道家经典文献进行综合性的研究或跨阶段的史论型的宏观研究。21 世纪以来，道家思想的研究一方面朝纵深方向发展，出现了一些交叉与边缘学科的研究，另一方面对个案以及道家文化的阶段性综合研究仍然得到继续深化，并陆续出版了一系列著作，如徐克谦的《庄子哲学新探》①，王葆玹的《老庄学新探》②，王博的《无奈与逍遥：庄子的心灵世界》③，李锦全、张智彦的《庄子与中国文化》④，熊铁基的《秦汉新道家》⑤，马良怀的《汉晋之际道家思想研究》⑥，强昱的《从魏晋玄学到初唐重玄学》⑦，李大华、李刚、何建明的《隋唐道家与道教》（上、下）⑧，孙以楷等编撰的《道家与中国哲学》⑨，胡孚琛、吕锡琛合著的《道学通论》（修订版）⑩，游建西的《道家道教史略论稿》⑪，刘固盛的《宋元老学研究》⑫ 等。

这些研究著作大都是对道家文化发展的某一阶段或某些重要人物的研究，如朱哲的《先秦道家哲学研究》是一本关于先秦道家哲学的综合研究论著，作者选择了道家哲学中最关键的思想范畴：天人、道言、有无、生死、群己等分别进行了系统和深入的研究。从本体论、宇宙论及伦理学等方面对这些思想范畴加以多层次的研究、剖析，并与西方哲学中有关领域的理论加以比较，着力对以往理解中的含糊、错误之处作了澄清，提出自己的独特见解，力图向读者展示一条现代人深入理解道家哲学的途径。熊铁基的《秦汉新道家》是对秦汉时期黄老道家思想的研究。徐克谦的《庄子哲学新

① 徐克谦著：《庄子哲学新探：道、言、自由与美》，中华书局 2006 年版。
② 王葆玹著：《老庄学新探》，上海文化出版社 2002 年版。
③ 王博著：《无奈与逍遥：庄子的心灵世界》，华夏出版社 2007 年版。
④ 李锦全、张智彦著：《庄子与中国文化》，贵州人民出版社 2001 年版。
⑤ 熊铁基著：《秦汉新道家》，上海人民出版社 2001 年版。
⑥ 马良怀著：《汉晋之际道家思想研究》，厦门大学出版社 2006 年版。
⑦ 强昱著：《从魏晋玄学到初唐重玄学》，上海文化出版社 2001 年版。
⑧ 李大华、李刚、何建明著：《隋唐道家与道教》（上、下），广东人民出版社 2003 年版。
⑨ 孙以楷等编著：《道家与中国哲学》，人民出版社 2004 年版。
⑩ 胡孚琛、吕锡琛著：《道学通论》（增订版），社会科学文献出版社 2004 年版。
⑪ 游建西著：《道家道教史略论稿》，光明日报出版社 2006 年版。
⑫ 刘固盛著：《宋元老学研究》，巴蜀书社 2001 年版。

探》从道、言、美与自由这些观念出发，分别探讨了庄子的语言哲学、美学、自由观念等，并结合西方现代哲学进行了比较研究，取得了一定的成果。马良怀的《汉晋之际道家思想研究》一书认为汉晋之际是道家思想大发展的时期，大致上可分为四个阶段：东汉后期为第一阶段，是道家思想挣脱压抑，走向复兴的时期。第二阶段为曹魏正始年间，是《老子》学说大发展的时期。第三阶段为魏末西晋之时，是《庄子》学说大发展的时期。第四阶段是东晋时期，道家思想进一步走进宗教和社会生活，为道教的成熟提供理论基础，为佛教的中国化提供契合之点，在政治哲学、人生哲学、美学、庄园经济的发展等方面发挥着巨大的作用。《隋唐道家与道教》一书的上册主要对道家思想在唐初的兴起进行研究，着重探讨了成玄英、李荣、王玄览、《道教义枢》、马承祯、唐玄宗等人和道家典籍的思想，下册则对吴筠、张志和、强思齐、杜光庭、《无能子》、《化书》、罗隐等人物及道学经典文献进行了研究，并对唐代重玄学与内丹学说之间的关系，道家与儒家、佛教之家的关系进行了梳理。该书对隋唐道家道教思想进行了全方位的梳理，进一步深化了隋唐道家道教思想的研究。综合性的研究在 21 世纪得到进一步的推进，显然得益于新的材料、新的方法以及新的视角，这样才能发现新问题，在前人的基础上进一步深化道家思想研究。

（二）道家经典文本的考证、诠释

首先，对《老子》文本的注释与研究。这一工作主要围绕着郭店竹简《老子》展开。1993 年，在湖北荆门的郭店楚墓出土了一批竹简，这些竹简中包括了一部分与今本相似的《老子》文本，整理者们将之分为甲乙丙三组。1998 年 5 月，经过整理的竹简《郭店楚墓竹简》由文物出版社出版，研究者迅速展开了校勘与考证的研究，在 20 世纪末就迅速出版了一系列研究成果。21 世纪以来，对郭店竹简《老子》的研究与考证方兴未艾，形成了一个新的研究方向，涌现出大批研究成果，如彭浩的《郭店楚简〈老子〉校读》[①]；邹安华的《楚简与帛书老子》[②]，郭沂的《郭

---

① 彭浩校编：《郭店楚简〈老子〉校读》，湖北人民出版社 2000 年版。
② 邹安华著：《楚简与帛书老子》，民族出版社 2000 年版。

店竹简与先秦学术思想》①，尹振环的《楚简老子辨析》②，李若晖的《郭店竹书老子论考》③，聂中庆的《郭店楚简〈老子〉研究》④，陈鼓应的《老子今注今译》（增补版）⑤，廖名春的《郭店楚简老子校释》⑥，李零的《郭店楚简校读记》（增补本）⑦，刘钊的《郭店楚简校释》⑧，邢文编译的《郭店老子与太一生水》⑨，陈伟的《郭店竹书别释》⑩，艾兰、魏克彬原编，邢文编译的《郭店〈老子〉：东西方学者的对话》⑪，韩禄伯的《简帛老子研究》⑫，孙以楷的《老子注释三种》⑬，刘笑敢的《老子古今：五种对勘与析评引论》⑭，丁四新的《郭店楚墓竹简思想研究》⑮，张吉良的《老聃〈老子〉太史儋〈道德经〉》⑯，何新的《古本老子道德经新解》⑰，李先耕的《老子今析》⑱，等等。除此之外，还有大量的相关论文，不一一列举。⑲ 这些研究成果从多方面对老子展开了研究，取得了一些重要进展。竹简《老子》的出土，最重要的贡献之一就是否定了《老子》晚出的说法。长期以来，学界一直存在着《老子》晚出的主张。马王堆帛书《老子》出土后，《老子》一书的时代得到了一个大概的确定。郭店竹简《老子》的出土则进一步将《老子》文本的时代向前推进。根据墓葬的时代推测，《老子》文本的流传至少在战国中期以前。但我们也要看到，由于出土的竹简《老子》

---

① 郭沂著：《郭店竹简与先秦学术思想》，上海教育出版社2001年版。

② 尹振环著：《楚简老子辨析：楚简与帛书〈老子〉的比较研究》，中华书局2001年版。

③ 李若晖著：《郭店竹书老子论考》，齐鲁书社2004年版。

④ 聂中庆著：《郭店楚简〈老子〉研究》，中华书局2004年版。

⑤ 陈鼓应著：《老子今注今译》（修订版），商务印书馆2004年版。

⑥ 廖名春：《郭店楚简老子校释》，清华大学出版社2003年版。

⑦ 李零著：《郭店楚简校读记》（增补版），中国人民大学出版社2007年版。

⑧ 刘钊著：《郭店楚简校释》，福建人民出版社2005年版。

⑨ 邢文编译：《郭店老子与太一生水》，学苑出版社2005年版。

⑩ 陈伟著：《郭店竹书别释》，湖北教育出版社2003年版。

⑪ 〔美〕艾兰、〔英〕魏克彬编，邢文编译：《郭店〈老子〉：东西方学者的对话》，学苑出版社2002年版。

⑫ 〔美〕韩禄伯著：《简帛老子研究》，余瑾译，学苑出版社2002年版。

⑬ 孙以楷注译：《老子注释三种》，安徽人民出版社2003年版。

⑭ 刘笑敢著：《老子古今：五种对勘与析评引论》，中国社会科学出版社2006年版。

⑮ 丁四新著：《郭店楚墓竹简思想研究》，东方出版社2000年版。

⑯ 张吉良著：《老聃〈老子〉太史儋〈道德经〉》，齐鲁书社2001年版。

⑰ 何新著：《古本老子道德经新解》，时事出版社2002年版。

⑱ 李先耕著：《老子今析》，中国社会科学出版社2002年版。

⑲ 参见李若晖：《郭店竹书〈老子〉研究述论》，《古籍整理研究学刊》2004年第3期。

本身只相当于今本的一部分，因此，关于《老子》文本的形成时间与过程，《老子》文本的结构等问题仍然在学术界存在较大的争议。这些争议在相当一段时间内还不会有一个定论。

其次，对《文子》的研究。《文子》曾被认为是伪书，长期备受冷落，然自 20 世纪河北定县竹简《文子》出土之后，《文子》开始受到研究者们的关注。20 世纪末，丁原植先生曾陆续推出几本文子研究专著。① 21 世纪以来，《文子》研究又有新的进展，葛刚岩的《〈文子〉成书及其思想》②，张丰乾的《出土文献与文子公案》③，何志华的《〈文子〉著作年代新证》④，赵雅丽的《〈文子〉思想及竹简〈文子〉复原研究》⑤，王三峡的《文子探索》⑥ 是这方面的代表作。此外，《道家文化研究》第 18 辑等学术期刊亦有大量研究《文子》的论文。⑦ 葛著是在博士论文基础上整理出版的，该书充分利用出土竹简《文子》，对文子其人与《文子》其书、简本《文子》、今本《文本》与《老子》一书的关系、今本《文子》与《淮南子》的关系、今本《文子》的形成与流变等重要问题进行了详细的考辨，取得了一系列成果。张著则重点考察了竹简《文子》与传世本《文子》的关系，以及两本《文子》与《淮南子》的关系和竹简《文子》的撰作年代及主题思想。作者认为，竹简《文子》中的绝大多数内容与《淮南子》没有对应关系，而传世本《文子》则大量抄袭了《淮南子》；对竹简《文子》中的"道"、"德"、"四经"、"五兵"、"圣智"、"执一无为"、"教化"等范畴和观念在思想史的脉络中作了深入的阐释；提出竹简《文子》是汉初"新道家"的作品，属于道家中重视道德教化的"文老学派"。总之，充分利用出土竹简《文子》，参照今本《文子》以及《淮南子》进行研究，已经取得了阶段性的成果，这种研究有待进一步深化。

再次，对《列子》的研究。与《文子》一样，《列子》一书的真伪一直

---

① 丁原植著：《文子新论》、《〈淮南子〉与〈文子〉考辨》、《〈文子〉资料探索》、万卷楼图书有限公司（台北）1999 年版。
② 葛刚岩著：《〈文子〉成书及其思想》，巴蜀书社 2005 年版。
③ 张丰乾著：《出土文献与文子公案》，社会科学文献出版社 2007 年版。
④ 何志华著：《〈文子〉著作年代新证》，中文大学出版社（香港）2004 年版。
⑤ 赵雅丽著：《〈文子〉思想及竹简〈文子〉复原研究》，燕山出版社 2005 年版。
⑥ 王三峡著：《文子探索》，湖北人民出版社 2003 年版。
⑦ 陈鼓应主编：《道家文化研究》第 18 辑"出土文献专号"，三联书店 2000 年版。

争论很大，学界已对此进行过研究和总结，① 然而争论至今未息。2000 年，马达老先生潜心研究多年的巨著《〈列子〉真伪考辨》出版，该书对以马叙伦为代表的诸家"《列子》伪书说"逐一进行考辨匡正，从源流关系上考证《列子》真伪。马先生本身是研究寓言的学者，是故该书又从文学史、汉语史以及《列子》的成书和流传进行了考察和分析。论证《列子》并非魏晋人所作的伪书。② 与此相应的还有权光镐的《〈列子〉研究》（北京大学 2002 年博士论文）。该文认为《列子》一书非一人一时的作品，大概成于战国之时，由列子弟子及后学所编著，也有可能保存有部分列子之原作。《列子》虽说有魏晋时人增添的一些内容，但基本上还是一部先秦典籍，是先秦列子学派的著作，其大部分内容先于庄子，故"庄子称之"这一历史说法，看来是有根据的。

然程水金、冯一鸣的《〈列子〉考辨述评与〈列子〉伪书新证》力辟近人考辨《列子》真伪的三种方法，即文献比勘对读法、文化背景考察法、《列子书录》证误法，而采取客观实证的方法，由《庄子》外、杂篇之命名方式，知《汉志》所录《列子》八篇出于《庄子》之后，由刘向校书通例与奏录行文法式，知今传《列子书录》不出刘向之手；由见存《列子书录》与今传《列子》文本之间的矛盾，得出今传《列子》必为伪书的结论。③

关于《列子》一书的争论在短时期内仍然难有一个公认的结论，关键是缺乏新的材料，而这也正是《列子》一书的整体研究无法与《文子》一书的当前研究相比的原因所在。

最后，《淮南子》的研究取得新进展。关于《淮南子》的定性问题一直存在诸多争议，主要表现为道家与杂家之争。近年来，《淮南子》中的道家思想受到关注，学界对此的研究有了新进展。杨有礼的《新道鸿烈：〈淮南

---

① 管宗昌：《〈列子〉伪书说述评》，《古籍整理研究学刊》2006 年第 5 期；管宗昌、杨秀兰：《〈列子〉研究综述》，《大连民族学院学报》2006 年第 2 期；王光照、卞鲁晓：《20 世纪〈列子〉及张湛注研究述略》，《安徽大学学报》2008 年第 2 期。
② 马达著：《〈列子〉真伪考辨》，北京出版社 2000 年版。
③ 程水金、冯一鸣：《〈列子〉考辨述评与〈列子〉伪书新证》，《中国哲学史》2007 年第 2 期。

子〉与中国文化》①，陈静的《自由与秩序的困惑：〈淮南子〉研究》②，孙纪文的《淮南子研究》③，雷健坤的《结构与重组：〈淮南子〉研究》④，戴黍的《淮南子治道思想研究》⑤ 可谓这方面研究的代表作。以《淮南子》为选题的博士论文亦有多篇，如马庆洲的《淮南子研究》（北京大学，2001年），王雪的《淮南子哲学思想研究》（西北大学，2005年），刘爱敏的《淮南子道论发微》（山东大学，2006年）等。此外，安徽省《淮南子》研究会也于2004年在淮南成立。这些著作以及博士论文的选题表明了学界对《淮南子》思想的关注，而对其中道家思想的研究更是得到了深化。杨有礼在书中直接将《淮南子》定位为新道家，并对其中的主要思想，如宇宙论、政治论、教育思想、军事思想以及淮南子与道教的关系等进行了研究。陈静则认为"《淮南子》虽然从道家出发进行思想的综合，但是它实际上有着道家和儒家两个立场，它在这两个立场上跃进跃出，造成了思想的杂芜"，"《淮南子》正文二十篇，从头至尾恰好完成一个由道转儒的改变"。诸种观点的提出有利于淮南子研究的进一步深化。

（三）道家思想研究

1. 道家的心性论、伦理思想研究

长期以来，关于心性论与伦理学的研究多集中在儒家，佛教的心性论亦有不少研究成果，而对道家的心性论以及伦理思想的研究则有所欠缺。近几年来，学界开始意识到这一点，逐渐展开了相关的研究。如罗安宪的《虚静与逍遥：道家心性论研究》⑥，许建良的《魏晋玄学伦理思想研究》⑦ 等。很多博士也以道家的心性论、伦理思想为选题完成博士论文，如任俊华的《儒道佛生态伦理思想研究》（湖南师范大学2004年博士论文）等。这些论著对道家的心性论、伦理思想进行了深入分析，填补了道家思想研究上的不足。罗安宪的《虚静与逍遥：道家心性论研究》一书对道家心性论进行了

① 杨有礼著：《新道鸿烈：〈淮南子〉与中国文化》，河南大学出版社2001年版。
② 陈静著：《自由与秩序的困惑：〈淮南子〉研究》，云南大学出版社2004年版。
③ 孙纪文著：《淮南子研究》，学苑出版社2005年版。
④ 雷健坤著：《结构与重组：〈淮南子〉研究》，开明出版社2000年版。
⑤ 戴黍著：《淮南子治道思想研究》，中山大学出版社2005年版。
⑥ 罗安宪著：《虚静与逍遥：道家心性论研究》，人民出版社2005年版。
⑦ 许建良著：《魏晋玄学伦理思想研究》，人民出版社2003年版。

系统的研究，认为道家的心性论不过是"道家道论的自然延伸"，道家心性论"由道而德、而性、而心，进而至于情"。有性、有心、有情，故而为人。人自身之存在与发展就是人最高之目的。有人则有人之命与生死，这就是道家心性论中的"命论"与"生死论"。该书最后贯穿性论、心论、情论、人论以及命论、生死论，对道家的心性修养工夫作了研究。如此，由道而性、而心、而情、而人，进而至于命，至于生死，至于修养，其中心思想即是精神之自由。追求精神自由，实乃道家心性论之根本所在。自然、自在而自由，和谐、和睦而和适，这就是道家心性论的基本内容。

玄学伦理思想是魏晋时期思想家关于"名教"与"自然"关系问题展开辨析的结晶，许建良的《魏晋玄学伦理思想研究》一书以魏晋时代"玄学"的伦理道德思想为中心，通过道德根据、道德范畴、道德教化、道德修养、理想人格五个方面，梳理和分析了魏晋时期主要思想家的伦理思想，清晰地呈现出高诱、刘邵、何晏、王弼、阮籍、嵇康、郭象、裴頠、葛洪、张湛、韩康柏、王坦之、支遁等为人所关注的具体人物的伦理思想行程、基本内容、特点，从而勾勒出一幅完整的魏晋玄学伦理思想发展概貌。

道家伦理思想因内容奇异而著称，如老子称"大道废，有仁义"，"绝仁弃义，民复孝慈"，这些言论往往容易使人产生道家要彻底废弃一切伦理道德的想法，而实际上道家不过主张一种新的道德观念，因此，如何挖掘道家伦理道德观念的真正价值，还有待继续研究。

2. 道家的形而上学研究

道家思想以其超越的形而上观念在哲学史上著称，也正是基于道家在形上学的哲学意义上的地位，陈鼓应先生在 20 世纪 90 年代初曾倡导"道家主干说"。然而对道家形而上学思想的系统研究却一直告缺，这一缺憾在 21 世纪得到了补充，目前已经出版的专门研究道家形而上学思想的论著有王中江的《道家形而上学》①，郑开的《道家形而上学研究》②，马德邻的《老子形上思想研究》③，康中乾的《有无之辨：魏晋玄学本体思想再解读》④，赵

---

① 王中江著：《道家形而上学》，上海文化出版社 2001 年版。
② 郑开著：《道家形而上学研究》，宗教文化出版社 2003 年版。
③ 马德邻著：《老子形上思想研究》，学林出版社 2003 年版。
④ 康中乾著：《有无之辨：魏晋玄学本体思想再解读》，人民出版社 2003 年版。

中伟的《道者万物之宗：两汉道家形上思维研究》① 等。《道家形而上学研究》一书以分析道家物理学与形而上学之间的关系为先导，依据"形而上者谓之道"的古训把道家的"道论"，具体说就是关于"无"的核心理论，归纳为"形而上学"，进而指明道家扬弃物理学而进入形而上学的路径。该书从知识论语境中的形而上学、道德形而上学、审美形而上学和境界形而上学出发分别来阐释道家的形而上学，指出境界形而上学才是道家形而上学的最后归宿。王中江的《道家形而上学》首先对道家形而上学的诞生与推演、道家对本体与语言关系的领悟、道家形而上学的方法进行综合性阐述，然后着重从形上层面对道家思想中的重要观念进行诠释，如对"有"与"无"、"德"、"自然"、"无为"、"天"、"命"、"人"、"化"等观念中的形而上内涵进行了挖掘。这种研究方式显示了一种观念史研究的路向。

康中乾的《有无之辨：魏晋玄学本体思想再解读》是近年来魏晋玄学研究的重要著作，该书充分吸收了前人的研究成果，将魏晋玄学的"有、无"本体论问题与西方哲学本体论进行比照研究，深入研讨了王弼的贵无论哲学思想，尤其对王弼哲学的"无"范畴作了新的解析，析出五种含义：即本体义、生成义、抽象义、功能义、境界义，较深入地揭示了王弼玄学的本质特征和内在矛盾，进而推动王弼玄学研究向纵深的发展。该书提出郭象的独化论具有现象学意蕴，其本体论可称为"现象本体论"，这种新提法深化了郭象哲学研究。该书下篇以有无之辨为核心，从本体论的高度全面地分析了玄学中的动静论、认识论、方法论和价值论，深化了通常对玄学问题的探讨，推进了魏晋玄学思想研究。

以上道家形上学研究论著无疑在道家本体论研究方面作出了重要的开拓，这种研究将随着国内对西方哲学的深入理解进一步加深，也必将随着西方哲学中形而上学思想的发展而得到进一步发展。

3. 道家的人学、生命哲学思想研究

人作为一种生命存在，在道家文化中一直占有重要的地位。近年来，学界十分关注道家对作为生命存在的人的价值，对道家思想中的人学、生命哲学以及涵养生命的医学等思想进行了研究，主要成果有李霞的《生死智慧：

---

① 赵中伟著：《道者万物之宗：两汉道家形上思维研究》，洪叶文化事业有限公司 2004 年版。

道家生命观研究》①，李大华的《生命存在与境界超越》② 等。

李霞的《生死智慧：道家生命观研究》一书认为，道家哲学本质上是一种生命哲学，其理论核心是生命观念。该书从道家生命观的理论渊源、文化背景和现实根源三个方面进行了研究，从生命与自然、生命与社会、生命与自由三个环节揭示了道家生命观从老庄到黄老再到玄学的主题嬗变过程，论析了道家生命观所表现出的生命本位、自然关怀和超越意向三大思想特征。作者重点考察了道家生命观的基本内涵，包括道生德成的生命本源观、阴阳气化的生命机制观、形神相依的生命结构观、生死更替的生命过程观、重人贵生的生命价值观、自然朴真的生命本质观、无为之为的生命存在观、形神兼养的生命修养观和身心超越的生命境界观。在对道家生命观的逻辑发展历程和具体思想内容进行系统考察的基础上，作者以一分为二的态度剖析了道家生命观的理论得失、历史影响和现代价值，主张在新的历史条件下对道家生命观进行理性的扬弃。

道家文化中蕴涵着深厚的人文关怀，这首先体现在对生命的重视，因此探讨道家的生命哲学、医学有重要的意义。随着社会的进步与发展，对人的生命价值与存在的关注日益高涨，在这种情形下，道家文化中的生命观念、医学养生方面的思想必将得到很好的挖掘。

4. 道家的自然观念研究

"自然"是道家最为重要的观念之一，学界对此进行了深入研究，并围绕此观念在一些重要问题上逐渐形成了越来越广泛的共识，这些共识成了道家思想研究的基点。尽管如此，对"自然"及其相关观念的研究至今仍然存在着诸多争议，很多问题甚至成为了道家思想研究中的难题。其中最主要的问题就是将道家之"自然"诠释成为一个客观对象，一个外在的原则、规律，或将"自然"纯粹看做事物的本性、原初性状，或将"自然"看做对象性的描述语，甚至认为"自然"就是对天地万物（自然界）本性的描述。所谓"顺物之自然"、"遵循自然界的规律"、"遵守自然法则"、"自然即事物的本然、本性"等都反映了这种理解的盛行。这种理解建立在"自然"与"人为"对立的基础上，完全将人的意识与作为排除在外。如果这

① 李霞著：《生死智慧：道家生命观研究》，人民出版社 2004 年版。
② 李大华著：《生命存在与境界超越》，上海文化出版社 2001 年版。

就是老庄的"自然"观念，那么我们很难看出其与现代语境中描述自然界存在状态的词语"自然"、"天然"之间的真正区别。而现代汉语语境中的"自然"无疑受西方文化的影响，对应于"nature"，这样，在诠释道家的"自然"时就会面临着"自然"一词的古今中外诸种内涵杂糅在一起的现象。近几年来，学界对道家自然观念的研究得到了进一步的展开，"自然"一词的混杂状态得到了进一步的澄清。刘笑敢先生在《老子古今：五种对勘与析评引论》一书中，整理了近十几年来的研究成果，创造性地提出了"人文自然"概念，推进了道家自然观念的研究。他认为"人文自然不同于天地自然，也不是物理自然，不是生物自然，也不是野蛮状态，或原始阶段，不是反文化、反文明的概念"。① 老子之自然首先是一种最高价值，是一种终极关怀，表达了老子对人与自然宇宙的关系的终极关怀。其次，老子之自然作为一种价值也表达了对群体关系的关切，即对现实生活中人类各种群体之相互关系及生存状态的希望和期待。最后，老子之自然也表达了老子对人类的各种生存个体存在、发展状态的关切。此外，还有章启群的《论魏晋自然观》②，赵芃的《道教自然观研究》③，蒙培元的《人与自然：中国哲学生态观》④ 等。重要的论文则有王庆节的《老子的自然观念：自我的自己而然与他者的自己而然》⑤，W. A. Callahan 的《道家的话语与视角：对自然的语言学解释》⑥ 等，博士论文则有肖平的《早期道家自然观研究：以老庄为中心》（武汉大学，2008 年）。除此之外，还有大量研究道家自然观念的硕士论文以及单篇论文。

总之，过去在自然辩证法思想指导下对道家自然观念进行研究的方式应

---

① 刘笑敢著：《老子古今：五种对勘与析评引论》（上卷），中国社会科学出版社 2006 年版。

② 章启群著：《论魏晋自然观》，北京大学出版社 2000 年版。

③ 赵芃著：《道教自然观研究》，巴蜀书社 2007 年版。

④ 蒙培元著：《人与自然：中国哲学生态观》，人民出版社 2004 年版。

⑤ 王庆节的《老子的自然观念：自我的自己而然与他者的自己而然》一文最初以"On Laozi's Concept of Ziran"为名刊登在 *The Journal of Chinese Philosophy*，24（1997）上。后以"Itself-so-ing" and "Other-ing" in Laozi's Concept of Ziran 为名收入牟博编 *Comparative Approaches to Chinese Philosophy*。后译成中文《解释学、海德格尔与儒道今释》，中国人民大学出版社 2004 年版。

⑥ W. A. Callahan. "Discourse and Perspective in Daoism：A Linguistic Interpretation of Ziran", in Philosophy East & West,39，No. 2，pp. 171 – 176.

该加以反思，因为这是一种科学自然观的研究进路，建立在西方传统哲学的主客对立模式基础上；而道家文化中的自然观念显然蕴涵了浓厚的人文关怀，是一种人文自然观，这是道家自然观念研究中常被忽视的问题。

5. 道家的文学、艺术、美学思想研究

几年来，对道家文化中的文学、艺术以及美学思想的研究日益兴盛，有大批研究成果涌现，如李生龙的《道家及其对文学的影响》（修订本）①，尚学锋的《道家思想与汉魏文学》②，刘生良的《鹏翔无疆：〈庄子〉文学研究》③，刘介民的《道家文化与太极诗学：〈老子〉、〈庄子〉艺术精神》④，徐华的《道家思潮与晚周秦汉文学形态》⑤，王凯的《逍遥游：庄子美学的现代阐释》、《自然的神韵：道家精神与山水田园诗》⑥，时晓丽的《庄子审美生存思想研究》⑦，包兆会的《庄子生存论美学研究》⑧，李裴的《隋唐五代道教美学思想研究》⑨ 等。

李生龙的《道家及其对文学的影响》一书是再版修订的专著，该书首先对先秦道家思想作了一个整体性研究，认为道家之"道"既是天地万物的起源，又是天地万物的归宿，还是天地万物演化的过程和万事万物的发展规律。人作为万物之一，自然也受"大道"的支配。道家对"道"的阐释，有把自然人文化和把人文自然化的倾向。不过，其落脚点仍在人文，只是强调人文本于自然，应效法自然而已。不管是衰世还是盛世，道家都对文学艺术的发展有促进作用。衰世文人用道家来医治创伤，盛世文人用道家来助长豪气。同是受道家影响，衰世与盛世所产生的文学艺术貌同而神异。作者在分析道家美学思想以及老庄文学特色的基础上，阐述了道家思想对汉代文学、魏晋南北朝文学、唐代文学、宋代文学、元明清文学的影响。

---

① 李生龙著：《道家及其对文学的影响》（修订本），岳麓书社 2005 年版。
② 尚学锋著：《道家思想与汉魏文学》，北京师范大学出版社 2000 年版。
③ 刘生良著：《鹏翔无疆：〈庄子〉文学研究》，人民出版社 2004 年版。
④ 刘介民著：《道家文化与太极诗学：〈老子〉、〈庄子〉艺术精神》，广东人民出版社 2005 年版。
⑤ 徐华著：《道家思潮与晚周秦汉文学形态》，湖北人民出版社 2008 年版。
⑥ 王凯著：《逍遥游：庄子美学的现代阐释》，武汉大学出版社 2003 年版；王凯著：《自然的神韵：道家精神与山水田园诗》，人民出版社 2006 年版。
⑦ 时晓丽著：《庄子审美生存思想研究》，商务印书馆 2006 年版。
⑧ 包兆会著：《庄子生存论美学研究》，南京大学出版社 2004 年版。
⑨ 李裴著：《隋唐五代道教美学思想研究》，巴蜀书社 2005 年版。

道家文化中所蕴涵的精神对传统文学、艺术影响深远，给我们留下了丰富的艺术作品，那么道家文化中的艺术精神在现代社会新的艺术形式中是否有结合的可能？如何开启道家中的艺术精神，并且融合到现代艺术之中去，仍然有待进一步地探索。

（四）道家思想比较研究

1. 道家与西方哲学的比较研究

道家思想与西方哲学的比较是近一二十年来道家文化研究的一个重要趋势，一方面，道家的经典文献在海外的译本越来越多，① 更多的国外学者接触到了《老子》、《庄子》等文本，这无疑有利于道家思想研究的进一步展开。另一方面，近代以来，整个中国哲学的研究都受到西方哲学的影响，近代中国哲学史学科的形成过程在一定程度上可以说是以西方哲学为参照系、以传统文化为内容重新构建起来的，因此，道家思想研究无疑要借鉴西方哲学。此外，哲学家海德格尔曾直接推崇老子，化用老子的"道"观念，这无疑促进了道家思想与西方文化之间的比较研究。近几年来，对道家与西方哲学进行比较的专著主要有那微的《道家与海德格尔相互诠释：在心物一体中人成其人物成其物》②，张祥龙的《海德格尔思想与中国天道：终极视域的开启与交融》（修订版）③，钟华的《从逍遥游到林中路：海德格尔与庄子诗学思想比较》④，赖贤宗的《海德格尔与禅道的跨文化沟通》⑤ 等，博士论文则有宋定莉的《老子与海德格尔美学思想之比较研究》（台湾东海大学，2005 年）。此外，孙周兴、张祥龙、伍晓明、王庆节、曹街京（Kah Kyung Cho）、奥托·珀格勒尔等国内外学者均发表了很多比较哲学研究的论文。

---

① 参见丁四新、王巧生、夏世华著：《英语世界的先秦道家研究》，收入武汉大学中国高校哲学社会科学发展与评价研究中心组编：《海外人文社会科学发展年度报告2007》，武汉大学出版社2007年版。

② 那微著：《道家与海德格尔相互诠释：在心物一体中人成其人物成其物》，商务印书馆2004年版。

③ 张祥龙著：《海德格尔思想与中国天道：终极视域的开启与交融》（修订版），三联书店2007年版。

④ 钟华著：《从逍遥游到林中路：海德格尔与庄子诗学思想比较》，中国社会科学出版社、华龄出版社2004年版。

⑤ 赖贤宗著：《海德格尔与禅道的跨文化沟通》，宗教文化出版社2007年版。

那微的《道家与海德格尔相互诠释：在心物一体中人成其人物成其物》是一本中西哲学比较研究的著作。作者突破长期以来主客对立的形而上学框架，尝试借鉴海德格尔破除西方传统形而上学思维模式的"存在"论视角，重新诠释道家思想。作者摆脱了道的实体性诠释，认为"老子之道不是能够脱离素朴之心运作和参与的自古以来就存在的天地万物自然社会的客观规律，而是天地万物作为自身存在的本然状态"。在此基础上，作者从存在论的层面论证了道家与海德格尔相互解释的可能性，并且主张，这种相互解释，恰恰可以帮助双方走出先前的理论困境，清除笼罩在道家研究上的形而上学的迷雾，把我们今天的视野敞开到老庄那里去，以形成一个新的解释学境遇。

2. 道家与日本哲学的比较研究

道家文化在日本文化中亦占有重要地位，老庄哲学很早便传入日本，对日本文化产生过重要影响，因此，道家文化在日本的发展与演变是很有意义的一项课题，学界近些年来对此展开了研究，如刘韶军的《日本现代老子研究》①，张谷的《道家思想对日本近世文化的影响》（武汉大学 2006 年博士论文）等。刘著是一本对日本现代老子研究的学术史著作，该书介绍了狩野直喜、小柳司气太、武内义雄、津田左右吉、木村英一、赤塚忠、岛邦男等十位学者在《老子》一书上的研究成果，全面展示了现代日本学者对《老子》一书的研究深度，不仅为国内的老子研究提供了很好的参考，也有利于《老子》研究的整体提升，促进了老子研究的学术交流。

3. 道家与周易、儒家、佛教的关联研究

易学与道家思想之间有着千丝万缕的关系，学界早就提出《易传》思想的建构借鉴了道家的形而上学。近些年来，学界对道家与易学之间关系的研究得到了进一步深化，出现了一大批研究著作，如陈鼓应的《易传与道家思想》（增订本）、《道家易学建构》②，周立升的《两汉易学与道家思想》，詹石窗的《易学与道教思想关系研究》等。

陈鼓应的《易传与道家思想》（增订本）是一本详细研究道家思想与

---

① 参见刘韶军著：《日本现代老子研究》，福建人民出版社 2006 年版。
② 陈鼓应著：《易传与道家思想》（增订本），商务印书馆 2007 年版；陈鼓应著：《道家易学建构》，台湾商务印书馆股份有限公司 2003 年版。

《易传》之间关系的著作，该书从哲学议题、思维模式以及万物起源说、自然循环论、阴阳气化论、天人一体观、变化发展观、乐天知命的达生观和刚柔相济说等各阶层中的概念、范畴和命题，论证《易传》各篇哲学思想从属于道家学脉。作者认为，先秦儒家隆《诗》、《书》而轻《易》的传统，这可通过传世典籍的对比来加以证明。近年来湖北郭店与上海博物馆所藏众多战国楚墓竹简古佚书相继公布，更加证实孔孟儒学之推崇《诗》、《书》而未及《易》。是书的再版无疑是对"道家文化主干说"的有力补充。

　　道家与儒家思想之间的关系在历史上也是很值得研究的现象，如宋明理学的形成无疑与道家道教思想相关，对此学界亦多有研究，如陈少峰的《宋明理学与道家哲学》①，孔令宏的《朱熹哲学与道家道教》、《宋代理学与道家道教》（上、下）、《儒道关系视野中的朱熹哲学》②，刘固盛的《宋元时期的老学与理学》、'《宋元老学研究》③ 等。博士论文则有李仁群的《两宋理学与道家思想》（复旦大学，2004 年）等。

　　前人对宋代理学与佛学、佛教的关联注意较多，对理学与道家、道教的关系认识不够，缺乏系统的论述。在这一方面，浙江大学的孔令宏教授进行了卓有成效的研究，以他的《宋代理学与道家道教》（上、下）一书为例，该书从大量哲学史料中发掘出周敦颐、邵雍、张载、二程、朱熹、陆九渊等理学名家与道家、道教的关系，以充分的史实和细致的分析说明：宋代理学无论是在代表人物的师承传授、人际往来上还是在概念表述、思辨框架、思维方式、思辨逻辑等方面，都深受道家、道教的影响。这项研究无疑使宋明理学与道家道教关系的研究取得了突破性进展。

　　道家与佛教之间的关系研究近年来亦有新成果，如萧登福的《道家道教与中土佛教初期经义发展》和《道家道教影响下的佛教经籍》④，蜂屋邦

---

① 陈少峰著：《宋明理学与道家哲学》，上海文化出版社 2001 年版。
② 孔令宏著：《朱熹哲学与道家道教》，河北大学出版社 2001 年版；孔令宏著：《宋代理学与道家道教》（上、下），中华书局 2006 年版；孔令宏著：《儒道关系视野中的朱熹哲学》，中华大道出版社 2000 年版。
③ 收入刘固盛、刘玲娣编：《葛洪研究论集》，华中师范大学出版社 2006 年版。
④ 萧登福著：《道家道教与中土佛教初期经义发展》，上海古籍出版社 2003 年版；萧登福著：《道家道教影响下的佛教经籍》，新文丰出版股份有限公司 2005 年版。

夫的《道家思想与佛教》也翻译出版。① 此外，刘雪梅的《佛道交涉视域中的隋唐重玄学研究》（南京大学 2002 年博士论文）也是这方面的研究成果。道家文化与佛教之间既有互相吸收的一面，亦有互相排斥的一面，这种共存的局面从魏晋南北朝时期便已开始，而隋唐时代始盛。一方面，道教要从作为比较完善的宗教形式的佛教中吸取教规、仪式等形式方面的东西，而佛教要在中国生根与发展，亦要吸取道家文化中的一些重要观念，这主要体现在佛经的翻译过程中。而两者得到完美融合的发展产物便是禅宗的诞生。关于这方面的研究还值得进一步深化。

儒道同发源于先秦，而佛教在汉末已开始传播，三者是中国传统文化中的重要力量，在漫长的中国历史上，融合与排斥共在，不同的历史时期三者之间的关系往往很不一样，如唐代和宋代相比，道家文化与佛教的地位与影响显然不同，道家与儒家之间关系也不同，因此，分析道家文化在不同历史阶段与儒家、佛家两者之间的关系，对于深入了解传统文化的多样性、差异性具有重要意义。

（五）其他问题研究

1. 道家思想与地域文化

近几年来，道家思想的研究开始呈现出一种新的动向，那就是注重道家思想的地域特征，将道家思想纳入一定的地域之内探讨其发展历史成为一种研究的路数，这方面的研究成果有萧汉明先生的《道家与长江文化》②，马良怀、徐华的《玄学与长江文化》③，孙以楷的《道家文化寻根：安徽两淮道家九子研究》④ 等。博士论文则有宁国良的《春秋战国时期楚国道家思想研究》（西北大学，2005 年），杨文娟的《宋代福建庄学研究》（华东师范大学，2006 年）等。

萧汉明先生的《道家与长江文化》一书对历史上长江流域的重要道家学者进行了研究，作者明确提出，"道家，是在长江流域的荆楚地区孕育出

---

① 〔日〕蜂屋邦夫著：《道家思想与佛教》，隽雪艳、陈捷等译，辽宁教育出版社 2000 年版。
② 萧汉明著：《道家与长江文化》，湖北教育出版社 2005 年版。
③ 马良怀、徐华著：《玄学与长江文化》，湖北教育出版社 2004 年版。
④ 孙以楷著：《道家文化寻根：安徽两淮道家九子研究》，安徽人民出版社 2001 年版。

来的一个学术流派，这个学派的创始人老聃及其后继的代表人物庄周都是楚国人。当中国传统文化出现以黄老思潮为标志的首次大融通时，也正是这个学派担当起主体性的角色，而四篇《黄老帛书》、《鹖冠子》、《淮南子》这些黄老之学的代表作，都出自楚人之手"。因为该书主要探讨文化层面，是故作者在论述"隋唐道家的重玄思潮与长江文化"时，专门研究了李白的道家思想，将李白的道家思想分为前后两期，并对其炼丹思想与仙游诗进行了分析。对于宋元明时期的道家与长江文化，作者特意对朱熹与《周易参同契》、吴澄对道学与老学的融通进行了研究，从一个侧面展示了道家文化对宋明理学的影响。

通过对特定地域内道家文化的研究，我们能更深入地理解道家文化对地域文化的影响与作用，对地方文化的形成与发展过程有更全面的认识，为我们保存发展传统文化与地方特色文化带来了新的指向，21 世纪道家文化研究呈现出的这个研究趋势无疑具有极为重要的意义与价值。

2. 近现代道家思想研究

近现代道家思想研究近年来日益受到学界的关注，主要表现为两种趋势：一是近代以来道家思想影响了一大批学者，如魏源、严复、陈撄宁、胡适、蒙文通、汤用彤等。而这些学者本身对道家思想的研究无疑代表了道家在近代的发展。二是相对于现代新儒家的提法，一些学者纷纷提出了现代新道家。20 世纪 90 年代以来，董光璧先后发表《当代新道家兴起的时代背景》、《当代呼唤新道家》等论文，[1] 出版《当代新道家》，将物理学家、科学史家汤川秀树、李约瑟、卡普拉视为"当代新道家"。认为三人的新科学世界观和新文化观的哲学基础早已蕴涵在道家思想中，三人自觉不自觉地塑造了当代新道家的形象。[2] 1999 年胡孚琛先生在《道学通论——道家·道教·仙学》一书中，呼吁"继承魏源、严复、吴虞乃至汤用彤、胡适、陈寅恪、王明、陈撄宁、金岳霖、方东美、蒙文通、宗白华、萧天石等人的道学传统，形成当代的新道家学派。"[3] 此外，许抗生、宫哲兵、孔令宏等亦提出相应主张。在宁波"首届葛洪与中国文化国际学术研讨会"上，许抗

---

[1] 董光璧：《当代新道家兴起的时代背景》，《自然辩证法通讯》1991 年第 2 期；董光璧：《当代呼唤新道家》，《中国文化报》1998 年 10 月。

[2] 董光璧著：《当代新道家》，华夏出版社 1991 年版。

[3] 胡孚琛著：《道学通论——道家·道教·仙学》，中国社会科学出版社 1999 年版。

生提交了《再谈道家思想与现代文明：关于当代新道家的一些思考》，宫哲兵提交了《当代新道家的理论创新与济世关怀》的论文，孔令宏则提交了《为现代新道家告全球人士书》一文，此外亦有《新道家哲学论纲》一文刊发于人龙论坛。

对现代新道家的推进与研究是当前与今后道家研究的一个重要方面，而目前的研究成果主要体现在第一方面，相关的研究论著则有宫哲兵的《当代道家与道教》①，李素平的《魏源思想探析》②，胡军的《当代正一与全真道乐研究》③，刘延刚的《陈撄宁与道教文化的现代转型》④，吴亚魁的《生命的追求：陈撄宁与近现代中国道教》⑤。博士论文则有张娟芳的《二十世纪西方〈老子〉研究》（西北大学，2003 年），罗映光的《蒙文通道学思想研究》（四川大学，2006 年），林红的《近代道家观：对近代道家思想研究的探析》（山东大学，2007 年），李程的《近代老学研究》（华中师范大学，2007 年），孙文礼的《严复与道家》（武汉大学，2007 年）等等。

宫哲兵教授的《当代道家与道教》是一本对当代道家道教作综合性论述的专著，该书首先论述了当代道家的兴起与发展，接着分科学篇、哲学篇、道教篇、文学美学心理学音乐篇等对当代新道家进行了全方位分析，全面地展现了当代道家道教的面貌。李素平的《魏源思想探析》一书以《老子本义》为诠释视角，尝试用解释学的方法分梳《老子本义》中的几个关键问题："道"、"无为"、"无名"、"自然"，着重阐述了魏源解读老子的本意。魏源把老子的《道德经》诠释成救世之书，而非退隐、遁逸于现实生活之外，其主旨是"《老子》为救世之书，欲复太古之治"。从整体上来看，魏源是从儒家立场出发来诠释《老子》的，他研究《老子》的目的、动机相当明确：为了"经世致用"的政治主张，从而达到实现"治国"、"救世"的期望。魏源晚年皈依佛门并不奇怪，虽然其前半生在政治理念上坚持经世致用，但始终以传统文人的调适心态徜徉在佛老之间。

近现代道家思想的研究还有值得深入探讨的地方，现代新儒家学者都对

---

① 宫哲兵著：《当代道家与道教》，湖北人民出版社 2005 年版。

② 李素平著：《魏源思想探析》，巴蜀书社 2005 年版。

③ 胡军著：《当代正一与全真道乐研究》，湖北人民出版社 2008 年版。

④ 刘延刚著：《陈撄宁与道教文化的现代转型》，巴蜀书社 2006 年版。

⑤ 吴亚魁著：《生命的追求：陈撄宁与近现代中国道教》，上海辞书出版社 2005 年版。

道家思想有过研究与论述，如熊十力、冯友兰、牟宗三、徐复观等，这一点无疑要具体分析。

　　由上可见，20 世纪 80 年代以来的 30 年特别是后 20 年，道家文化研究取得了突飞猛进的进展，成绩是斐然的。回顾道学研究走过的历程，展望它在 21 世纪的发展前景，我们认为，有几个问题仍有必要引起人们特别的关注和重视。

　　第一，"道家主干说"的提出和讨论，对于重新认识道家文化的历史作用，推进道家文化研究的深入，其意义是显而易见的。然它与传统的"儒家主干说"一样，在某种程度上隐含着学派的偏见或门户之见，潜存着发展为"独尊道学"之可能。这是不能不让人有所担忧的。历史上的"独尊儒术"对中国学术文化的发展造成极坏的影响，教训是沉重而深刻的。因此，人们有必要保持清醒的认识，避免从重视道学、推崇道学走向"独尊道学"。事实上，儒学和道学在中国传统哲学、传统文化中皆有其显著的地位，二者交叉主干，互补互动，无论从积极方面抑或从消极方面，都对中华民族的历史发展产生了巨大而深远的影响。何以一定要在二者之间分出高低、主次呢？

　　第二，在儒学的历史发展中，有所谓新儒家、新儒学。与之相对应，有论者认为存在一个新道家学派，有论者进而提出创立新道学，以作为中华民族 21 世纪的文化战略。从学术自由的角度看，与新儒家、新儒学一样，新道家、新道学亦有其存在和发展的理由。但我们对"道学是参天地、赞化育、贯中西、通古今的大学问，创立新道学是中华民族在世界历史潮流中审时度势，应变自强的唯一可行的文化战略"[①] 的说法，眼下还只能保留意见。希图新道学引领中国乃至世界走向大同，是否期许过高？不过，正如"道家主干说"的讨论一样，关于新道学的讨论也将是有意义和有必要的。

　　第三，儒学研究中，人们曾就儒学与马克思主义的结合问题进行讨论，并取得一定的进展。然在道学研究中，道学与马克思主义的结合问题似乎未引起人们应有的注意。依笔者看，探讨道学与马克思主义的相同相异、相通相融关系，既是推进马克思主义的进一步中国化，发展中国特色和中国气派

―――――――――

① 胡孚琛、吕锡琛著：《道学通论》第 1 页，社会科学文献出版社 1999 年版。

的马克思主义的需要，同时也是使道学获得提升、获得发展和发扬光大的需要。现在，道学之现代价值和现代意义得到越来越多的人们的普遍认同，而从某种意义上说，实现道学精神与马克思主义的结合或融合，正是使道学之现代价值获得充分体现的一条重要途径。这方面有大量的文章可作，相信学术界有人为之。

第四，儒学研究中，在20世纪90年代人们曾就儒学的普及与大众化展开讨论，亦有人做了一些儒学普及的实际工作，收到了较好的效果。但总的说，还局限在学术讨论的层面，从学术探讨进入普及的真正的实际操作，还有很大的距离。然毕竟迈出了可喜的一步。笔者以为，道学也存在一个普及与大众化的问题。道学研究工作者在这方面亦是可以大有作为的。当然，这是一项非常艰难的工作，一方面，道学中有精华有糟粕，有"神奇"有"臭腐"，需要人们作出准确的价值判断和取舍；另一方面，道学之普及化、大众化不等于道学之庸俗化、简单化，其间的分寸也不易把握。正因为如此，道学研究工作者更有责任提高自身的政治素养、理论素养、道学素养乃至语言素养，在道学之普及中发挥引导和护航作用。

第五，道学史研究近年已有一定的进展，但与儒学史研究相比，似乎还不成比例，至少现在还没有一部贯通古今的全面详尽的《道学通史》。笔者建议有一道学研究大家牵头组织编写一部多卷本的《道学通史》，以弥补道学研究之缺憾。应该说，现在时机已经成熟。

第六，帛书《老子》的发掘，郭店《道家简》的发掘，为道学研究的深入提供了新的契机和条件。短短的若干年，在该方面已取得相当可观的研究成果，一个颇为普遍的认识，是肯认儒道之相通而非决然对立。笔者认为，对于帛书《老子》和郭店《道家简》还有进一步探究的必要。同时笔者执信，儒道固然有许多相通之处，然对立是主要的，否则，儒学、道学就不成其为独立意义上的儒学、道学了。不是吗？

第二章
儒家文化研究

儒家文化是中国传统文化的最重要的组成部分，离开儒家文化，中国传统文化便无从谈起。因此，改革开放以来，儒家文化研究一直受到人们的广泛关注和重视。从某种意义上说，儒家文化研究的深度和广度即意味着中国传统文化研究的深度和广度。

一、 儒家文化研究历程的简要回顾

新中国成立以后，儒家文化研究经历了一个曲折变化、值得回味的过程。总的脉络是：20 世纪 50 年代初期，人们开始学习马克思主义唯物史观，并将其运用于儒学研究之中；50 年代后期至 60 年代中期，儒学研究出现简单化、教条化倾向；60 年代后期至 70 年代后期，儒学研究遭受厄运，儒学被歪曲为腐朽反动的意识形态；70 年代后期至今，儒学研究重新走上了科学发展的道路。关此，赵吉惠先生的《建国以来儒学研究的艰难历程与最新进展》① 一文有较为具体详尽的论述，可资参考，我们不再作新的绍述和补充。我们要借此强调的一点是，新中国成立 50 年来，儒学时而被批判，时而被宣扬，儒学研究时而正常，时而不正常，与现当代中国政治密切相关。儒学地位的变化、儒学角色的转换、儒学研究的进展，在相当的程度上反映和体现了中国社会政治的变化和发展。郑家栋先生揭示 50 年来儒学研究的特点说："如果说 50 至 70 年代的儒学研究是服务于政治和隶属于意

---

① 赵吉惠：《建国以来儒学研究的艰难历程与最新进展》，《唐都学刊》1992 年第 3 期。

识形态的斗争，80 年代的儒学研究是追随打破禁区的思想解放运动，那么 90 年代儒学研究则显示出相对独立的学术与文化意义。"① 就总的趋向和特点而言，这一概括和揭示应是符合实际的。

这里，我们要着重就 20 世纪 80 年代以来的儒学或儒家文化研究作一较为全面的总结。历史进入 20 世纪 80 年代以后，伴随改革开放和中国社会政治、经济、文化的全面进步和发展，儒学研究出现空前的繁荣局面。这主要表现在以下一些方面：一是成立了众多的儒学研究机构，如国际儒学联合会、全国中华孔子学会、中国孔子基金会、曲阜师范大学孔子研究所、山东大学周易研究所、吉林省社会科学院易学研究所等。二是创办了一些专门的儒学研究刊物，最著名的如中国孔子基金会和曲阜师范大学孔子研究所主办的《孔子研究》、全国易学研究会和山东大学周易研究所主办的《周易研究》等。三是召开了大量的国际国内儒学研讨会，如纪念孔子诞辰 2535 周年全国学术研讨会（1984 年）、纪念孔子诞辰 2540 周年国际学术研讨会（1989 年）、纪念孔子诞辰 2545 周年国际学术研讨会（1994 年）、纪念孔子诞辰 2550 周年国际学术研讨会（1999 年）、"儒家思想的演变及其影响"国际学术研讨会（1987 年、山东曲阜）、"儒家思想与未来社会"国际学术讨论会（1989 年、上海）、海峡两岸首次儒学学术讨论会（1991 年、山东曲阜）、'94 南京金秋儒学国际研讨会（1994 年南京）等。四是出版、发表了数量可观的儒学研究学术论著，据不完全统计，近 30 年中，出版孔学、儒学研究方面的专著有近千种之多，若加上知识性、资料性方面的编著，数量更是惊人，而发表的相关学术论文，其数量更是难以精确统计，恐怕要在万篇以上。五是社会各界人士给予儒学研究以普遍的关注和重视，一些国家领导人（包括中国的、外国的，如江泽民、李瑞环、李光耀等）纷纷出席一些大型的儒学研讨会，发表讲话，肯定孔学、儒学的历史地位及其现代价值；学术界、文化界（尤其是中国历史、中国哲学史领域）的众多前辈和后进更是频繁著书立说，发表自己的孔学、儒学研究成果；甚至一些有远见的实业界人士也对儒学研究中的儒商问题、儒家文化与市场经济的关系问题等表现出浓厚的兴趣。

如果说上述五个方面尚属儒学研究之繁荣的外在表现的话，那么儒学诸

---

① 郑家栋：《九十年代儒学发展与研究中的几个问题》，《孔子研究》1999 年第 1 期。

问题探讨的深度和广度的双向拓展、对待孔子儒学之态度的根本性改变似可视为儒学研究之繁荣的内在表现。就对待孔子、儒学的态度而言，在过去相当长的时期里尤其是"文化大革命"期间，孔子、儒学基本上处于受批判的地位，批孔批儒成为意识形态斗争的重要组成部分，服务于现实政治斗争的需要。人们的思维局限于单线的两极对立式的思维，即总是在唯物唯心、进步反动的对抗中打转。进入新的历史时期以后，人们放弃了非此即彼的单一的对立式的思维方式，彻底改变了对于孔子、儒学的态度，从而终止了孔子儒学遭批判的厄运。张岱年先生在《孔子大辞典·序言》中指出："我们研究孔子，与过去的时代有所不同。在'尊孔'的时代，'以孔子之是非为是非'，削弱了人们独立思考的能力，这样的时代已经过去了。在'批孔'的时期，对于孔子谩骂攻击，表现了对于历史的无知，这样的时代也已过去了。我们现在的任务是如实地理解孔子，正确地评价孔子，也就是对孔子进行科学的研究，批判继承儒学的文化遗产。"[①]"如实地理解孔子，正确地评价孔子"，"批判继承"，反映了人们的基本立场和态度。尽管要真正做到这一点并非易事，但毕竟人们有了这样的愿望和自觉，达成了理性的共识。这种态度、立场的转变乃是儒学研究从非正常状态进入正常状态的标志，乃是儒学研究出现繁荣局面的内在前提和基础。

就儒学诸问题探讨的深度和广度而言，亦是显而易见的。像先秦原始儒学的研究、宋明儒学（理学、心学）的研究、现代新儒学的研究，可以说无论在宏观上还是在微观上，都推出了一批具有较高深度和水准的成果。当然，这里所谓"深度"也还是相对的，且基本上还停留在"史"的、"述"的局面，停留在儒学本文的诠释层面，尚未真正进入"哲学创造"的层面，进入儒学改造或创造性转换的层面。在广度方面，近30年中，人们的探讨不仅涉猎古代儒学，也涉猎现代儒学；不仅涉猎儒家的专门人物和儒学史，也涉猎儒学的许多专门问题如中庸问题、儒学本体论问题、人生哲学问题等；不仅对于许多老问题有新的认识，如孔子的再评价问题、孔子与六经的关系问题，而且提出许多新问题并展开了初步的讨论，如儒商问题、儒教问题、儒学的大众化问题、郭店简与儒学的关系问题等；不仅有历史的反思，如关于儒学的历史地位和作用问题，也有现实的思考，如关于儒学的现代价

[①] 张岱年：《孔子大辞典·序言》，上海辞书出版社1993年版。

值和意义问题。应该说，新视域的开辟与一些新方法的引入、新资料的发掘、视野的拓展是密切相关的。而这也正构成儒学研究出现繁荣局面的一个不可或缺的条件。

二、 儒家思想研究中的几个重要问题

儒家思想博大精深，内涵极为丰富。人们的研究涉及方方面面。要将这方方面面的探讨情况作一全面系统的总结，实是不易，本书篇幅也不允许。这里，我们只能就儒家思想中几个最最重要问题的讨论作一勾勒主要的总结，而舍弃一些次重要和大量微观层面问题的讨论情况。

（一）"中庸"研究

1. 中庸观念的提出及其演变

有论者探讨了"中庸"观念的形成，指出"中庸"作为一个概念虽始见于《论语》，然"尚中"的观念却由来已久。早在甲骨、金文中已有"中"字，在《尚书》、《诗经》、《易经》中也多次出现"中德"、"中罚"、"中行"等观念。在《尚书》等典籍中亦有"庸"字。孔子在继承和发挥殷周时期"尚中"思想的基础上，首次将"中"和"庸"结合起来，并上升到哲学的高度，正式提出了"中庸"的概念。[①]

另有论者着重论述了"中庸"观念的演变及其哲理化的进程。指出孔子第一个将"中"、"庸"并用作为"至德"的伦理范畴，这种"至德"首先体现为公允地坚守中正的原则，以无过无不及为特征。《中庸》则将"至德"提升到"天下之大本"和"天下之达道"的哲学高度，强调"固执"，要求自觉地保持与中道的一致，站稳不偏不倚、无过不及的适中立场，即做到"时中"或"慎独"，以达到"尽合乎中"的理想状态。孟子的中庸观是以"权"、"义"为中心范畴建立起来的，强调既要坚持圣人之道——"义"，也要有"权"——灵活性与合理性。"权"即"义"之"宜"，"执

---

① 参见葛荣晋著：《儒道智慧与当代社会》第 123—124 页，中国三峡出版社 1996 年版；杜道明：《有关"中庸"的几个问题》，《中国文化研究》1998 年第 1 期。

中无权，独执一也"，"执中无权"与"执一"都不可取，惟"执中有权"，方能恰到好处地坚守圣人之道。荀子的中庸观以"礼义"为中心范畴，这一中庸观基于"性恶"，强调"分"、"别"，追求"兼"、"一"。他主张"以分求一"、"从别到兼"，礼义统摄下的差异性的"各得其宜"，从而达到"才举不过"。《易传》的中庸观是在《荀子》"各得其宜"的"和一"之道的基础上，通过贯穿于"穷变通久"的"位"调和于分阴分阳的"中"，警惕于"否极泰来"的"时"完善而深化的。所谓"位"指卦爻位次，表示等级秩序，"位"规定了"穷变通久"的基调。所谓"变"即改变原状，回到正位上来。所谓"中"，一指构成一整体的个体各得其宜的状况；二指由个体所组成的和谐与均衡的整体。"中"是对"过"而言的一种以正道守其位的"宜"而"和"的境界。所谓"时"，一指"见几而作"；二指动静以时；三指兼顾利害，治不忘危。至此，先秦儒家中庸观，经过"至德"到"天下之大本"、"天下之达道"的提炼，中经"权"、"义"的调节，由"分"、"别"进入"一"、"兼"后，终于"位"矣"定"矣，从而结束了其哲理化的历史进程。①

2. 中庸本义

有论者认为，中庸之"中"有二义：一曰"内也"，即人之本性情感藏之于内心中，尚未显露，无偏无倚；二曰"正也"，即无过不及，恰到好处。中庸之"庸"，也有二义：一曰"用也"；二曰"常也"。于是，中庸即是"用中"，中庸之道即是"用中"之常道。② 有论者指出，"庸"，还有"和"义，中庸也即"中和"。③ 有论者认为，中庸、中和从伦理道德的角度看，包括和而不同与过犹不及两层含义。④ 还有论者指出，中庸的核心在一个"中"字，"中"有三义：一曰中礼或中道，这是讲"中"的标准，道乃规定无过不及的尺度；二曰时中，强调在不同的时空条件下，随时变通以合于中；三曰适中，强调不偏执，不走极端，这是中礼、中道在人的行为和人格风貌上的具体体现。⑤ 又有论者认为，中庸包含尚中和尚和。尚中即推

---

① 邓红蕾：《试论先秦儒家中庸范畴的哲理化》，《孔子研究》1987 年第 3 期。
② 葛荣晋著：《儒道智慧与当代社会》第 124 页，中国三峡出版社 1996 年版。
③ 杜道明：《有关"中庸"的几个问题》，《中国文化研究》1998 年第 1 期。
④ 邵汉明：《儒家文化的基本精神》，《孔孟学报》（台北）1990 年第 60 期。
⑤ 李景林：《先秦儒学"中庸"说本义》，《吉林大学社会科学学报》1994 年第 4 期。

崇中正不偏，具体而言，一谓执两用中，二谓以礼制中，三谓因时而中。尚和即强调矛盾事物的统一、和谐，恰到好处。"和"一指和谐、调和；二指中和、恰到好处。① 有的论者归纳儒家中庸观的特点为四项：一是反对过与不及；二是反对"攻乎异端"；三是主张权变与"时中"；四是要求"中"与"和"的和谐统一。②

3. 仁、礼与中庸

仁、礼、中庸都是孔子思想的重要范畴，然何者是孔子思想的核心呢？历来存在三种不同的意见：第一种意见认为，仁是孔子思想的核心；第二种意见认为，礼是孔子思想的核心；第三种意见认为，仁、礼共同构成孔子思想的核心。近年又有人提出第四种意见，认为中庸是孔子思想的核心。

持中庸核心说的论者论仁、礼与中庸的关系说，礼是孔子思想的政治范畴，仁是孔子思想的伦理范畴，中庸是孔子思想的哲学范畴。仁和礼皆不能构成孔子思想的核心。而中庸则不同，第一，孔子把中庸看做超越其他诸德之上的至德，"中庸之为德也，其至矣乎！"（《论语·雍也》）因而包括了礼和仁。第二，在礼与中的关系上，孔子提出复礼时，首先要求正名，所谓正名即要求君臣父子的名位必须符合中正。因而执中致和成为礼制的指导思想。第三，在仁和中的关系上，孔子经常以射喻仁。这就意味着：（1）孔子的求仁之方是从射中领悟而来的，也即中正要求的体现；（2）射之不中与道之不达一样，存在一个过与不及的失中问题；（3）以射喻仁反映了对君子思想行为的中节要求；（4）以射喻仁体现了人我关系处理的恰如其分。这都说明中庸世界观是孔子整个思想中起支配作用的因素，应是孔子思想的核心。③

另有论者根据对《论语》有关章节所作的时序考察和其他文献记载，把孔子的思想分为三个发展期，并与礼、仁、中庸挂搭起来：他37岁自齐返鲁为前期与中期的分界，60岁居陈为中期与后期的分界。孔子前期立论多与礼有关，有关仁的主要论述则集中在中期，"中庸"、"中行"是他居陈以后的新提法。因此，其思想演进当以"礼—仁—中庸"为基本脉络。这

---

① 刘宗碧：《中庸辨惑》，收入《孔子诞辰2540周年纪念与学术讨论会论文集》，上海三联书店1992年版。

② 杜道明：《有关"中庸"的几个问题》，《中国文化研究》1998年第1期。

③ 罗祖基：《论孔子思想中礼、仁与中庸的关系》，《史学集刊》1986年第3期。

一进程不仅符合孔子思想发展的内在逻辑，也大体符合孔子对自己的思想演进所作的"十有五而志于学，三十而立，四十而不惑，五十而知天命，六十而耳顺，七十而从心所欲不逾矩"（《论语·为政》）的表述。这一进程使孔子思想呈现阶段性差异，但其中心仍然是仁，仁不仅对礼起制导作用，而且从一定意义上说，中庸的提出也是为了在存在社会矛盾的情况下更切实地推进仁的实施。① 仁是否一定如论者所说是孔子思想的中心，固然还可以讨论，但论者摒弃单纯地就礼、仁、中庸谈礼、仁、中庸，而将其与孔子思想的演进联系起来进行考察和认识，此种研究理路却是值得提倡的。

4. 中庸之道不是折中主义、调和主义

"文化大革命"中，儒家的"中庸"被一些人简单地批判为折中主义、调和主义。如今，这种论调已渐渐销声匿迹。有论者说，把"中庸之道"说成是没有原则、平衡调和的折中主义的流行说法，实与中庸的本义风马牛不相及。中庸之"中"有着明确的原则，就是把握事物"恰到好处"的道理，或者处理事物要做到"恰如其分"。在这里根本无法调和折中，因为衡人论事不讲中的原则，而采取调和敷衍的态度，对事物的认识和把握便不是偏就是倚，不是太过就是不及。中庸之"庸"无非是中的道理的日常日用，即在处理、对待日常事物中时时不忘"中"的要求，运用"中"的原则。②

另有论者指出，何谓折中主义？无原则地、主观任意地把对立的方面结合起来，才叫折中主义；不能把一切折中，都看做是错误，也并非任何谈论"中"的学说，都是折中主义。按这样的标准衡量，中庸的执两用中，它那些达到对立面同一的灵活性，都还是折中，而不是折中主义。因为它并非简单地平列对立双方，而是要依照某种原则来或济或泄；它所提倡的对立面的各种结合方式，并不是任意的，而是有着某种根据的。这种原则和根据，就是"中"。何谓调和主义？就是无视矛盾双方差异和对立的绝对性，并力图泯灭这种对立，追求无差别的同一。在中国思想史上，尚同学说可以叫做调和主义；中庸虽然主张和，却不是人们所谓调和主义。因为，中庸主张和，是以承认对立并保持对立为前提的，和是对立的结合，不是对立的泯灭。和

① 张秉楠：《礼仁中庸——孔子思想的演进》，《中国社会科学》1990 年第 4 期。
② 参见朱宝信：《"中"与儒家"十六字"秘诀》，《江淮论坛》1992 年第 5 期；徐克谦：《"中庸"新探》，《学术月刊》1984 年第 10 期。

之为和，正因为其中充满着对立，是对立按照一定秩序互相调谐的结果。同则不然，同是排斥差异，要求融解差异的。①

5. 中庸评价

许多论者都对中庸的作用和价值作了正反两面的分析和评价。如有论者指出，中庸是一种以正确合理为内在精神的普遍和谐观，具有辩证因素和价值论意义，同时具有丰富的社会政治内涵和伦理道德内涵。与中庸相关的"过犹不及"、"通权达变"、"能屈能伸"、"否极泰来"、"居安思危"、"多难兴邦"等精神，不仅推动了中国古代认识论的发展，促进了中华民族自强不息精神的形成，而且对我们今天认识问题、处理问题时防止片面性和极端化，仍有其重要的借鉴意义。但它忽略了对立面的斗争与转化，看不到事物的自我否定和质变，这是中庸观的主要缺陷。②

另有论者认为，中庸思想，在论证如何达到平衡、保持平衡方面，有不少精辟的见地，成为文化遗产中的珍品，值得我们细致汲取；它的根本缺点，在于把平衡的地位和作用过分夸大了，以至达到否认转化、阻止转化的境地，并因此窒息了自己的合理内容，其流弊所及，就是一切生活领域中的因循保守、故步自封和阻碍变化、反对革命等现象的不时发生和普遍存在。这是它的糟粕。③

又有论者指出，"中"的思想是中国特有的思想观念，它有三个显著的优点：一是体现了中国人对天地自然运动和谐的变化或趋势的理论把握；二是体现了中国人追求应事接物的最佳理想；三是体现了中国人在处理与自然的和谐关系中的积极进取的品格。④

还有论者主张将作为伦理思想的中庸与作为思维方式的中庸区分开来，指出一方面，中庸思想在实质上是维护已有统治的一种道德说教，带有很强的愚民色彩，"作为一种有特定内涵的伦理哲学，中庸思想有巨大的局限性，是应予否定的"；另一方面，中庸思想内涵着对矛盾、对发展的深刻理

---

① 庞朴：《"中庸"平议》，《中国社会科学》1980 年第 1 期。
② 杜道明：《有关"中庸"的几个问题》，《中国文化研究》1998 年第 1 期。
③ 参见庞朴：《"中庸"平议》，《中国社会科学》1980 年第 1 期；刘宗碧：《中庸辨惑》，收入《孔子诞辰 2540 周年纪念与学术讨论会论文集》，上海三联书店 1992 年版；胡伟希：《儒家"心性之学"的界定、历史发展与前景》，《孔子研究》1993 年第 3 期。
④ 朱宝信：《"中"与儒家"十六字"秘诀》，《江淮论坛》1992 年第 5 期。

解，其有关发展原则、策略及思维框架的特点等对我国现代化、对全球化发展有着深刻的现实意义。①

6.《儒家中庸之道研究》与《中庸的文化省察》

这是近年推出的中庸观研究的两部代表性作品，不容不在此一提。

《儒家中庸之道研究》系陈科华先生的博士论文，27.3 万字，广西师范大学出版社 2000 年 4 月出版。全书设中庸考、时中论、和中论、性中论、致中论、至德论、中庸之比较等七章。在笔者看来，《儒家中庸之道研究》系统深入地探讨了有关中庸的各种问题，不乏新见。人们若要进一步研究中庸问题，似不能越过是书。

《中庸的文化省察》系《中国文化的人类学破译丛书》之六，萧兵著，湖北人民出版社 1997 年 9 月出版。全书设六篇（文学篇、环境篇、神话篇、礼俗篇、哲学篇、美学篇）21 章，笔者初步的印象，该书的视角是独特的，有意深研中庸者，不妨一读，或许能得到一些有益的启示。

（二）心性论研究

尽管从事实上说，道家、佛家都有关于心性的讨论和看法，但人们通常的认识，心性之学构成儒学的核心。有人说，心性之学是儒家思想的最基本的"硬核"，儒家思想的其他方面，都只是心性之学的开展和延伸。故从简明起见，不妨将儒学称之为"心性之学"。

心性之学在儒学中居有如此重要的地位，然长期以来，大陆学界却并未给予足够的重视。相比较而言，中国港台、海外新儒家对传统儒家心性之学的发掘和研究已相当深入，且已取得较为丰硕的成果。这一点，凡是对当代新儒学有所了解的人都有同感。当然，近年来，大陆学界已自觉意识到儒家心性之学研究的重要性和必要性，并开始了初步的探讨。

1. 儒家心性论研究的意义与方法

有论者指出，研究儒家心性论至少有以下四方面的意义：第一，要研究现代新儒家，首先就要对他们所接引的"源头活水"——传统儒家心性之学作出正确的分析和评论。第二，研究历史上的儒家心性论和现代新儒家，

---

① 陈忠、孟红梅：《"中庸思想"、"中庸思维"与现代化》，《社科信息》（南京）1996 年第 4 期。

是为了深入探讨中国传统思维方式的特点，研究构成中华民族文化传统的心理素质，并与西方文化传统的心理素质进行比较，探讨如何使我们的思想进一步适应现代化需要的问题。第三，港台新儒家已经出版一批研究儒家心性论的专著，如唐君毅的《中国哲学原论——原性篇》、徐复观的《中国人性论史》、牟宗三的三卷本的《心体与性体》等都是专门探讨先秦儒学和宋明理学心性论的。此外还有研究玄学心性论的《才性与玄理》、研究佛教心性论的《佛性与般若》等。大陆的心性问题研究则还刚刚起步。因此有必要多下工夫，进行深入的研究，以促进海峡两岸的学术交流。第四，批判地汲取儒家心性论中有益的东西，发展开放的马列主义，为建设社会主义精神文明服务。①

另有论者探讨了研究儒学心性论的方法问题，认为研究儒家心性论，必须超越宋明理学那种心性本体论的思维方式，使人心和道德从幻想的宇宙本体回复到现实的人类实践基础上来，也就是从辩证唯物主义的原则出发，正确地解决人的生理、心理、伦理和认识论的关系。这样才能按照历史的本来面目说明儒家心性论的发展过程，真正做到"去粗取精"、"去伪存真"。换句话说，就是要从生理、心理、伦理与认识论的结合上阐述儒家心性论发展的历史过程，揭示儒家心性论发展之不同阶段的特点。②

2. 心性论的特征

有学者概括儒家心性论的基本特征如下：（1）人文主义。以儒家为主体的中国传统哲学，十分强调人的内在价值和地位，特别是儒家以伦理为本位的心性之学，经过理学本体论的论证，把人提升为宇宙本体存在，成为宇宙的中心。（2）理性主义。表现为道德意识或超越意识，它强调形而上的道德原则对人的感性存在的支配、控制和压抑，而不重视认知理性的发展。（3）主体思想。主要通过情感经验的提升和本体化，把社会伦理内在化为自觉的主体意识，重视自我完成和自我实现，强调群体意识而忽视了个体意识。（4）整体思想。把人和自然看做是一个整体，主张通过自觉和体现，实现人和自然的和谐统一。③

---

① 韩强：《儒家心性论的基本特征和研究方法》，《南开学报》1989 年第 3 期。
② 韩强：《儒家心性论的基本特征和研究方法》，《南开学报》1989 年第 3 期。
③ 蒙培元：《浅论中国心性论的特点》，《孔子研究》1987 年第 4 期。

这实际是从儒家为主体的传统哲学的一般特征来说明心性论的特征。有学者认为，若从思维模式和历史演变过程来看，儒家心性论还有更深刻的特征：（1）心性本体论的思维模式。由先秦两汉的先天自然人性论与道德心理感情相结合的儒家心性论，经过化消玄学、佛教的心性论，演化出宋明理学的心性本体论，形成了对伦理规范的本体性和心的体用动静关系进行抽象思辨的程朱理学和陆王心学。经过近代民主革命和现代西方文明的输入，形成了中体西用的现代新儒学。（2）把生理、心理、伦理和认识论有机地结合在心性论的思维模式中。从人与动物的区别，论证人的生理欲望、心理感情与道德意识的关系，并从知行关系中论证控制欲望、感情、体验和实现道德的修身养性过程。（3）内在的自我超越。强调道德感情和伦理意识的主体性和自觉性，主张通过尽心、知性的道德修养过程，实现人的内在价值。先秦儒家重视从感性的道德行为中进行自省，以感性直觉体验伦理规范。现代新儒家在宋明理学心性论基础上吸取了西方哲学，进一步强调道德的主体。（4）"内圣外王"的境界观。儒家宣扬"孔颜乐处"的内心自我修养，要求人们成圣成贤，同时又把这种内圣的人生观推广到社会，实现所谓"正心，诚意，修身，齐家，治国，平天下"的社会理想。现代新儒家则宣扬"新内圣外王"，内修孔孟之道，外行科学与民主。因此儒家心性论的境界观实际上是把人生观与社会理想有机地结合在一起。①

3. 孔子和孟子、朱熹和王阳明心性论之差别

有学者探讨了孔孟心性论之分歧，认为，孔子的学是向外的，孟子的学是向内的；孔子是向外学礼学诗，孟子是向内求其放心；孔子认为光有先天之德不够，还必须向外不断求索，孟子认为本心仁体已足，毋需外求。也就是说，人之所以有礼义道德，在孔子有两条：对外学于礼，对内合于心；在孟子只有一条：反求诸己，合于本心。换句话说，孔子是学礼求仁，内外兼备，孟子则由仁入心，只求于内。这就是孔孟心性之学分歧的核心所在。该论者还指出，孔孟分歧的原因，除各自所处社会状况变化的影响外，二人性格的不同（孔子温文尔雅，小心谨慎；孟子豁然大度，圭角分明）也是一个重要的因素。②

---

① 韩强：《儒家心性论的基本特征和研究方法》，《南开学报》1989 年第 3 期。
② 杨泽波：《孔孟心性之学的分歧及其影响》，《学术月刊》1991 年第 10 期。

孟子之后，儒家心性之学开出两个方向：一是以陆王为代表的心学传统，自称深得孔孟心传。此派高标道德的主体性，坚持道德意识是一种当下的洞见，强调良知良能。一是以程朱为代表的理学路线，此派以孟子性善论为主，兼采其他诸子，如荀子、告子以及汉儒扬雄、唐代韩愈等人关于性论的一些说法，强调道德修养的工夫与过程。这两派之中，又以王阳明和朱熹二人最具代表性。有学者考察比较朱、王二人心性论之异同说，在同为坚持人性善的前提下，王阳明强调圣人之学，朱熹则强调下学而上达；同为注重道德主体性，在王阳明那里，道德主体性表现为良知良能的自主选择与当下的道德判断，而朱熹则重视道德主体在现实环境下变化气质中的能动作用。这种区别导致朱熹与王阳明在道德践行方法上的重大不同，王阳明强调道德修养中的顿悟，属于一种顿教；朱熹则重视道德修养的渐进与学习过程，属于一种渐教。① 又有学者论陆王、程朱对于心的不同理解和估价说，依陆王一系，心等于理，道德实践的最后依据、理的本质便植根于主观内在的心灵世界，心灵世界也就是理世界；依程朱一系，心低于理，道德实践的最后依据、理的本原便只能植根于一个心外世界，心灵世界之上有一个客观外在的理世界。②

4. 心性论之缺陷及出路

有学者指出，儒家心性论的缺陷在于：第一，夸大了道德理性的认识，贬低了对自然规律的认识，甚至用道德认识代替自然认识，而把二者混为一谈，提倡尽心、知性、知天的天人合一论。第二，重视直觉，轻视理智。这种重直觉的道德认识方法与儒家的知行合一、天人合一结合在一起，阻碍了认识自然的逻辑理智方法的发展。第三，把道德的自律性与他律性相分离。儒家认识不到道德传统的相对独立性和道德意识的自觉能动性，归根结底是由社会关系决定的，因而从两个方面走向了极端，或者把道德的他律性夸大为客观的宇宙本体，或者把道德的自律性夸大为宇宙精神。第四，儒家的心性修养方法主要是在道德领域内探讨认识论的问题。虽然在一定程度上看到了知行统一，知行相互促进，但是脱离社会实践，空谈心性修养的方法，导

① 胡伟希：《儒家心性论的课题及其解决方式》，《学术月刊》1990 年第 3 期。
② 赵士林：《心本体与天本体——论儒家内圣之学的基本矛盾》，《中国社会科学》1988 年第 6 期。

致了程朱知先行后和王阳明知行合一的唯心主义先验论。①

　　另有学者认为，儒家心性之学存在两大难题：一是重视高度的道德，忽视低度的道德。儒家在注目于理想人格培养的同时，忽视了对一般人的最低度的道德要求。儒家心性之学事实上有沦为曲高和寡、与大众生活相脱离的危险。二是重视道德理性而轻视物质基础。在儒家看来，道德意识完全是人心或人性的流露，与社会客观存在无关。这实际上忽视了人类道德心的培养还有赖于社会物质条件这一事实。②

　　在指出儒家心性论之理论缺陷的同时，有的论者同时也对它的现代价值给予较高的肯定，指出，儒家心性之学在今天的中国依然有所作为，它依然可以为人们提供安身立命之所，给现代人的心灵以极大的慰藉。从伦理的角度看，儒家的心性之学不仅不会湮没，其价值反倒会随着时间的进展与文明的进步越来越被中国乃至世界上更多的人们所了解与认识。③

　　关于儒家心性之学的出路，有学者认为，一方面，儒家心性之学应成为一个开放的而不是封闭的体系，就是说，它不仅应该容纳中国传统文化中非儒家学派，如道家、佛家以及儒家中非正统儒家（如荀子）的思想养料，而且应该从世界上其他民族的伦理道德学说中汲取营养。另一方面，应该直面儒家心性之学的内在缺陷，从内容到形式对它进行创造性的转化工作。传统儒家的心性之学从物质到道德价值的纵向排列的价值结构观必须从根本上打破，而代之以一种平面的、相互交错的、渗透的价值结构观。在这人类整体价值的基础上，儒家心性之学可以获得重新定位，由此也就生发出对人性的根本的理解。④

　　有学者强调儒家心性论的批判继承：第一，划清自然科学认识与道德认识的界限，批判儒家混淆自然认识与道德认识的理论缺陷。第二，批判儒家宣扬的抽象人性论、先天道德论和存天理、去人欲的封建道德观念，建立社会主义的新道德。第三，从儒家生理、心理、伦理和认识论相结合的方法中吸取丰富的思想资料，为现代的生理学、心理学、伦理学和认识论提供研究资料，加强分析综合。第四，从儒家道德超越情欲的自我调节和控制中吸取

---

① 韩强：《儒家心性论的批判继承》，《理论与现代化》1991 年第 4 期。
② 胡伟希：《儒家心性论的课题及其解决方式》，《学术月刊》1990 年第 3 期。
③ 胡伟希：《儒家“心性之学”的界定、历史发展与前景》，《孔子研究》1993 年第 3 期。
④ 胡伟希：《儒家心性论的课题及其解决方式》，《学术月刊》1990 年第 3 期。

丰富的思想资料，摆正物质利益与道德修养的关系，加强社会主义道德教育。第五，从儒家心、性、情关系的论述中吸取心性修养方法的丰富资料并加以改造，为研究社会主义道德教育服务。①

总的看，大陆学者关于儒家心性论的研究远不够深入，而港台新儒家却走在了我们前面，值得我们学习和借鉴。

（三）义利观研究

在儒家思想中，义利观是一项极为重要的内容。以往人们笼统地将儒家义利观归结为重义轻利，并给予简单的否定。近些年来，人们的认识有较大的深化，尽管对儒家义利观的看法远未统一。

1. 义利的本义及其关系

有论者认为，义指道德原则、道德要求，利指物质利益，进而义利关系也就是道德与利益或者说是精神追求与物质追求的关系。② 另有论者说，在先秦儒家那里，义一方面是指符合伦理原则的正当合理的行为，另一方面是指指导人们行为的道德准则，是仅次于"仁"的一种道德范畴；利也有两方面含义，一指个人或小团体的私利，一指国家、民族的公利，公利等同于公义。因而义利关系既是道德准则与利益追求的关系，也是公与私的关系。③ 还有论者认为，义指公平、公益；利指效率、私欲。因而义利关系也就是公平与效率、公益与私欲的关系。④

2. 儒家义利观的要义

有论者认为，不局限于某一儒家学者的义利思想，就整体儒家学派的义利观而言，就儒家义利观的形成和发展而言，其要义当包括：（1）明辨义利，重义轻利；（2）见利思义，以义为上；（3）以义为利，义以生利；

---

① 韩强：《儒家心性论的批判继承》，《理论与现代化》1991 年第 4 期。

② 邵汉明：《儒家道德观与市场经济的冲突与契合》，收入《纪念孔子诞辰 2550 周年国际学术讨论会论文集》，国际文化出版公司 2000 年版。

③ 贾顺先：《孔子义利思想探微》，收入《孔子诞辰 2540 周年纪念与学术讨论会论文集》，上海三联书店 1992 年版；陈勇：《儒家义利观辨析》，《长白论丛》1996 年第 6 期。

④ 张德强：《"儒家义利观与市场经济"讨论会综述》，《法学》1995 年第 10 期。

（4）因民之所利，举天下之利。① 有论者将儒家义利观的要义概括为如下五点：（1）义利两有，义高于利；（2）区别公利与私利；（3）见利思义，义然后取；（4）重义轻利；（5）舍生取义。②

有论者认为，儒家义利观由两个层面构成，要求"精英层次"即君子们见利思义，而对庶民，却要求先富后教。见利思义，看见"利"时，思考它是否符合义，合则取之，不合则不取，其意简洁明了，能确切地反映儒家对"君子"的要求；当儒家把目光移向广大庶民时，则从解决其饱、暖，奠定经济基础出发，主张先富后教。"富"和"教"自然与"利"和"义"有区别，但是，"富"自然是以"利"为基础的，"教"自然是以"义"为主要内容的。③

另有论者着重探讨了孔子、孟子义利观的主旨。如有论者将孔子义利思想概括为：（1）不反对个人的私利，而且认为"富与贵是人之所欲也"。（2）个人在追求私利时，必须遵守"公义"和关心人民的疾苦。（3）主张通过"义"去"求利"，反对舍"义"取"利"。（4）当义利不能兼顾时，则舍小我而全大义，舍私利而取公义。④ 有论者指出，孟子所论义利有三种不同的意义：其一，治国方略的义利，义指王道仁政，利指单纯追求富国强兵。孟子主张大力施行王道仁政，反对单纯追求富国强兵，所以在这个意义上孟子的确是不准言利的。其二，人禽之分的义利，义代表人的道德价值，利代表人的物质存在，在义利发生矛盾时，有一个选择问题，选择义，你就上升为人，选择利你就下降为禽兽。这讨论的是义利何者更为重要的问题。其三，道德目的的义利。道德必须是纯粹的，不能掺杂任何功利目的，因此，道德目的的义利本质上属于彼此对立的关系，但这个利特指功利目的，并非泛指一般的物质利益。⑤ 论者对孟子义利意义层次的区分对于准确理解

---

① 邵汉明：《儒家道德观与市场经济的冲突与契合》，收入《纪念孔子诞辰2550周年国际学术讨论会论文集》，国际文化出版公司2000年版。

② 商聚德：《传统义利观要义及其改造与转换》，收入《东方道德研究》第3辑，中华工商联合出版社1999年版。

③ 陈升平、郑琼现：《儒家义利观内涵辨正》，收入《国学论衡》第1辑，敦煌文艺出版社1998年版。

④ 贾顺先：《孔子义利思想探微》，收入《孔子诞辰2540周年纪念与学术讨论会论文集》，上海三联书店1992年版。

⑤ 杨泽波：《义利诠释中的串项现象》，收入《纪念孔子诞辰2550周年国际学术讨论会论文集》，国际文化出版公司2000年版。

孟子乃至儒家的义利观是有积极作用的。

3. 对"重义轻利"说的质疑

通常认为，儒家义利观的基本精神在于"重义轻利"。进入新时期以来，一些学者对此提出疑义，如有学者认为，反复研读《论语》、《孟子》以及《荀子》，不难发现，儒家其实很重功利，他们针对时弊大讲仁义，只是要把人们对物质利益的追求纳入正道，"由仁义行"（《孟子·离娄上》）；他们所宣扬的圣人、仁政，都是以给天下人带来物质利益为主要标准的。孔子把追求物质利益看成是人的天性，他只是告诫人们不要贪图眼前的"小利"，而要追求长远的大利，他认为好的政治"其养民也惠"（《论语·公冶长》）。孟子更明确地将"周于利"放在"周于德"之前，他强调政事的主要任务是发展经济，善谋利，以保障足"财用"，其王道仁政主要是让百姓得到更多的物质利益。荀子则把"好利"看做是普遍的人性，"义与利，人之所两有也，虽尧舜不能去民之欲利。"（《荀子·大略》）好利之心圣人也不例外。当然，儒家同时也认为，求利虽是人的天性，却不可"致于利而行"，而要有所节制。①

另有学者更明确地指出，儒家义利观乃重义轻利说不能成立，其理由有三：（1）"重义轻利"说所引用的主要证据是大大值得商榷的。这些证据包括孔子说的"君子喻于义，小人喻于利"（《论语·里仁》），孟子所说的"王何必曰利，亦有仁义而已矣"（《孟子·梁惠王上》），荀子所说的"先义而后利者荣，先利而后义者辱"（《荀子·荣辱》），董仲舒所说的"正其谊不谋其利，明其道不计其功"（《汉书·董仲舒传》）。该学者不同意人们通常对这些说法的解释，如通常认为孔子所说的"君子喻于义，小人喻于利"乃是说，君子才能懂得义，小人只懂得追求利。该学者则认为，"喻"乃告也，这样，孔子的意思则是：对君子（当改做官者）应告之以义，对小人（庶民百姓）应告之以利，这是分工的不同，与轻利无关。（2）"重义轻利"说忽视了对儒家代表人物的义利言论作全面考察。指出儒家大谈富贵财利的言论与"何必曰利"的言论相较，不知要多出多少倍。（3）"重义轻利"说忽视了对儒家代表人物以外的其他大儒的义利思想的考察。秦以后许多儒家人物均主义利并重。论者最后指出，"重义轻利"说是在三个重

---

① 谭风雷：《先秦儒家义利观辨析》，《学术月刊》1989 年第 11 期。

视、三个忽视的基础上得出来的。第一，重视孔、孟、荀、董、程、朱、陆、王这些代表人物的言论，忽视了虽非代表，但系大家的其他儒家的言论。第二，重视代表人物中重义的言论，忽视代表人物中重利的言论。第三，重视代表人物对"士"以上特定对象的义利要求，忽视他们对庶民百姓所作的义利要求。在这种基础上所得出的结论，其科学性是要大打折扣的。①

4. 儒家义利观的评估及其与市场经济的关系

一些学者认为，儒家义利观是农业经济、大一统社会的产物，它无论在性质上还是在内容上，都与市场经济的实际需求脱节，难以再有其用武之地。儒家重义轻利的义利观与以利益机制为基础的市场经济相冲突，它是对个人利益的压制，对市场经济发展起着消极阻碍作用。② 还有论者说，儒家"义利之辨"的缺陷不是完全排斥利益（功利）本身，而是以社会凌驾于个体之上，以社会利益排斥个人利益，从而使社会这一整体成为抽象的异己的存在，成为个体的对立面。③

更多的论者对儒家的义利观给予积极的评价，并肯定它对现代社会和现代市场经济所具有的现实意义。如有论者说，孔子儒家所讲的义利问题，实际上是对人类社会生活中一个普遍规律的发现。随着社会生活的发展，这种规律的内容自然有所变化，但作为思维方式和规律法则来说，仍然有其真实的价值。那种认为随着商品经济和工业社会的发展，人们之间只有赤裸裸的金钱关系和你死我活、尔虞我诈的争夺，伦理道德教育将会失去对社会生活的调剂与抑制作用，这实际上是以一种短期行为和鼠目寸光为出发点的错误看法，而未从人类互助互利的前后因果的整体关系中来考虑问题。④ 另有论者说，儒家"见利思义"和"义利统一"的思想，有助于树立适应社会主义市场经济要求的价值观念。其"义以生利，利以丰民"的思想，是市场积累的思想前提，而"不义而富且贵，于我如浮云"的思想，是反对商业

---

① 陈升平、郑琼现：《儒家义利观内涵辨正》，收入《国学论衡》第1辑，敦煌文艺出版社1998年版。
② 张德强：《"儒家义利观与市场经济"讨论会综述》，《法学》1995年第10期。
③ 陈勇：《儒家义利观辨析》，《长白论丛》1996年第6期。
④ 贾顺先：《孔子义利思想探微》，收入《孔子诞辰2540周年纪念与学术讨论会论文集》，上海三联书店1992年版。

欺诈行为的道德自律武器。①

又有论者认为，儒家义利观虽有其不足之处，但对于现实来说，积极意义是主要的。特别是针对目前市场经济发展中出现的道德滑坡、风气日下的局面，尤其要发掘和利用儒家义利观中的积极因素来加以克服，如见利思义、义以制利等。市场经济不仅是法治经济，而且也应该是道德经济，这样才能使中国不失礼仪之邦之本色。儒家所强调的把国家利益、社会利益放在第一位、个人利益放在第二位、重视提高统治者的道德修养等，对于发展市场经济来说也是适用的。② 儒家看到了"正义"与"谋利"、"明道"与"计功"之间的矛盾，这一认识是有价值的。他们反对人们背离道义、不择手段地去谋利、求功，这也是正确的。③

义利问题实是一个经济伦理问题。由此可知，人们关于儒家义利观的讨论虽有一定的进展，但不是很深入。这恐怕与中国经济伦理理论的建设尚处于起步阶段有直接的关系。

（四）人学研究

哲学不等于人学，但人学在哲学中居于核心的地位；同样，不能简单地将儒学归结为人学，但人学在儒学中的特殊地位亦是显而易见、不容置疑的。儒家人学教育影响了一代又一代中国人，直到今天，儒家人学的影响仍然不容小视。因此，30 年来，有关儒家人学的研究自然成为儒学研究中的一个热点。

1. 儒学的主旨即人学

有论者认为，中国哲学尤其是儒学始终是以人的生命为思考对象的，人的问题是儒学的基本问题，儒学的其他领域都围绕着"为人之道"而展开，关于人的性质、人的关系、人的理想的学说乃是儒家之伦理思想、道德理念、政治法律思想和经济思想的基本前提和逻辑内蕴。在这个意义上，可以说儒学乃是一种特殊的人学。它同西方哲学以自然为基点来进行哲学思考大异其趣。首先，儒学研究的是人的生命，而西方哲学研究的是自然。孔子关

---

① 赵婷：《儒家思想与市场经济国际研讨会综述》，《工人日报》1995 年 10 月 18 日。

② 张德强：《"儒家义利观与市场经济"讨论会综述》，《法学》1995 年第 10 期。

③ 张锡勤：《略论儒家的义利观》，收入《孔子诞辰 2540 周年纪念与学术讨论会论文集》，上海三联书店 1992 年版。

心的只是人类自身的问题，他的对人的关切成为儒学的主调。其次，儒学重人，并不意味着不思考自然，正像西方哲学以自然为对象并不意味着不研究人的本身。儒家重为己安人之道，这都是人道。儒学的天道观不在于提供关于自然界的总图景，不在于指导人们认识自然及其规律，而在于为性善说和成人说提供本体论根据，它是关于生命学说的一部分，而非关于自然的哲学科学观。最后，儒学关注的生命是德性生命，关注的人是伦理中的人，而西方文化更重视人的理性生命，关注的人是原子式的个人。①

另有论者认为，所谓人学，是指关于人的本质、价值、需要以及人与自然、社会关系的学说。儒家重实践理性，重人际关系的研究，较早地提出了人的学说，可称为人学。儒家所说的"人"具有多方面的特征。首先，人"有辨"，有相互的伦常关系，这是人之所以为人的根据；其次，人能"智虑"，是会思想的动物；再次，人"能群"，是社会的动物；最后，人有善恶之心，是道德理性的动物。②

问题是，人学何以构成儒学的主旨呢？这恐怕要进行历史的追溯。有论者认为，以孔子为代表的儒家所以重视人关注人的问题，或者说春秋时期人学思潮的兴起，有其历史和社会的原因。第一，当时疑天思潮的兴起，使思想家的视线从神秘的天返回到现实的人。殷商以来，总的发展趋势是由神本逐步走向人本、民本。第二，春秋社会的无序状态也促使孔子等人对人的类本质进行深入的思考。第三，春秋时代农业经济的发展和科学技术的发展也使得当时的思想家更重视人的作用。③

2. 儒家人学的内容与特征

关于儒家人学的内容，人们在研究和讨论中，主要提出了以下几种看法。一种看法认为，儒家人学的基本内容包括：（1）人禽之别——人生哲学的出发点；（2）德刑之争——对道德功能和特点的认识；（3）义利公私之辨——对群己关系的理解；（4）推己及人，严己宽人——处理人我关系

---

① 唐凯麟、曹刚著：《重释传统——儒家思想的现代价值评估》第68—79页，华东师范大学出版社2000年版。
② 张立文：《儒家人学探析》，收入《孔子诞辰2540周年纪念与学术讨论会论文集》，上海三联书店1992年版。
③ 唐凯麟、曹刚著：《重释传统——儒家思想的现代价值评估》第72—73页，华东师范大学出版社2000年版。

的原则；（5）天人合一——对人与自然关系的思考；（6）致中和——人道的根本目标和原则；（7）修身为本——对道德自觉精神的提倡；（8）人性论——对成善之路的探究；（9）修养论。① 作者并未明确将此九项内容归属儒家，但事实上主要是以儒家的思想资源来论述的，并未掺杂多少其他家派的思想与资料。所以我们有理由将其看成是对儒家人学内容的归纳和阐述。其中（7）修身为本和（9）修养论应归为一项。

一种看法认为，儒家人学大致有五项内容：（1）地位论，包括人生起源论、天人合一论、天人相分论、人是伟大的、人是有别的等；（2）人性论，包括性有善恶论、性无善恶论、性善情恶论、人性二元论、人性一元论等；（3）求知论，包括知识的来源、求知的条件、求知的方法、求知与践行等；（4）道德论，包括爱人修己、明辨义利、分清理欲、执守中道等；（5）人格论，包括圣贤君子、志士仁人、忠臣孝子、清官廉吏等。②

一种意见认为，就先秦儒家而言，其人生观的如下几个方面是值得重视的：（1）追求成德建业。成德与建业不可分，成德较建业更重要。（2）强调自强不息。要做到自强不息，一要立志，二要固守节操。（3）崇尚人伦和谐。为达到人伦和谐，儒家要求人们做到为人忠信，为人善良厚道，为人仁爱有礼，为人孝悌，为人不自私自利，为人各尽职分。（4）为群乐群的群己观。主张个人完善与社会完善的统一，强调在群的完善中实现个人的完善。（5）以利从义的价值观。主张个人利益从属或服从于社会群体利益。（6）行己有耻的荣辱观。评判荣辱的标准，看人的行为是否符合仁义道德。（7）生荣死哀的生死观。既珍惜生命，又不畏惧死亡，主张一种"其生也荣，其死也哀"（《论语·子张》）的生死观。（8）尊崇智慧的人生。将智慧看成是人生追求的重要美德之一。③

笔者认为，上述诸种看法大都涵盖了儒家人学的基本内容，但有的看法显得驳杂，并非基于人学学科的严格界定。照笔者的看法，儒家人学或人生哲学可以从天人关系论、人生价值论、人生境界论、理想人格论和人生修养论等五个方面来展开论述。非唯儒家，道家乃至其他家派的人学都可以从这

---

① 钱逊著：《中国古代人生哲学》，清华大学出版社1998年版。
② 姜国柱：《儒家人生论》，国防大学出版社1997年版。
③ 温克勤：《先秦儒家合理人生观述评》，《齐鲁学刊》1994年第1期。

五个方面着手进行研究。①

关于儒家人学的特征，有论者认为，就整体而言，儒家人生哲学是入世的，它要求直面人生，积极干预现实，提倡建功立业，追求道德的自我完善，最大限度地实现自己的人生价值。具体而言，儒家人生哲学有以下特性：（1）进取性。儒家强调立志，重视自信，其人生哲学充满刚健有为的精神。（2）主体性。儒家只叫人努力奋争，而不是叫人听从命运的安排。（3）社会性。指儒家人生哲学具有把全社会的安危治乱作为本学说的出发点和归宿点的特点。（4）道德性。表现在追求高尚的道德境界，以"闻道"、"求道"、"得道"为首要任务。（5）和谐性。把自然与人事的和谐统一、个人和群体的相安无事作为立身处世的指南和终极目标。（6）务实性。崇尚实际而黜玄想，表现在要求讲话实在，力求言行一致和主张经世致用。②

有论者从儒道人生哲学的比较中以见出儒家人生哲学的特征，指出，儒家人生哲学是入世的现实型进取型人生哲学，道家人生哲学是既进世而又出世的超越型艺术型人生哲学；儒家人生哲学的根本观念是知命有为，道家人生哲学的根本观念是自然无为；儒家人生哲学主要是一种协调人与人关系的学问，道家人生哲学主要是一种协调人与自然关系的学问。③

3. 儒家人学之价值论与人格论研究

人们探讨儒家人学，尤重其价值论与人格论，故我们有必要在此给予特别的关注和介绍。

先看儒家人生价值论的讨论。有学者着重探讨了孔孟的人生价值论，指出孔孟所论人生价值有四个方面的内容：（1）人的"类"价值。所谓"类价值"，是人类作为一个整体所具有的价值。这种类价值是相对于动物而言的。孔孟认为，人有天赋的道德意识，故而人较一般动物为高贵。（2）人的理想人格价值。孔孟所设计的理想人格是一种理想的道德人格，理想人格价值也就是理想的道德价值。（3）人的独立人格价值。孔孟都很重视人的独立人格价值，强调发挥人的道德主体性和主观能动性。（4）人的社会价

---

① 邵汉明：《儒道人生哲学的总体比较》，《社会科学战线》1989 年第 4 期。
② 刘周堂：《论儒家的人生哲学》，《湖南师范大学社会科学学报》1991 年第 3 期。
③ 邵汉明：《儒道人生哲学的总体比较》，《社会科学战线》1989 年第 4 期。

值。孔孟在这个问题上片面强调了个人对社会的贡献而相对忽视了个人对社会的索取。①

另有论者指出，孔孟肯定人在宇宙中最为宝贵，同时又追求人与自然、人与他人与社会、人与自身的和谐；孔孟肯定人的基本欲求，承认精神生活以物质生活为基础，又肯定精神生活高于物质生活的价值，从而较好地处理了精神价值与物质价值的关系；孔孟对人生价值取向和道德理想的规定，目的在于凸显道德主体，强调道德自觉和道德平等；孔孟把道德视为生命的无上价值，树立了道德的尊严和高尚，表现了人性的提升；孔孟以至善为最高层次的善，来统摄各种具体善、低层次的善，并初步实现了目的善与工具善的统一。②

有论者着重就儒道人生价值论作了比较，认为就人在宇宙中占有何种地位，也即人与自然关系问题而言，儒道两家的认识表现出明显的一致性：他们都对人的生命存在给予极大的关注和重视，都高度肯定人在自然界中占有崇高的地位，具有卓越的价值。不过他们肯定人作为类的存在的意义和价值的方式却有一定的差异，儒家主要通过揭示人与物的区别来推崇人，道家主要通过揭示人与物（自然）的统一与联系来认同、肯定人的存在价值。就个人在社会中占有何种地位，也即人的个体价值与社会价值的关系问题而言，儒道两家的认识则表现出明显的差异性：儒家突出和强调人的社会价值或群体价值；道家突出和强调人的个体价值或自我价值。③

有论者着重比较分析了儒佛人生价值观的异同，指出儒佛的人生价值观各有侧重，有异有同，它们的区别又是相对的。在对待人生现实方面的问题，如在人的地位、生命、生活、理想境界、生死等问题上，表现出两家在价值取向上的鲜明对立；而在对待人生道德方面的问题，如道德理想、道德修养方法、道德起源等，又表现出两家在价值取向上的惊人相似。同时，在人生的最高理想价值方面，两家追求的理想境界截然对立，但在重视理想人格的塑造以及实现理想价值的方法上又有相当的一致性。儒佛的人生价值观

---

① 崔永东：《孔孟人生价值论及其现代意义》，收入《儒学与现代化》，人民教育出版社 1994 年版。

② 李肃东：《展示人生价值与意义的道德学说——论孔孟的人生价值观》，《天津社会科学》1991 年第 4 期。

③ 邵汉明：《儒道人生哲学的总体比较》，《社会科学战线》1989 年第 4 期。

是古代人生学说的两大不同类型，两相比较，双方的相异是主要的，相同是次要的。二者的根本区别是：儒主现实主义，佛主出世主义。①

　　继看儒家理想人格论的讨论。有论者从人格要素、人格模式、人格修养三个方面较为系统地探讨了儒家的人格学说。指出人格是人区别于动物的特有品格和行为。在儒家这里，德（道德）、"知"（认识、智慧）、志（意志）、美（审美）是人格构成的重要因素，也是人区别于动物和人之所以为人的主要标志。这四种要素又可以归结为真善美的统一。儒家的人格模式——理想人格——叫做圣贤，其特征是内圣外王。所谓内圣，是指人的主体心性修养；所谓外王，是指把人的主体修养所得推广到齐家、治国、平天下。内圣外王的理想人格又可细化为四个特征：仁爱理想；中庸准则；经世胸怀；献身精神。儒家的人格修养论可以概括为三种类型：一曰内向型；二曰外向型；三曰内外结合型。孔子的人格修养论基本上属于内外结合型；孟子发展了孔子内心反省的思想，属于内向型人格修养论；荀子重视后天的学与行，属于外向型修养方法。②

　　有论者指出，儒家的理想人格是圣贤君子、志士仁人、忠臣孝子、清官廉吏等，即成为有知识、有才德、有功业、有骨节的人，达者兼善天下，负荷担道，利济苍生，不达则要严于律己，独善其身，修身养性，无论处于何种境地，都要自强不息，正道直行，持身立节，进学致知，不能自暴自弃，降志辱身，丧失骨节，毁误人生，践踏仁义。论者对圣贤君子、志士仁人、忠臣孝子、清官廉吏四种人格范式进行了详尽的论述。③

　　另有论者着重论述了儒家的人格修养论，认为在儒家那里，人格修养的范式乃内圣与外王；人格修养的起点乃立志与守志；人格修养的方法乃学、思、行。同时，自然环境对人格的养成也有着直接的或间接的影响。④

　　又有论者着重探讨了儒家理想人格的特点和类型。指出儒家理想人格的一般性特征：一是具有现实性；二是入世进取、建功立业；三是德性人格即

①　方立天：《儒佛人生价值观之比较》，收入《孔子诞辰 2540 周年纪念与学术讨论会论文集》，上海三联书店 1992 年版。

②　葛荣晋：《儒家人格论述评》，收入《孔子诞辰 2540 周年纪念与学术讨论会论文集》，上海三联书店 1992 年版。

③　姜国柱：《儒家人生论》第 592—728 页，国防大学出版社 1997 年版。

④　陈国庆：《中华儒家精神》第 35—59、1—191 页，西北大学出版社 1999 年版。

道德楷模。儒家理想人格的类型由低到高分为君子人格、豪杰人格、圣贤人格三个层次。其中，君子人格的特征，一是克己复礼；二是恭敬谦让；三是诚信和顺；四是仁为己任。豪杰人格的特征，一是义以为尚；二是特立独行；三是刚毅浩然；四是自强任道。圣贤人格的特征，一是谐天至善；二是民胞物与；三是法天立道；四是继往开来。① 应该说，论者对儒家理想人格类型的归纳和特征的剖析阐述还是符合儒学的思想实际的。

又有论者认为，儒家的圣王人格即内圣外王人格，是全德、全智、全功的体现，它是在儒家的发展过程中逐步形成的，起源于孔子和孟子，发展于荀子及《礼记·大学》，最终完备于宋明理学。儒家的君子人格作为做人的一般范型，是对圣王人格的有效补充，因为在理论上，圣王是一般人很难达到的最高典范。儒家圣王、君子人格的特征在于，思想境界上表现为天人合一；内在要素上表现为真善合一；实现手段上表现为知行合一。②

此外，还有许多著作如王文亮的《中国圣人论》（中国社会科学出版社1993年版）、朱义禄的《从圣贤人格到全面发展》（陕西人民出版社1992年版）等也比较深入地探讨了儒家的理想人格问题，还有大量的论文如杨国荣的《儒家的人格学说》（《华东师范大学学报》1998年第1期）、王孔雀的《对儒家"君子人格"的思考》（《华中师范学院学报》1996年第2期）等也都从不同的角度论述了儒家的人格学说，但限于篇幅，不能一一介绍了。总的看，关于儒家人格理论的研究呈现出越来越细致和深入的态势，这是十分可喜的现象。

4. 儒家人学的现代评估

许多论者给予儒家人学以较高的评价。如有论者说，当今中国人的处世哲学基本上没有超出儒家人生哲学的框架，其审美心理和人生价值取向也几乎与传统文化同步。而建设四化的重任正落在深受儒家人生哲学影响的中华儿女肩上，如果完全否定儒家人生哲学，就等于否定了建设者本身。儒家人生哲学积极入世的基本精神与建设社会主义强国所要求的人生哲学是相合的，其中许多基本原则今天仍然是适用的。作为一种立身处世的原则来说，

① 唐凯麟、曹刚著：《重释传统——儒家思想的现代价值评估》第109—123页，华东师范大学出版社2000年版。

② 杨明：《儒家人格理想及其现代价值》，收入《东方道德研究》第3辑，中华工商联合出版社1999年版。

儒家人生哲学中的许多内容都具有超越社会历史阶段的特点，显示出永久性的意义。① 又有论者说，儒家人生论内容丰富，蕴义深刻，思想宏大，体系完整，地位突出。世界上关于人生哲学的理论，就其深刻性、广泛性、系统性而言，实以中国哲学为最；而在中国哲学中，则以儒家思想为最。儒家的人生论对当今的现实人生有着巨大的影响，有许多思想仍在指导着人们生活，并作为人们的生活准则。不仅在中国，而且在外国；不仅在海外华人的社会生活中，而且在其他民族的思想论著中，都有着新的生命力。②

有的论者着重就先秦儒家的人生观作出评价，认为它包括和孕育了后来一切合理人生观的萌芽，较之先秦道、墨、法各家人生观具有明显的优点，较西方古代人生观主张更系统、更全面、更深刻，在现代社会生活中仍有意义，其基本精神并不因为搞现代化而过时，强调不应低估它的历史价值和现代价值。③

还有论者着重就儒学的人生价值论和理想人格论作出肯定性评价。如谓孔孟的人生价值论的现实意义表现在以下六个方面：第一，孔孟强调通过充分发挥人的主观能动性去追求理想的道德价值，这对我们是富有启发性的。第二，孔孟注重道德践履，注重言行一致的精神，值得我们肯定和借鉴。第三，孔子提出的"内省"、"自讼"、"克己"和孟子提出的"反求诸己"、"养浩然之气"等修养方法，值得我们批判地继承。第四，孔子提出的"直道而行"、"匹夫不可夺志"和孟子提倡的"独行其道"、"富贵不淫、贫贱不移、威武不屈"的独立人格价值，对于我们今天树立刚直不阿、坚持正义的独立人格是很有现实意义的。第五，孔孟对人生价值的追求，体现了一种积极入世、奋发进取的精神，反映了一种强烈的历史使命感和社会责任感，这是值得我们继承和发扬的。第六，孔孟对社会公利的重视及对社会价值的追求，强调一种无私奉献的精神，也是值得我们予以肯定的。④ 如谓儒家的理想人格对于当代社会克服危机、健康发育有着十分重要的精神价值。首先，儒家理想人格中天人合一的境界有助于当代人协调自然环境与社会发

---

① 刘周堂：《论儒家的人生哲学》，《湖南师范大学社会科学学报》1991 年第 3 期。
② 姜国柱：《儒家人生论》（前言），国防大学出版社 1997 年版。
③ 温克勤：《先秦儒家合理人生观述评》，《齐鲁学刊》1994 年第 1 期。
④ 崔永东：《孔孟人生价值论及其现代意义》，收入《儒学与现代化》，人民教育出版社 1994 年版。

展之间的关系；其次，儒家理想人格中崇德尚仁的要求有助于当代人改善不同群体之间的关系；最后，儒家理想人格中乐观进取的情趣有助于当代人调整日趋失衡的心态。① 此外，儒家人格论所蕴涵的"仁爱"思想、经世传统、注重气节和献身精神以及"穷独达兼"的文化心态，已经深层次地积淀在中华民族的国魂之中，成为两千多年来中国知识分子的普遍人格基因，它对于我们今天塑造新时代的理想人格也有积极的借鉴意义。②

许多论者在肯认儒家人学有不容低估的现代价值的同时，也毫不客气地指出了它存在的严重缺陷。如有论者认为，儒家人学的理论缺陷表现为：（1）儒家建立的天道—人性—人道体系本质上是一个在道德中兜圈子的理论体系，在这个理论体系中，自然和社会规律、人的生理本能和认识能力、人认识和改造客观世界的活动并未得到应有的重视。（2）儒家对人的理解也是很狭窄的，他们把人仅仅看做是道德的存在。（3）被儒家提升为天道或天理的社会公认的道德原则，实质上是社会群体意志的体现，也即统治阶级意志的体现。它强调的是个体对群体意志的服从，缺乏对个体创新精神的宽容。儒家人学稳定社会秩序的功能有余，促进社会发展的功能不足。③ 另有论者说，儒家人生哲学过于强调人性的正面的积极的因素，而忽略了人性的负面的消极的因素。在道德理想境界的实行上，儒家人生哲学又过于看重了主观的层面，而相对忽略了客观的层面。因此，尽管儒学强调道就在人伦日用之间，从理论上来说，实行并不困难，然而在具体的时空环境下，如何正德，如何由内圣推扩到外王，却是困难重重。④

另有论者着重揭示了儒家人生价值论与理想人格论的理论缺陷。有论者批评儒家之人生价值论说，儒家人生价值观中只能离析出有助于缓解当代人生价值困局的因素，但绝无可能仰赖儒家人生价值观彻底消解当代的人生困境。这是由儒家的人生价值观与现代人生价值观的整体疏离决定的：首先，儒家在义与利的价值取向上与当代实利主义人生观背反。一个宁愿在利的基

---

① 杨明：《儒家人格理想及其现代价值》，收入《东方道德研究》第 3 辑，中华工商联合出版社 1999 年版。
② 葛荣晋：《内圣外王：儒家的理想人格》，《文史知识》1999 年第 9 期。
③ 肖万源、徐远和主编：《中国古代人学思想概要》第 22—24 页，东方出版社 1994 年版。
④ 李肃东：《展示人生价值与意义的道德学说——论孔孟的人生价值观》，《天津社会科学》1991 年第 4 期。

础上言义，即在满足个人利益需求的前提下趋向高尚道德境界的现代人价值准则，与儒家要求的"人不堪其忧，吾不改其乐"的悬空道德人生观念，整体上是难以兼容的。其次，儒家在个我价值和集体价值上的混同和以集体取代个人的立场，同当代高扬个人价值与自我实现的人生论脱节。① 有论者批评儒家的人格论说，儒家"内圣外王"的理想人格有其矛盾和缺陷，如由于它过分地强调人格的道德价值而忽视了人格的科学技术价值，过分地肯定道德在"外王"中的作用而忽视了法治的重要意义，造成泛道德主义的恶果。② 儒家的君子人格存在两大缺陷：一是缺乏科学知识的要素，忽略对科学知识的认识，造成了君子人格的道德善与科学真的追求相分离；二是缺乏全面性的发展，君子人格只是一种片面囿于道德的畸形的理想人格。③

儒家人学是一个充满内在矛盾的思想体系，从内容到现实作用，都具有积极与消极的两重性。因此，简单地加以肯定和否定都是不可取的。有必要站在时代的高度和历史主义的立场，作出实事求是的理性评析，该肯定的肯定，该否定的否定，并对它进行创造性的转换，以服务于现代社会和现代人生。

三、　儒学与当代社会

关于儒学与当代社会或儒学与现代文明、儒学的现代价值问题，乃是近30年中儒学研究的一个热点问题，论述极多。

（一）儒学的特质与基本精神

1. 儒学的特质

有学者认为，儒学的特质在于：（1）以人生为对象以道德为本位——道德主体性特征。（2）"内圣外王"与"经世致用"——实用理性特征。

---

① 任剑涛：《人的价值依托——儒家人生哲学的现代意涵》，《中国教育报》1993年9月8日。

② 葛荣晋：《内圣外王：儒家的理想人格》，《文史知识》1999年第9期。

③ 邓星盈、黄开国：《先秦儒学君子人格与现代人的人格培养》，收入《儒学与现代化》，人民教育出版社1994年版。

（3）"天人合一"与"知行合一"——整体一元论的思维特征。（4）生生不息和日新精神——开放性特征。在这四个特征中，道德主体性是最主要、最基本的。可以把儒学称为开放性的道德人文主义哲学，它是和西方以"人权"为中心的人文主义哲学形态不同的东方特有的道德哲学。①

另有论者说，儒学一方面是一种学问，有其学理系统与规模；另一方面，又不同于一般的学问，而是关于生命的智慧，要起到指导人们行止的人生信条作用。因此，典型的儒家作为一个践履者，必须以儒家义理为其人生实践与信仰的归趋；作为一个学人，必须是以儒家学说为其学问的宗主。②

又有学者认为，儒学是仁学，儒家学说的宗旨是求仁，由此出发，导致儒家文化的内涵在于突出伦理本位、重视人际关系和个人自身道德修养。③

还有学者认为，儒家学说大体上只是半哲学，所以不重视抽象的思辨论证、严密的逻辑推理、系统的理论构建等；儒家学说是准宗教，它特别强调理论必须具有实践的和实用的品格。儒家试图对普通人的日常生活，对他们的行为和活动施加直接的影响。对西方人来说，这是宗教而非哲学的任务。儒学发挥的是一种准宗教的作用，儒学不是真正的宗教。④

有学者论述了不同时段儒学的特征，认为先秦儒学的特征在人情化的伦理亲情，强调泛爱众而亲仁、以德王天下、隆礼重法；汉代儒学的特征在神学化的天人观念，强调天人感应与王权神授、三纲五常与正谊明道、阳德阴刑与独尊儒术；宋明儒学的特征在哲理化的理欲之论，强调"天地之性"与"气质之性"、"存天理，去人欲"、理一分殊。⑤ 有学者指出，宋明理学在理论上的特质，一是在佛老的挑战面前，一方面力图划清儒学与佛老的理论界限，另一方面又采取援佛入儒及融佛融道的手法，汲取佛道中某些思想养料以丰富儒学理论；二是确立了以"理"为本体的形而上学理论体系；三是强调"以修身为本"的修齐治平相统一的"内圣外王"理想。同儒学

---

① 吴光：《论儒家思想的基本特点》，《天津社会科学》1991 年第 6 期。

② 李翔海：《"现代新儒家"概念之我见：兼论余英时思想之学派归属》，《天津师范大学学报》1994 年第 5 期。

③ 孔繁：《儒学的历史地位和未来价值》，《人民日报》1994 年 9 月 19 日；陈国庆：《儒家文化与 21 世纪》，《学术界》1994 年第 2 期；康占杰、陈风华：《儒学非宗教》，《宁夏社会科学》1994 年第 3 期。

④ 李泽厚：《再谈"实用理性"》，《原道》第 1 辑，中国社会科学出版社 1994 年版。

⑤ 李宗桂：《中国文化概论》第 65—98 页，中山大学出版社 1988 年版。

的其他形态一样，宋明理学在本质上是一种道德人文主义哲学。①

2. 儒学的基本精神

第一种意见认为，儒学的基本精神可以归结为人文主义或道德人文主义。如李华兴先生指出，从整个思想体系看，儒家思想是道德理想主义，从"人文化成"的意义看，儒家人文主义也可以说是道德人文主义、道德教化主义，它以心性之学为中心，以性善论与人格主义为内容，以道德理想为生命前进的最高原则，并以道德理想为实现人的价值目标。② 施炎平先生指出，从主体性原则来考察儒家文化的基本精神，可以说这是一种带有宿命论倾向的人文主义思想传统。它在一定程度上承认人格独立、个体独立和人的意愿，确有一般意义上所说的人文精神；同时，却更严格地规定了人际关系的伦理性质和群体原则，通过教化推行，使人迫于、安于、乐于遵循宗法等级和封建道德规范，更易导向"各安其位"、"乐天知命"的宿命论境界。③

第二种意见认为，儒学的基本精神是中和。如余敦康先生说，可以把儒学的精神简单地归结为"中和"精神。这种精神代表了中国文化的特色，本质上致力于批判和调整，在处理各种关系和事务上积累了许多成功经验，并凝结为一种所谓中国的智慧。④ 董根洪先生指出，儒家文化本质上可以称为中和文化，儒家哲学的基本形态是中和哲学。中和构成儒学一以贯之、久远不竭的"道德传统"，中和构成中华民族最高的生存智慧，中和构成儒家哲学范畴体系的核心，中和是"天人合一"的本性和实质，中和是礼乐刑政教化治道的中心法则，中和是中国传统真、善、美统一的核心，中和体现传统辩证法的思想精髓，中和展现着自强日新、厚德载物的品格。总之，中和哲学是儒家哲学和中国文化的核心，是中华民族精神和智慧的高度体现。⑤

第三种意见认为，儒学的基本精神是伦理精神。如刘宗贤先生指出，西方文化有基督教思想的传统，可以称之为宗教精神。作为中国文化主流的儒

---

① 吴光：《论宋明理学的特质及其现代意义》，《河北学刊》1992年第4期。

② 李华兴：《儒家人文精神与孙中山的政治哲学》，《改革与理论》1994年第3期。

③ 施炎平：《从主体性原则看儒家文化的基本精神》，《华东师范大学学报》1989年第3期；陈正夫：《儒学与现代化》，《江西大学学报》1988年第3期。

④ 余敦康：《用现实眼光看儒学复兴问题》，《北京日报》1994年2月3日。

⑤ 董根洪著：《儒家中和哲学通论》第1—21页，齐鲁书社2001年版。

家文化具有人文主义特色，可以称之为伦理精神。儒家思想以伦理问题为核心，着重于对人的伦理特性的研究，把人看做从群体需要出发、维护社会群体生存的伦理主体，要求人人都致力于道德人格的完善，以便维持一种以道德理性为原则、用道德关系作为调节杠杆的稳定的社会秩序。儒家哲学是道德主体的哲学。① 李耀仙先生指出，儒学的基本精神是：注重个人的道德修养，同时重视群体的社会秩序。注重个人的道德修养，就是一个人应如何自处的问题。②

第四种意见认为，儒学是人学或人生哲学。如祝瑞开先生指出，儒学的核心是"仁"，而"仁"是建立在人的基础上，并以此为原则调节人与人的关系，使"人"逐步地成为真正的人。洪修平先生指出，儒学是一种现实的人生哲学。儒学的立足点是从人与人的关系中实现人。儒学的各个命题都表现了这一目的，"天人合一"是从宇宙的总体角度来研究人，"修、齐、治、平"是从政治上、从社会领域中来实现人，这是儒家的现实主义所决定的。③

第五种意见认为，中国文化精神主要有四个要素：（1）天人协调；（2）崇德利用；（3）和与中；（4）刚健有为。其中天人协调思想主要解决人与自然的关系；崇德利用思想主要解决人自身的关系，即精神生活与物质生活的关系；和与中的思想主要解决人与人的关系，包括民族关系、君臣、父子、夫妇、兄弟、朋友等人伦关系；而刚健有为思想则是处理各种关系的人生总原则。④ 作者这里所说的中国文化精神显然主要是就儒家文化精神而言的。

第六种意见认为，儒家精神是以人为核心的思想文化体系，它讨论人自身和人与人之间、人与自然之间关系的基本问题。具体表现为塑造国格与人格的执著精神、避免极端偏执的中和精神、协调人际关系的尚礼精神、重然

① 刘宗贤：《儒家伦理精神及其现代意义》，收入《儒学与现代化》，人民教育出版社1994年版。
② 李耀仙：《儒学与现代化的冲突和协调》，收入《儒学与现代化》，人民教育出版社1994年版。
③ 以上参见张文修：《"儒学思想讨论会"综述》，《中国史研究动态》1991年第9期。
④ 张岱年、程宜山著：《中国文化与文化论争》第19页，中国人民大学出版社1990年版。

诺守诚信的求实精神、重视国计民生的入世精神。①

　　第七种意见认为，儒家文化的基本精神可以概括为和谐意识、人本意识、忧患意识、力行意识和道德意识等五个方面。（1）和谐意识。包含两层意思，即天人关系或人与自然关系的和谐，其核心命题为"天人合一"；人际关系或人与人关系的和谐，其核心命题为"中庸"。（2）人本意识。一方面，儒家从人性的普遍性出发，把人看成是一种社会性的类存在，作为类存在，人在自然、宇宙中居于特殊的位置。另一方面，儒家立足于人的家族血缘关系，认为人伦世界是人的生存发展的根本依托，人不能脱离社会、脱离人伦关系而存在。其核心命题为"人贵物贱"、"民为邦本"、"民贵君轻"。（3）忧患意识。包括悲天悯人和责任承担两层含义。其核心命题为"君子忧道不忧贫"和"忧以天下"。（4）力行意识。和谐境界的实现，人本精神的高扬，忧患境遇的摆脱，无一能够离开人们投身现实、奋发进取的努力和作为。因此儒家人物大都强调力行。其核心命题为"力行近乎仁"。（5）道德意识。与道家崇尚自然的传统不同，儒家崇尚道德，认为实践道德的生活，才是人类最理想完满的生活。其核心命题为"道德乃为政之本"、"德主而刑辅"、"富民易于适礼"、"兴教化以正风俗"。②

　　上述关于儒学特质及精神的揭示和归纳仁者见仁，智者见智，你中有我，我中有你，或偏或全，这是很正常的。

（二）儒学与现代市场经济

　　在肯认现代市场经济的存在和发展的历史必然性和现实合理性的前提下，人们对它与儒学的关系进行理性的思考与分析，或突出其冲突，或突出其契合，或谓冲突与契合并存。

1. 儒学与现代市场经济的冲突

　　有论者认为，作为中国封建社会正统思想的儒家伦理同被封建经济政治关系所排斥的本质上属于现代社会的市场经济是属于不同质的社会现象，两者在性质上不仅没有必然关系，而且是相互异质的，这就决定了两者在总体上必然存在着冲突。这种冲突主要表现在：（1）两者在价值取向上相背离。

---

① 陈国庆：《中华儒家精神》第35—59、1—191页，西北大学出版社1999年版。
② 邵汉明主编：《中国文化精神》第56—94页，商务印书馆2000年版。

儒家重义原则与市场经济的求利目的是相互冲突的，重义轻利的价值取向抑制了人们从事商品经济的积极性，是不利于市场经济的发展的。（2）儒家伦理中表现出的一些精神倾向与现代市场经济在精神要求上不一致。儒学的"内敛"、"贵和"倾向与市场经济的向外扩散、开拓、追求意识及竞争法则相背离。（3）儒家的理性方式与市场经济的理性要求有很大差异。支持现代资本主义发展的是一种"形式理性"，即一种规范精确、具体确定的理性形式，而儒家伦理是一种"实质理性"，即注重内在精神和主体意识而缺乏形式化，因而不利于现代市场经济的发展。（4）儒家的"德治"思想与现代市场经济的"法治"要求也存在着冲突。儒家提倡以仁义治天下，注重人治，不重视形式化的法律制度，而市场经济则客观上需要可靠的法律制度的规范和保护。①

另有论者指出，"想用一种农业社会的精神文化来统摄工业社会的物质文明，想用一种缺乏近代意义民主观念的学说来加速政治民主化的步伐，想用一种'重道轻器'的轻视科学、贱视商业行为的思想体系来推动'现代化'及'后现代化'的进程，恐怕是不大现实的，如果不是别有他图，也只不过是一部分好心人的一厢情愿而已。"②

又有论者认为，儒家伦理把对物质利益的追求看做是小人之所为，大谈性命义理，要人们"存天理，灭人欲"，此所谓"君子谋道，小人谋食"。儒家伦理的"贵义贱利"原则与现代化建设中的物质利益原则是完全对立的。③ 儒学的价值体系，最重要的是处理好君臣、父子、夫妇、长幼等人伦关系，在处理这些关系中，特别强调的是道德价值，在处理人际关系中，重道德价值而轻经济价值，重协同而轻竞争，竭力维护"不偏不倚"的"中庸"格局，缺乏创新精神，这与现代社会的商品经济和竞争机制不相适应。④

2. 儒学与现代市场经济的契合

许多论者在指出儒学与市场经济之冲突的同时，普遍认为二者还有契合

---

① 唐凯麟、曹刚著：《重释传统——儒家思想的现代价值评估》第181—184页，华东师范大学出版社2000年版。
② 陈漱渝：《如此"儒学热"能解决现实问题吗?》，《哲学研究》1995年第5期。
③ 赵春福：《儒家伦理与现代化的冲突、契合》，收入《马克思主义与儒学》，当代中国出版社1996年版。
④ 陈正夫：《儒学与现代化》，《江西大学学报》1988年第3期。

的一面。有论者将二者之同构契合归结为以下几个方面：（1）儒家提倡的互助交往精神与市场经济的互利交换原则是可以相互融通的。（2）儒家伦理注重规范与秩序的意识与现代市场经济对规范与秩序的客观要求也是有其一致性的方面的。（3）儒家提倡的某些伦理精神还可以成为促进现代市场经济发展的精神动力。这主要表现在儒家"自强不息"的进取精神，"宁俭勿奢"的自律精神和"重群克己"的合作精神上。（4）儒家的某些伦理规范更是可能直接与市场经济某些伦理要求相通的。这特别突出地表现在儒家诚信为本的伦理规范与市场交易中信誉至上原则的一致性上。①

另有论者指出，市场经济既是法制经济，又是道德经济。对于市场经济来说，道德与法制缺一不可。而法制只能治标，威慑一时，更根本的是要提高所谓经济人的思想文化素质，树立正确的人生观和价值观，从事经济活动要做到见利思义，不能见利忘义。这虽是两千多年前儒家孔子所提倡的价值观，到今天对从事经济活动的人来说，应该还没有过时，这也说明古老的儒家思想，有些能适应时代变化的内容，对现代都市的商业文明，仍然可以起到一定的导向作用。②

又有论者认为，儒学对市场经济的积极影响具体体现在三个方面：（1）儒家"见利思义"的义利观促进市场经济向着正确健康方向发展，儒家"见利思义"、"不义而富且贵，于我如浮云"的义利观，"生财有道"的正当经营思想，孔子的君子人格，孟子"富贵不能淫，贫贱不能移，威武不能屈"的大丈夫气概，是社会主义市场经济的基本准则和主心骨。如果失去这个主心骨，社会主义市场经济就会滑到斜路上去。（2）儒家伦理道德观对市场经济发展有着正面的价值。运用儒家伦理道德思想的精华部分，经过整理、过滤，使之为社会主义市场经济服务，完全是必要的、可能的。针对我国当前市场经济的培育和发展中存在的问题，需要特别强调儒家伦理道德思想中的四种行为规范：一是诚与信，二是和为贵，三是节且俭，四是仁和爱。（3）儒家"敬业"、"学而时习"的治事治学观对提高技术队

---

① 唐凯麟、曹刚著：《重释传统——儒家思想的现代价值评估》第184—188页，华东师范大学出版社2000年版。

② 参见邵汉明：《儒家道德观与市场经济的冲突与契合》，收入《纪念孔子诞辰2550周年国际学术讨论会论文集》，国际文化出版公司2000年版；李锦全：《儒家思想与商业文明》，收入《儒学与工商文明》，首都师范大学出版社1999年版。

伍的思想技术素质有着积极的作用。提高技术队伍的素质，是市场经济不断培育发展的关键问题。运用儒家的"敬业"、"时习"精神，不断加强技术业务的培养训练，使他们"乐业"、"敬业"，不断提高思想技术素质，是繁荣市场、搞活经济的重要一环。[①]

尤其值得一提的是，有的论者自觉意识到儒家思想对现代市场的经济意义不只限于其同构契合的一面，即使它们的一些异质因素，也可以在一定的条件下与市场经济形成一种互补优化的效用，从而规范和促进现代市场经济更加高效、更加健康地发展。当然，这种作用也是两重性的，一些异质因素对于市场经济起着消极阻碍的作用；一些异质因素却可以在一定条件下与市场经济相辅相成，形成互补优化的效应。如儒家贵和思想与市场竞争本是对立矛盾的，但另一方面，以和的生成性来补益争的损耗性，以和的规范性来调节争的失序性，以和谐的心态来淡化争的紧张与异化，达到以和济争，和争互补，就可以使市场竞争而不乱，急而无伤，既充满活力，又健康有序地发展。[②] 许多学者普遍认识到，儒学中积淀着中华民族的优良精神品性和卓越智慧，可以为我们完善社会主义市场经济提供丰富的精神资源。

（三）儒学与精神文明建设

中国特色的社会主义包括有中国特色的社会主义物质文明和有中国特色的社会主义精神文明。而精神文明建设的核心内容是道德建设，一个社会的道德水准是衡量该社会精神文明程度的基本尺度。中国特色的社会主义精神文明建设、道德建设，有赖于批判和继承丰富的传统文化，尤其是儒家文化资源。这一点已成为人们的共识。

有论者指出，就社会主义道德体系而言，它与封建的道德体系在性质上是根本对立的，但这并不排斥我们应该批判和继承人类道德发展在这一历史阶段所获得的积极成果。仁爱是儒家道德思想的核心和灵魂，是儒家关于人及人与人的关系的最一般的价值精神，如果剔除其"爱有差等"封建宗法等级的杂质，排除其泛爱主义的抽象形式，那么它所包含的人对人的关系、

---

① 陈汉才：《略论儒家思想对市场经济的积极作用》，收入《儒学与市场经济》，人民教育出版社 1998 年版。

② 唐凯麟、曹刚著：《重释传统——儒家思想的现代价值评估》第 189—190 页，华东师范大学出版社 2000 年版。

互助的道德意蕴，是可以融通于社会主义道德精神为人民服务和集体主义系列中的，至于在社会主义家庭道德、职业道德、社会公德建设中，由于其更多地反映了人类行为的共性方面，儒家在这些方面的道德观念则为我们提供了丰富的可资扬弃的道德文化资源。论者强调说，儒家"仁爱"规范中包含着人性自觉、责任意识、利他情感和牺牲精神等多种道德意蕴和伦理精神，正是"为人民服务"的题中应有之义。它们二者一个在历史的层面上，一个在现代的层面上，把中华民族的优良的道德精神一以贯之下来，并使之得到时代的高扬和科学的升华，正因为如此，所以为人民服务、集体主义才充满了生命力，才能够得到我们全民族的认同，成为我国人民道德生活的精神支柱。①

有论者从礼法之关系的角度来论述继承儒家礼治、教化思想的必要性，指出，礼治与法治是统一的。孔子强调以礼治为主，重视思想教化。他也不是不要法治，而是主张礼刑并用的。但由于后世过分强调礼治，也带来法治思想不发展的弊害。今天有人以强调法治，反对人治为名，否认或轻视思想教化，就容易导致另一个弊端。因为即使在西方法治国家，也不是完全靠法治维持社会秩序的，西方传统的基督教道德精神也还起着教化的职能。古今中外任何一个社会，都不能完全靠法治管理国家。在中国这种缺乏宗教信仰的国家，思想教化尤显必要。儒学以德育代替宗教，这是一个好的传统，应该继承。我们现在法制需要健全，但不应因此便否认或轻视思想教化的作用。② 有论者指出，人失去精神文明则无异于禽兽，如果不加强精神文明建设，人类将会自己毁灭自己。而儒家学说，特别是"爱人类"的思想是儒学的大义微言所在，是通向大同世界、通向共产主义社会的理论基础，是建设人类精神文明的重要组成部分。孔子主张"道德齐礼"与"道之以政，齐之以刑"并重，而以德礼为先。在现实社会中，既要加强法制，也要高扬道德教化的重要性和必要性，这也是"两手抓，两手都要硬。"③

---

① 唐凯麟、曹刚著：《重释传统——儒家思想的现代价值评估》第 219—225 页，华东师范大学出版社 2000 年版。
② 姜广辉：《儒学的道德精神及对它的现实思考》，收入《儒学与道德建设》，首都师范大学出版社 1999 年版。
③ 钟肇鹏：《儒学与精神文明建设》，收入《纪念孔子诞辰 2550 周年国际学术讨论会文集》，国际文化出版公司 2000 年版。

又有论者从儒家道德修养方法的现代意义的角度提出自己的看法，指出，儒家的道德修养方法包括笃志而固执、反躬内省、慎独、从善改过、下学而上达、讷于言而敏于行、推己及人、存心养心等，这种方法具有一般方法论的意义，大部分可以继承下来，转换其时代内容之后，使其发挥新的作用。儒家重德性德育的思想十分可贵，它要解决的是如何做人的根本大事，关系到社会和人性发展的精神方向，切不可以等闲视之。①

还有论者从人的安身立命之必要性的角度论述了儒家道德资源的现代意义，指出，儒家以其早熟的文化智慧，化原始宗教之玄秘为道德之仪轨，以理性的道德价值支配人心的情绪，这在世界文化史上都是一笔绝无仅有、不可多得的精神财产。儒家提倡的"居敬"、"体仁"、"存养"、"立诚"，在现代具有治疗学的意义，这都是不言而喻的。当心灵之"家"安立不住的时候，人存在的基础必然发生动摇。②

总之，绝大多数学者认为，儒学资源特别是道德资源的发掘，有助于新的历史条件下的道德建设，有助于人的素质和道德水准的提高，有助于人格的培养与完善。

（四）儒学与世界的和平与发展

当今世界有两大主题，一是和平，二是发展。人们在探讨、研究儒学的过程中，越来越认识到，儒家的和谐意识、太和精神的弘扬，大有助于世界的和平与发展。

1. 国外学者如是说

英国学者 A.J. 汤因比先生指出："人类已经掌握了可以毁灭自己的高度技术文明手段，同时又处于极端的政治意识形态的营垒"，因此，要使世界避免危机，"最重要的精神就是中国文明的精髓——和谐"。③

日本学者沟口雄三先生强调，应"将中国思想中作为深厚的传统而积

---

① 牟钟鉴：《儒家的伦理观与当代社会的取舍》，收入《儒学与道德建设》，首都师范大学出版社 1999 年版。
② 郭齐勇：《论儒家道德资源的现代意义》，收入《儒学与道德建设》，首都师范大学出版社 1999 年版。
③ 转引自田广清著：《和谐论——儒家文明与当代社会》第 40、41 页，中国华侨出版社 2000 年版。

蓄下来的仁爱、调和、大同等道德原理作为人类的文化遗产向全世界展示出来"。①

美国学者 W. T. 狄百瑞先生说："儒家的长处即是关注人与人之间的关系"，重视各方面"相协调的价值准则"，它可以"维持一个有序的环境，足以稳定和安全来使事业兴旺"，"这些准则贯穿于不同阶段，不止在一个经济层面上发挥效用，而且适用于不同的政治和社会制度"。②

越南学者阮才书先生认为，"儒家追求社会'和'的局面"，这是"关于社会关系和社会生活的一个系统观点"，"对现代人来说不是过时的，而是还有意义的"。③

美籍华裔学者杜维明先生认为，孟子关于和谐共处的"价值取向正是要为个人与个人、家庭与家庭、社会与社会和国家与国家之间谋求一条共生之道"，"正是创建和平共存的生命形态所不可或缺的中心价值"。④

美籍华裔学者成中英先生指出："就对人类经验的意义及思想上一贯性的要求来看，或以人类的需要、人类的理性而言，儒、道'和谐化辩证法'与其他类型的辩证法相比较，确实具有更大的相关性与更广的包容性。因此，在与历史上其他辩证法的未来竞争方面，儒、道的'和谐化辩证法'还是一个非常有力的体系。"⑤ 它是"医疗现代社会弊病的良药"，它能为探索后现代化人类服务，尽管它面临着现代化的挑战，儒家学说仍然提供了永恒的价值观。⑥

俄国学者 L. B. 波若罗莫夫指出："'和'的原则代表了多元化思想，它是具有丰富潜能的中国文化中的有价值的遗产。"⑦

马来西亚学者钟玉莲先生认为，华人社会所崇尚的包含儒家"和"的精神的"家庭观念"、"族群认同"、"国家认同"、"协商精神"，使马来西亚人民"具有各族命运与共的共识，而彼此互相了解，互相尊重"，"维持

---

① 《儒学与廿一世纪》第 29 页，华夏出版社 1996 年版。
② 《儒学与廿一世纪》第 18—19 页，华夏出版社 1996 年版。
③ 《儒学与廿一世纪》第 537 页，华夏出版社 1996 年版。
④ 《儒学与廿一世纪》第 725—726 页，华夏出版社 1996 年版。
⑤ 成中英著：《论中西哲学精神》第 201 页，东方出版中心 1996 年版。
⑥ 转引自田广清著：《和谐论——儒家文明与当代社会》第 40、41 页，中国华侨出版社 2000 年版。
⑦ 《儒学与廿一世纪》第 40 页，华夏出版社 1996 年版。

了一个繁荣、整合的国家"。①

新加坡学者陈荣照、苏新鋈先生指出:"儒家的重要思想之一,也是新加坡非有不可的思想,就是'和'",它"有其普遍性意义的价值","实乃人类的心灵所普遍拥有的,它确是放之四海而皆准的人类共同真理"。② 李光耀先生也指出:"华族文化注重五伦",它"促进家人与家人之间、家庭与家庭之间,以及家庭与政府之间良好有序的关系。这些关系的基本含义和重要性,并没有随着时代而改变。""要不是新加坡大部分的人民都受过儒家价值观的熏陶,我们是无法克服那些困难和挫折的。"③

2. 国内学者如是说

关于儒家和谐思想对于当代社会及未来发展之意义与价值,国内学者也大都持肯定性意见。

汤一介先生指出:"如果人们能更加重视儒家的'普遍和谐'的观念,并对它作出适应现代生活的诠释,并使其落实于操作层面,应该说对今日和将来人类社会的发展是非常重要的。"④ "儒家思想中的'普遍和谐'观念无疑将会对人类社会的'和平与发展'作出特殊的贡献。""从理论上看儒家学说,它不会是引起国家与国家、民族与民族、地域与地域之间冲突的原因。""亨廷顿关于儒家文化是引起'西方'与'非西方'之间冲突的原因之一的论断是没有根据的。"⑤

张岱年、王东认为:应当以儒家"普遍和谐的四大关系(即天人、人际、国际、身心)为基点,来建构中国特色的社会主义的新型价值观体系","这种谋求普遍和谐、共同发展的新型价值观,乃是建设有中国特色社会主义理论的一大创新,它必将为21世纪人类价值理性提供新的思想资源,有助于解决西方现代化过程中的工具理性与价值理性之间的深刻矛盾,有助于整个人类走出困境,共同发展。"⑥

张立文先生指出:"和合是中国文化人文精神的精髓和首要价值","是

---

① 《儒学与廿一世纪》第351—354页,华夏出版社1996年版。
② 《儒学与廿一世纪》第1448—1449页,华夏出版社1996年版。
③ 《儒学与廿一世纪》第7—8页,华夏出版社1996年版。
④ 《儒学与廿一世纪》第250页,华夏出版社1996年版。
⑤ 汤一介:《评亨廷顿的〈文明的冲突〉》,《哲学研究》1994年第3期。
⑥ 张岱年、王东:《中华文明的现代复兴和综合创新》,《教学与研究》1997年第5期。

民族精神活生生的灵魂"，它"能创造性地解决中西文化的价值和合与传统文化的现代转换，使中国文化以崭新的面貌走向世界"。"人类面临的五大冲突，只有和合学才能合理地、道德地、审美地解决。"①

宫达非先生指出，在丰富的儒家思想文化中，孟子的"和为贵"的邦交思想是值得我们重视的一份历史遗产。重新研究孟子的这一思想，对于发展中国人民同各国人民之间的友好合作关系，建设中国社会主义外交仍富有启迪。各国应该平等合作谋求发展，共同解决人类面对的问题，共同保护我们这个"地球村"的安全。②

赵光贤先生指出："从20世纪末到21世纪，我们面对的严重问题是要和平还是战争，这不仅是我国的问题，而且是全世界的问题。如果全世界的人民都诚心真意要和平，不要战争，那就有必要以孔子学说作指导。我认为不按孔子学说行事，和平就会成为一句空话。"③

谷牧先生指出，"和谐"思想是中国传统文化中的一项重要内容。早在3000年前的西周末年，古代学者就阐发了"和实生物"的光辉见解。后来，孔子、儒家学派进一步提出了"和为贵"的命题，并建立起一系列关于协调人际关系，保护自然环境，维持生态平衡的学说。这些思想不仅为中国古代社会的昌盛作出过积极的贡献，即使到了今天，它对于人类的生存和发展也仍然具有现实意义。④

牟钟鉴先生指出："必须用通和之学取斗争哲学而代之，使它成为处理国际争端和全体道德的主导思想，舍此人类别无出路。""儒家的仁爱通和之学可以做到三重和谐，人与自然的和谐，人与人的和谐，人内心的和谐，这三重和谐正是人类未来幸福之所系。所以仁爱通和之学是一种伟大的学说，它应该受到全世界人们的尊重和关切，使它在现实生活中发挥应有的

---

① 张立文著：《和合学概论》（序），首都师范大学出版社1997年版。
② 宫达非：《从"王道"看孟子的和睦邦交思想》，收入《孔子诞辰2540周年纪念与学术讨论会论文集》，上海三联书店1992年版。
③ 赵光贤：《孔子学说在21世纪》，收入《儒学与世界和平及社会和谐》，首都师范大学出版社1999年版。
④ 谷牧：《在孔子诞辰2540周年纪念与学术讨论会开幕式上的讲话》，收入《孔子诞辰2540周年纪念与学术讨论会文集》，上海三联书店1992年版。

作用。"①

赵吉惠先生指出，儒学作为天人之学、道德人文之学、群体和谐之学、忠恕宽人之学、义利调适之学、大同小康之学，对于建设人类的普遍伦理，改善 21 世纪人类生存环境，提高人们的人文道德素质，解决社会群体之间的矛盾，树立远大理想等都必将作出重要贡献。②

许抗生先生认为，20 世纪的两次世界大战和长时期的冷战对峙，其实皆是世界霸权主义采取的"同而不和"的产物，这一教训我们应当牢记，21 世纪应当是一个和平的世纪，一个发展的世纪，我们应当回到孔子的"和而不同"的思想上来，努力争取世界的持久和平和发展。③

羊涤生先生指出，儒家"己所不欲，勿施于人"，"我不欲人之加诸我也，吾亦欲无加诸人"，对保持人与人之间的和谐相处是重要的原则。这个原则在今天也同样适用于国家之间、地区之间、不同的制度和民族之间。即使是己之所欲，也不必强施于人，因为不同的国家、地区、民族有不同的历史和现实。革命固然不能输出，但是也不能要求所有的民族都必须按同一制度、同一生活方式来生活。应该尊重和相信各国人民有权，也完全有能力独立自主地作出自己最好的选择，否则就难以维持世界局势的和平与稳定。④

田广清先生强调指出，儒家的和谐思想完全可以跨越时空，它既能为古代所用，经过改造也能为现代所用；它也可能超越不同的社会制度，既能服务于奴隶制社会和封建社会，也能服务于资本主义和社会主义社会；它还可以冲破国家和民族的界限，既可以促进异国、异族的发展，更能促进诞生它的母体——中华民族的进步。这充分表明，如能对儒家和谐思想进行科学的转化，它就不仅是中国的，也是世界的；不仅是传统的，也是现代和未来的；不仅是农业文明的成果，也是工业和后工业文明的重要成分和推动

---

① 牟钟鉴：《弘扬儒学仁爱通和之学》，收入《儒学与世界和平及社会和谐》，首都师范大学出版社 1999 年版。
② 赵吉惠：《儒学在 21 世纪人类社会和平发展中的价值》，收入《纪念孔子诞辰 2550 周年国际学术讨论会论文集》，国际文化出版公司 2000 年版。
③ 许抗生：《孔子"和而不同"思想对建立 21 世纪世界新秩序的启示》，收入《纪念孔子诞辰 2550 周年国际学术讨论会论文集》，国际文化出版公司 2000 年版。
④ 羊涤生：《论儒家"和"的哲学及其现代意义》，《高校社会科学》1990 年第 5 期。

力量。①

1988 年 1 月，全世界的诺贝尔奖获得者在法国巴黎开会时发表宣言：
"如果人类要在 21 世纪生存下去，必须回到 2500 年前，去吸取孔子的智
慧。"这是意味深长的。

四、 儒学史研究

儒家思想是一个具体的流动的发展过程。作为历史范畴的儒学的研究或
者说儒学史的研究，实构成 20 世纪 80 年代中期以来尤其是 90 年代以来儒
学研究的一个重要方面。

（一）儒学通史

关于儒学通史的研究，代表作有吴乃恭先生著《儒家思想研究》、赵吉
惠等主编《中国儒学史》、姜林祥主编《中国儒学史》、陈志良、加润国著
《中国儒家》等。

吴乃恭著《儒家思想研究》，1988 年东北师范大学出版社出版，40 万
字。这是笔者所见较早的一部研究儒家思想发展过程的著作。全书共设八
章，通过对儒学发展各个时期的主要代表人物孔子、孟子、荀子、董仲舒、
朱熹、王守仁、王夫之等人的思想研究，以了解儒学的产生和发展趋向、时
代特征及其在历史上的作用和影响。该书还不能算是一部全面系统的儒
学史。

赵吉惠、郭厚安、赵馥洁、潘策主编《中国儒学史》，1991 年中州古籍
出版社出版，67 万字。作者把儒学的发生、发展、演变和衰落的全过程相
对地划分为五个历史时期：先秦为儒学形成和初步发展时期；两汉为儒学经
学化的时期；魏晋南北朝至隋唐为儒学的玄学化和儒、释、道三教融合的时
期；宋明为儒学理学化的时期；清代为儒学的衰落时期。这既是儒学全史所
呈现的不同历史发展阶段，也是本书的宏观理论框架。本书以儒学学术史为

---

① 田广清著：《和谐论——儒家文明与当代社会》第 44—45 页，中国华侨出版社 2000 年
版。

线索，以儒家思想史为核心，以整个中国传统文化为背景，以章节体为形式论述儒学发生发展的历史，因此兼具儒学学术史、儒学思想史、儒学文化史的性质和特点。① 笔者认为，这是一部具有较高学术价值的儒学史著作。

姜林祥主编《中国儒学史》，1998 年广东教育出版社出版，260 万字。全书共分七卷，先秦卷由王钧林撰写，秦汉卷由李景明撰写，魏晋南北朝卷由刘振东撰写，隋唐卷由许凌云撰写，宋元卷由韩钟文撰写，明清卷由苗润田撰写，近代卷由姜林祥撰写。作者力求站在历史与现实的高度，对儒学 2500 多年产生、发展、演变的过程和内在规律作多层次、多角度的审视和总结，以揭示儒学的基本特征和基本精神，阐明儒学的思想、理论贡献，分析儒学对中国社会发展的多方面的深远影响。在写作风格上，作者坚持以客观公允、实事求是、严谨扎实及语言简练平易为原则，努力做到科学性、思想性与可读性的统一。该书各卷作者皆是长期生活和工作在儒学发源地、孔子故里——山东曲阜的一批学者，他们以其长期的学术积累，经过多年的学术耕耘，而成这部 260 万字的鸿篇巨制。这是迄今为止中国乃至世界内容最详尽的一部儒学通史。该书的出版，意味着儒学史研究已进展到一个新的阶段。今后研究和编著儒学史，似不能越过是书。

陈志良、加润国著《中国儒家》，1996 年宗教文化出版社出版，36 万字。这是《十家九流》丛书中的一种。全书共设八章，作者将儒学 2500 年的历史发展分为子学儒家、经学儒家、理学儒家、心学儒家、气学儒家、新学儒家六种形态，前六章分别作了绍述；又以后二章对儒家学说的基本内容和重要经典作了绍述。该书的特点在其知识性、通俗性，虽无太高的学术价值，然于儒学知识的普及却是有意义的。

此外，刘孟骧编著的《中国儒学史话》（黑龙江人民出版社 1995 年版，10 万字）以各个历史时期儒家代表人物为主线，以深入浅出、简明扼要的语言初步勾勒了儒学发展的历史进程。该书作为《中国文明史语丛书》的一种，虽无太高的学术价值，然于儒学知识的普及也是有意义的。

（二）儒学断代史

作为儒学通史研究之基础的断代儒学史研究构成儒学研究的一项重要内

---

① 赵吉惠等主编：《中国儒学史·结束语》。

容。在这方面近些年也有较大的进展，特别是在先秦儒学、宋明儒学和现代新儒学等领域。

先秦儒学史研究代表性作品有钱逊著《先秦儒学》等。该书系张岱年先生主编《国学丛书》中的一种，辽宁教育出版社1991年出版，20万字。全书分两部分，第一部分专意介绍先秦儒学的基本思想，力求展现先秦儒学的"固有风貌"；第二部分对先秦儒学及其在当代的价值、意义提出自己的认识和评价。总的看，该书初步做到了《国学丛书》主编提出的"以深入浅出形式，介绍国学基础知识，展现传统学术固有风貌及其在当代学术中之价值与意义"，即做到了学术性与知识性、普及性的统一。其不足如作者在该书"后记"中所说，"疏于考证"，"对儒学思想具体内容的具体分析不够"，"研究的深度不够"。

此外，姜林祥主编《中国儒学史》之先秦卷（王钧林撰写），则可作为一部具有较高学术价值的"先秦儒学史"来读。

宋明理学史研究代表性作品先有侯外庐等主编《宋明理学史》、张立文著《宋明理学研究》，后有陈来著《宋明理学》、吴乃恭著《宋明理学》。

侯外庐、邱汉生、张岂之主编《宋明理学史》分上下卷，分别于1984年和1987年由人民出版社出版，计约140万字。其中，上卷绍述宋元理学，下卷绍述明代理学及清初对理学的总结。该书将宋明理学的发展分为宋元和明及清初两个时期，宋元时期又分三个阶段：第一阶段北宋，是理学的形成及初步发展阶段；第二阶段南宋，是理学的进一步发展以及朱学统治地位逐步确立阶段；第三阶段元朝，是朱学北传阶段。明朝及清初时期亦分三个阶段：第一阶段明初，是朱学统治阶段；第二阶段明中期，是王学崛起及传播阶段；第三阶段明后期及清初，是对理学的总结和批判阶段。该书对宋明理学的产生、形成和发展、衰落的全过程作了详尽的论述，是第一部运用马克思主义观点和方法研究宋明理学的《宋明理学史》，其开拓之功不可小视。

张立文著《宋明理学研究》，1985年由中国人民大学出版社出版，50万字。全书共设9章，第一章为宋明理学概述，着重说明宋明理学兴起的历史条件、宋明理学的称谓和性质、宋明理学发展的诸阶段、宋明理学主要范畴的演变、宋明理学的基本特点。第二章至第七章着重阐述濂学——周敦颐思想、关学——张载的道学思想、洛学——程颢、程颐的道学思想、闽学——朱熹的道学思想、陆学——陆九渊的心学思想、王学——王守仁的哲学思想。第八章论王夫之对宋明理学的总结。第九章为结束语，阐述宋明理学在中国哲学史上的地位及对封建社会后期的作用和影响等。该书在宋明理学之哲学意蕴的阐述和理学范畴逻辑结构的剖解等方面是颇下了一番工夫的。这是继侯外庐等主编《宋明理学史》之后较早的一部宋明理学系统研究专著。

陈来著《宋明理学》，1991 年由辽宁教育出版社出版，32 万字。该书系张岱年先生主编《国学丛书》的一种。全书共设 5 章：第一章，宋明理学的先驱，谈中唐的儒学复兴运动和北宋前期的社会思潮；第二章，北宋理学的建立与发展，介绍周敦颐、张载、程颢、程颐、邵雍、谢良佐的理学思想；第三章，南宋理学的发展，绍述杨时、胡宏、朱熹、陆九渊、杨简等人的理学思想；第四章，明代前期理学的发展，绍述曹端、薛瑄、胡居仁、陈献章等人的理学思想；第五章，明代中后期的理学，绍述王守仁、湛若水、罗钦顺、王廷相、李滉、王畿、王艮、罗汝芳、刘宗周等人的理学思想。作者在该书的"引言"中特别就宋明理学的正名、内容、定位等问题提出自己的看法，并以之统领全书。

吴乃恭著《宋明理学》，1994 年由吉林文史出版社出版，38.8 万字。全书共设 8 章，依次较为详细地绍述了周敦颐的濂溪学、邵雍的象数学、张载的关学、程颢和程颐的洛学、朱熹的闽学、陆九渊的心学、王守仁的阴阳学及王夫之对理学的批判总结。

现代新儒学研究的情况，因有专章绍述，此略。

五、 儒商研究

20 世纪 90 年代以来，儒商研究开始受到人们的重视，成为儒学研究中一个新的热点。

（一）儒商研究的背景及基本情况

儒与商相联，并不是今天才提出来的新东西，古代中国，即有儒与商的结合。儒学作为中国文化的基础，它的经济伦理思想对历史上中国商人的人格模式和经营管理模式产生直接的决定性的影响，在现代市场经济中也仍然起着潜移默化的作用。因此，研究儒商乃是研究儒学与现实、儒学与市场经济关系的题中应有之义。

20 世纪后半期，受东方儒学精神影响的东亚地区或者说儒家文化圈，经济取得了突飞猛进的发展。奈斯比特在《亚洲大趋势》一书中说："对西方人来说，'华人'是他们最难理解的一个角色了。这里所说的华人，主要是指中国本土以外遍布在新加坡、印度尼西亚、菲律宾、马来西亚、泰国、温哥华、洛杉矶和伦敦等地的华裔。正是这群世界上最成功的企业家团体，把亚洲经济推向巅峰。"① 吉姆·罗沃也指出："东亚奇迹的大部分是华人的商业奇迹。"② 这样的现实，必然使人们在求索东亚经济成功后面的文化机制和文化作用。于是，儒与商的关系或儒商问题就成为一个时代的现实的话题。

中国大陆作为儒学的故乡，改革开放以来，经济持续增长，特别是 1992 年邓小平南方谈话之后，发展步伐更快。这期间，许多文化人纷纷下海经商，从事实业建设；许多商人或企业家为提高企业竞争力，亦有意识地加强学习，提升个人的文化素养，并热衷于各种文化活动。这也是儒商成为一个热门话题的现实契机。

在新加坡内阁资政李光耀的大力推动下，世界华商会成立并决定每隔两年召开一次世界性的华商大会。1991 年、1993 年、1995 年、1997 年、1999 年、2001 年分别在新加坡、中国香港、泰国、加拿大的温哥华、澳大利亚、中国南京举办了第一届、第二届、第三届、第四届、第五届、第六届世界华商大会。具有世界影响的华商大会虽没有点明华人经济的儒家文化特征，但却是儒商研究活动的社会铺垫。

1994 年，儒家研究迈出可喜的一步。是年，"儒商研究"被确立为国家社科基金项目，吉林省社会科学院张秉楠研究员为项目负责人。现项目早已完成，惜因出版经费原因及今成果未能面世。是年 7 月，先后在北京和海口召开了儒商文学座谈会和国际研讨会，并在会上成立了国际儒商学会及其基金会，海内外二百多家报纸杂志报道了这两个盛会的情况。1997 年，马来

---

① 转引自宫达非、胡伟希主编：《儒商读本》（人物卷·卷首语），云南人民出版社 1999 年版。

② 转引自宫达非、胡伟希主编：《儒商读本》（人物卷·卷首语），云南人民出版社 1999 年版。

西亚联谊会与马来西亚华文作家协会联合主办了以"面向 21 世纪儒商应扮演的角色"为主题的第二届世界儒商大会。是年 12 月，国际儒学联合会亦在北京召开了"儒商与时代"研讨会。在新加坡李氏基金会的支持下，国际儒商学会秘书长、暨南大学中文系教授潘亚暾先生主编一套《儒商文丛》：《儒商学》、《儒商列传》、《儒商大趋势——首届儒商文学国际研讨会论文集》、《儒商大时代》，已陆续由暨南大学出版社出版。总之，儒商研究呈方兴未艾之势。

(二) 儒商的定义及特征

何谓儒商？主要有两种看法。

一种看法认为，儒商即亦文亦商者。周颖南（新加坡）先生指出："社会上一般人的观念，'儒'，指文化人。那么，文化人从商，则称'儒商'。""只有亦文亦商的人，才算是'儒商'。"① 陈春德先生（马来西亚）指出："所谓儒商，顾名思义，是指一个人既是文人，又是商人。"② 林健民（菲律宾）指出："'儒商'这两个字，顾名思义，是学者或读书人，从事商业活动之称谓。换言之，一个有书生本质的人，接受现实生活的需要，变为亦商亦文了。"③ 陈公仲先生指出："儒商，可谓亦文亦商者。或商人从文，或文人从商。"④

又一种看法认为，儒商即亦儒亦商者。宫达非先生在《儒商读本·总序》认为，"儒"指的是一种主体精神、一种人文价值。"儒商"既是有较高文化素养的企业家，又是有较强烈的人文关怀的企业家。并非只要是从事商业活动的"文化人"就一定是"儒商"，也并非只要是从事文化活动的"商人"就一定是"儒商"。陈志良、加润国认为："儒商是奉儒家仁义道德之规范来做生意的商人"。⑤ 黎韵先生指出："儒商是指受儒家为代表的中国传统文化的影响，具有良好的文化道德素质和优秀经营才能，其经营理念和

---

① 周颖南：《儒商的光荣任务》，收入潘亚暾主编：《儒商大趋势——首届儒商文学国际研讨会论文集》，暨南大学出版社 1995 年版。
② 陈春德：《漫谈"儒商文学"》，收入潘亚暾主编：《儒商大趋势》。
③ 林健民：《现代儒商的任务》，收入潘亚暾主编：《儒商大趋势》。
④ 陈公仲：《儒商——社会进步的标志》，收入潘亚暾主编：《儒商大趋势》。
⑤ 陈志良、加润国著：《中国儒家》第 337、343 页，宗教文化出版社 1996 年版。

行为方式体现出儒家文化特色的东方商人。"① 唐凯麟、曹刚认为，儒商"指的是那些在商业经营中把儒家文化精神与商品经济法则结合起来的高层次的商人"。儒商的形成有两种途径：一种是一些儒士弃儒从商而成为儒商，这是较自觉的儒商；另一种并非儒士，不是读书人出身，但由于受儒家文化传统的影响，其商业经营的价值观念、行为方式打上了儒家思想的烙印，并在实践中成为高素质的商人，这些是不大自觉的儒商。②

上述两种意见中，后一种意见较为接近儒商的本质，因而更为合理一些。前一种意见，亦文亦商，可以成为儒商，但不必为儒商。

关于儒商的特征，人们的认识也不尽相同。陈志良、加润国认为，儒商忠厚老实，不欺不诈，谋求信义，童叟无欺，济乏市有，不牟暴利，待人热情，忠于职守，取财有道。③ 汪又生将儒商的特征总结为三条：（1）既做生意，又写文章（或是对文化事业有兴趣）；（2）取财有道，讲究道德品格，有别于奸商；（3）有匡正时弊之志、济世之心，对社会有所贡献。④ 黎韵认为，儒商讲求义利合一，倡导薄利多销，并能做到任贤使能，敬岗爱业，诚信待人，和气生财。⑤ 紫毅龙、张燕认为，儒商在义利问题上，主张以义取利；在职业道德中，坚持敬业守诚；在交易中，讲求"言信货实"；在人际关系上追求"中和"、"人和"、"和为贵"、"和气生财"；在消费中，讲求勤俭廉洁。⑥

汪学群认为，儒商应当具备以下品格：（1）儒商是具有仁心的人；（2）儒商是一个施仁道、知礼法的人；（3）仁、知、勇结合，即德、智、体全面发展的人。⑦ 宫达非认为，儒商与一般商人的区别在于，儒商求利不

---

① 参见张殊凡、韩守义、邵汉明主编：《市场经济与精神文明建设》第 161 页，吉林人民出版社 1998 年版。

② 唐凯麟、曹刚著：《重释传统——儒家思想的现代价值评估》第 338 页，华东师范大学出版社 2000 年版。

③ 陈志良、加润国著：《中国儒家》第 337、343 页，宗教文化出版社 1996 年版。

④ 汪又生：《群贤毕至、商贾云集的盛会——首届世界儒商文学研讨会综述》，收入潘亚暾主编：《儒商大趋势》。

⑤ 参见张殊凡、韩守义、邵汉明主编：《市场经济与精神文明建设》第 11 章，吉林人民出版社 1998 年版。

⑥ 宫达非、胡伟希主编：《儒商读本》（内圣卷·德行篇·引言）。

⑦ 汪学群：《孔子的人格论与当代儒商的塑造》，收入张岱年主编：《儒学与市场经济》，人民教育出版社 1998 年版。

唯利,从商不是以获取"利润"为终极目标,他们往往对民族、对国家怀有一种责任感和使命感,以服务于社会为己任,对人民有一份爱心,所以才可说"良贾何负闳儒"。①

(三) 儒商的经营理念

讨论儒商的特征已在一定的层面上触及儒商的经营理念。下面专就此问题补充两种意见。

李瑞华、杨杰认为,根据古今中外儒商成功之道,其经营理念可概括为六条:(1)"君子爱财,取之有道"的金钱观;(2)"善抓机遇,科学决策"的经营观;(3)"突破现状,推陈出新"的发展观;(4)"求贤若渴,知人善用"的人才观;(5)"以人为本,协调人际"的管理观;(6)"顾客第一,服务至上"的营销观。指出以上六条,既是独立的,又是密切相连的,其中金钱观是前提;人才观是根本;营销观是目的;管理观是中心;经营观是关键;发展观是灵魂。②

唐凯麟、曹刚认为,儒商的经营理念的内在依据是儒家文化的德性经济思想,与西方商人的经营理念有显著的不同,表现为以下三个方面:(1)西方文化崇尚个人主义和实用主义,因而西方商人在价值取向上特别强调自我利益的最大化;而儒家文化提倡群体本位和伦理至上,因而儒商在追求个人利益的同时,更注重通过经营活动来实现"创家立业"、"经世济民"等人生目的。(2)犹太文化中契约意识非常强,因而犹太商人在商业经营中特别注意信守契约;儒家文化对"义"特别强调,因而儒商在经营中把"守义"作为基本道德原则,"以义取利"、"义然后取",是儒商基本的职业伦理。(3)西方文化注重个人价值和个人利益,因此西方商人在企业内部管理中更强调员工与企业之间的利益依存关系,注重发挥个人的积极性和创造精神;而儒家文化注重群体本位、人际关系和精神价值,因而儒商在企业内部管理中更注重团队精神的培养,更强调依靠群体的力量去促进企业的发展,取得经营的业绩。③

---

① 宫达非、胡伟希主编:《儒商读本》(总序),云南人民出版社1999年版。
② 参见宫达非、胡伟希主编:《儒商读本》(外王卷·卷首语)。
③ 唐凯麟、曹刚著:《重释传统——儒家思想的现代价值评估》第237—253页,华东师范大学出版社2000年版。

应当说，儒商的经营理念包括经营价值观、经营伦理观、经营管理方式等，这些对现代儒商的培育和成长是有启迪的。

（四）儒商的使命及前景

周毅先生认为，"儒商"既然随时代的发展而产生，那么，时代也呼唤着当代儒商去承担其特殊的历史使命。他以讨论的方式提出儒商的时代使命有三：一是以在商写商的优势，创作出具有时代特色的优秀作品；二是以商作经济后盾，施展儒者之才，为弘扬中华文化与建设人类精神文明作出应有的贡献；三是做一个好儒之商，以商助儒。他展望儒商之前景说，古之徽商，参与并支持"振兴文教"，曾一度创造了徽州文化的辉煌；今之儒商，定能超越前人，肩承时代的使命，共同参与创造中国文化史上的又一个辉煌。①

宫达非先生指出，"儒"与"商"的结合是时代的产物，是现实的需要。"儒商"应时代发展和现实需要而产生。反过来，"儒商"的大量出现又将给社会主义市场经济体制注入生机和活力。"知识经济"时代是一个需"儒商"的时代，也是一个产生和培育"儒商"的时代。要想使我们的民族和国家立于世界民族之林而处于不败之地，我们就应该积极主动自觉地将培养新时代的"儒商"看做是当务之急。②

钱逊先生认为，只有有了一支宏大的儒商队伍，完成儒学和传统文化与现代化建设相结合的历史任务，才有了保证。造就一大批儒商，这是历史的需要，也是历史发展的必然趋势。可以说，儒商队伍的形成，正是中国特色的重要表现和社会主义经济建设、文化建设取得胜利的标志。③

贺麟先生在早年著作《儒家思想的新开展》中说："在工业的社会中，须有多数的儒商儒工以作柱石，就是希望今后新社会中的工人商人，皆成为品学兼优之士。亦希望品学兼优之士参加工商业的建设，使商人与工人的施行水准和知识水准，皆大加提高，庶可进而造成现代化的新文明社会。"④

---

① 周毅：《时代呼唤儒商》，收入潘亚暾主编：《儒商大趋势》。

② 宫达非、胡伟希主编：《儒商读本》（总序）。

③ 钱逊：《儒家思想与现代经济》，收入《儒家与工商文明》，首都师范大学出版社1999年版。

④ 转引自宫达非、胡伟希主编：《儒商读本》（人物卷·卷首语）。

贺先生之言不虚矣。

六、 儒教问题研究

儒学究竟是不是一种宗教？这本不是什么新问题，近代以来即有关于此问题的争论。然自20世纪70年代末以来，儒学是教非教却又重新构成学界的一个热点问题。李申同志是持儒学是教观点的代表之一，他撰写的《二十年来的儒教研究》发表于《宗教与世界》1999年第3期，较清晰地勾勒了儒教研究的来龙去脉和基本情况。征得作者同意，我们将其转录于此，以作为儒教问题的综述和总结（文中注释编码按本章需要作了顺延性改变）。

主张"儒教是教"说的学者们认为，儒教是中国古代政教一体、始终居主导地位的宗教。儒教诞生于汉武帝独尊儒术、完成于南宋程朱理学兴隆的时代。1911年辛亥革命后建立的共和国，取消了国家元首祭天的礼仪，儒教就失去了物质载体。但这项研究对于正确认识中国传统文化的性质，却具有不可替代的重要意义。

（一）儒教是教说的提出

近代以来，随着民族危机的加深，康有为等改良派思想家在鼓吹政治改革的同时，也提出了儒教的改革计划。其主要之点是仿照基督教的模式，更广泛地修建孔庙，并允许人人祭孔。辛亥革命的成功，不仅废除了帝制，也废除了和帝制联为一体的祭天祭孔活动，儒教失去了它的物质载体。在这种情况下，康有为等人组织了孔教会。孔教就是儒教，孔教和儒教的区别，仅是由于帝制的不存在，不能再以皇帝的始祖配天享受祭祀，而主张由孔子配天享受祭祀。孔教会要求当时的中华民国政府将孔教定为国教。在袁世凯复辟帝制的活动中，孔教会的要求起了推波助澜的作用。

君臣父子、三纲五常是儒教即孔教政治伦理的基本原则。以孔教为国教，就要有君主，也就是要复辟帝制，这是当时的进步人士绝对不能允许的。以陈独秀为代表的进步人士指出，传统所说的儒教，只是教化之教，而不是宗教之教。他们不承认孔教也是宗教，因而不给孔教会以信仰自由。到1937年，终于由当时的国民政府下令，取消了孔教会，迫使它改名为孔学会。

以陈独秀等为代表的新派人物的文化主张是中国新文化的始点，他们的论断影响了一代又一代的中国学者，并且经过中国学者影响到国外。从那时起，中国古代是个和世界上其他国家不同的、不以宗教为指导的所谓"非宗教国"（陈独秀语）论断成为定论。中国学者也常以此自豪，并以此为基础来论述中国文化和其他文化，首先是和西方文化的异同，来谈论新文化建设中的种种问题。

由于近代社会诞生之初，西方教会对新派科学家的迫害，使宗教在数百年中被进步人士视为仇敌。应该说造成这样的局面，首先是西方教会的责任。接受西方新的思想，把科学作为一切是非标准的中国新派学者，对宗教也没有友好的感情。新中国成立以后，受这种思想的影响，在相当长的时间中，宗教也很少有人研究。在1949到1965十数年的时间中，只有任继愈先生等少数学者写过少数几篇研究宗教的文章。

"文化大革命"之后，随着人们对"文化大革命"的反思，进而引起了对整个中国传统文化的反思。正确认识中国文化的本来面貌，首先成为研究中国传统文化的学者们的强烈愿望。任继愈先生就是这些学者中的代表人物。

任继愈先生深入修习过西方哲学，此后就长期研究中国哲学。由于他对中国佛教研究的成就，奉命组建了世界宗教研究所，这使他有可能更广泛、更深入地研究宗教问题。随着对宗教研究的深入，对宗教和哲学都有深厚造诣的任继愈先生发现，中国古代并不是个"非宗教国"。儒教，就是中国古代的国教。

1978年年底，在中国无神论学会成立大会上，任继愈先生发表演讲，首次公开提出了"儒教是教"的论断。1979年，在太原召开的"文化大革命"以后中国哲学史首次全国性会议上，任继愈先生又发表了同样的演说。同年，任先生访日，作题为《儒家与儒教》的学术报告。这个报告于1980年加以修改，以《论儒教的形成》为名，发表于《中国社会科学》1980年第1期。该文指出，以孔子为代表的儒学本来就是继承了商周时代的天命神学和祖宗崇拜思想，在历史发展中又经过了两次大的改造。第一次在汉代，第二次在宋代。经过改造，孔子被作为宗教教主，儒家学说被改造成了儒教。儒教以天地君亲师为崇拜对象，以六经为经典；它有自己的宗教礼仪，那就是祭天祀孔的仪式；它有自己的传法世系，那就是儒家的道统论；它不讲出世，但追求一个精神性的天国；它缺少一般宗教的外在特征，但具有宗教的一切本质属性。因此，中国古代并非没有宗教神权的统治，因为儒教本身就是宗教。该文还从一个更加广阔的角度指出，在资本主义以前，人类还不能摆脱宗教思想的全面统治，中国古代也不例外。1980 年，《中国哲学》第 3 辑发表任继愈先生《儒家与儒教》一文，该文进一步指出，"宋明理学的建立，标志着中国儒教的完成"，儒教的"宗教组织即中央的国学及地方的州学、府学、县学，学官即儒教的专职神职人员"。儒教把宗教社会化，使宗教生活渗入到每一个家庭。朱熹是儒教思想的集大成者，他建立了一个庞大的儒教思想体系。此后，任继愈先生又在《中国社会科学》1982 年第 2、5 期连续发表了《儒教的再评价》、《朱熹与宗教》两文，进一步从世界史的广阔视野指出，儒教在中国的诞生，乃是"历史的必然"。董仲舒独尊儒术，还只是儒教的雏形；宋明理学，才是儒教的完成。并深入分析了朱熹学说的宗教性特征。

这些文章从一个对近代人来说是全新的视野观照中国的传统文化，在学术界以及社会上都引起了极大的反响。但是由于"儒教非教"说的长期影响，要人们很快接受"儒教是教"说是困难的。在此后的十多年里，学术界，首先是中国哲学史研究领域，许多学者都在自己的论著里表示了对"儒教是教"说的批评意见，而几乎没有一个学者表示支持。反对的意见指出，儒家不信鬼神，儒家是入世的，不讲彼岸世界，不能说是宗教；儒教没有自己的宗教组织，也没有自己的宗教礼仪，不能说是宗教。也有的文章指出，儒家学说在历史上起着宗教的作用，但它自身不是宗教，最多可说它是一种准宗教，而且正由于它起了宗教的作用，也就使宗教不可能在中国古代成为统治思想。

（二）对儒教是教说的争论

1990 年，牟钟鉴在《世界宗教研究》第 1 期发表《中国宗法性传统宗教试探》一文。该文指出，中国古代在佛、道二教之外，还存在一个"正宗大教"。这个大教对于中国传统文化的意义，比佛、道二教要重要得多。该文详细描述了这个大教的神灵系统，但不承认它是儒教，而认为它是国家官吏系统的宗教，与儒家无关。

儒教是教的第一位支持者，是何光沪。何于1988年发表《论中国历史上的政教合一》，明确论证儒教是教。此后在他的博士论文中，又坚决而明确地赞同儒教是教说。1991年，何将论文整理为《多元化的上帝观》一书，由贵州人民出版社出版。该书在"导言"中指出，中国古代以在天坛祭祀的昊天上帝为至上神的宗教体系，就是儒教。儒教尊奉的"天地君亲师"的天，就是"天佑下民"、"天讨有罪"的天，是万物的主宰，是有人格、有意志的神。同时，"序言"还批评了学术界对人格神理解的狭隘。1993年，赖永海在《佛学与儒学》（浙江人民出版社出版）一书中指出，中国古代文化与世界上许多文化一样，"在相当程度上是一种宗教文化"。孔子与中国古代思想，都没有抛弃作为至上神的天。儒家的伦理、心性问题，其源头在天，是天道演化的产物。研究者只注意儒家对人事和政治的言论，抛弃对儒家有关天的言论，是将儒家"拦腰砍断"。这是在宗教学界最早支持儒教是教说的公开言论。

1994年，由任继愈作主编、主要由世界宗教研究所的学者为编委，开始编纂《宗教大辞典》，经过激烈讨论，决定将儒教入典。计儒教词条约350条，字数约5万。该辞典于1998年由上海辞书出版社出版。

1994年，中国广播电视出版社出版了由李申主编的《中国古代宗教百讲》，该书包括儒教、佛教、道教、原始宗教、藏传佛教、伊斯兰教，其中儒教约占四分之一篇幅。1995年，李申在《世界宗教研究》第2期发表《关于儒教的几个问题》，对十多年间学术界对"儒教是教"说的批评作出了回答。该文指出，孔子虔诚地相信天命鬼神，儒者们也都把昊天上帝作为自己信仰的至上神。儒者研究政治伦理诸问题，是在遂行上帝所赋予的治、教民众的责任。中国古代的国家组织，就是儒教的宗教组织，儒家特别重视的礼，就是儒教的礼仪。儒教是一个从外在形式到内在本质都完全合格的宗教。

从1983年至1994年，人民出版社陆续出版了由任继愈主编的《中国哲学发展史》先秦卷、两汉卷、魏晋南北朝卷和隋唐卷共四卷。其先秦卷"序言"明确指出，儒教是中国古代占统治地位的意识形态，由孔子所创立的儒家学说，构成了儒教的思想基础。儒教"以儒家的封建伦理为中心，吸取了佛教、道教的一些宗教修行方法，加上烦琐的逻辑思辨的论证，形成了一个体系严密、规模庞大的宗教神学结构。它既是宗教又是哲学，既是政治准则，又是道德规范，将四者融合为一体"。这个序言表明，《中国哲学发展史》已自觉地在"儒教是教"说的指导思想之下进行工作。该书对儒教是教指导思想的贯彻，在以后将陆续出版的宋元、明清和近代卷中，会更加自觉。

（三）儒教是教说的传播和发展

在20世纪八九十年代之交，中国古代文化研究领域也开始有人承认或半承认"儒教是教"说。他们说儒教是准宗教或半宗教，有的也明确承认儒教是教。这些文章多是在论述其他问题时顺便提及儒教问题，明确支持儒教是教的言论还不多见。1996年，谢谦在《传统文化与现代化》杂志1996年第5期发表《儒教：中国历代王朝的国家宗教》一文，指出儒教是中国历代王朝的国家宗教，"孔子及其儒家则是传教者，儒家之于儒教，非常类似西方神学之于基督教"。这是在传统文化领域明确支持"儒教是教"说的第一篇专论。

1996年，世界宗教研究所儒教研究室召开"儒教问题讨论会"。会上明确表示支持"儒教是教"说的，有世界宗教研究所的重要学者卓新平、李兴华、任延黎、金正跃等人。同年9月，在为北京大学宗教学系成立所召开的国际学术讨论会上，李申发表了《中国有一个儒教》的论文，在会上引起了激烈争论。在会议总结时，儒教是教说得到了北京大学学者刘小枫的支持。

1996年6月12日，《文汇报》发表郭豫适《儒教是宗教吗?》一文，该文认为孔子不信神，儒者们也未把孔子当做神，因而儒教不是宗教。同年9月18日，李申在《文汇报》发表《儒教是宗教》一文，指出儒经中的天命鬼神信仰，是孔子思想的出发点，也是所有儒者思想的出发点。而孔子从汉代起，就被国家列入祀典，和社稷神同级。该文还指出，揭示儒教的存在，是要确认已经存在的客观事实，而只有弄清历史的本貌，才能正确利用传统文化资源。

1997年《中国社会科学院研究生院学报》第1期发表李申《儒教、儒学和儒者》一文，该文介绍了儒教的神灵系统和组织结构，指出儒学是儒教的灵魂，儒者们的任务在生前是遂行上帝治理和教化民众的任务，死后以进入孔庙享受祭祀为最高荣誉。国家官吏也主要由儒者充任，儒教国家官吏不仅是一种政治职务，而且是一种宗教职务，他们负责制定祭祀礼仪，对儒教教义、教理作出解释，并履行与自己职位相当的祭祀职能。一个独尊儒术的国家的宗教，与儒者没有关系，是不可能的，也不符合历史事实。该文被当年《新华文摘》第6期转载，产生了一定的社会影响。1997年8月，在咸阳市召开的"中日韩儒释道三教关系讨论会"上，关于儒教是不是宗教的问题引起了极大关注。同年8月13日，《中国文化报》对这次会议的报道，首先提到的就是关于儒教问题的争论。李申在会上发表了题为《朱熹的儒教新纲领》的论文。该文指出，朱熹最重要的著作是《四书集注》，今本《四书集注》的第一书是《大学章句》。朱熹为《大学章句》写的序言是儒教发展到宋代的新纲领。该序言指出，天降生了下界民众，同时赋予他们以仁义的本性，但是由于气质禀赋的不同，民众们不能都知道自己本性的内容从而加以保全，一旦有聪明智慧、出类拔萃的人士，天就一定会任命他做君主和导师，以管理和教化民众。伏羲、黄帝、尧、舜是这样的人，文王、武王、周公、孔子也是这样的人。也就是说，他们都是接受天（上帝）的任命，来管理和教化民众的君主和导师。而教化的目的，就是让民众恢复天赋的善良本性。这就是说，儒学研究治国、教化，都是在遂行上帝赋予的使命。正是从这个意义上，我们说，儒教是宗教。

1998年《文史哲》第3期开辟专栏，讨论儒教问题，参加者有张岱年、季羡林、蔡尚思等老一辈学者，也有郭齐勇、张立文、李申等中青年学者。张岱年先生不再坚决反对"儒教是教"说，认为孔子学说"具有宗教的功用"，并希望学术界对于"儒教是教"说持宽容态度。季羡林先生则认为，孔子的学说不是宗教，但是后来到处"建圣庙，举行祭祀，则儒家已完全成为一个宗教"。并说从儒学到儒教的转变，和从佛学到佛教的发展极其相似。张立文教授认为，如果超越基督教的模式为衡量一切的标准，则儒教就是宗教。他还分析了影响人们承认"儒教是教"说的四个因素，认为主要是用西方的宗教为标准来衡量中国，也是由于对宗教问题缺乏研究的结果。李申的《教化之教就是宗教之教》一文，根据历史资料批评了陈独秀以来中国学术界长期流行的观点，即"儒教是教化之教，不是宗教之教"。李文指出，"教化"一词首先是由董仲舒提出的，它的基本含义，就是指宗教的教育。后来的儒者，如朱熹等人，不仅没有改变儒教教育的性质，而且是更加发展了董仲舒的原则。儒教之教就是宗教之教。

《文史哲》的这组文章得到学术界的高度重视，当年《新华文摘》全文转载了这六篇文章，《光明日报》也作了较长的报道。李申的《教化之教就是宗教之教》还被北京大学学生办的《学园》全文转载。《文史哲》的这组文章，表明中国学术界已经较多地接受了儒教是教说。

1998 年年底，《中国哲学史》杂志收到苗润田教授《儒学：宗教与非宗教之争——一个学术史的检讨》一文，该文从学术史的角度指出，是康有为最先提出了"儒教是教"说。而这个观点首先遭到了康的弟子梁启超的反对，进而受到蔡元培、陈独秀等人的反对，因而是个错误的意见。李申作《儒教研究史料补》，补充苗文道：儒教是个古老的概念，不是康有为首先提出。整个古代，儒者们不认为他们的教和佛教、道教不是同类。清代末年，认为儒教是教的不是康有为一人，而是儒者们的普遍意见，也是儒者们的传统意见。张之洞在他那著名的《劝学篇》中，认为儒教是和基督教、婆罗门教等同类的宗教；儒者和婆罗门是一类人。京师大学堂创建以后，由教务部制定的《教务纲要》，规定各级学校必须尊孔读经，并且指明，读经就是宗教教育，是和基督教读经一样的宗教教育。因而，历代儒者，包括清代儒者，对儒教的宗教性质是非常明确，并且也从未加以否认的。他们对道教和佛教的批评，也是宗教之间的相互批评。梁启超起初完全同意其师的意见，认为儒教是教；只是从 20 世纪初，由于种种原因，才第一个举起批评"儒教是教"说的旗帜。蔡元培在德国留学时所作的《中国伦理学史》，明确认为儒教是教。只是由于后来做了教育部长，新的共和国不能给儒教以信仰自由，才否认儒教是教的。而陈独秀否认儒教是教，也是在袁世凯企图复辟帝制的情况下发生的，那时候，若承认儒教是教，就必须给它以信仰自由；给它以信仰自由，它就要讲君臣父子那一套，这是陈独秀等新派思想家所绝对不能通过的。因此，否认儒教是教，有着明显的时代特点。现在，是平心静气地、正确地认识中国文化本来面貌的时候了。苗文和李文，一起发表于1999 年《中国哲学史》第 1 期。

通观儒教是教说在 20 世纪最后 20 年间的发展状况，虽然明确支持"儒教是教"说的学者在整个学术界还屈指可数，但"儒教是教"说正在被越来越多的学者所接受，所理解，所支持，则是总的趋势。

从 20 世纪 80 年代到 90 年代初，任继愈先生继续发表论文，从不同角度阐述儒教是教说，这些论文有《具有中国民族形式的宗教——儒教》①，《论白鹿洞书院学规》②，《从程门立雪看儒教》③，《朱熹的宗教感》④ 等。何光沪也有关于儒教的论文问世。

1996 年，"中国儒教史"被批准为国家社会科学基金所资助的重点研究项目。1998 年，《中国儒教史》完成。全书分上下两卷，共约 150 万字，200 幅图片，以翔实的资料为依据，描绘出中国儒教的基本面貌及其发展脉络。分别于 1999 年和 2000 年由上海人民出版社出版。⑤

七、 儒家伦理研究

（一）儒学与普世伦理

从 20 世纪 90 年代起，世界各大文明、宗教的代表掀起了一个"走向全球伦理"和促成"世界伦理宣言"的运动。面对这一运动，如何看待普世伦理，儒学对于普世伦理的建构能够发挥怎样的作用的问题，成为众多学者所关注和讨论的焦点。

汤一介先生认为寻求普世伦理"应在尊重各民族文化传统的伦理价值的基础上发掘和利用不同民族文化传统中的伦理思想的内在资源"。⑥ 他认为，在找寻不同民族文化在伦理观念上的"最低限度的共识"方面，孔子提出的"己所不欲，勿施于人"无疑是可以为全人类接受的伦理观念。孔子的仁学作为一种有意义的伦理思想可以在以下三个方面对建设"全球伦理"作出贡献：（1）人们的道德问题必须建立在对自己有个要求的基础上，这就是孔子要求的"克己"；（2）道德的建立有一个基本出发点（儒家认为应该由"亲亲"出发），由此基本的道德要求生发出来的伦理思想体系必定要包含某些普遍性原则（如"己所不欲，勿施于人"）；（3）建立一套伦理

---

① 载《文史知识》1988 年第 6 期。
② 载《任继愈学术论著自选集》，北京师范学院出版社 1991 年版。
③《群言》1993 年第 2 期。
④《群言》1993 年第 8 期。
⑤ 李申著《中国儒教史》（上、下卷）已分别于 1999 年 12 月、2000 年 2 月出版。
⑥ 参见汤一介著：《寻求普世伦理》（序）第 5 页，商务印书馆 2001 年版。

思想体系是为了社会的安宁和个人的幸福，这就是孔子所向往的"一日克己复礼，天下归仁矣"。①

牟钟鉴先生探讨了"普世伦理"建设的必要性与可能性，认为"儒家仁学，也可称为仁爱通和之学，是儒学的精华，最具有普世性，它可以为人类普遍伦理提供重要的思想基础"。儒家的仁爱之道尊重别人的特殊性、独立性，彼此并行不悖，协调互助。应该以儒家的仁爱通和之学取代斗争哲学，使仁爱通和成为处理国际争端和全球道德的主导思想。②

白奚先生探讨了忠恕之道的普遍伦理及全球价值。他认为以将心比心、推己及人为依据、以"己心"为出发点的忠恕之道，"仍然是维持正常的人际关系和保障社会有序性的最后的也是最有效的防线，如能坚守这一道防线，时时考虑到他人的感受，则能保证公民的人格受到尊重和权益不受损害"。进一步，在国际关系、族群关系方面，"己所不欲，勿施于人"的恕道，"正可为此日益全球化的世界提供一种明智而有效的相处之道"；"其中蕴涵着现代社会亟须的平等、宽容、互相尊重和与人为善的精神"。他认为，儒家仁学"立人达人"的精神，具有更高的道德境界，"为现代人类建立全球性的普遍价值，更好地把握自己的未来命运，提供了不可多得的且易于进行现代转换的思想资源"。③

蒙培元先生认为，儒家仁学在四个层面可以同西方伦理进行广泛的比较、对话及互相补充，为普遍伦理的建立提供重要的理论基础。"亲情"之孝是人间关怀得以形成的自然的情感基础；"忠恕"之道则是人间交往的普遍原则；"爱物"之情为生态伦理提供了重要的精神资源。在此基础上，蒙培元先生特别重视人与自然的关系。他认为，"人类应当重新思考并建立人与自然之间的价值关系，这是'普遍伦理'题中应有之义"。如此，儒家"万物一体"之仁则为实现人与人、人与自然的普遍和谐提供了极宝贵的价值指导。④

对于世界伦理建设中寻找最低限度的共同性的活动，陈来先生持谨慎的态度，他认为责任宣言或伦理宣言应当着重于提出《人权宣言》所没有、

① 汤一介：《孔子思想与全球伦理》，《中国哲学史》2000年第4期。
② 牟钟鉴：《儒家仁学与普遍伦理》，《北京行政学院学报》2003年第2期。
③ 白奚：《忠恕之道：普遍伦理及全球价值的发展动向》，《探索与争鸣》2000年第5期。
④ 蒙培元：《从仁的四个层面看普遍伦理的可能性》，《中国哲学史》2000年第4期。

所忽略的道德态度，申明它不赞成权利话语的伦理立场。关于儒家伦理的价值，陈来先生认为可以概括为五大原则：（1）社会、国家比个人重要；（2）国家之本在于家庭；（3）国家要尊重个人；（4）和谐比冲突有利于维持秩序；（5）宗教间应互补、和平共处。他指出："这种价值态度要求个人具有对他人、公群的义务与责任心，这种义务与责任心是与公群的基本共识和共享价值是一致的。"① 无疑，这是儒家伦理可以为世界伦理提供的重要参考价值。

万俊人先生《寻求普世伦理》一书是系统深入地探讨普世伦理的唯一专著。② 他认为，寻求普世伦理应该超越两极化的思维方式，代之以中国传统哲学所提倡的"和而不同"的思维方式，即在保持多元差异的前提下，努力寻求相互间的和谐对话和观念共享。万俊人从三个层面论述儒家伦理与普世伦理之间的关系：第一，儒家关于个人心性美德及其修养之道或"成德之道"的理论，为现代人自身德性生活的改善和内在精神需要，贡献了可以分享的珍贵资源；第二，儒家伦理作为一种具有强烈人文精神的德育理论，可以为现代人类提供一种可资参照的智德双修的文化教育图式，以帮助人们辨识和矫正现代社会中过于强势的唯科学主义价值偏向和单纯知识论的教育偏颇；第三，在普世伦理的全球一体化层面上，儒家伦理为当代日益突出的生态伦理或环境伦理提供了一种"天"、"人"合道的伦理提示。此外，他又认为儒家伦理传统中关于以"礼"维"德"的社会制度伦理观念，关于由"孝"而"忠"或由家庭伦理推演社会伦理的道德思维方法，关于仁义优先的道义论立场等，对于我们思考和探究普世伦理的基本秩序，反思和检省现代人类所日感困惑的家庭伦理问题，以及反省和承诺人类普遍责任等，都有着或多或少的借鉴意义。③

杜维明先生是较早探讨儒家伦理与全球伦理、儒家伦理与全球社群的学者之一。早在1994年，他即提出，全球社群的出现，使人类必须面对共同的问题，一起来创建和平共存的生命形态。他认为，儒家体现仁义精神的恕道，"正是创建和平共存的生命形态所不可或缺的中心价值。这个价值一方

---

① 陈来：《谁之责任？何种伦理？——从儒家伦理看世界伦理宣言》。
② 万俊人著：《寻求普世伦理》第29页，商务印书馆2001年版。
③ 万俊人著：《寻求普世伦理》第245页，商务印书馆2001年版。

面是对他人的尊敬：'己所不欲，勿施于人'；一方面是对自己的期许：'己欲立而立人，己欲达而达人'。从相互尊敬可以发展人与人相处的金科玉律；从期许可以培养自我的社会责任感。"① 杜维明认为1993年世界宗教会议关于全球伦理讨论所得出的两个原则——恕道原则和人道原则都可以是儒家的原则。他认为，由联合国教科文组织发起的普适伦理的一些讨论，"意味着全球伦理的出现和全球伦理的发展可以充分地调动传统的儒家人文精神或人文资源"。② 杜维明先生认为儒家人文精神是涵盖性的人文精神，和"启蒙"之后发展起来的排斥性的人文精神有极大的不同。儒家传统经过长期的批判、转化，已经不是一种封建时代的意识形态，而是一种经过西方现代性严厉批判而能够取得现代性的传统之一。③ 杜维明先生主张文明对话，认为面对文明冲突的危险，我们务必强调对话的重要，通过文明对话来考虑生态环保、社群整合、文化多元及相互参照的可能，这比以抽象的普世主义为前提的伦理宣言更切合实际，这就是全球伦理的儒家诠释。④

作为海外新儒家学者，刘述先参加了第一、二次在法国巴黎和意大利拿波里召开的世界伦理会议。他著文述及两次伦理会议的背景及起草《世界伦理宣言》的经历，并从儒家的立场提出自己的看法。⑤ 刘先生认为只有"世界人权宣言"是不够的，人权只提供外在的约束，伦理进一步要求内在的态度的改变。对于世界伦理的建构，刘先生认为，"所谓极小式的进路，不能只是用'取同略异'的归纳方式。这样或者得不到结果，或者得到的结果'薄'到没有多大意义的地步"；"在今天日益缩小的地球村，'存异求同'变成我们首要的责任。"刘述先提议"用'理一分殊'的方式来面对这一问题"。⑥ 刘先生提出了如下的考虑：第一，站在中国人的立场，我们为什么也要讲世界伦理？在我们的传统之中，究竟有哪些资源可以应用，哪些障碍必须克服，才能与世界其他传统对话？第二，我们要以怎样的方式讲世界伦理才能一方面与其他文化，特别是西方文化会通，却又在另一方面保持

---

① 杜维明：《儒家伦理与全球社群》，《中国文化报》1994年11月13日。
② 杜维明著：《杜维明文集（五）》第515页，武汉出版社2002年版。
③ 杜维明著：《杜维明文集（五）》第517页，武汉出版社2002年版。
④ 杜维明：《全球伦理的儒家诠释》，《文史哲》2002年第6期。
⑤ 刘述先著：《儒家思想开拓的尝试》第103—129页，中国社会科学出版社2001年版。
⑥ 刘述先著：《儒家思想开拓的尝试》第149页，中国社会科学出版社2001年版。

我们自己文化的特色，而不致沦于附庸的地位?① 相对于《世界伦理宣言》的四条指令，刘述先诠释了传统儒家五常"仁"、"义"、"礼"、"信"、"智"的现代意义，指出其中的思想与世界伦理宣言的要求若合符节。

（二）儒学与生态伦理

近几十年来，伴随着科技的巨大进步和经济的迅猛发展，人类生活、栖息的世界出现了空气污染、土地沙化、能源枯竭、生态系统遭到破坏等严重的影响人类生存的生态问题。国内外学者对此忧心忡忡，于是出现了生态哲学、生态伦理学、生态学马克思主义等学派或主张。

2002 年 8 月 5 日，在北京举行了以"儒家与生态"为主题的一次小型的高层次学术研讨会。参加讨论的有任继愈、汤一介、杜维明、余敦康、张立文、蒙培元等知名学者以及其他关注生态思想的专家。任继愈和余敦康先生提出，中国古代对于人和自然的关系不是停留在仁者与天地万物为一体的抽象的思辨的层面上，而是有很多制度性的安排，作为律令，由王者执行。《礼记·月令》现在仍然可以作为重要的制度性的资源。汤一介先生指出，儒家把天人关系看成是"内在关系"而不是"外在关系"，这样的天人合一观念，对于补救西方文化所带来的弊病，意义重大。李德顺先生提出人与自然的关系的三个阶段：远古的亲子关系、近代以来的主奴关系、现在应当建立的一体关系。他认为应该把人放大，把自然界视为"人的无机身体"，在人的实践所及的范围，人与自然同体。张立文先生提出三个超越：超越一元对立，回归中国的生生之法；超越求一之法，克服价值独断；超越写实法，进入意境法。②

除此会议外，近来中国思想界对儒学与生态的问题关注较多。学者余谋昌曾多次表述过，在中国悠久的文化典籍中，有丰富的关于尊重生命和保护环境的思想，它对于解决当今人类所面临的困境有着重要的价值，对于环境伦理学的形成、发展是有着重要的意义。他曾发表了《惩罚后的醒悟：走向生态伦理学》、《生态哲学》等著作，及《东方传统思想中有关生态系统伦理的论述》、《中国古代哲学的生态伦理价值》、《我国历史形态的生态伦

① 刘述先著：《儒家思想开拓的尝试》第 133 页，中国社会科学出版社 2001 年版。
② 参见李存山：《儒家与生态》，《中国哲学史》2003 年第 1 期。

理思想》、《可持续发展与哲学范式的转换》等文章。

胡伟希先生认为儒家生态学所论述的"人与自然之关系"的思想由五个基本观念组成：第一，"天人合一"的本体论，它指出人与自然关系的"固然之理"；第二，"赞天地之化育"的价值论，它谈的是如何将"天人合一"的"固然之理"转化为现实生活中的"实然"；第三，"德性之知"的认识论，它强调要从"生存意义"方面对人与自然的关系作通观的了解；第四，"民胞物与"的义务论，它认为人类要以平等之心去看待自然万物，这是人的义务和"特权"；第五，"执两用中"的方法论，它提出人类在与自然打交道时，既要考虑人类的利益与价值，也要顾及到自然的利益与价值，要在二者之间达成一种平衡，其最终目的是实现"太和"。①

何怀宏认为对中国古代儒家的生态伦理思想，有必要从"行为规范"、"支持精神"和"相关思想"三个方面来进一步分析和阐述。在"行为规范"方面，儒家所主张的规范可以简略地归纳为主要是一种"时禁"。就支持精神方面而言，支持儒家生态伦理的精神主要是一种"天人合一"、与自然和谐的精神。此精神可以为现代处在生态危机严重困扰中的人们提供深厚的价值支持资源。就相关思想而言，儒家有两个对环境保护起了重要的积极作用的思想：一是涉及对经济及物欲的看法，即限度和节欲的观念；一是涉及对人和事物的一种基本态度，即一种中和、宽容、不走极端、"不为己甚"的态度。②

白奚指出，在儒家古老的"仁爱"观念中，蕴涵着与现代生态伦理相契合的合理因素。儒家提出"仁民而爱物"和"万物一体"的思想，是将人类所特有的道德情感贯注于自然万物，要求人们把万物当成自己的同类甚至血肉相连的一部分来爱护，强调人对自然万物负有不可推卸的道德责任，这是一种极有理论价值和现实意义的生态哲学资源。科学的态度辅之以儒家式的道德意识和生命情怀，应该是现代人类对待自然万物的最合理态度。③

任俊华撰文分别探讨了孔子、孟子、荀子、董仲舒等大儒的生态伦理思想。他认为孔子的"知命畏天"的生态伦理意识、"乐山乐水"的生态伦理

---

① 胡伟希：《儒家生态学基本观念的现代阐释：从"人与自然的关系"看》，《孔子研究》2000 年第 1 期。

② 何怀宏：《儒家生态伦理思想述略》，《中国人民大学学报》2000 年第 2 期。

③ 白奚：《仁爱观念与生态伦理》，《首都师范大学学报》（社会科学版）2002 年第 1 期。

情怀、"弋不射宿"的生态资源节用观，为我们今天正确认识人与自然的关系，保护生态环境提供了有益的精神资源。孟子从人性本善推断"仁民而爱物"，即有仁爱之心的民众才会去爱护万物，这是孟子的生态伦理定律，孟子提出的理想社会充分贯穿了"仁民而爱物"的生态伦理理念。任俊华指出，荀子的生态资源爱护观，体现了"制用"和"爱护"相结合的生态伦理辩证法思想。董仲舒仁及草木、鸟兽、昆虫的爱护万物的生态伦理思想也很丰富。①

蒙培元指出仁是儒学的核心，其本质是生命关怀，实际上是一种生态哲学。他认为，儒家"不仅看到了人与万物之间的生命联系，而且看到了自然界一切生命的价值，它们是值得同情的，值得爱护的，这本身就是人的生存方式、生活态度"②。他又指出宋儒程颢的仁学，"是从生命的最深层次，即从生命本体和整体论的角度阐发了人与自然界的生命联系，具有某种宗教意义：对一切生命的关怀就是人的终极关切"。③

有学者指出，儒家人人和谐的世界观的生态学意义是需要我们更加细致阐明的，消除大多数西方学者对儒家思想的某些偏见只能依靠我们脚踏实地地工作。西方环境思想家们为寻求环境运动的出路求助东方传统的支持，无疑为东方文化参与全球环境理论的建构提供了新的契机，关键是我们能否系统整理儒家的生态哲学思想并赋予它前后一致的现代性合理说明。这可能要求中国的思想家们更加严谨和深思熟虑，否则，结果可能适得其反。④

另有学者从反思的角度指出：从思维方式看，东方生态智慧具有浑沌的、朦胧的而非精确化的、带有明显的原始思维的整体特征，但这种整体性是没有具体内容的、暧昧不清的整体性，它或许能提供一种人生境界，却不能直面复杂多变的全球生态危机现实。这就决定了它"是一种难以在操作

---

① 任俊华：《孔子生态伦理思想发微》，《道德与文明》2003 年第 6 期；《孟子生态伦理思想管窥》，《齐鲁学刊》2003 年第 4 期；《天行有常与生态伦理——荀子生态伦理思想审视》，《湖南社会科学》2003 年第 4 期；《论董仲舒的生态伦理思想》，《湖湘论坛》2004 年第 1 期。

② 蒙培元：《孔子天人之学的生态意义》，《中国哲学史》2002 年第 2 期。

③ 蒙培元：《仁学的生态意义与价值》，《中国哲学史》2007 年第 1 期。

④ 参见李存山：《儒家与生态》，《中国哲学史》2003 年第 1 期。

层面上践行的'不结果的思维的花朵'"。①

（三）关于儒家伦理当代价值的争鸣

从 2002 年到 2004 年，在中国学术界（主要是中国哲学史界）发生了一场围绕儒家伦理的当代价值而进行的集中、持久、论点鲜明的学术争鸣，涉及如何评价儒家伦理的当代价值，如何评价儒家的差等之爱等问题。这场争论亦可看做是传统文化与现代化关系问题争论的延续。参加论战的一方主要有刘清平、黄裕生、穆南珂（笔名）等，另一方以郭齐勇、杨泽波、丁为祥、龚建平等人为代表。未直接参与论争，但观点与此问题相关的学者亦有十几位。郭齐勇先生搜集论战双方的相关文章，编辑成《儒家伦理争鸣集——以"亲亲互隐为中心"》一书。② 我们可以从对儒家伦理的批评、对儒家伦理的回护来综括此次论争。

1. 对儒家伦理的批评

在儒家伦理的批评者中，刘清平先生著文数量最多，仅上面所说文集中就有 8 篇文章。在论战之前的 2000 年，刘清平在其《论孔孟儒学的血亲团体性特征》一文中已奠定儒家批评的理论基调，指出由于孔子和孟子坚持把"血亲情理"作为本根至上的基本精神，最终使儒家思潮在本质上呈现出了血亲团体性的特征。他认为："孔子和孟子不仅赋予了'血亲情理'以'本原根据'的意义，而且还进一步赋予了它以'至高无上'的地位，试图将它置于人们的行为活动应该遵循的其他一切准则之上，使之成为其他一切准则都必须无条件服从的最高原则"。刘清平对儒家伦理进行评判的主要目的是指出儒家伦理在历史上所造成的严重的负面影响，他说："由于儒家思潮在中国文化传统中长期占据着主导性的地位，它的这种血亲团体性特征对于历史上中国人在现实生活中的整体性存在还产生了巨大而深远的影响作用，乃至在一些方面造成了严重的负面效应。"

在此文基础上，刘清平于《哲学研究》2002 年第 2 期发表了《美德还是腐败？——析〈孟子〉中有关舜的两个案例》，对《孟子》中有关舜的两

---

① 李培超著：《自然与人文的和解——生态伦理学的新视野》，湖南人民出版社 2001 年版。

② 郭齐勇主编，湖北教育出版社 2004 年版。以下引用文除特殊注明外，皆引自该书。

个案例进行了分析，进一步批评作为儒家圣人典范的舜和作为亚圣的孟子的行为和主张，指出"儒家在滋生某些腐败现象方面所具有的负面效应"。第一个案例见于《孟子·尽心上》，孟子与弟子讨论这样的伦理难题："舜为天子，皋陶为士，瞽瞍杀人，则如之何？"第二个案例见于《孟子·万章上》，记述的是孟子与弟子讨论舜如何对待"日以杀舜为事"的兄弟——象的问题。通过对这两个案例的分析，刘先生得出结论：在案例一中舜的举动，"几乎从任何角度看，都是典型的徇情枉法"；在案例二中受到孟子赞许的这一举动，"几乎从任何角度看，都是典型的任人唯亲"。刘清平先生坚持认为，作为圣王典范的舜和对于一切见利忘义的举动都持批评态度的孟子，之所以从事或赞许这些"无可置疑的腐败行为"，原因在于孔孟儒学始终坚持的"血亲情理"精神。刘清平进而指出，孔子"父为子隐，子为父隐，直在其中矣"（《论语·子路》）的主张，就是把父慈子孝的特殊亲情置于诚实正直的普遍准则之上，就是主张人们为了巩固这种至高无上的"天理人情"，可以在父子相隐中放弃正义守法的行为规范。

进而，刘清平于《哲学研究》2004 年第 1 期发表《儒家伦理与社会公德——论儒家伦理的深度悖论》，认为虽然以孔孟为代表的儒家也曾明确提倡仁爱、恻隐、诚信、正直等一系列适用于群体性人际关系的公德规范，但由于儒家伦理在处理社会性公德和家庭私德二者关系时始终坚持"血亲情理"的基本精神，特别强调家庭私德对于社会公德不仅具有本根性，而且具有至上性，结果就使它所提倡的社会公德（仁）受到了家庭私德（孝）的严重压抑，而在二者出现冲突的情况下甚至还会被后者所否定。

与刘清平相比，黄裕生奠基于对人的存在的海德格尔式解读的批评似乎更有系统。黄先生首先断言："一切合理、健康的普遍伦理规则和一切公正的普遍（通）法则都必须奠定在本相法则的基础之上。"有了这样的前提认定，黄裕生对儒家伦理的批评便是顺理成章的了。他说："事实上，儒家伦理学包含着大量违背本相伦理法则的角色伦理学规则，他们实际上是在完全忽视甚至否定个体的自由存在的情况下被确立起来的"，"这决定了所有这类伦理规则不仅不可能具有普遍性，而且不可能保证基本的公正（正义）。"黄先生认为："爱有等差，这是儒家伦理学中最荒诞、最黑暗的思想，它在理论上导致整个儒家伦理学陷于相对主义和特殊主义，从而否定一切绝对的普适性伦理法则。"进而，黄先生指出："既然连'仁'这个最高的伦理准则所倡导与维护的'爱'都不是普遍的，那么还有什么伦理准则能够贯彻于维护普遍正义呢？这正是以前倡导特殊主义与相对主义的思想文化缺乏普遍教化能力而无力承担起世界史的原因所在！"

另有穆南珂（笔名）亦于《哲学研究》2002年第12期发表文章《儒家典籍的语境溯源及方法论意义》，对儒家伦理及郭齐勇先生的文章进行批评，但其文章并无多少理论上的主张。

2. 对儒家伦理的回护

针对刘清平先生等对儒家伦理的批评，郭齐勇先生等奋而回应，对儒家伦理的价值、当代意义以及如何历史地理解儒家伦理等问题，表达自己的看法。

关于"父子互隐"的问题，郭齐勇先生认为，"如果从深度伦理学上来看，我们不难发现，孔子的直德亦有其根据。从人情上、从心理上来看，一对父子相互告发，他们之间早就有了问题，是一对问题父子。父不慈，子不孝，即在为仁之本上出了问题……孔子显然不愿意看到父子相互告发、相互残杀成为普遍现象，因此宁可认同维系亲情，亦即维系正常伦理关系的合理化、秩序化的社会。"郭先生又认为，中国伦理法系的精神及"亲属容隐"制度与西方自古希腊、古罗马直至今天的法律并不相违，相反，这恰是具有人类性的，符合人性的、人道的，因而具有普遍性。"父子互隐"中恰恰包含着对人权的尊重与维护的因素。

杨泽波先生基于对《孟子》的详细解读，认为在舜"窃父而逃"的事例中，反映出孟子"道德比事业更重要"的价值取向，只有坚持了这种价值取向，才能成为有道德的人、高尚的人，孟子这一思想对中国文化的发展发挥了并继续发挥着重要的影响。对于"封之有庳"，杨先生认为无论是否为历史事实，都是当时的正常做法，不能算是腐败行为。另外，孟子赞许"封之有庳"的做法，既没有暴民之忧，又没有弃兄弟之情，"原则性和灵活性都讲到了，表现了很高的智慧，并无不妥之处。"杨泽波先生认为："《孟子》中所虚构的舜的两个案例充分体现了儒家伦理法的特点，虽然也有自身的问题，但不仅在当时乃至其后的很长一段时间都是一种行之有效的做法，而且其中所隐含的价值选择取向至今仍有重要意义，并与当今西方一些主要法律条文所体现的倾向不谋而合，其中的深意大可研究，绝不能简单以腐败相论。"

　　针对黄裕生对于儒家伦理学只是一种角色伦理学而进行的批评，郭齐勇、丁为祥先生撰文（《也谈本相与角色》，《中国哲学史》2004 年第 1 期）回应。他们认为："本相只能存在于角色之中。对礼而言，其具体的角色性特征非但不是本相之外的存在，而且正是在具体的角色中，本相才得以存在、得以表现从而也得以为人所认知的。"并且，对于黄先生所大加批判的"君君臣臣"的观念，他们认为："儒家关于君臣父子的论说，不仅仅是关于关系、角色的殊相论说，而且同时存在着有关具体人在具体的社会关系、社会规范、社会角色、社会行为中所透显、升华出来的人之所以为人的普遍性的本相论说。"关于儒家仁爱的普遍性，郭、丁二位先生认为，"儒家仁爱的内涵包括人与人、物与我之间普遍的情感相通与痛痒相关，即整个宇宙间，当然首先是人与人之间普遍的同情心和正义感。"他们认为，儒家的"恻隐之心"、"推己及人"、"心之所同然"等都是人可以实行的，儒家关于性与天道的关系的讨论，"仁"背后的天道、天命根据，都是"仁"的普遍性的明证，而"爱人"、"复礼"、"己所不欲，勿施于人"等，也就是"仁"的普遍性原则。

　　文碧方在《也论儒家伦理道德的本原根据》文中指出："尽管宋明儒者认为'仁'或道德'心'、'性'作为儒家伦理道德的本原根据具绝对性、普遍性和超越时空的意义，不能由经验推概建立，但他们亦深知：道德实践并非脱离经验内容的实践，此'仁'或道德'心'、'性'又终究要在具体的历史时空之中落实。"至于落实的方式，文先生指出宋明儒者极为重视"亲亲"原则和"爱有差等"原则，因为宋明儒者认为由"亲亲"始而"仁民"、"爱物"是遵循自然次第与条理的表现，最为切近真实自然，使人易信易从易行，而且"亲亲"可以为"仁理"的"流行发生"立"本"培"根"，以免人性的根子死掉。这是从宋明儒学解读方面对刘清平、黄裕生的回应。

　　吴根友认为"发掘原始儒家理论中孝道与仁道的矛盾，进而上升到对儒家所推崇的重孝'美德'与当前中国社会追求普遍的'公德'要求之间矛盾关系的思考，是非常有价值的理论探索"，他认为"不能简单地将传统社会的个人私德看做是现代公民道德的唯一出发点，尤其是不能简单地将传统社会的'私德'当做现代社会的'公德'"。同时，"传统儒家提倡的重孝的个人私德或曰美德，也并不必然与现代社会'公德'相违背。如果能将儒家'仁道'原则中的'亲亲为大'命题创造性地转化为'亲亲为始'的明白表述,将'亲亲'原则看做是实现'仁道'的心理始点,训练善良人性的方便开端,而不是将其设定为高于'仁道'之上的最高标准,则'亲亲'与'爱人'之间的关系就能很好地与现代社会的法律要求结合起来了。"

《争鸣集》中还有多篇文章对儒家伦理的"差等之爱"、孝与仁的关系等进行了分析,限于篇幅,暂不作评述。

八、 儒学与当代政治价值

(一)儒学与自由主义

儒学是中国传统文化的主干,自由主义则是近代以来西方文化的主流思潮。承接近现代以来中国自由主义者的余脉,近些年来,学者们对当代西方自由主义的研究兴趣日浓。需要指出的是,人们不再对西方自由主义倾慕不已,而是客观理智地进行理论探讨,如儒学作为有深厚传统资源的文明类型如何面对自由主义的成就和缺失,儒学内部有无自由、民主、权利等资源等问题。作为长期生活在海外的学者,杜维明先生对于儒学与自由主义的关系问题有集中而深入的思考。2001 年由三联书店出版的《儒家与自由主义》一书载有杜维明与陈名对话:儒家与自由主义,表达了杜维明与陈名二位先生对这一问题的概要性主张。

陈名认为,儒家与自由主义的问题,"既是儒家现代转化的关键,也是自由主义在经历二百年的发展之后进行自我反思的关键"。① 他认为儒家不能置身于制度安排以外,而是必须积极地介入其中,参与制度安排。儒家尤其要对中国的制度安排采取积极的姿态,参与到制度建设的过程,使儒家理念呈现于制度构架之中,开掘儒家的源头活水于日常生活之中,让儒家与人们的政治生活、经济生活、社会生活、文化生活水乳交融。他认为,中国的制度安排必须要有儒家参与;而儒家的繁荣再生必须与制度安排结合,这是儒家思想弘扬、落实的主要方面之一。

---

① 见《儒家与自由主义》第 3 页,三联书店 2001 年版。

　　杜维明先生总体上主张讨论儒家与自由主义的关系时，切切不可遗忘我们自家的各方面的宝贵资源，不要妄自菲薄。他认为，自由主义的一些基本的价值例如平等、自由、人权，儒家并不采取排斥的立场、反对的立场，他认为儒家传统，"有非常强烈的开放精神，而不是一个自我封闭的体系"。①杜维明认为，对于自由主义的最大公约、最大限度的相对公正、最底线的价值标准，以及自由、民主、人权这些价值理想等，儒家作为一个有涵盖性的文明既有可能，也有必要去接受它。②他认为，儒家如果只是伦理学意义上个人修身的一套价值理念，而在整个大的历史时机的制度安排、制度转化、制度创新上没有任何积极作用，制度安排一定要在儒家之外才能取得，那么儒家发展的空间就非常小，可能性也很弱。有了自由主义理念推动产生的民主制度、现代社会作为参照，了解东亚社会面对的困境、了解它拥有哪些创造性资源，对于儒家与自由主义的互动是极其重要的。同时也要求我们必须对儒家价值与制度安排的复杂关系有明确的认识。只有如此，才有可能真正借鉴和参考自由主义代表的市场经济、民主制度、公民社会的理念，才有可能来构思它们在儒家社会中实际运作的曲折途径。③

　　刘军宁认为，儒家和自由主义是两种根本不同的传统，但同作为人类生存经验的智慧结晶，无疑应有相通之处。他认为将儒学与自由主义作比较、对照，不是要去证明自由主义与儒家思想是否完全一致，而是要看看两者是否相通、能否对接。儒家思想和自由主义的对话是东西方思想对话的一个重要组成部分，儒家思想和自由主义的对话是一对一的对话，不会影响儒家思想和其他思想的对话。相反，一旦儒家思想和自由主义能够结合，倒可以为儒学和其他思潮对话提供一个坚实的脚手架。④

　　任剑涛讨论了"儒家自由主义"的一系列相关问题，认为致力于"儒家自由主义"的建构，乃是致力于创造转化儒家，以使其获得生机，同时也是致力于弘扬自由精神，使自由主义获得世界性活力的具有双重收效的理论活动。他主张"现实地"接通儒家与自由主义的理论"命脉"，即将儒家的内在精神与自由主义的精神观念接通，为"儒家自由主义"的理论致思

---

① 见《儒家与自由主义》第126页，三联书店2001年版。
② 见《儒家与自由主义》第117页，三联书店2001年版。
③ 见《儒家与自由主义》第43—47页，三联书店2001年版。
④ 刘军宁：《自由主义与儒教社会》，见"公法评论"网站。

奠定统一的思想场所和一致的思想主题。①

　　陈少明对儒学同政治自由主义的结合问题作了探讨。他认为，自由主义源于西方的个人主义，而儒家传统是倡导集体主义。儒家传统对人的权利的理解比现代自由主义较为狭窄，但它可以扩展。即不仅要维护人生存、温饱的权利，同时得保障其相应的平等的社会政治权利。他认为，对于契约集体而言，每个成员都保有自己的基本权利，承担对集体的道德义务，如果是集体主义的话，则现代自由主义也不会予以否定。至于个人权利没有保障或没有自由退出权利的强制性集体，则与自由主义是不相容的。现代儒学不能支持这样的集体主义。②

　　李明辉立基于当代西方社群主义对自由主义的批判，寻找儒学与自由主义、社群主义的结合点。他认为，传统儒学在伦理学的基础与自我观方面与自由主义有可以接榫之处，而在个人与群体的关系及对传统的态度方面又与社群主义同调。③

（二）儒学与民主、人权

　　儒学与民主、人权的问题，是近代以来中国思想家关注最多、讨论最激烈的问题。与前期探讨有所不同的是，近年来关于儒家与民主、人权的讨论，不再集中于儒家思想中有无民主、人权的问题，而着重于探寻儒家的基本价值与现代民主、人权相通、互补乃至结合点，寻找在儒家文化背景下提升人权、实现民主的可能性问题。

　　夏勇在传统民本思想的基础上发掘中国民权资源，提出："民本文化乃是真正的国粹。民本精神不仅是为天下人着想的精神，而且是由天下人为天下着想的精神。"他认为，虽然民权并不是古代中国政治文化的典型特征，也不是儒学的核心范畴。但是，"有了民本的价值法则和政治法则，支持民本的程序法则之发育不过是迟早的事情"。④ 在分析中国古代民本思想和近代民权思想的诉求后，夏勇先生提出其"新民本说"的主张。"新民本说"

① 任剑涛：《社会政治儒学的重建——对于儒家自由主义的期待》，《原道》第七辑。
② 陈少明：《道德重构中的制度与修养问题——兼谈儒学与政治自由主义的关系》，参见"公法评论"网站。
③ 李明辉著：《儒家视野下的政治思想》第157页，北京大学出版社2005年版。
④ 夏勇著：《中国民权哲学》第21页，三联书店2004年版。

包含四个方面的"要义"：第一，讲民之本而非君之本，讲自本而非他本；第二，以民权为政治上民之所本；第三，民权本于民性，德性统摄权利；第四，民性养于制度，民权存乎社会。① 夏勇提出"德性权利"主张。他认为，按照儒家学说，人人皆能平等地参与公共事务。换句话说，无论是根据人性，还是从工具理性的观点出发，政治参与都是可以被证成的。他进一步认为，最能显示中国传统之特色的不是"德性权利"，而是"德性义务"观念。"于是，政治参与就颇为神圣起来，以至于对个人来说，它成了为人民、为国家、为自我实现都要贡献的一种义务，而不是被给予的一种要从国家和人民那里获取什么的权利。"②

李存山对儒家的民本思想与现代人权理论的关系作了比较全面的梳理对比，认为儒家的民本思想在一定程度上与现代人权理论具有统一性。他认为，"第一代人权"的核心是"公民和政治权利"，就民本的价值观而言，其中也包含着第一代人权的某些因素。"第二代人权"主要是经济、社会和文化的权利。儒家的"絜矩之道"的精神与此是相同的，有内在一致性。"第三代人权"是"发展权"。儒家的"协和万邦"，反对战争，主张经济与社会发展的"均、和、安"，高扬"和而不同"等，这些价值理念经过现代的诠释，将会成为世界人权观念发展的积极文化资源。③

陈来认为，儒家传统中有或没有人权思想，并不是一个根本性的问题。就已有的人权国际公约的内容而言，没有什么是儒家精神立场上所不可接受的。儒家与西方各宗教伦理都强调社会共同的善、社会责任、有益公益的美德。因此，儒家的精神立场可以接受《经济、社会、文化权利国际盟约》和《公民和政治权利国际公约》的所有内容，但却是在责任、义务、公群的背景和框架中来肯定其内容。从而，公民、政治、经济、社会各种权利在逻辑层位上，在与历史情境密切关联的实现次序上，更在责任与权利的根本关系上，儒家的安排会与西方文化不同，其立场肯定是非权利优先、非个人优先的。④

美国夏威夷大学安乐哲提出"儒家民主主义"理念，他认为，西方现

① 夏勇著：《中国民权哲学》第54页，三联书店2004年版。
② 夏勇著：《中国民权哲学》第75页，三联书店2004年版。
③ 李存山：《儒家的民本与人权》，《孔子研究》2001年第1期。
④ 陈来：《儒家伦理与"人权"》，《北京大学学报》1998年第5期。

行的民主制度并不具有普世性，基于个人主义基础上的政治体制甚至阻碍了民主思想的健康发展。民主作为一种人类社群的生活理想，可以在不同的文化环境下按不同的节奏和时间表运行。而杜威的实用主义思想与儒家思想合理配置与结合所形成的儒家民主主义，应当代表着人类民主思想发展的健康前景。①

俞吾金探讨了传统儒学的人的学说与人权理论协调起来的问题。他指出：第一，在儒学研究中，不能单方面地夸大以孟子为代表的"性善论"的影响，应充分重视并开掘以荀子为代表的"性恶论"所留下的宝贵的思想遗产。对荀子、王安石、陈亮、叶适、戴震等人的学说进行深入的研究，有利于开发这方面的思想资源，使之与当代人权理论的研究协调起来。第二，对孔孟、程朱、陆王为代表的正统儒学的研究的着重点应当落在道德实践主体的形成、民本、信等观念上，从而使这一研究活动与当代中国社会的实际的价值需要逐步接近起来。②

中国台湾学者李明辉认为，以性善说为基础的民主理论并非不可能建立；这种民主理论亦有向现实层面开展的可能性；以性善说为基础的民主理论可以针砭过分相信民主机制的制度论者。③ 李明辉先生亦在分析了"三代人权"概念的内涵基础上，重点从"性善论"、"人格尊严"、"义利之辨"、"民本思想"四个方面探讨儒家传统中"人权"概念之内涵，认为儒家传统的确包含现代"人权"概念的若干理论预设，而不难与人权思想相接榫。另外，儒家传统也为源自近代西方的"人权"概念提供了另一个诠释角度与论证根据。这不但丰富了"人权"概念的内涵，也为它在非西方文化（如中国文化）的落实提供了有利的文化土壤。④

另有学者认为，儒家思想具有与民主思想一致的天赋人性本善、天赋人性平等思想以及天下为公亦即最高政治权力属于全体人民的思想。因此，儒家思想与民主思想可以而且应当结合。另外，道德高于政治、修身先于从政，是孔子思想对民主思想、民主政治、民主社会可有的贡献。⑤

---

① 参见《安乐哲教授"儒家民主主义"演讲与讨论会》，《中国哲学史》2002 年第 1 期。
② 俞吾金：《西方的人权理论与儒家的人的学说》，《学术界》2004 年第 2 期。
③ 李明辉著：《儒家视野下的政治思想》第 45 页，北京大学出版社 2005 年版。
④ 李明辉著：《儒家视野下的政治思想》第 65 页，北京大学出版社 2005 年版。
⑤ 邓小军：《孔子思想与民主政治》，载《原道》第 6 辑，贵州人民出版社 2000 年版。

（三）儒学与和谐、正义

近几年来，对于儒学中和谐、正义等思想资源的探讨，成为学术界研究的重要方面。汤一介先生较早重视儒家和谐思想，他指出，由"自然的和谐"、"人与自然的和谐"、"人与人的和谐"、"人自我身心内外的和谐"所构成的"普遍和谐"观念是儒家的重要思想。儒家关于"和谐"的观念是把"自我身心内外的和谐"作为起点的。儒家是由通过道德学养达到自身的和谐而推广到"人与人的和谐"，人类社会和谐了，那么才能很好地处理人和自然的关系；人与自然的关系处理好了，才能不破坏"自然的和谐"。①

有学者注重挖掘"天人合一"与和谐社会的关系，认为"天人合一"包含三种形态：神与人合一、德性与人合一、自然与人合一。就神人合一而言，"尽管当代中国存在着信仰多元化的倾向，但建设具有中国特色的社会主义现代化国家应当成为全体中国人的现实目标，有了这样一个共同的追求，才能使大家心往一处想，劲往一处使，一心一意地奔小康，构建和谐社会。""德性与人合一思想留给我们的启示是，道德是人类生活的充足条件，构建和谐社会离不开全民道德水平的提高，尤其是在当代竞争激烈的环境下，人与人之间的和谐更需要靠道德去维系。"自然与人合一与构建和谐社会关系较为密切，值得注意的是注重动物生存权利、维护生态平衡、建立人与自然之间和谐关系的主张，这既是与现代生态伦理学相关的一个话题，也是和谐社会建构的题中应有之义。②

有学者从总体上论述了儒家与和谐社会的关系，认为，儒家的政治志向是治国平天下，为此，儒家非常注重营造和谐社会。和谐社会是公正、公平的社会，"天下为公"是实现社会公正、公平的重要前提。和谐社会是讲义、守秩序的社会，"礼之用，和为贵"揭示了"礼以和谐为用"的特征。和谐社会是关怀和扶助弱势群体的社会，要求给弱者以更多的人道关怀，让弱者能够像强者一样分享文明进步、社会发展的成果。③

有学者全方位地论述了儒家伦理在构建社会主义和谐社会中的价值：第

---

① 汤一介：《略论儒学的和谐观念》，《社会科学研究》1998 年第 3 期。
② 柴文华：《天人合一与和谐社会》，《学习与探索》2006 年第 1 期。
③ 贾岩：《儒家关于营造和谐社会思想的内涵与启示》，《孔子研究》2007 年第 3 期。

一，儒家倡导"尚中贵和"理念，启迪人们在社会交往中自觉化解社会矛盾，促进人际关系和谐有序发展；第二，儒家倡导"仁者爱人"理念，启迪人们树立"以人为本"的人道主义情怀，在社会生活中自觉地去关心人、爱护人；第三，儒家倡导"天下为公"理念，启迪人们确立对社会、国家、民族的责任和义务，从而消解社会矛盾，促进社会和谐；第四，儒家倡导忠实、诚信理念，这对于纠正社会上的欺蒙拐骗邪风，培养人们淳厚朴实之德，具有非常重要的理论导向作用；第五，儒家倡导"自强不息"理念，激励人们积极进取，勇往直前，这有利于促进社会发展，为和谐社会建设创造物质基础；第六，儒家倡导"廉洁奉公"理念，这对于激发各级干部的清廉意识，自觉抵制腐败，推进民主政治建设，意义无比重大；第七，儒家倡导"民为邦本"理念，启迪人们树立关心民生、执政为民意识，把全心全意为人民服务落到实处。①

有学者认为，中国古代的贵和思想包含至今仍有价值的合理因素：其一，它建立在对人的社会性深刻体悟的基础之上，视和谐为社会的生命。其二，在人类与大自然、人身与心的不和谐日益成为突出的社会问题的情况下，既强调人际关系的和谐又重视人与自然以及人自身的身心和谐的全面和谐论的积极意义无疑更显突出。其三，"和而不同"说与"和而不流"说划清了和与同的本质区别，强调实现社会和谐并非取消个性，对全面地认识和谐社会也是有益的。其四，古人为实现社会和谐而采取的一些措施，所提倡的一些道德精神，对今天建设社会主义和谐社会也具有程度不同的借鉴意义。②

有学者探讨了礼治与和谐社会的关系，认为，在"礼"的规范下，每个社会成员都在严格的等级序列中明确了自己的定位，充当着特定的社会角色，社会自然就会秩序井然、和谐稳定。古代社会的等级状况实际上是人们之间竞争的结果，这样一种社会机制是有其公正性与合理性的。在这样的等级社会中，"礼"所起到的正是确认和维护这种既成的等级秩序的作用。礼对人们行为具有调控和限制作用，能够润滑和消解社会地位悬殊的各阶层的

---

① 黄钊：《论儒家伦理在构建社会主义和谐社会中的重大理论价值》，《学习与实践》2006 年第 3 期。
② 张锡勤：《中国传统的贵和精神与和谐社会构建》，《学习与探索》2006 年第 1 期。

紧张关系，达到相对的平衡状态，形成稳定的、和谐的等级秩序。"礼"对社会和谐与秩序的维护作用靠人们的自觉和自律，经过潜移默化的教化作用，儒家礼治的目的也就达到了，社会从而就会步入和谐、稳定、有序的良性循环。①

另有学者探讨儒家乐教思想与和谐社会的关系，认为儒家的乐教并不是一种单纯的艺术教育，而是一种人格教育和政治教育，儒家将乐教看做是促进人格和谐、社会和谐、人与自然和谐的重要途径。②

有学者探讨了儒家中庸思想与构建和谐社会的关系，认为中庸有利于人格和谐、人际关系和谐以及人与自然和谐。③

有学者探讨《周易》的社会和谐思想，指出："天人合一"是《周易》社会和谐思想的理论基础；圣人君子在位是实现社会和谐的首要条件；财富是实现社会和谐的物质保证；礼义刑罚是实现社会和谐的制度保证；道德修养是实现社会和谐发展的必备条件；从家庭和谐到国家、天下和谐是实现社会和谐的模式。④

关于儒学与正义，郭齐勇先生注意发掘儒家思想中的正义内涵，认为，"儒家和谐社会思想的一个重要内容或者基石，就是公平、公正、正义论。我们知道，没有抽象的公平正义，任何时空条件下的公平正义都是历史的、具体的"。儒家公平正义思想包含如下内涵：首先是"富民"与"均富"论。孔子治国安民的主张是"庶、富、教"，孟子主张保障老百姓的财产权；其次是养老、救济弱者、赈灾与社会保障的制度设计及落实；再次是平民通过教育而为官、参与政治的制度安排及作为村社公共生活的庠序乡校；最后是防止公权力滥用的思想。⑤

有学者以西方政治哲学传统中的正义理论为参照，对以"道"、"礼"、"仁"、"义"为核心内容的儒家传统思想中的正义观念进行了理论上的构建，认为这四个观念相互联系，形成了一个有机的整体。与西方的正义理论相比，儒家正义观念具有开放性与超越性的优势，而其强调道德主体的自我

---

① 白奚：《儒家礼治思想与社会和谐》，《哲学动态》2006 年第 5 期。
② 鄯爱红：《儒家乐教思想与和谐社会》，《中国人民大学学报》2007 年第 4 期。
③ 刘贺青：《中庸与和谐社会》，《船山学刊》2007 年第 4 期。
④ 陈恩林：《论〈周易〉的社会和谐思想》，《吉林大学社会科学学报》2007 年第 2 期。
⑤ 郭齐勇：《儒家的公平正义论》，《光明日报》2006 年 2 月 28 日。

观照与自我完善的理论特征更使这一思想体系现出一种强烈的人道主义精神与文化色彩，是一种更积极进取的社会政治理论。利用儒家思想中正义论的思维框架，辅之以西方思想中普遍的平等主义因素，完全有可能创造出一种既能够体现法治的原则，又能够充分扩展人的主体精神的新的正义理论。①

另有论者对《论语》与《理想国》的核心概念仁与正义进行比较。认为，二者在概念分层上都蕴涵着个人层面和国家层面；在具体制度安排上既相似又有差别；在对未来社会的构想上分别期待的是伦理王国与正义之国。总之，前者是伦理中心主义，后者是道德理想主义。②

有学者认为，古代道德是以仁爱为中心词的道德，而现代道德则以正义为指向。以正义为中心的道德所要解决的问题是社会秩序运行的良好，而仁爱为中心的道德则可以指向更高存在及其秩序。在现代，道德不再是个人自我臻于善境的日常性要求的传达，不是个人德性的完善，而是社会维持自身而设置的法规纪律，因此它几乎不再是个人的内在需要。而这正是现代道德的根本困境所在。③

另有学者从以下方面探讨先秦中国社会的公平观念：（1）公平、中正与道义的观念；（2）神圣性、至上性与公平性；（3）民的观念与合法性问题。④

九、 其他问题研究

近30年来儒学研究的较为重要的热点问题，还有儒学的普及和大众化问题、郭店儒家简问题、中外儒学比较问题、儒学与少数民族思想文化的关

---

① 唐士其：《儒家学说与正义观念——兼论与西方思想的比较》，《国际政治研究》2003年第4期。
② 黎浩：《仁与正义——比较〈论语〉与〈理想国〉》，《五邑大学学报》（社会科学版）2005年第7卷第1期。
③ 陈赟：《从仁爱到正义：道德中心词语的现代转换及其困境》，《人文杂志》2004年第4期。
④ 李大华：《论先秦中国社会的公平观念》，《儒家传统与启蒙心态》，江苏教育出版社2005年版。

系问题等。限于篇幅，其研究进展情况，我们不能在此一一评述，只简要而集中地在此提一下。

（一）儒学的普及与大众化

关于儒学的普及与大众化乃是 20 世纪 90 年代中后期提出的问题。《文史哲》1999 年第 5 期，以"儒学的研究、普及与大众化"为题展开讨论，以较大的篇幅发表一组笔谈文章，其中包括孔繁先生的《有关儒家思想研究之普及问题之思考》、刘蔚华先生的《要不要提出儒学的大众化》、楼宇烈先生的《中国现代社会与儒家伦理》、宋志明先生的《时代呼唤平民化的儒学》、赵吉惠先生的《略谈儒学的普及与大众化》、汤恩佳先生的《儒道宜普及于庶民》、刘示范先生的《要用科学态度对待孔子思想》等。此外，《纪念孔子诞辰 2550 周年国际学术讨论会论文集》（国际文化出版公司 2000 年版）中的有关文章，如蒋国保先生的《儒学世俗化的现代意义》等，王殿卿主编《东方道德研究》第 3 辑（中国工商联合出版社 1999 年版）中的有关文章，如宫达非先生的《专家学者都来关注和参与普及传统美德》等也可资参考。此外还有王淑萍《儒学价值大众化与社会主义核心价值体系建设》① 等。

（二）郭店儒家简研究

关于郭店简的研究始于 20 世纪 90 年代中期，特别是 1998 年 5 月《郭店楚墓竹简》一书由国家文物出版社出版以后。郭店简包括道家简 4 篇、儒家简 14 篇。90 年代末，有关郭店简的学术研讨会、专题报告会层出不穷，大批研究论文、学术专著相继问世。代表性的专著有：丁四新先生著《郭店楚墓竹简思想研究》②，郭沂先生著《郭店竹简与先秦学术思想研究》③。《中国哲学》第 20 辑、第 21 辑也集中收入了相当多的论文。④ 学术界代表

---

① 王淑萍：《儒学价值大众化与社会主义核心价值体系建设》，《江汉大学学报》2008 年第 5 期。
② 丁四新著：《郭店楚墓竹简思想研究》，东方出版社 2000 年版。
③ 郭沂著：《郭店竹简与先秦学术思想研究》，上海教育出版社 2001 年版。
④《中国哲学》第 20 辑《郭店楚简研究》收论文 34 篇及 3 篇会议综述，辽宁教育出版社 2000 年版；《中国哲学》第 21 辑《郭店简与儒学研究》收论文 23 篇，辽宁教育出版社 2000 年版。

性的论文有：李学勤先生《试说郭店简〈成之闻之〉两章》①，郭齐勇先生《郭店楚简〈性自命书〉的心术观》②，彭林先生《再论郭店简〈六德〉》③，陈来先生《竹帛〈五行〉篇为子思、孟子所作论——兼论郭店楚简〈五行〉篇出土的历史意义》④。此外，一些学者已就郭店简的研究情况作出归纳、总结、评述，可资参考，如郭齐勇先生的《郭店楚简的研究现状》发表于台北《中国文哲研究通讯》第九卷第 4 期；沈颂金先生的《国外学术界郭店楚墓竹简研究述评》发表于《中国史研究动态》2001 年第 2 期；冯国超先生的《郭店楚墓竹简研究述评》（上、下）分别发表于《哲学研究》2001 年第 3 期和第 4 期；姜广辉先生的《郭店楚简与原典儒学——国内学术界关于郭店楚简的研究》（一），收入《中国哲学》第 21 辑；谭宝刚先生的《近十年来国内郭店楚简〈太一生水〉研究述评》⑤ 等。此外，本书作为附录收入了王永平先生的《郭店楚简研究综述》（原发表于《社会科学战线》2005 年第 3 期），我们就其第四部分——关于儒家简的研究，也可以了解到郭店儒家简的研究进展。

（三）中外儒学比较研究

关于中外儒学比较，近 30 年中也有较大的进展。这与改革开放和中外文化交流的不断加强与扩大的大势是密切不可分的。代表性著作有：张立文、李平先生主编的《中外儒学比较研究》。⑥ 该书较全面、系统地绍述了朝鲜儒学、日本儒学、东南亚儒学、欧美儒学研究的基本情况，并就中国儒学与朝、日、东南亚、欧美儒学的一些主要方面进行了比较分析。这是迄今为止最系统的中外儒学比较研究著作。董小川著《儒家文化与美国基督新教文化》。⑦ 该书着重就儒家文化与美国基督新教文化传统继承、儒家文化

① 李学勤：《试说郭店简〈成之闻之〉两章》，《烟台大学学报》2000 年第 4 期。
② 郭齐勇：《郭店楚简〈性自命书〉的心术观》，《安徽大学学报》2000 年第 5 期。
③ 彭林：《再论郭店简〈六德〉》，《中国哲学史》2001 年第 2 期。
④ 陈来：《竹帛〈五行〉篇为子思、孟子所作论——兼论郭店简〈五行〉篇出土的历史意义》，《孔子研究》2007 年第 1 期。
⑤ 谭宝刚：《近十年来国内郭店楚简〈太一生水〉研究述评》，《史学月刊》2007 年第 7 期。
⑥ 张立文、李平主编：《中外儒学比较研究》，东方出版社 1998 年版。
⑦ 董小川著：《儒家文化与美国基督新教文化》，商务印书馆 1999 年版。

与美国基督新教之特点、儒家伦理与美国基督新教伦理、儒家政治与美国基督新教政治等方面进行了较深入的分析和比较。赵德志著《现代新儒家与西方哲学》。① 该书着重探讨了梁漱溟、熊十力、冯友兰、贺麟、唐君毅、牟宗三、刘述先、成中英等现代新儒家学习、借鉴西方哲学并用以诠释、改造中国儒学以建立自己的新儒学现代体系的情况，可说是现代新儒家"西学观"的全面检讨。施忠连著《现代新儒学在美国》。② 该书较系统地绍述了新儒家其人其书在美国、美国学者对新儒家的评论、现代新儒学在美国的发展、新儒家在美国的学侣和同调等情况，可视为对新儒学与美国文化之关系的全面探讨。此外，黄秉泰著《儒学与现代化——中韩日儒学比较研究》③，也是一部较为重要的中外儒学比较研究著作。主要论文有方国根、罗本琦《中、朝（韩）、日儒学思想理论特色摭论》④，严民《17—18 世纪中日儒学政治思想比较研究》⑤，赵云旗《中日儒学比较研究》⑥ 等。

（四）儒学与少数民族文化

关于儒学与少数民族思想文化之关系研究，无疑是近年来提出的一个新问题。这个问题包含两方面的内容：一是儒学对少数民族文化的影响；二是少数民族及其文化对儒学的影响。1994 年 11 月，中国少数民族哲学及社会思想史学会在云南景洪召开"中国少数民族文化和哲学全国学术讨论会"，与会代表明确提出并初步讨论了"中国少数民族传统文化与儒学的双向影响"问题。会后编辑出版了《中国少数民族哲学·宗教·儒学》专集。1995 年 9 月，中国孔子基金会、中国少数民族哲学及社会思想史学会和湖南省湘西土家族苗族自治州社会科学联合会于吉首市联合召开"儒学与中国少数民族文化学术研讨会"再次展开讨论。这方面值得关注的作品有肖

---

① 赵德志著：《现代新儒家与西方哲学》，辽宁大学出版社 1994 年版。
② 施忠连著：《现代新儒学在美国》，辽宁大学出版社 1994 年版。
③ 黄秉泰著：《儒学与现代化——中韩日儒学比较研究》，社会科学文献出版社 1995 年版。
④ 方国根、罗本琦：《中、朝（韩）、日儒学思想理论特色摭论》，《社会科学战线》2005 年第 4 期。
⑤ 严民：《17—18 世纪中日儒学政治思想比较研究》，《上海交通大学学报》2002 年第 2 期。
⑥ 赵云旗：《中日儒学比较研究》，《探索与争鸣》1991 年第 6 期。

万源主编的《儒学与中国少数民族思想文化》，① 该书就儒学在少数民族地区的传播、影响及原因，儒学与少数民族哲学思想、伦理道德、礼仪习俗等的关系，少数民族及其文化对儒学发展的作用，以及儒家义利观与民族地区市场经济等问题进行了初步的探讨。另外，龚友德著《儒学与云南少数民族文化》②、肖万源等主编《中国少数民族哲学史》③、佟德富著《中国少数民族哲学概论》④、孟广耀《儒家文化——辽皇朝之魂》⑤ 等书也在不同程度上论及儒学与少数民族文化的关系问题。主要论文有武玉环《辽代儒学的发展及其历史作用》⑥、魏崇武《金代理学发展初探》⑦、晏选军《金代理学发展路向考》⑧、刘辉《金代儒学研究现状述评》⑨、赵嘉麒等《论哈萨克族思想家不忽木父子对儒学的贡献》⑩ 等。儒学与少数民族文化关系研究迄今仍是一个比较薄弱的领域，这仍是一个有待开垦和拓荒的处女地。

历史的巨轮已经迈进 21 世纪，儒学研究也带着它的累累硕果跨进 21 世纪。有人预言，21 世纪是中国文化的世纪、儒学的世纪。这话固然过于乐观，但中国文化、中国儒学越来越受到世界各国有识之士的青睐和重视，却是不争的事实。我们相信，中国文化、中国儒学在世界多元文化、多样化发展中，必将发挥越来越大的作用。作为儒学故乡的中国新一代知识分子，我们有责任在新的世纪推进儒学的研究和转化，使其适应新的时代和社会发展的需要。

---

① 肖万源主编：《儒学与中国少数民族思想文化》，当代中国出版社 1996 年版。
② 龚友德著：《儒学与云南少数民族文化》，云南人民出版社 1993 年版。
③ 肖万源等主编：《中国少数民族哲学史》，安徽人民出版社 1992 年版。
④ 佟德富著：《中国少数民族哲学概论》，中央民族大学出版社 1997 年版。
⑤ 孟广耀：《儒家文化——辽皇朝之魂》，黑龙江人民出版社 1994 年版。
⑥ 武玉环：《辽代儒学的发展及其历史作用》，《吉林大学学报》1996 年第 5 期。
⑦ 魏崇武：《金代理学发展初探》，《历史研究》2000 年第 5 期。
⑧ 晏选军：《金代理学发展路向考》，《北京师范大学学报》2004 年第 6 期。
⑨ 刘辉：《金代儒学研究现状述评》，《东北史地》2008 年第 2 期。
⑩ 赵嘉麒等：《论哈萨克族思想家不忽木父子对儒学的贡献》，《东北师范大学学报》2007 年第 1 期。

第三章
墨家文化研究

墨子是世界历史上第一位最系统反映下层劳动人民利益的平民思想家，也是世界历史上第一位最系统创建反战理论和防御战略的军事家，还是世界历史上第一位在科学贡献上能与古希腊先贤相媲美的东亚科学家。墨子创建的墨家文化在战国时期曾经兴盛一时，墨家学说以"世之显学"名扬四海，其弟子徒属"充满天下"。但是，随着秦汉大一统王朝的建立，墨学突然由"显学"变成危学，在封建理念的重重挤压下几成绝学。墨家文化不绝如缕，仅在民间由其百折不挠的信徒秘密地传承了下来。这种状况直到清朝乾嘉时期，才有根本的改观。盖是时儒学一统天下的地位已被打破，诸子学逐渐兴盛。墨学的复兴遂如滚雪球般愈演愈烈，以至清末民初出现了"国人家传户诵，人人言墨"的繁盛景象。其后由于抗战以及其他种种原因，墨学的研究虽没有中断，但一直陷于比较沉寂的状况。而"文化大革命"的爆发，墨学研究更是陷于艰难的境地。

改革开放后，墨学研究又迎来了一个新的高潮，短短的 30 年，就已经出现论著百余部，论文千余篇。1990 年，在山东省滕州市成立了国际墨子研究中心。1991 年，中国墨子学会也在滕州成立。山东、河南等省也都成立了省一级的墨子学会。滕州木石镇还建立了墨子纪念馆。继 1991 年全国墨子学术研讨会之后，1992 年在滕州又举办了首届国际墨学研讨会和隆重的墨子科技艺术节。迄今为止，国际墨学研讨会已召开六届，墨家学说已经在世界上产生广泛的影响，墨家思想已经得到众多国际学者的认同，墨家文化的研究正方兴未艾，前程似锦。对 30 年来国内墨家文化研究作一概述，不仅是锦上添花，而且对其未来的发展，也会带来许多有益的启迪。

一、 墨学研究成果概览

本节介绍的主要是近 30 年来国内出版的墨学研究方面的论述性的、校注性的以及古文今译性的著作，至于论文，因篇幅有限，无法介绍。如读者需要的话，可参见谭家健《墨子研究》一书的附录"墨子研究论文分类索引"（1904—1995 年 6 月）和萧鲁阳、李玉凯主编《中原墨学研究》的附录"墨子研究论文索引"（1904—1999 年）。李权兴的《20 世纪墨子研究论著索引》（1904—2003 年）和《2001—2005 年国内墨子研究论文索引》可通过网络进行查询。

（一）通论性著作

20 世纪上半叶曾涌现出不少研究墨学的力作，其中也有一些通论性的著作，方授楚的《墨学源流》（1936 年）就是其中的佼佼者。但是其后直至 70 年代末，再未见有通论性的著作出版。1981 年，人民出版社出版了詹剑峰的《墨子的哲学与科学》，该书 9 万余字，分为墨子的生平、墨子的宇宙论、墨子的认识论、墨子的政治学说、墨子的逻辑、墨子的科学诸章，对于墨学作了全面简练的介绍。此书由于是新中国成立后第一本通论性的著作，所以其意义是深远的。书中提出的一些观点，如认为《墨经》属于墨子本人所作，并非后期墨家的作品，也引起了学术界的关注。遗憾的是，整个 80 年代未再见有通论性的著作出版。

进入 20 世纪 90 年代，令人惊喜的是，通论性的著作却如雨后春笋般地涌现，简直令人目不暇接。下面我们就以出版年代为序，对于其中有代表性的著作作一概略性的介绍。

杨俊光《墨子新论》（1992 年），30 万字，分为墨翟生平、墨家与"别墨"、《墨子》书、社会历史观、政治思想、伦理思想、经济思想、哲学思想、教育思想和墨学的理论体系、阶级属性与历史地位诸章。书后有三项附录：一为墨学流布兴衰考略；二为"孔墨对立"说驳议；三为战国汉唐诸子论墨资料。附录一后还附有"清——民国墨学论著简明目录"。作者考据功底深厚，对于新中国成立前的资料搜访殆遍，故立论翔实，多有己见。但对中国港台及国外的研究成果吸收得不够，可能为客观条件所限。

孙中原《墨学通论》（1993 年），29 万字，分为论墨学的创立和发展，墨家的经济、政治、伦理和教育学说，墨家的哲学，墨家的逻辑，墨家的自然科学和技术，墨家的军事学，墨学的命运和现代价值诸章。作者是研究中国逻辑思想史的专家，对于墨家逻辑深有研究，故书中用了四分之一的篇幅对墨家逻辑作了重点介绍。其墨子军事学一章对《墨子》城守诸篇作了系统的研究，这是继岑仲勉《墨子城守各篇简注》之后研究墨家军事思想的又一力作，在墨家军事思想研究史上占有举足轻重的地位。但墨子思想的核心是其十大主张，作者于《墨经》较为熟悉，又持《墨经》非墨子所著之论，围绕着《墨经》介绍墨家的哲学思想、逻辑思想、科学思想颇详，而对墨子的十大主张介绍从简，难免令人有本末倒置之感。

邢兆良《墨子评传》（1993 年），31 万字，分为西周官学与诸子私学的冲突、墨子与墨家学派、重视物质生产是墨子思想的基础、孕育科学发展新方向的科学思想、乌托邦的政治理想和失败的政治实践、经验论和唯理论初步结合的认识论、墨子的逻辑体系、墨子思想的历史影响诸章。由于作者熟悉古史，多能高屋建瓴地进行审视，故论证精审，且多所创获，如论证《墨经》源于《考工记》即是一例。作者理论功底也不错，故所论哲理性颇强，其关于墨子科学思想从科学对象、科学任务、科学思想的基本特征和发展趋向等几个方面所做的分析，就体现了这一特点。此书着力于阐述作者本人对墨子思想的评论，至于各种观点之异同及作者本人对这些观点之依违弃取，书中介绍得较少。

谭家健《墨子研究》（1995 年），40 万字，分为墨子的生平、学派及著作，墨家的济世之方——兼爱，墨子的弭兵策略——非攻，墨子的人才学说——尚贤，墨子的政治构想——尚同，墨子的经济思想——节用，墨子的丧葬观——节葬，墨子的艺术观——"非乐"，墨子对宿命论的批判——"非命"，墨子的宗教迷信思想——"尊天、明鬼"，墨子的逻辑思想，墨子的认识论，《墨经》中的自然科学，《墨子》的文学价值，墨家的防御战术技术，以及历代墨学研究述略，凡 16 章。后附"墨子研究论文分类索引"及"日本墨子研究文献举要"。此书能充分利用海外研究成果，并能对海内外的新见异说兼收并举，详加评析，揭示其争论原委及优劣得失，故见解精审，使人有深入肌理之感。尤其是作者充分运用了历史比较的方法，使研究更为深入。例如，作者在研究墨子非命论时，不仅与孔子、孟子、庄子、荀子等先秦诸子的天命观加以比较，而且上溯殷商，下及汉魏六朝，凡贾谊、董仲舒、扬雄、王充、王符、荀悦、李康、郭象等人的观点均有所论述，对于唐、宋、明、清四朝的一些思想家也略有涉及。这种比较对于人们认识墨子思想的渊源、地位、价值、传承和影响起了重要的作用，但是对于其他思想家过多的叙述也难免有偏离主题之嫌。

张永义《墨——苦行与救世》（1996 年），20 万字，分为上、中、下三编，上编分为生平纪事、著作、救世的哲学上、下共四章，中编分为墨者、墨辩、墨家与先秦诸子三章，下编分为从"显学"到"绝学"、影响、复兴三章。上编讨论墨子的思想与学说，中编讨论作为一个学派的墨家，下编讨论墨学的衰微、影响以及近代复兴的原因。作者对于墨子的思想及墨学研究中的一些问题的确作了深入的研究，对于各种不同观点的辨析及作者自己的立论都能言之成理，体现了一丝不苟的学风，并且多有创见，如论秦汉之际并没有什么"儒墨合流"运动，近代墨学的复兴并不是墨家思想的真正复活，等等。对于改革开放前尤其是新中国成立以前的资料运用得比较纯熟，但对于改革开放以后尤其是 90 年代墨学研究的新成果吸收得不多。

徐希燕《墨学研究》（2001 年），25 万字，分为三编，第一编"导言"，分为墨子其人其书、墨子思想渊源二章；第二编墨子哲学精髓，分为墨子的本体论、墨子的认识论、墨子的方法论三章；第三编墨子思想精华，分为墨子的政治思想、墨子的经济思想、墨子的科学思想、墨子的军事思想、墨子的逻辑思想、墨子的管理思想、墨子的教育思想七章。作者具有良好的自然科学功底，受过科学技术哲学的系统训练，资料又比较全面，所以对墨学之精义领悟颇深，论述的哲理性颇强，多有独到之处。对于新方法的运用，如运用数学上的交集方法来计算墨子的年代，运用信息理论来研究墨子的政治思想，使其立论更富科学性。作者在探讨墨子里籍的问题时将实地考察与文献考证有机地结合起来，体现了作者一丝不苟的治学精神。但是作者对于墨学与诸子、墨学与西学、墨学与当代、墨子的伦理思想、墨子的法制思想以及墨学衰微原因等问题的研究尚未来得及涉及，令人有美中不足之叹。

除了上述这六本著作外，还有几本著作的价值也比较高。一是秦彦士的《墨子新论——一个独特的文化学派》（1994 年），此书并没有对墨学作全面研究，而是着重探讨了一些比较特殊的问题，如墨学的语言特征、城守诸

篇的成就、儒墨思维方式的比较、《墨子》的版本、墨学研究史以及中国文
化氛围等，体现出作者具有较深厚的学术功力。二是秦彦士的《墨子考论》
（2002 年），该书系《〈墨子〉城守诸篇新注》的前期成果，对于墨学的当
代价值也给予了特殊的关注。三是陈伟的《墨子：兼爱人生》（1997 年），
此书主要是借墨子的言论来生发作者的人生感想，纵横古今中外，给人以诸
多启迪。

　　此外，还有不少普及性的著作，也都各具特色。如水渭松的《墨子导
读》（1991 年）、江宁的《墨子：忍者之祖》（1992 年）、宗德生的《墨子》
（1993 年）、莫其的《话说墨子》（1993 年）、孙中原和许力以的《墨子说
粹》（1995）、王思义的《兼爱非攻的墨子》（1995 年）、王易等的《救世才
士：墨子》（1996 年）、樊美筠的《墨子》（1996 年）、舒大刚的《苦行救
世——墨子》（1996 年）、李亚彬和陈志良的《中国墨家》（1996）、陈克守
和娄立志的《平民圣人——墨子的故事》（1997 年）、陈雪良的《墨子答客
问》（1997 年）、史向前和陆建华的《墨子外传·墨子百问》（1997 年）、张
晓虎的《墨子素描：墨绳的思考》（1997 年）、杨一民的《兼爱非攻——墨
子谋略纵横》（1997 年）、丁为祥和雷社平的《自苦与追求——墨家的人生
智慧》（1998 年）、高卫华和郭化夷的《墨家智谋》（1998）、任继愈的《墨
子与墨家》（1998）、张永义的《墨子与中国文化》（2001）、陈伟的《墨子
清谈》（2003）、曹冈的《墨家智谋全书》（2005）、周富美的《墨子快读》
（2005）、彭双和涂春燕的《墨子管理思想研究》（2006）、王继训的《墨子
研究》（2006）、陈伟的《墨子智慧心解》（2007）等。这些著作对于墨子思
想传播的作用不可小视。例如，陈伟的《墨子清谈》运用朴实的语言，从
人生艺术、修身养性、智慧与谋略、节约生命、追求真理等方面对于墨子的
人生态度和处世策略进行了生动的评述。王继训的《墨子研究》在体例上
充分照顾到普通大众和地方干部，将佶屈聱牙的文言文转化为白话文，并辅
以例证，使得许多令人费解的问题变得通俗易懂而且一目了然。作者在将墨
子的巨大贡献娓娓道来的同时，又以严谨的治学态度对于墨子的不足进行了
客观的分析和评价，其对墨子思想的普及功不可没。

　　（二）专题性著作
　　专题性研究历来都是研究者所喜爱的一种研究方式，因为这种研究就某

一个或某一方面的问题进行专门的研究，既容易深入，又容易把握。改革开放以来，在《墨经》研究和墨学的当代价值这两个专题上成就比较突出。

关于《墨经》研究方面，比较有代表性的著作主要有以下几种。

陈孟麟《墨辩逻辑学》（1979年初版，1983年修订），主要分为认识论、概念、判断、推论、思维规律等五个部分，后附"墨辩六书今译"。所谓"墨辩六书"即广义上的墨经，该书专门研究其中的逻辑学内容，故名为《墨辩逻辑学》。

沈有鼎《墨经的逻辑学》（1980年），主要分为《墨经》的认识论，"辩"的目标和功用，"指"和"名"、"辞"和同异、"说"和"辩"的原则及个别方式，思想战线上的《墨经》六个部分。此书篇幅不大，却论述简明精审，揭示了《墨经》中所存在的相当完整的具有中国特色的逻辑体系，在墨子逻辑思想研究方面具有奠基性质，当代的许多学者都从中受到启迪。

方孝博《墨经中的数学和物理学》（1983年），此书篇幅不多，集中讨论《墨经》中提出的数学和物理学方面一些概念和原理，于力学和光学方面论述得尤为细密。作者在精细校勘的基础上，一方面博采众说，同时又审慎去取，择善而从，故多有新意和创见。此书在人们对墨家科学贡献的认识上起了重要的推动作用。

朱世凯《墨经中的逻辑学说》（1988年），分为认识论、论辩术、以名举实、以辞抒意、以说出故五章，后附"墨经逻辑学说的特征"。

周云之《墨经校勘、注释、今译及研究——墨经逻辑学》（1992年），全书分四个部分：一是《墨经》原文与校文对照；二是原文和校注；三是校文的诠解与今译；四是《墨经》的逻辑学，其中论述了辩学的对象、作用和客观基础以及辩的逻辑规则等项内容。

杨向奎《墨经数理研究》（1993年），由10篇文章组成。由于作者具有深厚的经学、小学功底，又有理论物理学的修养，故不仅在墨子的宇宙观、时空观等方面的研究能有所深化，在运用现代物理学、数学和力学来印证《墨经》方面更是独步一时。

梅荣照《墨经数理》（2003年）。全书分为《墨经》数理部分经文校释、十进位制、圆方平直、点、比、相合相连与相切、《墨经》的逻辑学、《墨经》的辩、《墨经》与中国传统数学、《墨经》与欧几里得《原本》等十一章。作者系中国科学院研究员，长期从事科学史的研究，故多有精湛之论。

此外，詹剑峰的《墨家的形式逻辑》（1979 年）、周山的《墨经新论》（1993 年）、梁周敏的《墨家逻辑论》（1995 年）也都各具特色。例如詹氏一书在对《墨子》全书系统研究的基础上，总结概括出一套比较完整的形式逻辑体系，其中包括明辩、言法、立名、立辞、立说、辞过六项内容。用现代逻辑语言来说，就是：（1）逻辑的对象与意义；（2）思维规律；（3）概念；（4）判断；（5）推理；（6）谬论与诡辩。

由于近年来对于墨学的现代价值的强调与重视，这方面的专题研究成果显著，其中张知寒主编的《墨学与当今世界丛书》（1997 年）和孙中原主编的《墨学与现代文化》（1998 年版，2007 年修订再版）最有代表性。张知寒主编的丛书共收书 10 种，即庄春波的《墨学与思维方式的发展》、颜炳罡的《墨学与新文化建设》、郑杰文等的《墨学与新伦理道德》、吴晋生等的《墨学与现代政治》、李广星的《墨学与当代教育》、姜宝昌的《墨学与现代科技》、秦彦士的《墨学与现代价值》、张斌峰等的《墨学与世界和平》、李殿仁等的《墨学与当代军事》、杨爱国的《墨学与当代经济》。这套丛书的目的是以通俗易懂的语言，使墨家的精神深入民心，使人们自觉地以墨家的思想来激励自己奋发向上，最终促进人类的和平与发展，因此其意义是深远的。孙中原主编的《墨学与现代文化》一书系中、日、韩三国学者合作的结晶，书中从墨学与现代经济发展、墨学与现代政治、墨学与现代道德建设、墨学与现代教育、墨学与现代哲学、墨学逻辑及其现代意义、墨学与现代语言文学艺术、墨家科学及其现代意义、墨学与现代军事、墨学与现代世界文化交流十个方面比较全面地论述了墨学的当代价值，也获得了良好的反响。

此外，熊礼汇和熊江华的《墨子与经营管理》（1999 年）、刘烨的《墨子攻略——颠覆传统的柔性管理》（2006）以及邓英树和向宝云的《墨子与现代社会透视》（1995 年）也是论述墨学当代价值的著作。熊氏一书共十章，分别论述了领导者的人格魅力的形成、中层管理干部队伍建设、注重人才培养与教育、领导者治理天下的方略、注重务实的经营策略、从防守走向胜利的经营之道、谈判人员的论辩艺术等项内容，运用墨子的价值观点来指导当代工商社会的管理实践，是展现墨学当代价值的得力之作。刘氏一书体现了墨子兼爱、非攻等思想在管理学中的运用。《透视》一书系依《墨子》原书顺序，每篇摘取若干条，进行注释和翻译，然后评析其现代价值与意义。

在墨学发展史方面也是硕果累累，尤其是郑杰文的《20世纪墨学研究史》（清华大学出版社2002年版）和《中国墨学通史》（人民出版社2006年版）在学术界得到了广泛的好评。

《20世纪墨学研究史》一书是作者在调阅相关著作300种、相关论文1700余篇的基础上进行深入研究的结晶。作者以1919年、1949年、1976年为界，将20世纪的墨学研究划分为四个阶段，每个阶段都详细地论述了墨学研究与时代政治、社会主导思潮、文人思想心态、学术继承与发展的关系。他认为，第一阶段墨学研究的特点在于延续清代的墨学研究方法和研究课题，用考据法整理《墨子》，同时又向西方学习，用解析方式研究墨家义理、研究墨辩逻辑与墨家科技；第二阶段墨学研究的特点在于全面展开，借用西方的多种研究方法，在墨家义理、墨辩逻辑、墨家科技、墨学史乃至墨家军事方面，都有研究专著出现；第三阶段墨学研究中，大陆与台湾的墨学研究内容各有侧重，各有成绩；第四阶段墨学研究高潮迭现，成就最大。全书仅列专目论析的墨学著作就达160种。通过对这些论著的细致分析和对每一发展阶段的墨学研究特点和规律的综合论述，将20世纪墨学研究史的细部面貌和整体概况分别呈现在读者面前。[①]

在《中国墨学通史》一书中，作者在查阅近3000种古籍基础上，从210余种著作中剔查到数千条史料，进行归类研究。他的研究思路有三：一是从战国诸子及同时代相关著述中搜集对墨子、墨学、墨家的评论介绍和对《墨子》的引用和评说，依此钩稽墨学形成史；二是从秦汉至清末古典文献中，搜集对墨子、墨学、墨家的评论介绍和对《墨子》的引用和评说，依此撰写汉代至清代墨学流传史；三是搜查近、今人著述目录辑成《中国历代墨学书目》及《中国墨学论文目录》，依此查阅近、今人《墨子》整理研究著作和墨家、墨学研究论著，再在深入研究的基础上撰写百年来的《墨子》整理史和墨学研究史。该书的创见主要有三点：第一，对墨学早期的历史作了新的定位。作者通过对《墨经》以及相关资料的考辨，认为墨学

---

① 参见马庆洲：《墨学研究史的拓荒之作》，人民网2003年7月17日。

的形成是由社会现实经济问题批判入手，通过义利的思辨才形成政治、经济、伦理、哲学四位一体的比较完善的理论体系。墨学学团是一个政治经济一体化的准军事化学术结社组织，墨学弟子有"从事"、"说书"、"谈辩"三大派别，"从事"类弟子从事技艺劳动或守城保卫，"说书"类弟子以传墨子之学为要务，"谈辩"类弟子以游说诸侯、出仕为官为要务，各有目标。墨学后学经历了孟胜掌控学团、田襄子接位失权、腹时墨家自斗、"墨离为三"共四个阶段的变化。作者还分析了墨学衰微的原因，认为汉朝起"视墨同儒"的观点妨碍了墨学的研究与流传。上述分析有助于人们认识墨学早期的历史。第二，对秦汉到明清时期墨学研究的材料进行了挖掘，勾勒了墨学"中绝"后墨学的研究与流传的发展线索。一般认为，秦汉以后墨学中绝，直到乾嘉以后，墨学才开始引起学人的广泛注意。作者列举了自汉至清200余种主要文献对墨学的引用、评述和研究，揭示出秦汉以后墨学虽然不如春秋战国时期那样显赫，但墨学的研究与引用仍然不绝如缕。第三，对20世纪的墨学研究进行了十分详细的研究分析。据作者统计，近百年来出现墨学整理研究著作300余种、论文1700余篇。这些著述对墨学义理和墨学史诸问题的梳理，都取得突破性进展。作者特别分析了这一时期墨学命题与逻辑学思想研究的主要进展，介绍了墨子文本的整理与校注成就，显示出作者对20世纪墨学研究的整体状况有比较全面而深入的把握。①

墨学专题性研究除了上面介绍的之外，还有一些其他方面的著作。例如，在墨子教育思想方面有旅美学者李绍昆的《墨子——伟大的教育家》（1985年），在墨学研究史方面有崔清田的《墨学重光——近现代的先秦墨学研究》（1997年），在墨子里籍方面有杨晓宇和潘民中主编的《墨子里籍考辨》（1997年）。李氏一书分为墨子评儒、伟大的宗教教育家、道德教育、伟大的科学教育家、墨子的纯科学和应用科学、伟大的社会科学教育家和中国革命教育家七章。崔氏一书则包括《墨经》校注、墨辩研究、弘扬墨子精华振兴民族精神等部分。

（三）校注及今译性著作

对于《墨子》一书进行校勘注释历来是墨学研究的重点，像孙诒让的

_____

① 参见方光华：《穷源索流的中国墨学通史》，《光明日报》2006年8月22日。

《墨子间诂》、吴毓江的《墨子校注》、高亨的《墨经校诠》都是其中的代表作。但是改革开放以来，这方面的研究进展十分缓慢，但仍有一些不错的成果值得关注：

王焕镳《墨子校释》（1984 年）。此书对于《墨子》书中除《墨辩》6 篇和《备城门》以下 11 篇外的 36 篇全部进行了校释，并将《辞过》篇内容移至《节用下》篇中。作者曾以孙诒让《墨子间诂》为主，泛及诸家，摘其要义，纂为《墨子集诂》，并将自己的见解附于诸说之后。《墨子校释》是在《墨子集诂》的基础上撰写而成，故所获良多。

王焕镳《墨子校释商兑》（1986 年）。此书也是在《墨子集诂》的基础上撰写而成。作者从义理、文字、声韵三方面对《墨子》书中的 36 篇（《墨辩》6 篇和《备城门》以下 11 篇除外）逐篇进行了校勘订正。

姜宝昌《墨经训释》（1993 年）。此书将《墨经》定为 179 条，逐条进行校注和今译。由于《墨经》凝练晦涩，今译时必增加些字句，作些补充或润色性的处理，方能说明其内容，故作者将其今译定名为"纂义"，以与严格意义上的今译相区别，这种创意意义是深远的。

雷一东《墨经校解》（2006 年）。全书分为墨经基础知识、经上错简校正、经上旁行句读、经下错简校正、经下旁行句读、经上校解、经下校解诸篇，系作者九年的心血结晶，故在校正原文、解释疑难、阐发义理等方面多所创见。

此外还有谭戒甫的《墨经分类译注》（1981 年）和马宗霍的《墨子间诂参正》（1984 年）。谭氏一书将《墨经》诸条分为名言、自然、数学、力学、光学、认识、辩术、辩学、政法、经济、教学、伦理 12 类，逐条进行校注今译，由于译文过分拘泥于原文，故令人有不顺畅之感。此书撰于 1957 年，作者去世后方得出版。马氏一书亦是遗著，参正之处共 298 条。

《墨子》城守 11 篇，自岑仲勉《墨子城守各篇简注》（1948 年）问世后，迄今尚无校注发表。

关于古文今译方面，《墨子》全译方面已见的有五种，即梅季和林金保的《白话墨子》（1991 年）、吴龙辉等的《墨子白话今译》（1992 年，其中《墨经》6 篇未译）、周才珠、齐瑞端的《墨子全译》（1995 年）、张清华的《文白对照墨子》（1996 年，为《二十二子今译》中的一种）和孙以楷的《墨子全译》（2000 年）。其中孙以楷和周、齐二人的《墨子全译》译文准确流畅，非急就章者可比。《墨子》选译方面的更多，如刘继华的《墨子选译》（1988 年）、夏爱森的《墨子菁华》（1989 年）、谭家健和郑君华的《墨子选译》（1990 年）、刘建的《墨子箴言录》（1992 年）、鲁在岭的《墨子名言》（1992 年，系汉英日对译）、徐洪兴的《墨子语录》（1994 年）、杨勇的《墨子传世作品精选》（1995 年）、李赓扬的《墨子妙语选》（1997 年）、罗炳良和胡喜云的《墨子解说》（2007 年）等。

在《墨子》一书的外文翻译方面，李绍昆、谭家健、孙中原的《英汉译注墨子全书》比较有影响。该书由商务印书馆于 2005 年出版。李绍昆现任美国中美精神心理研究所所长和美国精神心理研究院亚洲国家联络主任，因此该书是国际墨学研究合作的生动展现。

（四）论文集及其他

迄今为止论文集已有八册，即张知寒主编的《墨子研究论丛》第一至第四辑，王裕安主编的《墨子研究论丛》第五辑，王裕安、李广星主编的《墨子研究论丛》第六和第七辑，以及萧鲁阳、李玉凯主编的《中原墨学研究》（2001 年）。《墨子研究论丛》系首届全国墨学研讨会和第一至第六届国际墨学研讨会的论文汇编，收录论文三百余篇，对推动墨学的发展起到了重要的作用。

由于墨学在中国思想史上占有重要的地位，所以许多历史性著作都辟有专章专节来研究或介绍墨学，如任继愈主编的《中国哲学发展史》、刘泽华主编的《先秦政治思想史》、汪奠基的《中国逻辑思想史》、周山的《中国逻辑史论》、胡寄窗的《中国经济思想通史》、李泽厚和刘纲纪主编的《中国美学史》、敏泽的《中国美学思想史》、陈瑛等的《中国伦理思想史》、沈善洪和王凤贤的《中国伦理学说史》、郭齐家的《中国教育思想史》、葛兆光的《中国思想史》（第一卷），等等。此外，像蒋伯潜的《诸子通考》、童书业的《先秦七子思想研究》、吕思勉的《先秦学术概论》、王长华的《春秋战国士人与政治》、邵汉明主编的《中国文化精神》和《中国文化研究二十年》等书中，也都为墨学研究留下一席之地。

此外，许多墨学名著，如孙诒让的《墨子间诂》、吴毓江的《墨子校注》、张纯一的《墨子集释》、方授楚的《墨学源流》、梁启超的《墨子学案》、谭戒甫的《墨辩发微》、李渔叔的《墨子今注今译》等，都得到重印，在推动墨学发展方面也是功不可没。

更让人感到欣慰的是，张知寒先生生前就倡导的《墨子大全》也在著名哲学史专家、国家图书馆馆长任继愈先生的主导下编撰而成，由北京图书馆出版社于 2002 年至 2004 年陆续出齐。《墨子大全》共收墨学著作 300 余种，精装 100 册，分三编出版。计第一编古代部分（战国至清末）20 册，第二编近代部分（1911—1949 年）30 册，第三编现代部分（1949—2002 年）50 册。所收皆学术之精华。例如，第一编收录战国至清末墨学研究专著与名校本、名刻本等 30 余种，主要有三大特点：一是囊括明代茅坤、朗兆玉，清代王念孙、毕沅、孙诒让、曹耀湘等墨学大师之研究专著，承载古代墨学研究发展之最高成果；二是荟萃各种名家批校本，黄丕烈、卢文弨、傅山、许宗彦诸文献大家之手泽展卷可观；三是版本珍稀，明刻本、明清抄本及刻本近 20 余种，占全编的三分之二。如明《道藏》本，明芝城铜活字蓝印本，明嘉靖唐尧臣刻本等名刻本均属稀世珍品。总之，《墨子大全》汇辑墨学研究之优秀成果，对于墨学研究必将起着重大的推动作用。

在词典编撰方面也有成果问世，如王裕安、孙卓彩、郭震旦编著的《墨子大词典》，由山东大学出版社于 2006 年出版。该书"以出世精神，做入世事业"，对《墨子》原著穷原竟委，审问慎思，从丝麻纷乱的疑团之中，诠释出《墨子》的思想内涵，为墨学研究者理出了可资参阅的条目，并作出恰切公允的答案。这是目前国内外第一部墨子词典，共 62 万字，列字头 2556 个，释词 4608 个，在注音、释义、考证和校注等上有许多独到之处，对于推动墨学走向世界有着重要意义。

二、 《墨子》 撰者研究

《墨子》一书，《汉书·艺文志》著录 71 篇，今存 53 篇。不少人认为先秦典籍往往非一人所撰，亦非一时所成，所以对于《墨子》所存 53 篇是否全部出自墨子之手产生怀疑，尤其是对于《墨经》撰者的分歧一直影响着对墨子思想的评价，因此对近 30 年来《墨子》撰者研究的状况作一回顾有着重要的意义。

下面我们将《墨子》53 篇按先后顺序分为五组逐一进行探讨。

（一）《亲士》至《三辩》7 篇撰者

第一组包括《亲士》、《修身》、《所染》、《法仪》、《七患》、《辞过》、《三辩》7 篇，对于这 7 篇大体有以下三种意见：

第一种意见认为是墨子所撰。早在 20 世纪 20 年代，陈柱就认为此 7 篇系墨子所撰。他在《墨学十论》中指出，《亲士》、《修身》2 篇系"墨子之说，而墨学者论述之"。《所染》系《吕氏春秋·当染》所本，亦可知墨子本固有此等之言，或此等之文，而后之学者辗转传述，各有增加。"《法仪》、《七患》、《辞过》、《三辩》诸篇亦大略如此。"改革开放以后，这种观点得到不少人的认同。例如，杨俊光在《墨子新论》中就明确表示同意陈柱的观点。① 徐希燕在《墨学研究》中也指出："从时间与逻辑的相关性来看，排在书之前部的《亲士》等 7 篇理当为墨子早期思想之写照，虽可能经后期弟子适当润色，但绝不是伪作。"② 针对有人以《亲士》、《修身》、《所染》3 篇带有儒家色彩而否定系墨子所撰的观点，邢兆良曾明确表示："《亲士》、《修身》、《所染》3 篇具有明显的儒家色彩。治墨子一般都认为是后人伪托，或后期墨家学儒后的作品。从墨子出于儒而反儒的思想发展过程看，这 3 篇作品正是墨子受儒学影响的早期作品。"③

第二种意见认为其中有他人之文羼入者。如蒋伯潜在《诸子通考》中指出："《亲士》、《修身》二篇均未提及墨子；《所染篇》与《吕氏春秋·当染篇》略同，皆以墨子见染丝者而叹之故事发端；此三篇内容，均不合墨子之学说，疑是他书之文羼入《墨子》中者，犹《初见秦篇》，为张仪之言，羼入《韩非子》也。"④

第三种意见认为系墨家后学所撰。如张永义在《墨——苦行与救世》一书中指出："《所染》中所涉之史实（宋康之亡）显系墨身后百余年事，《三辩》的内容与题目又不相符合，若说它们均为墨子自著，不当矛盾错落到如此地步。但是，因此而走向另一个极端，说这几篇为后人伪造，全无墨家口气同样不得要领。"对于其他 5 篇，张永义也认为并非伪作。最后他得

---

① 杨俊光著：《墨子新论》第 40 页，江苏教育出版社 1992 年版。
② 徐希燕著：《墨学研究》第 21 页，商务印书馆 2001 年版。
③ 邢兆良著：《墨子评传》第 68 页，南京大学出版社 1993 年版。
④ 蒋伯潜著：《诸子通考》第 476 页，浙江古籍出版社 1985 年版。

出结论："第一组中的 7 篇均属墨家后学所做。"①

(二)《尚贤》至《非儒》24 篇撰者

第二组包括《尚贤》(上、中、下)、《尚同》(上、中、下)、《兼爱》(上、中、下)、《非攻》(上、中、下)、《节用》(上、中)、《节葬》(下)、《天志》(上、中、下)、《明鬼》(下)、《非乐》(上)、《非命》(上、中、下)、《非儒》(下),共计 24 篇。其中除《非儒》篇外,对于其他各篇主要有两种观点:

第一种观点认为系墨子自撰或其弟子所做的笔录。如徐希燕在《墨学研究》中指出:此 23 篇"系墨子思想精华所在,当为墨子本人所著,或弟子在墨子据其书讲授时所作的完整纪录"。他认为,"从墨子思想的逻辑性、一致性、严密性、相关性来看,任何人很难在其中插入其他不相关、不合逻辑或不合墨子思想实质的内容。但《非乐》、《非命》篇,弟子略有发挥。"②

第二种观点认为非墨子所自著,系墨子学生编辑而成。如谭家健在《墨子研究》一书中指出:"除了《非攻》和《非儒》外,其余各篇皆迭称'子墨子曰'。盖墨子学生按照不同主题分别编辑墨子若干段语录或讲演稿而成,非墨子自著甚明。"③

至于《非儒》篇,普遍认为不代表墨子的思想。如杨俊光在《墨子新论》中指出:首先,《非儒》篇所"非"的并非孔子思想,而是孔门后学之所持;其所谓的"儒"亦非孔子本人。就其可考者而言,所非之"亲亲有术,尊贤有等",王引之已谓"即《中庸》所谓'亲亲之杀,尊贤之等'"。所谓"儒者"的那些婚丧礼节,则大部分见于今传《仪礼》。《中庸》虽传为子思所作,但其成书可能迟至"秦统一全国以后不久";即如沈约所说取材于《子思子》,按子书皆成于本人身后的通例,亦非墨子所能及见。《仪礼》成书亦迟至战国初、中叶,同样为墨子本人所未及见。至于《非儒》篇末几段指名批评孔子的文字,则问题颇多,更不可信以为真。④

此外,张永义也曾指出:"墨子虽然非儒,但他并不丑诋孔子之私行。

---

① 张永义著:《墨——苦行与救世》第 29—31 页,广东人民出版社 1996 年版。
② 徐希燕著:《墨学研究》第 22 页,商务印书馆 2001 年版。
③ 谭家健著:《墨子研究》第 20 页,贵州教育出版社 1995 年版。
④ 杨俊光著:《墨子新论》第 41—42 页,江苏教育出版社 1992 年版。

《非儒》却极尽攻击之能事，里面的许多记载均与史实不符，如说孔子亲与白公之乱，阳虎佛为孔子弟子等均属此类。"① 徐希燕也明确指出，《非儒》篇的思想"与墨子思想是有差距的"。②

（三）《墨辩》6 篇撰者

第三组包括《经》（上、下）、《经说》（上、下）和《大取》、《小取》，共 6 篇。此 6 篇又被称做《墨经》或《墨辩》。对此 6 篇主要有以下几种观点：

第一种观点认为《经上》和《经说上》系墨子所撰，其余则成于墨家后学之手。此说最早是杨宽于 20 世纪 40 年代在《墨经哲学》中提出来的。他指出："上下两经，非可一概而论。《经上》命名举实，文皆界说，其于宇宙人生以及名实之理，无不通条连贯，绝非后墨之辩辞，更非名家怪说，盖墨家要旨之所在，固后墨所俱诵者也。《经下》文皆辩说，固后墨与他家辩难而作。"因此他认为，墨子自著之"《墨经》原始，今经上篇"。杨俊光在 90 年代仍然认同此说，认为《墨经》作者之争，直到杨宽的《墨经哲学》，才使问题得到了解决，即"六篇中的《经上》（并《经说上》）是墨子自作，其他则作于墨家后学"。③

第二种观点认为《经》（上、下）为墨子自著，其余为墨家后学所著。如陆建华在《墨子百问》一书中指出："《经说》上下是解释《经》上下的著作，不是墨子作，也不是墨子解说、弟子记之。'说'是对'经'的阐释，墨子自己作经，自己解释，不太可能；《经》上下为墨子撰，但篇名取自墨家后学。"他还指出："《大取》概括、发展《经》上下和《经说》上下，《小取》全面总结墨家逻辑思想，这两篇作于《经说》上下之后。"④

第三种观点认为此 6 篇全为墨子所著。如徐希燕在《墨学研究》中认为"《墨经》（指《经》上下和《经说》上下 4 篇）为墨子著无疑"，其论述的要点如下：（1）从哲学史发展遵循"正、反、合"的规律来看，墨子关于"辩"的论述一定先于庄子。（2）根本没有后期墨家，而只有墨家的

① 张永义著：《墨——苦行与救世》第 34 页，广东人民出版社 1996 年版。
② 徐希燕著：《墨学研究》第 22 页，商务印书馆 2001 年版。
③ 杨俊光著：《墨子新论》第 44—45 页，江苏教育出版社 1992 年版。
④ 陆建华著：《墨子百问》第 223—225 页，安徽人民出版社 1997 年版。

各代弟子。（3）墨子在逻辑上是先于公孙龙提出正题，而不是墨子针对公孙龙的"白马非马"论提出批判。（4）墨子传人的影响远不如墨子，不可能创作《墨经》。（5）墨子反对述而不作。（6）墨子弟子毋宁另作，也不会将自己的思想塞入墨子的著作中。（7）《墨经》中的许多重要思想都是墨子思想的显现。（8）鲁山县昭平湖金山环岛上有墨子著经阁。（9）《墨子》思想体系非常完整，如果是诸家思想的合并，不可能达到如此完整的程度。徐希燕还指出："《大取》、《小取》理应为墨子所著。其一，这两篇的逻辑结构非常完善，富有辩论性。墨子本人是重逻辑、重谈辩的，这就具有相关性。其二，如《大取》中写到：'害之中取小，非取害也，取利也。''遇盗人而断指以免身，利也。'"这些都是墨子的原本思想。① 邢兆良②、詹剑峰③也持相同的观点。

第四种观点认为此6篇均非墨子所撰，都是后期墨家的作品。如陈雪良在《墨子答客问》一书中指出，从《墨子》的内容看，此6篇与其他诸篇大相径庭。墨子其他诸篇主要论述的是政治和社会理想，而此6篇主要论说的是数学、力学、光学、认识论、辩术等。而且此6篇中讨论的课题，全是惠施、公孙龙时代（比墨子晚了一百年）争论得最激烈的问题。此外，此6篇在风格上也与其他篇章迥异。墨子的文风浅显、通俗，多用例证，而此6篇却简洁古奥，所以"该是墨家后学的作品"。④ 陈孟麟在《墨辩逻辑学》中也指出："据近人研究，《墨辩》六书是墨子一传或多传弟子的集体著作。这些著作是从墨子死后，经过长期积累逐渐形成，前后提炼约百余年。书的写成多在战国后期（公元前3世纪）。"⑤

（四）《耕柱》至《公输》5篇撰者

第四组包括《耕柱》、《贵义》、《公孟》、《鲁问》、《公输》5篇。对于这5篇主要有两种观点：

第一种观点认为系墨子弟子对墨子言行的记载。如徐希燕在《墨学研

① 徐希燕著：《墨学研究》第22—26页，商务印书馆2001年版。
② 邢兆良著：《墨子评传》第72—78页，南京大学出版社1993年版。
③ 詹剑峰著：《墨家的形式逻辑》第202—229页，湖北人民出版社1979年版。
④ 陈雪良著：《墨子答客问》第37页，上海人民出版社1997年出版。
⑤ 陈孟麟著：《墨辩逻辑学》第6页，齐鲁书社1983年版。

究》中指出：此5篇"争议最小，是墨子弟子（很可能是禽子等）对墨子言行的记载"。①　邢兆良也指出："这5篇有可能是墨子的第一代弟子所记载的。"②　张永义则认为："文中称墨子为子墨子，称墨子的弟子亦为耕柱子、高孙子，恐怕这几篇当成于墨子再传或多传弟子之手。又据《耕柱》篇，对禽滑厘亦称为子禽子，估计其作者出于禽子之门。"③

第二种观点认为前4篇系墨子弟子对墨子言行的记载，但《公输》篇不是。如谭家健在《墨子研究》中指出，前4篇是语录体，"当是墨子门弟子编辑第二组文章所剩余的材料。其中对墨家许多弟子皆称'子'，对禽滑厘称'子禽子'，可见最早是禽滑厘之弟子或再传弟子所记。"他又指出："《公输》篇不是语录，而是一个成熟的故事，风格接近《战国策》，可能写作于战国后期。"④

（五）《城守》诸篇撰者

第五组包括《备城门》、《备高临》、《备梯》、《备水》、《备突》、《备穴》、《备蛾傅》、《迎敌祠》、《旗帜》、《号令》、《杂守》等11篇。对于这11篇，主要有两种观点：

第一种观点认为系禽子门人对墨子军事思想的记载。如徐希燕在《墨学研究》中指出："《备城门》以下诸篇，系禽子门人所记载的军事思想，也有可能归纳了后期墨家弟子的守城思想、经验。但是，非攻守御是墨子的重要军事思想。故城守各篇应视为以墨子、禽子思想为主，墨家后学根据城守经验加以完善而成的。"⑤　杨宽⑥、孙中原⑦亦持相同的观点。

第二种观点认为系入秦之墨家学派所撰。如陈直据居延汉简证明墨子城守诸篇出于秦国墨者。⑧　李学勤则将云梦秦简中的秦律与墨子城守诸篇中的法律禁令相比，证明城守诸篇系秦国墨者于战国时期所撰，有的写于秦称王

---

① 徐希燕著：《墨学研究》第26页，商务印书馆2001年版。
② 邢兆良著：《墨子评传》第77页，南京大学出版社1993年版。
③ 张永义著：《墨——苦行与救世》第40页，广东人民出版社1996年版。
④ 谭家健著：《墨子研究》第21页，贵州教育出版社1995年版。
⑤ 徐希燕著：《墨学研究》第26页，商务印书馆2001年版。
⑥ 杨宽著：《战国史》第9页，上海人民出版社1980年版。
⑦ 孙中原著：《墨学通论》第254页，辽宁教育出版社1993年版。
⑧ 陈直：《〈墨子·备城门〉等篇与居延汉简》，《中国史研究》1980年第1期。

之前，有的可能在其后。① 杨一民、程刚、秦彦士、谭家健等均赞同此说。②

三、 墨家哲学与美学思想研究

墨家哲学思想研究涉及的面比较广，涉及的问题繁多，本节只选择三个比较重要的问题来谈，即墨家哲学体系的建构、墨家宇宙观研究和墨家三表法研究。关于墨家美学思想研究只谈两个问题，即墨家美学体系的建构和墨家非乐思想研究。下面逐一论述之。

（一）墨家哲学体系的建构

近30年来，较早比较系统构建墨子哲学体系的是詹剑峰。他在《墨子的哲学与科学》一书中设置了《墨子的宇宙论》、《墨子的认识论》二章，前者从宇宙的起因、宇宙为整体、天地万物始于有、时间和空间、物与力、物质运动的形态六个方面系统地介绍了墨子的宇宙观，后者则从认识的起源、实与名的关系、知识的种类、谈辩的三表法四个方面系统地阐释了墨子的认识论。詹剑峰对墨子哲学体系的建构是以比较严密的内在逻辑性为基础的，他对于墨子宇宙论六项内容的总结，各项内容间都有着有机的联系。唯一遗憾的是没有对墨子哲学方法论进行总结。其后，杨俊光的《墨子新论》、孙中原的《墨学通论》都从世界观、认识论、方法论三个方面对墨子的哲学体系进行建构，他们在方法论方面的总结弥补了詹剑峰之说的遗憾。但是由于杨、孙二人都认为《墨经》非墨子所撰，故杨俊光在建构墨子哲学体系时弃《墨经》材料而不用，孙中原则将墨子哲学思想与后期墨家哲学思想分开论述，所以杨、孙二人对墨子哲学思想的具体论述则与詹剑峰有着不小的差异。至于邢兆良的《墨子评传》和谭家健的《墨子研究》都仅有对墨子认识论的总结，其余则付之阙如。

---

① 李学勤：《秦简与〈墨子〉城守各篇》，《云楚秦简研究》，中华书局1981年版。
② 杨一民、程刚：《墨子城守各篇的军事防御思想》，《军事历史研究》1986年第1期；秦彦士著：《墨子新论———一个独特的文化学派》第28—30页，电子科技大学出版社1994年版；谭家健著：《墨子研究》第22—24页，贵州教育出版社1995年版。

在詹剑峰《墨子的哲学与科学》出版 20 年之后，徐希燕的《墨学研究》问世，把墨子哲学体系的构建推上了一个新的阶段。徐希燕认为《墨辩》6 篇均为墨子所撰，故此 6 篇资料均为其所用。他将墨子哲学分为本体论、认识论、方法论三个部分。关于墨子的本体论，他从墨子的时空观、墨子的物质观两方面进行了阐述；关于墨子的认识论，他从"知"的定义、认识的过程、认识的来源、知识的分类、直觉认识、认识的动因、认识的目的七个方面进行了论析；关于墨子的方法论，他从墨子对"方法"的定义、墨子的观察法、墨子的实验法、墨子的思想实验法、墨子的类推法、墨子的归谬法、墨子的比较法、墨子的归纳法、墨子的辩证法、墨子的三表法等 10 个方面进行了总结。徐希燕充分吸收了当代墨学研究的成果，并有所创新，在对墨子哲学体系的构建上走在了时代的前列。

（二）墨家宇宙观研究

对于墨子宇宙观、世界观的研究，因其有"天志"、"明鬼"之说，历来聚讼纷纭。近 30 年来，仍然难以统一认识，大体有两种观点：

第一种观点认为墨子的宇宙观、世界观是唯心的。例如童书业在其《先秦七子思想研究》中指出："从墨子书看来，墨子的宇宙观是一种宗教唯心论：他相信'天'和'鬼'，认为'天'、'鬼'主宰着宇宙和人生。"童书业认为，墨子这种宗教唯心论产生的原因有两点：第一，墨子的思想代表庶人阶级的上层，而庶人阶级比较容易相信从原始社会传下来的宗教。第二，墨子的"天志"、"明鬼"学说只是一种"神道设教"的手段，"天"、"鬼"的意志事实上是人民的意志。这种论说乃是春秋以来民本论的发展，是墨子在用宗教来控制和改造政治。[①] 谭家健也认为墨子的世界观是唯心的。他在《墨子研究》中指出："墨子的天志，能行赏罚，把天当成人格神。从哲学上看，这种观念无疑是唯心的、落后的。"同时他又指出：墨子"把'天志'规定为兼爱、非攻、强力等，抬高上天来压低帝王。从政治上看，这种观念无疑又是进步的、积极的。"[②] 孙中原则认为，墨子是有神论者，尽管其动机是"企图借助'天'的权威来宣传和推行自己的学说"，

---

① 童书业著：《先秦七子思想研究》第 47—54 页，齐鲁书社 1982 年版。
② 谭家健著：《墨子研究》第 220 页，贵州教育出版社 1995 年版。

"但墨子拣起早已引起人们怀疑的宗教迷信的传统观念加以改头换面，作为其学说的一个组成部分进行兜售，这无疑是一种倒退，是属于墨子学说中的糟粕。"同时孙中原又认为《墨经》中体现的是后期墨家的无神论，"贯穿着彻底无神式唯物主义一元论的世界观"。①

第二种观点认为墨子的宇宙观、世界观是唯物的。例如，詹剑峰在《墨子的哲学与科学》一书中指出，在墨子看来，"宇宙之间，纷纭万象，然总可归结于物与力的统一，""由此可以肯定墨子的宇宙论是属于唯物论阵营"。② 徐希燕在《墨学研究》一书中也指出："墨子的宇宙图像是空间、时间、物质、运动有穷又无穷，在无穷的宇宙中充满了无限的物质，物质运动不止。宇宙的组成是有与无的辩证统一。物质又是由不可分割的微粒'端'组成的。'端'保持了物质的基本性质。这就是《墨经》关于存在世界的本体论思想，这里只有彻底的科学的唯物主义一元论思想，根本没有鬼神的地盘和藏身之处。"③ 朱传榮在《墨子哲学唯物主义思想刍议》一文中也认为："纵观墨子残存各篇论述，及其生平事业，很难断言墨子是个唯心主义者。""从墨子推出'尊天'、'事鬼'的大的氛围和实际内容来看，却是具有极为具体内容的'唯物'的思想观点。"④ 乔长路更是明确表示：墨子"把至高无上的天神贬低到墨子奴仆的地位，这显然是对天神的一种嘲弄与亵渎，是当时无神论的一种特殊表现形式"。⑤

（三）墨子三表法研究

《墨子·非命》上篇说："言必有三表。何为三表？子墨子言曰：有本之者，有原之者，有用之者。于何本之？上本之于古者圣王之事。于何原之？下原察百姓耳目之实。于何用之？发以为刑政，观其中国家百姓人民之利。此所谓言有三表也。"

对于墨子的三表法历来评价不一，主要有两种观点：

第一种观点认为墨子三表法的性质是唯物主义的，应该给予肯定。例

① 孙中原著：《墨学通论》第49—58页，辽宁教育出版社1993年版。
② 詹剑峰著：《墨子的哲学与科学》第31—35页，人民出版社1981年版。
③ 徐希燕著：《墨学研究》第64—65页，商务印书馆2001年版。
④ 张知寒主编：《墨子研究论丛》第1辑，山东大学出版社1991年版。
⑤ 乔长路著：《中国人生哲学》第94页，中国人民大学出版社1990年版。

如，方立天在《论我国古代唯物主义者的真理标准观》① 和《再论墨子"三表"说的性质问题》② 二文中指出：第一表的"圣王之事"是指过去圣王所做过的事，"事"是实际活动，以"事"为检验真理的标准，应该是唯物主义的。第二表的"耳目之实"指的是客观事实，或是人们的直接经验，这是从物到感觉的唯物主义经验论。第三表的"国家百姓之利"是在强调社会客观效果，包含有以行动检验言论的思想，"无疑是'含有素朴的实践标准观点'"。张立文在《略论墨子以"三表"为核心的认识论》③ 一文中也指出："墨子所说的'事'、'实'、'利'三个方面，是统一的。不管是过去'圣王'所考察过的历史事实，还是'百姓耳目之实'的社会实际以及'国家百姓之利'的实际利益，都是以直接经验为基础的，都是以客观事实和客观效果为第一性的。他以此作为衡量、检验言论是非的标准，无疑是一种朴素的唯物主义的认识论。"李五湖④、阳正太⑤等人也持相同的观点。

第二种观点则认为墨子三表法的性质是唯心主义的。例如，刘树勋、刘邦富在《墨子和他的"三表"说是唯物主义的吗？》⑥ 一文专门对方立天的观点提出质疑。他们指出，第一表把"圣王之事"作为检验真理的标准，"是要为人们树立一个绝对完善、绝对正确的神圣偶像"，"这在认识论上是属于唯心主义的真理标准观"。第二表"把百姓耳闻目见的感性经验当做言论真伪是非的标准，这当然是唯心主义的。"第三表是以理论的社会效用作为检验真理的标准，"把是否符合'国家百姓之利'作为衡量言论是否真伪的标准，这种标准也不是唯物主义的。"因此他们认为"墨子的'三表'说是唯心主义的真理标准观"。卢枫在《墨子的"三表法"是唯物主义的吗？》⑦ 一文对于阳正太、张立文、李五湖等人的观点提出反驳意见。他认为，第一表事实上是把"先王之书"视为真理的标准，这是一种典型的唯

① 方立天：《论我国古代唯物主义者的真理标准观》，《教学与研究》1979 年第 3 期。
② 方立天：《再论墨子"三表"说的性质问题》，《教学与研究》1980 年第 1 期。
③ 张立文：《略论墨子以"三表"为核心的认识论》，《教学与研究》1980 年第 1 期。
④ 李五湖：《墨翟的认识和实践》，《中山大学学报》1978 年第 4 期。
⑤ 阳正太：《墨子"三表"说初探》，《社会科学研究》1979 年创刊号。
⑥ 刘树勋、刘邦富：《墨子和他的"三表"说是唯物主义的吗？》，《教学与研究》1980 年第 1 期。
⑦ 卢枫：《墨子的"三表法"是唯物主义的吗？》，《湘潭大学学报》1980 年第 1 期。

心主义观点。第二表所立的真理标准是第二性的经验，而不是第一性的客观事实。第三表把"有用"和"有利"的原则作为真理的标准，也不是唯物主义的，"因为真理确实是有用的，但有用的并不都是真理"。由此得出结论："'三表法'的哲学性质是唯心主义的。"

陆建华的观点则介乎上述两种观点之间。他在《墨子百问》中指出，第一表是以古代圣王的实践及实践的效果作为判断认识真理性的标准，这个标准是唯物的，但历史的经验教训只具借鉴意义。第二表是以百姓的经验事实作为评判是非的标准，经验事实是客观的，但又是肤浅的，单纯的经验论容易陷入唯心主义的泥潭。第三表以统治者的政治实践判别理论正确与否，就其实践标准来说，是唯物的，就其有利即是真理的是非观来说，是主观的。由此他认为，"'三表'共同构成验证认识真理性的标准，唯物和唯心的性质兼而有之，其中朴素的唯物主义性质是其基本的、主导的方向"。①

毛建儒和王怀芳则从新的角度对三表法提出了新的认识。他们在《对墨子"三表法"的再认识》② 一文中指出，墨子的"三表"实际上可以归结为两个方面，即经验和实际效果。前者是事实标准，后者是价值标准。事实标准是关于客体的，价值标准是关于主体的。二者之间既有联系，又有区别。事实检验与价值检验有时一致，有时并不一致。墨子认为孔子天命思想是错误的，因为天命思想既没有历史根据，又没有直接证据，在实践上也是有害的，从而体现了事实检验与价值检验的一致性。这是正确的。但是墨子认为鬼神是存在的，因为乡里人都说他们看到过鬼神的形状，听到过鬼神的声音；不仅乡里人有见有闻，而且是众人的同见同闻；不仅是今人的同见同闻，而且在历史文献上还有根据。这就犯了过分推崇经验的错误。不过墨子说："今若使天下之人，皆若信鬼之能赏善而罚暴也，则夫天下岂乱哉。"运用价值标准来论证鬼神的存在，则有其合理性，因为鬼神观念在人们扬善抑恶的过程中可以发挥积极的作用。

（四）墨子美学体系的建构

改革开放以来，随着美学热的崛起，人们对于墨子美学思想的研究也逐

---

① 陆建华著：《墨子百问》第 159—161 页，安徽人民出版社 1997 年版。
② 毛建儒、王怀芳：《对墨子"三表法"的再认识》，《晋阳学刊》2004 年第 3 期。

渐兴起，并形成两种对立的观点。一种观点对墨子美学思想持基本肯定的评价。如敏泽在《中国美学思想史》一书中认为："墨子美学思想中最可宝贵的因素，就在于他对当时及历史上统治阶级不顾人民死活，贪求无度，追求声色之美、犬马之乐的批判精神。""有其积极、民主的历史意义。"① 朱继生在《墨子的简约思想浅论》② 一文中对墨子以简约为美的思想给予了充分的肯定。他指出，简约美学思想既是墨子世界观的一个有机组成部分，也是他观照万事万物的一个价值标准。墨子这种看似功利性的美学思想，实质上蕴涵着素朴而又古老的民本思想，使他能够从人道主义出发，以同情劳动人民的民间立场，自觉地反对剥削阶级的挥霍浪费，这比儒家更具人文关怀。邰三亲则着重褒扬了墨子美学思想中的人性美的内涵。他在《论墨子重实用的美学思想》③ 一文中指出，墨子以实用精神为武器，有力地揭露了宗法制度的虚伪和违背人性，倡导着人的平等和自由。墨子"这种为解放人而做的工作是伟大的，他张扬人性的旗帜，高唱出人性的强音"，"人性美正是墨子美学思想中最可贵的一面。"

另一种观点则持基本否定的评价。如聂振斌认为，墨子"是从极端的物质实用观点出发，最终导致艺术——审美活动的取消主义，看不到艺术——审美活动对于提高文化修养、陶冶道德情操、巩固社会秩序方面的积极意义"，"是狭隘的小生产者眼光的反映，因而是一种浅薄落后的艺术审美观点。"聂振斌将之称做"极端功利主义审美观点"。④

他们的研究反映出这样一个事实，就是对墨子的美学思想普遍地缺乏比较深入的研究，有人准确地将这种状况概括为两句话："（一）弱化其哲学基础和逻辑关系而加以摒弃；（二）肢解其系统性和完整性而缺乏整体观念。"⑤

一些同志竭力想改变这种状况，朱怀江就是其中的一位。

朱怀江在《墨子实用主义美学的内核及其价值》⑥ 一文中，在哲学批判

---

① 敏泽著：《中国美学思想史》第 279 页，齐鲁书社 1987 年版。
② 朱继生：《墨子的简约思想浅论》，《菏泽学院学报》2006 年第 1 期。
③ 邰三亲：《论墨子重实用的美学思想》，《运城学院学报》2003 年第 1 期。
④ 李泽厚、汝信主编：《美学百科全书》第 342 页，社会科学文献出版社 1990 年版。
⑤ 朱怀江：《墨子实用主义美学的内核及其价值》，《中国文化研究》1996 年秋之卷。
⑥ 朱怀江：《墨子实用主义美学的内核及其价值》，《中国文化研究》1996 年秋之卷。

与逻辑分析的基础上，理性地把墨子美学的内核及其价值予以"本质还原"，并对其美学体系的建构进行了有益的尝试。朱怀江认为，墨子美学属于实用主义美学，其理由有三：（1）墨子美学以人在现实生活中的实际行为模式为重点。（2）墨子十大论点重在审视"国家—社会—人"的生存利益、需要和价值。（3）墨子的尚用、互利、兼爱、非乐四大审美标准均以经验主义和功利主义为基础，专注于研究"国家—社会—人"这个系统结构中应该具备的生存和发展的美学属性，重在主体的行为规范和方式。接着，在论述"尚用"这一审美标准时，朱怀江指出，尚用乃是墨子美学的核心所在，有用即为美，尚用为墨子建立实用主义美学体系奠定了哲学基础。在论述互利这一审美标准时，朱怀江指出，墨子建构实用主义美学的逻辑关系是三表→三用（上用之天子，中用之诸侯，下用之家君）→三利（上利于天，中利于鬼，下利于人）。在这一逻辑关系中，"利"是墨子实用主义美学的归结之点，说明主体只有最完善地认识和创造功利价值才能成为美学意义的主体。在论述兼爱这一审美标准时，朱怀江指出，"赖其力者生，不赖其力者不生"，这是墨子对人的本质的最高的审美规定，由此成为墨子构思兼爱这一人论审美标准的出发点。朱怀江认为，兼而爱之、兼而利之是墨子人论美学最为鲜明的目的论，而墨子人论美学的审美对象则是"国家—家—人"这一整体结构。在论述非乐这一审美标准时，朱怀江指出，墨子在物质生产活动中将审美价值和功利价值处于同一层次中去考察，视之为平衡性和相容性的关系，这是其光芒之处；在艺术审美中又将二者截然对立，这是其隐晦之处。这种不可调和的冲突凸显出墨子实用主义美学所关注的焦点是主体的实践理性。这样，朱怀江就通过对墨子美学中的尚用、互利、兼爱、非乐四大审美标准与其审美理论基础、审美主体、审美对象、审美目的互为联系，有机地构成一个富有逻辑性的实用主义美学体系。这在墨子美学思想的研究中具有里程碑般的重要意义。

（五）墨子非乐思想研究

在近30年的墨家美学研究中，讨论最多的是墨子的音乐美学思想，其中争议的焦点集中在对墨子"非乐"论的讨论上，并依肯定否定态度的不同而分为两大派别。

对墨子"非乐"论持否定态度的代表人物是谭家健。他在《墨子研究》

一书中提出三点意见：第一，墨子没有认识到艺术对社会的教育感化功能，甚至连艺术可以使人们得到休息这样简单的道理也不予理会，却要求艺术去解决像衣食住行这样不可能解决的问题，其对艺术功能的理解是肤浅的，属于狭隘的实用主义。第二，墨子不了解艺术生产与欣赏中的直接消耗与间接的历史效益之间的辩证关系。在古代，一切文化艺术活动都以剥夺劳动者衣食之财为代价，否则就会使整个社会处于粗野的无文化状态。这种历史进步过程中的矛盾性，墨子不能理解，只能发出简单的诅咒。第三，墨子由憎恨统治者追求奢侈赏乐的特权，进而否认人类有进行艺术审美活动的必要性，这只能使人类停止在与动物相差无几的状态。由此谭家健认为，"墨子的'非乐'是反动的，倒退的，是违反历史发展和人民根本利益的"。①

对墨子"非乐"论持否定态度的另一代表人物是舒大刚。他在《苦行与救世——墨子的智慧》一书中是通过儒墨思想的比较而得出否定结论的。其论述的要点如下：（1）儒墨两家都对淫乐进行了批评，但墨家主张凡是与音乐沾边的都要禁止，而儒家只主张矫而正之，不主张过而废之。（2）墨子只看到音乐成为王公大人奢侈品后的消极因素，却不知道音乐还有积极意义。而儒家认为，音乐是人心感于物的感情流露，"善观所感，则可以知为政之得失；善用所感，则可收潜移默化之效"。（3）儒家分音乐为"雅乐"和"郑声"，重雅非郑，而墨子不懂雅乐的积极意义，统统否定。（4）乐有调节劳逸、启迪善心的作用，儒者程繁曾持此论与墨子辩论，实中墨子非乐的要害。②

王志成对于墨子"非乐"论也基本上持否定态度。他在《墨子的音乐美学思想》③一文中对于墨子"非乐"论作出三点评价：第一，墨子以"非乐"为其思想旗帜，从社会艺术活动领域有力地揭露了现实生活中贫富对立的尖锐矛盾，具有应充分肯定的正义性与合理性，其历史意义也是不可磨灭的。但墨子"非乐"是以古代社会极端狭隘的小农功利主义意识，来全盘否定人所独有的审美需要和不可或缺的艺术活动，从而陷入物质与精神相对立的泥潭。第二，艺术生产如果超过一定限度，就会破坏物质基础，危害人民，也危害国家，这是对历史经验的总结，对艺术规律性的一种认识。

---

① 谭家健著：《墨子研究》第175—177页，贵州教育出版社1995年版。
② 舒大刚著：《苦行与救世——墨子的智慧》第117—121页，四川教育出版社1996年版。
③ 王志成：《墨子的音乐美学思想》，《齐鲁艺苑》2005年第1期。

因此，墨子的音乐思想有其合理性。但墨子的这种合理性是建立在对人民的物质生活要求极其简陋、苛刻基础之上的。墨子认为，只要人们衣能暖，食能饱，房能御风雨避其寒足矣，根本不需要进行审美和艺术活动。这是极端狭隘的小生产者意识的突出表现，既是否认音乐娱乐的积极意义，也是对人性的鄙视，更是无视音乐净化心灵、陶冶情操的作用，更不可能认识到，人类走向文明的一切创造，其巨大的历史推动力正是源于人们对美及艺术锲而不舍的追求上。因此，墨子的"非乐"思想既否定了音乐的社会功能，也否定了审美与艺术存在的价值，具有鲜明的禁欲和愚民倾向，是对人性与物性的严重混淆，故既是反人性、反艺术，更是反社会的。第三，以孔子为代表的儒家对物质与精神的相互关系和作用有着较为清醒的认识，认为人要摆脱愚昧成为有教养的人，就不能停留在愚昧野蛮的无文化状态，故而倡导礼乐教化，主张"移风易俗，莫善于乐"。所以，孔子及其儒家把握了社会进步的基本规律，顺应了一般人性中对音乐与艺术的需求，是顺应历史潮流而动的体现。墨子的"非乐"思想是逆历史潮流而动，其理念不仅显得苍白无力，而且其行为也显得渺小又可怜，同时更反映了他在政治上的幼稚与无知。因此，墨子的"非乐"思想是落后的，倒退的。

从总体上看，近30年来对墨子"非乐"论持否定态度的毕竟是少数，持肯定评价的人相对要多一些，其中比较有代表性的是吕思勉和童书业。

吕思勉在《先秦学术概论》中曾提出一个辨识墨学真谛的原则，即"欲明墨子之说，必先明于当日社会情形，不能执后人之见，以说古人也"。他指出：古者风气敦朴，君民之侈俭，相去初不甚远。而公产之制，崩溃未尽，生产消费，尤必合全社会而通筹。《王制》：冢宰制国用，必以三十年之通。虽天子，亦必凶旱水溢，民无菜色，然后可日举以乐。《曲礼》曰："岁凶，年谷不登，君膳不祭肺，马不食谷，驰道不除，祭礼不县，大夫不食粱，士饮酒不乐。"凶岁如此，况与民之饥，不由于岁，而由于在上者之横征暴敛，役其力而夺其时乎？"朱门酒肉臭，路有冻死骨"，后世之人，习焉则不以为异，墨子之时，人心不如是也。正是基于上述认识，吕思勉得出结论：墨子"非乐"是为了"戒侈"，"特救一时之弊，并非穷极之谈。语其根本思想，与儒家实不相远。"[1]

---

① 吕思勉著：《先秦学术概论》第121—124页，中国大百科全书出版社1985年版。

童书业则着力于运用阶级分析方法来论证墨子"非乐"的进步性。他在《先秦七子思想》中认为，礼乐是贵族阶级的统治工具，墨子"非乐"是庶人阶级反对贵族阶级的思想表现，"有很大的进步意义"，只是"非乐也非得过分些"。①

尽管童书业对墨子"非乐"论持肯定态度，但是他的墨子"非乐也非得过分些"的观点仍然受到一些人的批评。如吴晋生、黄历鸿、吴薇薇在其合撰的《墨学与当代政治》中指出，"非乐"非得是否过分，要看当时的社会生产力水平和劳动人民生产的状况。他们认为："为贵族统治阶级制造以享乐为目的的工艺美术品和乐器，任何工匠都能认识到这对于人民是有害而无利的，不管这些艺术、乐器和建筑技艺多么精湛，创作多么伟大。"②

在对墨子"非乐"论持肯定评价的人当中，李笑梅持论的角度别具一格。她在《墨子"非乐"辨》③一文中指出，墨子所非的"乐"不是"乐（yuè）"而是"乐（lè）"，是指包括衣食住行诸方面的享乐，这是对王公大人奢侈生活的批判和对劳动者利益的维护，因此"具有积极进步意义"。李笑梅的立论实际上是对20世纪40年代周通旦所提观点的引申和发展。

唐应龙和吴齐对墨子"非乐"论也持肯定评价。他们认为，墨子"非乐"既是针对当时列国纷乱、民不聊生的社会现实提出的相应对策，也是对已经被儒家僵化为等级制度象征的礼乐文化的矫正。虽然由于墨子对世人诚挚的热爱之情而选择了偏激的语言，但并不妨碍其理论分析的深度和逻辑的思辨。墨子的"非乐"有着充分的主客观根源和严密的逻辑推理，并非以一个小生产者的代表就可以简单概括论定。如果我们能够突破历史时空的局限，就会发现偏激语言表达的背后，并非墨子对音乐认识上的欠缺，也不表示墨子没有认识到音乐在社会生活中的重要意义，只能表明目光深邃、独具先见的墨子对当时物欲横流、大厦倾颓的深刻担忧，表明他是针对当时的具体现实而提出的权宜之计。只有深入、同情地理解墨子"非乐"的语境，了解与其相关的时代背景、社会现实、语言环境及其思想体系，才能较为客

---

① 童书业著：《先秦七子思想》第78—82页，齐鲁书社1982年版。
② 吴晋生、黄历鸿、吴薇薇著：《墨学与当代政治》第106—108页，中国书店1997年版。
③ 张知寒主编：《墨子研究论丛》第1辑，山东大学出版社1991年版。

观地理解墨子的"非乐"思想。①

　　除了上述两大派观点之外，还有一些人的观点介于上述二者之间，如蔡仲德②、黎洪③、薛宇④、鹿建柱⑤等人的观点均是如此，因篇幅有限，此不具述。

　　此外，还有一种观点主张超越上述两种对立的观点来看待墨子的"非乐"论。例如张慧在《墨子"非乐"思想辨析》⑥ 一文中指出：墨子"非乐"是既定的历史事实，对其"非乐"思想作一般意义上的肯定或否定都没有太大的意义。从更深的层面看，墨子"非乐"思想不仅是对春秋战国时期各诸侯国政治上互相攻伐、战争频仍，经济上横征暴敛、民不聊生，生活上穷奢极欲、奢侈过度等社会现实的反思和批判的结晶，更是与春秋战国时期日益高涨的民本主义思潮相联系的，墨子"非乐"思想是民本主义思潮的重要组成部分。从这一点出发，我们才能更好地理解为什么与墨家学派相对立的儒家、法家、道家也都有不同程度的"非乐"理论的出现，只不过各家"非乐"理论都没有墨子如此"立场坚定、旗帜鲜明"罢了。

四、 墨家辩学与逻辑学思想研究

　　辩学是一种研究论辩问题的专门学问。辩学所探讨的是论辩的一般性问题，即论辩的基本原则、方法、技巧以及论辩过程中的谬误等。中国先秦时期盛行论辩之风，并由此逐渐形成辩学，其中集大成者就是墨家的辩学，通常称之为墨辩。近代以来，面对西方文化的侵入，人们既要学习西方的文明，又要维护中华民族的自信与自尊，遂采取"据西释中"的方法来研究墨家辩学，于是出现了以"逻辑"一词来解释辩学，把中国古代的辩学等同于西方形式逻辑的倾向。尽管墨辩中蕴涵着丰富的逻辑思想，但是墨辩并

---

① 唐应龙、吴齐：《历史语境中的〈墨子·非乐〉》，《湖北社会科学》2005 年第 11 期。
② 蔡仲德：《中国音乐美学史》第 121 页，人民音乐出版社 1995 年版。
③ 黎洪：《生命视界中的墨子美学——墨子"非乐"的启示》，《贵州教育学院学报》
　　2000 年第 1 期。
④ 薛宇：《墨子"非乐"观浅析》，《吕梁教育学院学报》2005 年第 3 期。
⑤ 鹿建柱：《墨子音乐美学思想探微》，《管子学刊》2006 年第 4 期。
⑥ 张慧：《墨子"非乐"思想辨析》，《东岳论丛》2003 年第 3 期。

非就是墨家逻辑学。墨辩的首要任务是推行墨家的主张于天下，其核心是辩的方法和原则。正是由于辩学与逻辑学既有联系又有区别的这种状况，使得一些人开始从论辩的学问这一角度来建构墨家辩学的理论体系。但是将墨家辩学等同墨家逻辑学的倾向仍然存在，而且还有重要的影响。上述状况在我们对墨家辩学体系的构建和墨家逻辑学体系的构建的介绍中会使读者能有更为深入的了解。此外，对于墨家辩学与墨家逻辑学研究中所出现的一些有争议的问题我们也将作一概述。

（一）墨家辩学体系

在对墨家辩学体系的研究中，比较有代表性的人物是林铭钧和曾祥云。他们在《名辩学新探》一书中明确指出："辩论问题不等于逻辑问题，两者有着明显的界限。"他们认为《墨经》6篇系后期墨家学者所著，是"我国古代探讨辩论问题最详尽、最系统的一种辩论学著作"。他们对墨家辩学的理论体系进行了详细研究，其要点如下：

（1）辩是一种言语行为。要完成一次辩论活动，必须有一方胜出，否则，辩论行为就没有完成。

（2）墨辩的对象是论辩双方对之有不同认识的某一具体事物。

（3）墨辩的任务是明是非之分，审治乱之纪，明同异之处，察名实之理，处利害，决嫌疑。

（4）墨辩的认识原则是摹略万物之然，论求群言之比。

（5）墨辩的道德要求是有诸己，不非诸人；无诸己，不求诸人。

（6）墨辩的胜负判定的标准是"当"与"不当"。

（7）墨辩的论讼模式是察类、循理、明故。

（8）墨辩的一般方法是以类取，以类予。

（9）墨辩的具体方法是"辞"、"侔"、"援"、"推"、"止"。

（10）谬误的四种情况：是而不然、不是而然、一周一不周、一是而一非。

（11）谬误的成因：言多方，殊类，异故。①

上述要点基本上比较全面地勾勒出墨家辩学理论体系的概貌。

————————

① 林铭钧、曾祥云著：《名辩学新探》第77、281—313页，中山大学出版社2000年版。

(二) 墨家逻辑学体系

研究墨学逻辑的人都面临着一个共同的问题，即如何看待墨家辩学与墨家逻辑学的关系问题。主要有以下几种观点：一是认为辩学即逻辑学。如詹剑峰在《墨子的哲学与科学》中说："墨子所建立的逻辑本来叫做'辩'。"汪奠基在《中国逻辑思想史》中说："墨家所谓'辩'就是逻辑。"周云之、刘培育在《先秦逻辑史》中把辩学等同于逻辑学。孙中原在《墨学通论》中也说："辩学即逻辑学，其任务是研究辩论的形式、规律和方法。"徐希燕在《墨学研究》中亦云："'辩学'或'名学'就是指逻辑学。"二是认为墨家辩学中包含有逻辑学的内容。如杨俊光在《墨子新论》中就认为"辩"中"包含有相当于'逻辑'的学问。"三是认为辩有内容和形式两个方面，只有形式部分才叫辩学即逻辑学。《墨辩逻辑学》的作者陈孟麟即持此论。

除了存在上面差异之外，众多墨家逻辑研究者在《墨经》是否为墨子所撰等问题上也有所差异，这就使之在构建墨家逻辑学体系上也有所不同。主要有以下几种方式：

（1）根据普通逻辑的内容，运用概念、判断、推理、反驳等范畴来构建墨家逻辑学体系。例如，詹剑峰在《墨子的哲学与科学》中从论逻辑的对象、论思维的法则、论名（概念）、论辞（判断）、论说（推理）等几个方面大致勾勒出墨家逻辑学体系的概貌。陈孟麟在《墨辩逻辑学》中则设立了认识论、名（概念）、辞（判断）、说（推论）、思维规律等章。徐希燕在《墨学研究》之"墨子的逻辑思想"一章中则设立了本质论、概念论、判断论、推理论、规律论五节。孙中原在《墨学通论》中则从墨家逻辑的宗旨，论语词、概念和范畴，论语句和判断，论形式逻辑的基本规律，论推理、证明和反驳等方面对墨家逻辑学体系进行了系统的论述。詹剑峰在20世纪50年代曾出版过《墨家的形式逻辑》一书，其中分有明辩、言法、立名、立辞、立说、辞过诸章。由上面所述可知，詹氏对于墨家逻辑学体系研究所产生的影响是巨大的。

（2）反对用形式逻辑的框架来套用阐释墨家逻辑学体系。例如，汪奠基在《中国逻辑思想史》中认为，不能离开墨辩本身的历史对象和它的形式特征来构建墨家的逻辑体系，如果用形式逻辑来加以排比，就会使墨辩失掉真正科学史上的作用。基于这种认识，汪奠基将《经上》和《经下》按孙诒让所定旁行表的顺序分列为 20 章，每章章名由其中第一条标牒字和末条标牒字连起来，并对每章的主要问题扼要说明。汪氏又进一步将这 20 章归纳为以下五点基本认识：（1）第一、二章，系总论逻辑认识的基本范畴、认识的客观基础。（2）第三至第十三章，论各种不同类型的概念和关于辩说的诸法则形式。（3）第十四至第十六章，论关于数理、自然、社会诸方面现象的规律性的认识问题。（4）第十七至第十八章，论正确的辩说，是表述客观事物的规律性的思维形式。（5）第十九至第二十章，批判各种诡辩形式的问题，并指出事物重于理论的基本原则。在上述分析基础上，汪奠基又结合《大取》、《小取》的内容对墨家逻辑思想作了进一步的说明。①

（3）介于上述两种方式之间。例如，邢兆良在《墨子评传》中认为，墨子的辩学已经自觉地将思维形式、方法、规律作为认识和研究的对象，那么，墨子关于思维形式、方法规律的认识成果应当是和西方的形式逻辑、印度的因明学相通的。另外，诸如文化环境、语言形式、现实需要的影响，墨子逻辑学有其本身的特点，如推理论证有自己的格式，对思维规律和悖论等逻辑形式有自己的认识和表述方式等，所以"在论述墨子逻辑学的结构时，必须顾及到这两个方面"。邢兆良进一步指出："从《墨辩》六篇的总体结构来看，墨子已经明确制定了概念、判断、推理三种基本的逻辑思维形式，并阐明了它们之间的区别和联系。墨子并具体论述了概念的本质、划分和作用，阐述了判断的实质、类型及其相互关系，提出了推理的三个范畴和各种推理、论证的具体形式，总结了归纳、演绎等逻辑方法，揭示了逻辑思维基本规律的内容。凡此等等，都可说明墨子逻辑是一个由基本概念和范畴所构成，以思维形式和规律为对象、内容的逻辑学体系。"至于墨子逻辑学体系的结构，邢兆良从墨子逻辑的名、辞、说，墨子逻辑的故、理、类，墨子对思维规律的研究和墨子对逻辑谬误的研究四个方面进行了系统的分析，并特别指出，墨子提出的名、辞、说三种思维形式与形式逻辑中的概念、判断、推理这三种思维形式十分接近，但墨子逻辑学也有其自己的特色，例如墨子所指出的故、理、类诸范畴就是如此。②

---

① 汪奠基著：《中国逻辑思想史》第 99—117 页，上海人民出版社 1979 年版。
② 邢兆良著：《墨子评传》第 300—351 页，南京大学出版社 1993 年版。

由于辩学与逻辑学纠葛缠绕在一起，所以有人在研究墨家逻辑学时将墨家辩学与墨家逻辑学等而同之。例如，张永义在《墨——苦行与救世》中从辩的作用和目的、辩的程序和步骤、辩的规则和方法三个方面介绍后期墨家的逻辑学体系，而其实际内容与墨家辩学没什么区别。① 程仲棠则持截然相反的意见。他在《从诠释学看墨辩研究的逻辑学范式》② 一文中指出：把墨辩诠释为逻辑学是"过度诠释"。他认为，墨辩是由辩论所涉及的几种学问杂交的结果，从整体上看，与逻辑学有根本的区别，主要是没有逻辑学必须研究的对象，即有效的推理形式。"把墨辩说成是逻辑学，必然导致逻辑学与其他学问的混淆，甚至把矛盾与逻辑混为一谈。"因此，"把墨辩过度诠释为'逻辑学'，就无异于伪造历史。"

由此可知，如何看待墨家辩学与墨家逻辑学的关系仍将是未来墨学研究所应关注的问题。

（三）几个有争议的问题

墨家辩学与墨家逻辑学研究中出现不少有争议的问题，下面仅就其中几个主要的问题作一介绍。

1. 关于"彼"的争议

"彼"是墨辩中的一个重要术语，曾在《墨经》中多次出现：

辩，争彼也。辩胜，当也。（《经上》）

辩：或谓之牛，或谓之非牛，是争彼也。是不俱当，不俱当必或不当。不当若犬。（《经说上》）

彼，不可两不可也。（《经上》）

彼，凡牛枢非牛，两也，无以非也。（《经说上》）

最早的争议起因于胡适对"彼"的校勘上。他在《中国哲学史大纲》中以为"争彼"的"彼"当是"佊"字之误，"佊字与'诐'通。《说文》：'诐，辩论也。'诐、颇、佊皆同音相假借。后人不知佊字，故又写作'驳'字。现在的'辩驳'，就是古人的'争佊'。"胡适的这一见解遭到了章士钊的反对。他在《逻辑指要》中指出，把"彼"解作辩论，那么"辩，争彼

① 张永义著：《墨——苦行与救世》第179—189页，广东人民出版社1996年版。

② 程仲棠：《从诠释学看墨辩研究的逻辑学范式》，《学术研究》2005年第1期。

也"就是"辩者辩也",这就陷入了同语反复的逻辑错误。梁启超在《墨经校释》中则提出另一见解。他说:"'彼'者何?指所研究之对象也。能研究之主体为我,故所研究之对象对'我'而名'彼'也。"

改革开放以来,关于"彼"的争论仍未平息,主要有以下几种观点:

(1)"彼"指一矛盾命题。如沈有鼎在《墨经的逻辑学》中采用胡适之说校"彼"为"佊",又采用梁启超说,认为"'彼'是'辩'的对象,'辩'的两方所争论的题目。"同时他又提出新说,认为"佊"是指一矛盾命题。比如甲、乙二人远远望见一个动物,甲说"这是牛",乙说"这不是牛",这两句话不可能都正确,也不可能都不正确,这就是逻辑学上所说的矛盾命题。这种矛盾命题在《墨经》中有一个特殊的术语来表示,这就是"佊"。①

(2)"彼"指一对矛盾命题中的同一主词,而不是指一对矛盾命题本身。周云之、刘培育在《先秦逻辑史》中指出,《经上》:"彼,不可两也。"就是指作为"辩"的对象不能是两个,而只能是一个。他们还指出,"辩"不仅是关于同一事物的是非之争,而且也是关于同一命题的是非之争,因此"彼"(主词)可以指一个事物,也可以指一个命题。②

(3)"彼"指思维对象,即客观世界本身。温公颐在《先秦逻辑史》第四章专用一节来讨论"彼"的问题。他认为,逻辑思维的基础是客观物质世界,对于这一物质世界,墨辩有一专门术语,就是"彼"。③

(4)"彼"是"颉"字之误,指一对矛盾判断。陈孟麟在《墨辩逻辑学》中认为"彼"系"颉"字之形讹:"颉字含义是相矛盾,因而墨辩以之作为一个专门术语,以表达一对矛盾判断。"④

(5)"彼"指是非。詹剑峰在《墨子的哲学与科学》中,根据《修身》篇"辩是非不察者,不足与游"以及《小取》篇"夫辩者,将以明是非之分"之语,认为"彼兼'是'、'非'两义","《经》文'辩,争彼也',争读如诤,正也,'争彼'即正是非。"⑤

---

① 沈有鼎著:《墨经的逻辑学》第12—14页,中国社会科学出版社1980年版。

② 周云之、刘培育著:《先秦逻辑史》第106—110页,中国社会科学出版社1984年版。

③ 温公颐著:《先秦逻辑史》第88—95页,上海人民出版社1983年版。

④ 陈孟麟著:《墨辩逻辑学》第374—380页,齐鲁书社1983年版。

⑤ 詹剑峰著:《墨家的形式逻辑》第82页,湖北人民出版社1979年版。

2. 关于"杀盗非杀人"的争议

20 世纪 60 年代曾对此命题展开过争议。先是，孙中原于 1963 年 11 月 1 日《光明日报》发表《墨家"杀盗非杀人"的命题不是诡辩》一文，认为《小取》篇对"杀盗非杀人"命题的论证是合乎逻辑的，不能说是诡辩。其后，于惠棠在 1964 年 1 月 17 日《光明日报》发表《墨家"杀盗非杀人"的命题是诡辩》一文，对孙说进行了反驳，认为孙说是偷换概念。接着，骆风和在 1964 年 1 月 24 日《光明日报》发表《墨家"杀盗非杀人"的命题是否是偷换了概念》一文，认为孙中原的推论形式是从不同概念推论出否命题，不能说是偷换概念。

改革开放以后，这种争论仍在继续。

沈有鼎在《墨经的逻辑学》中指出，在战国那样的乱世，要求政府保护"贱人"的财产无异于与虎谋皮。"难道为了自卫把盗贼打死，也是犯了杀人罪么？可见墨家'杀盗非杀人也'的主张，有深刻的意义。"① 李亚彬在《中国墨家》一书中的观点与沈氏相同。②

陈卓祥在《墨家"杀盗非杀人"是一个朴素的辩证的命题》③ 一文中同意沈氏关于该命题有深刻的社会意义的观点，认为墨家的主张是"进步的主张"。但是陈卓祥反对沈氏认为该命题"近于诡辩"的观点。他认为，《小取》篇在论证这类问题时，已经超出了形式逻辑的框架，着重于从个别与一般的关系上论述。"盗，人也。杀盗，非杀人也"体现的是个别与一般的关系。"盗，人也"是从"盗"与"人"的联系和统一来说的，"杀盗，非杀人也"是从"盗"与"人"的区别和对立来说的，这是对一般与个别关系的生动描述，是活生生的辩证法，不是诡辩。

潘富恩和施昌东则对该命题持彻底否定的看法。他们在《论墨家的朴素辩证法思想》④ 一文中指出，"杀盗非杀人"的说法不仅是在政治上站到统治阶级的立场，把反抗统治阶级的劳动人民诬之为"盗"，为统治阶级对劳动人民施行暴力进行辩护，而且在理论上也是十足的诡辩，因为所谓

---

① 沈有鼎著：《墨经的逻辑学》第 59—61 页，中国社会科学出版社 1980 年版。
② 李亚彬等著：《中国墨家》第 288 页，宗教文化出版社 1996 年版。
③ 陈卓祥：《墨家"杀盗非杀人"是一个朴素的辩证的命题》，《广西师范大学学报》1986 年第 1 期。
④ 潘富恩、施昌东：《中国哲学史研究》1980 年第 1 期。

"杀盗非杀人"，显然与公孙龙的"白马非马"是同一性质的诡辩论命题。此外，北京大学哲学系中国哲学史教研室编写的《中国哲学史》也认为此命题是错误的推理。

3. 关于"辞以故生，以理长，以类行"的争议

《大取》云："夫辞以故生，以理长，以类行也。"对此诸家解释多有不同。

第一种解释是，故是立辞的论据，相当于演绎推理中的小前提；理是普遍规律，相当于演绎推理中的大前提；类是归类推理，这种推理一方面是强调事物本质的同一性，另一方面又是强调事物本质的差异性，所以"知类"就是"明理"，也就是认识每一种本质的特殊规律。①

第二种解释在对故和理的解释上与第一种解释相同，但对类的解释有所不同。这种解释认为，"以类行也"的目的只是为了给"理"提供具有归纳意义的例证，从而加强论据（理）的可靠性。因此故、理、类三者并列为"说"式推理和立论的基本前提。②

第三种解释是，故是立辞的理由（原因、根据），是一个结论所以产生的前提的总和。理是推理形式。类是人们认识由个别上升到一般的推理活动，"以类取"是归纳推理，"以类予"是演绎推理。推理就是明类，离开明类，没有推理可言。③

第四种解释是，故、理、类都是逻辑推论的组织形式。故是立辞的根据，指客观事物的所以然。理不是指大前提，而是指客观事物的条理，或事物形成的规律，是指整个推论过程所循的规则。类是以类为推，把所得的结论（辞）推广到普遍的范围去，最后达到"俱然"的遍效性。④

第五种解释是，故是原因，相当于推理的前提，而理是推论所必须遵守的逻辑规则和规律，类是事物一般和个别的关系。⑤

第六种解释是，"以故生，以理长，以类行"是推出结论、证明论题的思维过程（即推理、论证）所必须遵守的规则。其中"辞以故生"相当于

① 沈有鼎著：《墨经的逻辑学》第179—189页，中国社会科学出版社1980年版。
② 周云之、刘培育著：《先秦逻辑史》第151页，中国社会科学出版社1984年版。
③ 陈孟麟著：《墨辩逻辑学》第58—61页，齐鲁书社1983年版。
④ 温公颐著：《先秦逻辑史》第115—116页，上海人民出版社1983年版。
⑤ 朱志凯著：《墨经中的逻辑学说》第125—138页，四川人民出版社1987年版。

充足理由律，指某一结论或论题凭借充足的理由而得以成立。"辞以理长"相当于形式有效律，指推论形式符合已被证明为真的一般规律或标准的法式。类是由事物性质所决定的同异界限与范围。"辞以类行"相当于同类相推律，即指同类才能相推的规则。①

第七种解释是，故有两重含义：一是指客观事物、现象发生和存在的原因或条件；二是指立辞的理由和根据。理也有两重含义：一是指客观事物、现象发生和存在的自身根据；二是指在逻辑推理、论证过程中所必须遵循的法则或规则。类是墨子逻辑学的一个核心范畴。类范畴为概念的确立、定义的划分及其相互联系提供了一个框架，为判断的形式及不同判断之间的联系和区别提供了一个判别基础，为推理能得以合乎逻辑地进行提供了基本前提，既反映了客观事物实际存在的各种形式的类属关系，也规范了论辩方法的基本原则。②

五、 墨家政治与经济思想研究

春秋战国时期正是中国社会发生巨变的阶段，当时各诸侯国战争连绵不断，统治者又都荒淫无度，普通百姓处于水深火热之中。值此之际，许多有识之士出于强烈的救世意识，纷纷提出改造社会的各项主张，以拯救百姓于水火之中，墨子就是其中的佼佼者。他以天下为己任，把视野始终集中在国家与百姓的命运上，先后提出政治、经济方面的许多主张，以求改变社会现状。这些主张中较具代表性的是兼爱、尚同、尚贤和节用学说。下面我们就对近30年来在这四个方面的研究作一简要的回顾。

（一）兼爱学说研究

学界对于墨子兼爱学说的称赞占有压倒性优势，但也有极个别人持否定态度，例如，沈绍明在《墨子"兼爱"思想的局限性》③ 一文中指出：作

---

① 孙中原著：《墨学通论》第183—191页，辽宁教育出版社1993年版。
② 邢兆良著：《墨子评传》第333—342页，南京大学出版社1993年版。
③ 沈绍明：《墨子"兼爱"思想的局限性》，《成都师范高等专科学校学报》2003年第3期。

为"农与肆工"代言人的墨子，"其兼爱不出于人类道德的自觉，而是建立在现实生活中人与人的利害关系上。""墨子以兼爱做幌子，羞涩地传达小生产者对利的欲望。以利为基础的爱，其爱是否为真爱，也只有爱者自己心知肚明。所以，从根本上讲，墨子的兼爱是外在的、形式化的，它不能真正地提升人类的精神境界。'爱'之意需'利'之物质为基础，但绝对化'利'的作用，实际上使墨子陷入了庸俗唯物主义的泥潭。"

墨子兼爱学说虽然引起人们的普遍注意，但对其在墨子思想中的地位则评价不一。邢兆良在《墨子评传》中认为兼爱学说是墨子的理想社会蓝图，在这一理想社会中，人人平等，有财相分，有利相交，彼此互爱。① 谭家健在《墨子研究》中认为兼爱学说是墨子学说的总纲领，是"墨子思想的核心和精华，是墨家学派区别于先秦其他学派的根本标志"。② 杨俊光在《墨子新论》中并不认为兼爱学说是墨子思想的核心，他认为兼爱学说仅是"墨子伦理思想的核心"。③ 孙中原在《墨学通论》中的观点与杨氏相类似。④ 徐希燕的《墨学研究》仅在论述墨子的管理思想时谈到兼爱学说，并且仅把兼爱学说看做墨子对于人际交往所提出的一个重要原则。⑤ 蔡尚思在《墨子十大宗旨的主次问题》一文中则将墨子的兼爱学说和非命学说并列，认为墨子的中心思想是以兼爱与非命为中心的两大平等主义。⑥

在墨子兼爱学说与儒家仁学的比较方面，学界的看法也不统一。

陈雪良在《墨子答客问》中指出，儒家的仁爱的最大特色是一种有差别的爱，因此被人称做"别爱"，而墨家的兼爱不承认有差别的爱，是一种无差别、最普遍的爱，因名之为"国爱"。⑦

李泽厚指出，儒家的爱出自内在心理的"仁"，墨家的爱基于外在互利的"义"。儒家的仁爱由于具有现实的氏族血缘宗法社会的基础，所以获得强有力的支持。墨家兼爱却缺乏直接推行的社会势力，反而被认为脱离实

① 邢兆良著：《墨子评传》第 193 页，南京大学出版社 1993 年版。
② 谭家健著：《墨子研究》第 25—34 页，贵州教育出版社 1995 年版。
③ 杨俊光著：《墨子新论》第 104 页，江苏教育出版社 1992 年版。
④ 孙中原著：《墨学通论》第 31 页，辽宁教育出版社 1993 年版。
⑤ 徐希燕著：《墨学研究》第 332 页，商务印书馆 2001 年版。
⑥ 选自张知寒主编：《墨子研究论丛》第 4 辑，齐鲁书社 1998 年版。
⑦ 陈雪良著：《墨子答客问》第 59 页，上海人民出版社 1997 年版。

际，甚至被斥为空想。这就是儒墨两家在"爱"的问题上争议的实质所在。①

谭家健在《墨子研究》中虽然承认无差等的兼爱和有差别的仁爱是儒墨两家的分歧所在。但他又指出：墨子是功利主义者，他的兼爱着重于人与人在现实的物质利益方面通过互助取得平衡，使每个人的生活有着落，生命不受威胁，社会便安定了。孔子是理想主义者，他的仁学注重人的内在道德修养，企图通过教化来启发人的自觉，由修身、齐家而后治国、平天下。墨子的兼爱互利是从"生"来讲人性和社会，偏重于实用层次；儒家的仁义是从"理"来看人性和社会，侧重于精神追求。两者不能说谁好谁不好，二者都是人类文明不可缺少的环节。②

张斌峰在《"兼爱"学说的新透视》③一文中认为墨家的兼爱与儒家的仁爱有以下几方面区别：（1）从二者对人性的认识上看，儒家重视人的精神性，而墨家侧重人的自然属性。（2）儒家仁爱侧重于人类情感的发挥，墨家兼爱采取的则是理智的思辨方法。（3）兼爱重公德，仁爱重私德。（4）兼爱是无差别的爱，仁爱是有差别的爱。（5）儒家以为爱利对立，墨家认为爱利相容。（6）在论证方法上，儒家仁爱的论证是心理的、性情的，缺乏知识论、名辩学方法的基础。而墨家兼爱的论证既有心理学依据，又能以知识论、名辩学方法作为基础。（7）儒家仁爱学说不包含对人的主体性的承认，而墨家兼爱学说包含着主体性的萌芽。（8）儒家仁爱学说代表新兴地主阶级利益，墨家兼爱学说代表小生产者的利益。基于上述分析，张斌峰认为，兼爱学说的实际效果只能是有利于平民物质利益的实现和他们地位的提高，而对贵族、奴隶主等统治阶级来说，只能是对他们的一种限制，因此，墨学的兼爱学说相对于儒家仁爱学说"无疑是进步的"。

赵保佑在《"兼爱"：构建现代和谐社会的伦理基础》④一文中则认为，尽管儒墨两家的仁爱思想在"仁者爱人"这一根本观点上是一致的，但二者涉及"爱"的广度即外延是有很大区别的。儒家的"仁爱"是一种有差等的爱，是推己及人，由亲及疏，由近及远的爱。而墨家的"兼爱"则是

---

① 李泽厚著：《中国古代思想史论》第 59 页，人民出版社 1986 年版。
② 谭家健著：《墨子研究》第 33 页，贵州教育出版社 1995 年版。
③ 选自张知寒主编：《墨子研究论丛》第 4 辑，齐鲁书社 1998 年版。
④ 赵保佑：《"兼爱"：构建现代和谐社会的伦理基础》，《中州学刊》2006 年第 2 期。

一种无差等的爱，要求人们抛却血缘和等级差别的观念，爱人如己。在动因上，儒家强调的是心理动因，认为人有报恩心，因为个人利益是他人给的；还认为人有同情心，能够推己及人。墨家强调的是功利动因，是主体以自爱之心去爱与我相对待的客体，最终实现"投之以桃，报之以李"，即唤起对方爱自己的目的。在赵保佑看来，墨家将天志看做衡量人间善恶的唯一标准和最高依据。而儒家不仅关注天，更重视人，注重人的内在修省即道德意识的苏醒与自觉。因此，儒家的仁爱是天道、人道相融合，内在与超越相统一的爱。而在这点上，墨子是有欠缺的。墨家这种兼爱虽然胸怀更为博大，含有打破家族本位的倾向，但与后来的封建社会结构不相协调，因此反倒不如儒家的仁爱更易畅行。

此外，对于墨学兼爱学说是否是空想的问题上也存在着分歧。

比较多的人以为，墨子的兼爱学说是空想。例如，邢兆良就曾将之称为"乌托邦的政治理想"、"空想的政治理想"。他认为，墨子为了实现兼爱互利的理想社会，提出了尚贤、禁欲和非攻三个基本措施，但是这个基本措施只代表小生产者利益，而与地主阶级利益相冲突，尚贤直接威胁了地主阶级的政治统治，禁欲的矛头直指地主阶级的经济特权，而且战争成了当时社会发展的一种必要的形式，所以兼爱、尚贤、禁欲、非攻等思想"不合时宜"，"过于空泛，缺乏现实的物质力量"，最终这些幻想和空想在"历史铁律"的作用下被地主阶级碾碎。①

谭家健则反对空想说，他在《墨子研究》中指出，理想不等于空想，空想是没有根据的，是不可能实现的，理想则有一定的根据，在一定条件下是有可能实现的。墨子兼爱的根据是人类的确有自爱而爱人、自利而利人之心，因而是可以发扬光大的。自私自利并不是人的本性，只是人性的一种扭曲，因而是可以克服的。人人互相爱护，互相帮助，的确在原始公社长期实行过。在古代社会下层群众中，互助共济活动曾长期存在，"所以不能笼统地把'兼爱'看成是不可能实现的无益的空想"。②

（二）尚同学说研究

墨子对政治有着强烈的参与意识。面对战国时期四分五裂的动荡政局，

---

① 邢兆良著：《墨子评传》第193—216页，南京大学出版社1993年版。
② 谭家健著：《墨子研究》第38—39页，贵州教育出版社1995年版。

墨子向往着安定和统一，因而推出尚同学说，以期改变这种纷争不已的状况。但在近30年来对墨家政治思想的研究中，分歧最大的也莫过于对墨子尚同学说的评价了。主要有以下几种观点：

1. 专制说

张永义在《墨——苦行与救世》一书中认为，墨子的尚同学说主张下级政长由高一级选择或指定，自然会使个人的意见起决定作用，因而必然产生极端专制的局面。① 丁为祥、雷社平在《自苦与追求——墨家的人生智慧》一书中也指出，从尚同学说对天子绝对权力的规定来看，墨家确是独裁与暴君的始作俑者。② 杨俊光在《墨子新论》中也认为，墨子尚同的主张确是后世中央集权的专制主义封建国家理论的最早表述。③ 罗世烈在《墨家的专制主义》④ 一文中甚至认为，墨子所说的"一同天下之义"剥夺了人民的思想和言论自由，是一种绝对的"君主专制主义"。而墨子所建立的墨家团体，是一个"巨子专制独裁的组织，由狂妄刚愎的领袖统帅迷信盲从的群氓"，"实际上墨家巨子同其徒属的关系，更近乎迷信邪教的首领同其信徒的关系，相互间是独断专行同盲从效死的主奴隶属关系，这也正是墨家尚同学说所要求的君臣之义。"

黄勃则认为尚同学说是一种有条件的专制主义。他在《论墨子政治思想的特征及意义》⑤ 一文中说："'尚同'主张体现了强烈的专制主义倾向，这又是同墨子带有人民性的基本思想倾向相悖的，于是他又提出了'天志'、'明鬼'的理论，希望以此来约束统治者的行为。所以不妨说，墨子在政治关系和政治原则上所主张的是一种'有条件的'君主专制主义。"

高建立的观点也属此类。他在《墨子尚同说的专制性特征解析》⑥ 一文中指出：墨子强调的"上之所是，亦必是之；上之所非，亦必非之"所表达的意图很明显，那就是"被统治阶级不但要在思想上和天子保持一致，而且要对天子的权威绝对服从。扩而言之，无论是任政，还是用人，都要以

---

① 张永义著：《墨——苦行与救世》第83页，广东人民出版社1996年版。

② 丁为祥、雷社平著：《自苦与追求——墨家的人生智慧》第70—72、131—136页，武汉出版社1998年版。

③ 杨俊光著：《墨子新论》第71页，江苏教育出版社1992年版。

④ 罗世烈：《墨家的专制主义》，《四川大学学报》1999年第5期。

⑤ 黄勃：《论墨子政治思想的特征及意义》，《史学理论研究》1995年第4期。

⑥ 高建立：《墨子尚同说的专制性特征解析》，《河南师范大学学报》2005年第1期。

天子的好恶是非为最终标准。这样墨子所谓的'尚贤'也只能流为空谈，最后只能是天子专制，'一同天下之义'。墨子尚同说的专制主义本质暴露无遗！"

2. 民选+王选说

徐希燕在《墨学研究》中指出，墨子尚同学说中指出选择政长的次序是：次级政长先由民选，再由高级政长任命。徐氏还指出，墨子主张以"禅让制"来解决君位继承问题，"那就是天子、帝王或君主在即将退位或驾崩之前将自己的王位传给其统治范围内的最智慧、最贤良的人。其实这也是一种选举制度，只不过选举者是帝王，被选举者是即将继承君位的贤人。"所以徐氏认为"墨子的选举制是：民选+王选"。徐氏还认为，尚同的实质是强调君主中央集权，对当时乱世来说，是完全符合历史发展趋势的进步主张。①

3. 民主说

谭风雷在《墨子"尚同"思想中的民主意识》② 一文中认为，墨子主张的尚同并不是在下者无条件地服从在上者，而是以在上者了解下情、顺从民意为前提的，尚同是上同于这样的贤者，因此尚同"是比较合理的、进步的，与民主精神并不矛盾"。倪志云在《"三表"与墨子的政治论》③ 一文中指出，墨子尚同学说"不是专制论"，而是建立在充分民主基础上的政治思想上的统一。陈雪良更是明确地指出："墨家在中国历史上第一次明确提出了天子的民主选举学说。"他在《墨子答客问》中认为，《尚同下》篇说："是故天下之欲同一天下之义也，是故选择贤者，立为天子。"其中"天下"是"天下人"的省略语，"立"也就是"选择"的意思，也可谓之选举。④

4. 主观上追求平等，客观上提高了君主诸侯的威权

王长华在《春秋战国士人与政治》一书中指出，从理论上，墨子在其尚同学说中赋予了"天子"同的权力，又从"百姓"和"天"两方面予以限制。但是，"由于墨子既没有明确'选天下之贤可者，立为天子'的施动

---

① 徐希燕著：《墨学研究》第116—117页，商务印书馆2001年版。
② 张知寒主编：《墨子研究论丛》第1辑，山东大学出版社1991年版。
③ 张知寒主编：《墨子研究论丛》第1辑，山东大学出版社1991年版。
④ 陈雪良著：《墨子答客问》第197—198页，上海人民出版社1997年出版。

者为何，也没有说明在上有过时如何'规谏之'，所以这在实际的政治运行中，'天子'之上的'天'这一八宝楼台的最上一层则不免被悬置，而剩下的只有百姓如何上'同'于'天子'这一层关系了。"所以王长华认为，"墨子在提倡'天志'和功利，把君子诸侯的宗法特权稍作降格规定以后，又顺应统一之势，补救地赋予了君主诸侯与以前差不多同样大的威势和权力。"①

5. 集权说

路平和巴干在《试论墨子政治思想的渊源与特征》② 一文中指出：墨子的政治主张，并不是在力倡专制集权，而是一种"达到天下大治的集权主义的政治措施"。在他们看来，专制与集权有着本质的不同："专制是指君主独自掌握政权，凭自己的意志独断专行，操纵一切。专制集权主张的是大权垄断于君王一人，其余臣僚和百姓唯有唯命是从，不得有丝毫的违忤；而集权是指政治、军事等大权集中于中央，它不是针对个人，而是针对一个当权者阶层而言的，它主张的是下级对上级的服从，同时还有下级对上层的劝谏和监督。"他们认为，墨子的政治主张不仅有上同于君王，还有上同于各级政长，同时还主张政治上要下情上达，君王要让百姓和各级政长监督自己。为了更好地对君王实行监督，墨子又在君王之上构建了具有赏善罚恶这种意志的天和鬼神，来实施对君王的监督，以防君王专权独断，恣意妄为，暴虐百姓。因此，墨子所倡导的并非专制，而是"为保障政令畅通而建立上下有序的集权主义的政治秩序"。

6. 治道说

程宇宏在《义：墨子"尚同"理论的正当性基石》③ 一文中指出：墨子所谓"政之本"、"治之要"的尚同学说，作为一种不同于现代西方政治学的治道形态，以"民主"或"专制"范畴作为解释框架，对于发掘其理论价值，"未必是一种贴切的方法"。他认为：在中国古代思想史上，"治道"的概念已为先秦墨家、儒家、道家、法家等诸学派学者采用，而秦汉以来，更为从帝王到朝野人士广泛使用，成为中国古代学者针对如何治理国

① 王长华著：《春秋战国士人与政治》第88—89页，上海人民出版社1997年版。
② 路平、巴干：《试论墨子政治思想的渊源与特征》，《前沿》2001年第6期。
③ 程宇宏：《义：墨子"尚同"理论的正当性基石》，《职大学报》2006年第3期。

家的问题所提出的理论、学说、思想等构成的以"治国平天下"为宗旨的知识体系。从这一意义上说，"治道"的概念已成为中国古代思想史上一个研究公共事务管理的学术部类的表征符号。换句话说，在中国古代思想史的语境中，人们关于"治道"的种种言说，其目的在于表述对于"理想的'治'如何可能"这一问题的意见。因此，如果把尚同学说置于墨子自身的"治道"理论框架之内，墨子尚同学说论及的是"基于共享价值观的组织整合与组织管理原则"，而墨子对于"义"的设定，则构成了尚同学说的"正当性基石"。

（三）尚贤学说研究

关于墨子尚贤思想的起源，潘民中认为起源于尧舜禹汤文武之道。他在《"尧舜禹汤文武之道"与墨子的"尚贤"思想》①一文中指出，从部族的发展史来看，禹、汤、文、武同处于各自部族由原始社会到奴隶社会、由部落到国家的门槛之上，虽然他们的观念与尧、舜已有所不同，但禅让的遗风仍在相当程度上影响着他们。在选择自己执政的辅佐官员时仍遵循了禅让制下不拘出身不拘资格唯贤是举的做法。墨子目睹腐朽没落的奴隶主贵族为一己之私，专门任用那些"骨肉之亲、无故富贵、面目美好者"，而许多德才兼备的贤良之士却沦落社会底层的不合理现实，向往尧舜禹汤文武时期的尚贤之道，从而提出了"尚贤而治"的政治思想。因此，尧舜禹汤文武时期的尚贤之道奠定了墨子尚贤思想的基石。

关于尚贤学说在墨子学说中的地位，有些人将之归入政治范畴，认为墨子的尚贤学说是从尚同学说中派生出来的，杨俊光②、陈章发③都持这种看法。徐希燕则指出，尚贤是墨子政治理论的核心观点之一，作为墨子政治思想主要内容的尚贤与尚同是密切相关的，其中"'尚贤'是实现国家完全统一的必要手段，'尚同'是实现国家高度统一的理想境界"。④ 孙中原与上

① 潘民中：《"尧舜禹汤文武之道"与墨子的"尚贤"思想》，《平顶山师专学报》2003年第3期。
② 杨俊光著：《墨子新论》第79页，江苏教育出版社1992年版。
③ 陈章发：《试论墨子尚同与尚贤思想的民主性》，萧鲁阳、李玉凯主编：《中原墨学研究》，中州古籍出版社2001年版。
④ 徐希燕著：《墨学研究》第132页，商务印书馆2001年版。

述观点不同，认为"'尚同'说是墨子'尚贤'论的延伸"。① 张永义则将墨子的尚贤学说归入伦理范畴，将之与兼爱学说置于同等地位，认为"兼爱和尚贤都是墨子建构理想社会的正面主张，但它们却比其他主张更深刻地触及到了旧有宗法伦理制度的病根。其中，'兼爱'主要从个体道德的角度抨击儒家的'亲亲'原则，'尚贤'主要从社会伦理的角度批评儒家的'尊尊'制度，两者合在一起，有力地证明了建立在血缘关系基础之上的宗法制度之不合理。"②

关于墨子尚贤的范围，普遍地认为包括所有的社会阶层。如谭家健认为，墨子并不否定"富贵为贤"，只是不偏富贵而已。墨子只是认为劳动者当中的贤者也可以参政，并没有规定只有劳动者才能当权或主要由劳动者当权。③ 但是也有个别不同的观点。如刘泽华认为，墨子"尚贤的对象不是一般的老百姓，而是当时的知识阶层——'士'。④ 韩连琪甚至认为墨子首先把贤者的人选"寄托在原来宗法贵族的身上"。⑤

关于墨子尚贤的意义，绝大多数学者都给予肯定。如张永义称墨子尚贤学说"破天荒第一次道出了平民要求参政的呼声"。⑥ 陈朝晖认为，墨子尚贤学说彻底打破氏族血缘界限，"是前无古人的"。他还指出，与孔子的举贤方针相比，"墨子的'尚贤'显得更加彻底，更具有进步意义"。⑦ 程有为则将其意义概括为三点：第一，与前人相比，墨子尚贤思想更为系统化，也更具理论性；第二，墨子明确提出尚贤是为政之本，从而把尚贤提到了新的高度；第三，完全打破旧的贵贱等级观念和传统的亲亲观念。⑧ 潘民中也将其意义概括为三点：第一，能够启迪我们增强人才竞争的自觉性；第二，能够启迪我们更好地协调不同利益群体之间的关系，求得社会稳定与发展；

---

① 孙中原著：《墨学通论》第 27 页，辽宁教育出版社 1993 年版。
② 张永义著：《墨——苦行与救世》第 71—72 页，广东人民出版社 1996 年版。
③ 谭家健著：《墨子研究》第 83 页，贵州教育出版社 1995 年版。
④ 刘泽华著：《先秦政治思想史》第 587 页，南开大学出版社 1984 年版。
⑤ 韩连琪著：《先秦两汉思想论丛》第 320 页，齐鲁书社 1986 年版。
⑥ 张永义著：《墨——苦行与救世》第 75 页，广东人民出版社 1996 年版。
⑦ 陈朝晖：《孔墨尚贤人才观之比较》，张知寒主编：《墨子研究论丛》第 2 辑，山东大学出版社 1993 年版。
⑧ 程有为：《墨子尚贤思想简论》，萧鲁阳、李玉凯主编：《中原墨学研究》，中州古籍出版社 2001 年版。

第三，能够启迪我们探求有效遏制腐败的途径。① 但是也有不同的评价。如刘泽华认为，墨子的尚贤主张在一定程度上符合人民的要求，有其进步意义，"但是墨子的尚贤是由'上'来尚贤，而不是由人民来选贤，因此它在本质上不会是劳动人民的思想。在剥削阶级占统治地位的社会中，尚贤主张在很多情况下还会束缚人民的行为。因为把社会问题归结为几个人的问题，把社会改革的希望全寄托在几个贤人身上，这就会转移人民对统治阶级的斗争，这显然是一种改良主义思想。"②

（四）节用学说研究

墨子的节用学说是其十大主张之一，大多数人都将之归入经济范畴，因其有抨击统治阶级奢侈生活的内容，所以也有人将之归入政治范畴。墨子又有节葬、非乐的主张，其实都可将之看做节用思想的延伸。从近年研究情况看，大多数人均给予肯定评价。例如，杨俊光认为墨子提出节用学说，一方面是为了反对王公大人的侈靡浪费，另一方面是为了发展生产，增加社会财富，所以"是积极的而不是消极的"。③ 杨宏伟也指出："在诸子百家中，墨子的节俭观最能反映当时的社会状况，最深刻，也最进步。"④ 徐希燕更进一步指出："因为人类的消费是必需的，所以墨子实际上是提出了低度消耗资源与适度消费的原则。这两个原则也是可持续发展的核心内容。墨子事实上在二千多年前已提出了可持续发展的初步思想了。"⑤

但是也有一些人认为墨子的节用学说行不通。

例如，陈绍闻、叶世昌、陈培华在 20 世纪 70 年代指出："他（指墨子）并没有区分不同的对象，似乎这个标准适用于一切人，事实上只能适用于某阶层。广大劳动人民达不到这样的消费水平，而统治阶级的中上层又嫌这样的消费水平太低。'诸加费'是不是'加于民利'，在现实生活中也很难得到统一的解释。较富裕的阶层认为能增加消费效果的费用，在较贫穷

---

① 潘民中：《"尧舜禹汤文武之道"与墨子的"尚贤"思想》，《平顶山师专学报》2003年第3期。

② 刘泽华著：《先秦政治思想史》第589页，南开大学出版社1984年版。

③ 杨俊光著：《墨子新论》第127—128页，江苏教育出版社1992年版。

④ 杨宏伟：《论墨子的经济思想对社会稳定与发展的意义》，张知寒主编：《墨子研究论丛》第4辑，齐鲁书社1998年版。

⑤ 徐希燕著：《墨学研究》第147页，商务印书馆2001年版。

的阶层看来，则可能认为是浪费，显然，墨翟的节用主张是根本不能实行的。"①

李泽厚在20世纪80年代也指出：在揭露、抨击贵族统治者的各类骄奢生活方面，墨子的节用思想是有其进步意义的。但问题是，墨子企图极大地限制甚至取缔人们除基本生存需要之外的一切消费，实际上违反了社会发展的客观规律，是行不通和不会有什么结果的。而这，就正是小生产劳动者的狭隘眼界的悲剧。②

舒大刚于20世纪90年代在对墨子节用思想给予充分评价后则指出："墨子经济思想中还未涉及农业社会的根本问题——土地与劳动力如何结合，没有解决当时地荒而未垦，田废而不耕的现象，而是苦口婆心地劝说王公大人节用，这既是非常肤浅的，也不一定行得通。"③

对于上述观点有人提出了批评。例如，谭家健在《墨子研究》一书中就指出："墨子强调王公大人要节俭，普通百姓要节俭，这有什么不好？至于说，他们的消费标准对上层太低，对下层太高，所以不能实用，这样要求也未免过于苛刻，消费标准是因人因时因地而异的，……况且，墨子的消费标准主要是针对统治者而言，统治者不愿实行，那只能责怪统治者，而不能责怪墨子。"④

此外，还有人对《墨子》和《周易》的节俭思想进行了比较研究。例如，慧超在《试论〈墨子〉和〈周易〉的节俭思想》⑤一文中指出：《周易》节卦是墨家节俭、节用、节财思想的最早源头。《周易》节卦虽然称赞节俭行为，但"既没有提出反对统治者的奢侈浪费，也没有提利民的主张，它实质是站在奴隶主立场，从维护奴隶主阶级利益出发提出的。"而"墨子则站在劳动者的立场，从积极方面发展了《周易》中的节俭思想，主张'节用'，明确反对统治阶级的'暴夺民衣食之财'。"可见，墨子的节俭思想是为"民"谋利益的。桑东辉在《〈周易〉节卦与墨子的节俭思想——兼

---

① 陈绍闻、叶世昌、陈培华：《墨翟的经济思想》，《思想研究》1978年第6期。
② 李泽厚著：《中国古代思想史论》第56—57页，人民出版社1986年版。
③ 舒大刚著：《苦行与救世——墨子的智慧》第99页，四川教育出版社1996年版。
④ 谭家健著：《墨子研究》第124—125页，贵州教育出版社1995年版。
⑤ 慧超：《试论〈墨子〉和〈周易〉的节俭思想》，《河南师范大学学报》2005年第5期。

论儒、墨思想的差异》① 一文中则指出：墨子将尚节思想由日常节用发挥到为政治国，提出"圣人之所俭节也，小人之所淫佚也。俭节则昌，淫佚则亡"思想的同时，也敏锐地意识到"天壤之情，阴阳之和"的中和之节，"但墨子尚节思想的特质仍主要集中在日常生活方面，而缺少时中、中和等抽象化含义。《周易》节卦则更多地强调'当位以节，中正以通。''君子以制数度，议德行'的义理。"

六、 墨家科学与军事思想研究

（一）科学思想研究

对于墨家科学思想的评价，近些年来一直比较高。例如，杨向奎曾经说过："一部《墨经》无论在自然科学哪方面，都超过整个希腊，至少等于整个希腊。"② 徐希燕也指出："墨子是先秦时期的科学圣人，他在科学史上作出的贡献不但是划时代的，而且其所获得的成就可以说达到了当时世界范围内的最高水平。"③

对于墨家科学思想的来源，近年来也开始有所研究，其中以邢兆良的研究影响最著。他在《墨子评传》一书中详细考证了《墨经》与《考工记》之间的关系，最后得出结论："其一，《墨经》和《考工记》所总结的手工业技术的经验和知识是墨子科学思想形成的来源之一。其二，墨子科学理论认识的形成和当时手工业技术实践的直接相关，体现了工匠和学者、科学理论和技术实践的结合。"④

对于墨子科学思想体系的研究，也有一些同志开始进行探索。例如，孙中原在《墨家人文与科学精神概说》⑤ 一文中以"摹略万物之然：论科学认识的宗旨"、"过物与论物之知：论科学认识的途径"、"察名实、明同异：

---

① 桑东辉：《〈周易〉节卦与墨子的节俭思想——兼论儒、墨思想的差异》，《天水行政学院学报》2005 年第 5 期。

② 《杨向奎教授的讲话》，张知寒主编：《墨子研究论丛》第 1 辑，山东大学出版社 1991 年版。

③ 徐希燕著：《墨学研究》第 151 页，商务印书馆 2001 年版。

④ 邢兆良著：《墨子评传》第 170 页，南京大学出版社 1993 年版。

⑤ 张知寒主编：《墨子研究论丛》第 4 辑，齐鲁书社 1998 年版。

论科学认识的工具"、"求功效，谋利益：论科学认识的价值"等四个方面对墨家科学思想体系的建构进行了尝试。而邢兆良的研究尤为出色。

邢兆良在《墨子评传》中从墨子论科学对象、墨子论科学任务、墨子科学思想的基本特征三个方面展开其对墨子科学思想体系的认识。

邢兆良指出，墨子对自然科学认识对象的确立表现在两个方面：一是将自然之物与社会人事相分离；二是从结构分析的角度研究了自然万物的存在。邢兆良还着重指出，墨子以时空元为自然物体存在的基本构成单位的宇宙观，是一种以结构观念为基础的宇宙观。正是这一宇宙观为墨子的科学认识活动奠定了一个正确的思想基础。

邢兆良通过一些具体的事例说明墨子对科学任务的认识是："首先应该将在科学实践和生产实践中观察到的各种自然现象或实验现象正确地描述出来，然后分析这些现象可能发生的各种变化，从中寻找出一些规律性的东西出来。用一定的理论形式将这些规律性的东西明确地表述出来，或用已有的理论认识确定地解释这些现象，从而达到了既知其然，又知其所以然的科学认识活动的目的。在理论形式上达到了既和感性实践活动相容，又在逻辑结构上达到前后一贯和比较完整的要求。"

关于墨子科学思想的基本特征，邢兆良认为主要表现为：重经验的实证精神，重逻辑分析的理性态度和重实用的科技价值观。对于墨子的理性态度，邢兆良认为主要体现在形成理论知识的方法和理论知识结构这两个方面。[1]

关于墨子科学思想的特征，张金桃也有所研究。他认为墨子的科学思想主要有三大特征：第一，墨家的科技思想是服务于其各项政治主张的，并运用其巧工技艺经验作论证其政治主张的逻辑依据；第二，墨家群体是当时获得很大发展的手工业者集团，他们要获得生存基础，就要不断地在总结实践经验的基础上，不断地改进技艺，并将其升华以适应社会经济环境；第三，《墨经》的成就说明，后期墨家将早期墨家的工艺经验升华到理论层面，在有关数学、力学、物理学、时空论、运动观等方面都作出了惊人的贡献。[2]

近些年来，对于墨子在科学方面的发现与成就，一直是人们关注的焦

---

① 邢兆良著：《墨子评传》第 170—192 页，南京大学出版社 1993 年版。
② 张金桃：《墨家科技思想的特征及其意义》，《江汉论坛》2005 年第 9 期。

点，论文不断涌现。例如，明清河的《墨子与墨家学派的数学思想》①就从七个方面对墨家的数学成就作了介绍：（1）无穷的思想。"有穷"、"无穷"是墨家常用的关于变数的术语，指数学上的"有限"、"无限"。变量数学涉及辩证法问题，墨家引入变数是数学上的一个很大的进步，这比笛卡儿把变量引入数学要早1800多年。（2）极限的思想。《墨经》中随时可以看到极限概念。数学发展史告诉我们，直到1655年，英国的约翰·沃利斯才创造出无穷算法，并用来解释极限的概念，这已经比墨子晚了1900年。（3）分类的思想。《墨经》提出了思维活动中必须遵守的"以类取、以类予"的分类标准，提出了分类的方法可以不唯一，但分类后的类应有相同的本质的观点。（4）转化的思想。《墨经》强调特殊与一般的相互转化，同和异的相互转化，提出事物或概念究竟属于特殊还是一般，要看同它相比较的事物或概念的外延大小，特殊与一般不是固定不变的，而是随着参照对象的不同而发生变化。（5）化简的思想。墨家很注重语言叙述的简洁性和结构形式的简明性，如关于分数的记载就反映了这一点。再如关于几何学中的一些概念的定义形式和语言叙述，充分表现出精髓和简洁。（6）建立概念的思想。墨家非常重视定义，《经上》就由92条定义组成。（7）推理论证的思想。《墨经》中数学概念的定义和解说，包含了严密的逻辑推理和数理推理。其推理的基本原则与方法，与《几何原本》极为相似。相关的著作也不少，方孝博的《墨经中的数学和物理学》和杨向奎的《墨经数理研究》就是其中的佼佼者。近年对墨子科学贡献的新发现（如在弹性力学方面的贡献）和现代科技手段的应用，表明研究正在日益深化。

至于墨家科学思想与中国文化的关系，学界已形成的共识是，墨家科学思想的湮灭使中国文化向人伦教化的方向发展，使其无法赶上近代科学的正常轨道。一些人还对墨家科学思想湮灭的原因进行了探讨，其中以邢兆良的探讨最为细密。他在《传统文化结构与墨家科学思想兴衰》②一文中指出，从文化构成的高度看，墨家科学和逻辑思想为传统文化的内容和形式所不容。传统文化使传统科技体系显现出一种固有模式：天人感应式的哲学思辨与经验技术相混合，直观观察与直觉内省相混合，观察描述与朦胧概括相融

---

① 明清河：《墨子与墨家学派的数学思想》，《洛阳大学学报》2003年第4期。
② 邢兆良：《传统文化结构与墨家科学思想兴衰》，《社会科学》1989年第6期。

合，使技术孤立地超前发展。虽然在某些技术、生产技巧上有惊人的发现，但在科学理论、科学方法方面却始终停留在简单、朴素、臆测的水平上，即便是中国古代比较发达的数学和天文学，它们的发展也一直是沿着经验性和实用性的轨道。邢兆良又指出，墨家科学思想湮灭的原因还在于"墨家的科学和逻辑思想既不能适应以家族血缘为纽带的社会宗法结构的社会秩序，又不能适合以小农业、小手工业与小饲养业相结合的小农经济及在此基础上形成的科技体系的需要"。"墨家科学思想只适应手工业技术发展的需要，而不适应以小农经济为基础的科技体系的整体要求。"邢兆良的上述认识在其《墨子评传》第八章中有着更为详细的论述。

在墨家与传统文化关系的研究中，有一种观点值得关注，这种观点认为，中国主流文化对科学思想的排斥在墨家之前就存在了。例如，汤炳正指出："先秦乃至更早的文化思想就已经形成了以人为中心而且有强大的内聚力、向心力的思维走向。"[①] 秦彦士也认为，中国传统文化很早就有一种由外向朝内向方面转化的倾向，如《易》变成占卜人事之书，《尚书·洪范》提出的五行之说，这种普遍的思维兴趣加上先秦时代激烈的社会矛盾，迫使大多数学者将注意力投向政治社会问题，主流文化的兴趣大都集中在社会问题与伦理道德方面，只有墨家仍保持了对自然科学的热情，其活动在当时就受到轻视和抵制。[②]

（二）军事思想研究

墨家的军事思想主要体现在《墨子》城守 11 篇当中，近些年来对其评价也是比较高的。例如，孙中原在《墨学通论》一书中就曾指出："《墨子》城守各篇是中国古代难得的讨论积极防御战的经典。它跟主要讨论大国进攻战规律的《孙子兵法》，恰成古代军事学说中的双璧，二者相辅相成，互为补充，因此应该受到同等程度的重视。"[③] 这种"双璧"说得到了陈雪良、徐希燕等人的赞同。张知寒与李继耐则采用了"双子星座"的提法，但意思是相同的。

① 汤炳正：《试论先秦文化思想的"内向"特征》，《江汉论坛》1989 年第 5 期。
② 秦彦士：《略论〈墨经〉与中国自然科学》，张知寒主编：《墨子研究论丛》第 3 辑，山东人民出版社 1995 年版。
③ 孙中原著：《墨学通论》第 254 页，辽宁教育出版社 1993 年版。

自 1958 年岑仲勉的《墨子城守各篇简注》问世后，对墨子军事思想的系统研究有 30 多年的时间陷于停顿状态。直到孙中原在《墨学通论》中设置专章"积极防御战的经典：墨家的军事学"，这种状况才有根本的改变。其后，一些专著如谭家健的《墨子研究》、陈雪良的《墨子答客问》、徐希燕的《墨学研究》等，均为墨家军事思想研究设置专章，尤其是李殿仁《墨学与当代军事》一书的出版，更是进一步推动了这方面研究的发展。

研究墨家的军事思想当然离不开对墨子战争观的研究。孙中原认为："墨子的战争观，包含'非攻'和'救守'这两个相辅相成的方面，不容误解，不可偏废。"[①] 李继耐则认为，墨子的战争观包括声讨"攻无罪"的不义战争和歌颂"诛无道"的正义战争两部分。[②] 谭家健与李殿仁的研究不外上述内容，但论述得更为细密，谭家健还将墨子战争观与先秦其他诸子战争观进行了详细的比较。

在对墨子战争观的研究中，人们普遍地认识到墨子兼爱学说与其战争观的密切关系。多数人认为兼爱学说是墨子战争观的哲学基础。例如，李继耐指出："墨子的战争观以'非攻'为中心，而'非攻'思想又是建立在'兼爱'学说基础之上的。"[③] 陈雪良也指出："如果说兼爱是墨学之本的话，非攻就是从这个'本'上生长出来的一根枝杈。"[④] 也有个别人的观点有所不同。如冯友兰认为："'兼爱'和'非攻'是一种思想的两面。这种思想就是非暴力论。'兼爱'是非暴力论在内政方面的表现，'非攻'是非暴力论在外交方面的表现。"[⑤] 丁为祥、雷社平则指出："墨子以广爱博施的兼爱情怀入世，但社会现实却是'国与国相攻，家与家相谋，人与人相贼'，这样，兼爱的情怀便只能退求其次而落实于'非攻'的层面；或者说，'非攻'正是实现其'兼爱'世界的基本出发点。但是，当'非攻'也不能止攻时，作为墨者之心便只能再退一步而仅求防御自守了。"他们认为，"'守备'虽然是由墨家精神层层演进而来的，但当其仅仅流落为守备

---

① 孙中原著：《墨学通论》第 247—248 页，辽宁教育出版社 1993 年版。
② 李继耐：《论墨子的军事思想以及他对古代军事、科技的贡献》，张知寒主编：《墨子研究论丛》第 4 辑，齐鲁书社 1998 年版。
③ 李继耐：《论墨子的军事思想以及他对古代军事、科技的贡献》，张知寒主编：《墨子研究论丛》第 4 辑，齐鲁书社 1998 年版。
④ 陈雪良著：《墨子答客问》第 90 页，上海人民出版社 1997 年版。
⑤ 冯友兰：《中国哲学史新编》第 1 册第 200 页，人民出版社 1995 年版。

自存时，它就已经不再是'墨家'了。因为它已经丧失了墨家的救世情怀与担当精神，或者说它已经再也无法顾及、无法担当那种情怀与精神了。"①

积极防御是墨子军事思想的核心，因此也是研究的重点。李继耐指出，墨子的积极防御的军事思想主要表现在四个方面：（1）有备无患是积极防御的基本前提。（2）全方位的防御思想。（3）建立赏罚严明、高效畅通的防御指挥系统。（4）全民皆兵的群众战争思想。② 张知寒也指出，墨子对防御获胜的条件作了如下论述：（1）要有充分的准备。（2）要有优秀的军队。（3）要有先进的武器装备。（4）要善于团结人。（5）发动全民参战。（6）要强烈谴责那些"繁为攻伐者"。（7）对守城军民进行安危教育。（8）要善于保存自己和消灭敌人。③

由于墨子与孙子年代相近，二人在先秦军事思想史上又都占有特殊的地位，所以近年来对二人进行比较研究也开始进入学界的视野。例如，李继耐指出，墨子与孙子在军事思想方面相通之处甚多，最主要有以下六个方面：一是在对待战争与和平的关系上，孙子与墨子都表现出反战的态度，但又都不主张放弃武力。二是在军事目标上，主张不战而胜为最善。三是在取胜方式上，特别是在攻城方面，都主张激励将士，蜂拥而上，一举拿下。四是在选才用将上，孙子与墨子都把将领受到国君的信任作为取胜条件之一。五是在作战时日上，二人都主张速胜。六是在治军方面，二人都主张要赏罚严明，令行禁止。李继耐认为二人间也有一些不同之处：首先，墨子立足于小国、弱国，强调防守，以防御战见长；而孙子则立足于大国、强国，强调进攻，以进攻战见长。其次，墨子着眼于军事技术和武器装备的改进；孙子则着眼于谋略、战术的运用。最后，墨子严格区分两类不同性质的战争，明确表示要以正义战争去反对不义战争，并且在组织积极的防御战中，重视发挥广大劳动群众的重要作用；而今存《孙子兵法》13 篇没有论及战争的性质，

---

① 丁为祥、雷社平著：《自苦与追求——墨家的人生智慧》第 131—136 页，武汉出版社1998 年版。
② 李继耐：《论墨子的军事思想以及他对古代军事、科技的贡献》，张知寒主编：《墨子研究论丛》第 4 辑，齐鲁书社 1998 年版。
③ 张知寒：《略论墨子积极防御的军事学》，张知寒主编：《墨子研究论丛》第 3 辑，山东人民出版社 1995 年版。

对于群众在战争中的作用也缺乏明确的表述。① 徐希燕的研究更为细密，其论述的要点如下：（1）孙子的军事战略是进攻性的，墨子的军事战略是防御性的。（2）孙子主张避实击虚，墨子主张扶弱攻强。（3）孙子主张以众击寡，墨子主张以一当十。（4）孙子主张上兵伐谋，墨子力行非攻止战。（5）二人都提倡慎战与速决战。（6）二人的军事辩证法思想都比较丰富，但孙子要更为透彻一些。（7）墨子书中提到的武器比孙子书中提到的要更加丰富、更为先进、更有威力。（8）在军事认识论方面，墨子稍不及孙子。（9）二人都强调政令统一、赏罚分明。②

七、 墨家伦理、 教育与宗教思想研究

（一）伦理思想研究

墨家伦理思想的核心问题为许多人所关注。茂森等在《墨子的伦理思想及其现代意义》③ 一文中指出："'兼爱'是墨子伦理思想的核心，它贯穿于墨子伦理思想的整个体系之中。"同时他也指出："在墨子看来，'利'是'爱'的基础和内容"，这正是墨子伦理思想的"基本精神"之所在。马庆玲、徐长忠在《墨子的伦理、政治思想——兼与儒家、法家比较》④ 一文中指出："'兼相爱、交相利'是墨子伦理思想的核心。""以'利天下'为落脚点，以无差等的爱为表现的'兼爱'说是墨子站在下层劳动者的立场上，针对'强必执弱，富必侮贫'的社会现实而提出的，表达了对物质利益的重视和小生产者对人格平等的要求及关于人际关系的淳朴愿望，否定了血缘宗法意识，具有积极、进步的意义。"马佳妮在《墨子的国际伦理思想浅析》⑤ 一文也将"兼相爱、交相利"看做墨子伦理思想的核心。杨汉民

① 李继耐：《论墨子的军事思想以及他对古代军事、科技的贡献》，张知寒主编：《墨子研究论丛》第4辑，齐鲁书社1998年版。

② 徐希燕著：《墨学研究》第258—274页，商务印书馆2001年版。

③ 张知寒主编：《墨子研究论丛》第2辑，山东大学出版社1993年版。

④ 马庆玲、徐长忠：《墨子的伦理、政治思想——兼与儒家、法家比较》，《哈尔滨市委党校学报》2007年第6期。

⑤ 马佳妮：《墨子的国际伦理思想浅析》，《昌吉学院学报》2007年第5期。

在《墨子的宗教伦理思想及其历史意义》① 一文中也指出："提倡人与人之间无差别的'兼爱'是墨子学说的核心，也是墨子宗教伦理思想的基础。"姜姣在《墨子伦理思想探析》② 一文中也认为："墨子的伦理思想以'兼爱'为核心，以'贵义'、'尚利'的义利统一的功利主义价值观为原则，反映了当时下层劳动人民的利益要求，有许多合理内容，在中国伦理思想史上独树一帜，占有重要地位。"上述这些观点都将"兼爱"观念置于墨子伦理思想的核心地位。

当然也有不同的观点，例如，魏义霞就认为墨子的伦理思想体系以义为核心。她在《"天欲义而恶不义"与墨子本体哲学—伦理哲学—政治哲学的三位一体》③ 一文中指出："在伦理领域，墨子以义为核心和总纲奠定了思想大厦的基石和框架，并且提出了一系列具体的道德条目和伦理规范进行夯实和补充。这些道德条目和伦理规范主要有'兼爱'、'非攻'、'尚同'、'尚贤'乃至'节葬'、'节用'和'非乐'等。值得注意的是，一方面，'兼爱'、'非攻'、'尚同'、'尚贤'乃至'节葬'、'节用'本身都有自己的确定内涵和真实所指，彼此之间各有侧重而各不相同。另一方面，它们都以义为最终准则和精神实质，都是从不同维度和层面对义的展开或发挥。"

关于墨子的伦理范畴的研究方面，值得关注的是张深远的研究。他在《论墨子的伦理思想》④ 一文中对墨子伦理思想中的兼爱、贵义、尚利以及节、信、礼、惠、忠、慈、孝、友、悌等伦理范畴都有所论及。

关于墨子的伦理思想是否属于功利主义范畴，仍然存在着分歧。大体可分为三种观点。

第一种观点认为墨子的伦理思想属于功利主义范畴，并对其持否定性评价。早在20世纪30年代，冯友兰在他早期的两卷本《中国哲学史》⑤ 中就已经将墨子哲学归于功利主义范畴了。在他看来，"儒家'正其谊不谋其利，明其道不计其功'，而墨家则专注重'利'，专注重'功'。"因此，注

① 杨汉民：《墨子的宗教伦理思想及其历史意义》，《长沙大学学报》2007年第6期。
② 姜姣：《墨子伦理思想探析》，《湖北经济学院学报》2007年第12期。
③ 魏义霞：《"天欲义而恶不义"与墨子本体哲学—伦理哲学—政治哲学的三位一体》，《东方论坛》2004年第4期。
④ 张深远：《论墨子的伦理思想》，《理论界》2005年第3期。
⑤ 冯友兰：《中国哲学史》（上）第115页，中华书局1961年版。

重道德纯洁性的儒家自然要优于注重功利实用性的墨家了。80 年代，李泽厚因仍其观点。他在《中国古代思想史论》中指出："墨家把道德要求、伦理规范放在物质生活的直接联系中，也就是把它们建筑在现实生活的功利基础之上，""儒家的'爱'是无条件的、超功利的；墨家的'爱'是有条件的而以现实的物质利益为根基的。他不是来自内在心理的'仁'，而是来于外在的互利的'义'。基于'利'和'义'是小生产者的准则和尺度。"①在李泽厚那里，墨子的思想已经被深深地打上了功利主义的烙印。

第二种观点认为墨子的伦理思想属于功利主义范畴，但对其持肯定性评价。例如，张深远在《论墨子的伦理思想》② 一文中指出：墨子既贵义又尚利，义利合一，"把人们的物质利益与精神追求结合起来，既肯定了至善的标准，又强调了道德原则和道德规范，铸就了一种独具特色的功利主义。"这种功利主义"代表了当时社会中的小私有劳动者和平民百姓的利益，颇具进步意义。"席丽娟和李玉华也属此类。她们在《墨子与边沁的功利主义思想之比较》③ 一文中指出："墨子功利主义的最高原则是'兴天下之利'，边沁功利主义也提倡实现'最大多数的最大幸福'，这与极端利己主义者是不同的。应该说，不管是墨子的利他主义还是边沁的合理利己主义，其共同的目的都是达到己他两利，反对损人利己的极端利己主义，而把功利主义等同于极端利己主义显然是一种简单化的理解。"

第三种观点认为墨子的伦理思想不属于功利主义范畴。路德彬、赵杰在《论墨家伦理观的真髓及其价值——从儒墨比较谈起》④ 一文中指出："墨子或墨家虽极言功利，但就其精神实质说，却并非是功利主义的。因此，儒、墨的区别与对立并不像大多数人所指出的那样，在于一个是非功利主义，另一个是功利主义，因为二者都坚持了义在逻辑上居先以统辖功利的伦理道德原则，都是非功利主义的。"郝长墀在《墨子是功利主义者吗？——论墨家伦理思想的现代意义》⑤ 一文中也指出："把墨子说成是功利主义者

---

① 李泽厚著：《中国古代思想史论》第 58—59 页，人民出版社 1986 年版。
② 张深远：《论墨子的伦理思想》，《理论界》2005 年第 3 期。
③ 席丽娟、李玉华：《墨子与边沁的功利主义思想之比较》，《齐齐哈尔大学学报》2004年第 7 期。
④ 张知寒主编：《墨子研究论丛》第 1 辑，山东大学出版社 1991 年版。
⑤ 郝长墀：《墨子是功利主义者吗？——论墨家伦理思想的现代意义》，《中国哲学史》2005 年第 1 期。

主要是因为墨子说'欲天下治而恶其乱,当兼相爱、交相利,此圣王之法,天下之治道也,不可不务也。''兼相爱、交相利',人们把这句话解释为兼相爱是手段,交相利是目的,因而墨子是功利主义。这是对墨子的误解。兼相爱是本是源,而交相利是末是果。'兼相爱、交相利'说明墨子的伦理思想是非常之深刻的。其表现为下列两个方面。第一,'兼相爱、交相利'说的是两个不同层次的关系,前者是伦理的,而后者是政治的。道德是政治的基础。在伦理关系上,我爱他人就像爱我自己一样,别人的痛苦也是我的痛苦。所以我应该关心他人的疾苦就像关心我的一样。在这种伦理关系里面,考虑的更多的是他人的利益或幸福。但是,在政治的层面上,也就是说,在客观的立场上,对于我自己的利益或幸福的考虑是平等的一部分。这完全是合理的。如果说,兼相爱是伦理的问题,那么,交相利就是政治上的平等的问题。这种平等关系不是建立在以自我为出发点的观念上的,也不是建立在社会契约的基础上的,而是建立在我把他人看做目的本身的伦理关系上的。"

(二)教育思想研究

墨子的教育思想是其整个思想体系中一个重要的组成部分。在教育内容上,墨子突破了儒家的"六艺"教育范畴,表现出非凡的创造性;在教育方法上,墨子注重言传身教,倡导教师的主动精神;在生产知识、科学技术、战术训练、论辩技巧、教学实践等方面,都有独到的理论见解。可以说,墨子是中国古代能够与孔子相媲美的伟大教育家,其教育成就得到人们的普遍关注也就不足为奇了。下面我们就从教育作用、教育目标、教育内容、教育原则、教育对象和教育方法等几个方面对墨子教育思想的研究作一简要的介绍。

1. 教育作用

王林海指出,除了教育为社会政治服务方面与儒家相近外,墨子对于教育作用的认识有三个方面的独到之处:第一,教育是实现社会理想的手段。墨子认为教育可以提高人的素质,使人"知义",从而兼爱、非攻,和睦相处,形成一个"有力者疾以助人,有财者勉以分人,有道者劝以教人"的理想社会。第二,教育是促进人发展的手段。墨子提倡"非命说",认为"民无终贱,官无常贵",教育可以改变人的命运。他把人的本性比做"素丝"，"染于苍则苍，染于黄则黄"，认为人的本性通过教育也是可以改变的。第三，教育是促进生产力发展的手段。在与陶工吴虑的对答中，墨子提出了"教人耕者其耕多"的观点。①

2. 教育目标

王林海在分析墨子教育思想的独创性时指出，墨子的教育目标是培养"辩乎言谈、厚乎德行、博乎道术"的为义之士，终极目标是"兴天下之利，除天下之害"，建成一个"万民和、国家富、财用足"的理想社会。②还有不少人从儒墨比较的角度来分析这一问题。例如，张希宇、张炳林认为，墨子的教育目标是培养"为义的兼士"，培养出来的人能够实行"有力者疾以助人，有财者勉以分人，有道者劝以教人"的主张，以此兼爱天下。而孔子的教育目标是培养"士君子"，培养出来的人能够通过"学而优则仕"进入仕途，为官从政以行其道。二者之间是有区别的。③曾云莺也指出，孔子培养的是作为君主选用的君子（劳心者），墨子培养的是为社会所用的兼士（劳力者）。二者培养的目标并不相同。④郭连锋和王红利则认为，孔子与墨子培养人才都是为了改变当时不合理的社会现象，但在培养目标的含义方面，两人存在很大的不同：对于所培养的"君子"，孔子最终是要让他们"学而优则仕"，成为当政者，以上对下来推行他的政治主张。墨子培养的"兼士"更倾向于以平民的身份去"兼爱"天下，不一定非要成为当政者。⑤陈朝晖则认为，孔子的教育目标是培养以"仁"为准则的具有崇高政治理想和道德规范的治国贤才，墨子则以教育"农与工肆"之人成为"兼士"，以求"兴天下之利，除天下之害"作为终极目标。他认为，"孔子所主张的等差之爱虽不及墨子兼爱天下富于民主的色彩，但是孔子的思想却更符合等级社会的现实状况，更具有历史的可行性。"⑥

3. 教育内容

徐希燕指出，《墨子·耕柱》云："能谈辩者谈辩，能说书者说书，能

---

① 王林海：《墨子教育思想的独创性探析》，《宁波大学学报》2003年第1期。
② 王林海：《墨子教育思想的独创性探析》，《宁波大学学报》2003年第1期。
③ 张希宇、张炳林：《简论墨子的教育思想和教育成就》，《墨子研究论丛》第4辑。
④ 曾云莺：《孔墨教育思想比较及其影响评析》，《广西社会科学》2004年第2期。
⑤ 郭连锋、王红利：《孔子与墨子教育思想之比较》，《呼兰师专学报》2003年第1期。
⑥ 陈朝晖：《孔墨教育思想之比较》，《墨子研究论丛》第1辑。

从事者从事，然后义事成也。"可见，墨子所言的教育内容可分为"谈辩、说书、从事"三类。"谈辩"是指学习谈话、论辩的方法与技巧，目的是为了培养政治家、游说之士。"说书"是指阐明书本中的理论与原理，目的是为了培养教师与学者，包括经济、政治、伦理、法制等学科。"从事"是指学习科技、农业、工业、商业、兵器等方面的知识，以用于生产实践。[①]《墨子·尚贤上》云："况又有贤良之士，厚乎德行，辩乎言谈，博乎道术者乎，此固国家之珍，而社稷之佐也。"墨子所言的"厚乎德行，辩乎言谈，博乎道术"，是指道德品质高尚、善于思辨与言谈、广泛精通自然科学和社会科学原理以及实用技术这三个方面。综上所述，墨子教育内容可分为：德育、游说、外交、逻辑、政治、经济、伦理、法制、自然科学、农业、工业、商业、应用技术、军事工程、兵器、射箭、体育、军事训练等方面。[②]

王林海指出，墨子的教育内容全面丰富，门类众多，主要有以"兼爱"为核心的道德教育、辩学即逻辑学教育、生产劳动知识及其技能的教育、自然科学知识的研究与传授以及军事教育等五个方面。[③]

还有一些人从儒墨比较的角度来进行分析。例如，陈朝晖认为，孔子以道德教育为中心，以"六书"经籍为教材，主张对学生施以德行及文学知识、艺术知识的教育，开我国美育之先声，但对自然科学知识和生产技术的传授有所忽视。墨子对孔子的教学内容有所取舍，如他仍以《诗》、《书》和《百家春秋》作为教学内容的一部分。然而墨子更重视由生产劳动中总结出来的生产技术和自然知识的传授，其内容包括数学、几何学、光学、物理学、军事知识、逻辑学等。但墨子忽视美育教育，这是他的不足。[④] 曾云莺认为，孔子教的是"道德"和"为政"的知识，墨子教的除了道德方面，还有科学常识和实际技能，两人的教育内容有所不同。[⑤] 郭连锋和王红利则认为，在教育内容上，孔子继承了西周"六艺"教育的传统，侧重于诗、书、礼、易等道德、文史方面的传授，即"谋道"；墨子则突破了儒家六艺

---

① 徐希燕著：《墨学研究》第347—349页，商务印书馆2001年版。

② 徐希燕著：《墨学研究》第346—347页，商务印书馆2001年版。

③ 王林海：《墨子教育思想的独创性探析》，《宁波大学学报》2003年第1期。

④ 陈朝晖：《孔墨教育思想之比较》，《墨子研究论丛》第1辑。

⑤ 曾云莺：《孔墨教育思想比较及其影响评析》，《广西社会科学》2004年第2期。

教育的范畴，更加侧重于生产科技方面的传授，即"谋食"。①

4. 教育原则

杨俊光认为，墨子的教育原则主要有两个方面：一是因才、因宜、因时而施教原则，二是量力性（量力而行）原则。② 徐希燕认为，墨子的教育原则有量力而行原则、实践性原则、主动性原则三个方面。③ 王林海则认为，墨子的教育原则有二：一是"志功合一"原则。即不但要看动机，而且要看效果，只有志功合一，才是正当行为。二是"量力而至"的量力性原则。墨子说："夫知者必量其力所能而行其事。"就学生而言，凡事适可而止，量其力而行其事。对于教师而言，对学生要把握分寸，量力施教。墨子是世界上首创这一原则的教育家。④

中国台湾史墨卿则从五个方面对儒墨两家的教育原则进行了比较研究：

第一，无类原则。孔子提出了"有教无类"的观点，认为无论男女老少、富贵贫贱、聪明愚劣，凡有前来受教的人，都应欣然接受。墨子提出了"遍从人而说之"的观点与"有教无类"的观点相同。但是墨子的教育原则不仅见之其言论，也见之其实际行动，"周行天下，上下说教，虽天下不取，强聒不舍也。"这种"强聒不舍"的教育原则比孔子"有教无类"的内涵更为精进一层。

第二，因材施教原则。孔子说："中人以上，可以语上也；中人以下，不可与语上也。"墨子说："为义独是也，能谈辩者谈辩，能说书者说书，能从事者从事，然后义事成也。"二人都坚持因材施教的原则。

第三，重视环境原则。"孟母三迁"的故事和孔子"性相近，习相远"的说法，都表明儒家重视环境教育。墨子说："染于苍则苍，染于黄则黄。"强调后天环境的影响不可轻忽，并认为不仅"士"有染，"国"亦有染。

第四，讲求身教原则。孔子说："其身正，不令而行；其身不正，虽令不行。"墨子说："教行下，必于上。"两人都奉行身教之道。

第五，深具爱心原则。儒墨两家，同具"爱心"，墨家兼爱之教，仍可

---

① 郭连锋、王红利：《孔子与墨子教育思想之比较》，《呼兰师专学报》2003 年第 1 期。

② 杨俊光著：《墨子新论》第 239—240 页，江苏教育出版社 1992 年版。

③ 徐希燕著：《墨学研究》第 347—349 页，商务印书馆 2001 年版。

④ 王林海：《墨子教育思想的独创性探析》，《宁波大学学报》2003 年第 1 期。

与儒家合二为一。①

5. 教育对象

陈朝晖在谈到教学观时指出：孔子虽然以"有教无类"为宗旨，然犹曰："自行束脩以上，吾未尝无诲焉。"《曲礼》则曰："礼闻来学，不闻往教。"对束脩不备或不主动求学者则无以施教。而且孔子的施教也并非来者不拒，其招收门生要求以一定的道德水准与上进心为前提，即只有"洁己以进"的人才被接纳授教。而墨子认为人人都有受教育的权利，他以兼爱精神，将教育对象扩大到整个人类社会，把王公大人与徒步之士都作为自己的教育对象。这种教育机会均等的教育思想，含有人人平等的因素，而没有孔子"唯上智与下愚不移"的偏见，更具人民性。②

郭连锋和王红利在对孔子与墨子教育思想进行比较时也指出，孔子的"有教无类"只适用于"中人"这个有限范围，对束脩不备以及不主动求学的人，孔子是不教的。墨子则主张"有道相教"，提倡有道德的人应不拘形式、随时随地教诲他人或彼此相教。所以孔子施教范围比墨子要小。③

6. 教育方法

郭连锋和王红利指出，孔子与墨子都主张因材施教。但也有不同的地方：其一，孔子主张启发式教学，强调学生要有积极的学习态度和主动的思考精神。墨子则更强调教师的主动性与主导性。其二，孔子与墨子都注重"行"，但孔子侧重于道德实践，重视思想动机。墨子除了道德实践之外，更多的是生产、科技和军事方面的实践，特别是指导学生进行实际操作和科学实验，更是儒家无法企及。墨子主张动机与效果的统一，比孔子只注重思想动机要全面。其三，墨子的传授方式是纯理智的，让学生把"心"作为认识的主体，以自然为认识对象，强调人对自然科学的认识作用，比孔子只注重人际关系进步。④ 曾云莺认为孔墨都重视学思结合、博约相济和因材施教，但孔子主张"述而不作"，墨子则认为，教师应该既述且作。⑤ 陈朝晖则指出，孔、墨都倡导因材施教和学思并重，但在以下三个方面则有所不

① 史墨卿：《儒墨教育原则论》，《墨子研究论丛》第 4 辑。
② 陈朝晖：《孔墨教育思想之比较》，《墨子研究论丛》第 1 辑。
③ 郭连锋、王红利：《孔子与墨子教育思想之比较》，《呼兰师专学报》2003 年第 1 期。
④ 郭连锋、王红利：《孔子与墨子教育思想之比较》，《呼兰师专学报》2003 年第 1 期。
⑤ 曾云莺：《孔墨教育思想比较及其影响评析》，《广西社会科学》2004 年第 2 期。

同：第一，孔子采用的是启发式教学，着眼于发挥学生的主动性，然后教师
因势利导，以达到举一反三的效果。墨子则要求教师发挥积极的诱导作用，
由教师进行强行的"劝教"。第二，孔子重视审美教学和兴趣教学，用乐教
的方式训练学生的艺术表现力，使教学形式生动活泼。墨子的施教方式是纯
理智的，过分地强调理性，无视艺术教育的感染力，将理与情相对立，甚至
带有苦行的禁欲主义色彩。第三，由于墨子在教学中侧重生产劳动知识和自
然科学知识的教育，因而积累了许多经验，产生了一些有益的教学方法，如
科学实验的方法，这是孔门教育所不及的。[①]

（三）宗教思想研究

改革开放以前，墨子宗教思想研究存在着很大的争议，主要有以下几种
观点：

第一种观点认为墨子的"天鬼观"是宗教，墨子是腐朽的宗教家。例
如，郭沫若在《中国史稿》一书中指出："孔子思想中动摇了的传统鬼神，
墨子则完全肯定下来……在奴隶制崩溃的时候，如墨子来提倡'天志'、
'明鬼'，这说明他是在复古，而不是在革新。"[②] 他认为，"墨子是站在王
公大人的立场"，是"一脑袋鬼神上帝、极端专制、极端保守的宗教思想
家"。[③]

第二种观点认为墨子是积极救世的宗教家。例如，章太炎指出：墨子
"论道必归于天志，此乃所谓宗教矣。"[④] 李绍崑也指出：墨子"主张'天
志'和'明鬼'，是出于诚心的宗教信仰，并非由于他的迷信"，因此"墨
子是一个有神论的宗教信仰者"。[⑤]

第三种观点认为墨子的"天鬼观"不是宗教，墨子也不是宗教家。例
如，詹剑峰认为："墨学不是宗教，墨子绝不是创教的教主，因为既没有老
子那样全性保真、超出物外之想，也没有后世道教炼丹修道、白日飞升之

---

① 陈朝晖：《孔墨教育思想之比较》，《墨子研究论丛》第 1 辑。
② 郭沫若：《中国史稿》第 27 页，人民出版社 1963 年版。
③ 郭沫若：《十批判书》第 112 页，人民出版社 1954 年版。
④ 章太炎：《诸子学略说》，转引自杨俊光：《墨子新论》第 213 页，江苏教育出版社
　1992 年版。
⑤ 李绍崑：《墨学十讲》第 51 页，（台北）水牛出版社 1990 年版。

术；既没有耶稣那样自命为救世主，宣传天国近了，也没有佛陀那样逃避现实，遁之空门，以求极乐世界……他的思想是入世的，不是出世的，是此岸的，不是彼岸的。"①

改革开放以后，争论仍在继续，并且呈现日益深化的趋势。主要有以下几种观点：

（1）墨家、墨学的真正内核是宗教。管荣涛在《墨子与墨家学说的宗教内核》② 一文中指出：墨子跟随远古时期对"天"的看法，主张"天"具有人格性，是有意志的，而且可以赏善罚恶，维持人间的和平、公正与正义。"由于墨子完全继承了原始的宗教思想，且运用丰富的论据论证其主要学说符合'天意'，墨子处处尊天事鬼，墨子思想的理论体系实际上是以它的宗教性为前提的。"而且墨家巨子制组织内部下级对上级有绝对服从的义务，有严格的法度，一切事务由终身制的巨子所操纵，这些特征说明墨家"成为了一种体系严密、带有宗教信仰色彩的宗教组织"。管荣涛还指出，墨家弟子"舍生忘死追随信仰的精神犹如宗教信徒般虔诚，遵守规训犹如遵守宗教教义般至死不渝"。"墨子及墨家弟子创立丰富墨学的宗旨不仅仅是为了建立一派学说'与百家争鸣'，同时也在客观上创立了一派宗教。""墨子、墨家、墨学的真正内核是宗教。"

（2）墨子的"天鬼观"是"神道设教"而非宗教。杨俊光在《墨子新论》③ 一书中指出："墨子天鬼之说，不过是神道设教。神道设教说立，宗教家之说即不立。神道设教之'教'，只是推行学说的工具，决非'学说全体之源泉'或'纲'。墨子其人，亦政治家、哲学家而非宗教家也。同时，既承认墨子思想非'出世间的'而是'世间的'，从总体上说亦已非宗教。宗教之为宗教，虽万变不离其宗，相信并崇拜神灵，并以忍受、顺从现世遭遇来祈求来世幸福。前述所有墨子思想，即皆与之异趣。"杨俊光还指出："墨子虽然积极宣传主宰的天、鬼，但就他已经明确地为天、鬼安上了一个确定的属性或赋予了一种明确的性格——根据人的品德行为的善恶施行赏罚来看，正好是不能忍受它喜怒无常的淫威的怨天、疑天思想的继续和前

① 詹剑峰：《墨子哲学与科学》第73页，人民出版社1981年版。
② 管荣涛：《墨子与墨家学说的宗教内核》，《黑龙江科技信息》2008年第3期。
③ 杨俊光著：《墨子新论》第221—224页，江苏教育出版社1992年版。

进……因此，它的意义倒正可以与对贵族风云不测的好恶喜怒加以限制的成文法的公布相提并论。"牛建科、张希宇在《论墨子非宗教家》①一文中则从三个方面论证了墨子的"天鬼观"不是宗教观念：首先，墨子"天鬼观"中的"上天"不是宗教意义上的"至上神"，而是百分之百地执行"墨子之志"、宣传和推行墨子政治理想的工具，因而与一般宗教教义主张的人必须放弃人的意志、尊严和价值，完全接受神的主宰和奴役根本不同。其次，在灵魂观方面，墨子承认有脱离人的身体的灵魂存在，然而并没有为鬼神设置一个"他界来世"，如地狱、阴间、天堂等，鬼神活动的范围都在人间，而一般宗教都系统明确地阐述"他界来世说"，为教徒设立一个非人间的理想世界，这是因为墨子不相信存在"他界"和"来世"。再次，宗教基于对他界来世的向往和对今世生活的鄙弃，明确宣扬一种消极避世的人生观和逆来顺受的宿命观。墨子则主张强力作为，反对"命定论"。因此，牛建科和张希宇认为："墨子的'天鬼观'是假借'天鬼'推行其政治主张和政治理想的'神道设教'；'天鬼观'实质上不是宗教观，墨子当然也就不是宗教家。"

（3）墨子思想具有宗教性特征，但没有形成真正意义上的宗教。高秀昌在《论墨子关于政治与宗教关系之思想》②一文中指出："墨子宗教中的'上帝'、'鬼神'都是现世的而非超世的，是代表人意的而非神意的，所以，墨子的宗教探索尽管有重要的理论和现实意义，但由于他未能建立真正的宗教信仰，因此，墨子的宗教可以说是似宗教而非宗教。墨子并没有建立一个超越人间的'天国'，树立一个人人信仰、敬畏、崇拜的上帝。但是，这并不否认墨子通过天论而宣扬的一种宗教精神。因此，他关于'天'或'天帝'的论说只是有宗教性，但还不是真正意义上的宗教论。""墨子虽然没有创立真正意义上的宗教，但他确实在张扬宗教精神，树立宗教精神。"杨善友在《从天人关系看墨子的宗教思想及其特质》③一文中认为墨子的宗教思想有以下三方面特质：第一，殷商时期，鬼神是作为统摄一切的全知全能，而人只是随意被惩罚的对象。到了墨子所处时代，理性主义有所高涨，

---

① 牛建科、张希宇：《论墨子非宗教家》，《山东大学学报》2003年第6期。
② 高秀昌：《论墨子关于政治与宗教关系之思想》，《中州学刊》2006年第2期。
③ 杨善友：《从天人关系看墨子的宗教思想及其特质》，《宗教学研究》2005年第1期。

鬼神观念受到了挑战。这一变化促使墨子从不同角度使自己的宗教思想系统化。"他又通过反对命定论进一步巩固了天、鬼的地位和作用",因此,"墨子的尊天明鬼论是对商周以来原始宗教信仰的继承和复归。"第二,西周时期天人关系中天与人是直接感应的,墨子的宗教神灵之天则以日月星辰、春夏秋冬、霜雪雨露等自然现象为媒介来表达天意,从而沟通天人之间的关系。董仲舒也以自然之天作为沟通天人的媒介,但董仲舒的天是人情化了的天。"在这三者中,墨子的宗教思想是具有过渡性质的。"第三,墨子的宗教思想中只有天神观念,没有创造出一个彼岸的世界,人们从墨子的宗教思想中得不到永恒与不朽的安慰,因此,"墨子宗教思想是有浓厚的宗教色彩,但尚不是严格意义上的宗教。"通过以上的分析,杨善友认为,在墨子的整个思想体系中,天鬼观念表达出的宗教思想是"统摄一切"的,"是墨子思想的本质和基干。"

(4)墨子构建的是一个新的属于一般平民的宗教。张晓虎在《战国社会思想与墨子宗教观的内在矛盾》① 一文中指出,战国是周礼乐文化彻底崩溃的时期。在西周宗教系统里,鬼神有着严格的等级性,墨子的鬼神观"则打破了等级界限,将西周宗教中的天神、地祇、人鬼熔为一炉"。墨子塑造的鬼神体现了"平民精神","是以民间的鬼神信仰消解西周等级化宗教","反映了人民对乱政的不满"。墨子"力图构建一个完全不同于西周宗法性宗教的新的宗教",这个宗教有着不同于西周宗法等级化的价值标准。

(5)墨子宗教思想不是一个信仰体系,而是为社会寻找一个世俗性的权威。帕林达在《谈墨子的宗教思想价值》② 一文中指出,墨子的宗教思想"是世俗功利性的,而非真正意义上的宗教思想"。"墨子学说既没有为个体的心灵苦难找到理想的精神归宿,也没有提出彼岸世界的完整体系,因此,它不是一个信仰体系,而只是为社会的安定和百姓生活寻找一种无形的权威和支持。"

(6)墨子的宗教思想属于原始宗教信仰。谭家健在《墨子研究》③ 一书中指出:"墨子的尊天可以看成是宗教观念,而墨子的明鬼则属于迷信思

① 张晓虎:《战国社会思想与墨子宗教观的内在矛盾》,《云南社会科学》2004 年第 6 期。
② 帕林达:《谈墨子的宗教思想价值》,《西北民族大学学报》2003 年第 3 期。
③ 谭家健著:《墨子研究》第 227 页,贵州教育出版社 1995 年版。

想。宗教与迷信，有相同之处，也有不同之处。宗教是有一定理想的信仰，迷信是处于无知的盲目崇拜……墨家集团虽然不是宗教集团，但他们的尊天思想，实际上属于原始宗教信仰。他们的鬼神观念，迷信成分很多。如认为水有水怪，山有山神，人死为鬼，可以报仇，可以赐福，可以断案，可以因祭物不好而发脾气打死人……这些虽然来自历史传说，而非墨子所故意编造，可是经过他的宣传鼓吹，无疑是为迷信活动推波助澜。"谭家健还认为："墨子'明鬼'论中的消极因素，比他的'天志'论似乎更多些。"

（7）墨子是有神论，而后期墨家则转变为无神论。孙中原在《墨学通论》一书中指出："尽管墨子的动机是企图借助'天'的权威来宣传和推行自己的学说，同殷商奴隶主贵族假借上帝的权威来统治奴隶的情况有所不同，但墨子捡起早已引起怀疑的宗教迷信的传统观念加以改头换面，作为其学说的一个组成部分来进行兜售，这无疑是一种倒退，是墨子学说中的糟粕。""墨子企图用鬼神这种虚幻的超自然力量来执行人间的监督、检察职能，这自然是徒劳的，并没有使他如愿以偿，吓倒当时的统治者。由于这一篇虚构的理论经不起实践的检验，于是受到学派内外的齐声反对，他也不得不对自己的理论作出某种修正和让步，在一定程度上表现出对有神论的动摇。"他还指出，到了后期墨家，从《大取》、《小取》两篇来看，还遗留有墨子有神论的残余，而从《墨经》四篇来看，墨子有神论思想已经无影无踪，表明后期墨家已经转变为"彻底的无神论"。①

八、 儒墨关系研究

墨学与儒学同为先秦之显学，二者之间既相互吸纳，又相互排斥，形成了比较复杂的关系，人们对于二者关系的评价也分歧丛生，主要有以下几种观点。

（一）儒墨同源说

张知寒认为，墨学与儒学都源于邾娄文化。他在《再谈墨子里籍应在

---

① 孙中原著：《墨学通论》第49—63 页，辽宁教育出版社 1993 年版。

今之滕州》① 一文指出：如我们将墨子的学说与"邾娄文化"相比，不难看出：墨子的思想，无一不是在继承"邾娄文化"的基础上，并吸收了尧、舜、禹、汤、管、晏以及孔子的思想发展而成的。故史称："孔墨俱道尧舜，俱谈《诗》、《书》与《春秋》。"其后，张知寒又在《略论"邾娄文化"与儒墨》② 一文重申了这一观点。

李永先、张希宇、韩义缘等人都是这一观点的支持者。

（二）儒墨非同源说

萧鲁阳、李玉凯在《关于墨子研究的几个问题》③ 一文中以"说'儒墨同源'之不能成立"为题，对墨儒同源说提出不同意见，他们指出："所谓儒墨同源是不能成立的。'儒墨同源说'显然是儒墨两派争长且儒家略占下风时的产物。"他们认为，"墨行夏道，只能产生于夏人之区，而不可能产生于周礼浓重的山东曲阜"。萧鲁阳在《论墨子研究中的几个问题》④ 一文中又再次强调说："在孔子、墨子的时代，六艺大概是一般士人都可以学习的六种教科书，并不为儒家所独有，孔子删六经，才使其成为儒家的经典，其他学派并不一定采用。所以，即使习六艺之文，也并不等于学儒家之业。墨子不言易，反对礼，所传诗、书、春秋与儒家有所不同，因此，所谓儒墨同源，是不能成立的。"潘民中在《墨子里籍考辨》⑤ 一文对于墨学源于夏文化的观点有比较细密的论述。文中指出：

墨学出于夏礼，这是人们所公认的。……在文字及记述工具不发达的古代，所谓夏礼，主要是通过融会为风俗习惯而传承的。墨学尊崇和继承夏礼，它只能产生于具有夏文化传统的地区。……鲁阳北接嵩山、洛，东临夏启钧台，在夏族早期活动的区域内，秦汉属南阳，与颍川郡毗连，处于保持着夏禹遗风的"夏人之居"范围之中。司马迁生活的汉武帝时代，鲁阳尚保有夏文化遗风，被称为"夏人"，那么在墨子生活的春秋战国时代，就可想而知了。所以从文化土壤上看，墨学只会产生在这里，……而鲁国是周公

---

① 张知寒主编：《墨子研究论丛》第 1 辑，山东大学出版社 1991 年版。
② 张知寒主编：《墨子研究论丛》第 2 辑，山东大学出版社 1993 年版。
③ 萧鲁阳、李玉凯主编：《中原墨学研究》，中州古籍出版社 2001 年版。
④ 萧鲁阳：《论墨子研究中的几个问题》，《许昌师专学报》2002 年第 3 期。
⑤ 萧鲁阳、李玉凯主编《中原墨学研究》，中州古籍出版社 2001 年版。

长子伯禽的封国，周礼占绝对统治地位。周文化的土壤孕育产生的是崇尚周礼的儒学。因而孔子说："吾学周礼，今用之，吾从周。"又曰："周监于二代，郁郁乎文哉！吾从周。"

此说在河南省学术界得到广泛的认同和支持。

（三）儒墨部分同源说

徐希燕在《墨子思想渊源》[①] 一文中指出，墨子思想的来源有四：

一是来源于夏文化。"墨子深受夏文化的熏陶和影响，深受夏禹等先圣远古精神的感召，深知自己对社会所负的崇高使命。"

二是来源于周文化和儒家。"墨子对周文化以及各国历史非常熟悉，并且达到了很高的水平。同时，墨子对儒学也达到了非常深刻的理解与把握，并站在更高的角度对儒学提出了尖锐的批评。"

三是来源于宋文化。"墨子祖先是宋人，宋国风俗习惯、思维方式都会对墨子产生较大的影响。"

四是来源于生产实践。墨子"积极参加社会生产实践，这也是其思想源泉的一个重要组成部分"。

从徐希燕的观点来看，儒墨都源于周文化，此为同源，但墨学又源于夏文化和宋文化，与儒学有异，此为非同源。这种观点显然更具合理性。

（四）儒墨对立说

郭成智在《论墨子是河南鲁山人》[②] 一文中指出：

> 墨子法夏黜周，与儒家相对立。……孔子以"仁"维护种族统治，墨子倡"兼爱"平等精神；孔子以"天命"禁锢小人犯上作乱，墨子以"天志"、"明鬼"压王公大人行天下之义；孔子鼓吹上智下愚，鄙视劳动人民，墨子举贤荐才，推崇劳动创造精神；孔子大喊："刑不上大夫，礼下不庶人"，墨家义正辞严宣称"杀人者死，伤人者刑"。

关兴丽和崔清田也是儒墨对立说的坚持者。他们在《论儒墨异同》[③] 一

---

① 徐希燕：《墨子思想渊源》，《学术论坛》1998 年第 6 期。
② 萧鲁阳、李玉凯主编：《中原墨学研究》，中州古籍出版社 2001 年版。
③ 关兴丽、崔清田：《论儒墨异同》，《晋阳学刊》1998 年第 5 期。

文指出，孔子与墨子的思想学说在以下五个方面有着实质的区别：

第一，"役夫之道"与"圣王之道"的区别。孔子生活在贵族宗法制还没有受到巨大冲击的春秋时期，又是贵族之后，曾出任过鲁国大司寇摄行相事。这种背景使孔子一生致力于维护周礼，维护奴隶主贵族专政的宗法制度。而墨子已进入战国初期，曾为工匠的经历使他站在"贱人"的立场向不平等的贵族宗法制度展开批判。

第二，"从周"与"背周"的区别。孔子对周制情有独钟，而墨子"背周道而用夏政"。这种取舍不同最终导致为政之道的分歧。

第三，"尚贤"与"举贤才"的区别。墨子"尚贤"，孔子"举贤才"，但墨子的"为贤之道"是为民谋利，孔子的"为贤之道"是遵照周礼完善个人的修养。墨子的"众贤之术"是不分贵贱亲疏，视德义而举贤，而孔子的"众贤之术"是"君子笃于亲"和"故旧不遗"。

第四，"尚同"与"畏大人"的区别。墨子的"尚同"最终要"上同于天"，实质是对奴隶主贵族统治的约束、监督和限制。孔子的"畏大人"根据的是周礼的等级制度，实质是维护与强化奴隶主贵族专政。

第五，"兼爱"与"泛爱众"的区别。墨子的"兼爱"是平等之爱，反对奴隶主等级制。孔子的"泛爱众"是"仁者人也，亲亲为大"，是对奴隶主宗法制的强化。

基于上述五方面理由，关兴丽和崔清田指出："无论在思想的阶级背景上，还是在对待周制及尧舜的态度上，乃至于一系列具体的主张上，儒墨两家均有根本的区别。"

持儒墨对立说者一般来说并不否认儒墨之间有相同或相近之处，但在他们看来，这种相同或相近乃是非本质性的，而二者间的对立才是本质性的。

（五）孔墨相同说

杨俊光在《墨子新论》的附录中曾以"'孔墨对立'说驳议"为题，对孔墨对立说系统地提出批评，其要点如下：

（1）墨子是非过儒，但没有非过孔。《非儒》篇中的一些内容非出于墨子之手，不可作为非儒的证据。

（2）孔子"从周"，但也"十分推崇夏禹"，墨子对周道"亦不是绝对地否定"。

（3）孔子"仁"的思想是对"礼"的突破，没有"爱有差等"的意思。墨子"兼爱"也只是所有的人都要爱，并没有对所有人爱的程度相等即"爱无差等"的意思。

（4）孔子与墨子一样不重仪文形式而重感情实质，二人对待丧葬和音乐的态度并无本质上的不同。

（5）墨子主张"尚同而不下比"，孔子也主张"君子周而不比"。

（6）墨子倡"非攻"，孔子亦主张"远人不服，则修文德以来之"，"何以战为？"

（7）墨子尚"节用"，孔子亦言"节用"。

（8）对于当时社会一些基本的伦理规范，如"惠"、"忠"、"孝"、"慈"、"友"、"悌"等，孔、墨的态度亦基本一致。

（9）孔子的"举贤才"不是对宗法等级制度的维护而是对它的突破，在实质上与墨子的"尚贤"是完全一致的。

（10）在对"天"、"鬼"、"命"的态度上，孔子对鬼神持淡漠态度而抽象地肯定天命（同时非常强调人的作用），墨子则积极宣传天鬼（虽不完全相信）而又竭力反对"命"，这种歧异只具有"五十步与百步"的性质。"从思想发展的历程看，两位哲人的学说都是在摆脱、突破传统的宗教观念。"

（11）在认识论、思想方法方面，孔、墨亦同在努力摆脱唯心主义传统的束缚，差别只在于前者还保留着"生而知之"的空形式，而后者则又有了进一步的突破。其异，还是五十步与百步之异。

杨俊光认为，探索孔墨之间的关系关键在于观察的角度。如果从墨子的思想出发去看孔子的思想，就容易只看到二者之间的差异和不同，而认为他们各自提出的有关命题是对立的。如果改以西周、春秋的传统思想为基点来观察孔墨各自的思想，就不难发现二者都是对传统的突破，方向是完全一致的。

（六）儒墨对立兼相通说

丁原明在《论墨儒相通——兼论墨学的衰落》[①] 一文中指出，墨家与儒

———————————

① 选自张知寒主编：《墨子研究论丛》第 1 辑，山东大学出版社 1991 年版。

家虽然对立，但是这种对立不是绝对的，二者之间仍有相通之处，这种相通之处主要体现在以下三个方面：

（1）"兼爱"与"仁爱"有相通性。孔子倡导"仁爱"，想从整饬人的伦理道德入手来解决社会政治问题，其实质是一种道德中心主义，并作为一种思维定势贯通于整个儒家学说中。墨子幻想实行"兼爱"即可消除天下篡杀争夺，这无疑是对以孔子为代表的儒家道德中心主义和思维方式的认同。此外，孔子的"仁爱"是一种以血缘亲情为基础的亲亲之爱。墨子的"兼爱"也具有一定程度的宗法性。

（2）"治国之道"有相通性。儒墨两家的治国之道是异中有同，在某些方面是同多于异。例如，墨子的"义政"与孔子的"仁政"相通，墨子的"义战"与孔子的"仁战"相通，墨子的"尚贤"与孔子的"举贤"相通。

（3）天命观具有相通性。墨子主张尊天事鬼，认为天、鬼能赏善罚恶，这样更突出了"天人感应"的神学目的论和"天人合一"的君权神授论，从而复活了西周时期周公提出的"敬天保民"、"以德配天"的宗教天命观念。孔子在处理天与人的关系时，不少情况是认为人受制于天，这在本质上是旧的天命神学观念的遗存，没有跳出殷周时期的"天人合一"的思维模式。儒墨两家至少在"天人合一"问题上具有趋同性。

丁原明指出，以上三个方面的相通性，可以依次归结为伦理观上的相通性、政治观上的相通性和宇宙观上的相通性，"表明无论在何种思想层面上，墨儒两家的对立都不是绝对的"。

九、 墨学骤衰原因研究

春秋战国时期百家争鸣，各种学派林立，其中儒墨两家影响最大，并称"显学"，而墨家在战国某一时期甚至大有超过儒家的势头，《孟子·滕文公》所说"扬朱、墨翟之言盈天下，天下之言不归扬则归墨"之语，就是明证。可是到了秦汉之际，墨学骤衰，几成绝学，而儒家却扶摇直上，被奉为至尊，成为中国两千多年的统治思想。这一巨变原因何在？这已成为近年来墨学研究的一个热门话题，主要有以下几种观点：

（一）　不适应新历史条件说

这种观点认为，墨学是"缉安乱世"之学，适合于群雄割据的时代，而不适合于中央集权和大一统帝国的需要。例如，王裕巽、郑宝琦在《墨学中绝主因再探》① 一文中指出，墨学以"兼爱"为核心，以"非攻"为首务，构成其整个理论体系的中心，维护社会下层人民和包括统治者中遭"攻"的"弱"、"寡"者的既有生存地位是其基本目的，所以从总体上考察墨家理论体系的特质，乃是"缉安乱世"之学，充蕴着人道主义精神和反战论，不仅得到下层人民的赞同，而且能为处于兼并危险中的小国、小家的君主、贵族所接受，即使是大国君主、大家贵族在遭受强敌进攻时，也可利用此说，故墨学在秦统一前，能成为"显学"。及至秦汉之际，天下一统，墨学主张的"非攻"已不再是社会的主要问题，所以在小民意识中无可挽回地趋于淡漠，而渴求开疆拓土的帝王又必然摒弃这一主张。墨学主张的"兼爱"具有突破家族本位界限的意义，与经秦至汉日趋完善的封建制度体系、汉代社会结构的宗法家族本位和与之相适应的伦理观念皆相冲突，必然遭到汉代统治者的排斥。所以他们认为，"不适应新历史条件"才是导致墨学中绝的"关键所在"。任重在《墨学中绝原因浅探》② 一文中也指出，战国争霸的列强都认识到，谁能招致人才、获取民心，谁就会有竞争力，正是这种需要使统治者不得不礼贤下士，倾听各种意见，于是儒、墨、道、法各派应运而生。而到了战国末期，统治阶级不再需要和平、仁义的面具，到了秦帝国推行强权政治，重用法家，墨、儒都走向衰微。刘汉王朝认识到仅靠法家理论一味镇压是不行的，需要新的理论，于是罢黜百家，独尊儒术，而墨学充满民主精神，当然不为统治者所需。所以任重认为："墨学中绝的最根本原因是它不符合时代的需要而失去了生存的条件。"

（二）　丧失阶级基础说

这种观点认为，墨学是地主阶级中由小生产者上升而来的那个阶层的思想代表，秦汉以后，小生产者大量地上升到地主阶级行列的可能性已不复存

---

① 张知寒主编：《墨子研究论丛》第 3 辑，山东人民出版社 1995 年版。
② 选自任重：《墨学中绝原因浅探》，《社会科学辑刊》1991 年第 3 期。

在，墨学失去了它的阶级基础，所以走向衰亡。例如，杨俊光在《墨子新论》一书中指出，墨学的产生和衰亡，应该由当时的"社会存在"来说明。春秋战国之交的"社会存在"，是奴隶制向封建制过渡时期的社会，奴隶主阶级下层分化和奴隶解放的进程不断加快，小农和独立手工业经济不断发展，小生产阶层日益扩大，小生产者上升到地主阶级行列的人数也就十分众多，"由小生产者上升到地主阶级的这个阶层的政治、思想代表——墨子与墨家学派，也就应运而生"。秦汉以后，小生产者大量地上升到地主阶级行列的可能性已经不复存在，这一部分人的数量锐减，已经不能构成一个阶层，墨学失去了它的阶级基础，它的衰亡"也就很自然地得到了合理的解释"。①

（三）墨子思想体系中的二律背反导致衰亡说

此说是周勤提出来的。他在《从儒墨兴衰看中国社会结构的特性》② 一文中指出：墨子的各项主张都有一个共同的出发点，用抽象的哲学概念来表述，就是"同"。"兼爱"和"尚同"代表了以"同"作为哲学特征的墨子思想的两个侧面。本来在墨子的思想体系中"兼爱"是目的，"尚同"是达到"兼爱"的途径，但"尚同"的实现导致的是专制统治，是对"兼爱"本身的否定，于是墨学就陷入了不能自拔的"二律背反"之中。周勤认为，"这种'二律背反'绝不是人为的逻辑游戏，当历史的巨浪压来时，它足以成为墨学葬身的漩涡。"周勤还指出，自陈胜以来，农民阶级对于社会不平等的抗议从未停止过。"它使我们看到了墨学可悲的'二律背反'的重演——农民阶级以'大同'作为最高理想，然而达到'大同'的途径本身就是对'大同'的无情否定。只要农民阶级不能创造出实现'大同'的社会条件，则农民起义所要实现的'大同'理想永远只能在失败或蜕变这两条路上化为泡影。"

（四）与宗法制社会相冲突说

此说的基点在于认为中国古代社会是宗法制社会，是否适应宗法制社

---

① 杨俊光著：《墨子新论》第 318—320 页，江苏教育出版社 1992 年版。
② 周勤：《从儒墨兴衰看中国社会结构的特性》，《社会科学战线》1983 年第 3 期。

会，是儒、墨一盛一衰的原因所在。例如，黄世瑞在《墨学衰微原因刍议》① 一文中指出，要探讨儒之所以兴，墨之所以绝，最根本的是要追根求源，即从两家的思想源头来考察。他认为，儒家的思想源头是父家长制，而墨家的思想源头则是"无宗法的氏族社会"，所以要反宗法及血缘宗法纽带，要求打破家族、宗族界限，举贤任能，不党父兄。所以，在天下大乱，如何安定政局成为迫切问题时，墨家尚可兴盛一时。"到了宗法制已经确立并日趋完善的情况下，它就不合时宜了"。白奚也持相同之论。他在《墨学中绝与中国传统文化的走向》② 一文中指出，宗法制主要是在社会的上层阶级起作用，而墨者大都出身于社会下层，他们提出的平等思想"同以血缘关系的远近亲疏为实质内容的宗法制是难以相容的"，所以"为宗法制为基础的社会结构所不容而最终归于绝灭"。

（五）综合原因说

上面介绍的四种观点都认为墨学骤衰的主因只有一个，但是也有人认为墨学骤衰的主因不止一个，王志平就是其中的一位。他在《"显学"的衰落——论墨学骤衰的主因》③ 一文中指出："墨学衰亡的原因是多方面的、复杂的。但违背血缘宗法制度和缺乏内外调节机制，却是其骤衰的主要原因。"关于违背血缘宗法制度，王志平认为，私有制建立后，需要确立父系血统关系。这种血缘宗法制经过千年的积淀，到孔墨之时已成为一种牢固的民族心理和社会心理。墨家思想的源头是"无宗法的氏族社会"，其兼爱尚贤之说"与血缘宗法制度格格不入"，所以必然会受到"社会的排斥"，从而"最终趋于衰亡"。关于内外调节机制，王志平指出，所谓外调节机制，指学说处于半开放状态，在保持其本质的情况下，具有消化吸收其他学说，以适应现实社会需要的机制。所谓内调节机制，指学说内部能自我和谐、自我保持其固有特性，以防发生质变而成为他事物的机制。王志平认为，"墨家缺乏的正是这种内外调节机制"。在外调节机制方面，墨家与儒家势不两立，不存在互补关系，"不能像法家、道家那样与儒家一表一里，互相补

---

① 黄世瑞：《墨学衰微原因刍议》，《学术月刊》1990 年第 2 期。
② 白奚：《墨学中绝与中国传统文化的走向》，《哲学研究》1996 年第 12 期。
③ 王志平：《"显学"的衰落——论墨学骤衰的主因》，《兰州大学学报》1992 年第 2 期。

充"。在内调节机制上，墨家理论"缺乏应有的弹性和宽容精神"。一方面，它排斥其他学说，用个性排斥共性；另一方面，它又用尚同为武器，用共性去消融个性。这样，"它就自我堵塞了进一步发展的道路"。所以，"秦汉以后，儒盛墨衰成了一种不可逆转的历史趋势"。

在综合原因说中，除了上述王志平的双主因说外，郭墨兰提出的内外合因说也颇具特色。她在《墨学骤衰探因兼及儒墨比较》①一文中指出，墨学骤衰，原因复杂，"要从主客观两方面，也就是内外因两方面去全面分析，才能说得清楚"。关于外因，郭墨兰认为有二：第一，墨家代表的是手工业阶层，这一阶层在春秋战国时期朝气蓬勃，一旦国家统一，他们便失去了存身之地。"这个阶层消失了，墨家就失去了社会基础。"第二，墨家讲"兼爱"，打破了血缘家族本位的宗法关系，不符合血缘宗法政治的要求，所以"因反宗法违国情而被历史冷落"。关于内因，郭墨兰认为有三：其一，墨学自身有许多矛盾之处，如既讲"非命"，又讲"天志"，既要"节葬"，又要事鬼等。其二，"尚同"强调简单同一，缺乏弹性及包容精神，导致内外调节机制的缺失。其三，墨家学派组织上采取巨子制度，"条件苛刻，手续烦琐，又太自苦，有点逆物伤性，其法又严，终难持久"。

在综合原因说中，特别值得介绍的是张永义的观点。他在《墨——苦行与救世》一书中指出，要想弄清墨学衰微的真正原因，首先必须区分开两点：一是墨学为什么不能成为一种官方的意识形态？二是墨家为什么不能作为一种知识或学说系统在汉武帝以后继续存在？"这是两个不同层次的问题，前一问题主要与墨学自身的内容和性质有关，后者则同时关联到中国社会和中国文化的特征。由前者，可以解释墨学何以会受到统治者的冷淡，由后者，则可以说明汉武帝以后墨学一蹶不振的理由。"关于墨学为什么不能成为官方意识形态，张永义认为原因有四：第一，前期墨家的政治主张已被超越和消解。十大观念当中，尚同和非攻已经过时，尚贤、节用、节葬被其他各家所吸收，成为一种共识，天志、明鬼、非命已失去依托，兼爱则纯属空想。"这样一种学说系统理所当然不能成为一种完善的治国安邦的指导思想。"第二，后期墨家在政治理论方面无所创新，其主流又转入到了与政治关系不大的科学、逻辑和同异之辩中，所以无法承担起意识形态的功能。第

---

① 郭墨兰：《墨学骤衰探因兼及儒墨比较》，《石油大学学报》1994年第2期。

三，墨家在政治上主张尚同，即上同于天子，而其组织结构拥有独立的意志，这是不可克服的矛盾。第四，先秦各派互相影响的痕迹极为明显，唯有墨家从其他各家吸收借鉴的东西最少，说明墨家在理论上缺乏与时俱进的勇气。关于墨学为什么不能作为一种知识或学说系统在汉武帝以后继续存在，张永义认为原因有二：一是中国文化传统精神重人伦道德，轻知识技巧，汉武帝的独尊儒术强化了这种精神，而墨家在先秦诸子中是最重视知识和方法的学派，墨家和中国文化传统在价值取向上的这种基本差异使墨家无法为自己的生存寻找到足够的土壤。二是在冲破还是维护血缘宗法制这一基点上，儒墨两家各自演绎出一套思想系统。两个系统在宗法制问题上无法相互融通，儒墨之间不存在互补关系，不是儒，就是墨，中间没有选择余地。所以儒家正统地位一旦确立之后，就成为一种压制墨家的力量。[①]

此外值得介绍的还有刘增丽的观点。她在《墨子教育思想的独特性及其衰微原因》[②] 一文中从三个方面分析了墨学衰微的原因：第一，墨子早年曾学习儒学，后来乃弃儒学而另立新说。墨子既然烦儒弃儒，必然要批儒非儒。墨子曾与一些儒者进行过面对面的辩论，对孔子的言行也提出了激烈的批评。作为反击，孟子、荀子都曾猛烈地攻击过墨子的主张。虽然两家都有济世、救世的情怀，但却形成了水火不相容的对立。汉代儒家独尊局面形成后，墨学自然成了异端。第二，墨家实行"巨子制"，不仅是一个教育学术团体，也是一个纪律严明、信仰坚定、组织严密的政治团体。这样的半军事化的私学组织对于君主的权势势必会造成威胁。所以秦始皇禁私学，墨家自然会首当其冲。第三，墨家只是认识到事物之间的外部联系，没有深入到事物的内部，从本质上真正地认识事物，并且在认识上存在自相矛盾之处。由于"没有持续的、高度可信的理论思维做后盾"，所以"难以长久存在"。

总之，探讨墨学骤衰的原因是一个很有意义的课题，不单有助于我们对墨学自身的了解和认识，还有助于我们了解传统文化结构的优劣及其文化传统走向的经验教训，对于我们今天建设中国特色的社会主义文化无疑会有所启迪。这场讨论还会继续下去，但是否还会成为热点话题呢？我们将拭目以待。

[①] 张永义著：《墨——苦行与救世》第233—245页，广东人民出版社1996年版。
[②] 刘增丽：《墨子教育思想的独特性及其衰微原因》，《天中学刊》2007年第3期。

当今墨家文化研究正方兴未艾，墨家思想不仅在国内引起普遍关注，在国际上亦引起广泛的反响，墨家文化的研究前程似锦。

墨学作为平民的学说，在清末民初曾达到"国人家传户诵，人人言墨"的程度。当前的状况离家喻户晓恐怕还有相当大的距离，所以墨家思想的普及工作将是未来的一项重要任务。尤其是我国正面临着文化重建的问题，迫切需要从传统文化的智慧宝库中汲取丰富的营养，而墨家学说中确有不少精华值得我们借鉴与吸收。因此，将墨家思想的普及与社会主义新文化建设紧密地联系起来，不仅具有重要的社会意义，而且也是墨家文化发展的必然走向。

目前，国内的墨学研究已经形成了两大中心，一在山东，一在河南，这两个中心为墨家文化的发展作出了突出的贡献。但是其他省份尤其是边远地区，墨学研究还没有得到充分的展开，这种状况与墨学的价值及其应有的地位十分不相称。当然这种状况仅是暂时的。我们相信，在未来的岁月里，经过学界的艰苦努力，这种状况迟早会有所改变。

墨家文化在民间的影响是巨大的，由于封建专制社会的钳制和扼杀，有关的文字资料所剩无几，但是在民间风俗、民间传说、民间宗教等方面仍有不少遗迹可寻。过去人们主要围绕着《墨子》一书来进行研究，对于墨家文化在民间的传承注意得不够。近年来这种情况已经稍有改观，呈现出可喜的势头，例如，罗其湘的《墨子宗教传承的民间轶闻》、郭成智和郑建沛的《墨子与鲁山风土》诸文就是这方面的力作。我们相信这股良好的势头能一直保持下去，并取得丰硕的成果。

自从乾嘉之世墨学复兴以来，对《墨子》一书的整理、校勘、诠释一直是墨学研究的一个重点，但是近些年来，虽然也有一些力作，如王焕镳的《墨子校释》和《墨子校释商兑》、姜宝昌的《墨经训释》等，但是就总体而言，与过去有天壤之别。这方面的工作费功耗时，如能在国家社科规划课题和国家古籍整理规划课题的立项方面给予一些支持，相信这方面的工作能迅速地开展起来。

近些年来，关于墨学研究方面通论性的著作出版了不少，专题性的著作也有，如杨向奎的《墨经数理研究》、杨晓宇和潘民中的《墨子里籍考辨》等，但相形之下要少得多。像关于《墨经》撰者问题、墨家后学问题、墨家军事学问题、墨子与先秦诸子比较研究问题、海外墨学研究问题等，都需要进行专题性的深入研究，才能取得较大的进展。相信在未来的发展中，专题性的论著会更多地涌现出来，从而推动墨学研究向更高层次迈进。

此外还有一个值得关注的问题，就是墨学在当代学术流派中的地位问题。1997 年，当时尚在湖北大学政治行政学院任职的张斌峰先生和在山西教育出版社任职的张晓芒先生在《哲学动态》第 12 期上发表了一篇题为"新墨学如何可能？"的文章。他们在这篇文章中指出："目前新儒学的研究正全面开展，新道家的研究也初见端倪，唯独墨学思想的创发上少有人问津。而传统学术中，过于偏向儒学、新儒学、道家思想、佛家思想的研究，这也许是因为墨学在先秦以后的中国文化的发展中缺乏轴心地位，曾一度中绝。但文化的发展与传承的断裂并不意味其价值的长久失落，墨学在上一世纪末的第一次'复兴'便是一个证明。那么墨学能否再次复兴而走上'显学'的地位呢？对此，我们深信不疑！"在现代社会国际学术研讨会上他们认为："无论是从中国传统文化的人文精神的重构和科学理性精神的确立，还是从社会经济、文化的现代化的现实价值层上，抑或是从世界的角度来看墨学，墨家学说在建立新的全球社会上，将比儒学和道家之学可能提供得更多。"这篇文章可以看做是现代新墨学创立的宣言。在 2004 年 8 月 31 日至 9 月 2 日于河南省平顶山市鲁山县召开的墨子与现代社会国际学术研讨会上，来自北京的王雨墨先生重提新墨学这一话题。他在向大会提交的题为"新墨家与现代文化"的论文中指出：现代新儒学从儒家资源中由"内圣"开"新外王"（即民主与科学）的尝试，已经证明是"此路不通"，新墨家已经接过了继续开"新外王"的大旗。在对《墨子》的阐释方面，他认为，应对墨学作结构上的解析和整体上的把握，对《墨子》文本应从作者意、文字意、精神意三方面来理解，在具体的历史情境中廓清文本的原始意义和文字意义，从而"在现代社会意义价值层面上，作创造性的转换与引申"。在他看来，新墨家只有在否定新儒家的前提下才能够真正地建立起来。在这一社会变动与转型过程中要确立与此相应的价值观念、法理原则和基本公德，又要在中国传统文化中去寻找相类似的观念作为生长点。对此，李骥提出了不同的观点。他在《墨子现代社会国际学术研讨会综述》① 一文中指

_____

① 李骥：《墨子现代社会国际学术研讨会综述》，《零陵学院学报》2004 年第 5 期。

出："现实中儒家和儒学的影响是很难忽视和否定的。同时也要看到近代西方思潮对我们传统文化的巨大冲击，五四期间我们的传统无论是糟粕还是精华，都已批斥得不成样子了。今天在各家努力重建之时，是否还要你打我一枪我放你一炮。这样能有多大发展和意义？为何不能发展自家之精，同时吸收众家之长？况且墨家虽有精妙之处，但也还有明显不足，比如在本体论上，恐不如道家优长。"因此他主张跳出"家派匡范"，这样才能给新墨家以正确的定位和阐释。

和平与发展是当今世界的主题，但当今的世界并非是一个和平的世界，战争的硝烟四处弥漫，战争的危机随时可见，产生于战国时代的墨家学说不单是中国的财富，也是世界各国的共同财富，墨子的各项主张至今对世界各国的发展仍会有所启迪，正像英国历史学家汤因比所说："把普遍的爱作为义务的墨子学说，对现代世界来说，更是恰当的主张。"[1] 所以我们深信，墨家学说对世界的影响会日益扩大，墨家文化在世界范围内的传播会日益广泛。

---

[1] 汤因比、池田大作著，荀春生等译：《展望二十一世纪——汤因比与池田大作对话录》第 425 页，国际文化出版公司 1985 年版。

第四章
法家文化研究

　　法家是先秦诸子百家中重要一派，在秦代达到极盛，其思想成为秦王朝的立国基础。秦政苛暴，二世而亡，法家也背上了和暴秦同样的恶名。汉代统治者总结秦的亡国经验，认为秦的短命是法家严而少恩所致，转而独尊温和的儒家。此后，法家成为历代儒者批判的对象，蒙垢两千余年。近代以来，随着反封建的革命运动的兴起，儒家独尊的局面被打破，法家才逐渐走出历史的阴影，进入学者的视野。不幸的是，在"文化大革命"十年的"评法批儒"斗争中，由于受极左思潮的影响，法家文化的研究带上了浓厚的政治色彩，偏离了正常的学术研究轨道，造成了极大的混乱。十一届三中全会后，随着政治领域"拨乱反正"的完成，法家文化的研究才真正转入正轨。30 年来，经过学者的潜心耕耘，在对法家学派、法家与先秦诸子的关系、法家的哲学思想、法家的政治思想、法家的法律思想等方面的研究，取得了丰硕的成果。

一、 法家学派概况

（一）"法家"的称谓

　　先秦并无"法家"一词。汉初司马谈论述先秦的学术思想，将其主流分为阴阳、儒、墨、名、法、道六家，才第一次提出"法家"的称谓。后汉班固修《汉书·艺文志》，基本上继承了司马谈的学术分派原则。此后，"法家"的称谓被历代学者所接受，相沿两千多年。然而，到 20 世纪初，始有人对"法家"的称谓提出异议。胡适就不承认"古代有什么'道家'、

'名家'、'法家'的说法"，"也不信古代有'法家'的名称"，断言"中国古代只有法理学，只有法治的学说，并无所谓'法家'"。① 然而胡适的这一观点影响极小，应者寥寥。就连胡适本人在治学时也提不出比司马谈更科学的学术分派原则和概念，不得不以"所谓的法家"相称。但胡适对传统学术分派原则的挑战，不能说是毫无意义的。他引起了学者对先秦诸子分派原则的重新检讨。梁启超虽然也认为司马谈的学术分派存在着缺陷，但他认为基本上是可以接受的。他认为"分类本属至难之业，而学派之分类，则难之又难……谈所分六家，虽不敢谓为绝对的正当，然以此括先秦思想界之流别，大概可以包摄，而各家相互间之界域，亦颇分明……法家晚出，其于儒墨道名，皆有所受，然单提直指，摆落群言，况有韩非之徒大张其军，景从实众，故称为一家，亦云至当。"② 冯友兰在 20 世纪 80 年代重新修订《中国哲学史新编》，对此作了十分中肯的总结，认为汉人对先秦诸子思想的分派"都是传统的分法，这些分别和名称，本来是哲学史家所立以说明客观哲学史中的派别，但后来也成为客观哲学史的一部分，因此我们还不能不沿用这些分别的名称"。③ 梁启超和冯友兰的观点是十分科学而又公正的。司马谈对先秦学术分派的方法和概念确实有缺陷，但其大方向和原则却是正确的。而且这种传统的分派方法和概念已成为历史的事实，如果改变将造成更大的混乱。况且我们还提不出比司马谈更科学的方法和概念。所以承认和接受"法家"的称谓已成为当前学者的共识。

（二）法家学派的定义

何谓法家，历代有不同的定义。传统观点认为法家就是所谓的法术之士。20 世纪初，章太炎在《论诸子学》中说："法家者，略有二种，其一为'术'，其一为'法'。"④ 冯友兰也有相同的看法："法家出于法术之士，所谓法术之士，就是当时为君主作参谋的人……凡法术之士能把他们的法术有

---

① 姜义华主编：《胡适学术文集》，中国哲学史（上册）第 237—245 页，中华书局 1991 年版。
② 梁启超著：《清代学术概论》第 157 页，东方出版社 1996 年版。
③ 冯友兰著：《中国哲学史新编》第 1 册第 98 页，人民出版社 1982 年版。
④《章太炎选集》第 382 页，上海人民出版社 1981 年版。

系统地讲出来，便是法家了。"① 梁启超则认为："法家——其思想以'唯物观'为出发点，常注意当时此地之环境，又深信政府万能，而不承认人类个性之神圣，其政治论主张严格的干涉，干涉以客观'物准'为工具，而不容主治者以心为高下，人民惟法律是从，于法律容许之范围内，得有自由与平等，吾名之曰'物治主义'或'法治主义'"② 即把法家看做是主张法治的政治家群体。20 世纪中叶，由于马克思主义的阶级分析方法逐渐成为学术研究的指导思想，对法家的界定也引入了阶级分析的方法。吕振羽、范文澜和杨荣国等都认为法家是新兴地主阶级的代表。阶级分析方法的引入，无疑深化了对法家的认识，但由于受当时教条化思想的影响，无限夸大了阶级分析方法，最终导致法家学术研究步入歧途。20 世纪 80 年代后，学者在对法家进行定义时，站在马克思主义理论的基础上，反思总结过去，力求全面科学地作出回答。如武树臣、李力在《法家思想与法家精神》中说："法家是战国时期兴起的一个学术派别。其思想之源，可以追溯更早。该学派以力主'以法治国'的'法治'而得名。他们的社会基础，是由非贵族的平民通过各种途径上升为土地所有者的新兴地主阶级组成的。他们所主张的'法治'是以中央集权的君主专制政体为形式的新兴地主阶级的统治。他们所鼓吹的'法'正是与贵族阶级相对立的地主阶级的意志"。③ 他们对法家学派的定义，既吸取了前人的合理成分，又有所发展。既说明了法家学派的形成是一个过程，又论述了学术集团与阶级代表之间相辅相成的关系，可谓科学、全面。

（三）法家的起源

关于法家的起源，学界有多种说法。《汉书·艺文志》谓诸子皆出王官，"法家者，盖出于理官"。章太炎就赞同《汉志》的说法。刘劭《人物志·流业篇》说："建法立制，强国富人（兵），是谓法家，管仲、商鞅也。"把法家的起源上溯到管仲。梁启超则认为："法家成为一有系统之学为时甚晚，盖自慎到、尹文、韩非以后。"④ 20 世纪 40 年代郭沫若作《十批判书》认为："社会有了变革，然后才有新的法制产生，有了新的法制产

① 冯友兰著：《三松堂学术文集》第 372 页，北京大学出版社 1984 年版。
② 梁启超著：《先秦政治思想史》第 65、226 页，商务印书馆 1924 年版。
③ 武树臣、李力著：《法家思想与法家精神》第 1 页，中国广播电视出版社 1998 年版。
④ 梁启超著：《先秦政治思想史》第 65 页，商务印书馆 1924 年版。

生，然后才有运用这种新法制的法学思想的出现。故而法家倾向之滥觞于春秋末年"。"法家的产生应该上溯到子产"，但"子产是一位时代的先驱者"，"李悝才是法家的始祖"。① 郭沫若把发展的观点引入到法家起源的论述中，返本溯源，顺流而下，既说明了法家产生的社会根源，又区别了法家先驱和真正法家的不同，可谓至当矣。其说也得到当时绝大多数学者的认同。不幸的是，在"文化大革命"中的"评法批儒"斗争中，为了抬高法家的历史地位，把法家极度泛化，历史上凡是要求革新和进步的人物都被划入法家。和孔子同时代的少正卯，也成了法家的代表人物。这种不讲学理的鼓噪，根本是站不住脚的。"文化大革命"结束后，冯友兰、任继愈都对"文化大革命"中对法家的界定进行了批驳，重新把李悝看做法家的始祖。② 现在，学界基本上都接受了李悝作为法家始祖的观点。如刘泽华说："春秋战国是中国历史上的一个变化时期。在这种变化中，有一批人主张通过变法或立法途径促进和顺应历史之变，用变法解决和处理社会矛盾。这样的人早在春秋就出现了，管仲、子产就是其中的著名人物。这些人的实践活动为法家学说的创立提供了前提和依据，后来法家对这些人的尊重也说明了其间的关系。不过，从严格意义上说，管仲、子产等人还不能称为法家，因为他们还没有提出相应的理论。作为一种理论形态的法家应该是从李悝开始的。李悝不仅是一位政治家，进行了立法和变法活动，而且还提出了相应的理论。因此，作为特定学派的法家的开山祖师应该是李悝。"③

（四）法家的代表人物及其著作

法家之间很少讲师承关系，所以把哪些人划入法家就是一件比较困难的事。《汉志》虽然提出"法家"的称谓，并列出法家著作 10 种，但并没有明确指出法家的代表人物。甄别和鉴定法家人物及文献就成为法家文化研究的基础。

1. 李悝与《法经》

李悝为法家人物已无异议。《汉志》法家有《李子》32 篇，李悝著。

---

① 郭沫若著：《十批判书》第 273—297 页，人民出版社 1954 年版。
② 冯友兰著：《中国哲学史新编》第 1 册第 228 页，人民出版社 1982 年版；任继愈著：《中国哲学史》第 1 册第 236—238 页，人民出版社 1963 年版。
③ 刘泽华著：《中国政治思想史·先秦卷》第 216 页，浙江人民出版社 1996 年版。

同时儒家有《李克》7 篇。李克和李悝是否为一人，历来就有争论。崔适《史记探源》认为李克是李悝的别名。章太炎、郭沫若、冯友兰等都持此论。认为《汉书》人物表上把李悝和李克列为两人，这是班固的错。① 而杨宽不赞成崔适的说法，他认为《史记》中《货殖列传》、《平准书》所载李克当为李悝之误，其他古籍中所载李克为另一人。② 这两种说法都没有令人信服的证据，李悝是否即是李克，还有待进一步研究。李悝最突出的贡献，就是总结了春秋战国时期各国的立法经验，撰写了中国古代第一部系统的成文法典——《法经》。《法经》亡佚过早，已经无法知道它的具体内容。《晋书·刑法志》说：“秦汉旧律，其文起自魏文侯师李悝。悝撰次诸国法，著《法经》”。可见，《法经》的基本精神和体例已被秦汉法律所继承。云梦《秦简》的出土，使人们对秦律有了比较全面的认识，这对于了解《法经》不啻为一大福音。

2. 商鞅与《商君书》

《汉志》法家类列《商君》29 篇，商鞅撰。今存《商君书》26 篇，似有残缺。汉代学者都承认《商君书》是商鞅的著作。宋代始有人提出质疑。黄震说：“或疑鞅亦法吏之有才者，其书不应烦乱若此，真伪殆未可知。”③此后，怀疑《商君书》为商鞅著者渐成风气。《四库提要》认为“鞅即逃死不暇，安得著书?”近人胡适的《中国哲学史大纲》、钱穆的《先秦诸子系年考辨》都断言《商君书》是假书。20 世纪 30 年代，陈启天重新对《商君书》进行考证，驳斥了全盘否定的观点，认为《商君书》中只有大部分可视为真的，还有一小部分是假的；不能笼统地说是全真，也不能含混地说是全假。④ 陈启天的观点是实事求是的，很令人信服。此后学者已不再全盘否定或肯定《商君书》为商鞅撰的观点，而是对《商君书》具体各篇的情况进行考证。如高亨经过考证罗列了六种情况：其一，确为商鞅手著者，如《垦令》、《勒令》等篇；其二，疑为商鞅所作者，如《农战》等篇；其三，

---

① 参看章太炎：《原法》，《章太炎政论选集》，中华书局 1977 年版；郭沫若著：《十批判书》第 273—291 页，人民出版社 1954 年版；冯友兰著：《中国哲学史新编》第 1 册第 227—288 页，人民出版社 1982 年版。

② 杨宽著：《战国史》第 188 页，上海人民出版社 1998 年版。

③ 转引自李海生著：《法相尊严》第 49 页，辽宁教育出版社 1997 年版。

④ 陈启天著：《商鞅评传》第 120 页，（台湾）商务印书馆 1967 年版。

非为商鞅所作者，如《境内》等篇；其四，商鞅逝后作者，如《更法》、《错法》、《徕民》、《弱民》、《定分》等篇；其五，作者献给秦王者，如《算地》、《赏刑》、《君臣》、《禁使》、《慎法》等篇；其六，语言风格不一致，内文重复及歧异者，可证非出自一人，如《去强》、《弱民》等篇。最后得出结论："今本《商君书》是商鞅遗著和其他法家遗著的合编。"① 高亨等的结论不一定绝对正确，但其方法却是科学的。以后学者沿此方法研究下去，终会有真相大白的一天。

3. 慎到与《慎子》

《汉志》法家类列《慎子》42 篇，慎到著。把慎到看做是法家。《庄子·天下》却明确说慎到是道家。冯友兰认为："照现存《慎子》看，它是法家。"② 刘泽华则认为："从哲学上看，慎子属于道家，从政治思想上看，则为法家的重要代表人物。"③ 其实出现这样的矛盾一点也不奇怪。法家晚出，必然受到道家思想的影响。而慎到是法家人物中受道家思想影响最为深刻的一位。冯友兰就把慎到称为从道家分化出来的法家。《慎子》今天只有残本 5 篇及诸书所引的佚文。商务印书馆《四部丛刊》影印明万历年间慎懋赏本，经梁启超、罗振玉的考证，已确定为伪书。

4. 韩非与《韩非子》

韩非是法家的集大成者。《汉志》法家类列《韩非》55 篇，今有《韩非子》55 篇，似无残缺。但王先慎《韩非子集释》却认为："史志载《韩非》55 篇，与今本合，似无残脱，而其佚文不下百馀条。"王氏有补佚一百多条。另外，55 篇是否全出韩非之手曾有争论。《四库全书总目》说："今书冠以《初见秦》，次以《存韩》，皆入秦后事，虽似与《史记自序》相符，然《传》称：韩王遣非使秦，'秦王说之，未信用，李斯、姚贾害之'，'下吏治非，李斯使人遗之药，使自杀'。计其间未必有暇著书。且《存韩》一篇，终以李斯驳非之议及斯上韩王书，其事与文皆为未毕。疑非所著书，本各自为篇，非殁之后，其徒收拾编次，以成一帙。故非在秦之作，均为收录，并其私记未完之稿亦收入书中，名为非撰，实非手书也。以其本出于

① 高亨著：《商君书注释》第 10 页，中华书局 1974 年版。
② 冯友兰著：《中国哲学史新编》第 2 册第 184 页，人民出版社 1984 年版。
③ 刘泽华著：《中国政治思想史》（先秦卷）第 184 页，浙江人民出版社 1996 年版。

非，故仍题非名，以著于录焉。"① 吕思勉认为，《初见秦》见《战国策》，为张仪说秦惠王之词，盖编韩子者误入。② 郭沫若则认为《初见秦》可能为吕不韦所作，误入《韩非子》。《存韩》性质与《初见秦》篇相类，在秦博士官所职掌的官文书中大率是同归在一个档案里的，后来纂录《韩非子》的人得到这项资料，没有细读内容，便糊里糊涂地弄成张冠李戴了。③ 现在学界基本上承认《初见秦》及《存韩》不是韩非的作品。《韩非子》中《解老》、《喻老》两篇，也曾被怀疑不是韩非所作。④ 但现在已经肯定是韩非的作品了。

5.《管子》与齐法家

《管子》非出管仲之手，亦非一人一时之作，今已定论。罗根泽、任继愈、冯友兰等认为其是齐国的稷下先生所作，并且承认书中也应该有管仲本人的思想和活动材料。⑤《管子》一书内容也极为庞杂，道家、法家、儒家、名家、阴阳家之言杂而有之。《汉志》把其列入道家类，而《隋书·经籍志》则列入法家类。今观其书，法家的思想最为丰富。冯友兰把《管子》中有关法家的篇目称为"齐法家"的著作，已得到大多教学者认同。《管子》中有关法家的篇目，也成了研究齐法家的重要材料。

二、 法家与其他各家的关系

和先秦诸子其他各家相比较而言，法家是一个后起的学派。因此，法家必然受到其他各家思想的影响，厘清法家思想与其他各家的关系，也是近30 年来法家文化研究的一个重点。

---

① 王先慎著：《韩非子集释》第 8 页，中华书局 1998 年版。
② 吕思勉著：《经子解题》第 162 页，华东师范大学出版社 1995 年版。
③ 郭沫若著：《郭沫若全集》历史编第 1 册第 581 页，人民出版社 1982 年版。
④ 熊十力著：《韩非子评论》第 583 页，台湾中华书局 1982 年版。
⑤ 罗根泽著：《诸子考索》第 424 页，人民出版社 1988 年版；任继愈主编：《中国哲学发展史》第 353—354 页，人民出版社 1983 年版；冯友兰著：《中国哲学史新编》第 1 册第 102—103 页，人民出版社 1980 年版。

（一）法家与名家

"名家"的称谓是汉代司马谈提出的，并被历代的学者所接受。近代以来，始有人对"名家"的提法提出异议。冯友兰说："汉朝的历史家对于先秦思想的'六家'的分法，本来就是不很科学的，而所谓'名家'的称谓，尤其不科学。他们所说的'名家'的内容是很混乱的……这些历史家们仅看到一些现象，没有看到事情的本质，就混为一谈，一概称为'名家'，这是很不科学的。"① 此后，学者在使用"名家"一词时，就比较审慎，甚至就干脆不用"名家"而改用名学、名学思潮或诡辩思想。

冯友兰论述法家和名家的关系，说："所谓名家，也是和诡辩思想联系在一起的，而诡辩思想的产生，就其社会根源来说，是春秋战国时期各国公布法令所引起的一个后果。"② 冯友兰还认为，所谓名家的重要代表人物惠施，其在政治方面的措施与思想和法家是一类的。③

武树臣、李力则对法家与名家的关系作了一番历史的评述，他们认为：司马谈在《论六家要旨》中隐约勾勒出名家的两大特征：一是"循名责实，参伍不失"；一是"专决于名而失人情"。其实这正是名家发展的两大阶段，即与成文法相联系的刑名之学和与逻辑学相联系并带有诡辩色彩的形名之学。首创刑名之学的是法家学派的先驱，春秋时的邓析。邓析在中国法律史上的贡献，借用荀况在《荀子·正名》中的话来说就是"有循于旧名，有作于新名"。"旧名"即从商代以来逐渐形成的相对稳定的法律原则以及关于法律专门术语的诠释，这些成为法家思想的基本理论来源之一。邓析的刑名之学发展到申不害的刑名之学，是中国古代刑名之学的一次变革，其特征主要是：从研究"法令之所谓"的法律之名实，扩大到君臣上下之间关系的政治名实。因而这一转变使战国之后中国古代的刑名之学带有极强烈的政治性和实践性的色彩。与申不害同时代的商鞅吸收了申不害的"循名责实"的理论，并将之演化成更为直观的"名分"说。在此基础上，商鞅要求把"名分"法律化，称为"立法分明"，即以法律明确规定所谓"公私之分"，

---

① 冯友兰著：《中国哲学史新编》第 2 册第 143 页，人民出版社 1984 年版。
② 冯友兰著：《中国哲学史新编》第 1 册第 181 页，人民出版社 1980 年版。
③ 冯友兰著：《中国哲学史新编》第 2 册第 147 页，人民出版社 1984 年版。

主张公布法律，使之家喻户晓，反对已往那种含糊不定的法律术语。商鞅又是一个立法家，制定了很多法律、法令，并完成了刑名之学的官僚化。继李悝作《法经》，商鞅制《秦律》，成文法有了迅速的发展。此时的"刑名"已经成为成文法的代名词。在这一名辩思潮中，法家思想与刑名之学就像是一对孪生兄弟，同时出世，携手并行。①

高恒则从名学对先秦法家法理学的影响谈了两者之间的关系。他认为：在先秦诸子中，法家的治国之道与名学的关系最为密切。法家多好名学，原因在于它主张"以法治国"论是以名学为其理论依据之一，研究名学也就是研究"循名责实"的治世之道。质言之，把名实问题的研究用于政治，无不是要人君运用法律名分来督责臣民，治理国家。"循名责实"即是法家的名学观点，也是他们的政治理论。既然要"循名责实"、"以法治国"，就必须有体系严密、内容协调、符合逻辑的法律制度。所以先秦法家无不强调法律当如"权衡"、"尺寸"，要准确公正；立法必须详明、周备等。这个时期形成的名学，则为法制的变革奠定了理论基础。法家为推行和贯彻自己的政治主张，充分利用先秦名学理论，建立了新的法律制度。遵循名学的思维形式而形成的法学，从此与哲学、政治学、伦理学有了明显区别，成为一门具有独特用语，名词概念精当，判断推理符合逻辑，体系协调缜密系统的科学。此时的名学对中国古代的法理学繁荣与其后专门研究法律规范和法律适用的律学产生了重要影响。法家把"形名"与"法术"相联系，把名实问题的研究用于政治，从而为古代法学的发展奠定了理论基础。②

（二）法家与道家

法家，尤其是慎到和韩非的思想，受道家的影响是极为明显的。慎到，《庄子·天下》篇明确地说是道家，《汉志》却把他列入法家。冯友兰和杨宽都把慎到称为从道家分化出来的法家。认为慎到的思想就是道家思想向法家思想转化的例证。冯友兰说："慎到的思想，总起来说，是把杨朱的和他自己的道家全生'保身'的思想加以改造，应用到治国，为新兴地主阶级

---

① 武树臣、李力著：《法家思想与法家精神》第 109—114 页，中国广播电视出版社 1998 年版。

② 高恒：《论中国古代法学与名学的关系》，《中国法学》1993 年第 1 期。

服务。比如说，在《天下》篇'齐万物以为首'，本来讲的是'大道'与自然界事物的关系，《慎子》则说成是社会中新兴地主阶级的统治者和老百姓的关系。这就是改造。在《天下》篇，'公而不党，易而无私'，本来讲的是隐士的处世的方法，《慎子》则说成是新兴地主阶级的统治术。这就是改造。"其中慎到对道家"无为"思想的改造，就是最典型的例子。道家所说的"无为"，是消极的无所作为。而慎到则把其改造为统治者依靠法、术、势，自己无为臣下有为。① 由于《慎子》一书残缺不全，所以全面了解慎到是如何改造道家思想在目前还比较困难。

韩非，《史记》曾指出他"喜刑名法术之学，而其归本于黄老"。在韩非的著作中，有《解老》、《喻老》两篇，专门阐释老子的哲学。冯友兰的《中国哲学史新编》专列《韩非对〈老子〉的改造》一节，详细论述了韩非对老子思想的改造。他认为韩非的自然观，表现在他对于《老子》的自然观的改造，表现在他所作的《解老》、《喻老》两篇中。有人认为《解老》、《喻老》并非韩非所作。因为韩非在《五蠹》、《忠孝》中反对所谓"恬淡之学"、"微妙之言"、"恍惚之言"，而《老子》的学说，正是"微妙之言"、"恍惚之言"。其实，韩非在《解老》、《喻老》这两篇中所解释的《老子》既不"恍惚"，也不"微妙"。《解老》把精神解释为一种细微的物质——"精气"。《喻老》用生活中的实例说明《老子》，以见《老子》中的原则都是生活经验的总结。这种唯物主义的注重实际的思想，跟《韩非子》中的别篇是一致的。原来的《老子》也有讲"精"、"气"的地方，但其为庄周所发展而对以后影响较大的，正是这些"微妙之言"、"恍惚之言"和"恬淡之学"。这是法家所批判的、排斥的。接着，冯友兰详细阐述了韩非对《老子》中的"道"、"德"、"理"、"无为"等范畴是如何作了唯物主义的改造。另外，冯友兰还认为，关于《老子》的辩证法，韩非也有所继承和发展。韩非在三点上比《老子》前进了一步。第一，他认识到对立面的互相转化是有条件的。第二，在社会现象中，对立面的相互转化并不仅仅是一个客观规律，而且跟人的主观能动性有密切关系。第三，人的行为的成败，决定于人是依照客观规律办事或任意妄为。有了这三点，对立面互相转

① 冯友兰著：《中国哲学史新编》第2册第193页，人民出版社1984年版。

化的辩证的认识就不致陷入相对主义。①

冯友兰主要是从韩非对《老子》的改造上来谈法家与道家的关系，而张运华则主要从韩非所受道家思想的影响，论述了法家与道家的关系。张运华认为，在韩非的哲学思想中，道家的影响痕迹较为明显，具体来说，主要表现在以下几方面：

第一，君道同体说。在《老子》的论述中，"道"具有两个最基本的含义，一方面，它指事物的规律。韩非继承了《老子》关于"道"的上述思想，认为万事万物都受"道"的制约。在社会生活中，人们的行为一定要符合"道"的要求，一定要按自然规律办事。正是从这里，韩非得出"抱法处势则治，背法去势则乱"的结论。也就是说，要治理国家，使国家富强，就必须建立一套"法、术、势"为主体的政治措施。这是作为宇宙本体和事物规律的"道"在社会生活中的自然体现和基本要求。另一方面，《老子》的"道"又是独一无二的，它支配和左右一切事物。韩非继承了《老子》的这种思想，并在现实生活中把君主等同于"道"，认为君主就是一切，至高无上、独一无二。

第二，"道理"范畴的提出，"道"与"理"本是两个不同的哲学范畴，"道"作为哲学范畴产生于老子之时，而"理"作为哲学范畴较之"道"要晚出。韩非在对《老子》"道"论进行解说时，也对"理"进行了论述，从而提出"道理"这一术语。在韩非看来，"道"是事物普遍规律，"理"则表示着事物的具体属性和特殊规律，不同的"理"的总和就构成了"道"。要把握"道"，必须先从"理"着手，把握了"理"也就可以把握"道"。这样，在韩非的学说中，"道"与"理"就统一起来了。这比老庄强调了物的整体性和统一性，"玄同"万物，泯灭是非，取消彼此的观点，无疑是一大进步。

第三，文化专制说。韩非的文化专制观，一方面继承了法家先辈的思想；另一方面也是对道家《老子》批评社会进化对人类造成种种苦难，从而极力反对社会进化思想的一种极端扩张，只不过韩非并非反对所有的文化，而是反对那些不行耕战、不利富国强兵的学说。

第四，尚法不尚贤。韩非尚法不尚贤的思想，与其他法家先辈完全一

---

① 冯友兰著：《中国哲学史新编》第 2 册第 194 页，人民出版社 1984 年版。

致。但其中老庄"不上贤"思想影响的痕迹也是不可否认的。

第五，反对"前识"的认识论。《老子》是反对"前识"，主张求实去华。但并没有说明"前识"是怎样形成的，怎样才能求实去华。韩非沿着《老子》思考的路，认为在事物发生之前和事理发现之前就确定了对事物的认识，这就是"前识"。"前识"是一种无凭无据的胡思乱想，要对事物作判断下结论，必须依据事理，追求真情实据，而不主观武断，凭想象，从而造成事理隔绝。这是对《老子》思想的重要发展。

第六，"势不两立"的矛盾说。在先秦哲学史上，老子是最具辩证思维的思想家。他使用了大量的具有辩证思维的范畴，如刚柔、有无、祸福等，并且认为这些范畴之间都是相互制约、相反相成的。同时，这些矛盾的范畴之间是可以相互转化的，但老子没有论述这种转化的条件性。另外，老子的辩证思维中，注重柔弱，反对刚强，提倡以退为上，反对积极进取。韩非接受了老子的辩证思维的理论成果，并有所发展和改造。首先，韩非强调了矛盾双方相互转化的条件性。其次，韩非更强调矛盾双方的对立和排斥，认为对待矛盾双方的态度应当着眼于其异，而不能着眼于其同。主张彻底消灭矛盾，用绝对力量来消灭与己并存的一方。这种尚刚的主张是对老子尚柔辩证思想的一种纠偏。

第七，无为的术治论。"无为而治"，是老子的政治主张。韩非也和老子一样，主张君主保持一种"无为"的状态，才能达到实际政治上的有为。[1]

谷方则认为，道家是法家的思想渊源之一，而黄老之学又是联结道家和法家的桥梁。或者说，黄老学家是道家和法家的过渡环节。[2]

（三）法家与儒家

传统认为，法家和儒家是根本对立的。近 30 年来的研究却打破了这种看法。武树臣、李力认为：从组织上看，法家与儒家有密切的关系。法家学派的代表人物早期大约都曾师从儒家的代表人物，或受过儒家学说的影响。但在后来却都站在儒家的对立面。因而在政治法律思想上法家和儒家是整体

---

① 张运华：《韩非所受道家影响》，《西北大学学报》1994 年第 4 期。
② 谷方著：《韩非与中国文化》第 391—392 页，贵州人民出版社 1996 年版。

对立的。法家是继墨家之后批儒反儒最为激烈、最为彻底的一个派别。法家与儒家的对立主要表现在：（1）在政治上，是中央集权君主专制政体与宗法贵族政体的对立。（2）在治理国家的方法上，是"以力服人"与"以德服人"的对立。（3）在"法"与"人"的评价上，是"法治"与"人治"的对立。（4）在法律精神上，是"刑无等级"与"刑不上大夫"的对立。（5）在法律形式上，是成文法与判例法的对立。但是，法家既非一般地否定等级，亦非全盘地抹杀宗法的差异性。这一点，越到后来就越加明显。可以说，法家对儒家的主张，基本上经历了一个从局部否定到全盘否定再到局部吸收的过程。①

谷方也认为，法家和儒家有尚力与尚德的明显区别。但是，这并不意味着它们之间不存在会合点。过去一些研究把韩非对当时儒者的某种批评看做是对儒家思想的根本否定，这当然是一种误解。韩非的批评是针对当时不知世务的儒者，而不是从根本上否定儒家。法家不但没有根本否定儒家，而且在尊君问题上同儒学有共同语言。②

孙谦还从儒法两家法理学的比较中论述了他们的异同。

首先，从自然的角度论述人定法，是古代法学理论，也是儒法两家共有的特点。天的法则和人的本性是儒法谈论自然时触及最多和最基本的两个问题。儒家认为人道依附于天道，所以人间法也是自然法的摹写；法家认定天人相分，因而在考察人间法的起源时，注意的是人类社会自身状况而不是自然界的"天道"。尽管儒法两家关于法起源的观点不尽相同，但在由君主立法的问题上，两家却基本接近。儒家对人性的基本看法是"性善"，基于此，儒家在谈到国家和社会的管理法则时，注意的是诚心、修身、养性，着眼点是个人仁、义、礼、智的培养，由个人的仁义为纽带把家、国、天下联系在一起。法家人性论的核心是"利"。因此，法家有关社会和国家的管理方案，注意的并不是个人的道德修养，而是超乎个人之上的社会与国家的制裁力。

其次，设立一定条件作为社会行为的最高规范，儒法两家的观点并无二

---

① 武树臣、李力著：《法家思想与法家精神》第 121—124 页，中国广播电视出版社 1998年版。

② 谷方著：《韩非与中国文化》第 413—415 页，贵州人民出版社 1996 年版。

致。但这一规范的形式、本质及其效用如何，两家存在着主礼与主法的区别。儒家以礼为治国治天下的最高条件，法只是礼治的一个辅助工具；法家则以法为其治国的宗旨。从形式上看，儒家之礼是社会生活的总规范，包括习俗、道德、典章制度、思想准则各个方面；法家之法是规范社会生活的法律、命令等。就此而言，儒家所谓中礼不中礼与法家所谓中法不中法并非不同。但是，从实质上看，儒家之礼的本质在于"分"，目的是维护社会的等级秩序，使君主位于等级之巅，尊贵者掌握权柄，其他每个人各就其位，各尽其职，从而完成社会一体化的过程；法家之法的本质在于"不平中有平"，即君主一人之下的任法去私，法无贵贱。所以，就行为规范的同一性而言，法家之法比儒家之礼要公平一些。

再就制裁力而言，儒家之礼虽有许多规定是靠国家强制力保证执行，但主要还是靠劝导、示范而不是督责。法家之法是一种国家规范，在执行上有国家权力做后盾。在法与国家政权的关系上，显然法家比儒家更切近实际。

就社会适应性而言，儒家之礼作为习惯，其成之慢，变化亦慢，与社会行为的急遽变化相比较往往呈滞后状态。同时，礼也比较繁琐，不是一般人所能记、所能行，而当社会变迁时更难一一与社会相更迭。法家之法以成文法为骨干，周知较易。在社会相对稳定时期，礼治之功还比较明显，在社会动荡变迁时，法则比礼更适合社会需要。

另外，在礼法不同的最高标准下，儒法两家关于实现最高标准的途径也存在着德与刑的不同。儒家是道德唯上论者，法家是刑唯上论者。在德与刑的不同强调中，两家还涉及了民本、君本这一立法的基本问题，法家是典型的君本主义者。儒家虽然提倡"民为邦本"，但儒家的民本思想，其出发点完全是为巩固君的统治。因此，从本质上看，在君本位问题上，儒法并无太大差异。个人本位与社会本位，也是儒法两家德利之争中的一个重要问题。法家强调一统，藐视个人。儒家强调个人自我修养，突出个人的重要性。但儒家之我，不是独立的自我，平等的自我，个人只是社会关系网中的一个结，为了适应社会，必须克制自己乃至泯灭自我，这与强调独立、平等的个人本位主义完全不同。质言之，儒家所宣扬的无我主义比法家有过之而无不及。法家从肉体上消灭"自我"；儒家则从心灵上消灭"自我"。①

---

① 孙谦：《儒法法理学异同论》，《人文杂志》1989 年第 6 期。

近 20 年对儒家与法家关系的研究，抛弃了过去简单地把二者对立起来，肯定一家，否定另一家的做法，而是从比较中发现异同，评论优劣。这是一个不小的进步。儒家与法家当时相互批评，都把对方作为攻击的对象，表面上看确实是水火不相容。但是也应该看到，法家和儒家都是产生于春秋战国时期，此时西周的礼乐文明已经盛极而衰，社会陷入混乱，两家都抱着济世的目的提出自己的主张。虽然儒家主张"克己复礼"，法家要求革新图强，但他们的思想都是基于西周的文化氛围，必然有许多相同点。如大一统、君主专制等都是两家共同的目标，只不过实现手段不同罢了。另外，两家在相互批判中必然也相互影响，相互借鉴和融合。这一点在儒家的荀子中表现的非常明显。秦亡以后，法家也烟消云散，但法家思想却被儒家所吸纳，成为此后中国文化的重要组成部分。汉代以后的政治文化也被称为"外儒内法"。儒法两家能够很好地融合，并在中国两千多年的封建社会中处于主流地位，这本身就说明他们在本质上不是绝对对立的，而是有互补性。我们今天反思传统，并不是要分出儒法两家孰优孰劣，而是要总结和借鉴前人的成败得失。这就要求我们彻底打破传统那种一元化的思维模式，客观、公正地去评价儒法两家的思想，汲取其精华，为今天所用。

（四）法家与墨家

法家与墨家的关系是传统文化研究的一个薄弱环节，过去很少有人涉及。武树臣、李力始有初步的探讨。他们认为，从组织上看，法家与墨家没有什么瓜葛。但是在宗法贵族的世袭制度面前，小私有生产者和土地私有者往往有许多共同语言。这就使法家能够从墨家那里直接继承了很多思想。这主要包括：（1）以天子之是非为是非的中央集权制的君主专制理论。墨子在阐述"一同天下之义"的法律起源论时，也阐述了"上同于天子"的中央集权制的君主专制理论。认为只有天子，才能向天下百姓发布法令，而诸侯以下的各级政长，必须"上同于天子"，"天子之所是，皆是之；天子之所非，皆非之"（《墨子·尚同上》）。（2）"法治"思想的萌芽。墨家认为，中央集权的专制君主必须用"法"来治理天下。墨家非常重视"法"的作用。如《墨子·天志下》说："子墨子置立天之，以为仪法，若轮人之有规，匠人之有矩也。"《墨子·经上》说："法，所若而然也。"即一切都必须顺法而行。在某种意义上，这可以看做是后来"法治"思想的萌芽。当然，墨家所谓的"法"是广义的，既包括法律、道德行为规范，也包括规矩、准绳等度量衡。其最终目的就是想使"兼相爱，交相利"成为衡量一切是非、曲直、善恶、功过的统一的客观标准。（3）"不党父兄，不偏富贵"的平等精神。墨家主张"尚贤"，认为当时各诸侯国治理不好的原因就是没有尚贤使能。因此，坚决反对周礼所规定的宗法世袭制和任人唯亲原则，也反对维护"礼治"的儒家。要治理好国家，就必须"不党父兄，不偏富贵，不辟颜色。贤者举而上之，富之贵之，以为官长；不肖者抑而废之，贫而贱之，以为徒役。"（《墨子·尚贤上》）其结论是"官无常贵，民无常贱"（《墨子·尚贤中》）。这实际上是后来法家要求变世卿世禄制为非世袭的官僚制的前奏。不过，墨家的"尚贤"标准不同于法家。墨家的"为贤之道"是"有力者疾以助人，有财者勉以分人，有道者劝以教人"（《墨子·尚贤下》）。法家则从是否有功于耕战出发的。①

法家与墨家关系的研究还有待进一步加强。

三、 法家哲学思想

（一）法家的人性论

人性论是人对自身本质的认识和评价。它是哲学思想的主要内容和政治思想的基础。传统观点认为，法家都是性恶论者。近年来，学者对此却有不同的看法。严正说："韩非之前的法家代表人物商鞅与慎到等已对人性作过初步的探讨。商鞅认为：'民之性，饥而求食，劳而求佚，苦则索乐，辱则求荣，此民之情也'。其看法与荀子的性恶论相似，但法家却并无善恶观念。"韩非"继承法家的传统，提出了著名的'自为'人性论，给人性范畴增添了新的内容，为其法治思想提供了理论根据"。"韩非探讨人性是从现实出发，通过对各种社会现象的分析而得出的，而不像儒家那样是从一种抽象的社会伦理观念出发来探讨人性。同时，他对于历史上的尧、舜文武之治并没有加以否定，因而他提出了人性是不断变化的思想，在他看来，历史是

---

① 武树臣、李力著：《法家思想与法家精神》第163—166页，中国广播电视出版社1998年版。

不断向前发展的,‘上古竞于道德,中古逐于智谋,当今争于气力’(《韩非子·五蠹》),人性伴随着社会的进化而不断变化。前期法家的代表商鞅对人性亦有同样的看法,但商鞅并没有对这种现象作进一步的解释,韩非则对此进行了分析,认为历史及人性的变化的原因是由于人口的增长”。“从这些结论我们看到,尽管韩非得出的结论是不科学的。但他主张历史是不断发展的,人性的内容亦随之而变化,并试图寻找这种变化发展的原因,用人口的增长,财富的多寡等物质因素来加以解释,这些思想要比其他各派先进得多。”①

张申也认为:“与孟、荀不同,韩非主张性无善无不善的‘自为’人性论和一元论的后天道德起源论。韩非继承和发展了前期法家慎到和商鞅等人关于人性‘自为’,好利恶害的思想,认为这种‘自为’的人性(也称‘自为心’,‘计算之心’)完全出于自然,不具道德属性,没有善恶问题。道德(善、恶)来源于后天人为。”②

东方朔则说:“韩非似乎无意于对人性之种种抽象义理的阐发,在韩非看来,重要的是应看到人性的现实状态,看到因时异、事异而表现出来的人性之不同的内容和情趣。因此,韩非对性之善恶问题并未予以道德评价,而对人性的把握执著于历史和现实二端,前者由韩非顺应历史之势而引出,其逻辑乃是‘上古竞于道德,中古逐于智谋,当今争于气力。’”

东方朔还认为:“在整个中国思想史中,恐怕也只有韩非对人性的外显面所表现的情状,如此直率直言、峭刻峻急地加以描述、概括和说明,以世俗之光反照世俗之人,淋漓中见其冷漠,洒脱中见其绝情。在韩非眼中,人们无论做何事,与何人交往,皆离不开对自己利益的盘算,即所谓‘皆挟自为心也’。自为心又叫趋利舍害之心,自利和计算之心。”接着,东方朔还把韩非关于人皆自利的思想与18世纪欧洲边沁和亚当·斯密的人性论作了一番比较。他认为:“韩非关于人皆自私的思想似乎与18世纪边沁和亚当·斯密极其相似。边沁把个人私利放在首位,并提出了七种苦乐价值的计算标准。斯密则认为,人类的一切交换皆植根于人类自利的本性。因此,我们每做一件事情就在于挑起别人的利己心……韩非与边沁、斯密虽然所处时

---

① 严正:《韩非哲学思想剖析》,《南开学报》1985年第6期。
② 张申:《再论韩非的伦理思想不是非道德主义》,《中国哲学史研究》1989年第2期。

代及各种客观条件上相差很远，但他们在对人性的透视、观察和把握的逻辑思路上却又是那样圆满吻合，丝丝入扣"。不过东方朔又认为："韩非与边沁、斯密有关人性的论述相同，但其可延展的方向却是不同。边沁在人性自利基础上建立的功利论涵盖了价值（道德尺寸）和技术（社会建构）的双重规定；斯密则由人性自利出发建构了一座经济大厦，并借助时贤的学说，不仅在概念上，而且在现实制度中划定了'经济人'与'道德人'的界限。他们完成了自古希腊伊壁鸠鲁哲学以来所倡导的精神、道德和心智的大解放，把传统的伦理精神与人们的利益追求和社会的政治经济政策联系在一起，以缜密的理性道德代替了以往的直观伦理，结果带来了一个崭新的时代和崭新的价值观念。而韩非在人性自利的前提下，把人与人之间的计算关系一方面发展到无以复加的地步，另一方面却用于权变之术。"①

谷方通过对韩非和性恶论的典型代表荀况的比较，驳斥了法家为性恶论的观点，指出法家是"人性自然论"，好利、贵因和自为是法家人性自为论的主要内容：一、人性好利。荀况、商鞅、韩非都承认人有好利的本性，但荀况和法家对好利恶害的评价却是不同的。荀子认为好利恶害是人性恶的表现和根源。因此，不能顺性而必须"化性"。而韩非认为好利恶害的人性根本无所谓恶或者善，它不过是人之常情。二、人性贵因。法家和荀子有关人性立论的前提不同，具体结论也不同。荀子从人性恶出发，把礼法制度看做险恶人性的对立物。就是说，人性所导致的目的同实施礼法制度所要达到的目的正好相反。礼法制度的实施就意味着险恶人性的化除；险恶人性在任何意义上的满足都意味着对礼法制度的不同程度的削弱。因此，荀子的性恶论反映了封建礼法制度同人性人情之间的深刻矛盾。韩非则以好利恶害而无善无恶的人性论为出发点，认为法律制度和人性是一致的。就是说，正是因为有这种好利避害的人性存在，才使法律制度的实施成为必要，又成为可能。因此，法律制度对于这种人性是要"因"，而不是"化"，是顺而不是逆。三、人性自为。荀子和韩非都肯定人性好利，但荀子认为自利之心的存在是社会生活中争夺不休的根源，人性的好利是同社会的安定不相容的。韩非的看法则与此不同。他认为自利的本性不仅不危害社会的安定，而且能够促进

---

① 东方朔：《韩非之功利观：在历史与逻辑之间》，《复旦学报》1993 年第 5 期。

人与人之间的和谐，促进社会的安定。①

　　经过多年的讨论，有关法家为性恶论者的观点已经被彻底打破。学界现在基本上都承认法家是无善无恶的自为人性论者。这无疑是一大进步。人性是有关人的自然本性，是先天的。而善恶是属于道德范畴，是后天人为的。人性无所谓善与恶。法家不谈人性的善恶，而是从现实生活中总结出人有好利、自为的本性。也没有对人的这种好利、自为本性进行批判，而是因人性而利导，使人的好利、自为本性为整个社会造福。这正是其高明之处。这种因人性而利导的思想比儒家的道德说教更具实践操作性。但是也应该看到，法家过分地夸大了人的好利、自为本性，导致了其政治思想的冷酷无情，最终被历史所抛弃。法家的人性论从整体上来说是很适合现代社会的，如何吸取其精华，纠正其缺陷，是今后法家人性论问题研究的重点。

（二）法家的辩证法思想

　　韩非是中国哲学史上第一个提出"矛盾"范畴的人，并在不同程度上涉及矛盾规律的一些方面，对我国古代辩证思想的发展有着巨大的贡献。韩非的辩证法思想也成为近 20 年法家文化研究的重点。

　　罗炽认为，在宇宙观方面，韩非继承了荀况的唯物主义路线，对《老子》天道自然的思想作了唯物主义和朴素辩证法的阐发和改造，坚持了朴素唯物主义和辩证法思想的统一，他的宇宙观中充满了辩证法思想。在韩非看来，天和人是主体和客体之间的对立统一关系，是一对矛盾关系。天和人各有自身的运动规律，"天有大命，人有大命"（《韩非子·扬权》）。在天地之中，万事万物都是对立统一的矛盾关系。矛盾着的事物，就其双方关系而言，其地位和作用都是不平衡的。韩非说："凡物不并盛，阴阳是也"（《解老》）。但是，矛盾双方的不平衡地位，也不是固定不变的，是可以相互转化的。"天地不能常侈常费，而况人乎！故万物必有盛衰，万事必有弛张。"（《解老》）韩非不仅肯定了矛盾着的事物之间的相互依存性，而且还肯定了事物都有质的界限，超过了限度，事物就会发生变化。在促成事物发生转化的诸条件中，韩非认为内部条件是根本的，外部条件也是不可缺少的。"木虽折也必有蠹，墙虽坏也必通隙。然木虽蠹，无疾风不折；墙虽

―――――――――

① 谷方著：《韩非与中国文化》第 307—312 页，贵州人民出版社 1996 年版。

隙，无大雨不坏。万乘之主，有能服术行法，以为风雨者，其兼天下不难矣。"（《亡征》）韩非通过内因和外因的辩证关系的论述，说明发挥人的主观能动作用的重要性。韩非还对《老子》哲学中的"道"、"德"范畴进行了唯物主义和辩证法的改造，并把"理"作为一个重要的范畴提了出来，论证了"道"与"德"、"道"与"理"之间的辩证关系，从而使被《老子》唯心主义体系窒息了的辩证法因素具有了新的生命力。"道"在《老子》那里被神秘化为一种无所不能、主宰一切的精神本体。经韩非的改造，"道"成为存在于天地万物之中，与天地万物同生死的客观事物的一般本质和本质之间的联系，即规律性。"道者，万物之所然也，万理之所稽也。"（《扬权》）"道者，下周于事，因稽而命，与时生死。"（同上）与"道"相对立的是"理"。韩非所说的"理"，是指一事物区别于它事物的特殊法则。实际上就是事物的特殊规律。"万物各异理而道尽稽万物之理"（《解老》）。不同的事物，各自具有不同的规律性。综合各具体规律，就是宇宙的总规律。"道"寓于"理"中，"理"离不开"道"，又体现了"道"。"道"和"理"的关系是普遍规律和特殊规律之间的关系，二者是对立统一的。韩非还对《老子》中的"德"进行了唯物主义和辩证法的改造。《老子》的"德"和"道"一样，同是一种先天的客体精神，"道"与"德"的关系也是隶属关系。韩非之谓"德"，是指事物本身固有的某种物质属性。"道"的功能体现为"德"，"道"存在于"德"中，它们表现了事物的一般属性和特殊属性的关系。"道"和"德"之间也是辩证的关系。①

　　刘蔚华认为，韩非的朴素辩证法，是以他的宇宙观为理论基础的。他继承了荀况的唯物主义自然观，发展了老聃的天道观与方法论，形成了"道"、"德"、"理"辩证统一的唯物主义宇宙观。另外，韩非通过楚人卖矛与盾的寓言，说明了他的辩证法与逻辑的观念。其一，韩非通过这个寓言肯定了"矛之利"与"盾之坚"是一种客观存在的不依人们的意志为转移的对立关系。这是一种"自然之势"，是"非人之所得设"的。这属于辩证法的观点。其二，在反映这种对立关系时，人们会在观念中发生逻辑矛盾的错误，这就是卖矛与盾的那个楚人所陷入的混乱："无不陷之矛"与"莫能陷之盾"同时成立，就成了违反矛盾律的"矛盾之说"。他认为，"人之所

---

① 罗炽：《韩非的辩证法思想》，《武汉师范学院学报》1981 年第 3 期。

得设"的矛盾观念，应当符合"非人之所得设"的矛盾实际。韩非的这个寓言，在朴素辩证法与形式逻辑两个方面，都有贡献，他发现了一个古老的悖论命题。有人认为韩非虽然发现了逻辑矛盾律，却没有找到逻辑的解决方法。其实不然，韩非找到的解决方法，是辩证的。这就是，用对立的一方，克服另一方的原则。韩非把矛盾关系理解为"不可两得"、"不可两立"、"不相容"、"不并盛"的关系，反映了对立双方的互相排斥与互相否定的实质。在一定意义上说，是带有概括性的。由于矛盾的双方客观存在着对抗性，这就决定了斗争的不可避免，韩非的矛盾观十分突出矛盾的斗争性。强调"争于力"的原则，用强力促进矛盾双方的转化。但是，韩非也不否认矛盾双方的统一性，"理相夺予，威德是也"（《解老》）。"理相夺予"，是相反相成的观念，这是他对于矛盾斗争性与统一性的朴素表述。韩非还把一切事物看成是发展变化的，这是他的朴素辩证法思想的一个重要观点。他在说明矛盾转化与事物变化时，很注重转化的条件性和事物的渐变过程。由于事物的发展变化是一个渐变的过程，做任何事情都要"皆争之于小者也"（《有度》）。同时要注意对"度量"的把握，事物由渐变达到质变，都有一定的度量界限，人要"行轨节而举之"，不可"失度量而妄举动"。刘蔚华还指出：韩非在思想方法上有好趋极端的倾向，导致了他的辩证法思想是不彻底的，包含着绝对主义和形而上学的成分。总体来说，韩非学说中积极因素与消极因素的矛盾，十分突出地表现了他在世界观与方法论上的朴素唯物主义辩证法同绝对主义形而上学的对立。这里面，蕴涵着深刻的理论思维的经验和教训。①

周兆茂则从韩非有关"变"的思想对其辩证法进行了探讨。他认为在韩非以前，《易经》、《老子》、《易传》、《荀子》等都对事物的变化作出许多论述。但他们的变化观不同程度地存在以下的缺陷：（1）是循环论的变化观。（2）是消极的变化观。（3）是不彻底的变化观。与之相反，韩非关于万物皆变以及事物变化是从低级到高级的发展的思想是积极的，刚强进取的。另外韩非还对事物的变化过程作过不同程度的探索，对"渐变"、"度"等都有所论述。②

---

① 刘蔚华：《韩非的朴素辩证法思想》，《文史哲》1983 年第 2 期。
② 周兆茂：《试论韩非关于变的思想》，《天津师大学报》1983 年第 2 期。

作为先秦哲学总结者的韩非，吸收了《老子》和荀况的辩证法思想，并且对其进行了改造和发展，使我国古代辩证法思想的发展达到了新的高度，直接影响了其后辩证思想的发展和国民的思维方式。学者经30年的研究，基本上厘清了韩非辩证法思想的概貌，指出了其优点和缺点。韩非辩证法思想在中国传统文化中的地位和作用，是以后法家文化研究需要加强的重点。

（三）法家的认识论

冯友兰在20世纪80年代重修《中国哲学史新编》时，就对韩非的认识论作了论述。认为韩非论"言与事"的那段话的认识论的含义是要判断一个言论是否是真理，要看它在实践中的效果。这实际上是接触到唯物主义认识论的一个重点，就是实践是检验真理的标准。韩非说："夫言行者，以功用为之的彀者也。"（《问辩》）其认识论的含义是，真理的标准是客观事实；检查一个命题或理论看它是否合乎事实，要以其预先确定的实际功用为检查的标准。这是主要的，此外还必须从别的方面检查。韩非关于这些方法的理论有主观选择认识客观的意义，所以可以从中得出认识论的结论。这个结论基本是唯物主义的反映论。韩非说："偶参伍之验，以责陈言之实。"（《备内》）其认识论的含义就是，事实是客观存在的，但是关于它的命题不一定都是真的；要断定命题的真假，须从各方面的情况加以研究，看其是否合乎事实。韩非说："勿变勿易，与二俱行，行之不已，是谓履理……形名参同，用其所生。二者诚信，下乃贡情……故审名以定位，明分以辩类……虚静无为，道之情也。参伍比物，事之形也。参之以比物，伍之以合虚。"（《扬权》）其认识论的含义就是必须去掉主观主义，以客观的态度观来察事物，才能得其真相。①

刘志刚把韩非的认识论称为"参验"论，即韩非认为凡事都必须经过参验，多方搜集事实材料，加以比较、考查、核对，才能使认识达到名实相符。韩非"参验"论主张认识来源于客观实际，反对脱离实际而盲目臆测的"前识"。另外，韩非"参验"认识论也非常重视理性的认识。他提倡把获得的感性材料，进行加工整理，抽象出事物和现象的本质属性。"思虑则

① 冯友兰著：《中国哲学史新编》第2册第435—447页，人民出版社1984年版。

得事理，得事理则必成功。"（《解老》）思虑是认识事理、取得成功的条件。"参验"论还运用"变"与"易"的观点来考察认识过程。事物无时不在运动变化，没有一成不变的东西。因此，人的认识和行动也不能守恒不变，墨守老一套。概念和理论一旦形成，"参验"论主张依据实在对象验证其真伪。要"循名实而定是非"（《奸劫弑臣》）。可以说，韩非的"参验"认识论已经初步具备了实际——理论——实际的辩证认识过程的雏形。在当时的历史条件下，这是进步的。但刘志刚认为，韩非的"参验"认识论也存在着历史局限性。这表现在：其一，是韩非非常重视理性认识，但在方法上过于重视用事例证明问题，并不能保证它一定具有普遍性、规律性。韩非的"参验"论带有一定的直观性、狭隘性。其二，是"参验"论由于过分重视实证性、直观性，使他在理论上往往趋于极端。其三，"参验"论是为维护君主的统治服务的，极力以此为理论根据提倡玩弄权术，以"参验"臣下的忠奸，采取相应的对策。但总的来说，"参验"论出现在战国时期，是难能可贵的。①

孙实明认为韩非在论证其法治思想、驳斥儒墨的主张时，自觉或不自觉地探讨了人类认识的来源、性质、检验方法、检验标准、最终目的等方面的问题。其主要内容如下：

唯物主义反映论。韩非认为，正确的有价值的认识，只能来源于对物质世界的全面观察，只能是对客观事物及其规律的忠实反映。这样，就从认识的来源和性质方面，肯定了认识内容的客观性，坚持了朴素的唯物主义的反映论。但是，韩非却把人类的认识能力看成是先天的。他说："聪明睿智天也，动静思虑人也。人也者，乘于天明以视。"（《解老》）这就说明其认识论仍包含着唯心主义和形而上学的成分。

参验的方法论。为了确立正确的认识，韩非提出了一个检验认识的方法——参验。参验就是将各方面的情况搜集起来，进行比较研究，掌握表明事实真相的证据，以检验认识是否符合事实，从而判断认识是非可否。韩非的参验方法，不是单纯经验的方法，而是既重视见闻经验，又重视理性思考的具有辩证法因素的认识方法。

唯物主义的效果论。韩非认为，在运用参验的方法考察事实检验认识

---

① 刘志刚：《韩非的"参验"论》，《齐鲁学刊》1982 年第 5 期。

时，不应只看到表面现象和静止状态，而应当着重观察事物在活动中的实际效果。要透过现象看本质。实际效果不仅是检验认识的标准，而且也是认识的唯一目的。这些都反映了他的认识论的唯物主义和辩证法的本质。但韩非所说的实际，着重指社会功利，无非是法制、耕战之事。因此，其效果论又同狭隘功利主义联系在一起。①

经学者们 30 年的研究，基本上都承认韩非的认识论为唯物主义的反映论，给予了很高的评价。同时也客观地指出了其中存在的局限性。但是，对法家认识论的研究只集中在韩非一人的身上，对法家其他人物关注不够。这就导致了法家学派本身认识论的发展脉络的模糊。对此希望以后应加强研究。

四、 法家政治思想

法家代表人物大都既是理论家，又是政治家。他们不但提出了自己的政治理论，而且能够积极地应用于实践。他们的政治理论和实践，对其后中国社会的发展影响极为深远。研究法家的政治思想，对于了解过去，开拓未来，无疑是有重大意义的。所以反思法家政治思想也是反思传统文化的一个热点。

（一）法家的法、术、势思想

法、术、势思想是法家政治思想的主体。长期以来，学术界把法、术、势分别单纯地挂在个别倡导者的名下。比如说："商鞅重法"，申不害讲"术"，慎到讲"势"。而韩非总结他们在政治实践中的经验教训，将这三方面综合成一个有机的政治思想体系。20 世纪 80 年代后，始有学者对此提出不同看法。马序认为，申不害是法、术、势都讲，商鞅、慎到亦是如此。②刘泽华也认为，《慎子》一书不仅讲势，而且尚法。书中虽没有明确提出

---

① 孙实明：《韩非认识论探微》，《求是学刊》1986 年第 1 期。
② 马序：《论商鞅变法和韩非的社会政治思想》，收入《中国哲学史论》，山西人民出版社 1983 年版。

"术"的概念，但有一部分内容也是论"术"的。这样，在《慎子》一书中，势、法、术思想都具备了。申不害主术，但对势、法也很重视。韩非批评商鞅"知法而无术"，批评申不害知术而"不擅其法"，如果从有无方面看，他的批评是不正确的；如果从言多言少看，还是有一定道理的。韩非批评商鞅重法而法未尽也；批评申不害言术而术未尽也。把韩非的"势"与慎到的"势"加以比较，慎到言势同样亦未尽也。韩非把法、术、势三者集为一体，而且在内容上多有发挥，所以韩非可谓法、术、势的集大成者。①

马序和刘泽华只是在法家内部的比较中提出了自己的看法。而谷方则把视线放得更远，从历史渊源、思想影响和现实基础等方面对法家法、术、势思想的成因和演变作了一番论述：（1）历史渊源。他认为韩非并没有把法、术、势思想看成自己的专利品。相反，他承认法、术、势思想有着长久的历史渊源，而且还从正反两方面考察了历史上有关法、术、势的问题。韩非认为，霸王术的传授系统是从后稷开始的。而霸王术的特点实际上就是后来的法、术、势思想的重要内容。（2）思想影响。法、术、势思想是受战国诸子百家其他各派，如黄老刑名之学、儒家、墨家、兵家、名家影响并吸收了其中某种思想而产生的。（3）现实基础。法、术、势思想归根到底是战国时期现实的经济关系和政治关系的产物。它是在封建割据势力的激烈兼并和争夺中产生的，并且首先是为封建诸侯以称王称霸为目的的兼并战争服务的。②

学者能从历史渊源、思想影响和现实基础对法、术、势思想的产生和发展进行论述，对我们全面地把握法、术、势思想无疑是有好处的。但任何思想的萌芽和成熟阶段，毕竟还是有区别的。申不害对"术"，慎到对"势"，商鞅对"法"，都是有独特贡献的。正是有他们的论述，法、术、势思想才真正成为有系统的理论，所以传统上把势、法、术和慎到、申不害、商鞅联系起来也是有道理的。学术界现在还是承认申不害为"术"思想的代表，慎到为"势"思想的代表，商鞅为"法"思想的代表。而韩非综合三家，成为法、术、势思想的集大成者。

---

① 刘泽华著：《中国政治思想史》（先秦卷）第 327 页，浙江人民出版社 1996 年版。
② 谷方著：《韩非与中国文化》第 67—74 页，贵州人民出版社 1996 年版。

　　关于韩非思想中法、术、势三者的关系问题，一般认为，三者各具作用和功能。三者是同等并列，不可分割的三位一体的关系。但也有不同意见者。一种意见认为，在韩非的法、术、势三者之中，术是最重要的。韩非是彻头彻尾站在君主的立场上来考虑政治，其最大的政治目的在于稳定君主的地位和由君主控制的坚固的国内统治。术是为实现上述政治目的而采取的有效策略，它使法、势得以充分发挥其机能。因此术是最重要的。韩非所谓的法和术的关系，是君主对官吏讲明法律，令其依法治理老百姓。君主则依靠术驾驭官吏。总之，实行法是以术为后盾，因而法被列入不亡之术。结果变成法靠术实行，法包括在术之中。韩非主张的势和术的关系，是以术保势，而势只有靠术才能存在。① 另一种意见则认为，"势治"是韩非政治思想的发端和归旨。韩非论述"法"和"术"的问题，都不过是作为"势治"的政策、策略和手段来说的。"法"是实行"势治"的公开性强制手段。提倡"法治"，从制度上肯定了"势"的合法地位；提倡"法不阿贵"，以防止贵族阶级的奸乱；提倡"赏罚必信"，使臣民自觉效忠于君主；提倡实行"重刑"，以镇压人民的反抗，从而永葆君"势"。"术"则是巩固"势治"的谋略和权术。② 也有人认为韩非思想的核心是法。法是韩非思想理论的中心，是治国之根本。术、势是韩非政治思想的重要组成部分。③

　　这三种观点各有道理，这说明在韩非的思想体系中，法、术、势确实是各具功能和作用。三者同等并列，不可分割，是三位一体的关系。只因为学者的关注点不同，才有了孰轻孰重的分别。

　　关于法、术、势思想的历史地位和作用，袁伟时认为，同时期的各国的封建政权不可能以韩非的法、术、势理论为指导思想，也没有以类似的理论为政治思想的基础。④ 谷方则认为，法、术、势思想比其他思想更合时宜，所以在战国时居于思想界的主导地位，并在实践中获得了不同程度的成功。

---

① 饭冢由树：《〈韩非子〉中法、术、势三者的关系》，《中国人民大学学报》1993 年第 5 期；胡拙甫著：《韩非子评论》第 2—3 页，人文出版社，民国三十九年。
② 吴亚东：《"势治"是韩非政治思想的发端和归宿》，《华南师范大学学报》1984 年第 1 期；谷方：《评韩非的权势观》，收入《中国哲学史论》，山西人民出版社 1983 年版；高旭：《韩非应为"势家"论》，《渤海大学学报》2007 年第 5 期。
③ 孔繁：《关于韩非法治思想的评价问题》，《学术研究》1979 年第 4 期；史必清：《韩非对古代专制主义理论的总结与发展》，《汕头大学学报》1987 年第 1 期。
④ 袁伟时：《试论韩非的法、术、势》，《学术研究》1979 年第 1 期。

商鞅用这种思想作指导在秦国实行改革，取得了历史性的胜利。吴起用这种思想作指导在楚国改革，也达到了"富国强兵"的目的。其他如韩、赵、魏、燕、齐等国也一度出现过类似的局面。事实证明，法、术、势思想在战争的环境中，在全国统一大业的准备阶段和进行阶段，都起过一定程度的积极作用。这也是法、术、势思想能够一度处于指导地位的一个重要原因。秦始皇也"师申商之法，行韩非之术"。但他把法、术、势理论中的君主独裁思想和严刑重罚思想推向了极端。秦始皇死后，李斯行"督责之术"，排除了法、术、势思想中的积极因素，把其中所包含的"富国强兵"目标清除得一干二净，把法、术、势变成君主个人独裁和对人民虐杀的工具，最终导致了秦的灭亡。①

（二）君主专制和愚民思想

君主专制制度是从秦代至清代二千多年中国最根本的政治制度。"五四"运动以来，人们提到君主专制制度，都把它和孔孟之道联系起来。近年来，这种看法开始有所转变。陈哲夫认为中国古代的思想家，无论是儒家或法家，也无论是墨家或道家，都是君权的鼓吹者。但人们一说到封建专制制度时，都把它的一切罪恶归之于孔孟之道，儒家师徒成为一切封建罪恶的化身，没有或几乎没有追究其他封建思想流派的责任。这不但是不公正和不尽合理的，而且也是有害的。应该承认儒家思想对中国封建社会有很深的毒害。但就政治思想来说，给中国社会毒害最深的不是儒家，而是法家。特别是集法家思想之大成的韩非，他是君主独裁政治理论最大最积极的鼓吹者。② 史必清也认为，君主专制思想的发展，是在战国时期，其突出表现是儒、法、墨、道四家都是专制主义理论家。法家的突出贡献是在理论与实践两方面，把专制主义推向了新的阶段。③ 这一看法转变的意义是十分重大的。虽然中国两千多年的君主专制制度是和儒家独尊的局面在时间上是几乎重合的，但这并不表明君主专制就是儒家思想的产物。法家对君主专制的鼓吹是先秦其他各家所远远不及的。并且历史上第一个君主专制政体——秦，

---

① 谷方著：《韩非与中国文化》第75—86页，贵州人民出版社1996年版。
② 陈哲夫：《评韩非的君主独裁思想》，《北京大学学报》1984年第3期。
③ 史必清：《韩非对古代专制主义理论的总结与发展》，《汕头大学学报》1987年第1期。

也是在法家君主专制理论的直接指导下建立起来的。此后的君主专制制度，也都是秦制度的沿革。找准了君主专制的始作俑者，我们才能正确地对其进行检讨。

法家君主专制理论的发展也是有一个渐进的过程。前期法家虽然从不同的角度对君主专制理论进行了探讨，但其君主专制理论还是建立在理性基础之上，没有把其绝对化。王尊就认为，慎子的势，侧重于人君"势位"的决定性作用。其"势位"固然集中于人君一身并由人君赖以行使权力，却不能认为仅仅是指君主个人的权势。慎子所说的"身不肖而令行者，得助于众也"，明确突出了势中众的力量。① 刘泽华也认为，慎到在政治上颇通辩证法：一方面，特别强调权势的重要，权势要集中于君主之手；另一方面，又指出权势的大小取决于能否得到"下"的支持。这样一来，慎到的"势"就不是脱离"下"的权力至上论。从政治体制与权力结构上看，慎到主张君主独操大权，但他又提出君主应该掌权为天下，而不应该借权居天下。"立天子以为天下，非立天下以为天子也。立国君以为国，非立国以为国君也。"（《慎子·威德》）这在理论上无疑是对君主权力的一种制约。②

到了韩非，他继承和发展了前期法家的君主专制理论，把君权绝对化，致使法家的君主专制理论走向极端。张力认为，韩非所鼓吹的是极端的君主专制。在他看来，君主拥有至高无上的绝对权力，操纵着人们的生杀大权。他的意志就是法律，他的言论就是命令，他的是非是全国人民的是非。至于人民，韩非要求他们只能令行禁止，绝对服从君主的统治。替君主作战要"赴险殉诚"，平时则要"寡闻从令"、"力作而食"，其德性要"嘉厚纯粹"，对君主和官吏要"重命畏事"，还要勇于告奸。针对人民的反抗，韩非主张用严刑峻法来镇压，反对统治者采取任何缓和矛盾的"恩爱"措施。但以上这些措施只能限制或禁止人们的言和行，韩非认为这还远远不够。要保障君主的统治万无一失，还要从根本上解决问题，于是他又提出了要"禁其心"。"禁其心"有两个方面：一是要去掉人们的智慧，由此要杜绝一切学术和文化，减少人民的信息交流；二是要去掉人们的"利欲之心"，使

---

① 王尊：《论先秦法家体系的势》，《长沙水电师院学报》1990 年第 2 期。

② 刘泽华著：《中国政治思想史》（先秦卷）第 272 页，浙江人民出版社 1996 年版。

人们"无欲、无虑、无智"。这其实是一种文化专制和愚民政策。① 谷方也认为，从基本体系看，韩非处处维护君权，并且以维护君权作为全部理论的出发点和归宿。在经济上，他主张"归利于上"，一切经济大权统归君主掌握。在政治上，他主张采用各种手段来加强君权，限制臣权，实现一切政治权力归君主。在思想上，他主张用维护君权为核心的纲常名教束缚人们的头脑。他说："臣事君、子事父、妻事夫。三者顺则天下治，三者逆则天下乱。此天下之常道也。"（《韩非子·忠孝》）这同孔子的"君君、臣臣、父父、子子"的伦理纲常一脉相承。后经董仲舒将其神化为"王道之纲"，成为封建专制主义思想的核心。② 特别值得注意的是，韩非还把维护君权的理论提到了哲学的高度。武树臣、李力说：韩非在哲学上接受了道家的基本思想，并把"道"与"君"一体化。认为"道"是万物的本源和世界的主宰。君主是人间的"道"或是"道"的体现者。因此君主要独操一切权势，如果君主失去权势，就不能成其为君主。要保持权势，君主就要独自掌握最高、最后的决断权。③

如何从总体上对法家的君主专制思想进行评价？史必清认为，君主专制理论的实质是通过加强君主专制统治更有效地剥削统治劳动人民，是诱之以富贵，驱迫之以刑法，把广大群众纳入耕战轨道上去，为统治阶级富国强兵、兼并天下服务。专制主义理论从产生至形成的过程，也是在思想领域法治主义取代礼治主义的过程，并为统一的秦王朝的建立做好了理论准备。无论在理论上，还是在实践上，无疑都是一个不小的进步。专制主义理论是中国古代思想宝库的一个组成部分。它把中国古代政治学发展到新的水平和高度。在世界古代政治学中，为中华民族争得了闪光的荣誉。④ 这是从整体上给以肯定的评价，但大部分学者还是对法家的文化专制和愚民政策给予批评。如张力说："韩非主张法治，反对人治，这是不错的。但他企图以灭绝人类的智慧和文化来保证绝对的君主专制的政治，这无疑是荒谬的。"⑤

---

① 张力：《论韩非的法术学说与愚民思想》，《四川师范学院学报》1989 年第 1 期。
② 谷方著：《韩非与中国文化》第 169—190 页，贵州人民出版社 1996 年版。
③ 武树臣、李力著：《法家思想与法家精神》第 60—61 页，中国广播电视出版社 1998 年版。
④ 史必清：《韩非对古代专制主义理论的总结与发展》，《汕头大学学报》1987 年第 1 期。
⑤ 张力：《论韩非的法术学说与愚民思想》，《四川师范学院学报》1989 年第 1 期。

（三）法家的道德思想

法家的思想核心是"务法而不务德"，所以人们常称其为"道德无用论"或"非道德主义"者。近年来，有学者对此提出了不同看法。

钱逊就认为，韩非对儒家的仁义进行了激烈的批评，认为仁义不能治国，仁义惠爱有害于法。但这并不能得出韩非认为道德无用或非道德主义的结论。第一方面，韩非所讨论的主要是治国之道，而不是一般的道德作用问题。他批评和纠正了儒家夸大道德的作用、把政治道德化的错误，强调了政治统治要凭借威势和暴力，论证了法治的必要性。第二方面，他主要针对儒家仁义在当时社会中的作用提出了批评，他批评的是儒家的仁义，而不是一般道德。韩非对批评儒家仁义又给予了极大的注意，正是反映了他对道德的重视。韩非在道德问题上的基本要求是"赏誉同轨，非诛俱行"。他认为当时社会主要弊端是"毁誉赏罚之所加者相与悖缪"的问题，即誉毁与赏罚不一致的矛盾。提出"赏誉同轨，非诛俱行"，实际上也就是指出了道德观念与政治改革不适应，提出了道德观念变革的问题。韩非不只主张实行法治的政治改革，同时，也从改革的实践中注意到了与此相适应必须进行道德观念的变革，并且把它看成政治变革取得成功的重要条件。韩非之激烈批评儒家仁义，并把这种批评放在重要的地位，也正是出于对道德观念变革的必要性的认识。无疑，这正反映了韩非对道德作用的重视，也反映了韩非关于改革思想的深刻性。不过，韩非的道德思想也存在着根本的缺陷。韩非的一个根本错误，是他没有认识到道德毁誉问题、价值标准问题的特殊本质，不懂得道德问题是属于思想性质的问题，只有诉诸人们的自觉，要依靠教化而不能依靠强制的手段去解决。韩非提出"以法为教"，就意味着法不仅要起劝阻的作用，而且起"教"的作用。不仅要能使人们从畏罚利赏的利害考虑出发，服从公利，而且要使人们建立起正确的荣耻之心，无二心私学。总之，就是要用法令来解决赏罚、毁誉这两个方面的问题。用同一种手段、方法来解决性质不同的两类问题。而这样的结果，韩非实际上就否定了道德的独立性。正是这种情况，成为一些人把韩非的道德思想归之为道德无用论或非道德主义的重要原因。[1]

----

① 钱逊：《韩非的道德思想》，《清华大学学报》1987 年第 1 期。

张申也不同意把韩非看做"道德无用论"者。他认为，包括韩非在内的法家所倡导的法治学说，并不否认道德的作用，而是重法轻德，以德辅法的法德统一论。说韩非否认道德，是历史的误会。韩非从多方面论证了道德的社会功能与作用。首先，他充分肯定了君德和臣德的作用，认为君、臣的道德素质对于国家的安危治乱具有重要意义。其次，法、术、势的作用大于道德，但并不能否定道德的作用。再次，韩非认为历史是发展变化的，道德的作用和道德的评价亦随历史条件的变化而变化。关于道德评价的历史性，韩非认为，人们的物质条件不同，社会道德风貌就不一样，道德评价亦随之而异。他把这种历史主义的道德评价称为"称俗而行"。韩非批评儒家的道德，只是认为其已经不适合时代的发展，并不是反对道德本身。①

在儒家独尊的封建社会中，法家只因反对儒家的仁义道德，便被扣上"非道德主义"的帽子，进行批判。在今天这个学术自由的氛围下，应该是到了给法家正名的时候了。

五、 法家法律思想

法家是以提倡"以法治国"而得名的，为了实现其理想，法家在中国历史上第一次对法律作了理论上的探索。

（一） 法的起源

在法家法律起源论上，徐进主编的《新编中国法律思想史》和张国华主编的《中国法律思想史新编》都有论述。② 但相比较而言，武树臣、李力对法家的法律起源的论述就更为详尽。他们说，法家认为法律是人类历史发展到一定阶段的产物。人类社会在起初并没有国家和法律。后来，人与人、族与族之间互相争斗，为了定分、止争，才产生了法律。这种"定分止争"的法律起源说不但排除了商周以来的天命神权思想，而且由于和"定分止

---

① 张申：《再论韩非的伦理思想不是非道德主义》，《中国哲学史研究》1989 年第 2 期。
② 参见徐进主编：《新编中国法律思想史》，山东人民出版社 1993 年版；张国华主编：《中国法律思想史新编》，北京大学出版社 1991 年版。

争"联系起来，因而也就初步触及适应保护私有制和维护社会秩序与安定等需要的问题。此外，法家还指出法律是在突破"亲亲而爱私"的氏族血缘组织的情况下产生的。法家还从人口数量与物质财富之间的比例关系来论证法律起源问题。认为远古时代，人口少而货财多，所以人们不争夺而相安无事；后来，人口不断增长，而物质财富增长得比较缓慢，从而造成人口众而货财少的局面。同时由于人性"好利恶害"，必然导致争夺。于是，法律的产生就是必然的。在法家的法律起源论中，法律的产生既然在于"立禁"和"止争"，因而法律本身也就具有了强制性。法家甚至承认法律就是"内行刀锯，外用甲兵"的暴力。但是法家却又把国家和法律的产生归功于"贤者"、"智者"，最终陷入历史唯心主义的沼泽。①

（二）有关法律的定义及其本质

法家有很多关于法律定义和本质的论述。武树臣、李力把法家有关法律的定义及其本质的论述总结为三条：第一，法律是客观的、普遍的、公正的行为准则。这种准则就像测量长度的尺寸、辨别曲直的绳墨、衡量方圆的规矩、称量衡量容量的斗斛等工具一样，既不以个人的好恶为转移，也不以社会一部分人的主观愿望而更改。正如《商君书・修权》所说："法者，国之权衡也。"法家以度量衡来比拟法律的目的就是要强调法律的客观性、普遍性和平等性。第二，法律是国家强制力保障实现的特殊的行为规范。因此，法和刑是密切相联系的。这就要求以"法"作为定罪量刑的依据，以刑赏作为保证"法"的手段。正如《韩非子・定法》所说："法者，宪令著于官府，刑罚必于民心。赏存乎慎法，而罚加乎奸令者也。"第三，法律不是社会中一部分人局部利益的"私"的体现。相反，法律是社会整体利益的"公"的体现。在法家看来，法律是为整个国家利益服务的，高于包括最高统治者在内的所有社会成员的个人利益。这种个人利益为"私"，整体利益为"公"。体现这种整体利益的"法"，则为"公法"。"公"高于"私"，因而"法"也高于"私"。而且二者势不两立。如《韩非子・诡使》所说："夫立法令者，以去私也。法令行而私道废矣。私者，所以乱法也。"②

---

① 武树臣、李力著：《法家思想与法家精神》第60页，中国广播电视出版社1998年版。
② 武树臣、李力著：《法家思想与法家精神》第61页，中国广播电视出版社1998年版。

　　法家有关法律本质和定义的论述，其中有些内容不乏合理成分，在法理学上显然已经朝着解决法律的本质问题迈进了一步。但其中也有不合理的地方。朱苏人评价说，法律是一种普遍性、强制性兼备的政治形式和手段。法律的这两种性质缺一不可，并且必须保持一定的平衡协调关系。在法家的法律理论体系中，法律只具有比较狭隘的社会普遍意义，只是从国家的角度，社会秩序的角度具有相对的历史合理性。而对绝大多数社会成员来说，法家的法律在一定程度上恰恰是非理性的，没有普遍意义。因此，法家的法律不能不表现出极大的行政指令性质、强制性质，几乎就是刑罚的代名词。"法治"的理想也根本无从实现。① 谷方也认为，韩非在论述法的公开性、公正性、规范性和时代性的时候，有不少见解是合理的。但是，他在论述法的强制性时，却走到了绝对化的地步。应当承认，法具有强制性。人们在法律上的权力、义务关系是由国家强制力保证的。法律强制人们只能这样做而不能那样做。没有一定程度的强制性，法也就不成其为法了。韩非的错误在于，他不问法律本身的性质和情况如何，认为只要单纯依靠强制力就能使人听从。由于把法的强制性推向了绝对化的地步，这就必然要放弃改革法制的努力而单纯在增强"威严之势"上下工夫。光凭这一条，就可能使整个法统趋于破坏。②

　　朱苏人和谷方对法家关于法的本质和定义中存在的不合理成分的批评是极其恰当的。由于法家存在着浓厚的君本位和社会本位意识，就必然导致其过分强调法的强制性，而忽略了法的普遍性。一味相信暴力，妄想通过严刑酷罚的威慑作用使人民服从统治，结果必然导致矛盾激化，社会陷入混乱。先秦法家关于法的本质和定义的探讨，对我们今天仍有很大的借鉴意义。

（三）法的平等意识

　　法家提出"刑无等级"（《商君书·壹刑》），"法不阿贵，绳不挠曲，刑过不避大臣，赏善不遗匹夫"的司法原则，彻底打破了西周"刑不上大夫"的旧礼制传统，表现出一定的平等意识，受到了学者的普遍称赞。栗

---

① 朱苏人：《论先秦法家"以法为本"的政治形式》，《北京大学研究生学刊》1991 年第
　1 期。
② 谷方著：《韩非与中国文化》第 92—93 页，贵州人民出版社 1996 年版。

劲、孔庆明主编的《中国法律思想史》评价说："法家'刑无等级'的原则，主张取消贵族特权，显然是对传统的'刑不上大夫'的原则予以坚决的否定。它一方面有利于打击旧贵族的特权；另一方面也有利于统治阶级内部建立新的法制秩序。这是极其鲜明的法治主义思想，是法律思想史上的一大进步。"①

但也有学者认为对法家的平等意识不能评价过高。朱苏人认为，应当承认，法家主张的"法贵平等"（《管子·法法》）比起传统的"刑不上大夫"是一个进步。但这一评价的成分仅仅在于法家以一种相对更社会化的、根据封建经济身份关系而确定的"法"的标准，代替了旧式的、较原始的、根据宗法血缘身份关系而确定的"礼"的标准来规范社会。而这一标准的转换在客观上较有利于社会经济的发展而已。除此之外，并无多少绝对意义上的平等可言。这是因为，两家的标准不同，自然对平等的理解也就不同。儒家以礼为标准，自有其人人守礼的平等观。而根据法治的标准，过去的贵族大夫落到了与平民百姓一般的地位，不再享有"八辟"等特权，不过是法家压制打击旧氏族势力的政治需要。这从儒家重血缘辈分的礼治角度看，恰恰是一种违反宗法原则的，混同贤与不肖、君子与小人的不平等。不仅如此，根据同一"法治"标准，法家又制造了君主与臣僚、与百姓的新的不平等，并且在某种意义上是更大的不平等。李悝《法经》中就规定严禁"逾制"，"大夫之家有侯物，自一以上者族"。这说明，法家的"法治"丝毫没有消除不平等，只不过将过去"礼治"面前人人平等变成了"法治"面前人人平等。或者说，是由"礼"之下的等级制转换为"法"之下的等级制而已。所以，法家只反世袭制而不反等级制，甚至更赤裸裸地强化等级制。由此看来，我们对法家"刑无等级"、"法不阿贵"的进步意义不能估计过高。② 刘泽华也认为，法家之法的实质，不是民主的平等精神，而是君主专制的工具。首先，法家的法是君主制定的，是君主意志的体现。虽然法家反复规劝君主依法行事，却并没有将君主列入法律的适用范围。可见法家的法从产生的那一天起就不是民主的、平等的。其次，法家之法就其形式而

---

① 栗劲、孔庆明主编：《中国法律思想史》第 78 页，黑龙江人民出版社 1998 年版。
② 朱苏人：《论先秦法家"以法为本"的政治形式》，《北京大学研究生学刊》1991 年第 1 期。

论也是不平等的，而是等级法。慎到主张法的基本职能在于明"分"，后来的法家也都继承了这一观点。其实质就是"明尊卑爵秩等级"。既然法律已规定了人的不平等，哪里还会有法律面前人人平等呢？再次，法家把法的基本任务之一，确定为"胜民"和"弱民"，就是要把老百姓变成法的奴仆。而法又牢牢地掌握在君主手中，这样的法还有什么平等可言。法家所实行的"法治"与民主和法律面前人人平等毫不相干。法家的法治只是君主专制的工具。①

相比较而言，武树臣、李力对法家"刑无等级"思想的评价就比较全面、公允。首先，承认"刑无等级"是一个反传统的口号，其矛头指向贵族势力，打破了旧礼制的"刑不上大夫"的传统，无疑具有进步意义。但是也应看到，"刑无等级"又是一个尊君的口号，其主要的目的是提高君主和法律的无上权威。法律是君主制定的，君主享有立法权、司法权。这样一来，"刑无等级"就等于宣布：任何人在法律面前都是平等的，大家都等于零。同时，"刑无等级"也是一个带有虚假色彩的口号。新兴地主阶级否定贵族的特权，但并非一般地反对等级。为了维护自身的利益，在掌握了国家的政权之后，便逐渐确立和健全了新的等级制度。应该指出的是，法家的"刑无等级"，不同于西方近代资产阶级提出的"在法律面前人人平等"。这除了两者各自体现的阶级属性不同之外，还在于其依附于不同的政体。前者是与封建的中央集权的君主专制政体相联系，后者是与现代的民主政体相联系。②

法家提出"刑无等级"原则，确实具有进步意义。但这只是和前此的"刑不上大夫"相比较而言，具有明显的平等意识。由于受政治、经济、文化等发展水平所限，法家不可能做到真正的在法律面前人人平等。所以也就不能一味地拔高其历史地位。

（四）法的重刑主义

法家特别强调刑罚的作用，以公开主张"重刑"而闻名，法家的"重

---

① 刘泽华著：《中国政治思想史》（先秦卷）第 274 页，浙江人民出版社 1996 年版。
② 武树臣、李力著：《法家思想与法家精神》第 160—166 页，中国广播电视出版社 1998 年版。

刑"说包含两层含义：第一，在赏赐与刑罚两手中，更重视刑罚的作用。按照法家的逻辑，应当赏赐的行为都是合法的行为，而合法的行为本来就是人们应当遵行的，就好像人们不偷东西的行为根本称不得"善"一样。而刑罚的作用完全可以包容和取代赏赐。所以，更应该重视刑罚的作用。第二，"重轻罪"，这是"重刑"最典型的含义。法家认为，刑罚是对已经完成的犯罪行为的一种惩处，不能预防犯罪，而大的犯罪往往是从小的犯罪发展而来的。人们所以犯罪都是由于"好利恶害"本性的驱使，而这种本性是无法改变的。因此，要预防犯罪，只有在刑罚上想办法。而最有效的办法就是要对轻微的犯罪施以重的惩罚，从而使人们处于利害得失的考虑而不敢犯罪。[1]

针对法家的"重刑"说，徐进主编的《新编中国法律思想史》给予了肯定的评价，认为"重刑"论是法家立法目的最直接的体现。法家为臣民设计的是"自治"的路，也就是主动择利避害的路。而为国家设计的是用赏导、用刑督的"禁使"之法。法家的重刑论不是简单的惩罚主义，而是彻底的预防主义。[2]

而谷方则对法家的"重刑"论进行了批判。他认为法家的"重轻罪"首先混淆了罪行与过失的界限；其次混淆了轻罪与重罪的界限。"重轻罪"如同重罪轻判一样属于罚不当罪或用刑不当，其后果和影响都是不好的。韩非断言"上设重刑而奸尽止"，只不过是用"奸尽止"这个预想的结果作为幌子而为施行严刑重罚的残酷手段进行辩护罢了。轻罪重判，特别是给有点过失的无辜者施以重刑，这不但不能消灭犯罪，而且恰恰可以成为激化矛盾、诱发犯罪的因素。法家企图通过"重轻罪"来消灭犯罪，这是一种不切实际的想法。另外，法家的"重刑"论还有滥用死刑一项。死刑在止恶惩恶上是必要的，但只能在不得已的情况下才能使用，采取这种残酷的方式只会使亲痛仇快，而无裨风化。从本质上来说，法家的"重刑"论在于镇压人民。韩非认为"严刑则民亲法"，但封建法律同民众的根本利益存在着矛盾，甚至是尖锐的对立，因此它难以得到民众的真诚拥护。企图通过严刑重罚使民众就范，这也难以达到目的。刑罚固然是同犯罪作斗争的必要手

---

① 武树臣、李力著：《法家思想与法家精神》第60—61页，中国广播电视出版社1998年版。

② 参见徐进主编：《新编中国法律思想史》，山东人民出版社1993年版；张国华主编：《中国法律思想史新编》，北京大学出版社1991年版。

段，但是专靠严刑来维持法律，专靠严刑来治理国家则往往会走向事情的反面。总之，法家把重刑作为治国安邦的主要条件，作为精神和道德的支柱，这不仅导致了对刑罚的作用和意义的错误理解，而且给它的法治观念和社会观念，都蒙上了恐怖的阴影。①

武树臣、李力也对法家的"重刑"论进行了批判。认为法家把"重刑"论建立在抽象的"好利恶害"的人性论基础之上，没有认识到犯罪是一个复杂的社会问题。同时，又基本上否认了教育的作用，从而把"重刑"视为治理国家的唯一有效手段，这就从理论上把法家变成了实践中的"罚家"。秦王朝统治集团真实地实践了这一理论，并因此激化了阶级矛盾，导致二世而亡。②

刑罚是法律所必需的手段，恰当的刑罚，能达到"惩前毖后，治病救人"的目的，但刑罚也不是预防犯罪的唯一有效手段。正确的社会道德教育本身就能减少犯罪的发生。法家根本不相信道德的教化作用，必然就会走上"以刑去刑"的歧途，最终激化社会矛盾，导致整个的法律系统的破坏，而且法家的"重刑论"本身就是对其所强调的法的公正性、规范性的破坏。法家"重刑"论失败的历史教训，很值得我们反思。中国历史上的刑讯逼供，酷吏残民，无不是法家"重刑"论的必然结果。

六、　新世纪法家文化研究新进展

近 10 年来，法家文化研究又取得了一些新成就，学者除继续深化对法家文化中仍存在争议的一些问题的研究外，还开拓了研究的领域，引进了一些新的方法，提出了一些新的观点。

（一）法家学派的概况

1. 李悝与《法经》的关系

曹旅宁博士运用文献考证的方法，认为《法经》之名不见于秦汉古籍：

---

① 谷方著：《韩非与中国文化》第 105—110 页，贵州人民出版社 1996 年版。
② 武树臣、李力著：《法家思想与法家精神》第 57—60 页，中国广播电视出版社 1998 年版。

在由魏国史官所记的《竹书纪年》中，无论是古本，还是今本，在记述魏文侯的事迹时，都没有提及李悝撰《法经》之事。有关李悝撰《法经》和商鞅携《法经》入秦之说，未见于《史记》和《汉书》。李悝撰《法经》的最早说法可能出于南北朝或唐初。关于《法经》本身是否存在，历来也有争议。① 廖宗麟则从《法经》的指导思想和李悝的身份及思想的角度，质疑李悝撰《法经》的说法，认为《法经》所谓的"王者之政，莫急于盗贼"与李悝所处的战国时期"莫急于富国强兵"的实际情况严重不符；《法经》"诸法合体，民刑不分"的编著体例，也与春秋战国到秦朝"诸法异体，民刑分离"的原则不符。所以，李悝撰《法经》是一个值得怀疑的问题。②

2. 慎到的学派归属问题

潘俊杰认为慎到在继承和创新老子思想的基础上，总结了前期法家的法理学说，系统地提出了权势论、法治论、君臣论等法理论，对后期法家理论走向成熟产生了重要影响，慎到是从黄老到法家重要的转折性人物。③ 而潘志锋则认为，慎到的思想形成不存在由道入法的转变过程，其原本就是道法兼容的黄老家。④ 但目前学界对黄老学派的产生时间还有争论，有主张黄老学派产生于秦汉之际者，也有主张产生于战国者。在黄老学派产生的时间未确定的情况下，就断言慎到属于黄老学派，结论很难令人信服。另外，郭沫若认为《管子》中《法法》、《任法》、《明法》三篇其理论渊源于慎到。⑤ 金德建、刘蔚华、苗润田则更进一步肯定《管子》中《法法》等三篇就是慎到所亲著。⑥ 但张固也不同意这种观点，认为《法法》的写作时间早于慎到，而《任法》、《明法》受到秦晋法家和黄老道家思想的影响，不可能是慎到的作品。⑦

---

① 曹旅宁著：《秦律新探》第57—63页，中国社会科学出版社2002年版。
② 廖宗麟：《李悝撰〈法经〉质疑补证》，《河池学院学报》2006年第1期。
③ 潘俊杰：《慎到——从黄老到法家转折性的关键人物》，《西北大学学报》2004年第5期。
④ 潘志锋：《慎到学派归属问题再辨》，《河北学刊》2007年第1期。
⑤ 《郭沫若全集》（历史编）第2卷第490页，人民出版社1984年版。
⑥ 胡家聪、苗润田：《〈管子〉与稷下学》，《管子学刊》1987年创刊号；金德建著：《先秦诸子丛考》第88页，中州书画社1982年版。
⑦ 张固也：《〈管子〉"道法家"三篇说质疑》，《社会科学战线》2006年第5期。

（二）法家与其他各家的关系

1. 法家与名家的关系

赵小雷指出，名家实际上分为实用名学和理论名学两部分，对法家产生影响的实用名学，而理论名学是法家所坚决排斥的。实用名学中的名实关系、刑名之学及其经验都对法家提供了构建社会和政治制度的理论基础和方法论。实用名学到法家这里逐渐发展成为一种统治的方式，即侧重于对以法为中心的政治制度的建立和具体实施，它更加具体化和制度化了。法家的循名责实理论就是在对实用名学批判继承的基础上发展起来的。①

2. 法家与道家的关系

葛荣晋先生认为，韩非继承和发展了老子的道论和辩证法思想，不仅把"无为"和"有为"有机地结合起来，从理论上发展了老子的"无为"之说，从而为他的"法、术、势"相结合的"君人南面之术"奠定了哲学基础，同时也完成了从由道家"无为"之说向法家"无为"之说的创造性转换。② 吴明凡则指出，韩非批判地汲取了道家的道德思想，通过对道与德的不同诠释和意义赋予，把道作为道德的形上本体加以定位和理解，在本体意义上确立了道德的形上基础和终极依据，把德作为基本的德性或德目来把握和诠释，在人伦日用及道德实践的层面为人们确立了行为准则和道德规范。同时，韩非通过纳德入道与德礼结合，赋予德以伦理与政治的双重含义，以政治原则混同道德原则，实现伦理的政治化。③

3. 法家与儒家的关系

魏义霞揭示了法家和儒家政治哲学的异同，认为在指导思想上，具有理想主义情愫的儒家主张法先王，而具有现实主义精神的法家主张法后王；在施政方针上，儒家信凭通过文行忠信等方面的教育来以德服人，法家则提倡法律灌输和普及下的吏治；在行政措施上，儒家渴望道德自律，而法家膜拜武力征服；在思维方式上，儒家倡导灵活性，法家则恪守原则性。尽管儒法两家有种种差异，但许多思想家兼承两家之学脉，这反映了儒家与法家、道

---

① 赵小雷：《法家对刑名之学的批判继承》，《西北大学学报》2007 年第 3 期。
② 葛晋荣：《法家的"无为而治"与"君人南面之术"》，《理论学刊》2008 年第 1 期。
③ 吴明凡：《道与德的相涵与分立——韩非的道德思想》，《广西社会科学》2006 年第 6 期。

德与法律在历史沿革中有不可否认的血缘关系。① 单纯先生指出，先秦法家可以分为春秋时期的"齐法家"和战国时期的"三晋法家"。春秋的"齐法家"尽管强调法的治道实效，但还是在富国强兵的变法中确立了兴政治、顺民心的治国法则和礼义廉耻这样的共同价值观；战国时期的"三晋法家"所关心的重点已经从"尊王攘夷"以维护"礼乐"制度转向扫平诸侯、独霸天下的权势本位主义，完全走向了极端工具理想主义的法治传统。孔子对"齐法家"的认同体现着儒法的互补，而孟子对"三晋法家"的批评则体现着儒法两家价值理性与工具理性的差异。②

4. 法家与墨家的关系

薛柏成博士指出墨家在三个方面对法家产生了影响。首先，墨家思想对法家中央集权的君主专制理论的形成产生了影响。墨子的"尚同"说主张，只有天子才能向天下的百姓发号施令，而诸侯以下的政长必须"上同于天子"。法家对君主专制主义中央集权理论的热衷，与墨子的"尚同"思想是有渊源关系的。但两家的"尚同"思想还是有差别的。墨家的"尚同"是自下而上的，由里长同其乡里之义，然后上同于乡长，然后再上同于天子。而法家的中央集权理论是自上而下的，是国君的绝对专权。其次，墨家思想对法家用人的原则产生了影响。墨家主张"尚贤"，坚决反对宗法世袭制和任人唯亲。法家受墨家"尚贤"思想的影响，以"尚贤使能"为用人的原则，反对世袭制和任人唯亲。但墨家和法家对贤能之士的认定标准存在着差异。最后，墨家的强本节用思想对法家产生了影响。强本节用是墨家思想的主要特征之一，法家受墨家思想的影响，极为重视农业生产，强调节俭，主张通过强本节用来达到富国强兵的目的。③

（三）法家的政治思想

1. 法家政治思想与古代西方政治思想的比较研究

在法家政治思想研究方面，近 10 年来一个最显著的特点就对法家政治思想与古代西方政治思想的比较研究。

---

① 魏义霞：《先秦儒家、法家政治哲学比较研究》，《管子学刊》2003 年第 4 期。
② 单纯：《论古代儒家辨析齐法家与三晋法家的意义》，《中国哲学史》2007 年第 4 期。
③ 薛柏成：《墨家思想的渊源及历史影响新探》，吉林大学博士论文，2006 年。

时显群先生通过比较亚里士多德和法家法制理论的异同，总结了中西古代法治思想各自的特点，指出亚里士多德和法家都认识到法律在社会生活中的重要作用和实行法治的必要性，都旗帜鲜明地主张法治反对人治，强调法律的权威，主张法律本身应该保持一定的稳定性。但由于物质环境和人文环境的不同，使亚里士多德和法家对法律、法治的理解又存在诸多差异。第一，亚里士多德理解法律的出发点是善德与正义，而法家则用非道德的观点来理解法律。第二，在亚里士多德的法治理论体系中，法律是公共的规范，而在法家的法治理论体系中，法律是为专制君主所有的工具。第三，亚里士多德强调公民权利，而法家重视臣民义务。第四，亚里士多德的法治理论包含着权力制衡的因素，而法家的法治理论则与专制集权统治模式紧密相关。①

在东西方政治思想领域，韩非与马基雅弗利是两位影响极为深远，但遭受非议最多的政治思想家，有学者对韩非与马基雅弗利的政治思想进行了比较研究。认为就相同点来说，首先，韩非和马基雅弗利的政治思想都是建立在人性自利或人性恶的基础上，并有丰富的历史经验作参考依据。其次，他们都主张帝王应该采取法、术、势相结合的统治方式，尤其推崇术治的作用。最后，他们都否定传统道德的作用，强调帝王为达到自己的目的可以不择手段。就相异点来说，首先，在政体方面，法家韩非是君主专制的坚定支持者，而马基雅弗利则认为建立君主专制只是基于现实需要的权宜之计，最好的政体是共和政体。韩非主张君权至上，马基雅弗利主张国家至上。其次，在治国的侧重点上，韩非提倡耕战，马基雅弗利重视军队的建设。最后，对人民力量的认识不同。马基雅弗利从国家的利益出发，考虑到人民的力量，反复告诫统治着要尊重民意，在任何情况下都要和人民保持友好关系。而法家的韩非比较轻视人民的力量，认为君主根本不用费力去研究民众问题，只要把主要精力用于法治和处理君臣关系就可以了，帝王的统治能否长治久安，与民众是没有太大关系的。②

---

① 时显群：《中西古代"法治"思想的比较研究——评析亚里士多德与法家法治思想的异同点》，《江西社会科学》2002 年第 2 期。
② 杨正香：《韩非与马基雅弗利：帝王术比较研究》，《社会科学论坛》2001 年第 12 期；王珍愚等：《试比较韩非和马基雅弗利的人性论政治思想》，《学术界》2005 年第 4 期；雷信来：《先秦法家的术治思想与马基雅弗利的术治思想之比较研究》，《安徽史学》2008 年第 2 期。

把法家政治思想与西方古代政治思想进行比较研究，能够进一步深化我们对法家思想的认识。但这一方面的研究才刚刚起步，有待进一步加强。

2. 法家是否非道德主义

法家究竟是不是"非道德主义"，这是学界长期争论的问题，近 10 年来，大部分学者坚持认为法家排斥道德，但也有学者对此提出了反驳。

唐亚武先生认为，法家学派之重法治而轻德治，其本意并非要废弃伦理道德规范。实际上，他们所强调的法治维护的恰恰是以忠孝、仁义为核心道德原则的社会秩序。他们反对的只是儒家那种以单一且在他们看来是空谈的德治思想。在道德问题上，法家同儒家争论的焦点不在于要不要道德，而是如何理解人们的道德生活及其规范，以及怎样去确立和实行封建统治所需要的伦理道德规范。①

夏伟东认为，无论是商鞅还是韩非，法家主张的基本治国方略是刑主德辅，他们在强调法的作用的同时，给予了道德应有的地位和尊重。如商鞅虽然主张"任力不任德"、"贵法不贵义"，但他并不绝对排斥道德，而是认为道德如果不是在法制的前提下发挥作用，就一定会产生坏的效果。所以商鞅的基本结论是"德生于刑"，即刑法是道德的前提和基础。韩非发展了商鞅法先德后、有法才有德的思想。韩非对儒家德治思想的批判，并不是简单地说德教和德治天生无用，而是说这样的治世方式不合时宜。他反对儒家空泛的道德思想，却又大力颂扬功利主义的道德。法家的这种"法主德辅"的治国方略，与儒家的"德主刑辅"的治国方略既是矛盾的，又是相辅相成的。儒家和法家都没有放弃道德和法律这两种手段，只是两家对道德和法律孰轻孰重、孰先孰后的理解和运用不同而已。②

法家虽然不绝对排斥道德，但正如赵汀阳先生所说，法家认为伦理规范的运用是因人而异的，这种灵活性无法保证行政号令的有效性和一贯性，因此是不可靠的，所以伦理道德不适合成为政治与社会治理的根本原则。法家试图证明伦理对政治是有害的，即使伦理有些积极意义，也会由于生效太过缓慢而变得微乎其微。③ 总的来说，把法家归为非道德主义是不合事实的，

---

① 唐亚武：《法家学派之德治思想探微》，《湖南师范大学社会科学学报》2003 年第 4 期。
② 夏伟东：《法家重法和法治但并不排斥德和德治的一些论证》，《齐鲁学刊》2004 年第 5 期。
③ 赵汀阳：《法家的法治与社会信任》，《学习与探索》2007 年第 6 期。

但也不能过高地评价伦理道德在法家政治思想中的地位。

3. 法家的君主专制思想与反智论

学界有人认为法家是极权政治和绝对专制的鼓吹者，但张分田先生对此提出了不同的看法。张先生指出，法家对强化君权有比较周到的设计，这种思想无疑属于专制主义。但这种专制主义并不排斥对君权的限制。考察文献，发现法家明确提出了以人为本、依法治国、立天子以为天下、天下公平、以道正己等政治思想命题，这表明法家学说具有很强的思辨性、系统性、规范性、批判性，包含着相当丰富的限定、制约、规范君权的思想。所以，不应该把法家划归为极权政治和绝对专制主义。①

余英时先生认为，法家是中国反智伦的代表，无论对"智性"本身的憎恨和怀疑，还是对知识分子的摧残或压制，法家的主张都是最彻底的。②周炽成先生不赞成余英时的观点，认为法家不但不反智，而且非常重智，是法家开启了中国文化中的智性传统。他认为，法家富于理性主义和经验主义精神，推崇有远见和善于明察的智术之士，坚持尚贤任能的用人原则，缘道理以从事，处处表现出重智的特性。虽然韩非有"去智"之说，但其所去之"智"并不是一般意义上的智性或理智，而是巧辩、伪诈之"智"。韩非有"民智不可用"的说法，但这也不能当做法家反智的证据，因为韩非这句话的意思是"民可以乐成，而不可以虑始"，这不仅说明法家不反智，而且表明法家崇尚大智。周先生同时指出，法家所开启的智是实用性的，主要用来解决政治生活中的实际问题，这和西方自古希腊时代开始既有"用智"、又有超越实用的"纯智"，即为知识而知识的传统不同。中国人缺乏为知识而知识的精神，法家也不例外。③

法家是否为极权政治和绝对专制的鼓吹者，是否为反智论者，仍需进一步研究。

（四）法家的法律思想

长期以来，学界对法家的重刑思想多有批判和否定之词，对此也有学者

---

① 张分田：《略论先秦法家规范君权的政治思想》，《天津师范大学学报》2006 年第 2 期。
② 余英时著：《中国思想传统的现代诠释》，江苏人民出版社 1995 年版。
③ 周炽成：《略论法家的智性传统——兼与余英时先生商榷》，《学术研究》2004 年第 2 期。

持相反的态度，如有学者认为，法家的重刑思想虽有不少偏误，但对其不能侧重于从政治斗争和阶级本性的角度予以分析和评判。从刑法学的角度和犯罪学的角度分析，法家的重刑思想有明显的合理性，是一份珍贵的法学遗产。尤其是这一思想的核心观点，在今天的立法和执法中仍有借鉴意义。他们认为，法家的重刑思想符合人趋利避害的心理特点，当人发现犯罪抵不上所受之罚，就不愿去犯罪。另外法家特别重视刑罚的一般预防作用和社会心理影响，实行重刑，根本目的不在于惩治犯罪者本人，而在于以一儆百，控制整个社会的犯罪行为。

张佐良先生对上述观点进行了反驳，认为这里有三点值得商榷。首先，把杀人、抢劫、偷盗等作为刑法打击的重点，予以严惩，这是可以理解的。但法家对拾遗不归这样的轻罪也处以断足之刑，显然是罚不当罪。其次，如果罪刑过度失衡，犯罪人心理上产生的就不是后悔和痛苦，而是对刑罚制度、社会的仇恨，对社会的对抗心理反而会因此而加强。为了补偿过重刑罚所造成的失衡心理，他们常常会再度实施犯罪。最后，法家把刑罚对犯罪的一般预防功能过分夸大，陷入了刑罚万能论的泥沼之中，在法制实践中不可能取得预期的良好效果。①

陈劲阳通过对法家重刑思想进行分析，认为其逻辑前提存在着"罪当罚"或"轻刑罚"并不会达到震慑犯罪的目的、唯有重刑才能预防犯罪的失误。法家的重刑思想会导致民众的憎恶，产生严重的政治后果。②

法家重刑思想的影响极为深远，在我国现行刑事立法和司法等诸多方面仍然有着重刑思想的浓重色彩，旗帜鲜明地反对法家的重刑主义，可以使我们在法制建设的道路上少走一些弯路。

30 年来的法家文化研究，基本肃清了"尊儒反法"和"评法批儒"两种错误思想的遗毒，使法家文化研究重新回到了正常的学术研究轨道。在马克思主义理论的指导下，学者从哲学、政治、法律等各个方面对法家文化进行了专业的研究，拓宽了法家文化研究的视野。由于学术空气的空前自由，研究成果也体现了很强的个性化特色。这些都是值得肯定的。但法家文化研

---

① 张佐良：《法家重刑思想再认识》，《中国司法》2006 年第 10 期。
② 陈劲阳：《法家重刑主义的现代省察》，《理论学刊》2006 年第 9 期。

究还存在着诸多不足：

首先，法家文化的研究真正转入正轨才 30 年时间，这只能算是一个开端，很多基础性问题还有待解决。如法家学派的界定、法家人物的划分、法家著作的真伪等问题，彻底理清这些问题是法家文化研究的前提和基础，但学界对这些问题仍然有分歧，这势必影响法家文化研究的进一步深入。

其次，目前法家文化研究还主要集中在韩非、商鞅等个别人物，对法家其他代表人物的研究不够，从总体上对法家这个学派进行研究的成果也不多，需要在今后的研究中加强。

再次，目前的法家文化研究只是就先秦法家的本身进行探讨，而没有更多地注意法家文化对此后整个中国历史进程的影响。法家学派存在时间虽然很短，但其思想却被儒家吸收，成为中国封建文化的重要组成部分，有人将秦代以后中国的文化定性为"外儒内法"，可见法家对中国文化的影响是深远的，今后的法家文化研究应该把视线放远一点。

最后，法家文化的研究和现实结合不够。法家是中国历史上唯一一个对"以法治国"进行过理论和实践探讨的学派，其成功和失败之处对今天中国社会主义法制建设应该具有借鉴意义。另外，法家注重经济的思想、法家的吏治思想等，在今天看来仍然有借鉴意义。今后的法家文化研究应该在这方面有所加强。

随着中国社会主义法制建设的推进，学界会越来越重视法家文化的研究。相信在学者们的不断努力下，法家文化的研究会达到一个新的高度。

第五章

兵家文化研究

　　中国古代战争频繁，积累了丰富的军事斗争经验，历代论兵之书如林垂史，是我国传统文化的重要组成部分。在二千多年的封建社会里，对兵家文化的研究，主要表现在校勘、考证、注释和通解方面。新中国成立后，学者们以马克思主义理论为指导，为古代兵家文化的研究打开了新的局面，但这一时期的研究内容限于校勘、考证、注释、通解以及哲学思想与军事思想某些方面研究。十一届三中全会以后，随着改革开放的不断深入，思想观念的解放、国学热的兴起，兵家文化研究呈现出前所未有的繁荣景象。其主要特点表现为：（1）研究领域不断拓展。这一时期学者们研究的触角涉及兵家文化自身军事理论研究、兵家文化操作性理论研究的方方面面。兵家文化比较研究、兵家文化文献研究成就斐然，兵学史的研究也初见成效。（2）研究成果数量多、质量高。仅以《孙子》研究为例，据不完全统计，自1978年以来，在短短20年内，国内出版的各类《孙子》研究著作近100种，发表的相关学术论文不下800篇。（3）研究方法日益创新。学者们在熟练运用传统的研究方法的基础上，注意吸收和运用各种新的研究方法，从系统方法、运筹方法、博弈理论、行为学的角度进行分析，揭示出兵家文化的精神底蕴。一些学者还将计算机技术引进《孙子兵法》研究中，研制出了《孙子兵法微机检索系统》。（4）研究力量日益团结壮大。其主要标志是1989年中国孙子研究会的宣告成立。这一群众性学术团体的成立，改变了以往学者们分散治学、各自为战的局面。正是由于多位学者的共同合作，使得以往可望而不可即的一些大型科研项目如多卷本《孙子兵法大全》、《孙子兵法辞典》等顺利出版。尤其是在中国孙子研究会的主持下，1989年5月至2000年10月，先后召开了五届《孙子兵法》国际学术研讨会，共30多个国家，近千人次的学者与会，交流学术论文 400 余篇。

一、　兵家哲学思想研究

兵家文化蕴涵着丰富的哲学思想，其代表作《孙子兵法》的许多哲学思想居同时代领先地位。然而，由于多种原因，兵家哲学智慧长期得不到旧哲学史家的认可。1939 年郭化若将军提出《孙子》一书中蕴涵着朴素的唯物论和辩证法的见解，① 首开兵家哲学思想研究之先河。1954 年任继愈先生撰文呼吁"在中国哲学史中给《孙子兵法》以一定地位"②。1961 年《文汇报》连载郭化若将军《论孙子的军事思想和哲学思想》，引起中国哲学界对《孙子兵法》的重视。③ 1962 年冯友兰先生在《中国哲学史新编》中，对孙子辩证法思想进行了专节阐述，但仍然认为孙子之辩证法思想"没有从哲学的角度来观察整个世界"。④ 1963 年任继愈先生在《中国哲学史》中以专章阐述了孙子的辩证法思想，认为《孙子兵法》中"朴素的唯物主义和原始的军事辩证法思想的丰富内容超出了战争这一社会现象的范围，在认识论、方法论上具有一般的哲学意义"。⑤ 至此，《孙子兵法》在中国哲学史上的历史地位被确定下来。十一届三中全会以来，拨乱反正，学术界坚持了实事求是的科学态度，兵家哲学思想研究有了突飞猛进的发展，研究内容不仅局限于《孙子兵法》，对《武经七书》、《孙膑兵法》也多有论及。

（一）兵家哲学思想基本内容的阐扬

20 世纪 80 年代以来，学术界探讨兵家哲学思想的论文和专著，数量多，质量高，研究深入。其中比较有代表性的有刘先廷《浅谈〈孙子〉中

---

① 郭化若：《孙子兵法之初步研究》，《八路军军政杂志》1 卷 11、12 期，1939 年 11 月—1940 年 1 月。
② 任继愈：《孙子兵法中的辩证法因素》，《光明日报》1954 年 4 月 21 日。
③ 此乃郭化若将军当年为其即将出版的《十一家注孙子》一书所作序言，略有删节。
④ 冯友兰著：《中国哲学史新编》（上册）第 201 页，人民出版社 1962 年版。
⑤ 任继愈主编：《中国哲学史》第 1 册第 125 页，人民出版社 1963 年版。

的认识论思想》①、尚金锁《试论〈孙子兵法〉中的哲学思想》②、王德敏《孙子兵法的矛盾转化论》③、黄朴民《孙子兵学与春秋哲学政治思潮》④、刘文悌《〈孙子兵法〉的军事辩证法思想》⑤、邱复兴《论孙子的军事哲学思想》⑥ 等论文，陈学凯《制胜韬略》⑦ 等专著。此外杨善群《孙子评传》⑧、谢祥皓《中国兵学》⑨ 等专著对兵家哲学思想也多有新见。学者们的论述方法多样，角度多重，尽管内容各有侧重，表述不一，但对兵家哲学思想的主要内容基本达成以下共识：

（1）兵家文化蕴涵着朴素的唯物论思想。他们认为主要表现为以下四点：①否定天命鬼神注重人事的无神论思想。②信仰"自然之天"的朴素的唯物主义自然观。③不同程度地认识到，战争的胜负是建立在政治、经济、自然等诸多客观物质条件的基础之上的。④在形名关系上，兵家坚持形先名后、名为形之称谓的唯物主义观点。

（2）兵家文化蕴涵着丰富的朴素辩证法思想。①兵家辩证法的一个重要特点是认识到了事物之间是相互联系的，从而导致其看待问题的立场、观点和方法的比较全面性。②兵家在战争中自觉不自觉地运用了对立统一的规律来指导战争实践。③兵家认为世界上的一切事物都处在永恒不断的发展变化中，战争亦然，用兵打仗必须用发展的眼光看问题。

（3）兵家文化蕴涵着初步的知行合一的认识论思想。其主要表现为：①"知己知彼，百战不殆"强调了认识的重要性。②"战—知—战"的早期朴素的唯物主义反映论。③感性认识上升到理性认识的"相敌"之法。

① 刘先廷：《浅谈〈孙子〉中的认识论思想》，《军事学术》1983 年第 1 期。
② 尚金锁：《试论〈孙子兵法〉中的哲学思想》，《南开大学学报》1981 年第 3 期。
③ 王德敏：《孙子兵法的矛盾转化论》，《孙子学刊》1992 年第 2 期。
④ 黄朴民：《孙子兵学与春秋哲学政治思潮》，收入《孙子探胜——第三届孙子兵法国际学术研讨会论文精选》（以下简称《孙子探胜》），军事科学出版社 1993 年版。
⑤ 刘文悌：《〈孙子兵法〉的军事辩证法思想》，《内蒙古师大学报》，1988 年第 1 期。
⑥ 邱复兴：《论孙子的军事哲学思想》，收入《孙子兵法及其现代价值——第四届孙子兵法国际学术研讨会论文集》（以下简称《孙子兵法及其现代价值》），军事科学出版社 1999 年版。
⑦ 陈学凯：《制胜韬略》，山东人民出版社 1992 年版。
⑧ 杨善群：《孙子评传》，南京大学出版社 1995 年版。
⑨ 谢祥皓：《中国兵学》，山东人民出版社 1998 年版。

还有一部分学者从矛盾论、系统论、全面论、重点论等角度，揭示和分析了兵家哲学思想的内涵，如刘先廷的《〈孙子兵法〉中的辩证法思想》①、陈竹虚的《孙子军事哲学思想的系统观初探》②、陆日东的《孙子兵法中的重点论思想》③、高晨阳、颜炳罡的《孙武军事哲学的整体性思维方式》④、史美珩的《简论〈孙子兵法〉思想方法的全面性》⑤ 等，皆属颇有见地之作。此外，刘先廷、王辉强等学者就《孙子兵法》中《势篇》、《形篇》的哲学思想进行了细致而深入的探讨。⑥

一部分学者则认为从战争知行观的角度阐释孙子兵法的哲学思想，应该更能揭示其精髓所在。"从根本上说，从主客体关系上考察战争认识和实践的关系的战争知行观是兵家军事哲学思想的核心。"⑦ 此种代表之作是陈学凯所撰《制胜韬略——孙子战争知行观论》。作者从"知常与知变"、"尽知与先知"、"知彼与知己" 等重要军事哲学的概念范畴分析入手，系统研究了《孙子》的战争认识过程，认为孙子的战争知行观是其军事哲学体系的核心和精华。知己知彼是孙子认识战争的主要法则，是孙子所谓知胜和制胜的全部基础；避实击虚是孙子战争制胜的行动原则，在战争中，无论是战略上还是战术上都不可能在违背这一原则的情况下取胜。知与行互为因果，相互制约。⑧ 陈学凯先生的这部专著，应该说无论是研究内容还是研究方法，无疑都是对以往军事哲学思想研究的一次有益的突破和尝试，堪称近年来兵家哲学思想研究方面的一部力作。

（二）兵家哲学思想的总体评价

绝大多数学者对兵家哲学思想给予了很高的评价。他们认为，《孙子兵

---

① 刘先廷：《〈孙子兵法〉中的辩证法思想》，《军事历史研究》1988 年第 4 期。

② 陈竹虚：《孙子军事哲学思想的系统观初探》，收入《孙子研究新论》，新华出版社 1992 年版。

③ 陆日东：《孙子兵法中的重点论思想》，《广西民族学院学报》1985 年第 1 期。

④ 颜炳罡：《孙武军事哲学的整体性思维方式》，《管子学刊》1988 年第 4 期。

⑤ 史美珩：《简论〈孙子兵法〉思想方法的全面性》，《浙江师大学报》1986 年第 1 期。

⑥ 刘先廷：《〈孙子·势篇〉哲学思想探讨》，收入《孙子新探——中外学者论孙子》（以后简称《孙子新探》），解放军出版社 1990 年版；王辉强：《〈孙子〉书中〈形篇〉、〈势篇〉的哲学思想》，《人文杂志》1980 年第 6 期。

⑦ 张伊宁：《略论孙武的战争知行观》，《南开大学学报》1987 年第 1 期。

⑧ 陈学凯著：《制胜韬略》，山东人民出版社 1992 年版。

法》在很大程度上突破了当时尚占统治地位的天命鬼神思想的束缚，坚持了唯物论反映原则和科学的认识方法。在辩证法思想方面，《孙子》与《易经》、《老子》同为我国古代辩证法思想的渊流之一，《孙子》与《易经》、《老子》相比毫不逊色，甚至有些方面大大地超过了《老子》、《易经》。从总体上看，《孙子》的唯物辩证法思想充满了积极进取的精神，代表了新兴地主阶级的世界观，代表了春秋末期我国理论思维的最高水平。① 但学者们同时也指出，由于不可避免的社会历史局限和阶级局限，兵家哲学思想也存在着必然的理论缺失：

其一，战争问题上的唯心主义成分。主要表现为我国古代兵家不能明确区分战争的正义性和非正义性，不了解战争的真正根源和战争的阶级本质。②

其二，在认识论上，不能深刻理解感性认识和理性认识的辩证关系，导致不少战争认识上的经验色彩。在量和质的关系上，比较注意量的不同和变化，较少注意质的不同和变化，常将自然界的运动、事物变化的过程看成"周而复始"的简单循环，实际上是循环论思想的表现。③

其三，兵家辩证法思想在某些方面存在着形而上学的因素，时时表现出片面性和绝对化的倾向。④

其四，唯心主义的历史观。大多数学者认为兵家历史观是英雄创造历史的唯心史观，兵家主张对人民采取愚民政策，过分强调和夸大明君良将的作用，贬低战争的主体——人民的作用。但杨善群先生对此提出不同看法，他认为不同时期的军事家其历史观有所不同，春秋时期孙武限于生产规模狭小，历史发展脉络还不清楚，加之剥削阶级的立场、观点作祟，而"过分夸大贤君良将"的作用。战国时期孙膑由于历史的经验和战争实践的教训，其历史观有了相对进步的成分，在一定程度上看到人民群众的伟大作用，但是主宰历史的仍是少数统治者。⑤ 史美珩先生旗帜鲜明地提出，把《孙子兵

---

① 邱复兴：《试论孙子的军事哲学思想》，收入《孙子兵法及其现代价值》，军事科学出版社 1999 年版。
② 刘文悌：《〈孙子兵法〉的军事辩证法思想》，《内蒙古师大学报》1988 年第 1 期。
③ 邱复兴：《试论孙子的军事哲学思想》，收入《孙子兵法及其现代价值》，军事科学出版社 1999 年版。
④ 杨善群著：《孙子评传》第 214—441 页，南京大学出版社 1995 年版。
⑤ 杨善群著：《孙子评传》第 211 页，南京大学出版社 1995 年版。

法》的历史观说成是英雄创造历史的唯心史观是不妥当的。理由有三：（1）孙武是战争胜负是由多种因素、多种力量决定的综合论者，将帅只是决定战争胜负的多种因素之一，而非居第一性的决定性因素。（2）历史唯物主义主张人民群众是历史的主人，但并不否认个人在历史上的作用。孙武在论述国君与将帅在战争中的作用问题上是合情合理的。（3）主张英雄创造历史的唯心史观的一个很大特点是把英雄看成是超人的"神"，因而在认识上总是和唯心主义先验论、生而知之的天才论联系在一起的，而《孙子兵法》在认识论上坚持了唯物主义的反映论。史美珩先生还谈到，我们不能苛求古人，以今天的马克思主义群众观点、群众路线要求古人，毕竟他们已经看到了民心向背在战争中的第一位作用，看到了兵众士卒在战争中的作用，这已是难能可贵了。①

　　应该说，兵家哲学思想研究在现代兵家文化研究中，是起步最早、研究也最为深入的领域之一。也许正是由于起步早，在一定程度上反而制约了人们的思维。20世纪60年代即已形成三大块的思维框架和模式，80年代以后，虽角度有所不同，方法有所创新，研究内容有所拓展和深入，许多的研究还相当深刻，但总体看来，其思维模式和内容结构框架依然少有大的突破。陈学凯先生的《制胜韬略》对研究方法与内容的创新和拓展做了有益的探索与尝试，但仅限于此还是不够的，此其一。其二，兵家哲学思想渊源于中国传统哲学，我们在研究中，应当更多地立足于中国传统哲学的基础上，不应该简单机械地套用外国哲学思维的模式框架，而应从概念范畴的分析入手，通过揭示这些概念范畴本身的内涵及其相互联系，进而揭示出兵家哲学思想的精髓。张岱年先生说过，"哲学的概念范畴都有一个提出、演变、分化、会综的历史过程"。② 同一概念范畴，不同时代的军事家，不同派别的思想家，会赋予其不同的含义，文化发展有其必然的继承性和相容性，所以在做这种概念范畴的研究时，将不同时期的军事家的概念范畴及其他诸家的概念范畴加以对照研究，必将对兵家哲学思想的研究有所裨益。

---

① 史美珩：《如何评价〈孙子兵法〉的历史观》，《中国哲学史研究》1985年第3期。
② 张岱年著：《中国古典哲学概念范畴要论》（自序），中国社会科学出版社1987年版。

二、 兵家军事思想研究

军事思想是兵家文化的主体，历年来研究成果之丰硕是不言而喻的。就其内容而言，大体集中于以下几个方面：

（一）军事战略战术思想

学术界普遍认为《孙子兵法》奠定了兵家战略理论的基础框架，后世兵家在战略理论方面虽有所发挥和延伸，然一直未突破《孙子兵法》的理论框架。①

对于《孙子兵法》战略思想基本内涵的理解，学术界的说法有很多。刘思起将孙子战略思想概括为"七胜"，即先胜、知胜、全胜、速胜、守胜、制胜、因胜。② 傅尚逵将孙子的战略思想归纳为非危不战、非利不动、非得不用、不战而屈人之兵四项原则。③ 吴如嵩认为《孙子兵法》的战略内涵体现在两个层面上：一是关于维护和保障国家利益的指导思想；二是关于战略决策和战略指挥的指导思想。具体而言，即以"无恃其不来"为指导的战备观，以"兵以利动"为指导的国家利益观，以"称胜"为指导的综合国力观，以"伐谋伐交"为指导的策略观。④

关于"不战而屈人之兵"的"全胜"战略思想的研究，是学术界对兵家战略思想乃至整个兵学文化讨论最为集中的问题。

1. "全胜"战略的起源。学者们研究的角度不一，得出的结论也各异，主要有以下几种观点：其一，"全胜"战略源于春秋时期兼并战争的实践经验和孙武对战争本质的认识。⑤ 其二，战争的发展，使孙子萌发了否定用战争取胜的思想，所以孙子"不战"思想首先得益于战争本身的发展。⑥ 其

---

① 于泽民：《战略理论的奠基之作——〈孙子兵法〉》，收入《孙子新探》，解放军出版社1990 年版。
② 《〈孙子〉的战略思想》，《中国军事科学》1988 年第 3 期。
③ 《〈孙子〉战略思想探要》，《社会科学辑刊》1980 年第 2 期。
④ 吴如嵩：《论〈孙子〉的战略指导思想》，收入《孙子新探》，解放军出版社 1990 年版。
⑤ 程建国：《论"不战而屈人之兵"》，《军事思想论丛》1988 年。
⑥ 王笑天：《孙子"不战"思想探源》，《孙子学刊》1993 年第 4 期。

三，当时社会的某些思想文化价值观对孙子的影响也是一个重要因素，诸如传统兵学、儒学、道家文化等。① 其四，从春秋时代总的历史趋势来看，孙子"全胜"思想是诸侯争霸、列国兼并形势下的产物，同时又是当时和平与发展的转折时期的产物。②

2. 全胜战略的主要内容。学者们的看法比较集中，普遍认为其指导思想是不通过直接交战而使敌人屈服。其实施原则是威加于敌、自保而全胜、上兵伐谋、其次伐交、兵不钝而利可全等。③ 于汝波提出理解"全胜"的内涵，不仅要注意"全"的空间含义，也要注意它的时间内涵。"必以全争天下"，既是争取眼前的整体利益，又是立足不败的长远之虑。④

3. 对全胜战略思想的总体评价。对此，学术界展开了激烈的争论。

一种意见认为，《孙子》的"不战而屈人之兵"是所谓的大战略，这种大战略可以称为"全胜战略"。它其实只是一种理想的境界而已。从这个意义上说，《孙子》无疑是具有唯心主义杂质的，这是我们应当批判的糟粕。但是，虽然以不用任何代价就取得完全的胜利是空想的，但是尽可能以小的代价去夺取较大的胜利却是可能实现的。⑤

另一种意见认为，孙子的"不战而屈人之兵"的"全胜"战略思想无论是在当时还是在今天均具有重大价值，它是孙子战略理论中的精华之一，是战略理论发展史上的创造，也是孙子之所以不朽的主要原因之一。大多数学者持此见，然他们中间又有所分歧。施芝华⑥、王保存⑦等认为："不战而屈人之兵"的全胜战略思想是《孙子兵法》的精髓。根据有三：（1）"不

---

① 王笑天：《孙子"不战"思想探源》，《孙子学刊》1993 年第 4 期。

② 吴如嵩：《论〈孙子〉的战略指导思想》，收入《孙子新探》，解放军出版社 1990 年版。

③ 高锐：《孙子"不战而屈人之兵""全胜论"新探》，收入《孙子新探》，解放军出版社 1990 年版；黄朴民：《对"不战而屈人之兵"评价要实事求是》，收入《孙子新论集粹——第二届孙子兵法国际学术研讨会论文选》（以下简称《孙子新论集粹》），长征出版社 1992 年版。

④ 于汝波：《略谈〈孙子兵法〉的仁诈辩证统一思想》，收入《孙子新论集粹》，长征出版社 1992 年版。

⑤ 吴如嵩：《析"不战而屈人之兵"》，《中国军事科学》1988 年第 2 期。

⑥ 施芝华：《论孙子"不战而屈人之兵"全胜战略思想》，收入《孙子新论集粹》，长征出版社 1992 年版。

⑦ 王保存：《"不战而屈人之兵"与信息化战争》，收入《孙子探胜》，军事科学出版社 1993 年版。

战而屈人之兵"的"全胜"战略是孙子战略思想的初衷和真谛。（2）"不战而屈人之兵"的"全胜"战略是高于并指导军事战略的最完善的战略。（3）"不战而屈人之兵"的"全胜"战略是"抑战"、"遏战"的一方良药。黄朴民①、于泽民②等对此提出异议。他们认为：首先，在《孙子兵法》中，"不战而屈人之兵"的"全胜战略"思想并不居主导地位，"战胜策"才是《孙子》主体思想所在。其次，后人对《孙子》的继承和发展中，"不战而屈人之兵"不占主导地位，人们对《孙子》认识和推崇的重点，是放在孙子的"战胜策"上。第三，在中外古今战争史上，"不战而屈人之兵"的思想价值并未占据主导地位。所以既不能说"不战而屈人之兵"的"全胜"战略是《孙子兵法》的精髓，也不能说"不战而屈人之兵"的"全胜"战略是《孙子》战略思想的初衷和真谛。他们认为，这种说法是脱离历史条件以及《孙子》思想体系本身而对孙子"全胜策"的任意拔高。

进入 20 世纪 90 年代以后，学术界对兵家战略思想的研究日趋专深。如刘春志在《〈孙子〉的战略决策思想浅析》③ 一文中就孙子军事决策的层次划分、基本原则、运作程序进行了系统的梳理论述。倪齐生、陈力《略论孙子的战略地理思想》④ 则从地缘战略的角度，探讨了孙子的战略地理思想。

兵家战术思想或军事技术思想也是学者们关注的重要内容。他们认为无具体的战术技巧，再精妙完美的战略、谋略思想都无法付诸实施。兵家战术技巧种类繁多，灵活多样，就其总体操作而言，基本遵循以下几个原则：（1）虚实相间；（2）奇正相生；（3）因敌制胜；（4）致人而不至于人；（5）藏形造势；（6）用间。学者们还认为，对兵家有些战术思想，不能仅仅把它当做一种战术原则，应当从战略的角度加以考察。譬如"奇正相生"，刘传益认为，对这一思想不仅要从战术上研究，而且还应从战略上理

---

① 黄朴民：《对"不战而屈人之兵"评价要实事求是》，收入《孙子新论集粹》，长征出版社 1992 年版。
② 于泽民：《〈孙子〉"全胜略"的缘起及现代再兴》，《孙子学刊》1995 年第 2 期。
③ 刘春志：《〈孙子〉的战略决策思想浅析》，收入《孙子新论集粹》，长征出版社 1992 年版。
④ 刘春志：《〈孙子〉的战略决策思想浅析》，收入《孙子新论集粹》，长征出版社 1992 年版。

解，这样才能正确理解孙子本意，才能制定出出奇制胜的战略。①

（二）军事谋略思想

重智尚谋是兵家文化的一个主要特点。兵家谋略思想受到学术界乃至社会各界的广泛关注。邵汉明主编的《中国文化精神》所概括出的兵家文化四个基本精神之一即为谋略意识。② 李兴斌在关于何为《孙子兵法》精髓的探讨中，力排众议提出：与避实击虚说、战争哲学说、不战而胜说、致人而不至于人说相比较，《孙子兵法》之伐谋思想更应该是其精髓所在。③ 并在另一篇文章中进一步指出：《孙子兵法》构建了中国古代谋略学的基本框架，使中国谋略学大致形成自己的体系，从而使之成为我国古代军事学的一个重要分支学科。④

考察学术界关于古代军事谋略思想的研究，可以发现一个突出的特点，即学者们谈兵家谋略必谈兵家诡道。

1. 诡道的内涵和性质

史美珩将诡道的内涵归结为两方面的内容：一是指兵家在用兵问题上故弄玄虚，诡称神道。这方面的内容随着历史的前进、科学的发达，必将逐步退出历史的舞台。二是指兵家在用兵之中的权谲诡诈之谋，"多方以误之"，"误人而不误于人"。⑤

张连城认为诡道就其性质而言，它是兵家权谋的合理内核，只要有战争就会有诡道，诡道必将与战争伴随始终，这是由战争这一事物区别于其他事物的特殊规定性决定的。他同时还指出，诡诈与诡道有着本质的区别。从某种意义上说，前者只是后者的初级阶段。如果前者只属于行为学的话，那么后者则属于哲理思辨方面的探讨，是上升到规律的认识。而这正是中国古代兵家对于世界军事学的巨大贡献。⑥

---

① 刘传益：《〈孙子〉"奇正相生"思想的学术价值》，《军事历史》1988 年第 3 期。
② 邵汉明主编：《中国文化精神》第 181 页，商务印书馆 2000 年版。
③ 李兴斌：《〈孙子〉精髓新解》，收入《孙子研究新论》，新华出版社 1992 年版。
④ 李兴斌：《简论〈孙子兵法〉对中国古代军事谋略学的构建》，收入《孙子探胜》，军事科学出版社。
⑤ 史美珩著：《古典兵略》第 263 页，辽宁教育出版社 1993 年版。
⑥ 张连城著：《先秦兵法思想与现代市场经济》第 129 页，中国广播电视出版社 1999 年版。

2. 诡道思想的历史考察

学者们认为，在战争中行使诡道思想相传始于黄帝轩辕氏，史籍中最早有明确记载使用诡诈计谋的是吕尚，《孙子兵法》是中国古代兵书中对诡道讲得最明确的书。此后《孙膑兵法》也有较集中的论述，其他兵家乃至诸子之论兵之作也有分散论述，汉魏以后有了创新和发展。总之，中国古代兵家对于兵之"诡道"，无论是理论还是实践，都有不断的发展，已经形成了一个系统而完整的理论体系。①②

3. 诡道与仁

一些学者认为，兵家文化不仅重视"诡道"，同时也讲"仁"。于汝波谈到：《孙子兵法》是讲"仁"的，这里所说的"仁"，主要是指其进步的民本思想和人道主义。这个"仁"不在其表，而在其里。这一思想渗入并制约着它的战争观、谋略思想、治军原则等，是构建其军事理论的指导思想之一。③《中国文化精神》也论及：我们通过对兵家文化的全面考察可以看出，"仁"在兵家文化中占有重要位置。以"仁"为本在兵家文化中的许多方面都有所体现。以"仁"为本，以诈为用，把"仁"与"诈"有机地结合起来这才符合兵家文化的基本精神。④ 应该说，学者们以上看法是客观、全面的。认为兵家文化只诈不仁的观点自古有之，从某种意义上说，古代兵书在历史上的命运多舛，在很大程度上是因为多数人只看到"兵者诡道也"，而完全漠视兵家文化中"仁"的因素。学者们同时强调，对于"仁"在军事行动中的作用要给予正确评价，不能估计过高。而且兵家之"仁"与儒家之"仁"有所不同。于汝波认为其目的相背、内容和地位各异，对仁、诈关系看法不同。⑤《中国文化精神》以为其主体旨趣不同，实现途径不同。⑥ 两者之论，各有千秋。

---

① 张连城著：《先秦兵法思想与现代市场经济》第131—135页，中国广播电视出版社1999年版。
② 史美珩著：《古典兵略》第263页，辽宁教育出版社1993年版。
③ 于汝波：《略谈〈孙子兵法〉的仁诈辩证统一思想》，收入《孙子新论集粹》，长征出版社1992年版。
④ 邵汉明主编：《中国文化精神》，第195页，商务印书馆2000年版。
⑤ 于汝波：《略谈〈孙子兵法〉的仁诈辩证统一思想》，收入《孙子新论集粹》，长征出版社1992年版。
⑥ 邵汉明主编：《中国文化精神》，第195页，商务印书馆2000年版。

（三）军事经济思想

兵家文化中蕴涵着丰富的军事经济思想。兵学界对古代军事经济和军事后勤思想的考察往往是交叉进行的。

1. 经济与战争的关系

学者们认为，兵家对军事经济实力的重视程度绝不亚于其对战争谋略的重视。从某种意义上说，军事经济实力原则是兵家在军事活动中的指导原则。他们对军事经济实力的权衡、筹措、积累、保护贯穿于战略决策、战术部署、战役决战的始终。① 房立中等人进一步阐述说：在《孙子兵法》中，军事经济问题是"庙算"的基本内容，军事经济实力是作战的物质基础，军事经济条件是造成"形"和"势"的首要前提，军事经济环境是选用地形的必要条件，军事经济设施是"军争"的主要目标。②

2. 孙子的军事后勤思想

唐武文等人认为孙子把丰富系统的军事后勤思想融会于整个军事理论中，将后勤问题贯穿于军事思想的全部过程，在不同层次的军事理论中，强调不同侧面、不同重点的后勤思想，把后勤问题置于战争的各个环节之中，与战略、战术原则相配合加以研究，这是孙子军事后勤思想的特色。③ 至于孙子军事后勤思想的主要内容，郝洪儒在《〈孙子兵法〉是军事后勤学形成的典型代表》一文中进行了详细梳理，他指出《孙子兵法》关于军事后勤思想的论述，主要有以下几个内容：（1）阐明了后勤在战争中的重要地位和作用。（2）阐明了"后方供应"与"取之于敌"相结合的补偿原则。（3）强调了军队后方安全及补给问题。（4）论述了后勤业务保障的主要问题。（5）论述了对后勤组织编制的看法。（6）从战略角度提及国君和将领如何组织指挥和运用后勤。④

3. 因粮于敌

因粮于敌是兵家重要的军事后勤思想，许多学者专门撰文予以阐述，其

---

① 邵汉明主编：《中国文化精神》第 172 页，商务印书馆 2000 年版。
② 房立中、唐武文、杨少俊、陈秉山：《略论〈孙子兵法〉的军事经济思想》，收入《孙子新论集粹》，长征出版社 1992 年版。
③ 唐武文、孙深田：《略论孙子的军事后勤思想》，收入《孙子新探》，解放军出版社1990 年版。
④ 郝洪儒：《〈孙子兵法〉是军事后勤学形成的典型代表》，《后勤学术》1985 年第 5 期。

中尤以李斌等人的《因粮于敌是孙子重要后勤思想》① 一文阐述最为系统、深入。首先，作者提出对于因粮于敌，我们不能简单地从字义上去理解，而应当从产生这种思想的社会历史背景以及包含的深刻内容上去理解。其次，因粮于敌作为一条原则或一种思想，本身还具有方法论的意义。第三，作为战略家的孙子，当他所提出的因粮于敌的后勤思想付诸实施的时候，就已成为一种战略——既是后勤战略，又是军事战略。

4. 称胜

"称"与今天的军事经济术语相对照，相当于综合国力的概念。兵法有云："一曰度，二曰量，三曰数，四曰称，五曰胜。地生度，度生量，量生数，数生称，称生胜。"学者们认为"称胜"有两个层面的含义：（1）综合国力是战争胜负的决定性因素。（2）军队的发展必须与综合国力有限度地协调发展。② 笔者以为，"称胜"理论有着丰富的思想内涵和深厚的中国传统文化底蕴，从某种意义上说，它是一种军事经济思想，也是我国古代军事战争观的一个具体折射，即重战而不好战，备战而不穷兵黩武，凡战有备而来。

（四）军事管理思想

兵家军事管理思想十分丰富，并且形成了一整套完整的管理思想体系。学术界对此的研究集中于以下几个方面：

1. 决策管理

"决策"一词首先出现于管理学科之中，狭义是根据预定的目标作出行动的决定，广义是包括实施重大行动前必须进行的一切活动。杨坚康指出，无论是狭义还是广义，孙子用一个"计"字全部涵盖了。具体表现为孙子以安国全军为决策的立足点，以合利而动作为决策的出发点，以全争胜为决策的目标，以知己知彼为决策的依据，以因变制宜为决策的原则，可以说现代决策管理之原理和程序，都反映在《孙子·计篇》。③

---

① 李斌等：《因粮于敌是孙子重要后勤思想》，收入《孙子新探》，解放军出版社 1990 年版。

② 邵汉明主编：《中国文化精神》，第 174 页，商务印书馆 2000 年版。

③ 杨坚康：《〈孙子兵法〉管理思想论析》，收入《孙子兵法及其现代价值》，军事科学出版社 1999 年版。

２. 组织管理

现代管理学强调组织管理的目的性和层级性，组织结构的作用在于提高效率、沟通关系、稳定情绪、统一行动几个方面。朱延年认为，人类社会最早形成的严密组织莫过于军队，现代管理学所强调的组织的目的性、层级性和作用在《孙子》一书中均有阐述，具体表现为军事行动中的目的统一原则、层级幅度原则、指挥统一原则、立章取法原则、精兵简政原则等。①

３. 人事管理

人是管理活动的主体。古代军队的人事管理思想集中表现为治军思想，学者们对此展开了不同角度和侧面的研究。徐建从内容上总结了中国古代治军理论，将之归结为以下几项带有规律性的原则和方法：一是居安思危，常备不懈。二是选任良将，荐才纳贤。三是信赏明罚，严明军纪。四是教诚为先，严格训练。五是爱兵恤卒，理兵励气。六是将为楷模，严于律己。七是改革创新，精良装备。② 赵海军则从发展史的角度对中国古代治军理论进行了全方位的梳理。他指出中国古代治军理论奠基于孙子，形成于吴子，而完备于明代。中国历史上第一个完备的治军理论体系是由吴子来完成的。吴子的治军思想体现了先秦治军理论的最高水平，对后世也产生了深远的影响。战国以后，治军思想虽仍有些发展，但作为理论体系而言，都没有突破吴子建立的模式，这一情况直到明代才出现了根本的改观。明代在治军理论尤其是训练方面取得了突破性的发展，不但表现为内容的突破，更表现为体系的完善。③

此外，有的学者还谈到，可以将《孙子·用间》篇看做是孙子的管理信息学。④ 还有的学者提出，《孙子兵法》"与众相得"一语高度概括了感情管理的中心内容，可以简称为"相得论"。以"相得论"为主要内容的感情管理思想，阐明了严爱相济的观点，把感情亲近的"软管理"同禁令刑罚的"硬管理"有机结合起来。⑤

---

① 朱延年：《〈孙子兵法〉中的管理思想》，《政治学研究》1987 年第 3 期。
② 徐建：《中国古代治军思想述要》，《孙子学刊》1993 年第 4 期。
③ 赵海军：《孙子学通论》第 137 页，国防大学出版社 2000 年版。
④ 阎勤民：《论〈孙子〉的战略管理体系》，《晋阳学刊》1987 年第 2 期。
⑤ 厉平：《〈孙子〉的军事管理思想》，《军事历史》1987 年第 3 期。

（五）军事伦理思想

由于中国传统文化伦理本位的整体价值取向，使得我国古代的军事伦理思想非常丰富。然而学术界专门从事军事伦理思想研究的人并不多，就现有研究成果来看，除李妙根《西汉军事伦理思想四题》①、朱少华《〈武经总要〉的军事伦理思想》② 等少数几篇文章外，就以王联斌教授的研究成果最多，他所撰写的系列论文，如《论孙子军事伦理思想》、《〈司马法〉的军事伦理思想》、《〈尉缭子〉的军事伦理思想》（与人合撰）、《孙膑的军事伦理思想》、《〈六韬〉的军事伦理思想》、《诸葛亮的军事伦理思想》、《唐代兵书及其军事伦理思想》、《宋代兵书及其军事伦理思想》、《明代兵书及其军事伦理思想》③ 等堪称一部中国古代军事伦理思想史。尤其是他的近作《中华武德史》，系孙璞方主编的《中华武德宝典》的首卷，学术界给予了高度的评价，谓之"填补了中国的伦理史、军事史上的一项空白"，"在中国伦理史或道德文明史上，可以称得上是一部具有里程碑意义的成就卓著的力作"。④ 在该书中作者首先对武德的内涵作了明确界定，认为武德即是用武、从武之性，它主要有两大部分组成：①武德实践；②武德思想，亦称军事伦理思想。其次作者阐明了武德的结构体系，将之概括为一个核心和六大规范。再次，作者理清了我国武德文化的历史分期和发展轨迹。最后作者概括了武德文化的基本特征。

（六）军事心理思想

基于中西方战争传统的根本差异，相对于西方而言，我国古代兵家非常重视在战争中使用攻心战术，在长期的军事斗争实践中形成了丰富的军事心理战术思想。刘向阳对孙子的军事心理思想体现在战争指导方面的观点进行了集中阐述，他认为主要有四点：（1）注重战争准备中的心理战。（2）注意控制战争中将帅的情感因素。（3）注重妙算中的心理观察。（4）主张心

---

① 李妙根：《西汉军事伦理思想四题》，《军事历史研究》1996 年第 3 期。

② 朱少华：《〈武经总要〉的军事伦理思想》，《军事历史研究》1997 年第 3 期。

③ 以上王联斌教授系列论文均发表于《军事历史研究》1992—1998 年。

④ 杨炳安：《批判·继承·丰富·发展——评〈中华武德史〉》，《军事历史研究》1999 年第 2 期。

理制胜，"不战而屈人之兵"。① 温金权、于汝波对孙子心理战的基本内涵进行了全面揭示：（1）不战而屈人之兵是孙子心理战的战略法则。（2）攻其不备、出其不意是孙子心理战的战术原则。（3）以示形为核心、以暗示为本质、以致敌错觉为目标是孙子谋略心理战的理论结构。（4）对敌实施心理攻击和打击敌人士气是孙子心理战的原则。② 黄宝生认为，孙膑的军事心理思想主要体现为：（1）注重心理的效用，强调人和。（2）注重错觉在战争中的作用，强调用假象迷惑敌人。（3）注重情感和意志的作用，强调鼓励士气。③ 尤其不可忽略的是杜波、文家成主编，军事科学出版社 1997 年 4 月出版的《不战而屈人之兵——中国古代心理战思想及其运用》一书，是研究古代军事心理思想方面的力作。该书对中国古代心理战思想的基本原理、产生和发展、内容和特点、基本规律和思维方式、战略学术价值和现代运用价值进行了全面的、系统的分析，鞭辟入里，见解颇高。

三、　兵家文化文献研究

1972 年 4 月，山东临沂银雀山汉墓中出土了大量竹简，其中大部分为书，有古代兵法著作或与之相关的竹简。随着 1974 年发掘简报的发表，④ 学术界掀起了新的一次兵家文化文献研究热潮。

（一）　史实研究

1. 主要兵书的作者和成书年代

《孙子兵法》、《孙膑兵法》在银雀山汉墓同时出土，证明了孙子、孙膑各有其人、各有其书，使聚讼千年的孙武、孙膑是否为一人，《孙子兵法》、《孙膑兵法》是否为一书的悬案得以澄清。然关于两书的作者和成书年代仍

---

① 刘向阳：《浅析〈孙子〉的军事心理思想》，《孙子学刊》1992 年第 4 期。
② 温金权、于汝波：《孙子兵法的心理战略论及其指导意义》，收入《孙子新论集粹》，长征出版社 1992 年版。
③ 黄宝生：《论孙膑的军事心理思想》，《孙子学刊》1992 年第 4 期。
④ 《山东临沂西汉墓发现〈孙子兵法〉与〈孙膑兵法〉等竹简的简报》，《文物》1974 年第 2 期。

有不同意见。

关于《孙子兵法》的成书年代，学术界大体有两种意见，即春秋末期说和战国成书说。主战国成书说者李零认为，根据《孙子兵法》所反映的战争规模、作战方式、军事思想、体裁形式等都带有战国时期的特点推断，《孙子兵法》不是春秋末期孙子亲著，而是"孙子学派"军事思想的记录，成书过程大约从春秋末期的吴国始，至战国时齐国，经过长期整理，于战国中期成书，其中不能排除孙膑参与了对此书整理的可能性。① 杨炳安、陈彭认为《孙子兵法》以孙武的言论为基础，经战国时期兵家整理，基本完成于战国，至西汉时梳理成书。他们的主要依据是春秋无私人著书，且13篇中所论虽多属春秋末年的情况，但有些也是战国时的特征等。② 大多数的学者持春秋期说，他们认为《孙子兵法》的作者是孙武，成书于春秋末年，但不能排除后人梳理时窜入某些字句的可能性。持此见者主要有蓝永蔚、于汝波、刘庆、吴如嵩③、赵海军④等。其中蓝永蔚的论证最具代表性和说服力。他认为，无论是从《孙子兵法》的思想倾向、哲学基础上看，还是就其战略思想、军事制度而言，《孙子兵法》都符合春秋时期的状况。⑤

关于《孙膑兵法》的作者和成书年代。杨伯峻认为从编定的年代、书中反映的思想以及孙膑在齐国有弟子等情况来看，该书出自其弟子之手。⑥张震泽认为其上编为孙膑自著，下编15篇非孙膑著作，应另题书名。⑦ 杨善群认为《孙膑兵法》之下编，从其文字所反映的思想来看，与上篇及《孙子兵法》一脉相承，并有所创新和发展。下编与上编同为孙膑或其弟子著作。⑧ 霍印章认为《孙膑兵法》之上编，从其内容分析，可以肯定为孙膑及其弟子所作，至于其下编，从体例上看，与上编有明显而重要的区别，无

---

① 李零:《关于银雀山简本〈孙子〉研究的商榷》,《文史》第7辑,中华书局1979年版。

② 杨炳安、陈彭:《孙子兵法源流述略》,《文史》第27辑,中华书局1986年版。

③ 于汝波、刘庆、吴如嵩:《孙子研究四十年》,收入《孙子新探》,解放军出版社1990年版。

④ 赵海军:《孙子学通论》第31页,国防大学出版社2000年版。

⑤ 蓝永蔚:《〈孙子兵法〉时代特征考辨》,《中国社会科学》1987年第3期。

⑥ 杨伯峻:《孙膑和〈孙膑兵法〉考证》,《文物》1975年第3期。

⑦ 张震泽:《〈孙膑兵法·陈忘问垒〉校理》,《辽宁大学学报》1979年第1期;《〈孙膑兵法·威王问〉校理》,《辽宁大学学报》1979年第4期。

⑧ 杨善群著:《孙子评传》第370页,南京大学出版社1995年版。

法肯定也属于孙膑及其弟子所作。《孙膑兵法》应是成书于战国中期，其根据有三：一是《孙膑兵法》所涉及的主要史实和有关史料，均属战国中期。二是《孙膑兵法》的主要思想，反映了战国中期的时代特点。三是从有关历史文献记载看，《孙膑兵法》在战国后期已流传于世，这也说明它成书于战国中期。①

关于《尉缭子》的作者和成书年代的问题，学术界一直争议颇多。银雀山汉简出土以后，学术界的意见渐趋于三种：一是《尉缭子》成书于战国中期，作者尉缭乃是梁惠王时代人，持此见者有何法周、钟兆华、郑良树等。② 二是《尉缭子》成书于战国末期之秦国，其作者为秦始皇时代之人，持此见者主要有刘路、张烈、龚留柱等人。③ 三是今本《尉缭子》是战国中晚期的作品，前12篇陆续成书于战国中期之魏国，后10篇陆续成书于战国晚期之秦国，与梁惠王问对之尉缭子和在秦始皇十年入秦之尉缭子系一人，持此见者为徐勇。④ 徐勇之说认为尉缭子年轻时入梁，年老时入秦，从时间上推算，难以成立。秦尉缭说的主要证据是，现存古籍中对尉缭其人其事的论述，唯见于《史记·秦始皇本纪》。梁尉缭说之主要依据为《尉缭子》首篇即有明确记载，而且书中引证历史人物、事件皆引证到吴起为止，时间界限相当清楚。此外，书中所谈内容相比较而言，不符合秦始皇这一历史人物的个性和特色，更符合于梁惠王的人物性格。综上所述，我们认为，梁尉缭说更为可信。

2. 人物故里考

廓清军事人物故里，对于我们了解其生活环境和背景，正确理解和把握其军事著作的思想内容，科学评价其历史地位和影响，具有重要的意义。

关于孙子故里问题，目前学界主要有以下几种观点：

---

① 霍印章著：《孙膑兵法浅说》，解放军出版社1986年版。
② 何法周：《〈尉缭子〉初探》，《文物》1977年第2期；《尉缭子补正》，《河南师大学报》1980年第3期；《尉缭子与互著法——三论尉缭子》，《史学月刊》1986年第2期；钟兆华：《关于尉缭子某些问题的商榷》，《文物》1978年第5期；郑良树：《尉缭子争论述评》，《孙子学刊》1993年第2期。
③ 刘路：《〈尉缭子〉及其思想初探》，《文史哲》1979年第2期；张烈：《关于〈尉缭子〉的著录和成书》，《文史》第8辑，中华书局1979年版；龚留柱：《〈尉缭子〉考辨》，《河南师大学报》1983年第4期。
④ 徐勇：《〈尉缭子〉研究的现状与前瞻》，《孙子学刊》1992年第3期。

其一惠民说。持此说者主要有郭化若、吴如嵩、陈秉才、霍印章、王丙臣、赵海军等。[1] 他们认为，依据《元和姓纂》、《新唐书·宰相世系表》、《古今姓氏书辩证》等文献，孙书食采之"乐安"，为唐代"乐安"，唐代的乐安郡，治所在厌次，新莽时称作"乐安亭"，在今惠民县境内；而乐安亭的历史，可上溯至春秋战国时期，与史书中关于孙书"食采于乐安"的记载相符，故孙子故里当为今之惠民县。

其二广饶说。持此说者主要有周维衍、苏明政、郭光、骆承烈等。[2] 该说兴起较晚。他们认为先秦乐安的主体在今广饶县。据《资治通鉴》所载，先秦乐安必在高青、博兴、广饶三县某个范围内，高青属先秦千乘，博兴属先秦博昌，由此可推知，广饶应为先秦乐安地面。对照《春秋》、《水经注》记载也可得出相同的结论。此外，汉以来，唯广饶县境有郡又有县，且历时最长，达千年之久。此外，广饶县花官乡草桥村有古城遗址，可以初步认定为先秦乐安故城遗址。

其三博兴说。持此说者舒荣先、牛万政等。[3] 他们认为乐安本是齐国孙氏世袭的一个邑，后来置为县，齐乐安——秦乐安——汉乐安，一脉相承因袭下来，地名和位置皆无什么变化。从春秋战国至秦汉时期，制度、建置、地名多有因袭，比较稳定。汉承秦制，是千古定论。汉乐安县在今山东博兴，所以基本可肯定齐乐安在今山东博兴境内。

其四莒邑说。刘尉华[4]持此见，较为后起。他认为齐国莒邑（非孙书所伐之莒国）才是孙武故里，依据《左传》、《史记》、《吴越春秋》等文献资料分析，莒邑地望大体在博兴、桓台以东、临淄以北、寿光以西，其中心地

① 郭化若著：《孙子今译》（前言），上海人民出版社1977年版；吴如嵩、陈秉才：《孙武故里考疑》，收入《孙子新探》，解放军出版社1990年版；霍印章、吴如嵩：《孙子故里"惠民说"不可动摇》，《中国历史研究》1991年第3期；王丙臣：《孙武故里考析》，收入《孙子新探》，解放军出版社1990年版；赵海军著：《孙子学通论·孙子及其兵学体系》，国防大学出版社2000年版。

② 周维衍：《孙武故里乐安在今广饶说》，《孙子学刊》1991年第3期；《孙武故里乐安在今"惠民说"殊难成立》，《中国史研究》1991年第3期；苏明政：《孙武祖书"食采于乐安"辨析》，《孙子学刊》1991年第3期；郭光：《从两部〈一统志〉论广饶县是孙武故里》，《石油大学学报》1991年第3期；骆承烈：《孙武里籍考》，《石油大学学报》1991年第3期。

③ 舒荣先、牛万政：《孙武里籍考辨》，《东岳论丛》1988年第6期。

④ 刘尉华：《孙武故里探源》，《孙子学刊》1991年第3期。

域在今之广饶县境。

对于孙子故里问题，由于史料阙如，诸说都难以提供确凿有力的证据来证明自己的观点，比较而言，惠民说兴起较早，也是最具说服力的。

关于孙膑故里的研究。《史记·孙子吴起列传》有云："膑生阿、鄄之间。"阿在今山东阳谷县东北，鄄在今山东鄄城县，两地相距一百多里。据此学术界关于孙膑故里有霍印章等所持之阳谷说，[①] 潘兴玺、孙世民等所持鄄城说，[②] 唐嘉弘所持郓城说等，[③] 其中以鄄城说最为可信。在 1991 年 7 月和 1992 年 1 月先后召开的两次孙膑故里研讨会上，与会田昌五、安作彰、高敏、朱绍侯、王先进、关天相等全国著名史学家、考古学家、学者，普遍认为孙膑故里在今鄄城县孙老家一带。其依据的《孙氏族谱》是真实可靠的，它明确记载了孙膑是孙氏的始祖，鄄城孙老家是孙氏家族的大本营。此外，《孙氏传影》经专家认定，与《孙氏族谱》一样，系真品而非伪造，为孙膑故里鄄城说提供了又一有力佐证。

（二）主要兵书版本源流之校勘、考证、注释、通解

兵书版本源流之校勘、考证、注释、通解是兵家文化研究的一项传统性研究，1972 年山东临沂银雀山汉墓竹简的出土，为兵学传统学科的研究注入了新的活力，以此为契机，在学术界掀起了兵书版本源流校勘、考证、注释、通解的又一高潮。

1.《孙子兵法》

《孙子兵法》是兵家显学，历代以来各种版本达四五百种之多，最受学术界重视的有简本《孙子》、影宋本《魏武帝注孙子》、宋本《十一家注孙子》、宋本《武经七书》。多数学者认为汉简本《孙子兵法》虽为残简，然其距离成书年代最近，自然成为校勘传世古籍最可靠的参校本，它对传本的成书状况、篇章组合、段落分合、句读、字词的错讹都有校正作用。以此为底本或参照，国内出版了郭化若的《孙子译注》（上海古籍出版社 1984 年版）、吴如嵩的《孙子兵法浅说》（战士出版社 1983 年版）、杨炳安的《孙

---

① 霍印章著：《孙膑兵法浅说》，解放军出版社 1986 年版。
② 潘兴玺、孙世民：《孙膑故里的发现及确定》，收入《孙子探胜》，军事科学出版社 1993 年版。
③ 1992 年 4 月 8 日—27 日，在孙膑兵法故里学术讨论会上的发言。

子会笺》（中州古籍出版社 1986 年版）、陶汉章的《孙子兵法概论》（解放军出版社 1985 年版）等专著，尤其是吴九龙主编的《孙子校释》（军事科学出版社 1990 年版），系《孙子兵法大全》之首卷，由中国兵法研究会组织资深专家合作完成，集诸家之长，校勘全面，注释精确，初版附录英、法、德、日、意五个语种《孙子》译文，第一次实现了世界主要语种的《孙子》译文同书排列，"是体现当代孙子学传统学科研究水平的一部力作"。

李零的《银雀山简本〈孙子〉校读、举例》、《读〈孙子〉札记》、《现存宋代〈孙子〉版本的形成及其优劣》①，则较为推崇影宋本《魏武帝注孙子》，他认为此系现存最早的《孙子》注本，依据底本为最古老的注本，见于历代著录，其古本是后世各种传写本、刊刻本的祖本，比拼合各家注本的宋本《十一家论孙子》更可靠。他的专著《〈孙子〉古本研究》（北京大学出版社 1995 年 7 月版），收入校勘《孙子》所必读的古本资料，并就《孙子》的校勘、训诂、版本研究方面提出许多新的见解。

此外，杨炳安、陈彭的《〈孙子〉书两大传本源流考》②，杨炳安的《〈宋本十一家注〉及其流变》③，无谷的《关于赵本学的〈孙子书〉》④，吴九龙的《简本与传世本〈孙子兵法〉比较研究》⑤ 等指出，各版本《孙子兵法》文字上差异很大，如简本与传本差异达三百余处，传本内的《武经七书》系统本与《十一家注》系统本差异也有近百处。学者们认为，其间有假借字之差，流传之误，也有因避讳而造成的异文。

2. 《孙膑兵法》

近 20 年来出版的整理、校勘、注释《孙膑兵法》的专著主要有张震泽的《孙膑兵法校理》（中华书局 1984 年版）、银雀山汉墓竹简整理小组重新

---

① 李零著：《〈孙子〉古本研究》附文，北京大学出版社 1995 年版。
② 杨炳安、陈彭：《〈孙子〉书两大传本源流考》，《文史》第 17 辑，中华书局 1983 年版。
③ 李斌等：《因粮于敌是孙子重要后勤思想》，收入《孙子新探》，解放军出版社 1990 年版。
④ 杨炳安：《〈宋本十一家注〉及其流变》，《文献》第 10 辑，书目文献出版社 1982 年版。
⑤ 李斌等：《因粮于敌是孙子重要后勤思想》，收入《孙子新探》，解放军出版社 1990 年版。

编订的《银雀山汉墓竹简（壹）·孙膑兵法》（文物出版社1985年版）、霍印章的《孙膑兵法浅说》（解放军出版社1986年版）、傅振伦的《孙膑兵法译注》（巴蜀书社1986年版）、邓泽宗的《孙膑兵法注释》（解放军出版社1986年版）、刘心健的《孙膑兵法新编注译》（济南大学出版社1989年版）等。他们或译注信达公允，或考证校勘严谨细密，为《孙膑兵法》的研究和发展提供了可靠依据。

3.《尉缭子》

《尉缭子》的著录和版本问题，是银雀山竹简出土以后，研究该书的学者争论较多的又一主要问题。银雀山汉简出土后，主要有以下几种观点：

何法周、刘路、徐召勋①等认为"实际上只有一种《尉缭》"，"今本《尉缭子》就是班固所说的《尉缭》"。至于班固的《汉书》实际上是刘歆的《七略》把这部书既分在杂家，又分在兵形势家内的原因，何法周认为班固著录此书时当成了两本书，"从而引起了误解，造成了混乱"。徐召勋认为刘歆之所以分在"杂家"与"兵形势"两大类中，是因为采用了互著法。

钟兆华②认为杂家《尉缭》和形势家《尉缭》"显然是内容不同而仅同书名的两本书"，"杂家书没有流传下来，今本是兵形势家《尉缭》"。

龚留柱、徐勇③等认为，根据三个方面的线索看，今本《尉缭子》"应是原杂家和兵家书的两个残本合编而成的一部古代兵书，前12篇基本属于原杂家《尉缭》的内容，后12篇应为原兵家《尉缭》的内容"。

（三）兵家文化研究文献的整理和编纂

1. 丛书类

近20年来，出版的兵家文化研究丛书类著作主要有：

《中国古代兵法通俗读物》丛书，包括《中国古代兵书杂谈》、《武经七

---

① 何法周：《〈尉缭子〉初探》，《文物》1977年第2期；《〈尉缭子〉与互著法》，《史学月刊》1986年第2期；刘路著：《〈尉缭子〉及其思想初探》，《文史哲》1979年第2期；徐召勋著：《互著与别裁》，收入《学点目录学》，安徽教育出版社1983年版。

② 钟兆华：《关于〈尉缭子〉某些问题的商榷》，《文物》1978年第5期。

③ 龚留柱：《〈尉缭子〉考辨》，《河南师大学报》1983年第4期；徐勇：《〈尉缭子〉的成书、著录及其相关问题》，《中国哲学史研究》1986年第1期。

书》之七部兵书及《孙膑兵法浅说》等十几种著作，解放军出版社陆续出版，每种都是既录有该书原文或主要内容，又有分篇或对主要内容的译文和浅谈，同时又对该兵法的作者、成书年代、主要军事思想及其影响等问题作以简要介绍，虽名之曰通俗读物，然该丛书多为国内著名专家著述，往往笔致朴实简洁，叙述深入浅出，见解独到准确，实属从事兵家文化研究者必读之书，也是兵家文化普及推广读物之力作。

《中国兵书集成》由中国兵书集成编委会编纂，解放军出版社、辽沈书社 1987 年出版。全书纂辑上起周秦、下至清末兵书著作和各类典籍中论兵篇章，选刊本或手抄本 200 种，按年代顺序共 50 册，既注意了精选，又注意了代表性，基本包括了历代兵书之精粹。

《孙子集成》由谢祥皓、刘申予主编，齐鲁书社出版。集各类《孙子》文本、注释刊本 80 种，凡 2 万余页，全面包容了民国以前（包括民国时期）孙子历代珍、善刊本及各类注释、解说评点、研究性著述，为兵家文化研究提供了集中的版本依据。

《孙子兵法大全》系列丛书，是中国孙子兵法研究会推出的以《孙子兵法》及其相关问题的研究为中心的大型系列学术著作。该丛书由军事科学出版社出版，共分为《孙子校释》、《兵圣孙武》等十个专题，各专题独立成书分册出版。这十个专题之间既有独立性，又有联系性，其校勘注释全面准确，理论阐述正确深刻，资料收集较为广泛完备，体现了《孙子兵法》整理和研究的全面性、深刻性和权威性。

2. 论文汇编

目前，兵家文化研究论文汇编主要有以下成果：

第一至第四届孙子兵法国际学术研讨会论文汇编。按顺序分别为《孙子新探》，解放军出版社 1990 年 2 月出版，共收集论文 38 篇；《孙子新论集粹》，长征出版社 1992 年 3 月出版，共收集论文 64 篇；《孙子探胜》，由军事科学出版社出版，收集论文 80 篇；《孙子兵法及其现代价值》，黄朴民、薛君度、刘庆主编，军事科学出版社 1999 年 11 月版，收集论文 86 篇。此四部论文集，依据不同历史时期之研究重点，各自有所侧重，集中代表了1998 年 10 月以前兵家文化尤其是孙子学研究的最高水平，同时也反映了孙子学研究的发展脉络和未来发展趋势。

此外，新华出版社 1992 年 1 月出版的李祖德主编的《孙子研究新论》，系 1991 年 6 月在山东省东营市广饶县召开的孙子学术研讨会论文集，共收录论文 43 篇，除对孙子军事思想、生平等进行探讨外，还集中讨论了孙子故里的问题。

《孙膑兵法暨马陵之战研究》，由王汝涛、薛宁东、陈玉霞主编，国防大学出版社出版。此论文集是在海峡两岸孙膑兵法暨马陵之战学术研讨会交流论文的基础上编辑而成，共收集中国大陆、香港、台湾学者论文 50 余篇。

3. 工具书类

近 20 年兵家文化研究工具书类成果当首推于汝波主编之《孙子学文献提要》。该书由军事科学出版社 1994 年 10 月出版，是"迄今为止收集资料最为完备，资料可信程度最高"的一部研究《孙子兵法》的文献资料汇编。全书分上、中、下三编，搜集 1992 年以前国内外孙子学文献 1849 种，其中国内著作类文献 519 种，论文、记载类 978 种，合计 1497 种。国外著作类文献 237 种，论文、记载类 115 种，合计 352 种。古今中外主要的孙子学文献大都以不同方式收集于此书。该书可谓"准确精练地概括内容"，"客观公允地评价得失"，处"孙子学术研究的前沿"，"反映了孙子学文献研究的最高水平"，集学术性、资料性、工具性于一书，"在孙子学文献研究方面，取得了具有里程碑意义的成就"。

《孙子兵法辞典》，由吴如嵩主编，白山出版社 1993 年出版。全书共 16 部分，收词目 3200 余条，60 余万字，基本涵盖了孙子研究的各个领域，文字准确，内容丰富全面，资料翔实，功能多样实用，"填补了孙子著述尚无工具书之空白"。

《中国兵书知见录》，许保林编，解放军出版社 1988 年 9 月出版。此书系纯目录性工具书，收入历代兵书目录。凡在中国历史上出现的兵书，不问存佚均收入，共计收入兵书目录 3380 部，23503 卷。系研究中国兵家文化的不可缺少的工具书。只是由于篇幅所限，欠缺必要的索引。

《孙子兵法的电脑研究》，杨少俊主编，解放军出版社 1992 年 2 月出版。该书系作者主持研制的"孙子兵法微机检索专家系统（STAWRES—91）"的简编图书本。综合了古今中外孙子研究的成果，并经过计算机处理加工，使孙子文献资料系统化、条理化，开拓了孙子研究的新领域，为研究者提供了方便、快捷、丰富的研究素材。但此书有些资料尚欠完备准确。

此外，比较主要的兵家文化研究工具书还有赵嘉朱主编的《孙子研究文献备要》（新华出版社 1992 年 1 月版）、陈浩良主编的《军事科学文献信息检索指南》（军事科学出版社 2000 年 8 月版）、刘申予编的《中国古代兵书总目》（国防大学出版社 1990 年版）等。

文献研究的深入和完备程度，从某种意义上代表和决定着一门学科的整体研究水平。应该说近 20 年来，兵家文化文献研究取得了长足的进步，但同时也存在一些问题。在研究内容上，我们应继续加强兵家文化工具书的编辑，努力改变目前学术界重校释图书理论研究的出版，轻工具书编制的现状；在研究方法上，我们不仅要适应时代的要求，努力掌握新的研究手段，构建起高新技术研究系统，同时也不能疏忽传统研究方法的熟练掌握和运用。传统的研究方法是中国几千年逐步总结形成的，其中包含许多科学合理的成分和内容。熟练掌握校勘、考据的系统知识和具体的操作手段，是古典文献研究工作所必需的。目前活跃在学术界的老一辈学者大多有着扎实的文献研究功底，一些后起的青年学者则显得底气不足。长此以往，兵家文化文献研究必会出现断代问题。所以，我们在从事兵家文化文献研究中，既要注意加强传统文献研究的基本功训练，也要注意把现代的研究方法与传统的研究方法有机结合起来，两者不可偏废。

四、 兵家文化比较研究

兵家文化比较研究起步较晚，但成就斐然。

（一）兵家文化自身的比较研究

学者们对兵家文化自身的比较研究一般以《孙子兵法》为中心，集中于《孙子兵法》与其他军事典籍与人物军事思想的比较研究，这是由《孙子兵法》在兵家文化中的主体地位决定的。

1. 《孙子兵法》与《孙膑兵法》

《孙子兵法》和《孙膑兵法》是最重要的两部古代军事著作，二者有着深刻的历史和思想渊源。

首先，《孙膑兵法》是《孙子兵法》的祖述和再现。郑良树、刘心健等从《孙膑兵法》对《孙子兵法》文字和理论的引证，说明了《孙膑兵法》

对《孙子兵法》的继承。主要表现为：（1）明用《孙子兵法》；（2）暗用《孙子兵法》；（3）袭用《孙子兵法》理论；（4）发挥《孙子兵法》理论；（5）袭用《孙子兵法》语汇和概念。①

霍印章从两孙子之师承关系角度，指出《孙子兵法》对《孙膑兵法》的影响，认为《孙膑兵法》对《孙子兵法》的继承不是一般的、个别的，而是全面、具体、深刻的。《孙子兵法》是《孙膑兵法》的依据和基础，后者是前者的祖述和再现。这个特点是《孙膑兵法》所独有的，是其他先秦著作中所没有的。只有《孙膑兵法》才是《孙子兵法》在先秦时代的真正继承者。也恰恰是经过《孙膑兵法》对《孙子兵法》的祖述和再现，《孙子兵法》在几乎被冷落一百多年之后，至战国时期出现了"藏孙吴之书者家有之"的局面。②

其次，《孙膑兵法》对《孙子兵法》的发展和创新。孙膑所处之战国时期与孙子所处之春秋时期相比较，无论是作战方式、战争规模，还是军队的构成、兵役制度、武器装备等都有了新的发展和变化，正是以此为依托，《孙膑兵法》对《孙子兵法》有了新的发展和创新。

霍印章认为孙膑对《孙子兵法》理论的发展和创新表现在以下五个方面：一是"战胜而强立"；二是以"道"制胜；三是"必攻不守"；四是"富国""强兵"；五是"五教法"。③

岳玉玺认为《孙子兵法》对战争的态度慎重，浅言而止，未作进一步阐发，对战争的历史作用未有只字谈及，而《孙膑兵法》在这两方面较之《孙子兵法》有了长足的进步。④

邓泽宗等认为孙武不主张攻城，特别是不主张强攻。孙膑在新的历史时期提出"必攻不守"的战略思想。所以说，《孙膑兵法》在攻城问题上把

---

① 郑良树：《论〈孙子〉的集成时代》，收入《竹简帛书论文集》，中华书局1982年版；刘心健：《〈孙膑兵法〉是〈孙子兵法〉的继承和发展》，收入《孙膑兵法新编注译》，济南大学出版社1989年版。
② 霍印章：《论〈孙膑兵法〉与〈孙子兵法〉的师承关系》，收入《孙子新探》，解放军出版社1990年版。
③ 霍印章：《论〈孙膑兵法〉与〈孙子兵法〉的师承关系》，收入《孙子新探》，解放军出版社1990年版。
④ 岳玉玺：《孙武、孙膑战争观之比较》，《东岳论丛》1991年第5期。

《孙子兵法》的思想向前推进了一大步。①

第三，在有些方面，两孙子兵法各有侧重。陈式平以为，关于"二孙"战略思想理论之本源，二者完全渊源于我国儒道两家固有之道统和黄老学术思想的一脉源流，完全以"道"作为充实发展其思想理论的中心根据。比较而言，孙武比较着重于"道"的本质与战略特性的作用关系之阐述，孙膑着重于"道"的运作与战略作为的内容及范围。关于"二孙"战略指导的基本理念，他们完全以"道"体用兵的基本思想作为谋攻、势备的中心理念。但孙武较为重视"道"的战争意识理念，孙膑比较重视"道"的战争运作理念。关于战略指导之重要原理，二者均以诡变伐谋为其主旨，但孙武的战略指导完全以"诡道"作为运用其各项法则的中心原理，孙膑则是以"势备"所列举的"变道"作为运用其各项主要法则的重要原理。② 魏汝霖也谈到"二孙"兵法时各有侧重。③

2. 《孙子兵法》与其他军事典籍及人物的军事思想比较

吴起是战国前期著名的军事家，所著兵书《吴子兵法》在中国古代兵书中占有重要地位，后人将孙武和吴起并称"孙吴"，其兵书并称《孙吴法》。卫广来比较孙、吴两兵法，认为今本《吴子兵法》虽整体逊色于《孙子兵法》，但在立国、治军、作战三方面确有独到之处。譬如，《孙子·计篇》言军之"五事"，以"道"为首，《吴子兵法》以道、义、礼、仁为"四法"，道德理论，孙子吴子侧重不同，平分秋色。再如，《孙子兵法》13篇多言战争与作战原理，治军说分散而少论；《吴子兵法》则专有《治兵》一篇，专讲治军，文字虽仅800个，却明显自成系统，比较《孙子兵法》为创造处。又如，《孙子兵法》首提"知己知彼"思想，为判断敌情之至论，《吴子兵法》拓为"审敌虚实而趋其危"，将判断敌情具体为虚实二字，又加入薄弱内容，比较《孙子兵法》为发展处。④

徐勇等人论及《六韬》对《孙子兵法》的发展，认为《孙子兵法》虽提出"全胜"命题，但对于如何实现这一理想的目标，却仅仅原则性地提

① 邓泽宗、陈济康：《孙膑兵法对〈孙子兵法〉的发展》，《军事历史》1987年第1期。
② 陈式平：《先秦"二孙"战略思想理论之比较研究》，《军事研究》（台）1986年第1辑。
③ 魏汝霖：《孙武十三篇与孙膑兵法之研究》，《军事研究》（台）1986年第1辑。
④ 卫广来：《〈吴子兵法〉简论》，《山西师大学报》1992年第1期。

出了伐谋、伐交两种途径。《六韬》却进一步建立了以"文伐"为核心的新"全胜"理论,《武韬·文伐》列举了 12 种文伐的方法,并云"十二节备,乃成武事"。在战争纪律方面,《六韬》所述,较之《孙子兵法》之"掠于饶野,三军足食",相对进步得多。与《尉缭子》所倡"凡兵不攻无过之城,不杀无罪之人"有相同的时代特色。《六韬》是中国历史上第一部系统总结步、车、骑兵作战的军事著作,它对各兵种配合作战方法的总结,在《吴子兵法》、《孙膑兵法》等中也有论述,但均不及《六韬》深入具体。①

(二) 兵家与先秦诸子军事思想的比较研究

先秦时期战争频繁,形成了诸子皆与言兵,皆有论兵言论的局面,其中尤以战争观的内容最为丰富。

1. 兵家与先秦诸子战争观的比较研究

总观先秦诸子的战争观,儒家持义战说,道家属去兵说或反战说,法家乃重战观,墨家系非攻说,兵家战争观为慎战说。学者们主要就各家之战争观在历史上所起的作用及其利弊进行了对照比较。张连城认为,儒家之"义战观"从总览全局的高度,为古代兵学解决了政治原则问题,使古代战争观理论在哲理上获得了抽象的升华。② 赵海军指出,道家之"去兵观"虽显消极,然其提供了一种以柔克刚的思维方式,它与兵家之慎战观相得益彰,相互补充,共同完善了先秦战略思想体系,战国之后,道家兵学派之所以兴盛,其根源就在于此。墨家之"非攻说"与儒家之"义战观"有异曲同工之妙,虽不及"义战观"影响大,但其可贵之处在于用行动实践自己的学说,在总结实践经验的基础上形成了以救守为核心的一整套防御理论。法家之"重战观"以富国强兵为其核心思想,影响十分深远。但其不足之处在于过分夸大了战争的作用,而对战争可能带来的消极影响估计不足。这样很容易走向穷兵黩武的道路。③

学者们还就先秦诸子战争观的发展过程及其总体趋势进行了梳理。他们认为,先秦诸子的战争观与其学术思想相伴随,共同经历了一个由对立走向

---

① 徐勇、邵鸿著:《〈六韬〉综论》,《先秦、秦汉史》2001 年第 5 期。
② 张连城著:《先秦兵法思想与现代市场经济》第 13 页,中国广播电视出版社 1999 年版。
③ 赵海军:《孙子学通论》第 117—119 页,国防大学出版社 2000 年版。

融合的发展过程。一般而言，战国中期以前，诸子战争观较多地呈现出相对对立的一面。及至战国中期，诸子战争观明显出现相互融合的趋势。①

2. 兵家与儒家

"外兵内儒"的说法古已有之，由此可见兵学与儒家有极密切的关系。

张文儒在《中国兵学文化》中谈到，就整体而言，儒家重教化，兵家重实力，但兵家不是专攻杀伐，儒家也并非修德以废兵。恰恰相反，两者在整个中华文化意识中呈现了较"明显"的"互补"态势。②

董志新就兵儒两家的主要代表人物孔子与孙子的军事思想进行了比较，他认为孙子与孔子在战争的许多基本问题上，理论观点相辅相成的成分远远大于相异相歧的成分。③

骆承烈等从探究孙子和孔子的身世角度，认为他们生于同一时代、同一地区，有着大致相同的社会背景和家庭背景，使得他们在军事上有着异曲同工的见解，表现为：①都主张军事服从政治目的；②都肯定人在战争中的作用；③都重视克敌制胜的灵活性。④

兵学界对儒家、兵家相通之处的探讨，旨在说明中国传统文化的整体性和兼容性。他们同时认为，就儒、兵个体而言，两者之间的差异是显而易见的。主要表现在以下几个方面：

其一，对"义战"的理解不同。儒家"义战"观以动机为唯一原则的评判标准，这种"义战"，只能存在于理想之中，在现实生活中几乎难以找到。所以在儒家眼里，"春秋无义战"可言。兵家也有义战主张，但他们认为评判战争不能仅从其动机出发，最终的结果才是最重要的。⑤

其二，对战争性质的认识不同。孙子从目的角度认识到战争是基于"利"而起的冲突，所以孙子是"利战"论者。孔子把战争的发动区分为"圣人用兵"和"贪者用兵"两类，把战争的社会作用区分为"禁残止暴"与"刘民危国"两种，所以孔子是"义战"论者。我们认为"义战"论较

---

① 赵海军：《孙子学通论》第120—121页，国防大学出版社2000年版。

② 张文儒著：《中国兵学文化》第285页，北京大学出版社1997年版。

③ 董志新：《孙子、孔子战争观比较》（上、下），《孙子学刊》1992年第2、3期。

④ 骆承烈、孙子平：《文武两圣人》，收入《孙子研究新论》，新华出版社1992年版。

⑤ 赵海军：《孙子学通论》第114页，国防大学出版社2000年版。

之"利战"论的社会作用更有积极意义。①

其三，在一些具体问题上，兵家与儒家有共同的主张，但是着眼点、出发点和侧重点明显不同。例如，在军备问题上，孙子着眼于军事需要强调军备，孔子则把军备纳入治国方略，作为国家政治建设的重要方面；在士卒训练问题上，孙子训练士卒的目的在于夺取城市的胜利，孔子则从慎战爱民出发，主张对全体民众进行国防教育和军事训练；在以民为本问题上，孙子侧重强调民众的号召、民力的发挥，孔子侧重强调民心的向背，等等。②

3. 兵家与道家

吕思勉先生说过："兵家之言，与道法二家最为相近。"③ 笔者以为，吕先生所言兵家与法家之相近和兵家与道家之相近是有所不同的，前者是具体主张的相近，后者是内在机理的相近。兵家与道家有着无可分割的血源关系。学术界对于兵道思想的比较研究由来已久，并且存在着很大的分歧，主要有以下几个方面的内容：

其一，兵家源于道德说。此说最早由晚清著名朴学大师俞樾提出。④ 此后持此见者多有。他们的主要论据有三：一是"道家之学为百家所从出"，兵家乃百家之一，故亦必出于道家。二是道家之学最"忍"，"忍则必阴"，故黄帝有《阴符经》，太公之谋亦曰"阴符"，而《阴符经》乃言兵之书，"后世兵家咸本其谋"，孙子兵学即"得道家之阴谋一派"者。三是孙子的许多言论"都导源于老子的战争思想"，"老子关于军事学上的思想的精华，差不多都贯通在孙子十三篇之兵法之中"。⑤ 杨炳安对此论据提出质疑。他认为论据之一所云"道家之学乃百家之所从出"，则孙子自当为老子弟子之说，在事实上无法成立。论据之二之重要依据《阴符经》纯系伪书；此外，《道德经》五千言皆言"道"之体用，圣人用之则为大道，奸雄用之则为纵横捭阖之术，绝非"忍则必阴"之书。至于其论据之三所言孙子言论多源于老子，多属牵附。杨炳安认为这种做法不仅失之于学术的严谨，且无助于准确阐释孙子的观点，也不能从本质上理解老子的思想。作者进一步指出，

① 董志新：《孙子、孔子战争观比较》上，《孙子学刊》1992 年第 2 期。
② 董志新：《孙子、孔子战争观比较》上，《孙子学刊》1992 年第 2 期。
③ 吕思勉著：《先秦学术概论》第 134 页，中国大百科全书出版社 1985 年版。
④《诸子平议》，上海书店 1988 年版。
⑤ 马小梅主编：《读子卮言》，台北文海出版社 1989 年版。

我们不否认以孙子为代表的中国古典兵学作为一个学派，在形成过程中参考或借鉴过道家或其他学派的思想和主张，但它们的根底主要应该从社会实践尤其是春秋以来的军事斗争实践中去找。①

其二，"《老子》是一部兵书"，并且《老子》论兵"比《孙子》进一步"。唐尧等认为"上篇《德经》是直接论述军事战略战术并通过总结战争规律而引申出社会历史观和人生观的。其下篇《道经》则是对其兵略兵法思想给予理论上的概括并提高到宇宙观和世界观上给予论证"②。翟青认为《老子》不仅是一部兵书，而且还比《孙子》"前进了一步"。③ 李泽厚认为唐尧之说"略嫌过头"。应该说，"《老子》本身并不一定就是讲兵之书，但它与兵家有密切关系。这关系主要又不在后世善兵者如何经常运用它，而在于它的思想来源可能与兵家有关。《老子》是由兵家的现实经验加上对历史的观察、领悟概括而为政治—哲学理论的"。④ 杨炳安认为，老子毕竟不是一个军事家，他在论述其哲学思想时所提出的一些军事观点虽闪烁着智慧的光芒，但消极因素却很多。在战争观的问题上，老子对"兵"的正义和非正义性认识还不明确，或者说还是朴素模糊的。所以，他对战争所持的否定态度也是笼统和含糊的，说他"主张正义战争"，怕是有点拔高。此外，老子对战争消弭的办法归之为"少私寡欲"、"小国寡民"，这是一种毫无意义的唯心主义幻想。在对老子的战略、战术思想的理解上，杨炳安对论者多谓老子"主张"甚至"强调""以奇用兵"，并说是对孙子"以正合，以奇胜"思想的"进一步发挥"的观点提出商榷意见。首先，老子这里所说的"奇"、"正"与孙子所云"以正合，以奇胜"之"奇"、"正"内涵不同。其次，"以奇用兵"虽出自老子之口，但不等于是他的主张。居慈、守柔、退让、不争才是老子战略战术思想原则。杨炳安还谈到：但也有人说老子的思想"看上去是无为，实际上是有为，这才是《老子》守柔曰强的本质"。在我看来，消极、积极或无为、有为，似不好简单划分。老子的"道"从

① 杨炳安：《"兵家源于道德"辨》，收入《孙子兵法及其现代价值》，军事科学出版社1999年版。
② 唐尧：《老子兵略概述》，收入《中国哲学史文集》，吉林人民出版社1980年版。
③ 翟青著：《〈老子〉是一部兵书》，收入马王堆汉墓帛书整理小组编《老子》，文物出版社1976年版。
④ 李泽厚：《孙老韩合说》，《哲学研究》1984年第1期。

本质上说是"无为"的，那么，他的军事思想就不会一反其"道"而主张积极有为。主张积极有为的是孙子，而不是老子。① 此外，王明②、陆永品③也分别就"老子是一部兵书"进一步提出不同意见。

其三，辩证法思想。《孙子兵法》、《老子》、《易经》为中国古代辩证法思想的三大源流。学者们将《孙子兵法》辩证法与《老子》辩证法进行总体比较时，大体出现了两种不同意见。一种意见认为《孙子兵法》辩证法只是局限于军事领域之内，不像《老子》辩证法那样更具概括性，具有一般世界观和方法论的意义。但是他们同时认为《老子》辩证法相对于《孙子兵法》辩证法有明显的不足：《老子》辩证法是建立在唯心主义基础上的，沿着消极路线发展；而《孙子兵法》辩证法是建立在唯物主义基础上，沿着积极路线发展。《老子》辩证法抹煞矛盾的斗争性，把对立面看成是绝对的、无条件的，排斥人的主观能动性，埋下导致相对主义的根子；《孙子兵法》辩证法强调矛盾的斗争性，并初步认识到对立面的转化是有条件的，在一定程度上认识到了主观能动性和客观规律的辩证关系。另一种意见，也是大多数人的意见认为，《孙子兵法》辩证法思想并不局限于军事领域，它具有一般的世界观和方法论的意义。④

王德敏从矛盾转化论的角度对《孙子兵法》与《老子》辩证法进行了比较。他认为与老子比较起来，《孙子兵法》对矛盾转化问题的论述有以下显著特点：（1）《孙子兵法》强调矛盾转化的条件性，而老子把矛盾的转化看成是绝对的、无条件的。（2）《孙子兵法》强调人的主观能动性对矛盾转化的作用，而《老子》是从根本上排斥人的主观能动作用的。（3）《孙子兵法》强调在军事实践的基础上对矛盾转化论的灵活运用。老子的所谓矛盾转化，由于否认了矛盾转化的条件性，抹煞了人的主观能动性，因而只能是随意的，最终陷入相对主义。⑤

房立中通过对《孙子兵法》和《周易》哲学思想的深入考察指出，《周易》与《孙子兵法》都在一定程度上反映了朴素的辩证的宇宙观。首先，

① 杨炳安：《孙老兵学异同论》，《孙子学刊》1992 年第 4 期。
② 王明著：《道家与道教思想研究》，中国社会科学出版社 1984 年版。
③ 陆永品著：《老庄研究》，中州古籍出版社 1984 年版。
④ 参见谢迪辉：《孙子兵法军事哲学思想研究》，《哲学动态》1987 年第 12 期。
⑤ 王德敏：《〈孙子兵法〉的矛盾转化论》，《孙子学刊》1992 年第 2 期。

两书都大量地论述了自然界和社会生活中存在的对立现象，都不同程度地反映了矛盾双方既对立又统一的内在联系，都力图用对立项的矛盾形式概括出事物的特征，掌握事物的本质。其次，两书所反映的矛盾转化观念都有一个共同的特征，即它们都把这种转化看做是一种循环，它们都是通过对客观事物的概括而得出一种具体的实用的思维方式。再次，两书均主张通过对现象的了解和分析来判断事物的本质。①

4. 兵家与法家

在诸子百家中，兵家与法家的相通性是表现得最为明显和直接的。他们的思维方式和对一些问题的具体主张都十分相近。张文儒认为兵家与法家的交融，主要表现在三个方面：（1）性恶论。（2）关于信赏信罚的理解。（3）富民政策和农战措施。② 邵中印等在承认两者相通之处的同时，指出其不同所在。他们认为在战争问题上，管孙都强调慎战重战，不同的是《管子》的重战是有条件的，它想冲破当时"仁义之兵"的桎梏，但又不能摆脱其影响。在战争与经济的关系问题上，《管子》强调在富国的基础上加强军事实力，《孙子兵法》则把社会生产所提供的生活资料看做是军队赖以存在的物质基础。在谋略问题上，《管子》把"争强之国，必先争谋"的思想贯彻到军事领域，《孙子兵法》则以"不战而屈人之兵"作为谋攻的最高原则。③

王洪武专就经济问题，将《孙子兵法》与《管子》进行比较研究，认为从总体上看《管子》的军事经济思想较之《孙子兵法》丰富。在战争与经济的关系上，关于国家经济是军事经济的基础这一点，《孙子兵法》没有涉及到，而《管子》认识到了这个基础。在对军事经济潜力的认识上，《孙子兵法》的认识是比较有限的，《管子》却从全局的角度出发认识到增加国家收入是增加军事经济潜力的重要手段。有关战争经济思想，在《孙子兵法》中很隐晦，《管子》不仅认识到战争经济准备的重要性，而且提出了发展军工生产以备战时之需的主张。④

---

① 房立中：《〈孙子兵法〉与〈周易〉》，收入《孙子新论集粹》，长征出版社 1992 年版。

② 张文儒著：《中国兵学文化》第 290 页，北京大学出版社 1997 年版。

③ 邵中印、朱昕毅：《〈管子〉书中的军事思想与孙子兵法的比较研究》，《国防大学学报》1988 年第 1 期。

④ 王洪武：《孙子与管子军事经济思想之比较》，《军事经济研究》1991 年第 5 期。

（三）《孙子兵法》与毛泽东军事思想的比较研究

《孙子兵法》与毛泽东军事思想同为中华民族之文化瑰宝，它们虽然相隔两千多年，但血脉相联。学者们从多个角度分析了毛泽东对《孙子兵法》的批判性继承和有保留的吸收运用。魏知信认为毛泽东对《孙子兵法》的批判性继承，表现在三个方面：其一，关于决定战争胜负的基本条件和预测战争发展趋势。毛泽东在分析第一次国内革命战争和抗日战争的趋势时，吸收了《孙子兵法》预测战争胜负的唯物主义观点，同时克服了其局限性。其二，关于政治在战争中的作用，毛泽东不仅肯定了政治在战争中的决定作用，而且引申出人民战争的思想，从而摒弃了孙武的剥削阶级偏见。其三，关于战争指导的主动性和机动灵活的战略战术，这是《孙子兵法》的思想精华。毛泽东对孙武的这一部分思想更是着力研究和吸取，特别对集中兵力、避实击虚、调动敌人、出奇制胜等的运用，远远超出了孙武，达到了炉火纯青的境界。①

刘思起指出，毛泽东吸收了《孙子兵法》中朴素的唯物论和辩证法哲学智慧，结合中国革命实践加以运用，使他对战争的指导无论在理论上还是实践上都更加出色，具体表现为：（1）一切从实际出发，知己知彼，搞好调查研究。（2）借鉴孙子的规律，赢得战争主动权。（3）因敌因势而制胜，坚持战争指导的灵活性。（4）避其锐气，击其惰归，正确处理攻守关系，实施积极防御方针。（5）上兵伐谋，在战争指导上发挥人的主观能动性。②此外，谭一青之《毛泽东与孙子兵法》③，丁士峰、林建公之《毛泽东军事思想与〈孙子兵法〉》④ 等对孙子兵法与毛泽东思想的关系也有精彩论述。我们认为，学者们将毛泽东军事思想与《孙子兵法》联系起来比较分析，不仅有助于理解毛泽东军事思想的博大精深，而且对《孙子兵法》的研究也裨益无穷。

---

① 魏知信：《毛泽东军事思想与孙子兵法》，《南京师大学报》1984 年第 3 期。
② 刘思起：《毛泽东对〈孙子兵法〉的吸收和运用》，收入《孙子探胜》，军事科学出版社。
③ 谭一青：《毛泽东与孙子兵法》，收入《孙子兵法及其现代价值》，军事科学出版社1999 年版。
④ 丁士峰、林建公：《毛泽东思想与〈孙子兵法〉》，《毛泽东思想研究》1986 年第 1 期。

（四）东西方军事文化的比较研究

1. 东西方军事文化传统的比较研究

对于东西方军事文化传统的差别，薛国安在《〈孙子兵法〉·〈战争论〉研究》一书中名之曰"道器之别"，并具体归之为三点：首先，中国军事文化传统表现出重宏观、重综合的特点，而西方军事文化传统则表现出重微观、重分析的特点。其次，中国军事文化传统表现出重谋略、重技巧的特点，而西方军事文化传统则表现出重力量、重技术的特点。再次，中国军事文化表现出重变化、重顿悟的特点；而西方军事文化则表现出重实际、重直观的特点。① 姚有志就中西军事战略传统的差异进行了探讨，指出：（1）中国的战略传统十分注重防御的作用，西方的战略传统则主要推崇进攻。（2）中国的战略传统关注内部的统一与安定，西方的战略传统则着眼于对外用兵与扩张。（3）中国的战略传统强调道义的伸张，西方的战略传统则主张利益的争夺。（4）中国的战略传统把"不战而屈人之兵"作为用兵的最高境界，西方的战略传统则把在战场上打败对手视为最佳选择。（5）中国的战略传统奉行用兵以计为首，特别重视谋略的运用，西方的战略传统突出强兵为要、武器至上，尤其注重技术装备的改进。他同时强调，上述差异只有相对的意义，近代以来，随着中西在各自保留战略传统印迹的同时，战略传统的某些内容也逐步为对方所吸收和借鉴。②

2. 《孙子兵法》与《战争论》

《孙子兵法》产生于奴隶制社会末期，在冷兵器小规模战争的历史条件下，《战争论》则以十八九世纪社会化工业大生产为背景，以黑格尔哲学思想为基础，一个古朴粗略，一个系统准确，对此两者的比较工作存在一定的难度。薛国安认为，从思维方式上看，孙子研究战争从物质基础入手，克劳塞维茨则从研究战争的基本属性入手。在撰写方法上，孙子"舍事而言理"，克氏则史论结合，以史鉴理。在结构体系上，孙子注重整体连贯和篇篇呼应，克氏则注重篇章完善、突出重点。在战争观上，孙子从社会职能角

---

① 薛国安著：《〈孙子兵法〉·〈战争论〉研究》第 309 页，西苑出版社 1998 年版。
② 姚有志：《中西军事战略传统的差异要》，收入《孙子兵法及其现代价值》，军事科学出版社 1999 年版。

度说明战争，克氏主要从哲学角度抽象论述战争的本质，从而决定了两者在战争与政治的关系问题上的见解不一。在战略思想上，孙子主"全胜"，克氏主战而胜敌。在作战理论上，打击目标，孙子主避实击虚，克氏强调打击重心。在兵力运用上，两者都主以众击寡，但相比之下孙子的观点更为辩证。在战场指挥上，孙子侧重于因敌制胜，克氏侧重于按计划行事。① 刘庆从另一角度认为，从著述目的上看，《孙子兵法》强调知战结合，《战争论》热衷于理论建设；从价值取向上看，《孙子兵法》奉"不战而屈人之兵"为将帅用兵的理想境界，《战争论》以不受限制的"绝对战争"为战争的完美形式；从思维方式上看，《孙子兵法》注重整体直观上的把握，《战争论》则从概念的分析综合入手，由简至繁构建起整体思想大厦；从理论偏好上看，《孙子兵法》尚智善谋，倾向于灵活和因情用兵，《战争论》则注重实力，强调计划和指挥的坚定性。② 学者们强调指出，《孙子兵法》与《战争论》在文化特征上的差异无疑是巨大的，因为它们各自代表了东西方截然不同的价值取向、思维方式和理论偏好，在总体上不存在先进、落后之分。我们今天指出它们在文化特征上的根本差异，也并非试图肯定谁、否定谁，或许寻求东西方军事思想间的互补和协调是更为科学明智的态度。③

3. 《孙子兵法》与古希腊、罗马军事著作比较

学者们就《孙子兵法》与古希腊、罗马军事名著如《历史》、《伯罗奔尼撒战争史》、《长征记》、《高卢战记》、《内战记》、《谋略》、《亚历山大远征记》、《论军事》等所反映出的军事思想、理论的差异性进行了初步的比较研究。他们认为其差异具体表现为：一是在著述样式上，《孙子兵法》严格按照军事理论体系的内在逻辑要求来确立结构，划分篇章；古希腊、罗马军事著作则多以记史的形式，反映当时的军事思想和战争指挥艺术。二是在学术环境上，中国很早就形成了独立的兵家学派，古希腊、罗马军事学则长期充当史学的附庸，专门的军事理论学说难以建立，从而影响到军事著作的成熟程度。三是在作者身份与撰述目的方面，孙武等人都是驰骋沙场多年的军人，研究兵学出于指导激烈的现实军事斗争的需要；古希腊、罗马的军事

---

① 薛国安著：《〈孙子兵法〉·〈战争论〉研究》第309页，西苑出版社1998年版。
② 刘庆：《〈孙子〉与〈战争论〉文化特征的比较》，《孙子学刊》1992年第1期。
③ 刘庆：《〈孙子〉与〈战争论〉文化特征的比较》，《孙子学刊》1992年第1期。

著作作者多为置身战争之外的学人，研究战争是为了达到史学的垂训借鉴目的。四是在思维形式上，《孙子兵法》概括出一整套充满哲理的军事范畴；古希腊、罗马时期所产生的军事术语则更倾向实用。五是在思维方式上，《孙子兵法》偏重于哲学思辨、直觉顿悟；古希腊、罗马军事著作偏重于逻辑推理，求实索真，由于历史条件和唯心哲学的影响，它们还不能摆脱"神意"色彩。六是在理论建树上，《孙子兵法》重视兵学体系的宏观建构，重道（政治）尚谋；古希腊、罗马军事著作更注重具体战法，注重军事技术。[1]

4.《孙子兵法》与利德尔·哈特战略思想比较研究

利德尔·哈特是英国当代著名军事理论家，著有《战略论》，提出了著名的间接路线战略。学者们认为，利德尔·哈特的《战略论》明显受到《孙子兵法》的影响，"间接路线战略"在很大程度上继承和发展了孙子的思想。潘嘉玢指出，《战略论》在卷首大量引用《孙子兵法》的名言警句，绝非偶然。事实上，《战略论》所主张的"最佳的战略目的"，就是《孙子兵法》的"不战而屈人之兵"，"间接路线战略"的内涵，很大程度上运用了孙子的"奇正"思想。利德尔·哈特在《战略论》中提出的"理性控制战争"也是与孙子的战争理念相一致的。[2] 郑文星等着重比较了孙子与利德尔·哈特战略思想之异同。他们认为两者相同之处在于：①两人都注重"不战而屈人之兵"的全胜战略思想。②都强调"不战而屈人之兵"必须以迂为直，以患为利。③都注重通过妙算、造势实现战略目的的基本条件。④都认为"不战而屈人之兵"的战略并不排除通过实力较量以获胜的武力手段，但又强调重效益和节制兵力的原则。不同之处在于：①两者论述的战争主体力量的增长方式不同。②实现战略目的手段和途径有差异。③对集中用兵的看法大相径庭。④对"奇正"战法的运用不一样。[3]

---

[1] 刘庆：《〈孙子兵法〉与古希腊、罗马军事著作的初步比较》，收入《孙子新论集粹》，长征出版社1992年版。

[2] 王兆春、潘嘉玢、庾平著：《中国军事科学的西传及其影响》第193页，河北人民出版社1999年版。

[3] 郑文星、周宏全：《孙子、利德尔·哈特战略思想刍议》，收入《孙子探胜》，军事科学出版社1993年版。

五、　兵家文化与现代战争

在 1990 年第二届孙子兵法国际研讨会召开前后，《孙子兵法》在现代战争中的应用成为兵学研究的一个热点，历久不衰。

（一）《孙子兵法》与当代战略理论

孙子战略观对现代战争和战略理论的发展有着深远的影响。中外探讨现代战争方略的军事家，无不从《孙子兵法》中汲取精华和营养。从利德尔·哈特的《战略论》、柯林斯的《大战略》、索柯洛夫斯基的《军事战略》等军事著作，到尼克松的《1999——不战而胜》、布热津斯基的《运筹帷幄》等政略著作，无不留有《孙子兵法》的深深印迹。

1. 《孙子兵法》与当代战略变革

张锦良指出，孙子战略观对现代战争和战略理论的发展起了重要的导向作用，随着世界各国对《孙子兵法》研究和运用的不断深入，这种导向作用越来越明显，进而发展到今天起主导作用的地步。张锦良认为之所以如此，是因为孙子战略观与现代战争和战略理论有着深刻的渊源关系。主要表现为：①孙子战略观奠定了现代战争和战略理论的基础。②在当今世界各主要集团的现代战争和战略理论中，都注入了孙子战略观的成分。③孙子战略观预示了现代战争和战略理论的发展趋向。[①]

冯海明指出，我们在现实实践中，要注意借鉴孙子以"道"为首的战略观，顺应时代与发展的大道，顺应世界人民要求共同发展的需求，以之作为战略变革的出发点和落脚点，此其一。其二，我们要继承发展孙子的战略效益观，摒弃冷战思维，追求双赢合作的长远利益。正确引导和推动当代的战略变革。其三，要注意学习孙子的战略现实主义，反对无原则的和平主义，同霸权主义进行有理、有利、有节的斗争。[②]

---

① 张锦良：《孙子战略对现代战争和战略理论发展的导向作用》，《孙子学刊》1992 年第 3 期。

② 冯海明：《孙子兵学的复兴与当代战略变革》，收入《孙子兵法及其现代价值》，军事科学出版社 1999 年版。

2. 《孙子兵法》与现代威慑战略

第二次世界大战后，核武器成为实行现代威慑的有力工具，威慑与反威慑也逐渐成为国际政治、军事斗争的重要战略内容。在这场激烈的角逐中，《孙子兵法》中蕴涵的威慑思想重新焕发了夺目的光辉，丰富了现代威慑理论的内容，为现代威慑实践提供了智慧的武器。对此，学术界有许多精彩的论述。

邵振庭等指出，威慑战略虽然在 20 世纪中才跃然于西方战略的筹划和指导中，但在我国古代《孙子兵法》中已经形成了比较完整和系统的威慑思想。主要包括以下四个方面内容：①以镒称铢，实力慑敌。②藏形造势，以威慑敌。③通于九地之变，以险慑敌。④谋攻至上，不战屈敌。孙子朴素精湛的威慑思想被一些西方战略家，尤其是美国战略家奉为宝典。利德尔·哈特说："在导致人类自相残杀灭绝人性的核武器研制成功后，就更加需要翻译《孙子》这本书了"。福斯特等人将他们的核战略名之曰"美国孙子核战略"，美国前总统尼克松认为孙子的战略思想有上、中、下之别，他以此否定了"互相确保摧残"战略，指出此战略在战略上和道义上有严重错误，属"伐兵攻城"的"下策"，美国的核战略应以"上兵伐谋"、"不战而屈人之兵"为指导。①

卢浩衷等认为，产生于核时代的现代核威慑战略，尽管有现时代的特定内涵，但是其思想核心依然是《孙子兵法》中提出的"不战而胜"。②

刘华秋通过对威慑理论全面梳理和预测，指出自古以来与实战理论相比，威慑理论始终只是支流，只是在二战以后，威慑理论才被提升到空前的高度，并成为一些国家的国防战略。目前，由于自身存在的无法克服的缺陷和第三世界国家的反对，核威慑的作用正在衰落。同时，当今国际利益的冲突不仅表现在军事方面，更普遍地表现在政治、经济、外交、科技、文化等方面。所以，在今后世界威慑理论发展中，综合国力威慑理论必将取代核威慑理论。综合国力威慑理论，不仅适应当代世界和平的主题，还适应当代世界发展的主题。孙子的威慑思想，将"伐谋"和"伐交"摆在次等地位，

---

① 邵振庭、彭小军：《〈孙子兵法〉与现代威慑战略》，《孙子学刊》1992 年第 3 期。
② 卢浩衷、张进喜：《〈孙子兵法〉与当代核威慑战略》，《中国军事科学》1999 年第 2 期。

把军事斗争手段"伐兵"提到首位，而以综合国力作为取得战争胜利的基本条件，可以说，初步表述了综合国力与威慑的关系。①

我们认为，学者们的研究成果，不仅促进了东西方威慑战略理论的融通，而且揭示了孙子所给予当代军事家探索人类摆脱核毁灭浩劫的智慧启迪，是对当代世界军事战略良性发展的有价值的思考。

3.《孙子兵法》与非对称战略

所谓非对称战略，即是以非对称的战略力量，以不对应的战略方式、手段和策略，来遏制和对付可能的安全威胁，消除不安定因素的影响。目前，许多国家采取非对称战略，以求维护国家安全。蒋磊认为，《孙子兵法》虽然没有直接出现和使用过战略甚至非对称战略的提法，但是其中有关伐谋伐交思想的论述，对于当前各国为维护国家安全而采取的非对称战略具有重要启示，对于研究非对称战略运用中的伐谋伐交也具有重要借鉴。他的主要观点是：①孙子"伐谋伐交"思想，是非对称战略思想的核心，当代维护国家利益与安全，必须依靠伐谋伐交来实现。②孙子的"伐谋伐交"方略，是非对称战略的最高层次，当前维护国家利益与安全，应以伐谋伐交为最优先、最重要的战略选择。③孙子的"伐谋伐交"原则，对非对称战略的运用具有重要作用，当前维护国家利益和安全，伐谋伐交有着广阔的活动舞台。②

（二）《孙子兵法》与当代作战理论

当代作战理论，各国不尽相同。广泛吸收和灵活运用世界各国军事理论精华的美国"空地一体作战"理论应该是最具有代表性的。

关于《孙子兵法》与"空地一体战"理论之关系，潘嘉玢认为后者之深层内涵与《孙子兵法》不无联系，这一点从海湾战争中，美国同时运用"孙子兵法"和"空地一体战"理论可以得到明证。③ 吴如嵩等进一步指

---

① 刘华秋：《〈孙子兵法〉与当代核威慑理论》，收入《孙子新论集粹》，长征出版社1992年版。

② 蒋磊：《孙子"伐谋伐交"思想对当代非对称战略的启示》，收入《孙子兵法及其现代价值》，军事科学出版社1999年版。

③ 潘嘉玢：《空地一体战理论与〈孙子兵法〉》，收入《孙子探胜》，军事科学出版社1993版。

出，该理论从《孙子兵法》中得到的借鉴，大致可以从 6 个方面得到证明：①关于知己知彼；②关于突然性；③关于速战速决；④关于机动作战；⑤关于兵力使用；⑥关于攻坚作战。作者同时指出"空地一体战"理论只是我们借以探求《孙子兵法》与当代作战理论关系的具有代表性的一个实例，而西方军事界对《孙子兵法》在理论上的吸收却是多方面的。①

关于《孙子兵法》与现代局部战争，刘永新等通过对二战以来 180 场局部战争的全面考察，得出如下结论：其一，由于局部战争的高消耗，以及局部战争受政治、外交斗争的严格制约和影响，为了追求政治、外交、经济、心理等方面的综合效益，所以在战略部署和决策上，孙子的"慎战"、"合交"、"伐交"显得尤为重要。其二，从作战指导上看，局部战争时间要求严，作战空间更加广阔，人员素质要求高，使孙子的"速胜论"、"九地"、"六形"等理论大有用武之地。其三，在作战指挥上，孙子十分强调突然、快速和灵活，与今天局部战争的要求十分吻合。②

关于《孙子兵法》与现代有限战争，《中国文化精神》之《兵家文化基本精神》一章，通过对我国古代兵家军事理论与现代有限战争理论的框架性对照比较，指出罗伯特·E. 奥斯古德在《对现代有限战争的重新探讨：现代战略的问题》一书中提出的五个现代有限战争的衡量标准，我国古代兵家都有相同或相近的认识。③

关于孙子兵法与多极竞争问题，吴如嵩等认为，当今世界战略格局正由两极向多极转化。《孙子兵法》产生于多极竞争之春秋时代，其中含有处理春秋时代列国诸侯多极关系的理论总结。虽然古今情势不可同日而语，然其一般性指导原则对今天世界多极斗争仍有不可低估的指导意义。此外，作者还提出在多极竞争中应遵循三个为主原则：即非零和对弈为主、同层竞争为主和综合竞争为主原则。④

---

① 吴如嵩、徐晓军：《〈孙子兵法〉与西方当代作战理论》，收入《孙子探胜》，军事科学出版社 1993 年版。
② 刘永新、张秦洞：《〈孙子兵法〉与现代局部战争》，收入《孙子新论集粹》，长征出版社 1992 年版。
③ 邵汉明主编：《中国文化精神》，第 177 页，商务印书馆 2000 年版。
④ 吴如嵩、陈维民：《孙子兵法与多极竞争》，收入《孙子新论集粹》，长征出版社 1992 年版。

（三）《孙子兵法》与世界和平

和平与发展是当今世界的两大主题。学者们认为，《孙子兵法》中的"不战而屈人之兵"、"慎战"、"伐交"等思想，对当今世界的和平与发展有着积极的启示作用。

关于孙子兵法与国家安全问题，主要研究成果有孙明亮、卢进的《孙子国家安全观及其现代价值》①、俞世福、韩晓林、张庆彬的《论〈孙子〉国家安全观与我国的国家安全战略》② 等，郭震远的《〈孙子兵法〉与多极时期的国家安全战略》，其中，郭震远从分析当今世界的军事、政治格局入手，指出《孙子兵法》把战争作为一种重要的社会现象，从人类及国家全部活动的广阔角度来认识战争规律以及战争与国家各方面活动的关系，这实际上已经初步形成了综合的国家安全概念。随着世界多极化格局的逐步形成，在国家安全方面还会有许多新情况不断出现，制定新的国家综合安全战略必然是一个不断完善的过程，《孙子兵法》将在整个过程中给人以重要启迪。③

关于《孙子兵法》与国际安全问题。李际均《对〈孙子兵法〉文化遗产与跨世纪国际安全的几点思考》一文指出，世纪之交，世界范围内仍然有若干危险因素。单纯从军事角度看，新军事革命无疑是一种进步，但它毕竟是和平之隐患，如同核军备竞赛那样，新军事革命也许不会使最发达国家更安全，但会使世界更不安全。怎样使科学技术的力量向着有利于人类的方向发展，关键在于战略思维的导向。正如 19 世纪战略受约米尼影响，20 世纪战略受克劳塞维茨的影响一样，21 世纪的战略应当受《孙子兵法》的"慎战"、"全胜"和"不战而屈人之兵"的启发，建立一种"非零和对抗"的安全观。作者进一步提出新的军事革命无疑将进一步拉大发达国家和发展中国家在军事力量方面的差距。作为发展中国家，我们必须在努力发展自己的高技术兵器的同时，创造另外一种不对称的作战方式与作战手段，才能保

---

① 邱复兴：《论孙子的军事哲学思想》，收入《孙子兵法及其现代价值》，军事科学出版社 1999 年版。

② 孙明亮、卢进：《孙子国家安全观及其现代价值》，《军事历史研究》1999 年第 1 期。

③ 刘春志：《〈孙子〉的战略决策思想浅析》，收入《孙子新论集粹》，长征出版社 1992 年版。

卫自己，战胜入侵之敌。在建立这种不对称作战理论方面，《孙子兵法》的战略原则和军事辩证法思想仍有启迪作用。①

单秀法的《孙子慎战思想及其现代价值再认识》一文对《孙子兵法》之"慎战"思想提出了新的见解。他认为对孙子"慎战"的理解，不仅要考虑战争能否胜利，而且要注意战争胜利后的善后，这是"慎战"思想的更深层次内涵。如果慎战只是理解为战前对胜负情况的精确计算，谨慎对待是否兴兵问题，而没有顾及战争胜利后可能出现的情况及处置方法，则对孙子慎战思想的理解是不完整的。他进一步指出，慎战，特别是对有胜利把握的战争能否采取谨慎的态度，是否仍然坚持慎战的原则，在以和平为时代主题、以局部战争为主要形式的今天，具有更为直接的指导意义。②

糜振玉侧重探讨了"伐交"思想对世界和平的意义。他认为"伐交"作为达到"不战而屈人之兵"目的的非军事手段，对于我国倡导的以和平方式解决国际争端的主张，具有重大的现实意义。邓小平继承和发展了"和为贵"和孙子的"慎战"、"全胜"、"伐谋"、"伐交"思想等中国优秀传统文化，创造性地提出了以和平方式解决国际关系的新思想，对于解决国际争端、维护世界和平、加强国际合作作出了突出的贡献。③

对于解决两岸关系实现祖国统一问题，在第五届孙子兵法国际学术研讨会上，学者给予了极大的关注。许肇兴在《从〈九地篇〉看当前中国统一问题》中，指出该篇真正的哲理在于针对环境善加应变，以"创造性的过程"解决问题，以之思考当今两岸关系应是有所助益的。④ 赖进兴在《两岸关系"四求"》一文中提出，孙子"求知"、"求先"、"求全"、"求善"应能为两岸人民构建一个较好的未来，提供一个思考方向。⑤

———————

① 李际均：《对〈孙子〉文化遗产与跨世纪国际安全的几点思考》，《军事历史研究》1999 年第 1 期。
② 邱复兴：《论孙子的军事哲学思想》，收入《孙子兵法及其现代价值》，军事科学出版社 1999 年版。
③ 糜振玉：《孙子的"伐交"思想与以和平方式解决国际争端》，《中国军事科学》1999年第 2 期。
④ 许肇兴：《从〈九地篇〉看当前中国统一问题》，第五届孙子兵法国际研讨会交流论文。
⑤ 许肇兴：《从〈九地篇〉看当前中国统一问题》，第五届孙子兵法国际研讨会交流论文。

（四）新的历史条件下如何评价《孙子兵法》

随着高技术在军事领域内的广泛应用，科学技术因素在战斗力体系中所占份额越来越大，传统军事理论面临严峻考验，《孙子兵法》在未来战争理论中的地位问题，成为学术界广泛关注的新课题。这一课题，成为 2000 年 11 月份召开的第五届孙子兵法国际学术研讨会的中心课题之一。

姚有志《在新千年开启之际的战争哲学思考》一文中提出自己的看法，他认为当今战争形式、战争手段乃至战争理论的变化并不意味着具有东方兵学特色的谋略制胜失去了光辉，战争作为力量组织和力量运用的艺术，高技术战争将伴随着高智能的谋略运用。谋略仍是弥补武器不足的重要途径。①

于泽民在《孙子谋略思想在高技术战争中的价值》一文中指出，在新的科学技术广泛运用于军事领域，武器装备愈来愈现代化的今天，孙子谋略思想的运用，不是减弱了，而是加强了。高技术武器装备为运用孙子的谋略提供了更为丰富的物质手段，也提出了更高要求。②

王保存《"不战而屈人之兵"与信息化战争》一文，从逻辑发展的角度指出，战争的逻辑起点或战争的初衷不是战争，而是达成政治目标，最好是"不战而屈人之兵"，这也是人类共同的愿望。然而这一美好愿望在历史上的任何时期、任何形态的战争中，都很难实现。历史发展到今天，由于高技术，特别是信息技术的进步，人类这一无法实现的愿望将变成现实，战争也将回归到它的逻辑起点——"不战而屈人之兵"。③

学者们同时强调指出，新的历史条件为孙子兵学的发展提供了机遇，但也使孙子研究面临挑战。一方面我们必须面对新军事革命所引发的"非线性作战"、"非接触作战"、"非对称作战"等新的作战方式的挑战；另一方面我们也必须面对打破了一切传统战争理论的"战争新概念"的挑战，比如"信息制胜论"与"零伤亡战争论"等。④ 对于新时期出现的新情况、

---

① 许肇兴：《从〈九地篇〉看当前中国统一问题》，第五届孙子兵法国际研讨会交流论文。
② 邱复兴：《论孙子的军事哲学思想》，收入《孙子兵法及其现代价值》，军事科学出版社 1999 年版。
③ 邱复兴：《论孙子的军事哲学思想》，收入《孙子兵法及其现代价值》，军事科学出版社 1999 年版。
④ 吴如嵩：《迈向二十一世纪的孙子研究》，第五届孙子兵法国际学术研讨会论文。

新问题，我们理论工作者必须尽快了解掌握，并作出积极的理论回应。

六、 兵家文化非军事领域应用研究

兵家著作论兵并不囿于兵，其代表作《孙子兵法》舍事而言理，被公认为"具有普遍意义的快速智慧"，广泛运用于社会生活的各个领域。20 世纪 80 年代以后，兵家文化在非军事领域的应用研究，逐渐成为兵家文化研究的重要内容之一。

（一）兵家文化在经济领域的应用

兵家文化在经济领域，尤其是经营管理中的运用，是兵家文化非军事领域应用研究的热点。兵家文化运用于经济领域，最早可追溯至我国战国时期。进入现代，兵家文化运用于现代经济领域发轫于日本。20 世纪中叶，日本一些退伍军人将《孙子兵法》等中国传统军事思想运用于企业管理取得了令人瞩目的成绩，他们的成绩引起欧美国家的注意，并争相开始研究《孙子兵法》，一时间《孙子兵法》被奉为"经营教科书"、"管理巨著"、"商战之圣经"、"工业发展法"等。

中国将《孙子兵法》运用于现代经济领域起步较晚，20 世纪 80 年代中期才刚刚起步，但是由于国内经济的迅猛发展以及"孙子热"的兴起，兵家文化在经济领域的应用研究很快取得了颇为喜人的成就。1991 年在我国召开了首届《孙子兵法》与企业经营管理国际研讨会，在 1998 年召开的第四届孙子兵法国际学术研讨会上，也对《孙子兵法》的管理思想进行了较为系统的讨论。据不完全统计，截至 1998 年，国内（不含港台地区）出版的有关《孙子兵法》运用于经济方面的著作达 60 多部。自 1994 年陈炳富教授《从〈孙子兵法〉说到中国管理史》一文发表至今，短短 15 年的时间，有关这方面的学术论文已达百余篇（对于大量经济类读物中专门论述《孙子兵法》应用问题的篇章未统计在内）。① 就已发表和出版的学术论文和专

---

① 参见初昭仑、尚夏：《〈孙子兵法〉在经济领域的应用概述》，收入《孙子兵法及其现代价值》，军事科学出版社 1999 年版。

著来看，论述的内容涉及经济领域的方方面面，包括宏观调控、经济运筹、金融安全、经营谋略、海外投资、跨国公司经营、财经工作、经营管理等。其中论文主要有李鼎文的《兵法谋略与经济运筹的意义》①、张志祥的《〈孙子兵法〉与经营谋略》②、库桂生的《〈孙子兵法〉与金融安全》③、陈炳富、路昆的《用〈孙子兵法〉指导海外投资》④ 等。著作主要有杨先举的《孙子兵法与企业管理》⑤（合作）等。这些著述中，有的将中国古代战略思想与现代战略理论结合起来，融古今中外管理理论于一体；有的对《孙子兵法》在企业经营管理中的应用从理论上做了颇有深度的研究。张连城之《先秦兵法思想与现代市场经济》⑥ 一书，从一个全新的角度，通过对兵家文化基本精神的准确把握，指出先秦兵家思想规划指导的军事战争与现代市场经济条件下的商战显然都是典型的博弈活动，他们之间有许多共同之处。同时两者之间的差别也是明显存在的。首先，兵战是敌我之间的生死之争，从某种意义说，无规则和公平可言。而商战是利益之争，反对不正当竞争，要遵守竞争的规则和国际惯例。其次，商战所依靠的是经济与科技的发达、管理能力的科学化，诉诸产品的质量和服务周到。兵战所依靠的是军事实力，诉诸野蛮的武力。最后，兵战无论正义与非正义，其后果都是生灵涂炭。而商战固然有其残酷的一面，但竞争带来的是社会的进步、技术和经济的发展。所以，先秦兵家思想与现代市场经济的契合点相应地更多地是在中观和微观领域。宏观领域借助的只能是思想的角度与方法而已，即更多的是那些已提炼升华到哲学高度的规律性认识。同时由于两者之差异，不能将兵家的战略战术简单地套用到商战中来，而应对先秦兵家思想进行系统的研究，真正掌握其精华，结合现代商战的特色，加以灵活运用，通过不断的实践，建立起具有中华兵家文化特色的全新的经营战略体系。

---

① 邱复兴：《论孙子的军事哲学思想》，收入《孙子兵法及其现代价值》，军事科学出版社 1999 年版。
② 邱复兴：《论孙子的军事哲学思想》，收入《孙子兵法及其现代价值》，军事科学出版社 1999 年版。
③ 邱复兴：《论孙子的军事哲学思想》，收入《孙子兵法及其现代价值》，军事科学出版社 1999 年版。
④ 黄朴民：《孙子兵学与春秋哲学政治思潮》，收入《孙子探胜》，军事科学出版社 1993 年版。
⑤ 杨先举：《孙子兵法与企业管理》，广西人民出版社 1984 年版。
⑥ 张连城：《先秦兵法思想与现代市场经济》，中国广播电视出版社 1999 年版。

综上所述，从学术界已有的著作和论文所论述的深度、广度及其研究方法的创新程度上看，可以肯定，学术界对兵家文化在经济领域的应用研究，已经跨越了简单的类比式的初级阶段，步入从现代管理科学的高度系统地研究借鉴《孙子兵法》的高级阶段，逐渐形成了独具特色的现代东方管理理论，并引起中外学术界的瞩目。

（二）兵家文化在其他领域的应用

兵家文化在除经济以外的其他非军事领域的应用研究也可谓成就斐然。在竞技领域，论文有刘国华的《〈孙子兵法〉对球类竞赛的启示》①，专著有静柔著《孙子兵法与竞技体育谋略》（人民体育出版社 1991 年版），佟庆辉、万怀玉著《散打与孙子兵法》（辽宁人民出版社 1992 年版）。在医学领域，有论文《孙子兵法与中医治疗》等②。在教学领域，有程少堂之论文《知己知彼：一条全新的最基本的教学原则》③ 等。此外，关于《孙子兵法》与谈判谋略，与博弈理论的论文也时有所见。

值得一提的是，学者们将《孙子兵法》的现实应用领域扩展到人生这一永恒的课题。初昭仑、尚夏的《试论〈孙子兵法〉对人生的借鉴》④ 一文指出，《孙子兵法》的许多思想和原则，已传播和运用至人们的生活之中，之所以会有这种情况发生，其根本原因在于《孙子兵法》所独具的特质可以为人们所借鉴。主要表现为《孙子兵法》辩证思维的特质，可满足人们启迪心智的需要，此其一。其二，《孙子兵法》包含丰厚的特质，可为人们提供智慧和聪颖。其三，《孙子兵法》可操作性的特质，易为人生立世所借鉴。其四，《孙子兵法》观念超前的特质，可促进积极人生的升华。其五，《孙子兵法》语言融合的特质，可使人生受到美的陶冶。

我们都已认识到，把兵家文化中所蕴涵的智慧开发出来，运用于社会各

① 黄朴民：《孙子兵学与春秋哲学政治思潮》，收入《孙子探胜》，军事科学出版社 1993 年版。

②《孙子兵法与中医治疗》，收入周敏等主编：《孙子兵法在当今世界的妙用》，中国广播电视出版社 1992 年版。

③ 刘春志：《〈孙子〉的战略决策思想浅析》，收入《孙子新论集粹》，长征出版社 1992 年版。

④ 黄朴民：《孙子兵学与春秋哲学政治思潮》，收入《孙子探胜》，军事科学出版社 1993 年版。

领域，无疑意义重大。兵学界同仁在这方面作出了可喜的成绩。然而，兵家文化毕竟是以战争为基本研究对象的。兵家文化中的有些原则不能无条件地应用于非军事领域。诸如"兵者诡道"、"兵不厌诈"，用之于战争这种流血的政治中无可厚非，用之于其他领域则需要考虑，用到什么程度属于道德所允许的范畴，用到什么程度属于非人道的，或者根本不可以用之于非军事领域？关于这一问题的思考，早在 1993 年吴如嵩、刘庆先生已有提议①，1999 年李际均先生又旧话重提，② 但是无论过去还是眼前，学术界关此论述都是少之又少。此外，兵家文化在非军事领域应用研究的一部分著作，作者对兵学原著理论思想把握不准，甚至文意不清，即贸然成书，则难免粗制滥造，这种应景之作的大量面世，不仅是对读者的不负责任，同时也不利于兵家文化应用研究的拓展和深化。

七、 海外对兵家文化的研究

国外对中国传统兵家文化的研究有着悠久的历史。早在我国隋唐年间，《孙子兵法》就传入日本，18 世纪传入西方，20 世纪英、美等国相继翻译《孙子兵法》，中国古典兵学诸如《武经七书》、《何博士备论》、《三十六计》等逐渐受到国外军事家和学者的重视。到 20 世纪后半期，国外对兵家文化的研究进入一个全新的阶段。其特点表现为：①译、著成果丰富，普及面广。目前世界上有三十余种语言的《孙子兵法》，遍及全球各大洲。②应用研究不拘一格，成果卓著。③学术研究深入严谨，方法科学，整体水平比较高。具体内容如下：

（一） 海外兵家文化研究的主要译、著

日本是汉学昌盛之国，从事中国传统文化研究历史最为悠久，人数最众，成果最丰。总体看来，日本研究《孙子兵法》的著作情况可以分为三

---

① 刘庆：《〈孙子〉研究现状与展望》，《孙子学刊》1993 年第 1 期。
② 李际均：《对〈孙子〉文化遗产与跨世纪国际安全的几点思考》，《军事历史研究》1999 年第 1 期。

个时期：

其一，江户时期。这一时期在日本涌现了大批知名的《孙子兵法》研究学者和为数众多的《孙子》注解与研究著作，主要有林罗山著《孙子谚解》，北条氏长著《孙子外传》，山鹿素行著《孙子谚义》、《孙子句读》，新井白石著《孙子兵法择》，吉田松阴著《孙子评注》，荻生徂徕著《孙子国家解》、德田邕头著《孙子事活钞》、恩田仰岳著《孙子纂注》等。其中北条氏长在著述中，对《用间篇》作了详尽而精辟的解释。山鹿素行在日本第一个阐述了《孙子》13 篇是一个完整的科学体系。

其二，明治维新至二战结束时期。代表作为北村佳逸的《孙子解说》，大场弥平的《孙子兵法》论著，樱井忠温的《孙子》，阿多俊介的《孙子之新研究》，藤、森两人合著《孙子新释》等。其中，阿多俊介的《孙子之新研究》一书结合一战史实并对照德国戈尔茨元帅的《全民皆兵》和克劳塞维茨的《战争论》评述《孙子兵法》。由于作者精通汉、英语，并熟悉战史和军事，因此论述颇多独到之处。

其三，二战结束后时期。日本学者从回顾历史的角度进一步探索和反思《孙子兵法》的学术价值。1962 年出版的左藤坚司所著《孙子思想研究史》，较客观地反映出日本研究《孙子兵法》的学术水平，是了解《孙子兵法》在日本流传和影响的重要参考书籍。1987 年出版的服部千春所著《孙子兵法校解》，以《汉简》作为校刊依据之一，这在日本尚属首次。此外，该书在校勘上也颇具特色。

西方最早翻译中国兵书的是著名法国汉学家阿米奥，他在 1772 年用法文撰写的《中国军事艺术》，也称《中国兵法论》或《中国兵法考》，首开中国古代兵书西文译本的先河。书中共收入《孙子兵法》、《吴子兵法》、《司马法》、《六韬兵法二篇》等 6 部兵书（军事科学院图书馆藏有该书的法文本）。该书问世后流传很广，在欧洲供不应求。20 世纪初英国的汉学家贾尔斯评价"这个译本含有大量的孙子没有写的东西，而孙子所写的字句在译本中却寥寥无几"，① 尽管如此，迄今为止法国一直在沿用阿米奥的译本无任何修改，也无新的《孙子兵法》法译本问世。

---

① 参见王兆春、潘嘉玢、庹平著：《中国军事科学的西传及其影响》，第 167 页，河北人民出版社 1999 年版。

继法国之后，俄国于 1860 年出版了俄译本《中国将军孙子对部将的训示》，1955 年前苏联国防军事出版社出版了西道连科翻译的《孙子兵法》俄文本，该书以上海 1936 年刊行的《诸子集成》中《十家注孙子》为蓝本，在苏联及东欧产生了重要影响。此外，1950 年汉学家孔拉德的鸿篇专著《孙子兵法的翻译和研究》，被当时苏联学术界评为"对苏联军事历史科学的宝贵贡献"。

1910 年，德文译本《兵法——中国古典军事家论文集》在柏林出版，译者是布鲁诺·纳瓦拉，该译本现已散佚。1988 年，冯·尤根·兰克斯基依据英文译本转译的德文译本《孙子兵法》在慕尼黑出版，受到德国军界的重视。

与德文译本一样，《孙子兵法》等中国古代兵书的英译本 20 世纪初才开始陆续出版，起步较晚但发展迅速，大有后来居上之势。截止到目前为止，《孙子兵法》的英译本已有十余种。他们是 1905 年卡尔斯罗普英译本，1908 年卡尔斯罗普英译本，1910 年贾尔斯英译本，二战期间的马切尔-科克斯英译本、萨德勒英译本、郑麟英译本，1963 年格里菲斯英译本，1987 年陶汉章著《孙子兵法概论》的英译本，1988 年克利里英译本，1993 年罗杰·埃姆斯英译本，1993 年索耶的《武经七书》英译本。其中影响最大的有以下三个版本：

贾尔斯英译本。该译本从总体上达到了"信、达、雅"的翻译标准，治学严谨，忠实于原文。质量上明显高于卡尔斯罗普的译文，在近一个世纪的时期内在西方广为流传。其不足之处是个别之处理解有误。此外，其译文虽流畅，但基本属于 20 世纪初的风格。

格里菲斯译本。该译本订正了贾尔斯本中的一些错误，弥补了它的一些不足。汇集了译者对孙子研究的博士论文，并吸取了我国 20 世纪 50 年代的研究成果，加之英国著名战略学家利德尔·哈特为之作序，使其译本名声大振。在以后的三十多年中，成为流行于欧美的主要版本。该译本的不足之处在于其可读性似不如贾尔斯译本。它的中国古代军事术语虽译得较好，但是从第七篇起对原文多有擅自删节和挪动。此外，其漏译之处屡见不鲜。

索耶英译本。美国麻省理工学院、哈佛大学学者拉尔夫·索耶《孙子兵法》英译本，是其所翻译的《武经七书》英译本（西方视野出版社 1993 年版）中的一种。索耶《武经七书》英译本，是西方第一次全面译介中国兵学的巨著。译者以刘寅的《武经七书直解》为蓝本。在翻译中，不仅严格以此为根据，全文分段翻译不删节，而且用宋本来补足底本的个别删节处，保持了译本的完整性，译文的准确性也比较高。对古汉语释义较充分和严格，翻译中运用增益法和加注法较为成功，使其译本增色不少。在语言运用上，简洁明快，一气呵成，表述用字避免单一，具有较强的可读性。其不足之处是对某些古汉语的字词乃至个别字句理解不足，造成差误。译句照字面直译，往往词不达意，存在个别的疏漏之处和错译地名之处。

此外，20 世纪 70 年代，瑞典学者伦纳特·弗伦策尔将《何博士备论》译成英文，并在长篇"绪论"中详细评论《备论》，称它是"突破了《孙子》"的以史论兵的"第一流的作品"。80 年代，瑞士学者按照《三十六计》编写了《智谋——平常和非常时刻的巧计》一书，该书法文原版一经问世，马上引起轰动，美、法、意、荷等国出版商相继购买了该书的翻译版权，并被译成中文反馈中华大地，学界誉之为"沟通中国和西方，在文化、思想、意识上相互理解和交流的桥梁和工具"，是一部令人注目的"奇书"。1995 年，美国普林斯顿大学出版了加拿大学者江忆恩的专著《文化现实主义——中国传统战略文化的大战略》。该书是一部在较深层次上研究中国兵学的专著，全书以《武经七书》和明朝有关战争史为研究对象，通过现代化的研究方法，特别是运用计算机进行有关内容的定量定性分析，认为中国传统战略文化的中心思想是"居安思危，有备无患"，而"不战而屈人之兵"是一种理想化的战略方式，这与《武经七书》中大量篇幅所谈的务实、作战的问题关系不大，因此，它不能成为战略选择中的决定性指导因素。江忆恩这一研究显然已接触到中国大陆兵学研究前沿问题，他的这一论断无疑与国内许多学者不谋而合。

（二）海外兵家文化应用研究

由于国外学者自身文化属性超然于中国传统文化之外，所以他们对中国传统的兵家文化应用研究往往独树一帜，语出惊人，"每每语在孙子之中而意出常人之外"。他们在研究中注意解决实际问题，思路开阔，应用范围十分广泛。

关于军事领域应用研究。《孙子兵法》对日本的军事影响最深，它在历史上成为日本军事思想的主体结构，日本历代将领无不奉《孙子兵法》为圭臬。淳仁天皇年间，吉备真备运用《孙子·九地》阐述的作战思想和作战原则，在平息当朝叛将惠美押胜的叛乱中一举取得成功。这是《孙子兵法》在日本古代作战中有文字可考的第一次成功的运用。此后在著名的陆奥战役中，在川岛之战中，在朝鲜壬辰卫国战争中，在日俄战争中，第二次世界大战突袭珍珠港战役中，日本军事家都成功地将《孙子兵法》运用于作战指挥和情报工作中，并取得了战争的胜利。

　　20 世纪 40 年代，由于第二次世界大战的持续进行，新的军事武器尤其是核武器的问世，引起西方的军事思想发生剧变，中国传统的军事文化，尤其是《孙子兵法》开始受到西方军事家、学者的重视，西方人开始运用《孙子兵法》来反思自己军事思想的缺陷，力求从理论上弥补西方军事思想尤其是战略思想上的不足。在英、美许多重要的战略理论中都留有《孙子兵法》的深深印痕，诸如威慑理论、空地一体战、间接路线战略等等，这一点，从西方主要的军事著作中可以得到证明。西方现代战略理论的先驱利德尔·哈特曾著文称"《孙子兵法》这本篇幅不长的书将我二十多部书中所涉及的战略和战术原则几乎包罗无遗"。其著名的《战略论》一书的扉页上援引了 21 条与"间接战略"有关的世界著名军事大师的语录，作为全书的理论依据，其中前 15 条出自《孙子兵法》。1973 年出版的柯林斯所著《大战略》一书，开宗明义指出"孙子是古代第一个形成战略思想的伟大人物"。它在论及战略的实质时，谈到大战略的含义和利德尔·哈特的结论，指出："这不完全是个新观点。孙子早已认识到：'不战而屈人之兵，善之善者也。'"[1] 1986 年出版的布热津斯基所著《运筹帷幄》一书中，作者在全书最后一章的始末段都引用了孙子的谋略思想作为结束冷战的必由之道。1980 年 5 月，美国前总统尼克松在其所著《真正的战争》一书中，运用《孙子兵法》分析批判了"相互确保摧毁战略"，他指出，战胜对手不能单靠军事威慑，必须运用孙子的谋略："在当今时代，我们别无选择，只有'以正合'……'以奇胜'"。[2] 他在其 1988 年所著的《1999——不战而胜》一书中，把孙子谋略制胜作为全书之纲，希图以此来推行美国的政治战略，

---

① 参见王兆春、潘嘉玢、庹平著：《中国军事科学的西传及其影响》，第 189 页，河北人民出版社 1999 年版。

② 参见王兆春、潘嘉玢、庹平著：《中国军事科学的西传及其影响》，第 200 页，河北人民出版社 1999 年版。

倾覆共产主义制度。1982 年美国佩尔格蒙出版社出版了唐纳德·丹尼尔和凯瑟琳·赫尔比格编辑的《战略军事欺骗》一书。该书有一章专门论述"中国军事欺骗的理论和实践",文中提出,"要从中国的理论著作中提炼出一种明确的欺骗方式",并评断这种具有中国特色的欺骗方式从 1949 年以来,对北京的战略谋划有多大影响。文章的后半部分,还重点分析了朝鲜战争、1962 年中印边境冲突、1969 年乌苏里江中苏对峙和 1979 年中越战争 4 个战例。一些学者还借助《孙子兵法》总结和寻找美国历史上朝鲜战争和越南战争的失败原因。担任过驻越美军司令的威廉·威斯特摩尔上将在其回忆录中谈到:"正如孙子所说:'夫兵久而国利者,未之有也。'……美国人民对一场进行了 17 年有余的战争感到厌倦。"① 詹姆斯·克拉维尔在他的《在〈孙子兵法〉国际学术研讨会上的书面发言》中,引用了《孙子兵法》的第一句话和最后一句话,谈到:"我真诚地相信,如果我们近代的军政领导人研究过这部天才的著作,越南战争就不会是那种打法;我们就不会有朝鲜战争的失败(我们在朝鲜战争中没有打赢,就算是失败);猪湾登陆就不会发生;……数以百万计的青年不至于被那些称为将军的魔鬼们愚蠢地捉弄,在战火中无谓地丧生。"②

关于兵家文化在商业领域的应用研究,首先盛行于日本,然后转向于欧美各国。

日本在二战战败的废墟上重建自己的国家,仅半个世纪就跃升为世界第二经济大国,除有利的国际环境、日本人独特的民族认同感和民族凝聚力外,日本企业家将《孙子兵法》运用于商业经营,也对经济的迅速腾飞起到积极的助推作用。曾任日本陆军中校、东部军参谋长的大桥武夫,在二战后接管了濒临倒闭的东洋钟表公司的一个小厂,他将《孙子兵法》运用于经营实践,使企业起死回生,重建起东洋精密公司,取得了可观的经济效益。他所撰写的《用兵法指导经营》、《兵法经营全书》等,在商界引起广泛反响。在书中,他有过这样的叙述:"这种(兵法)经营方式比美国企业经营更合理,更有效。"许多非军人出身的日本企业家也非常推崇《孙子兵

---

① 〔美〕威廉·威斯特摩尔:《一个男人的报告》(1976 年)中译本下册第 686—687 页,三联书店 1978 年版。

② 李斌等:《因粮于敌是孙子重要后勤思想》,收入《孙子新探》,解放军出版社 1990 年版。

法》，如日本麦肯齐公司董事长大前研一把《孙子兵法》称为最高的"经营教科书"。

《孙子兵法》在日本商界所取得的成就引起西方学者的广泛关注，他们将《孙子兵法》引入西方的管理学和营销学等领域。美国著名管理学家乔治在《管理思想史》一书中提出，"你想成为管理人才吗？必须去读《孙子兵法》"。① 美国许多高等学府将《孙子兵法》纳入大学生必读教材。加拿大学者陈万华与我国学者陈炳华合著的《孙子兵法及其在管理中的一般应用》一书，认为"《孙子兵法》不仅是一本论述战略管理的书，而且是一本涉及成本管理、销售学以及人生哲学和通过竞争取胜的书"。英国学者认为中国自己的传统著作中充满了管理方面的智慧，孙子推出的"五事"在现代管理学方面都有相应的提法。②

兵学史的研究是兵家文化研究的薄弱环节，近年来，由于学者、专家的共同努力，使得这一状况有所改观。比较而言，孙子学史的研究显得较为突出。孙子学又称"孙子"，是围绕《孙子》及其研究而形成的专门学问。在1989 年"首届《孙子兵法》国际学术研讨会"上，已故学者许保林首次发起了建立孙子学的倡议，③ 这一倡议得到了学者们的广泛响应。十多年来，孙子学研究一直是传统兵学研究的前沿课题，涌现了一批孙子学史方面的研究成果。断代史研究主要有季德源《明代〈孙子〉研究初探》④，皮明勇《清代孙子初探》⑤，王瑞明《宋儒对〈孙子兵法〉的继承与发展》⑥，于汝波《魏晋南北朝时期〈孙子兵法〉流传述论》⑦、《试论〈孙子兵法〉在秦汉时期的流传》⑧、《试论〈孙子兵法〉在战国时期的流传》⑨、《宋代孙子学研究》⑩ 等。通史研究方面已出版的主要有《孙子学史》，《中国孙子学

---

① 吴如嵩主编：《孙子兵法辞典》第 98 页，白山出版社 1993 年版。

② ［英］布赖恩·斯图尔特、吉尔伯特·翁：《中国走向管理之路——孙子之教诲与中国的出口运动》，收入《孙子新论集粹》，长征出版社 1992 年版。

③ 许保林：《建立"孙子学"刍议》，收入《孙子新探》，解放军出版社 1990 年版。

④ 季德源：《明代〈孙子〉研究初探》，《孙子学刊》1992 年第 3 期。

⑤ 季德源：《明代〈孙子〉研究初探》，《孙子学刊》1992 年第 3 期。

⑥ 王瑞明：《宋儒对〈孙子兵法〉的继承与发展》，《孙子学刊》1994 年第 2 期。

⑦ 于汝波：《魏晋南北朝时期〈孙子兵法〉流传述论》，《孙子学刊》1994 年第 3、4 期。

⑧ 于汝波：《试论〈孙子兵法〉在秦汉时期的流传》，《军事历史研究》1994 年第 1 期。

⑨ 于汝波：《试论〈孙子兵法〉在战国时期的流传》，《军事历史研究》1994 年第 2 期。

⑩ 于汝波：《宋代孙子学研究》，《孙子学刊》1992 年第 3 期。

史》即将由长白山出版社出版。此外，在中国兵学史的研究方面，通史有1998 年 10 月军事科学出版社出版的 17 卷本《中国军事通史》，谢祥皓的1996 年 9 月由山东人民出版社出版的《中国兵学》等。断代史有《汉初军事史研究》等①。战争史研究方面有《中国古代战争史》② 等，战役史研究方面有《战役发展史》等③，军制史、兵制史研究有《简明中国军制史》④、《魏晋南北朝兵制研究》⑤、《宋朝兵制初探》⑥ 等，军事人物历史研究主要有杨善群撰的《孙子评传》⑦、黄朴民撰的《孙子评传》⑧ 等。

八、 兵家文化研究最新进展

《孙子兵法》近年来成为国内外专家学者关注的热点，2005 年世界军事历史年会把《孙子兵法》作为主旨话题，到目前为止，除中国孙子兵法研究会外，山东、江苏、南京等省市成立了十几个孙子兵法研究会和相关研究机构，10 多所军队和地方高等院校开设"孙子兵法课"。2004 年和 2005年分别召开了第六届和第七届孙子兵法国际研讨会。应该说近 10 年来，学术界对兵家文化研究更加重视，兵家文化研究的队伍更加壮大，兵家文化研究取得了显著的进展，其中表现最为突出的是兵家文化文本研究、《孙子兵法》的文化解读、《孙子兵法》的跨学科研究、兵家文化应用研究，正如姚有志先生所论，"现在海内外对孙子兵法的研究已由文本的考证性、注释性转向基础性和现实应用性研究"⑨。

（一）兵家哲学思想研究

与前 20 年相比较，近 10 年来《孙子兵法》哲学思想研究成果虽然数量

---

① 李德龙著：《汉初军事史研究》，民族出版社 2001 年版。
② 中国台湾"三军大学"编：《中国古代战争史》，军事译文出版社 1983 年版。
③ 王厚卿著：《战役发展史》，国防大学出版社 2001 年版。
④ 徐勇、张焯等编：《简明中国军事史》，黑龙江人民出版社 1991 年版
⑤ 高敏著：《魏晋南北朝兵制研究》，大象出版社 1998 年版。
⑥ 王曾瑜著：《宋朝兵制初探》，中华书局 1983 年版。
⑦ 杨善群著：《孙子评传》，南京大学出版社 1995 年版。
⑧ 黄朴民著：《孙子评传》，广西教育出版社 1994 年版。
⑨ 包国俊、张宝国：《孙子兵法成为国内外研究热点》，《光明日报》2005 年 10 月 19 日。

不多，但却有令人耳目一新的感觉。其特点有二：

1. 立足于中国传统哲学从概念范畴的分析入手，深入揭示出兵家哲学思想的精髓。陈二林先生《"哲学突破"中的孙子》一文将《孙子兵法》置于先秦时期"哲学突破"的历史大环境中，考察了《孙子兵法》的思想渊源。他提出：孙子"必取于人"的人本说、"因敌而制胜"的因变观、"修道而保法"的德政观、"唯民是保"的保民论，是对先秦时期"哲学突破"中形成的文化精神——疑天而惟人的人本精神、因革变易的因变精神、德刑相合的和合精神、保民惠民的民本精神——的继承和发展。孙子的理论建树，使得传统礼乐文化精神有了更为丰富的理论表现形态和更多的载体，其哲学思想与兵学理论对后世也产生了深远的影响，弥补了各家理论上的不足，具有积极的社会效应。①

许金先生《"势"域中的孙子兵法》一文从中国道论出发，把"势"作为孙子哲学的理论起点和中心范畴进行探讨，他认为"势"是"道"的具体显现，是一种不断生成变化的势态和境域。文中通过对"体势"、"用势"的分析，将"势"与"道"、"胜"、"知"、"谋"、"虚实"、"奇正"等哲学范畴及各种命题联系起来，构建"势"域中的孙子哲学。②

宋治平先生《孙子思想的至善境界》一文指出，孙子因其军人的特殊身份，其"至善"的含义与古今中外各家学说从一般的道德意义上理解的"至善"有所不同，是一种包含着非常清醒冷静的理性态度的、一切以获取军事利益为目的的、实用主义的战争之"至善"。宋先生将孙子的"至善"境界区分为两个层次："不战而屈人之兵"的理想之至善及"合于利而动"的现实之至善。③

2. 对《孙子兵法》的思维方式和特征问题的集中关注。主要研究成果有刘波《〈孙子兵法〉的逆向思维及其启示》④、纪素红《〈孙子兵法〉思维特征》⑤、焦平贵《〈孙子兵法〉思维艺术探析》⑥、王硕民、钮进生《论孙

---

① 陈二林：《"哲学突破"中的孙子》，复旦大学硕士学位论文 2007 年。
② 许金：《"势"域中的孙子兵法》，《滨州学院学报》2007 年第 5 期。
③ 宋治平：《孙子思想的至善境界》，西南大学硕士学位论文 2006 年。
④ 刘波《〈孙子兵法〉的逆向思维及其启示》，《军事历史研究》2002 年第 4 期。
⑤ 纪素红《〈孙子兵法〉思维特征》，《管子学刊》2007 年第 2 期。
⑥ 焦平贵：《〈孙子兵法〉思维艺术探析》，《理论导刊》2008 年第 1 期。

子"知情"思维特征》① 等。综合各家观点，学者们认为《孙子兵法》思维表现出了逻辑性、整体性、类比性、辩证性、逆向性、跳跃性、超前性、经验性、程序性、系统性等多种特征。《孙子兵法》文义多处重书，有人认为重复，有人认为是错简，史美珩先生就此提出《孙子兵法》整体性、辩证性、跳跃性思维特征是《孙子兵法》文义多处重复的根源。"孙子思维的发散性、跳跃性是同思维的整体性、辩证性紧密联系在一起的，是在整体性、辩证性中的发散与跳跃，是在战争这个大范畴里，服从与服务于克敌制胜目的的跳跃，是'彼'与'己'、'敌'与'我'这对矛盾两个不同方面之间的跳跃，是'用兵之法'与'治军之道'之间的跳跃。"史先生此论应该说解决了《孙子兵法》文本研究的一个重要问题。

此外学界关于《孙子兵法》哲学思想的研究论文还有姚鸿健的《事理学的古代理解：〈孙子〉兵法的哲学解读》②、王新炎的《论〈孙子兵法〉的朴素唯物论思想》③、周传荣的《论孙子的军事哲学思想》④、王爱民的《〈孙子兵法〉"修道而保法"的辩证观》⑤、杨荫冲、朱芹的《〈孙子兵法〉的实用主义精神和辩证法思想》⑥、周大雄的《论〈孙子兵法〉的哲学思想》⑦、张晓军、许嘉的《"知"与〈孙子兵法〉的理论体系》⑧、王立家的《〈孙子兵法〉的知行观》⑨ 等。

（二）兵家军事思想研究

军事思想本身的研究是兵家文化研究的主体内容之一，前 20 年研究可谓相当充分，近 10 年学界对于兵家军事思想研究总体看来突破不大。但是

---

① 王硕民、钮进生：《论孙子"知情"思维特征》，《军事历史研究》2008 年第 1 期。
② 姚鸿健：《事理学的古代理解：〈孙子〉兵法的哲学解读》，《山东师范大学学报》2003 年第 3 期。
③ 王新炎：《论〈孙子兵法〉的朴素唯物论思想》，《理论界》2007 年第 1 期。
④ 周传荣：《论孙子的军事哲学思想》，《学术问题研究》2006 年第 1 期。
⑤ 王爱民：《〈孙子兵法〉"修道而保法"的辩证观》，《滨州学院学报》2007 年第 5 期。
⑥ 杨荫冲、朱芹：《〈孙子兵法〉的实用主义精神和辩证法思想》，《湖北社会科学》2002 年第 6 期。
⑦ 周大雄：《论〈孙子兵法〉的哲学思想》，《船山学刊》2000 年第 4 期。
⑧ 张晓军、许嘉：《"知"与〈孙子兵法〉的理论体系》，《济南大学学报》2001 年第 1 期。
⑨ 王立家：《〈孙子兵法〉的知行观》，《管子学刊》1999 年第 4 期。

学者们在原有研究的基础上拓展了一些新的研究领域，如军事地缘思想、战后修功思想等，从而表现出了一定的时代特征。

关于军事谋略思想研究。谋略思想是《孙子兵法》最具魅力、最受关注的研究领域，近10年学界对军事谋略思想的研究依然是军事思想本身研究最集中的内容。主要有李兴斌《论〈孙子兵法〉对中国古代军事谋略学的构建》①、陈学凯《从火攻谋略看孙子对战争复杂性的认识》②、陈相灵《孙子"庙算"思想溯源》③ 等。在众多的《孙子兵法》谋略思想研究中，阎盛国先生所作的研究显然颇具新意，他从谋略学视角解读《孙子兵法》，指出了《孙子兵法》对谋略思维的局限和弱化之处。他认为，"兵圣孙武虽然最早提出警告：'将有五危。'将帅必须防范对方攻击自己的个性，但是，孙子仅仅从防范的角度出发，却没有系统论述和强调利用对方优点攻击对方的思想，使得这种谋略思维的局限性进一步潜留在《孙子兵法》当中"。他还说，"由于孙子阐明的是一种将帅防范思想，因而对利用对方优点进行攻击对方的这一思想在客观上造成了弱化，无形之中对谋略思维全面发展产生了一种消极的影响，使深受《孙子兵法》影响下的传统思维的谋略者，在实际利用对手优点攻击对手这一谋略思想的运用当中，就缺乏一定的主动进取性和积极驱动力，所以在一定程度上，就造成利用对手优点攻击对手这一谋略思维的长期缺失，使谋略整体思维造成弱化，而利用对手的优点攻击对手，也很少引起政治家、军事家的注意"④。

关于军事伦理思想。陈二林先生作了有价值的阐述，他提出，孙子不但重视"利"，而且以"利"为"本"。"利本"思想是贯穿孙子军事伦理思想的一条主线，具体表现为战略上以"全"求"利"，战术上以"权"求"利"，管理上以"法"求"利"。"利本"思想的实质是军事功利主义，其发端于"举贤而尚功"的齐国文化，是对"胜敌而益强"的军事斗争实践的深刻总结。孙子"利本"思想在中国伦理思想史上具有重要地位与影响，它弥补了宋明以来义利之辨的理论缺失，对社会发展起

---

① 李兴斌：《论〈孙子兵法〉对中国古代军事谋略学的构建》，《军事历史研究》1999 年第 4 期。
② 陈学凯：《从火攻谋略看孙子对战争复杂性的认识》，《滨州学院学报》2005 年第 5 期。
③ 陈相灵：《孙子"庙算"思想溯源》，《滨州学院学报》2007 年第 5 期。
④ 阎盛国：《〈孙子兵法〉对谋略思维的弱化之处》，《军事历史研究》2007 年第 4 期。

了良好的作用。①

近 10 年来学者们对兵家军事思想本身的研究拓展了新的领域。如关于战争修功思想。《孙子兵法》是一部着重论述"战胜攻取"的兵书，关于"战胜攻取"后如何控制当地局势的问题论述不多，只在《火攻篇》中讲了一句："夫战胜攻取而不修其功者，凶，命曰'费留'。故曰明主虑之，良将修之。"于汝波先生认为，以往人们对孙子的这句话重视显然不够，关于这句话历史上一直有不同的理解，于汝波先生认为，"费留"是指"战胜攻取"者因"不修其功"而滞留其地，致使在财力和人力上做出长期而巨大的无功付出。"修功"的含义应是攻取敌人的地盘以后，必须要迅速做好争取人心、巩固和扩大战果的工作；否则，其军队就要长期滞留在那里，国家要为此付出高昂代价，甚至会使胜利成果付之东流。于先生还对战后修功思想实现途径提出了建议，即：乘势追歼，彻底残敌；广施德政，严格纪律；速建政权，"因俗而治"；恢复经济，密切联系；增强认同，发展教育；留兵镇守，抚顺伐逆，六者兼施，九九归一。②

邱剑敏先生《〈孙子兵法〉的地缘思想》一文提出，在古代军事技术水平低的条件下，地缘因素对战争施加了重要的甚至是决定性的影响。《孙子兵法》客观分析了在战争准备与实施过程中如何把握与利用地缘因素，并且第一次从理论高度对此予以系统总结。其地缘思想体现在军事、外交、经济、心理诸领域，具体表现为"并力一向，千里杀将"的地缘战略思想，"因地制胜"的地缘战术思想，"陷之死地然后生"的地缘心理思想，"衢地则合交"的地缘外交思想，"取用于国，因粮于敌"的地缘经济思想。③

此外，关于兵家军事思想研究的论文还有任力《对孙子"慎战"思想的几点认识》④、张杰锋《略论孙子的战争控制观》⑤、朱家英《〈孙子兵

---

① 陈二林：《论〈孙子兵法〉的"利本"思想》，《济南大学学报》2001 年第 6 期。
② 于汝波：《论〈孙子兵法〉的战后"修功"思想及其实现途径》，《军事历史研究》2005 年第 1 期。
③ 邱剑敏：《〈孙子兵法〉的地缘思想》，《滨州学院学报》2007 年第 5 期。
④ 任力：《对孙子"慎战"思想的几点认识》，《滨州学院学报》2005 年第 5 期。
⑤ 张杰锋：《略论孙子战争控制观》，《军事历史研究》2006 年第 2 期。

法〉治军思想的人本取向》①、杨文哲《孙子全胜战略与当代后勤建设战略抉择》②、杜亮《中国古代军事法的基本特征》③、张梅《〈孙子兵法〉中的后勤思想》④、张建民《论"全"——关于〈孙子兵法〉"全"的外在解释》⑤、张建民《早期兵学文化与孙子军事情报思想的形成》⑥、纪光欣《略论〈孙子兵法〉中的伦理思想》⑦、杜汝波《孙子兵法心理战探析》⑧、唐武文、齐景祥《孙子军事经济的战略思想》⑨、王晓琨《中国古代军事与环境关系简论》⑩ 等。

（三）兵家文献研究

"阐发《孙子兵法》的理论价值与对它进行深入研究是密不可分的两个方面。从某种意义上说，基础研究甚至具有更为重要的价值，离开了基础研究，理论研究就会成为无本之木，无源之水。"⑪ 吴如嵩先生的这段论述应该说代表了学界同仁的共识。近 10 年来，学界对兵学文本研究更为深入具体，提出许多新的见解，也对以往的研究作了纠偏纠误。

（1）《孙子兵法》写作和问世时间考证。1972 年山东临沂银雀山一号汉墓出土一批古代兵书，其中不但有《孙子兵法》，还另有《孙膑兵法》和不少有关兵事的残简，包括与《孙子兵法》13 篇关系密切的《吴问》等 5 篇佚文残简。美国艺文及科学院院士、中国社会科学院名誉高级研究员何炳棣先生认为，考古发现促成了孙子其人其书研究的突破，可是对孙子以外，预测晋国六卿孰先亡、孰最后胜利的《吴问》的撰成年代，至今学人意见

① 朱家英：《〈孙子兵法〉治军思想的人本取向》，《军事历史研究》2005 年第 3 期。
② 杨文哲、赵洁：《孙子全胜战略与当代后勤建设战略抉择》，《滨州学院学报》2007 年第 5 期。
③ 杜亮：《中国古代军事法的基本特征》，《河北法学》2000 年第 5 期。
④ 张梅：《〈孙子兵法〉中的后勤思想》，《广西社会科学》2005 年第 1 期。
⑤ 张建民：《论"全"——关于〈孙子兵法〉"全"的外在解释》，《管子学刊》2001 年第 2 期。
⑥ 张建民：《早期兵学文化与孙子军事情报思想的形成》，《滨州学院学报》2007 年第 5 期。
⑦ 纪光欣：《略论〈孙子兵法〉中的伦理思想》，《管子学刊》2000 年第 1 期。
⑧ 杜汝波：《孙子兵法心理战探析》，《滨州学院学报》2005 年第 5 期。
⑨ 唐武文、齐景祥：《孙子军事经济的战略思想》，《滨州学院学报》2005 年第 5 期。
⑩ 王晓琨：《中国古代军事与环境关系简论》，《内蒙古社会科学》2008 年第 1 期。
⑪ 吴如嵩、魏鸿：《汉简〈孙子〉与〈孙子兵法〉研究》，《军事历史》2002 年第 2 期。

仍有分歧。他提出《孙子兵法》和《吴问》都是撰成于吴王阖闾召见孙武之年（前512年），前者成于召见之前，后者成于召见之后，通过对《吴问》的深入研究，他提出"我国两千余年来一贯认为《论语》是传世文献中最古的私家著述"。"通过《吴问》与《左传》的对核"，"《孙子》及《吴问》的撰成应早于《论语》的编就至少两个世代"。"举世汉学界理应公认《孙子》为中国现存最古的私人著述。中国典籍、目录诸学、学术、哲学诸史亦应重定坐标。"① 尹振环先生对何炳棣先生提出的《孙子兵法》早于《老子》之说，进行具体考释，比较了《孙子兵法》、《老子》之思想相通处，进一步论证了《孙子兵法》早于《老子》的说法，并论述了《老子》从《孙子兵法》中借鉴的内容。②

于孔宝、于敬民先生提出了《孙子兵法》两次问世的观点，他们认为，"根据《吴越春秋·阖闾内传》的记载，《孙子兵法》13篇的首次问世是在阖闾三年"。"阖闾三年孙武向吴王阖闾所献之兵法13篇，不是我们今天所见之兵法13篇，充其量它只是我们今天所见13篇的初次问世或初型。我们今天所见到的13篇是孙武为吴将后，根据自己的战争实践经验教训而对阖闾三年所献兵法进行修订后的产物。"两位先生指出《孙子兵法》的首次问世是齐文化和吴文化共同孕育的结果，而修订问世的《孙子兵法》则主要是吴国的战争实践浇灌出来的花朵，吴国的军事文化充实完善了这部罕世之作。③ 吴名岗先生也认为《孙子兵法》是孙武二次手定本。④

（2）孙子本事研究。孙子生平事迹的研究10年来不断有新的发现、新的观点，出现过相当热烈的争论，也发生了伪造孙子著作的事件。杨善群先生《孙子本事新论》一文就孙子的生年、故里、隐居地、生平活动及著作情况5个问题进行新的评述和探讨，澄清了学界一些模糊的甚至是错误的认识。杨先生在文中呼吁孙子兵法研究要坚持实事求是的态度，并对《孙子兵法》82篇"家传篇"之说进行了严厉的批评和揭露。⑤ 在纪念银雀山汉

---

① 何炳棣：《中国现存最古的私家著述〈孙子兵法〉》，《历史研究》1999年第5期。

② 尹振环：《老子从〈孙子兵法〉中借鉴了什么——也谈〈孙子兵法〉早于〈老子〉》，《学术月刊》2004年第11期。

③ 于孔宝、于敬民：《关于〈孙子兵法〉两次问世的思考》，《管子学刊》2006年第1期。

④ 吴名岗：《"费留"解——兼证传世〈孙子兵法〉是孙武二次手定本》，《滨州学院学报》2007年第1期。

⑤ 杨善群：《孙子本事新论》，《滨州学院学报》2005年第10期。

简兵书出土 30 周年之际，吴如嵩、魏鸿先生发表了《汉简两〈孙子〉与〈孙子兵法〉研究》一文，也强调指出"汉简的出土证明，《孙子兵法》确系 13 篇"①。

郭克勤先生《敦煌残卷（北图位字 79 号）的性质及在孙子故里考证中的史料价值》提出：敦煌残卷不是《氏族志》，不是《姓氏录》，不是否定孙子故里"惠民说"的铁证，它是当时关于"氏族郡望"的常识性、普及性抄件，它以原始史料的形式，证明了孙子故里"惠民说"的合理性、科学性。②

（3）对于《孙子兵法》的注释、通解工作也取得了可喜的成绩。施芝华先生的《孙子兵法新解》③、傅朝先生的《孙子兵法详解》④ 都是这方面的力作。还有一些学者对《孙子兵法》传统注释提出了质疑和新的见解。

于汝波先生的《〈孙子兵法〉释疑三则》一文认为，《孙子兵法》中"兵闻拙速，未睹巧之久"的确切意思是"速可补拙"，"拙速"胜于"巧久"；"倍则分之"指的是用兵方略，"敌则能战之"则指的是军队应具备的能力；"践墨随敌"意谓用兵既要遵循兵法原则，又要灵活机动，二者是辩证的统一。由此，廓清了学术界在这三句解释上存在的疑问。⑤ 扈光珉先生《〈孙子兵法·虚实篇〉中"越"字新解》一文一改《虚实篇》中"越人之兵虽多"一句中"越"字解释的旧说，将其释为分散、离散、不集中的意思。⑥ 穆志超先生《〈孙子兵法〉词义疏证十则》一文比较了多种版本，搜寻恰当的训诂作了校注。摘出其中 10 则，都与旧校注不同。⑦《孙子兵法》中《九变》篇争论很多，'九变'的具体内容历来众说纷纭，宫玉振先生提出了'九变'实为'五变'的新思路。⑧

---

① 吴如嵩、魏鸿：《汉简两〈孙子〉与〈孙子兵法〉研究》，《军事历史》2002 年第 1 期。
② 郭克勤：《敦煌残卷（北图位字 79 号）的性质及在孙子故里考证中的史料价值》，《滨州学院学报》2006 年第 1 期。
③ 施芝华：《孙子兵法新解》，学林出版社 2000 年版。
④ 傅朝：《孙子兵法详解》，内蒙古科技出版社 1999 年版。
⑤ 于汝波：《〈孙子兵法〉释疑三则》，《济南大学学报》2000 年第 3 期。
⑥ 扈光珉：《〈孙子兵法·虚实篇〉中"越"字新解》，《滨州学院学报》2007 年第 5 期。
⑦ 穆志超：《〈孙子兵法〉词义疏证十则》，《济南大学学报》2000 年第 3 期。
⑧ 宫玉振：《〈孙子兵法〉"九变"考》，《滨州学院学报》2007 年第 5 期。

（四）兵家文化比较研究

近 10 年来，兵家文化比较研究较之前 20 年取得了新的进展，比较研究的范围更为广泛，比较研究的内容也更加具体深入。

1. 兵家文化自身的比较研究

关此，学界主要研究论文有龚留柱先生的《攘外必先安内：从〈孙子兵法〉到〈尉缭子〉》①、秦然先生的《〈司马法〉、〈孙子兵法〉、〈孙膑兵法〉军事思想比较研究》②、邱复兴先生的《孙膑对孙子兵学的贡献》③、谢德先生《〈孙子兵法〉与〈三十六计〉之比较》④ 等。龚留柱先生从国家战略的角度对《孙子兵法》和《尉缭子》关于"攘外"与"安内"的不同阐释进行了比较。他指出，《孙子兵法》对于"先为不可胜，以待敌之可胜"的"自保而全胜"的阐述总体上还比较抽象和笼统。《尉缭子》则具体提出，一个国家在战前就必须在政治、经济、民心士气和战略方针等方面确立"必胜"形势，然后才能取得对外战争的全面胜利，用一句话来概括，就是"欲战先安内也"。⑤

秦然先生对《司马法》、《孙子兵法》、《孙膑兵法》进行了全方位的比较研究，作者在对三部著述文本阐述和产生时代背景分析的基础上，提出"慎战"是三家对待战争的一致态度，《司马法》认为战争的目的是为了最终达到和平，《孙子兵法》认为应为国家和人民利益而战，《孙膑兵法》认为战争是历史发展的必然，应利用战争来禁止争夺；人本主义思想在《司马法》、《孙子兵法》、《孙膑兵法》中都有充分的反映；在战略战术方面，三家在用兵、作战和布阵各有不同的侧重点；对待军事情报，三家都持重视的态度；在如何治兵方面，三家对赏罚、军队治理和对待士卒态度上各有不

---

① 龚留柱：《攘外必先安内：从〈孙子兵法〉到〈尉缭子〉》，《滨州学院学报》2006 年第 4 期。

② 秦然：《〈司马法〉、〈孙子兵法〉、〈孙膑兵法〉军事思想比较研究》，中国优秀硕士学位论文，郑州大学 2007 年。

③ 邱复兴：《孙膑对孙子兵学的贡献》，《滨州学院学报》2006 年第 1 期。

④ 谢德：《〈孙子兵法〉与〈三十六计〉之比较》，《滨州学院学报》2006 年第 1 期。

⑤ 龚留柱：《攘外必先安内：从〈孙子兵法〉到〈尉缭子〉》，《滨州学院学报》2006 年第 4 期。

同的见解；三家对选择将领都有自己的标准。①

2. 关于兵家与其他学派军事思想比较研究

其一，兵家与儒家。《诗》、《书》、《礼》、《易》、《春秋》等五经是公认的儒家经典，《周易》更是中国传统文化的源头之一。学者们对《周易》与《孙子兵法》的比较研究十分重视，吴名岗先生提出《周易》中"师出以律"，"同人于野"，"左次无咎"，"击蒙"，"罔俘，裕如无咎"等思想在《孙子兵法》中都有更为明确的阐述和发挥。这证实，《周易》是孙子兵法的思想源头之一。②

《周易》《师》卦中含有丰富的兵法思想，正确理解《师》卦与《孙子兵法》的关系，对于理解《周易》的内容以及《孙子兵法》思想的来源是很有意义的。于国庆先生具体探讨了《周易》之《师》卦对于《孙子兵法》的影响。③ 此外还有金玉国先生的《〈易经〉与〈孙子兵法〉比较研究》④ 等论述也颇有见地。

李兆禄关注到儒家五经中的另一著作《诗》对孙子军事思想的影响，他提出，《诗三百》蕴涵的人文主义精神影响了孙子"慎战"思想的形成，其战争诗含有孙子"为将""五事"中的"道"、"将"、"法"的萌芽，而突出军事威慑力量的描写则启迪了孙子全胜攻心理论的形成。⑤

《权书》是宋代文人苏洵的一部论兵著作。魏鸿先生《〈权书〉与〈孙子兵法〉异同探论》一文，对两部著述同异进行发掘，作者认为《权书》论兵的主体思想基本上是来源于《孙子兵法》的。《权书》与《孙子兵法》的相异之处是"儒家学者试图对兵学思想所做的战争观方面的改造，一定程度上能够起到规范、引导战争性质和方向的作用"。作者进一步提出，"《权书》与《孙子兵法》的对立实际上就是文人论兵与传统兵学的对立，当苏洵等关心兵事的儒者不能在儒学与兵学之间找到好的结合点的时候，他们的论断就无法对军事理论加以有效的提升，也无法真正对军事实践产生积

① 秦然：《〈司马法〉、〈孙子兵法〉、〈孙膑兵法〉军事思想比较研究》，中国优秀硕士学位论文，郑州大学 2007 年。

② 吴名岗：《孙子对〈周易〉军事思想之吸纳》，《滨州学院学报》2008 年第 1 期。

③ 于国庆：《〈师〉卦之兵法及其对〈孙子兵法〉的影响》，《周易研究》2006 年第 3 期。

④ 金玉国：《〈易经〉与〈孙子兵法〉比较研究》，《军事历史研究》2006 年第 2 期。

⑤ 李兆禄：《〈诗三百〉对孙子军事思想的影响》，《滨州学院学报》2007 年第 5 期。

极的影响，或许从这样一个角度，我们也可以加深对北宋'积弱'原因的一点理解"。

其二，兵家与法家。刘如瑛先生《我国最早的系列军事论文及其对〈孙子兵法〉的启示》一文提出，"细研《管子》一书，可以明白无误地确认：迟于管仲一个半世纪的孙武在其熠耀千古的《孙子兵法》中，多方面地吸取了管仲的战略、战术思想"。作者认为，"我国第一部可信的兵书自属《孙子兵法》。然最早且有体系的论兵之作，当推《管子》中《兵法》、《地图》、《参患》等等系列论文。这系列的军事论文在中国军事思想史上的地位和价值是不容怀疑的。① 艾其茂先生也对兵家、法家思想体系进行了综合的比较研究。"②

其三，兵家与道家。兵家与道家军事思想研究是前 20 年的研究热点之一，近 10 年来，学界多数人仍然认为《孙子兵法》与《老子》颇具渊源。如李云章先生提出，《孙子兵法》13 篇的军事思想基础是《老子》哲学，通过对这两部名著有关思想的评析和对比，我们可以看到《孙子兵法》几乎通篇充满了《老子》哲学思想的光辉，其卓越的军事战略思想均可从《老子》那里找到影子，可以说《老子》哲学思想是《孙子兵法》这部不朽名著的灵魂。③ 但以何炳棣先生为代表的"《孙子兵法》为《老子》祖"的观点也颇值得关注。

其四，《孙子兵法》与毛泽东军事思想比较研究。近 10 年来，学界在这一领域的研究成果不多，其中较为重要和有价值的是党明德先生的《毛泽东对〈孙子兵法〉"势"的理论的创意运用》一文。作者在文中提出，孙子兵法论势讲了计利为势和择人任势两个方面，把道、天、地、将、法五事作为计利为势的因素，把虚实、奇正、因利而制权作为任势的三种重要方式。毛泽东虽未专门对此作过解读，但从其军事著作中我们体会到毛泽东对"势"的理论的应用确有创意，从而创造了及时退让、诱敌深入、打围子、陷敌于死地、运动中歼敌等牢牢掌握战争主动权的许多战术，形成了每战必

---

① 刘如瑛：《我国最早的系列军事论文及其对〈孙子兵法〉的启示》，《管子学刊》1999 年第 1 期。
② 艾其茂：《春秋战国时期兵、法两家思想体系比较研究》，江西师范大学硕士学位论文 2003 年。
③ 李云章：《评析〈孙子兵法〉的军事思想渊源》，《军事历史研究》2004 年第 3 期。

集中优势兵力并积小胜为大胜的战略原则。① 牛申娜先生的《孙子与毛泽东关于"水"的战争思考》一文颇具新意，作者认为孙子汲取他人对"水"的思辨认识并将之融会到兵家学说中，形成其独立的思想观点。毛泽东在其领导中国革命战争的伟大实践和理论创建过程中，形象地以水为媒介，深刻阐述了革命战争的基本规律和人民战争独特的战略战术，其关于"水"的战争思考给后人带来深刻的思想启迪。②

此外，刘庆先生还就《孙子兵法》与《战争论》的思想体系进行了综合性的比较分析。应该说前 20 年对东西方这两部最著名的军事著作的比较研究已经相当充分，但是刘庆先生所作的对二者从军事思想体系的层面进行比较分析，使二者在体系架构、思维方式、思维方法和文化价值取向上的明显差异清晰地展现出来，为我们思考未来西方的军事理论走向提供了有益帮助。③

（五）《孙子兵法》的文化解读

关于《孙子兵法》文化解读的重要性，吴如嵩先生有过精辟论述，他指出，《孙子兵法》军事思想体系的文化解读，在孙子学研究上具有重要地位和特殊价值。其所以重要与特殊就在于它关系到包括《孙子兵法》在内的传统军事文化如何实现现代性转型。面对西方强势军事文化的冲击和信息化战争形态的飞速到来，在对《孙子兵法》的文化解读上既要保持自己的特色，又要吸收外来文化，做到"洋为中用"，从而建立起跻身于世界军事之林的共同话语体系，使之成为全人类共同的精神财富。④ 应该说吴先生此论已成为近年来学界共识，有见于此，《孙子兵法》的文化解读成为近 10 年来兵家文化研究的一个热点问题，第六届、第七届《孙子兵法》国际研讨会都将之作为一个重要议题。学界对于《孙子兵法》的文化解读主要集中在以下两个方面的内容：

---

① 党明德：《毛泽东对〈孙子兵法〉"势"的理论的创意运用》，《管子学刊》2006 年第 4 期。
② 牛申娜：《孙子与毛泽东关于"水"的战争思考》，《滨州学院学报》2007 年第 5 期。
③ 刘庆：《〈孙子兵法〉与〈战争论〉军事思想体系的比较研究》，《滨州学院学报》2005 年第 5 期。
④ 吴如嵩：《试论〈孙子兵法〉军事思想的文化解读》，《滨州学院学报》2005 年第 5 期。

1. 《孙子兵法》的文化属性和根基

长期以来，学界一般将《孙子兵法》归入齐文化范围。李零教授曾在《中华文史论丛》上发表题为《齐国兵学甲天下》的论文，将《孙子兵法》列为齐地兵学的主要作品加以阐释。吴如嵩先生亦曾持类似的观点。于汝波先生《〈孙子兵法〉的"全胜"思想与齐国兵学文化》一文认为，《孙子兵法》的"全胜"思想与齐国的兵学文化有密切的渊源关系，《孙子兵法》的"全胜"思想对其后的齐国兵学文化产生了深远影响。① 孙兵先生《齐国兵学文化与〈孙子兵法〉》一文也认为，齐国大地军事家辈出，兵法著作内容宏富，孙武生长于泱泱大国的古老齐国，齐国是中国的兵学发源地，孙武的兵学思想上承源远流长的齐国兵学传统流脉，深深承受于地域文明滋养，深深打上了齐文化的印痕。在中国兵学发展历史上，从姜尚到孙武再到其后的孙膑，形成了源远流长而又一脉相承的齐国兵学文化传统。②

2006 年吴如嵩、宋培基先生在《光明日报》理论周刊撰文，对于"《孙子兵法》为齐地兵学代表"这一传统看法提出质疑，同时也对吴如嵩先生自己以往的观点提出修正，"笔者本人虽然不否认齐文化与《孙子兵法》之间的内在联系与深厚渊源，却认为仅仅这样观察问题，阐释背景是不够全面的。至于将齐文化作为《孙子兵法》唯一来源的判断更是武断偏颇的。在笔者看来，比较公允的意见应该是《孙子兵法》显示着多元综合的文化品格，它在弥漫着齐文化基本精神的同时，也带有深厚的吴文化特色，它的成书实际上是齐鲁文化与吴越文化碰撞、沟通、融合的产物，反映了中国古典兵学开放进取、兼容博采、随时创新的时代精神"③。

喻江先生认为《孙子兵法》有着更为广泛意义的文化根柢，他指出，《孙子兵法》有着深厚的文化根柢：农耕文化与军事文化合一的社会生存与发展方式，农业文化为主的多种经济文化并存方式是其产生的客观土壤；原始的战争预测术衍生的军事谋略思想，《易经》中的军事哲理思想，春秋中叶以前论兵专著中的思想以及诸子百家的论兵之理是其产生与成熟的文化之源。孙子正是兼收并蓄、融会贯通千百年积累的战争经验、军事原则而创作

---

① 于汝波：《〈孙子兵法〉的"全胜"思想与齐国兵学文化》，《管子学刊》2005 年第 1 期。
② 孙兵：《齐国兵学文化与〈孙子兵法〉》，《滨州学院学报》2007 年第 5 期。
③ 吴如嵩、宋培基：《〈孙子兵法〉的吴文化特征》，《光明日报》2006 年 5 月 9 日。

出兵学经典《孙子兵法》的。①

2.《孙子兵法》的文化精神

陈二林先生《〈孙子兵法〉的忧患意识及其现代意蕴》一文指出,《孙子兵法》中有着"深厚而绵长的历史、忧患意识",主要表现为"必以全争"的战略忧患意识、"因利制权"的战术忧患意识、"令文齐武"的管理忧患意识、"众陷于害"的心理忧患意识。作者指出《孙子兵法》忧患意识表现出了进步性与局限性、现实性与理想性共融的特点,《孙子兵法》的这种忧患意识,对于推动民族自强、国家发展以及文明演进,促使个体塑造理想人格、提升生活质量与精神境界,具有十分重要的意义。② 程远先生《略论〈孙子兵法〉的求实精神》认为,《孙子兵法》的核心是战术思想,即战胜敌人的方法。孙子认为正确的制胜方法,必须建立在求实的基础,这种求实精神集中体现在对"知"的论述中。③ 此外张文儒先生还在《〈孙子兵法〉与中国兵学文化》一文中对孙子兵法的竞争意识、支配意识、应变意识、时效意识等进行了论述。④

(六)《孙子兵法》的跨学科研究

近10年来,随着兵学界对《孙子兵法》研究的逐步深入,其他学科的专业人士也开始关注《孙子兵法》,包括文学、美学、英语翻译等。我们欣喜地看到一些博士和硕士学位研究生将《孙子兵法》确定为自己学位论文的研究对象,这一方面为孙子学研究注入了新生力量,同时也为孙子学研究带来了新的方法和思维方式,对于孙子学研究的学科建设起到了积极作用。

1.《孙子兵法》的文学研究。安徽大学蔡英杰的博士论文《〈孙子兵法〉语法研究》⑤、山西大学钞晓菲的硕士学位论文《〈孙子〉副词研究》⑥、傅朝、杨旭先生的《〈孙子兵法〉的章法和语词训释》⑦ 对孙子兵

① 喻江:《〈孙子兵法〉的文化根柢》,《滨州学院学报》2007年第5期。
② 陈二林:《〈孙子兵法〉的忧患意识》,《军事历史研究》2005年第3期。
③ 程远:《略论〈孙子兵法〉的求实精神》,《华夏文化》2008年第1期。
④ 张文儒:《〈孙子兵法〉与中国兵学文化》,《滨州学院学报》2005年第5期。
⑤ 蔡英杰:《〈孙子兵法〉语法研究》,安徽大学博士学位论文2003年。
⑥ 钞晓菲:《〈孙子〉副词研究》,山西大学硕士学位论文2008年。
⑦ 傅朝、杨旭:《〈孙子兵法〉的章法和语词训释》,《锦州师范学院学报》2000年第1期。

法进行了语法研究，这为孙子兵法文本研究，尤其是疑难语句的诠释提供了又一可供参考的重要依据。傅朝先生还进一步探讨了《孙子兵法》的文学价值。①

2. 《孙子兵法》的美学研究。范传新先生首次从兵法是艺术、孙武的诗人气质、孙武的审美理想、读《孙子兵法》是审美享受等四个方面，对《孙子兵法》的美学价值作了有益探讨。② 夏旻先生论述了《孙子兵法》的审美风格，他认为，《孙子兵法》不仅浸润着军事智慧，而且在构建起严谨恢弘的兵学体系的同时，也向我们展示了其刚柔相济的审美风格。③

3. 《孙子兵法》的英文翻译。清华大学王铭、华中师范大学杨敏、苏州大学孟祥德、重庆大学徐娟分别在他们的硕士学位论文《〈孙子兵法〉英译本研究》、《从译者的角度看〈孙子兵法〉英译本的多样性》、《〈孙子兵法〉中"势"的语篇意义及英译》、《论〈孙子兵法〉翻译中的"动态平衡"》中阐述了《孙子兵法》的英文翻译问题，这对于我们研究《孙子兵法》在海外的传播无疑是有重要帮助的。④

（七）兵家文化和现代战争

1. 《孙子兵法》在现代战争中的价值研究

《孙子兵法》在现代战争中的地位和作用依然是近 10 年学者们普遍关注的问题。单秀法先生的《〈孙子兵法〉战争理论的当代意义》⑤、刘春志先生的《〈孙子兵法〉对信息时代战争形态的影响与启示》⑥、于汝波先生的《〈孙子兵法〉及其在现代国防中的应用》⑦、李丹阳的《〈孙子兵法〉与

---

① 傅朝：《〈孙子兵法〉的文学价值》，《辽宁师范大学学报》2001 年第 3 期。
② 范传新：《〈孙子兵法〉的美学价值》，《滨州学院学报》2005 年第 5 期。
③ 夏旻：《论〈孙子兵法〉的审美风格》，《军事历史研究》2007 年第 1 期。
④ 王铭：《〈孙子兵法〉英译本研究》，清华大学硕士学位论文 2007 年，杨敏：《从译者的主体性角度看〈孙子兵法〉英译本的多样性》，华中师范大学硕士学位论文 2007 年，孟祥德：《〈孙子兵法〉中"势"的语篇意义及英译》，苏州大学硕士学位论文 2008 年，徐娟：《〈孙子兵法〉翻译中的"动态平衡"》，重庆大学硕士学位论文 2008 年。
⑤ 单秀法：《〈孙子兵法〉战争理论的当代意义》，《军事历史研究》2001 年第 1 期。
⑥ 刘春志：《〈孙子兵法〉对信息时代战争形态的影响与启示》，《滨州学院学报》2005 年第 5 期。
⑦ 于汝波：《〈孙子兵法〉及其在现代国防中的应用》，《军事历史研究》2004 年第 1 期。

现代信息战》①、张琳琳先生的《信息化战争中的东方军事谋略——论〈孙子兵法〉的谋略思想在信息化战争中的价值》等指出，随着信息化战争成为主要的战争形态，军事谋略运用不断呈现出新的特点。这些新特点表明，信息化战争不仅没有否定孙子谋略思想的普遍价值，而且进一步凸显了其新的生机与活力。②

于泽民先生则从孙子革新进步的军事思想对当代军事变革的指导借鉴意义角度，论证了《孙子兵法》在当代战争中的作用。他认为，孙子革新进步的军事思想与当代军事变革有着密切的血肉联系。孙子的创新精神对于当代军事变革中的重大问题都有重要的借鉴指导意义。作者主要从五个方面加以分析：一是借鉴"重势"、"任势"的宏观思维，认清世界军事变革的潮流，自觉投入变革实践；二是借鉴"以道为首"、"以人为本"的战争理念，正确认识战争主体，把抓"固本"作为首务；三是借鉴"兵家之胜，不可先传"的革新精神，解放思想，确立与军事变革相适应的新思维新观念；四是借鉴"践墨随敌，以决战事"的开拓精神，推动创新和发展军事理论，为军事变革提供理论牵引和支持；五是借鉴"率然一体"、"吴越同舟"的整体观念，正确认识战争活动一体化的发展趋势，确立战略谋划在战争指导和军队建设中的核心地位。③

2. 《孙子兵法》与当代战略及作战理论

胡晓剑、吴启忠先生《〈孙子兵法〉与美国空军作战指导原则》一文指出，在长期的作战实践中，美国空军提出了突然袭击、速战速决等一系列作战指导原则，这些原则在一定程度上反映了《孙子兵法》的一些思想。④ 张道庆先生《从伊拉克战争看孙子思想在媒体战中的运用》一文认为，从伊拉克战争来看，媒体战以"攻心夺气"为直接现实目标，以"兵以诈立"

---

① 李丹阳：《〈孙子兵法〉与现代信息战》，《滨州学院学报》2007 年第 5 期。

② 张琳琳：《信息化战争中的东方军事谋略——论〈孙子兵法〉的谋略思想在信息化战争中的价值》，《南京政治学院学报》2005 年第 1 期。

③ 于泽民：《孙子革新进步的军事思想与当代军事变革》，《滨州学院学报》2005 年第 5 期。

④ 胡晓剑、吴启忠：《〈孙子兵法〉与美国空军作战指导原则》，《滨州学院学报》2007 年第 5 期。

为战术原则，以"谋形造势"为基本手段，闪耀着孙子思想的光辉。① 阎盛国先生谈到《孙子兵法》对太空战的启发。他指出，孙子的《火攻篇》对未来太空战有着重要的启示，可以创造不同的战场和衍生不同的作战思路，达到削弱和降低敌人太空作战的能力的目的。② 袁正领先生就孙子兵法与现代战争控制这一问题进行了具体的论述和阐释。③ 熊远培、廖树炎先生论述了美国"震慑理论"与《孙子兵法》之间的内在关联。④

3. 反思美伊战争

美伊战争使美国在战略上陷于被动和困境，学者们纷纷从《孙子兵法》研究入手，解读美国在美伊战争中的教训和失误。其中徐宇春先生《回到孙子——美国在伊拉克战争中的战略失误分析》一文提出，《孙子兵法》作为冷兵器时代最优秀的军事理论著作，包含了丰富的战略思想，对于反思美国在伊拉克战争中战略性失误的深层原因提供了可贵的视角。⑤ 申国卿先生提出，中西文化传统的差异，在一定程度上造成了美军对于以"和合战略"为出发点的《孙子兵法》主题思想的认知偏差，忽视《孙子兵法》的"慎战"思想又进一步导致美军深陷"伊"潭，而"以战求利"的非正义战争性质，则是当前美军空前困顿的根本原因。⑥

（八）兵家文化非军事领域应用研究

近10年来，兵家文化在非军事领域应用研究取得了令人瞩目的成绩。学者的研究视角深入到多个领域，其中许多领域都是前20年所未涉猎的。

1. 兵家文化应用理论研究

学者认为《孙子兵法》在各个领域日益得到广泛应用，这是《孙子兵

---

① 张道庆：《从伊拉克战争看孙子思想在媒体战中的运用》，《滨州学院学报》2007年第5期。
② 阎盛国：《孙子〈火攻篇〉对太空战的启示》，《滨州学院学报》2007年第5期。
③ 袁正领：《〈孙子兵法·火攻〉新探——兼议对非常规作战手段的控制》，《军事历史》2001年第2期。
④ 熊远培、廖树炎：《美军"震慑理论"与〈孙子兵法〉》，《军事经济学院学报》2006年第1期。
⑤ 徐宇春：《回到孙子——美国在伊拉克战争中的战略失误分析》，《滨州学院学报》2007年第5期。
⑥ 申国卿：《美伊战争与〈孙子兵法〉的当代视角》，《武警工程学院学报》2007年第3期。

法》研究事业的幸事，但也普遍认识到《孙子兵法》的应用研究也存在一些亟待解决的问题，吴学文先生提出应用好《孙子兵法》应坚持和把握几个要点，一是要全面系统地认识《孙子兵法》，要把孙子思想放在传统文化大背景下考察；二是要学习孙子的唯物论和辩证法；三是要把应用上升到战略层次；四是要取精华去糟粕等。吴先生还提出要通过"准"、"新"、"实"、"俗"等四条途径去深化对《孙子兵法》的应用。① 谢德先生新著《孙子兵道与商战》在对孙子兵学理论体系的系统揭示的前提下，对孙子兵学理论要义进行了高度提炼（即"兵道"）。以此为基础，精辟地阐述了孙子兵道与商战的内在关联，对兵家文化应用研究作出了理论上的思考与尝试。②

2. 兵家文化与现代经济

学者们认为，兵家文化在经济领域的应用已进入到了一个新的历史时期。宫玉振先生分析指出，《孙子兵法》在经济领域中应用的第一个黄金时期是战国时期。改革开放以后是《孙子兵法》在经济领域应用的第二个黄金时期。《孙子兵法》基本理论与当代企业经营实践的结合，必将对有中国特色的战略管理学派的形成产生深远的影响，形成《孙子兵法》在经济领域中应用的历史性跨越。③

兵家文化与企业管理。商场如战场，企业竞争如同军事斗争。尽管商场与战场在形式、结果等许多方面不同，但却具有共同的指导原则和发展规律。在战场上适用的军事管理思想对企业的管理也有重要的借鉴作用。程美秀先生《孙子"十胜"思想与现代企业制胜》是这一方面的力作。该书将孙子的精华与现代管理经验有机地结合起来，旁征博引，深入论述，融理论性与实践性于一体，使该书具有很高的实用价值，是一本很值得现代企业家一读的参考书。④ 葛荣晋先生提出，《孙子兵法》中有许多智慧可以为现代企业管理所借鉴。"将能而君不御"的思想解决了企业管理中集权与分权的矛盾；"文武兼施"的思路为如何管理员工提供了科学的方法；"陷之死地

---

① 吴学文：《关于〈孙子兵法〉应用理论的探讨》，《滨州学院学报》2005年第5期。
② 谢德著：《孙子兵道与商战》，齐鲁书社2007年版。
③ 宫玉振：《〈孙子兵法〉在经济领域中应用的历史性跨越》，《滨州学院学报》2005年第5期。
④ 程美秀：《孙子"十胜"思想与现代企业制胜》，中国经济出版社2000年版。

而后生"的指挥艺术为现代企业推行危机管理提供了很好的借鉴。① 贺正楚、李卫勇先生重点论述《孙子兵法》与企业危机管理的关系，他们认为，《孙子兵法》对于企业危机管理的指导意义在于两方面，一是以"谋划"、"预案"的思想灌输危机意识。二是以"陷之死地而后生"的精神指导企业危机管理。② 姚振文先生从组织结构的重要性、信息手段的重要性、动态环境中组织的应变能力、借助外部环境而形成的自组织式的协同四个方面论述了孙子有关军队组织结构思想对企业管理的启示。③

兵家文化与企业竞争。企业战略决策确定后，最重要的问题是如何选择企业竞争战略。葛荣晋先生认为，《孙子兵法》提出的"不战而屈人之兵"的竞争战略模式，不仅是兵战模式的最佳选择，同时也是商战模式的最佳选择。④ 任国红先生也提出了与葛荣晋先生相同的看法。⑤ 现代商战的竞争异常激烈，商业环境变得动荡不安、混乱无序。在这个被称为"超强竞争"的时代，正常的竞争应该是理性竞争，而不是当前的残酷竞争。有见于此，洪兵、李同勇先生提出，以孙子兵法为核心的中国战略思想，最符合现代商战理性竞争的要求，最适应现代中国企业发展的要求。孙子兵法可以说是现代商战理性竞争之魂。⑥ 纪洪波、王春晖先生论述了《孙子兵法》与企业文化竞争力的关系。⑦

学界关于《孙子兵法》在经济领域应用研究的论文主要还有党红星《〈孙子兵法〉中"势"的理论在旅游开发中的创意运用》⑧、肖剑《孙子兵法和商务谈判策略及技巧》⑨、张丹、胡鹏《从〈孙子兵法〉"分"之谋略

① 葛荣晋：《〈孙子兵法〉与企业家的管理艺术》，《首都师范大学学报》2001 年第 1 期。
② 贺正楚、李卫勇：《〈孙子兵法〉与企业危机管理》，《船山学刊》2004 年第 1 期。
③ 姚振文：《〈孙子兵法〉组织结构思想对企业管理的启示》，《滨州学院学报》2007 年第 5 期。
④ 葛荣晋：《〈孙子兵法〉与企业竞争战略的选择》，《学术界》2002 年第 1 期。
⑤ 任国红：《〈孙子兵法〉在现代企业竞争中的作用》，《管子学刊》2000 年第 4 期。
⑥ 洪兵、李同勇：《孙子兵法与现代商战理性竞争》，《滨州学院学报》2005 年第 5 期。
⑦ 纪洪波、王春晖：《从〈孙子兵法〉看构建中国企业文化核心竞争力》，《滨州学院学报》2006 年第 4 期。
⑧ 党红星：《〈孙子兵法〉中"势"的理论在旅游开发中的创意运用》，《山东社会科学》2005 年第 11 期。
⑨ 肖剑：《孙子兵法和商务谈判策略及技巧》，《湖南大学学报》2000 年第 3 期。

到系列化产品战略的思考》①、曲向东《〈孙子兵法〉在开发区招商引资工作中的应用》②、王春晖《孙子兵法与蓝海战略基本思想比较分析》③、孙宝连、段福兴《论〈孙子兵法〉的战略思想对张瑞敏经营哲学的影响》④ 等。

3. 孙子兵法与现代管理

纪洪波先生对孙子兵法的战略管理思想给予了高度评价，他认为，在《孙子兵法》思想价值体系中，最光彩夺目的是它的战略管理思想，《孙子兵法》的战略管理思想对人类具有普世意义。⑤

管理心理学是现代管理理论的一个重要组成部分。高崇先生认为，现代管理心理学的一些基本原理，早在 2000 多年前已经产生，在《孙子兵法》中，已蕴涵了丰富的管理心理学原理，这是《孙子兵法》在国内外被广泛应用于现代管理的重要原因之一。⑥ 在他的另一篇论文《〈孙子兵法〉中的励士方略与现代激励》一文中，高先生进一步论述了《孙子兵法》高超的励士方略。他指出，随着现代管理思想的发展，"激励"越来越为人所重视。《孙子兵法》中充满了激励思想和高超的励士方略，如道义激励、感情激励、环境激励、赏罚激励、气势激励、危机激励等，我们应认真学习、领会、借鉴，并与现代西方的激励理论与方法相结合，将其运用于根植在中国传统文化沃土上的中国企业的人力资源管理之中。⑦ 胡滨先生则联系管理学理论发展的四个阶段，对《孙子兵法》的人本管理精神进行了发掘和阐扬，并将之概括为"悟道施仁"与"知人善任"两个方面。⑧ 管正先生、巩霞先生分别撰文对《孙子兵法》在行政管理中的应用进行了阐述。⑨

---

① 张丹、胡鹏：《从〈孙子兵法〉"分"之谋略到系列化产品战略的思考》，《2006 年中国机械工程学会年会暨中国工程院机械与运载工程学部首届年会论文集》，2006 年。
② 曲向东：《〈孙子兵法〉在开发区招商引资工作中的应用》，《宁波大学学报》2001 年第 1 期。
③ 王春晖：《孙子兵法与蓝海战略基本思想比较分析》，《滨州学院学报》2007 年第 5 期。
④ 孙宝连、段福兴：《论〈孙子兵法〉的战略思想对张瑞敏经营哲学的影响》，《管子学刊》2005 年第 2 期。
⑤ 纪洪波：《〈孙子兵法〉战略管理思想的普世意义》，《滨州学院学报》2005 年第 5 期。
⑥ 高崇：《〈孙子兵法〉与管理心理学》，《管子学刊》2006 年第 2 期。
⑦ 高崇：《〈孙子兵法〉中的励士方略与现代激励》，《管子学刊》2005 年第 1 期。
⑧ 胡滨：《〈孙子兵法〉蕴含的人本管理精神》，《滨州学院学报》2007 年第 5 期。
⑨ 管正：《孙子兵法在现代行政管理中的价值与应用》，《滨州学院学报》2006 年第 5 期。

4. 兵家文化与竞技体育

韩维群、刘大明先生提出，《孙子兵法》包含的众多战略战术思想完全适应当今的体育比赛，对于我们参加或指导体育比赛会有很好的借鉴作用。① 曹冬先生具体论述了《孙子兵法》之于篮球竞技指挥借鉴价值，作者认为《孙子兵法》对篮球比赛指挥思想有至关重要的借鉴价值。其表现为：第一，赛前运筹；第二，赛中的临场指挥；第三，关键时刻的突出奇招。②

韩凤芝、李德筠先生分析了《孙子兵法》对武术技击理论的影响。他们依据《孙子兵法》中的"知己知彼"、"致人而不致于人"，"奇正相生"、"出其不意，攻其不备"，"兵形像水"、"因敌制胜"等战略思想，以太极拳为案例，论述了武术临战状态、技击行动和技击战略思想，从而说明《孙子兵法》对武术技击理论的指导作用。③

5.《孙子兵法》在其他领域的应用研究

娄丙午先生《论〈孙子兵法〉全胜思想在公安工作中的运用》一文提出，《孙子》"全胜"思想对警察执法，警务实战提供了理论上的支持。④ 黄兴春、张春先生《浅析孙子"善战"思想对武警部队履行职能的现实意义》一文提出，《孙子兵法》"善战"思想对武警部队履行职能具有重要的现实意义，武警部队履行职能也必须贯彻"善战"思想，维护社会稳定，保护人民利益。⑤

王汝发、朱海文先生根据《孙子兵法》中的统计学思想，阐述了在高等公安、武警院校开设统计学课程的必要性和重要性，他们还就此提出构建《公安统计学》课程应具有科学性、前瞻性和特色性。⑥ 田惠莉先生《〈孙

① 韩维群、刘大明：《〈孙子兵法〉在竞技体育中的应用》，《山东师大学报》（自然科学版）2001年第1期。
② 曹冬：《再论〈孙子兵法〉与篮球比赛临场指挥理念》，《北京体育大学学报》2003年第2期。
③ 韩凤芝、李德筠：《〈孙子兵法〉对武术技击理论的影响》，《天津大学学报》2005年第1期。
④ 娄丙午：《论〈孙子兵法〉全胜思想在公安工作中的运用》，《湖南社会科学》2004年第2期。
⑤ 黄兴春、张春：《浅析孙子"善战"思想对武警部队履行职能的现实意义》，《武警工程学院学报》2007年第5期。
⑥ 王汝发、朱海文：《从〈孙子兵法〉谈〈公安统计学〉课程的设置》，《公安大学学报》（自然科学版）2001年第4期。

子兵法〉与大学生素质教育》一文提出，针对大学生开展《孙子兵法》普及性教育不仅必要而且可行。① 王淑霞先生《〈孙子兵法〉对提高思想政治教育工作者素质的启示》一文论述了孙子的人才素质观对提高思想政治教育工作者的政治素质、思想道德素质、智能素质、行为素质和心理素质的启示。② 杨玲先生在《孙子兵法与国家文化发展》一文中提出应努力发展孙子文化事业与孙子文化产业，在文化创意的内容上，形成一整套孙子文化博弈的后工业文明竞争要素，要进一步打响孙子文化品牌战略。③ 王学秀、范冠华先生以《孙子兵法》与组织文化战略间的相互关系为立论中心，分析了从组织文化视角研究《孙子兵法》的可能性。④ 田惠莉先生提出《孙子兵法》作为兵学经典具有深厚的传统文化底蕴，其间蕴涵的管理思想对行政文化建设具有独特的价值。⑤

陈金华先生认为，《孙子兵法》中"胜兵先胜而后求战"的思想，奇正相生、能攻善守的战略，因敌变化、致人而不至于人的战术技巧在法庭诉讼中都有其具体的指导实践的意义。作者还提出《孙子兵法》应该在更广阔的领域得到应用。⑥ 李耀安先生以其代表香港浸会大学图书馆参与大学智能卡开发计划所归纳总结出来的经验作为案例，论证了《孙子兵法》的谋略除了可在战场上应用外，对现代信息系统的开发同样有借鉴和指导作用。⑦

通过对近 30 年兵家文化研究的总体回顾，我们可以发现，兵家文化研究在内容结构上存在着明显的不均衡性。绝大多数的研究成果是以《孙子兵法》为研究对象的，对《孙膑兵法》、《吴子兵法》、《尉缭子》也有一定程度的涉猎，而对其他兵学典籍的研究则为数寥寥，尤其是随着近年来《孙子兵法》研究热潮的日渐升温，《孙子兵法》以外其他兵学典籍的研究

① 田惠莉：《〈孙子兵法〉与大学生人文素质教育》，《滨州学院学报》2006 年第 4 期。
② 王淑霞：《〈孙子兵法〉对提高思想政治教育工作者素质的启示》，《首都师范大学学报》2004 年第 2 期。
③ 杨玲：《孙子兵法与国家文化发展》，《滨州学院学报》2006 年第 4 期。
④ 王学秀、范冠华：《〈孙子兵法〉的组织文化建设思想》，《滨州学院学报》2007 年第 5 期。
⑤ 田惠莉：《我国传统行政文化的现代价值——以〈孙子兵法〉为例》，《广西社会科学》2008 年第 2 期；《〈孙子兵法〉行政文化创新》，《滨州学院学报》2007 年第 5 期。
⑥ 陈金华：《决胜法庭——〈孙子兵法〉与诉讼谋略》，《滨州学院学报》2006 年第 5 期。
⑦ 李耀安：《〈孙子兵法〉与现代信息系统开发原理》，《图书情报工作》2003 年第 9 期。

更加不受重视了。我们认为这是由《孙子兵法》在兵家文化中的绝对主体地位决定的，但是对其他兵家文化研究的忽略，则难免影响兵家文化研究的丰富性和全面性。仅就《武经七书》而言，各书的内容既有相互重叠的部分，又有可以相互补充的部分。《司马法》集中反映了春秋以前的战争观念、战争行为规范和军事制度，《三略》是西汉黄老道家与兵家理论相结合的产物。《六韬》主要包括治国、治军和作战指导三方面的内容。所以，加强《孙子兵法》以外其他兵学典籍的研究是有必要的。此其一。

其二，近30年来兵家文化在非军事领域应用研究取得了很大的发展。但是我们必须清醒地认识到，就研究成果的数量而言，兵家文化非军事领域应用研究无疑是可观的，就研究所涉及范围之广度而言，兵家文化非军事领域应用研究也呈现出更加广泛的辐射度，就研究成果的质量而言，佳作不少，但是若按比例来衡量，则佳作精品所占比例很小。应该说，兵家文化非军事领域应用研究在今后的兵家文化研究中是非常重要也非常具有发展潜力的，坚持兵家文化研究为现实服务的大方向，是兵家文化研究事业的根本立足点，所以，我们还应在努力提高研究成果质量上下些工夫，争取多出精品。

其三，扎实的兵家文化文本研究是作好兵家文化其他研究的基础和前提，是兵家文化研究事业健康发展的必要保证，所以，我们应沉下心来，摒弃浮躁心和功利心，下更大的气力，继续做好兵家文化研究的文本功夫，深入提炼兵家文化的精髓。像葛东升中将说的那样，原原本本地读《孙子兵法》，仔仔细细地研究《孙子兵法》，练好孙子研究的内功。①

---

① 葛东升：《孙子兵法研究成果及发展方向》，《军事历史研究》2005年第1期。

第六章
道教文化研究

一、 道教文化研究的简要回顾

　　近代道教研究起始于 20 世纪初，"五四"运动之后有人开始用近现代研究方法研究道教，多为非道教学专业的学者兼及道教研究，论著署名 160人，从总体上看，虽涉及到许多问题，但主要还是集中在探究《道藏》源流、道教历史和外丹术几方面。文章不多，专著也少。据粗略统计，本阶段关于道教研究的论文约有二百多篇，专著约十多部。20 世纪 20 年代最大的成就就是线装涵芬楼本《道藏》的出版。此版《道藏》以北京白云观藏本为底本，将原本缩为石印 32 开本，改梵夹本为线装本，由上海涵芬楼影印。每部 1120 册，共印 350 部。因《道藏》卷帙浩繁，阅读不便，《道藏辑要》亦有近千卷，不易阅读，故守一子丁福保择道书百种分 10 集，每集 10 种，共计 148 卷，编纂成一部《道藏精华录》，以方便读者。刘师培在清末宣统庚戌年将对《道藏》的研究提要汇录成《读道藏记》，此外还有曲继皋、顾颉刚、陈国符等人也开始研究《道藏》。除《道藏》以外，也有人进行专经的注释与考证。影响大的有胡适、汤用彤、王国维等人对道教人物与经典的考证。道教史的研究较系统，有傅勤家的《道教史概论》、《中国道教史》和许地山的《道教史》上编。关于道教思想、科仪符咒的研究只略有涉及，均未展开。20 世纪 20 年代初由化学史的研究引发对金丹的兴趣。化学家王琎两篇关于金属元素和化合物的论文，为中国炼丹术研究奠定了基础。1932年，吴鲁强与麻省理工学院戴维斯教授全文翻译了《周易参同契》，将中国炼丹史介绍给西方。另一位化学家曹元宇详细研究了从炼丹所用坛鼎，到蒸馏、研磨、升华、泥法等操作过程，他的工作于 20 世纪初在世界上掀起了一次"中国炼丹术热"。内丹术的研究相对于外丹较为局促，仅限于养生术和医学。蒋维乔和陈撄宁是内丹术的重要人物。蒋维乔 1914 年出版《因是子静坐法》阐发了内丹静坐之秘。他还组织了静坐法研究团体，影响极大。陈撄宁著有《孙不二女功内丹次第诗注》、《黄庭经讲义》、《灵源大道歌白话注解》等，对内丹术的研究和把内丹术发展为内丹医学新气功，用以疗病养生，作出了重要贡献。另外，陈国符对道教音乐、宫观和魏应麒等人对道教文学的研究亦拓展了道教研究的范围。

20 世纪 60 年代初，道教研究在中国道教协会代会长兼秘书长陈撄宁的大力倡导下重新开始。陈撄宁向中央统战部和国务院宗教局建议，希望党和政府支持和帮助开展对道教的研究工作。中央统战部李维汉部长、国家宗教局何成湘局长表示了尽力支持和帮助的态度，建议由中国道教协会建立专门的研究机构，制订研究计划。1963 年完成了《中国道教史提纲》、《道教纪事年表》、《道教大事记》、《道教历史资料选编》等先期成果。1966 年由于"文化大革命"爆发，中国道协的研究工作中断。

1979 年以后，道教研究恢复，1980 年 8 月 7 日至 13 日，中国道协第三次全国道教徒会议在北京召开，道协研究室恢复，周蔚华为研究室主任，其他人员有王伟业、李养正、刘厚枯、余仲珏、王宜峨、王沐等。1980 年，经教育部批准，四川大学成立了以道教研究为主的宗教学研究所。卿希泰出任所长，先后承担了《宗教词典》道教分支、《中国大百科全书》宗教卷道教分支和道教通史的撰写任务。后期编著的工具书还有：任继愈主编《宗教大词典》，上海辞书出版社 1998 年版；闵智亭、李养正主编《道教大辞典》，华夏出版社 1994 年版；胡孚琛主编《中华道教大辞典》，中国社会科学出版社 1995 年版。20 世纪从 80 年代到 90 年代这 20 年里，道教研究成果丰硕，论文多达千余篇，专著、论文集等近百种，范围覆盖了道教人物、教派、教义、经典、学术、礼仪、文物、名山、宫观、文学艺术、医学、伦理、政治等各个方面。除进行基础性的道教史的研究整理外，道教文化的传播与普及也是道教研究的一个方向。80 年代主要是铺摊子，在 90 年代初形成一批成果。进入 90 年代，道教研究向纵深方向发展，道教的内丹术与符咒研究中的难点问题开始有人进行梳理工作。袁琳蓉对 1980 年至 1996 年间有关道教文献资源进行了调查，从该文的统计中可以看出，道教史及道教哲学的研究远远领先于其他类别。按照历史的顺序揭示我国道教在不同时期的实际面貌，是道教研究的首要工作，学者对道教的研究，也大多是从历史的角度进行的。研究道教史、道教哲学（包括道教经典、教义）的论文、专著较多。1980 年以来的研究论著数量比起建国以来的前 30 年超过近 20 倍。进入 90 年代，从统计数据看，学者们更注意对道教史中道教人物的研究。道教史是道教研究其他方面的载体，虽然基于资料整理的史学研究阶段已接近完成，但基于专题研究的道教史还将进一步深化，以揭示道教理论的历史意义。这个阶段的研究特点有两个：首先，对道教开展全方位、多层次、多角度的研究。其次，道教研究是多元的，以多种方法论和研究模式向前发展。学者们把马克思主义的一般原理同道教的具体内容相结合，研究它的特殊性和规律。国外的新观念、新方法对道教的研究也产生了较大影响，如运用社会学、文化人类学的观点探索道教的深层内涵，丰富了我们对道教的认识。

在道教文献资料特别是研究成果日益增多的今天，资料的分类汇总十分必要。本章对 1980 年至 2008 年的道教研究进行总结式的回顾，并对道教未来发展做些探索性的展望。由于道教历史久远，形成的理论视点、热点、难点较多，研究道教的现代学者各以自己的理论兴趣进行研究，所涉领域互不交叉，也由于篇幅所限，本章不能面面俱到，主要以道教思想文化为主进行总结，力求兼顾道教研究的其他方面。

二、　道教经典与道教史研究

（一）道教经典研究

1.《道藏》

明版《道藏》、《正统道藏》及其续编《续道藏经》构成最广泛也最可靠的道教研究文献。对这些文献的研究在中国曾被忽略。直至 1911 年，才有一位对《道藏》的宗教内容感兴趣的中国学者刘师培首次发表了《读道藏记》。1925 年，上海商务印书馆将藏于北京白云观的经折本《道藏》以摄影石印术复制并出版，从而奠定了道教研究的基础。哈佛燕京学社于 20 世纪 30 年代刊行翁独健（1906～1986 年）编《道藏子目引得》。① 陈国符是建国前少有的涉猎《道藏》的学者，中华书局 1949 年初印行陈国符著《道藏源流考》，分别对三洞四辅等诸经之渊源、成书、著录、类集、真伪、传授等作了深入的剖析和考证，并对自汉至明道教经书的编目、成藏、亡佚及成书进行考证。20 世纪 80 年代以后，道教学者重开《道藏》研究，胡道静在《〈道藏〉的编集及出版》一文中，对《道教》的基本内容、编刻历史以及《道藏》以外的现存道书作了介绍。② 1989 年，王卡在《道教典籍之流传及现状》一文中，也对道书的流传、编集及分类作了概述。③ 马晓宏在《道藏等诸本所收吕洞宾书目简注》一文中，专对北宋至清代托名吕洞宾的著作进行了考察。④ 石衍丰在《道教"三洞"源流识微》一文中，对《道藏》分类所依据的"三洞"说作出新解，认为其形成于东晋至刘宋时期。⑤ 另外，朱越利的《道藏分类解题》，按现代科学分类法对《道藏》进行分类，并对每部道经做一点题式的介绍，颇受读者欢迎。⑥ 中国社会科学出版社 1991 年出版的任继愈主编的《道藏提要》为道藏研究的最重要成果，该书是世界宗教研究所的重点科研项目之一。明版《正统道藏》卷帙浩繁，是一部包括 1473 种著作的大型丛书。其中有大批道教的经典、论集、戒律、符图、法术、科仪、赞颂、宫观山志、神仙谱录、道教人物传记，是研究道教教义及其历史的百科全书。《道藏》中还收入儒家及诸子百家的著作上百种，有关医药养生、外丹烧炼、天文历法、堪舆占卜方面的著作也不少。这些对研究古代学术思想、科学技术的发展是有重要价值的史料。对《道藏》整理研究的人不多。世界宗教研究所道教研究室从 1981 年起花费数年时间，查阅全部《道藏》，仿照《四库全书提要》体例，为其中每部著作勾玄提要，尽可能考明其成书年代和作者，这就为读者了解《道藏》的内容提供了线索。为方便读者查阅，该研究室还编写了《编撰人简介》、《新编道藏分类目录》、《编撰人索引》、《道藏书名索引》。1984 年，世界宗教研究所

---

① 翁独健著：《道藏子目引得》，上海古籍出版社 1986 年版。

② 胡道静：《〈道藏〉的编集及出版》，《上海道教》1989 年第 1—2 期（合刊）。

③ 王卡：《道教典籍之流传及现状》，《中国哲学史研究》1989 年第 1 期。

④ 马晓宏：《道藏等诸本所收吕洞宾书目简注》，《中国道教》1988 年第 3 期。

⑤ 石衍丰：《道教"三洞"源流识微》，《上海道教》1989 年第 1—2 期（合刊）

⑥ 朱越利著：《道藏分类解题》，华夏出版社 1996 年版。

道教研究室发表了该书的部分成果《道藏提要》选刊，计有《无上内秘真藏经》等 70 种道书的提要，至 1991 年出版历时已 10 年之久。

《道藏》的编制集数代人的努力，从最早的《开原道藏》至宋版《万寿道藏》（《政和道藏》），金章宗时期的《大金玄都宝藏》至明英宗正统年间续编《正统道藏》，之后万历年间又刊布《续道藏》，虽经多次焚经，仍积累至 5485 卷，520 函。但据李养正考证，明《正统道藏》虽刻于明，实源于宋，其缺陷有二：一是搜访道书不够周遍，当时福建龙溪玄妙观尚存有《政和道藏》560 函，未据此以增补之；不然，今《道藏阙经目录》所著录道书，皆可收入《正统道藏》。当地仅据所存元初宋德方刊行《玄都宝藏》残藏，再增入元明二代道书成藏。二是选择不精，将伪托"吕祖"、"文昌"降笔等扶鸾之书，亦均刊入，使内容芜杂。① 由于现存《道藏》的上述缺陷，加之《道藏》编纂时间在明代，而后来再没有进行过大规模的道经编纂工程，难以开展对明以后的道教的研究，所以需要对现存《道藏》进行增补或另编道经总集。鉴于此，胡道静先生主持编纂一部"新续道教经书总集"——《藏外道书》，② 共计 36 册。《藏外道书》是在道教编纂史上一次举世瞩目的大工程，收入道书 1000 余种，为人们研究明清及近代道教提供了大量的典籍。

2.《太平经》

探讨《太平经》的论述开始于 1979 年王明的《太平经合校》重印，有较多的人参与到《太平经》的讨论中来。针对国外有些学者对《太平经》成书时代的疑问，王明在《论〈太平经〉的成书时代和作者》一文中，进一步从汉代常用的口语、词汇、地理称谓、社会风尚以及思想概念方面考察，证明现存《太平经》除《太平经·甲部》为后人伪补外，大体上还保存着后汉著作的本来面目，约为公元 2 世纪前期的作品，它不是出于一时一人的手笔，后汉于吉是最早撰经并传经的，宫崇是其后的重要编纂者。③

除对《太平经》成书年代的疑问之外，关于《太平经》的思想也存在着分歧。分歧集中在两个方面：一是对《太平经》哲学观点的评价，王明

① 李养正著：《道教概说》第 318—326 页，中华书局 1990 年版。
② 胡道静主编：《藏外道书》，巴蜀书社 1992 年版。
③ 王明：《论〈太平经〉的成书时代和作者》，《世界宗教研究》1982 第 1 期。

认为《太平经》的哲学观点方面，有作为宗教神学两大支柱的天人感应论和善恶报应论，同时又有朴素唯物主义因素和朴素辩证法思想。[①] 李家彦认为《太平经》的"三合相通"说贯穿于《太平经》的始终，是它的宇宙观和方法论的一个主要特征。三合相通说在本体论上属于元气论的一部分，"天地人本同一元气，分为三体，各自有祖始。"三合相通说也是阴阳说的发展，所以说天是太阳，地是太阴，人居中央，万物亦然。天、地、人、万物都是由元气生成的，这是朴素唯物主义的观点。至于元气和精神的关系，《太平经》一方面肯定元气产生精神，另一方面又认为精神也是一种气。同时在某些场合，认为精神和气相依存，表现出二元论的倾向。[②] 上述分歧集中在精、气、神的关系及《太平经》的重要思想守一和精、气、神的关系上。这个问题不仅涉及《太平经》思想的唯心、唯物划分，更直接涉及到《太平经》的理论地位问题，这个问题与下面的争论相关。二是对《太平经》社会政治思想的评价。王明在论汉代《太平经》的文章中，认为《太平经》的基本思想包括三种不同的言论，即有维护封建统治阶级根本利益的、有揭露并批判豪门贵族黑暗政治的，还有反对残酷剥削、主张劳动互助的。《太平经》所热烈追求的则是幻想中的太平世界。[③] 陈静的《〈太平经〉中的承负报应思想》从《太平经》的承负报应理论分析《太平经》社会理论，认为承负报应思想来源于中国传统的善有善报、恶有恶报的观念，但对之作了补充和修正，其社会功用是劝人行善去恶。[④] 刘序琦认为，《太平经》并非反映农民阶级的思想和要求，而是东汉末期地主阶级自救活动的产物，目的是挽救东汉王朝垂死的统治。它不是追求整个社会的"太平"，而是为帝王"致太平"，其中所谓"周穷救急"的思想不过是地主阶级为其剥削罩上一层温情脉脉的面纱而已。[⑤] 辛玉璞认为，《太平经》中保存了一定的民主思想，其思想内容可以归结为平等和公财，最高表现是无君论，它是原始的民主遗风在当时历史条件下的表现和发展。[⑥] 李养正《论〈太平经〉的

---

① 王明：《论〈太平经〉的成书时代和作者》，《世界宗教研究》1982 第 1 期。
② 李家彦：《太平经的元气论》，《中国哲学史研究》1984 年第 2 期。
③ 王明著：《凡〈太平经〉》，《中国古代佚名哲学名著评述》第三卷，齐鲁书社 1984 年版。
④ 陈静：《〈太平经〉中的承负报应思想》，《宗教学研究》1986 年第 2 期。
⑤ 刘序琦：《再论太平经思想的几个问题》，《江西师范大学学报》1989 年第 1 期。
⑥ 辛玉璞：《关于太平经的民主思想》，《西北大学学报》1989 年第 2 期。

人民性》一文认为，东汉末太平道所信奉的经典是《太平经》，它有一个显著特点，即有相当多的篇幅谈论当时社会政治问题，含有鲜明的人民性思想因素。如同情人民的苦难，揭露富人对穷人的冷酷无情；抨击朝政的腐败，表达了人民为争取生存而建立太平王国的思想；等等。① 卿希泰认为，《太平经》中有部分思想反映了当时农民群众的愿望和要求，使之成为农民起义的思想武器。我们所说该经乌托邦思想，就是属于反映当时农民群众愿望要求的最重要部分。② 刘琳认为，维护封建制和君权，宣扬封建伦理道德，反对农民起义，企图巩固日益衰朽的东汉王朝和日益不稳的封建秩序，就是《太平经》的根本立场。③ 朱伯崑认为，有人据太平道创立的理论是《太平经》而认为该经反映汉末农民革命要求的意见并不符合历史实际，就现在流传下来的《太平经》内容看，张角起义是同《太平经》教义对立的，黄巾军不仅没有宣扬它，反而沉重打击了它的神学体系。④ 朱永龄认为，《太平经》在中国哲学史和思想史上起过一定的积极作用，他不同意有些学者说该经"太平"思想"不仅不反对汉朝皇帝，而且为当时的皇帝出谋划策"，"这种'太平'乃是封建地主阶级的'太平'之治，不是农民阶级的太平思想"，以及将该经"救穷周急"说成"在经济上宣扬阶级调和论"的看法。⑤

　　以上的争论大致归结为两种对立的意见：一种是较传统的意见，认为《太平经》是代表农民阶级利益的乌托邦思想；另一种意见则相反，认为《太平经》站在统治阶级的立场上，为统治阶级服务。《太平经》与乌托邦有共同点，但不能完全归为乌托邦，其理论建立在以老子的道为源头的守一思想基础上，它的政治思想也是承继老子的。《太平经》里称守"道"为守一，多次提到守一可以断人善恶，守一可以使贤者力为而为"帝王良辅善吏"，只有天下人共同守一才能致太平。并且守一是与一系列的实践行为相应的，并不是仅出于美好愿望的空想。《太平经》欲确保国家的长治久安和人民的安居乐业的积极思想，从长远来看与统治阶级的利益也是一致的，但

---

① 李养正：《论〈太平经〉的人民性》，《中国哲学史研究》1985 年第 2 期。
② 卿希泰：《试论〈太平经〉的乌托邦思想》，《社会科学研究》1980 年第 2 期。
③ 刘琳：《论〈太平经〉的政治思想》，《社会科学研究》1981 年第 4 期。
④ 朱伯崑：《张角与〈太平经〉》，《中国哲学》第 9 辑。
⑤ 朱永龄：《略论〈太平经〉哲学政治思想》，《上饶师专学报》1987 年第 1 期。

不能据此认为《太平经》完全为统治阶级服务。《太平经》中的诸种看似矛盾的理论源自老子思想中的辩证性，仅将《太平经》看成是原始先民"朴素"社会观，不能说明《太平经》的"庞杂"思想，而应从哲学体系的高度解读《太平经》。对《太平经》的研究，另有学者从伦理的角度认为《太平经》从阴阳和合的理论出发，主张尊重妇女平等，这是道教的鲜明特色。中国道教所具有的阴柔色调，以一种特殊的文化式样丰富了中国人的精神生活和传统文化内容。

3.《老子化胡经》

王利器《〈化胡经〉考》认为，《后汉书·襄楷传》所云"桓帝时，楷上书曰'或言老子入夷狄为浮屠'"，是老子化胡托始。该经自六朝以来流行普遍，产生于释道争论，目的是"诬谤佛法"。① 胡恩厚《敦煌莫高窟道教史迹考察》指出，《老子化胡经》故事最初较简单，论述道佛先后。两晋时，王浮与佛徒帛远辩论道佛邪正，而作《老子化胡经》。道教徒原使老子化胡成佛，可是后来为贬低佛教，就令释迦为其弟子。大概这和佛徒抄袭《老子化胡经》进而让老子作释迦弟子有关。② 王卡《〈老子化胡经·序〉校跋》一文对该《序》予以校补复原，并提出其撰写人不是魏明帝，而是南北朝时期的道士。且《化胡经·序》最初并非十卷本《化胡经》的序文，而是后人取之附十卷本前，且依托于魏明帝。③

4.《无能子》

王明认为，《无能子》是唐末农民大起义影响下的一部特殊著作。作者属中间偏左隐者、唐代三教以外特殊思想家。他将其自然主义应用到自然观上，形成元气自然即气一元论，其哲学本质与正宗封建统治思想对立，其朴素唯物主义自然观带有很浓厚的形而上学特色。朱越利《试论〈无能子〉》一文认为，该书反映了封建社会由盛而衰剧烈转折中一部分知识分子在政治观、宇宙观、名教和自然观方面的思想矛盾，并伴有三教既斗争又融合的趋势。"仅仅抨击君主专制制度，并不一定是与正统封建统治思想对立"，"不能笼统地称他为无神论者，气一元论者或气的唯物论者"。④

---

① 王利器：《〈化胡经〉考》，《宗教学研究》1988 年第 1 期。
② 参见李斌城：《近十年来的道教研究》，《世界宗教研究》1991 年第 2 期。
③ 王卡：《〈老子化胡经序〉校跋》，《中国道教》1990 年第 4 期。
④ 参见李斌城：《近十年来的道教研究》，《世界宗教研究》1991 年第 2 期。

5. 《道教义枢》

《中国道教史》第一卷说，该书作者名叫孟安排，陈国符《道教源流考》已考其为武周道士，该书《序》已引《隋唐经籍志》，其为唐人可知，孟安排不是该书所记生于宋梁之间的孟法师。汤一介认为"这部书很可能是唐初的作品"，不可能是梁道士孟安排撰。①

6. 《太上感应篇》

该书作者有李昌龄、李石等说。李刚认为"是一些不知名的道士，由魏道士草创，北宋初年某道士撮其精要，重新谋篇布局，使之短小精悍，便于流传"。通过对该书之类劝善书的分析，有助于了解中国封建社会如何利用宗教神学维护统治的情况。② 在历代统治者倡导下，劝善书自宋代以来流传不绝。明清道教特点之一，便是以劝善书的宗教道德训化为主课，明代刑律鼓励劝善书的宣讲，清儒惠栋、俞樾相继注释《感应篇》，在文学作品如《西游记》、《水浒传》等，皆有惩恶劝善的思想。③

(二) 道教史研究

1. 道教通史

由于道教理论在历史中不断丰富和发展，因此，编写从道教产生之初到当代的通史十分必要。此前海内外的一些学者曾编写过《道教史》纲要之类的通史，但大都过于简略，缺乏系统性，很难从中窥测出道教的全貌。1990 年上海人民出版社出版任继愈主编的《中国道教史》，是中国第一部完整深入地研究全部道教历史发展过程的学术专著。四川大学宗教所自 20 世纪 80 年代初开始，承担编写一部较详细的道教通史的国家重点科研项目，并在 1988 年由四川人民出版社出版《中国道教史》（第一卷）。第一卷截至南北朝，1995 年底全书四卷出齐，历时 12 年。后三卷分写隋唐五代北宋时期、南宋至明中叶和明中叶以后至中华人民共和国成立之前。全书即按这种分期依次将每个时期作为一卷，全面地阐述了中国道教的产生、发展和演变的历史过程。学界对该书研究的深度和广度给予肯定，认为该书具有集大成

---

① 参见李斌城：《近十年来的道教研究》，《世界宗教研究》1991 年第 2 期。
② 李刚：《太上感应篇初探》，《宗教学研究》1988 年第 1 期。
③ 卿希泰、李刚：《试论道教劝善书》，《世界宗教研究》1985 年第 4 期。

的特点。该书作者群各有所长，在书中常能看到他们自己的最新成果，且能从不同的学科视角，对道教的产生和发展进行"社会学"、"政治学"的考察，形成一种独特的研究方法。学界对该书评价甚高，称该书"对学术界有开创的功劳"，"足以反映我国道教研究的水平"，并"经得起时间的考验"。

牟钟鉴等编写的《道教通论——兼论道家学说》[①] 是另一部全面介绍道教的综合性大型著作，由 14 位作者集体撰成。它包括道教史，又不限于道教史，既有按阶段划分的关于中国道教发生、发展和演变的历时式的论述，又有按专题划分的关于道教重要分支的共时式的剖析。在对道教作系统阐发的同时，也相当深入地研究了与道教密切相关的老庄和道家学说，并对道教文化作了一定的探讨。刘国梁撰写的《道教精粹》[②] 和胡孚琛、吕锡琛撰写的《道学通论——道家·道教·仙学》[③] 两部书都是通史和专论结合，涉及有关道教的方方面面，其参考价值很高。

2. 道教断代史

道教断代史研究专著与论文数量甚多，其中，研究魏晋时期道教的有胡孚琛的《魏晋时期的神仙道教》，他认为魏晋时期神仙道教的形成，经过三个步骤：第一，神仙和道家的结合，这个过程到汉代完成。由于道家清静无为的主张本来和神仙生活原则接近，桓帝时，帝王也亲祀老子，老子逐渐被神化为太上老君。第二，原始道教的形成，《太平经》等奠定了道教理论的基础。第三，由原始道教向神仙道教的转化，在转化过程中分化，其上层转入神仙道教，以葛洪为代表，活动于下层民间的符水派如孙恩辈掺入长生成仙的信仰。[④] 此外，胡孚琛著有专著《魏晋神仙道教》[⑤]，汤一介著有《魏晋南北朝时期的道教》[⑥]。

唐宋金元时期道教向义理化发展、"多向度舒展"，内丹学重玄学兴起，

① 牟钟鉴著：《道教通论——兼论道家学说》，齐鲁书社 1991 年版。

② 刘国梁著：《道教精粹》第 384—387 页，吉林文史出版社 1991 年版。

③ 胡孚琛、吕锡琛著：《道学通论——道家·道教·仙学》第 203—212 页，社会科学文献出版社 1999 年版。

④ 胡孚琛：《魏晋时期的神仙道教》，《中国社会科学院研究生院学报》1986 年第 2 期。

⑤ 胡孚琛著：《魏晋神仙道教》，台湾商务印书馆 1992 年版。

⑥ 汤一介著：《魏晋南北朝时期的道教》，陕西师范大学出版社 1988 年版。

且三教趋一。詹石窗著有《南宋金元的道教》。① 卿希泰《王玄览道体论和修道思想浅析》一文指出，王玄览通过"可道"和"常道"的理论，企图把"道"说成是超越于物质之上永恒存在的实体，从而论述长生成仙思想。② 赵宗诚著有《试论成玄英的"重玄之道"》，认为"重玄之道"是一种源出于道的通过否定事物的存在，却又归宿于道的唯心主义宇宙观。③

陈兵探讨南宋金丹派南宗的传承演变、特色和学说的影响，认为此宗承北宋张伯端内丹说，流传入元以后，逐渐与全真派合流，该宗具有道禅融合的特点。其中心思想，先命后性的内丹成仙说表现尤为显著。南宗诸祖师多在社会下层，政治活动能力差。但南宗祖师留下了大量丹书，是我国古代文化尤其是气功学遗产重要组成部分，在哲学、医学等方面有一定价值。④ 马晓宏则考察了吕洞宾其人出现的时代及其神仙故事的流传，吕洞宾信仰的形成过程及其对全真道南北宗的影响，认为吕洞宾约五代时人，而他的传说在北宋时流传开来。⑤ 刘国梁则从易学的角度对钟、吕的思想进行研究指出，钟离权、吕洞宾改变了修道著作理明法暗的状况，第一次向人们披露了修道的具体方法，强调精、气、神的整体修炼与阴阳五行观念的结合。⑥

全真道的产生是宋代道教盛事。关于全真道的产生原因，张荣铮认为：第一，全真道是唐代道教"弊极而变"的结果，但"三教圆融"思想未曾改变。第二，民族矛盾尖锐化的产物，全真教的创始人和早期骨干唯强者是从，主张以宗教传统的、虚伪的调和来解决阶级矛盾。金代出现了全真、大道、太一等新教派，成为金代道教发展的高峰。金代道教新教派的出现及其发展，是阶级压迫和民族压迫双重压迫的产物。女真贵族入主中原，统治民族变了。为适应新形势的需要，王重阳等创立新道教，必须与北宋末年旧道教一刀两断，对道教实行一番改革，对全真、真大、太一等教派一再收买和招抚，使之变为维护女真贵族的统治工具。⑦ 此外，朱越利、郭武等也分别对全真教的细节问题进行了考察。

① 詹石窗著：《南宋金元的道教》，上海古籍出版社 1989 年版。
② 卿希泰：《王玄览道体论和修道思想浅析》，《宗教学研究》1982 年第 1 期。
③ 赵宗诚：《试论成玄英的"重玄之道"》，《宗教学研究》1982 年第 1 期。
④ 陈兵：《金丹派南宗浅探》，《世界宗教研究》1985 年第 4 期。
⑤ 马晓宏：《吕洞宾神仙信仰溯源》，《世界宗教研究》1986 年第 3 期。
⑥ 刘国梁：《钟离权、吕洞宾的易学思想》，《上海道教》1992 年第 2 期。
⑦ 张荣铮：《金代道教试论》，《天津师大学报》1983 年第 1 期。

3. 地方道教史

20 世纪初，甘肃敦煌莫高窟经洞被打开，发现大量古代文献，道教经书虽于数量上占的比重不大，但多属罕为人知的古代写本，为世人瞩目。谭蝉雪的《敦煌道经题记综述》一文，分析了敦煌道教写经的年代、敦煌的道观及道教分布地域、敦煌道经的来源、敦煌道教写经的目的以及道经题记中的科戒仪轨等。[①]

陕西道教的历史，在中国道教史上占有极重要的地位。早期道教正式形成于陕西，道教史上的重要人物和宗派多源于陕西。樊光春对陕西道教两千年来的历史进行了总结，记述了陕西的原始道教、陕西道教在历史各期的发展、主要的道教宗派（黄老、天师、楼观、全真等）、宫观等的情况。[②] 张继禹在《天师道史略》一书中详细介绍了天师道的起源、形成以及天师道在历代的发展和演变，特别是书中附有历代天师传略，为了解、研究天师道提供了很有价值的参考资料。[③]《中国龙虎山天师道》一书作者系道教创始人张道陵的后裔第六十三代天师张恩溥的嫡孙，该书全面阐述了中国道教的渊源、天师道的来龙去脉及其兴衰以及天师道的传度、宫观等。[④]

武当道教在历史上对该地区产生过广泛影响，在今天也有一定影响。王光德、杨立志在《武当道教史略》一书中考察了武当道教的起源、真武崇拜与武当道教的关系、各朝皇室与武当道教的关系、武当道教的主要人物和主要派别等。[⑤] 此外，张文主编的《丘处机与龙门洞》详细描述了道教龙门派的谱系、丛林制度，很有参考价值。[⑥]

三、 道教思想研究

上面所述是学者们所做的基础工作，下面则是学者们对道教核心问题的

---

① 谭蝉雪：《敦煌道经题记综述》，《道家文化研究》第 13 辑，三联书店 1998 年版。

② 樊光春著：《陕西道教两千年》，三秦出版社 2001 年 6 月出版。

③ 张继禹著：《天师道史略》，华文出版社 1990 年 11 月出版。

④ 张金涛著：《中国龙虎山天师道》，江西人民出版社 1994 年版。

⑤ 王光德、杨立志著：《武当道教史略》，华文出版社 1993 年版。

⑥ 张文主编：《丘处机与龙门洞》，陕西人民出版社 1999 年版。

阶段性认识。

（一）道教哲学

"道教哲学能否成立"本不是问题，但由于过去道教研究的衰落和现在道教研究仍处于资料整理阶段，这个问题也被列入研究范围之内。李刚在《汉代道教哲学》① 的《导言》中对道教哲学进行了研究，证明道教哲学存在。在该书中，作者还指出道教哲学主要是一种生命哲学，并且提出宋明理学的"理"、"心性"、"道器"、"体用"等范畴在唐代道教学者中早已论及，其受道教哲学的影响痕迹也十分明显。道教哲学另起的一枝是重玄学，卢国龙的《中国重玄学》② 一书，将重玄学理论发展过程概括为"四个阶段、三次宗趣转变"，成为第一部全面系统的重玄学研究专著，在文献考证、理论分析、历史论述等方面都取得突破，填补了从魏晋玄学到宋明理学的研究空白。1997 年，卢国龙的另一部道教哲学著作《道教哲学》③ 出版。张广保的《金元全真道内丹心性学》一书则引起了人们对道教心性论的重视。④ 上述工作奠定了道教哲学研究的基础，但由于道教哲学是一个新拓展的领域，道教哲学是否由以上的几个部分组成还有待学者们继续研究。

道教哲学的范畴主要有：道、混元、承负、动静、有无、六情。胡孚琛认为精、气、神也应是道教哲学范畴。⑤ 还有学者认为道教哲学的范畴有：无、一、遍、常、有。

目前道教哲学研究集中在以下几个方面：

1. 道教思维规律的研究

道教思维规律的研究对现代的科学认识论具有指导作用，是道教研究很重要的一个方面。刘仲宇认为，道教思维是以流动范畴为基础，以象数为工具的"唯象思维"。"变化"或"化"是一个大范畴。变化的内容极为广泛，人成仙之阶梯为"化"，炼精化气、炼气化神、炼神化虚也为"化"。变化有顺、逆二个过程，道教更重视"逆"。流动范畴是道教思维的细胞，

---

① 李刚著：《汉代道教哲学》，巴蜀书社 1995 年版。
② 卢国龙著：《中国重玄学》，人民中国出版社 1993 年版。
③ 卢国龙：《道教哲学》，华夏出版社 1997 年版。
④ 参见尹志华：《90 年代中国大陆道教研究的新进展》，《哲学动态》1997 年第 5 期。
⑤ 胡孚琛：《道教特征刍议》，《哲学研究》1998 年第 10 期。

由这个细胞摄取流转不已的世界。

"唯象思维"源于"历脏内视",后期道教称为存思,是汉末流行广泛的修炼方术。道教引入后带上了很多神秘的色彩。道教以人的自然和社会属性模拟体内五脏的生理功能,以由外而显内。在《太平经》中有对这种方法的详细描述。"唯象思维"即是一种拟形的形象思维,又保留有抽象思维跳跃和凝聚性的特点,以象形模拟自然,再以象形为中介解释内丹术等道家思想。其典型的表现就是《周易参同契》。《周易参同契》一开始就提出:"乾坤者,易之门户,众卦之父母。坎离匡廓,运毂正轴。牝牡四卦,以为橐籥,覆冒阴阳之道,犹二御者,执衔辔,准绳墨,随轨辙,处中以制外,数在律历纪。"在这里,乾坤的卦象象征炉鼎,是以天地结构以解释丹药中合成的空间特性。"坎离匡廓"是以坎、离卦象代指铅汞大药。这里坎、离并不是两个抽象的概念,而是两个形象符号,是为阴中有阳,阳中有阴之象;于物象为日月。以日月解释丹药合成的在魏伯阳之前就有,《太清金液神丹经》解释炼丹原理为:"子含午精明斑斓,是用月气日中宫。明朗烛夜永长安,天地争期遂盘桓。"也是以日月在天空中运行的形象解释丹药及其产品。《参同契》不过是以卦象统物象,更显得规范、理论化和条理化罢了。以坎离炼制为例,炼丹家解释铅汞的合成(铅汞齐)或硫汞的化合(硫化汞或其他硫化物)为"明取坎中实,点化离中虚",现在看来也不无道理,因为在合金或化合物的形成时,参加反应的物质确实交换了能量和物质。古人没有物质和能量的概念,只是以阴阳法象猜测到了这一内容。至于内丹中,修炼者也的确是依据上述的形象系统把握了体内精气流行的机制、特征和规律。因此,这种唯象思维决不仅仅是表现一些表面现象的符号,而是一个能够以之直观精微的运动过程及其内在机制的系统。

唯象思维对事物的认识结果是以体悟的形式表达出来的,这种体悟非如身受,只能以某种特殊的境界表示,在丹经中有许多以诗词的形式阐示内丹的方法、火候,力图造成某种意境、某种氛围,此种意境或为未经验过的,或者难以用语言传递,修道者可以借助诗的形象去领悟、捉摸。这种方法称为"借象悟入"。以唯物主义思想家王夫之为例,譬如他写《炼己》:"弹剑中原歌虎踞,萧条万里寒光注。一夜韶光花下雨。春可住,落花只在花开处。乍遣夭桃开一度,天台流水无津路。梦里邯郸归计阻,清无数,峨眉雪浪长江去。"王夫之可能在接触内丹之后发现内丹的借象悟入是可能的,而其心理状态又十分难以捉摸，更难言传，于是只好借助于诗的言外之境。①

刘国梁在《道教思维方式的渊源和特点》中指出，道教思维方式源于先秦道家。在老子那里道是对自然的模拟，自然之象为道，作为老子理论继承人的道教学者最初只能以抽象的理论解释"道"的范畴，道便丧失了在天成象、在地成形的自然面貌，在以后道教从魏晋时期的强硬模拟自然到宋明以后丹道的内化，道教学者才又真正地理解"自然"的本意。道教模拟自然的思维方式特点有以下几个方面：

法自然的思维框架。在道教学者看来，人和自然信息相通，互相感应。道教信仰的主要宗旨在于追求人的长生不死。这种思想的提出即是"副天"的结果。副天的表现有："假求外物以自坚固"，通过"金"的稳定自然属性欲求人生不死。其次"法天道而求诸身"。天道运行节律有常，道教内丹术以天地的周天刻数比拟内丹炼制的火候。另外，炼丹的最终目的也是使后天之逆返先天，顿入无为无知无欲，从而进入境智双遣、物我皆忘的自然境界。法自然有几种具体的体现方式：一是侧重探讨形而上学问题。自然即本原。二是以自然为本的思维角度。这主要反映在：道教的生命哲学强调因任自然，生态平衡。道教养生学重内修外养，提倡充分发挥人体自身的潜能，同时辅以外部的力量。在政治上主张无为而治，要求统治者"无事安民"，"以清静为治"。在人际关系上，主张和善待人，平等相处，不歧视妇女。三是出世与入世相结合的生活方式。四是重生与重现实的价值观和历史观。道教的价值观和历史观呈现出与其他宗教不同的特点：基本上是与现实和谐的，认为现实是合理的，不承认有生死轮回和未来。强调生命的宝贵，不孜孜追求人死之后的所谓幸福。十分重视现实的伦理修养。在历史观方面基本上不主张倒退，而要求向现实、向未来看齐，同时也比较注重科学技术的发展。道教价值取向的核心是为人而不是为神，是为人之生命的久存，而且比较重视个性的、天人相参的、主客合一的主体思维方式。

虚无无为的思维追求。达到虚无无为有四种方式：从宇宙本原的角度去执取，如探究万物的本原——"道"那样；道教界人士的一种修持；指人们进入对外物毫无执取的"圣智"状态；"重玄之道"的思想方法。②

───────────────

① 刘仲宇：《道教思维方式探微》，《哲学研究》1988 年第 1 期。

② 刘国梁：《道教思维方式的渊源和特点》，《甘肃社会科学》1997 年第 1 期。

从上面的论述可以看出，目前对道教思维方式的特点的看法大体一致。道教思维是一种"唯象"的或称为模拟的思维，这种思维方式的特点为：形象性、模拟性。

2. 道教生命哲学

道教以道为最高范畴，道是道教信奉者修炼的最高目标，但道与生命的关系如何始终是一个难解的问题。老子将"道"与"身"对立，守道必然"患身"，单从表面上看，道排斥具体的个体生命。从世俗的目的说，自道教创教起到现今，生命的价值不断得到加强，而道教对道的兴趣也逐渐从政治领域转移到生命领域。开始时《太平经》转向生命领域目的是求道而不是"贵生"，后来才逐渐转向"贵生"，但仍保留求道的目的。总的说来，从道教研究的侧重点来说，道教研究的核心在于生命，以内丹术为表现，"道"之内涵也在养生领域中逐渐展开和揭示。

道教生命哲学的分期稍有分歧。孙亦平认为汉代至魏晋是第一期，即"精神主生"期。"精神主生"引自《太平经》"精神者乃主生"。《太平经》认为："人有一身，与精神常合并也。形者乃主死，精神者乃主生。常合即吉，去则凶。无精神则死，有精神则生。常合即为一，可以长存也。"① 所以长生求仙的主体是"精神"。魏晋至唐为第二期，由"精神主生"转为追求形体永固，从而导致肉体长生成仙说。② 人们对魏晋至唐为"肉体长生说"阶段没有异议，但对汉至魏的道教初创期，准确地说是对《太平经》对长生主体看法存在疑问。

李刚将道教生命哲学的发展分为三期：第一期为汉魏。李刚认为汉魏时期的生命哲学的生命主体仍是肉体，以肉体成仙为目的。肉体成仙理论以葛洪为代表。葛洪论证形神关系时说："夫有因无而生焉，形须神而立焉。有者，无之宫也。形者，神之宅也。故譬之于堤，堤坏则水不留矣。方之于烛，烛糜则火不居矣。身劳则神散，气竭则命终。"③ 生命由形体与精神相互配合而成，"形者神之宅也"是保持肉体长存的先决条件，即使有道，也要有身，否则，"苟有其道，无以为难也"。要超越生命之局限，达到永恒

---

① 王明著：《太平经校释》第 716、96 页，中华书局 1960 年版。
② 孙亦平：《论道教仙学两次理论转型的哲学基础》，《南京大学学报》1998 年第 4 期。
③ 王明著：《太平经校释》第 716、96 页，中华书局 1960 年版。

之不变，既要行气炼养，还必须服食金丹。服食金丹的根据出于《参同契》，认为人经过长期服炼金丹，可以"变形而仙"。它说，人经过夙夜勤修，三年服食，可以变化成仙。服食金丹有"不败朽"的属性，如能将此性转为人体之性，人就可以不朽长生。所以魏晋的生命哲学的主体是比较明确的。南北朝隋唐五代时期是生命哲学的第二期，此期属过渡期，一部分道教学者在继续探求肉体成仙之秘，而大部分人却已经放弃了肉体成仙的追求，改为重精神轻形体。放弃形体的原因归于道教徒实践的失利，一是服金丹而死的例子很多，二是肉体成仙之事不见灵验。谭峭等人重新思考生和道的关系，最后认为，只有生死同一，"志于虚无者，可以忘生死"，将生命化为虚无之境。成玄英也反对肉身成仙，他的理由有四：第一，肉身非实，体本无形，我本无身。第二，生死听任自然。生死如四季的代序，昼夜的交替，很自然的事用不着大惊小怪，悲哀欢乐。第三，齐一生死，生死不二。第四，无生无死，忘于生死。第三期为宋元明清时期。这一时期，道教生命哲学由宣扬肉体不死为主变为追求精神不死。①

　　上面在分期中出现的分歧关键在于对生命本质的理解，道教生命哲学流变实质也在于对生命的理解，其中交织着几条线索：一是生和道的关系；二是精、气、神的关系；三是精、气、神与人的关系。对《太平经》以精神还是以形体为长生主体的不同认识，分歧在于第一条线索，即生和道的关系。《太平经》同时强调两者似乎仍以"道"为最高原则，而非以"生"为最高原则，所以《太平经》中"精神"的含义是解决争议的关键。

　　李养正认为道教讨论的"生命"，不是泛指一切生物体，而仅指人体生命。对生命的解释有多种：具有肉体、精神、灵魂三大要素，谓为生命；有径谓"性命"即生命；有谓生机与形体俱具为生命。道教对人体的解释也有多种：一种为"真精、元神、元气不离身形"谓为生命；一种为"气来入身谓之生"，"从道受身谓之命"；一种以精、气、神共于一体为生命。李养正认为以"气为体，精、气、神三者和谐一体"的"生命说"（或谓生命三义论），还是富有哲理和比较贴切的，也是同道教的养生文化紧密关联一致的。看来，道教生命观以精、气、神为构成元素没有疑问，而对精、气、神的具体含义和对精、气、神相互关系的不同解释构成了道教生命哲学的不

---

① 参见李刚：《论道教生命哲学》，1994 年"道家道教与中国文化"研讨会论文。

同流派。①

关于道教生命哲学的特性，李刚认为有如下几点：

重生性。一般道教徒回避舍生取义的问题，道教把修炼生命、获取不死（肉体的或精神的）看做是大丈夫建功立业、功成名就的象征，故它以"生"为价值目标。道教将其生命哲学与本体论接通，形成本体型的宗教哲学。从宇宙本体论向下落实到人的生命现象，两相贯通，便有永恒之生命存在，这就是道教神仙不死的生命本体论哲学。

主体性。从神仙长生出发，道教建立起我命在我，神仙可学的生命主体论，主张在生命化育历程中奋进不息，激发对主体能动性的追求，把生命看成是个人自己不断作出各种价值选择的历程。这种主体性突出地表现为对儒家天命观的否定，对"我命在我"的高扬。道教坚信，人能弘道，非道弘人。这种主体性尤其强调"修心"。

实证性。道教生命哲学并非纯思辨的产物，而是一种应用性很强的哲学，要求在实际中加以验证。道教生命哲学强调"神仙可学"，学习神仙之道就是一种实证行为，故所谓"神仙可学"强烈地体现了道教生命哲学的实证性。实证性，既是道教生命哲学的一个特色，也是其致命的弱点所在。道教的神仙不死说从未得到验证，人们未见过有不死之人，久而久之，多指其荒诞。道教生命哲学的实践操作方法主要有：外丹服食术，气功内丹术，医药养生术。

超越性。所谓超越性对道教来说，就是超越死亡，超越人与自然的对立。这里的生命本质指生命是抗拒死亡，不死是生物的本能意识。道教对不死的追求，在这里可以找到生物意义的解释，换言之，道教讲不死实际上出于生物的本能追求，以缓解内心的焦虑。其超越性的另一个表现是超越天人对立，实现天人和谐合一。②

李养正未采用生命哲学的名称而称之为"生命学"或生命观。他认为道教生命观的特征有几个方面：生命三义论。道教强调以气为本，精、气、神三者和谐一体的"生命说"即指生命三义论；本原元气，形质真实。道教反对儒家天命说，也反对佛教空幻说，认为生命的本原是"道"所派生

① 李养正：《道教的生命观》，《中国道教》1999年第4期。
② 参见李刚：《论道教生命哲学》，1994年"道家道教与中国文化"研讨会论文。

之"元气"。只有在元气运化而生阴阳中和之气后才产生人体生命，它是有形有质的真实存在，是精、气、神和谐结合于一体的产物；道教对待人生的态度是"我命由我"、"仙道贵生"的教义。比之于儒家的一切皆决于"天命"，人的生命形体，有生有灭，人的一生只能维持天命大限内的生活；佛教的一切空幻，而且人世苦海，既无"生趣"也无"生"的价值，道教提倡"我命在我，不属天地"。道教相信"我命在我"、"重人贵生"，并且坚定地践行炼养之道，相信人可以"长生住世"，永久享受人间的幸福生活；生道合一，性命双修。道教在坚信"我命在我"教义的同时，建构了能够实证达到"长生住世"理想的理论与实践方法的体系，这就是"生道合一"论及以"性命双修"为中心的多种炼养方术、"万物与我为一"的整体协合观与修持境界。道教强调修持者务必审慎对待宇宙万物及关注在修养上的三种境界，即：树立"天人合一"，"天地与我并生，而万物与我为一"（《庄子·齐物论》），宇宙万物相生相利的整体协和观念，正确对待自我内在心性修养，达到清静自正的境界；正确对待尘世社会的欲海烦扰，达到精神超越的境界；正确认识客观外在自然环境，顺应自然，维护自然和谐，达到修持与天地造化同途的境界。概括以上道教生命观的要点是：精、气、神三义论；本原元气论；形质真实论；生命自我主宰论；重人贵生论；生道合一论；神仙实证论；齐同万物论；道法自然论。①

　　比较上述两位学者对道教生命观的认识，可以看出两者存在共性：贵生、生道合一、实证、齐同万物的超越性。也存在一些分歧。精、气、神三义从本质上讲也是天人合一论，而本原元气只不过将合一的基础归于元气，可并入天人合一论中。道法自然的本质也是天人合一，但从方法论的角度单列一项也是可以的。所以总结道教生命哲学的特征有以下几点：贵生性、主体性、实证性、齐同万物、道法自然。

　　3. 生态哲学

　　由生命哲学可以引申出生命伦理学与生命政治学和生态哲学（或称生态伦理学）等外用之学。生态哲学与当今社会热点问题联系在一起，是上述研究领域中比较重要的一个方面。自西方工业文明兴起以后，人类的生存环境开始受到大范围的侵害。到了 20 世纪，环境与资源已经成为一个紧要

---

① 李养正：《道教的生命观》，《中国道教》1999 年第 4 期。

的现实问题，可以说生态危机已成为全人类面临的最大的共同性危机。溯本求源，人们不能不对工业文明的利弊重新做出评价，直至探求整个文明史，以求寻找人与自然关系的和谐基础。牟钟鉴认为生态哲学应解决下列问题：人类要成为自然的征服者、统治者，还是与自然界共荣、协调发展？自然资源可以无限开发使用，还是很有限度，必须节约？理想的现代化模式是以经济高速增长为主要指标，还是协调健康发展，包括改善生态环境，使人和自然达到高度和谐？改善生态环境是只扫自家门前雪，还是全球人类休戚与共，齐心协力克服危机，走出困境？① 以上诸问题的核心是人与自然的关系问题。自然资源与环境是人这个生命主体和其他生命主体的无机身体，所以生态问题又可归结为生命或称为物种的相互关系问题，如果以人为主体，从人的视角看，生态哲学即生命哲学。如果以物为主体，从物的视角看，生命哲学即生态哲学，两者具有内在的一致性。

刘国梁认为，道教生态哲学的思想有以下几个方面：主张对宇宙万物施以仁慈的爱心。主张尊重自然万物的属性，让宇宙万物"任性自在"，自足其性，自然得到发展。科学技术的发展与自然之间有无关系？科学技术发展的标准是什么？道教学者的回答是：科学技术的发展离不开自然。科学技术的发展标准是：既有利于人类，也使自然物类相益。葛洪认为人类科学技术的发展有两条途径：一是用人工合成的方法制造自然界存在的东西；二是运用物种变化的观点创造历史上未曾出现过的奇迹。前者即"假求于外物以自坚固"思想的扩展，后者即是异物相生，异物相益。道教学者认为人和宇宙万物是互相感应的，两者感应的基础就是人与物信息相通，都有精神。所以天地能赏善罚恶。万物各得其宜是国君的责任，道教学者主张以变化万物，让万物得其宜作为考察官吏政绩的标准。他们还提出以保护物种多少为财富标准的价值观。此点是道教哲学优于儒佛的地方。道教主张人类生活的环境应是幻想和现实的结合，宣扬人和万物之上都有一个最高的主宰神，由它主宰人和世界万物。道教揭示了人与自然之间的供求矛盾，自然有限的物种与人类无穷无尽消耗存在矛盾。道教提倡人与自然的双向依存和选择，反对无畏地、无休止地向自然索取。②

---

① 牟钟鉴：《生态哲学与儒家的天人之学》，《甘肃社会科学》1993 年第 3 期。
② 刘国梁：《道教生态伦理思想初探》，1994 年"道家道教与中国文化"研讨会论文。

4. 重玄学

近年对道教重玄思想的讨论已成为道教史研究中引人注目的热点。关于重玄的含义及源流，李养正认为，道教的重玄思想源起于《老子》第一章："无，名天地之始；有，名万物之母。故常无，欲以观其妙；常有，欲以观其徼。此两者，同出而异名，同谓之玄。玄之又玄，众妙之门。""玄之又玄"即所谓重玄。重玄学从形式上以否定的形式立义，"玄"即对现实的否定，"玄之又玄"即不断革新、变化之义。王弼以"贵无"论所宗者，以"有无"、"本末"、"体用"为范畴，建立魏晋玄学。郭象作《庄子注》，提出"即遣是非，又遣其遣，遣之又遣"的"双遣"思想。东晋孙登最早以重玄观疏解《老子》，继之以张湛、陆修静、顾欢、孟景翼、陶弘景、宋文明、臧玄靖、褚糅、韦节、刘进喜、黎元兴、成玄英等。至唐代成玄英得以形成道教重玄学派。支遁、僧肇的佛学思想不是道教重玄学的理论根基，只是在重玄学的形成过程中给予了较显著的思想影响和一定的思想资料方面的滋养。前者阐发和融摄于前，后者融摄于后。支遁的重玄主义主要表现有两点：其一，将"般若波罗蜜"等同于重玄思想，皆圆融无碍，精神解脱；其二，以"色不自有，虽色而空"之理，摆脱生死观念的烦扰而求精神超越形体、现实，以得到安静，认为保此安静，就能长生。僧肇的重玄思想表现在：其一，僧肇运用中观学论万物假有与终归的空"无"，有与无的相对与统一同于《老子》的"有"与"无"，"此两者同出而异名，同谓之玄"的古义一致。其二，僧肇发挥"损之又损以至于无损"的思想，以渐至于彻底的觉悟与空性。[1]

李大华认为，"重玄"取于老子，然而就其历史意义来说，它并非《老子》"玄之又玄"的简单重复，而是包含了魏晋玄学、佛学及道教数代学者的创见在内的翻新与回归。"重玄"是修炼的最高境界，是一种宗教超越，围绕宗教超越而展开的道教哲学论证，就是重玄哲学。魏晋以肉体成仙为目的的金丹术等的失验，使广大信行者认识到人体生命终归有限，产生对道教信仰的失落感，尤其是在外界的指责、攻击之下，便更感尴尬、窘迫。在以炼养求形体长生破败的危机下，只有道家清静无为的修养法尚可获得心性上

---

① 李养正：《试论支遁僧肇与道家（道教）重玄思想的关系》，《宗教学研究》1997 年第 2 期。

的安慰。这自然使道教徒转向《老》、《庄》去填补缺陷的教义。魏晋玄学超越现实的趋向迎合了道教哲学转向精神的需要，另外佛教思想的影响在本土扩大，佛教重思辨的般若学也影响了道教哲学的转向。以上原因使道教重玄学不言炼养而求精神解脱的长生久视之道成为一种社会宗教的思潮。唐以后，经过内丹术改造的金丹学吸收了重玄学，使得重玄学重新获得了可操作性。这表现在两方面：一是道作为宇宙本体学说的道气论逐渐占支配地位。道气中包含着理。其二，作为道与人之间终极关怀的"性命"说取代了"道性"说（道性即人性与道之本体的合一），性命是人的整体表现，性命中隐括了道性，性即神，命即"气"。①

具体到成玄英重玄学的思想有以下几个方面："至道深玄，非无非有"的本体论；"玄之又玄，遣之又遣"的思维方式；"物各自治，则天下理"的管理思想；"因其素分，任其天然"的教育思想。②

强昱在《成玄英〈道德经义疏〉中的重玄思想》一文中，从结构、思维特色、主要概念的内涵及相互作用关系三方面，分析了成玄英在《道德经义疏》中表达的"重玄之道"。③

（二）内丹术研究

探索内丹奥秘的著述较多，有李大华的《试析道教内丹学与神学思辨的关系》④、冯国超的《析道教生命哲学》⑤、陈撄宁的《道教与养生》⑥、王沐的《内丹养生功法指要》⑦、胡孚琛的《道教医学和内丹学的人体观探索》⑧ 等。

关于炼丹术的历史分期，一种观点认为，中国炼丹术的历史分为三期：战国至南北朝为早期，隋唐至宋为中期，元明清为后期。第一期为炼丹术的

---

① 李大华：《道教"重玄"哲学论》，《哲学研究》1994 年第 9 期。

② 胡孚琛、吕锡琛著：《道学通论——道家·道教·仙学》第 203—212 页，社会科学文献出版社 1999 年版。

③ 强昱：《成玄英〈道德经义疏〉中的重玄思想》，《道家文化研究》第 7 辑，上海古籍出版社 1995 年版。

④ 李大华：《试析道教内丹学与神学思辨的关系》，《哲学研究》1991 年第 8 期。

⑤ 冯国超：《析道教生命哲学》，《哲学研究》1991 年第 10 期。

⑥ 陈撄宁著：《道教与养生》，华文出版社 1989 年版。

⑦ 王沐著：《内丹养生功法指要》，东方出版社 1990 年版。

⑧ 胡孚琛：《道教医学和内丹学的人体观探索》，《世界宗教研究》1993 年第 4 期。

形成期，第二期为炼丹术的兴盛与发展期，至第三期炼丹术发展成较完整的理论。一种观点认为，可能在先秦内丹已产生。一种观点认为，内丹是在外丹失败后兴起的。陈兵指出，内丹发展分为三个阶段：唐末至北宋中期，以传统内丹兴起为主要特征；北宋后期至明中期，为道、禅融合的内丹成熟盛行时代；明末至近代是内丹通俗化、明朗化的时代。① 胡孚琛以先秦至汉为内丹学准备时期，东汉道教创立至隋唐为形成期，唐末五代为成熟期，至宋金逐渐排斥外丹而占统治地位。②

内丹术所炼之丹有不同解释，王家佑、郝勤归为以下几种看法：一为黍米说。《周易参同契》："金来归性初，乃得称还丹"，"先白而后黄，赤色通表里。中曰第一鼎，食如大黍米"。《悟真篇注释》："惟先天之前，混沌真一气，用法追摄于一时辰之中，结成一粒如黍米，号曰金丹。"此黍米之丹如同佛教所说的舍利子。二为气团说。这种看法认为，所谓金丹，是经过长期精气神的炼养，使神气相合，气结精凝，促进人体先天精气团聚成丸，"其经如橘光似雪，融若汤煎味如蜜"。三为光团说。据丹经记载，修炼内丹至高成就者能返观内视，洞见体内丹田中或气脉上明亮的光团或光点，这些光点小如黍米，大如雀卵，在丹田或气脉上游行，颇似印度瑜伽的明点。四为性圆说。这种观点认为，金丹非指人的精气，而是心性修炼的境界。这一点特别受到部分主张佛道合一、禅丹合一的丹家赞同。李道纯的《中和集》："金者坚也，丹者圆也。释氏喻之为'圆觉'，儒家喻之为'太极'，只是本来一灵而已。"五为精、气、神合一说。此说又称神、气合一或性命合一。其本旨是认为内丹即是将人体内精、气、神三大生命要素炼而为一。六为大还丹、小还丹、玉液还丹、金液还丹诸说。这是将内丹各个阶段、层次、境界、方法、技术分别参照外丹法加以命名。七为上、中、下三品丹说。此一说实则将古代流行的除外丹以外的各种养生术和道教炼养术视为内丹法门，而又以钟吕丹道为标准区分为上品丹法、中品丹法、下品丹法。

内丹术的界定和特征。内丹是一种以静功为特征的人体生命内炼实践体系。在炼养思想方面，内丹是一种以道教神仙信仰为核心，兼融儒家理论学说，尤其是佛教禅宗心性学说、禅定理论及方法的完整信仰体系和思想体

---

① 陈兵：《中华气功在道教中的发展》，《世界宗教研究》1989 年第 4 期。
② 胡孚琛：《道教史上的内丹学》，《世界宗教研究》1989 年第 2 期。

系；内丹无论清修、双修、男丹、女丹均以内部性能量作为基本修炼物质和生理基础；除了性能量外，内丹另一开发领域是人体的无意识系统的潜能。在基本炼养理论方面，一方面，内丹全面吸收和运用了古代阴阳、五行、八卦等符号系统，并借用外丹术语来形成一个完整而精密的理论框架体系；另一方面，内丹全面继承并发展了中国传统医学及生命科学理论，形成了以精气神论、脏腑理论、经络学说为基本炼养程序的次第。在经典方面，虽然道教内丹在历史上丹经千万，但历来内丹家公认东汉《周易参同契》为"万古丹经王"，合《悟真篇》为内丹两大圣典。在价值目标方面，内丹追求性命双修、神形合一，亦即身、心两大系统的完备和统一。①

胡孚琛从现代生理学和心理学的角度对内丹现象进行解释，认为道教医学将人体看做由形（躯体结构）、气（生命结构）、神（心理结构）三个层次组成的。内丹学将精、气、神看做是生命的三大要素。形相当于自然界中有形的物质层次。气是人体内高度有序的能量流组成的结构，实际上是人体的生命机能（气体，即躯体中物质的运动功能）。道教内丹学认为人的心理也是有结构的，它以一种过程的秩序即意识流的形式存在，称为人的心理结构。意识是一种特殊形态的信息，是生命运动的最高形式。人体的正常生命活动决定于阳气与阴精的平衡，这个平衡受控于正常的意识活动。人体通过"阳化气，阴成形"与外界交换物质和能量。道教内丹学以道教医学为基础，以精、气、神"三宝"为生命的三个基本要素。精、气、神皆有先后天之分。所谓后天是指从世俗社会的观点来看，那些有形的、人为的、同熵增规律相一致的东西；而先天则是从自然的初始状态来看，那些无形的、自然本能状态的、功能性的、同熵增规律相逆的东西。炼精的"还精补脑"，用现代的语言说，实际上就是从自我调节人的性激素及内分泌入手，通过增强人的性功能来恢复大脑的青春活力。从调整内分泌入手改善神经系统的状况，协调性腺和丘脑的负反馈机制，由生理的和谐推进心理和谐及人体潜能的开发。内丹学的炼气功夫是人类模拟恒温动物冬眠尝试，由"自律神经"自然调整人体节律运动。刺激人体内分泌腺，调整性激素、生长素等推进神经系统和整个躯体的和谐有序变化，以增进青春活力。修道而产生的酥绵感

---

① 王家佑、郝勤：《内丹之丹及其文化特征》，1994 年"道家道教与中国文化研讨会"论文。

是由关窍部位分泌的类吗啡样的激素。炼神的功夫由意识活动和无意识活动组成。人的意识共分三个相互联系的层次。表层意识称为"显意识"，道家称识神，包括一系列理性思维程序。显意识是被排除的对象，但炼丹的结果可以增强自我控制能力。显意识以意念力为表现形式。显意识以下，深层意识是"潜意识"，同西方心理学潜意识的含义类同。潜意识可以成为修炼者可控的"真意"，是开发"元意识"的中介。炼神还虚中产生的魔境就是变态心理学中的一些精神病状态。对潜意识的开发和净化本质上是其逐步人格化的过程。超心理学现象是这些人格化的潜意识（阴神）的神通。"元意识"，内丹学称为元神，是比潜意识更深层次的意识，实际上是人类在漫长的生物进化中遗传下来的亿万年的记忆，发生于人脑的网状结构、丘脑等旧皮质区。内丹学实际上就是一项排除显意识（识神）、净化潜意识（预先输入的各种密码和欲望）、开发元意识（元神）的人体系统工程。[①]

以现代生理学和医学研究内丹学，使内丹学能在现代的基础上深化发展，以科学的形式为世人接受，是内丹学发展的方向。但是，炼精化气阶段所炼之精是生殖精还是一种"谷精"，或者是对人体物质系统的哲学抽象？真意和元神是否能称做潜意识和元意识的人格化？这时的元神与元精、元气的关系如何？值得进一步研究。

（三）道教伦理研究

对道教伦理的研究是最近几年才开拓的道教研究的新领域。李刚的《劝善成仙——道教生命伦理》一书，指出道教伦理把生命现象与道德现象结合起来，以修身积德作为长生成仙的必要条件。书中概括道教的生命伦理具有主体性、实践性、功利性、形象性、示范性及融摄性等特性。姜生的《汉魏两晋南北朝道教伦理论稿》把道教伦理分成生命伦理、社会伦理和神学伦理三个方面加以阐述，试图建构道教伦理的基本框架。该书作者还在其他文章中指出，道教伦理乃是对应于早期封建伦理而产生和发展起来的，起着对儒家纲常伦理进行思想性和可操作性的弥补功能。最近作者又在其新著《宗教与人类自我控制——中国道教伦理研究》一书中，从社会控制的角度

---

① 王家佑、郝勤：《内丹之丹及其文化特征》，1994 年"道家道教与中国文化研讨会"论文。胡孚琛：《道教医学和内丹学的人体观探索》，《世界宗教研究》1993 年第 4 期。

探讨了道教伦理结构在维系中国传统社会秩序方面所发挥的巨大功能。① 卿希泰认为，宗教与伦理互有交叉。道教吸收了古代宗教伦理道德思想、儒家封建思想、道家和佛教的有关思想等，其中天人感应的思想对道教影响特别大。道教的伦理道德的主要内容有：在有关教理教义经典方面所包含的伦理道德思想；在戒律条文中包含的伦理道德思想；在劝善书中包含的伦理道德思想；在各教派立教宗旨中包含的伦理道德思想。道教的伦理道德的特点：首先，道教的伦理道德主要靠神灵的威力来贯彻；其次，道教的伦理道德思想与它所追求的基本目标——长生成仙紧密结合。②

（四）道教的宗教学和神学研究

石衍丰认为，道教奉神的源流与道教的发展是同步的。南北朝时期道教神系趋向统一，基本上确定"元始天尊"为最高神，至隋唐五代以"三清"为最高神的奉神系统形成，宋代以后才完成道教的庞杂神系。③ 王家佑的《梓潼神历史探微》④ 考察了文昌帝君的演变，认为梓潼与文昌同出氏族，合二而一体现着氐汉文化的融会。唐代皇帝因政治需要封梓潼神为王，宋明以来文昌完全成了封建神，掌握人间禄命。王卡在《元始天王与盘古氏开天辟地》⑤ 一文中指出，"元始天王"是葛洪在早期道教崇拜太上道君的基础上，吸收南方少数民族中流传的盘古开天神话而塑造的道教最高神。后来的元始天尊则是融合了元始天王、太上道君及佛教世尊的名号而形成的。

从宗教学的角度研究道教。胡孚琛、陈静将道教的特征作如下概括：所谓道教，是中国母系氏族社会自发的原始宗教演变过程中，综合流传下来的巫术禁忌、鬼神祭祀、民间信仰、神话传说、各类方技、术数，以道家黄老之学为旗帜和理论支柱，杂取儒家、墨家、阴阳家等诸子百家中的自我修炼思想、宗教信仰成分和伦理观念，在长生成仙、度世救人，进而追求与道合一的总目标下神学化、学术化为多层次的宗教体系，它是在汉代特定的历史

---

① 参见尹志华：《90 年代中国大陆道教研究的新进展》，《哲学动态》1997 年第 5 期。
② 卿希泰：《简论道教伦理思想的几个问题》，《道家文化研究》第 7 辑，上海古籍出版社 1995 年版。
③ 石衍丰：《道教奉神的演变与神系的形成》，《四川文物》1988 年第 2 期。
④ 王家佑：《梓潼神历史探微》，《中国道教》1988 年第 3 期。
⑤ 王卡：《元始天王与盘古氏开天辟地》，《世界宗教研究》1989 年第 3 期。

条件下不断汲取佛教的宗教形式，逐步发展而成的具有中国传统的民族特色的宗教。道教具有以下几个方面的宗教特征：道教信仰和盲目崇拜的神仙包括其最高主神，只能是异己的自然力量和异己的社会力量在人们头脑中幻想的反映；道教的神仙境界显然是一种神圣的彼岸世界，在这种世界里，神仙具有的无所不能的巨大神通，显示了超人间的神秘力量；道教是维护家长制社会的工具；在氏族原始宗教和传统文化的基础上，道教形成了独具特色的神灵观、神性观、生殖观，这套宗教观念和思想是相当完整和自成体系的；道教注意培养道士对神仙的依赖感、敬畏感，对神圣力量的惊异感，接受神仙保护的安全感，违教亵神的罪恶感，与神交通合一的神秘感，并有一系列的修持方法使道士获得宗教体验；道教以法术见长，它不仅将我国自古流传的方术包容无遗，而且形成一套宗教礼仪和斋醮程式，至南北朝时就已经达到成熟的教会式宫观道教水平；道教有一套宗教组织系统和宗教制度，为道士制定了严格的教规戒律。南北朝以后的道士们穿着特殊的服装，服从道规和戒律，成为按道阶组织起来的宗教职业者。同三大世界宗教相比，道教有如下的民族文化特点：从道教的教旨上看，它追求肉体成仙，长生久视，重视现世利益，这同世界三大宗教追求灵魂解脱，重视来世利益的特点大相径庭；从类型上看，道教同基督教等社会伦理型宗教不同，是原始社会自发的自然宗教和阶级社会人为的伦理宗教的结合体；从风格上看，它以修习法术见长，对神秘的力量和对圣物不像其他宗教那样采取屈服、谦卑和祈祷的态度，而是尽力通过某种方式控制和支配它，将超自然的力量为我所用；从内容结构上看，它比三大世界宗教存留着较多的民俗信仰和古代巫术，又杂取了中国儒、墨、道、医诸家和佛教的思想材料，在内容上有兼收并蓄、庞杂多端的特点，在结构上有明显的层次性。①

四、 道教与中国文化

（一）道教与道家

道家与道教的关系引起了很多学者的兴趣，传统上对这两者不加区别，

---

① 参见胡孚琛、陈静：《从宗教学看道教》，《世界宗教研究》1991 年第 1 期。

但现代学者认为有区别两者的必要。任继愈认为，先秦无道家，只有老庄哲学及其相应的老庄学派；汉代的道教代表西汉融合各派后的一种思潮；学术界习惯将老庄学派称为道家，这实际是后期的一种学派分类观念；道教是宗教，所以持老子、庄子为道家的见解是误解。① 蒙文通认为，道家之学始于晚周，而道教则源于汉末，道教与道家初似无大关系，自后世道教徒奉老子为神人，尊老庄书为经典，二者遂不可复分。② 唐明邦认为，道教产生后，道家思想日益同道教合流，为其所吸收，使哲学宗教化。道家（哲学）、道教（宗教）、道术（科学）三者相得益彰，致使道家思想在中国文化史上有独特的地位和作用。③ 卿希泰认为，先秦道家是以老庄为代表的一个哲学派别，后来演变为黄老之学。这种黄老之学以道家的清静养生、无为治世为主，但又吸收了阴阳、儒、墨、名、法的部分内容，已不完全是先秦的道家，而是被称为黄老术的新道家。黄老术演变为道教的修炼方术，奉黄老术的黄老道便是道教的前驱。司马谈在《论六家要旨》中所谈之道家即指新道家。道教创立的时候即奉老子为教主，以老子《道德经》为主要经典。道家思想乃是道教最为重要的思想渊源之一；道家哲学乃是它的理论基础之一。④ 照笔者看，与道家、道教相比，儒家、墨家、传统的鬼神观、方术等只是次要成分。道家之"道"是哲学范畴，既有宇宙本体的意义，也含有规律的意义，"其界属模糊不清"，而道教中的"道"被神化为神灵。道是天地万物之源，因而作为"道"的化身"太上老君"也就成为"混沌之祖宗，天地之父母，阴阳之主宰，万神之帝君"。信"道"也就变成了信神。再者，修道成仙是它们的核心，其教理、教义和各种修炼的方术都是围绕这个核心展开的。虽然道家和道教信道的目的不同，但"道家哲学乃是它的理论基础之一"，且为最为重要的思想渊源之一也是确定的。从这点来看，"道家和道教，本来是有区别的"，"但二者并不是毫无联系的"，认为道家与道教是同一个派别也是有依据的。

王沐认为，"整个道教与整个老庄哲学本来是截然两回事，用比附的方法把道家纳入道教是极不恰当的"。因为道教与道家的"道"的概念含义不

---

① 任继愈：《道家与道教》，《文史知识》1987 年第 5 期。
② 蒙文通：《道教史琐谈》，《中国哲学》第 4 辑。
③ 唐明邦：《道家、道教与中国文化》，《宗教学研究》1988 年第 4 期。
④ 卿希泰：《试论道教在中国传统文化中的地位》，《哲学研究》1998 年第 1 期。

同。道家的道，探讨了造化的本源、发展的规律，看到了大自然从无到有、从虚到实等自然发展趋势，要求人们顺应自然发展的规律，适应它的发展变化，用以治国，用以养生，用以尽其天年，因而主张"人法地，地法天，天法道，道法自然"。"道"与"虚"和"无"是同义词或近义词，"德"与"一"、"有"是同义词或近义词。道与德是体用关系。道教对"道"的解释不同于道家的解释，既不祖述老子而贯彻老子自然无为的主张，也不推崇道家的著作，而以为道为神仙之道。道教所称的"道"具有三个意义："道"即是神、神的意志，所以神道设教；道者术也，包括道术、法术。道与权同义。道教的神形象化，除"三清"代表"道"以外，大部分是把天上日月星辰加以神格化，这其实是由原始信仰沿革和观星术而来，后来才与《道德经》的教义结合在一起的。道教是道术的看法，见贾谊《新书·道术》："道者，所以接物也。其本谓之虚，其末谓之术。"而道教的道即神，道术即体现神的意志的学术。由神主宰宇宙也有几种表现：命定论；命虽有定，但可以窥测神意，趋吉避凶；用种种仪式向神表示虔敬，求神仙降福免灾；代表控制，支配自然；求仙访道，认为长生可致，仙道可成。总之，是通过有为手段达到无为的目的。道教所谓"得道"实指这种得术而言。从道教的渊源看，道教不是以道家思想理论为基础而发展起来的，也不是道教的别派。道教的起源约有以下三项：古代崇拜自然，认为宇宙一切现象都有神灵主宰；在古代，除对自然崇拜现象外，还相信人死灵魂在；战国以后，方士传播炼丹服药、长生不死的思想。[①]

　　王沐还认为，许多人将两者混淆的原因在于：前汉统治者崇拜老子，引起民间注意；后汉时期，农民起义者崇拜老子，道家人物逐渐成为旗帜，起义者用老子的旗帜号召人民；东汉末，道教已具雏形，但不够完备，后来汉末魏伯阳的《周易参同契》，晋葛洪的《抱朴子》，只不过充实道教内容而已，并未促成宗教形式，完成者是寇谦之；唐朝假宗教以揽人心；由于道教吸收和改造了道家，所以在史籍、私人著作里常把两者混淆起来。只要有一部科学的道教史问世，便会澄清道家和道教的关系。[②]

　　上述对道家与道教关系的讨论，多从史学与宗教的角度，考察两者的名

---

① 王沐：《道教与道家的关系及其区别》，《湘潭大学学报》1986年第2期。
② 王沐：《道教与道家的关系及其区别》，《湘潭大学学报》1986年第2期。

称、渊源、神学性质的异同，但是区分两种学术思想，是否应该从理论本身着眼？至于从史学、影响面、宗教学等方面入手，只能充当线索，最终还应归结到理论本身上。要想分清道家与道教是否可以合为一，重要的是分清道家的无为思想与道教的成仙理论是否内在一致。如果道教思想与道家思想是继承与发展的关系，两者就应该是一致的。《太平经》、《抱朴子》、《黄庭经》、《钟吕传道集》、《悟真篇》等道教主要经典的理论核心和修道的重要阶段皆以无为思想为最高原则。因此可以说，从形式上看，道家和道教是不同的，道教的研究对象更为庞杂；从整体内容上看，道家与道教的思想核心是一致的。近年来的学者倾向于将道家、道教合在一起研究，这也能说明一些问题。比较公允一点的看法认为：道教宗教哲学的一个重要的组成部分是道家思想。故研究道家，或可不涉及道教。而论及道教，必不能离开道家。

(二) 道教与儒家

道教吸收儒家的思想，宣扬儒家的伦理道德思想。道教在宣扬这些伦理道德的时候，与它的长生成仙思想结合起来，所发生的实际效用比儒家更大。在儒家经典中尚未合"天地君亲师"为一体时，道教已经这样做了。陶弘景对神仙体系进行排列，将人间世界的品第搬到神仙世界，使道教更好地为封建等级制度服务。西汉董仲舒的新儒学，也可称为宗天神学，为后来的道教直接吸收，是道教重要的思想渊源。

李养正认为，董仲舒的儒家神学思想，后世道教几乎是无所不取。董仲舒倡导天人感应，对天人关系有几点基础认识："天"，有意志、有感情、有目的，是宇宙的主宰；"天"，有巨大的能力与无限的权威；"天"，通过日月星辰的变化，阴阳五行的运化，亦即种种自然现象，向人显示意志；"天"、"人"同类；天地与人体阴阳五行的属性是相通的，因而"天"、"人"是互相感应的；"天"用灾异表示对"人"的谴告与惩罚；天人相副，人副天数，天是百神之君。东汉出现的早期道教，并未形成"三清"等神仙系统，故袭用儒家思想而构造神学理论与神团系统。道教从兴起的谶纬之学那里吸取了大量思想资料，用作自己义理的依据。道教神化老子，便是仿效纬书之神化孔子。道教将宇宙本原元气同宗教神灵相结合的观念，也是受儒学纬书的启示而产生的。在纬书中，元气是宇宙万物之本，又是神灵之根本。道教则将"一"解释为道，把"元气"、"道"、"神"三者结合起来，构成它关于宇宙本原与"最高主宰者"的神学观念。道教的气、形、质三者演变与"太易"、"太始"、"太素"的说法十分明显本于纬书。道教吸取儒家政治思想来勾画其理想王国。道教政治思想分成两部分：源于老子的尚自然、国无帅长、民无嗜欲、无爱憎、无利害、无畏忌、无夭殇、不耕不稼、不媒不聘的思想；世俗的政治思想。前者是一种"虚幻之境"，后者则是"以宗教方式，阐扬儒家的政治思想"。另外，道教吸取儒家心性之学建立其炼性理论，尤其是金代兴起的全真道，融合释道两家宗教义理，尤重儒家心性之说。①

历史上儒教与道教既相互吸收又相互斗争。道教对儒家的影响，在宋元时期特别明显，而这反而辅助了儒家道学派的兴起。刘国梁的《试论道教对程朱理学宇宙生成论的影响》② 一文指出，程、朱的理气观念、"气化流行"说、宇宙生成说，都受到了道教学者的影响。李远国的《陈抟〈无极图〉思想探索》③ 一文认为，《无极图》以老庄思想为基础，继承汉代以来道教传统的修炼方法，并吸收大量佛教禅法，不仅对宋金元时期道教金丹派的丹法有重要影响，而且还被周敦颐改造成对宋明理学有重要影响的《太极图说》。朱熹《周子太极通书后序》说："盖自先生（周敦颐）之学，其妙具于《太极》一图"。李养正认为，理学的"克人欲"是宋儒吸取唐代道教学者司马承祯等倡导的"主静去欲"的修养理论与方法。"道教与儒家自来矛盾较少，在我国历史上自佛教传入后，儒家出于抵制外来文化及维护中华民族传统的伦理道德，与佛教有过激烈斗争。在这一历史中，道教始终与儒家保持一致，共同策应以抗佛，始终是同盟者的关系。"④ 道教与儒家的分歧和斗争主要表现在道教的神学、方术方面，王充的《论衡》、柳宗元的《天对》、范缜的《神灭论》等，皆是这种斗争的产物。这种分歧是带有根本性的。直至道教放弃肉体成仙而转向内丹修真，三教才渐有合流之势。

（三）道教与佛教

李养正的《论道教与佛教的关系》一文认为，佛教与道教是在中国流

---

① 李养正：《论道教与儒家的关系》，《世界宗教研究》1992 年第 4 期。
② 刘国梁：《试论道教对程朱理学宇宙生成论的影响》，《宗教学研究》1987 年第 2 期。
③ 李远国：《陈抟〈无极图〉思想探索》，《世界宗教研究》1987 年第 2 期。
④ 李养正：《论道教与儒家的关系》，《世界宗教研究》1992 年第 4 期。

传已久的宗教，它们之间存在以下几方面关系：佛教的初入中土与道教太平道、五斗米道之初兴基本同时，道教的形成不是受佛教传入的启示、刺激，更不是模仿、抄袭佛教的产物。道教的产生，决定因素在于中土的苦难社会。道教基本上属于民间宗教，而佛教属于初入时多在贵族与士大夫阶层中传播的官方宗教；佛教与道教均依附于颇具宗教色彩的黄老道，而佛教并不曾依附于道教及神仙方术；东汉时的佛教、道教，彼此均抱求同存异态度，和平共处，协调少争。历史上的佛道之争，大都是势力与声誉之争，而在根本教理教义方面的争论较少；佛教、道教都是有神论，尽管在义理、修炼方法上有差异，但为适应社会需求和自身完备，彼此之间曾不断相互融摄互补。佛教吸收道教的养生术，道教则吸融佛教的因果报应、生死轮回及心性理论。佛教道教与儒家提倡的敬天祀祖的习俗汇为一流，构成中国传统的宗教文化。①

（四）道教与少数民族宗教

道教的初期形态五斗米道，四川芦山县出土东汉建安十年《汉故领校巴郡太守樊（敏）府君碑》称为"米巫"。卿希泰主编《中国道教史》②认为，原始的五斗米道，大抵从民间流行的巫鬼道演变而来。蒙文通认为，五斗米教原行于西南少数民族，疑其为西南民族之宗教而非汉族之宗教。可见道教与少数民族关系密切，至少少数民族的神灵观是道教的一个重要的思想来源。③

古巴蜀国亦为历史悠久且充满神秘色彩的文明古国，一般系指以成都平原为中心，以蜀族为主体民族并包括其他一些族类，它接受中原文化较早，与西南夷各族关系密切。五斗米道初期为 24 治，素为古代西南夷各族经济、文化交流的走廊，"六夷、七羌、九氐"杂居之处，故五斗米道与其他民族的原始信仰，如彝族的毕摩或苏业、纳西族的东巴、藏族的本钵、羌族的释比、白族的天鬼、土家族的梯玛、白马人的白莫、怒族的尼玛、佤族的魔巴等有相通之处。道教的最高神"三清"从盘古开天辟地神话逐渐衍化而来，

---

① 李养正：《论道教与佛教的关系》，《中国社会科学》1992 年第 3 期。
② 卿希泰主编：《中国道教史》第 1 卷第 8 页，四川人民出版社 1988 年版。
③ 蒙文通：《道教史琐谈》，《中国哲学》第 4 辑。

其名最早称元始天王。葛洪称盘古真人号元始天王。盘古开天辟地的神话是吸收南方少数民族如白族、瑶族的传说，经过文人的采用、修饰而成。道教其他诸神很多都出自少数民族。王纯五认为，五斗米道对巴蜀文化的承袭与发展突出表现在以下六方面：一是"三官崇拜"。三官即天官、地官、水官，源于巴蜀先民对天地山川的自然崇拜。二是对五方星斗特别是北斗星的崇拜。五斗米道的"五斗"的更重要的一种含义即五方斗。三是对纵目三眼神的崇拜。蜀人的始祖烛龙为三眼，蜀人即以纵目为标记，奉为图腾，青城山隋代石刻张道陵天师像亦为三眼，这是对巴蜀文化的认同。四是"火化成仙"的民俗信仰。古代巴蜀民族尚火葬，人死之后，灵魂须经火净化，方能达到天国，谓之"登遐"（登霞）。五是与"长生不死"的神仙思想结合的巴蜀养生术。早在先秦时期，巴蜀就曾经是古代养生术的主要发源地之一。巴蜀原始的鬼道中，还流传有"黄帝、玄女、龚子、容成"之术。六是承袭了古代巴蜀民间用符咒驱邪、用符水治病的巫术及某些斋仪甚至经书，张道陵曾求教于巴蜀鬼教的巫师，早期道教的符图、咒语，其书写方式有的与近年出土的文物"巴蜀图语"符文相似。张道陵所造之书，有的是根据巴蜀原有的《符书》、《微经》编译而成的。① 徐亦亭认为，道教是中国古代汉族和少数民族在共同信奉过的巫术基础上形成的具有浓郁传统和新颖特点的中国宗教。历史上，道教被各族统治者利用，成为麻痹人民意志、巩固封建政权的思想工具。然而，道教作为中国古代传统思想文化的特殊反映，在各民族的友好交往中，起到了一定的积极作用，是凝聚和巩固民族统一的封建国家的因素之一。东汉桓帝、魏晋南北朝的拓跋焘、唐太宗、女真的封建贵族、成吉思汗都曾利用道教缓和各民族关系。魏晋时期的少数民族将信奉道教作为其学习和接受汉文化的标志之一。②

（五）道教与中国古代文学

道教的神仙思想反映在文学领域中，成为文学的重要题材之一。道教对古代文学的影响还体现在文体上。1991 年上海文艺出版社出版的詹石窗所著《道教文学史》对"道教文学"这一提法的科学性作了论证，对道教文

① 王纯五：《五斗米道与巴蜀文化》，1994 年"道家道教与中国文化"研究会论文。
② 徐亦亭：《道教和中国古代民族关系》，《世界宗教研究》1991 年第 3 期。

学的研究对象、历史分期、总体特征以及各时期的演变规律作了阐述。伍伟民认为道教对文学的影响表现在四个方面：一是清静无为的自然之道对古代文论的影响；二是黄老之学的"内圣外王"之道对士大夫人格的影响；三是神仙信仰对文学创作的影响；四是斋醮和方术对古代文学的影响。①

五、 新世纪道教文化研究新进展

随着 21 世纪的到来，道教文化研究也顺应了时代的变化，在研究向度上表现出以下几个特征：以考古发现的新材料作为道教文化研究上取得新突破的起点；对道教思想的研究进一步向纵深方向拓展；从更多的视角透视道教典籍，发掘其中健康有益的文化资源；展开道教文化与现代社会发展的研讨，以契合当代社会发展的要求。

（一）道教经典与道教史研究

1. 道教经典研究

（1）《道藏》研究

《中华道藏》的编修是近 10 年来道教经典研究上取得的最耀眼的突破。现存《道藏》是明代编纂的《正统道藏》和《万历续道藏》，据陈国符先生考，明本《道藏》明显地存在着诸多不足之处："今《正统道藏》分部混淆，足证于修《道藏》道士学术之浅陋。又搜访道书，亦未周遍。"《正统道藏》沿袭了唐代三洞、四辅、十二类的体例编纂，但其中六朝道经已部分混淆，有些道经的归类出现了错乱的情况。陈撄宁先生也曾注意到这一问题，他认为宋代以后三洞四辅的体例已经混乱，远非唐时旧貌，明本《道藏》沿用了这套体例，但各类所收的道书未必都合于定例，所以常有错误出现。②《正统道藏》沿用的归类法在道经卷帙浩繁的情况下未免有些庞杂，已不再适合现代人检索和阅读。而且明本《道藏》所收编的道经也并不周全，继《万历续道藏》之后很多新发现的道经是原《道藏》中不曾收编的。

---

① 参见伍伟民：《道教对中国古代文学影响刍议》，《世界宗教研究》1988 年第 4 期。
② 参见傅凤英著：《二十世纪中国道教学术的新开展》第 250 页，巴蜀书社 2007 年版。

基于种种原因，道教界和学者们都感到有必要对明本《道藏》进行重新编纂和补充。因此，自 1997 年开始，中国道教协会、中国社会科学院世界宗教研究所道家道教中心、华夏出版社三家共同筹划，以明代《正统道藏》和《万历续道藏》为底本，联合全国百名专家学者整理点校，编修新的道教文献总集——《中华道藏》。这是继明代《道藏》之后，近五百年来中国首次对道教经典进行系统规范的整理编修，被列入"十五"国家重点图书出版规划项目，历时七年，于 2004 年正式出版发行。

《中华道藏》保持了明代《道藏》三洞四辅的基本框架，而对三洞四辅以外的经书又根据不同内容进行了相应的归类。全藏分为三洞真经、四辅真经、道教论集、道教众术、道教科仪、仙传道史和目录索引七大部类。各部类所收经书，按道派源流和时代先后编排次序。《中华道藏》按现代人阅读习惯和图书整理规则，分两种体例进行编修，一为点校，即对保存完整的藏书加以新式标点并进行必要的文字校勘；二为合校和补缺，即在点校的基础上，对残缺的藏书以数种残卷相互校补，以合成完整的版本，同时增补了数十种原藏未收的明以前的道经。所收每种经书名标题下，均由整理者添一简要说明，注明作者、卷数、所用底本及参考版本等事项。补入经书百余种，共收书 1500 多种，5500 多卷，约 6000 余万字。分为 49 册，每册约 150 万字。① 根据张继禹主编的归纳，《中华道藏》具有以下四个特点："其一，重新分类编目；其二，《中华道藏》按现代人的阅读习惯和现代图书的整理规则进行编修和整理；其三，增补了新出的重要文献和旧藏遗漏的重要材料，补入经书约百余种；其四，《中华道藏》新编目录索引、引用书目录索引、人名、神名、经名索引，方便读者查阅。"②

（2）敦煌道教文献的整理和研究

20 世纪初，甘肃敦煌莫高窟经洞被打开，发现大量古代文献，其中包括道教遗书抄本。其抄写时期在南北朝后期至唐朝中期约 200 年的时间，尤以唐高宗、武后至唐玄宗时代的抄本最多。内容包括道家诸子、道教经典、科仪等约有 100 多种道书，其中约有半数抄本是《正统道藏》未收入的早

① 《〈中华道藏〉隆重发行》，《中国道教》2004 年第 6 期。
② 转引自刘清章：《浅谈出版〈中华道藏〉的现代意义和具体体现》，《中国道教》2004年第 3 期。

期道教典籍。敦煌遗书一经出现，便引起了国内外学者的极大关注，当然也成为道教学者关注的热点。日本学者大渊忍尔氏于 1978 年出版《敦煌道经·目录编》，该书收录敦煌道经抄本约 496 件。1979 年，大渊先生又出版《敦煌道经·图录编》，刊载全部敦煌道经的影印图版。1999 年李德范先生出版了《敦煌道藏》，将敦煌出土遗书中的 500 余件敦煌道教文献整理汇编，集成五巨册。①

2006 年出版的王卡先生新著《敦煌道教文献研究——综述·目录·索引》②，对敦煌道教文献进行了全面系统的整理。全书分为"综述篇"、"目录篇"和"索引"三部分。"综述篇"全面概述了从汉末开始到晚唐五代时期，敦煌河西地区道教的历史，考察了敦煌道教文献与唐代所编《道藏经》的关系，并利用大量前人尚未涉及的资料论述了隋唐至宋初敦煌地区道教的宗教活动、修持方法，以及佛道二教的相互影响。"目录篇"则在广泛搜索、考订、分类著录世界各国收藏的敦煌道教文献基础上，编制出了一份完整并且实用的文献目录和收藏索引，对大渊先生的《敦煌道经·目录编》作了全面和全新的补遗工作，不仅补充著录大量近年新公布的敦煌道经，而且还对大渊目录中定名错误和未能比定的残卷多有补正。③"索引"部分则包括按各馆藏编号的流水号目录六种，以及《已知吐鲁番道教文书》和《残卷缀合编号索引》两种。据学者评价，本书与大渊先生的《目录编》相比较，有三方面的优点：第一，分类更加合理。大渊先生将 496 件敦煌道经分为灵宝经、上清经、道德经、杂道经、道教类书和失题道经等 6 类，这种分类既不是按照宋代以前道藏分类的惯用体例，其类目的设置标准也不统一。而本书则是按照中古时代《道藏》三洞四辅的大框架，将 800 件敦煌道书分为 12 类，使每种敦煌道书基本上都能回归于中古《道藏》类目之下。第二，定名和缀合成绩卓著。本书将大渊先生题作"失题道经"的残卷加以比定，又新增了 300 多件大渊先生未录的残卷。在 800 多残卷和残片中，揭示出 38 种道书的近 430 件残片可以直接或间接缀合的情况。第三，

---

① 《敦煌道藏》，5 巨册，李德范辑，中华全国图书馆文献缩微复制中心 1999 年 12 月。
② 王卡著：《敦煌道教文献研究——综述·目录·索引》，中国社会科学出版社 2006 年版。
③ 参见刘屹：《论二十世纪的敦煌道教文献研究》，《敦煌吐鲁番研究》第 7 卷，中华书局 2004 年版。

由新发现提出新问题。本书新发现了一批重要的道书残片，并揭示出若干具有重要研究价值的残片，这些道书对研究道教历史和思想都具有重要的价值。①

叶贵良先生对敦煌道经写本与词汇的研究也是近 10 年来道教文化研究中的一项突破性的探索。他在《敦煌道经写本与词汇研究》一书中利用现存的 686 件（另附 90 件）敦煌道经资料，以词义研究为核心，分别从共时和历时两个方面对敦煌道经词汇的来源、词汇的系统、词汇的构成和词义的演变等进行了综合分析和考察。据专家评价，这一研究不仅填补了长期以来存在于道教语词研究领域中的一大空白，而且"对整个道教文献语言的研究也有着深远的意义"②。

此外，近 10 年来很多道教学者还对个别具体的敦煌道经以及道经残卷或残页作了细密的校补、考释和比较研究，这对敦煌道教文献的整理和研究也都具有重要的意义。③

（3）道教专经研究

近 10 年对道教专经的研究也取得很大进展。

首先是《太平经》的研究更趋深入。很多学者开始关注《太平经》对构建道教理论基础的意义。有的学者认为，《太平经》继承了道家关于"道"的思想，并对其进行了宗教化改造，形成了神秘的思想体系。《太平经》的"道"是一个多元化结构，由"自然之道"、"阴阳之道"、"神明之道"、"养性之道"和"治国之道"等因素构成，融哲学、伦理、宗教和政治思想为一体。这种充满矛盾的多元结构，体现了其道论正处在道家向道教的过渡阶段，是道家思想向道教理论转化的重要标志之一。④ 也有学者认为，《太平经》宗教化的尝试首先是对道家天道观的继承与改造，它吸收了阴阳五行观念和当时盛行的儒学神学化的思想，将道家的道本论、生成论转

---

① 文姒：《王卡：〈敦煌道教文献研究——综述·目录·索引〉》，陈鼓应主编：《道家文化研究》第 21 辑（"道教与现代生活"专号）第 410—413 页，三联书店 2006 年版。
② 叶贵良著：《敦煌道经写本与词汇研究》第 786 页，巴蜀书社 2007 年版。
③ 参见王卡著：《道教经史论丛》（敦煌篇），巴蜀书社 2007 年版；王承文：《敦煌本古灵宝经两部佚经考证》，《敦煌研究》2003 年第 1 期；马承玉：《敦煌本古灵宝经作者质疑》，《宗教学研究》2005 年第 1 期；万毅：《敦煌本〈升玄内教经〉与南北朝末期道教的"三一"新论》，《敦煌研究》2007 年第 2 期等。
④ 杜洪义：《〈太平经〉道论解析》，《宗教学研究》2007 年第 2 期。

向元气生成论，由守道走向守一，由天人感应进至天人一体，试图通过道术合一实现人合于道，从而初步构建了道教的理论基础。①

还有学者围绕生命哲学主题，并引用统计学、医学、民俗学、语言文字学的研究方法，分别从《太平经》的成书过程、命论思想、房中思想、生育礼俗、病理学、死后世界等方面对《太平经》的生命思想予以探研。②

又有学者从美学的角度审视《太平经》，认为《太平经》蕴涵了丰富的美学思想。在《太平经》里，"生"既是人生的目的，也是一种审美的态度，而"寿"（长生）则是道教的理想和至高的审美境界。概而言之，《太平经》的美学思想既是中下层民众美学意识与宗教思想相结合的产物，又是中原古代文化中审美文化的宗教化和民众化。③ 无论是《太平经》所言"生—美"、"寿—美"，还是"与道合一"的"道—美"最高境界，都无不蕴涵着"和谐—美"的思想，和谐在《太平经》中具体表现为自然和谐美、人与自然和谐美、人与人和谐美和自我身心和谐美。④

又有学者从伦理学的视角就《太平经》"承负"说的内涵及源流、伦理意义进行了探讨，指出《太平经》"承负"说不但包括了个人、家庭、社会的伦理思想，同时还包含丰富的生态伦理思想，这些思想对中国古代民众心理和社会发展产生了深远的影响。⑤

关于《太平经》的作者问题，虽年代久远、资料匮乏，历代典籍中较少明言，但并非全无线索。概而言之，有三种看法：一种认为是干吉和宫崇，一种认为是帛和，还有一种认为"是一部集体编写的道书"。陈卫星先生通过考证两个"帛和"与干吉的关系，认为两"帛和"均不可能是《太平经》的作者，"集体编写"之说也不能成立，最后肯定干吉就是《太平经》的真正作者。⑥

其次是对葛洪《抱朴子》的研究。胡孚琛先生对《抱朴子内篇》的哲

---

① 王雪：《析〈太平经〉的天道观念》，《西安电子科技大学学报》2005 年第 2 期。
② 姜守诚：《〈太平经〉研究——以生命为中心的综合考察》，社会科学文献出版社 2007 年版。
③ 潘显一：《早期道教美学思想的发展与分化——〈太平经〉与〈抱朴子〉美学思想比较》，《宗教》2003 年第 2 期。
④ 毛丽娅：《论太平经的"和谐—美"思想》，《长沙理工大学学报》，2007 年第 1 期。
⑤ 范恩君：《伦理视域中的道教"承负"说》，《中国道教》2005 年第 2 期。
⑥ 陈卫星：《〈太平经〉作者考》，《中国文化研究》2007 年第 1 期。

学思想进行了系统阐述，提出《抱朴子内篇》的世界观以宗教唯心主义占主导地位，但也流露出自发的朴素唯物主义倾向；在生命观上体现出道教哲学"重生恶死"的特征；寓道于术，将道家黄老之学方术化；主张以人力夺天地造化之功；在认识论上将王充的"重效验"思想和邹衍的类推法结合起来，以已知的效验为根据，采用由小验知大效来证明神仙实有；在物类变化观上认为整个自然界都处在不断变化之中，而物类由于受气不定，还可以互变。①

潘显一先生从美学的角度对《抱朴子》进行了研究，指出《抱朴子》的神仙道教美学思想既是古代道家美学思想的宗教化，又是古代神仙理想和古代美学理想的结合；同时，既是早期道教包括《太平经》在内的美学思想的自然发展和理论提升，又是早期道教美学意识、美学思想的分化和异化，体现了上层人士、上层知识分子的神仙道教思想及其美学思想，具有江南文化色彩。②

此外，还有学者对《抱朴子》的人生哲学、文学观、音乐文化思想以及科学思想进行了深入探讨。③

《老子河上公章句》是我国古代第一部完整的注老之作。据王卡先生研究，此书属于东汉黄老学者的著作，其主要内容是以汉代流行的黄老学派无为治国、清静养生的观点诠释《老子》。关于此书的成书时限，古今中外学者莫衷一是。但是经王明、汤一介、饶宗颐、金春峰等先生的考证，现在大多数学者都认为该书成书于两汉，但对于具体是西汉或东汉，仍有不同意见。王卡先生经考证，指出该书成书于马融（79—166 年）之后，即大约东汉中后期。④ 最近王宝利先生从思想内容、版本和语言（词汇学和训诂学）三个角度考证，认为该书的成书时限应为严遵《老子指归》之后，《孟子章句》、《楚辞章句》之前这一段时期内，即公元 20 年至公元 158 年之间（东

---

① 胡孚琛：《葛洪的哲学思想概说》，刘固盛、刘玲娣编《葛洪研究论集》第 151—163 页，华中师范大学出版社 2006 年版。
② 潘显一：《早期道教美学思想的发展与分化——〈太平经〉与〈抱朴子〉美学思想比较》，《宗教》2003 年第 2 期。
③ 参见刘固盛、刘玲娣编《葛洪研究论集》，华中师范大学出版社 2006 年版。
④ 王卡：《〈老子河上公章句〉点校序言》，王卡著《道教经史论丛》第 18—35 页，巴蜀书社 2007 年版。

汉早期）。①

　　《老子想尔注》是早期道教最重要的经典之一。梁宗华先生认为此书虽是对道家元典《老子》的疏解，却绝非一般意义上的《老子》释义。它系统地改造、利用道家哲学经典，在中国思想史上第一次基于宗教的立场诠解《老子》，把老学的"道"论与长生成仙说、神仙方术融为一体，为道教的最终形成及广泛传播作了理论准备。正是由于对"道"的改造，《老子想尔注》实现了从道家哲学向宗教神学理论的转换。② 也有学者对《想尔注》中的谶纬思想进行了考查，认为《想尔注》解《老子》，间采两汉谶纬之说。《想尔注》一向被视为天师道一系作品，由此可以推知早期天师道与谶纬学说有一定关系。③ 又有学者对《老子想尔注》的养生思想进行了发掘，认为《想尔注》以"道"为养生本体，以"信道守诫"为养生原理，以内修养气宝精、外修行善守戒为养生方法。其养生观特色是反对存思和祭祀，没有复杂的外丹炼养术，没有符箓养生。④

　　《周易参同契》号称"万古丹经王"。对《参同契》的成书年代和内容性质，学界历来存在不同的看法，道教传统上通常认为这部丹经是东汉浙江上虞人魏伯阳所作，但也有些学者认为该书非一人之作，可能由徐从事、淳于叔通和魏伯阳等共同完成。有的学者根据此书作者的这一"匿名性"提出该书具有"纬书"的性质，所谓"纬书"即意味着将原本无直接关联的思想碎片"拼接"在一起。虽然《参同契》中的丹道与《周易》原是两个相去甚远的思想传统，但由于它们都与时间有着密切的关系，才使它们有了拼接的可能。⑤

　　关于《参同契》的内容，存在二种意见，一种是外丹说，一种是内丹说，胡孚琛先生认为该书为"第一部专门论述内丹法诀的仙学著作"⑥，戈

① 王宝利：《〈老子河上公章句〉成书时限再考》，《广西社会科学》2007 年第 1 期。
② 梁宗华：《道家哲学向宗教神学理论的切换——〈老子想尔注〉"道"论剖析》，《哲学研究》1999 年第 8 期。
③ 刘昭瑞：《〈老子想尔注〉杂考》，《敦煌研究》2004 年第 5 期。
④ 曹剑波：《〈老子想尔注〉养生智慧管窥》，《宗教学研究》2004 年第 2 期。
⑤ 杨立华著：《匿名的拼接——内丹观念下道教长生技术的开展》，北京大学出版社 2002 年版。
⑥ 胡孚琛、吕锡琛著：《道学通论——道家·道教·仙学》（增订版）第 534 页，社会科学文献出版社 2004 年版。

国龙先生虽持第一说，但认为这部经典是内外丹道交融的桥梁，内丹学形成的前提在于将《参同契》中的外丹理论移植于内丹，所以《参同契》奠定了内丹学形成的理论基础。①

《悟真篇》是继《周易参同契》后的又一部重要的丹经著作，与《周易参同契》并称为"丹经之祖"。张振国先生认为，《悟真篇》在《周易参同契》的基础上又在三个方面作了发挥：其一，肯定《周易参同契》是一部讲述内丹学的著作；其二，指出内丹的药物并非外在有形的金水铅汞，而是人人本具的精气神；其三，明确指出内丹修炼的场所并非外在的深山，而是人体内在的丹炉。②《悟真篇》问世以来，后世注本颇多。就初步考察的情况看，从宋代至清末大约有60多家《悟真篇》注本，其中亡佚注本大概有40种左右。王体先生将宋至清代已佚16种《悟真篇》注本进行了察考。③杨立华先生对现存的《悟真篇》注文进行详细校核，在系统检讨戴起宗所依例证的基础上，找出可以证实《悟真篇》"薛注"存在的可靠证据，并通过对相关史料的进一步梳理，考察了"薛注"与"翁注"混同的过程及其原因，这对厘清钟吕金丹派南宗思想的传承和演进无疑具有重要意义。④

关于《无能子》，有学者根据《无能子序》的记载，推测无能子生于唐武宗李炎（840—846年）时代，卒于唐末。其人性格淡泊宁静，随遇而安，且学问广博。其哲学思想可以概括为元气一元论。⑤ 也有学者对《无能子》的社会政治思想进行了探讨，认为《无能子》在社会政治思想上坚持无为，追求平等的社会理想，批判圣人造作，谴责追逐物事、名利、富贵，反对战乱；在国家政治上强调无为而治、君臣平等，对权谋、以暴易暴持否定态度。个人政治行为上，强调以无为为本，持"独善"、"兼济"思想，否定"恃己以黜人"、"废人全己"、"矜己疵物"，倡导"达节"、"无为"、"无心"、"任自然"、"齐万物"是其的政治哲学基础。⑥ 又有学者从生态伦理的视角考察《无能子》，认为《无能子》中万物同根相亲、人与动物平等、

---

① 戈国龙著：《〈周易参同契〉与内丹学的形成》，《宗教学研究》2004年第2期。
② 张振国：《张伯端和他的〈悟真篇〉》，《世界宗教研究》2001年第2期。
③ 王体：《已佚〈悟真篇〉注本小考》，《中国道教》2008年第3期。
④ 杨立华：《〈悟真篇〉薛注考》，《世界宗教研究》2000年第2期。
⑤ 沈新林：《〈无能子〉刍议》，《中国典籍与文化》2002年第1期。
⑥ 赵建伟：《〈无能子〉的社会政治思想》《社会科学研究》2001年第4期。

崇尚自然、恬淡寡欲思想，蕴涵着深刻的生态智慧，对当代人建构生态伦理，克服生态危机提供了有价值的资源和启示。①

《道教义枢》是道教教义的重要著作。李刚先生通过对多种史料考证分析其作者为唐朝道士孟安排，并分别从"道德"、"自然"、"有无"、"本迹与体用"等四个方面对《道教义枢》的教义进行了阐述。王宗昱先生对《道教义枢》作了校点，并从"道体论"、"道典论"、"修道论"等三个方面对《道教义枢》作了认真的剖析。②

《太上感应篇》在中国民间曾一度是家喻户晓的道教典籍。关于《太上感应篇》的作者和编写年代，学界至今尚未达成共识。有人认为作者是宋人李昌龄。有的学者则推断，《太上感应篇》为北宋初某道士吸收《抱朴子内篇》所引道经而成，李昌龄得此书后为之作注。由于该书明显地吸收了"天道"、"人心"等宋明理学概念，因此其编写时间不可能早于二程之时，故学者推测该书编于宋徽宗时期应有可能。该书的基本理念除了来自《抱朴子内篇》等早期道经之外，还吸收了大量儒、佛二教的内容，所以就思想渊源而言，这部经典的产生是宋代三教合一思潮的产物，其特色有二：一是以汇融劝善为其主旨，二是以化俗济世为其目的。此外，《太上感应篇》既是一套伦理系统，也是一套解释系统，又是一套仪式系统，在中国社会近代化过程中具有非同一般的社会影响，它揭示了宗教文本与社会的互动关系——宗教文本的转写来自于社会的吁求，而一经转写，又反过来成为社会再造的依据。③

2. 道教史研究

（1）道教思想史研究

近 10 年出版的几部道教思想史著作为道教史研究增添了新的气象。卿希泰先生在《续·中国道教思想史纲》④一书中提出一种道教史研究的新视角，即要把握道教思想史发展的进程和规律，需要结合政治史、社会史、文化史等来综合考察。特定的思想总是在特定的时空中对相关的历史现象系列

① 李光福：《生态伦理视域中的无能子哲学》，《天津大学学报》2006 年第 1 期。
② 王宗昱著：《〈道教义枢〉研究》，上海文化出版社 2001 年版。
③ 段玉明：《〈太上感应篇〉：宗教文本与社会互动的典范》，《云南社会科学》2004 年第 2 期。
④ 卿希泰著：《续·中国道教思想史纲》，四川人民出版社 1999 年版。

的综合反映，所以道教思想的研究，应从当时的社会现实，特别是社会政治环境和思想环境的变迁及二者的互动中，来把握道教思想发展的脉搏。①

葛兆光先生在《屈服史及其他：六朝隋唐道教的思想史研究》一书中，巧妙地使用"屈服"一词为书命名，站在作为"被征服者"的道教立场上审查道教如何在中国古代强大的正统主流文化中被迫"调适"、"回应"以及"进入"的历程。在这个意义上，作者提出一种新的思想史研究方法——"减法"，所谓"减法"是指"历史过程是被理智和道德逐渐减省的思想和观念"，也就是说，在思想史上往往被官方主流文化斥为野蛮、落后、荒唐、淫乱的那些知识、思想和信仰，如道教的斋醮科仪、天象地理、占卜祈禳、实用技术等等，而事实上是"在古代思想世界中本来合理的知识"。②

孔令宏先生在《宋明道教思想研究》③ 一书中也独具匠心地提出一种新的道教史研究视角，即以道、学、术的三重结构及其双向互动关系来分析道教，能够将道教思想的内史研究与外史考察有机地结合起来，厘清道教演变的规律。④ 孔先生认为，道教的全部内容，可以分为道、学、术三个方面，它们是三个双向影响、一体贯通的概念。从逻辑上说，道、学、术三者的关系似乎应是先有术，后有学，进而从学中概括出道，然而在中国文化史上却是先有术，从术中直接抽象出道，道与术结合而出现学。其中，术与道的双向互动关系更加重要。以道统术，以术得道，是道家、道教思想发展的内在动力。据此不仅可以整合道教思想的外史和内史的研究，还可以对道教史研究中"如何处理道家与道教的关系"、"道教与科学的关系"、"道教究竟是不是宗教"以及道教史的分期等问题提出不同于前人的观点。⑤

（2）道教通史研究

在道教通史研究方面，任继愈先生主编的《中国道教史》（增订版）⑥、

---

① 陈进国：《道教思想史研究的新境界——读卿希泰教授〈续·中国道教思想史纲〉》，《社会科学研究》2000 年第 2 期。
② 葛兆光著：《屈服史及其他：六朝隋唐道教的思想史研究》，三联书店 2003 年版。
③ 孔令宏著：《宋明道教思想研究》，宗教文化出版社 2002 年版。
④ 丁原明：《道教研究的新进展——读孔令宏〈宋明道教思想研究〉》，《孔子研究》2003 年第 2 期。还可参考潘富恩：《评孔令宏的〈宋明道教思想研究〉》，《世界宗教研究》2003 年第 1 期。
⑤ 孔令宏：《道、学、术：道教研究的新视角》，《文史哲》2006 年第 3 期。
⑥ 任继愈主编：《中国道教史》（上、下），中国社会科学出版社 2001 年版。

卿希泰、唐大潮著的《道教史》（再版本）① 以及胡孚琛、吕锡琛的《道学通论——道家·道教·仙学》（增订版）② 都不同程度上对原版作了补充甚至改写，对有些章节的论点作了修订和改正，并充分吸收了近年来道教研究的最新资料。此外尹梦飞先生的《一口气读完道教史》从皇权专制与道教传承的内在紧张这个独特视角，以生动的笔触勾画了从东汉末年第一代天师张道陵创教到民国第六十三代天师张恩溥近两千年来道教的发展历程，涉及道教的经典教义、各宗各派，以及修炼方术、斋醮仪规等的历史嬗变。③

（3）道教断代史研究

在道教断代史研究方面，首先是早期道教研究取得了一定成就。汤一介先生在《早期道教史》一书中，系统研究了从汉至唐初道教逐渐形成一种较为完备意义上的宗教的过程，并对这一时期的道教与佛教进行了几个方面的比较。汤先生认为，道教在东汉时就已经具备了形成一种中国本土宗教的社会条件，同时《太平经》又为道教的建立奠定了一定的思想基础。东汉末出现了两支重要的道教派别——五斗米道与太平道。经过魏晋南北朝时期的发展，道教组织、思想和炼养方法、经典体系、仪规制度、神仙谱系和历史传承逐渐趋于完善，至唐初有了道教的哲学，从而使道教成为完备的宗教。④

近年来，随着越来越多的考古材料的出土和公布以及道教研究领域的深入和扩大，利用考古材料对道教特别是早期道教进行研究也越来越受到学者们的重视。刘昭瑞先生的《考古发现与早期道教研究》即是在这方面的一个突破性的探索。作者以镇墓文、石刻文字、早期道教造像及造像记、道教法器、战国秦汉简牍帛书五类考古材料作为突破点进行早期道教研究，涉及早期道教观念、道教典籍、道教法器、道教科仪、道教传播、道教史乃至道教相关背景的讨论。⑤

王承文先生的《敦煌古灵宝经与晋唐道教》⑥ 一书堪称揭示晋唐道教史

① 卿希泰、唐大潮著：《道教史》，江苏人民出版社 2006 年版。
② 胡孚琛、吕锡琛著：《道学通论——道家·道教·仙学》（增订版），社会科学文献出版社 2004 年版。
③ 尹梦飞著：《一口气读完道教史》，陕西师范大学出版社 2007 年版。
④ 汤一介著：《早期道教史》，昆仑出版社 2006 年版。
⑤ 刘昭瑞著：《考古发现与早期道教研究》，文物出版社 2007 年版。
⑥ 王承文著：《敦煌古灵宝经与晋唐道教》，中华书局 2002 年版。

的一部力作，将古灵宝经与晋唐道教的研究提高到一个新的水平。据学者评价，本书首次揭示了古灵宝经思想具有极为强烈的整合道教各派的倾向，在教义上形成了"超九流，越百氏"的鲜明特点；通过古灵宝经中一系列具体问题的研究，证实了早期灵宝派对天师道教法的继承和创造性发展，从而揭示了汉魏道教向东晋南北朝新道教发展的轨迹；讨论了南北朝时期南北道教的交流及其对隋唐统一道教的影响；揭示了灵宝派既吸收佛教的精神，又能保持本土宗教传统"文化本位"的意识。①

此外孔令宏先生的《宋明道教思想研究》一书，也被学界称为"第一部宋明时期的道教断代史著作"，它系统、全面地论述了宋明时期道教思想发展过程，揭示出这一时期道教学说丰富而深刻的思想内涵，对道教史甚至整个中国思想史研究都作出了重要的贡献。②

（4）地方道教史研究

近 10 年地方道教史研究也可谓硕果累累。首先是对云南道教的研究。郭武教授花数年工夫完成的《道教与云南文化——道教在云南的传播、演变及影响》③ 一书，是第一部系统论述云南道教文化的具有较高学术价值的著作，郭先生在书中分别从道教与云南儒，释及民间宗教，道教与云南少数民族宗教，道教与云南民俗，道教与云南文化艺术，道教与云南风景名胜等方面对云南道教进行了多视角、全方位的探索，实现了云南道教研究的新突破。④ 萧霁虹、董允所著《云南道教史》一书吸收了近年来国内学者研究云南道教历史文化、民族文化的新成果，翔实记述了云南道教从初传到兴盛的传播发展历程及其民族特色、地域特色。⑤ 也有学者将云南道教放在秦汉以来各民族经济文化密切联系的多元一体文化背景下加以考查，指出南诏大理时期的道教以及明代云南道教都是多元文化背景下的必然产物，进一步揭示

① 张荣芳：《一部"充实而有光辉"的道教史力作——〈敦煌古灵宝经与晋唐道教〉评介》，《学术研究》2006 年第 12 期。
② 徐仪明：《深入考察与探索宋明道教思想——读孔令宏〈宋明道教思想研究〉》，《中华文化论坛》2004 年第 4 期。
③ 郭武著：《道教与云南文化——道教在云南的传播、演变及影响》，云南大学出版社 2000 年版。
④ 侯冲：《云南道教研究的新突破——〈道教与云南文化——道教在云南的传播、演变及影响〉评介》，《宗教学研究》2001 年第 1 期。
⑤ 萧霁虹、董允著：《云南道教史》，云南大学出版社 2007 年版。

了"历史上西南少数民族宗教深受道教影响，是多元一体的华夏文化辐射边疆民族地区的结果"①。

此外，浙江道教也引起了学者的关注。有的学者提出，浙江道教在历史上注重道、学、术的紧密结合，观念开放，态度务实、灵活，善于创新，长于著述，注重文献的保存、继承与阐述，对中国道教和传统文化有重大的贡献。② 还有学者对道教碑刻揭示的浙江道教史进行了探索，指出浙江道教与道教碑刻几乎同时产生，道教碑刻忠实地记录了道教各方面发展的历程，从这个意义上说，道教史实际上也就是道教碑刻史。而浙江道教碑刻极其丰富，虽然很多碑刻由于年代久远而散佚，但各地现存的碑碣、拓片与释文，仍是浙江道教研究极为难得的史料。③

从总体来看，近 10 年来的道教史研究一改以往重视宏观道教通史的倾向，开始关注微观的断代史和地方道教史研究。但专题研究方面还有待于加大力度。正如孔令宏先生所说："只有通过某些重要时期的重要专题的深入研究，才能真正促进通史、通论性的宏观研究水平的提高。"④

（二）道教思想研究

1. 道教哲学

道教哲学研究在上个世纪已取得了丰硕成果，近 10 年来对道教哲学的研讨主要围绕以下几个方面展开：

（1）道教哲学总论

有关"什么是道教哲学"以及"道教哲学能否成立"的讨论在上个世纪就已经开始。近 10 年对道教哲学的解释大体分两种：其一是从生命哲学的角度解释道教哲学。王卡先生认为，"道教哲学是一种探讨生命价值及生命现象的'性命之学'。它以人为价值本位，探讨什么才是人的自然存在和真实本性，以及如何超越异化的现实世界和生死大关，获得人格独立与自

---

① 参见张泽洪：《多元文化背景下的明代云南道教》，《云南师范大学学报》2007 年第 4 期；《多元文化背景下的云南道教——以南诏大理时期为中心》，《贵州民族研究》2006 年第 5 期；《杜光庭与云南道教》，《西南民族大学学报》2005 年第 10 期。

② 孔令宏：《浙江道教史发凡》，《杭州师范学院学报》2005 年第 6 期。

③ 徐雪凡：《道教碑刻揭示的浙江道教史》，《浙江社会科学》2006 年第 4 期。

④ 孔令宏：《近百年来道教思想史研究述要》，曹中建主编：《中国宗教研究年鉴》（2001~2002 年）第 348 页，宗教文化出版社 2003 年版。

由，使个体生命与永恒的自然之道合一的问题。"相对于近现代西方生命哲学，道教哲学是一种"早熟的生命哲学"。① 其二是从逻辑学的角度解释道教哲学。吕鹏志先生主张："道教哲学就像基督教哲学、佛教哲学、伊斯兰教哲学等一样，都是'宗教哲学'这一属概念下的种概念。符合逻辑的定义应该是属加种差的定义，因此道教哲学这个概念的意义应由其属概念'宗教哲学'来决定。"② 詹石窗先生在此基础上进一步将道教哲学定义为："道教哲学是以先秦道家理论为基础、以'道'为宇宙万物本原，自东汉末开始成型并且在以后的历史进程中不断创新、发展、完美的一种为修道成仙提供思想根据的宗教哲学。"③ 从这个意义上说，道教哲学之所以成立，在于它"不仅在一开始就以先秦道家的理论为基础，形成自己的本体论、宇宙论和认识论等思想体系，而且把'道'作为宇宙万物的本原和整个理论体系的核心概念"④。

关于道教哲学的主题与核心，詹石窗先生认为"道"作为道教哲学的核心概念，既是宇宙万物的本原和存在根据，同时又是修炼成仙的逻辑根据，而道教哲学的宇宙论和生命论也正是以道为本根建立的。强昱先生则着重从现代哲学与宗教学的角度探讨了道教哲学的主题和逻辑建构。提出道教的哲学主题建立于"生道合一"这一道教基本的古老命题上，表达了道教对宇宙人生终极意义问题的理解和价值关怀。而"生道合一"这一哲学主题又是围绕生与气、道与心四个概念建立的，因此生与气、道与心在道教哲学中具有异常重要的地位，是道教哲学的核心范畴，它们的内涵及相互关系，正是传统道家哲学有无关系问题的延伸。道教对有无关系的论述，从逻辑关系上确定了道的绝对性与永恒性。"生道合一"则说明生命就是道最伟大直接的价值，这当然是对存在者存在以及本质存在与存在状态关系的深刻认识。更为重要的是，现实的存在者只有个体事物，个体自我则"道以心得，心以道明"。所以"道教哲学的逻辑建构，就是依据道教价值关怀，及

---

① 王卡：《生命的源泉与归宿》，王卡著《道教经史论丛》第 479 页，巴蜀书社 2007 年版。
② 吕鹏志：《道教哲学》第 2 页，文津出版社 2000 年版。
③ 詹石窗：《道教哲学新论》，载于中国道教协会道教文化研究所、上海市道教协会、上海城隍庙合编《道教教义的现代阐释》第 198 页，宗教文化出版社 2003 年版。
④ 詹石窗：《道教哲学新论》，载于中国道教协会道教文化研究所、上海市道教协会、上海城隍庙合编《道教教义的现代阐释》第 201 页，宗教文化出版社 2003 年版。

其理性论证过程及不同内容相互关系的说明，合乎道教精神气质与价值理想的现代分析。道教哲学的逻辑建构，理所当然需要在确定道教教义价值体系的结构层次条件下，通过对道教思想主题内涵的具体把握，揭示其思想主题相互之间的逻辑关系，进而阐明其价值关怀与理想追求的合理性，以及认识中存在的问题。"①

关于道教哲学的内容，王卡先生着重从道→宇宙→人的进路作了探讨，他认为道教哲学把宇宙看做生生不息、恒常流动的大生命。道是宇宙的本源，而宇宙则是各种生命遵循道的法则生生不息、不断变化的自然过程。人是宇宙大生命的一个小宇宙，是与宇宙大生命有相似结构的完整的生命系统。人在遵循道的自然法则的同时，又可以夺造化之机，实现生命的永恒。为解决有限与无限的矛盾，道教哲学提出以有契无、以身合道的路径。② 詹石窗先生则主张从宇宙论、生命论、认识论三方面考察道教哲学。宇宙论主要探讨三个基本问题：其一是宇宙的发生。道为宇宙万物的本根，气则是宇宙生成和演化过程中的一个关键环节；其二是宇宙的结构。道教吸收了传统易学思想中的阴阳五行理论来解释宇宙的复杂结构及天地万物的相互关系，并引入八卦和六十四卦来表征宇宙的结构和时空绵延状态。其三是人在宇宙中的地位。人在宇宙中占有特殊的地位，也负有不可推卸的责任。道教哲学的生命论是以人为主体的，包括对宇宙生命的多样性、人体生命的形神关系以及生死问题的探讨。道教哲学的认识论认为，认识对象包括自然宇宙、神仙世界、人类生命的内部机制与外在活动、修炼与前三方面的关系。认识的方法主要有观察、实验、体验，思维的特点主要体现在象数、类比、推理、辩证等几个方面。③ 李刚先生则认为，道教哲学包括宇宙论、认识论和人生论，宇宙论和认识论是人生论的装饰品和论证工具，而人生论的核心则是神仙不死学。

关于道教哲学的特点，詹石窗先生从以下几个方面进行了概括：第一，道教哲学先于道教组织而产生；第二，道教哲学以"道"为主轴，并且把

---

① 强昱：《道教哲学的思想主题与逻辑建构》，《世界宗教研究》2004 年第 2 期。

② 王卡：《生命的源泉与归宿》，王卡著：《道教经史论丛》第 474—475 页，巴蜀书社 2007 年版。

③ 詹石窗：《道教哲学新论》，载于中国道教协会道教文化研究所、上海市道教协会、上海城隍庙合编《道教教义的现代阐释》第 217 页，宗教文化出版社 2003 年版。

自然哲学与社会政治哲学连通起来，形成了一个具有内在统一性的思想体系；第三，道教哲学的重要表现形式是以术载道、道术融通；第四，道教哲学在继承传统的基础上，形成独特的思维方式与概念范畴体系；第五，道教哲学具有开放的体系，在长期的历史过程中，道教哲学一方面与儒释等学术流派构成了相互激励、相互吸纳的思想传统，另一方面则通过诠释等方式，不断丰富自己的内容。① 李刚先生则认为道教哲学最基本的特征是以人生哲学为主，以宇宙本体论为辅，以个人为本位，追求个体生命的永恒性。②

（2）道教生命哲学

生命哲学原是指近现代西方哲学中以狄尔泰、柏格森等为代表，关注和强调生命价值的哲学思潮。作为对现代西方哲学这一价值取向的呼应，中国现代也先后出现一批用生命哲学表述其思想的哲学家，如梁漱溟、熊十力、方东美等。到了20世纪末，一些道教学者也相继提出道教哲学主要是一种生命哲学的说法，这意味着生命哲学已逐渐成为现代道教学者对道教哲学的一种新的阐释。

关于道教生命哲学的形成，过去多数学者都认为始于汉魏六朝时期。李大华先生提出新的见解，认为不是有了道教的宗教形式就有了生命哲学，生命哲学是随着道教哲学的成熟而产生的。六朝以前，道教哲学的理论还很粗糙，六朝以后由于佛教的刺激加速了道教哲学思辨化的过程，而思辨化又是沿着指向长生的生命体验轨道发展的。所以到了唐末五代、北宋时期，道教哲学形上学的思考与深入的宗教体验终于凝练成道教以性命双修为特征的生命哲学。③

关于道教生命哲学的特性，李刚先生认为主要体现在其对人生的终极追求上独树一帜：首先是主体性。从神仙长生出发，道教建立起我命在我，神仙可学的生命主体论，这种主体性突出地表现为对儒家天命观的否定，对"我命在我不在天"的高扬。其次是实证性。道教生命哲学是一种应用性很强的哲学，要求在实际中加以验证。学习神仙之道就是一种实证行为，故所谓"神仙可学"强烈地体现了道教生命哲学的实证性。最后是超越性。道

① 詹石窗：《道教哲学的定义、特点与地位作用简论》，陈鼓应主编《道家文化研究》第21辑（"道教与现代生活"专号）第77—91页，三联书店2006年版。
② 李刚：《道教生命哲学的特性》，《江西社会科学》2004年第9期。
③ 李大华著：《生命存在与境界超越》，上海文化出版社2001年版。

教所谓的"超越"，是指超越死亡以及天人的对立，实现生命的自我主宰，即达到永恒和无限的境界。这里，李刚先生借用西方学者关于生命的定义来阐释道教生命哲学："生命乃是抗拒死亡的各种功能的总和。"就是说，生命的本质即在于抗拒死亡，追求不死实质上是生物的本能意识。所以道教对不死的追求，在这里可以找到生物学意义上的解释，换言之，道教讲神仙不死实际上是潜意识中抗拒死亡的一种本能的追求。①

李大华先生着重从五个方面对道教生命哲学加以概括：其一，本体即现象。道教对本体与现象关系的论证集中体现在道与气的关系问题上，也就是"道与气合"。其二，精神生命与肉体生命不分离。在道教中，精神生命与肉体生命的关系实质上就是神与气、形与神、性与命的关系，两者相合是生命存在的基础，同时也是修炼境界的标准。其三，有中存无。道教生命哲学的有与无可从三种情形下理解，即存在论、修炼论、境界论。存在论上的有与无是就本体的状态而言，二者都是存在；修炼论上是"无中生有，遭有归无"的过程；境界论上的有与无是存在论和修炼论上的升华，出有入无，而最高意义上的无也正是一种"高蹈的有"。其四，融合理性与非理性。道教生命哲学中理性扮演辅助的角色，而非理性或超理性作为修炼过程中具体的宗教体验扮演主角。其五，融合个体生命与宇宙生命。在道教生命哲学看来，宇宙是一个大的生命，而个体生命则是一个小宇宙，个体生命是与宇宙生命相对应的生命系统，而道教生命哲学的终极关怀，就是将有限的个体生命与无限的宇宙生命融为一体。②

曾维加先生着重探讨了道教生命哲学的内在结构，认为道教生命哲学以"道"为万物的本源，而人的个体生命与"道"之间是一种特殊与普遍、具体与抽象的关系。"精"、"气"、"神"作为道教生命哲学中的三个重要范畴是联结"道"与个体生命的纽带，生命是"精"、"气"、"神"三种要素的合成体，而"精"、"气"、"神"之所以能组成生命，是因为三者是"从道受分"。个体生命是"道"的体现，因此可以说生命与"道"两者是一体的。③

---

① 李刚：《道教生命哲学的特性》，《江西社会科学》2004 年第 9 期。
② 李大华著：《生命存在与境界超越》第 160—168 页，上海文化出版社 2001 年版。
③ 曾维加：《道教生命哲学的内在构造及现代意义》，《安徽大学学报》2006 年第 4 期。

（3）重玄学

近 10 年对重玄学的讨论主要围绕以下几个方面展开：

首先是重玄学的归属问题。传统上一般是以重玄学为道教哲学的一部分，而目前流行的说法是在肯定前者的基础上，又将重玄学看成道家思想的延续。汤一介先生提出先秦道家为道家思想的第一期发展，魏晋玄学为道家思想的第二期发展，而唐初重玄学可以被视为道家思想的第三期。[①] 强昱先生也主张重玄学是魏晋玄学之后道家思想发展的第三阶段。[②] 董恩林先生则提出重玄学既是一种本体论，也是一种方法论。它肇源于郭象的《庄子注》，孙登将其运用于对《老子》的疏释，最后由成玄英在其《庄子疏》和《道德经义疏》中集成。所以作为一种纯粹的哲学思辨，重玄学并不属于哪一门、哪一派，而是为儒、道、释三教所融摄和应用。[③]

其次是重玄学的理论建构问题。若水先生认为唐代重玄学的总体走势是在重玄双遣理路下解构"道"本体，继而经过对新的本体的几番探求后建立"心"本体。解构"道"本体是重玄精神贯彻的必然结果，但本体的解构在道教修道实践中也有其危险，于是盛唐的王玄览等开始探求新的本体，以求为道徒们重新树立起修道之本。然而新道体的建构未能在理论上获得成功，取而代之的是对"心"本体的建构。重建"心"本体的思想，主要体现在晚唐重玄学著作《大道论》和《三论元旨》中。从道本体的解构到心本体的重建，是唐代道教重玄学发展的主线，这一理论演化过程，极大地提高了道教的整体理论水平。[④] 也有学者着力从佛道交涉的视角论述了隋唐重玄学对其道本论的建构，并且指出：隋唐重玄学作为道家思想的第三期发展，在历经了原始道家本源说到魏晋玄学本体论的嬗变，并同时导入了与道家的道本论相反的佛教中观以后，以其"本源—本体"论坚守住了道家"崇本论"的基本立场，这一立场恰恰是与佛教的中观思想相背离的。[⑤]

[①] 汤一介：《论魏晋玄学到初唐重玄学》，陈鼓应主编《道家文化研究》第 19 辑（"玄学与重玄学"专号）第 1—22 页，三联书店 2002 年版。

[②] 强昱：《从魏晋玄学到初唐重玄学》，上海文化出版社 2002 年版。

[③] 董恩林：《试论重玄学的内涵与源流》，《华中师范大学学报》2002 年第 3 期。

[④] 若水：《本体的解构与重建——唐代道教重玄学发展探微》，《社会科学战线》2002 年第 5 期。

[⑤] 刘雪梅：《"本源—本体"论的建构——论隋唐重玄学对道家思想的承续与建设》，《西南民族大学学报》2004 年第 3 期。

最后是重玄学的特点。刘固盛先生就唐代重玄学的道论指出其重要特点是用"虚通妙理"和心性思想重新阐释老子之道。其对道论的创造性阐发，在中国思想史上具有重要的意义：其一，提升了道教哲学的境界；其二，成为宋代道教性命双修思想之先导；其三，重玄之道及其心性理论又为理学的产生提供了可资借鉴的思想资源。①

以上主要是对唐代重玄学的讨论，也有学者对宋代重玄学作了概括，李远国先生认为，宋代重玄学明显地有别于魏晋重玄学和隋唐重玄学，其主要特征为以儒解《老》、以佛解《老》和以内丹学解《老》。②

（4）内丹心性学

对内丹学的研讨在 20 世纪 80 年代就已成为引人注目的热点，但是由于气功热的影响，在研究视角上倾向于"术"。90 年代末期，人们开始从理性的角度反省气功热，而内丹学研究也逐渐趋于哲理化，这主要体现在对内丹心性学研究的重视上。

张广保先生在《金元全真道内丹心性学》③ 一书中首次提出"内丹心性学"，为内丹心性学研究奠定了基础。该书系统地阐述了全真道清静、内道外儒、以道合禅、性命双修等几种心性思想，将全真道内丹心性学放在中国思想史的平台上与宋明理学心性论、禅宗心性论进行了比较研究。这一视角的选择得到很多学者的支持，汤一介先生认为，内丹心性学作为理论与修持方法的结合，与宋明理学心性学、禅宗心性学构成中国心性学的三大分支。所以内丹心性学是对重玄学的发展，也是道家思想的发展。④ 吕锡琛教授也指出，内丹心性学虽然是属于道教承传的"内学"，但也在更高层次上丰富和发展到了道家思想。⑤ 孙亦平先生认为，内丹心性学的特色并不在于它具有多么丰富深奥的思辨性，而在于它将形而上的哲学思考最终落实到形

---

① 刘固盛：《唐代重玄学派道论的特点》，《西南民族大学学报》2007 年第 2 期。

② 李远国：《论宋代重玄学的三大特征——以陈抟、陈景元为中心》，陈鼓应主编《道家文化研究》第 19 辑（"玄学与重玄学"专号）第 331—356 页，三联书店 2002 年版。有关重玄学的内涵及其特点，可参考《道家文化研究》第 19 辑（"玄学与重玄学"专号）中的相关论文，三联书店 2002 年版。

③ 张广保著：《金元全真道内丹心性学》，三联书店 1995 年版。

④ 胡孚琛、吕锡琛著：《道学通论——道家·道教·仙学》（增订版），社会科学文献出版社 2004 年版。

⑤ 胡孚琛、吕锡琛著：《道学通论——道家·道教·仙学》（增订版）第 226 页，社会科学文献出版社 2004 年版。

而下之术上，通过"性命双修"使道与术紧密相连，使之成为引导人们获得生命超越的理论与实践的保证。①

继《金元全真道内丹心性学》之后，张广保先生又推出《唐宋内丹道教》② 一书，对唐代至宋代内丹道教的发展历史进行了系统的梳理，指出钟吕内丹道作为内丹道教的成熟形态，有三个特点：以内丹道参证天道；使内丹学系统化；对道教传统内修术的批评。揭示了内丹道的内在矛盾——即世俗的生命观和宗教的生命观所导致的内丹道教生命观的冲突，而这一矛盾又可以还原为修性与修命问题的矛盾，到后世道教思想家的解决方法是"通过形→气→神→道的互相转化及步步超越"来和解两种生命观点冲突。这一创见得到学界的好评。③

此外，杨立华先生的《匿名的拼接——内丹观念下道教长生技术的开展》④ 和戈国龙先生的《道教内丹学探微》⑤ 都在不同程度上对内丹学中的心性问题作了细致的研讨，并对内丹心性论与佛教禅学的心性论进行了比较。

综上所述，近10年道教哲学研究无论在深度还是在广度上都取得一定进展。但对道教哲学体系的总体研究还应继续加强，因为道教哲学作为整个道教文化的核心，对道教文化各方面的研究都有着"导航"的意义。

2. 道教伦理思想

近10年的道教伦理思想研究主要围绕着道教生命伦理、社会政治伦理、生态伦理等几个方面展开。

首先是对道教生命伦理的探讨。有学者认为，道教生命伦理的形成与生存环境的危机认识是密切相关的，在道教思想中，人与人之间的关系是一种特殊的生命关系。保持自身形躯生命的完整与健康，不仅是孝敬父母的基本人伦要求，也是天道流转人间的必然体现。道教生命伦理具有以下几个特点："劝善成仙"精神奠定了道教生命伦理的基调；神明监督是道教生命伦

---

① 孙亦平：《试论道教心性论的历史价值与现代意义》，陈鼓应主编《道家文化研究》第21辑（"道教与现代生活"专号）第244页，三联书店2006年版。

② 张广保著：《唐宋内丹道教》，上海文化出版社2001年版。

③ 张广保著：《唐宋内丹道教》第340页，上海文化出版社2001年版。

④ 杨立华著：《匿名的拼接——内丹观念下道教长生技术的开展》，北京大学出版社2002年版。

⑤ 戈国龙著：《道教内丹学探微》，巴蜀书社2001年版。

理的外在强化手段；在道教"劝善成仙"与神明监督的生命伦理中还配有符号示范。①

其次是对道教政治伦理思想的研究。有学者认为两宋道教政治伦理思想包括三方面基本内容：即以"敬神与德治"为要义的君王政治伦理思想；以"忠君"为核心的臣民政治伦理思想；以"积善成仙，积恶致祸"为特色的政治伦理控制手段。通过对两宋道教政治伦理思想的研究，可以看出两宋道教以宗教特有的方式服务于两宋政治体系，从而对赵宋政权的稳定起着积极作用。这说明道教能够主动适应赵宋政权的政治需要，力图通过宗教方式对政治生活进行规范、监督，在维护君王极权体制方面起着积极的作用。②

再次，对道教思想中蕴涵的生态伦理观进行发掘和探讨可谓近10年道教伦理学研究的热点。有的学者对"道教生态伦理"的理论框架结构及研究范式进行了开创性的研究，将"道教生态伦理"概括为："道"与尊重自然生命的意识具有相通之处；"道生万物"的思维模式把生态环境纳入"先验性"的认识框架内；"自然无为"表现在行为上是对戒律中与"护生"、"戒杀"相关条款的遵循；在对待整体生态环境的态度和情感上表现为"天父地母"，在对待个体生命的态度和情感上表现为慈心于物的平等情怀；"天地之间，惟人最贵、最灵"的信念中蕴涵着自觉承担生态伦理责任的意识以及超越人类中心主义的情怀。③

有的学者着力从道教"道生万物"的本体论出发，探讨了道教"天人合一"、"道法自然"的自然生态观和以"道"、"德"为核心内容的生态道德观的构建，并分别从道教尊重天地自然的"天父地母"生态伦理情怀、尊重生命的"贵生戒杀"生态伦理规范、"道法自然"的生态伦理原则和"自然无为"的生态行为方式等几个方面发掘道教思想中的生态智慧。④ 有的学者就道教"道法自然"的思维模式和"德及微命"的价值观来探讨道

① 詹石窗：《道教生命伦理与现代社会》，《中国哲学史》2003年第2期。
② 向仲敏：《两宋道教政治伦理思想研究》，《社会科学研究》2007第3期。
③ 蒋朝君：《道教生态伦理思想研究》，东方出版社2006年版。
④ 毛丽娅：《道教的生态伦理观》，《自然辩证法研究》2008年第4期。

教思想中的生态伦理精神（或生态整体意识）和生命关怀精神。① 有学者对"道教生态学"作为道教意义上的生态学进行了全面系统的研究，指出"道教生态学"作为一门新生的学科具有三个方面的理论构成要素：其一是追求人天和谐的"天人合一"思想；其二是尊重天地自然的"天父地母"思想；其三是保护环境的"道法自然"原则。② 有学者将道教的生态伦理精神概括为以下六点：一是万物一体的精神；二是生而不有的精神；三是曲成万物的精神；四是合而不同的精神；五是循环再生的精神；六是融通万有的精神。③

此外，还有学者对道教劝善书的伦理思想进行研究，将其主要内容概括为四方面：善恶福祸的生命伦理观；孝敬友爱的家庭伦理观；诚信仁爱的社会伦理观；慈心关爱的生态伦理观。其采用的教育方法有神道设教法、榜样示范法、动机引导法、理想与实践相结合法。④ 还有学者对道教的戒律伦理思想进行了探讨，道教戒律所体现的伦理道德思想，涉及人—人关系、人—自然关系以及人—神关系，其特色主要有神圣性、自度性、层次性以及在心的一念处下工夫、禁欲主义色彩浓厚、三教融通等。⑤ 又有学者对道教伦理思维进行了探究，指出道教伦理思维是道教认识伦理本体、完善自我和协调自然的特有的方式，其主要特征为自我性思维、人本性思维和生态性思维，它反映了道教抗命逆修、抱朴守真、清静恬淡、慈爱和同、度人济世、性命双修、顺应自然和力行不止的主体精神，这种主体精神的最终旨趣是对自我完满以及人与人、人与自然和谐的追求。⑥

3. 道教科技思想

道教的科技思想是道教思想研究的一个前沿领域。李约瑟曾说："道教十分独特而又有趣地糅合原始的科学与魔术。要了解中国的科学与技术，这

① 李玉用、李海亮：《"道法自然"与"德及微命"——道家道教伦理思想的生态—生命向度》，《青海社会科学》2008 年第 2 期。
② 乐爱国著：《道教生态学》，社会科学文献出版社 2005 年版。本书书评参见谢清果：《生态学研究的道教视角——兼评乐爱国的〈道教生态学〉》，《宗教学研究》2006 年第 1 期。
③ 王文东：《中国道教的生态伦理精神》，《中国道教》2003 年第 3 期。
④ 安荣：《道教劝善书中的伦理思想及其教育方法》，《中国道教》2006 年第 3 期。
⑤ 唐怡：《论道教戒律伦理思想的特色》，《云南社会科学》2006 年第 1 期。
⑥ 王文东：《略论道教伦理思维的特点》，《宗教学研究》2004 年第 3 期。

是极为重要的。"《道藏》中收录了大量有关中国古代医学、药学、化学、天文地理、数学等富含科学思想的文献，但在过去的20多年里，学界探讨的领域多限于道教医药养生和外丹黄白术，而在道教天文历法、科技思维方法、道教技术发明、数学、地理、建筑学等领域仍然乏人问津。

20世纪末，詹石窗先生提出"道教科技哲学"概念以发掘道教文化中的科技哲学思想。所谓"道教科技哲学"，是指"道门中人在进行具备某种科学意义的方术技艺实际活动与理论建构中所表现的哲学思想认识"。道教科技哲学是以道教科技的存在为前提的，而"道教科技"是指"服务于道教基本宗旨且由道门中人所从事的传统科学技术，它包括相当部分方术技艺实践与理论研讨"。从认识方法论的角度看，道教科技哲学以观察、试验、体验为肇端，其最大特点是强调人天相应，从宏观宇宙与微观事物密切相关的角度提出了一系列关于自我生命控制的主张和方法，在思想上体现出"宏观"与"微观"的沟通。① 在此基础上，詹先生还进一步对道教术数中的科技哲学进行了探讨，指出道教术数不仅包含科技成分，在其背后还蕴涵着更为深刻的思想理念，即道门中人由观察天文、地理或者试验、体验之类方术技艺活动所引发的"道教科技哲学"思想。②

近年来还有学者对道教服食中的技术哲学意蕴进行了探索，指出道教服食具备鲜明的技术本质，道教服食技术的发展是由四个动因作用的结果，第一，道教服食技术目的与技术功效的矛盾运动；第二，道教服食技术继承与技术创新的相互促动；第三，社会需求变迁对道教服食技术发展的作用；第四，科技整体进步对道教服食技术发展的作用。③

还有些道教学者开始注意发掘道教的科学思想。盖建民先生的《道教科学思想发凡》④ 一书在道教科技史料挖掘和道教科学思想的提炼上都有可喜的突破和创新。该书以道教与古代科学思想关系为主线，分道教天文学思想、道教术数与传统数学思想、道教物理思想、道教外丹黄白术与古代建筑思想以及道教科学思维方法等八个专题，凡九章，外加导论，共计十大篇章，集为一部。从表层的史实还原、深层的意义诠释和整体的系统解读这三

---

① 詹石窗：《道教科技哲学与现代化》，《中国哲学史》1999年第1期。
② 詹石窗：《道教术数与科技哲学》，《中国道教》1999年第4期。
③ 黄永锋：《道教服食的技术哲学意蕴》，《哲学动态》2008年第1期。
④ 盖建民著：《道教科学思想发凡》，社会科学文献出版社2005年版。

个方面下工夫，不仅在史料挖掘上有新的突破，在思想凝练上有所创新。①

（三）道教与中国传统文化研究

1. 道教与易学研究

易学早已成为热门课题，但道教与易学研究却在 20 世纪 90 年代中期才刚刚起步。到目前为止，学界对道教与易学的研究主要还是围绕以下几个方面开展的：

首先是道教与易学的关系。刘国梁先生认为，道教之所以与易学结下不解之缘是因为：第一，《周易》中系统的阴阳化生说是道教宇宙论的来源；第二，道教内丹与外丹学说的思维模式取自《周易》；第三，道教内丹炼养的基本原理也同样受《周易》影响。② 詹石窗先生在《易学与道教思想关系研究》③ 一书中，从学科交错的视角研究了易学和道教，得出道教与易学的联系是"全息"性的结论。据学界评论，这种"全息性"联系的发现具有双向意义：就易学研究而言，结合道教思想有助于理清易学发展的脉络；就道教思想研讨而言，结合易学有助于从更深广的层次揭示道教思想体系的本质；就中国科学技术史的探究而言，易学研究有助于理解道教科技文献中所使用的一系列隐喻性术语。④ 章伟文先生则认为，道教与易学虽是两种各有不同特色的文化，但又有着共同的文化源头，那就是中国远古的巫史文化。由于思想的源头一致，因而两者关注的问题也有相同之处，思想的特点也比较接近，只是在发展过程中，由于两者各自侧重思考的对象有差异，又分别具有不同的特点。所以道教与《周易》是同源而异流的关系。⑤

其次是对"道教易学"的讨论。刘国梁先生最早提出"道教易学"，将"道教易学"作为中国易学史上的一个重要组成部分来研究。而章伟文先生则认为，"道教易学"是以易学诠释道教信仰、教义思想的一种学术形式。

---

① 参见本书卿希泰先生序及黄永锋、王艺：《道教思想学术研究的新成果——〈道教科学思想发凡〉评介》，《世界宗教研究》2005 年第 4 期；盖建民：《道教与科技研究百年回顾与展望》，《中国宗教研究年鉴》1999—2000。

② 刘国梁著：《道教与周易》，北京燕山出版社 1994 年版。

③ 詹石窗著：《易学与道教思想关系研究》，厦门大学出版社 2001 年版。

④ 参见黄永锋：《揭示易道融通规律的高水平论著——詹石窗教授〈易学与道教思想关系研究〉评介》，《世界宗教研究》2003 年第 1 期。

⑤ 章伟文：《试论道教易学产生的历史背景和思想渊源》，《中国道教》2004 年第 5 期。

"道教易学"主要为解决不同时期的道教教义、信仰中的人天关系问题而提出，并因此形成了具有不同时代特色的道教易学形式。① 其主要内容包括：①以易学来诠释道、道与物的关系、道的各种属性、道的特征等；②以易学来诠释修道方式，如药物问题、火候问题、鼎器问题、路径问题、层次问题等；③以易学形式讨论人性的修养和人的精神超越，对于生与死问题的思考，对于价值问题的思考以及对于社会现实所应采取的合适的态度等问题。②

此外，关于易学在道教文化中的实际应用问题，詹石窗先生从符号学的角度将易学与道教文化联系起来，对道教基本理论、神仙意象、金丹炼养、道门之天文地理经验记录、斋醮仪式、禹步艺术等进行符号解密，揭示了道教文化中的深层隐义。③ 盖建民先生以清代道书《道养全书》作为基本素材，探讨易学在道教内炼养生中的运用及价值：其一，《易》学为道教内炼养生理论体系的建构提供了一种思维模型和论说工具；其二，借助《易》之象数语言与符号形象地描述了内炼养生的生理变化、直观地表征了内炼养生的具体法式。④

2. 道家与道教关系研究

汤一介先生认为，道家思想自隋唐以后，是由道教接着向前推进的。所以先秦老庄是道家思想的第一期发展，魏晋玄学是道家思想的第二期发展，而唐初兴起的重玄学则是道家思想的第三期发展，内丹学虽是唐宋乃至宋明道教发展的特有形式，但从理论上看它仍是道家思想宗教化的发展。所以从这个意义上说，道教与道家的思想理论是分不开的。⑤

胡孚琛先生通过考查"道学"概念在中国文化史上的由来和嬗变，提出用新"道学"概念来统包道家与道教的主张。他认为道学一词，在中国古代文献中始见于《隋书·经籍志》，原指道家老子创立的有关道的学说，以《道德经》为经典，应包括哲学的道家、宗教学的道教和属人体生命科

① 章伟文：《道教易学综论》，《中国哲学史》，2004 年第 4 期。
② 章伟文：《试论道教易学产生的历史背景和思想渊源》，《中国道教》2004 年第 5 期。
③ 詹石窗著：《玄通之妙：易学与道教符号揭秘》，中国书店出版社 2001 年版。
④ 盖建民：《清代〈道养全书〉易学与道教融通思想论析》，《杭州师范学院学报》2007 年第 6 期。
⑤ 汤一介：《唐宋内丹道教·序》，张广保著：《唐宋内丹道教》，上海文化出版社 2001 年版。

学范围的内丹学。① 虽然南北朝以后，随着儒、释、道三教鼎立局面的形成，道家与道教的内容在学术上渐渐有了实际的区别，但由于缺少"道学"这一概念来总括道家与道教学术，所以古代道学之书往往将道家与道教通用，因此很有必要重新恢复"道学"概念来总括道家与道教学术。胡先生对道学新的解释是："道学应指中国传统文化中以老子的道的学说为理论基础形成的学术系统，其中包括道家、道教、丹道三个大的分支，老子为道学之宗。"在"道学"这个特定概念的统摄之下，道家与道教的关系就变得更为清晰："道家是以春秋时以老子著《道德经》为代表创立的以道为理论基础的学派；道教则是汉末张陵首先创立的以道为信仰的宗教。二者皆以老子的道为根基，道家是道教的哲学支柱，道教是道家的宗教形式。"无论道家还是道教，同作为道学都具有自然性、超越性、寓言性、开放性和包容性，此外重要的，还有一个根本特征，即在于以"身"和"天下"同构，因而形成人天同构，身国一理的理论体系。②

倪南先生回顾了古代特别是当代一些学者关于道家与道教关系的辨析和争论，最后指出，道家与道教对其共同推崇、奉为绝对至上的"道"的理解是有明显的差异的，这种精神上的差异导致二者在现实指向上的分野。因此，对道家与道教思想的讨论，应在其各自不同的发展阶段，作出不同的比较，而对二者关系的研究，则"微观上的阐析比试图寻求某种带'根本性'意义的'宏大叙事'式的方法更具可行性，并且更有意义"。③

欧阳镇先生对道家与道教的关系研究现状进行了深入的考察，认为从不同的角度考察道家与道教的关系，二者就会表现出不同的形式和内容，即使从同一个角度来考察道家与道教关系，二者也会表现出相当复杂的内在联系和区别。所以在研究中应注意客观资料的恰当引用和主观态度的把握。④

3. 道教与儒家和佛教关系研究

杨玉辉先生在人学观的层面上，分别从人的本质、人生价值观和修行观三个方面对道教与儒家和佛教进行了比较研究。指出在对人的本质的认识

---

① 胡孚琛：《21 世纪的新道学文化战略》，《杭州师范学院学报》，2003 年第 6 期。
② 胡孚琛、吕锡琛著：《道学通论——道家·道教·仙学》（增订版）第 62 页，社会科学文献出版社 2004 年版。
③ 倪南：《道家与道教的关系之研究》，《学术月刊》2001 年第 4 期。
④ 欧阳镇：《道家与道教的关系研究现状及存在的问题》，《中国道教》2007 年第 5 期。

上，三家都不同程度地强调了心性是构成人的本质的方面，并且都强调天人合一。不同之处是道教认为人是形、气、神的统一体；儒家基本上将人看成一种心性存在体；而佛教主张人是一种身心统一体。在人生价值观上，道教强调人终有一死，唯有学道修仙，才能不死成仙；儒家强调德性纯善、内圣外王；佛教强调世间皆苦，唯有学佛修道，明心见性，方能摆脱世间的痛苦。在修行观上，道教强调人皆有道性，通过外丹与内丹的修炼，就有可能达到长生成仙的目的；儒家则强调人皆有善性，通过道德上的努力就可以成为圣人；佛教认为人皆有佛性，通过八正道和戒定慧的修持，就可以明心见性，成就佛果。①

杨维中先生在充分研究隋唐佛教关于佛性"本有"与"始有"的讨论基础上，着重论述了隋唐道教"道性"论吸纳佛性思想的情况。指出隋唐道教关于"道性本有"、"道性始有"、"道性亦本亦始"的说法恰恰与佛教佛性论的三种理论相对应，可见是从佛性论中直接移植。而孟安排《道教义枢》中所言的五种"道性义"也是将佛教天台等宗常说的"三因佛性"与《佛性论》的"三种佛性"说糅合在一起的结果。由于隋唐道教普遍接受了"心"为善恶之根源的思想，于是便涉及如何解释善恶染净之根源的问题。《本际经》对于善恶染净的问题有多种略有区别的诠释，其中"心性清净，烦恼所覆"的理论模式和"两半义"影响最大，而这两种理论也都是在不同程度地吸收佛教中观学的基础上，将道教的传统思想加以改造而形成的。②

4. 历史上的三教合一思想研究

关于历史上的三教合一，卿希泰先生在《续·中国道教思想史纲》中对三教的实质关系进行了深入的阐述。卿先生论曰："道教与儒、释之间的关系，从一开始即一方面互相吸收、互相融合，另一方面又互相排斥、互相斗争。随着时代条件的变化，有时是这一方面突出，有时又是另一方面突出……宋元以后，'三教融合'思想便逐渐成为学术思想发展的主流。这时新产生的一些教派，无论是南宗，还是北宗，都明确主张三教的同源一致。到了明代，'三教融合'的思想，又有了更为深入的发展。从道教方面看，

---

① 杨玉辉：《道教人学研究》第 245—281 页，人民出版社 2004 年版。
② 杨维中：《论隋唐道教"道性"论对于佛性思想的吸收》，《人文杂志》2007 年第 5 期。

大量儒释的思想被融入道教，已成为入明以后道教的一大特色。"书中卿先生着重考察了道教各派在融合儒道时的差异性特征，如在考察金丹派北宗和南宗的宗教理论及特点时指出，南宗的宗教理论和北宗全真道一样，都是以内丹性命之说为主导，倡导三教合一，但南宗着重融摄理学思想，而全真道则着重融摄禅学思想，并且南宗重修持，而全真道更重教理。在分析王重阳的"三教归一"思想时，卿先生以翔实的史料说明本是儒家出身的王重阳后期对于禅宗理论的信服。①

陈兵先生对晚唐以来的三教合一思想进行了总结，认为三教合一包含三个方面的内容：一是在多元文化并存的社会背景下，三教融合乃大势所趋；二是从三教相互关系和谐的角度强调三教一家；三是从思想的旨归强调三教归一、三教一致。晚唐以来的三教关系一直相当融洽，很少出现宗教争斗，这对封建社会的稳定和延续起了不可忽视的作用，在今天这个文化多元化的时代，也具有一定现实意义。②

此外，还有学者将儒释道三教关系概括为斗争和融合两个方面，而融合是主要的。三教融合的主要原因之一在于儒释道三教自身包含着可以相互会通的内在因素，"主要表现在政治上讲君权神授、皇权至上、等级森严；道德伦理上讲惩忿窒欲、净化人心、放弃自我"③。

（四）道教文化与现代社会发展进步研究

从现代社会发展进步的角度探索道教文化及其现代意义，是近 10 年来道教文化研究中备受关注的前沿课题。21 世纪以来国内外多次举办相关的学术研讨会，如 2000 年和 2001 年国内两度召开了庐山中国道教文化研讨会，主题为"道教文化与现代社会生活"、"道教文化与现代文明"，2002年茅山中国道教文化学术会议的主题为"道教与 21 世纪"，2002 年 1 月香港道教文化国际学术研讨会的主题是"道教教义与现代社会"，2002 年 11月上海中国道教学术研讨会主题为"道教思想与中国社会发展进步"；2004年 11 月三次在湖南南岳召开"道教思想与中国社会发展进步"学术研讨

---

① 卿希泰著：《续·中国道教思想史纲》，四川人民出版社 1999 年版。
② 陈兵：《晚唐以来的三教合一思潮及其现代意义》，《四川师范大学学报》2007 年第 4期。
③ 鲁湘子：《略论儒释道三教合一的内在因素》，《社会科学研究》2006 年第 6 期。

会，2006 年 5 月在德国慕尼黑召开"第三届国际道教与现代大会"。① 道教学者对道教文化及其现代意义的思考和探索主要围绕以下三个方面展开：

1. 道教文化在中国传统文化中的地位

卿希泰先生借用鲁迅先生名言——"中国根柢全在道教"对道教在中华传统文化中的历史地位进行了分析。指出中华传统文化的根柢之所以在道教，基于两方面的原因：其一，道教在产生和发展过程中充分吸收了中华传统文化——道家思想、儒家伦理纲常、墨家思想、易学和阴阳五行思想、谶纬之学、古代鬼神思想、巫术和神仙方术、黄老思想等作为其营养成分，并使它们成为道教思想渊源的一部分。其二，道教在其长期发展过程中，对中国古代的思想文化和社会生活的各个领域，包括中国学术思想、文学艺术、科学技术、政治、道德伦理、民族心理、民族性格、民族凝聚力的形成、风俗习惯、民间信仰等方面，都产生了巨大的辐射作用，留下其深刻的影响。②

中华传统文化的根柢在道教的观点得到过一些道教学者的支持，③ 但也引起一些学者的争议，争议的焦点集中在鲁迅先生"中国根柢全在道教"这句名言的含义上。有的学者通过对鲁迅这句"名言"语境的分析，强调鲁迅以及其他新文化运动主力人物对道教的批判态度。④ 还有学者认为鲁迅名言主要是从否定的方面表达了鲁迅的道教文化观。⑤

2. 道教与现代社会的关系

卿希泰先生从道教历史和道教理论的角度探讨了道教文化与现代社会生活之间的紧密关系：道教作为中华民族的传统宗教，其民族情感和精神形成了中华民族的强大凝集力；道教文化在对待人与自然相互关系问题上的基本出发点是"天人合一"思想，要求放弃人类的自我中心主义，与大自然打成一片，

---

① 参见盖建民：《道教文化探索的新视域》，《哲学研究》2008 年第 1 期。
② 卿希泰：《道教文化在中华传统文化中的地位及其现代价值》，《社会科学研究》2001 年第 2 期。
③ 参见盖建民：《从道教生命哲学看道教文化的现代意义》，《宗教：世纪之交的多视角思维——福建省宗教研究会论文集》（三）1999 年；胡孚琛：《21 世纪的新道学文化战略——中国道家文化的综合创新》，《杭州师范学院学报》2003 年第 6 期。
④ 邢东田：《应当如何理解鲁迅先生"中国根柢全在道教"之说——与卿希泰教授商榷》，《学术界》2003 年第 6 期。
⑤ 吕有云：《论鲁迅的道教文化观——从"中国根柢全在道教"说起》，《宗教学研究》2003 年第 3 期。

这种顺应自然的思想是从对自然界和人类社会的深刻认识中总结出来的，符合自然界与人类社会的发展规律；道教文化在对待人与社会、人与人的相互关系问题上，主张"凡事无大无小，皆守道而行"，有助于社会的和谐稳定；道教文化在对待个人生活准则上强调尊道贵德，唯道是求，更能体现人的真正价值，促进社会的协调发展；道教文化主张宽广能容，善于向不同的文化学习，这种文化心理的发扬，有助于中华民族文化的自我更新和繁荣。[1]

盖建民先生认为，从现代生活来关照道教文化研究，还须透彻领悟道教的"真精神"，这是了解道教文化的"精"、"气"、"神"等诸元素的关键；其次，必须以史为鉴，在学理和学术史层面上分析道教与社会生活的历史交融，进而挖掘道教与社会生活交融的内在深层原因；再次，应该探索道教文化与现代社会生活交融的途径，对道教的基本教义和教理思想如何"立足当代"进行现代诠释；此外，应该注重个案研究，以道派、人物、思想和地域等为考察对象，从社会经济生活、地方民俗、文化遗产的继承与传播、休闲旅游等方面入手，细致而深入地探究道教文化与现代社会政治文明、精神文明、生态文明的关系问题。[2]

3. 道教文化的现代意义

近 10 年道教学者主要从以下几个视角探索道教文化的现代意义：

（1）从道教伦理学看道教文化的现代意义

王卡先生认为，道教的伦理思想即被称为"善道"的清规戒律。这些清规戒律是约束信徒的言行、劝善止恶的道德规范。其中的一些戒律则体现了人类社会最基本的价值观念。这些规范分为对自身的约束、对他人的道义责任、对家庭、国家和宗教的责任、对自然的责任等，如能对这些戒律稍加变动，如将不饮酒改为不吸毒，就可以成为适用于现代社会的"普遍"伦理规范。道教戒律的实现基于两个前提，一是对神灵的敬畏和遵从，二是对自然之道的理解和觉悟。前者为信仰，后者为智慧。学者们认为就智慧而言，道教思想不仅对中国传统文化发生过深刻的影响，而且在经济发达、政治民主、科技进步、文化多元化的现代社会仍具永恒的意义。首先是对人类

---

① 卿希泰：《道教文化与现代社会生活》，卿希泰著：《道教文化与现代社会生活研究》第 37—46 页，巴蜀书社 2007 年版。

② 盖建民：《道教文化探索的新视域》，《哲学研究》2008 年第 1 期。

文明的负面影响——即文明异化所导致的自然环境和人文环境均遭破坏有清醒的认识和批评；其次是道家与道教反观的思维方法有助于与人沟通，不固执己见，从而通达事理、容纳异己。而这种宽容精神正是现代民主社会的基础，也是多元化文化并存的前提。①

卿希泰先生从以下几个方面探讨了道教伦理思想的现实意义：第一，道教在个人自身的思想修养方面，强调尊道贵德，唯道是从，以《道德经》的恬淡无欲、清静素朴、公正无私等为修身准则，这对抑制当前社会的个人主义、拜金主义、享乐主义等思想倾向也会起到一定的作用；第二，道教伦理在吸收了儒释伦理思想后，其内容包含了社会人伦的各方面，甚至比儒家讲得更全面，具有很强的现实意义；第三，道教的宇宙伦理观、生态伦理观即使在现代社会仍然能显出其独特的价值。②

詹石窗先生着重考察了道教生命伦理的现实意义。道教生命伦理把道德修养与身心健康结合起来，强调行善去恶对于延年益寿的重要作用，同时也注重药物治疗，这种内在道德治疗与外在药物治疗相结合的思想为现代生命伦理建设提供了有益的思想资源；道教的生命伦理建立了修道的整体性原则，把个人的身心健康置于宏观环境之中来加以考察，这也为当今人类的整体健康提供了有益的参照系；道教生命伦理，强调阴阳协调，和合美善，这对维持社会人口生态的良性发展具有一定的现实意义；道教生命伦理以"自然无为"作为道德实践的基本理路，这对维护全球的自然生态平衡具有深刻的道德方法论的参考价值。③

此外，还有学者探讨了道教伦理思想对构建中国社会主义和谐社会的重要价值。首先，道教"天人合一"、"道法自然"的伦理思想有利于促进人与自然的和谐；其次，道教"尊道贵德"、"知足常乐"的伦理思想有利于促进人的物质与精神生活的和谐；复次，道教"积功累德"、"济世利人"的伦理思想有利于促进人与人、人与社会之间的和谐。④

---

① 王卡：《道教伦理思想与现代社会》，茅山中国道教文化研讨会 2001 年。
② 卿希泰：《再论道教伦理思想的现实意义》，卿希泰著《道教文化与现代社会生活研究》第 82—89 页，巴蜀书社 2007 年版。
③ 詹石窗：《道教生命伦理与现代社会》，《中国哲学史》2003 年第 2 期。
④ 周中之、汪志真：《道教伦理思想在和谐社会建设中的价值》，《伦理学研究》2007 年第 2 期。

（2）从道教生命哲学看道教文化的现代意义

盖建民先生就道教生命哲学的基本思想探讨了道教文化的现代意义，首先，道教在生死问题上历来重生恶死，强调"生为第一"，因而形成了珍视现实人生生命价值的积极乐观主义生命观；其次，道教"我命在我不在天"的生命自主观与儒家敬天服命的生命观形成鲜明对照。虽然道教所追求的长生成仙、与道合真难以实现，但道门中人苦炼各种外金丹和内金丹的宗教实践活动，有助于加深人类对包括人体生命现象在内的自然界及其运动变化规律的认识，从而推动包括医学养生学在内的科学发展。从这个意义上说，道教"我命在我不在天"的生命自主思想蕴涵着极为深刻的科学精神和科学思想；第三，道教生命观强调"延生有术"，合修众术以共成长生。这种生命观激励道徒积极不懈地探索各种延生、护生方法，并具有极强的操作性。这对于推动古代医学养生学的发展有着积极的意义。①

曾维加先生认为，重生贵生的生命价值取向，使道教在漫长的历史发展过程中积累了丰富的养生文化，道教养生术中包含有大量行之有效的科学健身内容，这些方法不但可以起到防病、治病的作用，而且长期修炼也可以起到延年益寿的功效。更为重要的是，道教生命哲学为人类社会提出了一种积极主动的人生态度，这种人生态度为人类在面对天灾人祸，或感到自身的无力渺小，或面临困苦和压迫时，提供了一种精神上的力量，增加人们战胜困难的信心。除此之外，道教在追求长生久视过程中形成的不同伦理道德思想对当今社会也有一定的参考价值。②

（3）"生活道教"的现代意义

"生活道教"是 2000 年张继禹先生为继承和发扬道教优良传统，进一步推动道教与不断发展的当今社会相适应而提出的一种理念。所谓"生活道教"，是指"在发扬爱国爱教、仙道贵生、慈爱和同、济世利人等优良教义思想的基础上实现道教关爱现实，利益人群，传扬真道，福臻家国，修道成仙的价值理想"。将道教信仰与精神融入现实生活，运用道教的智慧解决

---

① 盖建民：《从道教生命哲学看道教文化的现代意义》，《宗教：世纪之交的多视角思维——福建省宗教研究会论文集》（三）1999 年。

② 曾维加：《道教生命哲学的内在构造及现代意义》，《安徽大学学报》2006 年第 4 期。

生活中存在的各种困惑等。①

这一理念提出后得到一些道教学者的支持。牟钟鉴先生认为"生活道教"理念的提出，是道教理论上又一个新的进展，"生活道教"的含义，并非仅指道教要走近现实生活，或者使道教生活化、世俗化，而应理解成要使道教影响生活、改良生活、提高生活、推动生活，以自己特有的方式为大众的利益和社会进步服务。因此，它仍然要保持它的宗教理想、超越精神以及宗教的神圣性和神秘性，只是它的超越精神不能脱离生活，而是在积极介入生活、改变生活中实现宗教的超越。② 詹石窗先生认为"生活道教"就是人们现实生活中所需要的道教，换句话说，"是植根于现实生活并且因民众的现实需求而存在的道教"。"生活道教"这个提法不仅具有"厚重的历史根据"，而且因应了现实发展需要。③

六、 未来道教文化研究的展望

道教是中国现行五大宗教中唯一的本土宗教，至今已有近两千年的悠久历史。道教里蕴涵着丰富的哲学思想，且能兼收并蓄，忠实地记录了中华文明的发展史。时至今日，道教文化仍有其积极的意义与价值。

同西方文化相比，道教文化有自身的优势。道教中的许多合理思想可以纠正西方文化的严重失误，值得西方借鉴和吸取。其理由如下：第一，道教文化没有西方文化那种自以为是的"精神优越感"，不像西方文化那样把自己的思想意识和传统习惯强加于人，而对其他国家和民族的文化思想传统却一无所知。恰恰相反，道教文化则主张宽广能容，虚怀若谷，尊重别人，善于向不同的文化学习，认为应该像海纳百川一样融摄百家之长以不断丰富自己，故能经常自我更新，充满勃勃生机，可以经久不衰。第二，道教文化没有西方文化那种殖民主义的统治别人的心态。道教文化认为，天地间的一切财物，都是"天地和气"所生，不应为少数人独占，为少数人私有，强调

---

① 张继禹：《践行生活道教德臻人间仙境——关于道教与现实社会生活的探讨》，《中国道教》2000 年第 6 期。
② 牟钟鉴：《关于生活道教的思考》，《中国宗教》2001 年第 2 期。
③ 詹石窗：《论生活道教》，《中国道教》2000 年第 6 期。

在社会生活中，每个人都应遵守公共准则，友善待人，互助互爱。第三，在个人生活准则上，西方文化所倡导的是追求个人物质利益，鼓励人们为满足个人私欲拼命竞争，相互之间比奢侈，比豪华，尔虞我诈，金钱第一。与此相反，道教在个人生活准则上则强调要尊道贵德，唯道是求，在求道中保持恬淡无欲，清静素朴。第四，在人与自然的相互关系问题上，西方文化总是把个人与大自然对立起来，把大自然看做是人类掠夺的对象，认为大自然具有取之不尽、用之不竭的无限资源，可以供人类任意地掠取和尽情地享受。而道教文化在对待人与自然关系问题上的逻辑起点，乃是"天人合一"的思想，并从这一思想出发，强调天、地、人三者应当协调，并力同心，共生万物。道教这种取法自然、顺应自然的思想，乃是从对自然和人类社会的深刻认识中总结出来的，符合自然的发展规律，是一个古今中外都概莫能外的普遍真理，应当是人类行为的共同准则，在新世纪里也必将闪烁着巨大的光芒。①

回顾我国近30年道教文化研究的进展情况，其涉及范围之广泛，取得成果之丰硕，都是以往所没有的，当然同时也存在值得深思之处。

首先，对道教文化与现代社会的探索，把握其枢纽环节，即道教与现代社会的关系是不可忽视的，已经有很多学者在有意识地创建道教与现代社会的关联。但问题是如何从道教文化自身的体系中找到某种合乎逻辑的、于任何时代都能放射其璀璨光辉的内在精神，尚有待进一步探索。

其次，作为中国古代科技文化的重要载体，道教科技思想始终是具有广阔开拓空间的领域，其中道教天文、地理、医学、养生、数术等都蕴藏着丰富的、有待发掘的科技资源。目前的研究还仅局限于为现代科技所"覆盖"的部分，也就是说，已被现代科学所诠释的那些浅显的内容，但事实上还有更多的、现代科学尚未"覆盖"，然而又具有丰富现代价值的内容尚待开发利用。复次，对道教文化中的一些象征术语和符号，学界历来存在两种看法，有的学者主张用现代语言加以破解，有些学者则主张为保持原汁原味，不作破解。对于道术中的符咒，不作破解当然无可厚非，然而道教哲学研究必须建立于一个清晰的概念系统，因此，关涉到道教哲学理论核心的术语诸如"精"、"炁"、"神"等则需要获得更为清晰的、现代意义上的深层诠释。

---

① 卿希泰：《在世纪之交展望道教文化的未来》，《南京大学学报》2000年第2期。

第七章
佛教文化研究

佛教自两汉之际传入中国，初期被视为黄老方术，佛与老子并祀于宫中①，信众也以来到中土的西域诸国人士为主。其后随着经典翻译的增加，本土的信仰者逐渐增加，形成了以洛阳、徐州等地为中心的佛典翻译和信仰重地。三国时期有了第一位汉族出家僧人严佛调及第一位西行求法的僧人朱士行。魏晋时期，佛学在魏晋玄风的推动下，逐渐进入了士大夫阶层的视野，并以当时流行的佛教般若学理论迅速占领了魏晋时期论辩的制高点，并逐渐划清了和黄老方术的界限。南北朝时期，佛教进一步深入人心，佛学研究形成了涅槃、成实、地论等几个重要的学派。隋唐时期是中国佛教发展的最高峰，形成了许多佛教宗派，其中天台宗、华严宗、禅宗等极具中国特色的佛教宗派，既吸收了中国的本土文化的内涵，又对本土传统文化的发展产生了影响。佛教经过与中国本土文化的冲突与融合，逐渐也成为中国传统文化之一，成为儒、释、道三教之一。

佛教作为中国传统文化的一部分，对于中国哲学、文学以及建筑文化等都产生了深刻的影响。研究佛教因此也具有很高的学术价值和意义，是我国哲学社会科学研究中的一项重要内容。中国以近代学术研究方法对佛教进行研究，始于20世纪20年代初的佛学复兴运动时期。在这一时期，或出于救国治民之需要，如康有为、谭嗣同、梁启超、章太炎等；或出于生命之安顿之需求，如杨文会、欧阳竟无等；或出于学理之兴趣与清代考据学传统，如陈垣、陈寅恪，对佛教或借用或专攻，或重义理之阐发或重史料之辨析，佛

---

① 《后汉书》卷七《孝桓帝纪》中记载，延熹九年（166），汉桓帝在龙濯宫合祀老子和浮屠。

教研究呈现出了一派繁荣景象，佛学研究者队伍的阵容庞大，研究成果迭出。① 但自新中国成立后，佛学研究进入了低潮，特别是在"文化大革命"期间，把各种宗教一律视为封建迷信活动而加以禁止，佛教也不例外，在这种情形下，对佛教的研究也基本处于停滞的状态。

改革开放后，中国佛教研究得以恢复并迅速发展。成立于 1964 年的中国社会科学院世界宗教研究所是新中国成立的最早专门宗教研究机构，其佛教研究在任继愈先生拓荒后，人才辈出，是中国佛教研究的重镇。此外中国社科院哲学所、南亚所也有一批从事佛学研究的学者。而各省级社科院系统也相继设立了宗教研究机构，并开展了对佛教的研究。在高校系统中，原来就有在中国哲学名义下开展的佛学研究，随着改革开放的深入，很多高校的佛学研究逐渐从中国哲学研究中独立出来，和基督教研究、伊斯兰教研究、道教研究等一起成为独立的宗教研究所（室）或宗教系。1982 年，北京大学最早开始招收宗教学专业本科生，并成立宗教学教研室。1995 年，北京大学成立了国内第一个依托于哲学系的宗教学系。其后，国内各高校相继采用类似的方式设立了宗教学系。1991 年，方立天教授在中国人民大学成立宗教研究所。在此基础上，于 1999 年成立了佛学与宗教学理论研究所，2000 年被批准为国家人文社科研究基地，成为了重要的佛学研究和人才培养中心。

改革开放后的 30 年间，随着宗教活动的恢复，佛教界主办的各类佛教研究和人才培养机构也逐渐活跃起来。中国佛教文化研究所是中国佛教协会直属的研究结构，成立于 1987 年，赵朴初担任名誉所长，周绍良为所长，现任所长为杨曾文教授。该研究所本着弘扬佛教文化的宗旨，通过发行刊物、举办研讨会等形式，积极开展佛学研究。中国僧人办学起源于 20 世纪初，1903 年，湖南僧人笠云，在长沙开福寺开设的湖南僧学堂，是中国最早的僧人教育机构。其后有华严大学、武昌佛学院、支那内学院等佛学院相继成立。新中国成立后的第一所汉传佛教的高等学府是成立于 1956 年的中国佛学院，迄今已有 50 多年的历史。在"文化大革命"中受到冲击而停止招生和教学，直至 1980 年 7 月，中央批准恢复中国佛学院后，才重新开始

---

① 参见龚隽：《近代佛学从经世到学术的命运走向》，《哲学研究》1997 年第 5 期，陈兵：《中国 20 世纪佛学研究的成果》，《宗教学研究》1999 年第 3 期。

招生和教学工作。作为一所佛学界比较有影响的佛教教育机构，中国佛学院在培养学僧、开展研究和对外交流方面都发挥了重要作用。此外，各地方也开办了许多佛学院，知名的如闽南佛学院、河北佛学院等。

同佛教研究相应，改革开放后出现了专门的佛学研究杂志或刊登佛学文章的宗教类期刊和杂志。创立于1979年的《世界宗教研究》杂志既是国内最早，也是国内最权威的宗教类学术刊物。该刊以学术性、理论性和科学性作为办刊宗旨，辟有"佛教研究"专栏，刊登在佛学研究中有重要影响的研究论文。四川大学主办的《宗教学研究》原以刊登道教研究文章居多，最近几年也开始大量刊登佛教研究的文章。中国佛教文化研究所主办的《佛学研究》年刊，集中刊登国内有影响的佛学研究者的论文，是佛学研究论文最为集中的一个刊物。中国佛教协会主办的《法音》和《佛教文化》在教界内外也颇具影响力。

30年来，在教界内外的佛学研究者的共同努力下，中国佛教的研究取得重要成就。本章以佛教哲学研究、佛教宗派研究、佛教历史研究、佛教经典研究和佛教与中国文化关系为基本脉络，对30年来佛教文化研究的基本情况作一初步的总结。

一、 佛教哲学研究

把佛教中教理部分作为哲学来研究，是近代从日本舶来"哲学"这个词汇以后出现的新研究方法。但在对这一方法的认知上，可谓仁者见仁，智者见智。欧阳竟无先生反对把佛教当成一种哲学来研究，认为佛法"非哲学，非宗教"[1]。而方东美、汤用彤诸先生则认为佛教既是一种哲学也是一种宗教。新中国成立后，人文社会科学的研究都是以马克思主义哲学作为研究前提和基础的，佛教当然也就处在马克思主义哲学的手术刀下，成为了一个被解剖和批判的对象。改革开放后的30年，随着中国佛教哲学研究的深入，从以唯物唯心来评判佛教哲学的标签式研究，逐渐转向了客观、理性的

---

[1] 欧阳竟无：《佛法非宗教非哲学》，《中国佛教思想资料选编》第3卷第4册，第289页，中华书局1990年版。

佛教哲学体系的建构。

（一）佛教哲学总论

在这个转向过程中，方立天教授的《佛教哲学》① 和《中国佛教哲学要义》②（上、下）可谓具有示范与象征意义。

方立天教授撰写的《佛教哲学》是关于佛教哲学研究的概论性著作，也是这一领域最具权威性的著作。全书的中心内容在于，以佛教哲学问题为纲，按照佛教历史的发展进程，叙述佛教哲学的演变，从而简略地勾勒出佛教哲学的传统体系。在结构上，全书分为三大部分：第一部分是关于佛教哲学的综合性论述，其中包括对佛教哲学的构成、流派、历史和著作的介绍，以便读者对佛教哲学有一总体观念和历史感受，也便于读者日后的进一步研究；第二部分是阐述原始佛教的基本理论，侧重于介绍原始佛教的人生观，也兼论部派佛教和大乘佛教对这些理论的发展；第三部分是全书的重点，着重阐述佛教的世界观，其中包括宇宙要素论、宇宙结构论、宇宙生成论和本体论，也较多地联系着认识论。在全书的最后，把佛教哲学的主要内容归纳为四点：（1）缘起论是全部佛教哲学的理论基石。（2）善恶、净染、真假是佛教哲学的中心观念。（3）神秘直觉是佛教哲学的认识论基础。（4）追求解脱是佛教哲学的根本目的。作者还认为佛教哲学有其独特的思维模式，其总体性的特质主要可以归纳为以下三点：（1）浑然性。佛教哲学结构的面貌表现为人生观、宇宙观、认识论和伦理学四者的密切结合，高度统一，浑然一体。（2）变异性。纵观二千五百多年来佛教哲学的演变，可以看出，由于社会历史条件的作用、其他学说的影响和佛教哲学自身的逻辑脉络，决定了佛教哲学的鲜明的变异性。（3）出世性。表现为佛教对世间一切现实原则的否定，即对人类及其所处客观世界的自体和价值原则的否定。

《中国佛教哲学要义》是方立天教授积数十年的心血而完成的一部对中国佛教中的哲学问题进行剖析的一部大部头著作，2002 年 12 月由中国人民大学出版社出版。甫一出版，该书即获得了学术界的高度评价。有学者认为"该书是一部很有分量的佛教哲学巨著，是中国佛学研究中近十余年来极重

---

① 方立天著：《佛教哲学》，中国人民大学出版社 1986 年版。
② 方立天著：《中国佛教哲学要义》（上、下），中国人民大学出版社 2002 年版。

要的一部著作"①。有学者评论该书"研几入微，体大思精"②。作者在开篇的绪论中对研究态度、方法作了详细的说明。在研究态度上，作者继承了汤用彤先生的看法，认为研究佛教应当包容下述三个方面的内涵：第一，佛教的宗教与哲学特则。第二，对佛法的宗教方面的研究，必须有"同情之默应"。第三，对佛法的哲学方面的研究，必须有"心灵之体会"。而在方法上，作者主要"从哲学的层面研究中国佛教，或者说是以中国佛教为对象所进行的哲学反思，是运用哲学的方法，对中国佛教哲学著作，及其思想进行客观的描述、分析、综合、探究、总结"。而从概念体系的应用上，作者基于西方哲学的训练，结合佛教自身的理论特征，大致承继了《佛教哲学》一书的表述方式，而又更加全面。该书共有五编，即总论、人生论、心性论、宇宙论、实践论。在总论部分，作者重点对中国佛教哲学的形成与发展，并从总体上论述了中国佛教哲学所涉及的问题，以及这些问题之间的层次关系。作者认为中国佛教哲学问题的核心是人生解脱论，是关于把握生命方式的学说，人生问题又和人生的环境有关，由此涉及了宇宙论问题。而对人生和宇宙的体认，还有一个认识方式的问题，在佛教中就是主体通过什么样的修行实践而获得解脱的问题。所以在作者看来，中国佛教哲学的体系应当分为人生论哲学、宇宙论哲学、实践论哲学。人生论哲学的要点是因果报应论、神不灭论、心性学说、人格理想、最高境界。宇宙论哲学包含的问题有宇宙结构论、宇宙现象论、宇宙本体论。实践论哲学的要点是伦理观、修禅论、直觉论、语言观及真理观。在中国佛教哲学的人生论、宇宙论、实践论体系中，人生哲学是中心，而价值观是人生哲学的核心，价值观的核心又在于心性论。总之，该书以中国佛教哲学问题为中心，但不是单纯的概念演绎，作者特别注重佛教哲学发展的历史性，将概念的分析植根于佛教发展史中，因此，阅读该书既可以获得对佛教哲学高屋建瓴的把握，也能比较清晰地认识中国佛教哲学发展的历史进程。

除了方立天先生这两部代表性的著作外，其他学者对佛教哲学问题也作了深入探讨。有学者指出，佛教哲学不仅是一种世界观，更代表着一种独具

① 宋立道：《评方立天的〈中国佛教哲学要义〉》，《中国人民大学学报》2003 年第 3 期。
② 戴继诚：《研几入微 体大思精——读方立天〈中国佛教哲学要义〉（上、下卷）》，《中国图书评论》2003 年第 6 期。

特色的认识论方式。与传统的主客二分的思辨方式不同，佛教哲学更注重于主体与客体的圆融统一，侧重于主体的直觉体悟。佛教世界中对事物的理解不是单一的、局部的，而是整体的、全面的，把辩证思维看做自己的最重要的思维特征。佛教作为一种哲学，如果要给其思维方式做一个概括的话，那么它无疑就是充满辩证特色的直觉方式。①

（二）佛性论与心性论

自竺道生首倡"一切众生，皆有佛性"后，在对《涅槃经》等佛教经典的研究基础上，中国佛教对佛性问题进行了不懈的探索。换言之，佛性问题是中国佛教研究不可回避的一个前沿领域。关于佛性问题研究，赖永海先生的专著《中国佛性论》②填补了这一领域的空白。全书以几对大的范畴和几十对小的范畴来阐述中土佛性思想，在具体论述中多采用相互比较的方法，目的是为了揭示各个范畴之间的内在联系及其历史发展。作者首先从对印度佛性与中土佛性论的比较出发，从佛性探源和往论略览中寻找早期的佛性论观点和依据，后又引申到研究中国佛学发展大势与中土佛性思想概观。全书在主体部分详细论述了八对大范畴，它们分别是"法性与真神"、"众生有性与一分无性"、"本有与始有"、"性具与性起"、"即心即佛与无情有性"、"顿悟与渐修"及"自力与他力"。在对这些范畴的比较论述中，作者详细论述了法相宗、天台宗、华严宗、禅宗六祖及后期禅宗各自不同的佛性论思想。最后作者比较了佛性学说的繁荣与汉唐社会的苦难，对照研究了中土佛性论的特点与宗教学说的现实，将中国佛性论归结为印度佛教的中国化及儒、释、道的三教归一。对"佛性"问题的研究还有姚维的《魏晋佛性论》③，文章认为，佛性理论问题是整个佛教的中心问题。魏晋南北朝作为佛教在中土盛兴的时期，佛教理论先后以般若学和涅槃佛性为重点而展开，并与玄学贵无本体论和名教与自然之辩相呼应，体现了佛教理论在中土传播发展过程中从依附玄学、以玄解佛到独立发展的道路，表现出儒、佛、道三家相互融合会通的特点。文章以佛性理论为重点，探讨了魏晋中土佛性理论

---

① 参见张文良、孔明安：《佛教哲学：不是一种思辨而是一种体悟》，《法音》1995 年第 3
　期；吴远：《佛教哲学中的辩证思维探析》，《南京社会科学》1996 年第 6 期。
② 赖永海著：《中国佛性论》，上海人民出版社 1988 年版。
③ 姚维：《魏晋佛性论》，《人文杂志》1999 年第 2 期。

的发展过程、内容和意义以及与玄学的关系。周叔迦的《无情有佛性》① 认为，有情与无性有所区别，是形式上的问题，是作用上的问题，是彼此相互关系上的问题，而不是本质上的问题。无情有佛性是从无情的本质上来说的。郭朋的《南朝"佛性"论思想略述》② 对隋唐僧人吉藏《大乘玄论》所言南朝十一家"佛性"论者逐一作了评述。作者认为涅槃佛性说能够成为南朝佛教中的一种显学，主要是因为义学者流适应了"新兴"统治者的需要，也为了宣传自己的宗教学术思想，所以在当时既具有现实意义，又具有彼岸意义。姚卫群教授的《佛性观念的形成和主要发展线索》从佛性观念的形成、印度大乘佛教的主要佛性思想以及中国佛教宗派的佛性思想等方面，对佛教发展的历史线索进行了梳理，指出中国佛教的佛性观念是在吸收印度佛教经论思想的过程中形成的，并且佛性思想在中、印佛教发展中都有重要作用③。周贵华在《中国佛教佛性观》一文中对中国佛教佛性观的分析则另辟蹊径。作者将隋唐前和隋唐两个时期的中国佛性观概括为 17 种，并用体用、能所等 11 门进行分析。并提出正因和生因的两种佛性观即可概括中国佛教的佛性观。正因分为众生、心、理、事 4 种，生因分为理、事、生、得 4 种④。

　　与佛性论密切相关的心性论思想是中国佛教的另一个重要特色，不少学者对此发表了自己的见解。张春波的《中国佛学的心性论——简论中印佛学兴衰的原因》⑤ 认为，印度佛教的基本矛盾是真如与无明的矛盾，把无明置于主导地位，最后战胜真如，导致佛学衰亡。中国佛教至南北朝《大乘起信论》提出心性本觉，真如熏习本觉，真如占主导地位，从而有别于印度的心性论，进一步发展为禅宗的心性论。方立天的《印度佛教的心性思想》⑥ 认为，印度佛教有心性本净和心性不净两种说法，其主流是心性清净说。对于中国佛教哲学的心性论问题，作者在《中国佛教心性论哲学范畴网络》一文中指出，佛教心性论是着重阐述心与性的关系、心的本质以及

① 周叔迦：《无情有佛性》，《佛教文化》1999 年第 4 期。
② 郭朋：《南朝"佛性"论思想略述》，《世界宗教研究》1996 年第 1 期。
③ 姚卫群：《佛性观念的形成和主要发展线索》，《中华文化论坛》2002 年第 2 期。
④ 周贵华：《中国佛教佛性观》，《佛学研究》年刊 1999 年。
⑤ 张春波：《中国佛学心性论》，《社会科学战线》1988 年第 2 期。
⑥ 方立天：《印度佛教的心性思想》，《佛学研究》1996 年第 5 期。

心性的作用、意义的学说。作者认为佛教对心范畴的论述，主要分为三个方面：第一，从地位、功能、作用和结构的层次，把心分为心王和心所。第二，从性质上说，分为真心和妄心。第三，从心与精神现象的关系看，心与意、识二者的关系为体用关系。从心与客观事物的关系看，主要有心物不二和唯心所变两种看法。在心与佛的关系上，中国佛教的主流派持心佛不二、即心即佛的立场。作者认为，佛教对性的看法更加丰富多彩。在类别上，把性分为凡性和佛性。在性质上，性分为善、恶、无记三类，并着重论述性善与性恶的对立。此外众生是否具有佛性、非情是否有佛性等问题，天台的性具说、华严的性起说，禅宗的见性成佛说都是中国佛教提出的有特色的问题。作者最后还以图示的方式形象地表述了心性范畴体系网络，对于把握中国佛教中的心性问题有重要作用①。此外杨维中在博士论文《中国佛教心性论》及《论中国佛教的"心"、"性"概念与"心性"问题》一文中，认为心性论不能完全等同于佛性论，前者所包括的问题和视角更加广泛，心性论既是以修行解脱为旨归的心体论和修行论，也是以心体与诸法关系为玄思对象的哲学本体论。②

（三）佛教本体论和宇宙观

方立天的《印度佛教本体论简述》③ 认为，印度佛教自部派佛教以来，尤其是大乘佛教，重视对宇宙万物的终极本质、一切存在的真实本性、众生的本原和成佛的根据等问题的探讨和阐发，形成了内涵丰富的本体论学说。印度佛教经历了漫长的演变过程，其本体哲学思想也随之不断发展，前后变化很大。文章就印度佛教的本体"实有"说、本体性空说和本体心识学说三个主要的本体论学说类型的内涵与演变作了深入的论述。作者认为印度佛教为了追求解脱而探讨人生和宇宙万物的本性、本质，由此而有了自身的本体论学说。佛教的空无自性、一切皆空的思想，并不是一种无本体之学，而是否定实体性、本原性的本体之学，肯定空性是万物的本性、本质，是从事物的本性、本质的角度，以空性为本体，是一种空性本体之学。在佛教不同

---

① 方立天：《中国佛教心性论哲学范畴网络》，《中国哲学史》1992 年第 1 期。
② 杨维中：《中国佛教心性论》，宗教文化出版社 2007 年版。《论中国佛教的"心"、"性"概念与"心性"问题》，《宗教学研究》2002 年第 1 期。
③ 方立天：《印度佛教本体论简述》，《哲学研究》1997 年第 9 期。

派别本体学说的前后变迁过程中，存在着旨趣相同的基本线索——人生、宇宙万物的缘起无自性。在《中国佛教的气本原说和道体说》① 一文中，方立天教授认为，在中国哲学史上，道与气是两个具有本体意义的重要哲学范畴，在汉代佛教译经中，曾被用来作为表达宇宙万物的本体观念，后来对中国佛教本体论思想的形成发生重要的影响。文章着重就中国佛教的气本原说和道体说作一简要的论述。方教授认为，东汉、三国时代，中国佛教主要有两系：一是支谶和支谦的般若学，他们主张体证本体，提倡神与道合，故较为重视对道的比附会通。而安世高和康僧会的禅学，继承了黄老道术，主张守意养气，思得神通，养生成神，故较重视对气的吸取与运用。在《从中国固有本体论的特色看中国佛教本体论的形成》一文中，方立天教授认为，中国佛教本体论思想的形成，除直接源于印度佛教外，主要深受中国固有本体论思想的影响。中国固有的哲学化本体论基本范畴、价值取向和思维理路，都极大地左右了中国佛教本体论的形成和演变。比如中国佛教以本土固有概念"无"来理解空、主张真理与主体、本体与主体一体化等都是这一特色的体现。②《中国佛教的气本原说和道体说》则以具体的个案来进一步阐述了这一观点。③

麻天祥教授的《中国佛学非本体的本体论》一文则从佛教非本体特征的角度论述了佛教的本体论特征。文中指出，中国佛学的本体观念与世界大多数哲学都不相同，是一种非本体的本体论。这种本体论以缘生为理论基础，否定外在的本体，并以性空为实相，顺化而为实相非相的本体论。建立在缘生基础上的因果论、多因多果以及因果无限延续，不仅凸显了非本体的倾向，而且置因果必然性于条件偶然性的架构之中。相对主义与虚无主义之辩，进一步说明了非本体论超二元对立的思维基础。言不可言之趣，说不可说之理，则是佛家非本体的本体诠释的一般方法。作者最后也认为，佛学非本体的本体论，与中国哲学中原本就具有的非本体的倾向和传统，有一定的相似和契合之处④。

近年来，除了大多数学者所默认的佛教本体论立场外，一些学者从西方

---

① 方立天：《中国佛教的气本原说和道体说》，《宗教学研究》1997 年第 4 期。
② 方立天：《从中国固有本体论的特色看中国佛教本体论的形成》，《佛学研究》1998 年。
③ 方立天：《中国佛教的气本原说和道体说》，《宗教学研究》1997 年第 4 期。
④ 麻天祥：《中国佛学非本体的本体诠释》，《中国社会科学》2001 年第 6 期。

本体论本有含义出发，来检视佛学本体论能否成立的问题。这个问题的出现，应当说和中国哲学是否能够称为哲学的讨论背景有一定的关联。傅新毅先生在《佛法是一种本体论吗？——比较哲学视域中对佛法基本要义的反思》中指出，目前在佛教学术界通行的本体论诠释模式远非一个自明可靠的架构，在各种印象主义式的图解中，何谓"本体"本身却没有得到澄清。作者首先分析了在汉语语境中本体论所具有的两重含义：一是对应于 Ontology 的本体论，这种本体论起源于对系词 being 的考察，因此严格地说，在这个意义上谈论中国思想的本体论"是不得要领的"。二是在体用意义上使用的本体论。作者认为，如果从佛学基本理论缘起论立场看，印度佛教中也不存在这样一种本体论。而在中国佛学中随处可见的体用思想，根源不在于佛教，是经魏晋玄学改造后的老子道论。作者指出，体用论架构的绝对一元性、圆融性体现了其保守、反智和封闭的特点。在现代性的背景下，佛教需要开放、对话和"具有主体间性的公共论域的建构和澄清"①。夏金华先生同样对佛教中是否存在本体论提出了自己的怀疑，作者认为西方的本体论是与经验世界相分离或先于经验而独立存在的原理系统，其主要特征表现为"纯粹概念的推论"。而无论是以中观学派的"空"为代表的实相论系统，还是以唯识学"转识成智"为代表的缘起论系统，一方面否定现实世界，另一方面又十分注重通过抛弃理性思维的静观默察的修行实现对现实的超越。这与西方哲学中的本体论思想分属不同的理论系统，不存在实质性的内在关联。②

同佛教本体论紧密相联的，即是佛教的宇宙观。有关佛教宇宙观的重要论述有方立天的《中国佛教的宇宙结构论》③，文章认为佛教的宇宙结构论是佛教关于众生和佛等所居的空间、环境的学说，其阐述论及到了众生和佛等所居世界，即现实世界和神圣世界的构成、性质、特点以及相互关系，又论及世界的生、坏、灭，也即是时间的变迁问题，体现了佛教对宇宙空间和时间的整体看法。作者根据中国僧人编集的《经律异相》、《法苑珠林》、

① 傅新毅：《佛法是一种本体论吗？——比较哲学视域中对佛法基本要义的反思》，《南京大学学报》2002 年第 6 期。
② 夏金华：《佛学理论中有"本体论"学说吗？》，《上海社会科学院学术季刊》2002 年第 3 期。
③ 方立天：《中国佛教的宇宙结构论》，《宗教学研究》1997 年第 1 期。

《法界安立图》等著作中的有关资料，论述了中国佛教关于宇宙结构的学说，着重论述了宇宙空间图式论和宇宙时间观两大问题，总结了中国佛教宇宙结构论的信仰特征和思维特色。在《中国佛教本无说的兴起与终结》[①] 一文中，方立天教授认为，自汉代至南北朝，"本无"是中国佛教用以表述宇宙本体的一个重要概念，其思想内涵经历了一个不断演变的过程。在翻译印度佛经初期，支谶和支谦等人就把"本无"作为佛教"真如"的译语，以表示般若学的性空思想。到了东晋十六国时代，随着《道行》、《放光》、《光赞》等《般若》类经典的流行，研究《般若》的学者对性空思想进行了创造性的诠释，先后形成了六家七宗的不同学说，其中着重阐发以"无"为本体的本无宗是最具代表性的学派，影响也最大。这一时期，本无论思潮之所以盛行，是与道家思想、玄学清谈之风的影响密切相关的。后来，僧肇作《不真空论》等文，分析批判了本无学说，从理论上宣告了本无宗的历史终结。

（四）佛教伦理学

虽然佛教根本上追求的是彻底的觉悟和解脱，向往的是不在此世的彼岸世界，并不以世间的生存与价值为最重要的理论目标。但是修行的主体——人，是生活在世间的，因此又不能"离世间求解脱"。在世间中，不论是方便，还是权宜，总是需要设定一种符合伦理的生活，这也是不同宗教中的一个共同特征。对于佛教的伦理思想，学者们从不同的角度，进行了深入的探讨。

方立天先生的《中国佛教伦理思想论纲》[②] 一文，从总体上分析了中国佛教伦理思想的核心内容，确立了中国佛教伦理思想应当包括的纲目。作者认为，佛教伦理是佛教学说的重要组成部分，是实现人生解脱的基本信念和方法。作者认为中国佛教伦理的理论基础表现在下述三个方面：伦理旨趣的依据是人生论，伦理价值的基石是果报论，伦理自觉的根源是心性论。中国佛教在继承印度佛教伦理原则和道德纲目的基础上，结合中国宗法社会的道德实践，有所侧重、改革和发展。作者认为，中国佛教的主要伦理原则有：

---

① 方立天：《中国佛教本无说的兴起与终结》，《中国文化研究》1997 年第 4 期。
② 方立天：《中国佛教伦理思想论纲》，《中国社会科学》1996 年第 2 期。

去恶行善、平等慈悲、自利利他。而佛教伦理德目即佛教道德规范，主要体现在佛教戒律上，其中重要的有五戒、十善、四摄、六度等。在文章的最后，作者认为中国佛教伦理的历史作用主要表现在三个方面：第一，有助于封建统治者维护封建伦理秩序。第二，佛教伦理对民间伦理产生了重要影响。第三，近代资产阶级思想家曾借助佛教伦理推进救国运动。对于佛教伦理中所具有的现代价值，作者指出了四个方面，即去恶从善、平等慈悲、自利利他和入世精神。

　　王月清的《中国佛教伦理研究》① 是第一部研究佛教伦理学的专著。作者从"中国佛教善恶观"、"中国佛教戒律观"、"中国佛教修行观"、"中国佛教人生观"、"中国佛教孝亲观"、"中国佛教伦理化的契机"和"中国佛教伦理的特征及影响"等七个方面以问题解析的形式进行讨论，以展现中国化佛教伦理形成发展的纵向进程及与中国传统伦理（主要涉及儒家伦理）的横向关系，力图总结中国佛教伦理的具体概貌及与印度佛教伦理相比的中国特色。在本书的选题和探讨中，作者基于这样的认识：（1）研究中国佛教文化须从某一具体的佛教文化问题着手，该书即以佛教中的伦理问题为出发点，既要把握佛教伦理问题在不同历史阶段的不同发展形态即丰富个性，又要把握中国特色的佛教文化的普遍共性。（2）佛教伦理是佛教徒道德意识、行为规范的体系化、理论化，而宗教徒的思想和实践正是宗教的本质和功能的体现，所以探讨佛教伦理也旨在加深对于佛教文化的本质和功能的认识。（3）印度佛教的中国化过程，主要体现在与中土纲常名教（儒家伦理）的冲突与融合中，佛法与名教之争是佛教中国化的产物，因而以佛教伦理作为问题研究，最能体现佛教中国化的特征。（4）印度佛教的中国化的特征，主要体现在佛教思想的儒学化、伦理化（当然儒学化、伦理化仅是中国化的一个方面），因而在讨论佛教伦理时，以儒家伦理为参照，考察善恶观、戒律观、修行观、人生观、孝亲观等问题上与儒家伦理的相互关系，这是王月清先生写作此书一以贯之的横向线索。既然中土佛教伦理能体现佛教中国化的进程，则把佛教伦理的中国化作为纵向线索。（5）虽然中国佛教伦理是中国伦理思想的有机组成部分，但是还必须看到中国佛教伦理与世俗伦理（主要是儒家伦理）相比的独特宗教伦理特色，必须看到它与印度佛教伦理

① 王月清著:《中国佛教伦理研究》，南京大学出版社 1999 年版。

精神的源流关系。（6）中国佛教伦理能体现印度佛教的中国化，但就中国佛教本身而言，其很大程度上又表现为伦理化，这是一个不同层次的问题。

业露华的《中国佛教伦理思想概述》① 则从佛教发展历史的角度考察了从印度佛教伦理思想到中国佛教伦理思想的发展历程，并指出了佛教伦理观和中国传统伦理思想在世界观、人生观和道德理想上的区别。张怀承的《简论佛教伦理思想的基本观念》② 则分别从佛教对人生的基本态度、观察和评价世界的道德理性和对待众生和万物的价值观念及其树立的理想人格等方面分析了佛教伦理思想的基本特征。作者认为佛教对待人生的态度是"生死双遣"，其道德理性是"物我两泯"，其价值观念是"法相平等"，其理想人格是"成圣成佛"。

此外，佛教伦理对当代社会的影响，也是学者关注的问题。姚卫群的《佛教的伦理思想与现代社会》③ 一文，对佛教的基本伦理思想及其在现代社会中的影响等问题进行了研究。作者认为，平等观念、克己观念和慈悲利他观念是佛教伦理思想中的基本原则。佛教伦理思想在现代社会中有一些重要作用或影响，如抑制现代社会中的利己主义和享乐主义、鼓励人们扶危济困或造福社会、鼓励人们追求理想中至善境界等。李远杰的《佛教的伦理价值》④ 一文结合对佛教特质的分析，阐释佛教伦理以人为本和现实主义的基本特色，发掘佛教伦理中蕴涵的强调责任、提倡平等、推崇智慧、鼓励无私奉献与自我牺牲以及张扬自由的伦理价值。龚爱林的《论佛教伦理的中国化》⑤ 认为，佛教伦理中国化有两个十分重要的途径：其一是佛教伦理的政治化；其二是佛教伦理的补充性。佛教伦理的政治化，是指佛教伦理对中国封建社会经济制度和政治制度的适应，体现了道德作为他律的特征；佛教伦理的补充性，是指作为内在超越的佛教伦理对儒家"内在"传统中断后的弥补，体现了道德的超越性和作为自律的特征。由此看到，佛教伦理的中国化之路，是一条循着道德自身的发展规律，努力实现适应与超越，他律与自律相结合、相统一的道路。方立天的《佛教伦理推动和谐社会发展的三

---

① 业露华：《中国佛教伦理思想概述》，《佛学研究》2000 年。
② 张怀承：《简论佛教伦理思想的基本观点》，《伦理学研究》2006 年第 9 期。
③ 姚卫群：《佛教的伦理思想与现代社会》，《北京大学学报》1993 年第 3 期。
④ 李远杰：《佛教的伦理价值》，《宗教学研究》1991 年第 1 期。
⑤ 龚爱林：《论佛教伦理的中国化》，《长沙电力学院学报》1998 年第 2 期。

个向度》① 一文中认为，佛教在推动人与自身、人与社会、人与自然三个方面和谐上是有积极作用的。佛教的无我观、缘生观、和净观、慈悲观等诸如此类的佛教智慧，经过我们既不失本义而又有创新性的解释，将有助于提升社会成员的道德素质，为构建和谐社会作出贡献。

二、 佛教宗派研究

传统说法认为，中国佛教有八宗、十宗及十三宗。八宗指律宗、三论宗、净土宗、禅宗、天台宗、华严宗、法相宗、密宗。十宗则加上俱舍和成实。十三宗则再加上地论、摄论和涅槃。这些说法源于日本，梁启超受日本学者影响提出十三宗说法，杨文会受日本华严宗僧人凝然《八宗纲要》影响主张十宗说，成为在中国流行的说法。汤用彤先生首先提出了质疑，认为这些说法在中国佛教史籍中无明确记载，都是日本僧人的提法，并不足据。"关于中国佛教之宗派，我们认为，主要应根据宗鉴、志磐之说，除天台宗外有禅宗、华严、法相、真言、律宗等五宗。"② 汤用彤先生还指出："所谓宗派者，其质有三：一、教理阐明，独辟蹊径；二、门户见深，入主出奴；三、时味说教，自夸承继道统。"③ 按照这三条标准去考查，南北朝时期虽然师说并起，但诸师对于自己所研究的经典并无专崇之意，门户之见不深、互相攻击也不多见，因此并无宗派建立。吕澂先生也说："当时提倡某一种学说的人，常能在一地方固定下来，并有了经济基础，具备了设立门庭，传授学徒的条件，这样，师弟传承络绎不绝，因而逐渐形成宗派，就大不同于前此流动不定的各种师说了。"④ 石峻、方立天认为，形成隋唐佛教宗派的原因和条件有以下几个方面：第一，隋唐佛教宗派的成立是和我国从长期分裂走向统一的政治局面直接联系。第二，寺院经济的高度发展是隋唐佛教宗派形成的经济基础。第三，隋唐佛教宗派的形成也是自汉以来佛学理论发展

---

① 方立天：《佛教伦理推动和谐社会建设的三个向度》，《中国宗教》2006 年第 11 期。
② 汤用彤：《中国佛教无"十宗"》，《哲学研究》1962 年第 3 期。另参见汤用彤《中国佛教宗派问题补论》，《北京大学学报》1963 年第 5 期。
③ 汤用彤著：《隋唐佛教史稿》，第 105 页，中华书局 1982 年版。
④ 吕澂著：《中国佛学源流略讲》，第 159 页，中华书局 1979 年版。

的逻辑结果。同时隋唐佛教宗派的形成表现出以下的特点：第一，在思想方面的独创性。第二，在组织方面的排他性。文章最后认为，在中国佛教诸宗派中，只有天台、华严、禅宗、唯识最富理论性，对中国佛教发展产生了重要影响。①

对佛教宗派的研究一直是近年来佛学界的一个热点。佛教宗派林立，派系繁杂，对这一问题的研究具有相当难度，但同任何事物一样，对佛教宗派的研究也是有规律可循的，例如尽管天台、华严、法相及禅宗等各派的义理各不相同，却都不离心性问题。所以对各派理论的研究都要把心性或佛性问题看做一个重要的切入点。此外，任何一个宗派都有其理论的来源和发展的历程，它的理论也是在汲取和演化中逐步形成，历史的脉络是任何一个佛教宗派所共同具有的。近年来学者们在对心性问题所作的较为深入、广泛的研究中，也产生一些争论和不同观点。例如以潘桂明、赖永海为代表的部分学者认为，天台宗的性具思想在理论上要高于华严宗的性起哲学，"性具"比"性起"更丰富完整，更具实用性；而方立天等学者认为华严思想博大精深，涵盖广泛，是一种非常成熟的理论，比之天台宗亦毫不逊色。争论的出现即是佛学研究繁荣的表现，同时也更促进了这种繁荣。

（一）天台宗

天台宗是我国历史上最早的佛教宗派，它形成于浙江天台山，因而得名。实际创始人为陈隋之际的智顗。智顗曾常住于天台，并卒于此。天台宗作为一个宗派，其理论依据是《法华经》。五时八教是天台宗判教理论的基础。天台宗止观学说有一对重要范畴，即"实相"和"假相"。"一念三千"是智顗依据天台宗先驱慧思的"十如"思想提出的佛教宇宙观。在修行法上，天台宗主张"一心三观"的禅修方法。

近30年来天台宗研究的热点主要集中在以下几个方面：一是天台宗通史的研究；二是天台宗人物的研究；三是对天台宗重要理论的研究②。

在通史方面，潘桂明和吴忠伟合撰的《中国天台宗通史》③ 无疑是一部

---

① 石峻、方立天：《论隋唐佛教宗派的形成》，《哲学研究》1981 年第 8 期。
② 参见黄夏年：《四十年天台佛教研究综述》，《东南文化》1994 年第 2 期。《20 世纪天台佛教研究》，《企业导报》2000 年第 10 期。
③ 潘桂明、吴忠伟著：《中国天台宗通史》，江苏古籍出版社 2001 年版。

代表性的著作。该书以65万字的篇幅对天台宗从思想、经典依据，到创立、发展，作了系统的论述。诚如作者在导言中所说："学界对天台宗的学说思想、止观理论体系作出阐述或论辩，迄今已取得若干显著成就，但对天台宗的发展演变作历史性全方位研究、探讨的，则仍然十分缺乏。"该书就是这一领域填补空白之作。该书中将天台宗的历史分为五个阶段：第一，酝酿和成立时期。作者认为天台宗酝酿于陈隋之际，成立于隋初，实际创宗者为智顗。在智顗之前，慧文和慧思是天台宗的先驱。第二，发展和守成时期。智顗的弟子灌顶，对天台宗的创立有重要推动作用。智顗的很多著作都由灌顶整理而成，而且以国清寺为中心的天台佛教主流的发展，以及以玉泉寺为代表的另一天台佛教系统的确立，都与灌顶的努力分不开。中唐以后，湛然成为中兴天台的重要人物，其提出的"无情有性"说更是影响深远。第三，维持和论争时期。两宋时期，高丽沙门谛观带来了中土已经散佚的天台宗及其他宗派的注疏与著作，促成了天台的再次中兴。此一时期，比较有影响的是山家与山外的争论。第四，回护和退守时期——元明清三代。第五，命脉维系时期。近代以后，天台学者普遍重视净土念佛修行，天台教义的发扬则日显衰弱。从研究内容看，该书涉及了天台哲学理论、礼仪规范、信仰活动、政治态度、寺院经济、法嗣制度、管理体制、教学方式等，可谓包罗万象。从研究方法上，作者从历史唯物主义的立场出发，揭示了天台宗形成的历史必然性，以及历史环境对天台宗发展的推动与制约。

朱封鳌、韦彦铎合著的《中华天台宗通史》① 也是一部集大成式的天台宗研究成果。该书分七章，对《法华经》的传入及法华经学的形成、天台佛学源流与创立、章安灌顶与初唐天台宗、天台宗的盛大期、两宋天台宗对禅净的融摄、元明清天台宗的沉浮、近现代天台思想的复兴等内容作了探讨。该书和潘桂明所著上书，在对天台宗的历史分期上大致相同，但是对不同时期在天台宗发展中所起作用和地位的评价则有所不同。作者尚著有《天台宗概论》② 等研究天台宗的著作。

曾其海的《天台佛学导论》③，则从天台佛学思想的角度，阐述天台思

---

① 朱封鳌、韦彦铎著：《中华天台宗通史》，宗教文化出版社2006年版。
② 朱封鳌著：《天台佛学概说》，巴蜀书社2004年版。
③ 曾其海著：《天台佛学导论》，今日中国出版社1993年版。

想的发展线索。作者特别重视天台宗所包含的哲学思想，用本体论、认识论、方法论、辩证法思想、判教思想，对天台思想进行总体概括。

董平著《天台宗研究》① 侧重考察了天台宗的理论结构及历史发展中的思想嬗变，并非单纯地对一个宗派历史的论述。从时间上看，该书涉及了天台宗从创立到蕅益智旭的天台宗史。从内容上看，该书重点论述了天台宗哲学的理论架构，把天台宗的主要思想分成判教、一念三千的实相论、圆融三谛的真理论、止观学说、性具善恶的佛性等几个方面作了阐述。且对天台宗和其他宗派之间的关系、中国天台宗和日本、朝鲜天台宗的互动关系等内容也作了深入研究，展现了一个具有丰富内涵的天台宗整体形象。

心皓法师的《天台教制史》② 中认为，隋智颛创建的《立制法》是继道安之后将印度戒律和中国佛教寺院生活相结合的一次积极尝试，之后天台历代祖师均有应时创建的诸种教制仪规。该书主要以智颛大师的《立制法》和《法华三昧忏仪》等四部忏仪为主，旁及隋唐至明清每个时代天台祖师所制定的寺制规章，并且阐述了作为共修制度的各种忏法。

按照传统说法，天台宗有九祖相承，即龙树、慧文、慧思、智颛、灌顶、智威、慧威、玄朗、湛然等。龙树显然是托名，慧文为北齐时代人，生卒年月不可考。慧文和慧思之间的师徒关系也不是十分明确。但慧思和智颛不仅在思想上存在联系，而且也有明确的师徒名分。对于慧思和智颛之间的思想联系，张风雷教授在《天台先驱慧思佛学思想初探——关于早期天台宗思想的几个问题》③ 中提出了几个值得注意的观点。一般认为，慧思对天台思想的贡献主要集中在"定慧双开"和"一心三观"方面。作者认为这些观点值得进一步检讨。文中认为，慧思虽然讲"定慧双开"，但是仍不脱禅僧本色，实际是"以定发慧"，强调定的重要性。而他的弟子智颛真正地将定慧等同视之，主张"止观双修"，并进一步在"圆顿止观"的原则下，主张定慧、止观的不二性，从根本上确定了天台宗最具特色的止观学说。就"一心三观"来看，传统的说法认为，慧文最早提出，传给慧思，慧思又传给了智颛，但是作者通过史料的梳理后认为，不仅慧文提出说没有根据，而

---

① 董平著：《天台宗研究》，上海古籍出版社 2002 年版。
② 心皓著：《天台教制史》，厦门大学出版社 2007 年版。
③ 张风雷：《天台先驱慧思佛学思想初探——关于早期天台宗思想的几个问题》，《世界宗教研究》，2001 年第 2 期。

且慧思提出的看法也属勉强。实际上，慧思只是以《大品》理解法华，注重空观，没有圆融三谛的思想。这种思想是后来智顗对天台学说的发展。

智顗是天台宗的实际创立者，是天台宗最重要的人物，对天台宗人物的研究多数集中在智顗身上。张凤雷的《智顗评传》① 和潘桂明的《智顗评传》②，是两部研究智顗生平与思想的专书。两本同名著作各有特色，前者侧重于以简明的语言评述智顗大师，后者侧重于全面系统地研究这位天台宗的创始人。前书分为 11 个部分，论述了智顗的出生、出家、修道、证悟、传法、思想及其功业等诸方面，对智顗思想中判教、诸法实相、性具善恶、一念三千等学说作了细致剖析。书后附有智顗年谱及著作资料，便于研究者参考。后书篇幅较大，分为 11 章，全书约 41 万余字。书中涉及了智顗思想的各个方面，从其思想产生的社会背景，到智顗和帝王的关系，都有详尽的论述，可谓有关智顗的百科全书，是"大陆天台宗研究中最有贡献的专著之一"③。李四龙撰写的《天台智顗研究》④ 一书，"是近些年来智顗研究的可喜成果"⑤。该书通过对智顗佛学思想的分析认为，智顗是一位具有革新精神的禅学家，是从传统的禅学转向圆顿止观的具有创新精神的思想家和佛教高僧。

专书之外，也有为数不少的论文对智顗进行研究。有关智顗的生平，杨曾文认为中日学术界通行的智顗生卒年代为公元 538—597 年。但智顗卒时的隋开皇十七年十一月朔日（初一）已是西历 12 月 15 日，而智顗卒于二十四日，是公元 598 年 1 月 7 日⑥。因此原来认定所对应的公元纪年是错误的。张凤雷在列举了种种史料后认为智顗生于梁武帝大同四年当公元 538 年，卒于隋文帝开皇十七年当公元 597 年，世寿 60。⑦ 任林豪对智顗生平提出了两点疑问：其一，一般认为，智顗出家寺院在湘洲果愿寺，即今天长沙岳麓山。任文则指出，此湘州治所在湖北的大活关成的"湘州"，是南朝萧衍所

① 张凤雷著：《智顗评传》，京华出版社 1995 年版。

② 潘桂明著：《智顗评传》，南京大学出版社 1996 年版。

③ 董群：《浅谈〈智顗评传〉的学术贡献》，《世界宗教研究》1998 年第 4 期。

④ 李四龙：《天台智顗研究》，北京大学出版社 2003 年版。

⑤ 许抗生：《智顗佛学思想研究的可喜成果——读天台智顗研究》，《中国图书评论》2004 年第 6 期。

⑥ 杨曾文：《有关中日天台宗的几个问题》，《东南文化》1994 年第 2 期。

⑦ 张凤雷：《天台智顗大师的世寿与生年》，《华林》2001 年第 1 期。

设置，延续时间短，因此人们产生了误解。其二，关于智颉大师的肉身塔。此肉身塔现存于浙江省天台山国清寺，此塔原为灵龛，而非今日的肉身塔。而当时藏于灵龛内智颉大师的"坐禅肉体"，在隋大业元年（605）即已不存，因而此后肉身塔所供的肉身应当是仿真干漆夹纻坐像①。有关智颉的思想，张凤雷认为，在智颉恢弘的佛学体系中，心性论思想占据了重要位置，主要在于强调凡夫与佛在本性上的完全平等。智颉的心性论思想有两个命题，其一为"一切有心皆当做佛"，其二为"性具善恶"。这两个命题都建立在佛性即实相的理论基础之上。② 李四龙研究了智颉的如来藏思想后认为，过去把天台思想归为"真常唯心系"的看法是错误的。智颉主张"如来藏即实相"、"一念心即如来藏理"，据此建立了"唯心但真常"的圆教体系。在判教上，把如来藏系经典判为别教。③ 曾其海从与西方哲学比较的角度来探讨智颉的佛学思想。他认为19世纪德国古典哲学的中心问题是思维与存在的统一性。康德在这个问题上走向了二元论的不可知论。之后，费希特、谢林、黑格尔都用正反合的辩证思维方式，论证了思维和存在的统一性。而智颉作为一位东方哲人，提出了"一念三千"的命题，并用空假中的辩证思维方式，论证了心物之间能够达到圆融，思维和存在能够统一，用东方的思维表述了同一个问题。④ 王仲尧认为，智颉的佛学思想可通过以下四个环节把握，即三因佛性—无住本—妙有佛性——一念无明法性心。智颉的佛性论思想中已经有较明确的主客之分的意思，其强调的重点在于试图扩张主体理性能力，并以此统一主客体。智颉的"一念无明法性心"命题，实际上已成为天台宗的判教标准，而且也是整个天台宗教理体系的基本纲领。⑤ 心皓则通过分析智颉大师临终前的三封遗书，分析了其为佛法、为国家、为众生的高僧风范。⑥ 沈海燕从智颉的《法华玄义》入手，认为该书不仅是对《法华经》的诠释，更重要的是智颉以法华妙理为中心，所展现的中国佛学思想体系。⑦ 程群在其博士论文中，对智颉的禅学思想进行了研

---

① 任林豪：《智颉大师疑问二则》，《佛学研究》1997年第6期。
② 张凤雷：《智颉佛教心性论述评》，《中国哲学史》1996年第3期。
③ 李四龙：《天台智颉如来藏思想述评》，《中国哲学史》2004年第4期。
④ 曾其海：《智颉天台宗与德国古典哲学比较研究》，《佛学研究》年刊1996年。
⑤ 王仲尧：《天台宗智颉的佛性思想》，《武汉大学学报》1998年第3期。
⑥ 心皓：《天台智颉大师的三封遗书解析》，《法音》2004年第6期。
⑦ 沈海燕：《智颉对法华妙理的展开》，《上海大学学报》2006年第4期。

究。文章认为，智顗天台学就是智顗"禅"体验的逻辑化、理论化的系统说明。因此，天台禅学可说是天台全部哲学思想之本，是智顗天台思想的生发点和旨归。文章分智顗禅学思想的渊源与特质、智顗禅观旨趣：实相、智顗禅观枢机；观心、智顗主要禅法解析等几个方面，详细解析了天台大师的禅学思想。①

除了智顗之外，灌顶和湛然的思想也是比较引人注目的。灌顶是智顗大师的弟子，也是智顗思想的记录和整理者。陈坚认为，灌顶将当时还不太知名的天台学和有群众基础的涅槃学融合在一起，使得大批涅槃学信徒皈依于天台，扩大了其信众基础。② 湛然是中兴天台的佛学大师。③ 俞学明认为，左溪玄朗弟子众多，其去世时，湛然的地位并不突出。湛然天台祖师地位的确立有赖于其弟子普门子和梁肃的促成。④ 她还认为湛然为了重振天台，应对禅宗的压力，对禅宗做了如下的批判：用教观并重对斥无教之暗证；用性具善恶对斥性起和性唯具善；用"无情有性"对斥"无情无性"；用止观等持对斥单轮只翼；用天台之传承批判达摩之传法。⑤ 曾其海认为湛然中兴天台的理论贡献可概括为：把《起信论》引入天台佛学；提倡"无情有性"的佛性论；改"性具恶"为"性用恶"；"法华超八"的判教思想等四方面。⑥

天台宗丰富的佛学思想为学者们的研究提供了一个舞台。围绕天台的性具思想，杨曾文先生指出，南北朝形成的各种心性论中，心性本净占主导地位，但也有人主张"心具染净"，智顗的"性具善恶"的理论基础是"一念三千"、"心是一切法"，其心是平常心。⑦ 方立天先生认为，性具善恶是天台宗心性学说的主要内容，其内涵有：善性恶性本具不断、"性具之功，功在性恶"、贪欲即是道、理毒性毒等。⑧ 潘桂明认为，智顗"性具"学说向

① 程群：《智顗禅学探微》，复旦大学博士论文，2004 年。
② 陈坚：《灌顶对天台学和涅槃学的融通》，《台州学院学报》2007 年第 1 期。
③ 有关湛然的研究，可参考俞学明《大陆湛然研究现状综述》，《浙江学刊》2004 年第 1 期。
④ 俞学明：《天台湛然祖师地位是如何确立的》，《世界宗教文化》2006 年第 2 期。
⑤ 俞学明：《湛然与禅宗的交涉》，《世界宗教研究》2003 年第 3 期。
⑥ 曾其海：《湛然对天台佛学思想的发展》，《台州师专学报》1995 年第 1 期。
⑦ 杨曾文：《天台宗性具善恶的心性论》，《世界宗教研究》1990 年第 2 期。
⑧ 方立天：《天台宗心性论述评》，《东南文化》1994 年第 2 期。

人们显示了一个圆满统一的理想境界,这一境界超越了心与物、主体与客体的二元对应,非通常意义的本体论或认识论所能及。天台"性具"思想是在批判南北朝佛教哲学的基础上确立的,体现了智顗对世界本质的认识深化。通过否定"依持说"和"缘起说",曲折地表达了人生"平等"的社会理想,并对禅宗慧能"顿悟"思想的形成产生作用。相比之下,华严宗的"性起"哲学,只能说是天台"性具"说的倒退。① 在同华严的比较中,赖永海在《性具与性起——天台、华严二宗佛性思想比较研究》一文中认为,与天台在实相的基础上谈诸法本具圆融无碍不同,华严宗从自性清净心出发,谈诸法的相入相即、圆融无碍。既然一切诸法是自性清净心(或曰一真法界)的现起,那么,一切众生本来无不具足如来智慧,一切众生无不本来是佛,简单地说,这就是华严境界。但他同时认为华严境界是一种只可直观体证而无法分析言说的境界,只能存在于任意驰骋的华严宗人的主观世界中。因此,所谓的华严境界,完全是一种宗教的幻境。他还认为天台宗佛性思想的最大特点在其一反佛性至善的传统看法,而主张佛法具恶。文章在考察华严宗的佛性思想时指出,它继承了印度佛教的一些基本思想,又深受中国传统的"心性"学说的影响,从而逐步走上注重心性的道路。最后文章对这两宗的心性说及其修行理论作了比较分析,论证了二者在佛学中国化过程中的地位和作用。② 在《论中国佛教的人性善恶观——以天台宗为重点》一文中,王月清认为,中国佛教对人性的善恶规定,与中土佛性论相联,又与中土传统的人性论相联。中国佛教对人成佛的根据和可能性的看法,与中土人性论对人性善恶的理解有关。中国佛性谈人性善恶,与世俗伦理意义上的善恶有重要分别,但又与世俗伦理特别是儒家伦理有内在联系。以天台宗为重点的"性具善恶观"有其印度之源、中土之流,但与儒家的性善性恶有别:(1)中土佛教天台宗的"性恶"指的是人性除具备善的因素外,还包含恶的性质,善和恶是人性统一体的两面。(2)天台宗所说的善恶为性之"所有",儒家所说的善恶为性之"所能"。在儒、释、道三派融合已成定局的氛围中,天台宗善恶观吸收传统伦理思想又有进一步发展,

---

① 潘桂明:《"性具实相"评述》,《世界宗教研究》1996 年第 1 期。
② 赖永海:《性具与性起——天台、华严二宗佛性思想比较研究》,《世界宗教研究》1987 年第 2 期。

这体现在明代传灯法师的"性善恶论"中。文章同时认为，天台宗善恶观对华严宗、禅宗等都有重要影响，是最具中国化佛教特色的善恶观。[①]杨维中认为天台宗的"性具善恶"观在具体发展中是有细微变化的。作为"性具善恶"思想成立基础的"一念心"具有三层含义：其一，"心"与外缘相遇而起动的瞬间。其二，无明与法性的相即相待。其三，心即实相，实相即心。智𫖮的"性具善恶"有"法门教化"的含义，而其哲学论证则是"三因互具"。湛然谨慎地引入了真如不变随缘的观念，在本体论上提出了"一念心性真如"的提法，但在论证"无情有性"说时仍然偏于"理体"而未能妥帖地将一念心与真如合为一体。在性具善恶问题上，湛然贡献出了两个理论命题，即"修性不二"和"染净不二"。湛然引入《起信论》之说却引发了宋代天台宗内部的争论。在"山家"、"山外"之争中，知礼提出了"理毒性恶"的思想，将佛性具恶的层面提高到了"理体"的高度，这是性具善恶思想的极致。[②]

就天台宗的实相观，方立天教授在《天台宗的现象即本质说》一文中认为，诸法实相论是大乘佛教的理论核心，天台宗人进一步提出诸法即实相论，强调现象与本质、事物与真理相即不离的思想。它认为诸法实相是诸法即实相，宣扬现象与本质、事物与真理的圆融不二，这也是天台宗对这一理论的独特诠释。天台宗的诸法实相说包涵了本体论、现象论、真理论以及工夫论、境界论等内容。文章从现象论的角度来阐述天台宗人关于现象与本质关系的学说，全面地分析了实相的三层意义、基本内容与表述特点，并着重揭示诸法即实相命题的思想要点：现象与本质圆融，心即实相与不可思议境界。最后，通过体与用、理与事、权与实、俗与中、一与多的对应范畴关系，论述了诸法即实相论。[③]在对天台宗的圆融哲学的研究中，潘桂明的《天台宗的圆融哲学》认为，天台宗的圆融哲学体现了佛教在中国成长发展的基本途径，反映了佛教中国化的一个重要方面。文章第一部分论述了天台宗圆融哲学的基本内容，认为它在认识论方面是宗教神秘主义。第二部分探讨了这种哲学产生的社会背景，指出它的建立是中国佛学根据中国社会实际

[①] 王月清：《论中国佛教的人性善恶观——以天台宗为重点》，《南京大学学报》1999 年第 2 期。

[②] 杨维中：《天台宗性具善恶观论析》，《人文杂志》2004 年第 3 期。

[③] 方立天：《天台宗的现象即本质说》，《浙江社会科学》1998 年第 6 期。

需要而在思想理论上对印度佛学的创新，其宗旨在于调和现实的阶级矛盾。第三部分着重强调性具善恶说是天台圆融哲学使佛学适应中国封建伦理观念的尝试。最后部分评述了这种哲学对后期天台宗、禅宗、宋明理学的影响。①

（二）华严宗

华严宗是中国唐代形成的重要佛教宗派之一，它以《华严经》为基础经典，运用一系列哲学范畴来构筑宗教理论体系，哲学理论非常丰富，哲学思辨达到了中国佛教的顶峰。华严宗的传承有五祖说：初祖杜顺、二祖智俨、三祖法藏、四祖澄观和五祖宗密。此外，在宗外对华严信仰并研究的也不乏其人，知名的如李通玄等。

从华严通史的角度看，代表性的著作是魏道儒所著的《中国华严宗通史》②，作者在阅读、梳理庞大的华严原始资料基础上，提出了自己对于华严宗的一套理解体系。全书分七章，第一章为华严典籍与华严经学，对华严经学的原始形态、成熟形态和华严典籍的形成过程进行了比较细致的分析，对华严思想的经典基础作了研究。第二章是华严学的理论转型与学派建立，从华严典籍的初期流布和研究、华严论书及其特点、地论师与华严理论转型三个方面，分析了华严研究的早期形态。第三章是诸派融合与华严宗的创立，分《十地》的流传与终结、华严诸派与华严学多途发展、三论系华严学与吉藏、法顺及其华严禅观、智俨与华严宗学说体系的形成等五部分。第四章为华严新说与分支，重点介绍了以法藏与李通玄为代表的不同路向的华严思想。第五章为华严哲学的终结和禅化过程，从华严禅化诸因、澄观与华严学说的定型、宗密禅化华严学和晚唐五代禅宗对华严理论的运用等方面，考察了华严思想的巅峰与禅化过程。第六章是宋代华严与禅净教的融合，重点分析了士大夫与华严学、慧因寺系与华严宗中兴、义和的华严净土说、《五教章》与华严诸家、禅宗中的华严学等方面，对宋代华严发展趋势进行了评述。最后一章为华严学的流变与衰微，对元明清时期的华严学做了概括。该书的特点如同杜继文先生在序言中对作者的评价："哪怕原始资料繁

---

① 潘桂明：《天台宗的圆融哲学》，《世界宗教研究》1987 年第 2 期。
② 魏道儒著：《中国华严宗通史》，江苏古籍出版社 1998 年版。

多到令人无以置措，也要从那里着手，而不追随道听途说；哪怕原文晦涩得令人头昏目眩，也要反复阅读，理出头绪，弄个明白，而不人云亦云。"①特别是在对华严宗创立前史的分析中，尤其表现了作者用功之深。

对于华严宗成立之前的华严经学研究，魏道儒在《兜沙经与华严学的开端》一文中认为，在现存的数十种华严类经典中，后汉支娄迦谶所译《佛说兜沙经》是最古的一本。此经仅 2500 余字，却"首开华严经典之滥觞，初蕴华严学说之理路"。该经同支谦译《本业经》的第一部分，及《华严经》之《名号品》内容大体一致，被认为是同本异译。在内容上，该经提倡多佛存在。在形式上，多以十为表述方式。②魏道儒还对东晋南北朝时期华严学的发展作了探讨，认为中国僧俗认识和改造域外传入的华严经学经历了三个阶段："首先是初步研究华严类单行经，以考校经典和探索义理为主要内容。然后是多途创用晋译华严，或运用于宗教仪式，或贯彻于修禅实践，或凭之阐发新说，或赖以树立信仰。最后是通过诠释经文，启动了从形象描述的宗教文学向概念分析的宗教哲学的理论转型过程。"③冯焕珍在对6 世纪的华严学考察后指出：第一，地论师是当时华严学研究的主流。第二，从研习范围看，当时很少有专精《华严》的学者，多说是兼研他经。第三，从区域分布看，6 世纪的华严学有洛邺（今洛阳至安阳一带）、京兆（今华县至宝鸡一带）、建康（今南京地区及附近一带）、并代（今太原至代县一带）四大中心。④

在人物研究方面，华严五祖皆有学者涉猎。关于初祖杜顺，历来颇有争议。日本学者对杜顺初祖的身份首先提出质疑，认为出于后人伪托，实际应当是智正、智现、贤首的相传顺序。其后铃木宗忠、宇井伯寿等也否定杜顺初祖说。常盘大定则维持杜顺初祖说。汤用彤先生也认为："世人传华严宗第一祖为帝心尊者杜顺，第二云华尊者智俨，实非必历史事实也。"⑤王颂在《关于杜顺初祖说的考察》一文中，对日本学者的研究作了进一步的总

---

① 杜继文著：《中国华严宗通史》（序言），第 3 页，江苏古籍出版社 1998 年版。
② 魏道儒：《〈兜沙经〉与华严学的开端》，《佛学研究》年刊 1995 年。
③ 魏道儒：《东晋南北朝华严学的发展趋向》，《世界宗教研究》1999 年第 1 期。
④ 冯焕珍：《六世纪华严学传承考辩》，《世界宗教研究》2001 年第 2 期。
⑤ 汤用彤著：《隋唐佛教史》第 165 页，中华书局 1982 年版。

结，并进一步在历史和文献的基础上，得出了杜顺非初祖的结论。[1] 路远则对陈列于西安碑林第三室的唐《杜顺和尚碑》作了考辨，并对和此相关的华严寺和义善寺历史沿革作了梳理。[2] 对于智俨的研究文章不是很多，习细平认为："智俨的全部理论都可以归根于法界缘起论，而其法界缘起论的核心乃是性起说。其性起说对印度佛教中的缘起思想既一脉相承，又有所创新。智俨的法界缘起论在思维特色上主要体现在圆融性思维、相对性思想和直觉思维三个方面。"[3] 三祖法藏作为华严宗的实际创始人，学者多有关注。方立天先生著有《法藏》[4] 一书，对法藏的生平与创宗活动、社会背景和学说渊源、判教论、法界缘起论缘由、法界缘起的内容、法界缘起论的本质、人生理想论——行果论、认识论——法界观、唯识观和还源观、法藏思想的历史地位和影响作了分析，是对法藏最早最全面的研究。邱高兴在《华严宗祖法藏的生平和思想》[5] 一文中，也对法藏的判教和圆融思想作了分析。徐绍强的《法藏"无尽缘起"说》[6] 则从构成"无尽缘起"的核心内容：三性同异、因门六义、六相圆融和十玄门等方面分析了法藏的圆融思想。澄观是华严宗理论的集大成者，他的思想既有对法藏的承继，又吸收了禅宗的理论。李蓉认为澄观的观法更侧重于理智圆融，近于中观，与法藏的理事无碍、事事无碍不同。[7] 韩焕忠对澄观的三圣圆融观思想进行了研究后认为，在澄观的发挥之下，佛教界开始确立了对华严三圣的信仰。[8] 董平认为，澄观是华严的中兴者，他"虽祖述师说而不泥于师说，虽尊《华严》而又融通禅教，虽崇释氏而又兼含儒道"[9]。宗密既是华严宗的五祖，又是菏泽禅宗的后人，身兼双重身份。董群在《融合的佛教——圭峰宗密的佛学思想研究》[10] 的专著中认为宗密佛学思想的基本特征表现为融合。从内容看，融

[1] 王颂：《关于杜顺初祖说的考察》，《世界宗教研究》2000 年第 1 期。

[2] 路远：《杜顺、华严寺与杜顺和尚碑》，《文博》2008 年第 2 期。

[3] 习细平：《略论智俨法界缘起思想的核心及其思维特色》，《理论界》2006 年第 10 期。

[4] 方立天著：《法藏》，东大图书公司 1991 年版。另见《方立天文集》第 2 卷，中国人民大学出版社 2006 年版。

[5] 邱高兴：《华严宗祖法藏的生平与思想》，《世界宗教研究》1992 年第 3 期。

[6] 徐绍强：《法藏的"无尽缘起"说》，《佛学研究》1996 年。

[7] 李蓉：《澄观的生平及其思想》，《佛学研究》2002 年。

[8] 韩焕忠：《清凉澄观的三圣圆融观》，《五台山研究》2007 年第 1 期。

[9] 董平：《论澄观对华严宗思想的发展》，《浙江学刊》1995 年第 1 期。

[10] 董群著：《融合的佛教——圭峰宗密的佛学思想研究》，宗教文化出版社 2000 年版。

合有三方面内容：三教合一、禅教合一、顿渐合一，特别是宗密的《原人论》集中地探讨了三教合一问题。从方法看，宗密的融合不是无原则的，而是全拣全收，是批判性的融合。向世山认为宗密的方法论可以概括为客观记叙、辨明深浅、指证得失、会通本末。① 董群认为宗密的禅学思想在中国佛学发展史和佛教发展史上都有特殊地位，是佛学和宋明理学、隋唐佛学与宋明佛学的重要中介。② 邱高兴认为宗密对洪州宗禅法的评析，是理解马祖道一思想的重要参考资料。宗密指出了该宗的主要缺陷在于理论上没有认识到心体的两重作用：自性用和随缘用的区别，导致实践上承认顿悟，否定渐悟。③ 韩焕忠认为宗密对禅宗的判释，首先"将禅宗撮略要旨、顿悟本心的思维方式带入了华严宗，同时又将禅宗置于层层升进、圆融会通于高明之境的华严宗判教中审视之"④。李通玄是唐代以居士身份治华严的著名人物，其著作在两宋及以后颇受欢迎。邱高兴认为法藏和李通玄虽处同时代，却有着不同的华严思想。法藏的思想理论重于实践，李通玄则颇重禅修。从判教的角度看，李通玄的视野更加开阔，并以十家十宗说成立了自己的独特判教思想。在佛性问题上，李通玄在法性和人性共通的基础上论佛性，法藏则主要就人性论佛性。在观法上，李通玄强调止为观之先，教观相分，法藏则以观代止，以教代观。⑤ 邱高兴还就李通玄华严思想易学特色，提出了其诠释《华严》的新模式问题。文中从以《易》解《华严》的文化背景、如何以《易》解《华严》以及以《易》解《华严》的哲学意义等方面对李通玄思想作了分析。⑥ 秦团结在对李通玄三圣圆融思想分析后认为，其实质是心的圆融。⑦

探讨华严宗的哲学范畴体系，是一个有意义的新课题。方立天教授在其《华严宗哲学范畴体系简论》一文中认为，从华严宗佛教哲学理论架构来看，它所特别重视和突出运用的范畴是法界（法性）与一真法界（一心）、

① 向世山：《论宗密的方法论模式》，《中国文化论坛》1998 年第 4 期。
② 董群：《宗密禅学思想的历史地位浅析》，《世界宗教研究》1995 年第 1 期。
③ 邱高兴：《宗密对以马祖道一为代表的洪州禅系的评述》，《佛学研究》2006 年。
④ 韩焕忠：《圭峰宗密对禅宗的判释》，《宗教学研究》2007 年第 4 期。
⑤ 邱高兴：《法藏与李通玄佛学思想比较》，《世界宗教研究》1998 年第 1 期。
⑥ 邱高兴：《以〈易〉解〈华严〉——李通玄对〈华严经〉的新诠释》，《周易研究》2000 年第 1 期。
⑦ 秦团结：《试论李通玄德三圣圆融观》，《宗教学研究》2002 年第 1 期。

理与事、性与相、一与一切、一念与九世、相即与相入。在这个范畴体系中，法界是范畴体系的始点，一真法界是终点，而理与事则贯通其中。法界与一真法界、理与事、性与相是范畴体系中的骨干范畴。性与相是和理与事相应的范畴。① 方立天教授在《华严宗的现象圆融论》中认为，事事无碍论是最能代表华严宗理论特征的学说，其内容包括佛的殊胜境界、宇宙的最高层次、观法的最后目标和真如本觉。六相圆融和十玄无碍是该学说的理论要点。该学说表达了华严宗人对宇宙整体尤其是对事物与事物之间联系的基本看法，表现出深邃的哲学思维与丰富的逻辑论证。虽然事事无碍论继承了印度大乘佛教的思想，但其结构、内涵与旨趣都表现出与印度佛教迥异的中国思想风貌。中国佛教华严宗以对宇宙整体把握的理论思维见长，它的事事无碍更表现出独特的境界追求与哲学特点。文章从界说事事无碍切入，分析事事无碍论的内容，进而揭示该论说的哲学底蕴与逻辑性格及理论基础与中国特色。② 汤一介先生对华严宗"十玄门"中所包括的哲学思想进行了分析。他在分别就十玄门每一门所代表的哲学意义进行分析后，又从总体上提出了十玄门所具有的三方面哲学意义：第一，一概念必有其相对应之概念，如有体必有用等。第二，所有成对之概念均为互补性概念。第三，十玄门所涉及的十个方面对应性概念，并不仅仅局限于此，也就是说任一概念都有与其相对应的概念。③ 刘梦骧则以温和的形而上学来概括华严思想，他认为，杜顺和智俨是世界上最早的温和形而上学宗教思想家，而法藏则对法相唯识宗的绝对化倾向进行了改造，促进了华严温和形而上学的形成。④

（三）禅宗

"禅"本是梵语，译为禅那，简称为禅，意译有"思维修"、"静虑"、"禅定"等。它本来是佛教修行方法之一，也是为各个宗派所奉行的。但禅宗标榜以"禅"为宗，把禅作为其学说的全部内容，就成为一种实践的哲学，是一种明心见性的经验哲学。在中国哲学史和中国佛教史上，禅宗都以

① 方立天：《华严宗哲学范畴体系简论》，《世界宗教研究》1986 年第 2 期。
② 方立天：《华严宗的现象圆融论》，《文史哲》1998 年第 6 期。
③ 汤一介：《华严"十玄门"的哲学意义》，《中国文化研究》1995 年夏之卷。
④ 刘梦骧：《华严宗温和形而上学佛学理论的产生和发展》，《陕西师范大学学报》2006 年第 2 期。

其独特鲜明的理论色彩占有一席之地。在中国所有佛教宗派中，禅宗也是影响最广、规模最大、持续时间最长的一个宗派。

由于禅宗对中国文化的影响深广，因此近年来人们对禅宗研究的兴趣经久不衰，研究论著层出不穷。研究内容主要集中在以下几个领域：①对禅宗历史的研究，既有禅宗通史方面的专著，也有断代史的研究。②对禅宗南北分化及其禅宗五家的研究。③对禅宗思想的研究，如禅宗的心性学说，禅宗的顿悟说等。④对禅宗文化的研究，这是不仅在佛学研究界，而且在其他学科领域，比如文学等都受到关注的话题。

对禅宗历史与思想的研究成果很多。顾伟康的《禅宗：文化交融与历史选择》① 以禅、禅宗、南禅递相嬗变为主线，对中国文化如何选择、消融印度文化作了论述。对禅宗史上许多争论不休的问题，诸如达摩其人其事、东山宗与牛头宗、慧能与神秀、《坛经》真伪及其思想都提出了自己的看法。洪修平的《禅宗思想的形成与发展》② 分为五章，第一章主要从禅学的思想渊源角度进行了论述，文中指出，中土早期的禅法、般若学对禅观的影响以及佛性思想的发展都为禅宗的形成提供了理论和实践资源。第二章则分别对菩提达摩、慧可、僧璨、道信、弘忍的禅法特点作了概括。作者认为菩提达摩的禅法特点是"借教悟宗、安心符道"。慧可的禅法是"身佛不二"。僧璨的禅法是"任性逍遥"。道信的禅法是"随心自在，无碍纵横"。弘忍所开创的"东山法门"之特点为"一行三昧"。第三章从无心和观心的角度论述了南能北秀禅法的分别。第四、五章在分别以"佛性与实相"、"识心和见性"分析了慧能的曹溪禅法。最后一章对禅宗与中国哲学的关系作了论述。杜继文、魏道儒的《中国禅宗通史》③ 是一部大部头的内容丰富的禅宗史著作，全书分九章，以历史为顺序，从禅宗成立前史一直写到清代禅宗，对中国禅宗思想的兴起、发展、演变及衰落的全过程，作了更系统全面的论述。作者试图突破禅师自报家门的束缚，以客观科学的方法揭示禅的实际内涵，评价禅宗的理论学说，还禅宗历史以本来面目。而且该书对于某些禅师的重要论述，不单纯看成是其个人的创造，而是理解成一种思潮或群体

---

① 顾伟康著：《禅宗：文化交融与历史选择》，知识出版社1990年版。
② 洪修平著：《禅宗思想的形成与发展》，江苏古籍出版社1992年版。
③ 杜继文、魏道儒著：《中国禅宗通史》，江苏古籍出版社1993年版。

的思想。杨曾文著的《唐五代禅宗史》① 和《宋元禅宗史》② 是两部禅宗的断代史研究。前书以唐五代时期的禅宗历史作为考察的重点，主要关注了如下问题：①禅宗形成和发展的历史环境。②对于禅宗史料进行了详细的评介，特别是对和禅宗相关的敦煌禅籍、碑文、地方志和考古发掘文物，给予了高度的关注。这也是该书的一个重要特点。③全面论述了这一时期禅宗代表人物的禅法理论。④考察了唐五代朝廷和中央、地方官员与禅僧之间的密切交往关系。⑤对国外相关研究成果的介绍和利用。这也是该书一个极其重要的特点，改变了其他禅宗史著作中，对国外研究成果极少提到的情况。后书是前书的延续，也是作者注重历史、考证方法在禅宗史写作中的再次呈现。葛兆光的《中国禅宗思想史》③ 论述了从 6 世纪至 9 世纪中国禅思想的形成与演变，特别对北宗禅和菏泽禅作了充分评述。其特点是注重从思想史和正史之外的角度来勾画当时禅宗发展的真实面貌。潘桂明的《中国禅宗思想历程》④ 论述了唐至清代中国禅宗思想发展的总趋势和不同历史阶段的具体特征，特别对以往学者所忽视或者未曾论及的宋以后禅宗思想的演变作了重点论述。吴立民主编的《禅宗宗派源流》⑤ 也颇有特色，该书强调以般若为红线贯穿全书，反对单纯的史料堆积。作者认为中国的禅宗史大体分传入期（达摩）、成长期（从道信、弘忍到慧能、神秀）、成熟期（五家分灯）、产果期（宋明理学、全真道教）、新弘期（近现代）五个时期。邢东风的《禅悟之道——南宗禅研究》⑥ 着重探讨了南宗禅的思想与实践及其与中国社会思想文化的关系。杜寒风的《晚唐临济宗思想述评》⑦ 集中评述了晚唐时期临济宗创立者义玄及其弟子禅学思想特色以及它的价值与局限。魏道儒的《宋代禅宗文化》⑧ 论述了宋代禅宗的历史及理论发展趋势，对宗杲的看话禅、正觉的默照禅和契嵩的儒释融合理论及其影响进行了重点阐述。

---

① 杨曾文著：《唐五代禅宗史》，中国社会科学出版社 1999 年版。
② 杨曾文著：《宋元禅宗史》，中国社会科学出版社 2006 年版。
③ 葛兆光著：《中国禅宗思想史》，北京大学出版社 1993 年版。
④ 潘桂明著：《中国禅宗思想历程》，今日中国出版社 1992 版。
⑤ 吴立民主编：《禅宗宗派源流》，中国社会科学出版社 1998 年版。
⑥ 邢东风著：《禅悟之道——南宗禅研究》，中国人民大学出版社 1992 年版。
⑦ 杜寒风著：《晚唐临济宗思想述评》，佛光出版社（台北）1994 年版。
⑧ 魏道儒著：《宋代禅宗文化》，中州古籍出版社 1993 年版。

徐文明的《中土前期禅学思想史》① 从禅学思想史的角度对中土禅学的开始、发展、兴盛等历史阶段进行分析和评述，时间跨度是从东汉安世高到中唐马祖道一和石头希迁，算是中土禅学的前期，涉及到其间各个重要的禅学宗派，力求反映禅学发展的全貌并揭示其自身的内在规律。高令印的《中国禅学通史》② 系统地论述了中国禅学的历史进程，在学术上主要明确了一些重要观点：达摩禅学是中国禅的先驱，中国禅的正式出现是道生禅学，慧能禅学标志着中国禅的真正形成，而从理论和实践上形成完整的思想体系和践履规范的是圭峰禅学和百丈禅学，此后，中国禅只是在如何体悟（方法）上兜圈子，在世界观上开辟不出多大的新意境，只是向儒、释、道三教融会的方向发展。到了近代，其主体人间禅学，是三教融会的最后归宿，也为中国禅在未来社会的发展开辟出方向。麻天祥的《中国禅宗史略》③ 的特点是全书虽称为中国禅宗史，但重心却在宋元之后的禅宗发展。一般的禅宗研究多关注处于巅峰期的唐五代禅宗，而该书中更注意在禅宗巅峰期之后禅宗的发展及其对中国哲学、文学、美学等领域的渗透和影响。邱高兴的《一枝独秀——清代禅宗隆兴》对清代以曹洞和临济为主的禅宗宗派作了简明扼要的介绍④。纪华传的《江南古佛——中峰明本与元代禅宗》⑤ 以中峰明本禅师为主线，考察了元代禅宗发展状况。

南能北秀是禅宗历史上重要的分界点，它既象征禅宗的分裂，同时也标志禅宗的发展进入了成熟状态。作为历史、思想、宗教史的重要事件，慧能和神秀及其所代表的禅法是学者们重点研究的对象。任继愈的《神秀北宗禅法》根据敦煌文献认为，南北宗宗旨的差别并不大，实质是政治地位之争。⑥ 方立天的《论南顿北渐》一文对禅法中顿渐分别及其流变作了详细辨析。作者认为，晋宋时代已有修行上的顿渐之别，其中绝大多数僧人都认为到十住修行的第七住就已经觉悟了，然后再渐次修行到十住就能成佛，被称为小顿悟。而道生则主张只有到第十住的最后一念"金刚道心"，才能斩断

① 徐文明著：《中土前期禅学思想史》，北京师范大学出版社 2004 年版。
② 高令印著：《中国禅学通史》，宗教文化出版社 2004 年版。
③ 麻天祥著：《中国禅宗思想史略》，中国人民大学出版社 2007 年版。
④ 邱高兴著：《一枝独秀——清代禅宗隆兴》，辽宁人民出版社 1997 年版。
⑤ 纪华传著：《江南古佛——中峰明本与元代禅宗》，中国社会科学出版社 2006 年版。
⑥ 任继愈：《神秀北宗禅法》，《中国社会科学》1990 年第 2 期。

烦恼，彻底觉悟，被称为大顿悟。禅宗成立后，对顿渐问题的探讨略有不同。神秀主张显露本有净心是一个渐进的过程，需要在一个规范的、渐进的方式中实现。慧能主张顿悟说，即顿悟自己的真如本性。在修行上慧能淡化了戒定慧三学中戒的意义，以无念、无相、无住作为顿悟法门的核心内容。慧能的弟子神会继承了慧能的顿悟渐修思想，更以"无念为宗"，强调"灵知心"的重要性。其后马祖作为南宗禅的继承者更突出了无修顿悟的思想。① 杨曾文对慧能思想的主要载体《坛经》作了深入细致的研究，作者认为，《坛经》曾经有多个版本，最古的是由法海所集记成的《坛经》祖本，是各种《坛经》版本的母体。其后有惠昕原本和敦煌原本。这三个版本都已不存。惠昕原本产生出德异本、宗宝本和曹溪原本。敦煌原本产生出敦煌本、敦博本和西夏文本。这些《坛经》版本的变化反映了禅宗思想的变迁。作者还从无相戒、顿教、无念为宗、不二法门等方面考察了慧能的禅法思想。② 龚隽认为，南顿北渐是中国禅学写作的基本范式，在这个范式下，顿渐问题不仅表明了法门的分别，而且也意味着价值上的高低。20 世纪 80 年代，一些西方学者开始对此范式提出了挑战和质疑。这些研究表达了如下的两个观点：慧能和神秀所代表的法门并不存在顿渐的分别，也不存在价值上的优劣。③ 伍先林认为，神秀与慧能是属于两种不同的思想类型。神秀坚持主张染净各别的二元论，因而无论是在心性本体论、修行方法还是终极境界论上都与慧能南宗彻底地坚持性空不二的般若直观不同，从而表现出宗教理性主义的色彩。④ 林有能认为，南北、顿渐的分野乃慧能、神秀身后之事，他们之间并无矛盾冲突。慧能是从人对佛性的理解和人的慧根秉赋来分别顿渐，从人的居住地域不同来分别南北的。而神秀是个饱学之士、有道高僧，对慧能敬重崇拜，且对慧能成佛有较大的影响。⑤

关于何人是中国禅宗的实际创始人，学界也有不同看法。洪修平在《禅宗思想的形成与发展》中认为，道信、弘忍在思想和组织上已完成禅宗的初创。杜继文、魏道儒的《中国禅宗思想史》认为道信和弘忍是中国禅

① 方立天：《论南顿北渐》，《世界宗教研究》2000 年第 1 期。
② 杨曾文：《〈六祖坛经〉诸本的演变和慧能的禅法思想》，《中国文化》1992 年第 6 期。
③ 龚隽：《再论初期禅史中的顿渐》，《学术研究》2006 年第 11 期。
④ 伍先林：《神秀的禅法思想》，《佛学研究》1999 年。
⑤ 林有能：《慧能与神秀关系辨析》，《广东社会科学》2007 年第 5 期。

宗实际奠基者，理由有三：（1）从他们开始，禅生活形式由流动转为定居；（2）把劳动引进修禅，经济独立；（3）教团由秘密转向公开合法化。方立天在《中国禅宗创始人之辨析》中认为，有关中国禅宗创始人的说法主要有以下几种观点：释迦牟尼与摩诃迦叶说、菩提达摩说、道信和弘忍说、慧能说、神会说。"一般而言，佛教宗派的创始人是指能提出新的佛学理论、新的修持方法，拥有一定数量的嗣法弟子，形成传承法系，且产生一定的影响的开宗大师。"而慧能对中国禅宗有六项贡献：第一，慧能的《坛经》是中国佛教唯一能称为"经"的著作。第二，慧能把外在的成佛轨迹转化为个体自身本性的显现。第三，慧能以自悟体证取代了义理思辨。第四，慧能以简易的顿悟法门取代了繁杂的修持仪式。第五，慧能强调佛法与世间两者相即不离的关系。第六，慧能一系的南宗禅是中国佛教中流传时间最长的佛教宗派。从贡献和历史影响的角度看，中国禅宗的创始人当非慧能莫属①。

慧能可以说是禅宗历史上最具影响力的一位僧人，而由他所创立的南宗禅也最终成为禅宗的主流。近年来对慧能思想的研究也颇为深广。"顿悟成佛"被认为是慧能思想中最显著的特点。潘桂明的《道生、慧能"顿悟"说的歧异》②认为，长期以来，在禅宗史研究领域，人们通常把慧能的"顿悟"说与竺道生的"顿悟"说联系在一起，或认为慧能直接继承了道生的顿悟思想，或认为道生学说实为"禅宗的渊源"、"中国禅的基石"。文章认为，二者实有很大差别：（1）道生"顿悟"是门阀士族经济的产物，是从当时佛学派别的角度提出来的；慧能"顿悟"则反映了门阀士族制度渐趋衰微时佛教改革的基本趋势，它以佛教宗派的形式加以表现。（2）道生"顿悟"通过玄学思辨将大乘经典思想重新加以组织，是在充分肯定佛教经典的前提下提出的；慧能"顿悟"则是在否定文字语言、排斥印度经典过程中形成，以《大乘起信论》"本觉"思想为重要依据而确立。（3）道生"顿悟"突出明理、见理的重要性，并提倡积学无限，不废渐修；慧能"顿悟"从自明本心着手，以个人主观能动性为前提，表现为不假补修、来去自由的性格。这样作者通过与道生"顿悟"观的比较，详细地阐释了自己

① 方立天：《中国禅宗创始人之辨析》，《学术研究》2004 年第 5 期。
② 潘桂明：《道生、慧能"顿悟"说的歧异》，《世界宗教研究》1989 年第 2 期。

对慧能"顿悟"思想的理解。孔繁在《慧能"顿悟"说之评价》① 中认为,中国佛教到慧能发生了革命性的变革,主要表现在慧能赋予了顿悟说以新的内容。刘梦骧认为慧能以"不二"、"无住"的反二元论、反决定论哲学为本,反对旧禅学中的二元论和决定论实质,慧能是世界上最早的宗教改革家。② 方立天认为慧能所创立的禅宗对促进佛教中国化起到了重要作用,"慧能站在中国传统文化本位的立场,创立禅宗,在心性义理、修持功夫和成佛境界等诸方面都实现了佛教中国化,这是佛教中国化历程中的里程碑事件"③。陈炎、赵建新将慧能和海德格尔作了比较,认为在本体论问题上,慧能主张从"自性"入手来接近"真如"本性,海德格尔则主张从"此在"入手来探求"存在"本源,二者都力图从主体自身中开辟出一条通往宇宙本体的精神之路。在方法论问题上,慧能主张"明心见性"、"顿悟成佛"、"不假文字",海德格尔则主张"由诗入思"、"拯救语言"、"去蔽澄明",二者都力图超越寻常的逻辑思维,在概念和范畴之外来发现人与存在本体的亲合关系。在生存论问题上,慧能主张"来去自由"、"心体无滞",海德格尔则主张"沉默的呼唤"、"诗意地栖居",二者都力图在此岸世界的生活之中进入某种摆脱异化束缚的生存境界。④

神会,也称菏泽大师,是为慧能一系取得禅宗正统地位起过重要作用的著名历史人物。郭朋的《神会思想简论》认为神会在南北斗争中起了作用,但不能估计过高。⑤ 方立天在《菏泽宗思想略论》中指出,神会的思想重心是心性论,其核心是灵知,其含义是空寂之知、自然之知和无住之知,其实质是众生主体性的原本有智慧,亦即佛性。⑥ 潘桂明的《也谈神会在历史上的地位》认为,神会的贡献低于慧能。⑦ 邢东风在《认知与般若》⑧ 中认为,神会的"知"是指心体的特殊作用,它既非对象意识,亦非自我意识,不具有"认知"的意义,实际上是佛教的般若。乐九波的《论神会的佛学

① 孔繁:《慧能"顿悟"说之评价》,《世界宗教研究》1996 年第 1 期。
② 刘梦骧:《宗教改革:慧能禅学的深层结构与意义》,《暨南学报》1999 年第 2 期。
③ 方立天:《慧能创立禅宗与佛教中国化》,《哲学研究》2007 年第 4 期。
④ 陈炎、赵建新:《慧能与海德格尔》,《中国哲学史》1999 年第 3 期。
⑤ 郭朋:《神会思想简论》,《世界宗教研究》1989 年第 1 期。
⑥ 方立天:《菏泽宗思想略论》,《禅学研究》1994 年第 2 辑。
⑦ 潘桂明:《也谈神会在历史上的地位》,《南京大学学报》1989 年第 4 期。
⑧ 邢东风:《认知与般若》,《佛学研究》1995 年第 3 期。

思想》① 着重探讨了禅宗代表人物神会的佛学思想及其意义和影响，认为神会的学说继承了慧能的根本精神，但更有敷构显发，构成了彻底的心一元论体系，为佛学传统命题提供了进一步的理论依据。在成佛途径上，神会力倡顿悟，在修行上取无作无求、随顺自然的态度。聂清的《神会与宗密》一文重点对神会和宗密思想的不同点作了分析，作者认为神会所谓的知是众生本有之智慧，就是众生本有的如来藏。而宗密的知则是活泼的灵知。二人在修行方法上也有区别，神会重视顿悟，而宗密则调和顿悟和渐修。另外神会特别重视般若思想，而宗密则认为般若是入门，如来藏才是佛法的究极②。同作者的《菏泽宗研究》③ 一书较全面深入地研究了菏泽宗的思想，认真细致地剖析了慧能和神会的著作，认为慧能、神会的南宗与菩提达摩禅学之间在思想上并没有根本的差异。

唐代末期禅师义玄创立了临济宗。临济宗是我国佛教禅宗五家之一，势力最大，影响最久远。方立天的《临济宗心性论述评》从"心清净与自信心"、"见闻觉知与全体大用"、"菩提心忠义心"、"清净心与一法界"几方面阐述了临济宗的心性论。④ 潘桂明的《临济宗思想初探》全面论述了临济宗的思想特点。主要归纳为：（1）彻底否定客观世界，重视主观一心的世界观；（2）从宗教解脱论出发的呵佛骂祖；（3）提出了做真正学道人的主张；（4）提倡立处即真的自悟。文章还就临济宗的门庭设施作了进一步的具体分析，指出它在世界观上属彻底唯心主义、直觉主义和神秘主义，其对佛祖、经典等的否定在客观上起了瓦解宗教的作用，在思想上体现了禅的进一步中国化。⑤ 杜寒风对临济义玄的四料简（四料拣）、四宾主、四照用、三句、三玄三要等门庭施设进行了评析，指出了其认识论和方法论意义⑥。作者还认为，义玄所谓的"孤明"当指的是人所具有的佛性理论。孤明历历地听着，能够处处不滞，人人都拥有一个历历孤明。义玄还十分强调建立自信，让人们能自主自尊、自强自由，突出自主性。⑦ 李肖将临济义玄的思

① 乐九波：《论神会的佛学思想》，《世界宗教研究》1988 年第 3 期。
② 聂清：《神会与宗密》，《中国哲学史》2000 年第 3 期。
③ 聂清著：《菏泽宗研究》，巴蜀书社 2003 年版。
④ 方立天：《临济宗心性论述评》，《北京社会科学》1994 年第 2 期。
⑤ 潘桂明：《临济宗思想初探》，《世界宗教研究》1983 年第 3 期。
⑥ 杜寒风：《临济义玄门庭施设宾主句探真》，《宗教学研究》1997 年第 4 期。
⑦ 杜寒风：《临济义玄孤明与自信的禅学理论》，《浙江大学学报》1997 年第 3 期。

想概括为四个方面：在心性论上，以"一念心清净即是佛"，心中三身佛，"病在不信处"、"无位真人"等构建了义玄的心性论理论框架。在修行方法方面，义玄提出了"立处皆真"和"无事是贵人"的修行思想。在接引学人方面，义玄的禅法，突出了人的主体性精神，强调自信，强烈反对崇拜偶像。在教学方法上，义玄有三句（三玄三要）、四料拣、四照用、四宾主等。①

关于曹洞宗，潘桂明的《曹洞宗回互说述评》对五位君臣的含义作了阐释，认为五位君臣是讲本体与现象、一般与个别内在关系的五种偏向，"正中偏"是忽视用的一面，"偏中正"是缺少本体，"正中来"是开始由体起用，"兼中至"是开始通过现象认识本体，"兼中到"是承认本体生万物，万物性空，体用俱泯，不落有无。②徐文明在对曹山本寂的主要理论五位君臣、五相偈、三种堕等及其机缘语句进行了具体解释后，指出对自由的极端追求才是曹洞宗的真精神，而这一精神是建立在以自性为唯一真宰的基础之上的，这一特征与南岳一系十分接近，表明直到曹山时期曹洞宗仍然未改属青原。③夏金华的《试论佛教曹洞宗对〈易〉的利用》④指出，僧侣研究《易经》，有自己的原则，即有利于佛教。他们把《易》看做儒学的代表，试图通过沟通达到攀缘儒学来站稳脚跟。曹洞宗一系从希迁至曹山与易学沟通则更有自己的特点。他们从魏伯阳《参同契》入手，与汉代易学挂起钩来，特别是京房的那一套象数学模式曾给禅师们很大的影响。这种联系自昙最以后更为明显。尤其表现在以《易经·离》的运用方面，寓于曹洞宗的诸多含义。

关于云门宗，冯学成的《云门宗史话》⑤概括了云门宗三百年的历史和禅宗各家相互融合的过程，对比和分析了这三百年间禅宗五家此消彼长的形势和原因，对历代云门大师和他们的公案，更是具有个人的见地和提持，是了解云门宗乃至禅宗历史的有分量的著作。

洪州宗是禅宗南岳怀让门下马祖道一的门派。因马祖住洪州大扬禅风，

---

① 李肖：《临济义玄禅学思想述评》，《法音》2007 年第 8 期。
② 潘桂明：《曹洞宗回互说述评》，《安徽大学学报》1990 年第 1 期。
③ 徐文明：《曹山本寂禅师的禅法思想》，《世界宗教研究》2001 年第 2 期。
④ 夏金华：《试论佛教曹洞宗对〈易〉的利用》，《周易研究》1994 年第 1 期。
⑤ 冯学成著：《云门宗史话》，南方日报出版社 2008 年版。

故名。此系被后世公认为禅宗之正系。方立天的《洪州宗心性论思想述评》重点评述了洪州宗人提出的平常心是道的命题以及在此基础上展开的触类是道、即心即佛与非心非佛、清静本心与见闻知觉、心即是佛与无心是道、有情无佛性与无情有佛性等心性论思想，由此说明了洪州宗重视发挥主体意识的能动作用，强调任运自然，主张在现实生活中实现精神超越的生活禅、世俗化倾向，以及强调直觉体悟而反对知解的方法特征①。赖永海《马祖道一与后期禅宗》一文认为，"马祖道一是中国禅宗史上一个界碑式的人物，慧能开创的以强调'道由心悟'为标帜的前期禅师禅，自马祖之后，禅风为之一变；发展成崇尚自然、主张随缘任运、无证无修的后期分灯禅。造成这两种禅法歧异的主要原因是，前期禅宗以当前现实之人心为佛性，后期禅宗则以恒常遍在的'真心'为佛性。从思想文化背景说，前期禅宗主要受儒家心性理论的影响，而影响后期禅宗的则主要是老庄崇尚自然的学说"②。吕有祥认为马祖在禅宗本心论的基础上融会华严宗理事俱无碍论，进一步凸现了即心即佛的主体自觉自信，创造性地提出了"平常心是道"的修行方式。③ 向学侧重从马祖道一"即心即佛"、"非心非佛"和"平常心是道"的思想出发，认为他的主流思想是般若中观系，是中观的俗谛、真谛和中道三义的概括性的结合。④ 邱环认为，"即心即佛"思想是禅宗的一个重要思想命题。到马祖时期，一方面沿袭了即心即佛原有的心地法门的思想，一方面又有新的发挥，将之与"平常心是道"结合起来，提出"万法皆为心之妙用"的思想，使即心即佛的见地贯穿于日常修行中，于用中见体，并成为洪洲宗门下独特的宗旨与接引方式。⑤ 伍先林从马祖禅的教学精神、方法的角度，对马祖道一的思想进行了分析。作者认为与慧能以顿融渐的教学精神不同，马祖更为强调顿超独立于阶渐的超绝性。在教学方法上马祖道一比慧能更加脱离了经教的束缚，强调心灵的自由。⑥ 段玉明认为，马祖禅法可以凝练地概括为"即此用"、"离此用"与喝打三个层次。"即此用"是即

---

① 方立天：《洪州宗心性论思想述评》，《中国社会科学》1994 年第 2 期。

② 赖永海：《马祖道一与后期禅宗》，《佛学研究》2005 年。

③ 吕有祥：《马祖禅风述略》，《佛学研究》2005 年。

④ 向学：《马祖道一禅法之探讨》，《佛学研究》2005 年。

⑤ 邱环：《马祖即心即佛思想》，《佛学研究》2004 年。

⑥ 伍先林、刘艺：《试论马祖禅的教学精神》，《哲学研究》2006 年第 4 期。伍先林：《慧能与马祖禅之教学精神研究》，《中国哲学史》2006 年第 3 期。

色用，"离此用"是即心用，喝打出入即离。此一概括是后人对马祖禅法理解逐步系统化、精致化的结果。① 杜继文的《洪州系的农禅学和农业乌托邦》② 认为，农禅不是一人一时创造出来的，它的出现有一个时代的大背景，即战乱和饥饿导致北中国农民大逃亡，形成了流动人口的"流民"，继而再变为游僧，从而彻底改变了佛教传统，使禅门思维方式起到根本的变化。崇尚自然，尊重自性天性，独立特行，任性逍遥，不接受任何人为的束缚和名教的琢磨，则是洪州宗系农禅派大师们的创造。百丈的新贡献是态度坚定地将禅宗推向生产劳动领域，使农禅得到了理论和实践的双重肯定，一时间农禅势力大兴，丛林风行。在中国佛教史上，包括整部禅宗史，如此自觉，如此明确地把"独立"、"自由"纳入修行实践的目标，也应该首推怀海。听任自然，是怀海自由观的基石。他关于自由的理论，就抽象性言，没有离开佛教哲学基拙，而且主要是般若学的，到了《古尊宿语录》，指导思想已经归结到被改造了的法相唯识学上了。古代中国农业社会主义乌托邦理想，唯一实现了的，就是怀海山居创立的农禅社会。我们也可视为这是佛教社会主义的一种形态，有典型的意义。

禅宗理论包含了丰富的内容，学者们从各个角度作出了阐释。方立天的《从对"如何是佛"的回答看禅宗的核心思想》③ 认为，以自我心性去沟通、缩小众生和佛的界限与距离，以人的主体与心性清净等同于佛，这也就是慧能一系禅学的核心思想。文章认为，禅宗对如何是佛的回答，可归纳为四种典型：心即佛，无心是佛，理事不二即如佛和大量意在言外的回答。在《禅宗精神——禅宗思想的核心、本质及特点》④ 一文中，方立天教授认为，禅宗思想体系中最主要的是心性论、工夫论和境界论，而心性论是核心内容，禅宗精神就是超越精神，超越现实矛盾、生活痛苦，追求心灵解脱、思想自由。任继愈的《禅宗的特点和地位》⑤ 认为，禅宗的思想特点：一是讲

---

① 段玉明：《若即若离：马祖道一禅法别说》，《宗教学研究》2005 年第 4 期。

② 杜继文：《洪州系的农禅学和农业乌托邦》，《佛学研究》年刊 2002 年。

③ 方立天：《从对"如何是佛"的回答看禅宗的核心思想》，《中国文化研究》1996 年第 4 期。

④ 方立天：《禅宗精神——禅宗思想的核心、本质及特点》，《东山法门与禅宗》1996 年第 5 期。

⑤ 任继愈：《禅宗的特点和地位》，《禅学研究》1992 年第 1 辑。

"明心见性"；二是注重"自我解脱"。邢东风的《禅的可说与不可说》① 对禅的不可言说提出质疑，同时指出，历来对禅有两种把握方式：参究和研究。研究是基础，参究是更深一层的工夫，研究是优先的，参究是根本的，两者沟通对流，相互尊重，才能推进现代禅宗研究。单纯在《禅宗的佛性论及其意义》② 中认为禅宗对于中国佛教的贡献不仅在顿悟的方法，而在于给顿悟找到了一个佛性论基础，将印度佛教本寂说转化为本觉说，突出了佛性自觉、反省体悟和顿悟成佛之间的内在逻辑联系。彭富春在《禅宗的心灵之道》③ 中指出，与其他佛教宗派不同，禅宗凸显的是个体的心灵在瞬间中直接了悟自身的本性。可以说，禅宗是中国智慧对于印度佛教最具创造性解释后的独特产物。也正因如此，它弥补了中国精神结构中的缺失，丰富了心灵的维度。余永胜在《论禅宗的修行解脱观的逻辑形成与发展》④ 中认为，慧能禅宗不避世间的修行解脱观是对传统佛教执著于出世修行的扬弃与超越，是力图将大乘空宗的"无执"精神贯彻于实践中的表现。但其因将"无执法"形诸语言文字，教人依之而行，实际上仍不免于有修有证的拟心而为，因而还存在着将"无执"的佛法外化为追索对象导致"有执"的矛盾。消解佛法的对象化，将其由"理性"的认识对象转变为当下的实践内容，是解决这一矛盾的必然方式。后期禅宗看似匪夷所思的修行实践法正是从对象化陷阱中实现"突围"的一种尝试与努力。陈洁在《试论禅宗解决问题的基本方式》⑤ 中认为，禅宗解决问题的根本方法是否定问题，毁灭问题，使问题不再存在。有两种否定方式：一是从所问的内容上，如果所提问题是伪问题，便不能回答；另一种更彻底的是从形式上，即提问这种形式意味着运用一种有公共规范的工具（语言、逻辑思辨等），而必须由内在个体独自完成的不能通过公众化的形式获得。所以，禅师们几乎从不正面回答问题，而引导提问者对问题本身和提问这种形式进行反思。

　　禅宗对待语言的态度和对语言的应用是值得关注的问题。周裕锴《禅

---

① 邢东风：《禅的可说与不可说》，《哲学研究》1996 年第 1 期。
② 单纯：《禅宗的佛性论及其意义》，《中国哲学史》2005 年第 3 期。
③ 彭富春：《禅宗的心灵之道》，《哲学研究》2007 年第 4 期。
④ 余永胜：《论禅宗修行解脱观的逻辑形成与发展》，《宗教学研究》2004 年第 1 期。
⑤ 陈洁：《试论禅宗解决问题的基本方式》，《武汉大学学报》2005 年第 3 期。

宗语言》① 一书是一部把禅宗思想和禅宗语言结合接来进行研究的专著，该书在叙述禅宗语言演变历史时，采用顺着讲和倒着讲两种方式，"即一方面遵循禅宗发展的历史事实来描述，另一方面按照灯录所载祖师语言风格的演化轨迹来阐释"。方立天在《禅宗"不立文字"的语言观》一文中指出："从菩提达摩来中国传播禅法至明清时代，禅宗的语言观大体上经历了由'不离文字'到高唱'不立文字'，再到回到'不离文字'的演变过程。禅宗的语言观一方面充分而深刻地揭露了直觉体悟与语言文字的矛盾和关联，为探讨和总结直觉和语言的关系提供了丰富的资料；一方面又有力而全面地推动了中国语言的艺术化，对中国文化史的发展作出了重要的贡献。"② 周昌乐在《禅宗的元语言哲学》③ 中指出，在语言本身终极描述能力的认识上，同西方现代逻辑一样，禅宗也有着对语言不可描述真性的深刻洞见。不同的是，一方面，禅宗在这方面强调的是禅法微妙，不可言说，只有冲破语言、概念对人类思想的束缚，才能抵达真性的彼岸；另一方面，又同时强调任何言语均可涉及真性，即所谓的"触事即真"。通过比较禅宗这些思想与西方相应的元语言哲学思想，我们可以看到，禅宗的思想不仅更为深刻彻底，而且反过来对于我们更深入地认识科学方法的局限性，有着重要的现代意义。

（四）唯识宗

唯识宗是继天台宗之后在唐初形成的又一大佛教宗派。此宗因重视分析、研究诸法性相之学即法相学而得名。唯识宗的实际创始人为玄奘，学界对玄奘的研究尤为重视，单是有关玄奘研究的综述文章就有三四篇，由此可见研究之盛。④ 1992 年成立了玄奘研究中心，主任为黄心川研究员。并先后组织了三次玄奘研究的国际学术研讨会，将玄奘研究推向了高峰。在对玄奘的研究中，学者们主要讨论了如下的问题：第一，有关玄奘的生平的研究。

---

① 周裕锴著：《禅宗语言》，浙江人民出版社 1999 年版。
② 方立天：《禅宗"不立文字"的语言观》，《中国人民大学学报》2002 年第 1 期。
③ 周昌乐：《禅宗的元语言哲学》，《宗教学研究》2006 年第 2 期。
④ 参见黄夏年：《四十年来我国玄奘研究综述》，《佛学研究》1993 年。同作者《百年玄奘研究综述》，《广东佛教》2001 年第 1 期；黄心川：《玄奘及唯识学研究回顾》，《西南民族大学学报》2007 年第 3 期；白杨：《玄奘研究综述（1994—2007）》（上、下），《新疆师范大学学报》2008 年第 1 期。

陈扬炯著《玄奘评传》①、张力生著《玄奘法师年谱》② 等对玄奘的生平经历都有详细的描述。温玉成、刘建华在《玄奘生平中几个问题考订》③ 中对玄奘出生地等问题作了考订，关于玄奘出生地僧传称为缑氏县，《旧唐书》称为偃师县，今人一般认为是偃师县缑氏乡陈河村。作者经过考订认为玄奘的出生地不是陈和村而在滑成村一带。此外，作者对玄奘发足长安的年月、回归长安及赴洛阳的时日、申请再次入少林寺翻译、玄奘的忌日等问题也都提出了自己的看法。黄心川在《玄奘的佛经翻译与玉华寺》④ 中指出，玄奘在玉华寺虽只停留了五年时间，但却翻译了大量佛经，因此，该寺在玄奘经历中也是值得研究的一个地点。第二，有关玄奘佛经翻译的研究。张建木在《玄奘法师的译经事业》⑤ 中认为玄奘在翻译中十分重视译场的作用，即使是短小的经典也是集体翻译完成。在对待译经的态度上，玄奘是意向坚定、计划性强、勤劳认真。在翻译的方法和技巧上，玄奘主要采用了增益、省略、易字、变更原文的行文、选用虚词。此外作者还对玄奘的五不返原则以及音译中音节的问题作了考察。张德宗在《玄奘法师译经活动述论》⑥ 中指出，玄奘的翻译活动表现为三个特点：数量多、质量高和比较有系统。王继红在《玄奘译经的语言学考察》⑦ 中，将《阿毗达磨俱舍论》原典与玄奘译本对勘，考察玄奘译经与原典语言之间的对应关系，指出玄奘译经中由于受原典语言影响所产生的异于中土文献的语言现象，并分析玄奘跨越梵汉两种语言类型差异的翻译策略。第三，有关玄奘唯识学的研究。张春波在《玄奘对唯识学的发展》⑧ 中认为玄奘对唯识学的发展表现在两个方面："挟待说"和"真唯识量"。刚晓法师的《关于玄奘法师的真唯识量》⑨ 认

① 陈扬炯著：《玄奘评传》，京华出版社 1995 年版。

② 张力生著：《玄奘法师年谱》，宗教文化出版社 2000 年版。

③ 温玉成、刘建华：《玄奘生平中几个问题考订》，载于黄心川主编《玄奘研究——第二届铜川玄奘国际学术研讨会文集》，陕西师范大学出版社 1999 年版。

④ 黄心川：《玄奘的佛经翻译与玉华寺》，载于黄心川主编《玄奘研究——第二届铜川玄奘国际学术研讨会文集》，陕西师范大学出版社 1999 年版。

⑤ 张建木：《玄奘法师的译经事业》，《法音》1983 年第 2、3、4 期。

⑥ 张德宗：《玄奘译经活动述论》，《史学月刊》1996 年第 4 期。

⑦ 王继红：《玄奘译经的语言学考察——以〈阿毗达磨俱舍论〉梵汉对勘为例》，《外语教学与研究》2006 年第 1 期。

⑧ 张春波：《玄奘对唯识学的发展》，《社会科学战线》1981 年第 1 期。

⑨ 刚晓：《关于玄奘法师的真唯识量》，《佛学研究》年刊 2002 年。

为玄奘对真唯识量做了成功的修改，重要的是加上了"自许"简别语二字，这样也就扩大了"色"的范围，表示了唯识家的理念。但是当代有的学者对"真唯识量"采取了批评态度，这可以追溯到永明延寿《宗境录》对唯识的误解。

在对唯识宗思想的研究中，"阿赖耶识"始终是研究的中心议题。魏德东认为阿赖耶识作为唯识宗最重要的概念是在发展过程中形成的，其发展过程大致可分为经典、论典和分化三个时期。经典时期阿赖耶识作为本体范畴开始形成，其基本含义有含藏和执持，前者侧重于本体义，后者侧重于主体义。代表性的经典有《大乘阿毗达磨经》和《解深密经》。论典时期，瑜伽行派的基本论典《瑜伽师地论》、《分别瑜伽论》等重要论典中对阿赖耶识进行了阐述，并且提出了末那识的概念，完成了八识的理论。世亲之后唯识学进入了分化时期，有唯识古学和唯识今学的区别，前者的代表人物有难陀、安慧，后者有陈那和护法。① 黄晨从阿赖耶识建立根据的角度进行了研究，认为作为区别于眼、耳、鼻、舌、身、意的第八识，它含藏一切，变现一切，是人类认识的起源和究竟。但是它又不是一个客体的存在，不能混同于灵魂、神我或者本体，它是精神之流，是通过对佛教缘起论和性空无我论的深度阐释而证成的。② 欧东明认为唯识学的"八识"说重在揭示意识的各个不同的层面，而"自证分"学说则意在阐明意识的"自身构成"的本源结构或枢机。从西方现象学的角度对唯识学进行观照，可以发现二者颇多契合之处，同时也有利于我们更深入地理解唯识思想。③ 魏德东的《论佛教唯识学的转识成智》④ 一文从转识成智的必要性、条件及内容等方面，系统阐述了转识成智是唯识学的终极归宿这一思想。文章认为"识"是有漏的带分别的认识，有局限，有染污，是成佛的障碍；"智"是无漏的超分别的智慧，究极纯净，是觉悟之智；转识成智是唯识学的必要要求。转识成智既需要先天的无漏种子，又需要后天的正闻熏习，不具有普遍性品格，不是人人皆可成佛。转识成智的内容是转八识成四智，转得佛智即是成佛。陈兵认为多数唯识经典认为识有八种，但是也有经典在八识说外有涅槃心、真识、如

① 魏德东：《论阿赖耶识的确立和发展》，《中华文化论坛》1994 年第 4 期。
② 黄晨：《阿赖耶识试析》，《浙江大学学报》2002 年第 3 期。
③ 欧东明：《唯识"八识"说与"自证分"浅析》，《南亚研究季刊》2006 年第 3 期。
④ 魏德东：《论佛教唯识学的转识成智》，《世界宗教研究》1998 年第 4 期。

来藏识等真常心，那么这个真常心是第八识所转，还是作为八识之根基的第九识，在佛教中是一个重要的问题。解决这个问题的思路有三种：第一，护法系唯识今学从结构论着眼，将成佛之因摄于真如理和阿赖耶识所寄藏的有为无漏种子，立八种识，说转阿赖耶识所知依而成阿摩罗识。但其转识成智说有落于有为造作之嫌，亦难满足急求顿证者的需求。第二，安慧系唯识古学及中国摄论师等也从结构论着眼，着重区分染净之因，立能证真如理者或阿赖耶识清净分为本具第九阿摩罗识，以解决证知真如的依据问题，但其所立阿摩罗识较难通过分析众生现前心识而确立，整个学说不及护法系严。第三，真常心系，天台、华严、禅宗、密教等从体用论、体相论着眼，说心体或心识最深层本具真心。其理论立足点高，超越了结构论的局限。修证是返本式的，适合急求顿证者的需要，但也面临醋眠—闷绝时真常心何在等诘难及由承当本来是佛导致放任的弊端。作者认为三种理论皆有其面向的对象，也各有短长，不必以是非论之。[①] 吴可为考察阿赖耶识和如来藏的关系后认为，如来藏概念相应于印度如来藏思想的三个发展阶段，可以区分为佛性如来藏、空性如来藏与识性如来藏三种不同而又有着本质关联的意义，其中识性如来藏与唯识学之间有着密切的关联。如来藏思想根本不存在所谓实体化倾向，它与唯识学的主要区别乃是解释学的原则和角度之不同。正是基于这一区别，识性如来藏与唯识虽然同样以第八识为依止，却开演成两种有重大区别的理论体系。同时，也由于两者之区别的根源只是解释学和方法论上的，则这两种看似正相对立的思想体系之间倒正隐含着一种建设性的互补关系。[②] 周贵华认为在印度瑜伽行派唯识学中，"唯心"、"唯识"和"唯了别"是经常使用的概念。一般上"唯心"和"唯识"意义相当，可等同使用。但"唯识"和"唯了别"则有少许不同。早期多使用"唯识"，后使用"唯了别"，后来在"唯了别"意义上"唯识"和"唯了别"重新融合。从内涵上看，"唯识"（vi jnānamātra）侧重用认识作用之体，"唯了别"（vi jnaptimātra）侧重于认识作用的显表和显现。从语言学上说，二者都基于词源动词 vi jnā（识别、区分、知道、认识），前者是该词根的直接名词化，

---

①　陈兵：《第九识的建立及争议》，《法音》2006 年第 12 期。
②　吴可为：《阿赖耶识、真如空性与如来藏心——大乘唯识学与如来藏思想辨微》，《上海大学学报》2007 年第 4 期。

后者是该词根被动式和使役式的名词化。但是在汉译的唯识经典中无论真谛还是玄奘都直接将梵文中的"唯了别"译成了"唯识",对二者不加区别。而事实上我们在理解"唯识"时既应当看到"唯识"和"唯了别"相通的一面,也要注意二者的差异,这样才能正确理解唯识思想。① 周贵华还将瑜伽行派的唯识学分为有为依和无为依两类。所谓有为依是围绕阿赖耶识建构的,即以阿赖耶识统合心身功能,作为轮回、修行"主体"以及一切现象之本体与根源。所谓无为依就是唯识学中的如来藏思想。佛性如来藏思想反映到唯识思想中,即以唯心意义上的心之实性即心性为佛性、如来藏,为自性清净心、法性心,此心性如来藏即是一切法之根本所依,以此所依为核心观念,形成了"糅合性"无为依唯识学。在无为依唯识学中,作为缘起的根本原因的心性真如,不是缘起的直接原因。而在有为依唯识学中,阿赖耶识既是缘起根本因,亦是直接因。玄奘学派唯传译与阐弘"纯粹"唯识思想即有为依唯识学,极力去除瑜伽行派中具有"梵化"色彩并与中国本土思想相近的如来藏思想因素的无为依唯识学,与如来藏思想分道扬镳。结果形成奘传唯识思想的追随者与如来藏思想的追随者间在思想上的千年对抗格局。在上世纪,支那内学院与中国传统佛教界间的相互批判就是这种紧张关系的最终爆发。② 胡晓光认为唯识是"只有识"和"不离识"的统一,从存在意义上讲,唯识就是"只有识"。从认识意义上讲,唯识就是"不离识"。③ 林国良通过对《解深密经》和《成唯识论》中三自性理论的考察,认为唯识论经历了从否定世俗世间、唯以出世间为根本宗旨,到以出世间为根本宗旨、同时对世间法的一定程度的实在性给以充分肯定的变化。④ 徐湘霖认为唯识学与现象学都站在认识论的立场上,对自我之"境"即对象世界提出了不同于传统理性主义的独特诠释,并在人的心识功能和意向性构造研究基础上形成了一套全新方法论,显示出唯识学与现象学对人类理性反省极高的智慧和理念,对于开发人类心智、启迪思维具有重要现代价值。通过

① 周贵华:《唯识与唯了别——"唯识学"一个基本问题再诠释》,《哲学研究》2004 年第 3 期。同作者《再论"唯识"与"唯了别"》,《上海大学学报》2007 年第 4 期。同作者《唯心与了别》,中国社会科学出版社 2004 年版。

② 周贵华:《瑜伽行派唯识学之结构》,《中国哲学史》2004 年第 4 期。

③ 胡晓光:《从能所关系看唯识义的本质规定性》,《法音》2004 年第 2 期。

④ 林国良:《唯识思想前后期价值取向的变化》,《上海大学学报》2006 年第 1 期。

比较，虽然二者在目的论上有着根本的区别，但在认识论和方法论上可以互为补充。现象学由于在认识发生论上没有建立"种子"说和"阿赖耶识缘起"论，故无法对意识发生的根源及先验主体性的本质作出更深入的阐释。①

对唯识学中的般若空观思想也有学者关注。姚卫群在《〈成唯识论〉中的唯识空观及其对外道的批判》② 中认为，大乘佛教虽然分为中观和瑜伽行两派，但它们在许多方面有共同之处，对其他派别的态度也有类似点。《成唯识论》中的唯识思想实际上包含了般若中观理论的重要成分，是瑜伽行派论述佛教"空"观念的一种基本形式。《成唯识论》从佛教的唯识空观出发，对其他派别进行了批判。这种批判涉及各派的核心思想，而批判的重点则是各派学说中的实有观念。吴学国的《论唯识学对般若"空"义的诠释与缘起论的重构》③ 一文认为，唯识学对缘起论的重建，首先在于通过建立阿赖耶识缘起论，将缘起收摄入第八识的发用；到了世亲乃将现行层面的诸法"转变"统一为识的分别，将轮回的所依和生命的趣向归结到种子识的相续流转，然后将现识的分别义与种识的流转义一并融合到识转变的本体论结构之内。同一作者的《唯识学：缘起论与业因说的矛盾消解》④ 认为，对象理论集中体现了唯识学的理论特点。魏德东的另一篇文章《论佛教唯识学的对象理论》⑤ 认为，唯识家从自我意识出发，涵摄整个世界于意识中，认为一切对象都是识的变现，建构万法唯识、唯识无境等理论，在人类认识史上占有重要地位。唯识家一方面坚持万法唯识的理论原则，同时对现实世界的实在性和价值也没有简单否定，而是力图在意识范围内解决表象如何与生活实践相符合的问题，具有融会超越唯物论和唯心论的倾向。杨维中对唯识宗的佛性理论研究后认为，以种子之种类及其存在情状分析，划定众生的类别，界定众生成佛的可能性是唐代唯识学的一大创见，以无漏种子界定佛

① 徐湘霖：《从唯识认识论看现象学的意向性构成理论》，《四川师范大学学报》2006 年第 3 期。
② 姚卫群：《〈成唯识论〉中的唯识空观及其对外道的批判》，《北京大学学报》2006 年第 1 期。
③ 吴学国：《论唯识学对般若"空"义的诠释与缘起论的重构》，《复旦学报》1999 年第 3 期。
④ 吴学国：《唯识学：缘起论与业因说的矛盾消解》，《学术月刊》1998 年第 10 期。
⑤ 魏德东：《论佛教唯识学的对象理论》，《思想战线》1999 年第 4 期。

性是在此基础上的进一步深化。本文在以上分析的基点上，分析了"一分无性"说成立的理据：其一，以种子说判定种姓之别；其二，倡理佛性，行佛性之分；其三，其根本处在于将众生之心性与真如理体的二分，而心之本性，本体内蕴藏的有漏种子则成为二者联结的中介。①

（五）三论宗

五世纪初，中观三论被鸠摩罗什传译至汉地。至隋唐之际，中国僧人创立佛教三论宗。同佛教其他宗派相比，三论宗流传时间较短，然此宗学说及其思辨方法论，无论是对中国佛教思想的影响或是对其他佛教宗派形成的影响，都是不可忽视的。曾其海所著的《三论学派对天台宗创立的作用》② 从三论宗理论对天台宗的影响这一角度阐释了三论宗的基本理论。而杨永泉著的《三论宗源流考》③ 则是一部详尽地从历史角度考察三论宗理论的来源、发展的理论书籍。圣辉的《试论三论宗的性空思想》④ 论述了三论宗以"缘起"、"二谛"、"八不中道"为内容的性空思想。姚卫群的《三论宗创立者吉藏与般若中观思想》⑤ 指出，吉藏把"中道"解释为"佛性"，表现出他的理论不同于印度中观派一般说法的特点，但他关于"中道"的解释的重点不是放在"佛性"上，而在"无分别"的观念上。同氏的《吉藏二藏三轮的判教理论》⑥ 论述了吉藏的判教标准、吉藏对其成论师和地论师判教理论的批判、吉藏二藏论说的含义及其理论渊源。赵伟民在《试论吉藏的方法论和真理观》⑦ 中指出，吉藏思想的核心是在"无得正观"基础上的"破邪显正"，这既是其方法论，也是其真理观。华方田的《试论吉藏的中道观》⑧ 从吉藏对"八不"的看法，对"中道"的不同界定和四种释义，吉藏的三种中道说，论述了吉藏佛学思想的特征。同作者的《般若无得、

---

① 杨维中：《论唯识宗的佛性思想》，《宗教学研究》2007 年第 1 期。
② 曾其海：《三论学派对天台宗创立的作用》，《台州师专学报》1998 年第 4 期。
③ 杨永泉著：《三论宗源流考》，江苏古籍出版社 1998 版。
④ 圣辉：《试论三论宗的性空思想》，《法音》1990 年第 5、6 期。
⑤ 姚卫群：《三论宗创立者吉藏与般若中观思想》，《中华文化论坛》1995 年第 4 期。
⑥ 姚卫群：《吉藏二藏三轮的判教理论》，《佛学研究》1993 年第 2 期。
⑦ 赵伟民：《试论吉藏的方法论和真理观》，《中国文化研究》1993 年第 2 期。
⑧ 华方田：《试论吉藏的中道观》，《佛学研究》1996 年第 5 期。

无所不得——试论吉藏佛学思想的基本精神》① 一文认为吉藏及其三论宗人以中观学派在中国的继承人自居。而中观学派则受《般若经》的影响。"无得正观"是自《般若经》而中观学派，再到三论宗的一贯的基本精神。李勇在《三论宗的"二智"理论》中详细地考察了吉藏有关二智的思想，并从二智的种类、二智优劣、二智相即、二智即解脱等方面作了探讨。② 程恭让《吉藏"八不中道"说辩证》③ 一文认为根据 7 世纪印度中观学派代表人物月称对《中论》解释的《清净句》中所保留的《中论》梵本资料，其中有"八不缘起"和"中道缘起"，而无"八不中道"的思想。吉藏的"八不中道"说是在糅合"八不"和"中道"两个概念基础上形成的，是吉藏个人的独创，而非龙树著作中本有概念。

（六）密宗

密教是西方学者对东方一些神秘主义教派的统称，既包括印度教的，也包括佛教的。密教传入中国有二大流：一支传向西藏，与当地原有的苯教相融合，被称之为藏密，或有俗称其为喇嘛教；另一支更早进入中国的密教流向内地，主要在汉族居住或有汉族杂居的地域内流传，与汉文化互相交融，故称之为汉传密教。密教在中国一般被称为密宗。"密宗传到我国的时期，约在公元 3 世纪前叶，首先传来的密宗是杂密（佛教的显教经典中，没有完整体系的密宗思想）。密宗的正式经典，直到唐朝玄宗开元年间才出现，那就是善无畏翻译的《大日经》和金刚智翻译的《金刚顶经》。密法传入汉土以后，不久即遇佛法所谓'三武之厄'，唐武宗毁寺焚经，驱僧还俗，密宗同受此厄，因而失传。"④

在密教历史方面，吕建福著《中国密教史》是有关密教研究第一部专著，全书分导论、魏晋南北朝时期陀罗尼密教的传入与流行、隋唐之际持名密教的传译及其影响、唐代密宗的形成和发展、宋辽时期无上瑜伽密教的流传、元明清以来的密教、近代密教等七章，共 50 万字。全书在研究方法上

---

① 华方田：《般若无得、无所不得——试论吉藏佛学思想的基本精神》，《佛学研究》2000 年。
② 李勇：《三论宗的"二智"理论》，《宗教学研究》2001 年第 1 期。
③ 程恭让：《吉藏"八不中道"说辩证》，《哲学研究》2005 年第 1 期。
④ 邱陵著：《密宗入门知识》第 1—2 页，北京工业大学出版社 1993 年版。

正如作者所言："由于目前尚无一部专门论述中国密教的通史性著作，故本书采用详史事、多考证、略议论、少重复的方法，注重系统性和完整性，并将宗派传承的历史和一般信仰的历史相结合，力求反映和解释出中国宗教发展演变的基本史实和历史规律。"① 严耀中所著《汉传密教》② 是一部有关汉传密教的专著。作者认为判别是否是汉传密教有三点重要标识：（1）除了汉魏间那段最早的时间外，由于丝绸之路的畅通和译经事业的发达，印度产生的密经很快就有了汉译本。（2）如果说密教在印度的发展是一个产生愈来愈多相对于显教之特点的过程的话，那么它在中国汉地则基本上进行着一个相反的历程，一个将密教与显教不断融合的过程。（3）由于密教的早早输入，也由于密教之输入并不是经过中亚徐徐而来，因为新疆一带的石窟中所能找到的密教踪迹，在时代上也不早于中土，故密教似乎是另辟蹊径降陆到汉地，最早的密经见译在江南，现存最可观的密教遗迹定在敦煌。这三点决定着凡是汉传密教就必然是带着中国文化气息的密教，而不是纯粹的印度密教。

近年来由于佛教研究的复兴和气功的流行等原因，引起人们对密教的兴趣，介绍和论述密教的论著日益增多。夏敏著《密教双修与藏族文学》③，不仅对密教的修行理论作了研究，而且还从藏族文学的新视角考察密教对藏文化的影响和作用。《佛教密宗百问》④ 介绍了印度、西藏、汉地密宗的形成发展、义理、修习、仪轨、神等基本知识。周一良著《唐代密宗》⑤ 收集了作者的《善无畏传注》、《金刚智传注》、《不空传注》及其他关于密教的论文。李冀诚认为"西藏佛教中密宗较显宗兴盛，习惯上视密宗为佛教精髓，提倡显、密共修，先显后密。西藏佛教密宗源于印度。13 世纪初，佛教在印度泯灭后，唯有西藏佛教保留了密宗四部修习的完整形态。密宗的发达是西藏佛教重要特点之一"⑥。黄心川的《密教的中国化》⑦ 论述了汉地密教、藏地密教及云南大理地区的密教各自的传入形成及特色。本源的

① 吕建福：《中国密教史》，中国社会科学出版社 1995 年版。
② 严耀中著：《汉传密教》，学林出版社 1999 年版。
③ 夏敏著：《密教双修与藏族文学》，《民族文学研究》1997 年第 1 期。
④ 李冀诚、丁明夷著：《佛教密宗百问》，中国建设出版社 1989 年版。
⑤ 周一良著：《唐代密宗》，上海远东出版社 1996 年版。
⑥ 李冀诚著：《西藏佛教·密宗》第 173 页，今日中国出版社 1989 年版。
⑦ 黄心川：《密教的中国化》，《世界宗教研究》1990 年第 2 期。

《试论密宗的理论基础》，① 把密宗的理论基础归纳为"阿字本不生"、"二部曼荼罗"、"六大起缘"、"四曼不离"、"三离瑜"。舒家骅、何永福的《云南大理的密教》②，论述了密教的传入，以及云南本土宗教渗透而形成的造像、寺塔、石雕、佛画的特点。肖永明在《禅宗与密宗的比较研究》中，从不立文字与口诵真言、棒喝与手印、无念与观想、疑情与灌顶、即心即佛与即身成佛、万法唯识与中道假空、天人合一与梵我合一等几个方面对禅宗和密宗之间的关系进行了比较，最后认为禅宗和密宗是两个迥然不同的宗派，有着中国化与印度化之别，但同时二者又都是佛教派别，以佛法为究竟。③ 严耀中在《禅密二宗关系述论》中则通过对历代禅僧的宗教实践活动中所包括的密教成分的梳理来考察禅密二宗的关系，指出密宗和禅宗的共同处远大于和其他宗派的共同处。④ 吕建福《论密教的起源与形成》认为密教指的是秘密佛教，且秘密佛教有一个产生、发展和演变的历史过程。在这样的前提下，作者指出：密教起源于大乘佛教中的陀罗尼，大乘陀罗尼法门的发展演变最终导致密教的形成，最初形成的就是原始密教—陀罗尼密教。由此可以说，密教是大乘佛教进一步神秘化、通俗化、世俗化的结果，是大乘佛教向信仰主义、祭祀主义和神秘主义方向发展的结果，是从大乘佛教的胚胎中孕育、生长并最终脱胎出来的一个教派。⑤ 同作者的《密教哲学的基本论题及其重要概念》一文首先对学界以"六大缘起"作为密教哲学中心概念的观点表示了不同意见，作者认为密教哲学的基本概念是菩提心。菩提心思想是由大乘经论讲的发菩提心功德和菩提心十二义概念演变而来，具有本体论的含义。清净、空性、大乐、光明以及明空无二、空乐双运等是密教哲学特有的概念。道果、大手印、大圆满等法也是表示菩提心的概念。⑥

（七）净土宗

净土宗是以阿弥陀佛及西方净土世界为信仰对象的一个佛教宗派，其修

---

① 本源：《试论密宗的理论基础》，《法音》1991 年第 4 期。
② 舒家骅、何永福：《云南大理的密教》，《佛学研究》1993 年。
③ 肖永明：《禅宗和密宗的比较研究》，《五台山研究》1993 年第 3 期。
④ 严耀中：《禅密二宗关系述论》，《上海师范大学学报》1999 年第 1 期。
⑤ 吕建福：《论密教的起源与形成》，《佛学研究》1994 年。
⑥ 吕建福：《密教哲学的基本论题及重要概念》，《世界宗教研究》2002 年第 1 期。

行以称念阿弥陀佛名号为主，简便易行，信仰者众多。在净土宗历史方面，陈扬炯所著的《中国净土宗通史》① 是一部有关净土宗发展历史的代表作。该书分净土宗之渊源、净土宗之酝酿、弥勒信仰的兴衰、净土宗之成熟、净土三流、诸宗归净土、净土宗的衰落和日本的净土教等八章，共约47万字。作者认为净土思想渊源于印度，弥陀类经典在后汉时已传入中国，南北朝时弥陀信仰和弥勒信仰一并流行。隋唐时期，净土宗作为宗派和其他宗派并列。其中道绰继承并发展了昙鸾的学说，其后善导进一步完善了净土理论和仪轨，并认为是净土宗的实际创立者。善导之后净土宗分化为三流：专称佛名的少康流、重悟解的慧远流及教禅戒净兼修的慈愍流。宋代禅净合流，带动了天台宗、华严宗、法相宗、律宗同归净土，净土宗由此普及于佛门。明清之时，佛门已是净土一家的天下。此外魏磊著《净土宗教程》②，从净土宗成立、中国净宗祖师的思想评述、净土宗根本经典、教相判释、阿弥陀佛之本愿、西方极乐世界依正庄严、净土资粮：信愿行、往生品位等方面，对净土信仰的基本内涵作了详细的论述。

对于净土宗发展的历史轨迹，方立天在《中国佛教净土思潮的演变与归趣》③ 中探讨了弥勒净土信仰的兴衰、弥陀信仰的歧解、唯心净土观念的流行、人间净土观念的倡导等方面的内容，对净土思想的发展变化作了细致的分析。王公伟在《中国佛教净土宗的思想发展历程探析》④ 中指出，净土宗从开始萌芽到最后发扬光大，大体上经历了三个不同的发展阶段：第一阶段，净土念佛法门被其他佛教宗派融摄，净土念佛只是佛教万行中的一行。第二阶段，禅净双修，禅宗开始吸纳净土宗的修行方法和思想理念。第三阶段，摄禅归净，净土宗开始吸收禅宗的修行方法和思想理念。经过这三个阶段的发展，基本上完成了中国佛教的世俗化历程。

净土宗著名的善导大师也是净土宗的实际创始人，在佛教史上的地位自然也显得耀眼和突出。黄念祖的《善导大师与持名念佛》⑤ 对善导大师揭示出净土一门的核心称名念佛法的历史贡献作了很高的评价，认为："乃中日

① 陈扬炯著：《中国净土宗通史》，江苏古籍出版社2000年版。
② 魏磊著：《净土宗教程》，宗教文化出版社1997年版。
③ 方立天：《中国佛教净土思潮的演变与归趣》，《法音》2003年第9期。
④ 王公伟：《中国佛教净土宗的思想发展历程探析》，《世界宗教研究》2005年第4期。
⑤ 黄念祖：《善导大师与持名念佛》，《法音》1990年第11期。

等国同尊的大祖师。"谢路军的《善导净土思想特点与称名念佛法门的流行》① 试图通过对净土宗实际创始人善导佛学思想的特点与称名念佛法门流行情况的考察，以理清中国净土宗思想发展的基本思路和重要特点，进而确定善导在中国佛教发展史上的历史地位。作者同时总结概括了善导佛学思想的四个基本特点，即超越性、他力性、简易性、平民性，并总结了自善导创立净土宗以来，净土宗因其口念阿弥陀佛和往生西方净土的方便法门而在民间广泛流传。同时，谢路军的另一篇文章《试析善导往生净土的主体——众生观》②，则详细评析了善导的"九品皆凡"和一切人"悉令得生"西方净土的观点。同作者还有《试析善导念佛思想的基本内涵》③ 一文，指出了善导念佛思想由念佛的心理基础（"三心"说）和念佛的实践方法（称名念佛）两部分组成。王公伟在《善导的净土思想》④ 中指出，善导是我国唐代的著名僧人，净土宗的实际创始人，在中国佛教史上具有重要的地位。善导的净土思想由他力本愿说、往生论、念佛论三部分组成。他力本愿说是善导净土宗的理论基础，往生论是阐述净土信仰的对象和目的，念佛论则是沟通二者的中介和手段，也是净土宗理论的核心部分。温金玉在《昙鸾—道绰—善导系宗派学意义辨析》⑤ 中认为，在中国净土宗史上，长期以来一直以慧远为创宗初祖，然而反观净土宗，我们会发现昙鸾—道绰—善导系所倡导的持名念佛才是中国净土宗广大信众所坚持的修持方法与立宗基础。中国净土宗发展的理路与承继的血脉，是沿着由昙鸾开创、道绰继之、善导集大成的持名念佛一系而发展的。但昙鸾、道绰一直被排除在传统的净土 13 祖之外，该文从净土法门立宗之基础对这一问题作一梳理与检讨，提出净土宗 15 祖之说，试图正确处理宗教真实与历史真实的关系。

　　对于净土宗信仰和思想的研究，也有学者关注。方立天在《弥陀净土

---

① 谢路军：《善导净土思想特点与称名念佛法门的流行》，《世界宗教研究》1998 年第 2 期。
② 谢路军：《试析善导往生净土的主体——众生观》，《佛学研究》1996 年第 5 期。
③ 谢路军：《试析善导净土念佛思想的基本内涵》，《宗教学研究》2001 年第 3 期。
④ 王公伟：《善导的净土思想》，《佛学研究》年刊，1999 年。
⑤ 温金玉：《昙鸾—道绰—善导系宗派学意义辨析》，《中国哲学史》2006 年第 3 期。

理念：净土宗与其他重要宗派终极信仰的共同基础》① 指出，净土宗思想的基本特质是极乐往生和念佛往生，即以较小的心力念诵南无阿弥陀佛而得到极大的收获进入西方极乐世界，符合行为学的基本要求，以致阿弥陀佛成为中国佛教信徒的普遍的崇拜对象，成为包括后来禅宗在内的中国佛教重要宗派的共同的终极信仰。这从宗教学说体系构成的视角来说，也绝不是偶然的。董群从伦理的角度对净土三经作了研究，他认为，作为佛教净土信仰的基本经典，净土三经伦理思想的内容大致可以概括为：一是离恶向善的价值取向，表现为离三毒之恶而向三善，离五恶而生五善，离浊世之恶而向净土之善；二是慈爱悲愍的弥陀愿力，即阿弥陀佛 48 悲愿，包括拔苦之愿和与乐之愿，体现净土伦理的他律解脱特性；三是兼顾各类修习特性的道德修行方法，特别是三品往生方法；四是体现快乐安隐、纯善无恶、清净庄严的极乐至善的道德理想之境。由此也体现了净土系伦理的基本特色。② 杨庆龙从禅宗和净土宗成佛论的角度，对二宗作了比较。作者认为，在成佛的前提和依据上，二宗皆认可众生皆有佛性和众生皆能成佛的主张。在如何成佛上存在自力和他力的差距。在宋以后，禅净合流。③

　　魏磊在《净土宗与现代社会》④ 一文中，还对净土宗对现代社会及现代人的影响作了以下几方面的论述：（1）净土宗契合现代社会之时机。作者预言从佛教经典的悬记，由现代社会的特质以及末法众生的根机等综合因素来判断，净土宗将在现代乃至未来的社会，在佛法世界里起中流砥柱的作用。（2）净土宗与生态环境。全球性的现代化在带来高物质文明的同时，生态失衡、环境污染亦接踵而至。净土文化则注重人生的身心净化，并不推崇效率至上，淡化对物质生活的贪恋，主张以简朴的物质消费获得生命必须的生存。在对待自然万物的态度上，净土宗文化保持一种大平等的慈悲。（3）净土宗与世界和平。净土宗文化理念有利于世界各国和平之缔造。（4）净土宗与我国道德重建。从以上四个方面作者详细论述了净土宗在我国现代化建设中所起的积极作用。

---

① 方立天：《弥陀净土理念：净土宗与其他重要宗派终极信仰的共同基础》，《学术月刊》2004 年第 11 期。
② 董群：《净土三经的伦理思想》，《东南大学学报》2005 年第 3 期。
③ 杨庆龙：《禅宗与净土宗成佛论的比较》，《江西社会科学》1995 年第 4 期。
④ 魏磊：《净宗与现代社会》，《佛教文化》1999 年第 2 期。

三、　佛教历史研究

（一）世界佛教史

佛教是一种世界性的宗教，发源于印度，传播于中国、朝鲜、日本及东南亚诸国，其后更远播欧美各国。"佛学史的分期，我们是从佛学产生的公元前 6 世纪到公元 11 世纪的 1500 年左右，区分为 6 个阶段：一、原始佛学；二、部派佛学；三、初期大乘佛学；四、小乘佛学；五、中期大乘佛学；六、晚期大乘佛学。"① 在此以后，佛教的发展重心便从印度本土转移到中国，并在日本、韩国及南亚各国得到了广泛发展和流传。

对世界范围内佛教传播史作整体研究的专著当属杜继文主编的《佛教史》② 一书，该书从佛教的起源和早期发展（公元前 6—前 1 世纪）开始，涉及了佛教大乘和小乘的确立（公元前 1—3 世纪）、佛教的黄金时代（公元 4—6 世纪）、佛教中心的转移（公元 7—10 世纪）、朝鲜佛教和日本佛教的建立（公元 7—11 世纪）、藏传佛教的再兴及其向国内外的传播（公元 11—18 世纪）、佛教的消长变化和多元发展（公元 11 世纪—　），最后以佛教在西方的传播为终篇。从地域上看，该书涉及了佛教在印度、中国、朝鲜、日本、东南亚以及欧美各国的传播。从内容上看既有对佛教的产生发展、南传和北传佛教的形成和演化的论述，也有对佛教教义和思想发展的剖析。此书为我们了解世界范围内的佛教传播提供了一个很好的范本。

佛教在印度曾盛极一时，但它没有能够成为印度社会的统治思想，它不像中国的儒教那样据有至高无上的地位，也没有更广泛地影响人民群众的社会生活。说到它的势力，如果勉强与中国的思想比较，倒是有点像中国的道教的地位：它有源远流长的传统势力，但不是正统；它有一定的信仰群众，但不占多数；它统称为佛教，但又有许多分支流派。但作为原始佛教的发祥地，对印度佛教史的研究仍是世界佛教史研究中不可缺少的重要组成部分。中国学者对印度佛学的研究也投入了大量精力，早期如吕澂的《印度佛学

---

① 吕澂著：《中国佛学源流略讲》，中华书局 1979 年版。
② 杜继文主编：《佛教史》，中国社会科学出版社 1991 年版。

源流略讲》、汤用彤的《印度哲学史略》都是这方面的代表作。此后黄心川先生著有《印度哲学史》①。该书虽不是一部有关印度佛学的专著，但将佛教哲学作为整个印度哲学发展史中最为重要的组成部分加以详细论述。作者将印度佛教的发展划分为四个时期：（1）原始佛教时期；（2）部派佛教时期；（3）大乘佛教时期；（4）密教时期，最终佛教由于在中亚信仰伊斯兰教的一些民族侵入印度以后急剧地衰落，迄13世纪初终归消失。佛教的经典称为"三藏"，目前保存着的佛教"三藏"大致有巴利文体系、汉语体系、藏语体系。作者以对印度佛教的四个分期为基本脉络，在此基础上又详细论述了11个小问题：部派佛教成立的时代、佛教的结集、统一佛教的派别的分裂和原因、部派佛教所争论的主要问题、大乘佛教兴起的时代、大乘思想的特性、大乘佛教兴起时期的经典和思想、大乘的主要派别——中观派与瑜伽行派、密教兴起的时代、派别和经典、密教哲学思想，最后作者详细论述了中亚伊斯兰教诸王侵入印度之后，佛教受到的致命攻击，最终导致了佛教在印度的全面溃灭。方广锠著有《渊源与流变：印度初期佛教研究》②，认为印度初期佛教，是全部印度佛教的根基，也是全部佛教的根基。该书对初期佛教的年代、分期，初期佛教的起源，初期佛教的思想，初期佛教的五阴与无我，初期佛教的灵魂观及其对后代的影响，初期佛教的禅定修持，佛教的时间、空间与世界模式等作出了精辟、独到的分析和阐述。姚卫群著有《印度宗教哲学概论》③，其中第十三章至第十七章对印度佛教的传播作了论述。

在古代中日两国文化关系史上，佛教的交流占有重要地位，起过桥梁和纽带作用。佛教对中日两国的历史文化都发生过深远的影响，佛教研究是中日两国历史文化研究的一个重要组成部分。1985年11月9—10日，日本《中外日报》社为纪念创刊90周年，经与中国社会科学院世界宗教研究所协商，在日本京都举办了中日第一次佛教学术会议。会议的中心议题是"中日两国佛教的特点和古代中日佛教文化的交流"。中日双方各有五位代表参加。中国方面以中国社会科学院世界宗教研究所名誉所长任继愈教授为

---

① 黄心川著：《印度哲学史》，商务印书馆1989年版。
② 方广锠著：《渊源与流变：印度初期佛教研究》，中国社会科学出版社2004年版。
③ 姚卫群著：《印度宗教哲学概论》，北京大学出版社2006年版。

团长，日本方面以东方学院院长中村元教授为团长。这次会议受到日本学术界和社会的广泛关注，不少知名学者和专家发表谈话，认为从开展两国佛教学术研究交流的意义上说，这是历史的盛会，并表示要把这样的交流进行下去。1987 年 10 月 7—8 日，在北京大学召开了中日第二次佛教学术会议。会议的中心议题是"佛教和中日两国的文化"。涉及范围很广泛，对于中日两国佛教的特点、禅宗的心性学说在中国佛学史上的影响、禅宗与日本武道、传统哲学与佛教等进行了讨论。为使读者全面了解两次佛教学术会议的内容，中国社会科学院世界宗教研究所佛教研究室编集了《中日佛教研究》[①]一书，该书是中日两国佛教学者在学术讨论会上的论文结集。综观这些论文，可以看到，中日两国佛教有着源远流长的因缘关系，但在各自发展的历史道路上又呈现着不同的风貌。中国佛教发展的历史特点是哲学思辨和三教合一，禅宗自修自悟的心性学说；日本佛教在历史发展过程中更侧重于积极参与社会事务和世俗化，禅宗对日本武道精神也产生了重大影响。

杨曾文教授多年来一直致力于日本佛教的研究和考察。他于 1992 年翻译出版了村上专精博士的《日本佛教史纲》[②]，从而结束了在中国没有系统地介绍日本佛教通史的历史。而他的专著《日本佛教史》[③] 是充分综合利用日本学者的研究成果，同时依据日本佛教原始典籍和资料而写成的，此书历史叙述和思想叙述并重，不同于日本学者侧重于历史活动叙述的佛教史书。作者认为日本佛教虽然是中国佛教的移植，但并非复制，而是有所发展，形成了自己的特点。这些特点主要表现在佛法护国观念、神佛同体和一致论、鲜明的宗派意识、念佛和唱题的盛行以及世俗化倾向等五个方面。杨曾文教授在《近现代日本佛教史》[④] 一书中对 1868 年明治维新后日本佛教的发展作了论述。书中指出，日本在明治维新后进入了带有浓厚封建色彩的资本主义，后来又发展为军国主义。战后经过民主化改造，迅速发展成为高度发达的资本主义国家。佛教在这个过程中曾经面临如下的重大问题或抉择：第一，在佛教与国家关系方面，日本佛教在古代主要采取的是护国的立场。明

---

① 中国社会科学院世界宗教研究所佛教研究室编：《中日佛教研究》，中国社会科学出版社 1989 年版。
② 村上专精著、杨曾文译：《日本佛教史纲》，商务印书馆 1992 年版。
③ 杨曾文著：《日本佛教史》，浙江人民出版社 1995 年版。
④ 杨曾文著：《近现代日本佛教史》，浙江人民出版社 1996 年版。

治维新初期佛教曾受到压抑，后又受到保护，佛教基本上也是采取护法、护国和防邪的方针。军国主义盛行后，日本各宗又追随军国主义，声援和支持战争，战败后，才开始反省。第二，在和国家神道关系上，明治维新后政府实行"神佛分离"，推行神道国教化，佛教不得不追随神道教。第三，在教团组织性上，是采用传统的专制制度，还是民主制度，是佛教各宗所面临的新问题。第四，寺院和信徒的关系，近代以后，原来寺院和信徒之间的寺檀制度名存实亡，如何争取信徒成为日本各宗的现实问题。第五，新兴佛教团体在近代以后开始活跃。第六，日本佛教在战后 50 年中为推动世界和平，反对军国主义复活，推动中日友好起了积极的作用。

朝鲜是中国的近邻，自古与中国在经济、政治和文化上有着密切的关系。从古代起，中国北方居民不断移居到朝鲜，在朝鲜的经济、文化发展中发挥了重大作用。在朝鲜三国时代，佛教开始从中国传入，到新罗、高丽王朝时期达到极盛。佛教在朝鲜的流传发展过程中形成带有朝鲜民族特色的宗派，对朝鲜古代的历史和文化发生过深远影响。何劲松著《韩国佛教史》①（上下），主要论述了韩国自 4 世纪三国鼎立时期直至近代以来佛教的传入、传播、演变和发展过程，考察了韩国各个时期佛教的消长、教派的兴衰以及与政治的关系，重点介绍了韩国各个不同时期的佛教事件与重点人物，对作出贡献的韩国僧人各自的生平、经历、佛学思想和理论特色作了梳理、辨正和分析，特别介绍了入华求法的代表人物。该书引征典籍史料丰富，叙述脉络清晰，阐释深入，有助于人们加深对韩国佛教起始与兴盛和韩国佛教特有的思想和特征的认识。

公元前 3 世纪，佛教据说被阿育王的儿子从印度带到了斯里兰卡，最终成为了僧伽罗文明的骨干。之后佛教又由斯里兰卡岛传向缅甸、泰国、柬埔寨等东南亚广大地区。因它是由印度向南方传布的，被称为南传佛教。南传佛教又称做上座部佛教，依据中国和日本的传统，又称小乘佛教。宋立道著《神圣与世俗》②，着重论述了佛教对南亚各国政治、社会诸方面的影响，传统的东南亚和南亚国家政权都被认为是神圣性的政权。以往佛教的社会责任之一便是给王权提供合法性的证明。然而进入现代社会之后，由于西方文化

---

① 何劲松著：《韩国佛教史》（上、下），宗教文化出版社 1997 年版。
② 宋立道著：《神圣与世俗》，宗教文化出版社 2000 年版。

价值观的侵入，传统的政教结合瓦解了，由于外国统治者的政治压迫和文化歧视，佛教的不断衰败是殖民时代的缅甸和斯里兰卡佛教挥之不去的暗淡前景。

（二）中国佛教史

在中国佛教史的研究方面，老一辈著名的学者如吕澂先生、汤用彤先生等作了大量细致入微的工作，为后辈的研究者打下了坚实的基础。吕澂先生是当代中国佛学研究最有成效者之一。他精通多种文字，对印度佛教、中国汉地佛教和西藏佛教都有精湛的研究。在研究方法上，他以比较研究为特点、经典作为线索、教义作为基础，把佛学作为一门科学来研究，因此取得了不少成绩，影响了一代学者。《印度佛学源流略讲》和《中国佛学源流略讲》是吕澂先生最主要的两部学术著作。汤用彤先生是现代中国学术史上少数几位能会通东西、接通梵华、熔铸古今的国学大师之一。他的一些学术著作如《汉魏两晋南北朝佛教史》、《印度哲学史略》等在出版几十年后仍是国际学术界公认的权威性经典著作，这使他在国内外均享有崇高的学术地位。

严北溟著《中国佛教哲学简史》① 是以当时的意识形态为指导完成的第一部佛教通史著作。该书根据马克思主义的宗教观和党的宗教政策的基本精神，对佛教哲学在中国传统文化中的地位和影响作了全面而系统的阐述。第一章简述了佛教哲学在古代印度的原始面貌和基本思想。其后各章依次阐述佛教自汉代开始传入和经论译介的情况，中经魏晋玄佛合流和六家七宗的出现，以至南北朝、隋唐佛教臻于鼎盛，此外对宋元明清时期的佛教也作了简要分析。

任继愈主编，杜继文、杨曾文等参加编写的多卷本《中国佛教史》② 是中国佛教史领域最具代表的研究成果，目前已出版三卷。从对中国佛教的分期上看，编者力求和已经编写的中国哲学史求得一致，"此略则彼详，此详则彼略，以期互相配合，避免重复"。从方法论原则上看，该书主要采用马克思主义的历史唯物主义原理来研究中国佛教史。从写法上看，作者力求取

---

① 严北溟著：《中国佛教哲学简史》，上海人民出版社 1985 年版。
② 任继愈主编：《中国佛教史》第 1—3 卷，中国社会科学出版社 1981—1988 年版。

材广泛，叙述详尽。表述上力求用现代科学语言，把佛教的本来意义介绍给读者，并提出自己的看法，给以评论，这也是《中国佛教史》全书的写作特色。该书原计划东汉到三国为第一卷，晋南北朝、隋唐时期、宋元明清时期都分为上、下两卷，清末民初到中华人民共和国成立前为一卷。可惜由于种种原因，该书只完成到第三卷，即南北朝时期。该书第一卷以东汉到三国时期的佛教初传为内容，对佛教传入中国的诸种传说、佛教传入路线、东汉三国时期的佛教、东汉三国时期的重要佛经等都作了详细的论述。第二卷主要涉及的是两晋时期的佛教传播，第三卷则主要对南北朝时期的佛教作了论述。

郭朋所著的《中国佛教简史》①、《中国佛教思想史》②（上、中、下）是作者在一系列佛教断代史的基础上所撰写的中国佛教史著作。鉴于任继愈主编的《中国佛教史》仅出三册，只写到南北朝时期，因此，郭朋的这些极有分量的著作无疑是真正意义上的中国佛教通史。作者同样以唯物史观为指导，注重考察佛教发展的社会经济原因，对佛教的批评相对用词也比较严厉，这是这两本书的一个特色。

中国佛教协会主编的《中国佛教》③ 系列，现已出版五册。第一册主要包括中国佛教史略、中外佛教关系史略和中国佛教宗派源流三部分所写内容。第二册以中国佛教人物和佛教仪轨制度为主。第三册以中国佛教经籍的介绍为主。第四册包括中国佛教经籍续和中国佛教教理。第五册包括佛教与中国文化、藏经、石窟和佛塔。这几本书的内容多数出于为斯里兰卡主编的英文百科全书的中国佛教部分所写的条目，作者皆为佛教界和学术界的高僧大德和知名学者，是一套不可多得的、精良的佛教百科全书。

邱明洲著《中国佛教史略》④ 是一部在改革开放后出版较早的佛教史著作，全书篇幅不大，约 12 万字，对中国佛教在各个历史时期的发展，以及各宗派的经典、人物、理论等都作了通俗易懂的介绍。潘桂明著《中国居士佛教史》⑤ 分 12 章对两千年中国佛教中在家居士信众的信奉史进行了研究。

---

① 郭朋著：《中国佛教简史》，福建人民出版社 1993 年版。
② 郭朋著：《中国佛教思想史》，福建人民出版社 1994 年版。
③ 中国佛教协会编：《中国佛教》（一、二、三、四、五）。第一册出版于 1980 年，第二册出版于 1982 年，第三、四册出版于 1989 年，前四册皆由知识出版社出版。第五册出版于 2004 年，由中国社会科学出版社出版。
④ 邱明洲著：《中国佛教史略》，四川社会科学院出版社 1986 年版。
⑤ 潘桂明著：《中国居士佛教史》，中国社会科学出版社 2000 年版。

作者认为居士佛教在中国大乘佛教中历来占有重要地位，他们通过译经、刻经、结社、法会等活动"护持佛法"，在维护佛教思想文化方面作出过重大贡献。佛教的繁荣与衰落，佛教对中国传统文化的贡献，无不密切地联系于居士的信仰与思想。魏道儒著《佛教史话》① 扼要介绍了中国各个历史阶段制约佛教发展的国家宗教政策，佛教的重大事件和变革，主要人物的事迹和思想等；讲述了佛教基本理论的源流和核心内容；还梳理了佛教与中国传统文化相互冲突、协调、融合的复杂关系。方立天主编、华方田副主编的《中国佛教简史》②，是基于提供一个简单、明白、扼要的中国佛教知识的立场而编写的，全书分为佛法东来编、融会发展编、创造繁荣编、融合与渗透编和现代转型编等五个部分，简要叙述了中国佛教发展的各个历史阶段。高振农的《中国佛教源流》③ 介绍了中国佛教的主要内容和特色。具体内容包括：佛教的产生和发展、佛教在中国、近代以来的中国佛教、中国少数民族的佛教、中外佛教关系等。刘克苏的《中国佛教史话》④ 也对佛教发展的历史作了概述。洪修平著《中国佛教文化的历程》⑤，主要从佛教中国化的角度，系统论述了中国佛教的发展历程与中国政治、经济、文化的密切联系。

（三）地方佛教史

近年来地方佛教史的研究逐渐受到重视，一些地方写出了本地佛教史。游有维的《上海近代佛教简史》⑥ 叙述了上海佛教的发展历史以及上海近代佛教宗派团体、寺庙讲堂、组织机构、著名僧尼、佛典流通及慈善事业的状况。史金波的《西夏佛教史》⑦ 首次系统叙述了西夏的佛经、寺庙、僧人、宗派以及西夏的佛教艺术，考证出西夏之藏经的译经时间在 1038—1090 年间。班班多杰的《藏传佛教思想史纲》⑧ 对佛教的输入隆盛与苯教的佛教化、汉化佛教在藏地的传播与影响、藏传佛教各大宗派的形成与发展作了系

---

① 魏道儒著：《佛教史话》，中国大百科全书出版社 2000 年版。
② 方立天主编：《中国佛教简史》，宗教文化出版社 2001 年版。
③ 高振农著：《中国佛教源流》，九州出版社 2006 年版。
④ 刘克苏著：《中国佛教史话》，河北大学出版社 1999 年版。
⑤ 洪修平著：《中国佛教文化的历程》，江苏教育出版社 1995 年版。
⑥ 游有维著：《上海近代佛教简史》，华东师范大学出版社 1988 年版
⑦ 史金波著：《西夏佛教史》，宁夏人民出版社 1988 年版。
⑧ 班班多杰著：《藏传佛教思想史纲》，上海三联书店 1992 年版。

统论述。胡思厚的《甘肃佛教史》① 论述了佛教在甘肃的首传、汉魏至民国各个时代甘肃佛教的概况、甘肃佛教石窟与塔等。韩溥的《江西佛教史》② 叙述了自东汉至当代佛教在江西的初传、发展和延续的历史，详尽叙述了净土宗以及禅宗五家七宗在江西的弘传与宗风，介绍了江西佛教对境外的影响。王荣国的《福建佛教史》③ 力求探求福建佛教的自身发展的轨迹，描绘福建佛教的历史概貌。该书采用地理分析的方法，考察了佛教从两晋、南朝、隋唐直至明清在福建的传播状况。作者以深厚的历史文献功底，对福建地区的寺院分布，各宗弘化的状况作了细致的考察。崔正森的《五台山佛教史》④ 打破了过去学术界将五台山的地理范围限定在五台、繁峙、代县、阜平，亦即"两省四县"。作者提出"两省八县说"，即五台山的地理范围应为山西省的五台、繁峙、代县、原平、定襄、忻州、盂县和河北省的阜平县。作者将此地域内的佛教作为研究对象，突出了五台山佛教文化圈的地域特色。严耀中著《江南佛教史》⑤ 是一部以佛教在江南地区发展为研究对象的著作。全书以"江南定义和区域佛教"、"东吴立国与佛教初播"、"密宗的流入和演变"、"江南禅风"、"佛教在江南的异化"等论题为纬，阐述其来龙去脉；以历史年代次序为经，排列所述论题，以展示江南的佛教形态、演变过程及与江南社会政治、经济、文化、风俗等相互关系的历史，是以往中国佛教史研究及其著述中未曾深入的领域。王路平著《贵州佛教史》⑥ 论述了唐宋贵州佛教的兴起和传布，元明贵州佛教的发展，明季贵州佛教的鼎盛，明末清初贵州佛教思想家的出现，近现代贵州佛教的衰落和复兴，贵州佛教的特征等内容。陈荣富著《浙江佛教史》⑦ 叙述了浙江佛教传播和发展的过程。该书以朝代划分，共分《导论》和九章，每一章介绍了包括当朝佛教发展的社会政治经济思想文化背景，当朝兴建的主要寺庙，佛教各宗派发展的状况，主要高僧及其佛学思想，重要佛学著作的评述、居士佛教发展

---

① 胡思厚著：《甘肃佛教史》，甘肃民族出版社1993年版。
② 韩溥著：《江西佛教史》，光明日报出版社1995年版。
③ 王荣国著：《福建佛教史》，厦门大学出版社1997年版。
④ 崔正森著：《五台山佛教史》，山西人民出版社2000年版。
⑤ 严耀中著：《江南佛教史》，上海人民出版社2000年版。
⑥ 王路平著：《贵州佛教史》，贵州人民出版社2001年版。
⑦ 陈荣富著：《浙江佛教史》，华夏出版社2001年版。

状况，中外佛教文化交流情况等。王海涛著《云南佛教史》① 考察了云南原始宗教、佛教传入云南的通道、云南大乘佛教、云南南传上座部佛教、云南藏传佛教等内容。徐孙铭、王传宗主编的《湖南佛教史》② 共十章，涉及湖湘佛教与湖湘学派，湖湘佛教与道家道教，湖湘佛教与文学艺术，湖湘佛教与民俗，21 世纪湖湘佛教及其展望等内容。严耀中著《中国东南佛教史》③是一部研究和论说中国佛教在东南地区传播、发展及其演变历史的专题著作。全书以"东吴立国与佛教初播"、"东晋—佛教在中国立足的关键时期"等 18 个专题，系统而又完整地论说了自三国至明清时期，佛教在东南地区初播、立足、兴起、演变的史迹；揭示了东南民俗、魏晋玄学等对于佛教在这一地区兴盛的关系，以及东南佛教在自身发展过程中与这一地区各个历史时期经济、政治社会之间的关系。厦门佛教协会编写的《厦门佛教志》④ 对于厦门地区佛教的地方特点突出分章，重点志述。宁波佛教协会编写的《宁波佛教志》⑤ 是了解宁波佛教的重要参考书。

（四）佛教判教研究

所谓判教就是从某个角度出发，对佛教发展的历史进行整理，确定出一个历史先后、理论高低的顺序。对判教的研究是佛学研究的一个重要方面，许多著名学者都曾涉足这一领域。已故著名佛教学者吕澂先生对判教十分重视，在《佛教研究法》⑥ 和《华严教义略解》⑦ 中对判教之缘起、判教的作用都有深入的研究。任继愈先生在《天台宗哲学思想略论》⑧ 中提出判教就是佛教根据各派自己的观点、方法把所有的佛教经典著作和理论加以系统地批判和整理，重新估价、安排。在《中国哲学发展史》⑨ 中他认为判教是一种融合，把所有佛学融摄在一个庞大的体系里，使不同学派各占有一席之

① 王海涛著：《云南佛教史》，云南美术出版社 2001 年版。
② 徐孙铭、王传宗主编：《湖南佛教史》，湖南出版社 2002 年版。
③ 严耀中著：《中国东南佛教史》，上海人民出版社 2006 年版。
④ 厦门佛教协会编：《厦门佛教志》，厦门大学出版社 2006 年版。
⑤ 宁波佛教协会编：《宁波佛教志》，中央编译出版社 2007 年版。
⑥ 吕澂著：《佛教研究法》，江苏广陵古籍刻印社 1997 年版。
⑦ 吕澂：《华严教义略解》，《五台山研究》1993 年第 1 期。
⑧ 任继愈著：《天台宗哲学思想略论》，人民出版社 1994 年第 4 版。
⑨ 任继愈著：《中国哲学发展史》，人民出版社 1994 年版。

地。1980 年之后，方立天先生的佛学研究引人注目。在《华严金狮子章校释》① 中，他认为所谓判教，是由于历史的长期演变，形成佛教派别众多，经典浩繁，且多歧义，但又都尊为佛说，这样，为了建立佛教宗派，必须弥补和调合不同时期各类经典乃至各派的分歧和矛盾。其后各种佛教研究的著作中一般都涉及判教问题，但是有关判教的专门文章并不多见。王仲尧对地论师的判教思想研究后，认为南道判教是将《涅槃》、《华严》二经共同置于最高地位。北道判教则将《华严》置于《涅槃》之上。双方分歧的焦点，是佛性当有还是现有。南道持"真性缘起"，有强调理性主义，突出主体意识和义理思辨的倾向。北道持"法界缘起"，较偏重实践。地论师判教对当时整个中国佛教的几种思潮皆有所涉及，其判教的基本方法是对各种现实存在的学说思潮进行认识和分析，在批判和总结的基础上进行会通。它的不足之处在于判教结构的不完整或不均衡性，判教的内容与整个佛教发展背景在一定程度上有所割裂。但其主体意识和批判锋芒，在当时不失为一种特色，故仍有重要价值。② 韩焕忠也对南北朝时期的判教思想进行了研究，指出在南朝，自慧观分二教五时始，经刘虬、成论师的发挥，形成了三教五时等判教。北朝的判教学说以地论师为主，出现了四宗、五宗、六宗等异说。南北朝判教是自印度传入的佛教获得创造性发展、实现自身形态中国化的非常关键的一步，是中国佛教创宗立派的先声。③ 李耀仙则对从南北朝到隋唐的判教诸说进行了述评。④ 天台的判教说历来被认为是诸种判教中最为完善的一种，韩焕忠在《20 世纪天台判教研究综述》⑤ 中，对天台判教研究的成果进行了评述。

（五）佛教断代史

已故著名学者汤用彤先生曾写过几部有关佛教断代史方面的专著，如《汉魏两晋南北朝佛教史》、《隋唐佛教史稿》等，均堪称佛教断代史研究中的权威之作，在国内外均有较大的影响。范文澜先生所著的《唐代佛教》⑥

① 方立天著：《华严金狮子章校释》，中华书局 1983 年版。
② 王仲尧：《论南北朝地论师的判教思想》，《佛学研究》1999 年。
③ 韩焕忠：《南北朝判教略说》，《宗教学研究》2002 年第 2 期。
④ 李耀仙：《判教是中国佛教发展的必然趋势》，《中国文化论坛》1995 年第 4 期。
⑤ 韩焕忠：《20 世纪天台判教研究综述》，《哲学动态》2002 第 12 期。
⑥ 范文澜著：《唐代佛教》，人民出版社 1979 年版。

是把《中国史简编》中佛教部分和张遵骝编《隋唐五代佛教大事年表》合在一起形成，是范文澜先生研究中国历史的副产品，书中对佛教各宗派作了介绍。基于时代背景，书中对佛教基本上采取一种批判态度。郭朋先生所著《隋唐佛教》①、《宋元佛教》②、《明清佛教》③ 三部佛教断代史专著，分别介绍了佛教在不同历史时期的发展情况，并注重与各个时期的历史背景相结合，重点介绍天台、华严、净土、唯识、禅宗等几个主要的佛教宗派在各个历史时期发展的特色与特点。

任继愈先生的《汉唐佛教思想论集》④ 将着眼点放在从东汉到隋唐近一千年的漫长时期，认为从佛教在中国的传播可以看到，佛教虽有它自己的思想体系，但它自从传到中国那一天起，一直是按照中国当时封建地主阶级社会的解释和需要来传播其宗教学说的。汉代的佛教在中国被理解为道术的一种；魏晋的佛教被理解为魏晋玄学的一派；隋唐时期佛教经典已有大量的翻译和介绍，应该不会被误解了，但在中国广泛流布的不是生搬硬套印度经院哲学的法相宗，而是经过中国自己引申和发挥，甚至在印度佛教学说中很少有根据的一些宗派，如天台、华严，特别是禅宗。正由于中国佛教哲学有这种特点，它便构成了中国哲学史的有机组成部分。研究中国佛教哲学思想史，也就是研究中国哲学史。

张弓著《汉唐佛寺文化史》⑤ （上、下）是一部汉唐佛教的具象文化史。该书以汉唐佛寺为中心，分寻蓝篇、造设篇、基壤篇、僧伽篇、科门篇、妙相篇、文苑篇、艺技篇和辅世篇九个方面，共 80 万字，论述汉唐佛寺的各种人文内涵。李映辉著《唐代佛教地理研究》⑥ 阐述了唐代佛教发展的时空差异，并剖析了自然地理、经济、人口、交通、政治及历史条件等因素对唐代佛教地理分布的影响。李芳民著《唐五代佛寺辑考》⑦ 汇辑了唐初到五代末的佛寺，展现了当时佛寺的创建和分布面貌。主要依凭《全唐诗》、《全唐文》、两《唐书》、《资治通鉴》 等文献史籍及相关石刻资料。

---

① 郭朋著：《隋唐佛教》，齐鲁书社 1980 年版。
② 郭朋著：《宋元佛教》，福建人民出版社 1981 年版。
③ 郭朋著：《明清佛教》，福建人民出版社 1982 年版。
④ 任继愈著：《汉唐佛教思想论集》，人民出版社 1974 年版。
⑤ 张弓著：《汉唐佛寺文化史》，中国社会科学出版社 1997 年版。
⑥ 李映辉著：《唐代佛教地理研究》，湖南大学出版社 2004 年版。
⑦ 刘芳民著：《唐五代佛寺辑考》，商务印书馆 2006 年版。

朱子方、王承礼合写的《辽代佛教的主要宗派和学僧》① 一文首先论述了辽代佛教的宗派、学僧及其著述，接着考察了辽代佛教的教学特点。指出辽代名僧重视儒学，不专一经一宗，颇有诸经皆通的倾向。辽代华严宗教学发达，振兴密教，重显密结合，张扬唯识学。顾吉辰著《宋代佛教史稿》②分宋代佛教概述、宋代传译情况、宋代佛教撰述、宋代佛教宗派、宋代理学与佛教的关系，宋代文学与佛教的关系等六章，论述了宋代佛教的重要问题。书后附有宋代佛教大事年表，便于对宋代佛教的重要事件进行检阅。刘长东著《宋代佛教政策论稿》③ 主要对宋代佛教的寺院制度作了研究，特别是对甲乙寺制和十方寺制的发展演变进行了分析。曹刚华著《宋代佛教史籍研究》④ 主要阐述了宋代佛教史籍兴盛的原因、宋代佛教史籍的刊行与流传、宋代佛教史籍的体裁与体例、宋代佛教史籍中的思想文化内涵等内容。任宜民著《中国佛教史：元代》⑤ 分七章对元代佛教的各个方面进行了论述，分别涉及元代的佛教政策、制度、寺院建筑，元代藏传佛教，元代禅宗及其他宗派，白云宗和白莲教，元代佛教的国际交流等方面，是第一部专论元代佛教的著作。周齐著《明代佛教与政治文化》⑥ 是从政治文化的视角来系统地研究明代佛教的专著。作者依据历史史料和佛教典籍文本，不仅对明朝各代帝王包括朝廷提出的佛教政策与佛教的关系进行了梳理和探讨，而且对明代佛教和明代社会政治文化诸因素相互交织的诸问题进行了归纳和综合分析，为观察明代佛教提供了一个新的视角。何孝荣著《明代南京寺院研究》⑦ 论述了明代南京佛寺的兴盛原因、兴废和分布状况、各类建筑的配置、僧人的来源和等级结构、经济部门和财政收支、管理制度和佛事活动、对国家和民众生活的影响等。

对近代佛教的研究也取得不少的成果。郭朋、廖自力、张新鹰合著《中国近代佛学思想史稿》⑧，以人物为线索，通过对近代主要人物佛学思想

① 朱子方、王承礼：《辽代佛教的主要宗派和学僧》，《世界宗教研究》1990 年第 1 期。
② 宋吉辰著：《宋代佛教史稿》，中州古籍出版社 1993 年版。
③ 刘长东著：《宋代佛教政策论稿》，巴蜀书社 2005 年版。
④ 曹刚华著：《宋代佛教史籍研究》，华东师范大学出版社 2006 年版。
⑤ 任宜敏著：《中国佛教史：元代》，人民出版社 2005 年版。
⑥ 周齐著：《明代佛教与政治文化》，人民出版社 2005 年版。
⑦ 何孝荣著：《明代南京寺院研究》，中国社会科学出版社 2000 年版。
⑧ 郭朋、廖自力、张新鹰著：《中国近代佛学思想史稿》，巴蜀书社 1989 年版。

的叙述，展现中国近代佛学历程及时代特征。全书分上、下篇，上篇叙述杨文会、敬安、月霞、谛闲、欧阳渐、太虚、韩清净的佛学思想，下篇叙述龚自珍、魏源、康有为、谭嗣同、梁启超、杨度、章太炎的佛学思想。高振农著《佛教文化与近代中国》① 通过对近代二十多位高僧、学者、政治思想家、哲学家、史学家、文学家的佛学思想的叙述，揭示佛教文化在近代的复兴及其在近代中国政治、文化运动中的地位和作用。李向平著《救世与救心：中国近代佛教复兴思潮研究》② 则从近代佛教复兴的理论和现实原因层面对近代佛教复兴过程的重要人物作了研究，其中涉及以佛教为救世方法的康有为、谭嗣同，以佛教为救心和道德重建基础的梁启超、章太炎，以人间佛教为宗旨的太虚和欧阳竟无等等。邓子美著《传统佛教与中国近代化：百年文化冲撞与交流》③ 主要从比较宗教的角度描述了中国佛教各宗派在近代的流变。何建明著《佛法观念的近代调适》④ 则从他人尚未充分注意有关佛教高僧和在家人士的史料出发，对近代佛教的原典化、现世化、理性化、多元化特征进行了概括，并对近代佛教与社会人生问题、近代佛教与科学、迷信问题等进行了分析。麻天祥著《晚清佛教与近代社会思潮》⑤ 力求用历史唯物主义、辩证唯物主义立场、观点和方法，抓住"救亡图存"这个中国近代的历史主题，把晚清佛学的兴起及其时代特征，放到整个近代社会背景的社会思潮中去考察，并具体论证了晚清佛学这一佛教发展史上的特殊形态。

四、 佛教典籍的整理与研究

（一）经典校勘与释译

改革开放后，为了适应广大读者阅读和研究佛教典籍的需要，许多佛教

---

① 高振农著：《佛教文化与近代中国》，上海社会科学出版社 1992 年版。
② 李向平著：《救世与救心：中国近代佛教复兴思潮研究》，上海人民出版社 1993 年版。
③ 邓子美著：《传统佛教与中国近代化：百年文化冲撞与交流》，华东师范大学出版社 1994 年版。
④ 何建明著：《佛法观念的近代调适》，广东人民出版社 1998 年版。
⑤ 麻天祥著：《晚清佛教与近代社会思潮》，河南大学出版社 2005 年版。

学者对具有广泛影响的佛教典籍进行了校勘、今译、阐释。由中华书局组织出版的《中国佛教典籍选刊》① 系列丛书，是从中国佛教典籍中选出反映中国佛教历史和思想的代表性著述加以标点、校勘、注释的佛教丛书。《选刊》第一辑计划22种，现已出版十余种。其中点校类有《五灯会元》、《宋高僧传》、《古尊宿语录》、《出三藏记集》、《神会和尚禅话录》、《祖堂集》。校释类有《坛经校释》、《华严金狮子章校释》、《三论玄义校释》、《童蒙止观校释》、《高僧传校注》、《大乘起信论校释》、《成唯识论校释》、《法苑珠林校注》、《肇论校释》、《比丘尼传校注》。由中国台湾佛光出版社联合海峡两岸学者共同撰写的《中国佛教经典宝藏》②，是一套大型的佛典译释丛书，全书132册，已陆续出版。《宝藏》每册均有"题解"、"经典"、"源流"、"解说"。此书的译释风格讲求通俗性、知识性和学术性兼顾，雅俗共赏。

中州古籍出版社推出了一套杨曾文、黄夏年主编的《中国禅宗典籍丛刊》③，目前已出版《赵州录》、《临济录》、《祖堂集》、《禅苑清规》、《马祖语录》、《大慧书》、《禅源诸诠集都序》等七种。

中国社会科学出版社推出了白话佛经系列，现出版有《宝积经今译》、《法华经今译》、《华严经今译》、《维摩诘经今译》、《净土诸经今译》、《圆觉经今译》、《金刚经今译》、《大般涅槃经今译》等。《广东佛教》编辑部也出版了《六祖坛经》、《无量寿经》及《圆觉经》等今译系列。

---

① 《中国佛教典籍选刊》系列丛书：《华严金狮子章校释》，方立天校释，1983年版。《坛经校释》，郭朋校释，1983年版。《五灯会元》（全三册），苏渊雷点校，1984年版。《三论玄义校释》，韩廷杰校释，1987年版。《宋高僧传》（上、下），范祥雍点校，1987年版。《童蒙止观校释》，李安校释，1988年版。《高僧传校注》，汤用彤校注，1992年版。《大乘起信论校释》，高振农校释，1992年版。《古尊宿语录》（上、下），萧萐父、吕有祥、蔡兆华点校，1994年版。《出三藏记集》，苏晋仁、萧炼子点校，1995年版。《神会和尚禅话录》，杨曾文编校，1996年版。《成唯识论校释》，韩廷杰校释，1998年版。《法苑珠林校注》（全六册），周叔迦、苏晋仁点校，2003年版。《比丘尼传校注》，王小明校注，2004年版。《肇论校释》，张春波校释，2005年版。《祖堂集》（上、下），孙昌武、（日）衣川贤次、（日）西口芳男点校，2007年版。

② 《中华佛典宝藏精选》共计132册，由台北佛光文化事业有限公司于1996至1998年之间出版。

③ 《中国禅宗典籍丛刊》已出版图书：《临济录》，杨曾文编校，2001年版；《赵州录》，张子开点校，2001年版；《禅苑清规》，苏军点校，2001年版；《祖堂集》，张华点校，2001年版；《马祖语录》，邢东风点校，2008年版；《大慧书》，吕有祥点校，2008年版；《禅源诸诠集都序》，邱高兴校释，2008年版。

除了这些系列丛书外，单本佛教的校勘和释译也有很多。特别是对一些比较重要和影响广泛经典的整理，比如对《坛经》进行校勘和白话翻译的著作加起来可能有数百种之多。其中较为重要的如郭朋的《〈坛经〉对勘》①、周绍良的《敦煌写本〈坛经〉原本》②、杨曾文的《敦煌新本六祖坛经》③、李申合校、方广锠简注的《敦煌坛经合校简注》④。其中周绍良和杨曾文教授所据的《坛经》底本都是敦博本（或称敦煌新本），是任子宜先生于 1935 于敦煌千佛洞上寺发现的，后藏于敦煌县博物馆。该版本是伦敦大英博物馆所藏敦煌本的同源异抄本，因此该版本的发表和校勘，补足了伦敦所藏敦煌本的错漏之处，为《坛经》和禅宗研究提供了新资料。此外，郭朋的《坛经导读》⑤、魏道儒的《白话坛经》⑥、徐文明注译《六祖坛经》⑦ 等大量的《坛经》导读类著作，对于人们阅读和研究都有助益。

对于其他类经典的整理，也有不少，比如有周绍良的《百喻经今译》⑧，郭朋等译注的《佛国记译注》⑨，王邦维校注的《南海寄归内法传校注》⑩等等。

（二）佛经编撰

大藏经是以一定的体例和分类编纂在一起的佛教各类典籍的总汇，是佛教这一宗教和文化形态得以传承的物质载体之一。中国历来就有编修藏经的习惯，历史上也出现过多个版本的大藏经。近代以后，日人所编撰的《大正新修大正藏》是收录比较全面、校勘较为严谨的一部大藏经，成为佛教界和学术界经常利用的一部藏经。

---

① 郭朋著：《〈坛经〉对勘》，齐鲁书社 1981 年版。
② 周绍良编著：《敦煌写本〈坛经〉原本》，文物出版社 1997 年版。
③ 杨曾文校写：《敦煌新本六祖坛经》，上海古籍出版社 1993 年版，新版由宗教文化出版社于 2001 年出版。
④ 李申合校、方广锠简注：《敦煌坛经合校简注》，山西古籍出版社 1999 年版。
⑤ 郭朋著：《坛经导读》，巴蜀书社 1996 年版。
⑥ 魏道儒注译：《白话坛经》，三秦出版社 2002 年版。
⑦ 徐文明注译：《六祖坛经》，中州古籍出版社 2004 年版。
⑧ 周绍良著：《百喻经今译》，中华书局 1993 年版。
⑨ 郭朋著：《佛国记译注》，长春出版社 1995 年版。
⑩ 王邦维校注：《南海寄归内法传校注》，中华书局 1995 年版。

1980 年吕澂先生出版了《新编汉文大藏经目录》①，指出了过去的大藏经以及日本大藏在编目上的问题以及对失译经考订的过失，并提供了一个新大藏经目录，为汉文大藏经的编纂提供了一个新的思路。从 1982 年起由国务院古籍整理规划领导小组委托时任中国社会科学院世界宗教研究所所长、后来担任中国国家图书馆馆长的著名学者任继愈教授主持，开始编纂《中华大藏经（汉文部分）·正编》② 部分。《中华大藏经（汉文部分）·正编》以 1149—1173 年在山西刻印、上世纪 30 年代在山西赵城县广胜寺发现的稀世孤本《赵城金藏》为基础，以历代大藏经有《千字文》帙号的部分为范围，对勘了包括《房山石经》、高丽《大藏经》在内的其他 8 种大藏经，共收录典籍 1939 种，约 1 亿多字。经过了 13 年、先后 160 人的艰苦努力，于 1994 年底全书编纂完成，1997 年由北京中华书局出齐全部 106 册，2004 年又出版了《总目》，至此，《中华大藏经（汉文部分）·正编》圆满竣工。《中华大藏经（汉文部分）·正编》是中华人民共和国成立以后我国学术界对浩繁的佛教文献进行集中整理出版的一个重大成果，先后获得全国古籍整理成果一等奖、全国图书奖荣誉奖、中国社会科学院优秀科研成果荣誉奖。目前《中华大藏经（汉文部分）·续编》已经进入实质性的编纂工作，据初步估算，《中华大藏经（汉文部分）·续编》总字数约在 2.6 亿字左右，是《正编》的一倍多；时间下限截止到当代。计划分设下列各部：①印度典籍部；②南传典籍部；③藏传典籍部；④汉传注疏部；⑤汉传撰著部；⑥史传地志部；⑦忏仪部；⑧疑伪经部；⑨论衡部（中国历史上儒释道三家相互论议佛教之作）；⑩外教部；⑪目录音义部。各部中再分作若干类，并提供各种必要的检索手段。《续编》准备对全部经文进行标点，采用电脑录入的方式，克服《正编》检索利用不便的缺陷，预计工程量十分庞大。

此外方广锠组织编写的《藏外佛教文献》③，是以收录未为历代大藏经所收入的各类佛教文献为目标而编收的一部佛教典籍丛书。编者认为："或为见闻不广所囿，或为收集困难所拘，或为宗派立场所缚，或为物质条件所

---

① 吕澂著：《新编汉文大藏经目录》，齐鲁书社 1980 年版。

② 任继愈等：《中华大藏经（汉文部分）·正编》，中华书局出版，共 106 册。

③ 方广锠主编：《藏外佛教文献》（1—9），宗教文化出版社 1995—2006 年间相继出版。

限，历代都有大批珍贵的佛教文献没有能够收入大藏经。"而这些文献也是全面了解佛教的重要原始材料。因此该书的宗旨就是"团结各界人士，系统地发掘、收集与整理这些藏外佛教文献，以供宗教界、学术界急需；俟条件成熟时，将这些珍贵资料收入新编的大藏经"。目前这套丛书已出版了九册。

童纬编《二十二种大藏经通检》[①] 是一本有关大藏经的索引著作，该书所收为两种经录和 20 种不同版本的汉文大藏经中的佛教典籍共 4175 种，按汉语拼音音节排列经籍名称，分别注录卷册数目，设撰人姓名、时代、异名等，后为各版藏经中该经的千字文及函册数目。最后附有 6 种索引。

五、　佛教辞书

近年来为了适应日益兴起的学佛研佛的需要，重印了明代一如法师编纂的《三藏法数》和近代丁福保居士编著的《佛学大辞典》。与此同时，一些学者根据时代要求，编纂了新的佛教辞书。任道斌主编的《佛教文化辞典》[②]，99 万字，收入词目 5 千余条，涉及人物、流派、神、事件、文献、建筑、名胜、书法、绘画、雕刻、文字、音乐、戏曲、教育、卫生等方面。宽忍法师主编的《佛学辞典》[③]，是第一部用现代语体编写的大部头佛学辞典。此书收录经论典籍、名词术语、宗派法门、诸佛菩萨、诸天鬼神、高僧大德、仪轨制度、名物法器及巴利语系和藏语系佛教术语等辞目 1600 余条，详释其义，全书逾 360 万字。袁宾主编的《禅宗词典》[④]，93 万余字，收录禅宗名词术语、人物、寺院、山塔等词目 6400 余条，为国内第一部禅宗专科辞书。陈兵编著的《新编佛教辞典》[⑤] 收入辞目万余条，按内容结构分类编排，较以前佛教辞书充实了近现代佛教人物及佛教著述的条目。刘宝金著

---

① 童纬编：《二十二种大藏经通检》，中华书局 1997 年版。
② 任道斌主编：《佛教文化辞典》，浙江古籍出版社 1991 年版。
③ 宽忍法师主编：《佛学辞典》，中国国际广播出版社 1993 年版。
④ 袁宾著：《禅宗词典》，河北人民出版社 1994 年版。
⑤ 陈兵编著：《新编佛教辞典》，中国世界语出版社 1994 年版。

《佛经解说辞典》① 是一部查检我国主要佛教典籍的中型工具书。全书共收佛典词目 1167 条，约 60 万字。选目主要依据《大正藏索引》，同时参照《四库全书总目》、《续修四库全书提要》、《敦煌古籍叙录》等，以及近现代已经整理出版的各种专科佛籍。卓日格图编《汉藏蒙对照佛教词典》② 收录了佛教大小五明名词术语、与佛教相关的帝王名、僧侣、圣贤、学者、大小寺庙以及藏传佛教独具特色的隐语在内共 25000 多条。杜继文、黄明信主编《佛学小辞典》③ 共选收佛教条目凡 4203 条。包括佛教总论、教派、组织、机构、人物、教义、因明、经籍书文、历史事项、佛、菩萨、鬼神、诸天、教职、教制、称谓、法衣、法器、礼仪、节日、圣地、寺院及其他共 12 大类。孙维张主编《佛源语词词典》④ 从语言学、现代汉语角度出发，探求哪些词语是源于佛经典籍或经佛经典籍使用改变了意义又传承至现代汉语的，是对现代汉语部分词语的探源和述流。

与佛教辞书功能相关或相近的其他著述主要有白话文的《汉代佛教与寺院生活》⑤，对汉地佛教的殿堂配置、诸佛菩萨、罗汉天神的造像特色、寺院的日常行事与活动等作了系统介绍。马书田的《中国佛教诸神》⑥，依经籍和传说，对中国佛教中的诸佛、菩萨、罗汉、神僧、诸天鬼作了全面介绍和分析。中国佛教文化研究所编辑的《俗语佛源》⑦ 收录了 500 多条"俗语"，并对它们的佛教来源作了解说。黄卓越主编的《中国佛教大观》⑧ 是一部综合性的佛教著述，全书按佛史述略、法门宗派、教理概述、高僧传略、三藏提要、丛林礼仪、寺塔建筑、圣像崇拜、佛教文字、佛教艺术、海外印迹等分别叙述，类似佛教百科。赖永海主编的《中国佛教百科全书》⑨ 凡 11 卷，总约 300 万字，从经典、教义、人物、历史、宗派、仪轨、诗偈、书画、雕塑、建筑、名山名寺等 11 个方面，较全面系统地再现了中国佛教

---

① 刘宝金著：《佛学解说辞典》，河南大学出版社 1997 年版。
② 卓日格图编：《汉藏蒙对照佛教词典》，民族出版社 2003 年版。
③ 杜继文、黄明信主编：《佛学小辞典》，上海辞书出版社 2006 年版。
④ 孙维张主编：《佛源语词词典》，语文出版社 2007 年版。
⑤ 白化文著：《汉代佛教与寺院生活》，天津人民出版社 1988 年版。
⑥ 马书田著：《中国佛教诸神》，团结出版社 1994 年版。
⑦ 中国佛教文化研究所主编：《俗语佛源》，上海人民出版社 1993 年版。
⑧ 黄卓越主编：《中国佛教大观》（上、下册），哈尔滨出版社 1994 年版。
⑨ 赖永海主编：《中国佛教百科全书》，上海古籍出版社 2001 年版。

及中国佛教文化的总体面貌及其历史发展。

六、 佛教与中国文化关系研究

　　佛教自传入中国以来，经历了一个逐步中国化的过程。在同传统的儒家、道家文化的冲突和碰撞中，最终与之融为一体，构成了儒、释、道三者合一的独具特色的中华传统文化。近年来，对佛教与中国文化的研究主要集中在以下几个方面：（1）佛教与传统文化；（2）佛教对儒学的影响；（3）佛教与道教；（4）儒、释、道三教融合。

　　中国文化是儒、释、道三者的综合体，佛教文化是中国文化的重要组成部分，因此对佛教与中国文化的关系的研究就显得非常重要了。《文史知识》编辑部编辑出版的《儒释道与传统文化》[1] 一书，是《文史知识》所编辑的《儒学与传统文化》（1988 年第 6 期）、《佛教与中国文化》（1986 年第 10 期）、《道教与传统文化》（1987 年第 5 期）等三个专号的合辑重印。在《佛教与中国文化》一节中赵朴初、任继愈、季羡林、杨曾文、方立天、杜继文、袁行霈、阴法鲁等一大批著名学者分别从佛教与中国文化、佛教与儒教、佛教与中国古代哲学、佛教与中国文学、佛教与中国音乐等各个方面阐述了自己的看法，应当说是迄今为止讨论佛教与中国文化荟集重量级学者最多的一次。在这部专辑中，赵朴初以《佛教与中国文化》[2] 为题谈了二者的关系，他认为佛教哲学有着对宇宙人生的洞察，对人类理性的反省，对概念的分析，因此，佛教对中国文化有着十分深刻和广泛的影响。要研究中国古代的文史哲艺术等，不清楚它们和佛教文化的关系，就不能得出令人信服的结论，甚至离开了佛教词汇，连话也说不周全。方立天的《中国佛教与传统文化》[3] 是一本比较全面地论述佛教与中国文化的专著，此书论述了中国佛教的基本内容及其与中国政治、哲学、文学、艺术、民俗的关系。该书出版后影响很大，曾多次再版。赖永海的《中国佛教文化论》[4] 主要探讨佛

---

[1]《文史知识》编辑部编：《儒释道与传统文化》，中华书局1990年版。

[2] 本文初载于《文史知识》，后再发于《中国宗教》1995 年第 1 期。

[3] 方立天著：《中国佛教与传统文化》，上海出版社1988年版。

[4] 赖永海著：《中国佛教文化论》，中国人民大学出版社2007年版。

教与中国传统文化的相互关系，从佛教与道教、儒学、王道政治的关系，以及佛教对文学艺术尤其是禅学思想对诗书画的熏染等方面，全面深入地剖析了佛教的中国化进程和佛教对中国传统文化的影响。吴为山、王月清主编《中国佛教文化艺术》① 较系统勾画了佛教对诗书画影响的历史，并且从理论层面找出二者之相通处及深入揭示出诸如"禅机"对诗书画"境界"的影响等；佛教对中国古代雕塑、建筑、石窟乃至民俗的影响。薛克翘著《佛教与中国文化》② 认为自两汉之际从印度传到中国以后，经过漫长的撞击和融合，佛教已经变成了中国文化的一个重要组成部分，对中国文化发生了巨大影响。该书重点介绍和分析了佛教对中国哲学思想、文学艺术、科学技术、民俗以及卫生体育等方面的影响，并试图通过一系列的实例证明这种影响的发生过程、发生范围及其深远意义。

方立天在《佛教与中国传统文化的冲突与融合》③ 中提出了如下的看法：第一，佛教和中国传统文化的冲突与融合是在一种撞击中寻找契合点的矛盾统一运动。第二，佛教在中国流传两千年，对中国文化产生了重要影响，原因在于：佛教是一个非常庞杂繁复的宗教，具有中国文化所缺乏的内容；佛教自传入中国之日始，就表现了灵活的适应能力，通过试探、迎合、比附、格义、创造和改革融入于中国文化。第三，中国传统文化有效地吸取了佛教文化的成果，将其改造成为中国文化的一部分，显示了中国传统文化的充分开放性、高度坚韧性和善于消化的能力。杨曾文在《佛教对中国历史文化有哪些影响》④ 一文中认为佛教在以下几个方面对中国文化产生了重要影响：第一，佛教对中国哲学的影响。从大的方面说，佛教理论中的时空无限、体用相即、心性染净以及对心理作用的分析，都对中国哲学的丰富和发展产生重要影响。第二，佛教与文学的关系。佛教中包含文学成分，可称之为佛教文学；佛教影响了中国文学的发展。就后者而言，佛教对宋以后的文学作品产生了很深的影响，比如《水浒传》、《西游记》等都有大量的佛教描写。第三，佛教对中国美术、雕塑、建筑、音乐等有很大影响。潘桂明

---

① 吴为山、王月清主编：《中国佛教文化艺术》，宗教文化出版社 2002 年版。
② 薛克翘著：《佛教与中国文化》，昆仑出版社 2006 年版。
③ 方立天：《佛教与中国传统文化的冲突与融合》，《哲学研究》1987 年第 7 期。
④ 杨曾文：《佛教对中国历史文化有哪些影响》，《世界宗教文化》1995 年第 1 期。

的《从智圆的〈闲居编〉看北宋佛教的三教合一思想》①，认为儒、释、道"三教"之说由来已久。历史上三教之间既有斗争，又有融合，而以融合为主要倾向。三教思想间的长期互相吸收和融合，随着北宋统一王朝的建立而进入一个新的阶段。作者通过对宋初天台宗僧侣智圆在《闲居编》中所表述的三教合一思想的研究，认为北宋佛教的三教合一思想是在理学建立，即儒教完成前后出现的，它既从属于北宋统一的政治，也从属于儒教，并以儒教教义为转移，使汉唐以来的三教合一思想进入了一个新阶段。洪修平在《文化互动之果：中国佛教》② 中认为，中国佛教是经历了印度佛教的中国化、方术灵神化、儒学化、老庄玄学化多种文化融合、吸收的产物。王荣才的《选择与重构：佛教与中国传统文化融合的内在机制》③ 认为佛教与中国传统文化融合除了有一定的社会基础和时代契机，还应有思想文化本身的根据。佛教与中国传统文化融合的内在机制是文化选择与重构。选择与重构是同一机制的两个方面，二者相互蕴涵，相互作用，共同推动了两种文化的融合。楼宇烈《中国文化中的儒释道》④ 一文，在分析了儒释道各自的发展进程后指出，中国文化中的儒释道三家（或称"三教"）在冲突中相互吸收和融合；在保持各自基本立场和特质的同时，你中有我，我中有你。三家的发展历史充分体现了中国文化的融合精神，经过一千多年的发展，到 19 世纪中叶以前，中国文化一直延续着儒释道三家共存并进的格局。叶小文《刍议儒释道之"和"》⑤ 一文认为儒释道各有不同之"和"的内涵。儒家的"和"是以"和而不同"为主线，包括以和对多、以和制合、和而不同三个层面。佛教的"和"包括：基于因缘观、平等观的和及和平思想；基于依正不二，主张人与自然环境相和谐；基于心净则佛土净的心灵环保思想；基于"教规双运、解行并重"，强调僧团奉行"六和敬"的规则，即：身和同住、口和无诤、意和同悦、戒和同修、见和同解、利和同均。道教的和谐思想包括和谐的人类健康思想、和谐的治邦安国思想、和谐的环境保护思想。

---

① 潘桂明：《从智圆的〈闲居编〉看北宋佛教的三教合一思想》，《世界宗教研究》1983年第 1 期。
② 洪修平：《文化互动之果：中国佛教》，《探索与争鸣》1999 年第 2 期。
③ 王荣才：《选择与重构：佛教与中国传统文化融合的内在机制》，《江苏社会科学》1997 年第 4 期。
④ 楼宇烈：《中国文化中的儒释道》，《中国文化论坛》1994 年第 3 期。
⑤ 叶小文：《刍议儒释道之"和"》，《宗教学研究》2006 年第 1 期。

鲁湘子的《略论儒释道三教合一的内在因素》① 认为政治上讲君权神授、皇权至上、等级森严，道德伦理上讲惩忿窒欲、净化人心、放弃自我是儒释道三教合一的内在因素。

在研究佛、儒之间关系方面，杜继文的《儒学三议》② 认为，当前的要领是把有关的史实弄清楚。第一，学界通常把佛教的初传归结为对方术和玄学的依附，忽视一开始就有儒学对佛教的改造，就是对史实了解不全面而引起的重要误解。第二，视儒学为反佛排佛的旗帜，否认佛教对我国民族文化的巨大影响，这种观点尤与史实不符。该文认为儒释关系是中外文化交流的一种表现，而交流总是相互作用的。外来文化若不保持自己某些固有的独特性，以补充和丰富传统文化或缺或弱的内容，就像它不改形变态以适应传统文化的接受程度一样，绝不会得到广泛持久的传播。第三，对儒释的相互作用，不能作抽象的理解。它们是在特定的社会机体上进行的，受到特定的政治和经济的制约，最终由时代和人群的需要加以抉择。佛教之特别与儒学关系密切，就是因为儒学更稳定地反映了我国封建主义的基本结构。在这方面，我们对史实的把握也需要增强。王晓卫的《论佛教对北朝儒学的影响》③ 中认为北朝儒学实受当时盛极之佛教较大影响，其面貌与汉儒之学实已不同。北朝儒学中层次高者，讲论儒典，追求"领新悟异，发自心胸"，或不拘章句，重在对儒典的发凡举例，明显吸收佛家义理，旨趣与东晋南朝清谈人士有相通之处。徐文明的《出世之教与治世之道——试论儒佛的根本分际》④ 一文，从儒释的对立与互补角度研究儒释关系，重在强调隐含在佛家出世、儒家入世这一思想背后的思想内涵。崔连仲、武文的《论佛陀与孔子的道德观》⑤ 就佛陀和孔子的修身之道及对待国家的态度作了比较研究。赖永海著《佛学与儒学》⑥，从思维模式，思想重心、学术特点、理论旨趣等方面，探讨了佛学与儒学的相互影响及历史演变，认为佛教影响儒学最大者是其本体论的思维模式、儒学影响佛教最大者是其人性、心性论的思

① 鲁湘子：《略论儒释道三教合一的内在因素》，《社会科学研究》2000 年第 6 期。

② 杜继文：《儒释三议》，《孔子研究》1987 年第 1 期。

③ 王晓卫：《论佛教对北朝儒学的影响》，《贵州大学学报》1998 年第 6 期。

④ 徐文明：《出世之教与治世之道——试论儒佛的根本分际》，《北京师范大学学报》1997 年第 3 期。

⑤ 崔连仲、武文：《论佛陀与孔子的道德观》，《南亚研究》1992 年第 1 期。

⑥ 赖永海著：《佛学与儒学》，浙江人民出版社 1992 年版。

想内容，并对两宋时期的理学及心学与禅学的关系作了重点论述。

作为中国土生土长的宗教，道教与佛教间的相互影响也不容忽视。"这种考虑的根据不仅在于二者都是宗教，而且更由于佛教东传之初，既受到作为道教先驱思想的神仙方术和老庄学说的深刻影响，而且在其整个发展过程中又与道教结下了不解之缘。"① 方立天教授在《略论佛教对道教心性论的思想影响》② 一文中认为，老庄道家和魏晋玄学影响了佛教尤其是禅宗的心性论，随后佛教特别是禅宗的思想又反过来影响了道教的心性论。文章着重从轮回果报与形亡性存、万法皆空与忘身无心、心生万法与心为道体、明心见性与修心炼性诸方面分析佛教对道教心性论的影响，强调佛教对道教在转变人的形体、生命、人性、心性修养、人生理想的看法上起了巨大的推动作用，并指出就心性思想影响的深度和广度来说，佛教尤其是禅宗都超过了儒家对道教的影响。杨毅的《略论道佛二教的相互融摄》③ 对道教两种文化之间的相互抗争又相互融摄的历史情形作了分析，认为相互融摄是两者繁荣共昌的主要原因，指出道教摄取了佛教的名相术语，如心性、因待、境智、非有非无等论辩术；佛教则吸取了道教的思维方式，如出世中的在世、相对主义、整体原则与"悟"的方法等。道佛相互融摄了对方的思想成果，都同时各自不失其文化本色。徐小跃的《禅与老庄》④ 运用比较方法，系统探讨了禅学与老庄在本体论、思维方法、审美情趣等方面的异同，重点阐述了我佛一体的神境与天人合一道境的思想特色。洪修平、吴永和的《禅与玄学》⑤ 以历史叙述和比较研究相结合的方法，对禅学与玄学的源流、特征、异同及相互融摄、相互渗透的情况作了全面论述。陈兵在《道教生死观及其与佛教的关系》⑥ 中认为道教生死观受佛教影响，引入了因果报应、轮回转世的理论，将原来追求肉体永存、长生不老的理想转化为超脱生死、"与道合真"。

---

① 赖永海著：《佛道诗禅》第 64 页，中国青年出版社 1990 年版。

② 方立天：《略论佛教对道教心性论的思想影响》，《世界宗教研究》1995 年第 3 期。

③ 杨毅：《略论道佛二教的相互融摄》，《开放时代》1996 年第 6 期。

④ 徐小跃著：《禅与老庄》，浙江人民出版社 1992 年版。

⑤ 洪修平、吴永和著：《禅与玄学》，浙江人民出版社 1992 年版。

⑥ 陈兵：《道教生死观及其与佛教的关系》，《宗教学研究》1997 年第 4 期。

综观 30 年来的中国佛教研究，研究方法日益客观，研究内容日益广泛，研究水平日益提高，研究成果日益增多，成绩斐然。但同时中国佛教研究复兴不久，还有大量工作要做。例如，在佛教典籍整理和研究方面，《中华大藏经》的编辑出版是中华佛教史上一个重要的里程碑，但需要标点才能提高其利用率，充分实现它的学术价值。单行本佛典的点校注释，集文献整理与思想研究于一书，深受学者欢迎，还可以扩大规模，形成如禅宗典籍校释系列、净土典籍校注系列等。在佛教史编撰方面，唐以后的断代佛教史编撰仍是薄弱环节，禅宗史以外的其他宗派史还是比较少。对佛教人物和佛教理论范畴的研究，虽有大量论文，但专著数量还不够多。对外国佛教特别是日本佛教研究的成果的介绍、吸取和研究还很不够。佛教在当代社会中的作用和价值需要进行更深入的探讨。凡此都是佛学界学者需要加强的方面。

佛教哲学所涉及的问题不是人如何认识世界，而是人如何通过自我的内心体验去把握生命存在的至高境界，并通过对这种生命境界的默认与把握，使人的身心达到一种圆满无碍、自在丰盈的状态，使人从心之迷执和生之痛苦中解脱出来，使生命得到完全充分的肯认。在佛教现代化过程中，佛教哲学的这种致思趋向也更为明显地表现出来，并且也提供给现代人一种消除现世苦痛、烦恼、缺憾的精神解脱方式。这种对"思"的注重和研究可以看做现代佛教研究的一种重要趋向。佛教作为一种宗教形式，以其特有的致思趋向调整，平衡着现代人的精神世界，也证明着佛教在现阶段存在的必要性和必然性。但同任何一种传统思想一样，佛教也面临着一个如何与现代社会相结合、相协调的过程。可见，佛教的现代化是一个颇具现实意义的问题。随着我国社会的全面发展，佛教作为一种有着悠久历史的古老文化，必定会在现代社会焕发出新的生机。

第八章
现代新儒家文化研究

现代新儒学是中国现代思想史上的一个重要学术文化思潮。它产生于五四时期，之后即以文化保守主义而与以陈独秀、李大钊等人为代表的马克思主义思潮（西方学者谓之"激进主义"）和以胡适、吴稚晖等人为代表的自由主义思潮在思想文化领域成三足鼎立之势。20世纪50年代以后，由于众所周知的原因它的中心便从中国大陆转移到了港台和海外。几十年来，经过新儒家学者们的苦心经营，现代新儒学在海外又有新的发展，有的学者甚至还提出了"儒学第三期发展"的构想和主张。这说明现代新儒学在一定的历史时期和一定的历史条件下仍有一定的生命力。

一、 现代新儒学研究的简要回顾

20世纪80年代以来，随着"文化热"的出现，现代新儒学日益受到人们的普遍关注和重视。回顾近30年现代新儒学研究走过的路程，不难看到，它呈现一种由简单的介绍、发掘到向纵深的研究发展的态势。

（一）现代新儒学研究的特征

现代新儒学研究相对于其他研究而言，具有自己独到的特点：

第一，它由中国文化问题的讨论所引发，但反过来又丰富了中国文化讨论的内容。20世纪80年代的"文化热"和90年代的"国学热"大体上都是围绕传统文化与现代化的关系而展开的，当然前期主要限于宏观的层面，后期则更多地进入到微观的层面。伴随文化研究的深入，现代新儒学研究很自然地被提到了议事日程，因为现代新儒学几代学者所汲汲探求的是儒学与中国现代化或儒学的现代化问题，而这一问题正是传统文化与现代化关系问题的题中应有之义。现代新儒家在传统文化（主要是传统儒学）之精神价值的发掘方面，在传统儒学的现代化的研究上曾作出过很大的理论贡献，对这一学派展开全面的研究不仅丰富而且促进了中国文化特别是传统文化与现代化关系研究的深化。

第二，虽然问题本身现实感很强，但研究、讨论却是在学术层面进行的，基本上没有走入学术政治化的层面。现代新儒家"复兴儒学"的宗旨突出和强调的是儒学在现实社会、现实世界的作用和价值，因此，对这一文化思潮进行研究显然有很强的现实感。然而，我们高兴地看到，近30年来，人们对现代新儒学的研究并没有落入以往那种简单肯定或简单否定的窠臼。我们强调马克思主义的立场、观点、方法在研究中的指导作用，意在对现代新儒学作出客观的历史的实事求是的分析和评价，我们把现代新儒学作为研究的对象，而没有把它视为反面教材作为批判的对象。我们党和政府对学界开展的这一研究除了给予积极的人力物力的支持外，并没有进行这样或那样的外部干预，这也是客观的事实。这也说明我们党和政府的政策越来越成熟。

第三，从某种意义上说，现代新儒学研究是有组织有计划地开展起来的。1986年11月，"现代新儒家思潮研究"被确定为"七五"期间国家重点研究课题（后来又被确立为"八五"期间国家重点研究课题），原南开大学的方克立教授和中山大学的李锦全教授为课题负责人，共有16个单位的40多位学者参与了课题研究工作，这16个单位是南开大学、中山大学、武汉大学、复旦大学、南京大学、中国人民大学、吉林大学、山东大学、深圳大学、天津师范大学、华南师范大学、上海社会科学院、浙江社会科学院、安徽社会科学院、广西社会科学院、天津市委党校。课题组召开了多次现代新儒学研讨会，并有组织有计划地开展了大量的研究工作。当然，课题组之外的许多学者也在不同程度上参与了现代新儒学的研究和讨论。

第四，现代新儒学研究起步较晚（肇始于20世纪80年代中后期），但已逐步走向深化，并已取得丰硕的研究成果（这些成果下面再作介绍）。正如方克立先生所说："现在人们对'现代新儒学'和'现代新儒家'已经不再感到陌生，研究中国现代思想文化的论著没有不提到它的，各高校研究生选做这方面博士或硕士论文题目的也越来越多。"① 现代新儒学研究广度和深度两方面的进展，受到海内外学术界的普遍赞誉，各种报道和评论文章很多，连当代港台、海外新儒家也感慨地说："有些我们本来应该做的事情，他们都先做了"，并以"我们也要加紧做，不要放弃自己的责任"自励。国内学术界对现代新儒学研究课题组开展的工作和取得的成绩也给予了很高的褒扬。②

（二）方克立与现代新儒学研究

方克立先生是现代新儒学研究的主帅，他对现代新儒学研究所作出的贡献人所共知，有目共睹，现在人们凡谈起现代新儒学的研究，没有不想到和提到方克立先生的。

早在 1986 年 3 月，在国家教委召开的"七五"科研规划咨询会上，方克立先生作了《要重视对现代新儒家的研究》的发言，就现代新儒学产生的背景、现代新儒学的特征、发展阶段、学术贡献及开展现代新儒学研究的必要性等问题提出自己的初步看法。该发言后经整理发表于《天津社会科学》1986 年第 5 期，该文对国内现代新儒学研究起到了号召和启动的作用。

1986 年 10 月，"现代新儒家思想研究"被确立为国家哲学社会科学"七五"重点课题之后，作为课题主要负责人的方克立先生全力以赴，首先将一批学有根底、年富力强的中青年学者集于麾下，组成课题组，集体攻关。进而按照先搜集整理资料、后进行专人专题研究的思路，开展了卓有成效的工作。经过课题组全体成员十多年的共同努力、精诚合作，使现代新儒学由 20 世纪 50 至 80 年代中期的"绝学"而变成现在的"显学"，被中国学术界所普遍认知，并在海内外产生巨大影响。在一定意义上，方克立主持的"现代新儒家思潮研究"甚至客观上抬高了港台现代新儒家的身价，刺激、推动了港台新儒学的发展，彻底改变了现代新儒学在港台"坐冷板凳"的局面。另一方面，伴随现代新儒学研究的深入，一批学术后进迅速成长，成为各高校和科研单位的学术和教学骨干。课题组的绝大多数成员现在都已

---

① 方克立：《现代新儒学研究的自我反省——敬答诸位批评者》，《南开学报》1993 年第 2 期。

② 方克立：《现代新儒学研究的自我反省——敬答诸位批评者》，《南开学报》1993 年第 2 期。

是教授、研究员，许多人甚至已是博士生导师、学术带头人。这些学术后进的成长可谓现代新儒学课题研究的间接成果，而这与方克立先生的悉心指导和培养也是分不开的。

作为大陆现代新儒学研究群体的领头人，方克立先生无暇顾及一些细节和具体问题的深究，他所关注和着力的是现代新儒学的整体把握，是一些宏观层面的问题和方向性问题的解决。这些问题主要是：现代新儒学或现代新儒家概念的界定，现代新儒学的发展阶段及其代表人物，现代新儒学的内涵及主要特征，现代新儒学与中国现代化，现代新儒学的历史地位及发展前景，现代新儒学的意识形态特征，现代新儒学与马克思主义、自由主义西化派三者之间的对立与互动关系，大陆新儒家现象，等等。他在这样一些重大问题上所发表的意见，为现代新儒学研究群体的绝大多数成员乃至为学术界同仁所普遍认同和接受，从而对于人们在现代新儒学的许多微观和具体问题的认识和研究上，起到了十分积极的指导作用。他的这些指导性、方向性的意见和看法在他所著《现代新儒学与中国现代化》（天津人民出版社 1997年版，该书汇集了方克立先生 1986—1996 年关于现代新儒学研究的大部分论文）一书中有较全面的反映。

尤其值得一提的是，在大陆学者应以什么心态来研究现代新儒学问题上，方克立先生提出"同情地了解，客观地评价，批判地超越"三句话。方克立先生对这三句话作了如下解释：

"同情地了解"是指，我们许多同志在开始接触现代新儒家的著作时，对于他们坚持民族本位文化立场，在西化思潮盛行、民族文化危机之时，大声疾呼"中国文化没有死亡"，为护持和承续中华文化之慧命，贯注了满腔热忱，为之奋斗终生，都不由得产生共鸣和敬佩之情。因为我们对中华优秀文化也有深厚的感情，不赞成民族虚无主义的观点，所以愿意以同情了解的态度去读新儒家的著作，希望从中找到共识。这种情感上的共鸣可能是我们能够比较容易理解新儒家思想的一个重要原因。现代新儒学被称为"生命的学问"，强调时代的悲情和存在的感受，没有同情地理解的态度，没有很强的历史文化意识，是很难把握其思想义理之真髓的。正确的了解是科学研究的起点，要能"入乎其内"，才能窥其堂奥。

"客观地评价"是指，我们把现代新儒学作为科学研究的对象。必须实事求是地、客观地、全面地分析和评价它，而不能以主观感情的好恶为尺度。这就要结合现代新儒学产生的社会历史背景，把它放到中国现当代思想文化发展的整体联系中去考察，分别研究新儒学的哲学、文化思想和政治、经济主张，以及其所产生的社会效果和影响，并且预计它的发展前景。不论是作一种思想史的研究，还是作为当代思潮来研究都力求客观，得出的结论要符合实际。

"批判地超越"是指，在全面研究、系统了解的基础上，对现代新儒学理论之是非得失有了客观的合乎实际的结论，我们就应该站得更高些，努力克服新儒学理论的局限性，指出中国哲学和中国文化发展的正确方向。譬如，建立在唯心主义历史观基础上的道统论和心性本体论，脱离中国现实的道德主义，文化保守主义的立场和中体西用的态度等等，我们就是不能赞同的，当然不能跟着新儒家亦步亦趋，而是要批判地超越它。批判就是超越，我们对现代新儒学如果不能采取一种理性的批判的态度，那么整个研究工作就只能说是失败的。

在方克立先生看来，"同情地了解，客观地评价，批判地超越"三句话，也可以说是我们认识和研究现代新儒学的三个阶段，所达到的三种境界或层次，不能同情地了解就很难达到后两个层次，但是，如果只有同情的了解而不能客观地评价和批判地超越，入乎其内而不能出乎其外，那么就有可能成为新儒家的崇拜者和追随者，把现代新儒学从研究对象变成了信仰对象，国内个别学者所走的路已提供了这方面的经验教训。① 方克立先生的这三句话代表了大陆学者研究现代新儒学的基本态度，对于避免现代新儒学研究出现偏差起了很好的导向作用。

总之，可以肯定地说，方克立先生对大陆现代新儒学研究局面的开拓功不可没。

（三）现代新儒学研究重大成果介绍

经过十余年的辛勤耕耘和探索，现代新儒学研究领域可谓硕果累累。据颜炳罡先生统计，1986 年专门讨论新儒家的文章有十多篇，1987 年有三十多篇，1988 年有近七十篇，1989 年有近百篇，至 1992 年共计三百余篇。而照笔者的不完全统计，至 21 世纪初，关于现代新儒学的讨论文章高达近千

---

① 方克立著：《现代新儒学与中国现代化》第 207—209 页，天津人民出版社 1997 年版。

篇，出版论文集多部。这些论文涉及现代新儒学的方方面面问题。这是发表论文的情况。在其他方面，到目前为止，已出版现代新儒家资料书数十种，出版专题、专人研究性学术专著数十部。这些成果合计总字数有数千万字之多。在笔者看来，在短短的十多年时间里，现代新儒学研究取得如此巨大的成绩，获得如此重大的进展，除了中国大陆，在其他任何国家、任何地区都是不可想象的。

下面，我们简要介绍几套重要的学术丛书。

1. 《现代新儒家学案》

由方克立、李锦全主编的《现代新儒家学案》（上、中、下三册）于1995 年由中国社会科学出版社出版。该书采取我国传统史学的"学案"体例，力图为读者了解和研究现代新儒学的产生和发展，其主要代表人物的生平和学术思想，提供一套比较完整而系统的资料。该书所选 11 位案主（梁漱溟、张君劢、熊十力、马一浮、冯友兰、贺麟、钱穆、唐君毅、牟宗三、徐复观、方东美）系在中国现代新儒学发展史上起过重要作用和影响的人物，属于现代新儒学的第一代和第二代。他们的第三代传人学术规模尚未定型，暂不立案。

每个学案均包括"评传"、"新儒学思想资料选辑"、"论著编年目录"三部分。"评传"部分介绍案主生平事迹和学术活动，并对其学术思想作出初步的分析和评论；"思想资料选辑"部分是案主的重要著作或语录的选编，重点放在古今、中西文化观和哲学、宗教、伦理思想方面；"论著编年目录"收录案主公开发表和出版的全部中外文著作、论文、评著、杂著和书信的篇目，按时代先后编年排列。① 全书二百多万字。正如该书《内容提要》所言："本书在社会科学的广泛领域，都具有很高的学术价值。"

2. 《现代新儒学辑要》丛书

方克立主编的《现代新儒学辑要丛书》辑录了五四以来新儒学三代人的重要学术论著，共计 14 种，每种 40 万字左右，分 3 辑由中国广播电视出版社出版。第一辑 6 种于 1992 年出版，分别是：《道德理想主义的重建——牟宗三新儒学论著辑要》（郑家栋编）、《文化意识宇宙的探索——唐君毅新儒学论著辑要》（张祥浩编）、《生命理想与文化类型——方东美新儒学论著

---

① 方克立、李锦全主编：《现代新儒家学案·前言》，中国社会科学出版社 1995 年版。

辑要》（蒋国保、周亚洲编）、《儒家传统的现代转化——杜维明新儒学论著辑要》（岳华编）、《内在超越之路——余英时新儒学论著辑要》（辛华、任菁编）、《儒家思想与现代化——刘述先新儒学论著辑要》（景海峰编）。第二辑5种于1995年出版，分别是：《极高明而道中庸——冯友兰新儒学论著辑要》（田文军编）、《儒家思想新开展——贺麟新儒学论著辑要》（宋志明编）、《默然不说声如雷——马一浮新儒学论著辑要》（滕复编）、《孔子学说的重光——梁漱溟新儒学论著辑要》（郑大华、任菁编）、《精神自由与民族文化——张君劢新儒学论著辑要》（吕希晨、陈莹编）。第三辑3种于1996年出版，分别是《中国人文精神之阐扬——徐复观新儒学论著辑要》（李维武编）、《知识与价值——成中英新儒学论著辑要》（李翔海编）、《现代新儒学的根基——熊十力新儒学论著辑要》（郭齐勇编）。按方克立主编的说法，编辑这套《现代新儒学辑要》丛书，"旨在为广大读者提供一套精选的系统的研究现代新儒学的第一手资料。它不同于国内已经出版的众多新儒学评论集、港台海外新儒家论文选集和新儒家个别著作的重印本，而是力图从反映整个思潮发展的角度，将现代新儒学各个阶段代表人物的主要代表作挑选出来，分别汇编成册，以便读者准确地把握其新儒学思想的实质及其个性特征"①。该丛书各册编者分别撰写了《编序》，除介绍一些基本情况外，还用马克思主义观点对有关思想资料作了初步分析和评论，可视为各册的导读。应该说，主编在丛书的总体构架和各册编者在资料的搜集与精心筛选、编排上是下了工夫的。

3.《当代新儒学八大家集》

由黄克剑等编的《当代新儒学八大家集》于1993年由群言出版社出版。这八集分别是《梁漱溟集》（黄克剑、王欣编）、《熊十力集》（黄克剑、王欣、万承厚编）、《张君劢集》（黄克剑、吴小龙编）、《冯友兰集》（黄克剑、吴小龙编）、《方东美集》（黄克剑、钟小霖编）、《唐君毅集》（黄克剑、钟小霖编）、《徐复观集》（黄克剑、林少敏编）。

当代新儒学八大家在历史时段上属于新儒学发展中的第一代和第二代。为何未把钱穆、贺麟等重要学术人物纳入其中呢？编者解释说："这里未把以儒为宗的一代史学大师钱穆列为'当代新儒学'的代表人物，并不在于

---

① 方克立主编：《现代新儒学辑要丛书》（总序）。

编者对他拒绝在牟、徐、张、唐的联合宣言上签名这一事实的过分执泥，而是由于钱氏的一任'返本'的心路中并不存在悲剧式的'开新'的跌宕。早在30年代就在《儒学思想之开展》的论文中提出'新儒家思想'、'新儒学运动'的贺麟，或可看做当代儒学复兴的先行者之一，但50年代后的观念的转变曾使他的学术生涯别趋一途，并且，他的出版于1990年的《哲学与哲学史论文集》表明，这部晚年的选集只把那段与新儒家不无机缘的历史处理为他的全部学术进路的一个环节，而不是像冯友兰那样蓦然回首，对既往'迁变'的'道术'再作贞认。至于在'返本开新'的儒学思潮中可引为同调的其他人，或由于学术造诣的高下相去，或由于文化意识的影响尚不足以与梁、熊、唐、牟等人相匹，也未被列为'当代新儒学'的代表人物。"①

《当代新儒学八大家集》每集分三部分编纂：（1）生平、思趣、人格、境界。辑录作者本人有关自己生平、思趣、人格、境界方面的言论，为人们提供一幅可直观的新儒家学者的自我影像。（2）撰述原委与思考线索。选编作者本人对自己著述的撰述原委与思考线索的介绍，一般为新儒家学者主要论著的自序。（3）论著选粹。以作者的有代表性的著作为单元，编选作者主要论著中最精粹的篇章。这部分是重点，选文的原则：一是凸显论主独异的最具创造性的思想成就；二是扼要而准确地展示论主所拓辟的理论规模；三是一定程度地显露论主的心路历程。② 此种编纂体例可谓别具一格，看得出，编者们是费了一番心思的。

4.《现代新儒学研究丛书》

由方克立、李锦全主编的《现代新儒学研究丛书》包括专人研究和专题研究两个系列，分别于20世纪90年代由天津人民出版社和辽宁大学出版社陆续出版。丛书规模较大，计有数十种之多。作者大部分为80年代成长起来的优秀中青年学者，如郭齐勇、郑家栋、赵德志、施忠连、李毅等。

按方克立、李锦全两位主编的编撰构思，"专人研究系列是对第一、二代现代新儒家学者的新儒学思想，分别进行系统地研究和评述，重点是研究他们的古今、中西文化观和哲学、宗教、伦理思想；对于那些活跃于'学

---

① 黄克剑等编：《当代新儒学八大家》（编纂旨趣），群言出版社1993年版。
② 黄克剑等编：《当代新儒学八大家》（编纂旨趣），群言出版社1993年版。

术与政治之间'的人物，则需同时注意研究他们的现代儒家政治思想。总之，既要揭示他们作为现代新儒家的共性，也要写出每个人思想的个性。专题研究系列是对现代新儒学进行多方面、多角度、多层次的分别专门研究，例如对其哲学本体论、方法论、历史观、宗教观、伦理观、人生哲学、文化哲学、社会政治学说等等，运用逻辑和历史一致的方法，分别进行较为深入的剖析和阐论。又如对现代新儒学与古今中外多种思想学说的承继渊源关系或对立互动关系，分别加以系统地考察，也可以作为专题研究的内容。"①尽管由于每位作者的马克思主义理论素养不同，传统文化素养不同，对资料所下的工夫不同，各册论著的水平难免有差异，但多数论著具有较高的质量。

　　包括专人和专题两个系列的《现代新儒学研究丛书》的出版，一方面意味着"现代新儒学思潮研究"课题组的有计划有组织的研究工作告一段落，另一方面标志着现代新儒学研究进入到一个新的阶段。

二、 现代新儒学的产生和演变

　　现代新儒学是怎样一种思潮？它的兴起有什么背景？它的发展经历了哪几个时期、每一时期又有哪些代表性人物？这是人们在开始现代新儒学研究时首先需要回答和厘清的问题。

（一）现代新儒学的界定

　　现代新儒家或现代新儒学概念能不能成立？绝大多数论者对此持肯定态度，只有个别论者持否定立场。其中，最早表示疑义的是张岱年先生。他不同意将梁漱溟、熊十力、冯友兰、贺麟先生划为新儒家。他认为，梁先生既赞成儒家，又赞成佛教，是把儒家和佛教统一起来，说他是新儒家不大确切；熊先生本来是学佛学的，后来由佛归儒，推崇孔子，说他是新儒家，他自己也未必能接受；冯先生是继承、发展程朱学说的，但同时他又接受了柏拉图的学说，说他是新程朱派可以，说他是新柏拉图主义也可以；贺先生赞

————————

① 方克立、李锦全主编：《现代新儒学研究丛书》（主编的话）。

成理学，但也宣扬黑格尔主义，解放后，冯、贺二先生都转变了，都表示接受辩证唯物主义，贺先生还加入了中国共产党，说他们是新儒家是不妥当的。①

之后，涂又光先生对现代新儒家概念提出迄今为止最坚决最系统的质疑。他举出四点理由：第一，这个概念不便于与宋明道学区分，容易造成混乱，因为后者已被称之为新儒家；第二，如果在"新"之前加上"现代"二字，便造成语义上的同义反复，不好翻译；第三，最大的困难是这一提法与历史事实不符，被列入现代新儒家的某些人物实际上不是儒家，如冯友兰对中西哲学都是择其善者而从之，不能简单地归结为儒家；第四，由于长期以来"左"的影响，儒家概念在中国大陆实际上成了贬义词，使用这样的概念，有碍于对某些哲学家的思想体系作出客观、公正的评价。②

针对张岱年、涂又光二先生的质疑，李宗桂、郑家栋二同志撰文辨析。李宗桂指出，那种认为指认梁、贺、冯、熊等人解放前是"现代新儒家"，似乎就抹煞了其解放后的转变的顾虑是不必要的；而如认为将他们称为"现代新儒家"就包括了解放后的思想在内，则是一种误解；至于说梁氏兼综儒佛；熊氏由佛归儒，冯、贺中西并包，似乎就不能下"现代新儒家"的断语，这也理由不充分，因为判断一个思想家的思想属于何种流派、何种性质，不在于其思想中包含多少种成分，而是看其主要倾向。李还指出，用"新儒家"概念指称五四以来的新儒家，确易与宋明新儒家相混淆，不宜采用；而用"当代新儒家"概念，则又概括不全；恰如其分的指称还是以"现代新儒家"为好。③

郑家栋主要就涂又光的意见提出商榷。他指出，在"新儒家"前面冠以"现代"二字，正是为了区别于宋明新儒家，以避免混乱；至于现代新儒家概念如何翻译，那只是个技术问题，何况任何概念只能是先有本文，然后才产生译名，而不应当先考虑译名，并以此来限定本文。郑家栋进而着重就涂又光的后两点理由提出反驳，指出，梁、熊等人在有关哲学的性质、功能、内容和方法的认识上，坚持了传统儒学真善统一的立场，且都认为传统

---

① 张岱年：《中国传统哲学的批判继承》，《理论月刊》1987 年第 1 期。

② 阮青：《现代新儒家概念质疑》，《理论信息报》1988 年 2 月 1 日。

③ 李宗桂：《"现代新儒家"辨义》，《学习与探索》1988 年第 5 期。

儒学中包含着不为特定的社会形态和历史时期所限定的恒常价值,力图通过吸收西学求得儒家思想的现代转型。"现代新儒家"的概念可以说真实地反映了这些哲学家的思想实质和理论特征。郑家栋强调指出,冯友兰哲学确实具有不同于梁、熊等人的特点,表现出一定的主知倾向,但他不赞同哲学的功能只是在于分析概念命题的意义,主张哲学必须从事于形而上学的研究,且其形而上学最后仍落脚于人伦日用的实际;在哲学方法上,冯虽主要运用逻辑分析但亦肯定"负的方法"即直觉方法的地位和作用。这些都表现出现代新儒家的一般特征。另外,随着研究的深化和方法的改进,不必担心使用"现代新儒家"概念会影响对某些哲学家思想体系作出公正、客观的评价。①

上述李、郑二位年轻学者的看法大致是不错的。那么,现代新儒家的概念既然可以成立,其内涵当如何解说呢?关此有如下几种意见:

(1)现代新儒学实质上是海峡彼岸一批掌握了现代思想和方法的学者在对中国近百年来现代化不成功的历史经验的反省,以及对日本、新加坡等东方国家现代化的成功经验所作的研究中,形成的一种当代文化思潮。②

(2)现代新儒学是"指抗日战争时期兴起的一种改造传统儒学的新潮。……以中国传统文化为'本体',吸收西洋文化,以之为'用具',对传统的中国文化进行加工、制作、改造,使之成为一种既能保持中国的传统和特色,又能适合时代潮流和世界形势的新型文化。"③

(3)现代新儒家是针对近代西方实证主义思潮传入而形成的,这个学术思想从反实证主义回到儒家的心性之学,突出人作为认识主体、道德主体的观点。因此,现代新儒家是20世纪一个具有民族本体的文化立场、采取真善统一的思维方式、推崇直觉的思维方法的学术思想流派。④

(4)现代新儒家是在20世纪20年代产生的以接续儒家道统为己任、以服膺宋明儒学为主要特色、力图用儒家学说融合、会通西学以谋求现代化的

① 郑家栋:《现代新儒家概念及其他》,《中国哲学史研究》1988年第4期。
② 何新:《现代化与传统文化的再思考——评海外新儒学》,《社会科学辑刊》1987年第2期。
③ 杨君游:《贺麟与新儒学》,《中国社会科学院研究生院学报》1987年第5期。
④ 郑家栋:《现代新儒家概念及其他》,《中国哲学史研究》1988年第4期。

一个学术思想流派。①

（5）现代新儒学是 20 世纪 20 年代以来以接续儒家道统为己任，以宋明理学为依傍，有着强烈的救世立场，力图恢复传统文化的价值系统，弘扬儒学，吸纳并华化西学，以回应西方文化挑战，谋求现代化的思想理论学说。它首先是一种社会思潮，其次才是一种学术文化思潮。代表这一思潮的有独立思想体系的学者，便是"现代新儒家"。②

（6）所谓当代新儒家是指生活于当代并能遥契古圣往贤的哲学慧命，自觉地以儒家的义理作主宰，通过吸收、消化、融合西方文化乃至人类一切文化借以开出儒学新形态的一切学者。（这里所说的当代是一个弹性的动态的概念，不限于 1949 年以后，1919 年新文化运动以来都可称当代，甚至可上溯至 1840 年以来。称当代为现代、近代均无不可。）③

上述诸种意见都在一定程度上揭示了现代新儒学的精神实质，都有一定的道理。其中又以第四种意见较为全面、简洁而准确。第五种意见与第四种意见并无多大差别，不过它将现代新儒学与现代新儒家加以区分，避免了前面几种意见中以"家"代"学"、"家""学"纠结的表达局限，因而也是有意义的。

（二）现代新儒学的发展阶段及其代表人物

海外新儒家把儒学的发展分为三个时期：第一期是先秦原始儒学；第二期是宋明新儒学；第三期是当代新儒学。后者是一个上承五四时代，下开战后数十年的重要转型时期的儒学复兴运动。这种"儒学三期论"是他们的道统意识的明显写照。④

在大陆学者中，关于新儒学的分期主要有以下几种不同的观点：

（1）李书有认为，相对于先秦原始儒学和宋明新儒学，现代新儒学就是所谓"儒学第三期发展"。而作为"新儒学"本身又经历了三期发展：第一次新儒学思潮出现在宋朝，史称理学思潮，它是适应我国封建制度进入后

---

① 方克立：《要重视对现代新儒学的研究》，《天津社会科学》1986 年第 5 期。

② 李宗桂：《"现代新儒家"辨义》，《学习与探索》1988 年第 5 期。

③ 颜炳罡著：《当代新儒学引论》第 49—50 页，北京图书馆出版社 1998 年版。

④ 参见韩强：《现代新儒学研究（1986—1987）综述》，收入《现代新儒学研究论集》（一），中国社会科学出版社 1989 年版。

期发展阶段的社会而产生的；宋儒将先秦以伦理为主体的儒学发展为哲学、政治、伦理三位一体的新儒学，使儒学发展到一个新阶段——哲理化阶段。第二次新儒学思潮是近代（1840—1949 年）我国资产阶级革命转变为无产阶级革命时代出现的，但这次新儒学思潮的真正代表，不属于"东方文化派"的梁漱溟，而是学贯古今、中西的新程朱派冯友兰，其次还有新陆王派熊十力和贺麟。第三次即是近几年港台海外出现的"当代新儒学"思潮。①

（2）伍玲玲认为，儒家思想的发展可分五个时期：先秦孔子是第一期；汉代董仲舒是第二期；宋明理学是第三期；现代新儒家是第四期；第五期应是有社会主义特色的。② 这里谈的实际上是儒学的历史分期。

（3）李泽厚认为，按思想发展的逻辑进程而言，可把辛亥、五四以来的现代新儒学分为四个阶段，而熊十力、梁漱溟、冯友兰、牟宗三四人的思想正好可以作为这四个发展阶段的典型代表。李指出，钱穆、徐复观基本上是历史学家；张君劢、唐君毅虽属哲学家，但他们的思想及体系相对来说庞杂无章，创获不多；熊、梁、冯、牟却各有某种创造性，且思辨清晰，条理井然。③

（4）颜炳罡认为，从梁漱溟初举"复兴儒学"义旗，到现在的海外新儒家，新儒学思潮的发展经过了两个时期：第一时期是从五四到大陆解放，第二时期是从大陆解放到现在。前者的代表人物为梁漱溟、熊十力、冯友兰等；后者的代表人物为牟宗三、唐君毅、徐复观等。④

（5）方克立认为，现代新儒学的上限为五四以后，它在六十多年历史演进中分为三个发展阶段。新中国成立以前是它的前期发展阶段，代表人物有梁漱溟、张君劢、冯友兰、贺麟、熊十力等；20 世纪 50 年代以后，现代新儒家在港台地区得到新的发展，并达到鼎盛阶段，代表人物有唐君毅、牟宗三、徐复观、方东美等人，他们可说是现代新儒家的第二代；进入 80 年代以来，代之而起的是港台和海外的一批思想活跃的中青年学者，他们大多

---

① 李书有：《新儒学思潮与我们的儒学伦理研究》，《南京大学学报》1987 年第 1 期。
② 李宗桂：《"现代新儒家思潮研究"的由来和宣州会议的争鸣》，收入《现代新儒学研究论集》（一）。
③ 李泽厚著：《中国现代思想史论》第 267 页，东方出版社 1987 年版。
④ 颜炳罡：《五四·新儒家·现代文化建构》，《文史哲》1989 年第 3 期。

是唐君毅、牟宗三的学生，在一些国际性的学术组织里和学术会议上，已经形成一定的力量和势头，代表人物有杜维明、刘述先等人，他们可说是现代新儒家的第三代。①

（6）郑家栋把现代新儒学思潮区分为四个发展阶段：新儒家第一代（五四时期）——梁漱溟、张君劢、熊十力等；新儒家第二代（抗战时期）——冯友兰、贺麟、钱穆等；新儒家第三代（50—60 年代）——牟宗三、唐君毅、徐复观等；新儒家第四代（80 年代）——杜维明、刘述先、蔡仁厚等。郑家栋认为，三代说（5）的缺陷首先在于，它忽视了梁、熊与冯、贺的思想之间存在着实质性差异，且他们本来就是两代人，其思想理论分别反映出五四时期和抗战时期社会思潮的不同特点；其次，把钱穆与唐、牟等人放在一起也不妥，因钱属冯、贺的同代人，且其史学理论成熟于 40 年代初。②

上述诸位论者的意见表面上看见仁见智，其实分歧并不很大。其中，或讨论儒学、新儒学的分期，或讨论现代新儒学的分期，着眼点似未统一。当然，对前二者的讨论有助于对儒学和新儒学发展脉络的把握，也有助于对现代新儒学分期的认识。在我们看来，在现代新儒学的分期意见中，两阶段说偏于略简，四阶段说偏于详繁，而以方克立先生的三阶段说为适中稳妥。事实上，方先生的意见已得到学术界的普遍认同。固然，郑家栋的四阶段说也有成一家之言的理由，而且，他所提出的问题似亦不可完全忽视。

关于现代新儒家的代表人物，我们在讨论其分期时已论及。这里再提供点补充意见。景海峰认为，如果以 20 世纪 20 年代初对新文化运动的保守主义回应为确定的参照，那么，同梁漱溟著《东西文化及其哲学》（1921年）、张君劢著《人生观》（1923 年）处于同一阵线的梁启超（1919 年著《欧游心影录》）也应被看做当代儒学的前驱代表人物，甚或 20 年代前期以《学衡》为阵地的梅光迪、吴宓等人亦应列入；还有，作为熊十力挚友的马一浮、林宰平二人，不管从哪方面说，都更接近于当代儒家的人格标准，堪为先师。杨君游认为，对于后来已成为马克思主义理论家的贺麟来说，前期

① 参见方克立：《关于现代新儒家研究的几个问题》，《天津社会科学》1988 年第 4 期；《现代新儒学的发展历程》（上、中、下），《南开学报》1990 年第 4、5、6 期。
② 参见郑家栋著：《现代新儒学概论》第 14—16 页，广西人民出版社 1990 年版。

新儒学只构成他思想发展中一个小的阶段，因此，不能把新儒学推崇为贺先生的最高成就。而中国台湾学者吴森则在《当代东方哲学》一书中认徐复观系保守的自由主义者而将其排斥在当代儒家之外，只认中国台湾的陈大齐、谢幼伟、中国香港的牟宗三、唐君毅和旅美的陈荣捷五位为当代新儒家。香港学者刘述先则指出，当代新儒家究竟包括哪些人，并没有统一的见解。① 李宗桂认为，金耀基、余英时等也是现代新儒家，中国台湾的罗光也是有现代新儒家倾向的人。②

关于现代新儒学的发展阶段及其代表人物，20 世纪 80 年代中后期人们争论激烈，这可能与此时现代新儒学研究在大陆尚处于起步阶段有关。20 世纪 90 年代以后，人们在研究中虽仍涉猎这一问题，然已没有更多的交锋，这恐怕是此时现代新儒学研究已渐趋深入的缘故。

（三）现代新儒学的时代背景

在现代新儒学思潮的成因问题上，学术界趋于一致的意见认为：它是五四前后一批有着爱国主义思想的知识分子面对西方文化的挑战和马克思主义思想体系的冲击，传统价值系统解体，在国内出现激烈的反传统主义和国粹主义的情况下，欲图通过弘扬儒学，保存传统文化的主体和主导地位，吸收西方科学和民主思想，回应西方文化的挑战和马克思主义的冲击，摆脱国粹主义的束缚，以自立于世而产生的一种新的思想文化现象。③

有的论者具体考察了不同阶段的现代新儒家学者所面临的不同处境及其不同文化心态，认为大体说来，现代新儒学经历了一个由消极防御到积极挑战的转变。它的前期主要是防御性的，表现为对西方文化冲击的一种消极回应；后期则主要是挑战性的，即试图对异质文化进行一种积极的批判与超越，体现着时间维度的更迭。具体而言，现代新儒家一开始是西方近代文化挑战的产物。为了拯救"儒门淡泊，收拾不住"的危局，儒学不得不对自

---

① 参见韩强：《现代新儒学研究（1986—1987）综述》，收入《现代新儒学研究论集》（一），中国社会科学出版社 1989 年版。
② 李宗桂：《"现代新儒家思潮研究"的由来和宣州会议的争鸣》，收入《现代新儒学研究论集》（一）。
③ 李宗桂：《"现代新儒家思潮研究"的由来和宣州会议的争鸣》，收入《现代新儒学研究论集》（一）。

身作出一种本能的防卫性调整。于是现代新儒学应运而生。第二代新儒家面对的则是近代社会的充分发展，即现代化状态。这时，理性文化所蕴涵的内在矛盾开始呈现在新儒家面前，使其调整战略，由保守的心态逐步转向开放的心态。第三代新儒家身处后现代社会，对现代文明的弊端有着切肤之痛，因此，试图以儒学来拯救和弥补现代文明的缺陷，从而显示出一种挑战的积极姿态。论者强调，海外新儒家对儒学的认同，不能完全归结为文化传播学所谓的"文化孤岛效应"，即在异域文化中对本土文化的强烈认同倾向，更重要的在于后现代社会中那种对中西文化互补关系的自觉整合。①

还有的论者着重探讨了当代新儒学思潮兴盛的原因，认为除了文化保守主义的植根深厚和海外中国学者的独特境遇外，还有一个十分重要的机缘，这就是第二次世界大战后，特别是 20 世纪 70 年代东亚工业文明振兴以来，西方学者研究中国文化的兴趣日益浓厚，对中国传统文化的估价也有了一些改变，这种情况助长了当代儒学思潮的兴盛，使当代儒家弘扬传统、"返本开新"的自信心得到了加强。②

又有论者认为，现代新儒家的兴起，与儒学传统在近现代中国的失落，新文化运动对儒学的批判和儒学人生观的式微直接相关。或者说，现代新儒学正是因为传统儒学统治地位的丧失、生存危机的出现的刺激而奋起。而对当代港台新儒家来说，一方面是乡土漂泊，一方面是文化漂泊，前者激起乡土寻根，后者激起文化寻根。正是这种双重飘零的深切感受和寻根返本的强烈渴望，导致了港台新儒家的兴起。③

关于现代新儒学产生的背景或成因的论述还有很多，但大都和前述诸位学者的看法大同小异。有的论者还分析和考察了现代新儒家具体人物之思想的成因问题，限于篇幅，这里就不作介绍了。总的看，上述认识都还是比较公允和客观的。

---

① 何中华：《现代新儒学演变的文化诠释》，《山东大学学报》1990 年第 3 期。
② 景海峰：《当代儒学思潮简论》，《深圳大学学报》1987 年第 1 期；李书有：《新儒学思潮与我们的儒学伦理研究》，《南京大学学报》1987 年第 1 期。
③ 叶赋桂：《现代新儒家的思想特质》，《清华大学学报》1997 年第 1 期。

三、　现代新儒学的理论剖析

人们已经不局限于对现代新儒学的产生和演变的外在考察，而是深入到现代新儒学的理论内容中去，力图通过对其理论特征的揭示和中心命题的认识，进而对其理论得失作出基本的评估。

（一）现代新儒学的思想特征

根据许多论者的阐发，现代新儒学的思想特质主要体现在以下一些方面：

（1）有着坚定的民族文化本位立场。强调中国文化的"一本性"和优越性，肯定中国文化有活的内在生命力，主张以中国文化的价值为基本取向，塑造人格，建设社会；服膺和推崇宋明儒学，肯定儒学道统，以弘扬和发挥宋明儒学为自己的职志；认为中国文化具有很强的适应性和同化力，与现代化并不矛盾，中国文化本身蕴涵着发展科技的思想，包含着民主政治的根源；认为中道高于西器，坚持中体西用，主张在以儒学为宗前提下吸收西方进步思想。

（2）具有开阔的文化视野和鲜明的主体意识。他们立足传统，面对现实，放眼世界，欲图把中国文化纳入到世界文化体系之中，而又保持中国文化的价值与特色；反对复古，主张融合、会通儒学和西学，吸纳西方文化中的科学、民主等思想，培养出现代意义的中国文化，进而使中国人不仅成为道德实践的主体，而且成为"政治的主体"；有强烈的民族文化"花果飘零"心态及自信自强的主体意识和自尊自守的独立人格，有深沉的历史责任感和时代使命感，在欧风美雨的冲击下挺立不倒。

（3）保守的文化立场和政治立场。维护传统道德，攻击五四运动破坏多、建设少，认为它破坏了中国学术文化道统的传承，造成了民族文化的断层；反对马列主义，反对其成为中国的指导思想，虽然欣赏马列主义对资本主义的某些批判，但仅仅是从二者都是西方的产物，是作为"以毒攻毒"的现象而冷眼旁观的；在对待中国共产党领导的人民革命以及新中国建设问题上，也表现了不好的政治倾向。

（4）有独立的思想体系。现代新儒家通过吸收西方哲学来补充和发扬儒家的心性之学，构造自己的新儒学思想体系，而使自己的理论既与马克思主义哲学不同，也与固守传统的国粹派、否定传统的全盘西化派有别。现代新儒家与国粹派的主要差异是：在思想内容上，前者以儒家学说为传统文化的主要代表，自觉归趋儒家的道德信念和理想人格，后者则更注重非儒学派的研究；在确认传统的角度和层次上，前者强调儒家学说对人类文化发展的普遍意义和价值，后者的理论基石是民族主义。现代新儒家与西化派的对立，突出表现在强调文化的民族性和历史继承性两方面。①

在现代新儒学一般特征的把握上，还有两种意见值得一提。一种意见从现代新儒学的心态、形态、方法、思想内涵、价值和社会功能等方面揭示其特征，将其归纳为开放性与一本性的纠结、自我批判与忠诚信仰的矛盾、逻辑思辨与直觉体悟的互补、理论理性与实践理性的统一、生命存在与道德自我的关联、"保内圣"与"开外王"之间的困局、儒学的现代化与现代化中的儒学等七个方面。② 作者跳出静态的层面而进入动态的层面，并非局限于既成的新儒学，而是站在新儒学的前瞻的立场和角度来阐析现代新儒学的特征。

另一种意见将当代新儒学（按：此所谓"当代"是一宽泛的概念，不同于通常人们所理解的"当代"）的特征概括为儒家主位主义、道德中心主义、内在生命主义、即理性而超理性等四个方面。③ 显然，这一概括是从当代新儒学理论内涵的分析出发的，与前述多数论者所论并无大的差别。需要指出的是，作者又从内在和外在两个方面分析了当代新儒学新之为新，并归结为如下六点：第一，当代新儒家具备一种自我批判意识。第二，当代新儒家学者明确将学术的儒学与制度的儒学区别开来，将儒学的普遍意义和时代意义区别开来，克服了传统儒学将二者混为一谈的缺陷。第三，面对西方文

---

① 参见李宗桂著：《中国文化概论》第373—374页，中山大学出版社1988年版；李泽厚著：《中国现代思想史论》第265—266页，东方出版社1987年版；田夫：《现代新儒家研究近况》，《社会科学》1989年第8期；何新：《对现代化与传统文化的再思考》，《社会科学辑刊》1987年第2期；方克立、李锦全主编：《现代新儒学研究论集》（一）第336—337页、第342—343页；方克立等主编：《现代新儒学研究论集》（二）第360—361页，中国社会科学出版社1991年版。
② 郭齐勇著：《郭齐勇自选集》第18—29页，广西师范大学出版社1999年版。
③ 颜炳罡著：《当代新儒学引论》第70—84页，北京图书馆出版社1998年版。

化的挑战，顺应儒学的内在精神，重新调整儒学内圣外王的义理结构，即本内圣之学开出新外王。第四，在思维方式上，由传统儒家"圆而神"的智慧始，经过融摄西方文化"方以智"的智慧，重新达到新的"圆而神"。第五，无论是原始儒家，还是宋明儒家，都只言心性之学，并未明言道德的形而上学，只言修道之教或成德之教，而未明言道德宗教，当代新儒家则明言之。第六，传统儒学是仁智合一、以仁统智的文化系统，当代新儒家则主张开出"见闻之知"的独立形态，即知性之独立形态。作者指出，这六点是区分儒学新旧的标准。前两点是外在价值上的新，后四点是内在义理上的新。前两点新标志着当代儒家学者心态的转移和学术路向的调整，没有这种转移和调整，儒学就不可能有内在义理的发展，而没有儒学内在义理的发展，儒学也就不可能有新形态的出现。后四点就是顺应传统儒家精神使其在义理上进一步发展，这一发展才是当代新儒家之所以为新的真正原因。①

　　值得注意的是，有的论者不局限于对现代新儒学基本特征的总体认识，开始对不同历史时期的现代新儒学的特征作具体的探讨。论者指出，以梁漱溟、张君劢、熊十力为代表的新儒学第一代的特点在于：站在传统的基地上来融合西学；到佛学中去寻找方法；强调躬行践履。以冯友兰、贺麟、钱穆为代表的新儒家第二代的特征是：开放的胸怀和平等的眼光；致力于寻求中西哲学、文化的结合点；儒学从书院到学院的转变。以牟宗三、唐君毅、徐复观为代表的新儒学第三代的特质表现为：充满理智化与情绪化的矛盾；强调儒家思想的宗教意义；注意探讨中国没有出现近代民主的原因。而以杜维明、刘述先、蔡仁厚等人为主要代表的新一代新儒家学者的特色则在于：他们思想开放，视野开阔，更富有现实感，注意寻求历史与现实的结合点；试图超越五四以来西化派与保守派的思想对立，广泛开展与西方当代学术思想的对话。②

　　有的论者还具体探讨了港台新儒家的思想特点，并将其归纳为三个方面：首先，在思想倾向上都继承儒家的传统。其次，都强调儒家的"心性之学"。再次，对西方文化、文明采取一种颇为偏激的贬低的态度。论者进

---

① 颜炳罡著：《当代新儒学引论》第52—54页，北京图书馆出版社1998年版。
② 郑家栋著：《现代新儒学概论》第210—218页，第278—282页，第326—335页，广西人民出版社1990年版。

一步指出："港台新儒家区别于现代新儒家的地方在：它固然继承了前代现代新儒家重视文化传承的方面，同时又力图弥补现代新儒家的不足，即不仅仅作为新文化运动或'全盘西化'论的对立面而存在。这就是它要求对西方文化的挑战作出较以往的现代新儒家更积极的回应，也更能正视传统文化与现代化的关系问题。"①

必须指出，人们大都着眼于现代新儒学一般特征的宏观把握，而忽视对其不同发展阶段上的不同特色的微观认识。相比较而言，上述个别论者的具体探索就显得弥足可贵了。无疑，一般特征的揭示是必要的，但停留于此势必影响研究向纵深发展。因此，我们提醒现代新儒学研究者更多地把注意力放在各不同时期新儒学理论特色的具体分析和认识上面。这或许是更为重要的研究课题。

（二）所谓"返本开新"与"良知自我坎陷"

1. 所谓"返本开新"

"返本开新"是现代新儒家的思想纲领，也是他们汲汲以求的历史使命。所谓"返本开新"，即是返传统儒学之本，开科学、民主之新。换句话说，就是由所谓"内圣"（儒家心性之学）开出新"外王"（科学、民主）。按照牟宗三先生的说法，儒学第三期发展的使命在于："一、道统之肯定，即肯定道德宗教之价值，护住孔孟所开辟之人生宇宙之本源。二、学统之开出，此即转出'知性主体'以容纳希腊传统，开出学术之独立性。三、政统之继续，此即由认识政体之发展而肯定民主政治为必然。"② 有论者认为，这是对现代新儒家"返本开新"命题的较为具体的表述。"道统之肯定"也就是肯定儒家的"内圣成德之教"，"接续民族文化生命之本源大流"；"学统之开出"和"政统之继续"则是要把儒家的道德精神落实到外王事业上以开出"新外王"，即发展科学和民主。③ 另有论者指出，新儒家执信，科学民主之"新"，须经过民族文化的自我调整，从民族文化生命内部（本）

①　胡伟希著：《传统与人文——对港台新儒家的考察》第 23—27 页，中华书局 1992 年版。

②　牟宗三著：《道德的理想主义》（序），中国台湾学生书局 1985 年版。

③　方克立、郑家栋：《论现代新儒学对传统儒学的继承、开新及其理论困限》，《社会科学战线》1990 年第 4 期。

中开显出来，才能让它生根成长，"开新"还须"返本"。他们并不菲薄科学，只是反对滥用科学的唯科学主义。在事实世界里，科学适足以为用；而在价值世界里，科学在对对象作出描述性解释和预示性推测时却陷于无能。另一方面又认为，科学、民主、人权、自由等现代价值观念，与传统文化和儒家的真精神并不矛盾，"返本"自能"开新"，这是新儒家坚定不移的信念。①

现代新儒家返本开新的价值观和文化观是怎样形成的呢？有论者分析说，它是在中国社会由传统向现代转型的过程中形成的，是对欧风美雨袭击中国文化园地的积极回应；它不是简单袭用中体西用的主张，而是力主吸纳西方的科学技术和民主政治，试图将现代文明的新枝嫁接在中国文化的古树之上，使中国文化焕发出新的生命力；它反映了强烈的本根意识和文化观念上的"恋母情结"——"对固有文化的一往情深"，"对西方文化的本能反抗"。②

另有论者认为，"返本开新"观念的提出体现了现代新儒家对中国文化生命及其现代化目标的自觉体认。指出，在现代新儒家看来，清代以来民族文化生命的日趋衰微与儒家心性之学沉晦不显的状况是相适应的，要弘扬民族文化生命，首先必须重建儒家道统，光大儒家内圣之学，恢复先秦和宋明儒家的形上智慧。他们就把这方面的努力及其使命称之为"返本"。这所谓"返本"也就是要把儒学之作为"常道"的某些基本义理重新彰显出来，进而重新界定儒学在人类文化史上的地位和价值。照新儒家的观点，儒学的"内在超越"体现了道德与宗教的完美统一，以"内在超越"为基本特征的儒家心性之学在现代社会中既可以发挥某种宗教的功能，又可以避免以舍离为首要义的佛教和以神为中心的基督教所带来的偏失。另一方面，关于科学、民主与传统文化特别是儒家思想的关系，现代新儒家不满足于"古已有之"的论调，他们自觉意识到，科学与民主（指科学精神和民主制度）是中国历史文化中所缺少的，而又为我们民族走向现代化之所必须。所以问题不在是否需要西方的科学与民主，而在如何吸收西方的科学与民主。新儒

---

① 董德福：《"开新"还须"返本"：现代新儒家一个基本信念析论》，《福建论坛》1995年第2期。
② 李宗桂：《评现代新儒家的"返本开新"说》，《学习与探索》1990年第4期。

家强调，吸收西方的科学与民主不可以采取外在的"加添法"，而必须经过民族文化的自我调整，从民族文化生命内部开显出来。而儒家思想与现代化的关系不是外在的消极的适应，对于儒家思想来说，作为现代化基本特征的民主与科学并不是某种异质的不相容的东西，而是为儒家思想本身所要求的。换句话说，儒家内圣之学的彰显一定可以开出新外王（科学与民主）。①

对于现代新儒家提出的"返本开新"说，海外学者中已有人提出质疑。如林毓生在《新儒家在中国推展民主与科学的理论面临的困境》一文中指出："中国传统文化内在并不必然有要求与发展民主的思想资源"，"希望儒家道德性的思想'必当发展为政治上的民主制度'很难不是一厢情愿的愿望。"② 而在大陆学者中，更是基本持批评的态度。如有论者指出："重内圣心性之学，轻外王事功之业，是儒家文化符号系统的基本框架。所谓'保内圣，开外王'并没有离开这一基本格局。试问，在内圣外王结构根本不变的前提之下，心性之学何以能转出科学与民主？"因此，"我们说，保内圣和开外王绝对是一个困局"③。另有论者指出，所谓"由内圣开出新外王"的"转化之创造"，也就是道德主体的"转化之创造"。在新儒家那里，民主与科学的开出最后被单纯归结为一种主体的建构，而其本质上又是道德主体的自我转化，亦即道德主体的自我充实和完善。这种道德主义的立场使他们不可能指出一条发展科学与民主的客观途径。④

又有论者指出，现代新儒家"返本开新"的思想纲领表明，他们是民族文化主体性的虔诚护卫者，但他们仍是在中体西用的框架里寻找民族文化复兴与现代化之路。现代新儒家对于民主科学的认识与肯定是十分难能可贵的，但一旦涉及如何开出民主科学的"新外王"这一问题时，就使理论现出了"中体西用"的真面目。⑤

还有论者批评说，新儒家"返本开新"的重点无疑是在"返本"，即回到儒家精神的本根处，确认儒家道统在中国文化中的"一本性"，这种确认

---

① 方克立、郑家栋：《论现代新儒学对传统儒学的继承、开新及其理论困限》，《社会科学战线》1990 年第 4 期。

② 转引自李锦全：《现代新儒学思潮的历史评价》，《齐齐哈尔师范学院学报》1991 年第1 期。

③ 郭齐勇：《内圣与外王之间的困局》，《东岳论丛》1988 年第 4 期。

④ 郑家栋：《儒家与新儒家的命运》，《哲学研究》1989 年第 3 期。

⑤ 见伟：《评新儒家的"返本开新"》，《泰安师专学报》1992 年第 1 期。

是非历史的；新儒家认为从传统儒学之"本"必然可以开出现代科学民主之"新"，其论证不是从事实出发，而是从抽象原则出发，其结论早已包含在抽象原则之中，这种论证方法是非科学的；新儒家企图以"内圣外王"的思维框架联结儒家心性之学和现代科学民主，把两个属于不同甚至基本对立的价值系统的东西连接起来，自然难免暴露出体用两橛、不能由内圣推出外王的困窘。①

我们认为，上述论者对新儒家"返本开新"说的分析是中肯的，其批评也是切中要害的。现代新儒家所立之"本"如果没有一个根本的转换，那么它的确很难开出适应现代化需要之"新"来。

2. 所谓"良知自我坎陷"

"良知自我坎陷"是第二代新儒学重镇牟宗三先生提出的一个重要命题，它是对此前新儒家提出的"返本开新"的一种新的诠释，也可以说是实现"返本开新"的一个重要环节、一条根本途径。

在新儒家看来，传统儒学存在"内圣强而外王弱"的缺陷与不足，要弥补这一缺陷与不足，开出科学与民主的"新外王"，建立学统和政统就必须由道德理性"往下讲"，以转出"知性"。而转出"知性"的途径即是牟先生说的"道德理性（良知）的自我坎陷"。

所谓"道德良知自我坎陷"是什么意思呢？郑家栋先生解释说，它指道德良知经过自我限制（自我否定），自觉地从"无执"转为"有执"（"自我坎陷就是执"），从与物无对的直觉状态转为主客对列的"知性形态"，亦即从"运用表现"转为"架构表现"，从德性主体转出知性主体，以便为科学、民主的发展提供依据。② 牟宗三又称良知自我坎陷为"精神表现之一曲折"，认为"逻辑、数学、科学，以及近代化的国家、政治、法律，但在此一曲折层上安立"。③ 牟宗三称历史上儒家所讲的外王为"外王之直接形态"，即以为外王可由内圣直接推出来，以为尽心尽性尽伦尽制即可直接推出外王。他认为"这个直接形态的外王是不够的"，外王之积极

---

① 方克立：《现代新儒学与中国现代化》，《南开学报》1989 年第 4 期。

② 郑家栋著：《本体与方法——从熊十力到牟宗三》第 213 页，辽宁大学出版社 1992 年版。

③ 转引自郑家栋著：《本体与方法——从熊十力到牟宗三》第 213 页，辽宁大学出版社 1992 年版。

地、充分地、客观地实现，必须经过一个曲折，"转一个弯，而建立一个政道、一个制度，而为间接的实现，此为外王之间接形态"。① 中国政治的现代化意味着从"外王之直接形态"转为"外王之间接形态"。什么是"坎陷"？牟先生的弟子蔡仁厚认为，就是良知的"自我打开"，使自己开为两层，一为良知自己，二为认知主体。牟门弟子大都认为，"良知自我坎陷"说从理论上已解决本内圣之学开新外王的问题。

果真如此吗？许多学者提出质疑。傅伟勋先生在《批判的继承与创造的发展》一书中指出："良知自我坎陷"说"仍不过是张之洞以来带有华夏优越感的'中学为体，西学为用'老调的现代翻版而已，仍突破不了道德主义的知识论框架，而创造地发展合乎新时代需要的儒家知识论出来"②。郑家栋先生指出，追求超越、追求无限，与人的知识、知性了无干涉的道德良知，又何以会坎陷自身而下开知性呢？牟宗三依据黑格尔的历史哲学指出，精神的内在有机发展所包含的"辩证的必然性"使它可以"要求一个与其本性相违反的东西"，以便自己更圆满地实现出来。这种玄学的说明方式既不需要太多的论证，亦不难自圆其说，但若说"开出新外王"的历史课题因此已得到圆满的解决，那未免把复杂的问题简单化了。新儒家恐怕很难避免重蹈宋明儒者"内圣强而外王弱"的覆辙，应该说此方面的思想限制首先是与他们所继承的儒家思想资源有关，他们得之于此，也失之于此。③

李翔海先生评论说，"良知自我坎陷"说作为现代新儒学理论建构的逻辑归结，同时也代表了它在一定发展阶段上的最高理论成就。然而，由于"良知自我坎陷"说在价值取向上的偏误，"有进于往贤"的缺失及其内在的理论难局，迄今为止它所成就的"道德的形而上学"并没有像牟宗三所期望的那样，成为一切哲学体系的原型和贯通内圣外王的圆教。它的确得到了新儒家后学特别是牟门弟子的捧场与唱和，但它不仅没有真正切入现代生活的实际，而且更多的是招来了理论的责难与诘问。④

---

① 转引自郑家栋著：《本体与方法——从熊十力到牟宗三》第 213 页，辽宁大学出版社1992 年版。
② 转引自颜炳罡：《现代新儒学研究的省察与展望》，《文史哲》1995 年第 4 期。
③ 郑家栋：《新儒学研究三题》，《求是学刊》1993 年第 5 期。
④ 李翔海：《评牟宗三"良知自我坎陷"说》，《人文杂志》1993 年第 2 期。

颜炳罡先生则对"良知自我坎陷"说给予了一定的肯定。他首先指出"良知自我坎陷"说是以黑格尔的精神之内在有机发展为理据的，说明它是一理论问题，而不是现实问题，只有理论的必然性，而没有现实的必然性。就现实的或实际操作的层面言，它无疑是虚的；但就理论层面说它对中学和西学，实践理性与理论理性，道德与科学等关系也无疑具有疏导之功，因而它又是实的。进而认为这一理论的最大意义是它将中国文化走向现代化的探讨由"为何"层面深化到"如何"层面，即由对中国文化现代化一般性理论探讨深化为现实性道路的寻求。它认为中国文化现代化的实现并非是西方的民主与科学坎陷自身以适应中国，相反是中国文化自我坎陷自觉地要求民主与科学。他认为"良知自我坎陷"说是近代以来儒学自我革命的理论补课，是儒学由传统形态走向现代新形态的桥梁。①

笔者以为，"良知自我坎陷"说是第二代新儒家谋求儒学现代化的有益探索，其在理论上的精巧及创新性努力是显而易见的。然这一学说亦终未跳出"中体西用"的传统，终未能根本摆脱"返本开新"说所遇到的同样的理论与现实困境。

（三）现代新儒学的"得"与"失"

应当说，关于"返本开新"说和"良知自我坎陷"说的批评，已从一个侧面反映出人们对现代新儒学的认识和评价。这里，我们进一步就人们关于现代新儒学的得失评估作一较为全面的总结。

1. 现代新儒学之所得

有论者指出，现代新儒家在中国文化遭遇空前危机的历史条件下，怀着强烈的危机意识和使命感，起而维护和弘扬民族文化，批判民族虚无主义和全盘西化论。半个多世纪以来，他们在研究、整理和阐发、弘扬传统文化方面所作出的贡献是不应该抹煞的；他们在融会中西、谋求中国哲学、文化现代化方面所做的有益的尝试，为我们提供了大量可资借鉴的理论成果和经验教训。②

---

① 转引自颜炳罡：《现代新儒学研究的省察与展望》，《文史哲》1995 年第 4 期。
② 方克立、郑家栋：《论现代新儒学对传统儒学的继承、开新及其理论困限》，《社会科学战线》1990 年第 4 期。

有的论者具体探讨了新儒家学者为促进中国哲学现代化所作出的理论贡献，并将这种贡献概括为三个方面：其一，新儒家学者以传统儒学为基干，儒化、华化已传入的西方哲学，试图将中国哲学推向世界；其二，新儒家学者抓住思维与存在的关系问题进行哲学思考，逐步达到对哲学基本问题的自觉，促使古代哲学向现代哲学转化；其三，新儒家学者站在各自的哲学立场上，重新思考关于人的种种问题，寻求与现代社会生活相适应的人学观念。①

另有论者高度推崇新儒家在儒学和中国哲学研究上的重要贡献，指出新儒家从"仁"既是道德原理，又是宇宙原理出发，沟通认识的主体和对象，将万物区分为物质世界、生命世界、心灵世界，从这些既联系又区别、相反相成的关系中，建立了儒家哲学新的阐释图式，从而深化了对传统儒学的认识；他们称儒学中有超越的人文精神，它是将理智与感情融合、涵盖自然与人生的生命力，因而始终具有活泼的生命力。可知在新儒家的阐释系统中，实际上多是创造，从哲学发展的角度看，他们的确是把传统的中国哲学推进到了一个新阶段。②

另有论者认为，从现代新儒学兴起以来七十多年的历史来看，它至少有两个方面是为人肯定的：第一个方面，对民族、人类满怀炽热而深邃的"忧患意识"。第二个方面，献身于民族文化复兴，使中国哲学挺立于世界现代文化之林的学术追求。③

又有论者认为，现代新儒家提出的问题是中国近现代比较迫切的问题，他们自觉地关心中国的现代化和未来发展，积极地参与中国社会和中国文化的建设；他们提出的理想、理论不是一个纯理论的问题，而是一个理论与实践统一的历史过程问题，其时代现实感很强；他们的哲学既连接传统，又吸取和消化了西学，理论思维的水平较高，且有自己的体系。现代新儒学所关涉的问题是相当广泛的，既有个人安身立命的终极关怀，也有社会发展和进步的远大理想；既讲内圣之学，也讲外王之道；既弘扬了

① 宋志明：《五四以来的新儒家与中国哲学现代化》，《中国人民大学学报》1991 年第 1 期。
② 罗福惠：《概论近代以来我国文化传统主义的演化》，《华中师范大学学报》1987 年第 6 期。
③ 周溯源：《现代新儒学述评》，《宁夏社会科学》1995 年第 6 期。

中国的传统，又吸收和包融了西学。它涉及中学与西学、传统与现代、民族文化与外来文化的关系等一系列重大问题，尽管它不能作为指导思想和意识形态，但在中国传统文化的转化方面是有积极贡献的。他们以西学为工具去对儒学作引申，对传统文化实行创造性转换和综合创新，这种工作本身就是一种精神的再生产。另外，新儒家所追求的境界也是有意义、有价值的。①

还有论者指出："现代新儒家认为，没有文化根基的现代化是无源之水，无本之木。从抽象的理论意义来看，这个观点是有深刻道理的。"②

2. 现代新儒学之所失

依论者们的分析，现代新儒学的理论偏失主要表现在以下一些方面：其一，宣传"中国文化代表论"。新儒家竭力论证中国历史文化为一活的精神生命存在，认为中国文化在总体上优于西方文化，因而主张维护传统，吸收西方的民主科学不能超越儒学之本。新儒家还自认是当代中国文化的真正代表。③

其二，主张"归一论"，犯了文化简约主义的错误。新儒家把内涵丰富的中国文化简单地归结为儒学，又将儒学简约为心性之学，试图通过复兴儒学来复兴中国文化。"这既是以偏（儒学）概全（中国文化整体），也是一厢情愿的空想"，因为它始终未能"超越儒学中心主义境界"。④

其三，提倡"道德决定论"。新儒家倡导从内圣推出外王，过分强调文化因素在社会发展中的作用，思维局限于传统文化中"借思想文化以解决问题"的旧框架和"重道轻器"的旧模式。"由于没有能够摆脱泛道德主义的基本立场和中体西用的思维方式的限制，也由于他们始终坚持把儒家的'伦理精神象征'视为推动社会历史发展的永恒的形上实体的道德史观、唯

---

① 严书翔：《"现代新儒学与当代中国学术研讨会"综述》，《中山大学学报》1991 年第 2 期。

② 李宗桂：《评现代新儒家的"返本开新"说》，《学习与探索》1990 年第 4 期。

③ 参见俞吾金：《现在：过去与未来的交汇点——当代中国文化讨论会综述》，《复旦学报》1991 年第 2 期；方克立：《关于现代新儒家研究的几个问题》，《天津社会科学》1988 年第 4 期。

④ 参见施忠连：《新儒家与中国文化活精神》，《哲学研究》1989 年第 9 期；颜炳罡：《五四·新儒家·现代文化建构》，《文史哲》1989 年第 3 期；李宗桂著：《中国文化概论》第 376 页，中山大学出版社 1988 年版。

心史观，其理论表现出难以克服的局限性。"①

其四，未能将哲学与科学、哲学与历史、理论与社会实践结合。新儒家研究道德哲学、人生哲学、文化哲学时，没有汲取自然科学的成就和方法论。他们的方法基本上还是中国传统式的玄想和演绎；为回避历史提出的难题，梁漱溟等新儒家始终视历史经验为形而下而不谈，熊十力兼及讨论历史就被徐复观视为多此一举，其中或有难言的苦衷；在儒家思想已大部分失去其社会经济、政治基础的时代，新儒家只好更多地放弃儒学的实践性格，他们主观的内在的道德修养、精神宗教，无法客观外化成为社会实践的指导。②

其五，贬低了五四新文化运动的领导者开辟中国文化新生面的历史功绩，低估了儒家文化对于历史和现实所造成的巨大的负面影响。③

其六，现代新儒学之所失还表现为事实与价值两分的历史发展观、"精神贵族"的价值观、不健全的人生观等方面。④

毋庸置疑，现代新儒学作为中国现当代思想文化史上一个重要的学术文化思潮，其所得所失都是客观的存在，只见其所得不见其所失，或者只见其所失不见其所得，都是片面的。同时，对其理论得失的揭示显然取决于对其研究的深化及其研究方法的改进。可以相信，随着现代新儒学宏观考察和微观研究的双向展开，其理论得失的评价将更加趋于全面而准确。

四、 儒学与工业东亚的崛起

近二三十年来，日本和某些东亚国家、地区的经济取得突飞猛进的发展。由于这些国家和地区属于中国文化圈或儒学文化圈，这就引起人们的极

---

① 参见方克立、郑家栋：《论现代新儒学对传统儒学的继承、开新及其理论困限》，《社会科学战线》1990 年第 4 期；李宗桂著：《中国文化概论》第 376 页，中山大学出版社 1988 年版。

② 罗福惠：《概论近代以来我国文化传统主义的演化》，《华中师范大学学报》1987 年第 6 期。

③ 张海晏、邝广富：《近年来新儒学研究概述》，《中国史研究动态》1990 年第 8 期。

④ 李毅：《现代新儒家理论的根本缺陷论析——兼论中国现代化道路的实践方向》，《江海学刊》1995 年第 4 期。

大关注和认真思考：儒学与工业东亚的崛起是否存在必然的联系？工业东亚的出现为这一地区的其他国家特别是中国的发展提供什么经验？

（一）所谓"儒家资本主义"

"儒家资本主义"这一概念是近年来海外学者对与欧美资本主义相比具有种种不同特征的东亚地区工业文明体系（包括日本、韩国、新加坡和中国香港、中国台湾）的总称和概括。有些海外学者还把两者在文化特征上的不同归结为基督教文化与儒家文化的差别。他们称欧美资本主义为"古典的资本主义"、"机械文明的资本主义"，称东亚地区的资本主义为"现代的资本主义"、"新型的资本主义"或"公社制的资本主义"。①

"儒家资本主义"这一概念的提出，乃是基于这样一个基本的事实，即从20世纪60年代后期到七八十年代，日本的经济增长速度在发达国家中的领先地位和新加坡、韩国、中国香港、中国台湾（所谓亚洲四小龙）的经济增长速度在发展中国家和地区的领先地位都是十分明显的。这使得一些海外人士认为，正是儒家思想的作用，导致了这些国家和地区经济现代化的发展。泰国华人郑彝元在所著《儒家思想导论》的序言中说：现在世界上有不少学者已经注意到亚洲一些国家和地区经济现代化的新经验，这主要是指日本、韩国、中国台湾、中国香港和新加坡。它们的经验表明：保持儒家传统作为一种安定社会的力量，这对维系整个社会的敬业乐群精神，对于创造一个稳定的投资环境，以促进社会经济的力量，会有着极大的重要性。米切欧·莫里西认为：日本资本主义发展到后期，已完全背离西方的模式，是一种"国家的、家长制的、反个性的"资本主义形式。更进一步讲，正是"集体主义"才抑制了"个性主义"，并为日本资本主义上述三个要素提供了社会与文化基础。他还说："从长远的历史角度来看，儒家价值观念决定了日本资本主义制度中集体主义伦理道德体系的确立。儒教重视社会和谐与社会道德，强调社会成员之间秩序关系的形成。""西方社会中，道德上的个人主义与经济个人主义无意识地结合在一起，而日本传统文化的集体主义

---

① 程伟礼：《从"儒家资本主义"看中西体用之争》，收入《断裂与继承》文集，上海人民出版社1987年版。

则会导致'儒家资本主义社会'。"①

另外，美国学者弗兰克·吉伯尼在所著《设计的奇迹》中详细分析了日本"经济奇迹"产生的原因。他认为许多世纪以来古老的儒家劳动道德传统是日本成功的决定性因素之一。因而他提出日本是"儒家资本主义"，以区别于西方资本主义。日本森岛道雄教授1975年在伦敦经济学院讲学时，关于"儒家资本主义的集体主义特性"也发表过一些评论，他指出："儒家学说不鼓励个人主义。它在性质上是理智、合乎理性的，它摒弃其他宗教所共有的那种神秘主义和妖术咒语。日本人在明治维新之后非常迅速地消化西方技术和科学的能力，至少应部分地归功于儒家学说的教育。"而日本企业家涩泽荣一经常把《论语》抄本带在身边，他觉得企业需要有强调相互关系的儒家思想，以免堕落为钻营私利。他的目标是"把现代企业建立在算盘和《论语》的基础上"。②

近年来，大陆学者中也有人对"儒家资本主义"的提法持认同态度，有的学者还具体阐述了日本"儒家资本主义"在思想文化方面所具有的三个根本特征，并指出"这也是东亚工业文明体系的共同特征"。其一，"以人为中心"的"人本资本"思想。日本人把人的价值注入到企业之中，把企业公司视为一个"人"的社团的职能组织，而不仅仅是完成某种经济职能的操作工具。日本人保持了新儒教社会的礼仪，这些礼仪像一种粘接剂，对发展和保证公司的整体性起着恒常的有价值的作用。其二，"和谐高于一切"的人际关系准则。日本传统文化本身具有"大和"精神，加之儒家"和为贵"伦理学说的熏陶，以及由于第二次世界大战战败国的地位而激起的强烈的民族自尊心，共同构成了"儒家资本主义"、"和谐高于一切"的国民心态。其三，"高产乃是为善"的劳动道德。日本企业对人的因素以及人与生产率的关系的重视，起源于其精神导师涩泽荣一，他曾强调企业要同儒家道德相结合，指出道德与经济是并行不悖的，"高产乃为善之道"。这

---

① 以上根据李锦全：《现代新儒学思潮的历史评价》，《齐齐哈尔师范学院学报》1991年第1期。
② 以上根据李书有：《新儒学思潮与我们的儒学伦理研究》，《南京大学学报》1987年第1期。

句话现已成为概括现代日本劳动道德的一个口号、一个公式。①

（二）儒学促进东亚经济发展吗

所谓"儒家资本主义"，其实质就是断定儒家文化影响和东亚经济发展有内在联系。这一判断能否成立？大陆学者意见不一。一些论者肯定儒学在东亚崛起中起了重要作用，更多的论者则持怀疑或否定立场。

1. 肯定性的意见

在肯定性的意见中，又有三种情况：一种情况是，借用当代新儒家的观念以表达自己的倾向性看法，指出，在当代现代化的范例中，他们尤其重视日本和新加坡的经验。这两个国家在历史上都属于传统的东方文化圈，在价值结构和文化心理上与中国人有许多近同之处。但日本和新加坡在实现现代化的过程中，都没有丢弃原有的东方文化特色，尤其是东方人的价值观念。就日本来说，由于其具有明显的东方文化优越性，在今天不仅为欧美所羡慕，而且正在被西方人认真研究和借鉴。日本现代化成功的经验确实值得中国人三思。②

另一种情况是，虽不赞同把工业东亚的崛起完全归结为儒学的作用，但认为它与儒学培养起来的人际关系和个人的精神素质有很大关系，指出在这些国家和地区的文化中，儒家思想和西方文化之间存在着互补关系，西方文化弥补了儒家思想的缺陷，抑制了它的消极作用，反之亦然。这就形成了一种单一儒学或西方文化所不具有的文化优势。"可见，与现代化格格不入的古代儒学同西方文化结合起来，却会成为现代化的催化剂。这大概就是日本和亚洲'四小龙'所提供的成功的经验吧！"③

还有一种情况是，高度肯定儒学对工业东亚所起的积极作用。如有论者说，东亚地区这种现代化模式向人们显示了东方文化的坚实内核，而如果追根溯源的话，这个内核正是儒家的传统精神。在一个企业内部重视和谐，重视集体的作用，重视人际关系，就能加强它的外部竞争力；而这种重视内部

---

① 程伟礼：《从"儒家资本主义"看中西体用之争》，收入《断裂与继承》文集，上海人民出版社 1987 年版。
② 何新：《对现代化与传统文化的再思考——评海外新儒学》，《社会科学辑刊》1987 年第 2 期。
③ 马振铎：《儒学与现代化漫议》，《东岳论丛》1988 年第 5 期。

和谐的精神正是东方思想，特别是儒家思想的特点。① 有的论者更明确指出，正是以孔子学说为代表的早期儒家文化的深层次影响，一定程度上制约了日本阶级矛盾的发展和个人主义的泛滥，促进了日本广大劳动者和管理人员素质的提高，促进了人际关系趋于和谐及劳动者积极性的提高，从而有力地推动了生产力的发展。"可以断言早期儒家文化的深层次影响，至少是日本近几十年经济迅速发展的重要因素。"而韩国、中国台湾有多少西方的民主、自由是可想而知的。但是这些地方都深受儒家文化的影响，却是无可否认的事实。②

有的论者具体探讨了儒学对日本、韩国、新加坡经济社会发展的积极影响。就日本而言，儒家思想所以成为日本近代企业家的精神支柱，促进日本近代工业发展，有三点理由：一是新儒学本身来说，它强调从我的"修身、齐家"做起，去维护国家、民族的集体利益。这有助于企业家在能"以身作则"的前提下，去团结内部员工，为企业的整体利益和长远利益而工作，使企业能得到不断的发展。二是儒家的"中庸"和"忠恕"原则，使企业家学会对人要宽恕，做事不要犯过左、过右的毛病，这样有助于调整企业内部上与下、本企业与外企业和用户等之间的关系。三是儒家的天地人三者统一的整体观，有助于企业家去全面地把握企业发展的重要时机，有利于企业的生存、壮大。日本是一个受儒学影响很深的国家，经过历史的长期积淀，儒学已渗透到日本人的思维方式、情感状态之中，所以日本人容易把儒家思想和西方的科学技术相结合，因而成为日本近代工业发展的动力。就韩国而言，不少韩国学者都肯定儒学在韩国工业化过程中所起的重要作用。如金日坤教授认为，儒教国家经济发展的成功，是由于儒教论具有与经济发展的相适应性。韩国人受儒家影响而形成的伦理观念，如热爱国家、重视集体、勤劳朴实、发奋图强等精神，便发挥了类似欧洲古典学派所说的新教资本主义精神的作用。就新加坡而言，一种以推广原有的儒家伦理为主的教育文化再生运动正在政府的倡导下成为全社会的活动。新加坡朝野人士认为，儒家伦理在现代社会仍有积极作用。而且，在新加坡由贫穷发展成为富裕繁荣国家的过程中，受过儒学教育的华人贡献很大。此外，就中国的香港、台湾地区

---

① 参见汤一介：《略论中国文化发展的前景》，《理论月刊》1987 年第 1 期。
② 钱佳燮：《东亚经济的发展和早期儒家文化》，《社会科学评论》1988 年第 2 期。

而言，它们并不是把孔子思想作为妨碍它们走向现代化的原因，相反地却把儒学作为中华文化的最高典范。1986 年 10 月 13 日，新加坡《联合早报》报道：香港华人敦豪有限公司创始人钟普洋的成功之道，便是"儒家思想配合西方的商业哲学"。同时，在中国台湾，儒家思想也有众多的倡导者和拥护者，并在社会生活和经济生活中起一定的指导作用。①

2. 怀疑或否定性的意见

许多论者认为，以为儒家伦理即是东亚现代化的源头活水，或者说东亚社会经济之谜的文化解释在于儒家伦理，这是毫无道理的；"儒家资本主义"这个提法也是不够科学的，资本主义指的是生产方式和社会制度，而儒家则是中国古代一个思想流派，是小农经济和封建宗法社会的产物，儒家思想内部不可能自发地产生资本主义。论者们强调，关于工业东亚经济起飞的原因，显然不能仅从思想文化去解释，把它归结为儒家伦理价值观的积极作用，或者如现代新儒家那样，把东亚经济发展说成是儒家"内圣"之学合乎逻辑地开出的"外王"事功。

论者们所以持怀疑或否定的意见，主要有以下理由：其一，促成东亚经济迅速发展的原因是多方面的，除了同一定的历史文化背景有关之外，更重要的是，由于它们利用了特定的国际环境和国际资本的支持，发挥了有利的地理条件的优势，实行了适合本地情况的经济发展战略和政策，善于借鉴和消化外国技术，提高生产效率等等。

其二，仅就影响经济发展的文化环境来说，这些国家和地区除了受到儒家文化的影响之外，还有本地的文化传统，在近代更多的是接受了西方的文化观念。事实上，它们的人际关系、价值观念、伦理规范与儒家传统已相去甚远。因此，只把儒家伦理格外突出出来至少是以偏概全。

其三，第二次世界大战以后，日本和亚洲四小龙的知识分子和决策阶层，大多接受的是欧美的新式教育。而且随着现代化的进程，这些国家和地区的政治制度、经济领域的所有制形式、经营方式，还有法律、教育等等模式，大体上都是从欧美移植过去的，其蓝本都是舶来货，很难找到儒家传统的痕迹。

---

① 贾顺先、王净：《儒学与东亚经济发展的关系》，收入《儒学与工商文明》文集，首都师范大学出版社 1999 年版。

其四，20 世纪 70 年代后期，新加坡确实推行过全国性的礼貌运动和华语运动，1982 年还正式把"儒家伦理"列入中学课程，并进而推广为普遍的社会运动。但这是为了克服现代化或西化带来的道德危机。其他有关已走向现代化的东亚资本主义国家和地区也是由于西化后物质文明带来了精神危机，所以才乞灵于儒家思想。如果以为儒家思想开发出了东亚资本主义社会，这恰恰是一种倒果为因的说法。①

有的论者还转述有关外国人士的见解以支持否定性的意见。如一位外国企业家说，日本走上资本主义道路，从政治制度到生活方式全面地向欧美国家学习，是"脱亚入欧"的结果。而新加坡副总理王鼎昌也曾说：新加坡"建国以来，在经济、科技建设等方面，我们都取得可喜的成就，这是向西方学习的结果。"②

上述两种截然不同的意见中，肯定性的意见尤其是完全肯定的意见似有偏颇，其不足在于：一方面它犯了新儒家同样的毛病，过分看重思想文化因素的作用；另一方面它的分析有些表面化，缺乏深层思考和普遍联系的观点。相比较而言，怀疑或否定性的意见似较客观，较有说服力。当然，我们也不能因此而根本否认儒学对工业东亚的崛起没有发生过任何有益的作用。总之，正如有的论者所说，亚洲经济"成于"儒家文化的积极方面，我们应该总结；亚洲经济"毁于"儒家文化的消极方面我们也没有必要回避。③

3. 儒学与现代化

关于儒学与现代化关系的认识，实际上也就是对儒学的作用的认识与评价。在现代新儒家特别是当代新儒家看来，儒学非但不是现代化之阻力，相反，它乃是现代化得以实现的真正的源头活水，中国今天的流弊乃是尧舜作风和孔子政治理想被歪曲所致。因此，中国的现代化只要寄托于"儒学第

---

① 参见方克立：《现代新儒学与中国现代化》，《南开学报》1989 年第 4 期；李锦全：《现代新儒学思潮的历史评价》，《齐齐哈尔师范学院学报》1991 年第 1 期；陈奎德：《文化讨论的命运》，收入《断裂与继承》文集，上海人民出版社 1987 年版；石成林：《挣脱传统的锁链》，《工人日报》1988 年 10 月 14 日；郑家栋：《儒家伦理如何能成为经济发展的助力——东亚文明与儒家思想的重构》，收入《儒学与工商文明》文集，首都师范大学出版社 1999 年版。

② 以上根据李锦全：《现代新儒学思潮的历史评价》，《齐齐哈尔师范学院学报》1991 年第 1 期。

③ 国际儒学联合会学术委员会编：《儒学与工商文明·编后记》，首都师范大学出版社 1999 年版。

三期发展"便能奏效，中国的未来和希望不在外不在前，而是在古代，在儒学的复兴。

对于新儒家的"儒学复兴"说，大陆学者大多不予赞同，这一点从其对新儒家的"返本开新"说的评估及其对儒学与东亚经济发展关系的认识已可看出来。无疑，大陆学者关于儒学与现代化关系或者说对儒学作用的认识也是不尽一致的。

一些论者肯定儒学有一定的积极作用。有论者说："儒学的某些思想资料经过适当改造，或可在一定程度上有助于抑制与西方社会类似的病痛的萌发与生长。"① 有论者认为："在后工业化社会中，儒家的精神理性及其价值观念，对社会精神危机是可以起到一些补偏救弊的作用，亦可能收到一些成效。"② 另有论者强调区分正统的儒家思想和已经世俗化的儒家文化，认为真正能对现代化发生影响的是已经世俗化的儒家文化。③ 还有论者指出，儒学在现代化中的积极意义主要表现在这样三个方面：其一，儒学的一些思想，诸如强烈的人文主义精神和主体意识，"中庸"思想，重视伦理，强调道德价值等，经过辩证的否定，推陈出新，在今天仍具有借鉴意义；其二，儒学在长期发展中，同中国人民的风俗习惯、生活方式、民族心理、国民性、思想方式、心理结构有密切联系，成为炎黄子孙、龙的传人的重要特征，发扬这些行为风格，对于中国各族人民建立兄弟情谊和实现台湾回归祖国具有积极意义；其三，儒学是中国文化的核心，对中国文化教育事业的发展起到积极作用，为我国文化教育事业留下宝贵财富，今天仍有积极意义。④

又有论者说，尽管儒学与现代新儒学不可能成为中国当代文化精神的主体，但现代新儒家仍提醒我们，在重塑当代中国文化精神的时候不能割断历史文化传统，经过创造性的转化与改造，儒家伦理对中国步入现代化可以起到积极作用。尤其是以儒家文化为背景的东亚工业文明的兴盛，一方面表明

---

① 徐远和：《儒学的反思与吸收西方文化》，《东岳论丛》1988 年第 5 期。
② 参见李锦全：《现代新儒学思潮的历史评价》，《齐齐哈尔师范学院学报》1991 年第 1 期。
③ 参见俞吾金：《现在：过去与未来的交汇点——当代中国文化讨论会综述》，《复旦学报》1991 年第 2 期。
④ 田夫：《现代新儒家研究近况》，《社会科学》1989 年第 8 期。

了儒家文化仍有与现代化相结合的能力，另一方面亦宣告了个人主义并非是现代化的唯一文化精神与价值取向。我们肯定儒家和现代新儒家对中国现代化的积极意义，但也绝不能忽视儒家思想对中国社会发展所起到的负面效应。①

　　一些论者否定儒学对现代化有重要积极作用。如有论者说，儒学作为已经腐朽的封建传统学说，已经没有再生或转化的余地，它早在三百年前就成为中国近代化的阻力。否定儒家传统，正是五四新文化运动的意义所在。而这也正是儒学没有任何前途的实践依据。② 有的论者对认为儒学的意义将主要在"后现代化"社会表现出来的看法持有疑义，指出："关切人类未来发展前景固然表现了崇高意境（不说传统儒学和'后现代化'到底有无实质的一致之处），但是如果它对中国今天的现代化进程没有现实的指导和促进作用，那么提倡这种学说又有什么意义呢?"③ 另有论者也说，儒学从其思想主流来说不适应现代化的要求，表现为：其一，儒学的思维水平和思维结构与现代科学发展不相适应；其二，儒学的价值系统与现代的商品意识、竞争机制不相适应；其三，儒学所鼓吹的以小农经济和宗法制度为基础的纲常名教与现代的民主、法治和协作需求不相适应。④ 还有的论者认为，对儒学的评价应有两个坐标：历史的与现实的。"以历史的坐标来看待儒学，有其存在的历史必然性及其价值；以现实坐标来看，儒学作为封建的文化的集中代表，已失去其存在的现实基础及其价值。历史的长河不能切断，儒学的合理内容将注入新时代的洪流之中。"⑤

　　更多的论者对儒学现代化的作用持比较理智和冷静的态度，既有所肯定，也有所否定。如张岱年先生指出，认为儒家思想是现代化的障碍，从而致力于现代化，必须扫除儒家学说；认为儒家思想是现代化的助力，从而致力于现代化，必须大力弘扬儒学。这两种见解各有所见，亦多有所偏。事实上，儒学包含复杂的内容，其中有许多观点确实对于现代化有妨碍；但是也

---

① 方松华：《现代新儒家与中国现代化》，《社会科学》1996 年第 5 期。
② 参见龙柏文：《儒学与传统文化——上海国际中国文化学术讨论会综述》，《读书》1986 年第 5 期。
③ 方克立：《现代新儒学与中国现代化》，《南开学报》1989 年第 4 期。
④ 田夫：《现代新儒家研究近况》，《社会科学》1989 年第 8 期。
⑤ 以上根据李书有：《新儒学思潮与我们的儒学伦理研究》，《南京大学学报》1987 年第 1 期。

有许多观点却是对于现代化有一定的裨益，是现代化所必需。不宜只看到一个方面。张先生认为，儒学"重义轻利"、"重农轻商"的态度对于商品经济的发展确实起了一定的阻碍作用。儒学"重道轻器"，不鼓励对于自然科学的研究，对于中国没有产生自己的近代实验科学确有一定的关系。现代化的实质是工业化，儒学没有促进工业生产的作用，是明显的事实。这是问题的一个方面。另一方面，儒学也有许多观点对于社会的正常发展具有一定的积极作用。张先生举出三点：一是关于个人意志独立与人格尊严的思想；二是关于人际和谐与天人调适的思想；三是强调社会责任心的思想。[①] 张先生的意见要算是这方面的代表。

关于儒学与现代化关系的论述非常多，因为本书《儒家文化研究》一章已经涉猎这一问题，这里不再展开。总之，在我们看来，中国的现代化既不取决于儒学的复兴，也不必等到与儒学彻底决裂那一天；工业东亚的经验就在于在工业化现代化的过程中，不是完全抛弃，而是注意保存带有民族特色的优良的传统价值，使之与现代化发展相适应；传统儒学经过批判改造，可以为现代化建设提供营养剂，但绝不会成为现代化的主要价值源泉。这就是我们的结论。

五、　现代新儒学的历史地位及其发展前景

人们在研究现代新儒学时显然不能回避对其历史地位的评估及发展前景的预测。在这一问题上，人们的认识同样呈现出百家争鸣的局面。

（一）历史地位的评估

关于现代新儒家的历史地位，大致有以下一些看法：

（1）在现代中国的各种思想潮流中，除了马克思主义之外，比较具有继往开来意义、在理论上有一定创造性、影响较大而且生命力较长久的，唯有现代新儒家，原因在于它比西化派和顽固守旧派都更好地解决了传统和现

---

① 张岱年：《试谈儒学与中国文化现代化》，收入方立天、薛君度主编《儒学与中国文化现代化》文集，中国人民大学出版社 1998 年版。

代的关系问题；他们中不少人都有重要的哲学创造，自成体系，堪称大家，加上他们在哲学路线、倾向上的共同性，以及相互之间表现出来某种内在的逻辑联系，使这派哲学在中国现代哲学史上具有不可忽略的重要地位；然而，尽管他们在道德理想和文化理念方面陈义甚高，且他们当中也不乏著作等身、名扬海内外的硕学鸿儒，但他们的思想理论对中国现代化的实际进程发生的影响却始终是非常有限的。①

（2）与其说新儒家是中国封建主义哲学与西方资产阶级反动哲学的结合，是中国民族资产阶级堕落以后的退步的哲学，不如称其为民族资产阶级哲学的"晚熟"的表现形式；新儒家哲学是五四以后地主资产阶级思想体系的主线或主干，"如果把'五四'以来的地主资产阶级思想体系比作一棵大树，其他流派好比枝杈，'新儒家'哲学才是主干"。新儒家哲学在旧中国的学术思想界具有很大的影响。②

（3）现代新儒家力图在更高的层次上使儒学的包容性成为会通群流的浩瀚海洋，这种努力是有意义的；他们对中国思想文化的阐述，对中国哲学特别是中国哲学范畴的研究作出了较大贡献；他们对传统文化与现代化关系的探讨，对西方文化与中国文化关系的探讨，给我们以启迪，对现代思想文化的发展起了推进作用。现代新儒学在人类整个学术思潮发展史中，应该占有一席之地。③

（4）无可否认，在现代中国（海峡两岸），当代新儒学远未居于主流的地位，更不是官方哲学。但它"至少有一个最低限度的地位，这就是：在当代哲学思想史和文化史上，他们将占有抹不掉的一席。换句话说，人们讲授和编写当代中国哲学思想史和文化史教科书，将不得不写上'当代新儒家'这一章"④。

---

① 参见方克立：《关于现代新儒家研究的几个问题》，《天津社会科学》1988年第4期；方克立、郑家栋：《论现代新儒学对传统儒学的继承、开新及其理论困限》，《社会科学战线》1990年第4期。

② 参见罗福惠：《概论近代以来我国文化传统主义的演化》，《华中师范大学学报》1987年第6期；宋志明著：《现代新儒家研究》第1章，中国人民大学出版社1991年版。

③ 参见李锦全：《现代新儒学思潮的历史评价》，《齐齐哈尔师范学院学报》1991年第1期；李宗桂：《"现代新儒家思潮研究"的由来和宣州会议的争鸣》，收入《现代新儒学研究论集》（一）。

④ 罗义俊：《论当代新儒家的历程和地位》，收入《现代新儒学研究论集》（一）。

（5）新儒家并没有真正回答 2000 年来中国封建社会所滋润的意识形态——儒学为何能为现代化服务？新儒家没有也不愿意看到，历史发展的自律作用大于人的道德理性和人文精神的内在影响；新儒家没有也不愿看到，人的现代化具有双重意义，人文精神的建立与逻辑系统的更新。前者是价值精神，后者是认识水平。现代人所应具有的现代认知手段（思维变革），并不在新儒家的眼光之中。①

上述诸种意见立论角度不同，肯认程度有异，但也大致显露出这样一种共识，即肯定新儒学在学术文化史特别是中国哲学史和儒学发展史上占有不容忽视的地位，否定新儒学对中国的现代化进程曾产生实际的较大的影响。如果撇开其他具体的评估意见不论，仅就这一点而言，则此种认识应当说是符合现代新儒家的客观实际的。

（二）发展前景的预测

在现代新儒学的发展前景问题上，一种带有乐观倾向的意见认为，中国文化的发展如果它仍是中华民族的文化，如果它仍然能在世界上成为一个不全同于西方文化的现代思想体系，那么，它将不可能不包含现代新儒学所涉及的问题。"实际上，新儒学的出现，也许正是一个未来历史进程的前兆……这就是东方文化正在走向复兴"，"也许由此将形成下一世纪世界历史中一个伟大的奇观——一个东方现代文明群的奇峰凸起"②。

更多的论者认为，新儒学的前景未可乐观。如张岱年先生指出："儒学第一期发展是作为百家之一而存在的；第二期从汉代到辛亥革命，作为正统思想而存在；如果儒学有第三期发展的话，那它也只能作为众多学派中的一个学派，而不可能作为统治思想而存在了。"③ 方克立先生也认为，尽管中国现代化进程的长期性和艰巨性决定了现代新儒学在今天还有一定的生命力，还有作为人类多元文化中之一"家"的地位和历史价值，但现代新儒家所提倡的"儒家资本主义"的发展道路，在中国没有现实的可能性，因此作为一个学派它在社会上产生的回响不会大；新儒家偏于保守的文化立场

---

① 许明：《新儒家：寻求中的价值重建》，《学术研究》1994 年第 2 期。
② 参见汤一介：《中国新文化的创建》，《读书》1988 年第 7 期；何新：《对现代化与传统文化的再思考——评海外新儒学》，《社会科学辑刊》1987 年第 2 期。
③ 张岱年：《中国传统哲学的批判继承》，《理论月刊》1987 年第 1 期。

给中国现代化带来若干消极负面的影响，它显然不能代表中国新文化运动的健全的正确的方向；新儒家所设想的儒家思想"文艺复兴"的时代，让纽约、巴黎、东京、北京的居民都以儒家思想为走向未来的"唯一的定盘针"的时代大概不会到来；中国文化的未来发展，必然要扬弃和超越现代新儒家及其"劲敌"全盘西化派。① 另有论者说："现代中国人、首先是知识人还多没有从对传统文化的厌弃心理中摆脱出来，只要这种社会心理未能扭脱，那么，对于当代新儒家来说，即使仅仅是要真改变'儒门淡泊'都是很艰难的，当然更毋庸说取得社会性而非学院性的成就了。"② 李泽厚先生也认为，新儒学发展至牟宗三，恐怕难得再有后来者能在这块基地上开拓出多少真正哲学的新东西来。这种道德至上的伦理主义如不改弦更张，只在原地踏步，看来是已到了尽头。然而尽管如此，儒学却有可为，这就是彻底改变基地，并解决这样两个问题：第一，"内圣"与"外王"的关系。"外王"在今天看来，不仅是政治，而且是整个人类的物质生活和现实生存，它首先有科技、生产、经济方面的问题；"内圣"也不仅是道德，它包括整个文化心理结构，包括艺术、审美等等。因之，原始儒学和宋明理学由"内圣"决定"外王"的格局便应打破，而另起炉灶。第二，现代新儒学是站在儒学传统的立场上来吸取外来的东西以新面貌，是否可以反过来以外来的东西为动力和躯体来创造性转换传统以一新耳目呢？③

进入 20 世纪 90 年代以后，又有许多学者对新儒学的前景提出看法。杨岚先生说，现代新儒学思想在我们建设有中国特色社会主义现代化国家的过程中会起一些纠偏补弊、辅佐匡正的作用，但这种前现代与后现代联袂的、从未真实地植根于发展中或发展了的现代文明基础深层的、不愿也不敢敞开心胸接受现代化浪潮全方位洗礼的、缺乏真正的现代化体验和现代化实质的现代新儒家思想既不可能也不应当成为我国刚刚跨入现代文明门槛和步入现代化正轨时期的主导思想。否则，这种立足于传统、深潜着狭隘民族主义和

---

① 参见方克立：《现代新儒学的发展历程》（下），《南开学报》1990 年第 6 期；《第三代新儒家掠影》，《文史哲》1989 年第 3 期。

② 罗义俊：《论当代新儒家的历程和地位》，收入《现代新儒学研究论集》（一）。许明：《新儒家：寻求中的价值重建》，《学术研究》1994 年第 2 期。

③ 李泽厚：《略论现代新儒家》，收入《文化：中国与世界》第 3 辑，三联书店 1987 年版。

文化霸权意识的思想会像它在历史上屡屡表现的那样，阻滞中国现代化的进程。①

李翔海先生指出，怎样真心实现儒家哲学传统的现代转化与重建，怎样真正把儒家的精神智慧贯注到现代生活中去，依然是新儒家后学面对的不可逾越的难题。可以断言，尽管儒学在未来中国文化乃至世界文化中必将占有一席之地，但是，如果现代新儒家的后辈新进不能吸取牟宗三等前辈学者的理论思维教训，改弦更张，推陈出新，而只知一力回护、固守前贤所开出的义理规模，那么，他们也将难以对儒学的现代化问题作出突破性的贡献。②

高瑞泉先生也指出："我本人看不到儒学复兴成为现代化动力的前景，也看不出它能提供解决经验层面的现实问题的可行方案。这两点，我们虽然不能断定今后必定如此，但是它却是迄今为止无可怀疑的事实。"③

董德福先生认为，现代新儒家所谓"返本"之"本"，若没有一个根本的转换，是很难开出适应现代化需要之"新"来的。在尚未实现现代化的中国，却用现代化以至后现代化社会的种种弊端和危机为设定前提，反衬儒家伦理的优越性，以"返本"作为"开新"的充足条件，这不仅是无的放矢，而且耽误中国现代化的进程。其实，我们对儒学的前景不必丧失信心，在实现社会主义市场经济的今天，继承传统文化的重要性已日益明显，更何况一旦中国动力系统改革成功，实现了现代化，就更需要借助于儒学价值资源来导正人心、规范行为、重塑国民精神，这是可以预见的。从这层意义上说，儒家思想再度受人青睐的最大条件是现代化。④

从某种意义上说，现代新儒学现已成为一种国际性的思潮，在海内外都产生了一定的影响。不过，不论从历史的角度还是从现实的角度看，应当说它不会有多么光明的前途。固然，就主观愿望而言，我们仍然希望现代新儒学能有某种程度的健康发展，并对中国的现代化进程乃至对世界的未来产生积极的影响。

---

① 杨岚：《现代新儒家学派对现代化潮流的回应及其误区》，《中共天津市委党校学报》1999 年第 4 期。

② 李翔海：《评牟宗三"良知自我坎陷"说》，《人文杂志》1993 年第 2 期。

③ 高瑞泉：《新儒学与民族价值的重建》，《开放时代》1995 年第 9 期。

④ 董德福：《"开新"还须"返本"：现代新儒家一个基本信念析论》，《福建论坛》1995 年第 2 期。

六、 关于当代大陆新儒家及其批评

在研究现代新儒学的过程中，一些从欣赏新儒学走向认同乃至归宗新儒学的人，自称"大陆新儒家"。这一现象引起了人们的注意和批评。

（一） 当代大陆新儒家的出现及其纲领

在 20 世纪 80 年代的文化讨论中，尽管港台海外新儒学也曾引起大陆学界一些人思想的共鸣，但总的说未能成为主流话语，也没有出现自称"新儒家"的代表人物。进入 90 年代以后，情况发生了较大的变化，"文化保守主义"作为 80 年代激进反传统的对立面开始出现并渐渐扩大自己的影响，在中国大陆已经出现公开标举现代新儒学旗帜的"大陆新儒家"①，各种各样的"复兴儒学"的意见纷纷亮相。有人公开主张要用儒家的"天人合一"哲学、"仇必和而解的调和哲学"、"两端执中"的中庸哲学来取代马克思主义的辩证法；有人认为"以仁为体，以和为用"的儒家思想是东亚国家和地区实现现代化的主要思想资源，因此，也可以作为中国现代化的思想基础和"动力源"；有人全盘肯定儒家伦理道德，认为它不是在个别方面，而是整个说来"在今天仍有用处"，主张以儒家伦理为基础，来重建今日中国的道德规范体系。有的大陆学者无条件地全面认同港台新儒学，主张让港台新儒学"反哺"大陆，以实现儒学"返乡复位"的目的；有的学者呼唤在大陆形成"有异于港台地区的新儒学群体"，并认定"大陆新儒家的出现为势所必然"；还有学者提出了建立"马克思主义新儒学"或"社会主义新儒学"的构想。发表上述意见的学者之立场、感情、态度并不完全一致，但有一点是共同的，即都高度评价儒学的现代意义和价值，认为它能够解决本国现代化的精神动力和指导思想问题，有人甚至乐观地估计 21 世纪将是"儒学的世纪"。② 这说明当代大陆新儒家已有相当的势力和影响，其能量不

---

① 方克立：《要注意研究 90 年代出现的文化保守主义思潮》，《高校理论战线》1996 年第 2 期。

② 方克立：《评大陆新儒家"复兴儒学"的纲领》，《晋阳学刊》1997 年第 2 期。

容低估。

在当代大陆新儒家群体中，蒋庆和罗义俊要算是两位最具代表性的人物了。蒋庆在 1989 年在中国台湾《鹅湖》月刊发表了 35000 字长文——《中国大陆复兴儒学的现实意义及其面临的问题》。① 该文有三大部分：第一部分论证"中国大陆最大的问题是复兴儒学的问题"，讲复兴儒学的意义和重要性；第二部分分析"中国大陆当前复兴儒学的可能性问题"，讲由可能转化为现实的条件；第三部分从马列主义问题、虚无主义问题、道德沦丧问题、民主政治问题、经济发展问题、教育危机问题等六个方面进一步说明在中国大陆复兴儒学所面临的各种问题，说明儒学能够回应、对质和解决这些问题。这篇三万多字的长文被人们看成是新儒家在中国大陆复兴儒学的政治宣言和思想纲领，并把它与牟宗三、张君劢、徐复观、唐君毅于 1958 年 1 月发表于香港《民主评论》第 9 卷第 1 期的《为中国文化敬告世界人士宣言》略相对应，称之为"大陆新儒家宣言"。宣言的核心思想在于认定，"中国大陆当前最严重的问题不是民主政治与经济发展问题，而是民族生命四处飘荡，民族精神彻底丧失的问题，……而要安立民族生命，恢复民族精神，就必须复兴儒学"。从这一核心出发，宣言作者强调，马列主义"是具有破坏性的革命学说，不能代表中华民族的民族生命和宗教精神。因此，儒学在当今中国大陆取代马列主义的'国教'地位，恢复其历史上曾有过的地位是理所当然，势所当然"。

罗义俊则把宣传、推销当代新儒学作为新儒学"反哺大陆"的一个重要步骤。1994 年，他整理编排的《理性与生命——当代新儒学文萃》〔1〕于上海书店出版。从该书的《弁言》及卷前文章《近十余年当代新儒学的研究与所谓门户问题》来看，编者对当代新儒学是采取全盘肯定、完全认同、颂扬备至、极力回护的态度，编辑出版此书的目的，是要让大陆读者了解当代新儒家"壁立千仞的人格"和"崇高而内在的学术文化价值"，要求人们"以自己的生命全副投入"和"契接"当代新儒学，成为当代新儒学的信徒和崇拜者。正如方克立先生所说："它是布道书而不是提供学术研究资料，而且编者竭力反对的正是把儒学和新儒学当做客观对象去研究的那种

---

① 蒋庆：《中国大陆复兴儒学的现实意义及其面临的问题》，《鹅湖》（台）第 170、171 期，1989 年 8 月、9 月。

所谓'对象化'的研究方法。"① 罗义俊先生的长文最早曾刊载于 1994 年
12 月台北文津出版社出版的《儒学与当今世界》文集。该文分两大部分，
前部分概述近 10 年来新儒学研究情况，指出可因研究者立场、观点、方法、
态度不同而划分为西方自由派、大陆马列派、港台海外新儒家三大系，但他
本人自非于大陆马列派，并明确站在港台新儒家立场上批评西方自由派，特
别批评大陆马列派；后部分则是针对余英时先生《钱穆与新儒家》一文，
为熊、唐、牟、徐系正统新儒家"辨诬"，否认新儒家有门户之见，"展示
了博存众家、宽容开放的学术胸襟和文化精神"。

蒋庆、罗义俊等人认同、归宗当代新儒学的立场和姿态及其引介、宣
传、推销当代新儒学的努力，博得了港台新儒家的欢迎和好评。

（二）对当代大陆新儒家的批评

当代大陆新儒家认同、归宗新儒学的立场，宣传、推销新儒学的努力，
要求复兴儒学、使儒学返乡复位的主张，受到大陆学人的批评乃情理中事。

1. 对蒋庆的批评

据前述我们知道，蒋庆的新儒学情结和新儒学主张集中体现在《中国
大陆复兴儒学的现实意义及其面临的问题》的长文中。针对此文的观点，
李宗桂先生进行了不点名的较系统的剖判和批评。李宗桂先生指出，第一，
作者错误地估计了当代中国的文化批判和文化重构的总体情势。在作者心目
中，当代中国已经进入儒学现代发展的第三期"传播反哺"期向第四期
"返乡复位"期的前期过渡的时期，即儒学的真精神真生命已经为国内外学
术界所知，由此开始进入公开树起儒学道德批判的旗帜，"对中国大陆的社
会与政治进行公开的批判的时期"。事实上，20 世纪 80 年代的文化讨论，
其根本原因之一，是出于对传统文化特别是其中的儒家思想的消极面对现代
化的束缚力的反抗，而不是为了"回归原典"，不是向儒家文化"自觉认
同"。文化讨论中，不论是"激烈的反传统思潮"，还是"古为今用，洋为
中用，批判继承，综合创新"的主张，都绝对不是要向儒家文化的精神价
值认同。恰恰相反，它们是要摧毁儒家文化精神价值的总体构架。作者在当

---

① 方克立：《评大陆新儒家推出的两本书——〈理性与生命〉〔1〕、〔2〕》，《晋阳学刊》
1996 年第 3 期。

代中国复兴儒学以拯救中国的愿望是多么的不切实际！期望在当代中国恢复儒学在历史上的荣耀和地位，形成实际上的"罢黜百家，独尊儒术"的局面，更无异于白日做梦。

第二，作者把文化出路等同于中国出路，把儒家文化等同于整个传统文化，仍然没有跳出传统思维的笼统直观的旧框架。作者以为中国社会出路的解决在于文化出路的解决，文化出路的解决在于儒学的复兴。因此，只要抓住复兴儒学这个根本，就可以解决当代中国的一切问题。显然，作者在这里完全忽视甚至否定了中国传统文化是儒、道、墨、法、佛诸家学说长期相互批判、交融渗透的辩证统一的整体，忽视以至否定了精英文化之外还存在着影响深广的大众文化这一事实，犯了文化发展的单线论和独断论的思维错误。

第三，作者仍然没有超越传统儒家的泛道德主义的思维框架。把道德教化的作用看得至高无上，过分强调道德的社会功能，要求道德承担它不可能承担的政治、经济等社会重担，这是用道德代替一切、解决一切的泛道德论的思维方式，与传统儒家与现代新儒家毫无二致。

第四，作者过分夸大儒学的价值，既无视当代中国的实际，也歪曲了儒学在封建社会的作用。作者声称："儒学是一种具有神圣性、普遍性和永恒性的人类正统文化，是天道的体现。"而事实是，儒学的"神圣性"，早在五四新文化运动时期，便已被彻底破除；儒学的"普遍性"，既不能从中国近现代历史得到证明，也无法从西方社会的发展得到确证；儒学的"永恒性"，早已被现代新儒家的"文化失调"论和"花果飘零"论，以及80年代文化讨论中的"文化断层"论证伪。由上可见，作者复兴儒学以解决中国出路的主张，只不过是不切实际的主观臆想。①

方克立先生对蒋文也提出了尖锐而全面的回击。首先，指出蒋文将批判矛头直接指向"立国之本"。蒋文的结论是："儒学理应取代马列主义，恢复其历史上固有的崇高地位，成为当今中国代表中华民族的民族生命与民族精神的正统思想。"所谓"复兴儒学是中国大陆当前最大的问题"，其实质含义就是要用儒学来取代马列主义。蒋庆自觉地来同马列主义"对抗"和"冲突"，他歪曲、污蔑、攻击马列主义说："马列主义只是一种狭隘的个人

---

① 李宗桂著：《文化批判与文化重构》第211—219页，陕西人民出版社1992年版。

学说", "只是一种个人理性构想出来的偏激的意识形态", "不是正统的西方文化", "在西方深厚的传统文化中马列主义没有根"。"马列主义是一种具有破坏性的社会批判学说", "不具备建设性的功能", "马列主义中没有安身立命、修道进德的成分", "担当不起德性教育的任务"。显而易见, 蒋庆的论调和西方资产阶级思想家攻击马列主义的言论相比也毫不逊色, 而且表现出更加武断、更加极端、更加情绪化的特点, 只有根本否定性的价值判断, 而没有任何具体的分析和论证。

其次, 戳穿蒋文关于儒学可以解决中国一切问题的神话的本质。蒋文把社会主义中国大陆的现实描绘得一团漆黑, 问题成堆, 积重难返, 只有等待儒学来拯救。蒋庆一再讲中国大陆已经到了"崩溃的边缘", 人民"痛苦与失望到了最高极点", "唯一的希望就是等待世界末日的来临"。而这一切严重的问题, 儒学都可以解决, 也只有儒学能够解决。因为儒学不像马列主义那样是一种意识形态, 它"绝不是意识形态, 儒学是天道的体现", "是世界上见天道的伟大宗教中的一种"。方克立先生批评说, 蒋文将中国大陆的一切问题都归结、化约为一个道德问题, 认为道德批判、道德教育可以解决今天中国的一切问题。这种颠倒现实经济、政治和道德的关系, 神化意识形态功能的理论, 仍然是传统儒家道德中心主义的翻版。儒学既不能挽救封建社会必然归于灭亡的命运, 新儒家复兴儒学的努力同样也不会给中国带来多么光明的前途, 那只是一种没有现实性的神话而已。方克立先生还指出, 蒋文的主张具有强烈的意识形态特征, 它反对社会主义公有制无非是要恢复资本主义私有制, 它反对无产阶级专政无非是要建立西方国家那样的近代资产阶级民主政治制度, 它打出"恢复中华民族的自尊、自信和自爱"的旗号, 实际效果则只能是把中国变成国际资本主义的附庸。

再次, 对蒋文所论儒学和新儒学的前景提出疑义。方克立先生指出, "大陆新儒家"的出现, 大陆"复兴儒学"思潮的出现, 并不意味着儒学必然会在中国大陆"全面复兴"。儒学复兴作为少数人的愿望和在中国大陆成为客观现实毕竟还不是一回事。特别是像蒋庆所愿望的那样, 儒学复兴即意味着它在中国大陆取代马列主义"作为'国教'的独尊地位", 重新成为正统思想, 这种可能性是否存在, 大可怀疑。蒋庆认为, "现在的儒学复兴已经发展到了返乡复位的关键时刻", "整个儒学一百年来的第三次复兴运动……大功告成、圆满结束"的日子已为期不远。方克立先生则认为, 作为前现代的意识形态的儒学，绝不可能在建设社会主义现代化国家的中国全面复兴，重新取得它在历史上曾有过的正统或"独尊"地位，但并不是说对儒学要全面否定和抛弃，它在 21 世纪的中国文化格局中没有自己应有的地位。我们和"儒学复兴"论者的分歧不在于要不要重视儒学、研究儒学、继承和弘扬儒家文化精华，而在于怎样认识儒学的本质，用什么标准来区分儒学中的精华与糟粕，在今日能否全面"复兴儒学"，让它在未来中国文化和世界文化格局中居于正统和主导地位。①

2. 对罗义俊等的批评

罗义俊的新儒学情绪和新儒学主张集中体现在《近十余年当代新儒学的研究与所谓门户问题》的长文中。针对此文，方克立先生提出了自己的批评意见，指出罗义俊新儒学情结与努力的特征之一是公开批评"大陆马列派"。罗文从根本上反对大陆学者以马克思主义立场、观点、方法为指导原则来研究现代新儒学，指责"这是一先定原则"。他还把马克思主义说成是一种根本不能和中国文化相契合的狭隘宗派，他力辩新儒学非门户，而指责马克思主义是一种"先定"的"门户之见"，因此，他从整体上对大陆马列派的现代新儒学研究持根本否定态度。他认为儒学作为"生命的学问"，只能作为内在体验和超越信仰的对象，而不能作为客观外在的科学研究的对象。方克立先生批评说，这种把儒学仅仅归结为道德心性之学的观点，取消了对儒学思想体系作多角度、多层面研究的必要性，也取消了儒学思想史研究的必要性。罗文认为："就整体而言，大陆的马列派，虽然有反对西方自由主义的立场，但在批判新儒家的基本义理系统上，则与其完全一致。"方克立先生批评说，这是从新儒家的立场出发，对来自各个方面的批评，只见其同而不见其异，同时又以这个所谓"完全一致"来混淆不同哲学的性质和界限，达到贬低大陆学者的现代新儒学研究成绩和水平的目的。实际上，大陆马列派与西方自由派对待新儒学的立场、观点和方法有很大的不同。

方克立先生指出罗义俊的新儒学情结与努力的特征之二是全面认同港台新儒学。罗义俊在港台新儒家中尤其推崇牟宗三，他说："牟先生是当代新

---

① 参见方克立：《评大陆新儒家"复兴儒学"的纲领》，《晋阳学刊》1997 年第 4 期；方克立：《现代新儒学研究的自我回省——敬答诸位批评者》，《南开学报》1993 年第 2 期；方克立：《要注意研究 90 年代出现的文化保守主义思潮》，《高校理论战线》1996 年第 2 期。

儒家的灵魂，没有牟先生，就没有新儒家。""牟先生道成肉身，纯然天真，毫无机心，……他本来就是法性无执的。"在他看来，牟宗三是一个道德学问上的完人，是一尊"道成肉身"的现代活菩萨，只能对他顶礼膜拜而不能说半个"不"字。方克立先生批评说，像这样向大陆读者介绍港台新儒家的代表人物是不恰当的，至少是不全面的。方克立先生指出，牟宗三哲学是 20 世纪中国唯心主义哲学所取得的最重要的理论成果之一，也是现代中国不可多得的大师级哲学家，但他不是学问和道德上的完人。他的"良知自我坎陷"说并没有也不可能从理论上真正解决从道德理性如何开转出科学和民主的价值的问题。牟的道德人格，也不能让人十分恭维，他在许多场合骂马列主义是"魔道"，骂共产党骂毛泽东、邓小平，骂胡适、冯友兰，骂毛之水、李天命，讲话尖刻而情绪，毫无忠厚长者的儒雅风度，他还说梁漱溟、马一浮学力不够，他连他的老师熊十力、老友唐君毅都加以贬抑，只有他一人能成正果，学问做到了家。方克立先生强调说，20 世纪 50 年代以后发展起来的港台新儒家，作为一种特定的意识形态，是适应港台地区政治经济发展的需要，为巩固其经济基础和政治制度服务的。无论怎样淡化意识形态，也不能完全抹煞它和坚持四项基本原则的社会主义意识形态的区别和界线。像罗义俊这样毫无分析批判地引介港台新儒学，无条件地在大陆宣传和推销港台新儒学，显然是不正常的。①

应该说，方克立、李宗桂二先生对大陆极少数学人认同、归宗新儒学，宣传、推销新儒学，要求在中国大陆发展、复兴儒学的立场和主张的批评、回击是有力的和切中要害的。在笔者看来，这种批评在理论上、实践上都是必要的，今后仍然需要注意 90 年代以来出现的文化保守主义思潮的研究和实事求是的批评。但我们也乐观地看到，从研究新儒学走向认同、归宗新儒学毕竟只是极少数人，绝大多数研究者头脑是清醒的。在事实的层面，这极少数人的倾向性意见在大陆既没有市场，也没有土壤，他们在理论上也谈不上有什么创造、创新，更谈不上有什么体系。因此，尚不足以构成一个"大陆新儒家群体"或"学派"。

---

① 方克立：《评大陆新儒家推出的两本书——〈理性与生命〉〔1〕、〔2〕》，《晋阳学刊》1996 年第 3 期。

七、　现代新儒家研究的最新进展

（一）现代新儒家个案研究的深入

1. 熊十力研究的深入

熊十力先生是 20 世纪中国和世界著名的原创性哲学家和思想家，作为现代新儒家的第一代代表人物，熊十力研究历来为现代新儒家研究之重点。1983 年初开始，北京大学和武汉大学从事中国哲学史研究的学者便酝酿整理和出版熊十力先生的著作，后经过协商，由萧萐父和汤一介负责，并组织了一批青年教师和研究生展开具体的工作。从 1985 年底开始，中华书局陆续出版了《熊十力论著集》之一《新唯识论》、之二《体用论》、之三《十力语要》。其他出版社也陆续出版了一些新的选编本或者单部著作的校点本。同时，中国台湾地区也重刊和新印了不少熊十力先生的著作。在这些整理和出版工作的基础上，在萧萐父教授的主持下，由郭齐勇、景海峰、王守常、蔡兆华等组成整理小组，花了将近 10 年的工夫，整理完成了 9 卷 10 册、480 多万字的《熊十力全集》，于 2001 年由湖北教育出版社出版。《全集》所收熊十力先生之著作、材料，主要包含三方面的内容。第一，《全集》前 7 卷收录熊十力已刊著作，"有些因年代久远未得到重印而极难见到，有些更是久不闻于海内而几成孤绝"。第二，《全集》第八卷所收熊十力的论文书札，是最具有新材料价值的一个部分，"对于了解熊十力的学术交往和生平行事，特别是这样一位有真情实感的哲人的真实生活情状，无疑是最直接的第一手资料，具有其他著作所不能替代的重要价值"。第三，《全集》的"附卷"收录了编者特意精选的历年熊十力哲学研究的重要文献，包括围绕熊十力《新唯识论》进行的佛学内部的争论，以及从 20 世纪 30 年代以来近 70 年研究熊十力哲学的主要论著。另外"附卷"还收录了熊十力后学对熊先生的精神气质和魅力的"人格评价"。萧萐父先生认为："我们坚信，它所提供的文本，空前完整准确，定会促进对熊先生研究和批判的深化发展。"① 汤一介先生等认为："《熊十力全集》的出版为人们更多

---

① 郭齐勇编：《玄圃论学续集》第 372 页，湖北教育出版社 2003 年版。

地了解熊十力、更好地研究熊十力提供了契机，也许在若干年后，这座20世纪中国哲学的丰碑在人们的使用当中会由模糊逐渐变得清新和丰满起来。"①

2001年9月7—9日，由武汉大学中国传统文化研究中心、武汉大学人文学院哲学系、湖北教育出版社联合举办的"熊十力与中国传统文化国际学术研讨会"在武汉大学召开。参加会议的有来自中国大陆与台、港、澳地区及美国、德国、日本等国著名学者70余人，提交论文40余篇。与会学者就"全球化与中国文化"、"当前熊十力研究的时代文化背景"、"熊十力哲学的创新与限制"、"熊十力及其他新儒家与西方哲学比较研究"、"当代新儒家未来发展走势"等论题发表了各自的见解，展开了激烈而富有成效的讨论。会议研讨代表了国际、国内熊十力研究的最新趋向和最高水平。萧萐父先生对于熊十力哲学的时代特色、理论个性、思想特征及历史定位进行了钩玄提要的评介。他指出，熊十力哲学中跳动着中国近代中西文化之争和民主革命补课的时代脉搏，会对人们产生持久的吸引力和多方面的启迪；熊十力的学术创造，具有熔铸百家、敢破敢立的思想特征；熊十力哲学以"体用不二"为纲宗，体大思密，把本体论、宇宙论、人生论、认识论等均熔冶其内；熊十力的哲学创造中，最值得注意的是他对传统的抉择和扬弃的批判态度。② 刘述先教授指出："熊先生的《新唯识论》辨章华梵，已成绝响，并没有人继承他的学问。但他的真性情、真担当成为了精神的泉源。他的意义不在建立客观学术，也不在提供解决世纪问题之道貌岸然，而是在把中国哲学的精神由时流挺拔出来，为思想指点了一个未来的方向。"③ 成中英先生在《从当代西方知识论评价熊十力的本体哲学》一文中指出："熊氏首先基于佛学的唯实有宗思想以开发人心中宇宙变动不居的意识，再基于对《易经》的领悟，认识到宇宙变化的创造性。在这一基础上，大力开发体用不二、明心见性的中国哲学与儒家哲学的精髓，不但为当时的中国哲学开辟了新境，也为当前西方哲学的走向提供了一个参考体系。"④ 郭齐勇先生具

---

① 汤一介、景海峰：《20世纪中国哲学的丰碑——写在〈熊十力全集〉出版之际》，载郭齐勇编《玄圃论学续集》，湖北教育出版社2003年版。
② 郭齐勇编：《玄圃论学续集》第372—373页，湖北教育出版社2003年版。
③ 郭齐勇编：《玄圃论学续集》第35页，湖北教育出版社2003年版。
④ 郭齐勇编：《玄圃论学续集》第39页，湖北教育出版社2003年版。

体探讨了熊十力与唐君毅在刘蕺山"意"与"诚意"观上的讨论与分歧。唐君毅以现代哲学方法诠释的蕺山学正是熊十力所反对与批评的。把"良知"解释为好善恶恶、为善去恶的"意"，更反对其"诚意"的工夫论。而唐君毅认为，这正是蕺山由功夫以识本体的路数。郭先生指出，熊氏对蕺山的原始材料研读不够，所用哲学方法也不够，而唐君毅的研究真正发掘了蕺山对阳明学的发展与贡献。这正是第二代新儒家的胜场。① 陈来先生指出，熊十力把哲学理解为超乎西方传统爱智的意义，在哲学观念中加入东方与中国传统的学术意义，因而使其哲学体系成为近代中国哲学走向世界的典范。② 有学者认为，熊十力"科玄两造之真理"是 20 世纪儒学研究中一个最富创造力的模式。他融合中西文化，区分科学真理与玄学真理，又使二者在立体结构的不同层面"同为真理"，从而撑开了儒学传统，为传统哲学的现代转化提供了新的模型。③ 另有学者指出，"熊十力体用不二、即体即用的本体论思想，其哲学意义与其说是为西方长久以来所纠缠的'转识成智'问题提供了一条思路与途径，不如说其扩大了哲学形而上学思考的地盘"。④ 有学者认为，熊十力的哲学观和科学观，是为了克服哲学和玄学同科学的冲突而建构起来的，"熊先生强调科学和知识的重要性，强调中国需要科学和知识来补充，当然是为了重建中国学问；而他间接以中国哲学和玄学来彰显中国学问的独特性和超越性，则是通过自我认同，重新确立'中国学问本位'"。⑤

2. 牟宗三研究的深入

2005 年 9 月 9—12 日，为推进当代新儒学的研究，探讨儒家传统与当代世界的问题，由武汉大学中国传统文化研究中心等机构协同中国台湾相关单位在武汉大学举办了第七届新儒学国际学术会议，会议围绕"儒学、新儒学与当代世界"的主题进行了广泛的讨论。郭齐勇先生在会上对牟宗三先

---

① 郭齐勇编：《玄圃论学续集》第 39 页，湖北教育出版社 2003 年版。

② 陈来：《熊十力与现代新儒家的"哲学"观念》，载郭齐勇编：《玄圃论学续集》，第 48 页。

③ 丁为祥：《熊十力"科玄两造真理"的提出及其意义》，载郭齐勇编：《玄圃论学续集》，第 84 页。

④ 胡伟希：《熊十力与康德："知智之辨"》，载郭齐勇编：《玄圃论学续集》，第 74 页。

⑤ 王中江：《熊十力哲学观和科学观的问题意识及其反应方式》，载郭齐勇编：《玄圃论学续集》，第 97 页。

生会通中西重建哲学系统的努力给予评介，他认为，在中西哲学交流、互动的背景下产生的牟宗三哲学是 20 世纪中国哲学的一个典范，其在方法学和问题意识上给予我们诸多重要启迪。郭先生首先揭示了牟氏外王三书的意义，并认为"今天有些论者对牟先生'新外王'与良知或实践理性的'自我坎陷'说的批评，或谓'泛道德主义'或谓'缺乏现实性、实践性'云云，大体上是没有细读牟先生这三部著作所致，尤其未能理解牟先生对科学与政治之独立性的强调。牟先生是哲学家，他只能提出一些哲学思考，不能要求他去具体务实"①。郭先生指出："牟先生哲学最大的意义是，有意识地吸收西方智慧，促进中西哲学的交流互动。在互动中逐渐体现了中国文化的自觉，彰显了中国哲学的自主性、主体性。"② 有学者认为，牟宗三对中国哲学基本特征的阐释具有两方面的理论意义：第一，在相当程度上代表了中国思想文化界对于更为充分地体现中国哲学自身之精神特质的理论自觉，实现了 20 世纪中国哲学发展演进过程中的范式转换；第二，以内在于中国哲学的尺度，对中国哲学的基本理论特质做了深入揭示。同时，牟先生的这一范式也存在华夏文化中心论的局限并在某些理论关节点上有未安之处。③

近年来，杨泽波先生对牟宗三思想进行了系统分疏与评论。杨泽波认为牟先生《心体与性体》的一个标志性成果是提出了三系论，即打破一般将宋明学术思想分为理学与心学的做法，将其分为五峰蕺山、象山阳明、伊川朱子三系。他认为牟宗三创立三系论，"在这个过程中所体现出来的智慧与胆识都是令人敬佩的。在我看来，在这个问题上，眼光如此之高，手笔如此之大，学说如此之系统，在现代新儒家中尚无第二人可以与其比肩。仅就此一点而言，牟宗三在现代新儒家中的地位就是不可撼动的，在整个儒学发展史中也应占有一定的位置"④。同时，杨泽波教授又注意到，牟宗三坚持感性理性两分的思想方法导致三系论出现关键性的失误。他说："牟宗三停滞于传统方式对良心本心的解说，将良心本心等同于康德的道德理性，以及由

① 郭齐勇：《牟宗三先生会通中西重建哲学系统的意义》，《人文论丛》2006 年卷第 207 页，武汉大学出版社 2007 年版。
② 郭齐勇：《牟宗三先生会通中西重建哲学系统的意义》，《人文论丛》2006 年卷第 217 页，武汉大学出版社 2007 年版。
③ 李翔海：《评牟先生的"中国哲学特征"论》，《人文论丛》2006 年卷，武汉大学出版社 2007 年版。
④ 杨泽波：《牟宗三三系论的理论意义》，《中华文化论坛》2006 年第 1 期。

此沿用的感性理性的两分方法，既不足以杜绝心学发展过程中的流弊，也难以避免在自律和他律问题上遭遇的尴尬，无法将理性如何保证道德成为可能这一极有价值的理论初衷表达清楚，更不能达至其所希望的综合圆成之境，弊端很多，作为一种思想方法实际上已经终结了。"① 对于牟宗三建构中国哲学本体的思想，杨泽波先生认为，"牟宗三超越存有论虽然立意深远，气势宏大，但在创生主体问题上对天与人的关系梳理得不够细致，直接以上天作为创生存有的主体，结果造成了较为严重的理论混乱"。②

对于牟宗三先生与西方哲学主要是与康德的关系，中国台湾"中央研究院"李明辉先生撰文进行阐释。他认为，牟先生对康德"物自身"概念的重新阐释与费希特的思路极为接近，"牟先生比康德以后的大多数德国哲学家更接近康德的心灵。牟先生一方面借'物自身'的概念来诠释中国哲学，揭发出中国哲学中所隐含的丰富内涵，另一方面则站在中国哲学的立场上对康德哲学加以修正……这为当代中国哲学之创造与发展提供了一个极佳的范例，同时也显示中国哲学如何能在不放弃其主体性的情况下吸纳并转化西方哲学"③。李明辉又将牟宗三 1949 年以后思想分成两个阶段，探讨其思想中康德哲学与儒学的关系。在第一个阶段，康德哲学为牟先生提供了一个完整的思想架构，以便为儒家的"内圣之学"定位，并且疏解其"外王"问题。在第二阶段，牟先生对康德的著作做了深入探讨，并借此与儒家思想相会通。他说："牟先生并非简单地套用康德哲学的概念和思想间架来诠释儒家思想，而是从哲学思考的高度上比较其异同，分判其形态。故其诠释工作本身即是一种哲学思考，并且包含一种新的判教"，并为当地中国传统文化与现代化、本土化与西方化的问题"提供了一个绝佳的典范"。④

3. 唐君毅研究的深入

对于唐君毅先生的研究，近年来亦有所深入。唐君毅的论著大部分都已在内地刊行，为唐君毅研究的深入提供了丰富的材料。在此基础上，人民出版社于 2001 年出版了由郭齐勇先生指导的单波博士的论文——《心通九境

① 杨泽波：《牟宗三三系论的理论贡献及其方法终结》，《中国哲学史》2006 年第 2 期。
② 杨泽波：《超越存有的困惑——牟宗三超越存有论的理论意义与内在缺陷》，《复旦学报》2005 年第 5 期。
③ 李明辉著：《当代儒学的自我转化》第 47 页，中国社会科学出版社 2001 年版。
④ 李明辉著：《当代儒学的自我转化》第 80 页，中国社会科学出版社 2001 年版。

——唐君毅的精神空间》。在此书中，作者对唐氏思想进行了独创性的研究。第一，不仅深入缜密研究了唐氏人文精神论，尤能对人文与宗教、人文与科学之关系，中西人文智慧之异同，文化主体与人文世界撑开的关系，作出了独到的分析论证，梳理了唐先生思想的内在矛盾和张力，如圆融会通与一本性、返本与开新的纠结等等。第二，通过分析唐氏宗教哲学在超越反省中体悟人的"内在超越"的特点及宗教意识论、儒释道耶之比观，作者作了涵化西方超越智慧、解读中国哲学资源之宗教性的新思考，也批评了唐先生未能充分重视人性与神性、内在与超越之紧张，从而导致了超越性不足的弊病。第三，全书围绕"心本体论"的中心来展开，在人文精神、宗教观、道德哲学、人生论的分析中贯穿这一线索。①

蔡仁厚先生在《20世纪新儒家的大判教——以唐牟二先生为例》一文中，认为唐君毅先生的著作可以分为三个阶段，亦代表唐先生思想发展的三阶段。他在梳理唐君毅先生"心灵九境"的基础上认为，唐先生"心通九境"的论述，"乃是对人类文化之全体内容提出一个广度量的大判教，显示他宽平深广的人文气量和鞭辟入里的哲人慧见"。②另有学者对唐君毅先生的"重建人文精神"，论道家哲学、人文宗教观等进行了专门研究，创获颇多。需要指出的是，由于唐君毅先生思想系统庞大，已有的研究尚显不足，而且批导性文章几乎没有。

4. 徐复观研究的深入

近10年来，作为新儒家第二代的重要代表人物，徐复观先生受到更多关注，其主要思想史研究著作及文学、艺术、政论文章等大部分已在大陆出版。2003年12月6—8日，为纪念徐复观百年诞辰，"徐复观与20世纪儒学发展海峡两岸学术研讨会"在武汉大学召开，与会学者首先对徐复观的人生道路进行了回顾与交流，并对徐复观的哲学思想、政治思想、文学、美学思想进行了集中的探讨。关于徐复观的哲学思想，李维武教授在《徐复观消解形而上学的思想历程及其意义与局限》一文中，认为徐复观消解形而上学的思想有一个逐渐形成、明确的过程。徐复观消解形而上学主张的意义在于，针对现代新儒家在重建本体论中未能解决本体论与现实生活打成一片

---

① 参见郭齐勇著：《儒学与儒学史新论》第398页，（台北）学生书局2002年版。
② 载《人文论丛》2006年卷第41页，武汉大学出版社2007年版。

的问题，要求面向现实生活世界把握中国文化的精神，把现代新儒家哲学重新拉回到现实生活世界中来；其局限性在于，未能充分理解现代新儒家重建中国哲学本体论具有重建民族智慧、复兴中国哲学的重大意义，未能看到由孔子开创的儒家思想本身即是一个发展过程，儒家思想的生命力恰恰离不开这一发展过程。有学者对徐复观的研究方法进行探讨，认为徐复观的研究方法可称之为文化脉络考察与诠释法，他吸收西哲卡西尔、胡塞尔等人思想，努力构建中国式的自由主义，以一种批判的态度继承传统哲学，并建构了新时代的生命哲学、心性哲学与美学、艺术哲学。有学者认为徐复观自觉的现代解释意识使其最终在阐释思想层面上完成了由古典的注释之学向现代的思想史研究的转换，并在一定程度上完成了中国阐释思想由古典形态向现代形态的转换。有学者指出，徐复观通过对《孟子》中"类推"方式的把握，开创了"行动逻辑"；通过对以儒家为代表的中国人文思想中具体生命理性的展开阐发，开创了"具体性思维方式"，这两大贡献使徐复观成为"人文思维逻辑"的先驱者。有学者指出，依据徐复观在经学传承和经学思想方面的学术贡献，可以说他是一个以新考据方法诠释经学史的现代古文经学家，可以将他的新儒学思想称为新汉学或者是现代汉学。此次会议中有部分学者针对此前研究相对薄弱的徐复观美学、文学思想进行了研究，相对丰富了徐复观思想的研究。[1]

　　另外，武汉大学李维武教授指导的博士论文专门对徐复观哲学思想进行了研究。

（二）现当代新儒家政治哲学研究

　　由于所处的特殊社会历史环境，现当代新儒家代表人物对于政治问题都表示出很多关注。从五四时期以来，关于自由、民主、法制、权利等源于西方的政治价值的探讨，成为新儒家思想中非常重要的组成部分。学界对于新儒家的研究，也愈益注意其政治哲学思想的开显。中国台湾"国立政治大学"哲学系的何信全教授率先对新儒家的政治哲学进行了系统研究，完成了第一部全面评介现代新儒家政治哲学的专著——《儒学与现代民主——

---

[1] 参见谢永鑫：《"徐复观与20世纪儒学发展"海峡两岸学术研讨会综述》，《孔子研究》2004年第2期。

当代新儒家政治哲学研究》（1996 年在台北出版，2001 年由中国社会科学出版社出版）。该书除第一章"导论"和末章的"综论"外，其余六章分别评介新儒家代表人物的政治思想。第二章"梁漱溟论中国民主化的难局"，探讨的主题是梁漱溟有关中国不可能走欧洲近代民主政治之路的论点。第三章"熊十力与儒家新外王理论之开展"，认为熊十力立基于其体用不二之哲学，"本乎以儒学为主流的中国文化主体精神，以创造性地摄取民主、科学与社会主义等现代文明。他致力于阐发儒学之体，与民主、科学与社会主义之用互相融通"。指出熊十力的新外王理论"未必皆为其后之新儒家所接受，然而其依据体用不二哲学，主张本乎文化主体精神以创造性地摄取西学之旨，则为当代新儒家共同的典范"。① 第四章"牟宗三论儒学通向民主的辩证进路"，则分析了牟宗三政治哲学中"儒学开出民主的内在难题"、"从理性的运用表现转出建构表现"等思想主张，指出牟宗三融通儒学与现代民主的进路，是"透过综贯的道德主体之自我坎陷，成为横列之知性主体与政治主体，以开出个体与物对、个体与个体对的对列之局"。牟宗三继续不断探索，"终于为儒学开出一条通往民主之曲折的辩证开展之路"。② 第五章阐释"唐君毅论儒学中的自由精神"，指出"就唐君毅而言，儒学之中的自由精神，主要表现在孔子为仁由己的自由，儒家的平等精神，以及和融贯通而充实圆满之人文精神所显现之宽容性格"。③ 第六章"徐复观论儒学与自由民主"则从"性善论与个人的自由平等"、"德治与政府权力的限制"分疏徐复观的政治哲学主张。一方面，肯定性善论与德治观念在徐复观的崭新诠释之下，固然呈现出作为自由民主根源的若干可贵资源。另一方面，从现代自由民主的观点来看，儒家政治哲学的局限是很明显的。④ 第七章"张君劢论儒学与民主社会主义"，讨论张君劢会通康德与儒家的哲学基础及兼顾自由与社会公道的民主社会主义思想。何信全先生以当代西方自由主义、

---

① 何信全著：《儒学与现代民主——当代新儒家政治哲学研究》第 64 页，中国社会科学出版社 2001 年版。
② 何信全著：《儒学与现代民主——当代新儒家政治哲学研究》第 78 页，中国社会科学出版社 2001 年版。
③ 何信全著：《儒学与现代民主——当代新儒家政治哲学研究》第 86 页，中国社会科学出版社 2001 年版。
④ 何信全著：《儒学与现代民主——当代新儒家政治哲学研究》第 129 页，中国社会科学出版社 2001 年版。

社群主义为背景，对当代新儒家政治哲学的评介客观、全面且具有前瞻性，同时在评介之中透显出作者对儒家政治哲学与民主建构的诸多慧见。

中国人民大学刘晓的《现代新儒家政治哲学》（2001 年由线装书局出版），为大陆学界第一部全面评介现代新儒家政治哲学的专著。该书以问题为线索，共分十章。第一章"绪论"探讨现代新儒家与政治哲学的关系；第二、三章分别探讨现代新儒家政治哲学的心性论基础与历史叙事；第四至第八章分别探讨"政治"、"国家"、"儒家政治传统与现代民主"、"自由与平等"、"保守主义与文化民族主义"五项议题；第九章探讨现代新儒家与中国思想的"本原主义"；最后一章则对现代新儒家政治哲学加以"审视"。是书对新儒家政治哲学的批判多于接受、理解。

另外一位对当代新儒家政治哲学进行批评的学者是深圳行政学院的蒋庆先生。其所著《政治儒学》一书，第一章的三个问题都是针对当代新儒家所发。第一个问题是围绕"当代新儒学未能开出新外王"的危机、后果、原因而展开，指出当代新儒学另一发展路向是从心性儒学走向政治儒学。第二个问题则讨论了"当代新儒学在'外王'问题上的缺失"，认为当代新儒学的外王观存在两个问题：一是当代新儒学的外王观是从心性儒学的反省中产生，忽视了另一儒学传统中的外王资源；二是当代新儒学纯粹以科学民主为开出"新外王"的标准，有变相西化之嫌。① 第三个问题则是对牟宗三"良知坎陷"的批评，认为"良知只可呈现而不可坎陷"。蒋庆先生是站在儒学内部，基于对儒学的不同理解而对新儒家进行的批评，主要目的是提出其"政治儒学"的主张。

中国台湾学者李明辉先生撰长文《由"内圣"向"外王"的转折——现代新儒家的政治哲学》，主要针对刘晓与蒋庆的观点进行回应，并具体阐释了当代新儒家政治哲学的根本主张。② 李明辉亦有专文分析徐复观的政治哲学思想，认为"徐先生的政治思想基本上依违于西方的自由主义与社群主义之间"。一方面，他承认超越于历史与社会之外的道德主体，肯定个人权利之优先性，并且承认消极自由所涵的基本人权。就此而言，他的思想近于自由主义。另一方面，他不满意自由主义仅停留于消极自由而不涉入积极

---

① 蒋庆著：《政治儒学》第 43 页，三联书店 2003 年版。
② 李明辉著：《儒家视野下的政治思想》第 172 页，北京大学出版社 2005 年版。

自由，强调个人与社群之间的平衡，并且重视传统对于民主社会之建立与维持的意义。就此而言，他的思想近于社群主义。①

综合而言，近年来的当代新儒学研究具有如下几方面的特征：一是研究多集中于熊十力一系的熊、唐、牟、徐等；二是中国台湾学者的研究成果及观点受到更多的关注而纳入到中国大陆的综述范围；三是研究不停留于宏观的概括而更注意著作、文章的深入研读，并使研究更为系统、具体、深入。四是在新儒家代表人物的原始资料的搜集整理、出版刊行方面，有了重大进展，为现当代新儒家研究奠定了更为扎实、丰厚的基础。另外，我们需要注意的是，在以上所述新儒家研究的核心问题之外，亦有较多问题取得进展，如"后新儒学"、"新新儒学"的提出，以及第三代新儒家代表人物杜维明、刘述先等的研究亦有专文、专著出现，并产生了广泛影响。

八、 几个需要注意的问题

这些年的现代新儒学研究成绩是巨大的喜人的，然需要注意的问题和亟待加强的薄弱环节也是客观存在的。

首先，对现代新儒学发展阶段或分期的划分、现代新儒家人物的学派归属的认定上，人们的认识还存较大的差异，这在一定程度上影响着研究工作的开展和相互之间的对话和交流。

其次，尽管从研究新儒学走向认同、归宗新儒学的只是极个别人，不足以为其大惊小怪，但对新儒学同情地了解有余而批判地超越不足的却不在少数，一些研究者出于对以往过分突出阶级分析和政治立场的反动，自觉不自觉地回避现代新儒家的政治倾向、回避现代新儒学的意识形态特征，"对新儒家反共、反马克思主义、反五四新文化运动、反唯物史观的鲜明立场，在应该表现出马克思主义的批判性、战斗性的地方，反而表现出淡化意识形态的所谓'高姿态'"。② 殊不知，入乎其内，还得出乎其外。

① 李明辉著：《儒家视野下的政治思想》第 170 页，北京大学出版社 2005 年版。
② 邵汉明：《现代新儒学研究十年回顾——方克立先生访谈录》，《社会科学战线》1997年第 2 期。

再次，相对于对现代新儒家的理论创造和理论贡献的研究、挖掘和肯定而言，对现代新儒家的理论缺陷及其根源的揭示、批评就显得不足。换句话说，肯定多于否定，褒扬多于批评。当然，随着研究的深入，这种情况已有一定的改观。

又次，从儒家思想史的角度对现代新儒学的发展及其与传统儒学的关系作准确的定位，从现代思想史的角度对不同思想派别之间的差异、对立及其联结关系进行研究亦显薄弱。就前一方面而言，只要对传统社会、传统儒学和现代社会、现代儒学的特点有较深入的认识和把握，要理清现代新儒学对传统儒学的继承和发展的关系并不是太难；就后一方面而言，则有一定难度。方克立先生曾指出中国现代思想史上有三大思潮或三大派别，即自由主义的西化派、以现代新儒家为代表的文化保守主义派、马克思主义派，三者之间是一种"互动"关系，既相互对立和区别，又相互联系和互补。这一认识得到人们的普遍认同，但更深入的研究成果似乎尚未出现。

最后，相对于前期研究，后10年新儒家研究呈现出范围缩小的趋势，研究对象多集中于熊十力一系唐、牟、徐，而对于现代新儒家其他人物及思想则关注较少。另外，这一时期新儒家研究值得注意的现象是门户之见的存在，一些学者存有"护教"情结，容不得批评意见，使现代新儒家的学术研究欠缺稍许的宽容与公允。

凡此种种问题和薄弱环节的存在，都是我们今后需要注意解决和加强的方面。相信伴随新世纪的到来，我们的现代新儒学研究一定会上升到一个新的层次。

附录一
台湾学者与中西文化研究

崔永东

从 1949 年到今天，在将近 40 年的时间里中国台湾学者一直以浓厚的兴趣对中西文化问题进行研究，发表和出版了一系列的文章和著作。

中国台湾学者在讨论中西文化的过程中，曾发生过激烈的争论和交锋，其中以 60 年代的中西文化论战（1962—1966 年）最具有代表性。通过论证，各种文化流派踊跃登台，各种文化理论五彩纷呈，从而把文化研究引向深入。

"他山之石，可以攻玉。"了解一下海峡对岸几十年来在中西文化问题上的研究成果，对我们今天中国大陆学术界的文化研究无疑是有所裨益的。本文试图通过"选择取例"的方法，"选"出几个在中国台湾比较有影响的文化流派。然后"取"出每一个流派的代表人物的文化观加以介绍。

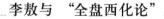

李敖与 "全盘西化论"

在中国台湾文化界，李敖是一个"狂飙式"的人物。1961 年，发表《老年人和棒子》一文，使他一炮走红。接着，在不到两年的时间里，他"快速地投射他的力量"，就中西文化问题发表了一系列的论文，使他成为"家喻户晓的文化人物"。其中 1962 年在《文星》杂志上发表的《给谈中西文化的人看看病》一文，导致了一场长达 5 年之久的中西文化论战。

李敖的文化观是典型的全盘西化论。他主张，要实现现代化必须以全盘否定传统文化为前提。他说："固有文化本身不但成事不足，并且败事有余"(《为中国思想趋向求答案》第32页，下引该书只注页码)。又说："在新时代中，一切中国旧时代的产品……都不能配合现代的齿轮发生作用，即使它们有的还很'完好'，可是却通通装不上现代的机器。它们只好送进了博物院。""我们没有想到，2500年来累积的200030种的文献典籍，在新的世界里竟然对我们没有什么积极的用处。这个悲剧的主要原因是我们传统的思想方法一开始就不及格。"(第144页)

他认为，中国文化完全是农业社会的产物："我觉得我们应该从基本观念上一股脑儿丢掉任何农业社会的 ideology。此'障'能除其他一切不难"(第82—83页)。要使国家现代化，就必须"从农业社会跨进工业社会"。"但是工业社会是动的、扩展的、进取的，不知足的、不靠祖宗的、不依赖白胡子老头的。在工业社会那边，一切传统的价值体系，不论是好是坏，全都是生了锈的发条，全都不能配合新的齿轮发挥作用。……我们要奏工业社会的迎春曲，不能依赖农业社会的旧琵琶。"(第23页)

针对某些学者提出的"择善而从"、"取长舍短"的文化观，他支持："……他们只会做裁缝，不曾了解文化移植的本质，他们的通病在对文化本是'完全的整体'(intergral whole)上面没有真正的理解，他们总是择肥而噬，总想任意剪裁，总想只要好的不要坏的……他们对西洋文化，通通打着一个'买椟还珠'的算盘，他们不知道这种好梦是根本做不成的。在文化移植上，要买椟就得要珠，不要珠也休想要椟，椟中没珠也不成其为椟，要就得全要，不要也得全不要……"(第26—27页)

他认为，中国文化的出路就在于全盘西化。他说："我们对西方现代化，就好像面对一个美人，你若想占有她，她的优点和'缺点'就得一块占有……"(第27页)"我们一方面想要人家的胡瓜、洋葱、番茄、钟表、眼镜、席梦思、预备军官制度；我们另一方面就得忍受梅毒、狐臭、酒吧、车祸、离婚、太保、(不知害臊的)大腿舞和摇滚而来的疯狂"(第28页)。"也许西化的结果会带来不可避免的'流弊'，可是我们总该认清我们的'大目标'是什么。为了怕肚痛，难道就不养孩子吗？为了怕噎着，难道就不吃饭吗？我们的'大目标'是建设现代化的强国，在这个'大目标'下，我们该有'衣沾不足惜，但使愿无违'的决绝与胸襟。"(第28页)

柏杨与"酱缸文化论"

几年前在中国大陆以《丑陋的中国人》一书而大走其红的柏杨，早在60年代的中国台湾就已大名鼎鼎了。他与李敖一样，都是传统文化的否定派。他的文化观就是所谓的"酱缸文化论"。他把中国看成是"酱缸国"，中国文化是"酱缸文化"，中国人是"酱缸蛆"。他说："中华民族被酱了两千年之久，灵性逐渐衰微，奄奄一息。"（《不学有术集》第111页）

在《猛撞酱缸集》一书中，他对"酱缸"是这样定义的："大酱缸者，侵蚀力极强的混沌而封建的社会也。也就是一种奴才政治、畸形道德、个体人生观和势利眼主义，长期斫丧，使中国人的灵性僵化和民族品质堕落的社会"（第37页）。"酱缸文化也有他的产品，曰'权势崇拜狂'，曰'牢不可破的自私'，曰'文字魔术和欺诈'，曰'僵尸迷恋'，曰'窝里斗，和稀泥'，曰'淡漠冷酷猜忌残忍'，曰'虚骄恍惚'……"（第38页）

那么，上面所列的酱缸文化产品中，柏杨又是怎样表述的呢？现根据其有关著作（如《不学有术集》、《猛撞酱缸集》、《柏杨反孔杂文选》及《丑陋的中国人》等）简单整理如下：（1）权势崇拜狂。以权势崇拜为基石的五千年传统文化，使人与人之间，只有"起敬起畏"的感情，而很少"爱"的感情。所谓"仁"，似乎只能在书本上找，很难在行为上找。对权势绝对崇拜的结果，缺乏敢想、敢讲、敢做的灵性，一定产生奴才政治和畸形道德。大家都削尖脑袋往官场里钻，只要给我官做，让我干啥都成。在近于疯狂的权势崇拜下，不要说政治场合、学术场合，就是人与人之间的友谊也变了质，变得近视、势利，所谓"世态炎凉"是也。（2）自私与窝里斗。中国人是十分自私自利的。这种性格的形成与儒家"明哲保身"思想的影响有关。自私自利是导致不合作与窝里斗的主要原因。中国人最大的悲哀，是把99%的精力都用在窝里斗上。（3）文字欺诈。儒家的开山老祖孔子在其大著《春秋》中，就公然提倡文字欺诈，所谓"为尊者讳、为亲者讳、为贤者讳"者是也。讳风所及，使"中国的史籍，只是文学的，不是史学的；只是美好的（也只是酱缸特有的美），只是文字欺诈，不是忠实报道"。（4）僵尸迷恋。祖先崇拜在本质上是充满了灵性的，但在酱缸文化中，再优秀的细胞也会堕落成癌，祖先崇拜遂变为对僵尸的迷恋。孔子是驱使祖先崇拜与政治结合的第一人，那就是有名的"托古改制"，这是降临到中华民族头上最早的灾祸。对僵尸迷恋的第一个现象是："古时候都有"；第二个现象更糟："古时候啥都好。"（5）淡漠、冷酷、猜忌、残忍。中国人"对国家兴衰淡漠；对民族存亡淡漠；对别人的痛苦冷酷；对弱者更冷酷"。在封建时代，许多忠臣良将之所以被皇帝杀戮，全是皇帝的猜忌心在作怪，皇帝猜忌臣下，官员猜忌同僚，小民猜忌朋友，上下交猜忌，而使中国变成一盘散沙。至于"割男子之阳，缠女子之足，以及幽闭女子青春"等等，这都表现了中国文化的残忍性。

胡秋原与 "超越前进论"

在 20 世纪 60 年代初期，胡秋原在《文星》杂上发表了一篇题为《超越西化派俄化派而前进》的文章，第一次提出了"超越前进"的文化观。后来，他在《一百三十年来中国思想史纲》一书中对这一观点进行了系统的阐述。

他说："我决定采用'超越'二字，一面由徐光启之'超胜'而来，一面由康德之'超越'而来。……我使用'超越'，即由于'外于'、'高于'传统主义、西化主义、俄化主义及不受拘束（beyond, above, and free from ……）之意。……'前进'即向历史之明日前进。简言之，即向前走中国人自己的历史的道路。首先求工业技术之进步。"（《一百三十年来中国思想史纲》第 209—210 页，台北学术出版社 1980 年版）

他认为，中国传统文化是伟大的，具有永恒的价值。我们应当尊重这种价值，但尊重它并不意味着我们主张"传统主义"（即唯依传统方式解决国家问题之意）。"西化主义"、"俄化主义"（即唯依西方方式、苏俄方式解决中国问题而化于它们）虽亦有一定的价值，但在现实中是不可行的。至于在以上三者中间搞调和的"折中主义"，他认为"也是失败之路，并非真正解决问题。"（同上，第 209—228 页）

在胡秋原看来，他的"超越前进论"是解决中国问题的理论，究竟怎样实施这种理论？他认为要分以下几步走：（一）"将以前的四种心理模式

（传统、西化、俄化、折衷）暂时置之不论，不用为判断根据。""中国人应该而且能够独立地创造自己的历史和文化。"（二）"要进入历史事实之中，由过去看现在看将来……了解现在之由来，及将来可能之变化，对中国与世界的文化成就加以比较。""在知识与技术上，在政治经济制度上，道德和文学艺术上知己知彼的比较，是超越前进方法论之中心。"（三）通过比较找出差距，"用最短时间赶上而超越之"。（四）"每一个中国知识人要精通研究学问的方法，并在各门学问上，具有他人同等的知识。有同等知识，使用同一方法，继之以时间，未有不可赶上他人之理。"（五）"广泛地收集和参考中外古今各国的经验；首先是自己的历史、条件、需要、民情、风俗，其次并世各国制度与政策及其得失；不仅要知道自己和他人的成败，而且要知其所以然，以决定发展自己国力的制度、政策。"（同上，第229—231页）

陈立夫与 "文化复兴论"

20 世纪 60 年代，中国大陆爆发"文化大革命"，而在海峡的另一边，"复兴中国文化"的口号却响彻云霄。在国民党政府的大力提倡下，谈论"复兴"之道的论著，一时间连篇累牍、汗牛充栋。国民党元老、政界显要陈立夫，这时也搞起"学术研究"来，研究中国文化的"复兴之道"，不仅写出论文、专著，还主编了一套《中华文化复兴论丛》。陈立夫的文化观基本上代表了中国台湾官方的观点。

陈立夫在《如何认识中国文化》一文（见《中国文化复兴论文集》）中认为："中国有很崇高的文化，是人家所不及的。"当世界上其他文化如罗马文化、希腊文化都成为绝响之后，唯独中国文化仍生机勃勃，这充分证明了中国文化的优越性。这种优越的文化是我们祖先留下的宝贵遗产，他说："文化祖先把握住要点，将文化的基础奠立得好，像造房子，基础打得好，房子永久倒不了。"接着他又说："复兴是什么意思？就是再起来，须得以前曾经来过一次，如从来没有起来过，则不能谈复兴。中国文化确是可以对人类有贡献，所以要从根救起来。"

那么，怎样复兴中国文化呢？他说："我们自己有的东西不要丢掉，我经多年的研究，感觉孔圣之教太伟大了。假定以 X 代表我们的文化，以 Y 代表人家的文化，文化复兴运动是要我们的 X 发扬光大，把人家的 Y 迎头赶上，那么我们的文化就成了 X 加 Y，X 加 Y 一定大于 Y；如非你把自己的 X 变成了负（－），则 X 加 Y 就不一定大于 Y 了。"他又说："台湾这几年工夫，物质建设突飞猛进，为什么？凡是有公式、有标准、或者可以用钱买来的东西没有什么难，亦可以说这些都是有价之宝。唯有道德为钱所买不到的东西才是无价之宝！中华民族所以能够存在，乃以仁为基础，所以我们六亿人可以为一家，具有向心力，互爱互助，不会有离心力的。我们的文化并且是以孝为本，至诚无息，不息则久，孝的真义是说'继往开来'，所以我们的文化能一脉相承，久不中断。"

他在《中国道统之形成与实践》（载《中华民族的历史文化》一书）一文中认为：中国文化里有一伟大优秀、"历万古而常新"的道统，这一道统从尧舜禹汤文武周公孔子一直到现在，生生不息。他说：中华民族之所以能"持续五千余年光荣历史而不坠，并且有大刚中正之民族德性者，以吾祖先发明人类共生、共存、共进化之真理，垂谕后人遵守弗渝，此一真理称之曰道，以理而言，称之曰公；于己而言，称之曰诚；于人而言，称之曰仁；于事而言，称之曰中；于功而言，称之曰行……"他认为："今日之世界，充满了自私、唯有'公'才能救之；中国有此伟大之道统，人人应有救世之信心。"

新儒家与 "并行不悖论"

1958 年，新儒家的代表人物牟宗三、徐复观、唐君毅、张君劢（其中唐为香港新亚书院教授，张为美籍华人学者）四位著名学者联合发发表一篇题为《中国文化与世界》的宣言（副题是《我们对中国学术研究及中国文化与世界文化前途之宣言》），系统地阐述了他们的中西文化观。在这篇宣言中，新儒家根据《礼记·中庸》中的一句话——"万物并育而不相害，道并行而不相悖"，提出了"并行不悖"的文化观。他们认为，"人类之一切民族文化，都是人之精神生命之表现，其中有人之血与泪，因而人类皆应以孔子作春秋之存亡继绝的精神，求各民族文化之价值方面保存与发展，由

此以为各种文化互相并存，互相欣赏，而互相融合的天下一家之世界之准备"。（第60页）

各种文化"并行不悖"的发展，进而不断融合，最后是"天下一家"局面的出现，这是新儒家一直强调的观点。他们认为，西方文化在现代世界上固然是一种高层次的文化，但尺有所短，寸有所长，中国文化也有优良的、值得西方人学习的一面。不同文化之间的交流应该是取长补短。他们指出，中国的人生智慧，就很值得西方人学习。例如a. "当下即是"之精神与"一切放下"之襟抱；b. "圆而神"之智慧；c. 温润恻怛或悲悯之情；d. 如何使文化悠久之智慧；e. "天下一家"之情怀。（参见第51—58页）

在那篇宣言的最后，他们说道："我们记得在18世纪以前西方曾特别推崇过中国，而19世纪前半的中国亦自居上国，以西方为蛮夷。19世纪的后半以至今日，则西方人视东方之中国等为落后之民族，而中国人亦自视一切皆不如人。此见天道转运，丝毫不爽。但到了现在，东方与西方到了真正以眼光平等互视对方的时候了。中国文化，现在虽表面混乱一团，过去亦曾光芒万丈。西方文化现在虽精彩夺目，未来又毕竟如何，亦可是一问题。这个时候，人类同应一通古今之变，相信人性之心同理同的精神，来共同担负人类的艰难、苦病、缺点同过失，然后才能开出人类的新路。"

（原载《中国文化报》1988年8月14日、8月21日、8月24日、9月4日）

附录二
郭店楚简研究综述

王永平

一、 研究概况

　　1993 年 10 月湖北荆门郭店一号楚墓出土了一批竹简，经彭浩、刘祖信等编联、撰写释文与注释，由裘锡圭审定并加按语后，于 1998 年 5 月在文物出版社以《郭店楚墓竹简》为名出版。这批材料一经公布，立刻引起了学界的高度重视，各地纷纷举办学术研讨会、座谈会，就郭店楚简相关问题展开热烈讨论。1998 年 5 月，美国达慕思大学举行了世界首次"郭店《老子》学术讨论会"，来自中国海峡两岸、美国、日本、英国、德国、法国、比利时、加拿大等国家和地区的 30 多位学者参加了会议，分别从考古学、历史学、古文字学、文献学、哲学以及宗教等角度对郭店楚简进行了广泛而深入的讨论，会后编辑了《〈老子〉国际研讨会纪要》，作为《古代中国研究专刊》在美国出版。国际儒学联合会也从 1998 年 5 月开始，联合中国社会科学院、哈佛燕京学社等先后在北京召开多次会议，专门讨论郭店竹简。同年 10 月国际儒联决定成立国际简帛研究中心，联络全世界的简帛研究者，组织研究，搜集资料，交流信息，加强合作，共同推进学术研究。并出版发行《国际简帛研究通讯》。1999 年 10 月，由武汉大学中国文化研究院、哈佛燕京学社、国际儒学联合会、中国哲学史学会、湖北哲学史学会联合举办的"郭店楚简国际研讨会"在武汉大学召开，来自世界各地的 80 多位学者齐聚在竹简的出土地，就简书的断代、文字的考释、简文的连缀、文本的对勘比较，以及儒家简、道家简诸篇的诠释等问题展开热烈的讨论。会议成果由武汉大学中国文化研究院集结为《郭店楚简国际学术研讨会论文集》，于2000年5月由湖北人民出版社出版。2001年1月，陕西师范大学组织召开了"郭店楚简与历史文化座谈会"。2003年12月，即郭店楚简出土十周年之际，荆门博物馆组织召开了一次"郭店楚简国际研讨会"，来自中、日、韩等国40多位专家学者参加了会议。此外，1999年6月在日本东京召开的第44届国际东方学会议；9月在德国海德堡大学举办的简帛文献研讨会；10月在中国台湾辅仁大学主办的"本世纪出土思想文献与中国古典哲学两岸学术研讨会"，都把郭店楚简作为讨论的焦点和重点。

到目前为止，已经发表的有关郭店楚简的学术论文就达上千篇。各种学术刊物，如《中国社会科学》、《哲学研究》、《历史研究》、《文物》、《中国哲学史》、《孔子研究》、《传统文化与现代化》、《复旦学报》、《武汉大学学报》、《湖北大学学报》、《江汉论坛》等都先后开辟专栏，发表有关郭店楚简的研究论文。《光明日报》理论版也经常发表此类文章。由《中国哲学》编辑部和国际儒学联合会学术委员会合编的《中国哲学》第20辑和第21辑，由陈鼓应先生主编的《道家文化研究》第17辑都被设为郭店楚简研究专辑，专门刊发和郭店楚简相关的论文。日本东京大学郭店楚简研究会编辑出版了《郭店楚简の思想史的研究》。

有关郭店楚简研究的专著业已出版了几十部，如崔仁义的《荆门郭店楚简〈老子〉研究》，科学出版社1998年版；丁原植的《郭店竹简〈老子〉释析与研究》，台北万卷楼图书有限公司1998年版；魏启鹏的《郭店老子柬释》，台北万卷楼图书有限公司1999年版；刘信芳的《荆门郭店老子解诂》，台北艺文印书馆1999年版；侯才的《郭店楚墓竹简〈老子〉校读》，大连出版社1999年版；张光裕主编，袁国华等合编的《郭店楚墓竹简研究文字编》，台北艺文印书馆1999年版；庞朴的《竹帛〈五行〉篇校注及研究》，台北万卷楼图书有限公司2000年版；魏启鹏的《简帛〈五行〉笺释》，台北万卷楼图书有限公司2000年版；丁四新的《郭店楚墓竹简思想研究》，东方出版社2000年版；彭浩的《郭店〈老子〉校读》，湖北人民出版社2000年版；邹安华的《楚简与帛书老子》，民族出版社2000年版；尹振环的《楚简老子辨析》，中华书局2001年版；郭沂的《郭店竹简与先秦学术史》，上海教育出版社2001年版；李零的《郭店楚简校读记》，北京大学出版社 2002 年版；〔美〕艾兰、〔英〕魏克彬主编，刑文编译的《郭店老子——东西方学者的对话》，学苑出版社 2002 年版；〔美〕韩禄伯的《简帛老子研究》，刑文改编，余瑾汉译，学苑出版社 2002 年版；廖名春：《郭店楚简老子校释》，清华大学出版社 2003 年版；欧阳祯人的《郭店儒简论略》，中国台湾古籍出版公司 2003 年版；李若晖的《郭店竹书〈老子〉论考》，齐鲁书社 2004 年版；聂庆中的《郭店楚简〈老子〉研究》，中华书局 2004 年版；刘钊的《郭店楚简校释》，福建人民出版社 2005 年版；邓各泉的《郭店楚简〈老子〉释读》，湖南人民出版社 2005 年版，等等。此外尚有其他有关郭店楚简的专著，这里不再一一列举。

二、　墓葬年代的推定

要讨论郭店楚简对中国学术史的意义，首先必须确定这批竹书的年代。而确定墓葬的年代是这一工作的第一步，确定了墓主人下葬的年代，也就确定了竹书形成的时间下限。郭店一号墓中没有任何记年的文字，因此，墓葬的年代就必须依赖葬俗及随葬器物与其他楚墓系列的类型学比较。荆门博物馆的发掘报告，根据此墓墓葬形制和随葬器物的特征推定其下葬年代约为"公元前四世纪中期至前三世纪初"。① 李学勤、李伯谦、彭浩和刘祖信等利用考古类型学方法，进一步推定此墓的下葬年代为公元前四世纪末。② 考古学界推定的思路基本有二：其一，此墓的随葬品与邻近的包山二号墓十分相似，故它们之间的年代也应相似。包山二号墓有绝对年代可考，基本可确定为公元前 316 年，从而推定郭店一号墓的下葬年代当在公元前四世纪末至三世纪初；其二，认为秦将白起拔郢之后，荆门或郢地的文化应深受秦文化的影响。而郭店一号墓有明显的楚文化特征，由此推定郭店一号墓下葬于白起拔郢之前。③ 但也有不同意见，王葆玹就认为，学界关于包山二号墓年代的

① 参见《荆门郭店一号楚墓》，《文物》1997 年 7 期。
② 参见王博：《美国达慕思大学郭店〈老子〉国际学术研讨会纪要》，《道家文化研究》第 17 辑，三联书店 1999 年版。
③ 王葆玹：《试论郭店楚简各篇的撰写时代及其背景》，《中国哲学》第 21 辑，辽宁教育出版社 2000 年版。

推测，尚留有商榷的余地；至于战国晚期至末期楚郢地区所受秦文化的影响，也不如学人设想的那么严重。他推定郭店一号墓的下葬年代有可能较晚，其上限为公元前278年，下限为公元前227年。也就是说，郭店一号墓的下葬年代是在白起拔郢之后。① 以上两种观点不免都有推测的成分，但前一种观点因有坚实的考古学基础，应该更可信。目前考古学家的观点被绝大多数学者所接受，学界也基本以此为基础展开讨论。

三、 关于道家简的研究

道家简指《郭店楚墓竹简》的《老子》甲、乙、丙三篇和《太一生水》篇。

（一）楚简《老子》与今本《老子》的关系

在郭店楚墓竹简中，属于《老子》三组的简有71枚，总字数约为今本《老子》的三分之一。那么，简本《老子》和今本《老子》是什么关系呢？这个问题在学界尚有争论。在美国达慕思会议上，布朗大学的罗浩教授根据西方文献批评学的方法，提出分析这一问题的三个模型，也就是三种可能。第一种模型是"逻辑型"，即简本是八十一章本的摘抄；第二种模型是"来源型"，即简本是八十一章本的前身；第三种模型是"并行文本型"，即简本和八十一章本是并行的文本。罗浩认为为第一和第三种情况的可能性较大。② 罗浩的三种模型为后来关于这一问题的讨论提供了基本框架，学者对这一问题的观点基本都在这三种模型之中。

荆门市博物馆的催仁义先生是最早主张简本《老子》是今本《老子》来源的，他的依据主要是简本《老子》的古老性。③

---

① 李学勤：《荆门郭店楚简中的〈子思子〉》，《文物天地》1998年2期；彭浩：《郭店一号墓的年代与简本〈老子〉的结构》，《道家文化研究》第17辑，三联书店1999年版；刘祖信：《郭店一号墓概述》，收入〔美〕艾兰、〔英〕魏克彬主编，邢文编译：《郭店老子——东西方学者的对话》，学苑出版社2002年版。

② 罗浩：《郭店〈老子〉对文研究的方法论问题》，收入〔美〕艾兰、〔英〕魏克彬主编，刑文编译：《郭店老子——东西方学者的对话》，学苑出版社2002年版。

③ 崔仁义：《荆门楚墓出土地的竹简〈老子〉初探》，《荆门社会科学》1997年5期。

郭沂称简本《老子》优于今本，简本的语言、思想皆淳厚古朴，甚至连今本经常出现的"玄"、"奥"等令人难以把握的字眼都没有；"君人南面之术"是老子研究中争议较大的一个问题，但在简本中这个问题是不存在的；简本没有与儒家伦理观念针锋相对的文字，今本中那些明显否定儒家伦理观念的段落在建本中皆有异文或文字上的增减，说明简本是一个"原始传本"。同时出土的其他文献大多相当完整，说明简本《老子》也是一个"完整传本"。因而认定简本是今本中最原始的部分，今本是后人在简本的基础上进行改造、重编、增订而成的。并进而认为简本《老子》出自春秋末期与孔子同时的老聃；今本《老子》则出自战国中期与秦献公同时的太史儋。① 郭沂的观点得到了尹振环和解光宇的赞同。② 但这种观点遭到了高晨阳的反对。高晨阳认为，按郭沂的观点，简本所无、今本所有的内容，肯定不会在今本前出现。然而，从《论语》、《韩非子》、《文子》所引《老子》的情况来看，简本所无、今本所有的内容在郭沂所说的太史儋著《老子》之前已经出现。这说明早在太史儋之前就有今本《老子》或与其相近的本子流行。③

池田知久把简本《老子》和帛书《老子》作了一番比较，认为郭店楚简本《老子》并非后代定型的《老子》五千言的一部分，而是尚处于形成阶段的、目前所见最古的《老子》文本。修正整理郭店楚简本之后形成的东西才是帛书本和诸通行本。其依据在郭店楚简本作为一个版本的古朴自然性、形成过程中的不确定性上体现得出来。④

李泽厚认为，竹简《老子》当为古本，今本《老子》是在不断增益更改、历数百年始定型的结果，并非一人一时所作。⑤

王博在达慕思研讨会上认为，甲组、乙组可能由不同的编者在不同的时

① 郭沂：《楚简〈老子〉与老子公案》，《中国哲学》第二十辑，辽宁教育出版社 1999 年版。郭沂：《楚简〈老子〉与老子公案》，《中国哲学》第二十辑，辽宁教育出版社 1999 年版。
② 尹振环：《初见与帛书〈老子〉的作者和时代印记考》，《学术月刊》2000 年第 4 期；解光宇：《郭店楚简〈老子〉研究综述》，《学术界》1999 年第 5 期。
③ 高晨阳：《郭店楚简〈老子〉的真相及其与今本〈老子〉的关系》，《中国哲学史》1999 年第 3 期。
④ 池田知久：《尚处于形成阶段的〈老子〉最古文本》，《道家文化研究》第十七辑，三联书店 1999 年版。
⑤ 李泽厚：《初读郭店竹简纪要》，《道家文化研究》第十七辑，三联书店 1999 年版。

间完成，但其内容又见于今传《老子》中，而且重复极少。这种情形说明，也许在此之前已经出现了一个几乎是五千余字的《老子》传本。郭店《老子》的甲组与乙组、丙组只是依照不同主题或需要，从中选辑的结果。① 后来他更进一步指出，郭店《老子》实际上代表三种不同的《老子》传本，而且使这三种不同《老子》传本的摘抄本。② 裘锡圭赞同王博的看法，认为郭店《老子》的三组是精心筹划摘出来的，否则不会主题鲜明重复少，而且全见于今本。③

丁四新认为，简本《老子》甲、乙、丙是在三个不同时期产生的三种不同抄本，在此之前还应由原始本的《老子》。具体说来简甲比简乙早，简乙比简丙早，这可以从语言的变迁，或是文本的比较上加以证实。④

沈清松根据"一种抄本就是一种诠释"的观点，依简本《老子》不批儒家仁义思想，认为郭店竹简《老子》是一出自儒家或儒家同情者的抄本。但他又认为，简本虽说是最早的抄本，但既不是唯一的抄本，也很难说是最接近原本的抄本。⑤ 周凤五根据简的形状特征和简文的思想内容，推测郭店竹简三组《老子》明显有删节，都是儒家"援道入儒"的产物。⑥ 黄人二认为简本《老子》是邹齐儒家的改动节选本。⑦

黄钊则从简本《老子》布批墨、不批法、不批儒的特点，以及《太一生水》"尚水"与《管子·地水篇》思想吻合等依据出发，认为简本《老子》及有可能是稷下道家的摘抄本。认为到了战国中期，《老子》至少有两种传本：一种是庄周学派所奉行的传本；另一种是稷下道家所奉行的传本。这两种传本经过战国末年的思想洗礼，可能又归于一统。帛书《老子》以

① 王博：《郭店〈老子〉为什么有三组》，达慕思研讨会资料，1998 年 5 月。
② 王博：《关于郭店楚墓竹简〈老子〉的结构与性质》，《道家文化研究》第十七辑，三联书店 1999 年版。
③ 裘锡圭：《郭店〈老子间初探〉》，《道家文化研究》第十七辑，三联书店 1999 年版。
④ 丁四新：《郭店楚墓竹简思想研究》，东方出版社 2000 年版。
⑤ 沈清松：《郭店竹简〈老子〉的道论与宇宙论》，《中国哲学》第二十一辑，辽宁教育出版社 2000 年版。
⑥ 周凤五：《郭店竹简的形式特征及其分类意义》，《郭店楚简国际学术研讨会论文集》，湖北人民出版社 2000 年版。
⑦ 黄人二：《读郭店老子并论其为邹齐儒家的版本》，《郭店楚简国际学术研讨会论文集》，湖北人民出版社 2000 年版。

及其他传世本的《老子》，可能是不同传本走向统一的产物。①

邢文认为，郭店《老子》与今本《老子》不属一系。以"一"论道与以"牝"、"母"、"婴儿"等喻道，都是今本《老子》治学最有代表意义的内容，却为郭店《老子》所不传。不论今本《老子》的以"一"论道是否在郭店《老子》中为"太一"之说所取代，郭店《老子》与今本《老子》不属一系。②

以上种种观点，都是根据逻辑推理得出的，并没有坚实的证据。这样的逻辑推理有没有可信性，值得怀疑。正如李学勤先生所说，我们所认为理想的逻辑，未必合古人的逻辑。③ 总之，这还是一个没有定论的问题。

（二）关于儒道关系

按照传统的观点，儒道两家思想是根本对立的。但郭店楚简《老子》的出土，却提供了新的信息。简本《老子》有相当于今本《老子》的第十八、十九章的部分，但二者在文字上有差异。

今本第十八章：大道废，有仁义；智慧出，有大伪；六亲不和，有孝慈；国家昏乱，有忠臣。

简本（丙组）：大道废，安有仁义；六亲不和，安有孝慈；邦家昏乱，有正臣。

今本第十九章：绝圣弃智，民利百倍；绝仁弃义，民复孝慈；绝巧弃利，盗贼无有。

简本（甲组）：绝智弃辩，民利百倍；绝巧弃利，盗贼无有；绝伪弃诈，民复孝慈。

针对这些文字上的差异，庞朴先生认为，圣、仁、义这三个字关系着儒道两家的关系，马虎不得。谁都知道，圣和仁义，是儒家所推崇的德行……弃绝此三者，意味着儒道两家在价值观方面的彻底对立，如我们一向所认为的那样。令人惊讶的是，现在的竹书《老子》居然未弃绝这些，它所要弃

---

① 黄钊：《竹简〈老子〉应为稷下道家传本的摘抄本》，《中州学刊》2000 年第 1 期。

② 邢文：《论郭店〈老子〉与今本〈老子〉不属一系》，《中国哲学》第二十辑，辽宁教育出版社，1999 年版。

③ 参见［美］艾兰、［英］魏克彬主编，邢文编译：《郭店老子——东西方学者的对话》，学苑出版社 2002 年版，第 140 页。

绝的三者是——辩、伪、诈，以及无争议的另外三者，都是儒家也常鄙夷视之的。如果这里不是抄写上有误，那就是一个摇撼我们传统知识的大信息。①

至于如何理解这一新的信息，学界却有两种截然不同的意见。一种意见认为，这证明原始儒道两家在思想上并不冲突。如负责《郭店楚墓竹简》文字审定工作的裘锡圭先生认为，这说明老子原来既不"绝圣"，也不"绝仁弃义"。显然是简本之后的时代，某个或某些传授《老子》的人，出于反儒墨的要求，把"绝智弃辩"改为"绝圣弃智"，把"绝伪弃诈"改为"绝仁弃义"。老子并不反对仁义这一点是千真万确的。② 陈鼓应先生认为，事实上儒道两家同中有异，异中有同。今本《老子》"绝圣弃智"、"绝仁弃义"这样的语义，是受到庄子后学影响所致。③ 任继愈先生认为，简本《老子》正确指出《老子》主旨在讲明无为、贵柔，而不反对仁义。道家和儒家相互敌对，势成水火，那是学派造成以后的事。④ 侯才更是明确指出，竹简《老子》的出土推翻了流传两千余年之久的"孔、老对立"的学案，证明了今本《老子》中"绝仁弃义"的观点是后人强加给老子的。与其说孔子与老子两者的思想存在着明显的差异，毋宁说他们之间的统一更是主要的和第一位的。⑤ 郭沂也说，人们通常认为儒道对立，势若水火，竹简《老子》一出，方知两派本是同根生，志趣亦贯通。⑥

但也有不同意见。张岱年先生认为，从年代上看，"绝智弃辩"、"绝伪弃诈"应该是《老子》原来的说法，"绝圣弃智"、"绝仁弃义"是后人改动的。不过，竹简中也有"大道废，有仁义"这句话，说明老子对仁义还是反对的。⑦ 许抗生也认为，不要因为竹简《老子》中无"绝圣弃智"、"绝仁弃义"之语就认为儒道两家在早期肯定是和平相处的，因为竹简《老

---

① 庞朴：《古墓新知》，《中国哲学》第20辑，辽宁教育出版社1999年版。
② 裘锡圭：《郭店〈老子〉简初探》，《道家文化研究》第17辑，三联书店1999年版。
③ 陈鼓应：《从郭店简本看〈老子〉尚仁及守中思想》，《道家文化研究》第17辑，三联书店1999年版。
④ 任继愈：《郭店竹简与楚文化》，《中国哲学史》2000年第1期。
⑤ 侯才：《郭店楚墓竹简〈老子〉的特色》，《中共中央党校学报》2000年第1期。
⑥ 郭沂：《郭店竹简与中国哲学（论纲）》，《郭店楚简国际学术研讨会论文集》，湖北人民出版社2000年版。
⑦ 王博：《张岱年先生谈荆门郭店竹简〈老子〉》，《道家文化研究》第17辑，三联书店1999年版。

子》中还有"故大道废，安有仁义"之说，这就是对仁义的贬抑；而且，简本中的"绝学无忧"、"绝为弃虑"等也是与孔子思想对立的。虽然简本《老子》没有明显的反儒思想词汇，但我们也应看到，简本《老子》的整个思想体系与孔子代表的儒家思想体系，是根本不同的两个思想路数。我们可以清楚地看到，简本《老子》有贬抑仁义，甚至否定儒家思想的倾向，庄子学派的反儒思想是老子思想的进一步发挥而已。① 吕绍刚先生认为，其实《老子》讲"绝伪弃诈"的伪诈，指的就是儒家鼓吹的仁义。仁义在道家眼里与伪诈同义。②

　　冯国超认为，一定要注意讨论的前提，任何结论都是在一定前提下得出的，离开了这个前提，结论便会显得没有意义。他认为有的学者以竹简《老子》为依据，认为其中无反仁义的观点，所以认定庄子之前的儒道两家是和平共处的，是忽略了一个重要前提，就是楚简《老子》是原始《老子》的全本还是节抄本。若是节抄本，怎么能知道未抄的部分是什么样子，并且一定不反仁义？③ 冯先生的意见很重要，值得重视。如果再考虑到郭店《老子》有可能是儒家同情者改抄本，或是稷下道家的改抄本的可能性，问题就更复杂。

（三）《老子》的成书年代问题

　　长期以来，学界关于《老子》的成书年代一直存有争论，分别有春秋末期、战国中期、战国末期等观点。主张《老子》成书于战国末期说的学者的主要依据是《老子》书中有强烈批判仁义、圣贤的思想，他们认为，推崇仁义、圣贤是儒家和墨家的主张，早于孔子的老子绝对不可能有批判仁义、圣贤的思想，因为反对者总是晚于被反对者。这种观点影响极大，在西方学者中几成定论。尽管国内仍有学者坚持《老子》早出说，认为《老子》中反对仁义、圣贤的观点不是老子本人所有，是后人加进去的。但这只是一种推测，没有坚实的证据，缺乏说服力。现在，郭店《老子》的出土，给这一问题的解决提供了新的证据。

---

① 许抗生：《再读郭店竹简〈老子〉》，《中州学刊》2000 年第 5 期。
② 吕绍刚：《郭店楚墓竹简辨疑两题》，《史学集刊》2000 年第 1 期。
③ 冯国超：《郭店楚墓竹简研究述评》（下），《哲学研究》2001 年第 4 期。

陈鼓应先生是《老子》早出说的坚定支持者，他根据简本《老子》不反仁义的特点，在比较竹简《老子》、帛书《老子》与今本《老子》的基础上，认为《老子》成书晚出说已不能成立。肯定《老子》成书于春秋末。① 王中江也认为，简本《老子》仍只是《老子》的一种传本，而老子所著的《老子》原本，在时间上不仅早于《孟子》、《庄子》，而且比战国初还要靠前，至少就像一种说法所认为的那样，是在春秋后期，它应该比《论语》和《墨子》还要早。②

相对于以上的大胆结论，李零和冯国超的观点就显得很小心。李零认为，郭店《老子》的发现，可以证明《老子》并不是公元前250年才出现，至少也是公元前300年左右的作品。但《老子》一书的出现到底有多早，这个问题还是没有解决。③ 冯国超认为，由竹简《老子》直接证成《老子》成书于春秋末，还是带有许多猜测成分。且不说关于《老子》是否反仁义、如何看待竹简《老子》的性质上有不同理解，光从郭店楚墓下葬的时间来看，目前学界基本认定是战国偏晚，由此推导《老子》成书肯定不会晚于战国中期，当不会有误。这已经是竹简《老子》带给我们的十分有价值的信息了。④

（四）关于《老子》中的“无为而无不为”问题

今本《老子》第四十八章有“为学日益，为道日损，损之有损，以至于无为，无为而无不为”。第三十七章有“道常无为而无不为”。“无为而无不为”历来被看做是《老子》代表性的思想。但1973年长沙马王堆出土的帛书《老子》中却没有“无为而无不为”的字样。高明先生根据此现象，结合《道德真经指归·为学日益篇》此段文字为“至于无为而无以为”，并通过分析《老子》全书的思想，认为“无为而无不为”思想不出于《老子》，而是战国晚期或汉初黄老学派对“无为”思想加以改造后增入的。高

① 陈鼓应：《从郭店简本看〈老子〉尚仁及守中思想》，《道家文化研究》第17辑，三联书店1999年版。
② 王中江：《郭店竹简〈老子〉说略》，《中国哲学》第20辑，辽宁教育出版社1999年版。
③ 李零：《郭店老子校读记》第31页，北京大学出版社2002年版。
④ 冯国超：《郭店楚墓竹简研究述评》（下），《哲学研究》2001年第4期。

明的观点当时得到不少学者的赞同。裘锡圭先生认为，郭店竹简中有与今本第四十八章前半相当的内容，其最关键的一句作"亡（无）为而亡（无）不为"，与今本同。可见，这种思想绝非战国晚期或汉初人窜入。高明之说恐难成立。①

（五）关于《老子》中的"有"、"无"的问题

今本《老子》第四十章"天下万物生于有，有生于无"句，简本为"天下万物生于有，生于无"。陈鼓应先生认为，此处虽一字之差，但在哲学解释上具有重大的意义差别。因为前者是属于万物生成伦问题，而后者则属于本体论范畴。从《老子》整体思想来看，当以简本为是，而今本"有生于无"之说，显然与第一章"无名天地之始，有名万物之母"无法对应。第一章的"无"、"有"是"同出而异名"地指称道的，而第四十章衍出"有"字，遂导致学者在解释上的困扰。老子形而上学中的"有""无"，历来都是中国哲学史上的重要范畴。历史上"崇无"和"崇有"的争论，都和《老子》的"有生于无"有关。陈鼓应认为，"有"和"无"本是道体的一体两面，共同指称道体，二者原本无先后的问题，但今本"有生于无"导致了本末先后的判断，给老学体系带来了不一致的解释。不少学者在面对今本四十章"有生于无"的文句时，将"无"等同于"道"，而将"有"具体化为"天地"、"阴阳"。但这种解释与第一章矛盾，因第一章的"有"绝不是等同于"天地"的。现在见本的出土，解决了我们长久以来的困惑。②

王中江也认为，从简本"天下之无生于有，生于无"的说法来看，"有""无"完全是对等的关系，"无"并不比"有"根本。这也与老子所说的"有无之相生也"（简本与各本同）相一致，并与通行本一章的"有无"不矛盾。③

沈清松不同意陈鼓应的看法，他认为，"天下之无生于有，生于无"并

---

① 裘锡圭：《郭店〈老子〉简初探》，《道家文化研究》第 17 辑，三联书店 1999 年版。
② 陈鼓应：《从郭店简本看〈老子〉尚仁及守中思想》，《道家文化研究》第 17 辑，三联书店 1999 年版。
③ 王中江：《郭店竹简〈老子〉说略》，《中国哲学》第 20 辑，辽宁教育出版社 1999 年版。

不能简单地理解为万物同时生于有，又生于无。因为若作此解，该句应表述为"天下之物，生于有无"。他认为不能排除竹简《老子》在"生于有"前少抄了一个"有"字的可能性。①

(六) 关于《太一生水》的讨论

《太一生水》在竹简形制上和《老子》丙相同。在整理竹简时，要不要把它们分开，当时就有争论。据《郭店楚墓竹简》的审稿人裘锡圭先生说，当他们对于一组在形制、字体相同的竹简是否属于一篇独立的文献有疑问时，所采取的总原则，是在发表时把材料分成小的单元，而不是把可能单独成篇的材料归并为一篇文献。② 谭朴森认为从研究的角度来看，在整理阶段对文献进行拆分，在研究阶段在进行合并，是可取的研究方法。③ 现在大部分学者主张应该把二者分开研究，但也有人主张《太一生水》及丙组《老子》不是合抄的两篇文献，而是内容连贯的一篇文献。④

在《郭店楚墓竹简》中，"太一"被认为是"道"。然而李零认为，在汉代以前，太一不是简单的与道相当，而是有三种含义：作为哲学上的终极概念，它是"道"的别名；作为天文学上的概念，它是天极所在，时斗、岁游行的中心；作为祭祀崇拜的对象，它是天神中的至尊。⑤ 目前大部分学者把"太一"看做是哲学上的终极概念，从宇宙生成论的角度对《太一生水》进行解释。只有李学勤先生例外。

庞朴先生认为《太一生水》是与《周易》、《老子》所描述的宇宙生成论都不同的另一种有机的宇宙生成论，反辅之说是这个宇宙论的最大特色。《周易》和《老子》的宇宙论都有本原一路作用下去，是一种平滑的演化论。《太一生水》提出宇宙本原在创生世界时受到所生物的反辅，承认作用

① 沈清松：《郭店竹简〈老子〉的道论与宇宙论》，《中国哲学》第21辑，辽宁教育出版社2000年版。
② 参看〔美〕艾兰、〔英〕魏克彬主编，邢文编译：《郭店老子——东西方学者的对话》，学苑出版社2002年版，第112页。
③ 参见〔美〕艾兰、〔英〕魏克彬主编，邢文编译：《郭店老子——东西方学者的对话》，学苑出版社2002年版，第112页。
④ 刑文：《论郭店〈老子〉与今本〈老子〉不属一系》，《中国哲学》第20辑，辽宁教育出版社1999年版。
⑤ 李零：《读郭店楚简〈太一生水〉》，《道家文化研究》第17辑，三联书店1999年版。

的同时有反作用的发生，在理论上，无疑是一种最为彻底的运动观，是视宇宙为有机体的可贵思想。①

许抗生认为，太一生水即是宇宙的本原"道"生"水"。《太一生水》所表达的宇宙生成思想在现在的先秦诸子百家中从未有过，是一种十分新颖的与众不同的思想。它发挥了老子的思想，又具有与老子不同的独创性，它与《管子·内业》等篇和《淮南子》有着不同的思想发展路向，同时又对《淮南子》产生了巨大影响。②

彭浩认为《太一生水》的宇宙生成论具有浓厚的数术和阴阳家色彩，应是经数术和阴阳家对道家学说充分改造的理论。③

美国的艾兰教授认为，在《太一生水》的宇宙论中，道作为以水为原型的抽象概念，被名作太一。太一是北极星与北极星之神，是一个作为水之来源的宇宙现象，而水则是此后万物的本源。④ 陈鼓应也认为《太一生水》是一篇有关宇宙生成论的古佚书，表述了中国古代除了以尚气为主的体系之外，另有以继承老子，以尚水为特点的完整系统。⑤

至于"太一生水"中"水"和"太一"之关系，庞朴认为，太一就是老大，不存在从何而来的问题。太一生水的"生"，不是派生，而是化生。即太一化形为水，绝对物化为相对，抽象化为具体。太一生出水以后，水既非外在于太一，太一亦非外在于水，太一藏于水中，水就是活生生的太一。⑥ 陈松长也同意庞朴的观点，认为水作为一个具有哲学意味的具象乃是太一化生所藏之物，而太一所生之对象并不是水，而是天地。只有如此理解，楚简上明言的"太一生水"、"水反辅太一"、"天地者，太一之所生也"、"是故太一藏于水，行于时"等都得到落实，前后也不再矛盾。⑦

---

① 庞朴：《一种有机的宇宙生成图式》，《道家文化研究》第17辑，三联书店1999年版。
② 许抗生：《初读〈太一生水〉》，《道家文化研究》第17辑，三联书店1999年版。
③ 彭浩：《一种新的宇宙生成论》，《郭店楚简国际学术研讨会论文集》，湖北人民出版社，2000年版。
④ 艾兰：《太一·水·郭店〈老子〉》，《郭店楚简国际学术研讨会论文集》，湖北人民出版社，2000年版。
⑤ 陈鼓应：《〈太一生水〉与〈性自命出〉发微》，《道家文化研究》第17辑，三联书店1999年版。
⑥ 庞朴：《一种有机的宇宙生成图式》，《道家文化研究》第17辑，三联书店1999年版。
⑦ 陈松长：《〈太一生水〉考论》，《郭店楚简国际学术研讨会论文集》，湖北人民出版社，2000年版。

李学勤先生则从数术的角度对《太一生水》进行了解读，即从"太一行九宫"来解释问题。他认为太一是北辰之神的别名，太一之星常居北极，而在传统的数术之学中，北方是对应于五行中的水位。"太一藏于水，行于时"是说太一从五行属水的北方始，斗柄旋转周行的运动。① 李零对"太一生水"和"太一行九宫"进行了比较，认为《太一生水》是从宇宙生成的关系讲太一，即推天地、阴阳、四时、寒暑、湿燥之源为水为太一，终端是循环不已的"岁"。他是以生成链条的来描述这一过程，强调的是造化过程的起点。而"太一行九宫"则是一种圆圈，它更强调的是四时循环的过程和过程的结果，即"岁"。两者其实是对同一过程的不同描述。一个强调"因"，一个强调"果"，正好互为表里。②

四、 关于儒家简研究

根据学者较为一致的看法，郭店楚墓竹简中除《老子》和《太一生水》外，其他十四篇都属儒家简。但也有不同意见，李学勤认为《缁衣》、《五行》、《成之闻之》、《尊德义》、《性自命出》、《六德》、《鲁穆公问子思》、《穷达以时》可确定为儒家作品。此外尚有《唐虞之道》、《忠信之道》，虽带有儒家色彩，但专讲禅让，疑与苏代、厝毛寿之流纵横家有关。竹简的第三部分是所谓《语丛》四组，杂抄百家之说，应系教学用书。③ 另外，庞朴、丁四新认为《语丛四》既非道家思想，亦非儒家思想，而可能是法家、纵横家的思想。④ 李零则认为《语丛四》内容与阴谋有水、纵横长短之术有关，类于《太公》、《鬼谷》，据《汉书·诸子略》之界定，应归为道家文献。⑤

---

① 李学勤：《太一生水的数术解释》，《道家文化研究》第17辑，三联书店1999年版。
② 李零：《再读郭店楚简〈太一生水〉》，见《郭店老子校读记》，北京大学出版社2002年版，第220页。
③ 李学勤：《郭店楚墓文献的性质与年代》，收入［美］艾兰、［英］魏克彬主编，刑文编译：《郭店老子——东西方学者的对话》，学苑出版社2002年版，第7页。
④ 庞朴：《〈语丛〉臆说》，《中国哲学》第20辑，辽宁教育出版社1999年版；丁四新：《郭店楚墓竹简思想研究》，东方出版社2000年版，第219—239页。
⑤ 李零：《郭店楚简校读记》，《道家文化研究》第17辑，三联书店1999年版。

（一）简书属于儒家哪派

早在 1973 年，马王堆汉墓帛书出土，其中有《老子甲本卷后佚书》，篇首残缺。庞朴先生根据篇中内容题名为《五行》，认定其正是《荀子·非十二子》中所批判的子思、孟轲的"五行"。[①] "二十年后它与子思其他著作相伴再次出土，并且自名《五行》，遂使此前的断案永毋庸议。"[②]

李学勤认为，《缁衣》取自《子思子》，见于《隋书·音乐志》；《五行》学说出自子思子，后为孟子发展，见于《荀子·非十二子》。长沙马王堆帛书《五行》有世子名硕，陈人，系七十子弟子，表明《五行》应为子思自作；贾谊《新书·六术》曾引据《五行》，也曾引据见于郭店楚简的《六德》，看来《六德》和《五行》同出一源；《成之闻之》多引《尚书》，篇末讲"六位"，又和《六德》内容相通；《性自命出》论及"性自命出，命由天降"，同《礼记·中庸》"天命之谓性，率性之谓道"一致。《史记·孔子世家》云"子思作《中庸》"，沈约也说《中庸》取自《子思子》；《尊德义》语句或出于《论语》，或类于《礼记·曲礼》，体例和《中庸》等也颇相近似。断定《缁衣》、《五行》、《六德》、《成之闻之》、《性自命出》、《尊德义》六篇应归于《汉书·艺文志》著录的《子思子》。[③] 姜广辉提出考察郭店楚简儒家文献是否属《子思子》的四条标准：以《荀子·非十二子》之语为参照，审查《郭店楚墓竹简》的内容；以《中庸》为参照，审查《郭店楚墓竹简》内容；从子思"求己"的学术主旨出发，审查《郭店楚墓竹简》内容；透过子思的思想性格，审查《郭店楚墓竹简》内容。根据这四条标准，他断定《唐虞之道》、《缁衣》、《五行》、《性自命出》、《穷达以时》、《求己》、《鲁穆公问子思》、《六德》8 篇当出自子思或属于子思学派的作品。[④] 李景林也认为，思孟学派的形成有一个过程。除《语丛》之外，郭店简儒家类著作应为子思一系作品。抄录于同一形制竹简的四篇文

---

① 庞朴：《马王堆帛书解开了思孟五行说之谜》，《文物》1997 年第 10 期。

② 庞朴：《竹帛〈五行〉篇比较》，《中国哲学》第二十辑，辽宁教育出版社 1999 年版。

③ 李学勤：《先秦儒家著作的重大发现》，《中国哲学》第 20 辑，辽宁教育出版社 1999 年版。

④ 姜广辉：《郭店楚简与〈子思子〉》，《中国哲学》第 20 辑，辽宁教育出版社 1999 年版。

字《性自命出》、《成之闻之》、《尊德义》、《六德》为儒家简的中坚部分，表现了子思一系的"性与天道"论，其余诸篇，有的较接近于孔子，当为子思绍述孔子思想之作，有的则接近于孟子，当为子思后学所述。① 学界多赞同这一观点。

但这种看法遭到陈鼓应等反对。陈鼓应认为，这些儒简中未见孟子性善说的言论，却多次出现告子"仁内义外"的主张，与孟子心性论对立，不属于所谓思孟学派甚明。② 李泽厚认为，这批竹简中虽有《缁衣》、《五行》、《鲁穆公问子思》诸篇，却并未显出所谓"思孟学派"的特色（究竟何为"思孟学派"，其特色如何，并不清楚）。相反，竹简明显认为"仁内义外"，与告子同，与孟子反。因之断定竹简属于"思孟学派"，似显匆忙，未必准确。相反，他认为竹简更接近《礼记》和荀子，但与荀子也有重要出入。因此不能判其属于某派某子。③

陈来认为，设想 14 篇是同一部子书，似不合情理。以现存文献与荆门竹简 14 篇相比较，最接近者为《礼记》，在这个意义上，若径直称这部分竹简为荆门《礼记》，虽不中，亦不可全无理由。这 14 篇在形式上似可归为孔门的记说，在内容上为孔门七十子及其后学的讨论。④ 彭林也认为，郭店楚简 14 篇儒家简的性质，应该就是"古文《记》二百四篇"之属。⑤ 李学勤不同意这种看法，他说，竹简儒家著作如依《汉书·艺文志》的分类，当归于《诸子略》的儒家。有的见于今本《礼记》，则属于《别录》的"通论"。大家知道，《礼记》这种性质的各篇，每每和儒家的子书互见。至于《礼记》中具体讨论礼制的那种，郭店简内是没有的，所以这些竹简儒

---

① 李景林：《从郭店简看思孟学派的性与天道论》，《郭店楚简国际学术研讨会论文集》，湖北人民出版社 2000 年版。
② 陈鼓应：《〈太一生水〉与〈性自命出〉发微》，《道家文化研究》第 17 辑，三联书店 1999 年版。
③ 李泽厚：《初读郭店楚简印象纪要》，《中国哲学》第 21 辑，辽宁教育出版社 2000 年版。
④ 陈来：《荆门楚简〈性自命出〉篇初探》，《中国哲学》第 20 辑，辽宁教育出版社 1999 年版。
⑤ 彭林：《郭店楚简与〈礼记〉的年代》，《中国哲学》第 21 辑，辽宁教育出版社 2000 年版。

书不能称作《礼记》。①

王博认为将郭店儒家简精定为子思或子思氏之儒的作品是一件很危险的事情。他基于地域特点和内容分析，认为郭店儒家简的作者是南方儒家，具体说是子张氏之儒的观点。②

李存山根据《韩非·显学》说孔子死后"儒分为八"，其中有"仲良氏之儒"，又根据梁启超把"仲良氏"等同于《孟子》所说的"陈良，楚产也，悦周公仲尼之道"的观点，推测郭店儒家简可能属于"仲良氏之儒"一派。③

廖明春认为，郭店楚简十种儒家的著述可分为三类：第一类是孔子之作，它们是《穷达以时》、《唐虞之道》、《尊德义》；第二类是孔子弟子之作，它们是《忠信》、《成之闻之》、《六德》、《性情》。其中《忠信》可能是子张之作，《性情》可能是子游之作，《成之闻之》、《六德》可能是县成之作；第三类是《子思子》，为子思及其弟子所作，它们是《缁衣》、《五行》、《鲁穆公文子思》。其中《缁衣》、《五行》可能为子思自作，《鲁穆公文子思》当成于子思弟子之手。④

如此多的观点，可见学者对此问题的重视。但考虑到我们对孔子之后儒家各派的知识的极度匮乏，以上这些观点就只能是种种假设，究竟有多少价值，值得怀疑。甚至还会对正确应用郭店简研究思想是产生负面影响。一些学者提出，不要把这些儒简看做是某一学派的资料，而是把它们看做是孔子及其后学的思想资料。这种处理方法在目前看来应该是明智之举，不但能在学者中达成共识，而且据此得出的结论也会更可靠。

（二）郭店简与儒家的心性说

郭店简的学术史意义，是不言而喻的。正如杜维明教授所说，郭店简的

① 李学勤：《先秦儒家著作的重大发现》，《中国哲学》第 20 辑，辽宁教育出版社 1999 年版。

② 见胡治洪：《郭店楚简国际学术研讨会综述》，《郭店楚简国际学术研讨会论文集》，湖北人民出版社 2000 年版。

③ 李存山：《读楚简〈忠信之道〉及其他》，《中国哲学》第 20 辑，辽宁教育出版社 1999 年版。

④ 廖明春：《荆门郭店楚简与先秦儒学》，《中国哲学》第 20 辑，辽宁教育出版社 1999 年版。

出土，可以帮助我们建立起先秦儒家传承的谱系和线索。通过这批材料，我们要对战国直至汉代的许多资料，重新进行定位，我们对孔孟之间先秦儒家资料的认识，会有质的飞跃，也会有许多新的发现。[1] 郭店楚墓竹简出土以后，整个中国哲学史、中国学术时都有需要重写。其中《性自命出》等和儒家的心性学说有关，引起了学者的特别关注，庞朴、李泽厚、欧阳祯人等都对此有专门论述。

庞朴认为，郭店简的价值，在于它填补了儒学史上的一段空白。楚简在孔子的"性相近"和孟子的"性本善"之间，提出了性自命出、命自天降、道始于情、情生于性、性一心殊等说法，为《中庸》所谓的"天命之谓性，率性之谓道，修道之谓教"命题的出场，做了充分的思想铺垫，也就补足了孔孟之间所曾失落的理论之环。这批楚简的儒书中，未见有讨论性善性不善的事。就是说，它所谓的性，既非食色自然之性，亦非善恶道德之性，而是重中存在于中、未及见于外的气，一些姑且名之曰"情气"的气。由于释性为情，关于性，便没有多少话好说了。情的价值得到如此高扬，情的领域达到如此宽广，都是别处很少见到的。这个居于核心地位的性，这个由天命生出的性，作为情与道之底蕴的性，还需要心来帮助。性是某种潜能，心是激活之的动力。可是心无既定的方向，以无定向的心去取性，其结果则应该是：可以为善可以为不善。[2]

郭齐勇认为，张岱年先生曾指出，孟子之前，孔、老、墨都很少谈"心"，孟子突然大肆谈"心"，似无依凭，乃孟子的大创造。现在看来，《性自命出》的心性论，恰恰为孟子作了铺垫。"生之谓性"、"仁内义外"的主张，以血气、爱欲、七情、好恶说性等，在此篇都有反映。"性自命出，命由天降"，"始者近情，终者近义"，"反善复始"等，都可以视为是由《诗》、《书》、孔子走向孟子道德行而上学的桥梁，是孟子心性论的先导和基础。[3]

欧阳祯人指出《性自命出》可弥补孔子"仁学"的缺陷。他认为，孔子"与命与仁"的主体性架构是有缺陷的，这就是对人的"性"、"情"，

---

[1] 杜维明：《郭店楚简与先秦儒道思想的重新定位》，《中国哲学》第 20 辑，辽宁教育出版社 1999 年版。

[2] 庞朴：《孔孟之间》，《中国哲学》第 21 辑，辽宁教育出版社 2000 年版。

[3] 郭齐勇：《郭店儒家简与孟子心性论》，《武汉大学学报》1999 年第 5 期。

以及对人所具有的最初始的自在本质、本性，敬而远之，从而使"仁学"在实践层面上失去了主体性存在的个体支持。《性自命出》一文的卓越之处，就在于系统地论述了人的"性"、"情"，证实了人的原初本质、本性，从主体的高度，为儒家哲学的理论框架奠定了一个坚实的基础，从而调节、补充和完善了孔子的"仁学"思想。①

丁为祥认为，《性自命出》在儒家人性论上占有重要地位。在先秦儒家人性论的发展轨迹中，孔子代表了普遍人性论，《性自命出》代表着普遍人性向天命人性的提升和跃进，《中庸》代表着人性超越性原则的确立，《孟子》则是普遍性与超越性原则的统一者和实现者。《中庸》、《孟子》的人性论正是在《性自命出》的基础上形成的。②

李泽厚先生认为，"性自命出，命自天降"的"性"，便是与物性相区别的自然人性。竹简非常详尽地描述喜、怒、爱、思、欲等均出于此自然之性。这里毫无"人性善"的道德说法。后儒直到今天的现代新儒家对"人性"和"天命"的道德形而上学的阐释，似乎值得重新考虑。《性自命出》强调对自然人性作各种分析、陶冶、塑建，如"动之"、"交之"、"厉之"、"养之"、"习之"等等作了文献中少见的强制和规范。这可以解释为什么原典儒学总是礼乐并提，强调治内（心）与治外（礼）同样重要，为什么儒家的"治国平天下"要置放在"修身""修己""内圣"的基础之上。竹简非常重"心"，认为本然的心是虚设的，是需要学习和教导的。这和宋明理学的高头讲章式的心性理论颇不相同。竹简还重"情"，以情为本是原典儒学的一个重要特征，却一直为后世所忽视。③

（三）关于"禅让"

先秦和汉代的典籍多有提到"禅让"，但禅让制度是否真的存在过，历来就有争议。如《孟子》说："唐虞禅，夏后殷周继，其意一也。"承认尧舜禅让是历史事实。但《竹书纪年》却有"舜囚尧"之说，《荀子》也认为："夫曰尧舜禅让，是虚也。"法家的《韩非子》指斥舜代尧是"逼上弑

---

① 欧阳祯人：《论〈性自命出〉对儒家仁学思想的转进》，《孔子研究》2000 年第 3 期。
② 参见韩旭辉：《〈郭店楚简〉与先秦儒家思想研究的新拓展》，《孔子研究》2000 年第 5 期。
③ 李泽厚：《初读郭店竹简纪要》，《道家文化研究》第 21 辑，三联书店 1999 年版。

君"。疑古学派的顾颉刚等更是认为禅让在战国之前的社会中不可能实现，尧舜禅让是后人编造出来的。郭店楚简中的《唐虞之道》有关于禅让的内容，引起了学者的注意。

廖明春和冯国超认为，楚简本《唐虞之道》的出土，证实了禅让确实在尧舜时期存在过的事实。① 郭店简《唐虞之道》的出土，只能说明先秦确实有人推崇"禅让"政治制度，证明疑古派关于禅让说晚出的说法是错误的，并不能证明尧舜的禅让确实是历史事实。廖和冯的结论现在看来还是值得重新考虑的。

另外，禅让说属于哪一家，学者的意见还不统一。李学勤认为，《唐虞之道》虽有近于儒家的语句，但过分强调禅让，疑与苏代、厝毛寿之流游说燕王哙禅位其相之事有关，或许应划归纵横家。② 李存山不同意李学勤的观点，认为，《唐虞之道》显示了先秦儒家在战国时期崇尚"禅让"的政治思想，以及反对父子相传之"家天下"的昂扬思想风貌。实际上，崇尚"禅让"是先秦儒、墨、道、法等家一致的思想。以《唐虞之道》讲"禅让"而疑其出于纵横家，而非出于儒家，是根据不足的。③

顾颉刚认为禅让说起于墨家，廖明春依据郭店简对其进行了反驳。他认为顾颉刚的"尧舜禅让说起于墨家"说的逻辑前提就是以为"亲亲"与"尊贤"是非此即彼的关系，儒家主张"亲亲"就不可能提倡"尊贤"，因此，只能将禅让说归于墨家。其实这是对儒家思想的误解。《唐虞之道》的核心思想是"禅而不传"，"禅"就是公天下，将天子之位传给贤能之人；"传"就是私天下，将天子之位传给自己的儿子。值得注意的是，简文主张禅让，却并不简单否定"爱亲"，而是认为"爱亲"与"尊贤"、"孝"、"弟"与"忠"君、"长天下"、"为民主"有着同一性。所以，以儒家主张"亲亲"就否定其主张禅让、主张"尊贤"，只能是偏见。④

（四）郭店简与儒家经籍

《庄子·天下》记载："孔子谓老聃曰：丘治《诗》、《书》、《礼》、

---

① 廖明春：《荆门郭店楚简与先秦儒学》，《中国哲学》第 20 辑，辽宁教育出版社 2000 年版；冯国超：《郭店楚墓竹简研究述评》（下），《哲学研究》2001 年第 4 期。
② 李学勤：《先秦儒家著作的重大发现》，《中国哲学》第 20 辑，辽宁教育出版社 1999 年版。
③ 李存山：《先秦儒家政治伦理教科书》，《中国哲学》第 20 辑，辽宁教育出版社 1999 年版。
④ 廖明春：《荆门郭店楚简与先秦儒学》，《中国哲学》第 20 辑，辽宁教育出版社 1999 年版。

《乐》、《易》、《春秋》六经，自以为久矣，孰知其故矣。"《庄子·天运》篇也有关于儒家"六经"的记载，所以一般以为秦代焚书以前儒家就有"六经"之说。但也有人对此表示怀疑，要么认为《天下》、《天运》篇晚出，是秦代以后的作品；要么认为《天下》关于"六经"之说是古注杂入正文。总之，先秦没有"六经"之说。郭店简《六德》说："观诸《诗》、《书》，则亦在矣；观诸《礼》、《乐》，则亦在矣；观诸《易》、《春秋》，则亦在矣。"李学勤认为，这里尽管没有提到"六经"一词，但经的次序与《天运》完全一致，看来战国中期儒家确实已有"六经"这种说法。[①] 徐少华也根据郭店简《六德》的记述，认为"六经"地位的确立，当在公元前300年之前。以前有些学者因《庄子》的《天下》、《天运》等篇有"六经"之说而认为其晚出的观点，似不能成立。[②] 廖明春和郭沂则依郭店简的记载，反驳了疑古派的孔子和《易》无关、孔子以《六经》教弟子是西汉才有的说法，认为早在先秦时代，《易》就已经入经。[③]

郭店简的出土，也影响到对《礼记》的看法。按《汉书·艺文志》，"《记》百三十一篇"，"七十子后学者所记也"。但不少学者认为，《礼记》的基本材料出于七十子之徒，但却经过了汉儒的加工和窜改。学者一般不敢轻易使用《礼记》作为研究先秦思想的材料，而是把其作为"秦汉之际的儒家"资料来运用。李学勤认为，郭店简中有许多地方与《礼记》若干篇章有关，说明《礼记》要比好多人所想象的年代更早。现在由郭店简印证了《礼记》若干篇的真实性，就为研究早期儒家开辟了更广阔的境界。[④] 彭林认为，郭店楚简中的14篇的性质属于"古文《记》"，《礼记》中传经诸篇和通论诸篇均作于战国。考虑到204篇古文《记》大致发现于同时，可以肯定《礼记》全书应该是先秦的作品。[⑤] 陈来认为，由于人们对《礼记》

① 李学勤：《郭店楚简与儒家经籍》，《中国哲学》第20辑，辽宁教育出版社1999年版。
② 徐少华：《郭店楚简〈六德〉篇思想源流探析》，《郭店楚简国际学术研讨会论文集》，湖北人民出版社2000年版。
③ 廖明春：《荆门郭店楚简与先秦儒学》，《中国哲学》第20辑，辽宁教育出版社2000年版。郭沂：《郭店竹简与中国哲学（论纲）》，《郭店楚简国际学术研讨会论文集》，湖北人民出版社2000年版。
④ 李学勤：《郭店楚简与儒家经籍》，《中国哲学》第20辑，辽宁教育出版社1999年版。
⑤ 彭林：《郭店楚简与〈礼记〉的年代》，《中国哲学》第21辑，辽宁教育出版社2000年版。

的怀疑，造成了先秦儒学研究的"史料困境"，包含有《礼记》中若干篇的荆门竹简儒书的发现，为我们摆脱先秦思想研究的"史料困境"，重建原始儒家的谱系，带来了令人兴奋的曙光。①

《尚书》今古文之争是中国学术史上一大悬案，郭店儒家简多引《书》，引起学者的注意。李学勤认为竹简《缁衣》所引包括《尹吉》、《君陈》、《太甲》、《兑命》、《君雅》等佚《书》。《成之闻之》所引一条为：《大禹》曰："'余才在天心'，曷？此言也，言余之此而宅于天心也。"《大禹》无疑是佚《书》《大禹谟》，《大禹谟》在孔颖达《尚书正义》所述汉代孔壁所出佚《书》中，却不见于今传《大禹谟》中，证明今传本确实是有问题的。我们看《康诰》、《立政》都有"宅心"，可见"宅心"是古语，但没有"天心"。"天心"见于今传伪古文的《咸有一德》，这很需要吟味。② 廖明春著有《郭店楚简引〈书〉论〈书〉考》一文，认为《逸周书》并非"孔子所论百篇之馀"或"仲尼删《书》之馀"，它们也并非与《尚书》无关。与《逸周书》相对的并非先秦《尚书》，而是秦以后流传的《尚书》，《逸周书》诸篇本来就属于先秦《尚书》。后人的《尚书》研究在断句与理解上存在一些误解，所谓"晚书"实属后出，而真正的先秦《尚书》有许多篇今传《尚书》失收。③

（五）郭店简与儒学史

"道统"说最早由韩愈提出，由朱熹完成其理论体系。姜广辉根据《郭店楚墓竹简》认为，历史上确实有儒家的"道统"存在，但并非是朱熹所谓的"十六字心传"，而是由"大同"说的社会理想、"禅让"说的政治思想和贵"情"说的人生哲学所构成的思想体系。这一思想的传承者不是孔子、曾子、子思、孟子的系谱，而是孔子、子游、子思、孟子的系谱。"道统"说虽由朱熹完成其体系，但真正继承儒家"道统"的并不是朱熹乃至

---

① 陈来：《儒家谱系之重建与史料困境之突破》，《郭店楚简国际学术研讨会论文集》，湖北人民出版社 2000 年版。
② 李学勤：《郭店楚简与儒家经籍》，《中国哲学》第 20 辑，辽宁教育出版社 1999 年版。
③ 廖明春：《郭店楚简引〈书〉论〈书〉考》，《郭店楚简国际学术研讨会论文集》，湖北人民出版社 2000 年版。

整个宋明理学，而是由黄宗羲、戴震、康有为等清儒继承。①

李泽厚认为《郭店楚墓竹简》代表了原典儒学，荀子可能是以讲礼乐为特征的原典儒学的忠实传人。在汉代，荀子的地位远在孟子之上。从荀子到董仲舒，先后吸收道家、法家、阴阳家等等思想，儒学已产生重大变易，构成了儒学第二期。孟子则是一千年后，由韩愈到理学所捧出来的。宋明理学吸取佛家，将儒家心性理论高度思辨化、行上化，成了说理充筐"极高明而道中庸"的道德学说，孟子也被抬高到"亚圣"地位。于是自汉至唐的周孔并称变而为孔孟并称，构成了儒学第三期。这一直延续到今日的"现代新儒家"。其实，这倒可能是"别子为宗"，离竹简所代表的原典儒学相距甚远。今日诵读竹简，似应跳出宋明理学和现代新儒家的樊篱框架，并重孟荀，直桃魏晋，以情为本，"礼"（人文）"仁"（人性）合说，吸取近代西方思潮，用"自然人化""人化自然"释"天人合一"，实行转化性创造，或可期望开出儒学第四期之新时代？②

但郭店竹简能不能代表原典儒学呢？罗新慧就认为，简文关于"气"、"性"等的论述显示出异于孔子学说的思想发展倾向；其内转修身的理论也较孔子所论为精致；但是，由于对"仁"学把握得不够，对君子精神高度的规定缺乏伟大之处，所以其思想发展中的缺失也是比较明显的。由此我们可以看出，儒家学说的发展，从孔子以后到孟子，实际上经历了一个"出于幽谷，迁于乔木"的阶段。到孟子之时，儒学思想的精华才正式形成博大体系而凝固下来，成为中华民族传统文化的结晶。③

郭店简的出土，引起了传统思想文化的研究的有一个新高潮。但短短十几年的时间，对如此宝贵的资料来说，还只是刚刚开了一个头，我们还有许多工作要做。殷墟甲骨的出土已经过去一个世纪，时至今日，我们对其价值还没有完全了解。郭店楚简对中国传统思想文化研究的价值，也必将经历一个长期的过程才能被真正认识。

（原载《社会科学战线》2005 年第 3 期）

---

① 姜广辉：《郭店楚简与道统关系》，《中国哲学》第 21 辑，辽宁教育出版社 2000 年版。
② 李泽厚：《初读郭店竹简纪要》，《道家文化研究》第 17 辑，三联书店 1999 年版。
③ 罗新慧：《从郭店楚简看孔、孟之间的儒学变迁》，《中国哲学史》2000 年第 2 期。

中国文化研究

30年

中 卷
中国文化专题研究

邵汉明　主编

陈一虹　宋立民　刘　辉　王永平　副主编

人民出版社

目录

第九章
文化理论若干问题研究

对文化理论的讨论，是 20 世纪 80 年代以来国内开展的文化问题讨论中的一个重要内容。讨论所涉及的问题较多，下面仅介绍与文化学有关的理论问题。至于其他方面，比如中国民族传统文化及其现代化、中西文化比较等，也涉及许多理论问题，这些将放在本书的相关内容中随文述及。

一、 文化界说

"文化"一词，英文和法文均作 Culture，德文作 Kultur，俄文为 Кулвтура，它们的词义均源于拉丁文 Cohere，本义为耕作和植物培育，后来引申到精神领域，有化育人类心灵、智慧、情操、风尚之义。日本学者译介此词时，借用古代汉语中表示文治教化的"文化"一词作译，① 后经中国留日学生引入中国，成为现代汉语中表示新文化概念的一个外来词。

自 19 世纪下半叶起，随着人类学、民族学、社会学等新兴学科的兴起和经验研究的进展，人们从不同学科和不同视野纷纷为"文化"概念进行界定。据美国人类学家克鲁伯和克鲁柯亨合著的《文化：关于概念和定义的检讨》一书所列举，1871—1951 年理论界关于文化的定义多达 164 种，以后又有许多新的提法，所以有些人统计认为，已出现的文化定义有二百余种或上千种。这种新说纷呈的情况，说明了文化问题的复杂性以及人们对文

---

① 古汉语中，"文化"一词较早见于《说苑·指武》："凡武之兴，为不服也；文化不改，然后加诛。"其所用"文化"或取自《周易·贲卦》"观乎人文，以化成天下"。

化认识的不断扩大和深入。中断文化研究三十余年的我国理论界重新开展文化研讨时，势必要对国外和以往已经取得的这些成果进行必要的考察和介绍，然后在此基础上作出自己的理解和进行新的阐释。

（一）对国外和我国近代以来有关文化概念研究的历史考察

讨论中，不少人谈到了西方古代、中世纪和近代以来在文化概念上的理论进展情况：

在欧洲古典时代，希腊人和罗马人对文化的理解是不同的。源于拉丁语 Colere 的 Culture（文化），其本义为耕作和植物栽培，这是古罗马人的理解，他们对文化概念"赋予得更多的是它的物质或生物性的意义"；在古希腊人那里，"文化概念更多的含义还是偏重于对科学、知识、哲学、教育等一些具有思辨意义的理解"。公元前 1 世纪，罗马著名演说家西塞罗继承和发展希腊文化概念中的精神性方面，在文化问题上提出了"智慧文化"、"智慧耕耘"、"性灵培育"等说法。

欧洲中世纪的文化概念在本质上承袭了古希腊精神，但随着基督教的兴起和盛行，其含义被神学"同化"。在当时流行的观念看来，只有神学和带有神学性质的哲学才是文化的真正含义。直到 17 世纪，文化才从神学中解放出来而具有独立的意义。在这方面作出贡献的当首推德国学者普芬道夫。他认为，文化是社会人的活动所创造的东西和有赖于人与社会生活而存在的东西的总和。18 世纪启蒙时代的一些理论家继续沿着使文化从神学的束缚中解放出来的路径探讨文化的含义，但各自的观点则不尽相同。伏尔泰、杜尔哥、孔多塞等人把文化视为不断向前发展和使人得到完善的社会生活物质要素和精神要素的统一。而德国一些哲学家对文化的理解则偏重于精神方面。如基德尔把文化看做是人类智慧力量的不断开发。康德给文化的定义是："有理性的实体为了一定的目的而进行的能力之创造。"

19 世纪下半叶，文化概念成为人类学、民族学、社会学这些新兴学科的学者们讨论的热门课题。其中以英国人类学家泰勒的文化定义最具有代表性。他说："所谓文化或文明乃是包括知识、信仰、艺术、道德、法律、习俗以及包括作为社会成员的个人而获得的其他任何能力、习惯在内的一种综合体。"泰勒这一文化定义虽然是一般描述性的，没有深入探究文化的本质，但其理论作用十分重要。它促使当时和以后的许多学者从不同领域以不同方法对文化综合体进行研究，由此出现了文化进化论学派、文化传播论学派、文化功能学派、文化历史学派、文化心理学派、文化结构学派。这些学派的学者对文化的内涵和外延都有不同的界定，故出现各自不同的文化定义。美国人类学派克鲁伯和克鲁柯亨把他们收集的从 1871 年至 1951 年的164 种文化定义进行分类，认为这些定义可分为描述性的、历史性的、规范性的、心理性的、结构性的、遗传性的六大类。其中，就对以往中国理论界的影响来说，功能学派的文化定义是值得注意的。功能学派注重文化的功能性研究，认为文化特质的功能就是极大地满足社会成员的需要，既满足精神方面的需要，也满足物质方面的需要。因此，英国功能学派的创始人马林诺夫斯基把文化界定为："文化是指那一群传统的器物、货品、技术、思想、习惯及价值而言的，这概念实包容着及调节着一切社会科学。"这个定义与泰勒的文化定义有一个明显不同：泰勒的定义偏重精神文化而不包括物质文化；马林诺夫斯基的定义则包括精神文化与物质文化。如果说泰勒发扬了古希腊人的文化概念精神，那么马林诺夫斯基的文化概念则是古希腊人与古罗马人的文化概念的复合体，这个概念曾对日本、苏联和中国的文化研究产生过重要影响。但是，马林诺夫斯基的文化概念并没有克服泰勒的文化概念的弊病，缺乏文化的发展观念，从而对文化的理解陷入静态。

20 世纪中叶以后，符号—文化学派在西方兴起。这个学派强调人与动物的根本区别在于：动物只能对信号作出条件反射，人则能把信号改造成有自觉意义的符号，并运用符号创造文化。人只有在创造文化的活动中才能成为真正意义上的人；文化无非是人的外化、对象化，无非是"符号活动"的现实化和具体化。这种观念虽然避而不谈包括物质生产在内的社会实践对文化创造和人本质的实现的决定作用，但毕竟在揭示文化本质方面有所推进。克鲁伯和克鲁柯亨在总结以往各种文化定义的基础上，从符号—文化学派的立场出发，提出了自己的文化定义。他们认为："文化是包括各种外显或内隐的行为模式；它通过符号的运用使人们习得及传授，并构成人类群体的显著成就，包括体现于人工制品中的成就；文化的基本核心包括由历史衍生及选择而成的传统观念，尤其是价值观念；文化体系虽可被认为是人类活动之产物，但也可被认为是限制人类作进一步活动的因素。"这个定义至今仍是在欧美得到广泛认同的文化定义。

讨论中，人们也谈到苏联和我国近代以来在文化界说方面的研讨情况。

有论者指出，苏联文化学不是像其他欧美国家的文化学产生于人类学、民族学的土壤，而是在哲学的天地里培育和发展起来的，一开始就从马克思主义哲学中吸取理论和方法，力图用唯物史观解释文化现象及其本质。20 世纪 50 年代，苏联流行的文化定义是："人类在社会历史实践过程中所创造的物质财富和精神财富的总和。"1964 年出版的苏联《哲学百科全书》亦如是说。这是一种广义的文化概念。与此同时，苏联还流行一种狭义的文化概念，即把文化限定在精神现象方面。60 年代以后，其理论界意识到他们忽视主体研究的偏颇，于是提出文化具有人类活动的一般特征，如能动性、社会性、创造性，人是文化财富的创造者，是文化历史过程中的创造性本源等观点，显示出追求文化发展的主客体统一的趋向。如 1973 年出版的《苏联大百科全书》的文化定义对此即有体现，认为"文化是社会和人在历史上一定的发展水平，它表现为人们进行生活与活动的种种类型和形式，以及人们所创造的物质和精神财富。"有的学者还直接把文化界定为"人们特有的活动方式"。从人的活动的角度去阐释文化，容易导致文化与社会不分。为了把二者区别开来，有些人作出了种种探讨，但没有取得公认的研究成果。

中国近代以来，随着西方人文社会科学的传入，国内许多学者亦纷纷对文化概念进行探讨。如梁启超说："文化者，人类心能所开释出来之有价值的共业也。"蔡元培说："文化是人生发展的状况。"梁漱溟认为，文化"是生活的样法"。又说："文化，就是吾人生活所依靠之一切。""文化之义，应在经济、政治，乃至一切无所不包。"陈独秀有感于过于宽泛的文化定义，主张将文化界定为"文学、美术、音乐、哲学、科学这一类的事"。贺麟从"心物合一"观出发，认为"所谓文化就是经过人类精神陶铸过的自然"。胡适则认为"文化是一种文明所形成的生活的方式"。有论者指出："由于文化学以及与之相关的学科（如人类学、民族学、社会学等）在现代中国尚未获得充分发展，因而以往中国学术界基本还处在对传统的和外来的文化学说和文化定义进行介绍和评价的阶段。"①

---

① 以上参见覃光广等主编：《文化学辞典》，中央民族学院出版社 1988 年版；魏志成：《文化概念之界定》，《云南教育学院学报》1989 年第 1 期；冯天瑜：《文化：向着广延度和深刻度进军的多种定义》，《湖北社会科学》1988 年第 11 期；邱守娟：《苏联哲学界对文化概念的探讨》，《北京社会科学》1988 年第 1 期。

（二）20 世纪 80 年代以来国内文化界说种种

在国内兴起的文化讨论中，人们除了考察国外和我国近代以来的各种文化概念之外，也都从各自不同的角度去界定文化，几乎每一位论者在谈论文化时，都不可避免地要在现存的文化诸义中作出自己的选择或提出自己的看法，以致这个时期国内新提出的文化定义也有数十种之多。这些定义若从其外延划分，可以分为广义文化说、狭义文化说以及文化多义兼容说三种；若从其内涵划分，则因为论者对文化属性的把握不同而有各种不同的说法。

1. 广义文化说

有人认为，广义的文化"是与自然对立的概念，它是人类社会活动中创造并保存的内容之总和"。[①] 具体来说，凡是把社会物质现象和精神现象作为文化涵盖对象的文化定义即为广义文化说。广义文化说的较早提法是："人民群众在社会历史实践过程中所创造的物质财富和精神财富的总和。" 1977 年出版的《辞海》即如是说。这一提法在我国比较流行，直到 80 年代亦复如此，只是把原来作为文化创造主体的"人民群众"改为"人类"而已。如 1982 年出版的《现代汉语词典》、《简明社会学词典》，1986 年出版的《辞海》，1987 年出版的《简明文化知识辞典》、《中国文化辞典》等，都一致地把"人类社会历史实践中所创造的物质财富和精神财富的总和"作为对文化的一种界定。这种广义文化说是苏联在 50 年代流行的广义文化概念的翻版。究其源，亦与西方功能学派的文化概念的影响有关。

以人类创造的物质财富与精神财富之总和作为文化定义有其明显缺陷，即从人的活动结果看待文化，忽视了实现结果的手段，即人的活动方式；而忽视了这一点，就是见物不见人，就不能从文化发展的主客体统一中揭示文化的本质。再者，由于从活动结果看待文化，故容易流于对文化作静态分析，正如苏联理论界有人所批评的那样，文化成了"博物馆"、"贮藏库"，[②] 而不是活生生的不断变化的过程。因此，在这次文化讨论中，我国一些持广义文化说的论者，在坚持以人类物质成果和精神成果为文化涵盖对象的同时，又特地加进了活动方式这一内容：

---

① 李河：《文化研究的对象、历史和方法》，《哲学研究》1986 年第 4 期。
② 邱守娟：《苏联哲学界对文化概念的探讨》，《北京社会科学》1988 年第 1 期。

　　"文化乃是人类在实践中所建构的各种方式和成果的总和。"①

　　"文化是人类在处理人和世界关系中所采取的精神活动与实践活动的方式及其所创造出来的物质和精神成果的总和，是活动方式与活动成果的辩证统一。"②

　　"文化，是人类社会所特有的现象，是以人的活动方式以及由人的活动所创造的物质产品和精神产品为其内容的系统。人类活动作用于自然界，产生了物质文化；作用于社会，产生了制度文化；作用人本身，产生了精神文化。"③

这些定义，都一致地把人的活动方式纳入文化范围，努力从文化与活动的关系中揭示主客体的辩证统一及其生生不息的流变性。

　　但就这些定义的涵盖面来看，它仍然是广义的。

　　2. 狭义文化说

　　把文化涵盖对象限定在精神现象和精神活动方面的文化定义，通称为狭义文化说。狭义文化论者认为广义文化论的涵盖面过宽，以至包含全部社会生活，文化与社会、文化与人类历史无别，因而失去文化本身的特点。因此，他们主张把文化概念的外延限定在精神领域。在我国，较为流行的狭义文化定义是：

　　"（文化）特指精神财富，如文学、艺术、教育、科学等。"④

　　"（文化）专指社会意识形态以及与之相适应的制度和组织机构。"⑤

这两种相近的提法，在 20 世纪 80 年代国内出版的几种社会学辞典和施宜圆等人主编的《中国文化辞典》中都以大体相同的语句被反复转述。这种狭义的文化概念在苏联理论界亦颇流行。究其源，都可能是受泰勒的文化定义的影响。

　　以"精神财富"或者以"社会意识形态以及与之相适应的制度和组织

---

① 张立文：《传统学导论》，《上海社会科学院学术季刊》1989 年第 1 期。
② 张岱年、程宜山：《中国文化与文化论争》第 2 页，中国人民大学出版社 1990 年版。
③ 周洪宇、程启灏、俞怀宁、熊建华：《关于文化学研究的几个问题》，《华中师范大学学报》1987 年第 6 期。
④ 《现代汉语辞典》，商务印书馆 1978 年版。
⑤ 《辞海》，上海人民出版社 1977 年版。

机构"来界定文化，同以"物质财富和精神财富的总和"界定文化一样，也是从人的活动结果来看待文化，因而具有"总和"型广义文化说的同样弊病。为了使问题有所改进，一些学者在倾向狭义说的前提下，进行了种种探讨。其主要表现有三：

一是从具体的意识形态中，甚至从各种物质形态中，寻求更深层次的精神因素作为文化的涵盖对象。这种精神因素，或归结为"生活方式"：

"（文化）不就是产品本身，它只是作为人们的行为方式和思维方式存在于产品之中。""所谓文化，就是人们在长期的社会生活中凝聚起来的生活方式之总体。"①

或归结为"民族心理结构"、"思维方式"等隐形文化要素：

"文化不是文学、艺术、法律等具体意识形态的组合体，而是隐藏在其背后的东西。"文化"介于哲学与一般意识形态之间，是从后者提炼出来但尚未上升到哲学高度的民族心理结构、思维方式和价值体系。"②

二是使文化定义涵盖知识系统、心理系统、规划系统三个方面。

有人指出，上述两种定义吸收了西方文化人类学的合理成分，"力图把握文化的核心实质"，但过分注重文化的无形的一面，忽视文化的有形的一面，把"具体意识形态"完全摒弃于文化范围之外，"从而陷入割裂现象与本质的另外一个极端"。③ 因此，一些论者主张在狭义文化概念中仍保留社会意识形态的内容，再加进被理论界称为"隐形文化"的意识系统。这种意识系统，有人又称为"社会心理"，包括"民族精神、社会群体心理、个体心理"，"它潜在地蕴藏在人们的风俗、习惯之中"。社会意识形态，有人又称为"知识系统"。至于以往所说的与社会意识形态相适应的制度和组织机构，是否仍保留在狭义文化的范围内呢？倾向性的意见是：与制度相关联的基础理论和规则系统仍属于上述文化范围，而与制度相关的组织机构与设施由于具有物质文化的特征而不应作此归属。社会意识形态和规则系统由于

① 沙莲香：《文化积淀与民族性格改造》，收入《传统文化与现代化》，中国人民大学出版社1987年版。
② 张大同、刘京希：《中国传统文化思想学术研讨会纪要》，《文史哲》1986年第5期。
③ 曹大为、曹文柱：《关于中国文化史学科建设的若干构想》，《北京师范大学学报》1988年第6期。

以文字符号或人的具体行为作其载体，具有明显的外壳形式，所以又被称为"显形文化"。这样，狭义文化也具有显形与隐形的综合特征；按文化要素划分，则包括知识系统、心理系统、规则系统三个方面。① 大体涵盖这三个方面的文化定义不乏其例。下面择举二例：

"狭义的文化是指人类通过创造性的活动而获得并积淀在特定民族中的，以价值观为核心的情感、信仰、习俗等行为方式和规范模式，以及观念意识等生存式样的系统。"②

"文化是人类在社会历史实践中运用象征符号进行的精神活动、创造出的精神成果以及在人们自身所凝聚的素质、行为方式的复合体。"③
三是在文化概念中保留精神文化与物质要素的内在联系。

在狭义文化说的各种界说中，还有一种动向值得注意，即如何处理同物质因素的关系问题。狭义文化说是以区别精神文化与物质文化为前提的。但实际上，任何精神活动与精神现象都离不开一定的物质条件。因此，要把物质因素完全排除在文化概念之外实不可能。所以有些狭义文化论者在建构自己的文化概念时，试图建立同物质方面的某种联系：

"文化是人类所创造的精神产品和物质产品上所表现的精神因素。"
"如把物质成果作为文化看待，应着眼于它所表现出的精神价值，如审美价值、认识价值、表征价值等，而抛开了它的使用价值。"④

"文化在实质上是通过各种物质形态所表现出来的人类的精神。"⑤

文化是"在生产实践的前提下，不同群体以自己的价值取向为出发点和归宿所创造的精神财富和产生的精神现象。这些精神财富和精神现象以观念形态为核心，也包括与观念构成因果、互为表里、相互作用的物质形式和生活方式"。⑥

---

① 参见贺培育：《论制度文化》，《河北学刊》1990 年第 2 期；于靖：《文化概念研究》，《哲学动态》1987 年第 7 期；黄正平：《文化的外显模式与内隐模式相互关系概观》，《上海大学学报》1989 年第 5 期。

② 林喆：《论传统文化在现代化中生存的可能性》，《云南社会科学》1988 年第 4 期。

③ 曹大为、曹文柱：《关于中国文化史学科建设的若干构想》，《北京师范大学学报》1988 年第 6 期。

④ 王俊义、房德邻：《关于文化研究中的几个问题》，《中国人民大学学报》1987 年第 4 期。

⑤ 晁福林：《天玄地黄》第 9 页，巴蜀书社 1990 年版。

⑥ 邵纯：《文化范畴论纲》，《实事求是》1991 年第 2 期。

以上三种定义的针对性和侧重点不尽相同，但都蕴涵着要在一定物质条件下建构非物质性文化概念的意向。

3. 文化多义兼容说

20 世纪 80 年代以前国内出版的《辞海》（1977 年）和《现代汉语词典》（1978 年）关于文化的含义一共列举五种，其中两种即前面已经提到的广义说和狭义说。另外三种是：中国古代所说的"文治与教化"；"指文字的能力及一般知识"；"考古学用语，指同一历史时期不依分布地点为转移的遗迹、遗物的综合体。"这五种含义，除作考古学用语者外，其余四种文化含义均被 80 年代出版的多种专业辞书作为通用性提法而沿袭下来。特别是广、狭二义，常为许多论著转述、引用。一般来说，凡是主张广义文化说的人，也同时承认狭义文化说。有人还根据上述国内流行的几种文化含义，主张把文化分为广、中、狭三义："广义地说，指人类的活动方式及创造的物质、精神成果的总和。中义而言，它可以理解为意识形态的一部分，也就是人类创造的精神产品，如文学、艺术、哲学、科学、法律、道德、伦理、习俗风尚等观念性的东西。狭义是指人类的一般知识及运用文字的能力、水平等。"①

在持有上述看法的人看来，文化含义具有不确定性，往往由于谈论的对象范围不同而具有不同的含义，因此上述几种提法是可以兼容并行的。

4. 不同内涵的各种文化界说

以上是从概念的外延方面对讨论中出现的各种文化定义所作的划分。如果从概念的内涵方面来看，则情形又有所不同。概念的内涵指被反映事物的特有属性和本质属性。由于人们在这方面对文化的认识各不相同，所以界定文化时必然出现种种歧义。

在文化本质问题上，国内讨论时出现两种有影响的看法，即"传播"说和"人化"说。"传播"说者视文化传播为文化之本质属性，所以把文化定义为"人类在物质生产和精神活动中抽象出来的原则体系以及这一体系的现实化"。按说者的解释，所谓"抽象出来"和"现实化"，就是"文化的传播过程"。②

---

① 景庆虹：《"文化"辨析》，《北京财贸学院学报》1990 年第 5 期。
② 居延安：《关于文化传播学的几个问题》，《复旦学报》1986 年第 3 期。

"人化"说者认为文化的本质就是"人化",即人的本质力量的对象化,所以给文化下的定义是:"凡人化了的东西,就是文化。按人的需要和理想所改变的和所创造的东西,就是文化。"①

人创造文化是通过社会实践实现的;作为文化主体的人,也是社会实践的产物并随着实践的深化而不断自我完善。基于这种情况,故"人化"说者中有人从社会实践的角度给文化下定义:"文化是人类实践的产物,是实践能力、方式及成果之总称。"②

文化同所有复杂事物一样,除本质属性外,还具备多种特有属性。根据其中某一特性或某几种特性去界定文化是许多论者遵循的一种思维路径。有人受符号人类学的影响,注意到语言文字等符号系统对于文化创造和文化传播所具有的重要性和特殊性,所以把文化定义为:"文化既是一种象征符号系统,又是由具体物质及种种象征符号所表现出来的人类群体的思想方式、行为模式、制度形式等等的整个生活样式。"③

同样从符号学的意义上,有论者则用"声"、"明"、"文"、"物"来界定文化。"声"是指语言和音乐;"明"是指色彩、光泽;"文"是指文字、文法、文学、文献等等;"物"是指通过人类的智慧和经验所创造出来的东西。④

文化的特性可以归结为某种独特的结构。美国人类学家克鲁伯和克鲁柯亨认为"文化包括各种外显的或内隐的行为模式",而文化模式则是由典籍文化层、心理和行为层、制度体系层和实体层的人工制品等所构成的统一体。有人基于这种看法,并从狭义文化的角度,把文化界定为:"文化实质上是以符号为基本纽带而凝结的内隐和外显的观念系统。"⑤ 有论者认为克鲁伯等人的文化定义"忽视了文化内在结构的本质和深层意义",即忽视了作为文化核心的"价值取向或价值系统这一方面",于是把文化定义为:"以价值取向(或价值系统)为核心的外显或内隐的行为模式。"⑥

---

① 萧箑父:《文化问题漫谈》,《海南大学学报》1991 年第 2 期。
② 于靖:《文化概念研究》,《哲学动态》1987 年第 7 期。
③ 顾晓明:《文艺创作和鉴赏的文化学分析》,《复旦学报》1986 年第 1 期。
④ 参见郁有学:《关于文化种种》,《哲学动态》1987 年第 1 期。
⑤ 卜春江:《"文化"、"传统"略论》,《齐齐哈尔社会科学》1989 年第 3 期。
⑥ 任平:《论文化重构和社会学发展的前景》,《苏州大学学报》1988 年第 1 期。

文化的特有属性又可归结为某种特有功能。有人认为文化具有生产力功能，这种功能由于文化的显形或隐形结构而具有不同的情形，因此认为文化是"显形和隐形的生产力"。①

有论者认为："由于有了文化，人类就有了自己区别于其他所有物种的适应环境和生存的方式，文化给了人类发展的无限可能性。"根据文化这一功能，所以把文化界定为："文化是人类特有的、能动地适应环境的方式，其实质是非遗传信息，特别是体外信息。"②

以上各种定义，均就其内涵而言；若从外延方面看，也可分为广义文化与狭义文化两种。这些定义不是讨论中出现的各种文化概念的全部，但仅就这些来看，亦可见文化界说之纷繁了。

（三）文化界定的困难

面对近代以来国内外异说纷呈的千百种文化定义，人们普遍感到很难确定一种为大家共同接受的文化界说。

其困难之一，是文化概念在实际使用中的混乱。文化概念的混用与滥用是一种世界现象，中国尤为严重。有人揭示说："文化部门主管'文化'，主要指领导艺术、文博、图书馆等单位，这种习惯性概念，与教育、学术等又有区别；再广一点的理解，便是在理论研究中经常使用的一般的'文化'定义，指观念形态，就是说，除了政治、经济、军事等，都可以说是文化；更广的定义，则是文化学者所使用的'文化'概念，里面无所不包，政治、经济、军事的问题都涉及，一部'文化史'，几乎就是'通史'的同义语。"③这种滥用情况在近些年来随着文化讨论的普遍开展而更加纷乱：除了名称繁多的各种地域性文化和部门性文化之外，几乎每一种事物后面都可附以"文化"之名。

其困难之二，是界定文化时由于学科背景和学术视野不同而各自立说，没有统一标准。如社会学、历史学、考古学、文化人类学（民族学）、精神病理学等，都有自己的文化概念。同一学科，又因学派不同而持论不一。如

---

① 吴兴华：《文化——显形和隐形生产力》，《生产力研究》1988 年第 5 期。
② 吕斌：《文化概念新探》，《东岳论丛》1991 年第 4 期。
③ 吴修艺：《中国文化热》第 8 页，上海人民出版社 1988 年版。

文化人类学内部学派林立，先后出现过古典进化学派、传播学派、历史批判学派、功能学派、结构学派以及新进化学派，它们对文化的界定各不相同。克鲁伯和克鲁柯亨把各学派的文化定义划为六大类（已见前述）。前几年国内有人从思维路径上把各种文化定义归纳为现象描述的思路、社会反推的思路、价值认定的思路、结构分析的思路、行为取义的思路、历史探源的思路、主体立意的思路、意识解读的思路等等，不一而足①。鉴于这种复杂情况，有些人认为：文化也许天然就是个模糊概念，其界域本来不可确定，也就没有必要追求简单而确定的定义②。有论者建议："目前亟须要研究一下'文化不是什么'的问题③。"还有人主张把众多的文化概念外延上的相同之处归纳为几个方面，如意识形态、生活方式、精神的物化产品等，认为"与其追求一个简单而精确的定义，不如从集合的角度来确定一个弹性的范围"。④ 这种主张也遭到一些论者反对。他们强调，文化范畴虽很难确立，但也不是没有可能找到相对清晰的界限；所谓"确立一个弹性范围"的做法，无益于文化基础理论研究⑤。

有人指出，界定文化还遇到一个困难，即无论是狭义的还是广义的文化概念，都不能与历史唯物主义范畴体系相统一。就狭义文化来说，由于它把文化限于精神领域，按历史唯物主义原则应有一个与之对应的并作为其基础的概念，但这样的概念在历史唯物主义范畴体系中难以找到。如果以社会存在为其对应概念，势必涉及这样的难题：原来与社会存在相对应的意识形态与作为精神现象的文化，是何种关系？如果以"生产关系"、"生产方式"等概念与文化对应，也会涉及同样的问题。至于广义的文化概念，由于它包括了人类社会的一切，就更难以用历史唯物主义的范畴体系相比较。⑥

---

① 箫声：《文化概念考》，《湖南社会科学》1989 年第 5 期。
② 《中国文化史研究学者座谈会》第 6 页，《中国文化研究集刊》第 1 辑，复旦大学出版社1984 年版。
③ 降大任：《文化研究十五问》，《晋阳学刊》1987 年第 1 期。
④ 《黑龙江日报》1986 年 12 月 26 日。
⑤ 《中国文化史研究学者座谈会》第 6 页，《中国文化研究集刊》第 1 辑，复旦大学出版社 1984 年版；卜春江：《"文化"、"传统"略论》，《齐齐哈尔社会科学》1989 年第 3 期。
⑥ 邱守娟：《苏联哲学界对文化概念的探讨》，《北京社会科学》1988 年第 1 期。

二、 文化与文明

20 世纪 80 年代前，国内关于文化与文明的含义往往混淆不分。如 1977 年出版的《辞海》、1978 年出版的《现代汉语词典》给文明的界定之一就是：文明"犹言文化"，文明即广义的文化（物质财富与精神财富的总和）。国外对文明的理解也有类似情况，如弗洛伊德就把文明与文化混为一谈，盖勒的文化定义也是把文化与文明当做同义语。80 年代以来，这种情况在国内引起人们探讨：文化与文明是不是一回事？

（一） 文化、文明同义说

此说沿袭上述提法，这在国内 80 年代以来出版的一些著作中常可看到。施宜圆主编的《中国文化辞典》（1987 年）引述的文明界说之一就是："文明与文化二者没有多大区别，文明只是一种性质上异于其他文化的文化。"袁方主编的《社会学百科辞典》（1991 年）认为文明"既可泛指人类社会迄今以来到民智初开之时一切文化成就的总和，也可特指某一区域、社会、一时代或一民族所具有的精神生活、物质生活及生产方式这样的一个局部性整体。"金东珠认为："广义的文化包括物质文明、精神文明和制度文明三个方面的内容，和文明的概念同用。""狭义的文化，其基本内涵和精神文明的概念是一样的，都是指人们改造主观世界的成果，表现为精神生产和精神生活的进步。"[1]

（二） 文明大于文化说

钱学森持此说，认为"文明包括文化，而文化不能代替文明"[2]。罗大冈撰文说：在法语中，"文明史"包括物质生产，同时也涉及哲学、宗教、文学与艺术；而"文化史"则不包括物质生产，只专门研究哲学、文学、

---

[1] 金东珠：《对文明、文化、政治文化概念的探讨》，《理论探讨》1989 年第 6 期。
[2] 《关于〈实践与文化——"哲学与文化"研究提纲〉的通信》（钱学森文），《哲学研究》1989 年第 4 期。

艺术等问题。因此，要说文明有广义、狭义则可，而文化则不应有此区分。在古汉语中，"文明"一词最早见于《易·乾·文言》"见龙在田，天下文明"，主要指社会生活光彩绚烂，其义包括文化。我们称自己的国家是"文明古国"而不称"文化古国"，这是由于古汉语中总以文明包括文化。直到近几十年才出现相反的偏向，以为"文化"包括"文明"。今天所谓广义文化，实际上指文明。考察古今中外文明与文化的产生情况就可发现：总是在物质能够保证人民温饱时才开始产生原始文化。原始文明是产生原始文化的先决条件。恩格斯的《家庭、私有制和国家的起源》所谈论的情况也说明了这一点。"可以说，先有文明（物质生产与社会组织），然后有文化"，二者"是基础与上层建筑的关系"。①

（三）文化大于文明说

汪澍白不同意罗大冈的看法。他认为，古汉语"文明"一词可参考唐人孔颖达对《尚书·舜典》中"哲文明"一语的疏解："经天纬地曰文，照临四方曰明。"这就赋予"文明"以观照和传播人类所创造的整个文化成果的含义，而不是文明包含文化的含义。在法语中，文化 Culture 一词源于拉丁语 Colere，本意为培植、培养，后来引申到精神领域；而文明 Civilization 一词来自拉丁语 Civis，意为公民，而 Civis 是从拉丁语 Cvitas 来的，意为城市。如果说文化从原始耕作开始，而文明则溯源于以后城市文化的形成，二者有先后之分。至于说原始文明是原始文化的先决条件，那只是就狭义文化而言，而近代以来的社会学家、人类学家都对文化作广义的理解，把文化看成是人类及其创造成果的复合体。"凡超越本能的，人类有意识地作用于自然界和社会的一切活动，都属于文化的范畴。"原始人通过有意识的活动改造自然，譬如将一块天然的岩石打磨成石器的时候，便赋予自然以文化的意义。人类摆脱动物状态和开始文化创造活动已经有几十万年，而有文字记录的文明时代却不过几千年。恩格斯的《家庭、私有制和国家的起源》一书根据摩尔根的研究成果，将人类社会发展划分为蒙昧、野蛮、文明三个时代，前两个时代称为"史前文化诸阶段"，那时已经有了文化，但还不是文

---

① 罗大冈：《试论文化》，《百科知识》1989 年第 6 期。

明的开始。因此,"只能说,先有文化,然后有文明"。①

景庆虹援引《家庭、私有制和国家的起源》、《共产党宣言》和毛泽东关于阶级斗争的历史就是文明史的论述,说明文化是文明产生的基础和条件,而不是相反;文明是物质文化和精神文化中的积极部分,而不包括那些消极的东西,如性解放之类的腐朽文化。"因此,文化所包括的内容大于文明。文化现象并非都是文明的,而文明则包含于文化之中,并且是文化中的精华部分。文化是文明的摇篮,而社会的文明又为人类文化的进步与繁荣开辟了广阔的前进道路"。②

（四）文化与文明的区别

讨论中,多数人都认为文化与文明是有区别的,并且倾向于文化大于文明的说法。不少论者常提到不同国家使用文化与文明时的语义差别以及国外理论界对其差异性的理解。在美、英、日等国,文明与文化概念往往是通用的,是指人们所生产的或能够生产的创造物。在德国,文化是指宗教、艺术、科学等具有理想特征的高境界的东西,而文明则是指具体物质的低境界的概念。在一些德国学者看来,文化的形态化、制度化、模式化正意味着文化的死亡,因此他们有文化是活着的文明、文明是死了的文化之类的观点。一些德国和美国学者致力于研究文明与文化的含义差别,认为文明着重指社会演化过程中的客观方面,诸如技术和物质增长方面,而文化则指人类精神方面的主观发展,诸如宗教、哲学、艺术、教育等方面的现象。一些人类学家认为,文化与文明是不同的等级的概念:文化是高层次或深层次的东西,而文明是低层次或浅层次的东西,或者说文明是文化的表现。在苏联理论界,有些人以文化的外延大于文明或文明是文化的组成部分而把二者区别开来。③

国内讨论文化与文明的差别主要在以下几个方面:

———————

① 汪澍白:《文化与文明小议》,《百科知识》1990 年第 3 期;《谈谈文化学研究中的两个问题》,《湖南社会科学》1990 年第 5 期。
② 景庆虹:《"文化"辨析》,《北京财贸学院学报》1990 年第 5 期。
③ 参见金东珠:《对文明、文化、政治文化概念的探讨》,《理论探讨》1989 年第 6 期;刘跃辉:《论文化概念及其演变》,《北京社会科学》1990 年第 3 期;张岱年、程宜山:《中国文化与文化论争》第 1 页,中国人民大学出版社 1990 年版。

一是在起源上。文化与人类发生同步，文明则一般以文字的发明和使用以及社会分工的确立为开端，或者认为以金属工具的发明或冶金术、文字和大规模建筑的结合作为文明起源的标志。因此，文化与人类一起诞生，至今已有三百多万年的历史，而文明从文字诞生的历史来看，最早不过六七千年。①

二是在内涵与外延上。有些论者认为，广义文化"泛指人类创造活动的总和"，文明则"指人类社会的进步状态"，或者说是"人类创造活动及其成果的进步程度与开化状态"，其范围和成就比文化所规定的界限要狭窄一些。② 有论者认为："文化是人类克服自然的程度，而克服自然的结果所表现出来的种种形态（包括物质形态和意识形态）就谓之文明。"③

三是在性质特征上。有些人认为，文明不是人类社会的根本属性，只是人类文化发展到一定阶段的产物，是人类社会进入阶级社会之后才有的特殊现象，而文化则是人类的根本属性，与人类共生共灭；文明以社会进步的价值形式而存在，而文化则是以人类活动表现而存在的。④

四是在语义学上。有些论者指出，文化是中性词，它本身并不表示先进与落后，而文明是褒义词，它与野蛮相对立。⑤

另外，有人从哲学的意义上区分文化与文明，认为"文明仅指人类活动结果中积极的肯定的一面，而文化则包括全部结果；文化具有抽象的意义，而文明的意义则较具体；文明侧重于人类活动的结果，文化则首先指活动过程本身。"⑥

---

① 魏志成：《文化概念之界定》，《云南教育学院学报》1989 年第 1 期。
② 参见周洪宇、程启颁、俞怀宁、熊建华：《关于文化研究的几个问题》，《华中师范大学学报》1987 年第 6 期；汪澍白：《谈谈文化学研究的几个问题》，《湖南社会科学》1990 年第 5 期。
③ 林干：《关于研究中国古代北方民族文化史之我见》，《内蒙古大学学报》1988 年第 1期。
④ 周洪宇、程启灏、俞怀宁、熊建华：《关于文化学研究的几个问题》，《华中师范大学学报》1987 年第 6 期。
⑤ 周洪宇、程启灏、俞怀宁、熊建华：《关于文化学研究的几个问题》，《华中师范大学学报》1987 年第 6 期。
⑥ 崔新建：《文化系论论》，《江汉论坛》1990 年第 5 期。

三、 文化的本质

（一）"传播"说

20 世纪兴于欧洲的文化传播论十分重视文化传播在文化发展史上的作用。这一理论对国内文化讨论有明显影响。居延安试图用传播学的视野考察文化的本质等问题。他说西方传播学 Communication 一词译成"传播"并不十分贴切。这个词不仅含有"传播开来"的意思，还兼有"交流、交往、流传"等诸义。从这些语义出发，他认为"传播乃是文化的本质。没有传播，就没有文化，传播就是文化的实现。"在文化传播学的眼光里，不仅现实文化是传播着的文化，即使是传统文化也存在"文化的传播和文化传播的现实背景"，因而也都是现实的。①

文化传播表现为文化信息的传递与交换。朱小丰从生物遗传学的角度探讨了信息传播的原生形态。他认为文化最初的形态是生物的共生现象（Symbiosis），即两个或两个以上的生物体为了生存或长久存活，以某种方式相互依靠，彼此合作共存。在这种方式中产生了生物信息交换和由这种交换产生的网络。随着生物由低级到高级的演变，文化基因的原始形态也开始了它的遗传进化过程。不论文化演进到何等复杂的地步，"构成生物共生的那些信息编码构成文化的核心指令，并产生最重要的文化基因。由此我们可以看见所谓文化的本质：文化，就其最根本的性质而言，是生物共生行为中传达的信息和传达信息的方式。"②

吕斌考察文化本质时，也注意信息传递问题。但他强调区别两种信息传递方式：一种是生物的遗传信息，信息的携带者是核酸，通过核酸把信息一代一代遗传下来，形成一种本能的、被动的适应环境的方式；另一种是人类的非遗传信息，通过语言文字等抽象符号系统传递，经过学习而世代相传，形成一种改造主体与客体以适应环境的能动方式。这就是文化。因此，他认为："文化是人类特有的、能动地适应环境的方式，其实质是人的非遗传信

---

① 居延安：《关于文化传播学的几个问题》，《复旦学报》1986 年第 3 期。
② 朱小丰：《文化学断想二则》，《社会科学研究》1991 年第 5 期。

息，特别是体外信息。"①

（二）"人化"说

"人化"是马克思在其早期著作《1844 年经济学哲学手稿》中谈到"人化自然"（人的本质力量的对象化所创造的对象化世界）时所提出的一个术语，它表达了人对自然的能动性原则和受动对象同人的本质联系。在文化讨论中，不少人运用这一思想或直接运用这一术语以表达对文化本质的看法。1986 年，庞朴在一次谈话时说："文化是人的本质的展现和成因。具体说，人通过劳动使自己主体的意识客体化为一些对象，也是通过劳动使客观物质符合自己的主观要求。这样，创造出一些东西来，创造出一些方式来，来满足自己的需要。在这种创造活动中，也就把自己塑造成一个文化的人。"② 他的这段话虽然没有直接用"人化"概括文化本质，但其意是很明显的。继庞朴之后，以"人化"为文化本质的提法流行起来，诸如："'文化'的本质就是'人化'。""所谓'人化'，指的是人类通过劳动，即'自由自觉的活动'，使自然打上人的意识、目的的印记，变成人的作品，成为人的自由的表现。"③"凡人化的东西，就是文化。按人的需要和理想所改变和创造的东西就是文化。"④"'自然的人化'就是文化。反过来说，'人化的自然'就是文化的成果。"⑤ 丁恒杰还列举四点作为"文化的本质即人化"的理由。这四点理由是：文化的产生与发展离不开人的实践；文化作为人的创造物，集中体现了人的本质力量；人是文化的主体，也是文化的目的，任何文化活动都应该是为着人的活动；文化既表现为外在的文化现象，也表现为人的内在的文化心理，文化的进展与人自身的完善和发展相统一。⑥ 李权时也主张用"人的本质的对象化"来概括文化的本质，并进一步指出，承认这一点，必然承认文化是社会实践的能力和产物，因为"人的本质和本质力量只有通过社会实践才能表现出来"；也必然把一切人类活动

---

① 吕斌：《文化概念新探》，《东岳论丛》1991 年第 4 期。
② 庞朴：《文化的民族性与时代性》第 69 页，中国和平出版社 1988 年版。
③ 郭齐勇：《文化学概论》第 14 页，湖北人民出版社 1990 年版。
④ 萧箑父：《文化问题漫谈》，《海南大学学报》1991 年第 2 期。
⑤ 汪澍白：《谈谈文化学研究中的两个问题》，《湖南社会科学》1990 年第 5 期。
⑥ 丁恒杰：《文化的本质及结构分类》，《中州学刊》1991 年第 2 期。

方式作为人类文化的体现，因为人类活动方式"是人的对象化活动及其形式，都属于文化世界"。因此，他主张把文化理解为："文化是一个标志着人类本质力量发展水平的社会范畴，是人的本质力量对象化，社会实践产物，人类活动方式的总和。"①

（三）"文者，饰也"

同有些论者吸取国外文化学理论以建立自己的文化观不同，朱良志、詹绪佐另辟蹊径，努力从中国典籍中搜寻中国传统文化观，借以探讨文化的本质及其他文化理论问题。他们认为，古汉语中的"文"包括天文和人文。天文是指一切自然现象；人文是指人的一切文化活动及其产品。人文之"文"，与今天所说的"文化"一词的意义最为接近。文有修饰的意思。《尔雅·释诂》："文，饰也。"《太玄经·太玄》："文为藻饰。"在中国古代，人类文化的各种形态都可称为"文"，而且多是被"饰"出来的。这种"饰"包含三方面意义：一是"人为之饰"，即人对自然（包括自身自然）进行有目的的修饰加工，以改变其"本始材朴"的状态而光大之，体现了人文别于自然而又源于自然的特点；二是"以文饰心"，即强调文的主体性特征，它不仅具有外在的感性形态，而且具有内在的意蕴，是外在之文与内在之心的统一；三是"饰兼善美"，饰不仅有美的意思，由于尽善才能尽美，故又有善的意思，因而体现了中国文化的伦理性与艺术性的统一。论者认为，以上意蕴使"文者，饰也"这一提法成为对"人文"（文化）本质特征的一种揭示。②

四、文化的特征

这里说的文化特征，一般是指文化的非本质特征，因而不同于上节《文化的本质》所谈论的内容。但这种区别只是相对的，因为文化的本质是什么，目前尚存歧义而一时难以取得共识。上节所举各说，有些也可能是非

---

① 李权时：《论文化本质》，《学术研究》1991 年第 6 期。
② 朱良志、詹绪佐：《"文"义阐释的文化内涵》，《安徽师范大学学报》1991 年第 2 期。

本质特征；本节所举各说，有的却被其论者视为本质特征。因此，本节与上节内容并无严格的界限。有些论者在谈论这些问题时，也往往是含混不分的。

文化除本质特征外，其非本质特征也很重要。对它作专门探讨，有助于加深对文化现象的认识。文化是一个大的社会系统，探讨它的特征可以多角度、多侧面进行，故其特征可以列举许多。现将大家谈得较多的几组文化特征简述如下。其中每组特征的两个方面，既彼此对立而又相互联系，从而构成文化的矛盾运动。

（一）文化的阶级性与共同性

在谈论文化的阶级性时，人们一般都引用列宁关于两种文化的论述："每一个现代民族中，都有两个民族。每一种民族文化中，都有两种民族文化。一种是普利什凯维奇、古契轲夫和司徒卢威之流的大俄罗斯文化，但是还有一种是以车尔尼雪夫斯基和普列汉诺夫为代表的大俄罗斯文化。"① 毛泽东也说过："必须将古代封建统治阶级的一切腐朽的东西和古代优秀的人民文化即多少带有民主性和革命性的东西区别开来。"② 可见，在阶级社会里，每种民族文化都分为统治阶级文化与人民大众文化两种，或者按内容性质分为进步文化与保守文化、革命文化与反动文化等等。统治阶级文化由于其文化主体居于统治地位，故成为统治性文化或正统文化。如何看待统治阶级的正统文化？是不是说凡是这种文化都是反动文化或保守文化？讨论中，大家一般都不赞同把二者简单等同起来。张岱年先生以中国民族文化为例说："用两种文化的观点来考察中国文化，其中也有保守的派别和进步的派别。这里有一个问题，是不是在中国文化史上居于正统地位的思想家就是反动的，反正统的思想家都是进步的呢？我想不能这样划分，而应该从思想内容来划分。"③ 林牧认为，"剥削阶级中那些知识性、艺术性的思想材料和某些思维方式、求知和致思方法"不属于"两种文化"范畴，而属于"共同文化"范畴。④

---

① 《列宁全集》第24卷，第134页，人民出版社1990年版。

② 《毛泽东选集》第二卷，第708页，人民出版社1991年版。

③ 张岱年：《中国传统文化的分析》，《理论月刊》1986年第7期。

④ 林牧：《试论文化传统》，《社会科学评论》1988年第4期。

所谓共同文化，或者说文化的共性，可以有两种理解：

一是指同一民族内不同阶级之间的共同文化。这种文化在每一个民族共同体中都是存在的。林牧认为，产生这种文化的社会根源有四：一是共同的生活地域使民族全体成员具有共同的地域生活习惯；二是共同的语言文字使民族全体成员在思维方式和抒情方式上难免有共同之处；三是经济生活中一些同阶级关系没有直接联系的因素（如人与自然的关系，生产力的性质、结构和水平等）在不同阶级和阶层中的体现具有地域性；四是各个阶级在既斗争又交往的过程中交融互摄，形成了共同的心理素质、行为规范和生活方式等。① 张岱年先生认为，在阶级社会里，统治阶级和被统治阶级的思想要求虽然根本对立，但在人与自然的关系、民族关系和家庭关系这三方面也有共同的愿望、要求和态度；在原始社会和社会主义社会里，由于阶级矛盾不是主要矛盾，故这三方面的共同性更为明显，这就必然在认识上和行为上形成共同文化。据此，他把共同文化界定为："一个民族里不同阶级的人对人与自然关系（天人关系）、民族关系、家庭关系等问题处理方式的总和。"②

二是文化的共同性还可作更广义的理解，即不同民族文化之间具有相似和相互接受的方面。这一特征，人们又称为文化的"普遍性"、"普同性"、"世界性"、"人类性"、"超越性"等等。景庆虹认为，文化这一特征是人类的共同属性决定的："既然文化的实践是人类的活动，那么人类的属性相同的部分，也就决定了文化具有普同性。"比如同人的社会属性有关的一些文化现象，如原始图腾、宗教信仰、生殖器崇拜、审美意识、语言文字、思维表达等，有些是各民族几乎同时产生的，有些首先产生于某个地域或某个民族，很快就被全人类所吸收，从而成为世界性文化。③ 王蒙说，有些文化现象和文化成果"超出了地域、民族、语言、国家甚至时代的界限，而成为一种具有人类的某种普遍性的文化成果。在民间文学、建筑艺术、绘画及人们的行为现实上，都有不少这样的例子。在今天，甚至一些通俗文化现

---

① 林牧：《试论文化传统》，《社会科学评论》1988 年第 4 期。
② 张岱年：《中国传统文化的分析》，《理论月刊》1986 年第 7 期；王蒙：《现代文化与民族传统文化》，《群言》1986 年第 7 期。
③ 景庆虹：《"文化"辨析》，《北京财贸学院学报》1990 年第 5 期。

象，也具有世界性和普遍性。"①

（二）文化的民族性与时代性

张岱年先生认为，"所谓文化的时代性和民族性，实际上是讲古、今、中、外问题。"文化有时代性，故有古、今之分；文化有民族性，故有中、外之别。从时代性来说，由于生产方式的变革而有奴隶制文化、封建主义文化、资本主义文化和社会主义文化。从民族性来说，同一时代的不同民族文化各有特点，这些特点也可以从人与自然的关系、民族关系和家庭关系三方面考察其差异。②

庞朴也从文化的时空结构论述其时代性与民族性，认为：正如一切存在物无不存在于空间和时间一样，文化也存在于一定的时空之中。"由文化在一定空间存在即同一定社会人群相关的必然中，产生了文化的民族性；由文化在一定时间存在即同一定的社会变迁相关的必然中，产生了文化的时代性，构成了文化的社会属性或本质属性。"二者相互对立而又相互依存。民族性包含于时代性之中，时代性也包含在民族性之中。庞朴还就二者的文化功能、社会意义及其评价问题作了进一步论述，认为由时代性展现的文化内容，是变动不居的，故文化可划分为不同发展阶段；由民族性展现的文化内容，则相对稳定，使文化得以形成自己的不同性格。代表历史进步方向的那部分时代性内容形成时代精神；代表民族生命力的那部分民族性内容形成民族精神。时代性中寓有永恒性，民族性中富有人类性，故文化可以积累和传播。"以时代性论，各个不同的文化可以比较，也可以评价，可以评出文化发展上的先后。以民族性论，各个不同的文化可以比较，却不可以评价，不能评出民族文化孰优孰劣来。因此，文化的价值既是绝对的，也是相对的。"③

（三）文化的继承性与融合性

汪澍白对此论述较详，现将其主要看法以及其他人的有关意见简要综述

---

① 王蒙：《现代文化与民族传统文化》，《群言》1986 年第 11 期。
② 张岱年：《中国传统文化的分析》，《理论月刊》1986 年第 7 期。
③ 庞朴：《近代以来中国人的文化认识历程》，《教学与研究》1988 年第 1 期。

如下：

　　文化的继承性是体现垂直式的文化联系，是后人对前人所创造的文化成果的吸收和推进。在人类的文化活动中，祖辈改造环境的文化创造并非与日俱逝，而是以符号或物化的形式作为后辈活动的条件而遗传下来；后辈总是通过自己的活动来掌握前辈所创造的文化成果，并在新的历史下从事新的文化创造。文化继承的主要途径是积淀，这除了借助于文字符号和器物以外，还有人对人的影响。"积淀是文化诸因素的分化，也是文化发展中选择机制和变异的表现，通过层层沉淀而不断积累，沉淀的不同层次是积累关系。前一个层次成为后一个层次的发展基础，后一个层次便是前一个层次的发展结果。沉淀与积累是一个间断性与连续性相统一的过程，它表明文化发展的过去、现在和未来是绵延不绝的，传统与现代是脉息相通的。"

　　文化的融合性是体现水平式的文化交流。它表明一定历史阶段的文化系统的形成是各种文化融合的结果，又表明不同民族文化和地域文化之间相互渗透的现实关系。不同民族文化和地域文化在交流中往往出现"抗拒"、"同化"、"涵化"等多种不同情况。"抗拒"是某种文化在受到外来冲击时采取顽强抵制的态度；"同化"是指一种层次较高的文化与较低的文化相接触，后者往往被前者所摄取和融化；"涵化"是两种相同或相近的文化进行文化双向交流的渐进过程及其相互结合的自然结果。"抗拒"和"同化"只是暂时和局部的现象，"涵化"是文化交流中较为正常和健康的发展途径。

　　"垂直式的文化传递是'文化积淀'，主要表现为量的变化"；"水平式的文化交流是'文化融合'，能较快地引发质的变化。""我们既要重视垂直式的'文化积淀'，即继承民族文化传统；又要加强水平式的'文化交流'，即推动对外开放，两者不可偏废。"①

　　除上述几种大家谈论较多的文化特征或文化属性外，陈元晖还提出了"文化的内源性"的概念。他说：内源（Endogenesis）是生物学上的名词，指细胞的内发的形成。文化的内源性指一个国家或一个民族的文化是在内部或从内部产生的。文化相互影响而具有融合性，但其内源性则要求文化主体不能机械地模仿外界，而要经过自己的独立思考和自我创造。各民族具有不

---

① 汪澍白：《谈谈文化学研究中的两个问题》，《湖南社会科学》1990 年第 5 期；刘宗范、
　韩修山：《论文化范畴、特点和功能》，《河北师大学报》1988 年第 4 期。

同于其他民族的文化特点或文化异彩，往往是自己独立思考的创造物。这种文化的内在力量，也就是文化的内源性。[1]

五、 文化的结构

流行于西方的结构主义和结构—功能主义注意对文化的总体性研究，结构学派尤其注重文化系统的结构分析，特别是对人的心理内在结构的分析，这对我国理论界有明显影响，使文化结构问题成为近些年国内文化讨论中许多人探讨的课题。他们的讨论主要是从文化层次的分析和文化要素的组合这两个不同角度展开的。

（一） 文化结构三层次说的提出

文化结构三层次说是庞朴于 1986 年提出的。他认为，广义文化的结构包括物质、心理和心物结合三个层面。显露在外面的是物质文化层，其物质不是未经人力作用的自然物，而是对象化了的劳动，即马克思所说的"第二自然"；中间层是心、物结合部分，他又称之为"理论、制度文化"，包括隐藏在外层物质里的人的感情意识和那些未曾或不需要体现为外层物质的精神产品，以及各种制度和政治组织等；心理层面居于文化结构的里层或深层，包括价值观念、思维方式、审美趣味、道德情操、宗教情绪、民族性格等。庞朴认为："文化的物质层是最活跃的因素，它变动不居，交流方便；而理论、制度层，是最权威的因素，它规定着文化整体性质；心理层次，则最保守，它是文化成为类型的灵魂。"[2]

文化结构三层次的提法普遍为理论界所接受，但在各个层面的具体内容划分上则存在歧义。不少人都主张把被庞朴划入文化中层结构的思想意识部分和精神产品划到文化深层结构中去，因而深层文化被他们称为"精神文化"或"观念文化"；中层文化只保留制度和政治组织部分而被称为"制度

---

[1] 陈元晖：《论文化的四种性质》，《群言》1991 年第 2 期。

[2] 庞朴：《文化的民族性与时代性》，第 37—38 页、第 71—73 页、第 82—83 页，中国和平出版社 1988 年版。

文化”或“社会规范文化”或“关系文化”或“方式文化”等等。

（二）精神文化层面的再分剖

如果说广义文化三层次说的提出推动了对文化结构的研究，那么对精神文化的层次剖析则使这一研究更加细密和深化。

许苏民把精神文化分为文化心理和社会意识形态两个部分，并着重对文化心理进行结构分析。他认为文化心理结构如同广义文化一样，也可分为表层、中层、深层三个层面。其表层结构是指“特定时代浮现在社会文化表面、笼罩和散发着感性色彩和光辉的某种意向、时尚或趣味，它包括人们的情感、意志、风俗习惯、道德风尚和审美情趣等要素”。中层结构主要是“经济、政法、道德、艺术、宗教、哲学诸方面的观念因素，是文化心理中的理性积淀层面”，它直接制约着文化心理的表层结构，并与之结合起来，使表层诸要素“体现着感性与理性的具体的历史的交融统一”。深层结构即所谓“原始—古代积淀层”，它根源于各民族由野蛮时代跨入文明时代所走的不同路向，是对人类心灵深处所包含的五对永恒矛盾（入世与出世、情感与理性、个性与类、理智与直觉、历史与伦理）的解决方式的总和，并由此构成不同民族的基本人生态度、情感方式、思维模式、致思途径和价值尺度，成为文化心理的精神本质层面，制约着文化心理的中层结构和表层结构。上述三层次相互交织，共同存在于物质文化、制度文化与精神文化之中；它们之间的作用不是单向的，而是三者相互影响，形成一种双向的对流关系。论者还特别说明，文化心理结构具有民族性、历史性和时代性。作为文化心理深层结构的“原始—古代积淀层”体现了文化心理的民族性，但“民族的‘风神琴’只有在时代的风雨打击它的弦的时候才鸣响起来，使得任何古老民族心理都不能不具有它所处的那个时代的特色，呈现出特殊的时代风貌”。①

黄正平把文化分为外显模式与内隐模式两个层面。由于论者对文化概念的理解持狭义文化说，故其所谓外显模式不是指物质层面，而是指各种意识形态和制度文化。“它们各自都是给定的外显模式总系中的小系统，都有明确的外壳形式，并以文字等符号系统或人的具体行为作其载体。”内隐模式

---

① 许苏民：《文化哲学》第105页，上海人民出版社1990年版。

主要指价值观念、情感系统、思维方式。它们没有外壳形式，"只表现为一种意向性力量或趋向性力量，或者是某种自成体系的密码系统"。论者认为：二者之间的作用关系是：外显模式通过群众性的经验积累和普遍性的情感积淀而逐渐形成内隐模式；内隐模式形成后，外显模式又以规定性和选择性的积淀继续对内隐模式施加影响；内隐模式则以自己的模糊性方式和"环境允许的程度"作用于外显模式，使外显模式表现出自己属于某一人群的特点，制造同质文化，同时又能吸收新的信息，进行自我调整，不断适应改变了的环境。从宏观上看，这两种文化模式的相互作用，表现出一种"波形曲折结构"，即当外显模式由一种状态演变为另一种状态时，不是后者对前者的直接引申，而是经过内显模式的作用，也就是说，内显模式接受了外显模式的某种影响，然后反馈于外显模式，从而使外显模式由这种状态演变为另一种状态。这种曲折过程不断发生，便形成"一条波浪形曲线"。①

（三）制度文化层面的再分剖

贺培育对此有专门探讨。论者不赞同广义文化说，主张把文化限定在社会意识形态和社会心理的范围内，所以他们说的制度文化是指"与制度相关联的意识形态和与制度相关联的社会心理"，而不包括制度中与物质层面有关的组织系统和设备系统。论者认为，社会制度按其外延大小可分为三个层次：第一层次是关于社会形态方面的规定性，如原始社会制度、资本主义社会制度等；第二层次是一定社会形态下的具体社会制度，如经济制度、政治法律制度、家庭婚姻制度等；第三层次是在具体社会制度下的各个具体工作部门和工作岗位的有关办事程序和行为规范等。与此相对应，制度文化也包括三个层次，即与第一层次的社会制度有关的社会理论和社会心理，与第二层次的社会制度有关的社会理论及社会心理，与第三层次的社会制度有关的社会理论与社会心理。这些社会理论（意识形态）和社会心理已构成一定制度的组成部分，可称之为"内在性"制度文化或"正统性"制度文化。此外，每一个社会还有"外在性"或"非正统"性的制度文化，即"没有被纳入或被社会统治所接受的有关制度的社会学说和思想及有关的社会心

---

① 黄正平：《文化的外显模式与内隐模式相互关系概观》，《上海大学学报》1989 年第 5 期。

理"，如西方封建社会晚期出现的民主意识、平等意识，中国封建社会的农民反叛意识、"杀富济贫"等。这两种制度文化相互作用与转化，一定的内在性制度文化决定一定的社会制度的性质，而一定社会制度内部的矛盾运动又必然衍生出一定外在性的制度文化。随着社会历史的发展，有些"非正统"的外在性制度文化有可能转化成内在性制度文化，而原来的内在性制度文化则变成过时的外在性制度文化。①

（四）文化要素组合说

如果说对文化结构的层次分析表现出一种由表及里的渐进性思路，那么把文化结构视为若干文化要素的有机组合则表现出由部分到全体的系统性思路。讨论中，有三要素说、五要素说等不同提法。

周洪宇等人认为文化系统的核心要素是物（第二自然）、思想和人。其中，人居于首位。人是文化系统的创造主体和最终载体。物、思想、人三要素相互联系和相互作用：人使自然物进入社会领域；自然物的介入使人获取生活资料而得以生存下去；没有人，思想不能产生；离开思想，自然物不可能得到充分利用，人本身也无法得到进步。物、思想、人三要素得以联结的中介是劳动实践。它使三要素相互作用，联结成有机整体。文化系统内诸要素这种相互联系和相互作用的方式就是文化结构。②

曹大为、曹文柱认为，文化结构包括五个子系统（五要素），即语言文字等象征符号系统、知识系统、实践活动系统、方法制度系统和心理性格系统。这些子系统（文化要素）相互联系，组成一个有机的动态系统。论者认为，从静态的角度观察，有时可以将文化划分为几个层面，有时则表现为发展过程中的不同阶段，更多的时间总是相互交叉与融合，因此这种层次和阶段的划分不是固定不变的。③

（五）一体四面说

此说由丁恒杰提出。他认为文化的本质是"人化"，故应当从人与人的

---

① 贺培育：《论制度文化》，《河北学刊》1990 年第 2 期。
② 周洪宇、俞怀中、程继松：《文化系统论纲》，《华中师范大学学报》1988 年第 6 期。
③ 曹大为、曹文柱：《关于中国文化史学科建设的若干构想》，《北京师范大学学报》1988 年第 6 期。

活动方式出发去考察文化结构，而时下一些人把文化分为物质文化、制度文化和精神文化三层次，或者分为外显文化、内隐文化二层次，那只是对文化客体的一种描述，忽视了作为文化主体在文化结构中的地位与作用。基于此种认识，他把文化结构分为文化主体（人）和文化客体（人创造的文化）两个部分。文化客体又分为物质文化、关系文化和观念文化三种文化。这三种文化形式相互作用，并以文化客体的身份同作为文化主体的人发生作用。人居于这些关系之中，自觉地调节各文化要素的相互关系，成为整个文化系统运行的原动力；文化在与人的关系中对人产生影响，逐步将人塑造为文化的人。这样，人与三种文化形式成为文化四要素，共同组成一个四面椎形体，人作为基础成为椎体的底面，三种文化形式成为椎体的三个侧面，从而形成一种一体四面的文化结构模式。①

（六）一体三面说

此说由朱良志、詹绪佐提出。他们从中国人对"文"的传统阐释中提取意蕴。中国人所谓"文"，包括天文和人文，人们讨论人文常言及天文。在天人两极中，天不可超越，天文是人文的范本和人文赖以产生的逻辑起点。故人们创造人文，必须仰观天文，俯察地理，在那里寻智慧的启示。这就是刘勰所说的"人文之文，肇自太极"。但另一方面，人之于天，又表现为人文对天文的再创造。人乃"五行之秀"、"天地之心"，所谓天意、天道，实际上是人赋予它的，而人的创造力又通过人文的创造得以体现。因此，古人又说："能文则得天地"，把人文的创造视为联结天人的枢纽，显示了传统文化由天文到人文精神的依归。论者认为，通过上述对"文"义的阐释，就发现其内在意义实际上构成一个结构系统："它包括三个层面：一、宇宙精神，即天地之文所含之道；二、人文准则，表现为一整套包括价值尺度、审美原则、人伦秩序等所构成的规则系统；三、人文系统，即按照人文准则所产生的具体的文化形态。而'文'贯穿于三个层面之中，从而成为一体三面的内循环系统。"②

---

① 丁恒杰：《文化的本质及结构分类》，《中州学刊》1991年第2期。
② 朱良志、詹绪佐：《"文"义阐释的文化内涵》，《安徽师范大学学报》1991年第2期。

（七）时空、主客、心物三系统组合说

有人认为，文化系统不能仅从物质和精神方面进行分析，还要从其内在的时间与空间、主体与客体、物理与心理诸因素中把握其内涵。此说由张奎志提出。他把文化内部结构分为时间—空间系统、主体—客体系统、物理—心理系统。从时间坐标上看，文化可按历史发展顺序划分为各种纵向类型文化，如前工业社会文化、工业社会文化、后工业社会文化等等；从空间坐标上看，文化具有多层次性，可分为各种横向类型文化，如全球文化、民族文化、地域文化等等。文化系统中的时空因素是相互交叉的：空间坐标上的最大文化系统（全球文化）与时间坐标上的时代文化相重合；每一个时间坐标点上的文化系统又包含各种不同空间层次的文化。文化系统在时空上的差异都是由主体（人类）和客体（自然）所结成的不同关系决定的。比如从纵向的时间坐标来看，前工业社会文化重视伦理关系，工业社会文化重视知识价值，后工业社会文化重视人的自由创造和自我实现，这些都同主体对客体的改造和支配程度有关；从横向的空间坐标来看，古代中国的"田园文明"、欧洲的"商业文明"和印度的"森林文明"这三者的差异都与各自的生产活动对象有关——"田园文明"以农业为对象，"商业文明"以海洋为对象，"森林文明"以森林为对象。文化的主体—客体又表现为心理与物理两个层面。文化系统是物理性的物质形态和心理性的观念形态的有机统一。心理通过物理而表现，只有通过对物质形态的考察，才能透视文化心理的意蕴；心理是文化的核心，只有实现心理世界的认同，物理世界的转换才能推动新文化系统的形成。[①]

六、　文化模式与文化类型

（一）什么是文化模式

自20世纪30年代以来，国外文化人类学家对文化模式的研究相当活跃。在许多人看来，要考察比较不同民族或不同族群的文化状况和文化水

---

① 张奎志：《论文化系统》，《求是学刊》1989年第1期。

平，必须对其构成方式和稳定特征进行研究，于是便有文化模式问题的提出。但他们中间对文化模式的具体含义的理解，则存在许多歧见。国内在讨论这个问题时，也有一些不同的看法：

任平认为，美国学者克劳伯把文化说成是外显的和内隐的行为模式，把文化模式看做是由典籍文化层、心理和行为层、制度体系层以及人工制品等实体层组成的统一体，这种说法虽然强调了文化的整体性、系统性和综合性，但忽视了作为文化核心的价值取向问题。因此，他把文化界定为："以价值取向（或价值系统）为核心的外显的和内隐的行为模式。"这个定义实际上也表达了他对文化模式的看法。①

刘敏中考察了国外文化人类学界对文化模式所作的各种定义之后，觉得各家说法各有其优长与不足，认为文化模式应当是："若干变体文化中所共同具有的那些稳定的构成要素和稳定的结构方式，它应该在变体文化中保持着某种大体相同的特征和功能，以维护一个民族或群族的绵延不断的基本的文化传统，凭此传统应足以认定不同民族或群族的不同特征。"②

周洪宇等人认为，文化模式是指"许多文化结丛有机地联系在一起而构成的统一体"。"文化模式是在特定历史条件下形成的，受各种自然因素和社会因素的影响，不同民族有不同的文化模式。它以比较稳定的形式反映和影响人们的生活。"③

覃光广等人主编的《文化学辞典》认为，文化模式"通常指一民族的各部分文化内容之间彼此交错联系而形成的一种系统的文化结构"。"文化模式反映着一种文化特质丛（内容）相互结合时的特殊形式，这种特殊的形式反过来也反映着各种文化的结构性特征，使之与不同社会中的不同文化区别开来。"④

以上说法虽不尽相同，但多数都把文化模式看做是主要用来区别不同民族文化的基本标志。

---

① 任平：《后现代城市文化批判》，《中国农村城镇化研究》2003 年第 5 期。
② 刘敏中：《文化模式论》，《学习与探索》1989 年第 4 期。
③ 周洪宇、程启灏、俞怀宁、熊建华：《关于文化学研究的几个问题》，《华中师范大学学报》1987 年第 6 期。
④ 覃光广、冯利、陈朴主编：《文化学辞典》第 151—152 页，中央民族学院出版社 1988 年版。

（二）　怎样观察和识别文化模式

刘敏中对此论述较详。他认为，文化模式是历史的产物，具有多样性，可以成为多角度观察的对象。从不同视角出发，能够分辨出不同的文化模式。比如，从文化的内容即从文化形态出发，就可根据文化形态学的各种理论划分出各种不同的文化模式。就拿"物质—精神"的形态理论作为标准来说，便可分出物质文化、精神文化、制度文化，这三种文化又可分出饮食、服装、建筑、宗教、伦理、艺术以及政治制度、经济制度、婚姻制度等文化。再如从文化的结构可以把文化的各个层次以及同一层次的不同结构形式进行分类，得出各种复杂的、简单的或混合型的文化模式。又如，从文化的地域分，可以分出所涵地域大小不等的各种文化模式，诸如东方文化、西方文化、江浙文化、陕甘文化等等。此外，还可从文化的时代、文化的形态特质和社会阶层的角度进行划分，所得出的文化模式也是多种多样的。论者认为，识别文化模式的基本方法有两种：一是社会调查；二是分析认定。这两种方法又可分为定量的方法和定性的方法。定量分析与定性分析又各有自己的工作程序和分析方法。①

（三）　文化的类型及其划分

对文化系统进行各种划分时，容易把文化类型与文化模式相混淆。但就二者各自的规定性来看，彼此是有区别的。覃光广等人主编的《文化学辞典》认为，文化类型是"对各种文化进行分类的术语"，凡是"一种以经过选择并相互起作用的各特征或各组特征为主要内容的文化结构，即是一种类型"②。周洪宇亦如此说，认为文化类型就是"对文化形态所作的划分"③。这种说法显然不同于前面所列举的那些对文化模式所作的界定。文化分类同文化模式识别一样，也可以从多角度、多方面进行。有人曾对20世纪80年代国内文化分类情况作过综述，所述大体如下：

文化按上下层次分，最高层是世界文化或"一般文化"，第二层是民族

① 刘敏中：《文化模式论》，《学习与探索》1989年第4期。
② 覃光广、冯利、陈朴主编：《文化学辞典》第142页，中央民族学院出版社1988年版。
③ 周洪宇、程启灏、俞怀宁、熊建华：《关于文化学研究的几个问题》，《华中师范大学学报》1987年第6期。

文化，第三层是阶级文化。民族文化内又有统治阶级文化和被统治阶级文化。按内容分或者说按文化的里外层次分，则有物质文化、制度文化、精神文化等。按照人类把握世界的不同方式分，则有认识文化、审美文化、价值文化等。按结构分，可分为一元文化、多元文化，多元文化又有主文化、亚文化、反文化等。按时间分，则有前现代文化系统、现代文化系统和后现代文化系统等。按空间范围分，则有本土文化、外来文化、大陆文化、海洋文化等。按照文化同一定生产方式的内在联系进行划分，则有农业文化、工商文化、信息文化等。此外，还有所谓精英文化、大众文化、科学型文化、人文型文化等不同划分。①

从以上分类可以看出，其中有些划分与前面提到的刘敏中对文化模式所作的划分并无多大区别或者没有区别。因为从形式上看，有些文化种属，说它是文化模式或文化类型均无不可。

七、 文化的功能

对文化功能的讨论主要是从两个方面进行的，即文化各要素在文化系统中的地位作用和文化系统作为一个整体所发挥的作用与效能。

（一） 文化系统内各文化要素的地位作用

人们在讨论文化结构问题时，往往言及文化各要素之间的相互作用，其中一些意见已在上节《文化的结构》中录引，这里仅就讨论中的歧见略举三说：

一是精神文化本位说。此说由庞朴提出，认为在他所概括的文化三层次中，文化心理层面"是整个文化结构中最稳定的部分，是整个文化的灵魂。如果要用本末分解文化，说物质技术是末，制度理论是本的话，那么文化心理则是本中之本，是大本。"他还用近代以来中国人的文化认识历程以申述此说，认为鸦片战争以后，中国人面对西方坚船利炮，痛感物质技术进步之必要，于是有洋务运动之兴；洋务运动失败后，进而认识到变革政治制度之

---

① 魏承恩：《文化分类面面观》，《书林》1987 年第 3 期。

重要，于是有维新变法和辛亥革命，但都没有从根本上解决中国的问题；直到"五四"运动前后，才发现旧观念是阻碍中国进步之严重存在，于是感到非对文化心理层面进行革命不可。"五四"运动的爆发，便是这种认识的标志。① 陈伯海亦持类似看法，说："在特定的社会结构中，观念形态的东西属于上层建筑，它是社会经济基础及其政治关系的反映。然而，从文化构成的角度看，观念却是特定文化形态及其结构模式的核心。缺乏了健全的核心，就难以形成一种有强大凝聚力的文化系统。所以器物和制度的变革，最终还须落脚到观念建设上来。"② 还有人强调："从大文化看，政治、经济仅是文化的较浅层次的表现，许多现象在那里还难看清本质，只有深入到文化的精神心态层次，才能更好地解决本质问题。"③

二是物质文化本位说。一些论者从物质决定精神、经济基础决定上层建筑的基本原则出发，认为在文化三层次中，"物质文化是基础，是人类文化的基本创造物，是决定其他文化现象的东西。关系文化（引者按，即制度文化）、观念文化都以此为基础逐步发展起来。关系文化是物质文化与观念文化发生联系的主要中介。其基本性质主要是由物质文化所决定，同时也受到观念文化的影响，受到双重的作用与制约。观念文化是直接地以关系文化为基础发展起来的，而且主要是以关系文化为中介反映物质文化的，但也常常与物质文化发生直接的关系。"④

有人还认为，在文化问题讨论中，"有一种脱离经济、政治背景孤立地看文化问题"的倾向，这种倾向"把文化精神、文化心理看做最本质的因素"，"把文化的差异性问题与历史发展的动因和本质问题混淆了"。论者强调："从历史发展的动因来看，则归根到底经济是最后决定力量，思想、精神、观念只是经济的反映。文化的变迁，基础在经济，归根到底是生产的发展带动了制度、思想的发展变化，从而决定了整个社会的变化。……文化心理的作用，只是影响和决定着各民族历史发展中的某些特殊性的方面。历史发展的本质，则归根到底是由经济因素决定的。"⑤

---

① 庞朴：《近代以来中国人的文化认识历程》，《教学与研究》1988 年第 1 期。
② 陈伯海：《中国文化精神之建构观》，《中国社会科学》1988 年第 4 期。
③ 骞叔：《文化与经济、政治的关系》，《真理的追求》1990 年第 1 期。
④ 丁恒杰：《文化的本质及结构分类》，《中州学刊》1991 年第 2 期。
⑤ 骞叔：《文化与经济、政治的关系》，《真理的追求》1990 年第 1 期。

第三种意见约略介于上述二者之间，既强调物质文化是"基础"（本），又强调制度文化是"关键"，精神文化为"主导"。所谓物质文化是基础，是由于物质文化具有获取功能和创造功能，使人类为实现自己的目标而从自然环境中获取资料，适应并改造自然，在同其他文化要素的关系中发挥能量源的作用。它是制度文化和精神文化产生的前提和条件。所谓制度文化是关键，是由于制度文化具有整合功能，对文化系统内各部分进行协调。只有通过合理的制度文化子系统，才能保证物质文化子系统和精神文化子系统的协调发展。所谓精神文化为主导，是由于精神文化具有认识与价值定向功能，维持文化系统内外信息能量的输入和转换，通过输出信息源来指导整个文化系统，保证和决定物质文化和制度文化的发展方向。①

（二）文化系统作为一个整体的作用与功效

讨论中，人们普遍感到，文化是个大系统，每个子系统又包括许多文化因子，每个文化因子都有各种特殊文化功能，这些功能是形成文化总功能不可分割的部分。因此，文化的具体功能和由此产生的社会作用十分广泛而不胜枚举。有人主张对文化功能进行分类，这种分类可以从多角度进行。比如，按结果分，可以把文化功能分为正功能与负功能；按状态分，可分为显功能与潜功能；按目的分，可分为合目的功能和偏目的功能；按性质分，可分为享受功能、发展功能、控制功能、区别功能（区别民族与民族、个体与个体）等等②。

文化的功能与作用林林总总，应该从根本上把握其大者。从有些论者所列举的各种文化功能中，可选择以下三种作为其根本性功能。

一是生产力功能。人们把文化分为显形文化与隐形文化。有人认为显形文化中属于传统理论所公认的生产力范围的那一部分文化因子，如文化生产者、科学技术、教育之类，是一种直接生产力；而有些隐形文化，即人们的思想意识，则通过其正面的效益功能、决策功能、规范功能等而成为间接生产力③。

---

① 周洪宇、俞怀中、程继松：《文化系统论纲》，《华中师范大学学报》1988 年第 6 期。
② 陆小伟：《文化功能的基本类型》，《社会》1988 年第 11 期。
③ 吴兴华：《文化——显形和隐形生产力》，《生产力研究》1988 年第 5 期。

二是促进精神文明建设的功能。文明与文化不可分割，文明建设要在一定的文化环境和文化活动中进行。有论者认为，文化建设对于精神文明建设的促进作用集中表现为，它是提高人的素质、培养全面发展的"四有"新人的主要手段与途径；另外，正确规范的制定，合理机构的设置，都离不开科学文化的指导①。

三是社会遗传功能。文化这种功能是指人类积累的各种知识和经验世代相传。人们认为，正是文化这种遗传功能使文化得以继承和发展；而要实现这种遗传，则离不开教育和包括象征符号在内的各种文化环节的作用。所以有人把教育作为文化的特征，其目的亦在于说明文化的继承与传递的性能②。

上述意见中关于某些显形文化属于直接生产力的提法，理论界的看法尚不一致。有论者认为，文化是生产力发展的中介，而不是生产力本身。文化只能渗透到生产力诸要素之中，并实现其价值的转换，才能促进生产力的发展③。

（三）是否存在以及如何看待"文化无意识"的参与功能

"文化无意识"的概念是李述一于 1988 年提出的，后来又得到胡潇、王世达、陶亚舒等人的支持和发挥。其主要观点如下：

"文化无意识"，王世达、陶亚舒又称之为"背景表象"，是人类无意识现象中的一种在社会文化环境中形成的无意识，它以潜移默化的方式支配着人的行为，从而不自觉地、间接地履行着意识对行为的支配作用。这种无意识具有后天的性质，因而不同于弗洛伊德所说的那种先天的动物本能的"无意识"；但它又有不自觉的特征，也是一种"非理性"活动，从这一点来说，它同弗洛伊德说的"无意识"也有共通之处。

文化无意识的形成有两种途径：

一是通过心理积淀的途径，把人对世界的认识，即把人的意识转化为无意识。其表现之一是：观念文化系统中比较稳定和最具根本性的文化因素，

---

① 刘宗范、韩修山：《论文化范畴、特点和功能》，《河北师范大学学报》1988 年第 4 期。
② 刘宗范、韩修山：《论文化范畴、特点和功能》，《河北师范大学学报》1988 年第 4 期；又参见陈元晖：《论文化的四种性质》，《群言》1991 年第 2 期。
③ 徐春政、余爱水：《文化价值与文化价值取向》，《中国文化报》1988 年 7 月 10 日。

即人生观、价值观、审美观等思想意识，经过长期的甚至是世代传承的积淀而高度内化的结果，便成为一种心理常势和实践定规，以致在某些特定的场合不假思索地作出价值判断和行为取舍，从而在行为上形成一种文化无意识现象。人类行为中这种文化无意识现象一般只限于"解决那些比较简单的或突发的判断和选择，对于那些复杂的或连续的判断和选择，它们则往往失效，而只能让位给文化的清醒意识和科学理性"。通过心理积淀使意识转化为无意识的另一种表现是在文化技能方面：主体通过对某些文化技能和操作知识的反复学习、演练、运用，便十分熟练地掌握了这些技能和知识，以及它们在各种特殊情况下的应变方式，其运用自如达到了可以摆脱意识的监督和调节那样一种自动化的程度；技能知识如此高度内化以后，便成为主体的一种思维方式和行为方式，使主体的潜意识自动地提出和运用它们，从而在行为上形成另一种文化无意识现象。

文化无意识的形成除心理积淀这种途径外，还有另一种途径，即未意识到的文化现实对主体行为的潜在制约所造成的文化无意识。在实际生活中常有这样的现象，即个人对自己所处的文化环境（社会关系和其他社会存在）还没有充分认识和理解时，他的行为已经适应这种环境了；或者在环境发生巨变而个人还来不及理解时，他已经"跟上"形势或"随波逐流"了。这种情况的出现，是文化环境对行为的潜在制约的结果。这种在人的原有意识即"母文化"之外的文化因素，由于以潜在方式影响人们的行为，从而表现出一种文化无意识。对于一个善于反思和善于总结经验的行为主体来说，这种潜在部分有可能在行为中或在行为过去之后，从无意识状态变成带有自觉性的精神财富。这一过程，也是人自我学习、自我创造、自我更新的过程。①

文化无意识的理论基石是心理积淀说。对此，理论界是有歧义的。"哲学与文化"课题组认为："目前流行的文化心理'积淀'这种说法没有说明：文化的积淀首先是在社会规范中的积淀，还是在个体大脑物质层中的积淀。如果认为是后者，而个体又是必死的，这种说法就难免给人以神秘感。

---

① 参见李述一：《文化无意识》，《哲学研究》1988年第2期；胡潇：《论行为文化的无意识机制》，《湖南师范大学社会科学学报》1991年第4期；王世达、陶亚舒：《文化意象论》，《上海社会科学院学术季刊》1991年第3期。

如果文化积累只是个人心理上的沉积，那么它就会随着前一代人退出历史舞台而自然消失。"随着成为桎梏的外部规范的实际破除，相应的心理的东西无论多么保守，也会因为失去外在的'依托'、随着保持它们的个体的消失而消失了。"①

黄克剑不完全赞同课题组的看法。他说："流行的心理积淀说把文化心理分析引向神秘化的倾向是我所不能接受的。不过，我想补正一点：对'积淀'在个体那里的发生不应全然忽略。恩格斯在《自然辩证法》中讲到过智力（思维能力）的'获得性遗传'，马克思在《1844年经济学哲学手稿》中所说的'音乐的耳朵'和'审美的眼睛'，事实上也涉及了审美能力的'获得性遗传'。这'获得性遗传'，在我看来，即是一种文化"积淀"在个体那里发生。"②

八、 文化评价的基本标准

人们普遍感到，由于文化内部结构关系复杂，故其价值系统也是多种价值相互渗透和制约的有机体。文化价值体系的这种复杂性以及社会文化需求的多样性，不仅给文化评价带来困难，而且容易在文化价值的实现过程中出现一些偏向。因此，正确树立和把握文化价值的标准就显得十分必要而为大家所关注。在讨论中，一些论者主要就衡量文化价值的几个基本标准谈了各自的看法，有的还提出了新的文化评价标准。

（一）政治标准与科学标准、艺术标准

在文化评价问题上，人们很重视毛泽东关于政治标准与艺术标准以及对文化遗产"取其精华、弃其糟粕"的论述，以及其他关于建设"民族的、科学的、大众的文化"的论述。林牧把这些论述概括为三个标准，即政治标准、科学标准、艺术标准。三者的结合就是真、善、美相统一的标准：政

---

① "哲学与文化"课题组（刘奔执笔）：《实践与文化》，《哲学研究》1989年第1期。
② 《关于〈实践与文化——"哲学与文化"研究提纲〉的通信》（黄克剑文），《哲学研究》1989年第4期。

治标准是"求善",科学标准是"求真",艺术标准是"求美"。论者强调,在我国,"要把坚持四项基本原则的政治标准放在第一位,我们应当力求革命性、科学性、艺术性的统一,真、善、美的统一"。同时也指出,这三个标准的具体内涵不是固定不变的,而是随着社会实践的发展和人们认识的发展而不断变化,所以在运用这些标准进行文化价值判断时,也要从实际出发。比如"科学救国"、"教育救国"在新中国成立前被认为是不切实际的空想,而现在"科学建国"、"教育建国"则成为科学的和有用的了;有些在过去被看做没有艺术价值或者只有艺术性而没有历史意义的文艺流派和作品,现在人们的看法也有所改变。"今天,凡是真正具有科学价值和艺术价值的东西,只要在政治上不违背四项基本原则,就会有利于实现四化和建设社会主义的精神文明。"①

(二)历史标准与道德标准

衡量社会文化发展的历史标准(科学尺度),着眼于社会经济、政治、科技、艺术的发展程度;衡量社会文化发展的道德标准(价值尺度),则以一定的道德价值观念为准则。二者长期以来被视为难以统一的"二律背反",似乎历史的进步必然以道德的沦丧为代价。前些年关于商品生产与道德的关系问题的讨论便出现过类似观点。一些论者认为,随着商品经济发展,道德演化的"二律背反"势所难免,即一方面是个体意识的觉醒,一方面是私有意识的膨胀。在他们看来,经济与伦理的冲突不可避免,经济发展注定会影响甚至阻碍道德的进步②。多数意见认为,道德虽具有相对独立性而表现出与社会发展不绝对一致,甚至会出现暂时的背离;但总的来说,二者的发展还是同步的。那种抽象的"经济与伦理二难冲突"的观点,"是夸大了道德的相对独立性,否定了社会经济关系对道德的决定作用"③。

许苏民认为,历史标准内在地包含着道德的标准。尽管道德的进步不一定与生产力的发展同步,但道德毕竟是随着历史的进步而进步的。要透

---

① 林牧:《试论文化传统》(续),《社会科学评论》1988 年第 5 期。
② 张博树:《也谈商品生产与道德进步》、《哲学研究》1986 年第 11 期。
③ 陈瑛、朱勇辉:《商品生产与道德进步之我见》,《哲学研究》1987 年第 9 期。

过错综复杂的社会现象认识二者的统一，必须抛弃两种陈腐观点：一是把氏族社会的道德风尚理想化；二是把物质追求与道德追求截然对立。抛弃了这两种观点，人类道德进步的轨迹就会展现出来，它表明："人们的物质追求的欲望总是通过特定的历史条件下社会生产力的发展要求和社会的自我调节功能，转化为一定的道德规范，并且随着社会的进步不断提高到新水平。所以，社会变革时期的某些道德上的弊端，常常是在新旧道德交替青黄不接的情况下出现的，'恶'必将随着新道德的建立而转化为更高的'善'。"①

（三）生产力标准

徐春政、余爱水认为："文化不是终极价值，我们不能用文化来检验文化，衡量文化价值的唯一尺度只能是社会生产力。"他们还就文化对生产力发展的促进作用进一步申述了这一看法，认为人类社会生产力出现的三次大的飞跃，无一不与文化的发展相联系：文字的产生与印刷术的发展促进了第一代生产力由石器时代过渡到了铁器时代；电通讯的成功使第二代生产力进入蒸汽时代和电力时代；电子计算机的出现以及它与光通讯、电通讯结合才使第三代生产力发展成为可能。由此可见，"对生产力发展的促进程度是衡量文化价值大小的唯一尺度"，"正确地使用这把尺子，不仅能避免发生个人和社团价值取向中的偏离现象，而且能够保证整个社会文化价值取向沿着正确的方向发展"。②

但是，有些论者指出：生产活动创造出肯定人的价值的伟大成果的同时，由于不可避免地破坏了自然界的固有的有机联系，也造成了具有否定意义的消极后果（生态、能源、人口等全球性危机）。因此，生产实践也具有"侵略性"，"形式化生产"也有其"恶"的一面。③ 在这些论者看来，用生产力标准衡量文化价值时，如果把这一标准强调到"唯一尺度"的地步，也是片面的和有害的。

---

① 许苏民：《文化哲学》第253—257页，上海人民出版社1990年版。
② 徐春政、余爱水：《文化价值与文化价值取向》，《中国文化报》1988年7月10日。
③ 参见"哲学与文化"课题组（刘奔执笔）：《实践与文化》，《哲学研究》1989年第1期；《关于〈实践与文化——"哲学与文化"研究提纲〉的通信》（刘佑成文），《哲学研究》1989年第4期。

（四）以人的解放程度为标准

张凤莲认为，文化就其本质而言，是人的创造力的凝聚，是人的个性发展的场所。文化发展的内容、水平、速度完全取决于文化创造者即人自身。因此，"人是文化领域的中心坐标。人的解放程度——人的创造才能和个性的发展程度是文化评价的标准。"用这个标准去评价人所创造的一切时，只有那些在本质上与全人类的进步要求相一致的东西，才获得真正文化的意义。"只有为了人和以人的名义，为了人的幸福、和谐发展而创建的文化，才能永无止境地进步。"论者认为，坚持上述标准，有助于克服文化评价中的民族中心主义和过分强调不同文化的特殊性而忽视其同质性的文化相对主义，有助于正确解释中西文化的差异，有助于在我国目前文化建设中形成"以人为中心，以人的解放为宗旨"。①

除上述意见外，有些论者感到，文化现象十分复杂，对不同文化"难以找到同一评价标准"，要说有这样的标准，"也只能看它对社会进步所起的作用"。就观念文化来说，只能看它对于一定社会的经济发展和政治发展所起的作用如何，而这种作用又往往因时因地而异。因此，"判断文化的标准应是客观的、具体的、变化的，而不是先验的、抽象的、僵死的"。② 李泽厚认为，精神文化是多元的，但也有衡量其价值的统一标准；只是由于它比较复杂，它与物质的联系是一种复杂的联系，所以对其价值的认识就不能简单化。又说："中国人总是喜欢先搞一个价值判断，先要讲我们的文化是好是坏，就像小孩子看电影先问好人坏人一样。这是一个很不好的习惯。外国人对我们老是搞历史人物评价感到很奇怪。你老评价他干吗？你首先搞清楚他干了些什么再说嘛。对一个人这样，对一个文化系统就更得这样。这种思维太成问题了，我们应该努力纠正过来。对理论研究，首先是了解、描述，是实证的具体研究。在这基础之上，再谈价值也不晚。"③

---

① 张凤莲：《论文化的发展与人的解放》，《东岳论丛》1990 年第 5 期。
② 参见叶晓青：《现代化与小国传统文化》，《走向未来》1986 年第 1 期；王俊义、房德邻：《关于文化研究中的几个问题》，《中国人民大学学报》1987 年第 4 期。
③ 李泽厚、荣韦菁：《关于"文化"问题的问答》，《电影艺术》1987 年第 1 期。

九、　文化发展机制

（一）社会实践决定论

"哲学与文化"课题组强调社会实践是文化发生发展的基础。他们认为，生产和交往是实践活动不可分割的两个方面，二者的综合产生了对象化和非对象化的辩证运动（按他们的说法，非对象化即"客体从客观对象的存在转化为主体活动的形式，赋予活动以客观规定性"）。它所造成的革命性后果是活动成果在体外形成文化积累。具体来说，即生产活动形成物化形态的文化，其中体现着人对社会客体的认识关系和价值关系；交往活动形成规范形态的文化，其中体现着人对社会客体的认识关系和价值关系；精神生产活动产生观念形态的文化，它是前二者的综合。这些成果凝结着共同体成员的集体智慧、力量和价值，因而对个体具有社会的客观性和普遍性。它们不因直接的消费活动而消失；相反，正由于被消费而获得自己的继续存在，因而能在个体之间的横向联系和历史联系中传播和传递。这些特征的综合，形成了人类积累、交换、传递、继承和发展自己本质力量的特殊机制，即根本不同于动物生理遗传和自然进化的社会遗传机制。论者认为，这种机制便是"文化"。①

（二）生产方式决定论

在文化发展问题上，人们注重马克思主义关于生产方式即生产力和生产关系决定社会意识形态的基本原则。顾晓鸣在谈到"文化发展的未来趋势"和"文化自律性"等问题时，便是从这一原则出发，试图对促进文化发展的环境和条件作出自己的说明：

首先，是生产力对文化的制约作用。他赞同托夫勒《第三次浪潮》中关于科技、信息在社会生产和社会生活中的地位日益提高必然导致各种社会组织机构以及整个文化心态和文化氛围的全面变化这一观点，认为托夫勒的分析虽然回避了生产关系和社会制度而显得过分抽象，但"基本思想是正

---

① "哲学与文化"课题组（刘奔执笔）：《实践与文化》，《哲学研究》1989 年第 1 期。

确的"。"就社会生产力发展与文化形态的关系而言，托夫勒的分析实际上提出了文化演变的问题，……现代社会的文化就这样受到现代生产力的制约而起着迅速而深刻的变化。"其次，生产力导致生产关系的变化又引起现代社会一般民主化的增强，如普选制、一定程度的民主管理等，而这也正是"文化演变的体现"。再次，生产方式也决定着人们对待传统文化和异族文化的态度。人们保留、借用何种旧文化，采纳何种民族文化，归根到底不取决于文化本身，而取决于"生产力和生产关系的发展"，取决于"人的物质生活的生产方式及其变迁"①。

（三）社会与文化双向选择说

陆才坚有感于"当前把社会结构和文化结构联系起来研究，明显地表现出决定论的倾向"，认为社会与文化不是单向的前者决定后者的关系，而是一种相互作用的双向选择关系，从而促进社会与文化的相应发展。

社会对文化的选择表现在文化结构与文化功能两个方面：对文化结构的选择，就是"在打破旧文化结构的基础上对各种文化要素进行重组，以实现所谓实体上的同质性"；对文化功能的选择，就是"实现所谓功能上的同构性，即社会和文化功能的一致性"。选择的出发点是作为社会结构核心的社会生产关系。

文化对社会的选择，主要表现有三：一是在新的社会结构形成后，旧的社会结构虽已解体，但它往往潜化为一种社会心理，仍表现出"对旧社会结构的认定"而抵制新的社会结构；二是随着新社会结构的确立，相应形成的新文化结构以积极的态势表现出"对现存社会的认定"，它"一方面帮助人们与这个社会认同，同时又通过选择反馈来促使社会本身的改革，以达到社会与文化的动态同构"；三是在新社会曙光到来之前，旧社会的母腹中孕育出的新文化，表现出"对未来社会的认定"，它引导人们改造旧世界，迎接新世界，起着观念先行的作用。

论者认为，文化就是在它同社会的上述双向选择中不断获得更新与

---

① 顾晓鸣：《论文化发展的未来趋势》，《社会科学》1987 年第 1 期；《多维视野中的"文化"概念》，《社会科学战线》1987 年第 4 期。

发展①。

（四）人为"能动本源"说

人是文化的主体，故一些论者试图从人自身寻求文化发展的机制或驱动力。许苏民把这种驱动力归结为"人化的内在自然的永恒冲动"。按他的说法，所谓"人化的内在自然"即酒神精神与日神精神的结合。酒神精神象征一种非理性的情感与意志冲动，表现出向自然复归的倾向；日神精神象征知识与理性，表现出与自然抗衡和改造自然的力量。二者的结合就是知识理性向着非理性的情感、意志渗透，使非理性欲望获得理性内容，形成一种不断发展的"人化的内在自然"，并转化为"人化创造的内在动力"。这种创造动力表现为人的物质需要和精神需要的不断更新，以及对人的现实状况的不断超越，这便是所谓"人化的内在自然的永恒冲动"。在它的驱动下，人类不断创造出满足自己需要的物质文化和精神文化，并在创造物质文化的过程中结成一定社会关系而产生制度文化。②

张凤莲把文化发展的"能动本源"归结为人的解放程度，即人对自然、社会和人自身的认识和改造程度。这种程度越高，他们所创造的物质文化和精神文化的财富就越丰富。论者认为，人类经历了四次大解放，文化也相应地发生了四次大飞跃。第一次是"双手的解放"，实现了由猿到人的转变，创造了人类文明之母的原始文化。第二次是"人格的解放"，发生在奴隶制向封建制的转变期。这次解放使奴隶不再是奴隶主的私有财富，获得一定自由，从而创造出光辉灿烂的封建文化。第三次是"社会生活和思想的解放"，发生在文艺复兴、启蒙运动和资本主义革命之后。这次解放促进了各国的资产阶级工业革命，走上了经济腾飞的工业文明之路。第四次是"人的全面的彻底的解放"。这次解放从社会主义开始，直到共产主义社会才能完成。它的实现必将使文化获得空前飞跃，使社会走上物质文明与精神文明同步腾飞的道路。③

---

① 陆才坚：《略论社会结构与文化结构的双向选择效应》，《社科信息》1987 年第 11 期。
② 许苏民著：《文化哲学》第 262—275 页，上海人民出版社 1990 年版。
③ 张凤莲：《论文化的发展与人的解放》，《东岳论丛》1990 年第 5 期。

（五）文化交往推动说

以文化交往为文化发展的动力或动力之一，是讨论中较为普遍的看法。古今中外由于文化交流而引发文化更新发展的大量事例也常是论者谈论的话题。正是根据这些事实，汪澍白认为，同一文化的前后纵向传承只表现为量的变化，而不同文化之间的横向交流则较快地引起质的变化。① 郁龙余还把以下三个方面作为文化交流促进人类文化不断进步发展的主要表现：

一是"维系文化发展的连续性"。这是因为个体或局部地方创造的文化只有通过文化交流才有可能防止中断失传而得以继续下去。

二是"加快文化发展的速度"。这是因为通过文化交流可以借鉴先进文化而避免从头做起，从而在较短时期赶超先进。

三是"调节各国文化平衡发展"。这是因为通过文化交流使发展程度高低不一的各国各族文化逐渐缩小差距而趋于平衡，之后又会产生新的不平衡，然后又进行交流，正是在这样的过程中不断调节各国各族文化向前发展。②

（六）内外机制结合说

崔建新认为，促使文化发展进化有内外两种机制。其外在机制首先是"文化系统对人的活动及社会进化的适应机制"；其次是"交流和传播机制"。其内在机制主要表现在三个方面：

一是求新求全机制。文化作为人类的经验体系和知识体系，总是力求把原有的经验和知识应用于新的情况，并把新的经验知识包容进来作为自身的有机部分。这种求新求全的需要能起到促进文化的作用。

二是求熟求优机制。文化作为满足人类需要的手段和人类生活的样式，总是力求最大限度的简单性和有效性，即要相当一部分文化内容，如各种文化技术和行为规范以求熟求优为发展标志，这种机制无疑也是促进文化自我更新的机制。

三是完备性和自治性机制。文化作为一个活的有机体，总是要求自身在

---

① 汪澍白：《谈谈文化学研究中的两个问题》，《湖南社会科学》1990 年第 5 期。
② 郁龙余：《略论文化交流》，《深圳大学学报》1987 年第 3 期。

内容和形式上都具备完整性和自我一致性；如果存在不完备性和矛盾性，也只有在它自身不断协调和进化中逐步得到解决。这种机制同样会促进文化的发展。

论者认为，上述内外机制是文化进化的基础。具备了这种基础并不等于文化进化的实现。只有当内外机制结合起来，促使文化系统的基本要素得到改变（先是外层要素的改变，然后是深层要素的改变），才能使文化的进化成为现实。①

十、　全球化语境中文化理论问题讨论的新进展

自 20 世纪 80 年代以来，随着经济全球化步伐加快，世界各国文化是否会相应走向全球化，成为人们关注的热点问题。国际社会对全球化的研究出现了某种文化转向的趋势，形成了文化全球化研究的几种有影响的理论，分别是罗伯森的全球文化系统论、沃勒斯坦的世界体系论、福山的历史终结论、亨廷顿的文明冲突论、萨义德的东方主义与文化殖民主义批判理论、汤林森的文化帝国主义理论、约瑟夫·奈的文化软实力理论等。最近十多年来，国内学术界也越来越关注文化全球化问题，主要针对文化全球化的含义与性质，文化普遍主义与文化相对主义，文化冲突、文化对话与文化自觉，文化软实力、文化安全与文化认同，文化全球化与中国文化发展战略等问题进行了比较深入的讨论。全球化语境中的文化理论问题，成为当代中国文化理论界的重点研究议题。

（一）文化全球化含义与性质

关于文化全球化的含义与性质的讨论，成为文化全球化研究的概念基础和前提。丰子义认为，在全球化问题研究中，"文化全球化"是一个歧义颇多的概念。全球化进程是否包括文化领域的全球化，能不能讲"文化全球化"，目前争议很大，以至形成截然相反的两种看法。赞同者之所以赞同，主要是认定全球化是一个整体，它不仅仅表现为经济上的全球化，同时也表

---

① 崔新建：《文化系统论》，《江汉论坛》1990 年第 5 期。

现为其他领域的全球化；反对者之所以反对，主要是认为，全球化无论怎么发展，也不可能导致文化全球化，经济全球化与文化全球化之间并无必然的逻辑联系。①

吴元迈认为："1985 年，T．莱维提出'全球化'一词，以此概括 20 世纪 60 年代以来世界经济发生的巨大变化，即商品、资本、技术、服务行业在世界性生产、消费和投资等领域的扩展，已经突破国家界限，走向全球化。这里的'全球化'实际上指的是经济全球化，并非指政治、艺术、文学、哲学、道德等的全球化。"② 李德顺撰文援引德国社会学家乌尔利希·贝克在《什么是全球化》一书中的提法："全球化指的是在经济、信息、生态、技术、跨国文化冲突与市民社会的各种不同范畴内可以感觉到的、人们日常行动日益失去了国界的限制。……我们必须把我们的生活与行动、我们的组织与机构，按照地方—全球的坐标重新定向，重新组织。"③ 显然，这种全球化不限于经济领域，而是包括社会文化生活的各个方面。

何中华认为，"全球化"是一个"历史的"概念。现代意义上的全球化是指现代化进程中世界范围的经济、政治、文化等不同层面的人类交往过程及其结果。其前提是商品经济的充分发展，其实质是现代性的广泛展开，其历史后果是人类文化的深度匀质化。科学理性这一现代化的文化内核导致了人与自然、人与人、人与自我关系的紧张和冲突，致使 20 世纪中期出现了全球性问题。④

李宗桂认为："人们对经济全球化的理解比较一致的话，那么，对于文化全球化的认识则分歧甚多，甚至有人根本否认文化全球化的存在，认为文化全球化是一种臆想。在我看来，从根本上讲，所谓文化全球化，就是世界上不同民族文化之间，在经济全球化的推动下，以信息全球化为依托，通过日益紧密而又频繁的交往，相互学习、相互影响，更新自身、发展自身的文化整合过程；同时，也是不同民族文化之间，通过良性互动，对于人类共同关注的问题逐渐形成某些共识的过程。在这个意义上讲，文化全球化是一个

---

① 丰子义：《如何看待"文化全球化"？》，《求是学刊》2002 年第 5 期。
② 吴元迈：《马克思恩格斯论文化进程和世界文化》，《吉首大学学报》2002 年第 2 期。
③ 李德顺：《全球化与多元化——关于文化普遍主义与文化特殊主义之争的思考》，《求是学刊》2002 年第 2 期。
④ 何中华：《关于全球化的文化反思》，《山东社会科学》2001 年第 1 期。

过程，一种趋势，而不是既成的结果，更不是弱势民族的宿命。"①

邴正从文化的角度，把全球化界定为人类社会的"整体化、互联化、依存化"②。整体化是指全球作为同一个社会整体而存在；互联化是指所有的国家和民族在信息、交往、利益方面的普遍相关性；依存化是指国际合作与协调已成为任何一个国家和民族自身发展的基础和前提。他指出，全球化对文化发展有着正负效应。正效应主要表现在：一是全球化拓宽了文化视野，推动人们从全球视角来重新构造文化活动，作为世界公民来思考问题；二是全球化凸显了文化精神中的整体性，促进了人的类意识的生成；三是全球化创造了当代文化的多样性，增进了不同文化之间的交流与融合。负效应主要表现在：一是全球化会造成文化更新强于文化传承，进而引起传统文化的危机与失落；二是全球化会造成大众文化重于精英文化，在文化快餐中失落了崇高与英雄主义气质；三是全球化会造成外来文化冲击本土文化，会导致某种文化入侵与文化殖民主义。在全球化的冲击下，使本来存在的人与文化、文化与文化之间的矛盾冲突加剧。

对文化全球化的性质的判断，国内学者主要有以下几种理解：

针对文化全球化是否是文化同质化的问题，龚群认为："所谓'全球化'，是指全世界范围内的不同民族、国家以及不同种类的文明体系在生活方式、生产方式和价值观念上的某种趋同化。正是这种趋同化，体现为一种全球范围意义上的新质的文化，即全球文化。全球化是随着人类的世界性交往而产生的一个人类不同民族的世界性融合的过程。""500 年来的全球化过程尽管发生了那么多的不幸与灾难，但今天终于走到了这样一个历史点：一种全球文化正在形成。全球文化是一种超越于各民族本土文化而具有世界普遍性的文化。它表现为一种全球性的趋同性，又表现为一种新的世界交往和生活秩序的形成。这种趋同性体现在生活方式、文化方式、经济方式以及政治价值观念等各个方面。"③尽管龚群认为文化全球化有趋同的倾向，但他仍反对只看到全球化导致的一体化而忽视文化的多元化与多样性。边琪认为，全球化进程中的文化同质化现象是严重存在的："在传播现代化的过程

① 李宗桂：《文化全球化与当代中国文化建设》，《南开学报》2002 年第 5 期。
② 邴正：《全球化与文化发展》，《哲学研究》1998 年第 10 期。
③ 龚群：《全球文化与本土文化》，《南开学报》2002 年第 5 期。

中，由于不平等的文化交流，发达国家处于绝对优势地位，使流通变成了单向的发达国家的大量产品倾销至发展中国家，使各国各地区的大众自觉不自觉地接受和认同美国等西方文化。……这种文化的同质化现象会削弱各国文化自主的能力。""美国一直把它的有关法律、人权、技术的标准贴上国际化的标签，通过互联网强加给别的国家。互联网潜在的'美国化'影响已对一些国家的社会政治和文化价值观构成严重威胁。"① 在看到文化同质化的同时，边琪还从美欧强势文化的劣质性的一面，说明文化同质化之不可取。他认为，强势文化不一定是优质文化，弱势文化不一定是劣质文化。"美国的强势文化中也有劣质的东西。……这种强势文化，其先进性很难讲。它主要靠技术来支撑，靠媒体来包装，与西方经济发展密切相关。这种文化现象背后存在许多虚假的文化内容。"②

有的论者反对把文化全球化等同于文化同质化。吴元迈认为，各国文化中尽管某些民族性的东西在弱化，共同性和世界性的东西在日趋增长，但这并没有导致各国文化的一体化、全球化。就美国而言，其自身文化不仅没有全球化，反而产生了一种重新发现其文化的特殊性与差异性、地方性和民族性的新潮。美国是个移民国家，国内存在各种各样富有各国移民的种族和民族特征的文化。"美国文化在经历着多元化的过程，正走向多元化的格局。而美国恰恰在这个时候大肆宣扬文化全球化，这不能不令人怀疑它另有目的。"③ 李宗桂认为，"在当今经济全球化的条件下，尽管各国文化彼此依赖，但只要各国的民族特征，诸如语言、地理环境、心理素质、审美意识以及社会发展的独特历史进程和历史经验依然是现实存在的，文化的民族'所有制'和民族性就不可能轻易地废除，文化的发展也不可能超越民族性而走世界性的道路。"④

有论者认为，文化全球化是一个事实判断而不是价值判断。李宗桂认为："西方学者所鼓吹的文化全球化就是不同民族文化的同质化、一体化，固然是异想天开；而我们国内有的人恐惧担心的文化全球化就是文化帝国主义化、中国文化殖民化，则是杞人忧天。实际上，文化全球化是一个双向的

① 边琪：《对文化的同质化现象的思考》，《社科纵横》1999 年第 5 期。
② 边琪：《对文化的同质化现象的思考》，《社科纵横》1999 年第 5 期。
③ 吴元迈：《马克思恩格斯论文化进程和世界文化》，《吉首大学学报》2002 年第 2 期。
④ 李宗桂：《文化全球化与当代中国文化建设》，《南开学报》2002 年第 5 期。

互动过程。在这个过程中，不同民族文化相互碰撞、学习、吸收、渗透，自觉不自觉地改变着自身，推动着人类文明的进步。诚然，正如经济全球化是以西方国家为主导一样，在文化全球化的过程中，西方强势文化也居于主导地位——至少迄今为止是如此！以电视和网络为载体的西方文化，在全球蔓延、泛滥，强烈地冲击着其他国度的文化。但是，另一方面，我们也要看到，在这种彼强我弱的文化交往中，也绝不是强势文化对弱势文化的单向灌输。中国文化固然受到冲击，西方文化也受到影响。"①

有论者认为，讨论文化全球化要考虑不同的层面，对待不同层面的文化全球化要有区别分析。丰子义认为："全球化这样复杂的问题，简单的肯定或简单的否定都是有失偏颇的，主要的倒是具体的冷静的分析。在讲文化是否可以全球化时，究竟分别指的是何种范围、何种意义的文化。因为文化范畴极为复杂，从不同层面、不同角度可以作出不同的理解，涉及全球化自然也会有不同的回应与结果。如果从广义的文化来看，基本上可分为器物、制度、心理、价值等层次的文化，显然，器物层次的文化可以走向全球化，而其他层次的文化则很难完全实现全球化。"② 文化全球化主要体现在知识性、技术性、工具性层面，而在审美意识、价值取向等文化深层次问题上，则应保持其异质性，即文化多元性。持有此看法的学者，把这种异质性、多元性视为文化的应有之义。经济领域的全球化不是也不可能是经济利益和价值主体的一元化，在文化领域尤其如此。对文化的异质性、多元性持包容态度，是维护世界和平、促进不同文明体共生共荣的必要前提。一个动荡的、充满仇恨和冲突的世界，不可能真正实现经济全球化，更谈不上文化全球化。

有论者认为，文化全球化是普遍性与特殊性结合形成的多样性基础上的统一性。李德顺认为，人类走向全球化，包括经济、技术的全球化和与之相应的文化全球化，"也是对人类自古以来就渴望的'世界大同'和'全人类解放'理想的一种回应"。"就'全球化'这一主题来说，更重要的问题恐怕还在于如何确认人类生存发展方式的共同性。包括经济和文化都在内，世界各民族、各地区、各阶层的人们之间，是否存在着某种内在的、最终要表

① 李宗桂：《文化全球化与当代中国文化建设》，《南开学报》2002年第5期。
② 丰子义：《如何看待"文化全球化"？》，《求是学刊》2002年第5期。

现出来的全球一致性？或者是在何种范围、何种程度上存在着这样的共同性、一致性？……确认人类共同性的内容、标志、范围的问题远比任何人的经验和想象复杂得多。而弄清这一点恰恰是自觉地掌握全球一体文化的必要逻辑前提。"① 由于问题的复杂性和诸多差异性，李德顺主张，在探求人类共同性、确立相应的普世规则以促进全球化的过程中，应当超越对特权和狭隘功利的追求，从现实、实践和差异性出发，通过开放式的经验过程去发现和论证具有现实普遍性的合理规则，确立一种"普遍性与特殊性相结合，分化与统一互动，在多元化基础上形成统一性"的世界新文化格局。万俊人从文化多元论与"现代性"文化批判的交叉视野中，省察了经济全球化与文化多元论之间的紧张关系。他指出，包括经济全球化在内的全球化理论与实践均被看做一种"现代性"事件，其间所集中表现的"一"与"多"、现代化与文化乡愁的矛盾，构成了经济全球化与文化多元论之紧张关系的基本内涵，它们不仅是经济全球化运动所必须面对和处理的文化限度，而且也是作为"现代性"事件的全球化本身所必须接受理性反省和文化批判的基本原因。通过这一反省或批判，我们可以对全球化中的中国和中国文化形成某种必要的预备性理解。②

多数学者在谈论文化全球化问题时，一致反对文化霸权主义。如有论者认为："西方对非西方国家的霸权最早采取领土侵略和移民方式，此为殖民主义；第二次世界大战后，民族独立运动兴起，西方转用政治控制与经济剥削相结合的方式，此时称为新殖民主义；但70年代以降，西方进入后工业时期，对非西方的控制的主要手段是其文化优势，地缘政治学变成地缘文化学，此时的西方霸权称为后殖民主义。"③ 李德顺指出，一些西方发达国家人士通常把"现代化"、"全球化"与"西方化"、"资本主义化"联系在一起。"突出强调西方资本主义及其文化的普遍性和主导性。这些主张往往带有浓厚的政治意识色彩。……如日裔美国学者弗朗西斯·福山在《历史的终结与最后的人》一书中，宣称西方的自由民主已取得最终胜利，再没有什么力量挑战西方的政治模式了，一个普世文明正在来临。这种论调必然助

---

① 李德顺：《全球化与多元化——关于文化普遍主义与文化特殊主义之争的思考》，《求是学刊》2002 年第 2 期。
② 万俊人：《经济全球化与文化多元论》，《中国社会科学》2001 年第 2 期。
③ 董德福：《当代中国文化保守主义的反思》，《江苏理工大学学报》2001 年第 4 期。

长文化霸权主义和文化殖民主义的肆无忌惮。"①

国内一些人士要求抵制文化霸权主义的同时，还强调防止文化保守主义的负面影响，坚持以开放的心态，不断吸纳包括美欧文化在内的世界各国文化中一切优秀的东西，创造适应全球化时代的中国新型文化。

（二）文化普遍主义与文化相对主义

近年来，关于文化全球化的争论，其理论依据总是与文化普遍主义与文化相对主义或文化特殊主义密切相关。主张文化普遍主义的学者，从人类文化的普遍性出发，倡导普世价值与全球伦理；而主张文化相对主义的学者，则从文化的民族性、地域性、多样性等差异性出发，倡导不同文化的特殊性。文化普遍主义与文化相对主义作为不同的文化态度和文化主张，越来越受到学界和社会的关注。

赵敦华与童世骏针对文化普遍主义进行了学术争论。赵敦华在《为普遍主义辩护——兼评中国文化特殊主义思潮》的文章中认为，普遍主义是一种相信某些知识、世界观和价值观具有普适性的立场。西方学者曾经用西方中心论为普遍主义辩护，混淆了思想的内容和产生思想的社会条件这两个不同的问题，因而遭到来自知识社会学、相对主义和怀疑主义等方面的正当批评。但是，这些批评所导致的特殊主义，又混淆了真理的内在标准和思想的适用范围这两个不同的问题。从哲学上分析，西方中心论和特殊主义都源于"关于本质的发生学教条"。特殊主义在世界范围内的兴起有着政治和意识形态的原因，西方民族主义国家曾把特殊主义作为对外扩张的工具。第二次世界大战后，新独立的国家流行民族文化特殊主义的思潮，表现为文化精英的传统主义和文化复兴运动的民众动员。而中国自古不乏华夏中心论的传统，现在则有以"回归起源"为特点的民族和文化优越感。当今学术界有一些已经习以为常、信以为真的提法，反映出各种特殊主义观点和立场。学术界不加区别地广泛使用"中国特色"的标签，隐藏着在哲学社会科学所有领域内都放弃普适性目标和标准的危险。关于中国传统文化的"三本主义"（本位、本色、本土化），代表了"道统"、"学统"和"政统"合一的

---

① 李德顺：《全球化与多元化——关于文化普遍主义与文化特殊主义之争的思考》，《求是学刊》2002 年第 2 期。

复古主张。后现代主义和新左派的反全球化主义，在实践上阻碍经济往来、文化交流和更深层次的思想对话。反"西方话语霸权"的情绪化口号，经不起"什么话语、谁的霸权"的理性推敲。①

童世骏在《为何种普遍主义辩护——与赵敦华教授商榷》的文章中认为，为了对普遍主义进行真正有效的辩护，必须首先搞清普遍主义到底是什么意思，它有哪些变种，这些变种分别回答和提出了哪些问题等等。在为普遍主义辩护的时候，要重视普遍主义的复杂含义，注意普遍主义立场与普遍主义政策之间的复杂关系。我们所要辩护的普遍主义立场，不仅是文化普遍主义，而且是受价值普遍主义尤其是道德普遍主义支持的文化普遍主义。这种意义上的文化普遍主义，既超越西方中心论和中国文化特殊主义，同时又对文化的多样性具有高度敏感性，对特殊文化丰富普遍文化的可能性具有高度开放性。说到底，这种把特殊主义包括在内的普遍主义既不是一种单纯的事实，也不是一个单纯的理想，而是建立在不同文化背景中的人们的共同能力、潜力以及客观条件的基础之上、有待于通过自觉明智的交往实践和社会实践加以建构的美好未来。②

张再林认为，文化的普遍主义与相对主义之争的问题之所以成立，并且能够成为当前国内文化研究领域中的一个热点问题，其首要原因在于，将文化的普遍性与相对性的关系问题建立在二元对立的基础之上，这一问题研究的内在致思逻辑实质上仍然囿于一种"非此即彼"的思维范式，并由此形成了两种截然相悖的文化态度。这种各执一端的状况，不仅从哲学理论的高度把当今人类文化困境昭示于众，而且同时在其现实性上，也把整合这两种文化态度而使人类文化得以良性发展的任务提上了议事日程。文化普遍主义与相对主义的二元对立在某种程度上是不成立的，文化的普遍性与相对性实则构成了文化的"一体两面"的辩证结构，即普遍性中孕育着相对性，相对性中又存有普遍性。他进一步指出，两种文化观之间的争论又恰恰构成了一个真问题。这是由我们所处的资本主义生产逻辑的全球化，导致了一种普遍主义的"独白"文化的产生，或者说导致了一种文化话语的霸权主义的

---

① 赵敦华：《为普遍主义辩护——兼评中国文化特殊主义思潮》，《学术月刊》2007 年第 5 期。

② 童世骏：《为何种普遍主义辩护——与赵敦华教授商榷》，《学术月刊》2007 年第 5 期。

产生，而且这种文化话语霸权必然导致其他文化和这种权力话语文化之间的对抗，必然导致文化多元主义或者相对主义对文化普遍主义的抗衡。可以说，文化相对主义的出现是文化普遍主义逻辑发展的必然结果，是对愈演愈烈的文化中心主义思想行为模式的激进反叛。我们只能诉诸对现实社会的批判，批判当今经济全球化时代中无往不克的资本主义生产逻辑，惟其如此，才能从根本上消除文化上的权力话语，消除"生活世界的殖民化"，消除社会中的"独白"话语（权力话语），建立一种真正的交往型社会。只有这样，才能真正建立起一种致力于在诸种异质性文化中平等的沟通，以形成"和而不同"的文化新格局。从而，才有可能最终消除文化普遍主义与文化相对主义的紧张对峙关系。①

　　丁立群认为，文化相对主义在美国人类学家弗朗兹·博阿斯的思想中得到了比较经典的表述：衡量文化没有普遍绝对的评判标准，任何一种文化都有其不可重复的特殊性，因而都有其存在的价值；同样，每一种文化都有其自有的价值准则，评价一种文化现象只能以存在其中的文化形态的价值标准来衡量；各文化形态没有优劣、高低之分。在全球化背景下，文化相对主义是发展中国家经常用以对抗发达国家文化侵略的有力武器。但是，文化相对主义是一把双刃剑，它在保护发展中国家民族文化的同时，也在阻碍着发展中国家与世界各种文化的交流，在一定意义上具有文化保守主义性质。在全球化运动中，发达国家和发展中国家分别坚持了不同的文化逻辑，前者坚持的是文化进化论的逻辑，它是西方中心论的；后者坚持的是文化相对论的逻辑，以相对论对抗西方国家的文化殖民。文化进步论不同于文化相对论，也不同于文化进化论。在全球化问题上，文化进步论认为全球化最终将形成一种新的超文化形态——世界文化。世界文化既不是文化进化论坚持的西方中心论，也不是文化相对论所坚持的文化多元论，它不是基于消除各种文化的差别性，而是基于使这些差别在一个和谐的整体中整合。文化进步主义就是这种文化多样性与趋同性的统一。文化进步论主张文化的开放性，主张在全球化运动中，世界各民族文化积极交流、互动和融合，形成以人类共同利益为基础的新的价值核心，进而形成全球文化的新秩序。文化进步论应当是我

---

① 张再林：《真问题，还是伪问题？——关于文化普遍主义与相对主义之争》，《中国人民大学学报》2007 年第 6 期。

们应对全球化运动的根本的文化策略和基本的文化逻辑。①

郭湛认为，从文化相对主义的起因看，它显然是针对文化普遍主义或文化普世主义而来的，是对事实上存在并在相当大的程度上左右文化发展的文化绝对主义的反动。这种反动不一定是负面的、消极的，而是常常具有辩证法的积极的意义："反者道之动"。为了使问题更为明确，不妨将文化问题上的相对主义和绝对主义作为相辅相成的两个方面来考察。这样一来，问题的实质在理论上就可以归结为对于文化本身的相对性和绝对性的理解。具体的文化总是属于一定主体的、处于特定时空中的历史的存在，因而有其相对性。但文化又是超越特定主体特定时空传播和延续的存在，因而又有某种绝对性。文化是辩证的矛盾的统一体，是在相对性之中有着绝对性的东西。19世纪末 20 世纪初，文化相对主义思潮在英国兴起，其主要观点是认为土著地区有其独特的文化特性。文化相对主义的核心是尊重差别并要求相互尊重，在这个意义上我们可以赞成文化相对主义的这些看法。但若把文化的相对性推到绝对，只承认文化的相对性，不承认这种相对性之中有着绝对性的东西，即稳定的可以超越特定主体特定时空和在不同的文化主体之间传播、交流、转换、共享的东西，实际上也就是只承认每种文化的独立性、个性或特殊性，不承认不同文化之间的相关性、共性、普遍性，那也是我们所不能同意的。"总而言之，文化的存在和发展是在相对的东西中包含着绝对性的东西。文化具有相对性，这种相对性会导致一定意义的文化相对主义的理解，但不应走向极端，导致绝对意义上的文化相对主义或极端文化相对主义。"②

李鹏程认为，最初的文化相对主义，是对"欧洲文化中心论"在理论逻辑上的蒙昧观念进行的校正。所谓"欧洲文化中心论"，是一种与文化相对主义正好相反的"文化普遍主义"或者"文化绝对主义"的理论。在当代，文化相对主义发展为关于"文化多样性"的学说，它的意义就在于对抗当代"文化帝国主义"的话语霸权。当代文化相对主义虽然有正面意义，但它也有自己明显的局限和问题。从哲学的角度看，在研究文化相对性的时候，既要研究多个文化的相对差异和它们各自的特殊性，也要研究它们之间

---

① 丁立群：《中国语境中的文化相对主义批判》，《中国人民大学学报》2007 年第 6 期。
② 郭湛：《文化的相对性与文化相对主义》，《中国人民大学学报》2007 年第 6 期。

的同一性和"普照"它们的普遍性。不然，我们就会走向把文化相对性绝对化的"文化相对主义的绝对主义"。当代学者在"文化间性"的概念上讨论问题，不失为一个有效的尝试性探索。但"间性"概念的平面性，使得文化间的普遍语义学和文化间的语际解释学遇到了空前的难题。因此，需要在对文化间关系问题的讨论和研究中，形成立体性图式。也就是说，文化间的个别性存在、特殊性存在、相对性存在在一个平面上表现出来。这是文化间"差异"的、特殊的层面。而文化的共同性存在、普遍性存在、绝对性存在，则是在特殊性层面与高一级的形成为综合性文化、同一性文化、普遍性文化的层面的"上下关系"中表现出来。这种图式是对相对主义和绝对主义的有机的综合，也是对文化相对主义的一种可能有效的学术破解。①

　　李宗桂认为，尽管文化全球化是以西方国家为主导的，但文化全球化的态势始终离不开文化多元化的格局。人类文明作为一个有机的整体，是由诸多不同类型的民族文化构成的。如果说，文化全球化反映了人类文明发展的某些共性，力图发掘不同民族文化之间的某些共识（例如反对恐怖主义、尊重人权、重视生态伦理等）；那么，文化多元化则更好地保持了人类文明发展的张力，体现了人类文明发展的规律。在民族文化的发展历程中，固然客观地存在着、体现着人类文明发展的普遍性的一面，亦即文化的世界性的一面；然而，推动民族文化自强不息的内在动力，主要还是文化的民族性和时代性，特别是其民族性的一面。否则，广义的东方文化、西方文化就无从谈起；具体的中国文化、日本文化、印度文化、法兰西文化、日耳曼文化、美利坚文化等，就无从谈起。质言之，不同地域、民族、国度的文化，就失去了特色，就无所依托。即便是在经济全球化、文化全球化的当今，文化的民族性仍然存在，甚至在一定条件下表现得更为突出。因此，文化全球化也不可能消解文化的民族性与文化的多元化格局。恰恰相反，正是文化的多元化承载和烘托着文化全球化的价值。②

　　冯健飞、李俊认为，文化相对主义在 20 世纪盛行，从知识学的内在层面来看，它是文化普遍主义逻辑发展的必然结果；从社会学的外在层面来看，又与 20 世纪特定的社会文化危机密切相关。文化相对主义有两个理论

① 李鹏程：《文化相对主义的意义和问题》，《中国人民大学学报》2007 年第 6 期。
② 李宗桂：《文化全球化与当代中国文化建设》，《南开学报》2002 年第 5 期。

误区：否定文化的共通性，反对历史的进步性。在文化认同和建构上，必须超越文化相对主义和文化普遍主义，坚持时代性进步和民族性发扬相统一的路径。狭隘民族主义和地缘观念结合会导致地缘民族主义。这种思想的表现形式是"对峙论"。东西方矛盾是客观存在的，但是片面强调双方对峙而看不到双方和解与共同发展，甚至将双方的矛盾看成是先天的、永恒的、无法和解的，这就不能不说是种地缘民族主义情绪在作怪。这种情绪会使我们盲目地排斥甚或反对西方，并和西方立场、西方价值观念不共戴天，同时片面地强调东方立场、东方价值观念。这正是所谓的东方主义的理论基础。狭隘民族主义和意识形态结合则会导致政治民族主义，这种思想片面地强调政治对立，用简单的意识形态观点来划分世界，看不到即使是政治对立的国家在经济发展、体育竞技、科技文教以及保护知识产权、保护环境和反毒品、反恐怖等方面的合作前景，只讲对立不讲对立中的合作。今天，我们不仅应该具有民族的、国家的眼光，还应该具有世界的眼光；我们不仅应该具有民族自豪感、自尊心，同时也应具有世界主义的胸襟和气度，在坚持独立性的同时充分地开放自己，积极地参与世界性合作与交流。只有这样，我们才能在交流与对话中与世界同步发展。①

丰子义认为，在文化价值问题上，必须注意反对文化霸权主义和文化相对主义两种倾向。文化霸权主义完全代表了西方国家的文化价值观，因而理所当然要予以坚决抵制。文化相对主义由于是从发展中国家兴起的，矛头又直接指向文化帝国主义，因而往往还带有一定的迷惑性。这种观点极易在我们的文化研究中引起共鸣。如在批判文化霸权主义、谈论民族文化发展时，不少人都这么讲：不同民族的文化在发展程度上会有先进与落后的差异，但就其价值来说绝无优劣之分。这样讲，原则上绝对没有错，但在具体理解和把握上应审慎对待。这应注意区分两种意义上的价值：一种是指民族文化存在的理由或权利。当我们讲各民族文化在价值上无优劣之分时，实际上就是指各民族文化都有其存在的价值，都有其存在和发展的理由，任何一种文化都没有取消和代替它的资格；另一种价值是指民族文化所代表和反映的文化进步意义，亦即某种民族文化是否代表了先进文化的发展方向，是否有利于

---

① 冯健飞、李俊：《超越文化相对主义与文化普遍主义》，《中国地质大学学报》2001 年第 2 期。

人类文化进步，是否有利于促进社会发展与人的全面发展，其价值主要反映在该文化的导向上和对人类文明的贡献程度上。不同含义的价值无疑有不同的评价标准。按照前一种价值，当然不能讲各种民族文化的孰优孰劣，每种民族文化都有它的生存理由和权利；按照后一种价值，又不能完全无视各种文化的价值差异，不能简单讲所有文化在对人类文化进步的作用上都是半斤八两，各种文化进步与否，还是有一个大致标准。①

因此，我们在对待文化价值问题上，应该是一个辩证论者，不能在抵制文化霸权主义的同时走向另外一个极端。维护民族文化的权利和尊严是绝对必需的，但固守狭隘的民族主义又是错误的。如果认同文化相对主义，否认某些人类共同的价值标准，就会导致容忍某些给人类带来重大危害的负面现象的存在。如按照这样的观点，日本军国主义和德国纳粹的文化观似乎也是可以容忍的，也有其生存和发展的价值。这样的文化相对主义发展到极致，其后果必然是文化倒退主义和文化孤立主义。当然，强调各民族文化具有某些共同的价值准则，可以形成某些价值共识，并不说明这些价值准则和价值共识与全球化如影相随。全球化的出现，只是使这种现象的出现有了一种可能，而要使这种可能变为现实，还需要通过各个国家、民族的共同努力。其中重要的一点就是要加强各种文化的对话与沟通。通过对话与沟通，可以逐渐形成某些可以普遍接受的东西，从而促进文化全球化的发展。在目前国际经济、政治条件下，各种文化的价值共识也只能通过对话与沟通的方式来获取，仰仗任何形式的文化帝国主义强制方式或文化殖民主义的同化方式来寻求价值共识的做法，在现实中是行不通的，而且也是不可想象的，任何国家、民族都不会轻易接受这种主张。总的说来，在文化问题上，应该具体看待全球化，既不能不加限制地笼统地讲文化全球化，也不能简单否认文化全球性发展的趋势，应当积极顺应全球化潮流，推进文化的发展。②

（三）文化冲突、文化对话与文化自觉

20世纪90年代以来蓬勃兴起的全球化运动，并没有创造一个平和安定的世界，各种各样的冲突对抗遍布人类社会，族群冲突、国家冲突、宗教冲

---

① 参见丰子义：《如何看待"文化全球化"?》，《求是学刊》2002年第5期。
② 参见丰子义：《如何看待"文化全球化"?》，《求是学刊》2002年第5期。

突、文化冲突取代"冷战",构成新的人类困境。随着苏联解体、冷战结束,亨廷顿提出了"文明冲突论",他认为一场新的冷战为期不远,所不同的是已经过去的冷战是以意识形态为分野,而新的冷战是以文化为界限;过去的威胁是苏联,现在的威胁则是伊斯兰教与儒教的联盟。亨廷顿的"文明冲突论"引发了广泛的争论,国际国内大部分学者都不认同此观点。为了加强不同文化、不同宗教、不同国家和地区之间的"文明对话",联合国决定把 2001 年命名为"文明对话年",不同文明必须进行对话日益成为人们的共识。2001 年联合国教科文组织发表了《世界文化多样性宣言》,宣言认为:尽管受到新的信息和传播技术的迅速发展所积极推动的全球化进程对文化多样性是一种挑战,但也为各种文化和文明之间进行新的对话创造了条件。文化多样性是交流、革新和创作的源泉,对人类来讲就像生物多样性对维持生物平衡那样必不可少。从这个意义上讲,文化多样性是人类的共同遗产,应当从当代人和子孙后代的利益考虑予以承认和肯定。

在承认文化多样性基础上开展全球文明对话,杜维明提出了"文明对话论"。他相信多元文化并存,通过对话和理解,通过各种文化自身的反省与变革,人类一定会迎来一个充满希望的新世纪。为此,最近几年他在世界各地组织并参加一些"文明对话"的国际学术讨论会。2002 年 8 月哈佛大学—燕京学社与南京大学在南京召开了"文明对话国际学术讨论会",这是一次穆斯林学者与非穆斯林学者的文明对话的学术讨论会。在这次会议上杜维明先生发表了题为《文明对话的发展及其世界意义》的演讲,在与会学者中引起很大的反响。他认为很多杰出的学者已经看到亨廷顿"文明冲突论"非常狭隘的二分法破绽。如果要在全球化的过程中使各种不同的民族文化能够逐渐地在和而不同的背景下生存,就需要通过对话,逐渐发展出生命共同体的意愿,通过对话,大家都能和平共处。① 2004 年 10 月,杜维明和联合国教科文组织执行局的 58 位成员进行了对话。他指出,2001 年的联合国文明对话年以来,全世界人民广泛认识到,有必要进行各层次之间的对话。这种对开展对话重要性的共同认识,可能来自于人们对自身共同存在的脆弱性的认识。从这个意义上来说,我们是一根绳上的蚂蚱,应该同舟共济,广泛分享参与这一对话的责任意识,最终必须相互学习,相互参照。我

---

① 杜维明:《文明对话的发展及其世界意义》,《回族研究》2003 年第 3 期。

们应该尽力克服好斗的个人主义，尽力发展既是人类哲学的又是宇宙哲学的人类宇宙观。我们需要密切关注交往理性意识，当然也要密切关注没有标准或者没有单一性的和谐的价值。全球团结的意识正在形成，部分原因来自于全球化。我们需要与大自然建立新的可交际性意识，在人类与自然之间发展可持续性的和谐关系；我们还要建立新的相互性意识，不仅要与现时现地的世界建立新的相互性意识，而且要与超越宇宙的先验世界建立新的相互性意识。展开文明对话的要求是宽容，同时我们应该承认他者，承认他者在我们与世界交流中是不可或缺的；我们还要发展尊敬他者的意识，这种意识将为相互参照和相互学习提供基础。①

李存山认为，与经济全球化相伴随的必然是各民族文化之间相互联系、交流和互动的强化，文化的全球化与多元发展是相互促动、辩证统一的。"人类文化发展的总趋势是从多元起源走向愈来愈广、愈高层次的'多元一体'。在现阶段首先要强调全世界多元民族文化之间的平等对话，在对话中产生'重叠共识'，从日益增多的共识中逐渐走向全人类文化的'多元一体'。"② 在文化的全球化与多元发展中，儒家文化作为其中的一元，它本身与其他文化处于互动与对话之中，这种互动与对话将促进儒家文化的现代转型，而儒家文化的仁爱精神、实践理性与"和而不同"的思想也将在人类文化达成"重叠共识"的过程中发挥积极的作用。

有论者认为，我们处在文化对话的语境中，但当下却不知道我们自己是谁，应该和谁对话，如何对话。张蓬认为，在当前语境中我们患了文化对话的失语症。在中国近现代的文化史中，有良知的知识分子一直没有放弃寻找对话中的中国文化身份的努力，这里有"中体西用"、"西体中用"，"马克思主义为体，古、西为用"，以及"元文化"等模式。这些模式都是"体用"的对话态度，其内含的是一种先在的预设，结果却是不得不陷入一种文化普遍主义和文化特殊主义的对话悖论。③ 周蔚华认为，在全球化过程中，一方面使得文化的交流和交往更加频繁，另一方面也引起了文化和文明的剧烈冲突以及文化的同质性和异质性的矛盾加剧。西方文化凭借其经济上

① 杜维明：《文明间对话的最新路径与具体行动》，《开放时代》2007 年第 1 期。
② 李存山：《文化的全球化与多元发展——兼论儒学在全球文化对话中的作用》，《求是学刊》2002 年第 1 期。
③ 张蓬：《对话中的中国文化身份及意义确证原则》，《浙江学刊》2004 年第 4 期。

的优势，在观念、产品、资源和资本几个方面对发展中国家的文化形成全方位的冲击。在此情况下，我们必须大力建设先进文化，发展文化产业，扩大中华民族文化的世界影响力。① 赵秋梧认为，当代文化问题已成为涉及国家利益的重大问题，文化策略体现着一个国家的意识形态策略。亨廷顿的"文明冲突论"以文化为出发点，以国家意识形态为原则，以国家利益为最终归宿，为美国及西方实现"后殖民主义"提供新的理论基础，本质上是为美国构建的一种意识形态策略，以达到美国重建世界秩序的目的。②

张立文认为，文明冲突既不是发展趋势，也不是必经之路，人类需要建构和谐社会、和谐世界，其前景是和平、发展、合作的文明和合。③ 徐秦法认为，"和谐世界"理念主张在处理国与国关系问题上坚持公平合理、平等互利、彼此尊重、协商对话、和睦相处、和谐共赢的原则，与体现西方价值观和霸权主义思想的"文明冲突"论存在着本质区别。"和谐世界"理念所以引起各国的共鸣，是因为目前世界还很不太平，而"和谐世界"理念为消除世界的不和谐状态提供了新的思路和途径。建设和谐世界是一个充满矛盾和斗争的长期过程。就目前的国际局势而言，要推动世界和谐的进程，必须立足于建立和平、稳定、公正、合理的国际政治经济新秩序，推动各种文明和平共处、合作发展。④ 当前，以"和谐世界"思想逐渐得到广泛认同为标志，为不同文化间的对话和沟通提供了重要的启示，并使"和谐"观念构成了全球伦理建设的一种重要基础观念。以"和谐"作为全球伦理的基础观念，作为一种处理各种文明、文化间相互关系的积极方式，寻求的是不同国家的互助合作与和谐发展，寻求不同文化的核心价值与人类共存之间的平衡。⑤

汤一介认为，1993 年 9 月在美国芝加哥世界宗教大会上发表的《走向全球伦理宣言》，希望能在不同文化传统中找到某些维护世界和平的伦理原则，找到"一种最低限度的基本共识"。这是一个值得认真讨论的非常重大

---

① 周蔚华：《全球化背景下的文化冲突》，《中国特色社会主义研究》2002 年第 4 期。
② 赵秋梧：《"文明冲突论"：亨廷顿为美国构建的意识形态策略》，《南京政治学院学报》2003 年第 3 期。
③ 张立文：《挖掘传统文化中的软实力之源》，《人民论坛》2007 年第 21 期。
④ 徐秦法：《"和谐世界"理念与"文明冲突"论》，《学术交流》2007 年第 5 期。
⑤ 孙英春：《文化对话与全球伦理——基于文化多样性与"和谐"观念》，《理论前沿》2007 年第 9 期。

的课题。对此，汤一介提出四点看法：寻求伦理观念上的"最低限度的共识"，因为人类在伦理问题上必定有其共同的方面，必定存在可以为不同文化传统的民族与国家共同接受的伦理准则；寻求"全球伦理"需从各个民族文化传统中吸取资源，在尊重各民族文化传统的伦理价值的基础上，发掘和利用有利于构建全球伦理的思想和观点；寻求"全球伦理"必须关注当今人类存在的重大问题，如"和平与发展"问题、政治问题、社会问题、经济问题、环境问题等；"和而不同"应是寻求"全球伦理"的原则，此原则不仅对消除不同国家与民族间的矛盾、冲突、战争有积极意义，而且亦是推动各国家、各民族文化健康发展的动力之一。①

伦理学界对普世伦理是否可能和可行的争论颇为激烈，普世伦理似乎处于两难的尴尬境地。理性的可能性和抽象的现实性、道德主体的共性与利益主体的多元、基本共识的底线伦理与道德境界的理想追求、理论普世与践行阈限是其几种突出表现。细究其因，在于双方观点仅就普世伦理的某一个方面而言，都有其合理性，但在分析问题时，却似乎忽视了道德是"应然"和"实然"、"绝对性"和"相对性"、"共性"和"个性"的统一，即"反映现实道德生活"与"追求理想道德境界"的统一，从而使问题沿着两个方向走向了对立的两端。②

文化全球化的出现，使得不同文化之间的森严壁垒发生了松动。一种建立在彼此尊重和相互平等基础上的文化融合前景似已隐约可见。但与此相对，后殖民时代的传统复兴浪潮和形形色色的原教旨主义呼声又在导致一种日益明显的文化上的全球分裂现象。可以断定在 21 世纪，整个社会在经济生活方面越来越趋于一体化的同时，在文化精神方面却必定会呈现一个多元化格局。③ 赵建文认为，中国首先提出、不懈地倡导和一贯坚定地奉行和平共处五项原则，尊重世界多样性。其中，"和而不同"、"协和万邦"等中华"和"文化的精髓是和平共处五项原则的历史文化渊源。"协和万邦"、尊重世界多样性是新千年的迫切需要，而西方的"文明冲突论"、"帝国论"、"新帝国论"等主张都不适合建立国际新秩序的需要。尊重世界多样性是和

---

① 汤一介：《"全球伦理"与"文明冲突"》，《北京行政学院学报》2003 年第 1 期。
② 戚卫红、陈延斌：《论普世伦理构建中的内在矛盾》，《江海学刊》2008 年第 3 期。
③ 赵林：《全球化与文明冲突》，《东方论坛》2004 年第 2 期。

平共处五项原则的重要内涵，是和平共处五项原则具有强大生命力的重要原因。① 虞崇胜认为，中华政治文明的精神可以归纳为"和而不同"。从一定意义上讲，把握了"和而不同"的精神实质，就是把握了中华民族精神中的政治文明精髓。"和而不同"，意思是说要承认差异（不同），在"不同"的基础上形成的"和"，才能使事物得到发展。也就是说，"和"是目的；但"和"的前提是"不同"，是多样性的存在；没有"不同"，没有多样性，就无所谓"和"。"和而不同"堪称人类文明特别是政治文明的最高境界。②

关于文化对话的原则，中国学者多数认同"和而不同"与"文化自觉"。近年来，在讨论全球化这个话题的时候，费孝通多次提到"和而不同"的概念，认为这个概念是中国传统文化中的一个主要核心。这种"和而不同"的状态，是一种非常高的境界，它是人们的理想。但是要让地球上的各种文明，各个民族、族群的亿万民众，都能认同和贯彻这个理想，绝不是一件轻而易举的事。他还提出了"文化自觉"的概念，就是每个文明中的人对自己的文明进行反省，做到有"自知之明"。这样人们就会更理智一些，从而摆脱各种无意义的冲动和盲目的举动。他又进一步提出"各美其美，美人之美，美美与共，天下大同"的设想。这几句话表达了他对未来的理想，同时也说出了要实现这一理想的手段。他认为，如果人们真的做到"美美与共"，也就是在欣赏本民族文明的同时，也能欣赏、尊重其他民族的文明，那么，地球上不同文化、不同民族、不同国家之间就达到了一种和谐，就会出现持久而稳定的"和而不同"。③

"文化自觉"是费孝通先生近年来多次提到过的一个概念，指的是生活在一定文化中的人对其文化有自知之明，并对其发展历程和未来有充分的认识。有没有文化自觉，对于回应全球化至关重要。丰子义认为，强调"文化自觉"，事实上就要求突出文化的"民族意识"或"主体意识"。民族意识不过是民族利益的抽象表达和观念反映。只要有民族利益的存在，就有这种意识存在和发展的理由。现在无论是在网上还是在市场上，文化战所争夺和捍卫的并非仅仅是纯文化，而实质上是民族的经济与政治利益。既然民族

---

① 赵建文：《从"协和万邦"的传统到和平共处五项原则》，《中共天津市委党校学报》2005 年第 1 期。
② 虞崇胜：《"和而不同"：中华民族精神中的政治文明精髓》，《唯实》2004 年第 1 期。
③ 费孝通：《"美美与共"和人类文明》，《群言》2005 年第 2 期。

利益是一种客观存在，就无须讳言文化的民族意识。民族意识作为文化自觉的要义，首先有赖于民族"自我意识"的增强。每一个民族当然是一个独特的"我"，但并非任何民族都有一个清醒的"自我"。一旦失去这种"自我"，其结果必然是不知不觉地跟着西方文化随波逐流，最后一步步走向文化殖民。增强民族意识，实现文化自觉，还有赖于"危机意识"的强化。全球化条件下的文化互动，给发展中国家带来的最大危机可能是文化的"认同危机"。要走出这种困境，必须唤起民族的忧患意识；要唤起忧患意识，又必须从自我反省开始。因为真正可怕的不是西方文化的威胁，而是我们自身的麻木不仁。在文化上不能自觉发现问题，就不会有所改进；没有改进，也就不会变被动为主动。健康的文化心态，应该是开放的、发展的、平等的、互相尊重的。任何以全人类的名义大行其道的"文化霸权"，我们是坚决反对的，而一概拒斥西方文化的"唯我独尊"也是需要克服的。我们必须坚持文化的民族性，这一点丝毫不能含糊，因为越是民族的才越是世界的。但是，对于民族性也要有一个正确的理解。何谓"民族的"？取消原有的民族界限固然荒唐，而固守狭隘的民族主义也非合理。民族化本身就含有世界化的规定。自觉使民族文化走向世界，实际上就是一个将世界的东西民族化、把民族的东西世界化的双向并进的过程。[1]

　　全球化背景下的文化整合往往是和文化冲突相生相随的，这样，就自然遇到如何对待整合与冲突的关系问题。目前的世界文化交流确实存在诸多不和谐因素，其间充满着各种文化冲突，但是，对于冲突也不能仅仅作消极的、否定性的理解。从一定意义上说，有冲突和碰撞，才有文化的火花，才有思想的活力。正是在碰撞、交流过程中，可能包藏和萌发着各个民族文化新的发展生机。从文化交流史来看，民族文化的更新与创造往往是由外部的刺激引起的。异质文化的碰撞对于文化自身的发展有着重要意义，有时还会催生新文化的降临。"我们要求以一种理性的方式来看待和应对文化冲突问题。正确的主张应该是：既要使文化冲突保持一定张力以求发展，又要警惕过分的冲突导致民族文化的萎缩。为使文化得以有效的整合和快速的发展，必须注意把握好这一分寸。"[2]

---

① 丰子义：《全球化与民族文化的发展》，《哲学研究》2001 年第 3 期。
② 丰子义：《全球化与民族文化的发展》，《哲学研究》2001 年第 3 期。

（四）文化软实力、文化安全与文化认同

美国战略思想家约瑟夫·奈首次提出了软实力的概念。他认为软实力是一个国家在国际事务中通过吸引而非强制就能达到自己的目的的能力，即一种能够"说服别人跟进、效仿"的力量。软实力是指一个国家的文化、价值观念、社会制度、发展模式的国际影响力与感召力，其实质是一种文化的领导力。软实力发挥作用依靠的是说服别人跟进、效仿或者使其同意遵守由拥有巨大软实力的国家主导下的国际规则、国际制度和国际体系。约瑟夫·奈认为美国的软实力来自其文化、知识体系、意识形态和社会制度的优势。他指出："同化式的软力量与命令式的硬实力同样重要。如果一国能使其力量在别国看来很合法，那么将能减少抵制其意志的力量。如果它的意识形态和文化更有吸引力，那么其他国家将更愿意跟随它。如果它能建立与其国内社会相一致的国际规范，那么它所需要做出的体制上的改变将更少。如果它能够建立一种机制，并且其他国家愿意按照它希望的方式限制自己的行为，那么将减少使用硬实力遭致的代价。"[①]

关多义认为，文化软实力作为现代社会发展的精神动力，越来越成为民族凝聚力和创造力的重要源泉，越来越成为综合国力竞争的重要因素。一个国家的"文化软实力"应该包括民族文化、民族精神、科教水平、包容借鉴、文化业态五个组成部分。今天，面对国际各种思想文化相互激荡和国内思想文化、价值观念的多元并存，我们应当创造既富有民族优良传统又有鲜明时代特点、既立足中国又面向世界、既正视现实又放眼未来的新文化。[②]

赵剑英认为，在当代，文化已由一种隐性的力量凸显为一种显性的新的实践力量。文化既是一种"硬实力"，是生产力；又是一种"软实力"，是民族国家的吸引力和凝聚力；同时，文化还是一种创新力，是民族国家发展

---

① 约瑟夫·奈：《注定领导：变化中的美国力量的特性》，转引自庞中英：《国际关系中的软力量及其他》，《战略与管理》1997 年第 2 期。1990 年，约瑟夫·奈分别在美国《政治学季刊》夏季号和《外交政策》秋季号杂志上发表了《变化中的世界实力的特性》和《软实力》等一系列论文，出版了专著《注定领导：变化中的美国力量的特性》，明确提出了软实力的概念。2002 年，他出版专著《美国霸权的困惑：为什么美国不能独断专行》进一步发展了其软实力理论。2004 年，他在其新著《软力量：世界政坛成功之道》中集中总结和概括了他的软实力理论。

② 关多义：《论我国文化软实力的构成与提升》，《生产力研究》2008 年第 12 期。

的强大动力。对当代文化这一特质的新认识，应当成为中国特色社会主义文化发展观的核心和灵魂。作为中国特色社会主义理论体系的一个重要内容，中国特色社会主义文化发展观丰富和发展了马克思主义生产力形态理论，深化了我们对唯物史观关于社会动力观的认识。①

王岳川认为，从跨国文化对话和创新的角度来看，文化是一个国家的生命线。文化的高度代表着国家的尊严，决定着国家是否真正和平崛起，决定着国民文化形象是否能在世界人民中立足。而文化身份是本土文化与"他者"文化镜像对比映照中形成文化差异性的某种认同。文化身份潜在地存在于国内外各种权力抗衡中，其性别、种族、阶级、年龄、语言、圈层、社群等因素，使得身份构成受到整体社会和族群的深刻影响。他提出，在差异文化对话中展开中西互相阐释，在后儒学时代与太空文明时代关注中国身份，在全球化语境中持守中国立场，在发现东方中重建新世纪中国形象，坚持文化输出与大国形象重塑，文化输出与文化拿来互动，提升文化软实力，坚持文化多极多样化，反对"去中国化"，坚持东方文化世界化。②

丁元竹认为，全球化下的今天，一个国家要想在竞争中领先，需要各种实力的壮大，其中，"软实力"居于重要的地位。从一个国家自身的发展来看，重视"软实力"的发展对于其政治、文化、价值等都会产生积极的推动。我国在推动和谐社会的建设过程中不能忽视这种"软实力"的力量，我们应把包括文化在内的"软实力"放在重要战略位置，提升文化建设在国家战略中的地位。③

有论者对全球化语境中的文化安全问题进了探讨。邴正认为，全球化归根结底是不同文化模式的碰撞、传播和冲击。他认为全球化时代的竞争，将主要是围绕争夺文化控制权、领导权而展开，民族国家需要自觉维护自身的文化安全。他认为，21世纪人与文化的矛盾归结为创造与毁灭的矛盾、后现代性与规范性的矛盾、群体性与个性自由的矛盾、文化趋同与文化自主性的矛盾、文化的理想性与文化的消费性的矛盾。中国必须迎接来自西方强势文化的挑战，立足中华民族优秀传统与社会主义市场经济，在马克思主义指

① 赵剑英：《论中国特色社会主义文化发展观》，《马克思主义研究》2008年第5期。
② 王岳川、陈凤珍：《文化整体创新与中国经验的世界化》，《四川外语学院学报》2008年第3期。
③ 丁元竹：《提升文化建设的战略地位》，《瞭望》2006年第26期。

导下的中国文化应当创造出新的文化精神和文明模式。哲学研究应责无旁贷地通过回应文化冲突的挑战，为当代中华民族的文化转型与民族精神的重建而奋斗。①

李金齐认为，在全球化时代的今天，文化安全是一个关乎国家存亡的现实问题。文化安全主要是指对文化主体生存权利、生存方式、文化成果及其价值核心的承认、理解和保护，是对人类文化生存、发展和进步状态程度和水平的一种反映。在资本的全球扩张中，以美国为首的西方国家是全球化的中心，其文化霸权和在意识形态上的战略使发展中国家特别是社会主义国家面临着严峻的文化安全。由于资本扩张式全球化的实质是资本主义基本矛盾向全球的扩展，从而使文化安全凸现出来。以美国为首的发达资本主义国家一直重视本国的文化安全战略和在意识形态领域中的斗争，中国不能掉以轻心。中国的文化安全面临着严峻的现实，对市场机制和文化建设的关系要辩证地分析，以确立文化体制改革的正确方向。②

刘奔认为，文化安全问题研究的目的，就是在经济全球化和发展市场经济的大背景下，应该制定适合中国自己的文化发展战略。随着经济体制和政治体制改革的启动，文化体制改革的课题也理所当然地提上日程。实践证明，那种无视文化发展内在规律，对文化事业施加粗暴的行政干预，妨害党的"双百"方针的文化管理体制，不利于社会主义文化事业的繁荣。但是，取而代之的合理的文化体制也不能如某些论者主张的"文化市场化"，不能把文化事业单位变为以追求利润最大化为目标的企业，也不能盲目地认同文化全球化与"和国际接轨"。文化的市场化乃至所谓"全球化"，使文化生产日益变成"投入—产出"关系，从而在客观上迎合了西方发达资本主义国家的"文化战略"，也成为文化界某些唯利是图者追求利润最大化的捷径。③ 因此，要特别维护国家的文化安全，确立中国特色的自主性文化发展战略。

改革开放以来，中国文化的软实力与中国经济的硬实力的增长比例很不相称，中国文化形象的建构还任重道远。雷默在《淡色中国》的文章中指

---

① 邴正著：《马克思主义文化哲学》序言，吉林人民出版社 2007 年版。
② 李金齐：《文化安全：一个关乎国家存亡的现实问题》，《思想战线》2006 年第 1 期。
③ 刘奔：《经济全球化时代的文化安全问题》，《思想战线》2006 年第 1 期。

出，中国需要重新塑造自己的国家形象，在世界上实现中国形象的转变。雷默提出了"淡色中国"的理念，主张创造一种淡色的中国形象：即将水与火两种不相容的东西结合在一起，使对立的东西和谐，而和谐既是中国传统的价值，也是中国当前追求的目标。雷默提出了一个发人深思的问题："中国为什么能如此激动人心呢？诚然，经济的高速发展以及由此带来的文化与社会巨变，是中国的活力之源，这也是生活在这个国家的任何人都有目共睹的。不过，真正的原因其实在于：十亿中国人民开始自由选择他们自己的生活。这也是这个国家有时令人心生畏惧之处，而不仅仅是对其政府而言。但是从这个重要方面来说，中国正在触及的东西不是中国人独有的，恰恰是人类普遍具有的一种本能，即决定自我身份的欲望。创造自我，这在任何现代化发展过程中都是一个核心内容，在人类历史上的大部分时期，人们都被别人掌握着自己的身份……尽管在中国和很多其他国家，现代化进程还有很长的路要走，但毫无疑问，主导人们生活的将是自我创新。"[1] 这就提出了中国实现自身文化身份认同并建构中国文化形象的问题。

赵剑英、干春松认为，中国人面对近代以来政治社会巨大变革导致的文化认同危机作出的不同反应与艰辛探索，既揭示了一个民族的文化认同方式必然受制于自身的历史传统，又证明了不能简单地回归本土思想资源，必须立足于全球问题背景，以构造性的态度综合创新，才能成功地回应现代性引发的文化认同危机和挑战。[2]

赵汀阳在《认同与文化自身认同》一文中认为：认同远远不仅是个关于事物和人的身份的问题，它在更大规模的事情（例如国家和文化）上甚至是个更严重的问题。"国家和文化层面上的 identity 问题（自身认同）也自古有之。从古代的'异教徒'、'正统和异端'、'华夷之辨'到现代的'阶级意识'、'东方和西方'、'资本主义和社会主义'诸如此类，人们自己按照偏好和想象划分着各种集体，论证各自的精神优越性和利益根据。与对属于社会等级制度身份的'身份解构'运动不同，现代社会并没有准备

---

[1] 乔舒亚·库珀·雷默等著：《中国形象》第37—38页，社会科学文献出版社2006年版。

[2] 赵剑英、干春松：《现代性与近代以来中国人的文化认同危机及重构》，《学术月刊》2005年第1期。

解构文化身份，相反，文化身份正在得到强化。"① 他认为，文化自身认同在全球化和后殖民状态下变成一个时代的核心问题，其中一个原因就是文化自身认同变得含义不清。它不仅产生实践冲突，而且导致思想混乱，有时各方似乎不知道为何而冲突，也不知道为了获得什么。在今天，文化自身认同就好像是一面没有标志的旗帜，却在指引着人们进行各种斗争。

针对现代化的中西比较语境，中国总在把西方作为"他者"进行比较中来认识自己。赵汀阳认为："当他者非常强大并且被解释为理想榜样时，就非常可能出现对他者的过分美化，同时也会对自己进行过度反思，从而形成一种爱恨交加的自身认同。例如中国在 20 世纪初的五四运动和新文化运动以及在后来的 80 年代，曾经两度出现后来被戏称为'逆向民族主义'的自身认同，即通过'自由的和奴隶的'、'进步的和保守的'、'蓝色文明和黄色文明'、'洋和土'、'现代化和传统'等等比较，把各种积极的、成功的、深刻的文化性质都归属给西方文化，而把所有丑陋的性质留给自己，从而形成一种自我折磨的自身认同。这样自我贬损的自身认同并非不爱自己的家园，而是给自己一个痛苦以至绝望的定位。如鲁迅那样，这种定位方式在意图上可能是希望通过自我折磨的激励能够带来人们彻底的觉醒，从而走向真正的进步和发展，但这种呐喊在实践上并不像所期望的那么成功。""但如果从思想危机的层面上去理解则似乎可以更深入地发现凡是这类在物质方面处于劣势的文明在面对现代化挑战时都会遇到这个类型的思想危机——这已经成为一个普遍模式而不仅是中国问题——而其中的思想危机逻辑是这样的：首先，一方面，自己有着伟大的精神传统。因此相信自己有优秀的精神能力；另一方面，由于物质方面的明显失败，于是只好相信原来的精神传统是错误的，结果，对自己的信心就只剩下对能力的抽象信心。进而，既然西方是成功的，那么要成功就无非是把自己变成西方，因此，在现代化语境中，东方文化的自身认同就变成了'让自己也变成西方'或者说'让自己扮演他者'这样一种悖论性的自身认同。虽然它确实表达了自强的想象，可是这种自强却又是以否定自己为前提的。"②

在 20 世纪初的"检讨中国"之后，现在"重思中国"、"重构中国"的

① 赵汀阳：《认同与文化自身认同》，《哲学研究》2003 年第 7 期。
② 赵汀阳：《认同与文化自身认同》，《哲学研究》2003 年第 7 期。

自我意识开始兴起。赵汀阳在《天下体系》一书中指出："当中国要思考整个世界的问题，要对世界负责任，就不能对世界无话可说，就必须能够给出关于世界的思想，中国的世界观就成了首当其冲的问题。已经在舞台上了，就不能不说话。这就是中国现在的思想任务和必然逻辑。"① 尽管近现代以来中国意识处于持续不断的危机和紧张之中，以至于学术界产生了"阐释中国的焦虑"②，但一种关于中国思想文化自主性的话语权和维护民族文化安全的呼声正以不可遏止的势头蓬勃涌起，如以国学为代表的中国传统文化受到社会各界的重视和重新认识，中国政府正在全世界积极筹建象征中国文化的孔子学院，国外的汉语热和国内的国学热方兴未艾。当前，中国执政党担当的不仅是当代中国先进文化的代表，而且还正成为中华文化在世界的代言人；中国政府在国际社会倡导建构和谐世界，展示和而不同的中国文化精神。这一切都印证了在改革开放 30 年后随着中国道路的开创所带来的中华民族文化身份的自觉和信心。

（五）文化全球化与中国文化发展战略

20 世纪 90 年代以来，文化全球化趋势与中国文化发展战略的问题逐渐引起了人们的广泛关注。在全球化的时代背景之下，中国文化在当代有着怎样的存在境遇？在全球化的浪潮中怎样处理中国本土文化与外来文化，特别是作为人类现代文化之主流的西方文化的关系？在全球化的视野之下，中国文化有着怎样的未来走向？这些都是备受学界关注的问题。

李宗桂认为，人们谈论得最多的是全球化中的经济方面，亦即经济全球化的问题。其实，全球化的另一个重要甚至更为复杂的问题，是文化问题。他指出："就当代中国文化的建设而言，经济全球化固然深刻地影响到文化建设，但它毕竟需要通过一系列的中介，毕竟是比较间接的。而文化全球化对当代中国文化建设的影响，则更为直接，更为深刻，也更为棘手。因此，探讨文化全球化与当代中国文化建设的问题，其理论价值和实践意义都十分重大。"③

---

① 赵汀阳：《天下体系：世界制度哲学导论》第 2 页，江苏教育出版社 2005 年版。
② 参见金元浦、陶东风：《阐释中国的焦虑》，中国国际广播出版社 1999 年版。
③ 李宗桂：《文化全球化与当代中国文化建设》，《南开学报》2002 年第 5 期。

　　韦幼苏认为，文化全球化指的是由经济全球化过程所决定的、以文化传播技术为媒介的、以不同文化在全球层面上的大规模交流与互动为内涵的世界文化发展过程。文化全球化并非世界文化的同质化。不可否认的是，西方文化在这一过程中居于主导地位，但这并不意味着西方文化将会一统天下。在文化全球化的历史背景下构建中国先进文化，首先必须坚持文化开放，汲取国外一切先进文明成果；其次要继承本民族的优秀文化传统，弘扬民族文化；最后要在吸收一切优秀文化成果的基础上与时俱进，不断创新。①

　　龚群认为，谈论文化全球化"不意味着我们要将本土文化来抗拒全球文化"。从根本上看，全球文化并不是一种与各民族文化根本不相容的文化。全球化所形成的世界体系，应当是一个多元文化的体系，不同的文化都应在这个世界体系中有它应有的地位与作用。没有各具特殊性的本土文化，全球文化也就没有载体。所谓全球文化，它应当是世界不同民族共享的文化，这里所说的不同民族，并不意味着要在单一化的全球文化中消失民族文化的个性，从而使这些各具特性的不同民族成为单一特性的世界民族。恰恰相反，全球文化是渗透在这些各具特色的民族文化中，并通过这些具有特殊性的文化表现出来的一种具有共性的文化。他指出："在全球文化这样一种发展趋势面前，如果一个民族不去自觉地维护本土文化，全球文化确实具有消解本土文化的功能。这也是反全球化浪潮所体现出来的忧虑。""既然全球化趋势是一种不可回避的历史趋势，那么，我们所应做的就是，在接受全球文化的同时，弘扬本土文化。在我看来，弘扬本土文化所要做的工作中重要的一点就在于，应当弘扬和提升那种对于全球文化具有普遍价值的东西。"②

　　邴正从总体上概括了当代全球文化的十大发展趋势：第一，文化性质从工业文化转向信息文化；第二，文化主体从区域文化转向全球文化；第三，文化状态从离散时空文化转向同步时空文化；第四，文化变迁从稳态文化转向动态文化；第五，文化权力由垄断性文化转向平等性文化；第六，文化层次由精英文化转向大众文化；第七，文化传递由纵向文化转向横向和逆向文化；第八，文化方法由分析文化转向综合文化；第九，文化结构由偏重物质

---

① 韦幼苏：《文化全球化与构建中国先进文化》，《南开学报》2002 年第 3 期。
② 龚群：《全球文化与本土文化》，《南开学报》2002 年第 5 期。

文化转向精神文化；第十，文化态度由自信文化转向自省文化①。在此背景下，他还对当代中国文化的发展趋势进行了概括：第一，多重的社会跨越造成了文化的多重结构与过渡性的发展趋势；第二，现代化的进程导致文化创新大于文化传承；第三，社会开放程度的提高促使文化融合大于文化净化；第四，大众文化与精英文化的冲突将随着市场经济的发展逐步走向兼容与综合；第五，多重的文化变迁与冲突日益加大了社会对体现市场经济需要的新价值和新道德的呼唤；第六，跨世纪的挑战呼唤民族精神的再塑造与更新。最后他指出中国文化的发展战略在于："全部的文化发展趋势，最终都凝聚到民族精神的跨世纪创新这一基本点上"，"我们应以优秀的民族文化传统和革命战争中形成的优良传统为基础，兼收并蓄先进的外来文化和现代社会创新的文化内容，形成一种属于 21 世纪的、保存了优良传统的、具有现代化内容的、适应社会主义市场经济的新的中华民族文化。这就是走向 21 世纪的中国文化的最高使命。"② 中国文化转型也是一个多重化的转型，首先要解决好传统文化和现代文化的矛盾；其次要解决文化的统一性和多元化的矛盾；再次要处理世界主义和民族主义的矛盾；最后要协调大众文化和精英文化的矛盾。构建和谐社会，一个重要内容就是文化的认同与整合问题。因此，必须要把社会转型与文化转型结合起来才能从整体上推进中国社会现代化的健全发展。

全球化与本土化的矛盾，已成为当代社会发展的重要问题。郭建宁认为，在这一背景下当代中国的文化选择和文化建设，在中西、横向、空间、国际方面主要是处理好文明冲突与文明对话的关系，在古今、纵向、时间、国内方面主要是处理好文化传承与文化创新的关系。我们要积极应对新时代的新挑战，创造既富有民族优良传统又具有鲜明时代精神，既立足中国大地又面向世界，既正视国情现实又放眼未来的新文化。③ 李翔海认为，面对"全球化"这一时代背景，面向 21 世纪的中国文化建设应当持守的一个基本的理论原则就是努力谋求全球化与中国化的良性互动。在人类历史的现实运动中，全球化是在西方现代文化的主导下进行的。所谓"全球化"，意指

---

① 邴正：《当代文化发展的十大趋势》，《新华文摘》1994 年第 4 期。
② 邴正：《当代中国文化发展的六大趋势》，《新华文摘》1997 年第 4 期。
③ 郭建宁：《全球化与当代中国的文化选择》，《学习与实践》2006 年第 6 期。

按照以西方文化为代表的人类现代文化的要求来进一步推进中国文化价值系统的现代转化；所谓"中国化"，则包含了两层基本的含义：一方面是指在中国文化自身的建设中要体现出中国文化传统的优良特质，另一方面则是指将中国文化独异的智慧精神融入人类文化之中，以真正对于全球化时代人类的社会与人生产生现实的影响。这既符合中国文化面向未来的发展趋势，也体现了全球化时代人类文化建设的内在要求。①

在文化全球化的浪潮中，当代中国文化的建设必须保持清醒的头脑，采取合理的路线。李宗桂认为，我们应当顺应文化全球化的潮流，主动参与到文化全球化的进程之中，取得话语权，获取、借鉴先进国家文化建设的成功经验。应当认识到，文化全球化与全球化的文化不是同等概念。西方某些人要想利用文化全球化来同化全球，这是值得我们警惕的。在西方某些人的话语系统和思维框架中，经济全球化最终便是经济一体化，而经济全球化、一体化必然影响到并演变为文化全球化，进而演变为文化一体化；再进一步，演变为政治全球化、政治一体化，西方价值观笼罩、统一世界。这当然是一厢情愿、自作多情，绝不可能成为现实。但是，我们也应该注意的是，随着中国综合国力的迅速增长，随着中国在国际上的地位的日益提高，国内极个别人头脑膨胀，要用中国文化去同化世界，特别是要用中国传统文化的价值系统去改铸世界，同样也是一厢情愿、自作多情。无疑，在文化全球化的世界格局中，坚持爱国主义，坚持民族立场，坚持国家利益至上，具有进步意义。但是，如果用狭隘民族主义的思想去指导当今中国的文化建设，去应对文化全球化的潮流，那就只能走向偏颇，并且最终走向失败。今天，我们正在从事着建设当代中国文化的艰巨工作。我们应当而且能够以开放、健康的心态参与文化全球化的历史进程，既坚持文化建设的民族性，又反对狭隘民族主义；既注意增强文化建设的世界性，又坚持文化发展的多元性。这样做，不为别的，是"为了世界文化发展的多样性"。②

当代中国文化的振兴与发展，不能离开全球化的大背景。丰子义认为，历史发展到今天，一个民族的文化建设必须置于世界文化格局之中来考虑。按照这样的要求，民族文化的建设不仅是要主动融入世界文化大潮，更重要

① 李翔海：《全球化与中国化的良性互动》，《南开学报》2002年第5期。
② 李宗桂：《文化全球化与当代中国文化建设》，《南开学报》2002年第5期。

的是要突出文化上的超越、创新。民族文化要立于世界文化之林，还必须在发展中创新。全球化所导致的文化竞争的加剧，使得创新意识和创新能力日益成为一个国家能否在这场竞争中掌握主动权的关键性因素，成为文化竞争力的关键性因素。文化的兴衰，全在于创新与否。看一个民族的文化发展程度，主要看其创新能力的高低。反观发展中国家的现实，理论准备不足与文化创新能力不强，恰恰是制约许多国家文化发展的一个重要因素。"我们的文化应当有自己鲜明的特点，应当有自己的原创。失去了这样的特点和原创，有什么样的东西可以走向世界，参与全球化的文化竞争？我们应当有自己的文化话语，有自己的思想创造，有自己的文化精品，全面寻回对中华民族创新能力的自信，这正是文化建设的希望、文化发展的希望！"①

　　面对全球化浪潮的冲击，既要使民族文化保持自己的独立性，又要使民族文化适应全球化的大潮，这确实是一大难题。文化保护成功与否，关键在于对这一难题如何解决。首先应当肯定，全球化并不等于同质化、模式化。没有民族独立和民族文化的独立，就没有真正意义上的全球化。全球化的特点决定了民族文化的发展必然是一个世界性的过程。全球性的文化互动使得各个国家的民族文化密切相联，一个国家要想真正保持文化独立性，走出一条健康的文化发展之路，就只能通过开放，融入全球化大潮，不断增强自己的文化竞争力。只有这样，才能在国际文化竞争中取得强有力的发言权，才能切实保护和发展自己的文化，使其具有真正的独立性和自主性。

---

① 丰子义：《全球化与民族文化的发展》，《哲学研究》2001 年第 3 期。

第十章
传统文化与现代化

关于传统文化与现代化的关系问题乃是 20 世纪 80 年代的文化热和 90 年代的国学热中的焦点，其他一切文化与文化史问题的讨论都是以这一问题为中轴而展开的。

一、 问题的缘起

传统文化与现代化的关系所以成为其他诸多问题探讨的出发点和落脚点，从而引起学术界的普遍关注，是由这一问题本身的显而易见的特殊性、重要性决定的。

（一） 以往论争的延续

从历史的角度看，关于传统、传统文化与现代化关系的认识是伴随中国社会的近代化（有将现代化与近代化相提并论者）历程而逐步展开逐步深化的，其源头甚至可以追溯到明末清初的资本主义萌芽时期。当然，当时国人对这一问题的紧要性的认识还是极为模糊的。比较明确地提出这一问题并加以探讨则是中国沦为半殖民地半封建社会以后的事情。19 世纪中叶，西方资本主义用洋枪洋炮打开了中国的大门，对中国进行经济的政治的军事的和文化的侵扰，迫使当时的有识之士开始考虑中国的出路问题。人们始初找到的方案即是所谓"师夷之长技以制夷"，而对民族传统文化的神圣性却未曾产生根本的动摇。19 世纪末 20 世纪初，以康有为、梁启超为代表的资产阶级改良派和以孙中山为代表的资产阶级革命派分别主张通过改良和变革中国政治制度的途径，以实现传统中国社会向现代社会的转变，他们没有把更多的精力放在旧文化的变革和新文化的创建上面。直至"五四"时期，人们才真正意识到，要解决传统与现代的矛盾和冲突，必须彻底改变文化的传统面貌。固然，这期间保守性的意见也占相当的比重。因此，从某种意义上说，正如冯友兰的新理学是接着程朱理学讲的，贺麟的新心学是接着陆王心学讲的，毛泽东的新民主主义论是接着孙中山的新三民主义讲的，我们今天对传统文化与现代化的认识和理解也正是接着"五四"讲的，是"五四"文化论争的历史的和逻辑的延伸。

（二）韦伯理论的影响

马克斯·韦伯（1864—1920 年）在西方世界是与卡尔·马克思享有同等声誉的卓越的社会科学家，他的许多著作被人们视为经典文献来研读。韦伯学术生涯的重心在于揭示不同宗教世界观对人们的现实生活的意义。他通过对新教与资本主义现代文明之间的关系的考察而写成的《新教伦理与资本主义精神》一书所得出的结论是：新教伦理中所蕴涵的讲求信用、勤劳、节俭等美德是促成欧洲近代资本主义兴起的内在的文化因素；他通过对儒教与中国的社会发展的关系的考察而写成的《中国的宗教》一书所得出的结论是：儒教过于重视家庭关系（血缘关系和人身依附）的思想正是阻碍资本主义在中国发展的首要因素。韦伯还将中国儒教和西方清教（新教）进行比较研究，进而指出，不是别的，正是儒教和清教价值观的根本差异构成了资本主义能够在西方而不能够在中国自动发展起来的根本原因。应该说，韦伯关于新教与欧洲商品经济发展的论断具有某种客观的真理性，而关于儒家思想根本阻碍中国现代经济发展的论断是否具有真理性则很值得怀疑。尽管如此，韦伯理论一经传入中国（20 世纪 80 年代初），便在中国掀起一股不大不小的"韦伯热"，他的书如《新教伦理与资本主义精神》等很快被译成中文出版，而绍述韦伯思想的文章一时更是层出不穷，人们争相谈论韦伯、了解韦伯、评价韦伯。不论人们对韦伯观念是赞同、是怀疑、抑或根本反对，它刺激、启迪人们从一个新的视角进一步探索中国社会自身是否具有孕育出走向现代化的文化因素却是事实。韦伯的结论是或然的，但其作用和影响却是积极的。

（三）海外新儒学的影响

海外新儒学是旅居国外的华裔学者、中国港台学者和外籍华人于 20 世纪 50—60 年代掀起的旨在复兴中国文化的学术文化思潮。这些华人学者中的一些健将在 70—80 年代还提出了儒学第三期发展的构想。他们在探讨日本、韩国、新加坡、中国香港和中国台湾等东亚国家和地区经济起飞的原因时，发现儒学特别是儒家伦理在其中起了十分有效的作用，因而执信复兴中华文化、弘扬儒家伦理一定也能带动中国本土的经济腾飞，执信传统文化（主要是儒家文化）与现代化并不矛盾对立，相反，它乃是中国现代化的最重要的文化动力。① 这与韦伯理论形成鲜明对照。随着改革开放的深入和中外文化交流的加强，这股新儒学思潮已波及中国大陆，在大陆学子中引起强烈的反响。尽管海外新儒学的观点并未能得到人们的普遍认同，但它显然正在刺激、推动着人们进一步去思考传统民族文化与现代化的内在关联的时代课题。可以说，它的影响远远超过了韦伯理论的力度。

（四）现代化实践的要求

虽然自"五四"以后，或者说自 1949 年新中国成立以后，中国便由半殖民地半封建社会步入了现代社会的门槛，然而及至今日，我们仍然不能说中国已经是一个现代化了的国家。事实上，我们与现代化之间还存在相当大的差距。正因为如此，粉碎"四人帮"以后，党中央决定把工作重心转移到经济建设上来，循序渐进地推行经济体制改革和政治体制改革，带领人民大张旗鼓地开展社会主义现代化建设。无疑，对于中国人民来说，现代化是一项前无古人、又无先例的伟大事业。完成这一事业，有赖于人们作出多方面的探索，一个重要的方面即是化解和克除传统与现代之间的紧张与抵牾，并最终求得二者的和谐与统一。有论者说："中国要走现代化的道路，实际上是旧邦维新，不能靠幻想去割断旧邦，只能老老实实地研究它，使惰力转化为动力。"② 否则，割断旧邦，毋宁就是斩断中国现代化的源头活水；而

① 关于现代新儒学包括海外新儒学的理论评估，详见本书第 8 章。
② 陈思和：《中国新文学对文化传统的认识及其演变》，《断裂与继承》，上海人民出版社 1987 年版。

不革新旧邦（传统），亦将使旧邦成为现代化进程中的绊脚石。可见，研究、探讨传统、传统文化及其与现代化的关系，乃是社会主义现代化实践向人们提出的客观要求。

二、　对传统的诠释

什么是传统？传统具有哪些特征？传统文化与文化传统是不是一回事？传统学又是怎样一门学说？凡此都是讨论传统文化与现代化时首先须要厘清的理论问题。

（一）什么是传统

关于传统，人们可以从各个不同的角度和方面来诠释和规定。有的学者在论及传统时，首先考察和追溯了传统的字源或词源。"传统"之"传"本义是"遽"。《尔雅·释言》："遽，传也。"传、遽互训。郭璞注："皆传车驿马之名。"《左传·成公五年》载："晋侯以传召伯宗。"杜预、韦昭皆注："传，驿也。"古驿道沿途设有许多驿站，传递信息的使者每到一驿站便可换乘车马，继续赶路。"传"含有一站传一站的意思。引申为传授，《论语·学而》："传不习乎？"韩愈《师说》："师者，所以传道授业解惑也。"唐陆德明《经典释文》云："传者，相传继续也。""传统"之"统"本义是茧的头绪。《淮南子·泰族训》："茧之性为丝，然非得工女煮以热汤而抽其统纪，则不能成丝。"段玉裁《说文解字注》："众丝皆得其首，是为统。"含万有总束为一个根本的意思。《尚书·微子之命》："统承先王，修其礼物。"《孟子·梁惠王下》："君子创业垂统，为可继也。"有世代相传的意思。朱熹曾发挥说："君子造基业于前，而垂统绪于后，但能不失其正，今后世可继续而行也。""传统"由单一概念转变为联结的概念，是取"传"的相传继续和"统"的世代相承某种根本性的东西之意。传统两意联结大体见于《后汉书·东夷传》："倭在韩东南大海中，依山岛为居，凡百余国。自武帝灭朝鲜，使驿通于汉者三十许国，国皆称王，世世传统。"后来沈约在《立太子赦诏》中说："王公卿士，咸以为树元立嫡，有邦所先，守器传统，于斯为重。"传统在这里指系统、血统、皇统、王统。传统在现代意义上则是英文 Tradition 的汉译，其词源当是拉丁文 Trade。后者本义指手工艺，含有人工造作之意，因其特点是世代沿袭相传，遂加上后缀为 Tradition，泛指一切历史流传下来的思想、道德、风俗、心理、文学、艺术、制度等文化现象，亦可规定为人类创造的不同形态的特质经由历史凝聚沿传下来的诸文化因素的复合体。①

有的论者从语义学及民族学、文化学的角度来诠释传统，指出"从语义学的角度讲，传，是指前人'以传示后人'；'统，继也'，是指后人承续前人；因而所谓传统无非是人类社会生活中前后相承、世代相继的东西。""从民族学、文化学等学科的角度讲，这种传统乃是某一地区或民族由其历史延续积淀下来的具有一定特色的文化观念、思维方式、伦理道德、情感方式、心理特征、语言文字以及风俗习惯等等的总和。"② 按照这种解释，传统还存在于社会生活的其他领域里，例如物质生产中的技术和工艺、精神生产中的思想和艺术、经济生活中的交往方式以及政治法律的制度等方面，都包含着具有某一地区或民族特点的传统因素。③

有的论者从狭义和广义两个方面来规定传统："狭义地说，它是由民族历史沿传而来的思想、道德、风俗、艺术、制度等；广义地说，传统是一个民族物质文化和精神文化的历史总体系，或者说，'就是人化的自然'。"④ 这实际上是将传统与文化等量齐观了。鉴于此，有的论者说，传统"就是决定文化及其类型形成、延续、发展或停滞的相对稳定的内在要素。也可以说，传统是社会、民族或区域文化的'遗传因子'"。"传统是文化稳定结构和形式化的结果，它与文化有内在联系，但又相互区别的概念。"⑤ 既看到传统与文化的不可分割的联系，又看到二者之间实际存在的区别，显然要较为可取一些。

有的论者立足于动与静的统一来定义传统，指出："传统是一个历史的概念，它是在历史的延续中稳定起来的，又是随着历史的发展而变迁的。没

---

① 参见张立文：《传统学导论》，《上海社会科学院学术季刊》1989 年第 1 期；黎红雷：《传统创造论》，《中山大学研究生学刊》1990 年第 1 期。

② 李秀林、李淮春等主编：《中国现代化之哲学探讨》第 323 页，人民出版社 1990 年版。

③ 李秀林、李淮春等主编：《中国现代化之哲学探讨》第 324 页，人民出版社 1990 年版。

④ 严捷：《论传统与民族文化心理结构》，收入《断裂与继承》，上海人民出版社 1987 年版。

⑤ 商戈令：《文化与传统》，收入《断裂与继承》，上海人民出版社 1987 年版。

有延续和稳定就谈不上传统，同样没有发展和变迁也就没有传统，因此，不同历史时期的传统，其内容是有发展变化的。"① 传统"顾名思义是指传下来的，今天还在产生影响或还可以产生影响的'统'。没有传下来的，现在已没有什么影响的是历史陈迹而不是传统。"② 从动的层面和静的层面的结合上来说解传统，思路是对的，但上述二定义本身却似乎未能揭示出传统的内在涵蕴。

还有的论者主张借鉴西方解释学的理论和方法来认识传统或中国传统。"解释学派强调传统是被诠释的。传统是同时具有历史传承与后世创造性的社会文化现象。他们反对把传统仅仅作为历史现象。我想，这种观点对研究中国传统是特别重要的。"③ "用现代释义学术语，所谓传统就是传统的解释者与作为对象的'本义'（传统）在双方的视界融合后的产物。没有独立于解释者的纯粹客观的传统本身。我们在与传统对话时，介入了传统，超出了传统。"④ 毋庸置疑，借鉴解释学派的理论与方法来解释传统是极富启发意义的，在这方面人们似可作更深一步的探讨。

还有的论者认为："传统是流动于过去、现在、未来这整个时间中的一种'过程'，而不是在过去就已经凝结成型的一种'实体'，……传统乃是尚未被规定的东西。"⑤ "传统无非是一种精神力量，精神力量和物质力量不同，是一种捉摸不定的东西，似无而实有，虽有而似无，它的载体也看不见，摸不着，……只能凭着自己的主观去理解传统。如果传统的客观不符合自己的主观，可以大胆地怀疑，也可以大胆地修改。"⑥ 反对把传统看成一种静态的、已经定型的、固定了的绝对，不是没有道理，但由此而走向极端，认为传统是一种"尚未被规定的"、"捉摸不定的东西"，可以任凭主观去"大胆地怀疑"、"大胆地修改"，则毋宁是视传统为非现实的虚无。这种观点表现了作者过于夸大传统的解释者的主观性而抹煞传统本身的客观性的思想倾向。

---

① 楼宇烈：《论传统文化》，《北京大学学报》1989 年第 3 期。
② 羊涤生：《试论文化的综合与创新》，《社会学研究》1988 年第 3 期。
③ 王元化：《关于文化问题的主客对话》，载《时代与思潮》（四），学林出版社 1990 年版。
④ 陈奎德：《文化讨论的命运》，收入《断裂与继承》，上海人民出版社 1987 年版。
⑤ 甘阳：《传统、时间性与未来》，《读书》1986 年第 2 期。
⑥ 余敦康：《关于传统与现代化的思考》，《南京大学学报》1988 年第 3 期。

关于传统，人们还有其他种种的说法。如谓传统"指一个民族一贯采取或崇尚的态度"[1]，传统"就是隐于文化系统内部并统摄文化构架的相对稳定的基本精神"[2] 等等。凡此种种，除个别诠释存在明显的偏颇外，大都从一个侧面角度不同、层次不同、深浅不同地对传统的内在涵蕴有所揭示。固然，期求在短时间内形成一个为所有人所普遍认同的关于传统的定义是很困难的，也是很不现实的。不过，我们在对传统作进一步的考虑时，有必要注意：第一，切忌将传统与"过去"画等号；第二，切忌将传统视作没有任何规定性的虚无；第三，主客统一、动静结合或许是比较可行的思路。

（二）传统的特征

传统的特征实质上是传统的定义的逻辑展开。传统的特征的说明有助于传统的定义的把握。

有的论者在阐述传统的特征时，首先转述了英国学者亚·莫·卡尔-桑德斯对传统的描述：（1）所谓传统就是储存，储存就是这样积累起来的。过去世世代代的知识传到现在这一代，经过某种程度的修改再传给后代；（2）传统实际上就是知识，更确切地说是观念的流传，这种流传是通过符号、语言、形象与概念，通过学习、传授、交感、模仿与启示等活动发生并完成的；（3）传统的内容便是储存在语言、风俗、民间传说、制度和工具等之中的观念，因此它们是人类达到高级思维过程而产生的特征；（4）传统的运动特性是引导和制约精神活动按常规向前推进，因此传统一旦形成，便起而支配各种精神过程运用的程度和方向。该论者批评桑德斯将传统仅归结为观念的储存，但肯定观念的储存和流传毕竟是传统形成和传统性质的重要方面，并进而提出了自己对传统特征的看法，认为"传统具有外在的与内在的两种形式化的特征。一方面，传统是相对稳定的文化结构的外在形式，主要表现为社会、阶级或群体的礼仪、风俗、制度、行为习惯等，传统不是直接地以文化活动的产品表现出来的，而是以文化活动的形式特征来体现的"；"另一方面，传统又是内在于主体的观念形式，观念的创造或活动内容构成了文化的重要内容，而观念的形式则构成了传统的内容，如思维方

---

① 谢遐龄：《论中西文化差异之根与当代中国文化之趋向》，《复旦学报》1988 年第 3 期。
② 卜春江：《"文化"·"传统"略论》，《齐齐哈尔社会科学》1989 年第 3 期。

式、价值系统、语言形式等。"① 观念的形式固然构成传统的内容，但传统的内容是否仅仅归结为观念的形式？观念的形式与观念的内容、观念的内容与传统的内容之间是怎样一种关系？对此该论者尚缺乏应有的说明。

有的论者将传统的特征归纳为牢固性、广泛性、社会性、神圣性和可塑性五个方面，指出传统"是从过去传递到今天的观念、制度、行为规范。它经历过较长时间的完善、积淀而获得了牢固性；它支配了多数的社会成员而获得了广泛性；它超越了个人性格具有了社会性；它在制度化和不断宣传的过程中又具有了神圣性；但同时它仍保留着文化的基本特征——可塑性。"② 其实，作者所谓牢固性和神圣性、广泛性和社会性应是意义相近的概念，不必硬加分列。

有的论者概括传统的特征：（1）传统不单纯是时序上的概念，它不是已经死亡了的东西，而是来自过去且现在仍有生命活力的生命；（2）传统是多元的，并非单一的；（3）传统文化是流动的，而非凝固的；（4）传统是可变的，这种可变性是主体参与和历史选择的结果。③ 作者反对把传统过去化、单一化、凝固化乃至把中国传统儒家化，强调传统的多样性、流动性、可变性特征，显然是富有见地的，但因此而忽略传统的历史性、一元性、恒常性，则不免陷于片面。同时，作者对传统与传统文化不加区分也是不尽稳妥的。

也有学者认为，传统的本质特征是主观与客观的交融和统一。传统是活的精神存在，而非纯客观、纯客体性的东西，当它介入现实的人的精神活动之中，传统就不再只具有它原初的文本的含义，而具有了与理解者的特殊身份和视野相关的新的意蕴。传统相对于以主观或主体的身份出现的理解者而言，它仍然是一种相对稳定或相对给定的精神存在。它虽要参与主体对自身的解释、发挥的精神创造过程，但主体对传统的解释、发挥乃至改铸，仍然要以传统为前提和基础。传统作为被理解的对象和主体作为理解者之间的理解与被理解的过程，始终是一个相互渗透、相互作用、相互参与的过程。为此本质特征所决定所派生，传统还具有两个一般性的特征：其一，传统是多

---

① 商戈令：《文化与传统》，收入《断裂与继承》，上海人民出版社 1987 年版。
② 郑也夫：《"反传统"之反省》，《中国青年报》1988 年 10 月 28 日。
③ 萧萐父：《文化问题漫谈》，《海南大学学报》1991 年第 2 期。

样性与一元性的统一。所谓多样性，指的是任何民族传统都不可能是单一的，而是由多种因素多种成分构成的；所谓一元性，指的是在众多传统中，总有一传统居于主导的地位，它的兴衰对其他次传统的生存和发展将产生极为重大的影响。其二，传统还是流动性与恒常性的统一。所谓流动性，说的是任何传统都不可能铁板一块地延续下来，随着历史的发展和时代的变更，它的内容和形式也将发生不同程度的变化，以适应不断发展着的时代要求；所谓恒常性，说的是在传统的变化发展中，总有一种常住性的东西被保存下来，这种常住性的东西是该传统所以为此一传统而非彼一传统的内在根据或曰内在精神。[1] 相对于前述几种认识而言，作者在这里将传统规定为主观性与客观性、多样性与一元性、流动性与恒常性的统一，要算是比较全面和精当的见解，表现了作者对传统的辩证的理解和把握。

还有的论者认为，传统的特征在于：①传统是人类在改造自然同时改造社会（包括改造自身）的实践活动进程中的产物，也即人的活动的产物。②传统具有不同形态的特质。各地区、各民族所创造的传统具有各不相同、纷纭复杂的形式和状态。这种不同形态的特质，既是传统的外化，又是传统内化的体现，传统是外化和内化的结合。③传统是经由历史凝聚而沿传下来的。它在螺旋式前进的每一阶段中，都需要选择一种相对稳定的凝聚结构，以便发挥它的历史的和现实的功能。只有这种相对稳定的凝聚结构，才能在历时性和共时性的统一中沿传下来。④传统是诸文化因素的复合体。传统，即使是一个地域或一个民族的传统，也不是单一的，往往是众多相对稳定的文化样式和文化类型的复合整体。[2] 作者主要立足于传统的产生、形成、发展、变异及其构成来描述传统的特征，不失为一家之言。

此外，还有其他一些关于传统特征的描述，如谓传统"既非一个超稳固系统，也不是一个流变过程中无法捉摸的虚无。它是不断变异着的，因而是可以转化的；它不是扑朔迷离的，因而是能够扬弃的。""它是过去已规定，现在在规定中，将来仍要规定的东西。它不仅是昔日的陈迹，也是现代的影像，更必是未来的基因。"[3] 如此等等。因其与前述诸家之言或大同小

---

① 吴为：《传统与新文化建构》，《学术月刊》1991 年第 7 期。
② 张立文：《传统学导论》，《上海社会科学院学术季刊》1989 年第 1 期。
③ 卜春江：《"文化"·"传统"略论》，《齐齐哈尔社会科学》1989 年第 3 期。

异，或未超出其水平，故不再一一罗列。总的来看，诸家论述同中有异，异中有同，都程度不同地作出了自己的理论贡献。相信通过关于传统特征的进一步探索与争鸣，定能形成一个关于传统的接近完善的定义。

（三）传统文化与文化传统

什么是传统文化？什么是文化传统？传统文化与文化传统存在怎样的关系？这也是人们在讨论"文化"和"传统"时应当予以回答的。但从目前的情况来看，多数论者往往是将二者作为同一概念来论述的，只有少数学人开始意识到二者含义上的差异，提出对二者要加以区分。丁守和先生说："文化传统与传统文化确有不同。无论从理论上或从事实上看，传统文化要广泛得多。"传统文化中"确实是精华与糟粕杂陈。而传统文化中积累积淀下来的传统，固然有好的，但不好的或糟粕则更多些。"[1] 丁先生指出二者有广狭之分，未指出二者的实质性差异。林牧先生说："文化传统，是指一个民族在历史上形成的至今还保留在人们心理和行为中的观念体系、价值体系和知识体系。而传统文化，则是指一个民族在历史上存在过的一切观念体系、价值体系和知识体系。"[2] 林先生指出二者有实质区别，但没有就二者的关系作进一步的说明。

比较早地提出区分"文化传统"和"传统文化"的，大概是庞朴先生。庞朴指出："传统文化是过去的已经完成的那些东西"，是"死的"；"而文化传统是……那个活的东西"。[3] 这实是说，传统文化是死的文化，而文化传统是活的文化。庞朴的意见和见解得到一些学人的首肯，如汤一介先生认为庞朴将"文化传统"和"传统文化"区分开来"很有道理"，并进一步解释说，文化传统是指活在现实中的文化，是一个动态的流向；而传统文化是指已经过去的文化，是一个静态的凝固体。对于后者，我们可以把它作为一种历史上的现象来研究，可以肯定它或者否定它，而对于前者，则是如何使之适应时代来选择的问题，因此它将总是既有特殊性（或民族性）而又有当代时代精神的文化流向。不管人们愿意或者不愿意，一个能延续下去的

---

① 丁守和：《关于传统文化与文化传统的思考》，《光明日报》1999 年 10 月 29 日。
② 杜牧：《试论文化传统》，《社会科学评论》1988 年第 4 期。
③ 见庞朴于 1987 年 7 月对西安、成都、重庆等地学员所作的题为《文化传统与现代社会》的讲演，载《中国社会科学》1986 年第 5 期。

民族的文化总是在其文化传统中，而且不管如何改变它仍然是这一民族的文化传统。① 汤先生在这里不仅区分开"传统文化"与"文化传统"的不同所指，而且还提出了对待"传统文化"和"文化传统"的不同态度问题，无疑是极有意义的。

也有论者批评庞朴"没能阐明'传统文化'和'文化传统'的辩证联系，将'传统文化'同'过去'简单地画了等号"，从而"自觉或不自觉地否认了文化发展是一个辩证过程"，而使"文化传统"这"活的东西"成了"无本之木、无源之水"了。② 看得出，这一批评是有些苛刻的，但也不是毫无道理。还有的论者反对将传统文化与过去之文化等同起来，指出传统文化不是静态的存在，而是动态的观念之流；不是静态的积淀物，而是动态的价值取向。"所谓传统文化不仅仅意味着'过去存在过的一切'，其更深层含义在于……是肇始于过去融透于现在直达未来的一种意识趋势和存在。被称为传统文化的东西，必定是在社会机体组织及人的心理—生理结构中有着生命力和潜影响力的东西，这些业已积淀为人的普遍心理—生理素质的因素时刻在规范、支配着人们未来的思想、行为，不具备这一特征，就不能划归传统文化的范围。"③ 很明显，该论者所论传统文化的特征实际上就是前述庞朴、汤一介二先生所论文化传统所具有的特征。倘若该论者的立论可以成立的话，那么，文化传统又将是何"物"？恐怕只能将其与传统文化混为一谈，而很难指出二者的不同意谓了。

比较早地强调区分传统文化与文化传统，并作出较详细的阐发的还有朱维铮先生。朱先生首先从语法形式来分辨二者语义的差别。表面上看，二者都由相同的两个复合词构成，都属于所谓偏正结构一类，但词序却不同，"传统"在前一词组里作为定语，用来界定所指"文化"的范畴；在后一词组里却成为被"文化"所界定的对象，表示它并非别的传统，只特指"文化传统"。"可见，通过词序先后互易，语义就起了变化"。朱先生进而从文化学的角度认定传统文化即"死文化"，文化传统即"活文化"："传统文化属于历史，而历史属于过去。过去种种，都已是既成事实，绝不因逻辑上尚

---

① 汤一介主编：《港台海外中国文化论丛·总序》，三联书店 1990 年版。
② 卜春江：《"文化"·"传统"略论》，《齐齐哈尔社会科学》1989 年第 3 期。
③ 王杰：《传统文化的价值取向与主体价值问题》，载许启贤等主编：《传统文化与现代化》，中国人民大学出版社 1987 年版。

有各种可能而改变，也绝不因理论上会有各种解释而改变。""在历史上存在过、兴旺过，但在现代社会文化生活中已消逝了的传统，自然失去存在的依据。体现这种传统的文化形态，无疑都属于死文化……相反，先辈曾经认定是合宜的行为规范，以后继续被认为合宜的，被认为往古社会所累积的最佳经验，体现这种传统的文化形态，属于历史的遗存，却在现代社会文化中依然存在，尽管已经变了位并且变了形，那就是活文化。""后者就是人们习称的文化传统。"从实质上说，这一解释与庞朴、汤一介的看法大体上是一致的。不过，朱先生强调研究传统文化和文化传统必须注意的事项却是值得一提的。他认为要获取传统文化的历史主义的解释当注意：（1）传统文化在社会生活中的位置；（2）传统文化是一个处于生成、定型、破裂与转化的永恒运动中的过程；（3）通常意义的传统文化多指这一过程的定型样态；（4）传统文化相对于泛文化而言是个特称判断，但自身又是个全称判断；（5）中国传统文化属于历史的存在。而要获得文化传统的实事求是的解释亦当注意：（1）必须辨别现实中间有无踪影；（2）必须注意作用的正面和负面；（3）必须鉴别新传统和旧传统、外来传统和固有传统；（4）必须顾及中华民族的整体；（5）必须坚持实事求是。① 朱先生提出的这些原则无疑是人们进一步探讨传统文化和文化传统时所当遵循和恪守的。

还有的论者提出有必要区分"传统文化"和"传统思想文化"，认为传统文化是指中华民族世代积累的精神遗产的总和，它可以分为两个层次：一是理论形态的传统思想文化；一是知识形态的传统文化。传统文化和传统思想文化是种和属的关系。② 还有的论者主张区分传统文化的表层结构和深层结构。相对而言，关于文化传统的论述要弱于关于传统文化的论述，而关于传统文化与文化传统关系的揭示又要弱于二者各自内涵的揭示。这一薄弱环节的加强将取决于文化史和文化学理论研究的深化。

还有的论者专就中国传统文化作出界定，许多同志认为，中国传统文化与中国古代文化同义；更多的同志认为，中国传统文化是与中国当代文化相衔接又相区别以往历史进程中的中国文化。而顾冠华先生则认为，中国传统文化是指中国几千年文明发展史中在特定的自然环境、经济形式、政治结

---

① 以上引文和观点均见朱维铮：《传统文化与文化传统》，《复旦学报》1987 年第 1 期。
② 黄山：《一九八六年中国传统文化研究概述》，《中国史研究动态》1987 年第 7 期。

构、意识形态的作用下形成、积累和流传下来，并且至今仍在影响着当代文化的"活"的中国古代文化。它既以有关的物化的经典文献、文化物品等客体形式存在和延续，又广泛地以民族思维方式、价值观念、伦理道德、性格特征、审美趣味、知识结构、行为规范、风尚习俗等主体形式存在和延续。而且，这些主体形式的文化都已内化为中华民族的文化心理和性格，深深融入到社会政治、经济、精神意识等多个领域，积淀为一种文化遗传基因，并以巨大的力量影响着人们的思想意识和行为，影响着社会历史的发展进程。① 顾先生的界定已将文化传统涵摄在内，有将中国传统文化与文化传统混为一谈之嫌。

（四）传统学的提出

朱维铮先生曾提出"使传统研究真正成为科学"，他说："传统文化与文化传统，作为研究的范畴，虽然不同，但真能实事求是地进行研究，就都是科学。"②

如果说朱先生的提议含有建立传统学的意向的话，那么，最早明确提出建立传统学，并对其作出全方位的理论探讨的，当首推张立文先生。

关于传统学的研究对象，张立文先生认为"是关于研究传统现象发生、发展的规律及其各要素之间互相关系的科学"。分而论之，则①传统学是对于世代相传、延续的某种根本性的相对稳定的内在要素的探讨，是对于制约一定文化样式或文化类型的原因、依据的阐述；②传统学是关于人类创造性活动、劳动以及人们为实现和满足自身价值和需要的内在原因、必然关系、一般规律的说明；③传统学是关于人们生活方式和行为模式普遍化的类活动的本质要求和根本原因的探讨，或者说是什么原因或能量把人们的生活方式和行为模式构成相对稳定的文化要素，进而使诸文化要素形成凝聚结构。

关于传统学与文化学的异同，张立文先生认为二者是相对峙而又相联系的。①文化学是研究主体如何以及怎么外化或对象化的，传统学是研究客体化的对象物是如何及怎样体现主体精神、风格、神韵、心理素质结构

① 参见顾冠华：《中国传统文化论略》，载《扬州大学学报》1999 年第 6 期。
② 朱维铮：《传统文化与文化传统》，《复旦学报》1987 年第 1 期。

的；②文化学研究各种文化现象之间的对峙与统一以及由此对峙统一所构成的文化有机整体系统，传统学则研究各种文化现象如何凝聚、固化成传统，构成传统的有机系统；③文化学研究各个历史时期文化现象的发生、发展和瓦解、衰微的过程及其规律，传统学研究传统在各个历史时期的变异和契合以及如何重新筛选、凝聚、固化，如何世代相传、延续。从主体角度来讲，"文化学是关于文化主体——人的需要、欲望、追求等等主观性的综合研究；传统学是关于传统主体——人的需要、欲望、追求被转换固化为实存的研究。"

关于构建传统学的方法，张立文先生提出纵横互补律、整体贯通律和混沌对应律。①纵横互补律"是指在一定时空中，传统诸要素间的纵向联系、横向联系、斜向联系以及纵、横、斜交织互补，而构成一个有机的整体。"所谓纵向联系即所谓"古今"问题，就是对传统进行历史的分析，揭示整个历史长河中传统运动的层次、阶段、内在逻辑和发展理路；所谓横向联系即所谓"中外"问题，就是对传统运动全过程中内在的、外在的各要素、因子，分析其各个方面、环节、阶段、层次上的各种特质、关系或联系；所谓斜向联系是指非规则、非定向、非进化的传统运动。②整体贯通律"是指传统的同质要素、因子，异质要素、因子，同异交质要素、因子之间胶粘、贯洽，即相互渗透发展到极点，就引起互相转化。"传统诸质态的贯通性表现为传统诸要素、因子之间的互相渗透，互相渗透为互相转化、突变的变量；互相转化、突变是互相渗透的变量，这样便构成了"由此达彼"的、由层次到阶段的贯通性，从而构成代代相继。正是整体贯通律把传统诸要素、各个层次和阶段联结成整体传统系统。③混沌对应律"是指传统整体系统中非系统、非整体、非逻辑、无序的混沌方面"，但它又"与系统、整体、逻辑、有序相对应"。它揭示的是传统现象中广泛存在的与整体系统过程不同的运动方向、状态、阶段、环节以及传统现象中的无意识、潜意识层面。按照张立文先生的说法，纵横互补律、整体贯通律、混沌对应律构成传统学不可或缺的三理论和三方法。"纵横互补律构筑了传统有机整体系统，揭示了传统整体系统诸要素、因子间的内在逻辑，以及传统诸要素、因子按何种次序排列或组合方式；整体贯通律构筑了传统代代相传的体系，揭示了传统诸要素、因子的三质态及各层次、环节、阶段的关系；混沌对应律探讨了与传统整体系统相对的非整体系统，揭示了传统整体系统的形成、发展和破坏、重建的总过程。"①

传统学目前尚处于初创时期。如果说传统学作为一门独立的学科可以成立的话，那么，张立文先生的探索将是弥足珍贵的。当然，一切有关传统、传统文化的切实研究实际上都或多或少为传统学的构建准备着条件。

三、 对现代化的不同理解

现代化是一场世界性的经济—社会运动，近代以来，世界上绝大多数国家都或迟或早、或快或慢、或自觉或被迫地卷入了这场运动。我们中国也为实现自己的现代化进行了长期的艰苦的探索和实践，"现代化"一词在我国可说已家喻户晓，不算什么新名词了。但究实而言，我们及今未能形成完整系统的现代化发展理论。新时期以来，人们曾就现代化展开激烈的论争，但在什么是现代化、现代化有哪些特征、怎样实现现代化等基本问题上也仍然是见仁见智，莫衷一是。

（一） 国外学者对现代化的理解

伴随改革开放，国外的现代化理论逐渐涌入中国，并对国内的现代化研究产生了一定的影响。我们有必要根据一些研究者的介绍和评价文字，对之作一概略的总结。

国外现代化理论研究起步较早，成果显著，现已形成许多不同的流派，如历史进化学派、发展经济学派、文化人类学派、结构功能学派等等。不同学派的现代化理论可大致归为广义的和狭义的两种类型。广义现代化理论是指现代世界发展研究，包括对欧美近现代经验的总结，但主要是对第三世界现在与未来发展的探讨；狭义现代化理论则是指 20 世纪五六十年代产生于美国并流行于许多国家的一种研究发展的理论流派。② 从不同的立场出发，国外现代化学家对"现代化"含义的把握便存在种种的差异。如赖肖尔认

---

① 以上引文及观点均见张立文：《传统学导论》，《上海社会科学院学术季刊》1989 年第 1 期；张立文著：《传统学引论》，中国人民大学出版社 1989 年版。
② 参见段小光：《论西方现代化理论的历史发展》，《南京大学学报》1988 年第 4 期。

为，现代化是在现代社会中正在进行着的重要的变化。① 这是个相当抽象和模糊的说法。塞缪尔·亨廷顿说，现代化是一个"包含了人类思想和行为各个领域变化的多方面进程"。② 这一说法似稍具体一些。戴维·波普诺则说："现代化指的是发生在一个传统的前工业社会向工业化和城市化社会转化的过程中发生的主要的内部社会变革。"③ 这是从纵向的社会状态转变来揭示现代化过程的特征。布莱克把现代化说成是"在科学和技术革命影响下，社会已经发生和正在发生的转变过程。"④ 这种转变包括政治的、经济的、社会的和思想的变化。而马克斯·韦伯则谓现代化是代表我们这个时代的一种"文明的形式"，现代化就是"理性化"，是一种全面的理性的发展过程。⑤ 美国汉学家艾恺则将现代化界定为："一个范围及于社会、经济、政治的过程，其组织与制度的全体朝向以役使自然为目标的系统化的理智运用过程。"他将"役自然"和"擅理智"视为实现现代化的手段。⑥

关于现代化的主要特征，国外学者的看法也不尽一致。1960 年在日本箱根举行"日本和现代化"国际学术会议，与会者为现代化确定的标准是：（1）人口较高地集中于城市，整个社会日益以城市为中心而运转；（2）非生物能源高度利用，商品流通和服务设施的增长；（3）社会成员大范围的交流和普遍参与经济政治事务；（4）村社和世袭群体解体，个人社会流动性增大及表现形式多样化；（5）广泛普及文化知识；（6）广泛而有渗透性的大众传播系统；（7）大规模的政府、企业、工业等社会组织的拥有及这些组织日益科层化；（8）大量人口逐渐统一在单一的控制（国家）之下及各国之间相互作用的加强。⑦ 后来，贝迪阿·纳思·瓦尔马提出五条评判现代化的标准：（1）行动的合理性；（2）突出个人价值与追求的个人主义；（3）摆脱宗教束缚的现世主义；（4）科学运用于帮助人类适应自然和建立良好人际关系；（5）法律、民权、人权面前人的平等。⑧ 而以布莱克为代表

① 赖肖尔：《什么是现代化》，载日本《自由》杂志 1965 年 1 月号。
② 塞缪尔·亨廷顿著：《变动社会中的政治秩序》第 32 页，耶鲁大学出版社 1968 年版。
③ 戴维·波普诺著：《社会学》（下）第 618 页，辽宁人民出版社 1987 年版。
④ 布莱克等著：《日本和俄国的现代化》第 18 页，商务印书馆 1984 年版。
⑤ 马克斯·维贝尔著，姚曾广译：《世界经济通史》第 301 页，译林出版社 1981 年版。
⑥ 艾恺著：《世界范围内的反现代化思潮》第 6 页，贵州人民出版社 1991 年版。
⑦ 西里尔·布莱克著：《比较现代化》第 148 页，纽约自由出版社 1976 年版。
⑧ 贝迪阿·纳思·瓦尔马著：《现代化问题探索》第 6—9 页，知识出版社 1983 年版。

的结构功能学派则以"现代性"为现代化社会的特征。所谓"现代性"包括：（1）民主化；（2）法制化；（3）工业化；（4）都市化；（5）均富化；（6）福利化；（7）社会阶层流动化；（8）宗教世俗化；（9）教育普及化；（10）知识科学化；（11）信息传播化；（12）人口控制化；等等。① 上述关于现代化社会特征的三种描述可谓你中有我，我中有你，都比较全面地把握住了现代化的主要之点。正因为如此，塞缪尔·亨廷顿认为，现代化的如下一些特征是西方学者普遍认同的：从使用人力、畜力转移到使用非生物动力，从使用手工工具到使用机器作为进行生产活动的基础，就意味着财富增长、技术多样化、分化和专业化，从而导致一种新型的劳动分工，以及工业化和都市化；对国家政权的支持者，从超自然的神转为世俗力量，权力日益扩散到更大的居民阶层，法律高于其他调节系统；作为社会结构基础的角色派定，从归属原则转变为按个人的成就与功绩的原则，从质的方面改变了用人的基础，从而也改变了社会结构；社会团结原则的主要转变是，从建立在先定的、分散的、单一因素论基础上的"机械性"团结转变为建立在契约的、专业普遍性基础上的有机性团结；现代化过程意指从信神、注重来世、反对变化的观点转变为世俗的、现世的、向前看拥护变革的观点；理性主义、人道主义、适合时宜性，以及改善今世而非来世的人类生活条件的必要性，构成了现代化文化观的标志。② 按照罗荣渠先生的说法，西方各派的现代化理论并非截然对立，"其中有些观点实际上是互相渗透、相辅相成的。新兴国家的政治家们多着眼于增强国力，在现代世界中求生存与发展来考虑现代化；经济学家则从工业发展与经济成长的观点来看现代化；社会学家偏爱从社会机体的分化与功能方面来谈现代化；而历史学家则把现代化视为一个统一的世界发展过程。"③ 这些现代化学说现已引起我国学人的广泛重视。可以肯定，对它的了解和认识的深化，将有助于现代化理论的中国学派的建立。

---

① 杨国枢著：《现代化的心理适应》第 24 页，台北巨流图书公司 1978 年版。
② 塞缪尔·亨廷顿等著：《现代化理论与历史经验的再探讨》第 32—33 页，上海译文出版社 1993 年版。
③ 罗荣渠：《现代化理论与历史研究》，《历史研究》1986 年第 3 期。

（二）现代化与四化

通过技术革命，推进我国经济和技术迅猛发展，实现农业、工业、国防和科学技术现代化，这是我国党和政府领导人一再阐述的大政方针，也是历史赋予我们现阶段的根本任务和奋斗目标。早在 1954 年，周恩来总理就明确提出，要把我国建设成为"一个强大的社会主义的现代化的工业国家"。[1]后来在 1963 年的一次讲话中，他更明确地指出现代化包括四个方面的内容："我们要实现农业现代化、工业现代化、国防现代化和科学技术现代化，把我们祖国建设成为一个社会主义强国，关键在于实现科学技术的现代化。……我们落后于世界先进水平……我们应该迎头赶上，也可以赶上。"[2]我们与西方发达国家有很大差距，缩短乃至消灭这种差距，唯有进行四化建设，而四化之中，科技现代化当是最为关键的环节。1978 年，邓小平同志在《在全国科学大会开幕式上的讲话》中进一步阐述了这一思想，提出了"科学技术是生产力"的新观点，并把建设四化、发展科技上升到社会主义中国的前途和命运的高度来认识。他指出："在 20 世纪内，全面实现农业、工业、国防和科学技术现代化，把我们的国家建设成为社会主义的现代化强国，是我国人民肩负的伟大的历史使命。……不搞现代化，科学技术水平不提高，社会生产力不发达，国家的实力得不到加强，人民的物质文化生活得不到改善，那么，我们的社会主义政治制度和经济制度就不能充分巩固，我们国家的安全就没有可靠的保障。"[3] 随后，邓小平同志也利用各种场合反复强调发展经济和科技的重要性。他说："不发展经济，不改善人民生活，只能是死路一条。""科学技术是第一生产力。""要提倡科学，靠科学才有希望。"[4] 学术界普遍认为，指出"科学技术是第一生产力"，这是对马克思主义生产力学说的重大发展。

由于党的提倡和宣扬，现代化即四化的观念业已深入人心，得到全国人民的普遍认同。实际上，它已构成"国家意识"的一个重要方面。如果说

---

[1]《周恩来选集》下卷第 412、413 页，人民出版社 1984 年版。

[2]《周恩来选集》下卷第 412、413 页，人民出版社 1984 年版。

[3]《邓小平文选》第 82—83 页，人民出版社 1983 年版。

[4] 见 1992 年 1 月 18 日—2 月 21 日《邓小平同志在武昌、深圳、珠海、上海等地的谈话要点》，《人民日报》1992 年 1 月 18 日—22 日。

人们对现代化内涵的理解尚有不同的看法的话，那么，现代化即四化的观念要算是最流行的一种看法了。从这一现代化观念的内容来看，它显然主要是立足于物质因素或经济因素来考虑的，四个现代化主要是物质层面的现代化或社会经济的现代化。也许正因为这一现代化观念没有明确把其他非经济因素包容在内的缘故，一些研究者指出："把现代化仅仅看做是社会经济的现代化，又是远远不够的，现代化的国家并不仅仅是经济、技术和社会生产的高度发展，也不仅仅表现为人均收入、工农业生产总值等经济指数。除此而外，还要看一个国家是否具有与社会经济发展相适应的其他条件，如现代化的政治、法律制度，现代化的管理手段，现代化的文化教育事业等等。如果把这些因素结合起来，可以说，经济指数不是现代化的绝对尺度。"① "现代化不是一个或几个现代化，……不能把现代化局限在经济、科学技术、国防这几个狭小的范围内，应该从文化层次上去认识现代化。"② 反对单纯用经济标准来看现代化，并不意味着经济的发展对现代化无足轻重。事实上，"对于现代化的问题，首先从社会经济发展这一方面去考虑，是正确的，……因为社会的发展，归根结底表现为经济和社会生产的发展，一个国家现代化与否，首先要用其各项经济指标来说明。"③ 这实是提醒人们要把经济因素和非经济因素结合起来考虑现代化问题，不可囿于一偏。

（三）现代化与西化

把现代化等同于西化，这是新时期特别是 20 世纪 80 年代中后期一种颇具影响的观点之一。从历史的角度看，这种观点的提出不是什么新发明，它不过是西方中心论（或西方样板论）和"五四"时期全盘西化论的翻版。一些西方现代化论者立足于西方资本主义工业文明的价值观，认为现代西方文明乃世界文明发展的顶峰，不论在政治、经济、文化等各方面都高于其他一切文明，这样，后进国家只能承认自己"事事不如人"，只能被动适应西方文明的挑战，被牵着鼻子走。尤其是第二次世界大战后，西方学术界正式提出一种现代化理论，鼓吹第三世界国家按西方模式发展经济和文化，而不

---

① 孙晓春：《关于现代化的文化思考》，《社会科学战线》1988 年第 4 期。
② 孙晓春：《关于现代化的文化思考》，《社会科学战线》1988 年第 4 期。
③ 孙晓春：《关于现代化的文化思考》，《社会科学战线》1988 年第 4 期。

能有自己的现代化模式。① 而在我国，西化的主张也是渊源有自。早在半个多世纪前，资产阶级学者胡适就是这一"高论"的始作俑者。胡适在《中国今日的文化冲突》（1929 年）一文中率先提出"西化"主张后，社会学者陈序经即接过这个口号大肆宣扬，他在《中国文化的出路》（1932 年）一书中大讲在中国"全盘西化"的种种理由。继而胡适在《独立评论》第142 期发表《编辑后记》（1935 年 3 月 17 日），公开声明他"完全赞成陈序经先生的全盘西化论"，张佛泉教授则在《西化问题之批判》（1935 年 4 月1 日）一文中把"全盘西化"变成"从根上西化"来宣扬。②

20 世纪 80 年代的西化论者对西化的推崇，较之胡适等人的主张可谓有过之而无不及。在他们看来，西化程度愈高，现代化程度也就愈高。现代化只有一个模式，发达资本主义国家的今天就是我们的明天。也就是说，只有西方文化才能引导中国迈向现代化。中国固有文化对现代化只能起阻碍作用，唯有彻底地不折不扣地抛弃它，中国才有希望获得新生。有的研究者说，"《河殇》的基本观点就是这样"。③《河殇》以"内陆文明"和"海洋文明"来代表中西两种文化传统，以黄色和蔚蓝色作为两种文明的象征，认为"蔚蓝色文明"和"黄色文明""是冰炭不相容的"，当今世界的大势表现为"黄色文明"的衰微和"蔚蓝色文明"的兴起，因此，中国的出路只能是"刷新中国文化的颜色"，"汇入蔚蓝色的大海"。可见，"《河殇》作者虽然没有打出'全盘西化'的旗帜，并且还嘲弄'全盘西化'论是'一派幻想'，但实质上，他们的论调与全盘西化论者并无原则的区别，反映的都是一种民族虚无主义的倾向。"④

如果说《河殇》作者的西化论实质还有所掩饰的话，那么，刘晓波博士对其充当新时期西化论的旗手却似乎"当仁不让"。刘晓波说，中国要改

① 参见罗荣渠：《传统与现代化问题的理论思索》，《北京大学学报》1989 年第 3 期。
② 关于 20 世纪二三十年代的西化思潮，可参考罗荣渠：《从"西化"到现代化》，《人民日报》1989 年 2 月 21、26 日；周溯源：《"全盘西化"论的始作俑者》，《人民日报》1987 年 3 月 2 日；史微：《三十年代"全盘西化论"初探》、铁钧：《民族文化虚无主义思想演化的历史回顾》，均载《民族文化虚无主义评析》，中国人民大学出版社 1990年版。
③ 钱逊：《关于克服民族文化虚无主义的几点想法》，《民族文化虚无主义评析》，中国人民大学出版社 1990 年版。
④ 隽义、艾平：《试析文化史研究中的民族虚无主义倾向》，《民族文化虚无主义评析》，中国人民大学出版社 1990 年版。

变"彻底落伍"的状况，只有"全面地、彻底地向西方学习"。① 他一方面把民族文化看得一无是处，另一方面把西方文化、制度及生活方式吹捧得天花乱坠。他指出："西方与中国制度的区别就是人与非人的区别，换言之，要过人的生活就要选择全盘西化，没有和稀泥及调和的余地。我把西化叫做国际化、世界化，因为只有西化，人性才能充分发挥。"② 刘晓波西化论的实质在于以西方资本主义制度取代我国的社会主义制度，他说中国当"以多党并存的民主制代替一党独裁；用私有制、市场经济代替公有制、计划经济；用多元言论、思想自由来代替思想一元化。"③ 他进而提出他的殖民地理论："从历史发展的角度看，西方近代对落后民族的殖民化是一种进步，殖民化在世界范围内推动了现代化的进程。……殖民化把原来只属于西方人的人权、平等、自由、民主、竞争带给了世界……没有殖民化就没有世界化、国际化。"④ 当有人问他在什么条件下中国"才有可能实现一个真正的历史变革"时，他回答说："三百年殖民地。香港一百年殖民地变成今天这样，中国那么大，当然需要三百年殖民地，才会变成今天香港这样。三百年够不够，我还有怀疑。"⑤ 照刘晓波的推论，现代化＝西方化＝殖民地化。这无疑是荒谬的逻辑与荒谬的理论。故而刘晓波的谬论一经提出，即遭到来自各方面人士（特别是知识界）的批评与驳难，⑥ 反映了绝大多数的人们是不同意把现代化与西方化画等号的。全盘西化在中国决然行不通。

在现代化问题上，有的论者的主张似可归为相对的西方化或曰有条件有选择的西方化。如有论者一方面反对将现代化等同于西方化，或将现代化化约为科学与民主，因为民族传统、民族个性不同，现代化的道路和模式只能是多样的，科学和民主也涵盖不了现代化的全部内容；另一方面强调具体的西方各民族文化形态中的民主、科学精神和工业文明是世界文化的普遍性要素，是现代化初步的或必经的环节。⑦ 还有论者说："事情往往是这样：许

---

① 刘晓波：《但愿香港永远是世界的自由港》，香港《争鸣》1989 年 1 月号。
② 《文坛"黑马"刘晓波》，香港《解放月报》1988 年 12 月号。
③ 参见石达文：《从"狂人"到"黑手"——揭露刘晓波的反动面目》，《人民日报》
  1989 年 9 月 27 日。
④ 刘晓波：《启蒙的悲剧——"五四"运动批判》，《华人世界》1989 年第 2 期。
⑤ 刘晓波：《启蒙的悲剧——"五四"运动批判》，《华人世界》1989 年第 2 期。
⑥ 关于此可参考：《民族文化虚无主义评析》一书有关文章。
⑦ 郭齐勇：《内圣与外王之间的困局》，《东岳论丛》1988 年第 4 期。

多具有全人类性质的制度或观念，首先被较早走上现代化道路的西方国家所得到，尔后才扩展到其他民族、国家和地区，这些应看做是全人类的文明的结晶，不能因为其他国家在西方国家之后得到它，就断定这是什么'西方化'。……一个国家、民族既不应在'现代化即西方化'的错误观念支配下丧失自己作为现代化主体的创造力量，也不宜将'西方化'视为可怕的陷阱而丧失自己的主体性，以至在现代化的道路上止步不前。在走向现代化的途程中，不发达国家需要有鉴别、有选择地西方化，这样的西方化并不可怕，可怕的是把这种西方化当成最终的目标。"① 这种有选择的西化主张显然不能与全盘西化论同日而语。

由于民族感情的因素，加上现代化就是西方化的观点本身具有明显的理论局限，因此，20 世纪 90 年代以后，国内学术界已很少有人持此种观点。

（四）现代化与文化现代化

把中国的出路问题归结为根本是一个文化问题，认为中国现代化的成功取决于文化建设的成功，这是一种典型的文化决定论。梁漱溟先生可说是这一主张的最早代表，他曾说："中国的失败自然是文化的失败。"②

进入新时期以来，人们对这一问题的看法较之先前梁漱溟等人的文化决定论，存在较大的差异。绝大多数论者认为，现代化离不开文化的现代化，文化的现代化在现代化进程中占有十分突出的和显要的地位，但又不能把现代化仅仅归结为文化的现代化。当然也有例外的说法。如有的论者说："中国的现代化，归根到底是中国文化的现代化，特别是其价值系统的现代化。"这将是一个极为缓慢和长期的过程。分层次的文化变迁，首先是物质层次上的，突出表现为科学技术的进步及其成果的推广与运用；其次是制度层次，与经济体制、政治体制、法律制度的变化相关；再次是风俗习惯层次，体现为社会生活习性、消费方式或模式的改变；最后是思想、精神与价值层次，集中体现或反映为人们的一种心理状态、心理素质等等。③ 看得出，作者是基于对"文化"含义的宽泛理解来论说文化现代化的，与那种

---

① 李秀林、李淮春等主编：《中国现代化之哲学探讨》第 9 页，人民出版社 1990 年版。
② 转引自罗荣渠：《传统与现代化问题的理论思索》，《北京大学学报》1989 年第 3 期。
③ 朱乐尧：《中国文化与中国经济发展的道路与模式取向》，《学习与探索》1991 年第 2 期。

褊狭的文化决定论尚不是一回事。还有的论者说："中国的现代化是整个文化结构的现代化，现代化的核心是政治的现代化，即建立现代的政治文化。""现代化应该是文化的现代化。"① 但作者同时又强调"作为全方位现代化基础的'四个现代化'必须摆在首位"。② 这似乎是一种经济—文化并行决定论。

在多数论者看来，现代化应该包括而不是排斥文化的现代化。如张岱年先生说："现代化建设的一个重要内容就是文化的现代化，也就是创建新的中国文化。新的中国文化当然和旧的中国文化有很大的不同。'革故鼎新'是文化现代化的主要任务。"③ 汤一介先生说："要实现中国的四个现代化，没有中国文化的现代化，没有人的思想观念的现代化相配合，将是根本不可能的。"④ 还有论者说，现代化是一项巨大的社会系统工程。它的目标不只是物质层面、科技层面的现代化，更重要的还是精神层面、文化深层的现代化。因为只有物质层面、科技层面的现代化，没有精神层面、文化深层的现代化，实现中华民族的复兴和腾飞只是一句空话。⑤ 另有论者指出："现代化的实现本身就包括传统文化的现代化……，严格地说，没有传统文化的现代化，称谓一个社会实现了现代化，是不确切的。"⑥ 以上诸种说法均意在凸显出文化现代化对于四个现代化的特殊作用，并未否定四个现代化在理论和实践上的优先或决定地位而陷入文化决定论。因此，它是对传统的现代化观念的有效补充和很好的修正。值得注意的是，既要反对只见经济革命的决定性而不见文化变革的重要性的片面认识，更要反对过分夸大观念变革的力量，企图以思想文化去解决一切问题。党的十一届三中全会前带空想性质的上层建筑决定论的观点和行动很大程度上就是过分相信社会观念变革对生产力发展的决定作用所造成的。前车之鉴，可为后事之师。

还有的论者探讨了文化现代化的途径问题，指出文化现代化所涉范围很

---

① 孙晓春：《关于现代化的文化思考》，《社会科学战线》1988 年第 4 期。
② 朱日耀、曹德本、孙晓春著：《中国传统政治文化的现代思考》第 248 页，吉林大学出版社 1990 年版。
③ 张岱年：《传统文化与现代化》，《北京大学学报》1989 年第 3 期。
④ 汤一介：《中国新文化的创建》，《读书》1988 年第 7 期。
⑤ 邵汉明、王艳坤：《关于中国传统文化的整体反思与超越》，《学习与探索》1988 年第 4 期。
⑥ 林喆：《论传统文化在现代化中生存的可能性》，《云南社会科学》1988 年第 4 期。

广，发展途径众多，"包括文化特征现代化、文化结构现代化、文化理论现代化、文化队伍现代化、文化载体现代化和文化手段现代化等"。又指出文化现代化的主要途径"是'科技文化'的时代性更新、'观念文化'的深层性变革和'学科文化'的强有力起搏"。① 还有论者就中华民族文化心理素质现代化问题提出构想，这个构想包括五个方面：一是在基本人生态度方面，扬弃古老的"赞天地之化育"的参与精神和"物竞天择"的近代精神，进一步发展为内在地充实着"自由—自觉"意识的主体精神，使每一个体从消极被动的自然存在物和与同类展开生存竞争的自然存在物，发展成为意识到自己的庄严使命、积极创造那体现着人与自然和谐的更高境界的社会历史的真正主人；二是在情感方式方面，扬弃中世纪"以理化情"、"以理抑情"的伦理异化和近代的唯情主义，使古老的"情理合一"的情感方式在更高的基础上复归，从而使个体以丧失了诗意的、感性光辉的、麻木的人或坠落为情欲的奴隶的人，成为具有现代文化教养、永葆青春热情的一代新人；三是在思维模式方面，扬弃中世纪片面强调一而排斥多和近代片面强调多而排斥一的模式，继承我们民族注重整体联系和古老的传统中曾经有过的、允许多样化发展的合理因素，顺应当代世界文化发展中显现的多元化和一体化这两大趋向，使古老的一多互摄的思维模式在更高的基础上展现其气象阔大、兼容并蓄的恢弘气魄；四是在致思途径方面，扬弃传统的注重直觉的致思途径和近代的纯粹理性精神，在形成现代思维模式的基础上，造成一种以注重思维活动的反省和理性的反思为整体特征的，将形象思维、逻辑思维和"天才的直觉"融为一体的现代致思途径；五是在价值观念方面，扬弃面向过去的价值取向和以祖先的传统为价值评判的天然尺度的中世纪习惯性心理，以及以"人性"来衡量一切价值的近代尺度，而发展成为以主体的自主性和创造性为核心、以继承和创新的统一为基本特征、以满足个体和人类日益增长的物质和精神的需要为目的、以最终实现社会发展的历史尺度和道德尺度的统一为价值理想的现代价值观念。论者认为，一方面，随着中国社会在现代化道路上的迈进，民族文化心理素质的现代化乃是历史的必然；另一方面，民族文化心理素质的现代化又将有力地推进现代文化的形成

---

① 陈燮君：《试论文化现代化的途径》，《天津社会科学》1987 年第 1 期。

和现代化的进程。①

关于文化现代化，20 世纪 90 年代以后的论述更多一些，然创意并不显著。这其中，蒋大椿先生的《略论民族文化素质与现代化的关系》一文还是值得一提的。该文认为，人类历史由传统社会向现代社会转变，亦即实现社会的现代化时，也必然包括两个方面的基本含义，即社会主体——人的现代化和社会客体——环境的现代化。社会主体——人（民族）的现代化，包括身体素质的现代化和文化素质的现代化。人的文化素质现代化主要指具有现代化的社会理想和现代知识素质，适合现代化建设需要的伦理道德和现代心理素质。社会客体——环境现代化主要包括经济、政治、文化、社会结构和生活方式的现代化。其中，民族文化素质现代化是整个社会现代化的有机构成部分，是社会主体现代化的主要的最具鲜明特色的部分。民族文化素质现代化对社会客体现代化的能动作用，首先表现在一切社会客体领域的现代化，都是由具有现代科学文化素质的人创造出来的，同时，社会客体各个现代化领域的相互作用也是通过具有现代科学文化素质的人的创造活动而实现的。二者的辩证关系在于：人的现代文化素质是创造现代化社会客体的先决条件；而社会客体的现代化，又创造出人的现代文化素质。在现代化的实际历史进程中，二者正是相互促进、相互创造的。他主张把民族文化素质的现代化放在优先发展的位置。②

（五）现代化与人的现代化

人的现代化是 20 世纪 50—60 年代欧美现代化学家提出的诸多现代化理论之一。这一理论的中心内容可用其代表人物英格尔斯的一段话来概括："人是一个基本的因素，一个国家只有当它的人民是现代的人，它的国民从心理到行为都变为现代化的人格，它的现代政治、经济和文化管理机构中的工作人员都获得了某种与现代化发展相适应的现代性，这样的国家才可真正称之为现代化国家。"③ 正当 80 年代中国人民大力推进社会主义现代化进程的时候，这一理论被介绍到中国来，随即在中国的思想理论界产生强烈反

---

① 许苏民著：《中华民族文化心理素质简论》第 34—35 页，云南人民出版社 1987 年版。
② 蒋大椿：《略论民族文化素质与现代化的关系》，收入《罗荣渠与现代化研究》，北京大学出版社 1997 年版。
③ 英格尔斯著：《人的现代化》第 8 页，四川人民出版社 1985 年版。

响。而后由于"文化热"、"主体热"和"人学热"的影响和刺激，使人的现代化成为人们谈论现代化的焦点问题之一。

根据我们的考察，我国理论界最早把人的现代化问题提上议事日程的，恐怕是创刊于 1984 年的《青年论坛》。当时该刊登载的一篇文章的题目即是所谓《人的现代化》。文章指出："今天，在我国，社会主义物质文明的建设正呼吁着千百万在思维方式、价值尺度、行为方式和情感方式诸方面都与世界文明发展的大势相接的社会主义新人的出现。"① 文章强调，中国要加快现代化的步伐，首先在于推进中国人的现代化，包括人的生活方式、思想观念乃至思维方式的现代化。继此之后，人们纷纷从各个不同的角度横谈纵论人的现代化问题。有论者说，四个现代化之外，我们还应有第五个现代化即人的现代化，要应付世界性的挑战，就必须克除现实生活中阻碍人的现代化的观念和心态，以造就现代化的人。② 还有论者说，中国人是一个"沉重的主体"，"中国的希望在于世界。实现这希望要靠世界唤醒和激励中国人。"③ 另有论者说，经济领域的现代化属于现代化的硬件部分，硬件若无相应的软件配合，现代化难能实现；而软件部分中居于本质和核心地位的，不是别的，正是所谓人的现代化。④ 这方面的论述不可谓不丰富，但在相当长一段时期内，却又大都是泛泛之论，并无深度的研究，而且有的论述甚至还存在将"传统人"与"现代人"简单地对立起来的理论偏颇和否定利他主义、集体主义，一味高扬个人本位主义的错误价值取向。不少论者是这样归纳其所批判否定的传统人格和所推崇的现代人格的特征的：前者——顺从、忍让、求和、重群体、重道德、重义务、谦让、依赖、爱面子、重人情、重家庭、守旧、崇尚老人和权威、节约等；后者——自主、独立、竞争、冒险、重个人、重利益、重权利、重法治、勇于变革、强烈的成就欲和表现欲等。对此，已有人分析批评说："孤立地看待每一个变量，似乎前者确实不如后者具有先进性，前者更不利于社会进步。但是，如果联系起来看，不难发现这样一个倾向：在被否定的传统人格因素中，核心是集体取

---

① 马克斯·韦伯著，殷陆军译：《人的现代化》，《青年论坛》1984 年第 1 期。
② 专题座谈：《民族文化与现代化》，《群言》1989 年第 1 期。
③ 远志明著：《沉重的主体》第 206 页，人民出版社 1987 年版。
④ 朱日耀、曹德本、孙晓春著：《中国传统政治文化的现代思考》第 2 页，吉林大学出版社 1990 年版。

向、社会取向、精神取向，所肯定的现代人格因素中，核心是个人取向、物质取向、利益取向。""就整个研究趋势而言……是对社会本位主义做简单否定的多，对个人本位主义做不加分析地推崇的多。这不仅违背了马克思主义关于人与社会的一般原理，甚至对现代意义上的西方个人主义也做了歪曲的理解，客观上形成了忽视人的道德和精神追求，忽视人的社会义务和责任感的趋向。"①

进入 20 世纪 80 年代末 90 年代初，人们逐渐避免空洞无物的议论，开始就人的现代化问题作较为切实具体的探讨，甚或上升到哲学的高度来论析。如有的哲学工作者分析说：①人是实现现代化的主体，人创造着现代化的社会；同时，人又是社会锻造和塑造的客体，人的现代化有赖于社会现代化，现代化的社会创造着现代化的人。②中国现代化的发展过程，一方面是从少数个人现代化到许多人现代化，再到整个中华民族现代化的发展过程；另一方面是中国人的现代化素质及其水平连续不断地得到发展的过程。③社会现代化体现着人的现代化，是人的思想和行为活动的现代化，它反映着人作为主体认识掌握、占有客体世界的发展程度。④传统的中国人要实现自身的现代化，必须在现代化实践中自觉地进行自我剖析、自我批判、自我创造的活动。② 还有的论者指出："立足于中国现代化进程的日常生活批判理论可以成为关于人的现代化的重要理论之一。质而言之，在当代世界条件下，人的现代化就意味着使人摆脱传统日常生活模式或图式的羁绊，真正走出日常生活的世界。其结果是双重的：一方面是人对传统的超越，另一方面是传统日常生活的改造与重建。"③ 作者还探讨了走出日常生活世界的途径问题。另有论者认为，如果说 20 世纪仍然属于"财富源于物质资源"的时代，那么 21 世纪就是"财富源于人力资源"的时代。因此，人的现代化构成了 21 世纪现代化的一个重要课题。论者强调，有必要增强实现人的现代化的自觉性，抓住若干关键性问题推进人的现代化。首先是品格。高尚的品格是人性的最高体现，它最大限度地展现人的价值，一个民族缺少品格的支撑是注定要灭亡的。其次是要树立辩证唯物主义的思想方法和思维方式。最后是树立

---

① 段继业：《对"人的现代化"理论研究的反思》，《社会科学研究》1992 年第 1 期。
② 李秀林、李淮春等主编：《中国现代化之哲学探讨》第 375—381 页，人民出版社 1990年版。
③ 衣俊卿：《人的现代化：走出日常生活的世界》，《社会科学研究》1992 年第 1 期。

开放意识和创新精神。论者还强调营造人的现代化的良好环境。① 凡此探讨都是富有积极意义的。

（六）建立马克思主义现代化理论的构想

四化、西化、文化现代化、人的现代化是人们关于现代化的几种主要理解。除此而外，尚有现代化即商品化、科学化、民主化②和现代化是经济现代化、政治现代化与社会心理现代化的有机结合③等提法。其中除了全盘西化论必须坚决否定外，其他认识上的差异还是应当允许的，即便存在理论上的偏误，亦要正确地加以引导，以便经过不同观点的交锋，最终达到一种比较科学而一致的认识。

尽管我国的现代化理论研究起步较晚，但近年来，人们毕竟进行了许多有益的探索。尤为可贵的是，已有论者提出建立马克思主义现代化理论的初步构想。④ 在该论者看来，作为马克思主义的现代化理论，不论在概念上、理论上、方法上都不同于 20 世纪 60 年代盛行的西方现代化理论。西方现代化理论是分学科的理论，对现代化过程没有整体概念。马克思主义现代化理论则应是运用多学科方法研究现代社会发展的宏观的综合的科学理论，它以现代工业社会的全球发展总趋势作为一般对象，而以第三世界发展中国家向现代工业社会转变与发展作为特殊对象。作者强调把对现代化作为世界性进程的整体考察当做建立综合理论的基础，在这一基础上开展对各个层面的横剖面研究或专题性研究。按照这一要求，作者提出一个马克思主义现代化理论研究的大致框架：①现代化的宏观研究。A. 现代化作为近期世界历史发展的一个特殊过程，它的基本特征和运动规律。B. 现代化的历史根源。C. 现代生产力的新特征。D. 资本主义现代化的不同道路、不同模式。E. 社会主义现代化道路形成的历史条件，社会主义现代化的不同模式。……②现代化的微观研究。A. 现代化作为一种发展战略的方法、手段、步骤、政策。B. 现代化需要的各种条件及其相互关系。C. 现代化的政治分

---

① 常樵：《人：21 世纪现代化的重要课题》，《社会科学战线》2001 年第 3 期。
② 郯斌祥：《科学文化与现代化》，《自然辩证法研究》1988 年第 5 期。
③ 吴玉宗、王宗礼：《当前中国传统文化研究状况述评》，《社会科学》1987 年第 6 期。
④ 罗荣渠：《建立马克思主义的现代化理论的初步探索》，《中国社会科学》1988 年第 1 期。

析。D. 新技术革命与现代化。……③现代化的比较研究。A. 中国现代化与外国现代化的比较。B. 早期现代化与晚近现代化的比较。C. 资本主义现代化与社会主义现代化的比较。……④现代化的理论与方法论研究。A. 马克思主义的发展理论。B. 西方国家、第三世界国家的发展理论和现代化理论。C. 现代化的各种指标的确定与衡量方法、现代化模式设计问题。D. 现代化理论与其他学科之间的关系。⑤现代化与人类未来。A. 现代发展的两极：低度发展与过度发展；发展带来的公害问题。B. 世界发展不平衡的加剧与国际新秩序。C. 第三世界现代化运动对人类发展前景的影响。作者进而呼吁改变理论严重落后于实际的状况，并坚持按自己的特点走自己的路，不照搬外国模式，以期形成一个现代化研究的中国学派。① 我们认为，作者的构想既是宏伟的，也是合乎时代要求的。

另有论者从发展中国家现代化所面临的特殊矛盾的揭示出发，进而为中国的现代化提供借鉴。指出发展中国家普遍面临这样一些"悖论"性的矛盾：一是浓缩与循序。西方发达国家的现代化如果从 16 世纪开始算起，距今已有四百多年的历史，经历了从萌芽到成长发育而后臻于成熟的阶段，即现代化是循序渐进发展的；而历史给予发展中国家的现代化的时间是很有限的，在短短的时间中，不仅要走完西方发达国家过去几百年所走过的近代化路程，而且要迎头赶上当代现代化的潮流。在这种两步并作一步走的浓缩过程中，现代化所要解决的任务自然是相当繁重的。二是滞后与超前。一方面，要缩小与发达国家的差距，不能一步步地缓慢发展，必须要有紧迫感，要有超前的眼光和行动；另一方面，发展中国家限于整体水平的落后，好多条件处于滞后的状态，发展受到严重制约。三是机会与压力。机遇与压力并存，机遇在于可以充分利用新科学技术来武装国民经济的各个部门，从而跨越某些技术发展阶段等，压力来自发展的条件和基础的落后。四是解构与重建。社会现代化实质上是一个传统社会解构与现代社会重建的过程。五是民族化与世界化。发展中国家的现代化不光是一个自觉适应现代化潮流的世界化过程，同时也是一个能动创造、开拓进取的民族化过程。民族化与世界化的关系在实践中并非很好处理：过分强调民族化，可能会离开世界文明主潮

---

① 上述构想亦可参见罗荣渠著：《现代化新论》（北京大学出版社 1993 年版）和《现代化新论续编》（北京大学出版社 1997 年版）有关章节。

流；过分强调世界化，又会脱离本国实际，使现代化难以成功推行下去。论者着重抓住发展的增长与限制、跳跃与持续、均衡与非均衡、推进与逆转、内生与外源、速度与秩序、效益与代价、遗产与包袱、理性与非理性、功利价值与人文价值等十个重要问题，进行具体的分析探讨，试图确立合理的发展目标，制定科学的发展战略，从而推进包括中国在内的发展中国家的现代化步伐。① 论者的探讨是深入而有见地的，有助于有中国特色的现代化理论体系的建立。我们热切希望更多的同志来参与马克思主义现代化理论的研究，这不仅可以加速中国特色的社会主义现代化建设的步伐，甚至还可以推动第三世界发展中国家现代化的新浪潮。

四、 中国民族传统文化与现代化

传统文化与现代化的关系乃是贯穿中国现代化运动始终的大问题。这一问题又可分解为以下三个子问题，即传统文化与现代化的冲突和契合的问题，传统的破与立的问题，传统文化与现代化的结合点问题。

（一） 传统文化与现代化的冲突

论及传统文化与现代化的冲突，大致有两种情况：一以为二者根本冲突或基本冲突；二以为二者并非绝对对立，而只是有其冲突的一面。

以坚持传统文化与现代化根本冲突或基本冲突的论者看来，中国传统文化本质上是一种静态的农业社会的文化，它已不适应现代工业文明发展的时代要求，在中国现代化的进程中，它只会充当绊脚石的角色，而很难起到积极的作用。因此，它理当被彻底否定、彻底摧毁和彻底改造。如刘晓波说："从人类文化史，特别是思想史的角度看，中国的文化传统中既无感性生命的勃发，也无理性反省意识的自觉，只有生命本身的枯萎，即感性狂迷和理性清醒的双重死亡。"② 他认为，中国传统文化与现代文明没有半点调和的余地，它扼杀人的创造性，造就了中国人的奴性，所谓四大发明等也不过是

---

① 参见丰子义著：《现代化进程的矛盾与探索》有关章节，北京出版社 1999 年版。
② 刘晓波著：《形而上学的迷雾》第 461 页，上海人民出版社 1989 年版。

传统文化的一块"遮羞布"而已。故而他宣称:"对传统文化我全面否定。我认为中国传统文化早该后继无人。"①《河殇》的作者指出:"黄河能给予我们的,早已给了我们的祖先。我们祖先已经创造了的文明,黄河不能再孕育一次。需要我们创造的,是崭新的文明。它不可能再从黄河里流淌出来。旧文明的沉渣已经像淤积在黄河河道里的泥沙一样,积淀在我们民族的血管里。它需要一次大洪峰的冲刷。"这就是说,中国文明已经走到了它的尽头,新文明不可能从旧文明中孕育出来,现代化的实现有赖于对传统文化来一次"大洪峰的冲刷"。②《河殇》的作者之一又明确说:"至于中国传统文化与现代的科学文明是否冲突,我认为二者不仅在世界观上,而且在整个操作系统上都不言而喻地对立并冲突着。""'理性'的务俗的儒家文化对现代科学技术的阻滞要比异端裁判所更厉害。"③ 他认为,问题不在要不要抛弃传统,事实上传统文化的主构即体已溃散,今天所说的传统文化充其量不过是从这溃散中迸裂出来的游离物而已,即便这种游离物也多已蜕化为点缀的或娱情的。他的结论是:传统文化已经终结。还有的论者指出,中国传统文化是建立在非个性非主体性的价值观基础上的,它同现代所要求的个性主体性价值观根本上是冲突的,格格不入的。这种冲突状况决定中国现代化只能采用"被现代化"的形式,即"转求新声于异邦"。④ 中国的现代化之所以步履维艰,就因为高度发达、体大思精的中华文化的惰性在作怪。⑤ 还有的同志专门论述了传统文化与现代化的"十大冲突",如法治社会和人治传统的冲突、平等原则和贵贱等级的冲突、民主精神和忠孝观念的冲突、创造需求和保守心理的冲突等等。认为中国文化传统如果不能在中国奔向现代化的征途上得到合理改造,获得新的生命形式,中国现代化大业必然会遭受历史性损失。⑥

　　针对这种根本冲突论及由此引申的与传统文化实行决裂的彻底决裂论,许多同志提出尖锐的批评。人们或从文化发展的连续性规律论证彻底决裂论

---

① 刘晓波:《与李泽厚对话——感性·个人·我的选择》,《中国》1986 年第 10 期。

② 参见《河殇批判》所附《河殇·寻梦》,巴蜀书社 1989 年版。

③ 谢选骏:《传统文化已经终结》,《电视月刊》1988 年第 10 期。

④ 刘再复、林岗著:《传统与中国人》第 406—407 页,生活·读书·新知三联书店 1988 年版。

⑤ 专题座谈:《民族文化与现代化》,《群言》1989 年第 1 期。

⑥ 参见王和:《传统文化与现代化》,《中国社会科学》1986 年第 3 期。

之不能成立，或从东亚地区乃至其他地区传统与现代文明并存的情况论证根本冲突论之谬误。这方面的文章俯拾皆是，此不再赘述。

关于传统文化与现代化，绝大多数论者虽不同意根本冲突论，却也多承认二者有其冲突的方面。如张岱年先生认为，中国传统文化中至少有四方面内容与现代文明是不相两立而必须予以否弃的，这就是封建的等级特权思想、家族本位传统、直觉神秘主义和笼统思维方式。① 李秀林等论述了传统价值观与现代价值观的三点冲突，即传统和谐观念与现代自我意识的冲突、传统依附观念与现代民主意识的冲突、传统祖训崇拜与现代自由意识的冲突。② 汤一介先生也指出，传统文化"在许多方面影响了我们社会的发展和进步，对这点估计不足，就会出现'新瓶装旧酒'的局面，表面上看，我们的社会前进了，而实际上封建的东西仍在起支配作用。"③ 还有的论者认为，影响现代化进程的传统文化因素包括：①平均主义的理想；②中庸、无为、守旧、保守思想；③否定个性的群体本位主义；④家长作风和宗法观念；⑤以德为尚的价值观；⑥形而上学的思维方式；⑦夜郎自大心理。④ 又有论者指出，中国传统文化是在以自然经济关系为基础、以血缘关系为纽带的宗法制度基础上形成和发展起来的，其基本精神体现了当时政治统治和社会发展的需要，并且是为满足这种需要服务的。所以，这种文化就其精神实质来说是很难与现代化相通的、共容的。中国传统文化所形成的包袱或现代化阻力主要体现在：第一，华夏中心主义。华夏中心首先表现为对异文化的强烈排斥，其次表现为对华夏文化的盲目自信。第二，崇古主义。政治上尊崇"正统"，学术上研究"道统"，文学上唯尊"文统"，以古为尚形成一种历史惯性。第三，伦理至上主义。注重用伦理取向看待一切，注重道德修炼，过分强调人伦纲常。第四，家法等级观念。崇尚家法等级，遵从君权、父权的绝对权威，进而形成唯上是从、为尊者讳的恶习。⑤ 另有许多论者具

---

① 范学德、范鹏：《张岱年谈中国传统哲学的批判继承》，《理论信息报》1986 年 12 月 29 日。

② 李秀林、李淮春等主编：《中国现代化之哲学探讨》第 331—355 页，人民出版社 1990 年版。

③ 汤一介：《略论中国文化发展的前景》，《理论月刊》1987 年第 1 期。

④ 张鸿雁：《中国传统文化新探》，收入《断裂与继承》文集，上海人民出版社 1987 年版。

⑤ 丰子义著：《现代化进程的矛盾与探求》第 253—257 页，北京出版社 1999 年版。

体考察了某些专门领域的传统观念与现代文化现代文明的牴牾。如有论者说，传统法制文化中令高于律、权大于法，政法合一、行政干预，刑罚残酷、株连无罪，夫权至上、男尊女卑，三从四德、买卖婚姻等是古代立法司法实践中最落后腐朽的方面，也是建立现代民主与法制的障碍。① 又有论者说，尽管传统思想中，特别是孔子学说中有平等、自由的思想，但在历史过程中并未起到好的作用。两千多年前的孔子"平等"，恐怕只是纸上的。民主若无形式上的保证，就容易产生伪善。②

人们对传统文化与现代化冲突一面的把握存在种种差异，有的分析和概括甚至还欠准确，这在学术探讨中是允许的。上述论者的共同认识是：传统文化中的消极因素即所谓糟粕是客观的历史存在，不可视而不见；我们应在具体分析的基础上加以扬弃，但应避免因此而陷入根本冲突论和彻底决裂论。

（二）传统文化与现代化的契合

与"五四"时期的国粹派不同，这次文化讨论的一个显著特色是，已经没有人再对传统文化采取全盘肯定的立场，以为传统文化是一个不含糟粕的真理体系，可以直接拿过来服务于社会主义现代化建设。当然，除了个别论者持根本冲突论和彻底决裂论外，更多的论者则认为，传统文化与现代化既有相冲突的一面，也有相契合的一面。换句话说，传统和现代化并不是绝对对立的两极，其间存有一个由此及彼的桥梁和纽带，而且这桥梁和纽带是拆也拆不掉、剪也剪不断的。因此，主张在批判、扬弃传统文化中不适应现代化要求的消极落后因素的同时，挖掘、弘扬其对实现现代化、建设两个文明有积极意义的层面，因为一个没有文化传统的国家和民族是没有希望的，"传统文化作为一种民族内聚力，正是一个国家能够进行现代化建设的有力保证。"③

有的论者说，在现代化的中国文化中，传统伦理文化的许多因素将会被保留下来。传统伦理文化肯定精神生活的崇高价值，提倡个人向群体负责的

① 乔伟：《传统文化与法制建设》，《政法论坛》1987 年第 6 期。
② 吴根友：《"传统文化与现代化——兼评大孔子学说"学术研讨会综述》，《武汉大学学报》1997 年第 6 期。
③ 严钟奎：《传统文化与现代化》，《暨南学报》1987 年第 4 期。

义务感，重视人以及人生的重要意义，珍惜人际关系的和谐融洽。这一切只要赋予新的时代内容，对社会的进步都会产生积极作用。① 与此论相近，另有学者说："不论社会主义商品经济怎样发展，竞争机制怎样引进经济和文化生活领域，社会主义的生产关系和人际关系，总不能也不会变成赤裸裸的金钱关系和利害关系。"儒学所讲的利义之辨、推己及人、敬老爱幼、先忧后乐、勤俭自持、廉洁奉公等等，似乎都可以赋予社会主义的新内容，而纳入新的道德观念。②

有的论者将中国文化的优良传统归纳为四个方面，即无神论的传统、辩证思维的传统、以人为本的思想传统和爱国主义的传统，强调这些传统在今天仍有弘扬的价值。③ 另有论者指出，对中国的现在和未来仍有积极意义的传统文化精华主要有：①整体的辩证的世界观和宇宙观；②强调个人独立人格和修养的人生观和道德观；③"国家兴亡，匹夫有责"的爱国主义；④刚健自强不息的精神；⑤开放意识。④

又有论者认为，中国文化可以为人类社会的合理和健康的发展提供许多有价值的文化资源，这主要表现在：①得道多助的观念将成为 21 世纪支配世界政治格局的观念；②兼爱互利的观念可作为 21 世纪世界经济共同发展的原则；③崇尚自然的观念有助于 21 世纪的环保模式的建立；④和而不同的观念可成为 21 世纪处理不同文化关系的准则。⑤ 有的论者将中国文化的基本精神概括为人本意识、和谐意识、道德意识、理想主义、实践品格、宽容品格、整体思维七个方面，认为对这些基本精神的批判继承，大大地有助于加强社会主义精神文明建设，提高人们的民族自信心，提升人们的精神境界；大大地有助于构建具有中国风格和中国气派的未来新文化；大大地有助于中国的现代化建设和世界的和平发展。⑥ 有论者说，现代化不等于西化。中国应避免西方现代化的弊病，创造出比西方现代化更优越、更完善的现代

---

① 魏承思：《论中国传统文化的改造》，《社会科学》1987 年第 10 期。

② 李侃：《门外私议》，《东岳论丛》1988 年第 4 期。

③ 范学德、范鹏：《张岱年谈中国传统哲学的批判继承》，《理论信息报》1986 年 12 月 29 日。

④ 朱维宁：《中国传统思想文化与二十一世纪国际学术研讨会综述》，《山东社会科学》1991 年第 5 期。

⑤ 汤一介：《中国文化对 21 世纪人类社会可有之贡献》，《文艺研究》1999 年第 3 期。

⑥ 邵汉明主编：《中国文化精神》第 1—21 页，商务印书馆 2000 年版。

化。因此，中国越是走上现代化之路，就越需要研究自身的传统文化，以彻底清除自鸦片战争以来笼罩在中国人心头的文化自卑感，展示中国传统文化气魄宏大的历史眼光，揭示中国传统文化最根本的优越性，即个体与群体、人与自然的统一。中国传统文化的这些优越性，对于克服西方现代化的弊病，开创有中国特色的现代化，有着十分重要的意义。① 还有许多论者具体考察了某些专门领域的传统观念与现代文化、现代文明的契合。如有论者说，传统法律文化中礼法并用、罪刑相称，以法治吏、刑无等级，有法必依、取信于民，审时度势、厉行改革等因素，对于今天的法制建设和政治现代化，还是可供借鉴的。②

由上可见，人们对传统文化与现代化契合一面的理解也不尽一致，有的论析和归纳也不够准确。不过，这也是情理中事，不可以苛求的。有一点是为论者们所认同的，即传统中的积极因素或所谓精华是不依人的主观意愿所转移的文化存在，这些传统精华经过调整和转化是可以与现代化相契合相适应的；而且，中国现代化之所以具有自己的民族特色，也正是由于吸收和继承了传统精华的缘故。

有的论者分析说，现代化是今天的事业，而传统文化是历史上形成的东西，历史的文化和今天的现实构成一对辩证矛盾。这一矛盾的最重要特征是传统文化对于现代化事业的双重作用。它既存在有利于现代化的因素，又含有许多阻碍现代化的成分，用今天的价值尺度看，它具有优劣双重性。这种优劣双重性表现为中国传统文化既有光彩照人的精华，又有腐朽黑暗的糟粕；既有消极、保守、僵死的一面，又有积极、进取、革命的一面；既有复古守旧的倾向，又有革新向前的要求；既有自卑自贱、忍辱负重的奴性，又有勤劳勇敢、不畏强暴的英雄气概；如此等等。正因为有这样的双重性，所以对那些合理的精华部分我们应在今天的现代化事业中加以利用，对那些过时的陈旧的糟粕则必须坚决抛弃。③ 这种两面的分析反映了多数论者的基本态度。

还有论者认为，视传统为包袱从而是实现现代化的阻力，或视传统为财

---

① 黄少华：《路漫漫其修远兮，吾将上下而求索——第三次中国传统文化与现代化学术研讨会记略》，《科学·经济·社会》1997 年第 4 期。

② 乔伟：《传统文化与法制建设》，《政法论坛》1987 年第 6 期。

③ 李秀林、李淮春等主编：《中国现代化之哲学探讨》第 293 页，人民出版社 1990 年版。

富从而是实现现代化的动力，都有一定道理，却又都是片面的。如果现代人能正确认识到历史是不能割断的，传统与现代是有血肉联系的，从而主动地吸收和发展传统，使其为时代服务，即传统绝不会成为包袱，而只能是宝贵的财富，绝不会有阻力，而只能是积极的动力。相反，如果不能正视时代的发展而故步自封，抱残守缺，或者无视传统与现实的血肉关系而一心只想割断历史，抛掉传统，那么，传统也确实会成为一种沉重的包袱，成为前进的阻力。① 作者对传统文化与现代化之冲突与契合的这种认识是尤为深刻而精辟的。

（三）传统的"破"与"立"

在传统的"破"与"立"的关系上，根本冲突论或彻底决裂论者主张"造成对传统文化的彻底的幻灭和绝望的冲击"，② 因为"没有对文明的幻灭就没有人的生命的解放"。③ 所谓"去其糟粕，取其精华"，破立结合，不过是"一种表面上'辩证'而骨子里却是中庸、保守、墨守成规、故步自封和画地为牢的态度"。④

针对这种破即是立或曰以破代立的观点，许多论者提出批评，指出现实生活中许多人把传统文化当做现实中的问题、消极的东西、社会的阴暗面，一切不如意的东西发生的原因，总之，把现实中的一切问题都归咎于传统文化。在这种观点的指导下，要进行现代化，就要彻底清除传统文化，"不破不立"，"五四"时期的"打倒孔家店"、"消灭汉字"等等口号及"文化大革命"中的许多做法就是这样。这种观点过分夸大了传统文化的力量，把传统文化看做文化的全部，把传统文化视为一成不变的东西，最终必然要导致历史虚无主义。⑤ "一味地不加区别地鼓吹'反传统'，那无异于反文化、反历史、反社会，最后跟自己过不去。"⑥ "只是一味地否定传统，批判传统，而不去发展传统，利用传统，不仅在理论上是偏激的，而且对社会也是

---

① 楼宇烈：《论传统文化》，《北京大学学报》1989 年第 3 期。
② 刘晓波：《再论新时期文学面临危机》，《百家》1988 年第 1 期。
③ 刘晓波：《我看审美》，《文艺争鸣》1988 年第 5 期。
④ 刘晓波：《当代文学文化精神的旨归》，《中国文化报》1989 年 3 月 5 日。
⑤ 孔令宏：《传统文化与现代化的共时性存在》，《现代哲学》1997 年第 2 期。
⑥ 傅然：《"彻底"的"反传统"论的"底"》，《武汉大学学报》1991 年第 1 期。

不负责任的。"在该论者看来，所谓"不破不立"只是说破是立的前提和条件，如果在破的同时或是破了之后，不去踏踏实实地做立的工作，是不会有什么东西自动地立起来的。而在立的工作中除了创造和吸收新文化外，调整和发展传统文化也是重要的内容之一。事实上，立的工作并不像说的那样轻松，它比破的工作艰巨得多。① 这实际上是提出一种先破后立、破立结合的破立观。

有的论者不很同意"不破不立"的说法，而认为"不立不破"似乎更有道理。所谓"立"关键在创新，创新是对传统最好的继承，也是对传统最有力的打击、最深刻的批判。拿不出新的东西，却急于打掉传统，要么是做无用的功，要么是新的未产生，旧的也丧失了。退一步说，没有新的更成熟的文化出现，旧的为什么要退场呢？而且"立"也不意味着非建立在"破"的基础上，为什么新的出现了，旧的就一定要退场呢？如果传统可以宽容现代化，现代化为什么没有魄力宽容传统呢？旧的观念、信仰、文化的兴衰是自然而然的现象，但任何一种文化的持有者都没有权力否定另一种文化的存在，不管它是更古老的还是更新鲜的，是传统还是新潮。② 这实质上是一种破立并存、以立为破的破立观。

与此论相近，还有论者提出破立统一（破中有立）、以立为尚的破立观。指出要创新，就要有所破、有所立，但要强调立的方面，要着眼于立，致力于立。过去讲不破不立并没有错，但却忽略了不立不破同样也是对的。只是"破"，没有"立"，提不出正确的理论，就不可能真破。只有建立起新的，才是对旧理论的真正的突破。比如说，有了爱因斯坦的相对论，才使人们认识了牛顿力学的局限性，从而突破了它。所以说，立对于破至关重要。从对传统的批判继承来说，没有批判和只有批判没有继承都是不行的，没有一个批判的态度就不能正确地继承，更不能建设起新文化；反过来，没有继承的批判也不能真正克服旧的建设起新的。批判就是破，继承就是立。"五四"时期的任务是打倒旧世界，故而陈独秀、鲁迅等人主要做破的功夫是有充分理由的；现在的任务则是建设新世界，因此应把注意力放在立的方

---

① 楼宇烈：《论传统文化》，《北京大学学报》1989 年第 3 期。
② 郑也夫：《"反传统"之反省》，《中国青年报》1988 年 10 月 28 日。

面。① 在我们看来，破和立是一件事体之两面，二者相辅相成，不可分离，但如果说，在一定的历史条件下，破和立可以有所侧重的话，那么，现在的主题则正在于立。

什么叫"立"？怎样"立"？有论者说，立就是"创造新传统"："创造，是贯穿于传统整个流程中的'流质'。人类主体依据不同时代的需要，理解阐释旧传统，不断创造新传统——这是民族文化在历史、现实和未来中演化的唯一途径。"② 还有论者视批判继承传统文化为立的基础，强调批判继承须遵循选择性原则和创新性原则。③ 如何"立"？这确实是个极其重要的问题，答案恐怕只能到传统与现实的内在关联中去寻找。

（四）传统文化与现代化的结合点

传统文化与现代化之间有无结合点？这在根本冲突论或彻底决裂论者看来，答案只能是否定的——尽管他们似未正面论及这一问题，因为既然传统文化与现代化是绝对对立的两极，要保留传统文化，就不能实现现代化，要现代化，就必须抛弃传统文化，那么不论从现实上讲还是从逻辑上讲，都自然而然不会导出二者有结合点的问题。而在认为传统文化与现代化既相矛盾又相契合的论者看来，答案又只能是肯定的，正如有的论者指出："一切民族与国家的现代化都以传统为前提，一切现代化都不过是某种文化传统在现实条件下的存在，是创新和发展了的传统。而文化传统则只有在以现代化为目标，向现代化转化，才能作为活的传统而存在，一切传统都是潜在的现代化。人们无力超越传统，只能通过传统认识世界和改造世界，并在这种活动中推动传统的变化。"④ 这就是说，传统文化与现代化是相互制约、相互影响、相互渗透的，传统文化有赖于现代化的实践而使之得到提升和超越，现代化也有赖于传统文化的作用而使之具有民族的特色，从而为全体国民所接受。既然如此，则二者之结合点的存在就有了毋须理论推理的客观性和现

---

① 钱逊：《关于克服民族文化虚无主义的几点想法》，收入《民族文化虚无主义评析》一书，中国人民大学出版社 1990 年版。
② 黎红雷：《传统创造论》，《中山大学研究生学刊》，1990 年第 1 期。
③ 严钟奎：《传统文化与现代化》，《暨南学报》1987 年第 4 期。
④ 田文军：《"中国走向近代的文化历程"学术讨论会综述》，《哲学动态》1988 年第 1 期。

实性。

那么，传统文化与现代化之结合点或结合部存于何处？有论者说："正是历史上的人民性文化和作为其发展结果的启蒙文化，分别构成了中国传统文化与现代化的间接的和直接的结合部。"① 该论者认为，依据马克思主义关于区分"两种民族文化"的观点，可以把中国传统文化中的优秀的人民文化概括为以下几个方面：①与残酷的阶级剥削和压迫相对立，在中国劳动人民中产生了源远流长的乌托邦思想传统。②与统治阶级的道德相对立，是劳动人民在生活和斗争中形成的本阶级独特的道德观念和道德风尚。③与占统治地位的封建文化相对立，是反映劳动人民生活、劳动、思想感情的民间文学作品。④劳动人民社会心理积淀中蕴涵着的丰富的哲学思维，如素朴唯物主义思想、素朴的辩证思维、经验论的直觉法等。此外，历史上统治阶级的文化中，也或多或少地包含着一些具有人民性的精华。而作为中国传统文化与现代化的直接结合部的启蒙文化包括两部分：一是从 17 世纪到 19 世纪上半叶的早期启蒙文化；二是从鸦片战争到五四运动 80 年中逐步形成的比较完全的近代意义上的启蒙文化。

还有论者着重探寻传统文化与现代化的历史接合点。该论者解释说，关于历史接合点，所以用"接力赛"的"接"，是因为主体参与的文化代谢发展，有一个如何"接力"的问题。任何人研究历史文化，无论他自觉与否，实际上都是在参与民族文化的接力赛，都是在寻找最佳、最近的接力点。只是由于各种原因，人们对历史的接合点各有取舍而已。该论者进而视明清之际出现的一批思想家如王夫之、黄宗羲、顾炎武、方以智、唐甄等为早期启蒙学者，由他们掀起的对宋明道学的批判思潮是对伦理异化现象的理论否定，成为近代维新派、革命派的思想先驱。反道学思潮中的"以情抗理"、"以人造天"的人文思想，与同时兴起的"核物究理"、"精求其故"的质测之学相呼应，具有明确的启蒙性质，是中国文化现代化的内在历史根芽或源头活水，也即传统与现代化之间的文化接合点。②

另有论者指出，所谓传统文化与现代化的联结点绝不是字面上的东西，"它应该是一种精神，一种力量，一种驱动着所有奔向现代化未来的人们的

---

① 许苏民：《论中国传统文化与现代化的结合部》，《江汉论坛》1988 年第 2 期。
② 葛雍：《萧萐父教授访问记》，《天津社会科学》1988 年第 4 期。

强大的精神动力。而且这样的联结点也不必枉费气力从外部去寻找，它就在我们每一个人的心中，首先就在研究者自己的心中。"这种精神和力量不是别的，正是鲁迅那样的勇气和力量、那样坚强的脊梁。①

又有论者在对自由主义的全盘西化论、保守主义的儒学复归论作出批评的同时，提出了有中国特色社会主义的综合创新论。依笔者看，这种综合创新论亦可以归结为古今、中西结合论。在持综合创新论者看来，"中国文化的现代化，只能走'古今中外，综合创新'的道路，就是以中国古典传统文化作为源远流长的母体文化，以西方近现代文化作为激发现代化活力的异体文化，以马克思主义指导下的社会主义文化作为起主导作用的主体文化，在马克思主义和建设有中国特色社会主义理论指导下，以中国现代化为主体目标，借鉴中西文化精华，创造出有中国特色社会主义的新型文化。"该论者充满信心地预测21世纪说，中国文化在未来的新世纪，必将以建设有中国特色社会主义的新型文明为主题，在中华文明史乃至世界文明史上，作出具有历史意义的十大创新：一是创造一个富强、民主、文明的社会主义现代化新中国；二是创造物质文明和精神文明高度统一的有中国特色社会主义新型文明；三是开创一体两翼式的有中国特色社会主义新型体制：新型市场经济——新型民主政治——新型科学文化；四是开创"体制改革——经济起飞——国家统一——文化复兴"四大潮流有机统一的跨世纪中国主潮；五是开创有中国特色社会主义现代化的新道路和新模式；六是创造现代革新的中华民族精神；七是创造有中国特色社会主义的新型价值观体系；八是创造富有时代精神与东方神韵的新型方法论体系——大成智慧学；九是创造大器晚成、现代复兴的中华文明新形态；十是创造现代新型主体性，以熔铸21世纪新型世界文明。②

由于马克思主义是中国社会主义现代化建设的指导思想，因此，一些论者还探讨了马克思主义与中国民族文化的结合及结合点问题。关于此，可参见本书第十五章《马克思主义与中国民族文化关系研究》，此不再赘述。

上述论者或将眼光投向历史，或反求主体自我，或着眼未来，或着眼现

---

① 余敦康：《关于传统与现代化的思考》，《南京大学学报》1988年第3期。
② 参见张岱年、王东：《中华文明的现代复兴和综合创新》，《教学与研究》1997年第5期。

实，出发点不同，因而结论也就各异其趣。总的来看，关于结合点的讨论目前尚未获深入的展开和实质性的突破。有论者说，中国文化在现代化中的未来地位在于其创造性再生。① 我们期待着创造性再生期的到来。

五、 新世纪传统文化与现代化关系研究新进展

近 10 年来，学术界在传统文化与现代化研究方面取得的成果是丰富的，不乏力作，主要有王国炎的《中国传统文化现代化与马克思主义中国化》（高等教育出版社 2005 年版），张岱年、程宜山的《中国文化论争》（中国人民大学出版社 2005 年版），龚鹏程的《中国传统文化十五讲》（北京大学出版社 2006 年版），张应杭、蔡海榕的《中国传统文化概论》（浙江大学出版社 2005 年版），俞思念的《社会主义现代化与文化创新》（人民出版社 2006 年版），曾长秋的《中国传统文化》（中南大学出版社 2004 年版），罗荣渠的《现代化新论：世界与中国的现代化进程》（商务印书馆 2004 年版）等。此外，每年都有大量的关于传统文化与现代化关系的论文发表，有力地推动了传统文化与现代化关系研究的深入、拓展与创新。

近 10 年关于传统文化与现代化关系研究的视野不断拓展，探讨的问题不断深入，而且避免了简单的就事论事，再不像以前那样，用简单机械的二元对立思维模式来处理传统与现代的关系，而是从一系列具体层面切入，系统论析了传统文化在中国社会现代化进程中的历史地位与作用。当然，研究中的不足依然存在，随着研究不断深入，必然会遇到新的问题、面临新的挑战。对此，我们应该加以正确和清醒地认识，在思想上和行动上做好准备。

（一）传统与传统文化

1. 传统的内涵及特征

关于传统，人们可以从不同的角度和方面来诠释和规定。有学者从传统的字源和词源进行考察和追溯，有学者从语义学及民族学、文化学的角度诠释传统，还有学者主张借鉴西方解释学的理论和方法来认识传统，也有学者

---

① 王沪宁：《创造性再生：中国传统文化的未来地位》，《复旦学报》1991 年第 3 期。

认为传统不是具体的事、物，而是某一集团或某一民族代代相传的生活方式或观念，指出传统必须具备五种基本的性格或构成因素：①民族性。离开了民族，便无所谓传统；离开了传统，也无所谓民族。②社会性。传统是由健全的大众创造的，代表了人与人之间的共同之声，因此传统是社会性的创造，它生根于社会之中。反传统的人若把传统的思想在自己的生活行为上实现，便一定是反社会，或从社会中孤立起来的人。③历史性。传统是大多数人在不知不觉中共同创造、约定俗成的。传统一定要在历史的时间之流中才能产生、形成。④实践性。传统不存在于书本或讲坛上，而生存于多数人的具体生活之中，属于文化价值，对社会的实践发生影响。⑤秩序性。传统代表一种共同生活的秩序，当现实生活中许多异质的因素成为传统后，这些异质因素在理论上的矛盾性，便消解于大家共同承认之中。①

有论者从中国古代科技工作者即"士"阶层的生存处境与经世角色的分析入手，对中国文化内在的三个传统即"史的传统"、"圣的传统"和"经学传统"进行分析，认为"史的传统"使中国古代大多数科学家为兼掌天文、星历、占卜的太史令出身，科学理性与神学虚妄并存；"圣的传统"导致重道轻技思想的产生，形成圣人地位崇高而科技人才卑贱的观念；"经学传统"则凭借其主导地位，给中国文化抹上了一层浓厚的天人感应色彩，从而与科技思想相即相离。三个传统又贯穿"道"的传统，且与"技"的关系极为复杂，二者使中国古代科技文化始终处于提升与坠落之间。这一论断从中国本位文化出发，抛弃了简单的一元论，论证过程及结论极有说服力，具有原创价值。②

2. 传统文化与文化传统

一般来说，"传统文化"的着眼点在"文化"，对应于当代文化或外来文化形式，其内容为历代所积累沉淀的种种物质的、制度的、精神的文化实体；"文化传统"的着眼点在"传统"，虽不具有形的实体，却无所不在，既在一切传统文化之中，又在一切现代文化之中。可以这样说，"文化传统"是形而上的道，"传统文化"是形而下的器，道在器中，器不离道。

在全球化的时代背景下，传统文化与文化传统的矛盾明晰地表现为文化

---

① 黄克剑、林少敏编：《徐复观集》第 619 页，群言出版社 1993 年版。
② 许结著：《中国文化史论纲》，广西师范大学出版社 2003 年版。

的民族性与时代性的矛盾。时代的发展、全球化的进程要求一民族文化在与异族文化的交流中不断吸收新鲜因子以保持本民族文化生生不息的活力，同时异族文化的冲击又强化了本民族的文化意识。如果说全球化有使各民族文化趋同的特性，那么各民族的文化意识又有使文化趋异的性质，现实的文化就在趋同与趋异的张力中发展前行。阿尔君·阿帕杜莱明确指出：今天，全球互动的中心问题是文化同质化与文化异质性之间的紧张关系。文化的趋同性在全球化的今天似乎已被强调得太多，而文化的趋异性却少有提及。莱维·斯特劳斯最早指出，人类文化演变具有双向性，即趋同和趋异，趋异是根本内在于人的本性之中的，当人类的文化交往或碰撞日益密切的时候，文化个性的意识也就会越强烈。① 亨廷顿也指出，民族的交往出现了一个共同的世界文化，然而贸易和通讯的增长却并未增加相互之间的认同感，相反，却强化了对各自民族的认同。亨廷顿说："在社会心理学上，差异性理论认为，人们根据在特定的背景下用把自己区别于其他人的东西来确定自己。"从心理学的角度讲，全球化理论产生了类似的结论："在一个日益全球化的世界里（其特征是历史上从未有过的文明的、社会的和其他模式的相互依赖以及由此而产生的对这些模式的广泛意识），文明的、社会的和种族的自我意识加剧了。"② 可见，文化发展的趋同与趋异也是全球化本身的一个无法消除的悖论。认识到这一点有助于我们调整文化心态，在全球化过程中既保持本民族的传统文化，又使文化传统发扬光大，最大程度地协调文化民族性与时代性的矛盾。

传统文化和文化传统的关系反映了文化本身发展的悖论。恩格斯的一段话反映了这种关系，他说："我们自己创造着我们的历史，但是，第一，我们是在十分确定的前提和条件下创造的。其中经济的前提和条件归根到底是决定性的。但是政治等等的前提和条件，甚至是那些萦回于人们头脑中的传统，也起着一定的作用，虽然不是决定性的作用。"③

---

① 陈雅飞：《全球化和民族的文化个性：黄河清访谈》，《艺术探索》2002 年第 3 期。
② 塞缪尔·亨廷顿著：《文明的冲突与世界秩序的重建》第 58 页，新华出版社 1999 年版。
③《马克思恩格斯选集》第 4 卷，人民出版社 1995 年版。

（二）现代化的内涵

1. 对现代化的不同理解

现代化是一场世界性的经济—社会运动，近代以来，世界上绝大多数国家都或迟或早、或快或慢、或自觉或被迫地卷入了这场运动。中国的现代化已经有一个半世纪的历史，它可以追溯到 19 世纪中叶清政府领导的洋务运动。其间经历了三个阶段，即 19 世纪中叶到 1911 年清政府领导的现代化，1912 年到 1948 年国民党领导的现代化，1949 年以后特别是 20 世纪 80 年代改革开放后中国共产党领导的现代化。美国著名学者亨廷顿在《文明的冲突》一书中将现代化和西方化做了明确的区分，认为现代化是知识技术层次上的，不涉及文化价值层面，而西方化则是一个全面的过程，不仅有科技层面的，也有文化价值的。美国学者 C. E. 布莱克认为："只有一种无所不包的定义才更适合于描述这个过程的复杂性及其各方面的相互关联。"因为"现代化的过程极为复杂，无法将其用寥寥数语归纳之，否则就将大错特错"。①

俄国学者霍罗斯认为："现代化是个综合性的过程。它囊括社会生活的一切领域：经济、社会、法律、政治和文化。这些领域的变化是相互联系和相互依赖着的。如果它们相互脱节，那么现代化的成果就会是局部的和有限的。"是否承认现代化是一个综合过程，是一个包含文化价值因素在内的全面的社会变迁，是区分现代化与西方化的关键，也是承认二者是否同一的关键所在。对这一对概念加以辨析意义重大，它关系着非西方国家在不被西方文化价值观念同化的前提下是否具有实现现代化的可能性。②

有论者指出，现代化是一个世界历史范畴，一方面是指自工业革命以来欧美社会的转变；另一方面是指这种欧美现代化对世界进程所产生的影响。③ 有论者指出，"现代化"问题是作为考察新兴国家的社会和文化形态的转型或转变态势及前景而被人们思考并提出来的。从"大现代化观"的视角出发，认为现代化实质是社会和文化在整体结构上的积极更新和转型发

---

① C. E. 布莱克著：《现代化的动力》，四川人民出版社 1988 年版。
② 霍罗斯：《俄罗斯的现代化：问题与前景》，《哲学译丛》1994 年第 2 期。
③ 谷士发：《中国传统文化的现代化之初探》，《学习论坛》2001 年第 9 期。

展，从而使人类生活在多层面上同步发生深刻转变的过程，它包含三个要点：①传统和现代乃是一个相对而非绝对变迁的概念，今天的传统是历史上的现代，今天的现代也将成为明日之传统；②现代化并不只是今天才有，不同时代有不同性质和特色的现代化历程，也正是这些现代化历程推动着社会和文明的演进；③现代化理论不仅要具体研究发生在特定历史时代中的社会和文化之间的现代化问题，而且必须把对各个历史时代中发生过或将要发生的现代化问题纳入自己的研究范畴。①

2. 第二次现代化理论

1998 年，中国学者何传启发表《知识经济与第二次现代化》一文，随后出版《第二次现代化——人类文明进程的启示》一书，全面提出"第二次现代化理论"。第二次现代化理论是一种新现代化理论。在第二次现代化理论中，现代化被赋予三种新含义。

其一，第一次现代化指从农业时代向工业时代、农业经济向工业经济、农业社会向工业社会、农业文明向工业文明的转变，其实就是经典现代化理论描述的现代化。

其二，第二次现代化指从工业时代向知识时代、工业经济向知识经济、工业社会向知识社会、工业文明向知识文明的转变。它是一种新现代化，不仅覆盖了后工业社会理论、后现代主义、后现代化理论等的内容，而且还有全新的、更加丰富的内涵。20 世纪 70 年代以来学者们关于新经济（知识经济、信息经济、网络经济、数字化经济等）、新社会（知识社会、信息社会、网络社会、学习社会等）和新文明（知识文明、非物质文明等）等的研究成果，都可以纳入它的范畴。

其三，未来的现代化指完成第二次现代化后，人类社会进行的新的现代化。

第二次现代化理论，不仅成功地解决了经典现代化理论面临的困难（经典现代化理论不能解释发达工业国家20 世纪70 年代以来的发展），同时化解了后现代化理论的困境（现代与后现代的时间矛盾），而且对人类文明发展规律提出了全新的解释，预测了人类社会未来的发展。它为我们理解人

---

① 尹士洪：《三个新论：文化、现代化、传统文化与现代化》，《江西社会科学》2006 年第 4 期。

类文明打开了一扇新天窗，为人类发展开辟了一个新天地。

第二次现代化涉及人类生活的方方面面。在第二次现代化过程中，政治、经济、社会、个人、文化等领域的变化将是新现代化，不同于第一次现代化过程中发生的经典现代化；尤其是在社会、经济和文化等领域，第二次现代化在很大程度上是对第一次现代化的"淘汰"，甚至是"否定"。如果说第一次现代化的主要社会经济目标是加快经济增长，那么，第二次现代化的主要社会经济目标是提高生活质量。①

第二次现代化与第一次现代化相比，有些变化是新出现的，如网络化、智能化等；有些变化是对第一次现代化的继承和发展，如政治民主化、平权化等；有些变化是对第一次现代化的"否定"，如工业比重下降、城市居民向郊区迁移、自然主义等。如果说第一次现代化是对大自然的掠夺和征服，那么，第二次现代化则是对大自然的保护和回归。

第二次现代化刚刚走过 30 年历程，尚处于发展阶段，它的特点和规律都处于形成和发展过程中，我们对它的认识是非常有限的。在发达国家，第一次现代化已经成为历史，第二次现代化正如火如荼。在发展中国家，第一次现代化和第二次现代化都是不可回避的挑战，因而面临双重压力。

3. 现代化与文化现代化

在国内，长期以来，人们对"现代"及"现代化"众说纷纭。有的认为现代即资本主义兴起的时代，或者干脆以现代为资本主义（时代）的同义语，从而将现代化等同于资本主义化；有的持相反的观点，把"现代"定位为资本主义走向没落腐朽的时代，从而认为只有社会主义才能称得上现代化。

进入 21 世纪，有论者指出，现代化是伴随着工业革命而进行的，西方是其始发地，从这个意义上讲，的确会有这种现象出现，即"工业较发达的国家向工业较不发达的国家所显示的，只是后者未来的景象"。马克思也说过："资产阶级……它迫使一切民族——如果它们不想灭亡的话——采用资产阶级的生产方式；它迫使它们在自己那里推行所谓的文明，即变成资产者。一句话，它按照自己的面貌为自己创造出一个世界。"然而现代化肇始于西方的事实并不意味着西化是现代化的必由之路，各民族国家的文化传统

---

① 何传启著：《第二次现代化——人类文明进程的启示》，高等教育出版社 1999 年版。

和特征决定了实现现代化的模式和道路不是千篇一律的，而是多种多样的。科学技术工业的利用和引进不会改变一个国家基本的文化模式。S. N. 艾森斯塔德在谈到现代化与西化的关系时指出，"尽管西方国家率先实现了现代化，但非西方国家无须在文化意义上西化，以及接受从西方国家中发展出来的现代性的具体文化形式和组织形式，也能发展出具有一切现代性特征的社会来"。① 马克思晚年在其人类学笔记中谈及人类社会发展道路时其实就已经提供了非西方国家实现现代化的可能途径。这种可能性实现的前提就是利用资本主义创造的一切肯定性的成果，确切地说是生产力方面的优秀成果，跨越"资本主义的卡夫丁峡谷"，实现由传统向现代的转型。有学者说，西方的现代化是内生自发型的，中国的现代化是外发诱生型的。从发生学的角度看，现代化的实现路径的确存在此种区分，然而正是这种现代化类型的区分实现了原发和后发、自创和借鉴的结合，使中国和其他非西方国家的现代化具有了理论上的合法性。②

有论者认为，在工业革命到来之前，资本主义曾经历了长达数百年的工场手工业阶段；工场手工业型资本主义不仅不能引发经济现代化，甚至自身难保。在现代化过程中扮演"关键变量"角色的是现代科学技术及其在生产领域的应用，而不是其他因素。有论者则根据"导致中国近代化的经济活动在鸦片战争前已经开始"的史实，从另一个角度指出现代化与资本主义的关系——一个社会走向近代化的经济条件，诸如生产力的一定发展，生产的商品化、社会化等，并非完全属于资本主义范畴。③

构建中国特色的文化现代化也需要继承和超越传统文化。有论者指出在批判的基础上对传统文化进行整体解构和重新整合，是实现文化超越的可行途径。传统文化的现代化要求我们用理性批判的眼光与时俱进地反思、审视和选择传统文化。即深入到传统文化和价值观的内部，区分它的不同层次和要素，加以重新分解、组合、解释和定位，找到它与现代社会生活的结合点

---

① S. N. 艾森斯塔德著：《现代化：抗拒与变迁》第 57 页，中国人民大学出版社 1988 年版。

② 任洁：《关于全球视野下人类文化生存转向的几点反思》，《理论学刊》2004 年第 10 期。

③ 林被甸、董正华：《中国现代化研究的状况》，《中国特色社会主义研究》2003 年第 1 期。

以及在现代社会中的价值和意义，而不是仅仅将批判简单地停留在表层结构或个别问题上。这种批判，不能仅立足于传统文化自身，对其中不适应现代社会的内容进行零打碎敲的修补，而是要转变视角，以现代化建设为立足点，认清传统文化与现代化之间在性质和价值取向上的根本区别。

所谓社会现代化，说到底是传统的现代化。传统的现代化是传统性与现代性相互碰撞、互相磨合、互相渗透、彼此改造的过程。从传统与人的关系层面上看，传统的现代化实质上就是人的现代化。社会转型的过程，也就是传统在现代因素的浸润和作用下，发生形态变异、结构更新、功能适调、价值取向发生转变的过程；就是社会主体文化心理发生嬗变，不断适应现代化要求的进程；是主体不断赋予传统以现代性品格的过程，在时间中不断认识传统，反思传统，改造传统的过程。

进入新世纪以来，学界提出要全面认识马克思主义中国化向现代化的转变问题，学者对此多有研究。有论者指出马克思主义中国化最具实践价值和理论突破意义的成果是建立了社会主义市场经济。如果把社会主义市场经济看做是人类历史进程中的客观现象，就必须实现马克思主义中国化向现代化的转变。而推动马克思主义现代化，需要重新认识马克思主义的结构内容，区别马克思主义思想体系中辩证唯物主义、历史唯物主义、剩余价值论三个不同的层次。[①]

（三）中国民族传统文化与现代化

1. 传统文化与现代化之间的关系

传统文化与现代化的关系是贯穿中国现代化运动始终的大问题。关于二者关系的论述，主要形成了四种观点：一是认为传统文化与现代化是相冲突的。具体表现在传统文化中道德至上的价值取向与科学价值观的冲突；传统文化中直观思维方式与现代科学知识论的冲突，缺乏民主的传统与现代民主精神的冲突。这些冲突决定了中国传统文化的现代转型必须朝着理性、科学、人道主义的方向努力。二是认为要丢弃传统文化中的消极因素，发扬传统文化的精华，使中国传统文化在现代化中获得再生。三是认为要主动运用

---

① 余金成：《从宏观上认识马克思主义中国化向现代化的转变》，《江汉论坛》2008年第2期。

传统文化中的积极因素，使之与现代化相协调。发扬以人为本、修己安人、以和为贵、崇尚中庸、先义后利的价值观，以促进中国现代公共关系发展；弘扬天人合一、人际和谐、不为物累、虚静内省的人生观，促进现代人际关系的良性循环。[①] 四是在看到传统文化与现代化对立的同时，还要看到二者具有统一的一面，主张不要片面地夸大二者的对立，全盘否定传统文化，走向文化上的虚无主义。实际上，每一个民族文化的发展都有对传统文化"吐故纳新"的过程，都必须在更新自己文化传统的基础上才能实现。抛弃了传统文化，就不可能有文化的发展。而现代化作为一个社会发展的总体性运动，不能脱离该社会的文化背景和文化依托，只能在自己民族文化发展的基础上走向现代化之路。可见，伴随着社会现代化的运动，传统文化也必然走向现代化，这二者是一致的。中国社会主义现代化成功之日，也就是传统文化现代化之时。

另外，海外新儒学有一个颇具辩证色彩的观点：以传统批判现代化，以现代化批判传统，这种双轨逆向的思考，为我们理性地认识传统文化与现代化两者的关系提供了一个很好的方法。也有学者认为，既然传统文化的上层建筑并不是由近现代的经济基础决定的，却又对近现代的经济基础产生着影响，因此，我们在研究传统文化与现代化的关系时，主要是研究古代的上层建筑（古代的意识形态）对近现代的经济基础（现代化）的影响作用，并指出这就是传统文化与现代化关系的实质。[②]

改革开放以来，特别是 20 世纪后半期，呈现出多元文化冲撞的独特景观，传统文化与现代化关系的论争是主要场景，有论者指出，我们在社会层面上是大踏步地走向现代西方，在知识领域，西方话语也始终占有绝对压倒性的优势。在 20 世纪八九十年代西化大潮退却后，"传统"又成为重要角色，但传统文化长期受到忽视的局面并没有根本改观，近几年虽有"国学热"持续升温——从有大学开办国学院、国学讲座到接连出现的国学短信、少儿读经班、"孟母堂"及国学博客圈，以及汉服热、成人礼的兴起；放大到国际背景，从全球联合祭孔到孔子学院的兴建以及汉语热在世界范围的升温等等，但是对传统文化的重视并非"如日中天"，只是有了一点转机，透

① 罗莹、曾长秋：《近 20 年中国传统文化研究综述》，《船山学刊》2003 年第 2 期。
② 许永璋：《有关传统文化与现代化关系的几个问题》，《天中学刊》2000 年第 6 期。

露出一点希望，21 世纪是中华民族的转折点，也是中国传统文化"贞下起元"的转折点。①

有学者把传统文化现代化理解为人类主体为了自身的进步发展所进行的持续不断、永不停息的改造旧文化，建设新文化，迈向未来走向世界的过程。它内在地包含着各种文化的接触、碰撞、冲突、交流与比较、认同、会通、整合。"传统文化现代化"就是每一个民族主体根据其特殊的"民"情，依靠自身的力量，博采众长，化外为内，化古为今，铸造民族文化的过程。也就是说，传统文化现代化必须始终不忘它在具体时空架构中的特殊形态与特殊规律。②

有论者积极地看待这一问题，指出传统文化已经深深地积淀于中国人的心理习性中，国人"习焉而不察"，"百姓日用而不知"，其或隐或显地对人们的思想和行为产生影响。"但也正因为儒学的这种影响始终不能以正面、显性、完整的形式表现出来，不能以正常渠道作用于中国的现代化进程，其特有的社会功能亦得不到充分而健康的发挥。"③ 如何"创造性转化"（林毓生语）或"转化性创造"（李泽厚语）或"和合转生"（张立文语）中国传统文化，使之成为积极参与国民道德精神的重建，为中国现代化建设提供合理的精神资源，仍是当代学者的一项紧迫而重要的历史课题。

有学者指出，传统文化现代化，既不是以传统文化指导我们的现代化建设，也不是"儒学复兴"，而是要在马克思主义理论指导下，挖掘和利用优秀传统文化，并赋之以新的时代内涵，为社会主义现代化建设服务。④

汤一介先生认为，我们应认真谦虚地吸收西方文化，了解他们的真文化。西方文化也是世界文化的一部分，从古希腊发展下来，加上基督教文化，有其精华所在，比如主张在上帝面前人人平等，上帝是一种外在的力量，由外的上帝面前的平等，引发出法律面前人人平等。中国缺乏法制观念，注重人治，因此更要吸收西方的法治思想，把人治与法治结合好，促进

---

① 陈来著：《传统与现代人文主义的视界》，北京大学出版社 2006 年版。
② 尹世洪：《三个新论：文化、现代化、传统文化与现代化》，《江西社会科学》2006 年第 4 期。
③ 王心竹：《注定做不了旁观者——中国现代化进程中的儒学》，《原道》第 9 辑，大象出版社 2004 年版。
④ 薛安泰：《论传统文化现代化》，《学习论坛》2004 年第 1 期。

社会稳定。政治法律与道德观念两者相配套，社会就比较稳定。另外，印度、阿拉伯等国家的文化也有其长处，因此我们要有一种宽广的胸怀吸收西方文化的精华，只有这样，"新国学"才能实现真正的复兴。① 由此也可看出，传统文化只有向现代化、向未来敞开，与时俱进，才能在现代社会真正地焕发生机。

从总体上看，当今中国的文化构建至少有三类思想文化资源可以利用：一是包含孔学、儒学在内的中国传统文化；二是以西方现代化为主导的世界现代化和全球化文化资源；三是中国共产党领导中国人民在20世纪特别是1949年以来对现代化理论的探索与实践。这三类思想文化资源大体上代表了古与今、中与外、理论与实践的历史性遗留与未来的可能性发展空间，构成了当代中国文化构建所不可或缺的多元复合思想文化资源。一方面，当代中国文化构建离不开这个多元复合文化系统中的任何一类，另一方面，这三类中的任何一类都无法单独承担构建中国当代文化的时代重任，而只有将其纳入当代中国文化宏大系统并加入文化整合运动的创造性进程中，才能发挥其各自的积极价值与功能。②

上述论者或将眼光投向历史，或反求主体自我，或着眼未来，或着眼现实，出发点不同，因而结论也就各异其趣。总的看来，关于结合点的讨论目前尚未深入展开，也未有实质性的突破。有论者说，中国文化在现代化中的未来地位在于其创造性再生。我们所处的时代，是一个需要马克思主义哲学研究和建设深入推进的时代，是一个呼唤马克思主义大发展的时代。当代中国学人要勇敢地响应召唤，承担使命，解放思想，振奋精神，为创造无愧于伟大时代和历史使命，具有中国特色、中国风格、中国气派的文化理论和文化事业而努力奋斗，我们也期待着创造性再生期的到来。

2. 传统文化与和谐社会建设

构建社会主义和谐社会，是全面贯彻落实科学发展观，从中国特色社会主义事业总体布局和全面建设小康社会全局出发提出的重大战略任务。我们所要建设的社会主义和谐社会，应该是民主法治、公平正义、诚信友爱、充满活力、安定有序、人与自然和谐相处的社会。构建和谐社会是我们建设中

① 汤一介：《新国学要立足于中西两种文化》，《社会科学报》2006年9月28日。
② 欧阳康：《当代中国文化构建的资源选择与价值取向》，《哲学研究》2007年第10期。

国特色社会主义的一个新高度，也是中国文化的一次现代化运动，当然构建社会主义和谐社会是对优秀文化传统的继承和发展。

有论者指出贵和精神是中国文化尤其是儒家文化的优秀传统之一。所谓"和"，就是多种事物的和谐、合作、和睦相处、相辅相成，其中也包括结合、统一、融合、协调、适当、均衡等多方面的意思。一个和谐的社会必须具有使不同的阶级、不同的阶层、不同的民族、不同的群体各尽其能、各得其所、和睦相处、多元共存、协调发展的文化基础。①

有论者指出民本思想是我国传统政治文明的重要基点，也是实现"大同"社会的前提和基础。先哲们无不把人生理想的实现深深地根植于现实社会，表现出对人民群众的肯定和殷切关怀。以人为本的理念是对中国传统文化中民本思想的继承发展和积极扬弃，也是解决好民众、国家、管理者矛盾，使三者得以协调，以维护社会的安定团结、国家的长治久安，构建社会主义和谐社会的关键。传统文化价值观中的利民富民观是与社会的有效治理和安定团结紧密相连的，保持公平和效率之间必要的平衡，将改革的力度、发展的速度和人民的可承受程度有机统一起来，保持社会的和谐与稳定。鼓励一部分人、一部分地区先富裕起来，最终实现共同富裕，是构建社会主义和谐社会的价值取向。儒家"中庸"思想推崇社会和谐，以为"尽人性而致中和"是实现和谐社会的途径。道德是社会和谐的基础，德治以其说服力和劝导力调节和规范社会利益关系中的各种矛盾，保持良好的社会秩序和风尚。社会主义德治建设是一场全民性的系统工程，贯彻《公民道德建设实施纲要》，努力践行优秀的社会公德、职业道德和家庭美德，使社会主义道德建设与市场经济相适应，与法治建设相协调，与中华传统美德相承接。②

21世纪人类所共同面临的挑战和冲突，有的学者概括为五点：人与自然、人与社会、人与人、人与心灵和不同文明之间的冲突，并由此而引发了五大危机，即生态危机、社会危机、道德危机、精神危机、价值危机。有学者试图以中国传统的和谐、和合思想来化解人类面临的冲突和危机，认为和

---

① 陈占国：《中国优秀文化传统与和谐社会》，《北京社会科学》2005年第3期。

② 陶相国：《和谐文化：中国特色社会主义文化建设的新觉醒》，《理论前沿》2008年第3期。

合、和谐是中华民族传统文化思想的重要命题与核心价值，是心灵关怀与价值理想，是精神家园与终极关怀。它不仅具有现实的意义，而且具有普世价值。从实践价值而言，和谐、和合需要人格物、致知、诚意、正心、修身，意诚而后心正，心正而后身修，心正、身修而止于至善；当今世界，在政治、经济、制度、文化、道德、观念、生活、审美、交往等各个方面，中华民族的和合精神、和谐理念，都具有重要的理论价值和实现意义。[①] 有论者指出孔门儒学最先提出"和为贵"的思想主张，对于生活在现代性背景下的人们来说，重新诠释、彰显弘扬和的思想观念又有着极其重要的现实意义。因为和的每一层面的精神主旨都闪烁着智慧的光芒，能够为医治包括人类中心主义、利益中心论、人性异化、科学主义、消费主义、价值虚无主义在内的现代性病症提供别样的参照维度，甚至还可以发挥新奇的功效。[②]

---

① 张立文：《和合、和谐与现代意义》，《江汉论坛》2007 年第 2 期。

② 余治平：《儒家"和"理念的普世价值》，《江汉论坛》2007 年第 2 期。

第十一章
中国文化精神研究

中国文化源远流长，蕴涵着无限丰富的精神资源，在世界文化中占有特别显著的地位。自 20 世纪 80 年代以来，围绕传统文化与现代化的关系问题，学术界进行了长期而热烈的讨论。在此种"文化热"或"传统文化热"中，中国文化精神问题成为人们关注的焦点之一。据不完全统计，近 20 年来，关于中国文化精神的探讨文章和研究著作不少于 500 篇（部）。其他大量的文章和著作虽重点探讨传统文化的其他有关问题，但也在不同程度上直接或间接地论及中国文化精神问题。根据人们的论述，大体上可将中国文化的基本精神概括为人文精神、伦理本位、和谐意识、忧患意识和整体思维五个方面。下面我们分别作一初步的总结和介绍。

一、关于人文精神

（一）何谓"人文"和人文精神

要理解人文精神或中国人文精神，须先了解"人文"之所指。"人文"一词不是外来语，《周易·贲卦·象辞》云："观乎天文，以察时变；观乎人文，以化成天下。"照张岂之先生的理解，所谓"天文"即自然，特别是天象的变化；所谓"人文"即文明，特别是社会制度的创立。① 《后汉书·公孙瓒传论》亦云："舍诸天运，征乎人文。"万俊人先生由上二引文识得"人文"二义：一指与自然天象相对的人类文明或文化；二指与自然物事定

---

① 张岂之著：《中华人文精神》第 2 页、第 11—12 页，西北大学出版社 1997 年版。

数相对的人事人理。他指出："就第一种意义言，由于在人类文明初期，人之文明化的基本标志首在文化学识，且最初的文化学识主要集于语言、文字、历史和哲学等科目，故所谓'人文'者主要指包括上述科目在内的'人文学科'。就第二种意义言，因天人关系或人自关系是人类（不只是中国先民）早期认识的最基本主题，'人文'一词因之获得与'物理'、'天道'相对应的'人性'、'人道'意义。"由此万俊人先生进一步认为，所谓人文精神最初是被后来称之为人文主义者的特殊学者或文人群体在其文化学术研究中所表达的一种与正统宗教神学相颉颃的世俗人文主义文化理想和价值精神，是各种人文观念和含摄于各种人文制度的精神特质，而非人文制度或物化产品本身。① 欧阳友权先生也指出："人文精神是人类以文明之道化成天下的生命大智慧。这种生命的大智慧，是文明社会人的理性精神的基石。"② 关于人文精神的定义，人们的界定和表述虽不尽相同，但在肯认其与神道、宗教相对立和与天道、物理相对应的人的理性觉醒和人性人道意义这一点上却是基本一致的。

（二）中国文化有无人文精神

中国文化中有无人文精神？这是人们在讨论中国人文精神时首先要面对和回答的问题。一些学者持怀疑或否定的立场，如荣伟同志明确指出："中国传统文化中没有人文精神。"③ 白钢先生也认为，人文主义是欧洲文艺复兴时期的主要思潮和理论的特称，用它来比附中国《周易》中相对于"天文"而说的"人文"，无论如何是不恰当的，其方法也是不科学的。④ 绝大多数学者对中国传统文化之具人文精神持认同和肯定的立场，庞朴、张岂之、李振纲、张文儒、万俊人等等都是肯定派的代表。

庞朴先生最先提出中国传统文化的特点是人文主义。他以希腊、印度、中国三大古老文明作比较，认为以伦理、政治为核心，不甚追求自然之所以，缺乏神学宗教体系的中国文化，是富有人文精神的文化。他还从九个方面对中西方的人文主义进行对比，指出重视人伦，重视现世世俗生活，注重

---

① 万俊人：《儒学人文精神的传统本色与现代意义》，《浙江社会科学》1998 年第 1 期。
② 欧阳友权：《培育高科技时代的人文精神》，《光明日报》1999 年 3 月 8 日。
③ 荣伟：《中国传统文化再批判三题》，《河北大学学报》1986 年第 3 期。
④ 白钢：《"中国文化的人文精神（论纲）"驳议》，《光明日报》1986 年 3 月 17 日。

人与自然的和谐合一等思想，构成中国的人文主义。这种人文精神给我们民族和国家增添了光辉，也设置了障碍；它向世界传播了智慧之光，也造成了中外沟通的种种隔膜；它是一笔巨大的精神财富，也是一个不小的文化包袱。①

庞朴先生《中国文化的人文精神（论纲）》发表后，立刻引起人们讨论的兴趣。黎鸣、白钢等人明确表示不同意庞朴先生的观点。照黎鸣先生的看法，一个民族的文化精神应是该民族在其长时期的历史发展过程中逐渐形成的创造和保持它的一切文化信息（经验文化信息、智能文化信息、权能文化信息）而在统计意义上为其多数成员所认同的程序和结构。简言之，即它的文化的"历史—逻辑"结构。这种"精神"只能是由该民族不同历史时期大量不同的人们不断重复思索、重复实践操作，并在长时期内达到统计上稳定的整体的、民族（社会）的精神。他指出："从这个观点出发，可以认为，如果不从历史上的一切自组织的职能系统的总体分析—综合去理解，而仅仅依据历史上极少数哲人的玄念和愿望即贸然得出一个民族文化的'精神'，这样的'精神'是很难让人确信的。"他认为，在中国传统文化中，无论是从历史真实的统计意义上，抑或从逻辑真实的统计意义上，像庞文所说的"人文精神"都是不存在的。他强调，从"历史—逻辑"结构的真实性意义上说，与其说中国文化具有"人文精神"，不如说具有"伦文主义（等级主义）精神"更恰当些。② 白钢先生则从六个方面对庞文的观点和论证过程逐项进行了驳议。③

何新先生的看法与庞文的观点不尽相同，但他也明确主张中国传统文化是一种人文主义。他认为早在三千多年前的文化典籍中，就已经出现崇尚文明、肯定人的价值、倡导主体道德人格理想的人文主义精神。④ 张岂之先生认为，中国人文精神的发端可以追溯到西周时期的礼乐文化。尽管西周以后的中国历史，在礼、乐的具体内容方面不断地有所变化，但是，当时对于"人文"的范围的限定，既有制度方面，又有文化方面；既有形之于外的，

① 庞朴：《中国文化的人文精神（论纲）》，《光明日报》1986 年 1 月 6 日。
② 黎鸣：《中国传统文化有"人文"主义精神吗？——与庞朴先生商榷》，《光明日报》1986 年 3 月 17 日。
③ 白钢：《"中国文化的人文精神（论纲）"驳议》，《光明日报》1986 年 3 月 17 日。
④ 何新：《中国传统文化精神之我见》，《光明日报》1986 年 1 月 7 日。

也有藏之于内的；既有物质含义，也有精神内容。他强调这是非常宝贵的中华人文精神的发端。①

（三）中西人文精神的异同

刘志琴同志主张用"伦文精神"来概括中国文化之人文精神。他认为，中国文化历经战乱颠沛、列朝兴亡，绵延数千年，其中发展最充分、完备而又世代相沿的核心思想是人伦思想。②

张文儒先生着重探讨了中国文化之人文意识的基本特点。他指出，与古希腊文化以重视神和神所创造的自然为特征不同，中国古代人文意识是由开始重视天命演变为重视人为特征，具体体现在人的作用得到充分重视、人的聪明才智得以充分表现、有一个人才脱颖而出的环境三个方面。关于人的地位与作用的界定，他认为古人有两种不同的视角或两种不同的人文意识取向。第一取向着眼于人的物质生活，即重视人之"力"，管子与墨子是其主要代表；第二取向着眼于人的精神生活，即重视人之"心"，孔子与孟子是其主要代表。③

李振纲先生着重比较了中西人文精神之同异。他认为，贯穿于中西文化的一般的人文精神是有别于"天道"（自然）和"神道"（宗教）的人道（社会）观，或者说是一种高于自然而不超越自然的人生态度。问题在于从这一共同点出发寻找出中西人文精神之差异。具体而言，在天人关系上，无论是西方还是中国，都承认人是人，而不同于自然，人具有高于自然的能力和价值。但西人认为人高于自然，在于人有理性、有知识、有智慧；中国人认为，人高于自然和动物，在于人有道德。在人神关系上，无论是西方还是中国，都认为人不是神，人道不同于神道，中西文化都带有浓厚的世俗化特征。但西人以感性的满足、物欲的追求为至善和幸福；中国人认为真正的幸福不在于食色之欲，而在于道义的无愧。在人际关系上，中西文化都重视人格的培养。但对人格理想的意向不同，西人伸张个性，中国重视整体。由此他对庞朴先生在《中国文化的人文精神（论纲）》一文中提出的"人文主义

---

① 张岂之著：《中华人文精神》第11—12页，西北大学出版社1997年版。
② 刘志琴：《人伦思想与现代意识》，《光明日报》1986年4月28日。
③ 张文儒：《中国传统哲学中人文意识的基本特点》，《学术论坛》1999年第4期。

的适用范围绝不限于文艺复兴那一时期，也不止于欧洲西部那一块地域"的看法深表赞同，强调尽管中西人文精神有差异，但不可谓中国传统文化中无人文精神。①

（四）人本主义及其评价

许多学者用"人本主义"或"人本意识"来指称中国文化之人文精神，然对中国古代人本思想的内涵及其作用的认识存在一定的差异。汤一介先生指出，在中国传统思想文化中，存在着一种人本主义倾向，这种人本主义不同于文艺复兴以来西方那种反对神本主义，讲究独立人格、天赋人权，强调个性解放，带有强烈的个人主义色彩的人本主义。中国古代的人本主义主要是从这样的角度出发的：人在宇宙中有其重要的核心地位，所谓"人"与"天"、"地"并立为"三才"，只有人才可以"参天地，赞化育"。中国文化特别强调人的历史使命和社会责任，把人限定在"五伦"关系中，人只有在所限定的范围内才有主动性、自觉性。因此，人实际上是被动的，没有独立的人格。这种人本主义从某些方面看是不利于民主思想发展的。② 邵汉明同志反对有的人将人本意识或人本主义看成只是西方文化的发明和专利、中国文化中绝无人本意识可言的观点，指出所谓人本意识或人本主义无非是尊重人和推崇人，弘扬人的生命存在的意义和主体独立自觉的价值，而这也正是中国学者特别是儒家学者所津津乐道和汲汲追求的。他认为儒家文化所体现的人本思想极为丰富，并从"人贵物贱"、"民为邦本"、"民贵君轻"等命题入手作了较详尽的阐发，强调人本或民本思想虽不同于近代西方的民主思想，但仍可以成为民主思想的基础。③ 杨安仑先生也认为，中国传统文化是以人为本位，按照中华民族特定的伦理观念和道德情感来建构的文化。所谓"以人为本位，不是使人出世，变为超人，变为抽象的人，而是为了现实的人的生存和发展，为了调节现实人的关系和丰富现实人的精神世界。"④

---

① 李振纲：《中国传统文化没有科学、民主和人文精神吗？——与荣伟同志商榷》，《河北大学学报》1987 年第 1 期。
② 汤一介：《略论中国文化发展的前景》，《理论月刊》1987 年第 1 期。
③ 邵汉明：《儒家文化的基本精神》，《孔孟学报》（台北）1990 年第 60 期。
④ 杨安仑：《关于中国传统文化的性质》，《求索》1988 年第 2 期。

刘泽华先生肯认中国文化的特点是人文主义，但他对此种人文主义却持批评的态度。他从人神关系、人与自然的关系、人与人的关系、人所追求的目标、人的认识对象和实践对象五个方面对传统人文思想进行论述，得出结论：中国传统人文思想的主题是伦理道德，而不是政治的平等、自由和人权，当时的伦理道德观念最终只能导致专制主义，即王权主义。从历史上看，中国古代的人文思想很发达，君主专制主义也很发达。而专制主义恰恰是以具有浓厚的人文色彩的儒家思想为统治思想的。这种精神与西方近代历史过程有极大不同，因为近代西方的人文思想是与封建专制对立的。① 赵吉惠先生也认为，儒家的人文思想强化了"人治"，与秦汉以后发展起来的封建专制主义，有着逻辑上的内在同一关系。② 徐大同、高健先生的看法与刘泽华、赵吉惠先生大体接近。③

还有许多学者具体探讨了孔子、孟子、荀子、墨子、老子等中国古代著名思想家的人文观或人本思想，此不一一赘述。

总的来看，关于中国文化之人文精神的讨论，见仁见智，人们的认识分歧很大，远没有达到一致。这种讨论还将长期进行下去。

二、 关于和谐意识

和谐意识是中国文化精神的一项重要内容，它包含天人关系即人与自然关系的和谐与人际关系即人与人关系的和谐两个方面。关于天人关系的和谐，古代先哲提出一个重要的命题，这就是"天人合一"；关于人际关系的和谐，古代先哲又提出一个重要的命题，这就是"中庸"或"中和"。因此，人们关于中国文化之和谐意识的阐述和讨论基本上是围绕"天人合一"和"中庸"这两个命题来展开的。

先看关于"天人合一"的讨论。

---

① 刘泽华：《中国传统的人文思想与王权主义》，《南开学报》1986 年第 4 期。
② 赵吉惠：《论儒学前景与 21 世纪人类文化走向》，《中国文化研究》1996 年第 1 期。
③ 徐大同、高健：《试论中国传统政治文化的基础与特征》，《天津社会科学》1987 年第 5 期。

（一）关于"天人合一"的讨论

1. 关于"天人合一"的观念的起源、演变及其基本含义

张岱年先生探讨了"天人合一"观念的起源、演变及其基本含义。他认为，"天人合一"是从先秦时代至明清时期大多数（不是全部）哲学家都宣扬的一个基本观点，它发源于周代，经过孟子的性天相通说与董仲舒的人副天数论，到宋代的张载、二程而达到成熟。张载云："儒者则因明致诚，因诚致明，故天人合一，致学而可以成圣，得天而未始遗人。"（《正蒙·乾称》）程颢云："故有道有理，天人一也，更不分别。"（《程氏遗书》卷二上）"天人本无二，不必言合。"（同书卷六）在张岱年先生看来，张载、二程的"天人合一"思想包括四个命题：第一，人是自然界的一部分；第二，自然界有普遍规律，人也服从这普遍规律；第三，人性即是天道，道德原则和自然规律是一致的；第四，人生的理想是天人的调谐。他进一步评价说，第一和第二命题是基本正确的，第三命题是基本错误的，第四命题包含着有价值的重要思想。① 邵汉明同志着重考察了原始儒家天人观的历史发展，指出，孔子寓天道于人道之中，要在人道的统一性中见出天道的统一性，讲求天人相知、契合贯通；孟子把天和人的心性联系起来，通过人性的中介沟通天和人，讲求尽心、知性、知天；荀子虽主"天人相分"，强调"不与天争职"，但他也意识到人不可以脱离天，有必要将天地人贯通统一起来。原始儒家承认、肯定天和人、自然界和人类精神具有统一性，并视这种统一、和谐为人类的最高理想。②

牟钟鉴先生阐述了古代思想家所论天人关系之"天"和"人"的具体含义。他认为"天"的含义有三：其一，表示根源性的存在；其二，表示自然性的存在；其三，表示超越性的存在。"天道"、"天理"属第一种，"天地万物"属第二种，"天神"、"天命"属第三种。"人"的含义亦有三：其一，表示人的生命个体，如"人生"；其二，表示社会及其文化，如"人道"；其三，表示人的主体能动性，如"人事"。由此他指出，所谓"天人关系"包含多层面的意义：一是人类与自然环境的关系；二是人道与神道

---

① 张岱年：《中国哲学中"天人合一"思想的剖析》，《北京大学学报》1985 年第 1 期。
② 邵汉明著：《儒道人生哲学》第 270 页，吉林教育出版社 1996 年版。

的关系；三是先天与后天的关系；四是客观与主观的关系。①

王兴宏、邵洪兴同志就"天人合一"的历史蕴涵提出自己的看法，认为"天人合一"是中国传统哲学的精髓之所在。"天人合一"究其实质是个哲学命题，因为它是人与自然、思维与存在、主观与客观这样一些永恒的哲学主题在中国传统思想中的历史表现；"天人合一"究其核心是个伦理学命题，因为中国哲学的核心原则是以孔孟为代表的人伦精神，他们从世界观的高度，探索宇宙、社会、人生、道德发展的根本规律，提出"治世之道"，并"思以其道易天下"；"天人合一"究其影响是个现实主义命题，因为它尽管不可避免地带有历史局限性，但包括着许多合理因素，当我们用现代眼光来审视这一命题时，仍然有其重大的现实意义和深远的历史影响。② 高晨阳先生亦就"天人合一"观的基本意蕴进行揭示，认为"天人合一"说旨在为人的生命存在方式确定一个形而上的价值根据，因而它在本质上是一个价值性的命题。从思维模式上说，"天人合一"说是站在人的存在的角度理解和规范天的存在，或说以人道理解和规范天道，反过来又以天道解释和证明人道，以天的存在作为人的存在的依据。这一特定意蕴在儒家表现为以天合人，在道家表现为以人合天，在阴阳五行家表现为天人感应，三家说法不同，意旨和理路却大体相同。③

2. "天人合一"命题是否矛盾？能否以"天人合一"和"天人相分"来区别东西方文化呢

关于"天人合一"的命题是否矛盾，存在两种截然对立的观点。一种观点认为是矛盾的。如果这里的"天"指自然界，那么，天的规则是自然法则，人的规则是社会法则，人之所以与动物不同，就因为他突破了动物的界限，这才能使人从动物界分化出来。在这个意义上，人类的第一个起点就是天人不合一，天人不合一是人类诞生的撬板。④ 另一种观点认为不矛盾，因为天人合一观念的核心是人顺应天道自然，而不是违背它。这不但不是说要人在自然面前无所作为，而是相反，要人利用自然、改造自然，从中体现

---

① 牟钟鉴：《天人之学的主要内容与现代意义》，《大众日报》1999 年 5 月 23 日。

② 王兴宏、邵洪兴：《试论"天人合一"的历史蕴涵及其现实影响》，《天府新论》1998 年第 6 期。

③ 高晨阳：《论"天人合一"观的基本意蕴及价值》，《中国哲学》1995 年第 6 期。

④ 王生平：《跳出"国学"，研究国学》，《哲学研究》1994 年第 8 期。

人与自然的一致与和谐。①

能否以"天人合一"和"天人相分"来区别东西方文化，也存在两种截然对立的观点。一种观点持肯定态度，认为天人相分（或主客二分）是西方文化的特色；天人合一（或主客混沌）是中国文化的特色。天人相分唤起了人征服自然的能动性，这既是西方科技发达的文化根源，又是当代西方文明走向衰落的文化症结；天人合一则达到人与自然的和谐，这既是中国科技不发达的文化根源，又是中国文化在当代走向世界的根据。天人相分导致人与自然关系的恶化，而天人合一的生命自觉却能使中国文化摆正人在宇宙中的地位，使精于器（科技）而疏于道（天理人伦）的西方文化得以拯救。② 另一种观点持否定态度，其理由有三：第一，主客二分不能涵盖西方文化的特色，不能说明包括基督教在内的各种因素在西方文化史中的地位。第二，主客二分的科学主义态度并不直接就是导致人与自然关系恶化的文化症结，主客混沌或天人合一亦不能保证避免生态环境的恶化。第三，中国历代也有天人相分的观念，这些观念也并没有导致中国出现西方那样的近代科技和近代工业。③

3. 关于"天人合一"观的评价

那么，对中国文化之天人合一观或人与自然和谐思想究应作何评价呢？有学者认为，天人合一思想包含着许多合理因素，对于现代哲学思考很有参考价值。首先，天人合一观强调人与自然的和谐一致，这对于纠正那种把人与自然截然对立起来的形而上学的错误观点，具有启迪意义。其次，天人合一观把认识世界与认识人自身紧紧地联系在一起，这种哲学思考方式可以实行现代转换。再次，天人合一观具有注重价值理性的特点，这对于遏制现代人科技理性的过度膨胀，将会发挥制衡作用。④ 有学者指出，"天人合一"最基本的含义就是肯定"自然界和精神的统一"，在这个意义上，天人合一

① 金景芳、吕绍纲：《关于孔子及其思想的评价问题》，《哲学研究》1995 年第 1 期。
② 参见季羡林：《传统文化能否再写辉煌》，《人民日报》1997 年 12 月 6 日；罗卜：《国粹·复古·文化——评一种值得注意的思想倾向》，《哲学研究》1994 年第 6 期。
③ 参见周溯源：《对"天人合一"的不同理解》，《哲学动态》1995 年第 8 期；罗卜：《国粹·复古·文化——评一种值得注意的思想倾向》，《哲学研究》1994 年第 6 期；李慎之：《对"天人合一"的一些思考》，《文汇报》1997 年 5 月 13 日。
④ 宋志明、向世陵、姜日天著：《中国古代哲学研究》第 55—58 页，中国人民大学出版社 1998 年版。

的命题是基本正确的，既要改造自然，也要顺应自然，既不屈服于自然，也不破坏自然，以天人相互协调为理想，这种学说有很高的价值。①

许多学者都从可持续发展和生态平衡的角度对天人合一观念的意义与价值给予高度的肯定。有论者说，如果一味强调"制天"、"戡天"并付诸行动，势必导致自然生态平衡的破坏，并最后引起社会生态平衡的破坏，使人类丧失其赖以生存生活的基础和条件，这是违背人类的主观愿望的。而天人合一的理论则正好在弥补这一不足和避免这一局面的出现上给我们以积极有益的启迪。② 有论者说，天人合一是中国哲学的基本精神，它承认自然界具有生命意义，具有自身的内在价值，只有自然界才是人类的真正家园，人与自然界本来就是一体的，不能分开的，因为人类生命的源泉就在这里。如果把人与自然界决然对立起来，以"立法者"自居，以"主宰者"自居，那就不可避免地会出现人的生存意义的丧失，精神家园的失落。③ 有论者强调说，与天斗与地斗再也不是其乐无穷的事情。在我们进行现代化建设的过程中，继承传统文化中注重天人和谐的思想，可以使我们免蹈西方的覆辙，少走弯路，绝不会成为社会前进的阻力。④ 还有论者指出，儒、道的天人之学所彰显的实践理性精神与具体知识无涉，不能给人类摆脱目前的环境危机提供具体的解决方案，在这种意义上可以说它是无用的。但它是一种"圆而神"的学问，可以遍润万事万物，贯通在人的知性行为中，成为人们解决环境危机的指导性的哲学依据，因而又不能说它无用。用中国哲学的术语表示，天人之学的这一特定的功能可以称之为"无用之用"。唯"无用"才有此"大用"。⑤

还有许多学者就老子、庄子、孟子、董仲舒、张载、程颐、程颢、王阳明等思想家的天人合一观进行了具体的阐述，有的学者还就中西哲人关于天人关系的论述进行了系统的考察和分析。⑥ 凡此论著极大地促进了中国文化之和谐意识研究的深化。

① 张岱年：《中国哲学中"天人合一"思想的剖析》，《北京大学学报》1985 年第 1 期。
② 邵汉明：《儒家文化的基本精神》，《孔孟学报》（台北）1990 年第 60 期。
③ 蒙培元：《中国的天人合一哲学与可持续发展》，《中国哲学史研究》1998 年第 3 期。
④ 陈启智：《传统文化落后原因驳论》，《管子学刊》1998 年第 2 期。
⑤ 高晨阳：《论"天人合一"观的基本意蕴及价值》，《中国哲学》1995 年第 6 期。
⑥ 张世英著：《天人之际——中西哲学的困惑与选择》，人民出版社 1995 年版。

（二）关于"中庸之道"的讨论

关于"中庸之道"的探讨主要集中于"中庸"观念的提出及其在孔子学说中的地位、"中庸"观念的含义、"中庸"观念的评价等若干问题上。

1."中庸"观念的提出及其在孔子思想中的地位

有学者论"中庸"观念的形成说，"中庸"作为一个概念虽始见于《论语》，但"尚中"的观念却由来已久。早在甲骨文、金文中已有"中"字，在《尚书》、《诗经》、《易经》中也多次出现过"中德"、"中罚"、"中行"等观念。在《尚书》等古籍中亦有"庸"字。孔子在继承与发挥殷周时期"尚中"思想的基础上，首次将"中"和"庸"结合起来，并上升到哲学高度，正式提出了"中庸"概念。①

有学者论"中庸"在孔子思想中的地位说，在孔子的整个思想体系中"一以贯之"的不是"忠恕"，而是"中庸"，长达两千多年的"忠恕""一以贯之"之说不过是一个历史性的误会，"中庸"才是孔子乃至整个儒家思想的基础和灵魂。尽管《论语》中明确提及"中庸"的仅一处，即"中庸之为德也，其至矣乎！民鲜久矣"（《论语·雍也》），但它却具有统领诸德的特殊地位和作用。②

2."中庸"之含义

许多学者都就"中庸"的含义作了说明。葛荣晋先生认为，所谓"中"有二义：一曰"内也"，即人之本性情感藏之于内心中，尚未显露，无偏无倚；二曰"正也"，即无过不及之义，恰到好处。所谓"庸"亦有二义：一曰"用也"；二曰"常也"。因此，"中庸"本义即是"用中"之义，中庸之道即是"用中"之常道。③ 杜道明先生根据《广韵》、《广雅》等书，认为"庸"字还有"和"的意思，进而谓"中庸"实即"中和"之义。④ 邵汉明同志认为，儒家的"中庸"、"中和"观念从伦理道德的角度看，包括和而不同与过犹不及两层含义。所谓"和而不同"，就是有否有可，该肯定

---

① 参见葛荣晋著：《儒道智慧与当代社会》第123—124页，中国三峡出版社1996年版；杜道明：《有关"中庸"的几个问题》，《中国文化研究》1998年第1期。

② 杜道明：《有关"中庸"的几个问题》，《中国文化研究》1998年第1期。

③ 葛荣晋著：《儒道智慧与当代社会》第124、141—146页，中国三峡出版社1996年版。

④ 杜道明：《有关"中庸"的几个问题》，《中国文化研究》1998年第1期。

的肯定，该否定的否定，这是真正的"中庸"。而"过犹不及"说的是，凡事都有一个界限或尺度，达不到或超过这个界限或尺度都不可取。① 杜道明先生还指出"中庸"观的特点有四项：一是反对过与不及，强调人的思想和行动冒进或保守都不好，同流合污也不符合"中庸"的原则，必须在过与不及之间寻求一恰如其分之点；二是反对"攻乎异端"，即反对做事走极端，"叩其两端"以求其"中"，避免片面性；三是主张权变与"时中"，一方面视不同情况采取不同的"中庸"标准，另一方面"中"因"时"变，因"时"用"中"；四是要求"中"与"和"的和谐统一，强调各种不同或对立因素通过"济其不足，以泄其过"的转化生成过程，达到整体和谐的最佳状态。②

3. 中庸适度思维与折中主义

怎样保证君子避其过与不及而达到"中庸"境界呢？庞朴先生认为，有几种思维方式可以发挥有效的作用：（1）以"A 而 B"（或"A 且 B"）形式以济"不及"。在儒家看来，任何一种单独的德目，都只是道的一偏，固守一种德行，不能取得"中"的效果，如单纯的宽宏品格，失之于庄严，必得庄严以相济，始成"宽而栗"的中道。（2）以"A 而不（无）A′"形式以防其过。A 是一种美德，A′是这种美德超越一步而达到的恶行。因此儒家要求君子做到"矜而不争，群而不党"，"乐而不淫，哀而不伤"，学思不可偏废等。（3）以"不 A 不 B"（或无 A 无 B）形式表述无过无不及思想，认为圣人只有在欲与恶、始与终、近与远、博与浅、古与今等诸矛盾中不偏于任何一方，方可适得其中而获得"中庸"之真谛。③

有论者将中庸适度思维视为儒家学者的一种重要思维方式，指出传统儒学无论是在政治方面，还是在道德方面，抑或政事、处事领域，都贯穿着中庸适度思维，特别是"和为贵"的原则，既已成为儒家思想的一个重要准则，又已成为思维追求的目标。这种中庸适度思维旨在对事物作两端的剖析后，寻求一种两极的折中，偏倚的公允，从而达到完善的同一，矛盾的融洽、协调，不失为解决对立与冲突的一种方法。④

① 邵汉明：《儒家文化的基本精神》，《孔孟学报》（台北）1990 年第 60 期。
② 杜道明：《有关"中庸"的几个问题》，《中国文化研究》1998 年第 1 期。
③ 庞朴著：《儒家辩证法研究》第 79—100 页，中华书局 1984 年版。
④ 王成儒：《传统儒学的思维方式及其转型》，《现代哲学》1998 年第 3 期。

许多学者强调，儒家的中庸之道并不是折中主义。按列宁的说法，折中主义是将两种相对立的观点无原则地人为地拼凑起来，它是对原则的放弃，是对矛盾、冲突和差异的回避。儒家的中庸之道则是具有朴素辩证因素的矛盾观，"中庸"实即"中和"之义，它要求在"所见各异"的基础上达到"中和"，无"异"也就谈不上"和"，"和"是矛盾对立因素的相辅相成，或多种不同因素的有机和谐统一，而非人为地取消矛盾，更不是不讲原则、不分是非的"和稀泥"。①

4. 中庸观念的现代价值

关于中庸观念的评价问题，有论者认为，"中庸"是一种以正确合理为内在精神的普遍和谐观，具有辩证因素和价值论意义，同时具有丰富的社会政治内涵和伦理道德内涵。与"中庸"相关的"过犹不及"、"通权达变"、"能屈能伸"、"否极泰来"、"居安思危"、"多难兴邦"等精神，不仅推动了中国古代认识论的发展，而且对我们今天认识问题、处理问题时防止片面性和极端化，仍有其重要的借鉴意义。但它忽略了对立面的斗争与转化，看不到事物的自我否定和质变，这是"中庸"观的主要缺陷。② 另有论者指出，中庸之道并不是什么时代都需要的，一般来说，在社会剧烈变动时代，中庸之道很可能成为社会进步的阻碍；而在和平建设时期，中庸之道则对社会的安定与发展具有重要意义。就个体而言，中庸之道也不是一个人在任何时候、任何条件下都适宜的。一般说来，当一个人处于创造或渴望创造的时期，他就不是十分需要中庸之道，因为创造总是对既存事实的突破；而当他创造时期过去，他就会自然而然地转向中庸，因为他要借助中庸来维护和巩固他的创造成果。③ 有的论者着重揭示"中庸"之道的现实意义，指出我们在经济建设中奉行的持续、快速、健康发展的方针，即充分体现了"中庸"的辩证思维方法。国民经济的发展要保持较快的速度和较高的效益，但发展速度也要"适中"。速度低了不行，速度过高也不行。快是有条件的，要讲

---

① 参见葛荣晋著：《儒道智慧与当代社会》第126页，中国三峡出版社1996年版；杜道明：《有关"中庸"的几个问题》，《中国文化研究》1998年第1期；中英光著：《梦想与关怀——儒家的人生智慧》第178页，武汉出版社1998年版。
② 杜道明：《有关"中庸"的几个问题》，《中国文化研究》1998年第1期
③ 中英光著：《梦想与关怀——儒家的人生智慧》第180—181、79页，武汉出版社1998年版。

效益、讲质量；快是有区别的，各地发展速度可以有所不同。经济建设要做到速度与效益的统一、微观活力与宏观控制的统一、总量增长与结构优化的统一。用儒家哲学语言来表述，这是一条防止急于求成的"过"和反对踏步不前的"不及"的"执中"的发展国民经济的正确方针。①

5. 和合学的提出

特别值得一提的是，张立文先生根据自己对中国文化之和谐意识的把握，针对21世纪人类面临着的五大冲突——人与自然的冲突、人与社会的冲突、人与人的冲突、人的心灵的冲突、文明之间的冲突，提出和合学原理。他认为，和合人文精神是化解冲突之道。他提出和合学五大原理：一是和生原理。这是"天地之大德曰生"的精神的体现。二是和处原理。这是"和而不同"的精神的体现。三是和立原理。这是"己欲立而立人"的立己立人的精神的体现。四是和达原理。这是"己欲达而达人"的己达达人的精神的体现。五是和爱原理。这是"泛爱众"精神的体现。那么，"和合"作为一种目标应怎样具体操作和实现它呢？张立文先生进而从八个方面作了说明：一是形上和合；二是道德和合；三是人文和合；四是工具和合；五是经济和合；六是艺术和合；七是社会和合；八是目标和合。张先生强调，和合学是现代文化方式的选择，和合在化解当前人与自然、人与社会、人与人以及身与心的激烈冲突中，具有无限魅力和生命力。②

张立文先生关于和合学的构想引起许多有识之士的强烈反响和共鸣。程思远、邢贲思、张岱年等知名人士纷纷发表文章，提出在马克思主义理论指导下，科学理解中华和合文化，正确弘扬中华和合文化，大力开展"中华和合文化弘扬工程"，以推动祖国和平统一与国际和平事业。③

---

① 葛荣晋著：《儒道智慧与当代社会》第124页、第141—146页，中国三峡出版社1996年版。

② 参见张立文：《儒家文化的现代转换》，《长白论丛》1994年第3期；张立文：《中华和合人文精神的现代价值》，《社会科学研究》1997年第5期；张立文：《儒家和合文化人文精神与二十一世纪》，《学习与探索》1998年第2期。

③ 参见中华和合文化弘扬工程秘书处：《中华和合文化研究概述》，《光明日报》1997年2月6日；程思远：《世代弘扬中华和合文化精神——为"中华和合文化弘扬工程"而作》，《光明日报》1997年6月28日。

三、 关于伦理本位

中国素以文明之邦、礼仪之邦著称于世，与其提倡和重视道德的传统是分不开的。梁漱溟先生早在 1949 年出版的《中国文化要义》一书中就曾指出，中国文化中没有宗教，只有道德，中国是一个"以道德代替宗教"的国度，这个道德具有两项职能：一是组织社会，安排伦理名分；二是涵养理性，设为礼乐揖让。由此形成中国文化的一大特色。时至今日，他的观点仍常被引用，成为人们观照中国文化的一个视点。[①]

在 20 世纪 80 年代以来的文化讨论中，许多学者都不约而同地将中国文化的基本精神归结为伦理精神或伦理本位。如有的学者所说："中国传统文化是一种按伦理精神结构的文化形态"，[②] 或称为伦理本位主义、伦理中心论，这种伦理精神或伦理本位的含义就是把一切问题伦理化，把一切是非判断都归之为以伦理纲常为标准的价值判断。[③] 总的看，人们对中国文化之重视伦理道德的事实并无疑议，讨论、论述最多的集中在传统道德观特别是儒家道德观的具体特征及其评价等问题上。

（一）传统道德观的特征

关于传统道德观的基本特征，陈瑛、温克勤等人认为可归结为四个方面：第一，伦理思想与哲学和政治融为一体，构成奴隶社会和封建社会里意识形态的中心，强烈地影响着当时社会的各个方面。第二，我国历史上的伦理思想具有强烈的血缘关系和宗法制度的色彩，特别表现在道德规范上，重视忠、孝，强调整体和服从。第三，有着强烈的中庸气息，在形而上学的体系中，有些朴素辩证法的因素。第四，重视人伦日用和实际生活，且在方法上表现为重了悟不重论证，在内容上表现为重道德修养和道

---

① 中英光著：《梦想与关怀——儒家的人生智慧》第 180—181、79 页，武汉出版社 1998年版。

② 魏承思：《论中国传统文化的改造》，《社会科学》1987 年第 10 期。

③ 贾磊磊：《东西方文化与中国现代化——杭州讲习班综述》，《国内哲学动态》1986 年第 9 期。

德教育。①

张岱年先生认为传统伦理思想具有两种基本倾向：一是肯定人在天地之间的重要地位；二是承认人与自然的统一关系，既肯定人与天地的区别，又强调人与天地的不可分割的联系。②

樊浩先生指出，中国伦理精神的特点，一是家族本位。家族既是人伦的原则与出发点，又是人伦的归宿；既是人格的生长点，又是人格的最高理想。二是伦理政治。伦理与政治二位一体，贯通为一。三是人情主义。用人情的法则建立起人们间的伦理政治关系，使人情成为宗法社会的深层的人际结构原理与社会结构原理。四是克己自省。中国伦理精神中的所谓修养主要指个体的道德修养，其根本旨趣是改变自己，以适应或维持社会秩序。五是进退相济。如果说德性是一种"进"的精神，道心、佛性则是一种"退"的精神，儒、释、道的统一就形成了一种能进能退、刚柔相济、能伸能屈、富有自我调节功能、入世与出世相结合的安身立命的精神基地。六是中庸和谐。即在道德行为上求和执中，无过无不及，依礼而行，求得个人伦理、家族伦理、国家伦理、宇宙伦理的贯通和谐，达到人伦建构与人性提升的和谐。③

李中华先生认为，以礼乐教化为中心的道德理性是中国文化早熟的明显标志，这种道德理性的觉醒不仅代替了宗教的地位，而且衍射到中国文化的各个层面，形成中国文化的泛道德性特征。具体表现为以"德治"代"政治"——政治道德化、以"礼治"代"刑法"——法律道德化、以"人治"代"法治"——泛道德主义对专制主义的影响等三个方面。④

陈谷嘉先生指出，中国古代伦理思想具有三大特征：一是伦理与宗法关系的紧密结合，形成以"忠"和"孝"为核心内容的宗法体系；二是伦理与政治相结合，表现为伦理政治化和政治伦理化；三是伦理学与哲学融为一体，表现为伦理哲学化和哲学伦理化。⑤

---

① 陈瑛、温克勤等著：《中国伦理思想史》第10—16页，贵州人民出版社1985年版。
② 张岱年著：《中国伦理思想研究》第6—10、10—11页，上海人民出版社1989年版。
③ 樊浩著：《中国伦理精神的历史建构》第32—40页，江苏人民出版社1992年版。
④ 李中华著：《中国文化概论》第169—178、365—366页，华文出版社1994年版。
⑤ 陈谷嘉：《论中国古代伦理思想的三大特征》，《求索》1986年第5期。

　　冯天瑜、李宗桂等人也特别强调伦理本位是中国文化的一个突出特征。认为作为"道德型"的中国文化，不讲或很少讲脱离伦理学说的智慧，许多哲学的、政治的观念的产生都是以伦理思想为起点、为核心，向外作水波式的扩散。高度重视伦理道德不只是某一学派的信念，而且是整个中国文化系统的共同特征。儒家注重伦理人所共知；道家希望不为境累，不为物役，绝圣弃智，洁身自好，实际上是以对自由人格的追求，表达对实现个体价值的向往；佛家宣扬万法皆空，了无自性，慈悲为本，普渡众生，以劝善惩恶为旗帜，仍不脱尘世间伦理的框架；法家高唱人皆"用计算之心以相待"，被人评为"非道德主义"，而实际上，"醇儒"董仲舒宣扬的"君为臣纲，父为子纲，夫为妻纲"的"三纲"说却源于大法家韩非，可见法家也颇具伦理色彩。伦理中心主义还渗透到意识形态的各个分支中，如中国文学高度强调"教化"功能；史学以"寓褒贬，别善恶"为宗旨；教育以德育压倒一切，智育成为德育的附庸；哲学则与伦理学相混合，孔孟的哲学更成为一种"伦理哲学"，都是突出表现。①

　　黄克剑先生把中国文化的人伦道德形态看成是一种"动物文化"。他认为，中国传统文化是以人伦道德融摄一切的文化，这种具有实体性的道德观念植根在非理性的宗法关系上，本性开放的社会关系在一定意义上变成了动物式的封闭型的自然关系，尤其是中世纪的人伦道德的"人文"闪现的是各种动物式的自然的色彩。传统文化处处强调人与人的关系，但这种人与人的关系实在还是出自一种"人类动物学"的形态。② 许多人对此提出异议，认为从所谓的"动物文化"论只能得出一个结论，那就是中国文化非但毫无理性成分，甚至还够不上是"人的"文化，更谈不上有哲学的思想了。这显然是与文化事实不相符合的。③

　　以上所论乃传统道德观的一般特征或主要特征，更多的学者就儒家、道家、墨家的道德观而展开具体的论述。如有的学者指出儒学精神的内在规定性即伦理理性，这种伦理理性概括起来包括以下几点：其一，以家族为本

① 参见冯天瑜：《宗法社会与伦理型文化》，《湖北大学学报》1987年第2期；李宗桂著：《中国文化概论》第265—266页，中山大学出版社1988年版。
② 黄克剑：《传统文化的封闭性及其时代特质》，《光明日报》1986年5月26日。
③ 魏承思：《论中国传统文化的改造》，《社会科学》1987年第10期。

位。其二，以伦理组织社会、国家生活。其三，诚心正意。其四，中庸。① 有的同志将儒家伦理学说的丰富内容归结为爱人修己、明辨义利、分清理欲三个方面。② 另有同志认为，道家虽主绝圣弃智、绝仁弃义，但他们不是不要道德，只是他们追求的乃是一种超乎世俗道德之上的道德。这种"超道德"具体表现为这样两个重要的命题：一是"尊道贵德"；二是"长德忘形"。老庄既非道德（批判传统道德），又主超道德（追求道德的纯粹性、绝对性），二者是有机统一的，其非道德构成其超道德之提出的前提，而其超道德的提出又是其非道德的必然结果。③ 还有的同志认为墨家伦理思想的特点在于：其一，以"兼爱"原则为根本。其二，贵义尚利的功利主义。其三，"合其志功而观"的道德评价原则。④ 有的同志从兼爱互助——朴素人道主义的社会理想和利天下——社会本位的人生观、价值观等两个方面来阐发墨家伦理思想的内容和特点。⑤ 有关儒、墨、道等各主要学术流派及学派内部各主要思想家伦理道德思想的内容和特点的探讨，其著述汗牛充栋，我们在这里不可能作更进一步的详细介绍。

（二）传统道德观的评价

关于传统道德观特别是儒家道德观的评价，多数学者持两分的态度，既有所肯定又有所否定，部分学者持偏于肯定或偏于否定的立场。

张岱年先生首先提出评价学术思想包括伦理思想的两条标准：第一，是否符合客观实际；第二，是否符合社会发展的需要。他认为，关于伦理道德的命题，必须符合社会生活的实际、符合社会发展的需要，否则就是没有价值的。所谓符合社会发展的需要，又有两层含义：在社会的和平发展时期应有维持社会生活正常进行的作用；在社会变动的时期应有革旧立新的作用。依据这两个标准来评价中国古代伦理学说，他指出，儒家的思想是为封建等级制度辩护的，有维护等级特权的不良影响；但是儒家宣扬精神价值，尊重人的独立人格，对于封建时代的精神文明的发展起了重要的积极作用。道家

---

① 陈劲松：《儒学社会的治乱兴衰：一种精神的限制》，《浙江学刊》1999 年第 1 期。
② 姜国柱：《中国儒家的伦理道德观》，《中国文化研究》1996 年冬之卷。
③ 张松如、邵汉明著：《道家哲学智慧》第 201—211 页，吉林人民出版社 1996 年版。
④ 郭金鸿：《墨子伦理思想的现代价值》，《船山学刊》1997 年第 1 期。
⑤ 孙中原主编：《墨学与现代文化》第 78—103 页，中国广播电视出版社 1998 年版。

鼓吹"绝圣弃智"、"绝巧弃利",贬抑文化的价值;但是道家思想中含有对于等级特权的抗议,具有批评不良制度的倾向,对于反专制思想有启迪的作用。佛教否认现实世界,把人们引向虚幻境地,确实是提供了一副精神麻醉剂;但是佛教又强调"精进"、"无畏",对于阐发人的主观能动性有一定的贡献。①

冯天瑜先生认为,传统的伦理思想有其精华的一面,并在特定的历史条件下成为鼓舞人们自觉维护正义、忠于民族国家的动力,即所谓"杀身成仁"、"舍生取义"。这种文化气质曾造就了历史上许多悲壮高洁的民族英雄,浇灌了美丽的精神文明之花。然中国文化的"道德型"特色又具有精神虐杀的一面,在漫长的岁月中,将封建等级关系伦理化、凝固化,成为封建压迫的一种形式。随着封建社会的发展,封建伦常愈益成为束缚卑贱者的枷锁。②

邵汉明同志也以两分法来评价道家的道德哲学,认为老庄之非道德与主超道德既有得又有失,而其得其失又是交织在一起,不能分离的。他指出,其非道德之得在于它深刻地揭示出世俗道德的虚伪性和局限性,之失则在于它没有在否弃世俗道德的同时,充分看到和肯定世俗仁义道德之存在的相对的现实合理性;其主超道德之得在于它真实地反映了老庄对人类道德之纯真性和艺术性的向往和追求,这种向往和追求对于人类精神境界的提升不无积极的意义,之失则在于它毕竟不切实际,脱离现实生活,而终究陷于空想或幻想之中。③

葛荣晋等人高度肯定道家人生观和道德观的意义与价值,认为道家所讲的道德与儒家的道德内涵不同,但其"少私寡欲"、不为物累的人生价值目标和道德要求与儒家提倡的礼义廉耻等道德规范互相补充,共同维护封建统治秩序;道家要求人们超越世俗的情感羁绊,少用"机心",对于人类个体的处世修身和人的健全的精神生活,具有积极的指导意义。道家主张的"身重于物"、"我独异于人"、"少私寡欲"、"不敢为天下先"、"上德若谷"等观念可以使人们从思维方式和人生艺术上对现代文明进行

---

① 张岱年著:《中国伦理思想研究》第6—10、10—11页,上海人民出版社1989年版。
② 冯天瑜:《宗法社会与伦理型文化》,《湖北大学学报》1987年第2期。
③ 张松如、邵汉明著:《道家哲学智慧》第210—211页,吉林人民出版社1996年版。

深刻反思，起到某些救弊补偏的作用，从而推动人性在更高层次上的返璞归真。①

赵宗正先生等提出两个概念以分析和评价儒家伦理的两个层面的内容，即"普遍的伦理"和"社会内在的伦理"。前者指以人的成长和发展为目标的行为规范，它们根源于人性，以人之所以为人的道德原理为基础，从而是普遍适用于一切人类社会的伦理道德规范；后者指某特定社会及生活在该社会之人为发挥作用和得以生存所必需的规范，它们只适用于某一特定的社会，只具有历史的真理性，而不具有普遍适用的特性。对儒学来说，随着人类文明的发展而遗弃的只能是社会内在的伦理，普遍伦理作为其根本不会因时代的发展而丧失其永恒存在的价值和意义。②

孙国珍等人高度肯定儒家伦理道德观的现代价值。孙国珍先生认为，儒家以社会伦理和道德修养为主的文化体系可以更好地替代西方工业文化依靠基督教劝善、协调关系的道德功能，它在本质上与科学并不矛盾。同时，儒家伦理是人类社会最具体、最实用、最能适应信息社会文化发展的古代思想学说，在内容和体系上可以说十分完备。③ 杨蔚先生认为，以儒学为代表的古代道德理论的现代价值体现在：第一，律己修身，培养个人的道德自觉性，追求一种完美的生命价值；第二，践履"仁爱"，注重人际关系和谐，创造良好的社会氛围；第三，弘扬集体主义精神，处理好个人与社会的关系，实现人的类价值。④ 孔繁先生指出，儒家的仁义观念经过长期沉淀，深入人心，构成中华民族的心理倾向和民族性格；儒家境界观不仅是教人成圣成贤，且在于升华全社会成员的道德素质，以改善社会风气；儒家所说天命之性是人类精神的高度升华，演化为人际关系之互助互爱；儒家义利观的价值在于要人见利思义，而反对见利忘义或唯利是图。面临商品经济大潮，当金钱崇拜腐蚀社会肌体，而使道德丧失神圣意义的时候，矫枉过正，强调道

---

① 参见葛荣晋著：《儒道智慧与当代社会》第247—274页，中国三峡出版社1996年版；吕锡琛著：《道家与民族性格》第263—273页，湖南大学出版社1996年版；焦国成：《道家人论及其现代价值》，《高校理论战线》1998年第8期。

② 傅云龙：《海峡两岸首次儒学学术讨论会综述》，《孔子研究》1992年第1期。

③ 孙国珍：《儒学在当代和未来文化建设中的地位》，《内蒙古电大学刊》1997年第2期。

④ 杨蔚：《中国古代传统道德的基本精神和现代价值》，《首都师范大学学报》1997年第5期。

德至上，未尝不具积极意义。①

刘泽华等人着重论析了儒家伦理的负面影响。刘泽华先生强调，儒家把道德看成人们生活的最高层次，从而限制了人的全面发展；儒家的"三纲五常"所表示的是一个完整的关系网，在这个关系网中，每个人只是当做一个从属物而存在，从而使人不成其为人。② 李中华先生从泛道德主义传统与现代多元价值取向的冲突、家庭本位传统与现代个性自由的冲突等方面来对儒家道德观提出批评。③ 陈劲松先生认为，儒家社会的精神支柱是伦理理性，儒学精神的本质意义在于其所达到的伦理控制，伦理控制主张的是一种特殊主义、多元主义原则，因而窒碍了社会发展所需要的普遍主义、一元主义的形成；伦理控制是制造王朝末期社会动乱的潜在原因；伦理控制只讲义务不讲权利，压抑人性，抑制了创造力。④

对于墨家的伦理思想，一些学者也提出自己的评价意见。郭金鸿认为，墨子的伦理思想在先秦独树一帜，其中所包含的舍己为人的牺牲精神和侠义气概被人民群众和正义之士所继承，融入到中华民族性格之中。墨家的十大救世主张正是为杜绝社会弊端、根除丑陋现象而提出的，墨子试图以"兼相爱，交相利"来建立起相爱互惠的社会群体，这虽是一种没有现实基础的乌托邦，但在历史上仍是一种难能可贵的道德理想和价值观念。⑤ 陈朝晖等人认为，墨子试图以道德力量来改造社会，脱离实际，显得苍白无力，但他对人类未来怀有的一种真诚而美好的期待与愿望，反映了下层劳动人民要求生活保障的心声以及人与人之间相互同情和互助的精神，体现了"兼爱"原则具有人民性的品格。⑥

朱伯崑先生认为，墨子的"兼爱"说虽然承认等级差别的存在，但要求改善当时的等级关系，这在当时的历史条件下，有进步意义。但"兼爱"这种道德理念在阶级社会中不可能成为现实，只能是一种幻想。墨子的

---

① 孔繁：《儒学的历史地位和未来价值》，《人民日报》1994 年 9 月 19 日。
② 刘泽华：《中国的人文思想与王权主义》，收入《中国文化的再估计》文集，上海人民出版社 1997 年版。
③ 李中华著：《中国文化概论》第 169—178、365—366 页，华文出版社 1994 年版。
④ 陈劲松：《儒学社会的治乱兴衰：一种精神的限制》，《浙江学刊》1999 年第 1 期。
⑤ 郭金鸿：《墨子伦理思想的现代价值》，《船山学刊》1997 年第 1 期。
⑥ 参见陈朝晖：《论墨家精神》，《烟台大学学报》1992 年第 4 期；丁为祥、雷社平著：《自苦与追求——墨家人生智慧》，武汉出版社 1998 年版。

"贵义"说强调"不义不贵，不义不亲"，也是针对奴隶制的"贵贵亲亲"的用人路线提出来的，在当时同样有进步意义。当然，要求当时的王公大人推行这种道德理念，乃是一种改良主义的幻想。墨子的"节俭"说从尊重人的生产劳动果实出发，反对消耗社会物质财富的贵族生活方式，体现了老百姓的利益，是我国古代劳动人民的生活美德在其伦理思想上的表现。墨子主张义利合一、志功合一，也都具有十分明显的理论意义与价值。①

四、 关于忧患意识

中国文化中洋溢着浓厚的忧患意识，孟子所说的"生于忧患，死于安乐"，就是此种忧患意识的生动写照。先哲先贤们把忧患意识或忧患情怀视为中华民族精神的大本大原，是因为真正的智慧始于忧患，忧患使人们的精神从一种定型的生活中解放出来，以产生超越而涵盖的胸襟。当今中国和世界问题多多，矛盾多多，困难多多，仍然需要忧患意识的弘扬。这正是众多学者关注和重视中国文化之忧患意识的阐析和彰显的原因所在。

大致而言，中国台湾学者对中国文化之忧患意识的探讨较大陆学者为早为深，这可能与台湾的孤岛地位有关。在《忧患意识的体认》② 一书中，集中收入了十多位学者的意见和看法，对儒、墨、道的忧患意识均有论述。此外，林火旺著《从儒家忧患意识论知行问题》③ 和徐复观著《中国人性论史·先秦篇》④ 等均就忧患意识问题进行了较深入的探讨，给我们以有益的启迪。

中国大陆学者关于中国文化之忧患意识的探讨始于 20 世纪 80 年代末 90 年代初，虽起步较晚，却也取得一定的进展。

（一）忧患意识的提出及其含义

据有关学者的初步考察，在战国中期以前的文献中，未见有"忧患"

---

① 朱伯崑著：《先秦伦理学概论》第 147—165 页，北京大学出版社 1984 年版。
② 高明等著：《忧患意识的体认》，文津出版社 1987 年版。
③ 该书由正中书局 1981 年出版。
④ 该书由台北商务印书馆 1984 年出版。

一词，"忧"与"患"往往是各自单独出现的。在《诗经》中，"忧"作为句首字便出现二十余次，如"忧心孔疚"（《诗·小雅·采薇》），"忧心如醒"（《诗·小雅·节南山》），"忧心如薰"（《诗·大雅·云汉》），"忧心殷殷"（《诗·邶风·北门》）。《易经》、《左传》言"忧"也有多处。"患"字也常见于《易经》和《左传》等经典，如"患至掇也"（《易·讼卦》），"患则救之"（《左传·襄公十四年》），"患孰恤之"（《左传·僖公十四年》）。"忧"、"患"二字连为一词，始见于战国中期的《易传》和《孟子》二书。《易传·系辞下》云："《易》之兴也，其于中古乎？作《易》者，其有忧患乎？"《孟子·告子下》云："入则无法家拂士，出则无敌国外患者，国恒亡。然后知生于忧患，而死于安乐也。"由上可知，"忧患"一词虽较为晚出，然忧患意识的产生却要早得多。论者们同意徐复观先生的说法，认为忧患意识"当系来自周文王与殷纣间的微妙而困难的处境"，而后"却正为周公召公们所继承广大"，断定忧患意识产生在殷末周初。忧患意识是殷末周初政治家们对人事作为的最初肯定的结果，也是对殷人宗教天命观作修正的产物。①

那么，什么是忧患意识或忧患情怀呢？徐复观先生曾指出，忧患意识"乃人类精神开始直接对事物发生责任感的表现，也即是精神上开始有了人的自觉的表现"。② 夏乃儒先生依此进一步指出，忧患意识是观察与思考的升华，是理智与情感的融通，是理想与现实的冲撞，是觉醒与未悟的枘凿；简言之，是历史的觉醒者在使命感的驱使下，面对着艰难的时世，所发生的一种忧虑、悲悯的精神状态。③ 冯天瑜先生认为，忧患意识是充溢于中华元典的一种基本精神，是元典作者们以戒惧而沉毅的心情对待社会和人生的一种理智的富于远见的精神状态。④ 邵汉明同志也指出，忧患意识是一种特殊的意识形态，它不同于一般的忧患心绪。通常所谓忧患心绪只是指人们在陷入困境时心理上产生的焦虑、困惑和苦闷、烦恼，而忧患意识则是指人们从

---

① 参见夏乃儒：《中国古代"忧患意识"的产生与发展》，《上海师范大学学报》1989 年第 3 期；冯天瑜著：《中华元典精神》第 428—431 页，上海人民出版社 1994 年版。
② 徐复观著：《中国人性论史·先秦篇》第二章《周初宗教中人文精神的跃动》，台北商务印书馆 1984 年版。
③ 夏乃儒：《中国古代"忧患意识"的产生与发展》，《上海师范大学学报》1989 年第 3 期。
④ 冯天瑜著：《中华元典精神》第 428—431、431—432 页，上海人民出版社 1994 年版。

忧患境遇的搅扰中，体验到人性的尊严和伟大及其人之为人的意义和价值，并进而以自身内在生命力量去突破困境、超越忧患，以达善美统一境界的心态。①

忧患意识由哪些因素构成呢？夏乃儒先生认为有四方面因素：①忧患意识萌发是一批睿智的哲人、历史的觉醒者、杰出的政治家所怀有的。②从宇宙到人生、从历史到现实，他们都作了细致的观察和深邃的思索，从而对历史必然性的认识，往往远远地超过了他们同时代的人。③基于理性的思索，又伴以情感的体验，形成一种历史使命感和社会责任感。④这种使命感、责任感付诸社会实践时，却遇到了个人难以克服的重重困难，这反过来又使忧世、忧国、忧民、忧人生的情感越发深沉、浓郁。② 邵汉明同志则将忧患意识概括为悲天悯人和承担责任两层要义，指出二者的关系在于，悲天悯人的同情心是责任感得以生发的直接契机，承担苦困的责任感则是同情心的必然升华。③

（二）儒学之忧患意识

一些学者具体探讨了儒学之忧患意识。冯天瑜先生指出，周初的忧患意识主要体现为"忧位"、"忧君"，即对政权稳固与否的忧思。春秋以降，孔子提出"忧道"观念，将忧患意识的内容扩展到对真理能否弘扬的担忧，这是忧患意识朝哲理方向的一种升华。战国中期，孟子从民本思想出发，又将忧患意识拓向"忧民"和"忧天下"，这与周初的"忧君"、"忧位"并无实质的不同，但其忧思毕竟较为深广，人民性大为增进，有一种由"君本位"向"民本位"交叉过渡的意味。④ 张立文先生指出，儒学的忧患精神是对国家和民族关怀的博大情怀，是面临危难、困境而不屈服、不畏难的积极参与、敢负责任的精神，是救民族于危亡、救人民于水火而敢于牺牲奉献的精神，是居安思危、处兴思亡的辩证理性精神。⑤ 夏乃儒先生指出，孔

① 邵汉明：《儒家文化的基本精神》，《孔孟学报》（台北）1990 年第 60 期。
② 夏乃儒：《中国古代"忧患意识"的产生与发展》，《上海师范大学学报》1989 年第 3 期。
③ 邵汉明：《儒家文化的基本精神》，《孔孟学报》（台北）1990 年第 60 期。
④ 冯天瑜著：《中华元典精神》第 428—431、431—432 页，上海人民出版社 1994 年版。
⑤ 张立文：《儒学的人文精神》，《光明日报》2000 年 2 月 22 日。

子所谓"忧道"包含两方面意思：一是忧虑自己是否得道；二是忧虑自己有否弘道。前者是内在道德修养的完成，后者是外在道德实践的推行。两方面的结合构成儒家的"内圣外王"之道。儒家孟子提出君子应有"终身之忧"，把树立忧患意识当做处世安身的必要前提来加以强调。孟子还主张"忧民之忧"，给儒家忧患意识注入"民本"观念的新鲜血液。①

儒家提倡"忧道"，又讲"乐道"，所以有的论者又就"乐道"精神的内涵及其与"忧道"精神的关系作了阐述说明，认为乐道精神是以求道得道为快乐的精神。孔子一生孜孜追求、发愤忘食地求道，而忧道之不可得，一旦得道，乐而忘忧，这种乐道精神是得道时的美的精神满足。孔子追求对人有益的快乐，如符合礼乐节度，称道别人的善处，交贤明的朋友，这是真快乐、真乐道精神，反对对人有害的快乐，如以骄傲为乐，以游荡为乐，以晏食荒淫为乐，这是有违仁义之乐，是非乐道精神。孟子并不否定人可以从感官欲望和自然生理本能的满足中获得快乐，但排斥纵欲、逸游、晏乐的满足和愉快，他看重理义的愉悦，如事亲从兄的仁义之乐，知此节此的智礼之乐。总之，孔孟虽都肯定心理、生理情欲满足引起的快乐体验，但重心逐渐从物质的、感性的、生理的层面转向精神的、道德的、理性的层面，追求乐心和乐道。然则，儒家既忧道，又乐道，是不是矛盾呢？非也。儒家首先在自己的主观世界构想出一幅理想社会的壮丽蓝图，并与人类社会的所谓黄金时代——尧舜禹时代挂搭起来，然后作为一面镜子反观现实社会、现实人生，发现现实社会、现实人生与人类的理想差距甚大。于是，一方面是现实苦痛的困扰，导致悲天悯人的同情心的滋生；另一方面是理想世界的召唤，导致承担苦难的责任感的升华。这是儒家忧患意识的深层逻辑根由。但是，儒家又执信人能弘道，非道弘人，执信只要保持忧患之心和戒慎恐惧的态度，则不论遇到怎样的情况，总可以逢凶化吉，转危为安，故而能于忧患之中而无忧。同时，儒家居仁由义，修身立命，"仰不愧于天，俯不怍于人"（《孟子·尽心上》），故而即便其道不能畅达，亦无须怨天尤人。②

---

① 夏乃儒：《中国古代"忧患意识"的产生与发展》，《上海师范大学学报》1989 年第 3期。

② 参见张立文：《儒学的人文精神》，《光明日报》2000 年 2 月 22 日；邵汉明：《儒家文化的基本精神》，《孔孟学报》（台北）1990 年第 60 期。

（三）儒、墨、道、法忧患意识之比较

有的论者还就墨、法、道诸家的忧患意识作了说明和比较，指出墨家学派的忧患意识充满着小生产者的原始平等观念，他们不仅有忧世之胸怀，而且有济世之行动，常身体力行，但是别人是很难遵行的。道家的忧患意识打上了"隐者"的沉痛退让的印记，老庄以哲学家的睿智透析私有制社会之不合理，物质文明的进步与人民生活的改善并不同步，道德教化之推行与现实社会的实际状况又大相径庭，故其内心实包藏无限的忧伤。法家以独特的方式"忧天下"，并把"忧天下"与"忧君主"直接等同起来。从整部《韩非子》看，忧民的因素微不足道，而忧君却是唯恐想得不周到，这可能与法家无视人的价值的思想有关。就儒、墨、道三家对人之关怀的特点而言，道家以个体身心的自然一体为关怀重心；墨家以生存、功利凸显其群体关怀；儒家则本仁心善性，由己及人，从而以个体与群体的统一为祈向。①

（四）忧患意识之现代意义

许多学者对中国文化之忧患意识的积极意义都给予高度的肯定。夏乃儒先生说，数千年来，忧国、忧民、忧世、忧天下，是无数志士仁人心潮的汇流，是中华民族文化心理的升华，是驱动中国文化不断演变发展的一股强大的内在力量。②邵汉明同志说，当今的时代仍然是一个忧患的时代，在严峻的现实挑战面前，我们尤其需要有孔孟儒家那样强烈而深沉的忧患意识和历史使命感、责任感，去扛起时代的重任，去消除民族的和人类的危机，由忧患而最终超越忧患，实现人类的崇高理想。③张立文先生强调，在当前人类面临人与自然的生态危机、人与社会的文明危机、人与人的道德危机、人的心灵的精神危机、文明冲突的价值危机的危难之时，中华民族应高扬忧患意识，在回应与化解人类五大危机中作出自己独特的贡献。④

---

① 参见夏乃儒：《中国古代"忧患意识"的产生与发展》，《上海师范大学学报》1989 年第 3 期；丁为祥：《儒道墨人的关怀比较》，《学术月刊》1998 年第 7 期。
② 参见夏乃儒：《中国古代"忧患意识"的产生与发展》，《上海师范大学学报》1989 年第 3 期；丁为祥：《儒道墨人的关怀比较》，《学术月刊》1998 年第 7 期。
③ 邵汉明：《儒家文化的基本精神》，《孔孟学报》（台北）1990 年第 60 期。
④ 张立文：《儒学的人文精神》，《光明日报》2000 年 2 月 22 日。

应该说，大陆学者关于中国文化之忧患意识的研究虽取得一定的进展，但毕竟还刚刚开始，还很不深入。忧患意识是中国文化精神的一项重要内容，有着显而易见的历史意义和现代价值。但愿有更多的同志来关注和参与这一问题的研讨。

五、　关于整体思维

（一）传统思维的特点

新时期以来，随着中国传统文化研究的深化，愈来愈多的人们开始关注和重视传统思维方式的探讨，先后提出种种相近或相异的意见和看法。有人认为，中国传统思维有三个特点：一是意会性；二是模糊性；三是不可离析性或"板块性"。① 有人认为，中国传统思维的总体特点表现为以"致用"为目的、以"大化流行"的整体观念为根基、直觉与思辨相互渗透的朴素辩证思维。② 有人认为，中国古代的思维方法可概括为从整体的直观到经验到直觉，即离不开具体的直观事物，通过对动态中的事物的经历，体会出其中微妙而高明的道理，达到认识上的升华。③ 有人认为，中国传统思维方式表现为用价值评判统摄事实认识，寓事实认识于价值评判之中，偏重从主体的需要而不是客体本身去反映客体。④ 有人认为，中国传统思维方式的特征在于其封闭性、单向性和趋同性，这是一种"反创造性"思维。⑤ 有人认为，中国传统思维是象征性思维，象征显示意义的模糊性，促使思想家们发展出相应的解经方法。⑥ 有人认为，中国传统思维方式绚丽多姿，其中既有直观思维、形象思维，也有逻辑思维和辩证思维，而辩证思维又包括整体思

---

① 萧功秦著：《儒家文化的困境》第50—90页，四川人民出版社1986年版。
② 汪建：《试析中国古代传统思维方式》，《哲学研究》1987年第2期。
③ 楼宇烈：《开展对中国文化整体上的研究》，载《中国文化研究集刊》第1辑，复旦大学出版社1984年版。
④ 黄卫平：《试论中国传统思维方式的特征》，《江海学刊》1985年第1期。
⑤ 魏承思：《中国传统的思维方式和文化观念》，《文汇报》1986年4月8日。
⑥ 陈少明：《论中国哲学中的象征性思维》，载《中国传统文化的反思》，广东人民出版社1987年版。

维、变易思维、对待思维和中庸思维。① 还有人认为，能够反映中国文化和思维特质的、最典型最普泛、影响并支配一切的模式是以"月令"为代表、以阴阳五行为核心的文化和思维模式。② 以上论述都是论者们经过认真思考而得出的有各自根据的结论，对于传统思维方式及其中国传统文化研究的深化起到了很好的促进作用。

（二）整体思维的内涵及评价

值得注意的是，由于整体思维更能体现中国传统思维方式的特点，在中国传统思维中居于特殊的地位，故得到论者们更多的认同和强调。

张岱年先生指出，中国传统思维方式有一个特点，就是整体思维。中医非常强调整体，把人体看成是一个整体。同时又把人与整个世界看成是一个整体。这可以说是中国古代的系统观点。《易传》讲"观其会通"，强调要从统一的角度去观察事物。惠施讲"泛爱万物，天地一体"，天地是一个整体，所以才应该泛爱万物。庄子讲"天地与我并生，万物与我为一"，也强调个人与世界是一个整体。"天人合一"是中国哲学的传统观点，"天人合一"的认识是经过了把人与自然分开这个认识阶段后，进一步认识到了人与自然的统一。他同时指出中国传统思维存在轻视分析的缺陷。③

方立天先生揭示先秦时期的整体观说，儒、道、名、阴阳诸家都强调整体观点，认为宇宙是一个整体，人和物也都各是一个整体。整体由互相联系的各部分组成，而要了解各部分，又必须了解整体，从整体的视角去把握部分的实质。名家惠施提出"至大无外，谓之大一；至小无内，谓之小一"。"泛爱万物，天地一体"（《庄子·天下》）。对宇宙万物的大小两个向度作出高度的概括，并肯定天地万物是一个整体。道家庄子提出"通天下一气"（《庄子·知北游》）的命题，认为物的生灭即气的聚散，全宇宙只是一气而已。庄子的《齐物论》强调从"道"的观点看，一切事物都是平等无差别的，是一体的。庄子的《大宗师》还宣扬"死生存亡之一体"的观点。而儒家经典《周易大传》的天人协调说就是认定人类依靠自然界而生存，自

① 方立天：《先秦哲学与人类生存智慧》，《光明日报》1999 年 3 月 19 日。
② 金春峰：《"月令"图式与中国古代思维方式的特点及其对科学哲学的影响》，载《中国文化与中国哲学》，东方出版社 1986 年版。
③ 张岱年：《中国传统哲学的批判继承》，《理论月刊》1987 年第 1 期。

然界也有待于人类的调整、辅助，天地与人是相互统一的关系。阴阳家认为阴阳是事物的两大属性、层次，五行是事物的五大元素、类型，以五行之相生相克的关系说明自然界是多样性的统一。①

李宗桂先生论述了中国哲学的整体观念及其在政治、社会、文化、军事、伦理诸领域的表现，指出中国哲学把天、地、人看做统一的整体，以"天地一体"、"天人合一"为最高境界。哲学家处理问题，总是"上考之天，下揆之地，中通诸理"，以便"上因天时，下尽地材，中用人力"，使万事万物各得其所。君主执政施教，也是"仰取象于天，俯取度于地，中取法于人"，使天地人"贯而参通之"，从整体考虑问题，而不执著于一偏。整体观念表现于政治领域，是"春秋大一统"的观念；在社会领域，表现为个人、家庭、国家不可分割的情感；在文化领域，表现为兼收并蓄、和而不同的宽容精神；在军事领域，表现为"全军为上，破军次之"的战略思想；在伦理领域，表现为顾全大局，必要时不惜牺牲个人或局部利益，以维护整体利益的价值取向。他评价说，此种整体观念构成我们民族集体至上的思维趋向和共同心理，对于维护国家统一和民族团结起了重大的促进作用。不过，在一定条件下，在客观上也压抑了个人的发展，并导致认识上的模糊性。②

商聚德等同志着重指出了整体把握方式的理论局限，认为中国哲学注重对事物的整体把握，而较少作细部论证；注重对道理的直觉体悟，而较少作逻辑分析。③

李志林先生着重探讨了中国古代气论的"整体关联"性，认为气论的"整体关联"性要言之：一谓气无边无际；二谓气大化流行；三谓气贯通虚实；四谓气范围一切。在他看来，气论的这种整体观，视气为一个生生不息的连续过程，强调了气的存在和变化的连续性和不可分割的整体性。④

英国汉学家李约瑟先生在《中国科学技术史》中曾指出，在希腊人和印度人发展机械原子论的时候，中国人则发展了有机宇宙的哲学。比利时物

① 方立天：《先秦哲学：中国古代睿智之光》，《高校理论战线》1998 年第 10 期。
② 李宗桂：《论中国传统文化的核心及其特点》，《中山大学学报》1989 年第 4 期。
③ 商聚德、刘荣兴、李振纲主编：《中国传统文化》第 43 页，河北大学出版社 1996 年版。
④ 李志林著：《气论与传统思维方式》第 253—263 页，学林出版社 1990 年版。

理学家普利高津认为他的耗散结构理论不同于西方传统信念，而更和中国着重研究整体性的传统思维方法相符合，西方强调"实体"（原子、分子、基本粒子、生物分子），而中国传统思想则强调物理的有机关系和整体。这是很有道理的。汪建先生着重指出了中国古代和古希腊的整体观的区别。他认为，以亚里士多德为代表的古希腊的整体观是以有确定时空形式的有限实体为对象的。在亚里士多德看来，个体实体都是自身统一的整体，整体由部分组成，但不是部分的堆积，整体保持着自己的单一性。个体实体借助于自己的本质即形式而实现自己的存在，成为"一"。形式是实体统一性的根源，一切没有质料的东西，在本质上无条件地都是具有统一性的东西。亚里士多德这种质料与形式相分离的实体观，正是着眼于物质与能量的分别研究和基质（元素）——属性（结构、形式）的分析方法的近代科学传统的思想渊源。与亚里士多德这种有限整体观和基质——属性分析方法不同，中国古代则发展了一种连续无限整体观和古朴系统思维方法，这种观念和方法把宇宙万物视为一个生生不息的无限过程，强调了万物存在和变化的连续性和不可分割的整体性。他进一步指出，如果说西方哲人曾着重于从质料——能量层次的分析上认识具体事物，那么中国古代则偏重于从相互关联的角度对整体关系的理解，这更接近系统论式的思维方法。他评价说，这种古朴系统思维不仅使中国古代在社会政治、伦理、美学等方面发展了一套独具特色的理论，而且在社会管理、农业生产、军事艺术和科学技术等领域取得了相当的成功，尤其是中医药学的成就更令人瞩目。但由于否定了具体事物的独立实体地位，忽视了对质料结构、能量转换和具体属性的切实研究，分析方法的发育极不充分，这种系统思维就不可能超出古朴的混沌整体性的界限，不能发展成为真正的科学的系统论思维方式。[①] 应该说，这一评价是符合实际的。

王成儒先生称儒学的整体思维为统合一体思维。他着重论述了这种思维的历史发展，指出，传统儒学的统合一体思维以殷商之际的《周易》之天、地、人"三才"合一思维为代表，发其端绪。孔子将天命与圣人直接联系起来，讲求知天命以实现天人合一。孟子讲求通过人的内在修养达到与天沟通。《中庸》将命、性、道、教视为一体，主张在"诚"的精神上实现天人

---

① 汪建：《试析中国古代传统思维方式》，《哲学研究》1987 年第 2 期。

合一。董仲舒构建了天人感应的神学目的论，讲由天至人的天人同类。宋明理学家认为，从性与道上说，天人一体，天人一道；从心与性上说，天地之心，一人之心；而从体与用上说，物我一体，天人一体。①

（三）道家与道教的整体思维

唐明邦先生着重探讨了道家和道教的整体思维，认为道家的整体思维是同中国医学思维方法水乳交融的，它以阴阳、五行等概念为阐述理论的逻辑范畴，形成原始的系统论思想。这种理论认为，人的生命是一个过程，在生命过程中，人体内部的生理机制构成有机统一的小宇宙。道教的养生学说也强调整体性，也把人体当做一个整体、一个小宇宙来看待。② 吕锡琛先生着重揭示道家整体直观思维模式的优长和不足，指出它有着笼统性、模糊性的缺陷，且容易流于不可知论，影响着人们对于客体进行精确细微的认识，阻碍着人们全面而深刻地认识和把握客观世界，堵塞了实证科学的发展道路，也限制了自然科学的理论发展。但道家人天整体观的长处亦很突出，它是建立在中国特有的生态环境和人体修炼基础之上的，在一定程度上揭示了人与自然的本质联系及其内在规律，揭示了人体生命现象与自然界的合节律性。千百年来，它在指导中国人社会实践的过程中不断巩固发展；被养生家的修炼实践所证实；又被医家运用于临床实践，发挥着防病治病的作用。故其虽然存在某些缺陷和弱点，但仍然有着顽强的生命力，历经几千年风雨而不衰。③

人们对中国文化之基本精神的阐发不限于上述五个方面，还论及其批判精神、宽容品格和力行意识等，由于这几者在一定意义上可以归入上述内容来说明，也由于篇幅的限制，关于其讨论情况我们在这里不作专门的介绍和总结。

① 王成儒：《传统儒学的思维方式及其转型》，《现代哲学》1998 年第 3 期。
② 贺绍恩：《道家文化研讨会观点综述》，《江西社会科学》1989 年第 6 期。
③ 吕锡琛著：《道家与民族性格》第 80—87 页，湖南大学出版社 1996 年版。

六、 新世纪中国文化精神研究新进展

(一) 关于人文精神

近 10 年来，对中国传统人文精神的讨论已没有 20 世纪八九十年代那样热烈，学者多注意对中国传统人文精神的内涵、特点及发展历程的实证考察，虽然成果不多，但成绩颇为可观，在研究的深度和广度上都有所进展。

刘宝才先生考察了中国传统人文精神的发展历程，认为人文精神在中国历史上的发展大体可以分为春秋战国、秦汉到明代和明清之际到民国初年三个阶段。先秦诸子各家各派都基本摆脱了商周的天命神学思想体系，具备了以理性取代对神的信仰的特征。儒家更是开启了中国传统文化中人文精神的传统。儒学被称为"人学"，其思想涉及了人的本质、人的价值、人的能力以及个人与社会的关系。先秦儒学无愧为先秦诸子人文精神的代表。秦汉至明代，人文精神发展走了一条迂回曲折的道路。秦汉之际形成的《礼记·礼运》篇提出了"天下为公"的"大同"理想，集中反映着人文精神的发展，成为世世代代中国人所追求的崇高目标。但是秦汉以来的封建专制制度束缚人的思想，造成人文精神的枯萎。董仲舒的"天人感应"基本回到了商周的天命神学。宋明理学把封建礼教神圣化，进而要人"存天理，灭人欲"，更加难于否认人文精神枯萎的事实。然而人文精神没有断绝。汉代王充高举"疾虚妄"大旗，与董仲舒的"天人感应"以及笼罩整个社会的神秘化的阴阳五行思想抗争。魏晋时期嵇康、阮籍一派主张"越名教而任自然"，不愿受礼法名教拘束，要求人性自由发展，使人文精神得到理论上的深化。宋明理学虽然总体是禁锢人心的，但理学肯定人的认识能力，特别是王守仁的"致良知"说，其中包含的对主体能动性的高扬充满人文精神。明清之际至辛亥革命阶段的实学对理学的人性论、天理论提出反命题，强调"人欲"，主张"经世致用"，空前地发展了中国传统文化的人文精神。①

解丽霞对中西文化精神进行了比较，总结了各自不同的含义、发展历程。她认为，"人文精神"概念本身没有中西之别，但由于中西"人文"思

① 刘宝才：《论中国传统文化的人文精神》，《学术界》2002 年第 1 期。

想的不同，从而使"人文精神"在根本上有了区别。这种区别体现在三个方面：一是对自然和宗教的态度不同。中华人文精神采取"人文"态度，融自然和宗教于"人文"思想中；西方人文精神采取抗衡态度，自然、宗教互为对立面。二是对"人文"的把握不同。中华人文精神是"人""文"互动的，是"人文主义"的；西方人文精神是"人""文"割裂的，是"人本主义"的。三是对"人"的本质规定不同，中华人文精神是伦理型的，"人"是道德性、社会性存在；西方人文精神是自然型的，"人"的本质在于感觉性、个体性存在。

就发展历程来说，中华人文精神作为重要的文化传统，它是一时代承续着前一时代的，没有本质的改变和断裂，也不是对当时代思想的反动，而是与时代的主题思想紧密契合的。西方人文精神在文艺复兴时期有一大转变，不同于古希腊的人文精神，其时的"人文主义"是针对"神本主义"的，与中古占据主流地位的思想与精神相抗衡，提倡新精神而不传承旧精神。具体而言，第一，中华人文精神在发展中，虽有在某一阶段偏重"文"、某一阶段偏重"人"的变化，如在汉代与清代较重"文"，在魏晋与宋明较重"人"，但"人""文"互动一直是中华"人文精神"的特质。西方人文精神在文艺复兴时期，表现了复兴古学的历史精神，对"文"的承传复兴与对"人"的尊重高扬成为"人文主义"的两面旗帜，可以说全面表达了人文精神，而不只是人本精神。但"人文主义"对"文"的重视与中华的"人""文"互动有所不同，"文"只是复兴的工具，是凸显"人"的历史依据，外在于人，可以说是借古希腊的"文学"之久远的历史标签，来达到与中古强大的宗教势力相颉颃的目的。第二，中华人文精神的发展延续了先秦人文思想的特质，不把自然作为客观对象，而是作为人格化的自然来看待。对宗教，虽然隋唐佛教盛极一时，但一直没有切入中华文化的主流，反而被以儒家为主的主流文化同化，没有与"人文"思想长久抗衡。所以，中华人文精神是延绵不断的，是文化的主流思想。西方人文主义在文艺复兴时期，开辟了崭新的精神领域，对西方文化精神的形成具有标志性意义。就其在整个西方文化中的地位而言，它始终处于危机中，因为有宗教哲学、自然哲学的并立，三者共同主导西方文化的发展。第三，中华人文精神是朴实入世的，把人文精神的实现贯穿在社会生活的方方面面，树立并实现人文价值是人文精神的内核。西方人文精神是超越出世的，不刻意追求"人文"

价值的实现，只关注"人"的主体精神的真正存在，这种存在和社会发展无所关联。所以，一般认为，中华人文精神是社会人格的，西方人文精神是个体人格的。

在全球化时代，中西人文精神自然呈现融合趋势，具体表现在两个方面：一是在理论研究方面，注重"人"与"文"的契合，"精神"与"生活"的契合。二是在文化实践中，倡导个体人格与社会人格的融合，当下追求与终极关怀的融合。①

何光沪先生着重考察了中国传统人文精神与宗教精神之间的关系。他认为，"中国传统文化精神就是人文精神"是一个过于简单化的结论，中国传统文化除了具有人文性的一面外，还有非人文性的一面或多面，中国传统文化中的人文精神三千年来始终与宗教共存。就儒家来说，在原始儒家那里，"人文"不离"天文"。所谓天文，是指天帝或上帝的旨意在天上的征象。"人文"与"天文"相关，即人事与神事相关。这说明儒家的人文主义从一开始就不是与宗教相对立，反而使相关联的。孔子把"性"与"天道"联系在一起，说明在他那里人文精神与对超越者的信仰是相连相依的。孟子的"存其心，养其性，所以事天也"，也是把人文精神和超越精神相联系，给后世定下了一种宗教性的人生哲学或宗教性的人文精神基调。荀子所谓"礼有三本：上事天，下事地，尊先祖而隆君师"，与整个儒家的"神道设教"传统完全一致。汉代的董仲舒的"天人感应"，把儒家的人文精神和宗教精神更加紧密地结合了起来，并为之作了有利的论证。就道家和佛家来说，也在带有宗教性的本体论根基上发展出了人文精神，它们在较低层次上以非人文或反人文的面貌出现，但在较高层次上又表现出某种回归的更深刻的人文精神。到了宋明时期，儒者汲取了佛道的哲学因素，构造了宏富精深的理论体系，把原始儒家带有人性的"天"哲理化为抽象的"道"和"理"，"天帝"观念才日益淡化，人文精神也日益世俗化。20世纪以来，一些有某种宗教兴趣或宗教情怀的知识分子，在言论和著述中表现出强烈的人文关怀和明显的人文精神。所有这一切都说明，中国传统文化中的人文精神与宗教精神有着密切的渊源关系，中国现在的人文精神不应切断这种历史关系，中国未来的人文精神应在总结儒道释既往的片面性、局限性和失误的

---

① 解丽霞：《中西人文精神的源起、演变与融合》，《山西师范大学学报》2006年第2期。

基础上，重构与宗教精神的积极关系。①

（二）关于和谐意识

党中央提出构建社会主义和谐社会之后，对中国传统文化中和谐思想的研究开始成为学界的热点。学者们从不同的角度对中国传统和谐思想进行整理和研究，希望能为当代中国的和谐社会建设提供一些可资借鉴的本土文化资源。现择其要概述如下：

1. "天人合一"的生态伦理意义

对人与自然和谐的研究主要集中在对中国古代"天人合一"思想的论述和评价上。

张世英先生考察了中国古代"天人合一"思想的发展历程，指出中国传统的"万物一体"、"天人合一"思想为人与自然的和谐相处提供了理论根据。但"万物一体"、"天人合一"的思想对于人与自然的关系问题，只是一般性地为二者间的和谐相处提供了本体论上的根据，为人与自然和谐相处追寻到了一种人所必须具有的精神境界，却还没有为如何做到人与自然和谐相处找到一种具体途径及其理论依据。这主要是由于传统的"万物一体"、"天人合一"思想，其重点不在讲人与自然的关系，重在讲"合一"、"一体"，而不注重主客之分，不重视认识论。自然物不同于人，它不可能约束自己，主动使自己适应人、与人和谐相处。人要想与自然和谐相处，除了必须具有高远的"天人合一"境界外，还必须依靠人自己的认识、实践，掌握自然物本身的规律，以改造自然物，征服自然物，使自然物为人所用。中国传统的"天人合一"思想不重人与我、人与物、内与外之分，不注重考虑人如何作为主体来认识外在之物的规律以及人如何改造自然，其结果必然是人受制于自然，难于摆脱自然对人的奴役。西方近代的"主—客"思维方式，是产生诸如生态危机、环境污染之类流弊的重要原因，但这些流弊只是把这种思维方式过分地抬到至高无上地位的结果，我们不能因噎废食，因见其流弊就完全否定它。我们应该走中西会通之路，把"天人合一"思想与"主—客"思维方式结合起来，一方面让中国传统的"天人合一"思想具有较多的区分主客的内涵，而不致流于玄远；另一方面把"主—客"

---

① 何光沪：《中国传统中的人文精神与宗教精神》，《中国文化》总第 24 期。

思维方式包摄在"天人合一"思想指导下而不致听其走向片面和极端。如果可以把中国传统的那种缺乏主客二分的"天人合一"叫做"前主客关系的天人合一",那么,这种结合二者为一体的"天人合一"就可以叫做"后主客关系的天人合一",这里的"后"不是抛弃、排斥,而是超越。由"前主客关系的天人合一"走向"后主客关系的天人合一",这似乎是中国古代的"天人合一"思想的未来发展之路。①

方克立先生赞同张世英先生的观点,认为中国哲学中的天人关系包含着丰富、复杂的内容,但它的一个最基本的含义,就是指人与自然的关系。中国传统哲学对天人关系问题的回答,多数哲学家都主张"天人合一",即都强调人要尊重自然、遵循自然界的规律。中国古代的"天人合一"思想对于保护自然生态环境,对于建立生态伦理学,有不可否认的积极意义,是处理人与自然关系的正确思想原则。但产生于农业文明时代的中国传统"天人合一"观,也有着严重的历史局限性,把它现成地拿到今天来运用,指望它能解救人类面临的生态危机,显然是不现实的。它要对人类未来有所贡献,还有一个现代转化的问题,即要把它从前主体性的"天人合一"转化为后主体性的"天人合一"。中国传统哲学缺少一个以主客二分和主体性思想为主导原则的阶段,传统"天人合一"观过分重人伦道德而忽视对自然的认识,过分重整体性而忽视人的个性,因而缺少科学与民主精神,则是完全符合历史实际的。尽管西方主客二分与主体性思想的片面发展已造成严重弊端,但在中国还必须补上这一课,大力发展科学和民主;同时注意协调人与自然的关系,把"天人合一"的正确思想原则与发展现代科技结合起来,才能为解决生态危机、改善人类的生存环境作出切实的贡献。如果只是陶醉于古代"天人合一"思想的高远境界,而不做长期艰苦的现代转化工作,那是根本谈不上什么"拯救人类"的。②

汤一介先生认为,"天人合一"思想不可能直接解决当前人类社会存在的"生态"问题。但是"天人合一"作为一个哲学命题、一种思维模式,认为不能把"天"、"人"分成两截,而应把"天"、"人"看成是相即不离的一体,"天"和"人"存在着内在的相通关系,无疑会对从哲学思想上为

---

① 张世英:《中国古代的天人合一思想》,《求是》2007 年第 7 期。
② 方克立:《"天人合一"与中国古代的生态智慧》,《社会科学战线》2003 年第 4 期。

解决"天"、"人"关系、解决当前存在的严重"生态"问题提供一有积极意义的合理思路。①

以上诸先生都认为中国古代的"天人合一"思想包含着人与自然和谐的成分，但也有人提出了不同意见。李申先生就认为，中国古代"天人合一"命题中的"天"没有自然界的含义，因而也不包括"人与自然合一"的含义。今天不少人把"天"理解为自然界，因而认为"天人合一"就是"人与自然合一"，这完全是望文生义。② 曾小五先生也认为，中国传统哲学虽然用"天人合一"的理念来论证人的道德理想，但是，其终极目的充其量不过是为了论证并建立一种社会的人际道德或属人的道德。虽然张载也曾提出过"民胞物与"的观点，但是，他并没有在此基础上生发出一种生态伦理，最终还是回到人际伦理之中。所以，中国传统哲学的"天人合一"理念，自始至终都没有一种把自然物纳入道德关怀的主动企图。③

中国哲学中"天"确有神性之天、道德之天、自然之天等不同含义，因而不同时代、不同人物所讲的"天人合一"也有不同的含义，故在讨论"天人合一"观时首先要对这一概念的内涵作一番认真分析，切不可一概将"天人合一"笼统地解释为人与自然的和谐。上引张岱年、张世英等先生就已经这样做了。但不可否认的是，中国古代的"天人合一"思想确实包含着丰富的人与自然和谐相处的成分，我们不能抱虚无主义的态度，抹煞中国文化为人类文明作出的贡献。同时也要注意避免漫无边际地抬高"天人合一"思想的生态意义。

2. 儒家的和谐思想

儒家是中国传统文化的主干，其中包含着丰富的和谐思想，对儒家和谐思想的发掘整理，是近10年来中国传统和谐思想研究的重点之一。

成中英先生认为，在儒家哲学中，"和"既是一种状态，也是一个过程，它是一种创造生命、创造新事物的积极力量。依据自然和道德的法则，儒家的和谐概念可以分为太和、义和、中和、人和、协和、共和（大同）六个层次，每个层次的概念都代表了自然物之内及自然物之间的活动、人的

---

① 汤一介：《论"天人合一"》，《中国哲学史》2005 年第 2 期。
② 李申：《"天人合一"不是人与自然合一》，《中国社会科学院院报》2005 年 1 月 20 日。
③ 曾小五：《人与环境——如何重新解读中国哲学的"天人合一"理念》，《武汉大学学报》2007 年第 1 期。

活动、群体的活动，以及国家和世界的活动。太和：从本质上讲，宇宙就是寻求生命创造的和谐，而这种生命创造的和谐能产生自然与人的和谐，因此是内在的善。义和：从本质上讲，宇宙产生了天生具有道德意识的人类。中和：作为中和的人性产生了精神与心灵，以寻求与世间万物的和谐相适应。人和：道德的目的就是通过人的修养来获得人和。协和：通过人性和理性，人类组成了社区、州和国家，在同样的道德法则指导下，又形成更大范围的世界一体化和全球社会一体化。大同（共和）：制定具体的措施解决涉及人类生存和生活的和谐问题，人类社会的终极理想——和谐与和平世界才可能实现。和谐具有多维性和多关系性，只有深刻理解和全面认识儒家和谐论的这六个层次，只有各方的参与、关心和担负责任，全球的和谐（和平）才有可能实现。①

王永平对儒家和谐思想的内涵和特征进行了梳理，指出儒家和谐思想的内涵包含三个方面：在人与自然关系方面，儒家主张人与自然乃是有机的统一体，人首先要顺应自然规律；其次应该在认识自然界的规律的基础上，积极主动地去干预自然，使其更加完美和谐，更能适合人的生存和发展。在人际关系方面，儒家主张"和为贵"，希望通过个人内在的道德修养和外在的礼乐教化来达致人际关系的和谐。在身心关系方面，儒家反对禁欲主义，肯定人的欲望的正当性，但又提倡以义节利、以道治欲，追求道德情感和欲望的和谐。儒家和谐思想的特征可概括为和而不同、义分则和、中和之道三点，即儒家主张以肯定个体存在价值为前提、承认差异和多样性为基础的多元融合。②

有学者以"中庸"为切入点来研究儒家的和谐思想。帅瑞芳、黄寅指出，中庸之道是儒家推崇的为人处世之道，其实质是把握两极之间平衡的智慧。儒家以中庸为基本原则，对人与自然、与他人、与自身这样三重关系所给出的三大命题，即天人合一、人我合一、欲理合一，充分体现了其"恰好的道理"。儒家的中庸与和谐具有内在的一致性。③ 秦晓波、郭秀丽认为，中庸作为贯穿儒家思想始终的方法论原则，主要有："过犹不及"、"执两用

---

① 成中英：《儒家和谐论的六个层次》，《河北学刊》2006 年第 6 期。
② 王永平：《儒家和谐思想的内涵及特征》，《北方论丛》2007 年第 6 期。
③ 帅瑞芳、黄寅：《和谐社会构件的儒家智慧——以中庸之道为研究视阈》，《社会科学战线》2007 年第 5 期。

中"、"执中知权"、"和而不同"等基本特征。其精髓在于协调各种矛盾关系，使各方面和谐发展，保持社会稳定。① 而苗润田则指出，虽然儒家倡导"中庸之道"、"和为贵"，但在美与丑、善与恶、是与非等问题上，从来都是立场坚定、旗帜鲜明、态度明确的。"中庸"并非骑墙、折中与乡愿，而是要在多种可选择的可能性中，作出最佳的、最合情合理的选择。它的本意是要求用理性来控制和调节自己的思想、感情和行为，为人立身要正，处事要坚持原则，行为适度，在一定的道德原则下使人际（民族、国家）关系保持协调和谐。儒家"贵和"等思想理念并不必然表现为一味地调和忍让，勇于说"不"是儒家"中庸"的应有之义。②

　　3. 儒道释和谐思想的比较

　　以往学者对中国传统文化中和谐思想的研究主要集中在儒家一派。儒家是中国传统文化的主干，但单纯一个儒家并不能囊括中国传统文化的全部，和谐思想也不是儒家的专利，道家和佛教中也包含着丰富的和谐思想。可喜的是，已有学者注意到这一点，开始对儒道释三家的和谐思想进行了比较并研究。

　　邵汉明、漆思认为，在中国传统思想格局中，儒道释三家鼎足而立，相辅相成，共同构成了"和而不同"的中国思想文化生态。儒家承认、肯定天与人、自然界和人类精神具有统一性，并视这种统一、和谐为人类的最高理想。"中庸之道"不仅是儒家的一种世界观与方法论，还是儒家的一种人生观与价值观。儒家和谐思想的根本宗旨，在于以中庸、中和来做人处世，谋求人际关系的普遍和谐，达到天下为公、大同世界的理想社会。道家的和谐思想是基于"道法自然"基础上的"天人一体"的和谐观，主张无为而治，对一切反自然反人性的政治、生活与思想均持批判和超越立场。"道"不仅是道家的本体论，更是其人生观与政治观。道家的"道法自然"与"天人一体"的和谐观，使人们不再伪善而是合乎人的本性去生活，顺应自然本性，实现人与自然的统一，减少冲突与对抗，恢复人与自然应有的和谐状态。佛教主张一种因缘和合、中道圆融的和谐观，更侧重于身心关系的和

①　秦晓波、郭秀丽：《儒家中庸之道对构建和谐社会的现实意义》，《沈阳师范大学学报》2007 年第 5 期。

②　苗润田：《唯仁者能好人，能恶人——论儒家的"中庸"与"不"》，《齐鲁学刊》2007 年第 1 期。

谐，从心开始来建构起整个世界的和谐统一。对佛教而言，"从心开始"则是方法，调心、摄心、安心，静心去沉思，用心去祈盼，以内心的平和与安定来带动外界的和谐与安定。人们只有从自我内心开始，从心净、心安、心平开始，从平常心、欢喜心、慈悲心开始，由"心动"而"行动"，才能追求和而不同、求同存异、各美其美、美美与共的境界。三家虽立意与旨趣各有特色，所谓"以佛治心，以道治身，以儒治世"，但共同建构了中国文化"和而不同"的和谐精神与"多元一体"的思想结构。[①]

4. 传统和谐思想的继承和超越

中国传统的和谐思想是今天构建社会主义和谐社会可资借鉴的宝贵文化资源，但利用传统和谐思想还必须处理好继承与超越的问题。正如李宗桂先生所说，中国历来崇尚和谐，世界上没有任何一个民族有中华民族这样深厚的和谐文化传统和系统的理论表述。合而不同是传统和谐文化的精髓；厚德载物，万物并育而不害，道并行而不悖，是传统和谐文化的精华。为了国家民族大义，不同集团、个人之间，捐弃前嫌，合作共事，这是传统文化的优秀方面。在今天，仍然值得我们弘扬光大。应当指出的是，在弘扬传统和谐文化的同时，应当具有清醒的距离意识和批判精神，亦即应当注意区分传统和谐文化的精华和糟粕。从价值理性的角度看，传统和谐文化固然有其合理的乃至十分优秀的一面，但是，它同时也包含着相当程度的消极乃至阴暗的方面。孔子批评的同而不和、乡愿，先秦时期墨子的天下尚同于天子、天子尚同于天，汉代董仲舒的屈民伸君、屈君伸天，宋明理学的去人欲存天理、饿死事小失节事大，这类"和谐文化"就应当批判、抛弃。秦汉以后的和谐文化往往是以服从专制政治为宗旨的，是以牺牲效率、反对竞争、片面求同为特征的。对此，就应当予以实事求是地揭示和批判性超越。[②]

郭齐勇先生也认为，重视和发掘中国传统智慧中的和谐资源，绝非要鼓吹全面复古，全盘照搬古代文化的整套东西，不是试图以中国固有的传统去对抗、抵制现代的文化。我们提倡以批判继承的态度、多元开放的心态，对传统智慧中的和谐思想资源进行创造性的转化。[③]

---

① 邵汉明、漆思：《儒道释和谐思想分疏及其当代启示》，《天津师范大学学报》2007 年第 5 期。
② 李宗桂：《和谐文化的时代精神和历史传统》，《学术研究》2006 年第 12 期。
③ 郭齐勇：《传统和谐文化资源的创造转化》，《理论月刊》2007 年第 2 期。

（三）关于伦理本位

关于中国传统伦理道德的研究，近 10 年来学者的关注点主要在对其价值合理性的评估，以及对其负面影响的批判和转换上。

张立文先生对中国传统伦理精神的价值合理性进行了剖析，指出中华民族伦理精神的价值合理性，就在于与时偕行的社会历史发展中，以其伦理精神价值的具体合理性适应现实社会的伦理道德的需要，在道德与伦理，治心与治身，民族与世界，传统现代的相对相关、冲突融合中，显示了中华民族伦理精神和行为规范价值的现代性、合理性和适应性。从中华民族伦理范畴的"竖观"、"横观"、"合观"的"三观"中，可以呈现中华民族伦理精神的特质：（1）伦理范畴的逻辑结构性。中华民族伦理精神和行为规范价值合理性宗旨，是止于和合、和谐。和合、和谐是伦理精神的价值核心。由此核心而展开伦理范畴的逻辑次序，按照和合学的"三观"法，伦理范畴是遵循人心—家庭—人际—社会—世界—自然的顺序逻辑系统。（2）伦理范畴的思维整体性。这种伦理范畴的整体性的思维模式，在伦理主体的客体化与客体的伦理主体化，人的对象化、物化与对象物的人化，即在人化与物化中，把伦理主体与客体、对象、自然圆融起来，使客体、对象、自然赋有了人的形式，于是天地自然便是人化了的天地自然，从而使中华伦理范畴具有天地万物与吾一体的整体性。（3）伦理范畴的形态动静性。中华伦理范畴随着历史时代的发展，变动不居，为道屡迁，呈现为四种形态：动态形式，静态形式，内动外静形式，内静外动形式。（4）伦理范畴历时同时的融合性。中华伦理范畴的形态动静性，侧重于范畴历时态的演化，其纵观与横观、历时态与同时态是互相融合、互相促进，而达相得益彰的状态。（5）伦理范畴的内涵生生性。中华伦理范畴大化流行，生生不息。生生的变易是新事物、新生命不断的化生，亦即中华伦理新范畴的化生和范畴新内涵的开出。中华伦理范畴在和合学"竖观"、"横观"、"合观"的视野下，其逻辑的结构性，思维的整体性，形态的动静性，历时同时态的融合性，内涵的生生性，都得到了充分的展示，中华民族伦理精神和道德行为规范的价值合理性也得到了完善的说明。①

---

① 张立文：《中华伦理范畴与中华伦理精神的价值合理性》，《齐鲁学刊》2008 年第 2 期。

樊浩先生指出，如果用一个字诠释中国传统伦理的精髓，那就是"伦"。中国伦理在人兽之分的意义上给人性立论；"人伦"，是人兽之分的根本，是人自我肯定即"肯定自己是一个人"的根本；"教以人伦"，是超越"近于禽兽"的文明忧患的根本解决之道。准确地说，"人伦"是中国传统伦理的历史起点与逻辑始点，中国哲学将"伦理"与"道德"相接相联，"伦理道德"是从"伦"开始的。无论是在道德哲学意义上还是在生活世界中，"伦"或"人伦"的内核都指向由个体之间的诸多关联所构成的实体，其真义并不是指个别性的人与人的关系，而是指个别性的"人"与他所处的那个实体性即"伦"之间的关系。中国传统道德哲学中的伦理关系，不是单个的人与人之间的关系，而是"人"与"伦"之间的关系，所谓"人伦"是也，其现实性是个体与他所处的伦理分位之间的关系。正因为如此，安伦尽分才是传统道德的基本要求；而按照伦理实体要求而行动的"正名"，自孔子以来就是应对伦理失序的基本对策。"伦"是人与他所处的群体的关系，也是个体复合为群体的关系。"伦"的关系虽然是具体的，在传统社会中具有范型意义的是"五伦"关系，但无论父子、兄弟、夫妇的家庭伦理关系三伦，还是君臣、朋友的社会伦理关系二伦，其要义都不是单个的人如父与子之间的关系，而是父或子与他所处的父子关系的复合体之间的关系，即父或子与父子之伦之间的关系。由于单个的人在不同伦理情境中具有多重伦理角色，因而人伦关系根本上是"人"与"伦"即人与伦理实体之间的关系，这种关系始终是伦理的合理性与合法性之所在，否则便是"不伦"、"乱伦"。时至今日，中国的伦理传统已经发生了巨大而深刻的变化。"伦"的传统的消解和伦理实体的退隐在伦理规律方面的体现，就是"人伦关系"向"人际关系"的蜕变。"人伦"是"伦"的传统及其观念的基本内核；"人伦"的本质是个体性的人与"伦"，即他的实体的关系；"人伦关系"概念的道德哲学精髓，是以对人的"实体性存在"的肯定为前提的。而"人际关系"作为现代性的概念，以对个体的殊异与对立及对个体"原子式存在"的肯定为前提。现代道德哲学和伦理生活中"人伦关系"概念的退隐和"人际关系"概念的兴起，表征着对传统伦理世界中"天伦"、"人伦"伦理规律的否定以及一种与"市民社会"相适应的"人际"伦理规律的生成。"人际关系"的概念代替"人伦关系"，表征着"人际"伦理规律取代了"人伦"伦理规律。①

吴圣正先生则主要分析了中国传统伦理道德的负面特征，提出了对其进行现代转化的方向。他认为，中国古代道德就其内容的丰富性、广泛性和细致性来说，是世界其他地区少有能比的。但中国古代道德却有着严重缺陷，这就是它的家族主义、专制主义和理想主义的特性。家族主义是中国传统文化根源性最深的特征，它源于中国古代社会的家国同构性。家族主义不仅使中国古代伦理道德以家族为中心，而且将家族关系泛化到社会其他领域，使得本属于社会公德和职业道德领域的伦理规范也家族化了，严重影响了中国古代道德应有的价值和社会意义。理想主义是影响中国古代道德价值有效发挥的又一因素。首先它降低了道德修养的现实性和可行性，从而大大降低了其社会影响力。其次它造成了中国人的"双重人格"或叫"阴阳人格"。中国古代专制主义可以看做是家族主义在政权形式上的变种，它使得中国古代道德具有了反人性的成分，并使得中国古代道德逐渐走向空洞和僵化。在现代化过程中，我们必须将家族主义精神向个体主义和集体主义精神转化，将专制主义观念向平等的、多元化的观念转化，将理想主义向现实主义转化。②

（四）关于忧患意识

对传统忧患意识如何进行界定和评价？丁原明先生认为，儒家的忧患意识既是一种亢奋、悲悯的心理情绪，更是一种执著、追求和价值选择。儒家忧患意识的内涵包括忧国、忧民、忧道。儒学所以具有强烈的忧患意识，除了外在的时代环境使然，从其内在的人文关怀和理性精神来说，它应是孔子"仁学"思想扩展、浸润的结果。由于儒学具有强烈的入世情怀，所以它的忧患意识没有像佛、老那样以"空"、"虚无"去逃隐社会，而是向人们褒扬了若干正向价值，如社会责任意识、社会正义意识、合作意识等等。③ 李晓社认为，中国传统文化洋溢着浓郁的忧患意识。所谓忧患意识，是指人们在使命感和责任感的驱使下，以理性的、富有远见的眼光和戒惧沉毅的心情

---

① 樊浩：《"伦"的传统及其"终结"与"后伦理时代"——中国传统道德哲学和德国古典哲学的对话与互释》，《中国哲学》2007 年第 6 期。

② 吴圣正：《中国传统道德的特性及其现代转化》，《船山学刊》2005 年第 2 期。

③ 丁原明：《儒学的忧患意识与和谐社会》，《中国儒学年鉴》2006 年版。

对待社会人生的一种特殊的精神状态。在中华文化发展传承过程中，传统忧患意识发挥了重要的历史作用。忧患意识推动了中华民族整体主义精神的形成，促进了中国传统道德的产生和发展，构成了民族精神其他内容的深层底蕴和内在动力。在当今社会，忧患意识仍然具有重要价值，首先，它有利于培养积极进取的精神；其次，它有利于增强自觉的问题意识；最后，它有利于形成辩证的思维模式。①

郑万耕先生则着重考察了古代典籍《周易》中的忧患意识，指出时刻保持警惕之心，不断进行反思悔悟的思维方式，在《周易》卦爻辞当中就有所体现。但在春秋战国时期，此种警惕戒惧的观念，也经常被人们所引用，强调要居安思危，有备无患，而战国时期形成的《易传》，在此基础上又作了较为系统的阐发，明确将"忧患"提升为范畴，自觉地倡导"忧患意识"，并初步建立起了一个理论体系，影响极为深远。历代易学家又不断加以升华和凝练，使"忧患意识"成为中华民族绵延不绝的思想基础和内在动力，构成了中华民族的一大精神象征。②

（五）关于整体思维

孙文营先生指出，中华民族习惯了把人类和万物作为一个整体来思考，在对事物的认识上注重整体思维，讲究思维的整体性、全面性、综合性，这种整体性思维渗透于自然观、历史观和人生观等各个方面。在自然观方面，提出了"天人合一"说，把人与自然看做一个不可分割的整体，强调人与自然的统一协调。"五行说"用人们常见的金、木、水、火、土五种物质"相生相克"的原理来说明世界是一个相互联系的整体。《周易》以乾坤两卦为开端，将象征万事万物的其他各卦置于其后，表达了对宇宙统一性的理解。在历史观方面，中国人主张同舟共济，重视同富贵、共患难，谋求整体利益，实现整体发展。在人生观方面，中华民族的人生价值取向强调人体对社会整体的责任，具有为民族、国家、社会、人们谋公利的整体主义思想。当个体利益与整体利益发生冲突时，主张个体利益要服从整体利益。③

---

① 李晓社：《试论传统忧患意识的现代价值》，《理论建设》2006 年第 3 期。
② 郑万耕：《〈易传〉忧患意识的历史考察》，《北京师范大学学报》2007 年第 3 期。
③ 孙文营：《中华传统思维对和谐社会构建的基点方法论启示》，《求是》2007 年第 12 期。

　　韩德信先生指出，整体性思维是中国传统思维方式的一个总体特征。所谓整体性思维就是在体认事物时，强调人与自然是一个整体，天地是一个整体。整体之中包含着各个部分，各个部分之间存在着相互的联系，各部分内部又存在着内在的联系。整体性思维方式在儒家与道家的思想中，都有明确的体现。在人与自然这个关系问题上，儒家与道家都主张"天人合一"。但从表面上看，儒家更主张人化自然，即自然被人化；而道家则倾向于人自然化，即人被自然化。换言之，儒家与道家在这个问题的差异只是表述上的差异，或者说是人与自然在"天人合一"的关系中所占的比例有一定差异而已。另外也应注重到，儒家与道家所谈到的"天人合一"的整体性思维，并不是以认识自然规律为目的，而是从主体出发，以实现真善美的统一为最终目的。因此，它导向的不是对象性认知性思维，而是主体性意向性思维。当深入到儒家思维方式的整体性思维内部时，发现它除了强调主体性意向性思维以外，同样缺乏在矛盾双方的对方与冲突中，寻求发展的批判精神，更多的是以稳定作为整体性思维的重要内容，以追求和解与统一为其最终目标。①

① 韩德信：《中国传统思维方式的转换历程》，《管子学刊》2007 年第 3 期。

第十二章
"五四"精神的文化反思

"五四"运动以其爱国救亡和思想启蒙两方面的丰功伟绩而名垂史册。它在思想文化方面对于中华民族近代化进程的深刻影响，一再引起人们常忆常新的反思。但是，人们遗憾地发现，我们今天依旧面临着与"五四"先驱们本质基本相同的文化障碍与困惑。因此，对"五四"精神的文化反思，无疑有着重要的理论意义和现实意义。

改革开放以来，人们围绕"五四"精神从多层次多角度进行反思和探讨，"或回顾历史，多层审视，或立足当今，沉思探幽，或批判反省，肯定否定，或寻找契机，以求创新，各种观点蔚为大观"。[①] 这些观点或直接对立，或间接互补，反映了"五四"研究进入一个新阶段。

一、救亡与启蒙

救亡与启蒙是"五四"文化反思的焦点之一。关此，人们在讨论中，逐步形成两种对立的观点：一是救亡压倒启蒙说（即启蒙中断说）；二是救亡启蒙并行说（救亡即是启蒙说）。

（一）救亡压倒启蒙说

持此论者有一个大体统一的出发点，即认为"五四"运动实际上包括两方面内容：一是反对日本帝国主义侵略和北洋政府卖国的救亡运动，它属

---

① 郭若平：《五四精神与文化选择》（观点综述），《党史研究与教学》1990 年第 2 期。

于社会革命范畴；二是宣传民主与科学，批判传统文化的启蒙运动，它属于文化革命范畴。两个运动虽然相互关联，却有不同的价值取向和发展方向。作为文化运动，以西方文化的个体本位价值观反对传统文化的群体本位价值观，其目标是建立一个自由民主的现代社会；作为社会革命运动，则要求重建传统文化群体本位价值观以争取民族独立，维护国家主权，其目标是建立独立东方式的强国。社会革命和文化革命分属不同领域，各有自己的任务和规律。

此派论者从共同的前提出发，在对"五四"精神内涵的把握上却不尽一致。有论者说，"五四"运动有两个主题：一是启蒙，一是救亡；启蒙是反封建，救亡是反对帝国主义。起初这两个主题是同步发展的，在一段时期内，启蒙借救亡运动而声势浩大，不胫而走；启蒙又反过来给救亡提供了理论依据、人才队伍。[1] 从这个意义上说，救亡和启蒙共同构成"五四"的原本精神。另有论者认为，"五四"精神首先是由"五四"启蒙运动代表的新文化精神，而不是"五四"救亡运动代表的社会革命精神。救亡图存自戊戌变法、辛亥革命以来一直是社会革命的主题，"五四"救亡运动并未改变它的性质。"五四"启蒙运动却远远超过了辛亥革命的水平，为中国文化革命开创了新纪元。因此，"五四"运动本质上是一次启蒙运动，"五四"精神是启蒙运动代表的新文化精神，其核心是肯定个体价值的自由民主思想。[2] 与此论相仿，又有论者说，在救亡、变政、启蒙的近代多重奏中，新文化运动在其始终主要的不是变政，也不是救亡，而是思想变化上的启蒙。它的目的在于"立人"，摧毁旧传统，重建华夏文化。[3] 这是以启蒙和反传统规定"五四"精神。

持"五四"启蒙精神"失落"看法的学者认为，知识分子是历史的启蒙者，一方面启蒙他人，另一方面确定自身。当救亡任务迫切，社会重心转入政治革命时，知识分子的先锋作用和启蒙作用被淡化乃至否定，救亡挤掉了启蒙。[4]

---

① 参见李泽厚：《关于"文化"问题的问答》，《电影艺术》1987 年第 1 期；李泽厚著：《中国现代思想史论·启蒙与救亡的双重变奏》，东方出版社 1987 年版。
② 杨春时：《五四精神的命运》，《学习与探索》1989 年第 3 期。
③ 周武：《论"五四"启蒙的内在冲突》，《社会科学》1989 年第 5 期。
④ 刘再复：《"五四"启蒙精神的"失落"和"回归"》，《求是》1989 年第 18 期。

虽然此派论者对"五四"精神的理解有所差异，但在认为救亡压倒启蒙，以致启蒙中断这一点上却是惊人的一致。如李泽厚说，启蒙本身是理性的，"五四"提出的启蒙口号和任务没有具体实现，民族危亡局势和越来越激烈的现实斗争，改变了启蒙与救亡的平行局面，政治救亡的主题全面压倒了启蒙的主题。所以，"五四"的启蒙工作基本上没有做。新中国成立后也忽视了启蒙方面的问题。①

张立文说："现实的紧迫的历史需要拦腰截断了'五四'启蒙的进程。"② 萧萐父说，"五四"以后政治救亡成为更紧迫的任务，思想启蒙基本上是半途而废。③ 杨春时说，历史进程中发生的社会革命和文化革命的错位"造成了'五四'精神的衰退、'五四'传统中断"。④

此派论者将思考的重心放在"五四"精神或传统断裂的原因的探讨，在他们看来，"五四"精神之中断是由以下诸多因素造成的：

从客观上看，当时国际国内民族矛盾、阶级矛盾和阶级关系的迅疾变动，把反帝救亡的政治斗争急遽地推到了历史前台；新文化运动的大批主力被迫投身到实际政治斗争中去，从而大大削弱了思想启蒙的骨干力量。此后，现实的社会运动、政治浪潮、军事斗争此起彼伏，接连不断，这就淹没了思想文化界刚刚掀起的微弱的启蒙努力。⑤

从主观上讲，知识分子自身素质的缺陷也是导致"五四"精神衰退的原因之一。主要表现在：他们割不断与传统文化的联系，摆脱不了"实用理性"的精神束缚，因而在反封建中往往不彻底和妥协，在文化选择中不够执著；作为社会上的少数群体，启蒙主张还未获得全社会的共鸣和响应；启蒙思路限于全盘西化和对传统文化简单化的全盘否定态度。这也导致启蒙运动既无力在总体上拒斥中国传统的影响，又无法达到西化后的现代化的矛盾之中。⑥

---

① 李泽厚：《关于"文化"问题的问答》，《电影艺术》1987 年第 1 期。
② 张立文：《现代化的文化启蒙》，《复旦学报》1989 年第 3 期。
③ 葛雍：《萧萐父教授访问记》，《天津社会科学》1988 年第 4 期。
④ 杨春时：《五四精神的命运》，《学习与探索》1989 年第 3 期。
⑤ 参见张立文：《现代化的文化启蒙》，《复旦学报》1989 年第 3 期；李泽厚：《中国现代思想史论·启蒙与救亡的双重变奏》，东方出版社 1987 年版。
⑥ 参见杨春时：《五四精神的命运》，《学习与探索》1989 年第 3 期；李平生、刘京希：《山东大学纪念五四运动 70 周年学术讨论会纪要》，《文史哲》1989 年第 3 期。

从历史的角度看，在社会革命推进过程中多种文化观念的较量，是"五四"传统中断的重要根源。具体表现在：封建文化和法西斯主义对"五四"精神的扼杀；传统文化对"五四"精神的反扑；东方马克思主义（苏联模式）对自由民主思想的批判；农民意识对"五四"精神的改造；建国后愈演愈烈的"左"倾思潮对"五四"精神的绞杀；等等。①

就文化角度而言，当时文化选择的复杂性和艰难性也是"五四"精神断裂的内在因素。其表现是：中西文化时代性的不同导致文化选择过程中认识的差异，难于统一步调；中西文化民族性的不同也导致文化选择的错综复杂、步履维艰；知识精英们无暇从容地作形而上的思考，因而理论准备不足；马克思主义作为政治学说的传播和发展，并没有直接起到思想启蒙的作用。②

多数论者认为，上述导致"五四"精神衰退的诸多因素大多是与救亡的紧迫性相伴而生的。因此，民族的灾难、国家的危机是造成"五四"启蒙中断的终极根源。

（二）启蒙悲剧说及其批评

对于"五四"运动的总体评价存在两种截然相反的观点：一种观点认为，"五四"运动是救亡压倒启蒙，进而说是启蒙的悲剧，"五四"的失败是启蒙的失败；另一种观点认为，"五四"运动有光照千古的划时代意义，它在决定中国人命运的重要方面取得了根本性胜利，即以思想启蒙方面而言，"五四"运动也取得了中国历史上前所未有的胜利。

刘晓波是"五四"失败论或启蒙悲剧论的首倡者。刘晓波在其《启蒙的悲剧——"五四"运动批判》③一文中，强调要以批判的态度重新评价"五四"运动，要研究"五四"的局限而不是功绩。他认为"五四"启蒙运动的失败及其失败的原因有四：

一是缺乏内在自觉的被动启蒙。他认为"五四"失败不在于"全盘西

---

① 杨春时：《五四精神的命运》，《学习与探索》1989 年第 3 期。

② 参见郭若平：《五四精神的文化选择》（观点综述），《党史研究与教学》1990 年第 2 期；刘再复、林岗：《"五四"文化革命与人的现代化》，《文艺研究》1988 年第 3 期；柳春旸、杨彧：《新文化运动与现代中国的思想启蒙》，《天津师大学报》1989 年第 3 期。

③ 刘晓波：《启蒙的悲剧——"五四"运动批判》，《华人世界》1989 年第 2 期。

化"不适合中国当时的国情,而在于"五四"运动表面上是全盘西化,骨子里是传统文化。当时最激进的反传统的知识分子在骨子里是传统的。在维持旧传统的前提下要求改革或反传统,结果只能是虚假的改革和反传统。

二是没有人的解放的启蒙。他把民族振兴与人的解放截然对立起来,指出启蒙的目的是保护传统、振兴民族而非改革传统、解放人,"五四"启蒙从一开始就走了一条与西方启蒙完全相反的路线,没有以个体的人的解放为目的,没有强调私有财产的神圣不可侵犯。因此,"五四"之前的启蒙和"五四"的启蒙都不是真正意义上的启蒙。当代人应该首先选择人的解放(个性主义)。

三是寻找救世主的实用化启蒙。在刘晓波看来,在政治上寻找救世主的民族也就必然在思想上寻找绝对权威。"从独尊儒术到独尊马克思主义",具体偶像的更替并没有改变中国人寻找救世主的人格。在文化选择上的急功近利的实用人格,表现为一种用功利主义的眼光去看待和接受西方文化。"五四"提倡的民主与科学只不过是一种实用性的手段,而非真正意义上的民主与科学。

四是没有土壤的启蒙。在刘晓波看来,在一个封建社会如此漫长、如此根深蒂固而又如此缺乏起码的人的意识、民主与自由的民族中进行启蒙,其受挫与失败是必然的。当时的中国社会尚不具备启蒙条件。他强调启蒙是必需的,不仅愚昧的大众需要启蒙,启蒙者本身也需要脱胎换骨。但这种启蒙应是反封建和建立西方民主制为主旨的启蒙。他对"五四"之后大多数启蒙者(如陈独秀、李大钊、鲁迅等)放弃反封建任务转而攻击资本主义深感不满。在他看来,中国革命的成功仅仅是农民革命的成功,但这种成功又是最大的失败,因为中国人生活依旧,主子与奴才的关系并未改变,中国人几千年来世代相袭的非人生活并未改变。

因此,刘晓波的结论是:"五四"启蒙是失败的,悲剧性的,对于"五四"要批判,决不能迁就。

对于刘晓波的观点,许多论者或直接批判或间接地提出批评和反驳。特别是李贵仁撰文从四个方面系统驳斥了刘晓波的观点:①

---

① 李贵仁:《未竟之伟业向何处去——谈"五四"运动兼与刘晓波二次论辩》,《华人世界》1989 年第 2 期。

一是从"五四"运动的历史功绩驳刘之失败论。李贵仁认为，"五四"运动有难以避免的局限性，在某种意义上确有失败的一面，但"五四"运动毕竟是中国历史上所有革命和思想运动所不可比拟的。"五四"运动的功绩在于结束了一个旧时代，开创了一个新纪元。

二是从"五四"启蒙的功绩驳刘之悲剧论。李贵仁指出，"五四"之所以成为思想启蒙运动，是其大举宣传新思想、新道德，抨击旧文化、旧传统，对唤醒民众起了无可估量的巨大作用，其成就不亚于欧洲启蒙运动。

三是对刘之西化——殖民化理论的驳斥。李贵仁认为刘晓波的殖民化理论前后矛盾，实质是卖国的。

四是对刘晓波之以私有制取代公有制理论的驳斥。李贵仁认为，刘晓波之私有制取代公有制的主张的实质是要取消社会主义制度。他将社会主义公有制与封建私有制混为一谈，要旨是反对社会主义公有制，抹煞资本主义私有制造成人的异化的事实，把私有制强调为最高理想。

这次争论以悲剧论的失败告终。

（三）救亡启蒙并行说

持此论者是在反驳救亡压倒启蒙说或"五四"精神中断说的过程中提出来的。也有论者持救亡即是启蒙说（二说相近，故合而论析）。蔡仪认为，所谓"五四"运动的救亡"压倒"启蒙是历史的错误的说法是极其荒谬的，在反帝反封建的那场运动中，救亡与启蒙是相互启发、互相促进的。[①] 张岱年认为，反帝是为了救亡，反封建是为了启蒙；在民族危机的严重时刻，救亡必须启蒙，两个任务相辅相成，并不矛盾。中国人民在马克思主义指导下建立起新中国，完成了救亡与启蒙的统一。所谓中国社会启蒙的任务没有完成的观点缺乏科学性和历史性。[②] 陆贵山强调，在当时，救亡本身就是一种启蒙，是最深刻最实际最有效的启蒙，它有伟大目标，抓住了中国革命和中国文化包含的主要矛盾，体现了中国广大人民的愿望和历史大趋势。并行说的论者大多对"五四"救亡的特殊历史性及其作用予以充分的

---

① 陆先高：《建设有中国特色的社会主义文化研讨会强调：文化研究必须坚持社会主义方向》，《光明日报》1991 年 4 月 13 日。
② 陆先高：《建设有中国特色的社会主义文化研讨会强调：文化研究必须坚持社会主义方向》，《光明日报》1991 年 4 月 13 日。

肯定和理解。①

　　许多论者都有这样的共识，救亡与启蒙是共生共兴，相互促进的关系，救亡有唤醒启蒙的一面，启蒙有促进救亡的一面，把救亡与启蒙对立起来有失偏颇。断言"五四"运动在思想文化方面干扰、中断了启蒙的观点是错误的，新文化运动发展成爱国救亡运动，反映了历史发展规律，中国人民奋起救亡是启蒙后的觉醒。②

　　持"并行说"和"即是说"的论者大多对"五四"救亡的特殊历史性及其作用给予充分的肯定和理解。有论者将"五四"精神归结为爱国救亡，认为只有一场爱国救亡运动才会具有如此强大的凝聚力，将当时不同阶层、民族、信仰、年龄、行业、地域的中国人统一起来，掀起全国性的爱国运动。新文化运动所传播的民主与科学，是为了扫除千百年来的封建愚昧，挽救民族危亡；马克思主义的传播则表明中国人民找到了救国救民的真理。"五四"运动体现了爱国救亡的精神实质。③

　　还有论者从哲学的高度提出一个认识和评价历史事件的出发点，即历史观的问题。这种观点认为，评价一场文化运动的意义，应以它在解决当时最迫切的实践课题所起的实际作用为依据。基于这样的原则和立场，论者指出"中断说"的理论失误在于：一是他们以一种先验性的观念强加于历史，对之作出完全主观的臆断，表现为将思想启蒙与救亡图存人为地割裂并对立起来，从而视思想启蒙为超现实超历史的纯粹先验的观念形态自身独立运动演化的历史，这是不符合文化史的发展实际的。二是他们把个人的主体性、尊严与民族的主体性、尊严二者的辩证关系人为地割裂并对立起来，排斥和贬抑后者，一意追求前者，进而把"五四"运动后知识分子投身于民族解放运动，看成沦落，看成充当历史变革的"工具"，这是把自我主体放在民族、国家主体之上，这是从极端自我中心观点出发，对于几代献身于民族解

---

① 陆先高：《建设有中国特色的社会主义文化研讨会强调：文化研究必须坚持社会主义方向》，《光明日报》1991 年 4 月 13 日。

② 参见彭明：《五四运动史研究的几个问题》，《文史哲》1989 年第 3 期；段培君：《论两种意义的民族救亡》，收入《五四运动与二十世纪中国》，社会科学出版社 2001 年版；宋小庆：《关于五四运动评价中的几个问题》，《求是》1996 年第 13 期。

③ 李平生、刘京希：《山东大学纪念五四运动 70 周年学术讨论会纪要》，《文史哲》1989 年第 3 期。

放运动的知识分子和历史的丑化。① 三是他们对"五四"启蒙运动的特点缺乏认识，机械地拿西欧启蒙运动的模式来看待中国的启蒙运动。②

关于"并行说"及"即是说"的根据，论者们认为，"五四"启蒙与反对封建蒙昧主义相联系，它与反帝、救亡图存、民族独立的要求密切相关，救亡图存的目的与启蒙的关系是并行不悖的，而且二者是一体的。"五四"后马克思主义的传播，给启蒙运动增添了新的血液。事实上救亡促进了启蒙，人的精神面貌有了根本的改变。思想启蒙是个长期的过程，不能期望毕其功于一役。③

（四）新启蒙的意义

基于对"五四"启蒙及其断裂原因的认识，许多论者提倡新启蒙，强调对全国人民进行一次新的思想启蒙，指出中国的启蒙运动间断了几十年，历史的缺憾是由历史造成的，今天来弥补，又是历史交给我们的使命。不继续进行启蒙和补课，改革就难以推进与深化，中华的腾飞就遥遥无期。④ 那么，新启蒙当如何进行？有论者认为，商品经济的发展是其经济前提，民主政治是其必要条件，教育是基础，百家争鸣是保证。新启蒙要从这几方面着手。⑤ 还有论者说，新启蒙在于传统的转换性创造，包括社会体制结构和文化心理结构的两个层面。⑥ 另有论者说，新启蒙的核心课题是改造中国人的文化心态，等等。⑦

---

① 参见敏泽：《论所谓"五四"启蒙精神的"失落"和"回归"》，《求是》1989 年第 18 期；郭若平：《五四精神与文化选择》（观点综述），《党史研究与教学》1990 年第 2 期。

② 李平生、刘京希：《山东大学纪念五四运动 70 周年学术讨论会纪要》，《文史哲》1989 年第 3 期。

③ 参见敏泽：《论所谓"五四"启蒙精神的"失落"和"回归"》，《求是》1989 年第 18 期；郭若平：《五四精神与文化选择》（观点综述），《党史研究与教学》1990 年第 2 期。

④ 参见葛雍：《萧萐父教授访问记》，《天津社会科学》1988 年第 4 期；张立文：《现代化的文化启蒙》，《复旦学报》1989 年第 3 期。

⑤ 柳春旸、杨彧：《新文化运动与现代中国的思想启蒙》，《天津师大学报》1989 年第 3 期。

⑥ 李泽厚著：《中国现代思想史论·启蒙与救亡的双重变奏》，东方出版社 1987 年版。

⑦ 参见朱文华：《改造中国人的文化心态是中国现代化的前提》，《复旦学报》1989 年第 3 期；戴克非、张慧彬：《五四精神的断裂与中国现代文化的重建》，《学习与探索》1989 年第 3 期。

汪晖对 20 世纪 80 年代的新启蒙有较为完整的论述。他在《当代中国的思想状况与现代性问题》① 一文指出：

其一，在整个 80 年代，中国思想界最富活力的是中国的"新启蒙主义"思潮，尽管"新启蒙"思潮本身错综复杂，并在 80 年代后期发生了严重分化，但其基本立场和历史意义在于它为整个国家的改革实践提供了意识形态的基础。

其二，是"新启蒙主义"直接从早期的法国启蒙主义和英、美自由主义思想中汲取思想的灵感，把对中国社会主义的批判理解为对传统和封建主义的批判。"新启蒙"思想所吁求的是西方的资本主义现代性。

其三，是中国当代思想的这个最近阶段的结束是以"新启蒙主义"思潮的历史性衰落为标志的。中国新启蒙主义面对的新的问题是如何超越它原有目标对全球资本主义时代的中国现代性问题进行诊断和批判。

那么，希望何在呢？汪晖认为，80 年代的启蒙思潮曾经为中国社会改革提供过巨大的解放力量，它是支配中国知识界的主要思想倾向，今已日渐衰落，这不是说中国的新启蒙思想已完全没有意义，也不是说 80 年代的思想运动已达到目的，既然传统形式的社会主义无法解决现代性的内在危机，作为现代化的意识形态的马克思主义和"新的启蒙主义"也无法对当代世界发展作出恰当的解释和回应，正是在这里，隐藏着"重新思考中国问题"的必要性。他指出，当前知识分子应在以下几个方面进行努力：

一是在新的经济形态下，启蒙知识分子应当经得住金钱至上、道德腐败和社会无序等问题的严峻挑战。

二是对全球资本主义时代的中国现代性问题进行诊断和批判。

三是通过制度创新遏制体制性的腐败对经济发展所产生的重要障碍，制止与这种腐败相伴随的盲目的消费主义对自然资源的耗竭。

汪晖的《当代中国的思想状况与现代性问题》在中国大陆引起各方面的争论与反响。有学者认为，像汪晖这样完整地表达对当代中国社会的整体看法的文章很难得，他以个人方式写得很有新意，是 20 世纪 90 年代式的忧国忧民姿态，很有知识分子的专业精神。汪晖在启蒙思潮的废墟上，立起了批判理论的大旗。当然，汪晖一文问世后，国内也有许多批评，但大多是帽

---

① 汪晖：《当代中国的思想状况与现代性问题》，《天涯》1997 年第 5 期。

子式的。①

20 世纪 80 年代的文化反思，论者们以探讨救亡与启蒙的相互关系为重点，将倡导新启蒙看成解决现实问题的关键。20 世纪 90 年代中后期，思想界出现了一些新的走向和趋势，学者们对启蒙的反思是深刻的，把人们引入更为广阔的视角去分析、看待启蒙的历史价值和现实意义，从更高层次上去分析启蒙的局限性。论者们的结论是启蒙精神是永存的，启蒙的道路是曲折漫长的。启蒙对传统的永恒批判态度，是我们总结分析"五四"与反传统的思想基础。

二、"五四" 与反传统

20 世纪初以来，新文化运动以摧枯拉朽之势扫荡着旧文化。怎样解读"五四"反传统的问题，历来是论者们争论的焦点。50 年代提出的"古为今用"精辟地概括了 20 世纪后半叶对传统文化的态度。取其精华、去其糟粕的原则无疑是正确的。

刘再复、林岗曾经指出，传统文化是属于我们自己的，这既不是傲慢的资本，也不是天生的耻辱，它仅仅表明传统活在我们的生活里，我们不希望像摆脱梦魇一样地摆脱传统，只能企望认识它，从而健康地转换它。② 这种认识实际上表达了多数学者对传统文化的理解。20 世纪 80 年代以来，人们就"五四"是否全面反传统、"五四"反传统的功过得失展开讨论，提出各种各样的看法。

(一)"五四"是否全盘反传统

在"五四"是不是"全盘性的反传统"问题上，大致有三种意见。

1. 全盘性的反传统

美籍华裔学者林毓生曾经指出，"五四"时代的"显著特色就是在文化

---

① 参见李欧梵：《单元与多元的现代性——汪晖〈当代中国的思想状况与现代性问题〉一文讨论纪要》；汪丁丁：《启蒙死了，启蒙万岁!》，收入《知识分子立场》，时代文艺出版社 2000 年版。
② 刘再复、林岗著：《传统与中国人》第 393 页，安徽文艺出版社 1989 年版。

方面的全盘性反传统主义的特色"，毛泽东发动"文化大革命"，正是继承了"五四"的彻底反传统主义。这两次文化革命的特点，都是要对传统观念和传统价值采取疾恶如仇、全盘否定的立场。①

国内一些学者对林的观点持认同态度。甘阳认为，近代以来，尤其是"五四"一代知识分子，由于把"现代化"同"西化"不恰当地等同了起来，以一种全盘否定的"反传统"态度来对待中国文化，因此在客观上切断了中华民族的"文化传统"，造成所谓文化传统的"断裂带"。② 另有论者认为，"五四""虽未直接宣称全盘反传统，实际上已是全盘反传统的倾向"，不必"辩解五四运动未曾全盘反传统"。③ "五四"存在"全面否定中国固有文化的倾向"，它"把传统文化和古代历史一笔勾销"。④ 持上述意见的论者大多以"五四"先驱的如下反传统言论为依据："要拥护那德先生，便不得不反对孔教、礼法、贞节、旧伦理（忠、孝、节）、旧政治（特权人权）；要拥护那赛先生，便不得不反对旧艺术（中国戏）、旧宗教；要拥护德先生又要拥护赛先生，便不得不反对国粹和旧文学。""取由来之历史，一举而摧焚之；取从前之文明，一举而沦葬之。"中华民族"从前没有什么重要的事业，对于世界的文明，没有重大的贡献。所以我们的历史，也就不见得有什么重要"，如此等等。⑤

2. 有针对性的反传统

与前论相反，许多论者认为："五四"没有全盘性反传统的问题，它主要反对的是儒家"吃人礼教"，并没有对包容百家的中国传统文化作整体的否定。王元化指出："从表面看，'五四'打倒孔家店，'文革'批孔，两者似乎一脉相通。""这种看法是由于对国内情况有些隔膜，所以作出了判断。"⑥ 另有论者认为，新文化运动的矛头所指多是封建文化最落后的部分，最禁锢人的思想的部分，并不是笼统地批判传统文化。事实上传统文化的优

---

① 林毓生著：《中国意识危机》第 246—256 页、第 247 页、第 6 页，贵州人民出版社 1986 年版。

② 甘阳：《80 年代文化讨论的几个问题》，收入《文化：中国与世界》第 1 辑。

③ 周振鹤：《对传统文化再认识的飞跃》，《复旦学报》1989 年第 3 期。

④ 铁钧：《民族文化虚无主义思想的历史回顾》，收入《民族文化虚无主义评析》文集，中国人民大学出版社 1990 年版。

⑤ 毛子水：《国故和科学精神》，《新潮》1919 年 5 月 1 卷 5 号。

⑥ 王元化：《为五四精神一辨》，《新启蒙》1989 年第 1 期。

秀部分，都没有受到批判，只是新文化运动的主将们，当时着力于提倡民主、科学，批判封建文化，还来不及对传统文化中的优秀部分和糟粕部分加以区别。① 还有论者认为，单从"五四"先驱带有愤激之情的言论看，是颇像全盘反传统的，但事实上这不是主流。从反传统所针对的和要解决的问题看，焦点是孔教。其反传统内容包括：阐明孔子之道不适应于现代社会生活，不能定为国教；揭示维护专制制度的孔教与民权平等思想背道而驰，反对将孔教写入宪法；集中批判三纲五常，揭示封建孔教的罪恶。② 另有论者认为，以反传统形态出现的思潮并非是对传统文化的全盘漠视和否定，他们的反传统是依于其文化选择意识或分辨意识的，即凡合乎中国社会发展者则肯定之，凡阻碍中国社会发展进步者则否定之。③ 严家炎认为，责备"五四""全盘反传统"并造成中国文化传统"断裂"是一种误读。"五四"并没有"全盘反传统"。先驱者只是在帝制复辟丑剧一再发生，纲常名教观念充塞人们头脑的情况下，为了维护辛亥革命的成果，重新评价孔子，着重批判了封建的"三纲"，使儒家从两千多年的一尊地位还原为百家中的一家而已。即使对孔子，"五四"先驱者仍然肯定他为历史上的"伟大人物"。对"五四"反封建的彻底性，只是和历史上的文化改革比较而言的，不能简单化、绝对化。"打倒孔家店"一说源自胡适在"五四"高潮之后为《吴虞文录》作序时的一句戏言。对此，许多论者都有相同或近似的看法，认为不应将"五四"先驱过激的言辞或偏激的情绪与反传统相提并论，更不能一讲"五四"的缺陷，就是"颠覆"、"反动"。在严家炎看来，把"五四"新文化运动称为全盘否定传统文化有三个不当：一是把儒家当做了传统文化的整体；二是把"三纲"为核心的伦理道德当做了儒家学说的整体；三是儒家思想体系中本来就有非主流的成分存在，像明代的李卓吾、清初的黄宗羲等都有激烈的批判孔教的意见。论者由此得出新文化运动与传统文化不是割裂的，而是对国粹的继承与发展的结论。④

① 苏双碧：《五四运动和传统文化》，《光明日报》1989 年 4 月 19 日。
② 龚书铎：《"五四"时期的反传统》，《北京师范大学学报》1989 年第 3 期。
③ 孙玉石：《反传统与先驱者的文化选择意识》，《北京大学学报》1989 年第 3 期。
④ 参见严家炎：《"五四"·"文革"·传统文化》，《中国文化报》1998 年 2 月 21 日；严家炎著：《五四误读——严家炎学术随笔自选集》第 8—20 页，福建教育出版社2000年版。

3. 两面论及其他

罗检秋认为，"五四"新文化运动不仅没有完全割裂与传统的关系，而且在一定程度上继承了传统，但这种继承仍有所选择。"五四"知识分子是以西方文化和世界潮流为参照，以民主、科学为核心和准绳决定这种选择，既非简单的沿袭，也非出于政治或个人目的随心所欲地加以利用。他们不迷信权威，敢于否定独尊孔儒的文化正统，以平等的眼光评释先秦诸子的价值，这种思想自由、学术平等的精神开创了"五四"时期重视百家争鸣的文化局面。[①]

有论者认为，"五四"时期激烈反传统的人，又不自觉地保留了自己在传统中的领地。像"鲁迅当年的矛盾：一方面激烈地批判封建传统，一方面又欣赏历史传统中'为民请命'、'舍身求法'的人，把他们当做'中国的脊梁'。"[②]

还有论者认为，"五四"新文化领袖，从他们的言论主张到他们的工作实绩，都表明他们并非是"全盘性反传统主义者"，而是努力于中西结合，创造中国的新文化。他们用力最多的是批判传统中坏的方面，不是盲目地反对一切传统，而是对传统的制度、习俗、观念等等作出分析，重新认识其好的一面，或对其不致阻碍社会进步的方面，加以继承或加以适当的改造，成为有益的东西。[③] 许多论者在评价"五四"反传统精英时，几乎都有这样的共识，猛烈抨击中国传统文化的人，像李大钊、陈独秀、胡适等人，都是中国传统文化的饱学之士，正因他们深谙传统之优劣，才能一针见血地指出传统中种种不适应社会进步的腐败成分。

（二）"五四"反传统的意义

关于"五四"反传统的评价，许多论者着重就其历史合理性及其功绩提出以下几方面的看法：

其一，"五四"先驱在反传统的过程中的确出现过某些模糊认识，且在个别具体问题上意见过于偏颇，但这不是文化运动的主流。当时出现的民族

---

① 罗检秋著：《近代诸子与文化思潮》第 266—267 页，中国社会科学出版社 1998 年版。
② 黄万盛：《论知识分子的独立人格》，《书林》1989 年第 1 期。
③ 耿云志：《再谈五四时期"反传统"问题》，收入《五四运动与二十世纪的中国》，社会科学文献出版社 2001 年版。

文化虚无主义倾向并没形成一种思潮，不可能影响和左右"五四"新文化运动的正确方向。因此，把当时民族文化虚无主义倾向当做新文化运动的性质加以指责，是不恰当的；反之，把这种倾向当做新文化运动的"反传统"精神加以颂扬、提倡，也是错误的。①

其二，"五四"人是彻底反传统的。这在当时有一个非常现实的需要，即在当时传统的确和复辟有联系，袁世凯的确曾利用传统服务于复辟，因而当时反传统不是偶然的。② 而且处在尖锐的新旧斗争的形势下，先驱们不免对传统文化的沉疴注重揭露和批判，而对传统文化中存在的积极因素和民主精神稍事忽略，以揭出"病根"，引起人们精神的警醒和"疗救"的注意。陈独秀反对的不是孔子本身，而是定孔教为国教这件事，李大钊掊击孔子，是掊击专制政治的灵魂。这是任何时代大转折大反省的文化批判中不可避免的现象，对这种现象不宜过分苛责。③

其三，新文化运动的倡导者对腐朽的封建文化进行的尖锐猛烈的批判，既是为了社会进步，也是为了文化自身的建设。认为新文化运动只有破坏没有建设，并不符合实际。先驱者们既申说了"建设必以破坏"为前提的道理，又清醒地认识破坏者的责任："惟破坏略见成效时，则不可不急急从事建设，为之模范，以安社会心理之恐怖作用。"④ 正是新文化运动的创造精神，对现代中国文化的发展作出了伟大的贡献。⑤ 还有学者认为，新文化运动的发起者洞察了当时政治斗争与儒学的密切关系，并揭露了儒学与专制主义的内在联系，认清了儒学危害近代中国社会进步在于伦理政治思想。批判儒学为中国民主思潮发展开辟了道路。其历史意义还在于通过对封建专制思想的批判，为中国民主革命的发展和马克思主义传播、中国早期马克思主义产生提供了有利条件。⑥

---

① 铁钧：《民族文化虚无主义思想的历史回顾》，收入《民族文化虚无主义评析》文集，中国人民大学出版社1990年版。

② 庞朴：《以五四精神继承五四精神》，《文史哲》1989年第3期。

③ 参见孙玉石：《反传统与先驱者的文化选择意识》，《北京大学学报》1989年第3期；严家炎：《"五四"·"文革"·传统文化》，《中国文化报》1998年2月21日。

④ 《陈独秀答常乃德》(1917年3月1日)，原载《新青年》第3卷第2号。

⑤ 参见龚书铎：《"五四"时期的反传统》，《北京师范大学学报》1989年第3期；孙玉石：《反传统与先驱者的文化选择意识》，《北京大学学报》1989年第3期。

⑥ 肖万源：《我对五四时期批判儒学的一点认识》，收入《马克思主义与儒学》，当代中国出版社1996年版。

其四，针对把"五四"反传统与十年"文化大革命"混为一谈，认为二者之间存在因果关系的意见，有的论者批评说，这种看法是完全错误的，因为二者目的不同，"五四"反的是专制主义，求的是文明和理性、人的解放及民主与科学；"文化大革命"却是在极"左"的革命言辞掩盖下，整治异己，巩固专制主义，推行野蛮和蒙昧秩序，禁锢人性。"文化大革命"也提出过"批孔"这样全面反传统的口号，其实对正统儒家区别尊卑贵贱和盲目服从的专制主义精神气质，却是作出了空前的创造性发展。① 另有论者指出，"五四"反传统与"文化大革命"批孔看似有相近之处，但本质上却风马牛不相及。"五四"批孔是反封建斗争的重要组成部分，"文化大革命"批孔是政治阴谋。② 这两次运动，无论从起因，还是发生、发展乃至结局来看，都不能同日而语，也无必然联系。王元化认为，不能简单地把"五四"比拟"文化大革命"。"五四"是被压迫者的运动，是向指挥刀反抗。"文化大革命"反过来，是按指挥刀命令行事，打击对象是手无寸铁毫无反抗能力的被压迫者，"文化大革命"号称民主，实则是御用革命。③ 分清"五四"与"文化大革命"的联系和区别，总结历史教训是十分必要的。

其五，"五四"先驱以"重新估定一切价值"的姿态，运用西方文化作为参照系来重新审视中国传统文化，因而达到了前所未有的批判深度。"五四"高举起反封建的旗帜触到了中国现代化进程中最重要的思想课题。"我们不能要求'五四'那一代学人提出的课题全部由他们做完，这是不客观的。"④

（三）"五四"反传统的历史局限

"五四"反传统是否存在历史的局限与不足呢？近年来许多论者就此进行思考，根据学者们的论述，"五四"反传统的历史局限与不足表现在：

其一，"五四"始终没有把现实的文化传统与历史的文化传统即中国文

---

① 林非：《对"五四"启蒙与"文学革命"的反思》，《中州学刊》1989 年第 3 期。
② 吕明灼：《再论五四批孔》，《齐鲁学刊》1999 年第 3 期。
③ 王元化：《对于五四的再认识答客问》，收入《五四运动与二十世纪中国》，社会科学文献出版社 2001 年版。
④ 参见黄万盛：《论"五四"反传统的性质与意义》，《光明日报》1989 年 4 月 14 日；何晓明：《"五四"精神的文化反思》，《湖北大学学报》1989 年第 3 期。

化的本体相区别,没有认识到五千年以上的中国民族文化传统与二千年的封建文化传统有质的区分。因此,新文化的倡导者们在扬弃否定中国封建文化过程中,始终没有找到民族文化的根本力量。它否定了封建文化,但没有在文化传统的土壤里找到立足点,也没有将当时的民主革命精神与中国文化精神贯通起来,这就造成了一代文化的无根状。①

其二,"五四"先驱面对积贫积弱、世风日下的社会状况和尖锐突出的民族危机,处于一种极度焦灼的忧愤情绪之中,偏激和矫枉过正成为他们普遍的文化倾向。在这种倾向支配下,他们分析中外文化时所取的方法只能是形式主义的,所谓坏就是绝对的坏,一切皆坏;所谓好就是绝对的好,一切皆好。而且,"五四"先驱所做的工作主要限于卷起"吹尽狂沙"的批判狂飙,而对于传统文化的精华却基本上没有进行"千淘万漉"的艰苦细致的爬梳、辨别、整理。② 还有论者认为,"五四"先驱没有区别对待三种孔子:一是春秋末期的孔孟之儒学,它带有原始民主、博爱的浓厚色彩,精华多于糟粕;一种是被历代统治者改装的、已异化的儒学;一种则是被历代仁者志士所继承和推崇的以仁学为核心的儒学。对第一种应予批判、继承;对第二种应予否定;对第三种则应发扬光大。③

其三,当时大多数激进的反传统主义思想家都对本民族的传统文化和西方文化作了简单化的理解,忽视了它们各自的本质特征和内涵的复杂性,在没有作具体分析和研究的情况下,凭直觉感受轻下论断,表现出冲动情感和急躁的情绪,在认识上自觉不自觉地陷入一种僵化的模式,致使探索新文化建设和现代化道路的尝试,被二元对峙的视野所束缚,无法深入下去。而且,这种僵化的思路和模式至今仍在一定程度上束缚着人们的思想。④

有论者认为,在反思中国传统文化时,新文化阵营的基本态度是"重新估定一切价值",意在打破上帝神圣不可侵犯的信条,将人们从宗教奴役中解放出来,这是西方现代主义运动先驱们所共同信奉的思想。"五四"精英接过这一口号,一方面使运动染上了现代性的色彩,另一方面也给运动带来了一些非理性的冲动。西方近代文化中的理性精神得益于文艺复兴运动和

---

① 陈思和:《"五四"与当代》,《复旦大学学报》1989年第3期。
② 何晓明:《"五四"精神的文化反思》,《湖北大学学报》1989年第3期。
③ 李鸿烈:《中国现代宁馨儿难产探微》,《天津社会科学》1989年第5期。
④ 陈金川:《超越五四时期的反传统主义》,《中州学刊》1989年第3期。

启蒙运动而根深蒂固，后来发生的现代主义运动虽表现了非理性的色彩，但它不失为一种"片面的深刻"，对此已具备的理性精神是一种批判的发展，一种文化补充和思想深化。但中国缺乏近代的理性精神传统，对传统理性资源不加以批判地吸收，在反叛传统时，表现出非理性的态度，对中国新文化本身的发展会产生极大的不利，新文化运动中所出现的破坏多于建设的势态，与这一口号产生的流弊密切相关。[1]

其四，"五四"反传统人士把中国文化简约为儒家文化，进而将儒家文化简约为纲常礼教，从而得出像"中国古书，时时害人"、"汉字终当废去"的结论。这种简约的方式及其所得出的结论显然是片面的。[2] 而且，就深度而言，其对儒学、孔教的批判也是肤浅的，仅仅流于表面，未能深入到本质，即没有充分揭示儒学理论的精神内核，没有从传统文化的功能体系和民族心理的深层结构去发掘儒学延存的原因。[3] 另外，"五四"对儒学的批判的片面性还表现在：全盘否定，一概骂倒；批判多从社会政治和道德伦理方面立论，而儒学、孔教产生并得以长期流传、地位日崇的经济生活方面的根源，却成为多数批判者的视角"盲点"。[4]

其五，"五四"反封建并不彻底。新文化运动中对民族病态以及整个传统文化的深刻认识和对人的自觉意识，还只是停留在少数人的范围内，多数群众仍处于麻木、封闭的精神状态，反传统人士因对此无力回天而陷入失望。这就是说，"五四"先驱只完成了"提出问题"的历史使命，而解决问题和建设新文化系统的历史任务，还有待于未来人们共同完成。[5]

论者们对"五四"反传统的得失评价可谓见仁见智、莫衷一是。实际上，意见的歧异、争论的展开，正是"五四"反思走向深入的体现。我们认为，对于反传统这样一个重大的历史使命，不能要求"五四"一代学人来完成，更不能因为"五四"提出反传统的80年后，中国没能实现现代化，就批评"五四"反传统是急功近利的。相反，我们应通过对其经验教

---

[1] 欧阳哲生：《在传统与现代性之间》，收入《五四运动与二十世纪中国》，社会科学文献出版社2001年版。

[2] 颜炳罡：《五四·新儒家·现代文化建构》，《文史哲》1989年第3期。

[3] 陈建远：《从"五四"运动看中国新文化建设的方向》，《复旦学报》1989年第3期。

[4] 何晓明：《"五四"精神的文化反思》，《湖北大学学报》1989年第3期。

[5] 刘再复、林岗：《"五四"文化革命与人的现代化》，《文艺研究》1988年第3期。

训的总结以寻求超越"五四",实现传统与现代相契合的目标。

三、 民主与科学

"五四"运动是 20 世纪中国最具震撼力的历史事件,它所揭橥的"民主"、"科学"两大旗帜,对现代中国知识分子具有持久的感召力。"五四"精神在今天光芒不减,民主与科学仍然是中国现代化进程中不可或缺的因素。如何评价"五四"提倡的民主与科学?为什么说今天仍需要民主、科学?怎样推进民主化与科学化进程?凡此均是"五四"文化反思的题中应有之义。

(一) 民主与科学的评价

20 世纪 80 年代以来,关于"五四"提倡的民主与科学的认识呈现错综复杂的情况,往往是肯定中有否定,否定中有肯定。不过,侧重于昭示其积极意义的,我们姑谓之偏于肯定的评价;侧重于指出其缺陷不足的,我们姑谓之偏于否定的评价。

1. 偏于肯定的评价

有的论者认为,"五四"时期提出的民主与科学口号,不仅是 20 世纪中国最大的思想成就之一,而且是我国人民一笔永恒的财富。对于它们在中国社会进步中发挥的重大作用,以及我们今天重新发扬这一传统的必要性,无论怎样估计也不为过分。民主与科学作为时代精神的精华日久弥坚这一事实本身,就有力证明了其自身的价值。①

有论者认为,民主与科学是"五四"启蒙运动的两面大旗,"五四"精神就是民主与科学精神,它所体现的是人类文化精神的内在本质。"民主"实质上是人的社会解放,"科学"是人的自然解放;这两种解放是同中国传统文化精神相背逆的。与民主相对立的是封建专制主义,与科学相对立的是蒙昧主义。"五四"先驱呼吁和提倡民主与科学,不只是当时的知识精英的个人之先觉,而且是振聋发聩、石破天惊的时代之音,它所起的捣毁封建、

① 魏民康:《"五四"思想启蒙运动的反思》,《社会科学报》1989 年 2 月 23 日。

解放思想、开启民智的作用不容低估。民主与科学的旗帜树立后，中国在许多方面出现了巨大的变化与进步，白话文运动、新教育、新文化的诞生，为广大群众提供了精神食粮，科学态度、科学精神的提倡，为破除封建迷信、发展科学技术创造了思想前提。①

许多论者从以下几个方面高度肯定了"五四"的民主与科学精神的理论贡献和意义：

其一，"五四"倡导的民主与科学的内涵是深刻的。民主精神的主要内容是：推崇资产阶级的"天赋人权说"，把它看做近代欧洲形成民主社会的根由；以"人权说"为武器批判中国封建专制政治、等级制度和三纲五常；利用"民权说"倡导法治，主张"法律面前，人人平等"，强调民权的根本在于确认独立自由人格、思想自由、财产独立、人格平等；要求以民权为基础，效仿法、美资产阶级革命，建立西洋式的新社会。民主的实质是人类的社会解放，自由是民主精神的中心内容，平等以自由为归结点，自由平等、"民主"观念的发展，使"民主"一词脱离开政治，成为广泛运用于社会生活各个方面的精神价值观念。其科学精神的内容主要包括：尊重客观事实，张扬理性精神，反对凭空想象和主观臆断，主张用理性衡量和裁判一切；事事遵循科学法则，破除愚昧和迷信，主张以"科学代宗教"；提倡用自然科学的实验、实证方法和逻辑归纳法来"说明真理"，验证理论。科学精神是由科学知识和科学方法升华而成的一种精神气质和品格力量，是科学内在于心、外在于形的最高体现；科学精神就是实事求是，即科学态度、科学的生活方式、科学的思维方法。②

其二，"五四"启蒙先驱已开始认识到科学与民主的互为依存关系：不倡导现代科学精神，理性不得张扬，民主、民权思想也难以普及；而民主得不到推行，科学亦不能发展。民主与科学"若舟车之有两轮焉"，缺一不可。必须以"科学与人权并重"。科学作为一种理性精神，与民主有相互区

---

① 参见郭若平：《五四精神与文化选择》（观点综述），《党史研究与教学》1990 年第 2 期；金永华：《"五四"精神与个性解释》，均发自《文汇报》1989 年 5 月 16 日；胡绳主编：《中国共产党七十年》有关论述，中共党史出版社 1991 年版；耿云志：《发扬"五四"传统，弘扬"五四"精神》，《光明日报》1996 年 4 月 30 日。

② 参见张立文：《现代化的文化启蒙》，《复旦学报》1989 年第 3 期；朱志敏著：《五四民主观念》第 72—80 页，北京师范大学出版社 1996 年版；刘西琳：《理解科学国脉所系》，《光明日报》2001 年 8 月 12 日。

别的一面，同时又表现出强烈的统一性乃至一体化情势。一方面，民主是个体本位的文化在政治上的表现，它要求承认每一个体的独立、自由与权力，要求承认每一个体的价值中心地位，其精神原则是个别性；另一方面，科学理性作为个体本位文化的梳理原则，又要为这一文化提供理性框架。二者是对立的，为社会提供用以整合的秩序原则，但又统一于文化的合理构造中。科学和民主共同要解决的迫切问题是社会层面文化合理再建问题，是中国伦理的合理再建问题。理性的内容在此展开为民主，科学精神在伦理领域即表现为民主。因此，科学和民主在"五四"特定的历史文化条件下表现了惊人的内在一致性，使之以联姻的形式出现，在新文化内容层面上和谐共鸣。①

其三，"五四"宣扬的科学不同于洋务派宣扬的科技之器，而是 20 世纪初世界自然科学对经典科学模式突破的哲学观，是当时最先进的科学哲学——实证哲学对中国社会变革的渗透；"五四"宣扬的民主含义也比戊戌政变时的"民权说"更为丰富，它不只是批判君权，而且深入封建文化思想的各领域。这是现代意识对中世纪思想的一场较量。②

其四，科学真理本于自然，不外乎人道。用生物学、生理学原理阐述人的自然本质，在此基础上得出人人平等的结论，这种论述方法反映了民主与科学内在的必然联系。民主和科学只有同时提倡，相互辅佐，才能推动社会进步。③

2. 偏于否定的评价

在论者中，对"五四"之民主与科学持相对否定立场的，似也不乏其人。如有一种意见认为，一方面，"五四"提出的民主、科学口号与西方建立在形而上的理性精神的历史发展基础上的科学、民主，在认识上是朦胧和模糊的，具有本体论意义上的不足；而另一方面，由于中国的救亡问题不断压倒启蒙问题，导致中国人对科学、民主的认识始终停留在较为低级和模糊的水平上。"五四"对民主、科学这两个概念并没有较深入的认识，理解得

---

① 参见赵清治：《首都部分专家座谈五四运动》，《中共党史通讯》1989 年 2 月 25 日；殷培君：《论五四新文化结构的构成与整合》，《浙江大学学报》1997 年第 6 期；张立文：《现代化的文化启蒙》，《复旦学报》1989 年第 3 期。
② 张立文：《现代化的文化启蒙》，《复旦学报》1989 年第 3 期。
③ 史革新：《辛亥革命时期国人科学观初探》，《光明日报》2001 年 11 月 6 日。

十分肤浅，仅仅停留在口号上。这样，作为促使西方国家现代化进程不可逆转基础的科学、民主，在中国却常常表现错位或错乱，不仅"五四"的新文化运动被政治运动所取代，甚至出现"文革"这样打着科学、民主旗号，实则反科学、反民主的大动乱，使得中国人迄今仍需要不断地对此进行反思和补课。① 有论者认为，民主与科学作为"五四"运动的精神实质，既没有深入人心，更没有成为现实，以至于今天人们仍然觉得它新鲜和陌生。"五四"以来中国社会动荡以及"文革"的出现，都证明了民众认识上的肤浅、片面以及观念变革意识的脆弱。中国人能够接受马克思主义，但不能接受马克思主义的自由观，排除了自由的一切理论，这也使民主与科学成了于封建专制无害，甚至是可利用的东西。② 这些提法都是以西方之民主与科学为参照而认为"五四"之民主与科学有局限，进而把后来的动乱现象归因于此。

另一种意见指出，"五四"提出科学，但缺少现代科学的实证态度；"五四"提出民主，却主要是一种气氛进程，而非一种实体性的操作进程。很大程度上，"五四"是以科学、民主为武器来否定中国传统文化的，这是一种证伪式的情绪式的否定。这种思维方式很容易导致简单的一元极端的倾向，而这恰恰表现了"五四"与中国传统思维方式有关，从而使得中国现代化进程历经波折。总之，"五四"期间人们对民主与科学的理解并不全面，"五四"之后的发展道路更是偏离了科学与民主的精神。③

还有一种意见认为，从中国思想启蒙的应然要求看，新文化运动宣扬的科学、民主毕竟流于空谈，收效甚微。因为它只是从狭义角度理解科学，把科学仅仅认作合乎逻辑的推理方法，或"大胆假设，小心求证"的思维模式，而没有确立广义的科学精神，包括充分的自我意识、自觉的历史观念、追求合理目标的行为导向和理性至上态度；它忽视大力呼唤民众自我意识的觉醒，过多关心民主政治外在形式的建立，致使其变革呼声难免显得无力。④ 另有一种意见补充说，从民主进程上看，从 19 世纪 50 年代郑观应等

---

① 参见陈天庆：《重新认识和评价"五四"》，《理论信息报》1989 年 1 月 30 日；王元化：《我对"五四"新文化运动的再认识》，《炎黄春秋》1998 年第 5 期。
② 张广照：《自由·现代文明的基石——关于五四科学与民主口号的反思》，《经济周报》1989 年 4 月 16 日。
③ 参见谢重光：《"五四"精神与文化的多元化》，《福建论坛》1989 年第 2 期；陈天庆：《重新评价"五四"》，《理论信息报》1989 年 1 月 30 日。
④ 陈建远：《从"五四"运动看中国新文化建设的方向》，《复旦学报》1989 年第 3 期。

提出议会制，到康有为等提出君主立宪制，再到孙中山提出联邦制，而"五四"却未提出并推行更民主的法制制度。因此，对于它不宜评价过高。①还有论者指出，"五四"前后民主未能在中国扎根的主要原因是，封建政治文化根深蒂固，遏制了民主平等生长的文化土壤。从当时的时空背景看，反封建文化的运动转变为反帝反封建的政治斗争，是历史发展的必然趋势，文化启蒙的思想很快转向救亡图存的政治导向。以农耕为主的小生产方式没有破除，封建专制主义政治文化就不会枯萎。在这样的历史条件下，通过一次运动来实现民主制度是不现实的，中国人接受西方文化首先是为御侮救国，而并非内部酝酿成熟。②

在否定性的意见中，还有一种观点认为，从当时的"科玄之争"可以发现，一些科学崇拜者甚至把科学推崇到科学迷信的地步，却忽视了最不该忽视的自由的价值。近现代历史都已证明，不解脱封建传统的人身依附关系，不还以充分的自由尤其是经济自由，民主和效率都是纸上谈兵。而且，"五四"把西方文明的精髓概括为民主和科学本身，也显然存在重大的偏颇。"且于诊治最大的中国病——由高度集权而生的'社会的一片死相'——是不对症的。"③

对"五四"的民主与科学，无论是偏于肯定的意见，还是偏于否定的看法，都是各执一说。尽管在评价上存在明显的分歧，但争论各方在强调社会主义现代化离不开民主化和科学化，应继承和发扬"五四"民主和科学精神这一点上却是基本一致的。

（二）民主与科学的追寻

在许多论者看来，今天的历史条件与"五四"时期比已迥然不同，因此，民主与科学不能再停留在一般的宣传号召上，而应采取积极措施，使之转化为现实。基于这样的思考，不少论者分别就民主与科学作了探讨和强调。

1. 关于民主（德先生）

---

① 陈天庆：《重新认识和评价"五四"》，《理论信息报》1989 年 1 月 30 日。
② 金太军：《五四前后民主未能在中国扎根的原因探析》，《人文杂志》1997 年第 4 期。
③ 王润生：《"五四"的局限》，《光明日报》1989 年 2 月 22 日。

有论者说，比较而言，民主比科学更根本，做起来也更复杂、困难。"民主建设的一项基础性工作，就是要达到对民主灵魂的先行领会和深切把握，以便产生对民主的理性自觉。"而民主的灵魂就是对人的价值的肯定和尊重，亦即人文精神。当以民主政治培养人文精神，以人文精神支持民主政治，实现民主政治与人文精神的统一。①

有论者认为，应提高民主的社会地位，强调民主是强心剂，是一种思想、一种精神、一种权利，民主不是要当官的"为民做主"，而是人人平等，人民要自己做主，即"由民做主"；民主还是防腐剂，充分发挥民主的监督作用，能够防腐保鲜；民主又是安定剂，让德先生出任"安全部部长"，国家就会稳如泰山。②

有论者主张积极切实地推进民主建设，反对以"国情"为由延缓民主进程。③ 有论者说，应当把"人民当家做主"这句话落到实处，制定出具体的操作程序、方法、制度，让人民"看得见摸得着"，使人民的参政权、监督权、罢免权得到真正的体现。④ 还有论者提出从我国现实出发，努力推行政治改革，分阶段、分层次、分地区积极实行民主的设想。⑤ 还有论者认为要防止在权威形式下出现封建专制复活。⑥

2. 关于科学（赛先生）

有论者说，相对于民主，科学更重要一些。科学主要指理性的活动和理性的法庭，而并非仅仅指物质上的产品和成果。民主也需要科学和理性的精神来实现。这是因为，第一，需要用科学知识的灌输，用理性来启蒙民众，用知识来教育民众，他们才有可能运用民主的权利；第二，实现民主所经过的程序必须是科学的、合理的，从而保证民主的权威性。⑦

有论者强调，从上到下都要养成尊重科学的理性风气，推行科学决策，

---

① 潘征：《民主的灵魂是人文精神》，《福建论坛》1989 年第 2 期。
② 参见邓伟志：《提高"德先生"的社会地位》，《文汇报》1989 年 5 月 5 日；张小平著：《中国之民主精神》第 214—220 页，四川人民出版社 2000 年版。
③ 杨雄里：《积极切实地推进民主建设》，《文汇报》1989 年 5 月 5 日。
④ 李瑞英：《从"五四"精神反思到现实问题的深层探索》，《光明日报》1989 年 5 月 19 日。
⑤ 葛剑雄：《论新文化在中国传播的政治机制》，《复旦学报》1989 年第 3 期。
⑥ 谭华孚：《五四精神的倾斜》，《福建论坛》1989 年第 2 期。
⑦ 包霄林：《发扬"五四"的理性精神》，《福建论坛》1989 年第 2 期。

反对主观臆断，摧毁凌驾于学术之上的"最高裁判所"。① 另有论者补充说，引进外国先进科学技术来发展我国自己的科学技术，就要在中国创造一个适合现代科学技术迅速成长，产生经济效益的良好文化氛围，要在全社会发扬科学精神，提倡科学道德，讲求科学方法。② 刘西琳更是把理解科学提到"国脉所系"的高度来认识，认为科学明显地写在"五四"大旗上，指出对科学的理解，人们常认为是知识，忽略了科学还是方法和精神，科学应包括科学知识、科学方法和科学精神，科学知识是基础，科学方法是思维方式和一整套程序，科学精神是由科学知识和方法升华而成的一种精神气质和品格力量，是科学内在于心、外在于形的最高体现。③

还有论者指出，要发扬科学精神，还要重视科学技术，发扬科学技术的效能。现在关于"科学技术是第一生产力"的论述，"科教兴国"的战略已成为人们耳熟能详的立国指针，但真正要把这些论述和战略落到实处，还有相当大的距离。强调"科学兴国"实质上还是救危图存。④

---

① 李瑞英：《从"五四"精神反思到现实问题的深层探索》，《光明日报》1989 年 5 月 19 日。

② 潘征：《民主的灵魂是人文精神》，《福建论坛》1989 年第 2 期。

③ 刘西琳：《理解科学国脉所系》，《光明日报》2000 年 8 月 12 日。

　　张岱年：《传统文化与现代化》，《北京大学学报》1989 年第 3 期。

　　吴雄丞：《全面把握五四精神》，《光明日报》1999 年 5 月 7 日。

　　参见李锐：《坚决克服封建遗毒和"左"的顽症》，《光明日报》1989 年 4 月 22 日；易竹贤：《民主、科学与中国现代化》，《荆州师范学院学报》1999 年第 4 期。

　　参见张立文：《现代化的文化启蒙》，《复旦学报》1989 年第 3 期；包霄林：《发扬"五四"的理性精神》，《福建论坛》1989 年第 2 期；郭德宏：《五四精神与民族振兴》，《中共中央党校学报》1999 年第 2 期；张小平著：《中国之民主精神》第 233—239 页，四川人民出版社 2000 年版。

　　吴效马：《近 20 年来中国大陆"五四"运动史研究概述》，收入《五四运动与二十世纪的中国》，社会科学文献出版社 2001 年版。

　　参见邓野：《试论"五四"陈独秀世界观的演变》，《近代史研究》1980 年第 4 期；彭明著：《五四运动史》第 533 页，人民出版社 1998 年版；沙健孙著：《五四后期的陈独秀是不是马克思主义者?》，《北京大学学报》1979 年第 3 期；沈寂：《陈独秀与五四运动》，收入《五四运动与二十世纪的中国》，社会科学文献出版社 2001 年版；陈涌：《"五四"文化革命的评价问题》，《人民日报》1999 年 4 月 24 日；曾彦修：《漫谈陈独秀》，《团结报》2001 年 7 月 5 日。

④ 参见谢道郁：《还是需要"赛先生"》，《时代与思潮（1）——五四反思》，华东师大出版社 1989 年版；郭德宏：《五四精神与民族振兴》，《中共中央党校学报》1999 年第 2 期。

3. 关于德、赛两先生

有论者指出，当前的中国，需要民主与科学，需要法制救国，需要对头重脚轻的权力结构进行彻底的改造。"五四"提出的民主与科学之所以没有理想成效，根本原因除了政治方面的因素外，还有我们没有从科学意义上去把握民主和未能从真正民主意义上去发现科学。[①]

如果说"五四"先驱提倡民主与科学只是体现了少数知识精英的理性觉醒的话，那么今天，追求民主与科学已趋向于成为全民族的一种普遍共识；如果说"五四"先驱还只是在中国社会高声呼唤民主与科学的话，那么今天，人们已开始在中国社会奋力实现民主与科学的崇高理想。

有论者指出，民主与科学不是西方国家的专利，它乃是全人类的共同财富；在中国向现代化进军的行程中，弘扬民主与科学精神仍然是不可或缺的一环。于光远说，"五四"喊出了"德"、"赛"两先生的口号，今天仍要请出这两位先生帮助我国进行改革、开放和建设。[②] 邵燕祥说，我们要从"五四"前进，而绝不可以从"五四"后退，发扬民主与科学精神仍为当代中国知识分子的历史使命，如果没有群众首先是知识分子现代意义上的公民自觉，我们的民族要跻身于富强、文明、民主的现代化国家是不可能的。[③] 张岱年认为，中国古代不是没有民主思想，但是没有建立民主制度；中国古代不是没有关于自然的科学研究，但是没有精密的近代实验科学。发扬民主，振兴科学，仍是我们今天的重要任务。[④]

吴雄丞认为，我们需要的民主，是社会主义民主，是人民当家做主，国家的一切权力属于人民的民主；是实行民主选举、民主决策、民主管理和民主监督，保证人民依法享有广泛的权利和自由，尊重和保障人权的民主，是健全法制，依法治国，建设社会主义国家。我们需要科学，包括自然科学和社会科学。[⑤]

---

① 参见任建中：《走向新的融合——1988 年"科学与文化"讨论综述》，《自然辩证法研究》1988 年第 5 期。
② 参见任建中：《走向新的融合——1988 年"科学与文化"讨论综述》，《自然辩证法研究》1988 年第 5 期。
③ 参见任建中：《走向新的融合——1988 年"科学与文化"讨论综述》，《自然辩证法研究》1988 年第 5 期。
④ 张岱年：《传统文化与现代化》，《北京大学学报》1989 年第 3 期。
⑤ 吴雄丞：《全面把握五四精神》，《光明日报》1999 年 5 月 7 日。

民主与科学是时代提出的课题，中国的今天仍需德、赛两先生，为什么呢？依据论者们的阐述，主要有以下几点理由：

其一，没有民主与科学，资本主义发展不起来；同样，没有民主与科学，社会主义也建立不起来。因为只有依靠民主与科学，领导才能有真正的权威，工作才会有真正的效率，国家与社会才会有真正的安定团结。在中国革命和建设艰难曲折的历程中，凡是继承并发扬民主与科学精神的时候，革命和现代化建设事业就顺利发展，就取得胜利；而违背民主与科学精神，就必然遭受挫折和失败。①

其二，从现实看，建国以后，我国的民主与科学虽有长足的进展，但离理想的目标仍有相当的距离。封建主义特别是小农意识在广大干群中尚有根深蒂固的影响；全体国民的法制观念与民主意识尚不健全；改革、开放已经遇到、还将遇到由于群众心理、文化准备不足而不能适应、难于承受的困难；国家政治生活中非民主、社会经济生活中非科学的非理性行为的存在，诸如权力机关弊端重重，机构重叠，效率低下，人民代表不代表人民利益，政治协商制度不健全，职能不完备，司法机关权大于法，国家权力机关中监督机制不健全，贪污腐败，权钱交易，以权谋私等，亦是不容忽视的事实。② 凡此均说明，弘扬民主与科学精神仍是一项艰巨而紧要的任务。

四、关于"五四"人物

改革开放以来，有关"五四"时期的领袖人物研究，像陈独秀、李大钊、胡适、蔡元培等受到学术界的普遍关注。吴效马指出，近年来出版了大量的传记、年谱和研究论著。传记方面，较有代表性的主要有任建树的《陈独秀传》（上册，上海人民出版社1989年版）、集体编写的《李大钊》

---

① 参见李锐：《坚决克服封建遗毒和"左"的顽症》，《光明日报》1989年4月22日；易竹贤：《民主、科学与中国现代化》，《荆州师范学院学报》1999年第4期。
② 参见张立文：《现代化的文化启蒙》，《复旦学报》1989年第3期；包霄林：《发扬"五四"的理性精神》，《福建论坛》1989年第2期；郭德宏：《五四精神与民族振兴》，《中共中央党校学报》1999年第2期；张小平著：《中国之民主精神》第233—239页，四川人民出版社2000年版。

（人民出版社 1979 年版）、白吉庵的《胡适传》（人民出版社 1993 年版）、周天度的《蔡元培传》（人民出版社 1984 年版）、林志浩的《鲁迅传》（北京十月文艺出版社 1991 年版）等。研究论著方面，主要有曾乐山的《五四时期陈独秀思想研究》（福建人民出版社 1983 年版）、耿云志的《胡适研究论稿》（四川人民出版社 1985 年版）、《胡适新论》（湖南人民出版社 1996 年版）、吴二持的《胡适文化思想论析》（东方出版社 1998 年版）、梁柱的《蔡元培与北京大学》（宁夏人民出版社 1983 年版）、朱成甲的《李大钊早期思想与近代中国》（河北人民出版社 1989 年版）、欧阳哲生的《解析胡适》、《追忆胡适》（社会科学文献出版社 2001 年版）等等。此外，还出版了大量文集、信札和日记。文集方面，有《陈独秀文章选编》、《陈独秀著作选》、《胡适文集》、《李大钊文集》、《蔡元培文集》等。① 相关的文章达千余篇。

大量的富有实事求是精神的"五四"人物研究成果的问世，使许多"五四"人物得到公正的评说，有助于人们进一步发掘"五四"文化精神。限于篇幅，本章仅介绍陈独秀、李大钊、胡适和蔡元培四位新文化运动的倡导者的研究情况。

（一）关于陈独秀

20 世纪 80 年代以来，陈独秀在新文化运动中的功绩得到了肯定。

1. 新文化运动的领袖

关于陈独秀是否完成了由激进的民主主义者到社会主义者，再到马克思主义者的转变，论者们没有达成一致的认识，但是较为一致的看法是，陈独秀既是新文化运动的倡导者和主将，又是"思想界的明星"、"五四"运动的总司令。

许多论者认为，陈独秀通过主编《新青年》，影响了整整一代知识分子。他高举民主和科学两面大旗，声言要彻底改造国民性，造就一代"敢于自觉勇于奋斗"之"新青年"，其追求是：自主的而非奴隶的，进步的而非保守的，进取的而非隐退的，世界的而非锁国的，实利的而非虚无的，科

---

① 吴效马：《近 20 年来中国大陆"五四"运动史研究概述》，收入《五四运动与二十世纪的中国》，社会科学文献出版社 2001 年版。

学的而非想象的。认为陈独秀为实现这一目标，以《新青年》为阵地，向中国传统封建文化发起猛攻，掀起了伦理革命、宗教革命、教育革命和文学革命。论及陈独秀对整个"五四"新文化运动的领导作用，论者们是众口一声的。他用新的学理武装了整整一代精英分子。陈独秀对整个 20 世纪中国大众文化影响之大，对中国文化精英的基本观念影响之深，其筚路蓝缕的开创之功，是其他人难以望其项背的。他领导的思想文化运动，从原则上改变了两三千年来中国知识分子的基本人生价值取向。[①]

2. "文学革命"中的作用

对陈独秀在文学革命中的作用，主要有两种意见：一种意见认为，陈独秀提出的文学革命口号，正确地反映了中国的历史要求。陈独秀在以下三个方面对文学革命起了巨大作用：一是鼓舞了一代知识分子摧毁旧文学、建立新文学的勇气；二是为文学创作揭示了认识和评价生活的立足点，开拓了现实的题材、主题、形象的广阔领域；三是在文学的内容、形式和创作方法等方面，引导和促进了革命性的变化。

另一种意见认为，陈独秀提出了推倒封建文学的任务，却没有给新文学的建设指出具体的、切实的途径。他的"三大主义"打击了"贵族文学"、"古典文学"、"山林文学"，但对于什么是取而代之的"国民文学"、"写实文学"、"社会文学"的内容，却没有予以明确的阐释。[②]

3. 对儒学的批判

吕明灼认为，中国近代史上的先进分子一般都和儒学有不解之缘，而且往往由此可以测定其政治态度的变化。他们有的由尊孔到批孔，最后又回到尊孔的路上去；有的由尊孔走向批孔，一直批下去。而陈独秀对儒学的批判终生未改，他并未由于其政治上的变化而对孔子儒学的态度有所改变。从

---

① 参见邓野：《试论"五四"陈独秀世界观的演变》，《近代史研究》1980 年第 4 期；彭明著：《五四运动史》第 533 页，人民出版社 1998 年版；沙健孙著：《五四后期的陈独秀是不是马克思主义者？》，《北京大学学报》1979 年第 3 期；沈寂：《陈独秀与五四运动》，收入《五四运动与二十世纪的中国》，社会科学文献出版社 2001 年版；陈涌：《"五四"文化革命的评价问题》，《人民日报》1999 年 4 月 24 日；曾彦修：《漫谈陈独秀》，《团结报》2001 年 7 月 5 日。

② 参见耿云志：《再谈五四时期"反传统"问题》，收入《五四运动与二十世纪的中国》，社会科学文献出版社 2001 年版；陈涌：《"五四"文化革命的评价问题》，《人民日报》1999 年 4 月 24 日。

1915 年 9 月《青年杂志》创刊开始，陈独秀便举起了批判大旗，成为新文化运动中"非孔"的主帅、猛将。他的"非孔"主要集中在对儒家伦理的批判。对孔教与对孔教列入宪法的批判，在中西文化的比较研究中，他提出东方文化以孔教为中心，已不适宜于现代文明，西方文明是现代的、进步的。陈独秀对中华文化的优点基本未提，只见落后一面；对中西文化只强调两者之冲突一面，而忽视两者相融合的一面；在比较中西文化时，陈独秀只强调中华文化应"欧化"，而没有认识到西方文化也有缺点，中西文化应互相学习取长补短，而不能什么都实行所谓"欧化"。论者认为，在这一问题上，陈独秀的认识不如同时代的李大钊，但陈独秀对孔子儒学的批判基本是应该肯定的。一是陈独秀面临着反帝反封建、民族民主革命的历史任务，反对封建主义就必须反对孔孟之道。二是陈独秀批判孔子，不是否定其全部学说，而只是重点批判礼教及其尊孔派对孔子儒学的利用。三是陈独秀对孔子的批判尽量做到全面，即在批判其消极思想时，也不否定其历史价值，并一再肯定孔子在其当时社会的地位与作用。进而，吕明灼指出，有以批孔为中心的"五四"运动的开展与胜利，才有现代意义的思想解放运动，才有"五四"运动作为新民主主义革命的开端。我们不能因陈独秀在批孔中某些过激的言辞而否定其批孔的反封建斗争的伟大意义。如果否定了陈独秀等的批孔斗争，也就从根本上否定了"五四"运动。①

（二）关于李大钊

李大钊是中国最早的马克思主义者，是"五四"运动的重要发起人和中国共产党的创始人之一。他在"五四"时期的光辉思想，影响了中国许多马克思主义者，其中包括中国共产党的杰出领袖毛泽东、周恩来等，也包括在党成立时期成为总书记的陈独秀。②

1. 对马克思主义的传播

有学者认为，李大钊是第一个坚决信仰、积极传播马克思主义的中国学者。他在 1918 年年初就向友人宣传十月革命，同年和次年已发表多篇文章

---

① 吕明灼：《陈独秀与儒学》，收入《五四运动与二十世纪的中国》，社会科学文献出版社 2001 年版。
② 参见彭明：《李大钊是中国最早的马克思主义者》，《教学与研究》1979 年第 6 期；吕明灼著：《李大钊思想研究·前言》，河北人民出版社 1983 年版。

介绍马克思主义，以马克思主义为指导来观察中国和世界一系列重大问题。陈独秀在李大钊的影响下，也接受了马克思主义。《新青年》和北京《晨报》在李大钊支持和帮助下，出了"马克思主义专号"和"马克思研究"专栏。以李大钊为首的马克思主义者，1919、1920 两年通过与实用主义、基尔特社会主义和无政府主义的三次大论战，大大扩大了马克思主义的阵地与影响。①

另有学者认为，李大钊对十月革命的宣传在新文化运动的初期就凸显出来了，并进一步发展为宣传马克思主义的运动，使马克思主义成为"五四"新文化的一股激流。"五四"新文化也因此开始具有了社会主义的因素。它与新文化的其他方面共生并存，并随着新文化所引起的社会变革的深入，其内在的生命力逐步显示出来。②

还有论者认为，李大钊是中国最早的马克思主义者，最早举起马克思主义旗帜，为中国昭示了新的社会主义方向。他根据自己对马克思主义的理解，对未来社会主义蓝图进行了描绘。李大钊要求中国的马克思主义者，必须研究马克思主义理论，并能带头从当时中国的国情，特别是当时思想战线的实际出发，深入浅出地宣传社会主义社会共同具有的根本特征。指出社会主义的本质是在振兴实业、发展生产力的前提下，实现共同富裕。李大钊的许多论述，我们今天读来仍然感到十分亲切，并能从中得到启发。③ 李大钊在刊物上宣传马克思主义，在课堂里宣讲马克思主义，使许多人走上了革命道路，为马克思主义在中国的传播起到了非常重要的作用。④

2. 对传统封建思想的批判

有论者指出，李大钊在"五四"时期与陈独秀等人高举起"民主"、"科学"的大旗，猛烈批判封建主义思想，唤醒人们打碎封建政治和旧礼教、旧道德的精神枷锁，冲破宗教迷信、偶像崇拜的思想樊笼。他们旗帜鲜明地把斗争矛头指向封建主义，反映了人们破除迷信、解放思想的要求。李大钊提出的"民与君不两立、自由与专制不并存，是故君主生则国民死、

---

① 舒焚：《试论"五四"精神》，《湖北大学学报》1990 年第 3 期。
② 萧超然、宋月红：《"五四"新文化与现代中国》，《东方》1999 年第 4—5 期。
③ 陈增辉：《李大钊对社会主义理论的探索》，《光明日报》1999 年 10 月 29 日。
④ 黄植：《五四·北大·传统》，收入《五四运动与二十世纪的中国》，社会科学文献出版社 2001 年版。

专制治则自由亡"的主张，反映出他对人民在历史上和民主政治方面作用的肯定。①

另有论者指出，李大钊分析中国传统的封建主义思想，认为"孔子学说所以能支配中国人心二千余年的缘故，不是他的学说本身有绝大的权威，永久不变的真理，配做中国人的'万世师表'"，"因他是适应中国二千余年来未曾变动的农业经济组织反映出来的产物"，"因为经济上有他的基础"。但论者也认为"五四"新文化运动不是全面反传统，李大钊曾说："余之掊击孔子，非掊击孔子本身，乃掊击孔子为历代君主所雕塑之偶像的权威也。非掊击孔子，乃掊击专制政治之灵魂也。"反对封建君主专制，反对以"三纲"为代表的封建道德，反对学术专制，这也是新文化运动反传统的根本意义所在，旨在为新思想、新学说的勃兴创造一个良好的社会政治环境和思想舆论氛围。②

另有论者在比较中西文明时指出，李大钊反对全盘西化论，认为中西两种文明在"互争雄长"与"冲突轧轹"中"抑有融合调和之日"。东西两种文明，"实为世界进步之两大机轴，正如车之两轮，鸟之两翼，缺一不可"。所以，两种文明应互相吸纳学习。"在东洋文明，应竭力打破其静的世界观，以容纳西洋之动的世界观；在西洋文明，宜斟酌抑止其物质的生活，以容纳东洋之精神的生活而已。"李大钊关于东西文明各有优缺点，应互相学习取长补短的观点是正确的。因而，论者认为陈独秀和李大钊在中西文化关系上，一个强调"冲突"，一个注意"调和"，在这一点上他们二人可以互补。③

（三）关于胡适

关于胡适在新文化运动中的是非功过，论者们褒贬不一。20 世纪 50 年代给他定下"文化买办"、"反动文人"等罪名，除了在白话文运动方面小有位置外，在其他领域几乎一无是处。党的十一届三中全会以后，胡适研究

---

① 郭圣福：《五四时期社会主义思潮的水平评估》，《华中师范大学学报》1999 年第 5 期。
② 萧超然、宋月红：《"五四"新文化与中国近现代政治发展》，收入《五四运动与二十世纪的中国》，科学出版社 2001 年版。
③ 吕明灼：《陈独秀与儒学》，收入《五四运动与二十世纪的中国》，社会科学文献出版社 2001 年版。

进入了新阶段，胡适在新文化运动中的作用得以重新评估。

1. 胡适在白话文运动中的作用

有论者指出，胡适在"五四"运动中赢得很大名声，与他倡导白话文运动有关，他作为"首举义旗的急先锋"，是当之无愧的。① 另有学者认为，中国文学从古典的、传统的、贵族的转变为现代的、平民的，这就决定了其理论批评的现实主义倾向，而这一倾向由"五四"后的现实主义创作大潮把胡适推拥上新文学宗师的座位。② 许多论者都认为胡适对白话文运动的贡献是多方面的，既有文学革命的成功，又有对科学教育的普及和推广。③

2. 胡适的哲学思想

有论者认为，胡适自觉地把进化论在方法论方面的应用，同中国古代的历史主义方法相结合，把墨家认识论和形式逻辑，与西方经验论和形式逻辑相结合，并在清代朴学方法和西方实证科学方法相结合的基础上，提出假设求证法，对中国哲学近代化起了积极的作用。④ 任继愈指出，胡适的《中国哲学史》（上卷），打破了封建学者不敢触及的禁区，即经学，敢于打破封建时代沿袭下来的不准议论古代圣贤的禁例，把孔丘和其他哲学家摆在了同样的地位，供人评论，这是一个大变革。⑤ 余英时认为，胡适突破了千百年来中国传统的历史和思想史的原有观念、标准、规范和通则，造就一次范式性的变革。⑥ 另有学者认为，胡适的实用主义是其借以开创新文化思想范式，进行文化启蒙的哲学基础，也是促使"五四"新文化运动具有革命意义的重要因素，因为实用主义作为资产阶级哲学思想毕竟带有科学与民主的性质，用以批判封建蒙昧主义不失为武器。因此，不能否定胡适传播实用主义的历史进步性。⑦ 胡曲园认为，胡适宣扬实验主义是当时中国社会发展的产物，适应了新兴民族资产阶级改良主义的需要。从世界范围看，这种哲学

---

① 耿云志：《胡适与五四时期的新文化运动》，《历史研究》1979 年第 5 期。

② 胡明：《胡适与中国文学的现代转型》，《学术月刊》1994 年第 4 期。

③ 吴二持：《胡适文化思想论析》第 39 页，东方出版社 1998 年版。

④ 陈卫平：《论严复和胡适的中西哲学结合》，《华东师范大学学报》1987 年第 3 期。

⑤ 任继愈：《学习中国哲学史的三十年》，《哲学研究》1979 年第 9 期。

⑥ 转引自韩凌轩：《五四时期历史人物研究的回顾与展望》，《文史哲》1991 年第 2 期。

⑦ 孙月才：《胡适实用主义与五四启蒙——兼评五十年代的"胡适思想批判"》，《学术月刊》1989 年第 5 期。

尽管本身包含着保守、反动的基本内容，但胡适把它拿过来，为我所用，并与"五四"时期中国新文化运动的条件相结合，在当时是发挥过进步作用的，其中包含着不少有价值的因素。①

3. 胡适的治学方法

胡适一生的学术活动始终注重治学方法。"大胆的假设、小心的求证"是其学术研究遵循的原则。对此，有论者认为"基本上正确"，有论者认为是"彻底的胡说八道"。②

偏于否定的论者认为，胡适的方法"表现出明显的唯心主义性质"，"基本上没有超出形式逻辑的范围"，"不能认为是可靠的科学方法"。③ 林毓生指出，胡先生认为科学的精髓是科学方法，而科学方法的精义是："大胆的假设，小心的求证。"在林毓生看来，前者偏重提倡怀疑精神，却未仔细研究科学假设的性质；后者涉及一点点粗浅的归纳法的解释与应用，但归纳法的应用并不像他所说的那么简单，归纳法在科学发展上，远非如胡先生想象的那么重要。胡先生提倡科学时的心态是科学主义式的。在中国传统宇宙观崩溃以后，胡先生似乎要建立一个自然主义的宗教——把科学当做新的宗教——以便内心有所缆系。④

偏于肯定的论者认为，如果抛弃实验主义主观唯心论的体系，把此方法的叙述加以改造，确有可取之处。⑤ 还有论者认为，胡适所说的"大胆的假设"和"小心的求证"，"假设"提出及其被实验所证实是统一的认识过程。用这个方法总结中国传统文化思想，是具有科学精神的。过去批判胡适，将其方法归结为呓语、胡猜、诡辩、彻头彻尾的主观唯心论，恐怕是曲解了胡适的治学精神。⑥

4. 问题与主义之争

问题与主义之争是中国现代史上三次大的论战之一。以往对这次论战的

---

① 胡曲园：《评胡适在五四前后的哲学思想》，《复旦学报》1979 年第 8 期。
② 转引自韩凌轩：《五四时期历史人物研究的回顾与展望》，《文史哲》1991 年第 2 期。
③ 转引自韩凌轩：《五四时期历史人物研究的回顾与展望》，《文史哲》1991 年第 2 期。
④ 林毓生：《平心静气论胡适》，收入《五四运动与二十世纪的中国》，社会科学文献出版社 2001 年版。
⑤ 胡曲园：《评胡适在五四前后的哲学思想》，《复旦学报》1979 年第 8 期。
⑥ 山之左：《胡适的治学方法》，收入《国际儒学研究》第 8 辑，国际文化出版公司 1999 年版。

评价，多以胡适反对马克思主义定论。

有论者认为，问题与主义之争，是马克思主义和反马克思主义在中国的第一次论战。论战的实质是中国需要马克思主义，还是实用主义？中国问题的解决是社会革命，还是社会改良？这次论战是以马克思主义的胜利和反马克思主义的失败告终。①

另有论者认为，胡适在中国传播实用主义，虽然借此反对和抵制了马克思主义，但却歪打正着，实际上却也向当时的中国输入了一种新的思想方法，从反面提出了马克思主义与中国具体实践相结合的问题。②

与上述观点不尽相同的论者指出，胡适立论的初衷并不是蓄意要反对科学的马克思主义学说，而是对当时舆论界所崇尚的以空谈为特点，以"包医百病"为招牌，以贴标签为能事的教条主义危险倾向进行批评。胡适强调研究实际问题，并非反对主义的宣传，把主义作为解决问题的工具，这一观点与李大钊相一致。据此，很难得出"少谈主义"是反马克思主义的定论。胡、李分歧的焦点在于，胡主改良、李主革命，争论的性质是正常的思想争鸣，而非敌对搏斗。虽立场不同，观点对立，但没有尖酸刻薄的造谣辱骂，也无两军对垒式的"激烈战斗"，双方在相互尊重的基础上和平、自由、对等地辩论。双方对问题和主义都很看重。③

（四）关于蔡元培

有论者认为，蔡元培是"五四"运动的精神领袖，他虽然不是"五四"运动的直接领导者，但他对"五四"运动所起的作用和影响，又非一般"五四"运动的领袖人物所能及。可以毫不夸大地说，没有蔡元培及其特殊的思想和措施，就没有新文化运动，即便有，也不会有那样的影响。同时，蔡元培本人也有类似陈独秀、胡适那样鲜明的新文化改革思想，并在新文化运动和陈、胡等人受到保守势力进攻时，尽了保护之责。他本人就是一个热烈的爱国主义者，他的思想情操对"五四"学生运动产生了巨

---

① 彭明著：《五四运动史》第 495 页，人民出版社 1998 年版。
② 刘芳：《对"问题与主义"论战意义的再认识》，《天府新论》1996 年第 2 期。
③ 张明军、陈少晖：《关于"问题与主义"之争的历史思考》，《许昌师范学院学报》1995 年第 1 期。

大的直接影响。①

1. 教育救国

蔡元培的教育救国主张，在学术界得到了充分肯定。有论者指出，蔡元培为改造国民旧道德，提出一整套教育方案，即军国民教育、实利教育、公民道德教育、世界观教育以及美育。蔡元培认为，中国传统的教育方针目的在于养成科名仕宦之才，不适应当今社会，因为"忠君与共和政体不合，尊孔与信教自由相违"，忠君与尊孔已经成为过时的东西，必须加以抛弃。在蔡元培看来，教育是救国的根本途径，教育不能急功近利，也不能以教育谋求短期的物质享受，教育是"百年树人"的大业。蔡元培主张通过军国民教育、实利教育"强兵富国"，他说："我国输入欧化，六十年来，始而造兵，继而练军，继而变法，最后乃知教育之要。"蔡元培提出"教育救国"，他说："在弟观察，吾人切实从事教育着手，未尝不可使吾国转危为安"，平民教育的事业，"实在是救济中国的一种要着"。他是希望通过军国民教育、实利教育和道德教育造成现实幸福，从而为世界观教育和美育创造"化人我泯营求"的条件，达到与现实世界相吻合的精神状态。蔡元培的一系列教育主张，为根除国民道德中的劣质作出了重大贡献。②

蔡元培对北大的教育改革实践，学者们给予了高度评价。蔡尚思认为，北京大学的改革，代表资产阶级对高等教育的要求，资产阶级民主自由思想在反对封建思想中起了进步作用，北京大学的革新，对当时激进民主主义者的宣传革命思想也是有利的。所以，北京大学成为当时新思想的摇篮，成为"五四"运动的策源地。③周策纵认为，蔡元培从1917年在北京大学开始推动的各种改革，其在"五四"运动中发挥的重要性，不下于陈独秀创办《新青年》。④

2. 兼容并包

蔡元培关于"思想自由，兼容并包"的办学方针，得到人们的普遍认

---

① 参见唐宝林：《陈独秀与五四运动》，张晓唯：《"五四"：两代人的合作——蔡元培、胡适综议》，二文均收入《五四运动与二十世纪的中国》，社会科学文献出版社2001年版；韩凌轩：《五四时期历史人物研究回顾与展望》，《文史哲》1991年第2期。
② 陈国庆：《五四时期伦理思想评论》，收入《五四运动与二十世纪的中国》，社会科学文献出版社2001年版。
③ 转引自韩凌轩：《五四时期历史人物研究的回顾与展望》，《文史哲》1991年第2期。
④ 转引自韩凌轩：《五四时期历史人物研究的回顾与展望》，《文史哲》1991年第2期。

同。有论者说，"兼容并包"作为一种办学思想和办学方针的提出，既有鲜明的针对性，是为打破封建文化思想的桎梏，又有明确的目的性，即为新文化思想的传播开拓道路。这种方针是以扶持新派人物、促进新思想传播、适应革新需要为基本出发点的。这种方针"就文化思想方面而言，是包含容纳古今中外的文化学术思想"。这种方针促进了北大的教育改革，而且促进了新文化运动的发展，"在一定程度上反映了发展文化教育的客观规律"，适应了发展文化教育的客观要求，有利于人才培养、学术进步和新思想的传播。这个方针不仅在当时起了很好的作用，即使在今天也仍未失去它的价值。①

另有论者认为，蔡元培对其所要包容的思想和内容是有选择的，绝非对新旧文化采取不偏不倚的态度，在旧思想占据社会各个领域的时候，他要兼容的是新思想，保护新文化和新思想的传播。蔡元培之所以对各类学者都具有吸引力和感召力，主要在于他的"和而不同"精神。他的"和"是以儒家的忠恕仁爱和西方民主主义为内涵，故能"爱人如己"，在近代知识分子中独具魅力。他的"不同"，表现为宽容中的自我个性，故每遇大事则刚直立见。② 另有论者认为，因为蔡元培的"思想自由，兼容并包"的遗训犹在，北大的学术民主自由学说才得以一脉犹存。③

3. 伦理思想

周谷城认为："伦理学，蔡元培先生是开山祖，过去也有人讲过，但没有他讲得这样完备。他的《中国伦理学史》，由商务印书馆出版，现在还在印。""蔡先生的书，与德国、美国的体系大体相似。但他把中国精神贯彻了，有中国特色，如至善快乐论。因此，他讲伦理学，是第一人，开创者。"④

另有论者认为，蔡元培先生的学术专长是在伦理学方面。他撰写的《中国伦理学史》和《中学修身教科书》，不但对儒家的折中主义思想多表

---

① 转引自韩凌轩：《五四时期历史人物研究的回顾与展望》，《文史哲》1991 年第 2 期。
② 蔡建国：《五四运动与蔡元培的"兼容并包"思想》，收入《五四运动与二十世纪的中国》，社会科学文献出版社 2001 年版。
③ 刘东：《北京大学与"五四"传统》，收入《知识分子立场》，时代文艺出版社 2000 年版。
④ 转引自韩凌轩：《五四时期历史人物研究的回顾与展望》，《文史哲》1991 年第 2 期。

赞同，其至于对根据儒家伦理制度制定的传统家族制度评价也很高。蔡元培对儒家的中庸之道极为欣赏，并将三民主义融会其中。在《中华民族与中庸之道》一文中，他以为孙中山的三民主义合乎儒家的中庸之道。"三民主义虽多有新义，为往昔儒者所未见到，但也是以中庸之道为标准。"论者认为，在新文化阵营中，蔡元培对儒家的态度，相对来说是比较亲近的。①

对于蔡元培在"五四"新文化运动中的作用，有论者认为，陈独秀的说法是有代表性的。陈独秀说："五四运动——无论是功是罪，都不应该专归到哪几个人；可蔡元培、适之和我，乃是当时在思想言论上负主要责任的人。"②

五、 中国港台、 海外学者对 "五四" 精神的研究

"五四"运动是一次伟大的爱国运动，也是一次伟大的思想解放运动。关于"五四"精神的研究，不仅引起中国大陆学者的广泛兴趣，也受到中国港台地区和国外学者的注意。他们从不同角度、不同立场、不同层面和不同方法出发，研究"五四"新文化运动和"五四"精神，取得了令人瞩目的成果。其中，尤以中国台湾、美国、日本最为显著。

吴效马在其"五四"运动史研究中对海外研究成果作了概述。他指出，近20年来，国外有关"五四"运动论著大量被引进出版，其中影响较大的有：〔美〕周策纵著《五四运动：现代中国的思想革命》（江苏人民出版社1996年版），〔美〕林毓生著《中国意识的危机——五四时期激烈的反传统主义》（贵州人民出版社1988年版），〔美〕微拉·施瓦支著《中国的启蒙运动》，〔美〕纪文勋著《现代中国的思想冲突》，〔日〕近藤邦康著《救亡与传统》（以上论著均列于山西人民出版社1989年版《五四与现代中国丛

---

① 欧阳哲生：《在传统与现代性之间——以"五四"新文化运动与儒学关系为中心》，唐宝林：《陈独秀与五四运动》，二文均收入《五四运动与二十世纪的中国》，社会科学文献出版社2001年版。
② 欧阳哲生：《在传统与现代性之间——以"五四"新文化运动与儒学关系为中心》，唐宝林：《陈独秀与五四运动》，二文均收入《五四运动与二十世纪的中国》，社会科学文献出版社2001年版。

书》），［美］郭颖颐著《中国现代思想中的唯科学主义》（江苏人民出版社1995 年版）。这些国外论著的翻译出版，拓宽了中国大陆"五四"运动史研究的学术视野。① 此外，还有许多论文见诸报刊。这里，我们从以下几个方面就中国港台和海外的"五四"研究情况作简要的介绍。

（一）"五四"与西方文艺复兴

"五四"新文化运动是一个什么样的运动，它是否是中国的"文艺复兴运动"或"启蒙运动"，对此，徐胜萍在《海外与港台学者五四运动史研究综述》中有较为细致的梳理。② 他认为，从"五四"时代起，国内就有人把新文化运动比喻为中国的"文艺复兴运动"。如《新潮》杂志，它的英文译名即是"The Renaissance"（"文艺复兴"）。这个提法以胡适为代表，在海外有一定影响。然而，现在这种将"五四"新文化运动比喻为文艺复兴运动的观点受到许多论者的反驳。

余英时在《"五四"文化精神的检讨与反省》一文中探讨了"五四"新文化运动与西方文艺复兴运动的不同。他指出，"五四"新文化运动和西方 14 世纪至 16 世纪的文艺复兴运动虽然都同为文化运动，但两者的根本精神是不同的。

其一，西方文艺复兴运动是一个人文主义的运动。它上承古希腊时代的文学与艺术的自由活泼的精神而来，是在西方文化发展的内在要求上产生的运动。"五四"运动不是在人文主义精神的支配下展开的，而是一种极端个人主义的运动，更是一种彻底反传统文化的运动。最重要的是，"五四"新文化运动并非出于中国文化自身发展的迫切需要，而是对于近代西方文化冲击的强烈回应。

其二，西方文艺复兴运动是一个自然成长的文化运动，在它发生之前已有某种程度上的政治、经济、社会的局部转变，并且文艺复兴整整经历了两三个世纪之久；而"五四"运动最初是爆发在政治问题上的，而且表现为政治运动的方式。

---

① 吴效马：《近 20 年来中国大陆"五四"运动史研究概述》，收入《五四运动与二十世纪的中国》，社会科学文献出版社 2001 年版。
② 徐胜萍：《海外与港台学者五四运动史研究综述》，《东北师范大学学报》1994 年第 2期。

其三，两者的结果极大不同，"文艺复兴成就了近四五百年辉煌的西方近代文明，而'五四'精神的发展竟使中国人民陷入了共产极权主义的统治之下"。① 对于余先生的上述看法，笔者实在不敢苟同。事实上，大陆学者大都持批评态度。

周策纵在《五四运动：现代中国的思想革命》一书中对两者的不同作了阐述。他认为："欧洲文艺复兴在某种意义上是对古代文明兴趣的复活，是寻求以古希腊和古罗马的思想取代中世纪的思想。对这些古代文明的研究，是整个文艺复兴革命性的一个方面。而五四运动完全不是一个复辟运动。恰恰相反，它的目的是在一个古老的国家中植入一种现代文明，并伴随着对旧文明的严厉批判。如果承认这一点，那么它与五四运动是一场文艺复兴运动的结论是相矛盾的。"论者认为，五四运动确实更接近于启蒙运动，而不是文艺复兴。但五四运动与欧洲的启蒙运动仍然有一些基本的不同。例如在启蒙运动中，封建贵族被新兴的中产阶级所推翻，而在中国，中产阶级没有独立地起到这样一种作用，相反，它是各种新兴社会势力联合起来反对日益衰落的旧党派的联盟。②

学者们普遍接受把"五四"新文化运动看做是中国"启蒙运动"，如中国台湾的张玉法，美国的微拉·施瓦茨等等。持相反意见的论者认为，把"五四"新文化运动等同于欧洲的启蒙运动并非完全正确。虽然两者在追求个人自由的精神上很类似，但它们实际上仍存在着不同。林一新在《五四运动的历史意义》一文中分析了"五四"新文化运动与西方启蒙运动的差异，他指出："法国的启蒙运动等等都发生在他们统一国家的基础上的，而我们则是发生在国家的分裂基础之上"，"他们的自由运动尚得若干的成功，而我们的自由运动则失败的成分居多"。林先生的认识显然是很不客观的。周策纵在《五四运动史》一书中也指出："启蒙运动是新兴的中产阶级推翻封建制度的贵族，而中国是各种社会力量结合对抗颓落的旧势力，并无此类

① 徐胜萍：《海外与港台学者五四运动史研究综述》，《东北师范大学学报》1994 年第 2 期。
② 周策纵著，周子平等译：《五四运动：现代中国的思想革命》第 467 页，江苏人民出版社 1996 年版。

的中产阶级。"①

(二)"五四"全盘西化与"反传统"

关于"五四"新文化运动中提出的"全盘西化"和"反传统"问题，中国港台与海外学者大体表达了如下看法：

第一，关于所谓的"全盘西化"问题，中国港台与海外学者大都认为，"五四"时期的知识分子在对待西方文化问题上，采取了"全盘西化"的态度。认为全盘反传统主义必然主张全盘西化。林毓生以陈独秀主张欧化为根据说："从陈独秀的观点来看，西方现代文化同样可以被认为是一个完整的统一体，一个能够移入中国的统一体。"胡适的"改革主义是在中国推行全盘西化的一种手段，而不是目的"。"陈独秀和胡适所主张的全盘性反传统主义，很容易导致把全盘西化作为目标，虽然他们对全盘西化的概念及其实现的方法有所不同。"② 成中英在《"五四"精神与中国之现代化》一文中指出："'五四'接受西方的方法，是一种全部肯定的方法和态度"，是"在没有一定的理性原则理解的情况下，对西方文化有一种不予挑选而一切拿来的情绪"。③ 余英时在《"五四"文化精神的检讨与反省》一文中指出："'五四运动'在中西文化接触的问题上提供了一个新的答案：全盘西化——因为那时的中国人已了解到政治制度依然是不根本的，要改造中国只有全盘接受西方文化。"这种观点，在海外与中国港台学术界中是一种占主导地位的观点。④ 张玉法对上述观点提出了异议。他认为："五四时期中国知识分子的文化思想，虽然倾向于西方，实质上亦不能说倾向西方，而是当时世界新思潮的主流在西方，中国知识分子们以开阔的胸襟来撷取并引介作为主流文化的西方思想而已"。⑤

---

① 周策纵著，周子平等译：《五四运动：现代中国的思想革命》第 467 页，江苏人民出版社 1996 年版。

② 林毓生著：《中国意识危机》第 246—256 页、第 247 页、第 6 页，贵州人民出版社 1986 年版。

③ 徐胜萍：《海外与港台学者五四运动史研究综述》，《东北师范大学学报》1994 年第 2 期。

④ 徐胜萍：《海外与港台学者五四运动史研究综述》，《东北师范大学学报》1994 年第 2 期。

⑤ 徐胜萍：《海外与港台学者五四运动史研究综述》，《东北师范大学学报》1994 年第 2 期。

第二，关于"五四""反传统"的问题，中国港台与海外学者大致有两种观点。

一种观点认为，"五四"运动实际上并不是反传统，更不是全盘性反传统，认为"把五四看成一个反传统时代，可能是历史的误解"。余英时指出，反传统有两种形态：彻底而全面的反传统和有限度的反传统。而"五四"时代的反传统"确是有保留有限度的"，"五四实际上并不是反传统，更不是全盘性反传统，而是反儒学传统，也就是反正统"。张玉法也认为，"五四"时期只是反对儒学传统，"除了儒家以外的诸子百家，常受到相当的重视"，"五四并没有把中国文化打倒，反而借此找出中国文化的优点"，"反倒把儒学正统以外的中国传统文化保存下来了"。①

另一种观点认为，"五四"是极端的反传统主义的，是全盘反传统的，他们采取的是"将婴儿与浴汤一起倒出去"的做法。成中英指出："'五四'的矛头直指旧制度、旧社会、旧文化，而并非仅是反儒家的目标"。在"五四"时代，"任何影响到现代化的传统形式，都会遭到反对"。②

林毓生对"五四"时期的反传统问题作了深入系统的分析，他的代表作《中国意识危机》旨在检讨构成"五四"的激烈反传统的思想渊源极其复杂表现，提出正是中国传统中的一元的唯智论（Intellectualistic）在辛亥革命后社会政治现实的压力下演变成一种唯智的整体观思想模式，致使"五四"知识分子全盘否定传统，从而陷入了以传统反传统的境地。林毓生提出，普遍王权的崩溃，使得中国高度整合的文化脱臼，传统文化中已没有一部分不可能被怀疑或攻击。这为"五四"时代全盘反传统思想提供了结构上的可能。林毓生还说，"五四"激烈的反传统是"全盘性"的或"总体论"的，"就我们所了解的社会和文化变迁而言，这种反崇拜偶像要求彻底摧毁过去一切的思想，在许多方面都是一种空前的历史现象"。在林毓生看来，中国知识分子是"如此地受传统的影响，以至于他们变成全盘反传统

---

① 徐胜萍：《海外与港台学者五四运动史研究综述》，《东北师范大学学报》1994 年第 2 期。
② 徐胜萍：《海外与港台学者五四运动史研究综述》，《东北师范大学学报》1994 年第 2 期。

主义者"。①

(三)"五四"新文化运动的意义及局限

海外学者对"五四"新文化运动的意义给予了充分的肯定。周策纵从四个方面概括了"五四"在思想文化方面的历史意义：一是中国知识分子首次意识到有必要彻底改革中国传统文明。认识到除了学习西方科学技术以外，中国还应在法律和政治制度方面学习西方。要彻底推翻陈腐的旧传统，代之以全新的文化。二是"五四"标志着中国知识分子对人权和民族独立观念的迅速觉醒。尽管"实现个人的解放，增强民族和社会平等意识"在几十年后也远没有完成，但是，在那个时期，"中国知识分子在这些方面的日益觉醒和活动，无疑被历史学家们看做是一个有世界意义的事件"。"我们有理由断言，不了解这个运动的源流，就不能充分理解现代中国的本质、精神和脾性"。三是在这种社会变革的过程中，一般民众，特别是青年知识分子中所产生的思想改变是最显著的。传统的伦理原则和教条被卓有成效地粉碎了，偶像和权威在运动的冲击面前战战兢兢。尽管后来守旧派和保守派尽力维护，但旧传统的声誉已是江河日下，再也无法恢复。对新事物的热情取代了对旧事物的崇拜。从没有一个时期，人们像这个时期青年人那样对新知识如此渴望。四是"五四"运动对中国政治进程所产生的影响，它为采用新的政治原则和政党组织创造了有利条件。自此以后，政党和人民群众，特别是青年知识分子之间建立了更密切的联系，同时在它们的纲领和政策中也更多地强调社会问题。中国作为一个民族国家的意识得到增强。社会主义、民主、民族、自由和独立思想在知识分子阶层中赢得了声誉，而军阀主义、帝国主义和殖民政策成了受攻击的政治目标，遭到公众更有效的抵抗。"五四"运动的倾向几乎决定了以后几十年中国的思想、社会和政治的发展。② 中国台湾的周玉山指出："五四"运动在政治上对"国民革命军的北伐和三民主义的推展，立下了启迪人心的前功，对'中华一统'做了铺路

---

① 徐胜萍：《海外与港台学者五四运动史研究综述》，《东北师范大学学报》1994 年第 2 期。

② 周策纵著、周子平等译：《五四运动：现代中国的思想革命》第 12—498 页，江苏人民出版社 1996 年版。

的工作"，"对'民国万年'的宪政，也起了促进作用"。①

关于"五四"运动的局限性，周策纵指出：一是改革者们对中国旧传统进行批判时，很少有人对之做过公平的或怀有同情心的考察。他们认为几千年的社会停滞不前，给进步和改革之途留下无数障碍，为了消除这些障碍，对于整个传统过火的攻击和对其价值的低估是难免的。这使得儒家学说和民族遗产中的许多精华遭到忽视或避而不提。从长远的观点看，改革者们的批判在一些方面是肤浅的、缺乏分辨和过于简单化的。二是"五四"时期新知识分子对于从外国输入的新思想又过于轻信。他们大谈空泛的"主义"，而对其内容却没有作认真细致的考察。对西方思想要么全盘否定，要么大力提倡。三是这个时期的中国改革者过于自信地认为，凡是他们以为正确的和好的东西都可以在一个短时期内在中国实现。他们在处理许多困难和复杂的问题时表现出的特点是缺乏耐心和持久性。一个涉及国家众多方面状况的如此广大的文化和社会变革，需要长期和耐心的工作。企图在几年时间里取得西方国家经过几百年的努力而仍没有完全实现的事情当然是一种幻想。②

余英时认为，"五四"运动的错误"不在反传统，而在于它未能建立起接受西方文化的正确态度，即是有'破'而无'立'"。唐君毅也认为，新文化运动的根本错误，是对中国传统文化"只是消极地指出其不好的方面"，而"对中国文化之优良的方面和西方文化的缺点并未加以重新估价"。成中英则指出："'五四'运动极力地抛弃旧思想，热烈地吸收新思想，其强度在历史上是罕见的。但'五四'更多的是一种情绪和声势，而不是一种持续的生活形态，也未传播为普遍性的风潮而凝聚成一个生活形态与心灵思想形态"，"'五四'是开启蒙之端，而未收启蒙之效"。③ 这些见解反映了他们对"五四"运动的思考和认识。

通过上述回顾，我们深深地感到"五四"文化精神在人们内心深处激

---

① 徐胜萍：《海外与港台学者五四运动史研究综述》，《东北师范大学学报》1994 年第 2 期。
② 周策纵著、周子平等译：《五四运动：现代中国的思想革命》第 498—499 页，江苏人民出版社 1996 年版。
③ 徐胜萍：《海外与港台学者五四运动史研究综述》，《东北师范大学学报》1994 年第 2 期。

起的层层涟漪。人们以复杂的心情回顾和反思过去，以深切的企盼展望描绘未来。今天的人们探讨这一问题，主要已不再是停留在政治文化层面，学术界的工作重心移向理性的、伦理的、学术的层面，使"五四"文化精神更富有现代意义。它所蕴涵的文化价值以及它的恒在意义在时代之镜的折射下将会焕发出新的光彩。

"五四"的基本主题是救亡、启蒙，采取的手段是反传统，追求的精神是民主与科学，"五四"先驱用他们的理性认识和实践精神去追逐自己的梦想。80年后的今天，救亡——已有了同"五四"时期和50年前完全不同的情况，"恢复国权"是人民共和国早已完成的任务，但是，启蒙的任务并未完成。启蒙是一种对待传统的永恒的批判态度。在这个意义上，启蒙精神是长存的。今天，西方文化正在融入我们自己的传统，那么启蒙的任务也应包括对西方文化的批判。要把启蒙思想转化为现实，还必须依靠一系列的中介和环节。这些都有待于我们不懈的努力。启蒙的呼求，当是我们不懈的追求。

反传统——在新的历史条件下，传统不可能是自明的贬义词，通过儒学与资本主义挂钩，它暗示我们，儒学不再是阻碍现代化的历史负担，而是实现现代化的动力。我们的文化研究应该以一种动态的眼光去观察不同的历史文化，不仅着眼于某种文化观念是怎样形成的，更应着眼于它是怎样发展的，未来又有着怎样的发展趋势和变化方向。引导这些可能的发展变化，寻求符合中国国情，又顺应世界科学文化发展潮流的中国文化现代化道路。这既是"五四"知识分子孜孜以求的探索，也是当代思想文化理论工作者以天下为己任的崇高历史使命和应该肩负的责任。

民主与科学乃"五四"人高举的两面大旗，同时也是"五四"人未竟的事业。"五四"之后，无数后来人仍以生生不息的执著精神，在追寻民主、科学的道路上奋力跋涉。我们有理由相信，通过学者们的不断探索和全国人民的共同努力，不久的将来，民主与科学一定会在中国这块古老而常新的土地上大放异彩，"五四"先驱未竟之业一定会在后继者手中完成。

六、 新世纪 "五四" 精神的文化反思

进入新世纪以来，许多学者开始运用多学科交叉的方法来研究 "五四" 运动，立足于不同的学术取向就 "五四" 精神、"五四" 传统的内涵和实质提出了各具启示意义的诸多新见。学者们对于 "五四" 精神的评价经历了由感怀性到学理性的认知过程，研究范式也经历了由政治史范式到政治史与文化史相结合范式、革命研究范式、思想史研究范式以及反思评价范式等的转变。①

从学术成果看，主要文集论著有郝斌、欧阳哲生主编的《五四运动与二十世纪的中国——北京大学纪念 "五四" 运动 80 周年国际学术研讨会论文集》（社会科学文献出版社 2001 年版），中共中央宣传部理论局编选的《纪念 "五四" 运动 80 周年文集》（学习出版社 1999 年版），《回顾·反思·展望——河南省纪念五四运动 80 周年学术研讨会论文集》（华文出版社 1999 年版），王泉根主编的《多维视野中的吴宓》（重庆出版社 2001 年版），沙健孙、龚书铎主编的《五四运动与 20 世纪中国的历史道路》（人民出版社 2001 年版），王章维等人合著的《"五四" 与中国现代化》（北京师范大学出版社 1999 年版），高力克的《五四的思想世界》（学林出版社 2003 年版），王跃的《变迁中的心态：五四时期社会心理变迁》（湖南教育出版社 2000 年版），欧阳军喜的《五四新文化运动与儒学》（陕西人民出版社 2001 年版），张艳国的《破与立的文化激流——五四时期孔子及其学说的历史命运》（花城出版社 2003 年版），彭鹏的《研究系与五四时期新文化运动——以 1920 年前后为中心》（中山大学出版社 2003 年版），朱耀垠的《科学与人生观论战及其回声》（上海科学技术文献出版社 1999 年版），黄玉顺的《超越知识与价值的紧张——"科学与玄学论战" 的哲学问题》（四川大学出版社 2000 年版），张光芒的《决绝与新生：五四学现代化转型新论》（中

---

① 参见吴效马：《近五年来国内五四运动史研究述略》，《教学与研究》2004 年第 5 期；陈阳：《近十年国内五四运动若干问题研究综述》，《湖北财经高等专科学校学报》2008 年第 1 期；韩璐：《近年来国内五四运动研究述评》，《北京党史》2007 年第 3 期；郭若平：《"五四" 评价取向的历史转换》，《中共福建省委党校学报》2007 年第 10 期。

国文联出版社 1999 年版),许祖华的《五四文学思想论》(华中师范大学出版社 2002 年版),俞兆平的《现代性与五四文学思潮》(厦门大学出版社 2002 年版),岳凯华的《五四激进主义的缘起与中国新文学的发生》(岳麓书社,2006 年版),任建树的《陈独秀大传》(上海人民出版社 1999 年版),朱文华的《再造文明的奠基石——五四新文化运动三大思想家散论》(上海教育出版 2000 年版),周质平的《胡适与中国现代思潮》(南京大学出版社 2002 年版),朱正的《鲁迅论集》(浙江人民出版 2001 年版),吴汉全的《李大钊与中国现代学术》(河北教育出版社 2002 年版),徐雁平的《胡适与"整理国故"考论——以中国文学史研究为中心》(安徽教育出版社 2003 年版),孙郁的《鲁迅与胡适——影响 20 世纪中国文化的两位智者》(辽宁人民出版社 2000 年版)等。《五四运动亲历记》(中国文史出版社 1999 年版),《李大钊全集》(河北教育出版社 1999 年版),《胡适全集》(安徽教育出版社 2003 年版)等的出版,标志着"五四"史料的编辑整理与出版工作近几年也取得了新的成绩。进入新世纪以来,发表的有关"五四"的学术论文多达数千篇,有力地推动了新世纪"五四"研究的深化、拓展与创新。

(一) 救亡与启蒙

20 世纪 80 年代的文化反思,论者们以探讨救亡与启蒙的相互关系为重点,将倡导新启蒙看成解决现实问题的关键。90 年代中后期,学者们用更为广阔的视角去分析、看待启蒙的历史价值和现实意义,从更高层次上去分析启蒙的局限性。到了 21 世纪,学者已不再为启蒙与救亡谁压倒谁的问题争论不休,而是以现代的眼光审视世界文明,以革新的姿态追求国强民富的现代化之路,用各自独特的视角去关注启蒙。①

1. 启蒙深入说

在"救亡推动启蒙深入"论者那里,"启救亡之蒙"被视为启蒙运动的本质内容。衡量启蒙成效的价值标准,也在于其对中国革命——"救亡"

---

① 参见陈亚杰:《评关于救亡与启蒙的五种论说》,《理论学刊》2005 年第 5 期;韩璐:《近年来国内五四运动研究述评》,《北京党史》2007 年第 3 期;郭若平:《"五四"思想资源与当代中国先进文化建设》,《北京党史》2007 年第 6 期。

的促进作用。从有用性上来衡量，马克思主义与以前的种种理论学说比起来，更符合中国国情和中国革命，而从自由主义、个人主义的种种理论转向马克思主义和社会主义，则标志着启蒙的深入。"救亡压倒启蒙"说和"启蒙深入"说并无区别。在紧迫的政治斗争形势下，"原来主张个性解放的思想启蒙确实没有进行下去。在这个意义上，说救亡压倒启蒙也未尝不可"。引起争论的地方在于李泽厚的判断标准："压倒"一词的褒贬倾向性。①

用理性、发展的眼光解析"五四"启蒙的学者越来越多，他们或从解析传统的角度，或从理性分析的层面，将"五四"启蒙分析与人的自主意识的觉醒和理性的自觉结合起来理解认识启蒙。冯俊锋认为，"五四"文化启蒙运动无疑是近代中国民主运动的一个里程碑，其最大的成果之一就是以否定和批判中国千百年来膜拜的儒家文化来构建自身文化运动的主题和基调，这种文化启蒙成为 20 世纪初中国知识分子自觉自愿的选择。"五四"启蒙思想家们从文化层次上来探讨中国的出路，当然较之过去是一大进步。但他们并未认识到经济根源是中国现代化的根本动力，小农经济是最大障碍。②

有学者认为，"五四"新文化运动时期的启蒙思想家深受日本、欧洲启蒙思想的影响。西方现代文化的输入，给了中国人一极有说服力的参照系统。近代中国人对传统文化的体认，对走向现代化的探索，都特别注重中西文化的比较和对传统文化的反省，到"五四"新文化运动时期达到了前所未有的高度，已经深入到了近代化的深层即人的心理层面。另外，儒家一元论和唯智论的思维模式对中国近代启蒙思想家的思维方式有着决定性的影响。③

2. 启蒙转向说

启蒙转向说最典型的表达来自于李慎之讨论"新启蒙运动"时所提出的观点："不是救亡推动启蒙，只是启蒙本身转向。"李慎之认为"五四"

---

① 陈亚杰：《评关于救亡与启蒙的五种论说》，《理论学刊》2005 年第 5 期。

② 参见冯俊锋：《启蒙的式微与传统精神的归隐——对五四文化启蒙运动的再评价》，《西南师范大学学报》2006 年第 2 期。

③ 雷颐：《重温"五四"精神：捍卫启蒙》，《南方论坛·粤海风》2001 年第 3 期；郑永军：《论新文化运动时期国民性改造思潮形成的历史动因》，《许昌师专学报》2002 年第 6 期。

以后启蒙转向成了"新启蒙运动","为什么说转向？因为七八十年前的中国学术界和今天的中国学术界总是把启蒙认为是与西方的启蒙大同小异的提倡人权、自由、平等、法治、理性的启蒙运动，而新启蒙运动都偏偏以马列主义作为真理来宣传，这就是新启蒙之'新'……它与1840年以来中国实际上的民族要求不一样，而且也与21世纪中华民族要求的重新启蒙不一样。"李慎之对"五四"启蒙运动主要精神的理解与李泽厚的界定没有太大的区别。李泽厚没有分析"五四"启蒙思想本身的复杂性，李慎之也没有克服这一缺点。在"启蒙转向"说中，真正较为彻底地分析了启蒙思想本身的复杂性的是高力克和汪晖。高力克从辨析中西启蒙内涵差异的角度分析了李泽厚"救亡压倒启蒙"说的不足之处。中国启蒙运动源于寻求国家富强的民族主义目标，因而启蒙始终与民族主义结伴而行。高力克认为，中西启蒙在社会基础、文化传统、历史时代和追求目标等方面都存在很大的差别，这些差别导致了中西启蒙思想内容的不同。中国启蒙思潮自始即隐伏了反启蒙和现代性分裂的思想因子。"'五四'新文化运动包含着启蒙与反启蒙、后启蒙的思想冲突。这种现代性的分裂，也是中国的启蒙和自由主义姗姗来迟又匆匆而去的重要原因。"启蒙思潮中的内在矛盾一定程度上导致了"启蒙"向"革命"的转向。汪晖认为，"五四"启蒙运动存在着"意识危机"，体现在个人主义与民族主义、人的发现与人的分裂、个人的自由与阶级的解放。这种内在的矛盾性，决定了"五四"启蒙转向是内在于启蒙思想运动的。高力克和汪晖的启蒙转向说，分析了"五四"启蒙思潮的复杂内容，从启蒙本身寻找其失败的原因。他们在为启蒙失败而惋惜这一立场上与李泽厚一致。因此，可以说是对李泽厚观点不足之处的补充。①

3. 两种救亡说

持两种救亡说的代表是段培君与李杨。段培君从"文化选择"的角度提出了两种意义的民族救亡概念，他认为，"救亡压倒启蒙"说和"救亡唤起或促进启蒙"说的共同问题在于都没有对两种意义的民族救亡作出区分。就"救亡压倒启蒙"说而言，不能说是近代意义的民族救亡压倒了启蒙。近现代意义的民族救亡包含了以启蒙的方式进行救亡，它与启蒙是共生通性、相互促进的关系，说它挤压了启蒙是不准确的。如果要说挤压的话，只

---

① 陈亚杰：《评关于救亡与启蒙的五种论说》，《理论学刊》2005年第5期。

可能是古代意义的民族救亡挤压了启蒙。并非所有的民族救亡都有促进启蒙的作用。李杨认为，"救亡"是现代化的要求，是一种"现代性"。"救亡压倒启蒙"论的主要误区在于把救亡和启蒙作为"传统"和"现代"两极的代表，对二者作了简单化处理。20 世纪中国历史中出现的"救亡"与"革命"，不是"启蒙"的对立面，而是"启蒙"这一现代性生长的一个不可替代的环节；它不但没有"中断"中国的现代进程，反而是一种以"反现代"的方式表达的现代性。段培君认为近现代意义上的救亡本质上是进步的，要求以新的文化来代替原有的文化，启蒙是救亡的内在要求；李杨则是为"救亡"、为中国的马克思主义和社会主义实践寻找历史合理性。李泽厚的"压倒"说是面向未来，并没有要求为历史翻案，也没有承认个人主义和自由主义。问题在于，救亡成功之后该干什么？还需不需要个人的尊严、价值、人道主义？不管持"两种救亡"论者对救亡作何种分析，这都是今天不能回避的问题。①

4. 启蒙中断说

"五四"精英大都受近代西方进步的思想沁润，又都接受过较为系统的传统文化的教育。在他们意识的深处，传统文化心理是根深蒂固的。对传统文化保持着批判理性，又与传统文化有割不断的血缘关系，"五四"精神传播受到致命影响在所难免，出现"五四"精神的中断也在情理之中。

持启蒙中断说的学者认为，"五四"时期，觉醒最早的是青年知识分子，先进思想的传播与接受大体上在知识分子圈内展开进行，影响面是有限的，他们既没有建立起深刻牢固的社会主义和共产主义的价值体系，又没有接受以科学与民主为核心的"五四"精神系统，支配他们思想和行为的就只能是传统的价值体系。新中国成立以后，存在着这样一种把资产阶级创造的属于人类共享的科学民主等文化思想遗产排斥在外，批判资本主义思想不批判封建主义思想的片面倾向，"文革"是典型的例子，"五四"精神在这种情况下必然中断。经过"十年动乱"后，人们开始重新认识"五四"精神，"启蒙"的优良传统得以续接，"五四"精神终于历经坎坷，回到了应有的地位。②

① 陈亚杰：《评关于救亡与启蒙的五种论说》，《理论学刊》2005 年第 5 期。
② 何锡章：《论"五四"精神的中断及其成因》，《海南师范学院学报》2000 年第 3 期。

与此种观点近似的是启蒙残缺说。张光芒认为，"五四"是启蒙运动，但其启蒙是残缺的启蒙，其现代性是残缺的现代性。启蒙是为了发现人性中不可"改造"的幽暗意识，"法治"是为了保证人性中的鄙陋部分不致沉渣泛起。法治的限制与修补为进一步启蒙提供了偶然的保障。口号般的启蒙会走向偏执，无法完成启蒙的使命。西方启蒙与中国启蒙的差异在于，西方的启蒙使得社会走向了法治的完善，而中国的启蒙不断沦落为道德的、伦理的情结，以致我们只有在"比慢"中熬着长夜。①

21 世纪，启蒙的任务并未完成，启蒙命题中我们还要思考什么？还应回答什么？原始命题中还有哪些问题值得我们重视？还有什么启蒙的前景值得我们期待？应当说，启蒙精神是永存的，启蒙的道路是曲折漫长的。启蒙对传统批判继承的态度，是我们总结分析"五四"与反传统的思想基础。

（二）"五四"与反传统

"五四"运动对传统文化的有力冲击和对新文化的积极引入造成了中国文化发展的重要变革。新文化成为社会文化的主流，旧文化在人们心目中的地位逐渐下降。在变革中扮演了重要角色的新知识分子不仅在"五四"时期获得了前所未有的话语权力，而且利用他们掌握新文化、新学术的优势，培养造就了一代又一代新人。"五四"时代的批判意识在知识分子心目中都留下了深刻的印象。关于"五四"反传统问题，主要是从孔教儒学及文化革命等方面去考察，对是否全盘否定传统文化，学者们秉笔直书、各抒己见。

1. "五四"是否全盘反传统

近十多年来，对"五四"是否割断传统文化的争论从未间断过，有的学者认为1949 年后"左"的错误、"文化大革命"等与全盘反传统不无关系，但据此把"五四"新文化运动说成是全盘否定传统文化、造成传统文化"断裂"也是不客观的。儒家是百家中的一家，不是中国传统文化的全盘。以"三纲"为核心的伦理道德也不是儒家学说的全盘，儒家文化原本

---

① 参见张光芒：《百年"五四"是"文艺复兴"还是"启蒙运动"？——关于五四新文化运动性质的对话》，《社会科学论坛》2003 年第 5 期。

就有非主流的"异端"成分存在。不能将"五四"和"文革"相提并论，中国文化断裂不应该由"五四"批孔负责。"五四"精英们都有深厚国学修养，他们在中国传统文化优秀精华的基础上，吸收外来文化的精髓，以便达到复兴、革新中国文化的目标。传统文化不是从"五四"运动开始断裂，而是从1949年以后才慢慢开始断裂。一个古老的文明，如果没有革新，不可能进入现代化，特别是全球化时代，不吸收外来的文化是不可能的，但吸收什么是自己的事情，"五四"精神应该是扬弃传统的糟粕，吸收外来的精华。①

有学者认为，作为思想启蒙的"五四"新文化运动，批判的是中国传统文化中为封建统治者服务且有碍于社会发展的成分，批判的矛头直指以封建统治者意识形态出现的儒家学说。这种批判是在民族危亡时进行的，它不是纯学理意义上的一般学术批判，而是以文化为切入点，以实现民众启蒙、民族独立和国家解放为目的的社会运动。这种批判不可避免地带有强烈的偏激色彩和以偏概全的倾向，这恰恰是"天下兴亡，匹夫有责"的政治责任感和自觉担当意识在"五四"知识分子身上的体现。"五四"知识分子对传统文化"全盘否定"的姿态是在特殊国情下做出的。不采取矫枉过正的方式对传统文化进行抨击，不足以让民众深刻认识到封建制度及被意识形态化了的儒教的危害。要激发民众的民主意识和科学精神、打击当时的封建势力，冲击儒家学说越猛烈，取得的效果越是显著。"五四"知识分子愤恨"吃人的封建礼教制度"使一切纯学理意义上的学术研究黯然失色。他们做出的偏激姿态是迫不得已而为之，绝非认为传统文化毫无可取之处。事实上，当时知识分子不但没有全盘反传统，而且使不少被尘封或淹没了的传统重现光芒。②

"五四"在吸纳世界优秀文化成果的同时，对传统文化第一次做了批判性的全面整理，使人们可以站在理性的高度重新审视传统文化的价值，从而开辟了中国现代文化发展的新路径。郭若平认为"五四"历来被看成以反

---

① 参见欧阳军喜：《五四运动研究历程回顾与检视座谈会综述》，《历史研究》1999年第3期；严家炎：《五四全盘反传统问题之考辨》，《文艺研究》2007年第3期；资中筠：《五四颠覆中国传统还是传统孕育五四?》，凤凰网专稿，2008年5月4日。
② 沈永刚：《论五四新文化运动对中国传统文化的批判和传承》，《中共济南市委党校 济南市行政学院 济南市社会主义学院学报》2002年第2期。

传统著称，其实这种认知是很笼统的。"五四"对待传统文化确实有形式主义的偏向，在中西文化关系上，也存在以西方文化来否定传统文化的做法，但以此就认定"五四"是在整体上全盘否定传统文化，则是不符合历史真实的。"五四"固然反传统，这里的传统并非整体性的文化，而是指不符合现代社会生活的那部分传统，这在当年代表新思想趋向的李大钊、陈独秀等人的文章中都有体现。正因为如此，"五四"时期才有可能出现以科学的精神和民主的态度研究和整理传统学术，使中国学术评价范式从传统向现代过渡。尽管"五四"及其之后对传统文化始终存在着一种偏激的批评倾向，但中华民族的传统文化中只要蕴涵优秀价值，它就构成了民族精神的基础，并且成为民族文化发展的内在源泉。任何没有传统文化作背景的文化创新都是不可想象的。①

2. "五四"反传统的意义

尽管学者们对"五四"反传统褒贬不一，但对"五四"反传统的价值、意义和影响的分析与评价还是相当冷静和客观的。

学者们认为，否定和批判儒家文化，是 20 世纪初中国知识分子自觉自愿的选择，对儒家文化的批判，健康合理的剖析与荒诞蛮横的斥骂交叉同流，使儒家文化从中心退到了边缘。这在一定程度上深化了中国人民特别是中国知识分子从文化到心态上对民主的体认。批判儒学的目的在于抨击历代君主所雕塑之偶像的权威，抨击专制政治之灵魂。同时也不排斥吸收和挖掘传统文化中非儒学派的有益成分。反传统在本质上是意识形态的革新，蕴涵着对传统文化的重新整合。正是在这种理性的批判中，"五四"先贤们找到了中西结合创造新文化的途径，全方位地推动了中国的现代化。② 应当说，学者们对"五四"反传统的认识比 20 世纪八九十年代更为客观了。

3. "五四"反传统的历史局限

这些年来，颇多论著有一种倾向，就是要重新评估"五四"新文化运动，有的责难新文化运动应该对世纪中国的文化激进主义负责；有的认为"全盘反传统"，造成中国文化的"断裂"，妨碍了"传统的创造性转

---

① 郭若平：《"五四"思想资源与当代中国先进文化建设》，《北京党史》2007 年第 6 期。
② 冯俊锋：《启蒙的式微与传统精神的归隐——对五四文化启蒙运动的再评价》，《西南师范大学学报》2006 年第 2 期；张静芳：《五四精神的现代解读》，《辽宁大学学报》2001 年第 2 期。

换"，带来了中国意识的危机；有的认为文化的激进主义直接带来了政治的激进主义，是造成中国近代政治混乱的思想根源，说法各异，见仁见智。

有学者认为，用现代的观点、科学的方法重新整理研究中国古代文化，这就证明"五四"思想家是要革新传统文化，而不是要抛弃传统文化，不是全盘否定中国的传统文化。可以说，从"五四"起，中国思想的主潮才进入现代。①

有学者认为，"五四"时期对儒家思想进行了有力的批判，但不足以实现启蒙的任务。儒家思想并不是中国传统文化的全部，对中国人的实际行动产生影响的许多更深层的观念都超出了儒家礼教的范围，启蒙思想家在批判儒家思想时忽视了这一点。完成启蒙的任务关键不在于选择一种新思想取代儒家思想，而在于如何将这种新思想变成真正能支配人的行动的准则。他们所要解决的问题是先建立起理性的对话秩序，人们才能建立起指导自己行为的思想。遗憾的是他们没有解决这个问题。在与"风车"的决斗中耗尽了才华与生命，至死不知城堡在何处。他们踩着地雷，顶着火力冲锋陷阵，只为拔掉发霉的旗帜。论者认为，这是宿命，也是悲剧。"五四"没有对传统进行创造性转化，全面的反传统是"五四"文化启蒙运动的一大遗憾。②

有论者认为，"五四"激进反传统主义的发生并非完全不可避免。这段历史给今人的一个教训是，在传统与现代不可避免的冲突中，社会和文化的转型需要把握住现代的根本精神。如果回避个人权利的根本问题，简单化地保守传统，无视传统的复杂性，最后反而会导致对传统的激进反叛，放弃从传统中寻找与现代精神一致的因子。"五四"时期激进反传统主义的发生很不利于传统和现代之间的顺利转型，种下的黑白绝对两分的简单思维深刻地影响了 20 世纪中国现代化的进程。从传统走向现代，应尽可能地保存传统中的精华，不全盘抛弃传统。在传统与现代协调、承接上应当汲取对传统扬弃不够最终导致"五四"激进反传统主义产生的教训。在论者看来，认识

① 参见严家炎：《五四全盘反传统问题之考辨》，《文艺研究》2007 年第 3 期。
② 参见李勇：《"五四"新文化运动中反礼教思想的现代性解读》，《湖南文理学院学报》
  2005 年第 6 期；冯俊锋：《启蒙的式微与传统精神的归隐——对五四文化启蒙运动的
  再评价》，《西南师范大学学报》2006 年第 3 期。

文化的多元性，有助于我们真正把握现代化的核心和精髓，找到传统与现代的"创造性转化"的道路。放弃形式主义的思维，才能走出传统与现代非此即彼二元对立的误区。①

有论者认为，《新青年》对孔教的批判，从彻底反孔教，到部分肯定孔教，到宗教替代说的历程，"五四"反传统存在着忽视天人关系、忽视道德情感的倾向，这使得"五四"反传统彻底地破坏了旧信仰，摧毁了旧文明，但是并没有能建立一种新文明新信仰，只能算是失败的尝试。②

诚如有的学者所论，"五四"反传统是中国近现代文化重要内容之一，关系到中国文化与外来文化、中国传统文化与现代化、中国传统文化与马列主义、中华文化心理结构等重大问题。"五四"是否是"全盘反传统"，"五四"是否造成传统文化的断裂，"五四"与传统文化的关系如何？孰是孰非，不一而足。③ 但不可否认的是"五四"反传统的目的主要是反对专制主义，在不同的声音中，我们希望还是多一点客观公允的分析，多一些宽松包容的态度，少一些尖酸刻薄的指责，充分体现百花齐放、百家争鸣的学术风气，这也是对"五四"留给我们的科学与民主精神的弘扬。

（三）科学与民主

"五四"的仁人志士从文化入手，提出了实现中国现代化离不开科学和民主，实现中国现代化需要国民主体意识觉醒。追寻"五四"精神，不仅要强调"五四"的革命精神，还要从更广的层面研究"五四"的科学民主精神，从而推动中国的现代化进程。科学与民主对于中国的意义，无论在政治、思想、文化抑或社会等领域，都有着极其重大而深远的影响。"五四"新文化运动将民主与科学作为近代新文化的核心观念或基本价值加以追求和崇尚，极大地促进了人们的思想解放，推动了思想文化的变革。民主与科学从此也逐渐深入人心，并开始成为一种社会意识、价值观念，追求民主、崇

---

① 唐海华：《"五四"时期激进主义反传统的诞生——传统与现代关系的再思考》，《新视野》2006 年第 2 期。

② 张映伟：《非天道何以人伦——从〈新青年〉对孔教的批判考察五四运动》，《人文杂志》2007 年第 6 期。

③ 参见章开沅：《同情与理解：解读五四评孔思潮的文化纽结——序张艳国新著〈破与立的文化激流〉》，《江汉论坛》2003 年第 5 期。

尚科学始终贯穿于社会的各个方面。学者们对科学与民主的认识和理解比20 世纪八九十代更为深刻，视觉更为宽阔。①

1. 民主科学的内涵

"五四"时代所张扬的民主、科学的内涵，至今仍是学者关注的焦点。对此，以往宏观研究多，微观研究少，正面论述多，反面批评少，因而造成研究中的不平衡状态。而且一些宏观的研究论著，都在自觉地认同主流的意识形态，这种认同导致研究中科学成分减少，政治化增多。这也使得今天这一看似古老的命题的研究中有许多新鲜话语令人耳目一新，也是我们在经历了多年不断反思后，忽然有折返到起点的原因所在。人们对民主科学的认识和理解还远未达到"五四"学人的预期。尽管"五四"当年以现代化的核心精神"科学"与"民主"作为重建中国文化的目标，其意义超越了在此之前所有文化改革的努力。但作为一种新的文化精神，"科学"与"民主"第一次被引入中国文化之中，但是，未将这一理念诉诸改造中国文化的全过程中，中国文化并未彻底完成从传统向现代的转变。当代中国追求"科学"与"民主"与推进现代化进程是相一致的。②

易水寒认为，由于东西方的文化背景不同，决定了东西方科学与民主的内涵也有很大的差异。德、赛两先生在中西不同的文化环境中不同的运作方式以及现代科学和民主的萌生、自由主义价值观念的形成以及宪政的建构，对中国传统文化产生巨大的冲击，以先进的西方文化取代愚昧落后专制的中国传统文化，中国才能避免亡国的命运。"五四"人认定这两位先生可以救治中国政治上、道德上、学术上、思想上一切的黑暗。令人遗憾的是，西方文化转型过程中所强调的自由、宪政基础之上的有限政府和保障人的基本权利，在中国社会文化的转型过程中阙如。虽然科学和民主分别开启了西方和中国的现代化和社会文化转型的过程，但由于科学和民主在西方和中国产生的背景不同，应对的问题迥异，它们各自的内涵也有很大的差异。引进到中

---

① 参见欧阳军喜：《五四运动研究历程回顾与检视座谈会综述》，《历史研究》1999 年第 3 期；陈敏荣：《对五四精神的重新审视》，《理论月刊》2002 年第 5 期；郑大华：《五四新文化运动与近代中国人对民主与科学的追求》，《光明日报》2006 年 9 月 18 日；陈阳：《近十年国内五四运动若干问题研究综述》，《湖北财经高等专科学校学报》2008 年第 1 期。

② 郭若平：《"五四"思想资源与当代中国先进文化建设》，《北京党史》2007 年第 6 期；欧阳军喜：《五四运动研究历程回顾与检视座谈会综述》，《历史研究》1999 年第 3 期。

国的"科学"和"民主"的面目和秉性已发生变化,作者对德、赛两先生在中西不同的经历和命运的梳理,使我们从更为深广的层面去理解民主与科学的内涵与历史使命。在当今全球化的时代,我们无法拒绝将西方文化作为我们思考和解决问题的背景和参照,也无法回避多年来对自由和人权的忽略。对民主和科学内涵的认识和理解仍需诉诸实践,这也是论者的初衷和目的之所在。①

顾肃认为,政治文明中民主诉求的内容,已经超出了当年"五四"新文化运动健将们所预期和向往的民主政治的景观,但其精神实质却是一脉相承的,这就是以民众参与的众人之治代替少数人垄断政治权力的僵化统治。凡是朝向民主政治的积极努力都能得到人民群众的欢迎,而民主与法治的改善也离不开民众的参与。对民主的追求不应停留在简单口号上,而是实实在在地让人民当家做主,从制度上保证公共权力不落入少数特权人物之手。科学理性精神是"五四"精神遗产的又一重要内容。新文化运动的健将们怀着社会功利主义的目的,急于救治中国的贫病软弱的可怜状况,坚决地诉诸科学技术和科学精神,要求把现代自然科学和社会科学的知识、理论、技巧和方法迅速地移植到中国政治界、知识界和一切文化领域,普及社会生活的一切方面,用科学理性来改变国人的思维方式和思考习惯。② 还有一些学者将"五四"的主航道、主流表述为民主与科学,认为"五四"提倡个性解放、人格独立、人权平等、破除迷信、思想自由,而要搞现代化,就要有独立自主的人格,没有个性的解放,就没有民主主义,也没有社会主义。"五四"的贡献就在于肯定了民主与科学的价值,民主与科学是任何民族、任何国家近代化的必由之路。③

2. 民主与科学的评价

(1) 肯定说

持这种说法的论者认为,"五四"是一场由理性主导而非感情用事的运

---

① 易水寒:《科学、民主与民族精神重构——五四运动再思考》,《福建论坛·人文社会科学版》2007 年第 8 期。
② 顾肃:《民主主义、科学理性与自由精神——纪念五四运动八十五周年》,《民主与科学》2004 年第 2 期。
③ 参见陈阳:《近十年国内五四运动若干问题研究综述》,《湖北财经高等专科学校学报》2008 年第 1 期;欧阳军喜:《五四运动研究历程回顾与检视座谈会综述》,《历史研究》1999 年第 3 期。

动。当时提倡民主、提倡科学、提倡新道德、提倡新文学，介绍近代西方人道主义、个性主义思潮，主张人权、平等、自由，这些都是服从于民族发展的需要而作出的理性选择。如果没有人的觉醒，没有认识到个人的价值、人的个性对社会进步的重要性，是不可能产生"五四"这场以人的思想解放为核心的启蒙运动的。直到今天，我们依然享受着"五四"新文化运动的成果。①

还有学者认为，陈独秀等对科学的认识比前人大大地前进了一步，他们所提倡的科学不限于自然科学，还包括社会科学，认为科学不仅能大大提高生产力，而且能解决宇宙人生问题，具有开发民智、反对宗教迷信、反对专制和解放思想的作用。自由是民主的基础，自由是人不可剥夺的权利，人类的历史就是争自由的历史，每个人应自觉尊重个人独立自由之人格，不为他人之附属品。倘就科学带来的物质实效论科学，"五四"主流知识分子们往往更看重寓于科学及物质实效中的人的自由精神，倘就科学精神论科学，科学精神同自由精神相同。"五四"运动时期的新文化底蕴可概括为：以自由为体，民族科学为用，只是对以个人为单位、以自由为终极价值取向的文化价值系统所作的极粗略的梳理，实际上自由之体所显现出的用并不仅仅是民主和科学。②

我们需要用科学与民主的态度来对待"五四"，"五四"运动是中国走向现代化的全面启动，"五四"新文化运动的主题就在于呼吁中国人的现代化，通过人的思想革新，来实现中国的社会改造。"五四"时期所倡导的民主与科学，并不因为时代不同而削弱其巨大的历史意义，恰恰相反，经济的发展必然带来对民主与科学的日益强烈的要求，"民主、科学、爱国都是围绕着人的觉醒和解放提出来的"，如果没有人的觉醒，没有认识到个人的价值、人的个性对社会进步的重要性，是不可能产生"五四"这场以人的思想解放为核心的启蒙运动的。③

---

① 参见严家炎：《五四全盘反传统问题之考辨》，《文艺研究》2007 年第 3 期；陈阳：《近十年国内五四运动若干问题研究综述》，《湖北财经高等专科学校学报》2008 年第 1 期。
② 董冰：《简论五四精神》，《牡丹江师范学院学报》2003 年第 5 期。
③ 参见陈阳：《近十年国内五四运动若干问题研究综述》，《湖北财经高等专科学校学报》2008 年第 1 期。

（2）不足说

有学者认为，"五四"学者没有为科学、民主和新道德建立起稳固的人学本体论的基础，由此便导致近代人道主义原则和普遍人权原则难以在中国确立，而没有近代式的人学本体论的基础，科学、民主和新道德在中国就成了无源之水、无本之木。不能说"五四"学者没有人道主义和人权的观念，对"吃人的礼教"的批判（鲁迅语），对"科学与人权并重"的提倡，对"以人道主义改造人类精神"的诉求，打倒旧道德，提倡新道德，批判奴隶根性，批判旧礼教，倡导个性解放，发挥了思想解放的作用，值得肯定。但对独立人格和个性解放的呼唤，远没有上升到"人是目的"的人学本体论和道德形而上学的高度来论说，急于建立尽善尽美的社会的理想主义和激进主义的诉求，使"五四"精英的思想还是把人当做历史的"绝对精神"的工具。这是"五四"所主张的新道德后来被"工具"论、"手段"论所取代的理论根源。[1]

还有论者认为，当"民主"与"科学"成为"五四"新文化运动的旗帜时，摒弃传统就成为整个 20 世纪初期先进知识分子的表征，文化启蒙的思潮也得到了内在的规定，这在一定程度上深化了中国人民特别是中国知识分子从文化到心态上对民主的体认。在文化运动的激进氛围里，所有对儒家文化的批判声音都高扬起来，健康合理的剖析与荒诞蛮横的斥骂交叉同流，使占据着两千多年统治地位的儒家文化从中心退到边缘。[2]

欧阳哲生认为，学术界对"五四"所倡导的民主与科学，从学理的层面研究不多。"五四"运动已过去 80 年了，民主与科学的口号喊了 80 年，但民主究竟是什么东西？究竟应该怎样操作？科学的含义是什么？这些问题都不甚明了，都缺乏严格的界定。对此，文化界、学术界都有责任。他认为，"五四"时期倡导新文化的人，着重从科学精神、科学方法去理解阐述科学，重要目的之一在于反对封建主义、迷信、盲从，从而建立科学的人生观和世界观。他们说的科学和理性是相通的或相合的，有时甚至是同

---

[1] 许苏民：《论"现代性"的哲学基础——兼论"五四"精神何以走向反面》，《郑州大学学报》2004 年第 4 期。

[2] 参见冯俊锋：《启蒙的式微与传统精神的归隐——对五四文化启蒙运动的再评价》，《西南师范大学学报》2006 年第 2 期。

一的。①

上述论点充分体现了学者们对"五四"提倡的民主与科学的认识与理解打破了20世纪的传统套路，从不同的视觉和层面进行的分析使这一研究深入了许多。

3. 民主与科学的追寻

新文化先锋们深思、寻找拯救中国的良方，认为民主政治的根本在于个人的人格独立，这是中国国民性所缺失的，改造国民性离不开民主与科学。民主与科学在中国的遭际并不顺利。今天的中国社会依然面临着"现代化转型"。这种转型给社会带来了巨大的进步，也很容易产生巨大的"空洞"，为腐败提供机会和土壤。只有对权力进行监督、制衡的民主政治，才能有效遏制腐败。在这种社会巨变中，也只有高举"民主"与"科学"这"两位先生"，才能顺利实现社会的转型，别无他途。②

新文化运动的领袖们对民主和科学都有巨大贡献。"五四"新文化运动对科学的贡献体现在叫人树立一种科学的思想方法以及科学地观察问题、处理问题的态度。陈独秀、胡适等人提倡叫人们学会以科学的态度去观察问题、分析问题，一切从实际出发，在调查研究实际问题的基础上，以学理作参考，运用经验和智慧解决问题。呼吁为科学的发展创造良好的人文环境，营造一种爱真理甚于爱面包的人文精神。新文化运动对近代科学事业的发展起了巨大的推动作用。"五四"新文化运动的另一个成就是营造了传播新思想、新理论的大好机遇。③

"五四"新文化运动使民主与科学的观念逐渐深入人心，开始成为一种社会意识或价值观念。"五四"运动前后，出现过对唯科学主义思潮的批判，并因此而引发过1923年的"科学与人生观论战"，但对科学本身则没有人予以非难。就是批判唯科学主义的人也再三声明，他们并不反对科学。就"五四"新文化运动后的情况来看，不民主或反民主、不科学或反科学的现象不仅存在，而且还十分严重，如政治上的专制独裁，思想上的封建迷

① 章开沅：《同情与理解：解读五四评孔思潮的文化纽结——序张艳国新著〈破与立的文化激流〉》，《江汉论坛》2003年第5期。
② 雷颐：《重温"五四"精神：捍卫启蒙》，《南方论坛·粤海风》2001年第3期。
③ 荆世群：《近年来"五四"新文化运动研究概说》，《山西高等学校社会科学学报》2003年第8期。

信，学术上的政治干预等。也正因为严重存在着不民主或反民主、不科学或反科学的现象，才会有民主与科学运动和思潮在"五四"新文化运动后的不断高涨，我们也才用"逐渐"和"开始"这样的限制词来描绘民主与科学在"五四"新文化运动后"深入人心"和"成为一种社会意识或价值观念"的状况。①

高扬"民主"与"科学"，是新文化先锋们对近代中国屡陷困境深入反思后得出的洞见，确是诊治中国的对症之药石。辛亥革命虽然推翻了帝制，但并没有带来人们期望中的民主政治，反而是一片混乱，甚至发生了帝制复辟的丑剧。这一切，不能不使他们深思、寻找"政治"之后更根本、更深刻的原因，认为民主政治的根本在于个人的人格独立，而这是中国"国民性"所没有的，所以根本之途在于"改造国民性"。②

对科学民主的追求是一个长期的历史任务，"五四"乃至后来无数仁人志士为此付出了不懈的努力，让我们无法忘怀的还是那些为中国民主与科学建设开先河、做贡献的"五四"精英。

（四）"五四"人物

实事求是地、科学公正地评价历史人物，是马克思主义学术思想中应有之义。但在相当长的一个时期里，尤其是在"左"的思想占统治地位的时候，学术界评价历史人物时，常常出现诸如拔高、吹捧、歪曲、丑化等等不实事求是的情况。改革开放以来，这种情况大为改观，学者们按照实事求是的原则，对所谓"资产阶级"文化代表人物（如陈独秀、蔡元培、胡适等）进行了重新评价，将许多"问题人物"恢复了历史的本来面目。近现代人物离现实太近，比较敏感，禁忌较多，但可喜的是，近 10 年来在"五四"人物研究方面有了长足的进步，取得了重要的成绩，对过去一系列所谓"禁区"问题重新考量，还历史人物以本来面目。③

资中筠认为，陈独秀、李大钊、胡适、蔡元培等人使中国人开始认识自

---

① 郑大华：《五四新文化运动与近代中国人对民主与科学的追求》，《光明日报》2006 年 9 月 18 日。

② 雷颐：《重温"五四"精神：捍卫启蒙》，《南方论坛·粤海风》2001 年第 3 期。

③ 参见欧阳哲生著：《新文化的传统——五四人物与思想研究·序》，广东人民出版社 2004 年版。

己，认识国外，他们继承了中国传统文化中最优秀的部分，在这个高度上，他们才有资格批判旧文化，才有资格来吸收西方文化的精华。① 王作峰认为，蔡元培、陈独秀和胡适三位"五四"新文化运动的领导人，分别代表欧、日、美三个归国的留学生群体。从东西洋各国回来的留学生都参加了新文化运动，新思潮也来自东西洋不同的国度，留学德国的哲学家则介绍康德、黑格尔等一流的德国思想家，留学英国的则介绍洛克、休谟、柏克立，美国留学生则介绍詹姆士和杜威等人。无政府主义导源于一批留法学生，而马克思主义在中国的早期传播则是留日学生的贡献。②

1. 关于陈独秀

陈独秀，原来说是托派、汉奸、右倾投降主义分子，似成铁案。如今，汉奸的帽子摘掉了，托派问题也得到合理的说明，"右倾投降主义错误"先改为"右倾机会主义错误"，再改正为"右倾错误"③。李乔认为，这一错误的形成，共产国际要负责任。毛选中关于陈独秀的注释得到了修改，毛泽东说陈独秀是"五四"运动时期总司令，创党有功，将来修党史要写他，这些都已得到了落实。陈独秀晚年对斯大林模式的反思，亦受到了研究者的重视。

王希凡曾说，陈独秀这个人，不管有怎样的弱点，但他毕竟是一只雄狮，人家可以打败他，甚至可以杀死他，但你休想叫他乖乖做替罪的羔羊。他不是个软骨头的政客，他撞个头破血流还要独立思考探求真理，终于陷入被多方夹击的绝境，一生东奔西跑，反满清，反封建，反帝国主义……八次被通缉，四次坐牢，1937年最后被释放时已是一身疾病、心上有"无数伤痕"的老人。陈独秀曾宣布，我们不能轻率地宣布资产阶级已到末日，而且资本主义是中国经济发展的必要过程，要来的东西，让它快点来。把现实和陈独秀的预言相对照，竟如此惊人的准确。悲剧谢幕后，蔡元培先生的称赞又激荡在人心：近代学者人格之美，莫若陈独秀!④

---

① 资中筠：《五四颠覆传统还是传统孕育五四?》，凤凰网专稿，2008年5月4日。

② 王作峰：《五四新文化运动对当今文化创新的启示》，《中国特色社会主义研究》2003年第5期。

③ 李乔：《誉人不增其美，毁人不益其恶——关于实事求是地评价历史人物的思考》，《北京日报》2007年12月17日。

④ 转引自操风琴：《陈独秀旧居怅想》，《炎黄春秋》2008年第8期。

石钟扬认为，在近几年的研究中，陈独秀的文化文学成就得到充分肯定。陈氏对中外文化均有独到研究，不少论著至今闪烁着真理的光芒。他的文化品格，表现为学而不厌的文化追寻，诲人不倦的文化启蒙，这两者相辅相成，相得益彰，甚至互为因果。论者在其著作中有这样的描述：解读陈氏独树一帜的诗文、小说、戏剧、戏曲、书画，听他对这些艺术门类独出心裁的见解，感悟"永远的新青年"的灵魂与独特的启蒙智慧，品味那启蒙历程中的苦与痛。陈独秀作为"五四"新文化运动的总设计师，他所创造的文化革命之氛围与新文学尝试园地，有着不可磨灭的功勋。陈独秀的新文化观，既是新文化运动兴起的重要标志，又历史地构成了这一运动的理论成果。正是站在新文化运动的高度关照中外文化现象，阐述文化理论，陈独秀看问题格外犀利而透彻，下判断也格外明快而果决。他的《文学革命论》是"五四"文学革命的宣言书，具有现实的指导意义，是一份珍贵的思想资源，内涵极为深刻而丰富。陈独秀以其独特的文化启蒙，给青年一阵狂飙，给社会一个震撼，给文化一道闪电。他晚年又毅然回归"五四"，以大智大勇向专制文化与文化专制挑战，继续永恒的文化启蒙。这位永远的新青年捧着一颗燃烧的心，引领着无数的青年，战胜种种黑暗，奋进在追求科学与民主的道路上。①

陈阳在谈及"五四"人物研究时说，一些重要人物的研究在原来的基础上有了新的发展，以前不为人们所重视的非重要人物开始进入研究者的视野，形成了新的研究热点。陈独秀在"五四"新文化运动时期提倡的新道德，是以个人主义为道德原则的，其实现途径是易家族本位为个人本位，易禁欲主义为合理利己主义，根本目的就是要冲破封建主义樊篱，求得人的个性解放，拯救民族危亡。②

2. 关于李大钊

近10年来，对李大钊研究和其他"五四"精英一样，更加客观、公正。《李大钊文集》和《李大钊全集》的出版是李大钊研究里程碑式的重要成果。研究的领域不断拓展，研究深度也有重要突破。李大钊与中国社会现

① 石钟扬著：《文人陈独秀——启蒙的智慧》，山西人民出版社2005年版。
② 参见陈阳：《近十年国内五四运动若干问题研究综述》，《湖北财经高等专科学校学报》2008年第1期。

代化、李大钊与中国现代学术等进入学者视野，在更广阔的社会大背景下，运用社会学、心理学以及综合比较的研究方法将李大钊与同时代人物进行比较分析，更为全面地展示了他的思想和活动及其在中国历史上的地位与作用。

把增强、李书文较为全面地综述了近10年来李大钊研究的成果，从众多方面对这一历史人物做了完整的梳理，从四个方面归纳了李大钊的文化思想。

首先，李大钊在思想方面经历了儒家理想社会观到民主主义再到共产主义的转变。他对儒家理想社会观加以继承与创新，把"大同"思想发展为共产主义理想，把"仁爱"思想发展为社会主义道德，把"民本"思想发展为无产阶级民主，完成了从传统到现代的跨越。李大钊用马克思主义的唯物史观和阶级分析的方法系统地改造他曾崇尚的传统民本思想，预言了无产阶级民主的本质。李大钊在继承中华民族优秀文化传统的基础上吸收世界先进思想，在科学的理论指导下分析中国的民族心理、习俗及文化，进而分析中国的社会问题，认识中国的国情。

其次，李大钊受日本、英国、法国等外国学术思想的影响，注重政理的探讨，一生追求民主政治，同时通过吸收借鉴外国学术思想，奠定了其作为学问家的基础，成为中国马克思主义学派的开创者，对中国现代学术的发展产生了深刻影响，是"五四"时期中国学术界研究和接受外国学术思想的先驱。

再次，李大钊在哲学方面把"众意总积"、"自由的认可"等论题引入个体与群体之辩，在对英雄与人民群众在历史过程中的作用给予合理定位之后，又从人民群众、公共意志的形成论述了历史之域的主体间关系，其思路极富理论意蕴与实践价值。

最后，在科教兴国方面，李大钊把发展国民教育提高到"国本"、"国脉"的高度，从民主平均的理念出发，主张普及国民教育；重视"体、智、德"全面发展并据此规范了教育目标，主张改革旧的教育内容和方法以适应时代发展要求。他的教育理念对中国近代教育的发展产生了不可忽视的影响。①

① 参见把增强、李书文：《1999 年以来李大钊研究述评》，《高校社科动态》2006 年第 4 期。

王作峰认为，李大钊比较全面系统地介绍了马克思主义，使原来推崇资产阶级文化的先进分子逐步接受了马克思主义，转而研究和宣传马克思主义。中国第一代马克思主义者队伍的形成，把马克思主义与中国传统文化相结合，创造出了使中华民族焕发出强大凝聚力的新民主主义文化，成为中华民族勇往直前的巨大动力和支撑，李大钊功不可没。①

孔朝霞指出，李大钊对马克思主义基本原理的系统介绍与理解、对近代中国社会和革命问题的深刻认识，以及对理论和实践相结合原则的初步探索，虽然带有早期共产主义知识分子的局限性和不彻底性，但他走出了马克思主义中国化启程前宝贵的探索道路，对中国化马克思主义的形成作出了重要贡献。李大钊对马克思主义中国化的探索，是近代中国先进的知识分子为寻求救国救民的真理而艰苦探索的一个缩影。在不断深入认识和把握中国国情、揭示中国革命规律的基础上，逐渐理解、掌握和运用马克思主义基本原理，推进了马克思主义的理论创新，促成了马克思主义基本原理与半殖民地半封建的中国革命实际的最初结合，为马克思主义中国化的启程奠定了重要的理论和实践基础，初步孕育了中国化的马克思主义。②

近几年来李大钊研究所取得的成绩是明显的，但仍存在一些不可忽视的问题。低水平重复前人研究成果的现象很突出，在倡导严谨、求实的学风的同时，还要善于把握前人的研究成果，在此基础上勇于创新，努力把研究工作推向新阶段。没有理论眼光难创新意，没有细节真实也难有宏观的准确把握。在从宏观上把李大钊放到近现代社会的大背景当中，运用研究成果为现实社会服务，实现史学"经世致用"的目的等方面，还有待于专家学者们共同努力。③

3. 关于胡适

沈卫威结合最新发掘的史料与最新的研究进展，生动地再现了一代风云人物胡适的精彩人生。他认为，在学术方面，胡适作为一代启蒙思想家，为现代史的开端尽了他的历史责任、为开辟新的时代而奔走、呐喊、冲锋在

---

① 王作峰：《五四新文化运动对当今文化创新的启示》，《中国特色社会主义研究》2003年第5期。

② 孔朝霞：《李大钊与马克思主义中国化》，《大连海事大学学报》2008年第6期。

③ 参见把增强、李书文：《1999年以来李大钊研究述评》，《高校社科动态》2006年第4期。

前，同时也为民族历史文化的重构、复兴而在诸多领域开拓、奠基。胡适乘着欧风美雨归来，扮演了自由启蒙者的角色，加入了陈独秀的政治——文化再造工程，并与陈独秀联手，开辟了一个文化的新纪元。作为一代自由主义大师，他对现代中国的另一个突出贡献是开辟现代学术新范式，使现代学术参与了"五四"思想革命，成为思想文化革命的重要组成部分。这种现代文化重构，又促使胡适的文学革命、思想革命得以深入、持久。胡适对传统文化的批判性认识、解释和历史重构，开启了现代学术的先声，影响中国学术界40多年。在现实生活中，作为这个苦难、屈辱时代的知识分子，与激荡的百年风云共经历着忧患，他凭着自己的社会良知，以自己的言行，代表着广大民众的心声。他有自己独立的人格和社会责任感、使命感，虽无法超脱充满苦难、忧患的时代，表现出自身相应的依附性与软弱性，但救火补天派的胡适可以潇洒于自由主义的精神空间，他把尽公民义务、写自己满意的文章当成最大的快乐。胡适一生认真负责、诚实守信，与他人生经历相伴随的还有许多为人处世的格言，有的甚至是惊世骇俗的。[1]

胡适明确主张科学、积极、健康、乐观、进取的人生观，这是"五四""科学"、"民主"两大旗帜下的现实生活的正确趋向，也是世界现代化大潮中中国优秀知识分子面对"冲击"的积极"回应"。科学救中国，科学立人、教育人。从个性解放、妇女解放、女子教育、女子就业到中国人敏感的"贞操问题"，从易卜生主义到健全的个人主义，胡适冷静、客观地发表了自己特立独行的见解，为"五四"思想解放运动，提供了积极的推动。[2]

作为教育家、思想家，胡适对青年学子的人生忠告是：知识改变命运。从立志、读书到就业，以及做学问的方法，他都有独到的见解。如1918年他就提出了"实践是检验真理的唯一试金石"的著名论断和对待凡事要抱实验的态度，这比1978年思想解放时提出"实践是检验真理的唯一标准"早了60年。哲人的先知，跨越历史的鸿沟让我们叹为观止。[3]

欧阳哲生认为，胡适是中国自由主义思想的集大成者，"五四"时期，他就极力提倡个人主义精神。在思想方法方面，胡适是一个实验主义者。他

---

① 沈卫威著：《天地自由——胡适传》，安徽教育出版社2005年版。
② 沈卫威著：《胡适论人生》，安徽教育出版社2006年版。
③ 沈卫威著：《胡适论人生》，安徽教育出版社2006年版。

提倡怀疑，反对盲从。胡适运用自由主义这一思想武器，在 20 世纪 20 年代后期曾就人权问题与当政的国民党展开过公开论战。他力主通过民主的途径集中全国的国力和民族的智慧。他的自由主义政治哲学比较详尽，为了建设真正的民主政治，胡适指明自由主义的四重意义：自由、民主、容忍、和平渐进的改革。胡适的思想构成了中国自由主义发展中一个非常重要的承先启后的环节。他毕竟说出了前人包括同时代人许多没有说出的东西，或者不敢说的东西；胡适利用他在文化上的特殊地位和影响力，造就了一大批自由主义的追随者，并对他们的成长提供了重要条件。胡适以最迅捷的方式将美国的主流政治思想——自由主义传达到中国来。这些都足以奠定他在中国自由主义史上的宗师地位。①

　　王作峰认为，胡适将他从西方学来的怀疑精神、实验主义、改良主义、教育思想及科学的方法等思想文化用以沟通中国的传统文化。他用"美国文艺复兴"时期新诗运动重要人物的思想和风格，写出《文学改良刍议》，提出"八不主义"，给僵化的传统文风注入新的活力。他把欧洲文艺复兴运动时期的语言革新运动搬到中国，倡导白话文运动。他还用美国实验主义的方法整理国故，把新文化运动的新思潮称为"中国的文化复兴"。胡适提出"研究问题，输入学理，整理国故，再造文明"的主张，并以此作为新文化运动的总纲，将美国实验主义的方法论和中国传统考据学结合起来，用科学的精神，评判的态度，通俗易懂的大众语言，将中国传统文化进行整理，以开启民智。他倡导的科学方法启示了中国知识界，影响了一大批后起的学者走上了将传统文化与外来优秀文化相结合的道路，使中华文化重新焕发出了它的活力。在现阶段各种文化形态复杂纷纭，不同文化观念相互交织、相互影响的趋势下，如何建构中国特色社会主义强大文化，"五四"新文化运动无疑提供了某些启示。②

　　许苏民认为，"五四"新文化运动的三大代表人物中只有胡适之遭到了举国上下的愤怒批判，这一事实本身就是很值得人们深长思之的。在这三人中，作为北大文科学长的陈独秀，既不是研究高深学理的哲学家，也不是有

---

① 欧阳哲生：《胡适在现代中国》，美国耶鲁大学东亚系演讲稿，2006 年 3 月 18 日。
② 王作峰：《五四新文化运动对当今文化创新的启示》，《中国特色社会主义研究》2003
　　年第 5 期。

大学问的学者，而是一个崇仰"雅各宾主义"的政治活动家；鲁迅是一个"任其一往难收之意气"的文学家，虽不乏深刻的见解，但他也像多数国人一样，很容易接受来自德国的非理性主义思想和俄国思想；只有胡适之比较潜心于学问，对英美的经验主义哲学还算有研究，对科学、民主和新道德的哲学真谛有比较深刻的理解。①

胡适是中国现代自由主义的精神领袖，他的自由主义理念具有中国特色和中国性格，他推崇西方的自由主义，但他的价值意识、思维模式却源于儒家传统文化，他经世致用的实用理性、与生俱来的忧患意识、以天下为己任、知其不可而为之的入世进取精神，都足见这位充满自由主义理想和信念的书生，终生都将学术和思想作为自己立身之本。

4. 关于蔡元培

多少年来，由于种种原因，人们往往过分强调作为一个历史事件的"五四"运动的政治作用，往往忘记或忽视了从教育、文化、科学的角度对这场运动的学术思想渊源与历史真谛做更深入的探讨。在"五四"运动后不久，中国很快就进入激烈的革命阶段。革命救国、枪杆子救国受到特别的强调与尊重，教育、文化、实业等救国却遭到贬抑或批判，从事此业的人们，在拿枪杆子的革命胜利者面前，似也自惭形秽。② 对蔡元培在"五四"新文化运动中的角色，他当时的政治属性、他与学生运动的关系及其思想特色等，学术界的认识并不清晰，多有歧见，有重新探讨的必要。③

崔志海认为，蔡元培并不是一个职业革命家和职业政治家，在他身上，学者的气质远过于革命家和政治家的气质，在实现国家由传统向现代的转变过程中，他大多时候更倾向于以思想文化的革命来推动中国社会的变革，尤其是通过教育来实现他的救国目标。在追求国家独立和民主政治中，他赞成和平渐进方式的改良。对于国内的政治问题，他多以一位学者的身份发言，表现出明显的自由派知识分子的倾向。在学生运动问题上，蔡元培反对学生沉溺政治运动和支持"五四"运动，是其自由主义和爱国主义立场使然。

---

① 许苏民：《论"现代性"的哲学基础——兼论"五四"精神何以走向反面》，《郑州大学学报》2004 年第 4 期。
② 朱成甲：《北京大学与五四运动——兼论北大与教育救国、文化救国思潮的内在联系》，《北京大学学报》2000 年第 3 期。
③ 崔志海：《蔡元培在五四新文化运动中的角色再探讨》，《史学月刊》2006 年第 1 期。

在思想文化领域，蔡元培表现出不同于陈独秀、胡适等"五四"同人的文化主张，展现了其作为一位思想家的深刻之处和他在中国近代思想史上的独特地位。①

蔡元培是中国教育现代化的主要推动者，"五四"新文化运动的保护人。在近代中国，他是少有的几个受到国共两党，包括今天海峡两岸都推崇的人物。他的教育改革来自于他的自由主义教育哲学。蔡元培的两大事功：一是整顿北大，一是建立中研院，这两者为中国教育、科学的现代化奠定了基础。蔡元培提出"思想自由"、"兼容并包"、"教育独立"的办学方针，北大建立了一个超越于现实黑暗政治和复杂社会环境的新天地，一个相对纯净、独立的学术天地和思想摇篮。蔡元培也因此成为"兼容并蓄"、"百家争鸣"、"学术自由"的象征。蔡元培的学术修养、民主精神、教育方针、用人理念等给北大带来了深刻变化，在蔡元培的执掌下，出现了名流云集、学派林立、人才辈出、鸢飞鱼跃、蓬蓬勃勃、生机盎然的新景象。《新青年》编辑部迁到北大，陈独秀等创办《每周评论》，邓中夏等创办《民国》，傅斯年等创办《新潮》，使北大很快成为新文化运动的中心。②

蔡元培对中西文化持一种调和融通的态度，无论是对人的终极关怀，还是调和融通的中西文化观，都与新文化运动的主导者李大钊、胡适、陈独秀等人不尽一致。

蔡元培赞成推广白话文运动，在中国文化史上留下厚重一笔，对普及新文化和新思想起到了巨大的作用。他的教育思想泽被后世，是一位杰出的思想家、教育家，对北大的发展做出了伟大的贡献。他主张大学应当是独立自主的，应具有学术自由和思想自由，并需要相应的政治环境，蔡元培的倡导的思想自由、兼容并包成为北大办成世界一流大学的指导方针。③

陈阳认为应加强对"五四"运动中非主流人物的研究，对于已有相当成果的要加强和深化、没有研究到的要开拓和挖掘。不能只注重领袖人物等一类的研究，有重点的、有目的地加强对在某一方面或多方面有重要影响的

---

① 崔志海：《蔡元培在五四新文化运动中的角色再探讨》，《史学月刊》2006 年第 1 期。
② 参见李忠等：《继承北大"思想自由、兼容并包"的遗产》，《炎黄春秋》2008 年第 6 期；崔志海：《蔡元培在五四新文化运动中的角色再探讨》，《史学月刊》2006 年第 1 期。
③ 崔志海：《蔡元培在五四新文化运动中的角色再探讨》，《史学月刊》2006 年第 1 期。

二类，乃至三类人物的研究。实事求是，切忌囿于仅仅从政治角度研究问题，应该运用历史的、科学的方法研究问题，结合时代背景和现实条件，从政治、文化、社会等多方面通过分时期和分层次、横向和纵向等全面的、系统的分析；对于其境遇给予"同情的理解"，进而揭示人物的个性特征、文化性格并给予社会的定位。①

历史人物早已远离我们而去，我们之所以仍在花费笔墨谈论他们，其真正意义是为了今天和明天。我们对于历史人物的任何看法，对于历史人物本身已经没有意义，但对于我们自身却具有重大意义。我们对于历史人物的态度，并不能改变历史人物本身，却能改变我们自己。正确地评价和对待历史人物，是我们国家和民族的责任。

（五）中国港台、海外学者对"五四"精神的研究

朱志敏先生在综述80余年来国内"五四"运动研究时谈到，这一时期中国大陆、港台与国外学者开展了较为广泛的学术交往。国外及中国港台研究"五四"运动及相关专题的著名学者周策纵、林毓生、金耀基、唐德刚等都曾来大陆参加学术讨论会或学术交流。这一时期海外研究"五四"运动的重要著作，如周策纵的《五四运动：现代中国的思想革命》、林毓生的《中国意识的危机——五四时期的激烈反传统主义》、汪荣祖的《五四研究论文集》、史华兹等著《五四：文化的阐释与评价》（以选编史华兹主持的《五四运动的反省》一书为主）、舒衡哲的《中国的启蒙运动——知识分子与五四遗产》、迈斯纳的《李大钊与中国马克思主义的起源》、陈万雄的《五四新文化运动的起源》等的陆续翻译出版或引入，提供了中外学者讨论的话题，开阔了国内学者的眼界，引起一系列新的思考，有力促进了"五四"精神研究的活跃和发展。②

1999年5月召开的北京大学纪念"五四"运动80周年国际学术研讨会，参加此次会议的学者共120余人，其中包括中国香港、台湾地区学者5人，美、法、德、俄、澳、日、韩、新加坡等国学者19人，收到论文近百

---

① 参见陈阳：《近十年国内五四运动若干问题研究综述》，《湖北财经高等专科学校学报》2008年第1期。
② 朱志敏：《八十余年来国内五四运动研究》，《中共党史研究》2006年第2期。

篇。会议以"'五四'运动与二十世纪的中国"为主题，围绕八个方面的论题，进行了广泛、深入而热烈的讨论。①

近 10 年来"五四"研究在海外的热度远不及 20 世纪八九十年代，但是国外因素对"五四"的影响受到学者们的青睐。②

野泽丰认为"五四"运动虽然发生在中国，但不能仅仅看做是一个国家内部的孤立事件，有必要把其看成是与东亚，乃至世界的形势和动向密切相关的事件之一。野泽丰阐述了日本的米骚动事件对"五四"运动的发生与发展产生的影响，即主要体现在各地发生的抵制日货运动，以及国内引起的社会变动，对"五四"运动的开展给予了预想之外的巨大影响。③

董振平认为美国的外交、文化和中美贸易与"五四"运动的爆发有着密切的联系。他指出十月革命对"五四"运动的爆发无疑是有影响的，但是它在中国人对美国的对华政策及巴黎和会结果的幻想破灭之后，在"五四"运动的过程中表现得更为广泛和强烈。"五四"运动正是这种反差刺激的直接结果。④

关于朝鲜三一运动对"五四"运动的影响，张德旺、谢治东的分析如下：其一，中国各界密切关注三一运动的发展，高度赞扬了朝鲜人民不畏强暴、不怕牺牲的斗争精神，迅速化成了推进"五四"运动的强大思想动力；其二，中国人民通过三一运动加速了认识帝国主义本质的思想觉醒进程；其三，通过三一运动进一步看透了北洋军阀为虎作伥的反动面目；其四，三一运动在反帝救亡方式上极大启迪了中国人民。⑤

陈阳认为，韩国"五四"新文化运动思想研究给中国学者的研究提供了新的视角。韩国学者为了更好地理解和评价每个时期的思想，使用了更详细的几个认识范畴：第一时期使用了反帝反封建运动、民族产业的发展与民众意识的成长以及对中国社会状况的认识；第二时期使用了进化论思想、民主主义与科学思想；第三时期使用了批判儒家思想、反对孔教运动和文学革命。一般而言，他们大多用儒教批判、孔教批判、偶像破坏论、进化论、民

---

① 朱志敏：《八十余年来国内五四运动研究》，《中共党史研究》2006 年第 2 期。
② 韩璐：《近年来国内五四运动研究述评》，《北京党史》2007 年第 3 期。
③ 韩璐：《近年来国内五四运动研究述评》，《北京党史》2007 年第 3 期。
④ 韩璐：《近年来国内五四运动研究述评》，《北京党史》2007 年第 3 期。
⑤ 韩璐：《近年来国内五四运动研究述评》，《北京党史》2007 年第 3 期。

主主义思想和科学思想对"五四"新文化运动进行评价。①

韩国学者李泰认为，中国要走向西方的光明社会，应当接受西方的民主主义和科学思想，从西方接受"进化论"、"德先生"和"赛先生"作为思想武器，对中国旧有的传统文化和思想进行有力的批判，打破和铲除妨碍中国发展的一切旧制度、旧思想、旧文化和旧道德，对中国社会进行彻底的改革。新文化运动倡导者以《青年杂志》为中心，高举着民主和科学旗帜展开了思想改革运动或思想启蒙运动，全面接受了民主和科学思想，试图彻底打破和铲除儒家世界观和伦理，力图使中国"全盘西化"。这一切对于当时破坏传统封建制度和封建思想起到了积极的作用。谈到对西方思想的借鉴，李泰认为，"五四"新文化运动时期，陈独秀接受的仅仅是西方资产阶级思想的一部分，他的民主思想就是所谓国民是国家的真正主人的民主主义。即便是这一思想，他也不是在阶级层次和社会政治体制层面上接受的，而是在政治理想层次上接受的。当然，在当时中国资本主义意义上的阶级还没有明显出现的情况下，陈独秀也只能在这一层次上来认识民主思想。②

李泰认为陈独秀的科学观是在西方理性主义影响下形成的。科学是个人认识自然现象和客观事物的一种态度，是客观地认识事物合理性的求实精神。因此他重视对事物的试验主义态度，反对对事物的武断性想象。他认为利用科学可以有力地说明宇宙的一切现象。但是，如果科学证明不了的现象，就可能成为人们的偶像，比如似乎存而实不存的神灵和宗教至今仍不能被科学证明，也因此成为人们崇拜的偶像。在陈独秀看来，此科学就是近代欧洲社会发展的原动力之一。因此，他渴望中国人也接受以探讨现象和客观性和积极进取的主观理性为基础的科学精神，以纠正传统的迷信思想、陈腐的世界观和自然观，促进社会的发展。可以看出，在陈独秀的科学观中，他把科学看做是摧毁传统社会并铲除迷信的思想武器，也把它作为改造旧中国的思想法宝，这一点是值得高度评价的。但是陈独秀理解的科学仍然是作为铲除迷信手段的科学或是只以合理性为尺度的实用科学。这也是陈独秀西体中用思考方式的必然结果。总而言之，韩国学界对中国新文化运动的研究和

---

① 参见陈阳：《近十年国内五四运动若干问题研究综述》，《湖北财经高等专科学校学报》2008 年第 1 期。

② ［韩国］李泰：《韩国五四新文化运动思想研究——以陈独秀思想为主的考察》，《安徽史学》2005 年第 1 期。

思考是基于韩国的社会历史背景，是在反思中韩两国近代社会发展道路的差异中进行的。①

虽然韩国学者的研究仍是初步的，有的判断甚至不准确，但很直白，它给我们的研究提供了一些新视角。限于篇幅，本文涉猎的人物也是有限的，许多著述研究也未能列入其中。

总之，近30年来国内的"五四"运动史研究取得了丰硕的成果和长足的进步，开拓出了新的视野和境界，为新世纪"五四"研究的深入发展打下了坚实的基础。我们有理由相信，随着人文社会科学的不断发展和日趋繁荣，国内外学界的"五四"研究，必将更上层楼，再创辉煌。所有人都会怀念"五四"，怀念那种狂飙突进的文化启蒙，怀念那种百家争鸣的思想解放，怀念那个民族呼唤文化英雄，而文化英雄应运而生的千年一遇的大时代。

---

① ［韩国］李泰：《韩国五四新文化运动思想研究——以陈独秀思想为主的考察》，《安徽史学》2005 年第 1 期。

第十三章
中西文化比较研究

　　自鸦片战争始，西方先是以坚船利炮打开清王朝闭锁的国门，西方的商品、技术、科学、管理、文化如潮水般涌入中国，与中国固有的思想文化、观念习俗发生激烈的碰撞之时，外来文化与中国传统文化之间的关系就成为世人注目的一个重要问题。如何看待中国传统文化？如何看待西方文化？怎样才能取西方文化之利而去其弊？中西文化能否结合？如何结合？中国文化前景如何？如何创造一种新型的文化以适应时代进步的要求？不同的人作出了不同的回答，形成了持不同观点的人们一次又一次的论争。从鸦片战争起的"洋务派"与"维新派"之争，到"五四"运动及 20 世纪 20 年代到 30 年代的"西化派"与"国粹派"（中国本位文化派）的论战，都是围绕着中西文化这条主线展开的。

　　而且从 20 世纪 70 年代末开始，随着改革开放政策的实行，中西文化再一次发生碰撞，一百多年前困扰人们的问题又重新摆在了现代人的面前，一大批学者、专家从不同的角度，运用不同的方法，在前人研究的基础上，对这些关涉历史与现实、现实与未来的中西文化问题进行探讨，作出了新的解释和回答，形成了 80 年代初、中期的中西文化比较研究热。到 80 年代末，由于国内外政治局势的变动，使中西文化比较研究热渐趋降温。进入 90 年代中后期，随着改革开放的不断深入，市场经济体制的逐步建立，全球经济一体化潮流的冲击，中西文化问题重又成为人们不得不面对的问题。只不过这一次与 80 年代的文化热不同，这次人们对中西文化的比较不再仅仅限于文化方面的学理的探讨，而是从更广泛的方面，更紧密地联系中国市场经济发生、发展的实际来探讨中西文化问题。所以，虽然只有 20 年的时间，但期间中西文化比较研究却可以分为两个阶段。第一阶段为 80 年代，参与论争的多为国内从事中国哲学史、思想史方面研究的学者，所以，对中国文化方面探讨得比较多；第二阶段为 90 年代，参与第一阶段论争的学者虽仍在这一领域，但多数已不再仅就中西文化作形而上的论争，而是转入中西文化中具体内容的探讨。在这一阶段，对中西文化问题进行思考的多为改革开放后受到西式教育的中青年学者（当然仍有大量的老学者），从事的专业研究领域也比较广，他们没有掀起像第一阶段那样的"文化热"，但对网络时代的中西文化进行着认真的探索。这是从时间顺序上说。从讨论的问题方面看，中西文化比较中涉及的问题可以概括如下：

一、　中西文化基本精神和基本特征

（一）伦理精神与宗教精神

在对中西文化基本精神和基本特征的研究中，不少学者把中国文化的基本精神和特征归结为伦理精神，把西方文化的基本精神和特征归结为宗教精神，并对二者形成的原因进行了分析。冯天瑜、魏承思、步近智等从地理环境、步入文明社会的途径、生产生活方式、社会组织形式等方面对中西文化的生成、演进、作用诸方面进行分析后得出结论："中国传统文化是一种按伦理精神结构的文化形态"[1]，或称为伦理本位主义或伦理中心论。这种伦理精神或伦理本位的含义就是把一切问题伦理化，把一切是非判断都归之为以封建伦理纲常为标准的价值判断[2]。

冯天瑜认为，半封闭的温带大陆型地理环境，农业型的自然经济，家国一体的宗法社会组织，是中华文化生成的土壤。大陆型地理环境同海洋民族所处的开放环境不同，它提供的是一种比较完备的"隔绝机制"，而大河大陆型的环境又发展了精耕细作的农业自然经济，这种经济生活决定了中国人一系列特有的文化心理，如务实精神、入世思想、经验理性、爱和平、求稳定、尚中庸、专制主义与民本主义共存等。氏族社会的解体在中国完成得不

---

① 魏承思：《论中国传统文化的改造》，《社会科学》1987 年第 10 期。

② 贾磊磊：《东西方文化与中国现代化——杭州讲习班综述》，《国内哲学动态》1986 年第 9 期。

彻底，氏族社会的宗法意识因农业型自然经济得以保存延续，形成一种以父系家长为中心的"家国一体"的宗法社会系统。中国几千年的"农业—宗法社会"孕育出伦理型的文化，这种文化类型决定了中国文化的一系列特征：①道德学说成为维护社会秩序的精神支柱和各类观念的出发点、归结点；②顽强的再生力，无与伦比的再续性；③由"多元化"到"大一统"；④入世思想构成社会主导心理，避免了全民族的宗教迷狂；⑤重政务、轻自然、斥技艺；⑥素朴的整体观念、注重直觉体悟的思维方式①。步近智认为，中国步入文明社会的途径与古希腊不同：古希腊是从家族到所有制再到国家，国家代替了家族；而中国则由家族到国家，国家混合于家族，血缘关系得以保存。从夏禹开始，就建立了以"家天下"为特征的宗族奴隶制，孝悌等伦理思想成为奴隶制意识形态的主要内容，也是后来封建制意识形态的主要内容②。魏承思也从氏族制解体的角度探求文化基本特征的形成。他认为，由于先民在进入阶级社会后血缘亲属集团并没有解体，氏族制度转化为宗法制度。"国"是"家"的扩大，政治关系只是伦理关系的延伸。发达的伦理关系掩盖了人与人之间的剥削和压迫关系。这种伦理文化肯定精神生活的崇高价值；提倡个人向群体负责的义务感；重视人以及人生的重要意义；珍惜人际关系的和谐融洽。③ 李应龙则从耗散结构的理论探索东西方文化精神和思维方式差异的根源：良好的以农立国的地理条件，"亚细亚"的生产方式及其内在的社会组织形式，原始宗教的影响和统治阶级人为的强化，确立礼法为国家专政形式，排除宗教意识，以民心向背的政治伦理需要关注社会生产的发展。在人生审美理想上，它规定了中国传统文化的平衡方式以德为核心，视人、社会、自然为和谐的统一体④。

　　袁阳从结构功能主义整体分析方法出发，对中国传统文化的伦理精神进行分析，它认为，中国传统文化的精神凝聚力，主要表现为家庭伦理亲情的召唤在人心激起的强烈归属感和依赖感。根据儒家的还原论思维方式，"天下之本在国，国之本在家，家之本在身"。解决社会政治问题的焦点是解决

① 冯天瑜：《中国古文化的"土壤分析"》，《光明日报》1986 年 2 月 17 日；冯天瑜：《中国文化———个以伦理意识为中心的系统》（摘要），《湖北大学学报》1986 年第 1 期。
② 步近智：《略论中国传统文化的特点》，《中国文化报》1987 年 3 月 4 日。
③ 魏承思：《论中国传统文化的改造》，《社会科学》1987 年第 10 期。
④ 李应龙：《东西方文化差异探源》，《争鸣》1996 年第 1 期。

人的问题，而家是人存在的第一环境，因此处理身家关系便成了儒家文化的第一要义。父慈子孝、兄良弟恭的家庭内部之爱是道德人格塑造的主要工程。家庭伦理是社会政治的基础模式，把君臣关系比喻成父子关系，把国看成是家的放大。对家的认同就是对国的认同，对父尽孝，就应该对君尽忠，忠君与尽孝并立于伦理核心，成为一种伦理的两难设置与分裂，从"齐家"到"治国"成为一种非同质性过渡。说明在儒家的伦理体系中，从爱亲到事君实际上是对自然关系的一个超越，而不是对自然的延伸。国与家是断裂的。因此产生两个结果，一方面可以激发起少数精英分子要扫除"独夫民贼"，还"天下为公"的民族政治热情；另一方面必然使大众漠然于国家民族之事，以私家利益为重。这就是中国传统文化的精神凝聚力与中国人在精神上是一盘散沙的原因所在。①

冯友兰先生认为，最能表现中国文化特点的是宋明时期的道学。道学解决人生两大基本矛盾的路子与柏拉图从本体论、康德从认识论入手不同，而是从伦理学的路子入手。道学家这种从伦理学入手解决人生基本矛盾的路子就是中国文化的特质。梁漱溟先生认为，中国人把心思主要用在人与人的关系即人伦问题上。中国文化讲究父慈子孝、兄友弟恭等都是以对方为重。张岱年先生认为，中国文化有优秀传统，也有严重缺陷。刚健有为、自强不息的精神激励着中国人民创造出光辉灿烂的业绩，成为中国文化发展的内在动力。用道德代替宗教，这是中国文化的优良传统和特点之一。但中国文化偏重道德的提高，忽视力量的培养，而产生因循守旧的倾向②。

李泽厚从美学角度出发，认为中国文化是乐感文化，而不是罪文化。中国智慧的最高层是美学而非宗教。中国整个文化心理的一个重要的民族特征是"实践理性"。而所谓的"实践理性"，就是"把理性引导和贯彻在日常现实世间生活、伦常感情和政治观念中，而不作抽象的玄思"。③ 李存山认为："中国传统文化是入世的而非出世的，是道德的而非宗教的，是皇权的

---

① 袁阳：《中国传统文化的非整合性及其对现代化的社会负功能分析》，《社会学研究》1991 年第 6 期。

② 程宜山：《中国传统文化的特质和价值——中国文化讲习班讲授综述》，《中国社会科学》1985 年第 4 期。

③ 李泽厚著：《美的历程》第 50 页，中国社会科学出版社 1989 年版。

而非神权的，这与西欧中世纪的基督教传统恰成对比。"①

中国传统文化的这种伦理精神在历史上对汉民族的形成和社会秩序的调节起过一定的作用。它的重视人、重视人与人的关系的和谐等内容，只要赋予新的时代内容，对社会的进步还会产生积极的作用。当然，它的消极性和反动性也是存在的。至今，它的某些方面还在禁锢着人们的思想，成为改革和商品经济发展的无形阻力。

在对中国文化伦理精神的讨论中，还有一种观点认为，中国文化的人伦道德形态，是一种"动物文化"。持此说者为黄克剑。他认为，中国传统文化是以人伦道德统摄一切的文化，这种具有实体性的道德观念，植根在非理性的宗法关系上。中国传统人伦道德的父子、长幼、尊卑、男女，这一切人与人的关系还维系在血缘的自然纽带上；本性开放的社会关系，在一定意义上变成了动物式的封闭型的自然关系、人与人的关系，人们所处的地位，是以人的肉体自然为依据的世袭原则和相应的等级制度规定的。中世纪的人伦、道德的"人伦"，闪现的是各种动物式的自然色彩。以宗法制为契机的中国传统文化，是伦理—政治或政治—伦理文化。这种伦理—政治或政治—伦理，处处强调人与人的关系，但这种人与人的关系实在还是出自一种"人类动物学"的形态。② 牟钟鉴对此提出异议，他认为，从所谓的"动物文化"论只能得出一个结论，那就是中国文化非但毫无理性成分，甚至还够不上是"人的"文化，更谈不上有哲学的思考了。宗法性就是动物学吗？哪一种动物是以"三纲"的模式维系其群体的呢？这难道就是最现代的逻辑吗？社会上正在提倡现代观念，现代观念之一就是思想文化上的开放与宽容。文化的复兴需要打破单一性而开拓多种文化渠道，有批判地兼容古今中外，以繁荣我们的文化。现代观念之二就是科学的分析态度，对古代哲学遗产要进行冷静的全面的反省，去粗取精，去伪存真，不能一概否定。优秀的民族文化与哲学是中华民族存在和发展到今天的内在根据，假如它们被剥得一干二净，我们就要重蹈文化虚无主义的覆辙。③

与中国文化的伦理精神不同，西方文化的基本精神是宗教精神。这种宗

① 李存山：《中国传统文化与中国现代化》，《人民日报》（海外版）1986 年 8 月 19 日。
② 黄克剑：《传统文化封闭性及其时代特质》，《光明日报》1986 年 5 月 26 日。
③ 魏承思：《论中国传统文化的改造》，《社会科学》1987 年第 10 期。

教精神表现为西方人的价值取向是追求灵魂的不朽。他们对上帝怀有崇敬、虔诚的心理，认为上帝是永恒不变、完美无缺的本体世界。对上帝的信仰是道德的来源，认为维系人与人之间联系的是上帝。上帝是公正的裁判者和全能的保护者。此外，西方人的生活方式、审美情趣、风俗习惯也都渗有宗教精神。①

对西方文化宗教精神的形成，魏承思也从地域环境、步入文明后的社会组织形式等方面进行分析。他认为，西方文化的发源地是希腊、罗马和希伯来构成的"地中海文明区"。生活在这一地区的先民或者是"海洋民族"，或者是"游牧部落"。他们的生活方式都使得人员流动频繁，当文明时代到来时，旧的血缘亲属团体已彻底瓦解，取而代之的是一种按居住地区划分公民的全新组织。在这些地区，人们从血缘亲属团体的母胎里独立出来后，直接面对着险象环生的大自然和纷繁复杂的社会关系，这就为自发宗教向人为宗教的发展提供了丰沃土壤。而宗教神一旦被赋予社会属性之后，必然从自发宗教向人为宗教发展。因为它可以成为剥削阶级手中的一种重要精神武器，它把剥削和压迫制度以及由此产生的各种社会力量神秘化，说成是上帝的意志和安排，要人们服从。这样，人们自己创造的宗教很快反过来统治了人们的整个精神世界。宗教精神构筑了西方的传统文化。②

还有学者以西方的日神、酒神精神对比分析中国儒家、道家思想的特点。西方的这两种精神分别发源于古希腊的日神阿波罗（Apllo）和酒神狄俄尼索斯（Dionysas）的宗教崇拜，是从同一现实生活中分化出来的两种对立的宗教情绪。前者是精神的沉醉，表现为禁欲的、对精神世界和宇宙本原的不顾一切的追求；后者是肉体的沉醉，表现为纵欲的对感性生活和个体存在的无条件的肯定。前者可能禁锢人的感性生活，引起宗教性的迷狂；后者容易破坏正常的生活秩序。然而，它们却又与西方艺术和科学的产生发展有着极为重要的联系。正是日神精神推动了公元前6世纪毕达哥拉斯的数学成就。由于宗教与科学的结合，使得西方人注重演绎的方法，追求体系的完整。与日神精神相比，儒家思想的弱点在于缺乏理性的冲动。强调理性与实践的结合，这本是儒家的一大优点，然而由于急功近利的态度束缚了理性，

① 魏承思：《论中国传统文化的改造》，《社会科学》1987年第10期。
② 魏承思：《论中国传统文化的改造》，《社会科学》1987年第10期。

结果便阻碍了形而上学的发展，从而阻碍科学的进步。与酒神精神相比，道家思想的弱点在于缺乏感性的冲动。儒、道思想是人与自然、社会协调的产物，被统一的双方以相辅相成的补充性辩证法的形式维系着中国社会心理结构的和谐与稳定。日神和酒神精神的对立是人与自然、人与社会分裂的产物，对立的双方以相辅相成的否定性辩证法的形式取得了西方社会心理结构的平衡与发展。①

（二） 内省与外求、群体与个体的自由观和价值观

自由，作为人和周围世界相互统一的标志，它关系到主体与客体两个方面。两者不可偏废，但可以有所偏重。依据对什么是自由和人怎样才能获得自由的解答，可以区分不同文化的不同的精神内核。因为文化的基因即是对自由的反思。对中西自由观或人生价值观进行探讨，可以触及中西文化的深层内容和核心所在。陈伯海认为，中国人侧重于向内探求，以认识自身、完善自身为获取自由的手段，把追求内部世界与外部世界的协调、和谐，个人身心平衡及其与整个环境的平衡，作为进入自由境界的标志。由于注重身心内外的协调，因而将"道德"作为文化体系的重心。如儒家孔子讲"克己复礼为仁"，孟子讲"尽心知性"，都是谈道德修养问题。道家老庄表面看来侧重"天道"，其实他们的"道法自然"，正是为了说明人应该顺应自然，与自然相协调，以达到自我完善。以后各家学说也都以"人生之道"为理论归结点。由此形成了中国文化重视人伦，讲求内外协调的特性。②

西方人则侧重向外探求，以发现世界和改造世界为达到自由的途径，以改变客体，使主体需要得到满足作为实现自由的标志。由于重视对外探求，所以把"知识"作为人类文化的最高价值范畴。古希腊哲人有"爱智"的训诫，近代欧洲有"知识就是力量"的口号，都是为了激励人们去从事各种事理的推考，发展科学的精神。由此形成了以知识为本位的文化特征。③

黄万盛、商戈令则从对事物的评价、对效果的评价、对利益的态度等方面对中西的价值观念和文化传统进行了对比。他们认为，在对事物的评价

① 张大同、刘京希：《中国传统文化学术讨论会纪要——纪念本刊创刊三十五周年》，《文史哲》1986 年第 5 期。
② 陈伯海：《关于东西文化比较的随想》，《社会科学战线》1986 年第 1 期。
③ 陈伯海：《关于东西文化比较的随想》，《社会科学战线》1986 年第 1 期。

上，中国和西方分别偏于社会与自然两极。中国（东方）对事物的看法多为人际观念，以人出发言天人合一，将自然对象社会化、伦理化、人际（血亲情感）化，表现为政治伦理思想的早熟和兴盛；西方则侧重于自然本身，将人际关系自然化，人是自然的一部分，人的本质为自然的本质，表现为自然科学的发达与兴盛。在对效果的评价上，中西方分别偏重于整体与个人两极。中国重整体、群体意识，伦理上表现为集权至上、个人忍让、服从和牺牲；西方重个人，强调自我，伦理上表现为自私、竞争、进取心和强烈的自我意识。在对利益的态度上，中国重志轻功，整体的道德意愿代替了利益原则；西方则将功利作为评价历史、伦理实践的标准。在思维方式上，中国总体上是由内向外的思维方法——科学性较差；西方总体上是由外向内的思维转化——科学性较高。在道德文化传统上，中国道德情感丰富，历史悠久，但形式单一，仁、义、忠、恕、孝、悌等一直占据统治地位；西方伦理课题多样，变化大，随着历史的发展而不断变异。黄、商二人还从发生学的角度、政治和历史背景等方面对上述差异形成的原因进行了探讨。①

　　张岱年先生认为，在中国传统思想中，儒家思想的中心最主要的是关于人生价值的观点。儒家肯定人的价值，肯定生活的价值和道德的价值，肯定生命的价值和现实生活的价值，从来不讲"来生"、"来世"。西方传统则是宗教发达，反宗教的传统也很发达。中国传统哲学的核心部分是价值观。西方一些思想家认为人生来就有天赋的权利，它不是别人给的，而是人本来固有的权利；中国传统文化中没有"天赋权利"的观点，但有天赋价值的思想。②

　　郑晓江、钟向东认为，中国传统价值观的根本特点是以伦理原则作为绝对的价值尺度。在中国传统思想中，伦理原则不仅规范人事和社会，更具有纲纪宇宙万物的巨大威力。它并非仅仅产生于人的社会需要，而是自身具有的本性，它的绝对性、权威性和无所不包的特征，决定了它成为绝对的价值尺度，也决定了中国传统价值观的伦理性质。这种伦理性质的价值观使人的价值活动一元化、简单化，使人的精神生活、物质生活贫乏化。它导致人的

---

① 黄万盛、商戈令：《中西价值观念与文化传统》，《社会科学》1985 年第 2 期。
② 参见张秉楠、邵汉明主编：《中国新时期学术思潮》（文化卷）第 110 页，吉林教育出版社 1996 年版。

抽象化，使人的个性、创造力受到全面压抑，忽视对自然的科学探索，而执著于"独善其身"。造成人们在心理上、精神上表现出一种平庸、消极的态度。① 张岂之认为，中国传统思想文化的核心，是关于人的完善、人的义务（缺乏权利观念）思想。儒家在中国历史上沿着两个方向发展：一个是力求将人的完善和义务屈从于封建主义统治；另一个方向则是将人的完善和义务与人的知识以及人的自觉性的提高密切结合起来。②

方延明认为，中国传统的道德价值观比较重视群体价值，忽视或轻视作为个人的价值和个性的实践作用。这与西方文艺复兴以来的那种讲究独立人格、天赋人权、强调个性解放、带有强烈个人主义或人本主义的价值观根本不同。西方人本身就是目的，因此决不把人当做一种工具或手段。而中国则较多地强调人作为工具的价值那一面，强调人的使命感，只求尽"五伦"的各种各样的义务，却很少讲作为独立"人"的权利。因此，中国人的价值观就必然会产生这样一种悖理现象，强调个人独立人格，又把它溶解在人伦群体之中；提倡个人权利，又把它诉之于权威制约，使人的个性、创造性受到禁锢。要改变这种传统观念，就要从重视群体价值转变到重视个人价值。③ 此外，还有人把中国哲学史上的价值观概括为肯定价值观、道德价值观、功利价值观、自由价值观、天命价值观、先天价值观、后天价值观、人道价值观、等级价值观、无为价值观等十个方面。

通过对中西价值观的探讨，我们看到，从总体上说，中国传统的价值观与我国的现代化建设事业是脱节的，也与时代发展所需要的价值观相冲突。我们应该抛弃其中的糟粕，继承其优秀的成分，同时吸收全人类的先进文化因素，创造性地建立一个崭新的符合现代社会需要的价值观体系。

（三）人文精神与科学精神

在中西文化比较研究中，有些学者依据中国传统文化注重世俗而不追求神学的特点提出，中国传统文化的特点是人文主义。在这方面作比较全面论述的是庞朴。他拿希腊、印度、中国这三大古老文明作比较，认为以伦理、

① 郑晓江、钟向东：《对中国传统价值观的思考》，《学术月刊》1986 年第 3 期。
② 张岂之：《儒家思想的历史演变及其作用》，《人民日报》1987 年 10 月 9 日。
③ 方延明：《当代中国传统文化面临六个转变》，《南京大学学报》1989 年第 2 期。

政治为核心，不甚追求自然之所以，缺乏神学宗教体系的中国文化，是富有人文精神的文化。他还从九个方面对中西方的人文主义作了对比。他认为，重视人伦、重视现实世俗生活、注重人与自然的和谐合一等思想构成了中国的人文主义。这种人文精神在给我们民族和国家增添了光辉的同时，也设置了障碍。它向世界传播了智慧之光，也造成了中外沟通的种种隔膜；它是一笔巨大的精神财富，也是一个不小的文化包袱。① 何新不十分同意庞朴的意见，但他也主张中国传统文化是一种人文主义。他认为早在三千多年前的文化典籍中，就已经出现崇尚文明、肯定人的价值、倡导主体道德人格理想的人文主义精神。②

汤一介则用"人本主义"这一称谓指称中国传统文化的这种人文精神。他指出，在中国传统思想文化中，存在着一种人本主义的倾向。这种人本主义不同于文艺复兴以来西方那种反对神本主义，讲究独立人格、天赋人权，强调个性解放，带有强烈的个人主义色彩的人本主义。中国传统文化中的人本主义主要是从这样的角度出发的：人在宇宙中有其重要的核心地位，所谓"人"与"天"、"地"并立为"三才"，只有人才可以"参天地，赞化育"。在中国传统文化中，特别强调人的历史使命和社会责任，把人限定在"五伦"关系中。人只有在所限定的范围内才有主动性、自觉性。因此，人实际上是被动的，没有独立的人格。中国传统文化中这种"人本主义"从某些方面看是不利于民主思想发生的。③ 杨安仑也认为，中国传统文化是以人为本位，按照中华民族特定的伦理观念和道德情感来建构的文化。所谓"以人为本位，不是使人出世，变为超人，变为抽象的人，而是为了现实的人的生存和发展，为了调节现实人的关系和丰富现实人的精神世界"。所谓"中华民族特定的伦理观念和道德情感"，既有中国君臣父子和长幼尊卑的伦常规范和各种封建的道德律令，也有父母之爱，手足之情，爱国之忧，贫富不移、威武不屈的大义节操。④

而刘志琴则用"人伦精神"来概括传统文化的这种"人文精神"。她认为，中国文化历经战乱颠沛，列朝兴衰，绵延数千年，其中发展最充分、完

---

① 庞朴：《中国文化的人文精神》（论纲），《光明日报》1986 年 1 月 6 日。
② 何新：《中国传统文化精神之我见》，《光明日报》1986 年 1 月 7 日。
③ 汤一介：《略论中国文化发展的前景》，《理论月刊》1987 年第 1 期。
④ 杨安仑：《关于中国传统文化的性质》，《求索》1988 年第 2 期。

备而又世代相沿的核心思想是人伦思想。儒家的民本思想蕴涵有朴素的近代人文观的因素，它同情人民疾苦，要求泛爱众生，对人民的作用有一定的认识，但在实践上并不经常为统治者所接受。而人伦思想却受到历代统治者的提倡，成为封建社会的统治思想。所以，在论述古代人文观时，用人伦思想这一概念更能表现出中国传统文化的特质。①

黎鸣不同意庞朴的观点，他从"历史—逻辑"的角度提出自己的看法，认为一个民族的文化精神应是该民族在其长时期的历史发展过程中逐渐形成的创造和保持它的一切文化信息（经验文化信息、智能文化信息、权能文化信息），而在统计意义上为其绝大多数成员所认同的程序和结构。简言之，即他所谓文化的"历史—逻辑"结构，毫无疑问，这种"精神"只能是由该民族不同历史时期大量不同的人们不断重复思索，重复实践操作，并在长时期内达到统计上稳定的整体的、民族（社会）的精神。从这个观点出发，可以认为，如果不从历史上的一切自组织的职能系统的总体分析—综合去理解，而仅仅依据历史上极少数哲人的玄思和愿望，就贸然得出一个民族文化的"精神"，那么，这样的"精神"是很难让人确信的。据此，他对庞朴的观点一一进行了驳议，得出他自己的结论：从"历史—逻辑"的结构的真实性意义上说，与其说中国文化具有"人文精神"，不如说具有"伦文主义（等级主义）精神"更恰当些。② 白钢也撰文对庞朴的观点加以驳议，否认中国文化的核心是人文精神。③

刘泽华则从人神关系、人与自然的关系、人与人的关系、人所追求的目标、人的认识对象和实践对象等五个方面对传统文化人文思想进行论述和说明。然后得出明确的结论：中国传统文化的人文思想的主题是伦理道德，而不是政治的平等、自由和人权，当时的伦理道德观念最终只能导致专制主义，即王权主义。从历史上看，中国古代的人文思想很发达，君主专制主义也很发达。而专制主义恰恰是以具有浓厚的人文色彩的儒家思想为统治思想的。这种情况与西方近代历史过程有极大的不同，因为近代西方的人文思想与封建专制是对立的。中西之所以会有这样大的差距，关键是人文思想所背

---

① 刘志琴：《人伦思想与现代意识》，《光明日报》1986 年 4 月 28 日。

② 黎鸣：《中国传统文化有"人文"主义精神吗？——与庞朴同志商榷》，《光明日报》1986 年 3 月 7 日。

③ 白钢：《中国文化的人文精神（论纲）驳议》，《光明日报》1986 年 3 月 17 日。

靠的历史条件不同。①

　　西方文化中也有人文精神，但西方的人文主义与中国的人文主义不同。成中英先生指出，西方的人文主义是外在的，强调人的权利、尊严，人应该控制和支配自然。② 黎鸣认为，西方的人文精神兴起于欧洲中世纪末期，也即欧洲部分地区从"动物性的"封建社会向近代资本主义社会过渡的时期，西方人反对封建、反对教会，追求人道主义、个性解放，这是一种宣扬人的价值、人的理性、人的创造力量、科学知识以及人类现世幸福的精神；这是一种反对封建割据、反对教会的虚伪和神秘主义、反对经院主义思想、反对对人的精神奴役的精神。归根结底，这是西方人开始从"人人在上帝面前平等"的价值观向"人人在法律面前平等"的价值观作出勇敢的质的飞跃，从而具有划时代意义的精神。③ 在自然观上，西方人抹掉了上帝笼罩在自然界之上的神圣灵光之后，自然界就成为人类征服和无限制地索取的对象。西方文化重实证、重分析、重形式逻辑，主张对科学作纯智慧的探讨，形成一种科学精神。④

　　赵晓雷从地理环境、资源、生活方式等方面对西方文化中人文、科学精神的产生进行分析。他认为，自然地理环境差异悬殊、农业资源稀缺条件下的欧洲人取得基本生活资料的手段是狩猎和游牧。而这两种生活方式的特点：一是个人主义的独立性；二是随意迁徙的流动性。为了求得生存，人们必须向自然挑战，努力改变客观以满足主体的需要，其目标是征服自然，改造自然。这种人与自然对立的态度导致了西方文化中的人类中心论。人是万物的尺度，人有权支配整个自然界，这就是西方文化的价值标准。为了征服，首先必须认识自然规律。因此，西方文化表现出了发达的逻辑思辨意识。这就是科学在西方发达的原因之一。科学的精神气质和思维方式决定了西方人锐意进取、富于求实、开放外向的文化性格。这种性格有助于提出新的概念，创造新的方法，催生新的观念，开拓新的领域。⑤ 张慧彬引用美国

---

① 刘泽华：《中国传统的人文思想与王权主义》，《南开学报》1986 年第 4 期。
② 方延明：《近年来中西文化比较研究情况述评》，《史学理论》1989 年第 2 期。
③ 黎鸣：《中国传统文化有"人文"主义精神吗？——与庞朴同志商榷》，《光明日报》1986 年 3 月 7 日。
④ 李存山：《中国传统文化与中国现代化》，《人民日报》（海外版）1986 年 8 月 19 日。
⑤ 赵晓雷：《中国传统文化"和谐"特征的反思》，《天津社会科学》1988 年第 5 期。

哲学史家梯利的话说："希腊哲学从探求客观世界的本质开始，它最初主要是对外在的自然感兴趣（自然哲学），只是逐步地转向内部，转向人类本身而有人文主义性质。"《形而上学》上说："古往今来人们开始哲理探索，都应起于对自然万物的惊异。"因此，西方注重自然科学的发展，而且自然科学和社会科学互相渗透，互相影响，携手并进。西方的哲学家、人文科学家往往又是自然科学家。① 冯天瑜也认为，中国文化属于"求善"为目标的伦理型，希腊文化属于以"求真"为目标的科学型。②

中西方文化由于各自的出发点和终极目标的不同，而导致各自人文精神的差异，并因而导致专制与民主、人伦与科学的差异。两者都各有优劣。要建设社会主义新文化，实现马克思所说的实现人道主义与自然主义的统一，就要扬优弃劣。王俊义、房德邻认为，无论是说中国文化以人伦为本位、西方文化以知识为本位，还是说中国文化是人文文化、西方是科学文化，都是将中国传统文化同西方资产阶级文化进行比较，其结论都是经不起推敲的。事实上，在中世纪，无论是西方还是东方，都是不重视科学的。至于科学思潮，是随着资本主义兴起而出现的，科学文化是属于资本主义的文化特征。说中国文化是人文文化，西方文化是科学文化，实际上说的是中国封建文化和西方资产阶级文化。而且，说西方资产阶级文化特征是"科学文化"，应该是相对于封建文化而言，不是相对于中国文化而言。在中西文化特征的比较研究中，不宜用这一观念，它容易引起误解。③

（四）封闭性与开放性

在中西文化比较研究中，不少人强调中国传统文化具有"封闭性"特征，因而阻碍了中国近现代化的发展进程。

陈晓明从思维模式入手，对中国的传统文化进行分析而得出"封闭性"的结论。他认为，中国传统思维模式是建立在亚细亚生产方式的基础上，为大一统的封建社会所强化，在漫长的历史进程中形成了一种超历史的稳定结构。这个超历史的稳定结构形成中国传统思维模式的六个特点：①封闭性。

---

① 张慧彬：《中国传统文化人文精神的特点》，《学习与探索》1987 年第 5 期。
② 冯天瑜：《中国古文化的伦理型特征》，《江都学刊》1986 年第 3 期。
③ 王俊义、房德邻：《关于文化研究中的几个问题》，《中国人民大学学报》1987 年第 4 期。

大一统的社会结构直接在人们心理上建构了一个巨大的思维框架，人们的思维向度只能局限于这种固定的框架之中。中国哲学意识的致思趋向的内倾性充分显示了传统思维模式的封闭性特点。这种内倾性的致思趋向又直接导向封闭性的思维模式，从而使思维模式具有顽强的抗变性和保守性。②求同性。③单向性。④直观性。⑤超稳定性。⑥亚节奏性。上述六者相互制约，相互适应，形成超历史的稳定结构。① 储昭华认为陈晓明所说的六大特征大部分不能构成中国传统思维的本质特点。就封闭性而言，储昭华依据系统论的观点认为，一个没有信息、物质和能量输出与输入的系统才是封闭系统。任何封闭系统都是不可能长久存在下去的，更谈不上持续发展。他依据思想史实说明中国传统思维模式并不是这样一个封闭系统。②

　　魏承思认为，中国特定的社会存在造成了以封闭性、单向性和趋同性为特征的传统思维方式，这种思维方式具有"反创造性"，中庸之道便是与它相联系的文化观念。中庸之道主张温、良、恭、俭、让，它的本质就是扼杀人们的竞争精神和创造精神，使我们的民族精英被埋没，而那些无才无德的平庸之辈却仗着平均主义而求得难有的最好地位。③ 朱宗震对魏承思的观点进行了驳议。④

　　黄克剑认为，封闭性是中国传统文化的突出特点，是周秦至明清以宗法为经、以封建为纬的民族文化延宕不移的缘由之一。这种封闭性集中显现于循环论的发展观、"华夷之辨"的地域观、以宗法为经的人伦道德观、"反求诸己"的人生态度等方面，并阻碍了社会的前进，民族文化的提升，个人创造性的发挥。⑤ 高尔泰也持相似的观点，并认为这种单一性和封闭性是表现为"三纲五常"还是"斗私批修"并不重要，重要的是它们对于中国的历史发展所起的作用，这个作用在现代生活中表现出极左路线与封建主义、极左思潮与封建意识的同一。⑥

---

① 陈晓明：《中国传统思维模式向何处去》，《福建论坛》1985 年第 3 期。
② 储昭华：《也论中国传统思维模式的特点及其出路——兼与陈晓明同志商榷》，《福建论坛》1986 年第 1 期。
③ 魏承思：《中国传统的思维方式和文化观念》，《文汇报》1986 年 4 月 8 日。
④ 朱宗震：《中国文化心态的四大优点——与魏承思同志商榷》，《文汇报》1986 年 6 月 24 日。
⑤ 黄克剑：《传统文化封闭性及其时代特质》，《光明日报》1986 年 5 月 26 日。
⑥ 高尔泰：《文化传统与文化意识》，《读书》1986 年第 6 期。

张静虚则认为，封闭说不符合事实，他特别指出，只重视社会观而不重视自然观便是中国传统思维的封闭性特点的观点不能成立。因为社会观不等同于封闭观点，而自然观也绝不等同于开放观点，不能以此作为划分封闭性或开放性的标志。[①]

赵光贤、彭林则用大量史实说明中国文化并不是自始至终地封闭着的，不能因为短时期的闭关锁国政策，就不顾整个历史事实而断言中国传统文化是封闭性的。他们对主张中国传统文化封闭说的诸观点进行了驳议，认为把中国近一二百年的落后归咎于孔子和儒家，是对历史的严重歪曲。因为以孔子为首的儒家思想在先秦时期是前进的、积极的。在我国历史舞台上，所有和邪恶势力作斗争的，都是受过儒家教育的知识分子。有人把三纲五常的伦理观作为传统文化封闭性的根据，把传统文化的封闭性归罪于孔子的中庸之道，甚至把社会上的贪污、腐化、营私舞弊等消极现象都归咎于中国传统文化，是不科学的。[②]

降大任认为，传统文化既是相互交流的历史现象，是不断运动发展变化着的，它在本质上就不会是封闭的。任何事物的运动，从哲学上讲，必然要体现事物之间的联系。传统文化的发展变化，其动力不仅来自内部的矛盾斗争，同时也来自与外部文化的交流和渗透，有冲突，也有融合。中国传统文化发展到近代，由于封建制度的腐朽和闭关锁国政策的束缚，在同外部文化交流方面显得比较被动，这是事实。但这并不是什么文化固有的封闭性所致。文化的交流性、开放性，是文化自身性质决定的，任何一种文化形态必然随着经济基础的变化而变化。一个世纪以来，中国传统文化所经历的激烈的迅速的新陈代谢，正说明中国传统文化的开放性。[③]

持中国传统文化封闭说的还有李元、孙晓春等。他们分别从系统论的角度、地理环境、文化排异性等方面论述中国传统文化的封闭性。[④]

景戎华、尤京文、冯辉等从不同的角度与李、孙进行商榷。景戎华认

① 张静虚：《实事求是地研究中国传统思维》，《毛泽东思想研究》1986 年第 2 期。
② 赵光贤、彭林：《中国传统文化封闭说质疑》，《北京师范大学学报》1986 年第 5 期。
③ 降大任：《文化研究十五问》，《晋阳学刊》1987 年第 3 期。
④ 李元：《我国历史上的三次文化危机》，《北方论丛》1988 年第 3 期；《对中国文化的整体考察与展望——兼答景戎华同志》，《北方论丛》1989 年第 1 期；孙晓春：《中国文化封闭说——兼与景戎华同志商榷》，《北方论丛》1989 年第 4 期。

为，中国文化的发生是多元的，从共时态来看，是多民族文化、不同板块文化的会聚；从历时态来看，也是前后不同质文化的累积。所以，从中国文化发展的历史来看，不能说中国传统文化是封闭的。① 冯辉认为，中国传统文化在明清以前是比较开放的，当代文化不存在危机。②

除了持封闭性和开放性的观点之外，还有一种观点，认为传统文化是半封闭半开放的。持此观点者又有两种说法：一种是从历史的角度，指出开放常在国力强盛时，如汉、唐；封闭保守则是在国力衰微时，如两宋。另一种是从逻辑的角度，分析了传统文化在政治、经济、学术等方面的半封闭半开放特点。③

至于西方文化，由于地理和历史的特点，其内部一直保持着开放的特点。陈启智认为，所谓的西方文化，主要是指在欧洲形成的多元文化，其开放性就体现在欧洲大陆与英伦三岛国家林立，为文化的多元形成和交流创造了条件。同出于希腊罗马文化和中世纪基督教精神影响的欧洲文明，由于政治上分为若干独立而开放的国家，因之又形成各自不同的特色，形成多元抗衡的局面。虽然相互接触、交流，但由于政治的不统一，再也达不到融合的程度。在交流中竞高争长，这便是西方文化长足发展的基本条件。这种发展是在与其他大陆隔绝，依靠欧洲内部的条件促成的，这种文化内部的开放性随着海外扩张而进一步加强。④ 从文化致思的对象、内容和目的上看，储昭华认为，西方理性思维致思的重点是自然，对自然本体的向外的思辨的探求构成西方理性思维的主流，目的在于窥探自然的奥秘，求得真理。这是一种外向型思维。⑤

（五）关于中华民族精神

对中华民族精神的讨论，是 20 世纪 80 年代"文化热"的热点之一，呈

---

① 景戎华：《中国传统文化"封闭说"驳议——兼谈中国文化"危机说"》，《北方论丛》1988 年第 5 期。

② 冯辉：《中国传统文化"封闭说"和当代文化"危机说"质疑》，《北方论丛》1989 年第 3 期。

③ 张大同、刘京希：《中国传统文化思想学术讨论会纪要——纪念本刊创刊三十五周年》，《文史哲》1986 年第 5 期。

④ 陈启智：《传统文化落后原因驳论》，《管子学刊》1988 年第 2 期。

⑤ 储昭华：《也论中国传统思维模式的特点及其出路——兼与陈晓明同志商榷》，《福建论坛》1986 年第 1 期。

现出诸多不尽一致的看法。张岱年先生近些年反复强调"自强不息"、"厚德载物"是中国的民族精神，也是中国文化传统的基本精神。① 许思园认为，中国文化之根本精神是融合与自由。② 刘纲纪把中国民族精神概括为四个互相联系的方面：理性精神、自由精神、求实精神、应变精神。③ 许苏民认为中国传统文化的根本精神是"赞天地之化育"的参与精神。④ 李宗桂则把"自强不息"、"正道直行"、"贵和持中"、"民为邦本"、"平均平等"、"求是务实"、"豁达乐观"、"以道制欲"八个方面，作为中国文化的基本精神。⑤ 方立天则把中华民族精神的内容归纳为"重德精神"、"务实精神"、"自强精神"、"宽容精神"、"爱国精神"，并以"自强精神"为核心。⑥ 1991 年在山东召开的"中国哲学与中华民族精神"学术讨论会上，与会学者从不同角度对中华民族精神作了多方面的概括，列举出中华民族精神要素，去掉重复之处，累计有 38 条之多。简约概括为：①自强不息、厚德载物的精神；②人文精神；③融合与自由精神；④宗法伦理精神；⑤民胞物与的仁爱精神。其本质核心是对"内圣外王"的终极关怀，或者说是对理想社会和理想人格的积极追求。⑦

上述种种看法，有一个共同点，都把"中华民族精神"看成是中国文化的本质与核心。尽管用语有所不同，却无根本性的差异。这里涉及如下几个问题。

第一，中华民族精神的"精神"一词的准确含义指什么？在山东的"中国哲学与中华民族精神"研讨会上有两种基本看法：一是认为，这一精神概念就是指相对于物质的一切意识领域中的现象，包括各种心理、思维、观念、学说、理论、认识等，因此研究中华民族精神就是从精神上分析中华民族。应当从广义的概念上把握。二是认为，这一精神概念应作狭义的理解。它专指一切意识现象中处于核心地位而又相对稳定的成为民族精神支柱

① 张岱年：《文化传统与文化精神》，《学术月刊》1986 年第 12 期。
② 许思园：《论中国文化二题》，《中国文化研究集刊》第 1 辑，复旦大学出版社 1984 年版。
③ 刘纲纪：《略论中国民族精神》，《武汉大学学报》1985 年第 1 期。
④ 许苏民：《论中国传统文化的根本精神》，《福建论坛》1985 年第 5 期。
⑤ 李宗桂著：《中国文化概论》第 348—363 页，中山大学出版社 1988 年版。
⑥ 方立天：《民族精神的界定与中华民族精神的内涵》，《哲学研究》1991 年第 5 期。
⑦ 宋天：《关于中华民族精神问题的研讨综述》，《哲学研究》1991 年第 10 期。

的东西，不能泛指一切精神现象。①

第二，关于民族精神的含义如何界定？刘文英认为，中华民族精神应该是中华民族精神文化中固有的并且持续不断的一种历史传统，应该是中华民族生存和发展中具有维系、协调和推动作用的一种活的精神力量。这种历史传统和精神活力正代表着中华民族整体的精神风貌和精神特征。其主要内容则是中华民族共同的价值理想、价值目标、价值实现的方式与道路，一句话，中华民族共同的价值观念。② 在山东的"中国哲学与中华民族精神"学术讨论会上，关于如何界定中华民族精神，有三种看法：一是侧重于从精神的客观性来说明，把民族精神归结为一个民族共同遵奉的文化传统、观念体系、规范准则、思想智慧的结晶等，它虽属于意识范畴，却是独立于主体之外而又要求主体遵循的一种精神性存在。有的还明确说，民族精神属于波普说的"世界3"范畴。二是侧重于从精神的主体性来阐述，认为民族精神主要表现于民族心理素质、风貌、品质性格之中，成为这个民族认识与实践的内在规定性，它是活着的东西，应对现实的民族特性进行实证性研究。三是把上述两种看法合起来又加以引申，认为民族精神从它相对于社会存在而言是主体性的，从它相对于民族中的各个成员（个体）来说又是客观存在的；民族精神在其发展中既有传统性，又有现实性，既是相对稳定的，又是发展变化的。③

第三，关于民族精神的内容，是只讲精华部分，还是包括糟粕在内？张岱年先生认为，"中华精神"即是指导中华民族延续发展、不断前进的精粹思想。④ 在一个民族的精神发展中，总有一些思想观念，受到人们的尊崇，成为生活行动的最高指导原则。这种最高指导原则是多数人所信奉的，能够激励人心，在民族的精神发展中起着主导的作用。这可以称为民族文化的主导思想，亦可简称为民族精神。它必须具备两个条件：一是有比较广泛的影响；二是能激励人们前进，有促进社会发展的作用。⑤ 也有人认为，民族精

① 宋天：《关于中华民族精神问题的研讨综述》，《哲学研究》1991年第10期。
② 刘文英：《中华民族优秀传统的哲学探讨》，《哲学研究》1991年第11期。
③ 宋天：《关于中华民族精神问题的研讨综述》，《哲学研究》1991年第10期。
④ 张岱年：《中国文化的历史传统及其更新》，收入《文化与哲学》，人民教育出版社1988年版。
⑤ 张岱年：《文化传统与文化精神》，《学术月刊》1986年第12期。

神像一个人一样，既有优点又有缺点，既有民族的优秀精神品质又有民族的劣根性，精华与糟粕同在。既然民族精神具有二重性，因此对待民族精神要一分为二，有所取舍，要批判地继承。还有人认为民族精神作为研究的对象，应如实地把它看成既有精华又有糟粕的精神形态，去其糟粕才能取其精华，不应把民族精神看成纯而又纯的东西。但是，民族精神作为宣传、弘扬的内容，则应当是民族精神中正面的东西，负面的东西不可概括在民族精神之中。因此，对待民族精神要把研究与宣传适当地加以区分。①

此外，还有民族精神与阶级意识的关系问题，有两种意见：一是认为，民族精神是本民族各阶级中人所共有的精神，它是超越阶级界限的精神形态，又是体现于各阶级意识中的共同因素。二是认为，民族精神总是以各历史阶段的先进阶级的意识为主导形态，它不是超越各阶级意识的空洞抽象，而主要是反映在不同时期先进阶级的精神风貌中。②

关于民族精神的传统性与时代性的关系问题，也有两种意见：其一，大多承认民族精神作为民族的传统特性，是长久存在的，具有稳定性；但它又是发展变化的东西，反映在民族精神的时代性之中。民族精神是传统性与时代性、稳定性与变动性的结合，不能停留在某一历史阶段上来概括。其二，认为民族精神的传统性总是通过特定的时代性加以体现，对民族精神也总是站在一定的时代性高度加以概括，因此，在不同历史阶段概括民族精神是不同的，适合于一切时代的民族精神是空洞的或者说不存在的，这种概括也是没有意义的。③

关于民族精神与国民性，20 世纪 20 年代就有人提出这个问题。当时思想界提出改造国民性问题。所谓国民性，主要指一些所谓的劣根性，如愚昧、守旧、怯懦、盲从、散漫、迟缓、没有时间观念、没有效率观念等一些落后的"国民积习"。改造国民性就是改造落后的"国民积习"。鲁迅先生就此讲了很多话。那么，中国国民是否只有劣根性而没有良根性？假如中华民族只有劣根性，它是怎样发展到今天而不消亡？张岱年先生认为，中国人还是有许多优良品质的，我们不能妄自菲薄。一个延续五千余年的大民族，

---

① 宋天：《关于中华民族精神问题的研讨综述》，《哲学研究》1991 年第 10 期。
② 宋天：《关于中华民族精神问题的研讨综述》，《哲学研究》1991 年第 10 期。
③ 宋天：《关于中华民族精神问题的研讨综述》，《哲学研究》1991 年第 10 期。

必定有一个在历史上起主导作用的基本精神，这个基本精神就是这个民族延续发展的思想基础和内在动力，同时它也培养了国民的性格，即国民性。中华民族的精神就表现在《易传》中的两个命题："天行健，君子以自强不息"；"地势坤，君子以厚德载物"。一个是奋斗精神，另一个是兼容精神。① 它们既是民族精神，也是国民性的一种表现。

姜义华对国民性的产生和发展作了比较深入的理论分析。他认为，随着自然、地理、民族构成状况、社会经济条件、社会政治结构、社会文化发展程度等因素的改变，特别是生产力发展水平、社会阶级构成及阶级斗争形势、社会权力结构等因素的改变，国民性与人的社会性中其他诸层次一样，不可避免地要发生变化。因此，坚持唯物史观，就必须将国民性的改造与对客观环境的改造紧密结合起来。他还认为，国民性中总不可避免地包含保守性的一面，又包含变动性的一面。保守性表现了社会关系总合及其他各种历史条件自身的延续性、稳定性；变动性则表现了它们的发展变化，不能简单地把前者或后者分为消极或积极、优良或恶劣。②

还有一些人对国民的劣根性提出尖锐的批评。也有人借中国台湾学者柏杨的话来表达自己对国民性的批判。

总之，对国民性的研究已经重新开始，研究的视角也趋于多方面，这将有利于正确认识国民性改造和前进的方向与动力。

关于民族精神的讨论还有很多而且还在继续。《山东社会科学》于1990年特辟专栏对民族精神进行讨论，《哲学研究》于1991年第11期特辟《中华民族优秀传统的哲学探讨》栏目，对民族精神、民族优秀传统等问题进行探讨。其中，提出了许多观点，此处不再一一介绍。

二、 中西文化的关系

关于如何处理中西文化之间的关系是历次文化论争的焦点之一。在近

---

① 张岱年：《文化传统与文化精神》，《学术月刊》1986年第12期。
② 姜义华：《中国国民性问题析论》，收入《中国传统文化再估计——首届国际中国文化学术讨论会论文集》，上海人民出版社1987年版。

20 年的文化讨论中，学者们在前人讨论的基础上，提出了一些新的观点，如"综合创造论"、"中西整合，优势互补论"、"西体中用论"等。而"全盘西化论"，也有人重新提出。

（一）"西体中用"与体用之辨

中西体用之争，自中国近现代打开国门之后从来没有停止过。"中学为体，西学为用"是 19 世纪末 20 世纪初讨论中西文化关系的一个热点问题，持这一观点的是当时的洋务派，误以为西方文化仅仅以具体的科学技艺见长，而精神文化远不及中国，主张以中国的伦常名教为原本，以西方的富强之术为用。这一观点一提出，就受到了严复等人的批评，指出其维护中学、贬抑西学的保守实质和割裂体用、调和折中的思想方法。到了 20 世纪 80 年代，在随着改革开放潮流而兴起的"文化热"中，这一延续了百年之久的老论题又被提了出来。在对"中体西用"的批评中，黎澍率先提出了一种与之针锋相对的新理论，即"西体中用"，李泽厚继之作了详细论述。80 年代中西体用之争，除了对"中体西用"进行历史和现实的分析、评论之外，主要围绕着"西体中用"论的实质、理论根据、思维特征和概念内涵等问题展开。① 可以概括出这样一些观点：

第一，"西体中用"论的基本观点。黎澍对近现代历史进行分析后提出，要把"中学为体，西学为用"这种流行的观念颠倒过来，改为"西学为体，中学为用"。他认为，马克思主义是西学，我们承认马克思主义是指导我们思想的理论基础，就是承认西学为体。现代化也必须以西学为体，否则不是现代化。② 李泽厚则说，所谓"西体"就是现代化，就是马克思主义，它是社会存在的本体和本体意识。它们虽然都来自西方，却是全人类和整个世界发展的共同方向。所谓"中用"，就是说这个由马克思主义指导的现代化进程仍然必须通过结合中国的实际（其中也包括中国传统意识形态的实际）才能真正实现。"西体中用"规定的中国未来的道路应是社会存在的本体（生产方式、上层建筑和日常现实生活）和本体意识（科技思想、意识形态）的现代化（它源自西方，如马克思主义）和中国的实际（包括

---

① 北久矢：《中西体用之争概述》，《哲学动态》1988 年第 4 期。
② 黎澍：《中西文化问题》，《历史研究》1989 年第 3 期。

儒学作为中国文化心理的客观存在这个实际）相结合。概言之，"西体中用"就是"现代化为体，民族化为用"。①

李泽厚的"西体中用"论一反清末"中体西用"论者以科技为"用"的观点，在他看来，科技不是"用"，而是属于"体"的范畴；也一反以观念形态、政治体制、三纲五常为"体"的观点。在他看来，"体"有两重含义：一是社会存在的本体（即社会存在）；二是本体意识（即社会意识）。前者为工艺社会结构，后者为文化心理结构，两者都有一个现代化的问题。现代化并不等于西方化，但在发展大工业生产方面，现代化也就是西方化。关于"中用"，他认为也有两重含义：一是把"西体"运用于中国；二是把中国传统文化和"中学"作为实现"西体"（现代化）的途径和方式。只有在这种"用"中，"西体"才真正正确地"中国化"，而不是在"中国化"的旗帜下，变成"中体西用"。他分析了自"五四"以来的西化派和国粹派，认为"全盘西化"派强调普遍性，国粹派强调特殊性，两者都有各自的片面性。只有去掉片面性，真理才能显露，这就是"西体中用"。②

第二，对"西体中用"论的评论。汪澍白认为，"西体中用"论是一种崭新的体用观，它旗帜鲜明，支持开放和改革。虽然它仍将中西文化关系纳入"体用"范畴，似有不尽恰切之处，但提倡开放，又要求结合中国国情，方向对头。③ 还有一些人肯定"西体中用"观点的合理性，如吴忠民认为，"西体中用"较之"中体中用"、"中体西用"、"西体西用"有更多的合理成分。一是"西体中用"试图将中西文化并入一个体系之中，承认中国文化和西方文化都是创造中国民族文化不可缺少的，从而在总体上杜绝了全盘西化的可能性，排除了民族文化虚无主义倾向。二是"西体中用"注意到了一般性文化即与生产方式密切关联的那一部分文化的重要性。这就克服了"中体中用"的局限性，避免了国粹主义。三是尽管"西体中用"和"中体西用"都看到了中西文化不可无，但在具体处理一般性文化与民族特殊性文化的关系时，"西体中用"则把一般性文化放在一个更加重要的位置，这

① 李泽厚：《"西体中用"简释》，《中国文化报》1986 年 7 月 9 日；李泽厚：《关于儒学与现代新儒学》，《文汇报》1986 年 1 月 28 日。
② 李泽厚：《漫说"西体中用"》，《孔子研究》1987 年第 1 期。
③ 汪澍白：《毛泽东的中西文化观与当前中西文化争鸣》，《毛泽东思想研究》1987 年第 1 期。

种做法显然要比"中体西用"高明。①

不赞成"西体中用"的论者则从不同的角度对"西体中用"进行了评析，形成了几种不同的观点。

一种观点认为，"西体中用"论实质上就是"全盘西化"论。默明哲认为"西体中用"可以倒称为"中用西体"，也就是在中国搞"全盘西化"。把西方资本主义的商品经济和整个上层建筑通通搬到中国来，让其扎根、开花、结果，摆脱中国文化的传统形态，根本改造和彻底重建中国文化，实现中国文化现代化，就是要全盘西化。王俊义、房德邻也持相似观点。另一种观点则认为，"西体中用"论虽有西化的倾向，但还不等于"全盘西化"论。方克立认为，李泽厚对区别于前后现代化社会的"现代化"概念所作的规定，一强调它源自西方，二强调它是以"个人竞争，优胜劣败"为特征的，这就叫人很容易理解为资本主义的现代化。但是，他也曾作出这样的概括，即"西体者，社会主义现代化是也，而所谓'中用'，就是怎样结合实际运用于中国，这也就是马克思主义的中国化"。由此可见，这种理论虽有若干混乱和不明晰之处，但同明确主张走资本主义道路的"全盘西化"论毕竟还是有区别的。在对"西体"和"西学为体"的评论上，一种观点认为，"西学为体"的提法失之笼统。张岱年认为，"西学"的范围很广，在现代西方国家占主导地位的还是资产阶级思想体系，如果抽象讲"西学为体"，难免引起误解。而且，在中国真正发挥作用的是与中国革命实际相结合的马克思主义，这个与中国革命实际相结合的马克思主义也不能说仅仅是"西学"。把马克思主义也包括到"西学"中去的提法是不合适的。默明哲认为，从整体或总体上看，西学是指当代资本主义社会、资产阶级经济、政治在观念形态上的反映，因而不能"嫁接"到我们社会主义的土壤上。具体理由有三：一是一般人所说的"西学"，是指西方资本主义中占统治地位的社会学说和自然科学。这是约定俗成的，如把马克思主义硬加进"西学"中去，就会造成混乱。二是马克思主义虽产生于西方，但它又是西方资产阶级所不能容忍的。马克思主义与资产阶级的社会学说，根本不能压合成一块东西，同时拿来，共同当做依据。三是马克思主义既不同于中国传统的封建文化，又不同于西方的资本主义文化，它是在否定资本主义文化基础

---

① 吴忠民：《"西体中用"评议——求教于李泽厚先生》，《哲学动态》1988 年第 1 期。

上形成的新型文化。①

　　还有一种观点认为，"西体中用"带有一种明显的代替论的色彩，且缺乏一种主动再创造的精神。② 因而不能作为我国社会主义新文化建设的指导方针，它既不能概括 19 世纪末以来中西文化交融的历史，也不能预测 21 世纪中国文化发展的前景，我国目前的物质基础、生产方式、上层建筑、意识形态，与其说是"西体"，毋宁说是"中西结合体"。方克立还指出，李泽厚在使用概念上有时混乱不清。如有时他把"科技"（作为客观存在的生产力）和"科技理论"（他所谓的"本体意识"）混淆在一起。还有他通常把马克思主义作为"本体意识"的一种包括在"西体"中，但有时又说马列主义是学而不是体。③

　　在对"中用"和"中学为用"的评论上，一种意见认为，李泽厚所说的"中用"，实际上就是"中用西体"，这就完全改变了体用关系的本来含义，等于取消了体用关系。还有一种意见认为，把中国本土文化仅仅看做是"用"和"形式"，就是否定民族文化的主体性，持此说者为张岱年先生。朱宗震也认为，"西学为体，中学为用"的文化心态，难以使东西方文化发挥其特有的优势，在再创造的前提下复兴。④

　　还有不少文章对"西体中用"论割裂体用的思维模式提出批评。方克立认为，"西体中用"论在思维结构上和"中体西用"论并无二致，都没有超出中西对立、体用二元的思维模式。⑤ 郭齐勇也认为，尽管李泽厚的"体"与张之洞的"体"不同，然而思维框架却是一致的。中西文化互为体用之说，很难避免割裂体用，甚至可能重蹈"全盘西化"或"本位文化"的覆辙。⑥ 王俊义、房德邻则认为，所谓的"西体中用"的提法，同严复批判"中体西用"为"牛体马用"是一样的。⑦ 而袁阳则运用社会学的"整

---

① 默明哲：《关于"中体西用"和"西体中用"的反思》，《社会科学》1986 年第 6 期。
② 吴忠民：《"西体中用"评议——求教于李泽厚先生》，《哲学动态》1988 年第 1 期。
③ 方克立：《评"中体西用"和"西体中用"》，《哲学研究》1987 年第 9 期。
④ 朱宗震：《中西文化比较研究的若干方法论问题》，《世界历史》1987 年第 2 期；张岱年：《中国文化的历史传统及其更新》，1986 年 9 月 21 日在中央人民广播电台的讲话。
⑤ 方克立：《评"中体西用"和"西体中用"》，《哲学研究》1987 年第 9 期。
⑥ 郭齐勇：《现代化与中国传统文化刍议》，《武汉大学学报》1986 年第 5 期。
⑦ 王俊义、房德邻：《对 80 年代"文化热"的评价与思考》，收入《传统文化与现代化》，中国人民大学出版社 1987 年版。

合”概念，对“西体中用”进行了评判。①

第三，关于“体”、“用”之辨。体用是中国古代哲学的范畴。文化的体用问题是运用中国哲学的范畴来讨论文化问题。这是处理文化问题的中国方式。

关于体用的含义，张岱年先生认为，在中国古代哲学中，所谓的体用，基本上具有两种不同的含义：第一种含义是，体指实体，用指作用，体用是实体与作用的关系；第二种含义是，体指原则，用指应用（原则的运用），体用是原则与应用的关系。一般所谓文化的体用是指体用的第二种含义。所谓体指文化的最高指导原则，所谓用指实现原则的具体措施。“中学为体，西学为用”中的体用就是此意。② 方克立的观点与张岱年相似，也认为体用有两个基本含义：一是指本体（实体）及其作用、功能、属性的关系；二是指本体（本质）和现象的关系。③

通过对体用范畴的考察界定，通过对“中体西用”和“西体中用”所共有的中西对立、体用二元的思维模式的反思，人们提出了这样的问题，在中西文化关系问题上，是否必须用体用模式？怎样用？

一种观点认为，只要明确“体”、“用”范畴的含义，或对它们重新加以解释，这对范畴在今天不仅可以继续使用，而且有重要的现实意义。李泽厚认为，对“体”、“用”、“中”、“西”重新作番研讨，有重要的现实价值和理论价值。④ 张岱年也认为，明确文化的“体”与“用”很重要。但我们不应以中西分体用，而应是“今中为体，古洋为用”。“今中为体”，就是以社会主义思想体系为体，其中包含对于中国固有的优秀传统的批判继承问题；“古洋为用”，就是在科学技术方面尽力学习西方，同时在艺术方面兼采民族形式。此外，还有“马克思主义为体，兼学西学”，“中西为体，西中为用”以及“中国本位的中西互为体用论”等提法。⑤

另一种观点认为，简单的“体用”模式已不能说明今日复杂的古今、

---

① 袁阳：《中国传统文化的非整合性及其对现代化的社会负功能分析》，《社会学研究》1991 年第 6 期。
② 张岱年：《现代中国文化的体与用》，《社会科学家》1987 年第 1 期。
③ 方克立：《评“中体西用”和“西体中用”》，《哲学研究》1987 年第 9 期。
④ 李泽厚：《漫说“西体中用”》，《孔子研究》1987 年第 1 期。
⑤ 北久矢：《中西体用之争概述》，《哲学动态》1988 年第 4 期。

中西文化关系问题,传统哲学中的"体"、"用"范畴,很难用来确切表述中国社会主义新文化建设的指导方针。丁旭光认为,要建设当代的中国的社会主义多样性文化,就需要摆脱"中西"、"体用"观及相随而来的"二分法"、"二元论",走出"中西"、"体用"怪圈。① 方克立认为,在今天,必须抛弃中西对立、体用二元的僵固思维模式,排除盲目的华夏优越感和崇洋媚外等狭隘感情因素,以开放的胸襟,从中国社会主义现代化建设的实际需要出发,批判地借鉴和吸取古今中外一切有价值的文化成果,经过辩证的综合和扬弃,努力创造出一种"以马克思主义为指导的批判继承历史传统而又充分体现时代精神的、立足本国而又面向世界的"高度发达的社会主义新文化。如果不是将中西文化辩证地融合在一起,无论是"西用"嫁接在"中体"上,还是"西体"移植到"中用"上,都很难避免使之变形,搞出一种"不中不西、即中即西",矛盾混杂,"支绌灭裂"的怪胎来。这种体用二元的思维方式不但比传统体用观还要落后,尤其不适用于今天开放的时代。② 张立文也认为,今天在中西文化的挑战和回应中,重复张之洞的"中体西用"不行,后来倡导的"西体中用"亦不行,即使是中西互为体用、进而中西非体非用、即体即用也是不行的。中国传统文化主体性要超越这四种"体用"观,不要拘泥于中西文化如何配搭、分量主次,要以开放的通识,迎接未来。③

(二) 民族虚无主义与全盘西化论

"全盘西化",最早提出的是 20 世纪 20 年代的胡适。到 30 年代,陈序经作了系统论述,他在《中国文化的出路》中对中国文化的三种前途,即"全盘西化"、"坚持复古"、"折中调和"作了比较研究,得出的结论是:我们的唯一办法,是全盘接受西化。陈序经的观点一经提出,就受到各方面的批驳。胡适为摆脱陈序经的困境,提出改"全盘西化"为"充分世界性"。但陈并不领情,反而批评胡适的退让态度,表示自己绝不改变原来的

① 丁旭光:《摆脱文化比较的"中西"、"体用"思维定式》,《广东社会科学》1989 年第 2 期。
② 方克立:《评"中体西用"和"西体中用"》,《哲学研究》1987 年第 9 期。
③ 张立文:《中国传统文化及其形式和演变》,收入《传统文化与现代化》,中国人民大学出版社 1987 年版。

立场。

到了20世纪60年代，在中国台湾，以《文星》杂志为阵地，李敖、居浩然重新挑起"全盘西化"的大旗，与陈立夫等复古保守主义者展开论战，主张全面移植西方文化，全盘否定传统文化。

在中国大陆，自新中国成立后直到1978年十一届三中全会召开，在近30年的时间里，一直处于较封闭的状态，中外交流没有正常展开，文化的冲撞也不激烈。改革开放之后，随着西方物质文明的引进，西方的各种文化思潮也蜂拥而至。中西文化再一次相遇相撞，如何处理两者的关系，再一次成为中国人必须面对、必须解决的问题。主张全盘西化，否定传统文化的主张也再次出现。其中最有代表性的是方励之、刘晓波，还有《河殇》。

方励之在1986年的几次讲话中反复讲到，他自己是欣赏"全盘西化"的观点的，并解释说，他所理解的全盘西化，即是全盘的、全方位地开放。因为我们的整体文化比世界的先进文化要落后。面临这种状态，我们应当全方位地开放，要让整个先进文化来冲击我们整个方面，包括政治、经济、文化、科技、教育所有领域。在这个冲击里，好的东西会留下来，坏的东西会全部荡涤掉。在开放、冲击之前，说坚持什么是没有根据的。①

刘晓波认为传统文化是一个已让国人背了几千年的"十字架"，传统文化毫无可取之处。他明确声明，"对传统文化我全面否定。我认为传统文化早该后继无人"。② 在传统文化中，"看不到精华，只见糟粕"，即使是代表中国古代灿烂文化结晶的四大发明，如果"把它们放入传统文化的整体之中，也会发现其消极作用绝不亚于积极作用"。所以，要改变中国"在世界近现代史上彻底落伍"的状况，就必须"全面地、彻底地向西方学习"。"应当全方位开放，或者叫全盘西化"。③

这种否定中国传统文化，颂扬西方文化，乃至主张"全盘西化"和民族虚无主义的思潮，经《河殇》的渲染达到高峰。《河殇》运用现代的视听手段，以充满激情的言辞，告诉人们，悠久的历史文化遗产是巨大的文化包

---

① 参见张秉楠、邵汉明主编：《中国新时期学术思潮》（文化卷）第134页，吉林教育出版社1996年版。
② 刘晓波：《与李泽厚对话——感性、个人、我的选择》，《中国》1986年第10期。
③ 参见张秉楠、邵汉明主编：《中国新时期学术思潮》（文化卷）第134—135页，吉林教育出版社1996年版。

祓。中国的出路只能是刷新中国文化的颜色。①

对这种否定传统文化、主张全盘西化的观点，许多人提出了批评意见。万军认为，"全盘西化"论者总是自觉不自觉地以西方模式来衡量中国文明，他们往往持有一种直线的评判标准和理想，他还从文化背景上，就民主、科学和道德三个方面对中西文化进行比较，从而揭示出"全盘西化"论的片面性。②

黄坤在《评刘晓波的〈选择的批判〉》中说，刘晓波所写的东西，从头到尾都是罗素批评过的那种为使读者震惊而采用的逆理悖论的表达方式。他以偏激为热忱，以偏见为真理，说话好趋极端。这集中表现在他对中西文化的评价上。在刘晓波看来，西方文化样样都好，而中国文化只是一堆发出腐烂气味，使人窒息的垃圾，必须彻底扫除。黄坤认为，他是以极端的偏见，对中西问题进行随心所欲的曲解。③

张岱年、程宜山认为，在20世纪80年代的文化论坛上，"全盘西化"论与其说是一个严肃的理论主张，还不如说是一个情绪化的口号。20世纪80年代鼓吹"全盘西化"的人有时把"全盘西化"当成一个与"全方位开放"同义的口号加以肯定，主张全方位引进西方文化，包括哲学、政治、经济等学说和制度，用以冲击中国现有的一切。这种主张基本上还是胡适"全盘西化"论的老调重弹。这种主张的政治含义是效法西方走资本主义道路。在中国人民经过近百年的奋斗已经选择并走上了社会主义道路的80年代重提这种主张，只能损害好不容易才形成的统一、安定、团结的政治局面，干扰现代化的进程。④

龚书铎指出，在新民主主义革命时期，不论是"全盘西化"论，还是"中国本位文化"论，一个共同点，就是反对、排斥马克思列宁主义，否定中国共产党领导的新民主主义革命，反对走社会主义道路。历史的经验值得注意。如今一些人利用中西文化问题的讨论，否定中国传统文化，鼓吹

① 参见《河殇批判》（附《河觞》），巴蜀书社1989年版。
② 万军：《关于中西文化比较的几个问题》，《理论探讨》1987年第3期。
③ 黄坤：《评刘晓波的〈选择的批判〉》，《文艺理论研究》1989年第1期。
④ 张岱年、程宜山著：《中国文化与文化论争》第392—393页，中国人民大学出版社1990年版。

"全盘西化"，目的是反对四项基本原则，要中国走资本主义道路。① 钱逊则从理论、历史、思想等几个方面对民族文化虚无主义进行了探讨。他认为民族文化虚无主义的重要思想根源在于：①夸大文化的作用，脱离经济、政治的发展，脱离社会历史背景，就文化谈文化，把文化看成历史发展的决定因素。把现实的一切弊病归罪于传统文化，把全盘否定传统文化当做解决一切问题的唯一良方。②强调文化的整体性。认为传统文化是一块铁板，要否定就必须全盘否定。文化的移植必须是整体的移植，要学习西方文化就必须把西方的一切都拿过来。③认为文化发展和现代化道路是一元的，现代化等于西化。西化程度愈高，现代化程度也就愈高。②

隽义、艾平进而指出，否定传统文化，主张全盘西化论者割断了历史与现实的联系，割裂了传统文化与其因素的联系；他们把中西文化完全对立起来，不承认两者可以互相吸收和交融，是一种形而上学的观点；他们不对历史进行总体考察，而是利用某一部分材料或抓住某一方面问题，任意贬低和彻底否定传统文化，这种以偏概全的方法，在理论上表现出很大的随意性和片面性。③

铁钧指出，"全盘西化论"是"民族文化虚无主义"的孪生兄弟，后者为前者准备条件，前者是后者发展的必然趋势。④ 要避免和克服这对孪生思潮，我们应该对中西方文化进行全面、系统的分析研究，坚持客观求真、实事求是的原则，批判地继承传统文化，批判地吸收西方和其他外来的有益的文化，发展社会主义新文化。

（三）"中西整合、优势互补"论

一些学者在分析研究了"儒学复兴说"、"彻底重建说"、"西体中用"说、"全盘西化"论等主张之后，提出了一种"中西整合、优势互补"论，

---

① 龚书铎：《正确对待传统文化和西方文化》，收入《民族文化虚无主义评析》，中国人民大学出版社 1990 年版。

② 钱逊：《关于克服民族虚无主义的几点想法》，收入《民族文化虚无主义评析》，中国人民大学出版社 1990 年版。

③ 隽义、艾平：《试析文化研究中的民族虚无主义倾向》，收入《民族文化虚无主义评析》，中国人民大学出版社 1990 年版。

④ 铁钧：《民族文化虚无主义的历史回顾》，收入《民族文化虚无主义评析》，中国人民大学出版社 1990 年版。

比较有代表性的观点是"中魂西体"论、"杂交"优化论。

关于"整合"的含义，袁阳指出，整合是结构功能主义整体分析方法中的一个重要概念，它意指整体的各部分通过分工合作所达到的最佳功能状态。具体包含以下内涵：①部分间的功能协调与关系和谐；②各部分终极目标的一致；③具有一种普适的核心价值作为整合的主体。系统必须同时具备这三个条件方能构成整合的整体。① 依据这一理论检讨自鸦片战争以来，中国人处理中西文化关系问题上的主张，"中体西用"、"西体中用"、"全盘西化"、"本位文化"等，都把一种文化价值看成是绝对的，中西文化两极对立，此优彼劣，彼优此劣，未能形成一个整合系统。

为了突破这一百年的困境，开拓出一条中国文化与西方文化平等选择、共同发展的广阔渠道，就应在心平气和的兼容并蓄中创造出一种中西整合、优势互补的现代文化。刘立林提出了一个"中魂西体"（或曰"中道西器"）的口号。他说，他的这一口号是在综合前人和当代众多学者优秀成果的基础上提出的。这一口号并不完全否定前人提出的"东方尚道，西方尚艺"这一中西文化比较研究的框架，而恰恰是建立在这一历史框架之上的。因为，世界上任何一种健全发展的文化，都只能是道与器、魂与体、精神文明与物质文明的互补统一、和谐发展。取中西道魂、器体之长，使二者相互依存地结合在一起，将二者一视同仁，即是他所说的"中魂西体"。何谓"中魂"？何谓"西体"？对此他的解释是，"中魂"是指"百家争鸣之魂"，"维新变革之魂"，"民族精英之魂"，"当代改革开放之魂"；"西体"是指"商品经济之体"，"先进科技之体"，"先进管理之体"，政治、法律的"透明之体"。他认为，"中魂"与"西体"相得益彰地整合在一起，就可迎来中国文化现代化的曙光。②

与此观点相近，鲍志成提出了文化的"杂交"优化说。他借用生物遗传学"杂交优化"的理论，对文化的杂交途径、过程、优化的表现和特征等进行了探索。

关于文化杂交的途径，他概括为十个方面：①语言文字翻译。②对外经

---

① 袁阳：《中国传统文化的非整合性及其对现代化的社会负功能分析》，《社会学研究》1991 年第 6 期。
② 刘立林：《中魂西体论》，《湖南师范大学社会科学学报》1989 年第 4 期。

济贸易。③政府间的外交联系。④对外战争。⑤宗教学说的传播。⑥游历和探险。⑦移民侨居。⑧科技文艺交流。⑨报刊新闻报道。⑩广播电视通讯。

关于文化杂交优化的逻辑过程，他指出，文化的杂交过程不同于生物杂交，让两个亲代生物的遗传基因交配而产生子代这样一个生化过程。文化杂交的逻辑过程是文化内在机制的相互作用过程，包含着接触、融合和发展三个逻辑过程。

关于文化杂交的表现和特征，鲍志成将杂交的文化各自的优化和人类整体文化，即人类文明的一体化两个层次概括为，两种或多种文化杂交后，各自都得到了发展或优化，主要表现在：①丰富了各自的内容。②保存了古代文化。③加速了文化的发展。④促进了文化的世界化。文化杂交优化发展的规律表现为：①从交往的横向性到发展的纵向性。②从传播的偶然性到融合的必然性。③从范围的地区性、民族性到全世界性、全人类性。文化的"杂交优化"，通过吸收、引进直接把外来文化的某些成分变成自己的东西，补足原有文化的欠缺，使不同地区、民族文化之间发达程度的差异越来越小，促进世界文明的一体化。①

关于"中西整合"的言论还有一些，因较松散，此处不做介绍。

（四）"综合创造"论

在对中国文化未来发展模式的探讨中，一些学者回顾了 16 世纪以来历次文化论争中的主要文化主张，分析它们的正误得失之后，提出了一个新的主张——综合创造论。持此说的为张岱年先生等。

张岱年、程宜山指出，他们的综合创造论指辩证的综合，即抛弃中西对立、体用二元的僵固思维模式，排除盲目的华夏中心论与欧洲中心论的干扰，在马克思主义普遍真理的指导下和社会主义原则的基础上，以开放的胸襟、兼容的态度，对古今中外的文化系统的组成要素和结构形式进行科学的分析和审慎的筛选，根据中国社会主义现代化建设的实际需要，发扬民族的主体意识，经过辩证地综合，创造出一种既有民族特色又充分体现时代精神的高度发达的社会主义新中国文化。这就是他们的综合创造论。

他们强调，这种综合不是无原则的调和折中，而是辩证的。这种结合需

---

① 鲍志成：《论文化的"杂交"优化》，《探索》1988 年第 5 期。

要创造精神，是一种创造性的综合，并为新的创造奠定基础。

他们还分析了辩证的综合创造实现的根据：其一是文化系统的可解析性和可重构性。其二是文化要素间的可离性和可相容性。

他们认为，辩证的综合创造是必要的。因为：其一，中国文化的旧系统已经落后过时，不破除这种体系结构，不吸取大量的外来的先进文化要素，不按现代化的客观需要重新建构，中国文化就没有出路。其二，文化既有时代性，又有民族性，因此，完全舍弃中国固有的文化，全盘照搬西方文化，既没有可能，也不符合客观需要。其三，西方文化虽然在整体上优于中国传统文化，但并非事事处处都高明。从基本精神看，两者各有各的独创性，亦各有各的片面性。只有凭借综合创造所形成的文化优势，才有希望弥补因落后而造成的劣势。

在分析了综合创造的可能性和必要性的基础上，他们又分析了实现综合创造需要解决的问题，即必须坚持马克思主义普遍真理的指导，必须坚持社会主义原则，必须弘扬民族主体精神，走中西融合之路，必须以创造的精神从事综合并在综合的基础上有所创造。①

与"综合创造论"相近，郭齐勇提出了"新的综合"说。他认为，中国文化的现代化模式不会是"儒学复兴"、"彻底重建"和"西体中用"，而很可能是中西文化不分主从地更加广泛和深入地相互渗透、补充、综合，是自 17 世纪以来中国文化和西方文化的进一步发展。姑名之曰："新的综合。"

他进一步解释说，中国文化的前景既不是传统文化的复归，也不是传统文化的中断；既不是以中国文化为主体吃掉（消化）西方文化，也不是以西方文化为体、为质，而是以中国文化为用为形。探寻中国现代化的道路，必须跳出简单的中西两极对立和体用割裂的思想方式，使中西文化在不断重新理解和发现对方的新价值中最终浑融无别。②

（五）中西互补观

从 20 世纪 90 年代起，在原有的"综合创造"论、"西体中用"论、

① 张岱年、程宜山著：《中国文化与文化论争》第 398—415 页，中国人民大学出版社
1990 年版。
② 郭齐勇：《现代化与中国传统文化刍议》，《武汉大学学报》1986 年第 5 期。

"全盘西化"论等观点外，一些长期在国外生活的学者结合各自的专业领域，提出了一些新的看法。如中西互补观。经济学博士王建国在他的《从治家、治国说开去——中西文化对比随想录》中谈道："在国外待了十多年，养成一种对比思考的习惯，把国外的一切都与国内相比。这一比不知生出多少想法来，而其中一条基本的发现就是：中西文化大致是互补的关系。因此，我的看法既不是中体西用，也不是西体中用，而是双向地以西补中、以中补西。"他以中西方"治国与治家"方法的不同来阐述他的互补观。他认为："西方以治国之法治家，中国以治家之法治国，各有优劣。西法治国有效，中法治家、治企业有效。故宏观西化，即以法治与市场的方法治国；微观中化，即以道德秩序治理家庭、企业。这就是我的宏观西化、微观中化互补观。"他认为，这比之中西体用之学要来得高明。日本与亚洲四小龙的经济起飞，其文化原因就是宏观上以西法治国，微观上以儒家的方法治家、治企业，其竞争力超过了西方。①

（六）"和而不同"论

持此说者的罗志田先生亦久居国外。在一系列的文章中，他对近百年来中西文化关系方面的"全盘西化"论、"中体西用"论等进行了分析，并与日本近现代化过程中提出的"和魂洋材"说进行比较，对亨廷顿的《文明的冲突与世界秩序的重建》和西方的"文化霸权"作全面的剖析之后，指出："本世纪初胡适在欲为中国'再造文明'的同时也鼓吹'充分的世界化'，那是受了'天下一家'的传统思想影响，总希望有一个超越民族文化认同的大同世界的存在。近百年以及此前数千年的人类历史经验提示，这样的理想在可以预见到的将来恐怕仍只能是个名副其实的理想。谁都希望下个世纪的世界是个冲突更少的世界，但努力的方向也许不是人们常说的求同存异（人类诚有共性，同者自同，原不必求；而人类各文化族群亦自有其个性，求也未必能同），倒是孔子提倡的'和而不同'和庄子主张的'以不齐为齐'更适合于不同文化的族群共处，也更有实现的可能。"②

---

① 王建国：《从治家、治国说开去——中西文化对比随想录》，《改革》1995 年第 1 期。
② 罗志田：《文化评论与中西文化异同》，《开放时代》1999 年第 2 期；参见罗志田、葛小佳合著：《东风与西风》，三联书店 1998 年版。

他进一步解释说：要朝"和而不同"的方向努力，首先要能既充分了解自己，又对异文化及异文化群体产生真正的"了解之同情"。而这一努力的方向恐怕不是去求同，而是先分清人我之别，即不仅弄清楚"我是谁"这一认同问题，更要将"非我"真正当做"他者"来理解。因为今日世界的融合与互动已达不可能自我封闭的程度，不论何种文化或教义，皆已不存在完全纯正不杂者。但要能够真正吸取他文化之长，则一要立足于本土文化的坚实基础，一要做到朱子所说的"虚其心"，即西人所谓的"心灵开放"，平等对待本土文化与异文化。①

（七）世界文化整合论

持此说的董小川在承认中西文化差别和个性的前提下，对中西文化的共性进行探讨，以认识世界文化整合的趋势。他在探讨了中西文化的众多共性之后指出：20世纪初，中西两个文化几乎同时发生了有史以来最严重的危机。1915年，伴随着"西学东渐"风潮的兴起，中国的新文化运动拉开了序幕。中国先进知识分子打出了"打倒孔家店"的口号，中国传统儒家文化面临内外双重挑战。1919年，伴随着俄国十月社会主义革命的胜利，德国著名哲学家施本格勒出版了他的《西方的没落》，提出了西方文明不可避免的没落趋势，从而使西方人第一次在事实和哲理上体味到一种危机感。1934年，汤因比出版了他的《历史研究》第一卷，明确提出6000年来共出现过的26个文明，都经过了起源、生长、衰落和解体这样四个阶段，从而再一次预言西方文明总要衰落和解体，西方文明再一次被人审视。1976年汤因比又预言："促成世界大一统的很可能既不是西方，也不是哪个西方式的国家，而是中国。"近年来，从中国大陆到中国港台，新儒家复兴儒学的呼声不绝于耳。1996年，亨廷顿的《文明的冲突与世界秩序的重建》重新把人们的视野转向了东方文明取代西方文明的可能。所有这些都证明，东西两种文化和两个文明都面临着危机，都在经受现代文明的考验。当然，我们不认为西方文化会被东方文化所取代，也不认为东方文化与现代化不可融合，而是认为，世界文化整合的大趋势不可阻挡，人类文化走向大一统的前

---

① 罗志田：《文化评论与中西文化异同》，《开放时代》1999年第2期；参见罗志田、葛小佳合著：《东风与西风》，三联书店1998年版。

途是光明的。①

与此观点看似相近，实则不同的另一观点是来自其他民族的一些学者。1995 年，一本题为《从世界文化碰撞中诞生的创造性和平》的德文著作，在法兰克福、柏林、波恩和维也纳等地同时出版发行。次年英文版在印度、西班牙文本在委内瑞拉出版。1998 年略有删节的中文本《文明：从"冲突"走向和平》出版。该书作者们认为：没有文化的碰撞，就没有真正的和平；害怕与其他文化碰撞的保守心态、压制其他文化的殖民心态，都是和平的最大敌人。冷战结束了，但历史不会像福山所预言的那样终结；文化还在发展，但文明不会像亨廷顿所预言的那样发生毁灭性冲突。文化的冲突将是创造性的，是新的人性诞生前的"阵痛"。②

真正的和平不是在世界"大同"中实现的，因为世界上纷繁的文化不可能"大同"，更不应该"大同"。真正的和平是动态的，是不同文化在保持各自特色的前提下相互碰撞、交汇的一种富于创造性的状态。③

三、 中西文化比较研究的标准和原则

进入 20 世纪 90 年代，中西文化的比较研究，在承续此前历次中西文化论争成果的同时，开始冷静、客观地、科学地思考中西文化比较研究的方法论问题，以期从中寻找中西文化沟通和协调的途径。其中探讨较多的是关于中西文化比较研究的标准和原则。

有学者指出，中西方文化的比较研究已经有一百多年的历史。这个比较总是以西方文化模式为标准。西方人如此，中国人也如此。在这样的比较下，中国文化就成了没有哲学、没有科学，只有技术的、经验性的素朴的仿佛原始的文化。显然，这与事实相背。事实是，中华民族的文化是一种独特模式的文化、伟大的文化，有着悠久的历史。这是无可否认的。得出如此荒

① 董小川：《中西文化共性论纲》，《东北师大学报》1999 年第 3 期。
② ［德］海因里希·贝克、吉塞拉·希密尔贝尔主编，吴向宏译：《文明：从"冲突"走向和平》，中国社会科学出版社 1998 年版。
③ ［德］海因里希·贝克、吉塞拉·希密尔贝尔主编，吴向宏译：《文明：从"冲突"走向和平》，中国社会科学出版社 1998 年版。

谬的结论，无疑是这个比较有问题，是比较的标准出了问题。事实证明，文化比较不能以比较中的某一方为标准。文化比较应当有一个客观的高于二者具体形态的、有益于人类发展的尺度为标准。① 师述文进一步阐述说，所谓"文化比较的标准"，就是"怎样在理论上评价一种文化的优劣及决定进行文化抉择时的价值取向，关键上承认历史进步性及衡量这种进步性的客观标准"。② 这个标准就是"生产力"的发展。"有了这个标准，人们就可以判断一定历史时期的文化传统的优劣、新旧，并作出科学的抉择。"只有这样才能"在总体上确立各种不同生产力水平的文化现象和类型的历史地位和价值归属的同时，还看到这些文化现象和类型的继承性"③。

关于中西文化比较研究的原则，李仙飞在分析新儒家对中西文化比较中存在的态度后指出："本世纪乃至未来世纪的最近年代，中国与西方世界处于两个文明时代，所面临的文化问题与社会问题迥异。我们的任务是如何博采众长，少走弯路，是如何尽快实现现代化的问题。西方人所努力的该是如何避免现代文明走上偏途，是如何应对'后现代'问题。如果把眼下的中国问题与西方问题扯到一起，作一锅糊涂的粥来煮，或是一味揭人之短，护己之短，都于事无补。"④ 我们在中西文化比较中明智的做法应是对症下药，对己对人都"科学分析、兴利除弊、互利互补"。⑤

包利民等人认为，现时代的东西方文化仍然各自有自己的伦理问题，但它们面临的处境也许会日益具有更多共性。这样看来，东西方文化不仅能够对话，而且应当对话。对话的原则是："平等地、怀善意地倾听对方。"⑥ 从而理解对方，也真正理解自己，以便逐渐构建较为包容、完整、平衡的文化范式。⑦ 因为"文化比较之所以必要，乃是人类自我完善的一种手段，或曰趋于真善美的一条途径"。"文化比较的大旨，就是去劣存优，去落后赶先进。"⑧

---

① 王永云：《东、西方文化比较中的一个原则问题》，《学术交流》2000 年第 1 期。
② 师述文：《文化的比较和比较标准》，《北京社会科学》1990 年第 3 期。
③ 师述文：《文化的比较和比较标准》，《北京社会科学》1990 年第 3 期。
④ 李仙飞：《新儒家中西文化比较中的歧出》，《东方》1999 年第 8 期。
⑤ 李仙飞：《新儒家中西文化比较中的歧出》，《东方》1999 年第 8 期。
⑥ 包利民：《多维道德与东西方文化对话》，《杭州大学学报》1996 年第 2 期。
⑦ 包利民：《多维道德与东西方文化对话》，《杭州大学学报》1996 年第 2 期。
⑧ 启良著：《新儒学批判》第 345 页，上海三联书店 1995 年版。

四、 新世纪中西文化比较研究新进展

自 1978 年开始的新时期的中西文化比较研究，到 1997 年之后，随着全球化的出现而发生了三个鲜明的转变，一是对中西文化比较的方法和前提的反思；二是研究问题的方向性的转变；三是研究视阈的拓宽。此间对中西文化中具体问题的比较研究仍在继续，虽然在深度上没有超出前 20 年的范围及水平，诸如中西文化的宗教精神与伦理精神、科学精神与人文精神；中西文化特点的个体性与整体性、开放性与封闭性等等（所以关于这些问题的讨论可以参照前面的综述，此部分不再罗列），但同时出现了一些关于中西方亚文化或者说边缘性文化的比较研究。此部分我们重点谈三个问题：

（一） 对中西比较的方法和前提的反思

美国罗兹大学终生教授顾明栋在《对中西比较研究中一些文化理论问题的思考》中考察了自 16 世纪中国与欧洲发生正面接触以来，在中西文化比较研究中所运用的不同的文化理论，对具有代表性的理论范式如文化普遍主义、文化相对主义和后殖民主义等文化理论的一些显著观点和发展趋势进行了分析。

正如顾明栋先生所述，"在中西方研究领域中，最早试图解释中西广博文化的理论框架被称为'迁就主义的范式'。……该范式的基本特征就是关注中西方文化间的相似性和相容性。"此范式由利玛窦提出，为莱布尼兹等早期研究中国的欧洲学者所接受，尽管这是从欧洲中心主义出发提出的文化范式，但含有不同文明间互相理解、密切合作以及文化交流的崇高目标，莱布尼兹认为"此种方式对于无论是欧洲了解中国进而获益，还是使中国接受欧洲的观念和技术都起着至关重要的作用"。①

随着欧洲对中国了解的日益增多，"迁就主义的范式"已经无法处理文化差异的问题。为了处理中西方之间的突出差异，学者们纷纷求助于人类学

---

① 顾明栋：《对中西比较研究中一些文化理论问题的思考》，《江苏社会科学》2007 年第 3 期。

理论界的"文化相对主义",结果涌现出一系列将中国构想为西方对照物的观念结构。正如《亚洲研究杂志》的前主编戴维·巴克所评述的:"在东西方研究中,文化相对主义是如此盛行,以至于'跨越不同学科的认识论和方法论的问题涉及是否存在任何概念性工具,可以供人与人之间以有效的途径来理解和阐释人类的行为和意义'。"① "文化相对主义"的基本方法是二分法,即把东西方看做不同的两极,以一方为参照系解析另一方,在一系列的二分法中,特别是"在涉及的中西方已建立的二分法中,中国的术语不管是作为负面的类型遭受批评还是作为正面的价值受到赞颂,一种含蓄的有时甚至是明显的偏见实际上早已深深铭刻于它们内在的结构中,中国体系在其中总是处于低下的位置。"② 这是无论是捍卫还是贬低东方差异的人,反对种族中心主义和文化沙文主义的文化普遍主义者,旨在挑战以欧洲为中心的范式,且力求改正西方将自己的观念强加于非西方文化的局面的人,"都共享着大量相应的意识形态信仰"。③

这种"文化相对主义"可以说是中西比较研究中运用最久也最多的范式,因为这一"对立范式并非由单个的理论家或学者构建而成。实际上,它是在由许多学者和哲学家倾注其毕生精力的学术研究和哲学冥想中逐渐成形的,他们包括哲学家莱布尼兹、伏尔泰、黑格尔、韦伯,学者马赛尔·格拉内、弗雷德华克·莫特、本雅明·施瓦尔茨、李约瑟、张光直、A. C. 格雷厄姆、杜维明、戴维·奈特利、郝大维、安乐哲以及此外的许许多多的人。它在中西方研究以及人类文明的普遍研究中产生了深远的影响,然而与此同时又引起了诸多不满,并且还受到批判性的考察。大部分二分法也被渐渐地证明是存在问题的或者是完全错误,站不住脚的。"④

为此在当今跨文化研究中出现了后殖民主义范式,其代表性理论是由爱德华·萨义德开创的"东方主义范式"。在文中,顾明栋先生"冒着过于简

---

① 顾明栋:《对中西比较研究中一些文化理论问题的思考》,《江苏社会科学》2007年第3期。

② 顾明栋:《对中西比较研究中一些文化理论问题的思考》,《江苏社会科学》2007年第3期。

③ 帕里克·C. 霍根、拉利塔·潘迪特编:《文学的印度:美学、殖民主义与文化的比较研究》第8页,纽约州立大学出版社1995年版。

④ 顾明栋:《对中西比较研究中一些文化理论问题的思考》,《江苏社会科学》2007年第3期。

单化的危险",对该范式的主要观点作了一个概括:"在客观论述的伪装之下,研究东方文化的西方学者们往往将东方文化神秘化、异国情调化、女性化,甚至是妖魔化,并且将东方人民描述为是非理性的、道德薄弱的、行为幼稚的,与此相对应的是西方人的理性、道德正直,以及精神上的成熟。总之,西方一直以来都被认为在所有的文化领域都优于东方。这种文化优越论的神话满足了殖民主义者的帝国主义政策。该范式为进行跨文化研究的学者提供了深受欢迎的理论方法。同样,研究中国文化的学者们也运用它来解构从黑格尔到福柯的西方学者对中国文化的研究。"① 显然,这样的比较范式是单向度的,是用西方文化裁剪东方文化、裁剪中国文化,不能达到中西文化的真正比较。

顾明栋先生主张在比较中国和其他国家文化的研究中,我们需要通过对第一手资料进行理论和评论的分析来形成方式和方法。只有通过这种方式,我们才能期待创造可行的文化理论,才有可能构建具有充分解释力量的理论框架。②

胡海波、孙璟涛先生在《反思"中西哲学"比较研究的前提性问题》中指出,"中西哲学"的比较研究是中国人面向未来、面向世界、面向自我,寻求生存与发展新理念的重要课题。因为"当代中国的发展处于以西方文化与文明为主导的'全球化'浪潮中。有鉴于此,当代中国人要想保持自我,真正地理解马克思主义哲学,在'全球化'的浪潮中掌握自己的命运,就不能不去比较研究中国与西方的文化、文明特别是彼此的哲学。"③但究竟应该以怎样的根据和标准为前提来比较研究"中西哲学"?正如作者所言,这是一个见仁见智的问题。即使在中国哲学界自身,从事不同学科或不同方向研究的人可能会以不同的理论观点和思想资源来回答这一问题。但是,无论是从何种视角出发,只要涉及中西比较这样的问题,都不可避免地涉及比较的前提、目的,作者就中西哲学的比较言,"对'中西哲学'比较

① 顾明栋:《对中西比较研究中一些文化理论问题的思考》,《江苏社会科学》2007年第3期。
② 顾明栋:《对中西比较研究中一些文化理论问题的思考》,《江苏社会科学》2007年第3期。
③ 胡海波、孙璟涛:《反思"中西哲学"比较研究的前提性问题》,《吉林大学社会科学学报》2002年第5期。

研究的主题、目的及其前提性问题有深入的理解和自觉意识。这不仅是进行'中西哲学'比较研究的基础和方向，也是我们反思以往人们进行'中西哲学'比较研究的主题、目的及其方式与方法的根据。"①

胡海波、孙璟涛先生考察了以往在中西哲学比较研究中常见的两种方法，即复古的"中国化"的方法和崇洋的"西方化"的方法。胡海波、孙璟涛先生认为复古的"中国化"的方法实质上是一种否定西方哲学的虚无主义与保守中国哲学的民族主义相结合的哲学观。拒斥西方哲学，对中国哲学盲目自信是这种哲学倾向主要的思想前提。以这样的方法、方式和前提去比较，"不仅消解了'中西哲学'比较研究的可能性，也不可能真正发现和理解中国哲学的思想性质、个性特征及其对人类与世界哲学特殊的意义和价值，更不能切实地生成和保有中国哲学独立的自我。"但与复古的"中国化"方法相比，崇洋的"西方化"的影响与危害更为广泛和严重。"这种'西方化'的倾向，是一种以西方哲学为标准来诠释中国哲学的哲学观。……这种哲学观的影响下，人们往往习惯于以西方哲学的概念、逻辑、观点和理论为标准来比较中国哲学的范畴、思路、学说和思想。"② 从本质上看，这种研究思路"是根据西方哲学的尺度与标准来认识、理解中国哲学，并把中国哲学'融合'到西方哲学中去。这实际上是在置中国哲学丧失独立性的前提下来比较'中西哲学'的。"虽然"复古的'中国化'"与"崇洋的'西方化'"在用词上有些感性，但说这两种方式或说方法都是从中国或西方单一视角出发，其实并没有构成真正的比较研究。对此张隆溪先生有意思相同的论述："强调东西方文化差异的论者，往往以偏概全，用一种文化的某一种或某一些特点代表那种文化的全部和本质，一句话概括了东方，再一句话又概括了西方，而且总是把东西文化对立起来，"③ 他认为这显然是片面的、单向度的文化观。

在胡海波、孙璟涛先生看来，要"真正地认识和理解自己与他人的哲学，就应该真诚与谦恭地对待自己与他人的哲学传统，正视自己的哲学与他

① 胡海波、孙璟涛：《反思"中西哲学"比较研究的前提性问题》，《吉林大学社会科学学报》2002 年第 5 期。
② 胡海波、孙璟涛：《反思"中西哲学"比较研究的前提性问题》，《吉林大学社会科学学报》2002 年第 5 期。
③ 张隆溪著：《中西文化研究十论》第 39 页，复旦大学出版社 2005 年版。

人的哲学所具有的性质、特征与'长短'。这是我们进行'中西哲学'比较研究应有的理论态度和思想品格。"为实现真正意义上的比较研究，"首先应该选择一种'大哲学'和'类思维'作为'中西哲学'比较研究的思维方式。"所谓的"大哲学"与"类思维"，"其要义与实质在于强调'中西哲学'比较研究要大其宏观综合的全貌，大其人类性之精义，放宽思维的视野和意境。'大'与'类'的关键在于面向人与哲学内在关系之真实，批判和超越'中西哲学''种'的片面性与局限性，生成与选择人类性意义的思维方式和哲学理念。如此意义的'大哲学'是既包含又超越'中西哲学'的'人类性哲学'。同样，'类思维'也是既包含又超越中国哲学思维方式和西方哲学思维方式的'人类性思维'。"①

陈明与周瑾二位先生在《范式转换：超越中西比较——中国哲学合法性危机的儒者之思》中，对近年来中国哲学合法性危机进行分析，认为中国哲学合法性本身就是以西方哲学的标准裁剪中国哲学的前提和背景下出现的，这是从学科层面来理解的，"但在根本上，这种危机是一种意义危机，表现为当代哲学家群体的工作及其产品，不能与民族生命和文化达成精神上的自觉联系，不能在时代条件下创造性地建构起基于民族生命的表达系统。因而，对于中国哲学合法性问题的回答，就不在于论证有无'中国哲学'，而在于对民族生命当代表达的意义自觉。"② 所以，中国哲学合法性地位的确立，不在于是否合乎西方哲学的规范，而"在于对文化功能的有效承担上。合法性危机的克服，更需要超越对中西哲学在学科、文本和学术话语形式等方面之关系的外在关注，转换为对文本与时代、社会、民族生命之关系的内在关注。"③ 作者基于儒家立场提出的具体方法虽然有待商榷，但上述表述却是中国哲学亟待解决的前提性问题，也是中西比较中要注意的问题。同样的观点在何锡荣的《新一轮中西哲学比较研究的使命》中是这样表述的："立足于民族文化的基点，吸取外来文化的长处，是我们进行中西哲学

---

① 胡海波、孙璟涛《反思"中西哲学"比较研究的前提性问题》，《吉林大学社会科学学报》2002 年第 5 期。
② 陈明、周瑾：《范式转换：超越中西比较——中国哲学合法性危机的儒者之思》，《同济大学学报》2006 年第 1 期。
③ 陈明、周瑾：《范式转换：超越中西比较——中国哲学合法性危机的儒者之思》，《同济大学学报》2006 年第 1 期。

乃至文化比较的前提。"①

在具体研究方法上，出现了对分析哲学在中国哲学乃至东方哲学中方法论方面的意义。何中华在《有关中西哲学比较的几点商兑》中指出："中国哲学往往被称作是神秘的或神秘主义的，其中隐藏着一个没有说出来的尺度，即唯有西方哲学才是'好的''正常的'。这显然是一个西方中心论的意识形态神话。"而"分析哲学的建设性意义是科学的而非哲学的。把它扩展到哲学乃是一种错置和误用。"② 何中华先生认为："关于哲学及其表达方式问题，已经超越了有可能因东西方文化冲突所造成的辩护陷阱，从而真正触及了'哲学究竟以怎样的方式来运思和表征才是'哲学的'这样一个'真'问题。"关于这个问题的回答，维特根斯坦说得明白："确实有不可说的东西，它们显示自己，它们是神秘的东西。"③ 对于这个"神秘的东西"，我们"只能保持沉默"。在这个意义上说，中国哲学中的言意之辩甚至比西方哲学更像哲学，更强调"思想、语言、逻辑是内在统一的"④。

我们知道，中国哲学扩而言之整个中国文化基本上是基于对经典文本的阐释而演化发展的文化系统，整个中国文化是一个阐释型的文化，基于此以汤一介先生为代表的一批学者试图建立起中国的阐释学以与西方阐释学相比较呼应。他们试图运用西方诠释学的观念与方法，重构我国自己的诠释学传统，以完成传统注释理论的当代转化。汤一介先生于 1998 年在《学人》第13 期发表了题为《能否创建中国的解释学》的论文，两年后的 2000 年在《中国社会科学》第 1 期上又发表了《再论创建中国解释学问题》，汤先生在文中说明"本文接续对'能否创建中国的解释学'问题的讨论，认为即使这一问题目前尚不能得出确切的回答，但对中国解释经典的历史进行一番梳理起码可以丰富西方解释学的内容。作者分析了中国历史上主要有三种不同的解释经典的方式，即以《左传》对《春秋经》的解释为代表的叙述事件型的解释，以《易传·系辞》对《易经》的解释为代表的整体性哲学的解释，以《韩非子》的《解老》、《喻老》对《老子》的解释为代表的社会

---

① 何锡荣：《新一轮中西哲学比较研究的使命》，《社会科学》1999 年第 8 期。
② 何中华：《有关中西哲学比较的几点商兑》，《湖南社会科学》2005 年第 2 期。
③ 维特根斯坦著：《逻辑哲学论》第 104 页，商务印书馆 1996 年版。
④ 陈波：《言意之辩和关于意义的怀疑主义论证——中西哲学比较的一个案例》，《世界哲学》2004 年第 5 期。

政治运作型的解释；此外，还可找到其他的解释方式，如《墨经》中的《经说》对《经》之字义或辞义的解释等等。由此可以看出，'解释问题'对中国文化、哲学、宗教、文学等等都有十分重要的意义。"① 所以，一批学者开始对中西方解释学也称为诠释学进行了比较研究，出现了一些研究成果，如刘耘华的《诠释学与先秦儒家之意义生成——〈论语〉、〈孟子〉、〈荀子〉对古代传统的解释》②、李清良的《中国阐释学》③。这方面的研究既是对中国文化固有研究方法的梳理，更是对世界学术潮流的回应，是随着西方诠释学代表人物伽达默尔《真理与方法》的出版使诠释学成为一种世界性哲学思潮而出现的。海外中国学者，如美籍华人学者成中英的本体诠释学、傅伟勋的创造诠释学以及中国台湾黄俊杰的大课题"东亚近世儒学中的经典诠释传统"研究计划等对中国大陆解释学的兴起也起到了推动作用。"美国著名汉学家宇文所安（Stephen Oven）从中西文化的真理观与语言观出发，深入考察了中西阐释学的最初关注点和核心，假定并据此辨析了中西阐释传统关于作者——文本——读者之间关系的基本观念。虽然他并未全面涉及中西阐释学的所有问题，但其基本思路与观点却颇具启发意义，值得中国学者思考与借鉴。"④

（二）研究问题的方向性转变

与第一个问题相关联，所谓方向性转变即是对中西文化比较研究所要解决问题的设定，中西文化的比较研究不是简单地找出中西文化的差异与共性，而是为了解决我们当下面临的文化问题。正如众多学者共同指出的：21世纪是一个世界多元文化融合的世纪，世界文化的发展应该是在全球意识观照下的文化多元的发展，中国文化的发展离不开世界文化的大背景，这就决定了我们的中西文化比较研究是为了在文化碰撞、冲突与融合的过程中把我们民族文化发展壮大成真正先进的文化，使我们的民族文化能够成为多元世界文化中一元。这是进行中西文化比较的目的，这一目的虽在中西文化比较

---

① 汤一介：《再论创建中国解释学问题》，《中国社会科学》2000 年第 1 期。
② 刘耘华著：《诠释学与先秦儒家之意义生成——〈论语〉、〈孟子〉、〈荀子〉对古代传统的解释》，上海译文出版社 2002 年版。
③ 李清良著：《中国阐释学》，湖南师范大学出版社 2001 年版。
④ 李清良：《一位西方学者的中西阐释学比较》，《北京大学学报》2006 年第 4 期。

研究伊始即存在，但从未像现在这样明确。这一方面是因为自晚清以来的中西文化比较在相当长的时间内作为比较对象之一的中国文化始终处于被动的地位，疲于应对西方强势文化的冲击，反倒把比较研究的目的丢在了一边；另一方面是因为当代中国相对于 20 世纪的中国在强势力量面前的从容自信反映在文化方面具有了相当的理性自觉，能够明确文化比较目的在于建构自己民族的文化，能够清醒地认识到："在全球化背景下的民族文化发展战略上走'和而不同'的路，这意味着在文化交流之中一方面要反对文化霸权主义，另一方面要抵制文化上的我族中心主义（cultural ethnocentrism）的负面影响。"①

大多数学者都认识到：全球化中的世界文化会有碰撞、冲击与融合，但不意味着文化的趋同甚至单一化。西方文化有弊端，但不能盲目、简单地认为中国文化可以医治西方文化的病症，补充西方文化的不足；中国文化有短处，但也不能一概加以抛弃，所谓的西方化和中国化都是不成立的。在全球化进程中，文化的大交流是互动型的，"表现为一种不同质的文化之间相互传播彼此融会的过程，亦即丰富生动的、多元并存的全球文化的形成过程。这是一个由全球文化的统一性和民族文化的多样性两个矢量构成的、不断循环往复的双向运动过程。对于每一个民族国家而言，这里都有一个正确处理全球文化统一性与民族文化多样性的关系问题，关键在于如何保持二者的动态平衡。"② 最有可能的结果只能是：各种文化在与不同文化的碰撞和交流中得到丰富和发展。

就此问题上海社会科学院哲学研究所在 1999 年就如何开展新一轮中西哲学比较研究进行了研讨，他们认为所谓新一轮的中西哲学比较研究，"就是要力求超越模仿和剪裁阶段，也不限于对某些具体问题和观点作孤立的比照论述。"新一轮的比较力求在综合中西哲学的基础上，"对哲学本身的问题重新作出深入的思考，以期对中西哲学的一般命题和要求作出回答，同时也揭示出其与各自文化背景相关联的特殊形态的合理性，从而为中国新时期哲学的建立和完善做好理论准备。"③ 这虽是就中西哲学的比较研究而言，

---

① 苏国勋：《全球化背景下的文化冲突与共生》（下），《国外社会科学》2003 年第 4 期。
② 苏国勋：《全球化背景下的文化冲突与共生》（下），《国外社会科学》2003 年第 4 期。
③ 何锡荣：《新一轮中西哲学比较研究的使命》，《社会科学》1999 年第 8 期。

但同样适合于中西文化的比较研究。这里我们强调一句，当代中西文化比较研究的目的就是为了建立全球化时代的中国文化，这也是中西文化比较研究方向性转变的依据。为保证中西文化比较研究的目的和方向不偏离，学者们汲取以往中西文化比较研究成果的得与失，认为：

首先，中西文化的比较要处理好外来文化与本土文化的关系问题。在全球化背景下的中西文化比较研究必须明确，"全球化中的文化或文化的全球化，永远包含着世界的和民族的、全球的（global）和在地的（local，即本土的）两种充满张力的要素，它是世界——民族的或民族——世界的，或者，是全球——在地的或在地——全球的。换言之，文化的全球化是普遍的和特殊二者的对立统一。"① 不能以一方取代另一方，"不是外来文化和本有文化之间的简单取代，而是通过外来文化与本有文化之间的冲突与调和实施重组，从而产生新型文化。"② "因此，外来文化与本有文化融合的结果，并不是两者和二而一，而是通过各自的拓展达到视野上的融合。"③ 也可以说，外来文化和本有文化的融合只能是两个相交的圆，而不可能重合，文化融合具有不完全性。"文化的差异性与民族个性不会因全球化而必然走向衰落，文化相对主义与文化怀古倾向却极有可能导致文化传统的衰微。当今文化的发展必定是全球意识和民族意识的交互作用的结果。全球化时代中国文化建设的中心任务仍是现代性的建构和培育。应彻底抛弃'中西之争'、'古今之辨'的陈旧思维模式，在古今中外的多种文化资源之间形成高度辩证的联结。21 世纪的中国文化必须通过新的整合与创造，'会通中西'，努力完成价值系统从前现代向现代的转换，同时超越西方式现代性的弊端，构建起先进的本土文化"。④

其次，面对新世纪全球化的巨大挑战，在文化上必须坚持"和而不同"的文化观。因为"不同民族国家的人们具有不同文化和信奉不同的价值观，只要不互相对抗，就会为当代世界增添新的色彩和活力；对于人类这个大系统以及生息劳作在这个大系统中的人类来说，多样性是须臾不可或缺的。"⑤

---

① 苏国勋：《全球化背景下的文化冲突与共生》（下），《国外社会科学》2003 年第 4 期。
② 苏国勋：《全球化背景下的文化冲突与共生》（下），《国外社会科学》2003 年第 4 期。
③ 苏国勋：《全球化背景下的文化冲突与共生》（下），《国外社会科学》2003 年第 4 期。
④ 傅守祥：《论全球化时代中国文化的现代性建构》，《探索》2005 年第 6 期。
⑤ 苏国勋：《全球化背景下的文化冲突与共生》（下），《国外社会科学》2003 年第 4 期。

正如季羡林先生所提倡的大国学观一样，"所谓'国学'是中国56个民族共同创造的，不是单一的'汉学'，也不是单一的儒学或者道家文化。国学是文化交流的产物，对内是各民族之间的交流，对外则不断吸收外来的文化，以丰富和发展传统文化。佛教本来是外国的东西，后来融入中国文化，成为中国传统文化的一部分。其他很多国家的优秀文化也要不断融入中国文化。要发展国学，必须实现三个贯通：古今贯通、中外贯通、文理贯通。"①中国文化如此，西方文化亦如此。世界上所有的文化都是在交流融合中存在与发展的。全球化中的世界文化，确有强势文化冲击弱势文化的现象，但并不意味着文化的趋同甚至单一化，也不会出现一些人所担心的全球西方化或美国化的局面，因为"全球化表现为一种不同质的文化之间相互传播彼此融会的过程，亦即丰富生动的、多元并存的全球文化的形成过程。这是一个由全球文化的统一性和民族文化的多样性两个矢量构成的、不断循环往复的双向运动过程。对于每一个民族国家而言，这里都有一个正确处理全球文化统一性与民族文化多样性的关系问题，关键在于如何保持二者的动态平衡。"中国古代的"和而不同"观念，对于我们在全球化背景下处理不同文化传承之间的关系，建构一种全球共生文化具有重要的借鉴意义。因为，"在全球化的背景下，每一个共同体或国家在经济资源、生态环境和领土安全上必须以其他共同体或国家的安全为自己存在的前提。它们之间的关系必须建立在一种具有内在紧密关联、彼此具有相互构成性因素的文化——即相互依存的亦即'共生'的文化（interexistential culture）——之上。这一点变得越来越重要，也越来越被人们所认识。"②

再次，必须明确文化任何时候都是一个动态的、开放的、不断变化着的系统的文化发展观，把中西文化比较研究置于动态发展之中。"从文化变迁角度上看，任何一种文化都在不同程度上经历着发生、发展、衰退、再生的过程，这是一个客观的普遍规律。"③以儒家文化为例，儒学从来都不是具有明确边界的封闭的、独自生长的体系，而是与其他文化相互往来彼此交叠的体系。邵龙宝先生以中西方文明交融冲突为背景考察儒学价值及其命运，

---

① 蔡德贵：《季羡林先生的"大国学"观》，《探索与争鸣》2008年第6期。
② 苏国勋：《全球化背景下的文化冲突与共生》（下），《国外社会科学》2003年第4期。
③ 陈平：《多元文化的冲突与融合》，《东北师大学报》2004年第1期。

认为"西方近代文明中蕴涵着儒学文明，儒学文明在近代的'失语'并不等于它已经是消失了的文明，它在与各种文明的冲突、融合、对话中一直存活着，已成为中华文明的重要内核；儒学传统精神是中华民族之魂，它曾经和正在滋养着一代又一代中国人的心灵。"在全球化语境下检视儒学传统，其实有许多现实的政治问题，儒学为当今中国社会的发展不仅能提供道德、教育、修身养性等方面的人文价值，还能为未来中国社会和世界文明发展提供社会制度方面的框架启迪和人学理念等精神资源。① 在中西文化比较中要尽量避免机械的、僵化的——对应的方式，应以"与时俱进、不断创新的精神从世界不同民族的文化中吸取营养，来改革更新传统文化中一切与时代不相适应的价值观念。"② 可以说，文化比较负载着引领社会改革和推动进化史使命，由中西文化比较指向文化综合，开启新的文化路向，是中西文化比较研究的题中应有之义。③

最后，需致力于文化的内在创造性转化。中西文化比较研究的目的是要建立一种既适应时代又符合民族需要的新文化，其道路就只能"对自身产生质疑和批判，并相应采取应变的措施，"④ 与之同时，"选择、吸纳、同化不同系统的文化成分变成自己的构成性要素"，从而完成自身的内在性创造和先进性转化。这在中国和世界其他民族的文化中都是屡见不鲜的。汤一介先生以中国哲学为例说明文化的内在性与独特性。汤先生指出："从20世纪上半叶起，西方哲学思潮大量涌入中国，中国学者尝试着从大量经典中梳理出'中国哲学'，他们在吸收和借鉴西方哲学的基础上，利用中国传统思想资源，构建了若干重要的现代型的'中国哲学'。但'中国哲学'有其特殊的意义和内涵，在西方哲学中很难找到相应的概念。如果'中国哲学'受制于西方哲学框架的限制便会失去其丰富的含义。中国哲学要对世界哲学作出贡献，必须在立足中国自身的传统，又要充分吸收和借鉴当前西方哲学的新成果来影响世界的哲学界，使'中国哲学'具有世界性的重大意义。中

---

① 邵龙宝：《中西方文明交融冲突中的儒学价值及其命运》，《同济大学学报》2007年第1期。
② 陈平：《多元文化的冲突与融合》，《东北师大学报》2004年第1期。
③ 参照隋淑芬、余灵灵：《进化论语境中的中西文化比较——近代以来的一种文化比较模式》，《求是学刊》2005年第6期。
④ 陈平：《多元文化的冲突与融合》，《东北师大学报》2004年第1期。

国哲学中的特殊的名词概念也不必套用西方哲学的名词概念，可以采用音译加注释的办法，这样才能真正保持中国哲学的丰富性及其特点。"①汤先生还以印度佛学与中国哲学的交融创生为例说明保有文化内在性的可能性与意义。汤先生说："我们对印度佛教哲学的名词概念进行翻译时有些印度佛教哲学的重要名词概念往往采取音译的办法，例如'般若'、'涅槃'等都是音译，经过一段时间这些音译的名词概念就成为中国自身的名词概念了，大家习以为常，都能了解其含义。所以，唐朝玄奘法师建立了翻译佛典的'五不翻'原则，只作音义，而不作意译，而且用注解的办法对所音译的名词概念加以解释。因此，我认为，对中国哲学中的特殊的名词概念也不必套用西方哲学的名词概念，而采用音译加注释的办法，这样才能真正保存中国哲学的丰富性及其特点。正是这些因保存了中国哲学的丰富性及其特点，它才对世界的'哲学'有着特殊的贡献。"②

（三）研究视域的拓宽

所谓研究视域的拓宽，其一是指在对中西文化比较研究不仅仅局限于精英文化、大文化层面，即以往研究中侧重于中西方思维方式、民族精神、基本文化特征等比较研究，而出现了诸如中西文化制度比较、中西方礼貌礼节及所蕴涵的文化意义的比较、从观看方式对中西绘画的比较、从对现代科学的理解来进行中西文化的比较等等。这一类的比较研究不管内容如何，至少在形式上是对中西文化比较研究领域的拓展。同时，一些学者在进行中西文化比较中注意吸取其他国家的经验教训以为我们的文化建设的借鉴，也是有价值的尝试。如陈峰君在《东西方文化的异同及东方文化对西方文化的吸取》中提出：东西方文化二者既有很大差异，也有一定共同之处，可以在二者之间找到它们的结合点，诸如均倡导教育优先、均倡导发奋进取精神、人道主义思想。吸取西方文化对东方越来越具有突出的重要意义，……日本、新加坡在吸收西方文化方面取得许多有益的经验③学者们认识到：进入21世纪后，无论西方文化所表现出来的宗教性与自由性，抑或中国文化所

① 汤一介：《在中欧文化交流中创建中国哲学》，《北京大学学报》2005年第5期。
② 汤一介：《在中欧文化交流中创建中国哲学》，《北京大学学报》2005年第5期。
③ 陈峰君：《东西方文化的异同及东方文化对西方文化的吸取》，《国际论坛》2000年第3期。

表现出来的伦理性、世俗性与封闭性，都遭遇到了前所未有的挑战。中国入世后，面对中西方文化碰撞与融合日益激烈的趋势，我们必须在比较和鉴别中提炼出现实意义，以营造先进文化，这是中国走向世界、走向现代化的必然要求。①

视域拓宽的第二层意思是说，在近年的中西文化比较研究中，出现了一批学术视域比较开阔的学者，特别是在哲学领域，有相当一部分原来研究西方哲学的中老年学者，在长期从事西方哲学研究之后，转向中国哲学和中国文化的研究并进而进行中西比较研究，尽管在他们的比较研究中不可避免地以西方哲学和文化的思维方式进行在他们自己看来相当客观的比较，但与单一学科背景的学者相比，视域上还是有所拓宽。如从事德国哲学研究几十年的张世英先生出版了《天人之际——中西哲学的困惑与选择》②、王树人先生出版了《回归原创之思——"象思维"视野下的中国智慧》③、张祥龙先生出版了《海德格尔思想与中国天道——终极视域的开启与交融》④ 等专著，还有一些学者包括这里提到的三位学者发表了许多有广度、有深度的学术论文，为中西文化比较研究增加了新的内容。这里有必要说明的是，张世英、张祥龙二位先生的著作虽是在 1995 年与 1996 年出版的，在时间上不能算作是近 10 年的成果，但在内容方面与本小节相关，所以放在这部分讲，同时也表明中西文化比较研究的连续性。张世英先生在《天人之际——中西哲学的困惑与选择》的序中的一段话说明了这样的意思，"中西哲学并不是两个互不相干的东西。无论中西印等几种不同的文化思想各有其历史源头，但仅仅就其都是人类思想这一根本事实来说，几种不同的文化思想应可视为同一棵大树上的枝丫。从这个总的观点出发，我以为我们的研究工作不应对中西哲学史上的各种思想派别只作横向的、静止的比较，而应着重把它们放在同一条历史长河中、同一棵大树的成长过程中作纵向的考察，考察其各自所占的历史地位、阶段性和发展趋势，当然，历史、思想的错综复杂性

① 王祥云：《入世后中西方文化碰撞与融合的思考》，《开封大学学报》2002 年第 4 期。
② 张世英著：《天人之际——中西哲学的困惑与选择》，人民出版社 1995 年版。
③ 王树人著：《回归原创之思——"象思维"视野下的中国智慧》，江苏人民出版社 2005年版。
④ 张祥龙著：《海德格尔思想与中国天道——终极视域的开启与交融》，三联书店 1996 年版。

不容许我们作死板的先后秩序上的排列。"①

　　王树人先生对"长期作为西方哲学圣坛的形而上学"进行了深入的研究，认为："无论'爱智慧'形体的哲学，还是此后产生的实体论形而上学形体的哲学，从其产生的根本方式上看，则都归结为具有'原发创生'的'象思维'。"② 这与中国传统文化的"象思维"具有相通性，之所以把"象思维"称为"回归原创之思"，就在于从"象思维"的思维方式出发可以探究中西文化的内在基质。

　　张祥龙先生在体验到概念型的和现成的比较研究在中西对话中的困难后，开始寻求"一种更根本的、具有语境和史境构成力的探讨方式"，历经磨砺，张祥龙先生在海德格尔与中国的天道观之间找到了这种探讨方式，"在海德格尔思想和中国天道观之间确有一个极重要的相通之处，即双方最基本的思想方式都是一种源于（或缘于）人生的原初体验视野的、纯境域构成的思维方式。"③ "有着，或不如说是可以引发出这种意义上的对话势态。"中国人"正是由于海德格尔的解释学存在论的工作，西方哲学对于我们来讲可以不再是隔膜的或概念规定式的，而成为一个有趣的谈伴。"借由"这极为难得到对话情境或缘分，并终于由这情境的摩荡"而生出思想的新种。④

　　与这种一位学者兼具两个学科背景进行中西比较研究方式不同，近年来从事西方哲学研究的陆杰荣先生与从事中国哲学研究的王雅女士采取了就同一问题从中西方各自的角度进行比较的研究方法，以期避免单一学科、单一思维在比较研究中出现各自学科"本位"导致的变比较研究为单一研究的倾向。二位学者试图以对话的方式对中西哲学的一些基本问题进行比较，进而寻找当代中国哲学的表达方式。虽然从二位学者已经发表出来的文章

---

① 张世英著：《天人之际——中西哲学的困惑与选择》，人民出版社 1995 年版。
② 王树人著：《回归原创之思——"象思维"视野下的中国智慧》第 14 页，江苏人民出版社 2005 年版。
③ 张祥龙著：《海德格尔思想与中国天道——终极视域的开启与交融》第 13—14 页，三联书店 1996 年版。
④ 张祥龙著：《海德格尔思想与中国天道——终极视域的开启与交融》第 2 页，三联书店 1996 年版。

《概念与生活：中西方哲学辩证法之基本旨归》①、《逻辑论证与主体体验：中西哲学"形上本体"之比较》② 中看，还有以西方哲学为参照系的痕迹，但正如张志伟先生所言："我们现在离开了西方哲学的参照系，完全抛弃西方的方法来研究中国哲学是不大可能了，无论从理论上和实践上来说，都不可能，也没有必要。但是，反过来说，我们又确实需要探讨在这样一个背景下（指全球化），怎么创造出来一个能够再现我们传统思想神韵的体系，而不是支离破碎的东西或分门别类的东西。我认为现在正处在这样一个转折期，大家都意识到了问题所在，都在试图解决这个问题，这正是人们之所以把目光聚焦在中西哲学比较包括中国哲学合法性问题上的原因。这种讨论是非常有价值的，通过这样的讨论，相信不久的将来中国哲学会走出自己的道路。"③ 中国文化会走出自己的路。"全球化中的世界文化，会有新陈代谢，但这绝不意味着文化的趋同甚至单一化，更不能出现像某些人所担心的西方化或美国化，因为这种前所未有的文化大交流是互动型的，最有可能的结果只能是：各种文化在与不同文化的碰撞和交流中得到丰富和发展。"④

五、 未来中西文化比较研究的展望

我们在这里对近 30 年中西文化比较研究的综述只是中西文化比较研究已经取得的成果的一部分，而不是全部。但仅从这部分成果中我们也可以看到这些年中西文化比较研究鲜明的特点和未来走向：

20 世纪 80 年代中西文化比较研究中存在以下几方面问题：

第一，概念模糊，欠科学性。如传统文化、现代文化、西方文化、中西方文化，这四个概念是文化比较研究中最基本、最重要的概念。这四个概念

---

① 陆杰荣：《概念与生活：中西方哲学辩证法之基本旨归》，《社会科学战线》2006 年第6 期。

② 王雅：《逻辑论证与主体体验：中西哲学"形上本体"之比较》，《哲学动态》2007 年第 8 期。

③ 刘景钊、张志伟：《中西哲学如何对话与融通——张志伟教授访谈录》，《晋阳学刊》2006 年第 2 期。

④ 傅守祥：《全球化挑战下的中西会通：普遍交往时代的文化对话与整合》，《探索与争鸣》2004 年第 4 期。

的内涵是什么，在80年代的中西文化论争中并没有公认的看法。例如，有人认为传统文化是指儒家文化，有人认为传统文化是指儒、道、释三家文化，也有人认为传统文化还应包括各少数民族的古代文化。现代文化或当代文化，有人认为是指"五四"以后，包括现在在内的文化，有人认为是新中国或共产党成立之后马克思主义和中国革命实践相结合的文化，还有人认为是指改革开放之后的文化。对西方文化的理解，或指古希腊罗马文化，文艺复兴时期的文化，或单指资本主义时期的文化。对中西文化的划分也是如此，没有统一的说法。所以，在对中西文化进行比较研究中，有必要首先明确概念。

第二，对中西文化比较的目的不是相当明确。我们对中西文化进行比较研究，意在探求我们今天的文化出路，不是为了证明中西文化谁优谁劣。所以，不必妄自菲薄，也不要狂妄自大。既不要因为某些西方人认为西方文化需向东方文化学习，而沾沾自喜；也不要因为某些人比较的结果是西方文化先进，是未来文化发展的方向，而抛弃自己固有的文化传统。在中西文化比较中，应注意相同历史时期的文化比较，如古代与古代比较、近代与近代比较、当代与当代比较，从中找出文化发展的规律，为当代的文化建设提供理论根据。

第三，比较文化研究的人才欠缺。比较文化研究是当今世界学术界的一个热点。而在我们国家虽然谈论这个问题的人较多，但这些人大多是搞中国哲学史和中国思想史的，且大多数的文章也是在"文化"的旗号下谈哲学史、思想史、学术史。更有一些人只不过是谈中国封建社会的官方哲学、圣贤文化，对西方文化或西方哲学了解得不够透彻全面，多凭感官直觉与表面的一些东西就断定西方哲学如何如何，西方文化如何如何。因此，导致以偏概全、混淆不同历史阶段文化的各种组成部分的不同的质的规定性，制造了新的混乱。比较研究是一个大的课题，只有学贯中西的人才能胜任。

20世纪90年代，中西文化比较研究的一个首要内容是对中西文化具体内容的探讨，其中涉及较多的首先有中西伦理文化，包括价值观、义利观、义务观、人生观方面的内容；其次是对中西思想家文化思想的比较研究，如苏格拉底与孔子、庄子与海德格尔等的比较研究，也有涉及儒学与基督教方面的比较。涉及面比较广，一一介绍不太可能，我们这里从总的情况上作一简单评述，挂一漏万、片面不全处，请贤学批评指正。

　　第一，这一时期对中西文化具体内容比较的出发点，基本上是为了了解中西方文化的异同，以探讨当下中国文化的发展方向，解决西方文化或世界文化存在的问题，即比较的目的是要"着眼于现时和未来"。如肖雪慧在《中西伦理文化：一种比较研究》一文中，通过对中西伦理文化的概念、价值取向、功能和社会效应等比较分析，得出结论：市场经济的提出给社会生活带来了剧烈震荡和革命。这种震荡发生在伦理文化方面，表现为旧道德标准的崩溃和新的价值观念的萌动，这是伦理文化的转型期。在此之际，伦理学面临着一个迫切任务：引导伦理文化健康转型以缩短阵痛过程。中西伦理文化的比较研究，就是为我国当代伦理文化建设提供一些可资参考的材料。① 德国学者乌利希·道姆对孔子和苏格拉底的思想进行对比，同时分析了从 17 世纪欧洲启蒙运动者欣赏儒家思想和中国文化到后来的哲学家冷落孔子的思想体系和中国文化的原因，指出应该公正地评价孔子，因为孔子的思想可以为现代世界指出一条将西方的追逐成功、个人主义同东方的集体主义思想、东方的人性、东方重视自然的思想相结合的新路。②

　　第二，这一时期中西文化比较研究的一个不成文的"学术规范"或"游戏规则"是自说自话，不商榷，不争论。这一方面有利于平等、平和、宽容的学术研究；另一方面却不利于比较研究的深入和扩展，也不利于观点的成熟与完善及全面客观地认识中西文化。这也是 20 世纪 90 年代的文化研究没有形成 80 年代那样热潮的原因之一。同时，也是中西文化比较研究没有走出象牙之塔，没有达到研究者们希望的对现时代有所启示的目的的原因之一。

　　第三，这一时期的中西文化比较研究除少数兼通中西文化的学者之外，大部分人对中西文化的了解仍是"单向度"的，即或熟悉中国多些，或熟悉西方多些，即研究者本身素质不足以胜任中西文化的比较研究，因此，所谓的比较研究不免有"盲人摸象"之感。要做好中西文化的比较研究，研究者本身的学识素养必须是"多向度"的，至少是"双向度"的。

　　第四，这一时期的中西文化比较研究不只限于中国学者，还包括旅居国外及港台等地华人学者，一些当代西方学者也不断加入。如亨廷顿、福山等

① 肖雪慧：《中西伦理文化：一种比较研究》，《学术月刊》1994 年第 10 期。
② ［德］乌利希·道姆：《欧洲人眼中的孔子和苏格拉底》，《东方论坛》1999 年第 4 期。

人对东西方文明的比较分析，对中国学者中西文化观的影响就相当大。加之对以前一些西方学者有关中国文化研究的文章和著作的翻译出版，也开阔了国内学者们的视野和领域，如马克斯·韦伯的著作。

第五，这一时期比较研究的问题具体而微观的多，宏观把握的较少。查阅这一时期的文献目录就可以发现这一点。这一方面有助于搞清楚中西文化的一些具体异同，诸如中西伦理文化中道德功能的异同、义利观的异同；另一方面不利于对中西文化的总体了解。好在研究还在继续，我们相信会有更高更全面的观点不断问世。

第六，这一时期的比较研究中仍存在着中国文化中心论或西方文化中心论的倾向，对真实的中国文化和西方文化缺乏真正的了解和真正的沟通。如我们国内的学者习惯认为中国文化是东方文化或亚洲文化的代表，认为中国文化在国外影响很大很广。而事实上并不是如此。如前面提到的《从世界文化碰撞中诞生的创造性和平》一书，其"亚洲篇"中提到的文化是阿拉伯—伊斯兰文化、印度文化、日本文化，而没有中国文化。这至少说明无论是中国学者还是西方学者，在进行中西或东西比较研究中，都有必要对自己的文化和对方的文化作深入、真实的了解，而不是凭主观臆想和人云亦云，甚至是以讹传讹。

到了21世纪，中西文化比较研究已经走出了19世纪和20世纪中西文化刚刚碰撞和长久隔绝状态下的片面、单一视角，已经逐渐抛开了西方文化先进高贵，中国文化落后低下的盲从心态，能够比较客观理性地对待中西文化，能够多侧面、多角度地看待中西文化的性质、特点，此其一。

其二，从事中西文化比较研究学者呈现出多层次性，由此导致研究成果的多层次性，具体表现为一些高层次的领军型的学者对中西文化的深层次研究和一些对中西文化感兴趣者出于兴趣或对某一具体学科的了解而进行的对中西文化中具体问题的研究。

其三，是中西文化比较研究的时代性增强，不再像以往的比较研究常常围绕传统文化进行，而是紧密关注当代文化的发展变化并展开比较研究。我们看到，在全球化的背景下，不同种族、不同地域、不同国家的文化的交流与碰撞越来越频繁，人们也越来越清醒地认识到文化多元多彩。中国人骨子里的"和而不同"理念，"共生融合"的天下一家的气度在全球化背景下得到了最佳施展舞台，可以预见，在全球化背景下中国学者的中西文化比较研究将更全面、更深入、更具时代性，从而创生出既具有中华民族特色，又具有全球意识和时代精神的中国文化。

综观这 30 年的中西文化比较研究，成绩是喜人的。众多的研究成果，无论是对我们国家的文化建设，还是经济体制改革、思想观念的更新，都起到了不可忽视的作用。新的世纪，在全球经济一体化的世界大势下，中西文化的冲突、交融会更多，中西文化比较研究的课题也会更广泛、更有时代性。这既为研究者们提供了机会，也提出了挑战，可以说，只要世界上有中西方的存在，有不同国家和民族的存在，文化的比较研究就会持续下去，中西文化比较研究是一个永恒的常新的课题。

第十四章
海外中国文化研究

　　海外对中国文化的研究最早可以追溯到唐宋时期，但真正使中国文化在西方成为研究对象是从十五六世纪开始的大批耶稣会士入华，他们有意或无意地使中国文化成为研究对象，使中国文化研究（通称汉学）真正开始在葡萄牙、西班牙、意大利、法国、荷兰、德国、俄罗斯等主要西方国家逐步发展起来，并形成了关于东方文化的学术"流派"。① 在日后的几个世纪里，西方文明依仗科技、工业、商业优势大举东进，以宗教怀柔和炮火相加，在"交流"伴随掠夺中开始了"西学东渐"和"中学西传"。到了 20 世纪，由于世界政治集团的尖锐对立，"汉学"（包括中国文化在内）一度成为政治的一部分。

　　随着 20 世纪 80 年代以来中国改革开放政策的实施，中国在经济和社会方面发生了巨大的变化，这些变化促使有关中国的研究迅速升温，研究领域极大拓展，研究规模急剧扩大，研究立场与理论范式相应转变，包括中国文化研究在内的"汉学"（现在也有称"中国学"）成为当今世界最引人注目的"显学"。

---

① 阎纯德：《从"传统"到"现代"：汉学形态的历史演进》，《文史哲》2004 年第 5 期。

一、 海外儒学研究[①]

　　20 世纪 80 年代以来，东亚地区经济迅速增长，尤其是日本、韩国、中国台湾、新加坡等四小龙的经济腾飞，引起欧美等西方国家对东亚地区的关注。这种关注并不仅仅局限在东亚地区的当代经济文化方面，而且深入到对东亚传统文化的研究上。中国儒家文化作为东亚传统文化的核心，更成为研究的焦点。海外新儒家借此机会，大力提倡复兴儒家文化，更进一步推动了海外的儒家文化研究热潮。

[①] 本节及以下三节主要参考下列文献：

（一）书

1. 李学勤主编：《国际汉学著作提要》，江西教育出版社 1996 年版。

2. 葛兆光主编：《清华汉学研究》第 3 辑，清华大学出版社 2000 年版。

3. 安娜·赛德尔著：《西方道教研究史》，上海古籍出版社 2000 年版。

4. 胡孚琛主编：《中华道教大辞典》，中国社会科学出版社 1995 年版。

5. 卿希泰主编：《中国道教史》（第 4 卷），四川人民出版社 1996 年版。

6. 戴仁主编：《法国当代中国学》，中国社会科学出版社 1998 年版。

7. 安平秋、安乐哲主编：《北美汉学家辞典》，人民文学出版社 2001 年版。

8. 京都大学人文科学研究所编：《东洋学文献类目》（1980—1996）。

（二）论文

1. 徐克谦：《美国汉学家对先秦思想文献的翻译阐释和研究》，《文史知识》1997 年第 2 期。

2. 施忠连：《美国对儒学的新认识》，《社会科学》1997 年第 8 期。

3. 布罗夫：《俄罗斯的中国哲学研究——十七世纪——二十世纪末》（下），《汉学研究通讯》（台北）第 58 期，1996 年版。

4. 傅飞岚：《西方学者道教研究现状综述》，载任继愈主编：《国际汉学》（第 6 辑），大象出版社 2000 年版。

5. 福井文雅：《日本道教研究史和一些相关的问题》，《世界宗教研究》1996 年第 1 期。

6. 郑天星：《道教文化在俄国》，载任继愈主编：《国际汉学》（第 2 辑），大象出版社 1998 年版。

7. 夏含夷：《最近五年以来美国〈古代中国〉上的学术成果》，《中国史研究动态》1994 年第 11 期。

8. 李今山：《日本当代儒学家冈田武彦》，《国外社会科学》1987 年第 8 期。

9. 镰田茂雄：《回顾我的研究及对今后的展望》，《国外社会科学》1996 年第 1 期。

10. 周炽成：《向西方介绍中国哲学——陈荣捷的学思与功业》，《学术研究》1999 年第 8 期。

海外儒家文化的研究，在东方和西方两大地区，分别形成了日本和美国两大中心，成果骄人。法国、英国、澳大利亚、加拿大、俄国等其他国家的研究也有些重要成果。

（一）儒学研究在日本

海外对中国儒家文化的研究，在日本已经有上千年的历史。儒家文化传入日本不久，就在意识形态领域长期处于统治地位，成为他们传统文化中的核心部分，并形成了自身的儒家文化体系。千年来，儒家文化在日本民族的思想意识中已经深深扎下了根，其影响力至今渗透在各个领域。这一历史和现状，使日本对中国儒家文化的研究与西方国家不同，有着独特的方式和内容。在西方，儒学是一种外来文化，西方学者总是把儒学放在西方的历史和语言背景下，以比较法进行研究。在日本，儒学是自身文化的一部分，更注重对经典本身的阐释，研究方法也与中国学者更相近。

日本汉学有壁垒分明的两大派别：东京学派、京都学派。它们分别以日本两大著名大学东京大学、京都大学为阵营而形成的，有着不同的治学方法。东京大学的治学方法主要是实证的方法，来源于德国兰克学派；京都学派的治学方法侧重于考证的方法，由中国乾嘉汉学发展而来。

近20年，日本对中国儒家文化的研究主要表现为三方面：先秦儒家的研究、宋明理学的研究、新出土简帛的研究。

日本先秦儒家的研究主要集中在孔子、孟子和荀子上。孔子的研究向来是热点和重点，这20年也不例外，仅传记就有多种出版，如诸桥辙次所著《如是我闻孔子传》（大修馆书店1990年版），加地伸行所著《孔子画传》（集英社1991年版）等。孔子思想的研究主要体现在对《论语》的解读上，此类作品主要有：冈田智雄所著《〈论语〉私感》（创文社1981年版），诸桥辙次所著《论语的讲义》（大修馆书店1989年版），松川健二所著《论语的思想史》（汲古书院1994年版），白牧之、白妙子合著《论语辨》（哥伦比亚大学1998年版）。其他有关孔子的作品有：加地伸行所著《超越孔子时期的一种新说》（集英社1984年版），服部武所著《孔子的人间学》（富山房1986年版），李家正文所著《孔子的复活》（富山房1986年版）。孟子的研究作品有：野口定男所著《读〈孟子〉》（劲草书房1982年版），浅井茂仁所著《孟子的礼知与王道论》（高文堂社1982年版），铃本修冷所著

《孟子——以民为贵》（集英社 1984 年版）。研究荀子的主要作品有：冈本哲治所著《天与人与国——荀子的思想与经世的伦理》（艺立出版 1986 年版），儿玉六郎所著《荀子的思想——自然·主宰的两天道与性朴论》（风间书房 1992 年版）。此外，先秦儒学的研究中，春秋学研究有悠久的传统，主要有山田琢所著《春秋学的研究》（明德出版社 1988 年版）等著作。

宋明理学在日本一直很兴盛，著名汉学家冈田武彦在这一领域卓有建树，以至杜维明赞誉这位日本当代宋明理学家为"儒学祭酒"。① 此期，冈田武彦主要出版了《宋明哲学的本质》（文言社 1983 年）和《王阳明》（明德社 1991 年）两部作品。《宋明哲学的本质》对宋明哲学的时代精神作了总体的阐述，将宋学的精神概括为"唯理的思想"，将明学的精神概括为"唯心的思想"。日本宋明理学的研究以阳明学和朱子学为两大核心。在阳明学方面，除了冈田武彦所著《王阳明》外，还有荒木见悟所著《阳明学的开展与佛教》（研文出版 1984 年），吉田公平所著《陆象山与王阳明》（研文出版 1990 年）等作品。朱子学的研究著作有：佐藤仁《朱子·中国人和思想》（集英社 1985 年），市川安司《朱子哲学论考》（汲古书院 1985 年）等。

此期，日本儒学研究有一个新发展，不仅研究传世的儒家经典，而且对出土的新材料进行深入研究。近 30 年来中国出土了大量的简帛，内容丰富广泛，从六艺到方技的各个门类古书都有发现，涉及儒、道、兵等各家学说。其中，与儒学相关的材料很多，仅郭店楚简中就有 11 种 14 篇，而在磨咀子汉简、马王堆帛书、八角廊汉简、双古堆汉简、上博楚简、王家台秦简中也都有儒家的材料。由于儒家材料是简帛研究的主要内容之一，有必要介绍一下日本的简帛研究。1993 年郭店楚简的出土，使简帛热很快席卷全世界的汉学界，日本表现最突出。自 1995 年开始，简帛研究会在日本纷纷成立，1995 年成立了中国出土资料研究会、东京大学马王堆帛书研究会，1997 年成立了早稻田大学简帛研究会，1998 年成立了郭店楚简研究会、东京大学郭店楚简研究会，2000 年成立了日本长沙简研究会等。此外，日本很多大学还专门设立了简帛研读班和研究室，如东京大学包山楚简研读班、早稻田大学银雀山汉简研读班、大东文化大学郭店楚简研究班、日本女子大学走马楼吴简研读班、东京学艺大学睡虎地秦简研读班、德岛大学有马卓也

---

① 转引自李今山：《日本当代儒学家冈田武彦》，《国外社会科学》1987 年第 8 期。

副教授研究室、东海大学渡部武教授研究室、北海道大学近藤浩之副教授研究室、东京女子美术大学古川麒一郎教授研究室等等。日本的简帛研究热由此可见一斑，而这一热潮还在继续发展中。

（二）儒学研究在美国

美国的儒学研究可以分为两个方面：一方面是对中国传统儒学经典和思想的研究；另一方面是从现代角度对儒家伦理学的研究。

研究中国传统儒学思想，著名汉学家史华慈（Benjamin I. Schwartz）堪称美国汉学界的翘首。20 世纪 80 年代以后，史华慈投身到对"中国古代世界"的课题研究中，于 1985 由哈佛大学出版社出版了《古代中国的思想世界》一书。此书共 10 章，主要论述儒家，广泛涉及各家学说。对于儒家思想，史华慈强调齐儒家与鲁儒家、先秦儒家与汉代儒家的区别。史华慈在论述孔子时，还以柏拉图、亚里士多德等西方思想家作参照，这种将中国哲学及其思想放在西方的背景下，与之进行比较，是西方汉学家最常使用的研究方法，也是西方汉学的一大特色。此书还有个特色，就是对当代学者的中国古代思想研究进行了分析批评，以至于被认为"不是一部全面而细致的中国先秦思想史，而更像一部中国古代思想研究批评史"。①

孔子的研究，以《论语》为核心。正如史华慈在《古代中国的思想世界》中指出的，"《论语》本身仍然是争议的焦点"，美国汉学家往往试图以孔子和《论语》为突破口，阐释中国文化。安乐哲（Roger T. Ames）和大卫·霍尔（David Hall）合著的《通过孔子而思》（1987 年）就是典型代表。与史华慈强调普遍性不同，安乐哲和大卫·霍尔强调中国思想的特殊性，并认为这一特殊性往往被西方汉学家所忽视或遮蔽了。因此，他们从比较哲学的角度，对《论语》一书作了全面分析，以孔子的眼光来审视所谓的"哲学"，并引入新的哲学范畴和观念来理解中国文化。此外，研究《论语》的作品还有不少。舜广洛所著《〈论语〉中的仁和礼》② 从内容和形式关系的角度阐释《论语》中仁和礼的关系。最近，安乐哲和罗斯蒙特（Rosemont Henry Jr.）合写了《论语》（兰登书屋 1998 年）。

① 李学勤主编：《国际汉学著作提要》第 322 页，江西教育出版社 1996 年版。
② 舜广洛：《〈论语〉中的仁和礼》，《东西方哲学》第 43 卷，1993 年第 3 期，夏威夷。

孟子的研究，人性论是个有争议的问题。安乐哲在《孟子的人性概念：它意指"人的本质"吗》① 一文中认为，孟子的"性"不是静止的本质，而是一种现实的概念和关系用语，显示了动态的"创造的行动过程"，强调特殊性。不久，艾琳·布鲁姆（Irene Bloom）发表《孟子关于人性之辩》②驳斥了安乐哲的观点，认为安乐哲的这一阐释与孟子的原意不相符。艾琳·布鲁姆认为，孟子的"性"是指人人都有的共性，强调普遍性，而不是特殊性。研究孟子的著作中，比较具有代表性的还有菲力普·伊万何耶（Philip Ivanhoe）所著《儒家传统中的伦理学：孟子和王阳明的思想》（亚特兰大，乔治亚学者出版社 1990 年版）和李·耶利（Lee Yearley）所著《孟子与阿奎那：德的理论与勇的传统》（纽约州立大学出版社 1990 年版）。

荀子的研究，代表性的著作有约翰·诺布洛克（John Knoblock）所著《荀子全译和研究》（斯坦福大学出版社 1988—1994 年版）、爱德华·迈克尔（Edward J. Machle）所著《荀子书中的自然与天》。前者被《亚洲研究杂志》的书评誉为"超越了通常的中国古典哲学文本的翻译，满足了汉学界对具有全构造的翻译注释本的要求"。③ 后者是研究《荀子·天论》的专著。

宋明理学的研究，名家众多，最突出的代表是陈荣捷、狄百瑞（Theo-dore de Bary）和田浩。陈荣捷为中国哲学系统推介于西方作了杰出贡献。他在晚年写了《朱熹的生活和思想》（香港中文大学 1987 年版）、《朱熹新研究》（夏威夷大学出版社 1989 年版）两书。前者强调把朱熹放在中国哲学和世界哲学的背景下，作宏观的考察；后者着重从微观方面分析朱熹的学说。狄百瑞所著《道学与心学》（哥伦比亚大学出版社 1981 年版）与《心学与道统》（哥伦比亚大学出版社 1989 年版）是阐释宋明理学的姊妹篇。《道学与心学》阐释了从南宋到元代宋明新儒学如何占领统治地位的历程。他认为，新儒家包括理学和心学，但是程朱居于正统地位，心学原是程朱正

---

① 罗斯蒙特编：《中国经典文本与哲学语境——纪念葛瑞汉论文集》第 145 页，伊利诺斯奥彭会出版。

② 艾琳·布鲁姆（Irene Bloom）：《孟子关于人性之辩》，《东西方哲学》第 44 卷，1994年第 1 期，夏威夷大学出版社。

③ 转引自徐克谦：《美国汉学家对先秦思想文献的翻译阐释和研究》，《文史知识》1997年第 2 期。

统中的重要成分，在明代以后才为王阳明占领。《心学与道统》研究了从明代到 19 世纪初，原本是程朱思想重要成分的心学要素从宋明理学中分离出来的过程，即心学仅仅被看做是陆王之学这种狭义心学是如何铸就的。田浩以研究朱熹著称，他的代表作是《功利主义的儒家：陈亮对朱熹的挑战》（哈佛大学出版社 1982 年版）。此书是陈亮的思想传记，也是研究朱熹思想的重要参考文献。作者认为陈亮和朱熹的对立属于儒家内部的两极，有相容的一面，并强调在思想研究中应采取历史的、发展的立场，将思想家的思想与其所处的历史背景相结合，反对那种喜欢探讨无变化的本质结构的文化人类学立场。田浩近年来的作品还有：《儒学讲话和朱熹的优势》（夏威夷大学出版社 1992 年版），《陈亮关于公共利益和法律的观点》（夏威夷大学出版社 1994 年版），《朱熹的思维世界》（台北允晨文化公司 1996 年版）。

　　除了以上对儒家传统思想的研究外，美国学者对儒家伦理学的研究也注重从儒家伦理与东亚现代化的关系、儒学与人权、儒学的宗教传统等方面进行探讨。探讨儒家伦理与东亚现代化关系，是哈佛大学的杜维明等学者所从事的国际研究项目，该项目从 1985 年开始，为期 10 年，成果是 1996 年由哈佛大学出版的《东亚现代性中的儒家传统》一书。

　　儒学与人权的探讨，有两种对立的观点：一种是亨廷顿的文明冲突论，认为儒学与人权是不相容的，儒家极权主义的倾向在未来可能对西方自由主义构成威胁；另一种观点以狄百瑞、罗斯蒙特、安乐哲等汉学家为代表，认为儒学与人权是相容的，并且儒学中就包含了人权的因素或发挥了人权的作用。狄百瑞所著《理学与人权》[1] 指出，人权不是西方所独有的，中国儒学也包含了不少与人权相关的思想。罗斯蒙特所著《一面中国镜子》[2] 认为，儒家关于人的理论可以弥补西方人权观念的局限性。安乐哲的《儒家提供的选择：作为权利的礼》[3] 认为，儒家缺少个体观念，所以没有产生普遍的人权思想，但是它的重礼传统发挥了西方人权观念的某些作用，并且影响了中国人接受西方人权学说的方式。

　　儒学宗教传统的研究，以罗德尼·泰勒（Rodney L. Taylor）为代表。

---

[1] 勒罗易主编：《人权与世界宗教》第 184 页，印第安纳州圣母出版社 1988 年版。
[2] 勒罗易主编：《人权与世界宗教》第 78 页，印第安纳州圣母出版社 1988 年版。
[3] 勒罗易主编：《人权与世界宗教》第 199 页，印第安纳州圣母出版社 1988 年版。

他在《儒学的宗教维度》（1990 年）一书中，把儒家思想传统解释为一种宗教传统。

此外，在儒家伦理学研究方面，代表性的学者还有罗依兹和约翰·伯特龙（John H. Berthrong）。罗依兹的《转轴时期的儒家伦理学》把先秦儒家思想放在整个人类精神发展史的历史上来考察，认为儒家思想的出现是古代世界范围内启蒙运动的先声。约翰·伯特龙的《普天之下》（1994 年），试图通过儒学与基督教神学的对话，重新审视儒家思想。

（三）儒学研究在欧洲

除日本和美国外，其他国家的儒学研究也有些重要成果，以下简要介绍法国、英国、加拿大、俄国等国家的主要研究成果。

法国是西方汉学的中心，这是毋庸置疑的。19 世纪以来，法国首都巴黎就被誉为"西方汉学之都"。但是，回顾法国汉学史，我们会发现，法国的汉学一直偏重于道、释两家，对儒家的研究较为薄弱。尤其是中国的"文化大革命"，使儒学研究在法国进一步衰落了。20 世纪 80 年代以后，法国汉学界对儒学的研究有所恢复，汪德迈（Léon Vandermeersch）、程艾蓝、朱利安（Francois Jullien）、王东亮等学者都有专门的研究儒学的著作出版。汪德迈的主要作品有《王道》和《新的汉文化圈》（1986 年）两书。《王道》①第二卷出版于 1980 年，强调儒家人文主义构建了整个中国文化的基础，并作为一种可以被普遍利用的模式，渗透到亚洲其他文明中。《新的汉文化圈》研究了汉化的过程，同时认为汉化的核心就是儒教化。程艾蓝翻译了《论语》（1981 年），并对汉代儒学进行了深入研究，著有《汉代儒教研究：一种经典诠释传统的形成》（1985 年）。朱利安（Francois Jullien）的《内在的形象：对〈易经〉的一种哲学读法》（1993 年），是在详细释读了王夫之的注释文之后写成的。王东亮的《从神圣到世俗：〈易经〉历史上的里程碑》（1994 年），对儒家的经典《易经》作了相关性研究。

英国的汉学研究，虽不如法国发达，但也出现了李约瑟（Joseph Needham）、葛瑞汉（A. C. Graham）等享誉世界的大汉学家。李约瑟主攻中国科技史。葛瑞汉主要研究中国哲学，对儒、道、墨各家都有精彩著述。此

---

① 第一卷由法兰西远东学院 1977 年出版。

期，葛瑞汉有关儒学的作品有《什么是程朱人性论中的新成分》① （1982年）以及《道的论辩者：中国古代的哲学论辩》（1989 年）中的部分章节。在《什么是程朱人性论中的新成分》中，葛瑞汉认为"中国传统中有一种从根本上不同于我们自己的通达'是然'与'应然'对立两分法的途径"，"它比我们自己的两分法更具有一定的优势，那么，就存在着西方哲学应进行自身的范式转换以适应于它的可能性"。②《道的论辩者：中国古代的哲学论辩》讲述了从孔子到西汉早期的中国古代思想史，全书共分四部分 15 章，其中大量篇幅是有关儒家的。对宋代儒学的研究，卡索夫（Irae Kasoff）是代表人物。他的《张载的思想》（1984 年）评述了张载的思想及其与二程的关系，强调宋代哲学学派的多元性，反对西方宋代哲学研究的一元趋向。

加拿大的儒学研究，以秦家懿为代表。秦家懿主要研究中国的宗教，对儒学也有所涉猎。他所著的《什么是儒家的精神性》（1986 年），强调儒家在多元社会中成为百家争鸣中的一元。

俄国的儒学研究，以彼列洛莫夫、谢米能客、客布杰夫为代表。彼列洛莫夫分析了《论语》和其他古典著作的原文，著有《孔子：生平、学说、命运》（1993 年）。谢米能客著有《孔子的格言》（1987 年）一书，认为孔子学说的主要特点是宗教性，并逐渐成为中华帝国的国家宗教。客布杰夫著有《王阳明学说与古典中国哲学》（1983 年），认为王阳明哲学是一种独特的人格论的单子论。

二、　海外道家文化研究

海外学者对中国文化的研究，除了儒家文化之外，道家文化也是重要的一个方面。长久以来，海外学者总是将道家和道教混为一谈。近几十年来，随着对中国文化研究的深入，海外汉学界已经形成一个共识：中国的道家文化并不等于中国的土著宗教道教。海外道家文化的研究，也逐渐从道教的研究中脱离出来。20 年来，海外道家文化的研究，有些新的发展和成果。道

---

① 参见《中国哲学和哲学文献研究》，纽约州立大学出版社 1990 年版。
② 李学勤主编：《国际汉学著作提要》第 347 页，江西教育出版社 1996 年版。

家文化的研究，以日本和美国最出色，英国、德国也有重要的成果。

（一）道家研究在日本

中国的道家文化很早就流传到了日本，在七八世纪的日本文人所作的汉诗集《怀风藻》中，就有老庄思想的用语。此后的《万叶集》、《方丈记》以及吉田兼好（1283—1350 年）的《徒然草》等作品中都有道家文化的印记。众所周知，日本受中国儒家文化的影响极为深远，但是，道家文化也对日本文化产生了重大影响。当代日本汉学家蜂屋邦夫，曾撰文大力提倡对道教文化进行深入研究。① 近 20 年，日本汉学界对中国道家文化的研究集中在老子、庄子、列子等人物和思想上。

老子研究是道家文化研究的源头，当然是研究的重点，日本的汉学界也不例外。有关老子及其思想的主要作品有：稻田孝所著《读〈老子〉》（劲草书房1982 年版），濑尾信藏所著《老子——万物平等的人生论》（新人物往来社1982 年版），楠山春树所著《老子——以柔克刚》（华英社 1984 年版），大滨所著《老子的哲学》（劲草书房 1986 年版），加地伸行所著《老子的世界》（新人物往来社 1988 年版），服部武所著《老子》（富山房 1988 年版）。还有安冈正笃所著《老庄的航程》（福村出版社 1988 年版），是研究老子和庄子的作品。

庄子的研究，日本汉学家也有了一些研究成果。代表性的作品有大滨所著《庄子的哲学》（劲草书房1987 年版）。

列子的研究，最有代表的是小林胜人。他的《列子的研究——老庄思想研究序说》（明治书院 1981 年版）共分九部分，将各本相比较，对《列子》的传记和篇章进行了仔细的考辨，并将列子的思想与庄子、荀子、韩非子的思想进行比较，论述道家之道。

黄老学的研究，主要代表作是浅野裕一所著《黄老道的成立与展开》（创文社1992 年版）。

此外，有的作品对道家思想作了总体介绍和研究，宇野精一主编的《中国思想·道家与道教》（1987 年）是其中的代表。此书共五章，前四章

---

① 蜂屋邦夫：《日本道家文化研究的意义》，《清华汉学研究》第 3 辑，清华大学出版社2000 年版。

论述道家思想，第五章阐释道教。

（二）道家研究在美国

美国的道家文化研究成果很多，尤其是在老子、淮南子、黄老帛书的研究上更为突出。

老子的研究，美国汉学家关注的重点是《道德经》的研究，《老子》王弼、河上公注的研究，马王堆《老子》的研究等方面。

《道德经》的研究，以拉法格（Micheal La Fargue）、柯恩（Livia Kohn）为代表。拉法格对《道德经》的研究颇有建树，独著了《老子〈道德经〉译注》（1992 年）和《道和方法：对道德经的推理探讨》（1994 年）两书，并和柯恩合著了《老子与〈道德经〉》（1997 年）。他在《老子〈道德经〉译注》一书中，把"道"解释为一种"精神状态"，认为它表现为简朴而自足的生产方式、低调而又有效的政治领导风格。他的另一部书《道和方法：对道德经的推理探讨》，试图用西方圣经学的方法论来翻译研究《老子》，并讨论了由《老子》的翻译引发的翻译理论和方法问题，评述了流行的现代翻译阐释理论。

《老子》王弼、河上公注的研究，以艾伦·陈（Alan K. L. Chan）为代表。他所著的《道的两种视角——〈老子〉王弼、河上公注研究》（1991 年），试图从《老子》两个不同的文本出发，分析它们产生的不同影响，即河上公注对后来道教思想形成所起的作用，王弼注对中国佛教和宋以后新儒家思想体系表述的影响。

马王堆《老子》的研究，以韩禄伯（Henrichs Robert G.）和波尔兹（William J. Boltz）为代表。韩禄伯的《老子〈道德经〉：新出马王堆本的注释与评论》（1989 年）一书，从 1989 年到 1993 年，在西方连续出了 7 版。他的另一著作《论马王堆帛书〈老子〉与王弼本之不同》（1980 年），将马王堆的《老子》与王弼本老子作了比较分析。波尔兹对马王堆帛书的研究也颇有成果，先后发表了一系列文章：《从马王堆帛书看〈老子想尔注〉意义的宗教和哲学》（1982 年），《文本批评与马王堆〈老子〉》（1984 年），《王弼、河上公未见的〈老子〉文本》（1985 年）。在以上的文章中，他试图通过对马王堆帛书的分析，指出《老子》本来就包含一定的宗教意义。

《淮南子》的研究，以布兰克（Blanc Charles Le）、马修（Mathieu Remy)、罗斯（Roth Harold）为代表。布兰克除了独著《〈淮南子〉：汉初思想的总结》（1985 年）之外，还与马修合著了《汉帝国初期的神话与哲学：〈淮南子〉研究》（1992 年）。罗斯则著有《〈淮南子〉考辨》（1992 年）。

黄老帛书的研究，皮尔仁布姆（R. P. Peerenboom）堪称代表。他写有《〈鹖冠子〉与黄老思想》（1991 年）和《中国古代的法律与道德：黄老帛书研究》（1993 年）二文。在《〈鹖冠子〉与黄老思想》一文中，他认为《鹖冠子》的许多章节包含了黄老思想，最明显的是信奉自然主义和自然法则，并指出它的成书年代在战国晚期到汉代之间。他的另一篇文章《中国古代的法律与道德：黄老帛书研究》研究的是黄老帛书中的法律思想。

此外，柯恩的道家文化研究成果很多，有必要一提。除了和拉法格合著的《老子与〈道德经〉》（1997 年）外，柯恩还著有：《道家的修行与长寿法》（1989 年），《道家的神秘哲学：〈西升经〉》（1991 年），《早期中国思想：道家传统哲学与灵魂拯救论》（1992 年），《道家的经验：一部选集》（1993 年），《嘲笑道：中世纪佛教徒与道教徒间的辩论》（1995 年）。

（三）道家研究在英国、德国

英国的道家文化研究以汉学大家葛瑞汉为代表。葛瑞汉学问渊博，研究广泛，尤其对庄子和墨子的研究最为精辟。其中，葛瑞汉对道家文化的论述，主要体现在《〈庄子〉书庄子写了多少?》、《道的论辩者：中国古代的哲学论辩》、《〈庄子〉内篇及其他篇章》等论著中。在《〈庄子〉书庄子写了多少?》一文中，他论证了《杂篇》的一些片断是内篇、外篇的某些章节遗失的断简，并且《骈拇》、《马蹄》、《胠箧》等篇是汉初复古派的文章，《让王》、《盗跖》、《说剑》、《渔父》属于杨朱派的文章。此文收录在他的论文集《中国哲学和中国哲学文献研究》中。他在《道的论辩者：中国古代的哲学论辩》（1989 年）一书中，将"老子"放在第三章，认为老子晚于孟子、墨子、庄子，早于荀子和法家。在此书中，他还对《庄子》作了大胆的划分和重组，把《庄子》分为五部分，分别属于庄子本人的学说、庄子学派的学说、原始主义者的学说、杨朱主义者的学说、折中主义者的学说。此外，1981 年，葛瑞汉出版了《〈庄子〉内篇及其他篇章》一书。

德国的道家文化研究，以瓦格纳（Rudolf Wagner）和张聪东为代表。瓦格纳对王弼《老子注》作了深入的研究，先后发表了《相互结合骈比的文章风格：老子和王弼》（1980 年）、《王弼：老子微旨例略的结构》（1986年）、《论王弼之老子》（1989 年）等文章。在《论王弼之老子》一文中，他认为王弼本没有真实的价值，应该由傅奕和范应元两个古本以及马王堆帛书本来取代。张聪东是华裔学者，著有《庄子的诡辩、智慧和实践哲学》（1982 年）。

三、　海外道教研究

道教作为中国土生土长的宗教，是西方人了解中国文化的窗口，被誉为"汉学中的汉学"。近 20 年来，西方的道教研究非常兴盛，基本上形成了日本、法国、美国三个中心，尤其以日本和法国最为突出。英国、荷兰、加拿大、德国、俄国、澳大利亚等其他国家的道教研究也有一定成果。

（一）道教研究在日本

日本的道教研究已经有近百年的历史，近 20 年，道教研究在日本出现了持续性的热潮。这一时期，研究道教的日本学者有了很大幅度的增加。一方面，成立了几个新的研究道教的团体，如 1984 年成立的"道教文化研究会"，1986 年成立的"中国古代养生思想研究会"。另一方面，旧团体的人员也增加了很多，从日本道教学会的发展可见一斑。日本道教学会是日本全国性的道教团体，成立于 1950 年，在 1969 年，会员人数为 305 人，到 1995 年，会员人数已经上升到约 700 人。不仅如此，日本的道教热已经走出学术界进入民众中。随着有的学者把日本的历史和中国道教联系起来，非专业人员对道教的兴趣也在增长。许多日本的古史爱好者和大众媒介都相信日本的皇族和中国道教有密切的关系。① 这一时期日本的道教研究有三个重点：①

---

① 福永光司在《日本文化与道教》（人文书院 1982 年）一书中提出此说，福井文雅曾多次撰文批判。可参见福井文雅：《评福永光司著〈日本文化与道教〉》，《东方宗教》1982 年第 60 期；福井文雅：《评福永教授之反论》，《东方宗教》1984 年第 62 期；福井文雅：《评安娜·塞德尔的〈西方道教研究编年史〉》，《东方宗教》1994 年第 83 期；福井文雅：《对迪尔特博士和博肯康普教授之评论的答辩》，《东方宗教》1994 年第 84 期；福井文雅：《日本道教研究史和一些相关的问题》，《世界宗教研究》1996 年第 1 期。

道教史的研究，尤其是从思想史的角度研究道教史；②道教和科技史的研究，研究养生术、望气术、占卜术、医方等；③当代道教的研究，受法国影响，运用人类学方法，通过实地的田野调查研究道教。

道教史的研究，不仅体现为研究视野被大大拓宽了，广泛地涉及社会史、政治史、经济史、思想史等各个方面，而且强调在中国思想史的大背景中来考察道教。20 年来，这一类的作品很多，宫川尚志著《中国宗教史研究之一》（同朋舍 1983 年版），收录论文 15 篇，以道教史为主体，涉及社会史、政治史、经济史等多方面。福永光司著《道教思想史研究》（岩波书店 1987 年版），收录道教哲学思想和历史的研究论文 16 篇，强调把道教的教理、神学放在中国思想史的大背景下来理解，认为道教思想史是中国思想史研究的重要方面。砂山稔著《隋唐道教思想史研究》（平河出版社 1990 年版），收录其研究道教教理及其发展史的论文，全书分《南北朝以前的道教》和《隋唐时代的道教》两部分。小林正美著《六朝道教史研究》（创文社 1990 年版），是研究六朝道教以及当时流行道教经典的论文集，考察了道教经典和当时各教派的关系，分析了天师道、葛氏道、上清派思想的发展过程。大渊忍尔著《初期的道教——道教史研究之一》（创文社 1991 年版），在旧著《道教史的研究》的基础上增补而成，研究后汉末至晋代的道教史问题，分前后两篇，前篇《中国本土民族宗教的形成》，后篇《抱朴子的研究》，书末附《初期的仙话》和《老子化胡说》两篇论文。吉川忠夫编《中国古道教史研究》（同朋舍 1992 年版），是京都大学人文科学研究所以"六朝道教研究"为课题的研究报告书，收录论文 13 篇，以六朝和唐代为中心，从思想、历史、文学、语言等多方面对中国古代道教作了深入探讨。

道教和科技史的研究也很兴盛，尤以养生术的研究最为突出。前文已经提到，1986 年日本成立了一个专门研究养生思想的团体"中国古代养生思想研究会"。有关养生方面的著作也不少，主要有：坂出祥伸编《中国古代养生思想综合研究》（平河出版社 1988 年版），收录论文 30 篇；吉元昭治著《道教与不老长寿医学》（平河出版社 1989 年版）；坂出祥伸著《道教与养生思想》（鹈鹕社 1992 年版）。

日本近 20 年的道教研究还有一个突出特点，即在法国的影响下运用人类学方法，对中国道教的现状进行田野调查。这一方面的研究以峰屋邦夫的成就最显著。蜂屋邦夫是道教研究的后起之秀，在 1980 年以后的 10 年中，多次到中国，对道观的现存状况、神像、祭祀、道士等具体项目进行了详细调查，写成了《中国道教的现状——道士·道协·道观》（汲古书院1990年版）、《中国的道教——活动状况与道观》（汲古书院1995年版）两书。《中国道教现状》是根据1987年和1988年两次在中国各地调查的资料编撰而成，分为本文册和图版册两种。

日本的道教研究在其他方面也有很多成果。在道教仪式研究方面，大渊忍尔所著的《中国人的宗教仪礼》（1983年）是最重要的一部作品。在全真道的研究方面，代表性的作品有德忠著《蒙古朝的道教与佛教》（平河出版社1986年版），峰屋邦夫著《金代道教的研究——王重阳与马丹阳》（汲古书院1992年版）。在道家与道教关系的研究方面，楠山春树著《道家思想和道教》（平川出版社1992年版）汇集了作者长期研究道家和道教以及中国思想的论文。在道教典籍的研究方面，大渊忍尔、石井昌子编的《六朝唐宋古文献所引道教典籍目录·索引》，是第一部有关道教典籍引用文索引方面的工具书，书中包括相关道教典籍的解题、六朝至唐宋共45种古代文献所引道教典籍的目录和索引。

20年来，日本的道教研究处于黄金时期，除以上的专著外，综合性研究成果可以以两部作品作为代表：一部是福井康顺、山崎宏、木村英一、酒井忠夫监修的《道教》三卷本（平河出版社1983年版），这部书集中了当时日本道教研究的精华，可以看做这20年道教研究繁荣的开始；另一部是野口铁郎、坂出祥伸、福井文雅和山田利明等主编的《道教事典》（平河出版社1994年版），该书的研究重点逐渐向后转移，重视当代的道教研究，研究视野更加开阔，集中体现了日本和国际汉学界近百年的道教研究成果，也为以后的道教研究提出了一系列问题。

（二）道教研究在法国

法国一直是西方道教研究的中心，这不仅得益于法国的道教研究历史最悠久，更在于法国相继出现了沙畹（Edouard Chavannes 1865—1918年）、伯希和（Paul Ppelliot 1878—1945年）、马伯乐（Henri Maspero 1883—1945年）、葛兰言（Marcel Granet 1884—1941年）、戴密微（Paul Demieville 1894—1979年）等饮誉世界的道教研究大家。近20年，法国道教研究的主要代表人物有三代，石泰安（Rolf A Stein）是第一代，施博尔（Kristofer

Schipper）、安娜·塞德尔（Anna Seidel）、苏远鸣（Michel Soymie）、伊莎白拉·罗比奈（Isabelle Robinet）是第二代，约翰·拉格威（John Lagerwey）、傅飞岚（Franciscus Verellen）、卡特琳·德斯帕（Catherine Despeux）、克里斯廷·莫莉媛（Christine Molliet）等是新生的第三代。

这20年来，法国的道教研究主要成果表现在四个方面：①西方道教研究史的研究，以安娜·赛德尔所著《西方道教研究编年史（1950—1990）》为代表；②道教史的研究，以伊莎白拉·罗比奈所著《道教史》为代表；③道教仪式的研究，以施博尔所著《道教中的乡土仪式和经典仪式》、约翰·拉格威所著《中国社会和历史中的道教仪式》为代表；④道教典籍的研究，以克里斯廷·莫莉媛所著《五世纪的一部道教启示录——洞渊神咒经》为代表。

西方道教研究史的研究，归功于女学者安娜·赛德尔。安娜·赛德尔（Anna Seidel，1938—1991年），中文名石秀娜，代表作《西方道教研究编年史（1950—1990年）》对20世纪50年代至20世纪90年代以前的西方道教研究进行了全面回顾与总结，被誉为西方道教研究的纪念碑式的著作。正如作者本人所说，她曾精心营构全书，文中的每一句话（或每一自然段）都是对某一专题研究的精辟概括。此书既是西方学者和爱好者了解道教的入门书，又是中国学者了解西方同行研究进展的必备书。毫无疑问，这种对西方道教研究史的介绍，会对西方道教研究产生深远的影响。

从始至终，道教史的研究都是法国道教研究的重点，伊莎白拉·罗比奈是其杰出代表。伊莎白拉·罗比奈（Isabelle Robinet），中文名贺碧来，是个多产的学者，其研究涉及道教史、炼丹术、道教与道家、道教与儒家、经典等许多领域。其中，以道教史研究的成就最突出。1991年，由Cerf出版社出版她的新作《道教史》，这是第一本由西方人写的长篇道教史著作，引起欧美学界高度重视，很快被翻译成英文在斯坦福出版。《道教史》堪称贺碧来的代表作，此前，她的道教史研究体现在对上清派的研究上，先后发表了《上清派与方士及求仙者传说之间关系的研究》（1979年）、《道教历史上上清派的启示》（1984年）、《上清派中的想象与狂奔》（1989年）等作品。其中，《道教历史上上清派的启示》一书，对上清派的历史、人物和经典作了详尽的研究，作者因此获得了法国国家博士的称号。

西方学者特别重视宗教仪式的研究，使用的研究方法是将实地考察与历史分析相结合。法国道教仪式研究的代表人物是施博尔和约翰·拉格威。施博尔有关仪式的研究，有《道教中的乡土仪式和经典仪式》（1985 年）、《唐代的道教仪注和地方祭礼》（1985 年）、《评灵宝派仪式的发展》（1988 年）、《道教仪式中的目连戏》（1989 年）、《步虚研究：道教仪式歌舞》（1989 年）等作品。约翰·拉格威（John Lagerwey），中文名劳格文，美国人，1977 年起为法国远东学院会员。他的《中国社会和历史中的道教仪式》（1987 年），是第一本用英文写作的关于道教仪式的导论性著作，从社会学、历史学和人类学的角度系统阐述了道教仪式的运用和具体化过程。他认为，道教是一种宗教和行为系统，它通过特有的行为和音乐等宗教仪式表示出其本质。他还强调将道教放在中国历史的大背景下进行考察，认为道教与中国社会的政治、历史和民俗密切相关，是中国人宇宙论、生死观的具体反映。傅飞岚的《超越的内在性：道教仪式与宇宙论中的洞天》[①] 一文，从道教仪式与宇宙论的角度考察通观洞天理论的形成，认为洞天理论的系统化是在唐代司马承祯和杜光庭手中完成的，并根据杜光庭的《洞天福地岳渎名山记》设计了《十大洞天与三十六小洞天所在地今名对照表》。

　　道教典籍的研究，也是法国道教研究的一个重要内容，青年学者克里斯廷·莫莉媛在此方面已有一定的成就。克里斯廷·莫莉媛（Christine Molliet），中文名穆瑞明，她的处女作《五世纪的一部道教启示录——洞渊神咒经》在 1990 年由法兰西学院高等汉学研究所出版。此书使用基督教的名词诠释中国文化，正如作者在序言中已指出的，这一做法并不合适。但是作者采用了西方结构主义方法分析《神咒经》，并借助已有的观念解释道教经典的思想体系，仍有一定的参考价值。此外，约翰·拉格威的《无上秘要：六世纪道教总汇》（1981 年）也是研究道教典籍的重要作品，被安娜·赛德尔评为榜样式的作品。[②]

　　20 年来，法国道教研究的成果并不仅仅局限在上述四个方面，在其他问题上也有很多成果。在现代道教研究方面，劳格文采用人类学的方法，写作了《福建省南部现存道教初探》（1993 年）、《浙江省苍南地区的道教文

---

① 法国远东学院编：《远东亚洲丛刊》第 8 卷，1995 年版；中文本见《法国汉学》第 2 辑，清华大学出版社 1996 年版。
② 安娜·赛德尔著：《西方道教研究史》第 127 页，上海古籍出版社 2000 年版。

化》（1993 年）等文章。在宗教地理学的研究方面，石泰安所著《东亚女神的洞穴——子宫和寺观》一书讨论东亚洞穴的发源及其象征新生的意义。石泰安发现中国的洞穴没有和东亚其他地区的同种洞穴一样，发展出对新生的象征主义及围绕这种象征的宗教仪式，因而得出意象在洞穴之前就有的结论。在炼丹术的研究方面，伊莎白拉·罗比奈所著《道教的内丹术》（1986年）、《内丹对道教和中国思想的独到贡献》（1989 年）、《内丹的调查——真元学校》（1990 年）等作品有着系统的探讨。在道教修行的研究方面，卡特琳·德斯帕所著《中国古代的女仙——道教与女丹》（1990 年）是西方汉学界第一本全面探讨道教和女性修行的专著，并且作者强调将女丹修行法放在历史、宗教的背景下进行分析讨论。在道教文献的研究方面，施博尔和傅飞岚主编的《道藏手册》（1996 年）是一大成果，对《道藏》目录进行了分析性的描述，并配有多种索引。苏远鸣所著《敦煌道教文集》是研究敦煌道教文献的又一成果。施博尔所著《台湾之道教文献》（《台湾文献》17—3，1996 年），对中国台湾的道教文献进行了全面的研究。

近 20 年来，法国的道教研究，继承了优良传统，除了老一辈学者外，出现了一批中青年的学者，三代相传的态势已形成。相信青年学者的加入，会为法国的道教研究注入新的活力，使今后的研究得到更好的发展。

（三）道教研究在美国

美国的道教研究最早可以追溯到 19 世纪末，但是成果极少，直到第二次世界大战后顾立雅的《何谓道教?》一文才开启美国道教研究的新形势，成果逐渐增多。近 20 年来，美国的道教研究有了很大的进展，有薛爱华（Edward Hetzel Schafer 1913—1991 年）、米歇尔·斯特里克曼（Michel Strickmann）、利维雅·科恩（Livia Kohn）、迈克尔·萨梭（Michal R. Saso）、白恺思（Bell Catherine M.）、博尔茨（Judith M. Boltz）、克利里（Thomas Creary）、基拉多特（Norman John Girarrdot）等一大批研究道教的学者。

美国的道教研究，比较突出的是对茅山派的研究。早在 1981 年，米歇尔·斯特里克曼就发表了《道教茅山宗》，对茅山派的历史作了有趣的概说。薛爱华是以研究唐代而著称的，她先后写了《唐代的茅山》（1980年）、《时代之海市蜃楼——唐朝的道教诗歌》（1985 年）、《茅山的雪：道教群像》（1987 年）等与茅山道相关的著作，并强调唐代诗歌作为历史文献的重要性。

对道教仪式的研究，也是美国道教研究的一个重要方面，迈克尔·萨梭和白恺思是这一研究领域的重要代表。迈克尔·萨梭，中文名苏海涵，他对道教研究的主要贡献在对中国台湾道教的研究上。通过对中国台湾道教的现状进行实地调查，他发表了《台湾道教科仪的结构》（1989 年）一文。之后，还发表了《青龙白虎——道教的斗法仪式》（1990 年）一文。白恺思对宗教仪式有深入的研究，先后出版了《有关道教礼拜法典过程中经文仪式化与仪式经文化之研究》（1988 年）、《宗教仪式的理论与实践》（1992 年）、《宗教仪式：尺度与观点》（1997 年）等著作。此外，他还发表了《宗教与中国文化：大众宗教的趋向与评估》（1989 年）等论文。

对养生术的研究，代表性作品是利维雅·科恩和日本学者坂出祥伸合编的《道教的冥想与养生术》（1989 年）。此书是坂出祥伸主编的《中国古代养生思想综合研究》一书的姊妹篇，反映了海外道教养生思想研究的新水平。利维雅·科恩还在德国出版了《七步得道》（1987 年），探讨司马承祯的《坐忘论》。

其他方面比较主要的成果还有：克利里的《道教的内丹学说》（1986 年）；基拉多特的《早期道教中的神话和内涵：混沌的命题》（1983 年）；博尔茨的《十至十七世纪道教文献通论》（1988 年）；利维雅·科恩的《早期中国的神秘主义：道教传统中的哲学和耶稣救世学》（1991 年）；等等。

总体看来，近 20 年，美国的道教研究范围还不够宽泛，对整个道教史的研究还很有限，从研究程度而言，比日、法两国都相差很远。但是，美国的道教研究还处于逐渐上升趋势，在以后的时间里，可能会有一个长足的进展。

（四）道教研究在欧洲其他国家

除日本、法国、美国外，20 年来，英国、荷兰、加拿大、德国、俄国等国家的道教研究也有一定成就，出现了一些著名道教研究专家和一批重要的道教研究著作。

英国的著名道教研究者龙彼得（Piet van der Loon）于 1984 年出版了《宋代收藏道书考》一书，阐明宋代所收藏的道书的性质和传承，探索道教经典的历史。

荷兰的道教研究以许理和（Erik Zurcher）、克努特·沃尔夫（Knut Wolf）为代表。许理和主要研究佛教，他的著作《从道教经典看佛教对早期道教的影响》（1980年）也是道教研究的重要作品。克努特·沃尔夫编写了《西文道教书目》，是欧美道教论著书目索引，于1985年初版，1989年增订版，1992年第三修订版，到第三修订版，已收书目1370种。

加拿大的道教研究以冉云华、包士廉（Julan F. Pas）为代表。冉云华是加籍华人，先后发表了《道原或道的起源》（1980年）、《人与宇宙之沟通：道教音乐的哲学基础》（1989年）、《黄老道中人的本质及其宇宙基础》（1990年）等文章。包士廉侧重于仪式的研究，他的主要作品有《新光的象征：道教科仪的更进一步研究"道教分灯科仪与基督教复活节烛光圣化比较中所得到的启发"》（1980年）、《消灾仪式》（1989年）等。

德国的道教研究以瑞特尔（Reiter Florian）为代表。瑞特尔中文名常志静，他的主要著作有《道教的基本因素和倾向》（1988年）、《三洞珠囊——唐初的道教著作》（1990年）、《图文老子生平与活动·老君八十一图说》（1990年）等。在《三洞珠囊——唐初的道教著作》中，他探讨了作为《三洞经》精华的《三洞珠囊》。在另一部书《图文老子生平与活动·老君八十一图说》中，他把老子描述为宇宙和整个文明的绝对中心。

俄国的道教研究以列·谢·瓦西里耶夫和叶·阿·托尔奇诺夫为代表。列·谢·瓦西里耶夫和叶·鲍·波尔什涅娃合编《道和道教在中国》（1982年）一书，收录论文14篇。列·谢·瓦西里耶夫还著有《东方宗教史》（1983年）。叶·阿·托尔奇诺夫所著的《道教：历史宗教学试述》（1993年），是俄国第一部道教史专著。

近20年来，海外道教的研究越来越兴盛和成熟，涌现了一批批研究道教的学者，发表了数量和质量都可观的研究著作。我们相信，随着中国文化进一步走向世界，道教研究将以日本、法国、美国为中心，呈现出更良好的发展态势。

四、 海外其他中国文化研究

海外对中国文化的研究涉及很多方面，除了已经谈到的儒家、道家、道教的研究外，对佛教、兵家、墨家的研究也很有成绩，有必要做个简要介绍。

（一）佛教文化研究

对中国佛教文化的研究以日本、美国、荷兰最为突出。

日本对中国佛教的研究历史悠久，近 20 年，这方面的研究很兴盛，在中国佛教史、禅宗、华严宗、法华宗等领域都有重要的著作出现。

中国佛教史的研究，以镰田茂雄为代表。镰田茂雄是日本当代著名的佛学家，对华严宗、朝鲜佛教、中国佛教礼仪、中国佛教现状、中国佛教史等都有深入的研究，尤以华严宗和中国佛教史研究著称。从 1982 年到 1994 年，他主要致力于中国佛教史的研究，连续出版了五卷《中国佛教史》（东京大学出版会），并且出版了《中国佛教史辞典》（东京堂出版 1981 年版）。此期，镰田茂雄的另一研究课题是中国佛教礼仪，成果为东京大学东洋文化研究所 1986 年出版的《中国的佛教仪礼》。对中国佛教史的研究，这 20 年的主要著作还有：牧田谛亮所著《中国佛教史研究》（大东出版社 1981 年版），佐藤成顺所著《中国佛教思想史的研究》（山喜房佛书林 1985 年版）。

禅宗在日本一直非常兴盛和普及，因而禅宗的研究也是热点问题。20 年来，这一领域的研究者和研究成果很多，最有代表性的有铃木哲雄所著《唐五代禅宗史》（山喜房佛书林 1985 年版）、石井修道所著《宋代禅宗史的研究——中国曹洞宗与道元禅》（大东出版社 1987 年版）、阿部肇一所著《禅宗社会与信仰：续中国禅宗史的研究》（近代文艺社 1993 年版）、松本史郎所著《禅思想之批判的研究》（大藏出版社 1994 年版）等著作。

公元 740 年，华严宗由朝鲜僧人审祥传入日本，之后，日本的华严宗迄今不衰。对华严宗的研究，也是日本对中国佛教研究的重要方面。此期，这一方面的主要著作有木村清孝所著《中国华严思想史》（平乐寺书店 1992 年版）、菅野博史所著《中国法华思想的研究》（春秋社 1994 年版）、吉津宜英所著《华严禅之思想史的研究》（大东出版社 1985 年版）、石井公成所著《华严思想的研究》（春秋社 1996 年版）等。

法华宗又称天台宗，对这一佛教宗派的研究，以福岛光哉、新田雅章、胜吕信静为代表。福岛光哉专门研究了宋代的法华宗，著有《宋代天台净土教的研究》（文荣堂书店 1995 年版）。新田雅章对法华宗的实相论作了详细研究，著有《天台实相论的研究》（平乐寺书店 1981 年版）。胜吕信静以法华宗的基本经典《法华经》为文本，分析了它的成立和思想内容，著有《〈法华经〉的成立与思想》（大东出版社 1993 年版）。

除以上几方面外，日本的中国佛教文化研究，涉及的领域还有很多。在中国佛教批判方面，有伊藤隆寿所著《中国佛教之批判的研究》（大藏出版 1992 年版）。在断代佛教思想研究方面，还有小林正美所著《六朝佛教思想的研究》（创文社 1993 年版）。在中国佛教经典研究方面，有柏木弘雄所著《大乘起信论的研究》（春秋社 1981 年版）、福井文雅所著《般若心经之历史的研究》（春秋社 1987 年版）、大鹿实秋所著《〈维摩经〉的研究》（平乐寺书店 1988 年版）、立川武藏所著《〈中论〉的研究》（法藏馆 1994 年版）等等。

美国汉学界对中国佛教文化的研究，以禅宗的研究最为突出。迈克兰（Mcrae John R.）、郑学礼、罗锦堂是研究禅宗的代表人物。迈克兰著有《禅宗北方学派及其形成》（1986 年），郑学礼著有《探索禅宗》（1991 年），罗锦堂著有《庄子与禅》（1993 年）。此外，巴宙·王（Pachow. Wang）、丹悦家、温斯丁（Weinstein Stanley）、罗锦堂从各自的角度分析了中国佛教。巴宙·王整体论述了中国佛教，于 1980 年出版了《中国佛教：互相作用及再译过程》。丹悦家运用西方现代哲学诠释佛教，写作了《佛教现象学》和《批评佛教：回溯源流》。温斯丁专门研究了唐代的佛教，1987 年由剑桥大学出版《唐朝佛教》。他的另一著作《中国佛教教派》（1987 年），收入了《宗教百科全书》。罗锦堂还对佛典中的某些概念进行了深层的剖析，写作了《佛典中的观与念》（1992 年）。

荷兰著名汉学家许理和（Zürcher Erik）以研究中国佛教著称，主要有《佛教征服中国》和《早期的中国佛教》、《佛教、基督教和中国社会》（1990 年）等著作。

法国的中国佛教研究，著名汉学家谢和耐是这一领域的先驱，但是 20 世纪 80 年代后，他的兴趣点已经转移。近 20 年来，法国研究中国佛教的学者主要有傅博纳（Bernard Faure）、戴思博（Catherine Despeux）、郭丽英等。傅博纳专攻禅宗，著有《唐朝禅宗：中国唐代一种宗教传统的起源》（1989 年）。戴思博翻译了佛教禅宗的语录：《八世纪的马祖禅师语录》（1980 年）。郭丽英专门研究了佛教的忏仪，写作了《5—10 世纪汉传佛教的忏悔和忏仪研究》（1994 年）。

（二）兵家文化研究

1972 年，在山东临沂银雀山出土了大量兵家汉简，包括《孙子兵法》、《孙膑兵法》、《尉缭子》、《晏子》、《六韬》、《守法守令十三篇》等。20 年来，这批兵书，尤其是《孙子兵法》和《孙膑兵法》，成为海外对中国兵家思想研究的新资源和重要课题。

日本学者重泽俊郎著有《孙子的兵法》（日中出版社 1981 年）。

美国汉学家安乐哲是个多产学者，涉猎很广，对兵家的研究也有专著出版，如《孙子与〈孙子兵法〉》在 1993 年由兰登书屋出版。此外，他还与 DC Lau 合著了《孙膑与〈孙膑兵法〉》（1996 年）。

（三）墨家文化研究

海外对墨家的研究，以葛瑞汉最著名。葛瑞汉在《道的论辩者：中国古代的哲学论辩》（1989 年）一书中指出，《墨经》成书于公元前 4 世纪与公元前 3 世纪间，分三阶段写成：①《语经》；②《经》、《经说》；③《名实篇》。认为《墨经》中含有各门各类的知识，可以引申出多门学科。

近 20 年，有些日本学者对墨家作了深入研究，驹田信二是其中之一。1982 年，驹田信二出版了他的墨学专著——《读〈墨子〉》（劲草书房）。研究墨学的论文也有不少，如池田知久的《墨子的兼爱说与尚贤说》（1981年），浅野裕一的《墨家集团知质的变化——说话类之隐含意义》（1982年），沼尻正隆的《墨家衰微考》（1985 年），久保田知敏的《坚白探源——〈墨子〉的〈经〉、〈经说〉与〈公孙龙子〉的〈坚白论〉》（1988年）等等。

瑞士学者麦德尔（Erik W. Maeder）发表了《关于〈墨子·十论〉成书过程的几点设想》（1992 年），指出《十论》可能不是墨子本人的原著，是在秦汉之际收录进《墨子》的。

五、 海外华人学者的中国文化研究①

近 20 年来，活跃在世界各地的海外华人学者，为促进海外中国文化研究的蓬勃发展作出了积极贡献。致力于中国文化研究的海外华人学者人数不少，成果颇丰。本章将对许倬云、余英时、成中英的主要思想及研究成果予以介绍。余者，限于篇幅，只能暂时阙如。

（一）许倬云与中国文化研究

许倬云，江苏无锡人。1930 年生。中国台湾大学历史系学士、文科研究所硕士、美国芝加哥大学人文研究院博士。曾任中国台湾大学历史系教授和系主任，现任美国匹茨堡大学历史系及社会学系讲座教授，其代表作有《中国文化与世界文化》、《西周史》等。许倬云长期从事中国传统文化及中国历史的研究，取得了令人瞩目的成就。

1. 中国文化的发展过程

西方著名的存在主义哲学家雅斯贝尔斯（Karl Jaspers）在其著作《历史的起源与目的》（*The Origin and Goal of History*）一书中谈到了人类文化的轴心时代（Axial Age）。他认为，在公元前 800 年至公元前 200 年间，几个古代文明都有人提出了系统性的思考，为人类何去何从以及是非善恶问题赋予了普遍性的意义。这便是所谓文化的第一次突破。这一突破，是人类历史的重要转机，标志着人类的文化进入了文明时期。在此之前属史前时代，人群只是浑浑噩噩地度日，生老病死，全无意义。雅斯贝尔斯把轴心时代的文化的特点归纳为：①人不只是为了活着而生活，人有了意识与反省，这是人类精神上的进展。②以理性的能力发展工艺与技术，摆脱环境的约束与限制，以求生存。③社会上有了信服的对象，或为统治分子，或为圣贤的精神指导者，人因此才有前进的目标和追求的楷模。

---

① 本节引述资料主要来源于以下著作：许倬云著：《中国文化与世界文化》，贵州人民出版社 1991 年版；成中英著、李翔海编：《知识与价值——成中英新儒学论著辑要》，中国广播电视出版社 1996 年版；余英时著、辛华、任菁编：《内在超越之路——余英时新儒学论著辑要》，中国广播电视出版社 1992 年版。

究竟是什么条件激发了第一次的突破？魏尔（Eric Weil）认为人类历史有多次突破，而每一次突破之前必有一次崩坏。许倬云据此对中国历史进行了考察，指出，殷周之际是一个大变局，以子姓诸族为主体的商王国文化不高，不能凝聚他族，终于在周人的挑战下覆亡。周人以蕞尔小国，君临中国，建立了一套崭新的制度，不仅开800年的周代，而且凝聚华夏诸族，铸成中国文化的主体。这是一个大崩坏之后的新局面。平王东迁，王纲不振，礼坏乐崩，列国扰攘，春秋战国时期，长达五百余年，中国又经历了脱胎换骨的过程，这是另一次崩解之后的新局面。举凡社会、经济、政治、观念等各方面都经历了极大的变化。在《中国古代文化的转变》一文中，许倬云把人类文化的发展过程分成三个阶段：突破、僵化和转化。他认为，从中国的情况看，最早的"突破"是在商周之际，在西周克商时，周人进行了深刻的反省，思考小邦周为什么能够战胜大邑商的问题。这种思考的结果是找到了商朝灭亡的原因，即商人道德低落，而周人道德却高于商人。故而上帝作出了有利于周人的判决。在商时，上帝是商人的部落神及宗祖神；但周人的上帝是普世的上帝，也是道德的维护者及裁判者。天命靡常，唯德是亲，上帝是公正的。许倬云指出："这一突破的重要性，实在孔子学说之上。天命的观念，第一次给予生活在世上的意义，也使人的生活有了一定的道德标准。……由天命观念为基础，开有周八百年的文物制度、道德基础，而且为孔子时代主要的文化突破奠下基础。"

继商周之际的"突破"以后，至春秋战国时期，又出现了第二个阶段的突破。此时礼坏乐崩，宗法制度解体了。孔子为当时的社会进行了新的定位，在这一次文化的突破中起了关键性的作用。许倬云指出："孔子这一次'突破'在于将人道普遍化了，将本来行之于贵族的礼乐观念普化于大众之间。"此后，经战国至秦汉，终于整合为一个统一的文化体系。但是，"整齐划一的形式，往往易于导致僵化"，故至东汉时期，中国文化又进入了"僵化"时期。南北朝时，中国文化的"转化"期到来了。许倬云称"南北朝又是一次历史大转变的时期，变动的剧烈只有春秋战国时代和近代的大变化可与它相比。此时，秦汉完成的整齐划一的体制崩溃了。佛教的影响填入空白，导致儒家思想的变化，为宋明理学之兴起开下先河。南北朝时期，为转变的前期，变动最大，而转变的完成是在唐朝。外来的文化与思想传入，使得中国思想又一次大突破。"宋代理学标志着一次新的文化突破，之后又进入了文化的整合期，至清代乾嘉时期，"整合愈整齐，思想也日益僵化……从乾嘉以后，除了做补注的工作外并无活力创造新成就。学术的繁琐化也可和东汉时的经学相比。"许倬云认为，到了 19 世纪，中国文化已经僵化了。他又指出：鸦片战争后，中国文化又进入了"转化"期，这一转化过程至今尚未完成。因此，新的文化"突破"的时代还没有到来。

2. 汉代知识分子与儒家文化

许倬云对汉代知识分子的历史地位进行了考察，指出：知识分子由汉初不足称道的社会地位，先以实用价值为政治权力提供了若干必要的服务，继而以天人感应的理论，使知识分子获得了代社会立言的发言权及对政治的监督权，再经过教育机构的扩大，知识分子成为汉帝国庞大官僚组织的参与者，其人数也越来越多。东汉时，知识分子已与专制君主平分政治权力。在经济方面，知识分子掌握了土地资源，而在社会关系上，知识分子用家族伦理的延展，取得内部的认同与团结。

接着，许倬云又把汉代的知识分子划分为以下几种类型：

第一种是依附型知识分子。此类知识分子可称为政治权威的依附者，包括叔孙通之流明礼仪知掌故的诸生，也包括明律法政令的文吏在内。事实上，这一类型是官僚制度的主要成员，符合韦伯所谓具有专门技能的专家。这一类型的人物，以知识为换取禄位的工具，知识只是商品而已。

第二种是理想型知识分子。如董仲舒一类知识分子，努力建立一套理论，希望用知识的多少来约束节制政治的权威，此中第一流人物，如贾谊、辕固生等人，颇能因为有道德勇气而不轻易屈服者。其中特出的极端人物，则如夏贺良、京房诸人，持守理想，以至用理想要求皇帝退位。

第三种是批评型知识分子。这种知识分子以理想世界来绳墨现实世界，即用儒家的道德标准来批评现实弊端。在西汉时，这种人物不算多，在东汉则有好几位代表人物，如王符、仲长统、崔实，都能以在野的身份，论驳当世政治、社会、经济各方面的弊病。

第四种是反抗型知识分子。东汉的党锢事件，即是这一类的角色。此种类型的知识分子，为了维持理想中儒家的君主政治，他们不畏强御，与外戚宦官生死相搏。殉死者视死如归，生者前仆后继，为中国历史上知识分子立一勇敢不屈的典型。他们之敢于如此，一则京师本为人文荟萃之地，二则全国的知识分子经常接触，形成了舆论，可以评论时政，臧否人物。

第五种是隐逸型知识分子。由汉初四皓不应高帝召命，汉代知识分子中已有了隐逸的典型。《史记》以伯夷、叔齐、鲁仲连为第一等人物，多少象征了司马迁在专制压力下无所逃死的精神避世所。先秦诸家中，道家原以隐逸为重，儒家用进退藏，原有入世出世两条选择。东汉重名节，不应召辟也为时论所尊重。汉代《逸民传》中人物及终生不仕号为处士的学者，矫情沽誉的人不少，然而大多数知识分子若在目击时艰，明摆着理想世界与现实世界无法妥协时，逃世自匿，也是诚实的做法。

第六种是地方领袖型知识分子。这一类事实上兼跨上列各类中的若干人物，在其未仕前或退休后，大率都具有领袖的资格。《逸民传》中的逢萌任亭长，从未赴长安学《春秋经》，王莽时隐居崂山，吏来捕捉，当地人居然集众捍御，俨然是当地的领袖。

上述六种知识分子类型中，以理想型、批评型和反抗型的知识分子为中坚力量，为维护儒家道统的价值、确立儒家学说的地位起了重大作用。在这方面，尤其值得一提的是董仲舒。许倬云认为，汉初儒生，叔孙通与贾谊均为汉室提供了若干实用性的服务。然而到底因为只是实用，而不能自免于役属的地位。役属的儒生演变为能特立独行的知识分子，还必须拥有另一层凭借，具备另一种信念。

董仲舒的大系统正是知识分子的精神凭借，天人交感并不是由董仲舒新创的理论。如前所述，以自然与人间两重秩序综合为一，已是当时学术界共有的时代精神，不过以儒家为主体的系统，具有浓重的道统性。陆贾及董仲舒的系统，都有此特征。许倬云又指出，董仲舒的褒贬是根据理想的秩序作为标准尺度。董仲舒甚至把孔子放在王者的宝座上，执行褒贬的权力。所谓"故春秋应天作新王之事，时正黑统，王鲁，尚黑，绌夏，亲周，故宋"，硬把知识的道统放入政治的传授系统中。如此，儒生操持了批评论断现实世界的权力，而儒家的经典成为评断事物是非长短的依据。儒家为汉室的政权肯定了合法性，可是也相对地把知识分子提升到与政权抗衡的地位。由此以后，汉代的知识分子脱离了役属的身份，建立了新的信念和自觉。

3. 中国传统文化的现代价值

许倬云认为，传统的"五伦"经过转化后仍有现代的价值。如君臣一伦，今天虽已不再存在，但它可以转化为上司与下属之间的关系，双方都要体认到自己的权利和义务，才使得关系的两端有稳定而互应的连线，不应该再有尊卑、上下那种单方面的要求；亲子、夫妇、兄弟的关系也基本上是相对而互应的，在亲和的关系上，我们应当肯定互应的性质；朋友一伦当然更不在话下，不是互应，根本不能成为朋友。从五伦的关系上，我们可推演出以响应相对为要件，根据这一根本条件，许多新的人伦关系，都可以得到明确的定义。劳资之间不必对抗，而可以是互利的伙伴。甚至于社群与社群之间，也可以以互利的关系，联结成为一个更大的社群；而最后，一个民族、一个国家，都可以因此建构为亲和互利的有机体。如果整个人类是一个亲和互利的有机体时，国与国之间的争执，民与民之间的战斗，自然也就消弭了。这一整套的演绎，基本上正是与中国文化中修齐治平的观念相符合的，而且不会因为时代改变而失去其意义。

许倬云指出，在世界几个主要文化之中，中国文化中的人本思想，可以发展为不分畛域的大同观念，今天基督教与回教的争执，回教与印度教的争执，甚至天主教与新教之间的争执，都源于这些文化各有其排他性。然而，中国文化中有教无类的观念与民胞物与的思想，则有极大的包容性。未来的世界不应当再分割为对抗的群体，中国的思想方式可以作为世界文化的重要基石。

未来的世界义化中，近代科学绝对是重要的部分；事实上，近来西方文化的变化有一个重要的方向，即是西方文化中袭自古希腊文化的成分日渐彰显，相对地盖过了古犹太文化的宗教成分。科学文明自然有其普世的特征，真理从验证得来，不因国家、种族而有差异，由此可以抽绎为公平及理性的道德观。20世纪的科学观已经和过去的科学决定论有相当的距离。大家终于理解：观察测量的相对性也会影响现象的解释，近代的科学观念，实际上是建立于相当谦卑与虚心的态度上。这一文化特质，也可以逐渐转化为生活中的一部分，成为人生哲学的基本观念。中国文化中，尤其儒家的人生哲学也正与这种态度相符，在我们建构世界文化的工作中，中国的成分与科学的成分，不仅不相悖，更是互补的。

工业生产已是世界经济的主要形态，现代的科学与技术之间互相提携，彼此促进的现象也日渐显著；我们可以预见在未来世界工业化的过程，将更为波澜壮阔。可是从另外一方面看，工业化高度发展的后果，是资源的大量浪费及环境恶性的破坏。西方欧美文化以为成长即是进步，基于人类对自然抗争的心理，以为人类应当征服自然。这种浮士德的心态如果不加矫正，人类将毁伤整个地球，也必当消灭自己。中国文化中，人与自然融为一体，人对自然有一分尊敬，人也利用自然的力量，然而不愿意过分利用。因此，儒家在民生方面的观念是利用厚生，道家是顺应自然。许倬云以为，正在形成的世界文化中，中国文化的自然观念应当代替上述浮士德戡天、制天的观念。不过，我们自己必须先整顿自己的思想，重新厘定这天人合一的观念。

4. 简略评论与思考

与其他致力于研究中国传统文化的海外华裔学者一样，许倬云也很重视传统文化的现代转化问题。出于对传统文化的厚爱，他对传统文化的肯定远多于否定，这种心情是可以理解的。他曾写过几篇文章，专门探讨了中国文化对未来世界的积极贡献，其中的一些见解的确发人深思。当然，他对中国文化虽极尽弘扬之能事，但我想不能因此说他是一个国粹主义者，因为他的学术思想并不故步自封，也并不反对吸收外来文化，而是主张中外文化应互相交汇融合、取长补短。

许倬云清醒地认识到，要建构中国新文化，必须吸收西方的民主政治。他说："中国历史上虽有民本的观念，究竟与民主政治的基本条件并不完全相符。若要从中国文化的基础上，独立地建立民主政治理论，并非易事。可是，若从中国文化的人文思想，尤其是恕道观念及尊重人性的观念上，做进一步的伸展，则未尝不能在中国文化中纳入民主政治。我们生活的项目并不需要桩桩件件都备于我，能够采撷别人有价值的文化项目，转接到自己的文化上，只要接得通，又何乐而不为。"笔者认为，中国文化之所以没有发展出真正的民主政治，这与中国缺乏法治传统有关，而民主政治必须建立在法治的根基之上。法家虽然讲"法治"，但无非是把法作为君主治人的工具而已，实质上它也是"人治"。中国的政治传统是典型的人治主义。中国的专制政治尽管表面上饰以"民本"、"重民"等等，但民众在森严的宗法等级之网中并未获得做人的尊严。可以说，"人治"必然通向专制政治，而"法治"则通向民主政治。

美籍华裔学者邹谠在一篇题为《西方政治理论与中国政治学》的文章中认为，中国传统文化是提倡人治的，法家提倡的法治是以法治人，而不是法治。西方的法治的最后目的是以法律保障公民个人与生俱来的平等权利和自由，这是法家的法治与西方法治的基本差异。用英文来说，传统的法治观念是 rule by law，而西方的法治观念则是 rule of law。当然，人治与法治并不是绝对排斥的，人治与法治在所有社会中都是并存的。不过，严格意义上的人治与法治有一个基本的不同点，即人治与法治在政治结构中的关系，是法治高于人治，还是人治高于法治？是人际关系作为法律制度的补充，使制度与法律更充分更圆满地发挥其力量，还是人和人际关系压倒法律制度，随意践踏法制？在邹谠看来，儒家的人治是以性善论为基础的，所谓"人皆可为尧舜"，其实质是说人人均可大公无私。性善论是不易成立的，不过，与之对立的性恶论也很难证明。他指出："我觉得建立政治制度最好以性恶论为一种假定——仅仅只是一种假定而已，在这种假定下建立我们的制度，在这种制度下每个人都追求一己的狭隘的利益。若这种制度能产生很好的社会效果，我们就能解决很多不易解决的问题。……大公无私的动机和破私立公的理想只能推动少数人，而不宜成为制度的基础。"① 民主政治必须建立有效的权力制约机制，邹谠说："权力会使人违法，绝对权力会使人绝对违法。有了绝对权力就会使人滥用权力，不滥用权力的明君圣主历史上是不可多得的。以君君臣臣的伦理原则来约束君主远不如确立一种权力互相牵制、制衡的制度去避免滥用权力和权力过分集中，这是西方社会理论公认的一个结论。"② 他也指出，传统的"内圣外王"观念认为个人思想行为端正了，整个社会国家的问题也就解决了，但从西方的观点来看，社会经济、政治、文化对个人行为品德的影响远远超过个人行为品德对社会经济、政治文化的影响，由此可知，儒家的人治思想是把因果关系弄颠倒了。

基于上述，笔者认为，要建立真正的民主政治，首先必须建构一个保障人权的法治体系，这是对传统的人治体系的否定。只有在这样一个体系中政治权力才会得到有效制约，公民的生命、财产和自由才能够得到有效保障。儒家的"内圣外王"说是一种道德至上主义或道德理想主义的反映，它把人的一切都道德化了。它预先假定人性都是德性，而把人的自然本性视为恶之源，然后又把人性善恶之消长视为社会兴衰存亡的根据。儒家道德教育的目的是强调人的义务感和服从意识，从而把个人的权利意识降到最低程度，这样，大家都不为个人权益而争，社会秩序的稳定也就有了保障。但这种稳定是没有任何活力的可以说是死水一潭，现代民主政治当然不能建基于这种

---

① 参见《中外文化比较研究》第 168 页，三联书店 1988 年版。
② 参见《中外文化比较研究》第 168 页，三联书店 1988 年版。

静态的稳定秩序上面，而是建立在一种肯定人的欲望又规范人的欲望的法治体系所保障的一种动态的稳定秩序上面。因此，借鉴和吸收西方的民主政治的观念和制度是很有必要的，在这一点上，笔者也是认同许倬云的见解的。

（二）　余英时与中国文化研究①

余英时，1930 年生于天津。原籍安徽潜山。毕业于中国香港新亚书院中文系，1955 年去美国，1962 年获哈佛大学历史学博士学位。历任哈佛大学中国历史教授，耶鲁大学历史系讲座教授，香港新亚书院院长兼中文大学校长，现为普林斯顿大学东亚研究讲座教授、中国台湾"中央研究院"院士。

作为一个长期从事中国传统文化研究的专家，余英时在中国港台及海外享有极高的学术声望，其著作所显示的深厚的学养和扎实的功力也得到了大陆学者的广泛好评。他的代表作有《中国思想传统的现代诠释》、《历史与思想》、《中国近世宗教伦理与商人精神》、《士与中国文化》、《史学与传统》、《后汉的生死观》（英文）等等。

1. 内在超越

余英时认为，内在超越是中国传统价值系统的基本特征。什么是"内在超越"呢？这涉及价值的源头问题。余英时从中西文化比较的角度对这一问题进行了探讨。他说："人间的秩序和道德价值从何而来？这是每一个文化都要碰到的问题。对于这个问题，中西的解答同中有异，但其相异的地方则特别值得注意。"他认为，中国最早的想法是把人间秩序和道德价值归源于"帝"或"天"，从子产、孔子之后，"人"的分量重了，"天"的分量相对轻了，即所谓"天道远，人道迩"，但孔子并未切断人间价值到超越性源头——"天"。孔子以"仁"为最高的道德意识，这个意识内在于人性，其源头仍在于天，不过这个超越的源头不是一般语言能讲得明白的，只有靠每个人自己去体验。孟子的性善论以仁、义、礼、智四大善端都内在于人性，而此性则是"天所以与我者"。所以他才说"知其性则知天"。道家也肯定人间秩序与一切价值有一超越的源头，那便是先天地而生的形而上道体。"道"不仅是价值之源，而且也是万有之源。

---

① 本小节所据材料主要出自《内在超越之路——余英时新儒学论著辑要》一书。

基于上述分析，余英时进一步指出，仅从价值具有超越的源头一点而言，中西文化在开始时似乎并无基本不同。但若从超越源头和人间世之间的关系着眼，则中西文化的差异极有可以注意者在。中国人对于此超越源头只作肯定而不去穷究到底。这便是庄子所谓"六合之外，圣人存而不论"的态度。西方人的态度却迥然不同，他们自始便要在这一方面"打破砂锅问到底"。柏拉图的"理性说"便是要展示这个价值之源的超越世界。在西方，经过中世纪神学家圣托马斯（St. Thomas）的努力，超越的世界被具体化了，而人格化的上帝则集中了这个世界的一切力量。上帝是万有的创造者，也是所有价值的源头。这个超越世界和超越性的上帝表现出无限的威力，但是对一切个人而言，这个力量则总像是从外面而来的，个人实践社会价值和道德价值也是听从上帝的召唤。

余英时以西方文化为参照系来观照中国文化，认为中国的超越世界与现实世界并不是泾渭分明的。他指出，一般而言，中国人似乎自始便知道人的智力无法真正把价值之源的超越世界弄清楚而具体地展示出来（这也许部分地与中国人缺乏知识论的兴趣有关）。但是更重要的则是中国人基本上不在这两个世界之间划下一道不可逾越的鸿沟。西方哲学上本体界与现象界之分，宗教上天国与人间之分，社会思想上乌托邦与现实之分，在中国传统中虽然也可以找到踪迹，但毕竟不占主导地位。中国的两个世界则是相互交涉，离中有合、合中有离的。而离或合的程度则又视个人而异。

与西方相比，中国的超越世界没有走上外在化、具体化、形式化的途径，因此中国没有"上帝城"（city of God），也没有普遍性的教会（universal church）。孟子的"尽心者知其性，知其性则知天"，是走向内在超越的路，和西方的外在超越恰成一鲜明的对照。孔子的"为仁由己"已经指出了这个内在超越的方向，但孟子特提"心"字，更为具体。后来禅宗的"明心见性"、"灵山只在我心头"也是同一取径。

余英时认为，中国没有西方基督教式的牧师，儒家教人"深造自得"、"归而求之有宗师"，道家要人"得意妄言"，禅师对求道者则不肯"说破"。重点显然都放在每一个人的内心自觉，所以个人的修养或修持成为关键所在。如果说中国文化具有"人文精神"，这便是一种具体表现。追求价值之源的努力是向内而不是向外向上的，不是等待上帝来"启示"。余英时又补充说，他无意夸张中西之异，也不是说中国精神全内化，西方全是外化。例外在双方都是可以找到的。但以大体而言，中西价值系统确隐然有此一分别在。外在超越与内在超越各有其长短优劣，不能一概而论。

综上所述，我们可以看到，余英时所讲的"内在超越"是指一种内在的德性修养，通过"为仁由己"、"尽其心者知其性，知其性则知天"这样的路数来体悟超越的价值源头。这种强调"深造自得"、诉诸人的内心自觉的超越路线与西方强调依上帝而得"神启"的超越路线有着重大区别，它表明：中国人追求价值之源的努力是向内而不是向外或向上的，而西方人则与之相反。

2．"君子"理想

修己与治人是先秦儒家所大力提倡的，修己的目的是成为"君子"，治人则须先成为"君子"。余英时认为，从此角度看，儒学事实上便是"君子之学"。在孔子之前，"君子"以"位"称之，即专指社会上居高位的人，下层庶民即使有道德也不配称为"君子"，因为他们有"小人"的专名。余英时指出，"君子"之逐渐从身份地位的概念取得道德品质的内涵自然是一个长期演变的过程。这个过程大概在孔子以前早已开始，但却完成在孔子手里。从《论语》这部书中可以看到，孔子对"君子"的界定明显偏重于道德品质这方面。当然，自古相传的社会身份的含义也仍然保存在"君子"这个概念之中，但从大的方向说，孔子是把"君子"尽量从古代专指"位"的旧义中解放了出来，而强调其"德"的新义。

余英时指出，"君子"到了孔子的手上才正式成为一种道德的理想。孔子首以"文质彬彬"一语来界定"君子"，他说："质胜文则野，文胜质则史。文质彬彬，然后君子。"（《论语·雍也》）余英时对此解释说，此处的"文"字含义较广，大致相当于我们今天所说的"文化教养"，在当时即所谓"礼乐"，但其中也包括了学习"诗书六艺之文"。"质"则指人的朴实本性。如果人依其朴实的本性而行，虽然也很好，但不通过文化教养终不免会流于"粗野"（道家的"返璞归真"、魏晋人的"率性而行"即是此一路）。相反地，如果一个人的文化雕琢掩盖了他的真实本性，那又会流于浮华（其极端归于虚伪和礼法）。前者的流弊是有内容而无适当的表现形式；后者的毛病则是徒具外表而无内涵。所以，孔子才认为真正的"君子"必须在"文"、"质"之间配合得恰到好处。

在余英时看来，孔子理想中的"君子"是以内在的"仁"为根本而同时在外在行为方面又完全合乎"礼"的人。"君子"的本质是"仁",故"君子之道"实际上就是"仁道"。"君子"既是"仁者",则欲为"君子"必自修养自己内在的仁德始。所以"克己"、"自省"成为入德的基础功夫。"君子"在道德修养方面必须不断地"反求诸己",层层向内转。但由于"君子之道"即是"仁道",其目的不在自我解脱,而在"推己及人",拯救天下。后来《大学》中的八条目之所以必须往复言之,即在说明儒学有此"内转"和"外推"两重过程。这也是后世所说的"内圣外王"之道。

余英时指出,"君子"是"道德之称",儒学也一向被视为"君子"的"成德"之学。"成德"的意义究竟何指?余英时认为,若专指个人的"见道"、"闻道"、"悟道"、"修道"等"内转"方面而言,虽然这确是儒学的始基所在,则不免往而不返,"君子"的循环圈亦将由此而中断。故"君子"必须往而能返,层层外推,建立起人伦道德的秩序,才算尽了"修己以安百姓"的本分。

3. 传统伦理与商人精神

自从马克斯·韦伯揭橥新教伦理与资本主义精神的关系问题以来,人们对资本主义经济兴起和发展的文化原因表现出日益浓厚的兴趣。尽管韦伯认为近代资本主义经济只会产生于新教伦理地区,而儒家伦理不仅不能导致资本主义经济的产生,反而会成为资本主义经济发展的障碍,但自20世纪六七十年代以来以日本为首的东亚儒家文化圈的工业文明的崛起这一事实却昭示人们:儒家伦理虽然不一定能产生出西方式的近代资本主义经济模式,但却可以接受西方的资本主义经济模式并成为其发展的内在助力。这种西方式的资本主义经济模式由于被移植到儒家文化的大背景之中,因而显示出了独特的风貌,故海内外学界有所谓"儒家资本主义"的说法(相对于西方的"基督教资本主义"而言)。

余英时对韦伯提出的问题也表示了极大的关注,并在《中国近世宗教伦理与商人精神》一书中对此进行了探讨。他认为,韦伯《新教伦理》的特殊贡献在于指出:西方近代资本主义的兴起,除了经济本身的因素之外,还有一层文化的背景,此即所谓"新教伦理",他也称之为"入世苦行"(inner-worldly asceticism)。他认为加尔文派的"入世苦行"特别有助于资本主义的兴起。所以他的《新教伦理》主要是以此派影响所及的区域为研究的对象,如荷兰、英国及北美的新英格兰等地。他特别征引了富兰克林的许多话来说明"资本主义的精神"。这一精神中包括了勤、俭、诚实、有信用等美德。但更重要的是，人的一生必须不断地以钱生钱，而且人生便是以赚钱为目的；不过赚钱既不是为了个人的享受，也不是为了满足任何其他世俗的愿望。换句话说，赚钱已成为人的"天职"或中国人所谓"义之所在"（calling）。

韦伯所提出的问题，刺激了余英时对儒家伦理与东亚资本主义经济之关系的联想。尽管余英时也承认，韦伯所说的那种"资本主义精神"只起源于新教地区，而且日本、中国台湾、中国香港、韩国、新加坡的经济发展，其资本主义的经营方式都是从西方移植过来的，而非发源于本土，但他又根据大量的史料证明儒家伦理中确有与西方资本主义精神相通、相近和相似的地方。例如，新教伦理注重入世苦行，提倡勤俭，韦伯认为这种注重勤俭的美德后来成为一种典型的资本主义精神。其实，儒家伦理本来也很重视勤俭，"克勤克俭"是儒家提倡的传统美德。

余英时据此认为，儒家和韦伯观点的最大不同之处仅在超越的根据上面。新教（即清教）徒以入世苦行是上帝的绝对命令，上帝的选民必须以此世的成就来保证彼世的永生。新儒家则相信有"天理"（或"道"）。但"理"既在"事"上，又在"事"中，所以人生在世必须各在自己的岗位上"做事"以完成理分，此之谓"尽本分"。因此，人只有努力成就"此世"，或立德，或立功，或立言，才能保证"不朽"。"彼世"在内而不在外，心安理得，即登天堂；此心不安，即入地狱。有鉴于此，余英时认为，只要把"上帝"换成"天理"，便可发现新儒家的社会伦理有很多都和清教相符合。

韦伯在《中国宗教》一书中认为诚实守信也是新教伦理的重要原则，清教徒是这一原则的忠实信奉者，但中国商人中却普遍存在着不诚实（dishonest）和不守信（distrust）的风气。针对这种观点，余英时进行了反驳，指出山西商人以"诚"、"实"、"不欺"等为"金科玉条"，并说"诚"与"不欺"是一事的两面，在新儒家伦理中尤其占有最中心的位置。在理学大兴之前，这两条德目自己成为儒家道德的始点。

余英时还对明代的"贾道"进行了研究，认为"贾道"的一个重要内涵即怎样运用最有效的方法来达到做生意的目的，这相当于韦伯所谓"理性化的过程"（the process of rationalization）。韦伯对清教伦理中的"天职"

（calling）的观念颇为重视，认为它通向了那种一意赚钱却自奉俭薄的资本主义精神。余英时指出：西方资本家全心全意地赚钱，但他们赚钱并不是为了物质享受，因此依然自奉俭薄。依韦伯的解释，这些资本家的宗教动机是要用经营成功来证明自己在尽"天职"方面已"才德兼备"（virtue and proficiency in a calling）。此外，当然也还有世俗的动机，如财富所带来的"权力"（power）和"声誉"（recognition）以及因能使无数人就业和家乡经济繁荣而得到精神上的满足等。就世俗动机而言，中西商人大致相同。那么，中国商人是否有超越性动机呢？余英时的回答是肯定的。当然，明清时期的中国商人不可能有西方清教徒商人的"天职"观念，更没有什么"选民前定论"，但其中也确有人曾表现出一种超越精神。他们似乎深信自己的事业具有庄严的意义和客观的价值。如明代商人席铭曾有"丈夫不能立功名于世，抑岂不能树基业于家哉"的豪言，另一商人则有经商乃"创业垂统"的壮语，著名理学家王阳明也有"虽终日做买卖，不害其为圣为贤"的宏论，可证当时的中国人对经商赚钱也有某种超越性动机。余英时认为，这种超越性动机乃表现为对"名"、"德"或"功业"的追求。

4. 文化重建

余英时在对中国传统文化进行深入系统研究的同时，又对中国文化的重建问题表示了浓厚的兴趣。谈到文化重建，自然就涉及如何对待传统文化的问题。余英时认为，文化虽然永远在不断变动之中，但是事实上却没有任何一个民族可以一旦尽弃其文化传统而重新开始。他反对那种把"现代化"等同于"西化"的提法，认为每一民族的传统都有其特殊的"现代化"问题，而现代化则并不是在价值取向方面必须完全以西方文化为依归。他进一步指出今天世界上最坚强的精神力量既不是来自某种共同的阶级意识，也不是出于某种特殊的政治理想，唯有民族文化是最经得起时间考验的精神力量。

由此可见，余英时对民族文化抱有坚定的信念。当然，他不是一个抱残守缺的国粹主义者，他主张对传统文化进行必要的调整与转化，以适应现代社会。他认为，中国文化重建的问题事实上可以归结为中国传统的基本价值与中心观念在现代化的要求之下如何调整与转化的问题。那么，对中国传统的基本价值与中心观念究竟怎样进行转化呢？余英时提出了如下建议：

（1）现代性格的文化重建绝不能依赖政治力量。以西方文化而论，其现代性正表现在从中古政教合一的局面中解救出来，这个发展始于文艺复兴，至启蒙运动（Enlightenment）而正式完成。中国历史上的重要文化运动无不起源于民间，先秦诸子、六朝玄学与佛学、宋明理学都是如此。但这些运动最后往往流为官学，从而失去活力。学术和文化只有在民间才能永远不失其自由活泼的生机；并且也惟有如此，学术和文化才确能显出其独立自主的精神，而不再是政治的附庸。

（2）政治与学术思想之间的关系必须作出新的调整，即不再是第一义与第二义的关系。根据中国传统的理论，道统本在正统之上；学术思想较之政治是更具有根本性质的人类活动。然而以实际情形言，政治在整个中国文化体系中却一向是居于中心的位置。自汉代经学与利禄相结合以后，学术思想的领域便很难维持它的独立性，而成为通向政治的走廊。在这种风气的长期熏陶之下，中国的知识分子无形中就养成了一种牢不可破的价值观念，即以为只有政治才是最后的真实，学术则是次一级的东西，其价值是工具性的。要重建中国文化，就必须从价值观念的基本改变开始，这就要求我们必须把注意力和活动力从政治的领域转移到学术思想的阵地上来。

（3）文化重建与吸收西方文化。一切关于中国文化重建的问题其实都可以归结到一个问题，即在西方文化的冲击之下中国文化怎样调整它自己以适应现代的生活。因此，如果说今天中国所谓文化重建不可避免地要包含新的内容的话，那么西方的价值与观念势必将在其中扮演重要的角色。同时，民主与科学虽然是近代西方文化的观念，但是它们和中国文化并不是互不相容的。英国的李约瑟曾一再强调中国自有其科学的传统，民主作为一种尊重人性的政治理想而言，也和儒家与道家的一些中心观念有相通之处。因此，我们接受民主与科学为文化重建的起点并不意味着走向西化之路。

以上便是余英时在《试论中国文化的重建问题》一文中所阐明的观点。在这篇文章中，他还针对一些人否定"五四"的言论表示了不同的看法。他说："今天重新肯定'五四'在文化方向上的正确性是十分必要和适时的。"无论"五四"本身具有多少缺点，它所揭示的方向在今后文化重建的过程中都必须获得肯定。他认为"五四"的最大成就是在启蒙。他总结道：一方面肯定"五四"的启蒙精神，另一方面超越"五四"的思想境界，这就是中国文化重建在历史现阶段所面临的基本情势。

5. 传统文化的现代意义

余英时从以下四个方面探讨了中国传统文化的现代意义：

（1）人和天地的关系

余英时认为，就人与自然的关系而言，可以用"人与天地万物为一体"来概括中国人的基本态度。在古代中国人看来，天地万物都是一"气"所化，在未分化前同属一"气"，分化以后则形成各种"品类"；人也是气化而成，在天地万物之内且为万物之灵，故能"赞天地之化育"。从这一看法出发，中国人便发展出"尽物之性"、"万物并育而不相害"的精神。中国人当然也不能不开发自然资源以求生存，因而有"利用厚生"、"开物成务"等观念。但"利用"仍是"尽物之性"，顺物之情，是尽量和天地万物协调共存，而不是征服。

余英时指出，西方近代以来，有一强调用科技征服自然的传统，这一传统虽也对文明的进步起过积极作用，但也产生了严重的弊端。时至今日，西方人已愈来愈不把"科技"看做正面的价值了。原子毁灭的危险、自然生态的破坏、能源的危机等都在对人类文明构成非常真实的威胁。最可怕的是，"科技"不但征服了世界，而且也宰制了人。这是当年培根所无法预见的后果。这也便是我们现在常听到的所谓"疏离"或"异化"（alienation）。余英时强调，"人与天地万物为一体"的态度诚然不是"现代的"，然而却可能有超越现代的新启示。

（2）人和人的关系

人和人的关系包括个人与个人之间、个人与群体之间以及不同层次的社群之间的关系。余英时对儒家的"礼"进行了深入的研究，指出儒家一方面强调"为仁由己"，即个人的价值自觉，另一方面又强调人伦秩序。更重要的是：这两个层次又是一以贯之的，人伦秩序并不是从外面强加于个人的，而是从个人这一中心自然地推扩出来的。儒家的"礼"便是和这一推扩程序相适应的原则。这个原则一方面要照顾到每一个个人的特殊处境和关系，另一方面又以建立和维持人伦秩序为目的。"礼者为异"，这是传统的定义，它和"法"的整齐划一是大有出入的。

余英时指出，就群体关系而言，中国文化在现代化的挑战下必须有基本改变。在现代化社会中政治与法律都是各自具有独立的领域与客观的结构，而不是伦理—人伦关系的延长。他强调，中国人必须认真吸收西方人在发展法治与民主两方面的历史经验，尽管在内在超越的中国价值系统中，由于缺乏上帝立法的观念，法律始终没有神圣性。但西方现代的法律已逐渐以"理性"代替"上帝"了。中国人对于人有理性的说法并不陌生，因此没有理由不能接受现代的法律观念。清末沈家本革新中国法律已充分地证明了这一理论上的可能性。问题只在我们如何培养守法的习惯而已。新加坡同样是一个以华人为主体的社会，但英国人所奠定的法治基础已毫无困难地由新加坡华人继承了下来。这更从事实上证明了中国人实行法治绝无所谓"能不能"的问题。

余英时又指出，中国文化把人当做目的而非手段，它的个人主义（personalism）精神凸显了每一个个人的道德价值；它又发展了从"人皆可以为尧舜"到"满街皆是圣人"的平等意识以及从"为仁由己"到讲学议政的自由传统。凡此种种都是中国民主的精神凭借，可以通过现代的法制结构而转化为客观存在的。

（3）人对于自我的态度

余英时认为，西方人从外在超越的观点出发，把人客观化为一种认知的对象，而中国人则从内在超越的观点出发来发掘"自我"的本质，把人当做一个有理性、有情感、有意志、有欲望的生命整体来看待。整体的自我一方面通向宇宙，与天地万物为一体；另一方面则通向人间世界，成就人伦秩序。中国人对自我的存在深信不疑，由自我推至其他个人，如父母兄弟夫妇，则人伦关系的存在也不可怀疑。人与天地万物为一体，由自我的存在又可推至天地万物的真实不虚。自我在与其他人的关系中存在，也在与天地万物的关系中存在，此存在并不是悬空孤立的。因此自我的存在，一方面是外在客观世界存在的保证，另一方面外在客观世界的存在也保证了自我存在的真实性。这是一种互相依存的关系。庄子因己之"乐"即可推出鱼之"乐"，邵雍由"以我观物"即可推到"以物观物"，程明道"万物静观皆自得，四时佳兴与人同"的诗句也表现了同样的观念，儒、道两家在这一方面并非分道扬镳。

中国人相信价值之源在于一己之心而外通于他人及天地万物，所以翻来覆去地强调"自省"、"自反"、"反求诸己"、"反身而诚"之类的功夫，这就是一般所谓的"修身"和"修养"。孟子和《中庸》都说过"诚者天之道，诚之者人之道"的话。所以"反身而诚"不是"独善其身"的自私或成为佛家所谓"自了汉"。自我修养的最后目的仍是自我求取在人伦秩序与宇宙秩序中的和谐。这是中国思想的重大特色之一。

中国人对自我的态度能够与现代生活相适应吗？余英时认为，中国人这种"依自不依他"的人生态度至少在方向上是最富于现代性的。余英时指出，在外在超越的西方文化中，道德是宗教的引申。道德法则来自上帝的命令。因此上帝的观念一旦动摇，势必将产生价值源头被切断的危机。在内在超越的中国文化中，宗教反而是道德的引申。中国人对自我价值的肯定不会出现"上帝死亡"后所带来的种种精神危机。中国人由于深信价值之源内在于人心，对于自我的解剖曾形成了一个长远而深厚的传统，这一传统上起孔、孟、老、庄，中经禅宗，下迄宋明理学，都是以自我的认识和控制为努力的主要目的，中国传统社会中的个人比较具有心理的平衡和稳定的能力，不能不说与这一传统有关。

余英时又指出，中国人的自我观念大体上是适合现代生活的，但是也有需要调整的地方。他认为传统的修养论过于重视人性中"高层"的一面，而忽略了"低层"与"深层"的一面，近代的行为科学，特别是深层心理学正可补充传统修养论的不足。现代西方人遇到自我精神危机时往往向外求救，而心理分析又有偏于放纵本能的流弊，"自由"、"解放"反成为放纵的借口。从这一点说，中国的修养传统正是一种值得珍贵和必须发掘的精神资源。

（4）对生死的看法

余英时认为，中国人的生死观仍是"人与天地万物为一体"观念的延伸。庄子用"气"的聚、散说生死，张载强调"生"是"气之聚"，"死"是"气之散"，便吸收了庄子的说法。以小我而言，既然是"聚亦吾体，散亦吾体"，自然不必为死亡而惶恐不安；以大我而言，宇宙和人类都是一生生不已的过程，更无所谓死亡。中国思想家从来不看重灵魂不灭的观念，桓谭论"形神"、王充的"无鬼论"、范缜的"神灭论"等都是著名的例子。余英时指出，中国思想的最可贵之处则是能够不依赖灵魂不朽而积极地肯定人生。立功、立德、立言，这是一种最合于现代生活的"宗教信仰"。他又说，根据中国人的生死观，每一个人都可以勇敢地面对小我的死亡而仍然积极地做人，勤奋地做事。人活一日便尽一日的本分，一旦死去，则此气散归天地，并无遗憾。

余英时从以上四个方面阐释了中国文化的现代意义，他总结道，中国文化与现代生活不是两个互相排斥的实体，在现实中并不存在抽象的现代生活，只有各民族的具体的现代生活，中国人的现代生活即是中国文化在现阶段的具体表现。整体地看，中国的价值系统是经得起现代化以至"现代以后"（post-modern）的挑战而不致失去它的内在根据的。

6. 简略评论与思考

余英时把中国传统文化的本质特征概括为"内在超越"，确有一定的道理。中国人通过尽心、知性、知天的路子而达到与超越的价值源头的合一，这种诉诸人的内心自觉的超越路线与西方强调依上帝而得"神启"的超越路线有着根本的区别，后者所代表的超越路线是外在化、具体化和形式化的，它与"上帝之城"和普遍性教会相联系，故被余英时界定为"外在超越"。据笔者看来，所谓"内在"不单指纯粹的主观修养，同时也包括外在的实践，照中国传统哲学看来，外在的实践与主观的修养是一而二、二而一的，外在实践是提升主观修养的前提，因此，"内在超越"的"内在"是指主体通过能动的实践来提升自己内在的生命境界，并最终达到与超越的价值源头的合一。这一超越路线肯定和张扬了主体的能动性和实践性，而"外在超越"的路线却强调主体必须通过对外在力量的依赖来达到与超越的价值源头的合一，从而显示了对主体的能动性和实践性的否定。

就笔者所见，"内在超越"代表了一种传统的人生模式，这种人生模式反映了入世与出世的统一。"出世"并非追求彼岸世界，而是指追求一种超越的精神境界，即与超越的价值源头的合一；"入世"指从事世俗的活动。根据中国传统哲学的见解，"入世"是"出世"的前提，而"出世"才能更好地"入世"，即能以"出世"的精神从事"入世"的事业。这正反映了"内在超越"的基本理路。如果说先秦时期的儒家偏于"入世"、道家偏于"出世"的话，那么魏晋时期的新道家则致力于二者的兼容并重。入世与出世的合一，是中国文化的一大优良传统，这一传统在今天仍有其生命力，它为现代人提供了一种理想的人生模式和人生态度。入世而能建功立业，出世而能逍遥物外，这样的人生才不是一种陷于一偏的人生。只"入"不"出"，人会变得过于世俗；只"出"不"入"，人会变得过于玄远。正确的人生态度当然是两者的结合。因此说："入乎其内而出乎其外"是一种生存的智慧，是一种使人的心理正常和健康的人生哲学。也可以说，入世与出世的合一正是"内在超越"的文化模式在人生哲学领域的一种表现。

余英时认为，在中国思想的主流中，事实世界与价值世界一直处在"不即不离"的状态中。这种看法是颇具启发性的。从人生哲学的角度看，所谓"事实世界"是指"入世"的一面；所谓"价值世界"是指"出世"的一面，两者的结合即表现为"不即不离"的状态。冯友兰先生在《新原道·绪论》中指出："中国哲学有一个主要底传统，有一个思想的主流。这个传统就是一种最高底境界。这种境界是最高底，但又是不离人伦日用底。这种境界，就是即世间而出世间底。这种境界以及这种哲学，我们说它是'极高明而道中庸'。"① 又说："世间与出世间是对立底。理想主义底与现实主义底是对立的。这都是我们所谓高明与中庸的对立。在古代中国哲学中，有所谓内与外的对立，有所谓本与末的对立，有所谓精与粗的对立。汉以后哲学中，有所谓玄远与俗务的对立，有所谓出世与入世的对立，有所谓动与静的对立，有所谓体与用的对立。这些对立即是我们所谓高明与中庸的对立，或与我们所谓高明与中庸的对立是一类底。……'极高明而道中庸'，此'而'即表示高明与中庸，虽仍是对立，而已被统一起来。如何统一起来，这是中国哲学所求解决底一个问题。求解决这个问题，是中国哲学的精神。这个问题的解决，是中国哲学的贡献。"② 在这里，冯先生借用了《中庸》中的"极高明而道中庸"一语概括了中国哲学的主要传统，这一传统实际上统一了出世与入世，它要求人在从事世俗活动时来体验一种超越的精神境界。站在儒家的传统立场上看，能够做到这一点的人也就是实现了理想人格的人（即所谓"圣人"或"君子"）。

余英时曾撰写过一部题为《中国近世宗教伦理与商人精神》的书，该书对德国社会学家韦伯在《新教伦理与资本主义精神》中提出的问题作了回应。韦伯认为，新教伦理孕育出了资本主义精神，故资本主义的经济模式只能产生于新教伦理地区，而儒家伦理不可能导致资本主义经济模式的产生，因为儒家伦理与所谓资本主义精神是格格不入的。余英时则认为，尽管儒家伦理并没有在东方产生出资本主义经济模式，但大量的史料证明儒家伦理确有与资本主义精神相通、相近和相似的地方，这就是以日本为首的工业东亚能够成功移植西方的资本主义经济模式并成为其发展的内在助力的重要

① 冯友兰著：《三松堂全集》第五卷第 7 页，河南人民出版社 1986 年版。
② 冯友兰著：《三松堂全集》第五卷第 7 页，河南人民出版社 1986 年版。

原因。

　　韦伯认为，资本主义精神的主要内容是"勤勉节俭"，它来源于新教伦理。余英时指出，儒家伦理也把"克勤可俭"作为美德大力提倡，并引用了大量的史料来说明这个问题。在这里，笔者需要补充说明的是，重视勤俭的儒家伦理在日本商业文化精神中得到了弘扬，并为日本的经济发展起了重要的作用。如果说西方人的勤勉节俭是来源于新教伦理的话，那么日本人的勤勉节俭之风则来源于儒家伦理。这可以给我们一个启示：儒家伦理与新教伦理在某些层面上确有相通之处；这也可以给我们另外一个启示：在一个"合理"的经济组织中，个人的勤奋和节俭确是经济发展的必要条件。勤奋工作创造了财富，节财俭用积累了财富，从而推动了社会生产力的发展和人民物质生活水平的提高。

　　余英时对儒家伦理与商人精神之关系的探讨是富有启发性的，它使我们站在一个新的坐标上重估儒家伦理的价值，并认识到儒家伦理在建构一种新的商业文化中应该发挥的作用。当我们把儒家伦理与新教伦理进行比较时，发现了它们之间的诸多交会点。当我们把儒家伦理与东亚工业文明的崛起联系起来的时候，可以得出结论性的认识：儒家伦理虽然不一定能产生出西方式的资本主义经济模式，但却可以接受西方的资本主义经济模式并成为其发展的内在助力。

　　（三）成中英与中国文化研究①

　　成中英，祖籍湖北阳新县。1935 年生于南京。1949 年，随其父去中国台湾。1955 年毕业于台湾大学外语系，同年考取台大哲学研究所研究生。1956 年底赴西雅图华盛顿大学攻读哲学硕士学位。1958 年入哈佛大学，1963 年 7 月获哲学博士学位。此后任夏威夷大学哲学系教授。成中英具有深厚的西方哲学的功底，并力图"深入西方哲学的核心以重建中国哲学"。数十年来，他为推进中西哲学的交流及中国哲学的世界化与现代化付出了巨大努力，也取得了丰硕的成果。其代表作有《中国哲学的现代化与世界化》、《中国文化的现代化与世界化》、《文化、伦理与管理》等等。

　　1. 中国哲学的特性

---

① 本小节内容所据材料取自《知识与价值——成中英新儒学论著辑要》一书。

成中英认为，"人文主义"是中国哲学的第一个重要特征。人文主义通常被了解为一种观点与态度，它强调人在一切事物中居于最重要的地位，人的任何活动都必须朝向人的种种价值。人文主义分为内在的与外在的两种，西方的人文主义是外在的，而中国的人文主义则是内在的。外在的人文主义认为人与自然是不同的，是互相对立的，而内在的人文主义的观点却与之相反。

成中英指出，就中国哲学来说，自然被认定内在于人的存在，而人被认定内在于自然的存在，这便是中国人文主义的基础。这样在客体和主体之间、心灵与肉体之间、人与神之间，便没有一种绝对的分歧。照中国人文主义的观点看来，人是道或天的创造性活动的结果，人可与天地合其德、与日月合其明、与四时合其序、与鬼神合其吉凶。儒家的圣人、道家的真人以及佛家的佛，都在证明着一种信仰，即人有一种宇宙的潜能来实现在自然中的价值，并使自己成为完人。可以说，中国人文主义的内在性一开始就认定人与终极的实在、人与自然之间是没有分歧的。

成中英认为，中国哲学的第二个特征是具体的理性主义。理性主义相信透过人的理性可以得到有关实在的真理。西方哲学把理性的真理看得与事实的真理不同，认为前者比后者更确实更可贵。因而，西方的理性主义传统把理性的真理与事实的真理隔绝了。而中国的理性主义传统却致力于二者的统一，强调理性必须应用到实践上，在实践的过程中成就道德上的完满。

中国哲学的第三个特征是其生机的自然主义。中国哲学认为自然是一种不断活动的历程，各部分成为一种有生机的整体形式，彼此动态地关联在一起。成中英说："在我考虑客体与主体、物体与精神之间的关系时，我们最好保留中国哲学自然主义的生机性质。虽然有许多哲学家允许在主体和客体、物体和精神之间有一分辨，中国哲学家却认为其中的关系是一种自然的相应，互为依藉和保存了生命与理解。"

中国哲学的第四个特征是一种自我修养的实效主义。成中英指出，在儒家和道家中曾发展了一种特别的研究，那就是自我修养的理论或自我实现的理论。特别在儒家的《大学》与《中庸》中形成了自我修养八重步骤，并以世界和谐为其终极目的。头两个步骤是格物致知，其目的在了解世界。其次三个步骤是诚意正心修身，其目的在使自己变得完满，好使自己能肩负起社会的和政治的责任。最后三个步骤是齐家治国平天下，其目的是为了在人群中实现自己的德行，在一种关系的实在性中来实现一个人的潜能。

2. 中国哲学的现代化与世界化

成中英认为，要想达到中国哲学的现代化和世界化的目标，至少应具备以下四个条件：第一，必须对中国哲学有深刻的认识、体验以及坚定的信心。因为如果缺乏对中国哲学深刻的体验和了解，就不可能掌握中国哲学的精神。同样道理，如果对中国哲学没有坚定的信心，也就无法坚持中国哲学的立场。要想具备这一要件，不但要读古书，认真地研究中国古代哲学的思想，而且要进一步从高处、远处、深处去体会、综合先哲的智慧结晶，而绝不可拘泥于教条或文字。

第二，必须对西方哲学具备深厚的素养。西方哲学注重于思想的范畴性和思考的系统化，因此，它能够提供我们思想的初步形式，使我们能更完整、更清晰、更系统地表现许多思想。西方哲学虽然有它的缺点，但也有它的贡献，了解这些贡献和缺点，便可知道它的限制、弱点和问题之症结所在，从而也可了解中国哲学未能突破的限制何在。具备西方哲学的素养，这对于中国哲学的现代化与世界化来说，显得十分重要。一个对西方哲学缺乏深厚素养的人，是不可能赋予中国哲学以现代的形式，使其内容充实，把它的精神发挥出来，以适合现代中国人或现代西方人的需要的。

第三，必须使中国哲学在广泛的学术讨论中，具备可以了解或沟通的内容和形式。哲学若是画地为牢，或自命清高，而拒绝与其他学问或传统的沟通，这是违反所谓"沟通原则"的。一位哲学家可以达到一个很高的境界，然而这种境界在原则上必须让所有的人都能共同欣赏、共同享有，这才有意义。要达到这个目的，就必须经过媒介，加以传播。我们以为，要提倡和发扬中国哲学，首先，就必须将中国哲学逐渐大众化，利用各种媒体，透过通俗的文字和观念加以介绍和分析；同时，也要与其他学科沟通，进行观点上的交换，提出问题和意见，使哲学的价值和功能受到普遍的认识和重视。其次，在各种国际会议上，我们也必须将中国哲学以现代的形式陈述出来，争取国际间的了解和注意。

第四，要有开放的心灵和广阔的胸襟。在哲学教育中，接受某一学派、某一思潮时，当然需有主断性，否则真理难以显明。一个人对真理有决断的能力，这当然是进步的条件。但是，决断性却不包含固执和独断，也不应成为一种情绪上的痼疾，而是要具备"自我批评的精神"，能容纳别人的意见，以理论理，唯理是从，以事实断是非，而不能以个人主见垄断或压制其他意见，不能借重权威和权势，来作为推行自己意见的凭借。相反，绝对要以理性说服的方式来达到争取同意的目标，这即是理性主义，也是是非判断讨论过程中的合理要求。

成中英又指出，任何哲学均不可走沙文主义路线。西方哲学需要从新的出发点和新的思考来突破它的狭隘和独断；中国哲学也同样需要汲取西方哲学的养料来恢复其活力，并用这种活力来反馈世界哲学的发展。这就是重建中国哲学的重大意义，这个重建既是中国哲学的世界化，也是世界哲学的中国化。在中国哲学与世界哲学相互诠释的过程中，趋向一个互相解决问题的思维方式。这就是世界哲学中国化和中国哲学世界化的一种表现。中国哲学世界化和世界哲学的中国化，这是一个对一体两面的相互认同的过程，也就是把现代哲学更现代化，使之变成一个对人类更具普遍意义的思想活动，并把现代哲学推向一个更整体化的未来，为人类的理想和现实的问题作出建设性的贡献，促使人类走向和平、繁荣和幸福。

3. 儒家孝的伦理及其现代化

成中英认为，自孔孟以至《孝经》，孝已演变成为一项终极价值，而孝的伦理也成为了"孝的宗教"了。至于此一终极价值的孝其行为效果是否尽如理想，或实际与理想相左或相反，则是一个值得提出的问题。若就事实言之，儒家孝的伦理走向极端就会发生两个弊病：一是由于孝行，侧重家庭伦理，造成国家伦理的薄弱化；一是移孝作忠，造成专制时代的愚忠主义，为专制君王所利用。吾人也不能否认，此一孝的伦理与孝的宗教已根植于中国社会，其影响是既大且广。面临传统社会的逐渐现代化，提出孝的伦理的现代化问题自是必要的。

成中英把儒家孝的伦理概括为以下几个特点：（1）孝乃子女自我实现的德行，而不仅为对父母的责任。孝可包含责任，但孝的责任不等于孝。（2）孝不以"对等的交互权责"为前提条件，"天下无不是的父母"，人子不可因父不慈而不孝。（3）父母的权威是天之所赋，故《孝经》说"终身不可违"。（4）子女对父母不可言权利。（5）一切德行均要以孝为基础、为起点：国家伦理的忠与社会伦理的仁都建筑在孝的伦理上。

成中英又把西方父母子女间的"权责伦理"的特点揭示如下：（1）以子女权利与父母责任为出发点。子女权利甚至比父母责任更为重要。（2）

父母权威接受子女权利及国家立法与社会伦理之限制。父母权威来源于父母对子女的责任。（3）父母与子女权责关系隐含了"交互对换原理"（principle of reciprocity）。故父母不能尽责，则无权教养及管束子女。但子女若对父母不尽责，则无任何社会之制裁（此在美国社会尤然）。（4）父母责任及子女权利因政府立法及社会舆论所向而逐渐成为社会伦理之一部分。（5）国家的福利制度逐渐削减了子女责任的观念。子女对父母只有在友爱责任上，与子女本身利益无关，但友爱责任却必须基于平等及对等互惠发生。

成中英对儒家"孝"的伦理与西方的"权责伦理"进行了比较，指出，传统儒家孝的伦理是以父母为价值核心的，而现代西方家庭权责伦理则是以子女为价值核心的（传统西方伦理则是以上帝为价值核心的）。两者之产生各有其不同的文化背景。吾人若以儒家孝的伦理为农业社会的产物，而以现代西方家庭权责伦理为工业化社会的产物，则吾人可以问：是否在中国逐渐工业化的过程中，孝的伦理必趋淘汰，而权责的家庭伦理则必将应运而生？这将是一个十分值得研究的问题。这个研究自然应涉及经验的考察，但也不能脱离价值的判断。更重要的是：一个社会有一个社会的特色。一个文化传统和一个价值传统也并不会因现代化的过程而消除其影响。吾人是否应使其影响保留、削减或完全消除则仍是一个价值抉择问题，这自然又涉及价值的思考与判断。日本文化的传统并未因明治维新以来日本社会的工业化而消失。相反地，日本的社会努力于调和之道，使传统文化与现代化并行或融合一体，成为一个既是传统又是现代化的文化整体。这是一个值得吾人参考的历史经验。

基于上述考虑，成中英设计了一个现代化的孝的伦理模型，认为这一模型既可以看做西洋权责伦理对传统儒家德行伦理的一个改进，又可以看做是后者对前者的一个补充。同时也可以看做两者的创造性综合。①同时以子女责任与父母责任为出发点，确定父母与子女间的相对责任以及共同社会责任。②肯定德行可以完成责任，责任可以限制德行；但却以孝的德行扩充子女责任，并以子女责任实现孝的德行，而不把传统的孝等同于子女责任。③以父母子女责任的对等交互要求转换父母子女间的对应德行（relational virtues），并以两者为父母子女互相关怀之源泉。④把权利关系完全视为隐含的关系，不必明显规定为父母权利和子女权利。此即孟子言"何必曰利？亦有仁义而已矣"的精神的坚持。⑤以国家伦理、社会伦理与家庭伦理

（孝的伦理）相互规范，而不以孝或子女责任为社会伦理或国家伦理的起点或基础。

在此一现代化的孝的伦理模型下，我们一方面可以避免现代西洋社会及家庭伦理趋向权责化（尤其是权利化）的极端，另一方面也可以避免步入传统儒家孝的伦理侧重家族利益的极端。此一现代化的孝的伦理是把古典人性论的和谐思想与自然要求和现代社会人际间的权责关系与理性要求自然合理地结合起来。

4. 简略评论与思考

成中英曾对中国哲学的现代化问题进行过深入探讨，如他对传统政治哲学及其现代化问题的探讨就颇令笔者感兴趣。他在一篇题为《现代新儒学建立的根基》的文章中指出："中国专制政体的形成不能不说是以儒家君臣主从关系定位来巩固。孟子有'民为贵，社稷次之，君为轻'的民本主义思想，但对君臣在制度上如何互相制衡，却未能提出具体有效的办法。由于专制体制制造了维护儒家道统的假象，因而儒家对现实权力政治的批判也就几乎付之阙如，儒家也因之未能尽其所能地去实现一个礼乐教化的理想社会。"

他认为，儒家的"民本主义"和"人本主义"根本就不可能演绎和开拓出"民主"和"人权"，因为民本主义的价值观与"基于人权的现代政治上的价值观有很大歧异"。成中英又说："现代社会是一个个体和群体相互决定的政治经济文化伦理体系，不能再以君臣主从的定位来涵盖。相反地，我们必须寻求一个新的权力定位来界定现代社会中的政治关系。……此一社会秩序的新定位是以尊重个体及其权利为起点。个体意识之内涵以及个人权利之认定是现代社会的一项最重要的设定。"

成中英的上述见解颇有见地。诚然，要建构现代民主政治和法治，就必须树立新的伦理观，新伦理观是以肯定个人的正当权利和利益为基本特征的，这种观念与现代法治是相适应的。传统伦理观的特点是，对人的权利欲和利益欲不是采取制度性的规范手段，而是靠道德教育从心理上淡化或消解这些欲望，从而使社会维持在贫且安的状态之中；而近代西方启蒙运动以来形成的新伦理观则承认人的欲望的必然性和正当性，并主张采取有效的法制手段使人的权利和利益追求规范化。

亚当·斯密《国富论》中有如下话语耐人寻味：在市场经济条件下，

当每个人都去追求自己利益的时候，便"受着一只看不见的手的指导，去尽力达到一个并非他本意要达到的目的。……他追求自己的利益，往往使他能比在真正出于本意的情况下更有效地促进社会的利益。"当然，这必须以每个人都遵守法律为前提。按照西方法学家的说法，在真正的法治社会中，公与私并不必然对立，而是可以统一起来的，法律把人们对个人利益的追求纳入了增进社会公利的轨道。这与中国传统的伦理观刚好相反，尤其是宋明理学家，大讲"存天理，灭人欲"，"天理"代表公，"人欲"代表私，理欲不能并立，公私不能并存，从而把公和私绝对对立起来了，看不到二者之间有辩证统一的关系。这种伦理观是以蔑视个人的权利欲和利益欲为特征的，把人性简单地界定为善性或道德性，把人的欲望排除于人性之外，并视之为恶的东西或万恶之源。这与西方的伦理观大有不同。黑格尔说："有些人认为如果说出人性是善的，那么就意味着说出了一种深刻的思想；他们不明白，如果说出人性是恶的，那就意味着说出了一种更为深刻的思想。"霍尔巴赫说："利益或对于幸福的欲求就是人的一切行为的唯一动力。"爱尔维修在《论人》中指出："利益在世界上是一个强有力的巫师。"马克思也说：思想一旦离开利益就一定会使自己出丑；正确理解的个人利益是一切道德的基础；只有利己主义的个人才是现实的人；人是有情欲的存在物。上述言论确实发人深思，可以说，正是这种伦理观构成了西方近代法治体系和民主制度的道德基础。因此，树立一种与法治体系相适应的新型伦理观是我们当前民主政治建设的当务之急。正是在这个意义上，我赞成成中英那种对政治、法治和伦理进行综合思考以重构中国文化的思维模式。

陈少明在《儒家的现代转折》一书中指出："当代民主政治的确立是以法制为保障的。现代法治的思想前提不仅考虑到保障人性善（人权）的一面，同时也考虑到限制人性恶（侵权）的一面。而儒家倡言人性至善，强调通过致良知来仁化政治，只祈求君子从善如流，面对其非善（或恶）的一面既不正视，也毫无约束力量。归根到底，只能是一种人治。道德教化只导向人治，而民主依赖于法治。"① 又说："儒学要想对现代有实际的影响，就不能不考虑扭转其一味说教的倾向。劝善不能保证制恶。一个理想的社会当然也应是一个道德秩序良好的社会。故道德的倡守便不能限于自我奉献的

① 陈少明著：《儒学的现代转折》第138页，辽宁大学出版社1992年版。

人格修养问题，而应进入行为合理的社会规范问题。也就是说，要修、齐、治、平，自然也有参与社会的一面，但由内圣而外王，仍然是私德的放大。而现代社会的价值规范，却不是以忠恕，而是以正义为起点的。要发展传统道德观念的含义，儒学必须扩展其外延，在道德中接纳社会正义概念，因为比起自由概念，它同传统的平等观更容易衔接。同时，从政治学上又与民主观念相通。"① 笔者对上述观点颇为赞同，这与成中英的观点亦可互相发明。

诚然，儒家把理想政治的出现寄希望于君主个人的品德修养上，不用说不去建构一套有效的约束君权的制度，就是对君权的批判意识也是微乎其微，无怪乎成中英会发出"儒家对现实权力政治的批判也就几乎付之阙如"的感叹。儒学要想在现实的政治结构中发挥其作用，就必须把教化意识转为批判精神。照陈少明的说法："批判有两种基本含义，一是方法的，指逻辑分析中的查考与辩误；一是精神上的，指对某种价值意识或现实事态的否定性评价。两者相关，后者要借助于前者才能合理进行。……在精神文化的发展中，批判起着难以估量的推动作用。它并不仅是破坏性的。"② 其实，批判不仅有利于精神文化的发展，而且也有利于政治的改良和社会的进步。

六、 海外中国文化研究最新进展

进入 20 世纪 90 年代，世界格局发生了重大变化，中国初步实现了从计划经济到市场经济的转变，中国及中国文化在世界的地位逐渐受到重视，特别是近年来在世界范围内设立的孔子学院，在推广汉语的同时，把中国文化推向了世界。世界也在不断改变对中国、中国文化的看法，调整对中国文化的研究方向。

（一） 海外中国文化研究与"汉学"及"中国学"之关系

在对海外中国文化研究进行梳理之前有必要对海外中国文化与"汉学"、"中国学"三个概念及其相互关系作一简要的考察。

---

① 陈少明著：《儒学的现代转折》第 176 页，辽宁大学出版社 1992 年版。
② 陈少明著：《儒学的现代转折》第 176 页，辽宁大学出版社 1992 年版。

　　何培忠先生提出，"汉学"是在翻译欧洲中国学时逐渐固定下来的，例如中国翻译的"中法汉学研究所"，"汉学"被经常使用则是最近的事。如中国台湾 1983 年出现了汉学研究中心，北京 1994 年有了"国际汉学论坛"，第二年出版了定期刊物《国际汉学》。"汉学"原本指的是外国人的中国研究，在"汉学"前面又进一步冠之以"国际"也许意味着该词的含义进一步拓展，成为不仅仅是外国人的中国研究了。与该词意义相同的"中国学"在同时期开始出现。北京大学中文系古典文献专业在 1983 年开设了日本中国学课程，1985 年北京大学古典文献研究所设置了国际中国学研究室。①2004 年 8 月，首届"世界中国学论坛"在上海国际会议中心召开，来自美国、加拿大、英国、德国、法国、意大利、卢森堡、芬兰、古巴、阿根廷、西班牙、俄罗斯、捷克、苏丹、南非、澳大利亚、新西兰、以色列、埃及、伊朗、越南、印度、日本、韩国、新加坡等百余名国外学者和 200 余名国内学者参加了此次论坛，表明"中国学"已经成为一个全球公认的学科。

　　北京语言大学的阎纯德教授认为，汉学是以中国文化为原料，经过异质文化的智慧加工而形成的一种文化，它既是外国化了的中国文化，又是中国化了的外国文化。在汉学发展史上，传统汉学（Sinoloy）和现代汉学（Chinese studies）是两种汉学形态：传统汉学从 18 世纪起以法国为中心，崇尚于中国古代文献和文化经典研究，侧重于哲学、宗教、历史、文学、语言等人文学科的探讨；而现代汉学则兴显于美国，以现实为中心，以实用为原则，侧重于社会科学研究，包括政治、社会、经济、科学技术、军事、教育等一切领域，重视正在演进、发展着的信息资源。以上这两种汉学形态既在演进中不断丰富发展着自己，又在日趋融合中创造着能够融通两种模式的汉学形态，这就是 21 世纪汉学发展的前景。②

　　王荣华先生认为：中国学脱胎于汉学，但又区别于汉学。汉学指的是外国学者对中国古代文化的研究，比较侧重于中国古代历史、制度、语言、文字、哲学、艺术等领域。中国学涵盖了汉学的内容，又扩展了当代中国研究的范围。汉学研究的诗书礼易、秦俑汉墓、唐诗宋词、敦煌壁画，与中国学探讨的东方与西方、国家与社会、传统与现代、中国与世界有千丝万缕的内

---

① 何培忠：《国际汉学的出现与汉学的变化》，《国外社会科学》2006 年第 1 期。
② 阎纯德：《从"传统"到"现代"：汉学形态的历史演进》，《文史哲》2004 年第 5 期。

在关联。从汉学到中国学，一以贯之的内涵，是中华文化。传统不是我们可以任意作为客观对象随便处置的东西。传统无处不在，我们都生活在传统之中。中国今天的发展，就植根于中国的传统文化之中。在这个意义上，汉学与中国学，其名虽分，其实则合，就是中国文化研究。①

俄罗斯远东研究所所长季塔连科明确地说："在我们来说，'汉学'就是'中国学'。俄罗斯一开始就把汉学当做综合科学。1700 年，彼得大帝发布了关于研究东方语言的法令，圣彼得堡和莫斯科举行学习班，学习中国各民族重要的语言，一般汉学家都要懂得汉、满、蒙、藏四种语言。在建立相互信任、相互尊重的战略伙伴关系的今天，俄罗斯对中国语言和文化的兴趣更大了。"②

黄平先生由对刘东先生任执行主编的《海外中国研究丛书》产生的一些想法中也谈到：海外对中国社会的研究，从最早的所谓汉学到如今的中国研究，它早已从某些对中国文化有特别偏爱的人（例如某些早期汉学家）在某些专门的领域（如汉语、唐诗等）的发掘，扩展到了各门社会科学和人文学科的学者对社会、政治、经济、文化诸领域的多侧面多层次的探索。大致说来，我们可以把过去海外研究中国的学者粗略地分为特殊主义者和普遍主义者，前者把中国看做是一个如此特别的对象，以至于不能用社会科学的一般范式对其加以解析，而必须要有一个专门的"中国学"；后者则认为中国和别的任何地区一样，不过是诸多社会类型中的一种，而社会科学的理论范式如果是具有相当力度的，就不仅不应再在中国这个"案例"面前束手无策，而且根本就没有必要在经济学、政治学、历史学、社会学之外去搞什么"中国学"。黄平先生认为，虽然事实不可能"像上述两个极端那般简单。一方面，任何一种带有普遍意义的社会科学理论范式（Paradigm）都来源于或植根于某些或某类特殊的经验（例如英国或西欧的经验），因此当人们试图用某些理论范式去解析另一些经验事实的时候，总会遇到它在什么意义和什么程度上合适或不合适的问题；另一方面，无论多么特殊的经验案例，都具有接受范式解析、并向范式挑战或进一步去完善范式的品质，因而

---

① 王荣华、汤一介、萧兵等：《世界走向中国：从汉学到中国学——2004·上海"世界中国学论坛"发言选登》，《淮阴师范学院学报》2005 年第 1 期。

② 王荣华、汤一介、萧兵等：《世界走向中国：从汉学到中国学——2004·上海"世界中国学论坛"发言选登》，《淮阴师范学院学报》2005 年第 1 期。

当我们强调中国之特殊性的时候，也并没有取得拒绝范式的合法性依据。"所以，"无论什么样的理论范式和那种类型的经验研究，对我们来说，最重要的是要有助于对中国本身的经济——社会——文化变迁的深刻理解和阐释，或者，用刘东的话说，是如何'寻求中国文化的现代形态'，包括对中国古典的重新阐释，也包括对海外研究的积极应答。"①

综合各家观点，我们可以这样认为：从广义的角度看，海外"汉学"与"中国学"可以笼统地称为海外中国文化研究（或海外中国研究），从狭义的角度看，"汉学"特别是传统的欧洲"汉学"偏重于中国古代文化的研究，现代意义上的"中国学"特别是美国的"中国学"偏重于当代中国尤其是当代中国的现实问题当然包括文化问题的研究，可以说是一种"泛文化"研究，也可以称为中国文化研究。据此，在我们的综述中，对海外中国文化研究、"汉学"与"中国学"三者不作严格、细致的区分，而从大文化的视角将之看做海外中国文化研究。在行文中本着文化研究这条主线展开，在引用学者的思想时，保持学者使用的"汉学"或"中国学"的不同用语，但需要明确的是我们是在海外中国文化研究的意义上引用的。

（二）海外中国文化研究范式的转换

中国台湾大学政治学系教授石之瑜指出："汉学或中国学研究已经开始'典范转移'之趋势。研究的对象、域界、理论、方法都在改变。"②

北京大学的严绍璗教授在对 Sinology 一词的翻译和理解以及近 20 年来中国学术界对海外汉学研究的方法论问题的探讨中指出：从西方汉学来说，它经历了"游记汉学"、"传教士汉学"和"专业汉学"不同的时期，美国的中国学兴起后，西方又发生了"汉学研究的模式"和"中国学研究模式"的转换。胡伟希先生也认为西方汉学研究"不再将中国视为文明的活化石加以研究，而是注重对中国的各种具体问题与现象的研究，为了将这种研究同以往注重历史文物考据的'汉学研究'分开来，把这种新的研究称为'中国学研究'。它大大拓宽了以'中国'为对象的研究领域与范围，并在

---

① 黄平：《关于〈海外中国研究丛书〉的一些断想》，《世界汉学》第 1 期。
② 王荣华、汤一介、萧兵等：《世界走向中国：从汉学到中国学——2004·上海"世界中国学论坛"发言选登》，《淮阴师范学院学报》2005 年第 1 期。

研究过程中逐渐形成了自己的学术规范。它立足于全球性问题，具有一种比较的视野，因此，所谓'中国学'，虽说仍以中国为研究对象，其研究宗旨、方法、策略和问题意识，都有许多创新，突破了狭窄的地域或区域问题研究的限制，而成为具有普通学术意义的学科研究之一，使人们对于地球上全人类是一个'整体'有了新的认识。"①

美国杨伯翰大学亚洲及近东语言系的韩大伟（David. R. Honey）先生在对西方古典汉学进行回顾时谈到，欧洲人崇尚中国古代文献和文化经典，侧重对中国古代哲学、宗教、历史、文学、语言等的研究，有着严谨与经典的学术风貌。他还引用芮沃寿的评论说："当欧洲人开始他们对这个遥远国度文化本质认识的过程时，在主题及解释方法的选择上，他们受到中国本土学术传统的引导。毕竟，没人比中国学者更加权威……因此，在早期研究中，欧洲人从某种意义上说成为他们所研究的传统及使那传统不朽的人——上千年中国文明形象——的俘虏。"② 随着中国文化与世界文化交流的拓展，以及后殖民理论和新历史主义对西方汉学的解构，海外汉学形态及其理论也不断地发展和变化。

汪德迈等认为，在传统"汉学"研究中心的法国，"即使是从史学要素来讲，在欧洲的背景下，汉学最早似乎也为习惯于借助古典研究（希腊和拉丁研究）方法的一门法国专业"，也经受了深刻的变化，尤其是在标志着美国汉学突破的第二次世界大战之后更为如此。"一般说来，法国现在的倾向是更新传统性的汉学，甚至是断然地从中摆脱出来，一直超越传统的分界，并将从人文学科借鉴来的方法论（结构学、符号学、认识论等）纳入其中。"③ 巴黎第八大学教授、法国汉学研究会首任会长鲁林（Alain Roux）认为，在研究中国的现代化时，不能完全如同其他史学家对于印度或日本史所做的那样，只囿于一种仅仅对这个国家的西化研究，研究中国的"近代史学家应该耐心地在中国本地，甚至是在'儒教'社会及其文化和制度内部，研究中国本身对这种'扩大到现代化'作出的特殊贡献，从此之后就应该以此而取代'西方化的现代化'之狭隘的概念来，因为后者无论是被

---

① 胡伟希：《全球视野与本土意识》，《探索与争鸣》2000 年第 2 期。

② 〔美〕韩大伟（David. R. Honey）：《传统与寻真——西方古典汉学史回顾》，《世界汉学》第 2 期。

③ 〔法〕汪德迈、程艾兰：《法国对中国哲学史和儒教的研究》，《世界汉学》第 1 期。

强加给的还是主动接受的，毕竟完全是外来的。这是与僵化社会的一种休克性而又颇有成效的决裂。这种研究必须有一种比较的功夫，至少是要与在不同程度上'中国文化圈世界'（即从越南经朝鲜到日本）之同时代的演变相比较。因此，史学家不仅必须游览更长的时代，而且还要注意到更多的空间，同时既要熟悉东亚（或太平洋亚洲），又要知道中国。"①

　　关山先生《德国汉学的历史与现状》一文指出，在德国，中国研究中的社会科学派要求就汉学的对象和方法"无禁区地加以讨论"，并对传统的文化主义学派进行了批判。他们认为，"文化主义"是以一个一成不变的、孤立存在的中国文化为前提，是反分析的，忽视了这一文化内部的不均质性。这种方法论上的先入之见如同一个"文化滤色镜"，歪曲了有关中国的信息。依照他们的观点，汉学的对象是模糊的"庞然大物"，它没有自己的方法，也不可能有自己的方法。他们要求汉学对内实行严格分工，对外与其他社会科学学科融为一体。不过他们也承认，对中国历史、文化的研究仍然是中国研究的基础研究。关键是花费如此多的人力、物力对中国的古代文献及其历史文化进行研究是否过于奢侈。科隆大学现代中国所的托马斯·沙尔平（Thomas Scharping）教授也认为，150年的汉学研究已经足够了。方法很多，结果全无。该是从社会科学的角度对中国进行研究的时候了。他们对传统汉学的批判，特别是方法论上的严格主义态度并没有赢得所有学者的赞同。持不同观点的学者认为，认识的对象往往是界定一门学科的决定性因素，这在其他人文学科和自然科学学科中也很常见，如肿瘤学、昆虫学等。其方法都是综合性的，对于汉学或区域研究来说也是如此。史料的研究是基础研究，这里使用的主要是语文学、考古、金石及语言学的方法；在研究历史和文化现象的时候，使用的是诠释的方法；其他方面的研究，如以现代政治、经济、法律、社会和科技为课题的研究，则采用相关社会科学学科的方法，主要是功能主义的方法。哥廷根大学汉学教授施米特—格林策尔（Helwig Schmidt Glintzer）指出，汉学、日本学和其他类似的小学科是历史地形成的，有其明显的文化特色，是科学传统中不可放弃的一部分。他反对从学科政策的角度出发，盲目地将它们现时化。这一争论始于20世纪70年代

---

① 〔法〕鲁林：《法国对20世纪中国史的研究》，《世界汉学》第1期。

初，到 90 年代中期达到第二高潮，看来还将继续争论下去。①

郑海燕先生提出，在荷兰，第二次世界大战之后，尤其是 20 世纪 80 年代以来，中国改革开放所取得的惊人成就使一些荷兰学者意识到，传统的汉学把中国当做一个静止的社会进行研究，忽视了对中国社会内部的变化以及对中国整体性、战略性问题的研究。因此一些荷兰学者开始加强对中国现代政治、经济、社会、法律和对外关系等问题的研究，并注意与中国学者进行交流与合作。这使荷兰中国研究的领域迅速拓宽，出现了一批有专业学科知识基础，并以中国现实问题为主要研究对象的专家，他们不仅关注中国经济的飞速发展及其面临的问题，也希望了解这种发展对中国以及世界的政治、社会和文化的影响。②

美国学者柯文（Paul. A. Cohen）对美国学者熟知研究中国文化的三种模式展开批判。第一种是"冲击—回应"模式（impact-response model）。这种模式认为在 19 世纪中国历史发展中起主导作用的是西方的冲击，解释这段历史可采用"西方冲击—中国回应"这一模式。第二种是"传统—近代"模式（tradition-modernity model）。此模式的前提是认为西方近代社会是世界各国发展的范本，认为中国社会在西方入侵前停滞不前，只是在"传统"模式中循环往复或产生些微小的变化。只有在经历西方的冲击后，才能沿着西方已经走过的道路向西方式的"近代"社会前进。第三种是帝国主义模式（imperialism model）。这种模式认为帝国主义是近代中国发生各种变化的主要动因，是中国百年来社会解体、民族灾难和无法前进的祸根。柯文认为，上述三种模式实际上都是以西方为中心，都认为西方近代工业化及工业化所体现的工具理性是世界历史发展前进的方向，在传统中国社会的内部是始终无法为这些变化提供前提条件的。因此，西方列强的入侵变成了必需。针对这些西方中心模式所带来的弊端，柯文提出了"中国中心观"的四个特点：①从中国而不是从西方着手来研究中国历史，并尽量采取内部的（即中国的）而不是外部的（即西方的）准绳来决定中国历史中哪些现象具有历史重要性；②把中国按横向分解为区域、省、州、县和城市，以展开区域性与地方历史的研究；③把中国社会再按纵向分解为若干不同阶层，推动

① 关山：《德国汉学的历史与现状》，《国外社会科学》2005 年第 2 期。
② 郑海燕：《荷兰中国研究的历史发展》，《国外社会科学》2005 年第 3 期。

较下层社会历史（包括民间与非民间历史）的撰写；④热烈欢迎历史学以外诸学科（主要是社会学科，但也不限于此）中已形成的理论、方法与技巧，并力求把它们和历史分析结合起来。① 张斌先生提出，柯文的"中国中心观"虽然是在针对中国历史研究提出的，但同样适用于整个中国文化研究。所以，"中国中心观"一经提出便以其尖锐的批判锋芒和明确的研究范式转变诉求引起了美国学术界的关注。这一重大的范式变革深刻地影响了20世纪七八十年代美国的中国研究。在具体运用过程中，"中国中心观"衍生出了许多新的研究方法。譬如内部取向和移情理论。关于内部取向，美国华裔学者林同奇认为有三层理论含义：即在研究中将注意力集中于研究对象的内部因素，用"内部"来说明推动历史演变的动力来自何方，以及用"内部"来说明史家探索历史现象时所采取的角度。所谓移情理论，是要研究者设身处地地体会研究对象的思想、感情和处境，以更加理解对方，但这并不就意味着要完全赞同对方的思想感情。这种"移情"建立在对研究对象进行了周密的社会科学研究的基础上。② 阎纯德先生评价美国的这种宏观研究和微观研究相结合、重视实用性、与时代密切结合，并试图跨越"文化和政治疆界"而"走进研究对象的思想疆界"的中国学，影响和传播相当广泛，它不仅影响到西方也影响到东亚。③

1996年，亨廷顿在前文的基础上出版了《文明的冲突与世界秩序的重建》一书，系统地提出了"文明冲突"这一国际政治研究范式。亨廷顿对以儒学为核心价值的中国文化进行了开拓性的研究尝试，亨廷顿的"文明冲突论"一经提出，立即在世界范围内引起强烈的反响。学者们认为，亨廷顿首先以整体文明研究的视野来看待儒学，并不将儒学仅仅视为中国独有的文化形态，是关注整个的"儒教文化圈"，视中国为儒教文明的核心国家。对儒教在东亚地区进行整体性的研究是此前研究所不具备的新特点。其次，亨廷顿一再强调西方文明不具有普世性，西方文明的价值是独特的而不是普遍的，西方人应守备这些价值传统而不是将其推广到其他文明地区。④

---

① 参见张芳霖：《对美国传统史学模式的挑战——读柯文〈在中国发现历史：中国中心观在美国的兴起〉》，《江西社会科学》2002年第2期。
② 张斌：《战后美国的儒学与民主比较研究》，《美国研究》2007年第1期。
③ 阎纯德：《从"传统"到"现代"：汉学形态的历史演进》，《文史哲》2004年第5期。
④ 张斌：《战后美国的儒学与民主比较研究》，《美国研究》2007年第1期。

吴根友先生提出，在日本，继老一辈学者岛田虔次、沟口雄三等对中国儒家思想研究之后，日本近 10 年来的儒学研究主要受美国的社会史方法论的影响，集中从社会史的角度来研究儒学在基层社会的传播及其社会功能。特别是近几年来，沟口雄三从方法论的角度反思了日本的中国学研究的诸多问题，提出了要改变日本汉学界的"无中国的中国学研究"现象——即不关注中国的社会史的整体形象而局限于某一个专业的研究，力求从中国的角度来理解中国，摆脱西方价值中心论的观点。而且，沟口雄三的这一思想正在通过制度化的力量在日本发生作用，他们将以前的东京大学的中国哲学科变成了以中国思想文化科为中心的历史民俗文化研究中心，并成了东亚系，从而在制度上结束"没有中国的中国学研究"局面，开启了从社会史角度研究儒家思想的新局面。①

在韩国汉学的历史上，既曾有过贵为国学的辉煌，也有过冷战期间降为"冷"学的沉寂。但无论怎样说，韩国汉学与西方的汉学都有着本质上的区别。冯敏等指出，在西方，汉学是作为一种地道的外来文化来研究的。……与欧洲相反，韩国汉学研究却是创造韩国自身文化的主要过程。中国文化对韩国的影响不是在个别方面或个别时期，而是整体的和持续的，以至于今天的韩国与中国相比显得更为中国化。所以，即便在今天，韩国仍有人认为不管儒教受到多少批评，甚至被迫退到幕后，可是最后生存下来的传统文化仍旧是儒教文化。今天的韩国，对汉学的研究十分普及，不仅孔子、老子、墨子等历史人物在韩国已家喻户晓，而且还设有许多专门的科研机构。进入 20 世纪 80 年代以后，在韩国"汉学"有了新的发展，出现了一些颇具规模的研究机构，研究的内容更注意当代，更注重应用。② 在研究方法上，高永根等认为韩国国内的大多数中国学家，社会科学研究方法和人文科学研究方法应互为补充。要通过各种学科、各种专业多种多样的研究，发展区域研究的理论和方法，提高区域研究的学术水平；要探索有利于区域研究的概念和分析，最终使区域研究形成为一门独立的学问。③

---

① 吴根友：《近 10 年海外儒学研究》，《哲学动态》2001 年第 8 期。
② 冯敏、金基库：《汉学研究在韩国》，《当代韩国》1998 年夏季号。
③〔韩〕高永根、吴莲姬译：《韩国的中国学研究动向与课题》，《国外社会科学》2004年第 2 期。

（三）海外中国文化研究领域的拓展与规模的扩大

如前所述，传统的海外中国文化研究主要涉及的领域是中国古代哲学、古代文学、古代历史、宗教、艺术等，但在第二次世界大战后，特别是在中国改革开放之后，海外中国文化研究的领域不断拓展，到现在海外中国文化研究不仅在所有的人文社会科学领域展开，而且开始进入到自然科学领域。在所有海外中国文化研究中都出现了传统"汉学"与现代意义上的"中国学"并重甚至更加偏向当代中国政治、经济、社会等的研究的局面。这在各国有关中国研究的机构设置及宗旨上表现出来。

在 2004 年 8 月举行的首届世界中国学论坛上，与会的国外学者介绍，俄罗斯研究中国的机构和大学已从 20 世纪 80 年代后期的 12 所发展到 50 余所，美国所有稍有名气的大学都设有中国学教授的职位，德国有 20 多所大学开设了中国学专业，日本、法国、澳大利亚、英国等国家的中国学空前繁荣。除了这些传统的中国学研究发达的国家外，印度、越南、古巴、以色列、埃及、阿根廷、西班牙等国家也掀起了中国学热。显而易见的是中国热正在世界各国迅速兴起。中国学已成为近 20 年来国外学术界发展最快的一门学科。①

在传统"汉学"研究中心的法国，不仅有成立于 1920 年并延续至今的汉学研究所，在多种领域中开展着教学，诸如语言学、文学、宗教、艺术和历史，出版汉学研究的学术专著，诸如《中国一名士族的轶事形象》（1983年）、《敦煌的借贷文书》（1985 年）、《中国的变化观念和感受》（1994 年）等，还维持该所的汉学图书馆（欧洲最重要的汉学图书馆之一）。② 仅就法国中国史研究领域而言，最近就有五个研究中心：一是国际关系。据统计，在本领域已提交的或正在写作的 48 部博士论文中，有 2/3 是由汉学家们主持的。这就反映出了一种向深化研究方向发展的演变。③ 二是经济和经济史。经济和经济史研究中心已经形成了四个越来越独立的小群体，完成了数篇有力度的博士论文。1988 年由雅克·玛塞指导的延武绅夫做的《中国工

---

① 禾丰：《中国学：在世界范围内迅速兴起——记首届世界中国学论坛》，《国外社会科学》2004 年第 6 期。

② 〔法〕戴仁：《法国汉学研究所》，《世界汉学》第 1 期。

③ 〔法〕鲁林：《法国对 20 世纪中国史的研究》，《世界汉学》第 1 期。

业银行的形成及其崩溃,贝尔多罗兄弟的一次挑战》、1990 年通过的克里斯蒂娜·科尔奈的博士论文《1865~1937 年江南船厂,国家权力和上海一家大企业的管理》,还有多篇关于上海的经济、社会、文化的博士论文相继通过,如 1993 年兰德的《1842~1990 年上海的市政发展史》等。三是文化活动、教育和政治思想史。何弗兹 1989 年出版的博士论文《德国从 19 世纪末到第二次世界大战期间在华东文化活动》、阮桂雅(Christine Nguyen)1990 年通过的博士论文《南洋公校,1897~1937 年上海的近代绅士与教育》、1983 年通过的诺埃尔·卡斯特利诺博士论文《中国 1945~1949 年间不受约束的知识分子和公众舆论》等。四是 1949 年之前的中国共产党史。五是执政党中国共产党和政治争议。① 在这些研究中,我们可以发现,法国对中国研究的广度与深度。

俄罗斯也是传统"汉学"研究比较成型的国家。自 19 世纪 20 年代以来,随着中国综合国力的增强,特别是中国经济的顺利发展和改革开放以来的长足进步,俄罗斯中国学界对中国问题研究的兴趣也有所提升,呈现出整体性研究加强,研究范围日益广泛并有向政治学、经济学和社会学研究扩展的趋势。随着时代的发展,俄罗斯中国学研究队伍在不断扩大,成果数量也有较大的增加。这支队伍已由集中在圣彼得堡、莫斯科和喀山发展到全国各大城市。②

美国的学者宏观地把当代美国汉学发展史分为三个时期,每期占一个十年左右的时间。研究每一个时期的特色主要看它的研究对象、目的和方法。第一个十年,即 60 年代。美国研究当代中国的学者研究重心在于中国的政治、经济和社会制度。第二个十年,即 70 年代向 80 年代过渡期。这是承先启后,有转折性意义的重要的十年。这十年间世界的政治经济形势发生了巨大变化,中美关系也取得了划时代的发展,这些大的外在环境的变化当然也影响到了美国汉学的进程。③ 进入 80 年代,随着中国的改革开放,美国汉学研究也进入了一个新的时期。本期的最大特点是:一、美国汉学界更着重对后毛泽东时代的政治经济状况的研究,特别是关于中国的改革问题。二、

---

① [法]鲁林:《法国对 20 世纪中国史的研究》,《世界汉学》第 1 期。
② 于文兰:《从成果统计看俄罗斯中国学研究的主要方向和特点》,《国外社会科学》2004 年第 2 期。
③ 王海龙:《美国当代汉学研究综论》,《上海师范大学学报》1999 年第 1 期。

随着对西方的开放，大量的关于中国的新的资料对欧美学者敞开。但资料的丰富与便捷并没有与所预期研究成果成正比。王海龙先生认为，80 年代初期，美国的汉学研究是停滞和不景气的趋势。在学术界内部，此期汉学研究也面临着新的抉择和挑战。汉学研究承袭着前代人的传统，但又要出新，在对关于中国问题的聚与合、宏观与微观问题上仍然纠缠不休。此外，在 70 年代学术界盛行的"行为学革命"影响着汉学的发展，80 年代一变而为"结构—模式分析"为主；不同的学术思想和操作范式在新旧交替中冲突迭出，使得汉学研究在学术规范的调整中受到冲击和影响，此期研究开始偏重纵向和横向的比较，即纵向的历史比较和横向的与日本、中国港台、东南亚比较。纵观美国当代汉学发展的历史，不管是回顾其意识形态层面和学术组织机构层面上的发展，都会给我们很深的感慨和启示，恰如美国学者们所指出的，不管哪个时期的汉学研究的发展皆是和其时其地的中国政治、文化、社会相关联的（Harry Handing，Evolution of American Scholarship，1994）。①

与中国学在美国所处的中心地位相比较，澳大利亚和英国的中国学都显示出其边缘性。英国中国研究学会（British Association of Chinese Studies，BACS）约有 180 名成员，而澳大利亚中国研究协会（Chinese Studies Association of Australia，CSAA）的成员人数上下波动，最少时约 120 人，最多时达 250 人。相比较，在美国亚洲研究协会（Association for Asian Studies，AAS）中，仅将研究方向定为中国历史的学者就超过 1700 名，研究中国文学的则有 700 多人。不仅研究力量，从学术的角度而言，主要的学术趋势往往也发源于美国。然而，诚如美国学者韦立德先生所强调的，两份重要的中国学杂志——《中国季刊》（China Quarterly）和《中国研究》（China Journal）分别在伦敦和堪培拉出版。② 近年来，随着与中国交往的加强，澳大利亚对中国研究的领域也在拓展，这从 2004 年澳大利亚研究理事会批准的与中国学研究有关的 11 项课题中可以看出。这些课题中除了中国学传统上偏重的学科，如历史、文学和文化研究外，有多项课题关注的是中国当代的政治思想、经济管理和社会发展层面的问题，显示出澳大利亚中国学研究为

---

① 王海龙：《美国当代汉学研究综论》，《上海师范大学学报》1999 年第 1 期。
② ［英］韦立德（Tim Wright）、刘霓摘译：《澳大利亚和英国的中国学比较》，《国外社会科学》2006 年第 6 期。

其国家政治和经济利益服务的发展趋势。① 如"中国购买者的行为方式"、"居住方式、手工艺生产和中国早期国家的出现"、"想象全球化：中国共产党思想体系中的世界与国家"、"现代中国刑罚的社会史"、"当代中国的青春期：社会变化、未来方向和对澳大利亚的影响"、"中国农村孤儿由宗亲收养照料的范围和花费"、"中国的商业社会保护行为"等②，既有宏观研究，亦有微观实证解析，领域宽广，立题科学。

日本中国文化研究不同于西方，在日本的中国文化研究中有着细致的分工，如在日本的大学里，研究中国学的机构就有三大部分：培养本科生的文学部，培养研究生的大学院文学研究科和专门研究的机构——人文研究所和东洋史研究所。文学部偏重于教学，研究科和研究所偏重于研究。以京都大学为例，文学研究科包括五个专修方向：文献文化学、思想文化学、历史文化学、行动文化学、现代文化学。每一个专攻方向又分几个专修，如文献文化学专修里分国语学国文学专修、中国语学中国文学专修、中国哲学史专修、印度哲学史专修、佛教学专修、西洋古典学专修、英语学英美文学专修等11个方向。历史文化学专修里有东洋史学专修，这个东洋史学是以中国历史为主的史学，包括日本史、韩国史在内。中国语言、中国文学、中国哲学三者合在一起，叫做"中国学"。中国学与东洋史学是研究中国文化（文史哲）的主要学科。③ 20世纪80年代以后，小宫隆太郎、渡边利夫等日本经济学家将中国视为发展中国家的一个模式加以研究，中国研究的范围在日本进一步扩大，最明显的变化有两点，其一是比较研究增多，探讨中国现代化与其他国家的不同；其二是开始关注中国对周边国家的影响。在年轻的学者当中，研究中国台湾问题、西藏问题、民族问题的人明显增多。1998年，"日本台湾学会"成立，对台湾的历史、经济、政治等问题展开研究。目前，该学会有会员300余人，发行的刊物是《日本台湾学会报》。④ 同时考察日本的中国学研究，要注意东方学会、日本中国学会、中国社会文化学会和史学会等几个学会的活动和作用。东方学会历史比较久远，其前身是成立

① 参见刘霓：《澳大利亚的中国学研究课题（2004）》，《国外社会科学》2004年第4期。
② 参见刘霓：《澳大利亚的中国学研究课题（2004）》，《国外社会科学》2004年第4期。
③ 周桂钿：《日本的中国学研究》，《哲学动态》2004年第1期。
④ 何培忠：《日本中国学研究考察记（三）——访早稻田大学政治经济学部毛里和子教授》，《国外社会科学》2004年第4期。

于 20 世纪初的日华学会，由外务省管理，属于政府管理下的民间学术团体。宗旨是发展日本的东方学研究，积极开展国际间学术研究与交流，推动东方各国的文化事业。现在东方学会有会员 1560 人，由研究中国问题、朝鲜问题、蒙古问题、印度以及东南亚问题、中亚问题、西亚问题、日本问题的学者组成，其中研究中国问题的学者占多数。研究领域包括历史、社会、经济、民族、民俗、思想、哲学、宗教、文学、语言、艺术、考古等，涵盖了人文科学和社会科学的各个学科。日本中国学会成立于 1949 年，是日本全国性综合研究学会。目前有会员 2000 多人，主要从事中国哲学、中国文学、汉语方面的研究。参加该学会的不仅有大学的研究人员，还有高中的老师，他们在汉语教学与研究方面非常活跃。日本中国学会的会刊是《日本中国学会报》，每年发行一次。学会还设有"日本中国学会奖"，每年评选出两名获奖者，一名是发表哲学方面优秀成果的研究人员，另一名是发表文学、语言学方面优秀成果的研究人员。日本中国社会文化学会的历史较短，其前身是东京大学中国哲学文学会，1993 年 1 月 1 日改为中国社会文化学会。该学会虽成立时间较晚，但很有时代特色。学会不仅吸收文学、哲学、历史等人文科学以及法律、经济等社会科学专业的人员，还吸收了天文学等自然科学和医学方面的专业人员。以中国为研究对象的各个领域的专家学者都可以加入该学会，这成为该学会的一大特色。而且会员并不局限于日本学者，还包括中国、韩国、美国、欧洲、澳大利亚等地的相关学者，使该学会发展成为具有国际特色的学术组织。因此，在不长的时间内，该学会已有 1200 余名会员，其发行的机关刊物《中国——社会与文化》也颇具影响力。①

　　中韩两国人民有五千年的友谊，在这五千年中，韩国从中国汲取了大量的文化营养，并把它转换成其自身所特有的东西。韩国人接受了中国的汉字、中国书法、中国绘画、中国的儒学、中国的礼制、中国的医学、中国的农学、中国的建筑等等，经过消化吸收转变为韩国汉字、韩国书法、韩国绘画、韩国儒学、韩国礼制、韩国医学、韩国农学、韩国建筑等等。中国文化对韩国的影响不是在个别方面或个别时期，而是整体的和持续的。几千年的历史积累，韩国汉学与其说是韩国汉字家们研究的外在对象，不如说是韩国

---

① 何培忠：《日本中国学研究考察记（二）——访日本著名中国学家沟口雄三》，《国外社会科学》2004 年第 3 期。

文化的"本体"。① 所以韩国对中国文化的研究比其他国家全面，对传统中国文化研究的比重也未因对当代与现实研究的加强而减弱，即韩国的中国研究是在坚持传统研究的同时加大对现代的研究力度。

1981 年，韩国成立了汉阳大学中苏研究所、淑明女子大学中国学研究所、建国大学中国问题研究所、中国文学研究会、西江大学东亚研究所等；1981 年后，又相继成立了中国人文科学研究会、中国现代文学学会、韩国敦煌学会、中央大学中国研究所、韩国现代中国研究会等等。其宗旨分别为：淑明女子大学中国学研究所对中国的学术和文化进行综合研究，为创造本国新的历史和树立新的价值观作贡献，进而为增进同中国的友好合作与文化交流作贡献。建国大学中国问题研究所对中国的政治、外交、经济、法律、社会、文化诸领域以及朝鲜半岛统一问题进行综合性的系统研究。中国人文科学研究会对中国的文学、历史、哲学及相关领域进行学术研究，为发展韩国对中国人文科学研究事业作贡献。中央大学中国研究所研究并阐明中国的政治、经济、社会、教育等各领域的变化将给韩中关系带来何种影响，通过学术界的深层次研究，预测中国的文化进程，研究中国对外政策的变化对韩国的冲击，多角度地分析如何制定对应战略以适应太平洋时代的到来。② 还有一些大集团公司或带有很强行业性的研究机构。据初步估量，韩国研究汉学的规模，在总人数、高职称比例、出版物的数量、研究者总数与全国人口数量之比、研究汉学的机构数量与全国研究机构数量之比都是领先世界的。而且韩国的汉学研究"更具有群众性"。③

（四）海外中国文化研究立场的转变与结论的客观化

海外对中国文化的立场最早是猎奇式的，是探险家和旅游爱好者出于好奇心而做的个人研究，之后是传教士们出于宗教立场和目的的研究，而到了近代，西方列强出于掠夺中国的立场和目的而对中国进行研究。正如阎纯德先生所论，"在中国百余年的近代史上，汉学的现代性表现为弱肉强食般的掠夺，汉学的成功积累是以中国人民的屈辱和痛苦为代价的。从 19 世纪末

---

① 冯敏、金基库：《汉学研究在韩国》，《当代韩国》1998 年夏季号。
② 冯敏、金基库：《汉学研究在韩国》，《当代韩国》1998 年夏季号。
③ 冯敏、金基库：《汉学研究在韩国》，《当代韩国》1998 年夏季号。

到 20 世纪中叶，有案可查或无案可考的中国文化典籍和文物的惨痛被盗和'流失'是人类文明史上罕见的'奇观'，它们至今仍堂而皇之地陈列或不见天日地躺在异国的文化场所或私人的收藏室里。到了 20 世纪，由于世界政治集团的尖锐对立，'汉学'曾经成为政治的一个部分。"① 冷战的结束和世界格局的变化，在一定程度上改变了人们的思维模式，在对中国文化研究上，也从政治、意识形态立场转向经济与文化立场，虽然仍是站在各自国家与民族的立场上，但在研究视角与结论上趋于客观、科学。

法国汉学家安田朴在巴黎大学主持中西比较文学和比较文化的讲座多年，其讲义被编成了一部《哲学的东方》（与"基督教的西方"相对应）。最终于 1988 年和 1989 年分上下卷出版了《中国文化西传欧洲史》（商务印书馆 2000 年出版了中译本）。在这部洋洋大观的论著中，作者追述了欧洲从 16—18 世纪的"中国热"风潮到鸦片战争之前的"仇华"过程。作者认为，中国热风潮之所以兴起，完全是以西方学术界对中国的误解和本国需要为基础的，与西方殖民列强日益强盛和中国国势日渐衰落密切相关。书中特别指出，欧洲大思想家们更多的关心之处，是利用中国为他们的政治哲学增光或作为陪衬，其意义不在于纯学术方面。他们对中国所作的评价，同样也取决于他们捍卫的论点和立场之需要。②

瑞士汉学教授加斯曼（Robert H. Gassmann）把德国的汉学发展分为 4 个阶段：①19 世纪外行和专家并存的混沌阶段，汉学尚是东方学的一部分；②20 世纪初汉学从东方学中分离出来，自成一家；③两次世界大战之间的一段时期是汉学内部开始专业化的阶段；④20 世纪 60 年代初开始的自我解体阶段，即汉学研究的课题与其他社会科学学科的课题相冲突，或者说相融合的时期。各个时期的研究重点和立场也是不同的。总体来看，德国汉学界关于当代中国，尤其是现实问题很少有人问津。这是不是弱点，众说纷纭，但至少可以说是德国汉学的一个特点。加斯曼教授进一步指出，在现代中国问题的研究上，真正挑大梁的是汉堡的亚洲学所。它是德国的中国观察家。该所从 1972 年开始发行月刊《中国动态》（China aktuell），月发行量达 2000 余册，排行第一。此外，该所主办的研究著作系列也是年轻一代学者

---

① 阎纯德：《从"传统"到"现代"：汉学形态的历史演进》，《文史哲》2004 年第 5 期。
② 耿昇：《法国汉学界对中西文化首次撞击的研究》（上），《河北学刊》2003 年第 4 期。

竞相发表自己论著的园地。文稿的退回率达70%，可见编辑部选材之精。该所共有科研人员17人，其中一半从事中国研究。在近年出版的77部关于中国的论著中，以法律为题的17篇、经济16篇、国际关系13篇、价值观8篇、社会问题5篇，其当代中国研究的重点可见一斑。"亚洲学所2004年的科研课题包括：①中国的教育与医学伦理；②中国向德国的移民；③中国互联网中的'文化认同论坛'（identity workshops）——社会文化变化加速条件下认同观念的构成和转变；④中国党政机关的变化；⑤中国政治体制中的私人关系；⑥民主参与制度对东亚国家社会经济发展的重要性；……⑦中国农村劳动市场；⑧从医疗领域看中国的全球化与社会发展；⑨中国金融媒介和金融政策的制度性变化"① 等，均是当代中国的现实问题，所以，也有学者这样评价德国的汉学："德国的汉学研究从20世纪初开始，此前的汉学研究被称为'前汉学'；从19世纪后半叶起，德国开始从前汉学向汉学转换，这一过程与德国在中国的政治和经济利益紧密联系在一起，第二次世界大战以后成为独立的学科。70年代以后，汉学成为一门显学，并且换了一个名字——中国学，更注重当代时事政治，经济，商业贸易的观察和研究。"②

美国东亚问题专家赖肖尔认为："美国学者从事学术研究有着自己固有的特点，而根本点就是它的'使命感'、'学术个性'和'反唯理智论倾向'。他们'蔑视学问，更为强调实用性知识'。"③ 阎纯德先生也提出美国的中国文化研究除个别的钟情于中国文化的学者，多数研究者在中国文化面前，他们无视于中国文化真正的思想价值，所需要的只有美国现实的功利。"服务于美国的政治需要。多以非历史主义地伤害贬低中国为其特点。"④ 王汉龙先生认为，这是美国学界自19世纪以来研究汉学的一贯做法，"自外于中国"，以"居高临下的倨傲态度"对待中国语言、典籍、历史知识等。这也是美国学者在中国文化研究上的基本心态，"他们讲究功利、实用；甚至不理会学术上的理智倾向，这就是他们的'学术个性'"。他进一步分析指出，美国研究中国的立场非常明显，第一，研究中国是为了国家安全。第二，研究中国是为了战胜中国。第三，汉学的兴盛与衰落多直接受制于国家

---

① 关山：《德国汉学的历史与现状》，《国外社会科学》2005年第2期。
② 王维江：《20世纪德国的汉学研究》，《史林》2004年第5期。
③ ［美］赖肖尔著：《近代日本新观》第165—167页，三联书店1992年版。
④ 阎纯德：《从"传统"到"现代"：汉学形态的历史演进》，《文史哲》2004年第5期。

战略需要以及政府或民间的经费赞助（Harry Harding：American Studies of Contemporary China，1994）；不像欧洲有一批真正献身此道和挚爱此种文化的学者并富有这种纯学术追求的文化传承。在某种意义上说，美国汉学是较为典型的学术研究受制于政治利益，学术为政治驱使和为其服务的样本。①

受国际政治风云和美国研究方法的影响，日本的中国学研究属区域研究领域。何培忠先生认为，第二次世界大战结束以来，日本对中国的研究大约每 10 年可分为一个阶段，每一阶段都有其特色。第一个阶段是 20 世纪 50 年代。国际背景是美苏冷战加剧和美日封锁中国，在深刻反省侵华战争等背景下，日本的中国研究呈亲华研究与反华研究相对立的局面。第二个阶段是 20 世纪 60 年代。这时的日本开始进入经济高速增长时期，而世界局势则是动荡不安。这个时期日本的中国研究无论是在思想认识上还是在政治立场上分歧都相当大。第三个阶段是 20 世纪 70 年代。尼克松总统和田中角荣首相相继访华，亚洲的战略关系发生了变化。中日邦交的正常化减轻了日本学者身上的政治压力和历史问题的压力，学者们开始对中国问题展开实证研究，探讨中国向何处去等问题。而且，美国的中国研究成果和方法论开始影响日本。第四个阶段是 20 世纪 80 年代。我认为，日本真正社会科学意义上的中国研究是从这一时期开始的。第五个阶段是 20 世纪 90 年代。中国逐步实现从计划经济到市场经济的转变，经济的发展速度甚至超出了日本学者的预测。……日本开始担忧中国的强大，中国研究也发生了一定变化。最明显的变化有两点，其一是比较研究增多，探讨中国现代化与其他国家的不同；其二是开始关注中国对周边国家的影响。② 日本著名汉学家沟口雄三先生也认为：20 世纪 80 年代后，日本的中国学研究开始进入新的阶段。这是因为，中国"文化大革命"的结束和改革开放政策的实施，使中日两国有了频繁的人员往来和学术交流，日本学者获取中国资料的渠道大大拓宽。研究人员在总结经验教训的基础上，抛开意识形态，开始客观和全面地观察、研究中国问题。沟口先生还坦言："在战后日本的中国学研究中，虽说有一个时期深受意识形态的影响，但坚持客观立场、深入进行学术研究的大有人在。"

---

① 王海龙：《美国当代汉学研究综论》，《上海师范大学学报》1999 年 1 期。
② 何培忠：《日本中国学研究考察记（三）——访早稻田大学政治经济学部毛里和子教授》，《国外社会科学》2004 年第 4 期。

他本人对中国的研究，就是从世界人类文明的角度加以比较分析。许多日本学者考察世界时首先把世界分为东方和西方两大部分，认为西方文明优于东方文明。在对中日两国现代化进程的比较研究中，有些学者从西方文明优越的立场出发，认为日本先进，中国落后，甚至认为中国的改革开放是走社会主义道路行不通而采取的政策，因而坚持把中国列入现代化后进的行列。沟口先生反对这种先进、后进的序列观点。他认为，中日两国的现代化都是在各自的"基体"上进行的。中国的社会主义建设是在传统的"共同性社会"的"基体"上展开。①

沟口先生指出："值得注意的是，政治学家同中国学家是不一样的。日本有过汉学时代，后来思想界、学术界对日本的汉学展开过批判，推动了研究的发展。无论是汉学研究时代还是中国学研究时代，都应注重学术方面的研究，不能与政治连在一起。例如日本有关'满铁'的研究，就同政治关系密切，与汉学研究关系不大。日本有关现代中国问题的研究深受美国影响，站在政府立场上发表议论，这不能算是真正的学术研究。"②

韩国对中国文化的研究如前所述，有其自身的特点，在研究立场上，不同历史时期有过不同的变化，如在冷战期间依附美国，在对中国的研究方面也基本上跟着美国走。但进入20世纪90年代，特别是中韩建交后，韩国的中国学研究迅速发展起来，研究立场也如前述，站在韩国的立场预测中国的文化进程，研究中国的变化对韩国的冲击，多角度地分析如何制定对应战略。

通过对近30年海外中国文化研究的粗略梳理，我们有三点启示：一是纯而又纯的文化研究基本上是不存在的，文化研究总是与政治、经济诸领域密切相关，纠缠在一起的。二是文化研究与国家民族的命运与地位是分不开的，特别是在全球化的今天，没有自己文化的国家和民族会被全球化的大潮冲垮乃至淹没。三是我们必须及时、充分地了解海外对中国文化研究的态势，以调整我们自己文化发展的方向。

---

① 何培忠：《日本中国学研究考察记（二）——访日本著名中国学家沟口雄三》，《国外社会科学》2004年第3期。
② 何培忠：《日本中国学研究考察记（二）——访日本著名中国学家沟口雄三》，《国外社会科学》2004年第3期。

第十五章
马克思主义与中国民族文化关系研究

　　应该说，马克思主义与中国民族文化或传统文化的关系并非 20 世纪 80 年代以后才提出的新问题。马克思主义传入中国已有近一百年的历史，在这不平凡的百年中，马克思主义要在中国生根、开花、结果，必然要和中国固有的文化传统发生这样或那样的关系。由于如何认识和处理马克思主义与中国民族文化的关系，直接影响到党和国家的前途和命运，致使它长期以来成为人们思考和探索的焦点。许多政治家、理论家和一般学者都作了长期而艰苦的理论探索和实践，并留下了大量的经验和教训。20 世纪 80 年代的"文化热"和 90 年代以来的"国学热"也都涉及这个问题，尤其是 90 年代中后期，这个问题更是受到学界的高度重视，有的学者甚至提出"马克思主义中源说"的"新论"。当然，许多学者并不赞成这一"新论"。总之，关于马克思主义与中国民族文化的关系的讨论在不同的时期有不同的特点，它是一个长期争论、不断深化、不断展开然而迄今未决的热点问题。下面，我们就改革开放 30 年来的讨论和进展情况进行综述。

一、　马克思主义与中国传统文化关系之历史考察

　　显而易见，马克思主义与中国传统文化之关系是自 20 世纪初马克思主义传入中国之时就存在的问题。在近百年的时间里，马克思主义与中国传统文化之关系经历了一个复杂而曲折的过程。回顾、考察这一历史过程，总结其经验教训，对于我们在新的历史条件下进一步认识和处理二者关系，坚持和发展马克思主义，建设具有中国风格和中国气派的社会主义新文化，具有

重大的理论意义和现实意义。

新时期以来，许多论著都不同程度地论及马克思主义与中国传统文化关系之历史演变，如周桂钿先生认为，马克思主义的中国化经历了一个漫长的过程。最初，把马克思的著作译为汉语，介绍到中国来，是第一步；用马克思主义思想分析中国社会，分析历史和现实，解放思想，改变观念，提高革命觉悟，是第二步；马克思主义结合中国具体实际，包括思想实际，指导革命实践，在实践中不断深入研究，逐渐领会精神实质，使革命走向胜利，使人们更加相信马克思主义，是第三步。这第三步是相当漫长的。先是以毛泽东为代表的共产党人取得革命战争和社会主义建设的初步胜利，再是以邓小平为代表，推行改革开放，取得社会主义建设的巨大胜利。①

周先生的"三步说"并没有具体展开，也没有明确的时间划分。张翼星先生则明确将马克思主义在中国的运用和发展，或者说将马克思主义中国化划分为四个时期：①"五四"运动前后，这是马克思主义在中国胜利传播的时期。主要代表人物是陈独秀、李大钊、瞿秋白等人。他们着重传播了马克思主义的唯物史观，但由于还比较缺乏系统的哲学理论准备和中国传统文化的深厚基础，因而对马克思主义与中国优秀文化传统的结合还缺乏必要的认识和自觉。传播工作主要还处于翻译和初步评价的阶段。②1921—1949年，这是马克思主义在中国获得显著成效的时期。显然也有教条主义的初步干扰，经历低潮和曲折，但总的来说，马克思主义是与中国社会实际、革命实践逐渐结合的。主要代表人物是毛泽东，形成了比较完整的毛泽东思想。应用和发展马克思主义的主要内容，是关于革命的战略、策略思想、认识论、辩证法，以及军事辩证法思想。这个时期应用和发展马克思主义的中介环节，是俄国十月革命的经验和列宁主义的基本思想。毛泽东本人富于中国传统哲学和文化素养，并重视调查研究，从实际出发，因而能在中国创造性地继承和发挥列宁主义，使马克思主义在中国和东方取得一系列的胜利。③1949—1978 年，基本上可以称为社会主义时期，也是马克思主义在中国逐渐教条化的时期。这个时期主要受斯大林模式的严重束缚和影响，受极"左"路线的支配和干扰，建立了高度集中的经济、政治体制，使马克思主义教条化、僵化，在各个领域贯彻以阶级斗争为纲的方针，开展一系列的政

———————————

① 周桂钿：《实现中国传统哲学的现代化》，《光明日报》1998 年 2 月 27 日。

治运动和意识形态领域的大批判，直至"十年动乱"。这个时期主要是透过"斯大林模式"来理解和运用马克思主义、列宁主义的，而"斯大林模式"实质上偏离了列宁主义，与中国的优秀文化传统也是相违背的。④1978 年以后，党的十一届三中全会以来，以邓小平为代表的马克思主义者提出和逐步形成建设有中国特色的社会主义理论。这个时期是重新实现马克思主义中国化的时期。经过对马克思主义的拨乱反正、正本清源以后，确立了以经济建设为中心的方针，实行改革开放，逐步建立社会主义市场经济体制，重新探索和开创在中国建设社会主义的新道路，为马克思主义与中国的特殊国情、与中国优秀文化传统的紧密结合展现了广阔的前景。另一方面，它又只是这种结合的长远道路的开端。当前面临的一系列新的矛盾能否较好地解决，将决定马克思主义能否进一步实现中国化、能否继续在中国占领阵地的历史命运。①

应该说，关于马克思主义中国化的历史进程，真正系统、全面、有分量的作品却并不多见。这其中，许全兴先生先是提交给 1995 年 12 月 4—6 日中央党校与孔子基金会联合召开的"马克思主义和儒学"学术研讨会，继而发表于《马克思主义与现实》1996 年第 1 期、后又收入《马克思主义与儒学》文集（当代中国出版社 1996 年 12 月版）的《马克思主义与中国传统文化关系之历史考察》一文最具代表性。按照许先生的考察，近百年来，马克思主义与中国传统文化关系的演变大致经历了以下五个阶段：

第一阶段，从 19 世纪末 20 世纪初起至 1919 年"五四"爱国运动，这是以中国传统文化去认同、比附、解释马克思主义的阶段。20 世纪初的中国，还不存在传播马克思主义的社会条件。那时的中国人远不可能理解和把握马克思主义的本义，而只能从中国固有的传统文化去理解它、解释它，并把它的某些方面比附于中国传统文化的某些方面，如把社会主义比附于《礼运》中的大同思想。马克思主义在那时的中国还无影响，因此，它与那时中国社会的制度、思想、文化也还没有正面的直接冲突。

第二阶段，从 1919 年"五四"运动起至 1937 年抗日战争爆发，这是马

---

① 张翼星：《马克思主义与中国传统文化的结合与冲突》，《安徽大学学报》1996 年第 1 期。

克思主义与中国传统文化互相冲突、互相简单否定的阶段。作者指出，1919年以前马克思主义在中国的零星介绍只可看成是马克思主义在中国正式传播的前史，马克思主义在中国的正式传播是在俄国十月社会主义革命的影响和鼓舞下，在 1919 年"五四"爱国运动的推动下开始的。这一阶段，绝大多数马克思主义者对以儒家为代表的中国传统文化持简单否定的态度，只见马克思主义与中国传统文化的根本对立，不见两者有结合的必要和可能。作者分析其原因，认为有三个方面：一是与当时激烈的阶级斗争和思想文化斗争有关；二是受新文化运动简单否定的思维方式的影响；三是一些马克思主义者在对马克思主义的理解上存在着教条主义的偏颇。

第三阶段，从 1937 年抗日战争爆发时起至 1957 年春，这是马克思主义与中国传统文化既冲突又融合的阶段。在作者看来，在三四十年代，以毛泽东为代表的中国马克思主义者正确地认识和处理了马克思主义与中国传统文化的关系，并在实践和理论上取得了辉煌的成果。毛泽东深懂外国学说中国化的重要。他精通旧学。他的《实践论》、《矛盾论》将马克思主义哲学、中国革命的实践经验和中国传统哲学的精华三者冶于一炉，丰富和发展了马克思主义哲学。特别是在 1938 年，在中共六届六中全会上，他明确提出了马克思主义中国化的问题。毛泽东思想有两个理论来源，一是马克思列宁主义，另一个就是中华民族的传统文化和民族精神。另一方面，在三四十年代，有的非马克思主义者如张申府提出马克思、罗素、孔夫子"三结合"的观点，要求在唯物辩证法思想的基础上去吸纳罗素哲学和中国传统哲学。他提出"三结合"的主张，却未能构造出一个"三结合"的体系。冯友兰则提出"新理学"，接着宋明理学讲，采用西方的逻辑分析方法。他也吸取了马克思主义的某些思想资料，但这种吸取并没有改变新理学的客观唯心主义本质。

第四阶段，从 1957 年反右斗争起至 1976 年"文化大革命"结束，这是马克思主义与中国传统文化之间的对立再一次凸显，甚至出现全盘否定中国传统文化的阶段。1957 年以后，毛泽东的一些讲话、谈话和批示中多次涉及如何对待传统文化的问题，有些言论十分精辟。但从总的倾向看，1957年反右运动以后，思想文化领域里"左"的思潮日趋严重，发展到极端，导致"文化大革命"，"破四旧"，全民批孔，全面否定以孔子为代表的儒家文化。作者分析说，第一，这次批判是同对国际国内形势的错误估计密切相联的。第二，这次批判主要是政治批判，以政治批判代替了学术批判。第三，这次批判没有触及封建主义在当代中国的消极影响，相反，个人崇拜、平均主义、人治等旧思想旧传统却以新的形式得到某种程度的泛滥。第四，这次批判使传统文化和马克思主义自身都受到严重的伤害。

第五阶段，从1976年"文化大革命"结束至今，这是马克思主义与中国传统文化之间既对立又统一的辩证关系在更高的基础上重新确定的阶段。"文化大革命"结束后，人们痛定思痛，反思文化问题。"文化热"兴起，文化讨论的面很广，但核心是马克思主义与中国传统文化的关系问题。人们的见解形形色色，但归结起来不外以下三种：第一种是绝对对立说，强调两者相对立，否认两者可以融合、结合。其中有的人是站在马克思主义立场上，主张对中国传统文化采取批判继承态度。有的人则站在维护中国传统文化（尤其是儒学）立场上，鼓吹儒家文化救中国，以现代新儒家来取代马克思主义。第二种是互相融合说。强调两者有一致的、相通的地方，可以取长补短，可以结合、融合。持这种观点的学者认为，在当前主要强调继承，强调吸取、弘扬中国传统文化的精华，而不应强调批判。第三种是对立统一说。认为首先应看到两者之间的对立，不可混淆两者之间有质的不同；其次要看到它们之间的联系，承认两者之间有结合的必要和可能，反对片面强调其对立或片面强调其融合。

许全兴先生关于马克思主义与中国传统文化关系之演变的论文阐述详尽，分析允当，受到1995年"马克思主义和儒学"学术研讨会与会者的欢迎和好评。与会者通过讨论、总结，得出这样的共识：第一，要有一个科学的文化观，既要看到文化的时代性、阶级性，又要看到其普适性、人类性，以避免形而上学的肯定一切或否定一切的错误。第二，马克思主义与中国传统文化既对立又统一，不能只见其一，不见其二。第三，马克思主义要在中国扎根，就必须吸收中国传统文化，必须中国化。①

---

① 乔清举：《马克思主义和儒学学术研讨会述要》，《马克思主义与现实》1996年第1期。

二、 马克思主义 "中源说" 的提出及其驳论

（一）马克思主义"中源说"的提出

马克思主义是西方文化的产物，它是在吸收和改造德国古典哲学、英国的政治经济学和法国的空想社会主义的基础上而产生形成的。对于我们中国人来说，它纯粹是一种从外部传入进来的一种先进文化和科学的理论学说。这是长期以来人们的一般共识。对于这一点，人们从不曾有过疑问。然而，历史进入到 20 世纪 90 年代末期，一些学者却在马克思主义来源问题上发生怀疑，旗帜鲜明地提出马克思主义"中源说"的"新论"。有关的文章及著作主要有下列三种：一是张允熠著《试论马克思主义哲学的中国学脉渊承》①，二是张允熠著《中国文化与马克思主义》②，三是方克立主编《中国哲学与辩证唯物主义》③。其中，《试论马克思主义哲学的中国学脉渊承》系《中国文化与马克思主义》一书中的一章，但由于先于专著发表，且被《新华文摘》转载，故其影响较专著为大。三种文献的共同点均在主张马克思主义"中源说"，不同之处在于前两种是从马克思主义的整体即从哲学、经济、社会主义三方面着眼展开论述的，后一种则是专门从哲学入手阐述其"新论"的。

"中源说"的立论根据大体上可以归结为以下一些方面：

其一，认为"以黑格尔为代表的德国古典哲学与中国哲学的'共同点'并不是我们才发现的，马克思早就注意到了。"④ 马克思曾经指出："中国的社会主义跟欧洲的社会主义像中国哲学跟黑格尔哲学一样具有共同之点。"⑤"有一个爱好虚构的思想体系，但思想极其深刻地研究人类发展基本原则的学者（黑格尔）一向认为，自然界的基本奥秘之一，就是他所说的对立统

---

① 张允熠：《试论马克思主义哲学的中国学脉渊承》，《中国社会科学院研究生院学报》1998 年第 1 期。
② 张允熠著：《中国文化与马克思主义》，山西教育出版社 1998 年版。
③ 方克立主编：《中国哲学与辩证唯物主义》，高等教育出版社 1998 年版。
④ 张允熠著：《中国文化与马克思主义》第 187—188 页，山西教育出版社 1998 年版。
⑤《马克思恩格斯全集》第 7 卷第 265 页，人民出版社 1962 年版。

一（Contact of extremes）规律。在他看来，'两极相逢'这个习俗用语是伟大而不可移易的适用于一切方面的真理，是哲学家不能漠视的真理，就像天文学家不能漠视开卜勒的定律或牛顿的伟大发现一样。'对立统一'是否就是这样一个万应的原则，这一点可以从中国革命对文明世界很可能发生的影响中得到明显的例证。"①

其二，以黑格尔、费尔巴哈、亚当·斯密等思想家对中国传统哲学的评价为依据。黑格尔曾论及中国的《周易》和《老子》；费尔巴哈曾提到孔子的"己所不欲，勿施于人"；亚当·斯密在《国富论》曾谓"中国一向是世界上最富的国家"，赞赏中国的重农思想。据此，作者得出结论："中国的实践理性和辩证法思想推动了西方哲学变革，促进了德国古典哲学诞生"，法国的空想社会主义"内在地吸收了儒家学说中有价值的部分"，"魁奈和亚当学说中包含的中国政治经济思想被马克思主义所内在地消化和吸收"②。

其三，根据英国著名科学家李约瑟博士的论述："辩证唯物主义渊源于中国，由耶稣会士介绍到西欧，经过马克思主义者们一番科学化后，又回到了中国。"③ 据此作者指出："虽然李约瑟的这句话过于简略和过于夸大，甚至有外来思想中国'古已有之'之嫌"，但"治学严谨的李约瑟对中国文化会通史有着超乎一般学者的深刻和广博的涉猎和研究，他的这类话绝不是无的放矢，更不是信口开河"，"此话出于这位以治学严谨著称的学者之口，无疑一言九鼎。"④

其四，东学西渐，中国传统文化和有关中国知识的西传，形成16—18世纪风靡欧洲的"中国热"，为西方哲学思想注入了活力，促成了欧洲哲学由传统分析方法和机械论转向中国哲学的综合方法和有机论（辩证法），从而为马克思主义的产生提供了中国哲学的"学派渊承"。

其五，列宁在《关于无产阶级文化》一文中指出，马克思主义"吸收和改造了两千多年来人类思想和文化发展中一切有价值的东西"⑤。作者认为长期以来学术界存在一种认识上的偏颇，即认为马克思主义纯粹是欧洲文

① 《马克思恩格斯全集》第9卷第109页，人民出版社1962年版。
② 张允熠著：《中国文化与马克思主义》第190—193页，山西教育出版社1998年版。
③ 转引自张允熠著：《中国文化与马克思主义》第158页，山西教育出版社1998年版。
④ 转引自张允熠著：《中国文化与马克思主义》第3页，山西教育出版社1998年版。
⑤ 《列宁选集》第4卷第299页，人民出版社1995年版。

化传统的产物，并未从中国文化传统中接受和吸收过营养。如果这种观点能够成立，那么，列宁的这一著名见解"就成了虚拟无实之辞"①。专就哲学而言，马克思主义哲学并不属于某一个人，也不属于某一个民族，而是正确地揭示了人与世界的关系以及自然、社会、思维运动的普遍规律的"世界的一般哲学"。它不仅是19世纪德国古典哲学的继承者，而且是整个人类文明和以往哲学思想发展中的一切优秀传统和积极的思想成果，包括各民族哲学中的唯物主义传统和辩证法思想传统的合理继承者，是全人类哲学智慧之集大成。从这样的角度去审视，是不难说明"马克思主义哲学与中国哲学的关系"的。②

从上述依据出发，"中源论"者强调，从东学西渐到英国古典政治经济学的产生、法国空想社会主义的流行和黑格尔哲学的诞生，为马克思主义的科学思想体系的产生提供了广阔的历史、文化和思想背景。他们得出结论说："马克思主义的基本理论来源都与中国思想有着不可分割的内在联系。"③"把中国传统哲学，尤其是其中的朴素辩证唯物主义，看做是马克思主义哲学的广阔而深厚的历史文化背景和思想资源的一部分，不但是符合各民族哲学互相吸收、互相融合，人类文化整体发展的规律的，而且也是符合基本的历史事实的。"④

"中源说"提出后，赞成者有之，张岱年先生给《中国文化与马克思主义》写的序言对"中源说"给予了初步的肯定和支持，张晓芒先生为《中国文化与马克思主义》写的书评《融中西之学，成一家之说》⑤认为，该书从中西文化会通和超越的历史机制和规律上，从中国哲学与辩证唯物主义的比较中，从马克思主义诞生的文化背景中探讨中国文化与马克思主义的关系，本身就是一种独创、一种立新。他对该书作者"把马克思主义与儒学放在几千年来中西文化会通的大背景下考察，我们就很容易发现马克思主义融于中国的文化土壤并在这块文化土壤中发扬光大乃是一种历史和逻辑的必

---

① 转引自张允熠著：《中国文化与马克思主义》第58页，山西教育出版社1998年版。
② 方克立主编：《中国哲学与辩证唯物主义》第4—5页，高等教育出版社1998年版。
③ 张允熠：《试论马克思主义哲学的中国学脉渊承》，《中国社会科学院研究生院学报》1998年第1期。
④ 方克立主编：《中国哲学与辩证唯物主义》第12—13页，高等教育出版社1998年版。
⑤ 张晓芒：《融中西之学，成一家之说》，《哲学研究》1998年第12期。

然"，"马克思主义在中国的扎根是中西文化长期交流、会通和融合在近现代中国革命实践基础上的历史和逻辑的必然思想成果"的观点，对其马克思主义与中国固有文化之间存在着"同质共构"和"异质互补"等会通和融合的机理，正是这种文化上的亲和力使得向西方寻求真理的先进的中国人没有在精神上对马克思主义产生疏离和排异感的见解，对其"无论是黑格尔哲学还是马克思主义哲学都承袭了欧洲传统，然而，他们的哲学都存在着鲜明的背弃欧洲传统的趋向，形成这种趋向的根源只能从欧中文化交流中去寻找，从 16 至 18 世纪的东学西渐中去寻找，从中国哲学中去寻找"的看法深表赞同。张晓芒先生特别指出，该书作者率先打开了探索"马克思主义在其形成过程中是否间接或直接地受到过中国哲学或中国文化的影响"这一问题的通道，提出了"极富价值的真知灼见"。

（二）马克思主义"中源说"驳论

关于马克思主义"中源说"，反对者也大有人在。其中，诸葛婴、江丹林、李存山诸先生先后发表于《哲学研究》的《勇气与眼光》①、《马克思主义"学脉渊承"辨析》②、《评马克思主义"中源"说》③ 三篇论文可谓代表性的驳论。

诸葛婴先生认为，固然，中国哲学与黑格尔哲学的"共同点"是存在的，因为"真正能理解的思维只能是一样的"④。不过在不同的思想家那里，"经过了自己的独立发展道路"⑤。因此，"共同点"并不意味着"学脉渊承"，二者没有必然联系；把没有必然联系的东西当做前提，只能是一个主观的预设。《中国文化与马克思主义·序》中谓"黑格尔的'最高理念'或'绝对理念'实际上就是朱熹的'太极'"，这是站不住脚的。因为朱熹在"格君心"历史背景下的"存天理，灭人欲"的善的道德祈求，与黑格尔在"争自由"的历史背景下"恶是历史前进的杠杆"的张扬，毕竟是扭着的；从理论上说，前者为伦理学统摄，后者为逻辑论贯通，焉能相同？如果用

---

① 诸葛婴：《勇气与眼光》，《哲学研究》1998 年第 12 期。

② 江丹林：《马克思主义"学脉渊承"辨析》，《哲学研究》1999 年第 4 期。

③ 李存山：《评马克思主义"中源"说》，《哲学研究》1999 年第 7 期。

④《马克思恩格斯选集》第 4 卷第 581 页，人民出版社 1995 年版。

⑤《马克思恩格斯选集》第 4 卷第 727 页，人民出版社 1995 年版。

"相同之点"来寻求学脉渊承，就如同在马克思、恩格斯、摩尔根的唯物史观、达尔文与华莱士的进化论、牛顿与莱布尼兹的微积分、丁肇中和里奇特的 J/φ 粒子中寻找"学脉渊承"一样，显得荒谬。该书还曲解"马克思的箴言"，把马克思关于传教士的"社会主义"的讽刺性话语当做马克思的正面判断，把马克思对中国革命前途的正确判断（资产阶级民主革命）变为"欧洲社会主义"的同义语，也是不妥当的。诸葛婴不客气地说，该书作者"勇气有余，因方法不科学而眼光不足。把严肃的学术研究只奠基于勇气之上，是靠不住的"，"把片言只语当做前提，推出其余，服务于自己的论证，又不去考察原意……有点儿戏。"①

江丹林先生批评"中源论"说，马克思、恩格斯在《神圣家族》中关于社会主义同唯物主义关系的一段论述，原意是指 18 世纪法国唯物主义源于笛卡儿和洛克这两派，特别是指洛克、孔迪亚克、爱尔维修等"法国有教养的分子，它直接导向社会主义"，而绝不是指中国传统哲学；黑格尔、费尔巴哈、亚当·斯密等西方学者很难讲对中国传统哲学和文化作过真正的研究，至多不过是提到一些人名，或对某一个观点略作介绍而已，"论证跳过了许多中间环节"，因而不能据此推出中国哲学和文化是马克思主义的"学脉渊承"，因为其大前提缺乏根据；作为对资本主义社会意识形态扬弃者的马克思主义的理论前提和出发点，只能是资本主义时代最优秀的成果——德国古典哲学、英国古典经济学和 19 世纪三大空想社会主义，不可能是作为农业社会和自然经济社会意识形态的中国传统哲学，否则就是历史的错位。江丹林先生强调说，马克思主义的理论来源，必须是其前人和同时代人理论学说中马克思、恩格斯加以扬弃并构成马克思主义基本理论的那部分内容，否则，则不可能成为马克思主义的理论来源，不管其具有多么合理的内容。因此，即使中国固有哲学与马克思主义哲学存在相通相容之处，它仍不能构成马克思主义哲学的理论来源，因为没有这种史家根据。同时，关于马克思主义理论来源的界定，还须把来源与马恩读过的著作以及提及的理论学说和人物区分开来，来源是指马克思主义基本理论的内容出自何处，它与他们读过的著作只是交叉关系而不是重合关系。所以，"即使《中国文化与马克思主义》中提及的'马克思的箴言'以及'黑格尔哲学与中国辩证

---

① 诸葛婴：《勇气与眼光》，《哲学研究》1998 年第 12 期。

法'等能够立论，但也不能证明中国传统哲学是马克思主义的理论来源。"①

李存山先生批评"中源论"说，马克思所讲的"世界的一般哲学"是针对德国哲学脱离现实世界的弊端，即针对"喜欢幽静孤寂、闭关自守并醉心于淡漠的自我直观"，使哲学成为"世界之外的遐想"而言的，它讲的是哲学家的头脑与现实世界的关系，而并非如《中国文化与马克思主义·导言》中所说，是相对于"民族性"而言。毛泽东的一句名言，"从孔夫子到孙中山，我们应当给以总结，承继这一份遗产"。毛泽东所以提出这样的任务，乃是因为马克思主义虽具有普遍真理的意义，但马克思和恩格斯尚未及时"总结"中国的"从孔夫子到孙中山"这一份文化遗产，"这一任务需要由中国的马克思主义者来完成。"如果认为马克思主义哲学已经是包括中国哲学在内的全世界各民族"哲学智慧之集大成"，是全世界各民族"认识史之总结、总计"，那么毛泽东提出的上述任务也就没有必要了。此外，所谓"毛泽东曾经称墨子为'古代辩证唯物论大家'"，并非毛泽东本人的论断，而是在他当年看过陈伯达写的《墨子的哲学思想》后而望文生义地说出来的，毛泽东本人"不敢自信为正确的意见"。它是以"如果墨家是辩证唯物论的话"这样一个假言推理为前提的，因而不能作为"朴素辩证唯物论"的证明。事实上，后期墨家的主要贡献是逻辑和科学技术，而墨子本人崇尚"天志"，主张"明鬼"，其思想称不上是唯物论。②

此外，江丹林先生还就马克思主义"学脉渊承"的讨论提出几个有关方法论的看法：第一，必须遵循"人体的解剖是猴体解剖的一把钥匙"的原则，从马克思主义产生的时代及其要求来研究马克思主义的理论来源，正确把握它作为资本主义社会"人体解剖"这一特定时代的产物，其理论来源只能是资本主义时代最先进的理论学说。第二，黑格尔所说的在哲学里我们研究的就是哲学的思想很深刻，它说明在研究任一理论时，必须以这种理论本身的内容来探索其理论来源，对马克思主义也同样如此。而从马克思主义理论的内容来看，其理论来源只能是欧洲当时最先进的理论学说。第三，不能从先验的设定来研究马克思主义的理论来源，也不能把一种虚构的先验的方法硬套到历史事实上，更不能要求历史人物具有当时不可能发现的观

---

① 江丹林：《马克思主义"学脉渊承"辨析》，《哲学研究》1999 年第 4 期。
② 李存山：《评马克思主义"中源"说》，《哲学研究》1999 年第 7 期。

点，进而把思想家没有的观点加到其身上。研究思想史不能停留在表面的相似上，而要看到特定思想的具体的历史的内容，因为相同的思想在两个怀着不同目的的人那里，常有着完全不同的意义。第四，社会生活实践是理论的根本源泉。马克思主义与其三大理论来源的联系，是建立在实践基础上的，无视马克思主义与现实实践的紧密联系，单纯从观念演变史去寻找所谓的"学脉渊承"，随意性很大，势必导致以主观臆造的联系取代真实联系，这是唯心史观的方法论特征。①

"中源说"的提出及其对待"中源说"的两种态度，双方针锋相对，各执己见。笔者倾向于反对派的意见，因为如果说马克思主义的"思想故乡"在中国，那么为什么中国未能产生马克思主义，而是由俄国十月革命一声炮响给中国送来了马克思主义呢？这是很难解释得通的。不过，"中源说"的提出及其争论客观上有利于推进关于马克思主义与中国传统文化关系的追问和研究。

三、 马克思主义与中国民族文化能否结合

经过半个多世纪的革命和建设的实践，马克思主义已经在中国大地生根、开花、结果，为最广大的人民群众所接受，成为国家意识形态，占据着主流文化的特殊地位，马克思主义与中国民族文化能否结合已经是不成问题的问题。然而，曾几何时，苏联解体，东欧剧变，中国的社会主义事业也遭受过重大的波折和损失，加上对马克思主义的本本主义和实用主义的理解，使马克思主义被教条化、理想化、庸俗化，严重影响了马克思主义的创新与发展，不少人对马克思主义的信仰和兴趣逐渐冷漠，信念开始动摇。于是，马克思主义是否适宜于中国、与中国传统文化是否相容、能否结合的问题重又以尖锐的形式提了出来。这不能不引起人们的反思，作出新的回答。

（一）马克思主义与中国民族文化能够结合、必须结合

在回答马克思主义与中国民族文化能否结合问题之前，需要明确这种结

---

① 江丹林：《马克思主义"学脉渊承"辨析》，《哲学研究》1999 年第 4 期。

合之所指。毛泽东同志在《新民主主义论》中强调："必须将马克思主义的普遍真理和中国革命的具体实践完全地恰当地统一起来，就是说，和民族的特点相结合，经过一定的民族形式，才有用处，决不能主观地公式地运用它。"以往人们常常片面地将这里提到的"统一"、"结合"仅仅理解为与革命和建设的实际的统一或结合，而无意识地排除其与民族文化的统一或结合，这显然是偏颇的不正确的。张念丰、张秉楠、邵汉明的《马克思主义与中国民族文化》① 一文较好地回答了这一问题，他们认为，毛泽东所说马克思主义与中国具体实际相结合就是"和民族的特点相结合"这一点十分重要。按照毛泽东在《新民主主义论》和其他论著中阐述的有关思想，所谓和中国民族的特点相结合有两方面含义。一是同中国社会的政治经济特点相结合，也就是在马克思主义基本原则的指导下，从中国政治经济的实际情况出发，丰富和发展马克思主义原有理论，创立和制定适应中国社会发展的政治经济理论和方针政策。二是同中国民族文化相结合，也就是对中国民族传统文化采取毛泽东所倡导的"取其精华，去其糟粕"的科学态度，剔除或改造其中的消极层面，发掘并弘扬其中与马克思主义相容、与人类健康文化需要相适应的积极层面，使这些由于受到提倡而活跃起来的积极文化层面成为马克思主义植根于中国社会的文化土壤；另外，在对马克思主义的思想表述和理论建构上，也要努力运用中国人民喜闻乐见的语言文化形式。邵汉明同志还专就马克思主义与中国民族文化的融合或结合说，这种融合或结合"显然包含两方面的内容，一是促成传统文化向现代文化的转化；二是推进马克思主义的中国化。这两个方面又是相辅相成、密切关联的。"② 这就是说，马克思主义与中国民族文化的结合在一定意义上说，也就是马克思主义的中国化和中国文化的现代化。那么，这种结合为何可能呢？或者说，它有什么现实基础和理论基础呢？同时，这种结合的重要性和必要性又何在呢？许多学者从不同的角度发表了自己的看法。

有的学者回顾近代以来西学东渐的历史，指出马克思主义及其哲学在"五四"前后传入的各种西学中所以能独领风骚，成为先进知识分子的自觉

---

① 张念丰、张秉楠、邵汉明：《马克思主义与中国民族文化》，《光明日报》1991 年 10 月 14 日。
② 邵汉明：《试论马克思主义与中国民族文化的结合》，《新长征》1999 年第 4 期。

选择并逐步成为中国文化的主导力量，不仅在于它满足了中国社会政治变革的需要，而且也是近代中国文化冲突的必然结果。马克思主义的传入，不仅不会造成中国文化的断裂，而且恰恰是为中国传统文化走向现代化提供了契机。二者结合具有双重历史效应，一方面使马克思主义在中国扎根、开花、结果；另一方面则使古老的中国文化由此获得新生而走向世界。①

有的论者从现实存在的立场指出，实现中国民族文化与马克思主义的融合或结合，既是构建未来中国文化之理想形态的内在需要，也是现实理论的发展向人们提出的一个崭新的课题。从当代中国的文化现实来看，传统民族文化与马克思主义是两种势力最大、影响最深广的理论学说，同时也是两种最切合中国实际和中国国情的文化学说。因此，任何企图离开传统民族文化、离开马克思主义的努力，都无济于中国文化乃至中国向何处去问题的解决，都只能将中国文化乃至将中国引入歧途。况且，中国民族文化虽系"固有之物"，但它却愈来愈显示其不朽的世界意义和世界价值；马克思主义虽系"外来之物"，但由于中国共产党人的长期的大力宣扬，它事实上已经构成中国文化的一个重要组成部分。尤其值得注意的是，马克思主义与中国民族文化之间存在许多相近或相通之处。这说明二者的融合或结合绝非天方夜谭，而有其坚实的理论基础和现实基础。②

有的论者从文化传播学的角度提出意见，认为某种外来文化的传播和输入，从来不可能是全面移植，而必须与本民族的文化相融合，才可能在本民族的土地上生根，才能根深叶茂地开花结果。马克思主义的中国化，一方面使马克思主义面对中国的文化背景，经过检验、过滤和选择，不仅要更新和丰富原有的内容和范畴，而且要从中国的民族文化中提取素材，吸取营养，重新塑造自己的结构和形式，真正实现向中国形态的转化；另一方面又使中国的传统文化面向西方的先进文化体系，推陈出新，综合创造，找到从传统型向现代型转化的途径。这就是马克思主义与中国优秀文化传统相结合的意义所在。③

与此相联系，有的论者从中国历史上两次深刻的外来文化输入的情况来

---

① 李志林：《马克思主义中国化的历史必然性》，《华东师范大学学报》1992 年第 1 期。
② 邵汉明：《试论马克思主义与中国民族文化的结合》，《新长征》1999 年第 4 期。
③ 张翼星：《马克思主义与中国传统文化的结合与冲突》，《安徽大学学报》1996 年第 1 期。

论证"结合"的必要性。这两次外来文化输入，一次是东汉以后印度佛教的传入，另一次是近代西学东渐。印度佛教在传播过程中，对中国民族文化表现出高度的灵活性。它根据中国文化不同时期的发展态势和文化氛围，先后吸收了方士道术、老庄哲学、魏晋玄学，甚至吸收了儒家的某些伦理道德观念，以适应当时中国士大夫文化层和俗文化层的需要。这样做的结果，不仅没有使佛教泯灭，反而使它储存了自己的基本特色，并以其文化魅力给中国文化以广泛而深刻的影响，在中国历史上形成长期儒、道、佛三家鼎足之势。近代西学东渐也是如此，大抵与中国民族文化精神相容者则流传深广，而与中国文化不容且无视中国国情者则收效甚微。如耶稣会教士来华传教之初，罗马教皇竟下令不许中国信徒祭拜祖宗。此事引起中国朝野公愤，使该教几乎不能在华立足。后来教会虽取消这条教令，并致力于传教活动，但终因其教义与中国民族精神不相容，故其在华影响不大。而达尔文的进化论由于和中国文化思想相通，再加上严复译介进化论著作如《天演论》时，又揉入中国文化思想，且以优美浅近的文言文翻译，故一经介绍便受到欢迎。这说明一切外来文化要在中国大地上生根发展，都不能离开中国民族文化这个主体。①

有的论者从马克思主义与中国文化的特点来论证"结合"的可能性，指出就马克思主义来说，它是发展的而不是封闭的体系，因而具有开放性和兼容性；就中国传统文化来说，它不仅有着悠远的唯物论和辩证法思想的传统，而且在自然观、价值观、思维方式等方面有着区别于西方文化的独特性，对人类文化有着独特的贡献。这些构成了"结合"的基础。②

还有的论者专从马克思主义哲学的特点来论证其"中国化"和与中国民族文化"结合"的内在依据。指出从马克思主义哲学的研究对象上讲，它所揭示的不是某个领域、某个国家、某个时期的特殊规律，而是关于自然、社会和思维发展的普遍规律，是无产阶级的科学世界观和方法论。这是马克思主义哲学能够中国化的价值前提。从马克思主义哲学的理论来源上讲，它绝不是离开世界文明大道而产生的，而是人类文明成果的结晶。其

---

① 张念丰、张秉楠、邵汉明：《马克思主义与中国民族文化》，《光明日报》1991年10月14日。

② 吴湘韩：《试论马克思主义哲学中国化与中国传统文化相结合》，《毛泽东思想论坛》1992年第3期。

中，中国传统哲学也是构成马克思主义哲学产生和发展的历史文化基础。宏大的世界历史背景，宽广的世界文化基础，决定了马克思主义哲学"在文明世界的一切语言中都找到了代表"，在不同的民族国家都能生根发芽、开花结果，成为其民族文化的重要部分。从马克思主义哲学的世界普遍性上讲，它是对世界历史发展规律和必然趋势的科学把握，是一种具有普遍指导意义的世界性理论。当资本主义把资本的扩张由西方扩展到东方，席卷整个世界的时代，马克思主义哲学也就把自己的思想理论拓展到整个世界，实现了自己的世界化。[①]

（二）马克思主义与中国民族文化不能结合、不能平起平坐

当前否认马克思主义与中国文化传统相结合的观点，主要表现为两种倾向。一种倾向是把马克思主义看做单纯的外来文化，认为马克思主义在中国找不到结合点，不可能在中国土地上生根。比如认为马克思主义所主张的阶级斗争与中国文化传统所强调的人际和谐、主张"和为贵"的思想不相容；又如认为马克思主义强调唯物主义的决定论，而忽视人和人类精神的作用，与中国的"礼乐教化"的文化传统格格不入。这种倾向主要来自中国台湾、中国香港的一些学者和人士。如1994年陈立夫先生在中国台湾出版一部回忆录《成败之鉴》。该书的一个重要论断即是：马克思主义不适宜于中国，不适宜于中国的传统文化。如新儒学的重镇牟宗三先生认为，孔子讲的是彻底的唯心论，马克思讲的是彻底的唯物论，所以，"大陆上讲'社会主义'一定要照《礼运篇》那个'大道之行也，天下为公'来讲。照《礼运篇》讲社会主义，就一定要放弃马列主义。"[②] 另一种倾向则是把中国的传统思想文化，特别是其中作为主干的儒家思想文化，看做单纯封建主义的意识形态，认为它与马克思主义这种先进的世界观是不可调和的，马克思主义不可能与孔孟之道相结合。这种倾向主要来自大陆的少数人。两种倾向都各自贬低一方，但都把马克思主义与中国的传统文化截然对立起来，否认二者结合的可能性。

---

① 潘绍龙：《中国化——马克思主义哲学在中国发展的必由之路》，《江淮论坛》2001年第4期。

② 转引自罗卜：《对一种儒学现代发微法的质疑》，载《马克思主义与儒学》，当代中国出版社1996年版。

撇开中国台湾一些学者的否定性意见不论，仅就大陆否定性的意见而言，又可以具体化为以下一些看法：

第一种看法认为，马克思主义与以儒学为主干的中国传统文化产生的社会历史背景不同，要实现其结合，几乎是不可能的。儒学是古代中国农业文明的产物，是建立在自给自足的农业自然经济和封建宗法制度之上的；而马克思主义则是西方工业文明的产物，是建立在近代工业化大生产和资本主义制度之上的。时代的差异、历史背景的差异、文化传统的差异，决定二者难以结合。这是否定论者的普遍看法。

第二种看法认为，二者现实地位不同。儒学是中国封建社会的文化，现在已经没有生命力；马克思主义是社会主义的核心文化，现在和今后相当长的时期内都将是蓬勃向上的，有生命力的。固然，儒学对于中国社会历史的发展起过非常巨大的作用。但随着中国社会的变革，儒学由兴盛而衰落，由衰落而失去支配地位，由失去支配地位而一息尚存，"无可奈何花落去"，便是儒学命运的真实写照。儒学赖以产生、发展甚至存在的基础早已不存在了。皮之不存，毛将焉附？因此，所谓"复兴儒学"，所谓马克思主义和儒学"合则两利，离则两伤"，都是站不住的。"儒学是封建社会的意识形态，马克思主义是社会主义的指导思想，能够既利于维护马克思主义又利于维护封建主义吗？"有一种说法，谓"马克思主义与儒学可以互补、互动"，也不妥当。马克思主义不需要，儒学也不可能补益马克思主义去服务于社会主义；而马克思主义更不可能补益于服务于封建社会的儒学。"只有马克思主义批判继承儒学，达到古为今用的目的，不存在马克思主义与儒学相结合的可能。"尽管儒学中有民族性和超时代性的东西，但这只能成为儒学有被"今用"的理由，不能成为它有生命力的证明。固然马克思主义也有可能成为过去，但那是遥远的将来的事，而现在它是最有生命力的。人们现在该做的，不是要马克思主义休息，而是促进它发展，保护它的指导地位。①

第三种看法认为，结合论者犯了两个明显的错误，一是将古人现代化，任意比附。即以一种粗陋的方式将孔子打扮成古代的马克思，不顾历史条件和理论背景的差别，任意地把儒家经典中的某些道德箴言抽取出来，再与马

---

① 参见吴为：《批判继承，古为今用——关于马克思主义与儒学关系的思考》，载《马克思主义与儒学》，当代中国出版社 1996 年版。

克思主义"原理"作静态的比附，进而认定"这是唯物的"，"那是辩证的"，"这种观点在今天还有现实意义"，"那种看法是符合改革开放要求的"。在这类戏论儒学的现代点金术中，历史的、科学的、严肃的研究往往被哗众取宠的喧嚣淹没了。二是观念决定论。用马克思主义与儒学的结合来理解社会主义的"中国特色"，本质上是以"观念论的历史叙述"为基础的，在这种观念论的历史叙述中，历史成了典籍文化的载体，典籍是操纵历史的灵魂。然而，历史不能仅仅以典籍文化传统来说明，未来也不能仅仅以典籍文化传统来许诺。马克思主义的中国化，重要的不在于马克思主义与中国古典本本相结合，而在于与变革现实的实践相结合。①

第四种看法认为，马克思主义与儒学不是平起平坐的结合关系。指出儒学可以丰富和发展马克思主义的观点，是以马克思主义应该是真理大全的观点为前提的，这本身就把马克思主义作为杂货店来看待了。马克思主义与儒学之间，应该是批判性的否定关系，不能因为一些具体问题马克思主义没谈到，就用其他东西来补充。与此种看法相接近，另一些同志认为，马克思主义对待儒学，应该是把它消化掉，吸收到自己体系内，保持自己的生命力。应保持马克思主义的主导地位，结合不是马克思主义的儒学化或者儒学的马克思主义化。②

第五种看法虽不否认马克思主义与中国传统文化可以结合，但指出传统文化的许多消极层面的存在会导致马克思主义在中国出现某些"变形"或"失真"。这主要表现在这样几个方面：一是封建等级观念和君主权威崇拜的思想，常常阻碍民主化的进程，压抑人的个性发展，并且容易导致对马克思主义的褊狭理解和学术文化事业的停滞；二是中国文化中的经学方法传统，严重束缚人们的思想，容易导致马克思主义的教条化和僵化；三是中国传统哲学的直觉、笼统的思维方式，影响对马克思主义理论的深入分析和创新探索。③ 此外，任何一种思想体系要在中国传播，必须经过中国文化的重

---

① 罗卜：《对一种儒学现代发微法的质疑》，载《马克思主义与儒学》，当代中国出版社 1996 年版。

② 乔清举：《"马克思主义与儒学"学术研讨会述要》，载《马克思主义与儒学》，当代中国出版社 1996 年版。

③ 张翼星：《马克思主义与中国传统文化的结合与冲突》，《安徽大学学报》1996 年第 1 期。

构。而要经过重构，就可能混进杂质，造成原来思想体系的失真或变形；同时，扩大、缩小或超越马克思主义原理适用的时空界限并加以运用，容易使真理变成谬误；而文化主体在重释马克思主义过程中，给马克思主义附加一些似是而非的东西，甚至把一些违背或不符合马克思主义的东西强加给马克思主义，并当成马克思主义的理论来传播和实践，亦易于使马克思主义丧失本真。①

　　在笔者看来，马克思主义与中国民族文化的结合是中国文化建设和发展的理想目标和正确方向，这种结合既有利于马克思主义的进一步中国化和进一步发展，又有利于中国传统文化的现代化和时代提升，有人说"合则两利，离则两伤"是很有见地的。当然，对一些学者就"结合论"所提出的种种诘难和质疑，我们也有必要予以正视，努力解决结合过程中出现的种种问题，尽量避免马克思主义的"失真"和"变形"。

四、　马克思主义与中国传统文化之相通相容及相异相别

　　大凡肯认马克思主义与中国传统文化可以结合者无不认定二者之间有相通相近之处，且或以为此相通相近之处乃二者结合的重要依据，或径以为此相通相近之处乃二者之结合点或契合点之所在。

　　张岱年先生认为，中国古典哲学与马克思主义理论的相通之处至少有以下四个方面：其一，唯物论。中国历史上存在一个唯物论的传统。先秦哲学中最显著的唯物论是荀子的学说，荀子"天行有常，不为尧存，不为桀亡"的命题曾经有深远的影响。汉代王充高举"疾虚妄"的旗帜，给世俗的宗教迷信以沉重打击。范缜对于神不灭论的批判，提出了形神关系的正确理论。宋明时代，张载以"气"来说明一切事物，王夫之更提出"天下唯器"的精湛观点。"从世界本身来说明世界"，这是中国历代唯物论者的光辉传统。其二，辩证法。老子说："物或损之而益，或益之而损"，"祸兮福之所倚，福兮祸之所伏"，《易传》云："一阴一阳之谓道"，"刚柔相推而生变化"，都是精粹而深邃的辩证观点。宋代张载提出"两不立则一不可见，一

---

① 祝福恩：《文化重构与马克思主义在中国的发展》，《学习与探索》1987 年第 6 期。

不可见则两之用息","感而后有通,不有两则无一",程颐提出"物极必反",邵雍宣扬"一分为二",朱熹更讲"一中有二",清代王夫之更提出了关于动静、新故的深刻观点,他们的学说中都含有比较丰富的辩证法。所以中国学者接触到西方哲学的辩证法并不感到陌生难解。其三,唯物史观。唯物史观是马克思、恩格斯的创造性贡献,但此前亦非全无端萌。中国思想史上有许多思想家谈到物质生活与精神生活的关系,《管子》说"仓廪实则知礼节,衣食足则知荣辱",肯定物质生活是精神生活的基础。韩非、王充等也都肯定衣食丰足是道德觉悟的必需条件,在一定程度上看到了物质生活条件在社会发展过程中的决定作用。这些观点虽还不能称为唯物史观,但与唯物史观有相通之处。其四,社会理想。共产主义理想是西方空想社会主义者提出的。中国封建时代还不具备产生空想社会主义的条件。但是,先秦道家老庄学说中保存着对于原始社会的怀念,提出了对于阶级剥削的抗议。儒家学者宣扬"大同"理想,讲求"天下为公"。"大同"成为人民长期怀念的理想境界。所以,西方共产主义学说传入之时,进步人士欣然接受。①

邵汉明亦将中国传统文化与马克思主义之间的相通性归结为四个方面:其一,人本性。中国古代浓烈的人本意识集中体现在儒家学说中。儒家人物首先将人的世界与物的世界区分开来,视人为宇宙的中心和有机物发展的最高阶段,人的存在具有他物不可比拟和取代的特殊地位和卓越价值,天地之道唯有通过人道的作用才对人类有所意义;继而从人的个体价值和群体价值的角度来肯定人和推崇人,既把人看成是一种社会性的类存在,认定人伦世界是人的生存发展的根本依托,因而人的社会价值才是人的价值的中心,又不因此而否定人的个体主体的作用与价值,而是强调人的社会价值和自我价值的实现是互为因果的。这与马克思主义重视人、关心人、突出人的主体价值和主体作用的精神是一致的。当然,马克思主义关于人的学说的丰富性和科学性是儒家关于人的理论所无法比拟的。马克思主义不能归结为人本主义。其二,理想性。中国古代先哲在创立各自思想体系的同时,大都要描绘出一幅社会和人生的理想蓝图,以作为人类追求的共同目标。无论是儒家、

---

① 张岱年:《马克思主义在中国的传播与中国传统哲学的背景》,《中国社会科学院研究生院学报》1987 年第 3 期。

墨家抑或是道家，都憧憬、向往和追求"天下有道"的社会，并都把"道"视为一种尽善尽美的有序的和谐状态。尽管儒墨道各自设定的理想方案的具体内容及实现途径不尽相同，但都内在体现了他们对当时天道社会的强烈不满和对没有剥削压迫和人为物役现象的未来文明社会的企望与渴求。而马克思主义所以肯定理想的感召作用，视全人类的解放为无产阶级的历史使命，主张推翻以私有制为基础的资本主义统治，通过不断发展生产力和改革生产关系，最后建立起"自由人的联合体"——共产主义社会，其实质亦在于要改变人性异化、人为物役的不合理社会，实现每个人的全面自由与高度幸福。当然二者不可等量齐观，因为前者带有很强的理论空想性。其三，实践性。实践是马克思主义哲学的基石，实践性是马克思主义哲学的本性。从某种意义上讲，马克思主义哲学就是实践哲学。中国传统文化中固然没有明确提出实践观念，但它所呈现出的力行意识实与此实践品格若合符节。特别是儒家人物大都是力行主义者或重行主义者。他们虽有"知所合一"之说，但论知行轻重，则无不主"行重知轻"，"力行为重"，而孔子说的"力行近乎仁"则正是此种重行观念的最高概括与升华。儒家的理论缺陷乃在没有把认识和改造自然真正纳入行或实践的范畴。其四，整体性。中国古代先哲长于用整体的观点和视野观察和把握事物，以至我们可以将传统思维方式归结为整体思维。整体思维的特点在于反对把思维对象先割裂成各个孤立的部分分别进行分析，然后再将其组合起来，而是自始至终视任何对象为一整体，在整体感的统驭下意识到整体内部各部分的联系与区别，当下把握事物的本质。中国古代的阴阳、五行学说和中医经络理论都十分鲜明地体现了这种整体思维的特征，而著名的"天人合一"命题的提出，亦显然是先哲先贤之整体思维的产物。此种致思路向和致思方式与马克思主义倡导的辩证思维亦颇相吻合。辩证思维的特点即是用全面、联系、发展的观点看问题，摒弃否认事物普遍联系和发展变化的孤立、静止、片面的认知方式。而全面、联系、发展的观点实都是整体观的内在涵蕴。①

张允熠先生将中国传统哲学（主要指儒学）与马克思主义学理上的相通性归结为"四个一致"：其一，二者在宇宙观上具有一致性。既是唯物的又是辩证的。其二，二者的致思趋向具有一致性。所谓致思趋向即认识路

---

① 邵汉明：《试论马克思主义与中国民族文化的结合》，《新长征》1999 年第 4 期。

线。二者都承认实践是认识的源泉、途径和目的，实践是检验真理的标准；人们在实践中首先获取的是感性认识，然后从感性认识上升为理性认识。其三，二者对人的本质的看法具有一致性，因为"儒学重视从现实物质生活根源中寻找历史发展的动因"，因而与唯物史观"相通相合"。其四，二者的社会学说具有一致性，都向往"大同世界"，体现了它们之间具有共同的"终极关怀"。①

《中国哲学与辩证唯物主义》一书作者用六章的篇幅，从气一元论与世界物质统一性原理、阴阳大化与世界普遍联系发展原理、知行统一与辩证唯物主义认识论、"通古今之变"与科学的社会历史观、成人之道与人的全面发展六个方面详细阐述了中国传统哲学与马克思主义哲学的相通相容，指出正是这种相通相容为二者的结合提供了文化条件和内在依据。②

美国学者窦宗仪认为，在马克思主义和儒家的哲学体系之间的确有许多类似和平行之处。第一，马克思主义对主观唯心主义的尖锐批判，和儒家在几个世纪中对佛教的激烈反对，非常近似。第二，马克思主义和儒家都提出了一种进化的、自然主义的、人文主义的一元世界观。第三，马克思主义和儒家都肯定实践是认识的基础和检验真理的标准。第四，马克思主义和儒家都看到了道德和文明本质上都是基于经济条件的。第五，马克思主义和儒家都坚持认为，对于变化来说，存在着一种历史必然性。第六，马克思主义和儒家对于人的完善都持一种比较乐观的态度。③

蔡方鹿、田广清先生着重阐述了儒学与马克思主义的相通与契合。蔡方鹿肯定民本主义、重民思想与"解放全人类"思想的契合、大同理想与共产主义目标的契合，"大公无私"与公有观念的契合，"一以贯之"之"道"与重视自然、社会发展规律的契合，辩证思维传统与马克思主义辩证法的契合，知行统一与理论联系实际的契合。④田广清先生认为儒学与中国化的马克思主义在许多方面是相通的，这些相通之处表现在："大同"、"小康"的社会理想与社会主义、共产主义理想；"民本"思想与群众路线；

① 江丹林：《马克思主义"学脉渊承"辨析》，《哲学研究》1999 年第 4 期。
② 方克立主编：《中国哲学与辩证唯物主义》第 46—200 页，高等教育出版社 1998 年版。
③ 窦宗仪：《儒学与马克思主义》第 130—134 页，兰州大学出版社 1993 年版。
④ 蔡方鹿：《儒学与马克思主义的契合处及其在当代新文化中的位置》，《江西社会科学》1993 年第 1 期。

"礼法结合，德刑相参"与正确处理两类不同性质矛盾和两手抓；"选贤任能"思想与党的干部路线；"经世致用"思想与实事求是的思想路线；"知行统一"观与理论联系实际原则；"修身"思想与批评自我批评作用；朴素辩证法与马克思主义思想方法；群体价值观与集体主义、爱国主义；重教化传统与社会主义精神文明；和谐观与安定团结；变革维新思想与改革开放；富民思想与共同富裕；广开言路思想与人民民主；为政清廉、节用裕民思想与大公无私、艰苦奋斗；重本抑末思想与发展社会主义生产力；崇文重教思想与科教兴国，等等。并指出儒学中科学的合理的成分，经过继承、改造和升华，已经成为中国化的马克思主义的有机组成部分，成为中国特色社会主义理论的重要理论来源。①

许多学者在揭示马克思主义与中国传统文化的相通相近之处的同时，亦注意指出其相异或差别之处。张岱年先生指出："中国古代的唯物论与西方的唯物论，虽然同属唯物论，但差别很大；中国古代的辩证法与西方的辩证法，虽然都可称为辩证法，但差别更大。我们不应见同而忽异，但是，也不可见异而忽同。"②

刘宏章先生着重考察了马克思主义与儒学的差异，认为二者是不同时代、不同国度的产物，又有着非常不同的阶级基础和文化背景，一个是无产阶级的世界观，另一个是封建社会的意识形态，它们之间的差异是显而易见的。这种差异表现为四个方面：第一，马克思主义是现代科学的结晶，具有科学性和实证性，是一个严密完整的思想体系；儒家文化是古代科学的产物，不具有现代科学的基础，呈现出朴素性和直观性的特征；儒家作为一个学派虽有其共性，但其内部不同学派之间在政治倾向、哲学世界观等方面的差异是很大的，远不是一个严密完整的思想体系，而是一个十分庞杂的不同学派的集合体。第二，马克思主义在本质上是一种革命的批判的学说，主张通过阶级斗争推翻旧的社会制度、打碎旧的国家机器并建立无产阶级专政的社会。而儒家文化则倾向于保守，是一种只适于守成而不适于进取的学说，它在本质上是使社会趋向于和平、稳定、秩序、协同和发展，它主张通过一

① 田广清：《中国化的马克思主义与儒家思想》，载《马克思主义与儒学》，当代中国出版社1996年版。
② 张岱年：《马克思主义在中国的传播与中国传统哲学的背景》，《中国社会科学院研究生院学报》1987年第3期。

种持续不断的内在的自我批判和自我更新，来达到社会各阶级之间的和谐。第三，由此反映在哲学世界观上，在对于矛盾双方的斗争性和统一性的看法上，马克思主义着重强调的是斗争性，认为斗争是绝对的、无条件的，而统一则是相对的、有条件的。儒家学说虽然也不否认矛盾的斗争，但只把它看成矛盾过程的一个阶段，而把统一、和谐看成是最重要的，认为"和为贵"，"仇必和而解"，和谐才是事物发展和人类追求的最高境界。第四，马克思主义反对普遍的超阶级的人性，主张具体的阶级性，把人性看成是一种经济关系的体现，是各种社会关系的总和。儒家文化则主张一种普遍的超阶级的人性，不论主张性善或性恶，都是把人性中这种善恶的本质，看成先天的，是人类的一种心理和生理构成的展开。①

范广伟先生着重考察了马克思主义与儒家之社会理想的根本差别。他认为这种差别归结起来有这样三点：其一，儒家的大同世界存在于过去，而马克思主义的共产主义则存在于未来。其二，儒家的大同世界是空想，它只是一种美好的主观愿望；而马克思主义的共产主义则是科学预言，反映了人类历史发展的必然。其三，从进入理想世界的途径上看，儒家提倡的是"仁爱"和"克己复礼"，所重视的是个人的主观的力量；而马克思主义主张的是发展社会生产力和进行社会革命，所强调的是客观的社会的力量。②

许多学者在探讨马克思主义与中国传统文化之相同相异、相容相斥时，已经自觉地意识到，"真理只有在同一与差异的统一中，才是完全的。所以真理唯在于这种统一。"③ 对马克思主义与中国民族文化也应作如是观，既要看到它们的异，也要看到它们的同，更重要的是要看到这异是同中之异，这同是异中之同，不能形而上学地去理解同和异，一说异就是绝对对立，一说同就是绝对等同，而要在同和异的统一中去把握真理。另一方面，就时代性而言，今当然胜于古，但今离不开古；马克思主义先进于中国传统文化，但中国化的马克思主义的丰富和发展离不开中国传统文化，思想文化的这种

---

① 刘宏章：《合则两利，离则两伤——关于马克思主义与儒家文化之间关系的思考》，载《马克思主义与儒学》，当代中国出版社 1996 年版。
② 范广伟：《大同世界与共产主义——儒家与马克思主义社会理想之比较》，载《马克思主义与儒学》，当代中国出版社 1996 年版。
③ 黑格尔著：《逻辑学》下卷第 33 页，商务印书馆 1976 年版。

历史继承性和连续性是任何力量也不能割断的。① 这种认识难能可贵。还需要注意的是，牵强附会是人们对两件事物进行比较时易犯的毛病，我们在考察马克思主义和中国民族文化之同异的过程中切忌陷入简单比附的窠臼。

五、　马克思主义与中国民族文化结合的途径

李存山先生根据"佛教产生于印度，而发展于中国"的事实断言，"马克思主义产生于西方，也必将发展于中国。"② 笔者与许多学者一样，执信马克思主义在中国的发展，有赖于实现马克思主义的中国化，实现马克思主义与中国民族文化的有机结合。那么，如何实现中国化、实现其结合呢? 或者说中国化的途径、结合的途径何在呢?

有论者认为，有必要特别注意"马克思主义中国化"与"中国化的马克思主义"之间的区别和联系，指出其区别在于："马克思主义中国化"是指"马克思主义和我国具体特点相结合"并获得"一定的民族形式"的具体过程，而"中国化的马克思主义"则是具有中国的特点和民族形式的科学理论。其联系在于：虽然"马克思主义中国化"并不等于"中国化的马克思主义"，但"中国化的马克思主义"只能产生和发展于"马克思主义中国化"的过程中，抑或说，前者只能是后者的逻辑结果。这一逻辑结果标示着马克思主义与中国实际的正确结合，"中国化的马克思主义"就是对这种正确结合的科学概括。而"中国化的马克思主义"的确立和发展又反过来推动了"马克思主义中国化"的进程。无论是"马克思主义中国化"的过程，还是"中国化的马克思主义"的产生和发展过程，都是复杂和曲折的。③

有论者从马克思主义哲学中国化的角度提出自己的看法，指出：第一，

① 参见刘宏章：《合则两利，离则两伤——关于马克思主义与儒家文化之间关系的思考》；田广清：《中国化的马克思主义与儒家思想》，载《马克思主义与儒学》，当代中国出版社 1996 年版。
② 李存山：《破除对马克思主义与儒学的"夷夏之辨"》，载《马克思主义与儒学》，当代中国出版社 1996 年版。
③ 叶险明：《关于马克思主义中国化的历史和逻辑研究中的两个问题》，《哲学研究》2001 年第 2 期。

着眼于马克思主义哲学的应用是实现马克思主义哲学中国化的切入点。只有把马克思主义哲学运用于实践，才能使理论和实践相互结合，相互作用，相互促进，既保证实践的拓展与成功，又实现理论的重构与发展。运用马克思主义哲学的过程，既是一个理论联系实际的过程，又是一个理论创新的过程。第二，着眼于实际问题的理论思考，是实现马克思主义哲学中国化的结合点。当今我国最大的实践，也是 21 世纪中国必须思考和解决的最重要的问题，就是建设中国特色社会主义。实践需要马克思主义哲学对社会实际问题作出新的回答，为马克思主义哲学注入具有时代特点和民族特色的新内容。马克思主义哲学必将在对当代重大问题的灵敏反映、准确把握和科学回答中上升到新的境界。第三，着眼于新的实践和新的发展，是实现马克思主义哲学中国化的根本点。科技革命的兴起，资本主义社会的新变化，社会主义的严重挫折，极大地改变了世界面貌和当代的社会经济生活，对马克思主义哲学的传统观点提出了尖锐的挑战。马克思主义哲学必须面向实际，转变视角，总结新的实践经验，反映新的时代精神，进行新的探索，创造、发展新的哲学理论。①

有论者认为，马克思主义与中国传统文化的结合，不是外在的拼合、简单的相加，而是内在的整合、有机的融合，是二者水乳交融、相互涵化所产生的新生体。② 有的论者立足于传统文化之现代化和马克思主义之中国化来论述二者之结合，指出：一方面，传统文化要在现时代对人们的物质生活和精神生活继续产生巨大而积极的作用，就不能不跟随时代前进的步伐，实现自身的传统向现代的创造性转换。这就要求我们站在时代的高度，以马克思主义为理论指导，通过深入而细致的批判继承工作，将传统文化中的合理命题和合理观念融会到时代文化和时代精神中去，从而赋予传统文化以新的形态和新的生命力，使其真正成为时代文化的一个内在的有机部分。另一方面马克思主义也面临一个不断发展和不断民族化的问题。按照恩格斯的说法，每个国家运用马克思主义，都必须穿起本民族的服装。这就要求我们中国的马克思主义者不仅要从中国当前和今后相当长一段时期内社会主义建设和发

---

① 潘绍龙：《中国化——马克思主义哲学在中国发展的必由之路》，《江淮论坛》2001 年第 4 期。
② 田广清：《中国化的马克思主义与儒家思想》，载《马克思主义与儒学》，当代中国出版社 1996 年版。

展的具体实际和需要出发，去阐释和运用马克思主义，而且要通过中华民族优良传统的深入挖掘，来充实和丰富马克思主义，从而使马克思主义从内容到形式都真正具有中国风格和中国气派，使它不仅以"国家意识"的政治身份，同时还以"民众心理意识"的文化身份展现在我们面前。①

　　有论者认为，马克思主义与中国传统文化结合的途径包括形式和内容两个方面。就形式而言，除了"要向人民群众学习语言"外，"还要学习古人语言中有生命力的东西"，即吸收古人的"新鲜用语"，即把马克思主义的普遍真理和中国民族的语言形式相结合。就思想内容而言，结合的途径和方式也是多方面的，其中最主要的是：第一，熔铸民族魂，增强民族凝聚力。在中国传统文化中，孕育了中华民族的强大精神支柱——民族精神。如"天下兴亡，匹夫有责"的忧患意识和爱国主义，"修、齐、治、平"的经世价值取向，"兴利除弊"的改革精神，"民贵君轻"的民本思想，不畏艰难的愚公精神，不畏强暴的抗争精神，洁身自好的廉洁精神，"己所不欲，勿施于人"的"仁爱"精神，善于吸收异质文化的"会通精神"，重道德、讲气节的道德情操，大公无私的价值观念等，都通过不同的传播方式，深层地积淀于亿万中国人的心灵之中。这些珍贵的精神财富，一旦与马克思主义相结合，就可以成为中国人抵御外族侵略、捍卫民族独立、维护国家统一和创造发明的巨大精神力量。第二，扬善贬恶，以史育人。在中国古代传统文化中，不管是儒家还是道家，都十分注重"做人"的问题。儒道所阐述的人生理想、人格论思想及其修养之道，对于塑造我国历史上无数仁人志士、英雄豪杰，都曾起过积极作用，在今天也有重要价值。第三，"鉴古通今"，为现实服务。从现实需要出发，在传统文化中寻求经验教训，为解决当代的重要社会问题提供有益的历史借鉴，用以补充与丰富现实斗争的智慧和经验。历史是一面镜子，"得可资，失亦可资"。要解决当代的重大社会问题，借鉴历史是十分必要的。第四，吸取中国古代哲学智慧，丰富与发展马克思主义哲学。如我们可以从中国古代哲学中吸取"实事求是"的唯物论思想，"人定胜天"的能动精神，"知行合一"的实践精神，"一分为二"的朴素辩证法，重群体利益的人生价值等，并在社会实践的基础上将它们进一步提

---

① 邵汉明：《试论马克思主义与中国民族文化的结合》，《新长征》1999 年第 4 期。

高与升华，就能转换成为中国化的马克思主义哲学。①

有论者认为，哲学始于对人的意识能动性的自觉和反思，亦即对自身生命的领会和精神的自觉。中西哲学在对人的精神生命的领会中，共同经历了主观精神对生活和世界精神化的主观性环节、精神对象化的客观性环节和主客统一的精神生命自我完成的环节这个辩证运动过程。但由于中西传统哲学都存在着漠视甚至敌视人的自然欲望的倾向，都存在自然生命与精神生命的知性区分，必然在今天的物质主义时代、消费主义时代被拒斥和终结。马克思哲学革命的重要意义是真正辩证地解决了人的自然生命和精神生命的统一，开启了晚期海德格尔苦苦寻求的超越主体形而上学的存在视阈。对自然生命和精神生命的辩证觉解，是可以打通中西马哲学存在论基础的思想通道。中国哲学、西方哲学和马克思主义哲学的互动、交流和融会贯通，需要生活世界的基础。② 朴素地追问我们自己的问题和希望，为了我们自己平凡、真实、快乐地生活，考察和选择既有的哲学理论资源，我们发现，批判传统哲学的虚假崇高，批判资本逻辑的统治和支配，创造有中国特色的中华民族自己的哲学理论，是当代中国的西方哲学研究、中国传统哲学研究和马克思主义哲学研究的共同任务，是三者会通的基础。③

许多学者普遍意识到，相对于马克思主义与中国革命实践的结合而言，与传统文化的结合显得很不够，并没有做到真正意义上的理解和吸收。时至今日，我们书本上讲的马克思主义哲学很难说有多少中国哲学的成果。因此，有论者主张编写既是马克思主义的又是中国的哲学教材，并在内容上做到：（1）准确、系统、全面地论述辩证唯物主义和历史唯物主义的基本原理，突出马克思主义哲学批判的、革命的实质；（2）正确揭示马克思主义哲学和中国先进哲学思想的内在联系和一致性；（3）努力吸取现代科学和现代哲学（包括西方哲学）的优秀思想成果，概括中外的现代实践经验，而不应是辩证唯物主义原理加上中国哲学的例子，或中国哲学史套上马克思

① 葛荣晋：《马克思主义与中国传统文化相结合的理论思考》，载《马克思主义与儒学》，当代中国出版社 1996 年版。

② 孙利天：《生命领会和精神自觉——中西马哲学会通的辩证本体基础》，《新华文摘》2008 年第 7 期。

③ 孙利天：《朴素地追问我们自己的问题和希望——中国哲学、西方哲学和马克思主义哲学会通的基础》，《新华文摘》2005 年第 20 期。

主义哲学概念，而应是马克思主义哲学和中国哲学的有机结合，按其内在联系去建构融合统一的理论体系、逻辑体系。当前在马克思主义哲学教学方面的基本考虑应是：第一，贴近当代世界，特别是中国社会主义现代化的实践；第二，与悠久的中国传统文化，特别是丰富的哲学遗产联结起来，以新的教材进行教学。[1]

还有的论者认为，马克思主义与中国传统文化的结合有两个层次或方式，一种是自觉的结合，另一种是非自觉的结合。后者是指个人由于受传统文化的影响，在接受、理解、宣传马克思主义哲学时，必然以自身的中国传统哲学知识为中介并受其制约。因此我们不仅要努力实现自觉的结合，而且要经常反省非自觉的结合，警惕传统文化的负面影响。[2] 有的论者指出，中国传统哲学的三个主要缺点即缺乏形式逻辑的弱点、经学方法的弊病、忽视个性的缺陷在过去几十年马克思主义中国化的过程中，并没有得到非常深入的批判和非常彻底的克服，这些缺点在未来马克思主义中国化的过程中仍可能产生十分消极的影响，必须引起足够的重视。[3]

不过，多数论者对马克思主义中国化、对马克思主义与中国民族文化的结合的前景抱乐观态度，认为作为人类哲学智慧之最高成果的辩证唯物主义，同具有悠久历史、博大精深的中国哲学和文化传统结合起来，并且不断地从当代社会实践和科学、文化发展中获得推动力量，它将为中华民族的振兴和世界文明的进步作出不可限量的伟大贡献。[4]

六、 毛泽东思想、 邓小平理论与中国传统文化

（一） 毛泽东思想与中国传统文化

毛泽东思想是地地道道的中国化的马克思主义，是马克思主义中国化或

---

[1] 参见李淮春：《哲学教学应是马克思主义的又是中国的》；刘大椿：《马克思主义哲学教学应贴近现实、融会传统》，均载《教学与研究》1996 年第 6 期。

[2] 顾红亮、刘晓虹：《反思、融合、创新——近年来关于马克思主义哲学中国化与传统文化关系的讨论述要》，《毛泽东邓小平理论研究》1999 年第 5 期。

[3] 陈卫平：《论马克思主义哲学中国化与传统哲学》，《哲学研究》1987 年第 6 期。

[4] 方克立主编：《中国哲学与辩证唯物主义》第 242 页，高等教育出版社 1998 年版。

者说是马克思主义的普遍真理与中国革命和建设的具体实践相结合的产物。中国的实际包括中国源远流长、博大精深的传统文化，中国化的马克思主义的产生离不开传统文化的作用。因此，毛泽东思想正是马克思主义与中国传统文化相结合的伟大理论成果。

1. 西方学者论毛泽东思想与马克思主义及其与中国传统文化

关于毛泽东思想与马克思主义的关系，西方学者争议颇多。美国学者施瓦茨认为，"不能把毛理解为一个优秀的马克思主义者"。但他从来不否认，"在马克思列宁主义的整个历史中，毛和马克思有着种种联系"。美国学者施拉姆认为，"毛是列宁的学生，但他又是一个有创造性的独立的列宁主义思想家。我们可以强调第一点，称他为列宁主义者；我们也可以强调第二点，称他的思想为毛主义的思想。"美国学者迈斯纳认为，"毛是马克思和列宁的自觉的继承人，是一位被称为马克思列宁主义发展中新的更高阶段的著作家。就毛的所有非正统的马克思列宁主义而言，他的思想目标、思想范围，基本上来自于马克思主义的知识和他自觉与之保持一致的政治环境。"美国学者弗里德曼认为，毛泽东离开了马克思主义，所以两个革命家是不同的。美国学者斯塔尔认为，虽然毛认为自己是一个马克思主义者，但毛根据自己在中国的理论和实践活动，得出了不同于马克思的结论，毛是一个大胆的、富于创造性的马克思主义者。美国学者格莱认为，尽管毛泽东思想和其他一些思想有联系，但"毛和马克思之间的联系却是理解世界社会主义发展的关键环节"。毛有许多地方与马克思的结论不一样，……但这些不一致反映了马克思主义的发展。格莱在概述从马克思到毛泽东一百多年间世界社会主义的发展历程后指出："在马克思主义与毛主义之间存在着种种确定无疑的联系，每一种联系不仅富于变化，而且带有历史条件留下的标志。"格莱还指出，西方学者在分析毛泽东思想与马克思主义的关系时，由于不是运用马克思主义的历史唯物主义方法，同时又没有准确阐明马克思恩格斯的理论定义，因而他们的结论都难免失之偏颇。① 应该说，格莱的看法是中肯的。

关于毛泽东思想的来源，有一源说、二源说、发展说、异端说、空想说

① 刘长江、侯少文：《西方学者关于毛泽东思想与马克思主义关系的研究及方法》，《毛泽东思想研究》1987 年第 3 期。

五种看法。日本的野村洗一、英国的格雷主张一源说，认为毛泽东思想只来源于中国的传统思想。日本的松树一人、德国的奥匹兹、美国的格列主张二源说，认为毛的思想既有马克思主义的，也有对中国传统的继承。美国的佩弗、法国的卢克瓦主张发展说，认为毛的思想既源于马克思主义，又是对马克思主义的发展。美国的施瓦茨、英国的施拉姆主张异端说，认为毛对马克思主义有许多独特的创造，但只在名义上属马克思主义的理论体系，而实质上是马克思主义的异端。美国的迈斯纳主张空想说，认为其理论要达到的社会目标是马克思主义的，而实现此目标的方法则是"民粹主义"的乌托邦。与此相关联，关于毛泽东思想与传统文化的联系，西方学者也有种种不同的说法。英国的格雷认为，"毛泽东的思想与中国传统的政治文化非常紧密，几乎是中国传统政治的主要思想特征的相应对偶。"美国的费正清认为，毛泽东思想与儒家思想差别很大，但类似之处也多，不懂得一些儒家的传统，就无法理解毛泽东。法国的鲍克认为，"毛泽东有些中国古代思想的东西，但这个事实不能解释成毛泽东基本上是中国传统的继承者，也不能解释成他是马克思主义者，他更多的是中国人"。美国的怀利认为，毛泽东一辈子读的是线装书，但还是从中走出来了，他把马克思主义中国化，使"中国共产党终于建立了为人们所能接受的思想，来代替孔夫子主义"[1]。英国学者施拉姆认为，毛泽东哲学应是马克思主义哲学批判地吸收了以孔子哲学为核心的中国优秀传统哲学的产物。[2]

2. 中国学者论毛泽东思想与中国传统文化

近30年来，关于毛泽东思想与中国传统文化关系问题的研究，既是毛泽东思想研究的一个重要方面，也是整个中国文化研究中的一个热点和焦点。这期间，人们出版的专门性著作和发表的文章可以说不计其数。仅就较有代表性的著作而言，就有汪澍白的《毛泽东思想与中国传统文化》[3]、毕剑横的《毛泽东与中国哲学传统》[4]、聂耀东的《毛泽东与中国传统文

---

[1] 参见曾长庆：《国外毛泽东思想研究概述》，《社会科学动态》1994年第10期。
[2] 王玉：《儒家哲学、苏联哲学与毛泽东思想》，《毛泽东思想研究》1994年第1期。
[3] 汪澍白：《毛泽东思想与中国传统文化》，厦门大学出版社1987年版。
[4] 毕剑横：《毛泽东与中国哲学传统》，四川人民出版社1990年版。

化》①、王凤贤主编的《毛泽东与中国传统文化》②、薛广洲的《毛泽东与中西哲学融合》③、丁晓强的《近世学风与毛泽东思想的起源》④、郑德荣的《毛泽东与马克思主义中国化》⑤ 等，可谓成果丰硕。由于篇幅的限制，对于人们的研究成果所涉及的方面及其内容，我们不能进行全面详尽的介绍，而只能抓住几个主要的问题进行初步的介绍和总结。

关于毛泽东思想的来源，学术界有三种看法，即一源说、二源说和三源说。持一源说的学者认为，马克思主义是毛泽东思想的唯一理论来源，与中国传统文化并无关系，传统文化只是清算的对象，当彻底给予批判，否则就玷污了无产阶级理论的纯洁性。也有学者指出，尽管完全否认毛泽东哲学思想对中国传统哲学的批判继承关系不合事实，但如果把中国传统哲学说成是毛泽东哲学思想的理论来源也有悖于逻辑。⑥ 另有学者指出，从毛泽东思想的基本原则、基本立场和基本观念的性质上看，只能说它们来源于马克思列宁主义，而不能说它们起源于中国传统文化，中国传统文化只为毛泽东思想提供了素材。⑦ 持二源说的学者认为，毛泽东思想既是对马克思主义的继承和发展，又是对中国传统文化的批判吸收，具有双重文化性格，尽管前者的继承是主要的，但归结于某一方面则是不合实际的。⑧ 持三源说的学者认为，毛泽东思想有三个方面的来源，一是马克思主义的基本理论；二是运用马克思主义指导中国革命和建设实践所获得关于中国实际的经验和理论；三是批判继承了传统文化中的某些优秀思想内容和民族思维特点。后两个方面的思想来源决定了毛泽东思想的中国特色，赋予了马克思主义民族的形式并补充以民族的内容，因而是对马克思主义的创新和发展。⑨

关于毛泽东思想与马克思主义中国化。学者们普遍认为，毛泽东是马克思主义中国化的伟大实践者和杰出代表，毛泽东思想是马克思主义中国化的

---

① 聂耀东：《毛泽东与中国传统文化》，福建人民出版社 1992 年版。
② 王凤贤主编：《毛泽东与中国传统文化》，安徽人民出版社 1993 年版。
③ 薛广洲：《毛泽东与中西哲学融合》，人民出版社 2004 年版。
④ 丁晓强：《近世学风与毛泽东思想的起源》，贵州人民出版社 1992 年版。
⑤ 郑德荣著：《毛泽东与马克思主义中国化》，东北师范大学出版社 1997 年版。
⑥ 侯树栋：《毛泽东哲学思想的民族性探源》第 14 页，求实出版社 1989 年版。
⑦ 聂耀东著：《毛泽东与中国传统文化》第 14 页，福建人民出版社 1992 年版。
⑧ 毕剑横著：《毛泽东与中国哲学传统》第 7 页，四川人民出版社 1990 年版。
⑨ 王凤贤主编：《毛泽东与中国传统文化》第 11 页，安徽人民出版社 1993 年版。

产物，它标志着马克思主义中国化的第一次理论飞跃。有论者说，马克思主义中国化是毛泽东《中国共产党在民族战争中的地位》中提出来的概念（在这以前有人提过，但不完整），而毛泽东思想正是马克思主义中国化的优秀典型，如农村包围城市，武装夺取政权的革命道路；以无产阶级领导的、以工农联盟为基础的人民民主专政，就是独创的中国化的马克思主义的基本内容。① 有论者说，马克思主义中国化是毛泽东在党的六届六中全会上所作的《论新阶段》的政治报告中提出来的，它反映了中国共产党特别是毛泽东在认识、掌握和运用马列主义上所达到的深度，在实行马列主义与中国实际相结合上的高度自觉性。马克思主义中国化反对的主要倾向是教条主义。② 有论者说，毛泽东善于把马列主义同中国的具体实际紧密结合起来，为创造中国化的马克思主义——毛泽东思想，引导中国革命走向胜利，作出了卓越的贡献。③ 另有论者指出，毛泽东思想的形成和发展，实现了马克思主义与中国实际相结合的第一次历史性飞跃，为马克思主义中国化奠定了基础，毛泽东是马克思主义中国化的伟大旗手和奠基人。④ 还有学者指出，新中国成立后毛泽东马克思主义中国化有两次新创造，第一次新创造形成了中国独特的社会主义改造理论体系，第二次新创造形成了毛泽东关于社会主义建设理论体系。⑤

　　关于毛泽东思想的形成与中国传统文化的关系，现在，愈来愈多的人们认为，毛泽东思想的形成与中国传统文化有着密不可分的联系。有学者从理学和实学两个传统来分析毛泽东思想的形成，指出在新旧交替的转变期中，毛泽东思想存在两条交叉的伏线，一条是继承了顾炎武、王夫之以来的"经世致用"的实学传统，并与西方传入的近代唯物主义经验论相结合，开后来转向马克思主义和提倡"实事求是"思想路线的先河；另一条是继承

---

① 唐振南：《马克思主义中国化的开端——毛泽东思想萌芽论析》，《学术界》1999 年第 2 期。
② 冯蕙：《六届六中全会与马克思主义中国化》，《毛泽东邓小平理论研究》1999 年第 2 期。
③ 吴毅：《毛泽东是马列主义中国化的伟大实践者》，《理论探讨》1996 年第 2 期。
④ 郑德荣：《马克思主义中国化的伟大旗手与奠基人——毛泽东》，《东北师大学报》1999 年第 2 期。
⑤ 陈会旭：《建国后毛泽东马克思主义中国化的新创造》，《黑龙江社会科学》1998 年第 5 期。

以朱熹为代表的理学传统，同新康德主义、新黑格尔主义相融会，究心于探求性理之大原，形成他终身重视哲学和改造世界观的基本思想。① 有论者认为，传统文化的作用和影响是毛泽东思想为什么带有中国作风和中国气派，并为广大群众所喜闻乐见的原因，也就是在中国土壤里成长和发展起来的马克思主义为什么具有中国特色的原因。这些影响主要表现在：其一，中华民族不畏强暴，反抗压迫，具有顽强的革命反抗力，尤其是中国历史上的农民起义和农民战争为中华民族创造了光荣的革命传统，这是中国共产党人领导革命、创立毛泽东思想的宝贵精神财富。其二，中华民族精神中的凝聚力、向心力，以及反对外来侵略、维护民族团结和国家统一的爱国主义传统，是毛泽东思想特别是其中的统一战线理论形成的重要条件。其三，中国传统文化中"天下为公"的大同思想以及优秀的传统道德和高贵品格，对以毛泽东为代表的中国共产党人接受马克思主义、形成共产主义世界观，有着积极的影响。其四，中国传统文化中的"知行结合"、"民本"思想以及批评与自我批评观点，为毛泽东思想的党的建设理论提供了重要思想资料。其五，中国传统文化中的"实事求是"科学态度和注重实际、调查研究思想方法为毛泽东思想的形成提供了有益的启发。② 另有论者从近世学风的变迁来探讨毛泽东思想的形成，指出自明末清初以来，近世学风的演变表现为古今中西之争。先是古今之争，后转变为中西之争。经过"五四"新文化运动，近代传统文化的主流，既以开放的态度对待西学东渐，又注意发扬中国固有学术之长；既注意客观的考察，又注意理论的思辨；既注重保留宋学及佛老等哲学的辩证发展观，又汲取了西学求实的唯物主义思想，从而为马克思主义的中国化和毛泽东思想的产生和形成奠定了基础。③ 还有论者认为，毛泽东哲学思想的产生、形成和发展的过程，是一个不断地用马克思主义哲学清算原有的唯心主义哲学思想影响，改造和提高中国古代的优秀哲学遗产的过程，是一个不断地使马克思主义哲学中国化的过程。④

---

① 汪澍白：《毛泽东与中国传统文化》第 124 页，厦门大学出版社 1987 年版。

② 郭学旺：《试论中国传统文化对毛泽东思想形成的影响》，《山西师大学报》1988 年第 1 期。

③ 丁晓强著：《近世学风与毛泽东思想的起源》第 217—220 页，贵州人民出版社 1992 年版。

④ 乌恩溥：《毛泽东哲学思想与中国古代哲学》，《学习与探索》1987 年第 2 期。

关于毛泽东思想对中国哲学的批判继承。毛泽东思想的核心是毛泽东哲学思想，中国传统文化的核心即中国哲学。毛泽东对传统文化的批判继承内容极为丰富，我们仅撷取其哲学观进行总结。毛泽东哲学思想尽管是马克思主义哲学的直接继承和发展，然而它毕竟是在 20 世纪的中国这块土壤中孕育和培养出来的。因此，毛泽东哲学思想与中国传统哲学之间便有一种内在的必然的联系。有论者指出，毛泽东思想对中国传统哲学的批判继承主要表现在三个方面：其一，对古代唯物主义哲学的继承和提高。"实事求是"命题最初是由东汉历史学家班固提出来的，毛泽东在《改造我们的学习》一文中解释说："'实事'就是客观存在着的一切事物，'是'就是客观事物的内部联系，即规律性。'求'就是我们去研究。我们要从国内外、省内外、县内外、区内外的实际情况出发，从其中引出其固有的而不是臆造的规律性，即找出周围事变的内部联系，作为我们行动的向导。"① 经过毛泽东这样的阐释，"实事求是"这一古老的哲学命题就具有了崭新的规定和崭新的含义。其二，对古代辩证法思想的继承和提高。"矛盾"是中国古代哲学的一个范畴，语出《韩非子》的《难一》、《难势》两篇。这一范畴和西方哲学的"对立面的统一和斗争"这一命题在本质上是一致的，所以到了现代，中国哲学家就把"对立面的统一和斗争"叫做"矛盾"。但用"矛盾"来著书立说，把马克思主义的唯物辩证法的理论体系叫做"矛盾论"，则是毛泽东的首创。毛泽东这样做，在马克思主义哲学中国化方面，是一次极大的成功。其三，对古代认识论学说的继承和提高。中国古代认识论学说强调从整体上观察事物，主张认识的全面性，反对认识上的片面性观点，这和马克思主义的认识论学说是一脉相通的，所以毛泽东用马克思主义观点对中国古代的认识论学说进行了成功的改造。该论者将毛泽东对待中国古代哲学遗产的态度归结为四点：第一，属于古代哲学遗产中的科学的真理的部分，这是古代的人们社会实践经验的结晶，是古代哲学遗产中的精华，毛泽东接受下来，为我所用，使之成为自己的理论体系的一个组成部分。第二，对于古代哲学遗产中的某些范畴或命题，在表述形式上不像现代哲学范畴和命题那样科学、精确，但在思想实质上是正确的，或具有合理的内核，则扬弃其朴素的直观的表述形式，运用现代的科学的哲学范畴揭示其思想的实质，然后把

---

① 《毛泽东选集》第 3 卷第 759 页，人民出版社 1966 年版。

它接受过来，为我所用，使之成为自己的理论体系的一个组成部分。第三，对于那些只在精神实质上有可取之处的哲学论点，则是借助其精神实质，加以论述和发挥，同时指出它的局限性和不足之处，以明示它和马克思主义哲学之间的原则区别。第四，对于古代哲学遗产中的唯心主义和形而上学的理论观点，则予以揭露、批判和扬弃。① 与此观点相近，有论者这样来概括毛泽东对古代哲学的批判继承：其一，继承中国古代实事求是的求实学风，提炼为辩证唯物主义世界观的精华；其二，总结中国古代关于知行学说的论争，提炼为以实践观点为基础的认识论；其三，改造中国古代"一分为二"的两点论，提炼为以矛盾规律为核心的辩证法。②

有论者认为，作为时代精神精华的毛泽东哲学思想，是 20 世纪中国的一种典型的哲学理论形态。它自身不仅实现了世界性和民族性的统一，而且实现了科学的理论内容和民族形式的统一，因此，无论是就思想层次上，还是就毛泽东哲学思想的实质而言，它与中国的传统哲学都是对立的，是对传统哲学的否定。这主要因为：第一，中国传统哲学基本上是指中国封建社会的哲学，而毛泽东哲学思想则是无产阶级最先进的科学世界观。第二，在中国的现代历史时期，作为封建社会产物的传统哲学已经式微，其性质基本是保守的，而毛泽东哲学思想则代表了中华民族的前进方向。第三，在中国现代哲学发展史中，在封建主义、资产阶级和无产阶级哲学三种思想并存与斗争中，毛泽东哲学思想的产生和发展不仅始终构成中国现代哲学发展的主线，而且逐步成为居于统治地位的哲学思想。该论者又指出，毛泽东哲学思想在其产生和发展过程中，在对待中国传统哲学的关系问题上，始终是处于一种既是否定的又是有选择的继承和创新的关系之中，毛泽东哲学思想与传统哲学不是完全对立的。首先，在《新民主主义论》等重要著作中，毛泽东总结了中国近现代文化和哲学领域的古今、中西之争，论证了马克思主义哲学与中国传统哲学结合的必要性，有力地批判了当时和后来曾经存在过的把马克思主义教条化的思想倾向，也批判了对中国传统哲学的历史虚无主义态度和全盘继承的错误思想倾向。其次，在《实践论》、《矛盾论》等一系

① 乌恩溥：《毛泽东哲学思想与中国古代哲学》，《学习与探索》1987 年第 2 期。
② 毕剑横：《毛泽东哲学思想与中国优秀哲学传统的探索》，载《探索的十年》（上）第 268 页，四川教育出版社 1987 年版。

列著作中，善于把马克思主义哲学的概念与思想同中国传统哲学的概念与思想结合起来，又赋予中国传统哲学的概念与思想以科学的意义，使之具有新的生命力。再次，深刻具体地评价许多中国传统哲学家及其思想，为我们运用毛泽东哲学思想基本原理，批判地分析古代哲学人物及其思想提供了借鉴。①

此外，有的论者认为，毛泽东哲学思想对传统哲学的批判继承表现为：对中国古代哲学遗产在理论内容上的改造，如对"实事求是"的科学阐释；从哲学高度总结历史经验，借用中国古代文化典籍和民间成语故事来说明深刻的哲理；运用我国哲学传统的表述方式，来提炼和概括革命斗争中的辩证法思想。② 有论者从毛泽东哲学思想的表达方式的角度来论述其对传统哲学的批判继承：紧密结合现实问题论述中国古代的哲学思想，使哲学具有很强的现实性；借助形象语言和历史典故来表达哲学思想，使哲学通俗化和群众化。③ 还有论者从文化性格角度来探讨毛泽东哲学思想与传统哲学的批判继承关系，指出从致思趋向看，毛泽东哲学思想直接承继了中国哲学的政治、伦理哲学的思想特色；从思想风格看，它体现了中国传统哲学"体用不二"的特点；从思维方式看，它继承了中国哲学"躬行践履"的经验论传统；从文化心态看，它表现出浓厚的伦理本体主义色彩；从表现形式看，它也是一种地道的中国哲学。④ 以上有关内容又参见顾红亮、刘晓虹《反思、融合、创新——近年来关于马克思主义哲学中国化与传统文化关系的讨论述要》⑤。

（二）邓小平理论与中国传统文化

邓小平是中国共产党第二代领导集体的杰出代表，是我国社会主义现代

---

① 傅云龙：《谈毛泽东哲学思想与中国传统哲学》，载《马克思主义与儒学》，当代中国出版社1996年版。

② 杨超：《中国作风和中国气派是毛泽东哲学思想的特色》，《光明日报》1979年7月26日。

③ 傅玉生、王普及：《毛泽东哲学思想与中国传统哲学思想关系初探》，《锦州师院学报》1991年第2期。

④ 雍涛：《论毛泽东哲学的双重文化性格》，《毛泽东思想论坛》1995年第4期。

⑤ 顾红亮、刘晓虹：《反思、融合、创新——近年来关于马克思主义哲学中国化与传统文化关系的讨论述要》，《毛泽东邓小平理论研究》1999年第5期。

化建设的总设计师，他所创立的理论亦称为建设中国特色的社会主义理论。30 年来，关于邓小平理论的探讨一直是理论界关注的热点，已经出版的专著和发表的论文可谓多矣。然而相对于邓小平理论其他诸多方面的探讨而言，相对于毛泽东思想与中国传统文化的关系的探讨而言，关于邓小平理论与中国传统文化的关系的探讨及今仍是一个十分薄弱的环节。

1. 邓小平对中国传统文化的批判继承

有论者肯定、认同邓小平理论与中国传统文化的血肉联系说，中国文化传统继承和变革是流淌在邓小平理论中的文化血液；邓小平理论的建构是以中国历史和现状为前提；邓小平所领导的改革开放，其本质是中国现代化过程对传统体制、传统文化心理结构的强劲冲击，邓小平对传统社会主义模式的突破也实际上与传统的变革休戚相关，因为在中国历史文化环境中，传统社会主义模式实际上与中国文化传统的负面因素有着血脉相通的联系。邓小平在从中国传统文化中充分汲取精神乳汁的同时，以伟大改革家的深邃眼光，以全新的现代意识和时代观念，对传统的价值取向、思维方式、认知方式以及与传统因素相联系的传统社会主义模式展开深刻的批判。传统价值观表现在义利、道器、经济伦理等方面，邓小平通过传统价值观的清理，提出了"贫穷不是社会主义"、"科学技术是第一生产力"等一系列突破性的新观念；传统思维方式存在排他性、简单性、封闭性、两极性等缺陷，邓小平在党的十一届三中全会上高瞻远瞩地提出变革中国传统思维方式的战略任务，打破僵化、保守的思维定势，解放思想，开动脑筋，开辟社会主义现代化建设的新局面；传统社会的文化特征之一是老者长者尊者本位，相应形成唯上唯书轻实的认知方式，邓小平以"尊重实践"的马克思主义认识路线尖锐地冲击了这样一种认知方式，他鼓励人们大胆地闯，大胆地试，提倡一种"闯"和"冒"的精神。①

有论者从三个方面探讨了邓小平对传统道德文化的批判继承和改造：首先，肃清封建主义道德文化的遗毒，仍然是一项长期而艰巨的历史任务。邓小平一针见血地指出了封建主义残余影响的种种表现，"从党和国家的领导制度、干部制度方面来说，主要的弊端就是官僚主义现象，权力过分集中的

---

① 周积明、张艳国：《邓小平与中国传统文化》，《江汉论坛》1995 年第 11 期。

现象，家长制现象，干部领导职务终身制现象和形形色色的特权现象。"①
主张以制度的改革和完善来解决这些问题。其次，中华民族优秀道德文化传
统是我们进行现代化建设的重要资源，必须加以继承和发扬。这些传统主要
包括尚德传统、尚德育传统、尚德风传统。再次，对于中华民族传统道德文
化中"一体两面"的精华与糟粕要进行具体分析、改造和创造性的转化，
取其精华，去其糟粕，以为社会主义市场经济服务。所谓"一体两面"即
传统道德对市场经济的阻碍和促进作用共存于其一身之中。②

　　还有的论者探讨了邓小平对传统大同思想的超越，指出如果说毛泽东从
革命意义上找到了达于大同之境的路径和力量的话，那么邓小平则是在建设
意义上找到了达于大同之境的正确途径。邓小平关于分"三步走"基本实
现现代化达到共同富裕的思想，形式上与"三世说"相似，实则不同，它
克服了"三世说"的空想性，是科学的社会发展观。具体而言，邓小平关
于"温饱"→"小康"→"中等发达国家水平"（以达到共同富裕）的发
展战略，与传统的"据乱世"→"升平世"（小康）→"太平世"（大同）
形式相似，都分三个阶段，均属历史进化观。然二者实有本质区别，"三世
说"的大同理想只是乌托邦式的空想，只着眼于对未来社会蓝图的描绘，
而忽视对社会现实的改造，寄希望于通过改良或道德教化实现大同；而邓小
平分"三步走"的战略则是建立在尊重客观实际和进行科学的可行性分析
基础上的，不带任何空想成分。现在第一步已基本实现，第二步也在逐步实
现之中，"共同富裕"的实现也有了客观根据和可能。因此，它既超越了传
统的大同思想，也超越了毛泽东的大同思想。③

　　又有论者认为，邓小平社会主义初级阶段理论既继承了近现代对传统大
同说的改造，又以世界现代文化的眼光增加了社会主义市场经济的内容；大
力发展社会生产力的理论既继承了近代以来对重视民生的传统的发扬，又摒
弃了与现代社会不相适应的政治伦理至上的传统；培养"四有"新人的思
想既继承了注重理想和道德的文化传统，又增加了注重现代科学教育和法制

---

① 《邓小平文选》第 2 卷第 327 页，人民出版社 1994 年版。
② 廖小平：《论邓小平关于批判继承和改造中国传统道德文化的思想》，《湘潭大学学报》
　 1996 年第 1 期。
③ 赵金元：《试论邓小平对中国传统大同思想的超越》，《毛泽东思想研究》1996 年第 3
　 期。

教育的内容；按唯物辩证法办事的矛盾意识既继承了毛泽东对传统矛盾学说的创新精神，又进一步突出了传统哲学的矛盾中和、均衡的意识，使传统的辩证思维更具现代意义。总之，邓小平哲学思想提供了当代马克思主义哲学如何汲取传统文化资源以获得新的发展的典范。①

2. 邓小平理论与马克思主义中国化

如果说毛泽东思想的形成意味着马克思主义中国化的第一次飞跃的话，那么，邓小平理论的提出即意味着马克思主义中国化的第二次飞跃。有论者论述了实现第二次飞跃的主客观条件，认为这些条件是在党的十一届三中全会以后才具备的。从客观条件说，通过党实现工作重点的转移，全党、全国上下都开始了改革开放和现代化建设的伟大实践，积累了建设有中国特色社会主义事业的丰富经验。这些经验是进行理论创新必不可少的思想源泉，也是实现新的飞跃的巨大动力。从主观条件说，就是深刻认识和把握马克思主义，深刻认识和把握中国国情，并把二者统一于改革开放和建设的实践中。邓小平从真正的马克思主义者必须根据现在的情况、认识继承和发展马克思主义的科学态度出发，从中国最大的国情是仍处在社会主义初级阶段的实际出发，从理论上回答了"什么是马克思主义"，"什么是社会主义，如何建设社会主义"等根本性问题，从而在马克思主义与中国实际相结合的基础上，建构了有中国特色社会主义的理论体系，即邓小平理论，实现了马克思主义中国化的第二次飞跃。②

有论者认为，马克思主义中国化进入新的历史阶段的标志即是邓小平建设有中国特色社会主义理论的形成。"有中国特色"表明这一理论既以中国特有的国情为社会根据，又与中国固有的民族文化有着历史联系。没有了后一方面，"中国特色将是不完全的。"③

还有论者认为，邓小平继承和发扬毛泽东倡导的优良文风，努力把马克思主义哲学和中国的民族语言结合起来，使之具有群众语言的风格和中国民族特色。他既十分精通马克思主义哲学理论，又非常熟悉中华民族的语言风

① 陈卫平：《从〈实践论〉〈矛盾论〉看马克思主义哲学中国化与传统文化的关系》，《教学与研究》1997 年第 7 期。
② 雷国珍：《马克思主义中国化的历史进程及其启示》，《湖湘论坛》2001 年第 3 期。
③ 陈卫平：《从〈实践论〉〈矛盾论〉看马克思主义哲学中国化与传统文化的关系》，《教学与研究》1997 年第 7 期。

格，创造性地把马克思主义哲学更加实践化、民族化。文风朴实，用语精练，要言不繁，石破天惊。他创立的建设有中国特色社会主义哲学思想，具有独特的语言风格和思想风格，让普通老百姓都能听得懂，看得明，用得上，是活生生的当代中国的马克思主义哲学。①

3. 邓小平和毛泽东在如何对待传统文化的思路上的差异

周积明、张艳国《邓小平与中国文化传统》② 一文从三个方面就此作了积极的探讨。首先，在中国文化传统的估价上，毛泽东和邓小平都主张将中国文化传统划分为正面和负面、精华与糟粕，主张继承和发扬中华优秀文化传统，清除封建性糟粕。但他们对中国负面文化传统的现实估价则存在很大差异，毛泽东对中国封建主义文化残余在中国社会主义事业中的严重危害估计不足，他忽视了封建主义文化的广泛残存，在狠抓批判资产阶级思想的同时，忽略了对中国文化传统中负面文化的批判，从而导致封建文化残余在我党所犯长达 20 年的"左"的错误过程中泛滥成灾。邓小平则不然，他通过对中国文化传统的历史审查以及对毛泽东晚年失误的总结，深入洞察到中国封建文化残余的严重性和危害性。其次，对待中国文化传统的现代性转换，毛泽东与邓小平都主张"古为今用"、"推陈出新"。问题在于，"用"的对象是什么？如何"出新"？毛泽东基于对中国社会主义发展阶段和社会主义矛盾的判断，认为中国文化传统应该为阶级斗争服务，为巩固无产阶级政权、打击资本主义复辟的阴谋服务，"古为今用"的立足点是政治斗争，"推陈出新"的途径也只能是文化战线上的阶级斗争；邓小平的思路则翻然更新，他认为中国处在社会主义初级阶段，社会的主要矛盾是人民日益增长的物质文化需求同落后的社会生产力之间的矛盾，而中国文化的"推陈出新"、"古为今用"，应该从属于这一时代主题，面向世界，面向现代化。再次，关于继承和突破中国文化传统，毛泽东和邓小平都主张以"扬弃"为原则继承和变革，但在侧重点上，两人有明显的差异。毛泽东酷爱中国文化传统，自幼熟读四书，成年后遍读二十四史，唐宋诗词、历代典章烂熟于心。因此，毛泽东对待中国文化的态度重在继承，其文化精神与文化实践皆

---

① 潘绍龙：《中国化——马克思主义哲学在中国发展的必由之路》，《江淮论坛》2001 年第 4 期。

② 周积明、张艳国：《邓小平与中国文化传统》，《江汉论坛》1995 年第 11 期。

与传统文化息息相通；邓小平则不然，中国文化传统对他的熏陶，重在文化气质和个人品格上，如实事求是的思想，坚忍不拔的意志，威武不屈的品格，勇往直前的勇气，求实务实的作风等等，他对中国文化传统重在超越和突破，他所提出的建设有中国特色社会主义理论，他所开创的中国社会主义现代化建设事业，对于变革中国传统的文化价值取向、思维方式、认知方式，对于重新建构中华民族文化心理结构，均具有重大的理论意义和实践意义。

七、 马克思主义中国化的新发展与中国传统文化

在毛泽东思想与邓小平理论之后，马克思主义中国化的最新发展的重大理论成果就是"三个代表"重要思想、科学发展观。"三个代表"重要思想与科学发展观，是中国马克思主义在继承发扬中国传统文化基础上创新的结果，开拓了当代中国马克思主义发展的新境界。

（一）"三个代表"重要思想与中国传统文化

"三个代表"思想是对中国传统文化和马克思主义的继承与发展，体现出马克思主义与时俱进的品质。刘道衔认为，面对新世纪的新机遇和新挑战，中国共产党对马克思主义采取了既坚持又发展的态度，提出必须与时俱进地发展马克思主义。始终代表先进文化的前进方向，就是坚持以马克思主义为指导，发扬民族优良文化传统，对人类文明尤其是精神文明的优秀成果积极吸取和发扬光大。"三个代表"重要思想是对变化了的客观现实的马克思主义的回应，这种回应体现了对马克思主义唯物辩证方法、实践方法的运用和坚持。"三个代表"重要思想为当代中国的发展解决了"发展什么、靠什么发展、为谁发展"的根本问题，实现了中国化马克思主义发展理论的新飞跃。①

有论者认为，"三个代表"重要思想是在马克思主义指导下对中国传统

---

① 刘道衔：《十三届四中全会以来马克思主义中国化发展理论发展创新研究》，《前沿》2008 年第 5 期。

文化的扬弃和创新，"三个代表"重要思想是继承、改造和发展传统文化的典范。张问平认为，对待传统文化的误区有："张冠李戴"的误区，"农业文明过时论"的误区，"传统文化中没有民主与科学"的误区，"比优劣争高下"的误区。要以"三个代表"重要思想为指导，充分认识"殊途同归"的原理原则，走出误区，参加世界各民族文化的良性互动，共同走向"个体—集体统一本位"。① 刘建强认为，"三个代表"重要思想是在马克思主义指导下对中国传统文化的扬弃和创新。"三个代表"重要思想与中国传统文化的主要契合点，体现了二者的渊源关系。中国传统文化是先进文化的渊源和基础，先进文化是传统文化的创新和发展。②

　　有论者认为，文化是民族的灵魂，中华民族的传统文化是先进文化的根基。杨朝升、刘景凤认为，在当代中国，发展先进文化，就是发展面向现代化、面向世界、面向未来的民族的科学的大众的社会主义文化。民族文化与先进文化紧密地联系在一起，在社会发展中不断地融合和创新。中华民族优秀文化，最为突出的体现是"自强不息、厚德载物"的自强和宽容精神。它造就了中华民族朝气蓬勃、奋发向上的顽强生命力，百折不挠、不懈追求的开拓进取精神和勤劳勇敢、艰苦朴素的传统美德，体现了兼容并蓄、胸襟开阔、宽宏大度的人文精神。在民族的传统中，历来强调加强个人修身养性，主张达到最高的道德境界。这种对精神修养的不懈追求，在今天仍有继承借鉴意义。关心社会民生、维护民族团结独立等文化品格和爱国精神，构成了民族文化传统的重要内容，成为中华民族向心力、凝聚力的文化基础。发展先进文化，应该用现代文化意识和批判精神辨析、整合传统文化，继承其合理成分。我国先进文化是传统文化的创新与发展，优秀民族文化只有深刻反映时代发展和社会进步的要求，与时俱进，融入先进文化之中，才能不断得到丰富和完善，获得新的生机和活力。发展先进文化，应以"三个代表"重要思想统领中华民族的先进文化，统领社会主义文化建设，维护好最广大人民群众最根本的文化权益。发展先进文化，必须以中华传统文化根基建构先进文化体系。中华民族在五千年的发展中，形成了以爱国主义为核心的团结统一、爱好和平、勤劳勇敢、自强不息的伟大民族精神。构建中华

① 张问平：《走出对待传统文化的误区》，《西北农林科技大学学报》2004年第5期。
② 刘建强：《"三个代表"重要思想与中国传统文化渊源关系》，《求索》2004年第4期。

文化新体系，必须要凝结民族文化的精华，体现鲜明的民族风格；必须要以博大的胸襟和开阔的视野积极吸纳人类一切优秀文化成果，对一切先进的新思想、新文化，兼容并收，融会贯通，为我所用。发展先进文化，必须在传统与先进文化的融合中发展创新，要增强传承民族文化的责任感，建立对民族文化的自信心。①

有论者认为，"三个代表"重要思想，既反映了当代中国经济政治发展的客观要求，又体现了对中华民族优秀文化传统的继承和发展。张剑英认为，深入研究中华民族优秀文化的核心内容，是进一步发展中国文化的前提，以使中国文化在中西交融中不断发展，适应现代化建设的需要。对待民族文化的态度可分为三种：一是"全盘西化"，二是"国粹主义"，三是中西文化的交融。显然前两者都是不科学的，只有走马克思主义理论指导下的文化融合道路，才是当前市场经济条件下文化发展的正确道路。中国共产党代表先进文化的发展方向，必须努力建构有中国特色的民族文化。判断先进文化的标准，就是看其是否推动中国社会生产力的发展，是否广纳世界文化的精华。因而凡是能推动生产力的发展、推动世界文化发展的文化，就是先进文化。在我国，先进文化的根本任务是培养有道德、有理想、有文化、有纪律的公民。同时处理好中国文化与外来文化的关系，要兼收并蓄。任何有生命力的文化，首先必须是民族大众的文化，其次是吸取世界先进文化精华的文化。任何封闭的文化，只能导致文化的衰落。②

有论者从中国先进文化与民族精神视角来探讨"三个代表"重要思想。克金布认为，近代中国文化在西方文化冲击下所面临的危机，促使有远见的知识分子在文化的物质、制度和精神三个层面进行吸收外来文化、更新传统文化的实验，从而开始了中国社会文化近代化和现代化的进程。中国共产党的诞生是中国先进文化探索的必然结果，中国共产党领导人民进行革命和建设的历程构成中国现代文化的主要内容和先进文化的全部景观。③ 苏丽、周黎平认为，全面建设小康社会不仅要有高度发达的经济，而且要有中国特色

① 杨朝升、刘景凤：《中国传统文化与先进文化的融合与创新》，《理论前沿》2005 年第 14 期。
② 张剑英：《略论中华民族优秀文化思想的核心》，《佳木斯大学社会科学学报》2002 年第 6 期。
③ 克金布：《中国共产党与中国先进文化》，《内蒙古师范大学学报》2003 年第 6 期。

的社会主义先进文化与之相适应。全面建设小康社会，必须大力发展社会主义文化，建设社会主义精神文明。先进文化建设要坚持弘扬和培育民族精神。先进文化的实质就是民族精神，发展先进文化并不是对民族精神的简单继承与发展，更要创新。①

还有论者从文化全球化视野来探讨"三个代表"重要思想对推动民族文化发展的意义。董京泉认为，文化全球化是经济全球化以及政治多极化在文化层面上的集中反映和体现，是经济全球化发展的内在要求和必然趋势。我们所主张的文化全球化绝不是要消解各民族文化，更不是让西方资产阶级现代文化称霸于全球，而是建立在文化多元化基础上的世界各民族文化，特别是各主要民族先进文化的充分交流和某种程度上的全球交融，充分体现时代特点的文化观念的更新与文化审美的演化等等。文化全球化的目标是要形成世界各民族先进文化力彼此借鉴、繁荣昌盛的局面。有效地遏制西方文化霸权，积极推进文化全球化的历史进程，就必须坚持"三个代表"重要思想，按照先进文化的前进方向来推进世界各民族文化的发展。②

总的来看，"三个代表"重要思想是在马克思主义基础上对中国传统文化的继承、发展与创新。中国传统文化与当代中国先进文化是源和流的关系，中华民族的传统文化是当代中国先进文化的根基，当代先进文化是传统文化的最新发展，应当以"三个代表"重要思想为指导推进中国民族文化的发展创新。

（二）科学发展观与中国传统文化

学者普遍认为，科学发展观有着深厚的中国传统文化渊源，是对中国传统的继承和发展。论者从思想渊源上探讨中国传统文化与科学发展观的关系，认为传统文化构成了科学发展观的文化根基。曹应旺认为，追溯科学发展观的思想渊源时，不能忽略中华文化传统的影响。以人为本在中华文化传统上的源头是民本思想；坚持全面协调可持续发展，可以追溯到四民分业、天人合一思想。史学家汤因比对中国传统文化精神的现代复兴满怀期待，这

---

① 苏丽、周黎平：《发展先进文化与弘扬和培育民族精神的关系》，《吉林工程师范学院学报》2003 年第 7 期。
② 董京泉：《文化全球化与"三个代表"之我见》，《中共云南省委党校学报》2003 年第 5 期。

是建立在从世界范围认识中国五千年历史及其文化传统基础上的远见卓识。从思想渊源上看，科学发展观既是对马克思主义、毛泽东思想特别是邓小平理论和"三个代表"重要思想关于发展思想的继承和创新，又是植根于中华文化传统的沃土之中，科学发展观的思想，有着中华文化传统的重要影响。① 邓小琴认为，科学发展观有着传统文化的渊源，科学发展观作为中国社会主义现代化建设历程中的重大理论成果，是先进文化的重要组成部分，承传了中国传统文化中的人文精神、中庸协和、天人合一等文化资源，是对中华民族文化精髓的有机整合和发展。②

有论者从中国传统文化的"天人合一"思想出发，来探讨科学发展观的民族文化渊源。兰华认为，科学发展观是传统的"天人合一"理念在全球化时代的必然演化物，是可持续发展战略的最新发展和最新要求。"天人合一"是中国古代文化之精髓，是儒、道、阴阳三大家都认可并采纳的哲学观。该哲学观的主旨是天与人应该和谐相处，人不能违背自然，不能逾越或改变自然规律。在贯彻落实科学发展观的今天，深入探究"天人合一"理念的内涵，可以为发展观提供有益的启示。③ 刘晓春认为，"天人合一"思想是我国古代诸多哲人和政治思想家们对天人关系的一种天才式的领悟，其中所蕴涵的唯物辨证的智慧精髓，不仅对我国传统哲学、政治、伦理思想的建构和发展产生了重大影响，而且对当前我们树立与贯彻落实以人为本的科学发展观，具有重要的借鉴和启迪意义。④ 徐玉凤、耿宁认为，中国古代哲学的"天人合一"观是生态伦理观的思想支撑点。从《易经》中的"天地之大德曰生"到孔子的"赞天地之化育，与天地参"，孟子的"仁民爱物"，老庄的"返璞归真"，张载的"民胞物与"等，无不包含着生态伦理观的合理思想。认真研究这些合理思想，对于落实科学发展观、构建社会主义和谐社会具有重要的现实意义和深远的历史意义。⑤

有论者认为，从哲学的角度看，科学发展观既是一种新的社会发展模

① 曹应旺：《科学发展观渊源中的中华文化传统》，《党的文献》2006 年第 6 期。
② 邓小琴：《科学发展观的传统文化渊源初探》，《中共福建省委党校学报》2004 年第 12 期。
③ 兰华：《科学发展观的传统文化渊源：天人合一》，《江淮论坛》2007 年第 5 期。
④ 刘晓春：《论"天人合一"思想与当代科学发展观》，《前沿》2005 年第 12 期。
⑤ 徐玉凤、耿宁：《中国古代哲学中的生态伦理观》，《山东师范大学学报》2008 年第 4 期。

式，也是一种继承和发展了中国传统文化的思维方式。张九海、韩强认为，在马克思主义的指导下，中国传统文化中的感性思维、人本思维、整体思维、和谐思维经过创造性诠释与现代转换，可以成为科学发展观的文化资源。① 刘景辉认为，中国传统文化中以人为本的人文精神、贵和尚中及天人合一的精神特质是科学发展观的传统文化渊源。科学发展观的统筹兼顾、综合平衡、动态发展的全新执政理念，是对中国传统的继承和发展。② 有论者从中国传统和谐文化模式与科学发展观的关系角度进行探讨。杨妍、谢晓东认为，科学发展观的提出是在新的历史条件下建立中国特色的发展理论。在建构发展理论的过程中我们应从文化延续性角度出发，挖掘传统文化的资源。中国传统文化在整合与传承过程中逐渐形成了以和谐为价值取向的文化模式。这种模式中的和谐价值与人文意蕴对于建立科学发展理论具有重要的借鉴意义，对其进行批判性继承可以成为确立科学发展的传统文化根基。③

（三）"三个代表"重要思想与科学发展观的关系

关于"三个代表"思想与科学发展观的关系，二者存在着既继承又超越的一脉相承的内在联系。

刘道衔认为，二者在基本立场、观点和方法上具有理论上的同源性。"三个代表"重要思想强调指出，任何时候我们都必须坚持尊重社会主义发展规律与尊重人民历史主体地位的一致性。尊重社会发展规律也就是坚持从客观实际出发，从中国还处于社会主义初级阶段这一基本国情出发，不断促进先进生产力的发展。人民群众的社会实践就是我们的基本立场。科学发展观的第一要义是发展，核心是以人为本，基本要求是全面协调可持续，根本方法是统筹兼顾，回答了什么是发展、为什么发展、怎样发展的重大问题，实现了中国化马克思主义发展理论的又一次飞跃。"三个代表"重要思想的主要特色在于转折性、系统性、全面性；科学发展观主要特色在于科学性、人本性、和谐性、开放性。科学发展观的本质和核心是以人为本。坚持以人为本，是中国共产党根据历史唯物主义关于人民是历史发展的主体和根本力

① 张九海、韩强：《科学发展观与中国传统思维》，《学术论坛》2005 年第 6 期。
② 刘景辉：《传统文化与科学发展观》，《湖北社会科学》2004 年第 8 期。
③ 杨妍、谢晓东：《中国传统和谐文化模式与科学发展观》，《理论与现代化》2006 年第 3 期。

量的基本原理提出来的，与党全心全意为人民服务的根本宗旨和立党为公、执政为民的本质要求是完全一致的。科学发展观，是对党的三代中央领导集体关于发展的重要思想的继承和发展，是马克思主义关于发展的世界观和方法论的集中体现，是同马克思列宁主义、毛泽东思想、邓小平理论和"三个代表"重要思想既一脉相承又与时俱进的科学理论。①

有论者从生存论视角来探讨中国特色社会主义理论体系的传承关系。王德军认为，中国是在决定生存命运的历史关头选择马克思主义的。马克思主义是在西方现代社会面临生存危机的时代背景下产生的一种理论体系，其根本宗旨是为了人的生存和发展、自由和解放。马克思主义理论与中国的具体实际相结合产生的丰富理论成果，都是为了解决中华民族的生存和发展，是为了中国人能够生存并更好地生存。每个时代都有自己的生存主题：毛泽东思想解决了中国人民族独立与政治解放的问题，邓小平理论解决了人的物质生存问题，"三个代表"重要思想重点解决的是人的物质生存与精神生存的统一问题，科学发展观重点解决的是人的自由和全面发展问题。因此，马克思主义中国化进程中的中国特色社会主义理论体系是一个一脉相承的有机整体。②

有论者认为，"以人为本"是贯穿中国特色社会主义理论体系各个组成部分的核心思想，成为贯穿于中国特色社会主义理论体系的红线。孙寅生认为，在共同的中国特色社会主义主题下既独立成章又一脉相承的邓小平理论、"三个代表"重要思想及科学发展观的理论与实践，始终贯穿着"以人为本"这一核心思想。"以人为本"是中国共产党全心全意为人民服务根本宗旨和执政理念的集中体现，也是贯穿中国特色社会主义理论体系各个组成部分的核心思想。中国特色社会主义理论体系，包括邓小平理论、"三个代表"重要思想和科学发展观，无不贯穿着"以人为本"这一核心思想。③

总之，邓小平理论、"三个代表"重要思想、科学发展观这三大理论创新成果在时间上前后相继，在内容上各有侧重，但都形成发展于我国改革开

---

① 刘道衔：《十三届四中全会以来马克思主义中国化发展理论发展创新研究》，《前沿》2008 年第 5 期。
② 王德军：《马克思主义中国化的生存论视阈》，《北京行政学院学报》2008 年第 2 期。
③ 孙寅生：《以人为本——贯穿于中国特色社会主义理论体系的红线》，《探索》2008 年第 3 期。

放新时期，都一脉相承地贯穿着我们党解放思想、实事求是的思想路线，都紧紧围绕着建设中国特色社会主义这一共同主题，因而是同一理论体系即中国特色社会主义理论体系的三个阶段性理论成果。十七大报告把这三大理论成果概括整合为中国特色社会主义理论体系，精辟阐明了这个理论体系形成发展的思想来源、国情特征、时代背景和实践基础，这在党的文献历史上是一大首创。这一概括整合，不但在语言表述上更为科学简练，更为重要的是，它使党在社会主义初级阶段高举的旗帜、前进的道路和坚持的理论高度地统一起来，使邓小平理论、"三个代表"重要思想和科学发展观融会贯通起来，并为今后的实践探索和理论创新预留了广阔的发展空间，必将更加有利于指导中国特色社会主义的伟大实践，更加有利于推进马克思主义中国化的历史进程。[①]

八、　和谐社会理论与中国传统文化

社会主义和谐社会理论，既是对马克思主义的重大创新，也是对中国传统文化的继承发展。社会主义和谐社会理论在坚持马克思主义的基础上，继承发扬了中国传统文化中的和谐思想，这对建构社会主义和谐社会、和谐文化与和谐世界提供了重要的思想支撑，具有重要而深远的意义。

（一）和谐社会理论与中国传统文化

和谐社会理论根源于中国传统文化，是中国传统文化在当代的创造性发展。和谐体现了中国传统文化的核心价值，构建社会主义和谐社会与和谐文化，是中国共产党人在马克思主义基础上对中国传统文化的继承和发展。黄理稳、吴捷认为，中国传统文化是中华民族在长期的社会生产实践中积淀起来的精神遗产，也是中华民族特有的思维方式的精神体现。中国传统文化博大精深，其中既有积极的内容，也有消极的因素；既有精华，也有糟粕。但从精神实质上看，中国传统文化是积极向上的，重视伦理道德、关注现实人

---

① 于幼军：《深入贯彻落实科学发展观　建设中国特色社会主义新文化》，《文艺研究》2007 年第 11 期。

生、积极入世的人生态度和自强不息的进取精神一直居主导地位，和谐统一则是中国传统文化的最高价值原则。"天人合一"世界观以及侧重整体和谐的思维方式，对中国传统文化的形成、发展与繁荣产生了深远的影响。和谐社会是人类社会的理想追求，和谐社会的构想体现了中国传统文化的核心价值，构建社会主义和谐社会是中国共产党人对传统文化的继承和超越。①

有论者从马克思主义与传统文化融合的视角，来探讨和谐社会的精神基础。李方祥认为，当代文明发展的危机使人们开始关注中国传统文化的内在价值，中国传统文化蕴藏着丰富的和谐思想，可以为社会主义和谐社会建设提供有益的思想资源。中国传统文化形成了丰富的道德学说、完备的道德思想体系、最发达的道德教育体系和极丰富的经验，对于中华民族社会秩序的长期稳定起到了突出的作用。马克思主义关于人类社会如何和谐运行只是做了原则性的描绘，中国传统和谐思想有益于丰富马克思主义。②

有论者具体论述了和谐社会理论的儒家和谐思想传统。平飞认为，儒家素来重视和谐，形成了一个以"和"为核心理念，以追求和谐与实现和谐为价值目标的文化观念体系。儒家和谐文化理念主要包括如下八大内容："以和为贵"的和谐价值取向、"天人合一"的和谐系统思想、"民胞物与"的和谐生态意识、"执两用中"的和谐思维方式、"和实生物"的和谐发展理路、"和以解仇"的和谐方法策略、"和以处世"的和谐人生态度与"知行合一"的和谐实现路径。儒家和谐文化为当代中国社会主义和谐文化建设与和谐社会构建提供了重要的思想资源。③鲁成波认为，孔子的仁学思想对中国文化的发展所具有的影响是深远的。孔子把"爱人"作为仁的基本规定，并从"仁者爱人"的立场出发，要求当政者首先解决民众的温饱问题，尔后富之、教之。科学发展观的提出不仅符合中国具体国情和全球发展趋势，更是中国传统文化特别是孔子仁学思想中以人为本价值观的集中体现。④

---

① 黄理稳、吴捷：《和谐社会：传统文化与现实国情的交汇》，《华南理工大学学报》2006年第1期。
② 李方祥：《马克思主义与传统文化的融合：和谐社会的精神基础》，《贵州工业大学学报》2006年第5期。
③ 平飞：《儒家和谐文化八大理念论》，《天府新论》2008年第3期。
④ 鲁成波：《孔子的仁学与以人为本》，《理论学刊》2005年第8期。

有论者从道家文化出发，来探讨当代和谐文化的建构。刘雅文认为，道家文化与和谐文化的关系是十分密切的。以老子、庄子为代表的道家文化包含着十分丰富的和谐内涵，尤其是道家所提倡的"道法自然"、"辩证趋反"、"无为而为"、"慈俭居后"的基本理论主张，更是十分集中地体现了道家的和谐理念，是十分宝贵的和谐思想文化资源，可以极大地丰富社会主义和谐文化的内涵。因此，在社会主义和谐文化构建过程中，我们应吸收道家思想精华，并将其融入社会主义和谐文化之中。①

有论者从中西思维方式的比较视角，来探讨和谐文化的建构。燕连福认为，一种和谐文化，不应是一种话语的独白，而应是不同话语的对话。迥异于西方传统文化"自然向人的生成"之独白思维，中国传统文化恰恰着眼于人与自然的相互文饰，因而包含着丰富的对话思想。具体来说，中国古代"文化"概念源于对身体的文饰，这种文饰意味着对话，而由身体出发的天人合一思想和儒道阴阳互补思想则是对话意蕴的最佳阐释。中国传统文化的和谐意蕴为我们构建和谐文化、促进人类的和谐发展，无疑具有重要的启发意义。② 韩美群认为，中国古代和谐文化观是一种和而不同、兼容并包的和谐文化理念和价值取向，同时也是一种重要的思维方式。其博大精深的思想内涵，是一笔弥足珍贵的精神宝藏。经过时代的磨炼，它已具有跨越时空的巨大生命力，成为人们不自觉的文化理念与思维方式，为社会主义和谐文化建设提供了重要思想文化资源。③

有论者从中华和谐文化与民族精神的关联角度进行探讨，认为弘扬中华和谐文化是建设民族共有精神家园的需要。张立文认为，弘扬中华和谐文化能够提升民族的核心价值理念、升华民族的道德情操，是增强民族凝聚力、向心力、亲和力以及增进中华文化认同感、归属感、安顿感的需要。和谐、和合文化是中华民族人文精神的基本理念和首要价值，是中华民族传统文化思想的精粹和生命智慧，是中华民族精神的体现，也是中华心、民族魂的表征。化解人类冲突，构建和谐世界需要倡导和谐理念，弘扬和谐文化。④ 方

---

① 燕连福：《中国传统文化的和谐意蕴》，《求是学刊》2008 年第 4 期。
② 刘雅文：《道家文化与和谐文化构建》《东北师大学报》2008 年第 4 期。
③ 韩美群：《中国古代和谐文化观及其现代价值》，《学习论坛》2008 年第 5 期。
④ 张立文：《弘扬和谐文化　构建和谐世界——中国传统和谐思想的当代价值》，《中国井冈山干部学院学报》2008 年第 3 期。

克立认为，在建设和谐文化过程中，要重视对中华传统和谐文化资源的发掘和研究。但要对传统和谐思想作正确的哲学解释和具体分析，不能把它绝对化，不能用中华传统和谐文化来否定西方文化和马克思主义辩证法。社会主义和谐文化建设，应吸收人类文明中一切有价值的思想成果。① 童世骏认为，与社会主义和谐社会目标相适应的社会主义和谐文化，既具有传统文化根基，又符合现代社会要求。为了培育融传统智慧与现代文明于一体的社会主义和谐文化，我们在汲取传统的"和"的智慧的同时，要努力开掘与"和"的价值相联系的其他传统价值，要重视对这些传统价值作现代诠释，寻找在当前情况下支撑这些价值的制度安排和社会载体，尤其要用现代思维方法对"和而不同"的含义和要求作确切的分析。②

建设当代和谐文化，必须继承和弘扬中华民族的优秀传统文化。黄军华认为，建设社会主义和谐文化，需要借鉴和吸收中国传统文化的和谐思想。文化建设是一个国家或民族以其固有的文化传统为基础进行的文化传承、变革与创新。中国有着优秀的"和合"文化传统，经过数千年的积淀和发展，这一传统已经深深地融入中华民族的血脉之中，成为中华文明的基本特性和重要价值取向。在人格修养上，中国传统文化非常注重人的个性修养和身心和谐；在人生态度上，中国传统文化讲求平和安详，达观乐天，心怀坦荡；在人与人的关系上，中国传统文化强调人际和谐的伦理道德；在人与自然的关系上，中国传统文化强调天人合一，主张人类应当认识自然，尊重自然，顺应自然，与自然和谐相处；在治国、施政以及处理民族之间、国家之间关系上，中国传统文化亦有着丰富的和谐内容。以孔孟为代表的儒家还提出"仁、义、礼、恭、宽、信、敏、惠、智、勇、忠、恕、孝"等一系列旨在实现社会和谐的道德原则，设计出大同社会的远景理想。这些思想，对于我们建设社会主义和谐社会与和谐文化具有积极作用。③

和谐社会理论既是中国马克思主义在继承发扬中华文化传统基础上的当代创造，也是马克思主义中国化的新发展。董岗彪、周宏认为，和谐社会理论是马克思主义的内在理论维度，和谐思想是中国传统文化的精神实质所

---

① 方克立：《关于和谐文化研究的几点看法》，《高校理论战线》2007 年第 5 期。
② 童世骏：《和谐文化：传统智慧与现代文明的有机统一》，《毛泽东邓小平理论研究》2007 年第 1 期。
③ 黄军华：《试论社会主义和谐文化的借鉴》，《理论导报》2008 年第 6 期。

在。社会主义和谐社会理论是马克思主义在新的历史条件下的理论生发，它坚持马克思主义的基本观点和价值诉求，承接中国马克思主义的理论逻辑，并以中国传统和谐思想为资源背景，是具有鲜明中国特质的马克思主义。①

总之，和谐社会理论根植于深厚的中国传统文化，是中华和谐文化在当代的创造性发展。建设和谐社会与和谐文化，就要坚持马克思主义在意识形态领域的指导地位，牢牢把握社会主义先进文化的前进方向，弘扬民族优秀文化传统，借鉴人类有益文明成果，倡导和谐理念，培养和谐精神。社会主义和谐文化一方面体现了中华文化的精神特质，继承了中华文化的优秀传统，另一方面又赋予了中华文化以鲜明的先进性和丰富的时代性，是悠久的中华文化在当代发展的新形态，建设社会主义和谐文化是实现中华文化伟大复兴的重要举措。②

（二）中国和谐文化的当代启示

中国传统文化特别是其中的和谐文化，对建构社会主义和谐社会与和谐世界提供了厚重的思想底蕴，具有重要的启示意义。

张立文在《和合学》中阐发了独具特色的中华和合文化，他指出中华和合文化确立的"和生"、"和处"、"和立"、"和达"、"和爱"的精神理念与价值原则，有利于化解天人、人际、身心、民族与文明之间的冲突。③

邵汉明认为，在中国传统思想格局中，儒道释三家鼎足而立，相辅相成，共同构成了"和而不同"的中国思想文化生态。儒道释三家虽各有侧重，所谓"以佛治心，以道治身，以儒治世"，但其基本精神都包含着和谐思想，经过长期的交流融合，三家可谓"同归而殊途，百虑而一致"，儒道释三教合流，共同建构了中国文化"和而不同"的和谐精神与"多元一体"的思想结构。儒道释三家包含着丰厚的和谐思想：儒家主张中庸之道的和谐观，侧重人际关系的和谐；道家主张天人一体的和谐观，侧重天人关系的和谐；释家主张中道圆融的和谐观，侧重身心关系的和谐。分疏儒道释三家的和谐思想，为建构和谐社会与和谐世界提供中国传统和谐思想的当代启示：

---

① 董岗彪、周宏：《社会主义和谐社会理论的中国马克思主义特质》，《苏州大学学报》2007年第1期。
② 张敏：《社会主义和谐文化：中华文化的当代发展》，《理论界》2008年第4期。
③ 张立文著：《和合学》第3—4页，中国人民大学出版社2006年版。

在人与自然的关系中确立生态文明的天人和谐理念，在人与社会的关系中确立协调发展的人际和谐理念；在人与自我的关系中确立健全发展的身心和谐理念；在人与文明的关系中确立文化融合的文明和谐理念。从儒道释的和谐思想出发，应当在人类文明中倡导"和而不同"，反对自我中心与文明冲突，以平等、对话、协商、合作、共生、共荣的理念来引导和谐社会与和谐世界的建构，开创人类文明和谐发展的新境界。在人类文明的和平共处与和谐共生方面，"和而不同"的儒道释和谐思想能给当代人类文明以诸多启示。①

赵汀阳基于中国传统的"天下为公"、"以天下观天下"的思想，提出了具有中国传统智慧与时代新意的"天下体系"理论。"天下体系"蕴涵着全球化时代人类对建构"和谐世界"的想象，超越了个体本位思维与民族国家思维，从而为保证世界和谐发展奠定了哲学世界观基础。赵汀阳认为，对世界负责任，而不是仅仅对自己的国家负责任，这在理论上是一个中国哲学视界，在实践上则是全新的可能性，即以"天下"作为关于政治经济利益的优先分析单位，从天下去理解世界，也就是要以"世界"作为思考单位去分析问题，超越西方的民族国家思维方式，就是要以世界责任为己任，创造世界新理念和世界制度。②

有论者认为，在当代人类发展观念的创新方面应当转化中国传统文化中的"易"思维与"和"思维，综合创新出"易和哲学"思维，确立自强不息的变易精神与厚德载物的和谐精神相统一的和谐发展观。和谐发展观正是在创造性转化中国传统儒道释和谐思想的基础上，针对当代中国与世界和平发展的时代呼唤，谋求以和谐发展的方式实现以人为本的发展理念，创建真正体现中华特色并具有世界意义的社会和谐发展理论，以开创人类和谐发展的新境界。③

有论者认为，和谐世界的构想为未来确立了更加清晰的发展蓝图和发展思路。它表明：一方面，和平共处的大和谐环境，是中国建设和谐社会的必

① 邵汉明、漆思：《"和而不同"：儒道释和谐思想分疏及其当代启示》，《新华文摘》2008 年第 1 期。
② 赵汀阳著：《天下体系：世界制度哲学导论》第 3 页，江苏教育出版社 2005 年版。
③ 漆思：《"易和哲学"论纲：社会和谐发展观的中国哲学理念》，《江海学刊》2006 年第 2 期。

要条件；另一方面，中国和谐社会的构建对和谐世界的建立具有巨大的促进作用。进入 21 世纪，党对内提出要构建和谐社会，对外提出要构建和谐世界。和谐世界的构建，离不开中国的参与。和谐世界的提出，是中国政府和谐理念在外交领域的延伸，是传统和谐思想与现代"双赢"观的结合。此外，中国和谐文化历来主张协和万邦，在构建和谐世界的过程中，其作用不可低估。①

张岱年认为，"自强不息"与"厚德载物"是中华文化的两大基本精神：没有自强不息的开拓进取精神，必将在欧风美雨的冲击下被他人同化掉；没有厚德载物的吸纳兼容精神，就只能在因循守旧、闭关锁国中葬送现代化的前途。张岱年指出："中国人在最后一百多年中的文化困惑，归根结底是一个如何处理好接受外来先进文化与保持自己文化民族独立性的关系问题。在这个问题上，能否弘扬我们民族的主体精神，实在是症结所在。"②因此，挺立民族主体性的脊梁、弘扬中华民族精神是中华文化复兴的必要条件。中华文化的复兴不仅要从传统文化遗产中转化出当代需要的本土资源，也要继承发扬中国社会主义文化传统，使之与当代市场经济创造性结合起来，形成具有中华社会主义市场经济的创新模式。张岱年提出过"市场经济与文化传统相结合"的重要命题，强调"仁为精神文明，富为物质文明"，"仁与富可以相辅相成"。甘阳提出把中华文明数千年来形成的文化传统（主要是儒家传统）、共和国成立以来形成的社会主义传统（毛泽东传统）与改革开放以来的当代市场经济传统（邓小平传统）三者结合起来，形成所谓"通三统"，建立一种"新改革共识"，探索 21 世纪中国最大课题的"儒家社会主义共和国"③。虽然这种"通三统"的具体观点并未被国内学界所普遍接受，但将马克思主义特别是已经中国化的当代中国马克思主义与中国民族文化传统结合起来进行发展创新的文化建设思路，已经成为国内学术界的自觉选择。

---

① 刘东建：《和谐社会研究述评》，《教学与研究》2006 年第 2 期。
② 张岱年、程宜山著：《中国文化与文化论争》第 408 页，中国人民大学出版社 1990 年版。
③ 甘阳：《中国道路：三十年与六十年》，《读书》2007 年第 6 期。

九、 需要注意和加强的几个问题

总体来看，改革开放 30 年来，关于马克思主义与中国民族文化或传统文化的关系研究呈现一种逐步深入的态势，由很少有人关注到愈来愈多的人参与讨论，由探讨二者要否结合到探讨能否结合直至探讨为何结合，许多人都提出了自己的见解，形势是好的。但总的来看，讨论还是初步的，一些问题的探讨还很薄弱。因此，有必要以已有的认识和成果为基础，将讨论进一步引向深入。

首先，马克思主义与中国革命和建设的具体实际相结合、与中国传统文化相结合，产生中国化或中国式的马克思主义，马克思主义只有穿上中国的民族服装，实现中国化，才能在中国这块土地上生根、开花、结果。中国式的马克思主义与本来意义上的马克思主义到底是一种什么关系？在我们的现代化建设中乃至一切实际工作中，究竟应着重以何者为指导呢？

其次，马克思主义的中国化有必要实现马克思主义与中国传统文化的结合，已经成为绝大多数人的一种共识，但二者结合的基础何在？如何实现真正意义上的结合？人们的看法见仁见智，莫衷一是，认识也欠深入。这里实际涉及一个民族性与世界性、历史性与时代性的关系问题，涉及一个研究的方法问题。

再次，毛泽东思想、邓小平理论、"三个代表"重要思想、科学发展观构成 20 世纪和 21 世纪初期马克思主义中国化的几次重大飞跃，从某种意义上说，也构成马克思主义与中国传统文化结合的历史飞跃。那么，邓小平理论与毛泽东思想之间存在怎样的批判和继承关系？毛泽东、邓小平对待传统文化的态度、取舍上存在显著的差异，这种差异是否是本质的差异？如何评价？毛泽东、邓小平活学活用马克思主义，从而形成中国式的马克思主义——毛泽东思想和邓小平理论，二人在运用马克思主义方面又存在怎样的差别？马克思主义中国化、马克思主义与中国传统文化的结合是一个长期的过程，毛泽东、邓小平并没有终止这一进程。事实上，"三个代表"重要思想、科学发展观以及社会主义和谐社会理论的确立，是中国马克思主义在新时期所实现的新飞跃，深入挖掘和阐释其精神实质是我们长期的重要任务。

又次，在马克思主义中国化的漫长历程中，曾出现两种错误的倾向：一种是教条主义也即本本主义的倾向，一种是否定马克思主义主导地位的倾向，所谓马克思主义过时论。这两种倾向给党的事业造成过重大的挫折，给国家的建设造成过巨大的损失，教训是深刻而沉痛的。在新的历史时期，我们如何提高自身的理论素养，避免犯同样的错误？现在的情况，一些人既不读马列，又不看古典，一味地赶时髦，抓住几个似是而非的新名词、新术语招摇撞骗，哗众取宠。如此下去，更令人堪忧。

最后，在马克思主义中国化的过程中，在马克思主义与中国传统文化相结合的过程中，确实存在一个马克思主义的"变形"和"失真"问题。但我们不能因噎废食，不能因为存在"变形"和"失真"的可能，就否定马克思主义中国化的必要性，放弃马克思主义与中国传统文化的结合。事实上，"变形"或"失真"不是不能避免的，问题的关键在于，站在时代的高度，加强马克思主义的学习，提高马克思主义理论素养，加强传统文化研究，提高传统文化素养，进而真正做到融会贯通。现在的情况是，懂马列的不懂古典，懂古典的不通马列。因此，有必要造就一批既通马列又通中国传统文化的高级理论人才。这是在新世纪实现马克思主义中国化、实现马克思主义与中国传统文化有机结合的新的飞跃的需要。

第十六章
中国特色社会主义文化理论研究

　　中国特色社会主义文化思想①是中国特色社会主义理论的重要组成部分，同时也是20世纪中国文化发展史中最为重要的华彩乐章。可以说，没有中国特色的社会主义文化，就没有完整的中国特色社会主义。关于中国特色社会主义文化的研究，在20世纪中国的文化研究领域中占有极为特殊重要的地位。新世纪之初，回顾总结近20年来中国特色社会主义文化思想的研究历程，对于继续高举邓小平理论的伟大旗帜，推动我国21世纪社会主义文化事业的蓬勃发展，具有极其重要的理论意义和实践意义。

　　中国共产党十一届三中全会以来的近30年里，伴随着邓小平理论的形成和发展，对中国特色社会主义文化思想的研究大致经历了这样几个时期：第一个时期是从1978年12月十一届三中全会到20世纪80年代中期。第二个时期是从1986年9月十二届六中全会到80年代末，这两个时期是邓小平中国特色社会主义理论形成发展时期。围绕着《邓小平文选》和邓小平《建设有中国特色社会主义》两本书的出版，理论界不断掀起研究热潮，但这两个时期对邓小平文化思想的研究多侧重于理解、阐释和宣传。第三个时期是从20世纪90年代初即1992年邓小平南巡讲话到党的十五大召开，这一时期，邓小平理论日臻成熟，并在社会主义改革开放和现代化建设实践的

---

① 江泽民同志在党的十五大报告中指出："有中国特色社会主义文化，就其主要内容来说，同改革开放以来我们一贯倡导的社会主义精神文明建设是一致的。文化相对于政治经济而言，精神文明相对于物质文明而言。"邓小平的文化思想就是社会主义精神文明建设理论，江泽民同志把它概括为建设有中国特色社会主义文化理论。不同学者在研究中使用的概念有：社会主义精神文明建设理论、邓小平文化思想、邓小平文化观、社会主义初级阶段文化论、邓小平建设有中国特色社会主义理论等等，尽管提法不同，但其理论实质是相同的。本章在总结分述时未作特别区分。

基础上进一步得到创造性的丰富与发展，以精神文明建设为核心内容的特色文化研究开始向纵深发展，并取得了丰硕的理论成果。第四个时期是从党的十五大至今，这一时期以江泽民为代表的党的第三代领导集体，创造性地继承和发展了邓小平理论，明确提出了"建设有中国特色社会主义文化"概念，并对这一理论作出了系统全面的阐述，至此，中国特色社会主义文化思想的研究也达到了前所未有的深度和广度。

近30年来，中国特色社会主义文化思想的研究与特色文化思想自身的形成发展过程是积极互动的，与中国社会主义现代化进程中的文化建设实践是协调同步的。随着时间的推移，进入90年代以后，特别是党的十五大以后，人们对中国特色社会主义文化思想的研究，无论是在涉及问题的广度、研究的深度，还是在理论成果的数量上，都大大超过了以往。本章限于篇幅，只能选一些主要的热点问题，并主要依据90年代以来较有代表性的重要理论成果进行总结。

一、　中国特色社会主义文化理论的发展历程

中国特色社会主义文化思想是20世纪中国文化发展的最新成就和最高境界。它渊源于中华民族五千年文明史，植根于中国革命和中国社会主义建设的伟大实践。因此，理论界对中国特色社会主义文化思想的形成与发展问题的研究，主要沿着以下三个思路展开：一是把中国特色社会主义文化思想的形成放在近百年来中国人民求解放、求富强的历史背景下，强调其产生的历史必然性；二是结合马克思主义中国化的过程，对中国特色社会主义文化思想与马克思主义经典作家文化思想的承继关系作逻辑必然分析；三是从新中国成立以来尤其是改革开放以来的社会主义实践出发，通过对中国特色社会主义文化思想形成过程的研究强调其实践基础。这三种思路在具体研究中是相互交织的，只是不同学者在具体论述中侧重点有所不同。

（一）中国特色社会主义文化思想是近代以来中国文化发展的历史必然

中国特色社会主义文化思想是马克思主义文化观在中国的最新发展成

果。文化思想、文化形态和文化发展走向，无不与社会存在的状态和民族的命运相关。中国文化思想的发展演变与中国社会的命运休戚相关。如果说中国特色社会主义理论回答了什么是社会主义和如何建设社会主义的问题，中国特色社会主义文化思想揭示了社会主义现代化建设中文化发展的基本规律，指出了中国文化未来的发展方向，那么，研究中国特色社会主义文化思想的产生就离不开近代以来中国社会的历史发展，离不开中国共产党80年来文化革命与文化建设的历史实践。因此，不少学者通过回顾中国共产党领导下的文化建设历程，论述了邓小平中国特色社会主义文化思想产生是中国文化发展的历史必然。

孙玉杰在《邓小平的文化观》一书中指出，"邓小平文化观是中国近代以来社会发展、文化发展规律的总结。中国自鸦片战争至今的一个半世纪中，经历了由封建社会沦为半殖民地半封建社会，继而推翻君主专制制度，逐渐进入新民主主义社会，最后步入社会主义社会。社会形态变化之快，在中国五千年的历史中是前所未有的。围绕本世纪中国历史发展的主旋律，中国的文化发展也经历了三次历史性的大转折：近代思想启蒙运动和辛亥革命；五四新文化运动、马克思主义传入中国和新中国的成立；真理标准大讨论和党的十一届三中全会重新确立党的思想路线。邓小平中国特色社会主义文化思想的产生，是本世纪中国文化发展的必然。"①

黄楠森、龚书铎、陈先达主编的《有中国特色社会主义文化研究》一书通过回顾中国共产党领导下的中国现代文化的发展，勾勒出了中国现代文化一步步走向中国特色社会主义文化的必然的逻辑历程。该书指出，"关于中国现代文化的探索始于'五四'新文化运动。马克思主义的传入和中国共产党的成立为这一探索提供了理论基础和组织保证。在此后80年的风雨历程中，中国共产党人始终站在历史的前沿，为中国现代文化建设做出了卓越的贡献，积累了丰富的理论和实践经验。这些理论可以概括为三种形态：一是关于新民主主义文化建设的理论，二是关于社会主义文化建设初步探索的理论，三是有中国特色社会主义文化建设理论。这同时也代表着中国现代

---

① 孙玉杰著：《邓小平的文化观》第1页，河南人民出版社1998年版。

文化发展的三个历史阶段。"①

　　戴诗伟主编的《邓小平文化思想研究》一书指出，邓小平文化思想的产生是我国文化事业自身发展的要求。"'五四'是我国近代史上第一次新文化运动兴起，它从西方请来了德、赛二先生，提倡科学、民主精神。它为马克思主义在中国胜利传播和中国共产党的成立及其领导下的民主革命准备了条件。后来由于国民党反革命的文化围剿，使其受到很大损失。但随着民主革命斗争的发展与彻底的胜利，在中国终于以新民主主义的新文化，代替了半封建半殖民地的旧文化。新文化赢得了历史性的胜利，出现空前繁荣。我国社会主义改造基本完成以后，由于'左'的错误发展，尤其是十年'文革'，大搞文化专制主义，使我国社会主义文化事业遭到空前浩劫。但随着'四人帮'被粉碎，我国社会主义建设事业发展，文化事业和学术研究逐渐活跃起来，加之，我们实行改革开放，世界性文化热潮，对我国学术界产生巨大冲击。于是国内'文化热'又一次兴起。由于上述种种因素综合作用，在我国又一次出现了文化建设高潮。邓小平文化思想的提出就是适应这一历史潮流应运而生的。可见它的产生是有着深广的历史背景，丰富的时代内涵和特色，是历史发展的必然。"②

（二）中国特色社会主义文化思想的理论来源

　　理论界对特色文化理论基础的探讨，主要有三个角度：一是探讨马列经典作家关于文明或文化的论述与中国特色社会主义文化思想的理论渊源关系；二是通过分析毛泽东、邓小平及党的第三代领导在文化思想上的承继关系，揭示中国特色社会主义文化思想的思想基础；三是探讨中国特色社会主义文化思想对优秀传统文化的批判与继承。

　　马克思主义文化理论是人类科学的文化理论。马克思主义经典作家不仅从历史唯物主义观点出发，科学地阐明了文化的本质、地位和作用，而且对社会主义—共产主义社会的文化建设也作出了精辟的论述。马克思主义文化理论是中国特色社会主义文化思想的理论基础。有学者对这一理论基础进行

---

① 黄楠森、龚书铎、陈先达主编：《有中国特色社会主义文化研究》第283页，山东人民出版社1999年版。
② 戴诗伟主编：《邓小平文化思想研究》第15页，国防大学出版社1990年版。

了具体阐述：

首先，马克思主义经典作家从物质和精神两个方面分析和考察了人类文明，认为人类的文明史就是物质劳动和精神劳动、物质生产和精神生产所创造的物质文明和精神文明的历史。物质生产决定精神生产的性质和精神生产的变化。其次，精神生产对物质生产具有能动的作用；科学技术是一种在历史上起推动作用的革命力量；实现共产主义理想不仅要在建立社会主义公有制的基础上大力发展生产力达到消灭阶级和阶级差别，而且要培养"全新的人"。再次，列宁在总结苏联社会主义建设实践的基础上，进一步发展了马克思主义文化观。列宁认为，只有社会主义国家才能真正达到高度的文化，只有实现文化变革才能成为完全的社会主义国家；要成为文明国家必须有相当发达的物质生产资料的生产，必须有相当的物质基础，而提高群众的科学文化水平是完成经济建设任务的重要条件；只有确切了解人类全部发展过程所创造的文化，并对它加以改造，才能建设无产阶级的文化，开展文化革命，培养、教育和训练青年一代，这是实现共产主义的必由之路；必须用马克思主义指导文明国家的工人运动，用共产主义抵制资本主义习气。又次，斯大林在社会主义文化建设的必要性、社会主义教育、造就和培养无产阶级自己的知识分子等方面进一步丰富了社会主义文化建设思想。最后，以毛泽东为核心的第一代中共领导集体对社会主义精神文明理论作出了重要贡献。毛泽东在《新民主主义论》中阐发了政治、经济和文化"三位一体"的辩证关系，指出在新社会不但有新政治和新经济，而且有新文化，社会文化的性质是由这个社会的经济政治决定的，一定社会的文化对这个社会的政治经济有着重要的影响作用；在《〈中国农村的社会主义高潮〉的按语》中，提出政治思想工作要结合经济工作一道去做的方针；在《关于正确处理人民内部矛盾》一文中提出"'百花齐放，百家争鸣'的方针是促进艺术发展和科学进步的方针，是促进我国社会主义文化繁荣的方针"和开展积极思想斗争的方针，提出了培育社会主义新人的任务。①

在研究中国特色社会主义文化思想的理论来源时，人们对邓小平文化思想与毛泽东文化思想的比较研究给予了很大的关注。此类研究进入 20 世纪

---

① 参见金羽、欧阳斌著：《邓小平社会主义精神文明建设思想研究》第一章，辽宁人民出版社 1992 年版。

90 年代以后，有了新的突破。这一突破表现为克服了以往研究中存在的某些片面性。首先，肯定毛泽东的文化思想是毛泽东思想的重要组成部分，是被实践证明了的正确的理论和原则，毛泽东晚年在思想文化方面的错误不属于毛泽东思想；其次，邓小平的文化思想是在新的社会历史条件下继承和发展了毛泽东思想，邓小平否定的是毛泽东晚年的错误，而非毛泽东思想本身；再次，毛泽东文化思想与邓小平文化思想是马克思主义文化精神中国化、现代化这个统一历史过程的两个重要阶段。

另外，有许多学者还从文化传统与现代化冲突、融会的广阔背景出发，对中国特色社会主义文化思想与中国传统文化的相互关系进行了深入研究。他们认为，作为深层次的文化继承，中国特色社会主义文化思想充分汲取了传统文化的精神乳汁，党的第二代和第三代领导人从历史唯物主义立场出发，以全新的现代意识和时代观念对传统的价值取向、思维方式、认知方式及整个中国文化传统进行了扬弃，特色文化的精神气质表现出了真正的中国特性。

（三）中国特色社会主义文化理论的实践基础及其形成过程

中国特色社会主义文化理论的产生，顺应了中国社会主义文化建设实践的客观要求，这一理论的完善与发展，也与中国社会主义现代化建设的实践紧密相关。同时，中国特色社会主义文化理论的实践基础也体现于其自身的形成和发展过程中。

中国特色社会主义文化理论总结了我们党几十年来领导社会主义文化建设的实践经验，它是中国共产党集体智慧的结晶。总的来说，毛泽东的文化思想是对中国特色社会主义文化理论的初步探索，邓小平有关精神文明建设思想是这一理论的形成与发展，江泽民把这一理论明确定义为"建设有中国特色社会主义文化"，并使之更加理论化、系统化、体系化。这一看法目前在理论界是得到认同的。但在中国特色社会主义文化理论研究的不同时期，人们关于这一理论形成与发展的研究还是各有侧重的。

王建辉《邓小平文化思想探论》一文认为，邓小平同志是一个伟大的革命家和实践家，他的文化思想来源于他的革命实践。邓小平在新民主主义革命时期发表的《一二九师文化工作的方针任务努力方向》、《在西南区新闻工作会议上的报告》、《办教育一要普及二要提高》等，可看做是邓小平文化思想的历史起点。虽然邓小平早期的文化思想属于毛泽东思想体系，但对于后期发展来说，这是必要的铺垫，邓小平的文化思想是在马克思主义文化观、毛泽东文化思想的基础上发展而来的，是一以贯之的。改革开放的伟大实践为邓小平新时期文化思想的形成和发展提供了新的实践基础。邓小平理论的文化内容和他的全部理论一样主要是从实践中来的，是实践经验的抽象和升华。这一时期邓小平文化思想的发展经历了三个阶段：第一个阶段首先是对"文化大革命"的全面否定。第二个阶段与 1979 年开始探讨中国特色的社会主义道路和理论相一致，邓小平根据我国社会主义建设的经验教训，在致力于党的工作中心的转移并提出我国经济发展"三步走"的同时，思考和探索文化问题。80 年代中后期，思想文化界出现一些混乱，出现资产阶级自由化和政治风波，邓小平认识到文化问题对于经济政治的影响，更多地强调两手抓，建设社会主义精神文明。第三个阶段，南巡讲话也是邓小平文化思想一次最重要的概括，表明邓小平理论作为一种独立形态的思想体系和理论体系得以确立并得到新的发展。①

李道中《中国特色社会主义文化》一书认为，"建设有中国特色社会主义文化，是邓小平理论的重要组成部分。这个部分的思想，主要是在党的十一届三中全会以后，在我国改革开放、现代化建设和精神文明建设的新的实践中形成和发展起来的。它的主要思想贡献者是邓小平同志，同时也凝结着党的第二代和第三代领导集体的思想，也是全党智慧的结晶。"②

谭砺《邓小平文化发展战略思想研究》一文认为，邓小平的文化发展战略思想是时代的产物，主要是 70 年代他复出以后，成为我党第二代中央领导集体的核心时期形成的。谭砺指出，从国际上看，"第二次世界大战"后世界政治经济和社会发展出现许多新变化，反映到人们的思想文化层面上，向人们提出了许多新的问题，世界文化辐射和传播后面是文化价值观的选择与重构，在文化意识背后，往往是雄厚的经济实力比试和特定的政治内涵较量。从国内看，粉碎"四人帮"以后，一系列事关社会主义前途和国家命运的重大问题要求人们重新思考、认识，作出新的判断。邓小平的文化发展战略思想就是在这样特定的实践背景下产生的。它顺应了社会主义发展

---

① 王建辉：《邓小平文化思想探论》，《江汉论坛》1998 年第 4 期。
② 李道中著：《中国特色社会主义文化》第 1 页，经济科学出版社 1998 年版。

的实践需要，并服务于特定时代的发展。它适应了国家民族的需要，并服务于民族的兴盛，是中华民族奋起实现伟大复兴的历史产物。①

石仲泉《邓小平社会主义精神文明建设理论的形成和发展》一文，把精神文明建设理论形成和发展的历史，放到中国特色社会主义事业整个大局的历史发展过程中考察。从"十一届三中全会的伟大转折与社会主义精神文明概念和建设社会主义精神文明任务的提出；社会主义精神文明建设理论逐步展开，党的十二大形成了这个理论的大轮廓；全面改革的展开和社会主义精神文明建设理论的初步形成；邓小平南巡谈话、党的十四大和社会主义精神文明建设理论的新发展"等方面对社会主义精神文明建设理论的基本观点如何在中国特色社会主义实践中逐步凝结起来，社会主义精神文明建设理论如何在整个中国特色社会主义理论的发展过程中逐步形成科学的理论体系作了深入系统的阐述。②

有论者指出，中国特色社会主义文化建设理论的发生、发展的过程显示出两条主线和两大阶段。所谓两条主线：一条是社会主义精神文明理论，一条是社会主义文化理论。所谓两大阶段，说的是，1991 年 7 月 1 日江泽民在庆祝中国共产党成立 70 周年大会上的讲话中，首次明确提出了中国特色社会主义的经济、政治和文化是有机统一、不可分割的整体，并对中国特色社会主义文化建设作出了较为完整的论述，大致勾勒了中国特色社会主义文化建设的基本轮廓。到 1997 年党的十五大，江泽民正式把社会主义文化与社会主义精神文明联系起来，科学论述了两者之间的辩证关系，阐述了社会主义文化建设的重要性、紧迫性、主要内容和根本措施。十五大标志着我们党关于中国特色社会主义文化建设理论已经形成。③

有的学者还从我国现代化进程中文化建设事业发展的现状，论述了这一理论产生的实践基础。他们指出，从国内来讲，我国经过 30 多年的努力，在文化事业的发展上，已经取得了很大的成就，但仍未从根本上改变文化水平落后的状况。与社会主义现代化建设要求相距甚远。全民族的文化素质包

① 谭砺：《邓小平文化发展战略思想研究》，《湖南社会科学》1998 年第 1 期。
② 石仲泉：《邓小平社会主义精神文明建设理论的形成和发展》，收入《全国第三次邓小平建设有中国特色社会主义理论研讨会文集》，学习出版社 1997 年版。
③ 涂可国、郑伟、张松著：《邓小平理论的丰富和发展·文化建设论》第 4 页，山东人民出版社 2001 年版。

括人们的觉悟、道德修养与水平比较低。从国际上看，我们虽然有人类最先进的马克思主义作指导，有先进的社会主义制度为基础，但科学文化水平和管理知识水平远远地落后于发达的资本主义国家。新的科技革命兴起既给我们带来机遇，同时也带来挑战。邓小平的文化思想正是针对这种实践要求提出来的，20 年来改革开放的实践证明，这一思想是完全正确的。①

二、 中国特色社会主义文化的基本特征和战略地位

关于中国特色社会主义文化的基本特征和战略地位，一直是理论界关注的热点问题之一。江泽民同志在《庆祝中国共产党成立七十周年大会上的讲话》和党的十五大报告中，对中国特色社会主义文化的基本特征和战略地位作了准确而全面的概括和论述。这两篇重要文献，指导并推动了理论界对于中国特色社会主义文化的研究，沿着正确的方向，向纵深发展。

（一） 中国特色社会主义文化的基本特征

理论界对于中国特色社会主义文化基本特征的研究是在两个层面上展开的。第一个层面，是对中国特色社会主义文化理论的结构特点进行分析概括；第二个层面，是在社会文化学的意义下，研究中国特色社会主义文化的基本特征。这两个层面上展开的研究，因为侧重点不同，所以有时相互区别、相互交叉；同时又因为研究对象的内容在本质上是一致的，所以总的来说，它们又是相互涵盖、相互兼容、相互统一的。

1. 中国特色社会主义文化的结构特点

有论者认为，邓小平文化思想的建构原则有三点：首先，坚持马克思主义，坚持四项基本原则，是邓小平文化思想的政治原则。其次，文学艺术是文化的重要组成部分，认定文艺的社会主义性质，坚持为人民服务，为社会主义服务的方向，是邓小平文化思想中提出的解决文艺工作者基本创作立场的思想原则。再次，服务四化，注重中国特色，适应初级阶段要求，是邓小平文化思想的现实原则。邓小平中国特色社会主义文化思想洋溢着极其丰富

---

① 戴诗伟主编：《邓小平文化思想研究》第 19 页，国防大学出版社 1990 年版。

的辩证精神。①

　　有论者在论及邓小平文化思想的基本构架时指出：邓小平没有在马克思主义关于政治、经济和文化三者关系的基本原理上多做文章，而是根据这个原理，结合中国的社会主义新实践，去深入思考社会主义的文化问题，构建社会主义文化理论。1979 年邓小平《在中国文学艺术工作者第四次代表大会上的祝词》中指出："我们要在建设高度物质文明的同时，提高全民族的科学文化水平，发展高尚的丰富多彩的文化生活，建设高度的社会主义精神文明。"② 实践表明，邓小平是沿着这个思路来建构他的文化观念的。在邓小平的文化理论中，科技和教育始终是基础的层面，发展丰富多彩的文化生活是邓小平文化理论的实践目的，社会主义精神文明是邓小平文化理论的灵魂和支柱。这个结构，揭示了各部分内容的内在规定性，层次分明，结构明晰。邓小平文化理论的新体系中还包含一系列重大命题和新概念，如"科学技术是第一生产力"、"知识分子是工人阶级一部分"、"面向现代化、面向世界、面向未来"、"培育'四有新人'"、"努力向国外学习，利用世界先进技术"等等。这些新概念是邓小平文化理论构架的科学魅力，体现了邓小平注重实践和前瞻思维的结合，代表并引导一个伟大民族的新思维，是对马克思主义文化观历史性的新贡献，极大地丰富了马克思主义理论宝库，对于建设中国特色社会主义新文化更是实践的指南。③

　　谭砺认为，邓小平的文化发展战略思想，既是一个理论形成过程，又是一个付诸实践的过程，当我们把它结合起来系统考察时，其逻辑结构十分清晰。解放思想，实事求是是邓小平文化思想的核心；改革开放是它的基石；发展科学教育是它的重点；两手抓两手都要硬是它的方针。④

　　关于中国特色社会主义文化的模式特点，人们也给予了必要的关注。俞吾金认为，邓小平一个重大贡献是从历史唯物论出发，促成了当代中国文化范式的根本性转变，即从"以阶级斗争为纲"的文化范式转变为"以经济

① 王平文：《邓小平文化精神的构建原则及其辩证精神》，《党史研究与教学》1997 年第2 期。
② 《邓小平文选》第 2 卷第 208 页，人民出版社 1994 年版。
③ 王建辉：《邓小平文化思想探论》，《江汉论坛》1998 年第 4 期。
④ 谭砺：《邓小平文化发展战略思想研究》，《湖南社会科学》1998 年第 1 期。

建设为中心。"① 还有论者指出，邓小平倡导的中国特色社会主义文化的独特模式，应该是以马克思主义为指导，批判继承历史传统而又充分体现时代精神，立足本国而又面向世界的社会主义文化。它在弘扬中华民族文化特长和精华的同时，吸纳世界一切先进文化成果，并在批判继承中有所创造和前进，使之汇入世界文化主流而成为世界文化的有机组成部分，上升到世界文明高度而成为崭新的世界文化发展的独特方式。②

2. 中国特色社会主义文化的本质特征

李学文认为，中国特色社会主义文化具有民族性、爱国性、群众性、科学性、民主性、商品性、法制性、开放性和效益性。③ 崔新建则从社会主义的性质、中国的民族特色、先进的时代特征三个方面来规定和揭示中国特色社会主义文化的内涵和特征。所谓社会主义性质，是指我们的文化必须是科学的大众的文化，这是社会主义文化最本质和首要的特征，也是社会主义文化模式区别于其他文化发展模式的关键。所谓中国的民族特色，是指中国特色社会主义文化必须植根于中国的历史和现实土壤中，是中华民族智慧的结晶和中华民族精神在当代的集中体现。所谓先进的时代特征，是指中国特色社会主义文化必须是先进的现代文化，它既吸收了古今中外文化的优秀遗产，又反映了时代的基本精神和主题，符合和代表着社会历史发展的必然趋势。④

还有论者认为，邓小平文化思想有鲜明的时代性，浓郁的民族性，实事求是的科学性，高度的民主性，深广的群众性，勇于改革的创造性，不分民族国家的开放性和注重社会效果的时效性。这些特征相互作用、相互影响，构成了邓小平中国特色社会主义文化的本质特征。⑤

江泽民在十五大报告中指出，"建设有中国特色社会主义文化，就是以马克思主义为指导，以培育有理想、有道德、有文化、有纪律的公民为目标，发展面向现代化、面向世界、面向未来的，民族的，科学的，大众的社

---

① 俞吾金：《邓小平与当代中国文化范式的转变》，《复旦学报》1993 年第 3 期。
② 潘震宇：《努力建设有中国特色社会主义文化》，收入《全国第三次邓小平建设有中国特色社会主义理论研讨会文集》，学习出版社 1997 年版。
③ 李学文：《浅议社会主义文化的基本特性》，《齐齐哈尔师范学院学报》1991 年第 5 期。
④ 崔新建：《"有中国特色社会主义文化"初探》，《北京师范大学学报》1992 年第 1 期。
⑤ 戴诗伟主编：《邓小平文化思想研究》第 32—45 页，国防大学出版社 1990 年版。

会主义文化。"① 这一论断被公认为是中国特色社会主义文化的基本纲领。围绕这一纲领，有论者指出，中国特色社会主义文化的本质特征包括三个主要方面：一是社会主义文化是社会主义优越性的重要体现。二是社会主义文化是民族的科学的大众的。毛泽东指出："民族的科学的大众的文化，就是人民大众反帝反封建的文化，就是中华民族的新文化。"② 新民主主义文化同中国特色社会主义文化具有内在的一致性。三是社会主义文化是面向现代化、面向世界、面向未来的文化。③

（二）中国特色社会主义文化的战略地位与重要意义

对于中国特色社会主义文化的战略地位和意义，理论界普遍给予了高度肯定。90 年代后，在认真总结精神文明建设的经验和教训的同时，对中国特色社会主义文化之战略地位的认识更加深刻而全面。正如有人指出的那样，江泽民在十五大报告中第一次把中国特色社会主义文化建设列为党在社会主义初级阶段基本纲领的重要组成部分，明确指出文化建设与经济建设、政治建设是统一不可分割的。这样表述党的基本纲领是党对社会主义建设最主要经验的总结。中国特色社会主义文化的理论是一个大课题，是一项伟大的系统工程。其中，文化建设的战略地位是子课题，这个问题不仅是文化建设的前提，而且对推进中国特色社会主义事业具有特殊的重要价值。④

1. 社会主义本质的体现

邢贲思指出，社会主义文明是社会主义的重要特征，是现代化建设的重要目标和重要保证。社会主义社会的优越性不仅表现在物质文明上，而且也表现在精神文明上。在总结了我党领导社会主义精神文明建设的经验和教训后，邢贲思强调，建设中国特色社会主义不能没有精神文明。⑤

还有论者指出，根据邓小平理论，社会主义精神文明建设包括思想建设

---

① 《十五大以来重要文献选编》（上）第 19 页，人民出版社 2000 年版。
② 《毛泽东选集》第二卷第 708—709 页，人民出版社 1991 年版。
③ 涂可国、郑伟、张松著：《邓小平理论的丰富和发展·文化建设论》第 26—46 页，山东人民出版社 2001 年版。
④ 黄楠森、龚书铎、陈先达主编：《有中国特色社会主义文化研究》第 325 页，山东人民出版社 1999 年版。
⑤ 邢贲思：《论邓小平关于社会主义精神文明建设思想》，收入《全国第三次邓小平建设有中国特色社会主义理论研讨会文集》，学习出版社 1997 年版。

和科学文化建设两个方面，从观念上反映了社会主义的生产关系和社会关系，属于上层建筑，归根到底是为社会主义经济基础服务的。因此，它与资本主义精神文明有着根本不同的性质和特点，是社会主义区别资本主义、社会主义比资本主义优越的一个重要表现，社会主义精神文明如何发展是"真假社会主义的一块试金石"。①

有论者从"社会主义社会是物质文明建设和精神文明建设高度发展的社会"这个角度，论述中国特色社会主义文化建设和精神文明建设的重要性。认为社会主义精神文明是我们的优势所在，精神文明建设是物质文明的重要保证，物质文明建设一点也不能离开精神文明建设，不加强精神文明建设和作为精神文明重要组成部分的文化建设，物质文明建设就要受破坏、走弯路。②

还有论者阐述了文化建设与社会主义生产力发展的内在关系，指出，高度发达的生产力和比资本主义更高的劳动生产率是社会主义发展的必然要求和最终结果，社会主义的根本任务就是大力发展生产力，而要做到这些，是一点都离不开文化建设的。③

还有人指出，社会主义社会和其他社会形态一样，是包括经济、政治、文化的有机整体。两个文明都搞好，都超过资本主义才是中国特色社会主义。因此，只有从物质文明、精神文明、民主政治三个方面的协调统一中去把握社会主义，才能比较全面和比较准确地回答什么是社会主义、怎样建设社会主义这样一个首要的基本问题。④ 邓小平立足于世界综合国力竞争和中国现代化建设总体布局，坚持两个文明并举，促进社会全面进步，为实现中国可持续发展奠定了基石。⑤

2. 社会主义现代化建设的必要条件和根本保证

---

① 吴志根：《突出社会主义精神文明建设的必要性》，收入《中国特色社会主义文库》，团结出版社 1997 年版。

② 鄂平：《坚持以马克思主义为指导，建设社会主义精神文明》，《人民日报》1992 年 5 月 15 日。

③ 黄美来：《建设有中国特色社会主义文化的意义、基本要求和根本保证》，《教学与研究》1991 年第 5 期。

④ 朱峻峰：《邓小平同志加强精神文明建设的理论依据和实践意义》，收入《邓小平理论研究文库》第 3 卷，中共中央党校出版社 1997 年版。

⑤ 鲍宗豪、朱敏秀：《精神文明建设：中国可持续发展的一个重大课题》，收入《邓小平理论研究文库》第 3 卷，中共中央党校出版社 1997 年版。

　　有论者指出，精神文明建设是物质文明建设的动力保证；教育和科学的进步是经济发展的智力保证；先进的思想道德是社会主义事业发展的思想保证。①

　　还有论者提出精神文明有十大功能：定向功能、凝聚功能、激励功能、约束功能、协调整合功能、传递功能、创造功能、辐射功能、娱乐功能、批判斗争功能。②

　　也有论者指出，国家实力不仅体现在物质力量上，精神文明是一个国家"软权力"的基础和综合国力的重要标志。如果我们的精神文明建设不能呈强势，我们在国内治理和国际斗争中就难以掌握主动权，现代化建设就难以得到保障。③

　　有论者指出，社会主义文化建设为物质文明建设提供强大的精神动力、智力资源和帮助，同时，社会主义文化建设还为物质文明建设提供了正确的思维方式和正确方向，使其沿着正确轨道发展。④ 中国特色社会主义文化是凝聚和激励各族人民的重要力量。它既是综合国力的重要标志，也是推动综合国力不断增强的内在动力。因此，搞好社会主义文化建设，就是一个事关国家繁荣昌盛的大事。⑤

　　另有论者依据江泽民关于"有中国特色的社会主义经济、政治、文化是有机统一、不可分割的整体"的思想，强调中国特色社会主义文化乃中国特色社会主义的不可缺少的组成部分，是实现我国现代化建设和改革开放的关键，必须全面而辩证地把握中国特色社会主义经济、政治、文化之间的相互关系，从而在坚持以经济建设为中心的同时，充分重视和兼顾文化建设。⑥

　　还有人指出，邓小平社会主义精神文明建设的理论着眼点在于面向现代化、面向世界、面向未来。这一理论对于指导我们的具体工作具有十分重要的意义，这主要体现于在建立社会主义市场经济、积极参与国际竞争的背景

---

① 庞仁芝：《跨世纪精神文明建设战略地位的深刻揭示》，《河北学刊》1997 年第 2 期。

② 李扬：《社会主义精神文明建设的战略地位和作用》，《新长征》1992 年第 2 期。

③ 谭正文：《加强精神文明建设》，《文汇报》1990 年 3 月 3 日。

④ 戴诗伟主编：《邓小平文化思想研究》第 27—28 页，国防大学出版社 1990 年版。

⑤ 李道中著：《中国特色社会主义文化》第 26—28 页，经济科学出版社 1998 年版。

⑥ 崔新建：《"有中国特色社会主义文化"初探》，《北京师范大学学报》1992 年第 1 期。

下，为我们认识各种错综复杂的关系、处理各种错综复杂的矛盾、战胜各种困难、把握大局、实现既定目标指明了方向。①

3. 跨世纪发展战略的必然要求

邓小平提出的我国现代化建设分三步走的战略构想，是一个跨世纪的宏伟蓝图。《中共中央关于加强社会主义精神文明建设若干问题的决议》指出，"在建立社会主义市场经济的过程中，在世界范围各种文化思想相互激荡的条件下，能否搞好社会主义精神文明建设关系到我国社会主义的兴衰成败，关系到把一个什么样的中国带入二十一世纪。"② 据此，理论界非常重视从全面实现跨世纪宏伟蓝图的高度来认识中国特色社会主义文化和社会主义精神文明建设的战略地位。

汝信指出，社会主义精神文明建设是跨世纪发展战略不可分割的组成部分，是实现跨世纪发展战略的重要保证。那种把十一届三中全会以来我们党关于社会主义现代化建设发展战略理解为单纯经济增长的发展战略，是片面的和不正确的。跨世纪发展战略既包括了经济建设、物质文明建设方面的战略目标，也包括了社会进步、人的全面发展、精神文明建设方面的目标。在实现跨世纪发展战略的过程中，精神文明建设既是目的，又给跨世纪发展战略的实现提供思想保证、精神动力、智力支持。因此，必须自觉地把社会主义精神文明建设摆在一个更加突出的地位，坚持两个文明的协调发展。③

郑必坚、龚育之、李君如、尹继佐、金瑞英共同撰写的《新时期社会主义精神文明建设的战略地位》一文指出，由于现实的、国际的和历史的原因，决定了我国精神文明建设任务既有紧迫性又有长期性和复杂性。我们在社会主义现代化进程中必须认真解决《中共中央关于加强社会主义精神文明建设若干问题的决议》突出的三个历史性课题，即"如何在经济建设为中心的前提下，使物质文明建设和精神文明建设相互促进，协调发展，防止和克服一手硬、一手软；如何在深化改革、建立社会主义市场经济的条件

---

① 转引自任青、李成志主编：《国内邓小平理论研究述评》第361页，山东人民出版社1999年版。

②《中共中央关于加强社会主义精神文明建设若干问题的决议》，《精神文明建设的历史性文献》，新华出版社1996年版。

③ 汝信：《跨世纪发展战略和社会主义精神文明建设》，收入《全国第三次邓小平建设有中国特色社会主义理论研讨会文集》，学习出版社1997年版。

下，形成有利于社会主义现代化建设的共同理想、价值观念和道德规范，防止和遏制腐朽思想和丑恶现象的滋生和蔓延；如何在扩大对外开放、迎接新技术革命的情况下，吸收外国优秀文明成果，弘扬祖国传统文化精华，防止和消除文化垃圾的传播，抵御敌对势力对我'西化'、'分化'的图谋。"①

也有论者指出，要实现跨世纪发展战略，经济发展无疑是核心目标，但历史的经验和教训都在提醒我们：任何时候都"不能只抓物质文明，不抓精神文明；也不能先抓物质文明，后抓精神文明；更不能以削弱甚至牺牲精神文明为代价，换取经济的一时发展。"而必须把精神文明建设提到更加突出的地位，进一步开创现代化建设的新局面。②

4. 实现人的全面发展的必然要求

有论者指出，将文化建设作为党的基本纲领的三个组成部分之一，这不是共产党人主观任意所为，而是根据对人类社会发展规律的认识，自觉地创造新社会，以求加速文明发展和社会进步，使人得以全面地发挥自己的本质力量的基本需要。只有从决策到实践都自觉地把文化建设放到与经济建设、政治建设同等重要的战略地位，才能加速提高人的素质，充分发挥人的潜能，从而为建成高度文明的社会主义社会，并最终实现马克思所提出的每个人都能自由全面发展的共产主义理想创造精神条件。③

不少论者从全社会思想道德普遍进步和实现人的全面发展的角度，论述了中国特色社会主义文化和社会主义精神文明建设的战略地位及其重要意义，认为加强社会主义文化和精神文明建设，是反对资产阶级自由化、反腐倡廉、杜绝社会丑恶现象、实现社会道德普遍进步的必然要求。从培养一代新人的角度看，只有加强社会主义文化和精神文明建设，才能促进和实现人的全面发展。有关这方面的论述很多，有关内容我们将在《中国特色社会主义文化的基本内容》中再作介绍。

5. 关于"战略地位"研究的几种错误和模糊认识

---

① 郑必坚、龚育之、李君如、尹继佐、金瑞英：《新时期精神文明建设的战略地位》，收入《全国邓小平建设有中国特色社会主义理论研讨会文集》，学习出版社 1997 年版。

② 《经济日报》评论员文章：《跨世纪发展战略的重要组成部分——精神文明建设系列谈之一》，《经济日报》1996 年 4 月 22 日。

③ 黄楠森、龚书铎、陈先达主编：《有中国特色社会主义文化研究》第 327—332 页，山东人民出版社 1999 年版。

伴随着中国特色社会主义文化和精神文明建设理论自身的发展，人们对中国特色社会主义文化和社会主义精神文明建设重要意义的认识不断深入，并在理论上澄清了一些错误和模糊认识。有论者把这些错误和模糊认识归纳为：（1）"自然论"，认为我国现阶段经济落后，建设精神文明缺乏一定的物质基础，等物质文明发达了，精神文明建设就会自然而然地发展起来；（2）"阶段论"，认为我国还处在社会主义初级阶段，思想文化领域的落后、愚昧甚至丑恶的社会现象难以避免，不必大惊小怪；（3）"代价论"，认为在改革开放的社会大变革中，有所得就有所失，牺牲一点精神文明来换取经济发展是一种合理的代价，"划得来"；（4）"先后论"，认为党的工作中心是抓经济建设，当务之急是带领人民脱贫致富奔小康，等到物质文明建设有了更大发展之后，再来抓精神文明建设也不迟；（5）"对立论"，认为现在搞改革开放，精神文明建设抓得太紧会束缚人们的手脚。① 还有论者把这些错误或模糊认识概括为："缓建论"（实质也是"先后论"）、模糊社会主义精神文明建设性质的"趋同论"、脱离现实的"纯意识论"。② 另外还有论者批评了所谓"自然而然论"、"无碍大局论"、"单纯方法论"和"难有作为论"等等。③ 理论界普遍认为，如不尽快走出这些认识上的误区，不利于我们统一思想，集中力量在建设高度物质文明的同时抓好社会主义精神文明建设。

三、 中国特色社会主义文化的基本内容

理论界对于中国特色社会主义文化基本内容的研究著述颇多。这主要是因为，第一，中国特色社会主义文化本身所包含的内容十分丰富。第二，论者对文化概念的理解和使用不同。文化概念有多重意义。第三，在中国特色社会主义文化思想逐步系统化、理论化的过程中，人们对中国特色社会主义

---

① 戴舟：《社会主义精神文明建设的几个重要问题》，转引自李锦坤主编：《九十年代邓小平理论》第 349 页，天津社会科学院出版社 1999 年版。

② 于治城：《影响精神文明建设效应的主体因素及其克服途径》，《社会科学》1994 年第 5 期。

③ 张瑞民：《"两手抓"方针是一个战略方针》，《理论学习》1994 年第 8 期。

文化和精神文明建设的内容也有一个不断深化、不断全面、不断科学化的过程。第四，除了上述原因之外，最主要的原因还在于"内容"问题涉及中国特色社会主义文化的实践落脚点，它在整个理论体系中占有十分重要的位置。

（一）加强思想道德建设

思想道德建设是中国特色社会主义文化建设最为核心的内容。从邓小平精神文明建设思想到江泽民明确提出建设中国特色社会主义文化理论体系，思想道德建设始终都是必须加以解决的首要问题。最近党中央颁发的《公民道德建设实施纲要》更说明我们党对思想道德建设的高度重视。理论界对思想道德建设问题的研究，经历了一个不断扩展、深化的过程，90 年代以后，有创见、有价值的思想见解，更是日见迭出。

1. 加强思想道德建设的必要性

许多论者，着重从社会主义初级阶段的文化现状出发，强调了思想道德建设的必要性。张首映、贺敬之、袁辉等人分别撰文指出：在社会主义初级阶段的文化领域中，贯穿着社会主义思想和资本主义思想、封建主义思想的矛盾，这一矛盾直接关系到文化事业的前途和整个社会主义事业的命运。从这个意义上讲，社会主义初级阶段文化工作的根本任务是在提高全民族的科学文化水平的同时，必须用社会主义思想战胜资本主义思想和封建主义思想。中国特色社会主义文化的中心，应该是统一科学文化建设和思想道德建设，提高人们的科学文化水平和思想道德素质，从而为社会的全面进步和人类的全面发展创造条件。①

还有论者指出，在社会主义初级阶段，我们要在一个基础薄弱的国度里建设高度发达的社会主义新文化，"最根本的是要使广大人民有共产主义理想，有道德、有文化、守纪律。"这是社会主义性质决定的，是深入改革开放提出的必然要求。自觉地培养崇高理想、信仰和道德是社会主义新文化自身的"质"所规定的。②

---

① 张首映：《关于当前社会主义文化主要矛盾的思考》，《文艺争鸣》1991 年第 6 期；贺敬之：《关于建设有中国特色社会主义文化的几点看法》，《求是》1991 年第 5 期；袁辉：《建设有中国特色社会主义文化》，《安徽大学学报》1991 年第 4 期。

② 戴诗伟主编：《邓小平文化思想研究》第三章，国防大学出版社 1990 年版。

　　还有许多论者从思想道德建设决定精神文明建设的性质和发展方向的角度，论述了思想道德建设解决的是共同理想和精神支柱问题。有人指出，思想建设是精神文明建设中一项带有阶级性的重要内容，是一个决定精神文明发展方向的重大任务。做好这项工作是社会主义现代化建设健康发展的必不可少的条件。①

　　还有论者认为，邓小平把思想道德建设作为中国特色社会主义文化建设的核心，这是由思想道德的社会功能决定的。思想道德体现文化的性质，建设中国特色的社会主义文化，必须时刻重视和加强思想道德建设。②

　　2. 思想道德建设的结构体系

　　关于思想道德建设的结构体系，有学者从以马列主义、毛泽东思想、邓小平理论为指导的国家意识形态和中国特色的社会主义伦理道德两个方面进行了论述，认为思想建设包括：以马列主义、毛泽东思想和邓小平理论教育广大干部和群众，武装全党，特别是党的各级领导干部；用共产主义、中国特色社会主义的伟大理想武装全党、教育人民；弘扬爱国主义精神，以崇高的精神塑造人。有中国特色的伦理道德建设包括：树立为人民服务的观念；加强社会公德、职业道德、家庭伦理道德和个人品德的建设等。③

　　有的学者还对邓小平的思想道德建设理论体系进行了系统的阐述，认为思想道德建设的核心内容是坚持共产主义思想，坚持共产主义道德，坚持共产主义精神，这是邓小平思想道德建设的主题。思想道德建设的根本目标是适应社会主义现代化建设和改革开放的需要，培育"四有"社会主义新人，提高全民族的思想道德和科学文化素质。思想道德建设必须坚持社会主义集体主义的价值导向。思想道德建设的主要途径和方法是用教育和法制两个手段。④

　　赵曜指出，中国特色的社会主义思想道德建设的体系结构应当是：以马列主义、毛泽东思想、邓小平中国特色社会主义理论为指导和核心；理论建

---

① 金羽、欧阳斌著：《邓小平社会主义精神文明建设思想研究》第87页，辽宁人民出版社1992年版。
② 孙玉杰著：《邓小平的文化观》第151—156页，河南人民出版社1998年版。
③ 黄楠森、龚书铎、陈先达主编：《有中国特色社会主义文化研究》第349—374页，山东人民出版社1999年版。
④ 许贵文：《邓小平的思想道德建设理论体系初探》，《理论界》1996年第6期。

设、理想建设、道德建设、民主法制观念建设是它的四大支柱。①

罗国杰将社会主义道德体系和结构概括为：一个核心，就是为人民服务；一个原则，就是集体主义；五个基本要求，就是爱祖国、爱人民、爱劳动、爱科学、爱社会主义；三个社会道德领域，就是社会公德、职业道德、家庭美德。每个道德领域都确定了五个具体的道德规范，从而构成了 15 个道德规范体系。②

丁关根同志指出，思想道德建设体系框架包括：（1）理论基础是坚持马列主义、毛泽东思想和邓小平中国特色社会主义理论。（2）原则要求是把先进性要求同广泛性要求结合起来。（3）主要内容是坚持爱国主义、集体主义、社会主义教育，加强社会公德、职业道德、家庭美德建设，树立正确的世界观、人生观、价值观。提倡爱祖国、爱人民、爱劳动、爱科学、爱社会主义。（4）基本途径是既要靠教育又要靠法制。（5）重点对象是领导干部和青少年。（6）主要目的是引导人们树立中国特色社会主义的共同理想，增强为人民服务的观念，发扬艰苦创业精神，形成团结互助、平等友爱、共同前进的人际关系。③

3. 以科学的理论武装人是思想道德建设的根本

有论者指出，加强思想建设，必须坚持马列主义、毛泽东思想，特别是用邓小平理论武装全党，教育干部和人民，这是思想建设的根本。邓小平一贯重视马克思主义理论学习和教育。把邓小平理论确定为党的指导思想，是十五大作出的重要决策，是把中国特色社会主义事业全面推向 21 世纪的根本保证。江泽民在纪念邓小平逝世一周年的文章《深入学习邓小平理论》中，回答了为什么要学习邓小平理论和如何学习的问题，江泽民的精辟阐述，科学地解决了如何以邓小平理论武装全党，教育广大干部群众的问题。④

还有论者指出，马克思主义、列宁主义、毛泽东思想、邓小平理论是一

---

① 赵曜：《当前我国的思想道德建设和文化建设》，收入《全国第三次邓小平建设有中国特色社会主义理论研讨会文集》，学习出版社 1997 年版。

② 罗国杰：《论社会主义道德建设的体系结构及其之间的相互关系》，《道德与文明》1998 年第 3 期。

③ 丁关根：《学习党的十四届六中全会精神的几点体会》，《人民日报》1996 年 11 月 5 日。

④ 李道中著：《中国特色社会主义文化》第 86—88 页，经济科学出版社 1998 年版。

脉相承的先进的思想体系。以科学的理论武装人，就是以马克思主义、列宁主义、毛泽东思想和邓小平理论教育广大干部和群众，武装全党，特别是党的各级领导干部。唯有以马列主义、毛泽东思想和邓小平理论武装全党和全国各族人民，才能在新的历史条件下实现全党和全国各族人民的思想统一和政治团结。①

另有论者指出：只有以科学的理论武装人，才能在当今世界各种思潮相互激荡的情况下，坚定理想信念，铸牢精神支柱。以科学的理论武装人，就能把理想信念建立在对历史规律的深刻认识上，登高临远，头脑清醒；就能把信念建立在对社会主义社会的科学认识上，保持理想信念的科学性；就能把理想信念建立在对社会转型时期复杂现象的清醒把握上，保持理想信念的坚定性和一贯性。只有以科学的理论武装人，才能在发展社会主义市场经济和实行对外开放的情况下，形成正确的价值导向和道德规范。只有以科学的理论武装人，才能在社会主义现代化建设的新时期，正确理解和全面执行党的路线、方针、政策，调动广大群众的积极性和创造性，推动社会主义精神文明建设健康发展。②

4."为人民服务"与社会主义集体主义的价值取向

把为人民服务作为社会主义道德建设的核心，是邓小平思想道德建设理论的最高价值。这是许多研究者普遍认同的观点。

有论者指出：道德建设要以为人民服务为核心，是邓小平思想道德建设理论的一个重要思想、重要精神和新的飞跃、新的思路。倡导为人民服务的道德是社会主义经济基础的客观要求，体现了目的与手段相统一，具有鲜明的民族特色和强大的凝聚力。③ 牢固树立为人民服务的道德观念，不仅是中国共产党人的根本宗旨，而且是社会主义道德风尚建设的核心内容。它根源于社会主义制度的本质规定，反映了社会主义道德的本质要求。④

"以为人民服务为核心"突出了为人民服务在道德建设中的重要地位和

---

① 黄楠森、龚书铎、陈先达主编：《有中国特色社会主义文化研究》第350—352页，山东人民出版社1999年版。
② 姜汉斌、王友明、廖作斌：《用科学的理论武装人是社会主义精神文明建设的根本》，收入《全国第三次邓小平理论研讨会文集》，学习出版社1997年版。
③ 陈勇：《为人民服务：社会主义道德建设的核心》，《道德与文明》1997年第3期。
④ 黄楠森、龚书铎、陈先达主编：《有中国特色社会主义文化研究》第360—362页，山东人民出版社1999年版。

作用。它是社会主义道德的集中体现，它同集体主义原则，"五爱"基本要求一致，体现着社会主义制度和社会人际关系的性质，正是这些基本内容使社会主义道德体系同其他任何道德体系区分开来。为人民服务和集体主义原则作为整个社会生活的道德价值导向，作用于人们的物质生活和精神生活，集中体现着社会主义道德建设乃至整个精神文明建设的性质和方向，对社会政治经济发展有巨大的能动作用。①

从价值观的角度来看，"一切为人民"是邓小平价值观的核心，邓小平始终把人民是否拥护、赞成、答应、高兴作为最高的价值准则，也就是把全心全意为人民服务看成是最高的价值准则。②

还有论者认为，思想道德建设必须坚持社会主义集体主义的价值取向。集体主义原则在邓小平思想道德建设理论的科学体系中占有极其重要的位置。在社会主义初级阶段，如何理解集体主义，一直是理论研究的热点话题。现阶段，集体主义仍是我们社会的主旋律，它规定着我国社会思想道德建设的基本价值取向，也是贯穿邓小平思想道德建设理论的一条红线。③

坚持社会主义集体主义价值导向同承认个人利益并不矛盾。有论者指出，既要承认个人利益，又要反对个人主义价值观。思想道德建设只能坚持社会主义集体主义价值导向，坚持国家利益、集体利益和个人利益相统一，反对拜金主义、享乐主义和极端个人主义的价值取向。坚持社会主义集体主义的价值导向，要注意区分价值观的层次性。对于亿万群众来说，要规范和引导他们坚持爱国主义、社会主义和集体主义的价值观，而对共产党员和少数先进分子则必须坚持共产主义价值观。④

从哲学意义上理解，有人认为集体主义是一种精神境界。有了这种境界，在处理国家、集体和个人的关系时可以起到促进作用。首先，国家、集体和个人的利益在根本上是一致的；其次，国家、集体利益高于个人利益；再次，肯定个人对正当利益的追求；最后，强调个人对集体和国家的责任和

---

① 温克勤：《社会主义道德体系的科学构建》，《天津党校学刊》1997 年第 1 期。

② 袁祖社：《邓小平价值观研究综述》，《道德与文明》1997 年第 3 期。

③ 李锦坤主编：《九十年代邓小平理论研究》第 355—356 页，第 371 页，天津社会科学院出版社 1999 年版。

④ 许贵文：《邓小平的思想道德建设理论体系初探》，《理论界》1996 年第 6 期。

义务。①

邓小平对集体主义原则作了新的阐述，有论者认为，它克服了抹煞个人正当利益的"左"的倾向，恢复了社会主义集体主义原则的科学含义，为我们在思想道德建设中坚持集体主义原则指明了正确的方向。②

发展市场经济还需要集体主义吗？这是社会上存在的普遍疑问。对此，有论者指出，由市场经济体制代替计划经济体制，仍然是以公有制为前提的，发展市场经济并不是要放弃社会主义的基本的价值导向，相反，社会主义经济制度在道德上的本质要求即集体主义，同市场经济体制所蕴涵的利益原则是一致的。集体主义就是从价值观、道德观的角度调节个人与集体之间的利益关系，规范人们的行为。③ 有论者明确指出，那种认为市场经济体制下不应再强调集体主义的价值导向的看法是错误的。因为在价值观建设中坚持集体主义的导向原则：第一，是由社会主义的本质决定的。第二，是社会主义公有制的主体地位决定的。第三，是唯物史观决定的。个人只有同集体相融合，才能成为推动社会的进步力量，才能展现个人的价值。④

（二）发展科学技术和教育事业

发展科学技术和教育事业是建设中国特色社会主义文化的基础，是我国社会主义现代化建设的根本大计。从邓小平到江泽民都十分重视优先发展科技教育事业。邓小平发展科技教育事业的一系列重要思想，是党中央科教兴国战略的重要理论依据。江泽民同志在中国科协第五次全国代表大会上提出："科学技术是精神文明建设的重要基石。"这一论断表明，党中央第三代领导集体，同样重视发展科技教育事业。理论界对发展科技教育事业的讨论十分热烈，其中不乏探幽烛微的精辟见解。

1. 邓小平科技教育思想的重要意义

邓小平的科技教育思想在整个邓小平理论中占有极其重要的位置，同时

---

① 王霞林：《加强道德建设提高全民族道德水平》，《光明日报》1996 年 10 月 28 日。
② 蒋兆年：《邓小平伦理思想探要》，《学海》1997 年第 6 期。
③ 赵满令等：《简论思想道德建设与社会主义精神文明建设》，收入《邓小平理论研究文库》第 3 卷，中共中央党校出版社 1997 年版。
④ 金增林：《社会主义初级阶段的价值观建设》，收入《全国第三次邓小平建设有中国特色社会主义理论研讨会文集》，学习出版社 1997 年版。

也是马列主义、毛泽东思想理论宝库的重要组成部分。关于邓小平科技思想的重要意义，理论界有以下三种观点：一种观点认为，科学技术是第一生产力，发展科学技术是实现四个现代化的关键，这是邓小平科技思想的重要内容，具有重要的理论意义和现实意义，主要表现在：科学技术是社会历史进步的火车头；科学技术是现代社会发展的巨大动力；科学技术是发展国民经济的必要条件；科学技术是实现四个现代化的重要前提；科学技术是巩固社会主义制度的必然要求。

另一种观点认为，从世界科学技术革命给资本主义带来的新变化及其与社会主义的关联来看，也进一步说明邓小平科技思想的深远的历史意义。首先，科技革命有利于劳动者素质的提高，增强他们的主体性，促使他们创造才能的全面发挥，为马克思提出的共产主义社会中人的全面发展和自由个性的实现创造着前提条件；其次，科技革命推动着生产现代化的快速发展，为社会主义创造着更为充实的物质基础。同时，它所造成的产权社会化的趋势，是资本主义的一种"自我扬弃"，它说明科学技术的发展"和平"地使社会化生产力突破资本主义所有制的"外壳"，在相应的条件下就有可能使社会主义在发达的资本主义国家成为现实；再次，科学技术的发展使生产社会化走向国际化，从而加强了各民族之间的经济联系和普遍交往，促进实现共同进步，这恰恰是社会主义在全世界实现的物质条件。

还有一种观点认为，科学技术是有着整体韵律的事业，它不仅有其强大的技术功能，而且有着不可低估的社会功能。科学技术的社会功能表现在许多方面，其中对精神文明影响十分显著的是：科学技术影响人们的认识能力；科学技术影响人们的世界观；科学技术影响人们的人生观、价值观；科学技术影响人们的道德观念；科学技术影响人们的思维方式。[1]

发展科技教育事业的根本目的是提高人的科学文化素质。关于提高人的科学文化素质的重要意义，有论者指出，提高中华民族的科学文化素质是实现社会主义现代化建设的必要前提，是充分发挥我国人才资源潜在优势的基础，是我国长治久安、可持续发展的需要，又是整个现代化建设的重要条

---

① 陆云彬：《邓小平科技思想研究述要》，《社会科学动态》1998 年第 8 期。

件。① 科学文化发展水平和公民科学文化素质，对生产力发展起决定作用。"生产力是今天，科学是明天，教育是后天。"抓科技虽不像抓生产那样立即见到经济效益，但却为明天生产力的更大发展开辟道路，抓教育比抓科技见效周期更长些，但却能培养出大批人才，为后天的生产力的发展创造条件。②

在提高人的素质问题上，存在着一些认识误区，研究者对此进行了分析和澄清。有论者认为误区主要有：只注意经济现代化建设，忽视人的现代化建设；只注意生产要素扩张，忽视人力资源开发；只重视市场"硬件"建设，忽视市场"软件"建设等。③

邓小平同志十分重视教育。有论者指出，百年大计，教育为本。在中国特色社会主义的总体发展战略中，党中央和邓小平始终把教育作为关系社会主义现代化建设全局和社会主义历史命运的一个根本问题。邓小平同志反复强调教育在社会主义现代化建设中具有重要的地位和作用。他指出，在"三步走"的发展战略中，第一位就是发展教育和科学技术。"四个现代化，关键是科学技术的现代化"，④ 而"科学技术人才的培养，基础在教育。"⑤因此，我们国家要赶上世界先进水平、要从科技和教育着手，"不抓科学教育，四个现代化就没有希望，就成为一句空话。"⑥ 邓小平同志一再强调，要全面贯彻党的教育方针，端正方向，真正搞好教育改革，使教育事业有一个大的发展，大的提高。他指出，教育要面向现代化、面向世界、面向未来；学校是培养人才的地方；应该使受教育者在德育、智育、体育几个方面都得到发展，成为有社会主义觉悟有文化的劳动者。他强调，各级领导要像抓好经济工作那样抓好教育工作。⑦ 邓小平同志关于发展教育的思想，是我们党新时期制定教育方针政策的理论基础，为教育改革和发展指明了方向。

---

① 李光：《论邓小平对提高中华民族科学文化素质的卓越贡献》，收入《全国第三次邓小平建设有中国特色社会主义理论研讨会文集》，学习出版社1997年版。
② 郑灿：《社会主义精神文明应超前建设》，《福建论坛》1990年第11期。
③ 陈祥骥：《试论邓小平对人的现代化的关注》，收入《邓小平理论研究文库》第3卷，中共中央党校出版社1997年版。
④《邓小平文选》第2卷第86页，人民出版社1993年版。
⑤《邓小平文选》第2卷第95页，人民出版社1993年版。
⑥《邓小平文选》第2卷第68页，人民出版社1993年版。
⑦《邓小平文选》第3卷第121页，人民出版社1993年版。

发展教育科技，是文化建设的基础工程。抓紧发展教育事业，认真搞好教育改革，提高全民族的思想道德和科学文化水平是我国现代化的根本大计。①

还有论者指出，科学技术和教育是文化建设的基础工程。邓小平关于科学技术和教育的思想，是邓小平理论的重要组成部分。科教兴国，是提高我国经济发展的质量和水平，解放和发展生产力的必由之路，是顺利实现三步走战略目标的战略抉择，是我们建成社会主义现代化强国，屹立于世界民族之林的历史性使命。②

2. 邓小平优先发展科技思想的基本内涵

陆云彬指出，关于邓小平优先发展科技思想的基本内涵，理论界提出了三种主要观点。一种观点认为，邓小平的科技思想集中表现于《在全国科学大会开幕式上的讲话》等文献之中，基本上包括八个方面的内容：第一，科学技术是第一生产力；第二，科学技术是四个现代化的关键；第三，基础性研究是重点；第四，要尊重知识，尊重人才；第五，要发展高科技；第六，要进行科技体制改革；第七，要利用外国智力；第八，要加强和改善党对科技工作的领导。

另一种观点认为，邓小平科技思想的基本点包括：他运用马克思主义的基本原理，针对当代世界新科技革命的发展及其趋势，深刻阐明了科学技术是第一生产力的观点；他全面论述了科学技术发展的历史和现状，从实现党在新时期奋斗目标的高度，强调了四个现代化的关键是科学技术的思想；他基于对我国基本国情的科学分析，面对世界新技术革命的挑战，一方面指出独立自主、自力更生是发展我国科学技术事业的方针，另一方面又反复强调要把坚持搞独立自主、自力更生与学习国外先进科学技术结合起来，走中国式的科学技术发展道路。他遵循马克思主义的认识论和辩证法，不仅科学地概括了科学技术发展的规律，深刻阐明了发展我国科学技术的方针，而且还号召全党研究和掌握科学技术工作的客观规律，提出了一系列适合我国国情的发展科学技术的正确原则和措施。其中有：科学技术要为经济建设服务；科学研究要着重应用科学；科学技术工作要组织"攻关"；党要加强对科技工作的领导等。

---

① 李道中著：《中国特色社会主义文化》第118—119页，经济科学出版社1998年版。
② 孙玉杰著：《邓小平的文化观》第182页，河南人民出版社1998年版。

还有一种观点认为，为了促进我国科学技术事业的发展，邓小平制定了一系列的科技政策和方针，主要内容有：第一，科学技术与经济、社会必须协调发展，并把促进经济发展作为首要任务；第二，必须加强生产技术研究，选择先进的适用技术，形成合理的技术结构，使我国逐步由手工劳动和半机械化、半自动化向机械化、自动化过渡；第三，必须加强工农业生产第一线的技术开发和科研成果的推广工作，大力倡导和做好科研成果由实验室转到生产、由先进地区转移到落后地区、由沿海地区转移到内地、由军用转移到民用的工作；第四，必须保证基础研究在稳定的基础上逐步有所发展，基础研究是科技工作中一个不可忽视的部分，基础研究的周期较长，要保持稳定性和连续性，不要轻易地上马下马；第五，必须把学习、消化、吸收国外科技成就作为发展我国科技的重要途径，学习外国的科技成就要同自己的研究有机地结合起来，技术引进要同消化、吸收结合起来，真正做到在消化、吸收的基础上去发展创新。①

3. 邓小平教育思想的基本内涵

邓小平的教育思想，内容十分丰富，它涉及教育的地位、教育思想、教育制度、教育方针、教育体系、教育质量等等。邓小平发展教育事业的一系列思想，是邓小平理论中非常重要的组成部分，同时也是大力发展教育，打好社会主义现代化建设基础的指导思想。

关于邓小平教育思想的基本内涵，有论者将其概括为以下几个方面：第一，要以极大的努力抓好教育；第二，教育归根到底是要出人才、出成果；第三，教育与政治的关系是辩证统一的；第四，教育与经济是相互依存的关系；第五，学校的关键在教师；第六，加强法制教育；第七，解放思想，实事求是，闯出一条有中国特色的发展教育的新路子。②

另有论者把抓紧发展教育事业的基本思想归纳为三个大的方面：一是切实把教育摆在优先发展的战略地位；二是搞好教育改革，使教育事业有一个大的发展、大的提高；三是加强对教育工作的领导，努力为教育办实事。③

---

① 陆云彬：《邓小平科技思想研究述要》，《社会科学动态》1998年第8期。
② 孙玉杰著：《邓小平的文化观》第192—197页，河南人民出版社1998年版。
③ 李道中著：《中国特色社会主义文化》第四章，经济科学出版社1998年版。

还有论者指出，切实加强国民教育事业，作为文化建设的基本内容之一，主要指加强包括学前教育、普通教育、高等教育、成人教育在内的所有学校教育，乃至面向全社会的终身教育、全民教育、思想教育。第一，切实加强国民教育事业，就必须优化教育结构，合理配置教育资源。大力普及九年义务教育，扫除青壮年文盲；积极发展各种形式的职业教育和成人教育；稳步发展高等教育。第二，切实加强国民教育，就必须深化教育体制改革，促进教育水平提高。在党的领导下，超前规划，综合配套，稳步推进，理顺包括国家与政府、社会、学校之间，特别是中央政府与地方政府、行业部门之间的关系，改革办学、投资、管理体制、学校招生和毕业分配体制，逐步建立起中国特色社会主义的国家宏观调控、学校自主办学、各学校竞争有序、充满活力的现代教育体制。第三，切实加强国民教育事业，就必须实施素质教育，提高教育质量。①

4. 科教兴国发展战略

实施科教兴国发展战略，对于加速社会主义现代化进程具有深远的历史意义和重大的现实意义。朱开轩在《科教兴国思想是邓小平建设有中国特色社会主义理论的重要组成部分》一文中，回顾了邓小平科教兴国战略思想的提出和发展，指出科教兴国战略思想的理论基础是科学技术是第一生产力的思想，核心内容是坚持教育为本，把教育摆在优先发展的战略地位。科教兴国的另一个重要内容是正确处理经济、科技、教育相互促进和协调的关系，把经济建设转移到依靠科技进步和提高劳动者素质的轨道上来。科教兴国战略思想为我国在新的时代条件下进行现代化建设、加速经济和社会发展、缩小与发达国家差距指明了有效途径。科教兴国战略思想同可持续发展理论相结合，是保证我国社会主义现代化建设"三步走"战略目标顺利实现的战略抉择。该文在分析了我国目前实施科教兴国战略所面临的形势后，强调实施科教兴国战略重在落实。第一，落实科教兴国战略，要先行科教、先兴科教。第二，落实科教兴国战略，教育必须要有明确的奋斗目标。第三,落实教育兴国战略，教育必须主动承担起振兴社会主义物质文明和精

---

① 黄楠森、龚书铎、陈先达主编：《有中国特色社会主义文化研究》第393—398页，山东人民出版社1999年版。

神文明的双重使命。①

段瑞春在《邓小平科学技术思想与科教兴国发展战略》一文中指出，关于"科学技术是第一生产力"的科学论断是邓小平科学技术思想的精髓，确立了我国现代化建设的指导思想和发展战略；关于科技与经济相结合的论述，提出了我国科技体制改革的根本任务，指明了科技体制和经济体制配套改革的方向；关于"尊重知识，尊重人才"的论述，回答了实现科技现代化的关键问题，成为党的知识分子政策和科技人员政策的核心；关于"发展高科技，实现产业化"的论述，确定了我国赶超战略的指导原则，为中华民族进军世界前沿、占据制高阵地作出英明决策；关于科技率先对外开放的论述，突出反映了邓小平科学技术思想的全球视野和时代特征，是我国科技、教育事业面向现代化、面向未来、面向世界的行动指南。②

5. 提高中华民族科学文化素质

邓小平有关提高全民族科学文化素质的思想引起理论界普遍重视，研究者从各个方面对这一问题进行研究。从人的素质的基本构成来看，有论者认为，人的素质基本上可分为两个层面：一是人的物质素质，即体质体能方面；另一个是人的精神素质，包括人的思想、道德、学识等。两个方面相互依存，后者更为重要。③ 也有论者把人的素质概括为：健康素质、思想道德素质、科学文化素质、心理素质和人格素质等。④ 还有论者认为，人的素质包括智力、知识、才能、政治、思想、道德、体质、气质、卫生等等。人的文化素质包括教育、科技、卫生、体育等方面。⑤

从时代"新人"整体素质结构与科学文化素质来看，学者们一致认为，我国实现人的现代化的基本素质结构就是邓小平提出的培养"有理想，有道德，有文化，有纪律"的"四有"新人。有论者提出，其中理想是方向，文化是基础，道德是根本，纪律是准则。从两个方面来概括，则是：有理

① 朱开轩：《科教兴国思想是邓小平建设有中国特色社会主义理论的重要组成部分》，收入《全国第三次邓小平建设有中国特色社会主义理论研讨会文集》，学习出版社1997年版。
② 段瑞春：《邓小平科学技术思想与科教兴国发展战略》，收入《全国第三次邓小平建设有中国特色社会主义理论研讨会文集》，学习出版社1997年版。
③ 吴才华、陈晓宇：《发展生产力与人的精神建设》，《工人日报》1995年2月7日。
④ 周荫祖：《人的现代化与社会主义精神文明建设》，《江苏社会科学》1997年第5期。
⑤ 沙英：《论人的素质与精神文明》，《淮海文汇》1996年第3期。

想、有道德、有纪律是思想道德素质，居统帅地位；有文化是科学文化素质，在整体素质结构中居基础地位,① 从这个意义上说，"提高人的素质，就是提高其自身的文化含量。"②

张向英在《社会主义精神文明建设与人的现代化》一文中认为，现代化首先是一个文化过程，是文化的现代化。教育和科技则是提高人的文化现代化素质的现实基础。人的素质集中表现为改造自然、改造社会的实际能力。教育和科学技术的发展，不仅能提高人的劳动技能和改造世界的能力，而且能提高人的思想境界，拓展人的视野，提高认识世界的能力，又从根本上使人的科学文化素质和整个素质得以提高。③

从提高科学文化素质的主要途径来看，首先，要面向全社会强化科学文化意识。有论者强调，要在全党和全社会造成一种空气，尊重知识，尊重人才，让科技是第一生产力、"科学思想是第一精神力量"和"科教兴国"的观念深入人心，增强全社会的科教文化意识，大力普及科学文化知识，不断提高全民族的科学文化素质。④ 其次，要贯彻实施科教兴国战略，切实把教育放在优先发展的地位。有论者认为，应坚决克服某些地区和部门对科教兴国"说起来重要，干起来次要，关键时不要"的落后状态，树立"再穷不能穷教育，再苦不能苦孩子"的教育意识，大兴尊师重教之风。同时一要全面适应现代化建设对各类人才培养的需要，二要全面提高办学质量和效益，三要由应试教育向素质教育、基础教育转型。⑤ 再次，要实施全方位、多层次、多渠道、多形式的"大教育"。有论者认为，一是学校教育这个主渠道，二是社会教育和社会文化层面，三是家庭教育和家庭文化层面，四是个体成员自我修养和自我教育层面。这几个层面紧密配合，造成全民教育、终身教育的局面。⑥

从切实加强党的领导来看，提高人的科学文化素质、塑造千百万"四

---

① 周荫祖：《人的现代化与社会主义精神文明建设》，《江苏社会科学》1997 年第 5 期。

② 吴亚荣：《论全面提高人的素质》，《人民日报》1996 年 9 月 7 日。

③ 张向英：《社会主义精神文明建设与人的现代化》，收入《邓小平理论研究文库》第 3 卷，中共中央党校出版社 1997 年版。

④ 龚育之：《科学思想是第一精神力量》，《自然辩证法研究》1995 年第 8 期。

⑤ 周荫祖：《人的现代化与社会主义精神文明建设》，《江苏社会科学》1997 年第 5 期。

⑥ 高惠珠：《素质教育：社会主义精神文明建设之本》，《毛泽东邓小平理论研究》1996 年第 1 期。

有"新人，是一项艰巨的系统工程，需要全社会的共同努力，尤其需要切实加强党的领导。有论者指出：在制度方面，要从组织制度、人事制度和工作制度上，创造有利于杰出人才涌现和成长的必要条件；在机制方面，要利用平等竞争机制，促进人的素质的培养和提高；在政策方面，要鼓励和注意激发人的素质结构的优化；在环境方面，既要实行改革又要注重文化建设，为拔尖人才脱颖而出和人的素质提高创造一个良好环境。[①] 有论者认为，提高中华民族的科学文化素质，最重要的是提高干部队伍的科学文化素质，尤其是领导干部的科学文化素质。[②]

（三）促进社会科学的繁荣与进步

在邓小平优先发展科技教育以促进现代化建设的构想中，促进社会科学繁荣发展是题下应有之义。邓小平曾经明确指出，"科学当然包括社会科学"。一般来讲，社会科学有广义和狭义之分。狭义的社会科学通常不包括人文科学，广义的社会科学包括哲学和人文科学。社会科学与自然科学，如同车之两轮，鸟之两翼，对社会主义现代化建设事业具有同等重要的作用。理论界对促进社会科学繁荣与进步问题的研究，在经历了20世纪80年代充满激情的热烈讨论、90年代冷静的思考和新世纪重新重视并深入研究这样一个过程后，理论着眼点从开始的哲学社会科学，逐渐转向包括人文科学在内的广义的社会科学。这一转变的意义，不仅在于拓宽了研究领域，更为重要的是它体现了一种新的、符合时代进步的价值取向。

1. 社会科学的地位和作用

促进社会科学的繁荣与进步，是建设中国特色社会主义文化的重要内容。哲学社会科学作为一条重要的思想理论战线，历来受到我们党的高度重视。毛泽东不仅一再强调学习和研究社会科学对党的事业具有十分重要的意义，而且身体力行，对马克思主义哲学社会科学作出了巨大贡献。邓小平倡导和开创的社会主义改革开放事业，也是首先从开展"实践是检验真理唯一标准"的大讨论、从哲学思想上的拨乱反正开始的。整个80年代在"解

---

① 韩庆祥：《社会主义市场经济与人的塑造》，《当代中国马克思主义研究巡礼》，人民出版社1995年版。

② 李光：《论邓小平对提高中华民族科学文化素质的卓越贡献》，收入《全国第三次邓小平建设有中国特色社会主义理论研讨会文集》，学习出版社1997年版。

放思想，实事求是"精神的鼓舞下，我国理论界普遍认为，目前我国哲学社会科学发展状况，还远不能适应社会主义现代化建设的需要。我国哲学社会科学事业今后必须，也必然有一个大的发展，没有哲学社会科学的发展，要开创社会主义现代化建设的新局面是不可能的。① 以江泽民同志为核心的党中央第三代领导集体，同样十分重视发展哲学社会科学事业。江泽民在党的十五大报告中指出："积极发展哲学社会科学，这对于坚持马克思主义在我国意识形态领域的指导地位，对于探索有中国特色社会主义的发展规律，增强我们认识世界，改造世界的能力，有着重要意义"。② 90 年代中后期，理论界对于发展哲学社会科学重要意义的研究与探索，多以江泽民的这段论述为理论出发点。研究者普遍认为，哲学社会科学的发展，体现了一个民族的整体文明素质和智慧水平，是民族传统、民族文化、民族时代精神综合实力的象征和体现，对整个社会发展有全面性、战略性的影响。哲学社会科学关系到一个社会的价值导向和人文导向，关系到民族精神的塑造，关系到一个民族的生命力、创造力和凝聚力。如果忽视和轻视哲学社会科学，必将导致整个民族精神和民族智慧的衰退，从而导致整个社会的衰退。③

有论者强调必须从战略高度重视哲学社会科学研究。首先，哲学社会科学承担着探索社会运行规律、历史演进规律和人自身发展规律，增强人们认识世界、改造世界能力的重任。其次，哲学社会科学担负着辨认价值体系，提供人们认识生活，体悟生活意义导向的责任。再次，在我国改革开放的社会主义现代化建设新时期，哲学社会科学的最新研究成果，可以为现代化建设提供有说服力的理论论证和支持。④

李铁映同志 2001 年 5 月在中国人民大学作《人文社会科学要走在时代最前列》讲演报告时，对哲学社会科学的历史地位和作用，作了全面而深刻的论述，他指出，在新的世纪繁荣和发展人文社会科学，是我们时代的一个大课题。哲学社会科学的历史地位和作用主要表现在以下几个方面：第一, 哲学社会科学是实现社会变革，创建制度文明的理论先导。第二，哲

---

① 王元化著：《文化发展八议》第 40 页，湖南人民出版社 1988 年版。

②《中国共产党第十五次全国代表大会文件汇编》第 38 页，人民出版社 1997 年版。

③ 李道中著：《中国特色社会主义文化》第 237 页，经济科学出版社 1998 年版。

④ 黄楠森、龚书铎、陈先达主编：《有中国特色社会主义文化研究》第 386—387 页，山东人民出版社 1999 年版。

学社会科学是解放和发展社会生产力，创造物质文明的巨大动力。第三，哲学社会科学是创造精神文明，实现人的全面发展的强大支柱。第四，在未来的经济社会发展中，哲学社会科学的作用将更加重要。李铁映同志还指出，自然科学和人文社会科学是人类社会物质文明和精神文明的两个历史车轮，两者相辅相成，相互促进。畸重或偏废任何一方，都会付出巨大的代价。在自然科学和社会科学的关系中，哲学提供了认识这种关系的世界观和方法论，在更高层次上指导人们对自然和社会的探索和认识，促进了自然科学和社会科学的完善和发展。①

针对一段时间以来，社会上存在的重视自然科学轻视或忽视社会科学的现象，有不少论者强调社会科学与自然科学具有同等重要的地位和作用。袁贵仁在《用科学的态度对待人文社会科学》一文中指出，要承认并坚信人文社会科学也是科学。人文社会科学与自然科学一样，以事实为根据，以规律为对象，以实践为基础，是人类认识世界、改造世界和完善自身的锐利思想武器，人文社会科学为人的活动提供科学认识，价值观念和行为规范，为社会发展提供理论和方法论基础。②

纪宝成在《高扬人本，开拓创新，实现人文社会科学的当代价值》一文中，强调了要全面准确地认识人文社会科学的地位和作用。他指出，人文社会科学的地位和作用，可以从两个层面来认识，一是人文社会科学本身在人类社会中的地位和作用，二是人文社会科学与自然科学的相互联系和相互作用。从第一个层面来说，人文社会科学以人为本，能够起到促进社会和人自身发展的作用。从第二个层面来说，人文社会科学与自然科学的关系是"车之两轮"，"鸟之两翼"。因此，全社会要充分认识人文社会科学的当代价值，更加重视人文社会科学的发展。③

2. 新时期社会科学面临的挑战和存在的问题

有论者指出，相对于中国现实需要而言，哲学社会科学正遭遇到越来越

---

① 李铁映：《人文社会科学要走在时代最前列》，收入《高扬人文社会科学旗帜·中国人文社会科学论坛（2001）》，中国人民大学出版社 2001 年版。
② 袁贵仁：《用科学的态度对待人文社会科学》，收入《高扬人文社会科学旗帜·中国人文社会科学论坛（2001）》，中国人民大学出版社 2001 年版。
③ 纪宝成：《高扬人本，开拓创新，实现人文社会科学的当代价值》，收入《高扬人文社会科学旗帜·中国人文社会科学论坛（2001）》，中国人民大学出版社 2001 年版。

严峻的挑战。我们必须正视这种挑战，在回应挑战中，求得哲学社会科学的大繁荣、大发展。挑战之一，是我国哲学社会科学与西方发达国家相比，某些方面相对落后，有的方面尚存在较大差距，并呈继续扩大的趋势。挑战之二，是我国哲学社会科学研究难以有效配合改革开放和社会主义现代化建设的实际进程。挑战之三，是我国哲学社会科学研究难以适应人民群众日益增长的精神文化产品多样化和精品化的需要。① 李文海认为新世纪我国人文科学和社会科学面临着三重挑战：一是面临着实现中华民族伟大复兴这一光荣而艰巨任务的挑战；二是面临着知识经济的挑战；三是面临着经济全球化进程的挑战。②

另有论者指出，面对新的形势和任务，我国哲学社会科学还存在着一些亟待解决的问题。主要有：一是哲学社会科学的地位还没有得到足够的认识和重视。二是理论研究与实际联系不够紧密。三是研究成果的应用和转化不够，成效不够显著。四是研究战线太长，力量分散，重点不突出。五是学科布局不合理。六是科研经费严重不足，学术著作出版比较难。七是研究条件和手段落后。八是科研体制不能适应发展的需要。九是队伍建设、学风建设需要进一步加强。十是社会环境不尽如人意。重视并切实解决这些问题，哲学社会科学研究才能适应新的形势和任务，才能得到应有的发展与繁荣。③

李铁映把我国哲学社会科学事业目前存在的不足和问题归纳为三点：第一，社会上对哲学社会科学的重要性认识不足，妨碍了哲学社会科学研究与国际发展目标以及经济社会发展需要的有机结合，制约了哲学社会科学功能的发挥。第二，全国哲学社会科学研究布局不够合理，造成全国哲学社会科学研究资源的较大浪费。第三，科研队伍整体水平不高，使研究工作不能充分满足社会需要。④

针对目前社会上重自然科学轻社会科学、重技术发展轻人文精神的现象，有论者指出，人文科学所受到的不公正待遇，有人文社会科学自身的原

---

① 黄楠森、龚书铎、陈先达主编：《有中国特色社会主义文化研究》第384页，山东人民出版社1999年版。

② 李文海：《新世纪人文科学和社会科学面临的三重挑战》，收入《高扬人文社会科学旗帜·中国人文社会科学论坛（2001）》，中国人民大学出版社2001年版。

③ 李道中著：《中国特色社会主义文化》第118—119页，经济科学出版社1998年版。

④ 李铁映：《人文社会科学要走在时代最前列》，收入《高扬人文社会科学旗帜·中国人文社会科学论坛（2001）》，中国人民大学出版社2001年版。

因，也有复杂的社会历史原因。首先，人文社会科学既是知识体系，又是价值体系；既是科学，又在很大程度上是意识形态，人们不容易客观地评价它的作用。其次，由于在科学转换为生产力的过程中，人文社会科学往往以"软"和"隐"的方式起作用，所以容易使人产生错觉。再次，更深层的原因，是人文社会科学中的不少学科与政治有直接或间接的联系，受"左"的或右的思想干扰，政治仍被一些人看做是缺乏科学性的东西。最后，人文社会科学由于其研究对象和问题的复杂性，它的很多学科还不像自然科学那样成熟。上述诸多原因综合在一起，加上目前社会上急功近利的风气比较浓，导致了人文社会科学受轻视甚至遭冷落的现象。①

陈述彭认为，人文社会科学不是总体上被冷落，而是基础研究被冷落。刘大椿对此表示赞同，并分析了人文社会科学基础研究被冷落的原因。他指出，第一，由于我们过去过分政治化的失误，使人们更乐于选择一个比较稳妥的治学路线，因此，基础研究的原创性较差，而在人文社会科学领域，真正的成就是提出新的思想。第二，人文社会科学界缺乏大师一级的人物，也缺乏精品。②

3. 促进社会科学繁荣进步的主要任务

理论界从社会科学研究、社会科学工作者队伍建设和社会科学工作三个方面，探讨、研究了新形势下如何繁荣发展社会科学事业，即促进社会科学繁荣进步的主要任务问题。有论者指出，新形势下我国哲学社会科学的主攻方向或主要任务是：加强马克思主义理论研究；加强中国特色社会主义建设各种重要问题的研究；加强国际问题研究。③ 李铁映则指出，从国际方面看，要研究时代发展的趋势、特征及当代世界的重大问题，这些问题包括：研究世界政治格局多极化发展趋势；研究经济全球化趋势；研究世界科学技术革命带来的影响；研究各种文化碰撞、交融的发展态势，批驳西方"新霸权主义"意识形态理论；全面系统地研究世界社会主义和资本主义发展的趋势和变化。从国内方面看，要研究中国特色社会主义在新世纪推进中出

① 纪宝成：《高扬人本，开拓创新，实现人文社会科学的当代价值》，收入《高扬人文社会科学旗帜·中国人文社会科学论坛（2001）》，中国人民大学出版社 2001 年版。
② 陈述彭、刘大椿等：《为人文社会科学把脉》，收入《高扬人文社会科学旗帜·中国人文社会科学论坛（2001）》，中国人民大学出版社 2001 年版。
③ 李道中著：《中国特色社会主义文化》第 241—242 页，经济科学出版社 1998 年版。

现的深层次的重大课题，这些课题包括经济建设；经济体制改革；政治体制改革和建设社会主义法制国家；创建社会主义精神文明和社会主义文化；建立适应国际国内新形势要求的，国家政治、经济、军事、社会等方面的安全体系与预警体系等几个方面。①

许多论者在研究中都十分重视社会科学的理论创新问题。江泽民多次强调创新的重要性，认为"创新是一个民族的灵魂，是一个国家兴旺发达的不竭动力"。② 纪宝成指出，要以理论创新为动力，实现人文社会科学的当代价值。③ 有论者还指出，发展社会科学关键在人。拥有规模宏大的用邓小平理论武装起来的社会科学工作者队伍，是实现用邓小平理论指导我国新时期社会科学事业的重要基础。④

还有学者指出，培养和造就一支德才兼备的哲学社会科学理论队伍，是哲学社会科学事业建设的关键。要努力创造广大哲学社会科学工作者充分发挥聪明才智的物质条件、社会环境和精神文化氛围。要调整充实理论队伍，调整学科和优化人才结构，为推动精神生产力创造组织条件。要加强社会科学工作者的理论素养和综合能力。⑤

（四）努力繁荣社会主义文学艺术事业

努力繁荣文学艺术事业，是建设中国特色社会主义文化的重要内容。改革开放给我国文学艺术事业带来了前所未有的发展机遇，同时也使文艺事业面临了许多挑战，这使努力繁荣社会主义文艺事业，成为中国特色社会主义文化建设中极为重要也极具挑战的重要内容。

1. 社会主义文艺事业的地位和作用

文学艺术对建设中国特色社会主义文化的作用，是其他社会文化所不能替代的。邓小平同志指出，"在这个崇高的事业中，文艺发展的天地十分广

---

① 李铁映：《人文社会科学要走在时代最前列》，收入《高扬人文社会科学旗帜·中国人文社会科学论坛（2001）》，中国人民大学出版社 2001 年版。
② 江泽民著：《论"三个代表"》第 46 页，中央文献出版社 2001 年版。
③ 纪宝成：《高扬人本，开拓创新，实现人文社会科学的当代价值》，收入《高扬人文社会科学旗帜·中国人文社会科学论坛（2001）》，中国人民大学出版社 2001 年版。
④ 曹默：《邓小平理论与新时期社会科学事业》，《黑龙江社会科学》1999 年第 6 期。
⑤ 黄楠森、龚书铎、陈先达主编：《有中国特色社会主义文化研究》第 389 页，山东人民出版社 1999 年版。

阔。不论是对于满足人民精神生活多方面的需要，对于培养社会主义新人，对于提高整个社会的思想、文化、道德水平，文艺工作都负有其他部门所不能替代的重要责任。"① 据此，有论者指出，文艺作为文化现象，是构成文化整体的一个有机组成部分。它折射着其他社会文化，带有独特的审美属性。文艺对建设精神文明的作用主要体现在三个方面：第一，文艺是人们认识社会，增长文化知识的特殊形式。第二，文艺是进行教育，提高人们思想道德境界的重要手段。第三，艺术是调剂和丰富人民精神生活的主要形式。②

有论者就文学艺术事业如何定位问题指出：第一，文艺的特殊本质决定了它满足的是人的特殊需要。第二，文艺载体的多样化、现代化促使文艺成为人民生活的一部分。第三，人们对物质产品审美化的苛求，使得艺术向着广阔的领域渗透，从而强化文艺定位的重要性。③

有论者概括道："社会主义文艺是我们党领导的革命和建设事业的重要组成部分，是精神文明建设的一条重要战线。社会主义文艺以自己独特的形式和魅力，反映改革开放和社会主义现代化建设的现实生活，讴歌人民群众创造历史的奋发精神，塑造生动感人的艺术形象，对振奋民族精神、陶冶道德情操、提高审美趣味、丰富文化生活发挥着不可替代的作用。文艺肩负着培育有理想、有道德、有文化、有纪律的社会主义公民，激励人民群众积极投身建设有中国特色社会主义事业的光荣使命。大力繁荣社会主义文艺，对于促进社会主义物质文明和精神文明建设具有十分重要的意义。"④ 这一概括得到普遍认可。

2. 文学艺术领域目前存在的问题

文学艺术是社会发展状况的晴雨表，党的十一届三中全会以来，社会主义文艺事业取得了有目共睹的成就，初步呈现出健康向上、繁荣活跃、探索创新的趋势；但在改革开放和社会主义市场经济发展的新时代条件下，也遇

① 《邓小平文选》第 2 卷第 200 页，人民出版社 1993 年版。
② 戴诗伟主编：《邓小平文化思想研究》第 177—179 页，国防大学出版社 1990 年版。
③ 王钦韶、沈伟方：《社会主义精神文明建设中的文艺定位及其应该解决的问题——重读邓小平〈在中国文学艺术工作者第四次代表大会上的祝词〉的体会》，收入《全国第三次邓小平建设有中国特色社会主义理论研讨会文集》，学习出版社 1997 年版。
④ 李道中著：《中国特色社会主义文化》第 209 页，经济科学出版社 1998 年版。

到许多挑战，还存在着与社会经济发展和人民日益增长的精神文化需要不相适应的问题和现象。有论者将目前文艺领域存在的矛盾现象概括为四个方面：第一，文艺创作日趋繁荣，但其创作思想仍存在不甚明了之处。第二，文学艺术评论水准继续提高，但其评论的内容方面仍充斥着较多的虚假空话。第三，文艺体制改革步伐加快，文化市场管理日趋完善，但深层次矛盾比较突出，文化产品的市场监管规范仍很不健全。第四，文学艺术队伍建设成就斐然，但文学艺术队伍也存在着人才断层、少数文艺工作者综合素质偏低等问题。①

还有论者在充分肯定新时期文艺工作取得的辉煌成就的同时，指出了目前还存在的问题：①文艺思想和理论观点较为混乱，有待于进一步加以引导。那种淡漠"二为"方向、远离群众实践的倾向，那种迎合低级趣味、"一切向钱看"的倾向，那种鄙薄革命文艺传统、推崇腐朽文艺思想的倾向，仍然在一部分人中存在。各种西方文艺思潮很迎合一部分人的口味，脱离生活、背离史实、粗制滥造、格调低下、消极媚俗的对社会产生不良影响的作品时有出现。②健康、说理的文艺评论风气尚待形成，文艺批评的水平尚待进一步提高。批评缺乏规则。在批评中存在着某种宗派主义习气，批评向消费性、市场性和广告性发展，批评的"假、大、空"与商业化倾向结合等等。③文化事业经费投入不足，再加上文艺单位内部管理体制和自我发展机制没有得到根本的改变，文艺市场总体上不景气。② 这些问题如果不加以彻底解决，势必影响我国社会主义现代化进程。

3. 繁荣社会主义文学艺术的主要任务

针对我国文学艺术界目前存在的问题，有论者指出，文学艺术事业建设，就是要在党的领导下，通过体制改革、机制转换，调动广大文艺工作者的积极性、主动性和创造性，繁荣文学艺术，创造无愧于人民和时代的精神文明。正如党的十四届六中全会决议所指出的：繁荣文学艺术，首要任务是多出优秀作品。要坚持为人民服务、为社会主义服务的方向，贯彻百花齐放、百家争鸣的方针，弘扬主旋律，提倡多样化。树立精品意识，实施精品

---

① 黄楠森、龚书铎、陈先达主编：《有中国特色社会主义文化研究》第401—404页，山东人民出版社1999年版。
② 李道中著：《中国特色社会主义文化》第212—214页，经济科学出版社1998年版。

战略,在文学艺术各门类中,努力创造出一批思想艺术性统一,具有强烈吸引力和感染力,深受广大群众欢迎的优秀作品,带动社会主义文艺事业的全面繁荣。①

还有论者从邓小平的文艺思想出发,指出,为使文艺真正地"为建设高度发展的社会主义精神文明做出积极的贡献",文艺工作者要努力学习马克思主义,要更新观念、转变思想,做解放思想、安定团结、维护祖国统一和实现四个现代化的促进派,做人类灵魂的工程师。②

另有论者认为,建设社会主义文艺事业,要解决好以下几个问题:第一,树立正确的创作思想,这是生产优秀作品的关键。第二,继承优秀文化遗产,不能让腐朽文化沉渣泛起。要借鉴国外有益的东西,不能搞"全盘西化"。这是创造优秀作品的条件。第三,净化文化市场,防止假冒伪劣文艺进入市场,这是社会主义文艺建设的必要措施。第四,健康的文艺批评体现着社会主义文艺建设的正确导向,不能过分强调"消闲"功能而淡化文艺家的社会责任感。对西方理论不能生吞活剥,断章取义,更不能吹嘘享乐主义和个人主义。第五,文艺运动中不同层面上的主体都应自尊自律,促进文艺主体不同层面间的良性循环,这是社会主义文艺健康发展的保证。③

1979年,邓小平同志在中国文学艺术工作者第四次代表大会上的祝词中明确提出了文艺工作在社会主义现代化建设中的重要责任和文艺发展的根本道路;强调人民需要艺术,艺术更需要人民;文艺工作者应当成为人类灵魂的工程师,把最好的精神食粮献给人民。江泽民同志也曾指出,文艺工作在精神文明建设中肩负着重要的任务和职责;希望艺术家创作出一大批无愧于时代、无愧于伟大人民的优秀作品;要求各级党委加强和改善对文艺工作的领导,把它作为精神文明建设的一项重要工作抓紧抓好。邓小平和江泽民有关文艺工作重要职责的论述,是理论界认识和研究繁荣社会主义文艺事业主要任务的理论基础。因此,人们普遍认为,当前和今后一个时期,文艺工

---

① 黄楠森、龚书铎、陈先达主编:《有中国特色社会主义文化研究》第404页,山东人民出版社1999年版。

② 戴诗伟主编:《邓小平文化思想研究》第182—183页,国防大学出版社1990年版。

③ 王钦韶、沈伟方:《社会主义精神文明建设中的文艺定位及其应该解决的问题——重读邓小平〈在中国文学艺术工作者第四次代表大会上的祝词〉的体会》,收入《全国第三次邓小平建设有中国特色社会主义理论研讨会文集》,学习出版社1997年版。

作的根本任务是：坚持以优秀的作品鼓舞人，繁荣和发展中国特色社会主义文艺事业，满足人民群众日益增长的精神文化需求，为推进改革开放和现代化建设创造良好的文化环境。①

（五）促进文化市场的健康发展

"一手抓繁荣，一手抓管理，促进文化市场健康发展"，这是江泽民同志在党的十五大报告中，为中国特色社会主义文化建设提出的重要任务之一。文化市场是我国改革开放以后出现的一个特殊市场。促进文化市场的健康发展，是新时期中国特色社会主义文化建设的新任务。对这一任务而言，挑战和机遇并存。挑战来自于我们必须在新的经济体制下，重新审视以往计划经济体制下形成的一系列文化观念和体制；机遇来自于市场经济为各种文化建设主体的纵横驰骋，提供了更加广阔的舞台。因此，促进与中国国情相符合，同中国社会主义现代化建设相协调的文化市场建设，是中国特色社会主义文化建设的又一重要内容。

1. 如何看待文化市场

对于"文化市场"，理论界主要有三种不同看法。第一种观点，对文化市场持肯定态度。认为文化市场是以商品形式向人们提供文化消费的场所或载体，包括文化商品、文化服务场所及文化信息等。文化市场是市场经济的重要组成部分，文化市场也是文化建设在市场经济条件下的一种重要运作形式。文化市场的要义是文化被当做商品来看待，即各种文化产品都要跟一般商品一样经历生产、流通、交换、消费这几个环节；各环节所需物质资源的配置，都要通过市场机制来实现。② 在市场经济条件下，包括书刊、娱乐、音像、美术、演出、影视、文物、培训、中外交流等九大门类的文化市场，对满足人民群众日益增长的精神文化生活需要，提高民族素质；对推动文化体制改革，解放文化生产力，调动文化工作者的积极性，增强文艺事业的生机和活力；对打破政府独家办文化的单一模式，激发社会办文化的积极性，拓宽文化投资渠道，弥补文化建设经费不足；对加强区域间、国际间文化交

---

① 李道中著：《中国特色社会主义文化》第 216 页，经济科学出版社 1998 年版。
② 黄楠森、龚书铎、陈先达主编：《有中国特色社会主义文化研究》第 476 页，山东人民出版社 1999 年版。

流，增加民族文化在国际市场上的竞争力；对推动经济发展和社会全面进步等等，都发挥了积极作用。①

第二种观点，对"文化市场"持否定态度。有论者指出，文化市场的概念能否成立，需要打一个问号。② 还有论者指出，认为存在着所谓"文化市场"，"它是社会主义市场经济体系的有机组成部分"，就是自觉不自觉地认为，在市场经济条件下文化的发展也要服从市场经济规律，这无异于说文化是经济的组成部分，经济规律同时也就是文化发展规律，或者说经济规律可以取代文化发展的内在规律。市场经济条件下，商品生产和文化生产的矛盾表现在：第一，生产的目的不同；第二，价值标准不同；第三，从价值的实现方式上看，这两种价值实现的落脚点不同。单从理论认识根源来讲，"文化市场化"的主张，混淆了商品价值和文化价值，否认了商品生产和文化生产的矛盾。不能认为"文化市场化"的主张是科学的。因为这种主张实际上是以牺牲文化发展为代价来发展经济。其结果是经济和文化都不能得到健康的发展。③

第三种观点，认为应从两个方面给文化市场定位。一是要把文化市场放在社会主义市场经济体系中，作为一种"商品市场"来定位；二是要把文化市场放在社会主义精神文明建设中，作为精神文明建设的阵地来定位。这种观点认为，否认文化市场的存在，不愿把文化推向市场和无视文化产品的意识形态性及文化发展的内在规律，把文化市场等同于物质商品市场，简单地利用市场机制调节文化市场的认识和做法都是不利于繁荣社会主义文化事业，甚至是危害社会主义精神文明建设的。④

2. 促进文化市场的健康发展是社会主义经济对文化建设的客观要求，也是文化发展自身的要求

有论者从"结合、服务、独立、开放"四个方面，论述了促进文化市场健康发展是市场经济的客观要求。"结合"，要求文化建设的自身运行要

---

① 韩丰聚、于峰、孙恒杰：《关于文化市场建设的理性思考》，收入《全国第三次邓小平建设有中国特色社会主义理论研讨会文集》，学习出版社 1997 年版。
② 庄思晦：《文化能否市场化？》，收入《世纪之交的中国文化》，广西人民出版社 1994 年版。
③ 陈筠泉、李景源等著：《新世纪文化走向——论市场经济与文化伦理建设》第 86—94 页，社会科学文献出版社 1999 年版。
④ 徐晓伟：《在二重定位中建设健康的文化市场》，《中共中央党校学报》1999 年第 2 期。

力求市场化、商业化；"服务"，要求文化建设服务于以经济建设为中心这个大局；"独立"，要求文化建设对市场经济要充分发挥自己的反作用；"开放"，要求文化建设站在人类文明发展的前沿，广纳百家之长，走有时代特色的创新之路。以上四个方面，"结合"是主旋律，"服务"、"独立"、"开放"都是结合中的重要方面，是如何"结合"好的问题。中国改革开放 30 年来，文化建设与市场经济的结合一直在进行中。这种结合主要可以从三条线予以把握。一是文化产品本身的市场化，二是文化建设与市场竞争主体的结合，三是文化建设对市场经济自身盲点的疏导调整。[1]

还有论者在"文化与经济相互渗透是现代经济社会发展的普遍特征和趋势"的意义下，论述了文化的产业化趋势对文化建设本身提出的新的要求。文化的产业化是文化的直接的社会功能的突出表现，体现了文化的生产性和输出性的特点。文化的产业化趋势根源于经济自身发展要求和人们价值观念变化的相互影响。[2]

李源朝指出，文化生产是社会生产的组成部分。随着人们物质生产方式和精神生产方式的不断更新，随着知识经济的发展，物质生产和精神生产相互融合。我国现在的文化产业是一个特殊的产业。加速发展文化产业是经济发展和文化艺术发展本身的要求。文化产业加速发展是大趋势。过去的生产体制并不把文化活动划作社会生产的组成部分，改革开放以后，我国的文化产业才开始起步，这个领域空间很大，21 世纪前 20 年，加快发展文化产业势在必行。[3]

还有论者指出，从历史上看，文化贸易早就出现了，而真正意义上的文化市场则是近代社会市场经济高度发展的产物。目前在我国已经形成了门类比较齐全的文化市场体系。从规模上看，庞大的市场规模和消费群体已经使文化市场成为客观存在的事实。从社会的发展来看，文化市场还蕴藏着巨大的潜力。因此，必须正视文化市场的客观存在。另外，文化艺术产品也需要市场交换。从艺术创作来讲，它首先是一种精神追求的创造性劳动，起初并

---

① 黄楠森、龚书铎、陈先达主编：《有中国特色社会主义文化研究》第 475 页，山东人民出版社 1999 年版。

② 李景源：《市场经济与文化建设》，收入《全国第三次邓小平建设有中国特色社会主义理论研讨会文集》，学习出版社 1997 年版。

③ 李源朝：《文化产业将成为新的经济增长点》，《中国改革报》2000 年 7 月 13 日。

不是为了营利，但当社会对其有大量需求时，具有营利目的的产业化的艺术生产就出现了。文化艺术品在市场上的交换把文化产品变成了商品。在社会主义市场经济条件下，文化产品实现市场化，至少有以下好处：第一，可以满足人们对文化消费的需求，协调供需关系的变化，密切文化艺术生产与人民群众的关系。第二，引入竞争机制，有利于增强文化发展的生机和活力。第三，补偿文化生产者的劳动消耗，增强文化生产的自我造血功能，以利于文化扩大再生产。第四，激发了社会办文化的积极性，加快了文化建设步伐。①

3. 社会主义市场经济条件下文化市场及文化产品的特点

有论者指出，文化市场是市场经济特殊的组成部分。这种特殊性主要表现在，文化市场本身的发展必须坚持社会效益、经济效益并重。②

还有论者指出，文化市场是社会主义精神文明建设的重要阵地。文化产品、文化服务与物质产品、生产服务一样，具有商品属性，这是它们的共性。但研究文化市场，还必须研究文化产品、文化服务的特殊性：大多数文化产品及其服务具有意识形态属性，其效益主要表现在社会效益上；文化产品及其服务的价格随消费者主观因素而变化，其价值主要表现在精神价值上；文化产品及其服务是生产及服务者人格的再现，他们应当成为人类灵魂的工程师。③

另有论者指出，文化商品具有特殊性，不能把它完全看成商品。第一，文化生产不完全是为交换而进行的；第二，文化商品很难实现等价交换；第三，文化商品和物质商品的使用价值实现程度不同。社会主义文化市场应为主旋律文化的传播服务。④ 文化市场的特殊性，表现在生产过程中，就是精神产品不可能像物质产品那样精确计算社会必要劳动时间，难以用统一的标准化劳动尺度去衡量劳动成果；表现在流通过程中，就是物质产品较易实行等价交换，而精神产品难以实现等价交换，从而出现价值与价格的背离；表

① 徐晓伟：《在二重定位中建设健康的文化市场》，《中共中央党校学报》1999 年第 2 期。
② 黄楠森、龚书铎、陈先达主编：《有中国特色社会主义文化研究》第 479 页，山东人民出版社 1999 年版。
③ 韩丰聚、于峰、孙恒杰：《关于文化市场建设的理性思考》，收入《全国第三次邓小平建设有中国特色社会主义理论研讨会论文集》，学习出版社 1997 年版。
④ 徐晓伟：《在二重定位中建设健康的文化市场》，《中共中央党校学报》1999 年第 2 期。

现在产品的效用上，就是精神产品直接影响到人的精神世界，影响到人的心灵。这种特殊性表现在消费者的主观偏好上，精神产品的价值实现在更大程度上取决于消费者的审美趣味、文化素质、价值观、知识结构等。因此，精神文化市场更难达到公平竞争。①

有论者以物质产品生产为参照系，详细分析了精神产品生产的一般属性和特殊性。指出：精神产品是精神内容和物质形式的统一体，精神内容决定精神产品的本质属性；精神产品的生产不仅受经济规律的支配，而且还必须遵循精神活动和思想文化发展的规律；精神产品生产属于社会的思想文化事业，同时又是生产性的经济活动，为建设高度的社会主义精神文明服务是社会主义精神产品生产部门的根本职能。②

李源朝指出，目前社会上有两种文化产品，一种是以经营性生产为主的生产属于文化产业，包括演出、音像、影视制作和出版发行等。另一种是以公益性为主的文化生产，主要是通过政府的再分配来使大众以直接消费方式获得文化艺术产品或文化服务。③

有论者在不同意文化产品商品化的前提下，认为，在市场经济条件下，文化工作既要讲经济效益，更要讲社会效益。文化是一种特殊的产业，其产品也并非一般商品，它同时具有意识形态和商品形态双重属性。我们一定要突出意识形态的属性和功能，坚持以马克思主义为指导，引导人们树立正确的世界观、人生观、价值观，满足人们的精神文化需要，这就要求我们在兼顾文化产品经济效益和社会效益的时候，必须把社会效益摆在首位。④

对于精神产品的特殊性，江泽民同志作了极为深刻的概括："随着社会主义市场经济的发展，精神产品的生产流通同市场运行一般规律的联系愈益紧密，确实也有经济效益的问题。经济效益好，有助于宣传文化事业的发展。同时也要看到，精神产品又具有不同于物质产品的特殊属性，它的价值实现形式更重要地表现在社会效益上。有些精神产品，直接经济收益可能不

① 涂可国、郑伟、张松著：《邓小平理论的丰富和发展·文化建设论》第168页，山东人民出版社2001年版。
② 赵子忱：《论社会主义市场经济条件下的精神产品生产》，收入《全国第三次邓小平建设有中国特色社会主义理论研讨会文集》，学习出版社1997年版。
③ 李源朝：《文化产业将成为新的经济增长点》，《中国改革报》2000年7月13日。
④ 赵曜：《当前我国的思想道德建设和文化建设》，收入《全国第三次邓小平建设有中国特色社会主义理论研讨会文集》，学习出版社1997年版。

大，但对推动社会生产力的发展和社会全面进步的作用很大。"① 江泽民同志这段论述以及十五大报告中提出的"一手抓繁荣，一手抓管理"的方针，为促进我国文化市场的健康发展指明了方向。

4. "一手抓繁荣，一手抓管理"，促进文化市场健康发展

理论界对文化产品能否商品化、是否存在"文化市场"虽然存有不同意见，但各种观点基本上都承认市场经济条件下，经济与文化相互影响、相互渗透的事实，也都注意到社会主义市场经济体制基本确立后，文化产品事实上已经进入流通领域。因此，大都对文化市场或文化产品的健康有序发展给予了极大的关注。

有论者认为，促进文化市场健康发展包括以下内容：第一，正确认识我国文化市场的特点。第二，积极培育和完善文化市场：正确处理高雅艺术、民族艺术与通俗艺术的关系；正确处理民族文化与外来文化的关系；正确处理豪华奢侈消费与大众文化消费关系；正确处理城乡文化发展中的相互关系。第三，制定和完善有关法规，规范文化市场行为。第四，坚持抓"扫黄"和"打非"，不断净化文化市场。② 党的十四届六中全会决议明确指出："改革文化体制是文化事业繁荣发展的根本出路。"③ 有论者据此指出应在二重定位中制定科学合理的文化发展战略措施。从"市场"定位上考虑，要加大文化体制改革力度，大力发展文化产业。第一，理顺国家、单位、个人之间的关系，逐步形成国家保重点，鼓励社会兴办文化事业的格局；第二，建立健全既有竞争激励又有责任约束的机制。从"精神"定位上考虑，加强文化市场建设要有得力措施。第一，用主导性文化引导文化消费，培育高质量的文化市场；第二，加强管理，建设健康的文化市场。④

有论者在对精神产品生产进行分类研究后，根据社会需求与市场需求之间的差异和不同组合，把精神产品分成商品性、公益性、公害性三类，指出，针对精神产品的不同类型，实行市场和政府的分工与结合，对于有益的商品性精神产品生产，通过政府宏观调控下的市场调节，实现以社会效益为

① 江泽民：《在全国宣传思想工作会议上的讲话》，《十四大以来重要文献选编》（上），人民出版社 1996 年版。
② 王炳林：《文化方略》第 250—260 页，江西人民出版社 2001 年版。
③《学习中共十四届六中全会文件》第 15 页，中共中央党校出版社 1996 年版。
④ 徐晓伟：《在二重定位中建设健康的文化市场》，《中共中央党校学报》1999 年第 2 期。

最高准则和经济效益最大化的统一；对于公益性精神产品生产，通过政府的扶持和引导，实现最大的社会效益和尽可能多的经济效益的有机结合，从而，实现社会主义精神文化建设和社会主义市场经济体制的内在耦合，促进社会的全面进步和协调发展。①

还有论者针对目前我国文化市场的现状，强调了加强对"市场"宏观调控的重要性，提出，要强化对文化市场的宏观调控，必须坚持"一手抓繁荣、一手抓管理"的方针，努力创作出一批思想性艺术性统一、具有强烈吸引力和感染力、深受广大群众欢迎的优秀作品，带动文化事业的全面繁荣。同时，要综合运用经济的、行政的、法律的手段，加大管理力度，规范文化市场行为，保证文化市场沿着正确方向健康发展。对文化市场，强化宏观调控是手段，促进文化市场繁荣才是目的。②

有论者论述了实现文化可持续发展应当坚持四条原则：一是广泛参与原则；二是鼓励创造原则；三是资源保护优先原则；四是协调适度发展原则。要实现文化可持续发展，还必须从政策措施上加以保证。第一，要深化文化体制改革；第二，要重点扶持公共文化领域；第三，要以鼓励创造性为核心，加强、改善和规范各项文化管理工作；第四，加大对文化事业投入，广辟文化发展资金来源渠道；第五，大力发展文化产业，使之尽快成为国民经济支柱产业；第六，扩大对外文化交流；第七，加强文化法制、文化政策研究。③

四、 中国特色社会主义文化建设的重要原则和指导方针

中国特色社会主义文化建设是一个伟大的实践过程。邓小平从我国文化建设的社会主义性质出发，对我国的文化建设提出了一些基本原则和重要方针，以江泽民同志为核心的党的第三代领导集体，在领导全国人民进行文化

---

① 赵子忱：《论社会主义市场经济条件下的精神产品生产》，收入《全国第三次邓小平建设有中国特色社会主义理论研讨会文集》，学习出版社1997年版。
② 韩丰聚、于峰、孙恒杰：《关于文化市场建设的理性思考》，收入《全国第三次邓小平建设有中国特色社会主义理论研讨会文集》，学习出版社1997年版。
③ 洪永华：《文化是可持续发展的灵魂》，《粤海风》1999年第11/12期。

建设的实践中，进一步总结经验，完善了文化建设的原则和方针，这些基本原则和重要方针，为我国文化建设的健康发展提供了有力的保证。

（一）坚持以马克思主义为指导

建设中国特色社会主义文化，是我国文化工作的历史使命和总目标，实现这一伟大的文化建设工程，必须坚持以马克思主义为指导，不能搞指导思想的多元化。坚持马克思主义、毛泽东思想、邓小平理论的指导地位，是中国特色社会主义文化建设的根本原则。党的十二届六中全会决议明确规定了马克思主义在精神文明建设中的指导地位。党的十四届六中全会，再次重申社会主义精神文明建设必须以马克思列宁主义、毛泽东思想和邓小平中国特色社会主义理论为指导。1991 年，江泽民在七一讲话中指出：坚持马克思列宁主义、毛泽东思想的指导地位，是我们立党立国的根本，也是社会主义文化建设的根本，决定着我国文化事业的性质和方向。党的十五大确立了邓小平理论的历史地位，把邓小平理论作为我党的指导思想和行为指南。这一切说明，我们党十分重视，在文化建设中坚持以马克思主义为指导的根本原则。

理论界普遍认为，首先，坚持马列主义、毛泽东思想的指导地位，既是立党立国的根本，也是社会主义文化事业的根本，它决定着我国文化事业的性质和方向。其次，全民族的思想道德素质的提高，社会主义事业接班人的培养，同样都离不开马列主义、毛泽东思想这一科学的共产主义理论体系的指导。再次，在阶级社会和存在阶级斗争的社会里，统治阶级的思想必然是占据统治地位的思想，指导思想的多元化是根本不存在的。在社会主义社会，马列主义、毛泽东思想是居于统治地位的工人阶级的世界观理论体系和意识形态，因此，理所当然，它应该在整个社会思想文化建设中占据主导地位。①

有的论者回顾建国以来乃至"五四"以来在斗争中逐步确立马克思主

---

① 参见韦启光：《建设有中国特色社会主义文化的正确指针》，《贵州社会科学》1992 年第 1 期；黄美来：《论建设有中国特色社会主义文化的意义、基本要求和根本保证》，《教学与研究》1991 年第 5 期；俞吾金：《建设有中国特色的社会主义文化》，《解放日报》1991 年 10 月 30 日；崔文良：《建设有中国特色的社会主义文化三论》，《北京师范大学学报》1992 年第 1 期。

义对文化工作的指导地位的历史，指出一个基本的经验是，文化事业不能偏离马克思主义的指导。什么时候什么地方坚持了马克思主义的指导，文化事业就健康发展；什么时候什么地方削弱了、偏离了马克思主义的指导，文化事业就会受到破坏。论者进而批驳了资产阶级自由化思潮泛滥之际有人提出的指导思想要多元化的观点。①

李道中对"为什么要坚持马克思主义的指导原则"作了较为系统的论述。首先，马克思主义在文化建设中具有特殊的地位。在社会主义文化建设中坚持马克思主义的指导，具有客观必然性和重大现实性。其必然性主要表现在：这是由共产党和工人阶级在社会主义国家的领导地位、是由思想文化领域的斗争、是由意识形态本身的特点和功能、是由马克思主义本身的特点所决定的。其现实性主要表现在：这是由我国特殊的国情和我国近年来思想文化领域和社会上的思想状况决定的。其次，马克思主义为社会主义文化建设提供了科学的指导原则：马克思主义阐明了物质生产和精神生产的关系，为我们在文化建设中正确处理经济建设和文化建设的关系提供了理论基础；马克思主义揭示了社会意识形态产生和形成的社会基础，为我们理解文化的变迁和进行文化变革提供了有力的思想武器；马克思主义揭示和阐明了精神对物质的巨大反作用，为我们提高进行文化建设的自觉性提供了有力的理论支持；马克思主义发现了在人类社会发展过程中，精神生产和物质生产可能会出现不平衡现象，这对提高我们建设社会主义文化的信心提供了巨大的精神力量；马克思主义阐明了对待人类文化遗产的科学态度，为我们批判继承文化遗产提供了正确的理论和方法原则。再次，在指导思想上不能搞多元化。一个社会只能有一种意识形态占主导地位。资本主义社会用资产阶级意识形态作为指导思想，社会主义社会用马克思主义作为指导思想，这两者都是由国家和社会的性质所决定的。在经济上占主体地位的阶级，在政治上必然占统治地位，而任何一个社会的统治思想都不过是统治阶级的思想。因此，我们要理直气壮地坚持马克思主义的指导地位，我们的思想只能统一在马克思主义的基础上。②

---

① 何东昌：《关于建设有中国特色的社会主义文化的几个问题》，《中国教育报》1991 年 8 月 31 日。
② 李道中著：《中国特色社会主义文化》第 41—51 页，经济科学出版社 1998 年版。

但在指导思想问题的认识上，也曾有个别不和谐之音：一种认为儒家思想是中国本土思想，只要加以现代化就可以成为中国现代文化的核心和指导；另一种是"西化派"，认为西方自由主义应是中国未来文化的指导思想，并把传播这种思想视作"新启蒙"运动。黄楠森对这两种观点予以驳斥，他指出，决定中国未来文化和面貌的因素首先是经济和政治，中国未来社会的经济政治制度将是更加完善的社会主义经济政治制度。这样的经济政治制度，必然选择和需要马克思主义的思想指导，而绝不会是其他。而且，马克思主义"将进一步扩散和深入到中国文化的各个领域，保证未来文化的社会主义性质"。①

（二）坚持为人民服务、为社会主义服务的方向

文化的核心问题，是为谁服务和如何服务的问题。毛泽东同志十分重视这个问题，指出"为什么人的问题，是根本的问题。"文艺要为人民服务，为社会主义服务，这是邓小平同志为我国社会主义文学艺术事业指明的根本方向，它凝结着我们党对几十年来我国社会主义文化建设事业曲折道路的沉思与反省，是对"文艺为无产阶级政治服务"的扬弃和超越，是邓小平对马克思主义文艺思想的又一创造性理论贡献。党的十三届四中全会以后，江泽民同志多次强调要坚持这个根本方向，并在理论和实践上，把它扩展为整个社会主义文化建设事业发展的总方向。1991年江泽民在庆祝建党80周年的讲话中明确指出："我们的文化必须坚持为人民服务、为社会主义服务，充分体现人民的利益和愿望，满足人民不同层次的、多方面的、丰富的、健康的精神需要，激发人民建设社会主义的积极性"。② 理论界对"二为"方向的研究比较集中，并提出了一些有价值的见解。

1. 坚持"二为"方向的理论依据

关于坚持"二为"方向的理论依据，有论者指出，社会主义文化是为社会主义经济和政治服务的，人民是社会主义国家的主人，社会主义文化理应属于人民，为人民所需要、所利用。社会主义文化的这一质的规定性决定

---

① 黄楠森：《马克思主义与中国当代文化的发展》，《文艺理论与批评》1996年第3期。
② 江泽民：《在庆祝中国共产党成立七十周年大会上的讲话》第22页，人民出版社1991年版。

了它的内容和方向必然是而且只能是为人民服务，为社会主义服务。否则，它就不成其为社会主义文化和社会主义意识形态。①

还有论者指出，社会主义文化事业，是人民群众的事业，只有坚持为人民服务的方向，充分体现人民的利益和愿望，不断满足人民日益增长的精神需要，才能激发人民进行社会主义文化建设的积极性和创造精神，顺利推进中国特色的社会主义文化建设。如果偏离了"二为"方向，它就会变成无源之水，无本之木，就没有生命力了。②

还有的论者考察了为人民服务和为社会主义服务二者之关系，认为二者在本质上是相通的、统一的，前者强调的是文化工作和人民群众的血肉联系，后者强调的则是文化工作与人民群众血肉联系的时代内容。把二者连在一起，才为我国文化事业指明了既完整又具有鲜明时代特点的正确方向，具有总揽全局的意义。③

2. "二为"方向的理论价值

（1）"二为"方向扩大了服务对象和范围。有论者指出，毛泽东同志在《延安文艺座谈会上的讲话》中，提出的文艺发展方向，反映了党的文艺政策的明晰性和科学性，完全符合当时的时代要求。但随着历史条件发生变化，邓小平及时对文艺建设方向进行了调整，"二为"方向中的"人民"，范围显然更扩大了。④ 把为无产阶级服务拓展到为人民服务，把为政治服务转到为整个社会主义建设服务，使文化建设的方向准确清晰，更具广泛性，只要是有益于培养社会主义新人的世界观、人生观、价值观、理想、道德、品格、意志、智慧、勇气、情操和整个精神境界，都是为人民服务和为社会

---

① 黄美来：《论建设有中国特色社会主义文化的意义、基本要求和根本特征》，《教学与研究》1991 年第 5 期；康电：《建设有中国特色社会主义的文化》，《理论与改革》1991 年第 5 期。

② 参见韦启光：《建设有中国特色社会主义文化的正确指针》，《贵州社会科学》1992 年第 1 期；黄美来：《论建设有中国特色社会主义文化的意义、基本要求和根本保证》，《教学与研究》1991 年第 5 期；俞吾金：《建设有中国特色的社会主义文化》，《解放日报》1991 年 10 月 30 日；崔文良：《建设有中国特色的社会主义文化三论》，《北京师范大学学报》1992 年第 1 期。

③ 贺敬之：《关于建设有中国特色的社会主义文化的几点看法》（续），《求是》1991 年第 6 期。

④ 王芳：《人民文艺的理论丰碑》，收入张学新主编：《人民文艺的历程》，天津社会科学院出版社 1998 年版。

主义服务。① "二为"方向为文艺发展开拓了宽广的道路。文艺的生产力获得了解放，文学艺术家的积极性、创造力、勇气和责任感空前提高了，文艺的文化取向显示出前所未有的宏观性、历史感、思辨性和开放性。②

（2）"二为"方向摒弃了"文艺从属于政治论"，辩证地论述了文艺与政治的关系。文艺从属于政治、服务于政治的口号，有很大局限性，在实践中又被不适当地夸大和绝对化。当然"二为"方向不提文艺从属于政治，并不等于说与政治无关，"文艺是不可能脱离政治的。"③ 繁荣和发展文艺事业，必须坚持正确的政治方向，加强党的领导，但正如邓小平在《祝词》中说的那样，"党对文艺工作的领导，不是发号施令，不是要求文学艺术从属于临时的、具体的、直接的政治任务，而是根据文学艺术的特征和规律，帮助文艺工作者获得条件不断地繁荣文学艺术事业，提高文学艺术水平，创作出无愧于我们伟大人民、伟大时代的优秀的文学艺术作品和表演艺术成果。"④

（3）"二为"方向深刻揭示了文化与人民的联系，指明了社会主义文化发展的道路。"二为"方向与邓小平提出的"人民需要艺术，艺术需要人民"的思想是统一的。有论者指出，我们无产阶级政党的性质和社会主义制度，决定了文化建设与人民群众的关系，至少包含学习人民、表现人民、服务人民、教育人民等几方面的内涵。⑤

（4）"二为"方向指明了文化建设的主旋律。周崇坡认为，"主旋律是文艺方向的题中应有之义。"⑥ 刘忠德指出，在当代中国文化建设的主旋律与现实生活的主旋律是一致的。对于文化和艺术产品来说，那些着力体现时代精神、内容健康向上、鼓舞人们积极投身于现代化建设伟大实践的具有艺术魅力的作品，就是高扬主旋律的作品。精神产品的主旋律越响亮、鲜明，

---

① 李道中著：《中国特色社会主义文化》第 56—57 页，经济科学出版社 1998 年版。
② 戴诗伟主编：《邓小平文化思想研究》第 186—187 页，国防大学出版社 1990 年版。
③ 李衍柱等主编：《马克思主义文艺思想的发展与传播》第 586 页，广西师范大学出版社 1995 年版。
④ 《邓小平文选》第 2 卷第 209 页，人民出版社 1993 年版。
⑤ 潘震宇：《努力建设有中国特色社会主义文化》，收入《全国第三次邓小平建设有中国特色社会主义理论研讨会文集》，学习出版社 1997 年版。
⑥ 周崇坡：《社会主义文学要强化主旋律》，《创作评谭》1990 年第 1 期。

就越能有力地体现"二为"方向。①

（5）"二为"方向的意义和实质在于它集中体现了邓小平理论和文化建设思想的逻辑起点；② 肯定人民群众是历史的创造者，是历史唯物论在文化观上的体现；也完全符合文化自身的发展要求，符合文化和艺术发展的客观规律；③ 是对革命文化运动历史经验和现实发展的科学总结；概括了文化建设的总任务和总目标，指明了社会主义文化性质，对我国社会主义文化建设有着不可估量的指导意义。④

3. 坚持"二为"方向的基本要求

"二为"方向对文化和文艺工作者提出了明确要求，有论者结合邓小平提出的"人民是文艺工作者的母亲"的思想，强调文艺工作者和一切文化建设工作者应当成为名副其实的"人类灵魂工程师"。这就要求所有文化建设工作者必须"真正做到教育者必先受教育，给人民营养者必先从人民那里吸收营养"，从而创造出越来越多的各类文化精品，为人民和社会主义现代化建设作出更大贡献。⑤

还有论者认为，在改革开放、发展社会主义市场经济和社会处于转型过程的条件下，如何使思想文化建设与经济建设互相促进、协调发展，形成有利于现代化建设的思想观念、舆论力量、道德规范和精神风貌，有力地抵制和防止资本主义和封建主义的腐朽思想，防止种种迷失方向的危险，这是现阶段文化建设的重大历史课题，它同时也给在新时期坚持"二为"方向赋予了新的内涵，提出了新的要求，这个要求就是江泽民同志一再强调的"以科学的理论武装人，以正确的舆论引导人，以高尚的精神塑造人，以优秀的作品鼓舞人"。在新时期，文化为人民服务、为社会主义服务，就是或主要是以什么样的文化以及怎样以这种文化去武装人、引导人、塑造人和鼓

---

① 刘忠德：《高扬主旋律，繁荣社会主义文艺》，收入《坚持基本理论基本路线不动摇》，中共中央党校出版社 1991 年版。

② 王芳：《人民文艺的理论丰碑》，收入张学新主编：《人民文艺的历程》，天津社会科学院出版社 1998 年版。

③ 余飘等著：《坚持与发展》第 88—91、91 页，北京出版社 1992 年版。

④ 李衍柱等主编：《马克思主义文艺思想的发展与传播》第 589 页，广西师范大学出版社 1995 年版。

⑤ 邢贲思：《论邓小平关于社会主义精神文明建设思想》，收入《全国第三次邓小平建设有中国特色社会主义理论研讨会文集》，学习出版社 1997 年版。

舞人。①

　　另外，理论界还有许多文章，针对所谓"告别革命"、"躲避崇高"、"精英文艺"、"贵族文艺"、"纯自我表现"，还有所谓"文化本性迷失"论、"艺术自身即目的"论，鼓吹一切取决于"发自内心的心电"、"价值要由自己衡量"等与"二为"方向相对立的观点进行了有力驳斥。②

　　（三）坚持"百花齐放"、"百家争鸣"的方针

　　"双百"方针是毛泽东在 1956 年提出的促进我国文艺与科学文化繁荣发展的基本方针，但由于"左"的干扰，长时期未能得到正确贯彻执行。在第四次文代会上，邓小平重申了这一方针，指明真正实现这一方针的条件已日益成熟，并对其内涵和实质作了重要补充和丰富。江泽民同志在1991年七一讲话中再次重申了这一方针，指出，"双百"方针"是我们党繁荣社会主义科学文化事业的重要方针。我们要在坚持四项基本原则的前提下，努力创造勇于探索和创新的活跃气氛，提倡不同学术观点、学术流派的争鸣和切磋，提倡同志式的批评和反批评。"③ 新的历史时期赋予"双百"方针以更加丰富的内涵和价值。理论界许多学者，依据毛泽东、邓小平、江泽民等同志的思想，以新的时代视角对"双百"方针进行诠释和研究。

　　1. 必须把贯彻"双百方针"与坚持四项基本原则统一起来

　　学者们认为，党的"双百"方针与"二为"方向相互联系、相辅相成。只有在坚持"二为"方向和四项基本原则的前提下，"双百"方针才能沿着正确道路贯彻到底，促使它更加健康、更加迅速、更加全面地执行。④ 人们普遍认为，为文化艺术的客观规律和我国文化事业的社会主义性质所决定，"双百"方针也必然应当是我国文化工作的一项基本方针。在文艺创作上，不仅要有不同形式、风格、流派、创作方法的百花齐放，而且要鼓励不同题材和主题的自由选择和竞赛。在理论讨论中，在坚持四项基本原则、遵守宪

① 李道中著：《中国特色社会主义文化》第56—57页，经济科学出版社1998年版。
② 李锦坤主编：《九十年代邓小平理论研究》第355—356、371页，天津社会科学院出版社1999年版。
③ 江泽民：《在庆祝中国共产党成立七十周年大会上的讲话》第22页，人民出版社1991年版。
④ 余飘等著：《坚持与发展》第88—91、91页，北京出版社1992年版。

法和法律的前提下，要保证各种不同观点都有发表和参与争鸣的自由。文化工作的机制应当是越来越能调动更多的人的社会主义积极性，文化工作的路子要越来越宽。论者们同时指出，"双百"方针是有阶级性的，它是繁荣社会主义文化事业的方针，而不是什么别的方针。因此，不能允许借口"双百"方针散布毒素，污染社会。把"双百"方针同"二为"方向对立起来、割裂开来，将其歪曲成"没有前提"、"没有限制词"的自由化方针，则是根本错误的。①

2. 必须把贯彻"双百"方针与正确地开展批评与自我批评统一起来

有论者指出，"双百"方针是建设社会主义文化民主的基本理论方针，在坚持共同原则前提下，不同的观点和学派可以自由争论，不同形式和风格可以自由发展。对于各种错误思想、言论和文艺作品，要理直气壮地展开批评与自我批评。② 有论者指出，贯彻双百方针必须注意：第一，不能淡化双百方针的阶级性质。第二，要慎之又慎地区分学术问题和政治问题。第三，学术争鸣要提倡以马克思主义的哲学和世界观为指导思想。第四，要倡导正常的学术批评和学术自我批评。第五，编辑人员要在坚持四项基本原则的前提下宽容各种学派和学术观点，努力开创学术自由讨论、百家争鸣的局面。③

有论者认为，在批评的方法上，应该把学术问题与政治问题区别开来，满腔热情地站在党和人民利益的立场上，与人为善，充分说理，而不是动辄上纲上线，任意扣帽子，打棍子。这样才能切实负起激浊扬清、匡正祛邪的责任，促进文艺创作和学术探讨的真正繁荣与发展。④ 要尊重实践和认真实行团结的方针，包括团结一切爱国的非马克思主义学术工作者。⑤

---

① 参见韦启光：《建设有中国特色社会主义文化的正确指针》，《贵州社会科学》1992年第1期；贺敬之：《关于建设有中国特色的社会主义文化的几点看法》（续），《求是》1991年第6期；黄美来：《论建设有中国特色社会主义文化的意义、基本要求和根本保证》，《教学与研究》1991年第5期；王忍之：《团结奋斗，繁荣哲学社会科学》，《人民日报》1992年1月15日。

② 吴毅：《邓小平对毛泽东文艺思想的发展》，《探索》1996年第2期。

③ 谭客培：《"双百"方针是繁荣学术发展学报的基本方针》，《湖南师大学报》1990年第5期。

④ 于幼军：《全面正确地坚持"两为"方向和"双百"方针》，《光明日报》1996年8月15日。

⑤ 王忍之：《团结奋斗，繁荣哲学社会科学》，《人民日报》1992年1月15日。

另外，还有许多学者从"弘扬主旋律"、"提倡多样化"、"推陈出新"、"古为今用、洋为中用"等角度探讨了新时期贯彻"双百"方针的有关问题。

（四）继承和发扬民族优秀文化传统，吸收和借鉴世界文化优秀成果

文化优秀成果必须继承和发扬民族优秀传统文化而又充分体现社会主义时代精神，立足本国而又充分吸收世界文化优秀成果，这是1991年江泽民同志在七一讲话中提出的建设中国特色社会主义文化的重要要求之一。江泽民同志指出："中华民族是有悠久历史和优秀文化的伟大民族。我们的文化建设不能割断历史。对民族传统文化要取其精华、去其糟粕，并结合时代的特点加以发展，推陈出新，使它不断发扬光大。我们还必须积极吸收人类所创造的一切优秀文化成果，把它熔铸于有中国特色社会主义的文化中。只有深深植根于中国大地和依靠人民的力量，面向现代化，面向世界，面向未来，才能创造出无愧于伟大时代的社会主义文化。"① 在中国革命和建设的历史过程中，我们党的许多重要领导人特别是毛泽东、邓小平同志都曾就如何对待传统文化和外来文化问题提出过一系列十分重要的指导性意见，这些意见在今天仍有其直接的指导意义。江泽民同志在新的历史的条件下，强调把继承传统和体现时代精神、立足本国和面向世界有机地统一起来，建设新型的中国文化，表明我们党在文化政策之制定上的进一步成熟。江泽民同志《在中国共产党第十四次全国代表大会上的报告》中又指出："我们要继承和发扬中华民族优良的思想文化传统，吸收人类文明发展的一切优秀成果，在生动丰富的社会主义实践中，创造出人类先进的精神文明。"这一论述与前述要求是一以贯之的。②

李瑞环同志在全国文化艺术工作情况交流座谈会上的讲话中曾就弘扬民族优秀文化和社会主义新文化建设问题提出若干原则性意见。这些意见主要包括：繁荣文艺必须注意弘扬民族优秀文化；大力弘扬灿烂辉煌的中华民族

---

① 江泽民：《在庆祝中国共产党成立七十周年大会上的讲话》第22—23页，人民出版社1991年版。

② 张秉楠、邵汉明主编：《新时期学术思潮·文化卷》第353页，吉林教育出版社1996年版。

文化；批判对待民族文化的历史虚无主义；重视和研究中国特色的社会主义新文化；积极借鉴一切对我有用的外来文化；正确处理继承和发展的关系；着力讴歌社会主义的时代精神；民族文化要不断地吸收现代科学技术成果；要造成重视民族文化的舆论环境；要建设一支庞大的民族文化工作者队伍；要加强党对弘扬民族优秀文化工作的领导等。①

1. 关于传统与时代

除了极少数坚持民族文化虚无主义和全盘西化立场的同志外，学术理论界一致的看法是：主张历史性和时代性的统一，一方面继承民族文化优秀传统，另一方面尽力体现社会主义时代精神。许多论者根据马克思提出的人们只能"在直接碰到的、既定的、从过去继承下来的条件下创造"② 历史的观点，指出，中华民族优秀传统文化正是中国特色社会主义文化的既定的、从过去继承下来的条件，新文化建设不能离开这些条件。文化作为一个由过去、现在和未来组成的具有承续性的三元系统，没有它的过去，就没有它的现在和未来。同样，没有中华民族优秀传统文化，也就没有中国特色社会主义的现代文化，它未来的发展更无从谈起。中华民族在悠久的历史发展过程中，创造了源远流长、博大精深、影响深远的民族文化。这个民族文化中有许多优秀的传统如自强不息、锐意进取、求是务实的民族精神，天下兴亡、匹夫有责、威武不屈、救亡图存的爱国主义精神等等，是我们今天必须继承发扬的。论者们认为，在对待民族传统文化问题上，要反对两种错误倾向：一是不加分析，全盘肯定；一是一概贬斥，彻底否定。后者是当前的主要倾向。因此，有必要增强民族自信心和自豪感，批判民族文化虚无主义。③

2. 关于中国和外国

许多论者对江泽民同志提出的立足本国，又放眼世界，吸收世界文化优秀成果的要求持完全认同态度。在论者们看来，强调弘扬民族文化绝不是要闭关自守。文化上的对外开放和交流同样是社会主义文化事业迅速发展必不

---

① 李瑞环：《关于弘扬民族优秀文化的若干问题——在全国文化艺术工作情况交流座谈会上的讲话》，《求是》1990 年第 10 期。

② 《马克思恩格斯选集》第 1 卷第 603 页，人民出版社 1995 年版。

③ 参见崔文良：《建设有中国特色的社会主义文化三论》，《北京师范大学学报》1992 年第 1 期；韦启光：《建设有中国特色社会主义文化的正确指针》，《贵州社会科学》1992 年第 1 期；李宗桂：《文化批判与价值重构》，《天津社会科学》1992 年第 4 期。

可少的条件。我国文化上的开放和借鉴，不仅要面向社会主义国家，而且要面向资本主义国家；不仅包括资本主义上升时期的文化，而且包括资本主义的现代文化；不仅有文化知识和艺术形式、技巧的借鉴，而且包括思想内容的借鉴。一切人类创造的积极文化成果和精神财富，我们都要积极地去了解、借鉴和吸收。但这种开放和借鉴必须以我为主，绝不能对外国文化良莠不分地兼收并蓄、盲目模仿。学习西方，旨在"洋为中用"，而不在丢失自我，"全盘西化"。因此，必须用马克思主义的观点去分析和鉴别，从我国文化发展的实际需要出发去把外国文化中有价值的东西加以选择、消化和创造，以促进中国文化的发展。同时，要通过文化交流，使中国文化对当代人类文明作出新的更大的贡献。①

3. 正确处理传统文化与现代文化，中国文化与西方文化的关系

我国社会主义文化建设的总体目标模式是建设一种继承发扬优良传统而又充分体现时代精神、立足本国而又面向世界的中国特色社会主义文化。因此，继承传统优秀文化，吸收外国主要是西方有益文化，正确处理传统文化与现代文化、中国文化与西方文化的关系，是我国社会主义文化建设的一个基本问题。首先，文化的发展和建设离不开自己的传统。文化发展和建设要从传统文化中继承必要的思想资源。发展和建设文化的主体即中国人，是在传统文化中培养和成长起来的。中国现代文化的发展和建设应该以自己的文化为基础。其次，民族文化的发展和建设不可能离开世界文明的大道而在封闭的文化圈中进行。民族文化的发展和建设必须实行开放政策，吸收借鉴世界上一切有益的文化。再次，传统文化与现代文化、西方文化与中国文化确实存在着不少冲突和差异。最后，对传统文化与现代文化、中西文化关系的处理，直接关系到我国文化建设的发展途径、发展方式及目标模式的确定和选择。因此，如何处理好传统文化与现代文化、西方文化与中国文化的关系，是一个需要解决好的重要问题，不然，就达不到我们文化建设的目标。②

---

① 参见袁晖：《建设具有中国特色的社会主义文化》，《安徽大学学报》1991 年第 4 期；贺敬之：《关于建设有中国特色的社会主义文化的几点看法》（续），《求是》1991 年第 6 期；鄂平：《坚持以马克思主义为指导，建设社会主义精神文明》，《人民日报》1992 年 5 月 15 日。
② 李道中著：《中国特色社会主义文化》第 262 页，经济科学出版社 1998 年版。

五、 新世纪中国特色社会主义文化研究新进展

改革开放 30 年间，中国社会在经济、政治和思想文化等领域发生了整体结构性变革，作为精神层面的社会价值观和社会心理也发生了新的变化。进入 21 世纪以后，随着改革开放的不断深入，文化已上升为推动经济发展和社会进步的关键因素。面对当今世界各种思想文化相互激荡的大潮，面对国家发展和人民生活改善对文化发展的要求，面对社会文化生活多样活跃的态势，中国共产党作出了积极的回应。为繁荣社会主义文化，提高国家文化软实力，继十六大报告之后，十七大报告在经济、政治、文化、社会建设四位一体的战略框架内，进一步明确提出了我国文化建设的战略部署和具体措施。时代赋予文化建设以新的内涵，也使这一时期的中国特色社会主义文化研究焕发出勃勃生机。

（一）关于先进文化问题的研究

坚持什么样的文化方向，建设什么样的文化，不仅是一个政党在思想上、精神上的一面旗帜，也是文化理论体系构建不能回避的问题。江泽民同志 2000 年 2 月在广东视察工作时提出，中国共产党要始终代表中国先进文化的前进方向。《在庆祝中国共产党成立八十周年大会上的讲话》中，江泽民对这一重要思想又作了进一步阐述。自十六大我们党把"三个代表"重要思想写进了党章以后，伴随着"三个代表"重要思想在党的指导思想体系中的地位得以确定，理论界围绕"先进文化"的科学内涵、特征、前进方向、建设规律等问题，展开了深入研究和热烈讨论，并形成了中国特色社会主义文化研究的新热点。

1. 先进文化的内涵、特征

关于先进文化的内涵。在当代中国，发展先进文化就是发展有中国特色社会主义文化，就是建设社会主义精神文明。建设中国特色社会主义文化，就是以马克思主义为指导，以培育有理想、有道德、有文化、有纪律的公民为目标，发展面向现代化、面向世界、面向未来的民族的科学的大众的社会主义文化。学术界对此基本没有异议，但在具体表述先进文化内涵时，学者

们还是各有侧重的。

有论者从社会发展、时代进步和人类福祉的角度论述了先进文化就是社会主义文化。秋石指出，先进文化是适应先进生产力发展要求、代表最广大人民的根本利益，符合人类文明发展趋势的文化。从我们党的文化建设实践看，"社会主义"是最核心、最本质的要求，所以先进文化就是社会主义文化。① 夏兴有等认为，先进文化作为人类社会发展合目的性的一种潜在力量，通过知识体系、价值观念、思想信仰和行为规范，通过评价、言说、交往等方式，教化生活于其中的社会成员，规范人们的行为，保持社会的认同，凝聚社会的共识，制约社会发展的特色和方向，从而成为人类社会发展的灵魂。② 黄楠森认为，先进文化相对于落后文化而言，社会主义文化比资本主义文化先进，比封建文化更先进。但一个国家的具体文化现象不是纯粹的，社会主义文化与社会主义社会文化不能等同。当代中国文化之所以是先进文化，在于它的主流文化是社会主义文化。社会主义文化只是就整体上讲比资本主义文化先进，"有中国特色"就准确地表明了这种复杂性。③

有论者从先进文化的社会功能角度阐释先进文化内涵。先进文化是人类文明进步的结晶；是推动人类社会进步的精神动力和智力支持；代表时代发展的主流和前进方向；是健康、科学、文明、向上的精神生活方式。④ 先进文化作为特定历史时期文化中引领发展方向和潮流的最进步的部分，它既能反映社会发展的规律，又能揭示社会未来的发展方向，对社会政治、经济的发展起着促进作用。⑤

也有学者从本质和内容的角度理解先进文化的内涵。认为马克思主义意识形态是中国先进文化的核心。⑥ 先进文化是建立在现代人文理性基础上的、以马克思主义关于人的全面发展的思想为宗旨的文化，是反映和引领现

---

① 秋石：《努力繁荣当代中国先进文化》，《求是》2002 年第 7 期。

② 夏兴有、张玉堂：《论先进文化》，《光明日报》2000 年 11 月 7 日。

③ 黄楠森：《始终做先进文化前进方向的代表》，《前线》2002 年第 3 期。

④ 朱敏彦：《正确把握先进文化的前进方向，创造和建设有中国特色社会主义文化》，《求是》2001 年第 6 期。

⑤ 李建群、杨晓英：《建设先进文化，促进精神文明》，《思想理论教育导刊》2002 年第 5 期。

⑥ 彭焕才：《马克思主义意识形态与中国先进文化》，《湖南社会科学》2001 年第 3 期。

代技术和物质文明、继承和融合东西方优秀人文主义传统的文化。① 当代中国先进文化包含许多内容，但最基本的还是"五四"以来提倡的科学与民主。马克思主义就是体现科学与民主精神的先进文化集中代表。② 先进文化由物质文化与文明、政治文化与文明、精神文化与文明、生态文化与文明四部分紧密联系协调发展构成。③ 绝大多数学者都十分强调思想道德在先进文化中的地位和作用。由于思想道德直接支配和规范人们的思想和行动，是推动社会进步的精神动力，直接体现了先进文化的性质，所以对先进文化来说具有根本性意义。④

关于先进文化的特征。理论界有关先进文化特征的研究和论述涉及范围很广，并取得了大量成果。有学者将之归纳为五个方面⑤：第一，科学性，即先进文化要正确地反映自然和社会的本质与发展的规律；第二，民族性，即以本民族的文化作为载体和基础；第三，开放性，即先进文化要面向世界、面向未来；第四，时代性，即先进文化反映时代的主流和方向；第五，创新性，即先进文化要始终保持与时俱进和不断创新的趋势和特征。这些特征为多数学者所认可。关于先进文化特征的其他概括有：先进文化具有群众性的特征⑥。具有科学性、继承性、革命性、创造性、时代性、民族性、包容吸纳性、人民性、预见性九个特征。⑦ 具有先进性、前进性、方向性等特征。⑧ 在经济全球化语境中，先进文化除了具有前瞻性、开放性的特点外，还具有自觉性和自主性。⑨ 具有历史的继承性、浓厚的民族性、鲜明的时代性、显著的意识形态性、广泛的群众性、严格的科学性、博大的容纳性和相

---

① 杨林：《论"先进文化"的内涵》，《江汉论坛》2001年第9期。
② 刘跃进：《文化的先进性是国家文化安全的关键》，《铁道警官高等专科学校学报》2002年第1期。
③ 方世南、范俊玉著：《先进文化与小康社会》第二章，苏州大学出版社2003年版。
④ 阎志民：《发展先进文化的重要内容和中心环节》，《人民日报》2002年9月19日。
⑤ 赵存生、宇文利、王永浩：《近年来先进文化问题研究综述》，《高校理论战线》2006年第2期。
⑥ 王伟光著：《"三个代表"思想研究》169页，人民出版社2002年版。
⑦ 周向军著：《代表中国文化的前进方向研究》第一章，中国人民大学出版社2004年版。
⑧ 王曜宇：《当代中国的先进文化就是有中国特色社会主义文化》，《创造》2000年第11期。
⑨ 孙卫卫：《全球化语境中的先进文化建设》，《社会主义研究》2003年第1期。

对的前瞻性特征。①

先进文化的特征总是具体的历史的。在不同的社会历史条件下，先进文化有着与社会发展同步的时代特征。当代中国先进文化的特征，即中国特色社会主义文化的基本特征。有论者指出，中国共产党在不同历史时期提出的先进文化具有的共同特征是理论与实践的统一、传统与创新的统一、发展与继承的统一和历史与现实的统一。当代中国先进文化的基本特征主要有：第一，坚持马克思主义理论的指导地位；第二，坚持先进文化的主导价值观，即代表先进生产力的发展要求，代表历史发展的前进方向，代表广大人民的根本利益；第三，坚持先进文化的世界性与民族性的统一，汲取世界文化的优秀成果，大力弘扬中华民族的优秀传统和革命文化传统，发展中国特色的社会主义文化。② 还有的学者提出，当代中国先进文化的基本特征主要有：第一，当代中国的先进文化是社会主义的。这种文化以马列主义、毛泽东思想、邓小平理论为指导，有坚定的共产主义信念。第二，当代中国的先进文化是立足实践的、创新的。我国正处于社会主义初级阶段，因而中国特色社会主义文化必然带有这个时代和历史阶段所具有的特点，反映实践的要求。先进文化只有同时代精神结合，在实践中得到创新，随着历史实践的发展而不断发展，才会永葆活力。第三，当代中国的先进文化是面向现代化和未来的。这种文化建设的目标就是培养适应社会主义现代化和民族伟大复兴所需要的"四有"公民。③

2. 先进文化的功能与判断标准

关于先进文化的功能。先进文化除了具有一般文化共有的功能与作用外，其促进发展的积极功能不言而喻。因此，有论者提出，先进文化的第一个作用是推动先进生产力的发展；第二个作用是凝聚亿万人民，振奋民族精神；第三个作用是保证我国社会沿着符合广大人民根本利益和人类文明发展趋势的方向前进。④ 还有论者认为，先进文化为社会提供科学的理想信念和

---

① 赵铁信：《先进文化贵在先进》，《中国文化报》2001 年 10 月 20 日。

② 张广才、蓝海、郭枫：《中国共产党在不同时期对先进文化的阐释与创新》，《北方论丛》2003 年第 5 期。

③ 王曜宇：《当代中国的先进文化就是有中国特色社会主义文化》，《创造》2000 年第 11 期。

④ 王天玺著：《"三个代表"兴中华》第 112—115 页，人民出版社 2003 年版。

价值追求，给人们设置合理的行为规范，为个人和具体科学灌注灵魂，为社会倡导新的伦理价值观念，为社会持续、快速、健康发展指明方向。① 先进文化的作用体现在，促进人和社会的全面发展与进步、提升综合国力以及保持党的先进性等方面。② 先进文化具有方向引导、思想道德支撑、文化批判和整合等功能和作用。③ 还有的学者从唯物史观出发论证了文化对政治、经济的反作用，并结合着"三个代表"彼此间的关系提出先进文化是精神保障，它为生产力的发展提供精神动力和智力支持。④ 社会主义先进文化具有塑造社会主义新人的独特的总体功能和作用。⑤ 先进文化对于社会政治发展的作用主要表现在：引导社会政治良性发展；对社会政治稳定具有保障作用；作为综合国力的重要组成部分影响社会政治发展；是人类实现自身解放的精神动力。⑥

关于先进文化的判断标准。大多数学者在承认先进文化的历史合理性前提下，认为判断文化是否先进是有一定标准的。有学者以是否有利于社会发展和进步为标准⑦。有论者提出衡量中国先进文化要看它"是否有利于生产力的解放和发展，是否有利于社会的全面进步，是否有利于人自身的解放和发展"。即要看它是否符合社会生产力发展的客观要求；是否符合人类文明演进的客观规律；是否符合社会发展趋势的必然要求；是否体现了文化自身价值；是否符合最广大人民的最根本利益为标准。⑧ 还有论者提出："文化是否先进，应该从历史和道德两个角度来进行综合考察。看其是否从根本上反映先进生产力的发展要求，促进生产力的解放和发展；看它是否符合社会发展的最终目标，能否推进人类的解放，促进人的全面发展，能否有力地体现最广大人民群众的愿望、意志和根本利益，能否不断地满足最广大人民群

---

① 夏建国：《试论先进文化的社会功能》，《湖北行政学院学报》2002 年第 3 期。

② 沈壮海著：《先进文化论》第三篇，高等教育出版社 2003 年版。

③ 张慧彬：《论先进文化在当代中国文化发展中的作用》，《学习与探索》2003 年第 3 期。

④ 赵存生、宇文利、王永浩：《近年来先进文化问题研究综述》，《高校理论战线》2006 年第 2 期。

⑤ 赵卯生：《文化·先进文化·中国先进文化》，《前进》2002 年第 10 期。

⑥ 夏莉、杨以谦：《浅议先进文化对社会政治发展的作用》，《政治学研究》2002 年第 3 期。

⑦ 李毅：《中国先进文化的基本特征》，《思想理论教育导刊》2001 年第 9 期。

⑧ 刘建军：《论先进文化的衡量标准》，《社会主义研究》2002 年第 6 期。

众日益增长的精神文化需要。"① 有人认为要判断文化的先进性应坚持历史尺度和价值尺度的统一。要看它是否反映和适应社会生产力发展的状况及要求；是否符合广大人民的利益和愿望；是否顺应人类文明进步的潮流和方向。② 有论者更进一步地提出，判别一种文化是否先进，要坚持历史的尺度、科学的尺度和价值的尺度统一。③ 还有论者指出，对先进性的评价应坚持共性与个性的统一、时代性与历史性的统一、规律性与目的性的统一、世界性与民族性的统一。④ 还有学者指出，每个民族每个时代衡量文化先进性还应有自己具体的标准，在处于社会主义初级阶段的当代中国，这个标准就是有利于祖国统一、民族团结和社会进步；有利于弘扬社会主义、集体主义和爱国主义；有利于改革开放和社会主义现代化的建设；有利于弘扬真、善、美，抵制假、丑、恶；有利于诚实劳动，合法经营，追求美好生活。⑤

3. 中国先进文化的前进方向

如何把握当代中国先进文化的前进方向，是关乎中国共产党领导的文化建设走什么道路的问题，也是理论界研究的重点和焦点问题。理论界对此问题的研究范围和角度极其广泛，成果丰硕。

大多数学者认为，中国文化的前进方向就是建设中国特色的社会主义文化。建设中国特色社会主义文化的根本任务是培养有理想、有道德、有文化、有纪律的公民；总体要求是发展面向现代化、面向世界、面向未来的，民族的科学的大众的社会主义文化；基本方针是唱响社会主义文化主旋律，坚持为人民服务、为社会主义服务，实行百花齐放、百家争鸣；关键是进行文化创新。

从文化性质的层面上看，有学者认为，当代中国先进文化的前进方向是社会主义，应该明确当代中国文化建设的社会主义性质⑥。在当代中国，发展先进文化，就是要发展面向现代化、面向世界、面向未来的社会主义文

---

① 温汉雄：《论社会主义先进文化及其特征》，《广西社会科学》2004 年第 5 期。
② 赵卯生：《文化·先进文化·中国先进文化》，《前进》2002 年第 10 期。
③ 沈壮海著：《先进文化论》第四章，高等教育出版社 2003 年版。
④ 廖志成：《论先进文化的评价标准》，《郑州大学学报》2004 年第 1 期。
⑤ 范鹏：《关于代表中国先进文化前进方向的几个基本问题》，《甘肃理论学刊》2000 年第 5 期。
⑥ 秋石：《努力繁荣中国当代先进文化》，《求是》2002 年第 7 期。

化①。有学者认为，当代中国先进文化的前进方向，就是建设中国特色社会主义文化，就是以马克思主义为指导，以培育有理想、有道德、有文化、有纪律的公民为目标，发展面向现代化、面向世界、面向未来的，民族的科学的大众的社会主义文化②。

从文化精神的层面上看，有学者认为，高科技精神与新人文精神的统一是中国先进文化的前进方向。③

从文化的发展层面上看，有学者认为，当代中国先进文化的前进方向表现为：坚持马列主义、毛泽东思想和邓小平理论的指导，建设社会主义"一主多样"与"综合创新"的新文化，全面提高人的素质，实现人的全面发展。④ 从文化的发展结构上看，是建设中国特色社会主义"一主多样"的文化；从文化发展的途径来看，是建设吸收各方积极成果的"综合创新"的文化；从文化发展的宗旨来看，是建设充分满足人的需要的"以人为本"的文化。⑤ 先进文化的前进方向，是指人类文明进步的必然趋势。⑥ 先进文化前进方向与人的自由自觉的全面发展相一致。⑦

从文化的功能层面上看，有不少学者指出：先进的文化是人类文明进步的结晶，又是推动人类社会前进的精神动力和智力支持。它影响人的精神和灵魂，渗透于社会生活各个方面。先进的政党不仅代表先进生产力的发展要求，而且代表先进文化前进的方向。只有这样，才能使物质文明和精神文明协调发展，推动社会全面进步。先进文化的前进方向包括：进一步培养和弘扬民族精神，这是一个民族赖以生存和发展的精神支撑；切实加强思想道德建设，使依法治国和以德治国相辅相成；大力发展教育和科学事业，积极发

---

① 沈壮海：《先进文化论》，高等教育出版社 2003 年版。

② 赖荣珍：《用"三个代表"重要思想统领社会主义文化建设》，《理论月刊》2003 年第 6 期。

③ 赖荣珍：《用"三个代表"重要思想统领社会主义文化建设》，《理论月刊》2003 年第 6 期。

④ 彭焕才：《代表中国先进文化的前进方向论析》，《淮北煤炭师范学院学报》2001 年第 2 期。

⑤ 广东省社会科学院课题组：《建党学说的新发展文化建设的新指南》，《广东社会科学》2004 年第 4 期。

⑥ 郭德宏著：《先进文化论》第 49 页，湖南人民出版社 2002 年版。

⑦ 朱敏彦，王正平：《正确把握先进文化的前进方向，创造和建设有中国特色的社会主义文化》，《上海党史与党建》2000 年第 6 期。

展文化事业和文化产业；继续深化文化体制改革和积极进行文化创新。① 把握先进文化前进的方向不仅要以先进的高尚的优秀文化作引导，而且要在文化建设中形成全民先进、积极、健康、向上的大众文化氛围，在全社会形成较高的文化品位，提高全民族的思想道德素质和科学文化素质②。

另有学者从综合角度，提出当代中国先进文化的前进方向。主要有如下三个方面：在思维向度上，是坚持"三个面向"；在目标指向上，是发展民族的科学的大众的社会主义文化；在功能指向上，是发挥好两方面的作用，一是促进全民族思想道德素质和科学文化素质的不断提高，二是推动经济的持续发展、政治的不断进步和文化的科学提升。③

4. 先进文化建设的规律与途径

关于先进文化建设的规律。大多数学者以"牢牢把握中国先进文化的发展趋势和要求；坚持以马克思列宁主义、毛泽东思想、邓小平理论为指导；立足建设有中国特色社会主义实践；着眼于世界科学文化发展的前沿"，从理论和实践两个方面探索当代中国先进文化建设的一般规律。

张岱年认为，当代中国先进文化建设必须走综合创新之路，既要继承传统文明，又要借鉴西方优秀文化成果④。

有学者认为，先进文化发展的规律可以分为内部客观规律、外部客观规律和主观指导规律。内部客观规律包括：思想道德建设和培养民族精神是先进文化建设和发展的中心环节和灵魂统领；科学技术建设是先进文化发展的不竭动力；思想道德建设和教育科学文化建设相互作用、相互影响。外部客观规律包括：先进文化与物质文明相互影响、相互作用；先进文化与政治文明相互作用、相互影响。主观指导规律包括：正确处理中国传统文化、革命文化传统和时代精神的关系；正确处理学术自由和政治标准的关系；正确处理批判继承本土文化和吸收借鉴外来文化的关系，正确处理"破"与"立"的关系。⑤

---

① 胡伯俊：《积极进行文化创新，大力发展文化产业》，《学习导报》2001 年第 9 期。
② 杨以谦：《中国特色社会主义的先进性和时代性的统一》，《马克思主义研究》2000 年第 5 期。
③ 周向军著：《代表中国文化的前进方向研究》第一章，中国人民大学出版社 2004 年版。
④ 张岱年：《文化传统和综合创新》，《江海学刊》2003 年第 5 期。
⑤ 周向军著：《代表中国文化的前进方向研究》第一章，中国人民大学 2004 年版。

　　有学者指出，建设先进文化必须与发展先进生产力紧密结合；建设先进文化必须以创新为灵魂，解放思想，与时俱进；建设先进文化必须充分尊重、挖掘、吸收优秀的传统文化；建设先进文化必须兼容并蓄，既立足本国又面向世界；建设先进文化必须努力增强我们党的使命感和自觉性；建设先进文化必须经受住各种艰难险阻的严峻考验。①

　　还有学者强调哲学理论思维的创新性发展性；强调文化生活的开放性包容性；强调可持续发展文化的方向性实践性。② 周果认为，建设中国先进文化，必须构建求真、求善、求美三大系统，即加快以科技、教育为主要内容的求真系统建设，加大以思想道德、社会风尚所组成的求善系统建设，加强以文学艺术所构成的求美系统建设。③

　　关于如何建设先进文化，孙家正作了较为详尽的论述。他提出大力推进中国特色社会主义文化建设，确保先进文化的前进方向，不断满足广大人民群众日益增长的精神文化需求，必须坚持以"三个代表"重要思想统领文化工作，正确认识和处理好事关文化建设全局的十个重大关系：一是正确认识和处理文化建设与现代化全局的关系，始终坚持以经济建设为中心，文化建设要服从和服务于现代化建设的大局，同时，充分认识文化作为综合国力的重要组成部分，建设先进文化是建设中国特色社会主义的重要内容和根本任务；二是正确认识和处理坚持马克思主义指导与贯彻"双百"方针的辩证关系，充分发挥艺术家、作家的积极性和创造性，进一步解放艺术生产力，促进文艺的繁荣；三是正确认识和处理满足人民群众精神文化需求与不断提高人民群众素质的关系，坚持以培育有理想、有道德、有文化、有纪律的公民为目标，努力提高全民族的道德素质和科学文化知识；四是正确认识和处理继承优秀文化传统与实现文化创新的关系，大力倡导和推进文化创新，努力建设具有鲜明时代精神的当代中国新文化；五是正确认识和处理坚持对外开放与保持民族文化独立品格的关系，努力建设具有中国气派、中国风格的当代中国文化；六是正确认识和处理专业文化与群众文化的关系，不断提高广大人民群众的文化艺术素养；七是正确认识和处理社会效益与经济

① 杨柳等：《先进文化发展规律的新探索》，《理论月刊》2003 年第 9 期。
② 郑钟：《对"代表先进文化前进方向"的若干思考》，《桂海论丛》2001 年第 3 期。
③ 周果：《坚持先进文化的前进方向必须与时俱进》，《理论月刊》2004 年第 1 期。

效益的关系，坚持把社会效益放在首位，力争社会效益和经济效益的最佳结合；八是正确认识和处理繁荣与管理的关系，促进文化市场的繁荣与发展，加快推进文化法制建设；九是正确认识文化遗产是维系中华民族共同心理和精神特征的纽带，在经济建设中充分重视对历史遗产的保护，坚持走可持续发展的道路；十是正确认识和处理改革与稳定的关系，坚持以解放艺术生产力为根本任务，大力推进文化理念、制度、手段和各项工作的创新，同时，坚持改革和创新要遵循文化生长发育的自身规律。①

（二）关于"建设和谐文化"问题的研究

党的十六届六中全会明确提出建设和谐文化是构建社会主义和谐社会的重要任务。党的十七大把和谐文化建设摆在重要战略地位加以阐述，进一步揭示了和谐文化对于发展社会主义先进文化，建设社会主义核心价值体系的重要作用，指明了当前和今后的努力方向。建设和谐文化，反映了构建社会主义和谐社会的现实需要，体现了社会主义先进文化的前进方向，标志着我们党对中国特色社会主义文化建设规律的认识和把握达到了新的历史高度，是中国特色社会主义文化建设的新觉醒。近年来，理论界围绕和谐文化建设的主要内容、建设意义、和谐文化与先进文化、和谐社会、社会主义核心价值体系的辩证关系等一系列问题，开展了深入研究和热烈讨论，形成了新的文化热潮。有学者对此进行了全面系统的总结和梳理。②

1. 关于建设和谐文化的重大意义

我国理论界普遍认为建设和谐文化是构建社会主义和谐社会的一项基础性工程，意义重大。一种观点认为，建设和谐文化，有利于巩固全国人民团结奋斗的思想道德基础，为构建社会主义和谐社会提供坚定的理想信念支撑和思想道德支撑。③

另一种观点认为，建设和谐文化，对于社会的全面、协调与可持续发展具有重要意义。和谐文化是激发全社会创造活力的思想源泉和精神基础，建

---

① 孙家正：《牢牢把握中国先进文化的前进方向》，《求是》2002 年第 21 期。
② 郎丰君、姜涛：《目前我国理论界关于"建设和谐文化"研究综述》，《中共南昌市委党校学校》2007 年第 3 期。
③ 刘广远、周景雷：《建设和谐文化构建和谐社会》，《文艺报》2007 年 1 月 23 日。

设和谐文化有利于物质文明、政治文明、精神文明、社会文明的共同发展。① 还有一种观点认为，建设和谐文化，有助于整合社会力量、化解社会矛盾、凝聚人心。和谐文化是和谐社会的凝聚和激励力量，有利于营造文明的社会风尚。②

也有学者从国际大环境和世界战略的视野出发，认为建设社会主义和谐文化，倡导和谐世界理念，不仅是提升中国综合国力，展示文化中国的大国风格和大国气派的需要，亦是为了化解"中国威胁论"，求得国家文化安全和人类文明健康发展的客观要求。③ 总之，建设和谐文化，有利于形成与构建社会主义和谐社会相适应的坚定的理想信念基础、思想道德基础和精神文化基础；有利于激发全社会的创造活力，促进社会的全面、协调、可持续发展；有利于整合社会力量、化解矛盾、凝聚人心；有利于加速文化自身的发展，促进文化与经济的协调发展；有利于提升文化中国的软实力，维护和促进世界和平。

2. 关于和谐文化的主要内容

关于和谐文化的概念。一种观点认为，和谐文化是指一种以和谐为思想内核和价值取向，以倡导、研究、阐释、传播、实施、奉行和谐理念为主要内容的文化形态、文化现象和文化性状。它包括思想观念、价值体系、行为规范、文化产品、社会风尚、制度体制等多种存在方式。④

另一种观点认为，社会主义和谐文化作为一种全新的文化形态和文化范式，是一种与传统文化相承接、与社会基础相契合、与时代背景相适应的先进文化、反映了人们对和谐社会的总体认识、人本理念和理想追求，是构建社会主义和谐社会的文化源泉和精神动力。⑤

另有学者概括地认为，凡是有利于追求和谐的人类创造物均属和谐文

---

① 秦刚：《构建和谐社会必须着力建设和谐文化》，《光明日报》2005 年 10 月 18 日。

② 李忠杰：《建设和谐社会文化的核心是倡导和谐的价值取向》，《光明日报》2006 年 7 月 25 日。

③ 李忠杰：《建设和谐社会文化的核心是倡导和谐的价值取向》，《光明日报》2006 年 7 月 25 日。

④ 白显良：《先进文化·和谐文化·文化和谐》，《光明日报》2006 年 5 月 2 日。

⑤ 李忠杰：《建设和谐社会文化的核心是倡导和谐的价值取向》，《光明日报》2006 年 7 月 25 日。

化，它是由和谐理论、和谐观念、和谐制度、和谐行为构成的。① 也有学者认为，和谐文化是指反映一切人类和平、和睦及其自然关系、社会关系和谐的价值观念、文化形态及行为规范的总称。②

关于和谐文化的主要内容。一种观点认为，和谐文化包含精神文化、物态文化、行为文化、制度文化等四个层面。③ 另一种观点认为，社会主义和谐文化是一种包括多元统一、兼容共生、协调有序、充满活力和大众共享等内容的文化形态。④ 还有一种观点认为，和谐文化包括共同的社会理想、以和为贵的价值观念、和而不同的思维方式、平和包容的处世态度、通融和解的行为方式、安定健康的社会心理、天人合一的自然观等内容。⑤

也有学者认为，和谐文化包括两个层面的内容：一是特殊具体的文化层面，即一个文化体系自身的内容及各种形式、各个环节之间是统一和谐、积极互动的，而不是分裂、冲突和相互抵消的，呈现出"和谐文化"的面貌上是普遍抽象的文化层面，这一文化体系与它的经济基础、政治导向和生态环境之间是和谐一致、积极互动的，而不是分离、对立和相互抵消的，从而使经济、政治、文化、社会、生态（自然）达到整体意义上的"文化和谐"。⑥

关于和谐文化的特征。一种观点认为，和谐文化的特征体现为：①主导性，和谐文化的主体内核是党对文化建设的宏观把握和先进的意识形态；②民族性，和谐文化的灵魂源于中华民族的优秀传统文化；③现代性，中国的和谐文化是传统向现代转型，积极吸收借鉴世界人类优秀文明成果的结果；④层次性，和谐文化包含了主导文化、精英文化、传统文化、民间文化、大众文化等各种文化及其和谐；⑤动态性，和谐文化会随着时代的要求、人民的需求、文化规律本身的要求不断丰富、创新和发展；⑥开放性，现代和谐文化的建设以全球化为背景，开放性是文化发展、创新的必由之路；⑦世界性，中国的和谐社会与和谐文化一旦建设成功，这一套经验和文化实绩将具

---

① 杜宇新：《筑牢和谐社会的文化根基》，《光明日报》2006 年 12 月 18 日。
② 卢岳华：《社会主义和谐文化的功能浅析》，《湖南日报》2007 年 1 月 8 日。
③ 韩东屏：《论和谐文化》，《理论月刊》2006 年第 12 期。
④ 卢岳华：《社会主义和谐文化的功能浅析》，《湖南日报》2007 年 1 月 8 日。
⑤ 周向军：《文化等同于先进文化吗》，《解放日报》2007 年 1 月 15 日。
⑥ 白显良：《先进文化·和谐文化·文化和谐》，《光明日报》2006 年 5 月 2 日。

有世界意义①。

另一种观点认为，社会主义核心价值体系引领整合下的和谐文化，具有差异性、包容性、互补性、平衡性等特征。② 还有一种观点认为，中国化、民族化、现代化、科学化、民主化是和谐文化的主要特征。③

关于和谐文化的功能。一种观点认为，和谐文化具有凝聚导向、规范培育、教育预防、约束惩治、激励助推、保障保护、协调服务、兼容整合等功能。④ 另一种观点认为，和谐文化具有辩护批判、辨析优化、导向激励和协调整合四项基本功能。⑤ 也有学者认为，和谐文化对和谐社会建设发挥着方向引导、思想保证和精神支撑作用，在正确处理人与自然、人与人、人与社会、人与自我之间的关系中，具有重要的调节与整合功能。⑥

综上所述，所谓和谐文化，是以马克思主义指导思想、中国特色社会主义共同理想、以爱国主义为核心的民族精神和以改革创新为核心的时代精神、社会主义荣辱观共同构成社会主义核心价值体系的基本内容，在借鉴人类有益文明成果的基础上不断创新的民族的、科学的、大众的现代文化，它是坚持以人为本，以社会主义制度为基础，以先进文化为指导，立足现实，面向时代，放眼世界，与中华民族和谐传统相承接与和谐社会要求相吻合的思想文化体系。

3. 关于和谐文化与先进文化、和谐社会的关系

关于和谐文化与先进文化的关系。一种观点认为，在当代中国，发展先进文化就是发展面向现代化、面向世界、面向未来的民族的科学的大众的社会主义文化。从这个意义上说，和谐文化就是先进文化。但是，文化的先进性并不仅仅表现在和谐一种性质上。和谐文化属于先进文化，先进文化也必然具有和谐的性质，但不能简单地说先进文化就是并且只能是和谐文化。先进文化包含的内容比和谐文化更多一些、更广一些。先进文化包含和谐文化，而不是简单等于和谐文化。我们发展先进文化，必须努力建设和谐文

① 张西立：《和谐文化论纲》，《学习论坛》2006 年第 8 期。
② 张江明：《和谐文化的内涵和特色》，《南方日报》2006 年 11 月 28 日。
③ 韩东屏：《论和谐文化》，《理论月刊》2006 年第 12 期。
④ 杜宇新：《筑牢和谐社会的文化根基》，《光明日报》2006 年 12 月 18 日。
⑤ 张江明：《和谐文化的内涵和特色》，《南方日报》2006 年 11 月 28 日。
⑥ 张可荣：《先进文化与和谐文化关系刍议》，《长沙理工大学学报》2006 年第 4 期。

化，但不能将先进文化、和谐文化两个名词概念简单置换。①

另一种观点认为，和谐文化与先进文化既有共同性、一致性又有区别性、差异性。共同性、一致性表现为：其一，作为两种特殊文化，它们都具有文化一般的本质和特征，并遵循着文化发展的一般规律。其二，从文化分类学的意义上看，两者属于同一类别，处于同一序列。其三，在当代中国，无论是先进文化还是和谐文化，都是以马克思主义为指导思想的，也都是把马克思主义作为首要的和主要内容。和谐文化与先进文化的区别性、差别性表现在如下方面：其一，它们的基本内涵和价值取向不完全相同。其二，它们直接的矛盾对立面有明显的差别。其三，它们各自包含的内容、涉及的范围有多少和广狭之分。其四，作为特定的概念或范畴，它们提出的历史背景和理论地位不完全相同。总之，既不能只看到它们的区别性、差异性，从而把它们割裂或绝对对立起来，也不能只看到它们的共同性、一致性，从而把它们完全等同起来。②

关于和谐文化与和谐社会的关系。一种观点认为，和谐文化是和谐社会的重要组成部分，是维系社会发展的精神支柱和纽带，也是建设和谐社会的价值导向、智力支撑和精神武装。就和谐社会对和谐文化而论，和谐社会是和谐文化的源泉和基础；就和谐文化对和谐社会而论，和谐文化是和谐社会的精神向导和支撑。③

另一种观点认为，建设和谐文化，既是构建和谐社会的主要内容和特征，又是构建和谐社会的必要根基和条件，建设社会主义和谐社会，事实上是在和谐文化基因链条上的和谐社会的演进和发展。④

4. 关于作为和谐文化建设根本的社会主义核心价值体系

关于社会主义核心价值体系的基本内涵及其结构分析。一种观点认为，马克思主义指导思想，是从理论层面说的，它是社会主义核心价值体系的核心和灵魂；中国特色社会主义共同理想，是从理想层面说的，它是社会主义核心价值体系的主题。坚持以爱国主义为核心的民族精神和以改革创新为核心的时代精神，这是从精神层面说的，它是社会主义核心价值体系的精髓；

---

① 张西立：《和谐文化论纲》，《学习论坛》2006 年第 8 期。
② 杜宇新：《筑牢和谐社会的文化根基》，《光明日报》2006 年 12 月 18 日。
③ 韩东屏：《论和谐文化》，《理论月刊》2006 年第 12 期。
④ 周向军《文化等同于先进文化吗》，《解放日报》2007 年 1 月 15 日。

社会主义荣辱观，是从道德层面说的，它是社会主义核心价值体系的基础。四者相辅相成、相互促进，缺一不可，从而构成一个完整的体系。①

也有学者认为，从中国特色社会主义事业前途命运的高度来看，社会主义核心价值体系的基本内容，是一个有机的整体。其中，马克思主义指导思想是导向性因素，中国特色社会主义共同理想是目标性因素，民族精神和时代精神是思想支撑性和思想背景性因素，以"八荣八耻"为主要内容的社会主义荣辱观则是伦理道德上的基础性因素。②

关于社会主义核心价值体系的主要特征。一种观点认为，社会主义核心价值体系具有如下特征：主导性与包容性统一；抽象性与具体性统一；传统性与时代性统一；稳定性与变动性统一。③另一种观点认为，社会主义核心价值体系具有引导性、整合性、包容性、适用性四大特征。

关于社会主义核心价值体系与"和谐文化"之间的关系。有学者认为，"社会主义核心价值体系"不能简单地与"和谐文化"等同，它与"和谐文化"是两个既有内在联系又有重大区别的文化层次。也就是说，第一，不能用建设社会主义核心价值体系取代和谐文化建设；第二，建设和谐文化，必须十分重视社会主义核心价值体系建设。这是因为，在"和谐文化"中居于"核心"地位，起指导作用的，就是我们所说的"社会主义核心价值体系"。建设社会主义核心价值体系，对于和谐文化建设具有定性、整合、引领的意义。因此，建设和谐文化必须加强社会主义核心价值体系建设，但是，建设社会主义核心价值体系不能替代和谐文化建设。④

5. 关于继承发扬中国和谐文化传统和吸收借鉴人类优秀文明成果

关于继承发扬中国和谐文化传统。一种观点认为，中华民族在辉煌灿烂的历史进程中，形成了以和谐为基调和底蕴的中华传统文化，这为我们建设和谐文化提供了丰富的历史文化资源。第一，以"仁者爱人"为核心内容的伦理观是和谐文化的基石。第二，以"和为贵"为价值追求的社会观是和谐文化的根本。第三，以"天人合一"为基本特征的自然观是和谐文化

① 白显良：《先进文化·和谐文化·文化和谐》，《光明日报》2006 年 5 月 2 日。
② 张可荣：《先进文化与和谐文化关系刍议》，《长沙理工大学学报》2006 年第 4 期。
③ 张西立：《和谐文化论纲》，《学习论坛》2006 年第 8 期。
④ 李君如：《"核心价值体系"与"和谐文化"关系辨析》，《党建》2007 年第 2 期。

的基脉。第四，以"大同世界"为理想境界的历史观是和谐文化的目标追求。①

另一种观点认为，中华民族价值观是中华民族精神的核心内容，也是中华民族文化核心的精神层面。中国传统价值理论主要包括儒家人文主义或道义主义价值理论、道家自然主义价值理论、法家权势功利主义价值理论和墨家兼爱功利主义价值理论。中国传统价值理论是中国传统价值观念和价值心理的理论基础和理论概括，是中华民族精神和中华民族传统文化的重要价值资源。②

还有一种观点认为，我国的传统文化博大精深。其中有四个思想最为重要，也最有概括性。这就是：作为基本哲理的阴阳五行思想；解释大自然与人类社会关系的天人合一思想；指导解决社会问题的中和中庸思想；指导如何对待自身的修身克己思想。这四个思想之所以重要，是因为它们渗透至各个文化领域、各种文化表现之中，并起着指导作用。③

关于吸收借鉴世界优秀文明成果。一种观点认为，建设和谐文化，应积极借鉴吸收人类的优秀文明成果。不同国家和民族的文化千姿百态，但其合理内核往往是相通的，总能为人类所传承。无论是东方国家还是西方国家，在文化发展上都有追求和谐的内容，都对人类进步作出了贡献，应该彼此尊重、相互学习和吸收。④

另有观点认为，建设和谐文化，离不开与世界文化的交流与对话，应以宽广的眼界和博大的胸怀，积极借鉴世界各国的文明成果，博采众长，使其熔铸于我国社会主义和谐文化的建设之中。西方文化对个人独立自主精神的强调、对科学理性的推崇、对民主法治的追求、对人的价值的重视等内容，都是建设和谐文化值得吸收借鉴的。只有在中西文化的激荡碰撞中有所升华，在相互交融中汲取借鉴，才能不断丰富和谐文化的思想内涵，才能推动和谐文化的创新发展。

---

① 黄力之：《建设社会主义核心价值体系的意义》，《光明日报》2007 年 1 月 31 日。
② 李春德：《社会主义核心价值体系的内容结构和建设路径》，《学习与实践》2006 年第 12 期。
③ 卢岳华：《社会主义和谐文化的功能浅析》，《湖南日报》2007 年 1 月 8 日。
④ 罗川山、蒋勤国：《和谐文化：和谐社会的文化基因》，《南方日报》2005 年 11 月 21 日。

也有学者认为，和谐文化与世界文明成果之间不是此消彼长的对立关系，而是统一的、共生共荣的关系。因此，建设和谐文化必须在各种文化的交融和冲突中，积极回应世界范围内的各种异质文化，尊重不同文化存在的价值，吸收和借鉴各种文化合理内涵，使和谐文化建设获得更多的养分。①

6. 关于建设和谐文化的基本途径

我国理论界从诸多角度对建设和谐文化的基本途径进行了研究。归纳起来，主要有以下六个内容：一、注重教化，坚持把社会主义核心价值体系融入国民教育和精神文明建设全过程；二、规范行为，培育文明道德风尚，形成我为人人、人人为我的和谐的社会局面；三、确立主旋律意识与阵地意识，坚持正确导向，营造积极健康的思想舆论氛围；四、广泛开展和谐创建活动，努力构建完善的公共文化服务体系，丰富社会文化生活；五、推陈出新，健全机制，促进文化事业与文化产业的平衡、协调、可持续发展；六、坚持对外开放，广纳博采人类优秀文明成果，努力推动中华文化走向世界。

7. 关于建设和谐文化应把握和处理的原则和关系

一种观点认为，建设和谐文化必须着力把握四个原则：必须坚持科学创新；必须坚持统筹协调；必须坚持重心不移；必须坚持以人为本。②

另一种观点认为，在推进和谐文化建设过程中，必须正确处理和认真把握好以下若干关系：一是指导思想一元化与社会文化多样性的关系；二是倡导文化自觉与建立文化认同的关系；三是反对文化扩张与维护文化安全的关系；四是消除文化贫困与实现文化公平的关系；五是弘扬文化传统与进行文化融合的关系。③

还有学者认为，建设和谐文化，一要处理好思想内容与价值取向的"一元与多元"关系；二要处理好文化发展的两大环节——精神生产与精神消费的关系。④

还有学者认为，在深入发掘、弘扬和谐文化传统以服务于建设和谐社会、和谐世界的实践中，很有必要在继承"百花齐放，百家争鸣"方针的

---

① 韩东屏：《论和谐文化》，《理论月刊》2006年第12期。
② 黄力之：《建设社会主义核心价值体系的意义》，《光明日报》2007年1月31日。
③ 李春德：《社会主义核心价值体系的内容结构和建设路径》，《学习与实践》2006年第12期。
④ 秦刚：《构建和谐社会必须着力建设和谐文化》，《光明日报》2005年10月18日。

民主精神基础上，坚持"一元主导，多元辅补；会通古今，兼融中西"的和谐文化观，由此有必要摆正和处理好以下关系：主流文化与非主流文化的关系、竞争机制与社会和谐的关系、多数与少数的关系、道义与功利的关系、道德与法制的关系。①

另有论者认为，建设和谐文化必须着力把握和处理以下原则和关系：一、坚持主辅分明，处理好指导思想一元化与思想观念多样性的关系；二、坚持与时俱进，处理好文化积累传承与文化借鉴创新的关系；三、坚持礼法相济，处理好坚持依法治国和贯彻以德治国的关系；四、坚持以人为本，处理好实现文化公平与彰显人文关怀的关系；五、坚持和平共处，处理好反对文化扩张与维护文化安全的关系。

（三）关于社会主义核心价值体系的研究

当前，社会主义核心价值体系成为理论界研究的热点问题。党的十六届六中全会首次提出，社会主义核心价值体系是建设和谐文化的根本。胡锦涛同志在党的十七大报告中，从增强社会主义意识形态的吸引力和凝聚力，坚持社会主义道路的战略高度，进一步论述了社会主义核心价值体系建设的实现途径。积极探索用社会主义核心价值体系引领社会思潮的有效途径，既是坚持中国特色社会主义道路的客观要求，是中国社会主义意识形态建设的重要任务，又是改进和创新社会主义意识形态工作的题中应有之义。近年来，理论界围绕有关社会主义核心价值体系建设的诸多问题进行了广泛研究，提出了许多有价值的观点，不仅扩展了理论思路，更重要的是积极推动了中国特色社会主义文化建设向纵深发展。

1. 建设社会主义核心价值体系的重要意义

中国的经济发展、政治进步和营造和平发展的国际环境，都需要加强文化软实力的建设，而核心价值体系是软实力构成的基本框架和核心要素。实际上，中国的崛起不仅在于硬实力，而且需要软实力的崛起。软实力既表现在政治制度层面，更渗透在思想意识和文化观念之中。因此，建设社会主义核心价值体系，对于我们这样一个拥有 13 亿人口、56 个民族的发展大国具

---

① 罗川山、蒋勤国：《和谐文化：和谐社会的文化基因》，《南方日报》2005 年 11 月 21 日。

有特殊的重要意义。①

　　关于建设社会主义核心价值体系的必要性和重要意义，有以下四方面的理解：第一，是社会主义市场经济健康发展的客观需要。② 第二，是全面推进党的建设新的伟大工程、巩固和发展中国特色社会主义事业政治基础的需要。③ 第三，是巩固全党全国人民的共同思想基础的需要④。第四，建设社会主义核心价值体系，可以彰显马克思主义的生命力，增强中国特色社会主义的感召力，提高民族精神和时代精神的凝聚力，因此，它对于提升国家的软实力具有特殊的重要意义。⑤

　　2. 社会主义核心价值体系的内涵

　　党的十七大对建设社会主义核心价值体系进行了全面概括，大多数学者对此予以认同。

　　关于社会主义核心价值观。有学者认为，社会主义核心价值观"是社会主义价值体系最基础、最核心的部分，是我们民族长期秉承的反映社会主义本质和建设规律的根本原则和价值观念的理性集结体。它支撑着我们在建设社会主义长期实践中的行为指向和行为准则，从更深层次影响着我们在建设中国特色社会主义伟大征程中的思想方法和行为方式。社会主义核心价值观有以下三个基本特征：普遍性、民族性和崇高性"。⑥

　　关于价值体系。有学者指出："价值体系即主体以其需求系统为基础，对主客体之间的价值关系进行整合而形成的观念形态，集中体现主体的愿望、要求、理想、需要、利益等。任何一个社会都会出于自己的需要，提出自己的核心价值体系。"⑦ "价值体系不是由价值物构成的，而是由价值观念构成的，构成价值体系的价值观念既有观念层次上的，也有心理层次上的；

---

① 韩震：《从体系建构到观念的凝练——社会主义核心价值观念初论》，《学习时报》2008 年 5 月 13 日。
② 吴菊花：《论建设社会主义核心价值体系的依据》，《中共乐山市委党校学报》2007 年第 2 期。
③ 党建研究编辑部：《建设社会主义核心价值体系，打牢构建社会主义和谐社会的共同思想基础》，《党建研究》2007 年第 2 期。
④ 雒树刚：《建设社会主义核心价值体系》，《党建研究》2006 年第 11 期。
⑤ 谢晓娟：《从提升软权力的角度看社会主义核心价值体系的构建》，《思想理论教育导刊》2007 年第 4 期。
⑥ 王泽应：《社会主义核心价值观的基本特征》，《光明日报》2007 年 4 月 3 日。
⑦ 黄力之：《建设社会主义核心价值体系的意义》，《光明日服》2007 年 1 月 31 日。

既可以表现在文化典籍中，也可以表现在日常行为中。而且在许多时候心理层次的价值观念发挥的作用更为强大和持久。""价值体系属于社会意识范畴，是社会意识的本质体现。它受一定社会基本制度的制约，是由一定社会崇尚和倡导的思想理论、理想信念、道德准则、精神风尚等因素构成的社会价值认同体系。由于社会意识具有相对独立性，一定社会的意识形态领域是复杂多元的，会呈现出多元价值体系并存的态势。但是，任何社会的存在和发展，都需要有一定的社会核心价值体系或主导价值体系的强力支撑。"①

关于核心价值体系。有学者指出："社会核心价值体系，是指在社会生活中居于统治和引导地位的社会价值体系，它能够有效地制约非核心、非主导的社会价值体系作用的发挥，能够保障社会经济制度、政治制度、文化制度的稳定和发展。"②"在一个社会的多样价值体系中，总有一种处于主导、支配地位，反映现实生活和社会发展内在要求以及统治阶级根本利益的基本价值体系。社会的核心价值体系是引领人们的思想行为、社会的精神风尚发展方向的灵魂，是关系社会稳定与国家兴旺的决定性因素。"③"核心价值体系不仅作用于经济、政治、文化和社会生活的各个方面，而且对每个社会成员的世界观、人生观、价值观都施加着深刻的影响。"④

关于社会主义核心价值体系。有学者认为，社会主义核心价值体系是立足于社会主义经济基础之上的价值认同系统，它涉及经济、政治、文化、思想等社会生活的方方面面，集中体现了社会主义意识形态的本质属性，是社会主义思想道德建设的指导方针，是激励全民族奋发向上的精神力量和维系全民族团结和睦的精神纽带。"社会主义核心价值体系是直接产生于并从属于科学社会主义理论体系的一种观念形态。只有当马克思恩格斯使社会主义由空想发展为科学，也就是说，当他们科学地揭示了资本主义必然灭亡、社会主义必然胜利的客观规律，并以科学预见的形式，大体上勾勒出社会主义

---

① 吴潜涛：《准确理解社会主义核心价值体系的科学内涵》，《人民日报》2007 年 2 月 12 日。
② 吴潜涛：《准确理解社会主义核心价值体系的科学内涵》，《人民日报》2007 年 2 月 12 日。
③ 蒋斌、周薇：《建设社会主义核心价值体系是构建和谐社会重大课题》，《光明日报》2007 年 2 月 13 日。
④ 秋石：《论社会主义核心价值体系》，《求是》2006 年第 24 期。

社会的发展远景之时，社会主义核心价值体系才开始产生。"①"社会主义核心价值体系是社会主义制度的内在精神和生命之魂，它决定着社会主义的发展模式、制度体制的目标任务，在所有社会主义价值目标中处于统摄和支配地位。"②"社会主义核心价值体系具有广泛的适用性和包容性，是一个多层次的内涵丰富、有机统一的整体。"③

在社会主义核心价值体系中，"处于主导地位的价值观念代表着价值体系的基本特征，体现着价值体系的基本价值倾向，统率着其他处于从属地位的价值观念。对一个价值体系而言，最重要的是主导价值观念，只要主导价值观念没有变化，整个价值体系仍然是稳固的，而当主导价值观念发生变化时，整个价值体系也就随之倾斜了。"④

关于社会主义核心价值体系的主要内容。有学者认为，社会主义核心价值体系四个方面的内容，各有其特定的含义：马克思主义指导思想居于最高层面，从根本上说是指对人类社会发展规律的价值认同；中国特色社会主义共同理想是对国家、民族追求的未来美好发展前景的价值认同；以爱国主义为核心的民族精神和以改革创新为核心的时代精神是对实现共同理想的动力之源的价值认同；社会主义荣辱观是对公民思想行为选择标准的价值认同。⑤"建设社会主义核心价值体系必须以马克思主义为指导，必须吸纳和借鉴世界文明的一切优秀成果。"⑥"社会主义核心价值的马克思主义指导思想中，'以人为本'的思想和'人的自由全面发展'的思想无疑包含极大的超越性，是人类进步的根本精神动力。"⑦

还有学者认为，社会主义核心价值体系的基本内容具有内在的结构关

① 李崇富：《建设社会主义核心价值体系的哲学思考》，《光明日报》2007 年 1 月 23 日，新华网 2007 年 1 月 23 日转载。

② 李国华：《进一步深化对建设社会主义核心价值体系的认识》，《党建》2006 年第 12 期。

③ 张军：《坚持以社会主义核心价值体系引领社会思潮》，《人民日报》2007 年 1 月 19 日。

④ 兰久富：《价值体系的两个核心价值观念》，《东岳论丛》2000 年第 1 期。

⑤ 吴潜涛：《准确理解社会主义核心价值体系的科学内涵》，《人民日报》2007 年 2 月 12 日。

⑥ 陶德麟：《以马克思主义为指导建设社会主义核心价值体系》，《光明日报》2007 年 3 月 20 日。

⑦ 程伟礼：《社会主义核心价值体系的超越性》，《文汇报》2007 年 1 月 19 日。

系：马克思主义价值理论是社会主义核心价值体系的基础理论性和前提性内容；中国特色社会主义共同理想是社会主义核心价值体系的实质性内容；以爱国主义为核心的民族价值观是社会主义核心价值体系的民族性内容；以改革开放为核心的时代价值观是社会主义核心价值体系的时代性内容；社会主义荣辱观是社会主义核心价值体系的规范性内容和操作性切入点。①

类似的观点还有：从中国特色社会主义事业前途命运的高度来看待社会主义核心价值体系的基本内容，可以说是一个有机的整体：马克思主义指导思想是导向性因素；中国特色社会主义是目标性因素；民族精神和时代精神是思想支撑性和思想背景性因素；以"八荣八耻"为主要内容的社会主义荣辱观是伦理道德上的基础性因素。② 马克思主义是社会主义核心价值体系的深层价值观念；中国特色社会主义是社会主义核心价值体系的理想目标；以爱国主义为核心的民族精神和以改革创新为核心的时代精神是社会主义核心价值体系的精神力量；社会主义荣辱观构成社会主义核心价值体系的道德规范。③ 马克思主义指导思想是社会主义核心价值体系的灵魂所在；中国特色社会主义共同理想是社会主义核心价值体系的旗帜所在；民族精神和时代精神是社会主义核心价值体系的支柱所在；社会主义荣辱观是社会主义核心价值体系的基础所在。④ "马克思主义指导思想是社会主义核心价值体系的灵魂，中国特色社会主义共同理想是社会主义核心价值体系的主题，以爱国主义为核心的民族精神和以改革创新为核心的时代精神是社会主义核心价值体系的精髓，社会主义荣辱观是社会主义核心价值体系的基础。社会主义核心价值体系这四个方面的基本内容，相互联系、相互贯通、有机统一，共同构成一个完整的价值体系。"⑤

另有一些学者，从社会主义市场经济建设内在需要角度，论述了社会主义核心价值。有学者指出，"新的核心价值观念至少包括这么几个内容：对产权的尊重、帕累托改进（一种制度的改变中没有输家而至少能有一部分

① 李春德、李斌雄：《中国特色社会主义核心价值体系的内容结构和建设路径》，《学习与实践》2006 年第 12 期。
② 李崇富：《建设社会主义核心价值体系从观念到现实的思考》，《江西社会科学》2007 年第 2 期。
③ 李前：《建设社会主义核心价值体系》，《大连干部学刊》2006 年第 11 期。
④ 杨明：《紧紧抓住社会主义核心价值体系这一根本》，《群众》2007 年第 5 期。
⑤ 秋石：《论社会主义核心价值体系》，《求是》2006 年第 24 期。

人赢)、机会均等和是非观念等。"① "劳动价值观是以人为本的和谐社会的核心价值观"。② "任何价值体系都有两个核心价值观念,一个是劳动观念,另一个是地位观念" "当前价值观念建设中最重要的任务是树立积极向上的劳动观念。"③ 还有学者提出,传统伦理经过时代的转化、洗汰与我们自觉地批判继承,可以与现代化的新的伦理价值——个性自由、人格独立、人权意识等等整合起来。儒家核心价值观念与现代人权、平等、尊严、理性、道义不乏可以沟通之处。④ 也有学者认为,"发展"、"富裕"、"民主"、"文明"、"公平"、"正义"、"友爱"似乎都可以算作中国特色社会主义的核心价值。⑤ "正义价值观是社会主义市场经济的灵魂,正义价值观要落实在社会主义的基本制度上。"⑥

3. "建设社会主义核心价值体系"的实践路径

有学者认为,建设社会主义核心价值体系必须坚持马克思主义的价值观学说,坚持邓小平同志关于价值观重要性的论断,坚持江泽民同志"三个代表"重要思想中关于价值观地位的阐述,坚持科学发展观中的价值思想⑦。建设社会主义核心价值体系的理论前提是:①马克思主义关于三种社会形态的理论;②马克思主义关于真理与价值统一的理论;③马克思主义的人性论。⑧

有学者指出,建设社会主义核心价值体系,前提是必须区分和厘清几个相关的概念及其关系:①社会主义核心价值体系与价值体系的关系;②社会主义核心价值体系与社会主义和谐文化的关系;③社会主义核心价值体系与社会主义意识形态的关系;④社会主义核心价值体系与社会主义精神文明的

---

① 张维迎:《和谐社会需要新的核心价值观的塑造》,《中国企业家》创刊20周年特刊。

② 谭培文:《当代马克思主义核心价值观的经济哲学视角探索》,《马克思主义与现实》2006年第1期。

③ 兰久富:《价值体系的两个核心价值观念》,《东岳论丛》2000年第1期。

④ 郭齐勇:《东亚儒学核心价值观及其现代意义》,《孔子研究》2000年第4期。

⑤ 《构建中国特色社会主义核心价值观——访李忠杰教授》,《科学社会主义》2005年第2期。

⑥ 杨永华:《正义:社会主义市场经济的灵魂》,《南方日报》2007年4月11日。

⑦ 吴菊花:《论建设社会主义核心价值体系的依据》,《中共乐山市委党校学报》2007年第2期。

⑧ 胡杨:《试论转型时期社会主义核心价值体系的建构》,《理论界》2007年第4期。

关系。① 武文军认为，构建与践行社会主义核心价值体系，需要坚持辩证唯物主义方法，处理好三个关系：①学习经典马克思主义与中国化马克思主义的关系；②最高理想与共同理想的关系；③传统文化与现代文化的关系。②

有学者认为，建设社会主义核心价值体系必须坚持三原则：第一，必须体现社会主义的内在本质；第二，必须符合中国特色社会主义建设和发展的客观要求；第三，必须反映当代世界和人类社会发展的科学规律。③

有论者认为，建设社会主义核心价值体系，一是必须坚持马克思主义在意识形态领域的指导地位；二是必须牢牢地把握社会主义先进文化的前进方向；三是必须大力倡导和谐理念，培育和谐精神；四是必须进一步形成全社会共同的理想信念和道德规范；五是必须充分发挥社会领导阶级和精英阶层的践行和引领作用。④

有学者认为，建设社会主义核心价值体系，涉及多方面、多层次的复杂内容，但"核心"和关键是其中的理想信念问题。这是因为直接决定社会主义核心价值体系性质的，是它的根本性和关键性的成分和内容。正是马克思主义指导思想和中国特色社会主义共同理想决定了它是社会主义性质的核心价值体系。因此，在广大人民中特别是在党员和干部中，切实认真地抓好理想信念的教育和确立，也就是抓住了"建设社会主义核心价值体系"的关键问题和核心问题。围绕这个根本开展工作，才能有效地引导人们确立和培育自己的社会主义价值观。⑤

建设社会主义核心价值体系，还有学者主张重在教育。社会主义核心价值体系的教育必须坚持十项基本要求：以四项基本原则为根本内容，坚持用发展着的马克思主义进行社会主义核心价值观教育；从革命、建设和改革的根本需要出发，坚持理论联系实际的根本教育原则；坚持方向性、思想性与科学性相统一的原则；坚持正面教育为主并与社会思潮批判相结合的原则；坚持党作为教育者与群众作为教育对象之间教学相长的基本原则；坚持先进

---

① 赵玉红：《建设社会主义核心价值体系需要把握的几个关系》，《山东社会科学》2007年第5期。
② 武文军：《社会主义核心价值体系引论》，《兰州学刊》2007年第2期。
③ 杨昕：《论建设社会主义核心价值体系》，《党政论坛》2007年第2期。
④ 苏富强：《论构建社会主义核心价值体系》，《平顶山学院学报》2007年第1期。
⑤ 李崇富：《建设社会主义核心价值体系从观念到现实的思考》，《江西社会科学》2007年第2期。

性与广泛性要求相结合的原则；坚持以人为本，尊重人、理解人、关心人是教育取得成功的关键；提高全民族的思想道德素质，培育"四有"公民是最根本的目标要求，坚持以实践标准作为根本的检验标准；坚持党的领导是最重要的实现机制和根本保证。①

有学者认为，建设社会主义核心价值体系，是一个从实践到理论、从理论到实践的双向转化过程，是一个在建设中转化、在转化中建设的过程。需要历经三个层次：第一个层次，从理论向心理转化。社会主义核心价值体系从理论形态向心理形态转化是一个价值内在化的过程，是核心价值体系实践转化的基本前提和重要环节。第二个层次，从评价向行为转化。从价值评价向价值行为转化，根本在于要在人们心中形成对于核心价值体系的敬重之心。第三个层次，从规范向示范转化。社会主义核心价值体系是先进的价值体系，应首先在社会先进分子的价值实践中得到充分的体现。社会先进分子的价值实践就是先进的价值示范，价值示范的社会导向作用，比价值规范的社会导向作用更明显。②

有学者认为，促使社会主义核心价值体系转化为广大干部群众的思想和行动，需要立足现阶段干部群众的思想实际，形成明确而系统的推进思路：①做好社会主义核心价值体系为群众所掌握的基础性宣传工作；②着力解决用社会主义核心价值体系武装人们思想的问题；③注重加强推进社会主义核心价值体系建设相关制度的设计与构建；④推动社会主义核心价值体系的内容和要求向行为准则转化；⑤优化社会主义核心价值体系推进的社会环境。③

另有学者认为，社会主义核心价值体系建设是我国社会转型发展的一项重要工作，大众传媒作为意识形态建设的重要力量直接影响着这一建设的进度和成效。建设社会主义核心价值体系的实质是对社会价值观念的引导与整合。大众传媒发挥其功能必须依照我国社会核心价值体系的取向要求及其社会历史环境特点，分析我国大众传媒政治社会化功能变迁发展的状况，在五

---

① 石云霞：《论社会主义核心价值体系教育的基本要求》，《思想政治工作研究》2007 年第 3 期。

② 国防大学邓小平理论和"三个代表"重要思想研究中心：《促进社会主义核心价值体系的实践转化》，《党建》2007 年第 6 期。

③ 李鼎：《大力推进社会主义核心价值体系建设》，《群众》2007 年第 5 期。

个方面发挥作用：价值观念环境的监测；价值观念的沟通与协调；价值观念议程的设置；对社会成员价值观念的舆论监督；价值取向控制。①

当前理论界关于社会主义核心价值体系的研究还在进行中，随着时间的推移，在社会主义核心价值体系的深层解读和建设社会主义核心价值体系一般规律的深层探索等方面，必将取得更有价值的丰硕成果。

伴随着我国社会主义改革开放事业的不断发展，30 年来理论界有关中国特色社会主义文化理论的研究，热浪迭起，成果极其丰硕。在不断总结经验教训的基础上，目前这一研究呈现出更加可喜的发展态势。其主要表现是：第一，以介绍为主的泛泛之论少了，而有特点有理论深度的研究多了；第二，说教式和从理论到理论的空泛议论少了，而把文化问题与风云变换的时代特点和我国改革开放的实际相结合，旨在解决社会主义现代化建设中遇到的新问题，为社会全面进步服务的创见性成果越来越多；第三，整个理论界都更加注意把我们党有关社会主义文化建设的思想联系起来加以研究，注意把中国特色社会主义文化理论放到马克思主义文化学说发展史中加以研究，特别是近年来对"三个代表"重要思想、科学发展观中有关中国特色社会主义文化思想的研究更是体现了"与时俱进"的理论精神。但是，建设中国特色社会主义文化事业是一项长期而艰巨的历史重任，我们对中国特色社会主义文化理论的研究还有待于继续向纵深发展，尤其在厘定基本概念，建立完整的学科体系和探索文化研究的科学方法、完善科研手段等方面还有许多工作要做。21 世纪前半段，是我们建成社会主义现代化强国最为关键的历史时期，动荡的世界政治格局和世界经济一体化进程，会不断地引起各种思潮相互激荡，我国的社会主义现代化建设实践还将不断地为文化建设提出新的问题。在新的历史时期，中国特色社会主义文化如何能始终代表历史前进的方向，如何能永葆与时俱进的理论品格，这将是摆在我们面前的一份庄严的历史考卷。

---

① 张春斌：《大众传媒构建社会主义核心价值体系的路径探讨》，《当代电视》2007 年第 6 期。

中国文化研究30年

中国文化研究
30年

下 卷
主要著作和论文索引

邵汉明　主编

陈一虹　宋立民　刘　辉　王永平　副主编

人民出版社

目 录

道家文化研究主要著作和论文索引

（一） 著作类

1. 魏源著：《老子本义》，台北商务印书馆 1980 年版。

2. 高亨著，华钟彦校：《老子注译》，河南人民出版社 1980 年版。

3. 张松如编著：《老子校读》，吉林人民出版社 1981 年版。

4. 张岱年著：《中国哲学大纲》，中国社会科学出版社 1982 年版。

5. 詹剑峰著：《老子其人其书及其道论》，湖北人民出版社 1982 年版。

6. 许抗生著：《帛书老子注译与研究》，浙江人民出版社 1982 年版。

7. 张舜徽著：《周秦道论发微》，中华书局 1982 年版。

8. 杨汝舟著：《道家思想与西方哲学》，台北"中央文物供应社"1983年版。

9. 任继愈主编：《中国哲学发展史》（第一卷），人民出版社 1983年版。

10. 汤一介著：《郭象与魏晋玄学》，湖北人民出版社 1983 年版。

11. 陈鼓应著：《老子注译及评介》，中华书局 1984 年版。

12. 冯友兰著：《中国哲学史新编》（第一册），人民出版社 1984 年版。

13. 冯友兰著：《中国哲学史》（上册），中华书局 1984 年版。

14. 王明著：《道家和道教思想研究》，中国社会科学出版社 1984 年版。

15. 任继愈著：《老子新译》，上海古籍出版社 1985 年版。

16. 魏源著：《老子本义》，中华书局 1985 年版。

17. 薛蕙著：《老子集解》，中华书局 1985 年版。

18. 王弼注：《老子道德经》，中华书局 1985 年版。

19. 许抗生著：《帛书老子注释及研究》（增订本），浙江人民出版社 1985 年版。

20. 董思靖著：《太上老子道德经集解》，中华书局 1985 年版。

21. 贺荣一著：《道德经注译与析解》，台北五南图书出版公司 1985 年版。

22. 程兆熊著：《老庄大义》，台北明文书局 1985 年版。

23. 陈鼓应注译：《庄子今注今译》，中华书局 1985 年版。

24. 曹础基著：《庄子浅注》，中华书局 1985 年版。

25. 赵明著：《道家思想与中国文化》，吉林大学出版社 1986 年版。

26. 周立升著：《老子的智慧》，河北人民出版社 1997 年版。

27. 张松如、陈鼓应等著：《老庄论集》，齐鲁书社 1987 年版。

28. 朱谦之著：《老子校释》，中华书局 1984 年版。

29. 张默生编著：《老子章句新释》，成都古籍书店 1988 年版。

30. 许抗生、李中华、陈战国、那薇著：《魏晋玄学史》，陕西师范大学出版社 1989 年版。

31. 张松如著：《老子说解》，齐鲁书社 1987 年版。

32. 陆元炽编：《老子浅释》，北京古籍出版社 1987 年版。

33. 胡适著：《中国哲学史大纲》（上册），商务印书馆 1987 年版。

34. 王葆玹著：《正始玄学》，齐鲁书社 1987 年版。

35. 王德有著：《道旨论》，齐鲁书社 1987 年版。

36. 刘笑敢著：《庄子哲学及其演变》，中国社会科学出版社 1988 年版。

37. 钱基博述：《老子道德经解题及读法》，影印本，中国书店 1988 年版。

38. 钱穆著：《老子辨》，影印本，中国书店 1988 年版。

39. 余培林编：《生命的大智慧》，河北人民出版社 1988 年版。

40. 漆绪邦著：《道家思想与中国古代文学理论》，北京师范学院出版社 1988 年版。

41. 蒋锡昌编著：《老子校诂》，影印本，成都古籍书店 1988 年版。

42. 张默生编著：《老子章句新释》，影印本，成都古籍书店 1988 年版。

43. 高亨著：《老子正诂》，影印本，中国书店 1988 年版。

44. 徐梵澄著：《老子臆解》，中华书局 1988 年版。

45. 罗尚贤著：《老子通解》，广东高等教育出版社 1989 年版。

46. 王力著：《老子研究》，天津古籍书店 1989 年版。

47. 张汉编著：《道论》，西南交通大学出版社 1989 年版。

48. 甘易逢著，李宇之译：《道家与道教》，台北光启出版社 1989 年版。

49. 许抗生等著：《庄子与中国文化》，安徽人民出版社 1990 年版。

50. 李耳著，周生春注译：《白话老子》，三秦出版社 1990 年版。

51. 王德有著：《老子演义》，齐鲁书社 1990 年版。

52. 李水海著：《老子〈道德经〉楚语考论》，陕西人民出版社 1990 年版。

53. （清）王夫之著，李申译注：《老子衍今译》，巴蜀书社 1990 年版。

54. （汉）刘安著，陈广忠译注：《淮南子译注》，吉林文史出版社 1990 年版。

55. 古棣、周英著：《老子通》（上部：《老子校诂》），吉林人民出版社 1991 年版。

56. 古棣、周英著：《老子通》（下部：《老子通论》），吉林人民出版社 1991 年版。

57. 萧萐父、罗炽著：《众妙之门——道教文化之谜探微》，湖南教育出版社 1991 年版。

58. 严北溟、严捷译注：《列子译注》，上海古籍出版社 1991 年版。

59. 金正耀著：《道教与科学》，中国社会科学出版社 1991 年版。

60. 黄钊主编：《道家思想史纲》，湖南师范大学出版社 1991 年版。

61. 张锦明著：《老子智慧与经营管理》，学林出版社 1991 年版。

62. 赵毓民、赵琳著：《老子道德经洗尘录》，中州古籍出版社 1991 年版。

63. 子墨、尔夫编著：《道德经通解：老子处世警言》，警官教育出版社 1991 年版。

64. 饶宗颐著：《老子想尔注校证》，上海古籍出版社 1991 年版。

65. 李申著：《老子与道家》，山东教育出版社 1991 年版。

66. 南怀瑾著：《老子他说》，国际文化出版公司 1991 年版。

67. 张玉春、金国泰译注：《老子注译》，巴蜀书社 1991 年版。

68. 云告著：《从老子到王国维：美的神游》，湖南出版社1991年版。

69. 赵明、薛敏珠编著：《道家文化及其艺术精神》，吉林文史出版社1991年版。

70. 葛荣晋主编：《道家文化与现代文明》，中国人民大学出版社1991年版。

71. 董光璧著：《当代新道家》，华夏出版社1991年版。

72. 余敦康著：《何晏王弼玄学新探》，齐鲁书社1991年版。

73. 陈鼓应主编：《道家文化研究》（第一辑），上海古籍出版社1992年版。

74. 陈鼓应主编：《道家文化研究》（第二辑），上海古籍出版社1992年版。

75. 陈鼓应著：《老庄新论》，上海古籍出版社1992年版。

76. 邵汉明著：《儒道人生哲学》，吉林教育出版社1992年版。

77. 崔大华著：《庄学研究》，人民出版社1992年版。

78. 徐小跃著：《禅与老庄》，浙江人民出版社1992年版。

79. 赵书廉著：《魏晋玄学探微》，河南人民出版社1992年版。

80. 许结、许永璋著：《老子诗学宇宙》，黄山书社1992年版。

81. 任继愈译注：《老子全译》，巴蜀书社1992年版。

82. 秦新成、刘升元著：《老子传》，花山文艺出版社1992年版。

83. 冯达甫译注：《老子译注》，上海古籍出版社1991年版。

84. 沙少海、徐子宏译注：《老子全译》，贵州人民出版社1989年版。

85. 孙以楷著：《老子外传》，安徽人民出版社1992年版。

86. 钱耕森、李仁群著：《老子百问》，安徽人民出版社1992年版。

87. 魏源著：《老子本义》，上海书店1986年版。

88. 顾文炳著：《庄子思维模式新论》，上海社会科学院出版社1993年版。

89. 黄钊主编：《道家思想史纲》，湖南师范大学出版社1993年版。

90. 戴建业著：《老子：自然人生》，长江文艺出版社1993年版。

91. 景克宁、孟肇咏著：《东方智慧巨人——老子探奥》，陕西人民出版社1993年版。

92. （清）张尔岐撰，周立升、乔岳点校：《周易说略　老子说略》，齐鲁书社 1993 年版。

93. 王卡点校：《老子道德经河上公章句》，中华书局 1993 年版。

94. 陈鼓应主编：《道家文化研究》（第三辑），上海古籍出版社 1993 年版。

95. 许抗生著：《老子与道家》，新华出版社 1993 年版。

96. 赵来坤编著：《老子与函谷关》，中州古籍出版社 1993 年版。

97. 全圣禅著，卢正言点校：《老子演义》，花城出版社 1993 年版。

98. 刘建国、顾宝田注译：《庄子译注》，吉林文史出版社 1993 年版。

99. 萧并、叶舒宪著：《老子的文化解读——性与神话学之研究》，湖北人民出版社 1993 年版。

100. 陈鼓应主编：《道家文化研究》（第四辑），上海古籍出版社 1994 年版。

101. 陈鼓应主编：《道家文化研究》（第五辑），上海古籍出版社 1994 年版。

102. 萧兵、叶舒宪著：《老子的文化解读》，湖北人民出版社 1994 年版。

103. 那薇著：《道家的直觉与现代精神》，中国社会科学出版社 1994 年版。

104. 杨丙安等主编：《老学新探：老子与华夏文明》，中州古籍出版社 1994 年版。

105. （清）姚鼐等撰，汪福润点校辑译：《老子注三种》，黄山书社 1994 年版。

106. 杨润根著：《老子新解》，中国文学出版社 1994 年版。

107. （汉）严遵著，王德有点校：《老子指归》，中华书局 1994 年版。

108. 贺荣一著：《老子之朴治主义》，百花文艺出版社 1994 年版。

109. 吴光著：《儒道论述》，台北东大图书公司 1994 年版。

110. 陈鼓应主编：《道家文化研究》（第六辑），上海古籍出版社 1995 年版。

111. 陈鼓应主编：《道家文化研究》（第七辑），上海古籍出版社 1995 年版。

112. 陈鼓应主编：《道家文化研究》（第八辑），上海古籍出版社 1995

年版。

113. 高秀昌、龚力著：《哲人的智慧：〈老子〉与中国文化》，河南大学出版社 1995 年版。

114. 许啸天编：《老子》，光明日报出版社 1995 年版。

115. （春秋）老子著，陈国庆、张爱东注译：《道德经》，三秦出版社 1995 年版。

116. 文达三著：《老子新探》，岳麓书社 1995 年版。

117. 林语堂著：《林语堂选集·老子的智慧》，时代文艺出版社 1995 年版。

118. 辜正坤英译：《老子道德经》，汉英对照，北京大学出版社 1995 年版。

119. 段维龙著：《老子思想与现代领导艺术》，中国广播电视出版社 1995 年版。

120. 王垶译解：《老子新编译解》，辽宁古籍出版社 1995 年版。

121. 秦彦士编著：《老子：跨越时空的智慧》，四川人民出版社 1995 年版。

122. 祝亚平著：《道家文化与科学》，中国科学技术大学出版社 1995 年版。

123. 陈鼓应主编：《道教文化研究》（第九辑），上海古籍出版社 1996 年版。

124. 陈鼓应主编：《道家文化研究》（第十辑），上海古籍出版社 1996 年版。

125. 葛荣晋著：《儒道智慧与当代社会》，中国三峡出版社 1996 年版。

126. 李牧恒、郭道荣著：《自事其心——重读庄子》，四川人民出版社 1996 年版。

127. 陆玉林、彭永捷、李振纲著：《中国道家》，宗教文化出版社 1996 年版。

128. 张立文、张绪通、刘大椿著：《玄境·道学与中国文化》，人民出版社 1996 年版。

129. 李霞著：《道家与禅宗》，安徽大学出版社 1996 年版。

130. 张智彦著：《老子与中国文化》，贵州人民出版社 1996 年版。

131．张松如、邵汉明著：《道家哲学智慧》，吉林人民出版社 1996 年版。

132．朱哲著：《先秦道家哲学研究》，上海人民出版社 1996 年版。

133．高明撰：《帛书老子校注》，中华书局 1996 年版。

134．崔宜明著：《生存与智慧——庄子哲学的现代阐释》，上海人民出版社 1996 年版。

135．张默生著，张翰勋校补：《庄子新释》，齐鲁书社 1993 年版。

136．关立勋选评：《老子格言》，中国妇女出版社 1996 年版。

137．刘殿爵主编：《老子逐字索引》：《道藏》王弼《注》本、河上公《注》本、河上公《注》，商务印书馆（香港）有限公司 1996 年版。

138．（春秋）老聃著，天谷子编著：《老子道德经经解》，四川大学出版社 1996 年版。

139．孙凤萍编著：《老子》，中国国际广播出版社 1996 年版。

140．许抗生著：《老子评传》，广西教育出版社 1996 年版。

141．孙以楷、杨应芹注译：《老子注译》，黄山书社 1996 年版。

142．邵汉明等著：《〈老庄〉译注》，辽宁民族出版社 1996 年版。

143．苏东天著：《易老子与王弼注辨义》，文化艺术出版社 1996 年版。

144．高明著：《帛书老子校注》，中华书局 1996 年版。

145．崔仲平、崔为注译：《老子译注》，吉林文史出版社 1996 年版。

146．张金光著：《老子的人生艺术》，济南出版社 1996 年版。

147．古棣、关桐著：《老子十日谈》，安徽文艺出版社 1994 年版。

148．邱进之著：《道法自然：老子的智慧》，四川教育出版社 1996 年版。

149．张震点校，杨伯峻等译：《文白对照老子庄子列子》，岳麓书社 1996 年版。

150．罗尚贤著：《老子通解》（修订本），广东高等教育出版社 1996 年版。

151．宝贵珍、杨博编著：《道家始祖——老子》，中国华侨出版社 1996 年版。

152．杨灿明著：《老子与商战权术》，湖北人民出版社 1996 年版。

153．朱谦之著：《老子校释》，中华书局 1984 年版。

154. 刘仲宇著：《道家与道教》，上海古籍出版社1996年版。

155. 杨鸿儒著：《重读老子》，四川人民出版社1997年版。

156. 熊铁基等著：《中国老学史》，福建人民出版社1995年版。

157. 江幼李著：《道家文化与中医学》，福建科学技术出版社1997年版。

158. 陈鼓应主编：《道家文化研究》（第十一辑），三联书店1997年版。

159. 袁保新著：《老子哲学之诠释与重建》，文津出版公司1997年版。

160. 周立升著：《老子的智慧》，河北人民出版社1997年版。

161. 朱恩田编著：《老子考辨续》，辽宁大学出版社1997年版。

162. 杨鸿儒著：《无为自化——重读老子》，四川人民出版社1997年版。

163. 吴林伯校注：《老子新解》，京华出版社1997年版。

164. 袁步佳著：《老子与基督》，中国社会科学出版社1997年版。

165. 刘韶军点评：《唐玄宗宋徽宗明太祖清世祖〈老子〉御批点评》，湖南人民出版社1997年版。

166. 杜保瑞著：《反者道之动：老子新说》，华文出版社1997年版。

167. 苏虹编著：《无为而治：老子谋略纵横》，蓝天出版社1997年版。

168. 陈健著：《天道之祖：老子的故事》，华文出版社1997年版。

169. 刘康德撰：《老子直解》，复旦大学出版社1997年版。

170. 朱刚著：《唐宋四大家的道论与文学》，东方出版社1997年版。

171. 高峰著：《大道希夷》，辽宁教育出版社1997年版。

172. 李牧恒、郭道荣著：《自事其心：重读庄子》，四川人民出版社1997年版。

173. 丁原明著：《黄老学论纲》，山东大学出版社1997年版。

174. 王德有著：《以道观之——庄子哲学的视角》，人民出版社1998年版。

175. 张华运著：《先秦两汉道家思想研究》，吉林教育出版社1998年版。

176. 尹振环著：《帛书老子释析——论帛书老子将会取代今本老子》，贵州人民出版社1995年版。

177. 陈鼓应主编：《道家文化研究》（第十二辑），三联书店 1998 年版。

178. 陈鼓应主编：《道家文化研究》（第十三辑），三联书店 1998 年版。

179. 陈鼓应主编：《道家文化研究》（第十四辑），三联书店 1998 年版。

180. 封志成、孙堂港编写：《道家文化漫谈》，中国少年儿童出版社 1998 年版。

181. 丁原植著：《郭店竹简〈老子〉释析与研究》（增修版），台北万卷楼图书有限公司 1998 年版。

182. 张松如著：《老子说解》，齐鲁书社 1998 年版。

183. 黄友敬著：《老子传真——〈道德经〉校注·今译·解说》，海峡文艺出版社 1998 年版。

184. 戴维著：《帛书老子校释》，岳麓书社 1998 年版。

185. 陈鼓应主编：《道家文化研究》（第十五辑），三联书店 1999 年版。

186. 陈鼓应主编：《道家文化研究》（第十六辑），三联书店 1999 年版。

187. 陈鼓应主编：《道家文化研究》（第十七辑），三联书店 1999 年版。

188. 王泽应著：《自然与道德——道家伦理道德精粹》，湖南大学出版社 1999 年版。

189. 胡孚琛、吕锡琛著：《道学通论》，社会科学文献出版社 1999 年版。

190. 颜世安著：《庄子评传》，南京大学出版社 1999 年版。

191. 唐凯麟主编，王泽应著：《自然与道德——道家伦理道德精粹》，湖南大学出版社 1999 年版。

192. 颜世安著：《庄子评传》，南开大学出版社 1999 年版。

193. 陆玉林著：《老庄哲学的意蕴》，经济管理出版社 1999 年版。

194. 朱丰杰著：《孔子的道论及其范畴体系》，兰州大学出版社 1999 年版。

195. 胡汝章著：《老子的世界观》，台南三和出版社 1999 年版。

196. 〔美〕黛安·崔何著，高维泓、林如冰译：《老子领导之道》，台北寂天文化事业公司 1999 年版。

197. 高定彝著：《老子道德经研究》，北京广播学院出版社 1999 年版。

198. 朱晓鹏著：《智者的沉思：老子哲学思想研究》，杭州大学出版社 1999 年版。

199. 清宁子注解：《老子道德经通解》，鹭江出版社 1999 年版。

200. 郭世铭著：《〈老子〉究竟说什么》，华文出版社 1999 年版。

201. 王德有著：《老子演义》，社会科学文献出版社 1999 年版。

202. 侯才著：《郭店楚墓竹简〈老子〉校读》，大连出版社 1999 年版。

203. 高晨阳著：《儒道会通与正始玄学》，齐鲁书社 2000 年版。

204. 陈鼓应主编：《道家文化研究》（第十八辑），三联书店 2000 年版。

205. 刘增惠著：《道家文化面面观》，齐鲁书社 2000 年版。

206. 邹安华编著：《楚简与帛书老子》，民族出版社 2000 年版。

207. 彭浩校编：《郭店楚简〈老子校读〉》，湖北人民出版社 2000 年版。

208. （东周）老子著，陈忠译评：《道德经：无为而治的经营哲学人生精神的自然境界》，台北县沛来出版社 2000 年版。

209. 王垶编译：《老子新编校释》，辽宁人民出版社 2000 年版。

210. 〔日〕蜂屋邦夫著，隽雪艳、陈捷等译：《道家思想与佛教》，辽宁教育出版社 2000 年版。

211. 程维荣著：《道家与中国法文化》，上海交通大学出版社 2000 年版。

212. 彭浩校编：《郭店楚简〈老子〉校读》，湖北人民出版社 2000 年版。

213. 《郭店简与儒学研究》（中国哲学第二十辑），辽宁教育出版社 2000 年版。

214. 《郭店简与儒学研究》（中国哲学第二十一辑），辽宁教育出版社 2000 年版。

215. 徐斌著：《魏晋玄学新论》，上海古籍出版社 2000 年版。

216．朱谦之撰：《老子校释》，中华书局 2000 年版。

217．［菲］陈永栽、黄炳辉著：《老子章句解读》，上海古籍出版社 2001 年版。

218．张吉良著：《老聃〈老子〉太史儋〈道德经〉》，齐鲁书社 2001 年版。

219．刘固盛著：《宋元老学研究》，巴蜀书社 2001 年版。

220．陈鼓应等：《老子评传》，南京大学出版社 2001 年版。

221．尹振环著：《楚简老子辨析》，中华书局 2001 年版。

222．李全华著：《老子哲学考察》，暨南大学出版社 2001 年版。

223．南怀瑾著：《道家、密宗与东方神秘学》，复旦大学出版社 2001 年版。

224．安继民等著：《道家双峰：老庄思想合论》，河南大学出版社 2001 年版。

225．李先耕著：《老子今析》，中国社会科学出版社 2002 年版。

226．南怀瑾著：《老子他说》，复旦大学出版社 2002 年版。

227．陈鼓应著：《老子注译及评介》，中华书局 2003 年版。

228．陈鼓应注译：《老子今注今译》，商务印书馆 2003 年版。

229．廖名春著：《郭店楚简老子校释》，清华大学出版社 2003 年版。

230．郑开著：《道家形而上学研究》，宗教文化出版社 2003 年版。

231．崔大华等：《道家与中国文化精神》，河南人民出版社 2003 年版。

232．孙以楷主编，孙以楷等著：《道家与中国哲学》（先秦卷），人民出版社 2004 年版。

233．孙以楷主编，陈广忠等著：《道家与中国哲学》（汉代卷），人民出版社 2004 年版。

234．孙以楷主编，陆建华等著：《道家与中国哲学》（魏晋南北朝卷），人民出版社 2004 年版。

235．孙以楷主编，张成权著：《道家与中国哲学》（隋唐五代卷），人民出版社 2004 年版。

236．孙以楷主编，李仁群等著：《道家与中国哲学》（宋代卷），人民出版社 2004 年版。

237．孙以楷主编，李霞著：《道家与中国哲学》（明清卷），人民出版社 2004 年版。

238．张松辉著：《先秦两汉道家与文学》，东方出版社 2004 年版。

239．孔令宏著：《从道家到道教》，中华书局 2004 年版。

240．于永昌著：《老子解读》，中国社会科学出版社 2004 年版。

241．任继愈著：《老子与道家》，商务印书馆 2005 年版。

242．廖小微编著：《道家始祖老子至圣先师孔子》，中国戏剧出版社 2005 年版。

243．张恩富著：《道家简史：永恒的逍遥或解脱》，华龄出版社 2005 年版。

244．罗安宪著：《虚静与逍遥：道家心性论研究》，人民出版社 2005 年版。

245．张立文主编：《道学与中国文化》，人民出版社 2005 年版。

246．陈德和著：《道家思想的哲学诠释》，台北里仁书局 2005 年版。

247．张易编著：《道家大智慧》，中国华侨出版社 2005 年版。

248．刘增惠著：《道家文化面面观》，齐鲁书社 2005 年版。

249．李申著：《老子与道家》，商务印书馆 2005 年版。

250．陈鼓应主编：《道家文化研究》（第二十二辑），三联书店 2007 年版。

251．沈善增著：《老子还真注译》，上海人民出版社 2005 年版。

252．兰喜并著：《老子解读》，中华书局 2005 年版。

253．邢文著：《郭店老子与太一生水》，学苑出版社 2005 年版。

254．邓各泉著：《郭店楚简〈老子〉释读》，湖南人民出版社 2005 年版。

255．沈善增著：《还吾老子》，上海人民出版社 2005 年版。

256．张松辉著：《老子研究》，人民出版社 2006 年版。

257．任继愈著：《老子绎读》，北京图书馆出版社 2006 年版。

258．熊春锦校注：《老子德道经》，中央编译出版社 2006 年版。

259．饶尚宽译注：《老子》，中华书局 2006 年版。

260．傅佩荣著：《傅佩荣解读老子》，线装书局 2006 年版。

261．赵又春著：《我读〈老子〉》，岳麓书社 2006 年版。

262．孔令宏著：《宋代理学与道家、道教》，中华书局 2006 年版。

263．张兴发著：《话说道家养生术》，齐鲁书社 2006 年版。

264．张应杭编著：《道法自然：道家的管理智慧》，中国档案出版社 2006 年版。

265．游建西著：《道家道教史略论稿》，光明日报出版社 2006 年版。

266．陈玮编著：《管理真经：儒法道家的管理哲学》，中国言实出版社 2006 年版。

267．陈鼓应著：《管子四篇诠释：稷下道家代表作解析》，商务印书馆 2006 年版。

268．周建波著：《儒墨道法与企业经营》，机械工业出版社 2006 年版。

269．李英华著：《儒道佛与中国传统文化教育》，武汉大学出版社 2006 年版。

270．王卡点校：《老子道德经河上公章句》，中华书局 2006 年版。

271．许建良著：《先秦道家的道德世界》，中国社会科学出版社 2006 年版。

272．王凯著：《自然的神韵：道家精神与山水田园诗》，人民出版社 2006 年版。

273．安乐哲著，彭国翔译：《自我的圆成：中西互镜下的古典儒学与道家》，河北人民出版社 2006 年版。

274．陈鼓应主编：《道家文化研究——道教与现代生活专号》（第二十一辑），生活·读书·新知三联书店 2006 年版。

275．马良怀著：《汉晋之际道家思想研究》，厦门大学出版社 2006 年版。

276．唐明邦著：《论道崇真集：道家道教文化研究书系》，华中师范大学出版社 2006 年版。

277．陈玮著：《管理真经：儒法道家的管理哲学》，言实出版社 2006 年版。

278．张兴发著：《话说道家养生术》，齐鲁书社 2006 年版。

279．曹军著：《道家的战略管理》，中国广播电视出版社 2007 年版。

280．张荣明著：《从老庄哲学至晚清方术：中国神秘主义研究》，华东师范大学出版社 2006 年版。

281．萧天石著：《道家养生学概要》，华夏出版社 2007 年版。

282. 曹军著：《道家的战略管理：先见之明的境界》，中国广播电视出版社 2007 年版。

283. 薛明生著：《先秦两汉道家思维与实践》，北京出版社 2007 年版。

284. 陈鼓应著：《易传与道家思想》（修订版），商务印书馆 2007 年版。

285. 邵汉明著：《名家讲解：庄子》，长春出版社 2007 年版。

286. 高明撰：《帛书老子校注》，中华书局 2007 年版。

287. 朱大星著：《敦煌本〈老子〉研究》，中华书局 2007 年版。

288. 冯达甫译注：《老子译注》，上海古籍出版社 2007 年版。

289. 田云刚、张元洁著：《老子人本思想研究》，中国社会科学出版社 2007 年版。

290. 侯才著：《老子在今天》，济南出版社 2007 年版。

291. 余培林编撰：《生命的大智慧：老子》，人民出版社 2007 年版。

292. 上官一线编著：《老子智慧讲堂：道家之无为、无不为》，长安出版社 2007 年版。

293. 公木、邵汉明著：《道家哲学》，长春出版社 2007 年版。

294. 徐华著：《道家思潮与晚周秦汉文学形态》，华中师范大学出版社 2008 年版。

295. 谢清果著：《先秦两汉道家科技思想研究》，东方出版社 2008 年版。

296. 陈德安主编：《中国道家道教教育思想史》（先秦至隋唐卷），社会科学文献出版社 2008 年版。

297. 顾瑞荣著：《道家"大一"思想及其表达式研究》，上海人民出版社 2008 年版。

（二）论文类

1. 张恒寿：《论庄子中〈骈拇〉、〈马蹄〉、〈胠箧〉三篇的特点和时代》，《河北师院学报》1979 年第 3 期。

2. 孔庆明：《略论〈老子〉的治国之道》，《吉林大学学报》1979 年第

6 期。

3. 魏宗禹：《对〈老子〉哲学唯物主义思想的探索》，《山西大学学报》1980 年第 1 期。

4. 张松如等：《论老子》，《吉林大学社会科学学报》1980 年第 1 期。

5. 阎韬：《评庄子的相对主义认识论》，《南京大学学报》1980 年第 1 期。

6. 童书业遗作：《老子思想研究》，《东岳论丛》1980 年第 1 期。

7. 龚杰：《驭天·无鬼·非圣——评〈列子〉一书的基本思想》，《人文杂志》1980 年第 2 期。

8. 许抗生：《嵇康思想略论》，《齐鲁学刊》1980 年第 3 期。

9. 丁冠之：《论嵇康的哲学思想》，《哲学研究》1980 年第 4 期。

10. 胡曲园：《〈老子〉不是唯心论》，《复旦学报》1980 年第 4 期。

11. 杨宽：《〈老子〉讲究斗争策略的哲理》，《复旦学报》1980 年第 4 期。

12. 李定生：《〈老子〉唯物论》，《复旦学报》1980 年第 4 期。

13. 陶月华：《建国以来有关〈老子〉哲学的研究》，《复旦学报》1980 年第 4 期。

14. 张智彦：《关于老子问题的讨论》，《哲学研究》1980 年第 5 期。

15. 童书业遗稿：《庄子思想研究》（之一），《文史哲》1980 年第 6 期。

16. 汤用彤遗作：《贵无之学——道安和张湛》（下），《哲学研究》1980 年第 7 期。

17. 曹础基：《一个博大精深的客观唯心主义体系——庄子学派哲学思想论辩》，《哲学研究》1980 年第 8 期。

18. 韩强：《试论庄子哲学体系的三个基本范畴》，《哲学研究》1980 年第 8 期。

19. 陆钦：《也论庄子哲学体系的“骨架”》，《哲学研究》1980 年第 8 期。

20. 程宜山：《关于庄子哲学思想的看法》，《哲学研究》1980 年第 8 期。

21. 童书业遗稿：《庄子思想研究》（之二），《文史哲》1981 年第

1 期。

22．严北溟：《从道家思想演变看庄子哲学》，《社会科学战线》1981 年第 1 期。

23．马国金：《略论〈老子〉哲学的政治观》，《南京大学学报》1981 年第 1 期。

24．董英哲：《略论庄子的"道"》，《人文杂志》1981 年第 1 期。

25．李谷鸣：《论〈老子〉的唯物主义天道观》，《复旦学报》1981 年第 1 期。

26．汤一介：《从张湛〈列子注〉和郭象〈庄子注〉的比较看魏晋玄学的发展》，《中国哲学史研究》1981 年第 1 期。

27．陈连庆：《列子与佛经的因袭关系》，《社会科学战线》1981 年第 1 期。

28．任继愈：《老子研究的方法问题》，《中国哲学史研究》1981 年第 1 期。

29．李申：《〈老子衍〉译解》，《中国哲学史研究》1981 年第 1 期。

30．石训：《贵在严谨，贵在出新——读〈老子注释〉》，《中州学刊》1981 年第 1 期。

31．阎韬：《庄子的悲剧》，《南京大学学报》1981 年第 2 期。

32．罗尚贤：《逃亡奴隶的奋斗旗帜——论老子的社会思想》，《暨南大学学报》1981 年第 2 期。

33．何建安：《论老子哲学的"无"》，《华南师院学报》1981 年第 2 期。

34．李中华：《论郭象与庄子人生哲学之异同》，《晋阳学刊》1981 年第 2 期。

35．李申：《老庄哲学中的"道"》，《文史哲》1981 年第 2 期。

36．钟肇鹏：《论黄老之学》，《世界宗教研究》1981 年第 2 期。

37．周立升：《论老子的"道"》，《文史哲》1981 年第 2 期。

38．张恒寿：《论〈庄子·庚桑楚〉篇的特点及其与〈老子〉书的关系》，《河北师院学报》1981 年第 2 期。

39．何新：《论老子哲学中的活东西与死东西》，《学习与探索》1981 年第 3 期。

40. 王兴华：《相对主义是庄子哲学思想的核心》，《哲学研究》1981 年第 3 期。

41. 孙中原：《〈老子〉中"正言若反"的朴素辩证思维原则》，《中州学刊》1981 年第 3 期。

42. 栾保群：《黄老之治与黄老之学——试论黄老学始于汉初》，《学习与思考》1981 年第 3 期。

43. 葛荣晋：《试论〈黄老帛书〉的"道"和"无为"思想》，《中国哲学史研究》1981 年第 3 期。

44. 张成秋：《先秦道家之资料问题》，《中国哲学史研究》1981 年第 3 期。

45. 贾顺先等：《略论老子的"道"》，《中国哲学史研究》1981 年第 3 期。

46. 陈金生：《〈老子〉第二十一章的解释》，《中国哲学史研究》1981 年第 3 期。

47. 尹振环：《试论老子的政治道德学说》，《社会科学战线》1981 年第 3 期。

48. 闻一多遗著：《庄子义疏·齐物论》，《东北师大学报》1981 年第 3 期。

49. 程耀芳：《老子思想简论》，《江淮论坛》1981 年第 3 期。

50. 陆钦：《论庄子的"道"》，《江淮论坛》1981 年第 3 期。

51. 张松如等：《庄子哲学初探》，《中国哲学史研究》1981 年第 3 期。

52. 袁济喜：《阮籍嵇康异同论》，《中国哲学史研究》1981 年第 3 期。

53. 韩强：《〈老子〉哲学的唯心主义本质——与胡曲园、李定生同志商榷》，《复旦学报》1981 年第 3 期。

54. 周勤：《从庄子到郭象的历史之必然——试析魏晋玄学中的庄子思想》，《华东师范大学学报》1981 年第 4 期。

55. 谢祥皓：《庄周的相对主义与辩证法》，《齐鲁学刊》1981 年第 4 期。

56. 张维华：《释"黄老"之称》，《文史哲》1981 年第 4 期。

57. 张启成：《〈文心雕龙〉中的道家思想》，《贵州社会科学》1981 年第 4 期。

58. 蔡德贵：《〈庄子·天下篇〉一二三四考》，《文史哲》1981 年第 4 期。

59. 曹础基：《庄子学派的分野》，《华南师院学报》1981 年第 4 期。

60. 张维华：《西汉初年黄老政治思想》，《中国社会科学》1981 年第 5 期。

61. 周德丰：《老子本体论的几个重要范畴剖析》，《南开学报》1981 年第 5 期。

62. 郭瑞祥：《〈老子〉唯物论——兼论关于〈老子〉研究的方法论问题》，《复旦学报》1981 年第 5 期。

63. 朱贻庭：《论〈老子〉的"道"》，《复旦学报》1981 年第 5 期。

64. 刘笑敢：《试论"有待"、"无待"不是庄子的哲学范畴》，《哲学研究》1981 年第 5 期。

65. 谢祥皓：《〈逍遥游〉评论》，《人文杂志》1981 年第 6 期。

66. 张志哲等：《论〈新语〉的黄老思想》，《江汉论坛》1981 年第 6 期。

67. 胡曲园：《我对〈老子〉的看法——答韩强同志》，《复旦学报》1981 年第 6 期。

68. 周立升：《论老子的名实观》，《齐鲁学刊》1981 年第 6 期。

69. 刘康德：《试论稽康的哲学思想》，《复旦学报》1981 年第 6 期。

70. 樊公裁：《庄子的美学思想》，《哲学研究》1981 年第 9 期。

71. 赵明：《〈逍遥游〉义辨》，《吉林大学社会科学学报》1982 年第 1 期。

72. 张健：《读〈庄子〉哲学及其历史功过》，《中国哲学史研究》1982 年第 1 期。

73. 丁冠之：《阮籍思想辨析》，《中国哲学史研究》1982 年第 1 期。

74. 程应镠：《玄学略论》，《江西社会科学》1982 年第 1 期。

75. 刘树勋：《庄子哲学研究概述》，《国内哲学动态》1982 年第 1 期。

76. 曹锡仁：《试析老子哲学的体系结构》，《人文杂志》1982 年第 1 期。

77. 张建：《论〈庄子〉哲学及其历史功过》，《中国哲学史研究》1982 年第 1 期。

78. 杨伯峻：《〈列子〉宇宙论的科学因素》，《求索》1982 年第 2 期。

79. 张季平：《谈庄子的无神论和神不灭论的矛盾》，《齐鲁学刊》1982 年第 2 期。

80. 陈庆坤：《庄子哲学的道和闻道之方试析》，《吉林大学社会科学学报》1982 年第 2 期。

81. 罗炤：《应当实事求是地对待"真唯识量"——与沈剑英同志商榷》，《世界宗教研究》1982 年第 3 期。

82. 冯达文：《论庄子哲学的逻辑思维过程——兼与严北溟和张松如、赵明等同志商榷》，《中山大学学报》1982 年第 3 期。

83. 冯友兰：《略论道学的特点、名称和性质》，《社会科学战线》1982 年第 3 期。

84. 苗润田：《论〈庄子·天下篇〉的思想倾向》，《齐鲁学刊》1982 年第 4 期。

85. 刘笑敢：《试论庄子哲学中的自由与必然》，《中国哲学史研究》1982 年第 4 期。

86. 谢祥皓：《读〈庄子·人间世〉——评庄周的处世哲学》，《齐鲁学刊》1982 年第 5 期。

87. 蔡德贵等：《庄子贵齐说的实质和思想来源》，《齐鲁学刊》1982 年第 5 期。

88. 胡曲园：《我对〈老子〉的看法》，《复旦学报》1982 年第 6 期。

89. 刘笑敢：《庄子哲学讨论中若干方法论问题》，《哲学研究》1982 年第 9 期。

90. 杨奉昆：《老子政治法律思想初探》，《法学》1982 年第 11 期。

91. 刘文英：《〈列子〉对"人工智能"的猜想》，《光明日报》1982 年 11 月 29 日。

92. 吴光：《略评〈帛书老子注译与研究〉》，《光明日报》1983 年 1 月 10 日。

93. 谢祥皓：《〈庄子〉内篇的宇宙观和认识论》，《东岳论丛》1983 年第 1 期。

94. 王明：《庄周哲学思想述评》，《浙江学刊》1983 年第 1 期。

95. 尹协理：《庄子在哲学基本问题上的矛盾》，《贵州社会科学》1983

年第 1 期。

96. 赵纪彬：《法物钩沉——读〈老子〉断想之一》，《文史哲》1983 年第 3 期。

97. 汤一介：《郭象的〈庄子注〉和庄周的〈庄子〉》，《中国哲学史研究》1983 年第 3 期。

98. 刘叶秋：《读〈庄子〉》，《中国哲学史研究》1983 年第 3 期。

99. 李锦全：《老庄哲学的神学特色——与张松如、赵明同志商榷》，《中国哲学史研究》1983 年第 3 期。

100. 汤一介：《论郭象哲学的理论思维意义及其内在矛盾》，《哲学研究》1983 年第 4 期。

101. 郑万耕：《扬雄〈太玄〉中的宇宙形成论》，《社会科学研究》1983 年第 4 期。

102. 严复：《庄子评点》，《中国哲学史研究》1983 年第 4 期。

103. 詹剑峰：《老子为什么提出"道"与"名"》，《哲学研究》1983 年第 5 期。

104. 何建安：《略论庄子哲学的辩证法思想》，《哲学研究》1983 年第 5 期。

105. 孙中原：《再论〈老子〉的辩证思维——与罗炽同志商榷》，《中州学刊》1983 年第 5 期。

106. 谢祥皓：《宋尹学派与道家哲学》，《求索》1983 年第 6 期。

107. 杨柳桥：《庄子"三言"试论》，《天津师大学报》1983 年第 6 期。

108. 陈绍燕：《神秘主义是庄子认识论的归宿》，《文史哲》1983 年第 6 期。

109. 曹锡仁：《先秦三家人生哲学模式的比较研究》，《江汉论坛》1983 年第 6 期。

110. 余敦康：《论〈易传〉和老子辩证法思想的异同》，《哲学研究》1983 年第 7 期。

111. 尚永亮：《庄子研究三十年》（续），《国内哲学动态》1983 年第 12 期。

112. 李炳海：《〈老子〉一书的经、传结构及编次》，《东北师大学报》

1984 年第 1 期。

113. 王德有：《老子之道及其在魏晋以前的演变》，《中国哲学史研究》
1984 年第 1 期。

114. 刘述均：《试论先秦道家关于自我意识的思想》，《心理学探新》
1984 年第 1 期。

115. 胡瑞昌：《论先秦道家三派的自然观——与冯友兰先生商榷》，
《成都大学学报》1984 年第 1 期。

116. 邱少华：《〈庄子·逍遥游〉新解——兼评关锋的"三段式"》，
《北京师院学报》1984 年第 2 期。

117. 徐克谦：《杨朱思想探源》，《南京大学学报》1984 年第 2 期。

118. 胡家聪：《〈尹文子〉与稷下黄老学派——兼论〈尹文子〉并非伪
书》，《文史哲》1984 年第 2 期。

119. 刘尧汉等：《道、儒、阴阳家成数"三十六"和"七十二"之谜
探源》，《中国哲学史研究》1984 年第 3 期。

120. 徐水生：《庄子相对主义与辩证法的联系》，《求索》1984 年第
3 期。

121. 李定生：《文子论道》（上），《复旦学报》1984 年第 3 期。

122. 张云勋：《〈老子〉的朴素军事辩证法思想》，《中国哲学史研究》
1984 年第 3 期。

123. 赵馥洁：《"道"的历程》，《学术月刊》1984 年第 4 期。

124. 滕复：《弭兵时代和老子的社会政治思想》，《学术月刊》1984 年
第 4 期。

125. 刘笑敢：《〈庄子〉成书年代考》，《中国哲学史研究》1984 年第
4 期。

126. 李泽厚：《孙老韩合说》，《哲学研究》1984 年第 4 期。

127. 吴光：《论黄老学派的形成与发展》，《杭州大学学报》1984 年第
4 期。

128. 任真：《我国古代道德家》（三），《伦理学与精神文明》1984 年
第 5 期。

129. 吴光：《老子其人其书刍议》，《人文杂志》1984 年第 5 期。

130. 李超元：《试探老子对本原"道"的思维》，《学习与探索》1984

年第 5 期。

131．李超元：《老子非文化观剖析》，《天津社会科学》1984 年第 6 期。

132．吴光：《关于黄老哲学的性质问题——对〈黄老帛书〉和〈淮南子〉道、气理论的剖析》，《学术月刊》1984 年第 8 期。

133．王德有：《〈老子指归〉自然观初探》，《哲学研究》1984 年第 9 期。

134．蔡世骧：《论孔子的"无为"思想》，《齐鲁学刊》1985 年第 1 期。

135．李泽厚：《漫述庄禅》，《中国社会科学》1985 年第 1 期。

136．周勤：《论庄子的自由观与人生哲学——"逍遥游"三境界辨析》，《中国社会科学》1985 年第 1 期。

137．王小平：《论庄子相对主义认识论的逻辑根源》，《中国哲学史研究》1985 年第 1 期。

138．余明光：《黄老思想初探——读长沙马王堆三号汉墓出土的古佚书〈黄帝四经〉》，《湘潭大学学报》1985 年第 1 期。

139．韦感恩：《老子和韩非的朴素矛盾观之比较》，《汕头大学学报》1985 年创刊号。

140．胡曲园：《再论〈老子〉》，《复旦学报》1985 年第 2 期。

141．刘笑敢：《庄子人生哲学中的矛盾》，《文史哲》1985 年第 2 期。

142．陈鼓应：《〈齐物论〉的理论结构之开展》，《江淮论坛》1985 年第 2 期。

143．陈鼓应：《庄子认识系统的特色》，《安徽师范大学学报》1985 年第 2 期。

144．张松如等：《哲学家的庄子与艺术家的庄周——兼与李锦全同志商榷》，《社会科学战线》1985 年第 2 期。

145．李增：《王弼之形上学》，《中国哲学史研究》1985 年第 2 期。

146．黄钊：《近年来〈老子〉研究综述》，《求索》1985 年第 3 期。

147．唐君毅：《郭象〈庄子注〉中之自然独化及玄同彼我之道》，《中国哲学史研究》1985 年第 3 期。

148．陈鼓应：《庄子论"道"——兼评庄老道论之异同》，《中国哲学史研究》1985 年第 4 期。

149. 郑晓江等：《试论老子的道德观》，《江西大学学报》1985 年第 4 期。

150. 王德有：《严君平〈老子指归〉真伪考辨》，《齐鲁学刊》1985 年第 4 期。

151. 朱贻庭：《庄子人生论辨析》，《华东师范大学学报》1985 年第 4 期。

152. 陈战国：《魏晋玄学散论》，《中国哲学史研究》1985 年第 4 期。

153. 周秀光：《〈易传〉和〈老子〉辩证法之比较》，《福建论坛》1985 年第 5 期。

154. 郝宜今：《道家·道教·道学》，《内蒙古社会科学》1985 年第 5 期。

155. 刘康德等：《略论玄学贵无派之间的差异》，《复旦学报》1985 年第 5 期。

156. 刘笑敢：《庄子后学中的黄老派》，《哲学研究》1985 年第 6 期。

157. 赵锡元：《读〈老子〉札记》，《吉林大学社会科学学报》1985 年第 6 期。

158. 张智彦：《老子哲学思想研究方法论管见》，《国内哲学研究》1985 年第 8 期。

159. 张允熠：《论〈老子〉思想的实质——兼谈老学的历史地位》，《社会科学》1985 年第 9 期。

160. 刘畅：《试论庄子哲学与船山美学思想的关系》，《学术月刊》1985 年第 10 期。

161. 舒钺：《〈庄子〉"心化"论初探》，《江汉论坛》1985 年第 10 期。

162. 王景琳：《〈庄子〉内篇人生哲学的现实意义》，《江汉论坛》1985 年第 10 期。

163. 胡绍军：《魏晋玄学研究三十年》，《国内哲学动态》1985 年第 11 期。

164. 何浩：《老莱子其人及其道论》，《江汉论坛》1985 年第 11 期。

165. 刘蔚华等：《黄老思想源流》，《文史哲》1986 年第 1 期。

166. 马序：《论王弼与老庄一多思想的差异》，《兰州大学学报》1986 年第 1 期。

167. 汤一介：《论〈道德经〉建立哲学体系的方法》，《哲学研究》1986 年第 1 期。

168. 崔大华：《庄子的人生哲学及其在中国文化中的作用》，《哲学研究》1986 年第 1 期。

169. 冯友兰：《魏晋玄学贵无论关于有无的理论》，《北京大学学报》1986 年第 1 期。

170. 张文勋：《老庄美学思想中的"有"和"无"的辩证法及其影响》，《文艺理论研究》1986 年第 1 期。

171. 滕复：《黄老之学的方法论与政治思想》，《浙江学刊》1986 年第 1—2 期。

172. 李志林：《论先秦道家理想的两重性》，《华东师范大学学报》1986 年第 2 期。

173. 刘笑敢：《从辩证法到诡辩论——庄子齐物论浅析》，《北京大学学报》1986 年第 2 期。

174. 金春峰：《论〈黄老帛书〉的主要思想》，《求索》1986 年第 2 期。

175. 曹础基：《〈庄子〉的科学思想》，《华南师范大学学报》1986 年第 2 期。

176. 韩世华：《〈逍遥游〉论略》，《中山大学学报》1986 年第 2 期。

177. 朱义禄：《王弼伦理思想略论》，《中国哲学史研究》1986 年第 2 期。

178. 兰喜并：《试释郭象的"玄冥之境"》，《中国哲学史研究》1986 年第 2 期。

179. 刘笑敢：《庄子与萨特的自由观》，《中国社会科学》1986 年第 2 期。

180. 辛冠洁：《〈列子〉评述》，《中国哲学史研究》1986 年第 3 期。

181. 舒金城：《〈庄子〉论"常心"与"成心"》，《中国哲学史研究》1986 年第 3 期。

182. 冯友兰：《通论道学》，《中国社会科学》1986 年第 3 期。

183. 舒钺：《〈庄子〉"天钧"、"两行"说新识》，《天津社会科学》1986 年第 3 期。

184. 张利民：《论先秦道家三派本体论的演变及其与宇宙起源论结合的特征》，《南开学报》1986 年第 3 期。

185. 谢幼田：《从老子宇宙观谈中国哲学思维的模糊性》，《求索》1986 年第 3 期。

186. 赵吉惠：《"无为而治"的政治思想及其历史演变》，《陕西师大学报》1986 年第 3 期。

187. 孔繁：《魏晋玄学、佛学和诗》，《世界宗教研究》1986 年第 3 期。

188. 刘学智等：《〈老子〉的道、德范畴系列》，《陕西师大学报》1986 年第 4 期。

189. 邵汉明：《老子"道"的特性剖析》，《学术研究丛刊》1986 年第 4 期。

190. 夏时：《略述〈列子〉的一些自然科学观点》，《宁夏大学学报》1986 年第 4 期。

191. 刘先枚：《论老子辩证思想的渊源和社会影响》，《湖北大学学报》1986 年第 4 期。

192. 辛冠洁：《〈列子〉评述（续）》，《中国哲学史研究》1986 年第 4 期。

193. 冯达文：《论魏晋玄学的特质和价值》，《中国哲学史研究》1986 年第 4 期。

194. 胡曲园：《论老子的"无"及老子其人》，《复旦学报》1986 年第 5 期。

195. 樊公裁：《庄子的哲学——一个绝对哲学的体系》，《天津社会科学》1986 年第 5 期。

196. 陈智超：《金元真大道教史补》，《历史研究》1986 年第 6 期。

197. 陈来：《魏晋玄学"有""无"范畴新探》，《哲学研究》1986 年第 9 期。

198. 曹础基：《近十年来〈庄子〉研究》，《语文导报》1986 年第 9 期。

199. 周玉燕等：《试论道家思想在中国传统文化中的主干地位》，《哲学研究》1986 年第 9 期。

200. 萧汉明等：《论〈老子〉"玄鉴"与"静观"的直觉主义认识

论》，《哲学研究》1986 年第 9 期。

201．滕复：《黄老哲学对老子"道"的改造和发展》，《哲学研究》1986 年第 9 期。

202．李锦全：《老子政治哲学的矛盾两重性与道家思想的历史作用》，《学术月刊》1986 年第 11 期。

203．陈鼓应：《关于庄子研究的几个观点》，《光明日报》1986 年 12 月 8 日。

204．庞朴：《道家辩证法论纲》（上），《学术月刊》1986 年第 12 期。

205．余敦康：《何晏、王弼方法论思想辨析》，《哲学研究》1986 年第 12 期。

206．庞朴：《道家辩证法论纲》（下），《学术月刊》1987 年第 1 期。

207．卢育三：《"反者道之动"刍议〈老子〉》，《中国哲学史研究》1987 年第 1 期。

208．张岱年等：《庄子哲学的体系及庄学的演变》，《文献》1987 年第 2 期。

209．张吉良：《老子哲学体系论证的方法》，《江西社会科学》1987 年第 2 期。

210．苟世祥：《试论庄子的自然原则——兼谈庄子再评价》，《社会科学研究》1987 年第 3 期。

211．余敦康：《阮籍、嵇康玄学思想的演变》，《文史哲》1987 年第 3 期。

212．张传实：《论庄子的处世哲学》，《东岳论丛》1987 年第 3 期。

213．曹晨辉：《老子的理想人格说》，《学术月刊》1987 年第 3 期。

214．张智彦：《老学的形成及其宗旨新探——对老子哲学研究的反思》，《求索》1987 年第 3 期。

215．赵吉惠：《关于"黄老之学"〈黄帝四经〉产生时代考证》，《东北师大学报》1987 年第 3 期。

216．袁济喜：《道家的悲剧意识与六朝美学》，《天津社会科学》1987 年第 3 期。

217．王强：《〈老子〉道论的逻辑》，《社会科学辑刊》1987 年第 3 期。

218．邵汉明：《老子道的特性剖析》，《江西社会科学》1987 年第 3 期。

219．王德有：《道》，《中国哲学史研究》1987 年第 3 期。

220．刘康德：《魏晋玄学"贵无"论》，《上海社会科学院学术季刊》1987 年第 3 期。

221．舒钺：《试论〈庄子〉齐万物的思辨途径》，《河北学刊》1987 年第 3 期。

222．胡贤鑫：《论王弼的认识论》，《中国哲学史研究》1987 年第 4 期。

223．丁怀轸等：《从名实之争到本末有无之辨——魏晋玄学渊流初探》，《社会科学战线》1987 年第 4 期。

224．江涛：《试论老子"道"的模糊性》，《齐鲁学刊》1987 年第 4 期。

225．洪家义：《玄、无、道、自然——关于〈老子〉的哲学体系洪家义》，《南京大学学报》1987 年第 4 期。

226．范鹏等：《〈老子〉》和〈易传〉关于象的学说》，《文史哲》1987 年第 5 期。

227．李景林：《从老子的"无知无欲"到庄子的相对主义》，《吉林大学社会科学学报》1987 年第 5 期。

228．人异：《试论庄子的个体自由思想》，《求索》1987 年第 5 期。

229．蔡世骥等：《〈老子〉反"德治"观的本来面目》，《江汉论坛》1987 年第 5 期。

230．郑晓江：《〈庄子〉的人生哲学及其本质》，《江西社会科学》1987 年第 6 期。

231．李回：《庄子复辟倒退辨》，《人文杂志》1987 年第 6 期。

232．舒钺：《庄子对真理的思考》，《学术月刊》1987 年第 9 期。

233．周启成：《庄子思想的矛盾》，《中国哲学史研究》1988 年第 1 期。

234．刘荣荣：《老子认识论思想新探》，《中国哲学史研究》1988 年第 1 期。

235．伍伟民：《黄老之学与〈抱朴子〉》，《中国哲学史研究》1988 年第 1 期。

236．余明光：《论道家的两个流派——帛书〈黄帝四经〉与〈老子〉的比较》，《求索》1988 年第 1 期。

237．陈敏之：《关于〈老子〉的笔记》，《上海社会科学院学术季刊》

1988 年第 1 期。

238. 朱晓鹏：《试论庄子哲学与楚文化的关系》，《江汉论坛》1988 年第 2 期。

239. 程伟礼：《〈老子〉与中国"女性哲学"》，《复旦学报》1988 年第 2 期。

240. 黄钊：《应当重视对道家思想的研究》，《江西社会科学》1988 年第 2 期。

241. 丁东风：《道家思想对隋唐佛学的渗透和影响》，《江西社会科学》1988 年第 2 期。

242. 陆钦：《〈庄子·逍遥游〉新探》，《中国哲学史研究》1988 年第 2 期。

243. 颜世安：《庄子道论新释》，《南京大学学报》1988 年第 2 期。

244. 余敦康：《郭象的时代与玄学的主题》，《孔子研究》1988 年第 3 期。

245. 刘玉成：《寻找故乡的哲学——老子新论》，《中州学刊》1988 年第 4 期。

246. 阮先：《〈老子〉"三生万物"新解》，《求索》1988 年第 4 期。

247. 李玉洁：《试论老子思想及其产生的社会原因》，《史学月刊》1988 年第 5 期。

248. 翟廷瑨：《庄惠"濠梁之辩"——两种思维的交叉》，《学术月刊》1988 年第 5 期。

249. 王一彪：《〈老子〉中的辩证命题及其形成初探》，《中国人民大学学报》1988 年第 6 期。

250. 舒钺：《庄子对主体认识能力的思考》，《哲学研究》1988 年第 6 期。

251. 颜世安：《老子的政治方略和帝王人格说》，《社会科学辑刊》1988 年第 6 期。

252. 东流：《揭开〈老子〉首章的"褐"》，《学术月刊》1988 年第 7 期。

253. 陈鼓应：《老学先于孔学——先秦学术发展顺序倒置之检讨》，《哲学研究》1988 年第 9 期。

254．康中乾：《〈老子〉认识论之我见》，《哲学研究》1988 年第 9 期。

255．陈鼓应：《老子与孔子思想比较研究》，《哲学研究》1988 年第 9 期。

256．姚俭建：《孟子、庄子思想人格之比较》，《学术月刊》1988 年第 10 期。

257．蔡世骥等：《〈老子〉"愚民"说考辨》，《天津社会科学》1989 年第 1 期。

258．周可真：《也谈"道"、"一"、"有"、"无"——与王博同志商榷》，《中国哲学史研究》1989 年第 1 期。

259．陈鼓应：《〈易传·系辞〉所受老子思想的影响——兼论〈易传〉乃道家系统工作》，《哲学研究》1989 年第 1 期。

260．王博：《老子与夏族文化》，《哲学研究》1989 年第 1 期。

261．江荣海：《慎到应是黄老思想家——兼论黄老思想与老子、韩非的区别》，《北京大学学报》1989 年第 1 期。

262．张立文：《"道"与中国传统文化》，《中国哲学史研究》1989 年第 1 期。

263．李元：《论老子与传统文化》，《孔子研究》1989 年第 2 期。

264．赵云龙：《〈老子〉中的"无"辨析》，《学习与探索》1989 年第 2 期。

265．蔡方鹿：《道与中国文化》，《社会科学研究》1989 年第 2 期。

266．高晨阳：《玄冥》，《中国哲学史研究》1989 年第 2 期。

267．王士伟：《试论老子的否定思维方式》，《中国哲学史研究》1989 年第 2 期。

268．邵汉明：《庄子人学二题》，《吉林大学社会科学学报》1989 年第 3 期。

269．高正：《〈庄子·齐物论〉管窥》，《中国哲学史研究》1989 年第 3 期。

270．刘金山：《论王弼的"自然主义"》，《中国哲学史研究》1989 年第 4 期。

271．周立升：《论老子"得母"、"知子"的认识系统》，《文史哲》1989 年第 4 期。

272. 康中乾：《庄子人生哲学三境界论——〈逍遥游〉主旨试析》，《中州学刊》1989 年第 5 期。

273. 颜世安：《评庄子人生哲学》，《南京大学学报》1989 年第 5 期。

274. 刘纲纪：《老子思想论纲》，《江西社会科学》1989 年第 6 期。

275. 萧萐父：《道家·隐者·思想异端》，《江西社会科学》1989 年第 6 期。

276. 知水：《如何确定黄老之学的最初作品》，《社会科学辑刊》1989 年第 6 期。

277. 徐立军：《早期道家辩证法思想演变略论》，《华中师范大学学报》1989 年第 6 期。

278. 周春生：《荣格的原型论与老子的道论》，《学术月刊》1989 年第 6 期。

279. 顾林玉：《〈老子〉崇尚自然的价值取向》，《学术月刊》1989 年第 7 期。

280. 吕绍纲：《〈易大传〉与〈老子〉是两个根本不同的思想体系——兼与陈鼓应先生商榷》，《哲学研究》1989 年第 8 期。

281. 陈鼓应：《老子与孔子思想比较研究》，《哲学研究》1989 年第 8 期。

282. 黄钊：《〈老子〉的政治思想浅论》，《江西社会科学》1990 年第 1 期。

283. 舒钺：《试论〈庄子〉的宇宙衍化论》，《人文杂志》1990 年第 1 期。

284. 陈鼓应：《论道家在中国哲学史上的主干地位——兼论道·儒·墨·法多元互补》，《哲学研究》1990 年第 1 期。

285. 周立升：《老子道法自然的道体观》，《东岳论丛》1990 年第 2 期。

286. 张智彦：《楚文化与老庄哲学》，《社会科学辑刊》1990 年第 2 期。

287. 王晓毅：《王弼宇宙本体论新探》，《孔子研究》1990 年第 2 期。

288. 冯达文：《儒学与道学的思维方式、思维结构和价值追求比较》，《广东社会科学》1990 年第 2 期。

289. 曹耘：《庄子的物化哲学及其美学意义》，《苏州大学学报》1990 年第 3 期。

290. 吕文郁：《老子与中国传统文化》，《北方论丛》1990 年第 3 期。

291. 邵显侠：《庄子理想人格学说探析》，《安徽省委党校学报》1990 年第 3 期。

292. 杨向奎：《再论老子——神守、史老、道》，《史学史研究》1990 年第 3 期。

293. 王尊：《稷下论坛与周秦黄老学说》，《湖南师范大学社会科学学报》1990 年第 4 期。

294. 朱小丰：《老子与中国文化》，《社会科学研究》1990 年第 4 期。

295. 李锦全：《道家思想在传统文化中的历史地位》，《哲学研究》1990 年第 4 期。

296. 李存山：《道家"主干地位"说献疑》，《哲学研究》1990 年第 4 期。

297. 赵士孝：《老子的气功思想》，《江西社会科学》1990 年第 4 期。

298. 杨应龙：《论庄子哲学的知与行》，《江西社会科学》1990 年第 4 期。

299. 李刚兴：《道家思想同申不害和韩非之关系》，《江西社会科学》1990 年第 4 期。

300. 崔大华：《老庄异同论》，《中州学刊》1990 年第 4 期。

301. 夏立宪：《老庄哲学思想辨异》，《上海社会科学院学术季刊》1990 年第 4 期。

302. 金克木：《"道、理"〈列子〉》，《读书》1990 年第 5 期。

303. 吴根友：《略论老庄的生命哲学》，《哲学研究》1990 年第 5 期。

304. 翟祖发：《从老子的辩证法到庄子的相对主义》，《甘肃社会科学》1990 年第 5 期。

305. 高正：《庄子学派宇宙本体论的特点和分歧》，《河北学刊》1990 年第 5 期。

306. 张立伟：《庄子自由观及其在后代的嬗变》，《江汉论坛》1990 年第 5 期。

307. 崔大华：《庄子思想与道教的理论基础》，《哲学研究》1990 年第 5 期。

308. 余树声：《儒道两家的音乐美学传统》，《中国社会科学》1990 年第 5 期。

309．陈朝晖：《试论北朝儒佛道的初步融合》，《东岳论丛》1990 年第 6 期。

310．陈明：《嵇阮的人生哲学与人生道路》，《求索》1990 年第 6 期。

311．陈鼓应：《杨朱轻物重生的思想：兼论〈杨朱篇〉非魏晋时委托》，《江西社会科学》1990 年第 6 期。

312．金荣权：《畏祸心态——庄子人生哲学的契机》，《江汉论坛》1990 年第 11 期。

313．崔大华：《庄子思想与中国佛学的发展》，《中国社会科学》1991 年第 1 期。

314．邵汉明：《道家学说中的超越意识》，《安徽大学学报》1991 年第 1 期。

315．任泽锋：《先秦儒道政治意识比较》，《西北大学学报》1991 年第 1 期。

316．唐明邦：《道家文化的现代意义》，《武汉大学学报》1991 年第 1 期。

317．黄钊：《道家研究的形势与展望》，《武汉大学学报》1991 年第 1 期。

318．邵汉明：《道家学说中的因性和因道阐析》，《求是学刊》1991 年第 1 期。

319．尹振环：《老子的"无为"哲学：析老子的以无为为，以不争争等思想》，《复旦学报》1991 年第 1 期。

320．萧萐父：《"道家（道教）文化与当代文化建设"学术讨论会开幕词》，《武汉大学学报》1991 年第 1 期。

321．王德敏：《管仲思想对老子道论的影响》，《中国社会科学》1991 年第 2 期。

322．王青邨：《〈列子〉非理性思想的批判》，《西北师大学报》1991 年第 2 期。

323．王景琳：《〈庄子〉内篇孔、颜形象考论：兼谈〈庄子〉的成书时间》，《孔子研究》1991 年第 3 期。

324．张加才：《老庄道家自然主义论纲》，《兰州大学学报》1991 年第

3 期。

　　325．李景林：《庄子"齐物"新解》，《孔子研究》1991 年第 3 期。

　　326．陈鼓应：《〈易传·系辞〉所受庄子思想之影响》，《哲学研究》1991 年第 4 期。

　　327．胡孚琛：《道家、道教缘起说》，《哲学研究》1991 年第 4 期。

　　328．赵明：《道家诗学原论：兼论道家哲学由认知向审美的衍变》，《社会科学辑刊》1991 年第 5 期。

　　329．张小平：《老子"道"论的艺术精神》，《文艺研究》1991 年第 6 期。

　　330．杨安仑：《中国古代特殊形态的精神现象学：庄子思想》，《文艺研究》1991 年第 6 期。

　　331．李俊彦：《庄子人生哲学的内在特征》，《甘肃社会科学》1991 年第 6 期。

　　332．王博：《老子哲学中"道"和"有"、"无"的关系试探》，《哲学研究》1991 年第 8 期。

　　333．孙以楷：《老聃与孔丘交往新考：兼论老子思想发展轨迹》，《学术月刊》1991 年第 8 期。

　　334．傅正谷：《〈列子〉梦理论与梦寓言述评》，《贵州社会科学》1991 年第 10 期。

　　335．蔡靖泉：《道家思想与楚国社会》，《江汉论坛》1991 年第 12 期。

　　336．尹振环：《老子的愚民思想及对待智者的方策：兼与陈鼓应先生商榷》，《贵州大学学报》1991 年第 4 期。

　　337．高正：《庄子学派与神仙道教》，《世界宗教研究》1991 年第 4 期。

　　338．顾农：《陶渊明的人生哲学》，《东北师大学报》1991 年第 4 期。

　　339．杨向奎：《论"道"》，《云南社会科学》1991 年第 4 期。

　　340．孙以楷：《朱熹与道家》，《文史哲》1992 年第 1 期。

　　341．陈红兵：《"道家主干说"得失简评》，《哲学研究》1992 年第 1 期。

　　342．丁怀轸：《秦汉时期道家思想的演变》，《江淮论坛》1992 年第 1 期。

　　343．王生平：《试析庄子之"忘"》，《甘肃社会科学》1992 年第 1 期。

344. 陆玉林：《老子之"道"新探》，《求索》1992 年第 2 期。

345. 张利群：《庄子之"游"及其审美意义》，《晋阳学刊》1992 年第 2 期。

346. 陈鼓应：《论〈系辞传〉是稷下道家之作：五论〈易传〉非儒家典籍》，《周易研究》1992 年第 2 期。

347. 钱竞：《老子学说与中国美学精神》，《河北学刊》1992 年第 2 期。

348. 吴重庆：《道家思想与中国传统哲学的完型》，《福建论坛》1992 年第 3 期。

349. 姜建设：《庄子学派人生理想浅论》，《史学月刊》1992 年第 3 期。

350. 刘学智：《〈老子〉道论的逻辑矛盾辨析》，《人文杂志》1992 年第 3 期。

351. 张松如：《〈老子校诂〉商兑：关于第一章章句章旨》，《社会科学战线》1992 年第 4 期。

352. 杨尚：《中国的伟大哲人，世界的思想巨人：老子故里纪念老子诞辰学术研讨会综述》，《人民日报》（海外版）1992 年 4 月 9 日。

353. 杨应龙：《庄子人生哲学散论》，《江西社会科学》1992 年第 5 期。

354. 杜道明：《论道家的审美理想》，《东岳论丛》1992 年第 5 期。

355. 张大同：《司马迁与道家思想的关系》，《文史哲》1992 年第 5 期。

356. 方同义：《论老子哲学的阐释方法》，《浙江学刊》1992 年第 5 期。

357. 舒建华：《"朴"：老庄美学的核心》，《晋阳学刊》1992 年第 5 期。

358. 饶龙隼：《庄学真人观的演变》，《南开学报》1992 年第 6 期。

359. 孙希国：《"道"的哲学抽象历程》，《文史哲》1992 年第 6 期。

360. 黄克萍：《简议"三生万物"的注解》，《哲学动态》1992 年第 6 期。

361. 柴文华：《略论道家思想文化的现代理论价值》，《贵州社会科学》1992 年第 6 期。

362. 黄瑞云：《说"静为躁君"》，《文史哲》1992 年第 6 期。

363. 赵吉惠：《重新确认道家在中国文化中的地位》，《哲学研究》1992 年第 7 期。

364. 郑晓江：《论"道家"的死亡哲学》，《学术月刊》1992 年第

9 期。

365. 吴学琴：《略论庄子的境界哲学》，《贵州社会科学》1992 年第 9 期。

366. 魏家齐：《试论老子无为而治的政治构想》，《贵州社会科学》1992 年第 9 期。

367. 陈建生：《〈老子〉与现代自然科学》，《哲学动态》1992 年第 10 期。

368. 吴重庆：《论儒道互补》，《哲学研究》1993 年第 1 期。

369. 知水：《研究老子哲学阶级性的新思路》，《社会科学辑刊》1993 年第 1 期。

370. 葛荣晋：《道家思想和现代医学模式》，《安徽大学学报》1993 年第 1 期。

371. 吴学琴：《庄子养生思想辨析：兼评道家支派的养生观》，《社会科学》1993 年第 1 期。

372. 杨国荣：《论魏晋价值观的重建》，《学术月刊》1993 年第 1 期。

373. 修建军：《"秦汉新道家说"质疑》，《甘肃社会科学》1993 年第 2 期。

374. 李仁群：《老庄人学通论》，《哲学研究》1993 年第 2 期。

375. 欧景星：《漫议儒、道的人论与乐论》，《南开学报》1993 年第 2 期。

376. 何平：《试论老子哲学的自然范式》，《南开学报》1993 年第 2 期。

377. 袁立道：《庄子与科学》，《求索》1993 年第 3 期。

378. 滕守尧：《老子的逆反思维及其名字的哲学内涵与美学意义》，《文艺研究》1993 年第 3 期。

379. 刘士林：《论庄子的"儒家心路"历程》，《史学月刊》1993 年第 3 期。

380. 韩敬：《〈庄子〉寓言与现代思想》，《中国哲学史》1993 年第 4 期。

381. 潘澈：《论〈老子〉作为手段的"道"与作为目的的"德"的统一》，《东北师大学报》1993 年第 4 期。

382. 罗尚贤：《老子与当代中国人》，《广东社会科学》1993 年第 4 期。

383. 颜世安：《作为信仰体系的原始儒家道家》，《南京大学学报》1993 年第 4 期。

384. 尹振环：《道家的"无为"论》，《中国史研究》1993 年第 4 期。

385. 贾海涛：《从"现象"的角度论老子的"无"：并兼谈其始基观》，《中国哲学史》1993 年第 4 期。

386. 方正已：《庄子的齐物与桃源的平衡》，《中州学刊》1993 年第 5 期。

387. 廖育群：《道家思想与养生学的关系》，《传统文化与现代化》1993 年第 5 期。

388. 葛荣晋：《道家文化的科学价值》，《传统文化与现代化》1993 年第 5 期。

389. 张松辉：《老庄学派仁义观新探》，《社会科学研究》1993 年第 6 期。

390. 赵汀阳：《〈老子〉本文的一个解释问题》，《社会科学战线》1993 年第 6 期。

391. 张耿光：《〈庄子〉思想内容的再认识》，《贵州社会科学》1993 年第 6 期。

392. 刘辉平：《〈庄〉、〈荀〉学术史论之比较》，《江西社会科学》1993 年第 11 期。

393. 牟钟鉴：《论老子的"道"》，《东岳论丛》1994 年第 1 期。

394. 刘恒健：《老子"道"论的人学深旨》，《中州学刊》1994 年第 1 期。

395. 李景林等：《老子道论的人学本质》，《社会科学战线》1994 年第 1 期。

396. 张岱年：《论老子的本体论》，《社会科学战线》1994 年第 1 期。

397. 刘辽：《有生于无——现代量子宇宙学对于老子哲学的回归》，《自然辩证法通讯》1994 年第 1 期。

398. 赵延新：《"庄子责难"刍议》，《江西社会科学》1994 年第 2 期。

399. 刘康德：《魏晋名教与自然论笺》，《孔子研究》1994 年第 2 期。

400. 卢国龙：《"野马"之喻与庄子的哲学悖论》，《世界宗教研究》1994 年第 2 期。

401．张立文：《道家思想与中国传统文化：兼评儒家或道家思想主干地位说》，《传统文化与现代化》1994 年第 2 期。

402．卿希泰：《试论道家文化在中国传统文化中的地位》，《中华文化论坛》1994 年第 2 期。

403．韩东育：《庄子"灵肉"哲学层次论》，《东北师大学报》1994 年第 3 期。

404．孙中原：《道的概念与正言若反：论老庄的辩证逻辑思想》，《中国文化研究》1994 年第 3 期。

405．尹振环：《"使夫智者不敢弗为，则无不治矣"：论老子对待智者的方略》，《中州学刊》1994 年第 3 期。

406．葛荣晋：《老庄的气功思想》，《中州学刊》1994 年第 3 期。

407．陈鼓应：《〈象传〉的道家思维方式》，《哲学研究》1994 年第 3 期。

408．张立伟：《庄子论隐逸三要素》，《江汉论坛》1994 年第 3 期。

409．庞朴：《解牛之解》，《学术月刊》1994 年第 3 期。

410．安继民：《论庄惠之争》，《中州学刊》1994 年第 3 期。

411．干春松：《九十年代道家研究的几种倾向》，《哲学动态》1994 年第 4 期。

412．黄毓任：《〈庄子〉阴阳宇宙观及其美学特征》，《江海学刊》1994 年第 4 期。

413．方光华：《试论道家思想与〈易传〉的形成》，《周易研究》1994 年第 4 期。

414．朱立元、王文英：《试论庄子的言意观》，《上海社会科学院学术季刊》1994 年第 4 期。

415．郭沂：《生命的价值及其实现：孔、庄哲学贯通处》，《孔子研究》1994 年第 4 期。

416．滕守尧：《正本溯源话"本文"：对"道"与"本文"血缘关系的考察》，《北京大学学报》1994 年第 5 期。

417．李大华：《阳明后学的异端品格与道家风骨：从李贽的"童心说"说起》，《广东社会科学》1994 年第 5 期。

418．卢国龙：《发天道以建人文：作为中国文化之理论基础的道家道教哲学》,《哲学研究》1994 年第 6 期。

419. 郭沂:《老子的宇宙论与规律论新说》,《哲学研究》1994 年第 6 期。

420. 张松如:《说"得一":〈老子〉三十九章悬解》,《中州学刊》1994 年第 6 期。

421. 丁原明:《〈淮南子〉道论新探》,《齐鲁学刊》1994 年第 6 期。

422. 高晨阳:《自然与名教关系的重建:玄学的主题及其路径》,《哲学研究》1994 年第 8 期。

423. 王志成:《简论〈老子〉一书对终极实在的回应》,《哲学研究》1994 年第 9 期。

424. 干春松:《道家是中国哲学史的主干:访陈鼓应先生》,《哲学动态》1994 年第 11 期。

425. 周立升:《老子价值观评议》,《哲学研究》1994 年第 11 期。

426. 崔大华:《道家思想及其现代意义》,《文史哲》1995 年第 1 期。

427. 温金慧:《试论老子"道"的过程思想》,《中国人民大学学报》1995 年第 1 期。

428. 秦裕芳:《怎样研读老子〈道德经〉》,《贵州社会科学》1995 年第 1 期。

429. 陈鼓应:《先秦道家研究的新方向:从马王堆汉墓帛书〈黄帝四经〉说起》,《管子学刊》1995 年第 1 期。

430. 陈鼓应:《先秦道家研究的新方向:从马王堆汉墓帛书〈黄帝四经〉说起(续)》,《管子学刊》1995 年第 2 期。

431. 张平:《从人的觉醒到价值迷失:魏晋玄学流变的一条轨迹》,《河北学刊》1995 年第 2 期。

432. 陈鼓应:《早期儒家的道家化》,《中州学刊》1995 年第 2 期。

433. 刘笑敢:《试论老子哲学的中心价值》,《中州学刊》1995 年第 2 期。

434. 苗润田:《〈老子〉:一个老年学的诠释》,《东岳论丛》1995 年第 2 期。

435. 谢阳举:《自由与和谐:庄子的〈逍遥游〉与〈齐物论〉联解》,《西北大学学报》1995 年第 2 期。

436. 张运华：《汉代黄老之学的核心：〈黄帝四经〉》，《西北大学学报》1995 年第 2 期。

437. 周可真：《老庄思想同异辨》，《社会科学战线》1995 年第 3 期。

438. 束际成：《郭象性分论》，《晋阳学刊》1995 年第 3 期。

439. 张运华：《道家思想与汉代学术》，《世界宗教研究》1995 年第 3 期。

440. 张声：《〈道德经〉与道德建设》，《中国道教》1995 年第 3 期。

441. 张松辉：《评庄子的无为与权谋并重的政治观》，《孔子研究》1995 年第 3 期。

442. 吕锡琛：《道家与中华民族柔弱不争的思想》，《学术月刊》1995 年第 3 期。

443. 叶秀山：《说"人相忘乎道术"》，《读书》1995 年第 3 期。

444. 雷健坤、魏宗禹：《试论老子哲学的层次性》，《晋阳学刊》1995 年第 3 期。

445. 陈绍燕：《庄子人生哲学中的"命"与"天"》，《孔子研究》1995 年第 4 期。

446. 白奚：《〈黄帝四经〉与百家之学》，《哲学研究》1995 年第 4 期。

447. 张泽洪：《道家、道教与中国文化学术研讨会综述》，《哲学动态》1995 年第 4 期。

448. 邓晓芒：《关于道家哲学改造的临时纲要》，《哲学动态》1995 年第 4 期。

449. 朱喆：《老子文化思想商兑》，《中州学刊》1995 年第 4 期。

450. 王德有：《老子之书不可读论》，《中州学刊》1995 年第 4 期。

451. 陈小雅：《老庄哲学与绿色政治学》，《求索》1995 年第 5 期。

452. 李叔华：《〈庄子·天下篇〉的主旨和成文年代新探》，《哲学研究》1995 年第 5 期。

453. 李霞：《庄子研究四十五年》，《哲学动态》1995 年第 6 期。

454. 胡孚琛：《道家文化探索》，《哲学研究》1995 年第 7 期。

455. 陈鼓应：《道家在先秦哲学史上的主干地位》，《中国文化研究》1995 年夏之卷、秋之卷。

456. 吕锡琛：《道家顺应自然原则与民族性格》，《江西社会科学》

1995 年第 9 期。

457. 郭沂：《"老子：影响与解释"国际学术研讨会综述》，《哲学研究》1995 年第 12 期。

458. 赵吉惠：《近十年传统文化研究述评》，《中国文化月刊》（台）1995 年第 12 期。

459. 蒙培元：《"道"的境界——老子哲学的深层意蕴》，《中国社会科学》1996 年第 1 期。

460. 李伯聪：《〈老子〉第四十八章读》，《中国哲学史》1996 年第 1 期。

461. 方铭：《从庄子与屈原的审美理想看"楚文化"》，《中国文化研究》1996 年第 1 期。

462. 李世英：《论王弼的"无咎"说》，《周易研究》1996 年第 1 期。

463. 丁原明：《〈易〉〈庸〉〈学〉与道家思想》，《孔子研究》1996 年第 1 期。

464. 王萍：《全国庄子研讨会综述》，《文史哲》1996 年第 1 期。

465. 罗炽：《老学与儒学》，《中国哲学史》1996 年第 1 期。

466. 萧萐父：《道家学风浅议》，《宗教学研究》1996 年第 1 期。

467. 王中江：《玄学生死观的理路》，《中国哲学史》1996 年第 1 期。

468. 胡兴荣：《王弼老学之诠释及影响》，《中国哲学史》1996 年第 1 期。

469. 丁原明：《〈易传〉与道家哲学思想之比较》，《周易研究》1996 年第 1 期。

470. 张诚：《〈庄子〉"物化"说平议》，《南开学报》1996 年第 1 期。

471. 李炳海：《〈庄子〉的卮言与先秦祝酒辞》，《社会科学战线》1996 年第 1 期。

472. 李季林：《庄子"无己"与杨朱"贵己"的比较》，《贵州社会科学》1996 年第 1 期。

473. 高秀昌：《〈老子〉"知常"、"同道"的认识论思想》，《中州学刊》1996 年第 1 期。

474. 高秀昌：《〈老子〉的理想人格与人生实践》，《人文杂志》1996 年第 1 期。

475. 钱耕森：《老子论"四大"与和谐》，《中国哲学史》1996 年第 1 期。

476. 杨宪邦：《老子哲学及其影响》，《中国哲学史》1996 年第 1 期。

477. 杜保瑞：《论老子形上学的两重诠释进路》，《中国哲学史》1996 年第 1 期。

478. 张建树：《道论"有生于无"的分形论诠释》，《西北大学学报》1996 年第 1 期。

479. 刘坤生：《庄子两题：论庄子对老子思想的传承与发展》，《中国哲学史》1996 年第 1 期。

480. 杨宪邦：《论老子哲学在中华文化结构中的地位》，《中国哲学史》1996 年第 1/2 期。

481. 张秉楠：《人法自然：一个古老哲学命题的现代意义》，《中国哲学史》1996 年第 1/2 期。

482. 李炳海：《〈庄子·天下〉篇成文于西汉说质疑》，《中国哲学史》1996 年第 1/2 期。

483. 张钦：《〈道德经〉得"道"心理历程初探》，《宗教学研究》1996 年第 2 期。

484. 赵沛霖：《试论庄子"无待"的神话学意义及其局限性》，《南开学报》1996 年第 2 期。

485. 丁原明：《〈鹖冠子〉及其在战国黄老之学中的地位》，《文史哲》1996 年第 2 期。

486. 罗尚贤：《老子的大和哲学》，《广东社会科学》1996 年第 3 期。

487. 韩东育：《关于儒、道、佛三家的理论极限》，《东北师大学报》1996 年第 3 期。

488. 陈广忠：《汉代道家的宇宙论》，《中国文化研究》1996 年第 3 期。

489. 夏可君：《对〈道德经〉文本句法层次的分析与解释》，《中州学刊》1996 年第 4 期。

490. 朱哲：《老、庄"无用之用"思想析论》，《宗教学研究》1996 年第 4 期。

491. 杨成孚：《〈庄子〉至人·神人·圣人异名同实论》，《南开学报》1996 年第 5 期。

492. 蔡德贵：《庄子与齐文化》，《文史哲》1996 年第 5 期。

493. 王剑峰：《自由·美·人生：庄子的"道"路》，《江西社会科学》1996 年第 5 期。

494. 孙明君：《庄子哲学中的三重人格境界》，《齐鲁学刊》1996 年第 5 期。

495. 杨乃乔：《王弼的阐释学思想与经学玄学化的破坏性误读：兼论儒道诗学的"内道外儒"人格构成》，《浙江学刊》1996 年第 5 期。

496. 孙以楷、解光宇：《老子与〈尚书〉》，《复旦学报》1996 年第 6 期。

497. 胡会林：《道家、道教"出世心理"的历史意义与现实意义》，《江西社会科学》1996 年第 6 期。

498. 徐艳芳：《评析老子的"贵柔守雌"思想》，《华中师范大学学报》1996 年第 6 期。

499. 刘笑敢：《老子之自然与无为概念新诠》，《中国社会科学》1996 年第 6 期。

500. 季乃礼：《试论玄学中"自然"的儒化》，《社会科学战线》1996 年第 6 期。

501. 叶秀山：《道家哲学与现代"生"、"死"观》，《中国文化》1996 年秋季号。

502. 陈鼓应：《先秦道家易学发微》，《哲学研究》1996 年第 7 期。

503. 白盾：《"拟帝王"的立场与"低熵"社会的标举：老子哲学辨议》，《学术月刊》1996 年第 7 期。

504. 陈鼓应：《先秦道家易学发微（续）》，《哲学研究》1996 年第 8 期。

505. 李友滨：《〈道德经〉理论基础和思维方法探索》，《江西社会科学》1996 年第 10 期。

506. 朱晓鹏：《生命的自由与审美的超越：论道家的人生观和审美观》，《社会科学》1996 年第 10 期。

507. 陈庆坤：《老子"名、无名"的自然逻辑理论》，《哲学研究》1996 年第 10 期。

508. 白奚：《"道家文化国际学术研讨会"综述》，《哲学研究》1996

年第 10 期。

509. 陈静：《古道新学：道家文化国际学术研讨会侧记》，《哲学动态》
1996 年第 11 期。

510. 萧汉明：《〈道德经〉与阴阳五行观》，《江西社会科学》1996 年
第 12 期。

511. 王锺陵：《〈庄子·养生主〉篇发微》，《学术月刊》1996 年第
12 期。

512. 王中江：《玄学生死观的理路及其主导观念》，《中国哲学史》
1997 年第 1 期。

513. 任继愈：《中国哲学史的里程碑：老子的"无"》，《中国哲学史》
1997 年第 1 期。

514. 李霞：《从道家之"道"到禅宗之"心"》，《中国哲学史》1997
年第 1 期。

515. 李祥俊：《"易传"道论研究》，《周易研究》1997 年第 1 期。

516. 陈鼓应：《道家的社会关怀》，《传统文化与现代化》1997 年第
2 期。

517. 张海明：《玄学及其影响的再评价》，《中国文化研究》1997 年第
2 期。

518. 李零：《老李子和老莱子》，《中国哲学史》1997 年第 2 期。

519. 胡家聪：《略论道家"天、地、人"一体观在民族心理中的渗
视》，《中国哲学史》1997 年第 2 期。

520. 高原：《"隐逸"新概念与亦隐非隐的陶渊明》，《兰州大学学报》
1997 年第 2 期。

521. 张海明：《玄学价值论与诗学》，《北京师范大学学报》1997 年第
2 期。

522. 葛荣晋：《庄子论"辩"中的主体间性问题》，《文史哲》1997 年
第 2 期。

523. 康中乾：《儒道互补新论——兼论中国哲学的逻辑发展》，《人文
杂志》1997 年第 2 期。

524. 李军汉：《魏士人心态与正始玄学的文化生成》，《中国哲学史》
1997 年第 3 期。

525. 程民治:《道家学说与现代物理学》,《江西社会科学》1997 年第 3 期。

526. 孙以楷:《老子学说对孔子的影响探析》,《中国哲学史》1997 年第 3 期。

527. 谢扬举:《老子论士的修养与古礼》,《孔子研究》1997 年第 3 期。

528. 高晨阳:《论王弼自然与名教之辨的基本义蕴及理路》,《孔子研究》1997 年第 3 期。

529. 李春丽:《"中国道学与当代社会"国际学术研讨会综述》,《哲学动态》1997 年第 3 期。

530. 王鹏程:《浅析道家人生哲学模式》,《宗教学研究》1997 年第 3 期。

531. 高秀昌:《论老子"反者道之动"的辩证法思想》,《中州学刊》1997 年第 4 期。

532. 张松重:《论庄子"逍遥"的实质及其文化意义》,《东岳论丛》1997 年第 4 期。

533. 李建盛:《历史、文化、审美:庄子哲学和美学理解的当代视域》,《求索》1997 年第 4 期。

534. 姜耕玉:《"虚静":"物我两忘"的最高体验境界》,《求索》1997 年第 4 期。

535. 邓联合:《论庄子的"无知""不知"思想》,《中州学刊》1997 年第 4 期。

536. 丁怀轸:《王弼对〈老子〉思想的诠释》,《中国哲学史》1997 年第 4 期。

537. 阮纪正:《"中国道学与当代社会"学术研讨会综述》,《学术研究》1997 年第 4 期。

538. 洪修平:《老子、老子之道与道教的发展:兼论"老子化胡说"的文化意义》,《南京大学学报》1997 年第 4 期。

539. 潘静:《论庄子之道的原型意象》,《晋阳学刊》1997 年第 4 期。

540. 李孺义:《论"卮言":道体论形而上学的语言观》,《哲学研究》1997 年第 4 期。

541. 李伯聪:《〈老子〉:三个重大哲学问题的首次提出与首次回答》,

《社会科学战线》1997 年第 5 期。

542. 坚毅：《对老子的"一、二、三"究竟应当怎样理解》，《广西社会科学》1997 年第 5 期。

543. 毛荣生：《论庄子认识论思想的理论贡献》，《社会科学》1997 年第 5 期。

544. 尹振环：《论帛书与今本〈老子〉之优劣》，《传统文化与现代化》1997 年第 5 期。

545. 赵沛霖：《庄子哲学观念的神话根源》，《文史哲》1997 年第 5 期。

546. 郭世铭：《帛书〈老子〉三段另释》，《北京大学学报》1997 年第 5 期。

547. 朱晓鹏：《论老子哲学的本体论》，《广东社会科学》1997 年第 5 期。

548. 汤一介：《儒、道、佛的生死观念》，《天津社会科学》1997 年第 5 期。

549. 李昶：《近十年来道家研究述要》，《河北学刊》1997 年第 6 期。

550. 戈晓毅：《老子"大音希声"说新解》，《江海学刊》1997 年第 6 期。

551. 安继民：《简论庄子社会批判观的基本思路》，《中州学刊》1997 年第 6 期。

552. 雷健坤：《治身与治国：论〈老子河上公章句〉的思想主旨》，《人文杂志》1997 年第 6 期。

553. 何俊：《儒道两家对道的阐释及其旨趣》，《哲学研究》1997 年第 7 期。

554. 龚群：《道家人生哲学的历史作用：兼论儒道的互补性》，《哲学研究》1997 年第 7 期。

555. 张运华：《〈老子河上公章句〉与道家思想的世俗化》，《江西社会科学》1997 年第 8 期。

556. 陈鹏：《儒释道交融与中国传统文化学术研讨会综述》，《哲学动态》1997 年第 11 期。

557. 陈德礼：《法天贵真：庄子的人生境界论及其美学精神》，《江汉论坛》1997 年第 11 期。

558. 邵汉明：《道家文化基本精神及现代价值》，《光明日报》1997 年 12 月 27 日。

559. 温韧：《〈淮南子〉感应观新探》，《哲学研究》1997 年第 12 期。

560. 汤一介：《论郭象注〈庄子〉的方法》，《中国文化研究》1998 年第 1 期。

561. 张晓粉：《试论道家"无为而治"思想与现代企业管理》，《宗教学研究》1998 年第 2 期。

562. 王志成：《论〈老子〉的生态哲学思想》，《浙江学刊》1998 年第 2 期。

563. 杨国荣：《自然原则与道的智慧》，《天津社会科学》1998 年第 2 期。

564. 朱亮嘉：《阮籍思想史的道家倾向及其对儒家礼教的批判》，《中国道教》1998 年第 3 期。

565. 周光庆：《王弼的〈老子〉解释方法论》，《中国社会科学》1998 年第 3 期。

566. 曹顺庆：《老、庄子消解性话语解读模式及其"无中生有"的意义建构方式》，《复旦学报》1998 年第 3 期。

567. 孔令宏：《道家、道教与宋明理学的关系研究述要》，《河北学刊》1998 年第 3 期。

568. 陆建华：《先秦道家和儒家的道德发生学说初探》，《中国哲学史》1998 年第 3 期。

569. 徐斌：《早期玄学的社会理念与人文关怀》，《浙江社会科学》1998 年第 3 期。

570. 高晨阳：《论王弼玄学体系的建构方法》，《中国哲学史》1998 年第 3 期。

571. 康中乾：《对郭象"独化"论的一种诠释》，《中国哲学史》1998 年第 3 期。

572. 温韧：《"无限"观在〈老子〉中的地位》，《中国哲学史》1998 年第 3 期。

573. 匡钊：《道学：一种文化应战》，《甘肃社会科学》1998 年第 3 期。

574. 田耕滋：《老子哲学的方法论意义》，《清华大学学报》1998 年第

3 期。

575．张松如：《读老札记：〈老子〉首章悬解》，《社会科学战线》1998
年第 4 期。

576．牟钟鉴、林秀茂：《论儒道互补》，《中国哲学史》1998 年第 4 期。

577．郭沂：《〈老子〉的关系》，《中国哲学史》1998 年第 4 期。

578．许抗生：《老子的逆向式思维与道论》，《中国哲学史》1998 年第
4 期。

579．陶君：《道的精神：〈庄子〉的艺术精神》，《中国道教》1998 年
第 4 期。

580．陆建华：《论庄子逍遥的本质》，《江淮论坛》1998 年第 5 期。

581．王克奇：《汉代的道家和异端思想》，《文史哲》1998 年第 5 期。

582．李孺义：《论"玄德"：奠基于实践理性上的道体论形而上学》，
《哲学研究》1998 年第 5 期。

583．杨国荣：《面向存在之思：〈老子〉哲学的内蕴》，《哲学研究》
1998 年第 5 期。

584．冯春田：《老庄"自然"观的实证分析》，《东岳论丛》1998 年第
5 期。

585．王柏华：《老子的"不可说"论及其诗学影响》，《中国人民大学
学报》1998 年第 5 期。

586．代金平：《弥合文化裂痕：道家思想现代诠释之四》，《甘肃社会
科学》1998 年第 5 期。

587．丁鼎、卢友连：《从老庄申韩同传看道、法之承变关系》，《齐鲁
学刊》1998 年第 5 期。

588．王政：《"烹小鲜"新训》，《江海学刊》1998 年第 6 期。

589．张祥明：《宽容：庄子的认识论精神》，《齐鲁学刊》1998 年第
6 期。

590．赵保佑：《道家文化的现代价值：河南省老子思想学术研讨会综
述》，《中州学刊》1998 年第 6 期。

591．郭沂：《从郭店楚简〈老子〉看老子其人其书》，《哲学研究》
1998 年第 7 期。

592．丁为祥：《儒墨道人的关怀比较》，《学术月刊》1998 年第 7 期。

593. 景红：《80 年代中期以来黄老学研究综述》，《哲学动态》1998 年第 9 期。

594. 高晨阳：《一源三流：先秦道家的思想分际：兼论文化功能的差异》，《哲学研究》1998 年第 12 期。

595. 沈顺英、董晓晔：《老子的哲学思想和数学观点》，《自然辩证法研究》1998 年第 12 期。

596. 郑杰文：《〈鬼谷子〉哲学与〈老子〉哲学》，《齐鲁学刊》1999 年第 1 期。

597. 张松辉：《〈逍遥游〉的主旨是无为》，《齐鲁学刊》1999 年第 1 期。

598. 田永胜：《论〈列子注〉与张湛思想》，《哲学研究》1999 年第 1 期。

599. 徐洪兴：《疑古与信古：从郭店竹简本〈老子〉出土回顾本世纪关于老子其人其书的争论》，《复旦学报》1999 年第 1 期。

600. 李敬国：《试论庄子的"言"与"意"》，《甘肃社会科学》1999 年第 1 期。

601. 刘士林：《论庄子"三元"说及其与儒、墨、杨朱之关系》，《孔子研究》1999 年第 2 期。

602. 张茂泽：《〈老子〉朴素辩证法问题》，《西北大学学报》1999 年第 2 期。

603. 颜世安：《论庄子的游世思想》，《南京大学学报》1999 年第 2 期。

604. 韩忍之：《韩非著〈解老〉〈喻老〉时"五千言"是否已名为〈老子〉：兼论司马迁判断的实在性》，《东北师大学报》1999 年第 2 期。

605. 张吉良：《从老聃〈老子〉到太史儋〈道德经〉》，《江西社会科学》1999 年第 2 期。

606. 李光福：《论老子的仁爱观》，《广东社会科学》1999 年第 2 期。

607. 陈赟：《存在与生成：先秦儒道形上学的结构》，《江淮论坛》1999 年第 2 期。

608. 若水：《〈庄子〉对理想人格的塑造》，《中国道教》1999 年第 3 期。

609. 羊列荣：《从〈周易〉考察道家"心斋"思想的起源》，《学术月刊》1999 年第 3 期。

610．孙以楷：《道家与〈中庸〉》，《江淮论坛》1999 年第 3 期。

611．胡孚琛：《道学及其八大支柱》，《世界宗教研究》1999 年第 3 期。

612．戴桂斌：《儒道理想人格的会通互补及其启示》，《武汉大学学报》1999 年第 3 期。

613．刘坤生：《试论道家哲学与自然的关系及其表达方法："三玄"通论之一》，《武汉大学学报》1999 年第 3 期。

614．吕静芳：《老子论人生》，《世界宗教文化》1999 年第 4 期。

615．尹振环：《也谈楚简〈老子〉其书：与郭沂同志商榷》，《哲学研究》1999 年第 4 期。

616．王葆玹：《试论郭店楚简的抄写时间与庄子的撰作时代：兼论郭店与包山楚墓的时代问题》，《哲学研究》1999 年第 4 期。

617．陈赟：《形上之学与此在世界的发生：老子"三一"思想的阐释》，《华东师范大学学报》1999 年第 4 期。

618．徐克谦：《"道言悖论"及庄子对言说方式的怀疑、改造与创新》，《华东师范大学学报》1999 年第 4 期。

619．李兴武：《道儒佛与真善美》，《社会科学辑刊》1999 年第 5 期。

620．周明侠：《论〈逍遥游〉为〈庄子·内篇〉之总纲》，《广东社会科学》1999 年第 5 期。

621．李曙华：《老子的自然哲学与科学》，《中国社会科学》1999 年第 5 期。

622．殷梅霞：《老子之道的哲学意义探析》，《求索》1999 年第 5 期。

623．熊铁基：《20 世纪中国老学述要》，《华中师范大学学报》1999 年第 5 期。

624．崔大华：《庄子：中国传统文化的自然主义源头》，《教学与研究》1999 年第 5 期。

625．李景明：《〈庄子·养生主〉主旨新探》，《齐鲁学刊》1999 年第 5 期。

626．魏宏灿：《90 年代以来道家研究概述》，《哲学动态》1999 年第 5 期。

627．冯达文：《王弼哲学的本体论特征》，《中山大学学报》1999 年第

6 期。

628. 尹振环：《惊人之笔，惊人之误，惊人之讹：楚简〈老子〉异于帛、今本〈老子〉的文句》，《复旦学报》1999 年第 6 期。

629. 张松如：《读老札记》，《吉林大学社会科学学报》1999 年第 6 期。

630. 许抗生：《谈谈黄老道与黄老道学》，《中国道教》1999 年第 6 期。

631. 涂波：《〈庄子〉审美体验论新解》，《人文杂志》1999 年第 6 期。

632. 宁镇疆：《老子"无为""袭常"与西周之"礼"》，《学术月刊》1999 年第 7 期。

633. 徐克谦：《庄子学说与个性自由》，《社会科学》1999 年第 7 期。

634. 吕锡琛：《郭象认为"名教"即"自然"吗?》，《哲学研究》1999 年第 7 期。

635. 梁宗华：《道家哲学向宗教神学理论的切换：〈老子想尔注〉"道"论剖析》，《哲学研究》1999 年第 8 期。

636. 陈晓萍：《先秦儒道理想人格之比较》，《江西社会科学》1999 年第 8 期。

637. 秦平：《庄子的生死观刍议》，《学术月刊》1999 年第 8 期。

638. 陈伟：《读郭店竹书〈老子〉札记（四则)》，《江汉论坛》1999 年第 10 期。

639. 吴根友：《道论在简本〈老子〉中的地位及道、德等概念在简、帛、王本中含义异同初探》，《江汉论坛》1999 年第 10 期。

640. 孟周：《道"通"》，《社会科学》1999 年第 12 期。

641. 彭富春：《道的悖论》，《武汉大学学报》2000 年第 1 期。

642. 扬举：《初论〈老子〉与礼学在思维谱系上的家庭相似》，《孔子研究》2000 年第 2 期。

643. 杨毅原：《天地之美，达万物之理：方东美论道家艺术精神》，《中国哲学史》2000 年第 2 期。

644. 颜世安：《庄子：言说与道——兼论〈逍遥游〉的叙述风格》，《学术月刊》2000 年第 2 期。

645. 李耀南：《从人生论视角看郭象玄学体系》，《武汉大学学报》2000 年第 2 期。

646. 尹振环：《重写老子其人，重释〈老子〉其书》，《中州学刊》

2000 年第 2 期。

647. 翁银陶:《“道”:“绝对虚空”与“宇宙密码”的混成——对老子宇宙本体论的思考》,《中州学刊》2000 年第 2 期。

648. 陈鼓应:《先秦道家之礼观》,《中国文化研究》2000 年第 2 期。

649. 金圣东:《论庄子的技术哲学及其现代意义》,《现代哲学》2000 年第 3 期。

650. 谭家健:《〈列子〉故事渊源考略》,《社会科学战线》2000 年第 3 期。

651. 王劲松:《试论现代物理学和先秦道家思想之间的趋同性》,《复旦学报》2000 年第 3 期。

652. 何江南:《论庄子的齐物和逍遥》,《社会科学研究》2000 年第 3 期。

653. 房启一:《庄子“天”“人”说的现代启示》,《文史哲》2000 年第 3 期。

654. 朱晓鹏:《老子的无为思想三辨》,《河北大学学报》2000 年第 3 期。

655. 艾永明:《浅析〈老子〉的“无为”思想》,《苏州大学学报》2000 年第 3 期。

656. 梁徐宁:《论庄子的语言观》,《社会科学辑刊》2000 年第 4 期。

657. 阮忠:《论闻一多的庄子诠释》,《中州学刊》2000 年第 4 期。

658. 潘雁飞:《由“器”而入“道”:从〈庄子〉(内篇)看寓言的思维方式兼论其对新时期小说创作与审视的启发》,《苏州大学学报》2000 年第 4 期。

659. 张京华:《庄子的宇宙定义及其现代意义》,《中州学刊》2000 年第 4 期。

660. 陈丹:《论庄子的处世态度》,《求索》2000 年第 4 期。

661. 徐克谦:《论作为道路与方法的庄子之“道”》,《中国哲学史》2000 年第 4 期。

662. 张运华:《〈老子指归〉“道开虚无”的自然哲学》,《湘潭大学社会科学学报》2000 年第 4 期。

663. [德] 布伯著,刘杰译:《道的教言》,《哲学译丛》2000 年第

4 期。

664. 张岫峰：《试析老子的生死观》，《中国道教》2000 年第 5 期。

665. 张京华：《世纪之交的道家研究：读〈中国老学史〉与〈近现代的先秦道家研究〉》，《学术界》2000 年第 5 期。

666. 漆侠：《释"天地不仁，以万物为刍狗；圣人不仁，以百姓为刍狗"义》，《河北大学学报》2000 年第 5 期。

667. 覃遵祥：《〈四经〉的雌节思想与时机意识》，《江西社会科学》2000 年第 5 期。

668. 孙以楷：《回归与超越：老子与他的时代》，《安徽大学学报》2000 年第 5 期。

669. 周建平：《老子的无为智慧》，《学海》2000 年第 5 期。

670. 李朝星：《试析老子的辩证法思想及现实价值》，《广西社会科学》2000 年第 5 期。

671. 刘宣如、胡建次：《庄子哲学重释》，《江西社会科学》2000 年第 6 期。

672. 王萍：《荀悦道家思想初探》，《河南大学学报》2000 年第 6 期。

673. 周同科：《郭店楚墓竹简甲组〈老子〉隶读》，《南京大学学报》2000 年第 6 期。

674. 李炳海：《天门、天机与天人合一理想：老庄两个概念的辨析梳理》，《古籍整理研究学刊》2000 年第 6 期。

675. 刘兴邦：《庄子"以道观之"的价值观剖析》，《求索》2000 年第 6 期。

676. 汤一介：《关于僧肇注〈道德经〉问题：四论创建中国解释学问题》，《学术月刊》2000 年第 7 期。

677. 李远国：《道家天人和合观探微》，《江西社会科学》2000 年第 8 期。

678. 白雪：《论〈道德经〉对〈老子〉思想的完备与发展》，《江西社会科学》2000 年第 10 期。

679. 崔长青：《谈〈道德经〉英译》，《读书》2000 年第 12 期。

680. 余正荣：《"自然之道"的深层生态学诠释》，《江汉论坛》2001 年第 1 期。

681．尹振环：《楚简〈老子〉道论的主题：简、帛〈老子〉道论比较》，《贵州社会科学》2001 年第 1 期。

682．朱晓鹏：《论"无知之知"：老子认识思想新探》，《河北师范大学学报》2001 年第 1 期。

683．皮运汤：《"玄览"认识观及其美学意义》，《辽宁师范大学学报》2001 年第 1 期。

684．战宏德：《〈老子〉注解探疑》，《上海社会科学院学术季刊》2001 年第 1 期。

685．任遂虎：《"道法自然"与教育生态》，《西北师大学报》2001 年第 1 期。

686．潘静：《论庄子"道"的弥合功能》，《晋阳学刊》2001 年第 1 期。

687．刁宗广：《〈黄帝内经〉与先秦的道家思想》，《中国哲学史》2001 年第 1 期。

688．黄义英：《成功者的成圣之路：论老子人生哲学的对象和内容》，《广西师院学报》2001 年第 1 期。

689．丁德科：《老子的大一统思想》，《西北大学学报》2001 年第 1 期。

690．刘丰：《老子之道的文化人类学探源》，《西北大学学报》2001 年第 1 期。

691．熊铁基：《感谢与说明：对〈中国老学史〉批评的回应》，《中国哲学史》2001 年第 1 期。

692．张小琴：《试析庄子的言说方式》，《陕西师范大学学报》2001 年第 1 期。

693．尚永亮：《矛盾的庄子与庄子的悖论：〈逍遥游〉的"小大之辩"及其它》，《苏州大学学报》2001 年第 1 期。

694．严春忠：《天人合一·道法自然·无为而治：读老子〈道德经〉一得》，《中国道教》2001 年第 1 期。

695．潘世东、林玲：《论"道"与中国文化自然观的逻辑起点》，《广西社会科学》2001 年第 1 期。

696．王强模：《论老子写作观的哲学基础》，《贵州师范大学学报》2001 年第 2 期。

697．孙文学：《论〈道德经〉中"道法自然"思想对当代可持续发展的启示》，《山西大学师范学院学报》2001年第1期。

698．王凯：《海德格尔与老子思想的核心问题》，《武汉大学学报》2001年第1期。

699．梅良勇、彭隆辉：《庄子的人学思想述评》，《江西师范大学学报》2001年第2期。

700．钱耕森：《中国道家文化与21世纪世界新文明》，《宗教》2001年第2期。

701．张松辉：《论道家的内圣外王和禅宗的不执著》，《宗教学研究》2001年第2期。

702．黄钊：《〈老子〉河上公章句成书时限考论》，《中州学刊》2001年第2期。

703．高秀昌：《老子之"道"的诠释》，《中州学刊》2001年第2期。

704．吕绍纲：《〈老子〉思想源自〈周易〉古经吗?》，《周易研究》2001年第2期。

705．张涅：《老子"道"的依附性与原始巫术思维》，《江海学刊》2001年第3期。

706．刘慧姝：《老子生存思想管窥》，《浙江学刊》2001年第3期。

707．张小琴：《谈庄子言说的隐喻特色》，《人文杂志》2001年第3期。

708．谢阳举：《"道家"·前道家思想·老子思想源头》，《西北大学学报》2001年第3期。

709．肖汉明：《老子道德论中的宇宙发生与演化学说》，《湖南大学学报》2001年第3期。

710．刘固盛：《北宋儒家学派的〈老子〉诠释与时代精神》，《西北大学学报》2001年第3期。

711．张思齐：《论道"太一生水"的生成途径》，《中国哲学史》2001年第3期。

712．魏启鹏：《楚简〈老子〉"大成若诎"发微：兼说老子不非礼乐》，《中国哲学史》2001年第3期。

713．吴根友：《楚简本〈老子〉，"大直若屈"等新解》，《中国哲学史》2001年第3期。

714. 黄钊：《关于研究出土简帛文献的方法论思考：回顾简、帛〈老子〉研究有感》，《中国哲学史》2001 年第 3 期。

715. 程晓东、陆建华：《老庄与魏晋南北朝时期玄佛道》，《安徽大学学报》2001 年第 4 期。

716. 张增田：《〈黄老帛书〉研究综述》，《安徽大学学报》2001 年第 4 期。

717. 李霞：《道家平等思想及其现实意义》，《安徽大学学报》2001 年第 4 期。

718. 于民雄：《自然与自由：庄子"相忘于江湖"解》，《贵州社会科学》2001 年第 4 期。

719. 朱谦之：《〈庄子〉书之考证》（上），《社会科学研究》2001 年第 4 期。

720. 赵东栓：《〈太一生水〉篇的宇宙图式及其文化哲学阐释》，《齐鲁学刊》2001 年第 4 期。

721. 宁镇疆：《〈老子〉"同文复出"现象的初步研究》，《齐鲁学刊》2001 年第 4 期。

722. 宁镇疆：《从简本看今本〈老子〉的形成：兼论帛书本在〈老子〉文本流传过程中的地位》，《中州学刊》2001 年第 4 期。

723. 刁生富：《老庄生态智慧论》，《求索》2001 年第 4 期。

724. 朱怀江：《庄子物论的意向本质》，《社会科学战线》2001 年第 4 期。

725. 安继民：《庄子悲剧意识及其超越》，《中州学刊》2001 年第 4 期。

726. 李存山：《庄子思想中的道、一、气：比照郭店楚简〈老子〉和〈太一生水〉》，《中国哲学史》2001 年第 4 期。

727. 梁徐宁：《庄子的"物化"概念解析》，《中国哲学史》2001 年第 4 期。

728. 罗尧：《庄子心性论发微》，《中国哲学史》2001 年第 4 期。

729. 秦团结：《论老子的道生万物》，《宗教》2001 年第 4 期。

730. 康中乾：《〈老子〉之"道"的现象学诠释》，《人文杂志》2001 年第 5 期。

731. 熊铁基：《论二十世纪二三十年代老子年代争论背后的思想分

歧》,《三峡大学学报》2001 年第 5 期。

732. 廖群:《高亨〈老子〉研究的考古新证:兼论文献考察与考古发现的互证问题》,《山东大学学报》2001 年第 5 期。

733. 郭美华:《略论〈老子〉的"不言之教"》,《上海师范大学学报》2001 年第 5 期。

734. 刘庭华:《〈老子〉军事思想要义简述》,《军事历史》2001 年第 5 期。

735. 朱谦之:《〈庄子〉书之考证》(下),《社会科学研究》2001 年第 5 期。

736. 王树人:《庄子的批判精神与后现代性》,《文史哲》2001 年第 5 期。

737. 谢扬举:《西方对中国道家作为环境哲学的发现过程》,《江西社会科学》2001 年第 6 期。

738. 刘固盛:《近 20 年帛书〈老子〉研究述要》,《学术月刊》2001 年第 6 期。

739. 黄克剑:《老子道论价值趣向辨略》,《哲学研究》2001 年第 6 期。

740. 秦裕芳:《智慧·健康·意志:整体地走近老子的若干断想》,《安徽大学学报》2001 年第 6 期。

741. 刘固盛:《宋元老学中的佛禅旨趣》,《人文杂志》2001 年第 6 期。

742. 刘韶军:《〈庄子〉内篇的思想》,《华中师范大学学报》2001 年第 6 期。

743. 晁福林:《读〈庄子·徐无鬼〉札记》,《北方论丛》2001 年第 6 期。

744. 孙熙国:《论老子对"道"的三重规定及其哲学启示》,《哲学研究》2001 年第 10 期。

745. 王树人:《透视庄子的批判精神》,《哲学动态》2001 年第 11 期。

746. 谢清果:《老子形象思维及其现代价值》,《福建师范大学学报》2002 年第 1 期。

747. 冯达文:《老子哲学思想的双重品格》,《中州学刊》2002 年第 1 期。

748. 贾宗普:《论前人对庄子"逍遥"的不同阐释》,《南开学报》

2002 年第 1 期。

749．陈少明：《自我、他与世界：庄子〈齐物论〉主题的再解读》，《学术月刊》2002 年第 1 期。

750．刘文英：《道家的精神哲学与现代的潜意识概念》，《文史哲》2002 年第 1 期。

751．丁原明：《道家的科学精神与人文精神》，《文史哲》2002 年第 1 期。

752．晁福林：《论老子思想的历史发展》，《孔子研究》2002 年第 1 期。

753．魏泉：《论〈庄子〉的言意关系》，《东岳论丛》2002 年第 1 期。

754．张晓芒：《庄子"辩无胜"的名辩学意义与现代启示》，《晋阳学刊》2002 年第 1 期。

755．晁福林：《读〈庄子·寓言〉札记》，《中国文化研究》2002 年第 1 期。

756．张增田：《〈黄老帛书〉所见的另一种德治方略》，《中国哲学史》2002 年第 1 期。

757．姚蓉：《从"不言之教"解读〈老子〉》，《江西师范大学学报》2002 年第 1 期。

758．葛荣晋：《老子与兵家》，《中华文化论坛》2002 年第 1 期。

759．戴建平：《〈列子〉自然观初探》，《中国道教》2002 年第 1 期。

760．陈少明：《现代庄学及其背景》，《中国哲学史》2002 年第 1 期。

761．李光福：《老子之道新探》，《山西大学师范学院学报》2002 年第 1 期。

762．王志宏：《也论老子的"善"》，《南昌大学学报》2002 年第 1 期。

763．王昕煜：《略论老子的"弱用之术"》，《辽宁师范大学学报》2003 年第 1 期。

764．暴庆刚：《差异性：庄子齐物思想的复归》，《内蒙古社会科学》2002 年第 2 期。

765．余明光：《"黄老"思想的起源与吴越战争的关系》，《湘潭大学社会科学学报》2002 年第 2 期。

766．张金岭：《论道家人性论的实质》，《四川师范大学学报》2002 年第 2 期。

767. 尹振环:《论〈老子〉必须研究简、帛〈老子〉》,《贵州社会科学》2002年第2期。

768. 刘文英:《老子道论的现代分疏与解读》,《南开学报》2002年第2期。

769. 晁福林:《读〈庄子·外物〉札记》,《北京师范大学学报》2002年第2期。

770. 徐克谦:《论庄子哲学中的"真"》,《南京大学学报》2002年第2期。

771. 徐克谦:《"命"的语义分析与庄子的"安命"哲学》,《南京师大学报》2002年第2期。

772. 康中乾:《〈庄子注〉的著者归属之争与中国哲学史料的厘定方法》,《南开学报》2002年第2期。

773. 刘金明:《〈庄子〉的道数与〈周易〉象数》,《西南民族学院学报》2002年第2期。

774. 马良怀:《面对社会与面对生命:论向秀、嵇康对〈庄子〉的不同解读》,《厦门大学学报》2002年第2期。

775. 晁福林:《〈庄子让王〉篇性质探论》,《学习与探索》2002年第2期。

776. 李英华:《关于老子之道的几个问题》,《中国道教》2002年第2期。

777. 杨逢彬:《〈庄子·内篇〉陈注指瑕》,《中国哲学史》2002年第2期。

778. 朱谦之:《老子史料学》,《世界宗教研究》2002年第2期。

779. 李锦全:《"全球化"与老子思想的当今价值》,《现代哲学》2002年第2期。

780. 丁四新:《简帛〈老子〉思想研究之前缘问题报告:兼论楚简〈太一生水〉的思想》,《现代哲学》2002年第2期。

781. 马德邻:《"无"在:论老子"道"形上思维的核心概念》,《上海师范大学学报》2002年第3期。

782. 王丽梅:《论〈庄子〉的生存方式》,《北方论丛》2002年第3期。

783．晁福林：《试析庄子的"情性"观》，《中州学刊》2002 年第 3 期。

784．张晓虎：《道家与战国时期的宗教思想》，《西北大学学报》2002 年第 3 期。

785．张广保：《原始道家道论的展开：道家形而上的梦论与生死论》，《中国哲学史》2002 年第 3 期。

786．边家珍：《〈庄子〉"卮言"考论》，《文史哲》2002 年第 3 期。

787．林继平：《老庄思想与禅宗》，《清华大学学报》2002 年第 3 期。

788．陈红太：《从老子的认知方式解读老子"道德"的含义》，《清华大学学报》2002 年第 3 期。

789．王中江：《老子治道历史探源：以"垂拱之治"与"无为而治"的关联为中心》，《中国哲学史》2002 年第 3 期。

790．何光顺：《〈庄子〉"物化"思想初探》，《广西大学学报》2002 年第 3 期。

791．何根德：《试论庄子对其人生哲理的艺术体验》，《山西师大学报》2002 年第 3 期。

792．陈水德：《庄子思想三重间架论》，《西北大学学报》2002 年第 3 期。

793．陈文浩：《从"载营魄抱一"看逍遥境界与成仙信仰》，《现代哲学》2002 年第 3 期。

794．闵仕君：《对语言边界的撞击：〈老子〉对"道"的言说方式初探》，《新疆大学学报》2002 年第 3 期。

795．李炳海：《万物以形相禅观念和齐物论的总结：兼释〈庄子〉中"强阳"的含义》，《东疆学刊》2002 年第 3 期。

796．魏传宪：《〈庄子〉的思维方法论解读》，《社会科学辑刊》2002 年第 4 期。

797．黄钊：《论〈庄子〉反朴归真的道德学说及其现实价值》，《中州学刊》2002 年第 4 期。

798．郭德才：《论道家的哲学思想对中国社会与文化的影响》，《民族与宗教》2002 年第 4 期。

799．萧汉明：《老子的社会历史观与治国思想》，《湖南大学学报》

2002 年第 4 期。

800. 张志伟：《白天看星星：海德格尔对老庄的读解》，《中国人民大学学报》2002 年第 4 期。

801. 张松、燕宏远：《庄子语言思想中的现代哲学解释学意义》，《湖南师范大学社会科学学报》2002 年第 4 期。

802. 谢阳举、方红波：《庄子环境哲学原理要论》，《西北大学学报》2002 年第 4 期。

803. 高秀昌：《道家与道教生死观的异同》，《宗教学研究》2002 年第 4 期。

804. 张增田：《公平：道家黄老学派的法价值追求》，《安徽大学学报》2002 年第 5 期。

805. 吕锡琛：《道家养德调心的意义治疗思想蠡测》，《道德与文明》2002 年第 5 期。

806. 黄远葆：《重新发现老子》，《安徽大学学报》2002 年第 5 期。

807. 晁福林：《从庄子的仁义观看儒道两家关系：〈庄子·让王〉篇索隐》，《人文杂志》2002 年第 5 期。

808. 赵雅丽：《略论〈文子〉的慎独思想》，《中州学刊》2002 年第 5 期。

809. 韩湖初：《论老子之道的生命美学意蕴》，《华南师范大学学报》2002 年第 5 期。

810. 刘长欣：《老子阴阳思想探析》，《中国道教》2002 年第 5 期。

811. 孟庆丽：《庄子的言意观辨析》，《社会科学辑刊》2002 年第 5 期。

812. 李开：《从郭店楚墓竹简本〈老子〉看春秋战国之际道家哲学》，《江海学刊》2002 年第 6 期。

813. 米靖：《论先秦道家黄老学派教化观的特点和影响》，《内蒙古社会科学》2002 年第 6 期。

814. 许土密：《道家生命哲学的现代诠释》，《社会科学辑刊》2002 年第 6 期。

815. 王小权：《"道"与自发秩序》，《中州学刊》2002 年第 6 期。

816. 王立新：《"独与天地精神相往来"：论庄子哲学之文化品格》，《四川师范学院学报》2002 年第 6 期。

817. 喻几凡：《〈老子〉一书的性质及其思想实质新探》，《湘潭大学社会科学学报》2002 年第 6 期。

818. 李振纲：《自然之德性与无为的智慧：老子哲学的本体与方法》，《哲学研究》2002 年第 7 期。

819. 李承贵：《〈老子〉"道"的境界意蕴》，《求实》2002 年第 7 期。

820. 晁福林：《〈庄子·盗跖〉篇释滞》，《江西社会科学》2002 年第 7 期。

821. 许雪涛：《对〈齐物论〉中"吾"的解释学解读》，《学术研究》2002 年第 9 期。

822. 杨建波：《道家文化的现代意义》，《理论月刊》2002 年第 11 期。

823. 李明珠：《论庄子的"无功"、"无名"、"无己"思想》，《学术月刊》2002 年第 12 期。

824. 李凤鸣：《"小国寡民"新释》，《西南民族学院学报》2002 年第 12 期。

825. 曾林、蔡华：《〈庄子·齐物论〉行文结构及思辨逻辑》，《西南民族学院学报》2002 年第 12 期。

826. 白奚：《先秦黄老之学源流述要》，《中州学刊》2003 年第 1 期。

827. 蒋九愚：《老子天道观辨》，《江淮论坛》2003 年第 1 期。

828. 董京泉：《〈道德经〉新编及其论证（未完待续）》，《文史哲》2003 年第 1 期。

829. 尹振环：《论〈老子〉需要验之出土文献与历史：与黄克剑、孙熙国先生商榷》，《哲学研究》2003 年第 1 期。

830. ［韩］金德三：《"相生"与老子思想》，《中国道教》2003 年第 1 期。

831. 张富祥：《〈老子〉校释二题》，《中国哲学史》2003 年第 1 期。

832. 何九盈：《〈庄子〉札记》，《北京大学学报》2003 年第 1 期。

833. 陈浩：《从"道"的观念形态看庄子的修辞思想》，《河北师范大学学报》2003 年第 1 期。

834. 包兆会：《从现象学视域看〈庄子〉的朦胧和晦涩》，《人文杂志》2003 年第 1 期。

835. 萧汉明：《论庄子的内圣外王之道》，《武汉大学学报》2003 年第

1 期。

836. 张家成：《试析〈庄子〉中的"马"的意象》，《哲学研究》2003年第1期。

837. 刘季冬：《王弼诠释老子哲学思想的进路：从王弼对老子宇宙哲学思想的继承与改造看》，《兰州学刊》2003年第1期。

838. 贾占新：《论〈列子·杨朱篇〉》，《河北大学学报》2003年第1期。

839. 黄群建：《〈庄子〉训诂二题》，《湖北师范学院学报》2003年第1期。

840. 赵炜：《浅谈"大音希声"》，《新疆师范大学学报》2003年第1期。

841. 王三峡：《竹简〈文子〉新探》，《孔子研究》2003年第2期。

842. 许宁：《论马一浮〈老子注〉中的"以佛解老"思想》，《安徽大学学报》2003年第2期。

843. 郭树森：《论老子的"有"、"无"和"道"》，《江西社会科学》2003年第2期。

844. 聂中庆：《郭店楚简〈老子〉研究评述》，《孔子研究》2003年第2期。

845. 安乐哲等著，彭国翔译：《〈道德经〉与关联性的宇宙论：一种诠释性的语脉》，《求是学刊》2003年第2期。

846. 董京泉：《〈道德经〉新编及其论证》，《文史哲》2003年第2期。

847. 包兆会：《二十世纪〈庄子〉研究的回顾与反思》，《文艺理论研究》2003年第2期。

848. 马德邻：《论〈老子〉的三个道德律令》，《华东师范大学学报》2003年第2期。

849. 方红梅：《庄子之乐与中国文人的审美襟怀》，《中南民族大学学报》2003年第2期。

850. 宇汝松：《试论道家道教的生死智慧及其现实意义》，《中国道教》2003年第2期。

851. 那薇：《道家的返朴归真和海德格尔的本真存在》，《中国哲学史》2003年第2期。

852. 杨福泉：《"一"以贯之，"人"法自然：〈老子〉二十五章校读》，《东疆学刊》2003 年第 2 期。

853. 姚鹤鸣：《庄子审美方法论的现代解读》，《苏州大学学报》2003 年第 2 期。

854. 杨逢彬：《〈老子〉群诂献疑》，《中国哲学史》2003 年第 2 期。

855. 黄圣平：《所谓〈庄子〉郭象〈序〉作者辨正》，《中国哲学史》2003 年第 2 期。

856. 张再林：《"面向事物本身"与庄学精神》，《中国哲学史》2003 年第 2 期。

857. 丁原明：《老子的生存哲学》，《哲学研究》2003 年第 3 期。

858. 陈引驰：《庄学之生命观及文学中的反对与理解》，《学术月刊》2003 年第 3 期。

859. 李壮鹰：《谈谈庄子的"道进乎技"》，《学术月刊》2003 年第 3 期。

860. 萧汉明：《论〈鹖冠子〉的素皇内帝之法》，《江汉论坛》2003 年第 3 期。

861. 吴小光、邹远志：《老子自然观的人本主义思想发掘》，《内蒙古民族大学学报》2002 年第 3 期。

862. 吕有云：《从"全生避害"到长生不死：论道家重生养生思想向道德神仙信仰的演进》，《西南师范大学学报》2003 年第 3 期。

863. 乔凤杰：《论老子思想的方法论性质》，《中州学刊》2003 年第 3 期。

864. 李景林：《通以显体：从老庄道论看中国古代哲学的本体学说》，《孔子研究》2003 年第 3 期。

865. 刘仲林：《意之所在，不言而会：老庄意会认识论初探》，《中国哲学史》2003 年第 3 期。

866. 韩东育：《〈老子〉17、18 章中"焉"、"案"、"安"字究作何解？：兼谈〈郭店楚墓竹简〉的定论意义》，《东北师大学报》（哲学社会科学版）2003 年第 4 期。

867. 张娟芳：《取譬：国外汉学家对〈老子〉的一种解读方式》，《西北大学学报》2003 年第 3 期。

868．马德邻：《"无"的主题：〈老子〉形上思想的深层意蕴》，《中国哲学史》2003 年第 3 期。

869．李存山：《〈老子〉简、帛本与传世本关系的几个"模型"》，《中国哲学史》2003 年第 3 期。

870．陈少明：《〈齐物论〉与竹林玄学》，《现代哲学》2003 年第 3 期。

871．余树苹：《〈齐物论〉两种英译之比较：一点解释学思考》，《现代哲学》2003 年第 3 期。

872．李大华：《自由、自然与境界：论成玄英的〈庄子疏〉》，《中国哲学史》2003 年第 3 期。

873．刘学文：《论郭店楚简〈太一生水〉本性生成系统》，《新疆大学学报》2003 年第 3 期。

874．刘京菊：《根静说之源流及现代启示》，《河北大学学报》2003 年第 3 期。

875．杨映琳：《试论老子无为思想的成因》，《广西社会科学》2003 年第 4 期。

876．吕锡琛：《试论道家哲学对人本心理学的影响：兼论中国哲学的普适价值及东西方文化的融会互补》，《哲学研究》2003 年第 4 期。

877．陈丽琳：《庄子的"道""技"观与企业文化建设》，《西南民族学院学报》2003 年第 4 期。

878．那薇：《道家的忘己之人与海德格尔人的本质》，《宁夏社会科学》2003 年第 4 期。

879．杨立平：《"道"内涵的演进与老子哲学体系的形成》，《湘潭师范学院学报》2003 年第 4 期。

880．邓联合：《论庄子与后学在人生哲学上的根本分歧与症结》，《江海学刊》2003 年第 4 期。

881．谢正强：《论〈庄子〉"逍遥游"的内涵与特色》，《求索》2003 年第 4 期。

882．那薇：《道家与海德格尔生死观之比较》，《中州学刊》2003 年第 4 期。

883．孙以楷：《太史儋与〈老子〉无关：与郭沂先生商榷》，《安徽大学学报》2003 年第 4 期。

884. 权光镐：《从郭店简本〈老子〉看"绝仁弃义"问题》，《安徽大学学报》2003 年第 4 期。

885. 黄承贵：《老子美学与禅宗自然义》，《安徽大学学报》2003 年第 4 期。

886. 孙红：《以禅解庄：林希逸〈庄子口义〉对〈庄子〉的阐释》，《河南师范大学学报》2003 年第 4 期。

887. 包兆会：《论庄子之游》，《南京大学学报》2003 年第 4 期。

888. 孙殿玲：《论庄子的美感思想》，《厦门大学学报》2003 年第 4 期。

889. 黄萍：《由虚静达于自由之境：庄子生命观念解析》，《中南民族大学学报》2003 年第 4 期。

890. 刘松来、尹雪华：《"以天合天"与"妙悟"之我见：中国古代艺术领域直觉思维理论溯源》，《江西师范大学学报》2003 年第 4 期。

891. 黄承贵、何应敏：《水：老子生命哲学的自然底蕴》，《江西社会科学》2003 年第 5 期。

892. 刘文英：《庄子蝴蝶梦的新解读》，《文史哲》2003 年第 5 期。

893. 毛明：《〈老子〉"自然"概念的美学解读》，《四川师范大学学报》2003 年第 5 期。

894. 那薇：《道家的游无何有之乡和海德格尔的心灵空间》，《北方论丛》2003 年第 5 期。

895. 胡孚琛：《新道学文化的综合创新之道和普世价值》，《河北学刊》2003 年第 5 期。

896. 周德义：《〈道德经〉之一分为三哲学思想研究》，《湖南大学学报》2003 年第 5 期。

897. 耿加进、黄承贵：《道之境界与老子的生态伦理思想》，《内蒙古社会科学》2003 年第 5 期。

898. 孙红：《林希逸以儒解庄及其原因》，《北方论丛》2003 年第 5 期。

899. 庄大钧、马晓乐：《〈庄子〉尚和思想述论》，《山东师范大学学报》2003 年第 5 期。

900. 高秀昌：《论道家与道教的生死观》，《河南师范大学学报》2003 年第 6 期。

901. 孟繁清：《赵秉文著〈道德真经集解〉与金后期的三教融合趋

势》,《河北师范大学学报》2003 年第 6 期。

902．聂中庆:《辨"有生于无"》,《求是学刊》2003 年第 6 期。

903．李美燕:《李约瑟与史华兹眼中的老子"自然观"》,《湖南师范大学社会科学学报》2003 年第 6 期。

904．蔡德贵:《再论庄子与齐文化》,《东岳论丛》2003 年第 6 期。

905．刘亚虎:《〈庄子〉与南方民族文化》,《中南民族大学学报》2003 年第 6 期。

906．郭应传:《〈老子〉非常规思维方式管窥》,《广西社会科学》2003 年第 7 期。

907．马德邻:《〈老子〉和早期中国哲学的形上语境》,《学术月刊》2003 年第 7 期。

908．邵汉明:《道学研究中值得注意的几个问题》,《哲学研究》2003 年第 7 期。

909．郑开:《道家心性论研究》,《哲学研究》2003 年第 8 期。

910．梅珍生:《论老子的礼学思想》,《江汉论坛》2003 年第 9 期。

911．赖华明:《试论道家人性论与无为而治的关系》,《西南民族大学学报》2003 年第 9 期。

912．那薇:《道家的"藏天下于天下"和海德格尔的"在世界之中"》,《哲学研究》2003 年第 9 期。

913．李景强:《复原老子之"道"》,《学术研究》2003 年第 10 期。

914．白才儒:《试论〈庄子〉生态认知模式:从感性到理性再回归非理性》,《西南民族大学学报》2003 年第 11 期。

915．宋冰、晁天义:《道家哲学的庸俗化与早期道教巫术的形成》,《宁夏社会科学》2004 年第 1 期。

916．孙振玉:《从老子的抱朴说与静观说析其审美认识观》,《晋阳学刊》2004 年第 1 期。

917．张松辉:《老子的循环论是正确理论》,《齐鲁学刊》2004 年第 1 期。

918．郑全:《精神:人与道的悖论》,《南开学报》2004 年第 1 期。

919．董恩林:《论唐代老学的理论特色》,《哲学研究》2004 年第 1 期。

920．牛方玉:《释老子"有"、"无"》,《山东大学学报》2004 年第

1 期。

921．尹志华：《试析北宋〈老子〉注家对"无为"的诠释》，《首都师范大学学报》2004 年第 1 期。

922．邓球柏：《内圣外王之道：〈郭简·老子〉的主题》，《哲学研究》2004 年第 1 期。

923．李锋、刘睿：《论老子比喻方法及其哲学意义》，《中国道教》2004 年第 1 期。

924．孙雪霞、何光顺：《"以庄解庄"方法论浅析》，《海南大学学报》2004 年第 1 期。

925．包兆会：《英语世界庄学研究回顾与反思》，《文艺理论研究》2004 年第 1 期。

926．周益锋：《追求生命自由的精神境界：解析〈庄子〉》，《西北大学学报》2004 年第 1 期。

927．陶君：《〈庄子〉道论发微》，《中国道教》2004 年第 1 期。

928．尹志华：《北宋道士陈景元的老学思想新探》，《世界宗教研究》2004 年第 1 期。

929．刁生虎：《说"不可说"：庄子的"道""言"悖论及其超越方式》，《兰州学刊》2004 年第 1 期。

930．聂中庆：《楚简〈老子〉标志符号解读》，《宗教学研究》2004 年第 1 期。

931．聂中庆：《从楚简〈老子〉中"亡"、"无"和"行"、"道"的使用推断楚简〈老子〉的文本构成》，《山东大学学报》2004 年第 1 期。

932．萧汉明：《庄生之说可因以通君子之道：论王夫之的〈庄子解〉与〈庄子通〉》，《中国哲学史》2004 年第 1 期。

933．臧宏：《老子"功遂身退"的现代诠释》，《安徽大学学报》2004 年第 2 期。

934．杨国宜：《略论〈道德经原旨〉的皇道论》，《安徽师范大学学报》2004 年第 2 期。

935．葛刚岩：《〈老子〉流传的相关问题考论》，《西北师大学报》2004 年第 2 期。

936．孙以楷：《也谈郭店竹简〈老子〉与老子公案：与郭沂先生商権》，《学术界》2004 年第 2 期。

937．黄克剑：《也说"验之出土文献与历史"：答尹振环先生》，《哲学研究》2004 年第 2 期。

938．张廷国：《"庄周梦蝶"的现象学意义》，《学术研究》2004 年第2 期。

939．程二行：《时间·变化·对策：老子道论重诂》，《武汉大学学报》2004 年第 2 期。

940．尹振环：《〈老子〉其书的主题是什么：析"导"德经》，《中州学刊》2004 年第 2 期。

941．李波：《杨朱的"为我"思想与社会转型期信仰危机》，《河南师范大学学报》2004 年第 2 期。

942．周珂：《论〈老子〉中的"圣人"》，《中国道教》2004 年第 2 期。

943．张群：《〈庄子·内篇〉寓言表现庄周哲学思想的方式》，《北方论丛》2004 年第 2 期。

944．陈清春：《〈庄子〉知言观中的道》，《中国哲学史》2004 年第 2 期。

945．李小光：《〈道德经〉第二十五章"王亦大"思想考》，《宗教学研究》2004 年第 2 期。

946．刘立夫：《〈老子〉道论的形上学诠释》，《中国哲学史》2004 年第 3 期。

947．杨全顺：《老庄的自然宇宙观、社会政治观探略》，《广西社会科学》2004 年第 3 期。

948．陈阳全：《简论庄子的自由观》，《求索》2004 年第 3 期。

949．张学智：《王夫之衍（老）的旨趣及主要方面》，《北京大学学报》2004 年第 3 期。

950．陈德述：《评严敏的〈老子〉辨析与启示〉一书》，《社会科学研究》2004 年第 3 期。

951．郭向东：《论庄子齐物观的本质》，《西北师范大学学报》2004 年第 3 期。

952．孔令宏：《新道家哲学论纲》，《杭州师范学院学报》2004 年第 3 期。

953. 李国江：《〈道德经〉的养生学与认识论》，《中国道教》2004 年第 3 期。

954. 夏裴、夏静：《〈道德经〉引进华中科大》，《中国道教》2004 年第 3 期。

955. 吴泓：《论庄子认知结构之境界观》，《西华师范大学学报》2004 年第 3 期。

956. 丁怀珍：《从尘世的超越到精神的逍遥：〈庄子〉精神主体自由论勾玄》，《社会科学战线》2004 年第 3 期。

957. 韩林合：《简论老子的贵身思想》，《云南大学学报》2004 年第 3 期。

958. 莫纯玉：《解析〈老子〉的"无为而无不为"》，《广西师范学院学报》2004 年第 3 期。

959. 习传进：《老子之"道"与爱默生之"超灵"》，《湖北师范学院学报》2004 年第 3 期。

960. 李霞：《生命本位与自然关怀：道家生命观的基本特征及其生态学意义》，《安徽大学学报》2004 年第 4 期。

961. 徐仪明：《道家与现代科学思维方式的内在关系》，《河南师范大学学报》2004 年第 4 期。

962. 李昱：《论梁启超〈老子哲学〉的思想特色》，《南京大学学报》2004 年第 4 期。

963. 赵慧平：《值得瞩目的"老学"研究新成果：评〈郭店楚简《老子》研究〉》，《社会科学辑刊》2004 年第 4 期。

964. 朱承：《〈老子指略〉哲学方法考察》，《西藏民族学院学报》2004 年第 4 期。

965. 刘立夫：《〈老子〉道论的哲学思维模式》，《湘潭大学学报》2004 年第 4 期。

966. 张丰乾：《天王合一与执一无为：竹简〈文子〉与竹简〈老子〉合论》，《中山大学学报》2004 年第 4 期。

967. 李汉相：《浅论老子的和合思想》，《中州学刊》2004 年第 4 期。

968. 孙以楷：《主客消融与人生自由：庄子人生哲学探微》，《安徽大学学报》2004 年第 4 期。

969．乔健：《试论庄子"精神超越"的限度》，《南京师大学报》2004年第4期。

970．马晓乐：《庄子、郭象圣人观之比较》，《齐鲁学刊》2004年第4期。

971．蒋振华：《〈庄子〉寓言的双重承负》，《中州学刊》2004年第4期。

972．徐文武：《楚简〈老子〉"绝智弃辩"章解读》，《江汉论坛》2004年第4期。

973．张亚新：《庄子哲学：从反思生命开始》，《江汉论坛》2004年第4期。

974．熊铁基、刘玲娣：《论"汉老子"》，《哲学研究》2004年第4期。

975．王春：《〈太一生水〉中的"太一"试诠》，《山东大学学报》2004年第4期。

976．解光宇：《也谈"老子是殷商派老儒"》，《孔子研究》2004年第4期。

977．熊国宝：《学习〈道德经·体道一章〉心得》，《中国道教》2004年第4期。

978．朱大星：《论河上公〈老子〉在敦煌的流传：以敦煌文献为中心》，《中国道教》2004年第4期。

979．许广明：《对〈庄子〉的另一种解读：读张涅〈庄子解读：流变开放的思想形式〉》，《孔子研究》2004年第4期。

980．孙雪霞：《〈庄子〉人物命名初探》，《海南大学学报》2004年第4期。

981．薛华：《简释玄同》，《云南大学学报》2004年第5期。

982．李霞：《道家生命观论纲》，《学术界》2004年第5期。

983．徐仪明：《道家与中国古代数学与天文学》，《中州学刊》2004年第5期。

984．赵玉祥、李健胜：《否定式思维方式与〈老子〉三论》，《辽宁师范大学学报》2004年第5期。

985．那薇：《庄子的无心之言与海德格尔对语言的诠释》，《福建师范大学学报》2004年第5期。

986．徐克谦：《哲学问题的审美解答：论庄子把握哲学问题的特殊方式》，《南京师大学报》2004 年第 5 期。

987．陆建华：《创新中见功夫：〈中国庄学史〉读后》，《学术界》2004 年第 5 期。

988．尹选波：《道家生命哲学研究的新创获：读〈生死智慧：道家生命观研究〉》，《北京大学学报》2004 年第 5 期。

989．洪涛：《道家自然理路的历史演进》，《江淮论坛》2004 年第 5 期。

990．李翔海、金珠：《道家思想与建设性后现代主义》，《天津师范大学学报》2004 年第 5 期。

991．崔华前：《论老子思想对构建中华民族精神的重要贡献》，《青海社会科学》2004 年第 5 期。

992．刘世定：《"至乐无乐"思想与当代经济学中的理性》，《北京大学学报》2004 年第 5 期。

993．任建红：《老子哲学与尼采哲学之比较》，《广西社会科学》2004 年第 6 期。

994．杨翰卿：《先秦道家哲学思想的历史地位》，《社会科学研究》2004 年第 6 期。

995．罗映光：《道家文化及其现代价值》，《西南师范大学学报》2004 年第 6 期。

996．杨玉辉：《老子与道合一的理想人格》，《西南师范大学学报》2004 年第 6 期。

997．张连伟、郭君铭：《庄子"小大之辩"与逍遥之旨》，《安徽大学学报》2004 年第 6 期。

998．劳承万：《老庄道家的诗学方向》，《人文杂志》2004 年第 6 期。

999．陈恩林：《论〈大一生水〉与〈老子〉及〈易传〉的关系：〈大一生水〉不属于道家学派》，《社会科学战线》2004 年第 6 期。

1000．李霞：《道家生命观的主题嬗变》，《社会科学战线》2004 年第 6 期。

1001．崔景明：《论道家思想的伦理意蕴》，《云南社会科学》2004 年第 6 期。

1002．李光福：《论老子独特的人生进取观》，《南开学报》2004 年第

6 期。

1003．王庆节：《老子的自然观念：自我的自己而然与他者的自己而然》，《求是学刊》2004 年第 6 期。

1004．刘学：《庄子哲学思维的特质》，《湖南师范大学社会科学学报》2004 年第 6 期。

1005．黄承贵：《水：老子"道"论的本喻》，《青海社会科学》2004 年第 6 期。

1006．陈少明：《通往想象的世界：读〈庄子〉》，《开放时代》2004 年第 6 期。

1007．聂亮祥：《论"道法自然"》，《中国道教》2004 年第 6 期。

1008．宫哲兵：《唯道论的创立》，《哲学研究》2004 年第 7 期。

1009．宁媛：《中西文化视野中的"物化"范畴》，《江西社会科学》2004 年第 7 期。

1010．商戈令：《"道通为一"新解》，《哲学研究》2004 年第 7 期。

1011．周山：《老子的"为道"及其在实践中的精神境界》，《社会科学》2004 年第 8 期。

1012．晁福林：《试论先秦道家"无为"思想的历史发展：从关于郭店楚简的一个争论谈起》，《江汉论坛》2004 年第 11 期。

1013．尹振环：《〈老子〉从〈孙子兵法〉中借鉴了什么：也谈〈孙子兵法〉早于〈老子〉》，《学术月刊》2004 年第 11 期。

1014．崔华前：《庄子的进步思想及其现代归依》，《江汉论坛》2004 年第 12 期。

1015．唐坤：《略论庄子超越生死的旷达境界》，《江汉论坛》2004 年第 12 期。

1016．刘笑敢：《老子之人文自然论纲》，《哲学研究》2004 年第 12 期。

1017．沈顺福：《道与言：论存在与表达》，《哲学研究》2005 年第 1 期。

1018．那薇：《庄子的意之所随不可言传与海德格尔的评言之根》，《山东大学学报》2005 年第 1 期。

1019．李延仓：《论〈庄子·天地〉篇中"玄珠"与道教的关系》，《孔子研究》2005 年第 1 期。

1020．那薇：《庄子的天倪、天多与海德格尔的区分》，《社会科学研究》2005 年第 1 期。

1021．陈仁仁：《齐物·齐言·齐论："齐物论"也》，《武汉大学学报》2005 年第 1 期。

1022．李昌舒：《道、禅之"心"的美学意蕴》，《浙江学刊》2005 年第 1 期。

1023．白奚：《学术发展史视野下的先秦黄老之学》，《人文杂志》2005 年第 1 期。

1024．鲍新山：《老子无为而治思想辨析》，《青海社会科学》2005 年第 1 期。

1025．陈默、金艳滨：《论庄子的理想人格及其文化意义》，《北方论丛》2005 年第 1 期。

1026．张勇：《论〈庄子〉"环中"的美学意蕴》，《文艺理论研究》2005 年第 1 期。

1027．王树人：《象思维视野下的〈齐物论〉》，《中国社会科学院研究生院学报》2005 年第 1 期。

1028．刘昭瑞：《"老鬼"与南北朝时期老子的神化》，《历史研究》2005 年第 2 期。

1029．张松辉：《论老子礼学思想》，《中国哲学史》2005 年第 2 期。

1030．高利民：《语言的朝霞：〈庄子〉卮言刍议》，《兰州学刊》2005 年第 2 期。

1031．张爱民：《宋代隐士与佛教徒对庄子的接受》，《兰州学刊》2005 年第 2 期。

1032．杨思范：《〈庄子〉号〈南华真经〉源流考》，《中国道教》2005 年第 2 期。

1033．徐春根：《论庄子"无待"的自由观》，《广西师范大学学报》2005 年第 2 期。

1034．徐春根：《"己所不欲"与"己之所欲""施于人"是一种价值霸权：从〈庄子〉相对价值论观点看》，《江西师范大学学报》2005 年第 2 期。

1035．杨玉辉：《道家的先天人格和后天人格探讨》，《社会科学研究》

2005 年第 3 期。

1036. 刘笑敢：《人文自然对正义原则的兼容与补充》，《开放时代》2005 年第 3 期。

1037. 尹志华：《试论北宋老学中的"无为"与"有为"之辨》，《社会科学研究》2005 年第 3 期。

1038. 张爱民：《宋代政治家与〈庄子〉》，《内蒙古社会科学》2005 年第 3 期。

1039. 王哲平：《论道家、儒家的人生境界之"道"》，《南昌大学学报》2005 年第 3 期。

1040. 白欲晓：《道家形上探求的基本向度与理论衍化》，《南京大学学报》2005 年第 3 期。

1041. 韩海泉：《老子"以道观物"思想辨析》，《青海师范大学学报》2005 年第 3 期。

1042. 冯国泉：《老子"反"的思想在政略兵略中的运用》，《求是学刊》2005 年第 3 期。

1043. 严春友：《对庄子思想五种定性说的质疑》，《河北学刊》2005 年第 3 期。

1044. 那薇：《庄子的神遇与海德格尔素朴的看》，《湖北大学学报》2005 年第 3 期。

1045. 宋钢：《旧学新知，继轨创获：评〈忘筌·梦蝶——庄学综论〉》，《江海学刊》2005 年第 3 期。

1046. 时晓丽、赵岩：《庄子审美化的宇宙观》，《西北大学学报》2005 年第 3 期。

1047. 曹峰：《谈〈恒先〉的编联与分章》，《清华大学学报》2005 年第 3 期。

1048. 刘季冬：《经典文本的思想意蕴与诠释者的时代境遇：以王弼诠释〈老子〉为示例》，《兰州学刊》2005 年第 3 期。

1049. 肖中云：《浅析庄子哲学的现实批判及意义》，《兰州学刊》2005 年第 3 期。

1050. 彭姗姗：《瞻之在前，忽焉在后：英语世界中作为哲学家的庄子》，《中国哲学史》2005 年第 3 期。

1051. 胡晓莺、刘军林：《老子朴治无为思想的探析》，《广西社会科学》2005 年第 4 期。

1052. 许建良：《〈老子〉"不为而成"的道德实践论》，《云南大学学报》2005 年第 4 期。

1053. 董京泉：《老子"道"的定义及实质之我见》，《哲学研究》2005 年第 4 期。

1054. 周高德：《上善若水，为而不争：解读〈道德经〉》，《中国宗教》2005 年第 4 期。

1055. 张涅：《〈庄子〉"卮言"的意义所在》，《学术月刊》2005 年第 4 期。

1056. 李霞：《论楚淮文化对道家生命观形成的影响》，《安徽大学学报》2005 年第 4 期。

1057. 商原李刚：《"士"的二重性与道家隐逸哲学》，《社会科学辑刊》2005 年第 4 期。

1058. 林光华：《中国文化视阈下的还原理论：试析老、庄的"还原"理想与"意象"的深层内涵》，《天津社会科学》2005 年第 4 期。

1059. 尹振环：《〈老子〉非成于一时，作于一人之自证：谈点不同意见就教于孙以楷先生》，《学术界》2005 年第 4 期。

1060. 申国昌：《老子学习心理观的风格与特征》，《云南民族大学学报》2005 年第 4 期。

1061. 陈延庆：《庄子与苏格拉底生死观之比较》，《北方论丛》2005 年第 4 期。

1062. 高利民：《庄子无用之用的另一种解读》，《复旦学报》2005 年第 4 期。

1063. 缪方明：《从佛教"分别观"看当前老子"道"论研究中的窘境》，《内蒙古社会科学》2005 年第 4 期。

1064. 哈嘉莹：《生态伦理意义上的庄子自然人本精神》，《河北学刊》2005 年第 4 期。

1065. 徐文武：《论庄子齐物论思想的系统性》，《学习与探索》2005 年第 4 期。

1066. 陈荣庆：《"内圣外王"的实践与可能：从积极有为到自然无为：

试析〈庄子·天下〉篇的道术批评思想》,《西北大学学报》2006 年 1 期。

1067. 荆雨:《试析帛书〈黄帝四经〉"道生法"思想的内涵及意义》,《中国哲学史》2005 年第 4 期。

1068. 陈清春:《庄子"吾丧我"的现代诠释》,《中国哲学史》2005 年第 4 期。

1069. 高予远:《对"吾与我"的思考》,《中国哲学史》2005 年第 4 期。

1070. 吴根友:《读庄献疑:〈齐物论〉"莫若以明"新解》,《中国哲学史》2005 年第 4 期。

1071. 褚春元:《〈庄子〉"虚静"说的诗学阐释》,《江淮论坛》2005 年第 5 期。

1072. 魏仁兴:《用复杂性观点解读〈老子〉》,《青海师范大学学报》2005 年第 5 期。

1073. 王恩御:《〈老子·六十四章〉"本为两章"吗》,《学术界》2005 年第 5 期。

1074. 唐明燕:《〈文子〉的生命哲学》,《兰州学刊》2005 年第 5 期。

1075. 景云:《先秦"黄老"是改造了的老庄哲学,而非黄老之学》,《宁夏大学学报》2005 年第 5 期。

1076. 薛柏成:《论墨家思想对黄老学的影响:以马王堆帛书〈黄老帛书〉为例》,《社会科学战线》2005 年第 5 期。

1077. 白奚:《论先秦黄老学对百家之学的整合》,《文史哲》2005 年第 5 期。

1078. 于民雄:《"道法自然"新解》,《贵州社会科学》2005 年第 5 期。

1079. 尹振环:《"老子术"产生的历史背景》,《贵州社会科学》2005 年第 5 期。

1080. 康中乾:《对向、郭〈庄子注〉疑案的一种判定》,《人文杂志》2005 年第 5 期。

1081. 张洪兴:《试论庄子对先秦立言观的批判与超越》,《社会科学辑刊》2005 年第 5 期。

1082. 刘忠良:《〈老子〉政治哲学论证方式新探》,《西南民族大学学报》2005 年第 5 期。

1083. 商原李刚：《道治文化说》，《安徽大学学报》2005 年第 6 期。

1084. 陆建华、孙以楷：《以道观礼：老子之礼学》，《安徽大学学报》2005 年第 6 期。

1085. 尹志华：《试析北宋〈老子〉注家的孔老异同论》，《孔子研究》2005 年第 6 期。

1086. 丁原明：《〈鹖冠子〉汇校集注〉评介》，《孔子研究》2005 年第 6 期。

1087. 张世英：《道家与科学》，《湖南社会科学》2005 年第 6 期。

1088. 熊铁基：《道家·道教·道学》，《华中师范大学学报》2005 年第 6 期。

1089. 王新春：《哲学视域中黄老道家的理政之术》，《山东大学学报》2005 年第 6 期。

1090. 黄毓任：《先秦道家的"气"与南方原始宗教》，《湘潭大学学报》2005 年第 6 期。

1091. 杨庆中：《老子道论与中国轴心时代之哲学的突破》，《东岳论丛》2005 年第 6 期。

1092. 陈鼓应：《老子的有无、动静及体用观》，《华中师范大学学报》2005 年第 6 期。

1093. 刘固盛：《论杜道坚的老学思想》，《华中师范大学学报》2005 年第 6 期。

1094. 许淑杰：《论老子之"自然"》，《社会科学战线》2005 年第 6 期。

1095. 王新建：《"道"、"礼"之辩：庄子礼学研究》，《哲学研究》2005 年第 6 期。

1096. 周山：《逍遥·齐物·和谐：〈庄子〉三题新解》，《学术月刊》2005 年第 6 期。

1097. 梁银林：《论庄子的生命意识》，《西南民族大学学报》2005 年第 6 期。

1098. 何石彬：《老子之"道"与"有"、"无"关系新探：兼论王弼本无论对老子道本论的改造》，《哲学研究》2005 年第 7 期。

1099. 吴惠红：《道家的人文精神》，《广西社会科学》2005 年第 7 期。

1100. 陈艺岚：《庄子的自然观》，《广西社会科学》2005 年第 7 期。

1101. 刘梅、肖中云：《试论庄子哲学中的隐逸思想》，《求索》2005 年第 7 期。

1102. 黄永锋：《国际道学与思想文化学术研讨会综述》，《哲学动态》2005 年第 8 期。

1103. 李进：《〈老子〉哲学的主体性原则》，《广西社会科学》2005 年第 8 期。

1104. 王国胜：《庄子人生哲学内在"矛盾"探析》，《江西社会科学》2005 年第 9 期。

1105. 梅珍生：《论礼乐制度的社会性与客观性：以庄子礼学观为中心》，《江汉论坛》2005 年第 9 期。

1106. 何光顺：《一个新的视角：从"物化"说看〈庄子〉：兼及解庄方法论的透视》，《江汉论坛》2005 年第 9 期。

1107. 杨国荣：《天人之辩：〈庄子〉哲学再诠释》（上），《学术月刊》2005 年第 11 期。

1108. 罗传芳：《文献索真与理论思考相结合：评〈唐代老学：重玄思辨中的理身理国之道〉》，《哲学研究》2005 年第 11 期。

1109. 姜守诚：《"弘扬老子文化国际研讨会"学术综述》，《光明日报》2005 年 11 月 24 日。

1110. 黄毓任：《庄子论乐：领悟人本的愉悦》，《求索》2005 年第 12 期。

1111. 杨国荣：《天人之辩：〈庄子〉哲学再诠释》（下），《学术月刊》2005 年第 12 期。

1112. 杨国荣：《〈庄子〉哲学中的个体与自我》，《哲学研究》2005 年第 12 期。

1113. 康中乾：《庄子"道"的技术性》，《哲学研究》2005 年第 12 期。

1114. 张松：《时间性与有限性本质中的道与 Ereignis 及其普遍语言性问题》，《东岳论丛》2006 年第 1 期。

1115. 任继愈：《寿命最短的黄老学派，效应长久的黄老思想》，《齐鲁学刊》2006 年第 1 期。

1116．赵五玲：《重析"小国寡民"：谈道家的现代意义》，《武汉大学学报》2006 年第 1 期。

1117．陈晓翔：《老子"无为而治"的当代启示》，《兰州大学学报》2006 年第 1 期。

1118．罗安宪：《中国心性论第三种形态：道家心性论》，《人文杂志》2006 年第 1 期。

1119．姜守诚：《"弘扬老子文化"国际学术研讨会综述》，《哲学研究》2006 年第 1 期。

1120．徐克谦：《论庄子的语言怀疑论》，《现代哲学》2006 年第 1 期。

1121．游建西：《论老庄养生哲学》，《宗教学研究》2006 年第 1 期。

1122．周德丰：《严复对老子哲学思想的近代解读》，《天津师范大学学报》2006 年第 1 期。

1123．周炽成：《从爱莲心的庄学研究看以西评中》，《华南师范大学学报》2006 年第 1 期。

1124．曹础基：《心病良药：〈庄子〉的一种解读》，《华南师范大学学报》2006 年第 1 期。

1125．刘清：《道法自然：人与自然和谐的基础》，《求索》2006 年第 1 期。

1126．陈霞：《试论先秦道家的"道物无际"观》，《哲学研究》2006 年第 2 期。

1127．郑晓江：《老庄生死观探微》，《江西师范大学学报》2006 年第 2 期。

1128．殷有敢：《人的生态存在本性与庄子的生态智慧》，《海南大学学报》2006 年第 2 期。

1129．刘固盛：《论陈景元对〈老子〉思想的诠释与发挥》，《宗教学研究》2006 年第 2 期。

1130．贾学鸿：《〈庄子〉"旁礴万物以为一"理念及其文学显现》，《山东师范大学学报》2006 年第 2 期。

1131．潘澈：《论老子"道"的母性崇拜特质》，《社会科学战线》2006 年第 2 期。

1132．陆建华：《读〈老子〉非成于一时，作于一人之自证有感：兼为孙以楷先生一辩》，《学术界》2006 年第 2 期。

1133．严春友：《庄子思想的独特性及其内在矛盾》，《河北学刊》2006 年第 2 期。

1134．陈徽：《老子的"道"即"自然"思想及其"逻辑"展开》，《安徽大学学报》2006 年第 2 期。

1135．陈浩：《"画空作丝，织为罗毅"：由章太炎〈齐物论释〉释读庄子之"道"》，《江西社会科学》2006 年第 2 期。

1136．王国胜：《试论庄子对隐士思想的传承和递进》，《江西社会科学》2006 年第 2 期。

1137．肖云忠：《贵生与贵神：老子与庄子人生哲学之分殊》，《广西社会科学》2006 年第 2 期。

1138．郭智勇：《逍遥的三个层次：试论〈庄子〉内篇的结构》，《广西社会科学》2006 年第 2 期。

1139．吾淳：《前老子时期"道"语词的发展及哲学准备》，《上海师范大学学报》2006 年第 3 期。

1140．方尔加：《对〈道德经〉"道"的主体性解读》，《首都师范大学学报》2006 年第 3 期。

1141．邓谷泉：《"弃知"、"弃智"并非老子思想》，《湘潭大学学报》2006 年第 3 期。

1142．彭昊：《论"庄出于儒"》，《湖南大学学报》2006 年第 3 期。

1143．席格：《老庄死亡哲学与道教的理论基础》，《广西大学学报》2006 年第 3 期。

1144．方国根：《考镜源流，辨析异同：读〈道家与中国哲学〉》，《东岳论丛》2006 年第 3 期。

1145．孙景元：《守护原始，观照可能：〈老子〉与海德格尔哲学之比较》，《河北师范大学学报》2006 年第 3 期。

1146．刘歆立：《〈老子〉中隐存的人学结构探析》，《中国社会科学院研究生院学报》2006 年第 3 期。

1147．鲁庆中：《道：在"有"的向度上》，《中州学刊》2006 年第 3 期。

1148. 马如俊：《逍遥人生：论庄子的游世思想》，《晋阳学刊》2006 年第 3 期。

1149. 伍永忠：《〈庄子〉的解构特征》，《求索》2006 年第 3 期。

1150. 葛荣晋：《道家哲学对现代医学的启示》，《中国道教》2006 年第 3 期。

1151. 谭苑芳：《道家与道教思想中的宇宙生成论》，《贵州社会科学》2006 年第 4 期。

1152. 杨柳：《论〈庄子·逍遥游〉的主旨》，《中国道教》2006 年第 4 期。

1153. 杨国荣：《〈庄子〉哲学中的名与言》，《中国社会科学》2006 年第 4 期。

1154. 赵雅丽：《〈文子〉的养生之道和尊生思想及其当代意义》，《中国道教》2006 年第 4 期。

1155. 陈水德：《道家和谐性生态思想结构性分析》，《安徽大学学报》2006 年第 4 期。

1156. 李霞：《论道家生命结构观的建立与发展》，《安徽大学学报》2006 年第 4 期。

1157. 丁原明：《道家对于科学的价值》，《人文杂志》2006 年第 4 期。

1158. 白兆麟、蔡英杰：《〈老子〉"道经"首篇阐释》，《安徽大学学报》2006 年第 4 期。

1159. 孙振玉：《老子哲学与中国古典意象观》，《中国文化研究》2006 年夏之卷。

1160. 陶清：《自然观：庄子与怀特海比较研究》，《安徽大学学报》2006 年第 4 期。

1161. 杨采：《庄子的批判精神和自由追求》，《湖北大学学报》2006 年第 4 期。

1162. 杨国荣：《庄子哲学及其内在主题》，《上海师范大学学报》2006 年第 4 期。

1163. 杨国荣：《作为哲学问题的生与死：〈庄子〉的视域》，《社会科学战线》2006 年第 4 期。

1164. 王树人、李明珠：《〈庄子〉的道思及其诗意表达：通〈庄子〉

玄奥之门》,《文史哲》2006 年第 4 期。

1165. 王玲玲:《超越死亡的道家生死哲学观》,《伦理学研究》2006 年第 4 期。

1166. 刁生虎:《以艺进道:庄子的独特个性》,《兰州学刊》2006 年第 4 期。

1167. 邓谷泉:《老子的终身学习理念》,《求索》2006 年第 6 期。

1168. 柴文华、郑秋月:《论冯友兰的早期道家观》,《哲学研究》2006 年第 6 期。

1169. 郭智勇:《〈庄子〉自由观与古代印度解脱思想比较研究》,《求索》2006 年第 6 期。

1170. 张保同:《老子价值观探析》,《江西社会科学》2006 年第 7 期。

1171. 陆建华:《存在与超越:老子生命论》,《哲学研究》2006 年第 8 期。

1172. 杨国荣:《道与存在之序:〈庄子〉哲学的一个视域》,《哲学研究》2006 年第 9 期。

1173. 王焱:《游世的庄子:兼论庄子为何反对避世与入世》,《中国哲学史》2007 年第 3 期。

1174. 李延仓:《从〈庄子〉、郭〈注〉、成〈疏〉看庄学"自然"义的歧异指向》,《文史哲》2007 年第 4 期。

1175. 杨国荣:《逍遥与庄子哲学》,《云南大学学报》2007 年第 4 期。

1176. 王蒙:《〈道德经〉与中国式宗教意识》,《中国道教》2007 年第 4 期。

1177. 李养正:《〈老子〉的"民本"情怀与"不争善胜"之道》,《中国道教》2007 年第 4 期。

1178. 卿希泰:《试论老子〈道德经〉思想对于构建人类和谐社会的意义》,《中国道教》2007 年第 4 期。

1179. 葛荣晋:《老子的"不争之德"和"蓝海战略"》,《中国道教》2007 年第 4 期。

1180. 刘志勇:《天籁与独化:庄子的"相对主义"考辨》,《复旦学报》2007 年第 4 期。

1181. 成守勇:《庄子"吾丧我"内在意蕴寻思》,《求索》2007 年第

6 期。

1182. 王新婷：《庄子人生哲学辨正》，《哲学动态》2007 年第 7 期。

1183. 张培锋：《〈六祖坛经〉与道家、道教关系考论》，《宗教学研究》2008 年第 2 期。

1184. 郭梨华：《〈亘先〉及战国道家哲学论题探究》，《中国哲学史》2008 年第 2 期。

1185. 朱晓鹏：《养生与养德——论王阳明中后期对道家道教的批评之一》，《中国哲学史》2008 年第 2 期。

1186. 张卫红：《罗念庵与道教道家之关系》，《中国哲学史》2008 年第 2 期。

1187. 孙波：《庄子的和谐思想述要》，《中国道教》2008 年第 3 期。

1188. 周桂君：《东西方文化语境下的美、真、善——济慈审美观与道家审美观的比较研究》，《东北师大学报》2008 年第 3 期。

1189. 杜宗才：《试论汉代道家的生态和谐观》，《河南师范大学学报》2008 年第 3 期。

1190. 寇征：《道家伦理精神对现代人的价值》，《河北师范大学学报》2008 年第 3 期。

1191. 谭俐莎：《自然之道与存在之思：生态视野中的道家自然观——以老庄自然哲学为例》，《求索》2008 年第 3 期。

1192. 王霞：《论新英格兰超验主义与道家思想的相似之处》，《社会科学战线》2008 年第 4 期。

1193. 刘雅文：《道家文化与和谐文化构建》，《东北师大学报》2008 年第 4 期。

1194. 潘俊杰：《先秦杂家与黄老道家之关系》，《齐鲁学刊》2008 年第 4 期。

1195. 田成义：《本体·认知·人生——老子与庄子哲学比较》，《北方论丛》2008 年第 4 期。

1196. 秦丽君、李春秋：《论儒道二家的环境和谐观》，《河北师范大学学报》2008 年第 4 期。

1197. 李刚：《立足小传统 建构"现代新道家"》，《安徽大学学报》2008 年第 4 期。

1198. 陆建华：《关于新道家建构的问题》，《安徽大学学报》2008 年第 4 期。

1199. 谢阳举：《建构当代新道家的三种可能理路》，《安徽大学学报》2008 年第 4 期。

1200. 李松荣：《"逍遥"与"成仙"——〈庄子〉、〈抱朴子内篇〉生死观比较》，《安徽大学学报》2008 年第 4 期。

1201. 许建良：《道家道德的普世情怀》，《哲学动态》2008 年第 5 期。

1202. 李晓英：《先秦道家"道"论新解》，《史学月刊》2008 年第 5 期。

1203. 沈晓武：《老子哲学心性论及当代意义》，《兰州学刊》2008 年第 5 期。

1204. 刘红梅、周军：《试论道家伦理学说的当代意义——以实践心理机制为中心》，《兰州学刊》2008 年第 5 期。

1205. 李大华：《道家哲学性质的分析——从自然主义和人文主义关系的视角看》，《哲学研究》2008 年第 6 期。

1206. 国风：《先秦道家思想中的理想人格》，《兰州学刊》2008 年第 6 期。

1207. 李刚：《道家的态度："冷眼热心"》，《哲学研究》2008 年第 8 期。

1208. 杨伟涛：《中国道家生命伦理思想探略》，《江西社会科学》2008 年第 8 期。

儒家文化研究主要著作和论文索引

（一） 著作类

1. 张立文著：《朱熹思想研究》，中国社会科学出版社 1981 年版。

2. 林火旺著：《从儒家忧患意识论知行问题》，台北正中书局 1981 年版。

3. 李镜池著，曹础基整理：《周易通义》，中华书局 1981 年版。

4. 尚秉和著：《周易尚氏学》，中华书局 1980 年版。

5. （宋）朱熹撰：《四书章句集注》，中华书局 1983 年版。

6. 高亨著：《周易大传今注》，齐鲁书社 1983 年版。

7. 高亨著：《周易古经今注》，中华书局 1984 年版。

8. 沈宜甲著：《科学无玄的周易》，中国友谊出版公司 1984 年版。

9. 侯外庐、邱汉生、张岂之主编：《宋明理学史》（上册），人民出版社 1984 年版。

10. 王兴业编：《孟子研究论文集》，山东大学出版社 1984 年版。

11. 庞朴著：《儒家辩证法研究》，中华书局 1984 年版。

12. 周士一、潘启明著：《〈周易参同契〉新探》，湖南教育出版社 1985 年版。

13. 杨柳桥著：《荀子诂释》，齐鲁书社 1985 年版。

14. 杜任之、高树帜著：《孔子学说精华体系》，陕西人民出版社 1985 年版。

15. 乔伟、杨鹤皋主编：《孔子法律思想研究》，山东人民出版社 1986 年版。

16. 陈俊民著：《张载哲学思想及关学学派》，人民出版社 1986 年版。

17. 萧功秦著：《儒家文化的困境》，四川人民出版社 1986 年版。

18. 徐志锐著：《周易大传新注》，齐鲁书社 1986 年版。

19. 胡樸安著：《周易古史观》，上海古籍出版社 1986 年版。

20. 高亨著：《周易杂论》，齐鲁书社 1987 年版。

21. 金景芳讲述，吕绍纲整理：《周易讲座》，吉林大学出版社 1987 年版。

22. 金景芳著：《学易四种》，吉林文史出版社 1987 年版。

23. 高明等著：《忧患意识的体认》，台北文津出版社 1987 年版。

24. 俞启定著：《先秦两汉儒家教育》（《中国传统思想研究丛书》），齐鲁书社 1987 年版。

25. 吴乃恭著：《儒家思想研究》，东北师范大学出版社 1988 年版。

26. （清）王夫之著：《周易外传》，中华书局 1988 年版。

27. 乌恩溥著：《周易——古代中国的世界图式》，吉林文史出版社 1988 年版。

28. 黄寿祺著，张善文点校：《易学群书平议》，北京师范大学出版社 1988 年版。

29. 朱伯崑著：《易学哲学史》（上册），北京大学出版社 1986 年版。

30. 邓球柏著：《帛书周易校释》，湖南人民出版社 1989 年版。

31. 金景芳、吕绍纲著：《周易全解》，吉林大学出版社 1989 年版。

32. 李颖科著：《儒家与中国人》，陕西师范大学出版社 1989 年版。

33. 张鸿翼著：《儒家经济伦理》，湖南教育出版社 1989 年版。

34. 韦伯著，简惠美译：《中国的宗教：儒教与道教》，台北远流出版事业公司 1989 年版。

35. 刘云柏著：《中国儒家管理思想》，上海人民出版社 1990 年版。

36. 邹化政著：《先秦儒家哲学新探》，黑龙江人民出版社 1990 年版。

37. 王家骅著：《儒家思想与日本文化》，浙江人民出版社 1990 年版。

38. 韦政通著：《儒家与现代中国》，上海人民出版社 1990 年版。

39. 杨敏著：《儒家思想与东方型经营管理》，湖北人民出版社 1990

年版。

40．吕绍纲著：《周易阐微》，吉林大学出版社 1990 年版。

41．刘大钧、林忠军著：《周易古经白话解》，山东友谊书社 1989 年版。

42．（清）朱骏声著：《六十四卦经解》，中华书局 1990 年版。

43．乌恩溥注译：《四书译注》，吉林文史出版社 1990 年版。

44．程建军著：《中国古代建筑与周易哲学》，吉林教育出版社 1991 年版。

45．徐志锐编译：《〈易传〉今译》，辽沈书社 1991 年版。

46．郭志坤著：《荀学论稿》，上海三联书店 1991 年版。

47．钱逊著：《先秦儒学》，辽宁教育出版社 1991 年版。

48．金景芳、吕绍纲、吕文郁著：《孔子新传》，湖南出版社 1991 年版。

49．陈立夫著：《四书道贯》，中国友谊出版公司 1991 年版。

50．廖明春、康学伟、梁韦弦著：《周易研究史》，湖南出版社 1991 年版。

51．宋仲福、赵吉惠、裴大洋著：《儒学与现代中国》，中州古籍出版社 1991 年版。

52．［韩］金日坤著，邢东田等译：《儒教文化圈的伦理秩序与经济》，中国人民大学出版社 1991 年版。

53．向世陵、冯禹著：《儒家的天论》，齐鲁书社 1991 年版。

54．朱义禄著：《儒家理想人格与中国文化》，辽宁教育出版社 1991 年版。

55．阎韬著：《孔子与儒家》，山东教育出版社 1991 年版。

56．复旦大学历史系、复旦大学国际交流办公室编：《儒家思想与未来社会》，上海人民出版社 1991 年版。

57．李中民编著：《孟子：儒家的灵魂》，春风文艺出版社 1992 年版。

58．中国孔子基金会编：《孔子诞辰 2540 周年纪念与学术讨论会论文集》，上海三联书店 1992 年版。

59．尹建章、萧月贤著：《先秦儒家与现代社会》，中州古籍出版社 1992 年版。

60．李书有主编：《中国儒家伦理思想发展史》，江苏古籍出版社 1992 年版。

61. 李绍庚主编：《儒家文化与现代文明》（国际学术讨论会文集），吉林人民出版社1992年版。

62. 庞万里著：《二程哲学体系》，北京航空航天大学出版社1992年版。

63. 高全喜著：《理心之间：朱熹和陆九渊的理学》，三联书店1992年版。

64. 张立文著：《走向心学之路——陆象山思想的足迹》，中华书局1992年版。

65. 吕绍纲主编：《周易辞典》，吉林大学出版社1992年版。

66. 柳村著：《周易与古今生活》，长江文艺出版社1993年版。

67. 贾志岱、张毅著：《易经与当代企业家》，山东人民出版社1993年版。

68. 贺荣一著：《孟子之王道主义》，北京大学出版社1993年版。

69. 方尔加著：《荀子新论》，中国和平出版社1993年版。

70. 葛承雍著：《儒生·儒臣·儒君》，陕西人民教育出版社1993年版。

71. 王文亮著：《中国圣人论》，中国社会科学出版社1993年版。

72. 张岱年主编：《孔子大辞典》，上海辞书出版社1993年版。

73. 江万秀著：《儒家伦理与文化传统》，陕西人民出版社1993年版。

74. 胡大楚著：《儒商》，中国商业出版社1993年版。

75. 黎红雷著：《儒家管理哲学》，广东高等教育出版社1993年版。

76. ［日］加地伸行著，于时化译：《论儒教》，齐鲁书社1993年版。

77. ［德］韦伯著，洪天富译：《儒教与道教》，江苏人民出版社1993年版。

78. 赵吉惠等主编：《中国儒学史》，中州古籍出版社1993年版。

79. 徐志锐著：《周易阴阳八卦说解》，台北里仁书局1994年版。

80. 杨国荣著：《善的历程：儒家价值体系的历史衍化及其现代转换》，上海人民出版社1994年版。

81. 赵春福主编：《伦理精神与中国社会现代化》，北京出版社1994年版。

82. 狄百瑞等著：《传统儒学的现代诠释》，台北文津出版社1994年版。

83. 杨国荣著：《孟子评传：走向内圣之境》，广西教育出版社1994年版。

84．陈荣耀著：《强国梦：儒家文化与现代商品文明》，云南人民出版社1994年版。

85．许凌云等编著，侯新建摄影，孔子文化大全编辑部编辑：《儒家图志》，山东友谊出版社1994年版。

86．梁韦弦著：《儒家伦理学说研究》，吉林人民出版社1994年版。

87．中国郭沫若研究会编：《郭沫若与儒家文化》，山东人民出版社1994年版。

88．郝铁川著：《儒家思想与当代中国法治》，河南大学出版社1994年版。

89．曹德本著：《儒家治国方略》，吉林大学出版社1994年版。

90．黄秉泰著：《儒学与现代化——中韩日儒学比较研究》，社会科学文献出版社1995年版。

91．潘亚暾主编：《儒商大趋势——首届儒商文学国际研讨会论文集》，暨南大学出版社1995年版。

92．王文钦著：《新加坡与儒家文化》，苏州大学出版社1995年版。

93．邓小军著：《儒家思想与民主思想的逻辑结合》，四川人民出版社1995年版。

94．潘亚暾等著：《儒商列传》，暨南大学出版社1995年版。

95．国际儒学联合会编：《国际儒学研究》（第一辑），人民出版社1995年版。

96．吴龙辉著：《原始儒家考述》，中国社会科学出版社1996年版。

97．王其俊著：《亚圣智慧·孟子新论》，山东人民出版社1996年版。

98．顾文炳著：《易道新论》，上海社会科学院出版社1996年版。

99．刘蔚华、赵宗正主编：《中国儒家学术思想史》，山东教育出版社1996年版。

100．何怀宏著：《良心论》，上海三联书店1994年版。

101．李宗桂主编，惠吉星著：《荀子与中国文化》，贵州人民出版社1996年版。

102．陈志良、加润国著：《中国儒家》，宗教文化出版社1996年版。

103．肖万源主编：《儒学与中国少数民族思想文化》，当代中国出版社1996年版。

104．《儒学与廿一世纪》，华夏出版社 1996 年版。

105．陈谷嘉著：《儒家伦理哲学》，人民出版社 1996 年版。

106．萧功秦著：《儒家文化的困境》，中国少年儿童出版社、中国青年出版社 1996 年版。

107．马志刚著：《新兴工业与儒家文化——新加坡道路及发展模式》，时事出版社 1996 年版。

108．桂勤著：《从儒家传统走向现代的反思：中日人才观的比较研究》，湖北教育出版社 1996 年版。

109．方国根著：《王阳明评传：心学巨擘》，广西教育出版社 1996 年版。

110．刘蔚华、赵宗正主编：《中国儒家学术思想史》，山东教育出版社 1996 年版。

111．郭洪纪著：《儒家伦理与中国文化转型》，青海人民出版社 1996 年版。

112．陆玉林著：《陆九渊评传：本心的震荡》，广西教育出版社 1996 年版。

113．潘富恩著：《程颢程颐评传：倡明道学　观理识仁》，广西教育出版社 1996 年版。

114．陈来著：《古代宗教与伦理：儒家思想的根源》，三联书店 1996 年版。

115．刘墨著：《生命的理想：原始儒家眼中的中国人格》，江苏教育出版社 1996 年版。

116．北京东方道德研究所编：《儒家伦理与公民道德：国际学术研讨会论文集》，中华工商联合出版社 1996 年版。

117．杜宏博、高鸿译注：《〈四书〉译注》，辽宁民族出版社 1996 年版。

118．卢国庆著：《儒家思想与中西哲慧的启示与融通》，扬智文化事业公司 1997 年版。

119．陈卫平著：《孔子评传：儒家第一人》，广西教育出版社 1997 年版。

120．张怀承著：《王夫之评传：民族自立自强之魂》，广西教育出版社

1997 年版。

121．骆承烈、张林主编：《儒家思想与社会管理》，黄河出版社 1997 年版。

122．何秀煌等著：《儒学的现代反思》，台北文津出版社 1997 年版。

123．方松华著：《庙堂余音：近现代的先秦儒家研究》，辽宁教育出版社 1997 年版。

124．阎韬编：《孔子与儒家》，商务印书馆 1997 年版。

125．陈炎著：《多维视野中的儒家文化》，中国人民大学出版社 1997 年版。

126．李明辉主编：《儒家思想的现代诠释》，"中央研究院中国文哲研究所筹备处" 1997 年版。

127．[美] 田浩著，姜长苏译：《功利主义儒家：陈亮对朱熹的挑战》，江苏人民出版社 1997 年版。

128．鲍健强、蒋晓东著：《儒商之道》，浙江人民出版社 1997 年版。

129．徐志锐著：《宋明易学概论》，辽宁古籍出版社 1997 年版。

130．张岱年主编，周桂钿、吴锋著：《大儒列传：董仲舒》，吉林文史出版社 1997 年版。

131．张岱年主编，衷尔钜著：《大儒列传：王夫之》，吉林文史出版社 1997 年版。

132．张岱年主编，张秉楠著：《大儒列传：孔子》，吉林文史出版社 1997 年版。

133．张岱年主编，何金彝、马洪林著：《大儒列传：康有为》，吉林文史出版社 1997 年版。

134．张跃著：《唐代后期儒学》，上海人民出版社 1994 年版。

135．严正著：《儒学本体论研究》，天津人民出版社 1997 年版。

136．中国传统文化研究会编：《国学论衡》，敦煌文艺出版社 1998 年版。

137．江光雄编著：《学做儒商》，延边大学出版社 1998 年版。

138．刘长林、滕守尧著：《易学与养生》，沈阳出版社 1997 年版。

139．孙映达、杨亦鸣著：《"六十四卦"中的人生哲理与谋略——〈易经〉对话录》，社会科学文献出版社 1998 年版。

140. 来可泓撰：《大学直解·中庸直解》，复旦大学出版社 1998 年版。

141. 喜子著：《告别儒商时代：走出二次创业误区》，中华工商联合出版社 1998 年版。

142. 商国君著：《先秦儒家仁学文化研究》，陕西师范大学出版社 1998 年版。

143. 李明辉主编：《儒家思想在现代东亚》，"中央研究院中国文史哲研究所筹备处" 1998 年版。

144. 胡发贵著：《儒家文化与爱国传统》，上海社会科学院出版社 1998 年版。

145. 程梅花著：《内圣外王：儒家的社会哲学》，泰山出版社 1998 年版。

146. 李景林著：《教养的本原：哲学突破期的儒家心性论》，辽宁人民出版社 1998 年版。

147. 符浩著：《先秦儒家的道德观》，广西师范大学出版社 1998 年版。

148. 刘淑萍编写：《儒家文化漫谈》，中国少年儿童出版社 1998 年版。

149. 刘周堂著：《前期儒家文化研究》，广西师范大学出版社 1998 年版。

150. 韩强著：《儒家心性论》，经济科学出版社 1998 年版。

151. 陈志良、加润国著：《中国儒家》，宗教文化出版社 1996 年版。

152. 蒙培元著：《理学范畴系统》，人民出版社 1989 年版。

153. 方立天、薛君度主编：《儒学与中国文化现代化》，中国人民大学出版社 1998 年版。

154. 田广清著：《和谐论：儒家文明与当代社会》，中国华侨出版社 1998 年版。

155. 王均林著：《中国儒学史》（先秦卷），广东教育出版社 1998 年版。

156. 李景明著：《中国儒学史》（秦汉卷），广东教育出版社 1998 年版。

157. 刘振东著：《中国儒学史》（魏晋南北朝卷），广东教育出版社 1998 年版。

158. 许凌云著：《中国儒学史》（隋唐卷），广东教育出版社 1998

年版。

159. 韩钟文著：《中国儒学史》（宋元卷），广东教育出版社 1998 年版。

160. 苗润田著：《中国儒学史》（明清卷），广东教育出版社 1998 年版。

161. 姜林祥著：《中国儒学史》（近代卷），广东教育出版社 1998 年版。

162. 董小川著：《儒家文化与美国基督教新文化》，商务印书馆 1999 年版。

163. 《儒学与世界和平及社会和谐》，首都师范大学出版社 1999 年版。

164. 宫达非、胡伟希主编：《儒商读本》（外王卷），云南人民出版社 1999 年版。

165. 宫达非、胡伟希主编：《儒商读本》（内圣卷），云南人民出版社 1999 年版。

166. 宫达非、胡伟希主编：《儒商读本》（人物卷），云南人民出版社 1999 年版。

167. 国际儒学联合会学术委员会编：《儒学与工商文明》，首都师范大学出版社 1999 年版。

168. 国际儒学联合会学术委员会编：《儒学与道德建设》，首都师范大学出版社 1999 年版。

169. 张晓华主编：《东方道德研究》，中华工商联合出版社 1999 年版。

170. 程启源著：《佛学与儒家》，台北水牛图书出版公司 1999 年版。

171. 李瑞全著：《儒家生命伦理学》，台北鹅湖出版社 1999 年版。

172. 刘文英著：《儒家文明》，南开大学出版社 1999 年版。

173. 杨儒宾著：《儒家身体观》（修订版），"中央研究院中国文哲研究所筹备处" 1999 年版。

174. 朱汉民著：《儒家人文教育的审思》，湖北教育出版社 1999 年版。

175. 何世明著：《融贯神学与儒家思想》，宗教文化出版社 1999 年版。

176. 邹进文、赵玉勤主编：《儒商法典》，湖北人民出版社 1999 年版。

177. 汝信主编，马振铎、徐远和、郑家栋著：《儒家文明》，中国社会科学出版社 1999 年版。

178. 国际儒学联合会编：《国际儒学研究》（第八辑），人民出版社1999年版。

179. 刘文英著：《儒家文明——传统与传统的超越》，南开大学出版社1999年版。

180. 李振纲主编，加润国著：《中国儒教史话》（三教史话丛书），河北大学出版社1999年版。

181. 徐克谦著：《先秦儒学及其现代阐释》，南京师范大学出版社1999年版。

182. 李申著：《中国儒教史》（上卷），上海人民出版社1999年版。

183. 曹福敬著：《大易阐真》，吉林人民出版社1999年版。

184. 李民著：《周易随想》，北方妇女儿童出版社2000年版。

185. 李申著：《中国儒教史》（下卷），上海人民出版社2000年版。

186. 任继愈主编：《儒教问题争论集》，宗教文化出版社2000年版。

187. 邓球柏著：《中庸通说》，湖南人民出版社2000年版。

188. 陈科华著：《儒家中庸之道研究》，广西师范大学出版社2000年版。

189. 刘小枫著：《儒家革命精神源流考》，上海三联书店2000年版。

190. 丁原植著：《郭店楚简儒家佚籍四种释析》，台北古籍出版公司2000年版。

191. 王确著：《使命的自觉：儒家传统与中国现代文学的文化品格》，东北师范大学出版社2000年版。

192. 董洪利著：《孟子研究》，江苏古籍出版社2000年版。

193. 马积高著：《荀学源流》，上海古籍出版社2000年版。

194. 杨庆中著：《二十世纪中国易学史》，人民出版社2000年版。

195. 诸斌杰等著：《儒家经典与中国文化》，湖北教育出版社2000年版。

196. 杨朝明等著：《儒家文化面面观》，齐鲁书社2000年版。

197. 王杰著：《儒家文化的人学视野》，中共中央党校出版社2000年版。

198. 《中国哲学》第20辑、第21辑，辽宁教育出版社2000年版。

199. 丁四新著：《郭店楚墓竹简思想研究》，东方出版社2000年版。

200．阎韬编：《孔子与儒家》，商务印书馆 2000 年版。

201．杜维明著：《道学政——论儒家知识分子》，上海人民出版社 2000 年版。

202．［美］成中英著：《合外内之道：儒家哲学论》，中国社会科学出版社 2001 年版。

203．韩德民著：《荀子与儒家的社会理想》，齐鲁书社 2001 年版。

204．孙迎光著：《传承与超越——儒家德育思想与现代学校德育》，人民出版社 2002 年版。

205．董小川著：《儒家文化与美国基督新教文化》，商务印书馆 2002 年版。

206．陈平原主编：《20 世纪中国学术文存——先秦儒家研究》，湖北教育出版社 2002 年版。

207．齐鲁书社编：《美善境界的寻求：儒家教育哲学思想研究》，齐鲁书社 2002 年版。

208．陈咏明著：《儒学与中国宗教传统》，宗教文化出版社 2003 年版。

209．林端著：《儒家伦理与法律文化》，中国政法出版社 2003 年版。

210．唐任伍著：《儒家文化与现代经济管理》，经济管理出版社 2003 年版。

211．［韩］宋荣培著：《中国社会思想史：儒家思想、儒家式社会与马克思主义的中国化》，中国社会科学出版社 2003 年版。

212．李宪堂著：《先秦儒家的专制主义精神》，中国人民大学出版社 2003 年版。

213．张秋升著：《天人纠葛与历史运演：西汉儒家历史观的现代诠释》，齐鲁书社 2003 年版。

214．任剑涛著：《道德理想主义与伦理中心主义——儒家伦理及其现代处境》，东方出版社 2003 年版。

215．代钦著：《儒家思想与中国传统数学》，商务印书馆 2003 年版。

216．干春松著：《制度化儒家及其解体》，中国人民大学出版社 2003 年版。

217．孙聚友著：《儒家管理哲学新论》，齐鲁书社 2003 年版。

218．曾昭旭著：《儒家传统与现代生活：论儒学的文化面相》，台北商务印书馆股份有限公司 2003 年版。

219. 黄怀信、李景明主编：《儒家文献研究》，齐鲁书社 2004 年版。

220. 朱仁夫、魏维贤、王立礼著：《儒学国际传播》，中国社会科学出版社 2004 年版。

221. 洪庆福著：《比较文化中的儒学》，上海教育出版社 2004 年版。

222. 鲁芳著：《道德的心灵之根：儒家诚论研究》，湖南师范大学出版社 2004 年版。

223. 唐贤秋著：《道德的基石：先秦儒家诚信思想论》，中国社会科学出版社 2004 年版。

224. 赵明著：《先秦儒家政治哲学引论》，北京大学出版社 2004 年版。

225. ［美］艾恺著：《最后的儒家：梁漱溟与中国现代化的两难》，江苏人民出版社 2004 年版。

226. 哈佛燕京学社编：《儒家传统与启蒙心态》，江苏教育出版社 2005 年版。

227. 张易编著：《儒家大智慧》，中国华侨出版社 2005 年版。

228. 沈顺福著：《儒家道德哲学研究：德性伦理学视野中的儒学》，山东大学出版社 2005 年版。

229. 祁海文著：《儒家乐教论》，河南人民出版社 2005 年版。

230. 黄慧英著：《儒家伦理：体与用》，上海三联书店 2005 年版。

231. 张立文主编：《儒家思想在世界的传播与发展》（上、下），河北大学出版社 2005 年版。

232. 邵汉明等著：《儒家哲学智慧》，吉林人民出版社 2005 年版。

233. 储昭华著：《明分之道：从荀子看儒家文化与民主政道融通的可能性》，商务印书馆 2005 年版。

234. 欧阳祯人著：《先秦儒家性情思想研究》，武汉大学出版社 2005 年版。

235. 邢丽凤等著：《天理与人欲：传统儒家文化视野中的女性婚姻生活》，武汉大学出版社 2005 年版。

236. 周卫东著：《先秦儒家文学思想研究》，中央编译出版社 2005 年版。

237. 任剑涛著：《伦理王国的构造：现代性视野中的儒家伦理政治》，

中国社会科学出版社 2005 年版。

238. 廖小微编著：《道家始祖老子至圣先师孔子》，中国戏剧出版社 2005 年版。

239. 张立文主编：《和境——易学与中国文化》，人民出版社 2005 年版。

240. 刘耘华著：《释的圆环：明末清初传教士对儒家经典的解释及其本土回应》，北京大学出版社 2005 年版。

241. 张立文主编：《圣境——儒学与中国文化》，人民出版社 2005 年版。

242. 李英华著：《儒道佛与中国传统文化教育》，武汉大学出版社 2006 年版。

243. 陈玮编著：《管理真经——儒法道家的管理哲学》，言实出版社 2006 年版。

244. 叶金宝著：《儒家和谐思想的当代价值》，广东人民出版社 2006 年版。

245. 李晓蕊编著：《儒家经典与中国式管理》，企业管理出版社 2006 年版。

246. 朱义禄著：《儒家理想人格与中国文化》，复旦大学出版社 2006 年版。

247. 林存光主编：《儒家式政治文明及其现代转向》，中国政法大学出版社 2006 年版。

248. 安乐哲著，彭国翔译：《自我的圆成：中西互镜下的古典儒学与道家》，河北人民出版社 2006 年版。

249. 郑淑媛著：《先秦儒家的精神修养》，人民出版社 2006 年版。

250. ［美］倪德卫著：《儒家之道：中国哲学之探讨》，江苏人民出版社 2006 年版。

251. 黄玉石、黄海珊著：《话说儒家》，人民文学出版社 2006 年版。

252. 徐儒宗著：《人和论：儒家人伦思想研究》，人民出版社 2006 年版。

253. 杜维明著，彭国翔译：《儒家传统与文明对话》，河北人民出版社 2006 年版。

254. 王公山著：《先秦儒家诚信思想研究》，上海古籍出版社 2006 年版。

255. 王齐彦著：《儒家群己观研究》，中国社会科学出版社 2006 年版。

256. 萧功秦著：《儒家文化的困境：近代士大夫与中西文化碰撞》，广西师范大学出版社 2006 年版。

257. 杨国荣著：《善的历程——儒家价值体系研究》，上海人民出版社 2006 年版。

258. 黄光国著：《儒家关系主义：文化反思与典范重建》，北京大学出版社 2006 年版。

259. 宇培峰著：《新儒家、新儒学及其政治法律思想研究》，中国政法大学出版社 2006 年版。

260. 黄钊：《儒家德育学说论纲》，武汉大学出版社 2006 年版。

261. 杨清荣著：《经济全球化下的儒家伦理》，中国社会科学出版社 2006 年版。

262. 张君劢著：《新儒家思想史》，中国人民大学出版社 2006 年版。

263. 李晃生著：《儒家的社会理想与道德精神》，百花洲文艺出版社 2006 年版。

264. 陈炎著：《多维视野中的儒家文化》，山东教育出版社 2006 年版。

265. 周建波著：《儒墨道法与企业经营》，机械工业出版社 2006 年版。

266. 景海峰、蔡德麟主编：《全球化时代的儒家伦理》，清华大学出版社 2007 年版。

267. 郭勉愈、巩璠编著：《人之为仁：走进儒家的〈论语〉》，北京师范大学出版社 2007 年版。

268. 方尔加著：《儒家思想讲演录》，东方出版社 2007 年版。

269. 李民著：《中庸精义》，吉林大学出版社 2007 年版。

270. 干春松编：《儒家、儒教与中国制度资源》，江西人民出版社 2007 年版。

271. 傅佩荣著：《儒家与现代人生：傅佩荣作品集》，上海三联书店 2007 年版。

272. 彭国翔著：《儒家传统：宗教与人文主义之间》，北京大学出版社 2007 年版。

273．马振铎等著：《儒家文明》，福建教育出版社 2008 年版。

274．于文明、夏敏主编：《儒家思想与和谐社会》，辽宁人民出版社 2008 年版。

275．周远斌著：《儒家伦理与〈春秋〉叙事》，齐鲁书社 2008 年版。

276．尹文汉著：《儒家伦理的创造性转化：韦政通伦理思想研究》，安徽人民出版社 2008 年版。

277．朱人求著：《儒家文化哲学研究》，安徽人民出版社 2008 年版。

278．汤忠钢著：《德性与政治：牟宗三新儒家政治哲学研究》，中国言实出版社 2008 年版。

279．王宏亮著：《儒家君子人格初探》，山西人民出版社 2008 年版。

280．耿有权著：《儒家教育伦理研究：以西方教育伦理为参照》，中国社会科学出版社 2008 年版。

（二）　论文类

1．《孔子诞辰 2550 周年国际学术讨论会论文集》，国际文化出版公司 2000 年版。

2．郭沂著：《郭店竹简与先秦学术思想研究》，上海教育出版社 2001 年版。

3．董根洪著：《儒家中和哲学通论》，齐鲁书社 2001 年版。

4．邹贤俊：《论孟子的"仁政"学说》，《江汉历史学丛刊》1979 年第 1 期。

5．吕名中：《略论董仲舒的大一统思想》，《江汉历史学丛刊》1979 年第 1 期。

6．刘象彬：《关于孔子再评价的几个问题》，《学术研究辑刊》1979 年第 1 期。

7．李耀仙：《孔子天命论思想之我见》，《南充师院学报》1979 年试刊第 2 期。

8．卢润生：《也谈孔子的"仁"和"礼"》，《徐州师范学院学报》1979 年第 4 期。

9. 卢育三等：《陈亮哲学的基本倾向是唯物主义，还是唯心主义？》，《河北大学学报》1979 年第 4 期。

10. 封立华：《关于孔子思想的两个问题》，《徐州师范学院学报》1979 年第 4 期。

11. 陈克明：《论周敦颐的哲学思想》，《社会科学辑刊》1979 年第 5 期。

12. 金景芳：《战国四家五子思想论略——儒家孟子、荀子、墨家墨子、道家庄子、法家韩非子》，《吉林大学社会科学学报》1980 年第 1 期。

13. 庞朴：《“中庸”平议》，《中国社会科学》1980 年第 1 期。

14. 何春光：《正确认识董仲舒哲学思想的历史作用》，《华中师院学报》1980 年第 1 期。

15. 宋祚胤：《论荀况的宇宙观》，《社会科学战线》1980 年第 1 期。

16. 邱汉生：《宋明理学与宋明理学史研究》，《中国哲学史研究》1980 年第 1 期。

17. 李泽厚：《孔子再评价》，《中国社会科学》1980 年第 2 期。

18. 王德裕：《再论孟子》，《西南师范学院学报》1980 年第 2 期。

19. 陈玉森：《董仲舒“性三品”说质疑》，《哲学研究》1980 年第 2 期。

20. 李威周：《〈周易〉“亢龙有悔”的“亢”字辨析》，《社会科学战线》1980 年第 2 期。

21. 高亨：《〈易传〉中朴素的辩证法世界观》，《东岳论丛》1980 年第 3 期。

22. 刘大钧：《〈周易〉九、六解》，《东岳论丛》1980 年第 3 期。

23. 鲍立芹：《略论〈易经〉的性质及其哲学思想》，《青海社会科学》1980 年第 3 期。

24. 樊公裁：《简易工夫，思维经济》，《哲学研究》1980 年第 3 期。

25. 丁伟志：《张载理气观析疑》，《中国社会科学》1980 年第 4 期。

26. 徐志锐：《论〈周易〉的乾坤哲学》，《哲学研究》1980 年第 5 期。

27. 赵吉惠：《略论孔子的认识论和教育思想》，《甘肃社会科学》1981 年第 1 期。

28. 严北溟：《孔子要平反，“孔家店”要打倒》，《社会科学辑刊》

1981 年第 1 期。

29. 杨恩寰：《评孔子"仁为美"说》，《社会科学辑刊》1981 年第 1 期。

30. 杨凤麟等：《略论孔子的基本阶级属性——兼评郭沫若〈论孔墨的基本立场〉》，《社会科学辑刊》1981 年第 1 期。

31. 石声淮：《说〈象传〉（上）》，《华中师院学报》1981 年第 1 期。

32. 谈嘉德：《〈周易〉初探》，《社会科学》1981 年第 1 期。

33. 杨柳桥：《〈易传〉与〈老子〉——我国先秦哲学思想两大体系》，《中国哲学史研究》1981 年第 1 期。

34. 潘加申：《荀子哲学研究简介》，《国内哲学动态》1981 年第 1 期。

35. 罗立乾：《论〈周易〉中蕴涵的古代早期形象理论》，《武汉大学学报》1981 年第 1 期。

36. 邱汉生等：《对〈张载理气观析疑〉的评议》，《中国社会科学》1981 年第 1 期。

37. 刘树勋：《孔丘认识论再评价——兼与傅云龙同志商榷》，《光明日报》1981 年 1 月 22 日。

38. 吕涛：《孟子"民贵君轻"思想述评》，《文汇报》1981 年 1 月 28 日。

39. 王世舜等：《试论〈周易〉产生的年代》，《齐鲁学刊》1981 年第 2 期。

40. 田正利：《也谈孟子的人性论》，《西北大学学报》1981 年第 2 期。

41. 陈正夫：《论孔子及历史上对孔子与孔子思想的改造》，《中国哲学史研究》1981 年第 2 期。

42. 金景芳：《孔子思想述略》，《中国哲学史研究》1981 年第 2 期。

43. 袁小平：《孔子哲学是个二元论的矛盾体系》，《江西社会科学》1981 年第 2 期。

44. 焦野等：《重评孔孟之道》，《晋阳学刊》1981 年第 3 期。

45. 庞朴：《〈荀子〉发微》，《东岳论丛》1981 年第 3 期。

46. 杜任之：《探索孔子思想的精华》，《求索》1981 年第 4 期。

47. 马振铎：《试论周敦颐〈太极图说〉的哲学思想》，《中国哲学史研究》1981 年第 4 期。

48. 冯正刚：《试谈张载哲学研究中的两个问题》，《中国哲学史研究》1981 年第 4 期。

49. 徐远和：《二程理气观辨析》，《中国哲学史研究》1981 年第 4 期。

50. 张立文：《论朱熹哲学的逻辑结构》，《中国哲学史研究》1981 年第 4 期。

51. 高令印等：《略论朱熹哲学思想的形成过程》，《中国哲学史研究》1981 年第 4 期。

52. 夏甄陶：《陆九渊的"心学"部析》，《中国哲学史研究》1981 年第 4 期。

53. 束景南：《也谈孟子哲学的评价问题——与严北溟先生商榷》，《哲学研究》1981 年第 4 期。

54. 徐志锐：《论〈周易〉的筮法》，《中国社会科学》1981 年第 4 期。

55. 王治等：《论朱熹对张载气的学说的汲取和利用》，《辽宁大学学报》1981 年第 5 期。

56. 陈正夫等：《程朱理学与封建专制主义》，《学术月刊》1981 年第 5 期。

57. 傅云龙：《孔丘认识思想性质的再探讨》，《光明日报》1981 年 5 月 28 日。

58. 陈晓岱：《论王守仁哲学的本来含义》，《江西社会科学》1981 年第 5—6 期。

59. 李锦全：《论汉代正宗禅学奠基者董仲舒的哲学思想》，《学术研究》1981 年第 6 期。

60. 郭明：《试论孔子的辩证认识论》，《复旦学报》1981 年第 6 期。

61. 刘树勋：《孟子研究综述》，《国内哲学动态》1981 年第 6 期。

62. 余怀彦：《王阳明的教育哲学思想初探》，《贵州社会科学》1981 年第 6 期。

63. 严北溟：《再谈孟子评价与哲学党性问题》，《哲学研究》1981 年第 7 期。

64. 严北溟：《谈孔子的人道主义》，《文汇报》1981 年 8 月 3 日。

65. 刘百顺：《〈孟子〉中的"民"是指沦为庶民的奴隶主阶级吗》，《学术月刊》1981 年第 9 期。

66．张岱年：《论宋明理学的基本性质》，《哲学研究》1981 年第 9 期。

67．乐寿明：《佛教的理事说与朱熹的理气观》，《哲学研究》1981 年第 9 期。

68．乔长路：《关于孟轲哲学思想的几个问题》，《哲学研究》1981 年第 12 期。

69．刘蔚华：《论仁学的源流》（上），《齐鲁学刊》1982 年第 1 期。

70．严北溟：《再论孔子的"仁"——古代人道主义思想的核心》，《江海学刊》1982 年第 1 期。

71．李泽厚：《宋明理学片论》，《中国社会科学》1982 年第 1 期。

72．徐志锐：《论〈周易〉的卦》，《社会科学战线》1982 年第 1 期。

73．刘宗贤等：《孟子人性论中的唯物论因素》，《国内哲学动态》1982 年第 2 期。

74．冯天瑜：《孔子"轻自然、斥技艺"思想的历史评价》，《中国哲学史研究》1982 年第 2 期。

75．刘大钧：《周易大传我见——关于〈周易大传〉各篇写成的先后及六十四卦顺序编次的探讨》，《中国哲学史研究》1982 年第 2 期。

76．尹协理：《论陆九渊宇宙观的特点》，《中国哲学史研究》1982 年第 2 期。

77．张立文：《论宋明理学的基本特点》，《社会科学辑刊》1982 年第 2 期。

78．任继愈：《儒教的再评价》，《社会科学战线》1982 年第 2 期。

79．唐泽钰：《中庸之道有无可取之处》，《学习与探索》1982 年第 2 期。

80．王瑞来：《孔子天命观新探》，《哲学研究》1982 年第 2 期。

81．刘蔚华：《论仁学的源流》（下），《齐鲁学刊》1982 年第 2 期。

82．于首奎：《董仲舒的"天人感应"论强调人的主观能动性吗？——与金春峰同志商榷》，《东岳论丛》1982 年第 2 期。

83．赵光贤：《先秦儒家思想的几个特点》，《天津社会科学》1982 年第 3 期。

84．王棣棠：《孟子的圣人观浅析》，《兰州大学学报》1982 年第 3 期。

85．刘蔚华：《论邵雍的哲学思想》，《中国哲学史研究》1982 年第

3 期。

86. 赵俪生：《朱熹与王守仁之比较的探索》，《中国哲学史研究》1982年第 3 期。

87. 黄万盛：《孔子"仁"学伦理思想探索》，《学术月刊》1982 年第 3 期。

88. 刘邦富：《孔丘墨翟认识论之比较》，《中国哲学史研究》1982 年第 3 期。

89. 曹锡仁：《论儒家思想的基线问题》，《哲学研究》1982 年第 4 期。

90. 王恩宇：《孟子哲学思想体系研究》，《中国哲学史研究》1982 年第 4 期。

91. 邱汉生：《朱熹的理学思想——天理论与性论》，《社会科学辑刊》 1982 年第 4 期。

92. 任继愈：《朱熹与宗教》，《中国社会科学》1982 年第 5 期。

93. 杜任之等：《孔子政治学说精华探索》，《晋阳学刊》1982 年第 5 期。

94. 崔大华：《"儒教"辨》，《哲学研究》1982 年第 6 期。

95. 姜广辉：《试论张载的"天人合一"思想》，《人文杂志》1982 年 第 6 期。

96. 陆复初：《王船山哲学思想的基本点》，《江汉论坛》1982 年第 11 期。

97. 张立文：《论周敦颐的阴阳、五行学说》，《齐鲁学刊》1983 年第 1 期。

98. 严健羽：《关于荀况辩证法思想的两个问题》，《中国哲学史研究》 1983 年第 2 期。

99. 蔡尚思：《孔子思想问题的百家争鸣》，《哲学研究》1983 年第 2 期。

100. 方克：《荀况的朴素辩证法思想》，《社会科学战线》1983 年第 2 期。

101. 谢求成：《"八卦"和〈易经〉新探》，《学术月刊》1983 年第 2 期。

102. 马序：《朱熹"理一分殊"辨析》，《社会科学战线》1983 年第

2 期。

103. 金春峰：《论二程唯心主义哲学思想的理性主义实质》，《中州学刊》1983 年第 2 期。

104. 王士伟：《儒学正宗别宗之异同及其和张载哲学思想的关系辨析》，《人文杂志》1983 年第 2 期。

105. 李锦全：《是吸取宗教的哲理，还是儒学的宗教化？》，《中国社会科学》1983 年第 3 期。

106. 丁祯彦：《朱熹思想方法中的合理因素》，《华东师范大学学报》1983 年第 3 期。

107. 杨柳桥：《孔子仁学发微》，《社会科学辑刊》1983 年第 3 期。

108. 张岱年：《论王船山哲学基本精神》，《社会科学战线》1983 年第 3 期。

109. 余树声：《简论孔子思想中的人性和人道主义》，《齐鲁学刊》1983 年第 4 期。

110. 杨佐仁：《浅谈孔子正名的涵义》，《齐鲁学刊》1983 年第 4 期。

111. 郭墨兰等：《"温良恭俭让"平议》，《齐鲁学刊》1983 年第 4 期。

112. 张岱年：《先秦儒学与宋明理学》，《中州学刊》1983 年第 4 期。

113. 赵润琦：《孟子的"仁政"学说及其哲学基础——兼向严北溟先生求教》，《西北大学学报》1983 年第 4 期。

114. 唐明邦：《王夫之论"常"和"变"》，《齐鲁学刊》1983 年第 5 期。

115. 龚振黔：《王守仁"知行合一"说新探》，《贵州社会科学》1983 年第 5 期。

116. 蒙培元：《论朱熹理学向王阳明心学的演变》，《哲学研究》1983 年第 6 期。

117. 褚斌杰等：《〈诗经〉中的周代天命观及其发展变化》，《北京大学学报》1983 年第 6 期。

118. 余敦康：《论〈易传〉和老子辩证法思想的异同》，《哲学研究》1983 年第 7 期。

119. 袁德金：《试论程颢程颐理气说之异同》，《中州学刊》1984 年第 1 期。

120. 徐仪明：《二程哲学思想研究的新进展》，《中州学刊》1984 年第 1 期。

121. 苏渊雷：《孔学三论》（上），《江海学刊》1984 年第 1 期。

122. 张立文：《关于朱熹思想研究的几点认识》，《中国社会科学》1984 年第 2 期。

123. 苗润田：《孔子人性思想浅论》，《齐鲁学刊》1984 年第 2 期。

124. 赵吉惠：《论孔子天命观的伦理性质》，《齐鲁学刊》1984 年第 3 期。

125. 王其俊：《孟子人性思想简议》，《齐鲁学刊》1984 年第 3 期。

126. 罗祖基等：《略谈孔子的"复礼"和"爱人"》，《齐鲁学刊》1984 年第 3 期。

127. 王兴业：《论孟子历史观中的唯物主义因素》，《东岳论丛》1984 年第 3 期。

128. 张季平：《孟轲"万物皆备于我"辨析》，《文史哲》1984 年第 3 期。

129. 徐远和：《柳宗元与儒学复兴》，《哲学研究》1984 年第 3 期。

130. 王新：《〈中庸〉原旨新探》，《中国哲学史研究》1984 年第 4 期。

131. （中国台湾）周学武：《濂溪学说中的动静问题》，《中国哲学史研究》1984 年第 4 期。

132. 王棣棠：《孔子的人生观及其历史命运》，《中国哲学史研究》1984 年第 4 期。

133. 智彦：《对董仲舒哲学思想的不同评价简介》，《哲学研究》1984 年第 5 期。

134. 崔大华：《二程与宋明理学》，《中州学刊》1984 年第 5 期。

135. 江荣海：《孟子"民贵君轻"》，《齐鲁学刊》1984 年第 5 期。

136. 苏渊雷：《孔学三论》（下），《江海学刊》1984 年第 5 期。

137. 刘宗贤：《王阳明心学探微》，《云南社会科学》1984 年第 6 期。

138. 方延明：《从方法论看孔子"过犹不及"的中庸思想》，《晋阳学刊》1984 年第 6 期。

139. 张健：《从二程评孟子看二程思想》，《中州学刊》1984 年第 6 期。

140. 刘蔚华：《孔子研究中的方法论问题》，《哲学研究》1984 年第

9 期。

141. 任金丽等：《周敦颐、邵雍哲学思想研究》，《国内哲学动态》1984 年第 10 期。

142. 克谦：《"中庸"新探》，《学术月刊》1984 年第 10 期。

143. 徐远和：《略论二程的人性论思想》，《中州学刊》1985 年第 1 期。

144. 朱永新：《二程关于"知"的心理思想》，《中州学刊》1985 年第 1 期。

145. 张岱年：《释张载哲学中所谓神——再论张载的唯物论》，《人文杂志》1985 年第 1 期。

146. 潘富恩等：《略论程颐的辩证法思想》，《中国哲学史研究》1985 年第 1 期。

147. 曾春海：《二程哲学思想述要》，《中国哲学史研究》1985 年第 1 期。

148. 杨凤麟：《孔子的认识论及其在中国哲学史上的贡献》，《中国哲学史研究》1985 年第 1 期。

149. 赵光贤：《论孔子学说中"仁"与"礼"的关系》，《北京师范大学学报》1985 年第 1 期。

150. 李启谦等：《孔子在封建社会前期政治地位的变化》，《齐鲁学刊》1985 年第 1 期。

151. 陈卫平：《略论孔子思想体系的矛盾性》，《齐鲁学刊》1985 年第 1 期。

152. 蔡德贵：《试论荀子和淳于髡的师承关系》，《齐鲁学刊》1985 年第 1 期。

153. 徐西华：《儒道学派同源说》，《齐鲁学刊》1985 年第 1 期。

154. 刘蔚华：《孟子思想研究》（上），《齐鲁学刊》1985 年第 2 期。

155. 孙以楷：《孟子对墨子思想的吸收与改造》，《齐鲁学刊》1985 年第 2 期。

156. 申辰：《再论"中庸"》，《国内哲学动态》1985 年第 2 期。

157. 王棣棠：《孟子荀子人性论的比较观》，《齐鲁学刊》1985 年第 2 期。

158. 李甡：《孔子义利统一的思想》，《文史哲》1985 年第 2 期。

159．方延明：《"仁"与"礼"不等于孔子思想的"内容"与"形式"》，《社会科学研究》1985 年第 2 期。

160．李德芳：《试论王阳明的"心即理"说》，《贵州社会科学》1985 年第 2 期。

161．衷尔钜：《论程朱唯心主义体系中的"气"和"知行"概念》，《中州学刊》1985 年第 2 期。

162．阳曦：《荀子〈解蔽〉篇研究》，《中国哲学史研究》1985 年第 2 期。

163．张立文：《周敦颐"无极"、"太极"学说辨析》，《求索》1985 年第 2 期。

164．刘蔚华：《孟子思想研究》（下），《齐鲁学刊》1985 年第 3 期。

165．徐仪明：《二程与自然科学》，《中州学刊》1985 年第 3 期。

166．乔伟：《先秦儒家的法律思想及其历史地位》，《文史哲》1985 年第 3 期。

167．韦政通：《董仲舒的尊儒运动和他的思想》，《中国哲学史研究》1985 年第 3 期。

168．陈增辉：《王阳明"致良知"说试评》，《中国哲学史研究》1985 年第 3 期。

169．张显清：《王守仁的唯心史观》，《浙江学刊》1985 年第 4 期。

170．丁原明：《"克己复礼为仁"的再评价》，《东岳论丛》1985 年第 4 期。

171．邵汉明：《孔子人生哲学四论》，《学术研究丛刊》1985 年第 4 期。

172．德周等：《孔子认识论中的辩证思想发微》，《国内哲学动态》1985 年第 4 期。

173．朱志凯：《论孔子逻辑思想在先秦逻辑史上的地位》，《复旦学报》1985 年第 4 期。

174．（中国台湾）傅佩荣：《孔子天论研究》，《中国哲学史研究》1985 年第 4 期。

175．尹协理：《隋唐儒家哲学的变化趋势》，《哲学研究》1985 年第 5 期。

176．方延明：《孔子思想的四个来源和四个组成部分》，《求索》1985

年第 5 期。

177．刘斌：《孟子"善辩"论》，《人文杂志》1985 年第 5 期。

178．罗义俊：《关于孔子的损益观及时中观》，《学术月刊》1985 年第 5 期。

179．陈来：《朱熹理气观的形成和演变》，《哲学研究》1985 年第 6 期。

180．施志伟：《荀子人性论的哲学考察》，《复旦学报》1985 年第 6 期。

181．刘宗贤：《试论王阳明的人性思想》，《东岳论丛》1985 年第 6 期。

182．郑国平等：《王阳明的"知行合一"说新探》，《浙江学刊》1985 年第 6 期。

183．郭碧波：《孔子思想核心的再认识》，《哲学研究》1985 年第 9 期。

184．王棣棠：《孔子的无神论思想浅论》，《东岳论丛》1986 年第 1 期。

185．吕绍纲：《董仲舒与春秋公羊学》，《天津社会科学》1986 年第 1 期。

186．戴洪才：《孟子的伦理思想》，《齐鲁学刊》1986 年第 1 期。

187．张立文：《论宋明理学逻辑结构的演化》，《青海社会科学》1986 年第 2 期。

188．蒙培元：《论理学形成三阶段》，《晋阳学刊》1986 年第 2 期。

189．谭风雷：《试论荀子社会历史观中的唯物论因素》，《齐鲁学刊》1986 年第 2 期。

190．王棣棠：《从孔子对人物的褒与贬看孔子的哲学思想倾向》，《兰州大学学报》1986 年第 2 期。

191．周乾溁：《孟轲"法先王"的实质》，《中国哲学史研究》1986 年第 2 期。

192．王永祥：《董仲舒天道观重探》，《中国哲学史研究》1986 年第 2 期。

193．徐长安：《理性思潮的结晶，无神理论的基石——孔子人本思想述评》，《齐鲁学刊》1986 年第 2 期。

194．张子忠：《浅谈儒学在中华民族性格塑造中的作用》，《东岳论丛》1986 年第 3 期。

195．罗祖基：《论孔子思想中礼、仁与中庸的关系》，《史学集刊》1986 年第 3 期。

196. 蔡尚思：《对孔学的争鸣是发展中国文化的关键——孔学研究的历史回顾》，《哲学研究》1986 年第 3 期。

197. 张岱年等：《朱熹哲学体系及其形成和发展》，《文献》1986 年第 4 期。

198. 臧宏：《略论儒家的义利观》，《学习月刊》1986 年第 4 期。

199. 董平：《儒家形而上学简议》，《学术月刊》1986 年第 4 期。

200. 郭志坤：《荀子论信》，《江海学刊》1986 年第 4 期。

201. 徐克谦：《〈中庸〉思想体系试析》，《齐鲁学刊》1986 年第 4 期。

202. 王滋源：《何谓孔子之道?》，《齐鲁学刊》1986 年第 4 期。

203. 徐志锐：《论〈周易大传〉的自然观》，《齐鲁学刊》1986 年第 4 期。

204. 韩玉德：《孔子"小人"价值观述论》，《东岳论丛》1986 年第 4 期。

205. 朱少华：《孔子"贵和"思想之我见》，《中国哲学史研究》1986 年第 4 期。

206. 苏步轼：《先秦儒家的中和审美理想》，《河北学刊》1986 年第 5 期。

207. 王其俊：《孟子理想初探》，《东岳论丛》1986 年第 5 期。

208. 日知：《天命论与孔子的后期思想》，《东北师大学报》1986 年第 5 期。

209. 杨子彬：《孔子的君臣观》，《齐鲁学刊》1986 年第 5 期。

210. 羊涤生：《关于孟子哲学的几个问题》，《文史哲》1986 年第 6 期。

211. 于首奎：《试析董仲舒哲学思想的"天"》，《东岳论丛》1986 年第 6 期。

212. 金春峰：《中国古代人文思想中的儒家与道家》，《光明日报》1986 年 8 月 4 日。

213. 李禹阶：《朱熹对湖湘学说的批判继承》，《哲学研究》1986 年第 10 期。

214. 卢连章：《程颐天理史观辨析》，《中州学刊》1987 年第 1 期。

215. 王麟：《董仲舒天人感应说》，《哲学动态》1987 年第 1 期。

216. 李存山：《儒家的理想人格及其理想人格的分裂》，《中国哲学史研究》1987 年第 1 期。

217. 周桂钿：《儒家之"义"与人的价值》，《中国哲学史研究》1987 年第 1 期。

218. 许抗生：《对孔子有关人的价值学说的几点看法》，《中国哲学史研究》1987 年第 1 期。

219. 刘祚昌：《论孔子的理想国》，《齐鲁学刊》1987 年第 1 期。

220. 陈德安：《董仲舒的人性四品论》，《中国哲学史研究》1987 年第 1 期。

221. 张岱年等：《董仲舒的地位及其研究方法》，《河北学刊》1987 年第 1 期。

222. 邓红蕾：《论中国传统和谐理论的创造性转折——先秦儒家中庸观新探》，《哲学研究》1987 年第 1 期。

223. 张立文：《论孔子思想逻辑结构中概念范畴的解释》，《中国人民大学学报》1987 年第 2 期。

224. 郭志坤：《荀子论"变"》，《东岳论丛》1987 年第 2 期。

225. 刘奉光：《中庸批判》，《东岳论丛》1987 年第 2 期。

226. 朱法贞：《儒家义利观辨正》，《东岳论丛》1987 年第 2 期。

227. 李晓东：《经学与宋明理学》，《中国史研究》1987 年第 2 期。

228. 李林森：《孟子"禄足代耕"制禄思想刍议》，《中州学刊》1987 年第 2 期。

229. 钟肇鹏：《孟子与经学》，《齐鲁学刊》1987 年第 2 期。

230. 刘斌：《历代〈孟子〉研究概观》，《齐鲁学刊》1987 年第 2 期。

231. 马小红：《孟荀思想异同小议》，《齐鲁学刊》1987 年第 2 期。

232. 邵汉明：《孔子和老子人生哲学比较研究论纲》，《吉林大学研究生论文集刊》1987 年第 2 期。

233. 吴震：《略论儒学的"孔颜乐处"》，《复旦学报》1987 年第 3 期。

234. 郭志坤：《荀子与百家之学》，《齐鲁学刊》1987 年第 3 期。

235. 刘正一：《孔子的方法论初探》，《齐鲁学刊》1987 年第 3 期。

236. 华友根：《荀况治国思想浅论》，《江海学刊》1987 年第 3 期。

237. 张立文：《略论朱熹道的思想》，《中州学刊》1987 年第 3 期。

238. 朱日耀等：《传统儒学的历史命运》，《吉林大学社会科学学报》

1987 年第 3 期。

239．赵忠文：《论孟子"仁政"与孔子"仁"及"德政"说的关系》，《中国哲学史研究》1987 年第 3 期。

240．江荣海：《论儒家的功利思想》，《北京大学学报》1987 年第 3 期。

241．陈出：《孔子仁学结构及精神》，《东北师大学报》1987 年第 3 期。

242．王棣棠：《孔子的君臣观及其对孟子的影响》，《中国哲学史研究》1987 年第 3 期。

243．黄伟合：《孔孟义利观二层次析》，《中国文化报》1987 年 3 月 18 日。

244．邓红蕾：《试论先秦儒家中庸范畴的哲理化》，《孔子研究》1987 年第 3 期。

245．乔卫平：《二程对佛性说的吸收与批判》，《中州学刊》1987 年第 4 期。

246．蒙培元：《浅论中国心性论的特点》，《孔子研究》1987 年第 4 期。

247．李之鉴：《从二程对王安石的批判看理学的政治倾向》，《中州学刊》1987 年第 4 期。

248．徐克谦：《先秦儒家义利观小议》，《齐鲁学刊》1987 年第 4 期。

249．黄朴民：《孟子学说的内在论证体系初探》，《齐鲁学刊》1987 年第 4 期。

250．张大可：《董仲舒天人三策应作于建元元年》，《兰州大学学报》1987 年第 4 期。

251．辛立：《孔子的"德"、"礼"观》，《北京师范大学学报》1987 年第 4 期。

252．洪家义：《中庸思想的形成及其产生的历史根源》，《江海学刊》1987 年第 4 期。

253．汤一介：《论儒家的境界观》，《北京社会科学》1987 年第 4 期。

254．吴乃恭：《荀子〈乐论〉及其同〈乐记〉关系的探讨》，《社会科学战线》1987 年第 4 期。

255．张光：《儒家双重价值系统简说》，《天津社会科学》1987 年第 4 期。

256．蒙培元：《论理学范畴"乐"及其发展》，《浙江学刊》1987 年第

4 期。

257．张新京：《孔子仁学研究之十八年》，《哲学动态》1987 年第 4 期。

258．李生龙：《孔子、老子的"无为"思想之异同及其影响》，《中国哲学史研究》1987 年第 4 期。

259．王其俊：《试论孟子认识论的基本倾向》，《齐鲁学刊》1987 年第 5 期。

260．郭克煜：《孔子诛少正卯问题再议》，《齐鲁学刊》1987 年第 5 期。

261．徐梓：《孔子的历史使命感与社会责任感》，《华中师范大学学报》1987 年第 5 期。

262．高恒等：《董仲舒"德主刑辅"思想略论》，《东岳论丛》1987 年第 5 期。

263．李锦全：《儒家论人际关系的矛盾两重性思想》，《中州学刊》1987 年第 5 期。

264．李则鸣：《孟轲井田说及其相关诸问题探源》，《武汉大学学报》1987 年第 5 期。

265．何凡敬：《敬鬼神而远之刍议》，《学术月刊》1987 年第 6 期。

266．程宜山：《王守仁心学要义解析》，《浙江学刊》1987 年第 6 期。

267．王其俊：《论先秦儒家社会和谐统一观》，《东岳论丛》1987 年第 6 期。

268．周仁强：《论以人的主体性为核心的荀子哲学》，《学术月刊》1987 年第 6 期。

269．罗祖基：《对蔡尚思同志孔子观的商榷》，《哲学研究》1987 年第 7 期。

270．张岂之：《儒学思想的历史演变及其作用》，《人民日报》1987 年 10 月 9 日。

271．张岱年：《儒学发展过程中的统一与分殊》，《人民日报》（海外版）1987 年 10 月 16 日。

272．方尔加：《朱熹、陆象山、王阳明之间的逻辑关系》，《光明日报》1987 年 11 月 30 日。

273．辛冠洁：《中国大陆三十七年来孔子研究回顾》，《瞭望》（海外版）1987 年第 38 期。

274. 马序：《孔子一多思想疏正》，《孔子研究》1988 年第 1 期。

275. 刘元彦：《孔学"损益"杂议》，《孔子研究》1988 年第 1 期。

276. 张宏生：《四种先秦子书中的孔子形象》，《孔子研究》1988 年第 1 期。

277. 梁绍辉：《论董仲舒义利观的合理因素》，《求索》1988 年第 1 期。

278. 徐克谦：《先秦儒家人际关系学说浅论》，《孔子研究》1988 年第 1 期。

279. 张鸿翼：《论儒家的经济哲学》，《孔子研究》1988 年第 1 期。

280. 刘泽华等：《论儒家文化的"人"》，《社会科学战线》1988 年第 1 期。

281. 刘蔚华：《续仁学的源流》，《齐鲁学刊》1988 年第 1 期。

282. 钟肇鹏：《儒的名义和儒家起源》，《齐鲁学刊》1988 年第 1 期。

283. 周乾溁：《董仲舒的天道观辨析——与王永祥同志商榷》，《中国哲学史研究》1988 年第 1 期。

284. 陈来：《多元文化结构中的儒学及其定位》，《天津社会科学》1988 年第 1 期。

285. 朱忠明：《二程"天命之性"论试析》，《中州学刊》1988 年第 1 期。

286. 张岂之：《儒学思想的历史演变及其作用》，《西北大学学报》1988 年第 1 期。

287. 李锦全：《论我国传统思想文化中的儒法互补问题》，《江海学刊》1988 年第 1 期。

288. 王永祥：《董仲舒辩证法思想研究》，《孔子研究》1988 年第 1 期。

289. 王德有：《陆氏心学辨》，《孔子研究》1988 年第 1 期。

290. 惠吉星：《荀子天人哲学的人本学特质》，《河北学刊》1988 年第 2 期。

291. 夏镇平：《周敦颐〈太极图说〉与朱熹〈太极图说解〉辨异》，《孔子研究》1988 年第 2 期。

292. 申正：《孔子知识论反思》，《孔子研究》1988 年第 2 期。

293. 张富群：《鲁文化与孔子》，《孔子研究》1988 年第 2 期。

294. 吴桂就等：《孔子"中庸"辨正》，《孔子研究》1988 年第 2 期。

295．汪金铭：《朱子学研究的新进展》，《中国哲学史研究》1988 年第 2 期。

296．邓红蕾：《中庸思想研究》，《哲学动态》1988 年第 2 期。

297．陈正夫：《朱熹哲学思想的基本范畴和逻辑结构》，《江西社会科学》1988 年第 2 期。

298．刘宗贤：《陆九渊哲学中的"道"及"心"、"道"关系》，《齐鲁学刊》1988 年第 2 期。

299．陈良运：《论〈周易〉的符号象征》，《哲学研究》1988 年第 3 期。

300．刘长林：《从系统和信息观点看〈周易〉经传》，《哲学研究》1988 年第 3 期。

301．刘长林：《〈易传〉的类概念和模型思想》，《中国哲学史研究》1988 年第 3 期。

302．赵俪生：《谈〈孟子〉札记》，《齐鲁学刊》1988 年第 3 期。

303．李栋柱：《孔子"义利"思想散论》，《齐鲁学刊》1988 年第 3 期。

304．耿云忠：《近代文化与儒学》，《人民日报》1988 年 3 月 21 日。

305．贺友龄：《试析〈孟子〉的逻辑运用》，《孔子研究》1988 年第 3 期。

306．张立文：《朱熹哲学与自然科学》，《孔子研究》1988 年第 3 期。

307．林卡：《从周、张二子看理学对道家的汲取》，《孔子研究》1988 年第 3 期。

308．赵馥洁：《儒家哲学的价值论》，《人文杂志》1988 年第 3 期。

309．李书有：《儒家伦理思想的基本特点》，《学术月刊》1988 年第 3 期。

310．武克忠：《论孔子的言、行观》，《齐鲁学刊》1988 年第 3 期。

311．李启谦：《荀子对齐鲁文化和儒法思想的改造、继承和发展》，《中国哲学史研究》1988 年第 4 期。

312．唐明邦：《中国〈周易〉研究之新进展》，《哲学动态》1988 年第 4 期。

313．杨国荣：《晚明王学志、知之辨的演进》，《上海社会科学院学术季刊》1988 年第 4 期。

314．胡发贵：《主体实践品格：孟子性善说新论》，《江海学刊》1988 年第 4 期。

315．张岱年：《正确评价二程洛学》，《中州学刊》1988 年第 4 期。

316．梅溪：《论二程的"道"范畴——兼论二程哲学体系结构特征》，《青海社会科学》1988 年第 4 期。

317．张全明：《评朱熹的改革理论》，《华中师范大学学报》1988 年第 4 期。

318．杨国荣：《晚明王学演变的一个环节——论刘宗周对"意"的考察》，《浙江学刊》1988 年第 4 期。

319．许燕：《儒家思想与民族性格》，《北京师范大学学报》1988 年第 4 期。

320．龚维英：《〈孟子〉"民贵君轻"的确释》，《东岳论丛》1988 年第 4 期。

321．徐进：《荀子尚贤思想初探》，《东岳论丛》1988 年第 4 期。

322．乔卫平：《〈论语〉"中庸"证异》，《孔子研究》1988 年第 4 期。

323．朝仲民：《帛书〈系辞〉浅说——兼论易传的编纂》，《孔子研究》1988 年第 4 期。

324．马序：《论荀况的一多关系思想》，《学术月刊》1988 年第 4 期。

325．严捷：《论儒家道统的释义学特征及逻辑》，《复旦学报》1988 年第 5 期。

326．孙克强：《孔子"权变"思想初探》，《史学月刊》1988 年第 5 期。

327．骆承烈：《孔子"仁"的纵横观——后世对"仁"的延伸与利用》，《齐鲁学刊》1988 年第 5 期。

328．王兴业：《论孔子的庶人观》，《东岳论丛》1988 年第 5 期。

329．金春峰：《明清之际儒学的价值观念》，《晋阳学刊》1988 年第 5 期。

330．惠吉兴：《思孟学派天人合一归旨》，《东岳论丛》1988 年第 5 期。

331．郭克煜：《〈孟子〉"为巨室则必使工师求大木"章应怎样理解？——与杨伯峻先生商榷》，《东岳论丛》1988 年第 5 期。

332．郭志坤：《荀子的自然观》，《甘肃社会科学》1988 年第 5 期。

333．包遵信：《儒家伦理与亚洲"四小龙"》，《文汇报》1988 年 5 月 13 日。

334．潘富恩：《关于朱熹历史观的几点看法》，《浙江学刊》1988 年第 6 期。

335．赵士林：《心本体与天本体——论儒家内圣之学的基本矛盾》，《中国社会科学》1988 年第 6 期。

336．谢维扬：《追索古代中国智慧之光——读近年来的〈周易〉研究》，《文汇报》1988 年 6 月 21 日。

337．衷尔钜：《试探二程对明代气一元论的影响》，《中州学刊》1988 年第 6 期。

338．许苏民：《去假存真：现代化转换中的儒家人格》，《东岳论丛》1988 年第 6 期。

339．冯友兰：《儒学发展的新阶段——道学》，《文史知识》1988 年第 6 期。

340．蔡尚思：《如何看待儒学的文化遗产》，《文史知识》1988 年第 6 期。

341．张岱年：《儒学与中国传统文化》，《文史知识》1988 年第 6 期。

342．任继愈：《具有中国民族形式的宗教——儒教》，《文史知识》1988 年第 6 期。

343．方立天：《儒学与佛教》，《文史知识》1988 年第 6 期。

344．马振铎：《说"儒"》，《文史知识》1988 年第 6 期。

345．朱伯崑：《略论儒学之特质》，《文史知识》1988 年第 6 期。

346．余敦康：《什么是儒学》，《文史知识》1988 年第 6 期。

347．董乃斌：《儒学与文学》，《文史知识》1988 年第 6 期。

348．孙以楷：《先秦儒家人性学说的逻辑发展》，《哲学研究》1988 年第 6 期。

349．罗国杰：《儒家伦理思想新探》，《文史知识》1988 年第 6 期。

350．黄保万：《朱熹格物致知论与文化结构——从物理系统看朱熹格物致知论的合理性》，《福建论坛》1988 年第 6 期。

351．钮福铭：《陆九渊的认识论的心学特征》，《社会科学辑刊》1988

年第 6 期。

352. 王文亮：《论先秦儒学经权互悖的思维方式》，《哲学研究》1988 年第 8 期。

353. 李宗桂：《儒道对立互补之比较》，《学术月刊》1988 年第 9 期。

354. 周云之：《论荀子"三惑"说的基本内容理论价值及学术偏见》，《江汉论坛》1988 年第 12 期。

355. 吴光：《论儒学对知识分子性格的塑造及其利弊》，《天津社会科学》1989 年第 1 期。

356. 王国轩：《二程与〈四书集注〉研究》，《中州学刊》1989 年第 1 期。

357. 赵光贤：《孔子、儒家与传统文化》，《北京师范大学学报》1989 年第 1 期。

358. 王杰：《荀子历史观基本特征新探》，《中国哲学史研究》1989 年第 1 期。

359. 梁宗华：《孟子与中国传统文化》，《哲学动态》1989 年第 1 期。

360. 步近智：《晚明时期儒学的演变与影响》，《中国史研究》1989 年第 1 期。

361. 唐昌黎：《时代特征与儒家功能》，《东岳论丛》1989 年第 1 期。

362. 董天佳：《儒家伦理的现代作用管见》，《东岳论丛》1989 年第 1 期。

363. 李启谦：《论孔子思想在现代社会中的价值》，《齐鲁学刊》1989 年第 1 期。

364. 苗润田：《浅论孔子的义利观及其现代意义》，《齐鲁学刊》1989 年第 1 期。

365. 孙希国：《孔子思想的一个显著特点——"行"》，《齐鲁学刊》1989 年第 1 期。

366. 卢钟锋：《汉代的儒学独尊与学术史的研究》，《孔子研究》1989 年第 1 期。

367. 徐克谦：《试论〈中庸〉基本思想的产生年代》，《齐鲁学刊》1989 年第 2 期。

368. 李景林：《古代儒学精神及其发展》，《孔子研究》1989 年第 2 期。

369. 钱明：《十年来阳明学研究的状况和进展》，《孔子研究》1989 年第 2 期。

370. 王其俊：《孟子和谐观初探》，《兰州大学学报》1989 年第 2 期。

371. 徐远和：《略论二程的直觉观》，《中国哲学史研究》1989 年第 2 期。

372. 杨国荣：《论王门后学的归寂说》，《中州学刊》1989 年第 2 期。

373. 蔡方鹿：《朱熹和张栻关于仁的讨论》，《江西社会科学》1989 年第 2 期。

374. 李志林：《朱熹"理一分殊"说再评价》，《华东师范大学学报》1989 年第 3 期。

375. 陈增辉：《不宜贬低孔子——与蔡尚思先生商榷》，《孔子研究》1989 年第 3 期。

376. 余敦康：《〈周易〉的太和思想》，《社会科学战线》1989 年第 3 期。

377. 崔大华：《理学衰落的两大理论因素》，《哲学研究》1989 年第 3 期。

378. 张岱年：《探索孔子思想的真谛——六十年来对孔子思想的体会》，《孔子研究》1989 年第 3 期。

379. 李锦全：《论孔子思想的包容性与中国儒学的发展》，《孔子研究》1989 年第 3 期。

380. 冯友兰：《对于孔子所讲的仁的进一步理解和体会》，《孔子研究》1989 年第 3 期。

381. 金景芳：《孔子所讲的仁义有没有超时代意义?》，《孔子研究》1989 年第 3 期。

382. 蔡尚思：《孔子的礼学体系——纪念孔子诞辰二千五百四十周年》，《孔子研究》1989 年第 3 期。

383. 施炎平：《从主体性原则看儒家文化的基本精神》，《华东师范大学学报》1989 年第 3 期。

384. 王齐彦：《试论先秦儒家道德观的内向性》，《孔子研究》1989 年第 3 期。

385. 胡健：《儒家美学思想论要》，《孔子研究》1989 年第 3 期。

386. 张志哲：《儒家经学流派评述》，《孔子研究》1989 年第 3 期。

387. 韩强：《儒家心性论的基本特征和研究方法》，《南开学报》1989 年第 3 期。

388. 周谷城：《儒学别解》，《复旦学报》1989 年第 4 期。

389. 王其俊：《试论孟子的个体需要》，《东岳论丛》1989 年第 4 期。

390. 欧阳小桃：《论礼在先秦儒家思想中的地位和作用》，《江西社会科学》1989 年第 4 期。

391. 鲍博：《陆九渊与禅学关系管窥》，《中国哲学史研究》1989 年第 4 期。

392. 魏琪：《朱熹的哲学与宗教》，《世界宗教研究》1989 年第 4 期。

393. 惠吉兴：《论儒道"天人合一"的生命哲学》，《求索》1989 年第 4 期。

394. 邵汉明：《儒道人生哲学的总体比较》，《社会科学战线》1989 年第 4 期。

395. 王葆玹：《试论孔子学说中的鬼神与禘祀问题》，《世界宗教研究》1989 年第 4 期。

396. 喻博文：《论〈周易〉的中道思想》，《孔子研究》1989 年第 4 期。

397. 钟肇鹏：《孔子与中国文化》，《中国哲学史研究》1989 年第 4 期。

398. 刘兴邦：《试论孔子的仁学价值思想体系——兼论中西价值观之比较》，《中国哲学史研究》1989 年第 4 期。

399. 张秉楠：《君子小人辨——孔子论人格》，《社会科学战线》1989 年第 4 期。

400. 冯契：《王阳明在中国哲学史上的地位》，《浙江学刊》1989 年第 4 期。

401. 张学智：《论王阳明思想的逻辑展开》，《北京大学学报》1989 年第 4 期。

402. 邵显侠：《论张载的"知礼成性"说》，《哲学研究》1989 年第 4 期。

403. 陆晓光：《孔子"〈诗〉可以兴"命题与先秦思维方式》，《齐鲁学刊》1989 年第 5 期。

404．骆承烈：《孔子思想中"永恒的范畴"》，《齐鲁学刊》1989 年第 5 期。

405．徐缉熙：《人本主义的困惑——关于儒家哲学和美学的一点思考》，《江海学刊》1989 年第 5 期。

406．尚非：《〈周易〉之天人哲学与传统艺术观》，《齐鲁学刊》1989 年第 5 期。

407．吴乃恭：《略论孔子人学》，《东北师大学报》1989 年第 5 期。

408．梁韦弦：《论孔子维护礼的学说》，《东北师大学报》1989 年第 5 期。

409．傅永聚：《孟子研究四十年（1949—1989）》，《齐鲁学刊》1989 年第 6 期。

410．赵馥洁：《论〈易传〉的价值观》，《人文杂志》1989 年第 6 期。

411．徐志祥：《孔子研究四十年（1949—1989）》，《齐鲁学刊》1989 年第 6 期。

412．余勇：《"孔子、儒家与当代社会"学术讨论会综述》，《齐鲁学刊》1989 年第 6 期。

413．徐忠有：《荀子"性恶"论新论》，《东北师大学报》1989 年第 6 期。

414．惠吉兴：《"忠恕"之道与孔子思想体系刍议》，《齐鲁学刊》1989 年第 6 期。

415．谭风雷：《先秦儒家义利观辨析》，《学术月刊》1989 年第 11 期。

416．张奇伟：《建国以来孟子研究回顾（未完）》，《哲学动态》1989 年第 11 期。

417．沈善洪等：《论王阳明大学观的演变》，《学术月刊》1989 年第 11 期。

418．张忠义：《藏汉因明学术交流会综述》，《哲学研究》1989 年第 11 期。

419．李锦全：《论儒家人文思想的历史地位》，《哲学研究》1989 年第 11 期。

420．步近智：《孔子与中国传统文化》，《人民日报》1989 年 11 月 10 日。

421. 张文彪：《台湾儒学现代化研究述评》，《学术月刊》1989 年第 12 期。

422. 王月清：《先秦儒道人生哲学之比较》，《南京大学学报》1989 年专辑。

423. 郭厚安：《略论王守仁"心学"的历史地位》，《西北师大学报》1990 年第 1 期。

424. 刘家和：《先秦儒家仁礼学说新探》，《孔子研究》1990 年第 1 期。

425. 沈荣森：《先秦儒家忠君思想浅探——兼论"三纲"之源》，《孔子研究》1990 年第 1 期。

426. 王应常：《先秦儒家义利观的本质和历史作用》，《孔子研究》1990 年第 1 期。

427. 田光辉等：《孔子认识论新探》，《孔子研究》1990 年第 1 期。

428. 杨端志：《〈周易〉与传统语言学》，《周易研究》1990 年第 1 期。

429. 赵庄愚：《论易理之用及〈易〉象数之理》，《周易研究》1990 年第 1 期。

430. 李策毅：《试论〈周易〉思维的形式》，《孔子研究》1990 年第 1 期。

431. 袁尔钜：《论明代的理学和心学》，《中州学刊》1990 年第 1 期。

432. 刘康德：《二程思想的全新审视——读〈程颢程颐理学思想研究〉》，《学术月刊》1990 年第 1 期。

433. （中国香港）刘述先：《由朱熹易说检讨其思想之特质、影响与局限》，《周易研究》1990 年第 1 期。

434. "孔子诞辰 2540 周年纪念与学术讨论会"开幕式致词：（1）《联合国教科文组织总干事代表泰勒博士的致词》；（2）《新加坡东亚哲学研究所董事局主席吴庆瑞博士的致词》；（3）《香港中华总商会会长霍英东先生的致词》；（4）《日本东北大学名誉教授金谷治先生的致词》；（5）《新加坡中华总商会名誉会长、新加坡科学馆主席陈共存先生的致词》；（6）《中国汉字现代化研究会会长袁晓园教授的致词》，《孔子研究》1990 年第 1 期。

435. 黄伟合：《从西周到春秋"义利"思想的发展轨迹——兼论儒家道义论的思想渊源》，《学术月刊》1990 年第 1 期。

436. 朱先春：《儒学长期延续的内外调节机制》，《中州学刊》1990 年第 1 期。

437. 孔祥骅:《论孔子"内圣"之学的多重内涵》,《华东师范大学学报》1990 年第 2 期。

438. 黄朴民:《论董仲舒新儒学的主导性质与基本特征》,《中国史研究》1990 年第 2 期。

439. 苏勇:《古老学说的现代意义——"儒家思想与未来社会"国际学术讨论会综述》,《学术月刊》1990 年第 2 期。

440. 朱义禄:《儒家之人的价值观及其对中国传统文化的影响》,《齐鲁学刊》1990 年第 2 期。

441. 李宗桂:《评海峡两岸的董仲舒思想研究》,《哲学研究》1990 年第 2 期。

442. 张显清:《试论阳明心学的历史作用》,《孔子研究》1990 年第 2 期。

443. 杨国荣:《从心的二重性看王学的特点》,《孔子研究》1990 年第 2 期。

444. 孔令智等:《孔子社会心理思想初探》,《孔子研究》1990 年第 2 期。

445. 王煦华:《〈古史辨〉派对孔子的研究及评价》,《孔子研究》1990 年第 2 期。

446. 王甦:《孟子的中道思想》,《孔子研究》1990 年第 2 期。

447. 谷方:《王廷相与明代批判理学思潮》,《中州学刊》1990 年第 2 期。

448. 于春海:《再论〈周易〉的思维方式》,《周易研究》1990 年第 2 期。

449. 曾振宇:《荀子自然观再认识》,《东岳论丛》1990 年第 3 期。

450. 杨荫楼:《试论唐代儒学的复兴》,《齐鲁学刊》1990 年第 3 期。

451. 辛朝毅:《孔子的"仁"及其在孔子思想中的地位——兼与冯友兰、蔡尚思先生商榷》,《广东社会科学》1990 年第 3 期。

452. 黄朴民:《东汉中晚期儒学反思律动》,《东岳论丛》1990 年第 3 期。

453. 萧萐父:《〈易〉〈庸〉之学片论》,《复旦学报》1990 年第 3 期。

454. 谭其骧：《儒家思想与未来社会有关联吗?》，《复旦学报》1990 年第 3 期。

455. 路德斌等：《孟子人性论再评价》，《齐鲁学刊》1990 年第 3 期。

456. 陈来：《王阳明哲学的心物论》，《哲学研究》1990 年第 3 期。

457. 胡伟希：《儒家心性论的课题及其解决方式》，《学术月刊》1990 年第 3 期。

458. 田耕滋：《孔子的思想核心是一个整体结构》，《孔子研究》1990 年第 3 期。

459. 路德斌：《孔子"天"论新探——"天"之"境界说"释义》，《孔子研究》1990 年第 3 期。

460. 罗世烈：《仁学是人际关系学》，《四川大学学报》1990 年第 3 期。

461. 方光华：《略论儒道的对立和互补》，《孔子研究》1990 年第 3 期。

462. 徐儒宗：《论孟子的中庸思想》，《东岳论丛》1990 年第 4 期。

463. 杨国荣：《从孔子看儒家价值观》，《华东师范大学学报》1990 年第 4 期。

464. 屠承先等：《论董仲舒对原始儒学的改造和发展》，《甘肃社会科学》1990 年第 4 期。

465. 刘泽华等：《论儒家的理想国》，《天津社会科学》1990 年第 4 期。

466. 张秉楠：《礼——仁——中庸——孔子思想的演进》，《中国社会科学》1990 年第 4 期。

467. 路德彬等：《走出道德困境：孔孟之道给予的启示》，《东岳论丛》1990 年第 4 期。

468. 孙晓春：《儒家天人观与中国传统文化》，《社会科学战线》1990 年第 4 期。

469. 白奚：《荀子对稷下学术的吸取和改造》，《兰州大学学报》1990 年第 4 期。

470. 吕绍纲：《关于孔子思想的几个问题》，《孔子研究》1990 年第 4 期。

471. （中国台湾）董金裕：《孔孟仁爱思想对人物的关怀及其时代意义》，《孔子研究》1990 年第 4 期。

472. 林存光：《孔子本体论"人学"论纲》，《孔子研究》1990 年第

4 期。

473．钱逊：《孔子仁礼关系新释》，《孔子研究》1990 年第 4 期。

474．朱义禄：《论新儒家的"成人之道"》，《孔子研究》1990 年第 4 期。

475．张云飞：《浅析荀子的生态伦理意识倾向》，《孔子研究》1990 年第 4 期。

476．金景芳：《论孔子思想的两个核心》，《历史研究》1990 年第 5 期。

477．陈德述：《论孔子思想的现实价值》，《社会科学研究》1990 年第 5 期。

478．刘宝才：《〈大学〉〈中庸〉的道德政治论》，《人文杂志》1990 年第 5 期。

479．田大庆：《孔子的政治思想与领导哲学》，《江淮论坛》1990 年第 5 期。

480．孟祥今等：《孟子社会心理思想探析》，《东岳论丛》1990 年第 5 期。

481．谢维扬：《论〈周易〉的形上学》，《华东师范大学学报》1990 年第 5 期。

482．何显明：《儒家死亡哲学刍议》，《福建论坛》1990 年第 5 期。

483．郑中鼎：《简论儒家的"中庸"》，《学习与探索》1990 年第 5 期。

484．屠承先：《阳明学派的本体功夫论》，《中国社会科学》1990 年第 6 期。

485．滕复：《王阳明的传统文化观片论》，《浙江学刊》1990 年第 6 期。

486．沈建国：《先秦儒家人论探析》，《求索》1990 年第 6 期。

487．郭齐家：《评朱陆之争》，《北京师范大学学报》1990 年第 6 期。

488．张品兴等：《从仁、德、礼看孔子道德政治模式》，《浙江学刊》1990 年第 6 期。

489．王兴洲等：《荀子的伦理思想及其在儒学中的地位》，《东北师大学报》1990 年第 6 期。

490．张岱年：《〈周易〉经传的历史地位》，《人文杂志》1990 年第 6 期。

491．康中乾：《试论孟子"心"学的哲学性质》，《南开学报》1990 年第 6 期。

492．蒙培元：《从心性论看朱熹哲学的历史地位》，《福建论坛》1990 年第 6 期。

493．李锦全：《儒家思想哲理性的历史进程》，《学术研究》1990 年第 6 期。

494．韩明谟：《中庸新识：对中庸与社会协调的新理解》，《天津社会科学》1990 年第 6 期。

495．张荣明：《稷下儒家政治学说的特点及历史地位》，《天津社会科学》1990 年第 6 期。

496．朱林：《孟子道德心理学思想剖析》，《齐鲁学刊》1990 年第 6 期。

497．方尔加：《试论荀子的非道德倾向》，《光明日报》1990 年 9 月 17 日。

498．邵汉明：《儒家文化的基本精神》，《孔孟学报》（台北）1990 年第 60 期。

499．惠吉兴：《试论孟子道德论的唯物主义倾向》，《东岳论丛》1991 年第 1 期。

500．张岱年：《〈周易〉与传统文化》，《周易研究》1991 年第 1 期。

501．刘周堂：《论荀学的历史命运》，《江西社会科学》1991 年第 1 期。

502．王国良：《文化危机与孔门仁学论纲》，《孔子研究》1991 年第 1 期。

503．金景芳：《孔子的这一份珍贵的遗产：六经》，《吉林大学社会科学学报》1991 年第 1 期。

504．张践：《儒学与宗法性传统宗教》，《世界宗教研究》1991 年第 1 期。

505．杨成兰：《论孔子"仁学"及其价值》，《孔子研究》1991 年第 1 期。

506．李存山：《仁学现代化需要克服的几个理论问题》，《孔子研究》1991 年第 1 期。

507．方克立：《展望儒学的未来前景必须正视的两个问题》，《天津社会科学》1991 年第 1 期。

508．董英哲：《汉代儒学与自然科学》，《人文杂志》1991 年第 1 期。

509．李廉：《〈周易〉系辞的"范式"与问题》，《周易研究》1991 年第 2 期。

510．朱伯崑：《〈周易〉研究中值得商榷的几个问题》，《周易研究》1991 年第 2 期。

511．赵仁：《孔子的思想特点浅析》，《甘肃社会科学》1991 年第 2 期。

512．骆承烈：《颜回思想的积极因素》，《社会科学战线》1991 年第 2 期。

513．张立伟：《自由与他由之间：孔孟自由观初探》，《齐鲁学刊》1991 年第 2 期。

514．王伟民：《象山心学与阳明心学的差异》，《江西社会科学》1991 年第 2 期。

515．黄大路：《孟子理想人格观之管窥》，《学术月刊》1991 年第 2 期。

516．朱法贞：《儒教形成之原因考略》，《东岳论丛》1991 年第 2 期。

517．刘慧晏：《荀子三论》，《齐鲁学刊》1991 年第 3 期。

518．张志康：《董仲舒建立新儒学质疑》，《中国史研究》1991 年第 3 期。

519．萧鲁：《试论荀子的人文意识》，《孔子研究》1991 年第 3 期。

520．李耀仙：《从经学角度考察孟、荀思想的不同取向》，《孔子研究》1991 年第 3 期。

521．成中英：《有关周易研究的新起步》，《周易研究》1991 年第 3 期。

522．范卫红：《从"士君子之道"看孔子思想的体系》，《社会科学辑刊》1991 年第 3 期。

523．田昌五：《孔子的天道观》，《山东大学学报》1991 年第 3 期。

524．杨泽波：《孔孟心性之学的分歧及其影响》，《学术月刊》1991 年第 3 期。

525．刘周堂：《孟子人生哲学榷论》，《求索》1991 年第 3 期。

526．葛荣晋：《儒家理想人格模式论》，《社会科学辑刊》1991 年第 3 期。

527．马振铎：《孔子君子人格和中庸之道中仁、知并重思想：兼论孔子"知"概念内涵的缺陷》，《文史哲》1991 年第 3 期。

528．刘章泽：《"民可使由之，不可使知之"的误读及其由来》，《孔子研究》1991 年第 4 期。

529．严寿澂：《孔子学说要旨之一：宽容》，《孔子研究》1991 年第 4 期。

530．张立伟：《孔子论隐逸三要素》，《孔子研究》1991 年第 4 期。

531．冯增铨：《对中国大陆 40 年来研究孔子情况的回想》，《孔子研究》1991 年第 4 期。

532．黎红雷：《"道之以德"与"齐之以礼"：儒学管理哲学的控制理论》，《孔子研究》1991 年第 4 期。

533．孙实明：《〈中庸〉解论》，《孔子研究》1991 年第 4 期。

534．辛平：《论先秦儒学与现代竞争》，《求索》1991 年第 4 期。

535．胡菊英：《孟子"劳心劳力"分工说是孔子思想的继承与发展》，《中州学刊》1991 年第 4 期。

536．朱志凯：《〈周易〉系统论方法思想发微》，《复旦学报》1991 年第 4 期。

537．李存山：《试析程朱理学的泛道德论思想》，《人文杂志》1991 年第 4 期。

538．李肃东：《展示人生价值与意义的道德学说：论孔孟的人生价值观》，《天津社会科学》1991 年第 4 期。

539．马振铎：《孔子天命观新论》，《齐鲁学刊》1991 年第 4 期。

540．蔡方鹿：《朱熹"心统性情"说新论》，《孔子研究》1991 年第 4 期。

541．洪家义：《论孔子学说的生命力》，《南京大学学报》1991 年第 4 期。

542．冯契：《〈易传〉的辩证逻辑思想》，《周易研究》1991 年第 4 期。

543．李廉：《〈周易〉的形象思维与逻辑》，《江海学刊》1991 年第 5 期。

544．詹世发：《"礼"的哲学意义研究》，《江西社会科学》1991 年第 5 期。

545．姜广辉：《陆学的立世精神》，《河北学刊》1991 年第 5 期。

546．王生平：《略论董仲舒的造神说》，《社会科学辑刊》1991 年第 5 期。

547. 周桂钿：《朱熹的宇宙论和天文观》，《福建论坛》1991 年第 5 期。

548. 惠吉星：《论"独尊儒术"与汉代儒学的没落》，《学习与探索》1991 年第 5 期。

549. 马序：《论王守仁的心物二重化世界观》，《齐鲁学刊》1991 年第 5 期。

550. 袁振保：《〈周易〉与中国美学》，《西北师大学报》1991 年第 5 期。

551. 张绪山：《略论儒家思想不属于人本主义范畴：向吴于廑先生求教》，《世界历史》1991 年第 5 期。

552. 胡义成：《孔子仁学奥秘再破译》，《福建论坛》1991 年第 5 期。

553. 刘辉扬：《先秦儒家和道家的理想人格》，《华东师范大学学报》1991 年第 5 期。

554. 李炳海：《从殷人尚白到孔子的以素为本》，《齐鲁学刊》1991 年第 6 期。

555. 赵光贤：《孔学与儒学：〈孔学简论〉代序》，《天津社会科学》1991 年第 6 期。

556. 杨国荣：《力命之辨与儒家的自由学说》，《文史哲》1991 年第 6 期。

557. 吴光：《论儒家思想的基本特点》，《天津社会科学》1991 年第 6 期。

558. 程宜山：《论儒家哲学中的圣人崇拜》，《东岳论丛》1991 年第 6 期。

559. 苗润田：《试论儒家的人生思想》，《齐鲁学刊》1991 年第 6 期。

560. 庄春波：《〈周易〉与原始思维》，《齐鲁学刊》1991 年第 6 期。

561. 李明友：《理学的主题与二程的经学》，《浙江学刊》1991 年第 6 期。

562. 王伟民：《陆王心学异同辨》，《北京大学学报》1991 年第 6 期。

563. 侯玉臣：《论儒家思想的原始宗教文化特征》，《甘肃社会科学》1991 年第 6 期。

564. 余敦康：《〈周易〉与中国传统文化的关系》，《哲学研究》1991 年第 9 期。

565. 张立伟：《孔子论隐逸三要素》，《江汉论坛》1991 年第 9 期。

566. 张文修：《"儒学思想讨论会"综述》，《中国史研究动态》1991 年第 9 期。

567. 萧平汉：《近年来王夫之研究概述》，《中国史研究动态》1991 年第 10 期。

568. 杨泽波：《孔孟心性之学的分歧及其影响》，《学术月刊》1991 年第 10 期。

569. 周学军：《董仲舒儒学：儒士群体自我意识的调整》，《社会科学》1991 年第 10 期。

570. 杨国荣：《儒家的经权学说及其内蕴》，《社会科学》1991 年第 12 期。

571. 杨国荣：《儒家人论的奠基》，《学术月刊》1991 年第 12 期。

572. 孔祥骅：《先秦儒学起源巫史考》，《社会科学》1991 年第 12 期。

573. 程伟礼：《西学东渐与儒学改革运动》，《学术月刊》1991 年第 12 期。

574. 骆承烈：《孔子思想的社会价值》，《齐鲁学刊》1992 年第 1 期。

575. 羊涤生：《朱熹与科学》，《孔子研究》1992 年第 1 期。

576. 夏甄陶：《孟子认识论思想批判》，《社会科学战线》1992 年第 1 期。

577. 林永光：《孟、荀子人性理论之比较研究》，《学习与探索》1992 年第 1 期。

578. 任继愈：《关心〈周易〉研究，促进健康发展》，《周易研究》1992 年第 1 期。

579. 傅寿宗：《熵哲学与周易哲学的联系》，《华南师范大学学报》1992 年第 1 期。

580. 陈鼓应：《〈易传〉与楚学齐学》，《管子学刊》1992 年第 1 期。

581. 徐志锐：《〈周易〉经纶治国论》，《周易研究》1992 年第 1 期。

582. 施炎平：《〈周易〉史观与中国古代历史哲学》，《周易研究》1992 年第 1 期。

583. 刘周堂：《论荀学的历史命运》，《孔子研究》1992 年第 1 期。

584. 吴光：《浅议儒学的本质》，《孔子研究》1992 年第 1 期。

585．杨国荣：《从孔子看儒家的人格学说》，《天津社会科学》1992 年第 1 期。

586．马彪：《试论朱熹对儒家传统观的继承和发展》，《中国史研究》1992 年第 1 期。

587．周继旨：《论〈周易〉与中国传统思维模式》，《文史哲》1992 年第 1 期。

588．李才远：《孟子的"养浩然之气"说》，《西南师范大学学报》1992 年第 1 期。

589．周兆茂：《戴震与程朱理学：兼论戴震哲学思想的形成与发展》，《哲学研究》1992 年第 1 期。

590．李经元：《二程的人学思想及其评价》，《中国史研究》1992 年第 1 期。

591．任继愈：《把〈周易〉研究的方法问题提到日程上来》，《哲学研究》1992 年第 1 期。

592．李申：《发挥派与本义派：易学方法论两派述评》，《哲学研究》1992 年第 1 期。

593．颜世安：《春秋时代的文化衰弊与孔子》，《南京大学学报》1992 年第 1 期。

594．杨国荣：《易庸学合论》，《上海社会科学院学术季刊》1992 年第 1 期。

595．张琼：《论孔子自我观》，《福建论坛》1992 年第 1 期。

596．刘玉明：《荀子道德修养论》，《东岳论丛》1992 年第 1 期。

597．刘大伟：《周易理念与管理之道》，《周易研究》1992 年第 1 期。

598．刘振东：《孔子论君子》，《孔子研究》1992 年第 1 期。

599．李泽厚：《儒学作为中国文化主流的意义》，《孔子研究》1992 年第 1 期。

600．姜宁馨：《孔子的忠信之道》，《孔子研究》1992 年第 1 期。

601．朱志凯：《〈周易〉中的逻辑方法论思想探索》，《社会科学》1992 年第 2 期。

602．王长华：《孔孟人生哲学传承再探讨》，《河北学刊》1992 年第 2 期。

603. 龚杰：《论儒家的礼法观》，《河北学刊》1992 年第 2 期。

604. 傅永聚：《孟子"养气说"浅析》，《齐鲁学刊》1992 年第 2 期。

605. 吴乃恭：《荀学的理智主义》，《东北师大学报》1992 年第 2 期。

606. 罗祖基：《论孟子思想及其儒学的异端性质》，《青海社会科学》1992 年第 2 期。

607. 杨向奎：《再论"仁"》，《河北师院学报》1992 年第 2 期。

608. 康中乾：《论张载"气"范畴的逻辑矛盾：兼论关学衰落的理论根源》，《人文杂志》1992 年第 2 期。

609. 钟肇鹏：《以儒学代宗教》，《学术月刊》1992 年第 2 期。

610. 黄君良：《从〈易〉到荀子看"文"之观念的衍化》，《学术月刊》1992 年第 2 期。

611. 王克奇：《孔子政治伦理学刍议》，《东岳论丛》1992 年第 2 期。

612. 宋志明：《荀子的文化哲学》，《东岳论丛》1992 年第 2 期。

613. 苏庆恭：《试论孔子师生关系》，《齐鲁学刊》1992 年第 2 期。

614. 石峻：《宋代正统儒家反佛理论的评析》，《世界宗教研究》1992 年第 2 期。

615. 李申：《〈周易〉热与"科学易"》，《周易研究》1992 年第 2 期。

616. 周继旨：《"大同"之道与"大学"之道：论先秦儒家对人生的"终极关怀"与"具体设定"》，《孔子研究》1992 年第 2 期。

617. 马振铎：《自然人向"人"的转化：论孔子的修己之道》，《孔子研究》1992 年第 2 期。

618. 廖其发：《荀子人性论发微》，《西南师范大学学报》1992 年第 3 期。

619. 杜道明：《孔子审美理想新探》，《齐鲁学刊》1992 年第 3 期。

620. 杨国荣：《先秦儒学群己之辨的演进》，《孔子研究》1992 年第 3 期。

621. 王维坤：《试论孔子学说的东传及其影响》，《孔子研究》1992 年第 3 期。

622. 戢斗勇：《心学是强调主体自我的儒学》，《江西社会科学》1992 年第 3 期。

623. 胡孚琛：《周易象数和中国术数学：中国哲学的文化背景剖析》，

《社会科学战线》1992 年第 3 期。

624．冯憬远：《孔子论理想人格模式》，《中州学刊》1992 年第 3 期。

625．李景林：《〈周易〉哲学精神的新诠释：读〈周易阐释〉》，《周易研究》1992 年第 3 期。

626．姚志彬：《〈周易〉与脑科学：试论脑功能形态构筑的太极、八卦模式》，《周易研究》1992 年第 4 期。

627．任吾心：《论汉代儒学的官学地位》，《河北学刊》1992 年第 4 期。

628．吴光：《论宋明理学的特质及其现代意义》，《河北学刊》1992 年第 4 期。

629．吴丽红：《荀子的明分论及其历史意义》，《江淮论坛》1992 年第 4 期。

630．张清华：《继承旧道统，创立新儒学》，《中州学刊》1992 年第 4 期。

631．刘培桂：《历代对孟子的封赐与尊崇》，《齐鲁学刊》1992 年第 4 期。

632．王其俊：《论孟子的国与天下观》，《东岳论丛》1992 年第 4 期。

633．郁振华：《论孔孟的力命哲学》，《华东师范大学学报》1992 年第 4 期。

634．杨泽波：《孔子的心性学说结构》，《哲学研究》1992 年第 5 期。

635．朱宝信：《"中"与儒家"十六字"秘诀》，《江淮论坛》1992 年第 5 期。

636．李宗桂：《论董仲舒整体直观的经验思维方式》，《人文杂志》1992 年第 5 期。

637．郭洪纪：《儒家的"内圣外王"论评析》，《青海社会科学》1992 年第 5 期。

638．方尔加：《试论荀子唯物主义的局限性》，《光明日报》1992 年 6 月 8 日。

639．王长华：《出入于为学和为仕之间：孔子价值观述略》，《齐鲁学刊》1992 年第 6 期。

640．钟肇鹏：《孔子在文化上的贡献》，《齐鲁学刊》1992 年第 6 期。

641．修建军：《论孔子的入世精神》，《齐鲁学刊》1992 年第 6 期。

642. 韩东育：《儒家"尊老"思想中的自然情感原则》，《东北师大学报》1992 年第 6 期。

643. 廖名春：《荀子人性论的再考察》，《吉林大学社会科学学报》1992 年第 6 期。

644. 李丕显：《周易的哲学要义：华夏文明剖视系列》，《西北师大学报》1992 年第 6 期。

645. 黄开国：《战国儒家人性论渊源》，《哲学研究》1992 年第 7 期。

646. 崔永东：《试析先秦儒家人生哲学的建构特征》，《光明日报》1992 年 11 月 2 日。

647. 李经元：《朱熹义利观评述》，《晋阳学刊》1993 年第 1 期。

648. 陈德述：《论儒家民本主义及其现实价值》，《社会科学研究》1993 年第 1 期。

649. 马勇：《公孙弘：儒学中兴的健将》，《孔子研究》1993 年第 1 期。

650. 李宗桂：《论董仲舒奉天法古的维新原则》，《甘肃社会科学》1993 年第 2 期。

651. 万霆：《历法与〈周易〉和阴、阳八卦的关系：兼对世界日历新方案提出三点建议》，《江西社会科学》1993 年第 2 期。

652. 施建中：《试论儒学概念的制约性：兼论儒学的生命力》，《贵州社会科学》1993 年第 1 期。

653. 成中英：《论易哲学与易文化圈》，《周易研究》1993 年第 1 期。

654. 葛志毅：《孔子、子夏与早期经学说略》，《齐鲁学刊》1993 年第 1 期。

655. 时德：《〈论语〉"中庸"义辨：与乔卫平先生商榷》，《孔子研究》1993 年第 1 期。

656. 马振铎：《论孔子的正名思想》，《河北学刊》1993 年第 1 期。

657. 郑杰文：《试论孔子的社会治理构想》，《东岳论丛》1993 年第 1 期。

658. 李志军：《从"易"之三义看中西传统思维差别的根源》，《北京师范大学学报》1993 年第 1 期。

659. 杨国荣：《先秦儒家天人之辩的价值内涵》，《人文杂志》1993 年第 1 期。

660．张奇伟：《孟子"性善论"新探》，《北京师范大学学报》1993 年第 1 期。

661．聂文渊：《孟子政治观中的民本思想》，《贵州社会科学》1993 年第 1 期。

662．林忠军：《郑玄易学思想述评》，《周易研究》1993 年第 1 期。

663．欧阳康：《透视儒学命运的方法论问题提纲》，《天津社会科学》1993 年第 1 期。

664．方同义：《儒家道势关系论》，《孔子研究》1993 年第 1 期。

665．张奇伟：《孟子"义"范畴初探》，《甘肃社会科学》1993 年第 2 期。

666．罗尔纲：《读〈论语〉笔记》，《社会科学战线》1993 年第 2 期。

667．蔡方鹿：《王守仁、湛若水心学思想之异同及对明代心学的影响》，《社会科学辑刊》1993 年第 2 期。

668．李明德：《略论程朱理学中的人治思想》，《齐鲁学刊》1993 年第 2 期。

669．潘自勉：《论儒家伦理精神及其现代遭遇》，《齐鲁学刊》1993 年第 2 期。

670．杨向奎：《王阳明哲学的历史地位》，《文史哲》1993 年第 2 期。

671．张奇伟：《"仁义"范畴探源：兼论孟子的"仁义"思想》，《社会科学辑刊》1993 年第 2 期。

672．谢玉堂：《〈周易〉哲理与现代权力决策层次的最佳组合》，《周易研究》1993 年第 2 期。

673．胡伟希：《儒家"心性之学"的界定、历史发展与前景》，《孔子研究》1993 年第 3 期。

674．王焕勋：《关于孔子和儒家思想研究中几个问题的商榷》，《北京师范大学学报》1993 年第 3 期。

675．李廉：《周易的符号结构与物质的元素结构：兼谈对辩证思维智能机的启示》，《周易研究》1993 年第 3 期。

676．陈跃文：《论中道——中庸思想的起源》，《孔子研究》1993 年第 3 期。

677．颜世安：《试论孔子人文精神中的历史信仰》，《孔子研究》1993

年第 3 期。

678. 董廷珠：《孔子"正名"诸解驳正》，《晋阳学刊》1993 年第 4 期。

679. 梁韦弦：《论〈周易〉筮数与象理的本质及其占断原理的矛盾》，《中国哲学史》1993 年第 4 期。

680. 罗炽：《中华〈易〉文化与民族思维方式》，《中国哲学史》1993 年第 4 期。

681. 丁原明：《孔、孟、荀交往思想论纲》，《东岳论丛》1993 年第 4 期。

682. 郭洪纪：《儒家重本抑末思想的发展及其负面影响》，《青海社会科学》1993 年第 4 期。

683. 袁振保：《〈周易〉：中国哲学的正宗》，《江海学刊》1993 年第 4 期。

684. 杨国荣：《从经学独断论到良知准则论：理学的权威主义原则及其内化》，《齐鲁学刊》1993 年第 4 期。

685. 杨泽波：《孟子义利观的三重向度》，《东岳论丛》1993 年第 4 期。

686. 王子夙：《〈易〉学源流及其〈易〉源论证》，《周易研究》1993 年第 4 期。

687. 林丽真：《〈周易〉"时""位"观念的特征及其发展方向》，《周易研究》1993 年第 4 期。

688. 周玉山：《易学文献原论》（一），《周易研究》1993 年第 4 期。

689. 陈启云：《〈论语〉正名与孔子的真理观和语言哲学》，《中国哲学史》1993 年第 4 期。

690. 周庆义：《"儒家重义不轻利"说》，《晋阳学刊》1993 年第 6 期。

691. 陈启智：《儒家义利观新诠》，《东岳论丛》1993 年第 6 期。

692. 葛志毅：《荀子学辨》，《社会科学辑刊》1993 年第 6 期。

693. 杜钢建：《〈论语〉四道与新仁学四主义》，《天津社会科学》1993 年第 6 期。

694. 姚伟钧：《〈周易〉与中国传统养生学》，《求索》1993 年第 6 期。

695. 王永祥：《董仲舒历史观再探》，《哲学研究》1993 年第 9 期。

696. 杨国荣：《儒道的人格之境与价值理想》，《文汇报》1993 年 9 月

25 日。

697．牟钟鉴：《儒家仁学的演变与重建》，《哲学研究》1993 年第 10 期。

698．邱仁宗：《易学研究若干问题商榷》，《哲学动态》1993 年第 11 期。

699．耘耕：《道统与法统：儒家"中道"的法文化思考》，《孔子研究》1993 年第 12 期。

700．马振铎：《孟、荀的人性学说以及二者的对立和互补》，《哲学研究》1993 年第 12 期。

701．唐明邦：《太极思维方式与东方管理原则：〈周易〉的治国理财之道》，《孔子研究》1993 年第 12 期。

702．傅云龙：《中、韩、日、越"93 年孔、孟、荀学术思想国际研讨会"综述》，《孔子研究》1993 年第 12 期。

703．李启谦：《子思及〈中庸〉研究》，《孔子研究》1993 年第 12 期。

704．施家珍：《"不患寡而寡不均"辨》，《孔子研究》1993 年第 12 期。

705．赵宗正：《孔子思想与当代社会的系统探索：评〈孔子思想与当代社会〉》，《孔子研究》1993 年第 12 期。

706．李明德：《略论程朱理学中的人治思想》，《孔子研究》1993 年第 12 期。

707．姜广辉：《朱熹心性哲学的范畴定位》，《孔子研究》1993 年第 12 期。

708．罗义俊：《儒家智慧与安身立命》，《学术月刊》1994 年第 1 期。

709．梁韦弦：《〈易传〉的吉凶观》，《周易研究》1994 年第 1 期。

710．崔大华：《〈易传〉的宇宙图景与三个理论层面》，《中州学刊》1994 年第 1 期。

711．宇亮：《对古易图全息系统层次模型的认识》，《周易研究》1994 年第 1 期。

712．蔡方鹿：《程颐易学的特点及其在中国易学史上的地位》，《周易研究》1994 年第 1 期。

713．张其成：《〈周易〉思维方式及其偏向发展》，《周易研究》1994

年第 1 期。

714. 周玉山：《易学文献原论》（二），《周易研究》1994 年第 1 期。

715. 杨昌勇：《论〈周易〉的教育社会学思想》，《齐鲁学刊》1994 年第 1 期。

716. 晓言：《"仁"的逻辑程序及孟子的阐发》，《齐鲁学刊》1994 年第 1 期。

717. 颜炳罡：《论孟子的主体哲学》，《孔子研究》1994 年第 1 期。

718. 刘宗贤、蔡德贵：《荀子思想是齐学化的鲁学》，《甘肃社会科学》1994 年第 1 期。

719. 陈世钟：《〈论语〉"萧墙之内"辨义》，《孔子研究》1994 年第 1 期。

720. 郭洪纪：《儒家德性人格学说对权利人格的僭越》，《甘肃社会科学》1994 年第 1 期。

721. 杨太辛：《〈荀子〉与〈易·文言〉之比较》，《孔子研究》1994 年第 1 期。

722. 温克勤：《先秦儒家合理人生观述评》，《齐鲁学刊》1994 年第 1 期。

723. 余敦康：《用现实眼光看儒学复兴问题》，《北京日报》1994 年 2 月 3 日。

724. 陈昌宁：《"宰予昼寝"新说》，《齐鲁学刊》1994 年第 2 期。

725. 李宁：《简析孔子道德至上的价值观》，《社会科学辑刊》1994 年第 2 期。

726. 张宗舜：《孔子何以数称柳下惠》，《齐鲁学刊》1994 年第 2 期。

727. 徐进：《"民贵君轻"论辨析：兼论孟子的民本思想和民主思想》，《齐鲁学刊》1994 年第 2 期。

728. 李存山：《从"两仪"释"太极"》，《周易研究》1994 年第 2 期。

729. 蔡方鹿：《1949 年以来程颢、程颐研究述评》，《社会科学研究》1994 年第 2 期。

730. 金景芳、吕绍纲：《论〈中庸〉：兼析朱熹"中庸"说之谬》，《孔子研究》1994 年第 2 期。

731. 黄广华：《论"兴于诗，立于礼，成于乐"》，《孔子研究》1994

年第 2 期。

732. 林存光：《战国诸子的孔子观述评》，《孔子研究》1994 年第 2 期。

733. 周玉山：《易学文献原论》（三），《周易研究》1994 年第 2 期。

734. 刘剑康：《孔孟荀义利思想歧异》，《孔子研究》1994 年第 2 期。

735. 康中乾：《试论孔子"仁"的哲学实质》，《孔子研究》1994 年第
2 期。

736. 王其俊：《论孟子的社会变迁观》，《东岳论丛》1994 年第 2 期。

737. 许树安、许祖贻：《儒家学说的发展与十三经》，《中国文化研究》
1994 年第 3 期。

738. 张荣明：《从中国古代思想变迁看汉代新儒学的渊源》，《天津社
会科学》1994 年第 3 期。

739. 李丕显：《周易忧患情结试探》，《东岳论丛》1994 年第 3 期。

740. 郭志坤：《浅说荀子及其荀学之浮沉》，《学术月刊》1994 年第
3 期。

741. 李兰芝：《易学的尚中思想》，《南开学报》1994 年第 3 期。

742. 陈望衡：《忧患人生的卓越指南：〈周易〉与人生哲理》，《周易研
究》1994 年第 3 期。

743. 杨适：《孔子的人论：兼评徐复观先生的孔孟研究》，《北京大学
学报》1994 年第 3 期。

744. 夏渌：《孔子与中庸无关说》，《武汉大学学报》1994 年第 3 期。

745. 施炎平：《道德理性主义：转变中的儒家人文精神——从孔子、
宋儒到梁漱溟》，《华东师范大学学报》1994 年第 3 期。

746. 韩德民：《论儒学的"哲学的突破"》，《孔子研究》1994 年第
3 期。

747. 王葆玹：《〈系辞〉帛书本与通行本的关系及其学派问题：兼答廖
名春先生》，《哲学研究》1994 年第 4 期。

748. 郑万耕：《易学中的阴阳五行观》，《周易研究》1994 年第 4 期。

749. 黄庆萱：《十翼成篇考》，《周易研究》1994 年第 4 期。

750. 李景林：《先秦儒学"中庸"说本义》，《吉林大学社会科学学报》
1994 年第 4 期。

751. 陈卫平：《"和而不同"：孔子的群己之辩》，《华东师范大学学报》

1994 年第 4 期。

752. 晋荣东:《论荀子的力命哲学》,《江淮论坛》1994 年第 4 期。

753. 廖名春:《论帛书〈易传〉与帛书〈易经〉的关系》,《孔子研究》1994 年第 4 期。

754. 刘培桂:《邹城孟子学术思想国际研讨会综述》,《孔子研究》1994 年第 4 期。

755. 王钧林:《从孔子到孟子的儒家"修己"思想:兼论曾子承先启后的中介性作用》,《孔子研究》1994 年第 4 期。

756. 李淑华:《试论孔子对传统礼乐文化的贡献》,《孔子研究》1994 年第 4 期。

757. 曹德本:《儒家治国方略导论》,《吉林大学社会科学学报》1994 年第 5 期。

758. 郑杭生、郭星华:《荀子社会治乱思想探析》,《中国人民大学学报》1994 年第 5 期。

759. 陈炎:《文化的挑战与应战:关于儒学分期的一种新阐释》,《学习与探索》1994 年第 5 期。

760. 王长华:《两极相通:孟荀思想比较三题议》,《华东师范大学学报》1994 年第 6 期。

761. 李火林:《张载人学的基本构架及现代批判》,《中国人民大学学报》1994 年第 6 期。

762. 牟钟鉴:《儒家人性论的综合考察与新人性论构想》,《齐鲁学刊》1994 年第 6 期。

763. 尤西林:《有别于"国家"的"天子":儒学社会哲学的一个理念》,《学术月刊》1994 年第 6 期。

764. 廖名春:《〈荀子〉各篇写作年代考》,《吉林大学社会科学学报》1994 年第 6 期。

765. 陈淑芬、施建中:《孔孟的矛盾方法论初探:兼论儒学的包容性》,《贵州社会科学》1994 年第 6 期。

766. 刘佃利、刘宗贤:《孔子仁学的社会伦理导向》,《东岳论丛》1994 年第 6 期。

767. 李亚彬:《孟荀人性论比较研究》,《哲学研究》1994 年第 8 期。

768．马振铎：《儒学在未来世界文化中的地位》，《人民日报》1994年9月9日。

769．［韩］尹丝谆：《儒教与社会发展》，《人民日报》1994年9月19日。

770．孔繁：《儒学的历史地位和未来价值》，《人民日报》1994年9月19日。

771．张颂之、杨春梅：《荀子是儒学还是黄老之学的代表？——与赵吉惠先生商榷》，《哲学研究》1994年第9期。

772．朱立元：《言意之间的"不尽之尽"：略论〈周易〉的言意观》，《学术月刊》1994年第10期。

773．廖名春：《思孟五行说新解》，《哲学研究》1994年第11期。

774．徐远和：《孔子诞辰2545周年国际学术研讨会综述》，《人民日报》1994年12月14日。

775．施忠连：《论儒学经济作用的双重性》，《学术月刊》1995年第1期。

776．蔡方鹿：《二程在中国文化史上的地位》，《孔子研究》1995年第1期。

777．刘进军：《简析先秦儒道思想中的自然主义》，《华中师范大学学报》1995年第1期。

778．方光华：《试论汉代儒学的复兴》，《西北大学学报》1995年第1期。

779．李仁群、翟东林：《"志于道"与"喻于义"：孔子对士君子人生抉择的思考》，《孔子研究》1995年第1期。

780．柴尚金、傅云龙：《论〈周易〉的整体思维》，《孔子研究》1995年第1期。

781．周继旨：《"终极关怀"与"超越之路"上的从歧异到趋同：论宋明新儒学的伦理本体化思想倾向的形成及其影响》（下），《孔子研究》1995年第1期。

782．金景芳、吕绍纲：《关于孔子及其思想的评价问题：兼评〈跳出国学，研究国学〉》，《哲学研究》1995年第1期。

783．徐远和：《回顾与前瞻："孔子诞辰2545周年纪念与国际学术研讨会"概述》,《哲学动态》1995 年第 1 期。

784. 诸葛忆兵:《畏天命,敬鬼神:论孔子的"天命"观和鬼神观》,《云南社会科学》1995 年第 1 期。

785. 屠承先:《论朱熹哲学在王夫之哲学形成过程中的历史作用》,《甘肃社会科学》1995 年第 1 期。

786. 陈良运:《论〈周易〉的文学思维》,《周易研究》1995 年第 1 期。

787. 何晓明:《孟子"天"论剖析》,《齐鲁学刊》1995 年第 1 期。

788. 李定生:《董仲舒与黄老之学:儒学之创新》,《复旦学报》1995 年第 1 期。

789. 钱逊:《董仲舒与先秦百家争鸣的终结》,《清华大学学报》1995 年第 1 期。

790. 杨军:《从易学传承看〈系辞传〉成书时代》,《周易研究》1995 年第 1 期。

791. 段长山:《第六届周易与现代化国际学术讨论会综述》,《周易研究》1995 年第 1 期。

792. 张文:《〈周易〉起源于"占月术":兼论〈易〉的文化背景》,《周易研究》1995 年第 1 期。

793. 柴尚金、傅云龙:《〈周易〉情感思维初探》,《周易研究》1995 年第 1 期。

794. 韩延明:《孔孟仁爱思想及其现代教益》,《东岳论丛》1995 年第 1 期。

795. 周振甫:《孔子论"和"》,《文史知识》1995 年第 1 期。

796. 马彪:《儒学的历史回顾与 21 世纪瞻望:孔子诞辰 2545 周年纪念与国际学术研讨会发言综述》,《中国史研究动态》1995 年第 1 期。

797. 于汝波:《儒家大一统思想简议》,《齐鲁学刊》1995 年第 1 期。

798. 王学义:《略述程朱理学的神学色彩和无神论意味》,《宗教学研究》1995 年第 1/2 期。

799. 张顺发:《试论孔子君臣民的社稷观》,《贵州社会科学》1995 年第 2 期。

800. 陈增辉:《历史的回顾与 21 世纪儒学的瞻望:纪念孔子诞辰 2545

周年国际儒学研讨会综述》，《学术月刊》1995 年第 2 期。

801．李申：《关于儒教的几个问题》，《世界宗教研究》1995 年第 2 期。

802．吴雁南：《王阳明的忧患意识与"知行合一"》，《贵州社会科学》1995 年第 2 期。

803．汪高鑫、陈家骥：《朱熹的人生境界观和价值论》，《中国史研究》1995 年第 2 期。

804．李平：《〈周易〉与〈乐记〉》，《周易研究》1995 年第 2 期。

805．张其成：《国际易学思维与现代文明研讨会综述》，《周易研究》1995 年第 2 期。

806．梁韦弦：《论〈周易〉的"人道"观》，《周易研究》1995 年第 2 期。

807．林丽真：《如何看待易"象"：由虞翻、王弼与朱熹对易"象"的不同看法说起》，《周易研究》1995 年第 2 期。

808．张连国：《周易智慧之源流》，《周易研究》1995 年第 2 期。

809．萧景阳：《中国少数民族走向儒学认同的历史考析》，《孔子研究》1995 年第 2 期。

810．郭德强：《孔子研究的当代文化视角》，《东岳论丛》1995 年第 2 期。

811．孔范今：《重新读解孔子的智慧：兼及 20 世纪的文化批判问题》，《文史哲》1995 年第 2 期。

812．史炳军：《从主体意识的觉醒看孟子哲学的时代价值》，《西北大学学报》1995 年第 2 期。

813．赵吉惠：《现代学者关于"儒"的考释与定位》，《孔子研究》1995 年第 3 期。

814．杨泽波：《释仁》，《孔子研究》1995 年第 3 期。

815．杨向奎：《程朱哲学思想之异同》，《华东师范大学学报》1995 年第 3 期。

816．李景林、孙栋修：《自然与文明的连续性：先秦儒家的历史意识》，《社会科学战线》1995 年第 3 期。

817．白奚：《"配义与道"正解》，《学术月刊》1995 年第 3 期。

818．黄铭：《汉代儒道的力命之辨》，《浙江学刊》1995 年第 3 期。

819. 蔡方鹿：《二程哲学的异同变化及其对陆王心学的影响》，《河北学刊》1995 年第 3 期。

820. 徐新平：《论孔孟人格思想的差异及其不同影响》，《求索》1995 年第 3 期。

821. 黄泽斌：《儒家法文化的道统旨归》，《中国文化研究》1995 年第 4 期。

822. 郭沂：《〈中庸〉成书辨正》，《孔子研究》1995 年第 4 期。

823. 陈超：《河图、洛书与朱熹哲学》，《周易研究》1995 年第 4 期。

824. 张本一：《〈周易〉开创了中国古代逻辑思维的先河》，《周易研究》1995 年第 4 期。

825. 叶福翔：《〈周易〉思想综合分析：兼论〈周易〉成书年代及作者》，《周易研究》1995 年第 4 期。

826. 万永翔：《缔造一个"人"的世界：孔子论君子风范》，《孔子研究》1995 年第 4 期。

827. 郑万耕：《易学中的整体思维方式》，《周易研究》1995 年第 4 期。

828. 张奇伟：《孟子义利观新解》，《北京师范大学学报》1995 年第 4 期。

829. 覃正爱：《论王夫之哲学所具"大成"气象的特征》，《江汉论坛》1995 年第 4 期。

830. 李颖科：《孔子与经世致用之学的起源》，《西北大学学报》1995 年第 4 期。

831. 李景林：《孔子知论之精义》，《孔子研究》1995 年第 4 期。

832. 廖名春：《试论孔子易学观的转变》，《孔子研究》1995 年第 4 期。

833. 刘振东：《中国思想史上第一次提出的社会原则和社会理想：论孔子之"道"的性质、意义和影响》，《孔子研究》1995 年第 4 期。

834. 马振铎：《孟子的"自为"之学和心说》，《孔子研究》1995 年第 4 期。

835. 孙景坛：《董仲舒非儒家论》，《江海学刊》1995 年第 4 期。

836. 周桂钿：《儒家身名观试探》，《甘肃社会科学》1995 年第 4 期。

837. 韩德民：《前期儒家的生命哲学》，《社会科学战线》1995 年第 4 期。

838. 阎步克：《乐师与"儒"之文化起源》,《北京大学学报》1995 年第 5 期。

839. 陈漱渝：《如此"儒学热"能解决现实问题吗?》,《哲学研究》1995 年第 5 期。

840. 刘宗贤：《儒家人文思想群我关系的辩证机制》,《东岳论丛》1995 年第 5 期。

841. 施炎平：《朱熹对〈周易〉理性精神的阐发与创化》,《学术月刊》1995 年第 7 期。

842. 赵吉惠：《论荀子"天人之分"的理论意趣：兼答张颂之、杨春梅同志》,《哲学研究》1995 年第 8 期。

843. 萧汉明：《关于〈易传〉的学派属性问题：兼评陈鼓应〈易传与道家思想〉》,《哲学研究》1995 年第 8 期。

844. 邹定宾：《儒学价值的内在悖论与观念诠释的误区》,《光明日报》1995 年 9 月 14 日。

845. 俞祖华：《近代启蒙思想家对儒学的批判与认同》,《光明日报》1995 年 12 月 11 日。

846. 李景林：《三代宗教观念之特征及其对儒家心性之学的影响》,《中国哲学史》1996 年第 1 期。

847. 蔡尚思：《复兴儒学能救中国而化西洋么? ——评近现代用最巧妙方法尊儒的论调》,《中国哲学史》1996 年第 1 期。

848. 向世陵：《朱熹"心"论的生生思想》,《中国哲学史》1996 年第 1 期。

849. 默明哲：《"儒学与中国少数民族文化学术讨论会"侧记》,《孔子研究》1996 年第 1 期。

850. 林存光：《孔子观种种之回顾与反省》,《齐鲁学刊》1996 年第 1 期。

851. 余明光：《荀子思想与"黄老"之学：兼论早期儒学的更新与发展》,《河北学刊》1996 年第 1 期。

852. 刘鄂培：《孔孟对中国文化的主要理论贡献及对中华民族和人类的影响》,《甘肃社会科学》1996 年第 1 期。

853. 朱健刚：《中庸思想的历史流变及其现代意义：兼论儒教文化的

适应性转换》，《求索》1996 年第 1 期。

854．罗华文：《〈大学〉成书时代新考》，《孔子研究》1996 年第 1 期。

855．隋淑芬：《儒学民族凝聚力思想研究》，《孔子研究》1996 年第 1 期。

856．唐镜：《儒家社会管理学说评析》，《孔子研究》1996 年第 1 期。

857．刘庆华：《儒道死亡超越论探析》，《孔子研究》1996 年第 1 期。

858．李翔海：《在〈周易〉与"世界哲学"之间：论本体诠释学的哲学路向》，《周易研究》1996 年第 1 期。

859．葛晨虹：《试论先秦儒学的实践理性》，《中国人民大学学报》1996 年第 1 期。

860．顾士敏：《哲学人类学：儒学研究的一个新视点》，《云南社会科学》1996 年第 1 期。

861．金景芳：《论孔子仁说及其相关问题》，《中国哲学史》1996 年第 1/2 期。

862．余敦康：《张载哲学探索的主题及其出入佛老的原因》，《中国哲学史》1996 年第 1/2 期。

863．杨海文：《略论孟子的义利之辨与德福一致》，《中国哲学史》1996 年第 1/2 期。

864．张家成：《儒家人格思想析论》，《孔子研究》1996 年第 2 期。

865．郑家栋：《儒家思想的宗教性问题》（上），《孔子研究》1996 年第 2 期。

866．［新加坡］苏新鋬：《儒学发展当今应有的重点》，《孔子研究》1996 年第 2 期。

867．李春青：《论"中"在儒学思想中的核心位置》，《北京师范大学学报》1996 年第 2 期。

868．陈炎：《儒家文化的人类学前提与社会学背景》，《齐鲁学刊》1996 年第 2 期。

869．惠吉兴：《论儒家天人哲学的本体论诠释》，《贵州社会科学》1996 年第 2 期。

870．张友臣：《孔子的养生学说探析》，《齐鲁学刊》1996 年第 2 期。

871．任剑涛：《在伦理与政治之间：儒家忠诚伦理的分析》，《齐鲁学刊》1996 年第 2 期。

872．李兰芝：《〈周易〉人格建构》，《周易研究》1996 年第 2 期。

873．刘恒健：《关于孔子人学本体论的反思》，《文史哲》1996 年第
3 期。

874．宋林生：《略论孔子思想的本源与实质及其现代意义》，《西北大
学学报》1996 年第 3 期。

875．王鲁宁、王鲁飞：《"无往不复"：〈周易〉的转化观》，《周易研
究》1996 年第 3 期。

876．黎红雷：《儒家思想的管理哲学诠释》，《社会科学战线》1996 年
第 3 期。

877．王葆玹：《儒家学院派〈易〉学的起源和演变：兼论中国文化传
统的问题》，《哲学研究》1996 年第 3 期。

878．朱德魁：《略论〈周易〉的文献价值和研究方向》，《贵州社会科
学》1996 年第 3 期。

879．蔡报文：《论儒学的科学思想》，《中国文化研究》1996 年第 3 期。

880．张其成：《〈周易〉循环律的特征及普适意义》，《孔子研究》1996
年第 3 期。

881．段景莲：《周易辨》，《孔子研究》1996 年第 3 期。

882．郑家栋：《儒家思想的宗教性问题》（下），《孔子研究》1996 年
第 3 期。

883．杨世文：《戴震：向儒学原旨回归》，《四川大学学报》1996 年第
3 期。

884．谷峰、黄玉臻：《孔子辩证思想探析》，《河北学刊》1996 年第
3 期。

885．葛志毅：《荀子学辨》，《历史研究》1996 年第 3 期。

886．张云飞：《孔子思想中的生态伦理因素》，《中国人民大学学报》
1996 年第 3 期。

887．茅金康：《试论孔孟思想中的"权"》，《东北师大学报》1996 年
第 4 期。

888．刘玉建：《五行说与京房易学》，《周易研究》1996 年第 4 期。

889．崔一心：《孔孟心性学说探讨》，《齐鲁学刊》1996 年第 4 期。

890. 陈文安、别祖云：《论儒家哲学的人生境界》，《江汉论坛》1996年第4期。

891. 仪平策：《男女符码与儒家本文的三重意义》，《文史哲》1996年第4期。

892. 张增田：《〈周易〉的刚与柔》，《周易研究》1996年第4期。

893. 汪裕雄：《〈周易〉的哲理化与"易象"符号的更新》，《周易研究》1996年第4期。

894. 张瑞亭：《〈周易〉价值观初探》，《周易研究》1996年第4期。

895. 虞圣强：《荀子"性恶"论新解》，《复旦学报》1996年第4期。

896. 刘振东：《论汉魏之际儒学的存在与发展状态》，《孔子研究》1996年第4期。

897. 钟宏志：《论儒家真善美理想之特色》，《中国哲学史》1996年第4期。

898. 王晓毅：《儒家终极关怀及其意义》，《孔子研究》1996年第4期。

899. 蔡德贵：《儒学内部的自我否定》，《孔子研究》1996年第4期。

900. 晏新明：《周代贵族制度之价值及儒学对这一价值的改造》，《孔子研究》1996年第4期。

901. 韩府：《"后生可畏"新解》，《孔子研究》1996年第4期。

902. 郭沂：《再论原始〈论语〉及其在西汉以前的流传》，《中国哲学史》1996年第4期。

903. 李启谦：《关于"学而时习之"章的解释及其所反映的孔子精神》，《孔子研究》1996年第4期。

904. 张志林：《孔子正名思想的现代诠释》，《孔子研究》1996年第4期。

905. 雷戈：《仁与政：孟子思想批判》，《孔子研究》1996年第4期。

906. 陈永革：《人心向善与人性本善？——孟子心性论的伦理诠释》，《中国哲学史》1996年第4期。

907. 杨向奎：《中庸与我国传统道德哲学》，《中国哲学史》1996年第4期。

908. 阮青：《论孔子人生价值观》，《孔子研究》1996年第4期。

909. 崔波：《试论〈周易〉的民本思想》，《中州学刊》1996年第

4 期。

910．蔡和平、袁作兴：《〈周易〉思维论》，《中州学刊》1996 年第
4 期。

911．惠吉星：《四十年来荀子研究述评》，《河北学刊》1996 年第 5 期。

912．李兰芝：《试论〈周易〉的价值取向》，《南开学报》1996 年第
5 期。

913．郁振华、刘静芳：《儒家哲学和传统科技教育》，《江淮论坛》
1996 年第 5 期。

914．武玉环：《辽代儒学的发展及其历史作用》，《吉林大学社会科学
学报》1996 年第 5 期。

915．刘宗贤：《周敦颐的理学思想及其在宋明理学中的地位》，《齐鲁
学刊》1996 年第 5 期。

916．郭洪纪：《儒家的工具伦理与传统制度的超稳态性》，《哲学研究》
1996 年第 5 期。

917．张再林：《两个儒家：谈儒家的法家化问题》，《天津社会科学》
1996 年第 6 期。

918．杨海文：《〈孟子〉与〈诗〉的相互权威性》，《甘肃社会科学》
1996 年第 6 期。

919．杨国荣：《言说与存在：心学的一个向度》，《社会科学战线》
1996 年第 6 期。

920．黄展骥：《略评〈中庸〉：是适中至当，还是平凡庸碌?》，《人文
杂志》1996 年第 6 期。

921．吕明灼：《儒学在中国的历史命运》，《齐鲁学刊》1996 年第 6 期。

922．蔡德贵：《实用儒学浅谈》，《东岳论丛》1996 年第 6 期。

923．翟廷晋：《从竹〈易〉和帛〈易〉看〈说卦〉的成书过程》，《中
州学刊》1996 年第 6 期。

924．葛晨虹：《儒家对天地自然的德化》，《学术月刊》1996 年第 7 期。

925．王思勤：《论亚细亚生产方式与孔子学说的关系》，《江汉论坛》
1996 年第 7 期。

926．赵士孝：《〈易传〉阴阳思想的来源》，《哲学研究》1996 年第
8 期。

927. 余德华、林孟清：《论孔子的矛盾思想》，《江西社会科学》1996年第8期。

928. 孙以楷：《荀子与先秦道家》，《学术月刊》1996年第8期。

929. 金克木：《妄谈孔子》，《读书》1996年第8期。

930. 李申：《儒教是宗教》，《文汇报》1996年9月18日。

931. 楼嘉军：《孔子的游乐思想及其特征》，《学术月刊》1996年第9期。

932. 张家成：《荀子"道"论探析》，《浙江大学学报》1996年第10期。

933. 杜振吉：《孔子的人生观及其现代意义》，《江汉论坛》1996年第10期。

934. 张岱年：《对儒家伦理的分析》，《光明日报》1997年1月11日。

935. 杨庆中：《论孔子仁学的内在逻辑》，《齐鲁学刊》1997年第1期。

936. 李冰封：《论汲取儒家伦理学说精华》，《求索》1997年第1期。

937. 李亚宁：《儒学道德哲学的特质及其意义》，《四川大学学报》1997年第1期。

938. 朱高正：《论儒：从〈周易〉古经论证"儒"的本义》，《社会科学战线》1997年第1期。

939. 衷尔钜：《孟子论人格的自我价值》，《孔子研究》1997年第1期。

940. 金春峰：《朱熹思想之与陆象山》，《中州学刊》1997年第1期。

941. 杨国荣：《哲学的转换：心学的展开及其理论意蕴》，《学术月刊》1997年第1期。

942. 杨国荣：《作为本体的良知及其多重意蕴》，《孔子研究》1997年第1期。

943. 高晓松：《关于正确对待儒家文化的管见》，《江汉论坛》1997年第1期。

944. 金景芳、吕绍纲：《释"克己复礼为仁"》，《中国哲学史》1997年第1期。

945. 陈寒鸣：《宋儒孟子观述论》，《中国哲学史》1997年第1期。

946. 严正：《论朱熹"中和"学说的理论意义与现代价值》，《中国哲学史》1997年第1期。

947. 郑万耕：《横渠易学的天人观》，《周易研究》1997 年第 1 期。

948. 张富祥：《从王官文化到儒家学说：关于儒家起源问题的推索和思考》，《孔子研究》1997 年第 1 期。

949. 杨海文：《试析孟子解〈诗〉读〈书〉方法论》，《孔子研究》1997 年第 1 期。

950. 陈德述：《论己所不欲，勿施于人》，《孔子研究》1997 年第 1 期。

951. 廖名春：《论荀子的君民关系说》，《中国文化研究》1997 年第 2 期。

952. 杨国荣：《王阳明与知行之辩》，《学习与探索》1997 年第 2 期。

953. 孙漫茗：《析儒家人才观及其现代意义》，《中国哲学史》1997 年第 2 期。

954. 周继旨：《论人性形成过程中的层次与发展趋势的指向：从孟、荀关于人性善恶之争说起》，《中国哲学史》1997 年第 2 期。

955. 陈鹏：《理形式本体与道德本体：新理学与程朱理学的一种比较》，《中国哲学史》1997 年第 2 期。

956. 蔡方鹿：《朱熹经学之特征》，《中国哲学史》1997 年第 2 期。

957. 曾亦：《论阳明心学中的"未发之中"概念》，《复旦学报》1997 年第 2 期。

958. 邓思平：《"克己复礼"是为和谐》，《南京大学学报》1997 年第 2 期。

959. 陆建华、孙以楷：《先秦仁学与宋代理学：兼论理学在儒学发展中的地位和作用》，《江淮论坛》1997 年第 2 期。

960. 孙聚友：《孟子人学思想探析》，《孔子研究》1997 年第 2 期。

961. 曾振宇：《董仲舒气哲学论纲：兼论中国古典气哲学的一般性质》，《孔子研究》1997 年第 2 期。

962. 张佩国等：《中庸新议》，《齐鲁学刊》1997 年第 2 期。

963. 叶蓬：《传统儒家道德义务思想研究》，《孔子研究》1997 年第 2 期。

964. 胡念耕：《孔子"中庸"新解》，《社会科学战线》1997 年第 2 期。

965. 范长平：《孔子论"仁"之真义》，《孔子研究》1997 年第 2 期。

966．郭沂：《孔子学易考论》，《孔子研究》1997 年第 2 期。

967．丁四新：《天人·性伪·心知：荀子哲学思想的核心线索》，《中国哲学史》1997 年第 3 期。

968．路德斌：《试论荀子哲学在儒学发展中的地位和意义》，《中国哲学史》1997 年第 3 期。

969．彭高翔：《孟子"万物皆备于我"章释义》，《中国哲学史》1997 年第 3 期。

970．陈静：《如何理解董仲舒的人性思想：从"人……有善善恶恶之性"的断句谈起》，《中国哲学史》1997 年第 3 期。

971．姜广辉：《理学与人文精神的重建：理学的意义追寻》，《天津社会科学》1997 年第 3 期。

972．金春峰：《朱熹思想之于湖湘学派》，《求索》1997 年第 3 期。

973．史炳军：《阳明心学的意义》，《西北大学学报》1997 年第 3 期。

974．路新生：《重评王学学风：兼与余英时先生商榷》，《天津社会科学》1997 年第 3 期。

975．高庆年：《论孔子的义利观及其现代转换》，《孔子研究》1997 年第 3 期。

976．马育良：《荀子对礼之存在合理性的另一种论证》，《孔子研究》1997 年第 3 期。

977．肖滨：《儒学与两种自由概念》，《社会科学》1997 年第 3 期。

978．赖美琴：《孔子的为政者道德观及其现代价值》，《河北学刊》1997 年第 3 期。

979．陈居渊：《论晚清儒学的"汉宋兼采"》，《孔子研究》1997 年第 3 期。

980．柴文华：《儒家道德自觉论》，《江淮论坛》1997 年第 4 期。

981．鲍庆林：《王阳明维护国家稳定和统一的历史贡献》，《贵州社会科学》1997 年第 4 期。

982．陈世陔：《〈周易〉"象数"与现代系统学模型》，《周易研究》1997 年第 4 期。

983．王利民：《〈易传〉"生死之说"揆义》，《周易研究》1997 年第 4 期。

984．李作勋：《孔子仁学及其对终极思想的设定》，《中国哲学史》1997 年第 4 期。

985．刘长林：《〈周易〉生命伦理二要》，《中国哲学史》1997 年第 4 期。

986．张立文：《"和"：儒学的最高境界》，《中国哲学史》1997 年第 4 期。

987．朱岚：《中庸之道的文化生态根源透视》，《孔子研究》1997 年第 4 期。

988．朱岚：《儒家内圣外王之学论要》，《齐鲁学刊》1997 年第 4 期。

989．张绪刚、徐成芳：《孔子"和而不同"方法论的现代意蕴》，《东北师大学报》1997 年第 4 期。

990．汤一介：《儒学的和谐观念》，《中华文化论坛》1997 年第 4 期。

991．雷庆翼：《释"儒"》，《学术月刊》1997 年第 4 期。

992．李霞：《儒家仁道精神的内涵及其现代价值》，《江淮论坛》1997 年第 5 期。

993．张岱年、王东：《中华文明的现代复兴和综合创新》，《教学与研究》1997 年第 5 期。

994．艾丁：《权：儒家方法论之最高原则》，《晋阳学刊》1997 年第 5 期。

995．降大任：《"中庸"的变通性》，《社会科学战线》1997 年第 5 期。

996．谭德贵：《论〈周易〉中的真、善、美思想及其对中国文化价值取向的影响》，《东岳论丛》1997 年第 5 期。

997．王进：《为政以德：孔子的为政观》，《人文杂志》1997 年第 6 期。

998．郝长江：《〈周易〉中的自强不息精神》，《晋阳学刊》1997 年第 6 期。

999．龙文懋：《董仲舒法天思想探本：兼析天的性质》，《齐鲁学刊》1997 年第 6 期。

1000．郭美华：《略论孔子关于志的学说》，《齐鲁学刊》1997 年第 6 期。

1001．段德智：《"不出而出"与"出而不出"：试论孔子死亡哲学的理论特征》，《武汉大学学报》1997 年第 6 期。

1002．吴舸：《儒学"经""权"思想臆说》，《中国人民大学学报》1997 年第 6 期。

1003．吴怀祺：《易学与中国史学》，《南开学报》1997 年第 6 期。

1004．韩敬：《思想遗产研究的两个理论问题和孔子思想的评价》，《云南社会科学》1997 年第 6 期。

1005．林忠军：《论象数易学演变、特征及其意义》，《学术月刊》1997 年第 7 期。

1006．倪东：《孔子"仁"的人学意义》，《社会科学》1997 年第 8 期。

1007．何成轩：《先秦儒学在中原的传播及其南渐趋势》，《哲学研究》1997 年第 8 期。

1008．林忠军：《第三届海峡两岸周易学术研讨会综述》，《哲学动态》1997 年第 9 期。

1009．任剑涛：《类型·背景·解释方式：早期儒家思想研究三题》，《哲学研究》1997 年第 9 期。

1010．哲学动态记者：《周易：中国文化之源：访刘大钧教授》，《哲学动态》1997 年第 11 期。

1011．李亚彬：《孔、孟、荀义利观研究》，《哲学研究》1997 年第 11 期。

1012．姚公骞、赖功欧：《论孔子的礼乐观》，《江西社会科学》1997 年第 12 期。

1013．任剑涛：《伦理的政治化定位：荀子思想主旨阐释》，《中山大学学报》1998 年第 1 期。

1014．李锦全：《朱熹理学的历史命运与陈献章的思想关系》，《齐鲁学刊》1998 年第 1 期。

1015．罗新慧：《周礼·仁政·入仕：孔子无法释然的情结》，《齐鲁学刊》1998 年第 1 期。

1016．武才娃：《"孔子思想与 21 世纪"研讨会述评》，《哲学动态》1998 年第 1 期。

1017．叶蓬：《"诚"析》，《中国哲学史》1998 年第 1 期。

1018．丁祯彦：《儒家"理想人格"的合理因素》，《文汇报》1998 年 1 月 9 日。

1019．杜道明：《有关"中庸"的几个问题》，《中国文化研究》1998年第1期。

1020．彭永捷：《"理一分殊"新释：兼论朱子对"理"的本体地位的论证》，《中国人民大学学报》1998年第1期。

1021．许启贤：《儒家伦理与道德管理》，《中国人民大学学报》1998年第1期。

1022．刘兴邦：《论理学向心学的转向》，《求索》1998年第2期。

1023．谢宝笙：《孔子的天道观形成于晚年》，《学习与探索》1998年第2期。

1024．王煜：《朱伯崑先生与易学研究》，《文史哲》1998年第2期。

1025．陈赟：《儒佛之辨：理学的一个向度》，《中州学刊》1998年第2期。

1026．韩石萍：《荀子对君子人格的界定》，《齐鲁学刊》1998年第2期。

1027．张锡勤：《试论儒家的"教化"思想》，《齐鲁学刊》1998年第2期。

1028．金景芳：《论〈周易〉的实质及其产生的时代与原因》，《传统文化与现代化》1998年第2期。

1029．王淑英、白玉臣：《辽宋时期东北亚儒家文化圈探析》，《学习与探索》1998年第2期。

1030．杨宝忠：《释"君子道者三"：〈论语·宪问〉》，《孔子研究》1998年第3期。

1031．牟钟鉴：《二十世纪儒学的衰落与复苏》（上），《孔子研究》1998年第3期。

1032．葛荃：《从价值系统看儒学》，《天津社会科学》1998年第3期。

1033．李冬君：《儒家道德英雄主义的本质》，《天津社会科学》1998年第3期。

1034．潘富恩、劲燕：《论洛学对儒学文化的新发展》，《复旦学报》1998年第3期。

1035．李冬君：《儒家分化与孔子圣化》，《南开学报》1998年第3期。

1036．张腾霄：《试论孔子的哲学思想与教育思想》，《中国人民大学学报》1998 年第 3 期。

1037．周淑萍：《论孟子仁学的内涵和实质》，《兰州大学学报》1998 年第 3 期。

1038．洪泽湖：《荀子的逻辑与直觉的统一》，《吉林大学社会科学学报》1998 年第 3 期。

1039．金景芳：《谈谈〈周易〉辩证法问题》，《社会科学战线》1998 年第 3 期。

1040．徐启斌：《朱熹理学真是客观唯心主义吗?》，《人文杂志》1998 年第 3 期。

1041．葛荣晋：《程朱的"格物说"与明清的实测之学》，《孔子研究》1998 年第 3 期。

1042．彭永捷：《朱陆之辩的哲学实质：兼论陆象山的学术渊源》，《中国哲学史》1998 年第 3 期。

1043．陈赟：《与鬼神结心：儒教祭祀精神》，《孔子研究》1998 年第 3 期。

1044．廖名春：《郭店楚简儒家著作考》，《孔子研究》1998 年第 3 期。

1045．李霞：《阳明后学的以儒合佛道论》，《江淮论坛》1998 年第 3 期。

1046．蒋国保：《王阳明"知行合一"说的思辨逻辑》，《江淮论坛》1998 年第 3 期。

1047．郑万耕：《朱伯崑先生的易学观》，《中国哲学史》1998 年第 3 期。

1048．陈恩林、郭守信：《关于〈周易〉"大衍之数"的问题》，《中国哲学史》1998 年第 3 期。

1049．田永胜：《论王弼易学对两汉象数易学的继承》，《周易研究》1998 年第 3 期。

1050．温海明：《王阳明易学略论》，《周易研究》1998 年第 3 期。

1051．李纯仁、耿志勇：《〈左传〉筮例与文王演〈周易〉》，《周易研究》1998 年第 3 期。

1052．汪学群：《王船山易学渊源试探》，《周易研究》1998 年第 3 期。

1053．刘金明：《日新之谓盛德，生生之谓易：论〈周易〉"天人合一"

观中"天"与"人"的结合点》，《周易研究》1998 年第 3 期。

1054．李太生：《〈周易〉精蕴初探》，《周易研究》1998 年第 3 期。

1055．王俊龙：《大易深处是科学：易卦与区组设计研究》，《周易研究》1998 年第 3 期。

1056．陈寒鸣：《略论先秦儒学及其影响》，《河北学刊》1998 年第 3 期。

1057．翁银陶：《〈周易〉人格理论元剖析》，《周易研究》1998 年第 3 期。

1058．吴贵彬、张文修：《〈论语〉对生命终极意义的表达方式》，《中国哲学史》1998 年第 3 期。

1059．任剑涛：《给政治以伦理化解释：孟子道德政治哲学主题分析》，《中国哲学史》1998 年第 3 期。

1060．张运华：《荀子对道德思想的吸收和对儒学的重建》，《求索》1998 年第 3 期。

1061．陈良运：《汉代〈易〉学与〈焦氏易林〉》，《中州学刊》1998 年第 4 期。

1062．孙艺芬：《试论对儒家文化的借鉴》，《晋阳学刊》1998 年第 4 期。

1063．邵汉明：《原始儒家君臣观的历史演变》，《社会科学战线》1998 年第 4 期。

1064．韩德民：《论荀子的礼法观》，《社会科学战线》1998 年第 4 期。

1065．黄克剑：《在"境界"与"权利"的错落处：从"人权"问题看儒学在现代的人文使命》，《天津社会科学》1998 年第 4 期。

1066．杨阳：《90 年代复兴儒学运动批判》，《天津社会科学》1998 年第 4 期。

1067．阎周秦：《儒家哲学的理想境界及其现代意义》，《人文杂志》1998 年第 4 期。

1068．陈宁：《〈郭店楚墓竹简〉中的儒家人性言论初探》，《中国哲学史》1998 年第 4 期。

1069．任文利：《儒家哲学中关于"教"的学说》，《中国哲学史》1998 年第 4 期。

1070. 杨涟人：《先秦中庸源流考》，《中国哲学史》1998 年第 4 期。

1071. 周德钧：《〈论语〉社会学读解四题》，《孔子研究》1998 年第 4 期。

1072. 张新民：《生命成长与境界自由：〈论语〉释读之一》，《孔子研究》1998 年第 4 期。

1073. 赵峰：《论朱熹的格物致知之旨》，《孔子研究》1998 年第 4 期。

1074. 李素平：《王阳明"一念发动处即是行"解析》，《中国哲学史》1998 年第 4 期。

1075. 范立舟、张伟：《陆九渊对理想社会的构思》，《江西社会科学》1998 年第 4 期。

1076. 李玮如：《〈周易·系辞传〉"象"概念初探》，《周易研究》1998 年第 4 期。

1077. 侯婉如：《〈周易〉中"君子"之特质初探》，《周易研究》1998 年第 4 期。

1078. 林国雄：《周易与经济》，《周易研究》1998 年第 4 期。

1079. 徐山：《儒的起源》，《江海学刊》1998 年第 4 期。

1080. 杨涟人、解保军：《中庸思想与否定之否定观念》，《学习与探索》1998 年第 4 期。

1081. 施忠连、李廷祐：《论〈周易〉的生命哲学》，《周易研究》1998 年第 4 期。

1082. 王永祥、霍艳霞：《董仲舒"独尊儒术"功过论》，《河北学刊》1998 年第 4 期。

1083. 徐麟：《试论董仲舒的五行观》，《河北学刊》1998 年第 4 期。

1084. 张平：《董仲舒与中国传统思想文化的整合》，《河北学刊》1998 年第 4 期。

1085. 徐克谦：《孟子"义内"说发微》，《孔子研究》1998 年第 4 期。

1086. 陈科华、刘凤健：《"元献精神"与孔子中庸思想：〈论语·微子〉发微》，《齐鲁学刊》1998 年第 5 期。

1087. 庞朴：《孔孟之间：郭店楚简的思想史地位》，《中国社会科学》1998 年第 5 期。

1088. 王柏华：《立象尽意：论"象"在儒家语言思想中的地位》，《人文杂志》1998 年第 5 期。

1089．周世范：《孔子思想的合理内核》，《人文杂志》1998 年第 5 期。

1090．瑜力涛：《中国易学研究》，《哲学动态》1998 年第 5 期。

1091．赵寿凤、郭玉良：《近二十年来关于"儒"的研究动向》，《中国史研究动态》1998 年第 5 期。

1092．周瀚光：《论儒家思想对科技发展的积极影响：兼评李约瑟对儒家思想的偏见》，《华东师范大学学报》1998 年第 6 期。

1093．苗润田：《孔子文化观之研究》，《齐鲁学刊》1998 年第 6 期。

1094．贺艳秋：《中国儒家人格理想简论》，《中州学刊》1998 年第 6 期。

1095．林乐昌：《王阳明"格竹"经历的深层阐释》，《浙江学刊》1998 年第 6 期。

1096．谌晓煜：《"仁"是个体爱人精神之充塞》，《浙江学刊》1998 年第 6 期。

1097．郭玉良：《关于"儒"的原始意义的探讨》，《复旦学报》1998 年第 6 期。

1098．程潮、钱耕森：《儒家"内圣外王"及其现代价值》，《学术月刊》1998 年第 8 期。

1099．李翔海：《从心性学说看荀子思想的学派归属》，《哲学研究》1998 年第 10 期。

1100．杨柱才：《周敦颐易学解析》，《江西社会科学》1998 年第 10 期。

1101．何炳棣：《儒家宗法模式的宇宙本体论：从张载的〈西铭〉谈起》，《哲学研究》1998 年第 12 期。

1102．陈桐生：《20 世纪的〈周易〉古史研究》，《周易研究》1999 年第 1 期。

1103．卞良君、于春海：《〈周易〉中的道德观》，《周易研究》1999 年第 1 期。

1104．郑家栋：《九十年代儒学发展与研究中的几个问题》，《孔子研究》1999 年第 1 期。

1105．陈坚：《〈论语〉中的"气"》，《孔子研究》1999 年第 1 期。

1106．陈立旭：《儒学精神旨趣与魏晋玄学的兴起》，《福建论坛》1999

年第 1 期。

1107. 赵九运：《〈论语〉语言论》，《甘肃社会科学》1999 年第 1 期。

1108. 刘长林：《论〈易传〉之德》，《中国哲学史》1999 年第 1 期。

1109. 马振铎：《儒家的普遍道德准则及其人性论基础》，《中国哲学史》1999 年第 1 期。

1110. 苗润田：《儒学：宗教与非宗教之争——一个学术史的检讨》，《中国哲学史》1999 年第 1 期。

1111. 杨明、玥清：《儒学的利民价值观》，《中国哲学史》1999 年第 1 期。

1112. 李德顺、张军：《早期儒家的价值层级思想论略》，《中国哲学史》1999 年第 1 期。

1113. 翟江月：《"群龙无首"与最佳生存状态：试谈〈乾卦〉对儒、道生命观及先秦汉魏文士生命意识的影响》，《周易研究》1999 年第 1 期。

1114. 罗勋章：《三〈易〉首卦与夏商周三代的文化精神》，《周易研究》1999 年第 1 期。

1115. 李振纲：《董仲舒思想五题》，《河北学刊》1999 年第 1 期。

1116. 董根洪：《"天下之理，莫善于中"：论二程的中和哲学》，《中州学刊》1999 年第 1 期。

1117. 沈顺福：《僧肇哲学与玄老思想比较研究》，《东岳论丛》1999 年第 1 期。

1118. 廖名春：《〈周易〉乾坤两卦卦爻辞五考》，《周易研究》1999 年第 1 期。

1119. 陈桐生：《世纪的〈周易〉古史研究》，《周易研究》1999 年第 1 期。

1120. 陈良运：《京房〈易〉与〈焦氏易林〉》，《周易研究》1999 年第 1 期。

1121. 张海晏：《近年有关儒学的讨论》，《光明日报》1999 年 1 月 1 日。

1122. 张星久：《从政治分析的视角看儒家思想的"基本同一性"：兼论专制政体下"道"、"势"冲突的实质》，《武汉大学学报》1999 年第 1 期。

1123．唐文明：《孔孟儒家的"性"的理念及其话语权力膨胀的后果》，《哲学研究》1999 年第 2 期。

1124．梁涛：《孔子思想中的矛盾与孔门后学的分化》，《西北大学学报》1999 年第 2 期。

1125．高增杰：《儒学在二十一世纪的历史使命：论儒学关于人类与自然和谐的思想》，《齐鲁学刊》1999 年第 2 期。

1126．丁原明：《汉初儒家对原始儒学的综合与拓展》，《孔子研究》1999 年第 2 期。

1127．杨宝忠：《"恕"字古义考：兼论"恕"和"仁"的关系》，《孔子研究》1999 年第 2 期。

1128．解光宇：《鹅湖之会：心学与理学分解》，《孔子研究》1999 年第 2 期。

1129．汤勤：《孔子礼学探析》，《复旦学报》1999 年第 2 期。

1130．魏宏灿：《孔子的远游观》，《孔子研究》1999 年第 2 期。

1131．边家珍：《孟子论辩六法》，《孔子研究》1999 年第 2 期。

1132．龚建平：《从儒家的宇宙观看礼的内在根据》，《孔子研究》1999 年第 2 期。

1133．乌恩溥：《〈周易〉星象通考》（一），《周易研究》1999 年第 2 期。

1134．许建军：《乾坤精神论》，《甘肃社会科学》1999 年第 2 期。

1135．罗祖基：《两类中庸说》，《中国哲学史》1999 年第 2 期。

1136．杨庆中：《二十世纪中国易学研究的宏观审视》，《中国哲学史》1999 年第 2 期。

1137．傅海伦：《论〈周易〉对传统数学机械化思想的影响》，《周易研究》1999 年第 2 期。

1138．陈来：《道德的生态观：宋明儒学仁说的生态面向及其现代诠释》，《中国哲学史》1999 年第 2 期。

1139．陈望衡：《〈周易〉"神道"析》，《周易研究》1999 年第 2 期。

1140．张艳清：《朱熹之学与老庄》，《中国哲学史》1999 年第 2 期。

1141．郑家栋：《"全球化"大潮中的孔子儒家》，《孔子研究》1999 年第 3 期。

1142. 余敦康：《明体达用：儒学研究中的两个层面》，《孔子研究》1999 年第 3 期。

1143. 吕绍纲：《性命说：由孔子到思孟》，《孔子研究》1999 年第 3 期。

1144. 杨国荣：《人生之境与意义世界：儒学的一个向度》，《孔子研究》1999 年第 3 期。

1145. 刘蔚华：《儒家文化的新启动》，《孔子研究》1999 年第 3 期。

1146. 吉永生：《论孔孟伦理思想中的境遇主义成分》，《孔子研究》1999 年第 3 期。

1147. 思维：《大同世界与大学、中庸之道》，《孔子研究》1999 年第 3 期。

1148. 蒙培元：《开辟儒学研究的新境界》，《孔子研究》1999 年第 3 期。

1149. 洪璞：《早期儒家的个体道德结构》，《南京大学学报》1999 年第 3 期。

1150. 牟钟鉴：《国际政治需要儒学》，《孔子研究》1999 年第 3 期。

1151. 舒金城：《周敦颐的思想体系与"无极""太极"之辨》，《孔子研究》1999 年第 3 期。

1152. 漆侠：《儒家的中庸之道与佛家的中道义：兼评释智圆有关中庸中道义的论点》，《北京大学学报》1999 年第 3 期。

1153. 吴光：《仁本礼用：儒家人学的核心观念》，《文史哲》1999 年第 3 期。

1154. 陈桐生：《20 世纪的〈周易〉古史研究》，《中国史研究动态》1999 年第 3 期。

1155. 黎红雷：《孔子哲学的逻辑进路》，《孔子研究》1999 年第 3 期。

1156. 常森：《孔子天命意识综论》，《孔子研究》1999 年第 3 期。

1157. 杜豫：《孔子与"礼"》，《孔子研究》1999 年第 3 期。

1158. 韩强：《儒学的三大转折：从传统儒学到现代新儒学》，《中国哲学史》1999 年第 3 期。

1159. 黄正泉：《儒家人格学说的现代意义》，《中国哲学史》1999 年第 3 期。

1160. 傅荣贤：《陆九渊易学的心学建构》，《周易研究》1999 年第 3 期。

1161. 颜炳罡：《五十年来孔子研究的回顾与展望》，《山东大学学报》1999 年第 3 期。

1162. 任剑涛：《伦理与政治的双向涵摄：董仲舒思想的再诠释》，《哲学研究》1999 年第 3 期。

1163. 修建国：《评孔孟之仕文化观》，《齐鲁学刊》1999 年第 3 期。

1164. 乌恩溥：《〈周易〉星象通考》（二），《周易研究》1999 年第 3 期。

1165. 钮恬：《略论〈周易〉卦爻变化的特点》，《周易研究》1999 年第 3 期。

1166. 胡自逢：《孔子解〈易〉十九则述要》，《周易研究》1999 年第 3 期。

1167. 余陶：《孔孟儒学主体性伦理及其现代意义》，《东岳论丛》1999 年第 3 期。

1168. 吴炫：《从"和而不同"到"不同才和"：否定主义哲学社会透视之十一：儒家》，《学术月刊》1999 年第 3 期。

1169. 杨建祥：《〈周易〉"持盈有道"观中的德性意识》，《周易研究》1999 年第 3 期。

1170. 汤一介：《关于建立〈周易〉解释学的通信》，《周易研究》1999 年第 3 期。

1171. 宫达非：《论儒学的当代价值》，《文艺报》1999 年 3 月 25 日。

1172. 周桂钿：《孔子儒学的核心是政治哲学》，《文艺报》1999 年 3 月 25 日。

1173. 牟钟鉴：《儒家仁爱，通和之学》，《文艺报》1999 年 3 月 25 日。

1174. 刘厚琴：《儒学与汉代生态环境保护》，《齐鲁学刊》1999 年第 3 期。

1175. （中国台湾）杜保瑞：《〈易传〉中的基本哲学问题》，《周易研究》1999 年第 4 期。

1176. 汤一介：《关于建立〈周易〉解释学问题的探讨》，《周易研究》1999 年第 4 期。

1177. （中国台湾）于维杰：《〈易经〉之知识论》，《周易研究》1999年第4期。

1178. 李尚信：《今本〈周易〉六十四卦卦序的基本骨架》，《周易研究》1999年第4期。

1179. 孙熙国、许青春：《〈易传〉义利观研究：兼论〈易传〉之伦理思想》，《周易研究》1999年第4期。

1180. 陈来：《帛书易传与先秦儒家易学之分派》，《周易研究》1999年第4期。

1181. 钱宪民、王勇：《儒家哲学：事人知生求乐》，《复旦学报》1999年第4期。

1182. 王新陆：《〈易〉医关系论》，《周易研究》1999年第4期。

1183. 欧阳维诚：《试论〈周易〉对中国古代数学模式化道路形成及发展的影响：兼谈李约瑟之谜》，《周易研究》1999年第4期。

1184. 吴正中、于淮仁：《"唯女子与小人为难养也"正解：为孔子正名之一》，《中国哲学史》1999年第4期。

1185. 张奇伟：《"莫之为而为者，天也"：孟子"天"范畴新解》，《中国哲学史》1999年第4期。

1186. 鄀爱红：《试论荀子乐教与成人之道》，《孔子研究》1999年第4期。

1187. 唐文明：《顺天休命：孔孟儒家的宗教性根源》，《孔子研究》1999年第4期。

1188. 韩德民：《论荀子的天人观》，《孔子研究》1999年第4期。

1189. 于福存：《略论孔子思想中的君子及其人格修养》，《齐鲁学刊》1999年第4期。

1190. 赵继明：《和合：〈周易〉的精神本质》，《晋阳学刊》1999年第4期。

1191. 吕绍纲：《辩证法的源头在中国〈周易〉》，《社会科学战线》1999年第4期。

1192. 郑谦：《重新认识〈周易〉贵中思想的积极意义》，《云南社会科学》1999年第4期。

1193. 朱松美：《略论理学禁欲主义思想的形成及其负面影响》，《齐鲁学刊》1999 年第 4 期。

1194．叶蓬：《儒家哲学与经院哲学"应当"观念的比较研究》，《中国哲学史》1999 年第 4 期。

1195．李锦全：《历史的轨迹，时代的展望：从儒家发展进程看儒学的前景》，《中国哲学史》1999 年第 4 期。

1196．王中江：《儒家"圣人"观念的早期形态及其变异》，《中国哲学史》1999 年第 4 期。

1197．景海峰：《儒学定位的历史脉络与当代意涵》，《中国哲学史》1999 年第 4 期。

1198．水泗誉：《过犹不及：一个很有价值的辩证思维方式》，《孔子研究》1999 年第 4 期。

1199．陈效鸿：《孔子的政治理想与现实主张纵议》，《孔子研究》1999 年第 4 期。

1200．卢钟锋：《坚持历史唯物论，深入开展孔子研究》，《孔子研究》1999 年第 4 期。

1201．陈来：《帛书易传与先秦儒家易学之分派》，《孔子研究》1999 年第 4 期。

1202．李霞：《易学诠释原则与方法的演变》，《孔子研究》1999 年第 4 期。

1203．李衡眉：《孔子作〈易传〉之明证、补证与新证》，《孔子研究》1999 年第 4 期。

1204．张博泉：《略论金代的儒家思想》，《社会科学辑刊》1999 年第 5 期。

1205．孔繁：《有关儒家思想研究之普及问题之思考》，《文史哲》1999 年第 5 期。

1206．刘蔚华：《要不要提出儒学的大众化》，《文史哲》1999 年第 5 期。

1207．宋志明：《时代呼唤平民化的儒学》，《文史哲》1999 年第 5 期。

1208．汤恩佳：《儒道宜普及于庶民》，《文史哲》1999 年第 5 期。

1209．黄玉顺：《儒家哲学的"三句真谛"：〈中庸〉开篇三句的释读》，《中州学刊》1999 年第 5 期。

1210. 沈有珠：《孔子在中国重人远神文化中的导向作用》，《贵州社会科学》1999 年第 5 期。

1211. 郭勇健：《从"礼"到"仁"看孔子的艺术精神》，《贵州社会科学》1999 年第 5 期。

1212. 许总：《论宋明理学的性质及其演变》，《中州学刊》1999 年第 5 期。

1213. 薛富兴：《理气之争：程朱理学悲剧命运的个案透视》，《贵州社会科学》1999 年第 5 期。

1214. 刘示范：《要用科学态度对待孔子思想》，《文史哲》1999 年第 5 期。

1215. 卢有才：《荀子的理想人格》，《中州学刊》1999 年第 5 期。

1216. 姚才刚：《传统儒家慎独学说浅议》，《求索》1999 年第 5 期。

1217. 郭齐勇：《郭店儒家简与孟子心性论》，《武汉大学学报》1999 年第 5 期。

1218. 罗新慧：《郭店楚简与儒家的仁义之辨》，《齐鲁学刊》1999 年第 5 期。

1219. 张立文：《〈周易〉的智慧》，《教学与研究》1999 年第 6 期。

1220. 梁宗华：《董仲舒新儒学体系与道家黄老学》，《齐鲁学刊》1999 年第 6 期。

1221. 叶岗：《论原始儒学中的内圣与外王》，《学术月刊》1999 年第 6 期。

1222. 于民雄：《儒家和谐观念及其现代意义》，《贵州社会科学》1999 年第 6 期。

1223. 景海峰：《儒学在全球多元文化格局中的定位问题》，《天津社会科学》1999 年第 6 期。

1224. 段德智：《从存有的层次性看儒学的宗教性》，《哲学动态》1999 年第 7 期。

1225. 叶坦：《儒家"无为"说：从郭店楚简谈开去》，《哲学研究》1999 年第 7 期。

1226. 张艳清：《程朱理学与道家、道教关系研究概述》，《哲学动态》1999 年第 9 期。

1227. 葛荣晋：《内圣外王：儒家的理想人格》，《文史知识》1999 年第 9 期。

1228. 罗国杰：《批判地继承这份"珍贵的遗产"：纪念孔子诞辰二五五〇年》，《求是》1999 年第 18 期。

1229. 张岂之：《世纪之交的孔子与儒学研究：纪念孔子诞辰 2550 年》，《人民日报》1999 年 10 月 9 日。

1230. 赵士林：《荀子的人性论新探》，《哲学研究》1999 年第 10 期。

1231. 卢钟锋：《坚持历史唯物论，深入开展孔子研究》，《哲学研究》1999 年第 11 期。

1232. 王庆宇、刘雅丽、刘华丽：《析儒学是否为宗教》，《江西社会科学》1999 年第 11 期。

1233. 陈鼓应：《乾坤道家易诠释》，《中国哲学史》2000 年第 1 期。

1234. 张树斌、王确：《儒家文化的历史处境》，《社会科学战线》2000 年第 1 期。

1235. 崔大华：《二十世纪中国儒学的贡献与进展》，《中州学刊》2000 年第 1 期。

1236. 王易：《论先秦儒家的国家关系伦理思想》，《河北学刊》2000 年第 1 期。

1237. 唐凯麟：《论儒家的忠恕之道：兼对普遍伦理的历史反思》，《求索》2000 年第 1 期。

1238. 赵吉惠：《张载关学与实学研究的新视角、新拓展》，《人文杂志》2000 年第 1 期。

1239. 姜日天：《张载关学与实学国际学术研讨会综述》，《哲学动态》2000 年第 1 期。

1240. 李冬君：《先秦诸子论孔子与孔子的圣化》，《南开学报》2000 年第 1 期。

1241. 崔大华：《儒学面临的挑战》，《孔子研究》2000 年第 1 期。

1242. 蒋国保：《儒学世俗化的现代意义》，《孔子研究》2000 年第 1 期。

1243. 胡伟希：《儒家生态学基本观念的现代阐释：从"人与自然"的关系看》，《孔子研究》2000 年第 1 期。

1244. 伏耕：《纪念孔子诞辰 2550 周年国际学术讨论会综述》，《孔子研究》2000 年第 1 期。

1245. 李旭：《文野之辨：孔子关于文艺的基本思想辨正》，《孔子研究》2000 年第 1 期。

1246. 王霆钧：《"易"的世界观和思维模式》，《周易研究》2000 年第 1 期。

1247. 蒙培元：《天·地·人：谈〈易传〉的生态哲学》，《周易研究》2000 年第 1 期。

1248. 解光宇：《关于儒教的思考》，《世界宗教研究》2000 年第 1 期。

1249. 薛富兴：《心与理：程朱理学悲剧命运的个案透视》，《孔子研究》2000 年第 2 期。

1250. 宋志明：《略论儒家解释学》，《北京大学学报》2000 年第 2 期。

1251. 孙友：《纪念孔子诞辰 2550 周年暨儒商与二十一世纪国际学术研讨会综述》，《孔子研究》2000 年第 2 期。

1252. 罗安宪：《儒学心性论的历史进程》，《中国哲学史》2000 年第 2 期。

1253. 刘大钧：《从此东流应到海，寻源只在客乘槎：历届海峡两岸周易学术研讨会回顾与总结》，《周易研究》2000 年第 2 期。

1254. 罗新慧：《从郭店楚简看孔、孟之间的儒学变迁》，《中国哲学史》2000 年第 2 期。

1255. 孟华：《周易阴阳符号与二进制算术符号比较》，《周易研究》2000 年第 2 期。

1256. 庾潍诚：《论〈周易〉的"制器尚象"》，《周易研究》2000 年第 2 期。

1257. 许凌云：《儒家文化与忧患意识》，《齐鲁学刊》2000 年第 2 期。

1258. 晋荣东：《孔子哲学的语言之维》，《华东师范大学学报》2000 年第 2 期。

1259. 宁新昌：《〈论语〉是如何看待死的》，《内蒙古社会科学》2000 年第 2 期。

1260. 丁原明：《两汉的孟学研究及其思想价值》，《文史哲》2000 年第 2 期。

1261．降大任：《孔子"五罪"质疑》，《社会科学战线》2000年第2期。

1262．田广清：《中庸：实现社会和谐的正确思想方法》，《孔子研究》2000年第3期。

1263．程梅花、邹林：《论儒家"致中和"的思维方式》，《孔子研究》2000年第3期。

1264．雷庆翼：《"中"、"中庸"、"中和"平议》，《孔子研究》2000年第3期。

1265．蔡仲德：《郭店楚简儒家乐论试探》，《孔子研究》2000年第3期。

1266．欧阳祯人：《论〈性自命出〉对儒家人学思想的转进》，《孔子研究》2000年第3期。

1267．杨海文：《先秦礼乐文明与孔孟道德理想主义》，《中山大学学报》2000年第3期。

1268．郝虹：《东汉儒家忠君观念的强化》，《孔子研究》2000年第3期。

1269．汤勤福：《太虚非气：张载"太虚"与"气"之关系新说》，《南开学报》2000年第3期。

1270．盖莉：《关于"民可使由之不可使知之"的释读》，《孔子研究》2000年第3期。

1271．朱国华：《子贡与孔子》，《孔子研究》2000年第3期。

1272．曾天雄：《儒学的社会作用和价值新论》，《广东社会科学》2000年第3期。

1273．张茂泽：《〈性自命出〉篇心性论大不同于〈中庸〉说》，《人文杂志》2000年第3期。

1274．叶秀山：《试读〈中庸〉》，《中国哲学史》2000年第3期。

1275．梁涛：《〈大学〉早出新证》，《中国哲学史》2000年第3期。

1276．陈开先：《传统儒家思想资源的现代意义》，《现代哲学》2000年第3期。

1277．王启发：《荀子与儒墨道法名诸家》，《中国史研究》2000年第3期。

1278．王述民：《〈论语〉：成语之书》，《宁夏社会科学》2000 年第 3 期。

1279．杨树森：《"人不知而不愠"新诠：兼论"知"不可训为"举用"》，《社会科学辑刊》2000 年第 3 期。

1280．贺圣迪：《"儒学面向当代和 21 世纪国际学术研讨会"综述》，《学术月刊》2000 年第 4 期。

1281．李申：《朱熹与〈周易本义〉》，《光明日报》2000 年 4 月 18 日。

1282．林桂榛：《孟子的人生精神》，《光明日报》2000 年 6 月 13 日。

1283．李刚：《郭店楚简〈忠信之道〉的思想倾向》，《人文杂志》2000 年第 4 期。

1284．董天策：《传播学本土化研究的可贵探索：评〈心有灵犀：儒学传播谋略与现代沟通〉》，《社会科学研究》2000 年第 4 期。

1285．汤恩佳：《儒学的回顾与展望》，《中国文化研究》2000 年第 3 期。

1286．申元初：《教化与审美：也谈〈论语〉的诗学理论》，《贵州社会科学》2000 年第 4 期。

1287．宋志明、刘成有：《儒学与民主建设》，《甘肃社会科学》2000 年第 4 期。

1288．邢东田：《1999 年的儒教研究》，《世界宗教研究》2000 年第 4 期。

1289．丁四新：《论〈性自命出〉与思孟学派的关系》，《中国哲学史》2000 年第 4 期。

1290．任剑涛：《尊严、境界与德性：儒家人学三论》，《中国哲学史》2000 年第 4 期。

1291．李维武：《儒学生存形态的历史形成与未来转化》，《中国哲学史》2000 年第 4 期。

1292．顾士敏：《论"儒家精神"》，《中国哲学史》2000 年第 4 期。

1293．李天虹：《从〈性自命出〉谈孔子与诗、书、礼、乐》，《中国哲学史》2000 年第 4 期。

1294．汤一介：《孔子思想与"全球伦理"问题》，《中国哲学史》2000 年第 4 期。

1295. 刘文英：《儒家文明论纲》，《孔子研究》2000 年第 4 期。

1296. 黄玉顺：《儒学的德性价值论》，《四川大学学报》2000 年第 4 期。

1297. 黄健：《孔孟民本主义思想差异探微》，《西南师范大学学报》2000 年第 4 期。

1298. 裴传永：《〈论语〉"色难"新解》，《孔子研究》2000 年第 4 期。

1299. 傅允生：《"子罕言利与命与仁"辨析》，《孔子研究》2000 年第 4 期。

1300. 张增田：《孔子仁与礼的管理学诠释》，《孔子研究》2000 年第 4 期。

1301. 杨海文：《"仁且智"与孟子的思想人格论》，《孔子研究》2000 年第 4 期。

1302. 刘培桂：《孟子周游列国年代考》，《孔子研究》2000 年第 4 期。

1303. 郭齐勇：《郭店楚简〈性自命出〉的心术观》，《安徽大学学报》2000 年第 5 期。

1304. 朱兴文：《儒文化逻辑结构批判》，《江西社会科学》2000 年第 5 期。

1305. 刘成有：《儒学与市场经济》，《孔子研究》2000 年第 5 期。

1306. 张先贵：《儒秘同源论》，《孔子研究》2000 年第 5 期。

1307. 王国良：《从忠君到天下为公：儒家君臣关系论的演变》，《孔子研究》2000 年第 5 期。

1308. 杨春梅：《先秦儒家仁爱学说略论》，《齐鲁学刊》2000 年第 5 期。

1309. 杨树森：《〈论语·先进〉"侍坐"章辨疑两则》，《孔子研究》2000 年第 5 期。

1310. 赵艳：《〈论语〉中"束"一词释义商榷》，《孔子研究》2000 年第 5 期。

1311. 王毅：《"述而不作"之于孔子：一个阐释学角度的解读》，《孔子研究》2000 年第 5 期。

1312. 裴蓉：《孔子网络的基本特征及其资源效应》，《孔子研究》2000 年第 5 期。

1313. 邹元江：《从孔子"生平的开端"看其"仁学"思想的实践本质》，《孔子研究》2000 年第 5 期。

1314. 彭立荣、叶文琴：《略论孔子及儒文化社会学》，《东岳论丛》2000 年第 5 期。

1315. 徐庆文：《儒学的历史命运》，《东岳论丛》2000 年第 5 期。

1316. 韩星：《郭店楚简儒家礼乐文化精义辨析》，《人文杂志》2000 年第 5 期。

1317. 王平川：《试论儒学价值理性的现代意义》，《人文杂志》2000 年第 5 期。

1318. 袁丽娴：《浅论先秦儒家的人性观》，《山东大学学报》2000 年第 5 期。

1319. 朱松美：《荀子安民观论议》，《东岳论丛》2000 年第 5 期。

1320. 王晓霞：《儒家文化中的人际关系理论》，《道德与文明》2000 年第 5 期。

1321. 刘耘华：《〈论语〉的意义生成方式初探》，《浙江学刊》2000 年第 5 期。

1322. 吴德义：《孔子"仁"德浅识》，《道德与文明》2000 年第 5 期。

1323. 王明翠：《试析〈论语〉中孔子的伦理政治思想》，《辽宁师范大学学报》2000 年第 5 期。

1324. 余秉颐、卢找律：《传统儒学与当代全球文明：访杜维明先生》，《学术月刊》2000 年第 6 期。

1325. 金景芳：《论〈中庸〉的"中"与"和"及〈大学〉的"格物"与"致知"》，《学术月刊》2000 年第 6 期。

1326. 张光成：《孟子遗留的三个哲学问题》，《社会科学》2000 年第 6 期。

1327. 郭齐：《朱熹〈四书〉次序考论》，《四川大学学报》2000 年第 6 期。

1328. 李晓春：《从"内在超越"的角度看孟子与荀子的人性论分歧》，《华东师范大学学报》2000 年第 6 期。

1329. 周乾溁：《浅说"儒"》，《天津师范大学学报》2000 年第 6 期。

1330. 张颂之：《孔子：一个神话学的个案研究》，《齐鲁学刊》2000 年第 6 期。

1331．郭晓东：《荀子思想的社会学阐释》，《复旦学报》2000 年第 6 期。

1332．李爽：《〈论语〉中的"於"、"以"比较》，《辽宁师范大学学报》2000 年第 6 期。

1333．洪修平：《论儒学的人文精神及其现代意义》，《中国社会科学》2000 年第 6 期。

1334．张飞舟：《孔丘的人性观与法律观》，《人文杂志》2000 年第 6 期。

1335．王国良：《论孔子仁学的主体性》，《社会科学战线》2000 年第 6 期。

1336．郝明朝：《论荀子的"知能"之性》，《文史哲》2000 年第 6 期。

1337．李欧：《论儒侠互补》，《西南民族学院学报》2000 年第 9 期。

1338．余一平：《〈孟子〉的"其"》，《西南民族学院学报》2000 年第 9 期。

1339．李蜀人：《中国儒家道德的本体的走向和意义》，《西南民族学院学报》2000 年第 11 期。

1340．曾昭式：《荀子关于"名"之谬误思想刍议》，《江汉论坛》2000 年第 11 期。

1341．孙熙国：《论孔子思想的指归》，《哲学研究》2000 年第 12 期。

1342．马育良：《先秦儒家对于"情"的理论探索》，《安徽大学学报》2001 年第 1 期。

1343．贾顺先：《论儒学与西方文化的交流、互补和创新》，《四川大学学报》2001 年第 1 期。

1344．郭跃群：《中庸之道与可持续发展之路》，《求索》2001 年第 1 期。

1345．杨泽波：《孟子气论难点辨疑》，《中国哲学史》2001 年第 1 期。

1346．刘仲华：《清代荀学的复活》，《兰州大学学报》2001 年第 1 期。

1347．周辅成：《论"礼失而求诸野"：儒学不能离开时代》，《西南民族学院学报》2001 年第 1 期。

1348．崇建猷：《〈学〉〈庸〉〈论〉〈孟〉中的心性义理基础：朱熹

〈四书集注〉理学思想系列之一》，《人文杂志》2001 年第 1 期。

1349. 刘丰：《从郭店楚简看先秦儒家的"仁内义外"说》，《湖南大学学报》2001 年第 2 期。

1350. 白如祥：《论儒家的生命意识》，《山东大学学报》2001 年第 2 期。

1351. 杜豫：《品质行为的总抽象：释〈论语〉中的"德"》，《齐鲁学刊》2001 年第 2 期。

1352. 林安梧：《从"外王"到"内圣"：以"社会公义"论为核心的儒学：后新儒学的新思考》，《西南民族学院学报》2001 年第 2 期。

1353. 骆锦芳：《儒家的伦理精神与人文关怀》，《云南师范大学学报》2001 年第 2 期。

1354. 颜炳罡：《论孔子的仁礼合一说》，《山东大学学报》2001 年第 2 期。

1355. 张奇伟：《论"礼义"范畴在荀子思想中的形成：兼论儒学由玄远走向切近》，《北京师范大学学报》2001 年第 2 期。

1356. 任俊华：《〈系辞〉的儒家思想新论》，《孔子研究》2001 年第 2 期。

1357. 欧阳祯人：《从〈鲁穆公问子思〉到〈孟子〉》，《武汉大学学报》2001 年第 2 期。

1358. 祝安顺：《〈论语〉中的"利仁者"与"安仁者"的类型比较》，《孔子研究》2001 年第 2 期。

1359. 高林广：《〈五经正义〉诗乐思想管窥》，《内蒙古师大学报》2001 年第 2 期。

1360. 陈开先：《孔子仁学思想及其现代意义》，《孔子研究》2001 年第 2 期。

1361. 朱正伦：《对孔子"克己复礼"的再认识》，《首都师范大学学报》2001 年第 2 期。

1362. 任重：《论曾参的儒学思想及其成就》，《河南大学学报》2001 年第 2 期。

1363. 邢东田：《儒教问题研究的发展和深入：儒教问题讨论会综述》，《世界宗教研究》2001 年第 2 期。

1364. 孔红艳：《略论儒家和基督教超越精神之区别》，《现代哲学》2001 年第 2 期。

1365. 马翀炜：《论中庸与狂狷》，《贵州民族学院学报》2001 年第 2 期。

1366. 李英华：《荀子天人论的几个问题：兼论郭店竹简〈穷达以时〉》，《海南大学学报》2001 年第 2 期。

1367. 廖名春：《郭店楚简〈五行〉篇校释札记》，《中国哲学史》2001 年第 2 期。

1368. 施炎平：《先秦儒家智慧观念初探》，《华东师范大学学报》2001 年第 3 期。

1369. 王连龙：《论孔子与"权"》，《辽宁师范大学学报》2001 年第 3 期。

1370. 史应勇：《由文化的到政治的：略论孔、荀礼乐观念的变化》，《齐鲁学刊》2001 年第 3 期。

1371. 张奇伟：《仁义礼智四位一体：论孟子伦理哲学思想》，《吉林大学社会科学学报》2001 年第 3 期。

1372. 张实龙：《文化生成意义上的孟子仁政模式》，《孔子研究》2001 年第 3 期。

1373. 张志芳：《仁礼学说与现代化》，《青海社会科学》2001 年第 3 期。

1374. 姜金锡：《孔子辩证法思想浅析》，《贵州社会科学》2001 年第 3 期。

1375. 丁四新：《帛书〈缪和〉、〈昭力〉"子曰"辨》，《中国哲学史》2001 年第 3 期。

1376. 徐少华：《楚简与帛书〈五行〉篇章结构及其相关问题》，《中国哲学史》2001 年第 3 期。

1377. 郭齐勇：《再论"五行"与"圣智"》，《中国哲学史》2001 年第 3 期。

1378. 黄熹：《儒学形而上系统的最初建构：〈五行〉所展示的儒学形而上体系》，《中国哲学史》2001 年第 3 期。

1379. 李维武：《〈六德〉的哲学意蕴初探》，《中国哲学史》2001 年第

3 期。

1380．欧阳祯人：《郭店儒简的宗教诠释》，《中国哲学史》2001 年第 3 期。

1381．杨华：《孟子与齐燕战争：兼论〈孟子〉相关篇章的文本编年》，《中国哲学史》2001 年第 3 期。

1382．申国昌：《荀子的"人性四知论"探析》，《山西师大学报》2001 年第 3 期。

1383．彭林：《始者近情，终者近义：子思学派对礼的理论诠释》，《中国史研究》，2001 年第 3 期。

1384．陈苿：《试论儒学是一种宗教：从〈论语〉看孔子的信仰》，《宗教学研究》2001 年第 3 期。

1385．王杰：《大学之道：构建以"三纲八目"为核心的道德修养体系》，《中国文化研究》2001 年第 3 期。

1386．邢东田：《儒教问题研究的发展和深入》，《中国文化报》2001 年 3 月 14 日。

1387．周敦耀：《"民贵君轻"说和"民水君舟"说异同浅析》，《广西大学学报》2001 年第 4 期。

1388．杨逊：《略论唐代孟学复兴的历史背景和封建统治思想的演变》，《湘潭大学社会科学学报》2001 年第 4 期。

1389．郑少翀：《论儒学中"自由"的向度及其得失》，《孔子研究》2001 年第 4 期。

1390．杜豫：《人生的最高精神境界：对"仁"的新认识》，《孔子研究》2001 年第 4 期。

1391．钱钢：《六艺、六经与素质教育》，《孔子研究》2001 年第 4 期。

1392．匡鹏飞：《〈论语〉郑玄与朱熹解释之比较》，《孔子研究》2001 年第 4 期。

1393．厉才茂：《"论语广色"的意义的现象学分析》，《孔子研究》2001 年第 4 期。

1394．严耀中：《传统文化中的卜筮与儒家》，《学术月刊》2001 年第 7 期。

1395．关长龙：《原儒杂俎》，《浙江大学学报》2001 年第 4 期。

1396．王杰：《从人学的视角看孔子"仁"之学说》，《孔子研究》2001年第4期。

1397．王锟：《17、18世纪欧洲文化视野中的孔子》，《孔子研究》2001年第4期。

1398．郭瑞祥：《孔子对鬼神的怀疑和否定》，《孔子研究》2001年第4期。

1399．黄承贵、段照明、蔡晓东：《试论荀况对老聃道体认识论的扬弃》，《安徽大学学报》2001年第4期。

1400．顾红亮：《解蔽的认识论阐释》，《晋阳学刊》2001年第4期。

1401．李连科：《儒学价值的历史命运与现实定位》，《天津社会科学》2001年第4期。

1402．加润国：《儒教问题学术研讨会综述》，《文史哲》2001年第4期。

1403．臧宏：《论子贡的儒商精神》，《安徽师范大学学报》2001年第4期。

1404．游唤民：《〈易大传〉非孔子所作》，《湖南师范大学社会科学学报》2001年第4期。

1405．韩德民：《荀子的秦政得失观及其影响》，《中国文化研究》2001年第4期。

1406．吴丕：《重申儒家"使民"思想：关于"民可使由之"章的最新解释》，《齐鲁学刊》2001年第4期。

1407．徐朝旭：《论孔子德治思想的方法论视角及现实意义》，《厦门大学学报》2001年第4期。

1408．王长华：《论原始儒学对中国文化传统的奠基》，《河北学刊》2001年第5期。

1409．解光序：《应辩证地看待儒学的功能》，《孔子研究》2001年第5期。

1410．陈川雄：《论先秦儒家的生命价值观》，《孔子研究》2001年第5期。

1411．刘长林：《梁漱溟对儒家圣贤人格说的现代重构》，《孔子研究》2001年第5期。

1412． 赵卫东：《知识经济时代的来临与儒家文化的回应》，《山东大学学报》2001 年第 5 期。

1413． 周复光：《试论儒家的"立人之道"》，《社会科学辑刊》2001 年第 5 期。

1414． 蔡德贵：《儒学儒教一体论》，《中山大学学报》2001 年第 5 期。

1415． 刘家贵：《孟子管理思想的特点及其现代精神》，《云南民族学院学报》2001 年第 5 期。

1416． 杨海文：《孟子的〈春秋〉观与传统儒家的政治激情》，《中山大学学报》2001 年第 5 期。

1417． 杨维中：《论先秦儒学心性思想的历史形成及其主题》，《人文杂志》2001 年第 5 期。

1418． 韩德民：《荀子的乐论与性恶论》，《浙江社会科学》2001 年第 5 期。

1419． 张铃枣：《儒家美学的特征及其启示》，《广西社会科学》2001 年第 5 期。

1420． 曲爱香：《孟荀天人观及其人类的启示》，《广西社会科学》2001 年第 5 期。

1421． 陈科华、刘桂华：《亚里士多德与儒家的中道观比较》，《云南师范大学学报》2001 年第 5 期。

1422． 王建疆：《孔子乐以成德的人生修养与审美境界》，《西北师大学报》2001 年第 5 期。

1423． 余新华：《论孟子以心证性的修养方法：兼解"养浩然之气"》，《东北师大学报》2001 年第 5 期。

1424． 徐少华：《郭店楚简〈六德〉篇及相关问题分析》，《江汉论坛》2001 年第 6 期。

1425． 陈延庆：《儒家人道思想的历史发展》，《江西社会科学》2001 年第 6 期。

1426． 张昭君：《章太炎对儒学宗教性问题的近代阐释》，《东北师大学报》2001 年第 6 期。

1427． 解光宇：《国际儒学研讨会综述》，《孔子研究》2001 年第 6 期。

1428． 李存山：《儒家的民本与人权》，《孔子研究》2001 年第 6 期。

1429．周淑萍：《论孟子自然观及其现代价值》，《兰州大学学报》2001年第6期。

1430．谭贵全：《论儒学的历史演变、现代意义及未来走向》，《四川大学学报》2001年第6期。

1431．叶金宝：《先秦儒家主体性的高扬与失落》，《学术研究》2001年第8期。

1432．吴根友：《近10年海外儒学研究》，《哲学动态》2001年第8期。

1433．王四达：《略论〈大学〉之"本"的层次化及其对儒学的发展》，《学术研究》2001年第8期。

1434．张之锋：《两道同中有异的风景线；弗洛伊德学说与儒学"天命观"的粗浅比较》，《社会科学》2001年第10期。

1435．徐湘霖：《"孔颜乐处"心解：宋明之际一段儒释"心性"通辨》，《西南民族学院学报》2001年第10期。

1436．陈玉屏：《孔子何以谓"克己复礼为仁"》，《西南民族学院学报》2001年第10期。

1437．苏树华：《〈大学〉"三纲""八条"的心学阐释》，《江西社会科学》2001年第10期。

1438．方松华：《机遇和挑战：百年先秦儒学研究及其前景》，《社会科学》2000年第12期。

1439．萧汉明：《〈太一生水〉的宇宙论与学派属性》，《学术月刊》2001年第12期。

1440．张新民：《儒学的人格化与人格化的儒学》，《安徽大学学报》2002年第1期。

1441．李霞：《理性精神与宗教意识的统一：论儒学的二重性及其对徽文化的影响》，《安徽大学学报》2002年第1期。

1442．方尔加：《论孔、孟、荀人性观的时代根据》，《贵州社会科学》2002年第1期。

1443．丁原明：《郭店儒简"性"、"情"说探微》，《齐鲁学刊》2002年第1期。

1444．刘耘华：《先秦儒家诠释学的问题向度：以〈论语〉、〈孟子〉、〈荀子〉为个案》，《学术界》2002年第1期。

1445. 席盘林：《论鲁穆公变法中的子思》，《齐鲁学刊》2002 年第 1 期。

1446. 顾永新：《〈七经孟子考文补遗〉考述》，《北京大学学报》2002 年第 1 期。

1447. 崔亨植：《民主条件下的儒教传统》，《东岳论丛》2002 年第 1 期。

1448. 欧阳祯人：《〈太一生水〉与先秦儒家性情论》，《孔子研究》2002 年第 1 期。

1449. 许抗生：《〈性自命出〉、〈中庸〉、〈孟子〉思想的比较研究》，《孔子研究》2002 年第 1 期。

1450. 王云萍：《儒家的道德人格是自律的吗？：一种比较分析的视角》，《孔子研究》2002 年第 1 期。

1451. 张小稳：《孟荀学风之比较》，《孔子研究》2002 年第 1 期。

1452. 刘保贞：《孔子"兴"式教育法与〈诗〉〈易〉的义理化》，《山东大学学报》2002 年第 1 期。

1453. 李锐：《儒家诗乐思想初探》，《中国哲学史》2002 年第 1 期。

1454. 李存山：《儒家哲学的现代转型及其在 21 世纪的价值》，《现代哲学》2002 年第 1 期。

1455. 任剑涛：《经典解读中的原创思想负载：从〈孟子字义疏证〉与〈孟子微〉看》，《中国哲学史》2002 年第 1 期。

1456. 暴庆刚：《孟子、荀子天人合一理论异同新探》，《贵州社会科学》2002 年第 2 期。

1457. 戴兆国：《从郭店楚简看原始儒家德性论》，《华东师范大学学报》2002 年第 2 期。

1458. 任文利：《"儒学与家庭伦理"研究会综述》，《孔子研究》2002 年第 2 期。

1459. 蒙培元：《儒学是宗教吗？》，《孔子研究》2002 年第 2 期。

1460. 崔文魁：《儒家对可持续发展途径的思考》，《孔子研究》2002 年第 2 期。

1461. 赵刚、郑婷、邱忠善：《试析明儒李材的〈大学〉改本：兼与朱子〈大学章句〉比较》，《复旦学报》2002 年第 2 期。

1462．程钢：《理雅各与韦利〈论语〉译文体现的义理系统的比较分析》，《孔子研究》2002 年第 2 期。

1463．唐雄山：《〈中庸〉人性思想的现代诠释》，《江西社会科学》2002 年第 2 期。

1464．单承彬：《定州汉墓竹简本〈论语〉性质考辨》，《孔子研究》2002 年第 2 期。

1465．廖名春：《"六经"次序探源》，《历史研究》2002 年第 2 期。

1466．谢寒枫：《理性与情感维度下的仁》，《齐鲁学刊》2002 年第 2 期。

1467．崔大华：《人与自然关系的儒学选择》，《中州学刊》2002 年第 2 期。

1468．廖名春：《上博〈诗论〉简的作者和作年：兼论子羔也可能传〈诗〉》，《齐鲁学刊》2002 年第 2 期。

1469．张君梅：《荀子与知性之路》，《海南师范学院学报》2002 年第 2 期。

1470．吴光：《儒学演变的轨迹、型态及其发展前景》，《河南大学学报》2002 年第 2 期。

1471．黄开国：《廖平经学理论演化过程研究》，《河南大学学报》2002 年第 2 期。

1472．张立文：《儒学人文精神与现代社会》，《南昌大学学报》2002 年第 2 期。

1473．张骏翚：《智愚说对先秦儒家人道观的消解及其文化影响》，《山东大学学报》2002 年第 2 期。

1474．张应凯：《析孔子儒家与人道主义的区别》，《江西社会科学》2002 年第 2 期。

1475．金惠敏：《孔子思想与世界和平：以主体性和他者性而论》，《哲学研究》2002 年第 2 期。

1476．杨泽波：《就〈孟子大传〉与刘鄂培先生商榷》，《复旦学报》2002 年第 2 期。

1477．李申：《孟子以及儒家的"事天"说：评〈学术研究的豆腐渣工程〉》，《孔子研究》2002 年第 2 期。

1478. 刘清平：《美德还是腐败?：析〈孟子〉中有关舜的两个案例》，《哲学研究》2002 年第 2 期。

1479. 曾扬华：《孟子的人格魅力》，《中山大学学报》2002 年第 2 期。

1480. 吴飞驰：《"万物一体"新诠：基于共生哲学的新透视》，《中国哲学史》2002 年第 2 期。

1481. 王中江：《经典的条件：以早期儒家经典的形成为例》，《中国哲学史》2002 年第 2 期。

1482. 王建宏、朱丹琼：《论朱熹的〈大学〉观》，《西北大学学报》2002 年第 2 期。

1483. 熊德米：《有关〈论语〉的五种英语译文比较研究》，《西南政法大学学报》2002 年第 2 期。

1484. 蒙培元：《孔子天人之学的生态意义》，《中国哲学史》2002 年第 2 期。

1485. 杨海文：《〈孟子节文〉的文化省思》，《中国哲学史》2002 年第 2 期。

1486. 张颂之：《对现代孔子神话的反思》，《中国文化研究》2002 年第 2 期。

1487. 刘耘华：《孔子对古代传统的双重诠释》，《中国文化研究》2002 年第 2 期。

1488. 郭沂：《孟子车非孟子考：思孟关系考实》，《中国哲学史》2002 年第 3 期。

1489. 梁涛：《思孟学派考述》，《中国哲学史》2002 年第 3 期。

1490. 安乐哲、郝大维：《〈中庸〉新论：哲学与宗教性的诠释》，《中国哲学史》2002 年第 3 期。

1491. 彭运生：《读书札记：孔子的趣味和理想》，《中国哲学史》2002 年第 3 期。

1492. 马固钢：《〈论语〉闲考三则》，《孔子研究》2002 年第 3 期。

1493. 王世明：《"温良恭俭让"与行政决策》，《孔子研究》2002 年第 3 期。

1494. 陈中浙、刘钊：《儒家"六天"说辨析》，《孔子研究》2002 年第 3 期。

1495. 颜世安：《关于儒学中"历史文化优先"意识的一些思考》，《南京大学学报》2002 年第 3 期。

1496. 张周志：《儒家精神与现代文明》，《宁夏社会科学》2002 年第 3 期。

1497. 丁为祥：《现实关怀与超越追求的再激荡：儒家文化命运的后顾与前瞻》，《陕西师范大学学报》2002 年第 3 期。

1498. 闭伟宁、高翔：《儒家思想的传者本位回归与超越》，《武汉大学学报》2002 年第 3 期。

1499. 张奇伟：《"欲不可去"与"欲不可尽"：论荀子关于人之欲求价值观》，《人文杂志》2002 年第 3 期。

1500. 方朝晖：《从儒学的宗教性谈中国哲学的"特点"问题》，《复旦学报》2002 年第 3 期。

1501. 张永理：《全球化语境中的儒学困境及其未来》，《南京师大学报》2002 年第 3 期。

1502. 陈科华、杨自群：《中庸之道及其现实意义："时中"精神与市场经济》，《求索》2002 年第 3 期。

1503. 王世明：《"视思明"发凡》，《广东社会科学》2002 年第 3 期。

1504. 刘玉娥：《浩然之气：孟子人生最高精神境界》，《河南师范大学学报》2002 年第 3 期。

1505. 陆建华：《荀况之礼本质论》，《江淮论坛》2002 年第 3 期。

1506. 席秀海：《略论传统儒学思想的现实意义》，《东岳论丛》2002 年第 4 期。

1507. 龙佳解：《儒学制度化的内在机理及其历史评价》，《湖南大学学报》2002 年第 4 期。

1508. 张耀南：《论"士"在现代社会中的角色转换：三论张东荪先生的儒学观》，《湖南大学学报》2002 年第 4 期。

1509. 苗润田：《儒学宗教论的两种进路：以牟宗三、任继愈为例》，《孔子研究》2002 年第 4 期。

1510. 白奚：《"全德之名"和仁圣关系：关于"仁"在孔子学说中的地位的思考》，《孔子研究》2002 年第 4 期。

1511. 赵吉惠：《儒学二重性：既是哲学又是道德宗教》，《孔子研究》

2002 年第 4 期。

1512．黄玉顺：《孔子之精神境界论》，《孔子研究》2002 年第 4 期。

1513．马育良：《保民而王：一个充满温情的王政话题》，《孔子研究》2002 年第 4 期。

1514．张长明、李竞兴：《荀子〈正名〉的现代解读》，《广东社会科学》2002 年第 4 期。

1515．张毅：《"万物静观皆自得"：儒家心学与诗学片论》，《中国文化研究》2002 年第 4 期。

1516．李有兵、卢春红、方哲：《心性本不二：从〈郭店竹简·性自命出〉篇论儒家"性"论之特征》，《复旦学报》2002 年第 4 期。

1517．贺翠香：《中国儒家的民主与宗教：访国际汉学家安乐哲》，《哲学动态》2002 年第 5 期。

1518．唐文明：《本真性与原始儒家"为己之学"》，《哲学研究》2002 年第 5 期。

1519．吴立群：《儒家仁学思想及其现实意义》，《江西社会科学》2002 年第 5 期。

1520．李友滨：《中庸与实事求是》，《江西社会科学》2002 年第 5 期。

1521．高峰枫：《〈论语〉是不是"孔门福音书"?》，《读书》2002 年第 5 期。

1522．唐雄山：《〈大学〉人性思想及其德治资源》，《江西社会科学》2002 年第 5 期。

1523．梁涛：《简帛〈五行〉新探：兼论〈五行〉在思想史中的地位》，《孔子研究》2002 年第 5 期。

1524．肖群忠：《儒家为己之学传统的现代意义》，《齐鲁学刊》2002 年第 5 期。

1525．李北东：《儒家演变的层面分析》，《四川大学学报》2002 年第 5 期。

1526．王顺达：《论原始儒家的"圣人"理想》，《西南师范大学学报》2002 年第 5 期。

1527．任强：《在理念与仪则之间：先秦儒家思想中的礼义与礼仪》，《中山大学学报》2002 年第 5 期。

1528．乔梁、郭云龙、刘海君等：《〈论语〉新会》，《云南师范大学学报》2002 年第 5 期。

1529．牛多安：《孔子曰"唯女子与小人为难养也"释义》，《孔子研究》2002 年第 5 期。

1530．李惠钦：《论孔子对妇女是尊重而非轻视》，《孔子研究》2002 年第 5 期。

1531．程石泉：《孔子与〈易经〉：马王堆帛书〈易〉之经传中新发现》，《孔子研究》2002 年第 5 期。

1532．金惠敏：《孔子的仁学：一个后现代性的阅读》，《浙江社会科学》2002 年第 5 期。

1533．杨朝明：《子夏及其传经之学考论》，《孔子研究》2002 年第 5 期。

1534．徐国荣：《名士精神与汉魏之际孟子地位之沉浮》，《孔子研究》2002 年第 5 期。

1535．李秋华：《孟子仁政思想初探》，《浙江学刊》2002 年第 5 期。

1536．洪胜杓：《先秦儒家人论的现代价值》，《东岳论丛》2002 年第 5 期。

1537．孙聚友：《论子思的人格及思想》，《东岳论丛》2002 年第 5 期。

1538．梁涛：《荀子与〈中庸〉》，《中国社会科学院研究生院学报》2002 年第 5 期。

1539．贾艳红：《〈大学〉主旨及对后世的影响》，《山东师范大学学报》2002 年第 5 期。

1540．张信：《论〈论语〉的主要作者》，《内蒙古大学学报》2002 年第 5 期。

1541．刘示范、孙聚友：《"儒学与全球化"国际学术研讨会综述》，《孔子研究》2002 年第 6 期。

1542．方光华：《〈论孟古义〉与〈读四书大全说〉的比较》，《孔子研究》2002 年第 6 期。

1543．周桂钿：《论儒家精神》，《理论学刊》2002 年第 6 期。

1544．张涛：《世纪上半期儒家经典研究述略：以六经作者、成书年代和性质为中心》，《山东大学学报》2002 年第 6 期。

1545. 张信：《论〈论语〉的时间信息》，《内蒙古大学学报》2002 年第 6 期。

1546. 周海平：《觉悟的体悟，卓然的阐释：〈论语新解〉的学术情怀与境界》，《孔子研究》2002 年第 6 期。

1547. 张刚：《从祖灵意识谈儒家思想的逻辑起点》，《齐鲁学刊》2002 年第 6 期。

1548. 欧阳彬：《论儒家与基督教思维方式的差异》，《青海社会科学》2002 年第 6 期。

1549. 张慧：《试论先秦儒家的礼乐观》，《山东社会科学》2002 年第 6 期。

1550. 唐明贵：《略论康有为的〈论语〉学》，《山东社会科学》2002 年第 6 期。

1551. 陈来：《王船山的〈中庸〉首章诠释及其思想》，《武汉大学学报》2002 年第 6 期。

1552. 李景林：《孔子"述、作"之义与文化的继承性》，《天津社会科学》2002 年第 6 期。

1553. 赵卫东：《仁知合一，以仁统知：孔子处理德性与知识关系的方式》，《山东师范大学学报》2002 年第 6 期。

1554. 冯国超：《论先秦儒家德治思想的内在逻辑与历史价值》，《哲学研究》2002 年第 7 期。

1555. 郭齐勇：《也谈"子为父隐"与孟子论舜：兼与刘清平先生商榷》，《哲学研究》2002 年第 10 期。

1556. 杨普罗：《再释"仁之方"》，《学术研究》2002 年第 11 期。

1557. 穆南珂：《儒家典籍的语境溯源及方法论意义：兼与郭齐勇先生商榷》，《哲学研究》2002 年第 12 期。

1558. 吴高歌：《论先秦儒家的理性》，《晋阳学刊》2003 年第 1 期。

1559. 李英灿：《儒家社会学何以可能》，《孔子研究》2003 年第 1 期。

1560. 傅永聚、韩钟文：《世纪中国儒学研究的回顾与反思》，《孔子研究》2003 年第 1 期。

1561. 朱翔飞：《〈大学〉"格物"解平议》，《孔子研究》2003 年第 1 期。

1562．周裕锴：《"文无隐言"与儒家的形上等级制》，《中国文化研究》2003 年第 1 期。

1563．王志成：《孟子的仁政论及其音乐美学观》，《晋阳学刊》2003 年第 1 期。

1564．夏辉：《孟子对传统天命报应论的创造性转化：兼论性善论的价值合理性》，《现代哲学》2003 年第 1 期。

1565．周建国、杨极云：《儒家文化的工具理性及其与现代社会的亲合性分析》，《海南师范学院学报》2003 年第 1 期。

1566．周汝永：《中庸的体用及其现代形态》，《江淮论坛》2003 年第 1 期。

1567．周勤：《道德自主与文化习俗——综论西方儒学研究中的情境主义取径》，《中国哲学史》2003 年第 1 期。

1568．杜维明：《儒家与生态》，《中国哲学史》2003 年第 1 期。

1569．李友滨：《孔子：春秋时期的革新家》，《江西社会科学》2003 年第 1 期。

1570．龙佳解、张叶寒：《儒学：在人际关系中的自我转换之学：评杜维明对孔子的"仁学"的诠释》，《求索》2003 年第 1 期。

1571．孙熙国、孟洁：《孔子"知"论及其现代价值》，《文史哲》2003 年第 1 期。

1572．贾庆超：《曾子领纂〈论语〉说》，《东岳论丛》2003 年第 1 期。

1573．田文军、李富春：《帛简〈五行〉篇与原始"五行"说》，《武汉大学学报》2003 年第 1 期。

1574．张涅：《荀学与思孟后学的关系及其对理学的影响》，《东岳论丛》2003 年第 1 期。

1575．薛辉、杨立民：《试论儒学中的子贡》，《文史哲》2003 年第 1 期。

1576．袁红冰：《道德法律化的悲剧：儒学的历史命运批判》，《贵州师范大学学报》2003 年第 2 期。

1577．申来津、陈琳：《儒家文化对人生的精神观照》，《求索》2003 年第 2 期。

1578．蒙培元：《人是情感的存在：儒家哲学再阐释》，《社会科学战线》2003 年第 2 期。

1579. 周勇胜：《从亚细亚生产方式看儒家文化的特质与命运》，《厦门大学学报》2003 年第 2 期。

1580. 陈东：《历代学者关于〈齐论语〉的探讨》，《齐鲁学刊》2003 年第 2 期。

1581. 唐贤秋、张登巧：《〈论语〉中的诚信思想及其现代意义》，《齐鲁学刊》2003 年第 2 期。

1582. 夏国军：《孔子的"正名"说是政治伦理的，还是逻辑的》，《社会科学辑刊》2003 年第 2 期。

1583. 刘长东：《孔子项託相问事考论：以敦煌汉文本〈孔子项託相问书〉为中心》，《四川大学学报》2003 年第 2 期。

1584. 张光成：《孟子"浩然之气"说再考论》，《河北师范大学学报》2003 年第 2 期。

1585. 杨泽波：《〈孟子〉的误读：与〈美德还是腐败〉一文商榷》，《江海学刊》2003 年第 2 期。

1586. 梅珍生：《论孟子的礼学思想》，《湖南大学学报》2003 年第 2 期。

1587. 周咏梅：《儒家道德思想对当前高校道德教育的启示》，《广西师范学院学报》2003 年第 2 期。

1588. 肖群忠：《论中国文化的情理精神》，《伦理学研究》2003 年第 2 期。

1589. 张静互：《儒家礼教论：论"仁"、"人性"、"文"和"礼"的关系》，《湖南大学学报》2003 年第 2 期。

1590. 汪高鑫：《荀学研究的新拓展：〈荀子与儒家的社会理想〉述评》，《中国文化研究》2003 年第 2 期。

1591. 李健胜：《子思从学考释》，《青海师范大学学报》2003 年第 2 期。

1592. 丁原明：《儒家诚信观及其在当代的运用》，《山东社会科学》2003 年第 3 期。

1593. 屈小宁、余志海：《儒家隐逸观与自然观自先秦至唐的演变》，《陕西师范大学学报》2003 年第 3 期。

1594．孙小玫、阮航：《〈论语〉中的"谦"及其现代价值》，《社会科学辑刊》2003 年第 3 期。

1595．陈海红、李长泰：《儒家人伦思想的建构与展开》，《人文杂志》2003 年第 3 期。

1596．张连良：《从〈中庸〉看中国哲学范畴"三位一体"的特征》，《人文杂志》2003 年第 3 期。

1597．程碧英：《〈论语〉"孝"字的文化阐释》，《四川师范学院学报》2003 年第 3 期。

1598．林存光：《孔儒之学理解新论》，《中国文化研究》2003 年第 3 期。

1599．冯浩菲：《孔子"愚民"辨》，《文史哲》2003 年第 3 期。

1600．米继军：《荀子"隆礼重法"观辨析》，《内蒙古社会科学》2003 年第 3 期。

1601．景怀斌：《儒家成德精神动力的心理学分析》，《孔子研究》2003 年第 3 期。

1602．唐子奕：《"人不知而不愠，不亦君子乎"试解："君子"现象分析》，《孔子研究》2003 年第 3 期。

1603．余树苹：《再寻"孔颜乐处"：以〈论语〉中有关颜回的资料为背景》，《浙江学刊》2003 年第 3 期。

1604．杨胜良：《"为己之学"：孔子之论"学"》，《孔子研究》2003 年第 3 期。

1605．江雪莲：《儒家为学体验新论》，《中国哲学史》2003 年第 3 期。

1606．蒋国保：《儒学普世化的基本路向》，《中国哲学史》2003 年第 3 期。

1607．赵敦华：《中西哲学术语的双向格义：以〈论语〉为例》，《中国哲学史》2003 年第 3 期。

1608．高中华、李颖：《中和思想与可持续发展的普遍和谐观》，《伦理学研究》2003 年第 4 期。

1609．黄德昌：《儒家与夷夏之辨》，《四川大学学报》2003 年第 4 期。

1610．郑晔、杨世文：《儒家文化与近代科学："李约瑟之谜"再思考》，《四川大学学报》2003 年第 4 期。

1611. 李宏亮：《论儒学智慧对全面建设小康社会的启迪》，《晋阳学刊》2003 年第 4 期。

1612. 张秋升：《西汉儒家历史观述论》，《齐鲁学刊》2003 年第 4 期。

1613. 闫春新：《李充〈论语〉注简论》，《齐鲁学刊》2003 年第 4 期。

1614. 陈来：《王船山〈论语〉诠释中的理气观》，《文史哲》2003 年第 4 期。

1615. 朱人求：《儒家文化哲学何以可能》，《福建师范大学学报》2003 年第 4 期。

1616. 赵永波：《儒学在现代社会的继承、扬弃与发展》，《河南大学学报》2003 年第 4 期。

1617. 董根洪：《儒家真精神："时中"》，《孔子研究》2003 年第 4 期。

1618. 孙聚友：《论儒家的管理哲学》，《孔子研究》2003 年第 4 期。

1619. 蔡德贵：《儒家的秩序的和平论》，《孔子研究》2003 年第 4 期。

1620. 乐爱国：《儒学与中国古代农学：从孔子反对"樊迟学稼"说起》，《孔子研究》2003 年第 4 期。

1621. 冯达文：《作为人文教养的早期儒学：兼谈先秦社会历史演变中的贵族与平民》，《中山大学学报》2003 年第 4 期。

1622. 赵敦华：《孔子的"仁"和苏格拉底的"德性"》，《北京大学学报》2003 年第 4 期。

1623. 宋艳萍：《孔子质文说与汉代文家特质》，《孔子研究》2003 年第 4 期。

1624. 郭沂：《子思书再探讨：兼论〈大学〉作于子思》，《中国哲学史》2003 年第 4 期。

1625. 王锟：《儒学的目的性问题》，《中国哲学史》2003 年第 4 期。

1626. 梁涛：《竹简〈穷达以时〉与早期儒家天人观》，《哲学研究》2003 年第 4 期。

1627. 王新莹：《孔子的"仁知统一"与苏格拉底的"德性即知识"》，《河南大学学报》2002 年第 4 期。

1628. 孙小金：《从〈中庸〉到"和合学"》，《广西社会科学》2003 年第 4 期。

1629. 李晨阳：《儒家传统面临的五个挑战》，《安徽大学学报》2003 年第 5 期。

1630．韩德民：《说"名节"》，《浙江社会科学》2003 年第 5 期。

1631．李霞：《论儒道生命观的理性精神及其历史影响》，《安徽大学学报》2003 年第 5 期。

1632．周晓明：《"人"与"天"：前期儒家与自律精神确立》，《华中师范大学学报》2003 年第 5 期。

1633．谢树放：《儒家中庸、中和是"真善美"的统一》，《兰州大学学报》2003 年第 5 期。

1634．李则鸣：《孔孟思想还原》，《武汉大学学报》2003 年第 5 期。

1635．荆雨：《由〈论语〉和〈诗论〉谈孔子以德论诗》，《武汉大学学报》2003 年第 5 期。

1636．李世安：《试论儒家文化中的人权思想》，《河南师范大学学报》2003 年第 5 期。

1637．盖光：《孟荀的"性—情"结构论及艺术本体性》，《孔子研究》2003 年第 5 期。

1638．颜炳罡：《"儒学与当代社会双向互动"刍议》，《孔子研究》2003 年第 5 期。

1639．牛冬梅：《儒家的宗教性及其与西方基督教精神之比较》，《孔子研究》2003 年第 5 期。

1640．裴毅然：《〈论语〉和〈孟子〉的逻辑断点与隐含的虚妄性》，《中州学刊》2003 年第 5 期。

1641．李冬君：《春秋圣化大趋势与孔子之道"一以贯之"》，《广东社会科学》2003 年第 5 期。

1642．李智：《析"时中"在孔子生存境域中的魅力》，《孔子研究》2003 年第 5 期。

1643．何中华：《孟子"万物皆备于我"章臆解》，《孔子研究》2003 年第 5 期。

1644．庞世伟、魏荣桥：《论孔子的人格美育思想》，《清华大学学报》2003 年第 5 期。

1645．王兆胜：《林语堂与孟子》，《学习与探索》2003 年第 5 期。

1646．周生春、明旭：《论孔子为学的历程及其思想的演变》，《哲学研究》2003 年第 6 期。

1647. 李景林：《儒家的价值实现方式与个体性原则》，《吉林大学社会科学学报》2003 年第 6 期。

1648. 张连伟：《孔孟道论要义》，《江淮论坛》2003 年第 6 期。

1649. 郭洪纪：《儒家政治伦理的人本倾向与普世关怀》，《青海师范大学学报》2003 年第 6 期。

1650. 何元国：《孔子的"仁"和亚里士多德的"友爱"之比较》，《北京师范大学学报》2003 年第 6 期。

1651. 常云平、陈丽：《论荀子关于人的存在方式的思想》，《西南师范大学学报》2003 年第 6 期。

1652. 朱人求、陈大勇：《先秦儒家文化发展论》，《江西社会科学》2003 年第 7 期。

1653. 周春生：《"取譬"与"是"：从判断系动词看中西方文化哲学的生成和框架》，《哲学研究》2003 年第 7 期。

1654. 白奚：《"仁"与"相人偶"：对"仁"字的构形及其原初意义的再考察》，《哲学研究》2003 年第 7 期。

1655. 郑晔：《论柳宗元对儒学发展新方向的探索》，《西南民族大学学报》2003 年第 7 期。

1656. 戴丽红、潘殊闲：《儒家文化与马克思主义的中国化》，《西南民族大学学报》2003 年第 7 期。

1657. 李红、曾斌：《孔子法哲学思想的现实意义初探》，《西南民族大学学报》2003 年第 7 期。

1658. 于希谦：《对儒学宗教论若干论据的质疑：与李申研究员商榷》，《学术月刊》2003 年第 8 期。

1659. 余治平：《性情形而上学：儒学哲学的特有门径》，《哲学研究》2003 年第 8 期。

1660. 陈荣庆、范松仁：《儒学的生存困境与发展可能》，《江西社会科学》2003 年第 8 期。

1661. 李丕洋：《中国儒家及传统知行观思想新论》，《江西社会科学》2003 年第 9 期。

1662. 李申：《对〈儒学宗教论若干论据的质疑〉一文的回答》，《学术月刊》2003 年第 9 期。

1663．赖志凌、王江武：《从〈论语〉中仁对礼的建构看孔子的仁礼关系思想》，《江西社会科学》2003 年第 9 期。

1664．张朝松：《荀子礼起源论的双重根据及启示》，《广西社会科学》2003 年第 10 期。

1665．干春松：《制度化儒家：问题与方法》，《哲学动态》2003 年第 10 期。

1666．李钟麟：《儒家"诚"的思想及其现代价值》，《广西社会科学》2003 年第 11 期。

1667．白炜：《论孔子的"仁境"》，《江汉论坛》2003 年第 11 期。

1668．张军：《早期儒学语境中的"时"范畴析解》，《孔子研究》2004 年第 1 期。

1669．张亚宁：《山东孔子学会第三届理事会暨"儒学与中华民族精神"学术研讨会综述》，《孔子研究》2004 年第 1 期。

1670．陈春会：《春秋礼治思潮略论》，《西北大学学报》2004 年第 1 期。

1671．陈桐生：《不是六艺，胜似六艺：谈〈史记〉与〈论语〉的学术关系》，《孔子研究》2004 年第 1 期。

1672．廖名春：《试论楚简〈鲁邦大旱〉篇的内容与思想》，《孔子研究》2004 年第 1 期。

1673．朱丽晓：《儒学与基督教的对比：温伟耀博士访问四川大学道教与宗教文化研究所演讲摘要》，《宗教学研究》2004 年第 1 期。

1674．蔡德贵：《论多元融和型的儒学》，《北京师范大学学报》2004 年第 1 期。

1675．肖娜：《孔子政治哲学刍义》，《广西社会科学》2004 年第 2 期。

1676．蒙培元：《儒学是人类中心主义吗?》，《现代哲学》2004 年第 1 期。

1677．肖永明：《朱熹〈四书〉学的治学特点》，《湖南大学学报》2004 年第 1 期。

1678．李军：《孔子思想中"个人的整体精神"论析》，《广西师范学院学报》2004 年第 1 期。

1679. 李晓虹：《孔子礼学的历史形成》，《宁夏社会科学》2004 年第 1 期。

1680. 杨庆中：《论孔子中庸思想的内在逻辑》，《齐鲁学刊》2004 年第 1 期。

1681. 王泽庆：《孔子的女性观》，《云南师范大学学报》2004 年第 1 期。

1682. 顾红亮：《孟子人格学说的现代诠释》，《齐鲁学刊》2004 年第 1 期。

1683. 王继训：《两汉儒家天命思想哲学意义上的阐释》，《山东师范大学学报》2004 年第 1 期。

1684. 夏伟东：《对儒家重德治亦不排斥法治观点的一些论证》，《齐鲁学刊》2004 年第 1 期。

1685. 王志刚：《论中国古代儒家哲学的价值取向》，《伦理学研究》2004 年第 2 期。

1686. 黄玉顺：《形而上学的奠基问题：儒学视域中的海德格尔及其所解释的康德哲学》，《四川大学学报》2004 年第 2 期。

1687. 陈战峰：《郭店楚简〈五行〉篇理论结构探析》，《西北大学学报》2004 年第 2 期。

1688. 刘清平：《再论孔孟儒学与腐败问题：兼与郭齐勇先生商榷》，《学术界》2004 年第 2 期。

1689. 刘清平：《从传统儒家走向后儒家》，《哲学动态》2004 年第 2 期。

1690. 贾新奇：《论家庭主义的内涵及其与儒家文化的关系》，《哲学动态》2004 年第 2 期。

1691. 马育良：《〈论语〉：一种可能的情感解读》，《孔子研究》2004 年第 2 期。

1692. 刘纯泽：《〈论语〉篇序传》，《孔子研究》2004 年第 2 期。

1693. 郑家栋：《"父为子隐，子为父隐"再议》，《哲学动态》2004 年第 2 期。

1694. 苏杰：《〈三国志〉称引〈论语〉现象研究》，《孔子研究》2004 年第 2 期。

1695. 李锐：《“四始”新证》，《孔子研究》2004 年第 2 期。

1696. 李传军：《〈孔子家语〉辨疑》，《孔子研究》2004 年第 2 期。

1697. 刘东超：《论儒学的当代性问题》，《社会科学》2004 年第 2 期。

1698. 袁进：《儒家与历史进步主义》，《社会科学》2004 年第 2 期。

1699. 赖换初：《儒家礼育思想及其现代价值》，《求索》2004 年第 2 期。

1700. 张道勤：《简论〈书经〉的流传及文献价值》，《湘潭大学学报》2004 年第 2 期。

1701. 赵载光：《论儒家礼制文化的生态思想》，《湘潭大学学报》2004 年第 2 期。

1702. 黄玉顺：《儒家是如何从心性论推出伦理学的：中国传统思维模式的一种探索》，《中州学刊》2004 年第 2 期。

1703. 曹骁虎：《儒家“情”的观念的发展及其与佛、道关系》，《中州学刊》2004 年第 2 期。

1704. 赖积船：《“死生有命、富贵在天”解析》，《河北大学学报》2004 年第 2 期。

1705. 黄荟：《从“视域融合”的视角来看朱熹对“四书”的解释》，《兰州学刊》2004 年第 2 期。

1706. 陈长书：《刘宝楠〈论语正义〉比喻认知研究》，《宁夏大学学报》2004 年第 2 期。

1707. 赵彩花：《试论孔子“儒家之隐”的文化义蕴》，《湖南师范大学社会科学学报》2004 年第 2 期。

1708. 王锟：《孔子传统与现代民主政治》，《晋阳学刊》2004 年第 2 期。

1709. 刘清平：《论孟子恻隐说的深度悖论》，《齐鲁学刊》2004 年第 2 期。

1710. 梁晓杰：《“礼失而求诸野”：“现代性”政治文化解读》，《天津社会科学》2004 年第 2 期。

1711. 王博：《论“仁内义外”》，《中国哲学史》2004 年第 2 期。

1712. 谢桂娟、苏静艳：《孟子与朱熹仁政说之比较》，《延边大学学报》2004 年第 2 期。

1713. 汤一介：《儒家思想与生态问题：从"易，所以会天道、人道也"说起》，《中国文化研究》2004年第2期。

1714. 王大建：《儒家的发生与中国社会的非宗教化》，《中国文化研究》2004年第2期。

1715. 林存光：《意识形态与文化的成长：试评反思儒学的两种致思路向》，《中国社会科学院研究生院学报》2004年第2期。

1716. 严火其、王中越：《必要的张力：在天官和天君之间：荀子认识思想新论》，《东岳论丛》2004年第2期。

1717. 姚新中：《智者乐水：早期儒家传统中的智慧观》，《齐鲁学刊》2004年第2期。

1718. 任强：《道成肉身与体用一如：基督教与儒家本体论之比较》，《中山大学学报》2004年第2期。

1719. 王国轩：《仁学与人类文明》，《孔子研究》2004年第3期。

1720. 陈虎：《20世纪儒学研究的总结：评〈20世纪儒学研究大系〉》，《孔子研究》2004年第3期。

1721. 汪聚应：《儒"义"考论》，《兰州大学学报》2004年第3期。

1722. 赵茗：《隋唐时期佛教禅宗对儒学思想的影响》，《青海师范大学学报》2004年第3期。

1723. 曾德雄：《从劝学传统看中国文化的激进基因》，《人文杂志》2004年第3期。

1724. 张践：《儒教与中国政治》，《文史哲》2004年第3期。

1725. 余勇：《孔荀君子观比较》，《中南民族大学学报》2004年第3期。

1726. 李兰芬：《玄远之幕的飘落：王弼〈论语释疑〉的命运》，《孔子研究》2004年第3期。

1727. 周立升：《孔学与全球化》，《孔子研究》2004年第3期。

1728. 郭墨兰：《孔子"欲居九夷"探析》，《孔子研究》2004年第3期。

1729. 张诒三：《"君子喻于义，小人喻于利"探诂》，《孔子研究》2004年第3期。

1730. 张雯琪、褚新国：《孔子人性思想发微：以"性相近也，习相远也"为中心的考察》，《青海社会科学》2004 年第 3 期。

1731．邵俊峰：《试论孔子学说及其性格的悲剧性》，《人文杂志》2004 年第 3 期。

1732．井海明、李尚儒：《孔子"攻乎异端"辨疑》，《山东大学学报》2004 年第 3 期。

1733．廖加林、赵立华：《论孟子的"仁政"思想及现代价值》，《湘潭师范学院学报》2004 年第 3 期。

1734．杨泽波：《法律西化背景下对儒学的双重苛求：关于〈孟子〉中舜的两个案例能否称为腐败的再思考》，《河北学刊》2004 年第 3 期。

1735．张之锋：《孟子笔下的道统与政统》，《江淮论坛》2004 年第 3 期。

1736．周光庆：《孟子"以意逆志"说考论》，《孔子研究》2004 年第 3 期。

1737．高芳：《荀子解蔽与自我发现》，《内蒙古社会科学》2004 年第 3 期。

1738．李春青：《儒学"独尊"之原因新探》，《社会科学辑刊》2004 年第 3 期。

1739．唐明贵：《皇侃〈论语义疏〉探微》，《齐鲁学刊》2004 年第 3 期。

1740．黄开国：《〈公羊〉学的孔子改制说》，《齐鲁学刊》2004 年第 3 期。

1741．邵俊峰：《孔子人性观新论》，《齐鲁学刊》2004 年第 3 期。

1742．韩国良：《孟子文论补略》，《河北大学学报》2004 年第 3 期。

1743．孙海燕：《深入研究孔子及儒家思想推动中国文化建设：北京语言大学"孔子与世界文化"学术研讨会综述》，《中国文化研究》2004 年第 4 期。

1744．陈代湘：《儒学"入世"特性及与专制主义的关系》，《求索》2004 年第 4 期。

1745．姚小鸥、郑永扣：《论上海楚简〈民之父母〉的"五至"说》，《哲学研究》2004 年第 4 期。

1746．盛洪：《在儒学中发现永久和平之道》，《读书》2004 年第 4 期。

1747. 龚平:《儒家人文精神的现代意义》,《西华师范大学学报》2004
年第 4 期。

1748. 李景林:《本虚而实:儒家教化理念的立身之所》,《吉林大学社
会科学学报》2004 年第 4 期。

1749. 储昭华:《儒家文化的自由精神究竟何在:兼论儒家自由主义如
何可能》,《江海学刊》2004 年第 4 期。

1750. 陆自荣:《儒家文化一西方文化合理化途径之比较》,《上海大学
学报》2004 年第 4 期。

1751. 舒大刚:《谈谈〈儒藏〉编纂的分类问题》,《四川大学学报》
2004 年第 4 期。

1752. 杨国荣:《儒家的形上之思》,《浙江学刊》2004 年第 4 期。

1753. 霍松林、崔建波:《论〈孟子〉、〈庄子〉中的孔子形象》,《兰
州大学学报》2004 年第 4 期。

1754. 裴传永:《人的价值和人的权利:孔子人学的两大发现》,《文史
哲》2004 年第 4 期。

1755. 乔中哲:《〈孟子〉的"心":生物性与社会性的和谐》,《河南
大学学报》2004 年第 4 期。

1756. 周桂钿:《经学兴衰的理论探讨》,《南京师范大学文学院学报》
2004 年第 4 期。

1757. 张立文:《和平、发展、合作:儒家文明在世界文明对话中的地
位和价值》,《孔子研究》2004 年第 4 期。

1758. 丁原明:《"中和":理性与价值相统一的"合理理性"》,《孔子
研究》2004 年第 4 期。

1759. 孟祥才:《从秦汉时期皇帝诏书称引儒家经典看儒学的发展》,
《孔子研究》2004 年第 4 期。

1760. 徐儒宗:《当代儒学国际学术研讨会综述》,《孔子研究》2004 年
第 4 期。

1761. 杨世文:《追寻中华道统思想的历史轨迹:读蔡方鹿〈中华道统
思想发展史〉》,《孔子研究》2004 年第 4 期。

1762. 周群:《阳明学与袁宗道的"四书"诠释》,《孔子研究》2004
年第 4 期。

1763．刘文英：《关于孔子梦见周公的几个问题》，《孔子研究》2004 年第 4 期。

1764．刘康德：《孔子识"鸟"、观"鸟"及其他》，《孔子研究》2004 年第 4 期。

1765．张岩：《〈孔子家语〉研究综述》，《孔子研究》2004 年第 4 期。

1766．黎红雷：《礼道·礼教·礼治：荀子哲学建构新探》，《现代哲学》2004 年第 4 期。

1767．梁涛：《竹简〈性自命出〉与〈孟子〉"天下之言性"章》，《中国哲学史》2004 年第 4 期。

1768．朱汉民：《实践体验：朱熹的〈四书〉诠释方法》，《中国哲学史》2004 年第 4 期。

1769．朱汉民：《言·意·理：朱熹的〈四书〉诠释方法、语言、文献》，《孔子研究》2004 年第 5 期。

1770．董治安：《新的解读，新的开掘：读钭东星著〈论语义说〉》，《孔子研究》2004 年第 5 期。

1771．欧阳祯人：《孟子的人格自由论研究》，《武汉大学学报》2004 年第 5 期。

1772．梅珍生：《论礼的有意味的形式：以荀子的饰论为例》，《湖南大学学报》2004 年第 5 期。

1773．何显明：《儒家政治哲学的内在理路及其限制》，《哲学研究》2004 年第 5 期。

1774．杨林夕：《略论〈论语〉与小说的关系》，《求索》2004 年第 5 期。

1775．马娟：《〈孟子〉为政思想及借鉴》，《西南民族大学学报》2004 年第 5 期。

1776．朱人求：《全球化背景下的儒家文化自觉》，《福建师范大学学报》2004 年第 5 期。

1777．毛文凤：《论儒家终极关怀的双重走向》，《华东师范大学学报》2004 年第 5 期。

1778．姜林祥：《全球化时代的中国儒学》，《齐鲁学刊》2004 年第 5 期。

1779. 张践：《忠恕之道的现代价值》，《学术界》2004 年第 5 期。

1780. 李幼蒸：《原始仁学的意义：〈论语〉文本的符号学—解释学读解法》，《国外社会科学》2004 年第 5 期。

1781. 颜炳罡：《仁·直觉·生活态度：梁漱溟对孔子哲学的创造性诠释》，《东岳论丛》2004 年第 5 期。

1782. 李文义：《孔子思想的基本结构及影响》，《齐鲁学刊》2004 年第 5 期。

1783. 康少峰：《〈鲁邦大旱〉歧释文字管见》，《四川大学学报》2004 年第 5 期。

1784. 吉兴：《解蔽与成圣：荀子认识论新探》，《河北学刊》2004 年第 5 期。

1785. 郭振香：《论〈礼运〉与〈中庸〉在治政之道上的分野》，《安徽大学学报》2004 年第 6 期。

1786. 李祥俊：《先秦儒家道论与汉代经学的兴起》，《北京师范大学学报》2004 年第 6 期。

1787. 赵林玲：《孔子的死亡思想研究》，《西华师范大学学报》2004 年第 6 期。

1788. 涂可国：《儒家"中和"思想在维护国家文化安全中的作用》，《东岳论丛》2004 年第 6 期。

1789. 金尚理：《试论儒家的"礼因人情"说》，《甘肃社会科学》2004 年第 6 期。

1790. 于欣：《先秦儒家人学思想探析》，《兰州学刊》2004 年第 6 期。

1791. 白·特木尔巴根：《清代蒙译儒学典籍及其流传》，《内蒙古师范大学报》2004 年第 6 期。

1792. 肖群忠：《中庸之道与情理精神》，《齐鲁学刊》2004 年第 6 期。

1793. 杨雅丽：《孔子鬼神观念在礼学中的两难境遇》，《河南师范大学学报》2004 年第 6 期。

1794. 唐明贵：《傅斯年对孔子及其学说的重新解读》，《兰州学刊》2004 年第 6 期。

1795. 张丽华：《古典儒学宗教性的不同解读》，《孔子研究》2004 年第 6 期。

1796．徐克谦：《论儒学基本原理与民主政治的兼容与接轨》，《孔子研究》2004 年第 6 期。

1797．刘珍珍：《罗尼·泰勒对儒学宗教性的独特研究》，《孔子研究》2004 年第 6 期。

1798．高新民：《试论孔子儒家学说的易学根源》，《西北民族大学学报》2004 年第 6 期。

1799．马小龙：《从"鲧、禹治水"看儒家思想中礼乐精神的形成》，《西北民族大学学报》2004 年第 6 期。

1800．彭锋：《孟子论牛羊之别新解》，《孔子研究》2004 年第 6 期。

1801．李景林：《儒学关联于民众生活的现实载体》，《河北学刊》2004 年第 6 期。

1802．李斌：《儒家的人生哲学与理想人格》，《宁夏大学学报》2004 年第 6 期。

1803．邵力：《儒家思想与礼制：兼议中国古代传统法律思想的礼法结合》，《中国法学》2004 年第 6 期。

1804．彭彦华：《孔子辩证法思想探赜》，《学术界》2004 年第 6 期。

1805．杨海文：《儒学独断论的表现形式与突围策略》，《学术研究》2004 年第 7 期。

1806．梁宗华：《从〈儒教中国及其现代命运〉看列文森的儒学观》，《哲学研究》2004 年第 7 期。

1807．杨海文：《孔子的"生存叙事"与"生活儒学"的敞开》，《福建论坛》2004 年第 8 期。

1808．梅珍生：《论荀子礼学的深度结构》，《江汉论坛》2004 年第 8 期。

1809．曾琦云：《〈论语〉"道"论》，《求索》2004 年第 8 期。

1810．李尚儒：《"无友不如己者"辨疑》，《求索》2004 年第 8 期。

1811．谭志敏：《孟子"仁政"学说与现代小康社会》，《求索》2004 年第 9 期。

1812．张军德：《"和而不同"辨析》，《求索》2004 年第 10 期。

1813．盛邦和、何爱国：《论儒家对现代化的调适》，《福建论坛》2004 年第 11 期。

1814．许苏静：《孔子人生哲学观论析》，《求索》2004年第11期。

1815．郭圣林：《"自行束脩以上"新解》，《学术研究》2004年第11期。

1816．张巍：《"天禄永终"辨正》，《学术研究》2004年第11期。

1817．傅晓华：《论儒家恕道精神的当代价值》，《求索》2004年第11期。

1818．路德斌：《儒学的认同与转换——"山东省首届中国哲学与文化论坛"纪要》，《哲学研究》2004年第11期。

1819．林桂榛：《儒学的世界性与世界性的儒学》，《光明日报》2004年12月28日。

1820．张江明、刘景泉：《试析孔子的矛盾思想》，《学术研究》2004年第12期。

1821．王玲玲、卓瑛、张朝蓉：《经济全球化进程中儒家人文精神的当代价值》，《江西社会科学》2004年第12期。

1822．姜建：《渐行渐远的儒家文化：儒家文化的现代遭遇和在文化全球化时代的命运》，《江西社会科学》2004年第12期。

1823．刘华：《"自我"的建构：先秦儒家的自我理论》，《南京师大学报》2005年第1期。

1824．任现品：《略论儒家文化的感恩意识》，《孔子研究》2005年第1期。

1825．钱明：《重构中国软力量的核心价值观：读徐儒宗〈中庸论〉》，《孔子研究》2005年第1期。

1826．黄俊杰：《论儒家思想中的"人"与"自然"之关系：兼论其21世纪之启示》，《现代哲学》2005年第1期。

1827．涂可国：《论儒学的社会本位与个人本位悖论及其影响》，《哲学研究》2005年第1期。

1828．朱汉民：《朱熹〈四书〉学与儒家工夫论》，《北京大学学报》2005年第1期。

1829．左高山：《论〈论语〉中的"禘"及其政治伦理意蕴》，《孔子研究》2005年第1期。

1830．周洪才：《孔子研究中的一项创举：〈孔子历史地图集〉识读》，

《孔子研究》2005 年第 1 期。

1831．干春松：《近代中国人的认同危机及其重建：以康有为与孔教会为例》，《浙江学刊》2005 年第 1 期。

1832．唐文明：《历史的任务与儒教的自我主张》，《浙江学刊》2005 年第 1 期。

1833．邓晓芒：《从康德的道德哲学看儒家的"乡愿"》，《浙江学刊》2005 年第 1 期。

1834．干春松：《一以贯之和生生不息：儒家的构成及发展》，《东岳论丛》2005 年第 1 期。

1835．李承贵：《现代背景下的儒学开展方向：百年儒学开展方向主要论说及评论》，《江西社会科学》2005 年第 1 期。

1836．辛达海：《论儒家恕道精神的当代价值》，《社会科学辑刊》2005 年第 1 期。

1837．李欧：《〈论语〉的诗歌功能论》，《江淮论坛》2005 年第 1 期。

1838．罗仲祥：《论孔子思想与老子的关系》，《贵州师范大学学报》2005 年第 1 期。

1839．李华华：《孔子之"道"今析：以〈论语〉为例》，《江淮论坛》2005 年第 1 期。

1840．函亚文：《论儒家"天人合一"思想对可持续发展的价值》，《兰州学刊》2005 年第 1 期。

1841．裴传永：《论子夏在中国经学史上的地位：从〈史记·孔子世家〉"六艺"的本义说起》，《中国哲学史》2005 年第 1 期。

1842．余泽浩：《人的主体凸显：孔子对鬼神祭祀文化的承传》，《兰州学刊》2005 年第 1 期。

1843．杨朝明：《〈礼运〉成篇与学派属性等问题》，《中国文化研究》2005 年第 1 期。

1844．郭志民：《试论〈论语〉为仁之道的最高境界》，《海南大学学报》2005 第 1 期。

1845．陆娟娟：《吐鲁番出土唐景龙二年写本〈论语郑氏注〉校勘》，《新疆师范大学学报》2005 年第 1 期。

1846．龚群：《先秦儒家的王道观念：兼论所谓"东亚价值"》，《哲学研究》2005 年第 1 期。

1847. 李景林：《直觉与理性：梁漱溟对儒家理性概念的新诠》，《人文杂志》2005 年第 2 期。

1848. 余治平：《儒学话语对哲学话语的积极涵摄》，《河北学刊》2005 年第 2 期。

1849. 宋钢：《〈论语义疏〉"疏亦破注"举例》，《南京师范大学文学院学报》2005 年第 2 期。

1850. 方国根：《"和合"理念、文化全球化与儒学发展："儒家思想在世界的传播与发展"国际研讨会综述》，《学术界》2005 年第 2 期。

1851. 赵书妍：《"克己复礼"的百年误读与思想真谛》，《河北学刊》2005 年第 2 期。

1852. 王新春：《邵雍天人之学视野下的孔子》，《文史哲》2005 年第 2 期。

1853. 梁燕城：《孔子的方法学：从本体诠释学模式研究孔子哲学》，《文史哲》2005 年第 2 期。

1854. 肖玉峰：《"无为"新探：从治术到隐逸思想》，《贵州社会科学》2005 年第 2 期。

1855. 方旭东：《诠释过度与诠释不足：重审中国经典解释学中的汉宋之争：以〈论语〉"颜渊问仁"章为例》，《哲学研究》2005 年第 2 期。

1856. 张亚宁：《1996—2004 年中国大陆儒学研究的新进展》，《孔子研究》2005 年第 2 期。

1857. 李爱良：《论儒家文化的泛道德性》，《伦理学研究》2005 年第 2 期。

1858. 杜豫、刘振佳：《"颜乐"新探：兼论早期儒家知识价值观》，《齐鲁学刊》2005 年第 2 期。

1859. 魏义霞：《仁：在孔子与孟子之间》，《社会科学战线》2005 年第 2 期。

1860. 黄书光：《教化权力之争：儒家教化思想主流地位的确立与发展》，《西北师大学报》2005 年第 2 期。

1861. 刘东超：《时间之镜中的多面"孔子"：读林存光博士〈历史上的孔子形象〉》，《孔子研究》2005 年第 2 期。

1862．张明：《孔子研究的新拓展：读〈孔子传说的文化审美研究〉》，《孔子研究》2005 年第 2 期。

1863．葛荣晋：《孔子的"三忘"精神及其现代意义》，《社会科学战线》2005 年第 2 期。

1864．郭振香：《论孔子仁学的尚情特征》，《社会科学战线》2005 年第 2 期。

1865．李祥俊：《儒学的人伦关系规范与自我认同》，《中国哲学史》2005 年第 2 期。

1866．田浩著，张凯译：《对创造力与儒家传统的若干反思》，《中国哲学史》2005 年第 2 期。

1867．许雪涛：《刘逢禄〈论语述何〉及其解经方法》，《中国哲学史》2005 年第 2 期。

1868．［新西兰］伍晓明：《从"死生有命"展开的思考》，《中国哲学史》2005 年第 2 期。

1869．冷天吉：《孔子的知识论》，《河南师范大学学报》2005 年第 2 期。

1870．张岂之：《〈二十世纪前期的荀学研究〉序》，《湘潭大学学报》2005 年第 2 期。

1871．李祥俊：《儒学人伦原则的现代开展》，《安徽大学学报》2005 年第 2 期。

1872．宋钢：《〈论语〉疑义举例》，《贵州大学学报》2005 年第 2 期。

1873．朱松美：《创新以经世：康有为对〈孟子微〉的诠释》，《山东师范大学学报》2005 年第 2 期。

1874．崔发展：《"不器"：君子的"游"戏》，《海南大学学报》2005 年第 3 期。

1875．卿希泰：《从儒、道的封建礼教观说到鲁迅所谓的"食人民族"》，《宗教学研究》2005 年第 3 期。

1876．张俊：《中庸阐微：兼驳"孔子与中庸无关说"》，《海南大学学报》2005 年第 3 期。

1877．张伟：《试论〈中庸〉思想体系的逻辑建构》，《海南大学学报》2005 年第 3 期。

1878. 张彦修：《论孔子实践理念体系的特色》，《河南大学学报》2005年第3期。

1879. 何卓恩：《五四评孔的精神本质：张艳国〈破与立的文化激流〉解读》，《江汉论坛》2005年第3期。

1880. 程志华：《后现代主义与儒学的对话》，《学术月刊》2005年第3期。

1881. 习细平：《人性论视域中的先秦儒家修养论》，《内蒙古社会科学》2005年第3期。

1882. 赵明：《论作为政治哲学的先秦儒学》，《山东大学学报》2005年第3期。

1883. 陈望衡：《儒家礼乐观及其当代价值》，《四川师范大学学报》2005年第3期。

1884. 余卫国：《中国知识分子的理想人格：〈论语〉理想人格新论》，《学术论坛》2005年第3期。

1885. 赵晶：《浅析定州汉简本〈论语〉的文献价值》，《浙江社会科学》2005年第3期。

1886. 朱松美：《赵岐〈孟子章句〉的诠释学意义》，《山东大学学报》2005年第3期。

1887. 付永钢：《儒家中道思想与跨文化交际》，《北方论丛》2005年第3期。

1888. 张自慧：《礼文化中的人与自然之和谐观》，《贵州社会科学》2005年第3期。

1889. 疏仁华：《利玛窦与"儒学西渐"刍议》，《贵州师范大学学报》2005年第3期。

1890. 聂振斌：《礼乐文化与儒学艺术精神》，《江海学刊》2005年第3期。

1891. 张自慧：《中国礼文化之和谐观探析》，《江淮论坛》2005年第3期。

1892. 袁玉立：《先秦儒家德性传统的核心价值》，《孔子研究》2005年第3期。

1893. 修建军：《论"和"为儒学之精义》，《孔子研究》2005年第

3 期。

1894．谢荣华：《"子奚不为政？"：试论儒家的"为政"方式》，《孔子研究》2005 年第 3 期。

1895．潘斌：《论礼与儒墨两家的历史命运》，《青海师范大学学报》2005 年第 3 期。

1896．陈来：《儒学的普遍性与地域性》，《天津社会科学》2005 年第 3 期。

1897．都兰军：《试析先秦儒家对礼的合法性基础的重构》，《武汉大学学报》2005 年第 3 期。

1898．李葆华：《林慎思〈续孟子〉对孟子的解读》，《北方论丛》2005 年第 3 期。

1899．刘爱英：《简评〈孟子解读〉》，《东岳论丛》2005 年第 3 期。

1900．马敬芳：《孔子、庄子接受思想之比较》，《青海社会科学》2005 年第 3 期。

1901．郭杰：《仁政·性善·浩然之气：孟子精神世界的再认识》，《深圳大学学报》2005 年第 3 期。

1902．李丽：《儒家的"乐"教与现代休闲》，《兰州学刊》2005 年第 3 期。

1903．蓝江：《儒家传统与斯宾诺莎的"天人合一"思想的异同》，《兰州学刊》2005 年第 3 期。

1904．贾利民：《儒家思想文化之超道德性》，《内蒙古民族大学学报》2005 年第 3 期。

1905．丁原明：《儒学的人文关怀与现代制度文明》，《齐鲁学刊》2005 年第 3 期。

1906．王红：《孔子的"义利"观与现代社会》，《兰州学刊》2005 年第 3 期。

1907．毛峰：《回归道德主义：孔子文明传播思想论析》，《南开学报》2005 年第 3 期。

1908．李凡荣：《儒家思想在中日近代社会转型期的不同作用》，《贵州民族学院学报》2005 年第 3 期。

1909．罗安宪：《"学而优则仕"辨》，《中国哲学史》2005 年第 3 期。

1910. 周海春：《〈论语〉中"直"的哲学意蕴》，《中国哲学史》2005年第3期。

1911. 颜世安：《原始儒学中礼观念神圣性价值的起源：从郝伯特·芬格莱特〈孔子：即凡而圣〉说起》，《中国哲学史》2005年第4期。

1912. 王晖：《从〈孔子诗论〉所言〈关雎〉主旨看儒家的礼教思想》，《中国哲学史》2005年第4期。

1913. 徐少华：《楚竹书〈民之父母〉思想源流探论》，《中国哲学史》2005年第4期。

1914. 黄红宇：《〈论语〉"色斯举"章释读》，《中国哲学史》2005年第4期。

1915. 杨朝明：《〈逸周书·宝典篇〉与儒家思想》，《现代哲学》2005年第4期。

1916. 周桂钿：《忠孝节义：批儒后的反思》，《河北大学学报》2005年第4期。

1917. 方尔加：《论先秦儒家"礼"观念的层次及其意义》，《齐鲁学刊》2005年第4期。

1918. 简澈：《"中庸"文化心理结构异化论略》，《贵州民族学院学报》2005年第4期。

1919. 许雪涛：《钱玄同、顾颉刚对待儒家经典的态度与方法》，《华南师范大学学报》2005年第4期。

1920. 吴龙辉：《〈论语〉"先进"章正解》，《湖南大学学报》2005年第4期。

1921. 李文波：《试论朱熹对〈中庸〉的"发现"与"重构"》，《华南师范大学学报》2005年第4期。

1922. 黄梓根、张松辉：《关于孔子问礼于老子的几点认识》，《湖南大学学报》2005年第4期。

1923. 朱松美：《焦循〈孟子正义〉的诠释风格》，《齐鲁学刊》2005年第4期。

1924. 高春花：《论荀子的礼法价值观》，《河北大学学报》2005年第4期。

1925. 方尔、罗本琦：《"儒家思想在世界的传播与发展"国际研讨会综述》,《哲学动态》2005 年第 4 期。

　　1926．靳安广：《略论儒家人生修养的途径和方法》,《江西社会科学》2005 年第 4 期。

　　1927．黄守红：《儒学社会作用方式的演变及现代转型》,《求索》2005 年第 4 期。

　　1928．陆建华：《郭店儒简之礼学：兼与孔子礼学比较》,《哲学研究》2005 年第 4 期。

　　1929．李文波：《中庸之道的现代经典诠释：试析庞朴视野中的"儒家辩证法"》,《江西社会科学》2005 年第 4 期。

　　1930．章权才：《中庸之道与〈中庸〉学》,《广东社会科学》2005 年第 4 期。

　　1931．李存山：《忠恕之道与世界和平及环境保护》,《孔子研究》2005 年第 4 期。

　　1932．陈卫平：《从重新评价到互动对话：台湾对大陆近 20 年儒学研究的评价》,《孔子研究》2005 年第 4 期。

　　1933．周光庆：《孔子创立的儒学解释学之核心精神》,《孔子研究》2005 年第 4 期。

　　1934．讷言：《孔子与苏格拉底言说方式辨证：与邓晓芒先生商榷》,《孔子研究》2005 年第 4 期。

　　1935．杨朝明：《从孔子弟子到孟、荀异途：由上博竹书〈中弓〉思考孔门学术分别》,《齐鲁学刊》2005 年第 6 期。

　　1936．朱松美：《经典诠释与体系建构：朱熹〈孟子集注〉的诠释特色及其时代性分析》,《孔子研究》2005 年第 4 期。

　　1937．曾振宇：《"符号化的孔子"与"历史的孔子"：以吴虞批孔为中心的讨论》,《孔子研究》2005 年第 4 期。

　　1938．沈顺福：《论儒家德性的形成》,《东岳论丛》2005 年第 4 期。

　　1939．李祥俊：《当代儒学知识化维度的重构》,《河北学刊》2005 年第 4 期。

　　1940．吴晓群、郭晓东：《论仪式学视角下儒家礼乐思想的解读》,《华东师范大学学报》2005 年第 4 期。

　　1941．张丛林：《关于儒家荣辱观的心理机制探讨》,《江淮论坛》2005

年第 4 期。

1942. 李斌：《传统儒家"德教"思想析论》，《宁夏社会科学》2005
年第 4 期。

1943. 李翔德：《儒家"和谐社会系统论"：〈礼记〉的伦理美思想体
系》，《山西大学学报》2005 年第 4 期。

1944. 方国根：《中、朝（韩）、日儒学思想理论特色摭论》，《社会科
学战线》2005 年第 4 期。

1945. 沈素珍：《儒学：经济全球化不可或缺的思想文化资源》，《社会
科学战线》2005 年第 4 期。

1946. 董平：《从人性的制约到人性的自觉：析儒家性不善论向性善论
的演变》，《天津社会科学》2005 年第 4 期。

1947. 陈少明：《君子与政治：对〈论语·述而〉"夫子为卫君"章的
解读》，《中山大学学报》2005 年第 4 期。

1948. 晁福林：《从上博简〈诗论〉第 20 号简看孔子的"民性"观》，
《河北学刊》2005 年第 4 期。

1949. 曾琦云、林小燕：《孔子"无讼"论》，《求索》2005 年第 5 期。

1950. 蒙培元：《中国哲学的诠释问题：以仁为中心》，《人文杂志》
2005 年第 4 期。

1951. 冯达文：《"曾点气象"异识》，《中国哲学史》2005 年第 4 期。

1952. 李伟：《经验与超验：以孔子、康德和张世英、王元化为例》，
《河北学刊》2005 年第 4 期。

1953. 杨泽波：《西方学术背景下的孟子王道主义：对有关孟子王道主
义一种通行理解的批评》，《华东师范大学学报》2005 年第 4 期。

1954. 毕明良：《人与人的实现：试论孟子的"仁政"思想》，《兰州大
学学报》2005 年第 4 期。

1955. 李葆华：《孟子思想体系构成纲要》，《辽宁师范大学学报》2005
年第 4 期。

1956. 王天海：《〈荀子〉校勘注释源流考》，《贵州民族学院学报》
2005 年第 5 期。

1957. 詹向红：《儒家和谐观的现代解读》，《江淮论坛》2005 年第
5 期。

1958. 史文：《儒家的天道贯通观：人与社会及自然的和谐之道》，《兰州学刊》2005 年第 5 期。

1959. 余亚斐：《"明明德"与生活：论"大学之道"》，《安徽师范大学学报》2005 年第 5 期。

1960. 廖名春、张岩：《从上博简〈民之父母〉"五至"说论〈孔子家语·论礼〉的真伪》，《湖南大学学报》2005 年第 5 期。

1961. 吴树勤：《知通统类：从礼学视野透视荀子的圣人人格》，《甘肃社会科学》2005 年第 5 期。

1962. 谢树放：《弘扬儒家中和思想精华，促进和谐社会建设》，《河北学刊》2005 年第 5 期。

1963. 颜世安：《试论儒家道德主义的和平理想》，《南京大学学报》2005 年第 5 期。

1964. 徐克谦：《论先秦儒家的个人主义精神》，《齐鲁学刊》2005 年第 5 期。

1965. 田海舰：《儒家动物生态伦理思想及其当代价值》，《青海社会科学》2005 年第 5 期。

1966. 韩维志：《儒家对强谏的抑扬与强谏者形象的形成》，《求是学刊》2005 年第 5 期。

1967. 夏显泽：《儒家发展观的生态意蕴》，《云南师范大学学报》2005 年第 5 期。

1968. 袁玉立：《多元一体：中庸的政治哲学意蕴》，《中州学刊》2005 年第 5 期。

1969. 段红伟：《论儒家礼乐文化的和谐思想》，《中州学刊》2005 年第 5 期。

1970. 李景林：《"学"何以能"乐"：〈论语〉"学而时习"章解义》，《齐鲁学刊》2005 年第 5 期。

1971. 王培德：《孔子思想体系之我见》，《贵州社会科学》2005 年第 5 期。

1972. 臧要科、欧阳雪榕：《孔子人学思想探析》，《社会科学辑刊》2005 年第 5 期。

1973. 王磊：《孟子义利思想辨析》，《齐鲁学刊》2005 年第 5 期。

1974．何石彬、王庆勋：《性与天道：荀子礼学的形上学依据》，《河北学刊》2005 年第 5 期。

1975．刘彩霞：《荀子〈解蔽〉之"蔽"与自我的泯灭》，《内蒙古社会科学》2005 年第 5 期。

1976．田辰山：《关于"儒家思想与科技的关系"问题》，《孔子研究》2005 年第 5 期。

1977．郭沂：《德欲之争：早期儒家人性论的核心问题与发展脉络》，《孔子研究》2005 年第 5 期。

1978．马育良：《郭店简书"信情"解读》，《孔子研究》2005 年第 5 期。

1979．卢风：《"诚"与"真"：论儒家之"诚"对当代真理论研究的启示》，《伦理学研究》2005 年第 5 期。

1980．商国君：《先秦儒家人性论辨析》，《南开学报》2005 年第 5 期。

1981．蔡德贵：《儒学在港澳台和海外的新际遇》，《学术界》2005 年第 5 期。

1982．马育良：《重读〈中庸〉：关于性情道诚和中节诸问题的若干思考》，《伦理学研究》2005 年第 5 期。

1983．梁涛：《郭店竹简"身心"字与孔子仁学》，《哲学研究》2005 年第 5 期。

1984．龚建平：《乐教与儒者的宗教情怀》，《学术月刊》2005 年第 5 期。

1985．赵广平：《〈中庸〉思想政治教育思想述论》，《山东社会科学》2005 年第 5 期。

1986．刘斯翰：《论孔子"仁"的伦理与政治实践意义》，《山东社会科学》2005 年第 5 期。

1987．张学军：《先秦儒家"君子人格"的阳刚美及其观代价值》，《学术论坛》2005 年第 5 期。

1988．黄玉顺：《复归生活，重建儒学：儒学与现象学比较研究纲领》，《人文杂志》2005 年第 6 期。

1989．李景林：《哲学的教化与教化的哲学：论儒学精神的根本特质》，《天津社会科学》2005 年第 6 期。

1990．李宪堂：《身体的政治与政治的身体：儒家身体观的专制主义精神》，《中国人民大学学报》2005 年第 6 期。

1991．赵妙法：《〈中庸〉"不诚无物"说新解》，《安徽大学学报》2005 年第 6 期。

1992．周克庸：《修身进德中的自我磨砺：〈论语·乡党〉"寝不尸"训解》，《学术界》2005 年第 6 期。

1993．樊勇：《儒家发展观：科学发展观的传统哲学底蕴》，《贵州师范大学学报》2005 年第 6 期。

1994．贾龙标：《儒家的养生思想及其现代价值》，《河南师范大学学报》2005 年第 6 期。

1995．陈坚：《儒学的现代"名分"问题刍议》，《山东大学学报》2005 年第 6 期。

1996．肖起清、张意柳：《"君子人格"：〈论语〉的灵魂》，《江淮论坛》2005 年第 6 期。

1997．李桂民：《论孔学的主体思想与秩序和谐理想》，《贵州社会科学》2005 年第 6 期。

1998．汪秀丽、郎敏：《也谈忠恕思想的界说：与冯浩菲先生商榷》，《安徽大学学报》2005 年第 6 期。

1999．唐明贵：《关于郑玄〈论语注〉的几个问题》，《兰州学刊》2005 年第 6 期。

2000．彭林：《论丁若镛对朱熹〈中庸章句〉心性说的批评》，《清华大学学报》2005 年第 6 期。

2001．单纯：《儒家的"天人合一"与全球价值》，《孔子研究》2005 年第 6 期。

2002．杨清荣：《忠恕之道的特质及其现代价值》，《伦理学研究》2005 年第 6 期。

2003．俞荣根：《"夹谷之会"研究：兼议孔子的仁学和平思想》，《孔子研究》2005 年第 6 期。

2004．唐明贵：《论韩愈、李翱之〈论语笔解〉》，《孔子研究》2005 年第 6 期。

2005．罗安宪：《孔子"直"论之内涵及其人格意义》，《孔子研究》

2005 年第 6 期。

2006．王杰：《论孔子的天命、人性及政治价值依据》，《孔子研究》2005 年第 6 期。

2007．周山：《孟轲的"四善"论》，《社会科学》2005 年第 6 期。

2008．储昭华：《论荀子的"明分"思想》，《江汉论坛》2005 年第 6 期。

2009．唐端正：《唐君毅先生论儒佛之辨》，《西南民族大学学报》2005 年第 6 期。

2010．白效咏、张其凡：《孔孟"权"思想发微》，《西南民族大学学报》2005 年第 7 期。

2011．洪波：《儒学普世化：问题的由来、实质与研究路向》，《社会科学》2005 年第 8 期。

2012．袁愈宗：《志于道：论孔子之"志"》，《学术论坛》2005 年第 8 期。

2013．卞修全、朱腾：《荀子礼治思想的重新审视》，《哲学研究》2005 年第 8 期。

2014．李学勤：《弘扬国学的标志性事业》，《西南民族大学学报》2005 年第 9 期。

2015．张立文：《中华文化史上的一件大事》，《西南民族大学学报》2005 年第 9 期。

2016．舒大刚：《儒藏总序：论儒学文献整理的必要性和紧迫性》，《西南民族大学学报》2005 年第 9 期。

2017．廖名春：《为往圣继绝学，集儒史之大成：读四川大学编〈儒藏〉之首批成果》，《西南民族大学学报》2005 年第 9 期。

2018．刘东超：《试论儒学的现存状态和未来命运》，《学术研究》2005 年第 9 期。

2019．陈池瑜：《孔子的礼乐思想与"绘事后素"》，《山东社会科学》2005 年第 9 期。

2020．兰华、付爱兰：《孟子民本主义与现代民主》，《山东社会科学》2005 年第 9 期。

2021．黄修明：《八载辛劳铸巨制，典藏儒史炳千秋：四川大学古籍所

〈儒藏〉首批成果评介》,《西南民族大学学报》2005 年第 10 期。

2022. 陈恩林:《见高识远,气魄不凡:读〈儒藏〉"史部·儒林碑传"有感》,《西南民族大学学报》2005 年第 10 期。

2023. 陈秋燕:《儒学的人格学说简论》,《西南民族大学学报》2005 年第 10 期。

2024. 虞万里:《竹简〈缁衣〉与先秦君臣、君民关系索隐》,《社会科学》2005 年第 10 期。

2025. 黄明同、赵艳芝:《儒学均衡观的内核及其普世意义》,《学术研究》2005 年第 11 期。

2026. 何丽野:《术数及其在古代儒家思想中的"不在场":兼求教于朱伯崑先生》,《社会科学》2005 年第 11 期。

2027. 彭华:《孔子的人格魅力:以〈论语〉为考察中心》,《西南民族大学学报》2005 年第 11 期。

2028. 蒋海怒:《德感生活:儒家生活哲学内在构造解析》,《哲学研究》2005 年第 11 期。

2029. 陈强:《孟荀新论》,《社会科学》2005 年第 12 期。

2030. 蒙培元:《从孔子思想看中国的生态文化》,《中国文化研究》2005 年冬之卷。

2031. 程远:《简论孔子战争观》,《西北大学学报》2006 年第 1 期。

2032. 张立文:《论道:先秦儒家人文价值》,《学术界》2006 年第 1 期。

2033. 汤思佳:《儒教与各大宗教的对话》,《学术界》2006 年第 1 期。

2034. 冯俊:《提倡人文精神、弘扬人文传统》,《学术界》2006 年第 1 期。

2035. 裘士京、孔读云:《〈论语〉君子观及其现代启示》,《学术界》2006 年第 1 期。

2036. 周桂钿:《儒家养生之道:养心重于养身——儒家养生中的科学与信仰》,《甘肃社会科学》2006 年第 1 期。

2037. 姜林祥:《儒学复兴新论:兼谈中国文化发展的路向》,《齐鲁学刊》2006 年第 1 期。

2038. 刘玉敏:《弘扬儒学人文价值,构建亚洲和谐社会:"儒学与亚洲人文价值"国际学术研讨会综述》,《社会科学战线》2006 年第 1 期。

2039. 傅秀英:《立足儒学文本,阐释现代价值:评〈儒家哲学智慧〉》,《社会科学战线》2006 年第 1 期。

2040. 徐庆文:《"儒学全球论坛(2005)暨山东大学儒学研究中心成立大会"综述》,《文史哲》2006 年第 1 期。

2041. 宋志明:《德性儒学的成就、困境与走向》,《中国人民大学学报》2006 年第 1 期。

2042. 李存山:《从"郊社之礼"看儒耶分歧》,《中国哲学史》2006 年第 1 期。

2043. 陈炎、赵玉:《儒家的生态观与审美观》《孔子研究》2006 年第 1 期。

2044. 景怀斌:《儒家式应对思想及其对心理健康的影响》,《心理学报》2006 年第 1 期。

2045. 梁林军:《儒学、当代新儒学与当代世界:"第七届当代新儒学国际学术会议"综述》,《哲学动态》2006 年第 1 期。

2046. 杨建祥:《孔子"熟仁"观及其发微》,《孔子研究》2006 年第 1 期。

2047. 周峰:《孔子形象塑造之我见》,《孔子研究》2006 年第 1 期。

2048. 曾德雄:《谶纬中的孔子》,《人文杂志》2006 年第 1 期。

2049. 赵平:《转换语境,柳暗花明:读〈寻找人性:孔子思想研究〉》,《哲学研究》2006 年第 1 期。

2050. 朱辉宇、姜晶花:《以性善为根据的治国路径:从孟子性善论视角解读其仁政论思想》,《道德与文明》2006 年第 1 期。

2051. 李景林:《论"可欲之谓善"》,《人文杂志》2006 年第 1 期。

2052. 黎红雷:《"子见南子":儒者的困惑与解惑》,《中山大学学报》2006 年第 1 期。

2053. 棠溪:《孔子重"和"》,《光明日报》2006 年 1 月 10 日。

2054. 夏乃儒:《儒家和谐思想的现代阐释》,《上海师范大学学报》2006 年第 1 期。

2055. 周远斌:《〈论语〉"吾未尝无诲"句考辨》,《山东师范大学学报》2006 年第 1 期。

2056．宋志明、许宁：《论荀子礼学的规范诉求》，《江西社会科学》2006 年第 1 期。

2057．刘绍瑾：《孔子复古思想的审美文化意义》，《上海师范大学学报》2006 年第 1 期。

2058．文洁华：《中国传统儒家知识论之当代意蕴》，《清华大学学报》2006 年第 1 期。

2059．萧作永：《不能以误读纠正"百年误读"：与〈"克己复礼"的百年误读与思想真谛〉的作者商榷》，《云南师范大学学报》2006 年第 1 期。

2060．李若晖：《定州〈论语〉分章考》，《齐鲁学刊》2006 年第 2 期。

2061．陈赟：《"以人治人"与他者的接纳：〈中庸〉思想的一个维度》，《人文杂志》2006 年第 2 期。

2062．周泉根：《孔门教〈诗〉与〈诗〉之属性嬗变》，《中国文化研究》2006 年春之卷。

2063．杨泽波：《儒家天人合一思想的道德底蕴：以孟子为中心》，《天津社会科学》2006 年第 2 期。

2064．杜明德：《荀子的礼分思想与礼的阶级化》，《中国文化研究》2006 年春之卷。

2065．蔡德贵：《实用是儒学的优秀传统》，《孔子研究》2006 年第 2 期。

2066．周炽成：《从高攀龙的身论看儒家的重身传统》，《孔子研究》2006 年第 2 期。

2067．朱进有：《儒家思想的内在特质》，《孔子研究》2006 年第 2 期。

2068．李炳海：《身病而神清的孔门师徒：孔子、曾子患病时的理性精神和生命意识》，《孔子研究》2006 年第 2 期。

2069．徐庆文：《当代儒学发展的机遇及其限制》，《山东社会科学》2006 年第 2 期。

2070．李翔海：《从"亚洲价值观"的兴起看儒家思想的当代意义》，《学术月刊》2006 年第 2 期。

2071．余海、王晓洁：《"儒家制度化的基础及其可能性"学术研讨会综述》，《哲学动态》2006 年第 2 期。

2072．陈桐生：《语录的节本和繁本：从〈仲弓〉看〈论语〉与七十子后学散文的形式差异》,《孔子研究》2006 年第 2 期。

2073．王群丽:《论孔子的出仕观》,《孔子研究》2006 年第 2 期。

2074．冯浩非:《孔子欲应叛者之召辨疑》,《孔子研究》2006 年第 2 期。

2075．陈远宁:《孔子的"仁"》,《伦理学研究》2006 年第 2 期。

2076．王永平:《从汉学向宋学的转变看隋唐儒学的地位》,《河南师范大学学报》2006 年第 2 期。

2077．李申:《什么是儒学:〈简明儒学史〉导言》,《社会科学战线》2006 年第 2 期。

2078．宋志明:《儒学的内在性与东亚价值观的共识》,《社会科学战线》2006 年第 2 期。

2079．蔡方鹿:《国学大师蒙文通论儒家经学与诸子学》,《社会科学战线》2006 年第 2 期。

2080．钱明:《一次意义深远的寻回古德之旅:"儒家文明与东亚意识"中日学术交流活动侧记》,《浙江学刊》2006 年第 2 期。

2081．李定乾:《读〈论语〉札记两则》,《中国哲学史》2006 年第 2 期。

2082．晁福林:《从上博简〈诗论〉看文王"受命"及孔子的天道观》,《北京师范大学学报》2006 年第 2 期。

2083．夏当英、陆建华:《孟子之礼学》,《社会科学战线》2006 年第 2 期。

2084．谢树放:《试谈儒家之中、仁、和及三者关系》,《安徽大学学报》2006 年第 2 期。

2085．王洁:《略论先秦儒家的人性观》,《南京师大学报》2006 年第 2 期。

2086．方朝晖:《文化习性、社会整合与儒家传统的现代性》,《天津社会科学》2006 年第 2 期。

2087．钟青林、胡丰顺:《儒学的现代意义及其传承》,《武汉大学学报》2006 年第 2 期。

2088．陈劲松:《儒学社会中王朝的合法性及其历史建构》,《中国人民大学学报》2006 年第 2 期。

2089．梁秉赋：《经、史之间：浅谈康有为与钱穆的经学研究》，《中国文化研究》2006 年春之卷。

2090．李方泽：《朱熹对〈大学〉主旨的改造和诠释》，《安徽大学学报》2006 年第 2 期。

2091．顾永新：《从〈四书辑释〉的编刻看〈四书〉学学术史》，《北京大学学报》2006 年第 2 期。

2092．晁乐红：《论圆点儒家对思辨的排斥及其对中国传统文化的消极影响：与古希腊相比较》，《甘肃社会科学》2006 年第 3 期。

2093．陈洪臣：《儒家心灵和谐思想刍论》，《河北大学学报》2006 年第 3 期。

2094．麻桑：《儒学建构中的本体诠释：成中英教授访谈录》，《河北学刊》2006 年第 3 期。

2095．余治平：《儒学应该如何面对哲学》，《云南社会科学》2006 年第 3 期。

2096．徐春林：《儒家休闲哲学初探》，《江西师范大学学报》2006 年第 3 期。

2097．李祥俊：《儒学差异思想阐微》，《哲学研究》2006 年第 3 期。

2098．贾海涛：《孔子形而上学新探》，《哲学研究》2006 年第 3 期。

2099．晁乐红：《论圆点儒家和谐宇宙观：与古希腊相比较》，《求索》2006 年第 3 期。

2100．王守雪：《儒学的自律演进与多向度发展：论徐复观、余英时"汉学"之争》，《人文杂志》2006 年第 3 期。

2101．蔡方鹿：《蒙文通过六经皆史说的批评及其经史观的时代意义》，《中国社会科学院研究生院学报》2006 年第 3 期。

2102．黄宣民、陈寒鸣：《礼乐文化传统与原始儒学》，《中州学刊》2006 年第 3 期。

2103．马国清：《生态智慧：孔子"和谐观"解读》，《兰州大学学报》2006 年第 3 期。

2104．姚新中等译：《儒学和之道的诠释与反思》，《伦理学研究》2006 年第 3 期。

2105．舒大刚：《〈儒藏〉：中华学人的神圣使命：来自四川大学的〈儒藏〉报告》,《西南民族大学学报》2006 年第 3 期。

2106．杜汉生:《“过犹不及”:德性规范还是普遍方法》,《湖北师范学院学报》2006 年第 3 期。

2107．江林昌:《“六经”的内容、流传与古代文明研究》,《孔子研究》2006 年第 4 期。

2108．马云志:《中庸:一种古典的政治哲学精神:孔子政治哲学的精神追求》,《孔子研究》2006 年第 4 期。

2109．李祥俊:《北宋诸儒论孔子》,《孔子研究》2006 年第 4 期。

2110．杨海文:《做一个大写的人:我们在阅读中与〈孟子〉相逢》,《现代哲学》2006 年第 4 期。

2111．李清文:《论先秦儒家的和谐社会观》,《北方论丛》2006 年第 4 期。

2112．李祥俊:《儒学人与自然关系论探析》,《北京师范大学学报》2006 年第 4 期。

2113．王文元:《“尊孔”与“释孔”的悖论:兼及韩愈与道统》,《辽宁大学学报》2006 年第 4 期。

2114．李建:《论孔孟的教化思想及其意义》,《齐鲁学刊》2006 年第 4 期。

2115．葛荃、逯鹰:《论传统儒学的现代宿命:兼及新保守主义批判》,《清华大学学报》2006 年第 4 期。

2116．黄玉顺:《论“观物”与“观无”:儒学与现象学的一种融通》,《四川大学学报》2006 年第 4 期。

2117．胡伟希:《儒家社群主义略论》,《文史哲》2006 年第 4 期。

2118．杨涯人、李英粉:《论“中和”思想与“和谐社会”理念的内在同一性》,《学习与探索》2006 年第 4 期。

2119．邓易难:《谈〈论语〉的人本思想》,《东北师大学报》2006 年第 4 期。

2120．李方泽:《重诠与开新:从经典诠释学视角看朱熹对〈大学〉文本的解读》《孔子研究》2006 年第 4 期。

2121．冯立鳌:《孔子对中华民族“内方外圆”理想人格的塑造》,《广东社会科学》2006 年第 4 期。

2122．杨朝明：《读〈孔子家语〉札记》，《文史哲》2006 年第 4 期。

2123．宋红霞、张凌云：《孟子的人格意识与士节》，《齐鲁学刊》2006 年第 4 期。

2124．王杰：《孟子的社会分工说：以君臣关系为例的个案分析》，《人文杂志》2006 年第 4 期。

2125．朱松美：《〈孟子〉诠释与中国经典诠释特质》，《学术界》2006 年第 4 期。

2126．褚新国、张雯琪：《孔子人性思想论略》，《学术论坛》2006 年第 4 期。

2127．徐清祥：《生送死、内圣外王与事鬼神上帝：儒家人生哲学初探》，《哲学研究》2006 年第 4 期。

2128．方国根：《儒学人文价值视域下的当今世界文明与社会未来前瞻："儒学与亚洲人文价值"国际学术研讨会综述》，《哲学研究》2006 年第 4 期。

2129．丁成际：《荀子思想的形上探讨》，《人文杂志》2006 年第 4 期。

2130．王勇：《20 年来的〈论语〉英译研究》，《求索》2006 年第 5 期。

2131．韩星：《秦汉政治文化整合中儒学思想的变异》，《孔子研究》2006 年第 5 期。

2132．赵卫东：《牟宗三对孔孟荀思想的理论定位》，《孔子研究》2006 年第 5 期。

2133．王四达：《宗教性的常态与变态：一个解读儒学的新视角》，《哲学研究》2006 年第 5 期。

2134．刘亮：《儒家和谐观探微》，《青海社会科学》2005 年第 6 期。

2135．董朝刚：《儒学文化特征及当代价值判断》，《山东社会科学》2006 年第 6 期。

2136．启良：《如何看待儒家与自由主义》，《求索》2006 年第 6 期。

2137．王富仁：《孟子国家学说的逻辑构成：从孔子到孟子》（三），《西南民族大学学报》2006 年第 7 期。

2138．金生杨：《〈儒藏〉编纂平议与新构想》，《西南民族大学学报》2006 年第 7 期。

2139．刘延刚、伍松乔：《〈儒藏〉兴蜀三题》，《西南民族大学学报》

2006 年第 7 期。

2140．王垒：《孔子之道平议》，《西南民族大学学报》2006 年第 7 期。

2141．詹石窗、于国庆：《关于儒教的几个问题》，《哲学研究》2006 年第 7 期。

2142．陆敏珍、何俊：《朱熹经典诠释的理念、标准与方法——以〈论语·学而〉四种诠释为例》，《哲学研究》2006 年第 7 期。

2143．蔡德贵：《儒学的生命力何在》，《中国文化报》2006 年 8 月 14 日。

2144．李申：《儒教的鬼神观念和祭礼原则》，《复旦学报》2007 年第 4 期。

2145．马力、杨柱：《极高明而道中庸：仁学的道德价值与实用价值》，《贵州师范大学学报》2007 年第 4 期。

2146．郑自俭、李丽、邹卫：《儒家思想的调和色彩与"一多相融"》，《河北大学学报》2007 年第 4 期。

2147．熊燕军：《百年误读还是千年争论：也谈"克己复礼"的释义及其他》，《孔子研究》2007 年第 4 期。

2148．郭洪纪：《儒家生命观与当代生态价值之重构》，《兰州大学学报》2007 年第 4 期。

2149．李桂树：《儒家优秀文化对构建和谐社会的启示》，《内蒙古民族大学学报》2007 年第 4 期。

2150．邢瑞煜：《儒家的"合一"观所蕴涵的管理哲学思想》，《齐鲁学刊》2007 年第 4 期。

2151．刘忠孝：《从和谐社会的视阈看儒家文化的当代价值》，《学习与探索》2007 年第 4 期。

2152．陆忠发：《〈论语·先进〉"小于"解》，《孔子研究》2007 年第 4 期。

2153．裴传永、邓文琦：《〈论语·颜渊〉"子贡问政"章文本辨析与训释商兑》，《孔子研究》2007 年第 4 期。

2154．胡治洪：《〈中庸〉新诠》，《齐鲁学刊》2007 年第 4 期。

2155．冯立鳌：《孔子对民族"内方外圆"理想人格的塑造》，《孔子研究》2007 年第 4 期。

2156．戚焕丽：《孔子与泰山文化》，《东岳论丛》2007 年第 4 期。

2157．张蕊青：《孔子辩证思维的再认识》，《山西大学学报》2007 年第 5 期。

2158．王公山：《使民"心服"：先秦儒家社会契约观的内核》，《江西社会科学》2007 年第 8 期。

2159．赖功欧：《儒家"协变"思维的价值取向及其现代启示》，《江西社会科学》2007 年第 8 期。

2160．陈海红：《儒学人文价值的当代关切》，《兰州学刊》2007 年第 7 期。

2161．张玲、黄畅：《儒学价值的重塑与和谐文化的构建》，《求索》2007 年第 7 期。

2162．张艳艳：《先秦儒家"礼以美身"的观念辨析》，《学术论坛》2007 年第 7 期。

2163．麻国庆：《家族化公民社会的基础：家族伦理与延续的纵式社会：人类学与儒家的对话》，《学术研究》2007 年第 8 期。

2164．张立文：《论儒教的宗教性问题》，《学术月刊》2007 年第 8 期。

2165．胡伟希：《作为政治哲学的儒家社会乌托邦：兼对〈礼记·礼运〉的分析》，《哲学研究》2007 年第 7 期。

2166．干春松：《近代学术视野中的子思研究》（上），《哲学动态》2007 年第 8 期。

2167．刘会新、武东生：《古代儒家人生哲学中的"孟之道"》，《求索》2007 年第 8 期。

2168．邢瑞煜：《论儒家哲学的为人之本》，《山东社会科学》2007 年第 9 期。

2169．孔令宏：《宋明理学的纳道入儒与儒学的新发展》，《河北学刊》2008 年第 1 期。

2170．张祥龙：《儒家哲理特征与文化间对话——普遍主义还是非普遍主义》，《求是学刊》2008 年第 1 期。

2171．柴文华：《儒学与当代中国》，《求是学刊》2008 年第 1 期。

2172．张炳尉：《孟子与先秦儒家性命思想》，《北方论丛》2008 年第 1 期。

2173. 张炳尉：《论先秦儒家性命思想的演进》，《中国社会科学院研究生院学报》2008 年第 1 期。

2174. 戴兆国：《儒家仁道价值与社会主义核心价值体系建构》，《安徽师范大学学报》2008 年第 1 期。

2175. 杨韶刚：《儒家伦理的基德和荣格的道德观》，《西北师大学报》2008 年第 1 期。

2176. 李承贵：《宋代新儒学中的佛、儒关系新论——以儒士佛教观之基本特征为视角的考察》，《中国哲学史》2008 年第 1 期。

2177. 张华：《儒家思想中的超越观》，《中国文化研究》2008 年第 2 期。

2178. 崔大华：《人生终极的理性自觉——儒家“命”的观念》，《孔子研究》2008 年第 2 期。

2179. 诸山：《先秦儒家的社会契约意识》，《孔子研究》2008 年第 2 期。

2180. 刘岸挺：《“隆礼尊贤而王”——荀子礼治论》，《孔子研究》2008 年第 2 期。

2181. 康宇：《儒家道德形而上学问题探寻》，《山西师大学报》2008 年第 2 期。

2182. 徐文涛：《儒家“士”的精神发微》，《山西师大学报》2008 年第 2 期。

2183. 白利兵：《试析〈晋祠铭并序〉的儒家思想渊源》，《晋阳学刊》2008 年第 2 期。

2184. 孙东波：《论儒家思想与“康乾盛世”的关系》，《河北学刊》2008 年第 2 期。

2185. 李丽华：《儒家和谐思想与群体文化差异的整合》，《求是学刊》2008 年第 2 期。

2186. 高立梅：《子思学派仁义内外说辨析——以〈中庸〉、〈五行〉篇为中心》，《人文杂志》2008 年第 2 期。

2187. 朱承：《平民儒者的政治狂情——以明儒王艮为中心的考察》，《人文杂志》2008 年第 2 期。

2188. 朱玉周：《汉代儒学神化历程探析》，《北方论丛》2008 年第

2 期。

2189. 詹世友：《先秦儒家道德教化的不同范型之分析》，《哲学研究》2008 年第 2 期。

2190. 苏永利：《论孔子和谐思想的有限性》，《江汉论坛》2008 年第 2 期。

2191. 刘海龙：《儒家生态思想及其现实意义》，《江西社会科学》2008 年第 2 期。

2192. 吴根友：《儒家"仁爱"的秩序观及其当代启示》，《社会科学战线》2008 年第 2 期。

2193. 吴立群：《儒家伦理研究方法之探讨》，《广西社会科学》2008 年第 3 期。

2194. 李明：《儒家思想：中国宗教的文化基础》，《中国宗教》2008 年第 3 期。

2195. 许建良：《儒家道德的善恶对峙性》，《江淮论坛》2008 年第 3 期。

2196. 迟成勇：《张岱年论先秦儒家的人学思想》，《贵州大学学报》2008 年第 3 期。

2197. 赵文坦：《儒家孝道与蒙元政治》，《孔子研究》2008 年第 3 期。

2198. 陈坚：《儒佛"孝"道观的比较》，《孔子研究》2008 年第 3 期。

2199. 张博颖：《儒家伦理思想对和谐社会建设的当代价值》，《云南社会科学》2008 年第 3 期。

2200. 白利兵：《儒家文艺思想的生命美学阐释》，《北方论丛》2008 年第 3 期。

2201. 李明：《儒家传统人生境界思想的基本理论形态——以天人合一观与人格超升论为中心》，《齐鲁学刊》2008 年第 3 期。

2202. 唐少莲、黎红雷：《考问价值：礼治何以可能？——儒家礼治思想之价值合理性的三重视角》，《齐鲁学刊》2008 年第 3 期。

2203. 吴海文：《论儒家伦理的德法并用理念及其现代价值》，《广西社会科学》2008 年第 4 期。

2204. 吴国武：《略论北宋经学与儒家诸子学之互动——以经学新变与理学形成为中心》，《孔子研究》2008 年第 4 期。

2205. 姜海军：《二程的尊孟及其孟学思想》，《孔子研究》2008 年第 4 期。

2206. 李早：《儒家视角下的"民权"与"国权"》，《孔子研究》2008 年第 4 期。

2207. 杨泽波：《再论儒学何以具有宗教作用》，《文史哲》2008 年第 4 期。

2208. 刘雪飞：《关于儒学宗教性问题研究的反思》，《齐鲁学刊》2008 年第 4 期。

2209. 曾振宇：《从出土文献再论荀子"天"论哲学性质》，《齐鲁学刊》2008 年第 4 期。

2210. 苏俊霞：《孔孟的生死观浅论》，《齐鲁学刊》2008 年第 4 期。

2211. 周桂钿：《"子为父隐"新议》，《中国社会科学院研究生院学报》2008 年第 4 期。

2212. 许建良：《儒家道德的德欲对立性》，《人文杂志》2008 年第 4 期。

2213. 吴智：《论先秦儒家人文精神与技术思想之融合——在人与自然关系层面》，《辽宁大学学报》2008 年第 4 期。

2214. 刘丰：《周公"摄政称王"及其与儒家政治哲学的几个问题》，《人文杂志》2008 年第 4 期。

2215. 秦丽君、李春秋：《论儒道二家的环境和谐观》，《河北师范大学学报》2008 年第 4 期。

2216. 田成义：《本体·认知·人生——老子与庄子哲学比较》，《北方论丛》2008 年第 4 期。

2217. 姚新中、何丽艳：《自我与超越：论儒家的精神体验和宗教性》，《江海学刊》2008 年第 4 期。

2218. 李明：《儒家传统人生哲学现代化的机缘与价值——以现代新儒家人生境界说为中心》，《中州学刊》2008 年第 4 期。

2219. 刘慧梅、黄健：《儒家德性伦理与中国休闲伦理建设》，《浙江大学学报》2008 年第 4 期。

2220. 陈立胜：《身体之为"窍"：宋明儒学中的身体本体论建构》，《世界哲学》2008 年第 4 期。

2221．孙迎联：《儒家伦理"普世化"反思》，《江淮论坛》2008年第4期。

2222．张舜清：《儒家生命伦理学何以可能?》，《道德与文明》2008年第4期。

2223．焦金波：《先秦儒家伦理精神的现代价值之考量》，《道德与文明》2008年第4期。

2224．赵文力：《从工具理性的宰制看儒家伦理思想的现代意义》，《道德与文明》2008年第4期。

2225．杨清荣：《"生"之理念及其实现——儒家道德哲学的内在逻辑分析》，《道德与文明》2008年第4期。

2226．程志华：《儒家关于"意志无力"问题的主要线索》，《哲学研究》2008年第4期。

2227．孙迎联、杜贵阳：《儒家伦理"普世化"之反思》，《道德与文明》2008年第4期。

2228．叶嘉莹：《小词之中的儒家修养》，《北京大学学报》2008年第4期。

2229．康宇：《儒家道德形而上学问题探究》，《哲学动态》2008年第5期。

2230．王博：《论〈劝学篇〉在〈荀子〉及儒家中的意义》，《哲学研究》2008年第5期。

2231．王杰、顾建军：《早期儒家"礼"文化内涵的嬗变》，《哲学动态》2008年第5期。

2232．严春宝：《大陆学术界在新加坡儒家文化研究中的失误》，《哲学动态》2008年第5期。

2233．吴智、于丹：《论先秦儒家人文精神与技术思想之和谐》，《东北大学学报》2008年第5期。

2234．王四达：《也谈"亲亲相隐"之本义》，《齐鲁学刊》2008年第5期。

2235．肖群忠：《传统"义"德析论》，《中国人民大学学报》2008年第5期。

2236．林家骊、孙宝：《魏晋儒学对文学的影响及表现》，《浙江大学学报》2008 年第 5 期。

　　2237．罗本琦、方国根：《儒家经济伦理与社会发展》，《哲学动态》2008 年第 6 期。

　　2238．胡伟希：《儒家中观经济论》，《哲学动态》2008 年第 6 期。

　　2239．李宗桂：《儒家文化促进经济发展的若干进路》，《哲学动态》2008 年第 6 期。

　　2240．张立文：《和合经济与儒家伦理》，《哲学动态》2008 年第 6 期。

　　2241．伍永忠：《宋明理学：一个返本开新的范例》，《广西社会科学》2008 年第 6 期。

　　2242．王永平：《荀子学术地位的变化与唐宋文化新走向》，《学术月刊》2008 年第 6 期。

　　2243．王公山：《孟子使民"心服"思想的社会契约属性及其文化意蕴》，《江西社会科学》2008 年第 7 期。

　　2244．秦晓帆：《儒家传统的现代诗意展演——高阳历史小说的主体价值立场》，《江西社会科学》2008 年第 7 期。

　　2245．王利民：《"君子比德"说与儒家的审美兴趣》，《江西社会科学》2008 年第 7 期。

　　2246．饶国宾：《师古以用今：李觏对儒家经典的解读》，《江西社会科学》2008 年第 7 期。

　　2247．李会钦：《先秦儒家农业科技思想浅探》，《自然辩证法研究》2008 年第 7 期。

　　2248．任剑涛：《敬畏之心：儒家立论及其与基督教的差异》，《哲学研究》2008 年第 8 期。

　　2249．彭华：《佛教与儒家在女性观上的相互影响与融合》，《哲学动态》2008 年第 9 期。

　　2250．褚潇白：《儒家与基督教伦理中的"诚信"与人格》，《中国宗教》2008 年第 11 期。

墨家文化研究主要著作和论文索引

―――――――――――――― (一) 著作类 ――――――――――――――

1. 汪奠基著：《中国逻辑思想史》，上海人民出版社 1979 年版。

2. 詹剑峰著：《墨家的形式逻辑》，湖北人民出版社 1979 年版。

3. 沈有鼎著：《墨经的逻辑学》，中国社会科学出版社 1980 年版。

4. 谭戒甫编著：《墨经分类译注》，中华书局 1981 年版。

5. 詹剑峰著：《墨子的哲学与科学》，人民出版社 1981 年版。

6. 童书业著：《先秦七子思想研究》，齐鲁书社 1982 年版。

7. 钱穆著：《钱宾四先生全集·〈墨子，惠施，公孙龙，庄子纂笺〉》，台北联经出版社 1982 年版。

8. 任继愈主编：《中国哲学发展史》（先秦卷），人民出版社 1983 年版。

9. 陈孟麟著：《墨辩逻辑学》，齐鲁书社 1983 年版。

10. 温公颐著：《先秦逻辑史》，上海人民出版社 1983 年版。

11. 刘泽华著：《先秦政治思想史》，南开大学出版社 1984 年版。

12. 周云之、刘培育著：《先秦逻辑史》，中国社会科学出版社 1984 年版。

13. 王焕镳著：《墨子校释》，浙江人民出版社 1984 年版。

14. 马宗霍著：《淮南旧注参正·墨子闲诂参正》，齐鲁书社 1984 年版。

15. 王冬珍著：《墨学新探》，台北世界书局 1984 年版。

16. 吕思勉著：《先秦学术概论》，中国大百科全书出版社 1985 年版。

17. 蒋伯潜著：《诸子通考》，浙江古籍出版社 1985 年版。

18. 钟友联著：《墨子的智慧：兼爱非攻——贤能的救世精神》，台北武陵出版社 1985 年版。

19. 梁启超著：《子墨子学说》，台北中华书局 1985 年版。

20. 梁启超著：《墨子学案》，台北中华书局 1985 年版。

21. 韩连琪著：《先秦两汉思想论丛》，齐鲁书社 1986 年版。

22. 王焕镳著：《〈墨子〉校释商兑》，中国社会科学出版社 1986 年版。

23. ［美］李绍昆著，张志怡译：《墨子：伟大的教育家》，湖南教育出版社 1986 年版。

24. 钟友联著：《墨家的哲学方法》，台北东大图书公司 1986 年版。

25. 孙诒让著，孙以楷点校：《墨子闲诂》（上），中华书局 1986 年版。

26. 孙诒让著，孙以楷点校：《墨子闲诂》（下），中华书局 1986 年版。

27. 岑仲勉撰：《墨子城守各篇简注》，中华书局 1987 年版。

28. 谭戒甫撰：《墨辩发微》，中华书局 1964 年版。

29. 朱志凯著：《墨经中的逻辑学说》，四川人民出版社 1987 年版。

30. ［日］宇野精一主编，林茂松译：《中国思想：〈墨家、法家、逻辑〉》，台北幼狮文化事业公司 1987 年版。

31. 张纯一编著：《墨子集解》，影印本，成都古籍书店 1988 年版。

32. 陈向梅著：《墨学之省察》，台北学生书局 1988 年版。

33. 方授楚著：《墨学源流》，香港中华书局 1989 年版。

34. 谭家健、郑君华选译：《墨子选译》，上海古籍出版社 1990 年版。

35. ［美］李绍昆著：《墨学十讲》，台北水牛图书出版事业公司 1990 年版。

36. 张知寒主编：《墨子研究论丛》，山东大学出版社 1991 年版。

37. 水渭松著：《墨子导读》，巴蜀书社 1991 年版。

38. 谭宇权著：《墨子思想评论》，台北文津出版社 1991 年版。

39. 杨俊光著：《墨子新论》，江苏教育出版社 1992 年版。

40. 吴龙辉等译注：《墨子白话今译》，中国书店 1992 年版。

41. 梁启超著：《墨子学案》，影印本，上海书店 1992 年版。

42. 王桐龄著：《儒墨之异同》，影印本，上海书店 1992 年版。

43．邢兆良著：《墨子评传》，南京大学出版社 1993 年版。

44．孙中原著：《墨学通论》，辽宁教育出版社 1993 年版。

45．孙中原著：《墨子及其后学》，新华出版社 1993 年版。

46．陈伟著：《墨子：兼爱人生》，长江文艺出版社 1993 年版。

47．吴毓江撰，孙启治点校：《墨子校注》，中华书局 1993 年版。

48．黄世瑞著：《墨家思想新探》，台北水牛图书出版事业公司 1993 年版。

49．秦彦士著：《墨子新论——一个独特的文化学派》，电子科技大学出版社 1994 年版。

50．史墨卿著：《墨学探微》（增订版），台北学生书局 1994 年版。

51．任继愈著：《墨子与墨家》，台北商务印书馆 1994 年版。

52．莫其编著：《话说墨子》，四川少年儿童出版社 1994 年版。

53．吕思勉著：《经子解题》，华东师范大学出版社 1995 年版。

54．谭家健著：《墨子研究》，贵州教育出版社 1995 年版。

55．孙中原著：《墨者的智慧》，三联书店 1995 年版。

56．王思义、谢丹著：《兼爱非攻的墨家思想》，辽宁古籍出版社 1995 年版。

57．梁周敏著：《墨家逻辑论》，河南大学出版社 1995 年版。

58．刘泽华著：《中国政治思想史》，浙江人民出版社 1996 年版。

59．李亚彬著：《中国墨家》，宗教文化出版社 1996 年版。

60．舒大刚著：《苦行与救世——墨子的智慧》，四川教育出版社 1996 年版。

61．张永义著：《墨——苦行与救世》，广东人民出版社 1996 年版。

62．顾振权等著：《中国古代诸子人才思想研究》，江苏人民出版社 1996 年版。

63．张知寒等著：《墨子里籍考论》，山东人民出版社 1996 年版。

64．陆建华著：《墨子百问》，安徽人民出版社 1997 年版。

65．崔清田著：《显学重光：近现代的先秦墨家研究》，辽宁教育出版社 1997 年版。

66．秦彦士著：《墨学的当代价值》，中国书店 1997 年版。

67．李殿仁著：《墨学与当代军事》，中国书店 1997 年版。

68. 庄春波著：《墨学与思维方式的发展》，中国书店 1997 年版。

69. 吴晋生等著：《墨学与当代政治》，中国书店 1997 年版。

70. 杨爱国著：《墨学与当代经济》，中国书店 1997 年版。

71. 李广星著：《墨学与当代教育》，中国书店 1997 年版。

72. 颜炳罡著：《墨学与新文化建设》，中国书店 1997 年版。

73. 张斌峰等著：《墨学与世界和平》，中国书店 1997 年版。

74. 郑杰文、黑琨著：《墨学与新伦理道德》，中国书店 1997 年版。

75. 任继愈编著：《墨子与墨家》，商务印书馆 1998 年版。

76. 高卫华、郭化夷著：《墨家智谋》，武汉测绘科技大学出版社 1998 年版。

77. 曹大林著：《中国传统文化探源》，吉林人民出版社 1998 年版。

78. 姚思源著：《墨子大传》，天津人民出版社 1999 年版。

79. 王冬珍等著：《墨子·商鞅·庄子·孟子·荀子》，台北商务印书馆 1999 年版。

80. 郭成智编著：《墨子鲁阳人考论》，黄山书社 1999 年版。

81. 熊礼汇、熊江华编著：《墨子与现代管理》，学林出版社 1999 年版。

82. 墨翟著，水渭松直解：《墨子直解》，浙江文艺出版社 2000 年版。

83. 李家驹编：《墨子智慧》，台北书林出版公司 2000 年版。

84. 孙以楷译注：《墨子全译》，巴蜀书社 2000 年版。

85. 萧鲁阳、李玉凯主编：《中原墨学研究》，中州古籍出版社 2001 年版。

86. 良生著：《修身：新墨学》，纽约 HEYE 出版社 2000 年版。

87. 夏景森注析：《墨子菁华》，上海教育出版社 2001 年版。

88. 王思义、谢丹著：《兼爱非攻：漫说墨家思想》，辽海书社 2001 年版。

89. （清）孙诒让撰，孙启治点校：《墨子闲诂》，中华书局 2001 年版。

90. 张永义著：《墨子与中国文化》，贵州人民出版社 2001 年版。

91. 徐希燕著：《墨学研究：墨子学说的现代诠释》，商务印书馆 2001 年版。

92. 王裕安主编：《墨子研究论丛》（五），齐鲁书社 2001 年版。

93. 杨俊光著：《墨经研究》，南京大学出版社 2002 年版。

94. 秦彦士著：《墨子考论》，巴蜀书社 2002 年版。

95. 何洋著：《墨家辩学：关于雄辩的科学》，南海出版公司 2002 年版。

96. 史墨卿著：《墨学散论》，高雄复文图书出版社 2002 年版。

97. 郑杰文著：《20 世纪墨学研究史》，清华大学出版社 2002 年版。

98. 任继愈主编：《墨子大全》（第一编　全二十册），北京图书馆出版社 2002 年版。

99. 任继愈主编：《墨子大全》（第二编　全三十册），北京图书馆出版社 2003 年版。

100. 葛纪谦、萧鲁阳主编：《墨学研究丛书》，西安地图出版社 2003 年版。

101. 李贤中著：《墨学：理论与方法》，台北扬智文化事业股份有限公司 2003 年版。

102. 张仁明著：《墨子辞典》，贵州人民出版社 2003 年版。

103. 施炎平著：《墨子的智慧》（上、下），台北智慧大学出版有限公司 2003 年版。

104. 陈伟著：《墨子清谈》，长江文艺出版社 2003 年版。

105. 任继愈、李广星主编：《墨子大全》（第三编　全五十册），北京图书馆出版社 2004 年版。

106. 墨子志、张知寒主编：《山东省志·诸子名家系列丛书》，山东人民出版社 2004 年版。

107. 王裕安、李广星主编：《墨子研究论丛》（六），北京图书馆出版社 2004 年版。

108. 王裕安主编：《墨子科技真言》，北京图书馆出版社 2004 年版。

109. 肖肃编著：《墨子·哲人智慧》，中国社会出版社 2004 年版。

110. 蔡尚思主编：《十家论墨》，上海人民出版社 2004 年版。

111. 崔清田著：《墨家逻辑与亚里士多德逻辑比较研究：兼论逻辑与文化》，人民出版社 2004 年版。

112. 吴进安、秦彦士著：《墨子与墨家学派》，山东文艺出版社 2004 年版。

113. 李妙根撰：《〈墨子〉选评》，上海古籍出版社 2005 年版。

114. 王焕镳撰：《墨子集诂》，上海古籍出版社 2005 年版。

115. 苏凤捷、程梅花著：《平民理想：〈墨子〉与中国文化》，河南大学出版社 2005 年版。

116. 赵保佑、高秀昌、贺国营主编：《墨学与现代社会》，大象出版社 2005 年版。

117. 郑杰文著：《中国墨学通史》，人民出版社 2006 年版。

118. 刘文清著：《〈墨子闲诂〉训诂研究》，台北县花木兰文化出版社 2006 年版。

119. 吴毓江撰，孙启治点校：《墨子校注》，中华书局 2006 年版。

120. 周才珠、齐瑞端今译，汪榕培、王宏英英译：《墨子》，湖南人民出版社 2006 年版。

121. 彭双、涂春燕著：《墨子管理思想研究》，电子科技大学出版社 2006 年版。

122. 王继训编著：《墨子研究》，山东人民出版社 2006 年版。

123. 王裕安、李广星主编：《墨子研究论丛》（七），北京图书馆出版社 2006 年版。

124. 秦榆编著：《墨子学院：墨子的兼爱非攻》，中国长安出版社 2006 年版。

125. 陈转青著：《墨家管理思想研究》，中国农业科学技术出版社 2006 年版。

126. 薛柏成著：《墨家思想新探》，黑龙江人民出版社 2006 年版。

127. 谭戒甫撰：《墨辩发微》，武汉大学出版社 2006 年版。

128. 周建波著：《儒墨道法与企业经营》，机械工业出版社 2006 年版。

129. 詹剑峰著：《墨子及墨家研究》，华中师范大学出版社 2007 年版。

130. 戚文、李广星等著：《墨子十讲》，上海人民出版社 2007 年版。

131. 罗炳良、胡喜云编著：《墨子解说》，华夏出版社 2007 年版。

132. 胡子宗等著：《墨子思想研究》，人民出版社 2007 年版。

133. 孙中原主编：《墨学与现代文化》，中国广播电视出版社 2007 年版。

134. 孙卓彩著：《墨学概要》，齐鲁书社 2007 年版。

135. 陈克守、桑哲著：《墨学与当代社会》，中国社会科学出版社 2007 年版。

136. 孙卓彩、刘书玉著：《墨子词汇研究》，中国社会科学出版社 2008 年版。

137. 曹胜强、孙卓彩主编：《墨子研究》，中国社会科学出版社 2008 年版。

138. 墨子研究中心编：《科圣墨子》，齐鲁书社 2008 年版。

139. 水渭松著：《墨子导读》，中国国际广播出版社 2008 年版。

140. 舒大刚著：《墨子的智慧》，中央编译出版社 2008 年版。

141. 秦彦士著：《古代防御军事与墨家和平主义：〈墨子·备城门〉综合研究》，人民出版社 2008 年版。

142. 达流著：《墨子智慧心解》，中国城市出版社 2008 年版。

143. 高秀昌注译：《墨子》，中州古籍出版社 2008 年版。

（二） 论文类

1. 李五湖：《墨翟的认识和实践》，《中山大学学报》1978 年第 4 期。

2. 陈绍闻、叶世昌、陈培华：《墨翟的经济思想》，《思想研究》1978 年第 6 期。

3. 阳正太：《墨子"三表"说初探》，《社会科学研究》1979 年创刊号。

4. 刘树勋等：《墨子和他的"三表"说是唯物主义吗?》，《教学与研究》1980 年第 1 期。

5. 方立天：《再论墨子"三表"说的性质问题》，《教学与研究》1980 年第 1 期。

6. 施昌东等：《论墨家的朴素辩证法思想》，《中国哲学史研究》1980 年第 1 期。

7. 陈直：《〈墨子备城门〉等篇与居延汉简》，《中国史研究》1980 年第 1 期。

8. 杨凤麟：《墨翟哲学思想是代表新兴地主阶级的》，《社会科学辑刊》1980 年第 2 期。

9. 牟钟鉴：《试论后期墨家的逻辑学》，《东岳论丛》1980 年第 3 期。

10. 周云之：《墨家关于"辩"的理论》，《天津师院学报》1980 年第 3 期。

11. 施昌东等：《论墨家的朴素辩证法思想》，《中国哲学史研究》1980 年第 1 期。

12. 束际成：《〈墨经〉的认识论》，《江西大学学报》1980 年第 3 期。

13. 金德建：《墨子"尚贤"学说所反映的时代》，《贵州社会科学》1981 年第 1 期。

14. 温公颐：《墨辩逻辑的唯物主义基础》，《哲学研究》1981 年第 1 期。

15. 曹三聆：《略论〈墨经〉中关于同一的逻辑思想》，《哲学研究》1981 年第 1 期。

16. 水渭松：《墨子"不非殉"辨》，《杭州大学学报》1981 年第 1 期。

17. 李永生等：《墨子的认识论是经验论》，《安徽师大学报》1981 年第 2 期。

18. 蔡晓牧等：《墨子"三表说"学术讨论会观点综述》，《南充师院学报》1981 年第 2 期。

19. 水渭松：《墨子散论——兼评郭沫若先生对墨子的批判》，《浙江师范学院学报》1981 年第 3 期。

20. 贾春峰：《关于后期墨家的朴素唯物主义反映论》，《社会科学战线》1981 年第 4 期。

21. 马兴煜：《墨翟的非命思想与宗教迷信的矛盾》，《学术论坛》1981 年第 6 期。

22. 郭志坤：《墨子宣传思想简论》，《社会科学》1981 年第 6 期。

23. 李世繁：《试述〈墨辩〉中若干范畴的理论》，《哲学研究》1981 年第 9 期。

24. 李哲夫：《我国古代第一篇人才学专论——读〈墨子·尚贤〉》，《河南师大学报》1982 年第 3 期。

25. 李哲夫等：《墨子的"尚贤"观及其影响》，《学术研究》1982 年第 1 期。

26. 陈鼓应：《墨家的社会思想》，《中国哲学史研究》1982 年第 4 期。

27. 蔡德贵：《宋钘、尹文为墨家一派》，《东岳论丛》1982 年第 5 期。

28．周瀚光：《从几个数学概念看〈墨经〉的辩证思想》，《学术月刊》1982 年第 10 期。

29．杨凤麟：《简述墨翟二元论的哲学思想》，《辽宁大学学报》1982 年第 6 期。

30．王维庭：《谈谈从事〈墨辩集释〉的体验》，《中国哲学史研究》1983 年第 4 期。

31．江庆柏：《"睡简"〈为吏之道〉与墨学》，《陕西师大学报》1983 年第 4 期。

32．赵馥洁：《墨子"兼爱"说述评》，《人文杂志》1983 年第 3 期。

33．李志林：《论〈墨经〉自然观的特色》，《浙江学刊》1984 年第 3 期。

34．屈志清：《略谈〈墨经〉中的认识论》，《广西民族学院学报》1984 年第 4 期。

35．李泽厚：《墨子论稿》，《学习与思考》1984 年第 5 期。

36．朱志凯：《墨经作者辨析》，《学术月刊》1984 年第 9 期。

37．梅荣照：《〈墨经〉中有关"瑞"的概念》，《哲学研究》1984 年第 9 期。

38．赖永海：《论墨子朴素唯物主义认识论与宗教思想的矛盾统一》，《中州学刊》1985 年第 2 期。

39．黄伟合：《墨子的义利观》，《中国社会科学》1985 年第 3 期。

40．欧阳茂森等：《试论后期墨家的自然观——先秦自然观研究之一》，《齐鲁学刊》1985 年第 3 期。

41．陈卓祥：《墨家"杀盗非杀人"是一个朴素的辩证的命题》，《广西师范大学学报》1986 年第 1 期。

42．孙中原等：《〈墨经〉中集合思想之端倪》，《社会科学战线》1986 年第 1 期。

43．高克良：《略论墨子的"兼爱"思想》，《延安大学学报》1986 年第 3 期。

44．卢枫：《论墨子的历史观及其合理因素》，《中国哲学史研究》1986 年第 4 期。

45．陈宪猷：《墨子世界观略论》，《华南师范大学学报》1986 年第

4 期。

　　46. 杨俊光：《〈墨经〉研究的一个卓越成果——杨宽先生〈墨经哲学〉读后》，《南京大学学报》1986 年增刊。

　　47. 杨俊光：《"墨辩"辨正》，《中国哲学史研究》1987 年第 1 期。

　　48. 孙中原等：《〈墨经〉的无穷说》，《中国哲学史研究》1987 年第 1 期。

　　49. 黄乔：《墨子散议》，《辽宁教育学院学报》1987 年第 2 期。

　　50. 卢枫：《论墨子政治思想的两重倾向及其阶级归属》，《求索》1987 年第 2 期。

　　51. 范竹增：《〈墨经〉自然科学知识中的哲学思想》，《苏州大学学报》1987 年第 2 期。

　　52. 龚维英：《墨家巨子接受情况钩沉》，《东岳论丛》1987 年第 3 期。

　　53. 孔祥宏：《儒墨思想比较浅探》，《江苏教育学院学报》1988 年第 2 期。

　　54. 许凌云：《墨子尚贤、兼爱论》，《齐鲁学刊》1988 年第 3 期。

　　55. 邹今骏：《论墨子政治学说及其与儒学之异同》，《湘潭大学学报》1988 年第 3 期。

　　56. 殷树成：《墨子的"尽貌尤方"》，《贵州社会科学》1988 年第 10 期。

　　57. 张汉静：《试论墨子、荀子认识论之异同》，《内蒙古师大学报》1989 年第 1 期。

　　58. 张荫之：《墨家的时空观》，《浙江学刊》1989 年第 2 期。

　　59. 张乘健：《论〈墨子〉的"兼"》，《安徽师大学报》1989 年第 3 期。

　　60. 马序：《论墨翟的二重化世界观》，《河北大学学报》1989 年第 4 期。

　　61. 周云之：《后期墨家已经提出了相当于三段论的推理形式》，《哲学研究》1989 年第 4 期。

　　62. 汤炳正：《试论先秦文化思想的"内向"特征》，《江汉论坛》1989 年第 5 期。

　　63. 郑晓江等：《墨子的人生哲学》，《广东教育学院学报》1990 年第

1 期。

64. 罗检秋：《近代墨学复兴及其原因》，《近代史研究》1990 年第 1 期。

65. 钱临照等：《墨学的流变与金元新道教》，《上海道教》1990 年第 1—2 期。

66. 黄世瑞：《墨学衰微原因刍议》，《学术月刊》1990 年第 2 期。

67. 孙飞行：《〈墨经〉"时"、"久"辨》，《江西社会科学》1990 年第 3 期。

68. 陆晓光：《墨子非儒不非〈诗〉论——兼说儒墨政治理想之同》，《中州学刊》1990 年第 3 期。

69. 朱宏达：《孙诒让和墨学研究》，《杭州大学学报》1990 年第 4 期。

70. 孙聚友：《墨子人格思想探析》，《齐鲁学刊》1990 年第 5 期。

71. 任重：《墨学中绝原因浅探》，《社会科学辑刊》1991 年第 3 期。

72. 周乾溁：《墨家何以名墨》，《文史哲》1991 年第 3 期。

73. 易志刚：《墨子思想中的矛盾性格》，《北京社会科学》1991 年第 4 期。

74. 李远国：《墨家与道教》，《孔子研究》1991 年第 4 期。

75. 马克锋：《墨学复兴与近代思潮》，《中州学刊》1991 年第 4 期。

76. 史丁：《首届墨子学术讨论会综述》，《东岳论丛》1991 年第 5 期。

77. 陈之安：《关于墨子的两个问题》，《文史哲》1991 年第 5 期。

78. 张岱年：《论墨子的救世精神与"摹物论言"之学》，《文史哲》1991 年第 5 期。

79. 蔡尚思：《墨子的历史地位与当代价值》，《文史哲》1991 年第 5 期。

80. 杨向奎：《谈谈〈墨经〉的研究》，《文史哲》1991 年第 5 期。

81. 路德彬：《论墨家伦理观的真髓及其价值：从儒、墨比较谈起》，《齐鲁学刊》1992 年第 1 期。

82. 钱光：《〈墨子〉复音词初探》，《甘肃社会科学》1992 年第 1 期。

83. 眷未立：《后世误作墨派诸子实非墨后学辨》，《南京大学学报》1992 年第 1 期。

84. 王志平：《"显学"的衰落：论墨学骤衰的主因》，《兰州大学学报》

1992 年第 2 期。

85. 徐敏：《墨子的理想国》，《中国社会科学院研究生院学报》1992 年第 3 期。

86. 陈朝晖：《论墨家精神》，《烟台大学学报》1992 年第 4 期。

87. 郭成智：《墨子故里滕州说质疑》，《中州学刊》1992 年第 5 期。

88. 叶林生：《对〈论语〉〈墨子〉中所论"民"的比较》，《甘肃社会科学》1992 年第 5 期。

89. 陈孟麟：《〈墨辩〉在哲学社会科学领域对墨子思想的突破》，《山东师大学报》1992 年第 6 期。

90. 刘惠文：《首届墨学国际研讨会侧记》，《哲学动态》1992 年第 12 期。

91. 舒建华：《文与质的符号：文化学阐释：儒、道、墨三家文质观综论》，《学术月刊》1992 年第 12 期。

92. 吴丽红：《论墨家的功利主义》，《齐鲁学刊》1993 年第 1 期。

93. 孙道进：《墨子哲学与经营管理》，《行为科学》1993 年第 1 期。

94. 郭成智：《再论墨子是河南鲁山人：答张振衡、徐治邦先生》，《史学月刊》1993 年第 1 期。

95. 王赞源：《墨子的现代价值》，《烟台大学学报》1993 年第 1 期。

96. 姜建设：《墨家学派的社会思想与墨学的遽然泯灭》，《辽宁大学学报》1993 年第 2 期。

97. 陆海明：《墨子的执拗与批评方法的自觉》，《学术季刊》1993 年第 2 期。

98. 刘志光：《墨子和平学说真义及当代启示》，《未来与发展》1993 年第 3 期。

99. 邢志第：《"国家百姓人民之利"是墨子思想的核心》，《理论学刊》1993 年第 3 期。

100. 黄朝阳：《〈墨辩〉逻辑的历史命运》，《逻辑与语言学习》1993 年第 3 期。

101. 朱志凯：《〈墨经〉中推论形式的辨析》，《上海社会科学院学术季刊》1993 年第 4 期。

102. 徐敏：《墨子居鲁与早期百家争鸣》，《中国社会科学院研究生院学报》1993 年第 6 期。

103．康中乾：《墨子认识论发微》，《宝鸡文理学院学报》1993 年第 4 期。

104．梁韦弦、李春生：《孟子与杨墨两家的论争》，《河北师范大学学报》1994 年第 1 期。

105．井清：《略析儒墨两家的同与异》，《甘肃社会科学》1994 年第 1 期。

106．潘继恩：《墨家人生论的价值取向》，《华南师范大学学报》1994 年第 1 期。

107．余文军：《墨子思想研究述评》，《杭州大学学报》1994 年第 3 期。

108．陈克守：《论墨家的政策思想及其悲剧命运》，《中国文化研究》1994 年冬之卷。

109．周才珠：《墨学中绝探微》，《贵州大学学报》1994 年第 4 期。

110．范淑存：《墨子的殡葬改革观》，《北方论丛》1994 年第 5 期。

111．陈炎：《杨向奎教授谈墨学研究》，《文史哲》1994 年第 6 期。

112．陈朝晖：《第二届墨学国际研讨论会综述》，《文史哲》1994 年第 6 期。

113．崔永东：《墨子哲学及其现代价值》，《齐鲁学刊》1995 年第 1 期。

114．秦彦士：《东西方百科全书式学者的命运：关于墨子与亚里士多德学术思想的文化思考》，《西南民族学院学报》1995 年第 1 期。

115．王镇生：《陶行知与墨家》，《行知研究》1995 年第 1 期。

116．束际成：《〈墨经〉自然观范畴论》，《南昌大学学报》1995 年第 2 期。

117．陈广忠：《〈淮南子〉与墨家》，《孔子研究》1995 年第 2 期。

118．林铭钧、曾祥云：《〈墨经〉疑义辨析》，《学术研究》1995 年第 2 期。

119．孟祥才：《墨子思想与中国传统政治文化》，《山东大学学报》1995 年第 2 期。

120．崔大华：《墨子：中国文化源头上的一位巨人》，《黄淮学刊》1995 年第 2 期。

121．陈超群：《从义利观剖析墨家的教育哲学思想》，《教育史研究》

1995 年第 3 期。

122．丁原明：《论墨学中的经济理性》，《东岳论丛》1995 年第 3 期。

123．杨俊光：《〈墨经〉选诂》（之三），《南京大学学报》1995 年第 3 期。

124．管役夫：《墨学的历史渊源、文化背景与现实依据》，《北京社会科学》1995 年第 3 期。

125．〔美〕李绍崑：《研究墨学四十年》，《华中师范大学学报》1995 年第 3 期。

126．赵继伦：《论墨家辩学的文化特征》，《中国文化研究》1995 年第 4 期。

127．李元、庆余：《墨学从"显学"到"绝学"原委探析》，《北方论丛》1995 年第 5 期。

128．周文英：《试析墨家逻辑发展之进程》，《江西教育学院学报》1996 年第 1 期。

129．荣伟群：《〈墨经〉中的比较方法》，《学术界》1996 年第 2 期。

130．张斌峰：《近代关于〈墨经〉编制的考辨及其意义》，《郑州大学学报》1996 年第 2 期。

131．孙季萍、冯立永：《墨子的义利观与现代法的价值取向》，《山东法学》1996 年第 2 期。

132．舒大刚：《〈易〉墨"义利观"略论》，《周易研究》1996 年第 2 期。

133．赵吉惠：《论墨学的内在矛盾及"天志""明鬼"论的价值》，《东方论坛》1996 年第 2 期。

134．杜蒸民：《郭沫若墨学观成因考察》，《郭沫若学刊》1996 年第 3 期。

135．闵龙昌：《谈谈〈墨经〉中的"法"》，《华东理工大学学报》1996 年第 3 期。

136．杨俊光：《〈墨经〉选诂》（之四），《南京大学学报》1996 年第 4 期。

137．郭守元、许义夫：《〈墨经〉中物理学思想新探》，《山东教育学院学报》1996 年第 4 期。

138. 张明安、盛国军：《墨子经济伦理思想的当代价值》，《天津师大学报》1996 年第 5 期。

139. 辛果：《"兼爱"辨》，《北方论丛》1996 年第 5 期。

140. 李绍崑：《研究墨学四十年》，《学术月刊》1996 年第 7 期。

141. 朱怀江：《墨子实用主义美学的内核及其价值》，《中国文化研究》1996 年秋之卷。

142. 白奚：《墨学中绝与中国传统文化的走向》，《哲学研究》1996 年第 12 期。

143. 思齐：《对为何研究古籍之圆满回答：评〈墨子〉》，《烟台大学学报》1997 年第 1 期。

144. 邱宗敏：《与郭沫若先生论墨子思想》，《郭沫若学刊》1997 年第 3 期。

145. 王克奇：《墨子与孔子、老子、韩非关系论》，《孔子研究》1997 年第 3 期。

146. 吴付来：《儒墨经权论之比较》，《安徽师范大学学报》1997 年第 4 期。

147. 何洋：《什么是"侔"与"侔"是什么：论逻辑学界所谈之"侔"与〈墨辩〉之"侔"》，《海南师院学报》1997 年第 4 期。

148. 吴远：《"三表法"与"尊天"、"事鬼"：论墨子思想中的矛盾现象及其根据》，《中国哲学史》1997 年第 4 期。

149. 张凤林：《论墨家的人生论》，《社会科学》1997 年第 10 期。

150. 张斌峰、张晓芒：《新墨学如何可能?》，《哲学动态》1997 年第 12 期。

151. 谭家健：《墨家语录研究》，《齐鲁学刊》1998 年第 1 期。

152. 杨宏伟：《第三届墨学国际学术研讨会综述》，《文史哲》1998 年第 1 期。

153. 朱传荣：《墨家哲学基本特征与当代哲学发展》，《华中理工大学学报》1998 年第 1 期。

154. 张斌峰：《墨子"兼爱"学说的新透视》，《中国哲学史》1998 年第 1 期。

155. 解启扬：《近代墨学复兴初探》，《合肥教院学报》1998 年第 1 期。

156. 陈克守：《墨辩逻辑规律论》，《齐鲁学刊》1998 年第 2 期。

157. 徐一公：《墨子思想渊源》，《哲学战线》1998 年第 2 期。

158. 杨俊光：《〈墨经〉选诂》，《复旦学报》1998 年第 2 期。

159. 孙萌：《墨家的形上依托与宗教特色》，《人文杂志》1998 年第 3 期。

160. 丁为祥：《墨家宗教因缘析辨》，《中国哲学史》1998 第 3 期。

161. 张晓芒、张斌峰：《墨家学说与人类和平理念的确立》，《晋阳学刊》1998 年第 4 期。

162. 宋立民：《墨学史概述》，《社会科学战线》1998 年第 4 期。

163. 罗世烈：《墨家的博爱与苦行》，《陕西师范大学学报》1998 年第 4 期。

164. 陈代波：《十年来墨学研究综述》，《中国哲学史》1998 年第 4 期。

165. 周宏试：《论墨家学说中的交互主体思想》，《重庆师院学报》1998 年第 4 期。

166. 吕国祥：《人本主义哲学思潮的历史轨迹》，《内蒙古民族师院学报》1998 年第 4 期。

167. 张宏斌：《论墨子的宗教神学与人的理性自觉》，《华侨大学学报》1998 年第 4 期。

168. 刘魁：《走出后现代哲学的语言迷宫》，《南京理工大学学报》1998 年第 4 期。

169. 杨俊光：《〈墨经〉选诂》，《山东师大学报》1998 年第 5 期。

170. 徐希燕：《墨子思想渊源》，《学术论坛》1998 年第 6 期。

171. 张知寒：《略说墨子学对后世的影响》，《大众日报》1998 年 10 月 3 日。

172. 翟廷晋：《高屋建瓴探绝学：读周山〈绝学复苏〉》，《社会科学》1998 年第 11 期。

173. 王赞源：《殷海光与墨子论思想标准比较》，《烟台大学学报》1999 年第 1 期。

174. 朱哲：《儒、墨、道死亡观比较》，《宗教学研究》1999 年第 1 期。

175. 孙中原：《古代百家争鸣的一种有效工具：论墨家的矛盾律与纠谬类比》，《中国文化研究》1999 年第 2 期。

176. 张涅：《〈墨子〉实用主义思想倾向探析》，《齐鲁学刊》1999 年第 2 期。

177. 张联荣：《墨辩中的词语释义问题》，《北京大学学报》1999 年第 2 期。

178. 徐希燕：《墨子的认识论研究述评》，《当代学术信息》1999 年第 2 期。

179. 徐希燕：《〈墨子〉中的杠杆平衡原理》，《内蒙古社会科学》1999 年第 2 期。

180. 陈慧：《墨家思想的科学之维》，《安庆师范学院学报》1999 年第 2 期。

181. 张科：《墨学衰微原因探析》，《青海师范大学学报》1999 年第 2 期。

182. 董德福：《梁启超与胡适墨学研究之比较》，《福建论坛》1999 年第 2 期。

183. 徐希燕：《墨子的认识论研究》，《青岛社会科学》1999 年第 2 期。

184. 杨俊光：《〈墨经〉选诂》（之五），《学海》1999 年第 2 期。

185. 徐希燕：《〈墨经〉力学六条阐微》，《中国哲学史》1999 年第 2 期。

186. 卢云枫：《略论墨家思想对民间宗教的影响》，《世界宗教研究》1999 年第 2 期。

187. 葛洪泽：《墨学综观》，《北京社会科学》1999 年第 3 期。

188. 徐沛：《墨子简论》，《西南民族学院学报》1999 年第 3 期。

189. 丁为祥：《墨家兼爱观的演变》，《陕西师范大学学报》1999 年第 4 期。

190. 曹胜高：《墨学衰微考辨》，《社科纵横》1999 年第 4 期。

191. 孙理兴：《论孔墨"爱人"伦理思想之异同：兼谈现代化理论建设》，《道德与文明》1999 年第 4 期。

192. 翟双萍：《〈墨子·尚贤〉中的人才论与晚期原始社会文化观念》，《中国文化研究》1999 年冬之卷。

193. 赵小雷：《论墨家学说的理论形态及其成因》，《广东社会科学》1999 年第 5 期。

194. 罗世烈：《墨家的专制主义》，《四川大学学报》1999 年第 5 期。

195. 薛柏成：《论墨学复兴与近代民间世风伦理的转变》，《齐鲁学刊》1999 年第 6 期。

196. 寿元：《第四届墨学国际研讨会综述》，《文史哲》1999 年第 6 期。

197. 任继愈：《"中国墨子学会"在 21 世纪所面临的任务：在第四届墨学国际研讨会开幕式上的讲话》，《文史哲》1999 年第 6 期。

198. 曾繁仁：《千年"绝学"的伟大"复兴"：墨学研究的百年回顾与前瞻》，《文史哲》1999 年第 6 期。

199. 罗维明：《论墨学衰亡的原因》，《广州师院学报》1999 年第 8 期。

200. 刘万里：《孔墨批判的批判：〈十批判书〉的批判》，《嘉应大学学报》2000 年第 1 期。

201. 周乾溁：《墨子思想向儒背法析》，《天津师大学报》2000 年第 1 期。

202. 高晨阳：《传统文化的结构与墨学的价值定位》，《洛阳大学学报》2000 年第 1 期。

203. 王长华：《战国墨家后学述论》，《河北学刊》2000 年第 1 期。

204. 丁原明：《论墨家的经济伦理思想》，《山东社会科学》2000 年第 1 期。

205. 胡弼成、廖梅：《墨家教育思想的基本特征及其对"科教兴国"的启示》，《高等教育研究学报》2000 年第 1 期。

206. 徐希燕：《墨子的"救守"思想》，《军事历史研究》2000 年第 2 期。

207. 朱喆：《儒、墨、道语言观比较研究》，《武汉大学学报》2000 年第 2 期。

208. 董业明：《驳类比推理"个别推个别"说》，《山东师大学报》2000 年第 2 期。

209. 邹大海：《〈墨经〉"次"概念与不可分量》，《自然科学史研究》2000 年第 2 期。

210. 夏金华、朱永新：《墨家的领导者心理素质思想》，《心理学报》2000 年第 4 期。

211. 许大海：《墨子人学思想的现代透析》，《理论学刊》2000 年第

2 期。

212．罗蔚、邓少海：《墨家经济伦理思想简析》，《江西社会科学》
2000 年第 4 期。

213．彭邦本：《儒墨举贤禅让观平议——读〈郭店楚墓竹简〉》，《四川
大学学报》2000 年第 5 期。

214．张斌峰：《略论墨家关于"立辞"的谬误》，《中州学刊》2000 年
第 11 期。

215．徐松岩：《论墨子思想中的"义"》，《辽宁师范大学学报》2001
年第 2 期。

216．魏国勤、周彩霞：《墨学与现代教育》，《西北成人教育学报》
2001 年第 3 期。

217．王思义：《墨家精神的人民性及其当代价值》，《沈阳师范学院学
报》2001 年第 3 期。

218．孙熙国：《〈周易〉古经与墨家思想》，《周易研究》2001 年第
4 期。

219．彭福扬、罗一涛：《墨家逻辑的科技思想根源研究》，《湖南大学
学报》2001 年第 4 期。

220．夏金华、朱永新：《墨家人力资源管理心理思想及其现代意义》，
《心理学报》2001 年第 4 期。

221．张一平：《儒、墨文化精神之比较》，《温州师范学院学报》2002
年第 1 期。

222．关兴丽：《墨家的语境及语用学思想》，《晋阳学刊》2002 年第
1 期。

223．钱永森：《论秦汉时代的墨学精神》，《首都师范大学学报》2002
年第 1 期。

224．孙中原：《墨家的军事辩证法思想》，《南通师范学院学报》2002
年第 2 期。

225．李文波：《从墨家"兼相爱，交相利"看经济行为的新理性：互
惠性与互恕性》，《南昌大学学报》2002 年第 2 期。

226．刘惠文：《第五届墨学国际研讨会综述》，《枣庄师范专科学校学
报》2002 年第 4 期。

227. 刘松林:《墨子"非乐"思想渊源窥探》,《内蒙古师范大学学报》2002 年第 3 期。

228. 成云雷:《仁爱与兼爱:先秦人道思想的两种形态及其历史命运》,《山东社会科学》2002 年第 5 期。

229. 王月玲:《刍议墨家逻辑的历史命运及特点》,《理论与现代化》2002 年第 5 期。

230. 杨建平:《试论墨学中绝的原因》,《甘肃社会科学》2002 年第 5 期。

231. 何洋论:《〈墨辩〉之"诺"》,《江汉论坛》2002 年第 12 期。

232. 陈克守:《墨家的语境观》,《齐鲁学刊》2003 年第 1 期。

233. 刘邦凡:《墨家思想的当代价值》,《燕山大学学报》2003 年第 1 期。

234. 吴澍:《〈墨子〉的军事后勤思想和军事人才思想述要》,《山东教育学院学报》2003 年第 1 期。

235. 朱智武:《试论墨学与禅宗丛林风规的会通》,《徐州师范大学学报》2003 年第 2 期。

236. 林华昌、郑取:《墨家"推类"思想对中国传统法文化的影响》,《南京社会科学》2003 年第 2 期。

237. 薛柏成:《秦汉以后的墨家思想及其影响》,《齐鲁学刊》2003 年第 3 期。

238. 宋立民:《当代墨家思想研究述评》,《社会科学战线》2003 年第 3 期。

239. 帕林达:《谈墨子的宗教思想价值》,《西北民族大学学报》2003 年第 3 期。

240. 解启扬:《梁启超与墨学》,《安徽史学》2003 年第 5 期。

241. 周世兴:《先秦儒墨法家义利观与社会主义义利观》,《甘肃教育学院学报》2003 年第 1 期。

242. 郑杰文:《〈新书〉〈淮南子〉等所见西汉前期的墨学流传——"墨学中绝"说的再检讨》,《山东大学学报》2004 年第 2 期。

243. 解启扬:《侯外庐的墨学研究》,《学术探索》2004 年第 3 期。

244. 胡锐军:《墨家政治冲突与政治整合思想研究》,《成都行政学院学报》2004 年第 3 期。

245．朱智武：《先秦墨学的区域性特色述论》，《中国历史地理论丛》2004 年第 3 期。

246．杜洪泉：《墨、道音乐美学思想之比较》，《西安音乐学院学报》2004 年第 3 期。

247．胡锐军、杨占国：《墨家政治文化新探——墨家政治冲突与政治整合思想研究》，《贵州工业大学学报》2004 年第 3 期。

248．康学伟：《论"孝"与墨家思想》，《社会科学战线》2004 年第 4 期。

249．薛柏成：《论〈礼记〉有关篇章与墨家思想的关系》，《社会科学战线》2004 年第 5 期。

250．杨永林：《墨家的人权思想及其现代价值评析》，《江西师范大学学报》2003 年第 5 期。

251．关兴丽：《墨家"侔"的语义学思想探析》，《湖南科技大学学报》2004 年第 6 期。

252．董志铁：《摹略万物之然——后期墨家认识论》，《山东师范大学学报》2003 年第 6 期。

253．崔永斌：《墨子管理思想的现代价值》，《平原大学学报》2004 年第 6 期。

254．江秀玲：《墨学"十论"的思想内涵》，《商丘师范学院学报》2004 年第 6 期。

255．陈少明：《"孔子厄于陈蔡"之后》，《中山大学学报》2004 年第 6 期。

256．姚晓燕：《墨家与科技教育》，《内蒙古师范大学学报》2004 年第 7 期。

257．薛柏成：《论〈尚书·洪范〉与墨家政治思想》，《吉林师范大学学报》2005 年第 1 期。

258．关兴丽：《中国古代墨家"当"的语用学思想》，《社会科学辑刊》2005 年第 2 期。

259．高田钦：《墨家的"节用""强力"思想及其现代价值》，《徐州师范大学学报》2005 年第 2 期。

260. 关兴丽：《墨家与亚里士多德指称论思想的比较研究》，《黔南民族师范学院学报》2005 年第 2 期。

261. 张义生：《后期墨家逻辑思想大发展原因初探》，《西安电子科技大学学报》2005 年第 3 期。

262. 潘斌、楚娜：《论礼与儒墨两家的历史命运》，《青海师范大学学报》2005 年第 3 期。

263. 刘邦凡、张晓光：《略论新墨学的形成》，《燕山大学学报》2005 年第 S1 期。

264. 陆红霞：《墨家主要伦理思想的特征研究》，《社科纵横》2005 年第 4 期。

265. 张景云：《先秦儒墨哲学思想比较分析》，《北方论丛》2005 年第 6 期。

266. 薛柏成：《论墨家与稷下学宫的关系》，《延边大学学报》2005 年第 4 期。

267. 赵明、费菊瑛：《先秦儒、道、墨家命运论之探究》，《理论学刊》2005 年第 4 期。

268. 薛柏成：《墨家思想对中国"侠义"精神的影响》，《东北师大学报》2005 年第 5 期。

269. 薛柏成：《论墨家思想对黄老学的影响——以马王堆帛书〈黄老帛书〉为例》，《社会科学战线》2005 年第 5 期。

270. 桑东辉：《〈周易〉节卦与墨子的尚节思想——兼论儒、墨思想的差异》，《天水行政学院学报》2005 年第 5 期。

271. 张林祥：《儒道墨法文艺价值观比较》，《甘肃社会科学》2005 年第 5 期。

272. 慧超：《试论〈墨子〉和〈周易〉的节俭思想》，《河南师范大学学报》2005 年第 5 期。

273. 曾昭式：《温公颐的墨辩逻辑研究及其反思》，《信阳师范学院学报》2005 年第 5 期。

274. 宋洪兵：《史墨"革命论"别解——兼谈儒家"革命论"的悖论》，《社会科学研究》2005 年第 6 期。

275. 张金桃：《墨家科技思想的特征及其意义》，《江汉论坛》2005 年第 9 期。

276．丁为祥、文光：《墨家科学理性的形成及其中绝》，《自然辩证法研究》2005 年第 11 期。

277．薛柏成：《墨家思想与〈诗〉的关系》，《齐鲁学刊》2006 年第 1 期。

278．刘太恒：《论墨家的道德精神》，《伦理学研究》2006 年第 1 期。

279．赵保佑：《"兼爱"：构建现代和谐社会的伦理基础》，《中州学刊》2006 年第 2 期。

280．薛柏成：《郭店楚简〈唐虞之道〉与墨家思想》，《吉林师范大学学报》2006 年第 2 期。

281．黄瑜、熊凯：《〈应同〉篇与邹衍、后期墨家新论——兼论战国后期学术之演进问题》，《重庆社会科学》2006 年第 2 期。

282．曾丽洁：《"节用"与"侈靡"的现代诠释》，《湖北大学学报》2006 年第 3 期。

283．王东京：《墨子教育思想探微》，《南通大学学报》2006 年第 3 期。

284．李金山：《论墨家思想对董仲舒新儒学体系的影响》，《青海社会科学》2006 年第 4.期。

285．杨武金：《论从三个层次研究墨家逻辑》，《安徽大学学报》2006 年第 4 期。

286．聂聘：《儒、墨、法三家德育思想的现实意义》，《山西广播电视大学学报》2006 年第 5 期。

287．王素珍、夏天成：《论墨家学说的宗教思想》，《呼伦贝尔学院学报》2006 年第 5 期。

288．李宏斌、石治华：《先秦儒墨荣辱观的流变及其现代启示》，《延安大学学报》2006 年第 5 期。

289．史锦梅：《试论墨家经济思想的兴衰》，《社科纵横》2006 年第 6 期。

290．高建立：《先秦儒墨学说的异质性特征分析》，《河南科技大学学报》2006 年第 6 期。

291．李金山：《墨家天道观对董仲舒儒学体系的理论贡献》，《兰州学刊》2006 年第 8 期。

292. 王兴文：《〈墨子间诂〉与20世纪30—60年代墨学的全面复兴》，《学术交流》2006年第10期。

293. 沈尚武：《墨家"交利论"的哲学探析》，《兰州学刊》2006年第12期。

294. 张晴：《墨家逻辑研究的回顾和展望》，《学术论坛》2006年第11期。

295. 商原、李刚：《墨家"节葬"的制度设计理念》，《山东社会科学》2006年第9期。

296. 李文奎：《"兼相爱"与"交相利"的内在统一——简论墨子的思想》，《济宁师范专科学校学报》2007年第1期。

297. 汪奎、韩松：《论墨家思想的流失》，《枣庄学院学报》2007年第1期。

298. 张涅：《墨家思想的当代意义》，《社会科学报》2007年2月8日。

299. 丁为祥：《从绝对意识到超越精神——孟子对墨家思想的继承、批判与超越》，《人文杂志》2007年第2期。

300. 许道才、陆发春：《先秦时期儒、道、墨、法四个学派的文化思想概述》，《牡丹江教育学院学报》2007年第2期。

301. 邵汉明：《墨学研究领域的一部力作——评〈墨家思想新探〉》，《社会科学战线》2007年第2期。

302. 武回忆：《墨家教学思想方法对现代教学的启示》，《山东省农业管理干部学院学报》2007年第2期。

303. 徐柏才：《墨子的勤俭思想对当代公民道德建设的启示》，《湖北社会科学》2007年第2期。

304. 童恒萍：《先秦〈墨经〉哲学的历史价值》，《华南师范大学学报》2007年第3期。

305. 刘炬航：《解析墨家思想中几个关键概念——兼评中国人的精神世界》，《华南农业大学学报》2007年第3期。

306. 武敬一：《论墨家功利主义》，《南都学坛》2007年第3期。

307. 薛柏成：《论〈晏子春秋〉与墨家思想的关系》，《社会科学战线》2007年第3期。

308. 柏维春：《先秦儒墨道法有关国家政治体制诉求论析》，《政治学研究》2007 年第 4 期。

309. 严锐：《墨家学说与我国法治中的民本思想》，《法制与社会》2007 年第 4 期。

310. 徐新、唐健雄：《论墨子的消费伦理思想》，《消费经济》2007 年第 5 期。

311. 陈曼娜：《略论墨学与儒学消费思想之异同》、《现代财经〈天津财经大学学报〉》2007 年第 6 期。

312. 徐日辉：《墨子"畜种菽粟不足以食之"略论》，《浙江工商大学学报》2007 年第 6 期。

313. 丁晓东：《现代主体际理论视域中的墨家思想》，《江西社会科学》2007 年第 7 期。

314. 许静：《墨家节俭思想对当代大学生的教育价值》，《辽宁教育行政学院学报》2007 年第 7 期。

315. 王长坤、张玲：《先秦墨家孝道简论》，《史学月刊》2007 年第 10 期。

316. 童恒萍：《〈墨经〉哲学中的解释问题及其历史价值》，《船山学刊》2008 年第 1 期。

317. 孟荣荣：《墨学式微原因管窥》，《内蒙古农业大学学报》2008 年第 1 期。

318. 童恒萍：《墨经》哲学中的解释问题及其历史价值》，《船山学刊》2008 年第 1 期。

319. 鲁西龙：《孔子天命观的后现代诠释》，《西北大学学报》2008 年第 1 期。

320. 王兴国：《墨学研究之回顾、反省与再诂》，《华东师范大学学报》2008 年第 2 期。

321. 丁纯：《论墨家思想的当代德育价值》，《天府新论》2008 年第 2 期。

322. 周全德、齐建英：《墨家伦理思想的现代价值》，《中华文化论坛》2008 年第 2 期。

323. 武倩：《论墨家思想的要旨"强本节用"》，《边疆经济与文化》2008 年第 2 期。

324．薛柏成、杨秀慧：《论墨家思想对李贽思想形成的影响》，《吉林师范大学学报》2008 年第 2 期。

325．孙波：《论墨子的社会和谐思想》，《商丘师范学院学报》2008 年第 2 期。

326．陈万求、邹志勇：《墨家"道技合一"伦理思想》，《求索》2008 年第 2 期。

327．孙波：《论墨子的社会和谐思想及其现代价值》，《中共中央党校学报》2008 年第 3 期。

328．付耀霞：《儒墨节俭思想比较简析》，《湖北经济学院学报》2008 年第 3 期。

329．孙兆泽：《论先秦时期的"儒墨相非"》，《河南师范大学学报》2008 年第 3 期。

330．曾振宇：《论孔墨之相通》，《湖南社会科学》2008 年第 3 期。

331．韦正翔：《墨家和法家思想与西方趋利思想的关系分析》，《中国人民大学学报》2008 年第 4 期。

332．谭家健：《近年来墨学研究之新收获》，《枣庄学院学报》2008 年第 4 期。

333．尚杰：《"墨经"新解》，《清华大学学报》2008 年第 5 期。

334．张燕婴：《墨家"仁义"论功利特性的再分析》，《齐鲁学刊》2008 年第 5 期。

335．时显群：《以"治道"为视角看法家与墨的关系》，《史学月刊》2008 年第 6 期。

四

法家文化研究主要著作和论文索引

（一） 著作类

1. 陈奇猷撰，严灵峰编：《韩非子集释》（二十卷），台北成文出版社 1980 年版。

2. 瞿同祖著：《中国法律与中国社会》，中华书局 1981 年版。

3. 肖萐父、李锦全主编：《中国哲学史》，人民出版社 1982 年版。

4. 梁启雄著：《韩子浅解》（上册），中华书局 1982 年版。

5. 梁启雄著：《韩子浅解》（下册），中华书局 1982 年版。

6. 任继愈著：《韩非》，中华书局 1982 年版。

7. 山东大学《商子译注》编写组编：《商子译注》，齐鲁书社 1982 年版。

8. 周钟灵主编：《韩非子索引》，中华书局 1982 年版。

9. 赵守正撰：《管子注译》（上册），广西人民出版社 1982 年版。

10. 《韩非子》校注组校注：《韩非子校注》，江苏人民出版社 1982 年版。

11. 黄公伟著：《法家哲学体系指归》，台北商务印书馆 1983 年版。

12. 王瑞英著：《管子新论》，台北大立出版社 1983 年版。

13. 王晓波著：《儒法思想论集》，台北时报文化出版公司 1983 年版。

14. 冯契著：《中国古代哲学的逻辑发展》（上册），上海人民出版社 1983 年版。

15. 冯友兰著：《中国哲学史新编》（第二册），人民出版社 1983 年版。

16. 刘泽华著：《先秦政治思想史》，南开大学出版社 1984 年版。

17. 侯家驹著：《先秦法家统制经济思想》，台北联经出版事业公司 1985 年版。

18. 商鞅撰：《商子》，中华书局 1985 年版。

19. 梁启超著：《管子传》，台北中华书局 1986 年版。

20. 蒋礼鸿撰：《商君书锥指》，中华书局 1986 年版。

21. 张素贞著：《韩非子的实用哲学》，台北"中央日报出版部" 1989 年版。

22. 徐汉昌著：《管子思想研究》，台北学生书局 1990 年版。

23. 《管子学刊》编辑部编：《管子与齐文化》，北京经济学院出版社 1990 年版。

24. 刘泽华主编：《中国传统政治思维》，吉林教育出版社 1991 年版。

25. 张国华主编：《中国法律思想史新编》，北京大学出版社 1991 年版。

26. 王晓波著：《先秦法家思想史论》，台北联经出版事业公司 1991 年版。

27. 姚蒸民著：《法家哲学》，台北东大图书公司 1991 年版。

28. 陈烈著：《法家政治哲学》，上海书店 1992 年版。

29. 许抗生著：《中国法家》，新华出版社 1992 年版。

30. 张素贞编撰：《国家的秩序——韩非子》，三环出版社 1992 年版。

31. 张觉译注：《韩非子全译》（上），贵州人民出版社 1992 年版。

32. 张觉译注：《韩非子全译》（下），贵州人民出版社 1992 年版。

33. 张觉译注：《商君书全译》，贵州人民出版社 1993 年版。

34. 徐进主编：《新编中国法律思想史》，山东人民出版社 1993 年版。

35. 晋荣东著：《功不可没的法家思想》，辽宁古籍出版社 1995 年版。

36. 姜玉山、吕庆业主编：《中国法家文化名著》，延边大学出版社 1995 年版。

37. 曾振宇著：《前期法家研究：法、术、势社会政治理论的建构》，山东大学出版社 1996 年版。

38. 屈小强著：《同声相应之策：法家与文化谋略》，四川人民出版社 1996 年版。

39．谢芳琳、于永昌著：《君人南面之术：法家与人才管理》，四川人民出版社1996年版。

40．赵映林著：《威慑万民之法：法家与法制建设》，四川人民出版社1996年版。

41．段渝著：《虎视六合之势：法家与国家统一》，四川人民出版社1996年版。

42．卫东海著：《中国法家》，宗教文化出版社1996年版。

43．王康、梁银林著：《质朴无华之美：法家与思辨智慧》，四川人民出版社1996年版。

44．李海生著：《法相尊严：近现代的先秦法家研究》，辽宁教育出版社1997年版。

45．曹大林著：《中国传统文化探源：先秦儒墨法道比较研究》，吉林人民出版社1998年版。

46．陈龙海著：《法家智谋》，武汉测绘科技大学出版社1998年版。

47．盛广智注译：《管子译注》，吉林文史出版社1998年版。

48．姚清江、胡永中编著：《韩非子治世大智慧：〈韩非子〉今读》，中国国际广播出版社1999年版。

49．苏南著：《法家文化面面观》，齐鲁书社2000年版。

50．铁醴编：《智者通赢：流传千古的强者智慧》，解放军文艺出版社2000年版。

51．陈奇猷校注：《韩非子新校注》，上海古籍出版社2000年版。

52．程恭让编，萧守贤绘：《刑名法术：法家哲学》，鹭江出版社2000年版。

53．晋荣东著：《法不容情：法家思想的演变》，辽海书社2001年版。

54．陈龙海著：《法家智谋》，嘉义千聿企业出版部2001年版。

55．邓乾德主编：《诸子百家：现代版　卷七——法家》，台北薪传出版社2002年版。

56．金智学主编：《法家大智慧》，北方妇女儿童出版社2004年版。

57．苏南著：《法家文化面面观》，齐鲁书社2005年版。

58．周建波著：《儒墨道法与企业经营》，机械工业出版社2006年版。

59．陈玮编著：《管理真经——儒法道家的管理哲学》，言实出版社

2006 年版。

60. 张易编著：《法家的智慧：法家中华文化的泉源文明智慧的结晶》，广达文化事业有限公司 2006 年版。

61. 元爱州编著：《法家的先驱——管子》，九角文化事业有限公司 2007 年版。

62. 杨玲著：《中和与绝对的抗衡：先秦法家思想比较研究》，中国社会科学出版社 2007 年版。

63. 武树臣、李力著：《法家思想与法家精神》，中国广播电视出版社 2007 年版。

64. 吴德新著：《法家简史：法、术、势合而为一的东方政治学》，重庆出版社 2008 年版。

65. 田川译注：《法家语录》，重庆出版社 2008 年版。

66. 张与弛编著：《法家管理之道》，中国商业出版社 2007 年版。

67. 高路著：《国学基础读本——法家怎么说》，中国青年出版社 2008 年版。

（二）　论文类

1. 袁伟时：《试论韩非的法、术、势》，《学术研究》1979 年第 1 期。

2. 孔繁：《关于韩非法治思想的评价问题》，《学术研究》1979 年第 4 期。

3. 李人纪：《专制与技术——〈韩非子的批判〉辨析》，《求是学刊》1980 年第 1 期。

4. 李光灿等：《论韩非》（上、下），《江汉论坛》1980 年第 1 期。

5. 袁伟时：《再评韩非的"法、术、势"——答孔繁同志》，《学术研究》1980 年第 1 期。

6. 潘富恩等：《论韩非的朴素辩证法宇宙观》，《复旦学报》1980 年第 2 期。

7. 胡家聪：《〈管子·轻重〉作于战国考》，《中国史研究》1981 年第 1 期。

8. 汝信：《韩非评传》，《中国哲学史研究》1981 年第 1 期。

9. 罗炽：《韩非的"矛盾之说"是对立统一思想》，《齐鲁学刊》1981 年第 2 期。

10. 周乾溁：《韩非之学源于〈道德〉说辨证》，《社会科学战线》1981 年第 3 期。

11. 罗炽：《韩非的朴素辩证法思想》，《武汉师范学院学报》1981 年第 3 期。

12. 谷方：《韩非法治思想研究》，《晋阳学刊》1981 年第 3 期。

13. 张一中：《韩非的术治学说不足取》，《湖南师院学报》1981 年第 3 期。

14. 周兆茂：《试论韩非对老子的矛盾学说的批判改造》，《齐鲁学刊》1981 年第 4 期。

15. 杨鹤皋：《评李斯政治法律思想》，《学习与探索》1981 年第 5 期。

16. 唐泽玉：《韩非思想再认识》，《北方论丛》1981 年第 6 期。

17. 谢祥皓：《韩非的道和法——兼论韩非与老子的关系》，《江淮论坛》1981 年第 6 期。

18. 刘如瑛：《略论韩非的先王观》，《江淮论坛》1982 年第 1 期。

19. 谷方：《论"法、术、势"的历史地位》，《求索》1982 年第 3 期。

20. 朱贻庭等：《评韩非的非道德主义思想》，《中国社会科学》1982 年第 4 期。

21. 刘志刚：《韩非的"参验"论》，《齐鲁学刊》1982 年第 5 期。

22. 姚宝元等：《浅析韩非的极端专制独裁论》，《天津师大学报》1982 年第 6 期。

23. 刘蔚华：《韩非的朴素辩证法思想》，《文史哲》1983 年第 2 期。

24. 周兆茂：《试论韩非关于"变"的思想》，《天津师大学报》1983 年第 2 期。

25. 郭志坤：《韩非宣传思想简论》，《中南民族学院学报》1983 年第 3 期。

26. 孙实明：《韩非术论述评》，《求是学刊》1983 年第 5 期。

27. 杨俊光：《韩非政治思想略论》，《东岳论丛》1983 年第 5 期。

28. 吴亚东：《"势治"是韩非政治思想的发端和归省》，《华南师范大学学报》1984 年第 1 期。

29. 谭承耕：《韩非方法论的再评价》，《湖南师院学报》1984 年第 3 期。

30. 陈哲夫：《评韩非的君主独裁思想》，《北京大学学报》1984 年第 3 期。

31. 刘泽华：《先秦法家关于君主专制主义的理论》，《南开学报》1984 年第 5 期。

32. 林晨峰：《韩非对老子朴素辩证法思想的发展》，《福建师范大学学报》1985 年第 3 期。

33. 严正：《韩非哲学思想剖析》，《南开学报》1985 年第 6 期。

34. 孙实明：《韩非认识论探微》，《求是学刊》1986 年第 1 期。

35. 朱伟明：《法家思想不是秦代唯一的立法指导思想》，《上海大学学报》1986 年第 2 期。

36. 吴光：《〈管子〉四篇与宋尹学派辨析》，《中国哲学史研究》1986 年第 4 期。

37. 朱煜华：《韩非的矛盾说》，《中共浙江省委党校学报》1987 年第 1 期。

38. 史必清：《韩非对古代专制主义理论的总结与发展》，《汕头大学学报》1987 年第 1 期。

39. 钱逊：《韩非的道德思想》，《清华大学学报》1987 年第 1 期。

40. 剑华：《"治吏不治民"浅论》，《贵州大学学报》1987 年第 2 期。

41. 刘坤生：《老韩辨》，《安徽大学学报》1987 年第 4 期。

42. 朱健华：《韩非论"朋党"》，《贵州师范大学学报》1988 年第 2 期。

43. 尹振环：《韩非子"听言之道"述评》，《贵州文史丛刊》1988 年第 2 期。

44. 杨国荣：《知治统一——韩非认识论特点新探》，《齐鲁学刊》1988 年第 3 期。

45. 蒋重跃：《申子非法家辨》，《文献》1988 年第 3 期。

46. 刘乾先：《释〈韩非子〉"任誉"》，《古籍整理研究学刊》1988 年第 3 期。

47. 卢枫：《商鞅历史观论评》，《湘潭大学学报》1988 年第 4 期。

48. 许志杰：《论法家思想的历史命运及评价》，《求索》1988 年第 5 期。

49. 高银秀等：《慎到法治思想简论》，《晋阳学刊》1988 年第 6 期。

50. 张力：《论韩非的法术学说与愚民思想》，《四川师范学院学报》1989 年第 1 期。

51. 万高：《先秦法理思想略议》，《宁波师范学院学报》1989 年第 1 期。

52. 张觉：《韩非术治思想新探》，《四川大学学报》1989 年第 2 期。

53. 张申：《再论韩非的伦理思想不是非道德主义》，《中国哲学史研究》1989 年第 2 期。

54. 周兆茂：《韩非功利主义思想述评》，《安徽师大学报》1989 年第 3 期。

55. 朱建华：《韩非义利观简论》，《贵州大学学报》1989 年第 3 期。

56. 邱永明：《韩非的吏治思想》，《历史教学问题》1989 年第 5 期。

57. 孙谦：《儒法法理学异同论》，《人文杂志》1989 年第 6 期。

58. 朱有志：《也谈韩非的术治学说》，《湘潭大学学报》1990 年第 1 期。

59. 贝月：《论先秦法家之法的公正意蕴》，《学海》1990 年创刊号。

60. 朱思信：《论韩非哲学和寓言的特点》，《新疆大学学报》1990 年第 1 期。

61. 胡发贵：《试论先秦法家“法”的公正意蕴》，《浙江学刊》1990 年第 3 期。

62. 郑晓江：《韩非人生哲学探微》，《广东教育学院学报》1990 年第 4 期。

63. 张亚权：《读〈韩非子〉札记三题》，《江海学刊》1990 年第 6 期。

64. 朱苏人：《论先秦法家“以法为本”的政治形式》，《北京大学研究生学刊》1991 年第 1 期。

65. 知水：《韩非子与齐国黄老之学》，《管子学刊》1991 年第 2 期。

66. 王宗非：《〈韩非子〉的“道德之意”与“法术之治”》，《四川大学学报》1991 年第 2 期。

67. 杨师群：《战国法家代表地主阶级吗》，《学术月刊》1991 年第 3 期。

68. 杨荫楼：《〈管子〉道论的特色》，《管子学刊》1991 年第 4 期。

69. 李明：《简论韩非的"法、术、势"》，《辽宁师范大学学报》1991 年第 4 期。

70. 俞荣根：《儒法两家治官思想之比较》，《政法学习》1991 年第 4 期。

71. 张觉：《〈韩子浅解〉校勘失误管窥》，《河北师院学报》1991 年第 4 期。

72. 曹家启：《试论管仲的民本思想》，《徐州师范学院学报》1991 年第 4 期。

73. 胡显中：《〈管子〉的适度思想及其现实意义》，《西北大学学报》1992 年第 1 期。

74. 李耀仙：《辟韩非"儒分为八"说》，《四川师范学院学报》1992 年第 1 期。

75. 刘乾先：《论韩非的思想成就及其局限》，《东北师大学报》1992 年第 3 期。

76. 傅登舟：《论管仲的人君正身思想》，《湖北大学学报》1992 年第 3 期。

77. 胡家聪：《〈管子〉中"王、霸"说的战国特征：兼论〈管子〉并非管仲遗著》，《管子学刊》1992 年第 3 期。

78. 赵守正：《〈管子〉的对外开放思想》，《管子学刊》1992 年第 4 期。

79. 周光华：《〈牧民篇〉的文体时代辨：与李曦先生商榷》，《管子学刊》1992 年第 4 期。

80. 乐爱国：《〈管子·内业〉篇新探》，《管子学刊》1992 年第 4 期。

81. 邹华玉：《试论管子的"富国安民"之道》，《北京师范学院学报》1992 年第 6 期。

82. 邹华玉：《试论管子的法治思想》，《北方论丛》1992 年第 6 期。

83. 姚伟钧：《论法家的形成与影响》，《华中师范大学学报》1992 年第 6 期。

84. 于孔宝：《管仲学派的无神论思想》，《天津师大学报》1992 年第 6 期。

85. 谭风雷：《荀况"群"的观念与韩非的"自为"主义》，《齐鲁学刊》1993 年第 1 期。

86. 施家珍：《儒法学说的比较：兼论商鞅变法中的斗争并非儒法斗争》，《孔子研究》1993 年第 1 期。

87. 高恒：《论中国古代法学与名学的关系》，《中国法学》1993 年第 1 期。

88. 张觉：《〈韩非子〉"乾道本"流传始末》，《文献》1993 年第 2 期。

89. （中国香港）郑良树：《韩非子研究的回顾》，《文献》1993 年第 2 期。

90. 宋秀丽：《韩非论君臣关系》，《贵州大学学报》1993 年第 3 期。

91. 陈文联：《先秦儒、法社会整合观异同论》，《南昌大学学报》1993 年第 3 期。

92. 刘长林等：《〈管子〉心学与气概念》，《管子学刊》1993 年第 4 期。

93. 孙立亭：《〈管子〉养生思想钩沉》，《管子学刊》1993 年第 4 期。

94. 李衡眉：《〈管子通解〉注释献疑》，《管子学刊》1993 年第 4 期。

95. 范治学：《读〈管子·侈靡〉篇记》（续一），《管子学刊》1993 年第 4 期。

96. 李霞：《本世纪以来〈管子〉研究简介》，《哲学动态》1993 年第 4 期。

97. 东方朔：《韩非之功利观：在历史与逻辑之间》，《复旦学报》1993 年第 5 期。

98. 饭冢由树：《〈韩非子〉中法、术、势三者的关系》，《中国人民大学学报》1993 年第 5 期。

99. 柴青青：《管仲：世界改革的先驱》，《历史教学问题》1993 年第 6 期。

100. 李道湘：《从〈管子〉的精气论到〈庄子〉气论的形成》，《管子学刊》1994 年第 1 期。

101. 范治学：《读〈管子·侈靡〉篇记》（续二），《管子学刊》1994

年第 1 期。

102. 张华松：《析〈管子〉"轻重"诸篇的商战谋略：兼谈齐兵战理论发达的原因》，《孙子学刊》1994 年第 1 期。

103. 栗冬生：《略论〈管子〉认识论的主客体思想》，《长白学刊》1994 年第 2 期。

104. 刘剑康：《谈韩非〈解老〉中两个有争论的问题》，《湖湘论坛》1994 年第 2 期。

105. 汪启明：《〈管子〉诸家韵读献疑》，《管子学刊》1994 年第 2 期。

106. 范治学：《读〈管子·侈靡〉篇记》（续三），《管子学刊》1994 年第 2 期。

107. 罗以迪：《试论〈管子〉作者》，《管子学刊》1994 年第 2 期。

108. 刘斌：《信以得众，权以应时》，《管子学刊》1994 年第 2 期。

109. 胡家聪：《再论〈管子·轻重〉不作于汉代而作于战国：兼论考证的类比法之或然性》，《社会科学战线》1994 年第 3 期。

110. 汤效纯：《〈管子〉思想述评》，《湘潭大学学报》1994 年第 4 期。

111. 栗冬生：《略论〈管子〉认识论的主客体关系》，《管子学刊》1994 年第 4 期。

112. 赵东玉：《先秦诸子管仲论述略》，《管子学刊》1994 年第 4 期。

113. 何成轩：《从人的发现到人的禁锢：法家的人学思想及其演变》，《孔子研究》1994 年第 4 期。

114. 韩孟英：《论韩非所处的时代及自利人性论》，《河北大学学报》1994 年第 4 期。

115. 张运华：《韩非所受道家影响》，《西北大学学报》1994 年第 4 期。

116. 曾振宇：《"申不害术家说"再认识》，《文史哲》1994 年第 6 期。

117. 隅人：《〈韩非子〉新识》，《郑州大学学报》1995 年第 1 期。

118. 区永圻：《〈商君书〉法治理论述评》，《广东教育学院学报》1995 年第 1 期。

119. 李曦：《〈版法〉为管仲所作考》，《管子学刊》1995 年第 1 期。

120. 王恩田：《〈管子·四时〉的"复亡人"与齐国的土地制度》，《管子学刊》1995 年第 1 期。

121. 乐爱国：《〈管子〉的精气说与气功学》，《厦门大学学报》1995

年第 1 期。

122．张钢成：《论法治的价值》，《法律科学》1995 年第 2 期。

123．刘青泉：《管子道气学说精蕴及其现代科学验证》，《管子学刊》1995 年第 2 期。

124．陈红兵：《〈管子〉中的"宙合"是本体概念》，《管子学刊》1995 年第 2 期。

125．周昕：《管子的自然观和认识论》，《管子学刊》1995 年第 2 期。

126．罗天全：《试论管子"三分损益法"》，《管子学刊》1995 年第 2 期。

127．应永深：《论管仲的政策和策略》，《管子学刊》1995 年第 3 期。

128．邓星盈：《吴虞论管仲和韩非》，《四川师范大学学报》1995 年第 3 期。

129．赵宗正、陈启智：《〈管子·轻重〉篇的著作年代》，《管子学刊》1995 年第 3 期。

130．乐爱国：《〈管子〉的科技思想及其现代意义》，《管子学刊》1995 年第 3 期。

131．〔日〕谷中信一著，路英勇等译：《从"经言"诸篇看〈管子〉的法思想》，《管子学刊》1995 年第 3 期。

132．乐爱国：《〈管子〉的精气说辨正》，《管子学刊》1996 年第 1 期。

133．钟肇鹏：《管子剩义》，《管子学刊》1996 年第 1 期。

134．张玉书：《〈管子〉的改革创新精神》，《管子学刊》1996 年第 1 期。

135．王凤琴：《论管仲之谋的哲学意义》，《中国哲学史》1996 年第 1/2 期。

136．孙景坛：《韩非非法家论》，《江苏社会科学》1996 年第 2 期。

137．朱松美：《〈管子〉农工商关系的国家宏观调控论》，《管子学刊》1996 年第 2 期。

138．王恩田：《〈管子〉三匡解题》，《管子学刊》1996 年第 2 期。

139．王京龙：《〈管子〉书反映的商品经济意识钩探》，《管子学刊》1996 年第 2 期。

140．马加坡：《强国在于富民》，《管子学刊》1996 年第 2 期。

141. 王长华：《簇拥在现实政治的麾下：韩非价值立场论略》，《河北师院学报》1996 年第 2 期。

142. 乔健：《论商鞅的一元化思想》，《兰州大学学报》1996 年第 3 期。

143. 赵小雷：《法家失去统治地位的历史根源》，《西北大学学报》1996 年第 3 期。

144. 王京龙：《〈管子〉"一体之治"论》，《学术界》1996 年第 3 期。

145. 蒋重跃：《韩非子的人性学说》，《北京大学研究生学刊》1997 年第 1 期。

146. 梁韦弦：《韩非的智术修养论》，《松辽学刊》1997 年第 1 期。

147. 曾振宇、崔明德：《由法返德：商鞅社会理想之分析》，《中国史研究》1997 年第 1 期。

148. 黄怀信：《试说〈管子〉三〈匡〉命名之故》，《西北大学学报》1997 年第 2 期。

149. 知水：《韩非人性思想论纲》，《齐鲁学刊》1997 年第 2 期。

150. 刘百合、盛菊：《〈管子〉科技思想探微》，《淮北煤师院学报》1997 年第 3 期。

151. 金敏：《法出乎道：论〈管子〉的道法观》，《浙江大学学报》1997 年第 3 期。

152. 高梅：《论秦文化的功利主义》，《烟台大学学报》1997 年第 3 期。

153. 白奚：《也谈〈管子〉的成书年代与作者》，《中国哲学史》1997 年第 4 期。

154. 张子侠：《关于韩非历史观的几个问题》，《史学史研究》1997 年第 4 期。

155. 张涅：《〈管子·轻重〉"縠"的经济意义》，《科学·经济·社会》1997 年第 4 期。

156. 白奚：《中国古代阴阳与五行说的合流：〈管子〉阴阳五行思想新探》，《中国社会科学》1997 年第 5 期。

157. 李廷勇：《论〈慎子〉的学术思想》，《西南师范大学学报》1997 年第 5 期。

158. 金敏：《〈管子·明法〉与〈韩非子·有度〉比较》，《中外法学》1997 年第 6 期。

159. 陈世陔：《〈管子〉的宏观经济思想述略》，《江汉论坛》1997 年第 10 期。

160. 张远：《〈管子〉中的军事经济思想》，《学术月刊》1997 年第 11 期。

161. 李存山：《〈商君书〉与汉代尊儒：兼论商鞅及其学派与儒学的冲突》，《中国社会科学院研究生院学报》1998 年第 1 期。

162. 裴传永、孙希国：《〈管子〉的君臣观初探》，《管子学刊》1998 年第 1 期。

163. 刘斌：《慎子法治思想概述》，《管子学刊》1998 年第 1 期。

164. 吕耀怀：《〈韩非子〉治家论初探：兼与孔、孟有关思想比较》，《青海社会科学》1998 年第 2 期。

165. 徐树梓、徐祥民：《发源析流，知古鉴今：齐国法治思想学术讨论会综述》，《管子学刊》1998 年第 3 期。

166. 陈红兵：《〈管子〉水本原论渊源及其内在矛盾探析》，《管子学刊》1998 年第 3 期。

167. 崔永东：《帛书〈黄帝四经〉中的阴阳刑德思想初探》，《中国哲学史》1998 年第 4 期。

168. 王连瀛：《从丹道学的角度揭示〈管子〉的气论思想》，《管子学刊》1998 年第 4 期。

169. 朱松美：《〈管子〉的朴素生态思想及其当代启示》，《管子学刊》1998 年第 4 期。

170. 张庆山、宋承荣：《论〈韩非子〉法治观的性格特征》，《辽宁师范大学学报》1998 年第 5 期。

171. 盛建国：《管、商异同论》，《政法论丛》1998 年第 5 期。

172. 冯正安：《论法家的文化模式》，《武汉教育学院学报》1998 年第 5 期。

173. 丁鼎、卢友连：《从老庄申韩同传看道、法之承变关系》，《齐鲁学刊》1998 年第 5 期。

174. 汪高鑫：《略论〈韩非子〉》，《辽宁教育学院学报》1998 年第 6 期。

175. 刘竹：《集法家大成，立峭刻文风：韩非思想及艺术特色综论》，

《云南师范大学学报》1998 年第 6 期。

176. 陈红兵：《〈管子·水地〉篇思想探微》，《中华文化论坛》1999 年第 1 期。

177. 孟昭燕：《韩非与专制主义》，《西北大学学报》1999 年第 1 期。

178. 李匡夫：《称霸有道，治理有方：管子治国图霸思想研究》，《管子学刊》1999 年第 1 期。

179. 李存山：《再谈〈内业〉篇的精气与形体：答乐爱国同志的〈再探讨〉》，《管子学刊》1999 年第 1 期。

180. 马建红：《〈管子〉民为国本的法治思想》，《管子学刊》1999 年第 2 期。

181. 李存山：《再谈〈内业〉等四篇的写作时间：与学友白奚先生商榷》，《中国哲学史》1999 年第 2 期。

182. 乔长路：《中国古代启蒙思想家管仲和他的朴素唯物主义哲学思想》，《船山学刊》1999 年第 2 期。

183. 任重：《管仲与齐文化》，《管子学刊》1999 年第 4 期。

184. 周乾溁：《〈管子〉"精"说剖析》，《管子学刊》1999 年第 4 期。

185. 张丰乾：《关于"韩非读过〈文子〉"及其他》，《管子学刊》1999 年第 4 期。

186. 蒋重跃：《孟子荀卿韩非子对人的本质的认识》，《社会科学辑刊》1999 年第 6 期。

187. 解启扬：《二十世纪墨学研究述要》，《社会科学动态》1999 年第 12 期。

188. 杨建宏：《关于李斯研究的几个问题》，《长沙大学学报》2000 年第 1 期。

189. 叶玉华：《〈管子·侈靡〉篇的商讨》，《管子学刊》2000 年第 1 期。

190. 李居洋：《管仲是机械决定论者吗：驳"仓廪实则知礼节"是机械决定论》，《管子学刊》2000 年第 1 期。

191. 杨建祥：《〈管子〉"持满者与天"命题中的存在关怀》，《管子学刊》2000 年第 1 期。

192. 李纫平：《论韩非"法势术"的哲学逻辑结构》，《齐鲁学刊》

2000 年第 1 期。

193．王磊：《秦人为什么选择法家》，《宝鸡文理学院学报》2000 年第 1 期。

194．谭家健：《中国近二十年之墨学研究》，《齐鲁学刊》2000 年第 1 期。

195．吴显庆：《论〈霸言〉〈五辅〉〈群臣上〉〈形势解〉篇的成书年代和学派倾向：与〈管子新探〉作者商榷》，《南京师大学报》2000 年第 2 期。

196．蒋重跃：《韩非对传统观念文化的批判：兼论其政治实用主义本质》，《辽宁大学学报》2000 年第 2 期。

197．肖建春：《〈管子·形势〉篇"抱蜀"解诂》，《四川师范大学学报》2000 年第 3 期。

198．冯国超：《人性论、君子小人与治国之道：论〈韩非子〉的内在逻辑》，《哲学研究》2000 年第 5 期。

199．夏海鹰：《先秦儒法人性论对教育思想之作用比较研究》，《西南师范大学学报》2000 年第 1 期。

200．吴显庆：《论〈霸言〉〈五辅〉〈君臣上〉〈形势解〉篇的成书年代和学派倾向——与〈管子新探〉作者商榷》，《南京师大学报》2000 年第 2 期。

201．赵玉洁：《谈韩非对儒家学说的吸收与改造》，《河北大学学报》2000 年第 3 期。

202．陈延庆：《论亚里士多德与法家法治思想之异同》，《甘肃社会科学》2001 年第 3 期。

203．商炜：《韩非的法治思想与人性学说》，《河北青年管理干部学院学报》2001 年第 4 期。

204．周展宏：《先秦法家治道观的思想根基》，《中州学刊》2001 年第 5 期。

205．王健：《法家事功思想初探——以〈商君书〉、〈韩非子〉为中心》，《史学月刊》2001 年第 6 期。

206．王仲修：《齐与晋秦法家思想之差异》，《齐鲁学刊》2001 年第 6 期。

207. 宬晓红：《试论西汉前期治国方略的两次转变》，《山西师大学报》2001 年第 6 期。

208. 金甲秀：《黄老学与道家》，《管子学刊》2001 年第 6 期。

209. 时显群：《中西古代"法治"思想之比较——评析亚里士多德与法家法治理论的异同点》，《江西社会科学》2002 年第 1 期。

210. 徐祥民：《法家学派的由来及其界限》，《山东大学学报》2002 年第 1 期。

211. 蒋重跃：《论法家思想中的变法与定法》，《中国哲学史》2002 年第 2 期。

212. 王健：《事功精神：秦兴亡史的文化阐释》，《江海学刊》2002 年第 2 期。

213. 陶新华、朱永新：《论先秦法家的人性理论与领导心理思想》，《心理学报》2002 年第 2 期。

214. 周子良、王华、焦艳鹏：《三晋法家思想的华与实》，《山西大学学报》2002 年第 3 期。

215. 周展宏：《管理学视野的先秦法家治道模式》，《内蒙古师范大学学报》2002 年第 3 期。

216. 孙生：《秦始皇的"真人"追求探析》，《西北民族学院学报》2002 年第 3 期。

217. 韩春光：《中国传统的"慎刑"思想及其现代价值》，《当代法学》2002 年第 4 期。

218. 王永挺、刘志华：《论法家思想在秦的实践及其在婚姻制度中的体现》，《兰州大学学报》2002 年第 4 期。

219. 王三峡：《〈文子〉的法治思想》，《江汉论坛》2002 年第 10 期。

220. 王长坤、刘宝才：《先秦儒法公私观简论》，《齐鲁学刊》2003 年第 1 期。

221. 李卓娅：《法家的法治学说以及现代借鉴意义》，《现代法学》2003 年第 1 期。

222. 马作武：《论慎到的法律观》，《法学家》2003 年第 3 期。

223. 易江波：《法家式的"在数目字上管理"——析〈商君书〉的"数"治思想》，《理论月刊》2003 年第 3 期。

224. 萧伯符、汤建华：《法家思想体系论略》，《法学评论》2003 年第 4 期。

225. 唐亚武：《法家学派之德治思想探微》，《湖南师范大学社会科学学报》2003 年第 4 期。

226. 金东洙：《田骈、慎到的哲学思想——以法家思想为主》（下），《当代韩国》2003 年第 4 期。

227. 池万兴：《〈管子〉研究》，西北师范大学博士论文 2003 年。

228. 王绍东、孙志敏：《秦亡于二世的历史文化因素考察》，《内蒙古大学学报》2003 年第 5 期。

229. 郭宝安：《论我国历史上的依法治国与以德治国思想》，《青海民族学院学报》2003 年第 6 期。

230. 孙承希：《析国家主义派的"新法家主义"与"生物史观"》，《复旦学报》2003 年第 3 期。

231. 杨欣：《韩非子的人才观对现代人力资源管理的启示》，《西南民族大学学报》2003 年第 6 期。

232. 张振元：《法家思想不等于专制主义思想》，《民主与科学》2003 年第 6 期。

233. 史广全、李景瞳：《法家"以刑去刑"理论及实践的诸分析》，《学术交流》2003 年第 7 期。

234. 彭永、田浩：《儒法同源：早期儒法关系考》，《求索》2003 年第 10 期。

235. 李青：《简论中华传统法文化中的"法治"观念》，《法学家》2004 年第 1 期。

236. 刘长江：《略论汉武帝"德法并用"的治国方略》，《山东师范大学学报》2004 年第 2 期。

237. 隋淑芬、施建中：《商鞅预防犯罪的思想》，《齐鲁学刊》2004 年第 2 期。

238. 周炽成：《略论法家的智性传统——兼与余英时先生商榷》，《学术研究》2004 年第 2 期。

239. 徐立志：《法家传统本质上是中国走向法治的障碍》，《北京日报》2004 年 2 月 2 日。

240. 潘俊杰：《慎到——从黄老到法家转折性的关键人物》，《西北大学学报》2004 年第 3 期。

241. 赵晓耕：《三晋法文化的源与流——先秦法家思想集大成者韩非的思想渊源》，《山西大学学报》2004 年第 3 期。

242. 梁韦弦：《老子、孔子及韩非思想四题》，《社会科学战线》2004 年第 4 期。

243. 陈清春：《宋钘与尹文思想的异同辨析》，《晋阳学刊》2004 第 4 期。

244. 周可真：《先秦诸子管理思想论纲》，《苏州大学学报》2004 年第 5 期。

245. 夏伟东：《法家重法和法治但不排斥德和德治的一些论证》，《齐鲁学刊》2004 年第 5 期。

246. 刘长江：《中国古代治国方略嬗变述论》，《西南民族大学学报》2004 年第 6 期。

247. 刘洋：《阐释与重构——〈韩非子〉研究新论》，浙江大学博士论文 2004 年。

248. 刘文波：《王安石伦理思想及其实践研究》，湖南师范大学博士论文 2004 年。

249. 马作武：《管仲法律思想述评》，《山东社会科学》2004 年第 8 期。

250. 王子今：《秦汉时期法家的命运》，《社会科学》2004 年第 9 期。

251. 谢成宇：《〈公羊传〉与〈韩非子〉政治思想来源比较研究——从学术流派的角度考察》，《江汉论坛》2004 年第 10 期。

252. 申波：《论法家思想在汉代的隐性化》，《江淮论坛》2005 年第 2 期。

253. 徐卫民：《法家思想与秦王朝灭亡关系新论》，《西北大学学报》2005 年第 4 期。

254. 周春生：《"法"与"道"——韩非政治法律思想源流辨析》，《上海师范大学学报》2005 年第 4 期。

255. 刘绪义：《先秦诸子的分层及其人文精神转变》，《北方论丛》2005 年第 4 期。

256. 高绍先：《传统刑法与以人为本》，《现代法学》2005 年第 4 期。

257．顾世群、潘素洁：《从思想源流看儒、法专制主义之分殊》，《广西社会科学》2005 年第 5 期。

258．王成、张旭东：《韩非"忠"思想研究》，《山东大学学报》2005 年第 4 期。

259．于振波：《从"公室告"与"家罪"看秦律的立法精神》，《湖南大学学报》2005 年第 5 期。

260．宋洪兵：《日本徂徕学派对儒法"人情论"的继承与超越》，《求是学刊》2005 年第 5 期。

261．张林祥：《儒道墨法文艺价值观比较》，《甘肃社会科学》2005 年第 5 期。

262．陈谦：《先秦法家的监察思想浅探》，《西北大学学报》2005 年第 6 期。

263．刘济生：《中国四大传统文化说》，《内蒙古民族大学学报》2005 年第 8 期。

264．张平、刘力锐：《利、威、名：韩非治道论新解——韩非的人性论及治国方略构建》，《东北大学学报》2006 年第 1 期。

265．兰建军：《儒法合流的根本原因分析》，《中山大学学报论丛》2006 年第 1 期。

266．梁银林：《试论韩非子功利主义的美学思想》，《西南民族大学学报》2006 年第 1 期。

267．李生信：《先秦诸子学说的符号意义》，《宁夏社会科学》2006 年第 1 期。

268．赵庆永：《性恶·法家·人治》，《青海社会科学》2006 年第 1 期。

269．吴涛：《从老子到韩非——浅论道法渊源的几个方面》，《兰州学刊》2006 年第 2 期。

270．张分田：《略论先秦法家规范君权的政治思想》，《天津师范大学学报》2006 年第 2 期。

271．周炽成：《闹剧背后：从思想史的角度看"评法批儒"运动》，《现代哲学》2006 年第 2 期。

272．葛荣晋：《韩非"以术治吏"的思想及其现实意义》，《中华文化论坛》2006 年第 2 期。

273. 张分田：《秦汉之际法、道、儒三种"无为"的互动与共性——兼论"无为而治"是中国古代的一种统治思想》，《政治学研究》2006 年第 2 期。

274. 谢冬慧：《秦朝以身高确认刑事责任的原因探析》，《政治与法律》2006 年第 3 期。

275. 冯兵：《韩非子的治国思想探微》，《青海师范大学学报》2006 年第 3 期。

276. 周炽成：《法家政治思想中的现实主义和个人主义倾向》，《学术研究》2006 年第 4 期。

277. 张固也：《〈管子〉"道法家"三篇说质疑》，《社会科学战线》2006 年第 5 期。

278. 许青春：《法家义利观探微》，《中南大学学报》2006 年第 6 期。

279. 甄自恒：《社会秩序的强力性重构：耕战与赏罚——韩非子的现实旨趣》，《学术交流》2006 年第 10 期。

280. 潘志锋：《慎到学派归属问题再辨》，《河北学刊》2007 年第 1 期。

281. 江林昌：《由"焚书坑儒"到"崇尚黄老"再到"独尊儒术"——秦汉之际的学术思想与帝国文明》，《浙江社会科学》2007 年第 1 期。

282. 韩东育：《法家"契约诚信论"及其近代本土意义》，《古代文明》2007 年第 1 期。

283. 柏维春：《先秦儒墨道法有关国家政治体制诉求论析》，《政治学研究》2007 年第 4 期。

284. 徐畅：《试论秦朝法治思想进步性》，《法制与社会》2007 年第 4 期。

285. 单纯：《论古代儒家辨析齐法家与三晋法家的意义》，《中国哲学史》2007 年第 4 期。

286. 吴毅：《商鞅矛盾的道德思想及其社会价值观》，《人文杂志》2007 年第 5 期。

287. 屈永华：《法家治国方略与秦朝速亡关系的再考察》，《法学研究》2007 年第 5 期。

288. 周子良、王华：《中华法系伦理法特质衍生的社会基础》，《山西大学学报》2007 年第 5 期。

289. 赵平略：《王阳明对法家思想的吸纳与运用》，《贵州社会科学》2007 年第 5 期。

290. 贺海仁：《先秦法家共同体的敌人：以法治国的规范理论》，《政法论坛》2007 年第 6 期。

291. 师建峰：《法家的思想主张及对我国法制建设现实意义》，《法制与社会》2007 年第 6 期。

292. 赵汀阳：《法家的法治与社会信任》，《学习与探索》2007 年第 6 期。

293. 宋洪兵：《韩非子政治思想再研究》，东北师范大学博士论文 2007 年。

294. 郑杰明：《韩非法治思想对中国传统法律文化的影响》，《法制与社会》2007 年第 11 期。

295. 李颖：《道为法家之本根——论韩非思想的哲学依据》，《湘潭师范学院学报》2007 年第 5 期。

296. 刘晓民：《治之"理"与国之"势"的相互掣肘》，重庆大学博士论文 2007 年。

297. 程海礁：《〈商君书〉治道思想研究》，首都师范大学博士论文 2007 年。

298. 刘新锋：《法家刑事政策思想的当代启示》，《法制与社会》2007 年第 9 期。

299. 张缪斯：《韩非法治思想的本质是人治主义》，《文史杂志》2008 年第 1 期。

300. 张伟：《法家思想在当代中国社会的价值》，《法商论丛》2008 年第 1 期。

301. 殷晓燕、王发国：《清源正本：解析晁错〈论贵粟疏〉对〈管子〉的接受与承袭》，《管子学刊》2008 年第 1 期。

302. 杨柳：《试论〈管子〉对法的渊源的探索》，《管子学刊》2008 年第 1 期。

303. 徐芬：《法家取向如何进入汉末士人视野——以崔寔为个案》，《晋阳学刊》2008 年第 1 期。

304. 雷信来：《先秦法家的术治思想与马基雅维利的术治思想之比较研究》，《安徽史学》2008 年第 2 期。

305. 陶钟灵：《西宪理论与法家学说基本论点之辨析》，《贵州大学学报》2008 年第 2 期。

306. 汤勤：《"礼"与"法"：由神化到世俗化》，《复旦学报》2008 年第 3 期。

307. 孙艳秋：《〈庄子〉和〈韩非子〉寓言的不同特色》，《河南社会科学》2008 年第 3 期。

308. 黄卓龄：《解读法家法治思想》，《法制与社会》2008 年第 4 期。

309. 韦正翔：《墨家和法家思想与西方趋利思想的关系分析》，《中国人民大学学报》2008 年第 4 期。

310. 高立梅：《〈说苑〉儒法结合的德刑观》，《湘潭师范学院学报》2008 年第 4 期。

311. 董梅：《中国传统文化中的"法治"主张对传统治国模式的影响》，《国际关系学院学报》2008 年第 4 期。

312. 申波：《法家研究的革命诉求——以 19 世纪 90 年代至 20 世纪 70 年代为例》，《现代哲学》2008 年第 4 期。

313. 黄雯：《〈君主论〉和先秦法家的政治思想比较》，《法制与社会》2008 年第 4 期。

314. 王立仁、孟晓光：《韩非的治国方略述论》，《东北师大学报》2008 年第 5 期。

315. 时显群：《以"治道"为视角看法家与墨家的关系》，《史学月刊》2008 年第 6 期。

316. 毛圣泰、申波：《王道政治境域下的融合——董仲舒对儒学的法家化改造》，《学术论坛》2008 年第 8 期。

317. 王威威：《韩非的道法思想与黄老之学》，《兰州学刊》2008 年第 6 期。

318. 丁楠：《浅析秦朝灭亡的原因——兼议秦朝制度构建及实施的缺失》，《法制与社会》2008 年第 13 期。

319. 葛荣晋：《法家的"无为而治"与"君人南面之术"》，《理论学刊》2008 年第 21 期。

五

兵家文化研究主要著作和论文索引

（一） 著作类

1. 中国人民解放军军事科学院战争理论研究部《孙子》注释小组：《孙子兵法新注》，中华书局 1971 年版。

2. 郑良树著：《竹简帛书论文集》，中华书局 1982 年版。

3. 台北三军大学编：《中国古代战争史》，军事译文出版社 1983 年版。

4. 王曾瑜著：《宋朝兵制初探》，中华书局 1983 年版。

5. （明）戚继光撰：《练兵实纪》（九卷），影印本，台北商务印书馆 1983 年版。

6. （周）吕望撰：《六韬》（六卷），影印本，台北商务印书馆 1983 年版。

7. 李炳彦编：《兵家权谋》，战士出版社 1983 年版。

8. 吴如嵩著：《孙子兵法浅说》，解放军出版社 1983 年版。

9. 宋时轮著：《毛泽东军事思想的形成及其发展》，军事科学出版社 1984 年版。

10. 军事科学院《投笔肤谈》译注组：《投笔肤谈译注》，军事科学出版社 1984 年版。

11. 郭化若译注：《孙子译注》，上海古籍出版社 1984 年版。

12. 张震泽著：《孙膑兵法校理》，中华书局 1984 年版。

13. 吕思勉著：《先秦学术概论》，中国大百科全书出版社 1985 年版。

14. 宁梦辰主编，渠时光、柯钦编：《中国古代军事谋略》，辽宁大学出版社 1985 年版。

15. 陶汉章编著：《孙子兵法概论》，解放军出版社 1985 年版。

16. 杨炳安著：《〈孙子〉会笺》，中州古籍出版社 1986 年版。

17. 杨炳安、陈彭著：《孙子兵法源流述略》，中华书局 1986 年版。

18. （宋）许洞撰：《虎钤经》，影印本，台北世界书局 1986 年版。

19. 沈福林主编：《兵家思想研究》，军事科学出版社 1988 年版。

20. 薛连璧主编：《毛泽东军事思想新探》，辽宁大学出版社 1988 年版。

21. 支伟成编：《孙子兵法史证》，中国书店 1988 年版。

22. 刘心健编：《孙膑兵法新编注译》，济南大学出版社 1989 年版。

23. 马小梅主编：《读子厄言》，台北文海出版社 1989 年版。

24. 周百义译：《武经七书》，黑龙江人民出版社 1991 年版。

25. 徐勇、张焯著：《简明中国军事史》，黑龙江人民出版社 1991 年版。

26. 宇光编注：《诸葛亮兵法谋略》，陕西旅游出版社 1991 年版。

27. 齐正钧主编，王春芳等撰写：《新时期毛泽东军事思想的发展》，解放军出版社 1991 年版。

28. 周敏等主编：《孙子兵法在当今世界的妙用》，中国广播电视出版社 1992 年版。

29. 李祖德主编：《孙子研究新论》，新华出版社 1992 年版。

30. 陈学凯著：《制胜韬略》，山东人民出版社 1992 年版。

31. 李均朋译注：《孙膑兵法译注》，河北人民出版社 1992 年版。

32. 李零译注：《孙子兵法译注》，河北人民出版社 1992 年版。

33. 王宪志主编：《毛泽东军事思想》，海潮出版社 1992 年版。

34. 吴如崇主编：《孙子兵法辞典》，白山出版社 1993 年版。

35. 史美珩：《古典兵略》，辽宁教育出版社 1993 年版。

36. 刘先廷主编：《毛泽东军事思想研究》，浙江人民出版社 1993 年版。

37. 何太由等主编，罗益春等编撰：《战法与计谋：中外古今兵家名著大观》，国防科技大学出版社 1993 年版。

38. 军事历史研究会编：《兵家史苑》（第四辑），军事科学出版社 1993 年版。

39. 刘云柏著：《中国兵家管理思想》，上海人民出版社 1993 年版。

40. 黄柏松编著：《中国兵家的智慧》，台北汉艺色研文化公司 1993 年版。

41. 刘春生译注：《尉缭子全译》，贵州人民出版社 1993 年版。

42. 李泽厚著：《中国古代思想史论》，人民出版社 1985 年版。

43. 周群华编著：《话说兵家》，四川少年儿童出版社 1994 年版。

44. 黄朴民著：《孙子评传：一代兵圣的生平与思想》，广西教育出版社 1994 年版。

45. 李零著：《〈孙子〉古本研究》，北京大学出版社 1995 年版。

46. 杨善群著：《孙子评传》，南京大学出版社 1995 年版。

47. 孙建国编著：《兵家故事集》，山东友谊出版社 1995 年版。

48. 《四库全书存目丛书》编纂委员会编：《四库全书存目丛书》，子35，兵家类，影印本，齐鲁书社 1995 年版。

49. 董安庆编，赵胜琛等绘：《兵家楷模郭子仪》，海南国际新闻出版中心 1995 年版。

50. 戴庞海主编：《兵家十三经》，中国文联出版公司 1995 年版。

51. 刘继贤、张全启主编：《毛泽东军事思想原理》，解放军出版社 1995 年版。

52. 陈墨著：《中国军事精粹》，安徽少年儿童出版社 1995 年版。

53. 孟祥才主编：《齐鲁古代兵家评传》，山东大学出版社 1996 年版。

54. 张鸣等著：《中国兵家》，宗教文化出版社 1996 年版。

55. 房立中主编：《兵家智谋全书》，学苑出版社 1996 年版。

56. 何晓明编著：《兵家韬略》，湖北教育出版社 1996 年版。

57. 李零著：《吴孙子发微》，中华书局 1997 年版。

58. 张文儒著：《中国兵学文化》，北京大学出版社 1997 年版。

59. 胡峰青、陈猛著：《兵家虎将——陈明仁传》，长江文艺出版社 1997 年版。

60. 任力编著：《兵家奇计：尉缭子兵法》，九州图书出版社 1997 年版。

61. 张大翮、张辰编著：《十五史军事谋略故事精选》，军事科学出版社 1997 年版。

62. 张树德著：《毛泽东与中国古典军事典籍》，中共中央党校出版社 1997 年版。

63. 张全启等主编，中国毛泽东军事思想学会编：《毛泽东军事思想与现代条件下人民战争》，海潮出版社 1997 年版。

64. 高敏著：《魏晋南北朝兵制研究》，大象出版社 1998 年版。

65. 薛国安著：《〈孙子兵法〉·〈战争论〉研究》，西苑出版社 1998 年版。

66. 谢祥皓著：《中国兵学》，山东人民出版社 1998 年版。

67. 刘丙沆、王钢著：《军事谋略方法》，昆仑出版社 1998 年版。

68. 姜国柱著：《道家与兵家》，西苑出版社 1998 年版。

69. 金沛霖主编：《四库全书子部精要》，天津古籍出版社、中国世界语出版社 1998 年版。

70. 邹建军著：《兵谋与诡道：兵家的人生智慧》，武汉出版社 1998 年版。

71. 张南、陆荣编著：《兵家妙策》，广西师范大学出版社 1998 年版。

72. 张树德著：《国外毛泽东军事思想研究》，军事科学出版社 1998 年版。

73. 杨丙安校理：《十一家注孙子校理》，中华书局 1999 年版。

74. 王兆春、潘嘉玢、庹平著：《中国军事科学的西传及其影响》，河北人民出版社 1999 年版。

75. 张连城著：《先秦兵法思想与现代市场经济》，中国广播电视出版社 1999 年版。

76. 宫玉振、赵海军著：《书剑飘逸：中国的兵家与兵学》，解放军出版社 1999 年版。

77. 孔令铜主编：《20 世纪的战略遗产》，昆仑出版社 1999 年版。

78. 赵海军著：《孙子学通论》，国防大学出版社 2000 年版。

79. 郝在今著：《兵家纪事》，人民文学出版社 2000 年版。

80. 徐勇等著：《兵家文化面面观》，齐鲁书社 2000 年版。

81. 王晓卫著：《兵家史话》，中国大百科全书出版社 2000 年版。

82. 伊力主编：《兵家智谋全书》，中州古籍出版社 2000 年版。

83. 杨万强编著：《毛泽东军事思想与〈孙子兵法〉》，山西人民出版社 2000 年版。

84. 袁德金著：《毛泽东军事思想教程》，军事科学出版社 2000 年版。

85. 李德龙著：《汉初军事史研究》，民族出版社 2001 年版。

86. 王厚卿著：《战役发展史》，国防大学出版社 2001 年版。

87. 袁健注：《孙子兵法新注》，西苑出版社 2001 年版。

88. 李俊琪作：《中国历代兵家图卷》，上海古籍出版社 2001 年版。

89. 李殿仁著：《兵家之祖——孙子》，山东教育出版社 2001 年版。

90. 傅应川著：《改变世界的军事智慧：兵家述评》，台北幼狮文化事业公司 2002 年版。

91. 陈亚舟、熊连生编著：《兵家智战：华北地区古代战例评说》，解放军出版社 2002 年版。

92. 顾廷龙主编，《续修四库全书》编纂委员会编：《续修四库全书·959—969，子部·兵家类》，上海古籍出版社 2002 年版。

93. 黄朴民著：《刀剑书写的永恒：中国传统军事文化散论》，国防大学出版社 2002 年版。

94. 何炳棣著：《有关〈孙子〉〈老子〉的三篇考证》，台北中央研究院近代史研究所 2002 年版。

95. 关立勋编著：《孙子名言译评》，华文出版社 2002 年版。

96. 吴荣政著：《孙子的智慧与妙用：中国古代军事文献经典研究》，湖南大学出版社 2002 年版。

97. 李建龙主编：《孙子兵法》，中国言实出版社 2002 年版。

98. 李文庆著：《孙子兵法精要与运用》，军事科学出版社 2002 年版。

99. 王向清著：《〈孙子兵法〉辩证思维研究》，岳麓书社 2002 年版。

100. 王斌著：《与孙武对话》，上海古籍出版社 2002 年版。

101. 王玉仁等编著：《孙子兵法与现代战争》，国防科技大学出版社 2002 年版。

102. 褚良才著：《孙子兵法研究与应用》，浙江大学出版社 2002 年版。

103. 邵光远主编：《孙子兵法》，中国戏剧出版社 2002 年版。

104. 杜波、韩秋风编译：《中国古代兵家攻心谋略》，华艺出版社 2003 年版。

105. 田洪江编译：《兵家经典：孙子兵法·三十六计》，青海人民出版社 2003 年版。

106. ［美］塞缪尔·B. 格里菲思著，育委译：《孙子兵法：美国人的解读》，学苑出版社 2003 年版。

107. 陈才俊编著：《孙子兵法与为人处世》，兰州大学出版社 2003 年版。

108. 陈才俊编著：《孙子兵法智慧精华》，兰州大学出版社 2003 年版。

109. 陈才俊编著：《孙子兵法与企业管理》，兰州大学出版社 2003 年版。

110. 陈才俊编著：《孙子兵法与军事谋略》，兰州大学出版社 2003 年版。

111. 陈才俊编著：《孙子兵法与人生智慧》，兰州大学出版社 2003 年版。

112. 魏黎波、王新华编著：《〈孙子兵法〉今读》，国防工业出版社 2003 年版。

113. 黄朴民等编著：《〈孙子兵法〉解读》，解放军文艺出版社 2003 年版。

114. 刘恺之著：《孙子兵法的智慧法则》，现代出版社 2004 年版。

115. 曾荣汾编著：《孙子兵法讲述》，台北乐学书局有限公司 2004 年版。

116. 王虎强著：《孙子兵法与信息化战争》，军事科学出版社 2004 年版。

117. 邱复兴主编：《孙子兵学大典》（第二册），北京大学出版社 2004 年版。

118. 刘彦强编著：《〈孙子〉通鉴》，中国文史出版社 2005 年版。

119. 李安石著：《与孙子兵法同步思考》，地震出版社 2005 年版。

120. 杨先举著：《孙子管理学》，中国人民大学出版社 2005 年版。

121. 中国人民解放军军事科学院战争理论研究部《孙子》注释小组编：《孙子兵法新注》，中华书局 2005 年版。

122. 叶舟编著：《兵家的智慧：不战而屈人之兵运筹于帷幄之间》，台北广达文化事业有限公司 2006 年版。

123. 张少瑜著：《兵家法思想通论》，人民出版社 2006 年版。

124. 张易、李永红编著：《兵家大智慧》，中国华侨出版社 2006 年版。

125. 曹冈编：《兵家机巧智谋全书》，内蒙古人民出版社 2006 年版。

126．于长滨著：《兵法商战论》，天津教育出版社 2006 年版。

127．云中天编著：《商战中的孙子兵法》，百花洲文艺出版社 2006 年版。

128．刘彬主编：《孙子兵法》，内蒙古人民出版社 2006 年版。

129．张文儒著：《孙子兵法与企业战略》，华夏出版社 2006 年版。

130．普颖华编著：《孙子兵法：兵法之始祖》，台北正展出版公司 2006 年版。

131．朱亚非、赵树国编著：《兵圣孙子研究》，山东人民出版社 2006 年版。

132．李启明著：《不战而屈人之兵：孙子战略学》，台北黎明文化事业股份有限公司 2006 年版。

133．陈伯适著：《孙子兵法研究》，台北文史哲出版社 2006 年版。

134．骈宇骞等译注：《孙子兵法·孙膑兵法》，中华书局 2006 年版。

135．何晓明、何顺进编著：《兵家韬略》，武汉大学出版社 2007 年版。

136．任俊华、赵清文著：《孙子兵法正宗》，华夏出版社 2007 年版。

137．凌书军主编：《孙子兵法与三十六计》，中国戏剧出版社 2007 年版。

138．刘志海编著：《〈孙子兵法〉与经营谋略》，人民邮电出版社 2007 年版。

139．宋岩著：《跟孙子学智谋》，中国工人出版社 2007 年版。

140．戚文、周铁强等著：《孙子兵法十讲》，上海人民出版社 2007 年版。

141．李德义主编，军事科学院战争理论和战略研究部、中国孙子兵法研究会编：《孙子兵法与现代战略：第七届孙子兵法国际研讨会论文集》，军事科学出版社 2007 年版。

142．陈昆福、吕强、陈亮著：《孙子兵法与现代商战论》，浙江人民出版社 2007 年版。

143．马银春编著：《读孙子兵法学做人做事》，中国档案出版社 2007 年版。

144．麦田、王盈编著：《孙子解说》，华夏出版社 2007 年版。

145．严定遏著：《格局决定结局：活用孙子兵法》，上海三联书店 2008

年版。

146. 刘子仲、王少农著:《人生谋略与大智慧,孙子兵法制胜之道》,团结出版社 2008 年版。

147. 吴如嵩著:《孙子兵法新说》,解放军出版社 2008 年版。

148. 葛伟等编著:《孙子兵法智慧全书》,中国城市出版社 2008 年版。

149. 蔡英杰注:《孙子兵法》(全本),高等教育出版社 2008 年版。

150. 赵国华注:《孙子兵法说》,河南大学出版社 2008 年版。

151. 黄葵著:《孙子兵法导读》,中国国际广播出版社 2008 年版。

(二) 论文类

1. 何法周:《〈尉缭子〉初探》,《文物》1977 年第 2 期。

2. 钟兆华:《关于〈尉缭子〉某些问题的商榷》,《文物》1978 年第 5 期。

3. 张震泽:《〈孙膑兵法·陈忘问垒〉校理》,《辽宁大学学报》1979 年第 1 期。

4. 刘路:《〈尉缭子〉及其思想初探》,《文史哲》1979 年第 2 期。

5. 张震泽:《〈孙膑兵法·威王问〉校理》,《辽宁大学学报》1979 年第 4 期。

6. 傅尚逵:《〈孙子〉战略思想探要》,《社会科学辑刊》1980 年第 2 期。

7. 王辉强:《〈孙子〉〈形篇〉〈势篇〉的哲学思想》,《人文杂志》1980 年第 6 期。

8. 祁之太:《浅析〈孙膑兵法〉的朴素唯物主义和朴素的辩证法思想》,《青海师专学报》1981 年第 2 期。

9. 尚金锁:《试论孙子兵法中的哲学思想》,《南开学报》1981 年第 3 期。

10. 潘富恩等:《论孙武、孙膑"兵法"中的朴素辩证法思想》,《内蒙古师院学报》1981 年第 3 期。

11. 邵中印:《从〈孙子兵法〉看孙武的认识论》,《徐州师范学院学报》1982 年第 3 期。

12. 席绍曾等：《孙子哲学思想新探》，《武汉钢铁学院学报》1982 年增刊。

13. 刘先廷：《浅谈〈孙子〉中的认识论思想》，《军事学术》1983 年第 1 期。

14. 龚留柱：《〈尉缭子〉考辨》，《河南师大学报》1983 年第 4 期。

15. 曹胜利：《〈孙子〉认识论初探》，《人文杂志》1984 年第 2 期。

16. 宗若铁：《谈孙子"以迂为直"的辩证思想》，《福建论坛》1984 年第 3 期。

17. 蔡伯元：《〈孙子〉的认识论思想探珍》，《南京政治学院学刊》1984 年第 3 期。

18. 魏知信：《毛泽东军事思想与孙子兵法》，《南京师大学报》1984 年第 3 期。

19. 李泽厚：《孙、老、韩合说》，《哲学研究》1984 年第 4 期。

20. 陆日东：《〈孙子兵法〉中的重点论思想》，《广西民族学院学报》1985 年第 1 期。

21. 史美珩：《如何评价〈孙子兵法〉的历史观》，《中国哲学史研究》1985 年第 3 期。

22. 郝洪儒：《〈孙子兵法〉是军事后勤学形成的典型代表》，《后勤学术》1985 年第 5 期。

23. 丁士峰、林建公：《毛泽东思想与〈孙子兵法〉》，《毛泽东思想研究》1986 年第 1 期。

24. 徐勇：《〈尉缭子〉的成书、著录及其相关问题》，《中国哲学史研究》1986 年第 1 期。

25. 史美珩：《简论〈孙子兵法〉思想的全面性》，《浙江师大学报》1986 年第 1 期。

26. 张伊宁：《略论孙武的战争知行观》，《南开学报》1987 年第 1 期。

27. 邓泽宗：《孙膑兵法对〈孙子兵法〉的发展》，《军事历史》1987 年第 1 期。

28. 阎勤民：《论〈孙子〉的战略管理体系》，《晋阳学刊》1987 年第 2 期。

29. 朱延年：《〈孙子兵法〉中的管理思想》，《政治学研究》1987 年第 3 期。

30. 蓝永蔚：《〈孙子兵法〉时代特征考辨》，《中国社会科学》1987 年第 3 期。

31. 厉平：《〈孙子〉的军事管理思想》，《军事历史》1987 年第 3 期。

32. 谢迪辉：《孙子兵法军事哲学思想研究》，《哲学动态》1987 年第 12 期。

33. 邵大印、朱昕毅：《〈管子〉书中的军事思想与孙子兵法的比较研究》，《国防大学学报》1988 年第 1 期。

34. 刘文俤：《〈孙子兵法〉的军事辩证法思想》，《内蒙古师大学报》1988 年第 1 期。

35. 吴如嵩：《析"不战而屈人之兵"》，《中国军事科学》1988 年第 2 期。

36. 袁德金：《稷下兵家及其哲学思想初探》，《中国哲学史研究》1988 年第 2 期。

37. 刘传益：《〈孙子〉"奇正相生"思想的学术价值》，《军事历史》1988 年第 3 期。

38. 高晨阳、颜炳罡：《孙武军事哲学的整体思维方式》，《管子学刊》1988 年第 4 期。

39. 舒荣先、牛万政：《孙武里籍考辨》，《东岳论丛》1988 年第 6 期。

40. 孙实明：《略论孙子的道德范畴体系》，《求是学刊》1991 年第 1 期。

41. 刘尉华：《孙武故里探源》，《孙子学刊》1991 年第 1 期。

42. 骆承烈：《孙武里籍考》，《石油大学学报》1991 年第 3 期。

43. 郭光：《从两部〈一统志〉论广饶县是孙武故里》，《石油大学学报》1991 年第 3 期。

44. 吴如嵩：《孙子故里"惠民说"不可动摇》，《中国历史研究》1991 年第 3 期。

45. 周维衍：《孙武故里乐安在今广饶说》，《孙子学刊》1991 年第 3 期。

46. 苏明政：《孙武祖书"食采于乐安"辨析》，《孙子学刊》1991 年第 3 期。

47. 钮国平：《〈孙子〉校解举例》，《西北师大学报》1991 年第 4 期。

48. 岳玉玺：《孙武、孙膑战争观之比较》，《东岳论丛》1991 年第 5 期。

49. 王洪武：《孙子与管子军事经济思想之比较》，《军事经济研究》1991 年第 5 期。

50. 刘庆：《〈孙子〉与〈战争论〉文化特征的比较》，《孙子学刊》1992 年第 1 期。

51. 卫广来：《〈吴子兵法〉简论》，《山西师大学报》1992 年第 1 期。

52. 王德敏：《孙子兵法的矛盾转化论》，《孙子学刊》1992 年第 2 期。

53. 董志新：《孙子、孔子战争观比较》（上），《孙子学刊》1992 年第 2 期。

54. 董志新：《孙子、孔子战争观比较》（下），《孙子学刊》1992 年第 3 期。

55. 徐勇：《〈尉缭子〉研究的现状与前瞻》，《孙子学刊》1992 年第 3 期。

56. 张锦良：《孙子战略对现代战争和战略理论发展的导向作用》，《孙子学刊》1992 年第 3 期。

57. 邵振庭：《〈孙子兵法〉与现代威慑战略》，《孙子学刊》1992 年第 3 期。

58. 季德明：《明代〈孙子〉研究初探》，《孙子学刊》1992 年第 3 期。

59. 皮明勇：《清代孙子初探》，《孙子学刊》1992 年第 3 期。

60. 尹振环：《〈孙子兵法〉与〈老子〉的相通》，《贵州社会科学》1992 年第 4 期。

61. 杨炳安：《孙老兵学异同论》，《孙子学刊》1992 年第 4 期。

62. 刘向阳：《浅析〈孙子〉的军事心理思想》，《孙子学刊》1992 年第 4 期。

63. 黄宝生：《论孙膑的军事心理思想》，《孙子学刊》1992 年第 4 期。

64. 吴如嵩、刘庆：《〈孙子〉研究现状与展望》，《孙子学刊》1993 年第 1 期。

65. 郑良树：《尉缭子争论述评》，《孙子学刊》1993 年第 2 期。

66. 王笑天：《孙子"不战"思想探源》，《孙子学刊》1993 年第 4 期。

67. 徐建：《中国古代治军思想述要》，《孙子学刊》1993 年第 4 期。

68. 于汝波：《试论〈孙子兵法〉在秦汉时期的流传》，《军事历史研究》1994 年第 1 期。

69. 荣挺进：《孙膑及其〈兵法〉研究》，《重庆三峡学院学报》1994 年第 1 期。

70. 夏征难：《毛泽东对〈孙子兵法〉的继承和发展》，《孙子学刊》1994 年第 1 期。

71. 王瑞明：《宋儒对〈孙子兵法〉的继承与发展》，《孙子学刊》1994 年第 2 期。

72. 于汝波：《试论〈孙子兵法〉在战国时期的流传》，《军事历史研究》1994 年第 2 期。

73. 于汝波：《魏晋南北朝时期〈孙子兵法〉流传述论》，《孙子学刊》1994 年第 3/4 期。

74. 郭洪纪：《从"武经七书"看儒家对传统兵学的整合》，《齐齐哈尔大学学报》1994 年第 4 期。

75. 邓品洲：《也谈〈孙子〉体现的朴素唯物论和辩证法思想》，《广西梧州师范高等专科学校学报》1995 年第 1 期。

76. 张明安：《试论〈管子〉兵技巧学——〈管子〉兵文化学研究之一》，《管子学刊》1995 年第 1 期。

77. 邓建华：《历代谋略与中国文化》，《湖北大学学报》1995 年第 2 期。

78. 于泽民：《〈孙子〉"全胜略"的缘起及现代再兴》，《孙子学刊》1995 年第 2 期。

79. 卜旭芫：《简评〈百战百胜的兵法〉丛书》，《社会科学辑刊》1995 年第 3 期。

80. 郭洪纪：《儒家军事伦理对传统兵学的渗透与整合》，《甘肃社会科学》1995 年第 4 期。

81. 王先山：《浅谈〈孙子兵法〉与教学艺术》，《聊城师范学院学报》1996 年第 4 期。

82. 郑书逵：《古代兵家用人的启示——读〈古典兵略〉有感》，《上海管理科学》1997 年第 2 期。

83．刘仁亮：《孙子军事后勤思想的理论体系》，《军事历史研究》1997
年第 3 期。

84．朱少华：《〈武经总要〉的军事伦理思想》，《军事历史研究》1997
年第 3 期。

85．吴荣政：《论〈孙子兵法〉在日本的传播与影响》，《广西民族学院
学报》1997 年第 3 期。

86．常守柱：《〈孙子兵法〉伦理思想探析》，《攀枝花大学学报》1997
年第 4 期。

87．王玉哲：《从〈齐国智谋精典〉看智谋文化研究》，《历史教学》
1997 年第 5 期。

88．张涅：《〈孙〉、〈老〉、〈韩〉的精神异变》，《中国哲学史》1998
年第 1 期。

89．丁文宏：《中国兵学源头活水的探寻：读〈《周易》与兵法〉》，
《管子学刊》1998 年第 1 期。

90．张文儒：《中国兵家与儒、道、法各家的兼容与互补》，《江汉论
坛》1998 年第 6 期。

91．俞世福、韩晓林：《〈孙子兵法〉与多极时期的国家安全》，《管子
学刊》1999 年第 1 期。

92．俞世福：《论〈孙子〉国家安全观与我的国家安全战略》，《军事
历史研究》1999 年第 2 期。

93．明哲：《一部评介东西方兵学文化的力作》，《社会科学家》1999 年
第 2 期。

94．胡绍皆：《开拓中国传统兵学文化研究的新领域：访北京大学哲学
系张文儒教授》，《社会科学家》1999 年第 2 期。

95．杨炳安：《批判·继承·丰富·发展——评〈中华武德史〉》，《军
事历史研究》1999 年第 2 期。

96．卢浩衷、张进喜：《〈孙子兵法〉与当代核威慑战略》，《中国军事
科学》1999 年第 2 期。

97．糜振玉：《孙子的"伐交"思想与以和平方式解决国际争端》，《中
国军事科学》1999 年第 2 期。

98. 高淑清：《中国古代谋略文化探赜》，《北华大学学报》1999 年第 4 期。

99. 宫玉振：《文化流变与中国传统兵家的形态更替》，《军事历史研究》2000 年第 1 期。

100. 张文儒：《〈三国演义〉与〈孙子兵法〉——中国战争小说与兵学文化关系研究之一》，《福建师范大学学报》2001 年第 1 期。

101. 周华、许悦联：《古代兵家"正己化人"说》，《军事历史研究》2000 年第 2 期。

102. 王启发：《荀子与儒墨道法名诸家》，《中国史研究》2000 年第 3 期。

103. 曾德明：《先秦时期战争观念述论》，《求索》2000 年第 4 期。

104. 傅朝：《孙子的决策思想》，《锦州师范学院学报》2000 年第 4 期。

105. 张少瑜：《先秦兵家法律思想概要》，《法学研究》2000 年第 5 期。

106. 魏晓明：《论齐国兵家的创新精神》，《管子学刊》2001 年第 2 期。

107. 高文阁：《毛泽东论兵家指挥之忌举要》，《军事历史研究》2001 年第 4 期。

108. 葛荣晋：《老子与兵家》，《中华文化论坛》2002 年第 1 期。

109. 张森年：《兵家哲学：〈孙子兵法〉决策原则分析》，《学海》2002 年第 1 期。

110. 刘建强：《〈孙子〉散文艺术简论》，《河南教育学院学报》2002 年第 1 期。

111. 杨朝明：《关于〈六韬〉成书的文献学考察》，《中国文化研究》2002 年第 1 期。

112. 仝晰纲、石玲：《齐鲁兵家文化研究的现代价值》，《中国发展》2002 年第 2 期。

113. 王敏：《日本企业文化优势与〈孙子兵法〉》，《企业文化》2002 年第 2 期。

114. 吴显庆：《论〈逸周书〉中的政治辩证法思想》，《上饶师范学院学报》2002 年第 4 期。

115. 任重：《齐国是中华兵学的摇篮》，《山东大学学报》2002 年第 6 期。

116．霁虹：《兵家军事思想研究 20 年回顾》，《社会科学战线》2003 年第 1 期。

117．张文安：《〈史记〉与兵书、兵法》，《史学史研究》2003 年第 3 期。

118．田旭东：《新公布的竹简兵书——〈盖庐〉》，《中华文化论坛》2003 年第 3 期。

119．胡东原、张德湘：《先秦兵家军事伦理思想研究》，《学海》2003 年第 3 期。

120．晁罡：《儒家和兵家治道思想的整合及其历史影响——从"儒兵家"看〈十一家注孙子〉》，《现代哲学》2003 年第 4 期。

121．晁罡：《从〈十一家注孙子〉看兵家与儒家治国战略的融通》，《管子学刊》2003 年第 4 期。

122．聂志红：《孙子兵法与企业战略管理》，《新东方》2003 年第 9 期。

123．晁罡：《论〈十一家注孙子〉对儒家和兵家治道的整合》，《西南民族大学学报》2003 年第 11 期。

124．王前程：《〈三国演义〉与〈老子〉兵家文化》，《中华文化论坛》2004 年第 4 期。

125．徐勇：《鬼谷子与先秦兵家》，《军事历史研究》2004 年第 4 期。

126．周可真：《先秦诸子管理思想论纲》，《苏州大学学报》2004 年第 5 期。

127．汪洪亮：《2002 年度　赢家之道：兵家管理》，《孙子兵学年鉴》2004 年版。

128．陈益民：《军事先秦兵书佚文辑解》，《中国图书年鉴》2004 年版。

129．仝晰纲：《2002 年度孙子兵学史研究文选：齐鲁兵家的基本特征》，《孙子兵学年鉴》2004 年版。

130．李桂生：《先秦兵家流派初探》，《社会科学战线》2005 年第 1 期。

131．杨朝明：《从〈武王践阼〉说到早期兵文化研究》，《管子学刊》2005 年第 3 期。

132．李兴斌：《先秦兵家和平思想及其现代价值》，《文史哲》2005 年第 4 期。

133．杨用成、龚留柱：《论先秦兵家的性质及其产生》，《河南大学学报》2005 年第 4 期。

134. 刘绪义：《先秦诸子的分层及其人文精神转变》，《北方论丛》2005 年第 4 期。

135. 黄月胜、刘光权、杨福林：《略论孙武的备战思想及其影响》，《南昌大学学报》2005 年第 4 期。

136. 薛永强：《〈六韬〉军事人才思想剖析》，《军事历史研究》2005 年第 4 期。

137. 孟祥才：《先秦兵学与齐鲁文化》，《管子学刊》2005 年第 4 期。

138. 谢祥皓：《孙、孔、老兵学思想异同论》，《滨州学院学报》2005 年第 5 期。

139. 李兴斌：《当代非军事领域应用研究文选：论兵家和平思想及其现代价值》，《孙子兵学年鉴》2005 年版。

140. 杨兆贵：《论鹖冠子的军事思想》，《齐鲁学刊》2006 年第 1 期。

141. 王铭：《最早的〈孙子兵法〉英译本及其与日本的关系》，《世界汉学》2006 年第 1 期。

142. 蔡雪芹：《先秦兵家军事消费思想的伦理意蕴》，《军事历史研究》2006 年第 2 期。

143. 胡星斗：《妙说儒法管理的十字箴言》，《企业文化》2006 年第 2 期。

144. 崔永东：《竹简兵书中的兵家法律思想研究》，《法学家》2006 年第 2 期。

145. 李桂生：《先秦兵家人文主义精神特征探析》，《中华文化论坛》2006 年第 3 期。

146. 顾钦：《从〈左传〉灾异、占卜、战争记载看兵家阴阳思想》，《上海大学学报》2006 年第 3 期。

147. 丁雪枫：《〈孙子兵法〉心理战思想评析》，《军事历史研究》2006 年第 4 期。

148. 乔凤杰：《谨养而治气——"武术与兵家"研究之二》，《广州体育学院学报》2006 年第 4 期。

149. 黄月胜、刘光权、钞群英：《略论〈司马法〉的"仁本"思想及其影响》，《江西社会科学》2006 年第 8 期。

150．刘亚勇：《孙子兵法与行政管理》，电子科技大学博士论文2006年。

151．高静：《毛泽东兵家智慧探析》，湘潭大学博士论文2007年。

152．钟尉：《先秦兵家思想战略管理特质研究》，河海大学博士论文2007年。

153．陈可吟：《〈鬼谷子〉中蕴含的逻辑思想》，河南大学博士论文2007年。

154．王光华：《先秦军事禁忌刍议》，《云南民族大学学报》2007年第1期。

155．周家波、杨凯：《兵家双璧——〈孙子兵法〉与〈战争论〉》，《国防科技》2007年第3期。

156．刘春霞：《北宋中期文人谈兵论析》，《海南大学学报》2007年第3期。

157．王岗：《不战：中国武术与兵学谋略思想共同的理想境界》，《搏击·武术科学》2007年第4期。

158．牛申娜：《孙子与毛泽东关于"水"的战争思考》，《滨州学院学报》2007年第5期。

159．吕正韬：《〈孙子兵法〉与〈战争论〉心理战思想比析及启示》，《理论月刊》2007年第10期。

160．左娜、保大平、武兰：《古代兵家融通官兵关系的启示》，《领导科学》2008年第1期。

161．唐宓、刘开富、刘筱筠：《试用古典兵法解析今天教改的困惑——从〈孙子兵法〉看教育改革的关键》，《时代文学》2008年第3期。

162．田惠莉：《传统义利观与行政价值观建设——以〈孙子兵法〉为例》，《理论界》2008年第7期。

163．程炜、贾鹏：《郭化若与孙子学研究》，《理论导刊》2008年第9期。

164．姚振文：《〈孙子兵法〉与竞争文化》，《内蒙古社会科学》2008年第4期。

165．黄丽云：《从"天"的翻译看西方早期对孙子哲学的误读》，《重庆科技学院学报》2008年第5期。

166. 黄延敏:《延安时期的中国共产党人与〈孙子兵法〉研究》,《首都师范大学学报》2008 年第 2 期。

167. 魏占武、金中祥:《论孙子在中国哲学史上的重要地位》,《白城师范学院学报》2008 年第 1 期。

六

道教文化研究主要著作和论文索引

（一） 著作类

---

1. 卿希泰著：《中国道教思想史纲》（第一卷），四川人民出版社 1980 年版。

2. 《中国古代佚名哲学名著评述》，齐鲁书社 1984 年版。

3. 傅勤家著：《中国道教史》，影印本，上海书店 1984 年版。

4. 金师圃著：《道家道教》，台北"中国文化大学"出版部 1985 年版。

5. 李远国著：《四川道教史话》，四川人民出版社 1985 年版。

6. 翁独健著：《道藏子目引得》，上海古籍出版社 1986 年版。

7. 倪少才等搜集整理：《道教与龙虎山传说》，江西人民出版社 1986 年版。

8. 王家佑著：《道教论稿》，巴蜀书社 1987 年版。

9. ［日］礁德忠著，萧坤华译：《道教史》，上海译文出版社 1987 年版。

10. 葛兆光著：《道教与中国文化》，上海人民出版社 1987 年版。

11. 李叔还编：《道教大辞典》，浙江古籍出版社 1987 年版。

12. 李远国著：《道教气功养生》，四川省社会科学院出版社 1988 年版。

13. 曾召南、石衍丰编著：《道教基础知识》，四川大学出版社 1988 年版。

14. 赵有声等著：《生死·享乐·自由：道家及道教的人生理想》，国际文化出版公司1988年版。

15. 南怀瑾著:《中国道教发展史略述》,台北老古文化事业公司1988年版。

16. 卿希泰著:《道教文化新探》,四川人民出版社1988年版。

17. 于钢著:《儒佛道教育比较研究》,四川教育出版社1988年版。

18. 卿希泰主编:《中国道教史》（第一卷），四川人民出版社1988年版。

19. 汤一介著:《魏晋南北朝时期的道教》,陕西师范大学出版社1988年版。

20. 胡孚琛著:《魏晋神仙道教:〈抱朴子内篇〉研究》,人民出版社1989年版。

21. 陈撄宁著:《道教与养生》,华文出版社1989年版。

22. 高楠著:《道教与美学》,辽宁人民出版社1989年版。

23. 李养正著:《道教与中国社会》,中国华侨出版公司1989年版。

24. 詹石窗著:《南宋金元的道教》,上海古籍出版社1989年版。

25. 傅勤家著:《中国道教史》,影印版,上海文化出版社1989年版。

26. 李养正著:《道教概说》,中华书局1989年版。

27. 闵智亭等编:《道教仙话》,华夏出版社1989年版。

28. 陈兵著:《道教气功百问》,今日中国出版社1989年版。

29. ［日］礁德忠著,萧坤华译:《道教诸神》,四川人民出版社1989年版。

30. 张继禹著:《天师道史略》,华文出版社1990年版。

31. 王沐著:《内丹养生功法指要》,东方出版社1990年版。

32. （宋）张伯端撰,王沐浅解:《悟真篇浅解》,中华书局1990年版。

33. 王明著:《道家和道教思想研究》,中国社会科学出版社1984年版。

34. 卿希泰主编:《道教与中国传统文化》,福建人民出版社1990年版。

35. 中国社会科学院世界宗教所道教研究室编著:《道教文化面面观》,齐鲁书社1990年版。

36. 任继愈主编:《中国道教史》,上海人民出版社1990年版。

37. 刘国梁:《道教精粹》,吉林文史出版社1991年版。

38. 牟钟鉴:《道教通论——兼论道家学说》,齐鲁书社1991年版。

39. 胡孚琛著：《道教与仙学》，新华出版社1991年版。

40. 金正耀著：《道教与科学》，中国社会科学出版社1991年版。

41. 刘守华著：《道教与中国民间文学》，台北文津出版社1991年版。

42. 张锡坤主编：《世界三大宗教与艺术》，吉林人民出版社1991年版。

43. 徐兆仁著：《道教与超越》，中国华侨出版公司1991年版。

44. 于民雄著：《道教文化概说》，贵州人民出版社1991年版。

45. 李远国编著：《中国道教气功养生大全》，四川辞书出版社1991年版。

46. 陈耀庭著：《中国道教》，上海三联书店1991年版。

47. 胡孚琛著：《魏晋神仙道教》，台北商务印书馆1992年版。

48. 胡道静主编：《藏外道书》，巴蜀书社1992年版。

49. 李远国编著：《中国道教养生长寿术》，四川科学技术出版社1992年版。

50. 《文史知识》编辑部编：《道教与传统文化》，中华书局1992年版。

51. 詹石窗著：《道教文学史》，上海文艺出版社1992年版。

52. 陈耀庭、刘仲宇编：《道、仙、人：中国道教纵横》，上海社会科学院出版社1992年版。

53. 谭电波、宁泽璞主编：《道教养生》，岳麓书社1993年版。

54. 吴真人研究会编：《吴真人与道教文化研究》，厦门大学出版社1993年版。

55. 陈雄群著：《道教的传说》，北京燕山出版社1993年版。

56. 刘精诚著：《中国道教史》，台北文津出版社1993年版。

57. 卢国龙著：《中国重玄学》，中国人民出版社1993年版。

58. 王光德、杨立志著：《武当道教史略》，华文出版社1993年版。

59. 李养正著：《当代中国道教》（1949—1992），中国社会科学出版社1993年版。

60. （汉）严遵著，王德有点校：《老子指归》，中华书局1994年版。

61. 郝勤著：《龙虎丹道：道教内丹术》，四川人民出版社1994年版。

62. 张金涛编：《中国龙虎山天师道》，江西人民出版社1994年版。

63. 罗伟国著：《话说道教》，宁夏人民出版社1994年版。

64. 杨光文、甘绍成著：《青词碧箫：道教文学艺术》，四川人民出版社 1994 年版。

65. 李刚著：《劝善成仙：道教生命伦理》，四川人民出版社 1994 年版。

66. 黄海德著：《天上人间：道教神仙谱系》，四川人民出版社 1994 年版。

67. 郝勤、杨光文著：《道在养生：道教长寿术》，四川人民出版社 1994 年版。

68. 刘国梁著：《道教养生秘法》，吉林大学出版社 1994 年版。

69. 张志哲主编：《道教文化辞典》，江苏古籍出版社 1994 年版。

70. 徐兆仁著：《中华道教经纬》，京华出版社 1994 年版。

71. 胡文和著：《四川道教、佛教石窟艺术》，四川人民出版社 1994 年版。

72. 郝勤著：《鹤鸣仙道：三国道教与东方人格》，四川人民出版社 1994 年版。

73. 李之亮、徐飞编著：《道教列神》，北岳文艺出版社 1994 年版。

74. 宁志新主编：《道教十三经》，河北人民出版社 1995 年版。

75. 李刚著：《汉代道教哲学》，巴蜀书社 1995 年版。

76. 袁志鸿编著：《道教神仙故事》，华夏出版社 1995 年版。

77. 赵亮等著：《苏州道教史略》，华文出版社 1994 年版。

78. 李裕民主编：《道教文化研究》，书目文献出版社 1995 年版。

79. 陈兵著：《道教之道》，今日中国出版社 1995 年版。

80. 姜生著：《汉魏两晋南北朝道教伦理论稿》，四川大学出版社 1995 年版。

81. 李养正著，张继禹编订：《道教经史论稿》，华夏出版社 1995 年版。

82. 朱越利著：《道藏分类解题》，华夏出版社 1996 年版。

83. 马书田著：《中国道教诸神》，团结出版社 1996 年版。

84. 崔仲平、崔为注译：《老子译注》，吉林文史出版社 1996 年版。

85. 张晓敏等著：《道教十日谈》，安徽文艺出版社 1994 年版。

86. 朱越利主编：《中国道教宫观文化》，宗教文化出版社 1996 年版。

87. 黄世中著：《唐诗与道教》，漓江出版社 1996 年版。

88. 金正耀著：《中国的道教》，商务印书馆 1996 年版。

89. 李大华著：《道教思想》，广东人民出版社 1996 年版。

90. 许地山著：《道教史》，华东师范大学出版社1996年版。

91. 南怀瑾著：《中国道教发展史略》，复旦大学出版社1996年版。

92. 姜生著：《宗教与人类自我控制：中国道教伦理研究》，巴蜀书社1996年版。

93. 张松辉著：《汉魏六朝道教与文学》，湖南师范大学出版社1996年版。

94. 牟钟鉴著：《中国道教》，广东人民出版社、华夏出版社1996年版。

95. 卢国龙著：《道教哲学》，华夏出版社1997年版。

96. 陈德安、齐峰主编：《道家道教教育研究》，教育科学出版社1997年版。

97. 杨国安著：《道教与健康：创造康乐的奇境》，黑龙江科学技术出版社1995年版。

98. 李军著：《变异与整合：玄儒佛道教育思想比较研究》，湖北教育出版社1997年版。

99. 易心莹著，张振国注释：《道教三字经》，上海古籍出版社1997年版。

100. 牛胜先编著：《道家养生功：性命双修》，广东高等教育出版社1998年版。

101. 樊光春著：《长安·终南山道教史略》，陕西人民出版社1998年版。

102. 张松辉著：《唐宋道家道教与文学》，湖南师范大学出版社1998年版。

103. 张桥贵著：《道教与中国少数民族关系研究》，四川大学出版社1998年版。

104. 张继禹主编：《道法自然与环境保护：兼论道教济世贵生思想》，华夏出版社1998年版。

105. 韩小忙著：《西夏道教初探》，甘肃文化出版社1998年版。

106. 张文主编：《丘处机与龙门洞》，陕西人民出版社1999年版。

107. 胡孚琛等著：《道教志》，上海人民出版社1998年版。

108. 李德范、林世忠编：《道教经典精华》，宗教文化出版社1999年版。

109. 张钦著：《道教炼养心理学引论》，巴蜀书社 1999 年版。

110. 史仲文主编，张践分卷主编：《中华经典藏书》（第五卷），《道教经典》（一），北京出版社 1999 年版。

111. 色音著：《日本神道教与文化》，中央民族大学出版社 1999 年版。

112. 赵晓鹏、李安纲编著：《南华经》，中国社会出版社 1999 年版。

113. 赵晓鹏、李安纲编著：《文始经》，中国社会出版社 1999 年版。

114. 许地山撰，刘仲宇导读：《道教史》，上海古籍出版社 1999 年版。

115. 孔令宏著：《中国道教史话》，河北大学出版社 1999 年版。

116. 胡孚琛、吕锡琛著：《道学通论：道家·道教·仙学》，社会科学文献出版社 1999 年版。

117. 闵智亭主编，中国道教协会编：《中国道教风貌》，宗教文化出版社 1999 年版。

118. 陈胜庆、凌申编：《中国道教文化之旅》，学林出版社 1999 年版。

119. 周高德著：《道教文化与生活》，宗教文化出版社 1999 年版。

120. 林世田等编校：《全真七子传记》，宗教文化出版社 1999 年版。

121. 姜生、郭武著：《明清道教伦理及其历史流变》，四川人民出版社 1999 年版。

122. 陈霞著：《道教劝善书研究》，巴蜀书社 1999 年版。

123. 张广保编：《超越心性：20 世纪中国道教文化学术论集》，中国广播电视出版社 1999 年版。

124. 龙鹏程、陈廖安主编：《中华续道藏》，影印本，台北新文丰出版公司 1999 年版。

125. 林世田、李德范编：《道教经典精华》，宗教文化出版社 1999 年版。

126. 王卡主编：《宗教知识丛书——中国道教基础知识》，宗教文化出版社 1999 年版。

127. 李后强主编：《瓦屋山道教文化》，四川民族出版社 2000 年版。

128. 汪桂平主编，中国社会科学院世界宗教研究所编：《道教知识读本》，宗教文化出版社 2000 年版。

129. 朱越利、陈敏著：《道教学》，当代世界出版社 2000 年版。

130. 叶至明主编：《庐山道教初编》，华文出版社 2000 年版。

131．邓红蕾著：《道教与土家族文化》，民族出版社 2000 年版。

132．徐翠先著：《唐传奇与道教文化》，中国妇女出版社 2000 年版。

133．唐大潮著：《明清之际道教"三教合一"思想论》，宗教文化出版社 2000 年版。

134．王卡著：《道教史话》，中国大百科全书出版社 2000 年版。

135．郭武著：《道教与云南文化：道教在云南的传播、演变及影响》，云南大学出版社 2000 年版。

136．袁志鸿著：《当代道教人物》，华文出版社 2000 年版。

137．［法］安娜·塞德尔著，蒋见元、刘凌译：《西方道教研究史》，上海古籍出版社 2000 年版。

138．李养正等著：《道教史略》，青松观香港道教学院 2000 年版。

139．陈耀庭著：《道教在海外》，福建人民出版社 2000 年版。

140．李养正主编：《当代道教》，人民出版社 2000 年版。

141．汪桂平编著：《道教知识读本》，宗教文化出版社 2000 年版。

142．陈撄宁著：《道教与养生》，华文出版社 2000 年版。

143．樊光春著：《陕西道教两千年》，三秦出版社 2001 年版。

144．张兴发著：《道教神仙信仰》，中国社会科学出版社 2001 年版。

145．任宗权著：《道教手印研究》（图文本），宗教文化出版社 2002 年版。

146．叶至明主编：《道教与人生》，宗教文化出版社 2002 年版。

147．马道宗编著：《中国道教养生秘诀》，宗教文化出版社 2002 年版。

148．史孝进编著：《道教风俗谈》，上海辞书出版社 2003 年版。

149．詹石窗著：《道教文化十五讲》，北京大学出版社 2003 年版。

150．张继禹编著：《道藏养生》，华夏出版社 2003 年版。

151．谢路军著：《中国道教源流》，九州出版社 2004 年版。

152．［德］马克斯·韦伯著：《儒教与道教》，商务印书馆 2004 年版。

153．王宜峨编著：《中国道教》（英文），五洲传播出版社 2004 年版。

154．孙亦平著：《杜光庭思想与唐宋道教的转型》，南京大学出版社 2004 年版。

155．金正耀著：《中国的道教》，商务印书馆 2004 年版。

156．戈国龙著：《道教内丹学溯源》，宗教文化出版社 2004 年版。

157. 胡孚琛、吕锡琛著：《道学通论：道家·道教·丹道》（增订版），社会科学文献出版社 2004 年版。

158. 孔令宏著：《从道家到道教》，中华书局 2004 年版。

159. 詹石窗著：《道教科技与文化养生》，科学出版社 2004 年版。

160. 张大柘著：《当代神道教》，东方出版社 2004 年版。

161. 任继愈主编：《道藏提要》（修订版），中国社会科学出版社 2005 年版。

162. 王宜峨著：《中国道教》，五洲传播出版社 2005 年版。

163. 熊铁基、刘固盛主编：《道教文化十二讲》，安徽教育出版社 2005 年版。

164. 吴亚魁著：《生命的追求：陈撄宁与近现代中国道教》，上海辞书出版社 2005 年版。

165. ［韩］车柱环著：《韩国道教思想》，人民文学出版社 2005 年版。

166. 王卡主编：《中国道教基础知识》，宗教文化出版社 2005 年版。

167. 张宝林编著：《丘处机与龙门仙境——道教玄秘》，三秦出版社 2005 年版。

168. 胡小毅编著：《佛道教与养生》，中国物资出版社 2005 年版。

169. 盖建民著：《道教科学思想发凡》，社会科学文献出版社 2005 年版。

170. 唐那碧编著：《道教的故事》，中国书籍出版社 2005 年版。

171. 陈耀庭主编：《太岁神传略——蓬瀛仙馆道教文化丛书》，宗教文化出版社 2005 年版。

172. 景富主编：《道教养生故事》，吉林人民出版社 2006 年版。

173. 孔令宏著：《宋代理学与道家、道教》（上、下册），中华书局 2006 年版。

174. 王卡主编：《道教文化 100 问》，人民出版社 2006 年版。

175. 张弘、鄢爱华主编：《中国道教圣地之旅》，远方出版社 2006 年版。

176. 唐明邦著：《论道崇真集——道家道教文化研究书系》，华中师范大学出版社 2006 年版。

177. 王丽英著：《道教南传与岭南文化》，华中师范大学出版社 2006

年版。

178．杨世华、潘一德编著：《茅山道教志》，华中师范大学出版社 2007 年版。

179．傅凤英著：《二十世纪中国道教学术的新开展》，巴蜀书社 2007 年版。

180．刘昭瑞著：《考古发现与早期道教研究》，文物出版社 2007 年版。

181．卢国龙著：《道教哲学》，华夏出版社 2007 年版。

182．房立中编著：《鬼谷山鬼谷子与道教文化》，二十一世纪出版社 2007 年版。

183．杨世华、潘一德编著：《茅山道教志》，华中师范大学出版社 2007 年版。

184．王卡著：《道教经史论丛》，巴蜀书社 2007 年版。

185．任宗权著：《道教戒律学》，宗教文化出版社 2008 年版。

186．卿希泰著：《卿希泰论道教》，上海科学技术文献出版社 2008 年版。

187．李崇高著：《道教与科学》，宗教文化出版社 2008 年版。

188．胡孚琛著：《道教与丹道》，中央编译出版社 2008 年版。

189．谢路军著：《中国道教文化》，九州出版社 2008 年版。

190．钟玉英著：《汉末魏晋南北朝道教与社会分层关系研究》，四川大学出版社 2008 年版。

191．陈德安主编：《中国道家道教教育思想史》（先秦至隋唐卷），社会科学文献出版社 2008 年版。

（二）　论文类

1．卿希泰：《试论〈太平经〉的乌托邦思想》，《社会科学研究》1980 年第 2 期。

2．汤一介：《略论早期道教关于生死、神形问题的理论》，《哲学研究》1981 年第 1 期。

3．刘琳：《论〈太平经〉的政治思想》，《社会科学研究》1981 年第

4 期。

4. 郭树森：《天师道的创立及其沿革》，《江西社会科学》1981 年第5—6 期。

5. 王明：《论〈太平经〉的成书时代和作者》，《世界宗教研究》1982年第 1 期。

6. 卿希泰：《王玄览道体论和修道思想浅析》，《宗教学研究》1982 年第 1 期。

7. 赵宗诚：《试论成玄英的"重玄之道"》，《宗教学研究》1982 年第1 期。

8. 郭起华：《从葛洪和陶弘景看道教对古代医学的影响》，《世界宗教研究》1982 年第 1 期。

9. 朱越利：《炁气二字异同辨》，《世界宗教研究》1982 年第 1 期。

10. 刘琳：《再谈〈太平经〉的政治倾向——答卿希泰同志》，《社会科学研究》1982 年第 2 期。

11. 吕振羽遗著：《道家学、道教和其阶级性的一些问题——读喻松青〈中国的封建统治阶级同道教的关系〉》，《吉林大学社会科学学报》1982 年第 2 期。

12. 王国轩：《关于道教研究的几个问题》，《中国哲学史研究》1982 年第 2 期。

13. 金春峰：《读〈太平经〉》，《齐鲁学刊》1982 年第 3 期。

14. 汤一介：《论早期道教的发展》，《世界宗教研究》1982 年第 4 期。

15. 郭旃：《全真道的兴起及其与金王朝的关系》，《世界宗教研究》1983 年第 3 期。

16. 陈俊民：《略论全真道的思想源流》，《世界宗教研究》1983 年第3 期。

17. 白盾：《"中国根柢"何以"全在道教"？——论鲁迅对道教、道家思想的批判》，《社会科学辑刊》1983 年第 5 期。

18. 陈兵：《略论全真道的三教合一说》，《世界宗教研究》1984 年第1 期。

19. 李家彦：《太平经的元气论》，《中国哲学史研究》1984 年第 2 期。

20. 刘仲宇：《道教影响下的朱熹》，《宗教》1984 年第 2 期。

21．马序等：《刘一明道教哲学思想初探》，《世界宗教研究》1984 年第 3 期。

22．李远国：《〈正易心法〉考辨》，《社会科学研究》1984 年第 6 期。

23．龙显昭：《论曹魏道教与西晋政局》，《世界宗教研究》1985 年第 1 期。

24．刘国梁：《略论〈周易〉"三才"思想对早期道教的影响》，《世界宗教研究》1985 年第 1 期。

25．刘国梁：《试论陈抟思想的渊源及其对理学的影响》，《吉林大学社会科学学报》1985 年第 2 期。

26．李远国：《试论陈抟的宇宙生成论》，《世界宗教研究》1985 年第 2 期。

27．聂长振等：《道教传入日本及其对神道的影响》，《世界宗教研究》1985 年第 2 期。

28．钟肇鹏：《严遵的〈老子指归〉及其哲学和政治思想》，《世界宗教研究》1985 年第 2 期。

29．龙晦：《论敦煌道教文学》，《世界宗教研究》1985 年第 3 期。

30．羊华荣：《宋徽宗与道教》，《世界宗教研究》1985 年第 3 期。

31．陈兵：《金丹派南宗浅探》，《世界宗教研究》1985 年第 4 期。

32．艾力农：《东汉张陵的〈老子想尔注〉》，《齐鲁学刊》1985 年第 4 期。

33．李刚：《试论道教劝善书》，《世界宗教研究》1985 年第 4 期。

34．朱越利：《养性延命录》，《世界宗教研究》1986 年第 1 期。

35．陈静：《〈太平经〉中的承负报应思想》，《宗教学研究》1986 年第 2 期。

36．马晓宏：《吕洞宾神仙信仰溯源》，《世界宗教研究》1986 年第 2 期。

37．陈兵：《元代江南道教》，《世界宗教研究》1986 年第 2 期。

38．许抗生：《论魏晋道教与玄学的关系》，《中国哲学史研究》1986 年第 3 期。

39．朱森溥：《简论王玄览的道论》，《社会科学研究》1986 年第 3 期。

40．唐兆位：《民族宗教是民族文化综合作用的产物——论道教产生的思想渊源》，《宗教》1987 年第 1 期。

41. 钟肇鹏：《道教与医药及养生的关系》，《世界宗教研究》1987 年第 1 期。

42. 李斌城：《敦煌写本唐玄宗〈道德经〉注疏残卷研究》，《世界宗教研究》1987 年第 1 期。

43. 郭树森：《论道家到道教的演变》，《江西社会科学》1987 年第 2 期。

44. 刘国梁：《试论道教对程朱理学宇宙生成论的影响》，《宗教学研究》1987 年第 2 期。

45. 刘仲宇：《道教与中国民间神祀》，《宗教》1987 年第 2 期。

46. 丁贻庄：《道教与中国古代科技》，《四川大学学报》1987 年第 3 期。

47. 刘国梁等：《试论道教对宋代理学宇宙生成论的影响》，《世界宗教研究》1987 年第 4 期。

48. 任继愈：《道家与道教》，《文史知识》1987 年第 5 期。

49. 钟肇鹏：《略谈道教史的研究和编写》，《哲学研究》1987 年第 10 期。

50. 胡孚琛：《道教特征刍议——兼论与中国传统文化的关系》，《哲学研究》1987 年第 10 期。

51. 卿希泰：《试论道教在中国传统文化中的地位》，《哲学研究》1988 年第 1 期。

52. 陈兵：《道教之"道"》，《哲学研究》1988 年第 1 期。

53. 刘仲宇：《道教思维方式探微》，《哲学研究》1988 年第 1 期。

54. 曾召南：《元代道教龙虎宗支派玄教纪略》，《世界宗教研究》1988 年第 1 期。

55. 牟钟鉴：《论陶弘景的道教思想》，《世界宗教研究》1988 年第 1 期。

56. 王利器：《〈化胡经〉考》，《宗教学研究》1988 年第 1 期。

57. 李刚：《太上感应篇初探》，《宗教学研究》1988 年第 1 期。

58. 刘仲宇：《道教思维方式探微》，《哲学研究》1988 年第 1 期。

59. 马晓宏：《道藏等诸本所收吕洞宾书目简注》，《中国道教》1988 年第 3 期。

60．胡孚琛：《〈抱朴子内篇〉中的神仙法术》，《世界宗教研究》1988 年第 3 期。

61．黄海德：《李荣二道论蠡测》，《社会科学研究》1988 年第 3 期。

62．王家佑：《梓潼神历史探微》，《中国道教》1988 年第 3 期。

63．伍伟民：《道教对中国古代文学影响刍议》，《世界宗教研究》1988 年第 4 期。

64．钟肇鹏：《扶乩与道经》，《世界宗教研究》1988 年第 4 期。

65．胡孚琛：《葛洪的哲学思想概说——〈抱朴子内篇〉中的道教哲学研究之一》，《孔子研究》1988 年第 4 期。

66．唐明邦：《道家、道教与中国文化》，《宗教哲学研究》1988 年第 4 期。

67．王明：《论道教的生死观与传统思想》，《中国社会科学院研究生院学报》1988 年第 5 期。

68．伍伟民：《〈太平经〉与〈周易〉》，《华东师范大学学报》1988 年第 6 期。

69．杨云：《道教研究现状》，《哲学动态》1988 年第 6 期。

70．蔡方鹿等：《道教与宋代理学》，《学术月刊》1988 年第 7 期。

71．金棹：《试论道教的起源》，《哲学研究》1988 年第 11 期。

72．王卡：《道教典籍之流传与现状》，《中国哲学史研究》1989 年第 1 期。

73．詹石窗：《全真道的创立及其特点》，《中国哲学史研究》1989 年第 1 期。

74．胡孚琛：《道教史上的内丹学》，《世界宗教研究》1989 年第 2 期。

75．王明：《〈魏晋神仙道教——抱朴子内篇研究〉序》，《世界宗教研究》1989 年第 2 期。

76．彭耀等：《论黄老文学的演变和道教的产生》，《孔子研究》1989 年第 2 期。

77．丁贻庄：《从〈参同契〉到〈悟真篇〉》，《社会科学研究》1989 年第 2 期。

78．卢国龙：《志在"虚静"的思想道路——道士李荣哲学评析》，《中国哲学史研究》1989 年第 2 期。

79. 辛玉璞：《关于太平经的民主思想》，《西北大学学报》1989 年第 2 期。

80. 陈鸣：《试论道教的文化意义和研究方法》，《宗教》1989 年第 2 期。

81. 李养正：《道教与我国传统文化》，《孔子研究》1989 年第 3 期。

82. 郭树森：《试析隋唐五代道教道论的哲理化》，《江西社会科学》1989 年第 3 期。

83. 王宜峨：《道教宫观及其建筑艺术》，《世界宗教研究》1989 年第 3 期。

84. 詹石窗：《论三一教的道教色彩》，《世界宗教研究》1989 年第 3 期。

85. 王卡：《元始天王与盘古氏开天辟地》，《世界宗教研究》1989 年第 3 期。

86. 金棹：《论东汉道教的特征》，《中国哲学史研究》1989 年第 4 期。

87. 陈兵：《中华气功在道教中的发展》，《世界宗教研究》1989 年第 4 期。

88. 卿希泰：《道教在中国传统文化中的地位》，《社会科学研究》1989 年第 6 期。

89. 李刚：《汉代道教哲学简论》，《求索》1989 年第 6 期。

90. 侯才：《道教的内蕴及其文化功能》，《哲学研究》1989 年第 9 期。

91. 卢仁龙：《张君房事迹考述》，《世界宗教研究》1990 年第 1 期。

92. 周瀚光整理：《"道家、道教与科学技术"研讨会综述》，《哲学研究》1990 年第 1 期。

93. 陈辉庭：《论道教的实体化》，《宗教》1990 年第 1 期。

94. 李刚：《魏晋道教哲学三题》，《四川大学学报》1990 年第 2 期。

95. 金正耀：《唐代道教外丹》，《历史研究》1990 年第 2 期。

96. 陈鸣：《中国道教建筑的历史转换》，《宗教》1990 年第 2 期。

97. 李养正：《〈老子〉、老聃与道教》，《文史哲》1990 年第 3 期。

98. 袁志鸿：《道教节日》，《世界宗教研究》1990 年第 4 期。

99. 贺绍恩：《略论道教的信仰及其特点》，《江西社会科学》1990 年第

4 期。

100．朱永龄：《〈太平经〉伦理思想管窥》，《江西社会科学》1990 年第 4 期。

101．土卡：《〈老子化胡经序〉校跋》，《中国道教》1990 年第 4 期。

102．崔大华：《庄子思想与道教的理论基础》，《哲学研究》1990 年第 5 期。

103．杨伟立：《简论葛洪神仙道理论的虚弱性》，《社会科学研究》1990 年第 6 期。

104．胡孚琛：《从宗教学看道教》，《世界宗教研究》1991 年第 1 期。

105．李刚：《葛洪神仙学的哲学思想》，《社会科学研究》1991 年第 1 期。

106．李斌城：《近十年来的道教研究》，《世界宗教研究》1991 年第 2 期。

107．卢国龙：《道教贵生思想学说的渊源》，《世界宗教研究》1991 年第 3 期。

108．徐亦亭：《道教和中国古代民族关系》，《世界宗教研究》1991 年第 3 期。

109．孟乃昌：《中国炼丹史轮廓》，《江西社会科学》1991 年第 3 期。

110．曾召南：《明代前中期诸帝崇道浅析》，《四川大学学报》1991 年第 4 期。

111．高正：《庄子学派与神仙道教》，《世界宗教研究》1991 年第 4 期。

112．李大华：《试探道教内丹学与神学思辨的关系》，《哲学研究》1991 年第 8 期。

113．冯国超：《析道教生命哲学》，《哲学研究》1991 年第 10 期。

114．李刚：《隋文帝与道教》，《福建论坛》1992 年第 1 期。

115．李刚：《"壬辰之运"考释》，《宗教学研究》1992 年第 1/2 期。

116．赵宗诚：《北宋诸帝与道教》，《宗教学研究》1992 年第 1/2 期。

117．王传宗：《论道家、道教对中国古代科学的决定性贡献》，《青海社会科学》1992 年第 2 期。

118．丁小萍：《论道教的现世观念》，《浙江大学学报》1992 年第 2 期。

119．李养正：《论道教与佛教的关系》，《中国社会科学》1992 年第

3 期。

　　120. 王若峰：《中国历史上的方仙道》，《东岳论丛》1992 年第 3 期。

　　121. 李养正：《论道教与儒家的关系》，《世界宗教研究》1992 年第 4 期。

　　122. 葛晓音：《从"方外十友"看道教对初唐山水诗的影响》，《学术月刊》1992 年第 4 期。

　　123. 陈耀庭：《论道教教义思想的结构》，《学术月刊》1992 年第 4 期。

　　124. 李刚：《略论成玄英的重玄思想》，《四川大学学报》1992 年第 4 期。

　　125. 麻天祥：《丘处机二入关中与全真道的发展》，《人文杂志》1992 年第 4 期。

　　126. 刘玉贤：《〈素问·上古天真论〉的养生思想》，《中国道教》1993 年第 1 期。

　　127. 钟肇鹏：《〈道藏提要〉订补》，《世界宗教研究》1993 年第 1 期。

　　128. 郑杰文：《汉代老氏学的流传及其宗教化过程》，《世界宗教研究》1993 年第 1 期。

　　129. 辛玉璞：《论楼观之为道教圣地》，《西北大学学报》1993 年第 2 期。

　　130. 冯可珠：《茅山道教文化》，《世界宗教研究》1993 年第 2 期。

　　131. 郭武：《论道教初创时期的神学思想》，《四川大学学报》1993 年第 2 期。

　　132. 熊建伟：《道家、道教在五岳定位中的作用》，《中国道教》1993 年第 2 期。

　　133. 李远国：《刘一明"九要八法"概述》，《中国道教》1993 年第 2 期。

　　134. 任法融：《对道教的认识和道教徒的修养》，《中国道教》1993 年第 2 期。

　　135. 葛荣晋：《王屋山与道教》，《中国道教》1993 年第 2 期。

　　136. 方诗铭：《黄巾起义先驱与巫及原始道教的关系：兼论"黄巾"与"黄神越章"》，《历史研究》1993 年第 3 期。

　　137. 朱宇炎：《从〈老子〉一书看道教与军事的关系》，《中国道教》

1993 年第 3 期。

138. 牟钟鉴：《生态哲学与儒家的天人之学》，《甘肃社会科学》1993 年第 3 期。

139. 傅元天：《发扬道教优良传统，为社会主义建设事业作贡献：在道教界爱国爱教表彰会上的报告》，《中国道教》1993 年第 3 期。

140. 姜生：《论道教的成因》，《四川大学学报》1993 年第 3 期。

141. 李养正：《关于道教的定义及有关问题的辩证》，《中国道教》1993 年第 3 期。

142. 周德良：《大道浅说》，《宗教学研究》1993 年第 3/4 期。

143. 郭武：《道教长生成仙说的几个发展阶段》，《宗教学研究》1993 年第 3/4 期。

144. 徐仪明：《道教外丹哲学思想研究述要》，《哲学动态》1993 年第 4 期。

145. 尚林：《敦煌道教文书概观》，《中国道教》1993 年第 4 期。

146. 张泽洪：《唐代道观经济》，《四川大学学报》1993 年第 4 期。

147. 胡孚琛：《道教医学和内丹学的人体观探索》，《世界宗教研究》1993 年第 4 期。

148. 邹毅：《道教的斋醮及其本质作用探析》，《江西社会科学》1993 年第 8 期。

149. 杨立志：《武当山道教文化》，《世界宗教研究》1994 年第 2 期。

150. 何建明：《〈玄真子〉造化观探析》，《中国道教》1994 年第 2 期。

151. 潘延川：《道教内丹功简述》，《中国道教》1994 年第 3 期。

152. 张金涛：《天师道的符、箓、斋、醮初探》，《江西社会科学》1994 年第 4 期。

153. 李大华：《道教"重玄"哲学论》，《哲学研究》1994 年第 9 期。

154. 王宜峨：《论道教的妇女观》，《中国道教》1995 年第 1 期。

155. 韩建斌：《孙思邈的养生术》，《中国道教》1995 年第 1 期。

156. 陈莲笙：《以道德之力振兴道教》，《中国道教》1995 年第 1 期。

157. 刘守华：《张天师传说的历史文化价值》，《中国道教》1995 年第 1 期。

158. 李养正：《〈太平经〉是否"抄袭"〈四十二章经〉议：读书随想

之一》,《中国道教》1995 年第 1 期。

159. 张刚峰:《中国古代炼丹术中的丹砂与阴阳》,《世界宗教研究》1995 年第 1 期。

160. 唐明邦:《〈老子想尔注〉:道教祖师宣道的金科玉律》,《宗教学研究》1995 年第 1/2 期。

161. 钟肇鹏:《〈老子想尔注〉及其思想》,《世界宗教研究》1995 年第 2 期。

162. 汪桂平:《唐玄宗与茅山道》,《世界宗教研究》1995 年第 2 期。

163. 潘显一:《论道教学的发展与成熟:"道家道教与中国文化学术研讨会"述评》,《四川大学学报》1995 年第 2 期。

164. 冰珂:《道教药粥疗法》,《世界宗教研究》1995 年第 3 期。

165. 林其锬:《海峡两岸道教信仰的共同特点及其历史渊源》,《社会科学》1995 年第 4 期。

166. 傅谨:《超越与重构:论道教信仰中的自然山水和自然人生》,《学术月刊》1995 年第 7 期。

167. 卿希泰:《简论道教伦理思想的几个问题》,《道家文化研究》,上海古籍出版社 1995 年第 7 辑。

168. 张运华:《〈太平经〉与道家思想》,《中州学刊》1996 年第 1 期。

169. 李刚:《道教老学重玄学派》,《宗教学研究》1996 年第 1 期。

170. 晋川子:《近现代宫观情况初探》,《宗教学研究》1996 年第 2 期。

171. 陈澍:《从司马承祯、王玄览看唐代道教对宋明理学的影响》,《中国道教》1996 年第 2 期。

172. 李刚:《成玄英论"玄"与"又玄"》,《宗教学研究》1996 年第 2 期。

173. 尹志华:《道教戒律中的环境保护思想》,《中国道教》1996 年第 2 期。

174. 刘仲宇:《道教科仪在近代的传承和演变》,《宗教学研究》1996 年第 2 期。

175. 盖建民:《道教金丹术何以未能衍化出中国近代化学》,《世界宗教文化》1996 年夏季号。

176. 邵文实:《敦煌道教试述》,《世界宗教研究》1996 年第 2 期。

177. 赵宗诚：《略论道教的宗旨与方术》，《宗教学研究》1996 年第 2 期。

178. 田诚阳：《丹道内景谈》（之二），《中国道教》1996 年第 3 期。

179. 李刚：《成玄英论"本迹"》，《四川大学学报》1996 年第 3 期。

180. 潘显一：《论道教美学人格理想》，《四川大学学报》1996 年第 3 期。

181. 郭树森：《江西道教概说》，《中国道教》1996 年第 3 期。

182. 韩建斌：《陶弘景的养生术》，《中国道教》1996 年第 3 期。

183. 王煜：《道教八论》，《世界宗教研究》1996 年第 3 期。

184. 姜生：《价值观的矛盾运动与道教伦理的历史演变》，《世界宗教研究》1996 年第 3 期。

185. 郑晓江：《道家与道教精神疗法之现代价值》，《中国道教》1996 年第 4 期。

186. 唐怡：《浅析〈太平经〉中的政治伦理思想》，《中国道教》1996 年第 4 期。

187. 范恩君：《道教的理想人格与神和仙》，《中国道教》1996 年第 4 期。

188. 张志哲：《道教与人文精神》，《江海学刊》1996 年第 5 期。

189. 姜生：《论道教崇山的原因与实质》，《复旦学报》1996 年第 6 期。

190. 刘国梁：《道教思维方式的渊源和特点》，《甘肃社会科学》1997 年第 1 期。

191. 王宜娥：《道教美术概说》，《中国道教》1997 年第 2 期。

192. 丁小萍：《道教认识方式概论》，《浙江大学学报》1997 年第 2 期。

193. 李养正：《试论支遁僧肇与道家（道教）重玄思想的关系》，《宗教学研究》1997 年第 2 期。

194. 李刚：《道士成玄英的动静观》，《社会科学研究》1997 年第 3 期。

195. 邹毅：《论道教与民俗文化的关系》，《宗教学研究》1997 年第 3 期。

196. 尹志华：《黄裳内丹学的理论特色初探》，《宗教学研究》1997 年第 3 期。

197. 姜生：《四论道教伦理对儒家纲常伦理的弥补功能》，《宗教学研究》1997 年第 3 期。

198. 陈赟：《从〈真诰〉看道教的形成及宗教的本质》，《宗教》1997 年第 3/4 期。

199. 李养正：《论佛道义理之差异与相互融摄》，《中国道教》1997 年第 4 期。

200. 张继禹：《〈阴符经〉三才相盗思想的启谛：论道教天人合一的环境观》，《中国道教》1997 年第 4 期。

201. 田光林：《采炁机理初探》，《中国道教》1997 年第 4 期。

202. 胡孚琛：《道教内丹学揭秘》，《世界宗教研究》1997 年第 4 期。

203. 陈赟：《道教的形成与人文形态的变迁：以〈真诰〉为中心》，《中国哲学史》1997 年第 4 期。

204. 徐小跃：《老庄思想是道教的理论基础》，《南京大学学报》1997 年第 4 期。

205. 孙亦平：《论早期全真道心性论的理论指归：从人的本真的生命存在中去追求生命的超越》，《南京大学学报》1997 年第 4 期。

206. 詹石窗：《道教艺术的符号象征》，《中国社会科学》1997 年第 5 期。

207. 尹志华：《90 年代中国大陆道教研究的新进展》，《哲学动态》1997 年第 5 期。

208. 韩小忙：《有关西夏道教研究中的几个问题》，《宁夏社会科学》1997 年第 6 期。

209. 姜生：《道符结构、语义及功能研究》，《社会科学研究》1997 年第 6 期。

210. 张泽洪：《中国南方少数民族与道教关系初探》，《民族研究》1997 年第 6 期。

211. 刘锋：《阴阳五行说对道教的影响》，《文史哲》1997 年第 6 期。

212. 潘显一：《道教求"真"反"邪"文艺观点探析》，《江西社会科学》1997 年第 6 期。

213. 郭树森：《天师道主要支派考略》，《江西社会科学》1997 年第 8 期。

214. 李刚：《〈道教义枢〉论本迹与体用》，《江西社会科学》1997 年第 8 期。

215．卿希泰：《试论道教在中国传统文化中的地位》，《哲学研究》
1998 年第 1 期。

216．田诚阳：《二十世纪中国道教典籍的整理与研究》，《中国道教》
1998 年第 2 期。

217．卢国龙：《论道教的民族性》，《中国道教》1998 年第 2 期。

218．田光林：《"无我"乃修道之真谛》，《中国道教》1998 年第 2 期。

219．卿希泰：《道教文化研究经验谈》，《世界宗教文化》1998 年第
3 期。

220．丁常云：《道教劝善书与现代精神文明》，《宗教》1998 年第
3/4 期。

221．马承玉：《"想尔"释义：〈老子想尔注〉与〈四十二章经〉之关
系》，《世界宗教研究》1998 年第 4 期。

222．萧汉明：《唐五代三种注〈契〉之作的外丹术异同合论》，《世界
宗教研究》1998 年第 4 期。

223．强昱：《道教的"三一"论》，《中国哲学史》1998 年第 4 期。

224．丁常云：《道教劝善书与现代精神文明》，《中国道教》1998 年第
4 期。

225．张继禹、任法融、黄至安等：《发扬道教优良传统，服务现代文明
社会：道教界人士笔谈录》，《中国宗教》1998 年第 4 期。

226．彭运生：《论〈天隐子〉与司马承祯〈坐忘论〉的关系》，《中国
哲学史》1998 年第 4 期。

227．孙亦平：《论道教仙学两次理论转型的哲学基础》，《南京大学学
报》1998 年第 4 期。

228．吴亚魁：《道教与人生：'98 庐山中国道教文化研讨会侧记》，《当
代宗教研究》1998 年第 4 期。

229．任法融：《"道"理研讲及信仰意义》，《中国道教》1998 年第
4 期。

230．胡孚琛：《道教特征刍议》，《哲学研究》1998 年第 10 期。

231．王丽英：《论道教伦理思想的鲜明特征》，《中国道教》1999 年第
1 期。

232. 卿希泰：《试论道教对中国传统科技的贡献》，《中国哲学史》1999 年第 1 期。

233. 詹石窗：《道教科技哲学与现代化》，《中国哲学史》1999 年第 1 期。

234. 李大华：《关于道教生命哲学基本特征的思考》，《中国哲学史》1999 年第 1 期。

235. 盖建民：《道教医学模式及其现代意义》，《厦门大学学报》1999 年第 1 期。

236. 李远国：《道教符箓派诸宗概述》（三），《中国道教》1999 年第 1 期。

237. 中国道教杂志社：《促进道教健康发展的二十年》，《中国道教》1999 年第 1 期。

238. 肖垚：《浅述内丹》，《中国道教》1999 年第 1 期。

239. 杨立华：《论道教早期上清经的"出世"及其与〈太平经〉的关系》，《北京大学学报》1999 年第 1 期。

240. 吴亚魁：《道教禁忌初探》，《当代宗教研究》1999 年第 1 期。

241. 詹石窗：《论道教神仙形象与易学符号之关系》，《宗教学研究》1999 年第 1 期。

242. 张钦：《道教形神论与生命的自我越超》，《宗教学研究》1999 年第 1 期。

243. 潘显一：《"道—美"观：从道家到道教的标志》，《宗教学研究》1999 年第 2 期。

244. 张钦：《内丹学的西传及对分析心理学的影响》，《宗教学研究》1999 年第 2 期。

245. 尹志华：《道教人生观与生态智慧》，《中国道教》1999 年第 2 期。

246. 姜生：《"知行合一"思想源于道教考》，《中国道教》1999 年第 2 期。

247. 王书献：《道教教育方式及其影响》，《中国道教》1999 年第 2 期。

248. 韩秉方：《关于道教创立过程的新探索》，《世界宗教研究》1999 年第 2 期。

249. 王青：《论西域文化对魏晋南北朝道教的影响》，《世界宗教研究》

1999 年第 2 期。

250．葛兆光：《宇宙、身体、气与"假求于外物以自坚固"：道教的生命理论》，《中国哲学史》1999 年第 2 期。

251．李申：《黄老、道家即道教论》，《世界宗教研究》1999 年第 2 期。

252．李福：《道教音乐与传统医学》，《中国道教》1999 年第 3 期。

253．盖建民、刘贤昌：《魏晋南北朝的道教医学及其医学创获》，《中国道教》1999 年第 3 期。

254．王丽英：《论"化"在道教哲学中的地位》，《华中师范大学学报》1999 年第 3 期。

255．李养正：《对道教义理规范中"积极因素"的探讨》，《世界宗教研究》1999 年第 3 期。

256．杨立华：《性命先后：关于金丹南宗与金元全真道的比较研究》，《中国哲学史》1999 年第 3 期。

257．李养正：《道教的生命观》，《中国道教》1999 年第 4 期。

258．李永贤：《吕洞宾的道德教育思想》，《中国道教》1999 年第 4 期。

259．詹石窗：《道教术数与科技哲学》，《中国道教》1999 年第 4 期。

260．吕鹏志：《〈西升经〉的命运观解析》，《中国道教》1999 年第 4 期。

261．张泽洪：《道教斋醮科仪中的存想》，《中国道教》1999 年第 4 期。

262．陈敏：《20 世纪中国道教学研究》（1900—1949），《江海学刊》1999 年第 4 期。

263．盖建民：《道教符咒治病术的理性批判》，《世界宗教研究》1999 年第 4 期。

264．王晓：《道教医学的哲学思考》，《江西社会科学》1999 年第 6 期。

265．王丽英：《论道教"道在养生"思想》，《江汉论坛》1999 年第 6 期。

266．康诚明：《浅述内丹修炼》，《中国道教》1999 年第 6 期。

267．石竹：《1999 年武夷山道文化研讨会综述》，《世界宗教研究》2000 年第 1 期。

268．孙亦平：《张伯端"道禅合一"思想述评》，《中国哲学史》2000 年第 1 期。

269．李养正：《〈太平经〉的天道观及其治平思想：读〈太平经〉随笔》，《中国哲学史》2000 年第 1 期。

270．李刚：《论吴筠的道教哲学思想》，《中国哲学史》2000 年第 1 期。

271．陈霞：《道教公平思想与可持续发展的社会公平》，《宗教学研究》2000 年第 1 期。

272．袁康就：《老子"归根复命"观对〈灵宝毕法〉的启示》，《宗教学研究》2000 年第 1 期。

273．尹志华：《陈撄宁的仙学思想》，《宗教学研究》2000 年第 1 期。

274．张祖仁：《浅谈道家内丹修炼流派形成及渊源关系和修炼方法》，《中国道教》2000 年第 1 期。

275．张应超：《全真道与儒释墨浅论》，《人文杂志》2000 年第 1 期。

276．赵毅：《土地神崇拜与道教的形式》，《学习与探索》2000 年第 1 期。

277．宗善：《道教"尊道贵德"思想与现代精神文明建设》，《中国道教》2000 年第 1 期。

278．郭齐：《道教对朱熹思想的深刻影响》，《中国道教》2000 年第 1 期。

279．张岫峰：《司马承祯的〈坐忘论〉》，《中国道教》2000 年第 1 期。

280．刘惠琴：《引儒入道：寇谦之对北方天师道的改造》，《敦煌学辑刊》2000 年第 1 期。

281．孙亦平：《杜光庭的"经国理身"思想初探：兼论道教的终极理想及其现代意义》，《南京大学学报》2000 年第 2 期。

282．陈进国：《道家与道教的"理身理国"思想：先秦至唐的历史考察》，《宗教学研究》2000 年第 2 期。

283．黄至安：《重新崛起的南岳道教》，《中国道教》2000 年第 2 期。

284．詹石窗：《道教符号刍议》，《厦门大学学报》2000 年第 2 期。

285．刘仲宇：《道教与民间信仰崇拜方式差异论要》，《宗教》2000 年第 2 期。

286．张兴发：《道教神仙信仰的社会功能》，《中国道教》2000 年第 2 期。

287．荣新江：《王道士：敦煌藏经洞的发现者》，《敦煌研究》2000 年第 2 期。

288．戴建平：《葛洪自然观探讨》，《中国道教》2000 年第 2 期。

289．陈霞：《从道教"贵人重生"与"天人合一"看可持续发展的人类中心论》，《中国道教》2000 年第 2 期。

290．卿希泰：《在世纪之交展望道教文化的未来》，《南京大学学报》2000 年第 2 期。

291．郑晓江：《道家"生死一体"观及其现代价值》，《中国道教》2000 年第 3 期。

292．田光林：《〈唱道真言〉的丹道观》，《中国道教》2000 年第 3 期。

293．樊光春：《司马承祯的道与术》，《中国道教》2000 年第 3 期。

294．刘仲宇：《宫观和道教文化的发展》，《中国道教》2000 年第 3 期。

295．赵益：《〈真诰〉的源流与文本》，《文献》2000 年第 3 期。

296．郭武：《关于净明道研究的回顾及展望》，《汉学研究通讯》2000 年第 3 期。

297．王永平：《唐代道士获赠俗职、封爵及紫衣、师号考》，《文献》2000 年第 3 期。

298．张泽洪：《论唐代道教的写经》，《敦煌研究》2000 年第 3 期。

299．张钦：《道教炼养学的哲学基础》，《宗教学研究》2000 年第 3 期。

300．［日］山田俊：《"弃贤世界"考》，《宗教学研究》2000 年第 3 期。

301．李刚：《成玄英"自然无为"论》，《宗教学研究》2000 年第 3 期。

302．谢正强：《〈陈先生内丹诀〉研究》，《宗教学研究》2000 年第 3 期。

303．［日］麦谷邦夫：《道教与日本古代的北辰北斗信仰》，《宗教学研究》2000 年第 3 期。

304．张应超：《简论丘处机传道中对全真道发展的贡献》，《世界宗教研究》2000 年第 4 期。

305．朱云鹏：《北宋道教发展述论》，《中国道教》2000 年第 4 期。

306．施刘怀：《临沧地区道教的发展及其现状》，《中国道教》2000 年第 4 期。

307．陈耀庭：《一件清代道教的重要史料：康熙年间天师府照票抄件在江西崇义县发现》，《中国道教》2000 年第 4 期。

308．吕锡琛：《〈太平经〉的心理学思想研究》，《江西社会科学》2000 年第 4 期。

309．刘直：《汉代易学及其对丹道的影响刍议》，《中国道教》2000 年第 4 期。

310．李刚：《刘德仁的原籍新考》，《中国道教》2000 年第 4 期。

311．郭东升：《道教的生存观》，《湖南大学学报》2000 年第 4 期。

312．万毅：《敦煌本道教〈升玄内教经〉的文本顺序》，《敦煌研究》2000 年第 4 期。

313．丁培仁：《道学与中国传统文化国际学术研讨会纪要》，《宗教学研究》2000 年第 4 期。

314．［日］蜂屋邦夫著，张泽洪译：《全真教草创期的信仰对象》，《宗教学研究》2000 年第 4 期。

315．戈国龙：《道教内丹学中的"顺逆"问题》，《世界宗教研究》2000 年第 4 期。

316．李振华：《洪雅地名与道教的关系：兼说异名车冈》，《宗教学研究》2000 年第 4 期。

317．宋开之：《道教重玄思想建构及其文化意义》，《中国道教》2000 年第 4 期。

318．章伟文：《试论俞琰道教易学的内丹修炼学》，《中国道教》2000 年第 4 期。

319．林拓：《道教咒语的文学价值》，《中国道教》2000 年第 4 期。

320．张泽洪：《论道教的步罡踏斗》，《中国道教》2000 年第 4 期。

321．李豫川：《从史籍诗文记载看青城山道教》，《中国道教》2000 年第 4 期。

322．曾广亮：《上清宫铜钟和仁靖真人碑简介》，《中国道教》2000 年第 4 期。

323．诚林：《中国道教协会组团赴台进行道教文化交流》，《中国道教》2000 年第 4 期。

324．卿希泰：《瓦屋山道教文化考察刍议》，《社会科学研究》2000 年第 4 期。

325．萧萐父：《道教生命哲学本体论的研究》，《开放时代》2000 年第 5 期。

326．张泽洪：《论道教的灵宝斋法》，《四川大学学报》2000 年第 5 期。

327．汪显超：《陈抟〈无极图〉征义及其内丹原理》，《江西社会科学》2000 年第 5 期。

328．王汉民：《传统文化与八仙的兴起》，《湘潭师范学院学报》2000 年第 5 期。

329．吕鹏志：《本世纪道教哲学研究的进展》，《四川大学学报》2000 年第 6 期。

330．张泽洪：《论唐代道教斋醮科仪》，《社会科学研究》2000 年第 6 期。

331．姜生：《原始道教之兴起与两汉社会秩序》，《中国社会科学》2000 年第 6 期。

332．陈天林：《发掘道教思想，弘扬民族文化：读孔令宏〈中国道教史话〉》，《学术研究》2000 年第 7 期。

333．盖建民：《民间玉皇信仰与道教略论》，《江西社会科学》2000 年第 8 期。

334．张泽洪：《唐代敦煌道教的传播》，《中国文化研究》2001 年第 1 期。

335．周勇：《明后期至清嘉道间统治者对道教的打压及道教的理论攀附》，《社会科学研究》2001 年第 1 期。

336．申国昌：《〈老子河上公注〉养生教育思想探析》，《中国道教》2001 年第 1 期。

337．陈耀庭：《四种未见著录的道教典籍：日本国东京大学东洋文化研究所图书馆藏书》，《中国道教》2001 年第 1 期。

338．尹志华：《明代道士王一清的〈道德经释辞〉略析》，《中国道教》2001 年第 1 期。

339．孙亦平：《经国理身：论道教的终极理想及其现代意义》，《中国道教》2001 年第 1 期。

340．刘仲宇：《玉皇科仪及其文化内涵》，《中国道教》2001 年第 1 期。

341. 胡军：《唐代的茅山道教与宫廷音乐》，《中国道教》2001 年第 1 期。

342. 张景华、秦太昌：《晋魏华存修道阳洛山考》，《中国道教》2001 年第 1 期。

343. 汪桂平：《清代全真道授戒的珍贵文存》，《世界宗教文化》2001 年第 1 期。

344. 赵荣珦：《洛阳上清宫考略》，《中国道教》2001 年第 1 期。

345. 王丽珠：《道教在巍宝山》，《中国道教》2001 年第 1 期。

346. 杨富学、李永平：《甘肃省博物馆藏道教〈十戒经传授盟文〉》，《宗教学研究》2001 年第 1 期。

347. 张泽洪：《论道教斋醮仪礼的祭坛》，《宗教学研究》2001 年第 1 期。

348. 成守勇：《论成玄英〈道德经义疏〉中的圣人形象》，《宗教学研究》2001 年第 1 期。

349. 戈国龙：《论内丹学"性命双修"的思想》，《宗教学研究》2001 年第 1 期。

350. 杨龙：《论重建南昌万寿宫决策的价值定位》，《江西社会科学》2001 年第 2 期。

351. 邓红蕾：《神学的俗化与文化的神化：再论"土家道教化"与"道教土家化"的文化流变及其意义》，《江汉论坛》2001 年第 2 期。

352. 张泽洪：《唐代〈道藏〉与敦煌道经》，《西南师范大学学报》2001 年第 2 期。

353. 高良荃：《试论金元时期全真教兴盛的原因》，《山东大学学报》2001 年第 2 期。

354. 卿希泰：《道教文化在中华传统文化中的地位及其现代价值》，《社会科学研究》2001 年第 2 期。

355. 杨玉辉：《论道教的性命双修》，《社会科学研究》2001 年第 2 期。

356. 朱越利：《六朝上清经的隐书之道》，《宗教学研究》2001 年第 2 期。

357. 吕锡琛：《全真道的心性道德修养论探析》，《宗教学研究》2001 年第 2 期。

358．孙亦平：《论净明道三教融合的思想特色》，《世界宗教研究》2001 年第 2 期。

359．宫哲兵：《湖北黄冈市道教的现状与管理》，《宗教学研究》2001 年第 2 期。

360．左启：《都城王爷庙帝主宫及其神祇考述》，《宗教学研究》2001 年第 2 期。

361．戈国龙：《从性命问题看内丹学与禅之关系》，《宗教学研究》2001 年第 2 期。

362．章伟文：《"道教文化与现代生活"学术研讨会综述》，《世界宗教研究》2001 年第 2 期。

363．刘直：《壶中别有日月天：内丹隐语"壶"之源流及〈壶天性果女丹十则法〉述要》，《宗教学研究》2001 年第 2 期。

364．张振国：《张伯端和他的〈悟真篇〉》，《世界宗教研究》2001 年第 2 期。

365．李养正：《陈撄宁先生与白云观》，《世界宗教文化》2001 年第 2 期。

366．陈昌文：《道教人格的社会选择》，《社会科学研究》2001 年第 3 期。

367．李素萍：《从道教成仙修炼看女性之地位》，《中国道教》2001 年第 3 期。

368．岳齐琼：《〈太平经〉之"道"及其女性意蕴》，《社会科学研究》2001 年第 3 期。

369．于珍：《〈正一法文天师教戒科经〉的教育思想》，《中国道教》2001 年第 3 期。

370．姜生：《道教治观考》，《中国道教》2001 年第 3 期。

371．田瑾：《大慈延福宫述略》，《中国道教》2001 年第 3 期。

372．张应超：《山阳天柱山道教》，《中国道教》2001 年第 3 期。

373．鲍世斌：《明代王学与道教》，《中国道教》2001 年第 3 期。

374．郭顺玉：《武当道教的形成与楚人的民族文化意识》，《中国道教》2001 年第 3 期。

375．李远国：《莫月鼎与元代神霄派》，《中国道教》2001 年第 3 期。

376. 岳谦厚：《陈撄宁养生论的现代教育意义》，《教育史研究》2001 年第 3 期。

377. 强昱：《〈本际经〉的重玄学思想研究》，《世界宗教研究》2001 年第 3 期。

378. 张钦：《吕纯一的内丹学说及其现代意义》，《宗教学研究》2001 年第 3 期。

379. 王承文：《古灵宝经与道教早期礼灯科仪和斋坛法式：以敦煌本〈洞玄灵宝三元威仪自然真经〉为中心》，《敦煌研究》2001 年第 3 期。

380. 张泽宏：《全真道的传戒仪式》，《世界宗教文化》2001 年第 4 期。

381. 戈国龙：《道教内丹学中的"性命先后"问题辨析》，《中国哲学史》2001 年第 4 期。

382. 朱越利：《道教养生术》，《中国道教》2001 年第 4 期。

383. 羽离子：《〈道藏〉中的文学瑰宝：〈易林〉诗及其艺术》，《中国道教》2001 年第 4 期。

384. 万毅：《敦煌本〈升玄内教经〉的南朝道教渊源》，《中山大学学报》2001 年第 4 期。

385. 周勇：《道教理论的政治色彩及其政治观念》，《西南民族学院学报》2001 年第 4 期。

386. 杨立新：《从北京白云观看道教文化的旅游价值》，《中国道教》2001 年第 4 期。

387. 梁宗华：《〈太平经〉的道家理论形态及其神学化》，《东岳论丛》2001 年第 4 期。

388. 丁培仁：《贺维翰与〈八字功过格〉》，《中国道教》2001 年第 4 期。

389. 金祺、张艳：《浅论〈道教义枢〉的层累性特点》，《中国道教》2001 年第 4 期。

390. 王承文：《东晋南朝之际道教对民间巫道的批判：以天师道和古灵宝经为中心》，《中山大学学报》2001 年第 4 期。

391. 龚晓康：《鹤鸣山道教考察述略》，《宗教学研究》2001 年第 3 期。

392. 刘仲宇：《五雷正法渊源考论》，《宗教学研究》2001 年第 3 期。

393. 雷小鹏：《道教与六朝山水绘画美学的建构》，《宗教学研究》

2001 年第 3 期。

394．曾召南：《白玉蟾生卒及事迹考略》，《宗教学研究》2001 年第
3 期。

395．吕鹏志：《走进西方道教研究的殿堂：石秀娜〈西方道教研究编
年史（1950—1990）〉评介》，《宗教学研究》2001 年第 3 期。

396．谢金良：《白玉蟾的生卒年月及其有关问题考辨》，《世界宗教研
究》2001 年第 4 期。

397．卿希泰：《有关道教发源于四川的几个问题》，《世界宗教研究》
2001 年第 4 期。

398．黄云明：《论仙崇拜及其产生的原因》，《河北大学学报》2001 年
第 4 期。

399．盖建民：《道教"尚医"考析》，《中国哲学史》2001 年第 4 期。

400．王子华：《茅山中国道教文化学术研讨会综述》，《世界宗教研究》
2001 年第 4 期。

401．潘显一：《南桔北枳，道能为一：从〈太平经〉〈抱朴子〉看早期
道教美学思想的变迁》，《社会科学研究》2001 年第 5 期。

402．强昱：《百年道教学研究的反思》，《首都师范大学学报》2001 年
第 5 期。

403．孙亦平：《神圣与世俗之间：论道教在 21 世纪的发展》，《中国道
教》2001 年第 5 期。

404．朱存明：《彭祖的养生之道》，《中国道教》2001 年第 5 期。

405．王东林：《"铁柱"、"玉隆"关系考辨：谈铁柱万寿宫的祖庭地
位》，《江西社会科学》2001 年第 5 期。

406．雷小鹏、石琼：《大道人为：道教美学与现代人生》，《中国道教》
2001 年第 5 期。

407．赵荣珦：《道教"七真"刘、谭、孙传道洛阳考》，《中国道教》
2001 年第 5 期。

408．张兴发：《道教神仙与道德之关系》，《中国道教》2001 年第 5 期。

409．卢世菊：《道教文化与中国民间习俗》，《中国道教》2001 年第
5 期。

410．黄夏年：《2000 年我国道教研究综述》，《中国道教》2001 年第

5 期。

411. 陈进国：《李道纯的"三教融合"思想及其以"中和"为本的内丹心性学》，《中国道教》2001 年第 5 期。

412. 赤银中：《道教在南阳汉画中的作用和影响》，《中国道教》2001 年第 5 期。

413. 陈昌文：《人口史背景中的道教》，《西南民族学院学报》2001 年第 6 期。

414. 张泽洪：《论宋朝道教斋醮科仪的时代特点》，《社会科学研究》2001 年第 6 期。

415. 陈勇、陈霞、尹志华：《道教聚落生态思想初探》，《社会科学研究》2001 年第 6 期。

416. 申国昌：《〈黄庭经〉养生教育思想探微》，《中国道教》2001 年第 6 期。

417. 张燕：《药王山造像碑》，《中国道教》2001 年第 6 期。

418. 丁常云：《继承传统、学道持戒、坚定信仰、适应时代：关于当代道教戒律三个问题的思考》，《中国道教》2001 年第 6 期。

419. 卿希泰：《重温鲁迅先生"中国根柢全在道教"的科学论断》，《中国道教》2001 年第 6 期。

420. 徐皓峰撰：《〈性命圭旨〉中的疑字》，《中国道教》2001 年第 6 期。

421. 若水：《〈庄子〉与道教重玄学》，《中国道教》2001 年第 6 期。

422. 王永平：《论唐代"鬼道"》，《首都师范大学学报》2001 年第 6 期。

423. 丁培仁：《近代成都道教活动管窥：从〈八字功过格〉说起》，《四川大学学报》2001 年第 6 期。

424. 郑信平：《早期天师道的神学化"道论"》，《江西社会科学》2001 年第 10 期。

425. 李国梅：《也谈道教哲学的特色：通过与其他宗教比较来看》，《社会科学研究》2002 年第 1 期。

426. 丁培仁：《1996—2000 年国内道教研究成果综述》，《社会科学研究》2002 年第 1 期。

427．卿希泰：《道教生态伦理思想及其现实意义》，《四川大学学报》2002 年第 1 期。

428．王永平：《论唐代道教的管理措施》，《山西师大学报》2002 年第 1 期。

429．戈国龙：《论内丹学中的阴阳交媾》，《世界宗教研究》2002 年第 1 期。

430．张继禹：《重视道经研读，传扬道教文化》，《中国道教》2002 年第 1 期。

431．吉宏忠：《张宇初〈道门十规〉的管理思想及其现代启示》，《中国道教》2002 年第 1 期。

432．龚晓康：《道教咒术中的主客体思想》，《中国道教》2002 年第 1 期。

433．陈林：《"天书"还是"鬼画符"？：道教符箓漫谈》，《世界宗教文化》2002 年第 1 期。

434．中国道教编辑部：《中国道教协会六届二次理事会议在北京召开》，《中国道教》2002 年第 1 期。

435．郑万耕：《空山先生的太极观》，《中国道教》2002 年第 1 期。

436．何其敏：《从文化视角观照道教之特色》，《中国道教》2002 年第 1 期。

437．潘什德：《明清时期的茅山道教》（上），《上海道教》2002 年第 1 期。

438．何乃川、陈进国：《泉州道教宫观楹联略观》，《中国道教》2002 年第 1 期。

439．丁常云：《集领袖与学者于一身的天师张宇初》，《世界宗教研究》2002 年第 1 期。

440．刘嗣传：《孟安排及青溪山道教》，《中国道教》2002 年第 1 期。

441．朱越利：《方仙道和黄老道的房中术》，《宗教学研究》2002 年第 1 期。

442．陈昌文：《道教的政治情结》，《西南民族学院学报》2002 年第 3 期。

443．彭彤：《中国道教研究的"危机"与走向》，《西南民族学院学报》

2002 年第 3 期。

444．卿希泰：《道教文化未来发展的思考》，《中国宗教》2002 年第 2 期。

445．曹剑波：《〈周易参同契〉外丹炼制探幽》，《宗教学研究》2002 年第 1 期。

446．杨玉辉：《论后天返先天》，《宗教学研究》2002 年第 1 期。

447．李远国：《试论灵幡与宝幢的文化内涵》，《宗教学研究》2002 年第 1 期。

448．杨世华：《茅山上清派授篆程序初探》，《宗教学研究》2002 年第 1 期。

449．罗争鸣：《杜光庭两度入蜀考》，《宗教学研究》2002 年第 1 期。

450．王家葵：《陶弘景与梁武帝：陶弘景交游丛考之一》，《宗教学研究》2002 年第 1 期。

451．罗尚贤：《论道教的起源及其现实启示》，《广东社会科学》2002 年第 2 期。

452．强昱：《刘知古的〈日月玄枢论〉》，《中国道教》2002 年第 2 期。

453．史孝进：《浅谈道教产仪内秘之术与内炼养生的关系》，《中国道教》2002 年第 2 期。

454．李远国：《论明清时代的神霄派》，《中国道教》2002 年第 2 期。

455．陶金：《敕建火德真君庙考》，《中国道教》2002 年第 2 期。

456．陈焜：《论仙学大师陈撄宁之人生观》，《中国道教》2002 年第 2 期。

457．余本爱：《丹鼎大师左慈的故事》，《中国道教》2002 年第 2 期。

458．刘仲宇：《简论道教法术科仪的表演特征》，《世界宗教研究》2002 年第 2 期。

459．张桥贵：《道教传播与少数民族贵族对汉文化的认同》，《世界宗教研究》2002 年第 2 期。

460．郭健：《先性后命与先命后性：道教南北宗内丹学研究》，《宗教学研究》2002 年第 2 期。

461．刘固盛：《道教南宗对老子学说的解释与发挥》，《宗教学研究》2002 年第 2 期。

462．刘仲宇：《密密宫观拥金顶：道教圣地木兰山》，《世界宗教文化》2002 年第 2 期。

463．郭武：《道教教义与现代社会国际学术研讨会综述》，《汉学研究通讯》2002 年第 2 期。

464．潘什德：《明清时期的茅山道教》（下），《上海道教》2002 年第 2 期。

465．胡道静：《〈道藏〉和李约瑟的道教研究》（上），《上海道教》2002 年第 2 期。

466．胡道静：《〈道藏〉和李约瑟的道教研究》（下），《上海道教》2002 年第 3 期。

467．圣凯：《论六朝隋唐道教的自然义》，《世界宗教研究》2002 年第 3 期。

468．张泽洪：《论道教的法剑》，《中国道教》2002 年第 3 期。

469．郑天星：《国外的道藏研究》，《国外社会科学》2002 年第 3 期。

470．程宇宏：《析魏晋南北朝道教基本信仰结构的构成》，《华东师范大学学报》2002 年第 3 期。

471．史降云：《张万福的养生教育思想》，《中国道教》2002 年第 3 期。

472．盖建民：《道教与中国传统医学》，《中国宗教》2002 年第 3 期。

473．殷诚安：《贞白先生本清白：试论胡适〈陶弘景的〈真诰〉考〉及〈真诰〉与〈四十二章经〉的关系》，《中国道教》2002 年第 3 期。

474．雷小鹏：《道教与六朝山水绘画美学的建构》，《中国道教》2002 年第 3 期。

475．张继禹：《入世济世与神仙超越》，《中国道教》2002 年第 3 期。

476．高良荃：《略论金元之际全真道的社会影响》，《甘肃社会科学》2002 年第 3 期。

477．张德寿：《从民族关系角度看道教与北魏的政治结合》，《云南社会科学》2002 年第 3 期。

478．李小光：《论道教神仙信仰的社会分层》，《宗教学研究》2002 年第 3 期。

479．潘显一：《道教审美文化的历史、特色及将来》，《宗教学研究》2002 年第 3 期。

480. 苟波：《试论道教仙境说的特征及意义》，《宗教学研究》2002 年第 4 期。

481. 戈国龙：《神形问题与内丹学的解脱观念》，《宗教学研究》2002 年第 4 期。

482. 郑庆云：《道教南宗的长生法门》，《宗教学研究》2002 年第 4 期。

483. 顾春：《唐代道教重玄学对道体的解构和心体的建构》，《宗教学研究》2002 年第 4 期。

484. 盖建民：《道教与传统医学融通关系论析》，《哲学研究》2002 年第 4 期。

485. 王丽英：《顺化与逆化：道教哲学的思维特征》，《中国道教》2002 年第 4 期。

486. 陈进国：《李筌〈黄帝阴符经疏〉的真伪考略》，《中国道教》2002 年第 4 期。

487. 瀚青、国新：《荀洪的教育目的和内容》，《中国道教》2002 年第 4 期。

488. 曾维加：《道教语言传播媒介特点分析》，《宗教学研究》2002 年第 4 期。

489. 吕鹏志：《走进西方道教研究的殿堂：石秀娜〈西方道教研究编年史〉（1950—1990）评介》，《中国道教》2002 年第 4 期。

490. 崔理明：《道教的变革与发展》，《中国道教》2002 年第 4 期。

491. 李永明：《道教教义与现代社会国际学术研讨会综述》，《世界宗教研究》2002 年第 4 期。

492. 连镇标：《郭璞道教思想考》，《福建师范大学学报》2002 年第 4 期。

493. 王晓：《〈本经阴符七篇〉养生法述要》，《中国道教》2002 年第 5 期。

494. 尹立：《〈黄庭经〉的分析心理学解读》，《中国道教》2002 年第 5 期。

495. 郭德才：《论道教中"打坐"的机理与作用》，《中国道教》2002 年第 5 期。

496. 郭健、杨玉辉：《误解与契合：析荣格对道教内丹学的心理学阐释》，《四川大学学报》2002 年第 5 期。

497．若水：《本体的解构与重建：唐代道教重玄学发展探微》，《社会科学战线》2002 年第 5 期。

498．王宗昱：《早期全真道史料》，《中国道教》2002 年第 5 期。

499．李桂红：《文昌帝君劝善思想探析》，《中国道教》2002 年第 5 期。

500．李刚：《漫谈历代"年号"与道教文化的内涵关系》，《中国道教》2002 年第 5 期。

501．李莉：《杜光庭笔下的女仙世界：从〈墉城集仙录〉探析道教女仙崇拜的特点》，《中国道教》2002 年第 5 期。

502．赖保荣：《从儒道互补看净明道的特色》，《中国道教》2002 年第 6 期。

503．杨世华：《浅述净明道的忠孝思想及现代价值》，《中国道教》2002 年第 6 期。

504．王永平：《论唐代道教的发展规模》，《首都师范大学学报》2002 年第 6 期。

505．张景先：《魏晋隋唐道教哲学思想述评》，《内蒙古民族大学学报》2002 年第 6 期。

506．韩林：《道教政治观念的几个重要特点》，《西南民族学院学报》2002 年第 12 期。

507．陈颖飞：《近二十年海外道教研究回顾》，《中国史研究动态》2003 年第 1 期。

508．段德智：《"全球化道教"与"道教化全球"》，《世界宗教文化》2003 年第 1 期。

509．刘屹：《寇谦之身后的北天师道》，《首都师范大学学报》2003 年第 1 期。

510．张崇富：《试析陶弘景对旧天师道"黄赤之道"的改造》，《宗教学研究》2003 年第 1 期。

511．詹石窗、贾来生：《论净明道的身心健康思想》，《世界宗教研究》2003 年第 1 期。

512．卿希泰：《司马承祯的生平及其修道思想》，《宗教学研究》2003 年第 1 期。

513. 史孝进：《道教养生学的形成与发展简述》，《中国道教》2003 年第 1 期。

514. 吉宏忠：《道教养生思想的基本结构》，《中国道教》2003 年第 1 期。

515. 闵丽：《台湾地区道教的现状及其发展趋势》，《中国道教》2003 年第 1 期。

516. 张继禹：《忠孝与神仙》，《中国道教》2003 年第 1 期。

517. 葛兆光：《关于道教研究的历史和方法》，《中国典籍与文化》2003 年第 1 期。

518. 吕锡琛：《丘处机西行论道及其社会意义探析》，《中国道教》2003 年第 1 期。

519. 容志毅：《〈周易参同契〉与外丹铅汞论：中国古代炼丹术何以推崇铅汞大丹》，《河南师范大学学报》2003 年第 2 期。

520. 蔡林波：《"有为之法"：道教外丹术的实践哲学》，《学术论坛》2003 年第 2 期。

521. 丁常云：《把握时代脉搏，坚持与时俱进：关于道教适应社会进步要求的三点思考》，《中国道教》2003 年第 2 期。

522. 曹剑波：《〈抱朴子内篇〉养生智慧管窥》，《中国道教》2003 年第 2 期。

523. 詹石窗：《道教生命伦理与现代社会》，《中国哲学史》2003 年第 2 期。

524. 张晓粉：《论王道渊的南宗道教思想》，《四川大学学报》2003 年第 2 期。

525. 张泽洪：《20 世纪以来日本的道教研究》，《四川大学学报》2003 年第 2 期。

526. 潘显一、李裴、张崇商等：《道教美学笔谈录》，《世界宗教研究》2003 年第 2 期。

527. 蔡林波、王维敏：《试论唐代道教外丹术的世俗化流变》，《西南民族学院学报》2003 年第 2 期。

528. 秦永红：《道教生命伦理学说及其对现代旅游的启示》，《宗教学研究》2003 年第 2 期。

529．章伟文：《"道教思想与社会发展进步"学术研讨会综述》，《宗教学研究》2003 年第 2 期。

530．胡锐：《论南北朝时期道教宫观之发展与特点》，《宗教学研究》2003 年第 2 期。

531．乐爱国：《〈太平经〉的生态思想初探》，《宗教学研究》2003 年第 2 期。

532．宝贵贞：《出世与入世之间：论道教伦理之要义》，《中国道教》2003 年第 3 期。

533．王文东：《中国道教的生态伦理精神》，《中国道教》2003 年第 3 期。

534．郭武：《略说"净明"之来历》，《中国道教》2003 年第 3 期。

535．曹玉华：《论道家理想的模型》，《四川大学学报》2003 年第 3 期。

536．郭健：《试论庄子语言观及其对道教内丹学的影响》，《中国道教》2003 年第 3 期。

537．宋晶：《〈太平经〉中的诚信观》，《中国道教》2003 年第 3 期。

538．徐祖祥：《论瑶族道教的教派及其特点》，《中国道教》2003 年第 3 期。

539．孔令宏：《王重阳与全真北宗的思想略论》，《杭州师范学院学报》2003 年第 3 期。

540．赵卫东：《全真性命论及其哲学义蕴》，《山东师范大学学报》2003 年第 3 期。

541．康中乾：《成玄英"重玄"论的道教思想》，《陕西师范大学学报》2003 年第 3 期。

542．吕锡琛：《论净明道吸纳儒家伦理的方式及其意义》，《世界宗教研究》2003 年第 3 期。

543．陈霞：《国外道教与生态学研究综述》，《世界宗教研究》2003 年第 3 期。

544．沈杰：《道教神仙观念的文化心理解读》，《求索》2003 年第 4 期。

545．张应超：《道教与社会生活》，《人文杂志》2003 年第 4 期。

546．王家佑：《中国道教研究的里程碑：〈中国道教科学技术史〉评介谈》，《学术论坛》2003 年第 4 期。

547. 张崇：《早期道教的文字观和经典观》，《四川大学学报》2003 年第 4 期。

548. 李裴：《司马承祯的美学思想》，《中国道教》2003 年第 4 期。

549. 汝企和：《论北宋官府对道教书籍的校勘》，《中国道教》2003 年第 4 期。

550. 谭敏：《仙由技成：道教成仙方式的现实性生存特征》，《云南社会科学》2003 年第 4 期。

551. 谢正强：《论司马承祯的道教心性之学》，《云南社会科学》2003 年第 5 期。

552. 蔡林波：《道教"我命在我"命题的双重意蕴及其演化》，《广西社会科学》2003 年第 5 期。

553. 李会钦：《论〈阴符经〉的生态智慧与当代环境保护》，《江西社会科学》2003 年第 6 期。

554. 孙亦平：《"全真而仙"：论全真道对道教仙学的发展》，《社会科学战线》2003 年第 5 期。

555. 王宗昱：《真大道教史料钩沉》，《中国道教》2003 年第 4 期。

556. 章伟文：《净明道的"忠孝"思想及形成原因初探》，《江西社会科学》2003 年第 6 期。

557. 冯广宏：《道教风水地理与真形图》，《文史杂志》2003 年第 5 期。

558. 姜生：《论道教的洞穴信仰》，《文史哲》2003 年第 5 期。

559. 罗争鸣：《关于杜光庭生平几个问题的考证》，《文学遗产》2003 年第 5 期。

560. 李纪：《"以人为本"建构当代道教教义》，《中国道教》2003 年第 5 期。

561. 戴传江：《试论〈太平经〉"三一为宗"思维模式及其意义》，《中国道教》2003 年第 5 期。

562. 李卫朝：《道教环境保护思想中的人本主义》，《中国道教》2003 年第 5 期。

563. 赵文：《也谈道教的核心信仰》，《中国道教》2003 年第 5 期。

564. 黄海德：《香港道教的历史与现状概述》，《中国道教》2003 年第 5 期。

565. 黄睦平：《闽北（南平）道教述略》，《中国道教》2003 年第 5 期。

566. 卢世菊：《道教生态伦理思想与旅游业的可持续发展》，《中南民族大学学报》2003 年第 6 期。

567. 丁原明：《丘处机道教思想中的老庄情结》，《东岳论丛》2003 年第 6 期。

568. 容志毅：《古代道士何以要伏火炼丹》，《世界宗教文化》2004 年第 1 期。

569. 孙亦平：《杜光庭与钟吕内丹道》，《世界宗教研究》2004 年第 1 期。

570. 郭健：《道教内丹学的佛教观探微》，《宗教学研究》2004 年第 1 期。

571. 韩松涛：《〈道藏〉及藏外道书分类研究》，《宗教学研究》2004 年第 1 期。

572. 王汉民：《全真教与元代的神仙道化戏》，《世界宗教研究》2004 年第 1 期。

573. 张钦：《论神霄派的宇宙观与保神养心的内丹思想》，《世界宗教研究》2004 年第 1 期。

574. 陈云：《道教与女性研究述评》，《世界宗教研究》2004 年第 1 期。

575. 张金涛：《打造新时代的天师道风貌》，《中国道教》2004 年第 1 期。

576. 任法融：《论全真教的修持理法：降心》，《中国道教》2004 年第 1 期。

577. 任宗权：《道教与云南少数民族》，《中国道教》2004 年第 1 期。

578. 林莉：《云南洞经与近代云南民间道教发展特点初析》，《中国道教》2004 年第 1 期。

579. 周军：《试述早期全真道与仙学内丹思想之差异》，《安徽大学学报》2004 年第 2 期。

580. 段玉明：《〈太上感应篇〉：宗教文本与社会互动的典范》，《云南社会科学》2004 年第 2 期。

581. 许颖：《从〈悟真篇〉看张伯端"归根复命"的宗教实践》，《东岳论丛》2004 年第 2 期。

582. 哈磊：《汉唐道观述略》，《求索》2004 年第 2 期。

583. 郑信平：《宋以来天师道的"心""道"思想》，《求索》2004 年第 2 期。

584. 黄勇：《汉末魏晋时期的瘟疫与道教》，《求索》2004 年第 2 期。

585. 陈耀庭：《论道教神学》，《杭州师范学院学报》2004 年第 3 期。

586. 尹志华：《元代净明道的教义核心析论》，《宗教学研究》2004 年第 2 期。

587. 叶明生：《道教闾山派与闽越神仙信仰考》，《世界宗教研究》2004 年第 3 期。

588. 成守勇：《易简而法门存：〈天隐子〉今读》，《中国道教》2004 年第 3 期。

589. 刘守华：《道教和谚语》，《中国道教》2004 年第 3 期。

590. 王宜峨：《"与时俱进"和"相适应"》，《中国道教》2004 年第 3 期。

591. 张世响：《燕齐方仙道与道教的出现》，《齐鲁学刊》2004 年第 3 期。

592. 李会钦：《论〈阴符经〉的生态智慧与当代环境保护》，《中国道教》2004 年第 4 期。

593. 蒋振华：《道符的文学意蕴与思想》，《中国道教》2004 年第 4 期。

594. 蔡钊：《道教内丹性命双修与中国器乐形神俱妙》，《中国道教》2004 年第 4 期。

595. 杨富学：《回鹘道教杂考》，《中国道教》2004 年第 4 期。

596. 殷诚安：《刍议"道"与"学"》，《中国道教》2004 年第 4 期。

597. 信灵：《道教的承负观之我见》，《中国道教》2004 年第 4 期。

598. 张敬梅：《正一之法与上清之法：兼论唐代道经与道派的关系》，《中国道教》2004 年第 4 期。

599. 詹石窗：《道教神仙信仰及其生命意识透析》，《湖北大学学报》2004 年第 5 期。

600. 苟波：《从"梦幻"故事看巫术、道术以及人类"征服自然"的理想》，《社会科学研究》2004 年第 5 期。

601．卿希泰：《道教在巴蜀初探》（上），《社会科学研究》2004 年第 5 期。

602．刘永明：《医学的宗教化：道教存思修炼术的创造机理与渊源》，《兰州大学学报》2004 年第 5 期。

603．乐爱国：《道教生态伦理：以生命为中心》，《厦门大学学报》2004 年第 5 期。

604．刘绍云：《试论道教戒律与传统社会道德关系》，《中国道教》2004 年第 6 期。

605．见见：《道教戒律的历史发展与特色》，《中国道教》2004 年第 6 期。

606．丁常云：《试论道教戒律建设的发展历程》，《中国道教》2004 年第 6 期。

607．李养正：《道教义理与〈周易〉关系述论：〈道教义理学综论〉之部分》，《中国道教》2004 年第 6 期。

608．赵建永：《汤用彤对〈太平经〉与早期道教关系的研究》，《哲学研究》2004 年第 8 期。

609．林西朗：《唐代道教丧葬礼制初探》，《求索》2004 年第 8 期。

610．李刚：《道教生命哲学的特性》，《江西社会科学》2004 年第 9 期。

611．刘屹：《近年来道教研究对中古史研究的贡献》，《中国史研究动态》2004 年第 8 期。

612．丁培仁：《道与神》，《宗教学研究》2004 年第 1 期。

613．高永旺：《〈道教义枢〉中"道性"意蕴与佛性思想》，《宗教学研究》2004 年第 2 期。

614．吴述霏：《内视存神术与道教及道家学说之内在联系》，《宗教学研究》2004 年第 1 期。

615．张钦：《试析陈撄宁仙学思想的内核》，《宗教学研究》2004 年第 1 期。

616．杨英：《神仙家渊源考》，《宗教学研究》2004 年第 2 期。

617．张泽洪：《唐五代时期道教在朝鲜的传播》，《宗教学研究》2004 年第 2 期。

618．李养正：《道教义理与〈周易〉关系述论（上）：〈道教义理学综论〉之部分》,《中国道教》2004 年第 5 期。

619. 章伟文:《试论道教易学产生的历史背景和思想渊源》,《中国道教》2004 年第 5 期。

620. 郑志平:《悟道为宗,立德为先:如何做一名"合格道士"的体会》,《中国道教》2004 年第 5 期。

621. 谢清果:《道教养生学略论》,《中国道教》2004 年第 5 期。

622. 赵建永:《汤用彤对〈太平经〉的考证研究》,《中国道教》2004 年第 5 期。

623. 刘宁:《刘一明的天人合一思想初探》,《社会科学研究》2004 年第 6 期。

624. 任宗权:《道教法物的文化内涵》,《中国道教》2004 年第 5 期。

625. 伍成泉:《札记:道教"师"略释》,《中国道教》2004 年第 5 期。

626. 卿希泰:《道教在巴蜀初探》(下),《社会科学研究》2004 年第 6 期。

627. 佟洵:《道教在北京地区的传播》,《中国道教》2004 年第 5 期。

628. 丁常春:《道教与基督教人观之比较》,《社会科学研究》2005 年第 1 期。

629. 张兴发:《道教全真派的传戒仪式》,《中国宗教》2005 年第 1 期。

630. 李养正:《道教义理与〈周易〉关系述论(下):〈道教义理学综论〉之部分》,《中国道教》2005 年第 1 期。

631. 杜钢:《〈太上感应篇〉德育思想浅析》,《中国道教》2005 年第 1 期。

632. 刘永明:《〈黄庭内景经〉的脑学说和心脑关系》,《宗教学研究》2005 年第 1 期。

633. 信灵:《道教戒律与道德》,《中国道教》2005 年第 1 期。

634. 孙亦平:《论道教伦理的两重性及其现代意义》,《当代宗教研究》2005 年第 1 期。

635. 张柽:《在楼观授经学术报告会的演讲》,《中国道教》2005 年第 1 期。

636. 谢路军:《试析老庄对葛洪道教思想的影响》,《中国道教》2005

年第 1 期。

637．张应超：《道教神仙信仰与人们的社会追求》，《中国道教》2005 年第 1 期。

638．谭敏：《道教生存方式的现实意义》，《中国宗教》2005 年第 1 期。

639．张应超：《道教神仙信仰与人们的社会追求》，《中国道教》2005 年第 1 期。

640．信灵：《道教戒律与道德》，《中国道教》2005 年第 1 期。

641．郭建洲：《试论张伯端道教思想的易学渊源》，《周易研究》2005 年第 1 期。

642．黄海德：《台湾道教的历史、现状及其宗教特征》，《宗教学研究》2005 年第 2 期。

643．程雅君：《道教音乐养生的机理研究》，《宗教学研究》2005 年第 2 期。

644．陈霞：《后殖民主义语境中的道教与生态研究》，《宗教学研究》2005 年第 2 期。

645．牟钟鉴：《论道教道德的特色及其现实意义》，《华中师范大学学报》2005 年第 2 期。

646．毛丽娅：《论道教与基督教的生态整体观》，《四川大学学报》2005 年第 2 期。

647．牟钟鉴：《道教生命学浅议：从陈撄宁的仙学谈起》，《文史哲》2005 年第 2 期。

648．毛丽娅：《论道教与基督教的和平思想》，《浙江学刊》2005 年第 2 期。

649．谢路军：《寇谦之援儒入道思想述评》；《中央民族大学学报》2005 年第 2 期。

650．范学辉：《宋代山东道教的发展及其文化意义》，《东岳论丛》2005 年第 2 期。

651．王道国：《张三丰的生命观浅论》，《中国道教》2005 年第 2 期。

652．郭健：《道教内丹学与中国文化关系析略》，《中国道教》2005 年第 2 期。

653．叶贵良：《唐代敦煌道教兴盛原因初探》，《新疆社会科学》2005

年第 2 期。

654．林西朗：《唐代置观制度述略》，《云南社会科学》2005 年第 2 期。

655．赵建永：《汤用彤对〈道藏〉的整理与研究》，《中国道教》2005 年第 2 期。

656．范恩君：《伦理视域中的道教"承负说"》，《中国道教》2005 年第 2 期。

657．张继禹：《和谐社会：道教的人生祈愿》，《中国道教》2005 年第 2 期。

658．李远国：《论钟离权、吕洞宾的内丹学说》，《宗教学研究》2005 年第 2 期。

659．韦兵：《道教与北斗生杀观念》，《宗教学研究》2005 年第 2 期。

660．郭武：《元代净明道与朱、陆之学关系略论》，《宗教学研究》2005 年第 2 期。

661．韩松涛：《天台山暨浙江区域道教国际学术研讨会综述》，《宗教学研究》2005 年第 2 期。

662．王丽英：《道教法术与岭南巫俗初探》，《宗教学研究》2005 年第 2 期。

663．连登岗：《释〈太平经〉之"贤柔、贤溗、大溗、大溗师"》，《宗教学研究》2005 年第 2 期。

664．王小蓉：《道教与我国早期雕版印刷术关系浅探》，《宗教学研究》2005 年第 2 期。

665．吴成国：《魏晋南北朝时期道教灵山崇拜论析》，《宗教学研究》2005 年第 2 期。

666．常大群：《探赜索隐钩深致远：〈道教科学思想发凡〉述评》，《宗教学研究》2005 年第 2 期。

667．谢荣增：《和谐社会是道教徒的追求与使命》，《中国宗教》2005 年第 3 期。

668．毛丽娅：《道教的生态伦理思想及其现代价值》，《四川师范大学学报》2005 年第 3 期。

669．李继武：《道教戒律的伦理道德思想》，《人文杂志》2005 年第 3 期。

670．曹剑波：《道教生态思想探微》，《中国道教》2005 年第 3 期。

671．程雅君：《道教养生与生态智慧》，《四川大学学报》2005 年第 3 期。

672．刘永霞：《陶弘景与儒道释三教》，《宗教学研究》2005 年第 3 期。

673．盖建民：《道教与中国古代历法》，《宗教学研究》2005 年第 3 期。

674．梅莉：《真武信仰研究综述》，《宗教学研究》2005 年第 3 期。

675．刘宁：《刘一明丹道论中的道心、人心辨析》，《宗教学研究》2005 年第 3 期。

676．程群、潘显一：《论道教的"存想"与艺术创作中的"审美想象"之异同》，《宗教学研究》2005 年第 3 期。

677．唐建：《天师张陵族系及里籍考辨》，《宗教学研究》2005 年第 3 期。

678．佟宝山：《张三丰籍贯辽东懿州考》，《宗教学研究》2005 年第 3 期。

679．傅凤英：《浅论〈性命圭旨〉中的性命观》，《宗教学研究》2005 年第 3 期。

680．曹玉华：《道教"仙真"形态演变论》，《四川大学学报》2005 年第 3 期。

681．周崇林：《道门修道八关》，《中国宗教》2005 年第 3 期。

682．程雅君、张钦：《道教养生与生态智慧》，《四川大学学报》2005 年第 3 期。

683．张泽洪：《北魏道士寇谦之的新道教论析》，《四川大学学报》2005 年第 3 期。

684．何应敏：《〈太平经〉简议：东汉的道士对宇宙解释范式的重建》，《中国道教》2005 年第 3 期。

685．陈中浙：《刘宋天师道的"六天"说》，《中国道教》2005 年第 3 期。

686．郭武：《净明道与传统道派关系考述》，《云南社会科学》2005 年第 3 期。

687．宇汝松：《道教道性论浅议》，《中国道教》2005 年第 3 期。

688．冯琼脂：《道教生态伦理智慧的当代价值》，《杭州师范学院学报》

2005 年第 3 期。

689. 刘永海：《试论元代道教史籍：兼论道教史家和道教史学》，《甘肃社会科学》2005 年第 3 期。

690. 樊光春：《宫观生态论》，《宗教学研究》2005 年第 3 期。

691. 黄永锋、王艺：《道教思想学术研究的新成果：〈道教科学思想发凡〉评介》，《世界宗教研究》2005 年第 4 期。

692. 张桥贵、赵慧生：《道官初探》，《世界宗教研究》2005 年第 4 期。

693. 文豪：《"道教养生与当代世界"国际学术研讨会综述》，《世界宗教研究》2005 年第 4 期。

694. 张泽洪：《中国西南少数民族与道教神仙信仰》，《宗教学研究》2005 年第 4 期。

695. 傅凤英：《浅论道教内丹的"三要件"理论：以〈性命圭旨〉为例》，《中国道教》2005 年第 4 期。

696. 周作奎、李光富：《浅议道教养生及对当代社会的积极意义》，《中国道教》2005 年第 4 期。

697. 葛昆银：《浅谈对"五戒"的认识和意义》，《中国道教》2005 年第 4 期。

698. 周永慎：《嵩山道教纪实》，《中国道教》2005 年第 4 期。

699. 陈霞：《形神俱妙：道教身体观的现代阐释》，《哲学动态》2005 年第 4 期。

700. 卿希泰：《道教文化与世界和平》，《四川大学学报》2005 年第 4 期。

701. 周作奎：《浅议道教养生及对当代社会的积极意义》，《中国道教》2005 年第 4 期。

702. 陈云：《试论生态女权主义与道教思想的契合》，《宗教学研究》2005 年第 4 期。

703. 胡锐：《试论道教庙会的发展及特点》，《宗教学研究》2005 年第 4 期。

704. 唐大潮：《道教禁忌略谈》，《宗教学研究》2005 年第 4 期。

705. 查有梁：《道教对科学和教育的贡献》，《社会科学研究》2005 年第 5 期。

706．王丽英：《论早期道教的传播方式》，《北方论丛》2005 年第 5 期。

707．汤其领：《杜道坚与茅山宗之传承》，《中国道教》2005 年第 5 期。

708．杨军：《道教伦理观及其现代文化价值》，《贵州社会科学》2005 年第 5 期。

709．章伟文、孔祥宇：《试论早期道教与易学的关涉：兼论〈周易参同契〉反映了汉代金丹道教的思想》，《中国道教》2005 年第 5 期。

710．李明珠：《道家文化与创新智慧的培养》，《中国社会科学院研究生院学报》2005 年第 5 期。

711．林舟：《和谐社会中的道教及其走势》，《中国宗教》2005 年第 5 期。

712．万里：《颠覆与重构：现代性与问题意识观照下的中国道教》，《求索》2005 年第 5 期。

713．孙亦平：《论道教心性论的哲学意蕴与理论演化》，《哲学研究》2005 年第 5 期。

714．熊铁基：《道家·道教·道学》，《华中师范大学学报》2005 年第 6 期。

715．李远国：《论〈老子想尔注〉中的养生思想》，《中国道教》2005 年第 6 期。

716．丁常云：《弘扬传统道教文化为构建和谐社会服务》，《中国道教》2005 年第 6 期。

717．孔令宏：《论道家与道教文化旅游》，《浙江大学学报》2005 年第 6 期。

718．徐宏图：《浙江的道教与戏剧》，《杭州师范学院学报》2005 年第 6 期。

719．梁宗华：《齐鲁文化对早期道教的影响》，《东岳论丛》2005 年第 6 期。

720．孔令宏：《浙江道教史发凡》，《杭州师范学院学报》2005 年第 6 期。

721．王仲尧：《南宋临安及明清杭州道教宫观考》，《杭州师范学院学报》2005 年第 6 期。

722．张泽洪：《魏晋南北朝时期少数民族与道教：以南蛮、氐羌族群为中心》,《中南民族大学学报》2005 年第 6 期。

723. 梁崇雄:《也谈道教五戒》,《中国道教》2005 年第 6 期。

724. 李远国:《论〈老子想尔注〉中的养生思想》,《中国道教》2005 年第 6 期。

725. 尹志华:《丘处机与全真道在燕京的发展》,《中国道教》2005 年第 6 期。

726. 赵改萍、侯会明:《从教化对象看马丹阳的传教特点》,《中国道教》2005 年第 6 期。

727. 雷晓鹏:《王玄览道教重玄美学思想简论》,《中国道教》2005 年第 6 期。

728. 郭武:《净明道的道德观及其哲学基础:兼谈道教"出世"与"入世"之圆融》,《四川大学学报》2005 年第 6 期。

729. 周高德:《食素·少食·辟谷:道教徒的饮食习俗》,《中国宗教》2005 年第 9 期。

730. 胡筝:《道教生态文化的理念与实践》,《中国宗教》2005 年第 9 期。

731. 周永慎:《弦歌复作薪火相传:中国道教学院建院十五周年回顾》,《中国宗教》2005 年第 10 期。

732. 张泽洪:《杜光庭与云南道教》,《西南民族大学学报》2005 年第 10 期。

733. 张坤:《生物多样性与道教伦理的现代启示》,《广西社会科学》2005 年第 11 期。

734. 曾维加:《〈太平经〉中的家族伦理观及其在道教组织中的表现》,《西南民族大学学报》2005 年第 11 期。

735. 林国平:《〈道藏〉中的籤谱考释》,《福建论坛》2005 年第 12 期。

736. 吕锡琛:《道教与现代社会相适应的"文化自觉"》,《中国宗教》2005 年第 12 期。

737. 吕有云:《正性清静,气质驳杂:论道教的人性论思想》,《西南民族大学学报》2005 年第 12 期。

738. 姚冰、何松:《〈道德经〉与道教生命美学》,《求索》2005 年第

12 期。

739．吕锡琛：《道教与现代社会相适应的"文化自觉"》，《中国宗教》2005 年第 12 期。

740．胡诚林：《道教参与资源节约型社会建设的内容与途径》，《中国宗教》2005 年第 12 期。

741．唐怡：《论道教戒律伦理思想的特色》，《云南社会科学》2006 年第 1 期。

742．郭刚：《黄帝在道教中的地位及其现实意义：从祭祀拜祖与道教根源谈起》，《中国道教》2006 年第 1 期。

743．韩吉绍、张鲁君：《铜镜与早期道教》，《中国道教》2006 年第 1 期。

744．任义玲：《"玉"与道教的神仙信仰》，《中国道教》2006 年第 1 期。

745．李养正：《道教义理之学的基础、结构、枢论与亮点：〈道教义理学综论〉之一章》（二），《中国道教》2006 年第 1 期。

746．蒋斌：《试论杜光庭的修道阶次思想》，《中国道教》2006 年第 1 期。

747．吴宁：《试谈道教的女性观》，《中国道教》2006 年第 1 期。

748．李刚：《隋炀帝与道教》，《世界宗教研究》2006 年第 1 期。

749．唐大潮：《宋元明道教"三教合一"思想的发展理路》，《世界宗教研究》2006 年第 1 期。

750．张泽洪：《山林道教向都市道教的转型：以唐代长安道教为例》，《四川大学学报》2006 年第 1 期。

751．谢清果：《生态学研究的道教视角——兼评乐爱国的〈道教生态学〉》，《宗教学研究》2006 年第 1 期。

752．唐怡：《道教戒律与儒家礼制》，《宗教学研究》2006 年第 1 期。

753．陈霞：《"道物无际"——道教生态哲学纲要》，《宗教学研究》2006 年第 1 期。

754．程荔：《道教与基督教仪式音乐在发展期中的差异比较》，《中国音乐》2006 年第 1 期。

755．张志建：《成玄英的死亡思想初探》，《宗教学研究》2006 年第

1 期。

756. 郭宏斌：《基督新教与中国儒教、道教伦理观之比较——解读马克斯·韦伯的〈儒教与道教〉》，《甘肃社会科学》2006 年第 2 期。

757. 闵丽：《试论基督教与道教神性论的区别——兼论中西方文化的特质及其成因》，《四川大学学报》2006 年第 2 期。

758. 孙亦平：《论道教宇宙论中的两条发展线索——以杜光庭〈道德真经广圣义〉为例》，《世界宗教研究》2006 年第 2 期。

759. 李道文：《论王玄览的修道观》，《宗教学研究》2006 年第 2 期。

760. 丁培仁：《道教戒律书考要》，《宗教学研究》2006 年第 2 期。

761. 孙浩然：《道教与社会主义和谐社会》，《世界宗教文化》2006 年第 2 期。

762. 陈林：《〈太平经〉的绝对超越思想及其内在局艰》，《世界宗教研究》2006 年第 2 期。

763. 时国轻：《道教与壮族麽教关系浅析》，《中国道教》2006 年第 2 期。

764. 付笑萍：《司马承祯〈坐忘论〉的养生观》，《中国道教》2006 年第 2 期。

765. 田光林：《静坐修炼的行功步骤与方法》，《中国道教》2006 年第 2 期。

766. 祝华英：《对修行炼道走火入魔之我见》，《中国道教》2006 年第 2 期。

767. 胡诚林：《试谈道教文化与构建社会主义和谐社会》，《中国道教》2006 年第 2 期。

768. 江峰：《于无为处见有为：评〈道教科学思想发凡〉》，《中国道教》2006 年第 2 期。

769. 刘永海：《论道教传记的史学价值：以〈历世真仙体道通鉴〉为例》，《中国道教》2006 年第 2 期。

770. 张立敏：《试论早期道教天命思想》，《宗教学研究》2006 年第 2 期。

771. 罗映光：《蒙文通道学思想研究》，《宗教学研究》2006 年第 2 期。

772. 李养正：《道教义理之学的基础、结构、枢论与亮点：〈道教义理学综论〉之一章》（三），《中国道教》2006 年第 2 期。

773．张培高：《简述张三丰的内丹修炼理论》，《中国道教》2006 年第
3 期。

774．朱康有：《熔医学与丹道于一炉的〈黄庭经〉》，《中国道教》2006
年第 3 期。

775．周作奎：《法器在道人生活及斋醮科仪活动中的运用》，《中国道
教》2006 年第 3 期。

776．丁常云：《天人合一与道法自然：道教关于人与自然和谐的理念
与追求》，《中国道教》2006 年第 3 期。

777．安荣：《道教劝善书中的伦理思想及其教育方法》，《中国道教》
2006 年第 3 期。

778．彭清深：《兰州道教的历史面貌及现状概述》，《中国道教》2006
年第 3 期。

779．符和积：《道教在海南黎族地区的传播与民族化》，《中国道教》
2006 年第 3 期。

780．陈敬阳：《丘处机佚著〈鸣道集〉考略》，《中国道教》2006 年第
3 期。

781．孔令宏：《道、学、术：道教史研究的新视角》，《文史哲》2006
年第 3 期。

782．李珉：《论道教美学思想对明清俗文化的影响》，《四川大学学报》
2006 年第 3 期。

783．强昱：《陈国符先生的道教学研究》，《清华大学学报》2006 年第
3 期。

784．游彪：《传说与事实之间：道教与宋代社会的融合》，《清华大学
学报》2006 年第 3 期。

785．谢思炜：《试论中唐的道教批判运动》，《清华大学学报》2006 年
第 3 期。

786．雷晓鹏：《审美人格理想变奏：基督教信仰与道教理想》，《江汉
论坛》2006 年第 3 期。

787．杨甫旺：《彝族原始宗教与道教的比较研究》，《宗教学研究》
2006 年第 3 期。

788．段玉明：《论道教善书的当代价值》，《宗教学研究》2006 年第 3 期。

789．毛丽娅：《试论道教与基督教的社会生态思想》，《四川师范大学学报》2006 年第 3 期。

790．盖建民：《道教与中国传统天文学关系考略》，《中国哲学史》2006 年第 4 期。

791．陈全新：《道教文化中的类比思维》，《宗教学研究》2006 年第 4 期。

792．潘显一：《论道教超越尘世的契道之乐》，《宗教学研究》2006 年第 4 期。

793．闵丽：《道教与蜀文化关系刍议》，《宗教学研究》2006 年第 4 期。

794．盖建民：《道教术数与传统数学思想考析》，《中国哲学史》2006 年第 4 期。

795．谭苑芳：《道家与道教思想中的宇宙生成论》，《贵州社会科学》2006 年第 4 期。

796．曾维加：《道教生命哲学的内在构造及现代意义》，《安徽大学学报》2006 年第 4 期。

797．潘显一：《道教养生与审美》，《四川大学学报》2006 年第 4 期。

798．卿希泰：《道教研究百年的回顾与展望》，《四川大学学报》2006 年第 4 期。

799．詹石窗：《道教人格完善思想及其现代价值》，《哲学研究》2006 年第 4 期。

800．冯利华：《道书隐语刍议》，《中国文化研究》2006 年夏之卷。

801．毛丽娅：《〈太平经〉的和谐观》，《中国道教》2006 年第 4 期。

802．李友金：《略论净明道的忠孝思想》，《中国道教》2006 年第 4 期。

803．蒋理滢：《拥有宽容：学习净明道"垂世八宝"之心得》，《中国道教》2006 年第 4 期。

804．付伊、陈海威：《中国著名道观命名的社会语言学分析》，《汉字文化》2006 年第 4 期。

805．丁培仁：《谈谈"道家"和"道学"》，《中国道教》2006 年第 4 期。

806. 李养正：《道教义理之学的基础、结构、枢论与亮点：〈道教义理学综论〉之一章（五）》，《中国道教》2006年第4期。

807. 宇汝松：《南北朝道教重玄学初探》，《中国道教》2006年第4期。

808. 刘永明：《〈老子中经〉形成于汉代考》，《兰州大学学报》2006年第4期。

809. 张芮菱：《试论明清道教与民间宗教中的女性问题》，《宁夏社会科学》2006年第5期。

810. 刘礼堂：《唐代长江上中游地区的民间道教信仰》，《武汉大学学报》2006年第6期。

811. 卢晓河：《唐代山水田园诗的道教文化意蕴》，《贵州社会科学》2006年第6期。

812. 詹石窗：《道教和谐观与人类整体生存》，《中国宗教》2006年第7期。

813. 尹志华：《道教文化对建设节约型社会的启示》，《中国宗教》2006年第9期。

814. 卿希泰：《道教文化与现代社会生活》，《西南民族大学学报》2006年第9期。

815. 曾维加：《〈太平经〉中的家族伦理观及其在道教组织中的表现》，《西南民族大学学报》2005年第11期。

816. 谭敏：《唐代道教祥瑞神话故事的政治主题》，《学术论坛》2006年第11期。

817. 张香凤：《试论龙虎山道教文化的底蕴》，《史学月刊》2006年第12期。

818. 邢飞：《明代贵州道教简论》，《宗教学研究》2007年第1期。

819. 杨玉辉：《佛教与道教人学观之比较》，《宗教学研究》2007年第1期。

820. 成守勇：《韩愈与道教——兼论其对现代道教发展的意义》，《宗教学研究》2007年第2期。

821. 程宇宏：《析道教基本信仰的治道功能》，《安徽大学学报》2007年第2期。

822. 毛丽娅：《试论道教的和平观》，《四川师范大学学报》2007年第

2 期。

823．程群：《道教的和谐人生及其现实意义》，《安徽大学学报》2007年第 2 期。

824．李裴：《浅析道教"仙话"〈续仙传〉的伦理美学思想》，《宗教学研究》2007 年第 2 期。

825．吕鹏志：《唐前道教仪式史纲》（一），《宗教学研究》2007 年第 2 期。

826．邓宏烈：《羌族民间道教信仰浅析》，《贵州民族研究》2007 年第 3 期。

827．向仲敏：《两宋道教政治伦理思想研究》，《社会科学研究》2007 年第 3 期。

828．詹石窗：《论太谷学派对道教生命思想的融通》，《厦门大学学报》2007 年第 3 期。

829．刘艳：《中国文学中的道教思想对日本文学的影响》，《求索》2007 年第 3 期。

830．强昱：《生为第一 生道合一——道教的生命观》，《中国宗教》2007 年第 3 期。

831．吕鹏志：《唐前道教仪式史纲》（二），《宗教学研究》2007 年第 3 期。

832．尹夏清：《从守门与镇墓之制看汉唐丧葬文化中的道教因素》，《宗教学研究》2007 年第 3 期。

833．葛壮：《道教文化所含蕴的地域特色》，《世界宗教研究》2007 年第 3 期。

834．赵逵夫：《论老子重生思想的源流与道教思想的孕育》，《兰州大学学报》2007 年第 4 期。

835．李国梅、卿希泰：《论道教对台湾民间信仰的影响》，《厦门大学学报》2007 年第 4 期。

836．杨军：《论三教融合背景下的正一道》，《云南社会科学》2007 年第 4 期。

837．史明莉：《从道教的伦理道德谈道教徒应具有的行为准则》，《中国道教》2007 年第 4 期。

838．姚冰：《从〈太平经〉到〈九幽忏〉——简论道教忏仪思想及其心理意义》，《四川师范大学学报》2007年第4期。

839．姚冰：《论元代道教审美文化之雅》，《安徽大学学报》2007年第4期。

840．杨维中：《论隋唐道教"道性"论对于佛性思想的吸收》，《人文杂志》2007年第5期。

841．魏小巍：《道教的宗教体验——以内丹修炼为例》，《现代哲学》2007年第5期。

842．向仲敏：《两宋道教与君王政治伦理》，《云南社会科学》2007年第6期。

843．夏当英：《道教神仙信仰的俗世性特征》，《安徽大学学报》2007年第6期。

844．田晓膺：《隋唐五代帝王崇道活动述略》，《西南民族大学学报》2007年第7期。

845．赵泽光：《道教与北宋政治》，《贵州社会科学》2007年第7期。

846．张芮菱：《道教女性伦理的和谐启示》，《中国宗教》2007年第8期。

847．蔡亚志：《宗教文化的和谐思想及其现实意义——以佛、道教为例》，《中国宗教》2007年第10期。

848．隋国庆：《西游记与道教文化》，《中国宗教》2007年第10期。

849．梁巧英：《合道：和谐之法则——道家道教思想与中国和谐社会建设》，《求索》2007年第10期。

850．谢清果：《试论文化道教》，《宗教学研究》2008年第1期。

851．丁常云：《论现代道教戒律建设的基本构想》，《中国道教》2008年第1期。

852．孙亦平：《论全球化境遇中道教的发展——以道教戒律建设为例》，《中国道教》2008年第1期。

853．徐新建：《从汉学"三统"看道教传承》，《宗教学研究》2008年第1期。

854．张泽洪：《中国西南少数民族宗教中的道教法术探析》，《中国道教》2008年第1期。

855. 丁希勤：《徽州道教思想研究》，《社会心理科学》2008 年第 1 期。

856. 刘玲娣：《老子国师说及其与南北朝的道教改革运动》，《湖北师范学院学报》2008 年第 1 期。

857. 黄永锋：《道教服食的技术哲学意蕴》，《哲学动态》2008 年第 1 期。

858. 王威威：《庄子的神仙思想与道教思想体系的形成》，《中国宗教》2008 年第 Z1 期。

859. 李玉用：《道教圆融观的文化内涵》，《中国宗教》2008 年第 2 期。

860. 朱哲、万翔：《蒙文通之道家、道教观评析》，《哲学研究》2008 年第 2 期。

861. 史冰川、孔又专：《王重阳平等思想探析》，《宗教学研究》2008 年第 2 期。

862. 廖敏：《论元代道教戏剧对道教乐生思想的图解》，《宗教学研究》2008 年第 2 期。

863. 彭磊：《从"灵魂不死"到"肉体不死"——从思想之嬗变看道教神仙信仰之兴起》，《宗教学研究》2008 年第 2 期。

864. 曾国富：《道教与五代吴越国历史》，《宗教学研究》2008 年第 2 期。

865. 朱晓鹏：《养生与养德——论王阳明中后期对道家道教的批评之一》，《中国哲学史》2008 年第 2 期。

866. 李玉用、李海亮：《"道法自然"与"德及微命"——道家道教伦理思想的生态—生命向度》，《青海社会科学》2008 年第 2 期。

867. 许伟：《"道"信仰的建立与早期道教的改革》，《云南社会科学》2008 年第 2 期。

868. 岳齐琼：《"〈黄书〉过度仪式"与早期道教女性观》，《四川大学学报》2008 年第 2 期。

869. 黄永锋：《道教外丹术性质三论》，《自然辩证法通讯》2008 年第 4 期。

870. 王银柱、刘永霞：《试论道教的两性伦理观》，《甘肃社会科学》2008 年第 4 期。

871. 毛丽娅：《论道教与基督教的生命观》，《四川大学学报》2008 年第 4 期。

872．王树人（老树）：《全真道教之文化底蕴初探——王重阳诗魂育全真评析》，《中国社会科学院研究生院学报》2008 年第 4 期。

873．章伟文：《无极图太极图的道教文化内涵》，《中国宗教》2008 年第 4 期。

874．毛丽娅：《道教的生态伦理观》，《自然辩证法研究》2008 年第 4 期。

875．史冰川、潘显一：《有无相生，和而不同——试析宋代道教与儒、佛的文化互动》，《西南民族大学学报》2008 年第 5 期。

876．孙亦平：《论道教在全球化时代的发展》，《中国宗教》2008 年第 7 期。

877．闵丽：《道教神性论及其对中国传统文化的影响》，《中国宗教》2008 年第 7 期。

878．毛丽娅：《道教生命观与自然环境》，《西南民族大学学报》2008 年第 8 期。

879．杨兆华：《彝族与道教人学思想比较研究》，《江汉论坛》2008 年第 9 期。

佛教文化研究主要著作和论文索引

（一） 著作类

1. 吕澂著：《中国佛教源流略讲》，中华书局 1979 年版。

2. 郭朋著：《隋唐佛教》，齐鲁书社 1980 年版。

3. 郭朋著：《宋元佛教》，福建人民出版社 1981 年版。

4. 张曼涛主编：《佛教哲学思想论集》（二），台北大乘出版社 1981 年版。

5. ［日］村上专精著，杨曾文译：《日本佛教史纲》，商务印书馆 1981 年版。

6. 陈新会著：《中国佛教史籍概论》，台北文史哲出版社 1981 年版。

7. 任继愈主编：《中国佛教史》，第一卷，中国社会科学出版社 1981 年版。

8. 石村著：《因明述要》，中华书局 1981 年版。

9. 郭朋著：《明清佛教》，福建人民出版社 1982 年版。

10. 汤用彤著：《隋唐佛教史稿》（汤用彤论著集之二），中华书局 1982 年版。

11. ［英］埃利奥特著，李荣熙译：《印度教与佛教史纲》第一卷，商务印书馆 1982 年版。

12. 方立天著：《魏晋南北朝佛教论丛》，中华书局 1982 年版。

13. 吕澂著，张春波整理：《因明入正理论讲解》，中华书局 1983 年版。

14. 方立天校释：《华严金师子章校释》，中华书局1983年版。

15. 〔日〕小野玄妙著，杨白衣译：《佛教经典总论》，影印本，台北新文丰出版公司1983年版。

16. 〔日〕松本文三郎著，许洋主译：《佛教史杂考》，台北华宇出版社1984年版。

17. 〔日〕牧田谛亮等著，索文林等译：《中国近世佛教史研究》，台北华宇出版社1985年版。

18. 章巽校注：《法显传校注》，上海古籍出版社1985年版。

19. 熊十力著：《佛家名相通释》，中国大百科全书出版社1985年版。

20. 邱明洲著：《中国佛教史略》，四川省社会科学院出版社1986年版。

21. （元）耶律楚材著，谢方点校：《湛然居士文集》，中华书局1986年版。

22. 中国佛教协会编：《中国佛教》（一），知识出版社1980年版。

23. 中国佛教协会编：《中国佛教》（二），知识出版社1980年版。

24. 〔日〕镰田茂雄著，郑彭年译：《简明中国佛教史》，上海译文出版社1986年版。

25. （隋）吉藏著，韩廷杰校释：《三论玄义校释》，中华书局1987年版。

26. 〔日〕高雄义坚等著，陈季菁译：《宋代佛教史研究》，台北华宇出版社1987年版。

27. 何国铨著：《中国禅学思想研究：密宗禅教一致理论与判摄问题之探讨》，台北文津出版社1987年版。

28. 张曼涛主编：《佛教与中国文化》，上海书店1987年版。

29. （宋）赞宁撰，范祥雍点校：《宋高僧传》（上），中华书局1987年版。

30. （宋）赞宁撰，范祥雍点校：《宋高僧传》（下），中华书局1987年版。

31. 杨廷福著：《玄奘年谱》，中华书局1988年版。

32. 任继愈主编：《中国佛教史》，中国社会科学出版社，第一卷1981年版，第二卷1985年版，第三卷1988年版。

33. 游有维著：《上海近代佛教简史》，华东师范大学出版社1988年版。

34. 史金波著:《西夏佛教史》,宁夏人民出版社 1988 年版。

35. 方立天著:《中国佛教与传统文化》,上海人民出版社 1988 年版。

36. 白化文著:《汉地佛教与寺院生活》,天津人民出版社 1988 年版。

37. 赖永海著:《中国佛性论》,上海人民出版社 1988 年版。

38. [日] 铃木大拙等著,王雷泉、冯川译:《禅宗与精神分析》,贵州人民出版社 1988 年版。

39. 张文达、张莉编:《禅宗历史与文化》,黑龙江教育出版社 1988 年版。

40. 孙昌武著:《佛教与中国文学》,上海人民出版社 1988 年版。

41. 《文史知识》编辑室编:《佛教与中国文化》,中华书局 1988 年版。

42. 中国社会科学院世界宗教研究所佛教研究室编:《中日佛教研究》,中国社会科学出版社 1989 年版。

43. 黄心川著:《印度哲学史》,商务印书馆 1989 年版。

44. 李冀诚、丁明夷著:《佛教密宗百问》,中国建设出版社 1989 年版。

45. 李冀诚著:《西藏佛教·密宗》,今日中国出版社 1989 年版。

46. 郭朋、廖自力、张新鹰著:《中国近代佛学思想史稿》,巴蜀书社 1989 年版。

47. 杜牛城著:《敦煌本佛说十五经校录研究》,甘肃教育出版社 1989 年版。

48. 高长江著:《禅宗与艺术审美》,吉林大学出版社 1989 年版。

49. 潘桂明著:《佛教禅宗百问》,今日中国出版社 1989 年版。

50. 洪修平、孙亦平著:《十大名僧》,上海古籍出版社 1990 年版。

51. 霍韬晦著:《太虚诞生一百周年国际会议论文集》,香港法住出版社 1990 年版。

52. 赖永海著:《佛道诗禅》,中国青年出版社 1990 年版。

53. 洪修平著:《禅宗思想的形成与发展》,台北佛光文化事业公司 1990 年版。

54. 赖永海著:《中国佛性论》,台北佛光文化事业公司 1990 年版。

55. 顾伟康著:《禅宗:文化交融与历史选择》,知识出版社 1990 年版。

56. 李淼著:《禅宗与中国古代诗歌艺术》,长春出版社 1990 年版。

57. 印顺著:《中国禅宗史:从印度禅到中华禅》,江西人民出版社

1990 年版。

58. 《史略》编辑委员会编：《阿坝藏族羌族自治州藏传佛教史略》，四川民族出版社 1990 年版。

59. 赵朴初等著：《佛教与中国文化》，台北国文天地杂志社 1990 年版。

60. 任道斌主编：《佛教文化辞典》，浙江古籍出版社 1991 年版。

61. 张中行著：《禅外说禅》，黑龙江人民出版社 1991 年版。

62. 陈公余、任林豪编著：《天台宗与国清寺》，中国建筑工业出版社 1991 年版。

63. 胡适等著：《禅宗的历史与文化》，台北新潮社文化事业公司 1991 年版。

64. 周叔迦著：《周叔迦佛学论著集》（上集），中华书局 1991 年版。

65. 周叔迦著：《周叔迦佛学论著集》（下集），中华书局 1991 年版。

66. 汤用彤著：《理学·佛学·玄学》，北京大学出版社 1991 年版。

67. 李淼编著：《中国禅宗大全》，长春出版社 1991 年版。

68. 赖永海著：《佛学与儒学》，浙江人民出版社 1992 年版。

69. 徐小跃著：《禅与老庄》，浙江人民出版社 1992 年版。

70. 洪修平、吴永和著：《禅与玄学》，浙江人民出版社 1992 年版。

71. 高振农著：《佛教文化与近代中国》，上海社会科学院出版社 1992 年版。

72. 斑斑多杰著：《藏传佛教思想史纲》，上海三联书店 1992 年版。

73. 王仲尧著：《中国奇僧》，煤炭工业出版社 1992 年版。

74. 邢东风著：《禅悟之道——南宗禅研究》，中国人民大学出版社 1992 年版。

75. 潘桂明著：《中国禅宗思想历程》，今日中国出版社 1992 年版。

76. 王海林著：《三千大千世界——关于佛教宇宙观的对话》，今日中国出版社 1992 年版。

77. 王志远主编：《中国禅宗思想历程》，今日中国出版社 1992 年版。

78. 杨曾文校写：《敦煌新本六祖坛经》，上海古籍出版社 1993 年版。

79. 周绍良编译：《百喻经今译》，中华书局 1993 年版。

80. 宽忍法师主编：《佛学辞典》，中国国际广播出版社 1993 年版。

81. 胡思厚：《甘肃佛教史》，甘肃民族出版社 1993 年版。

82. 韩溥著:《江西佛教史》,光明日报出版社 1993 年版。

83. 杜继文、魏道儒著:《中国禅宗通史》,江苏古籍出版社 1993 年版。

84. 葛兆光著:《中国禅宗思想史》,北京大学出版社 1993 年版。

85. 魏道儒著:《宋代禅宗文化》,中州古籍出版社 1993 年版。

86. 邱陵著:《密宗入门知识》,北京工业大学出版社 1993 年版。

87. 吴汝钧著:《中国佛教哲学名相选释》,高雄佛光出版社 1993 年版。

88. 张广保著:《金元全真道内丹心性论研究》,台北文津出版社 1993 年版。

89. 尤惠贞著:《天台宗性具圆教之研究》,台北文津出版社 1993 年版。

90. 潘知常著:《生命的诗境:禅宗美学的现代诠释》,杭州大学出版社 1993 年版。

91. 谢思炜著:《禅宗与中国文学》,中国社会科学出版社 1993 年版。

92. 释妙舟编:《蒙藏佛教史》,江苏广陵古籍刻印社 1993 年版。

93. 杨曾文主编:《当代佛教》,东方出版社 1993 年版。

94. 赵晓梅、土登班玛主编:《中国密宗大典补编》,影印本,中国藏学出版社、新西兰霍兰德出版公司 1993 年版。

95. 李冀诚著:《西藏佛教密宗》,台北佛光出版社 1993 年版。

96. 丁福保编:《佛学大辞典》(上卷),上海书店 1991 年版。

97. 丁福保编:《佛学大辞典》(下卷),上海书店 1991 年版。

98. 任继愈著:《天台宗哲学思想略论》,人民出版社 1994 年版。

99. 马书田著:《中国佛教诸神》,团结出版社 1994 年版。

100. 袁宾编:《禅宗辞典》,河北人民出版社 1994 年版。

101. 陈兵编:《新编佛教辞典》,中国世界语出版社 1994 年版。

102. 黄卓越主编:《中国佛教大观》,哈尔滨出版社 1994 年版。

103. 南怀瑾著:《道家、密宗与东方神秘学》,中国世界语出版社 1994 年版。

104. 刘毅著:《悟化的生命哲学:日本禅宗》,辽宁大学出版社 1994 年版。

105. 薛克翘著:《佛教与中国文化》,中国华侨出版公司 1994 年版。

106. 洪修平著:《中国佛教文化的历程》,江苏教育出版社 1995 年版。

107. 吕澂著:《佛教研究法》,广陵古籍刻印社 1995 年版。

108．杨曾文著：《日本佛教史》，浙江人民出版社 1995 年版。

109．郭朋著：《佛国记译注》，长春出版社 1995 年版。

110．于凌波著：《中国近代佛教人物志》，宗教文化出版社 1995 年版。

111．黄心川著：《玄奘研究文集》，中州古籍出版社 1995 年版。

112．印顺著：《太虚法师年谱》，宗教文化出版社 1995 年版。

113．林子青著：《弘一法师年谱》，宗教文化出版社 1995 年版。

114．张凤雷著：《智顗评传》，京华出版社 1995 年版。

115．葛兆光著：《中国禅思想史：从 6 世纪到 9 世纪》，北京大学出版社 1995 年版。

116．于谷著：《禅宗语言和文献》，江西人民出版社 1995 年版。

117．洪丕谟著：《极乐莲邦：中国净土宗纪实》，百花洲文艺出版社 1995 年版。

118．周一良著：《唐代密宗》，上海远东出版社 1996 年版。

119．潘桂明著：《智顗评传》，南京大学出版社 1996 年版。

120．方立天著：《佛教哲学》，中国人民大学出版社 1996 年版。

121．班班多杰著：《拈花微笑：藏传佛教哲学境界》，青海人民出版社 1996 年版。

122．王仲尧著：《华严宗三祖：法藏大师传》，台北佛光出版社 1996 年版。

123．高峰等编著：《禅宗十日谈》，上海书店 1996 年版。

124．浙江省政协文史资料委员会编：《东南佛地盛世重光：浙江近代佛教史料》，浙江人民出版社 1996 年版。

125．杨曾文主编：《日本近现代佛教史》，浙江人民出版社 1996 年版。

126．冉光荣著：《中国藏传佛教史》，台北文津出版社 1996 年版。

127．吴玉天著：《访雪域大师：西藏密宗考察访谈纪实》，甘肃民族出版社 1996 年版。

128．李淼主编：《中国净土宗大全》，长春出版社 1996 年版。

129．萧萐父释译：《大乘起信论》，高雄佛光文化事业公司 1996 年版。

130．祁志祥著：《佛教美学》，上海人民出版社 1997 年版。

131．胡京国著：《慧能与禅宗》，广东人民出版社 1997 年版。

132．河北禅学研究所编：《禅宗七经》，宗教文化出版社 1997 年版。

133. 麻天祥著：《中国禅宗思想发展史》，湖南教育出版社 1997 年版。

134. 王居恭著：《华严经及华严宗漫谈》，中国书店 1997 年版。

135. 韩廷杰著：《三论宗通论》，台北文津出版社 1997 年版。

136. 汤用彤著：《汉魏两晋南北朝佛教史》，北京大学出版社 1997 年版。

137. 王荣国著：《福建佛教史》，厦门大学出版社 1997 年版。

138. 黄启江著：《北宋佛教史论稿》，台北商务印书馆 1997 年版。

139. 蓝吉富著：《佛教史料学》，台北东大图书公司 1997 年版。

140. 刘立千著：《藏传佛教各派教义及密宗漫谈》，民族出版社 1997 年版。

141. 季芳桐释译：《佛说梵纲经》，台北佛光文化事业公司 1997 年版。

142. 杨曾文、李冀诚著：《佛教史》，中国社会科学出版社 1998 年版。

143. 中华创价佛学会编译：《佛教哲学大辞典》，台北正因文化事业公司 1998 年版。

144. 龚隽释译：《佛性论》，台北佛光文化事业公司 1998 年版。

145. 〔美〕弗洛姆（Frich Fromm）等著，王雷泉、冯川译：《禅宗与精神分析》，贵州人民出版社 1998 年版。

146. 葛兆光著：《禅宗与中国文化》，上海人民出版社 1986 年版。

147. 陈白夜编著：《禅宗公案的现代阐释》，杭州出版社 1998 年版。

148. 钟克钊著：《禅宗史话》，四川人民出版社 1998 年版。

149. 吴立民主编，何云等著：《禅宗宗派源流》，中国社会科学出版社 1998 年版。

150. 张美兰著：《禅宗语言概论》，台北五南图书出版公司 1998 年版。

151. 魏道儒著：《中国华严宗通史》，江苏古籍出版社 1998 年版。

152. 台北市华严莲社编：《华严宗五祖论著精华》，台北华严莲社 1998 年版。

153. 杨永泉著：《三论宗源流考》，江苏古籍出版社 1998 年版。

154. 周一良著：《周一良集》第三卷，《佛教史与敦煌学》，辽宁教育出版社 1998 年版。

155. 魏长洪等著：《西域佛教史》，新疆美术摄影出版社 1998 年版。

156. 陈兵、徐湘灵编著：《佛教与密宗入门》，四川人民出版社 1998

年版。

157．魏磊著：《净土宗教程》，宗教文化出版社 1998 年版。

158．丁明夷释译：《佛教新出碑志集粹》，台北佛光文化事业公司 1998
年版。

159．慈惠著：《佛经概说》，台北佛光文化事业公司 1998 年版。

160．巩本栋释译：《广弘明集》，台北佛光文化事业公司 1998 年版。

161．严耀中著：《汉传密教》，学林出版社 1999 年版。

162．王月清著：《中国佛教伦理研究》，南京大学出版社 1999 年版。

163．赖永海著：《中国佛性论》，中国青年出版社 1999 年版。

164．陈文新著：《禅宗的人生哲学：顿悟人生》，台北扬智文化事业公
司 1999 年版。

165．周裕锴著：《禅宗语言》，浙江人民出版社 1999 年版。

166．张节末著：《禅宗美学》，浙江人民出版社 1999 年版。

167．王长华等编著：《禅宗论人生》，河北教育出版社 1999 年版。

168．林世田点校：《禅宗经典精华》，宗教文化出版社 1999 年版。

169．程至的著：《绘画·美学·禅宗》，中国文联出版公司 1999 年版。

170．杨曾文著：《唐五代禅宗史》，中国社会科学出版社 1999 年版。

171．李振纲主编，刘克苏著：《中国佛教史话》，河北大学出版社 1999
年版。

172．何劲松著：《韩国佛教史》，上卷，宗教文化出版社 1999 年版。

173．何劲松著：《韩国佛教史》，下卷，宗教文化出版社 1999 年版。

174．陈垣著：《中国佛教史籍概论》，上海书店出版社 1999 年版。

175．苏鲁格、那木斯来著：《简明内蒙古佛教史》，内蒙古文化出版社
1999 年版。

176．曹仕邦著：《中国佛教史学史：东晋至五代》，台北法鼓文化事业
公司 1999 年版。

177．林世田点校：《密宗经典精华》，宗教文化出版社 1999 年版。

178．张锡禄著：《大理白族佛教密宗》，云南民族出版社 1999 年版。

179．才旺瑙乳编著：《圣行与妙果：藏传佛教密宗奇迹》，甘肃民族出
版社 1999 年版。

180．李冀诚、顾绶康编著：《西藏佛教密宗艺术》，外文出版社 1999

年版。

181. 宗萨钦哲仁波切著：《西藏密宗外相的内在意义》，台北全佛文化事业公司1999年版。

182. 林世田点校：《净土宗经典精华》，宗教文化出版社1999年版。

183. 林世田、李德范编：《佛教经典精华》，宗教文化出版社1999年版。

184. 汤一介著：《佛教与中国文化》，宗教文化出版社1999年版。

185. 宋立道著：《神圣与世俗》，宗教文化出版社2000年版。

186. 罗光著：《简说佛教哲学》，台北辅仁大学出版社2000年版。

187. 董群著：《禅宗伦理》，浙江人民出版社2000年版。

188. 潘桂明著：《中国居士佛教史》，中国社会科学出版社2000年版。

189. 刘长久著：《禅说》，四川人民出版社2000年版。

190. 蔡日新著：《中国禅宗的形成》，台北云龙出版社2000年版。

191. 洪修平著：《禅宗思想的形成与发展》，江苏古籍出版社2000年版。

192. 黄夏年主编：《禅宗三百题》，上海古籍出版社2000年版。

193. 严耀中著：《江南佛教史》，上海人民出版社2000年版。

194. 魏道儒著：《佛教史话》，中国大百科全书出版社2000年版。

195. ［法］罗伯尔·萨耶（Robert Sailley）著，耿昇译：《印度—西藏的佛教密宗》，中国藏学出版社2000年版。

196. 刘立千著：《藏传佛教各派教义及密宗漫谈》，民族出版社2000年版。

197. 陈扬炯著：《中国净土宗通史》，江苏古籍出版社2000年版。

198. 黄卓越著：《佛教与晚明文学思潮》，东方出版社1997年版。

199. 任继愈著：《汉唐佛教思想论集》，人民出版社1998年版。

200. 潘桂明著：《中国的佛教》，商务印书馆2000年版。

201. 祁志祥著：《佛学与中国文化》，学林出版社2000年版。

202. ［法］亨利·阿尔冯著：《佛教》，商务印书馆2000年版。

203. 杨曾文著，中国社会科学院世界宗教研究所编：《佛教知识读本》，宗教文化出版社2000年版。

204. 宋立道著：《融合的佛教——圭峰宗密的佛学思想研究》，宗教文化出版社 2000 年版。

205．宋立道著：《神圣与世俗——南传佛教国家的宗教与政治》，宗教文化出版社 2000 年版。

206．赵朴初著，赵桐译：《佛教常识答问》，外语教学与研究出版社 2001 年版。

207．童玮编：《二十二种大藏经通检（精）》，中华书局 2001 年版。

208．金实秋著：《郑板桥与佛教禅宗》，宗教文化出版社 2001 年版。

209．南怀瑾著：《道家、密宗与东方神秘学》，复旦大学出版社 2001 年版。

210．高振农著：《近现代中国佛教论（真如丛书）》，中国社会科学出版社 2002 年版。

211．黄心川等编：《东方佛教论（真如丛书）》，中国社会科学出版社 2002 年版。

212．方立天著：《中国佛教哲学要义（上、下卷）》，中国人民大学出版社 2002 年版。

213．黄国胜著：《佛教与心理治疗》，宗教文化出版社 2002 年版。

214．夏金华、赵玉娟著：《黑黑白白——佛教善恶观》，宗教文化出版社 2002 年版。

215．姚南强著：《超凡入圣——佛教戒定观》，宗教文化出版社 2002 年版。

216．许明主编：《中国佛教经论序跋记集》（全五册），上海辞书出版社 2002 年版。

217．宋立道著：《传统与现代——变化中的南传佛教世界》，中国社会科学出版社 2002 年版。

218．普慧著：《南朝佛教与文学》，中华书局 2002 年版。

219．马道宗编著：《中国佛教养生秘诀》，宗教文化出版社 2002 年版。

220．朗宇法师主编：《中国佛教学者文集》，宗教文化出版社 2003 年版。

221．李向平著：《和合为尚：佛教和平观》，宗教文化出版社 2003 年版。

222．周炜著：《佛境：影响西藏佛教的奇僧》，光明日报出版社 2003

年版。

223. 佛源主编：《大乘佛教与当代社会》，东方出版社2003年版。

224. 方立天著：《中国佛教散论》，宗教文化出版社2003年版。

225. 楼宇烈著：《中国佛教与人文精神》，宗教文化出版社2003年版。

226. 李华贵著：《圆觉佛教》，宗教文化出版社2003年版。

227. 罗颢著：《佛门谱系——佛·菩萨·罗汉·诸天·高僧人物》，《佛教常识丛书》上海古籍出版社2003年版。

228. 李四龙著：《天台智者研究——兼论宗派佛教的兴起》，北京大学出版社2003年版。

229. 方广锠主编：《藏外佛教文献》（第九集），宗教文化出版社2003年版。

230. 紫禁城出版社编：《故宫藏传佛教造像》，紫禁城出版社2003年版。

231. 德吉卓玛著：《藏传佛教出家女性研究》，中国社会科学文献出版社2003年版。

232. 赵朴初著：《佛教常识答问》，北京出版社2003年版。

233. 白化文著：《汉化佛教与佛寺》，北京出版社2003年版。

234. 何锡蓉著：《佛学与中国哲学的双向构建》，上海社会科学院出版社2004年版。

235. 惟正、杨曾文主编：《禅宗与中国佛教文化》，中国社会科学出版社2004年版。

236. 赖永海著：《中国佛教学者文集——中国佛教与哲学》，宗教文化出版社2004年版。

237. 传印法师主编：《中国佛教学者文集——中国佛教与日本净土宗》，宗教文化出版社2004年版。

238. 尕藏加著：《藏传佛教与青藏高原》，江苏教育出版社2004年版。

239. 刘金柱著：《唐宋八大家与佛教》，人民出版社2004年版。

240. 张晓明著：《藏传佛教》，中国画报出版社2004年版。

241. 日慧法师著：《佛教四大部派宗义讲释》（上、下），宗教文化出版社2004年版。

242. 张法著：《佛教艺术》，高等教育出版社2004年版。

243. 中国佛教协会编：《中国佛教》（五），中国社会科学出版社 2004 年版。

244. 刘元春著：《化导与反思：佛教入世之道》，中国社会科学出版社 2004 年版。

245. 方广锠著：《渊源与流变——印度初期佛教研究》，中国社会科学出版社 2004 年版。

246. 刘耀中、李以洪著：《荣格心理学与佛教》，东方出版社 2004 年版。

247. 柴志光、潘明权主编：《上海佛教碑刻文献集》，上海古籍出版社 2004 年版。

248. 李翰文编著：《大藏经》（精华本），九州出版社 2004 年版。

249. 中华大藏经编辑局编：《中华大藏经总目》，中华书局 2004 年版。

250. （清）雍正编著，史原朋主编：《雍正御制佛教大典》（全四册），中国社会科学出版社 2004 年版。

251. 吴言生、赖品超、王晓朝主编：《佛教与基督教对话》，中华书局 2005 年版。

252. 刘鹏著：《细说中国佛教》（彩图版），光明日报出版社 2005 年版。

253. 凌海成编著：《中国佛教》，五洲传播出版社 2005 年版。

254. 北京大学宗教研究所圆佛教教典翻译小组译：《圆佛教教典》，宗教文化出版社 2005 年版。

255. 黄颂一主编，华方田等编写：《佛教 200 题》，四川人民出版社 2005 年版。

256. 千木滚等编：《佛教常识手册（藏)》，民族出版社 2005 年版。

257. 丁明夷著：《佛教小百科——艺术》，大象出版社 2005 年版。

258. 李冀诚、丁明夷著：《佛教小百科——密宗》，大象出版社 2005 年版。

259. 潘桂明著：《佛教小百科——禅宗》，大象出版社 2005 年版。

260. 约翰·布洛菲尔德著：《西藏文明之旅书系——西藏佛教密宗》，中国藏学出版社 2005 年版。

261. 陈观胜、李培茱编：《中英佛教词典》，外文出版社 2005 年版。

262. 白化文著：《汉化佛教参访录》（图文本），中华书局 2005 年版。

263. 贡布嘉著，罗桑旦增译：《汉区佛教源流记》，中国藏学出版社 2005 年版。

264. 周齐著：《明代佛教与政治文化》，人民出版社 2005 年版。

265. 朗学法师主编：《中国佛教学者文集——中外佛教人物论》，《宝庆讲寺丛书》，宗教文化出版社 2005 年版。

266. 张晓华著：《佛教文化传播论》，《地域文明重点问题研究丛书》，人民出版社 2006 年版。

267. 薛克翘著：《佛教与中国文化》，昆仑出版社 2006 年版。

268. 杜继文、黄明信主编：《佛教小辞典》（修订版），上海辞书出版社 2006 年版。

269. ［韩］金成修著：《明清之际藏传佛教在蒙古地区的传播》，中国社会科学文献出版社 2006 年版。

270. 胡同庆著：《遥望星宿——佛教艺术》，《甘肃考古文化丛书》，敦煌文艺出版社 2006 年版。

271. 杨维中著：《中国佛教学者文集——经典诠释与中国佛学》，《宝庆讲寺丛书》，宗教文化出版社 2006 年版。

272. 季羡林著：《季羡林论佛教》，华艺出版社 2006 年版。

273. 高振农著：《中国佛教源流》，九州出版社 2006 年版。

274. 袁子耀供稿，张赞熙编：《清刻佛教艺术图像》（全 2 册），浙江古籍出版社 2006 年版。

275. 杨曾文主编：《佛教文化 150 问》，人民出版社 2006 年版。

276. 觉醒主编：《真禅法师与当代佛教》，宗教文化出版社 2006 年版。

277. 逸人主编，潘建国编著：《明清汉传佛教众神全像》，杭州西泠印出版社 2006 年版。

278. 张弘、鄢爱华主编：《中国佛教圣地之旅》，远方出版社 2006 年版。

279. 杭州佛学院编：《吴越佛教》（第一卷），宗教文化出版社 2006 年版。

280. 刘长久著：《中国佛教》，广西师范大学出版社 2006 年版。

281. 方立天著：《佛教哲学》，长春出版社 2006 年版。

282．潘雨廷著：《易与佛教 易与老庄》，上海古籍出版社2006年版。

283．赵朴初著：《佛教常识答问》，陕西师范大学出版社2006年版。

284．季羡林著：《佛教与语言卷—季羡林学术精粹》（第二卷），山东友谊出版社2006年版。

285．李英华著：《儒道佛与中国传统文化教育》，武汉大学出版社2006年版。

286．徐嘉著：《现代新儒家与佛学》，宗教文化出版社2007年版。

287．严耀中著：《佛教与三至十三世纪中国史》，宗教文化出版社2007年版。

288．吴信如编著：《佛教缘起：印度古代思想述要》，中国藏学出版社2007年版。

289．唐吉思著：《藏传佛教与蒙古族文化》，辽宁民族出版社2007年版。

290．孙昌武著：《佛教与中国文学》，上海人民出版社2007年版。

291．季羡林著：《佛教十五题》，中华书局2007年版。

292．范观澜著：《泰州佛教》，江苏文艺出版社2007年版。

293．［英］哈玛拉瓦·萨达提沙（Hammalawa Saddhatissa）著，姚治华、王晓红译：《佛教伦理学》，上海译文出版社2007年版。

294．［德］茨默著，桂林、杨富学译：《佛教与回鹘社会》，民族出版社2007年版。

295．觉醒主编：《佛教伦理与和谐社会》，宗教文化出版社2007年版。

296．赖永海著：《中国佛教文化论》，中国人民大学出版社2007年版。

297．二世嘉木样·久美昂波著，杨世宏译：《西藏的佛教》，甘肃民族出版社2008年版。

298．何劲松著：《韩国佛教史》，社会科学文献出版社2008年版。

299．傅宏著：《西南佛教》，贵州民族出版社2008年版。

300．尚永琪著：《3～6世纪佛教传播背景下的北方社会群体研究》，科学出版社2008年版。

301．徐文明著：《中国佛教哲学》，宗教文化出版社2008年版。

302．江新建著：《佛教与中国丧葬文化》，湖南人民出版社2008年版。

303．王荣国著：《中国佛教史论》，宗教文化出版社2008年版。

304. 纪华传著：《中国佛教与禅宗》，宗教文化出版社 2008 年版。

305. 许德存著：《藏传佛教研究》，宗教文化出版社 2008 年版。

（二） 论文类

1. 虞愚：《玄奘对因明的贡献》，《中国社会科学》1981 年第 1 期。

2. 吴民：《塔尔寺的创建与黄教的兴起》，《青海社会科学》1980 年第 3 期。

3. 高振农：《关于佛教研究方法论的几个问题》，《宗教》1981 年第 1 期。

4. 赵朴初：《佛教常识答问（一）》，《法音》1981 年第 4 期。

5. 张春波：《玄奘对唯识学说的发展》，《社会科学战线》1981 年第 1 期。

6. 方立天：《支遁的佛教思想》，《世界宗教研究》1981 年第 1 期。

7. 杜继文：《略论康僧会佛学思想的特色》，《世界宗教研究》1981 年第 2 期。

8. 王辅仁：《关于〈西藏佛教（喇嘛教）及其教派的形成时期、问题〉——兼与王尧同志商榷》，《世界宗教研究》1981 年第 3 期。

9. 霍庆华：《浅谈佛经翻译》，《宁夏社会科学》1981 年试刊号。

10. 徐梵澄：《韦陀教神坛与大乘菩萨道概观》，《世界宗教研究》1981 年第 3 期。

11. 李富华：《惠能和他的佛教思想》，《世界宗教研究》1981 年第 3 期。

12. 黄心川：《试论龙树的中观哲学》，《南亚研究》1981 年第 3—4 期。

13. 方广锠：《略谈初期净土大师及净土宗的形成》，《青海社会科学》1981 年第 4 期。

14. 杜继文：《评梁启超的佛教救世思想》，《世界宗教研究》1981 年第 4 期。

15. 方立天：《梁武帝萧衍与佛教》，《世界宗教研究》1981 年第 4 期。

16. 乐寿明：《佛教的理事说与朱熹的理气观》，《哲学研究》1981 年第

9 期。

17．常任侠：《中国佛教美术的来源及其概况》，《法音》1982 年第 1 期。

18．赵朴初：《佛教常识答问》（二），《法音》1982 年第 1 期。

19．肖黎：《论北朝的两次灭佛斗争》，《河北学刊》1982 年第 1 期。

20．严北溟：《论佛教哲学在思想史上的挑战》，《哲学研究》1982 年第 2 期。

21．郭振兴：《伪满洲国佛教概说》，《社会科学战线》1982 年第 2 期。

22．赵朴初：《佛教常识答问》（三），《法音》1982 年第 2 期。

23．陈士强：《佛教"格义"法的起因》，《复旦学报》1982 年第 3 期。

24．蒲文成：《关于西藏佛教前后弘期历史年代分歧》，《西藏研究》1982 年第 3 期。

25．高振农：《梁启超的佛学思想》，《中国哲学史研究》1982 年第 4 期。

26．徐梵澄：《〈唯识二十论〉钩沉》，《世界宗教研究》1982 年第 4 期。

27．张英莉等：《义邑制度述略——兼论南北朝佛道混合之原因》，《世界宗教研究》1982 年第 4 期。

28．石峻等：《论隋唐佛教宗派的思想特点》，《中国哲学史研究》1982 年第 4 期。

29．崔大华：《说"阳儒阴释"——理学与佛学的联系与差别》，《中国哲学史研究》1982 年第 4 期。

30．游有维：《中国净土宗弘传的历史》，《法音》1982 年第 5 期。

31．苏渊雷：《略论我国近代学者研究佛学的主要倾向和成就》，《法音》1982 年第 5 期。

32．邱汉生：《论朱熹"会归一理"的历史哲学》，《哲学研究》1982 年第 6 期。

33．潘桂明：《从智圆的〈闲居编〉看北宋佛教的三教合一思想》，《世界宗教研究》1983 年第 1 期。

34．潘桂明：《临济宗思想初探》，《世界宗教研究》1983 年第 3 期。

35．唐景福等：《试论西藏佛教萨迦派的历史及其作用》，《世界宗教研究》1983 年第 3 期。

36. 张春波：《佛教与中国的佛学研究》，《中国哲学史研究》1983 年第
4 期。

37. 游有维：《天台宗讲要》（上），《法音》1983 年第 5 期。

38. 周齐：《僧肇〈般若无知论〉简析》，《齐鲁学刊》1983 年第 6 期。

39. 游有维：《天台宗讲要》（下），《法音》1983 年第 6 期。

40. 傅云龙：《佛教般若学"六家七宗"略论》，《中国哲学史研究》
1984 年第 1 期。

41. 白文固：《南北朝隋唐僧官制度探究》，《世界宗教研究》1984 年第
1 期。

42. 陈士强：《论吉藏的佛学思想》，《世界宗教研究》1984 年第 1 期。

43. 才旦夏茸著，曲江才让译：《藏传佛教各宗派名称辨析》，《西藏研
究》1984 年第 1 期。

44. 业露华：《北魏的僧官制度》，《世界宗教研究》1984 年第 2 期。

45. 李玉昆：《从龙门造像铭记看北朝的佛教》，《世界宗教研究》1984
年第 2 期。

46. 向燕南：《北魏太武灭佛原因考辨》，《北京师范大学学报》1984 年
第 2 期。

47. 余敦康：《六家七宗——两晋时期的佛教般若学思潮》，《世界宗教
研究》1984 年第 2 期。

48. 方立天：《佛性述评》，《求索》1984 年第 3 期。

49. 陈士强：《中国早期佛教形神论与其他形神论之比较研究》，《中国
哲学史研究》1984 年第 4 期。

50. 刘文雨：《从"三个同一"看慧能思想的特色》，《中国哲学史研
究》1984 年第 4 期。

51. 高振农：《空与有》，《中国哲学史研究》1984 年第 4 期。

52. 韩官却加：《西藏佛教的活佛转世制述略》，《西藏研究》1984 年第
4 期。

53. 郭朋：《佛教思想泛论》，《文史哲》1984 年第 6 期。

54. 萧萐父：《浅析佛教哲学的一般思辨结构》，《江汉论坛》1984 年第
11 期。

55. 陈庆英等：《西纳家族、西纳喇嘛和塔尔寺西纳活佛》，《青海社会科学》1985 年第 1 期。

56. 李安：《论佛法的知行观》，《法音》1985 年第 1 期。

57. 张羽新：《康熙对西藏佛教的政策》，《世界宗教研究》1985 年第 1 期。

58. 戒圆：《中国僧徒劳动生产史初探》，《法音》1985 年第 1 期。

59. 苏晋仁：《佛教传记综述》，《世界宗教研究》1985 年第 1 期。

60. 乐九波：《佛教禅宗对王阳明哲学的影响》，《中国哲学史研究》1985 年第 2 期。

61. 赵朴初：《佛教与中国文化》，《法音》1985 年第 2 期。

62. 温玉成：《禅宗北宗续探》，《世界宗教研究》1985 年第 2 期。

63. 汤一介：《从印度佛教传入中国看两种文化的冲突和融合》，《深圳大学学报》1985 年第 2 期。

64. 杨曾文：《观世音信仰的传入和流传》，《世界宗教研究》1985 年第 3 期。

65. 李安：《吕澂先生在佛学研究上的贡献》，《法音》1985 年第 3 期。

66. 魏艾：《试论人间佛教思想体系》，《法音》1985 年第 3 期。

67. 高振农：《止与观》，《中国哲学史研究》1985 年第 3 期。

68. 霍韬晦：《中国佛教的圆融之路》，《中国哲学史研究》1985 年第 3 期。

69. 丁明夷等：《魏晋南北朝佛教史及佛教艺术学术讨论会综述》，《世界宗教研究》1985 年第 3 期。

70. 尕藏：《略述西藏佛教与西藏社会——兼评〈西藏佛教与人口〉》，《西藏研究》1985 年第 4 期。

71. （藏族）马德沙拉：《西藏佛教格鲁派创始人——宗喀巴大师》，《西藏研究》1985 年第 4 期。

72. 苏晋仁：《道安法师在佛典翻译上的贡献》，《法音》1985 年第 4 期。

73. 游有维：《从无着和世音的关系谈起——略谈法相的根本教典》，《法音》1985 年第 4 期。

74. 郭元兴：《略论佛教与中国书画之因缘》，《法音》1985 年第 5 期。

75. 魏承思：《唐代佛教和孝亲观》，《法音》1985 年第 6 期。

76. 蒙林：《五台山寺庙沿革》，《内蒙古社会科学》1985 年第 6 期。

77. 方立天：《试析华严宗哲学范畴体系》，《哲学研究》1985 年第 7 期。

78. 周绍良：《文化史上一块巍峨丰碑——〈中华大藏经〉》，《文史知识》1985 年第 8 期。

79. 洪修平：《佛教般若思想的传入和魏晋玄学的产生》，《南京大学学报》1985 年增刊。

80. 董平：《道生佛性说与孟子人性论的比较》，《齐鲁学刊》1986 年第 1 期。

81. 楼宇烈：《近代中国佛学的特点及其评价》，《文史哲》1986 年第 1 期。

82. 楼宇烈：《佛学与中国近代哲学》，《世界宗教研究》1986 年第 1 期。

83. 史金波：《西夏佛教的流传》，《世界宗教研究》1986 年第 1 期。

84. 李冀诚：《对西藏佛教的形成及其称谓问题上的一些浅见》，《世界宗教研究》1986 年第 1 期。

85. 魏承思：《赵朴初谈佛教文化》，《宗教》1986 年第 1 期。

86. 正果：《禅宗门下的楞伽师》，《法音》1986 年第 1 期。

87. 常新：《“五蕴皆空”的研究——佛学的人生观》（上、下），《法音》1986 年第 1 期、第 2 期。

88. ［印］跋特著，巫白慧译：《佛教二重认识论》，《法音》1986 年第 1 期。

89. 黄炳章：《房山云居寺石经》，《法音》1986 年第 1 期。

90. 汤一介：《从印度佛教的传人看中国文化的发展》，《光明日报》1986 年 1 月 20 日。

91. 郭朋：《南朝“佛性”论思想略述》，《世界宗教研究》1986 年第 1 期。

92. 王雷泉：《“空”之三题——读龙树的〈中论〉》，《复旦学报》1986 年第 2 期。

93. 赵朴初：《要研究佛教对中国文化的影响——与几位青年朋友的一

次谈话》，《法音》1986 年第 2 期。

94. 方立天：《华严宗哲学范畴体系简论》，《世界宗教研究》1986 年第 2 期。

95. 楼宇烈：《中国近代佛学的振兴者——杨文会》，《世界宗教研究》1986 年第 2 期。

96. ［日］道端良秀著，姚长寿节译：《中国佛教和社会福利事业》，《法音》1986 年第 2 期。

97. 杨曾文：《隋唐时期的中日佛教文化交流》，《世界宗教研究》1986 年第 2 期。

98. 任继愈：《中国佛教的特点》，《世界宗教研究》1986 年第 2 期。

99. ［日］道端良秀著：《中国的净土教和玄中寺》，《世界宗教研究》1986 年第 2 期。

100. 杜继文：《中国佛教和中国文化》，《世界宗教研究》1986 年第 2 期。

101. 尚雪：《试论西藏佛教与人口》，《西藏研究》1986 年第 3 期。

102. 乐寿明：《我国唐宋以后佛教的特点》，《江淮论坛》1986 年第 3 期。

103. 高禾夫：《上、下密院历史沿革及所传密宗考略》，《西藏研究》1986 年第 3 期。

104. 谢重光：《普——唐僧官制度考略》，《世界宗教研究》1986 年第 3 期。

105. 罗炤：《禅宗述评》，《世界宗教研究》1986 年第 3 期。

106. 见心：《佛教典籍纵横谈》，《法音》1986 年第 3 期。

107. 史双之：《论王维的佛教思想及其禅意诗》，《法音》1986 年第 4 期。

108. 苏晋仁：《佛教经籍目录综考（上）》，《法音》1986 年第 4 期。

109. 程民生：《略论宋代的僧侣与佛教政策》，《世界宗教研究》1986 年第 4 期。

110. 方立天：《佛教、佛法、佛学与佛教哲学》，《世界宗教研究》1986 年第 4 期。

111. 罗义俊：《当代关于〈坛经〉作者的一场争论——兼评胡适禅宗

研究方法上的若干失误》，《世界宗教研究》1986 年第 4 期。

112．游有维：《华严宗的起源、传承、演变与复兴》（上），《法音》1986 年第 5 期。

113．李明权：《佛教缘起学说概论》，《法音》1986 年第 5 期。

114．本源：《"唯识无境"辨》，《法音》1986 年第 5 期。

115．苏晋仁：《佛教经籍目录综考（下）》，《法音》1986 年第 5 期。

116．赖永海：《"法性论"与"本无说"——"佛学与中国传统文化"研究之二》，《社会科学研究》1986 年第 5 期。

117．游有维：《华严宗的起源、传承、演变与复兴》（下），《法音》1986 年第 6 期。

118．唐仲容：《谈谈学禅的体会》，《法音》1986 年第 6 期。

119．赵朴初：《佛教与中国文化的关系》，《文史知识》1986 年第 10 期。

120．任继愈：《佛教与儒教》，《文史知识》1986 年第 10 期。

121．杨曾文：《佛教在中国的流传和发展》，《文史知识》1986 年第 10 期。

122．杜继文：《佛教和中国古代哲学》，《文史知识》1986 年第 10 期。

123．常正：《佛与佛教徒》，《文史知识》1986 年第 10 期。

124．亦丽：《"神圣"的花木——佛籍中花木漫谈》，《文史知识》1986 年第 10 期。

125．阴法鲁：《中国古代佛教寺院的音乐活动》，《文史知识》1986 年第 10 期。

126．马鹏云：《佛教在印度的产生及其基本特点》，《文史知识》1986 年第 10 期。

127．思源：《中国佛教的宗派》，《文史知识》1986 年第 10 期。

128．李冀诚：《藏传佛教密宗》，《文史知识》1986 年第 10 期。

129．张大柘：《日本佛教略述》，《文史知识》1986 年第 10 期。

130．许抗生：《六祖慧能与禅宗》，《文史知识》1986 年第 10 期。

131．文丁：《怎样认识佛教徒的人生观和道德观》，《文史知识》1986 年第 10 期。

132．虞愚：《因明在中国的传播和发展》（未完），《哲学研究》1986

年第 11 期。

133．虞愚：《因明在中国的传播和发展》（续），《哲学研究》1986 年第 12 期。

134．郭远航：《佛教与中国社会——访全国知名佛教研究专家方立天教授》，《社会科学评论》1986 年第 12 期。

135．佟德富：《略论西藏佛教宗派的形成及其与汉地佛教宗派之比较》，《世界宗教研究》1987 年第 1 期。

136．陈士强：《大藏经十五家经录平议》，《世界宗教研究》1987 年第 1 期。

137．王雷泉：《天台宗止观学说述评》，《中国社会科学》1987 年第 1 期。

138．李安：《佛法的基本教义》，《法音》1987 年第 1 期。

139．游有维：《论太虚法师对印度佛教史三期划分的意义》，《法音》1987 年第 1 期。

140．傅教石：《〈大乘起信论〉的作者与译者——〈大乘起信论〉简论之一》，《法音》1987 年第 1 期。

141．黄家章：《慧能佛教思想对我国社会的影响》，《中国哲学史研究》1987 年第 2 期。

142．方立天：《佛教与中国政治》，《社会科学战线》1987 年第 2 期。

143．佟德富等：《佛教对藏汉文化影响之比较研究》，《青海社会科学》1987 年第 2 期。

144．姜永兴：《禅宗六祖慧能是越族人》，《广东社会科学》1987 年第 2 期。

145．傅教石：《〈大乘起信论〉的主要思想——〈大乘起信论〉简论之二》，《法音》1987 年第 2 期。

146．郭元兴：《人间佛教与平常心是道——答汪燕鸣先生问》，《法音》1987 年第 2 期。

147．叶均：《南传上座部佛教源流及主要文献略讲》，《法音》1987 年第 2 期。

148．周丕显：《敦煌佛经略考》，《世界宗教研究》1987 年第 2 期。

149．赖永海：《性具与性起——天台、华严二宗佛性思想比较研究》，

《世界宗教研究》1987 年第 2 期。

150. 潘桂明：《天台宗的圆融哲学》，《世界宗教研究》1987 年第 2 期。

151. 王德恩：《综述格鲁派佛教传入蒙古的社会历史条件》，《世界宗教研究》1987 年第 3 期。

152. 洪修平：《僧肇"三论"解空的哲学体系初探》，《世界宗教研究》1987 年第 3 期。

153. 楼宇烈：《胡适禅宗史研究平议》，《北京大学学报》1987 年第 3 期。

154. 钱伟量：《僧肇动静观辨析——读〈肇论·物不迁论〉》，《世界宗教研究》1987 年第 3 期。

155. 温玉成：《从少林寺看元明禅寺住持制度》，《世界宗教研究》1987 年第 3 期。

156. 谷川：《德格印经院概述》，《西藏研究》1987 年第 4 期。

157. 游有维：《关于"佛教是无神论"的进一步研究》，《法音》1987 年第 5 期。

158. （中国香港）熊秉明：《佛教与书法》，《法音》1987 年第 5 期。

159. 净慧：《关于慧能得法偈的再探》，《法音》1987 年第 6 期。

160. 谢重光：《魏晋隋唐佛教特权的盛衰》，《历史研究》1987 年第 6 期。

161. 赖永海：《佛性学说与中国传统文化》，《哲学研究》1987 年第 7 期。

162. 赖大仁：《从文化人类学看佛教》，《社会科学评论》1987 年第 11 期。

163. 杨曾文：《中日的敦煌禅籍研究和敦博本〈坛经〉、〈南宗定是非论〉等文献的学术价值》，《世界宗教研究》1988 年第 1 期。

164. 楼宇烈：《杨度的"新佛教论"》，《世界宗教研究》1988 年第 1 期。

165. 罗颢：《简述佛教与中国文化相结合的历程》，《法音》1988 年第 1 期。

166. 杜继文：《毗昙的哲学基础及其对中国佛教的影响》，《世界宗教研究》1988 年第 1 期。

167. 杨学政：《西藏佛教在云南的传播和影响》，《西藏研究》1988 年第 1 期。

168. 骊珠瘐：《释迦牟尼正义直探》，《甘肃社会科学》1988 年第 1 期。

169. 法航：《中国佛教四大译师之一——鸠摩罗什》，《法音》1988 年第 1 期。

170. 徐晓光等：《清朝政府对喇嘛教立法初探》，《内蒙古社会科学》1988 年第 1 期。

171. 赖永海：《顿悟与渐修——兼论中国佛教修行观的特点及其与中国传统思想的关系》，《南京大学学报》1988 年第 1 期。

172. 何亚将：《论太虚法师的佛教革新》，《南京大学学报》1988 年第 1 期。

173. 任继愈：《禅宗与中国文化》，《世界宗教研究》1988 年第 1 期。

174. 方立天：《佛教和中国传统哲学的冲突与融合》，《世界宗教研究》1988 年第 1 期。

175. 任继愈：《禅宗与中国文化》，《社会科学战线》1988 年第 2 期。

176. 周宏伟：《朗达玛灭佛与唐武宗灭佛之比较研究》，《西藏研究》1988 年第 2 期。

177. 房建昌：《止贡噶举派在西藏的兴起及发展》，《西藏研究》1988 年第 2 期。

178. 吴俊荣：《西藏各教派所尚服色与中央王朝服色制度的关系》，《西藏研究》1988 年第 2 期。

179. 黄崇文：《普陀宗乘之庙的建立及其历史作用》，《西藏研究》1988 年第 2 期。

180. 郭朋：《神会的行履》，《中国哲学史研究》1988 年第 2 期。

181. 邢东风：《略说中国佛教南北禅宗的异同》，《中国哲学史研究》1988 年第 2 期。

182. 唐仲容：《试述顿悟成佛义》，《法音》1988 年第 2 期。

183. 陈士强：《〈释迦谱〉和〈释迦氏谱〉合论》，《法音》1988 年第 2 期。

184. 张春波：《中国佛学心性论》，《社会科学战线》1988 年第 2 期。

185. 本源：《试论阿赖耶识》（上），《法音》1988 年第 2 期。

186. 本源：《试论阿赖耶识》（下），《法音》1988 年第 3 期。

187. 浅释：《隆兴编年通论》，《法音》1988 年第 3 期。

188. 王守华等：《佛教在日本的传播与发展》，《文史哲》1988 年第 2 期。

189. 李玉昆：《妈祖信仰的形成和发展》，《世界宗教研究》1988 年第 3 期。

190. 路林：《佛教文化的传播与僧佑〈出三藏记集〉》，《武汉大学学报》1988 年第 3 期。

191. 杜继文：《关于汉译〈法华经〉的联想》，《世界宗教研究》1988 年第 3 期。

192. 石世梁：《佛教密宗释论》（一），《西藏研究》1988 年第 3 期。

193. 见心：《中国佛教四大译家（二）——真谛三藏》，《法音》1988 年第 3 期。

194. 郑伟宏：《因明三种比量探讨》，《哲学研究》1988 年第 3 期。

195. 罗炤：《有关"真唯识量"的几个问题》，《世界宗教研究》1988 年第 3 期。

196. 谢重光：《唐代佛教政策简论》，《世界宗教研究》1988 年第 3 期。

197. 乐九波：《论神会的佛学思想》，《世界宗教研究》1988 年第 3 期。

198. 徐景翀：《佛教红尘观评介》，《北京师范大学学报》1988 年第 4 期。

199. 关欣：《印度佛教建筑及造像》，《法音》1988 年第 4 期。

200. 石世梁：《佛教密宗释论》（二），《西藏研究》1988 年第 4 期。

201. 赖永海：《简论中国佛教的佛性学说与因果观》，《中国哲学史研究》1988 年第 4 期。

202. 韩廷杰：《玄奘对唯识学的发展》，《世界宗教研究》1988 年第 4 期。

203. 洪修平：《佛教的中国化与僧肇的哲学思想》，《复旦学报》1988 年第 4 期。

204. 魏承思：《唐代经济和佛教兴衰》，《法音》1988 年第 4 期。

205. 濮阳朴：《佛学与心理学》，《法音》1988 年第 5 期。

206. 孙昌武：《论"儒释调和"》，《哲学研究》1988 年第 5 期。

207. 罗颢：《〈弘明集〉与〈广弘明集〉——两部研究中国佛教文化的重要文献》，《法音》1988 年第 5 期。

208. 范寿琨：《辽代儒家思想简论》，《社会科学辑刊》1988 年第 5 期。

209. 陈景富：《关于法门寺历史的几个问题》，《人文杂志》1988 年第 5 期。

210. 方立天：《儒学与佛教》，《文史知识》1988 年第 6 期。

211. 净慧：《五戒及其内容》，《法音》1988 年第 7 期。

212. 高振农：《试论唐代佛典翻译的特点》（下），《法音》1988 年第 7 期。

213. 罗颢：《隋唐以前佛教哲学内部的顿渐之辨》，《法音》1988 年第 8 期。

214. 拙缁：《人间佛教与以戒为师——学习太虚大师关于人间佛教思想的体会》，《法音》1988 年第 8 期。

215. 本源：《关于唯识学上种子与异熟的说明》，《法音》1988 年第 9 期。

216. 净慧选编：《沙弥戒与沙弥的类别》，《法音》1988 年第 9 期。

217. 净慧选编：《比丘及比丘尼的起源》，《法音》1988 年第 11 期。

218. 唐仲容：《关于大乘教义几个关键问题的解说》（上），《法音》1988 年第 11 期。

219. 唐仲容：《关于大乘教义几个关键问题的解说》（下），《法音》1988 年第 12 期。

220. 石明：《不识本心，学法无益——读〈坛经〉心得》，《法音》1988 年第 12 期。

221. 程林辉：《佛教与美学》，《青海社会科学》1989 年第 1 期。

222. 洪修平：《人心、佛性与解脱——中国禅宗心性论探源》，《南京大学学报》1989 年第 1 期。

223. 方立天：《佛教的人生哲学——兼论佛儒人生哲学之异同》，《中国哲学史研究》1989 年第 1 期。

224. 葛根高娃：《简论佛教的中国化》，《内蒙古社会科学》1989 年第 1 期。

225. 方尔加：《禅宗对阳明心学的影响》，《中国哲学史研究》1989 年第 1 期。

226. 郭朋：《神会思想简论》，《世界宗教研究》1989 年第 1 期。

227. 李克域：《从承德外八庙看藏传佛教在清代前期的作用》，《社会科学战线》1989 年第 1 期。

228. 吕建福：《关于中国汉传密教研究中的几个问题》，《法音》1989 年第 1 期。

229. 传印：《佛教的僧团组织》，《法音》1989 年第 1 期。

230. 史金波：《西夏佛教新证四种》，《世界宗教研究》1989 年第 1 期。

231. 田光烈：《印度大乘佛学概述》，《法音》1989 年第 2 期。

232. 石明：《南能北秀二宗禅法的比较》，《法音》1989 年第 2 期。

233. 霍巍：《西藏灵塔与肉身之制初探》，《西藏研究》1989 年第 2 期。

234. 潘桂明：《对中国佛性思想的系统阐述——评赖永海著〈中国佛性论〉》，《江海学刊》1989 年第 2 期。

235. 杨茂森：《论藏文〈大藏经〉的版本》，《西藏研究》1989 年第 2 期。

236. 宋立道：《因明的认识论基础》，《世界宗教研究》1989 年第 2 期。

237. 何劲松：《汉魏两晋南北朝时期的交州佛教及其同中原佛教的关系》，《世界宗教研究》1989 年第 2 期。

238. 潘桂明：《道生、慧能"顿悟"说的歧异》，《世界宗教研究》1989 年第 2 期。

239. 黄新亚：《论佛教的中国化问题》，《人文杂志》1989 年第 2 期。

240. 魏承思：《佛教与中国文化》，《宗教》1989 年第 2 期。

241. 何志文：《中外文化交流史的一出悲剧——玄奘的事业及其教训》，《社会科学研究》1989 年第 2 期。

242. 方立天：《佛教中国化的历程》，《世界宗教研究》1989 年第 3 期。

243. 吕建福：《论一行的佛学思想》，《世界宗教研究》1989 年第 3 期。

244. 陈重晖：《止观与气功》，《法音》1989 年第 3 期。

245. 潘天寿：《佛教与中国绘画》，《法音》1989 年第 3 期。

246. 田青：《中国佛教音乐的形成与发展》，《法音》1989 年第 3 期。

247. 罗义俊：《佛教中国化的先驱——释道安》，《法音》1989 年第 3 期。

248．丹珠昂奔：《论活佛》，《世界宗教研究》1989 年第 3 期。

249．赖大仁：《佛教人生哲学的认识与评价》，《社会科学战线》1989 年第 3 期。

250．张春波：《简论中国近现代佛学的地位和作用——兼述中国近现代佛学三大家》，《中国哲学史研究》1989 年第 3 期。

251．王邦维：《略论古代印度佛教的部派及大小乘问题》，《北京大学学报》1989 年第 4 期。

252．潘桂明：《也谈神会在禅宗史上的地位》，《南京大学学报》1989 年第 4 期。

253．何亚将：《论近代的 "人间佛教"》，《南京大学学报》1989 年第 4 期。

254．鲍博：《陆九渊与禅学关系管窥》，《中国哲学史研究》1989 年第 4 期。

255．郑学礼：《王阳明思想与佛法》，《浙江学刊》1989 年第 4 期。

256．黄燕生：《唐代净众——保唐禅派概述》，《世界宗教研究》1989 年第 4 期。

257．黄夏年：《南传佛教心理学述评》，《世界宗教研究》1989 年第 4 期。

258．宋大川：《略论唐代佛寺的儒学教育》，《世界宗教研究》1989 年第 4 期。

259．王尧：《汉藏佛典对勘释读之二——〈金刚经〉》，《西藏研究》1989 年第 4 期。

260．方立天：《般若思维简论》，《江淮论坛》1989 年第 5 期。

261．谢佐：《我国藏传佛教的形成与藏族文化的关系》，《青海社会科学》1989 年第 6 期。

262．本源：《略论三性三无性》，《法音》1989 年第 6 期。

263．王福金：《佛教对中国印刷的影响》，《法音》1989 年第 6 期。

264．罗颢：《佛教与佛学》，《法音》1989 年第 7 期。

265．唐仲容：《试论有为无为两缘起说的会通》，《法音》1989 年第 8 期。

266．陈重晖：《从释尊成道看佛教止观的特质》，《法音》1989 年第

8 期。

267．唐仲容：《关于佛教的认识论》（中），《法音》1989 年第 10 期。

268．华方田：《试论〈中论〉的思维方法》，《哲学研究》1989 年第 10 期。

269．罗颢：《简述慧远的因果报应理论》，《法音》1989 年第 10 期。

270．方兴：《太虚大师的中观思想》，《法音》1989 年第 11 期。

271．赖永海：《佛性与人性——论儒佛之异同暨相互影响》，《哲学研究》1989 年第 11 期。

272．唐仲容：《关于佛教的认识论》（下），《法音》1989 年第 12 期。

273．赵朴初：《在天坛六佛圆顶洒净仪式后的讲话》，《法音》1989 年第 12 期。

274．蔡惠明：《印顺法师的佛学思想》，《法音》1989 年第 12 期。

275．潘桂明：《宋代佛道问题的综合考察》，《浙江学刊》1990 年第 1 期。

276．陈生玺：《法门寺历史沿革》，《南开学报》1990 年第 1 期。

277．简修炜等：《魏晋南北朝时期道佛二教比较论》，《学术月刊》1990 年第 1 期。

278．曾蒙军：《佛教中国化初探》，《宗教》1990 年第 1 期。

279．陈鸣：《中国寺院园林的历史沿革》，《宗教》1990 年第 1 期。

280．孔勤：《北京佛塔史话》，《法音》1990 年第 1 期。

281．朱子方等：《辽代佛教的主要宗派和学僧》，《世界宗教研究》1990 年第 1 期。

282．蓝吉富：《台湾佛教的发展概况》，《世界宗教研究》1990 年第 1 期。

283．张建章：《德宏小乘佛教教派及改革》，《世界宗教研究》1990 年第 1 期。

284．洪修平：《略论禅宗的中国化特色》，《世界宗教研究》1990 年第 1 期。

285．张捷：《唐代佛教教育宗旨与内容初探》，《东北师大学报》1990 年第 1 期。

286．方立天：《儒佛人生价值观之比较》，《中国社会科学》1990 年第

1 期。

287．潘桂明：《宋代居士佛教初探》，《复旦学报》1990 年第 1 期。

288．任继愈：《神秀北宗禅法》，《中国社会科学》1990 年第 2 期。

289．蒋述卓：《试论佛教美学思想》，《云南社会科学》1990 年第 2 期。

290．季羡林：《再谈浮屠与佛》，《历史研究》1990 年第 2 期。

291．郭朋：《从汉僧生活看佛教中国化——佛教中国化问题略述之一》，《世界宗教研究》1990 年第 2 期。

292．孔繁：《谭嗣同与佛学》，《世界宗教研究》1990 年第 2 期。

293．刘洪纪：《略述三大寺高级佛教人才的培养制度——从学僧到甘丹赤巴》，《中国哲学》1990 年第 2 期。

294．蒲文成：《藏传佛教诸派在青海的早期传播及其改宗》，《西藏研究》1990 年第 2 期。

295．周绍良：《弥勒信仰在佛教初入中国的阶段和其造像意义》，《世界宗教研究》1990 年第 2 期。

296．黄心川：《密教的中国化》，《世界宗教研究》1990 年第 2 期。

297．杨曾父：《天台宗"性具善恶"的心性论》，《世界宗教研究》1990 年第 2 期。

298．魏承思：《中国民间佛教信仰习俗》，《宗教》1990 年第 2 期。

299．兰奇光：《论佛教在中国古代社会中的地位和作用》，《湖南社会科学》1990 年第 3 期。

300．陈重晖：《法印论》，《法音》1990 年第 3 期。

301．游有维：《论学佛重在开佛知见》，《法音》1990 年第 3 期。

302．唐仲容：《佛教的心理学》（上），《法音》1990 年第 3 期。

303．魏承思：《中国佛教文化论纲》，《上海社会科学院学术季刊》1990 年第 3 期。

304．唐仲容：《佛教的心理学》（中），《法音》1990 年第 4 期。

305．顾伟康：《禅宗——中国文化和印度文化的相互选择》，《上海社会科学院学术季刊》1990 年第 4 期。

306．克珠群佩：《佛教止观法略述》，《西藏研究》1990 年第 4 期。

307．宽忍：《香港佛教的过去和现在》，《世界宗教研究》1990 年第 4 期。

308. 陈重晖：《自我实现与自性成佛》，《法音》1990 年第 5 期。

309. 唐仲容：《佛教的心理学》（下），《法音》1990 年第 5 期。

310. 蔡惠明：《原始佛教的缘起观》，《法音》1990 年第 5 期。

311. 圣辉：《试论三论宗的性空思想》，《法音》1990 年第 5 期。

312. 汪圣铎：《宋朝礼与佛教》，《学术月刊》1990 年第 5 期。

313. 罗颢：《佛教及智信而非迷信论》，《法音》1990 年第 5 期。

314. 洪修平：《禅宗——传统哲学发展的重要环节》，《南京大学学报》1990 年第 5—6 期。

315. 麻天祥：《杨度学佛的思想考察及其新佛教论的特征》，《天津社会科学》1990 年第 5 期。

316. 蒲文成：《青海藏传佛教寺院概述》，《青海社会科学》1990 年第 5 期。

317. 圣辉：《试论三论宗的性空思想》，《法音》1990 年第 5 期。

318. 圣辉：《试论三论宗的性空思想》（续），《法音》1990 年第 6 期。

319. 杜继文：《中国佛教的多民族性与诸宗派的个性》，《中国社会科学》1990 年第 6 期。

320. 佛日：《轮回说与心灵学》，《法音》1990 年第 7 期。

321. 牛实为：《论转识成智》，《法音》1990 年第 7 期。

322. 陈明：《禅宗的意义世界——从文化学角度对中国化佛教的解释》，《学术月刊》1990 年第 9 期。

323. 济群：《唯识学上的唯识义》，《法音》1990 年第 10 期。

324. 陈明晖：《因果业报说与社会教化》，《法音》1990 年第 10 期。

325. 魏承思：《佛教对中国民俗的影响》，《学术月刊》1990 年第 11 期。

326. 陈明辉：《佛教弘传与民族文化心理》，《法音》1990 年第 12 期。

327. 魏承思：《佛教与现代文明》，《法音》1990 年第 12 期。

328. 赵世瑜：《也说佛教的中国化》，《光明日报》1990 年 12 月 19 日。

329. 刘国梁：《道教法术与易学》，《上海道教》1991 年第 1 期。

330. 陈彤：《道教外丹术及其科学意义》，《上海道教》1991 年第 1 期。

331. 魏道儒：《宋代禅宗的"文字禅"》，《世界宗教研究》1991 年第 1 期。

332. 唐兆位：《佛教在中国的发展及其对中国文化的影响》，《宗教》1991 年第 1 期。

333. 张士强：《佛教宗派史上的谱系》，《复旦学报》1991 年第 1 期。

334. 陈景富：《中朝两国佛教典籍流通考》，《人文杂志》1991 年第 1 期。

335. 李冀诚：《藏传佛教对元代蒙古族文化的影响》，《世界宗教研究》1991 年第 1 期。

336. 李远杰：《佛教的伦理价值》，《宗教学研究》1991 年第 1 期。

337. 张锡坤：《禅与宇宙无意识》，《东北师大学报》1991 年第 2 期。

338. 穆赤·云登嘉措：《论佛教与藏族文化》，《内蒙古社会科学》1991 年第 3 期。

339. 崔正森：《五台山佛教文化》，《世界宗教研究》1991 年第 3 期。

340. 陈明晖：《佛教人生观》（上），《法音》1991 年第 3 期。

341. 惟贤：《佛教道德的普遍意义》，《法音》1991 年第 3 期。

342. 吕建福：《一个世纪来的国内藏传佛教研究》，《世界宗教研究》1991 年第 3 期。

343. 豆格才让：《班禅世系的产生及历代班禅转世过程》（下），《西藏研究》1991 年第 3 期。

344. 释隆莲：《佛教道德观》，《法音》1991 年第 4 期。

345. 陈明晖：《佛教人生观》（下），《法音》1991 年第 4 期。

346. 本源：《试论密教的理论基础》，《法音》1991 年第 4 期。

347. 洪修平：《论惠能门下的禅法特色》，《南京大学学报》1991 年第 4 期。

348. 武守志：《西行求法僧文化人格片论：丝路佛教文化现象研究之三》，《西北师大学报》1991 年第 6 期。

349. 杨莲：《藏传佛教对藏民族审美心理的影响》，《青海社会科学》1991 年第 6 期。

350. 方立天：《试论中国佛教哲学的形成》，《中国社会科学》1991 年第 6 期。

351. 魏义霞：《佛学：中国近代资产阶级哲学家变革社会的精神支柱》，《学习与探索》1991 年第 6 期。

352. 周润年：《藏传佛教寺院与藏族教育》，《法音》1991 年第 6 期。

353. 蔡惠明：《佛教是宗教是哲学，并应以科学为方便》，《法音》1991 年第 6 期。

354. 陈兵：《佛教与医学》，《法音》1991 年第 6 期。

355. 邢东风：《中国佛教南宗禅的无法之法》，《哲学研究》1991 年第 6 期。

356. 常定：《浅析"般若智"及"分别智"》，《法音》1991 年第 6 期。

357. 洪丕谟：《佛教的节日》，《法音》1991 年第 8 期。

358. 何明栋：《佛教对我国古代书院的影响》，《法音》1991 年第 8 期。

359. 释法辉：《简论佛教与民俗》，《法音》1991 年第 8 期。

360. 李尚全：《吐蕃佛教漫论》，《西藏研究》1992 年第 1 期。

361. 郝春文：《东晋南北朝时的佛教结社》，《历史研究》1992 年第 1 期。

362. 方光华：《法相唯识学与船山哲学》，《孔子研究》1992 年第 1 期。

363. 任继愈：《禅宗的特点和地位》，《禅学研究》1992 年第 1 辑。

364. 郑晓江：《论佛家的死亡智慧：兼及佛、儒、道死亡观之区别》，《青海社会科学》1992 年第 2 期。

365. 朱小丰：《〈金刚经〉研究：兼论〈金刚经〉与中国文化》，《上海社会科学院学术季刊》1992 年第 2 期。

366. 何燕生：《20 年代初太虚的佛学思想》，《华中师范大学学报》1992 年第 2 期。

367. 方立天：《中国佛教哲学的历史演变》，《历史研究》1992 年第 3 期。

368. 陈士强：《中国古代的佛教笔记》，《复旦学报》1992 年第 3 期。

369. 邱高兴：《华严宗祖法藏的生平及其思想》，《世界宗教研究》1992 年第 3 期。

370. 杨耀坤：《汉晋之际佛教发展的思想基础》，《四川大学学报》1992 年第 3 期。

371. 张锡坤：《心地妙用：中国禅阐释》，《社会科学战线》1992 年第 4 期。

372. 杨健吾：《关于藏传佛教与社会主义社会相协调的探讨》，《西藏

《研究》1992 年第 4 期。

373．央珍：《关于西藏佛教研究的两个问题》，《西藏研究》1992 年第 4 期。

374．巴桑罗布：《活佛转世传承的文化内涵》，《西藏研究》1992 年第 4 期。

375．肖占鹏：《佛教与韩孟诗派诗歌思想》，《江海学刊》1992 年第 4 期。

376．陈允吉：《论佛偈及其翻译文体》，《复旦学报》1992 年第 6 期。

377．索代：《论藏传佛教格鲁派特点》，《法音》1992 年第 10 期。

378．黄夏年：《禅的思索，法的探究，宗的溯源：读〈禅宗思想的形成与发展〉》，《法音》1992 年第 11 期。

379．月澄：《也说佛教中国化》，《法音》1992 年第 11 期。

380．洪修平：《略论宋代禅学的新特点》，《南京大学学报》1993 年第 1 期。

381．邢东风：《略论早期禅宗：南宗禅的背景问题探讨》，《世界宗教研究》1993 年第 1 期。

382．李尚全：《试论佛教概念及其演变》，《甘肃社会科学》1993 年第 2 期。

383．冯菊盛：《佛学对儒家价值理想建构的影响》，《世界宗教研究》1993 年第 2 期。

384．吴功正：《六朝佛教与美学》，《世界宗教研究》1993 年第 2 期。

385．何建明：《论晚清资产阶级革命对近代佛教的影响》，《世界宗教研究》1993 年第 2 期。

386．方立天：《中国佛教的神不灭论》，《世界宗教研究》1993 年第 2 期。

387．陈继东：《禅宗在新理学中的地位及其方法论的意义》，《世界宗教研究》1993 年第 2 期。

388．周述成：《论"悟"及其特征：禅体验和审美体验之异同》，《四川大学学报》1993 年第 2 期。

389．舒家骅：《云南大理的密教》，《佛学研究》1993 年第 2 期。

390．舒家骅：《吉藏二藏三轮的判教理论》，《佛学研究》1993 年第

2 期。

391．黄德远：《"〈坛经〉考"质疑：读胡适〈坛经考之一〉》，《中国人民大学学报》1993 年第 2 期。

392．顾伟康：《论中国民俗佛教》，《上海社会科学院学术季刊》1993 年第 3 期。

393．武守志：《漫说〈坛经〉：丝路佛教文化现象研究之五》，《西北师大学报》1993 年第 3 期。

394．孙昌武：《读藏杂识五：关于佛教的形象与形象观》，《南开学报》1993 年第 3 期。

395．王晓毅：《汉魏佛教与何晏早期玄学》，《世界宗教研究》1993 年第 3 期。

396．张弓：《唐代的内道场与内道场僧团》，《世界宗教研究》1993 年第 3 期。

397．罗桑旦增：《略论藏传佛教的民族特点和地方特色》，《西藏研究》1993 年第 3 期。

398．李尚全：《吐蕃佛教史论》，《西藏研究》1993 年第 3 期。

399．姚卫群：《佛教的伦理思想与现代社会》，《北京大学学报》1993 年第 3 期。

400．石世梁：《显密圆融，见行并重：试论藏传佛教特色之一》，《西藏研究》1993 年第 3 期。

401．龚隽：《论僧肇》，《宗教学研究》1993 年第 3/4 期。

402．于树德：《弥勒信仰与弥勒造像的演变》，《宗教学研究》1993 年第 3/4 期。

403．张菁：《唐代僧侣的游方与文化》，《江海学刊》1993 年第 4 期。

404．何建明：《佛教唯识论的主体认识结构分析》，《华中师范大学学报》1993 年第 4 期。

405．龚隽：《〈肇论〉思想新释》，《人文杂志》1993 年第 5 期。

406．姜超：《论禅》，《学术月刊》1993 年第 6 期。

407．冯巧英：《论华严三圣的关系》，《法音》1993 年第 7 期。

408．佛日：《真实论》，《法音》1993 年第 7 期。

409．竺济法：《日本茶道与中日佛教文化交流》，《法音》1993 年第

11 期。

　　410．伍林：《临济的禅学思想》，《法音》1993 年第 11 期。

　　411．周若瑜：《禅与辩证法》，《宗教》1994 年第 1 期。

　　412．徐铭：《当前藏传佛教的几个认识问题》，《宗教》1994 年第 1 期。

　　413．胡晓光：《略论慧能禅学三无观念实质》，《禅》1994 年第 1 期。

　　414．张育英：《谈中国佛塔的民族化》，《宗教》1994 年第 1 期。

　　415．余敦康：《鸠摩罗什与东晋佛玄合流思潮》，《世界宗教研究》1994 年第 1 期。

　　416．黄总舜：《漫谈禅的思维》，《禅》1994 年第 1 期。

　　417．方立天：《洪州宗心性论思想述评》，《中国社会科学》1994 年第 2 期。

　　418．方立天：《菏泽宗思想略论》，《禅学研究》1994 年第 2 辑。

　　419．郝宁湘：《佛教八识论的生物学根据及其认识论意义》，《青海社会科学》1994 年第 2 期。

　　420．丁明夷：《鸠摩罗什与龟兹佛教艺术》，《世界宗教研究》1994 年第 2 期。

　　421．牟钟鉴：《鸠摩罗什与姚兴》，《世界宗教研究》1994 年第 2 期。

　　422．张捷：《天台宗教育思想浅说》，《东北师大学报》1994 年第 2 期。

　　423．罗润苍：《西藏佛教史上的政教关系》，《中国藏学》1994 年第 2 期。

　　424．杨曾文：《鸠摩罗什的"诸法实相"论：据僧肇〈注维摩诘经〉的罗什译语》，《世界宗教研究》1994 年第 2 期。

　　425．章念驰：《章太炎与佛教的关系及其佛学特色》，《上海社会科学院学术季刊》1994 年第 3 期。

　　426．辛世俊：《论佛教的文化功能》，《法音》1994 年第 3 期。

　　427．严耀中：《陈朝崇佛与般若三论的复兴》，《历史研究》1994 年第 4 期。

　　428．唐统天：《辽道宗对佛教发展的贡献》，《社会科学辑刊》1994 年第 4 期。

　　429．欧阳镇：《论汉地佛教丛林制度的社会功能》，《江西社会科学》1994 年第 4 期。

430．郭德茂：《"中"：儒道释的智慧和误区》，《孔子研究》1994 年第 4 期。

431．方立天：《华严宗心性论述评》，《中华文化论坛》1994 年第 4 期。

432．杨应龙：《禅宗与净土宗成佛论比较》，《江西社会科学》1994 年第 5 期。

433．李德成：《谈藏传佛教教育由经院式到现代化的转变》，《法音》1994 年第 5 期。

434．吴信如：《佛法之根本与教法之分类》（上），《法音》1994 年第 6 期。

435．邵显侠：《禅宗的"本心"论与王阳明的"良知"说》，《社会科学战线》1994 年第 6 期。

436．曲军铮：《玄奘在翻译上的贡献》，《光明日报》1994 年 7 月 11 日。

437．胡晓光：《略论唯识学的真如理论》，《法音》1994 年第 8 期。

438．明栋：《道一禅师的佛学贡献》，《江西社会科学》1994 年第 10 期。

439．胡晓光：《唯识学对哲学的超越》，《法音》1995 年第 1 期。

440．徐小跃：《佛教中国化问题》，《南京大学学报》1995 年第 1 期。

441．赵朴初：《佛教与中国文化的关系》，《中国宗教》1995 年创刊号。

442．慈仁杰博：《浅析西藏藏传佛教长期存在的根源》，《西藏研究》1995 年第 1 期。

443．杨曾文：《佛教对中国历史文化有哪些影响》，《世界宗教研究》1995 年第 1 期。

444．丁四新：《"禅宗与中国文化学术研讨会"综述》，《世界宗教研究》1995 年第 1 期。

445．黄夏年：《"鸠摩罗什和中国民族文化"学术讨论综述》，《世界宗教研究》1995 年第 1 期。

446．黄夏年：《玄奘国际学术讨论会综述》，《世界宗教研究》1995 年第 1 期。

447．任继愈：《农民禅与文人禅》，《传统文化与现代化》1995 年第 1 期。

448．慈仁杰博：《浅析西藏藏传佛教长期存在的根源》，《西藏研究》1995 年第 1 期。

449．尕藏加：《峨眉山与藏传佛教》，《青海社会科学》1995 年第 1 期。

450．侯德贤：《禅宗之"禅"与直觉主义之"直觉"》，《宗教》1995 年第 1/2 期。

451．杨子江：《文人的逸态傲态与道德之啸法》，《宗教学研究》1995 年第 1/2 期。

452．李作勋：《佛教对中国传统思想的融合与吸收》，《宗教》1995 年第 1/2 期。

453．周成名：《禅宗与人的自觉》，《宗教》1995 年第 1、2 期。

454．沈文捷：《魏晋时期的佛儒合一论》，《宗教》1995 年第 1、2 期。

455．壮海、志强：《首届禅宗与中国文化国际学术研讨会综述》，《武汉大学学报》1995 年第 2 期。

456．李书有：《太虚大师与中国佛教的现代发展》，《世界宗教研究》1995 年第 2 期。

457．欧阳镇：《禅宗兴盛及禅林清规的形成》，《江西社会科学》1995 年第 2 期。

458．演翔：《中国佛教在世纪末》，《宗教》1995 年第 1、2 期。

459．耿敬：《中国近代佛教教育的兴起和发展》，《教育史研究》1995 年第 2 期。

460．江新建：《论佛教对中国人生死观的影响》，《求索》1995 年第 2 期。

461．汤一介：《华严"十玄门"的哲学意义》，《中国文化研究》1995 年第 2 期。

462．沈壮海：《首届禅宗与中国文化国际学术研讨会综述》，《文史哲》1995 年第 2 期。

463．王锋：《大理佛教漫谈》，《法音》1995 年第 3 期。

464．方立天：《禅宗精神：禅宗思想的核心、本质及特点》，《哲学研究》1995 年第 3 期。

465．丁四新：《"禅宗与中国文化学术研讨会"综述》，《哲学动态》1995 年第 3 期。

466．方立天：《略论佛教对道教心性论的思想影响》，《世界宗教研究》1995 年第 3 期。

467．杨曾文：《信行与三阶教典籍考略》，《世界宗教研究》1995 年第 3 期。

468．包庆芳：《评禅宗的"顿悟"说》，《当代宗教研究》1995 年第 3 期。

469．邢东风：《认知与般若》，《佛学研究》1995 年第 3 期。

470．方立天：《略论佛教对道教心性论的思想影响》，《世界宗教研究》1995 年第 3 期。

471．张文良、孔明安：《佛教哲学：不是一种思辨而是一种体悟》，《法音》1995 年第 3 期。

472．净慧：《当代佛教契理契机的思考》，《法音》1995 年第 4 期。

473．学愚：《海外华人佛教面面观》（之一），《法音》1995 年第 4 期。

474．济群：《金刚经的现代意义》（下），《法音》1995 年第 4 期。

475．方立天：《儒家对佛教心性论的影响》，《中华文化论坛》1995 年第 4 期。

476．李愚：《海外华人佛教面面观：台湾佛教掠影》（续一），《法音》1995 年第 5 期。

477．杨应龙：《禅宗与儒家心学》，《江西社会科学》1995 年第 5 期。

478．戒圆：《人生欲望论》，《法音》1995 年第 7 期。

479．西尔瓦著：《妇女在佛教中的地位》，《法音》1995 年第 7 期。

480．郭齐勇：《精神解脱与社会参与：佛教的当代意义之蠡测》，《江汉论坛》1995 年第 7 期。

481．释永信：《武术禅问答》，《法音》1995 年第 8 期。

482．拉灿：《佛教财富观与寺庙经济》，《法音》1995 年第 9 期。

483．陈兵：《佛教的宗教观》，《法音》1995 年第 11 期。

484．潘桂明：《"性具实相"述评》，《世界宗教研究》1996 年第 1 期。

485．郭朋：《南朝"佛性"论思想略述》，《世界宗教研究》1996 年第 1 期。

486．伍先林：《〈维摩诘所说经〉思想试探》，《宗教学研究》1996 年第 1 期。

487．孔繁：《慧能"顿悟"说之评价》，《世界宗教研究》1996 年第 1 期。

488．陈士强：《隋唐佛教的十二大哲学命题》，《复旦学报》1996 年第 1 期。

489．邢东风：《禅的可说与不可说》，《哲学研究》1996 年第 1 期。

490．蒙培元：《儒、佛、道的境界说及其异同》，《世界宗教研究》1996 年第 2 期。

491．业露华：《我国佛教研究的现状和走向》，《当代宗教研究》1996 年第 2 期。

492．姜超：《禅：自由的心态》，《东岳论丛》1996 年第 2 期。

493．理证：《关于唯识的业果缘起论》，《法音》1996 年第 2 期。

494．方立天：《中国佛教伦理思想论纲》，《中国社会科学》1996 年第 2 期。

495．姜超：《禅和庄子哲学》，《广东社会科学》1996 年第 3 期。

496．李富华：《关于〈楞严经〉的几个问题》，《世界宗教研究》1996 年第 3 期。

497．佛日：《佛学在文化重建中的使命》，《法音》1996 年第 3 期。

498．太虚：《真现实论》，《法音》1996 年第 3 期。

499．王月清：《中国佛教孝亲观初探》，《南京大学学报》1996 年第 3 期。

500．冯殿忠：《〈金刚经〉哲学述评》，《江西社会科学》1996 年第 4 期。

501．李四龙：《民俗佛教的形成与特征》，《北京大学学报》1996 年第 4 期。

502．童辰：《江西古代佛教文化概说》，《江西社会科学》1996 年第 4 期。

503．方立天：《从对"如何是佛"的回答看禅宗的核心思想》，《中国文化研究》1996 年第 4 期。

504．方立天：《印度佛教的心性思想》，《佛学研究》1996 年第 5 期。

505．徐绍强：《法藏的无尽缘起说》，《佛学研究》1996 年第 5 期。

506．谢路军：《试析善导往生净土的主体——众生观》，《佛学研究》

1996 年第 5 期。

507. 华方田：《试论吉藏的中道观》，《佛学研究》1996 年第 5 期。

508. 印传：《印先法师悟道年时考》，《佛学研究》1996 年第 5 期。

509. 自然：《印光大师及其佛学思想初探》，《佛学研究》1996 年第 5 期。

510. 胡晓光：《略论佛教本体哲学》，《法音》1996 年第 6 期。

511. 方立天：《佛教伦理中国化的方式与特色》，《哲学研究》1996 年第 6 期。

512. 默雷摘编：《佛法在世间》，《法音》1996 年第 6 期。

513. 方立天：《从中国佛教净土思想的演变看传统与现代的转换》，《传统文化与现代化》1996 年第 6 期。

514. 陈延斌：《"儒佛道三教和韩、中、日近现代伦理思想"国际学术讨论会综述》，《道德与文明》1996 年第 6 期。

515. 胡晓光：《略论中道义的逻辑特质：佛法沉思录之二》，《法音》1996 年第 7 期。

516. 王晓毅：《般若学对西晋玄学的影响》，《哲学研究》1996 年第 9 期。

517. 陈兵：《生活禅浅识》，《法音》1996 年第 9 期。

518. 默雷摘编：《佛教寺院经济扫描》，《法音》1996 年第 9 期。

519. 胡晓光：《佛教缘起哲学统观：佛法沉思录之四》，《法音》1996 年第 9 期。

520. 大智：《佛教女性如何面对二十一世纪》，《法音》1996 年第 10 期。

521. 欧阳镇：《试述梁武帝力促佛教僧制的中国化》，《江西社会科学》1996 年第 11 期。

522. 济群：《戒律的现实意义》，《法音》1996 年第 11 期。

523. 班班多杰：《藏族传统宗教、哲学与伦理》，《法音》1996 年第 12 期。

524. 本性：《如何实践慈悲法门》，《法音》1996 年第 12 期。

525. 何方耀：《从〈六祖坛经〉看中华文化的融汇力》，《广东社会科学》1996 年增刊。

526．赵林：《论儒家伦理对三大外来宗教的同化与拒斥》，《中州学刊》1997 年第 1 期。

527．李利安：《观音文化简论》，《人文杂志》1997 年第 1 期。

528．方立天：《中国佛教的宇宙结构论》，《宗教学研究》1997 年第 1 期。

529．黄夏年：《1996 年中国大陆佛教学术会议综述》，《世界宗教研究》1997 年第 2 期。

530．赵志忠：《满族与佛教》，《世界宗教研究》1997 年第 2 期。

531．业露华：《六祖慧能的佛性论思想》，《当代宗教研究》1997 年第 2 期。

532．陈宁：《慧远〈三报论〉中的"现报论"解析》，《中国哲学史》1997 年第 2 期。

533．洪修平、孙亦平：《如来禅与中国佛教文化》，《中国哲学史》1997 年第 2 期。

534．田昌五：《慧能在中国思想史上的地位》，《文史哲》1997 年第 2 期。

535．大智：《佛教女性如何面对二十一世纪：在 1996 年韩中日佛教友好交流会议汉城大会上发言》，《中国宗教》1997 年第 2 期。

536．印顺：《解脱者之境界》，《法音》1997 年第 2 期。

537．何云：《东亚佛教的未来不是梦》，《浙江学刊》1997 年第 3 期。

538．李向平：《东亚佛教文化圈的研究构想》，《浙江学刊》1997 年第 3 期。

539．黄心川：《佛教是维持亚洲和平与繁荣的一种重要力量》，《浙江学刊》1997 年第 3 期。

540．刘斯翰：《顿悟说和六祖》，《广东社会科学》1997 年第 3 期。

541．姜超：《禅学黄龙派和扬岐派之同异》，《内蒙古社会科学》1997 年第 3 期。

542．袁琳蓉：《藏传佛教文献资源的调查与分析》，《宗教学研究》1997 年第 3 期。

543．石硕：《藏传佛教与藏民族的形成》，《四川大学学报》1997 年第 3 期。

544．雍坚：《禅宗对传统哲学思维方式的扬弃》，《宗教学研究》1997年第3期。

545．郭朋：《中国汉传佛教简论》，《世界宗教研究》1997年第3期。

546．湛如：《简论六祖坛经的无相忏悔：兼谈唐代禅宗忏法体系的形成》，《法音》1997年第3期。

547．葛壮：《略论近代上海佛教文化》，《复旦学报》1997年第3期。

548．徐文明：《出世之教与治世之道——试论儒佛的根本分际》，《北京师范大学学报》1997年第3期。

549．印顺：《人间佛教要略》，《法音》1997年第4期。

550．陈坚：《论禅宗的禅法》，《当代宗教研究》1997年第4期。

551．陈昌文：《佛教的自我观：寻找本真》，《当代宗教研究》1997年第4期。

552．何绵山：《当代台湾佛教特点探论》，《当代宗教研究》1997年第4期。

553．张哲永：《中华佛教第一宗：试论天台宗的形成和特点》，《江海学刊》1997年第4期。

554．何劲松：《论中国佛教的新罗化过程》，《浙江学刊》1997年第4期。

555．程恭让：《欧阳竟无的内学研究与其孔学再诠释》，《中国哲学史》1997年第4期。

556．方立天：《中国佛教本无说的兴起与终结》，《中国文化研究》1997年第4期。

557．姜超：《禅：完整的心态》，《东岳论丛》1997年第4期。

558．李少兵：《民国时期的佛学与科学思潮》，《历史研究》1997年第4期。

559．陈星桥：《略论佛教"气功"》，《法音》1997年第4期。

560．妙音智：《闻缘起偈见解脱义》，《法音》1997年第4期。

561．方立天：《中国佛教的气本原说和道体说》，《宗教学研究》1997年第4期。

562．章权才：《惠能的宗教革新与唐宋之际中国传统思想的重构》，《广东社会科学》1997年第5期。

563．佛日：《法相唯识学复兴的回顾》（上），《法音》1997 年第 5 期。

564．印顺：《佛教的财富观》，《法音》1997 年第 5 期。

565．欧阳志远：《佛教对亚洲可持续发展的作用》，《中国人民大学学报》1997 年第 5 期。

566．巨赞：《关于玄奘法师的〈会宗论〉》，《法音》1997 年第 8 期。

567．常正：《以正法化导民俗》，《法音》1997 年第 8 期。

568．佛日：《佛教的社会责任与社会价值：为柏林禅寺第五届生活禅夏令营而作》，《法音》1997 年第 8 期。

569．邓俊松：《生活中的止观熏修》，《法音》1997 年第 8 期。

570．龚隽：《近代佛学从经世到学术的命运走向》，《哲学研究》1997 年第 8 期。

571．陈星桥：《略论"人间佛教"》，《法音》1997 年第 9 期。

572．方立天：《印度佛教本体论简述》，《哲学研究》1997 年第 9 期。

573．王河：《两宋时期佛寺藏书考略》，《江西社会科学》1997 年第 9 期。

574．陈星桥：《略论"人间佛教"》（二），《法音》1997 年第 10 期。

575．乙洰：《禅与印度宗教》，《世界宗教文化》1997 年第 12 期。

576．如吉：《禅定之种类》，《法音》1997 年第 12 期。

577．宋道发：《清净为心皆补怛，慈悲济物即观音：观音感应初探》，《法音》1997 年第 12 期。

578．李锦全：《对慧能改革南宗教义的一点探索》，《中国哲学史》1998 年第 1 期。

579．宣方：《鸠摩罗什所译禅经考辨》，《中国哲学史》1998 年第 1 期。

580．王月清：《中国佛教善恶报应论初探》，《南京大学学报》1998 年第 1 期。

581．李壮鹰：《谈谈禅宗语录》，《北京师范大学学报》1998 年第 1 期。

582．法量：《佛教与社会主义精神文明建设》，《当代宗教研究》1998 年第 1 期。

583．邱高兴：《李通玄与法藏的佛学思想比较》，《世界宗教研究》1998 年第 1 期。

584．何劲松：《中国佛教应走什么道路：关于居士佛教的思考》，《世界宗教研究》1998 年第 1 期。

585．乔根锁：《论藏传佛教哲学思想的基本内容和主要特点》，《中国藏学》1998 年第 1 期。

586．翁志鹏：《试论智顗》，《世界宗教研究》1998 年第 2 期。

587．李霞：《中国佛教解经方法的演变》，《中国哲学史》1998 年第 2 期。

588．龙文茂：《禅宗的无著智慧及其对宋明儒家的影响》，《孔子研究》1998 年第 2 期。

589．王仲光：《〈天台宗智顗的佛性思想〉》，《武汉大学学报》1998 年第 3 期。

590．胡晓光：《佛学研究断想》，《法音》1998 年第 3 期。

591．如吉：《修定之证得及其它》，《法音》1998 年第 3 期。

592．默雷：《佛教思想与生态哲学》，《法音》1998 年第 4 期。

593．魏德东：《论佛教唯识学的转识成智》，《世界宗教研究》1998 年第 4 期。

594．韩廷杰：《玄奘对唯识学的发展》，《世界宗教研究》1998 年第 4 期。

595．方立天：《中国佛教的过去与未来：为纪念中国佛教二千年而作》，《中国宗教》1998 年第 4 期。

596．潘桂明：《论唐代宗派佛教的有情无情之争》，《世界宗教研究》1998 年第 4 期。

597．陈楠：《明代藏传佛教对内地的影响》，《中国藏学》1998 年第 4 期。

598．汤用彤：《隋唐佛学之特点：在西南联大的讲演》，《法音》1998 年第 5 期。

599．任宜敏：《佛家因果学说的真精神》，《浙江学刊》1998 年第 5 期。

600．方立天：《天台宗的现象即本质说："诸法即实相"论述评》，《浙江社会科学》1998 年第 6 期。

601．方立天：《华严宗的现象圆融论》，《文史哲》1998 年第 6 期。

602．吴学国：《唯识学：缘起论与业力说的矛盾消解》，《学术月刊》1998 年第 10 期。

603．方立天：《镇澄对僧肇〈物不迁论〉的批评》，《哲学研究》1998年第 11 期。

604．程群：《略述佛教慈悲观念在中国的开展》，《法音》1998 年第 12 期。

605．宋道发：《中国佛教史观的形成与佛教史学的建立》，《法音》1998 年第 12 期。

606．吴可为：《中国佛教的主流及前景展望》，《法音》1998 年第 12 期。

607．吴海勇、李振荣：《略论佛教忏悔在中土的传播与影响》，《法音》1998 年第 12 期。

608．吴学国：《关于中土唯识学历史兴衰的思考》，《法音》1998 年第 12 期。

609．王路平：《明清贵州临济禅宗灯系及其典籍著述》，《世界宗教研究》1999 年第 1 期。

610．姚卫群：《佛教的"二谛"理论及其历史意义》，《宗教学研究》1999 年第 1 期。

611．彭彤：《"妙悟"：禅宗美学的核心范畴》，《宗教学研究》1999 年第 1 期。

612．衣正：《略述禅宗的特色及对中国思想文化之影响：纪念中国佛教二千年》，《法音》1999 年第 1 期。

613．方立天：《我和中国佛学研究》，《法音》1999 年第 1 期。

614．洪修平：《惠能南宗顿悟成佛论研究》，《南京大学学报》1999 年第 1 期。

615．吕建福：《佛教之中国化与全球化略说：写于中国佛教两千年之际》，《法音》1999 年第 1 期。

616．业露华：《略论大乘佛教的道德理想》，《当代宗教研究》1999 年第 1 期。

617．李远杰：《佛教的伦理价值》，《宗教学研究》1999 年第 1 期。

618．桑靖宇：《略论龙树的"空"的思想》，《宗教学研究》1999 年第 2 期。

619．蔡宏：《佛教般若思想与叔本华意志哲学比较》，《宗教学研究》

1999 年第 2 期。

620. 田文棠：《论玄奘的唯识学境界》，《中国文化研究》1999 年第 2 期。

621. 孔令宏：《试论宋代禅宗与〈庄子〉思想的关系》，《河北学刊》1999 年第 2 期。

622. 姚维：《魏晋佛性论：兼谈玄学情性论》，《人文杂志》1999 年第 2 期。

623. 王月清：《论中国佛教的人性善恶观——以天台宗为重点》，《南京大学学报》1999 年第 2 期。

624. 魏磊：《净宗与现代社会》，《佛教文化》1999 年第 2 期。

625. 孔令宏：《试论宋代禅宗与〈庄子〉思想的关系》，《河北学刊》1999 年第 2 期。

626. 杨维中：《生佛互具天台宗心性本体论的逻辑推展》，《人文杂志》1999 年第 2 期。

627. 吴汉民：《禅宗中的哲学认识论玄机》，《人文杂志》1999 年第 2 期。

628. 蔡宏：《新三论与旧三论之比较》，《当代宗教研究》1999 年第 2 期。

629. 吉广舆：《禅宗公案的现代诠释》，《人文杂志》1999 年第 2 期。

630. 严耀中：《论六朝的神通禅》，《中国哲学史》1999 年第 2 期。

631. 魏道儒整理：《佛教与东方文化：纪念佛教传入中国二千年海峡两岸佛教学术会议论文摘要》，《世界宗教研究》1999 年第 2 期。

632. 徐文明：《此湛然非彼湛然》，《世界宗教研究》1999 年第 2 期。

633. 洪修平：《关于〈坛经〉的若干问题研究》，《世界宗教研究》1999 年第 2 期。

634. 胡晓光：《"所缘缘"的认识论意蕴略析》，《法音》1999 年第 2 期。

635. 石山：《藏传佛教的基本礼仪》，《中国宗教》1999 年第 3 期。

636. 良舍：《实践人间佛教》，《中国宗教》1999 年第 3 期。

637. 胡晓光：《阿赖耶识刍议》，《法音》1999 年第 3 期。

638. 纪华传：《纪念中国佛教二千年国际学术研讨会综述》，《哲学动态》1999 年第 3 期。

639. 吴学国：《论唯识学对般若"空"义的诠释与缘起论的重构》，《复旦学报》1999 年第 3 期。

640. 吴言生：《论禅宗所谓"本来面目"》，《晋阳学刊》1999 年第 3 期。

641. 佟德富：《试论禅宗在吐蕃社会的传播及其影响》，《内蒙古社会科学》1999 年第 3 期。

642. 业露华：《略论中国近代佛学之复兴》，《当代宗教研究》1999 年第 3 期。

643. 陈兵：《佛学研究方法论》，《法音》1999 年第 3 期。

644. 姚卫群：《佛教的伦理思想与现代社会》，《北京大学学报》1999 年第 3 期。

645. 何劲松：《〈法华经〉的历史意义及其在二十一世纪中的作用》，《世界宗教研究》1999 年第 3 期。

646. 董平：《论天台宗圆融三谛的真理观》，《中国哲学史》1999 年第 3 期。

647. 李利安：《明末清初禅宗的基本走向》，《中国哲学史》1999 年第 3 期。

648. 尹立：《浅析佛学与现代医学目的之契合》，《宗教学研究》1999 年第 3 期。

649. 方立天：《禅·禅定·禅悟》，《中国文化研究》1999 年第 3 期。

650. 朱锡强：《试谈佛教怎样迎接新时代的挑战》，《宗教》1999 年第 3/4 期。

651. 许圣义：《禅宗的特色和风格》，《宗教》1999 年第 3、4 期。

652. 孙永艳：《活佛转世制起源探因》，《宗教》1999 年第 3、4 期。

653. 沈顺福：《止观与自我存在：天台宗修行学说的理论意义》，《江淮论坛》1999 年第 4 期。

654. 周叔迦：《无情有佛性》，《佛教文化》1999 年第 4 期。

655. 胡晓光：《浅议唯识学的种子论》，《法音》1999 年第 4 期。

656. 陈兵：《佛学与科学融通之省思》，《法音》1999 年第 4 期。

657. 蒋海怒：《僧肇对玄佛体用论的扬弃》，《人文杂志》1999 年第

4 期。

658. 董平：《论智顗一念三千的实相论》，《浙江学刊》1999 年第 4 期。

659. 吴汉民：《禅宗的哲学认识论玄机》，《浙江学刊》1999 年第 4 期。

660. 王公伟：《从弥勒信仰到弥陀信仰：道安和慧远不同净土信仰原因初探》，《世界宗教研究》1999 年第 4 期。

661. 高振农：《〈华严经〉的核心思想初探》，《当代宗教研究》1999 年第 4 期。

662. 郑伟宏：《论玄奘的因明学成就》，《法音》1999 年第 5 期。

663. 魏德东：《佛教的生态观》，《中国社会科学》1999 年第 5 期。

664. 陈星桥：《生态平衡·环境保护·佛教》，《法音》1999 年第 5 期。

665. 刘蕻：《漫说禅、密的师道尊严：禅宗与密宗比较研究》，《福建论坛》1999 年第 6 期。

666. 刘孟骧：《法相唯识：佛教形而上学的概念金字塔》，《中山大学学报》1999 年第 6 期。

667. 何云：《应当重视对中国佛教史的研究》，《法音》1999 年第 7 期。

668. 胡晓光：《略论唯识学的缘起与因果问题》，《法音》1999 年第 7 期。

669. 月悟：《念佛·研教·往生》，《法音》1999 年第 10 期。

670. 龚隽：《欧阳竟无思想中的三个论题》，《哲学研究》1999 年第 12 期。

671. 邓子美：《新世纪中国佛教应承当的社会历史使命：从世界文明史反思邪教现象》，《法音》1999 年第 12 期。

672. 胡晓光：《唯识学的真实观》，《法音》1999 年第 12 期。

673. 祁志祥：《佛教的般若禅定学说与中国的静观玄鉴理论》，《云南社会科学》2000 年第 1 期。

674. 冯焕珍：《于有限中体认无限之境：试论慧能禅的境界追求》，《宗教学研究》2000 年第 1 期。

675. 姚卫群：《从〈百论〉中佛教对"外道"的批驳看中观派的理论特色》，《宗教学研究》2000 年第 1 期。

676. 吴言生：《维摩不二印禅心：论〈维摩诘经〉对禅思禅诗的影响》，《世界宗教研究》2000 年第 1 期。

677. 方立天：《论南顿北渐》，《世界宗教研究》2000 年第 1 期。

678. 陈赟：《试论禅宗的传心说》，《宗教》2000 年第 1 期。

679. 杨维中：《心意识与唯识无境：唯识宗的心性本体论》，《南京大学学报》2000 年第 1 期。

680. 王宗昱：《三洞缘起》，《世界宗教研究》2000 年第 2 期。

681. 王雷泉：《面向 21 世纪的中国佛教》，《世界宗教研究》2000 年第 2 期。

682. 董群：《论华严禅的佛学和理学之间的中介作用》，《中国哲学史》2000 年第 2 期。

683. 潘桂明：《从太虚的"人间佛教"展望新世纪的中国佛教》，《世界宗教研究》2000 年第 2 期。

684. 孕藏加：《新中国的藏传佛教研究：回顾与展望》，《世界宗教研究》2000 年第 2 期。

685. 楼宇烈：《"无我"与"自我"：佛教"无我"论的现代意义》，《世界宗教研究》2000 年第 2 期。

686. 杨富学：《敦煌文献对中国佛教史研究的贡献》，《世界宗教研究》2000 年第 2 期。

687. 吴言生：《论法眼宗对佛教经典的汲取》，《宗教学研究》2000 年第 2 期。

688. 刘立夫：《论格义的本义及其引申》，《宗教学研究》2000 年第 2 期。

689. 王永会：《八十年代以来的人间佛教》，《宗教学研究》2000 年第 2 期。

690. 中国藏学研究中心大藏经对勘局：《〈中华大藏经·丹珠尔〉对勘工作述要》（续完），《中国藏学》2000 年第 2 期。

691. 何德章：《评侯旭东〈五、六世纪北方民众佛教信仰〉》，《中国史研究》2000 年第 2 期。

692. 陶柯：《论藏传佛教对汉族的影响》，《甘肃社会科学》2000 年第 2 期。

693. 方立天：《南北朝禅学》，《宗教学研究》2000 年第 2 期。

694. 陈兵：《中国佛教的回顾与展望》，《法音》2000 年第 2 期。

695. 杨曾文：《赵朴初先生和新中国的中日佛教文化交流》，《佛教文化》2000 年第 Z1 期。

696. 牛宏：《浅析大圆满法与大手印法的异同》，《西北民族学院学报》2000 年第 3 期。

697. 祁志祥：《"无相而有相"的佛教本体论及其在中国的传播》，《甘肃社会科学》2000 年第 3 期。

698. 程恭让：《在"佛教化"与"中国化"的思想张力之间：关于中国佛教思想史的一种理解方式》，《中国哲学史》2000 年第 3 期。

699. 聂清：《神会与宗密》，《中国哲学史》2000 年第 3 期。

700. 王永会：《佛教政治哲学简论》，《社会科学研究》2000 年第 3 期。

701. 刘家俊：《佛典与禅宗的生存论解读》，《天津社会科学》2000 年第 3 期。

702. 王路平：《略论龙树、提婆的中观哲学》，《浙江学刊》2000 年第 3 期。

703. 郭朋：《"印顺思想"：具有划时代意义的佛学思想》，《世界宗教研究》2000 年第 3 期。

704. 刘泽亮：《黄檗禅学的道禅品格》，《世界宗教研究》2000 年第 3 期。

705. 梁子：《佛教与茶》，《世界宗教文化》2000 年第 3 期。

706. 方立天：《我与中国佛学及哲学研究》，《中国人民大学学报》2000 年第 4 期。

707. 唐明邦：《"三谛圆融"与中道观》，《宗教学研究》2000 年第 4 期。

708. 廖国一：《广西的佛教与少数民族文化》，《宗教学研究》2000 年第 4 期。

709. 王路平：《明末清初贵州佛教论纲》，《贵州社会科学》2000 年第 4 期。

710. 圣凯：《佛教与心灵环保》，《中国宗教》2000 年第 4 期。

711. 宏度：《佛教与和平》，《中国宗教》2000 年第 4 期。

712. 陈星桥：《21 世纪中国佛教教育的理念与展望》，《中国宗教》2000 年第 4 期。

713. 刘成有：《论 20 世纪中国佛学对科学主义思潮的回应》，《首都师范大学学报》2000 年第 4 期。

714. 李向平：《中国佛教思想史的一个新阐释：法相唯识宗千年兴衰史新探》，《学术月刊》2000 年第 4 期。

715. 圣凯：《佛教与心灵环保》，《法音》2000 年第 5 期。

716. 方立天：《弘法利生：当代佛教的主旋律："佛教在二十一世纪的使命"演讲比赛评述》，《法音》2000 年第 5 期。

717. 静波：《弘扬佛法：僧人永恒的使命》，《法音》2000 年第 5 期。

718. 宏度：《佛教与和平》，《法音》2000 年第 5 期。

719. 陈星桥：《二十一世纪中国佛教教育的理念与展望》，《法音》2000 年第 5 期。

720. 桑杰端智：《藏传佛教应成派思想及其社会价值》，《兰州大学学报》2000 年第 5 期。

721. 李清凌：《藏传佛教与中国传统文化》，《西北师大学报》2000 年第 5 期。

722. 李霞：《论明代佛教的三教合一说》，《安徽大学学报》2000 年第 5 期。

723. 林国良：《唯识学的认知理论》，《社会科学》2000 年第 5 期。

724. 高士荣、杨富学：《汉传佛教对回鹘的影响》，《民族研究》2000 年第 5 期。

725. 夏金华：《中国佛教的特色：平民化、禅观实践与圆融精神》，《华东师范大学学报》2000 年第 5 期。

726. 张民军：《日本真宗大谷派在华活动概观》，《东北师大学报》2000 年第 5 期。

727. 王月清：《禅宗戒律思想初探：以"无相戒法"和"百丈清规"为中心》，《南京大学学报》2000 年第 5 期。

728. 方立天：《如来禅与祖师禅》，《中国社会科学》2000 年第 5 期。

729. 张节末：《论禅宗的现象空观》，《天津社会科学》2000 年第 6 期。

730. 李德龙：《论日本学者对敦煌古藏文禅宗文献的研究》，《中央民族大学学报》2000 年第 6 期。

731. 金海：《1931—1945 年间的日本与蒙古喇嘛教》，《内蒙古大学学报》2000 年第 6 期。

732. 方立天：《围绕佛教真理观的一场历史性论争：佛教三论系与成论系在二谛问题上的歧异》，《哲学研究》2000 年第 6 期。

733. 陈兵：《身心不二论》，《法音》2000 年第 6 期。

734. 李天道：《禅：生命之境和最高审美之境》，《北京大学学报》2000 年第 6 期。

735. 韩丽霞：《近代以来云南汉传佛教的演变》，《云南社会科学》2000 年第 6 期。

736. 吴立民：《中国的茶禅文化与中国佛教的茶道》，《法音》2000 年第 9 期。

737. 王小明：《〈五方便念佛门〉解读：智顗净土思想之研究（二）》，《法音》2000 年第 10 期。

738. 杨笑天译：《人都是佛的孩子：庭野日鑛先生在中国佛学院的讲演》，《法音》2000 年第 10 期。

739. 菩提心水：《居士们在想什么？关于目前佛教信仰情况的调查分析》，《法音》2000 年第 10 期。

740. 叶锦明：《禅宗教引方法析论：评铃木大拙的分类架构》，《哲学研究》2000 年第 11 期。

741. 皮朝纲：《禅宗美学的独特性质、人生意蕴及其当代启示》，《西南民族学院学报》2001 年第 1 期。

742. 李广良：《〈欧阳竟无佛学思想研究〉略评》，《世界宗教研究》2001 年第 1 期。

743. 曾祥云：《在历史中解读，在解读中创新：评郑伟宏的两部因明新著》，《世界宗教研究》2001 年第 1 期。

744. 黄志强：《佛教义理与因明逻辑》，《世界宗教研究》2001 年第 1 期。

745. 葛兆光：《理论兴趣的衰退：八至十世纪中国佛教的转型之一》，《世界宗教研究》2001 年第 1 期。

746. 李勇：《三论宗的"二智"理论》，《宗教学研究》2001 年第 1 期。

747. 杨维中：《论〈楞严经〉的真伪之争及其佛学思想》，《宗教学研究》2001 年第 1 期。

748．刘艺：《镜文化与佛教文化之互动》，《宗教学研究》2001 年第 1 期。

749．汪英、刘学智：《中国佛教的判教理论及其意义》，《新疆师范大学学报》2002 年第 1 期。

750．季羡林：《弥勒信仰在新疆的传布》，《文史哲》2001 年第 1 期。

751．桑杰端智：《藏传佛教生态保护思想与实践》，《青海社会科学》2001 年第 1 期。

752．邢东风：《对当代"禅学热"的思考》，《佛教文化》2001 年第 1 期。

753．张晓华：《佛教景教初传中国历史及其比较研究概况》，《中国史研究动态》2001 年第 1 期。

754．黄夏年：《〈阿含经〉念佛理论研究》，《宗教学研究》2001 年第 2 期。

755．冯焕珍：《六世纪华严学传承考辨》，《世界宗教研究》2001 年第 2 期。

756．王仲尧：《国际佛教研究的热点及趋势：佛教哲学国际学术会议观感》，《世界宗教文化》2001 年第 2 期。

757．刘孟襄：《天台智顗的反形而上学佛学体系》，《暨南学报》2001 年第 2 期。

758．严耀中：《佛教形态的演变与中国社会》，《上海师范大学学报》2001 年第 2 期。

759．吾淳：《试论佛教伦理的种种困境》，《上海师范大学学报》2001 年第 2 期。

760．张文儒：《梁漱溟与佛学》，《湘潭师范学院学报》2001 年第 2 期。

761．谭伟：《中国居士佛教之历史与未来》，《四川大学学报》2001 年第 2 期。

762．邓联合：《佛教为什么能够被中国化》，《南京师大学报》2001 年第 2 期。

763．桂栖鹏：《入元高丽僧人考略》，《西北师大学报》2001 年第 2 期。

764．格列丹增：《试论噶当派的兴起原因及历史影响》，《民族研究》

2001 年第 2 期。

765. 王路平：《论中国禅宗的缘起与嬗变》，《贵州社会科学》2001 年第 2 期。

766. 孙延军：《禅悟的心理生活本意》，《首都师范大学学报》2001 年第 2 期。

767. 杜文玉：《隋炀帝与佛教》，《陕西师范大学学报》2001 年第 2 期。

768. 班班多杰：《论藏传佛教的价值取向及藏人观念之现代转换》，《世界宗教研究》2001 年第 2 期。

769. 桑靖宇：《"语言游戏"与"空"：维特根斯坦与龙树之间》，《宗教学研究》2001 年第 2 期。

770. 黄夏年：《二十世纪中国佛教学术会议综述》，《世界宗教研究》2001 年第 2 期。

771. 郭晓东：《佛教传人早期的儒佛之争与慧远对儒佛关系的调和》，《宗教学研究》2001 年第 2 期。

772. 余日昌：《佛教基督教解脱论基本范式比较》，《青海社会科学》2001 年第 3 期。

773. 孙昌武：《佛教文化的现代意义》，《天津社会科学》2001 年第 3 期。

774. 夏清瑕：《心学的展开和晚明佛教的复兴》，《江淮论坛》2001 年第 3 期。

775. 吴言生：《论〈涅槃经〉对禅思禅诗的影响》，《世界宗教研究》2001 年第 3 期。

776. 何劲松：《伪满期间日本佛教在中国东北扮演的角色》，《世界宗教研究》2001 年第 3 期。

777. 王丽心：《佛寺与生态》，《世界宗教文化》2001 年第 3 期。

778. 李清凌：《藏传佛教与中国传统文化的关系》，《中国藏学》2001 年第 3 期。

779. 蒲文成：《宁玛派的民间信仰》，《中国藏学》2001 年第 3 期。

780. 张家成：《略论中国佛教与人文精神》，《浙江大学学报》2001 年第 3 期。

781. 马奔腾：《当代禅美学研究述评》，《北京大学学报》2001 年第

3 期。

782．吴言生：《禅宗的诗学话语体系》，《哲学研究》2001 年第 3 期。

783．罗同兵：《显密之理，相应一贯：太虚大师融通汉藏显密佛教的思想》，《宗教学研究》2001 年第 3 期。

784．谢路军：《试析善导念佛思想的基本内涵》，《宗教学研究》2001 年第 3 期。

785．陈文杰：《佛典文体形成原因再讨论》，《宗教学研究》2001 年第 4 期。

786．傅新毅：《原始佛教缘起无我语义下的心识论》，《宗教学研究》2001 年第 4 期。

787．净慧：《制戒十义》，《宗教学研究》2001 年第 4 期。

788．乔根锁：《藏传佛教觉囊振的哲学思想》，《西藏民族学院学报》2001 年第 4 期。

789．彭自强：《支遁"即色"义试析》，《世界宗教研究》2000 年第 4 期。

790．任树民：《明朝初期对喇嘛教的整顿》，《西藏大学学报》2000 年第 4 期。

791．刘立夫：《论夷夏之争对中国佛教的影响》，《宗教学研究》2000 年第 4 期。

792．黄夏年：《当代中国佛教教育三题》，《浙江学刊》2001 年第 4 期。

793．李春远：《略论梁启超的"应用佛学"》，《福建论坛》2001 年第 4 期。

794．吴可为：《心理学、认识论还是本体论：对大乘唯识学的整体界定》，《浙江学刊》2001 年第 4 期。

795．吴言生：《般若空观印禅心：论〈心经〉对禅思禅诗的影响》，《人文杂志》2001 年第 4 期。

796．李红：《德里达与佛教》，《河南大学学报》2001 年第 4 期。

797．沈顺福：《论僧肇对中国哲学的贡献》，《山东大学学报》2001 年第 4 期。

798．方立天：《中国大陆佛教研究的回顾与展望》，《世界宗教研究》2001 年第 4 期。

799. 程恭让：《佛境菩萨行：欧阳渐晚年的教法、思想体系》，《世界宗教研究》2001 年第 4 期。

800. 王启龙：《藏传佛教在元代政治中的作用与影响》，《西藏研究》2001 年第 4 期。

801. 秦淮：《僧肇在两种文化之间》，《安徽大学学报》2001 年第 4 期。

802. 宝玉柱：《清代蒙古族寺院教育及其语言教育》，《中央民族大学学报》2001 年第 5 期。

803. 洪修平：《略论惠能的不立文字和不拘一说》，《人文杂志》2001 年第 6 期。

804. 吴学国：《中国佛教诠释传统》，《学术月刊》2001 年第 6 期。

805. 麻天祥：《中国佛学非本体的本体诠释》，《中国社会科学》2001 年第 6 期。

806. 吴言生：《禅宗审美感悟的生发机制》，《禅》2001 年第 6 期。

807. 史金波：《西夏佛教新探》，《宁夏社会科学》2001 年第 6 期。

808. 张文彪：《佛教与西方环境哲学》，《福建论坛》2001 年第 6 期。

809. 化振红《从〈洛阳伽蓝记〉看佛教词语的中土化》，《西南民族学院学报》2001 年第 6 期。

810. 刀述仁：《略谈佛教的社会适应性》，《中国宗教》2001 年第 6 期。

811. 李勤：《近现代泰国佛教的世俗化趋向》，《云南师范大学学报》2001 年第 6 期。

812. 普正编译：《韩国佛教天台宗及主要寺院概览》（下），《法音》2001 年第 8 期。

813. 王启龙、邓小咏：《1949 年以前藏传佛教研究的回顾》，《法音》2001 年第 8 期。

814. 方广锠：《二十一世纪中国佛教的走向》，《法音》2001 年第 9 期。

815. 班班多杰：《藏传佛教觉朗派的独特教义"他空见"考》，《哲学研究》2001 年第 9 期。

816. 徐湘霖：《"唯识无境"初探》，《法音》2001 年第 9 期。

817. 何劲松：《殖民统治下的韩国佛教》，《当代韩国》2001 年第 9 期。

818. 多识·洛桑图丹琼排：《谈藏传佛教培养人才的模式》，《法音》2001 年第 10 期。

819. 王雷泉：《走出中国佛教教育困境刍议》，《法音》2001 年第
10 期。

820. 周贵华：《起信与唯识》（上），《法音》2001 年第 10 期。

821. ［泰］佩尤托著，叶舒宪译：《佛教经济学》，《法音》2001 年第
9 期。

822. 吴平：《民国时期上海的对外佛教文化交流》，《法音》2001 年第
11 期。

823. 释衍空：《佛学、心理学与个人成长》，《法音》2001 年第 12 期。

824. 张卫红：《试述开元三大印度高僧的译经成就》，《中州学刊》
2002 年第 1 期。

825. 方立天：《禅宗的"不立文字"语言观》，《中国人民大学学报》
2002 年第 1 期。

826. 史金波：《西夏的藏传佛教》，《中国藏学》2002 年第 1 期。

827. 方立天：《佛教哲学与世界伦理构想》，《中国宗教》2002 年第
1 期。

828. 达嘎：《试论〈十二因缘图〉的审美内涵》，《西藏大学学报》
2002 年第 1 期。

829. 夏清瑕：《心学的展开和晚明佛教的复兴》，《宗教学研究》2002
年第 1 期。

830. 何松：《明代佛教诸宗归净思潮》，《宗教学研究》2002 年第 1 期。

831. 周裕锴：《中国佛教阐释学研究：佛经的汉译》，《中国藏学》
2002 年第 1 期。

832. 夏清瑕：《晚明佛教复兴的特点及倾向》，《五台山研究》2002 年
第 1 期。

833. 陈坚：《"乾屎橛"、"柏树于"：禅宗"公案"与"参公案"探
赜》，《宗教学研究》2002 年第 1 期。

834. 秦团结：《试论李通玄的三圣圆融思想》，《宗教学研究》2002
年第 1 期。

835. 周相卿：《隋唐时期佛教与法的关系》，《贵州民族学院学报》
2002 年第 1 期。

836. 达嘎：《试论〈十二因缘图〉的审美内涵》，《西藏大学学报》

2002 年第 1 期。

837．史金波：《西夏的藏传佛教》，《中国藏学》2002 年第 1 期。

838．杨维中：《论中国佛教的"心"、"性"概念与"心性问题"》，《宗教学研究》2002 年第 1 期。

839．罗桑开珠：《藏传佛教与社会主义现代化相适应的几点思考》，《中央民族大学学报》2002 年第 2 期。

840．尹立：《佛教的语言观》，《宗教学研究》2002 年第 2 期。

841．彭肜：《"佛教艺术学"引论》，《宗教学研究》2002 年第 2 期。

842．龙延：《〈楞严经〉真伪考辨》，《宗教学研究》2002 年第 2 期。

843．萱建民：《关注人类生命健康，弘扬佛医养生思想：21 世纪人间佛教建设的方便法门》，《宗教学研究》2002 年第 2 期。

844．吕凤棠：《宋代民间的佛教信仰活动》，《浙江学刊》2002 年第 2 期。

845．陈宝良：《明代儒佛道的合流及其世俗化》，《浙江学刊》2002 年第 2 期。

846．王公伟：《丛林仪轨与株宏的丛林改革》，《宗教学研究》2002 年第 2 期。

847．邢莉：《观音信仰与中国少数民族》，《中央民族大学学报》2002 年第 2 期。

848．勒努瓦著，陆象金译：《佛教在西方的接受》，《第欧根尼》2002 年第 2 期。

849．吴彦、金伟：《西藏密教传承考要》，《西藏研究》2002 年第 2 期。

850．邱环：《浅论藏传佛教的禅思想》，《西藏研究》2002 年第 2 期。

851．胡昌升：《藏传佛教在甘孜州德格地区的历史、现状及对策：德格地区藏传佛教的调查和分析》，《宗教学研究》2002 年第 2 期。

852．韩焕忠：《南北朝判教略说》，《宗教学研究》2002 年第 2 期。

853．牛汝极：《回鹘藏传佛教文献》，《中国藏学》2002 年第 2 期。

854．刘长东：《宋代僧尼隶属机构的变迁及其意义》，《宗教学研究》2002 年第 2 期。

855．肖雨：《"一念三千"发微》，《五台山研究》2002 年第 2 期。

856．昂巴：《西部大开发中藏传佛教与社会主义社会相适应问题的分析》，《西北民族学院学报》2002 年第 3 期。

857．黄晨：《阿赖耶识试析》，《浙江大学学报》2002 年第 3 期。

858．洪修平：《儒佛道三教关系与中国佛教的发展》，《南京大学学报》2002 年第 3 期。

859．敏小波：《抗日战争时期的中国佛教界》，《中国宗教》2002 年第 3 期。

860．姚卫群：《佛教的"涅槃"观念》，《北京大学学报》2002 年第 3 期。

861．杨国平：《开拓新知，启示人文：读潘桂明先生〈中国居士佛教史〉》，《世界宗教研究》2002 年第 3 期。

862．李向平：《二十世纪中国佛教的"革命走向"：兼论"人间佛教"思潮的现代性问题》，《世界宗教研究》2002 年第 3 期。

863．李广良：《佛法与革命：太虚大师的革命思想》，《世界宗教研究》2002 年第 3 期。

864．林欣：《上座部佛教止观禅法》，《法音》2002 年第 3 期。

865．净因：《惠能之南禅（下）：佛教思想发展史上的第二次回归》，《法音》2002 年第 3 期。

866．吴平：《藏传佛教在近代上海的流传与发展》，《中国藏学》2002 年第 3 期。

867．杨笑天编译：《日本禅僧中国修行体验谈》，《法音》2002 年第 4 期。

868．汤用彤、武维琴：《汤用彤先生谈印度佛教哲学》，《中国哲学史》2002 年第 4 期。

869．皮朝纲：《性具实相论与天台宗美学思想的特质》，《四川师范大学学报》2002 年第 4 期。

870．孙悟湖：《元代汉地佛教与藏传佛教之交流略述》，《西藏研究》2002 年第 4 期。

871．龟山纯生：《东方思想在现代环境思想中的意义：以佛教思想为中心》，《哲学动态》2002 年第 4 期。

872．李桂红：《普陀山佛教文化》，《四川大学学报》2002 年第 4 期。

873．吴可为：《唯识学"所缘缘"略析》，《浙江学刊》2002 年第

4 期。

874. 孙亦平：《中国佛教文化研究的新开拓：读〈中国天台宗通史〉》，《江海学刊》2002 年第 4 期。

875. 李桂红：《华山道儒文化及其与佛教关系探析》，《宗教学研究》2002 年第 4 期。

876. 戴建平：《佛教自然观在魏晋的影响初探》，《宗教学研究》2002 年第 4 期。

877. 刘成有：《论吕澂对印度佛学发展规律的系统探索》，《宗教学研究》2002 年第 4 期。

878. 方立天：《中国佛教哲学的现代价值》，《中国人民大学学报》2002 年第 4 期。

879. 李兴中：《论九华山佛教文化的意蕴》，《江淮论坛》2002 年第 4 期。

880. 方光华：《试论南宗禅的形成及其理论创新》，《西北大学学报》2002 年第 4 期。

881. 严耀中：《论占卜与隋唐佛教的结合》，《世界宗教研究》2002 年第 4 期。

882. 狄方耀、付选民、唐水江：《简析十四世达赖其人其事》，《西藏大学学报》2002 年第 4 期。

883. 陈荣富：《净土指归探源》，《浙江学刊》2002 年第 4 期。

884. 唐吉思：《藏传佛教对蒙古族民间宗教的影响》，《西北民族学院学报》2002 年第 4 期。

885. 楼宇烈：《禅学的文本阐释与诗意接受：读〈祥学三书〉》，《哲学研究》2002 年第 5 期。

886. 黄陵渝：《俄国与前苏联的佛教与研究》，《法音》2002 年第 5 期。

887. 程恭让：《从太虚与梁漱溟的一场争辩看人生佛教的理论难题》，《哲学研究》2002 年第 5 期。

888. ［日］额贺章友著，任永生译：《佛像渡日：战后中日佛教交流溯源》，《法音》2002 年第 5 期。

889. 姚卫群：《佛教关于"法"的类别划分的主要理论》，《杭州师范学院学报》2002 年第 5 期。

890. 陈兵：《佛法与现代人的"心病"》，《佛教文化》2002 年第 5、6 期。

891. 释静波法师：《学佛与思维观念的转变》，《佛教文化》2002 年第 5、6 期。

892. 谭伟：《中国居士佛教略论》，《社会科学战线》2002 年第 5 期。

893. 彭琦：《南宋孝宗与佛教》，《浙江学刊》2002 年第 5 期。

894. 王月清：《论中国佛教伦理思想及其现代意义》，《南京大学学报》2002 年第 5 期。

895. 冯焕珍：《当代中国佛教经学研究中的两种佛学观》，《学术研究》2002 年第 6 期。

896. 魏德东：《论佛教道德的层次性特征》，《道德与文明》2002 年第 6 期。

897. 圣凯：《论中国早期以〈法华经〉为中心的信仰形态》（上），《法音》2002 年第 7 期。

898. 释昭慧：《禅定与神通》，《法音》2002 年第 6 期。

899. ［日］大岛龙玄著，慧光译：《日本佛教戒律的历史变迁》，《法音》2002 年第 6 期。

900. 傅新毅：《佛法是一种本体论吗?：比较哲学视域中对佛法基本要义的反思》，《南京大学学报》2002 年第 6 期。

901. 唐佳：《从〈维摩诘经〉看印度佛教与中国传统文化的融合》（下），《禅》2002 年第 6 期。

902. 李清凌：《宋夏金时期佛教的走势》，《西北师大学报》2002 年第 6 期。

903. 邰银枝：《浅论蒙古族接受藏传佛教的内在因由》，《青海社会科学》2002 年第 6 期。

904. 傅小平、郑欢：《佛经翻译与中国传统思想文化：从文化交流看翻译的价值》，《西南民族学院学报》2002 年第 8 期。

905. 圣凯：《论中国早期以〈法华经〉为中心的信仰形态》（下），《法音》2002 年第 8 期。

906. 菩提：《第三只眼看净土》，《法音》2002 年第 8 期。

907. 妙华：《从苦难走向解脱：对佛法苦圣谛的重新确认》，《法音》

2002 年第 8 期。

908．陈兵：《原始佛教及部派佛学的心性论》，《法音》2002 年第 9 期。

909．周贵华：《从"心性本净"到"心性本觉"》，《法音》2002 年第 9 期。

910．严耀中：《佛教戒律与儒家礼制》，《学术月刊》2002 年第 9 期。

911．李桂红：《中国汉传佛寺建筑与佛教传播初探》，《西南民族学院学报》2002 年第 12 期。

912．何劲松：《论韩国僧人在中国佛教史上的地位和作用》，《当代韩国》2002 年第 12 期。

913．韩焕：《20 世纪天台判教研究综述》，《哲学动态》2002 年第 12 期。

914．郑伟宏：《因明在近代的复苏与弘扬》，《法音》2002 年第 12 期。

915．王耘：《阿摩罗识与阿赖耶识》，《中州学刊》2003 年第 1 期。

916．邢东风：《当前"禅学热"现象形成原因初探》，《世界宗教文化》2003 年第 1 期。

917．刘方：《禅门公案的性质、特征与价值》，《宗教学研究》2003 年第 1 期。

918．德吉卓玛：《藏传佛教觉域派及其教法特点》，《宗教学研究》2003 年第 1 期。

919．潘桂明：《天台佛学评议》，《世界宗教研究》2003 年第 1 期。

920．王永会：《佛教管理学成立的依据与特质》，《世界宗教研究》2003 年第 1 期。

921．杨晓华：《试论佛经翻译史上的"文""质"之争》，《内蒙古民族大学学报》2003 年第 2 期。

922．曾祥云：《因明：佛家对话理论》，《世界宗教研究》2003 年第 2 期。

923．周贵华：《支那内学院对中国佛学心性论的批判》，《世界宗教研究》2003 年第 2 期。

924．方立天：《中国佛教哲学研究的方法论问题》，《中国哲学史》2003 年第 2 期。

925．贾学锋：《藏传佛教在河西走廊的传播与发展》，《西藏研究》

2003 年第 2 期。

926．索南才让：《论西藏佛塔的起源及其结构和类型》，《西藏研究》2003 年第 2 期。

927．张小欣：《浅谈禅宗在越南历史上的传播及其文化影响》，《东南亚》2003 年第 2 期。

928．杨维中：《心性本体与道性道体：中国佛教心性论对道教心性论的影响》，《世界宗教研究》2003 年第 2 期。

929．徐清祥：《20 世纪江西佛教》，《江西师范大学学报》2003 年第 3 期。

930．圣凯：《论中国佛教忏法的理念及其现代意义》，《法音》2003 年第 3 期。

931．学诚：《佛教的和平观》，《法音》2003 年第 3 期。

932．袁志成、李杰：《沩仰宗的形成及其得失》，《江西社会科学》2003 年第 3 期。

933．朱寰：《太虚人生佛教的批判意义》，《陕西师范大学学报》2003 年第 3 期。

934．宋立道：《评方立天的〈中国佛教哲学要义〉》，《中国人民大学学报》2003 年第 3 期。

935．李永华：《〈佛学原理研究：论藏传佛教显宗五部大论〉评价》，《中国藏学》2003 年第 3 期。

936．李承贵：《认知与误读：宋代儒士佛教思想论略》，《现代哲学》2003 年第 3 期。

937．俞学明：《湛然与禅宗的交涉》，《世界宗教研究》2003 年第 3 期。

938．刘长东：《论宋代的僧官制度》，《世界宗教研究》2003 年第 3 期。

939．康中乾：《僧肇"空"论解义》，《南开学报》2003 年第 4 期。

940．肖虹：《关于僧肇"空"观思想的本体论解读》，《云南师范大学学报》2003 年第 4 期。

941．王名峰：《中国佛教造像的引进及艺术特色探究》，《江西师范大学学报》2003 年第 4 期。

942．曲世宇：《〈俱舍论〉略史及纲要》，《法音》2003 年第 5 期。

943．傅千吉：《论藏传佛教对蒙藏文化关系的影响》，《西南民族学院学报》2003 年第 5 期。

944．菩提：《佛教家庭伦理观初探》，《法音》2003 年第 5 期。

945．吴平：《民国时期上海地区的佛教医院诊所》，《法音》2003 年第 5 期。

946．兰天：《〈四十二章经〉版本考释》，《人文杂志》2003 年第 5 期。

947．谢丰泰：《禅宗的哲学旨趣》，《西藏民族学院学报》2003 年第 5 期。

948．康·格桑益希：《"苯教"：藏族传统文化的源头》，《四川大学学报》2003 年第 5 期。

949．兰天：《论吉藏判教理论的层次》，《贵州民族学院学报》2003 年第 5 期。

950．黄建君：《佛教与人的美学》，《宁夏社会科学》2003 年第 5 期。

951．王路平：《论晚清贵州佛教的衰落》，《贵州大学学报》2003 年第 5 期。

952．陈雷：《契嵩"心"范畴的二重性及其意义》，《浙江学刊》2003 年第 5 期。

953．班班多杰：《藏传佛教"自空见"之源流考释》，《哲学研究》2003 年第 6 期。

954．释圣严：《佛教在二十一世纪的社会功能及其修行观念》，《法音》2003 年第 6 期。

955．胡晓光：《中国佛学"体用"义略疏》，《法音》2003 年第 6 期。

956．陈星桥：《佛教的养生之道》（一），《法音》2003 年第 6 期。

957．严玉明、王文东：《中国佛教戒律的伦理探讨》，《西南民族学院学报》2003 年第 6 期。

958．谭朝炎：《〈维摩诘经〉与王维的佛教美学思想》，《西南师范大学学报》2003 年第 6 期。

959．方立天：《佛教"空"义解析》，《中国人民大学学报》2003 年第 6 期。

960．王利耀：《九华山佛教文化特点初探：兼论宗教与天花乱坠教及迷信的本质区别》，《学术界》2003 年第 6 期。

961．龚晓康：《"不立名相"与"非不立名相"：佛教的"中道"语言观》，《安徽大学学报》2003 年第 6 期。

962．周裕锴：《义解：移花接木——中国佛教阐释学研究》，《四川大学学报》2003 年第 6 期。

963．乔凤杰：《"真如缘起"之我见：〈大乘起信论〉》，《广西社会科学》2003 年第 7 期。

964．徐德龙：《南北朝时期寺院及寺院生活特点探析》，《江汉论坛》2003 年第 7 期。

965．陈星桥：《佛教的养生之道》（二），《法音》2003 年第 7 期。

966．曲世宇：《佛教业果思想隅论》，《法音》2003 年第 7 期。

967．李振纲：《论僧肇的大乘中观般若学思想》，《哲学研究》2003 年第 8 期。

968．满耕：《〈金刚经〉的历史影响与四无思想的现实指导意义》，《法音》2003 年第 8 期。

969．唐思鹏：《唯识学建立之缘起》（上），《法音》2003 年第 8 期。

970．王启龙：《1950—2000 年的中国藏传佛教研究》，《法音》2003 年第 8 期。

971．绥远：《改革开放以来的佛教研究》，《中国社会科学院院报》2003 年 8 月 14 日。

972．陈星桥：《佛教的养生之道》（三），《法音》2003 年第 8 期。

973．李尚儒：《关于佛教宇宙观与科学的一点思考》，《江汉论坛》2003 年第 9 期。

974．唐思鹏：《唯识学建立之缘起》（下），《法音》2003 年第 9 期。

975．陈星桥：《佛教的养生之道》（四），《法音》2003 年第 9 期。

976．龚隽：《在自由与规范之间：略论中国禅的"游戏三昧"及其与律制的关系》，《哲学研究》2003 年第 9 期。

977．王江武、陈向鸿：《道安的般若思想与"毗昙"：理解佛教中国化的一个维度》，《江西社会科学》2003 年第 11 期。

978．陈星桥：《佛教的养生之道》（五），《法音》2003 年第 11 期。

979．桑吉：《中泰两国的佛教文化交流》，《法音》2003 年第 12 期。

980．金克木：《〈三自性论〉译述》，《世界宗教研究》2004 年第 1 期。

981．李向平：《"信仰但不归属"的佛教信仰形式：以浙闽地区佛教的宗教生活为中心》,《世界宗教研究》2004 年第 1 期。

982. 黄文杰:《论佛教作为对世界的解释范式的逻辑可能性:一种元佛教研究的思路》,《学术论坛》2004 年第 1 期。

983. 单正齐:《佛教涅槃思想之演变》,《青海社会科学》2004 年第 1 期。

984. 德吉卓玛:《格鲁派尼众僧团初探》,《西藏研究》2004 年第 1 期。

985. 叶治中:《藏传佛教噶举派与格鲁派的"见"比较》,《西藏研究》2004 年第 1 期。

986. 纵瑞彬:《西藏密宗仪式与造像艺术的建构方式》,《西藏研究》2004 年第 1 期。

987. 翟存明:《藏传佛教信仰与土族女性社会化问题初探》,《西藏研究》2004 年第 1 期。

988. 格桑益希:《天人合一的藏传佛教密宗曼荼罗艺术》,《西藏研究》2004 年第 1 期。

989. 李利安:《中国最早大规模翻译佛经的场所:敦煌寺考》,《西北大学学报》2004 年第 1 期。

990. 宋志明:《简论佛教本体论的中国化》,《浙江社会科学》2004 年第 1 期。

991. 李海波:《唐代文殊信仰兴盛的政治背景》,《西北大学学报》2004 年第 1 期。

992. 王挺:《佛经翻译与中古时期的言意之辩》,《西北大学学报》2004 年第 1 期。

993. 才让:《蒙元统治者选择藏传佛教信仰的历史背景及内在原因》,《西北民族大学学报》2004 年第 1 期。

994. 曹布拉:《论李叔同的文化性格》,《杭州师范学院学报》2004 年第 1 期。

995. 胡锐:《〈大理白族佛教密宗〉评介》,《世界宗教研究》2004 年第 1 期。

996. 王仲尧:《中国人间佛教思想的先驱》,《世界宗教研究》2004 年第 1 期。

997. 何孝荣:《论明代的度僧》,《世界宗教研究》2004 年第 1 期。

998．李映辉：《论唐代高僧游徙的空间分异》，《中国历史地理论丛》2004 年第 2 期。

999．［日］平田精耕著，成建华译：《禅宗的战争观》，《世界哲学》2004 年第 2 期。

1000．［日］市川白弦著，杨金萍译：《禅的自由》，《世界哲学》2004 年第 2 期。

1001．龚隽：《"反抗的现代性"：二十世纪的日本禅、京都学派与民族主义》，《世界哲学》2004 年第 2 期。

1002．吴寒：《论蒙元时期藏传佛教在蒙古的兴起》，《青海社会科学》2004 年第 2 期。

1003．唐忠毛：《现代性困境与佛教哲学的诊疗价值》，《华东师范大学学报》2004 年第 2 期。

1004．杨国平：《〈物不迁论〉义析》，《安徽大学学报》2004 年第 2 期。

1005．陈星桥：《佛教的养生之道》（七），《法音》2004 年第 2 期。

1006．王萌：《科学时代的佛教文化》，《求索》2004 年第 2 期。

1007．［韩］金敏荣：《南宗禅的"心"论：从"当下之心"到"无心"》，《广西社会科学》2004 年第 4 期。

1008．周军：《略论印光法师禅净思想》，《求索》2004 年第 2 期。

1009．陈洁：《从"野狐禅"看禅宗的自由意志》，《文史哲》2004 年第 2 期。

1010．姚卫群：《古代汉文佛典中的"同词异义"与"异词同义"》，《北京大学学报》2004 年第 2 期。

1011．李四龙：《美国的中国佛教研究》，《北京大学学报》2004 年第 2 期。

1012．杨宜静：《吕澂区分"性寂"与"性觉"思想探析》，《江西师范大学学报》2004 年第 1 期。

1013．桑靖宇：《天台学生态智慧管窥》，《宗教学研究》2004 年第 1 期。

1014．麻尧宾：《当代台湾佛教寺院经济的社会资源述略》，《宗教学研究》2004 年第 1 期。

1015. 余永胜：《论禅宗修行解脱观的逻辑形成与发展》，《宗教学研究》2004 年第 1 期。

1016. 哈磊：《说一切有部的大乘观念》，《宗教学研究》2004 年第 1 期。

1017. 王健：《汉代佛教东传的若干问题研究》，《宗教学研究》2004 年第 1 期。

1018. 戴传江：《论〈坛经〉禅学思想对般若与佛性的会通》，《宗教学研究》2004 年第 1 期。

1019. 王萌：《佛教文化与科学范式：当代佛教与科学关系解读》，《科学技术与辩证法》2004 年第 2 期。

1020. 王贻社、李秋丽：《论僧肇"空"的视野下的宇宙人生》，《齐鲁学刊》2004 年第 2 期。

1021. 王萌：《佛教与科学关系的融摄现象》，《云南社会科学》2004 年第 2 期。

1022. 李尚全：《晚清士大夫佛教述要》，《甘肃社会科学》2004 年第 2 期。

1023. 张小东、何友晖：《中国化的观音性别以女为主的原因初探》，《广西师范学院学报》2004 年第 2 期。

1024. 郑炳林、魏迎春：《晚唐五代敦煌佛教教团的科罚制度研究》，《敦煌研究》2004 年第 2 期。

1025. 刘朝霞：《智顗〈觉意三昧〉对慧思〈随自意三昧〉的继承发展》，《宗教学研究》2004 年第 2 期。

1026. 单正齐：《起信论与唯识学的会通：太虚法师〈起信论唯识释〉思想研究》，《宗教学研究》2004 年第 2 期。

1027. 曹晓虎：《佛教空观的理论发展：从原始佛教"空"观到中观般若学空观》，《宗教学研究》2004 年第 2 期。

1028. 释满耕：《〈楞伽经〉要义及其历史地位》，《宗教学研究》2004 年第 2 期。

1029. 黎文松：《〈楞严经〉在越南佛教中的传承与影响》，《宗教学研究》2004 年第 2 期。

1030. 彭自强：《支遁"逍遥论"的内容与特点》，《世界宗教研究》

2004 年第 3 期。

1031．葛兆光：《佛教研究方法谈（二）：佛教研究的一般途径》（上），《世界宗教文化》2004 年第 3 期。

1032．杨健：《评〈过程哲学与华严佛教〉》，《世界宗教研究》2004 年第 3 期。

1033．尕藏加：《藏传佛教寺院教育的发展历史及其特质》，《世界宗教研究》2004 年第 3 期。

1034．李国红：《禅宗义趣试探》，《广西社会科学》2004 年第 3 期。

1035．刘亚明：《从佛教"缘起"观看当代"宗教的苦难"》，《求索》2004 年第 3 期。

1036．周贵华：《唯识与唯了别："唯识学"的一个基本问题的再诠释》，《哲学研究》2004 年第 3 期。

1037．曹树明：《僧肇的无分别观念》，《河北大学学报》2004 年第 3 期。

1038．陈永革：《论弘一大师的信仰特质及其渊源》，《杭州师范学院学报》2004 年第 3 期。

1039．刘雪梅：《论"重玄"一词的佛教使用路向》，《河北大学学报》2004 年第 3 期。

1040．魏常海：《江南佛教对日本佛教的影响》，《江西师范大学学报》2004 年第 3 期。

1041．李映辉：《试论自然、区位条件与佛教地理分布：以唐代为例》，《甘肃社会科学》2004 年第 3 期。

1042．邬锡鑫：《魏晋玄学与佛学的中国化》，《贵州社会科学》2004 年第 3 期。

1043．刘东山：《试探佛教的"心灵环保"思想》，《福州大学学报》2004 年第 3 期。

1044．黄文杰：《佛教"空"观的乡亲有蕴涵：论"空"作为一种绝对的存在论立场》，《人文杂志》2004 年第 4 期。

1045．邱高兴：《原始佛教"因缘"义考察：以四〈阿含经〉为中心》，《吉林大学社会科学学报》2004 年第 4 期。

1046．金小方：《试论佛教的生命观》，《安徽大学学报》2004 年第

4 期。

1047. 方立天：《中国佛教慈悲理念的特质及其现代意义》，《文史哲》2004 年第 4 期。

1048. 杨维中：《论佛教的中国化与佛教制度的中国化》，《安徽大学学报》2004 年第 4 期。

1049. 董志翘：《〈高僧传〉的史料、语料价值及重新校理与研究》，《东南大学学报》2004 年第 4 期。

1050. 郑信平：《宋明时期天师道的心性思想》，《安徽大学学报》2004 年第 4 期。

1051. 杨晓国：《金元时期全真教在山西活动探索》，《晋阳学刊》2004 年第 4 期。

1052. 史向前：《道教人生追求与环境保护》，《安徽大学学报》2004 年第 4 期。

1053. 林西朗：《唐代道教服饰制度初探》，《贵州社会科学》2004 年第 4 期。

1054. 陈育宁、汤晓芳：《13 世纪蒙古统一战争与藏传佛教》，《宁夏大学学报》2004 年第 4 期。

1055. 方立天：《中国禅宗创始人之辨析》，《学术研究》2004 年第 5 期。

1056. 龚隽：《欧阳竟无与"人间佛教"之比较：从佛教与政治、佛教研究法两方面看》，《江西社会科学》2004 年第 5 期。

1057. 邓昌友：《〈中国古代僧尼名籍制度〉述评》，《广西社会科学》2004 年第 5 期。

1058. 雷小鹏、王巧玲：《僧肇佛学的美学底蕴》，《西南民族大学学报》2004 年第 5 期。

1059. 妮玛娜姆：《浅析佛教的女性成佛观》，《西南民族大学学报》2004 年第 5 期。

1060. 汪标：《中国佛教伦理思想可为世界"金规则"》，《安徽大学学报》2004 年第 5 期。

1061. 李福兰：《〈坛经〉伦理思想初析》，《中国社会科学院研究生院学报》2004 年第 5 期。

1062．史革新：《章太炎佛学思想略论》，《河北学刊》2004 年第 5 期。

1063．班班多杰：《汉地佛教与藏传佛教本土化之历史考察》，《中国社会科学》2004 年第 5 期。

1064．刘跃进：《六朝僧侣：文化交流的特殊使者》，《中国社会科学》2004 年第 5 期。

1065．张道振：《佛经翻译与中国本土的需求》，《中州学刊》2004 年第 5 期。

1066．成晓辉：《论〈西游记〉的佛学意蕴》，《求索》2004 年第 6 期。

1067．黄文杰：《论佛教解释能力的合法性证明》，《学术月刊》2004 年第 7 期。

1068．邓绍秋：《艺术化生存：原始意象与顿悟自性》，《求索》2004 年第 7 期。

1069．孟领、罗美云：《汉传佛教绘画与佛教传播》，《西南民族大学学报》2004 年第 7 期。

1070．严耀中：《佛教戒律与唐代妇女家庭生活》，《学术月刊》2004 年第 8 期。

1071．豁光、阳光：《近代丛林的禅修与管理制度》，《法音》2004 年第 8 期。

1072．陈兵：《人间佛教与佛法的出世间修证》，《法音》2004 年第 8 期。

1073．韩昇：《"空海与中日文化交流国际学术研讨会"综述》，《学术月刊》2004 年第 8 期。

1074．刘松来：《"君臣五位"刍议：中国古代禅宗政治伦理学说的文化透视》，《江汉论坛》2004 年第 9 期。

1075．华方田：《当代中国大陆佛教的繁荣与发展》，《佛教文化》2004 年第 6 期。

1076．星空：《佛门常用的称谓和忏仪》，《佛教文化》2004 年第 6 期。

1077．般若：《舍利费在佛教中性格与角色的转变》，《佛教文化》2004 年第 6 期。

1078．余开亮：《六朝私家园林与佛教》，《佛教文化》2004 年第 6 期。

1079．张涛：《钱大昕对佛教轮回说的批判》，《齐鲁学刊》2004 年第

6 期。

1080. 余秉颐：《方东美论中国大乘佛学与道家哲学智慧》，《江淮论坛》2004 年第 6 期。

1081. 余勇：《佛教的传入及其对中国社会的影响》，《广西社会科学》2004 年第 2 期。

1082. 曾旭晖：《试论藏传佛教之人神关系》，《中国藏学》2004 年第 4 期。

1083. 曾汝銮：《汉传佛教在新加坡面对的挑战》，《世界宗教文化》2004 年第 4 期。

1084. 乌力吉巴雅尔：《蒙藏文献关于君臣二十五人的记述》，《世界宗教研究》2004 年第 4 期。

1085. 周贵华：《瑜伽行派唯识学之结构：再谈无为依与有为依唯识学的区分》，《中国哲学史》2004 年第 4 期。

1086. 李四龙：《天台智顗的如来藏思想述评》，《中国哲学史》2004 年第 4 期。

1087. 刘朝霞：《〈随自意三昧〉中的无明与空》，《中国哲学史》2004 年第 4 期。

1088. 李清凌：《〈高僧传合集〉与宋夏金时期西北的佛教》，《西藏大学学报》2004 年第 4 期。

1089. 张凤雷：《天台佛学的人世精神》，《中国哲学史》2004 年第 4 期。

1090. 介永强：《中古时期西北佛教译经文化区域考论》，《中国历史地理论丛》2004 年第 4 期。

1091. 李承贵：《陆九渊佛教观考论》，《现代哲学》2004 年第 4 期。

1092. 杜正乾：《唐代的〈金刚经〉信仰》，《敦煌研究》2004 年第 5 期。

1093. 杨梅：《唐代尼僧与世俗家庭的关系》，《首都师范大学学报》2004 年第 5 期。

1094. 何剑明：《论佛教法眼禅宗的兴盛与南唐国的衰亡》，《学海》2004 年第 5 期。

1095. 崔红芬：《僧人在西夏历史上的地位与作用》，《西北民族大学学报》2004 年第 5 期。

1096．李承贵：《张载的佛教观及其启示》，《厦门大学学报》2004 年第 6 期。

1097．陈坚：《僧肇的"不真空"义：兼谈"六家七宗"对"空"的理解》，《山东大学学报》2004 年第 6 期。

1098．宋玉波：《略论佛教中国化与中国传统文化的发展》，《西北大学学报》2004 年第 6 期。

1099．张岱：《李贽与袁宏道佛学思想的对比研究》，《首都师范大学学报》2004 年第 6 期。

1100．李华华：《体道与解脱：洪州禅对慧能心性论的现实性提升》，《安徽大学学报》2004 年第 6 期。

1101．沈瑞英：《赵朴初"人间佛教"与宗教和平思想略论》，《上海大学学报》2004 年第 6 期。

1102．蒋九愚：《赵朴初人间佛教的理论特点及其时代精神》，《江西社会科学》2004 年第 9 期。

1103．张肖敏、王健：《近现代中国佛教地域差异及对社会的影响》，《江西社会科学》2004 年第 11 期。

1104．赖功欧、余悦：《慧远佛学的"寂智论"》，《江西社会科学》2004 年第 11 期。

1105．方立天：《弥陀净土理念：净土宗与其他重要宗派终极信仰的共同基础》，《学术月刊》2004 年第 11 期。

1106．叶小文：《决定中国佛教前途的大问题》，《中国宗教》2004 年第 12 期。

1107．习五一：《当代中国都市佛教发展的趋势》，《中国宗教》2005 年第 1 期。

1108．周军：《缘起与践履：浅谈佛教有关道德实践心理机制的思想》，《宗教学研究》2005 年第 1 期。

1109．桑杰端智：《藏传佛教心理学内涵与文化更新》，《西北民族大学学报》2005 年第 1 期。

1110．曾其海：《智旭对天台佛学与〈周易〉之会通》，《周易研究》2005 年第 1 期。

1111. 李承贵：《试论李觏佛教观的双重性》，《江西师范大学学报》2005 年第 1 期。

1112. 张卫红：《从〈肇论〉看中观般若学的非本体性特征》，《世界宗教研究》2005 年第 1 期。

1113. 张岩：《中国古代佛经目录概述》，《世界宗教文化》2005 年第 1 期。

1114. 陈坚：《从榜样到边缘："佛教范式"在中国宗教中的地位变迁》，《世界宗教研究》2005 年第 1 期。

1115. 邢东风：《南宗禅的地方性》，《世界宗教研究》2005 年第 1 期。

1116. 龚晓康：《〈大智度论〉的"念佛"思想研究》，《宗教学研究》2005 年第 1 期。

1117. 白欲晓：《牟宗三禅教判释与禅教一致论探析》，《宗教学研究》2005 年第 1 期。

1118. 程恭让：《吉藏"八不中道"说辩正》，《哲学研究》2005 年第 1 期。

1119. 朱丽霞：《藏传佛教判教思想之分析比较》，《西藏研究》2005 年第 1 期。

1120. 姚卫群：《佛教的有为法与无为法观念》，《北京大学学报》2005 年第 1 期。

1121. 高留成：《唐宋时期日本来华留学僧之比较》，《河北学刊》2005 年第 1 期。

1122. 聂静洁：《世纪西域佛教史若干问题研究述评》，《西域研究》2005 年第 1 期。

1123. 付义：《〈坛经〉版本管窥》，《宗教学研究》2005 年第 1 期。

1124. 成守勇：《成玄英"援佛入道"探》，《宗教学研究》2005 年第 1 期。

1125. 暴庆刚：《析"物不迁义"之双重论旨：兼评澄观镇澄对物不迁义之诘难》，《宗教学研究》2005 年第 1 期。

1126. 马忠庚：《从科学史角度证伪〈楞严经〉》，《学术论坛》2005 年第 2 期。

1127. 张卫红：《从〈坛经〉看顿教禅法的修持要求》，《浙江学刊》

2005 年第 2 期。

1128．任宜敏：《白莲宗的兴衰及其与白莲教的区别》，《人文杂志》2005 年第 2 期。

1129．扎洛：《西藏农村的宗教权威及其公共服务：对于西藏农区五村的案例分析》，《民族研究》2005 年第 2 期。

1130．刘亚明：《中国佛教人文精神的圆融特性及其当代意义》，《安徽大学学报》2005 年第 2 期。

1131．史向前：《佛教从隋唐向宋代的发展》，《安徽大学学报》2005 年第 2 期。

1132．金成淑：《慕容鲜卑的佛教文化》，《文史哲》2005 年第 2 期。

1133．克珠群佩：《藏传佛教道次第概述》，《中国藏学》2005 年第 2 期。

1134．杨荔薇：《佛教的"众生平等"思想及其现代意义》，《河北大学学报》2005 年第 2 期。

1135．孙悟湖：《元代藏传佛教对汉地佛教的影响》，《中央民族大学学报》2005 年第 2 期。

1136．刘泽亮：《〈楞伽经〉人间佛教义趣论要》，《世界宗教研究》2005 年第 2 期。

1137．王志远：《佛教艺术内涵在中国佛教传播初期的重要价值》，《世界宗教研究》2005 年第 2 期。

1138．见湛：《略论魏晋南北朝的佛性思想》，《宗教学研究》2005 年第 2 期。

1139．傅新毅：《种子说的缘起》，《宗教学研究》2005 年第 3 期。

1140．蔡海榕、杨廷忠、黄丽：《佛教文化化解中年知识分子心理压力情况的调查与分析》，《宗教学研究》2005 年第 3 期。

1141．陈林：《老庄玄学、小乘实有还是大乘真空：僧肇〈物不迁论〉辨析》，《宗教学研究》2005 年第 3 期。

1142．方立天：《永明延寿与禅教一致思潮》，《哲学研究》2005 年第 3 期。

1143．张海滨：《禅与心理健康》，《中国宗教》2005 年第 3 期。

1144．张子林：《佛教文化对当代中国文化建设的积极作用》，《中国宗教》2005 年第 3 期。

1145. 何方耀：《汉唐求法僧梵文学习之特点及其社会影响浅论》，《中山大学学报》2005 年第 3 期。

1146. 杨荔薇：《佛教缘起理论与混沌理论的几点比较》，《内蒙古大学学报》2005 年第 3 期。

1147. 任宜敏：《元代佛门的义学传承：天台宗》，《吉林大学社会科学学报》2005 年第 3 期。

1148. 郜林涛：《禅宗公案以诗证禅刍议》，《晋阳学刊》2005 年第 3 期。

1149. 陈洁：《试论禅宗解决问题的根本方式》，《武汉大学学报》2005 年第 3 期。

1150. 梁海虹：《对禅宗"终极解脱"的心理学分析》，《西北大学学报》2005 年第 3 期。

1151. 胡晓：《杨文会与中国近代佛学复兴》，《江淮论坛》2005 年第 3 期。

1152. 朱丹琼、赵璐：《论中国佛教史上的"梁膏之异"与"南北之殊"》，《西北大学学报》2005 年第 3 期。

1153. 单纯：《佛教哲学三论》，《中国社会科学院研究生院学报》2005 年第 3 期。

1154. 才吾加甫：《清朝时期的新疆准噶尔汗国藏传佛教》，《新疆师范大学学报》2005 年第 3 期。

1155. 谢金良：《欧阳渐"佛法非宗教非哲学"思想衍论》，《现代哲学》2005 年第 3 期。

1156. 徐东来：《冯契先生佛学研究述评》，《中国哲学史》2005 年第 3 期。

1157. 龚隽：《北宋天台宗对〈大乘起信论〉与〈十不二门〉的诠释与论争》，《中国哲学史》2005 年第 3 期。

1158. 单纯：《禅宗的佛性论及其意义》，《中国哲学史》2005 年第 3 期。

1159. 向玉成：《论峨眉山佛教传入时间问题》，《西南民族大学学报》2005 年第 4 期。

1160. 郭征宇：《简论佛教的因果报应说》，《晋阳学刊》2005 年第 4 期。

1161. 刘学智：《菩提达摩来华年代考》，《西北大学学报》2005 年第 4 期。

1162. 周惠萍：《禅宗：作为一种艺术的文化选择》，《贵州社会科学》2005 年第 4 期。

1163. 陈国典：《藏民族宗教信徒朝圣初探》，《西南民族大学学报》2005 年第 4 期。

1164. 次旦扎西、次仁：《略述藏传佛教寺院组织制度》，《西藏大学学报》2005 年第 4 期。

1165. 德吉卓玛：《女性在藏传佛教中的角色与地位》，《西藏研究》2005 年第 4 期。

1166. 才让：《信仰与扶持：明成祖与藏传佛教》，《西藏研究》2005 年第 4 期。

1167. 赵改萍：《简论明代藏传佛教在五台山的发展》，《西藏研究》2005 年第 4 期。

1168. 黄菊：《读〈唐代佛教地理研究〉》，《中国历史地理论丛》2005 年第 4 期。

1169. 何孝荣：《明代皇帝崇奉藏传佛教浅析》，《中国史研究》2005 年第 4 期。

1170. 王颂：《从日本华严宗的两大派别反观中国华严思想史》，《世界宗教研究》2005 年第 4 期。

1171. 王新水：《从〈注维摩诘经〉看竺道生和僧肇佛学思想的差异》，《兰州学刊》2005 年第 5 期。

1172. 龚隽：《梁译〈大乘起信论〉的本觉论思想分析》，《中山大学学报》2005 年第 5 期。

1173. 赵改萍：《略论元代藏传佛教在五台山的传播》，《内蒙古社会科学》2005 年第 5 期。

1174. 段玉明：《佛教劝善理念研究》，《云南社会科学》2005 年第 5 期。

1175. 介永强：《我国西北地区佛教文化重心的历史变迁》，《陕西师范大学学报》2005 年第 5 期。

1176．潘春辉：《唐宋敦煌僧人违戒原因述论》，《西北师大学报》2005
年第 5 期。

1177．李承贵：《张九成佛教观论析：兼论佛教中国化的路径及特点》，
《中山大学学报》2005 年第 5 期。

1178．姚卫群：《佛教中的"性空"与"识有"观念》，《杭州师范学
院学报》2005 年第 5 期。

1179．戴继诚：《当代佛教与和谐社会的构建》，《中国宗教》2005 年第
5 期。

1180．陈怀宇：《白璧德之佛学及其对中国学者的影响》，《清华大学学
报》2005 年第 5 期。

1181．任宜敏：《元代佛门的义学传承：贤首宗与慈恩宗》，《江西社会
科学》2005 年第 6 期。

1182．谭苑芳：《佛教经济伦理思想探论》，《求索》2005 年第 6 期。

1183．郭冬梅：《佛教对生态伦理的启示》，《中国宗教》2005 年第
6 期。

1184．王耘：《唐代净土信仰的美学解读》，《江海学刊》2005 年第
6 期。

1185．李利安：《观音与文殊：悲智双运的理论价值与实践意义》，《中
国宗教》2005 年第 6 期。

1186．韩作珍：《佛教伦理思想及其现代意义》，《中国宗教》2005 年第
7 期。

1187．刘剑锋：《生死之间，悠然自得：禅宗如何看待生死问题》，《中
国宗教》2005 年第 7 期。

1188．蒋述卓、周兴杰：《佛经传译中的跨文化交流模式》，《文艺研
究》2005 年第 7 期。

1189．李利安：《佛教的超人间性与人间佛教》，《哲学研究》2005 年第
7 期。

1190．周秋良：《娼妓·渔妇·观音菩萨：试论鱼篮观音形象的形成与
衍变》，《江西社会科学》2005 年第 10 期。

1191．周军：《行为习惯与意识引领：佛教相关的伦理教育思想》，《西

南民族大学学报》2005 年第 10 期。

1192．杨玉昌：《个体的觉醒及其命运：慧能的"自性"与克尔凯郭尔的"主体性"之比较》，《学术研究》2005 年第 10 期。

1193．陈国典：《藏传佛教信徒的朝圣意识》，《求索》2005 年第 10 期。

1194．井邦志：《双融一味：密勒道歌的核心》，《西南民族大学学报》2005 年第 12 期。

1195．刘红梅：《明末佛教复兴运动历史背景探析》，《西南民族大学学报》2005 年第 12 期。

1196．季羡林：《鸠摩罗什时代及其前后龟兹和焉耆两地的佛教信仰》，《孔子研究》2005 年第 6 期。

1197．聂鸿音：《西夏的佛教术语》，《宁夏社会科学》2005 年第 6 期。

1198．刘清平：《佛教与基督宗教普爱观之比较：析普世爱人与宗教仇恨的悖论》，《陕西师范大学学报》2006 年第 1 期。

1199．李华华：《清净心的殊途同归：神秀与慧能的心性论》，《江淮论坛》2006 年第 1 期。

1200．钟玉英：《浅淡藏传佛教的祈祷仪式》，《世界宗教文化》2006 年第 1 期。

1201．王志鹏：《唐代敦煌地区净土信仰的流行及其在敦煌文献中的表现》，《兰州学刊》2006 年第 1 期。

1202．牛延锋：《佛教因果报应思想对构建和谐社会的积极意义》，《江淮论坛》2006 年第 1 期。

1203．张子开：《试论弥勒信仰与弥陀信仰的交融性》，《四川大学学报》2006 年第 1 期。

1204．汪志强、李合春：《佛教净土思想与和谐社会》，《中国宗教》2006 年第 1 期。

1205．苏荟敏：《佛教视野中的佛易交涉：对中国佛教历史的疏绎》，《甘肃社会科学》2006 年第 1 期。

1206．冯培红：《五凉的儒学与佛教：从石窟的早期功能谈起》，《兰州学刊》2006 年第 1 期。

1207．习五一：《近代北京寺庙的类型结构解析》，《世界宗教研究》2006 年第 1 期。

1208. 王永平、姚晓菲：《略论东晋时期琅邪王氏与佛教文化》，《学习与探索》2006 年第 1 期。

1209. 陈景富：《中韩佛教交流源远流长》，《中国宗教》2006 年第 1 期。

1210. 崔红芬、文志勇：《西夏的灭亡及西夏佛教对蒙元时期河西地区的影响》，《敦煌学辑刊》2006 年第 1 期。

1211. 孙昌盛：《试论在西夏的藏传佛教僧人及其地位、作用》，《西藏研究》2006 年第 1 期。

1212. 史达：《藏传佛教觉朗派教义"他空见"研究之述评》，《西藏研究》2006 年第 1 期。

1213. 宋道发：《僧祐的佛教史观略论》，《西南民族大学学报》2006 年第 1 期。

1214. 刘惠卿：《义理佛教：从格义到玄佛合流》，《求索》2006 年第 1 期。

1215. 吴焯：《从相邻国的政治关系看佛教在朝鲜半岛的初传》，《中国史研究》2006 年第 1 期。

1216. 董群：《缘起论对于佛教道德哲学的基础意义》，《道德与文明》2006 年第 1 期。

1217. 陈国典：《关系意识：一项关于藏传佛教朝圣者的个案研究》，《社会科学研究》2006 年第 1 期。

1218. 林伟：《"三世"概念与"善恶报应"：佛教中国化的一个范例分析》，《现代哲学》2006 年第 1 期。

1219. 文志勇、崔红芬：《西夏僧人的管理及义务》，《宁夏社会科学》2006 年第 1 期。

1220. 杜常顺：《明代宦官与藏传佛教》，《西北师大学报》2006 年第 1 期。

1221. 哈磊：《略说〈阿含经〉之心意识》，《宗教学研究》2006 年第 2 期。

1222. 常峥嵘：《〈成唯识论〉中的"现在"概念研究：对因果和时间的思考》，《宗教学研究》2005 年第 2 期。

1223. 孙兰荃：《试论佛教戒律研究的宗教学意义：以汉传佛教为例》，

《宗教学研究》2005 年第 2 期。

1224．聂士全：《佛教释经家对儒道思想的简别》，《宗教学研究》2006 年第 2 期。

1225．李佳静：《早期佛教僧团管理的经济制度：利和同均》，《宗教学研究》2006 年第 2 期。

1226．萧淑玲：《清代临济宗三大丛林法脉略梳》，《宗教学研究》2006 年第 2 期。

1227．李德成：《藏传佛教高级学衔制度》，《中国藏学》2006 年第 2 期。

1228．才让太：《苯教在吐蕃的初传及其与佛教的关系》，《中国藏学》2006 年第 2 期。

1229．王荣回：《马祖道一传法活动考论》，《宗教学研究》2006 年第 2 期。

1230．古骐琄：《二十世纪〈四十二章经〉研究述评》，《宗教学研究》2006 年第 2 期。

1231．董西彩：《佛教的自我观及对灵魂不灭论的批判》，《新疆师范大学学报》2006 年第 2 期。

1232．王云路：《试说翻译佛经新词新义的产生理据》，《语言研究》2006 年第 2 期。

1233．华方田：《普贤行愿与和谐社会："普贤与中国文化"学术研讨会综述》，《世界宗教研究》2006 年第 2 期。

1234．尹富：《地藏菩萨及其信仰传入中国时代考》，《四川大学学报》2006 年第 2 期。

1235．俞学明：《天台湛然祖师地位是如何确立的》，《世界宗教文化》2006 年第 2 期。

1236．张淼、刘辉萍：《试论鸠摩罗什的大乘般若思想：兼与慧远的佛学思想作比较》，《新疆社会科学》2006 年第 3 期。

1237．郝春燕：《〈坛经〉的现象学诠释》，《山东师范大学文学院》2006 年第 4 期。

1238．张晓华：《佛教早期在华传教主体之研究：从传播学的视角看佛教早期在华的成功传播》，《世界宗教研究》2006 年第 2 期。

1239. 陈金龙：《从僧伽制度整理看民国时期政教关系：以 1927—1937 年为中心的考察》，《世界宗教研究》2006 年第 2 期。

1240. 圣凯：《佛教思想史与佛教"人学"：读〈中外佛教人物论〉》，《世界宗教研究》2006 年第 2 期。

1241. 任继春：《禅宗的宗教意义》，《中国宗教》2006 年第 2 期。

1242. 何则阴：《汉传佛教的女性健康观》，《贵州社会科学》2006 年第 2 期。

1243. 濮文起：《"人间佛教"理念的发展历程》，《中国宗教》2006 年第 2 期。

1244. 尚永琪：《北朝胡人与佛教的传播》，《吉林大学社会科学学报》2006 年第 2 期。

1245. 高山杉：《外国哲学家和宗教学家笔下的支那内学院》，《世界哲学》2006 年第 3 期。

1246. 高山杉：《支那内学院和西洋哲学研究》，《世界哲学》2006 年第 3 期。

1247. 华方田：《出入于有无之际：简析庐山慧远法身观的理论矛盾》，《世界宗教研究》2006 年第 3 期。

1248. 李利安：《印度观音信仰的最初形态》，《世界宗教研究》2006 年第 3 期。

1249. 王荣国：《菩提达摩来华事迹考：兼与胡适、孙述圻先生对话》，《世界宗教研究》2006 年第 3 期。

1250. 李利安：《观音信仰的中国化》，《山东大学学报》2006 年第 4 期。

1251. 李霞：《从"六祖革命"到"人间佛教"：中国佛教人文精神的建立》，《社会科学战线》2006 年第 4 期。

1252. 任宜敏：《明代佛门的义学传承：天台宗》，《人文杂志》2006 年第 4 期。

1253. 净曼：《天台宗基本架构》，《浙江学刊》2006 年第 4 期。

1254. 周昌乐：《从斯科伦定理看禅宗的触事即真观及其意义》，《厦门大学学报》2006 年第 4 期。

1255. 任宜敏：《明代佛门教行杰望：净土宗》，《社会科学战线》2006

年第 4 期。

1256．柳和勇：《论观音信仰的中国文化底蕴》，《学术界》2006 年第
4 期。

1257．伍先林、刘艺：《试论马祖禅的教学精神》，《哲学研究》2006 年
第 4 期。

1258．王公伟：《试析中国净土思想发展的路径》，《社会科学战线》
2005 年第 6 期。

1259．邱高兴：《孝戒关系论：佛教对中国传统伦理观念调和性解释》，
《社会科学战线》2005 年第 6 期。

1260．吴言生：《深层生态学与佛教生态观的内涵及其现实意义》，《中
国宗教》2006 年第 6 期。

1261．刘朝霞、王永会：《佛教学者的本分与社会责任：陈兵教授访谈
录》，《西南民族大学学报》2006 年第 7 期。

1262．陈嫡：《持平常心，做不平常事：访中国社科院世界宗教研究所
研究员杨曾文》，《中国宗教》2006 年第 7 期。

1263．陈兵：《〈阿含经〉及部派佛学的深层心识说》，《西南民族大学
学报》2006 年第 7 期。

1264．朱咏：《佛教因果报应论及其文化内涵》，《中国宗教》2006 年第
8 期。

1265．高颖：《原始佛教的心理思想》，《宗教学研究》2007 年第 1 期。

1266．李新德：《晚清新教传教士的中国佛教观》，《宗教学研究》2007
年第 1 期。

1267．杨玉辉：《佛教与道教人学观之比较》，《宗教学研究》2007 年第
1 期。

1268．李承贵：《儒士佛教观研究的学术价值》，《哲学动态》2007 年第
1 期。

1269．李承贵：《欧阳修与佛教——兼论欧阳修佛教观特质及其对北宋
儒学的影响》，《现代哲学》2007 年第 1 期。

1270．李承贵：《朱熹视域中的佛教本体论——朱熹对佛教本体论的认
知及误读》，《福建论坛》2007 年第 1 期。

1271．陈卫星：《世俗化、庸俗化与当代中国佛教发展中的问题》，《云

南社会科学》2007 年第 2 期。

    1272．苗润田：《儒学：在基督教与佛教之间——以人类中心主义为中心》，《山东大学学报》2007 年第 2 期。

    1273．姚卫群：《早期佛教的基本教义与奥义书思想》，《北京大学学报》2007 年第 2 期。

    1274．党燕妮：《晚唐五代宋初敦煌佛教信仰特点初探》，《世界宗教研究》2007 年第 2 期。

    1275．张胜珍：《李煜与佛教》，《世界宗教文化》2007 年第 2 期。

    1276．杨维中：《佛教的生死观与命运观》，《世界宗教文化》2007 年第 2 期。

    1277．王公伟：《赤山法华院与中日韩佛教文化交流》，《世界宗教文化》2007 年第 2 期。

    1278．张雪梅：《藏族传统聚落形态与藏传佛教的世界观》，《宗教学研究》2007 年第 2 期。

    1279．尕藏加：《藏传佛教寺院内部管理体制的演进》，《世界宗教研究》2007 年第 2 期。

    1280．郭齐勇：《论熊十力对佛教唯识学的批评》，《世界宗教研究》2007 年第 2 期。

    1281．李四龙：《论欧美佛教研究的分期与转型》，《世界宗教研究》2007 年第 3 期。

    1282．孙晶：《日本"批判佛教"的最新进展及其理论意义》，《世界宗教研究》2007 年第 3 期。

    1283．谭志词：《十七、十八世纪岭南与越南的佛教交流》，《世界宗教研究》2007 年第 3 期。

    1284．夏志前：《〈楞严〉之诤与晚明佛教——以〈楞严经〉的诠释为中心》，《中国哲学史》2007 年第 3 期。

    1285．李建欣：《佛教在印度兴起的思想文化背景——沙门思潮论》，《世界宗教研究》2007 年第 3 期。

    1286．刘春华：《近代知识精英与佛教述论》，《江淮论坛》2007 年第 3 期。

    1287．李承贵：《朱熹视域中的佛教心性论》，《福建论坛》2007 年第

3 期。

1288．鄪爱红：《佛教的生态伦理思想与可持续发展》，《齐鲁学刊》2007 年第 3 期。

1289．焦桂美：《论南北朝时期佛教与经学的相互渗透》，《北方论丛》2007 年第 3 期。

1290．任俊：《佛教对当代心理学发展的影响》，《宗教学研究》2007 年第 3 期。

1291．高建立：《论佛教的佛性说对二程心性思想的影响》，《郑州大学学报》2007 年第 3 期。

1292．李向平：《中国佛教的和谐理性模式——从“心”开始的功德本体论》，《上海大学学报》2007 年第 3 期。

1293．方立天：《佛教生态哲学与现代生态意识》，《文史哲》2007 年第 4 期。

1294．陈文英：《佛经汉译与佛教文化传播之历史考察》，《华南师范大学学报》2007 年第 4 期。

1295．陈坚：《儒家“义利之辨”与佛教“自利利他”比较研究》，《齐鲁学刊》2007 年第 5 期。

1296．何蓉：《佛教寺院经济及其影响初探》，《社会学研究》2007 年第 4 期。

1297．黄夏年：《评〈日据时期的台湾佛教〉》，《世界宗教研究》2007 年第 4 期。

1298．何孝荣：《试论明太祖的佛教政策》，《世界宗教研究》2007 年第 4 期。

1299．才让：《藏传佛教慈悲伦理与生态保护》，《西北民族研究》2007 年第 4 期。

1300．肖屏：《宋代佛教造像的世俗化研究》，《山东社会科学》2007 年第 4 期。

1301．李利安：《构建和谐社会：佛教的理论资源与实践借鉴》，《法音》2007 年第 4 期。

1302．葛继勇：《赴日唐僧与奈良佛教》，《郑州大学学报》2007 年第 5 期。

1303．王何忠：《缅甸人的佛教伦理思想》，《云南民族大学学报》2007年第5期。

1304．车永强：《试论佛教文化对意境理论的影响》，《学术研究》2007年第5期。

1305．明成满：《隋唐五代佛教的环境保护》，《求索》2007年第5期。

1306．方立天：《温家宝总理与我谈佛教》，《法音》2007年第6期。

1307．贾发义：《武则天与佛教净土信仰》，《首都师范大学学报》2007年第6期。

1308．刘宇光：《"批判佛教"的得与失》，《学术月刊》2007年第6期。

1309．周贵华：《"批判佛教"的佛教批判与社会文化批判》，《学术月刊》2007年第6期。

1310．吴可为：《"批判佛教"与佛教的批判性》，《学术月刊》2007年第6期。

1311．吕凯文：《"批判佛教"的批判哲学》，《学术月刊》2007年第6期。

1312．涂承日：《"无迹而神"的审美研究——"无迹而神"与佛教思想的契合》，《河南大学学报》2007年第6期。

1313．李利安：《试析晋阳佛教文化的内涵、特色与开发利用》，《晋阳学刊》2007年第6期。

1314．李小荣：《佛教与中国古代文体关系研究略谈》，《福建师范大学学报》2007年第6期。

1315．张晶：《皎然诗论与佛教的中道观》，《文学遗产》2007年第6期。

1316．桑吉扎西：《香港佛教十年回顾（1997—2007）》，《法音》2007年第7期。

1317．圆慈：《中国佛教对于不同宗教信仰对话的努力与实践》，《中国宗教》2007年第7期。

1318．吴平：《古代云南与老挝的佛教文化交流》，《法音》2007年第7期。

1319．宋立道：《佛教哲学的逻辑结构》，《法音》2007年第8期。

1320. 何石彬：《从〈俱舍论〉看印度佛教由小乘向大乘的演进理路》，《哲学研究》2007 年第 8 期。

1321. 唐铭：《藏传佛教文化对生态环境的积极影响》，《中国宗教》2007 年第 10 期。

1322. 林伟：《佛教"众生"概念及其生态伦理意义》，《学术研究》2007 年第 12 期。

1323. 程恭让：《佛教的"无我"思想能够支持人权吗？——关于克瑞斯多夫·高旺士观点的商榷》，《哲学研究》2007 年第 12 期。

1324. 班班多杰：《论藏传佛教萨迦派"轮回涅槃无别"之哲学思想》，《哲学研究》2007 年第 12 期。

1325. 李虎：《当代韩国圆佛教实学特性考述》，《宗教学研究》2008 年第 1 期。

1326. 黄阳兴：《中晚唐时期四川地区的密教信仰》，《宗教学研究》2008 年第 1 期。

1327. 邓曦：《早期佛教的业报轮回与无我》，《宗教学研究》2008 年第 1 期。

1328. 高华平：《论佛教对中国古代文学体裁的影响》，《世界宗教研究》2008 年第 1 期。

1329. 姚卫群：《佛教与婆罗门教禅观念比较》，《北京大学学报》2008 年第 1 期。

1330. 徐东明：《论龙树〈中论〉的中观思想及对藏传佛教的影响》，《西藏民族学院学报》2008 年第 2 期。

1331. 刘登科：《论佛教伦理的四大演进路径》，《江淮论坛》2008 年第 2 期。

1332. 马德邻：《佛教史视野中的"圣"和"隐僧"》，《世界宗教研究》2008 年第 2 期。

1333. 刘聪：《中国近代佛教入世途径及其现代启示》，《宗教学研究》2008 年第 2 期。

1334. 刘艳芬：《试论镜花水月在佛教中的象征意义》，《宗教学研究》2008 年第 2 期。

1335. 戴继诚：《利玛窦与晚明佛教三大师》，《世界宗教文化》2008 年第 2 期。

1336. 龚隽：《宋明楞严学与中国佛教的正统性——以华严、天台〈楞严经〉疏为中心》，《中国哲学史》2008 年第 3 期。

1337. 李文生：《论中国佛教禅宗定祖之争》，《敦煌研究》2008 年第 3 期。

1338. 董群：《直依人生增进成佛——太虚人生佛教的伦理观》，《中国宗教》2008 年第 3 期。

1339. 龙红：《中国早期佛教传播路线与摇钱树佛像——大足石刻艺术的历史成因探析》，《青海社会科学》2008 年第 3 期。

1340. 张平：《道安在中国佛教史上的贡献及地位》，《现代哲学》2008 年第 3 期。

1341. 李传军、金霞：《〈父母恩重经〉与唐代孝文化——兼谈佛教中国化过程中的“通儒”与“济俗”现象》，《孔子研究》2008 年第 3 期。

1342. 陈坚：《儒佛“孝”道观的比较》，《孔子研究》2008 年第 3 期。

1343. 哈磊：《朱子所读佛教经论与著述叙要》，《孔子研究》2008 年第 4 期。

1344. 吴敏霞：《日据时期台湾佛教略论》，《人文杂志》2008 年第 4 期。

1345. 任宜敏：《明代佛教政策析论》，《人文杂志》2008 年第 4 期。

1346. 王月清：《佛教伦理与和谐社会》，《江海学刊》2008 年第 4 期。

1347. 桑吉扎西：《西藏的宗教信仰与文化传承》，《中国宗教》2008 年第 4 期。

1348. 肖尧中：《宗教之可交换性与都市佛教研究》，《西南民族大学学报》2008 年第 5 期。

1349. 陈冠桥、赵俊伏：《现代佛教讲经说法需要常讲常新》，《中国宗教》2008 年第 5 期。

1350. 刘亚明、胡敏燕：《佛教圆融思想的和谐生态智慧》，《江西社会科学》2008 年第 5 期。

1351. 陈广恩、陈伟庆：《试论西夏藏传佛教对元代藏传佛教之影响》，《宁夏社会科学》2008 年第 5 期。

1352. 惟贤：《从人生佛教到人间佛教》，《中国宗教》2008 第 Z1 期。

1353．孙旭辉：《中古语言文学观及审美意识发展的佛禅理路》，《学术月刊》2008 年第 6 期。

1354．索南才让：《藏传佛教的见行哲学观》，《西南民族大学学报》2008 年第 6 期。

1355．夏金华：《论"礼崩乐坏"是儒学走向衰落的重要原因——兼以佛教礼乐的发展进程为例》，《社会科学》2008 年第 7 期。

1356．单正齐：《原始佛教涅槃概念辨析》，《哲学研究》2008 年第 7 期。

现代新儒家文化研究主要著作和论文索引

（一） 著作类

1. 方东美著：《中国人生哲学》，台北黎明文化事业公司 1980 年版。

2. 张君劢著，程文熙编：《中西印哲学文集》，台北学生书局 1981 年版。

3. 钱穆著：《钱宾四先生全集》，台北联经出版社 1982 年版。

4. 蔡仁厚著：《新儒家的精神方向》，台北学生书局 1982 年版。

5. 方东美著：《新儒家哲学十八讲》，台北黎明文化事业公司 1983 年版。

6. 李杜著：《唐君毅先生的哲学》台北学生书局 1983 年版。

7. 方东美著：《原始儒家道家哲学》，台北黎明文化事业公司 1983 年版。

8. 徐复观著：《中国人性论史》，台北商务印书馆 1984 年版。

9. 曹永洋编：《徐复观教授纪念文集》，台北时报文化出版公司 1984 年版。

10. 方东美著，孙智燊译：《中国哲学之精神及其发展》（上），台北成均出版社 1984 年版。

11. 方东美著：《哲学三慧》，台北三民书局 1984 年版。

12. 方东美等著，东海大学哲学系编译：《中国人的心灵：中国哲学与文化要义》，台北联经出版社 1984 年版。

13．梁漱溟著：《人心与人生》，香港三联书店 1984 年版。

14．冯友兰著：《三松堂学术文集》，北京大学出版社 1984 年版。

15．郭齐勇著：《熊十力及其哲学》，中国展望出版社 1985 年版。

16．蔡仁厚等著：《会通与转化：基督教与新儒家的对话》，台北宇宙光出版社 1985 年版。

17．刘述先著：《文化与哲学的探索》，台北学生书局 1986 年版。

18．张君劢著：《新儒家思想史》，台北弘文馆出版社 1986 年版。

19．梁漱溟著：《人心与人生》，学林出版社 1984 年版。

20．钱穆著：《晚学盲言》，台北东大图书公司 1987 年版。

21．张君劢著：《社会主义思想运动概观》，台北稻香出版社 1988 年版。

22．汪东林编：《梁漱溟问答录》，湖南人民出版社 1988 年版。

23．刘述先著：《文化哲学》，黑龙江教育出版社 1988 年版。

24．［美］杜维明著：《人性与自我修养》，中国和平出版社 1988 年版。

25．［美］艾恺著，郑大华等译：《最后一个儒家：梁漱溟与现代中国的困境》，湖南人民出版社 1988 年版。

26．方克立、李锦全主编：《现代新儒学研究论集》（一），中国社会科学出版社 1989 年版。

27．杜维明著，高专诚译：《新加坡的挑战：新儒家伦理与企业精神》，三联书店 1989 年版。

28．罗义俊编著：《评新儒家》，上海人民出版社 1989 年版。

29．梁漱溟著：《忆熊十力先生·附勉仁斋读书录》，台北明文书局 1989 年版。

30．田文军著：《冯友兰与新理学》，台北远流出版事业公司 1990 年版。

31．霍韬晦主编：《唐君毅思想国际会议论文集》，香港法住出版社 1990 年版。

32．金岳霖著，金岳霖学术基金会学术委员会编：《金岳霖学术论文选》，中国社会科学出版社 1990 年版。

33．唐君毅著：《唐君毅全集》，台北学生书局 1990 年版。

34．郑家栋著：《现代新儒学概论》，广西人民出版社 1990 年版。

35．宋志明著：《现代新儒家研究》，中国人民大学出版社 1991 年版。

36．方克立、李锦全主编：《现代新儒学研究论集》（二），中国社会科学出版社 1991 年版。

37. 成中英著：《文化·伦理与管理：中国现代化的哲学省思》，贵州人民出版社 1991 年版。

38. 余英时著：《犹记风吹水上鳞：钱穆与时代中国学术》，台北三民书局 1991 年版。

39. 成中英著：《世纪之交的抉择：论中西哲学的会通与融合》，知识出版社 1991 年版。

40. 马勇著：《梁漱溟文化理论研究》，上海人民出版社 1991 年版。

41. 徐复观著：《徐复观文存》，台北学生书局 1991 年版。

42. 霍韬晦编：《唐君毅哲学简编》（人文篇），香港法住出版社 1992 年版。

43. 钱穆著：《世界局势与中国文化》，台北东大图书公司 1992 年版。

44. 蒋国宝、周亚州编：《生命理想与文化类型——方东美新儒学论著辑要》（《现代新儒学辑要丛书》第一辑），中国广播电视出版社 1992 年版。

45. 郑家栋编：《道德理想主义的重建——牟宗三新儒学论著辑要》（《现代新儒学辑要丛书》第一辑），中国广播电视出版社 1992 年版。

46. 张祥浩编：《文化意识宇宙的探索——唐君毅新儒学论著辑要》（《现代新儒学辑要丛书》第一辑），中国广播电视出版社 1992 年版。

47. 岳华编：《儒家传统的现代转化——杜维明新儒学论著辑要》（《现代新儒学辑要丛书》第一辑），中国广播电视出版社 1992 年版。

48. 辛华、任菁编：《内在超越之路——余英时新儒学论著辑要》（《现代新儒学辑要丛书》第一辑），中国广播电视出版社 1992 年版。

49. 景海峰编：《儒家思想与现代化——刘述先新儒学论著辑要》（《现代新儒学辑要丛书》第一辑），中国广播电视出版社 1992 年版。

50. 胡伟希著：《传统与人文：对港台新儒家的考察》，中华书局 1992 年版。

51. ［日］岛田虔次著，徐水生译：《熊十力与新儒家哲学》，台北明文书局 1992 年版。

52. 方克立、李锦全主编，韩强著：《现代新儒学心性理论评述》（《现代新儒学研究丛书》），辽宁大学出版社 1992 年版。

53. 方克立、李锦全主编，郑家栋著：《本体与方法：从熊十力到牟宗三》(《现代新儒学研究丛书》),辽宁大学出版社 1992 年版。

54. 方克立、李锦全主编,陈少明著:《儒学的现代转折》(《现代新儒学研究丛书》),辽宁大学出版社 1992 年版。

55. 马镜泉、赵士华著:《马一浮评传》,百花洲文艺出版社 1993 年版。

56. 胡军著:《金岳霖》,台北三民书局 1993 年版。

57. 黄克剑、吴小龙编:《张君劢集》(当代新儒学八大家),群言出版社 1993 年版。

58. 黄克剑、林少敏编:《牟宗三集》(当代新儒学八大家),群言出版社 1993 年版。

59. 黄克剑、钟小霖编:《方东美集》(当代新儒学八大家),群言出版社 1993 年版。

60. 黄克剑、吴小龙编:《冯友兰集》(当代新儒学八大家),群言出版社 1993 年版。

61. 黄克剑、王欣、万承厚编:《熊十力集》(当代新儒学八大家),群言出版社 1993 年版。

62. 黄克剑、钟小霖编:《唐君毅集》(当代新儒学八大家),群言出版社 1993 年版。

63. 黄克剑、林少敏编:《徐复观集》(当代新儒学八大家),群言出版社 1993 年版。

64. 黄克剑、王欣编:《梁漱溟集》(当代新儒学八大家),群言出版社 1993 年版。

65. 郑大华著:《梁漱溟与现代新儒学》,台北文津出版社 1993 年版。

66. 宋祖良、范进编:《会通集:贺麟生平与学术》,三联书店 1993 年版。

67. 〔美〕艾恺著,王宗昱、冀建中译:《最后的儒家:梁漱溟与中国现代化的两难》,江苏人民出版社 1993 年版。

68. 郭齐勇著:《熊十力思想研究》,天津人民出版社 1993 年版。

69. 翟志成著:《当代新儒家学史论》,台北允晨文化实业公司 1993 年版。

70. 余英时著:《钱穆与中国文化》,上海远东出版社 1994 年版。

71. 郭齐勇著:《天地间一个读书人——熊十力传》,上海文艺出版社

1994 年版。

72. 刘述先著:《传统与现代的探索》,台北正中书局 1994 年版。

73. 方克立、李锦全主编,李毅著:《中国马克思主义与现代新儒学》(《现代新儒学研究丛书》),辽宁大学出版社 1994 年版。

74. 方克立、李锦全主编,施忠连著:《现代新儒学在美国》(《现代新儒学研究丛书》),辽宁大学出版社 1994 年版。

75. 方克立、李锦全主编,赵德志著:《现代新儒家与西方哲学》(《现代新儒学研究丛书》),辽宁大学出版社 1994 年版。

76. 方克立、李锦全主编,卢升法著:《佛学与现代新儒家》(《现代新儒学研究丛书》),辽宁大学出版社 1994 年版。

77. 金岳霖著:《论道》,商务印书馆 1994 年版。

78. 马勇著:《梁漱溟教育思想研究》,辽宁教育出版社 1994 年版。

79. 梁漱溟著,曹锦清编选:《儒学复兴之路:梁漱溟文选》,上海远东出版社 1994 年版。

80. 胡伟希著:《金岳霖哲学思想》,湖北人民出版社 1994 年版。

81. 程伟礼著:《信念的旅程:冯友兰传》,上海文艺出版社 1994 年版。

82. 刘述先等著:《当代新儒家人物论》,台北文津出版社 1994 年版。

83. 宋德宣著:《新儒家》,台北扬智文化事业公司 1994 年版。

84. 武东生著:《现代新儒家人生哲学研究》(《现代新儒学研究丛书》),辽宁大学出版社 1994 年版。

85. 郑家栋、叶海燕主编:《新儒家评论》,第一辑,中国广播电视出版社 1994 年版。

86. 冯宗璞、蔡仲德编:《冯友兰先生百年诞辰纪念文集》,清华大学出版社 1995 年版。

87. 郭齐勇、汪学群著:《钱穆评传》,百花洲文艺出版社 1995 年版。

88. 中国社会科学院哲学所逻辑室编:《理有固然:纪念金岳霖先生百年诞辰》,社会科学文献出版社 1995 年版。

89. 刘培育主编:《金岳霖的回忆与回忆金岳霖》,四川教育出版社 1995 年版。

90. 颜炳罡著:《整合与重铸:当代大儒牟宗三先生思想研究》,台北学生书局 1995 年版。

91．刘述先著：《朱子哲学思想的发展与完成》，台北学生书局1995年版。

92．刘述先主编：《当代儒学论集：传统与创新》，台北"中央研究院中国文哲研究所筹备处"1995年版。

93．王思隽、李肃东著：《贺麟评传》，百花文艺出版社1995年版。

94．田文军编：《极高明而道中庸——冯友兰新儒学论著辑要》（《现代新儒学辑要丛书》第二辑），中国广播电视出版社1995年版。

95．宋志明编：《儒家思想新开展——贺麟新儒学论著辑要》（《现代新儒学辑要丛书》第二辑），中国广播电视出版社1995年版。

96．滕复编：《默然不说声如雷——马一浮新儒学论著辑要》（《现代新儒学辑要丛书》第二辑），中国广播电视出版社1995年版。

97．郑大华、任菁编：《孔子学说的重光——梁漱溟新儒学论著辑要》（《现代新儒学辑要丛书》第二辑），中国广播电视出版社1995年版。

98．吕希晨、陈莹编：《精神自由与民族文化——张君劢新儒学论著辑要》（《现代新儒学辑要丛书》第二辑），中国广播电视出版社1995年版。

99．方克立、李锦全主编：《现代新儒家学案》（上、中、下），中国社会科学出版社1995年版。

100．启良著：《新儒学批判》，上海三联书店1995年版。

101．郑家栋、叶海燕主编：《新儒家评论》，第二辑，中国广播电视出版社1995年版。

102．张庆熊著：《熊十力的新唯识论与胡塞尔的现象学》，上海人民出版社1995年版。

103．陈星著：《隐士儒宗：马一浮》，山东画报出版社1996年版。

104．马一浮著，刘梦溪主编，马镜泉编校：《中国现代学术经典》（马一浮卷），河北教育出版社1996年版。

105．马一浮著，虞万里校点：《马一浮集》，第一册，浙江古籍出版社、浙江教育出版社1996年版。

106．马一浮著，丁敬涵校点：《马一浮集》，第二册，浙江古籍出版社、浙江教育出版社1996年版。

107．马一浮著，马镜泉等校点：《马一浮集》，第三册，浙江古籍出版社、浙江教育出版社1996年版。

108. 蔡仁厚等著：《牟宗三先生与中国哲学之重建》，台北文津出版社1996年版。

109. 成中英著，李志林编：《论中西哲学精神》，东方出版中心1996年版。

110. 善峰著：《梁漱溟社会改造构想研究》，山东大学出版社1996年版。

111. 郭齐勇、龚建平著：《梁漱溟哲学思想》，湖北人民出版社1996年版。

112. 李维武编：《中国人文精神之阐扬——徐复观新儒学论著辑要》（《现代新儒学辑要丛书》第三辑），中国广播电视出版社1996年版。

113. 李翔海编：《知识与价值——成中英新儒学论著辑要》（《现代新儒学辑要丛书》第三辑），中国广播电视出版社1996年版。

114. 郭齐勇编：《现代新儒学的根基——熊十力新儒学论著辑要》（《现代新儒学辑要丛书》第三辑），中国广播电视出版社1996年版。

115. 熊十力著：《十力语要》，中华书局1996年版。

116. 何信全著：《儒学与现代民主：当代新儒家政治哲学研究》，台北"中央研究院中国文哲研究所筹备处"1996年版。

117. 方克立、李锦全主编，吕希晨、陈莹著：《张君劢思想研究》（《现代新儒学研究丛书》），天津人民出版社1996年版。

118. 熊十力著：《十力语要》（一），辽宁教育出版社1997年版。

119. 熊十力著：《十力语要》（二），辽宁教育出版社1997年版。

120. 钱穆著：《国学概论》，商务印书馆1997年版。

121. 张君劢、丁文江等著：《科学与人生观》，上海人民出版社1997年版。

122. 杜维明著：《现代精神与儒家传统》，三联书店1997年版。

123. 牟宗三著：《中国哲学的特质》，上海古籍出版社1997年版。

124. 牟宗三著：《中西哲学智慧会通十四讲》，上海古籍出版社1997年版。

125. 牟宗三著：《中国哲学十九讲》，上海古籍出版社1997年版。

126. 刘述先主编：《儒家思想与现代世界》，台北"中央研究院中国文哲研究所筹备处"1997年版。

127. 方克立著：《现代新儒学与中国现代化》，天津人民出版社 1997 年版。

128. 张岱年等著：《文化的冲突与融合：张申府先生、汤用彤先生、梁漱溟先生百年诞辰纪念论文集》，北京大学出版社 1997 年版。

129. 陈晓龙著：《知识与智慧：金岳霖哲学研究》，高等教育出版社 1997 年版。

130. 刘述先等著：《当代儒学发展之新契机》，台北文津出版社 1997 年版。

131. 王泽应著：《现代新儒家伦理思想研究》，湖南师范大学出版社 1997 年版。

132. 李维武编：《徐复观与中国文化》，湖北人民出版社 1997 年版。

133. 杜维明著：《儒家思想：以创造转化为自我认同》，台北东大图书公司 1997 年版。

134. ［美］邓尔麟（Jerry Dennerline）著，蓝桦译：《钱穆与七房桥世界》，社会科学文献出版社 1998 年版。

135. 宋志明著：《贺麟新儒学思想研究》，天津人民出版社 1998 年版。

136. 颜炳罡著：《牟宗三学术思想评传》，书目文献出版社 1998 年版。

137. 钱穆著：《钱宾四先生全集》，台北联经出版事业公司 1998 年版。

138. 王中江、安继民著：《金岳霖学术思想评传》，书目文献出版社 1998 年版。

139. 陆明伟著：《大儒梁漱溟》，漓江出版社 1998 年版。

140. 冯友兰著，张海焘主编：《中国哲学的精神：冯友兰文选》，国际文化出版公司 1998 年版。

141. 余英时著：《现代儒学论》，上海人民出版社 1998 年版。

142. 颜炳罡著：《当代新儒学引论》，北京图书馆出版社 1998 年版。

143. 马一浮著：《复性书院讲录》，山东人民出版社 1998 年版。

144. 牟宗三著：《四因说演讲录》，上海古籍出版社 1998 年版。

145. 林安梧著：《儒学革命论：后新儒家哲学的问题向度》，台北学生书局 1998 年版。

146. 李道湘著：《现代新儒学与宋明理学》，辽宁大学出版社 1998 年版。

147．宋志明、梅良勇著：《冯友兰学术思想评传》，北京图书馆出版社1999年版。

148．李霜青等著：《熊十力·张君劢·蒋中正》，台北商务印书馆1999年版。

149．沈清松等著：《冯友兰·方东美·唐君毅·牟宗三》，台北商务印书馆1999年版。

150．［美］杜维明著，段德智译：《论儒学的宗教性：对〈中庸〉的现代诠释》，武汉大学出版社1999年版。

151．乔清举著：《金岳霖新儒学体系研究》，齐鲁书社1999年版。

152．郑大华著：《梁漱溟学术思想评传》，北京图书馆出版社1999年版。

153．丁为祥著：《熊十力学术思想评传》，北京图书馆出版社1999年版。

154．牟宗三著：《心体与性体》（一），上海古籍出版社1999年版。

155．牟宗三著：《心体与性体》（二），上海古籍出版社1999年版。

156．牟宗三著：《心体与性体》（三），上海古籍出版社1999年版。

157．景海峰、黎业明著：《梁漱溟评传》，人民出版社1999年版。

158．郭齐勇：《郭齐勇自选集》，广西师范大学出版社1999年版。

159．郑大华著：《张君劢学术思想评传》（二十世纪中国著名学者传记丛书），北京图书馆出版社1999年版。

160．［美］杜维明著，钱文忠、盛勤译：《道·学·政：论儒家知识分子》，上海人民出版社2000年版。

161．郑家栋著：《牟宗三》，台北东大图书公司2000年版。

162．刘述先著，景海峰编：《理一分殊》，上海文艺出版社2000年版。

163．刘长林著：《生命与人生：儒学与梁漱溟的人生哲学》，开明出版社2000年版。

164．朱方楷主编：《梁漱溟纪念文集》，广西师范大学出版社2000年版。

165．熊吕茂著：《梁漱溟的文化思想与中国现代化》，湖南教育出版社2000年版。

166．陈战国、吕琦主编：《世纪哲人冯友兰》，河南大学出版社2000

年版。

167．［美］成中英著：《合外内之道：儒家哲学论》，中国社会科学出版社 2001 年版。

168．何信全著：《儒学与现代民主：当代新儒家政治哲学研究》，中国社会科学出版社 2001 年版。

169．李维武著：《徐复观学术思想评传》（二十世纪中国著名学者传记丛书），北京图书馆出版社 2001 年版。

170．单波著：《心通九境——唐君毅哲学的精神空间》，人民出版社 2001 年版。

171．赖贤宗著：《体用与心性：当代新儒家哲学新论》，台北学生书局 2001 年版。

172．龙佳解著：《中国人文主义新论：评当代新儒家的传统文化诠释》，湖南大学出版社 2001 年版。

173．成中英主编：《创造和谐》，上海文艺出版社 2002 年版。

174．侯敏著：《有根的诗学：现代新儒家文化诗学研究》，上海人民出版社 2003 年版。

175．张祥浩著：《复兴民族文化的探索：现代新儒家与传统文化》，江苏人民出版社 2003 年版。

176．方克立、李锦全主编：《现代新儒学研究丛书》，天津人民出版社 2004 年版。

177．柴文华著：《现代新儒家文化观研究》，三联书店 2004 年版。

178．徐复观著：《中国精神系列—中国人的世界精神—徐复观国际时评集》，华东师范大学出版社 2004 年版。

179．徐复观著：《中国精神系列—中国人的生命精神—徐复观自述》，华东师范大学出版社 2004 年版。

180．张毅著：《儒家文艺美学：从原始儒家到现代新儒家》，南开大学出版社 2004 年版。

181．郑大华著：《张君劢传》，中华书局 2005 年版。

182．闵仁君著：《牟宗三道德的形而上学研究》，巴蜀书社 2005 年版。

183．蔡仁厚著：《新儒家与新世纪》，台北学生书局 2005 年版。

184．陈宗清著：《宇宙本体探究：基督教与新儒家的比较》台北县校园书房出版社 2005 年版。

185. 景海峰著：《新儒学与二十世纪中国思想》，中州古籍出版社 2005 年版。

186. 唐君毅著：《生命存在与心灵境界》（唐君毅著作选），中国社会科学出版社 2006 年版。

187. 王兴国编著：《契接中西哲学之主流——牟宗三哲学思想渊源探要》，光明日报出版社 2006 年版。

188. 徐复观著：《徐复观论经学史二种》，上海书店 2006 年版。

189. 张君劢著：《义理学十讲纲要》（张君劢儒学著作集），中国人民大学出版社 2006 年版。

190. 张君劢著：《新儒家思想史》（张君劢儒学著作集），中国人民大学出版社 2006 年版。

191. 宇培峰著：《新儒家、新儒学及其政治法律思想研究》，中国政法大学出版社 2006 年版。

192. 赵卫东著：《分判与融通：当代新儒家德性与知识关系研究》，齐鲁书社 2006 年版。

193. 陈鹏著：《现代新儒家研究》，福建人民出版社 2006 年版。

194. 林安梧著：《儒学转向：从"新儒学"到"后新儒学"的过渡》，台北学生书局 2006 年版。

195. 蒋连华著：《学术与政治——徐复观思想研究》，上海三联书店 2006 年版。

196. 徐嘉著：《现代新儒家与佛学》，宗教文化出版社 2007 年版。

197. 王兴国主编：《牟宗三哲学思想研究——从逻辑思辨到哲学架构》（深圳社会科学文库第 4 辑），人民出版社 2007 年版。

198. 耿波著：《徐复观心性与艺术思想研究》，中国传媒大学出版社 2007 年版。

199. 徐嘉著：《现代新儒家与佛学》，宗教文化出版社 2007 年版。

200. 汤忠钢著：《德性与政治：牟宗三新儒家政治哲学研究》，中国言实出版社 2008 年版。

（二）　论文类

1．郑家栋：《评熊十力的体用观》，《吉林大学社会科学学报》1985 年第 6 期。

2．唐文权：《熊十力〈乾坤衍〉探微》，《江汉论坛》1985 年第 11 期。

3．郭齐勇：《论熊十力"天人不二"的思维模式》，《江汉论坛》1985年第 11 期。

4．郭齐勇：《熊十力及其哲学基本命题》，《光明日报》1985 年 12 月 23 日。

5．周礼全：《金岳霖的哲学体系》，《光明日报》1985 年 12 月 23 日。

6．李维武：《纪念熊十力先生诞生一百周年学术讨论会综述》，《武汉大学学报》1986 年第 2 期。

7．方克立：《要重视对现代新儒家的研究》，《天津社会科学》1986 年第 5 期。

8．江安：《杜维明教授澄清他对儒学的观点》，《国内哲学动态》1986年第 10 期。

9．张春波：《杜维明教授谈儒学发展的前景问题——座谈会述评》，《中国哲学史研究》1987 年第 1 期。

10．李书有：《新儒学思潮与我们的儒学伦理研究》，《南京大学学报》1987 年第 1 期。

11．何新：《对现代化与传统文化的再思考——评海外新儒学》，《社会科学辑刊》1987 年第 2 期。

12．方松华：《梁漱溟文化哲学述评》，《学术月刊》1987 年第 5 期。

13．田文军：《冯友兰文化类型说刍议》，《江汉论坛》1987 年第 8 期。

14．王鉴平：《冯友兰人生境界说述评》，《学术月刊》1987 年第 12 期。

15．王鉴平：《冯友兰中西文化观述评》，《上海社会科学院学术季刊》1988 年第 1 期。

16．范学德：《"新儒家"、"主线论"及其他》，《中国哲学史研究》1988 年第 1 期。

17. 范鹏：《新理学的理论框架及其意义》，《中国哲学史研究》1988 年第 1 期。

18. 郭齐勇：《贺麟前期的中西文化观与理想唯心论试探》，《天津社会科学》1988 年第 1 期。

19. 郭齐勇：《梁漱溟的文化比较模式析论》，《武汉大学学报》1988 年第 2 期。

20. 李茂京：《冯友兰哲学论著简述》，《甘肃社会科学》1988 年第 4 期。

21. 方克立：《关于现代新儒家研究的几个问题》，《天津社会科学》1988 年第 4 期。

22. 郑家栋：《现代新儒家概念及其他》，《中国哲学史研究》1988 年第 4 期。

23. 郭齐勇：《内圣与外王之间的困局》，《东岳论丛》1988 年第 4 期。

24. 黄克剑：《返本体仁的玄览之路——从熊十力哲学的价值取向看当代新儒家的文化思致》，《哲学研究》1988 年第 5 期。

25. 李宗桂：《"现代新儒家"辨义》，《学习与探索》1988 年第 5 期。

26. 马振铎：《儒学与现代化漫议》，《东岳论丛》1988 年第 5 期。

27. 董德福：《梁漱溟"文化三路向"剖析——兼评郑大华〈梁漱溟与中国传统文化〉》，《中州学刊》1989 年第 2 期。

28. 李锦全：《儒学传统能否适应现代化——兼对现代新儒家及反传统派思想观点的述评》，《中国哲学史研究》1989 年第 2 期。

29. 杨国荣：《熊十力与王学》，《天津社会科学》1989 年第 2 期。

30. 郑家栋：《儒家与新儒家的命运——"五四"以来文化论战的哲学思考》，《哲学研究》1989 年第 3 期。

31. 李宗桂：《现代新儒学思潮——由来、发展及思想特征》，《人民日报》1989 年 3 月 6 日。

32. 李宗桂：《评唐君毅的文化精神价值论和文化重构观》，《孔子研究》1989 年第 3 期。

33. 赵德志：《冯友兰的哲学观》，《吉林大学社会科学学报》1989 年第 3 期。

34. 颜炳罡：《五四·新儒家·现代文化建构》，《文史哲》1989 年第

3 期。

35. 韩强：《第三代新儒家掠影》，《文史哲》1989 年第 3 期。

36. 郑家栋：《儒家与新儒家的命运》，《哲学研究》1989 年第 3 期。

37. 方克立：《现代新儒学与中国现代化》，《南开学报》1989 年第 4 期。

38. 卢升法：《现代新儒家梁漱溟的儒佛会通观》，《南开学报》1989 年第 4 期。

39. 李宗桂：《现代儒学大师牟宗三谈中国文化》，《哲学动态》1989 年第 6 期。

40. 田夫：《现代新儒家研究近况》，《社会科学》1989 年第 8 期。

41. 蒋国保：《中国传统文化的现代走向——方东美论著抉奥》，《哲学研究》1989 年第 9 期。

42. 施忠连：《新儒家与中国文化活精神》，《哲学研究》1989 年第 9 期。

43. （中国台湾）蒋庆：《中国大陆复兴儒学的现实意义及其面临的问题》，《鹅湖》1989 年第 170、171 期。

44. 徐水生：《金岳霖对中西哲学的融会》，《求索》1990 年第 1 期。

45. 杨国荣：《"新心学"探析》，《江海学刊》1990 年第 2 期。

46. 郑大华：《梁漱溟与阳明学》，《孔子研究》1990 年第 2 期。

47. 颜炳罡：《熊十力易学思想探微》，《周易研究》1990 年第 2 期。

48. 吕希晨：《评张君劢新儒学的文化观》，《吉林大学社会科学学报》1990 年第 2 期。

49. 黄克剑等：《佛光烛照下的一代儒宗——梁漱溟文化思想探要》，《哲学研究》1990 年第 3 期。

50. 胡军：《金岳霖共相论剖析》，《哲学研究》1990 年第 3 期。

51. 关东：《现代新儒学研究的回顾与展望——访方克立教授》，《哲学研究》1990 年第 3 期。

52. 李宗桂：《评现代新儒家"返本开新"说——兼谈社会主义新文化的建设》，《学习与探索》1990 年第 4 期。

53. 方克立等：《论现代新儒学对传统儒学的继承、开新及其理论困限》，《社会科学战线》1990 年第 4 期。

54. 李宗桂：《评现代新儒家的"返本开新"说》，《学习与探索》1990年第4期。

55. 方克立：《现代新儒学的发展历程》（上、中、下），《南开学报》1990年第4、5、6期。

56. 滕复：《马一浮儒学思想初探》，《学习与探索》1990年第5期。

57. 郑家栋：《熊十力的心性论及其与梁漱溟心性论比较》，《吉林大学社会科学学报》1990年第6期。

58. 高力克：《现代化与儒家人生——梁漱溟文化哲学的困境》，《北京师范大学学报》1990年第6期。

59. 张岱年：《关于新儒学研究的信》，《哲学研究》1990年第6期。

60. 张海晏等：《近年来新儒学研究概述》，《中国史研究动态》1990年第8期。

61. 段培君等：《析当代新儒家的"返本"》，《学术月刊》1990年第10期。

62. 方克立：《传统·新儒家·现代化》，《光明日报》1990年12月24日。

63. 宋志明：《五四以来的新儒家与中国哲学现代化》，《中国人民大学学报》1991年第1期。

64. 武东生：《梁漱溟早期人生哲学思想注要》，《东岳论丛》1991年第1期。

65. 张学智：《略论贺麟的知行合一》，《北京大学学报》1991年第1期。

66. 张祥浩：《评唐君毅先生的哲学思想》，《南京大学学报》1991年第1期。

67. 臧志军：《试论梁漱溟的政治哲学》，《东岳论丛》1991年第1期。

68. 郑大华：《文化的民族性与时代性：五四时期梁漱溟与胡适的东西文化之争初探》，《求索》1991年第1期。

69. 冯契：《"新理学"的理性精神》，《学术月刊》1991年第2期。

70. 严书翔：《"现代新儒学与当代中国学术研讨会"综述》，《中山大学学报》1991年第2期。

71. 滕复：《马一浮的新儒学评述》，《社会科学辑刊》1991年第4期。

72．涂又光：《新理学简论》，《中州学刊》1991 年第 4 期。

73．蒙培元：《评冯友兰的境界说》，《学术月刊》1991 年第 5 期。

74．赵杰：《新理学方法探源》，《中州学刊》1991 年第 6 期。

75．申光亚：《也评冯友兰所说"修辞立其诚"》，《中州学刊》1991 年第 6 期。

76．萧萐父：《旧邦新命，真火无疆：冯友兰先生学思历程片论》，《中州学刊》1991 年第 6 期。

77．李慎之：《融贯中西，通释古今：冯友兰》，《读书》1991 年第 12 期。

78．郑家栋：《冯友兰与近代以来的哲学变革：新理学的基本精神及其限制》，《哲学研究》1991 年第 2 期。

79．方克立：《杜维明新儒家思想述评》，《东岳论丛》1992 年第 1 期。

80．严书翔：《冯友兰哲学的两种方法论析》，《中州学刊》1992 年第 2 期。

81．郑大华：《"评判的态度"与"同情的理解"：论胡适与梁漱溟对于传统文化的态度》，《中州学刊》1992 年第 2 期。

82．胡军：《金岳霖在知识论出发方式上的变革》，《北京大学学报》1992 年第 2 期。

83．易宪容：《方东美比较文化哲学探究》，《江西社会科学》1992 年第 4 期。

84．金春峰：《冯友兰中国哲学史研究的启示：兼论哲学与哲学史》，《中州学刊》1992 年第 4 期。

85．李宗桂：《试析文化讨论中的复兴儒学论》，《社会科学》1992 年第 11 期。

86．李翔海：《评牟宗三"良知自我坎陷"说》，《人文杂志》1993 年第 2 期。

87．方克立：《现代新儒学研究的自我反省——敬答诸位批评者》，《南开学报》1993 年第 2 期。

88．董德福等：《梁漱溟"新孔学"研究 70 年》（上），《哲学动态》1993 年第 12 期。

89．张立文：《从宋明新儒学到现代新儒学》，《学术季刊》1994 年第

1 期。

90. 季芳桐：《试论梁漱溟文化观的演进》，《南京大学学报》1994 年第 4 期。

91. 商专诚：《孔学·儒学·新儒学》，《晋阳学刊》1994 年第 5 期。

92. 李振纲：《救世意识与时代悲感：现代新儒家在中国与当代世界的命运》，《河北学刊》1994 年第 5 期。

93. 宋志明：《孙中山与现代新儒家思潮》，《学习与探索》1994 年第 6 期。

94. 吕希晨：《张君劢哲学思想论析》，《学习与探索》1994 年第 6 期。

95. 黄楠森：《对冯友兰先生"抽象继承法"的重新认识》，《北京大学学报》1994 年第 6 期。

96. 郭齐勇、汪学群：《钱穆的文化学理论》，《中州学刊》1995 年第 1 期。

97. ［韩］宋荣培：《现代新儒学的哲学意义及其问题：与西方不同的儒家式现代化是否可能?》，《传统文化与现代化》1995 年第 2 期。

98. 董德福：《"开新"还须"返本"：现代新儒家一个基本信念析论》，《福建论坛》1995 年第 2 期。

99. 吴疆：《中国哲学现代发展的逻辑线索：论现代新儒学与中国哲学的三次转折》，《齐鲁学刊》1995 年第 2 期。

100. 陈少明：《再论宋学与现代新儒家》，《学术月刊》1995 年第 3 期。

101. 李翔海：《意义哲学的探索：刘述先新儒家思想述评》，《学术月刊》1995 年第 3 期。

102. 郑家栋：《冯友兰哲学思想研讨会述要》，《哲学研究》1995 年第 3 期。

103. 陈晓平：《评冯友兰的新统：兼论冯友兰哲学的归属问题》，《中州学刊》1995 年第 3 期。

104. 李翔海：《新理学与中国哲学的现代重建》，《中州学刊》1995 年第 3 期。

105. 滕复：《马一浮的哲学思想》，《浙江学刊》1995 年第 3 期。

106. 史炳军：《现代新儒家唐君毅的中西文化观》，《西北大学学报》1995 年第 4 期。

107. 李毅：《现代新儒家理论的根本缺陷论析：兼论中国现代化道路的实践方向》，《江海学刊》1995 年第 4 期。

108. 颜炳罡：《现代新儒学研究的省察与展望》，《文史哲》1995 年第 4 期。

109. 朱哲：《唐、牟、徐道家思想比观》，《云南社会科学》1995 年第 5 期。

110. 董德福：《梁漱溟"新孔学"的历史地位和影响》，《北京大学学报》1995 年第 5 期。

111. 周溯源：《现代新儒学述评》，《宁夏社会科学》1995 年第 6 期。

112. 罗义俊：《在批评与内省中拓展新天地：第三届当代新儒学国际学术会议评介》，《学术月刊》1995 年第 9 期。

113. 陈晓平：《评冯友兰的新统：兼论冯友兰哲学的归属问题》，《哲学研究》1995 年第 12 期。

114. 束际成：《马一浮的儒学观》，《学术月刊》1995 年第 12 期。

115. 吴根友：《徐复观与现代新儒学发展学术讨论会综述》，《哲学动态》1995 年第 12 期。

116. 朱汉国：《从"文化路向"观到"老根新芽"说：重评梁漱溟关于中西文化的认识》，《中州学刊》1996 年第 1 期。

117. 景海峰：《梁漱溟的出世间与随顺世间》，《中国哲学史》1996 年第 1 期。

118. 王金洪：《新儒家政治文化取向面临的内在困境》，《华南师范大学学报》1996 年第 2 期。

119. 方克立：《要注意研究 90 年代出现的文化保守主义思潮》，《高校理论战线》1996 年第 2 期。

120. 方克立：《评大陆新儒家推出的两本书——理性与生命》（1）、（2），《晋阳学刊》1996 年第 3 期。

121. 方松华：《现代新儒家与中国现代化》，《社会科学》1996 年第 5 期。

122. 徐葆耕：《论贺麟的"质素"说》，《清华大学学报》1997 年第 1 期。

123. 曹跃明：《论梁漱溟的多元文化观》，《中国哲学史》1997 年第

1 期。

124. 胡军:《冯友兰〈新理学〉方法论批判》,《中国哲学史》1997 年第 1 期。

125. 叶赋桂:《现代新儒家的思想特质》,《清华大学学报》1997 年第 1 期。

126. 汪传发:《天地境界:冯友兰的哲学信仰》,《中国哲学史》1997 年第 2 期。

127. 成中英:《本体与实践:牟宗三先生与康德哲学》,《中国哲学史》1997 年第 2 期。

128. 程潮:《方东美与唐君毅的人生境界说之比较研究》,《南京大学学报》1997 年第 2 期。

129. 方克立:《评大陆新儒家"复兴儒学"的纲领》,《晋阳学刊》1997 年第 2 期。

130. 邵汉明:《现代新儒学研究十年回顾——方克立先生访谈录》,《社会科学战线》1997 年第 2 期。

131. 龚建平:《试论梁漱溟哲学思想中的"理性"》,《人文杂志》1997 年第 3 期。

132. 颜炳罡:《评徐复观的学术态度与学术方法》,《孔子研究》1997 年第 3 期。

133. 李翔海:《民族本位的世界主义情怀:论新儒家对西方哲学的基本理论立场》,《上海社会科学院学术季刊》1997 年第 3 期。

134. 周德丰:《论熊十力的人生哲学》,《南开学报》1997 年第 3 期。

135. 陈鹏:《略论新理学:关于接着新理学讲的几点思考》,《哲学研究》1997 年第 4 期。

136. 方克立:《评大陆新儒家"复兴儒学"的纲领》,《晋阳学刊》1997 年第 4 期。

137. 洪晓楠:《冯友兰文化哲学新论》,《中州学刊》1997 年第 5 期。

138. 田文军:《冯友兰的"生活方法新论"》,《中州学刊》1997 年第 5 期。

139. 周德丰:《略论梁漱溟的中西印文化比较观》,《天津社会科学》1997 年第 6 期。

140．洪晓楠：《也谈后新儒家时代》，《哲学动态》1997 年第 7 期。

141．杨翰卿：《冯友兰融道于儒的人生哲学》，《哲学研究》1997 年第 8 期。

142．罗义俊：《续牟宗三时代：新儒学的继承与开展——第四届当代新儒学学术会议侧记》，《学术月刊》1997 年第 9 期。

143．龙佳解：《论当代港台新儒家思想的特质》，《求索》1998 年第 2 期。

144．程恭让：《梁漱溟的佛教思想述评》，《孔子研究》1998 年第 2 期。

145．郁振华：《论熊十力的唯心论的本体：宇宙论的形而上学》，《北京师范大学学报》1998 年第 4 期。

146．刘广汉：《熊十力范畴说释论》，《北京师范大学学报》1998 年第 4 期。

147．李勇：《儒佛会通与现代新儒家、人间佛教的形成》，《社会科学战线》1998 年第 4 期。

148．邹定宾：《呈现与假定：牟宗三心性学与康德道德哲学的互释分析》，《中国人民大学学报》1998 年第 4 期。

149．余秉颐：《方东美的生命本体论》，《江淮论坛》1998 年第 4 期。

150．张学立：《金岳霖的逻辑一元论思想探析》，《人文杂志》1998 年第 5 期。

151．丁原：《海外新儒家及其外王学》，《天津社会科学》1998 年第 5 期。

152．周炽成：《徐复观：20 世纪中国知识分子的杰出一员》，《华南师范大学学报》1998 年第 6 期。

153．林存光：《中国文化的问题性：梁漱溟"文化问题论"的内在思维理路》，《齐鲁学刊》1998 年第 6 期。

154．余秉颐：《近年海外新儒学的动向述介》，《哲学动态》1998 年第 12 期。

155．林安梧：《解开"道的错置"：兼及于"良知的自我坎陷"的一些思考》，《孔子研究》1999 年第 1 期。

156．李维武：《牟宗三对"存在"问题的探寻与未来中国哲学的发展》，《孔子研究》1999 年第 1 期。

157. 蔡仁厚：《牟宗三先生对哲学慧命的疏通与开发：牟先生铸造学术新词之意涵述解》，《孔子研究》1999 年第 1 期。

158. 刘示范：《牟宗三与当代新儒学国际学术会议简述》，《孔子研究》1999 年第 1 期。

159. 乔清举：《金岳霖前期哲学体系纵论》，《哲学研究》1999 年第 3 期。

160. 若水：《当代新儒家徐复观"忧患意识"探微》，《社会科学辑刊》1999 年第 3 期。

161. 崔运武：《论梁漱溟〈东西文化及其哲学〉对中国传统教育哲学的重建》，《中州学刊》1999 年第 3 期。

162. 田文军：《冯友兰与中国哲学史学》，《学术月刊》1999 年第 4 期。

163. 阎虹珏：《现代新儒家对科学主义的反思》，《晋阳学刊》1999 年第 4 期。

164. 夏可君：《牟宗三思想研究综述》，《哲学动态》1999 年第 5 期。

165. 张斌峰、张晓芒：《冯友兰的哲学观与中国哲学的新开展》，《社会科学战线》1999 年第 6 期。

166. 赖功欧：《论钱穆的"人文演进"观》，《江西社会科学》1999 年第 9 期。

167. 魏义霞：《贺麟的体用观——中国现代哲学重建之路》，《齐鲁学刊》2000 年第 1 期。

168. 成中英：《创造二十一世纪的人类命运：全球化经济发展与儒学及儒商的定位》，《孔子研究》2000 年第 2 期。

169. 张立文：《中国哲学：从"照着讲"、"接着讲"到"自己讲"》，《中国人民大学学报》2000 年第 2 期。

170. 宋志明：《略论儒家解释学》，《北京大学学报》2000 年第 2 期。

171. 曹智频：《解心释神：从现代新儒家看庄子的功夫论》，《安徽大学学报》2000 年第 3 期。

172. 殷小勇：《至善与圆善：论牟宗三对康德三个公设的消解》，《复旦学报》2000 年第 4 期。

173. 肖群忠：《论现代新儒家对孝道的弘扬发展》，《齐鲁学刊》2000 年第 4 期。

174. 范希春：《现代新儒学的转向省察》，《山东大学学报》2000 年第 6 期。

175. 杜维明：《儒家人文精神的宗教涵义》，《哲学动态》2000 年第 5 期。

176. 孟建伟：《以人文涵盖科学——现代新儒家文化观及其偏颇》，《自然辩证法研究》2000 年第 7 期。

177. 李翔海：《论现代新儒学的内在向度——寻求宗教精神、哲学精神与科学精神的统一》，《南开学报》2001 年第 1 期。

178. 孟建伟：《儒学论文选介：以人文涵盖科学——现代新儒家文化观及其偏颇》，《中国儒学年鉴》2001 年第 1 期。

179. 蒋国保：《方东美哲学思想的儒家精神——兼与胡军教授商榷》，《中国哲学史》2001 年第 2 期。

180. 蒋国保：《现代新儒家的理想、困境与迷失》，《江海学刊》2001 年第 2 期。

181. 颜炳罡：《泛化与界域——论当代新儒家的定性与定位》，《求是学刊》2001 年第 2 期。

182. 余秉颐：《方东美对原始儒家、道家哲学的阐释》，《江淮论坛》2001 年第 6 期。

183. 余秉颐：《方东美哲学思想的理论归趣——与胡军先生商榷》，《学术月刊》2001 年第 12 期。

184. 郑家栋：《孤独·疏离·悬置——现代境遇与新儒家的精神世界》，《学术月刊》2001 年第 8 期。

185. 李维武：《全球化与现代新儒家的文化保守主义》，《学术月刊》2001 年第 9 期。

186. 李毅：《文化保守主义的哲学观及其实质》，《教学与研究》2001 年第 11 期。

187. 李毅：《形上哲学的迷雾——现代文化保守主义哲学观的偏失》，《天津社会科学》2002 年第 2 期。

188. 陈代湘：《评牟宗三对胡宏和朱熹工夫论的阐析》，《南开学报》2002 年第 3 期。

189. 李翔海：《论后牟宗三时代新儒学的发展走势》，《孔子研究》

2002 年第 3 期。

190. 杨春梅：《略论牟宗三对儒家王道的虚化》，《人文杂志》2002 年第 3 期。

191. 郑炳硕：《熊十力之〈周易〉新诠释与儒学复兴》，《周易研究》2002 年第 6 期。

192. 陈代湘：《现代新儒家的朱子学研究概述》，《哲学动态》2002 年第 7 期。

193. 韩强：《第三代新儒家面临的两大挑战》，《哲学动态》2002 年第 9 期。

194. 许宁：《现代新儒家论文化与人的关系》，《学术研究》2002 年第 9 期。

195. 叶世祥：《中国文化保守主义的西学背景》，《学术月刊》2002 年第 10 期。

196. 李维武：《徐复观对现代化与现代性的反思》，《山东社会科学》2003 年第 1 期。

197. 郑大华：《梁漱溟与现代新儒学——为纪念梁漱溟诞辰 110 周年而作》，《求索》2003 年第 2 期。

198. 蔡德贵：《当代新儒家向多元融和型转化的必然性》，《文史哲》2003 年第 2 期。

199. 颜炳罡：《以梁、熊、牟为例看当代新儒家"反"、"孤"、"狂"的三重品格》，《文史哲》2003 年第 2 期。

200. 李宗桂：《当代新儒学发展的若干难题》，《文史哲》2003 年第 2 期。

201. 郑大华：《现代新儒家的"三代四群"架构》，《文艺理论研究》2003 年第 2 期。

202. 杨泽波：《论牟宗三"以纵摄横，融横于纵"综合思想的意义与不足》，《东岳论丛》2003 年第 2 期。

203. 张春林：《直觉与理智的辩证统一——贺麟哲学思维方法简析》，《四川师范学院学报》2003 年第 3 期。

204. 陈寒鸣：《现代新儒学的发展历程》，《青海社会科学》2003 年第 3 期。

205．陈远焕：《新儒学对现代政治变迁问题的回应》，《南京大学学报》2003 年第 5 期。

206．蒋国保：《多元价值审视中的现代新儒学》，《学术界》2003 年第 6 期。

207．盛邦和：《儒学再兴与西学汲取——贺麟不赞成"本位文化思想"》，《中州学刊》2003 年第 6 期。

208．柴文华：《对现代新儒家文化观的理论分析》，《求是学刊》2003 年第 6 期。

209．姜华：《现代新儒家的文化观与毛泽东的文化观》，《学术交流》2003 年第 9 期。

210．陈代湘：《儒学论文选介：现代新儒家的朱子学研究概述》，《中国儒学年鉴》2003 年。

211．许宁：《儒学论文选介：现代新儒家论文化与人的关系》，《中国儒学年鉴》2003 年。

212．刘雪飞：《儒学研究状况：现代新儒学研究》，《中国儒学年鉴》2003 年。

213．刘雪飞：《现代新儒学研究二：第二代新儒家研究》，《中国儒学年鉴》2003 年。

214．刘雪飞：《现代新儒学研究四：现代新儒学相关问题研究》，《中国儒学年鉴》2003 年。

215．刘述先：《儒家传统对于知识与价值的理解与诠释》，《社会科学评论》2004 年第 1 期。

216．柴文华：《论马一浮的中西文化观》，《中国哲学史》2004 年第 1 期。

217．郑大华：《张君劢论中国现代化与儒家思想的复兴》，《孔子研究》2004 年第 1 期。

218．郑大华：《论张君劢新儒学思想的发展》，《中州学刊》2004 年第 1 期。

219．杨泽波：《理性如何保证道德成为可能——牟宗三道德自律学说的理论意义》，《道德与文明》2004 年第 2 期。

220．胡军：《贺麟：另一位西化论者》，《中国哲学史》2004 年第 2 期。

221. 樊国福、王全志、李顺赋：《现代新儒家的教育观》，《宁夏大学学报》2004年第3期。

222. 柴文华：《论张君劢的科学观与人生观》，《贵州社会科学》2004年第3期。

223. 郑大华：《论张君劢对中国现代学术的贡献》，《浙江学刊》2004年第3期。

224. 张毅：《智的直觉与中国艺术精神》，《文艺理论研究》2004年第3期。

225. 许宁：《马一浮与文化判教论》，《中国哲学史》2004年第4期。

226. 毛文风：《在入世与出世之间——论梁漱溟的终极关怀》，《杭州师范学院学报》2004年第4期。

227. 郭齐勇：《现代新儒家的易学思想论纲》，《周易研究》2004年第4期。

228. 颜炳罡：《仁·直觉·生活态度——梁漱溟对孔子哲学的创造性诠释》，《东岳论丛》2004年第5期。

229. 张耀南：《简论儒学的现代定位问题——兼论张东荪何以不能被称为"现代新儒家"》，《首都师范大学学报》2004年第5期。

230. 郝海燕：《科技文明之病与儒家文化复兴：现代新儒家的见解》，《高校理论战线》2004年第5期。

231. 赵吉惠：《现代新儒学基本理论的自我消解》，《孔子研究》2004年第6期。

232. 高迎刚、马龙潜：《马一浮诗学思想的哲学基础》，《深圳大学学报》2004年第6期。

233. 李喜所：《中国留学生与现代新儒家——以冯友兰、吴宓为中心》，《史学月刊》2004年第11期。

234. 车成桓、叶静：《现代中国的儒教：当代新儒学运动及其文化意义》，《江西社会科学》2004年第12期。

235. 胡军：《也论方东美哲学思想的理论归趣——兼答余秉颐先生》，《学术月刊》2004年第5期。

236. 杨泽波：《牟宗三形著说质疑》，《孔子研究》2005年第1期。

237. 郑大华：《中国文化保守主义思潮的历史考察》，《求索》2005年第 1 期。

238．张学智：《当代新儒家点评：包打天下与莫若两行》，《中国儒学年鉴》2004 年。

239．刘雪飞：《现代新儒学研究二：第一代新儒家其他人物研究》，《中国儒学年鉴》2004 年。

240．蒋国保：《儒学论文选介：现代新儒家的理想、困境与迷失》，《中国儒学年鉴》2002 年。

241．郭齐勇、王同印：《儒学论文选介：现代新儒家的易学思想论纲》，《中国儒学年鉴》2005 年。

242．张路园：《儒学著作选介：批判与传承》，《中国儒学年鉴》2005 年。

243．胡长栓：《新书选介：现代新儒家文化观研究》，《中国哲学年鉴》2005 年。

244．贡华南：《论"良知坎陷"与"转识成智"——兼论 20 世纪的新儒家与新道家》，《上海大学学报》2005 年第 1 期。

245．高迎刚、马龙潜：《论马一浮"六艺之学"视野中的易学研究》，《周易研究》2005 年第 2 期。

246．孙勇才：《道不同不相为谋——论余英时与现代新儒家》，《河南师范大学学报》2005 年第 2 期。

247．李景林：《直觉与理性——梁漱溟对儒家理性概念的新诠》，《人文杂志》2005 年第 2 期。

248．蒋国保：《再论现代新儒家的理想、困境与迷失》，《齐鲁学刊》2005 年第 2 期。

249．张路园：《儒学著作选介：现代新儒家文化观研究》，《中国儒学年鉴》2005 年。

250．陈卫平：《从重新评价到互动对话——台湾对大陆近 20 年儒学研究的评价》，《孔子研究》2005 年第 4 期。

251．顾红亮：《对德性之知的再阐释——论杜维明的体知概念》，《孔子研究》2005 年第 5 期。

252．卢毅：《现代新儒家与"整理国故运动"》，《齐鲁学刊》2005 年第 5 期。

253. 黄健：《现代意义世界重建的乌托邦——全球化进程中的新儒家发展困境之探讨》，《人文杂志》2005 年第 5 期。

254. 陆鸿英、吴根友：《徐复观与儒家的政治哲学》，《孔子研究》2005 年第 6 期。

255. 陶悦：《独特视角下的现代新儒家——评〈现代新儒家文化观研究〉》，《学术交流》2005 年第 7 期。

256. 侯敏：《钱穆文化诗学探论》，《甘肃社会科学》2006 年第 1 期。

257. 李翔海：《从后现代视野看新儒家对中国哲学的现代重建》，《文史哲》2006 年第 2 期。

258. 李承模：《唐君毅和牟宗三的中西文化精神比较》，《青海社会科学》2006 年第 2 期。

259. 李建：《中国文化精神之探寻——现代新儒家论儒学与宗教》，《社会科学战线》2006 年第 2 期。

260. 马鹏翔：《论冯友兰庄学研究的三个阶段》，《甘肃社会科学》2006 年第 2 期。

261. 李春娟：《论方东美哲学思想的理论归宗》，《东南大学学报》2006 年第 2 期。

262. 熊吕茂：《现代新儒学的历史命运与中国现代化》，《中南大学学报》2006 年第 3 期。

263. 方红姣：《唐君毅先生的船山学研究——读〈中国哲学原论·原教篇〉》，《中国社会科学院研究生院学报》2006 年第 3 期。

264. 郑大华：《马一浮新儒学思想研探》，《中国文化研究》2006 年第 4 期。

265. 高迎刚：《马一浮诗学思想简论》，《上海大学学报》2006 年第 4 期。

266. 李翔海：《从后现代视野看现代新儒学的理论特质》，《中国文化研究》2006 年第 4 期。

267. 黄玉顺：《当前儒学复兴运动与现代新儒家——再评"文化保守主义"》，《学术界》2006 年第 5 期。

268. 徐嘉：《现代新儒学对唯科学主义之应对及其伦理态度》，《学海》2006 年第 5 期。

269．宋宽锋：《英国近代政治哲学中的"家"与"国"——以儒家和现代新儒家的"家国关系论"为参照》，《人文杂志》2006 年第 6 期。

270．蒋国保：《傅伟勋堪当现代新儒家论》，《现代哲学》2006 年第 6 期。

271．于国刚：《现代新儒家超越价值观的成就及理论不足》，《北方论丛》2006 年第 6 期。

272．方红姣：《现代新儒家的船山学研究述评》，《哲学动态》2006 年第 8 期。

273．余纪元：《新儒学的〈宣言〉与德性伦理学的复兴》，《山东大学学报》2007 年第 1 期。

274．马晓英：《"唐君毅思想与当今世界研讨会"综述》，《中国哲学史》2007 年第 1 期。

275．任剑涛：《文化卫道与政治抉择——以徐复观、钱穆为例的讨论》，《文史哲》2007 年第 2 期。

276．郑秋月：《论冯友兰的晚期道家观》，《学习与探索》2007 年第 2 期。

277．张宏：《徐复观的主体间性历史意识》，《齐鲁学刊》2007 年第 2 期。

278．高迎刚：《梁漱溟关注身心关系的文艺学思想论析》，《学术研究》2007 年第 2 期。

279．许宁：《熊十力与儒学哲学化的向度扭转》，《海南大学学报》2007 年第 2 期。

280．陈启云：《钱穆的儒学观念与中国文化》，《中国文化研究》2007 年第 3 期。

281．许宁：《回归真实的义理——马一浮义理名相论的再阐释》，《孔子研究》2007 年第 3 期。

282．李军：《中国近现代保守主义思潮之兴起与评价》，《东岳论丛》2007 年第 3 期。

283．宋志明：《论现代新儒家对西方哲学资源的开发和利用》，《中国人民大学学报》2007 年第 3 期。

284．张毅：《叩问生命：现代新儒家的佛学因缘》，《清华大学学报》

2007 年第 3 期。

285. 赵卫东:《现代化与后现代化的两难抉择——当代新儒家的理论困境及其出路》,《现代哲学》2007 年第 4 期。

286. 钱耕森:《冯友兰先生的〈中国哲学史〉:"同情之了解"与新儒学》,《现代哲学》2007 年第 4 期。

287. 陈迎年:《儒家的"道德主体"是"雌雄同体"的吗?——在儒家"本体论"的讨论中对话现代新儒家》,《人文杂志》2007 年第 4 期。

288. 许宁:《儒学现代转型的三个向度——以梁漱溟、熊十力、马一浮为例》,《安徽大学学报》2007 年第 4 期。

289. 许宁:《儒学的社会化与社会化的儒学——梁漱溟文化哲学简论》,《齐鲁学刊》2007 年第 5 期。

290. 王颖:《论书院精神的现代传承——兼谈新亚书院的办学启示》,《河南师范大学学报》2007 年第 5 期。

291. 本刊记者:《大陆新儒学的马克思主义分析——访中国社会科学院马克思主义研究院特聘研究员方克立》,《马克思主义研究》2007 年第 5 期。

292. 郭荣丽:《徐复观文化哲学思想略梳》,《北方论丛》2007 年第 5 期。

293. 余秉颐:《从文化立场看现代新儒家的界定》,《学术界》2007 年第 6 期。

294. 郑秋月:《从反思启蒙心态到儒家价值的普世化期盼——杜维明启蒙观探微》,《北方论丛》2007 年第 6 期。

295. 刘雪飞:《20 世纪前半期现代新儒学评价研究》,《上海大学学报》2007 年第 6 期。

296. 孔令宏:《现代新儒家与新道家》,《杭州师范学院学报》2007 年第 6 期。

297. 蒋锦洪:《困境与反省——当代新儒家的问题与出路》,《人文杂志》2008 年第 1 期。

298. 刘述先:《现代新儒学发展的轨迹》,《杭州师范学院学报》2008 年第 1 期。

299. 徐福来:《伦理人生的义理与实践——梁漱溟在现代新儒家阵营

中的特色与贡献》，《安徽大学学报》2008 年第 2 期。

300．汤忠钢：《试论牟宗三现代新儒学人性观的若干问题》，《河北大学学报》2008 年第 4 期。

301．陈阵：《现代新儒家的科学观》，《自然辩证法通讯》2008 年第 4 期。

302．张俊：《牟宗三对康德圆善的超越与局限》，《孔子研究》2008 年第 4 期。

303．付长珍：《现代新儒家境界理论的价值与困境——以唐君毅为中心的探讨》，《杭州师范大学学报》2008 年第 4 期。

304．李明：《儒家传统人生哲学现代化的机缘与价值——以现代新儒家人生境界说为中心》，《中州学刊》2008 年第 4 期。

305．卢兴：《牟宗三与劳思光儒学观之比较》，《齐鲁学刊》2008 年第 5 期。

306．张世保：《"大陆新儒家"与马克思主义关系探论》，《马克思主义研究》2008 年第 6 期。

307．赖功欧：《儒家"以道德代宗教"的思想特质及其现代反思——兼论现代新儒家的"人文宗教"观》，《江西社会科学》2008 年第 8 期。

308．陈阵、孟建伟：《在自主论与从属论之间——论牟宗三的科学观》，《自然辩证法研究》2008 年第 8 期。

文化理论若干问题研究主要著作和论文索引

（一） 著作类

1. 陈其南著：《文化结构与神话》（上册），台北允晨文化实业公司1986年版。

2. ［美］弗·杰姆逊（Jamseon F.）著，唐小兵译：《后现代主义与文化理论：弗·杰姆逊教授讲演录》，陕西师范大学出版社1986年版。

3. 庄锡昌等编：《多维视野中的文化理论》，浙江人民出版社1987年版。

4. ［美］C. 恩伯、M. 恩伯著，杜杉杉译：《文化的变异——现代文化人类学通论》，辽宁人民出版社1988年版。

5. ［苏］尼·瓦·贡恰连科著：《精神文化：进步的源泉和动力》，求实出版社1988年版。

6. 李文成著：《论精神生产——对人类精神生产奥秘的反思》，河南人民出版社1988年版。

7. ［日］绫部恒雄编，中国社会科学院日本研究所社会文化室译：《文化人类学的十五种理论》，国际文化出版公司1988年版。

8. 王元化著：《文化发展八议》，湖南人民出版社1988年版。

9. 吴修艺著：《中国文化热》，上海人民出版社1988年版。

10. 庞朴著：《文化的民族性与时代性》，中国和平出版社1988年版。

11. 谭光广、冯利、陈朴主编：《文化学辞典》，中央民族学院出版社

1988年版。

12．鲁凡之著：《中国发展与文化结构》，香港集贤社1988年版。

13．岑朗天著：《人文之终结：文化结构史学之总论》，香港阅林图书公司1989年版。

14．［美］詹明信著，唐小兵译：《后现代主义与文化理论》，台北合志文化事业公司1989年版。

15．［美］安东尼·J.马塞拉等著，九歌译，邢培明、黄龙校：《文化与自我》，江苏文艺出版社1989年版。

16．郭齐勇著：《文化学概论》，河北人民出版社1990年版。

17．朱谦之著：《文化哲学》，商务印书馆1990年版。

18．司马云杰著：《文化价值论》（文化价值哲学一），山东人民出版社1990年版。

19．司马云杰著：《文化悖论》（文化价值哲学二），山东人民出版社1990年版。

20．张岱年、程宜山著：《中国文化与文化论争》，中国人民大学出版社1990年版。

21．傅铿著：《文化：人类的镜子——西方文化理论导引》，上海人民出版社1990年版。

22．许苏民著：《文化哲学》，上海人民出版社1990年版。

23．赵光远主编：《民族与文化》，广西人民出版社1990年版。

24．马勇著：《梁漱溟文化理论研究》，上海人民出版社1991年版。

25．苏双碧著：《文化·理论·争鸣》，福建人民出版社1991年版。

26．司马云杰著：《文化主体论》（文化价值哲学三），山东人民出版社1992年版。

27．张岱年著：《思想·文化·道德》，巴蜀书社1992年版。

28．肖云儒著：《民族文化结构论》，陕西人民教育出版社1992年版。

29．焦勇夫主编：《文化市场学》，上海交通大学出版社1992年版。

30．王川平、牟光义著：《文化市场学概论》，重庆大学出版社1993年版。

31．李鹏程著：《当代文化哲学沉思》，人民出版社1994年版。

32．朱日复著：《文艺认识论：从认识论视角探讨文学艺术的本质》，湖南文艺出版社 1995 年版。

33．刘康著：《对话的喧声：巴赫汀文化理论述评》，台北麦田出版公司 1995 年版。

34．陈坤宏著：《消费文化理论》，台北扬智文化事业公司 1996 年版。

35．肖鹰著：《形象与生存：审美时代的文化理论》，作家出版社 1996 年版。

36．王德胜著：《扩张与危机：当代审美文化理论及其批评话题》，中国社会科学出版社 1996 年版。

37．刘小枫著：《个体信仰与文化理论》，四川人民出版社 1997 年版。

38．黄楠森、王仲士主编：《建设有中国特色社会主义文化理论文集》，四川人民出版社 1997 年版。

39．张志刚、司徒尔德主编：《东西方宗教伦理及其他》，中央编译出版社 1997 年版。

40．张文勋、施惟达、张胜冰、黄泽著：《民族文化学》，中国社会科学出版社 1998 年版。

41．孙玉杰著：《邓小平的文化观》，河南人民出版社 1998 年版。

42．翟沛敏主编：《群众文化理论研究文集》，山东文艺出版社 1998 年版。

43．［美］R．L．奥克斯福特，［美］R．C．斯卡塞拉著：《透视文化结构：高级文化交流教程》，机械工业出版社 1999 年版。

44．杨运泰主编：《文化市场的培育与管理》，宁夏人民出版社 1999 年版。

45．罗钢、刘象愚主编：《后殖民主义文化理论》，中国社会科学出版社 1999 年版。

46．苏伟光主编：《中国经济特区文化研究》，宁夏人民出版社 1999 年版。

47．刘作翔著：《法律文化理论》，商务印书馆 1999 年版。

48．赵丽江主编：《邓小平文化理论研究》，中华工商联合出版社 1999 年版。

49．［英］B．马林诺斯基（Bronislaw Malinowski）著，黄剑波等译：《科学的文化理论》，中央民族大学出版社 1999 年版。

50. 姜晓秋、孙洪敏主编：《邓小平思想文化理论研究》，辽宁人民出版社 2000 年版。

51. 谈大正主编：《汉语的文化特征与国家通用语言文字》，中国法制出版社 2000 年版。

52. 任平著：《时尚与冲突：城市文化结构与功能新论》，东南大学出版社 2000 年版。

53. 洪晓楠著：《文化哲学思潮简论》，上海三联书店 2000 年版。

54. 林惠祥著：《文化人类学》，商务印书馆 1991 年版。

55. 王乐理著：《政治文化导论》，中国人民大学出版社 2000 年版。

56. 王炳林著：《文化方略》，江西人民出版社 2001 年版。

57. ［美］理查德·沃林著：《文化批评的观念》，商务印书馆 2001 年版。

58. 北京大学比较文学与比较文化研究所编：《多边文化研究一》，北京大学出版社 2001 年版。

59. 宫玉振著：《中国战略文化解析》，军事科学出版社 2002 年版。

60. 贺麟著：《文化与人生》，商务印书馆 2002 年版。

61. ［英］史蒂文·康纳著：《后现代主义文化——当代理论导引》，商务印书馆 2002 年版。

62. 杨魁、董雅丽著：《消费文化——从现代到后现代》，中国社会科学出版社 2003 年版。

63. ［美］乔纳森·弗里德曼著：《文化认同与全球性过程》，商务印书馆 2003 年版。

64. 北京大学比较文学与比较文化研究所编：《多边文化研究二》，新世界出版社 2003 年版。

65. 拉里·A. 萨默瓦、理查德·E. 波特主编，麻争旗等译：《文化模式与传播方式》，北京广播学院出版社 2003 年版。

66. 阿雷恩·鲍尔德温著：《文化研究导论》（修订版），高等教育出版社 2004 年版。

67. 赵林著：《西方文化概论》，高等教育出版社 2004 年版。

68. 周向军等著：《代表中国先进文化的前进方向研究》，中国人民大学出版社 2004 年版。

69. 李应龙著：《审美研究的文化转向》，北京理工大学出版社 2004 年版。

70. 保罗·F. 利维著：《文化与变革》，中国人民大学出版社 2004 年版。

71. 杨国荣主编：《思想与文化》（第四辑），华东师范大学出版社 2004 年版。

72. 沉睡编著：《文化中国——剧变背景下的中国前沿论辩》，社会科学文献出版社 2004 年版。

73. 鲁苓主编：《视野融合——跨文化语境中的阐释与对话》，社会科学文献出版社 2004 年版。

74. 萧俊明著：《文化转向的由来》，社会科学文献出版社 2004 年版。

75. 叶南客著：《文化中国——先进文化的建设与创新》，南京大学出版社 2004 年版。

76. 邓晓芒著：《文学与文化三论》，湖北人民出版社 2004 年版。

77. 保罗·F. 利维著：《文化与变革》，中国人民大学出版社 2004 年版。

78. 王文章主编：《中国先进文化论》，文化艺术出版社 2004 年版。

79. 何兆武著：《文化漫谈（文化要义丛书)》，中国人民大学出版社 2004 年版。

80. 成中英著：《思想的近代化及其他（文化要义丛书)》，中国人民大学出版社 2004 年版。

81. 衣俊卿等编：《现代化与文化阻滞力》，人民出版社 2005 年版。

82. 乔清举主编：《文化探索与体制创新》，北京传媒大学出版社 2005 年版。

83. 张晓明、胡惠林、章建刚主编：《2005 年版中国文化产业发展报告》，社会科学文献出版社 2005 年版。

84. C. W. 沃特森著：《多元文化主义》，吉林人民出版社 2005 年版。

85. 衣俊卿著：《文化哲学十五讲》，北京大学出版社 2005 年版。

86. 乔健等主编：《文化、族群与社会的反思》，北京大学出版社 2005 年版。

87. 张奎志著：《文化的审美视野》，社会科学文献出版社 2005 年版。

88．费孝通著：《费孝通论文化与文化自觉》，群言出版社 2005 年版。

89．方李莉编著：《费孝通晚年思想录——文化的传统与创造》，岳麓书社 2005 年版。

90．崔欣、孙瑞祥著：《大众文化与传播研究》，天津人民出版社 2005 年版。

91．衣俊卿著：《文化哲学——理论理性和实践理性交汇处的文化批判》，云南人民出版社 2005 年版。

92．孙家正主编：《中国文化年鉴 2004》，新华出版社 2005 年版。

93．曹卫东、张广海等著：《文化与文明》，广西师范大学出版社 2005 年版。

94．艺衡、任珺、杨立青著：《文化权利回溯与解读》，社会科学文献出版社 2005 年版。

95．［美］杰姆逊著，唐小兵译：《后现代主义与文化理论》（精校本），北京大学出版社 2005 年版。

96．梁漱溟著：《中国文化要义》，上海人民出版社 2005 年版。

97．金元浦主编：《文化研究》（第 5 辑），广西师范大学出版社 2005 年版。

98．李钢、王旭辉著：《网络文化》，人民邮电出版社 2005 年版。

99．北京大学比较文学与比较文化研究所编：《多边文化研究三》，北京大学出版社 2005 年版。

100．刘纲纪著：《传统文化、哲学与美学》（新版），武汉大学出版社 2006 年版。

101．蔡铮云著：《另类哲学——现代社会的后现代文化》，上海人民出版社 2006 年版。

102．［美］约瑟夫·阿伽西著：《科学与文化》，中国人民大学出版社 2006 年版。

103．张岱年著：《文化与哲学》，中国人民大学出版社 2006 年版。

104．默克罗比著，田晓菲译：《后现代主义与大众文化》，中央编译出版社 2006 年版。

105．顾红主编：《文化产业研究》（第 1 辑），南京大学出版社 2006 年版。

106. 蔡尚伟等著：《文化产业导论（复旦卓越·新闻传播系列）》，复旦大学出版社 2006 年版。

107. 胡慧林著：《文化产业学》，高等教育出版社 2006 年版。

108. 邹广文、徐庆文著：《全球化与中国文化产业发展》，中央编译出版社 2006 年版。

109. 余虹主编：《审美文化导论》，高等教育出版社 2006 年版。

110. 苏国勋等著：《全球化：文化冲突与共生》，社会科学文献出版社 2006 年版。

111. 曹天予主编：《文化与社会转型》，浙江大学出版社 2006 年版。

112. 韩永进著：《新的文化发展观》，文化艺术出版社 2006 年版。

113. 叶取源主编：《中国文化产业评论》（第四卷），上海人民出版社 2006 年版。

114. 杨击著：《传播·文化·社会》，复旦大学出版社 2006 年版。

115. 姜华著：《大众文化理论的后现代转向》，人民出版社 2006 年版。

116. 曹泽林著：《国家文化安全论》，军事科学出版社 2006 年版。

117. 俞思念著：《社会主义现代化与文化创新》，人民出版社 2006 年版。

118. 徐浩然、雷琛烨著：《文化产业管理》，社会科学文献出版社 2006 年版。

119. 滑明达著：《文化超越与文化认知》，中国社会科学出版社 2006 年版。

120. 甘阳主编：《八十年代文化意识》，上海人民出版社 2006 年版。

121. 王逢振主编：《通俗文化研究》，天津人民出版社 2006 年版。

122. 李向平著：《文化正当性的冲突》，百家出版社 2006 年版。

123. 黄光国著：《儒家关系主义——文化反思与典范重建》，北京大学出版社 2006 年版。

124. 张海洋著：《中国的多元文化与中国人的认同》，民族出版社 2006 年版。

125. 陈浩、曾琦云编著：《宗教文化导论》，浙江大学出版社 2006 年版。

126. 尹继佐主编：《当代文化论稿》，上海社会科学院出版社 2006

年版。

127．陶东风主编，［英］保罗·史密斯等著：《文化研究精粹读本》，中国人民大学出版社 2006 年版。

128．天海翔主编：《中国文化产业》，中央编译出版社 2006 年版。

129．陆扬、王毅著：《文化研究导论》，复旦大学出版社 2006 年版。

130．陈先达著：《哲学与文化·陈先达文集》（第四卷），中国人民大学出版社 2006 年版。

131．冯子标、焦斌龙等著：《文化产业解构传统产业》，社会科学文献出版社 2006 年版。

132．陈燕著：《开放型文化》，中国经济出版社 2006 年版。

133．张志君著：《全球化与中国国家电视文化安全》，中国传媒大学出版社 2006 年版。

134．杨国荣主编：《思想与文化》（第六辑），华东师范大学 2007 年版。

135．杨国荣主编：《思想与文化》（第七辑），华东师范大学 2007 年版。

136．王世达、陶亚舒著：《中国当代文化理论的多维建构》，华龄出版社 2007 年版。

137．陆扬著：《大众文化理论》，复旦大学出版社 2008 年版。

（二）　论文类

1．钱念孙：《列宁的"两种文化"理论再探讨》，《文艺理论研究》1984 年第 3 期。

2．林剑鸣：《如何理解"文明"这个概念》，《人文杂志》1984 年第 4 期。

3．刘敏中：《文化学说构架无效要素价值论纲》，《学习与探索》1985 年第 3 期。

4．顾晓鸣：《文化研究的若干理论方法论问题》，《上海社会科学院学术季刊》1985 年第 4 期。

5. 于光远：《明确文化发展在社会发展中的地位》，《光明日报》1986年1月13日。

6. 朱穆之：《制订文化发展战略需要考虑的几个问题》，《光明日报》1986年1月13日。

7. 陈平原：《文化·寻根·语码》，《读书》1986年第1期。

8. 阮西湖：《多元文化政策》，《内蒙古社会科学》1986年第1期。

9. 司马云杰：《论文化积累与科学发展》，《社会科学战线》1986年第1期。

10. 刘敏中：《论文化学说评价之价值观》，《学习与探索》1986年第2期。

11. 无忌：《评"文化限制"论》，《当代文艺思潮》1986年第2期。

12. 于光远：《马克思主义、一般文化与社会主义建设》，《广西社会科学》1986年第2期。

13. 刘元钦：《只有实现文化变革才能成为安全的社会主义国家——列宁论社会主义文化建设》，《河北大学学报》1986年第2期。

14. 吴晓明：《略论文化研究中的若干哲学问题》，《复旦学报》1986年第3期。

15. 居延安：《关于文化传播学的几个问题》，《复旦学报》1986年第3期。

16. 卢云：《论文化的传播与文化区域的变迁》，《复旦学报》1986年第3期。

17. 张汝伦：《文化研究三题议》，《复旦学报》1986年第3期。

18. 刘元钦：《简述列宁关于社会主义文化建设的思想》，《社会主义研究》1986年第3期。

19. 潘叔明：《文化发展中的历史取向与价值取向》，《福建论坛》1986年第3期。

20. 董丁诚：《略论文化环境》，《西北大学学报》1986年第4期。

21. 黎民：《文化机制刍论》，《学习与探索》1986年第4期。

22. 俞吾金：《葛兰西的文化观及其启示》，《复旦学报》1986年第4期。

23. 李河：《文化研究的对象、历史和方法》，《哲学研究》1986年第

5 期。

24．郑凡：《“文化”猜想录》，《哲学研究》1986 年第 5 期。

25．刘继：《法兰克福学派对文化的批判》，《哲学研究》1986 年第 5 期。

26．甘阳：《八十年代中国文化讨论五题》，《哲学研究》1986 年第 5 期。

27．徐经泽等：《文化的效用性和再生性》，《文史哲》1986 年第 6 期。

28．于化民：《关于文化问题的思索》，《文史哲》1986 年第 6 期。

29．高尔泰：《文化传统与文化意识》，《读书》1986 年第 6 期。

30．陈鸣树：《西方文化吸收与方法论的反思》，《文汇报》1986 年 6 月 9 日。

31．徐经泽等：《关于文化理论的几个问题》，《齐鲁学刊》1986 年第 6 期。

32．何金彝：《进化与传播·适应与冲突——外国民族学家文化观的启迪》，《学术月刊》1986 年第 6 期。

33．刘志琴：《文化的多义与模糊性》，《文汇报》1986 年 6 月 17 日。

34．张汝伦：《多元的思维模式与多元的文化》，《读书》1986 年第 7 期。

35．顾晓鸣：《文化研究中的几个“悖论”》，《社会科学》1986 年第 7 期。

36．傅铿：《丹尼尔·贝尔的文化理论》，《社会科学》1986 年第 7 期。

37．黄行发等：《列宁文化战略思想的启示》，《文汇报》1986 年 8 月 19 日。

38．刘伟：《文化比较应遵循对等原则》，《光明日报》1986 年 8 月 4 日。

39．沈迎选：《文化遗产取舍论》，《人民日报》（海外版）1986 年 9 月 12 日。

40．〔加〕V．科奇著，高地译：《文化和人的偏离》，《哲学研究》1986 年第 10 期。

41．孙东海：《从发生学原理看文化的衍变和优化》，《文汇报》1986 年 10 月 28 日。

42. 陈立雄：《从宗教传播看文化移植模式》，《文汇报》1986 年 11 月 4 日。

43. 钟敬文：《谈谈民族的下层文化》，《群言》1986 年第 11 期。

44. 张博树：《也谈商品生产与道德进步》，《哲学研究》1986 年第 11 期。

45. 李志林：《应重视对文化哲学的研究》，《文汇报》1986 年 12 月 31 日。

46. 周伟摘译：《西方马克思主义的文化观》，《国外社会科学》1987 年第 1 期。

47. 张允熠：《关于文化的社会学反思》，《社会学研究》1987 年第 1 期。

48. 刘伟：《文化冲突与文化融合的哲学思考》，《内蒙古社会科学》1987 年第 1 期。

49. 李泽厚等：《关于"文化"问题的问答》，《电影艺术》1987 年第 1 期。

50. 降大任：《文化研究十五问》，《晋阳学刊》1987 年第 1 期。

51. 陈燮君：《试论文化现代化的途径》，《天津社会科学》1987 年第 1 期。

52. 何新：《文化学的概念与理论》，《人文杂志》1987 年第 1 期。

53. 顾晓鸣：《论文化发展的未来趋势》，《社会科学》1987 年第 1 期。

54. 牛龙菲：《文化进化学提要——有关人与文化的再度思考》，《兰州学刊》1987 年第 2 期。

55. 袁华音：《文化研究和社会学》，《社会科学》1987 年第 2 期。

56. 郁有学：《关于文化种种》，《哲学动态》1987 年第 2 期。

57. 默明哲：《文化观与思维方式》，《晋阳学刊》1987 年第 2 期。

58. 崔新建：《论文化语码》，《人文杂志》1987 年第 3 期。

59. 刘修水：《"文化"涵义辨析——兼论文化与文明的关系》，《人文杂志》1987 年第 3 期。

60. 林非：《文化性格论》，《河北学刊》1987 年第 3 期。

61. 尹继佐：《文化三议——关于"文化热"的反思》，《中国文化报》1987 年 3 月 4 日。

62. 李安民：《试论文化相对论》，《中山大学学报》1987 年第 3 期。

63. 张鸣：《理想与人类文明》，《学术月刊》1987 年第 3 期。

64. 何显明：《毛泽东文化选择的方法论原则》，《毛泽东思想研究》1987 年第 3 期。

65. 顾晓鸣：《多维视野中的"文化"概念——简论"文化"》，《社会科学战线》1987 年第 4 期。

66. 王俊义、房德邻：《关于文化研究中的几个问题》，《中国人民大学学报》1987 年第 4 期。

67. 何锡章：《文化人类学和文化模式》，《当代电影》1987 年第 5 期。

68. 吴廷嘉等：《文化学和文化史的研究对象及其学科特征》，《人文杂志》1987 年第 5 期。

69. 刘卫：《关于文化的思考》，《浙江学刊》1987 年第 5 期。

70. 许志杰：《文化发展中的两个悖论》，《东岳论丛》1987 年第 5 期。

71. 周洪宇等：《关于文化研究的几个问题》，《华中师范大学学报》1987 年第 6 期。

72. 让·克洛德·帕塞隆著，邓一琳等译：《社会文化再生产的理论》，《国际社会科学杂志》（中文版）1987 年第 4 期。

73. 于靖：《文化概念研究》，《哲学动态》1987 年第 7 期。

74. 潘之悦摘编：《文化理论论点摘编》，《哲学动态》1987 年第 7 期。

75. 唐大斌：《试论文化结构》，《江汉论坛》1987 年第 8 期。

76. 孙丹才：《文化与自由——对一个马克思主义理论问题的探讨》，《社会科学》1987 年第 9 期。

77. 金克木：《我们的文化难题》，《读书》1987 年第 10 期。

78. 冯之浚等：《文化的社会功能》，《学术月刊》1988 年第 1 期。

79. 冷德熙：《文化组合论》，《南京大学学报》1988 年第 1 期。

80. 庞朴：《近代以来中国人的文化认识历程》，《教学与研究》1988 年第 1 期。

81. 刘敏中：《文化学说论纲——文化学说价值论之四》，《学习与探索》1988 年第 2 期。

82. 刘伟：《文化概念分析》，《学习与探索》1988 年第 2 期。

83. 许苏民：《关于文化交流的历史哲学反思》，《天津社会科学》1988

年第 2 期。

84．李述一：《文化无意识》，《哲学研究》1988 年第 2 期。

85．李安民：《关于文化涵化的若干问题》，《中山大学学报》1988 年第 4 期。

86．冷德熙：《论文化发展中理性与非理性因素的二重分裂》，《江海学刊》1988 年第 4 期。

87．洪明：《试论现阶段文化的结构形态与本质特征》，《文艺理论研究》1988 年第 4 期。

88．陈伯海：《中国文化精神之建构观》，《中国社会科学》1988 年第 4 期。

89．郭齐勇等：《文化学内核刍议》，《哲学研究》1988 年第 5 期。

90．司马云杰：《关于文化建构价值意识的学说》，《天津社会科学》1988 年第 5 期。

91．何萍等：《文化哲学的历史与展望》，《社会科学》1988 年第 5 期。

92．曹大为、曹文柱：《关于中国文化史学科建设的若干构想》，《北京师范大学学报》1988 年第 6 期。

93．周洪宇、俞怀中、程继松：《文化系统论纲》，《华中师范大学学报》1988 年第 6 期。

94．徐春政等：《文化价值与文化价值取向》，《中国文化报》1988 年 7 月 10 日。

95．杜长胜：《话说文化经济学》，《中国文化报》1988 年 11 月 2 日。

96．刘奔执笔：《实践与文化——"哲学与文化"研究提纲》，《哲学研究》1989 年第 1 期。

97．冯天瑜：《"文化生态"界说》，《开放时代》1989 年第 1 期。

98．许苏民：《走出困惑：一个新的文化定义》，《贵州大学学报》1989 年第 1 期。

99．张立文：《传统学导论》，《上海社会科学院学术季刊》1989 年第 1 期。

100．林同奇：《格尔茨的"深度描绘"与文化观》，《中国社会科学》1989 年第 2 期。

101．刘再复等：《文化批判的意义》，《福建论坛》1989 年第 2 期。

102.　张月：《略论文化的心理发生》，《中州学刊》1989 年第 2 期。

103.　郭齐勇：《"文化多元"论纲》，《武汉大学学报》1989 年第 2 期。

104.　邱少伟：《社会主义与文化》，《马克思主义研究》1989 年第 3 期。

105.　黄志秋：《列宁文化观的系统性和文化性窥视》，《社会主义研究》1989 年第 3 期。

106.　皇甫晓涛：《哲学与文化社会学的历史融合——各体文化的哲学本质》，《江海学刊》1989 年第 3 期。

107.　许苏民：《文化离析与文化整合》，《江淮论坛》1989 年第 3 期。

108.　钱逊：《文化的普遍性和特殊性——文化研究中一个基本的方法论问题》，《文史哲》1989 年第 3 期。

109.　王玉樑：《价值与文化》，《中州学刊》1989 年第 3 期。

110.　张岱年：《文化体系及其改造》，《中国人民大学学报》1989 年第 4 期。

111.　刘佑成：《关于〈实践与文化——"哲学与文化"研究提纲〉的通信》，《哲学研究》1989 年第 4 期。

112.　黄克剑：《关于〈实践与文化——"哲学与文化"研究提纲〉的通信》，《哲学研究》1989 年第 4 期。

113.　钱学森：《关于〈实践与文化——"哲学与文化"研究提纲〉的通信》，《哲学研究》1989 年第 4 期。

114.　刘敏中：《文化模式论》，《学习与探索》1989 年第 4 期。

115.　李维武等：《马克思主义文化哲学论纲》，《武汉大学学报》1989 年第 4 期。

116.　金东珠：《对文明、文化、政治文化概念的探讨》，《理论探讨》1989 年第 6 期。

117.　王蒙：《文化传统与无文化的传统》，《读书》1989 年第 7—8 期。

118.　张凤莲：《文化哲学研究概述》，《哲学动态》1989 年第 11 期。

119.　骞叔：《文化与经济、政治的关系》，《真理的追求》1990 年第 1 期。

120.　贺培育：《论制度文化》，《河北学刊》1990 年第 2 期。

121.　李述一：《再论文化无意识——实践活动中文化无意识的参与及再造》，《求索》1990 年第 4 期。

122. 邹广文：《试论文化哲学研究的现代意义》，《天津社会科学》1990 年第 4 期。

123. 陈伯海：《文化与传统》，《上海文学》1990 年第 5 期。

124. 崔新建：《文化系统论》，《江汉论坛》1990 年第 5 期。

125. 杨春时：《文化三论》，《学术交流》1990 年第 5 期。

126. 张凤莲：《论文化的发展与人的解放》，《东岳论丛》1990 年第 5 期。

127. 何中华：《相对主义新探：一种哲学——文化学分析》，《山东大学学报》1991 年第 2 期。

128. 汪澍白：《价值观：文化的核心》，《社会科学》1991 年第 2 期。

129. 丁恒杰：《文化的本质及结构分类》，《中州学刊》1991 年第 2 期。

130. ［美］英格尔 J．M．著，高丙中译：《文化与反文化》，《国外社会科学》1991 年第 3 期。

131. 王世达、陶亚舒：《文化意象论》，《上海社会科学院学术季刊》1991 年第 3 期。

132. 汪澍白：《试析王亚南的文化观》，《厦门大学学报》1991 年第 4 期。

133. 杨大建：《关于文明与文化及社会形态的异同》，《内蒙古社会科学》1991 年第 4 期。

134. 吕斌：《文化概念新探》，《东岳论丛》1991 年第 4 期。

135. 武斌：《文化与人格：双向的选择》，《社会科学辑刊》1991 年第 4 期。

136. 朱小丰：《文化学断想二则》，《社会科学研究》1991 年第 5 期。

137. 王永云：《文化的价值》，《学习与探索》1992 年第 1 期。

138. 刘茂才：《两种文化观的哲学思考》，《社会科学研究》1992 年第 2 期。

139. 范作申：《伊东俊太郎的比较文明论》，《日本学刊》1992 年第 2 期。

140. 许苏民：《西方比较文化研究史的两大传统及其在现代的汇合》，《福建论坛》1992 年第 3 期。

141. 涂可国：《文化的价值分析》，《文史哲》1992 年第 3 期。

142. 费从军：《文化相对论评析》，《南开学报》1992 年第 3 期。

143. 肖前：《论文化的实质和人的发展》，《江淮论坛》1992 年第 4 期。

144. （中国香港）伦科著，陈雪枫译：《跨文化的差异：个体层次与文化层次的分析》，《国外社会科学》1992 年第 4 期。

145. 肖前：《论文化的结构和功能》，《天津社会科学》1992 年第 5 期。

146. 蔡俊生：《文化和文化的社会价值》，《社会学研究》1992 年第 6 期。

147. 王煜：《文化的比较、选择与整合》，《中州学刊》1992 年第 6 期。

148. 王世达：《文化研究的哲学向度与文化哲学》，《哲学动态》1992 年第 7 期。

149. ［法］维曾贝格著，乔亚译：《论文化的矛盾功能》，《国外社会科学》1992 年第 9 期。

150. 李宗桂：《简论文化的民族性、时代性和世界性》，《哲学动态》1992 年第 9 期。

151. 刘少杰：《文化观念的基底：理性观》，《哲学动态》1992 年第 9 期。

152. 陈建涛：《关于文化的一般规定》，《哲学动态》1992 年第 12 期。

153. 李宗桂：《现代新型文化体系的模式和特征》，《中州学刊》1993 年第 1 期。

154. 潘定智：《论文化发展动力》，《贵州社会科学》1993 年第 2 期。

155. 晏辉：《文化价值意义三题》，《内蒙古社会科学》1993 年第 2 期。

156. 王启忠：《关东文化生态历史基因的剖析》，《学习与探索》1993 年第 3 期。

157. 余碧平：《利奥塔的后现代主义文化理论论略》，《复旦学报》1993 年第 3 期。

158. 丁峻：《符号、理性和人文价值的困惑：康德与卡西尔的文化哲学比较》，《江海学刊》1993 年第 3 期。

159. 段治文：《试论严复的科学文化观》，《福建论坛》1993 年第 4 期。

160. 程志民：《"文化转型理论"评述》，《晋阳学刊》1993 年第 4 期。

161. 陈建涛：《略论文化与认识的关系》，《社会科学》1993 年第 5 期。

162. 陈伯海：《文化的二重性及其他》，《文汇报》1993 年 5 月 21 日。

163. 王世达：《文化研究方法论解构》，《晋阳学刊》1993 年第 5 期。

164. 张华金：《文明：社会进步的综合尺度》，《青海社会科学》1993 年第 5 期。

165. 李鹏程：《E. 罗度华对当代世界统一趋势的文化哲学解释》，《哲学动态》1993 年第 7 期。

166. 胡扬：《文化的"雅"与"俗"》，《哲学研究》1993 年第 7 期。

167. 方觉浅：《也谈文化的主流与非主流、幸与不幸》，《哲学研究》1993 年第 7 期。

168. ［美］成中英著，何锡荣译：《论文化沟通与东西文化交流中的体用典范》，《学术月刊》1993 年第 8 期。

169. 孙美堂：《论文化的价值显现：兼评比较文化的几种方法》，《社会科学》1994 年第 1 期。

170. 邴正：《当代文化发展的十大趋势》，《天津社会科学》1994 年第 1 期。

171. 文援朝、王静芳：《文化·负面文化·负面文化学》，《求索》1994 年第 2 期。

172. 金元浦：《试论当代的"文化工业"》，《文艺理论研究》1994 年第 2 期。

173. 杨自俭：《关于建立对比文化学的构想》，《中国文化研究》1994 年春之卷。

174. 雷颐：《文化的冲突与融合》，《史学理论研究》1994 年第 3 期。

175. 汤一介：《评亨廷顿的〈文明的冲突〉》，《哲学研究》1994 年第 3 期。

176. 许柏林：《执"西"用"中"：读高占祥〈社会文化论〉》，《中国文化报》1994 年 3 月 30 日。

177. 李景林：《文化的融合与文化的民族性》，《天津社会科学》1994 年第 3 期。

178. 俞吾金：《评文化研究中的三种倾向》，《复旦学报》1994 年第 3 期。

179. 张国清：《论罗蒂的后哲学文化观》，《浙江大学学报》1994 年第 3 期。

180. 向远方：《文化市场与文化管理》，《中国文化报》1994 年 4 月 20 日。

181. 乐黛云：《文化差异与文化误读》，《中国文化研究》1994 年第 4 期。

182. 王宁：《文化相对主义、文化多元主义和比较文学东方学派的崛起：兼评亨廷顿〈文明的冲突〉》，《北京大学学报》1994 年第 5 期。

183. 强胜：《毛泽东的文化理论与当代中国文化的走势》，《中州学刊》1994 年第 5 期。

184. 邹广文：《个体的文化价值世界论要》，《江海学刊》1994 年第 5 期。

185. 吴家清：《文化认识论导论》，《江汉论坛》1994 年第 6 期。

186. 李鹏程：《论文化转型与人的自我意识》，《哲学研究》1994 年第 6 期。

187. 徐兰：《荷兰学者谈文化哲学的新进展》，《哲学动态》1994 年第 6 期。

188. ［美］曼德森著，杨凤珍译：《全球的单一文化、多元文化和新多元文化》，《国外社会科学》1994 年第 6 期。

189. 李欧梵、汪晖：《什么是"文化研究"?》，《读书》1994 年第 7 期。

190. 陈勇：《钱穆的文化学理论及其研究实践》，《社会科学》1994 年第 7 期。

191. 郑一明：《法兰克福学派"文化工业论"析评》，《哲学研究》1994 年第 7 期。

192. 刘发中：《评亨廷顿的文化冲突论：兼论全球文化一体化》，《江汉论坛》1994 年第 9 期。

193. 张颐武：《文化研究：话语的重构》，《文艺报》1994 年 10 月 29 日。

194. 陈筼泉：《文明与文化：论资本的文明作用及其文化局限性》，《哲学研究》1994 年第 10 期。

195. 赵敦华：《超越后现代性：神圣文化和世俗文化相结合的一种可能性》，《哲学研究》1994 年第 11 期。

196. 黄陵东：《也谈"文化转型"问题》，《哲学研究》1994 年第 12 期。

197. 吕世荣、刘象彬：《毛泽东文化思想初探》，《中国文化研究》1994 年冬之卷。

198. 孔耕蕻：《"文明冲突"理论述评》，《文艺报》1995 年 1 月 7 日。

199. 安应民、高新才：《论建立文化经济学的几个问题》，《兰州大学学报》1995 年第 1 期。

200. 滕守尧：《文化的比较与比较文化》，《天津社会科学》1995 年第 1 期。

201. 步言：《文化学研究的新开拓：全国负面文化研讨会综述》，《社会科学辑刊》1995 年第 1 期。

202. 邹广文：《试论文化哲学的理论源流》，《文史哲》1995 年第 1 期。

203. 邹广文：《论文化自觉与人的全面发展》，《哲学研究》1995 年第 1 期。

204. 洪晓楠：《中国现代文化哲学的演变》，《光明日报》1995 年 2 月 16 日。

205. 闵家胤：《西方文化概念面面观》，《国外社会科学》1995 年第 2 期。

206. ［德］马尔著，毛怡红译：《现代、后现代与文化的多元性》，《国外社会科学》1995 年第 2 期。

207. 樊浩：《论文化力》，《社会科学战线》1995 年第 2 期。

208. 王慎之：《文化：经济的投影》，《学习与探索》1995 年第 2 期。

209. 邹广文：《现代人对自然的文化意识》，《河北学刊》1995 年第 3 期。

210. 张和平：《文化：在两种相反方向力的作用下发展》，《学习与探索》1995 年第 3 期。

211. 宁逸：《"大众文化"研究概述》，《文艺报》1995 年 3 月 25 日。

212. 李登贵：《评一种文化比较观》，《光明日报》1995 年 3 月 16 日。

213. 洪九来：《略论朱谦之的文化观》，《中州学刊》1995 年第 3 期。

214. 杜卫：《审美文化研究新议》，《文艺研究》1995 年第 3 期。

215. 戴奇：《大众传媒文化的问题和未来》，《文艺研究》1995 年第

3 期。

216. 邹广文：《当代文化哲学的建构原则》，《社会科学》1995 年第 3 期。

217. 戴剑平：《永恒的悖论：无网之网——文化范畴发微》，《中国文化研究》1995 年第 4 期。

218. 高帆：《中国首届负面文化学术研讨会简介》，《哲学动态》1995 年第 4 期。

219. 肖俊明：《文化论争的继续：实践理性与文化》，《国外社会科学》1995 年第 4 期。

220. 郑伟：《文化建构与价值观建构》，《马克思主义与现实》1995 年第 4 期。

221. 何一兵：《论跨文化研究》，《内蒙古社会科学》1995 年第 5 期。

222. 降大任：《论文化扬弃律》，《晋阳学刊》1995 年第 5 期。

223. 梁景和：《文化类型说》，《传统文化与现代化》1995 年第 5 期。

224. 孔令昭：《把历史的内容还给历史：评一种观念论的文化史观》，《光明日报》1995 年 5 月 4 日。

225. 杨汉池：《大众文化的意识形态性》，《文艺报》1995 年 5 月 13 日。

226. 陈志昂：《大众文化与"大众文化"在现代》，《文艺报》1995 年 5 月 27 日。

227. 冯骥才：《文化四题》，《文汇报》1995 年 5 月 21 日。

228. 付文忠：《后现代主义思潮的逼近与我们的文化策略选择》，《哲学动态》1995 年第 5 期。

229. 赵敦华：《作为文化学的哲学》，《哲学研究》1995 年第 5 期。

230. 谭砺：《当代文化经济的社会形态初探》，《社会科学》1995 年第 6 期。

231. 张江明：《现代经济文化学的产生和研究对象》，《哲学动态》1995 年第 6 期。

232. 陶东风：《文化研究的超越之途》，《学术月刊》1995 年第 6 期。

233. ［美］英奇著，肖俊明译：《通俗文化研究》，《国外社会科学》1995 年第 7 期。

234. 樊浩：《概念诠释系统与文化难题的突破》，《光明日报》1995 年 8 月 3 日。

235. 严昭柱：《谈谈大众文化研究的深化》，《人民日报》1995 年 10 月 15 日。

236. 梁鸿鹰：《国外文化管理：走向制度化与规范化》，《中国文化报》1995 年 10 月 4 日。

237. 李小兵：《从"文明的冲突"看"西方的没落"：论"文明冲突论"的理论背景与社会基础》，《哲学研究》1995 年第 9 期。

238. 罗丽：《经济大潮中的文化与文化人：访中国艺术研究院四位博士》，《中国文化报》1995 年 9 月 15 日。

239. 洪晓楠：《中国当代文化哲学的时空背景和演进规律》，《哲学动态》1995 年第 11 期。

240.《一个令人关注的课题：文化与文化误读》，《文艺报》1995 年 12 月 15 日。

241. 闻轩：《关于文化建设与社会发展关系的思考》，《求索》1996 年第 1 期。

242. 方文：《跨文化研究的基础：走向科学的文化比较》，《社会科学辑刊》1996 年第 1 期。

243. 洪晓楠：《中国当代文化哲学的理论特征》，《中州学刊》1996 年第 1 期。

244. 蒋逸民：《现代文化的异化或悲剧：析西美尔对现代资本主义文化的诊断》，《南京大学学报》1996 年第 1 期。

245. 毛崇杰：《论杰姆逊文化阐释学的哲学基本点》，《哲学研究》1996 年第 1 期。

246. 刘奔、曹明德：《从观念的历史叙述到现实的历史叙述：论文化比较研究的方法论问题》，《哲学研究》1996 年第 1 期。

247. 衣俊卿：《人：在文化哲学的视野内》，《江海学刊》1996 年第 1 期。

248. 邹广文：《文化哲学研究的问题意识与时代主题》，《马克思主义与现实》1996 年第 1 期。

249. 韩庆祥：《市场经济体制的文化实质：能力本位》，《光明日报》

1996 年 1 月 6 日。

250．刘少杰：《文化形式中的理解》，《吉林大学社会科学学报》1996 年第 1 期。

251．张凤莲：《文明是社会进步的综合尺度》，《齐鲁学刊》1996 年第 1 期。

252．季涛：《文化危机与文化选择：兼论经济文化的优先发展战略》，《马克思主义与现实》1996 年第 1 期。

253．夏军：《"文化结构"与文化发展战略》，《文汇报》1996 年 10 月 2 日。

254．阎孟伟：《文化：考察社会的重要视角》，《南开学报》1996 年第 2 期。

255．李承贵：《严复文化观研究》，《中国文化研究》1996 年第 2 期。

256．闻信：《众家评说"文化殖民主义"》，《文艺报》1996 年 3 月 8 日。

257．景怀斌、徐素琴：《文化研究中若干理论问题的实证诠释》，《哲学动态》1996 年第 3 期。

258．方克立：《要注意研究九十年代出现的文化保守主义思潮》，《文艺理论与批评》1996 年第 3 期。

259．郭齐勇：《孙中山的文化思想述评》，《中国社会科学》1996 年第 3 期。

260．樊浩：《文化理念与文化难题的突破》，《复旦学报》1996 年第 3 期。

261．龚廷泰、周穗明：《理性主义与文化保守主义》，《社会科学辑刊》1996 年第 4 期。

262．陈军：《文化观的吐故纳新：文化审美》，《中山大学学报》1996 年第 4 期。

263．周德丰：《晚清国粹派的文化哲学思想评议》，《南开学报》1996 年第 4 期。

264．刘福勤：《文化新探寻和新建设》，《学习与探索》1996 年第 4 期。

265．曹明德：《文化的共通性和差异性》，《厦门大学学报》1996 年第 4 期。

266. 巴桑罗布：《文化结构与社会的现代化》，《西藏研究》1996 年第 4 期。

267. 方真：《关于文化更新和发展的若干问题》，《哲学研究》1996 年第 5 期。

268. 孙鼎国：《文明的三重区分与社会结构文明建设》，《科学社会主义》1996 年第 6 期。

269. 牟岱：《多元文化概论》，《社会科学辑刊》1996 年第 6 期。

270. 欧阳康：《跨文化的隔障、误解及其超越》，《江海学刊》1996 年第 6 期。

271. 姚新中：《文化比较的误区与文化重建》，《江海学刊》1996 年第 6 期。

272. 韩民青：《论文化在人类与自然之间的中介作用》，《人文杂志》1996 年第 6 期。

273. 邹广文：《文化哲学研究的问题意识与时代主题》，《学术月刊》1996 年第 8 期。

274. 萧功秦：《"文明冲突论"：一个理论的幻影——对"中国威胁论"的批评》，《文汇报》1996 年 11 月 6 日。

275. 王晓兴：《文化比较中评估架构的选择问题》，《科学·经济·社会》1997 年第 1 期。

276. 越人：《进化论方法不能作为文化优劣的判据》，《科学·经济·社会》1997 年第 1 期。

277. 盛宁：《"后殖民主义"：一种立足于西方文化传统内部的理论反思》，《天津社会科学》1997 年第 1 期。

278. 金吾伦：《信息高速公路与文化发展》，《中国社会科学》1997 年第 1 期。

279. 卢嘉瑞：《论文化与生产力相互关系的规律》，《学习与探索》1997 年第 2 期。

280. 刘英杰、王春荣：《市场经济与文化心态转型》，《学习与探索》1997 年第 2 期。

281. 王启忠：《关东文化形态的外在特征》，《学习与探索》1997 年第 2 期。

282．丁少伦：《后殖民主义与当代中国的文化选择》，《学习与探索》1997 年第 2 期。

283．陈立旭：《市场品性与文化品性》，《哲学研究》1997 年第 2 期。

284．郭洁敏：《析文化强权与文化冲突》，《毛泽东邓小平理论研究》1997 年第 2 期。

285．贾海涛：《文化研究的方法与传统文化评价的标准》，《上海社会科学院学术季刊》1997 年第 3 期。

286．彭树智：《文化学和文化交往》，《西北大学学报》1997 年第 3 期。

287．秦洪良：《一种文化意义的实践观》，《宁夏社会科学》1997 年第 3 期。

288．王岳川：《后殖民主义文化批评》，《人文杂志》1997 年第 3 期。

289．吴荣荃、陈声柏：《文化演进与文化对话》，《科学·经济·社会》1997 年第 4 期。

290．王强：《文化与意识形态的非对称性》，《学习与探索》1997 年第 4 期。

291．包亚明：《布尔迪厄文化社会学初探》，《社会科学》1997 年第 4 期。

292．关连珠：《试论对精神文化产品本文的理解》，《哲学研究》1997 年第 4 期。

293．马庆钰：《对文化相对主义的反思》，《哲学研究》1997 年第 4 期。

294．肖玲诺、王秀芝：《转型期文化哲学讨论的新进展》，《哲学动态》1997 年第 4 期。

295．何晓明：《关于文明悖论的思考》，《江汉论坛》1997 年第 5 期。

296．梁勇：《文化资产价值论》，《河北学刊》1997 年第 5 期。

297．黄力之：《坚持和发展马克思主义的文化理论》，《高校理论战线》1997 年第 5 期。

298．张国棋、张越川：《文化，科学，现代化：兼评卡西尔的文化哲学》，《社会科学研究》1997 年第 5 期。

299．王守义：《论生产力的可持续性发展与需要的社会文化规定性》，《社会科学战线》1997 年第 6 期。

300．欧阳康：《跨文化理解与交往》，《社会科学战线》1997 年第 6 期。

301. 赵林：《人类文明的历史、现状与未来》，《江海学刊》1997 年第 6 期。

302. 赵文龙：《文化在经济发展中的地位和作用》，《人文杂志》1997 年第 6 期。

303. 邓晓芒：《再谈新保守主义的思想误区：与郭齐勇先生商榷》，《华中师范大学学报》1997 年第 6 期。

304. 舒可文：《唯物史观视野内的哲学文化观：评〈哲学与文化〉》，《哲学研究》1997 年第 6 期。

305. 衣俊卿：《新马克思主义的文化批判理论及其启示》，《中国社会科学》1997 年第 6 期。

306. 冯天瑜：《两种文化协调发展随想》，《江汉论坛》1997 年第 7 期。

307. 高建明：《文化研究的新视点》，《江汉论坛》1997 年第 7 期。

308. 马龙潜：《文化的基本观念及其性质和功能》，《高校理论战线》1997 年第 8 期。

309. 黎德扬：《略论文化及科学技术文化》，《江汉论坛》1997 年第 12 期。

310. 王铭铭：《文化变迁与现代性的思考》，《民俗研究》1998 年第 1 期。

311. 苏贤贵：《生态危机与西方文化的价值转变》，《北京大学学报》1998 年第 1 期。

312. 何中华：《文化哲学中的悖论刍议》，《哲学动态》1998 年第 1 期。

313. 沈湘平：《文化价值与文化市场的限度》，《青海社会科学》1998 年第 1 期。

314. 温锢：《文化：综合国力之争的决定性因素》，《中国人民大学学报》1998 年第 2 期。

315. 马毅：《关于文化界定的再思考》，《齐鲁学刊》1998 年第 2 期。

316. 王岳川：《布迪厄的文化理论透视》，《教学与研究》1998 年第 2 期。

317. 乐黛云：《文化发展的多元化与一体化》，《中国文化报》1998 年 2 月 19 日。

318. 华孚：《文明转型与艺术批评话语合法化》，《福建论坛》1998 年第 2 期。

319．董志强：《从生命系统看文化价值的生成机制》，《人文杂志》1998 年第 2 期。

320．洪晓楠：《论"综合创新论"文化观》，《中州学刊》1998 年第 2 期。

321．应雪林：《怀特的文化决定论评析》，《浙江学刊》1998 年第 2 期。

322．贺来、林兵：《论当代人类文化的基本矛盾与抉择》，《天津社会科学》1998 年第 2 期。

323．杨亮才：《市场经济的文化探索》，《人文杂志》1998 年第 2 期。

324．蒲志仲：《可持续发展与文化价值观的反思与创新》，《自然辩证法研究》1998 年第 3 期。

325．黄力之：《论文化定义狭义化的人文意义》，《哲学研究》1998 年第 3 期。

326．张华荣：《论经济与文化的一体化发展》，《福建论坛》1998 年第 3 期。

327．王岳川：《布迪厄的文化理论透视》（续），《教学与研究》1998 年第 3 期。

328．马惠娣：《文化精神之域的休闲理论初探》，《齐鲁学刊》1998 年第 3 期。

329．龚妮丽：《论"大众文化"的价值取向及人文意义》，《贵州社会科学》1998 年第 3 期。

330．王延水：《大众文化边缘谈：兼及中美大众文化之比较》，《复旦学报》1998 年第 3 期。

331．谢龙：《文化观与文化研究方法评述》，《人民日报》1998 年 4 月 25 日。

332．李天辰：《论跨文化交际研究》，《齐鲁学刊》1998 年第 4 期。

333．祖朝志：《对大众文化批判的批判》，《社会科学》1998 年第 4 期。

334．车玉玲：《文化：人的第二天性》，《江海学刊》1998 年第 4 期。

335．王强：《文化与意识形态的非对称性》，《人文杂志》1998 年第 4 期。

336．邹广文、常晋芳：《时间与人的文化生命》，《文史哲》1998 年第

5 期。

337. 王君琦：《论实践与文化的同构性》，《文史哲》1998 年第 5 期。

338. 陈立旭：《论文化产品的社会效益和经济效益》，《中国社会科学》1998 年第 5 期。

339. 田丰：《全球化与文明整合》，《广东社会科学》1998 年第 5 期。

340. 段启增：《"文明"与"文明时代"》，《吉林大学社会科学学报》1998 年第 5 期。

341. 李宝红：《梁启超文化观述论》，《华中师范大学学报》1998 年第 5 期。

342. 何友晖、彭泗清：《方法论的关系论及其在中西文化中的应用》，《社会学研究》1998 年第 5 期。

343. 牟岱：《文化研究学派元析》，《社会科学辑刊》1998 年第 6 期。

344. 贾春峰：《"文化力"论》，《东岳论丛》1998 年第 6 期。

345. 张百春：《文化学研究在俄罗斯》，《国外社会科学》1998 年第 6 期。

346. 杨宜音：《自我及其边界：文化价值取向角度的研究进展》，《国外社会科学》1998 年第 6 期。

347. 张良村：《慎"谈"文化相对主义》，《中国人民大学学报》1998 年第 6 期。

348. 顾伯平：《文化力与社会发展》，《光明日报》1998 年 8 月 7 日。

349. 王焕发、包礼祥、王晓春：《经济文化与结构》，《江西社会科学》1998 年第 10 期。

350. 赵修义、汪海萍：《一个崭新的科学论断：文化——综合国力的重要标志》，《文汇报》1998 年 11 月 16 日。

351. 党国印：《文化研究中的假命题与文化研究困境：文化研究的经济学批判》，《哲学研究》1998 年第 11 期。

352. 王邦虎：《论泰勒和鲍厄斯的文化观》，《文史哲》1999 年第 1 期。

353. 唐欣：《文化批评：新的可能性》，《甘肃社会科学》1999 年第 1 期。

354. 黄辛隐、崔绪治：《现代化进程中的文化与心理》，《江海学刊》1999 年第 1 期。

355. 郭金平、顿占民：《文化现代化话语的转变：体用之辩向共性个性统一的文化精髓论的飞跃》，《河北学刊》1999 年第 1 期。

356. 潘一禾：《大众文化的三种理解》，《浙江学刊》1999 年第 1 期。

357. 陶东风译：《托尼·本尼特谈文化研究与知识分子》，《文艺研究》1999 年第 1 期。

358. 阿布著，萧俊明译：《文化认同性的变形》，《第欧根尼》1999 年第 1 期。

359. 李庆本：《全球一体化与文化多元化》，《中国文化研究》1999 年第 1 期。

360. 王晓朝：《文化传播的双向性与外来文化的本土化》，《江海学刊》1999 年第 2 期。

361. 姚文放：《文化工业：当代审美文化批判》，《社会科学辑刊》1999 年第 2 期。

362. 扈海鹏：《关于大众文化中的市民心态的研究》，《浙江学刊》1999 年第 2 期。

363. 衣俊卿：《文化哲学：未来哲学的自觉形态》，《社会科学战线》1999 年第 2 期。

364. 杨思信：《二十世纪初年文化民族主义述论》，《传统文化与现代化》1999 年第 2 期。

365. 韩德民：《艺术与文化的双向透视：意象探源》，《中国社会科学》1999 年第 2 期。

366. 钱理群：《鲁迅的西方文化观：北大演讲录之三》，《中州学刊》1999 年第 2 期。

367. 朱海荣：《大众文化的欺骗性质：阿多诺文化批判思想管窥》，《甘肃社会科学》1999 年第 2 期。

368. 周正刚：《论文化是综合国力的重要标志》，《求索》1999 年第 2 期。

369. 马志政：《论文化环境》，《浙江大学学报》1999 年第 2 期。

370. 何晓兵：《关于文化之特征、目的和价值的证伪》，《社会科学研究》1999 年第 3 期。

371. 张胜康：《城市社区文化及其效应分析》，《社会科学辑刊》1999

年第 3 期。

372. 陈立旭：《论实现文化产品社会效益与经济效益的最佳结合》，《浙江学刊》1999 年第 3 期。

373. ［美］怀尔都著，鲁旭东译：《文化的普遍原则是否存在?》，《哲学译丛》1999 年第 3 期。

374. ［日］野家启一著，玲玲译：《研究文化普遍原则无止境：现象学、相对主义和种族主义》，《哲学译丛》1993 年第 3 期。

375. 汪堂家：《"文化"释义的可能性：与建构主义对话》，《复旦学报》1999 年第 3 期。

376. 沈铭贤：《文化思潮与生死观的变革》，《复旦学报》1999 年第 3 期。

377. 俞吾金、汤勤：《比较文化研究的前提性反思》，《复旦学报》1999 年第 3 期。

378. 李祖扬、邢子政：《从原始文明到生态文明：关于人与自然关系的回顾的反思》，《南开学报》1999 年第 3 期。

379. 卢秉利：《小康文化论纲》，《科学·经济·社会》1999 年第 3 期。

380. 刘明武：《合和：中华文化精神之元》，《中国文化研究》1999 年第 3 期。

381. 萧俊明：《文化的语境与渊源：文化概念解读之一》，《国外社会科学》1999 年第 3 期。

382. 赵伯陶：《市井文化与大众文化》，《文艺报》1999 年 3 月 4 日。

383. 王宁：《全球化时代的东西方文化对话》，《中国文化报》1999 年 3 月 20 日。

384. 王岳川：《当代文化研究中的激进与保守之维》，《文艺理论研究》1999 年第 4 期。

385. 韩学本：《文化生命与文化交流》，《科学·经济·社会》1999 年第 4 期。

386. ［俄］托尔斯德赫著，贾泽林译：《从全球化角度看文明与现代化》，《哲学译丛》1999 年第 4 期。

387. 何中华：《从生物多样性到文化多样性》，《东岳论丛》1999 年第 4 期。

388. 萧俊明：《文化与社会结构：文化概念解读之二》（上），《国外社会科学》1999 年第 4 期。

389. 侯传文：《文化的相对性与普遍性》，《科学·经济·社会》1999年第 4 期。

390. 牟薇：《关于文化发展几个问题的讨论》，《社会科学辑刊》1999年第 4 期。

391. 王雨辰：《当代西方马克思主义文化哲学论纲》，《青海社会科学》1999 年第 4 期。

392. 王岳川：《90 年代文化研究的方法与语境》，《天津社会科学》1999 年第 4 期。

393. 张晓红：《文化研究的勃兴与语言学研究的困境》，《文艺报》1999 年 4 月 27 日。

394. 孔祥军：《论文化力在知识经济中的地位》，《齐鲁学刊》1999 年第 5 期。

395. 张政文、杜桂萍：《作为动词的文化：关于文化内涵的阐释学思考》，《学习与探索》1999 年第 5 期。

396. 萧俊明：《文化与社会结构：文化概念解读之二》（下），《国外社会科学》1999 年第 5 期。

397. 郑祥福：《后现代主义是西方世界新的文化扩张》，《福建论坛》1999 年第 5 期。

398. 张天曦：《简论斯宾格勒的文化形态学艺术观》，《晋阳学刊》1999 年第 6 期。

399. 陶东风：《"后"学与民族主义的融构：中国后殖民批评中一个值得警惕的倾向》，《河北学刊》1999 年第 6 期。

400. 王世超：《论文化的差异与民族性》，《江淮论坛》1999 年第 6 期。

401. 蒋旭东：《世纪末的怀旧情绪：当代中国文化保守主义的再思考》，《人文杂志》1999 年第 6 期。

402. 孙月才：《"多元文化"辨》，《文汇报》1999 年 6 月 12 日。

403. 赵杰：《东方文化理论反思》，《人民日报》1999 年 6 月 12 日。

404. 牟永福：《异化文化及其超越取向》，《人文杂志》1999 年第 8 期。

405. 王宁：《文化研究在九十年代的新发展》，《教学与研究》1999 年第 9 期。

406. 吴元迈：《"全球化"与民族文化》，《中国文化报》1999 年 11 月 18 日。

407. 陈永森：《文化转型与科学精神的培养》，《福建论坛》1999 年第 12 期。

408. 孙占国：《大众文化论》，《社会科学战线》2000 年第 1 期。

409. 衣俊卿：《文化哲学：一种新的哲学范式》，《江海学刊》2000 年第 1 期。

410. 胡建：《从"个人主义"到"国家整体主义"：黑格尔的社会文化价值目标述评》，《浙江学刊》2000 年第 1 期。

411. 彭华：《陈寅恪"种族与文化"观辨微》，《历史研究》2000 年第 1 期。

412. 张义宾：《后现代历史语境中的西方大众文化》，《齐鲁学刊》2000 年第 1 期。

413. 黄前程：《文化悖论在逻辑、实践和语言中的运作》，《贵州社会科学》2000 年第 2 期。

414. 萧俊明：《文化理论的兴起》，《国外社会科学》2000 年第 2 期。

415. 黄少华、俞宝祥：《另一种文化比较的尺度》，《兰州大学学报》2000 年第 3 期。

416. 赵立彬：《陈序经的文化学理论与全盘西化论》，《中山大学学报》2000 年第 3 期。

417. 李毅：《文化建设的意识形态性：评文化保守主义的文化史观》，《社会主义研究》2000 年第 3 期。

418. 谢宝耿：《文化价值观念的现代阐释：李向平教授访谈》，《学术月刊》2000 年第 4 期。

419. 郭凤志：《论文化在社会发展中的作用》，《东北师大学报》2000 年第 4 期。

420. 洪晓楠：《"科玄论战"对中国文化哲学的影响》，《光明日报》2000 年 7 月 11 日。

421. 陈先达：《论文化与文化的时代性和民族性》，《中国青年政治学院学报》2000 年第 1 期。

422．王希：《多元文化主义的起源、实践与局限性》，《美国研究》2000年第2期。

423．萧俊明：《文化理论的兴起》，《国外社会科学》2000年第2期。

424．李宗桂：《经济全球化与文化的民族性》，《人民论坛》2000年第3期。

425．李庆宗：《文化的民族性、时代性与文化模式的选择》，《理论学刊》2000年第3期。

426．林大津：《文化相对论二分观：文化评价与文化交流的武器》，《福建师范大学学报》2000年第4期。

427．萧俊明：《法兰克福学派的文化理论与文化解读》，《国外社会科学》2000年第6期。

428．金元浦：《重新审视大众文化》，《中国社会科学》2000年第6期。

429．陶东风：《批判理论的语境化与中国大众文化批评》，《中国社会科学》2000年第6期。

430．陈晓明：《文化研究与政治合法性陷阱》，《中国社会科学》2000年第6期。

431．尹鸿：《媒介文化研究：意义与方法》，《中国社会科学》2000年第6期。

432．樊浩：《"文化理解"与价值冲突》，《学海》2001年第1期。

433．孙关龙：《断层文化论》，《山西大学师范学院学报》2001年第3期。

434．胡存之：《文化合理性的追寻与批判》，《长白学刊》2001年第4期。

435．郁建兴：《马克思主义文化理论与现时代》，《中国社会科学》2001年第6期。

436．张平功：《批评理论：从法兰克福学派到英国文化研究学派》，《学术研究》2001年第7期。

437．逯维娜：《全球化背景下的文化主权》，《西安政治学院学报》2002年第2期。

438．肖建华：《当代文化哲学的理论焦点述评》，《武汉大学学报》2002年第2期。

439. 李德顺：《全球化与多元化——关于文化普遍主义与文化特殊主义之争的思考》，《求是学刊》2002 年第 2 期。

440. 何星亮：《文化的民族性与世界性》，《云南社会科学》2002 年第 5 期。

441. 王南湜、刘悦笛：《文化"精神还乡"的意蕴》，《社会科学辑刊》2002 年第 6 期。

442. 汤一介：《关于文化问题的几点思考》，《民主》2002 年第 10 期。

443. 王向峰：《全球化与民族文化的历史命运》，《陕西师范大学学报》2003 年第 1 期。

444. 于洋：《文化根性与思维整合民族性问题的辨析》，《美苑》2003 年第 1 期。

445. 王一川：《全球性与民族性的悖论性共生》，《天津社会科学》2003 年第 2 期。

446. 于文秀：《后现代差异理论："文化研究"的理论基石》，《天津社会科学》2003 年第 3 期。

447. 衣俊卿：《20 世纪：文化焦虑的时代》，《求是学刊》2003 年第 3 期。

448. 朱革新：《文化同一与文化多元新探——兼议文化国际性与文化民族性》，《学术论坛》2003 年第 3 期。

449. 胡光利：《关于文化的几个基本问题》，《辽宁大学学报》2003 年第 4 期。

450. 盛邦和：《文化民族主义的三大理论——民族史学的视野》，《江苏社会科学》2003 年第 4 期。

451. 霍桂桓：《试论文化哲学研究的基本前提和可能性——从后现代主义的基本倾向和特征说开去》，《求是学刊》2003 年第 6 期。

452. 萧俊明：《文化研究中的后现代转向》，《国外社会科学》2003 年第 6 期。

453. 傅腾霄、陈定家：《关于全球化与文化认同危机》，《社会科学战线》2003 年第 6 期。

454. 王炎：《福柯对 20 世纪 90 年代中国文化理论的影响》，《河北学刊》2003 年第 6 期。

455．刘波：《全球化时代的文化价值选择》，《学术交流》2003 年第 7 期。

456．苏跃：《文化全球化背景下本土文化若干问题》，《北方论丛》2004 年第 4 期。

457．张其学：《试析后殖民主义反文化霸权的策略》，《东岳论丛》2004 年第 5 期。

458．赵勇：《论法兰克福学派大众文化理论的生成语境》，《学术研究》2004 年第 11 期。

459．贾明：《对大众文化批评及大众文化特征的思考》，《社会科学》2004 年第 11 期。

460．于文秀：《标举差异抵抗霸权——"文化研究"思潮中的反权力话语研究》，《哲学研究》2004 年第 9 期。

461．王志强：《欧洲对文化概念的界定及文化理论发展》，《德国研究》2005 年第 1 期。

462．黄华军：《雷蒙德·威廉斯大众文化思想的理论立场》，《广西师范大学学报》2005 年第 2 期。

463．张同声：《民族民间文化的发展："和而不同"》，《贵州民族研究》2005 年第 2 期。

464．董小川：《美国多元文化主义理论再认识》，《东北师大学报》2005 年第 2 期。

465．冯勤：《詹姆逊文化理论中的现代性与后现代性批判透视》，《社会科学研究》2005 年第 3 期。

466．刘亚斌：《马克思主义及其运动：文化霸权理论的前奏曲》，《兰州大学学报》2005 年第 3 期。

467．唐萍：《全球化与中国文化建设刍议》，《求实》2005 年第 4 期。

468．丁立群：《过程哲学与文化哲学：生态主义的两个理论来源——与杰伊·麦克丹尼尔教授关于生态伦理和后现代主义的对话》，《求是学刊》2005 年第 5 期。

469．张闳：《变迁中的"大众文化"，方法论的"文化理论"，在场的"文化批评"》，《郑州大学学报》2005 年第 6 期。

470．张念：《文化批评，破除文化想象》，《郑州大学学报》2005 年第

6 期。

471. 朱大可：《本土大众文化的三种态势》，《郑州大学学报》2005 年第 6 期。

472. 郭若平：《"理论旅行"：阿诺德"文化"的中国阐释》，《福建论坛》2005 年第 10 期。

473. 廖志成：《文化生产力特征探析》，《求索》2005 年第 10 期。

474. 王春雨：《关于文化产业的几点思考》，《理论月刊》2005 年第 11 期。

475. 姜华：《对费斯克大众文化理论的解读与质疑》，《学术交流》2005 年第 11 期。

476. 江马益：《论葛兰西思想的文化向度》，《学术论坛》2005 年第 12 期。

477. 何平、陈国贲：《全球化时代文化研究若干新概念简析——"文化杂交"和"杂交文化"概念的理论内涵》，《山东社会科学》2005 年第 10 期。

478. 张昭军：《"文化研究"理论与中国文化史研究》，《理论学刊》2006 年第 1 期。

479. 陈胜云：《在守护中创新：评西方马克思主义文化哲学观变迁》，《江汉大学学报》2006 年第 1 期。

480. 王逢振、谢少波：《全球化文化与空间在中国的复制》，《社会科学》2006 年第 1 期。

481. 宋彦麟：《论文化产业的微观活力与竞争力》，《学术交流》2006 年第 2 期。

482. 刘海静：《全球化的文化内涵与文化殖民主义》，《理论导刊》2006 年第 2 期。

483. 杨晓光：《关于文化消费的理论探讨》，《山东社会科学》2006 年第 3 期。

484. 毛剑：《"文化霸权"理论与文化研究的"葛兰西转向"》，《理论学刊》2006 年第 3 期。

485. 秦红平：《马克思主义理论视野中的文化全球化探析》，《湖南第一师范学报》2006 年第 4 期。

486. 倪志娟：《全球化时代的文化交往与文化整合》，《青海师范大学学报》2006 年第 4 期。

487. 王艳华：《文明冲突论与先进文化建设》，《学术交流》2006 年第 5 期。

488. ［英］英托尼·班奈特著，李永新、王杰译：《文化与社会：我的文化研究之路》，《江西社会科学》2006 年第 6 期。

489. 董岩冰：《谈文化的民族性》，《电影评介》2006 年第 12 期。

490. 肖建华：《大众文化的批判与辩护——当代西方大众文化理论述评》，《国外社会科学》2007 年第 1 期。

491. 张瑞堂：《文化研究范式与文化理论科学化》，《社会主义研究》2007 年第 1 期。

492. 傅洁琳：《文化研究中的政治因素》，《山西师大学报》2007 年第 1 期。

493. 李筑、李世宇：《文化散论》，《贵州大学学报》2007 年第 2 期。

494. 郭洪涛：《全球化进程中文化的民族性与国家文化安全》，《理论界》2007 年第 2 期。

495. 王宁、黄惠：《全球化、文化研究与比较文学》，《世界文学评论》2007 年第 2 期。

496. 顾明栋：《对中西比较研究中一些文化理论问题的思考》，《江苏社会科学》2007 年第 3 期。

497. 郑大华：《要加强社会变迁与文化转型之互动关系的研究》，《史学史研究》2007 年第 3 期。

498. 林振武：《百年文化论争的理论教条》，《现代哲学》2007 年第 3 期。

499. 王凤才：《文化霸权与意识形态国家机器——葛兰西与阿尔都塞意识形态理论辨析》，《马克思主义与现实》2007 年第 3 期。

500. 孙英春：《跨文化传播研究面临的"知识整合"》，《浙江学刊》2007 年第 3 期。

501. 林坚：《文化学研究的状况和构架》，《人文杂志》2007 年第 3 期。

502. 武云：《历史的文化和文化的历史：文化史研究的两种理路》，《东方论坛》2007 年第 4 期。

503. 张森林：《文化全球化：民族文化发展的机遇与挑战》，《东北师大学报》2007 年第 5 期。

504. 邴正、孟春：《现代文化矛盾与全球化理论批判》，《学习与探索》2007 年第 6 期。

505. 李鹏程：《文化相对主义的意义和问题》，《中国人民大学学报》2007 年第 6 期。

506. 郭湛：《文化的相对性与文化相对主义》，《中国人民大学学报》2007 年第 6 期。

507. 何萍：《文化相对主义：历史演变及内涵》，《中国人民大学学报》2007 年第 6 期。

508. 张再林：《真问题，还是伪问题？——关于文化普遍主义与相对主义之争》，《中国人民大学学报》2007 年第 6 期。

509. 丁立群：《中国语境下的文化相对主义批判》，《中国人民大学学报》2007 年第 6 期。

510. 孙有中：《论文化交流主义》，《中国人民大学学报》2007 年第 6 期。

511. 徐建：《文化多样性及其生态关联》，《东方论坛》2007 年第 6 期。

512. 周兰桂：《文化转型大语境下文论创新的逻辑前提》，《学术论坛》2007 年第 10 期。

513. 吕欢：《马克思主义的文化理论对当代文化的影响》，《法制与社会》2007 年第 10 期。

514. 张华：《历史地系统地把握马克思主义文化理论》，《马克思主义研究》2007 年第 10 期。

515. 舒扬：《文化的民族秉性和世界品格——异质性和普遍性统一中的当代文化生成之路》，《学术研究》2007 年第 12 期。

516. 张运德：《试析中华文化的民族性与时代性的统一》，《新疆社会科学》2008 年第 1 期。

517. 向云驹：《论"文化空间"》，《中央民族大学学报》2008 年第 3 期。

518. 郭彩霞：《大众文化批判的现代性之维》，《理论研究》2008 年第 3 期。

519．雷家军、阎治才：《关于和谐文化与革命文化关系的几点思考》，《马克思主义与现实》2008 年第 3 期。

520．李佩环：《文化混合化：全球化时代文化交往的新趋向》，《现代哲学》2008 年第 3 期。

521．欧阳谦：《文化的辩证法——关于"文化主义的马克思主义"的几点思考》，《马克思主义与现实》2008 年第 4 期。

522．张世保：《"综合创新"与中国文化发展的路径选择》，《现代哲学》2008 年第 4 期。

523．江湄：《"正统论"的演变及其文化功能》，《学习与探索》2008 年第 4 期。

524．张生珍、李文军：《从后殖民理论看中国民族文化发展面临的挑战》，《齐鲁学刊》2008 年第 5 期。

525．陈玉林：《论技术叙事的文化研究》，《自然辩证法研究》2008 年第 6 期。

526．叶金宝：《文化研究和文化建设的若干问题》，《浙江社会科学》2008 年第 9 期。

十

传统文化与现代化关系研究主要著作和论文索引

（一）　著作类

1. 吴琼恩著：《儒家政治思想与中国政治现代化：其内在结构关系及转化发展》，台北"中央文物供应社" 1985 年版。

2. 韦政通著：《儒家与现代化》，台北水牛出版社 1986 年版。

3. 张立文、王俊义、许启贤、黄晋凯主编：《传统文化与现代化》，中国人民大学出版社 1987 年版。

4. 复旦大学历史系编：《中国传统文化的再估计：首届国际中国文化学术讨论会（一九八六年）文集》，上海人民出版社 1987 年版。

5. 复旦大学历史系编：《中国传统文化再检讨》（上篇，中国传统文化的特征），香港商务印书馆 1987 年版。

6. 复旦大学历史系编：《中国传统文化再检讨》（下篇，西方文化与近代思潮），香港商务印书馆 1987 年版。

7. 洋淇编：《中国传统文化的反思》，广东人民出版社 1987 年版。

8. 黄光国著：《儒家思想与东亚现代化》，台北巨流图书公司 1988 年版。

9. 殷海光著：《中国文化的展望》，中国和平出版社 1988 年版。

10. 冯天瑜主编：《东方的黎明：中国文化走向近代的历程》，巴蜀书社 1988 年版。

11. 李勇锋著：《变革中的文化心态——当代社会心理分析及传统文化

的渗透作用》，国际文化出版公司1988年版。

12. 何扬章著：《历史透镜下的魂灵——中国传统文化中的人性结构论》，国际文化出版公司1988年版。

13. 温元凯著：《中国传统文化潜结构的改造：温元凯谈改革》，上海人民出版社1988年版。

14. 吴申元著：《中国传统文化的遗传和变异》，湖南文艺出版社1988年版。

15. ［美］吉尔伯特·罗兹曼主编：《中国的现代化》，上海人民出版社1989年版。

16. 张立文著：《传统学引论：中国传统文化的多维反思》，中国人民大学出版社1989年版。

17. 杨宗兰著：《文韬武略：博大精深的中国古代管理思想》，国际文化出版公司1989年版。

18. 汤一介著：《中国传统文化中的儒道释》，中国和平出版社1989年版。

19. 罗荣渠主编：《从"西化"到现代化：五四以来有关中国的文化取向和发展道路论文选》，北京大学出版社1990年版。

20. 李秀林、李淮春、陈宴清、郭湛主编：《中国现代化之哲学探讨》，人民出版社1990年版。

21. 焦国成著：《对中国传统文化反思的反思》，上海人民出版社1990年版。

22. ［韩］金日坤著，邢东田等译：《儒教文化圈的伦理秩序与经济：儒教文化与现代化》，中国人民大学出版社1991年版。

23. 马晓宏著：《天·神·人：中国传统文化中的造神运动》，台北云龙出版社1991年版。

24. 李明华著：《时代演进与价值选择——中国价值观探讨》，陕西人民出版社1992年版。

25. 李宗桂著：《文化批判与文化重构——中国文化出路探讨》，陕西人民出版社1992年版。

26. 陈正夫、何植靖著：《孔子、儒学与中国现代化》，福建教育出版社1992年版。

27. 张文儒主编：《毛泽东与中国现代化》，当代中国出版社1993年版。

28. 张杰主编：《中国传统文化》，武汉大学出版社1993年版。

29. 周桂钿、邓习行著：《中国传统管理思想的现代价值》，中国人民大学出版社1993年版。

30. 汤一介编：《国故新知：中国传统文化的再诠释：汤用彤先生诞辰百周年纪念论文集》，北京大学出版社1993年版。

31. 杨先举著：《老子与企业管理》，中国人民大学出版社1994年版。

32. 王立新、吴国春编著：《中国传统文化概论》，北京广播学院出版社1994年版。

33. 赵吉惠著：《中国传统文化导论》，陕西人民教育出版社1994年版。

34. 张荣明主编：《道佛儒思想与中国传统文化》，上海人民出版社1994年版。

35. 冯纲、李眉编著：《中国传统文化与民族性格概论》，北京邮电学院出版社1994年版。

36. 赵春福主编：《伦理精神与中国社会现代化：兼论儒家伦理与中国社会现代化的关系》，北京出版社1994年版。

37. 中华孔子学会编：《儒学与现代化：儒学及其现代意义国际学术研讨会论文集》，人民教育出版社1994年版。

38. 吴同瑞主编，北京大学中国传统文化研究中心编：《中华文化讲座丛书》第一集，北京大学出版社1994年版。

39. 马勇主编：《儒学研究与现代化》，广西师范大学出版社1995年版。

40. 王家骅著：《儒家思想与日本的现代化》，浙江人民出版社1995年版。

41. 张云飞著：《天人合一：儒学与生态环境》，四川人民出版社1995年版。

42. 韩景文著：《传统文化·现代文明·开放教育》，大连理工大学出版社1995年版。

43. 刘锋著：《宗教与中国传统文化之谜》，香港明报出版社1995年版。

44. 裘仁编：《中国传统文化精华》，复旦大学出版社1995年版。

45. 陈明主编：《中国传统文化中的人道主义》，华夏出版社1995年版。

46. 李颖科著：《论中国传统文化的深层结构》，陕西人民出版社1995

年版。

47．王骏骥著：《鲁迅郭沫若与中国传统文化》，百花文艺出版社 1995年版。

48．李永志主编，曾嘉荣等著：《中国传统文化简明教程》（试用本），巴蜀书社 1995 年版。

49．罗荣渠著：《现代化新论：世界与中国的现代化进程》，北京大学出版社 1993 年版。

50．吴同瑞主编，北京大学中国传统文化研究中心编：《中华文化讲座丛书》第二集，北京大学出版社 1995 年版。

51．斯英琦著：《古老常新的铜镜：儒学理想与现实人生》，上海书店1996 年版。

52．卢风著：《人类的家园——现代文化矛盾的反思》，湖南大学出版社 1996 年版。

53．许纪霖、陈达凯主编：《中国现代化史》，上海三联书店 1996 年版。

54．翟振业、周宏著：《中国传统文化概论》，上海科学普及出版社1996 年版。

55．李家珉编著：《中国传统文化述要》，南海出版公司 1996 年版。

56．张皓著：《中国美学范畴与传统文化》，湖北教育出版社 1996 年版。

57．张海鹏、臧宏主编：《中国传统文化论纲》，安徽教育出版社 1996年版。

58．王玉德等主编：《中国传统文化新编》，华中理工大学出版社 1996年版。

59．王新婷等主编：《中国传统文化概论》，中国林业出版社 1997 年版。

60．姜汝真主编：《中国传统文化的历史阐释与现代价值》，山西教育出版社 1997 年版。

61．胡维革主编：《中国传统文化荟要》，吉林人民出版社 1997 年版。

62．应德民著：《东方的智慧：中国传统文化撷要》，警官教育出版社1997 年版。

63．张传开、汪传发著：《义利之间：中国传统文化中的义利观之演变》，南京大学出版社 1997 年版。

64．钟明善、朱正威主编：《中国传统文化精义》，西安交通大学出版社 1997 年版。

65. 孙旭培主编：《华夏传播论：中国传统文化中的传播》，人民出版社 1997 年版。

66. 吴晋生等著：《墨学与当代政治》，中国书店 1997 年版。

67. 杨爱国著：《墨学与当代经济》，中国书店 1997 年版。

68. 秦彦士著：《墨学的当代价值》，中国书店 1997 年版。

69. 李广星著：《墨学与当代教育》，中国书店 1997 年版。

70. 李殿仁著：《墨学与当代军事》，中国书店 1997 年版。

71. 姜宝昌著：《墨学与现代科技》，中国书店 1997 年版。

72. 颜炳罡著：《墨学与新文化建设》，中国书店 1997 年版。

73. 郑杰文、黑琨著：《墨学与新伦理道德》，中国书店 1997 年版。

74. 何清涟著：《现代化的陷阱——当代中国的经济社会问题》，今日中国出版社 1998 年版。

75. 唐凯麟、罗能生著：《契合与升华：传统儒商精神和现代中国市场理性的建构》，湖南人民出版社 1998 年版。

76. 张岱年主编，中华孔子学会编：《儒学与市场经济：儒家思想与市场经济国际学术研讨会论文选》，人民教育出版社 1998 年版。

77. 田文棠著：《中国文化的整合与认知》，陕西人民教育出版社 1998 年版。

78. 吴同瑞主编，北京大学中国传统文化研究中心编：《中华文化讲座丛书》第三集，北京大学出版社 1998 年版。

79. 朱耀廷主编：《天人之际，古今之间：中国传统文化通论》，北京图书馆出版社 1998 年版。

80. 潘承烈主编：《中国传统文化与现代管理》，经济管理出版社 1998 年版。

81. 毛荣生主编：《中国传统文化概论》，上海财经大学出版社 1998 年版。

82. 顾建华主编：《中国传统文化》，中南工业大学出版社 1998 年版。

83. 曹德本著：《中国传统文化与中国现代化》，辽宁大学出版社 1998 年版。

84. 冯天瑜等著：《中国传统文化浅说》，吉林人民出版社 1998 年版。

85．方立天、薛君度主编：《儒学与中国文化现代化》，中国人民大学出版社1998年版。

86．刘述先、梁元生编《文化传统的延续与转化》，香港中文大学出版社1999年版。

87．丁建弘主编：《发达国家的现代化道路——一种历史社会学的研究》，北京大学出版社1999年版。

88．国际儒学联合会学术委员会编：《儒学与世界和平及社会和谐》，首都师范大学出版社1999年版。

89．〔美〕艾恺著：《世界范围内的反现代化思潮——论文化守成主义》，贵州人民出版社1999年版。

90．金耀基著：《从传统到现代》，中国人民大学出版社1999年版。

91．王澍白著：《二十世纪中国文化史论》，中国青年出版社1999年版。

92．丰子义著：《现代化进程的矛盾与探求》，北京出版社1999年版。

93．黄鹤主编：《中国传统文化释要》，华南理工大学出版社1999年版。

94．邓球柏著：《中国传统文化与思想政治教育》，首都师范大学出版社1999年版。

95．廉永杰、赵延新主编：《中国传统文化概论》，陕西人民出版社1999年版。

96．田广林主编：《中国传统文化概论》，高等教育出版社1999年版。

97．寿涌主编：《中国传统文化概要》，上海教育出版社1999年版。

98．常兆玉著：《中国传统文化要略》，法律出版社1999年版。

99．梁燕城著：《破晓年代：后现代中国哲学的重构》，东方出版社1999年版。

100．焦国成著：《传统伦理及其现代价值》，教育科学出版社2000年版。

101．马涛著：《儒家传统与现代市场经济》，复旦大学出版社2000年版。

102．田广清著：《和谐论：儒家文明与当代社会》，中国华侨出版社1998年版。

103．唐凯麟、曹刚著：《重释传统：儒家思想的现代价值评估》，华东师范大学出版社2000年版。

104. 于铭松著：《理想与现实：儒家价值观与东亚经济发展》，开明出版社 2000 年版。

105. 傅永聚、任怀国主编：《中国传统文化精要》，西安出版社 2000 年版。

106. 马传松、曾超主编：《中国传统文化与现代化》，重庆大学出版社 2000 年版。

107. 侯样祥编著：《传统与超越：科学与中国传统文化的对话》，江苏人民出版社 2000 年版。

108. 诸斌杰等著：《儒家经典与中国文化》，湖北教育出版社 2000 年版。

109. 朱汉民主编：《中国传统文化导论》，湖南大学出版社 2000 年版。

110. 刘祖云著：《从传统到现代：当代中国社会转型研究》，湖北人民出版社 2000 年版。

111. 马涛著：《儒家传统与现代市场经济》，复旦大学出版社 2000 年版。

112. 陈文章著：《中国哲学思想论文集：传统与现代的对话》，屏东县睿煜出版社 2001 年版。

113. 董平主编：《中国传统文化与现代化》，中国政法大学出版社 2001 年版。

114. 陈来著：《现代中国哲学的追寻——新理学与新心学》，人民出版社 2001 年版。

115. 阎国栋编著：《中国文化概观》，南开大学出版社 2001 年版。

116. 福建省炎黄文化研究会编：《传统文化与思想道德建设》，海峡文艺出版社 2001 年版。

117. 李宗桂著：《中国文化导论》，广东人民出版社 2002 年版。

118. 于语和、王景智、周滨编著：《中国传统文化概论》，天津大学出版社 2002 年版。

119. 申荷永著：《中国文化心理学心要》，人民出版社 2002 年版。

120. 姜林祥著：《儒学价值传统与现代化》，齐鲁书社 2002 年版。

121. 时广东著：《新儒学与现代化》，四川文艺出版社 2002 年版。

122. 孙迎光著：《传承与超越——儒家德育思想与现代学校德育》，人民出版社 2002 年版。

123．吴荣政著：《孙子的智慧与妙用：中国古代军事文献经典研究》，湖南大学出版社 2002 年版。

124．于琨奇、花菊香主编：《现代生活方式与传统文化》，科学出版社 2002 年版。

125．李抗美著：《中国伦理道德》，安徽教育出版社 2003 年版。

126．陈才俊编著：《孙子兵法与为人处世》，兰州大学出版社 2003 年版。

127．陈才俊编著：《孙子兵法与企业管理》，兰州大学出版社 2003 年版。

128．陈才俊编著：《孙子兵法与军事谋略》，兰州大学出版社 2003 年版。

129．任剑涛著：《道德理想主义与伦理中心主义——儒家伦理及其现代处境》，东方出版社 2003 年版。

130．曾昭旭著：《儒家传统与现代生活：论儒学的文化面相》，台北商务印书馆股份有限公司 2003 年版。

131．曹天予主编：《现代化、全球化与中国道路》，社会科学文献出版社 2003 年版。

132．北京大学世界现代化进程研究中心主编：《现代化研究》（第二辑），商务印书馆 2003 年版。

133．潘德荣著：《文字·诠释·传统：中国诠释传统的现代转化》，上海译文出版社 2003 年版。

134．方克立主编：《中国哲学和 21 世纪文明走向》，商务印书馆 2003 年版。

135．方克立主编：《中国传统哲学的现代诠释》，商务印书馆 2003 年版。

136．景海峰著：《中国哲学的现代诠释》，人民出版社 2004 年版。

137．章铮著：《传统与现代化的沉思》，学林出版社 2004 年版。

138．姚伟钧、彭长征主编：《世界主要文化传统概论》，华中师范大学出版社 2004 年版。

139．杨滨章编著：《西方传统文化导论》，东北林业大学出版社 2004

年版。

140. 李禹阶著：《政统与道统：中国传统文化与政治伦理思想研究》，中国文联出版社 2004 年版。

141. 陆承曜主编：《传统文化研究》（第十二辑），群言出版社 2004 年版。

142. 姜林祥、〔美〕薛君度主编：《儒学与社会现代化》，广东教育出版社 2004 年版。

143. 〔美〕艾恺著：《最后的儒家：梁漱溟与中国现代化的两难》，江苏人民出版社 2004 年版。

144. 杜明娥著：《现代化视野中的社会主义：对中国社会主义现代化实践的哲学反思》，红旗出版社 2004 年版。

145. 王虎强著：《孙子兵法与信息化战争》，军事科学出版社 2004 年版。

146. 陈序经著：《中国文化的出路》，中国人民大学出版社 2004 年版。

147. 方克立著：《中国文化概论》（修订版），北京师范大学出版社 2004 年版。

148. 郭建庆编著：《中国文化概述》上海交通大学出版社 2005 年版。

149. 杨先举著：《孙子管理学》，中国人民大学出版社 2005 年版。

150. 李土生著：《中国传统文化散论》，中国社会出版社 2005 年版。

151. 顾伟列著：《中国文化通论》，华东师范大学出版社 2005 年版。

152. 梁国楹主编：《中国传统文化教程》，山东大学出版社 2005 年版。

153. 安徽教育出版社编：《传统文化与现代化——第二届海峡两岸中华传统文化与现代化研讨会论文汇编》，安徽教育出版社 2005 年版。

154. 朱贻庭主编：《儒家文化与和谐社会》，上海学林出版社 2005 年版。

155. 陈江风主编：《中国文化概论》，南京大学出版社 2005 年版。

156. 韦政通著：《中国文化与现代生活（文化要义丛书）》，中国人民大学出版社 2005 年版。

157. 程裕祯著：《中国文化要略》，外语教学与研究出版社 2005 年版。

158. 贾成祥主编：《中国传统文化概论》，人民军医出版社 2005 年版。

159. 孙立平著：《现代化与社会转型》，北京大学出版社 2005 年版。

160. 崔新建、李永鑫、沈湘平主编，中国人学学会编：《人学与现代化：全国第六届人学研讨会论文集》，广西人民出版社 2005 年版。

161. 董四代著：《传统理想与社会主义现代化》，安徽人民出版社 2005 年版。

162. 北京大学世界现代化进程研究中心主编：《现代化研究》（第三辑），商务印书馆 2005 年版。

163. 方同义主编：《中国传统文化概要》，中国文史出版社 2005 年版。

164. 王国炎著：《中国传统文化现代化与马克思主义中国化》，高等教育出版社 2005 年版。

165. 陈昭瑛著：《台湾与传统文化》，台北台湾大学出版中心 2005 年版。

166. 叶启政著：《期待黎明：传统与现代的搓揉》，上海人民出版社 2005 年版。

167. 岳金波著：《为政以德：中国德治传统与现代政治文明》，华文出版社 2005 年版。

168. 张传燧著：《行走于传统与现代之间》，湖南师范大学出版社 2005 年版。

169. 余敦康等著：《中国宗教与中国文化》，中国社会科学出版社 2005 年版。

170. 张岂之主编：《中国传统文化》，高等教育出版社 2005 年版。

171. 杨润根著：《论中国古代文化中的现代化资源》，香港中国文化复兴出版有限公司 2006 年版。

172. 杨剑龙著：《文学与文化：在传统与现代之间》，上海三联书店 2006 年版。

173. 陈来著：《传统与现代：人文主义的视界》，北京大学出版社 2006 年版。

174. 中国叶圣陶研究会编：《和合文化传统与现代化：第三届海峡两岸中华传统文化与现代化研讨会论文集》，人民教育出版社 2006 年版。

175. 仇赛飞、朱巧香编著：《传统文化的现代反思》，汉语大词典出版社 2006 年版。

176. 刘纲纪著：《传统文化、哲学与美学》，武汉大学出版社 2006

年版。

177. 济群著：《佛教与中国传统文化》，上海古籍出版社 2006 年版。

178. 陆承曜主编，苏州市传统文化研究会编：《传统文化研究》（第十四辑），群言出版社 2006 年版。

179. 甘怀真著：《传统与现代的对话：一个史学的观点》，台北"中研院" 2006 年版。

180. 于文杰著：《现代化进程中的人文主义》，重庆出版社 2006 年版。

181. 于桂芝著：《全球化、中国现代化与马克思主义》，浙江大学出版社 2006 年版。

182. 俞思念著：《社会主义现代化与文化创新》，人民出版社 2006 年版。

183. 张巨功主编：《中国现代化建设的理论与实践》，中央文献出版社 2006 年版。

184. 李德伟、陈有禄主编：《东西方现代化发展比较：国际学术研讨会论文集》，中国经济出版社 2006 年版。

185. 许纪霖、陈达凯主编：《中国现代化史》（第一卷），学林出版社 2006 年版。

186. 郑永廷等著：《人的现代化理论与实践》，人民出版社 2006 年版。

187. 云中天编著：《商战中的孙子兵法》，百花洲文艺出版社 2006 年版。

188. 张文儒著：《孙子兵法与企业战略》，华夏出版社 2006 年版。

189. 秦宗仓等主编：《中国传统文化精要与当代军人》，军事科学出版社 2006 年版。

190. 王瑾瑾主编：《中国文化概论》，机械工业出版社 2006 年版。

191. 管仲连等编著：《中国文化与可持续发展》，上海科学普及出版社 2006 年版。

192. 陈剑著：《中国现代化研究》，中国文史出版社 2006 年版。

193. 叶金宝著：《儒家和谐思想的当代价值》，广东人民出版社 2006 年版。

194. 张宏生、钱南秀编：《中国文学：传统与现代的对话》，上海古籍出版社 2007 年版。

195．文化编著：《传统与现代的语境：西北少数民族女性民俗与社会生活》，兰州大学出版社 2007 年版。

196．孙宏典、杜超、张桂枝编著：《中国传统文化导论》，河南人民出版社 2007 年版。

197．张建主编：《中国传统文化》，高等教育出版社 2007 年版。

198．张玉春主编：《古文献与传统文化》，华文出版社 2007 年版。

199．方立天著：《中国佛教与传统文化》，长春出版社 2007 年版。

200．李军、徐宝锋著：《中国传统文化管窥》，河北人民出版社 2007 年版。

201．赵吉惠著：《中国传统文化导论》，江苏教育出版社 2007 年版。

202．陆承曜主编，苏州市传统文化研究会编：《传统文化研究》（第十五辑），群言出版社 2007 年版。

203．韩敬著：《中国古代哲学与传统文化》，北京图书馆出版社 2007 年版。

204．孙猛、吴庆禹、安勇编著：《全球化、现代化与民族精神》，东北林业大学出版社 2007 年版。

205．段治文、钟学敏、詹于虹著：《中国现代化进程》，浙江大学出版社 2007 年版。

206．王德军著：《中国现代化进程中的人与文化》，人民出版社 2007 年版。

207．刘志海编著：《〈孙子兵法〉与经营谋略》，人民邮电出版社 2007 年版。

208．陈昆福、吕强、陈亮著：《孙子兵法与现代商战论》，浙江人民出版社 2007 年版。

209．马银春编著：《读孙子兵法学做人做事》，中国档案出版社 2007 年版。

210．汝企和著：《中华传统文化探幽》，商务印书馆 2008 年版。

211．卫忠海主编：《中国现代化的理论与实践》，四川大学出版社 2008 年版。

212．夏东民著：《现代化原点结构：冲突与转型》，中国社会科学出版社 2008 年版。

213. 江山著:《中国文化的沉思与重建》,台北江山出版社 2008 年版。

214. 严定暹著:《格局决定结局:活用孙子兵法》,上海三联书店 2008 年版。

215. 何君陆、吉雯著:《中华传统文化与和谐社会的构建》,中国经济出版社 2008 年版。

216. 陈鹏生、徐永康主编:《儒家法文化与和谐社会》,吉林人民出版社 2008 年版。

(二) 论文类

1. 马克斯·韦伯著,殷陆军译:《人的现代化》,《青年论坛》1984 年第 1 期。

2. 葛兆光:《传统文化·民族性与改革浪潮——关于中国文化史研究的思考》,《书林》1985 年第 4 期。

3. 张耒:《中国传统文化与现代化断想——访庞朴教授》,《社会科学参考》1985 年第 20 期。

4. 李锦全:《儒家思想与现代化关系的探讨》,《现代哲学》1986 年第 1 期。

5. 冯达文:《中国儒学传统的特质及其在当代改革中的意义》,《现代哲学》1986 年第 1 期。

6. 甘阳:《传统、时间性与未来》,《读书》1986 年第 2 期。

7. 罗荣渠:《现代化理论与历史研究》,《历史研究》1986 年第 3 期。

8. 包遵信:《儒家思想和现代化——新儒家商兑》,《北京社会科学》1986 年第 3 期。

9. 汤一介:《从印度文化的传入看当前中国文化发展》,《理论交流》1986 年第 3 期。

10. 郑晓江等:《对中国传统价值观的思考》,《学术月刊》1986 年第 3 期。

11. 商戈令:《文化与传统》,《复旦学报》1986 年第 3 期。

12. 姜允明:《中国传统哲学中普遍性和现代性问题的试探》,《上海社会科学院学术季刊》1986 年第 3 期。

13. 王和：《传统文化与现代化》，《中国社会科学》1986 年第 3 期。

14. 李侃：《文化现代化的立足点在哪里》，《中国文化报》1986 年 4 月 6 日。

15. 秀旭：《简议我国传统文化心理延缓生产力发展的作用》，《齐鲁学刊》1986 年第 4 期。

16. 邹广文：《东西方文化传统与人的现代化》，《学习与探索》1986 年第 4 期。

17. 许金声：《从"人格三因素论"看中国传统文化与人格》，《学习与探索》1986 年第 4 期。

18. 文韦：《关于中国传统文化的讨论综述》，《宁夏社会科学》1986 年第 4 期。

19. 刘京希：《近年来中国传统文化研究概述》，《文史哲》1986 年第 4 期。

20. 秦瑞基：《中国传统文化框架的哲学分析》，《中州学刊》1986 年第 5 期。

21. 黄克剑：《传统文化的封闭性及其时代特质》，《光明日报》1986 年 5 月 26 日。

22. 张春田：《中国传统文化研究》，《国内哲学动态》1986 年第 5 期。

23. 庞朴：《文化传统与现代社会》，《中国社会科学》1986 年第 5 期。

24. ［德］傅敏怡著：《传统与现代：我对中国文化的一些体认》，《哲学研究》1986 年第 5 期。

25. 刘伟：《中国传统文化与现代化建设》，《社会科学辑刊》1986 年第 6 期。

26. 高旭东：《略论中国文化及其现代命运》，《东岳论丛》1986 年第 6 期。

27. 葛兆光：《寻找传统文化与现代文化的联结——读余英时先生〈从价值系统看中国文化的现代意义〉》，《书林》1986 年第 6 期。

28. 王和：《目前国内学者关于中国传统文化的一些主要观点》，《国内哲学动态》1986 年第 6 期。

29. 张岱年：《中国传统文化的分析》，《理论月刊》1986 年第 7 期。

30. 刘春建：《文化传统与改革》，《国内哲学动态》1986 年第 7 期。

31. 李存山：《中国传统文化与中国现代化》，《人民日报》（海外版）1986 年 8 月 19 日。

32. 王和：《从现实中研究传统文化的作用》，《人民日报》1986 年 8 月 25 日。

33. 贾磊磊：《东西方文化与中国现代化——杭州讲习班综述》，《国内哲学动态》1986 年第 9 期。

34. 包遵信：《现代化和西化——评新儒家"现代化不等于西化"》，《文汇报》1986 年 9 月 23 日。

35. 郑永年等：《中国传统价值观与现代化问题》，《社会科学》1986 年第 9 期。

36. 王蒙：《现代文化与民族传统文化》，《群言》1986 年第 11 期。

37. 黄先海：《也谈中国传统文化与人格——与许金声同志商榷》，《国内哲学动态》1986 年第 11 期。

38. 沈铭贤：《科学文化对传统文化的冲击》，《文汇报》1986 年 12 月 16 日。

39. 王蒙：《现代化与传统文化》，《西藏文学》1986 年第 10—11 期。

40. 黄新亚：《关于传统文化的历史反思》，《社会科学评论》1986 年第 11 期。

41. 陈燮君：《试论文化现代化的途径》，《天津社会科学》1987 年第 1 期。

42. 朱维铮：《传统文化与文化传统》，《复旦学报》1987 年第 1 期。

43. 张岱年：《对中国传统文化的两点看法》，《光明日报》1987 年 1 月 19 日。

44. 李贵仁：《突破传统与虚无主义》，《人民日报》1987 年 1 月 27 日。

45. 董崇山：《同传统文化主体诀别》，《社会学研究》1987 年第 1 期。

46. 汤一介：《略论中国文化发展的前景》，《理论月刊》1987 年第 1 期。

47. 潘建雄：《中国文化的双重性结构及其对近代中国社会的影响》，《社会学研究》1987 年第 3 期。

48. 刘奉光：《中国传统文化向何处去》，《社会科学》1987 年第 3 期。

49. 周溯源：《"全盘西化"论的始作俑者》，《人民日报》1987年3月2日。

50. 钱明：《对中国传统文化的鉴别和选择》，《浙江学刊》1987年第4期。

51. 丁守和：《中国传统文化试论》，《求索》1987年第4期。

52. 林伯野等：《中国传统文化、西方文化与现代化》，《光明日报》1987年5月1日。

53. 朱恪钧：《论科学与传统文化的矛盾关系》，《社会科学》1987年第6期。

54. 吴玉宗等：《当前中国传统文化研究状况述评》，《社会科学》1987年第6期。

55. 黄新亚：《现代化与传统文化》，《人文杂志》1987年第6期。

56. 吴玉宗、王宗礼：《当前中国传统文化研究状况述评》，《社会科学》1987年第6期。

57. ［保］尼·托多洛夫著，陈君明译：《文化传统和文化更新的对话》，《电影艺术》1987年第7期。

58. 黄山：《一九八六年中国传统文化研究概述》，《中国史研究动态》1987年第7期。

59. 司马玉常：《走出"危机"之路》，《人民日报》1987年8月4日。

60. 严捷：《从"三分法"看传统文化的扬弃》，《文汇报》1987年9月22日。

61. 毛丹：《儒学是民主化的内在契机吗?》，《社会科学》1987年第9期。

62. 魏承思：《论中国传统文化的改造》，《社会科学》1987年第10期。

63. 罗荣渠：《建立马克思主义的现代化理论的初步探索》，《中国社会科学》1988年第1期。

64. 田文军：《"中国走向近代的文化历程"学术讨论会综述》，《哲学动态》1988年第1期。

65. 陈秉公：《论中国传统文化的价值与文化战略》，《社会科学辑刊》1988年第2期。

66. 许苏民：《论中国传统文化与现代化的结合部》，《江汉论坛》1988

年第 2 期。

67. 滕复：《传统思想文化评价五论》，《求索》1988 年第 2 期。

68. 顾晓鸣：《对"礼"的文化机制本身的批判》，《复旦学报》1988 年第 3 期。

69. 高旭光：《论传统观念》，《复旦学报》1988 年第 3 期。

70. 羊涤生：《试论文化的综合与创新》，《社会学研究》1988 年第 3 期。

71. 余敦康：《关于传统与现代化的思考》，《南京大学学报》1988 年第 3 期。

72. 张文儒：《改革与传统文化模式的转换》，《晋阳学刊》1988 年第 3 期。

73. 姜义华：《论中国近代化现代化进程中传统文化的双向进动》，《复旦学报》1988 年第 3 期。

74. 俞吾金：《论当代中国文化的内在冲突》，《复旦学报》1988 年第 3 期。

75. 谢遐龄：《论中西文化差异之根与当代中国文化之趋向》，《复旦学报》1988 年第 3 期。

76. 孙晓春：《关于现代化的文化思考》，《社会科学战线》1988 年第 4 期。

77. 默明哲：《研究传统文化，促进现代化建设》，《孔子研究》1988 年第 4 期。

78. 葛雍：《关于传统文化与现代化之间历史接合点的探寻——萧萐父教授访问记》，《天津社会科学》1988 年第 4 期。

79. 林喆：《论传统文化在现代化中生存的可能性》，《云南社会科学》1988 年第 4 期。

80. 杜牧：《试论文化传统》，《社会科学评论》1988 年第 4 期。

81. 段小光：《论西方现代化理论的历史发展》，《南京大学学报》1988 年第 4 期。

82. 林牧：《试论文化传统》，《社会科学评论》1988 年第 4 期。

83. 萧萐父：《传统·儒家·伦理异化》，《江汉论坛》1988 年第 4 期。

84. 牟钟鉴：《对中国传统文化要进行分类研究》，《孔子研究》1988 年第 4 期。

85. 葛荣晋：《虚无主义制服不了中国传统文化》，《孔子研究》1988 年第 4 期。

86. 马振铎：《中国传统文化中的改革思想和改革中的传统文化》，《孔子研究》1988 年第 4 期。

87. 王国轩：《传统文化思想的命运与未来》，《孔子研究》1988 年第 4 期。

88. 邵汉明、王艳坤：《关于中国传统文化的整体反思与超越》，《学习与探索》1988 年第 4 期。

89. 李振亚：《关于中国传统文化和国民性的几点思考》，《南开学报》1988 年第 5 期。

90. 刘再复等：《从传统到现代的转化》，《福建论坛》1988 年第 5 期。

91. 郏斌祥：《科学文化与现代化》，《自然辩证法研究》1988 年第 5 期。

92. 张慧彬：《传统文化与人格及现代人格的自觉建构》，《学术交流》1988 年第 5 期。

93. 张岱年：《儒学与现代化》，《东岳论丛》1988 年第 6 期。

94. 汤一介：《中国新文化的创建》，《读书》1988 年第 7 期。

95. 沈道弘：《传统文化反思三题》，《社会科学》1988 年第 9 期。

96. 李林、廖天亮、陈彦：《文化、传统、现代化——关于文化视角基点的对话》，《人民日报》（海外版）1988 年 10 月 8 日。

97. 郑也夫：《"反传统"之反省》，《中国青年报》1988 年 10 月 28 日。

98. 谢选骏：《传统文化已经终结》，《电视月刊》1988 年第 10 期。

99. 《文坛"黑马"刘晓波》，《解放月报》（香港）1988 年第 12 期。

100. 王晓华：《批判的局限——对近年来传统文化批判思潮的哲学反思》，《中国文化报》1989 年 1 月 25 日。

101. 张慧彬：《传统文化心理与实现初级阶段的根本任务》，《江西社会科学》1989 年第 1 期。

102. 朱双全：《从精神文明的结构看传统文化的困境》，《科学社会主义》1989 年第 1 期。

103. 张立文：《论中国传统文化的知识系统》，《社会科学研究》1989

年第 1 期。

104. 萧萐父：《活水源头何处寻？——关于传统文化与现代化之间历史接合点问题的思考》，《武汉大学学报》1989 年第 1 期。

105. 刘晓波：《但愿香港永远是世界的自由港》，《争鸣》1989 年第 1 期。

106. 张立文：《传统学导论》，《上海社会科学院学术季刊》1989 年第 1 期。

107. 冯天瑜：《对中国文化现代化两种诠释模式的评析》，《天津社会科学》1989 年第 2 期。

108. 方延明：《当代中国传统文化面临六个转变》，《南京大学学报》1989 年第 2 期。

109. 罗荣渠：《从"西化"到现代化——"五四"以来现代化思潮演变的反思》，《人民日报》1989 年 2 月 21、26 日。

110. 梁治平：《传统文化的更新与再生》，《读书》1989 年第 3 期。

111. 张岱年：《传统文化与现代化》，《北京大学学报》1989 年第 3 期。

112. 刘晓波：《当代文学文化精神的指归》，《中国文化报》1989 年 3 月 5 日。

113. 夏甄陶：《〈传统学引论〉——告诉我们什么？——继承传统、超越传统、创造传统》，《人民日报》1989 年 3 月 10 日。

114. 罗荣渠：《传统与现代化问题的理论思索》，《北京大学学报》1989 年第 3 期。

115. 胡守钧：《中国文化：困境与出路》，《复旦学报》1989 年第 3 期。

116. 楼宇烈：《论传统文化》，《北京大学学报》1989 年第 3 期。

117. 袁阳：《论中国传统文化的非整合性及其对现代化的影响》，《社会科学研究》1989 年第 4 期。

118. 丁守和：《传统文化与当代现实》，《教学与研究》1989 年第 4 期。

119. 辛鸣：《儒学与现代化同构阐幽》，《东岳论丛》1989 年第 4 期。

120. 钟克钊：《传统演进的辩证法》，《江海学刊》1989 年第 5 期。

121. 邢兆良：《传统文化结构与墨家科学思想兴衰》，《社会科学》1989 年第 6 期。

122. 来新夏：《论本土传统文化的选择》，《人民日报》1989 年 6 月

26 日。

123．陈志良：《中国文化现代化的错位及其出路》，《学术月刊》1989 年第 7 期。

124．周积明：《论中华传统文化模式的创发》，《学术月刊》1989 年第 7 期。

125．王富仁：《中国传统文化对其它文化系统的封闭性》，《学术月刊》1989 年第 7 期。

126．石达文：《从"狂人"到"黑手"——揭露刘晓波的反动面目》，《人民日报》1989 年 9 月 27 日。

127．张国祚：《略论"反思传统文化"的两个环节——兼评〈河殇〉反思方法之谬》，《中国文化报》1989 年 12 月 20 日。

128．苗润田：《儒家与现代化的中介》，《东岳论丛》1990 年第 2 期。

129．陆正涵：《民族文化虚无主义的误区》，《人文杂志》1990 年第 3 期。

130．程伟礼：《经世致用与当代中国文化矛盾》，《复旦学报》1990 年第 3 期。

131．谢维扬：《文化的历史理论与中国传统文化的历史个性》，《上海社会科学院学术季刊》1990 年第 3 期。

132．李春秋：《中国传统伦理道德文化的沉思》，《社会科学战线》1990 年第 4 期。

133．李伏明：《儒家经济伦理与现代化》，《复旦学报》1990 年第 5 期。

134．罗义俊：《从经济学意义上论儒学与现代化的关系》，《上海社会科学院学术季刊》1991 年第 1 期。

135．傅然：《"彻底"的"反传统"论的"底"》，《武汉大学学报》1991 年第 1 期。

136．陈启智：《中国传统文化的基本格局》，《东岳论丛》1991 年第 2 期。

137．俞吾金：《现在、过去与未来的交汇点：当代中国文化讨论会综述》，《复旦学报》1991 年第 2 期。

138．朱乐尧：《中国文化与中国经济发展的道路与模式取向》，《学习与探索》1991 年第 2 期。

139. 陈卫平：《传统和价值三题》，《天津社会科学》1991 年第 3 期。

140. 王沪宁：《创造性再生：中国传统文化的未来地位》，《复旦学报》1991 年第 3 期。

141. 陈正夫：《传统文化与当代社会》，《江西社会科学》1991 年第 5 期。

142. 何祚榕：《中国传统文化的现代化》，《青海社会科学》1991 年第 5 期。

143. 袁阳：《中国传统文化的非整合性及其对现代化的社会负功能分析》，《社会学研究》1991 年第 6 期。

144. 杜文君：《近年来有关民族文化虚无主义评论述要》，《东北师大学报》1991 年第 6 期。

145. 吴为：《传统与新文化建构》，《学术月刊》1991 年第 7 期。

146. 金景芳：《从儒家文化的渊源说到现代文明》，《吉林大学社会科学学报》1992 年第 1 期。

147. 张岱年：《中国文化与现代化》，《河北大学学报》1992 年第 1 期。

148. 唐明邦：《忧患意识与乐观情怀：〈周易〉思想与 21 世纪》，《贵州社会科学》1992 年第 1 期。

149. 段继业：《对"人的现代化"理论研究的反思》，《社会科学研究》1992 年第 1 期。

150. 衣俊卿：《人的现代化：走出日常生活的世界》，《社会科学研究》1992 年第 1 期。

151. 陈奉林：《儒教伦理与日本现代化》，《外国问题研究》1992 年第 3 期。

152. 杨镜江：《论文化的民族性和时代性的辩证统一》，《北京师范大学学报》1992 年第 4 期。

153. 吴忠民：《有价值的历史遗产与中国的现代化》，《社会科学研究》1992 年第 5 期。

154. 李锦全：《儒家文化与现代化关系问题的探索与思考》，《人文杂志》1992 年第 5 期。

155. 齐振海：《传统文化与现代化》，《哲学研究》1992 年第 6 期。

156. 吴忠民：《试析"现代化"概念》，《福建论坛》1992 年第 7 期。

157．王平：《传统、现代化与人的生存》，《学术月刊》1992 年第 9 期。

158．刘志琴：《兼容与开放：中国文化纳新的传统》，《江汉论坛》1992 年第 10 期。

159．余英时：《现代化与中国传统》，《国外社会科学》1993 年第 1 期。

160．张立文：《论传统机制向现代的转换》，《传统文化与现代化》1993 年第 1 期。

161．徐朔方：《中国的传统文化和国家现代化》，《传统文化与现代化》1993 年第 1 期。

162．冯崇义：《中国传统文化之优长何在?》，《读书》1993 年第 2 期。

163．王询：《儒家文化与经济现代化的启动》，《社会科学战线》1993 年第 2 期。

164．陈爱华：《我国传统认知方式现代化的思考》，《东岳论丛》1993 年第 2 期。

165．郭湛：《中国传统文化的前景：从社会价值取向看 21 世纪中国文化的走向》，《天津社会科学》1993 年第 1 期。

166．天祥：《"中体西用"与传统文化的近代转化》，《天津社会科学》1993 年第 3 期。

167．李启谦：《儒家学说的萌芽和形成》，《齐鲁学刊》1993 年第 3 期。

168．武斌：《解释·选择·转换：走向现代化的传统文化》，《学习与探索》1993 年第 4 期。

169．李宗桂：《简析中国传统文化的当代表现》，《中山大学学报》1993 年第 4 期。

170．张洪武：《中国传统文化与现代化讨论观点综述》，《科学社会主义研究》1993 年第 6 期。

171．杨翰卿：《"抽象继承"与弘扬中国优秀传统文化》，《江汉论坛》1993 年第 6 期。

172．刘志琴：《现代文明对传统文化的选择》，《社会科学》1993 年第 7 期。

173．翟杰全：《科学：中国传统文化现代化的反思》，《社会科学》1993 年第 7 期。

174．王葆玹：《在台北召开的"传统中国文化与未来文化发展"学术研讨会综述》，《哲学研究》1993 年第 7 期。

175. 夏振坤：《中国文化传统与现代化论纲》，《江汉论坛》1994 年第 8 期。

176. 李德顺：《文化传统的认同与改造》，《光明日报》1993 年 9 月 6 日。

177. 王树人：《关于中国传统哲学现代意义的发问》，《哲学动态》1993 年第 11 期。

178. 陈绍国：《论孔子边际平衡的思维方式及其对现代社会的影响》，《晋阳学刊》1994 年第 1 期。

179. 刘蔚华：《传统文化的价值选择》，《中国哲学史》1994 年第 1 期。

180. 曹兵武：《文化之路：从传统看现代》，《传统文化与现代化》1994 年第 1 期。

181. 戴园晨、宋光茂：《对传统文化的"剔"与"踢"》，《哲学研究》1994 年第 3 期。

182. 冯之浚：《中国传统文化对后现代化社会的馈赠》，《学术月刊》1994 年第 3 期。

183. 陈筠泉等：《"中国传统文化与经济社会发展"（笔谈）》，《哲学研究》1994 年第 4 期。

184. 彭立荣：《论儒文化与中国社会现代化》，《中国文化研究》1994 年第 4 期。

185. 衣俊卿：《"内在创造性转化"还是"外在批评性重建"：关于中国传统文化转型的宏观考察》，《天津社会科学》1994 年第 4 期。

186. 毛德明：《民族传统文化的两重性及创造性转化》，《晋阳学刊》1994 年第 4 期。

187. 崔永东：《传统文化与市场经济》，《传统文化与现代化》1994 年第 5 期。

188. 郭洪纪：《儒家的华夏中心观与文化民族主义滥觞》，《河北学刊》1994 年第 5 期。

189. 马来平：《"中国传统文化与 21 世纪"学术研讨会综述》，《文史哲》1994 年第 6 期。

190. 郑群：《关于民族文化素质与现代化的思考》，《光明日报》1994

年 10 月 23 日。

191．肖四如：《市场经济与中国文化》，《江西社会科学》1994 年第 10 期。

192．赵家祥：《试论中国古代的"天人关系"思想及其理论价值和现实意义》，《江汉论坛》1994 年第 11 期。

193．刘军宁：《传统文化能否再写辉煌：部分老中青年学者解析"国学热"》，《人民日报》1994 年 12 月 6 日。

194．庞朴、刘军宁：《传统文化能否再写辉煌》，《人民日报》1994 年 12 月 27 日。

195．孔庆榕：《民族文化素质与现代化会议综述》，《哲学动态》1994 年第 12 期。

196．朱铁志、孙珉：《传统文化和现代化：访北京大学哲学系主任叶朗教授》，《求是》1994 年第 18 期。

197．蔺子荣、王益民：《中国传统文化与东方理论型市场经济》，《中国社会科学》1995 年第 1 期。

198．默成章：《研究传统文化，促进现代化建设》，《孔子研究》1995 年第 1 期。

199．周继旨：《如何看待儒学的未来发展》，《传统文化与现代化》1995 年第 1 期。

200．杨玉珍：《儒家思想与现代化的文化动因》，《东岳论丛》1995 年第 1 期。

201．张岱年：《中国传统哲学的继承与改造》，《传统文化与现代化》1995 年第 2 期。

202．陈启智：《儒佛关系及其对现代文化建设的启示》，《文史哲》1995 年第 2 期。

203．任剑涛：《传统伦理与现代社会：论中国传统伦理文化的当代处境》，《中州学刊》1995 年第 2 期。

204．翟杰全：《传统文化·科学·现代化：对中国传统文化现代化的一种反思》，《中国文化研究》1995 年第 2 期。

205．张庆熊：《中国传统哲学的和谐观念与现代化》，《学术月刊》1995 年第 3 期。

206. 苏双碧：《关于传统文化的几点思考》，《光明日报》1995 年 3 月 27 日。

207. 蔡尚思：《中国的现代化与全球化：读三篇有关文化的大文章有同感》，《江海学刊》1995 年第 3 期。

208. 侯样祥：《儒学与现代化：杨向奎先生访谈录》，《文史哲》1995 年第 3 期。

209. 胡子宗：《〈论语〉辩证法与现代文明》，《孔子研究》1995 年第 4 期。

210. 孙琰：《"中国传统文化研究现状"学术讨论会观点综述》，《孔子研究》1995 年第 4 期。

211. 郭齐勇：《儒学的生死关怀及其当代意义》，《社会科学战线》1995 年第 4 期。

212. 葛荣晋：《道家的生态智慧与环境保护》，《传统文化与现代化》1995 年第 4 期。

213. 葛荣晋：《儒家"天人合德"观念与现代生态伦理学》，《甘肃社会科学》1995 年第 5 期。

214. 张岂之：《关于传统文化研究的几点建议》，《人民日报》1995 年 5 月 24 日。

215. 曲冠杰：《任继愈、林甘泉、罗哲文等专家学者谈：如何弘扬优秀传统文化》，《光明日报》1995 年 5 月 14 日。

216. 强乃舍：《传统文化与现实关系研究概况》，《哲学动态》1995 年第 7 期。

217. 杨耕：《传统与现代性：当代中国社会发展的深层矛盾》，《哲学动态》1995 年第 10 期。

218. 张岂之：《科学地对待传统文化》，《求是》1995 年第 11 期。

219. 敏泽：《关于"古为今用"的问题》，《人民日报》1995 年 10 月 17 日。

220. 鲁鹏、臧旭恒：《关于中国传统文化与现代经济发展的几点思考》，《哲学研究》1995 年第 10 期。

221. 卿希泰：《道教与我国当前伦理道德的建设问题：论道教研究的现实意义》，《宗教学研究》1996 年第 1 期。

222．干春松：《"传统文化与现代化"座谈会侧记》，《哲学动态》1996年第1期。

223．盖建民：《道教房中术的性医学思想及现代价值》，《宗教学研究》1996年第1期。

224．刘周堂：《儒学的当代透视与未来展望》，《孔子研究》1996年第1期。

225．赵吉惠：《论儒学前景与21世纪人类文化走向》，《中国文化研究》1996年第1期。

226．杨玉珍：《儒家思想与现代化的文化动因》，《中国文化研究》1996年第1期。

227．何中华：《"现代化"观念与西方文化传统》，《学习与探索》1996年第1期。

228．苗润田：《论儒家"良知"学说的历史价值及现代意义》，《中国哲学史》1996年第1期。

229．汪前元：《中国传统文化与市场经济运行秩序》，《中国哲学史》1996年第1、2期。

230．田光辉：《论儒学的价值与中国社会的发展》，《贵州社会科学》1996年第2期。

231．洪煜：《儒学与现代化国际学术研讨会综述》，《史学月刊》1996年第2期。

232．戢斗勇：《中华民族德力并重的传统与市场经济》，《求索》1996年第2期。

233．刘开会：《从解释学看中国传统文化与现代化》，《甘肃社会科学》1996年第2期。

234．姚伟钧：《〈周易〉与当代企业管理》，《周易研究》1996年第3期。

235．杨庆中：《先秦儒学的开展与中国文化的历史命运》，《中国哲学史》1996年第3期。

236．赵吉惠：《道家文化与中国社会的现代转型》，《河北学刊》1996年第3期。

237．冯雪芹、卢新德：《简论儒学的现代价值》，《社会科学战线》

1996 年第 3 期。

238. 杨明：《儒家伦理与经济发展》，《中国哲学史》1996 年第 4 期。

239. 王慎之：《传统文化的现代超越》，《学习与探索》1996 年第 4 期。

240. 包也和：《传统概念探析》，《哲学动态》1996 年第 4 期。

241. 黄楠森：《建设中国现代化文化的几个理论问题》，《高校理论战线》1996 年第 4 期。

242. 王凤娟：《市场经济与传统文化》，《甘肃社会科学》1996 年第 4 期。

243. 吴忠民：《孔子的世俗化思想与中国的现代化》，《孔子研究》1996 年第 4 期。

244. 朱德生：《传统辨》，《北京大学学报》1996 年第 5 期。

245. 李凭：《传统与现实》，《晋阳学刊》1996 年第 5 期。

246. 马宝珠整理：《从历史走向未来："中华经典与现代文化建设"学术研讨会纪要》，《光明日报》1996 年 6 月 4 日。

247. 李德顺：《传统文化与哲学批判》，《江海学刊》1996 年第 6 期。

248. 吕明灼：《科学地评价儒学的作用》，《人民日报》1996 年 7 月 27 日。

249. 李成贵：《变革与延续：对文化传统的再思和再识》，《社会科学》1996 年第 8 期。

250. 朱高正：《从重建"文化主体意识"析论传统与现代化的关系：读林毓生先生〈创造性转化的再思与再认〉有感》，《学术月刊》1996 年第 9 期。

251. 胡欣、刘国昌：《传统文化与现代文明：〈东方思想与社会发展〉国际学术讨论会观点综述》，《人民日报》1996 年 10 月 26 日。

252. 林宏星：《哲学"极权"的消解与儒家哲学的未来》，《复旦学报》1997 年第 1 期。

253. 李翔海：《儒家伦理与东亚现代化》，《中州学刊》1997 年第 1 期。

254. 张风雷：《"儒学与中国文化现代化"学术研讨会综述》，《中国人民大学学报》1997 年第 1 期。

255. 姜林祥：《儒家的"天人合一"思想与可持续发展战略》，《齐鲁学刊》1997 年第 2 期。

256．陈先达：《中国传统文化的当代价值》，《中国社会科学》1997 年第 2 期。

257．冯天瑜：《中国文化现代转型随想》，《天津社会科学》1997 年第 2 期。

258．裘汉康：《香港学者对中国传统文化的研究与传播》，《中山大学学报》1997 年第 3 期。

259．吴光：《充分认识传统文化与文化力对社会现代化的推动作用》，《浙江学刊》1997 年第 3 期。

260．黄少华：《路漫漫其修远兮，吾将上下而求索——第三次中国传统文化与现代化学术研讨会记略》，《科学·经济·社会》1997 年第 4 期。

261．张岱年：《论五伦与五常：传统伦理的改造与更新》，《传统文化与现代化》1997 年第 4 期。

262．陈晓明：《回归传统与文化民族主义的兴起》，《天津社会科学》1997 年第 4 期。

263．李效增：《胡适的中国传统文化观》，《齐鲁学刊》1997 年第 4 期。

264．文灼非：《知识分子苦思中国现代化出路：记中国传统文化与现代化学术研讨会》，《科学·经济·社会》1997 年第 4 期。

265．王富仁：《中国传统文化与现代社会》（下），《文艺争鸣》1997 年第 4 期。

266．张岱年、王东：《中华文明的现代复兴和综合创新》，《教学与研究》1997 年第 5 期。

267．吴根友：《"传统文化与现代化：兼评大孔子学说"学术研讨会综述》，《武汉大学学报》1997 年第 6 期。

268．瞿林东：《全面认识传统文化》，《中国文化报》1997 年 8 月 7 日。

269．王彦民：《传统文化与现代化的关系》，《中国文化报》1997 年 8 月 7 日。

270．陈传才：《人文精神与科学精神：关于传统文化与现代化关系的一点思考》，《中国文化报》1997 年 8 月 9 日。

271．邢建昌：《雅与俗：传统与现代的变奏》，《中国人民大学学报》1998 年第 1 期。

272．汤一介：《"太和"观念对当今人类社会可有之贡献》，《中国哲学史》1998 年第 1 期。

273．孔令宏：《道家、道教思维方式与生态型可持续发展》，《贵州社会科学》1998 年第 2 期。

274．陈增辉：《孔子"和而不同"思想与 21 世纪世界文明》，《中州学刊》1998 年第 2 期。

275．张福贵：《关于"中国特色"的现代化理解》，《文艺争鸣》1998 年第 2 期。

276．刘蔚华：《儒学，传统文化与现代文明》，《孔子研究》1998 年第 3 期。

277．石硐：《追寻传统文化与现代化的合理关系：第五次中国传统文化与现代化学术研讨会综述》，《科学·经济·社会》1998 年第 3 期。

278．成复旺：《中国传统文化与后现代》，《人文杂志》1998 年第 4 期。

279．窦宗仪：《现代化与中国传统文化之管见》，《人文杂志》1998 年第 4 期。

280．袁济喜：《文化保守主义：世纪之交中国文化的重新选择》，《人文杂志》1998 年第 4 期。

281．张显清：《略论中国传统文化的整体观》，《光明日报》1999 年 4 月 2 日。

282．韩震：《历史传统是民族文化现代化的起点》，《广东社会科学》1998 年第 4 期。

283．张法：《对传统文化与现代化讨论提一点问题》，《人文杂志》1998 年第 4 期。

284．李钢：《传统文化现代化的代价省思》，《学习与探索》1998 年第 4 期。

285．房德邻：《正确估价传统文化在现代化中的作用》，《人文杂志》1998 年第 4 期。

286．郑万耕：《易学与现代管理的几个问题》，《孔子研究》1998 年第 4 期。

287．李志军：《偏见与理解：文化传统与现代化之解释》，《传统文化与现代化》1998 年第 4 期。

288．肖雪慧：《传统文化与当代道德建设的关系》，《光明日报》1998

年 5 月 8 日。

289. 耿云志:《论传统》,《传统文化与现代化》1998 年第 5 期。

290. 黄晓众:《论儒家生态伦理观及其现实意义》,《贵州社会科学》1998 年第 5 期。

291. 康永超:《儒家伦理与基础道德建设》,《中州学刊》1998 年第 5 期。

292. 王文胜、马跃如:《老子〈道德经〉的经济思想及其现实意义》,《求索》1998 年第 5 期。

293. 汪连天:《中国传统文化对现代化的影响浅析》,《江汉论坛》1998 年第 6 期。

294. 张岱年:《谈谈中国传统文化》,《人民日报》1998 年 7 月 24 日。

295. 何成轩:《"中越传统文化与现代化"学术研讨会综述》,《哲学研究》1998 年第 7 期。

296. 杨翰卿、李保林:《论中国传统文化的当代转换》,《中国社会科学》1999 年第 1 期。

297. 吴忠海:《从"天人合一"看中国传统文化的价值取向》,《齐鲁学刊》1999 年第 2 期。

298. 韩震:《民族传统与文化创新之我见》,《江海学刊》1999 年第 2 期。

299. 高增杰:《儒学在二十一世纪的历史使命:论儒学关于人类与自然和谐的思想》,《齐鲁学刊》1999 年第 2 期。

300. 龚书铎:《关于传统文化的几点思考》,《福建论坛》1999 年第 3 期。

301. 汤一介:《中国文化对 21 世纪人类社会可有之贡献》,《文艺研究》1999 年第 3 期。

302. 尹保云:《现代化与传统伦理的角色变化》,《学术月刊》1999 年第 4 期。

303. 罗国杰:《中国传统文化应当"寿终正寝"吗?》,《新视野》1999 年第 4 期。

304. 卫庶:《理解传统,超越传统:访著名学者张岱年》,《人民日报》1999 年 5 月 22 日。

305．萧鸿江：《论传统文化现代转换的出路》，《社会科学辑刊》1999年第6期。

306．何显明：《传统文化创造性转化的社会实践基础》，《哲学研究》1999年第7期。

307．丁守和：《关于传统文化与文化传统的思考》，《光明日报》1999年10月29日。

308．陈圣钢：《试论中华文化对中国现代化的重要影响》，《江西社会科学》1999年第12期。

309．唐凯麟、罗能生：《冲突、契合、互补优化：论儒家伦理与现代市场经济》，《孔子研究》2000年第2期。

310．杜艳华：《从"新民"到"四有新人"之塑造看儒学在中国文化重构中的作用》，《吉林大学社会科学学报》2000年第3期。

311．宣宇才：《传统文化是现代化的宝贵思想资源：访北京大学教授楼宇烈》，《人民日报》2000年4月27日。

312．陈来：《世纪之交话传统》，《人民论坛》2000年第1期。

313．史康健：《论中国传统文化与现代化》，《广东教育学院学报》2000年第1期。

314．黄南珊：《传统大一统思想、权力意识对现代中国统制经济体制的影响——文化传统与现代化关系研究组论之二》，《中州学刊》2000年第1期。

315．徐水生：《在传统文化与现代化之间的深思——读王家骅著〈儒家思想与日本的现代化〉》，《武汉大学学报》2000年第2期。

316．闫红燕：《儒学与中国的现代化》，《理论观察》2000年第2期。

317．朱葆伟：《第二届"越中传统文化与现代化"研讨会在河内召开》，《哲学研究》2000年第2期。

318．李晓男、郑维东：《论儒家传统与现代化》，《辽宁教育学院学报》2000年第3期。

319．洪晓楠：《儒家思想与现代化——论刘述先的文化哲学思想》，《大连理工大学学报》2000年第3期。

320．于海君：《论日本近代化中的价值观念转变》，《东疆学刊》2000年第3期。

321．崔月琴：《当代文化思潮的主题及发展取向》，《齐鲁学刊》2000年第 3 期。

322．高峰、黄波：《时代的命题　现实的抉择——西藏传统文化与现代化学术观点述评》，《西藏民族学院学报》2000年第 3 期。

323．曹德本：《和谐文化模式论》，《清华大学学报》2000年第 3 期。

324．丁素、李保林：《再论中国传统文化与当代中国实际相结合》，《中州学刊》2000年第 4 期。

325．洪晓楠：《批判继承　综合创新——论方克立先生的文化哲学思想》，《大连理工大学学报》2000年第 4 期。

326．夏志前：《道德与政治之间——古典儒学的德治思想及其历史境遇》，《学海》2000年第 4 期。

327．萧家成：《传统文化与现代化的新视角：酒文化研究》，《云南社会科学》2000年第 5 期。

328．李德顺：《中国传统文化的优势和劣势——关于文化的一点再思考》，《东南学术》2000年第 6 期。

329．孙燕：《中国社会文化传统与现代社会制度框架》，《社会科学辑刊》2000年第 6 期。

330．王丽霞、杨岚：《浅析中国内生式现代化可能性破产的原由》，《内蒙古大学学报》2000年第 6 期。

331．颜勇：《民族文化视野中的西部开发——西部大开发与贵州民族文化研讨会侧记》，《贵州民族研究》，2000年第 S1 期。

332．王学泰：《传统与小传统》，《社会科学论坛》2000年第 8 期。

333．郭崇林：《充分重视地方、民族文化的发掘、保护与"再生产"》，《民间文化》2000年第 8 期。

334．陈廷湘：《20 年文化讨论的反观与思考》，《西南民族学院学报》2001年第 1 期。

335．蔡若莲：《"文化中国"的理念与实践——析中国文化的现代化与世界化》，《河北师范大学学报》2001年第 1 期。

336．王月清：《佛教伦理与和谐社会》，《江海学刊》2008年第 4 期。

337．宋东亮、朱宝信：《儒家文化与东亚：论定位中国传统文化的三个原则》，《理论与改革》2001年第 2 期。

338. 闫露：《简论中国传统文化与教育现代化的若干问题》，《牡丹江师范学院学报》2001 年第 2 期。

339. 李中：《中国文化传统与现代化——兼论中国的专制主义》，《太平洋学报》2001 年第 3 期。

340. 张远帆：《中日现代化本土资源初探》，《江苏教育学院学报》2001 年第 3 期。

341. 金元浦：《开创中国文化产业发展的新纪元》，《文艺研究》2001 年第 4 期。

342. 张海明：《全球化时代的中国传统文化》，《文艺研究》2001 年第 4 期。

343. 费孝通：《西部开发中的文化资源问题》，《文艺研究》2001 年第 4 期。

344. 王勤：《现代化、全球化与文化自觉——对传统日常生活的双重批判及其思考》，《求是学刊》2001 年第 6 期。

345. 魏文想：《经济全球化背景下的传统文化定位》，《学习月刊》2001 年第 8 期。

346. 韩红：《历史转型期的文化转向——中西文化历史走向的省察与忧思》，《求实》2001 年第 10 期。

347. 杨翰卿：《儒学与现代东亚价值观》，《中州学刊》2002 年第 1 期。

348. 张新民：《儒学的人格化与人格化的儒学》，《安徽大学学报》2002 年第 1 期。

349. 李锦全：《"全球化"与老子思想的当今价值》，《现代哲学》2002 年第 2 期。

350. 张禹东：《关于东南亚华侨华人宗教文化与现代化问题的理论思考》，《华侨大学学报》2002 年第 3 期。

351. 闵仕君：《现代追求与传统情结——牟宗三对中国传统文化的解读》，《贵州师范大学学报》2002 年第 4 期。

352. 黄苹、李富强：《开发和利用民族文化资源　发展民族乡村经济——关于"民族传统文化与现代化"的对话》，《广西民族研究》2002 年第 4 期。

353. 刘亮红：《元典主义与中国近代文化转型》，《湘潭大学社会科学学报》2002 年第 S1 期。

354．高炜、吴艳：《谈传统文化中的消极因素》，《前沿》2002 年第 9 期。

355．李菊霞：《全球化背景下中华传统文化的处境》，《内蒙古民族大学学报》2002 年第 6 期。

356．宿光平：《中国传统哲学遗产与现代化》，《河北师范大学学报》2003 年第 1 期。

357．吴建雍：《历史文化名城保护与国际化大都市发展战略》，《北京社会科学》2003 年第 1 期。

358．姚伟钧、李勤合：《全球化背景下的中国文化走向》，《华中师范大学学报》2003 年第 1 期。

359．张国茹：《党的三代领导人与中国传统文化》，《延安大学学报》2003 年第 2 期。

360．孔令慧：《传统家训与构建中国特色现代家训文化》，《山西师大学报》2003 年第 2 期。

361．朱春花：《现代人的培养与传统文化》，《徐州教育学院学报》2003 年第 2 期。

362．袁慧玲：《关于中国传统文化与现代化几个问题的思考》，《江西农业大学学报》2003 年第 2 期。

363．乌恩溥：《中国现代化挑战儒学现代化》，《社会科学战线》2003 年第 2 期。

364．王丰敏、王少艳：《谈传统文化与现代化建设中的先进文化》，《佳木斯大学社会科学学报》2003 年第 3 期。

365．钱逊：《关于传统文化的两个问题》，《北京青年政治学院学报》2003 年第 3 期。

366．夏振坤：《中国文化现代化刍议》，《中华文化论坛》2003 年第 3 期。

367．徐圻：《现代化发展与中国传统文化》，《贵州财经学院学报》2003 年第 5 期。

368．苏全有：《从自是到崇洋：近代国人社会文化心态的转型》，《河南师范大学学报》2003 年第 6 期。

369. 冯华：《中国传统文化为什么没有孕育出现代化——兼评马涛博士新作〈走出中世纪的曙光〉》，《世界经济文汇》2003 年第 6 期。

370. 许菁菁：《浅析"天人合一"——关于知识背景转化的问题》，《淮南师范学院学报》2003 年第 6 期。

371. 杜维明、汪杰贵：《儒家传统的现代转化》，《浙江大学学报》2004 年第 2 期。

372. 王有德、王龙光：《传统文化与现代化之关系研究》，《新疆师范大学学报》2004 年第 2 期。

373. 连连：《文化现代化的困境与地方性知识的实践》，《学海》2004 年第 3 期。

374. 张洁云：《文化全球化与中国文化的新发展》，《宁夏党校学报》2004 年第 3 期。

375. 刘延刚：《陈撄宁仙学思想的现代性特点》，《社会科学研究》2004 年第 3 期。

376. 刘静：《论现代性和中国传统道德文化的异质冲突》，《浙江师范大学学报》2004 年第 4 期。

377. 杨枫：《论中国传统文化对于稳定民族关系的积极作用》，《贵州民族学院学报》2004 年第 4 期。

378. 吴新颖、龙献忠：《英国传统文化对现代化进程的影响》，《江淮论坛》2004 年第 5 期。

379. 郑慧：《民本：传承与超越》，《华中师范大学学报》2004 年第 5 期。

380. 吴容、张放：《困境与出路：在中国传统文化与民主法治之间》，《西华大学学报》2004 年第 6 期。

381. 许嘉璐：《传承和发展中华传统文化》，《统一论坛》2004 年第 6 期。

382. 谢菊兰：《传统民族文化与现代化的"和合"》，《社科纵横》2004 年第 6 期。

383. 任洁：《关于全球化视野下人类文化生存转向的几点反思》，《理论学刊》2004 年第 10 期。

384. 刘景良：《现代化意识形态与中国传统文化冲突和互补》，《求索》

2004 年第 11 期。

385．江淮、宗麟：《要守住中华民族传统文化的根——大陆、台湾、香港学者谈中华民族传统文化与现代化》，《民主》2004 年第 12 期。

386．王埃亮：《文化全球化与中国传统文化的抉择》，《理论探讨》2005 年第 1 期。

387．邓达：《跨文化伦理冲突与适应——以彝族的现代化嬗变为例》，《西南民族大学学报》2005 年第 1 期。

388．郑丽莉：《文化全球化语境下的文化整合与民族文化创新》，《内蒙古大学学报》2005 年第 1 期。

389．胡邦炜：《现代化·西方化·本土化——对亨廷顿〈文明的冲突〉中一个观点的解读》，《四川行政学院学报》2005 年第 1 期。

390．周家洪：《论传统文化对科学技术的负面影响》，《武汉科技大学学报》2005 年第 1 期。

391．郑大华：《中国文化保守主义思潮的历史考察》，《求索》2005 年第 1 期。

392．夏振坤、唐龙：《论传统文化与中国的现代化》，《中华文化论坛》2005 年第 2 期。

393．周桂钿：《儒家思想现代化与社会主义新文化建设》，《甘肃社会科学》2005 年第 2 期。

394．牟艳娟：《中国传统文化的现代解读》，《经济与社会发展》2005 年第 2 期。

395．罗晓明：《关于中国传统文化的现代化问题》，《贵州大学学报》2005 年第 2 期。

396．李佑新：《现代性问题与中国现代性的建构》，《北京大学学报》2005 年第 2 期。

397．周三胜：《辩证理解中国文化现代化的内涵》，《理论与现代化》2005 年第 3 期。

398．苏菡丽、刘小刚：《论中国传统文化的现代化之路——对马克斯·韦伯文化观的解读》，《经济与社会发展》2005 年第 3 期。

399．俞思念：《传统文化与中国社会主义现代化论纲》，《社会主义研究》2005 年第 5 期。

400．洪波：《现代视野下的普遍伦理学之争——试评郭齐勇、丁为祥〈也谈本相与角色〉》，《中国哲学史》2005 年第 1 期。

401．沈再新：《论土家族传统文化的现代化》，《中南民族大学学报》2005 年第 S1 期。

402．张静、周三胜：《中国文化现代化的特征》，《社会科学》2005 年第 10 期。

403．熊黎明：《现代化进程中的云南民族文化变迁》，《云南行政学院学报》2006 年第 1 期。

404．陈化育：《文化整合与青藏高原教育现代化》，《青海师范大学民族师范学院学报》2006 年第 1 期。

405．肖祥敏、张多来：《中国传统文化与邓小平小康社会思想》，《船山学刊》2006 年第 1 期。

406．刘绪义：《论先秦诸子对“社会和谐”的探索及其现代启示》，《北方论丛》2006 年第 1 期。

407．王咏梅：《试论全球化语境下民族文化的生存与发展之道》，《内蒙古民族大学学报》2006 年第 2 期。

408．李成、张晓杰、于文海：《传统文化在高校文化素质教育中的功能》，《文化学刊》2006 年第 2 期。

409．王杰：《中国传统文化研究中的几个问题》，《北京青年政治学院学报》2006 年第 2 期。

410．沈骊天：《中国传统文化的当代革命》，《湖北大学学报》2006 年第 2 期。

411．陈始发：《近十年来我国学术界关于文化现代化的研究述评》，《理论学刊》2006 年第 2 期。

412．陈凡、朱春艳、胡振亚：《论技术、时间、文化的全球性与地方民族性》，《东北大学学报》2006 年第 3 期。

413．王杰：《传统文化中的主体价值及其现代转换》，《中共中央党校学报》2006 年第 3 期。

414．王蔚、陈燕锋：《现代化进程中的传统文化》，《河北理工大学学报》2006 年第 3 期。

415．石冬明：《传统社会结构与中国早期现代化的延误》，《齐齐哈尔大学学报》2006 年第 3 期。

416．陈婧：《现代化视野下少数民族非物质文化遗产的传承》，《河北学刊》2006 年第 3 期。

417．徐培晨：《关于中国画继承传统与创新的思考》，《艺术百家》2006 年第 3 期。

418．俞可平：《现代化和全球化双重变奏下的中国文化发展逻辑》，《学术月刊》2006 年第 4 期。

419．贾澜：《中国传统文化价值体系的结构分析》，《理论月刊》2006 年第 5 期。

420．王静涛：《文化与帝国主义：冲突耶？融合耶？——读〈文化与帝国主义〉而想到的儒学现代化问题》，《山西高等学校社会科学学报》2006 年第 5 期。

421．刘德龙：《科学继承传统文化的方法原则与渠道对策》，《齐鲁学刊》2006 年第 6 期。

422．殷有敢：《论中国传统环境文化的民族性及其现代化创生》，《理论导刊》2006 年第 7 期。

423．沈雪容：《伦理维度——行政改革对传统的继承和超越》，《前沿》2006 年第 8 期。

424．长北：《传统文化与民族振兴》，《装饰》2006 年第 9 期。

425．朱贻庭：《文化其"神"与其"形"——以儒家文化为例探讨发挥传统文化现代生命力的方法》，《毛泽东邓小平理论研究》2006 年第 10 期。

426．宋银桂：《中国传统文化中的道德理性分析》，《求索》2006 年第 10 期。

427．张玲丽：《试论中国传统文化的物质和社会基础》，《理论界》2006 年第 11 期。

428．李川国、谭志哲、张俊平：《中国和谐传统文化与现代和谐社会的建构》，《理论月刊》2006 年第 12 期。

429．于宏、长青：《论传统文化与现代设计的结合》，《内蒙古民族大学学报》2007 年第 1 期。

430．于志平、陈立明：《齐鲁文化及其现代价值》，《中央社会主义学院学报》2007 年第 1 期。

431. 赵志颖：《谈民族文化资源开发中的市场价值与审美价值的关系——以贵州部分民族村镇的个案为例》，《贵州民族研究》2007 年第 2 期。

432. 安启念：《现代化视阈中的俄罗斯文化》，《浙江学刊》2007 年第 3 期。

433. 王晓梅、贾英健：《当代视域中的文化传统与中国传统文化的价值审视》，《山东社会科学》2007 年第 3 期。

434. 徐亚军：《中国传统文化与构建社会主义和谐社会》，《中共太原市委党校学报》2007 年第 3 期。

435. 王巧慧、赵俊功：《中国哲学中的后现代生态意蕴》，《时代文学》（理论学术版）2007 年第 4 期。

436. 李秋梅：《传统文化与当代青少年健全人格的培育》，《青海民族学院学报》2007 年第 4 期。

437. 高畅：《中国传统和谐思想的现代意蕴》，《贵州工业大学学报》2007 年第 5 期。

438. 杨志：《论北京创意文化产业与传统文化的良性互动》，《北京师范大学学报》2007 年第 6 期。

439. 彭定安：《论中华文化从传统向现代的转换》，《理论参考》2007 年第 11 期。

440. 季羡林：《传统文化与现代化》，《理论参考》2007 年第 11 期。

441. 丁春华：《现代化背景下的文化研究》，《兰州学刊》2007 年第 5 期。

442. 邹广文：《文化前行：在传统与现代之间》，《求是学刊》2007 年第 6 期。

443. 宋琰：《试论传统文化向现代文化的转型》，《宁夏党校学报》2007 年第 6 期。

444. 李鸣、王爱娟：《论当代中国文化矛盾与价值体系重建——兼论世界历史眼光下的中国价值体系重建》，《求实》2007 年第 7 期。

445. 董四代：《社会主义和谐社会命题下的传统文化与现代化》，《学习论坛》2007 年第 7 期。

446. 卢杰、许慧珍、徐洪军：《试论外来文化、本土文化与传统文化现代化》,《艺术与设计》2007 年第 9 期。

447．田长飞：《第一次鸦片战争与中国传统学术文化的变迁》,《天府新论》2007 年第 S1 期。

448．何中华、刘长飞：《中国传统文化在现代化进程中的历史命运》,《理论参考》2007 年第 11 期。

449．罗晓明：《关于中国传统文化的现代化问题》,《理论参考》2007 年第 11 期。

450．董四代：《中华文化视角下的社会主义现代化》,《理论参考》2007 年第 11 期。

451．阳敏：《儒学与构建中国现代性——专访哈佛大学燕京学社社长杜维明》,《南风窗》2007 年第 17 期。

452．汪德平：《吸收传统文化精华　培育现代企业精神》,《学习月刊》2007 年第 20 期。

453．张敏：《和谐世界理论的中国文化意蕴》,《理论月刊》2008 年第 1 期。

454．李宗桂：《现代化之旅的传统文化反思》,《西南民族大学学报》2008 年第 1 期。

455．刘德龙：《再论科学继承传统文化的指导原则与渠道对策》,《山东社会科学》2008 年第 1 期。

456．李怡、张敏：《"中心"与"外围"：文化意义的生成与生长——以北京文化与巴蜀文化的比较为例》,《北京师范大学学报》2008 年第 2 期。

457．切排、杨燕霞：《浅谈现代化背景下的藏传佛教世俗化问题》,《西藏民族学院学报》2008 年第 2 期。

458．陈泠霏：《维吾尔族传统文化的现代化转型与文化整合》,《产业与科技论坛》2008 年第 3 期。

459．赵亚珉：《中西文化现代化进程比较与影响》,《海南师范大学学报》2008 年第 3 期。

460．王文兵、李金齐：《论中国传统文化的现代处境》,《长春市委党校学报》2008 年第 3 期。

461．安乐哲：《中国传统文化的当代意义》,《马克思主义与现实》2008 年第 4 期。

462．涂可国：《试论中国传统文化现代化的基本方法》，《浙江工商大学学报》2008 年第 4 期。

463．焦金波：《先秦儒家伦理精神的现代价值之考量》，《道德与文明》2008 年第 4 期。

464．刘卉：《源远流长：从国学热透视传统文化与现代化的关系》，《科技资讯》2008 年第 5 期。

465．黄向阳：《中国传统文化现代化的动力基础》，《广西社会科学》2008 年第 5 期。

466．赵一红：《社会发展中的文化力与传统文化》，《中国地方志》2008 年第 6 期。

467．杨文革：《传统文化观的局限性与文化的多元化及融合》，《广西社会科学》2008 年第 7 期。

468．李会平：《传统文化在构建和谐社会中的作用》，《兰州学刊》2008 年第 8 期。

469．王永华：《弘扬传统文化精华　建设当代和谐文化》，《求实》2008 年第 8 期。

470．黄向阳：《传统文化的自我超越与现代化转换》，《求索》2008 年第 8 期。

471．邱翊：《中华传统文化二三论》，《河北师范大学学报》2008 年第 8 期。

472．王庆华、李江发：《现代宪政文化与中国传统文化》，《法制与社会》2008 年第 9 期。

473．王苗苗：《论儒家法思想对当代法治之借鉴意义》，《法制与社会》2008 年第 13 期。

中国文化精神研究主要著作和论文索引

（一） 著作类

1. 林火旺著：《从儒家忧患意识论知行问题》，台北正中书局 1981 年版。

2. 庞朴著：《儒家辩证法研究》，中华书局 1984 年版。

3. 唐君毅著：《人文精神之重建》，台北学生书局 1984 年版。

4. 唐君毅著：《中国人文精神之发展》，台北学生书局 1984 年版。

5. 陈瑛、温克勤著：《中国伦理思想史》，贵州人民出版社 1985 年版。

6. 薛保纶著：《墨子的人生哲学》，台北"国立编译馆" 1986 年版。

7. 高明等著：《忧患意识的体认》，台北台湾师大研究室 1987 年版。

8. 谢选骏著：《神话与民族精神》，山东文艺出版社 1986 年版。

9. 张岱年著：《文化与哲学》，教育科学出版社 1988 年版。

10. 汤一介著：《中国传统文化中的儒道释》，中国和平出版社 1988 年版。

11. 李宗桂著：《中国文化概论》，中山大学出版社 1988 年版。

12. 张岱年著：《中国伦理思想研究》，上海人民出版社 1989 年版。

13. 张立文著：《新人学导论——中国传统人学的省察》，职工教育出版社 1989 年版。

14. 张岱年、姜广辉著：《中国文化传统简论》，浙江人民出版社 1989 年版。

15. 沙莲香主编：《中国民族性》（一），中国人民大学出版社 1989 年版。

16. 沙莲香主编：《中国民族性》（二），中国人民大学出版社 1990 年版。

17. 乔长路著：《中国人生哲学》，中国人民大学出版社 1990 年版。

18. 刘小枫编：《中国文化的特质》，生活·读书·新知三联书店 1990 年版。

19. 李志林著：《气论与传统思维方式》，学林出版社 1990 年版。

20. 金紫千著：《中华文化之魂——研究中国人》，内蒙古人民出版社 1992 年版。

21. 刘岱主编：《中国文化新论——理想与现实》（思想篇一），三联书店 1992 年版。

22. 刘岱主编：《中国文化新论——理想与现实》（思想篇二），三联书店 1992 年版。

23. 刘岱主编：《中国文化新论——抒情的境界》（文学篇一），三联书店 1992 年版。

24. 刘岱主编：《中国文化新论——意象的流变》（文学篇二），三联书店 1992 年版。

25. 刘岱主编：《中国文化新论——格物与成器》（科技篇），三联书店 1992 年版。

26. 刘岱主编：《中国文化新论——敬天与亲人》（宗教礼俗篇），三联书店 1992 年版。

27. 刘岱主编：《中国文化新论——民生的开拓》（经济篇），三联书店 1992 年版。

28. 刘岱主编：《中国文化新论——吾土与吾民》（社会篇），三联书店 1992 年版。

29. 任剑涛著：《从自在到自觉——中国国民性探讨》，陕西人民出版社 1992 年版。

30. 赵林著：《协调与超越——中国思维方式探讨》，陕西人民出版社 1992 年版。

31. 樊浩著：《中国伦理精神的历史建构》，江苏人民出版社 1992 年版。

32．蒙培元著：《中国哲学主体思维》，东方出版社 1993 年版。

33．杨国章编：《人文传统》，北京语言学院出版社 1993 年版。

34．苏才、武殿一主编：《中国人传统思维方式新探》，辽宁教育出版社 1993 年版。

35．肖万源、徐远和著：《中国古代人学思想概要》，东方出版社 1994 年版。

36．李中华著：《中国文化概论》，华文出版社 1994 年版。

37．冯天瑜著：《中华元典精神》，上海人民出版社 1994 年版。

38．张岱年等著：《中国知识分子的人文精神》，河南人民出版社 1994 年版。

39．黄润岳著：《天人合一与三位一体》，吉隆坡文桥传播中心公司 1994 年版。

40．高晨阳著：《中国传统思维方式研究》，山东大学出版社 1994 年版。

41．庞朴、刘泽华主编：《中国传统文化精神：代表中国传统文化的三十本书》，辽宁人民出版社 1995 年版。

42．李锦全著：《人文精神的承传与重建》，广东人民出版社 1995 年版。

43．李禹阶著：《中国传统思想与思维方式论集：中国文化的"共生"精神》，西南交通大学出版社 1995 年版。

44．田笑英著：《华夏魂——民族精神、气节与道德》，吉林教育出版社 1995 年版。

45．李禹阶著：《中国传统思想与思维方式论集：中国文化的"共生"精神》，西南交通大学出版社 1995 年版。

46．陈明主编：《中国传统文化中的人道主义》，华夏出版社 1995 年版。

47．商聚德、刘荣兴、李振纲著：《中国传统文化》，河北大学出版社 1996 年版。

48．成中英著：《论中西哲学精神》，东方出版中心 1996 年版。

49．吕锡琛著：《道家与民族性格》，湖南大学出版社 1996 年版。

50．葛荣晋著：《儒道智慧与当代社会》，中国三峡出版社 1996 年版。

51．邵汉明著：《儒道人生哲学》，吉林教育出版社 1996 年版。

52．王晓明编：《人文精神寻思录》，文汇出版社 1996 年版。

53．陈江风著：《天人合一观念与华夏文化传统》，三联书店 1996 年版。

54. 蒙培元著：《中国哲学主体思维》，人民出版社 1997 年版。

55. 钟肇鹏选编：《中国哲学范畴丛刊》（两函十一册），北京图书馆出版社 1997 年版。

56. 尚明著：《中国人学史》，对外经济贸易大学出版社 1995 年版。

57. 吴非著：《中国人的人生观》，上海古籍出版社 1997 年版。

58. 张立文著：《和合学概论》，首都师范大学出版社 1997 年版。

59. 刘介民编著：《中国传统文化精神》，暨南大学出版社 1997 年版。

60. 张岂之著：《中华人文精神》，西北大学出版社 1997 年版。

61. 李宗桂著：《传统文化与人文精神》，广东人民出版社 1997 年版。

62. 钱逊著：《中国古代人生哲学》，清华大学出版社 1998 年版。

63. 吾敬东等著：《中国哲学思想》，华东师范大学出版社 1998 年版。

64. 李宗桂主编：《儒家文化与中华民族凝聚力》，广东人民出版社 1998 年版。

65. 姜国柱著：《儒家人生论》，国防大学出版社 1998 年版。

66. 孙中原著：《墨学与现代文化》，中国广播电视出版社 1998 年版。

67. 中英光著：《梦想与关怀——儒家的人生智慧》，武汉出版社 1998 年版。

68. 宋志明、向世陵、姜日天著：《中国古代哲学研究》，中国人民大学出版社 1998 年版。

69. 吴光主编：《中华人文精神新论》，上海古籍出版社 1998 年版。

70. 沈善洪主编：《中韩人文精神》，学苑出版社 1998 年版。

71. 朱立元主编：《天人合一：中华审美文化之魂》，上海文艺出版社 1998 年版。

72. ［美］亚瑟·亨·史密斯著，乐爱国、张华玉译：《中国人的性格》，学苑出版社 1998 年版。

73. 唐任伍著：《中华文化中的世界精神》，中国社会科学出版社 1999 年版。

74. 崔永东著：《内圣与外王：中国人的人格观》，云南人民出版社 1999 年版。

75. 陈国庆著：《中华儒家精神》，西北大学出版社 1999 年版。

76. 潘立勇主编：《中华文化与人文精神》，浙江教育出版社 1999 年版。

77. 黄朴民著：《天人合一：董仲舒与汉代儒学思潮》，岳麓书社 1999 年版。

78. 钱世明著：《说天人合一》，京华出版社 1999 年版。

79. 邵汉明主编：《中国文化精神》，商务印书馆 2000 年版。

80. 陈少峰著：《伦理学的意蕴》，中国人民大学出版社 2000 年版。

81. 陈科华著：《儒家中庸之道研究》，广西师范大学出版社 2000 年版。

82. 许苏民著：《人文精神论》，湖北人民出版社 2000 年版。

83. 鲁谆、王才、冯广裕主编：《龙文化与民族精神》，上海人民出版社 2000 年版。

84. 鞠曦著：《中国之科学精神》，四川人民出版社 2000 年版。

85. 黄德昌等著：《中国之自由精神》，四川人民出版社 2000 年版。

86. 林存阳、刘中建著：《中国之伦理精神》，四川人民出版社 2000 年版。

87. 徐复观著：《中国人性论史》（先秦篇），上海三联书店 2001 年版。

88. 邵汉明主编：《中国文化精神》，商务印书馆 2000 年版。

89. 林语堂原著，朱澄之译述：《中国文化精神》［缩微品］，全国图书馆文献缩微中心 2001 年版。

90. 单正平著：《科学精神与人文精神》，南海出版公司 2001 年版。

91. 刘成纪著：《中庸的理想》，北京语言文化大学出版社 2001 年版。

92. 刘智峰主编：《道德中国：当代中国道德伦理的深重忧思》，中国社会科学出版社 2001 年版。

93. 魏英敏著：《当代中国伦理与道德》，昆仑出版社 2001 年版。

94. 彭纪南、黄理稳等著：《科学精神与人文精神的融汇》，华南理工大学出版社 2001 年版。

95. 张友谊著：《文化转型与价值重构：文化现代化与中国文化精神创造》，北京大学出版社 2002 年版。

96. 李文庆著：《孙子兵法精要与运用》，军事科学出版社 2002 年版。

97. 傅应川著：《改变世界的军事智慧：兵家述评》，台北幼狮文化事业公司 2002 年版。

98. 靳之林著：《绵绵瓜瓞与中国本原哲学的诞生》，广西师范大学出版社 2002 年版。

99. 徐清泉著：《中国传统人文精神论要：从隐逸文化、文艺实践及封建政治的互动分析入手》，上海社会科学院出版社 2003 年版。

100. 周桂钿著：《中国传统哲学》，北京师范大学出版社 2003 年版。

101. 崔大华等著：《道家与中国文化精神》，河南人民出版社 2003 年版。

102. 赵行良著：《中国文化的精神价值：中国人文精神之检讨》，上海古籍出版社 2003 年版。

103. 陈才俊编：《孙子兵法智慧精华》，兰州大学出版社 2003 年版。

104. 李宪堂著：《先秦儒家的专制主义精神》，中国人民大学出版社 2003 年版。

105. 金智学主编：《法家大智慧》，北方妇女儿童出版社 2004 年版。

106. 唐帼丽著：《传统中国的文化精神》，中国社会科学出版社 2004 年版。

107. 成复旺著：《走向自然生命——中国文化精神的再生》，中国人民大学出版社 2004 年版。

108. 周德伟编著：《自由哲学与中国圣学》，中国社会科学出版社 2004 年版。

109. 王博主编：《中国哲学与易学》，北京大学出版社 2004 年版。

110. 胡伟希著：《天人之际：中国哲学十二讲》，云南人民出版社 2005 年版。

111. 李石岑著：《中国哲学十讲》，江苏教育出版社 2005 年版。

112. 田小飞著：《知道点中国哲学》（上、下），世界图书出版公司 2005 年版。

113. 张岱年著：《中国哲学大纲》，江苏教育出版社 2005 年版。

114. 杨蔚编著：《中国传统哲学》，北京交通大学出版社 2005 年版。

115. 唐君毅著：《人文精神之重建》，广西师范大学出版社 2005 年版。

116. 王伟主编：《科学精神和人文精神的理念与实践》，电子科技大学出版社 2005 年版。

117. 陆士桢、孟登迎主编：《人文精神与意义探寻》，中国社会科学出版社、中国藏学出版社 2005 年版。

118. 阳春乔、李郴生、向青松著：《现代忧患意识论》，湖南人民出版社 2005 年版。

119．高静文、雷念曾主编：《社会主义市场经济的人文精神》，北京出版社 2005 年版。

120．尤西林著：《人文精神与现代性》，陕西人民出版社 2006 年版。

121．祝兆炬著：《越中人文精神研究》，百花洲文艺出版社 2006 年版。

122．曲辰著：《中国哲学与中华文化》，宁夏人民出版社 2006 年版。

123．张岱年、程宜山著：《中国文化论争》，中国人民大学出版社 2006 年版。

124．龚鹏程著：《中国传统文化十五讲》，北京大学出版社 2006 年版。

125．唐君毅著：《中国文化之精神价值》，江苏教育出版社 2006 年版。

126．司马云杰著：《心性灵明论：关于人文精神与心性本体论的研究》，陕西人民出版社 2006 年版。

127．赵载光著：《天人合一的文化智慧：中国传统生态文化与哲学》，文化艺术出版社 2006 年版。

128．李晃生著：《儒家的社会理想与道德精神》，百花洲文艺出版社 2006 年版。

129．张易编著：《法家的智慧：中华文化的泉源文明智慧的结晶》，台北广达文化事业有限公司 2006 年版。

130．叶舟编著：《兵家的智慧：不战而屈人之兵运筹于帷幄之间》，台北广达文化事业有限公司 2006 年版。

131．张易、李永红编著：《兵家大智慧》，中国华侨出版社 2006 年版。

132．李民著：《中庸精义》，吉林大学出版社 2007 年版。

133．武树臣、李力著：《法家思想与法家精神》，中国广播电视出版社 2007 年版。

134．于云著：《马克思主义文艺理论中国化与人文精神问题研究》，复旦大学博士论文 2007 年。

135．张岂之著：《中华人文精神》，陕西人民出版社 2007 年版。

136．陈军科著：《人的解放与文化自觉：现代人文精神论纲》，宁夏人民出版社 2007 年版。

137．林启彦、黄嫣梨、林洁明编：《中国文化专题》，香港教育图书公司 2007 年版。

138. 司马云杰著：《中国文化精神的现代使命：关于中国文化根本精神与核心价值观的研究》，山西教育出版社 2007 年版。

139. 周大鸣、秦红增著：《中国文化精神》，广东人民出版社 2007 年版。

140. 仲泽、方延军著：《天人合一》，四川文艺出版社 2008 年版。

141. 刘牧雨总编，杜丽燕主编：《中外人文精神研究》（第一辑），中国大百科全书出版社 2008 年版。

142. 王尔敏著：《先民的智慧：中国古代天人合一的经验》，广西师范大学出版社 2008 年版。

143. 任友达编著：《中国传统文化的智慧》，大连理工大学出版社 2008 年版。

144. 曹晓宏主编：《中国传统文化指要》，巴蜀书社 2008 年版。

（二） 论文类

1. 楼宇烈：《开展对中国文化整体上的研究》，《中国文化研究集刊》1984 年第 1 辑。

2. 方克立：《论中国哲学中的体用范畴》，《中国社会科学》1984 年第 5 期。

3. 张立文：《论中国哲学逻辑结构研究法》，《浙江学刊》1984 年第 6 期。

4. 张岱年：《〈易传〉与中国文化的优良传统》，《江汉论坛》1984 年第 8 期。

5. 任继愈：《中国文化的特点》，《承德师专学报》1985 年第 1 期。

6. 张岱年：《中国哲学中"天人合一"思想的剖析》，《北京大学学报》1985 年第 1 期。

7. 张岱年：《中国古代唯物主义的历史发展及其特点》，《中国哲学史研究》1985 年第 1 期。

8. 黄卫平：《试论中国传统思维方式的特征》，《江海学刊》1985 年第 1 期。

9. 李侃等：《笔谈中国近代文化史》，《中州学刊》1985 年第 2 期。

10. 曹锡仁：《论中国近代哲学的特点》，《学术论坛》1985 年第 2 期。

11. 冯友兰：《中国古典哲学的意义》，《中国哲学史研究》1985 年第 2 期。

12. 冯天瑜：《中国文化史的发展脉络》，《中州学刊》1985 年第 2 期。

13. 孙明章：《试论中国古代辩证法的发展与特点》，《厦门大学学报》1985 年第 3 期。

14. 张岱年：《中国古代本体论的发展规律》，《社会科学战线》1985 年第 3 期。

15. 商聚德：《"崇本举末"和"崇本息末"》，《中国哲学史研究》1985 年第 3 期。

16. 程宜山整理：《中国传统文化的特质和价值——中国文化讲习班讲授综述》，《中国社会科学》1985 年第 4 期。

17. 严平：《中国古代辩证法思想发展几个特点的探讨》，《江西社会科学》1985 年第 5 期。

18. 张岱年：《中国古典哲学的价值观》，《学术月刊》1995 年第 7 期。

19. 张立文：《中国哲学逻辑结构论》，《学术月刊》1985 年第 9 期。

20. 张博泉：《论金代文化发展的特点》，《社会科学战线》1986 年第 1 期。

21. 庞朴：《中国文化的人文精神（论纲）》，《光明日报》1986 年 1 月 6 日。

22. 何新：《中国传统文化精神之我见》，《光明日报》1986 年 1 月 7 日。

23. 粟石恒：《当代中国哲学的三个特点》，《求索》1986 年第 1 期。

24. 顾晓鸣：《"象"：中国文化的一种"基因"》，《复旦学报》1986 年第 3 期。

25. 冯天瑜：《中国古文化的伦理型特征》，《江海学刊》1986 年第 3 期。

26. 白钢：《〈中国文化的人文精神〉（论纲）驳议》，《光明日报》1986 年 3 月 27 日。

27. 魏承思：《中国传统的思维方式和文化观念》，《文汇报》1986 年 4

月 8 日。

28. 刘志琴:《人伦思想与现代意识》,《光明日报》1986 年 4 月 28 日。

29. 刘泽华:《中国传统的人文思想与王权主义》,《南开学报》1986 年第 4 期。

30. 顾士敏:《对中国人文主义问题的思考》,《云南民族学院学报》1986 年第 4 期。

31. 黄克剑:《传统文化的封闭性及其时代特质》,《光明日报》1986 年 5 月 26 日。

32. 陈谷嘉:《论中国古代伦理思想的三大特征》,《求索》1986 年第 5 期。

33. 许苏民:《论中国传统文化的根本精神》,《福建论坛》1986 年第 5 期。

34. 时光:《"人文主义""人本主义"及"人道主义"辨正——兼谈中国传统文化的基本精神》,《求索》1986 年第 6 期。

35. 王国良:《浅析〈周易〉的〈彖〉〈象〉二传中的刚健精神——兼论中国传统哲学基本特征的发端》,《哲学研究》1986 年第 6 期。

36. 彭池:《论中国传统哲学的"和"》,《江汉论坛》1986 年第 6 期。

37. 马自毅:《传统文化的多重性》,《文汇报》1986 年 6 月 10 日。

38. 朱宗震:《中国文化心态的四大优点——与魏承思同志商榷》,《文汇报》1986 年 6 月 24 日。

39. 何新:《中国传统文化精神之我见》,《光明日报》1986 年 7 月 7 日。

40.《关于中国文化的特质与价值的讨论》,《人民日报》1986 年 7 月 11 日。

41. 刘泽华:《中国传统人文思想中的王权主义》,《光明日报》1986 年 8 月 4 日。

42. 张岱年:《谈中华的智慧》,《天津社会科学》1986 年第 9 期。

43. 方立天:《略论中国佛教的特质》,《文史知识》1986 年第 10 期。

44. 张岱年:《文化传统与民族精神》,《学术月刊》1986 年第 12 期。

45. 冷德熙:《中国古代哲学非理性主义的社会基础》,《南京大学学报》1986 年增刊。

46. 张岱年：《中国传统哲学的批判继承》，《理论月刊》1987 年第 1 期。

47. 庞朴：《人文主义与中国文化》，《文史知识》1987 年第 1 期。

48. 李振纲：《中国传统文化没有科学、民主和人文精神吗？——与荣伟同志商榷》，《河北大学学报》1987 年第 1 期。

49. 张岱年：《中国传统哲学的批判继承》，《理论月刊》1987 年第 1 期。

50. 汪建：《试析中国古代传统思维方式》，《哲学研究》1987 年第 2 期。

51. 冯天瑜：《宗法社会与伦理型文化》，《湖北大学学报》1987 年第 2 期。

52. 张岱年：《中国文化与辩证思维》，《兰州学刊》1987 年第 3 期。

53. 步近智：《略谈中国传统文化的特点》，《中国文化报》1987 年 3 月 4 日。

54. 周来祥：《中国的传统文化思想是中和主义的》，《文史哲》1987 年第 4 期。

55. 张慧彬：《中国传统文化人文精神的特点》，《学习与探索》1987 年第 5 期。

56. 许苏民：《论民族文化心理的深层结构》，《江海学刊》1987 年第 5 期。

57. 吾淳：《中国传统文化的特质及其背景》，《学术月刊》1987 年第 5 期。

58. 徐大同等：《试论中国传统政治文化的基础与特征》，《天津社会科学》1987 年第 5 期。

59. 朱日耀：《中国传统政治文化的结构及其特点》，《政治学研究》1987 年第 6 期。

60. 赵吉惠：《论中国文化的层次结构与体用》，《人文杂志》1987 年第 6 期。

61. 周德丰：《略论中国传统文化与中国民族精神》，《南开学报》1987 年第 6 期。

62. 刘志琴：《礼——中国文化传统模式探析》，《天津社会科学》1987

年第 6 期。

63. 顾晓鸣：《中国文化特征形成的文化学机制》，《天津社会科学》1988 年第 1 期。

64. 杨安仑：《关于中国传统文化的性质》，《求索》1988 年第 2 期。

65. 马涛：《儒家文化内倾性格评议》，《河北师院学报》1988 年第 2 期。

66. 惠吉兴：《中国传统文化基本精神的透视——〈天人关系论〉一书读后》，《社会科学评论》1988 年第 2 期。

67. 邵汉明等：《关于中国传统文化的整体反思与超越》，《学习与探索》1988 年第 4 期。

68. 陈伯海：《中国文化精神之建构观》，《中国社会科学》1988 年第 4 期。

69. 许抗生：《谈谈我国传统文化中的精华与糟粕问题》，《孔子研究》1988 年第 4 期。

70. 李宗桂：《简论中国传统哲学的特点》，《学术论坛》1988 年第 5 期。

71. 赵晓雷：《中国传统文化"和谐"特征的反思》，《天津社会科学》1988 年第 5 期。

72. 钱宁：《专制主义：中国传统思想文化的必然归宿？——访刘泽华教授》，《人民日报》1988 年 8 月 11 日。

73. 孙富明：《中华道德精神与"欲"、"利"》，《中国哲学史研究》1989 年第 2 期。

74. 施炎平：《从主体性原则看儒家文化的基本精神》，《华东师范大学学报》1989 年第 3 期。

75. 夏乃儒：《中国古代"忧患意识"的产生与发展》，《上海师范大学学报》1989 年第 3 期。

76. 李宗桂：《评"儒学复兴"说与中国文化精神的两重性》，《现代哲学》1988 年第 4 期。

77. 张立文：《论中国传统文化与价值系统》，《船山学报》1989 年第 4 期。

78. 葛荣晋：《论儒家传统文化的两重性》，《东岳论丛》1989 年第

4 期。

79．李宗桂：《论中国传统文化的核心及其特点》，《中山大学学报》1989 年第 4 期。

80．杨建华：《先秦文化精神论》，《浙江学刊》1989 年第 6 期。

81．施忠连：《新儒学与中华文化活精神》，《哲学研究》1989 年第 9 期。

82．滕复：《探索中国文化精神——〈中国文化概论〉读后》，《学术月刊》1989 年第 10 期。

83．冯契：《智慧与偏失：从中国传统哲学的特点看传统文化的民族特征》，《同济大学学报》1990 年第 1 期。

84．张国钧：《家族主义：中国传统伦理文化的基本精神》，《中国人民大学学报》1990 年第 3 期。

85．王玉希等：《论中华民族文化的统一性与多元性》，《内蒙古社会科学》1990 年第 3 期。

86．孙尚扬：《从周易经传看中国传统文化的特征》，《江汉论坛》1990 年第 4 期。

87．邵汉明：《论儒家文化的基本精神》，《学习与探索》1990 年第 4 期。

88．尹协理：《简论传统的基本精神》，《社会科学战线》1990 年第 4 期。

89．李景林：《论儒家哲学精神的实质与文化使命》，《齐鲁学刊》1990 年第 5 期。

90．任继愈：《中华民族的生命力：民族的融合力、文化的融合力》，《学术研究》1991 年第 1 期。

91．谭继和：《民族传统·民族精神·民族文化》，《社会科学研究》1991 年第 1 期。

92．张岂之：《中国古代思想文化精华例举及其效用》，《西北大学学报》1991 年第 1 期。

93．李锦全：《"兼爱互利"思想与中华民族凝聚力》，《学术研究》1991 年第 1 期。

94．方仁叶：《民族精神的拓展与传统文化的论争》，《浙江社会科学》

1991 年第 2 期。

95．张岱年：《论弘扬中国文化的优秀传统》，《中国社会科学院研究生院学报》1991 年第 2 期。

96．吴育频：《略论传统文化中的民族精神》，《中南民族学院学报》1991 年第 2 期。

97．汪澍白：《中国传统文化的特质》，《社会科学家》1991 年第 3 期。

98．刘业超：《从主体性和趋向性看中华文化的优秀传统》，《湘潭大学学报》1991 年第 3 期。

99．高晨阳：《论中国传统哲学的直觉思维方式》，《文史哲》1991 年第 3 期。

100．陈金龙：《传统精神与时代精神》，《湖南师范大学社会科学学报》1991 年第 4 期。

101．樊浩：《"天人合一"与"神人合一"：中西方文化精神模式的比较》，《学术研究》1991 年第 4 期。

102．吴灿新：《中国传统精神文明的基本特征》，《学术研究》1991 年第 4 期。

103．刘康德：《"竹林七贤"之有无与中古文化精神》，《复旦学报》1991 年第 5 期。

104．李文：《中国文化，中国精神》，《读书》1991 年第 6 期。

105．冯天瑜：《辛亥革命对原典精神的发扬》，《湖北大学学报》1991 年第 6 期。

106．臧宏：《论中华民族精神及其核心》，《哲学研究》1991 年第 11 期。

107．高晨阳：《论中国传统哲学直觉性思维倾向》，《齐鲁学刊》1992 年第 1 期。

108．赵文翰：《关于文化精神论纲》，《戏剧文学》1992 年第 2 期。

109．柴文华：《略论中国古代异端伦理精神》，《河南师范大学学报》1992 年第 2 期。

110．唐明邦：《〈周易〉的忧患意识与自强精神》，《孔子研究》1992 年第 2 期。

111．何植靖：《孔子的仁学与中华民族精神》，《江西大学学报》1992

年第 2 期。

112．朱宏达：《论墨家精神》，《杭州大学学报》1992 年第 3 期。

113．孙明章：《略论中华民族精神》，《福建论坛》1992 年第 4 期。

114．王德敏：《稷下之学与民族精神》，《东岳论丛》1992 年第 4 期。

115．彭越：《论中国文化主体精神的原始同一倾向》，《广东社会科学》1992 年第 4 期。

116．侯衔正：《孔学精神与现代世界》，《江汉大学学报》1992 年第 4 期。

117．陈朝晖：《论墨家精神》，《烟台大学学报》1992 年第 4 期。

118．任剑涛：《谈中国文化人文精神的特质：人情化人文主义与分析化人文主义的比较》，《哲学动态》1992 年第 5 期。

119．潘立勇：《中国传统精神文化的美育精神》，《学术论坛》1992 年第 5 期。

120．陈卫平：《论中国古代哲学辩证思维的逻辑发展》，《哲学研究》1992 年第 6 期。

121．翁银陶：《从〈周易〉看西周时代的华夏民族精神》，《中州学刊》1992 年第 6 期。

122．冯天瑜：《中华元典精神的近代意义》，《湖北社会科学》1992 年第 7 期。

123．张刚峰：《中国传统文化中的科学精神》，《杭州大学学报》1993 年第 1 期。

124．卜敏：《"儒释道与中华民族精神学术研讨会"述要》，《学海》1993 年第 1 期。

125．谢有安：《传统文化与民族精神》，《云南教育学院学报》1993 年第 1 期。

126．樊浩：《科学精神与人文精神的合璧：中国文化现代化的必由之路》，《社会科学战线》1993 年第 2 期。

127．张岱年：《中国古典哲学中的优良传统》，《高校理论战线》1993 年第 1 期。

128．冯达文：《道家与中国传统的文化批判精神》，《中国哲学史》1993 年第 3 期。

129. 刘宗贤：《儒家伦理精神及其现代意义》，《东岳论丛》1993 年第 5 期。

130. 郭英德：《研究传统文化，弘扬人文精神》，《传统文化与现代化》1993 年第 5 期。

131. 朱宝信：《永存的中国哲学精神：中国哲学精华之体系构想》，《山西大学学报》1994 年第 1 期。

132. 肖雪慧：《新伦理文化的基本精神与价值核心》，《江海学刊》1994 年第 1 期。

133. 潘立勇：《中华人文精神之现代视界》，《社会科学》1994 年第 2 期。

134. 京林：《中国儒学和文化精神的新阐释：读〈先秦儒家哲学新探〉》，《社会科学战线》1994 年第 2 期。

135. 陈连开：《中国民族文化的特点》，《云南社会科学》1994 年第 2 期。

136. 王中江：《中国人文传统与解释意识》，《天津社会科学》1994 年第 3 期。

137. 张立文：《儒家文化的现代转换》，《长白论丛》1994 年第 3 期。

138. 廖小平：《论中国传统哲学道德认识论的特质》，《河北学刊》1994 年第 4 期。

139. 周桂钿：《中国传统哲学体系的特点》，《光明日报》1994 年 6 月 29 日。

140. 孔繁：《儒学的历史地位和未来价值》，《人民日报》1994 年 9 月 19 日。

141. 李宗桂：《民族文化素质与人文精神重建》，《哲学研究》1994 年第 10 期。

142. 陈战国：《民族精神与现代化》，《北京社会科学》1995 年第 1 期。

143. 韩敬：《浅议批判继承传统民族精神》，《孔子研究》1995 年第 1 期。

144. 阎黎：《简论传统文化的主导精神》，《学习与探索》1995 年第 2 期。

145. 崔大华：《儒家道德精神与我国现代化进程》，《齐鲁学刊》1995

年第 2 期。

146. 张炳生：《试论中国古代人生哲学的基本精神》，《镇江师专学报》1995 年第 2 期。

147. 邵显侠：《简论中国文化的人文主义精神及其特点》，《长白论丛》1995 年第 3 期。

148. 谢遐龄：《中国：现代化呼唤传统文化精神回归——兼论中、西文化交融之前景》，《复旦学报》1995 年第 3 期。

149. 陈绍燕：《道家的基本精神》，《文史哲》1995 年第 3 期。

150. 钟建安：《论近代中国民族精神》，《江西师范大学学报》1995 年第 4 期。

151. 孙周兴：《时代精神与民族精神》，《浙江学刊》1995 年第 5 期。

152. 高晨阳：《论"天人合一"的基本意蕴及价值》，《哲学研究》1995 年第 6 期。

153. 周溯源：《对"天人合一"的不同理解》，《哲学动态》1995 年第 8 期。

154. 张立文：《中国文化的和合精神与 21 世纪》，《学术月刊》1995 年第 9 期。

155. 郑杭生、陈劲松：《道学精神与君主秩序：对道学思想的一种社会学解释》（上），《浙江学刊》1996 年第 1 期。

156. 梦画：《关于人文精神的讨论》，《华东理工大学学报》1996 年第 1 期。

157. 赵林：《"轴心期"的文化精神变革》，《江淮论坛》1996 年第 1 期。

158. 徐碧辉：《中国水文化精神》，《文科教学》1996 年第 1 期。

159. 何仁富：《试论楚文化的"酒神精神"：对古代长江文化精神特质的初步探讨》，《东方丛刊》1996 年第 1 期。

160. 张立文：《佛教与宋明理学的和合人文精神》，《世界宗教研究》1996 年第 2 期。

161. 梁宗华：《孔孟仁学与民族精神》，《齐鲁学刊》1996 年第 2 期。

162. 陶东风、金元浦：《人文精神与世俗化：关于 90 年代文化讨论的对话》，《社会科学战线》1996 年第 2 期。

163．孙希国、李大银：《论〈易经〉的人文精神：兼论〈易经〉非筮卜之书》，《周易研究》1996 年第 2 期。

164．衣俊卿：《论中国现代化文化精神的缺失及生成问题》，《长白论丛》1996 年第 2 期。

165．周立升：《〈周易〉与中华民族精神》，《大众日报》1996 年 3 月 6 日。

166．吴光：《儒家文化的结构、特征、精神及其发展前景探讨：中国传统文化研究系列之一》，《浙江社会科学》1996 年第 3 期。

167．衣俊卿：《论世纪之交中国文化的裂变与事例：关于中国现代化的文化精神的思考》，《开放时代》1996 年第 3、4 期。

168．高长江：《禅宗精神与人文精神的重建》，《宗教》1996 年第 3、4 期。

169．周舜南：《法家的基本精神与历史命运》，《湘潭师范学院学报》1996 年第 4 期。

170．杜振吉：《孔子伦理思想的人道主义精神》，《孔子研究》1996 年第 4 期。

171．余灵灵：《关于"人文精神"的辨析》，《求是学刊》1996 年第 5 期。

172．贺来：《人文精神与乌托邦情结：对人文精神的哲学反思》，《求是学刊》1996 年第 5 期。

173．单波整理：《〈论语〉与中国人文精神（笔谈）》，《社会科学动态》1996 年第 6 期。

174．邓也穆：《文化的开放意识与民族精神：兼论"殖民文化"倾向》，《社会科学战线》1996 年第 6 期。

175．张世欣：《中国传统文化和观念辨释》，《学术月刊》1996 年第 8 期。

176．张岂之：《关于先秦时期人文精神的几个问题》，《光明日报》1996 年 9 月 17 日。

177．郑杭生、陈劲松：《道学精神与君主秩序》（续），《浙江学刊》1996 年第 2 期。

178．蔡方鹿：《儒学与中华民族精神》，《大众日报》1996 年 11 月

25 日。

179．季羡林：《略说中国传统文化及其特点》，《大众日报》1996 年 11 月 11 日。

180．张立文：《中华和合人文精神：化解人类冲突之道》，《长白论丛》1997 年第 1 期。

181．朱伯崑：《易经的忧患意识与民族精神》，《北京大学学报》1997 年第 1 期。

182．郭金鸿：《墨子伦理思想的现代价值》，《船山学刊》1997 年第 1 期。

183．郑昌华：《论中国传统思想中的批评精神》，《船山学刊》1997 年第 2 期。

184．黄兴涛：《尚"通"：中华文化的基本精神》，《传统文化与现代化》1997 年第 2 期。

185．吴学琴、高晨阳：《"道"与老子哲学的基本精神》，《文史哲》1997 年第 2 期。

186．中华和合文化弘扬工程秘书处：《中华和合文化研究概述》，《光明日报》1997 年 2 月 6 日。

187．张岱年：《漫谈和合》，《中华文化论坛》1997 年第 3 期。

188．陈晓曼：《试析中国传统人文精神发生发展的轨迹》，《太原师专学报》1997 年第 3 期。

189．余同元：《重新塑造中国文化精神：〈中华元典精神〉说略》，《中国文化研究》1997 年第 3 期。

190．刘清平：《"人为"与"情理"：中国哲学传统的基本特征初探》，《中国哲学史》1997 年第 3 期。

191．刘良海：《人文精神的文化主题》，《东岳论丛》1997 年第 5 期。

192．张立文：《中华和合人文精神的现代价值》，《社会科学研究》1997 年第 5 期。

193．杨蔚：《中国古代传统道德的基本精神和现代价值》，《首都师范大学学报》1997 年第 5 期。

194．李慎之：《对"天人合一"的一些思考》，《文汇报》1997 年 5 月 13 日。

195．程思远：《世代弘扬中华和合文化精神——为"中华和合文化弘扬工程"而作》，《光明日报》1997年6月28日。

196．荆学民：《文化精神统摄：现代社会转型的祈盼》，《求是学刊》1998年第1期。

197．张学智：《儒家文化的精神与价值观》，《北京大学学报》1998年第1期。

198．乔成果：《中国传统文化的协调精神：浅谈"和合"、协调、统一战线》，《民主》1998年第1期。

199．程思远：《二论世代弘扬中华和合文化精神》，《中华文化论坛》1998年第1期。

200．张立文：《东亚意识与和合精神》，《学术月刊》1998年第1期。

201．施炎平：《儒商的经济伦理精神及其现代意义》，《华东师范大学学报》1998年第1期。

202．万俊人：《儒学人文精神的传统本色与现代意义》，《浙江社会科学》1998年第1期。

203．杜道明：《有关"中庸"的几个问题》，《中国文化研究》1998年第1期。

204．闻华：《弘扬民族优秀文化的力作：略述张岂之先生的新作〈中华人文精神〉》，《西北大学学报》1998年第2期。

205．张立文：《儒家和合文化人文精神与二十一世纪》，《学习与探索》1998年第2期。

206．冯爱红：《中国传统人文精神与爱国主义》，《唐都学刊》1998年第2期。

207．程思远：《论世代弘扬中华和合文化精神：学习江泽民同志有关讲话的心得体会》，《文汇报》1998年2月16日。

208．胡良甫：《当代文化心理与中华民族精神》，《中国人民大学学报》1998年第2期。

209．霞飞、王正芳：《冷战结束后中国精神文化的特点》，《新时代论坛》1998年第3期。

210．高长江：《论社会主义文化精神》，《光明日报》1998年3月27日。

211．黄克剑：《比较文化与民族精神》，《天津社会科学》1998 年第 3 期。

212．张再林：《论礼的精神》，《西北大学学报》1998 年第 3 期。

213．王成儒：《传统儒学的思维方式及其转型》，《现代哲学》1998 年第 3 期。

214．蒙培元：《中国的天人合一哲学与可持续发展》，《中国哲学史研究》1998 年第 3 期。

215．宁新昌：《本体与境界：论宋明新儒学的精神》，《孔子研究》1998 年第 4 期。

216．张立文：《和合人文精神与 21 世纪》，《科学·经济·社会》1998 年第 4 期。

217．陈德礼：《气论与中国传统美学精神》，《内蒙古社会科学》1998 年第 5 期。

218．易杰雄：《论中华民族的思维特征及其根源》，《学习与探索》1998 年第 5 期。

219．赵维国：《论儒家文化对中国人文精神的贡献》，《辽宁师范大学学报》1998 年第 5 期。

220．陈科华、刘凤健：《"元献精神"与孔子中庸思想：〈论语微子〉发微》，《齐鲁学刊》1998 年第 5 期。

221．王兴宏、邵洪兴：《试论"天人合一"的历史蕴涵及其现实影响》，《天府新论》1998 年第 6 期。

222．张德寿：《文化与文化精神》，《创造》1998 年第 9 期。

223．方立天：《先秦哲学：中国古代睿智之光》，《高校理论战线》1998 年第 10 期。

224．赵红梅：《中国传统文化的人文精神研究概述》，《哲学动态》1998 年第 11 期。

225．陆德林：《弘扬和重建民族文化精神的哲学思考》，《洛阳师专学报》1999 年第 1 期。

226．陈谷嘉：《中国文化的基本精神》，《湖湘论坛》1999 年第 1 期。

227．曾纪茂：《文化精神的融合与文化重建的实践：唐君毅先生论中国文化如何吸收西方文化之长处》，《西南民族学院学报》1999 年第 1 期。

228．方立天：《中华文化的核心与国民素质的提高》，《南昌大学学报》1999年第1期。

229．高湘泽：《关于21世纪中国社会文化精神理念的应然状态》，《广东社会科学》1999年第2期。

230．陈爱华：《我国近代传统的人文精神科学精神裂变之管窥》，《学海》1999年第2期。

231．任哲：《求索中国哲学的"真精神"：读〈心灵超越与境界〉》，《中国哲学史》1999年第2期。

232．夏宇：《人文精神研究概述》，《华中理工大学学报》1999年第2期。

233．陆德林、鲁献慧：《关于弘扬和重建民族文化精神的哲学思考》，《唯实》1999年第3期。

234．姜海：《令人困惑的"元典"和"元典精神"：〈中华元典精神〉读后》，《中国图书评论》1999年第3期。

235．谢青：《中国文化传统的人文精神》，《理论与现代化》1999年第4期。

236．黄菊屏、陈湘舸：《评目前人文精神研究工作的几种不良倾向》，《浙江大学学报》1999年第4期。

237．张显清：《略论中国传统文化的整体观》，《光明日报》1999年4月2日。

238．袁行儒：《中华文化精神》，《统一论坛》1999年第5期。

239．伊介：《中国优秀传统文化的特点及现代价值》，《社会科学战线》1999年第6期。

240．张立云：《〈周易〉中的民族精神及其现代意义》，《福建论坛》1999年第6期。

241．欧阳康：《人文精神与科学精神的融通与共建》，《光明日报》1999年10月29日。

242．贾遵祥：《中国古代哲学的整体特征及影响》，《江西社会科学》1999年第12期。

243．吴为：《国内科学精神与人文精神研究综述》，《内蒙古大学学报》2000年第1期。

244．杨清荣：《中国文化精神与市场经济的相容性》，《中南财经大学学报》2000 年第 2 期。

245．潘立勇：《中华人文精神元典内涵试探》，《孔子研究》2000 年第 2 期。

246．吕静芳：《中国古代无神论特点探析》，《内蒙古社会科学》2000 年第 2 期。

247．李宗桂：《孔子从道思想与传统人文精神的当代价值》，《中国哲学史》2000 年第 2 期。

248．邓万春：《〈中华元典精神〉的再评价：姜海〈令人困惑的"元典"和"元典精神"〉祛惑》，《江汉论坛》2000 年第 3 期。

249．吕锡琛：《论道家思想中的科学精神》，《哲学研究》2000 年第 4 期。

250．俞祖华：《审视中国民族性格的两种目光——史密斯〈中国人的性格〉与辜鸿铭〈中国人的精神〉及其在启蒙思潮中的影响》，《烟台师范学院学报》2000 年第 4 期。

251．刘金陵：《继承和发扬中华民族精神——素质教育的核心》，《苏州市职业大学学报》2000 年第 4 期。

252．盛海英：《中国传统文化基本精神梳理》，《通化师范学院学报》2001 年第 1 期。

253．刘金陵：《论继承和发扬中华民族精神》，《江苏工业学院学报》2001 年第 1 期。

254．赵继伦：《反思文化精神 启迪今人心智——〈中国文化精神〉读后》，《社会科学战线》2001 年第 2 期。

255．张家成：《略论中国佛教与人文精神》，《浙江大学学报》2001 年第 3 期。

256．宋东亮：《刍议日本传统文化之精神特质与历史功能——兼与中国比较》，《河北大学学报》2001 年第 3 期。

257．吕明灼：《"人文精神"是一个历史范畴》，《东方论坛》2001 年第 4 期。

258．刘胜康：《中国古代辩证法的鲜明特点探微》，《贵州民族学院学报》2001 年第 4 期。

259. 张斌峰：《墨家人文精神的基本内涵与特征》，《社会科学战线》2001 年第 4 期。

260. 朱汉民：《道——中国文化精神的依托》，《湖湘论坛》2001 年第 6 期。

261. 程迅：《用中国优秀传统文化提高精神境界、塑造健全人格——论大学生素质教育的重要途径》，《河北大学成人教育学院学报》2002 年第 3 期。

262. 张殿方：《内在超越——论先秦儒家文化中的死亡意识》，《辽宁教育学院学报》2002 年第 3 期。

263. 李维武：《徐复观对中国道德精神的阐释》，《江海学刊》2002 年第 3 期。

264. 董群：《简论中国佛教伦理对国民伦理精神的积极意义》，《南京工业大学学报》2002 年第 4 期。

265. 朱兆华：《抗日战争与中华民族精神的现代化》，《社会科学辑刊》2002 年第 4 期。

266. 罗毅：《中国传统文化中的和平主义精神与全球化》，《武汉科技大学学报》2002 年第 4 期。

267. 赵旗：《中国传统人文思想的基本特征》，《学术月刊》2002 年第 5 期。

268. 郭俊：《刍议儒家文化所体现的精神实质》，《黑龙江省社会主义学院学报》2003 年第 3 期。

269. 葛晨虹：《弘扬民族精神与传承文化传统》，《伦理学研究》2003 年第 4 期。

270. 申波：《文化精神：事实还是价值——关于中国传统文化基本精神研究的困境与出路》，《合肥工业大学学报》2003 年第 3 期。

271. 王文东：《中国道教的生态伦理精神》，《中国道教》2003 年第 3 期。

272. 李小虎：《文化建设与民族精神》，《理论学刊》2003 年第 4 期。

273. 廖艺萍：《论全球化对中国传统伦理精神的消解》，《湖北社会科学》2003 年第 4 期。

274. 胡发贵：《原始儒家伦理精神论纲》，《学海》2003 年第 4 期。

275．张岱年：《中国文化的基本精神》，《齐鲁学刊》2003 年第 5 期。

276．王雨辰：《略论儒家生态伦理的基本精神与价值取向》，《中南财经政法大学学报》2003 年第 5 期。

277．成中英：《新论人文精神与科学理性：中西融合之道》，《首都师范大学学报》2004 年第 1 期。

278．杨淑琴：《儒释道精神与中国人的宗教心理》，《北方论丛》2004 年第 2 期。

279．邹富汉：《中华民族优秀的伦理思想和民族精神》，《西北工业大学学报》2004 年第 2 期。

280．赵行良：《论老庄道家的人文精神》，《广东社会科学》2004 年第 3 期。

281．金鸣娟：《儒家文化精神与现代社会发展》，《北京林业大学学报》2004 年第 3 期。

282．张秀军、田美荣：《优秀文化传统与人文精神重建》，《临沂师范学院学报》2004 年第 5 期。

283．温克勤：《先秦儒家伦理精粹与中华民族精神》，《伦理学研究》2004 年第 6 期。

284．余卫国：《自然、人文和科学的统一——论中国文化模式的内在结构和精神特质》，《天府新论》2004 年第 6 期。

285．吴灿新：《孔子思想的伦理精神及其现代价值》，《学术研究》2004 年第 12 期。

286．黄瑜：《儒家"和同"思想与中华民族精神》，《江南大学学报》2005 年第 1 期。

287．刘力波：《马克思主义中国化与中华民族精神的现代化》，《中共中央党校学报》2005 年第 2 期。

288．刘亚明：《中国佛教人文精神的圆融特性及其当代意义》，《安徽大学学报》2005 年第 2 期。

289．李桂梅：《略论中西家庭伦理精神》，《湖南师范大学社会科学学报》2005 年第 2 期。

290．薛其林、柳礼泉：《中国传统文化中的和谐理念与政治实践》，《湖南社会科学》2005 年第 2 期。

291. 陈来：《优秀文化的传承与民族精神的弘扬》，《新视野》2005 年第 3 期。

292. 邓红艳：《试论中国传统文化精神》，《湖南经济管理干部学院学报》2005 年第 3 期。

293. 安云凤：《中国传统家教文化与民族精神的培育》，《齐鲁学刊》2005 年第 5 期。

294. 吴惠红：《论中国传统人文精神的基本内涵》，《沿海企业与科技》2005 年第 5 期。

295. 王德峰：《简论中国文化精神及其在当代复兴的可能性》，《哲学研究》2005 年第 5 期。

296. 王德峰：《论中国文化精神与西方资本原则之间的张力》，《上海师范大学学报》2005 年第 6 期。

297. 张纯成：《现代科学革命的人文精神》，《河南大学学报》2005 年第 6 期。

298. 李宗桂：《中国文化精神和中华民族精神的若干问题》，《社会科学战线》2006 年第 1 期。

299. 徐茂明：《传统家族组织中的伦理精神》，《上海师范大学学报》2006 年第 2 期。

300. 龙宝新、容中逵：《中国文化精神"一、二、三"——当下中国文化身份认同构铸之橐楠》，《江淮论坛》2006 年第 2 期。

301. 李建：《中国文化精神之探寻——现代新儒家论儒学与宗教》，《社会科学战线》2006 年第 2 期。

302. 尹长云：《儒家伦理精神及其现实意义》，《船山学刊》2006 年第 3 期。

303. 高卉民：《论中国画写意精神》，《艺术研究》2006 年第 4 期。

304. 张立文、宋志明、向世陵等：《儒家思想与人文精神》，《河北学刊》2006 年第 4 期。

305. 向世陵：《儒家人文精神与快乐境界》，《河北学刊》2006 年第 4 期。

306. 何仁富：《中国文化精神的客观价值及其缺失——唐君毅论中国人文精神》（中），《北京青年政治学院学报》2006 年第 4 期。

307．漆向东：《中国传统儒家文化基本精神在企业文化建设中的价值》，《信阳师范学院学报》2006 年第 4 期。

308．皮庆侯：《传统的和谐精神及其在社会主义市场经济中的作用和意义》，《文史博览》2006 年第 8 期。

309．刘中建、汤宝成：《儒家伦理精神浅论》，《忻州师范学院学报》2006 年第 6 期。

310．何阳、唐星明：《"大象无形"与传统道器思想研究》，《西华师范大学学报》2006 年第 8 期。

311．乐启文：《儒家传统文化的精华及其对我国道德建设的启示》，《科教文汇》2006 年第 9 期。

312．王文元：《略论儒家的人文精神》，《南京社会科学》2006 年第 10 期。

313．李明：《儒家"天人合一"观之价值意蕴的多重性》，《长安大学学报》2007 年第 1 期。

314．管向群：《中国传统和谐思想的形成与发展》，《苏州大学学报》2007 年第 1 期。

315．方敏：《中华民族民主精神的形成》，《北京师范大学学报》2007 年第 1 期。

316．张鹏飞：《论中国传统文化"人文精神"建构的审美取向》，《四川理工学院学报》2007 年第 2 期。

317．张立文：《和合、和谐与现代意义》，《江汉论坛》2007 年第 2 期。

318．余治平：《儒家"和"理念的普世价值》，《江汉论坛》2007 年第 2 期。

319．罗炽：《中和文化论纲》，《江汉论坛》2007 年第 2 期。

320．左亚文：《论中华和合思想的时代价值》，《江汉论坛》2007 年第 2 期。

321．李景林：《差序格局与"太和"理念——儒学"和"、"太和"观念的理论内涵与思想特色》，《江汉论坛》2007 年第 2 期。

322．赵伟、苏明飞：《儒学人文精神与当代社会发展》，《辽宁大学学报》2007 年第 2 期。

323．周立梅：《论庄子心物观中的自由精神》，《青海民族学院学报》

2007 年第 3 期。

324．韩晓燕：《儒家人文精神与当代人文道德建设》，《山东省农业管理干部学院学报》2007 年第 3 期。

325．李安泽：《"内在"与"超越"——方东美论中国哲学之精神及其发展》，《中国哲学史》2007 年第 4 期。

326．何仁富：《为中国文化立皇极——唐君毅论中西人文精神之融通与中国文化之未来发展》，《中国哲学史》2007 年第 4 期。

327．李安泽：《"内在"与"超越"——方东美论中国哲学之精神及其发展》，《中国哲学史》2007 年第 4 期。

328．黄玮：《论儒家人文精神及其现代价值》，《辽宁大学学报》2007 年第 4 期。

329．杨威、李培志：《论中国传统家庭伦理的主导精神》，《道德与文明》2007 年第 6 期。

330．徐向农、徐赛虎：《儒家伦理精神的基本内容探析》，《理论月刊》2007 年第 8 期。

331．王玉芝：《中国政治文化中人文精神的最高表现——民本精神》，《红河学院学报》2008 年第 1 期。

332．何晓明：《中国文化精神论纲》，《中国地质大学学报》2008 年第 1 期。

333．田军强：《儒家哲学的人文精神及其当代价值研究》，《河南工业大学学报》（社会科学版）2008 年第 3 期。

334．寇征：《道家伦理精神对现代人的价值》，《河北师范大学学报》2008 年第 3 期。

335．祁志祥：《国学人文精神的现代传承》，《文艺理论研究》2008 年第 4 期。

336．汪润：《从儒释道的"中"观看中国人文精神》，《长沙大学学报》2008 年第 4 期。

337．吴智：《论先秦儒家人文精神与技术思想之融合——在人与自然关系层面》，《辽宁大学学报》2008 年第 4 期。

338．李自然：《民族传统文化的本质及特征刍议》，《中央民族大学学报》2008 年第 5 期。

339．杨云香：《论中原文化在中华民族精神形成中的作用》，《中州学刊》2008 年第 5 期。

340．吴功正：《宋代的文化精神与美学意识》，《福建论坛》2008 年第 5 期。

341．吴智、于丹：《论先秦儒家人文精神与技术思想之和谐》，《东北大学学报》2008 年第 5 期。

342．蔡萍：《中国传统文化中的人文精神》，《社科纵横》2008 年第 7 期。

十二

五四精神的文化反思主要著作和论文索引

（一） 著作类

1. 张静如、马模贞编著：《李大钊》，上海人民出版社 1981 年版。

2. 李星华著：《回忆我的父亲李大钊》，上海文艺出版社 1981 年版。

3. 姚维斗、黄真主编：《五四群英》，河北人民出版社 1981 年版。

4. 蔡尚思著：《蔡元培》，江苏人民出版社 1982 年版。

5. 吕明灼著：《李大钊思想研究》，河北人民出版社 1983 年版。

6. 曾乐山著：《五四时期陈独秀思想研究》，福建人民出版社 1983 年版。

7. 韩一德、王树棣编：《李大钊研究论文集》，河北人民出版社 1984 年版。

8. 聂振斌著：《蔡元培及其美学思想》，天津人民出版社 1984 年版。

9. 周天度著：《蔡元培传》，人民出版社 1984 年版。

10. 林毓生著：《中国意识危机》，贵州人民出版社 1986 年版。

11. 高军等主编：《五四运动前马克思主义在中国的介绍与传播》，湖南人民出版社 1986 年版。

12. 李泽厚著：《中国现代思想史论》，东方出版社 1987 年版。

13. 陈旭麓主编：《五四以来政派及其思想》，上海人民出版社 1987 年版。

14. 魏知信著：《陈独秀思想研究》，南京大学出版社 1987 年版。

15. ［日］近藤邦康著，丁晓强等译：《救亡与传统：五四思想形成之内在逻辑》，山西人民出版社 1988 年版。

16. 刘再复、林岗著：《传统与中国人》，安徽文艺出版社 1989 年版。

17. 朱成甲著：《李大钊早期思想和近代中国》，河北人民出版社 1989 年版。

18. ［美］迈斯纳著，中共北京市委党史研究室编译组编译：《李大钊与中国马克思主义的起源》，中共党史出版社 1989 年版。

19. 许全兴著：《李大钊哲学思想研究》，北京大学出版社 1989 年版。

20. 萧延中、朱艺编：《启蒙的价值与局限：台湾学者论五四》，山西人民出版社 1989 年版。

21. 王锦厚著：《五四新文学与外国文学》四川大学出版社 1989 年版。

22. 中国现代文学研究会编：《在东西古今的碰撞中：对"五四"新文学的文化反思》，中国城市经济社会出版社 1989 年版。

23. 陈崧编：《"五四"前后东西文化问题论战文选》，中国社会科学出版社 1989 年版。

24. 丁晓强、徐梓编：《五四与现代中国：五四新论》，山西人民出版社 1989 年版。

25. 彭明著：《五四运动简史》，人民出版社 1989 年版。

26. 刘中树著：《五四文学革命运动史论》，吉林大学出版社 1989 年版。

27. 李中华编：《论传统与反传统：纪念五四七十周年论集》，山东人民出版社 1989 年版。

28. 刘桂生主编：《时代的错位与理论的选择：西方近代思潮与中国"五四"启蒙思想》，清华大学出版社 1989 年版。

29. 汤一介编：《论传统与反传统：五四 70 周年纪念文选》，台北联经出版事业公司 1989 年版。

30. 孙世哲著：《蔡元培鲁迅的美育思想》，辽宁教育出版社 1990 年版。

31. 李龙牧著：《五四时期思想史论》，复旦大学出版社 1990 年版。

32. 中共陕西省委党史研究室编：《五四运动和马克思主义的早期传播在陕西》，陕西人民出版社 1990 年版。

33. 罗荣渠主编：《从"西化"到现代化：五四以来有关中国的文化趋向和发展道路论争文选》，北京大学出版社 1990 年版。

34．张利民著：《文化选择的冲突："五四"时期东西文化论战中的思想家》，中国人民大学出版社 1990 年版。

35．中国古典文学研究会编：《五四文学与文化变迁》，台北学生书局 1990 年版。

36．胡绳主编：《中国共产党七十年》，中共党史出版社 1991 年版。

37．周永祥主编：《五四以来——文化名人与祖国》，青岛海洋大学出版社 1991 年版。

38．国家教育委员会社会科学发展研究中心编：《历史的选择：五四、传统文化与马克思主义》，山东大学出版社 1990 年版。

39．许志英著：《五四文学精神》，江苏文艺出版社 1991 年版。

40．陈端志著：《五四运动之史的评价》，影印本，上海书店 1991 年版。

41．王学勤著：《陈独秀与中国共产党》，东南大学出版社 1991 年版。

42．王朝柱著：《李大钊》，中国青年出版社 1991 年版。

43．中共中央党史研究室科研局编：《李大钊研究文集》，中共党史出版社 1991 年版。

44．郭国灿著：《中国人文精神的重建：戊戌～五四》，湖南教育出版社 1992 年版。

45．黄克剑著：《东方文化——两难中的抉择》，江西人民出版社 1992 年版。

46．李迪编：《新世纪的曙光：五四运动》，河北教育出版社 1992 年版。

47．张晓唯著：《蔡元培评传》，百花洲文艺出版社 1993 年版。

48．蔡元培著，沈善洪主编：《蔡元培选集》，浙江教育出版社 1993 年版。

49．金林祥著：《蔡元培教育思想研究》，辽宁教育出版社 1994 年版。

50．彭明著：《"五四"研究》，河南大学出版社 1994 年版。

51．朱德发著：《五四文学新论》，山东文艺出版社 1995 年版。

52．周昌龙著：《新思潮与传统：五四思想史论集》，台北时报文化出版公司 1995 年版。

53．蔡元培著：《蔡元培文集》，台北锦绣出版事业公司 1995 年版。

54．周克著：《李大钊在一九一九》，花山文艺出版社 1996 年版。

55．周天度著：《蔡元培传》，中国少年儿童出版社、中国青年出版社

1996 年版。

56．彭明著：《五四运动简史》，中国少年儿童出版社、中国青年出版社 1996 年版。

57．杨慧清著：《五四时期的抉择》，江西人民出版社 1996 年版。

58．钱理群著：《精神的炼狱：中国现代文学从"五四"到抗战的历程》，广西教育出版社 1996 年版。

59．朱志敏著：《五四民主观念研究》，北京师范大学出版社 1996 年版。

60．［美］周策纵著，周子平译：《五四运动：现代中国的思想革命》，江苏人民出版社 1996 年版。

61．朱文华著：《终身的反对派：陈独秀评传》，青岛出版社 1997 年版。

62．唐宝林、陈铁健著：《陈独秀与瞿秋白》，中国青年出版社 1997 年版。

63．童富勇、张天乐著：《陈独秀李大钊教育思想研究》，辽宁教育出版社 1997 年版。

64．蔡建国著：《蔡元培与近代中国》，上海社会科学院出版社 1997 年版。

65．蔡元培著，中国蔡元培研究会编：《蔡元培全集》（七卷本，1927 ~ 1930），浙江教育出版社 1997 年版。

66．陈平原、郑勇编：《追忆蔡元培》，中国广播电视出版社 1997 年版。

67．陈万雄著：《五四新文化的源流》，三联书店 1997 年版。

68．刘为民著：《"赛先生"与五四新文学》，山东大学出版社 1997 年版。

69．吴二持著：《胡适文化思想论析》，东方出版社 1998 年版。

70．彭明著：《五四运动史》，人民出版社 1998 年版。

71．张宝明著：《启蒙与革命："五四"激进派的两难》，学林出版社 1998 年版。

72．刘纳著：《嬗变：辛亥革命时期至五四时期的中国文学》，中国社会科学出版社 1998 年版。

73．马贵明等编：《五四爱国运动》，中国少年儿童出版社 1998 年版。

74．贾兴权著：《陈独秀传》，山东人民出版社 1998 年版。

75．高平叔撰著：《蔡元培年谱长编（1917—1926）》，人民教育出版社

1998 年版。

76. 王跃、高力克选编：《五四：文化的阐释与评价——西方学者论五四》，山西人民出版社 1989 年版，中共中央党校出版社 1999 年版。

77. 任建树著：《陈独秀大传》，上海人民出版社 1999 年版。

78. 李大钊著，《李大钊全集》编委会编：《李大钊全集》，河北教育出版社 1999 年版。

79. 朱成甲著：《李大钊早期思想与近代中国》，人民出版社 1999 年版。

80. 陈独秀等著，王中江、苑淑娅选编：《新青年：民主与科学的呼唤》，中州古籍出版社 1999 年版。

81. 〔美〕周策纵著：《五四运动史》，岳麓书社 1999 年版。

82. 王章维等著：《"五四"与中国现代化》，北京师范大学出版社 1999 年版。

83. 陈平原、夏晓虹主编：《触摸历史：五四人物与现代中国》，广州出版社 1999 年版。

84. 耿云志编撰：《胡适》，人民日报出版社 1999 年版。

85. 朱志敏编撰：《李大钊》，人民日报出版社 1999 年版。

86. 唐宝林编撰：《陈独秀》，人民日报出版社 1999 年版。

87. 余英时等著：《五四新论：既非文艺复兴，亦非启蒙运动》，台北联经出版事业公司 1999 年版。

88. 张光芒著：《决绝与新生：五四文学现代化转型新论》，中国文联出版社 1999 年版。

89. 张小平著：《中国之民主精神》，四川人民出版社 2000 年版。

90. 李世涛著：《知识分子立场》，时代文艺出版社 2000 年版。

91. 常丕军著：《五四运动史话》，社会科学文献出版社 2000 年版。

92. 程光炜编：《周作人评说 80 年》，中国华侨出版社 2000 年版。

93. 朱文华著：《再造文明的奠基石：五四新文化运动三大思想家散论》，上海教育出版社、上海世纪出版集团 2000 年版。

94. 张宝明、刘云飞著：《陈独秀的最后十年》，河南人民出版社 2000 年版。

95. 吴晓著：《陈独秀传奇》，四川人民出版社 2000 年版。

96. 晋荣东著：《李大钊哲学研究》，华东师范大学出版社 2000 年版。

97．辛向阳主编：《世纪之梦：中国人对民主与科学的百年追求》，山东人民出版社 2000 年版。

98．郝斌主编：《五四运动与二十世纪的中国》，社会科学文献出版社 2001 年版。

99．张忠栋等主编：《科学精神与科学方法：纪念"五四"八十周年》，唐山出版社 2001 年版。

100．蔡元培等著，杨东平编：《大学精神：五四前后知识分子论大学精神之经典文献》，立绪文化事业公司 2001 年版。

101．周质平著：《胡适与中国现代思潮》，南京大学出版社 2002 年版。

102．喻天舒著：《五四文学思想主流与基督教文化》，昆仑出版社 2003 年版。

103．张艳国著：《破与立的文化激流：五四时期孔子及其学说的历史命运》，花城出版社 2003 年版。

104．马以鑫著：《五四思潮史》，中国文联出版社 2003 年版。

105．高力克著：《五四的思想世界》，学林出版社 2003 年版。

106．沈寂主编，安徽省陈独秀研究会、安徽大学陈独秀研究中心编：《陈独秀研究》（第二辑），安徽大学出版社 2003 年版。

107．贾立臣著：《陈独秀思想发展轨迹》，中国档案出版社 2003 年版。

108．杨金荣著：《角色与命运：胡适晚年的自由主义困境》，三联书店 2003 年版。

109．章清著：《"胡适派学人群"与现代中国自由主义》，上海古籍出版社 2004 年版。

110．董德福著：《梁启超与胡适：两代知识分子学思历程的比较研究》，吉林人民出版社 2004 年版。

111．李权兴、李志强、张秀华著：《李大钊》，时代文艺出版社 2004 年版。

112．方敏著：《"五四"后三十年民主思想研究》，商务印书馆 2004 年版。

113．刘德军编著：《五四运动山东潮》，中共党史出版社 2005 年版。

114．陈平原著：《触摸历史与进入五四》，北京大学出版社 2005 年版。

115．胡明著：《胡适思想与中国文化》，广西师范大学出版社 2005

年版。

116. 杨国良著：《胡适的精神之旅》，江苏教育出版社 2005 年版。

117. 郭淑新著：《胡适与中国传统哲学的现代转换》，安徽人民出版社 2005 年版。

118. 梁柱著：《蔡元培教育思想论析》，高等教育出版社 2006 年版。

119. 王瑞著：《鲁迅胡适文化心理比较：传统与现代的徘徊》，社会科学文献出版社 2006 年版。

120. 刘黎红著：《五四文化保守主义思潮研究》，中国社会科学出版社 2006 年版。

121. 李茂民著：《在激进与保守之间：梁启超五四时期的新文化思想》，社会科学文献出版社 2006 年版。

122. 洪峻峰著：《思想启蒙与文化复兴：五四思想史论》，人民出版社 2006 年版。

123. 朱洪著：《陈独秀与胡适》，湖北人民出版社 2006 年版。

124. 祝彦著：《晚年陈独秀：1927—1942》，人民出版社 2006 年版。

125. 李海春著：《论日本对马克思主义哲学中国化的研究：李大钊、毛泽东、邓小平三个典型个案研究》，内蒙古人民出版社 2006 年版。

126. 杜全忠编著：《李大钊研读》，中央编译出版社 2006 年版。

127. 易竹贤著：《胡适传》，湖北人民出版社 2006 年版。

128. 李季著：《胡适中国哲学史大纲批判》［缩微品］，全国图书馆文献缩微中心 2006 年版。

129. 罗志田著：《再造文明的尝试：胡适传（1891—1929）》，中华书局 2006 年版。

130. 欧阳哲生选编：《胡适论哲学》，安徽教育出版社 2006 年版。

131. 沈寂著：《陈独秀传论》，安徽大学出版社 2007 年版。

132. 沈寂主编，安徽省陈独秀研究会、中共怀宁县委员会编：《陈独秀研究》（第三辑），安徽大学出版社 2007 年版。

133. 董根明著：《陈独秀与近代中国》，合肥工业大学出版社 2007 年版。

134. 夏康农著：《论胡适与张君劢》［缩微品］，全国图书馆文献缩微中心 2007 年版。

135. 孙郁著：《鲁迅与胡适》，长江文艺出版社 2007 年版。

136. 王稼句选编：《胡适论宗教》，安徽教育出版社 2007 年版。

137. 止庵选编：《胡适论社会》，安徽教育出版社 2007 年版。

138. 张越著：《新旧中西之间：五四时期的中国史学》，北京图书馆出版社 2007 年版。

139. ［美］舒衡哲著，刘京建译：《中国启蒙运动：知识分子与五四遗产》，新星出版社 2007 年版。

140. 王玉生著：《蔡元培大学教育思想论纲》，光明日报出版社 2007 年版。

141. 袁征著：《孔子·蔡元培·西南联大：中国教育的发展和转折》，人民日报出版社 2007 年版。

142. 刘岸挺著：《两大轴心时代：先秦与五四：中国精神文化史之两叶》，内蒙古大学出版社 2008 年版。

143. 杨亮功著：《五四》，黄山书社 2008 年版。

144. 罗荣渠主编：《从"西化"到现代化：五四以来有关中国的文化趋向和发展道路论争文选》，黄山书社 2008 年版。

145. 欧阳哲生著：《欧阳哲生讲胡适》，北京大学出版社 2008 年版。

146. 林贤治著：《五四之魂：中国知识分子精神史》，广西师范大学出版社 2008 年版。

（二）　论文类

1. 沙健孙：《五四后期的陈独秀是不是马克思主义者?》，《北京大学学报》1979 年第 3 期。

2. 耿云志：《胡适与五四时期的新文化运动》，《历史研究》1979 年第 5 期。

3. 彭明：《李大钊是中国最早的马克思主义者》，《教学与研究》1979 年第 6 期。

4. 胡曲园：《评胡适在五四前后的哲学思想》，《复旦学报》1979 年第 8 期。

5．邓野：《试论"五四"陈独秀世界观的演变》，《近代史研究》1980年第4期。

6．吕明灼：《五四时期李大钊对孔门伦理的批判》，《东岳论丛》1981年第1期。

7．李娟：《五四时期陈独秀哲学思想初探》，《四川大学学报》1983年第3期。

8．李振霞：《李大钊的哲学思想》，《人民日报》1983年10月28日。

9．杨金鑫：《论李大钊对孔子的批判》，《史学月刊》1984年第1期。

10．彭明：《"五四"研究断想》，《教学与研究》1984年第3期。

11．曾乐山：《论胡适的文化观》，《华东师范大学学报》1984年第5期。

12．杜蒸民：《李大钊早期哲学思想探源》，《齐鲁学刊》1985年第1期。

13．汪澍白：《五四前期毛泽东的政治思想与活动》，《厦门大学学报》1985年第3期。

14．黎永泰：《新文化运动中毛泽东对封建伦理的批判》，《青海社会科学》1985年第6期。

15．贾顺先：《论吴虞"反孔"的是与非》，《社会科学研究》1986年第2期。

16．黄克剑：《陈独秀和他的〈东西民族根本思想之差异〉》，《读书》1986年第3期。

17．庹平：《关于"五四"时期"问题与主义"论战的阶级划分问题——与谭双泉同志商榷》，《贵州社会科学》1986年第4期。

18．储昭华：《论"西化"及中国传统文化的现实出路——兼论胡适的"全盘西化"思想》，《社会科学评论》1986年第10期。

19．陈卫平：《论严复和胡适的中西哲学结合》，《华东师范大学学报》1987年第3期。

20．欧阳哲生：《五四时期胡适资产阶级改良主义思想平议》，《求索》1987年第6期。

21．赵德志：《"五四"后西方哲学的输入及其影响》，《中国哲学史研究》1988年第1期。

22. 刘再复、林岗：《"五·四"文化革命与人的现代化》，《文艺研究》1988 年第 3 期。

23. 王杰：《吴虞对儒学封建礼教的评判》，《孔子研究》1988 年第 4 期。

24. 葛雍：《萧萐父教授访问记》，《天津社会科学》1988 年第 4 期。

25. 黄珅：《评刘晓波的〈选择的批判〉》，《文艺理论研究》1989 年第 1 期。

26. 冯契：《"五四"精神与反权威主义》，《书林》1989 年第 1 期。

27. 王元化：《为五四精神一辨》，《新启蒙》1989 年第 1 期。

28. 黄克剑：《"五四"文化价值取向论略》，《建福论坛》1989 年第 2 期。

29. 朱允兴：《试论五四新文化运动的几个问题》，《兰州大学学报》1989 年第 2 期。

30. 沈谦芳：《"将中国变成一个有声的中国"——谈五四时期的百家争鸣》，《兰州大学学报》1989 年第 2 期。

31. 张国钧：《五四与中国当代伦理精神》，《兰州大学学报》1989 年第 2 期。

32. 邹兆辰：《五四运动中的社会心理与爱国精神》，《北京师范学院学报》1989 年第 2 期。

33. 王海滨等：《论打倒孔家店的现实意义》，《北京师范学院学报》1989 年第 2 期。

34. 包霄林：《发扬"五四"的理性精神》，《福建论坛》1989 年第 2 期。

35. 谢重光：《"五四"精神与文化的多元化》，《福建论坛》1989 年第 2 期。

36. 谭华孚：《五四精神的倾斜》，《福建论坛》1989 年第 2 期。

37. 潘征：《民主的灵魂是人文精神》，《福建论坛》1989 年第 2 期。

38. 包霄林：《发扬"五四"的理性精神》，《福建论坛》1989 年第 2 期。

39. 李贵仁：《未竟之伟业向何处去——谈"五·四"运动兼与刘晓波二次论辩》，《华人世界》1989 年第 2 期。

40．刘晓波：《启蒙的悲剧——"五·四"运动批判》，《华人世界》1989 年第 2 期。

41．王润生：《"五四"的局限》，《光明日报》1989 年 2 月 22 日。

42．魏民康：《"五四"思想启蒙运动的反思》，《社会科学报》1989 年 2 月 23 日。

43．张德旺：《论五四新文化运动的下限及其统一战线的终结》，《社会科学战线》1989 年第 2 期。

44．张梦阳：《五四"民主"口号的梦幻感与中国知识分子的虚弱性》，《学术研究》1989 年第 2 期。

45．季甄馥：《五四时期陈独秀的哲学思想述评》，《中国哲学史研究》1989 年第 2 期。

46．刘林平：《胡适的实用主义及其对五四新文化运动的影响》，《中国哲学史研究》1989 年第 2 期。

47．陈鸣树：《为了人的解放：我对五四精神的理解》，《学术研究》1989 年第 2 期。

48．赖仁光：《论五四精神与现代化建设》，《江西师范大学学报》1989 年第 2 期。

49．黄志英：《"五四"启蒙与中国现代化的历史进程》，《华南师范大学学报》1989 年第 2 期。

50．唐昌黎：《论五四以来的革命与破坏主义》，《晋阳学刊》1989 年第 2 期。

51．徐素华：《五四运动与中国现代哲学》，《孔子研究》1989 年第 2 期。

52．鲁振祥：《五四运动研究述评》，《近代史研究》1989 年第 2 期。

53．张星星：《五四时期新思潮传播的社会心理原因》，《史学月刊》1989 年第 2 期。

54．李振霞：《继承"五四"传统，发扬学术民主》，《中国哲学史研究》1989 年第 3 期。

55．张立文：《现代化的文化启蒙》，《复旦学报》1989 年第 3 期。

56．刘京希：《山东大学纪念五四运动 70 周年学术讨论会纪要》，《文史哲》1989 年第 3 期。

57. 孙琰等：《"五四新文化运动与中国现代哲学"学术讨论会综述》，《中国哲学史研究》1989年第3期。

58. 王沪宁：《新政治价值合理性的体认：以"五四"为中轴》，《复旦学报》1989年第3期。

59. 周振鹤：《对传统文化再认识的飞跃——五四新文化运动的一个剖析》，《复旦学报》1989年第3期。

60. 朱文华：《改造中国人的文化心态是中国现代化的前提——五四新文化运动的一条历史启示》，《复旦学报》1989年第3期。

61. 陈建远：《从"五四"运动看中国新文化建设的方向》，《复旦学报》1989年第3期。

62. 陈杰：《试论"五四"时期的文化选择》，《江海学刊》1989年第3期。

63. 葛剑雄：《论新文化在中国传播的政治机制》，《复旦学报》1989年第3期。

64. 刘禹轩：《纵论海洋文化与商品经济——为纪念五四运动七十周年而作》，《东岳论丛》1989年第3期。

65. 何中华：《试论中国文化的启蒙与超越——纪念五四运动70周年》，《文史哲》1989年第3期。

66. 颜炳罡：《五四·新儒家·现代文化建构》，《文史哲》1989年第3期。

67. 陈金川：《超越五四时期的反传统主义》，《中州学刊》1989年第3期。

68. 黄曼君：《回归中的超越——对"五四"文化精神的反思与辨析》，《华中师范大学学报》1989年第3期。

69. 王又平：《走出"泛政治意识形态"——"五四"精神反省和现代文化建构刍议》，《华中师范大学学报》1989年第3期。

70. 周天度：《蔡元培和五四新文化运动》，《民国春秋》1989年第3期。

71. 易竹贤：《胡适与中国文学的现代化——纪念五四运动70周年》，《武汉大学学报》1989年第3期。

72. 孙玉石：《反传统与先驱者的文化选择意识》，《北京大学学报》

1989 年第 3 期。

73. 夏文斌：《二十世纪中国的两种文化形态——从五四到当代》，《北京大学学报》1989 年第 3 期。

74. 程舒伟：《"五四"的科学精神》，《东北师大学报》1989 年第 3 期。

75. 雷颐：《从"科玄之争"看五四后科学思潮与人本思潮的冲突》，《近代史研究》1989 年第 3 期。

76. 智效民：《试论胡适在"五四"时期的政治主张——兼评"问题和主义"之争》，《青海社会科学》1989 年第 3 期。

77. 杨向奎：《五四时代的胡适、傅斯年、顾颉刚三位先生》，《文史哲》1989 年第 3 期。

78. 蔡尚思：《胡适在新文化运动中的历史作用》，《青海社会科学》1989 年第 3 期。

79. 谢冕：《盗火者的悲凉》，《上海文论》1989 年第 3 期。

80. 严家炎：《关于五四新文化运动的反思》，《上海文论》1989 年第 3 期。

81. 黄子平：《演戏或者无所为》，《上海文论》1989 年第 3 期。

82. 王富仁：《中国知识分子的文化心态》，《上海文论》1989 年第 3 期。

83. 赵圆：《由魏晋名士想到五四知识分子》，《上海文论》1989 年第 3 期。

84. 刘晓波：《从"牺牛"到"娼优"》，《上海文论》1989 年第 3 期。

85. 叶廷芳：《中国需要补启蒙运动这一课》，《上海文论》1989 年第 3 期。

86. 钱理群：《由"历史"引起的"隐忧"》，《上海文论》1989 年第 3 期。

87. 逄增玉：《"五四"：启蒙的历史与今天的反思》，《东北师大学报》1989 年第 3 期。

88. 张静如等：《自由与五四启蒙》，《近代史研究》1989 年第 3 期。

89. 杨春时：《五四精神的命运》，《学习与探索》1989 年第 3 期。

90. 耿云志：《五四新文化运动再认识》，《中国社会科学》1989 年第

3 期。

91. 王富仁：《对全部中国文化的现代化追求——论五四新文化运动的意义》，《中国社会科学》1989 年第 3 期。

92. 戢克非等：《五四精神的断裂与中国现代文化的重建》，《学习与探索》1989 年第 3 期。

93. 王毅武：《五四运动与中国社会主义经济思想》，《青海社会科学》1989 年第 3 期。

94. 董学文：《五四运动与中国现代化发展方向的选择——兼论什么是"五四"精神》，《北京大学学报》1989 年第 3 期。

95. 张信：《"五四"精神与学术繁荣》，《内蒙古社会科学》1989 年第 3 期。

96. 庞朴：《以五四精神继承五四精神》，《文史哲》1989 年第 3 期。

97. 吴传煌等：《五四精神的再认识》，《社会科学》1989 年第 3 期。

98. 林非：《对"五四"启蒙与"文学革命"的反思》，《中州学刊》1989 年第 3 期。

99. 陈依元：《"五四"精神：反思与超越》，《青海社会科学》1989 年第 3 期。

100. 孙思白：《纪念五四运动 70 周年断想》，《文史哲》1989 年第 3 期。

101. 栗劲：《对五四时期法学上反传统的新评价——纪念五四运动七十周年》，《中国法学》1989 年第 3 期。

102. 郭罗基：《中国的现代需要新启蒙——纪念五四运动 70 周年》，《南京大学学报》1989 年第 3 期。

103. 彭明：《五四运动史研究的几个问题》，《文史哲》1989 年第 3 期。

104. 张洪恩等：《跨世纪的文化重构——近现代中国知识分子思想历程之反思（为纪念"五四"运动而作）》，《宁夏社会科学》1989 年第 3 期。

105. 邹平：《现代文化起点——五四新文化的重新认识》，《上海文论》1989 年第 3 期。

106. 陈思和：《"五四"与当代——对一种学术萎缩现象的断想》，《复旦学报》1989 年第 3 期。

107. 立文：《现代化的文化启蒙——"五四"科学与民主精神的历史

反思》，《复旦学报》1989 年第 3 期。

108. 谢遐龄：《重释"五四精神"，吸收儒学思想——论"科学与民主"之本真意义及其他》，《复旦学报》1989 年第 3 期。

109. 龚书铎：《"五四"时期的反传统》，《北京师范大学学报》1989 年第 3 期。

110. 郑大华：《文化保守主义与"五四"新文化运动》，《北京师范大学学报》1989 年第 3 期。

111. 王致中：《关于民主与科学问题的若干思考》，《社会科学》1989 年第 3 期。

112. 李振纲：《论"五四"文化启蒙及其历史命运》，《河北学刊》1989 年第 3 期。

113. 王维国等：《"五四"新文化运动任务的完成与商品经济的勃兴》，《河北学刊》1989 年第 3 期。

114. 李景彬：《五四文化意识的反思与中国文化结构的重建》，《文史哲》1989 年第 3 期。

115. 樊洪业：《"赛先生"与新文化运动——科学社会史的考察》，《历史研究》1989 年第 3 期。

116. 乔丛启等：《五四运动与中国法律文化》，《法学研究》1989 年第 3 期。

117. 王德祥：《五四运动与民主宪政》，《法学研究》1989 年第 3 期。

118. 彭明：《论五四时期的理性精神》，《历史研究》1989 年第 3 期。

119. 王桧林：《五四时期民主思想的演变》，《历史研究》1989 年第 3 期。

120. 丁守和：《关于五四运动的几个问题》，《历史研究》1989 年第 3 期。

121. 赵士林：《发扬"五四"精神，充实"五四"传统——"五四"前夕访王蒙》，《中国文化报》1989 年 4 月 19 日。

122. 闾小波：《我们应在四个方面超越"五四"》，《中国文化报》1989 年 4 月 19 日。

123. 刘延东：《发扬五四精神，创造新的业绩——在纪念五四运动七十周年青年运动理论讨论会上的讲话（一九八九年四月二十一日）》，《中国青年报》1989 年 4 月 28 日。

124．敏泽：《关于传统文化与现代化问题——纪念五四运动七十周年》，《哲学研究》1989 年第 4 期。

125．于光远：《为了改革开放和现代化社会主义建设事业的胜利——纪念五四运动七十周年》，《人民日报》1989 年 4 月 26 日。

126．韩凌轩：《五四传统与中国现代化》，《文史哲》1989 年第 4 期。

127．王鹏令：《论当代中国的文化选择——为纪念五四运动 70 周年而作》，《光明日报》1989 年 4 月 3 日。

128．《五四的是是非非——李泽厚先生答问录》，《文汇报》1989 年 4 月 11 日。

129．黄万盛：《论"五四"反传统的性质与意义》，《光明日报》1989 年 4 月 14 日。

130．纪树立：《科玄论战：五四启蒙的价值偏转》，《文汇报》1989 年 4 月 18 日。

131．苏双碧：《五四运动和传统文化》，《光明日报》1989 年 4 月 19 日。

132．李小兵：《从"国"的富强到"民"的解放——对五四运动的历史思考》，《经济学周报》1989 年 4 月 23 日。

133．金冲及：《五四时期先进分子对社会主义的探索》，《光明日报》1989 年 4 月 24 日。

134．何满子：《面临着五四运动的起跑线》，《解放日报》1989 年 4 月 26 日。

135．何家成：《五四精神与四化精神》，《中国青年报》1989 年 4 月 27 日。

136．黄万盛：《也谈五四时代的科学观》，《中国青年报》1989 年 4 月 27 日。

137．秦千里：《五四时期中国新知识群体的崛起》，《光明日报》1989 年 4 月 28 日。

138．殷伟：《论发展社会主义民主新文化——纪念五四运动七十周年》，《文汇报》1989 年 4 月 29 日。

139．汪澍白：《思想启蒙运动的曲折道路》，《中国青年报》1989 年 4

月29日。

140．高瑜：《站在今天说话——夏衍、秦晓鹰关于"五四"的对话》，《经济学周报》1989年4月30日。

141．高增德：《五四运动与马克思主义》，《社会科学研究》1989年第4期。

142．刘成根：《五四运动与思想解放》，《社会科学研究》1989年第4期。

143．萧焜焘：《"五四"科学精神的由来与发展》，《江海学刊》1989年第4期。

144．张昌志：《关于五四运动的几个问题》，《社会科学研究》1989年第4期。

145．刘茂才：《论科学与民主的整合意识——为纪念五四运动七十周年而作》，《社会科学研究》1989年第4期。

146．杨百揆：《"五四"思潮在伦理道德问题上的偏失》，《江西社会科学》1989年第4期。

147．蔡方鹿：《弘扬五四精神与建立社会主义新文化》，《社会科学研究》1989年第4期。

148．胡义成：《"五四"新文化运动是资本主义性质吗?》，《中州学刊》1989年第4期。

149．胡思庸：《"五四"的反传统与当代的文化热》，《中州学刊》1989年第4期。

150．崔大华：《"五四"的文化选择与今天的精神建设》，《中州学刊》1989年第4期。

151．王晓秋：《论五四运动与中外文化的交融》，《社会科学研究》1989年第4期。

152．钱理群：《对于"五·四"的否定与背离》，《华人世界》1989年第4—5期。

153．马立诚：《"五·四"运动的一个重大缺陷》，《华人世界》1989年第4—5期。

154．周修强：《两代人对"五·四"运动的不同认识》，《华人世界》1989年第4—5期。

155．丁守和：《"五·四"精神和中国现代化》，《华人世界》1989 年第 4—5 期。

156．厉以宁：《商品经济新文化——"五·四"以来经济与文化关系的探讨》，《华人世界》1989 年第 4—5 期。

157．邱兵等：《戴逸问答录："五四"精神的源源本本》，《中国青年报》1989 年 5 月 6 日。

158．杨雄里：《积极切实地推进民主建设》，《文汇报》1989 年 5 月 5 日。

159．金永华：《"五四"精神与个体解释》，《文汇报》1989 年 5 月 16 日。

160．李鸿烈：《中国现代宁馨儿难产探微》，《天津社会科学》1989 年第 5 期。

161．杨国荣：《科学的泛化及其历史意蕴——五四时期科学思潮再评价》，《哲学研究》1989 年第 5 期。

162．本刊编辑部：《让"五四"传统在深化改革中发扬光大——纪念五四运动七十周年》，《贵州社会科学》1989 年第 5 期。

163．张立文：《现代化的伟大启蒙——"五四"科学与民主精神的历史反思》，《社会科学》1989 年第 5 期。

164．陈来：《五四文化思潮反思》，《读书》1989 年第 5 期。

165．孙月才：《胡适实用主义与"五四"启蒙——兼评五十年代的"胡适思想批判"》，《学术月刊》1989 年第 5 期。

166．张同基：《"五四"思想解放运动的正道与迷途》，《宁夏社会科学》1989 年第 5 期。

167．董学文：《"五四"前后李大钊的文学思想——纪念李大钊诞辰一百周年》，《文艺理论与批评》1989 年第 5 期。

168．周武：《论"五四"启蒙的内在冲突》，《社会科学》1989 年第 5 期。

169．吕明灼：《五四批孔真相——"打倒孔家店"辨析》（上），《齐鲁学刊》1989 年第 5 期。

170．邓伟志：《提高"德先生"的社会地位》，《文汇报》1989 年 5 月 5 日。

171. 邢东风：《"五四"时期的传统文化批判》，《中国文化报》1989年5月10日。

172. 李瑞英：《从"五四"精神反思到现实问题的深层探索》，《光明日报》1989年5月19日。

173. 刘奔等：《历史·现实·历史观——五四运动及其评价的反思》，《哲学研究》1989年第5期。

174. 刘奔等：《历史·现实·历史观——五四运动及其评价的反思》（续完），《哲学研究》1989年第6期。

175. 吕明灼：《五四批孔真相——"打倒孔家店"辨析》（下），《齐鲁学刊》1989年第6期。

176. 郑强胜：《五四文化思潮与马克思主义传播》，《中州学刊》1989年第6期。

177. 杨百揆：《"五四"思潮在伦理道德问题上的偏失》，《中国文化报》1989年6月28日。

178. 金冲及：《他们为什么选择了社会主义？——五四时期先进青年思想变动轨迹的剖析》，《人民日报》1989年8月21日。

179. 黄修荣：《七十年前的五四运动》，《瞭望》1989年第17期。

180. 敏泽：《论所谓"五四"启蒙精神的"失落"和"回归"》，《求是》1989年第18期。

181. 刘再复：《"五四"启蒙精神的"失落"和"回归"》，《求是》1989年第18期。

182. 谢林：《也谈"启蒙"与"救亡"》，《西北师大学报》1990年第4期。

183. 魏德东：《反传统主义与保守主义："五四"精英传统道德观论略》，《天津社会科学》1990年第6期。

184. 韩凌轩：《五四时期历史人物研究的回顾与展望》，《文史哲》1991年第2期。

185. 陆先高：《建设有中国特色的社会主义文化研讨会强调：文化研究必须坚持社会主义方向》，《光明日报》1991年4月13日。

186. 龚书铎：《辛亥文化革新与"五四"新文化运动》，《北京师范大学学报》1991年第5期。

187．欧阳哲生：《试论中国新文化运动的传统起源》，《社会科学战线》1992 年第 2 期。

188．徐胜萍：《海外与港台学者五四运动史研究综述》，《东北师范大学学报》1994 年第 2 期。

189．齐卫平：《试论五四时期知识分子的使命感》，《江淮论坛》1994 年第 3 期。

190．胡明：《胡适与中国文学的现代转型》，《学术月刊》1994 年第 4 期。

191．刘长林：《试论陈独秀评判孔子之道的历史作用：兼与林毓生"陈独秀全盘反孔说"商榷》，《孔子研究》1995 年第 2 期。

192．魏绍馨：《五四新文化运动探源》，《齐鲁学刊》1995 年第 3 期。

193．段培君：《论五四新文化结构的意义》，《社会科学辑刊》1995 年第 5 期。

194．李登贵：《五四精神：重评还是重申？五四精神与传统文化学术座谈会述评》，《哲学研究》1995 年第 5 期。

195．耿云志：《发扬"五四"传统，弘扬"五四"精神》，《光明日报》1996 年 4 月 30 日。

196．谷方：《五四运动的"破"与"立"：兼评"告别革命"论》，《马克思主义研究》1996 年第 4 期。

197．宋小庆：《关于五四运动评价中的几个问题》，《求是》1996 年第 13 期。

198．金太军：《五四前后民主未能在中国扎根的原因探析》，《人文杂志》1997 年第 4 期。

199．殷培君：《论五四新文化结构的构成与整合》，《浙江大学学报》1997 年第 6 期。

200．严家炎：《"五四"·"文革"·传统文化》，《中国文化报》1998 年 2 月 21 日。

201．王元化：《我对"五四"新文化运动的再认识》，《炎黄春秋》1998 年第 5 期。

202．丁守和：《五四精神与现代化》，《民主与科学》1999 年第 2 期。

203．梁景和：《五四时期伦理文化的论战与演变》，《人文杂志》1999

年第 2 期。

204．张静如：《"五四"与中国社会现代化》，《北京师范大学学报》1999 年第 2 期。

205．李良玉：《五四新文化运动与全盘反传统问题：兼与林毓生先生商榷》，《南京大学学报》1999 年第 2 期。

206．张天行：《五四启蒙思想家的化约倾向与突破》，《中国哲学史》1999 年第 2 期。

207．王先俊：《五四时期的"东方文化救世论"思潮》，《中国哲学史》1999 年第 2 期。

208．张静：《北京大学纪念"五四运动"八十周年国际学术研讨会综述》，《北京大学学报》1999 年第 3 期。

209．何建华：《五四新文化运动的两面旗帜》，《实事求是》1999 年第 3 期。

210．左克厚：《论儒家文化的命运：纪念"五四"80 周年》，《青海社会科学》1999 年第 3 期。

211．黄振位：《略论五四精神》，《广东社会科学》1999 年第 3 期。

212．朱敏彦、李明灿：《指引当代中国胜利前进的伟大旗帜：纪念五四运动八十周年》，《毛泽东邓小平理论研究》1999 年第 3 期。

213．戴逸：《民主、科学和马克思主义》，《北京大学学报》1999 年第 3 期。

214．董学文：《五四运动与现代文化方向》，《文艺理论与批评》1999 年第 3 期。

215．欧阳军喜：《五四新文化运动与儒学：误解及其他》，《历史研究》1999 年第 3 期。

216．欧阳军喜：《五四运动研究历程回顾与检视座谈会综述》，《历史研究》1999 年第 3 期。

217．王同毅：《纪念五四运动，弘扬五四精神》，《中国特色社会主义研究》1999 年第 3 期。

218．黄楠森：《五四新文化运动的主要思潮与今日中国》，《中国特色社会主义研究》1999 年第 3 期。

219．吕明灼：《再论五四批孔》，《齐鲁学刊》1999 年第 3 期。

220．黄楠森：《五四新文化运动与自由主义》，《文艺理论与批评》1999 年第 3 期。

221．邹兆辰：《五四时期爱国精神的形成及其影响》，《光明日报》1999 年 4 月 9 日。

222．刘志光：《"五四"与马克思主义在中国的早期传播》，《光明日报》1999 年 4 月 16 日。

223．龚育之：《"纪念五四"的历史回顾和当代意义》，《光明日报》1999 年 4 月 19 日。

224．袁建达：《"让我们共同继承发扬'五四'精神"：访"五四"运动参加者雷洁琼》，《人民日报》1999 年 4 月 20 日。

225．金冲及：《五四运动八十年祭》，《人民日报》1999 年 4 月 20 日。

226．刘利华：《"五四"精神的特征》，《光明日报》1999 年 4 月 23 日。

227．陈涌：《"五四"文化革命的评价问题》，《人民日报》1999 年 4 月 24 日。

228．中国社会科学院邓小平理论研究中心：《五四运动的伟大历史意义》，《光明日报》1999 年 4 月 26 日。

229．国家教育部邓小平理论研究中心：《五四时期的民主和科学精神》，《人民日报》1999 年 4 月 27 日。

230．邵华泽：《纪念五四，着眼未来》，《人民日报》1999 年 4 月 29 日。

231．彭明：《五四运动与二十世纪中国：纪念五四运动八十周年》，《光明日报》1999 年 4 月 30 日。

232．耿云志：《五四新文化运动的历史地位》，《中国文化研究》1999 年第 4 期。

233．邓晓芒：《继承五四，超越五四：新批判主义宣言》，《科学·经济·社会》1999 年第 4 期。

234．黄克武：《"五四话语"之反省的再反省：当代大陆思潮与顾昕的〈中国启蒙的历史图景〉》，《科学·经济·社会》1999 年第 4 期。

235．胡国亨：《迈向德智合一的社会：对五四的反思》，《科学·经济·社会》1999 年第 4 期。

236．任贵祥：《"五四运动与二十世纪的中国"国际学术讨论会综述》，

《中共党史研究》1999 年第 4 期。

237. 黄楠森：《略论五四传统》，《学习与探索》1999 年第 4 期。

238. 易竹贤：《民主与科学在中国的历史嬗变：纪念"五四"运动 80 周年》，《求索》1999 年第 4 期。

239. 郭德宏：《弘扬五四精神，实现民族振兴》，《光明日报》1999 年 5 月 3 日。

240. 徐文新、李玉琦：《回首八十年历程，展望新世纪重任：写在五四运动八十周年之际》，《光明日报》1999 年 5 月 3 日。

241. 《肩负起振兴中华的伟大使命：纪念五四运动八十周年》（社论），《光明日报》1999 年 5 月 4 日。

242. 戴逸：《五四运动的光辉道路》，《人民日报》1999 年 5 月 4 日。

243. 胡锦涛：《发扬伟大的爱国主义精神为建设有中国特色社会主义努力奋斗：在五四运动八十周年纪念大会上的讲话（1999 年 5 月 4 日）》，《人民日报》1999 年 5 月 5 日。

244. 龚书铎：《正确评价五四新文化运动》，《人民日报》1999 年 5 月 6 日。

245. 吴雄丞：《全面把握五四精神》，《光明日报》1999 年 5 月 7 日。

246. 李君如：《五四运动和马克思主义》，《文汇报》1999 年 5 月 10 日。

247. 彭珮云、雷洁琼、周强：《发扬爱国主义的光荣传统，肩负时代赋予的崇高责任：纪念五四运动八十周年座谈会讲话发言摘要》，《人民日报》1999 年 5 月 18 日。

248. 郭东：《论五四新文化运动的历史意义》，《江西社会科学》1999 年第 5 期。

249. 张锡勤：《论五四新文化运动对戊戌思潮的继承与超越》，《哲学研究》1999 年第 5 期。

250. 哲学研究编辑部：《以史为镜，可以知错：纪念五四运动八十周年》（之一），《哲学研究》1999 年第 5 期。

251. 侯宗肇：《关于五四新文化运动的几点思考》，《江西社会科学》1999 年第 5 期。

252. 郭圣福：《五四时期社会主义思潮的水平评估》，《华东师范大学学报》1999 年第 5 期。

253．王元化：《对于五四的再认识答客问》，《开放时代》1999 年第 5—6 期。

254．哲学研究编辑部：《江山易改，本性难移：纪念五四运动八十周年》（之二），《哲学研究》1999 年第 6 期。

255．刘华丽、刘雅丽、王庆宇：《在世纪之交对"五四"科学观的反思》，《江西社会科学》1999 年第 6 期。

256．何祚庥：《弘扬科学精神，坚持科学精神，捍卫科学精神：为五四运动 80 周年而作》，《精神文明建设》1999 年第 6 期。

257．哲学研究编辑部：《不容诋毁的伟大爱国精神：纪念五四运动八十周年》（之三），《哲学研究》1999 年第 7 期。

258．任元彪：《"五四运动与中国的科学与社会学术讨论会"综述》，《自然辩证法研究》1999 年第 7 期。

259．哲学研究编辑部：《救国之本，兴邦之道：纪念五四运动八十周年》（之四），《哲学研究》1999 年第 8 期。

260．陈增辉：《李大钊对社会主义理论的探索》，《光明日报》1999 年 10 月 29 日。

261．许全兴：《简论五四创造精神：为纪念五四运动八十周年而作》，《理论动态》1999 年第 11 期。

262．邓文锋：《五四反传统中孔子的命运》，《河北学刊》2000 年第 1 期。

263．陈国庆、蔡礼强：《传统文化与精神文明建设》，《西北大学学报》2000 年第 1 期。

264．计志宏：《"五·四"时期的科学精神与党的科教兴国战略》，《曲靖师专学报》2000 年第 1 期。

265．宁敏峰：《论毛泽东思想中的"五四情结"》，《许昌师专学报》2000 年第 1 期。

266．罗检秋：《"整理国故"与五四新文化》，《教学与研究》2000 年第 1 期。

267．洪晓楠：《五四运动的历史诠释与话语重构》，《中共济南市委党校·济南市行政学院·济南市社会主义学院学报》2000 年第 1 期。

268．王青：《从胡适看五四时期知识分子的人格觉醒》，《晋阳学刊》2000 年第 1 期。

269．五月：《五四精神与马克思主义在中国的传播与发展学术讨论会》，《北京社会科学年鉴》2000 年。

270．陈来：《对新文化运动的再思考——从"五四"后期的梁漱溟说起》，《南昌大学学报》2000 年第 1 期。

271．洪文杰：《论"五四"时期东西文化论争中梁漱溟的文化思想》，《天中学刊》2000 年第 1 期。

272．欧阳军喜：《是"五四"，不是"五四"》，《民主与科学》2000 年第 2 期。

273．熊辉：《五四运动与农民》，《贵州师范大学学报》2000 年第 2 期。

274．袁庆新：《"五四"精神与现代化》，《自贡师范高等专科学校学报》2000 年第 2 期。

275．何锡章：《论"五四"精神的中断及其成因》，《海南师范学院学报》2000 年第 3 期。

276．袁伟时：《对冲击传统文化的三大误解：新文化运动再研究》，《开放时代》2000 年第 3 期。

277．罗志田：《走向国学与史学的"赛先生"——五四前后中国人心目中的"科学"一例》，《近代史研究》2000 年第 3 期。

278．吴鲁平：《弘扬五四精神　推动社会进步》，《中国青年政治学院学报》2000 年第 3 期。

279．李玉琦：《五四精神与 21 世纪中国青年》，《中国青年政治学院学报》2000 年第 3 期。

280．张成洁、莫宏伟：《"五四人"的矛盾特质》，《贵州师范大学学报》2000 年第 4 期。

281．陆士桢、吴庆：《简论五四精神与当代青年》，《中国青年政治学院学报》2000 年第 4 期。

282．贾振勇：《历史的平衡与选择——对五四文化保守主义的反思》，《淄博学院学报》2001 年第 1 期。

283．陈旭光：《盗火的"恶魔"——论"五四"前后西方现代主义的传入》，《广东社会科学》2001 年第 1 期。

284. 刘建平：《五四精神与中华民族新世纪的命运》，《重庆社会主义学院学报》2001 年第 1 期。

285. 丁英宏：《简论"五四"科学精神及其现实意义》，《石油大学学报》2001 年第 1 期。

286. 张刘聪：《艰难的突围——论胡适的学术与政治生涯》，《中州学刊》2001 年第 2 期。

287. 炎冰：《知识分子与五四运动》，《扬州大学学报》2001 年第 2 期。

288. 静芳：《五四精神的现代解读》，《辽宁大学学报》2001 年第 2 期。

289. 陈国庆：《中国传统文化价值浅论》，《西北大学学报》2001 年第 2 期。

290. 蔡文钦：《"五四"精神的深层透视》，《自贡师范高等专科学校学报》2001 年第 2 期。

291. 张静如、师吉金：《五四时代是创新的时代》，《中共党史研究》2001 年第 2 期。

292. 王桂妹：《五四文化激进主义寻踪》，《吉林大学社会科学学报》2001 年第 3 期。

293. 孔凡岭：《"五四运动"一词的最早出现及其涵义的演变》，《中共党史研究》2001 年第 3 期。

294. 黄玉顺：《"自由"的歧路——"五四"自由主义的两大脱离》，《学术界》2001 年第 3 期。

295. 刘绪贻：《继承和发扬"五四"运动中知识分子的批评精神》，《理论月刊》2001 年第 4 期。

296. 张光芒：《论中国现代文学的启蒙叙事》，《北方论丛》2001 年第 4 期。

297. 魏继洲：《冲破文言秩序的罗网——兼论五四学人的全面反传统态度》，《广西民族学院学报》2001 年第 4 期。

298. 吴效马：《五四时期妇女解放思潮的特点》，《浙江学刊》2001 年第 4 期。

299. 高续增：《以"五四"精神评价"五四"运动》，《中国国情国力》2001 年第 5 期。

300. 殷启翠：《论"五四"精神的时代意蕴》，《教育探索》2001 年第

7 期。

301．张光芒：《新启蒙运动与五四启蒙运动比较论》，《江西社会科学》2001 年第 9 期。

302．刘秀伦、邓广兰：《五四精神及其现实意义》，《西南民族学院学报》2001 年第 12 期。

303．张晨：《五四爱国精神的当代意义》，《陕西师范大学学报》2001 年第 S1 期。

304．刘玉凯、田建民：《"传统"与"断裂"的困惑——关于"五四与传统文化"的讨论》，《河北大学学报》2002 年第 1 期。

305．葛红兵：《中国现代文学精神》，《学术季刊》2002 年第 1 期。

306．董健：《五四精神和中国文化的现代化——2002 年 1 月 13 日在东南大学的演讲》，《江苏行政学院学报》2002 年第 2 期。

307．纪程：《发扬"'五四'精神"反对"新保守主义"》，《世纪桥》2002 年第 3 期。

308．罗玉成、罗成翼：《关于五四以来革命文化传统的思考》，《西南民族学院学报》2002 年第 3 期。

309．陈金川：《解读五四时期陈独秀的反传统主义》，《华侨大学学报》2002 年第 3 期。

310．高旭东：《对五四语言革命的再认识》，《齐鲁学刊》2002 年第 4 期。

311．卢玲：《五四新文化运动与建设有中国特色社会主义文化的关系》，《贵州民族学院学报》2002 年第 4 期。

312．季国清：《中国传统文化的向度及其运作方式》，《求是学刊》2002 年第 5 期。

313．陈敏荣：《对五四精神的重新审视》，《理论月刊》2002 年第 5 期。

314．叶振忠：《巴金与"五四精神"》，《中南民族大学学报》2003 年第 1 期。

315．黎韵：《"五四"自由精神的思考》，《长春市委党校学报》2003 年第 1 期。

316．董德福：《现代新儒家对五四新文化运动的省察梳要》，《江苏大学学报》2003 年第 1 期。

317．王献玲：《论自由主义在五四运动中的历史地位》，《郑州大学学报》2003 年第 1 期。

318．李炳全：《论"五四"科学精神对我国心理学的影响》，《内蒙古师范大学学报》2003 年第 1 期。

319．彭明：《尘封于史海中的几个片断——"五四"爱国思想回放》，《北京党史》2003 年第 3 期。

320．洪峻峰：《回望"轴心时代"——"五四"文艺复兴的理路》，《厦门大学学报》2003 年第 4 期。

321．傅江宏：《对五四时期"教育救国"论的重新评价》，《九江师专学报》2003 年第 4 期。

322．董一冰：《简论"五四"精神》，《牡丹江师范学院学报》2003 年第 5 期。

323．刘炎生：《评新保守主义思潮有关五四新文化运动的论调》，《学术研究》2003 年第 7 期。

324．荆世群：《近年来"五四"新文化运动研究概说》，《山西高等学校社会科学学报》2003 年第 8 期。

325．李翔海：《五四新文化运动与民族文化传统关系问题再探讨——以 20 世纪儒家思想的新开展为例》，《教学与研究》2003 年第 10 期。

326．涂永生：《"三个代表"和"五四"精神》，《临沧教育学院学报》2004 年第 1 期。

327．陈力君、黄擎：《言说与不可言说——20 世纪中国文学启蒙精神的话语流变》，《社会科学战线》2004 年第 1 期。

328．叶青：《由鲁迅的"立人"思想谈及中国知识分子的精神自觉》，《井冈山师范学院学报》2004 年第 S1 期。

329．董德福：《从崇拜到否定：毛泽东对陈独秀评价的变化轨迹》，《江苏大学学报》2004 年第 2 期。

330．曹而云：《胡适白话文理论的现代性维度》，《河南师范大学学报》2004 年第 2 期。

331．张雪萍：《2000 年以来国内五四运动研究热点述评》，《党史研究与教学》2004 年第 3 期。

332．安葵：《戏曲变革与"五四"新文化运动》，《艺术百家》2004 年第 3 期。

333. 哈迎飞：《"动的泛神观"与"狂放"的文体——郭沫若〈女神〉新论》，《郭沫若学刊》2004 年第 3 期。

334. 许苏民：《论"现代性"的哲学基础——兼论"五四"精神何以走向反面》，《苏州大学学报》2004 年第 4 期。

335. 张翼星：《试论北京大学的基本传统》，《北京大学学报》2004 年第 3 期。

336. 李登云：《"民本"、"民主"与儒家思想》，《内蒙古师范大学学报》2004 年第 S3 期。

337. 穆宪、王膺：《用五四精神培养青年的时代意识》，《中国青年政治学院学报》2004 年第 3 期。

338. 谢应光：《"科学"、"民主"、"革命"：语言学视野中的五四文学精神》，《西南师范大学学报》2004 年第 5 期。

339. 刘晓林：《蔡元培的教育理念与北大新知识分子群体的形成》，《青海社会科学》2004 年第 5 期。

340. 季桂起：《心理学的影响与"五四"小说的变革》，《文史哲》2004 年第 5 期。

341. 于云洪、杨爱华：《五四精神的时代意义》，《理论学刊》2004 年第 5 期。

342. 叶尚志：《陈独秀：除却文章无嗜好》，《人才开发》2004 年第 5 期。

343. 泓峻：《五四文学革命的修辞论层面及其发展轨迹》，《四川大学学报》2005 年第 1 期。

344. 岳凯华：《科学精神与五四文学的理性品格》，《南京师范大学文学院学报》2005 年第 2 期。

345. 卢毅：《"整理国故"与五四新文化运动》，《北京师范大学学报》2005 年第 2 期。

346. 王济民：《"五四"时期胡适的科学思想和文学批评》，《华中师范大学学报》2005 年第 2 期。

347. 刘黎红：《原儒：五四文化保守主义者摆脱儒学困境的努力》，《人文杂志》2005 年第 3 期。

348．朱献贞：《理智与情感——"五四"新道德的形而下与形而上的双重建设》，《天津大学学报》2006 年第 3 期。

349．王桂妹：《五四文化激进主义及其反思的历史性检视》，《江汉论坛》2005 年第 3 期。

350．哈战荣：《"五四"精神的再认识》，《思想政治工作研究》2005 年第 5 期。

351．陈伟军：《"欲望"理性化叙述的盲视——"五四"时期文化保守主义者的前瞻性思考》，《学术论坛》2005 年第 5 期。

352．杨庭武：《五四时期陈独秀"人的解放"思想探析》，《池州师专学报》2005 年第 6 期。

353．魏韶华、金桂珍：《"个人主义"——"五四"一代之"共同信仰"——从鲁迅、胡适的易卜生观切入》，《山东社会科学》2005 年第 8 期。

354．李俊国、何锡章：《〈新青年〉：新文化元典精神与五四新文学审美方式》，《福建论坛》2005 年第 9 期。

355．李怡、颜同林：《人文主义与五四新文化运动》，《福建论坛》2006 年第 1 期。

356．宋剑华：《五四文学精神资源新论》，《中国社会科学》2006 年第 1 期。

357．冯俊锋：《启蒙的式微与传统精神的归隐——对五四文化启蒙运动的再评价》，《西南大学学报》2006 年第 2 期。

358．陈晓春：《从审美解读到民族精神的建构——郭沫若对儒家文化的阐释》，《四川师范大学学报》2006 年第 2 期。

359．张艳：《革命的五四观的萌芽——五四后期陈独秀、李大钊对五四的认知》，《郑州航空工业管理学院学报》2006 年第 3 期。

360．智杰：《1990 年以来国内五四运动研究若干问题综述》，《沧桑》2006 年第 3 期。

361．朱献贞：《理智与情感——"五四"新道德的形而下与形而上的双重建设》，《天津大学学报》2006 年第 3 期。

362．陈典平、贾爱青：《试论新文化运动在中国文化现代化中的作用》，《山西师大学报》2006 年第 S1 期。

363．董德福：《梁启超与五四运动关系探源》，《江苏大学学报》2006

年第6期。

364．甘雨：《试论五四时期青年知识分子的叛逆精神——以巴金笔下的觉慧为例》，《党史文苑》2006年第8期。

365．李延江：《朴素"民本"意识对五四文学的潜在影响》，《江西社会科学》2006年第8期。

366．张光芒：《建构中国式的启蒙美学——对五四浪漫主义文艺观的一种新阐释》，《西北师大学报》2006年第4期。

367．高续增：《用"大历史"思想方法，辨析中国"封建社会"——五四运动87周年祭》，《银行家》2006年第5期。

368．卢毅：《章门弟子与五四思想革命》，《广东社会科学》2007年第2期。

369．严小红：《鲁迅与儒家文化》，《淮北职业技术学院学报》2007年第2期。

370．谭光辉：《论五四知识分子从"医国"到"医人"的精神嬗变历程》，《沈阳师范大学学报》2007年第2期。

371．徐亚东：《陈独秀与胡适科学观之比较——兼论"五四"的"唯科学主义"问题》，《中州学刊》2007年第3期。

372．赵黎明：《五四传统、主观精神与语言现实主义——"民族形式"论争中胡风语言观的现实主义色彩》，《重庆师范大学学报》2007年第3期。

373．唐旭君：《论"五四"文学革命的理论视界》，《求索》2007年第3期。

374．陈立中：《"五四"精神与社会主义核心价值体系解析》，《科学社会主义》2007年第6期。

375．本刊编辑部：《以五四之科学精神，铸改革共识》，《中国改革》2007年第5期。

376．巨磐：《浅谈陈独秀在五四时期的文化启蒙》，《辽宁教育行政学院学报》2007年第5期。

377．郭若平：《"五四"思想资源与当代中国先进文化建设》，《北京党史》2007年第6期。

378．沈文慧：《论"五四"新文学的现代伦理精神》，《理论月刊》2007年第10期。

379. 杨春时：《鲁迅的贵族精神与胡适的平民精神——从现代性审视的文学思潮》，《学术研究》2008 年第 1 期。

380. 贾冀川：《"五四"精神与现代中国电影》，《粤海风》2008 年第 1 期。

381. 郭云：《试论"五四"传统的现代意义》，《许昌学院学报》2008 年第 1 期。

382. 陈阳：《近十年国内五四运动若干问题研究综述》，《湖北财经高等专科学校学报》2008 年第 1 期。

383. 许纪霖：《国本、个人与公意——五四时期关于政治正当性的讨论》，《史林》2008 年第 1 期。

384. 张文娟：《近代妇女解放思想与五四新文化运动》，《齐鲁学刊》2008 年第 1 期。

385. 刘中树：《"五四精神"与中国新文学》，《社会科学辑刊》2008 年第 2 期。

386. 吴亚娟：《五四新文学与自然主义》，《齐鲁学刊》2008 年第 2 期。

387. 王震、吴永：《论陈独秀的中西文化评判及其价值取向特点》，《西北大学学报》2008 年第 2 期。

388. 资中筠：《五四新文化运动与今天的争论》，《民主与科学》2008 年第 3 期。

389. 苏美妮、颜琳：《论"五四"新文学作家的身份确认》，《文学评论》2008 年第 3 期。

390. 陈先初、刘旺华：《胡适与现代中国的自由主义》，《求索》2008 年第 3 期。

391. 罗银胜：《王元化先生对"五四"的反思》，《民主与科学》2008 年第 3 期。

392. 龚鹏：《"五四"后期近代中国启蒙思潮的分化》，《山东社会科学》2008 年第 4 期。

393. 刘胡权、纪雪艳：《"全人生指导"："五四"精神影响下的青年教育观》，《当代青年研究》2008 年第 4 期。

394. 綦晓芹：《与其是反传统，毋宁是反正统——"五四"反思》，《人文杂志》2008 年第 5 期。

395．王琼：《论五四时期中国社会的公民观念启蒙》，《北方论丛》2008 年第 5 期。

396．郑大华、周元刚：《"五四"前后的民族主义与三大思潮之互动》，《学术研究》2008 年第 7 期。

十三 中西文化比较研究主要著作和论文索引

（一）　著作类

1. 胡适等著：《胡适与中西文化》，台北水牛图书出版事业有限公司1984年版。

2. 《中国传统文化再估计——首届国际中国文化学术讨论会文集》，上海人民出版社1987年版。

3. 曾乐山著：《中西文化和哲学争论史》，华东师范大学出版社1987年版。

4. 李述一、李小兵著：《文化的冲突与抉择》，人民出版社1987年版。

5. 马勇等编：《中西文化新认识》，复旦大学出版社1988年版。

6. 苏丁编：《中西文化文学比较研究论集》，重庆出版社1988年版。

7. 王生平著：《"天人合一"与"神人合一"：中西美学的宏观比较》，河北人民出版社1989年版。

8. ［法］J.谢和耐著，于硕、红涛、东方译，徐重光校：《中国文化与基督教的冲撞》，辽宁人民出版社1989年版。

9. 巴蜀书社编：《〈河殇〉批判》，巴蜀书社1989年版。

10. 高旭东等编著：《孔子精神与基督精神：中西文化纵横谈》，河北人民出版社1989年版。

11. 高旭东著：《生命之树与知识之树：中西文化专题比较》，河北人民出版社1989年版。

12. 黎永泰著:《中西文化与毛泽东早期思想》,四川大学出版社 1989 年版。

13. 万平近编:《林语堂论中西文化》,上海社会科学院出版社 1989 年版。

14. 上海中西哲学与文化交流研究中心编:《时代与思潮(二)中西文化冲撞》,华东师范大学出版社 1989 年版。

15. 汪澍白主编:《文化冲突中的抉择:中国近代人物的中西文化观》,湖南人民出版社 1989 年版。

16. 赵军著:《文化与时空:中西文化差异比较的一次求解》,中国人民大学出版社 1989 年版。

17. 郁龙余编:《中西文化异同论》,三联书店 1989 年版。

18. 张岱年、程宜山著:《中国文化与文化论争》,中国人民大学出版社 1990 年版。

19. 郑师渠、史革新著:《近代中西文化论争的反思》,高等教育出版社 1991 年版。

20. 何芳川、万明著:《古代中西文化交流》,山东教育出版社 1991 年版。

21. 杨明斋著:《评中西文化观》,影印本,上海书店 1991 年版。

22. 陈序经著:《中国文化的出路》,影印本,上海书店 1991 年版。

23. 曹锡仁著:《中西文化比较导论:关于中国文化选择的再检讨》,中国青年出版社 1992 年版。

24. 杨适、易志刚、王晓兴著:《中西人论及其比较》,东方出版社 1992 年版。

25. 陈兵著:《东西方文明与佛教禅学》,上海人民出版社 1992 年版。

26. 黄志辉编著:《我国近现代之交的中西文化论战》,广东高等教育出版社 1992 年版。

27. 张延风著:《中西文化掇英》,湖北美术出版社 1993 年版。

28. 何芳川、万明著:《古代中西文化交流》,台北商务印书馆 1993 年版。

29. 许明龙主编:《中西文化交流先驱:从利玛窦到郎世宁》,东方出版社 1993 年版。

30．肖平等著：《中西文化比较概论》，西南交通大学出版社1993年版。

31．高旭东著：《文化伟人与文化冲突：鲁迅在中西文化撞击的旋涡中》，河北人民出版社1994年版。

32．孙尚扬著：《基督教与明末儒学》，东方出版社1994年版。

33．郑春苗著：《中西文化比较研究》，北京语言学院出版社1994年版。

34．张世英著：《天人之际——中西哲学的困惑与选择》，人民出版社1995年版。

35．肖锦龙著：《中西文化深层结构和中西文学的思想导向》，中国社会科学出版社1995年版。

36．丁伟志、陈崧著：《中西体用之间：晚清中西文化观述论》，中国社会科学出版社1995年版。

37．钱念孙著：《朱光潜与中西文化》，安徽教育出版社1995年版。

38．马敏等主编：《跨越中西文化的巨人：韦卓民学术思想国际研讨会论文集》，华中师范大学出版社1995年版。

39．乐黛云、〔法〕阿兰·勒·比雄（Alain Le Pichon）主编：《独角兽与龙：在寻找中西文化普遍性中的误读》，北京大学出版社1995年版。

40．冯禹、邢东风主编：《宏观比较哲学名著评介》，中国人民大学出版社1996年版。

41．张秉楠、邵汉明主编：《中国新时期学术思潮》（文化卷），吉林教育出版社1996年版。

42．林珏等著：《中西文化知识：测试与分析》，湖南大学出版社1996年版。

43．于语和、庚良辰主编：《近代中西文化交流史论》，山西教育出版社1997年版。

44．叶舒宪著：《高唐神女与维纳斯：中西文化中的爱与美主题》，中国社会科学出版社1997年版。

45．罗荣渠著：《现代化新论续篇：东亚与中国的现代化进程》，北京大学出版社1997年版。

46．季羡林、张光璘编选：《东西文化议论集》（上册）经济日报出版社1997年版。

47．季羡林、张光璘编选：《东西文化议论集》（下册）经济日报出版社 1997 年版。

48. 许思园著：《中西文化回眸》，华东师范大学出版社 1997 年版。

49. 张再林著：《中西哲学比较论》，西北大学出版社 1997 年版。

50. 楼宇烈、张西平主编：《中外哲学交流史》，湖南教育出版社 1998 年版。

51. 齐玫著：《中韩儒家文化比较》，台北文津出版社 1998 年版。

52. 张立文、李甦平著：《中外儒学比较研究》，东方出版社 1998 年版。

53. 上海中西哲学与文化比较研究会编：《中西文化与 20 世纪中国哲学》，学林出版社 1998 年版。

54. 罗志田、葛小佳著：《东风与西风》，三联书店 1998 年版。

55. ［德］海因里希·贝克、吉塞拉·希密尔贝尔主编，吴向宏译：《文明：从"冲突"走向和平》，中国社会科学出版社 1998 年版。

56. 李信主编：《中西文化比较概论》，航空工业出版社 1999 年版。

57. 刘红星著：《先秦与古希腊：中西文化之源》，上海古籍出版社 1999 年版。

58. 朱狄著：《信仰时代的文明：中西文化的趋同与差异》，中国青年出版社 1999 年版。

59. 黄会林、左衡编选：《世纪碰撞：中西文化纵横谈》，北京师范大学出版社 1999 年版。

60. 董广杰、李露亮著：《魅力与魔力：中西文化透视》，中国纺织出版社 1999 年版。

61. 郭延礼著：《中西文化碰撞与近代文学》，山东教育出版社 1999 年版。

62. 林仁川、徐晓望著：《明末清初中西文化冲突》，华东师范大学出版社 1999 年版。

63. 周一平、沈茶英著：《中西文化交汇与王国维学术成就》，学林出版社 1999 年版。

64. 罗荣渠主编，严立贤著：《中国和日本的早期工业化与国内市场》，北京大学出版社 1999 年版。

65. 刘登阁、周云芳著：《西学东渐与东学西渐》，中国社会科学出版社 2000 年版。

66．魏光奇著：《天人之际：中西文化观念比较》，首都师范大学出版社 2000 年版。

67．王元骧著：《探寻综合创造之路》，陕西师范大学出版社 2000 年版。

68．魏晓东著：《契合与奇迹：中西文化碰撞中的马克思主义中国化》，开明出版社 2000 年版。

69．许志伟、赵敦华著：《冲突与互补：基督教哲学在中国》，社会科学文献出版社 2000 年版。

70．乐黛云、〔法〕李比雄主编：《跨文化对话》（海内外儒学研究专号第 5、6、7 辑），江苏人民出版社 2001 年版。

71．乐黛云、〔法〕李比雄主编：《跨文化对话》（海内外儒学研究专号第 8、9、10 辑），江苏人民出版社 2002 年版。

72．刘述先主编：《中国思潮与外来文化》，"中央研究院中国文哲研究所" 2002 年版。

73．董小川：《儒家文化与美国基督新教文化》，商务印书馆 2002 年版。

74．徐善伟著：《东学西渐与西方文化的复兴》，上海人民出版社 2002 年版。

75．陶东风著：《文化研究：西方与中国》，北京师范大学出版社 2002 年版。

76．朱筱新、车华玲编著：《中西方文化对比研究：文化与修养》，同心出版社 2002 年版。

77．阮炜著：《中国与西方：宗教、文化、文明比较》，社会科学文献出版社 2002 年版。

78．方克立主编：《中西会通与中国哲学的近现代转换》，商务印书馆 2003 年版。

79．冯波著：《中西哲学文化比较研究》，北京广播学院出版社 2003 年版。

80．梁漱溟著：《东西文化及其哲学》，商务印书馆 2003 年版。

81．乐黛云、〔法〕李比雄主编：《跨文化对话》（海内外儒学研究专号第 11、12、13 辑），江苏人民出版社 2003 年版。

82．冯波著：《中西哲学文化比较研究》，北京广播学院出版社 2003 年版。

83. 叶秀山著：《中西文化会通》（上、下），台北未来书城股份有限公司2003年版。

84. 方汉文著：《比较文化学》，广西师范大学出版社2003年版。

85. 郭谊著：《中西文化导论》，中国物资出版社2004年版。

86. 赵林著：《中西文化分野的历史反思》，武汉大学出版社2004年版。

87. 徐行言著：《中西文化比较》，北京大学出版社2004年版。

88. 陈序经著：《东西文化观》，中国人民大学出版社2004年版。

89. 尚会鹏著：《印度文化传统研究——比较文化的视野》，北京大学出版社2004年版。

90. 崔清田著：《墨家逻辑与亚里士多德逻辑比较研究：兼论逻辑与文化》，人民出版社2004年版。

91. 陈宗清著：《宇宙本体探究：基督教与新儒家的比较》，台北县校园书房出版社2005年版。

92. 张隆溪著：《中西文化研究十论》，复旦大学出版社2005年版。

93. 李新柳著：《东西方文化比较导论》，高等教育出版社2005年版。

94. 吴先伍著：《现代性的追求与批评——柏格森与中国近代哲学》，安徽人民出版社2005年版。

95. 王前著：《中西文化比较概论》，中国人民大学出版社2005年版。

96. 喻承久、陈莉著：《中西文化比较》，蓝天出版社2005年版。

97. 张媛、刘万云主编：《中西文化概要》，河南大学出版社2005年版。

98. 张隆溪著：《中西文化研究十论》，复旦大学出版社2005年版。

99. 赵立彬著：《民族立场与现代追求：20世纪20~40年代的全盘西化思潮》，三联书店2005年版。

100. 方同义、张瑞涛编著：《中西文化比较纵横谈》，中国文史出版社2005年版。

101. 王祥云著：《中西方传统文化比较》，河南人民出版社2006年版。

102. 乐黛云主编：《中学西渐丛书》，首都师范大学出版社2006年版。

103. 蔡德麟、景海峰主编：《文明对话》，清华大学出版社2006年版。

104. 萧功秦著：《儒家文化的困境——近代士大夫与中西文化碰撞》，广西师范大学出版社2006年版。

105. 季羡林著，王树英选编：《季羡林论中印文化交流》，新世界出版社 2006 年版。

106．王晓朝、杨熙楠主编：《沟通中西文化》，广西师范大学出版社 2006 年版。

107．李德伟、陈有禄主编：《东西方现代化发展比较：国际学术研讨会论文集》，中国经济出版社 2006 年版。

108．东海大学中国文学系编，王建生、丘为君、谢仲明主编：《2005 年文史哲中西文化讲座专刊》，台北文津出版社 2006 年版。

109．祝兆炬著：《越中人文精神研究》，百花洲文艺出版社 2006 年版。

110．赵康太、李英华主编：《中国传统思想道德与东南亚伦理》，中国社会科学出版社 2007 年版。

111．李明辉、林维杰主编：《当代儒学与西方文化、会通与转化》，"中央研究院中国文哲研究所" 2007 年版。

112．庄祖鲲著：《契合与转化：基督教与中国传统文化之关系》，陕西师范大学出版社 2007 年版。

113．刘牧雨总编，杜丽燕主编：《中外人文精神研究》（第一辑），中国大百科全书出版社 2008 年版。

114．王铭铭著：《西方作为他者：论中国"西方学"的谱系与意义》，世界图书出版公司北京公司 2007 年版。

115．乐黛云、〔法〕李比雄主编：《跨文化对话》（海内外儒学研究专号第 20、21、22 辑），江苏人民出版社 2007 年版。

116．William B. Gudykunst 编著：《贾玉新导读　跨文化与不同文化之间的交际》，上海外语教育出版社 2007 年版。

117．穆重怀著：《中俄文化意象阐释比较研究》，辽宁民族出版社 2007 年版。

118．贺毅主编：《中西文化比较》，冶金工业出版社 2007 年版。

119．辜正坤著：《中西文化比较导论》，北京大学出版社 2007 年版。

120．邓晓芒著：《中西文化比较十一讲》，湖南教育出版社 2007 年版。

121．渡边与五郎等著：《西学东渐：中日近代化比较研究》，中国社会科学出版社 2008 年版。

122．曹锡仁著：《中西文化比较导论：关于中国文化选择的再检讨》，海南出版社、南方出版社 2008 年版。

123. 朱狄著：《信仰时代的文明：中西文化的趋同与差异》，武汉大学出版社 2008 年版。

124. 李朝辉著：《中日跨文化的话语解读》，知识产权出版社 2008 年版。

125. 杨明斋著：《评中西文化观》，黄山书社 2008 年版。

126. 白春仁主编：《中俄文化对话》（第一辑），黑龙江人民出版社 2008 年版。

127. 邹小站著：《西学东渐：迎拒与选择》，四川人民出版社 2008 年版。

（二） 论文类

1. 吴倬：《关于朱熹与黑格尔哲学的比较研究》，《光明日报》1981 年 6 月 4 日。

2. 焦树安：《试论当前比较哲学研究中的几个问题》，《中国哲学史研究》1984 年第 4 期。

3. 陈景磐：《试论孔子的仁与耶稣的爱》，《齐鲁学刊》1984 年第 6 期。

4. 赵平之：《东西方文化比较研究全国讨论会综述》，《社会科学》1985 年第 1 期。

5. 周来祥：《东西方古典和谐美理想的比较——东西方古典美学比较研究之一》，《美育》1985 年第 1 期。

6. 冯契：《古今、中西之争与中国近代哲学革命》，《上海社会科学院学术季刊》1985 年第 1 期。

7. 黄万盛：《中西价值观念与文化传统》，商戈令《社会科学》1985 年第 2 期。

8. 苏朋立：《从东西方哲学的比较看孔子哲学思想的一个特点》，《北京师院学报》1985 年第 2 期。

9. 涂文学：《黄宗羲和孟德斯鸠思想异同片论》，《江汉论坛》1985 年第 2 期。

10. 冯今源：《试论儒家思想对中国伊斯兰教的影响和渗透》，《中国哲学史研究》1985 年第 3 期。

11. 许纪霖：《近代中国中古文化之争历史评述》，《学习与探索》1985 年第 4 期。

12. 程伟礼：《辩证法从消极到积极的发展——老子、韩非、〈易传〉与康德、黑格尔辩证法比较研究》，《复旦学报》1985 年第 4 期。

13. 石倬英：《朱熹的"理"与黑格尔的"绝对理念"》，《河北学刊》1985 年第 5 期。

14. 赵鑫珊：《中国现代化与东西方文化比较研究》，《文汇报》1985 年 6 月 13 日。

15. 黄克剑：《中西学术思想比较之先声——读梁启超〈论中国学术思想变迁之大势〉》，《读书》1985 年第 12 期。

16. 曾乐山：《深入研究中外哲学的相互交流和结合》，《华东师范大学学报》1986 年第 1 期。

17. 李应龙：《东西方文化差异探源》，《争鸣》1986 年第 1 期。

18. 陈伯海：《关于东西文化比较的随想》，《社会科学战线》1986 年第 1 期。

19. 李华兴：《近代中西文化冲突交融的历史考察》，《复旦学报》1986 年第 1 期。

20. 许苏民：《冲突与融合——西学东渐片论》，《学习与探索》1986 年第 1 期。

21. 沈定平：《中国古代思想对西欧启蒙运动的影响》，《文史知识》1986 年第 1 期。

22. 刘笑敢：《庄子与萨特的自由观》，《中国社会科学》1986 年第 2 期。

23. 胡经之等：《中西审美体验论》，《文艺研究》1996 年第 2 期。

24. 张宏生等：《中西古今之辨与当代文化建设三题》，《南京大学学报》1986 年第 2 期。

25. 程伟礼：《从"儒家资本主义"看中西体用之争》，《复旦学报》1986 年第 3 期。

26. 吴根梁：《论康有为戊戌维新前对中西文化形态的比较》，《复旦学报》1986 年第 3 期。

27. 张广达：《唐代的中外文化汇聚和晚清的中西文化冲突》，《中国社会科学》1986 年第 3 期。

28. 黎鸣：《试论中西文化"历史——逻辑"结构的差异》，《江西社会科学》1986 年第 3 期。

29. 翁绍军：《先秦和古希腊自然哲学的比较研究》，《上海社会科学院学术季刊》1986 年第 3 期。

30. 段小光：《论民族排外心理之消解——兼论中外文化比较中的几个概念》，《南京大学学报》1986 年第 4 期。

31. 曹前：《文化心理传统与社会发展——近代中、日学习西方文化的比较研究》，《学术月刊》1986 年第 4 期。

32. 顾晓鸣：《"象"和"理想型式"：中西文化差异的深层分析》，《文汇报》1986 年 4 月 22 日。

33. 丁祯彦等：《"中体西用"的破产与中国哲学的近代化》，《浙江学刊》1986 年第 5 期。

34. 包遵信：《十八世纪欧洲的"中国热"文化史比较研究浅谈》，《读书》1986 年第 5 期。

35. 翁绍军：《孔子的"仁"与苏格拉底的"知"》，《读书》1986 年第 5 期。

36. 李存山：《先秦气论与古希腊伊奥尼亚哲学》，《中国社会科学》1986 年第 5 期。

37. 默明哲：《关于"中体西用"和"西体中用"的反思》，《社会科学》1986 年第 6 期。

38. 陈炎：《中国的儒家、道家与西方的日神、酒神》，《文史哲》1986 年第 6 期。

39. 高旭东：《鲁迅对中西文化发展模式的比较》，《文史哲》1986 年第 6 期。

40. 安庆国：《"民族无意识"与文化接受机制——东西方文化比较研究的方法论转换》，《社会科学研究》1986 年第 6 期。

41. 刘伟：《关于东西方文化比较研究的若干问题》，《宁夏社会科学》1986 年第 6 期。

42. 刘嘉旭：《东西方文化比较研究中的几点思考》，《学术交流》1986 年第 6 期。

43. 朱义禄：《也谈"象"和中西文化差异的深层分析——与顾晓鸣同志商榷》，《文汇报》1986 年 7 月 30 日。

44. 李泽厚：《"西体中用"简释》，《中国文化报》1986 年 7 月 9 日。

45. 孙后礼：《东西文化比较研究札记》，《光明日报》1986 年 8 月 8 日。

46. 郭齐勇：《近年来中国文化和中西文化比较研究述介》，《国内哲学动态》1986 年第 9 期。

47. 贾磊磊：《东西方文化与中国现代化——杭州讲习班综述》，《国内哲学动态》1986 年第 9 期。

48. 刘晓波：《与李泽厚对话——感性、个人、我的选择》，《中国》1986 年第 10 期。

49. 胡沙：《正确评价和对待西方文化的几个问题》，《光明日报》1986 年 11 月 22 日。

50. 孙立平：《中西文化——传统的地方性文化与现代的世界性文化》，《中国青年报》1986 年 12 月 4 日。

51. 黎鸣：《中西关于人性善恶信息选择的差异》，《中国青年报》1986 年 12 月 23 日。

52. 丁学良：《韦伯的世界文明比较研究导论》，《中国社会科学》1987 年第 1 期。

53. 魏常海：《从中日西学输入看文化问题》，《晋阳学刊》1987 年第 1 期。

54. 徐达：《中西文化比较研究探微》，《贵州大学学报》1987 年第 1 期。

55. 汪澍白：《毛泽东的中西文化观与当前中西文化争鸣》，《毛泽东思想研究》1987 年第 1 期。

56. 李泽厚：《漫说"西体中用"》，《孔子研究》1987 年第 1 期。

57. 王兴国：《庄子哲学与尼采哲学的比较探析》，《上海社会科学院学术季刊》1987 年第 2 期。

58. 罗祖基：《试论我国儒道中庸与希腊中庸之异同》，《吉林大学社会科学学报》1987 年第 2 期。

59. 朱宗震：《中西文化比较研究的若干方法问题》，《世界历史》1987 年第 2 期。

60. 蔡德贵：《中国与阿拉伯传统文化比较》，《东方世界》1987 年第 3 期。

61. 杨丙安：《"儒学资本主义"与中西文化交流》，《中州学刊》1987 年第 3 期。

62. 汪澍白：《毛泽东的中西文化观》，《光明日报》1987 年 3 月 11 日。

63. 万军：《关于中西文化比较的几个问题》，《理论探讨》1987 年第 3 期。

64. 步近智：《略论中国传统文化的特点》，《中国文化报》1987 年 3 月 4 日。

65. 吴光：《东西方比较研究的方法论思考》，《浙江学刊》1987 年第 4 期。

66. 吴廷嘉等：《中西文化冲突的性质及其根源——兼论两种文化的价值特征》，《社会科学辑刊》1987 年第 5 期。

67. 萧萐父：《关于中西文化论争以及传统文化与现代化的历史接合点》，《武汉大学学报》1987 年第 5 期。

68. 黎红雷：《中法启蒙哲学之比较》，《世界宗教资料》1987 年第 5 期。

69. 李成蹊：《近现代东西文化哲学交流、结合的历史反思》，《复旦学报》1987 年第 6 期。

70. 李思孝：《在中西文化的经纬线上》，《文汇报》1987 年 6 月 29 日。

71. 王子亮：《试论孔孟儒学与原始基督教的仁爱观》，《齐鲁学刊》1987 年第 6 期。

72. 方克立：《评"中体西用"和"西体中用"》，《哲学研究》1987 年第 9 期。

73. 易惠莉：《论郭嵩焘的中西文化比较观》，《学术月刊》1987 年第 10 期。

74. 冯川：《荣格心理学与中国文化传统》，《书林》1987 年第 10 期。

75. 周谷城等：《太平洋区域文化与西方文明》，《群言》1987 年第 11 期。

76．诸葛蔚东：《东西文化的比较研究——以近代科学的产生为视点》，《中国文化报》1987 年 11 月 11 日。

77．刘禹轩：《从"海洋"母题看东西方文化传统》，《学术月刊》1987 年第 11 期。

78．陈汇丰：《试评"全盘西化"论和"中国本位文化"论之争》，《理论月刊》1987 年第 12 期。

79．王忠灏：《张载哲学与贝原益轩哲学之比较》，《日本研究》1988 年第 1 期。

80．李民胜：《老子的"道"与赫拉克利特的"逻各斯"之异同》，《广西社会科学》1988 年第 1 期。

81．吴忠民：《"西体中用"平议——求教于李泽厚先生》，《哲学动态》1988 年第 1 期。

82．华方田等：《佛教与中日两国文化——中日第二次佛教学术会议综述》，《中国人民大学学报》1988 年第 1 期。

83．张春波：《中国佛学的心性论——兼论中印佛学兴衰的原因》，《社会科学战线》1988 年第 2 期。

84．李志林：《中国近代方法论变革的轨迹——中西文化冲突和融合的一个侧面》，《哲学研究》1988 年第 2 期。

85．许苏民：《形似而神异——中学西渐片论》，《学习与探索》1988 年第 3 期。

86．胡木贵等：《中西启蒙运动比较论纲》，《争鸣》1988 年第 3 期。

87．沈大德等：《略论近代以来的中西文化冲突》，《天津社会科学》1988 年第 3 期。

88．张慧彬：《张东荪的多元认识论与康德的先验论》，《社会科学战线》1988 年第 3 期。

89．郭沂：《文字·思维·文化——一个中西比较的尝试》，《东岳论丛》1988 年第 3 期。

90．方延明：《中西文化比较研究之我见》，《文汇报》1988 年 3 月 20 日。

91．陈创生：《中西情感方式比较——兼论制约当代中国情感方式的社会条件》，《现代哲学》1988 年第 3 期。

92. 北久矢:《中西体用之争概述》,《哲学动态》1988 年第 4 期。

93. 盛邦和:《文化类型、特质与社会发展——中日文化比较初探》,《社会科学》1988 年第 4 期。

94. 徐远和:《东西方文化的双向交流》,《孔子研究》1988 年第 4 期。

95. 吕振亚:《中西文化论争源流初探》,《贵州社会科学》1988 年第 4 期。

96. 钱逊:《近代以来中西文化论争与治国之道》,《教学与研究》1988 年第 5 期。

97. 张麟声:《中日神话比较》,《晋阳学刊》1988 年第 5 期。

98. 刘再复等:《西方文艺复兴运动和"五四"运动对人的不同认识》,《人文杂志》1988 年第 5 期。

99. 何兆武:《中国儒学思想与西欧启蒙运动》,《文史知识》1988 年第 6 期。

100. 胡明:《关于胡适中西文化观的评价》,《文学评论》1988 年第 6 期。

101. 李炳海:《孔子与古希腊哲人时间观之异同》,《齐鲁学刊》1988 年第 6 期。

102. 张琢:《中外文化变革的比较》,《百科知识》1988 年第 8 期。

103. 张翼星:《开展东西方马克思主义哲学的比较研究》,《光明日报》1988 年 10 月 17 日。

104. 杨曾文:《中日佛教的比较》,《哲学研究》1989 年第 1 期。

105. 许苏民:《开放与中西文化的冲突和选择》,《开放时代》1989 年第 1 期。

106. 董根洪:《陆九渊哲学和贝克莱哲学的区别》,《江西大学学报》1989 年第 1 期。

107. 王鉴平:《中西汇合与全盘西化——胡适中西文化观演变的一点分析》,《中州学刊》1989 年第 1 期。

108. 黎洁华:《中西近代哲学交流及比较研究》(续),《哲学动态》1989 年第 1 期。

109. 陈卫平:《论明清间西方传教士对中西哲学之比较》,《世界宗教研究》1989 年第 1 期。

110.　张世英：《尼采与老庄》，《学术月刊》1989 年第 1 期。

111.　黄珅：《评刘晓波的〈选择的批判〉》，《文艺理论研究》1989 年第 1 期。

112.　董晓萍：《孔子的民俗文化观与希尔斯的"奇理斯玛权威"》，《北京师范大学学报》1989 年第 2 期。

113.　沈其新：《"中体西用"文化模式探源》，《求索》1989 年第 2 期。

114.　陈绍燕：《庄子不可知论与古希腊罗马怀疑派哲学的比较》，《文史哲》1989 年第 2 期。

115.　丁旭光：《摆脱文化比较的"中西"、"体用"思维定式》，《广东社会科学》1989 年第 2 期。

116.　朱锡强：《印度佛教与中国道教历史命运之比较》，《南亚研究》1989 年第 2 期。

117.　方延明：《近年来中西文化比较研究情况述评》，《史学理论》1989 年第 2 期。

118.　方延明：《当代中国传统文化面临六个转变》，《南京大学学报》1989 年第 2 期。

119.　方立天：《中印佛教思维方式之比较》，《哲学研究》1989 年第 3 期。

120.　黎澍：《中西文化问题》，《历史研究》1989 年第 3 期。

121.　王路平：《王阳明心学与萨特存在主义的比较》，《贵州社会科学》1989 年第 4 期。

122.　崔新京：《穆勒和西周伦理思想的比较》，《日本问题》1989 年第 5 期。

123.　邹化政：《中西文化的哲学基础》，《天津社会科学》1989 年第 5 期。

124.　赵保佑：《中西文化比较与近代中国社会变革》，《中州学刊》1989 年第 5 期。

125.　高康：《"万物皆备于我"与"人是万物的尺度"——兼比较普罗泰戈拉与孟子的哲学思想》，《中州学刊》1989 年第 5 期。

126.　何怀宏：《中西文化的融汇与冲突》，《中国人民大学学报》1989 年第 6 期。

127. 周春生：《荣格的原型论与老子的道论》，《学术月刊》1989年第6期。

128. 黎红雷：《选择与接受——从接受理论看西方文化对中国近代哲学的影响》，《学术月刊》1989年第10期。

129. 陈卫平：《论"五四"时期的中西哲学比较及其历史影响》，《学术月刊》1989年第12期。

130. 施庆：《老子、赫拉克利特辩证思想之比较》，《南京师大学报》1990年第1期。

131. 方同义：《两种哲学传统的概念生长点——亚里士多德〈形而上学〉与先秦儒道哲学关于概念界定的比较》，《浙江师大学报》1990年第1期。

132. 王路平：《王阳明与萨特的哲学本体论之比较》，《贵州大学学报》1990年第1期。

133. 〔美〕格拉姆·帕克斯著，王国良译：《〈庄子〉与〈查拉斯图拉〉之比较研究》，《社会科学战线》1990年第2期。

134. 薛克翘：《老子与印度》，《南亚研究》1990年第2期。

135. 张正明：《古希腊文化与楚文化比较研究论纲》，《江汉论坛》1990年第4期。

136. 崔龙水：《朝鲜儒学的特点及其作用：中朝两国儒学之比较》，《孔子研究》1990年第4期。

137. 〔法〕汪德迈著，吴化麟译：《中国思想与西方思想的逻辑比较》，《国外社会科学》1990年第5期。

138. 〔美〕L. 普菲斯特著，魏志军译：《康有为、柏拉图乌托邦思想比较研究》，《国外社会科学》1990年第5期。

139. 邹广文：《中西审美时空观比较论》，《云南社会科学》1990年第5期。

140. 周行易：《〈易经〉与毕达哥拉斯数学美学比较》，《文艺研究》1990年第5期。

141. 张立文：《朱熹与退溪价值观之比较》，《社会科学辑刊》1990年第6期。

142. 张世英：《朱熹和柏拉图、黑格尔》，《北京大学学报》1990年第

6 期。

143．李兴武：《老子的否定的美论：兼与柏拉图、黑格尔、胡塞尔美学思想比较》，《辽宁大学学报》1991 年第 1 期。

144．景海峰：《中国哲学体用论的源与流》，《深圳大学学报》1991 年第 1 期。

145．启良：《古代中西方中庸思想比较研究》，《华南师范大学学报》1991 年第 1 期。

146．赵哲：《论张之洞的"旧体新用"与西村茂树的"日本道德论"：一种文化选择类型的两个范例之比较》，《辽宁大学学报》1991 年第 1 期。

147．吴克辉：《试论李大钊早期的中西文化观》，《河北大学学报》1991 年第 1 期。

148．马小兵：《试论梁漱溟的东西文化观》，《四川师范大学学报》1991 年第 2 期。

149．钱耕森：《孔子与苏格拉底人生哲学的比较研究》，《社会科学战线》1991 年第 2 期。

150．王月清：《慧能禅宗与路德新教之比较》，《江海学刊》1991 年第 2 期。

151．朱岚：《孟子与尼采人论比较》，《兰州大学学报》1991 年第 3 期。

152．班秀萍：《人与世界一体：海德格尔与老子哲学比较之一》，《内蒙古大学学报》1991 年第 3 期。

153．夏祖恩：《〈周易〉与米利都学派的"本原论"比较》，《福建师范大学学报》1991 年第 3 期。

154．陈绍燕：《论庄子认识论的神秘主义性质：兼与普罗提诺哲学的比较》，《文史哲》1991 年第 4 期。

155．罗翊重：《用〈易经〉阴阳象数看莱布尼茨的逻辑数学化思想》，《周易研究》1991 年第 4 期。

156．李甦平：《中日早期儒学"忠"范畴比较》，《孔子研究》1991 年第 4 期。

157．刘文静：《孔子的德治主义和柏拉图的伦理政治》，《孔子研究》1991 年第 4 期。

158．张岱年：《评所谓"西体中用"》，《文艺理论与批评》1991 年第

5 期。

159. 李甦平:《中日佛教佛性论比较》,《日本学刊》1991 年第 6 期。

160. 李甦平:《中国气学与日本古学比较:"气"范畴比较》,《福建论坛》1991 年第 6 期。

161. 孙尚扬:《从利玛窦对儒学的批判看儒耶之别》,《哲学研究》1991 年第 9 期。

162. [美] 成中英著,李小兵译:《孔子、海德格尔、〈易经〉:对人的存在之真理性的比较探索》,《孔子研究》1992 年第 1 期。

163. 步近智:《明清之际实学高潮与朝鲜李朝实学兴盛的共同特征》,《中国史研究》1992 年第 1 期。

164. 张世英:《略论中西哲学思想的区别与结合》,《学术月刊》1992 年第 2 期。

165. 冯契:《对数百年中西文化比较的思考》,《哲学研究》1992 年第 4 期。

166. 安平:《从朱熹与黑格尔哲学的对比看哲学思想体系》,《辽宁大学学报》1992 年第 4 期。

167. 刘文英:《道德与知识的权衡:中西哲学取向的一个重要差异》,《甘肃社会科学》1992 年第 4 期。

168. 陈炎:《试论中国伦理世俗精神的形成:兼与西方宗教神秘主义的形成相比较》,《学习与探索》1992 年第 4 期。

169. 张世英:《程朱陆王哲学与西方近现代哲学》,《文史哲》1992 年第 5 期。

170. 王家骅:《中日儒学史上"诚"范畴之比较》,《南开学报》1992 年第 6 期。

171. 崔志鹰:《中犹文化异同比较刍议》,《同济大学学报》1993 年第 1 期。

172. 李甦平:《中朝朱子学比较:"理"之比较》,《社会科学研究》1993 年第 2 期。

173. 张世英:《超越自我:关于禅宗和西方哲学思想的一点体会》,《社会科学战线》1993 年第 2 期。

174. 刘进田:《中西哲学比较研究与中国哲学现代化:略论中西哲学

比较研究的目的和意义》，《福建论坛》1993 年第 2 期。

175．高夫：《中日忠孝观念的差异及其文化源流》，《日本问题研究》1993 年第 3 期。

176．李承贵：《严复中西文化比较与结合理论方法探索》，《福建论坛》1993 年第 3 期。

177．赖传祥：《传统与外来文明的融合互补》，《中州学刊》1993 年第 3 期。

178．李甡平：《试论中国与日本的传统文化和现代化》，《社会科学辑刊》1993 年第 4 期。

179．樊浩：《"中国四德"与"希腊四德"：中西方道德价值体系的比较》，《学术研究》1993 年第 4 期。

180．李幼蒸：《略论当前中西哲学关系和中国哲学发展方向问题》，《史学理论研究》1993 年第 4 期。

181．刘建：《隐元禅师与中日佛教文化交流》，《法音》1993 年第 8 期。

182．刘金才：《中日伦理价值取向比较：以传统文化中的"忠孝观"为中心》，《人文杂志》1994 年第 1 期。

183．赵稀方：《中西"回归自然"的不同道路：庄子与卢梭"回归自然"思想辨析》，《南京大学学报》1994 年第 1 期。

184．赵建文：《中西古代思想家对人的认识的比较》，《青海社会科学》1994 年第 1 期。

185．张世英：《中国传统哲学与西方后现代主义哲学》，《社会科学战线》1994 年第 2 期。

186．陈勇：《从钱穆的中西文化比较看他的民族文化观》，《中国文化研究》1994 年春之卷。

187．卢志红：《要重视文艺的民族性：对近年来中西文化大论战的反思》，《广西社会科学》1994 年第 3 期。

188．张海燕：《柏拉图〈理想国〉与〈礼记·礼运〉的乌托邦思想比较研究》，《河北学刊》1994 年第 5 期。

189．汤一介：《古今东西之争与中国现代文化的发展》，《江淮论坛》1994 年第 6 期。

190．盛邦和：《儒学在近代中日两国的不同命运》，《探索与争鸣》

1994 年第 6 期。

191. 曾志、孙福万：《论中西文化比较的方法论原则》，《社会科学》1994 年第 8 期。

192. 于长敏：《坐着的佛主与站着的基督：中西文化模式谈》，《中国文化研究》1994 年秋之卷。

193. 肖雪慧：《中西伦理文化：一种比较研究》，《学术月刊》1994 年第 10 期。

194. 熊月之：《西化与化西：西学东渐规律初探》，《文汇报》1994 年 12 月 4 日。

195. 汪裕雄：《"道"与"逻各斯"再比较：论中西文化符号的不同取向》，《学术月刊》1995 年第 1 期。

196. 王建国：《从治家、治国说开去——中西文化对比随想录》，《改革》1995 年第 1 期。

197. 赵林：《论希腊神话与中国神话的文化意蕴》，《江汉论坛》1995 年第 2 期。

198. 罗福惠：《日中两国的传统文化与早期现代化的成败》，《史学月刊》1995 年第 2 期。

199. 萨支辉：《中印古代部分哲学思想的思考、比较和成因分析》，《世界历史》1995 年第 2 期。

200. 李浩：《和谐与冲突：从文化学看中西方审美情趣的差异》，《西北大学学报》1995 年第 2 期。

201. 王晓兴：《在文化比较中重建中国哲学》，《光明日报》1995 年 8 月 31 日。

202. 荀铁军、王海泉：《中西文化哲学比较研讨会综述》，《华南师范大学学报》1996 年第 1 期。

203. 李应龙：《东西方文化差异探源》，《争鸣》1996 年第 1 期。

204. 吴齐林：《毛泽东、卢卡奇、葛兰西：哲学思想比较》，《南京大学学报》1996 年第 2 期。

205. 夏建中：《"孝"的文化与"忠"的文化：中日传统家族伦理之比较》，《中国人民大学学报》1996 年第 2 期。

206. 赵敦华：《中西传统人性论的公度性》，《北京大学学报》1996 年第 2 期。

207．许抗生：《南朝佛教论中印文化之同异：析宋齐之际佛道两教的夷夏之辩》，《世界宗教研究》1996 年第 2 期。

208．王志伟：《文化的利用：莱布尼兹和中国有机论哲学》，《国外社会科学》1996 年第 3 期。

209．徐朝旭：《论禅宗心法及其与西方冥想观的异同》，《厦门大学学报》1996 年第 3 期。

210．叶隽：《尼采的"超人"与儒家"内圣外王"之说的试比较》，《德国研究》1996 年第 4 期。

211．董德福：《柏格森哲学与"五四"进步思潮》，《社会科学》1996 年第 5 期。

212．俞宣孟：《新时期中西哲学比较研究论纲》，《社会科学》1996 年第 8 期。

213．田雪靖：《二十一世纪中韩日佛教的使命：韩国代表团基调演说》，《法音》1996 年第 10 期。

214．胡化凯：《〈庄子〉相对主义与相对论物理学思想之比较》，《安徽大学学报》1997 年第 1 期。

215．郑万鹏：《梁漱溟与托尔斯泰》，《中国文化研究》1997 年第 2 期。

216．陈立胜：《"形的良知"及其超越：兼论新儒学与基督教仁爱模式之异同》，《孔子研究》1997 年第 2 期。

217．张清民：《存在哲学与中国古代道家精神的遇合》，《社会科学战线》1997 年第 2 期。

218．张利民：《中国早期马克思主义者东西文化观合论》，《中国哲学史》1997 年第 2 期。

219．张庆熊：《中国文明的复兴和融合西方文明》，《复旦学报》1997 年第 3 期。

220．雷颐：《超越"中西体用"》，《读书》1997 年第 3 期。

221．班秀萍：《海德格尔与禅宗生命体验论比较》，《内蒙古社会科学》1997 年第 3 期。

222．刘清平：《先秦与古希腊哲学人生境界观之比较》，《武汉大学学报》1997 年第 3 期。

223. 张茂泽：《贺麟与胡塞尔现象学》，《西北大学学报》1997 年第 4 期。

224. 方克立：《二十一世纪与东西方文化》，《中国文化研究》1997 年第 4 期。

225. 蔡德贵：《中国的稷下学宫和阿拉伯帝国的智慧馆》，《阿拉伯世界》1997 年第 4 期。

226. 刘彦生：《论中西哲学伦理方向的分异：孔子"仁"与苏格拉底"善"的比较分析》，《晋阳学刊》1997 年第 5 期。

227. 李翔海、刘岳兵：《"中体西用"与"和魂洋才"比较申论》，《河北学刊》1997 年第 5 期。

228. 麻天祥：《胡适、铃木大拙、印顺禅宗研究方法之比较》，《求索》1997 年第 6 期。

229. 林中译：《历史文化的内涵与中西文化传统的差异》，《广东社会科学》1997 年第 6 期。

230. 曹顺庆：《道与逻各斯：中西文化与文论分道扬镳的起点》，《文艺研究》1997 年第 6 期。

231. 段德智：《试论孔子死亡思想的哲学品格及其当代意义：与苏格拉底死亡哲学思想的一个比较研究》，《中州学刊》1997 年第 6 期。

232. 杨玉昌：《苏格拉底与孔子神的观念转变的比较研究》，《河北学刊》1997 年第 6 期。

233. 葛剑雄：《我看东西方文化》，《天津社会科学》1997 年第 6 期。

234. 方克立：《二十一世纪与东西方文化》，《中国文化报》1997 年 11 月 27 日。

235. 占建志：《试析中西哲学开端模式》，《江西社会科学》1997 年第 12 期。

236. 王晓华：《论中西方文化的共同之处：与季羡林先生商榷》，《文艺争鸣》1998 年第 1 期。

237. 李慎之：《东西方文化之我见》，《天津社会科学》1998 年第 1 期。

238. 徐炳勋：《试论东西文明的差异、冲突与融合》，《内蒙古大学学报》1998 年第 1 期。

239. 崔禄春：《伍廷芳的中西文化观》，《广东社会科学》1998 年第

2 期。

240．戚其章：《全面评价张之洞的"中体西用"文化观》，《人文杂志》1998 年第 3 期。

241．张礼恒：《同途异辙：伍廷芳、辜鸿铭中西文明观比较研究》，《北京师范大学学报》1998 年第 4 期。

242．张午：《寻找信仰的曙光：孔子与杜威艺术社会学思想比较》，《孔子研究》1998 年第 4 期。

243．周巩固：《儒家宗法伦理与斯多亚传统：也说中西方人道主义》，《东北师大学报》1998 年第 6 期。

244．汪秀丽：《庄子之"道"与康德"物自体"比较研究：兼论庄、康不可知论异同》，《安徽大学学报》1998 年第 6 期。

245．丁立群：《文化相对主义与文化进化主义的超越：现代化建设中的中西文化融合问题》，《吉林大学社会科学学报》1998 年第 6 期。

246．燕生、花伟：《论中西方文化差异》，《江海学刊》1998 年第 6 期。

247．张延风：《世纪中西文化关系展望》，《中国文化报》1998 年 10 月 3 日。

248．阎平：《世纪之交看中西文化：访近代文化史专家龚书铎》，《中国文化报》1999 年 1 月 9 日。

249．陶渝苏：《从"东学西渐"谈中国的文化定向》，《贵州大学学报》1999 年第 1 期。

250．程志敏：《文化的转型：比较孔子与苏格拉底》，《人文杂志》1999 年第 1 期。

251．徐晓风：《从〈十七条宪法〉看早期日本儒学与中国儒学之不同》，《中国哲学史》1999 年第 1 期。

252．陆杰荣：《确立中外文化交融研究的问题意识》，《江海学刊》1999 年第 2 期。

253．冯俊：《中外文化交融中的方法论走向》，《江海学刊》1999 年第 2 期。

254．常健：《中西文化的交融是文化视界的拓展》，《江海学刊》1999 年第 2 期。

255．李勇：《中西文化冲突与融合中的功利主义倾向》，《江海学刊》

1999 年第 2 期。

256．张传有：《中西文化交流中的受方》，《江海学刊》1999 年第 2 期。

257．刘小英：《西方文化对中国文化影响的回眸与展望》，《江海学刊》1999 年第 2 期。

258．王宁：《全球化时代的东西方文化对话》，《中国文化报》1999 年 3 月 20 日。

259．董小川：《中西文化共性论纲》，《东北师大学报》1999 年第 3 期。

260．季荣臣：《论洋务派的"西学中源"文化观》，《中州学刊》1999 年第 3 期。

261．舒刚：《毛泽东与康德人学思想之比较》，《毛泽东思想研究》1999 年第 3 期。

262．匡钊：《"截断众流"与"中西互释"：对中国哲学史研究中两个问题的讨论》，《甘肃社会科学》1999 年第 3 期。

263．张雷：《论孔子与亚里士多德对东西方政治文化差异的影响》，《东北大学学报》1999 年第 3 期。

264．周继旨：《从儒、释的交融看中、西文化的会通：关于"元哲学模式"与〈周易〉和新康德主义哲学趋向的思考》，《现代哲学》1999 年第 3 期。

265．罗国祥：《东、西道德论"义"、"利"》，《武汉大学学报》1999 年第 3 期。

266．陈炎、赵建新：《慧能与海德格尔》，《中国哲学史》1999 年第 3 期。

267．李隼：《东西方"中庸"之比较研究：儒家与亚里士多德"中庸"伦理思想比较》，《现代哲学》1999 年第 3 期。

268．关培兰、石宁：《中美家庭道德伦理观与教育的比较》，《比较教育研究》1999 年第 4 期。

269．张立文：《全球文化与民族文化的冲突和融合》，《中国文化报》1999 年 5 月 20 日。

270．陶渝苏：《谈西方人与中国人对生命意义的不同理解》，《贵州大学学报》1995 年第 5 期。

271．李仙飞：《新儒家中西文化比较中的歧出》，《东方》1999 年第

8 期。

272. 刘建：《求法请益与朝圣巡礼：九至十一世纪中日佛教交流史略考》，《世界宗教研究》2000 年第 1 期。

273. 刘文明：《论早期基督教与先秦儒家伦理中的性与婚姻》，《求索》2000 年第 1 期。

274. 陈立胜：《牟宗三的道德形上学与海德格尔的基础存在论互参》，《中山大学学报》2000 年第 2 期。

275. 雷红霞：《孔子与苏格拉底道德哲学的比较研究》，《武汉大学学报》2000 年第 3 期。

276. 魏英敏：《中西伦理学理论形态、道德范畴之比较研究》，《广西大学学报》2000 年第 3 期。

277. 张节末：《禅观与譬喻：论中国禅宗与印度佛教的一个区别》，《哲学研究》2000 年第 3 期。

278. 汪世锦：《论解蔽：关于荀子与海德格尔的一个比较》，《江汉论坛》2000 年第 4 期。

279. 黄颂杰、陆炜、王建军：《基督教哲学本体论与中国传统思想》，《学术月刊》2000 年第 4 期。

280. 张汝伦：《中西伦理学对话的可能性和条件》，《复旦学报》2000 年第 4 期。

281. 王剑：《天学精神与明末政治伦理——明末中西文化冲突探因》，《史学集刊》2000 年第 2 期。

282. 朱喆：《先秦道家"有无论"与现代西方哲学的有无观》，《中华文化论坛》2000 年第 4 期。

283. 沈湘平：《老子与哈耶克之自然秩序思想比较》，《齐鲁学刊》2001 年第 1 期。

284. 王凯：《海德格尔与老子思想的核心问题》，《武汉大学学报》2001 年第 1 期。

285. 贾顺先、贾海宁：《论儒学与西方文化的交流、互补和创新》，《四川大学学报》2001 年第 1 期。

286. 邓子美：《道家社会观新论：兼评马克斯·韦伯对道家伦理的曲解》，《宗教学研究》2001 年第 3 期。

287. 陈来：《论梁漱溟早期的中西文化观》，《武汉大学学报》2001 年第 3 期。

288. 赵海峰：《后现代主义与文化整合》，《求是学刊》2001 年第 3 期。

289. 郭镇海：《中西碰撞中的文化选择——析"中体西用"与"全盘西化"》，《长春市委党校学报》2001 年第 4 期。

290. 张之锋：《两道同中有异的风景线；弗洛伊德学说与儒学"天命观"的粗浅比较》，《社会科学》2001 年第 10 期。

291. 许士密：《全球化语境与中西方文化的整合》，《中共福建省委党校学报》2001 年第 9 期。

292. 郭建宁：《简论贺麟的中西文化观》，《青海社会科学》2002 年第 1 期。

293. 张再林：《后现代主义与中国传统文化》，《人文杂志》2002 年第 2 期。

294. 宋明爽：《伦理、道德之别与中西文化的不同路径》，《山东社会科学》2002 年第 3 期。

295. 陆炎：《从中西文化交流的视角看中国近代化问题——读何兆武〈中西文化交流史〉有感》，《史学理论研究》2002 年第 3 期。

296. 张周志：《全球化与中西哲学思维的整合创新》，《人文杂志》2002 年第 4 期。

297. 史云波：《陈独秀与梁漱溟的中西文化观异同论》，《江苏大学学报》2002 年第 3 期。

298. 胡建：《全球化视角下的中西文化之价值认异》，《中共浙江省委党校学报》2002 年第 4 期。

299. 胡海波、孙璟涛：《反思"中西哲学"比较研究的前提性问题》，《吉林大学社会科学学报》2002 年第 5 期。

300. 张太原：《评陈序经的"文化圈围"理论与"全盘"西化观》，《河北学刊》2002 年第 6 期。

301. 陈文存：《对中西文化对比的几点思考》，《四川师范学院学报》2002 年第 6 期。

302. ［美］林同奇著：《孟子之心与性：史华兹与牟宗三的虚拟对话》，《中国哲学史》2003 年第 1 期。

303．郑成宏：《中国和朝鲜半岛儒学文化的民间交流：以代表性的个案来说明》，《当代韩国》2003 年第 1 期。

304．周继旨：《冯友兰的〈新理学〉与中国现代文化人对"西学东渐"的回应》，《南阳师范学院学报》2003 年第 1 期。

305．刘建伟：《徐复观的中西文化观》，《安徽大学学报》2003 年第 1 期。

306．曾昭式：《西方逻辑东渐与中国近代思维方式的嬗变》，《中国哲学史》2003 年第 2 期。

307．李喜所：《面向 21 世纪的中外文化交流》，《理论与现代化》2003 年第 2 期。

308．那薇：《神圣与澄明之境：心与物融为一体——论庄子与海德格尔对人与世界原初关联的哲学思考》，《南昌大学学报》2004 年第 3 期。

309．苏国勋：《全球化背景下的文化冲突与共生》（下），《国外社会科学》2003 年第 3 期。

310．郑成宏：《中国与朝鲜半岛儒学典籍的相互交流管窥》，《当代韩国》2003 年第 3 期。

311．黄岚：《梁漱溟和胡适对中西文化态度比较》，《云南师范大学学报》2003 年第 3 期。

312．李宝红：《胡适中西文化观的文化学基础》，《安徽史学》2003 年第 4 期。

313．赵林：《中西文化的源流传统与基本精神》，《人文杂志》2003 年第 4 期。

314．吴强华：《从利玛窦的天主教儒学化理论看中西文化交流》，《学术月刊》2003 年第 5 期。

315．吴清一：《"全盘西化"、"充分世界化"与"现代化"——析胡适"全盘西化"论》，《海南师范学院学报》2003 年第 5 期。

316．李耀玉：《孔子与柏拉图"人治"思想之比较》，《西南政法大学学报》2003 年第 6 期。

317．张周志、杨慰：《中西传统哲学思维的差异与整合》，《理论导刊》2003 年第 6 期。

318．傅勇林、郭勇：《20 世纪 80 年代西方译学研究与文化整合范式的发展》，《中国翻译》2003 年第 6 期。

319．何丽野：《水与火：中西哲学的核心隐喻和文化的基本精神》，《社会科学》2003 年第 6 期。

320．汪永平：《20 世纪初东西文化论战中"西化派"的历史困境》，《西北工业大学学报》2004 年第 1 期。

321．沈其新：《传承与整合："中体西用"新论》，《求索》2004 年第 1 期。

322．（中国台湾）萧师毅著，池耀兴译：《海德格尔与我们〈道德经〉的翻译》，《世界哲学》2004 年第 2 期。

323．徐晓丹：《中西文化的差异与全球化框架下的文化整合》，《理论探讨》2004 年第 2 期。

324．郑朝阳：《全球化背景下的文化整合》，《西南民族大学学报》2004 年第 2 期。

325．白战锋：《论近代中国社会中西文化的冲突与交融》，《西安教育学院学报》2004 年第 1 期。

326．周艳丽、杨志和：《试论梁漱溟的中西文化观》，《信阳师范学院学报》2004 年第 1 期。

327．沈景春、林剑：《中西文化比较研究》，《江汉论坛》2004 年第 1 期。

328．田丽：《浅析中西文化的融合与会通——以冯友兰为个案》，《首都师范大学学报》2004 年第 S2 期。

329．高旭东：《论梁实秋对中西文化的沟通》，《中国文化研究》2004 年第 3 期。

330．李宏斌、严凌：《实践范式与中西文化深层比较》，《延安大学学报》2004 年第 3 期。

331．王嘉：《文化观念转变与启蒙——简析从"西学中源"到"中体西用"》，《河海大学学报》2004 年第 3 期。

332．楚素春：《中日异文化接受态度之比较》，《日本问题研究》2004 年第 3 期。

333．那薇：《海德格尔与庄子的同一在于体验》，《河南师范大学学报》2004 年第 3 期。

334. 那薇：《海德格尔与道家的生死观之比较分析》，《学术研究》2004 年第 4 期。

335. 刘余莉：《和：孔子与毕达哥拉斯》，《道德与文明》2004 年第 4 期。

336. 汪涛：《反思中西文化比较研究》，《中山大学学报论丛》2004 年第 4 期。

337. 王占阳：《中西文化融合的可能与限度——一个历史哲学的思考》，《首都师范大学学报》2004 年第 4 期。

338. 方用：《中西文化结合观的历史发展》，《安庆师范学院学报》2004 年第 5 期。

339. 胡敏：《唯物史观视域内孔子与费尔巴哈人性论的比较》，《求索》2004 年第 5 期。

340. 蒙培元：《张岱年的中西哲学观及其"综合创新论"》，《北京大学学报》2004 年第 5 期。

341. 钟海：《钱穆的中西文化观》，《学术论坛》2004 年第 6 期。

342. 马雪松：《文化全球化与民族文化》，《江西社会科学》2004 年第 10 期。

343. 朱耀垠：《"全盘西化"论和"中国本位文化"论的偏至》，《高校理论战线》2004 年第 11 期。

344. 那薇：《庄子的天倪、天多与海德格尔的区分》，《社会科学研究》2005 年第 1 期。

345. 徐圻：《走出文化的自大与自卑——关于中西文化交流的反思》，《贵州大学学报》2005 年第 1 期。

346. 郑丽莉：《文化全球化语境下的文化整合与民族文化创新》，《内蒙古大学学报》2005 年第 1 期。

347. 贺双艳、尹洪伟：《人权理论的新视角——中西文化比较》，《经纪人学报》2005 年第 1 期。

348. 翟广顺：《中西伦理道德思想比较要论》，《青岛职业技术学院学报》2005 年第 1 期。

349. 方敏：《中西文化比较视域中现代中国的启蒙》，《新疆社会科学》2005 年第 1 期。

350. 袁伟时：《中西文化论争终结的内涵和意义》，《炎黄春秋》2005 年第 2 期。

351. 应小敏、傅守祥：《中西文化交往中的对话与全球化挑战下的整合》，《贵州民族研究》2005 年第 2 期。

352. 李桂梅：《略论中西家庭伦理精神》，《湖南师范大学社会科学学报》2005 年第 2 期。

353. 马克锋：《全盘西化思潮与近代文化激进主义》，《天津社会科学》2005 年第 2 期。

354. 刘爱玲：《中西传统自由观之比较》，《湖北行政学院学报》2005 年第 2 期。

355. 赵琳：《论严复中西文化比较研究的特征》，《重庆交通学院学报》2005 年第 3 期。

356. 李宏斌：《和谐与竞争：中西文化精神新论》，《延安大学学报》2005 年第 4 期。

357. 韦林珍、钟海：《牟宗三的中西文化观论析》，《唐都学刊》2005 年第 4 期。

358. 徐蓉蓉、郭小安：《论严复的中西文化观》，《湖北教育学院学报》2005 年第 4 期。

359. 韦林珍、钟海：《张君劢的中西文化观》，《江南大学学报》2005 年第 6 期。

360. 文波、姚璐璐、邹皎：《融合与对立——从意识形态方面比较中西文化》，《重庆工学院学报》2005 年第 7 期。

361. 肖德林：《中西文化交际中价值观问题的探讨》，《山东社会科学》2005 年第 8 期。

362. 倪玲玲：《"中体西用"文化选择思想的再认识》，《理论导刊》2005 年第 9 期。

363. 刘敏、陆卫明：《论罗素的中西文化观》，《理论导刊》2005 年第 11 期。

364. 敖登：《浅谈中西方文化差异》，《前沿》2005 年第 10 期。

365. 阎韬：《中西文化的竞争与整合》，《南京大学学报》2006 年第 1 期。

366．陈明与、周瑾：《范式转换：超越中西比较——中国哲学合法性危机的儒者之思》，《同济大学学报》2006 年第 1 期。

367．郭智勇：《梦觉皆幻：〈庄子〉内篇世界观与印度古代幻现论之比较研究》，《湘潭大学学报》2006 年第 1 期。

368．杨育华：《儒学基督教对话——折射中西方文化本源的精神特质》，《管子学刊》2006 年第 1 期。

369．周彬：《中西文化比较与中国特色现代化》，《鞍山科技大学学报》2006 年第 2 期。

370．刘志平：《中西文化特征差异探析》，《文史博览》2006 年第 2 期。

371．崔婷：《中西文化交流与中国特色社会主义文化发展》，《东岳论丛》2006 年第 2 期。

372．樊宇敏：《中外文化比较研究的新视野——评王祥云教授的新著〈中西方传统文化比较〉》，《开封大学学报》2006 年第 2 期。

373．胡一：《全球化·多元文化·"和而不同"原则》，《福建论坛》2006 年第 3 期。

374．关静杰：《论全球化背景下的中西文化整合》，《哈尔滨市委党校学报》2006 年第 4 期。

375．李秀芳、禹海霞：《孙中山的中西文化观》，《西安交通大学学报》2006 年第 4 期。

376．熊吕茂、肖高华：《从"用夏变夷"说看近代中西文化冲突》，《求索》2006 年第 5 期。

377．方克立：《费孝通与"和而不同"文化观》，《中国社会科学院研究生院学报》2006 年第 6 期。

378．崔婷：《当代中西文化交流特点论析》，《理论学刊》2006 年第 7 期。

379．刘静芳：《文化的综合创造何以可能——张岱年"综合创造"的文化观研究》，《哲学动态》2006 年第 7 期。

380．刘立成：《论全球化背景下的文化整合》，《理论前沿》2006 年第 7 期。

381．江涛：《略论"中体西用"》，《湖北教育学院学报》2006 年第 12 期。

382. 程刚：《现代新儒家中西文化观概述》，《理论导刊》2006 年第 12 期。

383. 赵国健：《蒋梦麟中西文化比较观论析》，《鲁东大学学报》2007 年第 1 期。

384. 杨新华：《浅析辜鸿铭的中西文化观》，《邢台学院学报》2007 年第 1 期。

385. 郑淑婷：《钱穆的中西文化差异观》，《安徽农业大学学报》2007 年第 1 期。

386. 熊吕茂：《五四时期中西文化论争研究述评》，《岭南学刊》2007 年第 1 期。

387. 倪愫襄：《制度伦理视野中的中西文化之差异》，《湖北社会科学》2007 年第 1 期。

388. 王俊霞：《跨文化交际与中西文化差异》，《学术交流》2007 年第 2 期。

389. 张再林、齐虹：《中西文化精神及其组织行为理论》，《西安交通大学学报》2007 年第 2 期。

390. 舒克斌：《毛泽东的中外文化观及其现实意义》，《湖南第一师范学报》2007 年第 2 期。

391. 杨锦銮：《晚清"中体西用"文化观演变的阶段性特征探论》，《华南师范大学学报》（社会科学版）2007 年第 2 期。

392. 谭颖沁：《中西文化整合与我国文化发展》，《中共中央党校学报》2007 年第 2 期。

393. 顾明栋：《对中西比较研究中一些文化理论问题的思考》，《江苏社会科学》2007 年第 3 期。

394. 李毅等：《〈综合创新论与"马魂、中体、西用"〉——关于当代中国文化建设的探讨》，《上海师范大学学报》2007 年第 6 期。

395. 袁金刚：《文化全球化的基本原则——"和而不同"研究反思》，《西北师大学报》2007 年第 6 期。

396. 陆卫明：《从〈中国文化要义〉看梁漱溟的中西文化观》，《中国社会科学院研究生院学报》2007 年第 6 期。

397. 伍晓明：《中西比较的新思路：哲学拓扑学的视野》，《哲学动态》

2007 年第 12 期。

398．曾军：《学术古今与思想中西的碰撞——2007 年度文化学术热点扫描》，《社会科学》2007 年第 12 期。

399．陆卫明、赵晓宇：《从〈中国文化要义〉看梁漱溟的中西文化观》，《中国社会科学院研究生院学报》2007 年第 6 期。

400．范琴英：《小议中西文化的差异》，《文学教育》2007 年第 6 期。

401．吴永：《论陈独秀早期的中西文化观》，《理论导刊》2007 年第 12 期。

402．张哲：《浅谈中西文化冲突的表现与起因》，《电影文学》2007 年第 21 期。

403．谢晓红：《中西文化冲突下如何正确看待中国传统文化》，《社会科学家》2007 年第 S2 期。

404．秦鹏举：《关于中西文化比较的几点思考》，《承德民族师专学报》2007 年第 3 期。

405．禹红梅、汤秀丽：《五四时期胡适的中西文化观述评》，《法制与社会》2007 年第 3 期。

406．张伶俐：《论辜鸿铭及其中西文化观》，《辽宁教育行政学院学报》2007 年第 3 期。

407．胡慧：《语言接触、中西文化交融与和谐文化建构》，《求索》2007 年第 4 期。

408．杨锦銮：《比较视野中之晚清"西学中源"与"中体西用"文化观》，《晋阳学刊》2007 年第 5 期。

409．布庆荣、李志峰：《论"中体西用"的时代价值》，《新学术》2007 年第 6 期。

410．王志红、黄志斌：《东西文化的和谐社会诉求及制度伦理》，《当代世界与社会主义》2007 年第 6 期。

411．马克锋：《"中体西用"说与近代文化建构》，《教学与研究》2007 年第 10 期。

412．胡菊香、欧阳询：《试论现代新儒家的中体西用思想》，《怀化学院学报》2007 年第 12 期。

413．杨志杰：《"中体西用"的文化模式与传统文化的近代化》，《湘潭师范学院学报》2008 年第 1 期。

414．郑丽平：《"全盘西化"思潮：一种现代化视角的解析》，《中国特色社会主义研究》2008 年第 1 期。

415．乐黛云：《文化自觉与中西文化会通》，《河北学刊》2008 年第 1 期。

416．王景丹：《庄子文本的语言阐释及中西文化在语言层面上的解读》，《青海社会科学》2008 年第 2 期。

417．王彦智：《论中西文化对撞的历史脉络》，《山东教育学院学报》2008 年第 2 期。

418．胡军良：《"对话范式"视域中中西文化的对话与会通》，《中南民族大学学报》2008 年第 2 期。

419．李宏斌、康文梅：《论近代以来开展中西文化比较研究的深层原因》，《教育探索》2008 年第 2 期。

420．张世保：《陈序经"全盘西化"论解析》，《中南民族大学学报》2008 年第 2 期。

421．荆曼、瞿辉：《"本土化"与"全盘西化"的两难抉择——20 世纪 80 年代中期以来西方文论》，《赣南师范学院学报》2008 年第 2 期。

422．马菡、阳艳：《"和而不同"——全球化时代中西文化交流的模式》，《社科纵横》2008 年第 2 期。

423．王明霞：《中西方人性善恶观的差异对和谐社会构建的启示》，《理论研究》2008 年第 2 期。

424．杜运辉、周德丰：《从张岱年的"创造的综合"论到方克立的"马魂、中体、西用"论》，《现代哲学》2008 年第 2 期。

425．赵盛印：《"中体西用"辨析及其对当代的启示》，《安阳师范学院学报》2008 年第 3 期。

426．李迎春：《论梁漱溟的中西文化观》，《社会科学论坛》2008 年第 3 期。

427．黄绮文：《近代海外潮人与中西文化交流》，《汕头大学学报》2008 年第 4 期。

428．张允熠：《中国文化哲学构建的三大话语平台》，《学术界》2008 年第 4 期。

429．俞懿娴：《中西时间哲学比较视野下的易哲学——方东美、程石泉论中西时间哲学》，《周易研究》2008 年第 4 期。

430．刘国民：《从禅宗的内在超越性解释妙玉的悲剧命运——兼论中西文化之内在超越与外在超越的特征》，《中国青年政治学院学报》2008 年第 4 期。

431．方兴、田海平：《中西文化精髓比较及其现代意义》，《学习与探索》2008 年第 4 期。

432．李欣：《比较视野中的中西传统节日文化》，《中州学刊》2008 年第 4 期。

433．李安泽：《"超越"与"超绝"——方东美论中西天人之际》，《安徽大学学报》2008 年第 4 期。

434．叶馨：《中西文化差异下的文化义探析》，《成都大学学报》2008 年第 5 期。

435．李翔海：《"马魂中体西用"论的文化意义》，《高校理论战线》2008 年第 6 期。

436．杜菲：《近代"西体中用"观探析——郑观应的"体""用"思想》，《牡丹江大学学报》2008 年第 6 期。

437．舒也：《中西哲学范畴与文化价值观分殊》，《社会科学家》2008 年第 6 期。

438．刘亚斌、郭赫男：《百年回眸：中西文化融汇行进中的"无我之境"与"有我之境"论》，《兰州学刊》2008 年第 6 期。

十四

海外中国文化研究主要著作和论文索引

（一） 著作类

1. ［美］许倬云著：《西周史》，台北联经出版事业公司1984年版。

2. ［美］余英时著：《从价值系统看中国文化的现代意义：中国文化与现代生活总论》，台北时报文化出版公司1985年版。

3. ［美］成中英著：《中国哲学与中国文化》，台北三民书局1985年版。

4. ［日］镰田茂雄著：《简明中国佛教史》，上海译文出版社1986年版。

5. 辛冠杰、钟尔钜、马振铎、徐远和编：《日本学者论中国哲学史》，中华书局1986年版。

6. ［日］宇野精一主编，洪顺隆译：《中国思想》，台北幼狮文化事业公司1987年版。

7. 张鹤琴著：《日本儒学序说》，台北明文书局1987年版。

8. ［美］余英时著：《中国近世宗教伦理与商人精神》，台北联经出版社1987年版。

9. ［美］余英时等著：《中国哲学思想论集》（清代篇），台北水牛出版社1988年版。

10. ［美］林毓生著：《中国传统的创造性转化》，三联书店1988年版。

11. 姜义华、吴根梁、马学新编：《港台及海外学者论中国文化》

（上），上海人民出版社 1988 年版。

12．姜义华、吴根梁、马学新编：《港台及海外学者论中国文化》（下），上海人民出版社 1988 年版。

13．〔美〕成中英著：《中国文化的现代化与世界化》，中国和平出版社 1988 年版。

14．〔美〕许倬云著：《中国古代文化的特质》，台北联经出版事业公司 1988 年版。

15．〔美〕许倬云著：《许倬云文集》，台北时报文化出版公司 1988 年版。

16．程兆熊著：《儒家教化与国际社会》，台北明文书局 1988 年版。

17．〔美〕余英时著：《文化评论与中国情怀》，台北允晨文化实业公司 1988 年版。

18．〔美〕墨子刻著，颜世安、高华、黄东兰译：《摆脱困境——新儒学与中国政治文化的演进》，江苏人民出版社 1989 年版。

19．〔德〕夏瑞春编，陈爱政等译：《德国思想家论中国》，江苏人民出版社 1989 年版。

20．〔美〕余英时等著：《从五四到新五四：文化中国续编》，台北时报文化出版公司 1989 年版。

21．〔美〕许倬云：《中国文化与世界文化》，贵州人民出版社 1991 年版。

22．〔美〕E. 希尔斯著，傅铿、吕乐译：《论传统》，上海人民出版社 1991 年版。

23．〔美〕傅伟勋著：《从西方哲学到禅佛教》，三联书店 1989 年版。

24．〔美〕余英时著：《中国思想传统的现代诠释》，台北联经出版事业公司 1987 年版。

25．〔美〕余英时著：《中国文化与现代变迁》，台北三民书局 1992 年版。

26．〔美〕许倬云著：《中国文化的发展过程》（钱宾四先生学术文化讲座），香港中文大学出版社 1992 年版。

27．〔美〕余英时等著：《从五四到河殇》，台北风云时代出版公司 1992 年版。

28. ［美］余英时著：《历史人物与文化危机》，台北东大图书公司 1995 年版。

29. ［美］安乐哲著，滕复译：《主术：中国古代政治艺术之研究》，北京大学出版社 1995 年版。

30. ［美］艾尔曼著，赵刚译：《从理学到朴学：中华帝国晚期思想与社会变化面面观》，江苏人民出版社 1995 年版。

31. ［美］格里德著，鲁奇译，王友琴校：《胡适与中国的文艺复兴——中国革命中的自由主义》，江苏人民出版社 1996 年版。

32. ［美］郝大维、安乐哲著，蒋戈为、李志林译：《孔子哲学思微》，江苏人民出版社 1996 年版。

33. 忻剑飞著：《世界的中国观》，学林出版社 1991 年版。

34. ［美］余英时著：《士与中国文化》，上海人民出版社 1987 年版。

35. ［美］余英时著：《论戴震与章学诚：清代中期学术思想史研究》增订版，台北东大图书公司 1996 年版。

36. 李学勤主编：《国际汉学著作提要》，江西教育出版社 1996 年版。

37. ［美］余英时著：《中国知识分子论》，河南人民出版社 1997 年版。

38. ［美］田浩著，姜长苏译：《功利主义儒家——陈亮对朱熹的挑战》，江苏人民出版社 1997 年版。

39. ［美］孟德卫著，张学智译：《莱布尼兹和儒学》，江苏人民出版社 1998 年版。

40. ［美］林毓生著：《热烈与冷静》，上海文艺出版社 1998 年版。

41. ［美］许倬云著：《历史分光镜》，上海文艺出版社 1998 年版。

42. ［美］许倬云著：《九六文录：中国人文探索》，台北书店 1998 年版。

43. 戴仁主编：《法国当代中国学》，中国社会科学出版社 1998 年版。

44. ［美］余英时著：《现代儒学论》，上海人民出版社 1998 年版。

45. ［美］余英时著：《论士衡史》，上海文艺出版社 1999 年版。

46. 韩琦著：《中国科学技术的西传及其影响》，河北人民出版社 1999 年版。

47. 王兆春、潘嘉玢、庹平著：《中国军事科学的西传及其影响》，河北人民出版社 1999 年版。

48．孙津著：《中国现代化对西方的影响》，河北人民出版社1999年版。

49．〔日〕小野泽精一、福永光司、山井涌著，李庆译：《气的思想——中国自然观和人的观念的发展》，上海人民出版社1990年版。

50．〔美〕郝大维（David L. Hall）、〔美〕安乐哲（Roger T. Ames）著，施忠连译：《汉哲学思维的文化探源》，江苏人民出版社1999年版。

51．〔美〕安娜·赛德尔：《西方道教研究史》，上海古籍出版社2000年版。

52．〔美〕许倬云著：《从历史看时代转移》，台北财团法人洪建全教育基金会2000年版。

53．安平秋、安乐主编：《北美汉学家辞典》，人民文学出版社2001年版。

54．〔韩〕尹丝淳著，陈文寿、潘畅和译：《韩国儒学研究》，新华出版社1998年版。

55．〔韩〕崔根德著：《韩国儒学思想研究》，学苑出版社1998年版。

56．余英时著：《中国近世宗教伦理与商人精神》，安徽教育出版社2001年版。

57．〔美〕成中英著：《合外内之道：儒家哲学论》，中国社会科学出版社2001年版。

58．〔日〕原口俊道等主编：《中日经济、社会、文化比较研究》，华东师范大学出版社2001年版。

59．王健著：《"神体儒用"的辨析：儒学在日本历史上的文化命运》，大象出版社2002年版。

60．〔美〕成中英主编：《本体诠释学》，北京大学出版社2002年版。

61．〔美〕成中英主编：《创造和谐》，上海文艺出版社2002年版。

62．〔美〕成中英主编：《中西比较》，上海社会科学院出版社2003年版。

63．〔日〕子安宣邦著，陈玮芬等译：《东亚儒学：批判与方法》，台北财团法人喜马拉雅研究发展基金会2003年版。

64．刘宗贤、蔡德贵主编：《当代东方儒学》，人民出版社2003年版。

65．刘厚琴主编：《日本韩国的儒学研究》，中华书局2003年版。

66．〔德〕卜松山著，刘慧儒、张国刚等译：《与中国作跨文化对话》

（增订本），中华书局 2003 年版。

67. 张昆将著：《德川日本"忠""孝"概念的形成与发展：以兵学与阳明学为中心》，台北财团法人喜马拉雅研究发展基金会 2003 年版。

68. 刘岳兵著：《日本近代儒学研究》，商务印书馆 2003 年版。

69. 许倬云著：《东游记：现代伦理寓言》，广西师范大学出版社 2003 年版。

70. 许倬云著：《许倬云著作集》，台北三民书局股份有限公司 2003 年版。

71. 余英时著，沈志佳编：《儒家伦理与商人精神》，广西师范大学出版社 2004 年版。

72. 余英时著：《现代儒学的回顾与展望》，三联书店 2004 年版。

73. ［德］马克斯·韦伯著：《儒教与道教》，商务印书馆 2004 年版。

74. 蔡毅编译：《中国传统文化在日本》，中华书局 2004 年版。

75. 张昆将著：《日本德川时代古学派之王道政治论：以伊藤仁斋、荻生徂徕为中心》，台北台湾大学出版中心 2004 年版。

76. 余英时著：《论戴震与章学诚：清代中期学术思想史研究》，三联书店 2005 年版。

77. 余英时著，侯旭东等译：《东汉生死观》，上海古籍出版社 2005 年版。

78. ［美］成中英主编：《本体的解构与重建：对日本思想史的新诠释》，上海社会科学院出版社 2005 年版。

79. ［美］成中英著：《从中西互释中挺立：中国哲学与中国文化的新定位》，中国人民大学出版社 2005 年版。

80. ［日］冈本光生著，黄碧君译：《墨子思想图解：组织的天才、简单生活的大师》，台北商周出版 2005 年版。

81. 陈玮芬著：《近代日本汉学的"关键词"研究：儒学及相关概念的嬗变》，台北台湾大学出版中心 2005 年版。

82. 郑吉雄编：《东亚视域中的近世儒学文献与思想》，台北台湾大学出版中心 2005 年版。

83. 张谷著：《道家思想对日本近世文化的影响》，武汉大学 2006 年博士论文。

84. 赵刚著：《林罗山与日本的儒学》，世界知识出版社 2006 年版。

85. 黄俊杰编：《东亚视域中的茶山学与朝鲜儒学》，台北台湾大学出版中心 2006 年版。

86. 许倬云著：《中国文化与世界文化》，广西师范大学出版社 2006 年版。

87. 许倬云著：《中国古代文化的特质》，新星出版社 2006 年版。

88. 许倬云著：《万古江河：中国历史文化的转折与开展》，台北英文汉声出版股份有限公司 2006 年版。

89. 许倬云、张忠培主编：《新世纪的考古学：文化、区位、生态的多元互动》，紫禁城出版社 2006 年版。

90. 沈志佳编：《文化评论与中国情怀》（上、下），广西师范大学出版社 2006 年版。

91. 沈志佳编：《宋明理学与政治文化》，广西师范大学出版社 2006 年版。

92. 李翔海、邓克武编：《成中英文集 一卷，论中西哲学精神》，湖北人民出版社 2006 年版。

93. 李翔海、邓克武编：《成中英文集 二卷，儒学与新儒学》，湖北人民出版社 2006 年版。

94. 李翔海、邓克武编：《成中英文集 三卷，伦理与管理》，湖北人民出版社 2006 年版。

95. 李翔海、邓克武编：《成中英文集 四卷，本体诠释学》，湖北人民出版社 2006 年版。

96. ［美］成中英著：《易学本体论》，北京大学出版社 2006 年版。

97. ［美］成中英著：《C 理论：中国管理哲学》，中国人民大学出版社 2006 年版。

98. 余英时著，程嫩生、罗群等译：《人文与理性的中国》，上海古籍出版社 2007 年版。

99. 余英时著：《知识人与中国文化的价值》，台北时报文化出版企业股份有限公司 2007 年版。

100. 沈定昌主编：《东方学术与南冥学：2006 南冥学国际学术会议论文集》，辽宁民族出版社 2007 年版。

101. 黄俊杰著：《东亚儒学：经典与诠释的辩证》，台北台湾大学出版中心 2007 年版。

102. ［韩］柳承国著，姜日天、朴光海等译：《韩国儒学与现代精神》，东方出版社 2008 年版。

103. 杨祖汉著：《从当代儒学观点看韩国儒学的重要论争》，华东师范大学出版社 2008 年版。

104. 郑吉雄编：《东亚视域中的近世儒学文献与思想》，华东师范大学出版社 2008 年版。

105. 黄俊杰著：《东亚儒学史的新视野》，华东师范大学出版社 2008 年版。

106. 黄俊杰编：《东亚儒学研究的回顾与展望》，华东师范大学出版社 2008 年版。

107. 黄俊杰编：《东亚儒者的〈四书〉诠释》，华东师范大学出版社 2008 年版。

108. 成中英、麻桑著：《新新儒学启思录：成中英先生的本体世界》，商务印书馆 2008 年版。

109. ［美］鲁·马利诺夫著，马方方、覃红、赵映光译：《中庸之道》，当代中国出版社 2008 年版。

（二） 论文类

1. 郑天星：《禅宗在欧美》，《世界宗教资料》1981 年第 4 期。

2. 北辰：《禅宗理论的积极鼓吹者——铃木大拙》，《世界宗教资料》1981 年第 4 期。

3. ［日］福永光司：《日本文化与道教——从以天皇为思想信仰谈起》，《世界宗教研究》1982 年第 2 期。

4. ［日］中村元著：《儒教思想对佛典汉译带来的影响》，《世界宗教研究》1982 年第 2 期。

5. ［美］德巴瑞著，望之译：《新儒学个人主义概述》，《世界宗教研究》1982 年第 4 期。

6．〔日〕福井文雅：《评福永光司著〈日本文化与道教〉》，《东方宗教》1982 年第 60 期。

7．〔日〕岛一著，魏常海译：《孔孟和荀子在天人论方面的异同》，《中国哲学史研究》1983 年第 1 期。

8．〔美〕弥尔敦著，李绍崑译：《庄子研究》，《华中师院学报》1983 年第 3 期。

9．〔美〕陈荣捷著，钱耕森译：《孔子人文主义导言》，《中国哲学史研究》1983 年第 4 期。

10．〔日〕福永光司著，朱越利译：《何谓道教》，《世界宗教资料》1984 年第 1 期。

11．〔日〕柳田圣山著，杨曾文译：《〈六祖坛经诸本集成〉解题》，《世界宗教资料》1984 年第 2 期。

12．〔日〕砂山稔著：《〈灵宝度人经〉四注札记》，《世界宗教研究》1984 年第 2 期。

13．〔日〕小岛祐马著，屠承先译：《论老子其人其书》，《哲学译丛》1984 年第 5 期。

14．〔日〕石川贤著，袁韶莹摘译：《中国哲学界关于"合二而一"问题争论始末》，《哲学译丛》1984 年第 6 期。

15．〔日〕镰田茂雄著，李步嘉摘译：《中国佛教史的时代划分》，《中国史研究动态》1984 年第 10 期。

16．薛华：《卡尔·阿贝尔特对老子的比较研究》，《中国哲学史研究》1985 年第 1 期。

17．〔日〕蜂屋邦夫著，杨曾文译：《日本近五年关于中国学的研究动向——以魏晋南北朝隋唐时代的思想和宗教为中心》，《世界宗教研究》1985 年第 4 期。

18．〔日〕镰田茂雄著，隆藏译：《中国佛教的特征》，《法音》1985 年第 6 期。

19．〔日〕上山春平著，滕颖译：《朱子人性论与礼论》，《中国哲学史研究》1986 年第 3 期。

20．〔日〕荒木见悟著，徐远和译：《阳明学评价的问题》，《中国哲学史研究》1986 年第 3 期。

21. ［荷］埃里·舒尔克著，马晓宏编译：《从道教经典看佛教对早期道教的影响》，《世界宗教资料》1986 年第 4 期。

22. ［美］简永华著，吴方桐译：《黄帝道家的三个基本概念"道"、"理"、"法"》，《中国哲学史研究》1986 年第 4 期。

23. ［美］D. 巴里著，李吟波译：《儒家的自由主义和西方狭隘的地方观念》，《国外社会科学》1986 年第 9 期。

24. 杨曾文：《日本学者对中国禅宗文献的研究和整理》，《世界宗教研究》1987 年第 1 期。

25. 黄心川：《欧美的佛教与佛学研究》，《世界宗教资料》1987 年第 2 期。

26. ［日］池田知久著，向宁译：《〈庄子〉"道"的哲学及其展开》，《南开学报》1987 年第 2 期。

27. ［韩］金容沃著，王宗昱译：《朱熹气概念的一些方面》，《中国哲学史研究》1987 年第 3 期。

28. ［日］安居香山著，杨曾文译：《道教的形成和谶纬思想》，《世界宗教研究》1987 年第 3 期。

29. ［英］F. C. 科普勒斯东著，李小兵译：《漫议儒、释、道——中国哲学的特点》，《国外社会科学》1987 年第 7 期。

30. 李今山：《日本当代儒学家冈田武彦》，《国外社会科学》1987 年第 8 期。

31. 毛丹青：《日本学者谈道教与谶纬思想》，《哲学动态》1987 年第 9 期。

32. ［日］原了圆著，黄玮译：《朱子学"理"的观念在日本的发展》，《哲学研究》1987 年第 12 期。

33. ［日］山井通著，胡发贵译：《程廷祚的气的哲学——兼论朱熹、程廷祚、戴震思想》，《中国哲学史研究》1988 年第 1 期。

34. ［新加坡］苏新鋈著：《孟子仁政首重经济建设的意义》，《中国哲学史研究》1988 年第 1 期。

35. ［日］荒牧典俊著，杨曾文译：《中国对佛教的接受——"理"的一大变化》，《世界宗教研究》1988 年第 1 期。

36. ［日］福永光司著，秦惠彬译：《佛教与道教——以汉译〈佛说无量寿经〉为例》,《世界宗教研究》1988 年第 1 期。

37.〔日〕镰田茂雄著,童斌译:《禅与日本武道》,《世界宗教研究》1988 年第 1 期。

38.〔日〕沟口雄之著,秦惠彬译:《阳明学与佛教（禅）》,《世界宗教研究》1988 年第 1 期。

39.〔日〕吉田贤抗著,伯骅译:《日本关于〈论语〉撰者与编纂方式的研究与〈论语〉的注释工作》,《孔子研究》1988 年第 1 期。

40.〔苏〕д. с. 佩列洛莫夫著,陈敬毅译:《儒家人性观对欧洲和俄国文化名人的影响》,《孔子研究》1988 年第 2 期。

41.〔日〕富永健一著,李国庆译:《马克斯·韦伯论中国和日本的现代化》,《社会学研究》1988 年第 2 期。

42.〔日〕宇佐美一博著:《介绍日原利国的〈春秋公羊传的研究〉》,《中国哲学史研究》1988 年第 2 期。

43.〔美〕陈荣捷著:《西方对于儒学之研究》,《中国哲学史研究》1988 年第 3 期。

44. L. E. 艾立逊等,朱志瑜译:《儒家之金律:一种否定的句式》,《史学理论》1988 年第 3 期。

45.〔美〕窦宗仪著:《中国阴阳中和观与现代科学思想》（续）,《浙江学刊》1988 年第 4 期。

46. 宋立道:《儒学研究在苏联》,《世界宗教资料》1988 年第 4 期。

47. 徐远和:《儒学在日本的传播和影响》,《文史知识》1988 年第 6 期。

48.〔丹麦〕K. 伦德贝克著,耿昇摘译:《理学在欧洲的传播过程》,《中国史研究动态》1988 年第 7 期。

49.〔美〕埃德蒙·莱特斯著:《哲学家统治者——早期西方对儒家学者的印象》,《中国哲学史研究》1989 年第 1 期。

50.〔新加坡〕苏新鋈:《孔孟儒家政治思想的民主精神》,《孔子研究》1989 年第 1 期。

51.　〔日〕阿郭正雄著,王雷泉译:《自我觉悟与信仰——禅与基督教》,《宗教》1989 年第 1 期。

52.〔法〕程艾蓝著,陈学信译:《儒学在法国——历史的探讨,当前的评价与未来的展望》,《孔子研究》1989 年第 1 期。

53．〔日〕冈田武彦著，陈辉译：《简易的哲学——阳明学的起死回生之道》,《浙江学刊》1989 年第 2 期。

54．〔日〕冈田武彦著，王葆玹译：《孔学的运用》,《孔子研究》1989 年第 3 期。

55．〔日〕金谷治著：《关于孔子研究——孔子诞辰纪念随感》,《孔子研究》1989 年第 3 期。

56．〔美〕陈荣捷著：《儒家"中"的概念之检讨》,《孔子研究》1989 年第 3 期。

57．〔美〕傅伟勋：《〈坛经〉惠能顿悟禅教深层义蕴试探》,《中国哲学史研究》1989 年第 3 期。

58．李甦平：《朱熹"理"范畴在日本的嬗变及其与日本现代化的关联》,《中国人民大学学报》1989 年第 4 期。

59．王家骅：《儒学在日本异于在中国之表现》,《南开学报》1989 年第 4 期。

60．〔日〕冈田武彦著，李凤全译：《阳明学之研究与受用》,《浙江学刊》1989 年第 4 期。

61．〔日〕疋田启佑著，马安东译：《阳明学与幕府末期的思想家们》,《浙江学刊》1989 年第 4 期。

62．〔美〕窦宗仪著，刘成有译：《儒家思想的八大特征》,《国外社会科学动态》1989 年第 6 期。

63．北辰：《国外佛教研究一瞥》,《世界宗教研究》1990 年第 2 期。

64．〔日〕荒木见悟著：《儒家何以畏禅》,《世界宗教研究》1990 年第 2 期。

65．〔日〕镰田茂雄著：《华严思想的接受形态——中国·朝鲜·日本华严的特点》,《世界宗教研究》1990 年第 2 期。

66．〔日〕麦谷邦夫著，朱越利译：《唐玄宗〈道德真经〉注疏中的"妙本"》,《世界宗教研究》1990 年第 2 期。

67．〔日〕沟口雄三著，陈卫平摘译：《儒教·近代和现代》,《哲学社会科学动态》1990 年第 2 期。

68．〔法〕J．热内特著，高岩译：《王船山的实践哲学与理论哲学》,

《哲学社会科学动态》1990 年第 2 期。

69. 孟祥才：《南美大陆第一部研究孔子的著作——〈孔子和马丁·菲耶罗〉》，《孔子研究》1990 年第 2 期。

70. ［美］唐力权：《〈周易〉与怀德海之间》，《周易研究》1990 年第 2 期。

71. ［美］成中英著：《孔子哲学中的创造性原理——论生即理与仁即生》，《孔子研究》1990 年第 3 期。

72. ［美］孟旦著，安延明译：《事实与价值的混淆：儒家伦理学的一个缺点》，《哲学研究》1990 年第 3 期。

73. ［美］舜耕乐著：《孟子道德依据观新议》，《哲学社会科学动态》1990 年第 3 期。

74. 武安隆：《浅议佛教的日本化》，《日本问题》1990 年第 3 期。

75. 王进：《海外对儒学与宗教的研究》，《哲学社会科学动态》1990 年第 3 期。

76. 卢明：《日本对毛泽东辩证法思想的研究》，《日本研究》1990 年第 3 期。

77. ［美］安布罗斯著，张海燕译：《儒家学说中的个人与群体：从关系出发的观点》，《国外社会科学》1990 年第 5 期。

78. 王建平：《略论儒家思想在日本产生发展兴旺和衰落的历史过程》，《北京师范学院学报》1990 年第 6 期。

79. ［美］T. H. 康著，衣俊卿译：《西方儒学研究文献的回顾与展望》，《国外社会科学》1990 年第 10 期。

80. 胡道静：《道教研究在海外》，《学术月刊》1990 年第 10 期。

81. ［日］稻冈誓纯著，心月译：《康僧会在中国佛教史上的地位》，《法音》1990 年第 12 期。

82. ［丹麦］柏思德著，刘世生译：《马克斯·韦伯论中国社会和儒家思想》，《齐鲁学刊》1991 年第 1 期。

83. ［日］中村璋八著，萧崇素译：《日本文化中的道教》，《文史杂志》1991 年第 1 期。

84. ［日］柴田泰著，吴华译：《中国净土教与禅观思想》，《世界宗教资料》1991 年第 1 期。

85. ［德］曼纽什·赫伯特著，向明译：《中国哲学：现代艺术与科学进步》，《社会科学辑刊》1991 年第 1 期。

86. ［日］山田俊：《日本的道教研究简介》，《安徽大学学报》1991 年第 1 期。

87. ［美］窦宗仪著，胡为雄译：《儒道的阴阳辩证一元观新探》，《哲学译丛》1991 年第 1 期。

88. ［丹麦］柏思德著，刘世生译：《西方学者关于孔子及儒学在现代世界中作用的研究》，《社会科学战线》1991 年第 3 期。

89. ［新加坡］田新亚：《易卦的科学本质》，《周易研究》1991 年第 4 期。

90. ［美］欧迪安著，杨深编译：《孔子与儒》，《北京大学学报》1991 年第 4 期。

91. ［苏］卡拉佩季扬茨·AM 著，刘奉光译：《儒学主要范畴的初始意义》，《哲学译丛》1991 年第 4 期。

92. 李贻荫：《易学在西方》，《读书》1991 年第 10 期。

93. ［新加坡］田新亚：《易卦的科学的本质》（续），《周易研究》1992 年第 1 期。

94. 王武龙编译：《美国比较哲学家阿契·巴姆论孔子》，《孔子研究》1992 年第 1 期。

95. ［韩］高英根：《儒家文化与社会主义文化关系之研究》，《齐鲁学刊》1992 年第 1 期。

96. ［日］丸山宏著，张泽洪译：《正一道的上章仪礼：以〈冢讼章〉为中心》，《宗教学研究》1992 年第 1、2 期。

97. ［美］狄百瑞著，张海燕译：《新儒学：传统性与现代性的交融》，《国外社会科学》1992 年第 3 期。

98. ［日］小岛祐马著，屠承先译：《关于〈周易〉的几个问题》，《哲学译丛》1993 年第 1 期。

99. ［美］阿兰·A. 安德鲁斯（A. A. Andrews）著，宋立道译：《〈观阿弥陀经〉及净土佛教的意义》，《世界宗教资料》1993 年第 1 期。

100. ［日］金谷治著，于时化译：《中国的传统思想与现代》，《东岳论丛》1993 年第 2 期。

101．［德］渥法特（Wohifart，G）著，魏建平译：《老子研究在德国：德国首届国际老子研讨会开幕词》，《中国哲学史》1993 年第 3 期。

102．赵金贵：《铃木大拙及其禅思想》，《日本学刊》1993 年第 4 期。

103．姜安：《藏传佛教在海内外》，《西藏研究》1993 年第 4 期。

104．郑天星：《欧美道教研究概述》（一），《中国道教》1993 年第 4 期。

105．［美］窦宗仪：《DNA 复制程序与易卦展程序的同一性》，《浙江学刊》1993 年第 5 期。

106．［日］饭冢由树：《〈韩非子〉中法、术、势三者关系》，《中国人民大学学报》1993 年第 5 期。

107．徐勇：《意大利学者瓦洛里谈对孔子思想一些看法》，《齐鲁学刊》1993 年第 6 期。

108．［荷］许理和著，张海燕译：《东西方的老子观》，《国外社会科学》1993 年第 9 期。

109．［英］巴姆著，胡辉华译：《释“道”》，《江西社会科学》1993 年第 12 期。

110．［美］陈启云：《从东西文化、学术、思想看“易学”的意义和特点》，《周易研究》1994 年第 1 期。

111．何乃英：《道教在日本的流传和影响》，《亚太研究》1994 年第 1 期。

112．梶山雄一：《〈大智度论〉中的宇宙观与佛陀观》，《世界宗教研究》1994 年第 1 期。

113．郑天星：《欧美道教研究概述》（三），《中国道教》1994 年第 2 期。

114．北辰：《韩国道教研究拾零》，《世界宗教研究》1994 年第 2 期。

115．郑钦地：《佛教在美国》，《世界宗教资料》1994 年第 3 期。

116．黄陵渝：《欧洲佛教与研究》，《法音》1994 年第 3 期。

117．［新加坡］陈国贲等：《儒家的价值观与新加坡华侨企业家精神》，《中华文化论坛》1994 年第 3 期。

118．［日］福永光司著，朱越利译：《道教生命哲学及其在日本的影响》，《哲学研究》1994 年第 4 期。

119．〔韩〕赵骏河：《孟子基本思想与礼》，《齐鲁学刊》1994 年第 4 期。

120．〔俄罗斯〕彻尔巴茨基著，姚南强译：《"中国与日本的佛教逻辑"及"西藏与蒙古的佛教逻辑"》，《世界宗教资料》1994 年第 4 期。

121．〔德〕卜松由：《儒家传统的历史命运和后现代意义》，《传统文化与现代化》1994 年第 5 期。

122．〔韩〕尹丝淳：《新实学与新理念的探索：以韩国为中心》，《中国文化研究》1994 年秋之卷。

123．〔美〕沙特韦尔著，徐汝庄摘译：《孔子对美国文化的启示》，《学术月刊》1994 年第 9 期。

124．夏含夷：《最近五年以来美国〈古代中国〉上的学术成果》，《中国史研究动态》1994 年第 11 期。

125．〔德〕施华滋著，汤镇东等译：《德国学者论〈道德经〉》，《中国文化研究》1994 年冬之卷。

126．〔日〕福井文雅：《评安娜·塞德尔的〈西方道教研究编年史〉》，《东方宗教》1994 年第 83 期。

127．〔日〕福井文雅：《对迪尔特博士和博肯康普教授之评论的答辩》，《东方宗教》1994 年第 84 期。

128．〔日〕沟口雄三著，马宏伟译：《儒学在未来世界文化中的位置》，《国外社会科学》1995 年第 1 期。

129．张泽洪：《道教在朝鲜的传播和影响》，《中国道教》1995 年第 2 期。

130．〔日〕池田知久著，牛建科译：《马王堆汉墓帛书〈周易〉之〈要〉篇研究》，《周易研究》1995 年第 2 期。

131．张泽洪：《道教在朝鲜的传播和影响》，《中国道教》1995 年第 2 期。

132．〔韩〕宋荣培：《现代新儒学的哲学意义及其问题：与西方不同的儒家式现代化是否可能?》，《传统文化与现代化》1995 年第 2 期。

133．〔新加坡〕龚道运：《孔子的儒学与基督教的比较研究》，《国外社会科学》1995 年第 2 期。

134．〔韩〕李相殷：《孔子的礼乐精神与全人教育之实现》，《国外社会科学》1995 年第 3 期。

135．〔美〕窦宗仪：《从新科学的启示去探讨〈易经〉的哲学原理阴阳辩证一元论》，《周易研究》1995 年第 3 期。

136．〔日〕小林正美：《东晋时期道教的终末论》，《世界宗教研究》1995 年第 4 期。

137．周月琴：《现代韩国儒学研究现状及发展趋向述评》，《哲学动态》1995 年第 5 期。

138．田文军：《日、韩学者对儒家传统的再评价》，《哲学动态》1995 年第 7 期。

139．〔日〕福井文雅著，辛岩译：《日本道教研究史和一些相关的问题》，《世界宗教研究》1996 年第 1 期。

140．〔韩〕赵骏河：《荀子的人性论及礼学》，《齐鲁学刊》1996 年第 1 期。

141．张文杰：《汤因比论孔子与儒学》，《孔子研究》1996 年第 1 期。

142．傅红春：《另一类看法：西方人谈中国传统文化》，《读书》1996 年第 1 期。

143．〔日〕镰田茂雄：《回顾我的研究及对今后的展望》，《国外社会科学》1996 年第 1 期。

144．〔日〕福井文雅：《日本道教研究史和一些相关的问题》，《世界宗教研究》1996 年第 1 期。

145．〔日〕镰田茂雄著，杨曾文译：《宗密的三教观：以〈原人论〉为中心》，《世界宗教研究》1996 年第 2 期。

146．〔日〕福井文雅著，何劲松译：《佛教与全真教的成立》，《世界宗教研究》1996 年第 2 期。

147．〔韩〕赵骏河著，姜日天译：《孔子的"仁"和"礼"》，《孔子研究》1996 年第 2 期。

148．布罗夫：《俄罗斯的中国哲学研究——十七世纪—二十世纪末》（下），《汉学研究通讯》1996 年第 58 期。

149．牛建科：《王阳明与日本》，《浙江学刊》1996 年第 3 期。

150．〔美〕科施著，朱冶华译：《荣格与道教》，《中国文化研究》1996 年第 3 期。

151．〔美〕窦宗仪：《新科学与中国文化的辩证思维方式》（待续），《史学理论研究》1996 年第 4 期。

152．〔泰〕郑彝元：《象数与义理：论孔子下学上达的心路历程与易学两派分途发展的哲学根源》，《周易研究》1996 年第 4 期。

153．〔马来西亚〕陈柏荣：《中国道教与北京白云观》，《中国道教》1996 年第 4 期。

154．〔马来西亚〕李桃李：《道教的酒戒》，《中国道教》1996 年第 4 期。

155．柳雪峰：《佛教在韩国的传播》，《当代韩国》1996 年第 4 期。

156．〔日〕福井文雅著，蔡毅译：《道教研究在日本》，《文史知识》1996 年第 5 期。

157．〔日〕冲本克已著，蔡毅译：《中国禅宗在日本》，《文史知识》1996 年第 6 期。

158．〔日〕山本康雄：《〈大学〉与〈礼运〉：政治伦理中的五常和谐》，《中国哲学史》1997 年第 1 期。

159．〔美〕窦宗仪：《新科学与中国文化的儒道阴阳辩证一元观》（续），《史学理论研究》1997 年第 1 期。

160．〔韩国〕林采佑著，柳雪峰译：《韩国道教的历史和问题：有关韩国仙道与中国道教问题的探讨》，《世界宗教研究》1997 年第 2 期。

161．〔韩〕赵骏河：《儒家思想的基本问题》，《中国文化研究》1997 年第 2 期。

162．徐克谦：《美国汉学家对先秦思想文献的翻译阐释和研究》，《文史知识》1997 年第 2 期。

163．刘稚：《儒家文化在越南的传播与整合：兼谈儒家文化与越南的现代化》，《当代亚太》1997 年第 3 期。

164．〔澳〕韩纳枫著，周秉生译：《中西伦理学交流的新领域：道德和市场经济的关系》，《哲学研究》1997 年第 4 期。

165．施忠连：《美国对儒学的新认识》，《社会科学》1997 年第 8 期。

166．李炳清：《儒学研究在韩国：访韩国成均馆馆长崔根德先生》，《人民日报》1997 年 8 月 23 日。

167．〔日〕木村清孝著，张文良译：《中国佛教的心》，《法音》1997

年第 10 期。

168．大光：《韩国佛教与天台宗》，《法音》1998 年第 1 期。

169．徐绍强：《天台宗与中日佛教交流述略》，《法音》1998 年第 1 期。

170．［韩］曹世铉：《最近五年来关于晚清时期"西学东渐"问题的研究略述》，《近代史研究》1998 年第 1 期。

171．［德］卜松山：《普遍性和相对性之间：与中国作跨文化对话之路》，《传统文化与现代化》1998 年第 2 期。

172．张兆敏：《儒学与近代日本国民道德教育方针的确立》，《齐鲁学刊》1998 年第 5 期。

173．武斌：《文化传播论：以中华文化在海外的传播来讨论》，《社会科学辑刊》1998 年第 5 期。

174．［日］荒木见悟著，李凤全译：《心学与理学》，《复旦学报》1998 年第 5 期。

175．［德］卜松山著，赵妙根译：《时代精神的玩偶：对西方接受道家思想的评述》，《哲学研究》1998 年第 7 期。

176．［法］索安著，吕鹏志等译：《西方道教研究编年史（1950—1990)》，中华书局 2002 年版。

177．曹在松：《内丹学在宋代思想史上之意义》，《宗教学研究》1999 年第 2 期。

178．［英］姚新中著，焦国成等摘译：《自我建构与同一性：儒家的自我与一些西方自我观念之比较》，《哲学译丛》1999 年第 2 期。

179．［德］梅勒：《冯友兰新理学与新儒家的哲学定位》，《哲学研究》1999 年第 2 期。

180．［日］副岛一郎：《从"礼乐"到"仁义"：中唐儒学的演变趋向》，《学术月刊》1999 年第 2 期。

181．［澳］德福斯著，李登贵译：《藏传佛教认识论中的感觉和知觉》，《哲学译丛》1999 年第 2 期。

182．乐爱国：《李约瑟评朱熹的科学思想及其现代意义》，《自然辩证法研究》1999 年第 3 期。

183．［韩］金晟焕：《阴阳五行说与中国古代天命观的演变：兼论阴阳五行说对易学发展的影响》，《周易研究》1999 年第 3 期。

184. 张祥龙：《现象学视野中的孔子》，《哲学译丛》1999 年第 3 期。

185. 郑天星：《德国汉学中的道教研究》（一），《中国道教》1999 年第 3 期。

186. 赵继明：《现代西方易学对话》，《山西大学学报》1999 年第 4 期。

187. 郑天星：《德国汉学中的道教研究》（二），《中国道教》1999 年第 4 期。

188.［韩］韩相美：《论中韩气学家对佛教的哲学批判：以张载和徐敬德为中心》，《齐鲁学刊》1999 年第 5 期。

189. 乔清举：《中国文化与思想研究在日本》，《哲学动态》1999 年第 5 期。

190.［韩］金京玉：《孔子哲学的"体""用"关系：仁："孝"、"忠·恕"、"中庸"》，《河北学刊》1999 年第 5 期。

191.［韩］金京玉：《从哲学活动的普遍性看儒家哲学的特点》，《社会科学》1999 年第 8 期。

192. 周炽成：《向西方介绍中国哲学——陈荣捷的学思与功业》，《学术研究》1999 年第 8 期。

193.［日］三浦国雄：《五十年来日本的中国哲学·思想研究》，《哲学动态》2000 年第 1 期。

194. 薛翘：《中国密宗东渐日本的历史见证：谈日本京都东寺收藏的唐代佛具金刚杵》，《南方文物》2000 年第 1 期。

195.［韩］张闰洙：《佛家哲学的真空妙有论》，《世界宗教研究》2000 年第 2 期。

196.［日］菅野博史著，张大柘译：《日本对中国法华经疏的研究》，《世界宗教研究》2000 年第 2 期。

197.［日］落合俊典著，方广锠译：《写本一切经的资料价值》，《世界宗教研究》2000 年第 2 期。

198.［日］下田正弘著，高洪译：《佛教研究的现状与课题：以佛陀观的变迁为例证》，《世界宗教研究》2000 年第 2 期。

199.［韩］赵源：《中国古代天观念的演变与特征》，《江淮论坛》2000 年第 2 期。

200.［日］镰田茂雄著，金凯译：《近代日本的中国佛教史研究》，《法音》2000 年第 2 期。

201．彭国翔：《从西方儒学研究的新趋向前瞻二十一世纪的儒学》，《孔子研究》2000 年第 3 期。

202．水谷幸著：《日本净土宗简介》，《法音》2000 年第 6 期。

203．［日］麦谷邦夫：《道教与日本古代的北辰北斗信仰》，《宗教学研究》2000 年第 3 期。

204．［德］布伯著，刘杰译：《道的教言》，《哲学译丛》2000 年第 4 期。

205．沈燕清：《明清福建的旅日僧侣与日本宗教的发展》，《福建史志》2000 年第 5 期。

206．李德龙：《论日本学者对敦煌古藏文禅宗文献的研究》，《中央民族大学学报》2000 年第 6 期。

207．陈耀庭：《四种未见著录的道教典籍：日本国东京大学东洋文化研究所图书馆藏书》，《中国道教》2001 年第 1 期。

208．何绵山：《中日佛典交流的佳话：试论弘一大师与日本佛典的交流》，《福建宗教》2001 年第 1 期。

209．孙有中：《实用主义与儒家思想的对话：评〈死者的民主〉》，《美国研究》2001 年第 3 期。

210．李刚：《方士徐福东渡日本是自"千童城"启航》，《中国道教》2001 年第 4 期。

211．王锟：《17、18 世纪欧洲文化视野中的孔子》，《孔子研究》2001 年第 4 期。

212．［韩］洪广烨著，郑成宏译：《中国和韩国的传统思想与现代化》，《当代韩国》2001 年第 4 期。

213．徐远和：《中韩传统思想与现代化》，《当代韩国》2001 年第 4 期。

214．吴根友：《近 10 年海外儒学研究》，《哲学动态》2001 年第 8 期。

215．林正秋：《元代浙江与日本的佛教文化交流史》，《杭州师范学院学报》2002 年第 1 期。

216．［日］大隅和雄著，乌恩译：《蒙古人侵的阴影下：元代东渡日本高僧》，《蒙古学信息》2002 年第 1 期。

217．李寅生：《论鉴真东渡后唐代佛教对日本佛教的影响》，《贵州文史丛刊》2002 年第 3 期。

218．张娟芳：《20 世纪国外〈老子〉研究的新视角》，《南通师范学院学报》2002 年第 3 期。

219．张志伟：《白天看星星：海德格尔对老庄的读解》，《中国人民大学学报》2002 年第 4 期。

220．余树苹：《解释的张力：记第七次"东亚近世儒学中的经典诠释传统"学术研讨会》，《哲学动态》2002 年第 4 期。

221．成中英：《第五阶段儒学的发展与新新儒学的定位》，《文史哲》2002 年第 5 期。

222．〔美〕白诗朗著，彭国翔译：《儒家宗教性研究的趋向》，《求是学刊》2002 年第 6 期。

223．〔韩〕洪胜杓著，洪军译：《儒家的人性观及其异化论新内涵》，《世界哲学》2002 年第 6 期。

224．〔韩〕权光儒：《"庄生晓梦迷蝴蝶"：论庄子"终身不仕"的原因》，《复旦学报》2002 年第 6 期。

225．佐藤辣太郎：《苏辙与李贽〈老子解〉的对比研究》，《首都师范大学学报》2002 年第 6 期。

226．杨笑天：《第九届中日佛教学术交流会议在日本京都召开》，《法音》2002 年第 12 期。

227．黄俊杰：《德川时代日本儒者对孔子"吾道一以贯之"的诠释：东亚比较思想史的视野》，《文史哲》2003 年第 1 期。

228．俞清源：《虚堂智愚与南浦绍明：径山佛教文化对日本的影响》，《浙江佛教》2003 年第 1 期。

229．〔美〕林同奇著：《孟子之心与性：史华兹与牟宗三的虚拟对话》，《中国哲学史》2003 年第 1 期。

230．〔韩〕金德三：《"相生"与老子思想》，《中国道教》2003 年第 1 期。

231．张泽洪：《20 世纪以来日本的道教研究》，《四川大学学报》2003 年第 2 期。

232．曾其海：《茶与佛道及东传日本》，《台州学院学报》2003 年第 2 期。

233．耿昇：《法国汉学界对中西文化首次撞击的研究》（上），《河北学刊》2003 年第 4 期。

234．杜维明：《面对全球化的儒家人文主义》，《浙江社会科学》2003 年第 4 期。

235．刘宗贤：《儒学与中国现代化关系的反思：以东亚模式为视角》，《齐鲁学刊》2003 年第 4 期。

236．李美燕：《李约瑟与史华兹眼中的老子"自然观"》，《湖南师范大学社会科学学报》2003 年第 6 期。

237．阿南史代著，朱丽双等译：《追寻日本的玄奘：圆仁足迹》，《中国国家地理》2003 年第 10 期。

238．赵芃、林巧薇：《蜂屋邦夫先生谈日本的道教研究》，《宗教学研究》2004 年第 1 期。

239．周桂钿：《日本的中国学研究》，《哲学动态》2004 年第 1 期。

240．于文兰：《从成果统计看俄罗斯中国学研究的主要方向和特点》，《国外社会科学》2004 年第 2 期。

241．［澳］梅约翰：《早期中国文本诠释的折衷方式：以〈论语〉为例》，《中国哲学史》2004 年第 2 期。

242．李刚：《成玄英对儒学的价值评判》，《宗教学研究》2004 年第 2 期。

243．［德］波格勒著，张祥龙译：《再论海德格尔与老子》，《世界哲学》2004 年第 2 期。

244．［韩］高永根著，吴莲姬译：《韩国的中国学研究动向与课题》，《国外社会科学》2004 年第 2 期。

245．李四龙：《美国的中国佛教研究》，《北京大学学报》2004 年第 2 期。

246．李丽：《20 世纪前半期雍和宫藏族高僧秘访日本始末》，《北方论丛》2004 年第 2 期。

247．常海：《江南佛教对日本佛教的影响》，《江西师范大学学报》2004 年第 3 期。

248．王勇、［日］半田晴久：《一部鲜为人知的日本入宋僧巡礼记：戒觉〈渡宋记〉解题并校录》，《文献》2004 年第 3 期。

249. 何培忠：《日本中国学研究考察记（二）——访日本著名中国学家沟口雄三》，《国外社会科学》2004 年第 3 期。

250. ［美］安乐哲著，彭国翔译：《终极性的转化：古黄道家的死亡观》，《中国哲学史》2004 年第 3 期。

251. 朱仁夫：《儒学传播法国：为中法文化年而写》，《云梦学刊》2004 年第 3 期。

252. ［美］包弼德著，程钢译：《对余英时宋代道学研究方法的一点反思》，《世界哲学》2004 年第 4 期。

253. 何培忠：《日本中国学研究考察记（三）——访早稻田大学政治经济学部毛里和子教授》，《国外社会科学》2004 年第 4 期。

254. 郭万平：《日本僧戒觉与宋代中国：以〈渡宋记〉为中心的考察》，《人文杂志》2004 年第 4 期。

255. 郭天祥：《论鉴真对日本天台宗、密宗兴起的影响》，《湛江师范学院学报》2004 年第 4 期。

256. 阎纯德：《从"转统"到"现代"：汉学形态的历史演进》，《文史哲》2004 年第 5 期。

257. 王维江：《20 世纪德国的汉学研究》，《史林》2004 年第 5 期。

258. 禾丰：《中国学：在世界范围内迅速兴起——记首届世界中国学论坛》，《国外社会科学》2004 年第 6 期。

259. ［美］华蔼仁著，蔡世昌译：《〈孟子〉的实践性和精神性》，《中国哲学史》2004 年第 2 期。

260. 陆信礼：《略论杜维明的"儒家解释学"》，《天津社会科学》2004 年第 6 期。

261. 高留成：《唐宋时期日本来华留学僧之比较》，《河北学刊》2005 年第 1 期。

262. 永章：《日本西本愿寺派遣的赴藏留学生：多田等观》，《西藏大学学报》2005 年第 1 期。

263. 高留成：《唐宋时期日本来华留学僧之比较》，《河北学刊》2005 年第 1 期。

264. 关山：《德国汉学的历史与现状》，《国外社会科学》2005 年第 2 期。

265. ［美］斯蒂克勒著，蓝海霞等译：《解释〈中庸〉：孔子是诡辩派还是亚里士多德派》，《求是学刊》2005 年第 2 期。

266. ［美］安乐哲著，温海明译：《对批评的回应》，《求是学刊》2005 年第 2 期。

267. ［美］倪培民：《从功夫论的角度解读〈中庸〉：评安乐哲与郝大维的〈中庸〉英译》，《求是学刊》2005 年第 2 期。

268. 浅野裕一：《上博楚简〈恒先〉的道家特色》，《清华大学学报》2005 年第 3 期。

269. 郑海燕：《荷兰中国研究的历史发展》，《国外社会科学》2005 年第 3 期。

270. 王颂：《从日本华严宗的两大派别反观中国华严思想史》，《世界宗教研究》2005 年第 4 期。

271. 高留成：《日本曹洞宗始祖：道元与中日佛教交流述略》，《社会科学论坛》2005 年第 5 期。

272. 郝大维著，陈霞译：《从参照到敬重：道家与自然界》，《中国哲学史》2006 年第 1 期。

273. 多尔迈尔著，郭建业译：《儒学与现代世界》，《国际社会科学杂志》2006 年第 1 期。

274. ［美］贝淡宁著，邰继红译：《文化和平等的发展：儒家对财产权的限制》，《马克思主义与现实》2006 年第 1 期。

275. 何培忠：《国际汉学的出现与汉学的变化》，《国外社会科学》2006 年第 1 期。

276. 李丽、秦永章：《日本僧人能海宽的入藏活动及其失败》，《中央民族大学学报》2006 年第 2 期。

277. 韦立德（Tim Wright）著，刘霓摘译：《澳大利亚和英国的中国学比较》，《国外社会科学》2006 年第 2 期。

278. 杨维中：《近代中国佛教的反传统倾向与日本的"批判佛教"》，《华东师范大学学报》2006 年第 2 期。

279. 陈永革：《非中国化与非宗派化：日本批判佛教论及其效应》，《华东师范大学学报》2006 年第 2 期。

280. 黄万华：《佛义禅境：海外华人文学的一种精神源泉》，《人文杂志》2006 年第 6 期。

281．孔祥林：《中国和海外近邻文庙制度之比较》，《孔子研究》2006 年第 3 期。

282．［韩］赵源一：《关于孟子思想之新诠释：以政治思想为中心》，《湖南大学学报》2006 年第 3 期。

283．德拉图尔等著，张清津译：《和平之道即进化之道》，《孔子研究》2006 年第 4 期。

284．［韩］李棒珪：《礼治与王权的客观化》，《安徽大学学报》2006 年第 4 期。

285．方旭东：《儒学史上的"治生论"——兼与余英时先生商榷》，《学术月刊》2006 年第 6 期。

286．张艳萍：《义理在日本的传播及影响》，《西北大学学报》2007 年第 1 期。

287．张斌：《战后美国的儒学与民主比较研究》，《美国研究》2007 年第 1 期。

288．周阅：《日本儒学与日本人的战争认识》，《中国图书评论》2007 年第 2 期。

289．高留成：《唐朝时期日本留学僧译经大师灵仙考》，《船山学刊》2007 年第 3 期。

290．［韩］尹丝淳著，洪军译：《儒学"配虑"哲学的伦理倾向：对儒学现代性应用的一种尝试》，《孔子研究》2007 年第 4 期。

291．韦立新：《论宋元文化的影响力与日本佛教文化》，《日语学习与研究》2007 年第 5 期。

292．葛继勇：《赴日唐僧与奈良佛教》，《郑州大学学报》2007 年第 5 期。

293．李未醉：《华侨与朱子学在日本的传播》，《安徽史学》2007 年第 6 期。

294．王荣：《浅谈中日儒学的异同与日本文化》，《科教文汇》2007 年第 7 期。

295．张琳：《江户时代的日本儒学》，《新西部》2007 年第 9 期。

296．李未醉：《宋明理学在日本传播的途径及其作用》，《学术论坛》

2007 年第 11 期。

297．王金林：《程朱理学传入日本与林罗山的儒家神道观》，《日本研究》2008 年第 1 期。

298．李甦平：《论韩国儒学的特性》，《孔子研究》2008 年第 1 期。

299．黄俊杰：《东亚儒学研究的三个新方向》，《山东大学学报》2008 年第 2 期。

300．张波：《日本儒学本土化历程及特色》，《东疆学刊》2008 年第 2 期。

301．崔英辰、邢丽菊：《朝鲜时期儒学思想史的分类方式及其问题点——以主理、主气问题为中心》，《世界哲学》2008 年第 2 期。

302．韩军：《跨越中西与双向反观——海外中国文论研究反思》，《文学评论》2008 年第 3 期。

303．曾传辉：《2000—2007 年美国道教研究成果评介》，《世界宗教文化》2008 年第 2 期。

304．饶芃子：《全球语境下的海外华文文学研究》，《暨南学报》2008 年第 4 期。

305．吴原元：《略论 20 世纪 50 年代美国的儒家思想研究》，《兰州学刊》2008 年第 6 期。

306．聂姗：《中国现代浪漫主义与道家思想及日本文化之比较初探》，《南方论刊》2008 年第 5 期。

307．胡可涛、葛维春：《海外新儒家视野中的荀学——以牟宗三、徐复观、唐君毅为中心》，《云南民族大学学报》2008 年第 5 期。

马克思主义与中国民族文化关系
研究主要著作和论文索引

（一） 著作类

1. 汪澍白、张慎恒著：《毛泽东早期哲学思想探原》，中国社会科学出版社、湖南人民出版社1983年版。

2. 杨瑞森等编著：《毛泽东哲学思想概论》，中国人民大学出版社1985年版。

3. 龚育之、逄先知、石仲泉著：《毛泽东的读书生活》，三联书店1986年版。

4. 汪澍白著：《毛泽东思想与中国文化传统》，厦门大学出版社1987年版。

5. 侯树栋著：《毛泽东哲学思想的民族性探源》，求实出版社1989年版。

6. 王洪续、龙润霞著：《伟大的际遇：马克思主义与中国传统文化的冲突和交融》，国际文化出版公司1989年版。

7. 毕建横著：《毛泽东与中国哲学传统》，四川人民出版社1990年版。

8. 国家教育委员会社会科学发展研究中心编：《历史的选择：五四、传统文化与马克思主义》，山东大学出版社1990年版。

9. 潘宝卿主编：《毛泽东邓小平著作哲学思想学习辅导》，中国国际广播出版社1990年版。

10. 戴诗炜主编：《邓小平文化思想研究》，国防大学出版社 1990 年版。

11. 曾乐山著：《马克思主义哲学的中国化及其历程》，华东师范大学出版社 1991 年版。

12. 《毛泽东选集》，人民出版社 1991 年版。

13. 王文学等主编：《毛泽东哲学思想与当代中国现实》，甘肃人民出版社 1991 年版。

14. 丁晓强著：《近世学风与毛泽东思想的起源》，贵州人民出版社 1992 年版。

15. 聂耀东著：《毛泽东与中国传统文化》，福建人民出版社 1992 年版。

16. 刘春建著：《神奇的契合：毛泽东邓小平与中华传统文化》，山西人民出版社 1992 年版。

17. 戴知贤著：《毛泽东文化思想研究》，中国人民大学出版社 1992 年版。

18. 王凤贤主编：《毛泽东与中国传统文化》，安徽人民出版社 1993 年版。

19. 〔美〕窦宗仪著，刘成有译：《儒学与马克思主义》，兰州大学出版社 1993 年版。

20. 樊瑞平等主编：《毛泽东思想与中国当代社会》，石油大学出版社 1993 年版。

21. 韩荣璋等主编：《毛泽东思想研究十五年》，湖北人民出版社 1993 年版。

22. 田子渝、胡水清主编：《毛泽东思想纲要》，中国政法大学出版社 1993 年版。

23. 刘鸣山主编：《毛泽东哲学思想论纲》，当代中国出版社 1993 年版。

24. 李玉秀、鲁谆主编：《毛泽东与中国传统文化》，武汉出版社 1994 年版。

25. 薛广洲著：《毛泽东的超越——毛泽东哲学与中西哲学融合》，中共中央党校出版社 1994 年版。

26. 李存立、洪治主编：《毛泽东思想与当代中国的马克思主义》，民族出版社 1994 年版。

27. 〔美〕魏斐德著，郑大华等译：《历史与意志：毛泽东思想的哲学透视》，贵州人民出版社 1994 年版。

28. 刘仁荣编著：《毛泽东思想概论》，中国国际广播出版社 1995 年版。

29. 廖盖隆著：《毛泽东思想和邓小平理论》，中共党史出版社 1996 年版。

30. 谭献民著：《刘少奇建党思想与民族传统文化论纲》，湖南师范大学出版社 1996 年版。

31. 郑德荣著：《毛泽东与马克思主义中国化》，东北师范大学出版社 1997 年版。

32. 张启华著：《毛泽东中国社会主义理论：一九五六·九～一九六六·五》，当代中国出版社 1997 年版。

33. 张允熠著：《中国文化与马克思主义》，山西教育出版社 1998 年版。

34. 方克立主编：《中国哲学与辩证唯物主义》，高等教育出版社 1998 年版。

35. 陈钧生等主编：《邓小平理论的哲学基础》，中国政法大学出版社 1998 年版。

36. 王兴国著：《实事求是论：马克思主义"实事求是"命题与中国传统文化》，湖南人民出版社 1998 年版。

37. 江荣海等著：《从孔子到毛泽东：中国杰出人物政治思想撷要》，台北文津出版社 1999 年版。

38. 周振国著：《毛泽东邓小平哲学思想研究》，河北教育出版社 1999 年版。

39. 庄福龄主编：《毛泽东思想概论》，中国人民大学出版社 1999 年版。

40. 高文锦、朱欣成主编：《毛泽东思想概论》，中国人民公安大学出版社 2000 年版。

41. 〔韩〕梁再赫著，金珠英译：《中国古代哲学与毛泽东思想的渊源》，中央文献出版社 2000 年版。

42. 张文茹主编：《毛泽东思想概论》，中国政法大学出版社 2000 年版。

43. 朱育和、蔡乐苏主编：《毛泽东与 20 世纪中国》，清华大学出版社 2000 年版。

44. 徐良高著：《中国民族文化源新探》，社会科学文献出版社 1999 年版。

45．陶渝苏、徐圻著：《人的解读与重塑：马克思学说与东西方文化》，重庆出版社 2002 年版。

46．［韩］宋荣培著：《中国社会思想史——儒家思想、儒家式社会与马克思主义的中国化》，中国社会科学出版社 2003 年版。

47．周循、周恩毅主编：《马克思主义中国化的理论成果：毛泽东思想邓小平理论"三个代表"重要思想概论》，西安交通大学出版社 2003 年版。

48．卫忠海主编：《邓小平与马克思主义中国化》，陕西人民出版社 2004 年版。

49．沈立江主编：《熔铸民族之魂——弘扬民族精神与发展先进文化》，浙江人民出版社 2004 年版。

50．曹屯裕、肖东波等著：《毛泽东的理论创新和对马克思主义中国化的卓越贡献》，吉林人民出版社 2004 年版。

51．李学林、侯伦广著：《马克思主义中国化的哲学解读》，西南交通大学出版社 2004 年版。

52．汪青松著：《马克思主义中国化与中国化的马克思主义》，中国社会科学出版社 2004 年版。

53．钟枢著：《马克思主义中国化的伟大创新：邓小平理论创新点研究》，群众出版社 2004 年版。

54．王国炎著：《中国传统文化现代化与马克思主义中国化》，高等教育出版社 2005 年版。

55．何继龄著：《马克思主义中国化问题研究》，中国社会科学出版社 2006 年版。

56．郑克岭、崔春梅主编：《马克思主义中国化的理论与实践》，吉林大学出版社 2006 年版。

57．陈忱主编：《中国民族文化产业的现状与未来——走出去战略：第三届中国文化产业（国际）论坛论文集》，国际文化出版公司 2006 年版。

58．金炳镐主编：《马克思主义民族理论发展史》，中央民族大学出版社 2007 年版。

59．王庆利等著：《高举中国马克思主义的旗帜：马克思主义中国化最新成果概述》，广东人民出版社 2008 年版。

60．何一成著：《马克思主义中国化历程研究》，湖南师范大学出版社

2007 年版。

61. 俞志、陈朝阳著：《中国化的马克思主义论要》，中国文史出版社 2007 年版。

62. 刘亚军著：《马克思主义中国化基本问题研究》，甘肃人民出版社 2007 年版。

63. 刘先春编著：《马克思主义中国化研究重要文献导读四十篇》，兰州大学出版社 2007 年版。

64. 刘力波著：《文化视域中的马克思主义中国化：马克思主义中国化与中华民族精神关系研究》，陕西师范大学 2007 年。

65. 宋连胜、杜君、韩广富主编：《马克思主义中国化研究》，吉林大学出版社 2007 年版。

66. 徐博涵著：《关于马克思主义研究的若干问题》，陕西人民出版社 2007 年版。

67. 沈桂萍主编：《马克思主义民族观与党的民族政策》，中央编译出版社 2007 年版。

68. 陈希主编：《民族复兴之路与马克思主义的中国化》，清华大学出版社 2007 年版。

69. 陶德麟、何萍主编：《马克思主义哲学中国化：历史与反思》，北京师范大学出版社 2007 年版。

70. 刘亚军著：《马克思主义中国化基本问题研究》，甘肃人民出版社 2007 年版。

71. 曾长秋编著：《马克思主义在中国的理论创新》，中南大学出版社 2007 年版。

72. 李胜章著：《马克思主义中国化的光辉典范》，合肥工业大学出版社 2007 年版。

73. 林国标著：《中国社会主义意识形态发展史：马克思主义哲学中国化的视角》，湖南人民出版社 2007 年版。

74. 李毅著：《中国马克思主义与现代新儒学》，天津教育出版社 2007 年版。

75. 王明生、尚庆飞等著：《思想的力量：马克思主义中国化的历史进程》，江苏人民出版社 2007 年版。

76. 罗本琦、汪青松、余精华著：《马克思主义中国化机制论》，中国社会科学出版社 2007 年版。

77. 李新泰编著：《马克思主义中国化最新成果》，山东人民出版社2008 年版。

78. 许明、马驰主编：《马克思主义与当代文化发展》，上海社会科学院出版社 2008 年版。

79. 庄福龄、邱守娟主编：《马克思主义中国化研究》（第一卷），人民出版社 2008 年版。

80. 戴小江、邱家洪、胡小平编著：《马克思主义中国化的理论与实践》，四川大学出版社 2008 年版。

81. 杨先农主编：《马克思主义中国化研究纲要》，四川人民出版社2008 年版。

82. 陈承贵、刘淑梅著：《马克思主义中国化三大理论成果与中国命运》，黑龙江科学技术出版社 2008 年版。

（二）　论文类

1. 杨超：《中国作风和中国气派是毛泽东哲学思想的特色》，《光明日报》1979 年 7 月 26 日。

2. 李达：《马克思学说与中国（一九二三年五月）》，《武汉大学学报》1981 年第 1 期。

3. 王兴国：《毛泽东早期哲学思想形成和发展的主要阶段》，《求索》1981 年第 1 期。

4. 陈长歌：《学习毛泽东同志的〈新民主主义论〉》，《社会科学》1981年第 3 期。

5. 王进：《我国资产阶级思想家早期对马克思主义学说的介绍》，《文史哲》1981 年第 4 期。

6. 卢黄熙：《〈矛盾论〉与三十年代新哲学论战》，《中山大学学报》1981 年第 4 期。

7. 李华兴：《历史的选择：马克思主义——中国近代思想史札记》，

《文汇报》1981 年 8 月 17 日。

8. 陈汉楚：《三十年代马克思主义在中国的传播》，《社会科学》1982年第 8 期。

9. 丁守和：《马克思主义在中国的传播和发展》，《学习与探索》1983年第 1 期。

10. 高放：《〈共产党宣言〉在中国的传播》，《学习与探索》1983 年第 1 期。

11. 胡培兆等：《〈资本论〉在我国的传播》，《学习与探索》1983 年第 1 期。

12. 孙斌等：《马克思的民主思想及其在中国的实践》，《东岳论丛》1983 年第 1 期。

13. 朱立民：《马克思主义哲学在中国的应用和发展——毛泽东哲学思想的贡献》，《实事求是》1983 年第 2—3 期。

14. 李其驹等：《唯物史观在中国的最初传播》，《东岳论丛》1983 年第 5 期。

15. 刘建国：《李大钊是马克思主义在中国传播的奠基人》，《社会科学战线》1984 年第 2 期。

16. 韩佳辰：《关于马克思主义在中国传播的史前史的探讨》，《马克思主义研究丛刊》1984 年第 3 期。

17. 高放：《马克思主义在近代中国的独创性发展——对毛泽东开创的农村包围城市革命道路的历史考察》，《马克思主义研究丛刊》1984 年第 3 期。

18. 杨宪邦：《从启蒙哲学到马克思主义哲学》，《哲学研究》1984 年第 10 期。

19. 孙以楷：《毛泽东伦理思想之民族特性试探》，《毛泽东思想研究》1985 年第 1 期。

20. 孔令学：《毛泽东同志研究国情的科学方法及现实意义》，《理论探讨》1985 年第 1 期。

21. 甘月文：《从崇拜康、梁到坚信马列主义——试述青年毛泽东政治思想的演变》，《内蒙古师范大学学报》1985 年第 1 期。

22. 林琳：《关于马克思主义在中国早期传播的两个问题》，《学术论坛》1985 年第 5 期。

23．沈建国：《论中国式的马克思主义哲学现代化》，《争鸣》1986 年第 1 期。

24．《毛泽东哲学思想讲习会内容综述》，《毛泽东思想研究》1986 年第 1 期。

25．张伊宁：《浅论毛泽东哲学思想的中心问题》，《毛泽东思想研究》1986 年第 1 期。

26．潘宝卿：《毛泽东认识思想第二次讨论会综述》，《毛泽东思想研究》1986 年第 4 期。

27．宋惠昌：《毛泽东对马克思主义伦理学的主要贡献》，《马克思主义研究》1986 年第 4 期。

28．赵德志：《中国马克思主义哲学运动的历史考察》，《哲学研究》1986 年第 12 期。

29．徐素华：《马克思主义哲学中国化与当今的文化引进》，《毛泽东思想研究》1987 年第 1 期。

30．荣剑：《论走向世界文化的中国文化——兼论马克思的文化观》，《河北大学学报》1987 年第 1 期。

31．乌恩溥：《毛泽东哲学思想与中国古代哲学》，《学习与探索》1987 年第 2 期。

32．张岱年：《马克思主义在中国的传播与中国传统哲学的背景》，《中国社会科学院研究生院学报》1987 年第 3 期。

33．刘长江：《西方学者关于毛泽东思想与马克思主义关系的研究及方法》，《毛泽东思想研究》1987 年第 3 期。

34．侯宪林：《毛泽东思想对中庸思想的批判与继承》，《齐鲁学刊》1987 年第 4 期。

35．祝福恩：《文化重构与马克思主义在中国的发展》，《学习与探索》1987 年第 6 期。

36．陈卫平：《论马克思主义哲学中国化与传统哲学》，《哲学研究》1987 年第 6 期。

37．于良华：《我国传播马克思主义哲学的几个特点》，《毛泽东思想研究》1988 年第 1 期。

38. 郭学旺：《试论中国传统文化对毛泽东思想形成的影响》，《山西师范大学学报》1988 年第 1 期。

39. 钱学森：《正确对待祖国历史文化传统，认真学习马克思主义哲学》，《思维科学》1988 年第 1 期。

40. 毕剑横：《用两次飞跃观点研究马克思主义哲学在中国的发展》，《实事求是》1989 年第 1 期。

41. 许全兴：《马克思主义哲学中国化的历史进程》，《北京大学学报》1989 年第 1 期。

42. 魏承思：《寻找中国民族新文化的生长点》，《文汇报》1989 年 2 月 25 日。

43. 孙正甲：《传统文化价值系统反思及其马克思主义指导下的重构》，《理论探讨》1989 年第 5 期。

44. 邹平：《马克思主义文化与文化传播模式》，《学术月刊》1989 年第 5 期。

45. 杨承训等：《毛泽东思想是中国人民的伟大精神支柱》，《中州学刊》1989 年第 6 期。

46. 雷希：《中国气派和马克思主义——读两位学者的学术回忆》，《读书》1989 年第 7—8 期。

47. 刘大年：《马克思主义与中国传统文化》，《求是》1989 年第 7 期。

48. 王善忠：《马克思主义与传统文化》，《文学遗产》1990 年第 1 期。

49. 葛守昆：《坚持和发展马克思主义的几个问题》，《江海学刊》1990 年第 1 期。

50. 梁念琼：《毛泽东文化观与当代中国文化关系探微》，《毛泽东思想研究》1990 年第 2 期。

51. 庄勇：《马克思主义与中国文化》，《贵州大学学报》1990 年第 2 期。

52. 王合望等：《也谈毛泽东对儒家中庸思想的改造和发展——兼与王占军同志商榷》，《毛泽东思想研究》1990 年第 2 期。

53. 陈献珩：《毛泽东哲学思想与中国传统文化关系的摭拾》，《实事求是》1990 年第 3 期。

54. 张建明：《"毛泽东情结"·民族精神·马克思主义的未来命

运——方克立教授答问录》，《毛泽东思想研究》1990 年第 3 期。

55. 刘俊忠：《略论毛泽东的伦理思想》，《毛泽东思想研究》1990 年第 4 期。

56. 金邦秋：《试论毛泽东早期伦理观》，《青海社会科学》1990 年第 6 期。

57. 魏剑钢：《也谈马克思主义哲学在中国传播的必然性》，《东北师范大学学报》1991 年第 1 期。

58. 邹化政：《马克思主义哲学与中国儒学精神》，《社会科学战线》1991 年第 2 期。

59. 李毅：《马克思主义·新儒家·现代化：试论科玄论战中马克思主义对新儒家的批判》，《河北大学学报》1991 年第 4 期。

60. 郭必选：《建构中华民族新文化的指南：读〈新民主主义论〉》，《中国文化报》1991 年 4 月 14 日。

61. 司马孺：《"马克思主义和孔子教义"：李一氓给蔡尚思的信读后》，《人民政协报》1991 年 4 月 16 日。

62. 金邦秋：《毛泽东对中庸思想的评注》，《复旦学报》1991 年第 6 期。

63. 苏骅：《第六届全国毛泽东哲学思想讨论会综述》，《哲学动态》1991 年第 8 期。

64. 张念丰、张秉楠、邵汉明：《马克思主义与中国民族文化》，《光明日报》1991 年第 10 月 14 日。

65. 包心鉴：《马克思主义与中国传统文化》，《山东师范大学学报》1992 年第 1 期。

66. 李志林：《马克思主义中国化的历史必然性：五四时期中西思想交汇的文化学思考》，《华东师范大学学报》1992 年第 1 期。

67. 张盾：《早期马克思主义者与五四时期的"东西文化之争"》，《求是学刊》1992 年第 1 期。

68. 吴湘韩：《试论马克思主义哲学中国化与中国传统文化相结合》，《毛泽东思想论坛》1992 年第 3 期。

69. 蔡方鹿：《儒学与马克思主义的契合处及其在当代新文化中的位置》，《江西社会科学》1993 年第 1 期。

70. 林建公：《毛泽东思想研究中几个热点问题之我见》，《毛泽东思想研究》1993 年第 2 期。

71. 张胜祖：《毛泽东探索中国社会主义建设道路的方法论》，《毛泽东思想研究》1993 年第 2 期。

72. 李景源：《基于实践的"古今中外法"：试论毛泽东的文化发展观》，《哲学研究》1993 年第 2 期。

73. 杨焕英：《发扬儒学的积极精神，繁荣社会主义文化：学习毛泽东同志关于儒学的论述》，《孔子研究》1993 年第 3 期。

74. 滕复：《毛泽东早期思想的来源及其对传统文化的认识过程》，《浙江学刊》1993 年第 3 期。

75. 毕剑横：《毛泽东对中国式社会主义建设道路的艰苦探索》，《社会科学研究》1993 年第 4 期。

76. 黎永泰：《毛泽东关于文化传统性与时代性关系的理论》，《社会科学研究》1993 年第 4 期。

77. 张京华：《毛泽东早期思想与中国文化传统》，《理论学刊》1993 年第 4 期。

78. 何显明：《毛泽东哲学与中国道德价值秩序的重建》，《浙江学刊》1993 年第 4 期。

79. 包慎：《毛泽东的战略战术思想与中国传统军事谋略》，《浙江学刊》1993 年第 4 期。

80. 张志安：《毛泽东对开辟建设有中国特色社会主义道路的贡献》，《实事求是》1993 年第 4 期。

81. 张有成：《毛泽东与有中国特色的社会主义道路》，《河北师范大学学报》1993 年第 4 期。

82. 田美琳、李镜如：《毛泽东论文艺民族化问题》，《宁夏大学学报》1993 年第 4 期。

83. 石世龙：《毛泽东与马克思主义的中国化》，《思想战线》1993 年第 5 期。

84. 田子渝：《毛泽东与中华传统文化》，《湖北大学学报》1993 年第 5 期。

85. 许建军：《毛泽东对老子哲学思想的吸收与改造》，《甘肃社会科学》1993 年第 6 期。

86．张念丰：《中国传统哲学的经世致用与马克思主义哲学的应用》，《社会科学战线》1993 年第 6 期。

87．杨世文：《国外毛泽东研究述评》，《历史教学》1993 年第 10 期。

88．石仲泉：《略论毛泽东创立毛泽东思想的个人特质》，《党史天地》1993 年第 11、12 期。

89．鲁子平：《〈矛盾论〉与〈周易〉哲学思维的比较》，《毛泽东思想论坛》1994 年第 1 期。

90．黄世贤：《毛泽东著作典故的运用与毛泽东的文化性格》，《求实》1994 年第 1 期。

91．王玉：《儒家哲学、苏联哲学与毛泽东思想》，《毛泽东思想研究》1994 年第 1 期。

92．徐则浩：《王稼祥为毛泽东思想的丰富和发展所作的贡献》，《江淮论坛》1994 年第 2 期。

93．何显明：《毛泽东与佛教文化》，《毛泽东邓小平理论研究》1994 年第 2 期。

94．许启贤：《中国传统文化孕育了毛泽东伦理思想》，《东岳论丛》1994 年第 2 期。

95．石仲泉：《毛泽东哲学思想研究的回顾与展望》，《毛泽东邓小平理论研究》1994 年第 2 期。

96．裴传永：《试论毛泽东的马克思主义观》，《山东大学学报》1994 年第 3 期。

97．文建华：《对毛泽东批判继承曾国藩思想的探讨》，《现代哲学》1994 年第 3 期。

98．［美］莱文著，张翼星摘译：《毛泽东与马克思主义中国化》（二），《毛泽东邓小平理论研究》1994 年第 3 期。

99．侯相林：《从〈批注集〉看毛泽东哲学思想特色》，《内蒙古大学学报》1994 年第 3 期。

100．麻天祥：《毛泽东思想与传统文化的批判继承》，《湖南师范大学社会科学学报》1994 年第 4 期。

101．张国宏：《毛泽东思想是马克思主义民族化的典范》，《求实》

1994 年第 4 期。

102．郭齐勇：《评〈毛泽东哲学与中国文化精神〉》，《武汉大学学报》1994 年第 4 期。

103．徐育苗：《毛泽东对马克思主义政治学说的发展》，《华中师范大学学报》1994 年第 5 期。

104．姜思毅：《毛泽东与中国传统文化》，《南京政治学院学报》1994 年第 5 期。

105．曾长庆：《国外毛泽东思想研究概述》，《社会科学动态》1994 年第 10 期。

106．廖盖隆：《毛泽东思想与中国传统文化》，《光明日报》1994 年 12 月 26 日。

107．张洪明：《构建文化的通天塔：谈中国文化乡土化、民族化、现代化的关系》，《中国文化研究》1995 年第 2 期。

108．章文军：《毛泽东与中国传统的重农思想》，《毛泽东思想研究》1995 年第 4 期。

109．雍涛：《论毛泽东哲学的双重文化性格》，《毛泽东思想论坛》1995 年第 4 期。

110．常忠烈：《论邓小平的民族文化观》，《东岳论丛》1995 年第 5 期。

111．周积明、张艳国：《邓小平与中国传统文化》，《江汉论坛》1995 年第 11 期。

112．乔清举：《马克思主义和儒学学术研讨会述要》，《马克思主义与现实》1996 年第 1 期。

113．李存山：《破除对马克思主义与儒学的"夷夏之辨"》，《马克思主义与现实》1996 年第 1 期。

114．许全兴：《马克思主义与中国传统文化关系之历史考察》，《马克思主义与现实》1996 年第 1 期。

115．弘菁：《传统文化与当代马克思主义：〈邓小平与中国文化现代化〉评介》，《浙江社会科学》1996 年第 1 期。

116．廖小平：《论邓小平关于批判继承和改造中国传统道德文化的思想》，《湘潭大学学报》1996 年第 1 期。

117．张翼星：《马克思主义与中国传统文化的结合与冲突》，《安徽大学学报》1996 年第 1 期。

118．吴毅：《毛泽东是马列主义中国化的伟大实践者》，《理论探讨》1996 年第 2 期。

119．黄楠森：《马克思主义与中国文化的发展》，《文艺理论与批评》1996 年第 3 期。

120．姚鸿起：《浅论毛泽东对孔、墨哲学的批判与继承》，《理论研究》1996 年第 3 期。

121．赵金元：《试论邓小平对中国传统大同思想的超越》，《毛泽东思想研究》1996 年第 3 期。

122．肖武男：《中国传统文化制胜战略与中国革命胜利战略》，《毛泽东思想研究》1996 年第 3 期。

123．绍村：《马克思主义与儒学学术研讨会纪要》，《哲学动态》1996 年第 3 期。

124．李准春：《哲学教学应是马克思主义的又是中国的》，《教学与研究》1996 年第 6 期。

125．刘大椿：《马克思主义哲学教学应贴近现实、融汇传统》，《教学与研究》1996 年第 6 期。

126．唐克军、赵北平：《孔子的人伦观与马克思的社会关系论》，《江汉论坛》1996 年第 9 期。

127．刘启宇：《"实事求是"与中西文化的冲突与融合：论毛泽东哲学文化性格》，《毛泽东思想研究》1997 年第 1 期。

128．丁祯彦：《马克思主义哲学与中国传统哲学相结合的理论思考》，《华东师范大学学报》1997 年第 4 期。

129．思隽：《缅怀邓小平同志对马克思主义哲学的重大贡献座谈会纪要》，《哲学动态》1997 年第 4 期。

130．石来宗：《重视学习邓小平建设有中国特色社会主义理论的哲学思想》，《实事求是》1997 年第 5 期。

131．陈卫平：《从〈实践论〉〈矛盾论〉看马克思主义哲学中国化与传统文化的关系》，《教学与研究》1997 年第 7 期。

132．张允熠：《试论马克思主义哲学的中国学脉渊承》，《中国社会科学院研究生院学报》1998 年第 1 期。

133. 赵春生：《周恩来与中国传统文化》，《教学与研究》1998 年第 2 期。

134. 黄冰：《毛泽东哲学思想形成的历史特点》，《毛泽东思想研究》1998 年第 2 期。

135. 李建英：《毛泽东的文化思想结构浅议》，《山西大学学报》1998 年第 2 期。

136. 周桂钿：《实现中国传统哲学的现代化》，《光明日报》1998 年 2 月 27 日。

137. 阮青：《九十年代关于马克思主义与儒学关系问题的研究》，《孔子研究》1998 年第 3 期。

138. 张克敏：《简论邓小平哲学思想的形成及其特点》，《毛泽东思想研究》1998 年第 5 期。

139. 刘晓虹：《"马克思主义哲学中国化"学术研讨会综述》，《华东师范大学学报》1998 年第 5 期。

140. 孔祥宇、朱志敏：《90 年代国内毛泽东研究述评》，《教学与研究》1999 年第 1 期。

141. 夏远生：《近年来湖南省毛泽东思想研究概述（1992～1997）》，《毛泽东思想研究》1999 年第 1 期。

142. 陈洁：《论邓小平理论与毛泽东思想的共同特征》，《毛泽东思想研究》1999 年第 1 期。

143. 蔡奕：《"二源说"辨析：关于毛泽东思想理论来源的反思》，《南京政治学院学报》1999 年第 1 期。

144. 张岱年：《世纪中国哲学的一个重要课题：〈中国文化与马克思主义〉序言》，《中国社会科学院研究生院学报》1999 年第 1 期。

145. 杨荣：《孙中山与早期毛泽东文化观之比较》，《社会主义研究》1999 年第 2 期。

146. 唐振南：《马克思主义中国化的开端——毛泽东思想萌芽论析》，《学术界》1999 年第 2 期。

147. 唐振南：《毛泽东、刘少奇社会主义建设理论之异同》，《毛泽东思想研究》1999 年第 2 期。

148. 张腾霄：《马克思主义与儒学》，《中国人民大学学报》1999 年第

2 期。

149．张允熠：《毛泽东与儒学》，《人文杂志》1999 年第 2 期。

150．冯蕙：《六届六中全会与马克思主义中国化》，《毛泽东邓小平理论研究》1999 年第 2 期。

151．郑德荣：《马克思主义中国化的伟大旗手与奠基人——毛泽东》，《东北师范大学学报》1999 年第 2 期。

152．梁树发：《邓小平的马克思主义观》，《光明日报》1999 年 2 月 26 日。

153．石福祁：《毛泽东早期圣贤救世观评析》，《兰州学刊》1999 年第 3 期。

154．许先春：《毛泽东邓小平对马克思东方社会发展理论的巨大贡献》，《毛泽东邓小平理论研究》1999 年第 3 期。

155．陈立旭：《建国后毛泽东把马克思主义中国化的历史条件分析》，《马克思主义研究》1999 年第 3 期。

156．纪光欣：《马克思主义哲学中国化问题讨论综述》，《哲学动态》1999 年第 3 期。

157．邵汉明：《论马克思主义与中国民族文化的结合》，《新长征》1999 年第 4 期。

158．龚举善：《毛泽东人格模式及其文化发生学考释》，《毛泽东思想研究》1999 年第 4 期。

159．江丹林：《马克思主义"学脉渊承"辨析》，《哲学研究》1999 年第 4 期。

160．王贵生：《浅论邓小平理论对毛泽东思想的继承和发展》，《江西社会科学》1999 年第 5 期。

161．顾红亮、刘晓虹：《反思、融合、创新——近年来关于马克思主义哲学中国化与传统文化关系的讨论述要》，《毛泽东邓小平理论研究》1999 年第 5 期。

162．胡绳：《毛泽东的新民主主义论再评价》，《光明日报》1999 年 6 月 11 日。

163．李存山：《评马克思主义"中原"说》，《哲学研究》1999 年第 7 期。

164. 王晓梅：《邓小平理论是马克思主义在中国发展的新阶段》，《东岳论丛》2000 年第 1 期。

165. 李益荪：《试论毛泽东文艺思想的基本特色》，《毛泽东思想研究》2000 年第 3 期。

166. 刘德喜：《毛泽东思想在中国文化思想史上的地位》，《科学社会主义》2000 年第 3 期。

167. 杨春方：《论五四时期马克思主义在中国传播的文化心理历史演变》，《马克思主义研究》2000 年第 3 期。

168. 唐振南：《马克思主义中国化的开端：毛泽东思想萌芽论析》，《毛泽东思想研究》2000 年第 3 期。

169. 郭代习：《论毛泽东新文化思想的理论渊源》，《江西社会科学》2000 年第 4 期。

170. 叶险明：《关于马克思主义中国化的历史和逻辑研究中的两个问题》，《哲学研究》2001 年第 2 期。

171. 潘绍龙：《中国化——马克思主义哲学在中国发展的必由之路》，《江淮论坛》2001 年第 4 期。

172. 朱新雯：《论毛泽东的知行观和中国传统哲学》，《西安文理学院学报》2000 年第 1 期。

173. 张镇寰、何锡华：《求是务实是中国传统文化与马克思主义的契合点》，《云南社会科学》2001 年第 S1 期。

174. 陈卫平：《变革·融合·制约——马克思主义哲学中国化与传统文化》，《学术季刊》2001 年第 3 期。

175. 陈梅：《马克思主义与中国传统思想文化的契合点》，《南京化工大学学报》2001 年第 3 期。

176. 张举：《论邓小平理论的民族文化价值取向》，《钦州师范高等专科学校学报》2001 年第 4 期。

177. 刘清平：《劳动实践精神与人为践履精神——马克思主义哲学与中国古代哲学的比较》，《孔子研究》2000 年第 4 期。

178. 马曙光：《马克思主义哲学在我国的本土化和民族化——实事求是是马克思主义哲学的中国化》，《中共山西省委党校学报》2000 年第 4 期。

179. 丁素、李保林：《再论中国传统文化与当代中国实际相结合》，

《中州学刊》2000 年第 4 期。

180．白海燕：《中国传统文化中的民本思想同马克思主义群众史观之比较》，《理论月刊》2001 年第 10 期。

181．宋庆贵：《毛泽东成与失的文化渊源》，《理论探讨》2002 年第 1 期。

182．雷健坤、张琳：《努力继承和弘扬中华民族的优秀文化——"中国传统文化与社会主义文化建设"研讨会综述》，《理论视野》2002 年第 6 期。

183．王家云：《简论周恩来对中国传统文化的继承与弘扬》，《毛泽东思想研究》2003 年第 4 期。

184．高寿平：《毛泽东新民主主义文化观与现代中国的文化选择》，《毛泽东思想研究》2003 年第 4 期。

185．孙泽学：《毛泽东文化思想与初级阶段文化建设》，《社会主义研究》2003 年第 4 期。

186．李燕华：《论毛泽东对中国传统哲学的发展与超越》，《河南师范大学学报》2003 年第 4 期。

187．仇必鳌、王万雨：《邓小平的文化观与中国传统文化》，《河北省社会主义学院学报》2005 年、2003 年第 4 期。

188．林容、花传国：《毛泽东与中国传统文化》，《求实》2003 年第 11 期。

189．张小平：《毛泽东对中国传统文化的批判与改造》，《马克思主义研究》2004 年第 1 期。

190．方海茹、赵忠祥：《马克思主义与中国文化精神——马克思主义中国化的文化解释》，《西北师范大学学报》2004 年第 2 期。

191．田慧萍：《毛泽东与中国传统文化》，《中共郑州市委党校学报》2004 年第 3 期。

192．温朝霞：《邓小平文化思想探析》，《中共珠海市委党校珠海市行政学院学报》2004 年第 4 期。

193．胡大平：《全球化、表述危机和马克思主义哲学的本土创新》，《马克思主义研究》2005 年第 1 期。

194．刘力波：《马克思主义中国化与中华民族精神的现代化》，《中共中央党校学报》2005 年第 2 期。

195．陈方刘、李有忠：《邓小平与中国传统文化的真精神》，《西藏发展论坛》2005 年第 2 期。

196．陈树林：《马克思主义哲学中国化问题的文化哲学沉思》，《天津社会科学》2005 年第 3 期。

197．石辉金：《马克思主义哲学须与中国传统哲学平等对话——对马克思主义哲学中国化的思考》，《河北理工学院学报》2005 年第 4 期。

198．黄延敏：《论延安时期中国共产党重视传统文化研究的原因》，《兰州学刊》2005 年第 4 期。

199．黎康：《论马克思主义与中国传统文化的结合方式》，《江西社会科学》2005 年第 5 期。

200．白萍：《马克思主义哲学中国化与中国传统价值观》，《求实》2005 年第 5 期。

201．王泽应：《20 世纪中国马克思主义伦理思想发展研究》，《毛泽东邓小平理论研究》2005 年第 7 期。

202．郭建宁：《马克思主义哲学中国化探要》，《学习论坛》2005 年第 12 期。

203．王翠英：《关于中国马克思主义哲学发展趋势的一些看法——从马克思主义与中国传统文化之间的关系来看》，《南京工业大学学报》2006 年第 1 期。

204．易杰雄：《西方世界推崇马克思的原因探究》，《北京大学学报》2006 年第 2 期。

205．高予远：《马克思主义哲学与儒家哲学的融合——马克思主义哲学中国化的一个重要途径》，《吉首大学学报》2006 年第 3 期。

206．罗本琦、丁大平：《文化精神的会通：马克思主义中国化的文化基础》，《安庆师范学院学报》2006 年第 3 期。

207．毕国明：《毛泽东与中国传统哲学——实事求是思想路线的确立》，《云南师范大学学报》2006 年第 3 期。

208．范贤超、范湘涛：《毛泽东实现马克思主义哲学中国化的两条基本路径》，《湘潭大学学报》2006 年第 3 期。

209．闫晓英：《试析马克思主义与中国传统文化的结合机制》，《长沙民政职业技术学院学报》2006 年第 3 期。

210．邓立光：《复兴中国传统文化的理论模型——"文化三层论"》，《孔子研究》2006 年第 3 期。

211．于文娟：《马克思主义哲学中国化之路》，《广东工业大学学报》2006 年第 3 期。

212．闫晓英：《马克思主义中国化的文化前提》，《大连海事大学学报》2006 年第 4 期。

213．李方祥：《马克思主义与传统文化的融合：和谐社会的精神基础》，《贵州工业大学学报》2006 年第 5 期。

214．李军林：《论马克思主义在中国早期传播的传统文化基础》，《云南社会科学》2006 年第 5 期。

215．李朝阳：《对马克思主义与中国传统文化相结合的思考》，《天津师范大学学报》2006 年第 6 期。

216．徐文越：《对马克思主义哲学中国化内在理论依据的追问》，《西安政治学院学报》2006 年第 6 期。

217．邵鹏：《中国传统文化与毛泽东哲学思想的双重变奏》，《学习与实践》2006 年第 7 期。

218．姚颖、臧峰宇：《马克思主义哲学中国化的初始文化视域》，《兰州学刊》2006 年第 7 期。

219．李衍增：《论马克思主义在华传播的文化背景》，《唯实》2006 年第 10 期。

220．戴安良：《文化哲学视野下的马克思主义哲学中国化》，《重庆工学院学报》2006 年第 12 期。

221．齐晓明：《中国传统文化与马克思主义的交融》，《佳木斯大学社会科学学报》2007 年第 1 期。

222．董岗彪、周宏：《社会主义和谐社会理论的中国马克思主义特质》，《苏州大学学报》2007 年第 1 期。

223．杨娟：《邓小平对传统义利观的继承和发展》，《遵义师范学院学报》2007 年第 1 期。

224．何虎生：《中国化马克思主义宗教价值观研究》，《宗教学研究》2007 年第 1 期。

225. 李颖:《马克思主义中国化的传统文化根基》,《信阳师范学院学报》2007 年第 1 期。

226. 崔华前、张学敏:《以马克思主义为指导,继承传统思想文化成果》,《合肥工业大学学报》2007 年第 2 期。

227. 江传月:《马克思主义中国化与中华民族传统文化》,《理论探索》2007 年第 2 期。

228. 张丹凤:《"以人为本"——儒家"民本"思想与马克思主义群众观相结合的典范》,《井冈山学院学报》2007 年第 Z1 期。

229. 王淑萍:《关于马克思主义与中国传统文化"视界融合"的思考》,《河北学刊》2007 年第 2 期。

230. 左亚文、韩美群:《马克思主义中国化与中国民族文化的现代化——马克思主义中国化的第三个维度》,《湖北大学学报》2007 年第 2 期。

231. 李方祥:《马克思主义与中国传统文化相结合的历史特点》,《北京工业大学学报》2007 年第 2 期。

232. 张高臣:《五四时期中国先进分子接受马克思主义的人文根源》,《东岳论丛》2007 年第 2 期。

233. 李军林:《中国传统文化与马克思主义的早期传播》,《史学集刊》2007 年第 3 期。

234. 赵小芒:《在扬弃和改造中国传统文化中推进马克思主义中国化》,《学习与实践》2008 年第 3 期。

235. 王科永、江光华:《略论马克思主义与中国传统文化的结合》,《重庆职业技术学院学报》2007 年第 4 期。

236. 郭燕霞、王志峰:《马克思主义哲学中国化的文化思考》,《山西高等学校社会科学学报》2007 年第 4 期。

237. 李颖:《试论马克思主义与中国传统文化心理的相容性》,《高等农业教育》2007 年第 4 期。

238. 张谷:《河上肇的马克思主义与中国思想》,《武汉大学学报》2007 年第 4 期。

239. 李颖:《马克思主义与中国传统文化终极价值旨归之辨析》,《绍兴文理学院学报》2007 年第 4 期。

240. 陈方刘:《马克思主义与中国传统文化相结合需要注意的几个问

题》，《中共合肥市委党校学报》2007 年第 4 期。

241．张君：《马克思主义与中国传统文化结合的几点思考》，《河北青年管理干部学院学报》2007 年第 4 期。

242．李卫星、刘海龙：《试论马克思主义与传统文化的结合》，《内蒙古农业大学学报》2007 年第 5 期。

243．姜喜咏：《确立马克思主义哲学"中国提问方式"：何以需要及如何可能》，《上海交通大学学报》2007 年第 6 期。

244．李毅：《综合创新论与"马魂、中体、西用"——关于当代中国文化建设的探讨》，《上海师范大学学报》2007 年第 6 期。

245．吴兆雪、葛张洋：《全球化背景下马克思主义哲学的创新与发展》，《安庆师范学院学报》2007 年第 6 期。

246．贺金莲：《论早期马克思主义中国化的社会文化因素》，《求索》2007 年第 7 期。

247．粟多树：《马克思主义中国化的文化思考》，《南阳师范学院学报》2003 年第 8 期。

248．陈方刘、徐兵：《马克思主义与中国传统文化相结合的路径研究述评》，《中共山西省委党校学报》2008 年第 1 期。

249．陈其胜：《毛泽东与马克思主义哲学中国化道路的开辟》，《消费导刊》2008 年第 1 期。

250．欧阳剑波：《现时代三种文化互动的必然性》，《天府新论》2008 年第 1 期。

251．陈方刘：《论马克思主义与中国传统文化相结合的原因》，《中共云南省委党校学报》2008 年第 1 期。

252．廖荣榆：《大同思想——马克思主义植根中国的文化缘由》，《黎明职业大学学报》2008 年第 1 期。

253．刘力波、马启民：《马克思主义引入中国的文化价值》，《社会主义研究》2008 年第 1 期。

254．曹树明：《"中国化"与"还原化"之间——论马克思主义哲学中国化之复杂性》，《求实》2008 年第 1 期。

255．陈方刘：《论马克思主义中国化的文化根源》，《天府新论》2008 年第 2 期。

256. 朱荣英：《马克思主义哲学中国化的功能定位与价值选择》，《河南师范大学学报》2008 年第 2 期。

257. 李维武：《20 世纪 30 年代～40 年代马克思主义哲学与中国传统哲学结合的形态》，《中国人民大学学报》2008 年第 2 期。

258. 汪信砚：《当代中国马克思主义哲学的研究范式》，《中国社会科学》2008 年第 2 期。

259. 谷永新：《马克思主义哲学中国化研究的新视域——解释学的阐释》，《学术交流》2008 年第 2 期。

260. 袁吉富：《艾思奇马克思主义哲学中国化观述评》，《中国特色社会主义研究》2008 年第 3 期。

261. 王连花：《论土地革命时期马克思主义中国化的特点》，《社会主义研究》2008 年第 3 期。

262. 赵小芒：《在扬弃和改造中国传统文化中推进马克思主义中国化》，《学习与实践》2008 年第 3 期。

263. 高瑞泉：《艾思奇对中国化马克思主义自由观的贡献》，《毛泽东邓小平理论研究》2008 年第 4 期。

264. 雍涛：《试论艾思奇对马克思主义哲学中国化的主要贡献》，《毛泽东思想研究》2008 年第 4 期。

265. 杨谦：《马克思主义哲学的中国化与中国哲学的现代追寻》，《天津社会科学》2008 年第 4 期。

266. 张应凯：《马克思主义视域下中国传统文化的人文价值》，《武汉大学学报》2008 年第 5 期。

267. 陈澎：《马克思主义哲学中国化研究的新进展》，《求索》2008 年第 6 期。

268. 魏明、刘明诗：《马克思主义哲学中国化的理论反思》，《江汉论坛》2008 年第 7 期。

269. 陈金明：《文化视野中的马克思主义中国化》，《江汉论坛》2008 年第 7 期。

270. 卢钟锋：《马克思的社会形态学说与中国历史研究》，《马克思主义研究》2008 年第 8 期。

中国特色社会主义文化理论
研究主要著作和论文索引

（一） 著作类

1. 中国文学艺术联合会研究资料部编：《开辟社会主义文艺繁荣的新时期》，四川人民出版社 1980 年版。

2. 邓小平著：《有理想有道德有文化有纪律》，人民出版社 1985 年版。

3. 张光年著：《新时期社会主义文学在阔步前进》，百花洲文艺出版社 1985 年版。

4. 朱元石著：《牢记为人民服务的宗旨》，上海人民出版社 1986 年版。

5. 戴诗伟著：《邓小平文化思想研究》，国防大学出版社 1990 年版。

6. 江泽民：《在庆祝中国共产党成立七十周年大会上的讲话》，人民出版社 1991 年版。

7. 林克信等主编：《思想道德建设简明教程》，大连海运学院出版社 1991 年版。

8. 文选德主编：《社会主义文化市场概论》，湖南出版社 1991 年版。

9. 石仲泉著：《建设有中国特色社会主义理论是毛泽东思想的新发展：学习邓小平南巡谈话的体会》，人民出版社 1992 年版。

10. 余飘著：《坚持与发展》，北京出版社 1992 年版。

11. 金羽、欧阳斌著：《邓小平社会主义精神文明建设思想研究》，辽宁人民出版社 1992 年版。

12. 刘凤榜等主编：《建设有中国特色的社会主义文化概要》，厦门大学出版社 1992 年版。

13. 成志伟著：《社会主义文艺论集》，青岛出版社 1992 年版。

14. 陈光林主编：《文化环境与思想道德建设》，山东人民出版社 1992 年版。

15. 徐晓春主编：《解放和发展科技生产力》，湖北科学技术出版社 1992 年版。

16. 《邓小平文选》，人民出版社 1993 年版。

17. 《世纪之交的中国文化》，广西人民出版社 1994 年版。

18. 陈传才、王振民主编：《中国特色的社会主义文化》，江西人民出版社 1994 年版。

19. 刘颖南主编：《文化市场与艺术研究》，文化艺术出版社 1994 年版。

20. 《当代中国马克思主义研究巡礼》，人民出版社 1995 年版。

21. 罗匡、洪咸友主编：《邓小平理论与跨世纪中国》，安徽人民出版社 1995 年版。

22. 丁晓强等著：《邓小平与中国文化现代化》，江西人民出版社 1995 年版。

23. 《十四大以来重要文献选编》，人民出版社 1996 年版。

24. 张秉楠、邵汉明主编：《中国新时期学术思潮》（文化卷），吉林教育出版社 1996 年版。

25. 《学习中共十四届六中全会文件》，中共中央党校出版社 1996 年版。

26. 《精神文明建设的历史性文献》，新华出版社 1996 年版。

27. 郑欣淼著：《社会主义文化新论》，中国青年出版社 1996 年版。

28. 杜寿杰、李长明主编：《思想道德建设理论探微》，中国人事出版社 1996 年版。

29. 赵仲英等著：《社会主义思想道德建设研究》，云南人民出版社 1996 年版。

30. 张力著：《百家争鸣：思想大解放》，四川人民出版社 1996 年版。

31. 秦刚著：《社会主义思想道德建设》，青岛出版社 1997 年版。

32. 杨儒柏等主编：《思想道德建设研究》，南海出版公司 1997 年版。

33. 虞友谦、陈有主编：《思想道德建设理论与实践》，河海大学出版社 1997 年版。

34．李道中著：《社会主义文化建设》，青岛出版社 1997 年版。

35．孙小礼主编：《科学技术与世纪之交的中国》，人民出版社 1997 年版。

36．安维复著：《科技兴国：社会主义命运之所系》，山东人民出版社 1997 年版。

37．刘仁学等主编：《宗旨·核心·追求：为人民服务理论与实践新探》，东北师范大学出版社 1997 年版。

38．张长春、李波主编：《为人民服务新编》，吉林人民出版社 1997 年版。

39．张殊凡、韩守义、邵汉明主编：《市场经济与精神文明建设》，吉林人民出版社 1998 年版。

40．张学新主编：《人民文艺的历程》，天津社会科学院出版社 1998 年版。

41．张文化主编，教育部社会科学司组编：《邓小平理论概论》（试用本），高等教育出版社 1998 年版。

42．李道中著：《中国特色社会主义文化》，经济科学出版社 1998 年版。

43．胡振平著：《建设有中国特色社会主义文化》，上海教育出版社 1998 年版。

44．王基舟等主编：《邓小平理论概论》，海潮出版社 1998 年版。

45．孙玉杰著：《邓小平的文化观》，河南人民出版社 1998 年版。

46．王鑫鳌等主编：《邓小平理论概论》，中国政法大学出版社 1998 年版。

47．李君如著：《邓小平理论是当代中国的马克思主义》，学习出版社 1998 年版。

48．唐志龙著：《时代精神的精华：邓小平哲学思想》，蓝天出版社 1998 年版。

49．卢烈英主编：《邓小平理论概论》，陕西人民出版社 1998 年版。

50．李锡炎、周治滨主编：《邓小平理论与建设有中国特色社会主义文化》，四川人民出版社 1998 年版。

51．常巧章主编：《建设民族的科学的大众的社会主义文化：学习江泽民同志关于文化建设的论述》，国防大学出版社1998年版。

52. 陈秉智主编：《面向新世纪的思考：建设有中国特色社会主义文化论文集》，青海人民出版社1998年版。

53. 李贺林、曹振刚主编：《社会主义文化市场概论》，北京出版社1998年版。

54. 王正平著：《加强社会主义思想道德建设》，上海人民出版社1998年版。

55. 孙福泰、张红帅主编：《文化市场基本知识》，大连出版社1998年版。

56. 毛泽东、邓小平、江泽民著，中共中央宣传部宣传教育局、中华人民共和国人事部政策法规司编：《毛泽东邓小平江泽民论为人民服务》，学习出版社1998年版。

57. 孙瑕等主编：《为人民服务新论》，吉林人民出版社1998年版。

58. 李锦坤主编：《九十年代邓小平理论》，天津社会科学院出版社1999年版。

59. 陈筠泉、李景源著：《新世纪文化走向——论市场经济与文化伦理建设》，社会科学文献出版社1999年版。

60. 刘道福著：《新时期党员领导干部思想道德建设研究》，中国方正出版社1999年版。

61. 任清、李成志编著：《国内邓小平理论研究述评》，山东人民出版社1999年版。

62. 蔡汉明、孙国珍编著：《邓小平政治理论研究》，中华工商联合出版社1999年版。

63. 赵丽江主编：《邓小平文化理论研究》，中华工商联合出版社1999年版。

64. 李敬真主编：《邓小平精神文明理论研究》，中华工商联合出版社1999年版。

65. 陈福雄编著：《邓小平理论概论》，广东高等教育出版社1999年版。

66. 田克勤主编：《邓小平理论概论》，高等教育出版社1999年版。

67. 傅大友等主编：《邓小平理论若干重大问题研究》，苏州大学出版社1999年版。

68. 钟家栋、徐志宏主编：《邓小平理论概论》，高等教育出版社 1999 年版。

69. 鲍敦全主编，新疆大学邓小平理论研究中心编选：《邓小平理论是马克思主义在中国发展的新阶段》，新疆大学出版社 1999 年版。

70. 凌厚锋、蔡彦士主编：《中国特色社会主义思想文化建设研究》，福建人民出版社 1999 年版。

71. 叶春主编：《文化建设与苏区文化传统》，宁夏人民出版社 1999 年版。

72. 杨运泰主编：《文化市场的培育与管理》，宁夏人民出版社 1999 年版。

73. 王传真主编：《农村文化的建设与管理》，宁夏人民出版社 1999 年版。

74. 温妮妮、高玲著：《社会主义文化新论》，辽宁大学出版社 1999 年版。

75. 黄楠森等主编：《有中国特色社会主义文化研究》，山东人民出版社 1999 年版。

76. 苏伟光主编：《中国经济特区文化研究》，宁夏人民出版社 1999 年版。

77. 潘震宙、陈昌本主编：《论有中国特色社会主义文化建设》，宁夏人民出版社 1999 年版。

78. 秦刚著：《回顾与反思：中国社会主义文化建设的历史进程》，黑龙江教育出版社 1999 年版。

79. 焦雪岱、买买提·祖农主编：《少数民族地区文化建设研究》，宁夏人民出版社 1999 年版。

80. 傅正华著：《科学技术发展的人文环境分析》，湖北教育出版社 1999 年版。

81. 林今柱等著：《科技革命与当代中国的命运》，中国纺织出版社 1999 年版。

82. 中国经济时报社编著：《中国教育 50 年》，改革出版社 1999 年版。

83. 中华人民共和国教育部编：《新中国教育五十年》，人民教育出版社 1999 年版。

84. 中华人民共和国教育部编：《共和国教育 50 年：1949～1999》，北京师范大学出版社、辽宁大学出版社 1999 年版。

85. 杨青芝著：《百年大计：教育事业》，中国物资出版社 1999 年版。

86. 秦宏灿主编：《永恒的主题：学习〈毛泽东邓小平江泽民论为人民服务〉》，中国财政经济出版社 1999 年版。

87. 吴廷勇、吕庆编著：《为人民服务》，中央文献出版社 2000 年版。

88. 中共中央宣传部宣传教育局等编：《为人民服务让人民满意》，中国人事出版社 1999 年版。

89. 李源潮著：《社会主义文化艺术生产的理论与实践》，中国文联出版社 2000 年版。

90. 李道湘等著：《选择与建构：中国传统文化与有中国特色社会主义文化建设》，北京开明出版社 2000 年版。

91. 刘润忠等著：《邓小平价值观研究》，天津人民出版社 2000 年版。

92. 姜晓秋、孙洪敏主编：《邓小平思想文化理论研究》，辽宁人民出版社 2000 年版。

93. 杜育红著：《教育发展不平衡研究》，北京师范大学出版社 2000 年版。

94. 毕诚、程方平著：《中国教育》，吉林教育出版社 2000 年版。

95. 文化部文化市场司等编辑：《中国文化市场》，中国画报出版社 2000 年版。

96. 涂可国、郑伟、张松著：《邓小平理论的丰富和发展·文化建设论》，山东人民出版社 2001 年版。

97. 江泽民：《论"三个代表"》，中央文献出版社 2001 年版。

98. 何国瑞主编：《社会主义文艺学》，武汉大学出版社 2001 年版。

99. 福建省炎黄文化研究会编：《传统文化与思想道德建设》，海峡文艺出版社 2001 年版。

100. 黎德化、程广云著：《与时俱进的社会主义文化》，广东人民出版社 2002 年版。

101. 钟宜著：《中国先进文化构建与发展战略研究》，重庆出版社 2002 年版。

102. 沈壮海著：《先进文化论》，高等教育出版社 2003 年版。

103. 张景荣著：《中国特色社会主义文化根本任务论》，天津社会科学院出版社 2003 年版。

104. 夏兴有主编：《建设中国特色社会主义文化》，解放军出版社 2003 年版。

105. 中华孔子学会、云南民族学院编：《经济全球化与民族文化多元发展》，社会科学文献出版社 2003 年版。

106. 魏晓东著：《契合与奇迹：中西文化碰撞中的马克思主义中国化》，开明出版社 2000 年版。

107. 周循、周恩毅主编：《马克思主义中国化的理论成果：毛泽东思想邓小平理论"三个代表"重要思想概论》，西安交通大学出版社 2003 年版。

108. 方世南著：《先进文化与小康社会》，苏州大学出版社 2003 年版。

109. 胡锦涛著：《胡锦涛同志在"三个代表"重要思想理论研讨会上的讲话》，人民出版社 2003 年版。

110. 周向军等著：《代表中国先进文化的前进方向研究》，中国人民大学出版社 2004 年版。

111. 胡锦涛著：《坚持发扬艰苦奋斗的优良作风　努力实现全面建设小康社会的宏伟目标：在西柏坡学习考察时的讲话》，人民出版社 2004 年版。

112. 赵玉忠著：《文化市场概论》，中国时代经济出版社 2004 年版。

113. 李锦坤主编，杨义芹分册主编：《马克思主义在当代中国的新发展：文化建设论》，中央文献出版社 2004 年版。

114. 杨立新著：《当代中国先进文化建设论》，中国社会科学出版社 2004 年版。

115. 叶南客等著：《文化中国：先进文化的建设与创新》，南京大学出版社 2004 年版。

116. 杨翰卿、徐初霞著：《中国先进文化继承创新论》，中共中央党校出版社 2004 年版。

117. 王凤胜主编：《中国先进文化思想研究》，山东文艺出版社 2004 年版。

118. 沈立江主编：《熔铸民族之魂——弘扬民族精神与发展先进文

化》，浙江人民出版社 2004 年版。

119. 王文章主编：《中国先进文化论》，文化艺术出版社 2004 年版。

120. 卫忠海主编：《邓小平与马克思主义中国化》，陕西人民出版社 2004 年版。

121. 曹屯裕、肖东波等著：《毛泽东的理论创新和对马克思主义中国化的卓越贡献》，吉林人民出版社 2004 年版。

122. 李学林、侯伦广著：《马克思主义中国化的哲学解读》，西南交通大学出版社 2004 年版。

123. 汪青松著：《马克思主义中国化与中国化的马克思主义》，中国社会科学出版社 2004 年版。

124. 钟枢著：《马克思主义中国化的伟大创新：邓小平理论创新点研究》，群众出版社 2004 年版。

125. 刘苑著：《先进文化的若干问题研究》，天津人民出版社 2005 年版。

126. 胡锦涛著，中国民族语文翻译中心译：《在省部级主要领导干部提高构建社会主义和谐社会能力专题研讨班上的讲话》，民族出版社 2005 年版。

127. 樊勇著：《文化建设与全面小康》，社会科学文献出版社 2005 年版。

128. 赵长青、马树勋主编：《边疆民族地区有中国特色社会主义文化建设的理论与实践》，云南大学出版社 2005 年版。

129. 魏则胜著：《道德建设的文化机制研究》，广东人民出版社 2005 年版。

130. 李敬煊著：《中国现代化与马克思主义中国化互动关系研究》，华中师范大学出版社 2005 年版。

131. 王国炎著：《中国传统文化现代化与马克思主义中国化》，高等教育出版社 2005 年版。

132. 何继龄著：《马克思主义中国化问题研究》，中国社会科学出版社 2006 年版。

133. 郑克岭、崔春梅主编：《马克思主义中国化的理论与实践》，吉林大学出版社 2006 年版。

134. 夏伟东主编:《中国共产党思想道德建设史略》,山东人民出版社 2006 年版。

135. 马兆明、常桂祥主编:《社会主义新农村思想道德建设的行动指南:"八荣八耻"社会主义荣辱观农村读本》,山东人民出版社 2006 年版。

136. 肖贵清、赵学琳、闫晓英著:《中国特色社会主义文化论》,中共党史出版社 2006 年版。

137. 魏恩政主编:《中国特色社会主义文化建设》,中共中央党校出版社 2006 年版。

138. 章剑华主编,江苏省文化厅编:《文化市场与先进文化》,南京出版社 2006 年版。

139. 刘贻清、张勤德、刘国光主编:《旋风实录:改革开放必须以马克思主义为指导的大讨论》,中国经济出版社 2006 年版。

140. 俞思念著:《社会主义现代化与文化创新》,人民出版社 2006 年版。

141. 陈黔珍、普建中著:《文化的先进与多元》,贵州人民出版社 2006 年版。

142. 周熙明、李文堂主编:《中国共产党的文化使命》,江苏人民出版社 2006 年版。

143. 于炳贵主编:《中国特色社会主义和谐社会建设》,中共中央党校出版社 2006 年版。

144. 熊月之主编:《多元文化视野下的和谐社会》,上海书店 2006 年版。

145. 胡锦涛著,中国民族语文翻译中心译:《坚持走中国特色自主创新道路为建设创新型国家而努力奋斗:在全国科学技术大会上的讲话》,民族出版社 2006 年版。

146. 俞可平、李慎明、王伟光主编:《马克思主义视域中的和谐社会建设》,重庆出版社 2007 年版。

147. 刘同君、魏小强著:《法伦理文化视野中的和谐社会》,江苏大学出版社 2007 年版。

148. 张西立著:《文化建设与和谐社会》,浙江人民出版社 2007 年版。

149. 魏运才、高利民著:《和谐社会的文化视野》,吉林大学出版社

2007 年版。

150. 胡锦涛著，中国民族语文翻译局译：《高举中国特色社会主义伟大旗帜，为夺取全面建设小康社会新胜利而奋斗：在中国共产党第十七次全国代表大会上的报告》，四川民族出版社、四川出版集团 2007 年版。

151. 郭金平、宋屹、贾玉娥著：《建设社会主义先进文化的重大问题研究》，河北人民出版社 2007 年版。

152. 郑晓幸主编：《和谐文化建设与宣传工作创新》，四川人民出版社 2007 年版。

153. 周振国、田翠琴等著：《中国特色社会主义社会建设理论研究》，河北人民出版社 2007 年版。

154. 周攀编著：《和谐文化与中华文化认同》，中国工商出版社 2007 年版。

155. 孔玉芳等著：《社会主义先进文化建设能力论》，河南人民出版社 2007 年版。

156. 章传家主编：《在更加开放的环境中建设中国特色社会主义文化》，国防大学出版社 2007 年版。

157. 邓桂兰著：《和谐文化建设论》，中南大学出版社 2007 年版。

158. 黄志斌著：《绿色和谐文化论：构建社会主义和谐社会的文化理念与原理及其现实追求》，中国社会科学出版社 2007 年版。

159. 刘玉珠主编：《中国文化市场发展报告 2006》，中央民族大学出版社 2007 年版。

160. 张永生主编：《思想道德与修养》，花山文艺出版社 2007 年版。

161. 杨业华著：《社会主义思想道德建设前沿问题研究》，中国社会科学出版社 2007 年版。

162. 熊吕茂编著：《科学发展观与中国社会主义现代化道路》，中南大学出版社 2007 年版。

163. 王先俊著：《"三个代表"重要思想与马克思主义中国化》，安徽人民出版社 2007 年版。

164. 王明生、尚庆飞等著：《思想的力量：马克思主义中国化的历史进程》，江苏人民出版社 2007 年版。

165. 程镇海著：《对全球化语境下马克思主义文论中国化若干问题的

思考》［博士论文］，复旦大学2007年。

166．罗本琦、汪青松、余精华著：《马克思主义中国化机制论》，中国社会科学出版社2007年版。

167．吴波著：《中国特色社会主义若干重大问题研究：十六大以来中国特色社会主义的新探索》，安徽人民出版社2007年版。

168．蔡金发著：《论马克思主义与中国特色社会主义》，中国言实出版社2007年版。

169．赵小芒著：《科学发展观：马克思主义发展观的创新成果》，人民出版社2007年版。

170．马正跃著：《兴起社会主义文化建设新高潮》，河南人民出版社2008年版。

171．董承耕、郑其灿著：《论转型期思想道德建设》，吉林人民出版社2008年版。

172．傅才武、宋丹娜著：《文化市场演进与文化产业发展：当代中国文化产业发展的理论与实践研究》，湖北人民出版社2008年版。

173．程光泉、刘婧著：《百花齐放满眼春：推动文化大发展大繁荣》，人民出版社2008年版。

174．于丽著：《科学社会主义与中国特色社会主义理论》，中国社会出版社2008年版。

175．冷溶主编：《中国特色社会主义与全面建设小康社会》，社会科学文献出版社2008年版。

176．刘冰著：《"以人为本"思想论纲：中国特色社会主义价值取向研究》，吉林人民出版社2008年版。

177．刘建武主编：《科学发展观：中国特色社会主义理论体系的最新成果》，人民出版社2008年版。

178．刘德军、陶传平、单卫华主编：《中国特色社会主义理论创新发展研究》，黄河出版社2008年版。

179．周小华、彭京宜、傅治平著：《坚持和发展中国特色社会主义》，中央文献出版社2008年版。

180．周鸿刚、李进主编：《中国特色社会主义理论探微》，上海人民出版社2008年版。

181. 唐家柱著：《现代化进程中的中国特色社会主义理论体系研究》，人民出版社 2008 年版。

182. 杨放、王德彦、王健主编：《中国特色社会主义与科学发展之路：改革开放三十周年纪念》，解放军出版社 2008 年版。

183. 董振华著：《解放思想：发展中国特色社会主义的一大法宝》，人民出版社 2008 年版。

184. 施惟达、胡正鹏主编：《和谐文化建设论》，云南大学出版社 2008 年版。

185. 叶启绩主编：《全面建设小康社会的文化自觉》，中山大学出版社 2008 年版。

186. 居继清、彭旺林、李红卫主编：《十七大报告理论与实践创新研究》，吉林人民出版社 2008 年版。

187. 何君陆、吉雯著：《中华传统文化与和谐社会的构建》，中国经济出版社 2008 年版。

188. 陈鹏生、徐永康主编：《儒家法文化与和谐社会》，吉林人民出版社 2008 年版。

189. 孙东方、韩华、张丽编著：《科学发展观：当代中国马克思主义发展观》，中央编译出版社 2008 年版。

（二） 论文类

1. 柏柳：《走中国式的社会主义现代化建设道路》，《河北学刊》1983 年第 3 期。

2. 黄钧儒：《建设有中国特色的社会主义——学习〈邓小平文选〉的基本思想》，《贵州社会科学》1983 年第 6 期。

3. 李存立：《坚持和发展毛泽东思想建设有中国特色的社会主义》，《云南社会科学》1983 年第 6 期。

4. 雍涛：《坚持和发展毛泽东思想的典范》，《江汉论坛》1983 年第 8 期。

5. 吴振坤：《关于"建设有中国特色的社会主义"的探讨》，《光明日报》1983 年 9 月 25 日。

6．黄辅礽：《根据中国的特点开展社会主义现代化建设》，《文汇报》
1983 年 9 月 14 日。

7．[日] 川越敏孝著，周斌摘译：《建设有中国特色的社会主义——参
加翻译〈邓小平文选〉有感》，《光明日报》1983 年 12 月 7 日。

8．丁世龙：《邓小平同志是坚持和发展毛泽东建军思想的典范》，《江
西社会科学》1985 年第 1 期。

9．刘崇文：《对建设社会主义中国的探索和贡献——〈刘少奇选集〉
下卷的思想理论特色》，《红旗》1985 年第 24 期。

10．丁峤：《继承民族遗产，建设具有中国特色的社会主义文化——在
全国民族文化遗产搜集整理研究工作经验交流会上的讲话》，《民族艺术》
1986 年第 1 期。

11．刘悦伦：《建设有中国特色的现代人学》，《现代哲学》1986 年第
1 期。

12．高占祥：《关于文化发展战略的思考》，《红旗》1986 年第 21 期。

13．陈茂铉：《试析社会主义文化建设的若干问题》，《马克思主义研
究》1987 年第 1 期。

14．宋一秀：《毛泽东对中国式社会主义建设的基本构想概述》，《毛泽
东思想研究》1987 年第 1 期。

15．张岱年：《综合、创新，建立社会主义新文化》，《清华大学学报》
1987 年第 2 期。

16．季胜昔：《社会主义社会的道德建设问题》，《云南社会科学》1987
年第 6 期。

17．黄安国等：《论社会主义初级阶段文化的多样性》，《文汇报》1987
年 12 月 10 日。

18．田文棠等：《创造有中国特色的社会主义文化——也谈中国文化发
展的前景》，《社会科学评论》1987 年第 12 期。

19．王素萍：《邓小平是社会主义初级阶段论的奠基者》，《江西社会科
学》1988 年第 2 期。

20．霍绍亮：《关于社会主义初级阶段文化建设几个问题的思考》，《中
国文化报》1988 年 2 月 3 日。

21．李建中：《社会主义的文化产业》，论《人文杂志》1988 年第 3 期。

22．翁其银：《论社会主义初级阶段的主体道德》，《河北学刊》1988 年第 3 期。

23．王蒙：《关于当前文化工作的几个问题（向七届人大一次会议的书面报告)》，《中国文化报》1988 年 4 月 3 日。

24．陈德述：《社会主义文化市场及其特点》，《中国文化报》1988 年 4 月 6 日。

25．马颖华：《建设新时期文化的构想》，《内蒙古社会科学》1988 年第 5 期。

26．孙庆林：《继承·吸收·创新——论社会主义初级阶段的文化建设》，《学习与探索》1988 年第 5 期。

27．王西平：《谈我国文化现状与文化建设》，《人文杂志》1988 年第 5 期。

28．马亚平：《社会主义初级阶段文化形态转变特征辨析》，《中国文化报》1988 年 6 月 15 日。

29．王世达等：《略论社会主义初级阶段文化的层次性》，《社会科学》1988 年第 6 期。

30．林子华：《论商品文化和社会主义初级阶段的社会价值文化模式》，《福建论坛》1988 年第 9 期。

31．徐崇阳：《要实事求是地对待“西方马克思主义”》，《人民日报》1988 年 9 月 9 日。

32．《王蒙撰文论述社会主义初级阶段文化，主要矛盾是文明与愚昧的矛盾》，《中国文化报》1989 年 1 月 11 日。

33．李毓英：《首都理论界讨论“社会主义初级阶段文化建设理论”的情况述略》，《科学社会主义研究》1989 年第 1 期。

34．黄南珊：《初级阶段文化结构的多维分析》，《学术交流》1989 年第 1 期。

35．艾则孜·玉素甫：《尊重文化规律，继承创新发展——文化反思中如何处理新旧文化关系之我见》，《新疆社会科学》1989 年第 1 期。

36．王蒙：《我国社会主义初级阶段的文化刍议—— 一个笔记式的提纲》，《求是》1989 年第 1 期。

37．袁阳：《列宁文化观与社会主义初级阶段的文化建构》，《社会科学研究》1989 年第 1 期。

38．赖廷谦：《论社会主义初级阶段文化结构的基本特征》，《社会科学研究》1989 年第 1 期。

39．方延明：《关于我国文化发展战略问题——兼谈中国文化的第四次重构问题》，《中州学刊》1989 年第 1 期。

40．杨宪邦：《传统文化与社会主义新文化》，《中国哲学史研究》1989 年第 3 期。

41．黄南珊：《社会主义初级阶段文化结构的多维分析》，《社会科学研究》1989 年第 2 期。

42．黎红雷：《论社会主义初级阶段文化的启蒙性质》，《求索》1989 年第 2 期。

43．胡为雄：《论初级阶段的文化教育建设战略》，《晋阳学刊》1989 年第 3 期。

44．胡平：《社会主义初级阶段商业文化的几个问题》，《中国文化报》1989 年 4 月 30 日。

45．顾龙生：《坚持和发展马克思主义——学习邓小平同志有关马克思主义的论述》，《马克思主义研究》1989 年第 4 期。

46．俞启渭：《社会主义初级阶段农村文化的基本特征》，《中国文化报》1989 年 5 月 3 日。

47．陈戈良：《批判地继承和吸收传统文化与外国文化》，《实事求是》1989 年第 5 期。

48．刘东：《作为一种发展战略的文化建设》，《人民日报》1989 年 5 月 19 日。

49．俞怀宁：《社会主义初级阶段的文化结构初探》，《社会主义研究》1989 年第 6 期。

50．王影聪：《建立文化新秩序——关于文化与经济同步发展的思考》，《人民日报》（海外版）1989 年 6 月 2 日。

51．苏双碧：《"百家争鸣"是无产阶级的坚定政策》，《文汇报》1989 年 11 月 7 日。

52．林焕平：《学习〈邓小平论文艺〉几点体会》，《人民日报》1989

年 12 月 26 日。

53. 张新华：《论以传统文化为源泉建设社会主义新文化》，《社会科学》1990 年第 3 期。

54. 郭豫适：《关于弘扬民族优秀文化的几个问题》，《文艺理论研究》1990 年第 4 期。

55. 徐惟诚：《建设有中国特色的社会主义伦理道德体系》，《道德与文明》1990 年第 5 期。

56. 李瑞环：《关于弘扬民族优秀文化的若干问题——在全国文化艺术工作情况交流座谈会上的讲话》，《求是》1990 年第 10 期。

57.《全国对外宣传工作会议代表指出，要更好地向世界介绍中国，中央领导会见全体代表，江泽民李鹏李瑞环在会上讲话》，《人民日报》1990 年 11 月 3 日。

58. 姜春云：《坚持社会主义方向，繁荣文化事业》，《光明日报》1990 年 11 月 22 日。

59. 郑灿：《社会主义精神文明应超前建设》，《福建论坛》1990 年第 11 期。

60. 陈增辉：《继承民族优秀文化传统，发扬民主主体意识》，《南京大学学报》1991 年第 1 期。

61. 王秀英：《"百花齐放，百家争鸣"是繁荣科学文化的基本方针》，《高校理论战线》1991 年第 4 期。

62. 冼剑民：《正确对待传统文化与外来文化》，《广东社会科学》1991 年第 4 期。

63. 袁辉：《建设有中国特色社会主义文化》，《安徽大学学报》1991 年第 4 期。

64. 郑杭生：《社会主义条件下主文化与反文化的对立：对资产阶级自由化思潮中有关文化主张的一点社会学剖析》，《人民日报》1991 年 5 月 9 日。

65. 黄美来：《论建设有中国特色社会主义文化的意义、基本要求和根本保证》，《教学与研究》1991 年第 5 期。

66. 贺敬之：《关于建设有中国特色社会主义文化的几点看法》，《求是》1991 年第 5 期。

67．李受恩：《社会主义文化必须坚持以马列主义为指导》，《实事求是》1991 年第 6 期。

68．贺敬之：《关于建设有中国特色的社会主义文化的几点看法》（续完），《求是》1991 年第 6 期。

69．张首映：《关于当前社会主义文化主要矛盾的思考》，《文艺争鸣》1991 年第 6 期。

70．周鸿声：《文化建设必须以马克思主义为指导》，《中国文化报》1991 年 7 月 21 日。

71．《促进社会主义文化事业繁荣发展的重要措施》（社论），《中国文化报》1991 年 7 月 21 日。

72．何东昌：《关于建设有中国特色的社会主义文化的几个问题》，《中国教育报》1991 年 8 月 31 日。

73．高占祥：《坚持文化市场的社会主义方向》，《人民日报》1991 年 9 月 12 日。

74．高占祥：《坚持文化市场的社会主义方向》，《中国文化报》1991 年 9 月 18 日。

75．敏泽：《传统文化与时代精神：关于建设有中国特色的社会主义文化问题》，《光明日报》1991 年 10 月 13 日。

76．王庆五：《论社会主义思想文化的现代化》，《社会主义研究》1992 年第 1 期。

77．王兰玲：《创建中国特色的社会主义文化》，《甘肃社会科学》1992 年第 1 期。

78．韦启光：《建设有中国特色社会主义文化的正确指针》，《贵州社会科学》1992 年第 1 期。

79．崔新建：《"有中国特色社会主义文化"初探》，《北京师范大学学报》1992 年第 1 期。

80．崔文良：《建设有中国特色的社会主义文化三论》，《北京师范大学学报》1992 年第 1 期。

81．王忍之：《团结奋斗，繁荣哲学社会科学》，《人民日报》1992 年 1 月 15 日。

82．李下：《关于"二为"方向的历史考察及当前必须澄清的理论是非》，《甘肃社会科学》1992 年第 2 期。

83. 张岱年：《传统文化与社会主义：对于传统文化的反思与分析》，《文艺理论与批评》1992 年第 2 期。

84. 刘潼福：《论传统文化与社会主义发展的矛盾规律》，《现代哲学》1992 年第 3 期。

85. 吴云：《关于文化传统和文化变迁的思考：兼论当前新文化的建设问题》，《学习与探索》1992 年第 4 期。

86. 贾明建：《毛泽东的文化观与当代社会主义文化的建构》，《晋阳学刊》1992 年第 4 期。

87. 李宗桂：《文化批判与价值重构》，《天津社会科学》1992 年第 4 期。

88. 鄂平：《坚持以马克思主义为指导，建设社会主义精神文明》，《人民日报》1992 年 5 月 15 日。

89. 李宗桂：《当代中国文化发展道路简论》，《吉林大学社会科学学报》1992 年第 6 期。

90. 黄龙保：《试论中国特色的社会主义文化》，《国防大学学报》1992 年第 8 期。

91. 敏泽：《关于建设有中国特色的社会主义文化问题：论以传统文化为基础的综合创造》，《社会科学战线》1993 年第 2 期。

92. 谢毅：《毛泽东与有中国特色的人民革命理论》，《中共党史研究》1993 年第 3 期。

93. 许苏民：《"源头活水"与"中国特色"：论中国传统文化与有中国特色的社会主义现代文化建设》，《福建论坛》1993 年第 3 期。

94. 俞吾金：《邓小平与当代中国文化范式的转变》，《复旦学报》1993 年第 3 期。

95. 李宗桂：《论当代中国的主流文化》，《社会科学战线》1993 年第 4 期。

96. 陈善光：《毛泽东哲学思想与建设有中国特色社会主义理论：纪念毛泽东诞辰 100 周年暨全国第八次社会主义辩证法研讨会综述》，《学术研究》1993 年第 5 期。

97. 周銮书：《论建设有中国特色的社会主义文化》，《江西社会科学》

1993 年第 7 期。

98．公木：《毛泽东文艺思想和有中国特色的社会主义文艺》，《文艺报》1993 年 11 月 27 日。

99．叶显友：《毛泽东〈论十大关系〉与中国特色社会主义道路的探索》，《科学社会主义研究》1993 年第 12 期。

100．王影聪：《毛泽东的探索与建设有中国特色社会主义理论和实践：纪念毛泽东诞辰 100 周年理论学术研讨会综述》，《科学社会主义研究》1993 年第 12 期。

101．童宛书：《建设有中国特色社会主义理论与毛泽东思想的关系》，《教学与研究》1994 年第 1 期。

102．李洪松：《毛泽东与建设有中国特色的社会主义》，《新疆大学学报》1994 年第 1 期。

103．辛向阳：《毛泽东的中国未来观与有中国特色的社会主义的发展前景》，《东岳论丛》1994 年第 2 期。

104．王克千：《从文化的哲学基础说开去：关于建设有中国特色的文化的哲学思考》，《社会科学辑刊》1994 年第 3 期。

105．李慎之：《辨同异，合东西：中国文化前景展望》，《东方》1994 年第 3 期。

106．肖东波：《毛泽东对社会主义的认识》，《毛泽东思想研究》1994 年第 4 期。

107．瞿林东：《弘扬中华民族传统民族文化》，《光明日报》1994 年 5 月 17 日。

108．许明等：《当代人文学者的使命：民族文化建设五人谈》，《中国文化报》1994 年 5 月 1 日。

109．于治城：《影响精神文明建设效应的主体因素及其克服途径》，《社会科学》1994 年第 5 期。

110．任继愈：《中国传统文化的继承与发展》，《齐鲁学刊》1994 年第 6 期。

111．张江明：《邓小平文化思想是新时期的马克思主义文化思想》，《马克思主义与现实》1995 年第 1 期。

112．张江明：《应用邓小平文化思想指导经济文化的发展》，《现代哲学》1995 年第 1 期。

113. 吴灿新：《略论有中国特色社会主义新文化建设的侧重点》，《广东社会科学》1995 年第 1 期。

114. 丁东风：《论建立适应市场经济的社会主义文化》，《广东社会科学》1995 年第 1 期。

115. 丁守和：《继承和发扬传统优秀文化》，《人民日报》1995 年 2 月 1 日。

116. 赵建文：《在继承和发展中显特色：论邓小平实事求是思想》，《青海社会科学》1995 年第 2 期。

117. 刘世明：《中国特色社会主义价值观念体系的基本内容》，《道德与文明》1995 年第 2 期。

118. 孟凡驰：《现代文化在社会主义市场经济中的地位和作用》，《社会科学辑刊》1995 年第 2 期。

119. 王凤贤：《邓小平理论是中国文化现代化的重要体现》，《浙江学刊》1995 年第 2 期。

120. 苏双碧：《对传统文化要有批判地继承》，《社会科学辑刊》1995 年第 2 期。

121. 冯达才：《研究经济文化，促进经济发展："邓小平文化思想与经济文化研讨会"论点述要》，《马克思主义与现实》1995 年第 2 期。

122. 石来宗：《邓小平"精髓理论"研究》，《中国人民大学学报》1995 年第 2 期。

123. 荣昕：《王学仲教授谈继承和发扬民族优秀文化》，《东岳论丛》1995 年第 3 期。

124. 卢培琪：《简论邓小平文化思想的特色》，《马克思主义与现实》1995 年第 4 期。

125. 刘宗贤：《中国特色与民族文化传统》，《马克思主义与现实》1995 年第 4 期。

126. 杨耕：《邓小平的辩证法及其特色》，《中国特色社会主义研究》1995 年第 6 期。

127. 龚育之：《科学思想是第一精神力量》，《自然辩证法研究》1995 年第 8 期。

128. 张之沧：《如何看待中国的传统文化》，《中国文化报》1995 年 9 月 3 日。

129. 敏泽：《用科学的态度对待传统文化》，《中国文化报》1995 年 10 月 18 日。

130. 张培林：《传统文化：扬与弃》，《文艺报》1995 年 11 月 10 日。

131. 韩民青：《以物质文明建设为基础，以精神文明建设为主导——兼论中国特色的社会主义文化新模式》，《哲学战线》1996 年第 1 期。

132. 高惠珠：《素质教育：社会主义精神文明建设之本》，《毛泽东邓小平理论研究》1996 年第 1 期。

133. 刘长林：《邓小平关于人生哲学思想》，《学术界》1996 年第 2 期。

134. 黄楠森：《马克思主义与中国当代文化的发展》，《文艺理论与批评》1996 年第 3 期。

135. 仲亚国：《全国建设有中国特色社会主义文化理论研讨会综述》，《四川大学学报》1996 年第 4 期。

136. 罗文东：《社会主义市场经济条件下的思想道德建设》，《马克思主义研究》1996 年第 5 期。

137. 于幼军：《全面正确地坚持"两为"方向和"双百"方针》，《光明日报》1996 年 8 月 15 日。

138. 吴亚荣：《论全面提高人的素质》，《人民日报》1996 年 9 月 7 日。

139. 王霞林：《加强道德建设提高全民族道德水平》，《光明日报》1996 年 10 月 28 日。

140. 李景源：《论有中国特色社会主义的文化基础》，《哲学研究》1996 年第 11 期。

141. 丁关根：《学习党的十四届六中全会精神的几点体会》，《人民日报》1996 年 11 月 5 日。

142. 韩家清：《略论新时期集体主义原则的道德指向及其实现形式》，《甘肃社会科学》1997 年第 2 期。

143. 丁守和：《关于传统道德的分解与继承问题》，《社会科学战线》1997 年第 2 期。

144. 刘小平：《传统文化与有中国特色的社会主义》，《宁夏社会科学》1997 年第 2 期。

145. 庞仁芝：《跨世纪精神文明建设战略地位的深刻揭示》，《河北学刊》1997 年第 2 期。

146. 张吉雄：《论弘扬民族优秀文化的时代意义和基本途径》，《江西社会科学》1997 年第 3 期。

147. 宋建勇、孟悌清：《深刻认识有中国特色社会主义文化的政治性》，《河北学刊》1997 年第 3 期。

148. 陈映：《新时期社会主义道德建设的基本途径探析》，《毛泽东思想研究》1997 年第 3 期。

149. 陈勇：《为人民服务：社会主义道德建设的核心》，《道德与文明》1997 年第 3 期。

150. 袁祖社：《邓小平价值观研究综述》，《道德与文明》1997 年第 3 期。

151. 谢名家：《试论有中国特色的社会主义文化产业》，《马克思主义与现实》1997 年第 4 期。

152. 胡守钧：《求实求真：以科学态度对待历史文化遗产》，《复旦学报》1997 年第 4 期。

153. 卢毅：《文化的民族性与时代性：兼论邓小平理论的本质内涵》，《社会科学战线》1997 年第 5 期。

154. 郑振江：《市场经济的文化悖论：兼论社会主义市场经济的文化特性》，《东岳论丛》1997 年第 5 期。

155. 刘奔：《以邓小平理论为指针，自觉探索社会主义文化建设的规律性》，《中国社会科学》1997 年第 6 期。

156. 雷咏雪：《试析邓小平哲学思想的特点》，《毛泽东思想研究》1997 年第 6 期。

157. 郭运德：《进一步完善社会主义文化事业的宏观管理》，《中国文化报》1997 年 7 月 26 日。

158. 李铁映：《强调文化战线要认真贯彻十五大精神，进一步繁荣发展社会主义文化事业》，《人民日报》1997 年 10 月 27 日。

159. 刘奔：《有中国特色社会主义文化建设的指导方针》，《光明日报》1997 年 10 月 17 日。

160. 邢贲思：《建设有中国特色社会主义文化》，《人民日报》1997 年

11 月 1 日。

161．包心鉴：《建设有中国特色社会主义文化》，《光明日报》1997 年
11 月 8 日。

162．罗国杰：《为建设有中国特色社会主义的文化而奋斗》，《中国教
育报》1997 年 11 月 28 日。

163．董学文：《文化与经济、政治的协调发展》，《人民日报》1997 年
11 月 27 日。

164．季羡林等：《营造良好文化环境，繁荣我国文化事业：本报文艺
报和北京市文化发展基金会联合举办首都文化界"学习十五大精神座谈会"
发言摘要》，《人民日报》1997 年 11 月 15 日。

165．张炯：《建设有中国特色社会主义文化》，《文艺报》1997 年 12 月
4 日。

166．赵德志：《关于"有中国特色社会主义文化建设"内涵的几点理
解》，《精神文明建设》1997 年第 12 期。

167．戴舟：《建设有中国特色社会主义的文化》，《求是》1997 年第
22 期。

168．曲建武、曲庆彪：《构建中华民族新的文化模式历史确证》，《中
国人民大学学报》1998 年第 1 期。

169．董学文：《文化：综合国力的重要标志》，《中国特色社会主义研
究》1998 年第 1 期。

170．赖功欧：《"有中国特色社会主义文化建设"研讨会观点综述》，
《江西社会科学》1998 年第 1 期。

171．严绍：《中国当代新文化建设的精神指向与"儒学革命"》，《北京
大学学报》1998 年第 2 期。

172．王文学、刘进军：《论社会主义市场经济的文化精神》，《甘肃社
会科学》1998 年第 2 期。

173．张福贵：《关于"中国特色"的现代化理解》，《文艺争鸣》1998
年第 2 期。

174．阎中发：《发扬传统文化优势是完善现阶段文化建设的前提》，
《社会科学辑刊》1998 年第 3 期。

175．韩庆祥、刘宝来：《文化建设就是提高人的素质》，《人民日报》

1998 年 3 月 21 日。

176. 罗国杰：《论社会主义道德建设的体系结构及其之间的相互关系》，《道德与文明》1998 年第 3 期。

177. 黄力之：《有中国特色社会主义文化的文艺的新发展》，《人民日报》1998 年 4 月 4 日。

178. 王建辉：《邓小平文化思想探论》，《江汉论坛》1998 年第 4 期。

179. 栾雪飞：《建设有中国特色社会主义文化的几点思考》，《东北师大学报》1998 年第 4 期。

180. 舒金城：《社会主义道德建设论刍议》，《道德与文明》1998 年第 6 期。

181. 纪培荣：《论有中国特色社会主义文化建设的特点：学习十五大报告的一点体会》，《社会主义研究》1998 年第 6 期。

182. 吴元樑：《正确处理文化建设中的十大关系》，《学习与探索》1998 年第 6 期。

183. 庄文：《关于有中国特色社会主义文化建设的几点思考》，《真理的追求》1998 年第 9 期。

184. 邴正：《邓小平理论与当代中国文化的发展》，《中国文化报》1998 年 11 月 12 日。

185. 姚亚平：《试论社会主义文化建设的着眼点》，《江西社会科学》1998 年第 11 期。

186. 汪家驷：《有中国特色社会主义文化的本质特征》，《民主》1999 年第 1 期。

187. 倪国良：《建设有中国特色的社会主义经济文化论》，《兰州大学学报》1999 年第 1 期。

188. 张景荣：《邓小平文化观的几个问题》，《天津社会科学》1999 年第 2 期。

189. 任文竹：《论有中国特色社会主义文化的历史继承性和鲜明的时代性》，《辽宁大学学报》1999 年第 2 期。

190. 王能宪：《建设有中国特色社会主义文化论纲》，《文艺研究》1999 年第 2 期。

191. 檀传杰：《试论中国当代文化建设的精神指向》，《现代哲学》

1999 年第 2 期。

192．霍秀媚：《建设有中国特色社会主义的文化精神三特征》，《现代哲学》1999 年第 2 期。

193．徐晓伟：《在二重定位中建设健康的文化市场》，《中共中央党校学报》1998 年第 2 期。

194．李诚：《跨越"卡夫丁峡谷"后怎么办？论建设有中国特色社会主义的文化》，《四川师范大学学报》1999 年第 3 期。

195．于幼军：《文化建设与社会主义初级阶段》，《中国社会科学》1999 年第 3 期。

196．袁辉初：《有中国特色社会主义的文化建设的基本原则》，《邓小平理论研究》1999 年第 4 期。

197．于幼军：《论社会主义初级阶段文化的功能》，《光明日报》1999 年 11 月 19 日。

198．洪永华：《文化是可持续发展的灵魂》，《粤海风》1999 年第 11、12 期。

199．于幼军：《论社会主义初级阶段文化的特质》，《人民日报》1999 年 12 月 21 日。

200．常璞英：《从"三个有利于"看有中国特色社会主义文化建设的地位和作用》，《河北大学学报》2000 年第 1 期。

201．刘德龙：《正确区分和对待传统文化中的精华与糟粕》，《东岳论丛》2000 年第 1 期。

202．黄迎凤：《西方邓小平研究述评》，《教学与研究》2000 年第 4 期。

203．金炳华：《牢牢把握先进文化的前进方向，大力推进有中国特色社会主义文化建设：学习江泽民同志关于"三个代表"重要思想的体会》，《光明日报》2000 年 5 月 11 日。

204．宋育英：《坚持代表中国先进文化的前进方向：学习江泽民同志"三个代表"的重要思想之二》，《光明日报》2000 年 5 月 30 日。

205．侯远长：《东西方理论与建设有中国特色社会主义》，《社会科学研究》2000 年第 3 期。

206．余治平：《从"西方化"到"可持续发展"战略：中国国家发展道路选择与确立的世纪历程》，《天津社会科学》2000 年第 4 期。

207．赵尚东、罗浩波：《当代中国特色社会主义的历史定位及道路选择》，《陕西师范大学学报》2000 年第 4 期。

208．臧秀玲：《建设有中国特色社会主义与利用资本主义文明成果》，《东岳论丛》2000 年第 6 期。

209．聂运麟：《创新的道路，艰难的探索：关于建设有中国特色社会主义的几点思考》，《社会主义论坛》2000 年第 11 期。

210．陈季成：《经济全球化与建设中国特色社会主义》，《求实》2000 年第 12 期。

211．马徒：《经济全球化与建设有本国特色社会主义》，《广西大学学报》2001 年第 1 期。

212．罗浩波：《东西方文明整合与中国特色社会主义道路》，《社会科学研究》2001 年第 1 期。

213．韩介迎：《理论创新：时代的要求》，《理论学刊》2001 年第 2 期。

214．杨新华：《可持续发展与中国特色的社会主义建设》，《福建师范大学学报》2001 年第 2 期。

215．王永贵：《挑战机遇战略：全球化与 21 世纪中国特色社会主义》，《学习与探索》2001 年第 2 期。

216．宋玉波：《经济全球化与中国特色的社会主义》，《广西社会科学》2001 年第 3 期。

217．刘金凯：《试析中国社会主义的基本走向》，《中国社会发展战略》2001 年第 4 期。

218．韩忠成：《试论有中国特色的社会可持续发展战略》，《软科学》2001 年第 5 期。

219．冯景源：《再谈特色社会主义唯物史观理论基础》，《新视野》2001 年第 5 期。

220．杨供法：《有中国特色社会主义文化纲领的时代意义》，《社会主义研究》2001 年第 5 期。

221．邹玉政：《论社会主义初级阶段的主体特色》，《理论观察》2001 年第 6 期。

222．胡新愚：《建设有中国特色的社会主义是一条成功之路》，《大庆社会科学》2001 年第 6 期。

223．冯霞：《经济全球化与建设有中国特色社会主义》，《改革与战略》2001 年第 6 期。

224．朱建伟：《论全球化与中国特色社会主义建设》，《兰州学刊》2001 年第 6 期。

225．韦建平：《中国特色社会主义文化的先进性特质与创造》，《社会主义研究》2001 年第 6 期。

226．宋士昌、李荣海：《全球化与建设有中国特色社会主义》，《中国社会科学》2001 年第 6 期。

227．苏振武：《试论中国特色社会主义的历史定位》，《理论导刊》2001 年第 10 期。

228．徐星、刘珊：《论建设有中国特色社会主义与人的全面发展》，《南京政治学院学报》2002 年第 1 期。

229．王敏：《"以德治国"与建设有中国特色社会主义》，《学习论坛》2002 年第 1 期。

230．郭根山：《道路选择与中国特色社会主义的奠基》，《北京大学学报》2002 年第 2 期。

231．吴丽萍：《人的全面发展与建设有中国特色的社会主义》，《党政干部论坛》2002 年第 2 期。

232．刘云山：《论全球化与中国特色社会主义》，《延边大学学报》2002 年第 2 期。

233．王东：《理论创新与体制创新：世纪之交的中国特色社会主义》，《国际政治研究》2002 年第 2 期。

234．张文生：《建设有中国特色的社会主义文化应处理好的几个关系》，《求实》2002 年第 4 期。

235．洁志、金堤：《牢牢把握先进文化前进方向　建设有中国特色社会主义文化》，《东岳论丛》2002 年第 4 期。

236．杨红：《论全球化与 21 世纪中国特色社会主义》，《社会科学辑刊》2002 年第 4 期。

237．郭国祥：《发展先进文化就是发展有中国特色社会主义文化》，《探索》2002 年第 5 期。

238．郭凤志：《中国特色大众文化研究》，《东北师大学报》2002 年第

6 期。

239．刘祖云、余林媛：《论毛泽东"民族的科学的大众的文化"——有中国特色社会主义文化理论的历史起点和认识基础》，《理论月刊》2002年第 7 期。

240．杜梅萍：《建设有中国特色的社会主义政治文明：访中国社会科学院副院长李慎明》，《前线》2002 年第 9 期。

241．俞可平：《走向中国特色的治理和善治》，《文汇报》2002 年 8 月 9 日。

242．雒树刚：《建设有中国特色社会主义的伟大理论成果》，《人民日报》2002 年 9 月 17 日。

243．郑必坚：《中国特色社会主义在新世纪的根本走向：对十六大主题的几点体会》，《解放日报》2002 年 11 月 21 日。

244．马俊峰：《价值观视域中的先进文化——关于文化观的一种思考》，《人文杂志》2003 年第 1 期。

245．王彦勇：《经济全球化与中国特色社会主义》，《科学社会主义》2003 年第 3 期。

246．刘晓吾：《经济全球化与中国特色社会主义现代化》，《理论与实践》2003 年第 3 期。

247．李立宏：《中国优秀文化传统是中国特色社会主义文化建设的重要资源》，《理论导刊》2003 年第 3 期。

248．张军：《中国特色社会主义的哲学理论基础：访中国社会科学院哲学研究所副所长李德顺研究员》，《新视野》2003 年第 4 期。

249．秦刚：《中国特色社会主义：十三年的探索和理论创新》，《社会主义研究》2003 年第 4 期。

250．蒋学模：《"中国特色社会主义"特在哪里?》，《浙江师范大学学报》2003 年第 4 期。

251．李忠杰：《深化对"中国特色社会主义"的认识和研究》，《教学与研究》2003 年第 6 期。

252．朱宗友：《浅论中国特色社会主义的全球化应对策略》，《理论月刊》2003 年第 6 期。

253．赵曜：《中国特色社会主义理论的几个问题》，《探索与求是》

2003 年第 7、8 期。

254．赵曜：《中国特色社会主义理论的科学体系》，《学习论坛》2003 年第 7 期。

255．肖贵清、叶炳臻：《试论建设有中国特色社会主义文化理论的形成及意义》，《理论导刊》2003 年第 6 期。

256．殷国禺：《论社会主义文化建设的"三个面向"》，《云南社会科学》2003 年第 S1 期。

257．郑必坚：《历史机遇与中国特色社会主义在新世纪的根本走向》，《求是》2003 年第 8 期。

258．王东、成龙：《变相资本主义，还是中国特色社会主义》，《高校理论战线》2003 年第 10 期。

259．包心鉴：《中国特色社会主义认识的新飞跃》，《光明日报》2003 年 11 月 4 日。

260．支树平：《坚持以人为本，全面建设小康社会》，《光明日报》2003 年 12 月 9 日。

261．廖志成：《论先进文化的评价标准》，《郑州大学学报》2004 年第 1 期。

262．李红军、冉苒：《全面建设小康社会必须坚持走可持续发展的道路》，《社会主义研究》2004 年第 2 期。

263．欧黎明、于建荣：《中国特色社会主义理论的创立与发展》，《中国特色社会主义研究》2004 年第 2 期。

264．李鸿烈：《中国特色社会主义与马克思文本》，《福建论坛》2004 年第 2 期。

265．孙雄：《新发展观视野中的全面建设小康社会及其文化内涵》，《毛泽东思想研究》2004 年第 2 期。

266．闫新丽：《生态社会主义的生态观对中国特色社会主义的启示》，《社会主义研究》2004 年第 3 期。

267．赵曜：《全面建设小康社会思想：丰富和发展了中国特色社会主义理论》，《人民日报》2004 年 3 月 22 日。

268．阎树群：《中国特色社会主义自我完善发展论》，《人文杂志》2004 年第 3 期。

269. 顾玉兰：《"三个文明"协调发展与中国特色社会主义》，《社会主义研究》2004 年第 3 期。

270. 师帅：《积极推进中国特色社会主义文化建设》，《理论前沿》2004 年第 4 期。

271. 赵国乾：《全球化背景下中国特色社会主义文化的建构与发展》，《社会主义研究》2004 年第 4 期。

272. 王红英：《时代主题转换与中国特色社会主义的发展》，《郑州大学学报》2004 年第 5 期。

273. 张启华：《论对适合中国国情社会主义建设道路的探索》，《光明日报》2004 年 5 月 25 日。

274. 董承耕：《人的全面发展和全面建设小康社会》，《福建论坛》2004 年第 8 期。

275. 谢孝荣：《全面建设小康社会战略定位问题若干思考》，《福建论坛》2004 年第 8 期。

276. 张文生：《全球化与有中国特色社会主义文化建设》，《北京大学学报》2004 年第 S1 期。

277. 万是明：《试论我国社会主义文化建设理论的发展历程》，《社会主义研究》2004 年第 6 期。

278. 黄友牛：《全面建设小康社会及其理论创新》，《社会主义研究》2004 年第 6 期。

279. 杨艳：《试论先进文化的民族性与开放性》，《理论与当代》2004 年第 9 期。

280. 詹培民：《论中国特色社会主义先进文化的构建》，《西南民族大学学报》2005 年第 1 期。

281. 沈东海：《全球化背景下中国特色社会主义文化面临的挑战》，《中国党政干部论坛》2005 年第 1 期。

282. 严昭柱：《论增强中国特色社会主义文化的吸引力和感召力》，《党建研究》2005 年第 1 期。

283. 王东：《中国特色社会主义的思想胚芽：第一代领导集体在党的八大前后的百花齐放》，《中共天津市委党校学报》2005 年第 2 期。

284. 王怀超：《社会主义、科学社会主义与中国特色社会主义》，《科学社会主义》2005 年第 2 期。

285．孙武安：《共同富裕：现阶段中国特色社会主义的主题》，《科学社会主义》2005 年第 2 期。

286．雷儒金：《全面建设小康社会是对中国特色社会主义理论的新发展》，《学术论坛》2005 年第 3 期。

287．徐惠：《建设社会主义先进文化与发展文化产业》，《毛泽东思想研究》2005 年第 4 期。

288．张磊：《科学发展观深化了对中国特色社会主义的认识》，《光明日报》2005 年 7 月 12 日。

289．崔婷：《中西文化交流与中国特色社会主义文化发展》，《东岳论丛》2006 年第 2 期。

290．邵汉明、王永平：《以义节利：社会主义市场经济建设的文化基础》，《吉林大学社会科学学报》2006 年第 3 期。

291．刘景录：《关于中国特色社会主义文化建设的一些思考》，《科学社会主义》2006 年第 4 期。

292．杜国辉：《中国特色社会主义文化的理论视角》，《科学社会主义》2006 年第 4 期。

293．张景英：《论当代中国和谐社会的文化建设》，《河南大学学报》2006 年第 4 期。

294．韩东屏：《论和谐文化》，《理论月刊》2006 年第 12 期。

295．冉亚辉、易连云：《论中国特色社会主义文化生产力的发展方向》，《理论导刊》2006 年第 12 期。

296．徐海波：《中国特色社会主义意识形态在"大众文化"中的转化研究》，《社会主义研究》2007 年第 1 期。

297．苏志宏：《消费观、意识形态与社会主义和谐文化建设》，《中国青年政治学院学报》2007 年第 1 期。

298．赖晓鹏、黄明哲：《和谐文化建设论纲》，《江西社会科学》2007 年第 1 期。

299．宋吉玲：《略论当代中国社会转型中的新文化构建》，《江淮论坛》2007 年第 1 期。

300．陆岩：《试论社会主义主流文化建设》，《学习与探索》2007 年第

2 期。

301．季明：《建设和谐文化是构建社会主义和谐社会的重要任务》，《求是》2007 年第 4 期。

302．郭一红、张赓：《建设中国特色社会主义文化与接纳外来文化问题》，《求索》2007 年第 5 期。

303．郭宇光：《社会主义和谐文化的科学内涵和基本特征》，《高校理论战线》2007 年第 5 期。

304．何颖：《以社会主义核心价值体系指导和谐文化建设》，《学术交流》2007 年第 7 期。

305．高敏：《论社会主义核心价值体系的文化建设价值》，《科学社会主义》2008 年第 1 期。

306．郑历兰：《试述和谐文化论对建设文化理论的创新》，《学术交流》2008 年第 1 期。

307．李睿、刘文正、刘雪梅、刘永庆：《运用现代化手段推进先进文化建设》，《理论界》2008 年第 1 期。

308．马正跃：《努力推动社会主义文化大发展大繁荣》，《中州学刊》2008 年第 1 期。

309．次仁多吉：《推动社会主义文化大发展大繁荣的三种途径和两个规范》，《科学社会主义》2008 年第 2 期。

310．谢丁宁：《中国新主流文化建设探讨》，《科学社会主义》2008 年第 3 期。

311．杨曦：《以社会主义核心价值体系引领多元文化追求》，《河南师范大学学报》2008 年第 3 期。

312．欧阳谦：《文化的辩证法——关于"文化主义的马克思主义"的几点思考》，《马克思主义与现实》2008 年第 4 期。

313．孙居涛：《社会主义文化建设理论与中国实际相结合的新探索》，《社会主义研究》2008 年第 4 期。

314．邓福庆：《社会主义和谐文化建设路径的考量》，《马克思主义与现实》2008 年第 5 期。

315．周中之：《社会主义核心价值体系在当代中国文化发展中的引领作用》，《马克思主义与现实》2008 年第 5 期。

316．范勋成：《建设中国特色社会主义和谐文化的路径》，《理论学习》2008 年第 7 期。

317．吴远、樊非：《构建社会主义和谐社会 促进人的全面发展》，《求实》2008 年第 8 期。

318．李言：《社会主义文化建设面临的机遇和挑战》，《红旗文稿》2008 年第 14 期。

后　记

　　20 世纪后半叶的最后 20 年，对中国社会和中国文化来说，可谓是承前启后、继往开来的 20 年。在这 20 年中，中国社会发生了翻天覆地的巨大变化，中国文化出现了空前繁荣的新局面。在新世纪之初，回顾、总结 20 年来中国文化研究和讨论的基本情况，理清文化论争的基本脉络，指出各种观点的长短得失，并进而提出未来中国文化发展的前瞻性、建设性意见，显然是一件极其必要、极有意义的工作，当然，这也是一项极为困难和费力的事情。为此，我们于 2000 年组成课题组，拟定编写提纲，提出编写方案，并着手在省内各大图书馆广泛搜集资料，又数下北京进行调研。在充分占有一手资料的基础上，我们于 2001 年正式提出课题申请，并获省社科规划办批准立项。经过课题组全体成员近一年半的辛勤耕耘，我们终于完成了这部 70 余万字的书稿。

　　本书的写作分工如下：前言——邵汉明；第一章——邵汉明；第二章——邵汉明；第三章——宋立民；第四章——王永平；第五章——刘辉；第六章——赵庆龙；第七章——赵红；第八章——邵汉明；第九章——张秉楠；第十章——邵汉明；第十一章——黎韵、邵汉明；第十二章——黎韵、王艳坤；第十三章——王雅；第十四章——崔永东、陈颖飞；第十五章——邵汉明；第十六章——陈一虹。另外，出于书稿的需要，征得作者的同意，在第二章的《儒教问题研究》一节，我们借用了李申先生的《二十年来的儒教研究》（原文刊载于《世界宗教研究》1999 年第 3 期）一文；又将崔永东先生连载于《中国文化报》的《台湾学者与中西文化研究》作为附录，以为本书有关章节的补充。此外，本书的个别章节还较多地参考和借鉴了张秉楠、邵汉明主编《中国新时期学术思潮》（文化卷）的若干内容，当然，

后　记

这些内容的作者也正是本书的作者。这是需要在此特别说明的。

由于本书涉及的问题多多，资料广泛，参加撰稿的作者也有十余位之多，因而不可避免地存在论述风格和详略的差异及一些重要资料的遗漏等现象，或许也还存在绍述和评析的准确性问题。这些不足的克服和弥补，恐非一时所能解决。本着求同存异、文责自负的原则，我们且以现在的面貌交给读者，将来有机会，再作进一步的修改和完善。原来设想书后附一"近二十年中国文化研究重要著作和论文索引"的，因考虑篇幅的因素，只能忍痛割舍了，这是至为遗憾的。不过，笔者仍然相信，本书的问世，于人们认识和了解20年来中国文化研究和讨论的情况，于人们在21世纪建设中国特色的社会主义新文化，无疑有着显而易见的参考价值和借鉴作用。

本书的写作和出版，曾得到多方面的支持。本书顾问北京大学著名教授张岱年先生、原中国社会科学院研究生院院长方克立先生、原吉林省社会科学院院长孙乃民先生一直关心和关注课题的完成和出版；吉林省哲学社会科学规划办公室慈彪先生和金钟祥主任予本课题的立项与完成以不小的帮助；吉林省委常委、宣传部长邓凯先生、吉林省社会科学院院长邴正教授对本书的出版给予了有力的支持；人民出版社将本书纳入出版计划、责任编辑方国根先生付出了大量的辛劳；特别是九十多岁高龄的张岱年先生和学兄邴正院长还欣然为本书作序，凡此都令我们甚为感动。倘若没有上述诸位前辈、领导和兄长的鼓励、支持和帮助，本课题的完成及书稿的出版，恐怕将是十分困难的。值此书稿即将付梓出版之际，我谨代表编者向诸位前辈、领导和一切关心和关注书稿的完成与出版的同仁、朋友致以深深的谢意。

邵汉明

2002 年 4 月 30 日

再版补记

本书初版于 2003 年 9 月。由于本书首次就 20 世纪最后 20 年中国文化研究和讨论的情况作出全面、系统的回顾和总结，表现出"深沉的历史意识，强烈的现实感，巨大的信息量"，而受到各界读者的广泛关注和普遍欢迎。许多专家纷纷于有关重要报刊予以推介，作出较高的肯定和好评。一些高校将其作为中国文化课的教材，有的高校还将其作为中国文化史、中国哲学史专业研究生、博士生的必读书和重要参考书。在吉林省社科院优秀著作评选中，本书获特等奖；在吉林省社科联首届社会科学优秀成果评选中，本书获优秀著作奖；在吉林省第六届哲学社会科学优秀成果评选中，该书获一等奖。初版后不太长的时间，全国各大城市书店即销售一空，许多读者甚至一些企业界人士不时致函作者和编辑，索购此书。基于这种情况，出版社领导和责编决定尽快修订再版，这是正确的决策。

初版"后记"曾谓"原来设想书后附一'近二十年中国文化研究重要著作和论文索引'的，因考虑篇幅的因素，只能忍痛割舍了，这是至为遗憾的"。应出版社和责编的要求，这次修订特别加设了这一"索引"。其中，著作部分的篇目是由马妮女士搜集的，论文部分的篇目是由黎韵和王艳坤女士搜集的。起初两部分篇目总计达百万字，经主编筛选取舍，留下 30 来万字。相信这一"索引"的增设，能够为人们进一步研究本书所论及的相关专题提供一定的方便。

需要说明的还有，20 世纪 90 年代初，湖北荆门郭店楚墓竹简的出土，为人们进一步研究中国学术史、中国思想史、中国哲学史，特别是研究儒学、道学及儒道关系提供了新的素材。围绕郭店楚简所涉及的相关问题，海峡两岸学者及海外汉学家从考古学、历史学、古文字学、文献学、哲学及宗教学等不同视角，进行了广泛而深入的讨论。本书初版时，意欲将郭店楚简的讨论情况作出总结和介绍，惜因时间和篇幅的因素，未能遂愿。本次修订，我们特别增设了这一内容，以弥补初版的缺憾。"郭店楚简研究综述"由本书作者之一王永平博士撰写，曾发表于《社会科学战线》2005年第3期。

  本次修订还订正了初版的一些讹误。笔者希望，修订后的《中国文化研究二十年》能为深化中国哲学和中国文化研究起到某种铺路搭桥的作用。是所愿。

邵汉明

2005年5月14日于长春

改版又记

  《中国文化研究三十年》的前身是《中国文化研究二十年》。《中国文化研究二十年》初版于 2003 年，修订再版于 2006 年。该书对改革开放以来至 20 世纪末 20 年中国文化诸方面重要问题的研究和讨论情况作出全面系统的梳理和总结，因"深沉的历史意识，强烈的现实感，巨大的信息量"而受到学界同仁的普遍欢迎和好评。

  2008 年恰逢中国改革开放 30 周年。这是一个值得纪念的年份，更是一个需要总结和反思的年份。依我看，重要的并不在纪念，而在总结与反思。要思考这 30 年中国是如何走过来的，取得了哪些进步和成就，积累了哪些经验，又留下怎样的教训和问题。这是中国学界义不容辞的责任，是中国学界当下的主要任务和工作。为此，中国学界作出了强烈的反应，许多专家、学者从不同角度作出总结和思考，更多的学者则特别就各不同学科和问题的研究进展作出梳理和思考，提供了大量的总结性的成果。我在主持《社会科学战线》工作期间，就曾开辟专栏"中国改革三十年"，发表了一大批总结性、反思性的作品，并于 2009 年年初结集出版，书名为《中国学术三十年》。也正是出于同样的考虑，人民出版社哲学编辑室主任方国根先生建议我将《中国文化研究二十年》扩展为《中国文化研究三十年》。这项工作虽有一定难度，但它的意义和价值却是显而易见的，我不能不勉为其难而接受这一任务。

  是年，我主持的《中国文化研究三十年回顾与前瞻》被确立为吉林省普通高等学校人文社会科学重点研究基地——吉林师范大学马克思主义中国化问题研究中心重大项目。经过课题组近一年的努力，最后形成专著《中国文化研究三十年》，分上、中、下三卷，上卷为《中国文化学派研究》，中卷为《中国文化专题研究》，下卷为《主要著作和论文索引》，三卷共计190来万字。因成果以《中国文化研究二十年》为基础增扩、改写而成，涉及问题广泛，课题组成员较多，故各部分写作模式不尽统一。大体分为三种类型：一是基本保持前20年原貌不变，增写近10年相关内容；二是保持前20年原貌不变，增写近10年讨论的几个主要问题；三是整体改写。

具体分工如下：上卷第一章"道家文化研究"，其他部分基本保持原貌，作者邵汉明；增写第九部分"新世纪道家文化研究新进展"，作者系湖南师范大学副教授萧平博士。第二章"儒家文化研究"，其他部分基本保持原貌，作者邵汉明；增写第七部分"儒家伦理研究"、第八部分"儒学与当代政治价值"，作者系东北师范大学副教授荆雨博士。第三章"墨家文化研究"，各部分都做了增补完善，并增写了第七部分"墨家伦理、教育与宗教思想研究"，作者系吉林省社会科学院马克思主义研究所研究员宋立民博士。第四章"法家文化研究"，其他部分基本保持原貌，增写第六部分"新世界法家文化研究新进展"，作者系《社会科学战线》副研究员王永平博士。第五章"兵家文化研究"，其他部分基本保持原貌，增写第八部分"兵家文化研究最新进展"，作者系吉林省社会科学院哲学与文化研究所副研究员刘辉博士。第六章"道教文化研究"，其他部分基本保持原貌，作者赵庆龙；增写第五部分"新世纪道教文化研究新进展"，作者系吉林大学副教授连遥博士。第七章"佛教文化研究"，原作者赵红，现按30年的进展做了整体修改补充，作者系吉林大学教授邱高兴博士。第八章"现代新儒家文化研究"，其他部分基本保持原貌，作者邵汉明；增写第七部分"现代新儒家研究的最新进展"，作者荆雨。中卷第九章"文化理论若干问题研究"，其他部分基本保持原貌，作者张秉楠；"经济全球化与世界文化发展趋势"部分原作者张秉楠，现按30的进展做了增补完善并改称"全球化语境中文化理论问题讨论的新进展"，作者系吉林大学教授漆思博士。第十章"传统文化与现代化"，其他部分基本保持原貌，作者邵汉明；增写第五部分"新世纪传统文化与现代化关系研究新进展"，作者系《社会科学战线》哲学编辑张利明。第十一章"中国文化精神研究"，其他部分基本保持原貌，作者黎韵、邵汉明；增写第六部分"新世纪中国文化精神研究新进展"，作者王永平。第十二章"'五四'精神的文化反思"，其他部分基本保持原貌，作者黎韵、王艳坤；增写第六部分"新世纪'五四'精神的文化反思"，作者系吉林省社会科学院哲学与文化研究所黎韵副研究员。第十三章"中西文化比较研究",其他部分基本保持原貌,作者王雅;增写第四部分"新世纪中西文化比较研究新进展",作者系辽宁大学教授王雅博士和赵研助理研究员。第十四章"海外中国文化研究",其他部分基本保持原貌,作者崔永东、陈颖飞;增写第六部分"海外中国文化研究最新进展",作者王雅。第十五章"马克思主义与中国民族文化关系研究",其他部分基本保持原貌,作者邵汉明;增写第七部分"马克思主义中国化的新发展与中国传统文化"、第八部分"和谐社会理论与中国传统文化",作者漆思。第十六章"中国特色社会主义文化理论研究",其他部分基本保持原貌,增写第五部分"新世纪中国特色社会主义文化新进展",作者系吉林省社会科学院哲学与文化研究所陈一虹研究员。下卷"主要著作和论文索引",由马妮、黎韵、王艳坤搜集、汇编,邵汉明筛选取舍。全书由邵汉明统稿、定稿,陈一虹、宋立民、刘辉、王永平协助统稿,马妮、张利明、王艳坤等也做了部分工作。总之,这是一项集体攻关合作的成果。

2008 年前 30 年,我称之为前改革开放时期;2008 年后 30 年,我称之为后改革开放时期。前改革开放时期中国社会的进步和发展为后改革开放时期中国社会的进步和发展打下一个非常厚实的基础;同样,前改革开放时期中国文化的建设和发展也为后改革开放时期中国文化的建设和发展打下一个非常厚实的基础。我希望我们所做的工作、我们这部书能对未来中国文化研究的深入、对"文化中国"的建设和发展起到一点积极的作用。是所愿。

邵汉明
2009 年 5 月

责任编辑:方国根

装帧设计:曹　春

版式设计:曹　春

图书在版编目(CIP)数据

中国文化研究三十年/邵汉明 主编　陈一虹　宋立民　刘辉　王永平
　副主编.-北京:人民出版社,2009.12
ISBN 978-7-01-008214-1

Ⅰ.中…　Ⅱ.邵…　Ⅲ.文化-研究-中国-现代　Ⅳ.G12

中国版本图书馆 CIP 数据核字(2009)第 162020 号

中国文化研究三十年

(上、中、下卷)

ZHONGGUO WENHUA YANJIU SANSHI NIAN

邵汉明　主编

陈一虹　宋立民　刘辉　王永平　副主编

人民出版社 出版发行

(100706　北京朝阳门内大街 166 号)

北京瑞古冠中印刷厂　　新华书店经销

2009 年 12 月第 1 版　2009 年 12 月北京第 1 次印刷
开本:710 毫米×1000 毫米 1/16　印张:118
字数:1900 千字　印数:0,001-3,000 册

ISBN 978-7-01-008214-1　定价:245.00 元

邮购地址 100706　北京朝阳门内大街 166 号
人民东方图书销售中心　电话 (010)65250042　65289539